2011中国风险投资年鉴

CHINA VENTURE CAPITAL YEARBOOK

CVCRI CHINA VENTURE CAPITAL RESEARCH INSTITUTE 中國風險投資研究院 | 编著

民主与建设出版社

图书在版编目（CIP）数据

中国风险投资年鉴 .2011/ 中国风险投资研究院　编著 .

- 北京：民主与建设出版社，2011.5

ISBN 978-7-5139-0111-6

Ⅰ. ①中… Ⅱ. ①中…　Ⅲ. ①风险投资 - 中国 - 2011- 年鉴

IV. ① F832.48-54

中国版本图书馆 CIP 数据核字（2011）第 068538 号

责任编辑	张学雷　王　颂　程　旭　赵振兰　刘　芳
出版发行	民主与建设出版社
电　　话	（010）85698040
社　　址	北京市朝外大街吉祥里 208 号
邮　　编	100020
印　　刷	深圳市彩帝印刷实业有限公司
开　　本	889×1194　　1/16
印　　张	79
字　　数	1800 千字
版　　次	2011 年 5 月第 1 版　2011 年 5 月第 1 次印刷
书　　号	ISBN 978-7-5139-0111-6
定　　价	800.00 元

注：如有印、装质量问题，请与出版社联系。

《2011中国风险投资年鉴》编委会

《2011中国风险投资年鉴》组织机构

主办单位及理事长单位

中国风险投资研究院

副理事长单位

深圳市创新投资集团有限公司

常务理事单位

广东省风险投资集团

武汉华工创业投资有限责任公司

理事单位

建银国际（控股）有限公司

深圳市达晨创业投资有限公司

深圳市东方富海投资管理有限公司

深圳市高特佳投资集团有限公司

承办单位

深圳中投风险投资研究发展有限公司

香港理工大学公共政策研究所

支持单位

科学技术部火炬高技术产业开发中心

深圳市人民政府金融发展服务办公室

广东省风险投资促进会

深圳市创业投资同业公会

上海市创业投资行业协会

天津市创业投资协会

湖北省创业投资同业工会

陕西省创业投资协会

浙江省风险创业投资协会

刚刚过去的2010年是我国“十一五”收官之年，而“十一五”时期是我国经济和社会发展史上极不平凡的五年。在受到全球金融危机严重冲击、面对复杂国内外形势的情况下，我国在深化改革开放的基础上调结构、促转型，坚持走创新驱动的可持续发展之路，经济社会发展取得了显著成就。

虽然我国综合国力大幅提升，经济平稳较快发展，经济总量不断增加，但我们也应清醒看到：经过持续30多年的快速发展，我国日益遇到资源、环境、社会及体制机制等各方面的约束和考验。经济社会发展中仍存在一些矛盾和问题，主要是经济发展内生动力不足，投资消费出口比例失调，结构调整进展缓慢，创新驱动作用不明显；资源环境约束强化；社会公平问题日益突出，收入分配差距拉大等诸多矛盾和问题。我国将来进一步深化改革开放一定要处理好以下四个主要关系：人治和法治的关系，公平和效率的关系，政府和市场的关系，集权和分权的关系。社会的转型和矛盾的凸显为我国“十二五”时期提出了新的命题和考验。如何深刻认识并准确把握国内外形势新变化新特点，深化改革开放、加快转变经济发展方式，将成为我国“十二五”时期的重要攻坚任务。

2011年是我国“十二五”开局之年，调结构、促转型、保民生被赋予了重要地位，国家自主创新战略发展也被提上了紧迫日程。随着我国经济发展方式加快转变，国家对战略性新兴产业的扶持力度不断加大，以及我国多层次资本市场的建设不断推进，将会给我国风险投资事业的发展提供极好的良机。经过这些年的发展，我很欣慰地看到：中国风险投资事业从无到有、从艰难探索到加速发展，这一切都离不开我国发展环境和政策的不断进步和变化，各方面的大力支持和关心，以及一大批有志于推动中国风险投资事业发展的有识之士长久以来的奉献与奋斗。

2010年是中国风险投资行业硕果累累的一年。在国内资本市场逐渐迈向成熟、投资退出渠道逐步放宽以及国家大力发展战略性新兴产业的政策背景下，2010年堪称中国VC/PE发展的黄金年。但我们应清醒地认识到：2011年，全球及我国的宏观经济不确定因素增多，中国资本市场将在波动中成长，而我国风险投资行业的发展在面临较好机遇的同时，还将面对更多的挑战与压力。我深切地希望我国风险投资事业中的有识之士，不但要认真学习和理解国家自主创新发展战略的重要意义和指导思想，还要深入研究国内外宏观经济的走势和变化，切实把握我国风险投资市场发展的特点和独有的规律，认清机遇和挑战，用这些理念和知识来为国家发展与人民福祉而努力奋斗。

《中国风险投资年鉴》从2002年开始首次编撰，至今已九个年头，始终伴随并见证了我国风险投资事业的发展，对于普及风险投资知识和理论、推动风险投资教育、加强人们的风险投资意识等发挥了积极作用，具有史料性、学术性和工具性的特点。

《2011中国风险投资年鉴》的具体编撰工作继续由中国风险投资研究院（香港）承担，承担这样一项既需要学术研究功底又需要深入细致精神和复杂组织工作的任务，实在不容易。年鉴编撰工作是一项系统工程，牵涉到中国风险投资及相关领域的学术界、实务界和政府管理部门，从中央及地方政府有关科技管理部门到各风险投资协会、公司、研究机构及有关企业人员等都给予了大力支持和积极配合。可以说，年鉴编撰工作是在大家的共同努力下完成的。在此，我向参与年鉴编撰工作的全体编委、编撰人员及有关支持单位表示感谢！希望《中国风险投资年鉴》能够持之以恒地编撰下去，在促进中国风险投资研究和发展方面发挥越来越重要的作用！同时，我也真诚地期待着：未来的中国风险投资事业能与中国的创新经济一起百尺竿头、更上层楼！

成思危

2011年4月19日于北京

前言

《中国风险投资年鉴》是反映中国风险投资业发展历程的大型史料性工具书。该年鉴的编撰出版对于中国风险投资实务界和学术界具有重要的参考价值和借鉴作用，不但可以为中央及地方政府的科技与经济管理相关部门提供决策参考，为专家学者研究中国风险投资业的发展提供事实依据，也为各类创投企业、投资基金、金融中介机构等提供了系统、准确、广泛的资讯，可以作为图书馆、研究机构以及风险投资业界人士重要的参考工具书。

年鉴编撰工作是一项牵涉面广、头绪繁多而庞杂的文化工程。在编撰《2011中国风险投资年鉴》（注：按照国际惯例，我们将反映2010年中国风险投资全貌、2011年出版的年鉴命名为《2011中国风险投资年鉴》）的过程中，编辑队伍首先进行了合理分工：主编成思危确定编撰原则、内容大纲和总体思路，并在总体上对年鉴编撰工作进行了质量把关；常务副主编陈工孟负责年鉴编撰工作的具体规划、组织与实施；八位副主编（张景安、刘应力、何国杰、靳海涛、刘曼红、谈毅、丁艳、孙昌群）分别从政策、实务和学术三个方面进行了指导与把关；常务编委会对年鉴的编撰工作从不同角度提供了专业的意见和建议，并为年鉴提供了部分稿源；编委会委员全面参与了编撰年鉴的具体工作，包括问卷调查、联系约稿、收集整理资料、编撰与修改文稿等。

在主编确定编撰原则、思路和大纲后，2010年6月，中国风险投资研究院成立了年鉴编撰工作组，制定了详细的工作计划和工作指引。2010年6月初至9月上旬，年鉴编撰工作组组织了6个人的资料搜集小组，负责收集、整理国内外风险投资协会、公司、基金、科技园区和创业服务机构等风险投资及相关机构的信息资料更新；向全国重点大学相关领域专家学者和一些成功创业企业约稿；通过报刊、杂志和网站，收集整理风险投资相关的分析研究文章和典型案例。与此同时，年鉴编撰工作组设计了“2010年度中国风险投资行业调查问卷”，并在11月中旬发送了大批问卷进行调研。

2010年10月中旬至2011年2月，年鉴编撰工作组共组织了20多人全力投入编撰和修改工作中，直到2011年2月下旬，年鉴文稿的编撰工作才基本完成。年鉴编撰工作组以陈工孟教授为组长，谈毅博士、丁艳博士、孙昌群博士和周珣为副组长，唐国兴、金梅为总协调人，根据年鉴内容分为7个工作小组，其中，特载篇由唐国兴、孙玉珠负责，编撰成员包括陈金、赵红苹等；发展篇由周珣负责，张秀明、姚丽丽协助；统计篇的统计分析报告由金梅负责撰写，赵红苹协助；统计篇的分析数据由“问卷调查小组”负责提供，此小组由陈工孟教授担任组长，谈毅博士、孙昌群博士和周珣担任副组长，问卷调查的具体工作由金梅负责，成员包括华荣杰、李芬、高岳、赵红苹等；研究篇由俞欣博士负责，罗国锋博士协助；案例篇由孙昌群博士负责，编撰成员包括陈彦君、高岳等。行业篇由丁艳博士负责，编撰成员包括胡孔和、曹坤源、章金平、吴兰婷、马飞飞、刘建军、高岳、张禹铭等；附录篇由金梅负责，由陈金、熊小凤、华荣杰、李芬等人协助。

为提高年鉴的编撰质量，在编撰期间，年鉴编撰工作组每周都要召开一到两次沟通协调会议，同时工作组还专门组织专家对各章文稿进行审阅，对各有关文稿进行了反复的核对和修改，并于2011年2月中旬完成了全部约180万字的文稿编撰任务。2011年2月中旬至3月中旬，民主与建设出版社完成了全部文稿的三审三校。2011年3月16日至4月15日，研究院的编撰人员在深圳完成了年鉴最后的文字编辑与校稿工作。

年鉴的编撰工作是在中国风险投资及相关领域的学术界、实务界和政府管理部门的大力支持和积极参与下，由众多编撰人员共同努力完成的。除了具体参与年鉴各部分编撰工作的人员之外，参与年鉴审稿和编辑工作的人员还包括：丁艳、孙昌群、俞欣、周珣、蔡新颖、唐国兴等。在此，我们向所有参与年鉴编辑工作的人员表示感谢！在年鉴的编撰过程中，我们同时也得到了有关政府部门、风险投资协会、媒体机构和企业的大力支持和配合，在此也一并表示感谢！

为尊重知识产权，我们严格要求所有编撰人员在撰写文稿时必须注明所参考和引用文献资料的出处和来源；在每次年鉴编撰工作会议中，常务副主编陈工孟教授都反复强调尊重知识产权的重要性。尽管如此，由于编撰工作的复杂性，在搜集资料和文稿编撰过程中依然可能存在一些疏漏，敬请海内外的有关专家学者、风险投资业界人士对年鉴中存在的疏漏给予谅解，我们将争取在编撰《2012中国风险投资年鉴》时加以改进，并进一步提高年鉴的编撰质量。

由于时间关系，本年鉴中难免存在不妥和错误之处，敬请广大读者给予批评指正。

《2011中国风险投资年鉴》编委会

2011年4月

目　录

特载篇

发展篇

统计篇

研究篇

案例篇

行业篇

附录篇

特载篇

发展篇

统计篇

研究篇

案例篇

行业篇

附录篇

中国风险投资
CHINA VENTURE CAPITAL

論壇

中國風險投資論壇

- 政策制定者與業界直接溝通對話的通道
- 國際國內風險投資界合作交流的橋樑 ● 創業企業家與風險投資家對接洽談的商機
- 圍繞核心議題，展開深入的分析和互動式探討的平臺 ● 內容豐富、形式多樣、富有實效的國際性盛典

投融資服務

- 為國內高成長企業提供股權融資、管理諮詢，並購重組、上市輔導等專業服務
- 為海內外風險投資機構提供項目推薦，基金募集等全方位服務
- 自2006年以來，研究院通過財務顧問，資本 項目對接等方式成功為50家企業融資超過20億元人民幣

專業培訓

組建實力雄厚的師資隊伍，特邀極富實務經驗和理論造詣的海內外一流風險投資家，成功企業家，管理專家，知名學者擔綱授課。開展海外風險投資合作交流密集培訓課程，國內風險投資家培訓，中國創業企業家培訓課程。

專業網站

風險投資網

聯合多家一流投資機構與專業服務機構，以『打造PE產業鏈，共建VC生態圈』為使命，以『誠信服務，品質至上』為原則，致力於成為互聯網上瞭解中國風險投資市場，投資者尋找中國商機，創業者尋求全球資金的首選網站。

聯繫方式

香港總部 香港九龍紅磡香港理工大學TU427 電話:00852-2766 4264 傳真:00852-2764 2340

深圳分院 深圳市福田區深南大道6019號金潤大廈17樓E，F單元（518040）電話:0755-8280 0020 傳真:0755-8280 0061

上海分院 上海市法華鎮路535號交大經濟與管理學院1#114室（200052）電話:021-5230 6994 傳真:021-5230 1276

瀋陽分院 瀋陽市渾南新區世紀路15號（瀋陽火炬創新創業園）（110179）電話:024-8378 3972 傳真:024-8378 3002

合肥分院 合肥市高新區海棠路150號創新大廈7層（230071）電話:0551-5848 560 傳真:0551-5848 561

溫州分院 溫州市府東路17號技能大樓3樓（325003）電話:0577-8812 9188 傳真:0577-88129180

昆明分院 昆明市盤龍區人民東路上東城8號樓（650051）電話:0871-3195 843

北京代表處 北京市六裏橋北裏蓮怡園二區8#609室（100073）電話:010-6525 5363 傳真:010-6525 5893

CVCRI 中國風險投資研究院
China Venture Capital Research Institute

香港理工大學與中國風險投資有限公司聯合創辦
Founded by The Hong Kong Polytechnic University and China Venture Capital Corporation

中國風險投資研究院是在十屆全國人大常委會副委員長、著名管理學家成思危教授與香港理工大學前校長潘宗光教授的共同倡導與推動下，於2003年7月正式成立的政策研究智囊機構。研究院總部設在香港理工大學，在深圳設立營運機構——深圳中投風險投資研究發展有限公司，並在全國設立6個分院或辦事處：華東-上海/溫州、華北-北京、華中-合肥、東北-瀋陽、西部-昆明，已經形成具有100多位專業研究與服務人員的強大團隊。

研究院通過舉辦『中國風險投資論壇』、出版《中國風險投資》雜誌和《中國風險投資年鑒》、組建『全球風險投資基金智囊團』、舉辦卓有實效的風險投資專業培訓，提供優質的管理諮詢與融資服務等活動，努力促進中外風險投資家之間、政策制定者與實務界之間、創業企業家與風險投資家的交流與合作，積極推動中國風險投資事業的發展。

研究

以自身精幹、穩健、高效的專職核心研究團隊為基礎，廣泛聯合海內外風險投資領域的著名專家學者，運用國際上先進的研究思想和方法，開展中國風險投資政策諮詢研究、重要理論和實務性課題的高層次的研究活動。

出版

《中國風險投資》雜誌
中國風險投資領域第一本學術研究與實務運作相結合的季刊。

《中國風險投資年鑒》
中國風險投資界唯一的一本年鑒，中國風險投資紀年史，集學術性、工具性、權威性於一體。

地方性發展報告
梳理地方風險投資及熱點行業發展脈絡，為政策制定者、投資機構、創業企業等提供決策參考的工具書。

聚中外风险投资

风险投资网 www

风险投资网（www.chinavcpe.com）是中国风险投资研究院积多年专业沉淀之旗舰产品，网站联合多家著名投资商、政策及研究机构、专业服务机构等共同奉献，以“打造PE产业链，共建VC生态圈”为使命，以“诚信服务、质量至上”为原则，致力于成为互联网上了解中国风险投资市场、投资者寻找中国商机、创业者寻求全球资金的首选网站，是目前中国风险投资行业项目数据最多、覆盖行业最广、为海内外投资机构与中国创业企业提供高附加值专业项目服务的首选平台，通过严格筛选和尽职调查的项目超过1000个，并有针对性地向风险投资机构进行积极推荐。为已经或希望在中国的创新沃土上有所作为的全球投资者和中国创业者提供高附加值的专业服务。

凭借对中国风险投资市场的深入研究和理解，中国风险投资网在产品和服务等方面进行了精心设计，以求各类用户得到满意的使用体验。网站下设栏目有：资讯中心、融资项目、投资信息、研究出版、VC学苑、风险警区、商务名片、行业活动、博客、社区和会员中心等。

品牌高端，公益诚信 中国风险投资研究院联合一流风险投资公司和权威政策研究机构等共同打造，公益诚信。

集合资源，沟通交流 网站集合了数百家风险投资机构，并集中了上千个优质项目，为机构和企业搭建一个高效对接的平台。

项目精纯，服务专业 与全国50多个国家级和200多个省级科技园结成创业联盟，以质量为唯一标准对项目进行严格筛选和审核，在线商务名片、博士评审团提供更贴心服务。

专家在线，及时互动 数百个风险投资经理在网站开博，全力打造“投资经理在线”，定期邀请知名风险投资人士做客本栏目，为投资者和创业者答疑解惑。

资讯专业，报告权威 背靠研究院强大的专业研究团队，第一时间发布风险投资行业，及相关热点投资行业的研究报告和行业资讯，独家权威项目。

线下结合，有效延伸 会员中心举办丰富的线下天使投资沙龙，风险投资俱乐部等活动相结合，与研究院的全国性服务网络相配合，服务更全面、更持续、更广泛，更专业。

广东省风险投资集团

GUANGDONG VENTURE CAPITAL GROUP CO., LTD

广东省风险投资集团成立于2000年9月，是广东省人民政府授权经营的国有风险投资公司，负责管理广东省人民政府12亿元人民币风险投资资金。集团旗下拥有广东省科技创业投资公司、广东省科技风险投资有限公司、珠海高科技成果产业化示范基地等八家风险投资和实业公司，并设立了“广东科创”、“广东科盈”、“广东科瑞”和“广州粤丰”四家专业化的投资管理公司，组建了两支支持高校原创的大学基金和三支区域创投基金。集团成立以来，实现了年年盈利和快速滚动发展。

本集团主要以股权投资的形式投资于广东省内的科技创新企业。除直接投资外，集团的业务范围还包括：投融资咨询、收购兼并、企业重组等。截至2010年末，集团以股权投资方式累计投资创新型中小企业60余家，在投资参股的企业中，有七家已成功上市，若干家以购并、股权转让等方式增值退出，还有一批参股投资企业正在积极筹划上市。

集团在国内风险投资业界的影响与实力持续增强，并与国际上知名的风险投资机构建立了战略合作伙伴关系与业务信息交流，已成为本土最具影响力和综合实力的风险投资机构之一。

集团典型的风险投资案例：

格林美（002340）

深交所上市

投资时间：2005年9月

上市时间：2010年1月22日

广东鸿图（002101）

深交所上市

投资时间：2000年12月

上市时间：2006年12月29日

Sunlord 顺络电子（002138）

深交所上市

投资时间：2003年4月

上市时间：2007年6月13日

精艺股份（002295）

深交所上市

投资时间：2007年12月

上市时间：2009年9月29日

广东榕泰（600589）

上交所上市

投资时间：2001年1月

上市时间：2001年6月12日

风华高科（000636）

深交所上市

投资时间：1995年12月

上市时间：1996年11月29日

威尔科技（002016）

深交所上市

投资时间：1999年3月

上市时间：2004年7月8日

RONSEN

广东蓉胜超微线材股份有限公司

2007年7月20日深交所上市

首轮投资：2000年11月

退出时间：2005年12月

广东天普生化医药股份有限公司

由上市公司上海实业购并

首轮投资：1999年4月

退出时间：2005年12月

创业者与投资人的共同家园

GUANGDONG VENTURE CAPITAL ASSOCIATION

广东省风险投资促进会是由广东省风险投资集团、华南理工大学、广东省生产力促进中心、珠海清华科技园创业投资有限公司等单位联合发起成立，由广东省科技厅进行业务指导，经广东省社会团体管理机关核准注册登记的联合性非营利的社会团体。是以广东地区的风险（创业）投资及相关担保、咨询、服务机构，以及风险（创业）投资领域的专业人士为基本会员的行业组织。

广东省风险投资促进会汇集广东地区主流风险投资机构和一批高成长企业，整合政府、实务界、理论界专家资源，本着真诚服务、加强行业自律管理、促进行业健康发展的宗旨，团结和组织广大会员，积极探索建立适合我国国情的新兴风险（创业）投资体系、鼓励风险（创业）投资机构的发展、参与国家及广东省相关法律法规和政策制定等，已经成为广东风险投资同业之间、风险投资机构与中小企业之间、广东风险投资业界与海内外同行之间沟通合作的重要平台。

【主要职能】

1、行业调研
2、投融资顾问服务
3、专业培训
4、咨询评估服务
5、规则制订
6、宣传交流

地址：广州市先烈中路100号58栋1011室
邮编：510070
电话：020-87681798
传真：020-87685559
E-mail:gdvca@gdvca.com
网址：www.gdvca.com

新开发创业投资管理有限责任公司

企业简介

新开发创业投资管理有限责任公司，成立于2008年6月14日，系由国家开发银行、上海浦东科技投资有限公司以及管理团队发起设立。新开发创业投资管理有限责任公司为专业的投资管理公司（以下简称：新开发创投），目前受托管理新开发联合创业投资企业（基金）。新开发创投的投资管理理念是结合出资股东、管理团队以及产业伙伴的资金、经营管理经验、产业链及网络资源，搭建综合性资源平台。一方面藉此平台资源进行投资项目的发掘、遴选、评估与投资决策，另一方面可藉此平台串连资金流、信息流及商务流，为被投资企业提供多元的增值服务，提升其企业价值，同时为其它平台参与者创造资源整合的共赢机会。

投资准则

- 高成长潜力
- 掌握关键技术与成功资源
- 坚实的管理团队与公司治理机制
- 可行的营收与获利模式及可延续的市场竞争优势
- 与平台资源具合作与整合综效，能有效提升企业价值
- 合理的投资条件与可行的投资退出管道

团队组成

拥有20人的专业投资管理团队，成员由来自境内外，融合直接投资、资产管理及投资银行等多种不同领域的专业人士组成。拥有在国内、美国，台湾，韩国及日本等地区的投资经验，具有完整的互补性、卓越的投资绩效和广泛累积的产业网络。

核心优势

- 强大的股东阵容：结合国家开发银行、主要开发区及外资股东，形成强强组合广泛汇集金融、产业及投资管理资源。
- 专业的投资团队：汇集境内外专业团队，广泛涵盖投资、金融服务、经营管理等专业领域，具有丰富的投资经验与卓越的实绩。
- 多元的增值服务：策略股东、管理团队、产业伙伴整合出强有力的资源平台，串连资金流、信息流及商务流，提供包括投融资、业务引进、技术合作、公司治理等增值服务，以充分满足被投资企业多元需求并创造更高的企业价值。

联系方式

北京：

地址：北京市东城区朝阳门北大街5号第五广场B座505室

电话：(010)52188787

传真：(010)52188757

上海：

地址：上海市浦东新区银城中路68号时代金融中心4206室

电话：(021)51870899

传真：(021)58765060

广州：

地址：广州科学城揽月路80号科技创新基地服务楼613室

电话：(020)32211181

传真：(020)80720380

公司网址：www.sinovovc.com

特载篇

第一章　2010年影响中国风险投资的观点

2010年，全球经济逐渐复苏，中国宏观经济实现持续增长，同时加快了调整结构、转变增长方式的步伐，国家圈定了七大战略性新兴产业，密集出台相关政策法规力助创业投资的发展。受整个经济形势利好、国内退出渠道不断拓宽和整个投资环境不断完善的影响，2010年的中国风险投资业呈现一片繁荣之象。

为了对2010年的风险投资行业做一总体回顾，本章收录了20位政府官员、专家学者和实务界人士的重要观点。他们从自身视角对风险投资行业相关重大问题进行了一番研究或探讨，并凝练出了一些深具启发性的观点——从调整经济结构到培育战略性新兴产业；从开展知识产权服务到发展金融科技创新；从完善银行体系到促进民间投资；等等。他们的见解在一定程度上反映了整个风险投资界的现状和趋势，理清了风投行业发展的思路和重点，为风投行业的进一步完善提供了理论基础和智力支持。相信在全社会有识之士的共同努力之下，风险投资行业一定会获得更大的发展，并带来新一轮经济增长的高潮。

一、巩固向好势头　推动持续增长

——在2010年夏季达沃斯论坛上的讲话

中共中央政治局常委，国务院总理、党组书记　温家宝

（2010年9月13日，中国北京）

在世界经济缓慢复苏的关键时刻，本次论坛以“推动可持续增长”为主题，探寻未来发展之路，具有很强的针对性和重要的现实意义。我祝愿本次论坛圆满成功！

过去的两年，在极为困难、复杂的情况下，中国在世界率先实现经济回升向好，保持经济平稳较快发展，这是我们全面实施一揽子计划的结果。在国际金融危机冲击最严重的时候，我国经济增速一度大幅下滑，不少企业处于停产半停产状态，有的甚至倒闭，不少工人失业，大批农民工返乡。由于我们及时实施了一揽子计划，从2009年第二季度开始，经济增速下滑趋势迅速扭转，当年增长9.1%，2010年上半年增长11.1%。城镇就业不断增加，居民收入持续增长，社会保持和谐稳定。事非经过不知难。一个13亿人口的国家，如果没有一定的经济增长速度、实现充分就业，提高人民福祉就是一句空话。实施一揽子计划的成效，不仅在于保持了当前经济增长和社会稳定，更重要的是保持了中国经济发展的好势头，现代化进程没有因巨大的外部冲击而出现大的波折，其意义重大而深远。

在应对国际金融危机中，我们始终高度重视推动经济发展方式转变和经济结构调整。两年来，国内需求特别是消费对经济增长的拉动作用持续增强，2009年社会消费品零售总额实际增长16.9%，为1986年以来最高增速，2010年以来这一势头得到延续，上半年实际增速与2009年同期基本持平。产业结构升级加快，2010年前7个月，高技术产业增加值同比增长17.7%，高于规模

以上工业增加值增速0.7个百分点。基础设施建设得到加强，2008年8月1日，我国第一条具有完全自主知识产权、世界一流水平的高速铁路——京津城际铁路通车运营，全程运行时间只有30分钟，使两大直辖市形成同城效应；2009年12月26日通车运营的武广高速铁路又成为目前世界上一次建成里程最长、速度最高的高速铁路。节能减排和环境保护扎实推进，2009年关停了小火电机组2617万千瓦，淘汰落后炼钢产能1691万吨、炼铁产能2113万吨、水泥产能7416万吨，2010年9月底前将再淘汰落后炼钢产能825万吨、炼铁产能3000万吨、水泥产能9155万吨，“十一五”前四年单位国内生产总值能耗累计下降15.6%。区域发展协调性增强，2009年中部地区、西部地区规模以上工业增加值增速分别比全国快1.1和4.5个百分点，2010年上半年中部地区比全国快3.1个百分点，西部地区与全国持平，中西部地区占全国规模以上工业增加值的比重由2008年同期的38.1%上升到38.8%。更为重要的是，我们从全局和战略的高度，对加快经济发展方式转变和经济结构调整做出了全面部署。所有这些都将对我国经济长期稳定健康发展起到重要推动作用。

我们实施积极的财政政策和适度宽松的货币政策，刺激力度前所未有，同时又比较好地控制了财政金融风险。这两年，我国财政赤字和国债规模分别控制在国内生产总值的3%以内和20%左右；银行资产质量和抵御风险能力提高，目前资本充足率和不良贷款率分别为11.1%和2.8%，都处于安全范围内。我们清醒地看到财政金融领域的潜在风险，特别是地方政府融资平台的债务风险，这个问题由来已久，但近期风险有所加大。我们已经出台加强地方政府融资平台公司管理的有关办法，正在抓紧落实。面对突如其来的国际金融危机冲击，我们采取超常规的政策措施是必要的，这些政策措施在发挥积极作用的同时，难以避免会带来一些负面影响，关键是要把这些影响控制在可以承受的范围内。从这个角度来说，我们比较好地处理了兴利与除弊的关系，总体上看效果是好的。

中国实施一揽子计划，不仅保持了本国经济稳定和较快增长，也为世界经济复苏做出了重要贡献。当主要发达国家经济出现负增长之时，中国等发展中大国经济迅速回稳和保持较快增长，极大地增强了世界战胜国际金融危机的信心，为世界经济提供了强劲增长动力。2009年中国实现进口10 056亿美元，全年贸易顺差减少了1020亿美元；2010年前7个月，中国实现进口7666亿美元，同比大幅增长47.2%，贸易顺差同比减少226亿美元。这表明，中国经济增长为跨国公司提供了重大发展机遇，为主要经济体和周边国家创造了大量需求，成为世界经济复苏的重要引擎。

总之，无论从短期看、还是从长期看，无论从实体经济领域看、还是从财政金融领域看，我们应对国际金融危机采取的一揽子计划和政策措施都是符合中国实际的，是及时的、有力的、有效的，是造福当代、利于后人、惠及世界的正确选择。当前中国经济运行呈现增长速度较快、结构逐步优化、就业持续增加、价格基本稳定的良好格局。二季度后一些主要经济指标增速出现回落，主要是基数影响和主动调控的结果。我们完全有信心、有条件、有能力继续保持经济平稳较快发展。我们将坚持把处理好保持经济平稳较快发展、调整经济结构和管理通胀预期的关系作为宏观调控的核心，把稳定政策作为宏观调控的主基调，保持政策的连续性、稳定性，增强调控的针对性、灵活性，进一步巩固和发展好的势头。

国际金融危机的深层次影响还没有完全消除，世界经济还没有进入稳步增长的良性循环，系统性和结构性风险仍然比较突出。要巩固和扩大应对国际金融危机冲击成果，并统筹考虑当前和长远发展，在继续促进经济复苏的同时，通过经济结构性的改革，为可持续发展创造条件。这是世界各国面临的共同课题。中国经济发展中也存在一些不平衡、不协调、不可持续的问题，主要是：经济结构不合理，科技创新能力不强，资源环境约束强化，城乡区域发展不平衡，经济社会发展不协调。这些问题有的是经济发展现阶段很难避免的，有的是体制改革不到位造成的。我们将把短期调控政策和长期发展政策有机结合起来，把深化改革开放和推动科学发展有机结合起来，切实解决这些深层次、结构性问题。这样，中国经济才能实现更大更持久的发展。当前和今后一个时期，我们将着重在以下几个方面做出努力。

我们要坚持内外均衡发展，着力构建扩大内需特别是消费需求的长效机制。中国有世界上潜力最大的国内市场，充分挖掘市场潜力，有效释放国内需求，是促进中国经济长期稳定发展的关键所在，也是解决经济运行中突出矛盾的重要途径。我们将加快推进收入分配制度改革，努力提高居民收入在国民收入中的比重和劳动报酬在初次分配中的比重，创造条件让更多群众拥有财产性收入，尽快扭转收入差距扩大趋势，促进居民收入和消费可持续增长。我们将坚持统筹城乡区域协调发展，积极稳妥地推进城镇化，因地制宜地把符合条件的农民工逐步转为城镇居民，继续加快新农村建设，加强农村基础设施建设和改善公共服务，继续实施区域发展总体战略，大力推进西部大开发和东北地区等老工业基地振兴，促进中部崛起，着力培育内需增长新动力，拓展农村和中西部地区的内需增长新空间。同时，我们要坚持面向国际国内两个市场。中国经济是开放型经济，我国既是出口大国，也是进口大国。我们发展对外贸易，并不追求贸易顺差。目前中国对美国、欧洲等有顺差，但对日本、韩国有逆差；加工贸易有顺差，但一般贸易有逆差；出口恢复性增长很快，但进口增长更快。我们不能、也不会关起门来搞发展。我们将在扩大内需的同时，积极稳定和拓展外需，努力实现内外均衡发展。

我们要坚持创新驱动，着力推动科技进步和产业结构优化升级。这是从根本上解决我国资源环境约束，适应国际需求结构调整和国内消费升级新变化，全面提升国民经济发展质量、效益和国家竞争力，促进经济可持续发展的战略重点。我们将把提高科技创新能力与完善现代产业体系有机统一起来，用先进技术改造传统产业，培育一批有自主知识产权和知名品牌、国际竞争力强的优势企业，建设一批具有国际水平和带动能力的现代产业集群，促进我国由制造大国转变为制造强国。我们将牢牢把握未来科技进步新趋势，加强政策支持和规划引导，积极培育发展战略性新兴产业，加快形成新的支柱性产业，力争实现跨越式发展。加快服务业对内对外开放步伐，营造有利于服务业发展的政策和体制环境，提高服务业在国民经济中的比重。

我们要坚持节约资源和保护环境，着力提高资源利用效率和应对气候变化能力。节约资源和保护环境是我们的基本国策。我们必须加快构建有利于节约能源资源和保护生态环境的产业结构、生产方式和消费模式，促进人与自然的和谐统一。我们将进一步完善法规和标准，强化目标责任考核，推动循环经济发展，全面推进节能、节水、节地、节材和资源综合利用，加强对各种自然资源的节约和管理，加强综合治理，保护与修复生态。我们将大力培育以低碳排放为特征的工业、建筑和交通体系，增加森林碳汇，加快低碳技术研发、示范和产业化，全面增强应对气候变化能力，在“共同但有区别的责任”原则下积极开展应对气候变化国际合作。

我们要坚持经济社会协调发展，着力保障改善民生和促进社会公平正义。保障和改善民生，让经济发展成果惠及全体人民，是经济社会发展的根本目的。让人民生活有基本保障、无后顾之忧，是现代政府的重要职责。目前，许多国家都面临失业率高企的共同难题。中国也面临着相当严峻的就业形势。我国劳动力人口近8亿，相当于所有发达国家劳动力资源的总和，每年新进入人力资源市场的劳动力远远超过能够提供的就业岗位，劳动力总量供大于求与结构性用工短缺矛盾并存。我们将把促进就业作为经济社会发展的优先目标，实施更加积极的就业政策，积极开发就业岗位，鼓励自主创业，促进充分就业。我们将着力增强政府提供公共服务能力，逐步形成比较完整、覆盖城乡、可持续的基本公共服务体系，提高社会保障、基本医疗卫生等领域的均等化水平。住房问题既是经济问题，更是影响社会稳定的重要民生问题，稳定房价和提供住房保障是各级政府的重要责任。我们要进一步规范市场秩序，完善土地、财税、金融政策，加快建立促进房地产市场健康发展的长效机制，抑制投资、投机性需求，引导市场增加普通商品房供给，加快保障性住房建设，发展公共租赁住房，促进形成合理的住房供给结构，满足多层次的住房需求。

我们要坚持深化改革，着力增强可持续发展的动力与活力。中国的发展进步得益于改革开放，中国要实现富强民主文明和谐的现代化目标，仍然要靠改革开放。中国的改革已经到了攻坚阶段，必须以更大决心和勇气全面推进各领域改革。我们要通过深化经济体制和政治体制等全面改革，使整个体制更加适应现代经济发展和社会主义民主政治建设的要求，更加有力地推进社会公平正义，更加有利于人的自由和全面发展。

中国的发展是开放的发展。中国的开放是长期的、全面的、互利的。一切有利于对外开放的政策，我们都会坚持下去。中国始终致力于为外商投资企业创造开放公平的良好环境。中国高度重视知识产权保护，已将保护知识产权提升为国家战略，中国也愿意与世界各国进行知识产权交流和对话。在这里，我要重申，所有依照中国法律在中国注册的企业都是中国企业，它们制造的产品都是中国制造，它们研发的创新产品也都是中国创造。在中国境内注册的外资企业都享受国民待遇。同时，中国的政府采购，对外商投资企业和中资企业在中国生产的产品一视同仁、平等对待。

中国巨大的市场容量、完善的基础设施、完备的产业配套能力和稳定公平的市场环境，正在吸引越来越多的跨国企业到中国投资兴业。目前，中国是世界上吸引外资最多的国家之一，全球500强企业中已有470多家在中国落户。截至2010年7月底，中国已累计吸收外资1.05万亿美元，连续18年居发展中国家首位。2010年1月～7月我国吸收外商投资同比增长了20.7%。外商投资企业在中国总体运营情况良好，取得丰厚回报，不少企业成为其母公司全球业务增长亮点和利润中心。这些情况说明，中国政府营造良好投资环境的努力得到了投资者的认可，提振了外商投资信心。我们将继续完善涉外经济法律法规和政策，改善外商投资兴业环境。我们真诚地欢迎各国企业积极参与中国改革开放进程，也希望各类企业严格遵守中国的法律法规，在中国依法经营，共享中国繁荣进步带来的机遇和成果。

二、关于调整经济结构促进持续发展的几个问题

——《求是》杂志2010年第11期

中共中央政治局常委，国务院副总理　李克强

党的十七大从实现未来发展目标出发，明确提出了加快转变经济发展方式的战略任务。2009年底召开的中央经济工作会议，综合分析国际国内经济形势，对加快经济发展方式转变作了全面部署，强调加快经济发展方式转变是我国经济领域的一场深刻变革，关系改革开放和社会主义现代化建设全局。转变经济发展方式关键是要在“加快”两个字上下功夫、见实效。

调整经济结构是转变发展方式的重要内容，对加快经济发展方式转变具有决定性意义。调整经济结构既是着眼于解决经济运行中的深层次矛盾，也是为了拓展发展空间，增强经济发展的长期动力，使经济增长建立在结构优化的基础之上，持续性得到增强。调整经济结构是提升国民经

济整体素质和抗风险能力、在后国际金融危机时期赢得国际经济竞争主动权的根本途径。

（一）我国已进入只有调整经济结构才能促进持续发展的关键时期

新中国成立60年来特别是改革开放30多年来，我国经济发展取得了辉煌成就，在经济总量迅速扩大的同时，经济结构不断得到调整和优化。但经济结构不合理的深层次矛盾和问题始终存在。这次国际金融危机使我国发展的外部环境发生了重大变化，经济结构既面临十分严峻的挑战，又面临一次新的战略性调整机遇。我们必须从全面建设小康社会、加快推进社会主义现代化的高度，按照加快经济发展方式转变的要求，切实增强经济结构调整的紧迫感和自觉性，促进国民经济长期平稳较快发展。

1. 推进经济结构调整是继续应对国际金融危机、顺应后国际金融危机时期世界经济发展趋势的必然要求

当前，世界经济在大调整大变革之中出现了一些新的变化趋势，对我国经济结构调整形成了巨大压力和倒逼机制。

一是世界经济增速放缓，国际市场需求受到抑制。当前，世界经济总体上度过了最困难阶段，出现回暖迹象。但世界经济全面复苏的基础并不牢固，国际金融危机的影响尚未消除。美国、欧盟等发达经济体失业率仍处高位，在金融危机中受到重创的房地产、金融业仍待恢复，实体经济增长乏力，新的经济增长点短期内还难以形成，一些国家主权债务风险不断暴露，实现世界经济全面复苏将是一个缓慢而复杂的过程。在这种情况下，全球贸易和投资增长短期内还难以恢复到国际金融危机前的水平，同时，一些国家还酝酿把碳排放与贸易挂钩，征收所谓的“碳关税”，各种形式的保护主义抬头，可能对我国保持乃至拓展外需形成较大制约。

二是世界经济原有增长模式难以为继，发展格局面临深度调整。这场国际金融危机，使发达国家过度依赖虚拟经济的增长模式受到很大冲击，一些国家的政府官员和学者提出了世界经济“再平衡”、“再工业化”以及贸易逆差国扩大出口等政策设想及目标。虽然经济全球化的长期趋势不可逆转，但这种全球性的经济格局调整和转型，无疑会给我国经济发展模式带来深刻影响。

三是世界科技创新孕育新突破，产业升级步伐加快。国际金融危机刺激了科技进步和创新步伐的加快，推动着世界产业变革与结构调整。发达国家加快调整科技和产业发展战略，把绿色、低碳技术及其产业化作为突破口。2009年，美国推出绿色经济复苏计划、欧盟实行绿色技术研发计划等，都是为了塑造新的竞争优势，抢占新的制高点。从总体上看，我国的产业还处于国际产业链的低端，如果不能把握趋势、抢占先机，就会拉大与发达国家之间的差距。

四是我国经济结构调整面临的外部压力有所加大。随着我国综合国力和国际影响力的增强，与世界其他国家的经济合作将更加密切，在一些领域的竞争也可能趋于增加。气候变化、粮食安全、能源资源安全等全球性问题错综复杂，外部环境不稳定、不确定的因素依然很多。在这种情况下，加快经济发展方式转变和经济结构调整，进一步做好应对气候变化、能源资源合作等方面的工作，在妥善解决热点问题和全球性问题中发挥建设性作用，有利于保持和平发展的外部环境。

2. 推进结构调整是解决国内经济发展深层次矛盾的根本举措

改革开放30多年来，我国经济持续快速发展，目前经济总量已位居世界前三位，成为全球具有重要影响的最大新兴经济体和世界工业与制造业大国。但也要看到，我们的发展也付出了很大代价，经济结构不合理的矛盾长期积累，发展不平衡、不协调、不可持续的问题日益显现，突出表现在需求结构失衡、供给结构不协调、要素利用效率低下、环境损害大、空间布局不够合理等方面。

从需求结构看，主要是内需与外需、投资与消费失衡。多年来，我国经济对外贸的依存度不断上升，经济增长在较大程度上依赖国际市场。同时，投资率偏高，消费率偏低。据测算，我国的资本形成率由上世纪80年代初的32%左右上升到2009年的46.8%，最终消费率则由同期的67%左右下降到48.6%。消费不足又与收入分配结构不合理相关，居民收入在国民收入分配中的比重偏低，影响了居民消费需求的提高。我国作为一个大国，长期主要依赖投资、外需拉动经济增长，会加大经济的不稳定性，不利于国民经济良性循环。

从产业结构看，主要是三次产业发展不协调、农业基础薄弱、工业大而不强、服务业发展滞后，部分行业产能过剩。2009年，我国服务业占国内生产总值的比重为42.6%。按照世界银行数据，近年来，中等收入国家服务业比重为53%，高收入国家服务业比重为72.5%，低收入国家服务业比重为46.1%，我国服务业发展明显滞后。与此同时，我国工业增加值占国内生产总值的比重，则已超出发达国家工业化时期的最高值。产业结构不合理，加大了资源环境压力和就业压力，也制约着国民经济整体素质的提高和经济的持续发展。

从城乡和区域结构看，主要是城镇化发展滞后、中西部地区发展滞后、城乡和区域之间生活条件和基本公共服务差距较大。2009年，我国城镇与农村居民收入之比为3.33∶1，东部地区与中西部地区人均国内生产总值之比为2.2∶1。城乡和区域结构不合理问题，不仅关系到内需扩大和发展空间拓展，也关系到社会和谐稳定。

从要素投入结构看，主要是资源消耗偏高，环境压力加大，资源环境的约束日益突出。我国主要资源性产品消费占全球总消费的比重，明显大于国内生产总值占全球经济的比重。虽然生产的产品有不少是用于出口的，但单位产品资源消耗明显高于发达国家水平。同时，水资源和土地资源消耗也很大，生态环境的代价也很大。经济发展与资源环境的矛盾，是我国现代化建设中需要长期面对的重大挑战。

经济结构调整涉及许多方面，上述结构性问题是我国经济增长质量和效益不高的主要根源。未来一个时期，这些结构性矛盾将更加凸显。不调整经济结构，就难以保持经济平稳运行，就难以实现经济持续发展。

3. 推进经济结构调整是巩固当前经济回升向好势头的迫切需要

调整经济结构，不仅是一项长期战略任务，而且是当前的一项紧迫工作。做好2010年的经济工作，关键是要正确处理保持经济平稳较快发展、调整经济结构和管理好通胀预期的关系。在三者关系中，调整经济结构是结合点和突破口，可以起到重要的平衡和调节作用。

调整经济结构，有利于保持经济平稳较快发展。一年多来，我们全面实施并不断丰富完善应对国际金融危机冲击的一揽子计划及政策措施，保增长、保民生、保稳定取得明显成效。但经济增长的内生动力仍显不足。巩固和发展经济回升向好的势头，需要面向现实和潜在的市场需求，挖掘需求潜力；需要调结构，抓创新，培育新的增长点，使短期的恢复性增长成为长期的持续发展。同时，针对部分行业尤其是一些高耗能、高排放行业产能过剩的情况，也需要及时淘汰落后产能，防止重复建设。这方面动手越早、损失越小，动手越晚、代价越大。

调整经济结构，有利于管理好通胀预期。当前我国价格水平总体平稳。但2009年11月份以来，居民消费价格指数同比增幅由负转正。受国际市场大宗商品价格和国内部分资产价格上涨等多种因素影响，通胀预期有所显现。加大经济结构调整力度，加强需求侧管理，可以减缓对能源资源产品进口的依赖，防范输入型通胀，这有利于管理好通胀预期。

总之，经济结构调整是促进经济又好又快发展的有效保证。我们进行的经济结构调整是有保有压、有促有控的。这种调整是提高质量、效益和竞争力的重要基础，是实现有后劲、可持续发展的重要保障，是有利于发展的调整。要把调整经济结构作为转变经济发展方式的重要内容，从解决对国民经济影响较大的结构性问题入手，既为当前保持经济平稳较快发展提供支撑，又为实现未来发展目标创造条件。

（二）立足扩大内需调整结构，增强持续发展能力

扩大内需是我国经济发展的基本立足点和长期战略方针，也是调整经济结构的首要任务。要在处理好扩大内需与稳定外需关系、增加投资与扩大消费关系的前提下，着力扩大居民消费需求，努力实现消费、投资、出口协调拉动经济增长。

1. 坚持内需为主、内外需结合

改革开放以来，外需对推动我国经济持续快速发展起到了重要作用。2009年，尽管受到国际金融危机的严重冲击，我国货物出口额仍达1.2万亿美元，成为世界第一大出口国。同时，我国进口规模不断扩大，2009年货物进口额超过1万亿美元，成为世界第二大进口国。通过利用国际市场和引进资金，不仅拓展了我国的市场空间，增加了就业，而且带来了先进技术、管理经验、高素质人才和机制创新、观念更新。外需在我国经济发展中有着不可或缺的重要地位。

同时也应看到，立足内需是我国持续发展的必由之路。国际经验表明，大国经济增长主要靠内需支撑。2008年，美国、印度内需占总需求的比重分别为92%、88%。而同年我国这一比重仅为72.8%，在各大国中是较低的。我国人口多、幅员广、回旋余地大，正处于工业化、城镇化快速发展阶段，扩大内需有着巨大的空间和潜力。

立足扩大内需也是牢牢把握发展主动权的需要。应当看到，外需往往受到许多不可预料和突发性因素的影响，其变化不是我们能控制的。1997年发生的亚洲金融危机和这次国际金融危机，我们均成功地加以应对，抵御了外部冲击，实现了经济回升，靠的就是扩大内需。

需要指出的是，扩大内需并非压缩外需，而是在稳定和拓展外需的同时，着力增强内需特别是居民消费需求对经济增长的持续拉动作用。我国的扩大内需，是在开放条件下的扩大内需，而不是自求平衡；稳定和拓展外需，是建立在转变外贸增长方式基础上的稳定和拓展外需，而不是单纯扩大出口规模。我们在保持对外贸易大国地位的同时，还应逐步扮演好对外投资大国的新角色，进一步充分利用好国际国内两个市场、两种资源。因此，以内需为主，内需和外需共同构成了我国经济发展的市场空间。要统筹国内国际两个大局，统筹国内发展和对外开放，既要充分发挥比较优势，保持并增加我国在国际市场上的份额，更要充分发挥内需潜力巨大的优势，把经济增长建立在稳固的内需基础上。这些都是调整经济结构的应有之义。

2. 积极寻求投资与消费的结合点

扩大内需包括扩大投资需求和消费需求。在我国目前的发展阶段，投资需求还有很大空间。从应对国际金融危机冲击看，投资对经济增长的拉动作用见效最快，对经济企稳回升起到了重要作用。同时也要看到，长期过度依赖投资拉动的经济增长是难以持续的。要把重点放在投资结构的调整上，使投资进一步向保障和改善民生倾斜，向经济社会发展的薄弱环节倾斜，向自主创新倾斜，向节能环保倾斜。同时，要完善促进民间投资的政策措施，鼓励和引导民间投资更多地投向基础设施、社会事业、市政公用和社会服务等领域，更好地发挥民间投资在扩大内需中的积极作用。

优化投资结构的重点应放在以投资促进消费上。消费需求是最终需求，投资需求与消费需求

密切相关。寻求投资与消费的结合点，不仅可以增投资、保增长，而且可以扩消费、惠民生，促进持续发展，起到“一石多鸟”的作用，这是我们应对国际金融危机冲击的一条成功经验。如2008年11月中央出台的扩大内需促进经济增长10项措施中，摆在首位的就是保障性安居工程。它不仅可以缓解部分低收入居民的住房困难，而且刺激了装修、家具、家电等消费的支出，带动了居民消费。又如投资于农村的民生工程和基础设施，为家电下乡、汽车下乡创造了条件，支持了居民消费。还有一部分投资可以直接转化为劳动工资，有利于增加居民消费。在相当一段时间里，我国投资与出口之间逐步形成了较强的循环关系，出口的增加带动了投资，投资的扩大又促进了出口能力的增加。今后，应努力实现投资与消费之间的良性循环，以投资带消费，以消费促投资。促进投资消费的有机结合不是权宜之计，是优化投资结构、扩大内需的长效之策。

3. 把扩大消费需求作为扩大内需的主要着力点

扩大居民消费是扩大内需的重点。我们说内需不足，主要是居民消费需求不足。我国居民消费率较低，可开拓的空间很大。扩大居民消费需要多措并举。一是完善消费政策。要总结家电下乡等刺激消费政策的经验，不断丰富和完善相关政策。但扩大居民消费不能长期依赖政府补贴，还要探索多种办法，建立长效机制。二是改善消费环境。要建立健全消费法规标准、市场流通体系，整顿和规范市场秩序，保障食品和药品安全，同时要完善信用体系，发展消费信贷，提供优质服务，让群众安心消费、方便消费。三是培育消费热点。要支持居民自住和改善性购房需求，增加文化、体育、旅游、培训和家政等消费，引导消费结构升级。

扩大居民消费的关键是提高居民消费能力，这就需要调整国民收入分配结构，提高居民特别是中低收入居民的收入水平。当前，应更加注重就业和劳动报酬在一次分配中的作用，更加注重社会保障和公共服务在二次分配中的作用，以此作为调整国民收入分配结构的重要突破。

就业是民生之本、收入之源。要实施更加积极的就业政策，千方百计增加就业。只有就业规模扩大了，劳动者的收入增加了，扩大消费才有条件。社会保障是一张“安全网”。通过加快社会保障体系建设，可以解除居民消费的后顾之忧，增强消费意愿。要加大投入力度，加快健全养老、医疗卫生、最低生活等社会保障体系。社会保障和公共服务本身也是社会消费。应合理区分基本与非基本保障和服务，把重点放在“保基本、强基层、打基础”上，集中力量提供基本公共服务，办好群众需求最迫切、政府又力所能及的实实在在的事情。

提高居民消费能力，根本举措是提高居民收入在国民收入分配中的比重和劳动报酬在初次分配中的比重，努力做到城乡居民收入增长、劳动报酬增长与经济增长相协调。这要求逐步扩大中等收入者比重，努力形成“橄榄型”收入分配结构。调整国民收入分配结构是一项关系到改革发展稳定全局的大事，需要高度关注，切实采取措施。这方面的调整涉及方方面面的利益格局调整，需要深入研究，积极稳妥加以推进。

（三）把城镇化作为扩大内需的战略重点，拓展持续发展空间

城镇化是经济社会发展的客观趋势。我们讲扩大内需，最大的内需在城镇化，最雄厚的内需潜力在城镇化。当前和今后相当长一段时间，我国城镇化处于快速发展阶段。在这个历史阶段，应以加快城镇化为依托，调整优化城乡和区域结构，扩大消费需求和投资需求，促进经济长期平稳较快发展。

1. 推进城镇化是关系现代化建设全局的重大战略

城镇化水平是一个国家工业化、现代化的重要标志。从工业革命以来的世界发展史看，一国

要成功实现现代化，在推进工业化的同时，必须同步推进城市化。一些国际组织常用人均国内生产总值、工业化率、三次产业结构、城市化率等指标衡量一国的发展水平。改革开放以来，我国城镇化稳步发展，2009年城镇人口占总人口比重达到46.6%。但总的来看，我国城镇化水平与工业化水平相比，仍明显滞后，不仅远低于发达国家，而且也低于世界平均水平。据统计，发达国家城市化率一般已接近或高于80%，人均收入与我国相近的马来西亚、菲律宾等周边国家，城市化率也在60%以上。城镇化发展水平偏低，制约着我国国内需求的扩大，影响着产业结构的升级，也是区域经济发展不协调的重要原因。因此，加快城镇化进程是经济结构调整的重要内容。

我国城镇化蕴含着巨大的内需空间。据有关部门预测，我国城镇化快速发展还能持续相当长时间，到2030年，城镇化率将达到65%左右，各类城镇将新增3亿多人口，这将为扩大消费和投资需求提供强大、持久的动力。一是城镇化可以有效扩大城市消费群体，增加居民消费。据统计，2008年我国农村居民人均消费支出为3661元，城关镇居民人均消费支出为8869元，地级市居民人均消费支出为10 599元，36个大中城市居民人均消费支出为14 326元。这表明从乡村到城市，居民消费明显增加。二是城镇化可以提高农村居民消费水平。农村人口逐步转为城镇居民，有助于推进农业适度规模经营，对增加农民收入和提高农民消费水平具有明显效果。三是城镇化可以有力拉动投资需求。城镇人口的增加，可以带来城镇基础设施、公共服务设施建设和房地产开发等多方面投资需求。从更广阔的视角来看，在后国际金融危机时期，全球市场需求相对短缺，由城镇化带来的国内市场扩大，不仅对我国经济发展具有重要意义，而且其产生的巨大需求，有可能成为我国与主要发达国家互利合作的重要条件。

“十二五”时期，我国城镇化率将突破50%，人们的生活方式和经济社会结构会随之发生一系列深刻变化。在这个关键时期，必须牢牢把握城镇化发展蕴含的巨大机遇，清醒地认识这一变化可能带来的各种挑战和问题，因势利导，趋利避害，推进城镇化健康发展。要看到，在十几亿人口的大国推进城镇化，进而实现现代化，在人类历史上没有先例可循。有序引导这个宏伟进程，也是对我们党执政能力和政府行政能力的重大考验。我们必须按照科学发展观的要求，从基本国情出发，借鉴国际经验，稳步推进这一历史进程。

2. 以推进城镇化带动区域协调发展

城镇化是带动区域协调发展的重要途径。近现代以来，一个沿海国家的经济发展，首先从该国沿海地区开始，然后沿着内河向内地延伸，同时生产要素和人口在空间上合理聚集，成了一个普遍规律。我国经济发展也经历了类似的情况。改革开放30多年来，珠三角、长三角、环渤海等地区率先开放发展，在形成外向型经济格局的同时，形成了人口经济集聚程度较高的城市群，有力地带动了东部沿海地区的迅速发展，成为国民经济重要的增长极。但也要看到，在东部地区快速发展的过程中，区域经济发展的差距有所扩大，中西部地区发展相对滞后，一个重要表现就在于中西部地区城镇化水平相对滞后。2008年，东部地区城镇化率平均达到56%，而中部、西部地区分别只有43%、38%。通过推动中西部地区城镇化加快发展，带动中西部地区的经济发展，是解决区域协调发展的一条有效途径。

因此，在优化发展东部沿海地区城市群的同时，要在中西部一些资源环境承载能力较强的区域，通过加快承接产业转移、完善公共服务体系和有序集聚人口，培育和发展一批城市群，促进经济增长和市场需求空间由东向西、由南向北梯次拓展。有序推进中西部城镇化过程，既是创造和扩大内需的过程，也是带动和促进区域协调发展的过程。

在城镇化进程中，要把加强中小城市和小城镇建设作为重点。在中西部地区，以县城为基础积极发展中小城市；在东部沿海地区，把有条件的中心镇发展成中小城市，与大城市和现有中小城市形成有序分工、优势互补的空间布局。这既可以形成并发挥集聚效应和规模效应，又能避免城镇过于分散造成的土地浪费，还可以避免一些特大城市过于膨胀造成的“城市病”。

从国际经验看，城市群是城市化发展的一条重要途径。城市群可以通过现代交通网络，把大中小城市和小城镇联结起来，促进不同规模的城市和小城镇共同发展。所以，要坚持促进大中小城市和小城镇协调发展，逐步把城市群作为推进城镇化的主体形态。

3. 在城镇化进程中统筹城乡发展

城镇化和社会主义新农村建设是相互促进的，应当统筹推进。没有农业和农村的发展，城镇的繁荣与发展就没有基础和保障。我国作为一个人口大国，任何时候都要立足自己解决粮食问题。要始终绷紧粮食安全这根弦，始终坚持最严格的耕地保护制度和最严格的节约用地制度，切实保障粮食安全。

同时也要看到，城镇化是解决“三农”问题的重要途径。只有减少农民，才能富裕农民。随着农村富余劳动力和农村人口逐步向城镇转移，农村居民人均占有资源量会相应增加，从而提高农业生产效率和商品化率，增加农民收入。减少农村人口，可以提高农业生产的规模化和市场化水平，促进现代农业的发展。城镇化水平的提高，城市经济实力的提升，可以增强以工补农、以城带乡的能力，有利于改善农村面貌，带动农村经济社会发展。

4. 把符合条件的农业人口逐步转变为城市居民

近些年来，我国城镇化率提高较快，但在现行统计的城镇人口中，约有1.5亿农民工及其家属虽然常住城镇，但在公共服务等方面还没有完全享受与城镇居民相同的待遇。因此，推进城镇化的一个重要任务，就是要把符合条件的农业人口逐步转变为城市居民，这样可以在实质上提高人口城镇化水平。要按照党的十七届三中全会和2009年中央经济工作会议的要求，稳步解决符合条件的农民工在城镇落户问题。对一时难以落户的，也要注意解决他们在劳动就业、工资待遇、子女教育、社会保障等方面遇到的问题。特别是上世纪80年代以后出生的农村人口已经成为农民工的主体，他们融入城市的意愿更为迫切，逐步解决好他们的身份转换问题，对城镇化健康发展和社会和谐稳定意义重大。

稳步推进符合条件的农业人口转变为城市居民，关系到上亿人口的切身利益，也关系到国家的长治久安。这是一项长期复杂的系统工程，需要统筹考虑城市综合承载能力和其他各方面条件，因地制宜，稳步推进。在这个过程中，不能把农民变为城市贫民，因此需要努力帮助他们提高工作技能，增强收入保障能力。不仅要考虑农民工的落户和享受公共服务等问题，还要从长远出发，从下一代出发，为农民工子女创造良好的教育条件，加强技能培训，使他们具备自身发展能力和适应能力。

推进城镇化既是一项艰巨复杂的任务，也是一个长期过程。推进城镇化既要积极，也要稳妥。我国农村人口十分庞大，长期积累的城乡二元结构不可能在短期内改变，需要有一个过渡。在这个过程中，有不少重大问题需要深入研究，如怎样形成合理的城镇化布局，怎样筹措城市建设和公共服务资金，怎样使城市规划和管理水平与城镇化相适应等。总之，要因地制宜，积极探索，努力走出一条中国特色城镇化道路。

房地产与城镇化紧密相连，加快推进城镇化必须保持房地产市场平稳健康发展。一方面，要大规模推进保障性安居工程，加快廉租住房、经济适用住房、棚户区改造住房等建设，解决好低收入群众住房困难问题。另一方面，要增加中低价位、中小套型等普通商品房供应，规范发展住房市场，抑制房价过快上涨，满足不同层次居民住房需求。房地产市场属地性很强，在国家政策指导下，需要各地从实际出发采取有效措施，努力做到人民群众住有所居、安居乐业。

（四）加快产业结构优化升级，提升持续发展水平

调整产业结构，最重要的就是面向市场需求。后国际金融危机时期，市场需求可能是最稀缺的资源之一，产业发展最终要接受市场的检验。应及时调整产业结构、产品结构，努力使供给结构更好地适应市场需求变化。要进一步加强农业基础地位，培育壮大现代产业体系，促进三次产业协同发展。

1. 面向国内国际两个市场促进产业结构优化升级

我国正处在消费结构快速变动和升级的时期。居民消费正由以衣、食为主的生存型、温饱型，向以住、行为代表的小康型、享受型转变，这就要求产业结构适应消费结构的这种变化。首先，农业结构调整的潜力很大，随着消费水平的提高，人们对优质、生态、安全的农产品需求越来越迫切。这就要求我们进一步调整农业的产品结构和产业结构，加快发展现代农业。其次，随着人均收入提高，居民消费结构加快变化，工业品和服务需求的结构调整方兴未艾，并呈现出多元化和个性化的新特征。这就要求我们通过调整和改善供给来满足不断变化和升级的消费需求，通过不断开发新产品和发展新业态，创造和引领新的消费需求。如新一代移动通信进入市场，已经催生出手机电视等空间广阔的消费需求。

在适应国内市场变化的同时，还应敏锐捕捉国际市场变化新趋势。全球主流消费市场正在向健康、节能、环保、低碳和个性化、智能化等方向发展，新的技术和创意正在推动形成一些新的消费热点。我们应主动适应这种变化，推动产业结构优化升级，拓展海外市场空间。

抑制产能过剩行业盲目投资，也是从市场需求出发推进经济结构调整的一项重要举措。无论是发展现有产业，还是培育新的产业，都要充分考虑现实和未来的市场容量，考虑竞争能力，考虑资源环境承载能力，否则终究会被市场所淘汰。

2. 通过提高自主创新能力和加强质量、品牌和标准建设，争创国际竞争新优势

我国传统的低成本竞争优势正在逐步减弱，培育新的竞争优势迫在眉睫，增强自主创新能力和培育自主品牌是塑造新竞争优势的根本途径。

多年来，我们通过引进资金、技术，发挥低成本优势，逐渐成长为世界制造业大国。但大而不强一直是发展中的软肋，许多关键技术、大型成套设备、核心元器件和重要基础件都依赖进口。缺乏自主创新能力是制约我国产业结构优化升级的主要因素。如果不能尽快改变这种状况，就难以在新的国际竞争条件下形成新的核心竞争力。日本和韩国的经历表明，在低成本竞争优势丧失后，应努力提高自主创新能力，掌握知识产权，形成新的竞争优势。其经验值得借鉴。

提高自主创新能力，要走中国特色自主创新道路。应当清醒地看到，重要产业、重要领域的核心技术是买不来的，只有依靠自主创新特别是原始创新。同时，要发挥我国市场规模巨大的优势，继续搞好引进消化吸收再创新，重视走集成创新的新路子。这在三峡工程、高速铁路工程建设和装备研制中已有成功例子。要加快构建以企业为主体、市场为导向、产学研相结合的技术创新体系。抓住国际金融危机以来出现的新机遇，通过企业并购、技术合作、建立海外研发机构、吸纳科技等各类人才等一系列举措，广泛而多渠道地吸收全球创新资源和最新成果，用于增强我们的自主创新能力。

增强自主创新能力，要着眼于抢占未来技术和产业制高点，与培育发展战略性新兴产业更好

地结合起来。从当前世界科技和产业发展的新动向来看，“物联网”、“云计算”和“智慧地球”等新兴技术将极大地改变人类生产、生活和创新方式，新能源、新材料、新医药、节能环保、航空航天等产业发展空间巨大。要准确把握这些新技术和新产业的变化方向，明确主攻重点，加强基础研究，突破核心技术，力争实现跨越式发展。

近年来我国产品质量、品牌、标准建设取得明显成绩。但与世界先进水平相比还有很大差距，标准建设尤为滞后。质量是企业的生命，是自主创新的基础，也是竞争力的根本保障。品牌是自主创新的结晶，是质量和信誉的载体，具有广泛的认知度和市场空间。标准是自主创新的制高点，谁掌握了标准制定的话语权，谁就掌握了市场竞争的主动权。我们要在这些方面继续努力，力争获得新的突破。

3. 加快服务业特别是现代服务业发展

服务业的繁荣发展是现代化的重要标志，也是产业结构优化升级的重要内容。大力发展服务业特别是生产性服务业，对于加强和改善供给，扩大就业，拓宽服务消费，减轻资源环境压力，具有十分重要的战略意义。

我国无论是生产性服务业还是生活性服务业都有着旺盛的市场需求，但服务业的供给能力和水平还难以满足这种需求。首先要高度重视生产性服务业的发展。为工农业生产服务的第三产业发展滞后，在很大程度上制约着国内消费市场的扩大以及出口产品附加值的提高，影响了我国产业结构的优化升级。以物流为例，我国现代物流的发展严重滞后，全社会物流成本相当于国内生产总值的20% 左右，比发达国家平均水平高出一倍。加快发展物流、商务、金融、保险、研发等生产性服务业，潜力巨大，效益明显。

我国生活性服务业也有着巨大的发展空间。随着城乡居民生活水平的提高，对餐饮、音乐、图书、旅游、健身、新媒体、心理咨询等全方位的服务需求不断增加，一些适应新的消费需求的服务业也开始加速发展，对满足人民生活需要、提高人民生活质量、拉动经济增长和创造就业机会发挥了重要作用。还要看到，人口集中到一定程度后，服务业的不同领域之间可以相互创造需求，相互创造就业岗位。我们要适应服务业的特点和新的变化，创造良好的外部环境，使生活性服务业获得更大的发展空间。

文化产业是现代服务业的重要组成部分，是朝阳产业。在应对国际金融危机冲击中，逆势而上，丰富了人民群众精神文化生活，为调结构、促发展作出了贡献。要继续深化文化体制改革，大力发展文化创意、出版发行、影视、演艺娱乐、动漫等文化产业，促进社会主义文化大发展、大繁荣，满足人民群众日益增长的精神文化需求，增强中华文化在国际上的影响力。

（五）统筹人口资源环境和经济社会发展，破解持续发展难题

要素投入结构不合理，是我国粗放型增长方式难以根本转变的重要原因。推进经济结构调整，要把调整优化要素投入结构作为一项重要任务，从需求和供给两方面进行管理，加强节能增效和生态环保，大力发展绿色经济、循环经济和低碳技术，并从战略上把握好人口发展问题，促进经济社会发展与人口资源环境相协调。

1. 加深对我国基本国情的认识和把握

人口多、底子薄、发展不平衡是我国的基本国情。现在看，人口多的格局长时间不会改变，多年快速发展使我们的底子厚了一些，但人均水平不高、城乡和区域发展不平衡的问题仍然突出。同时，资源环境对经济社会发展的制约越来越明显，资源相对不足、环境承载能力弱日益成为我

国在新的发展阶段的基本国情。发达国家200多年工业化进程中分阶段出现的人口资源环境问题，在我国现阶段集中凸显，尤其是资源环境问题，已经成为影响经济持续发展的突出因素。

人口多始终是我国经济持续发展进程中需要面对的一大难题。我国实行计划生育政策30多年来，实现了人口再生产的历史性转变。但要看到，今后20年～30年，我国将先后迎来劳动力人口、总人口、老年人口三大高峰，人口数量、结构和分布问题集中显现、相互交织，呈现前所未有的复杂局面。

我国人均资源占有量低，能源资源消耗大，单位产品能耗高。我国石油、天然气人均储量都不足世界平均水平的1/10；即使是比较丰富的煤炭资源，人均储量也不到世界平均水平的40%。我国已成为全球第二大能源消费国，但能源效率不高，一些重化工行业单位产品能耗比世界先进水平高10%～50%，矿产资源总回收率比世界先进水平低20%，加剧了能源资源短缺的状况。目前，我国石油、铁矿石、铝土矿、铜矿等重要能源资源消费对进口的依存度都超过了50%，对涉外工作提出了新的要求。保障能源资源安全的任务重大。

近年来，我国环境治理和生态保护取得明显成效，但生态环境总体恶化的趋势没有根本扭转，对经济社会发展形成严重制约。主要表现在，我国在大气污染治理上取得了一定成效，但城市空气污染问题尚未有效改观，水污染问题更加突出，工业污染依然严重，农村面源污染、生活污染问题进一步凸显，一些地方长期积累的重金属污染严重威胁当地群众健康。环境污染已经成为当前关系社会和谐稳定的一个重大问题，亟待加大防治力度，持续推进治污减排，务求取得进一步的成效。

2. 把节能增效和生态环保作为经济结构调整的重要抓手

通过节能增效和生态环保推进经济结构调整，不仅是落实节约资源、保护环境基本国策的现实和长远需要，而且是加快经济发展方式转变的关键举措。加强节能增效，不仅可以给企业带来可观的经济效益，而且可以减少资源消耗和污染排放，带来显著的社会效益和环境效益。这是当前企业提高效益的现实途径，是企业技术改造和设备更新的重要方向。许多企业虽然引进了技术先进的设备，但节能环保指标仍然落后，加快改造更新大有可为，也十分必要。

节能环保产业属于战略性新兴产业，可以发展成一个大产业。我国新能源、节能环保等产业和技术已经具有一定基础，新技术、新产品、新服务方兴未艾，显示出蓬勃生机。据估算，未来5年我国节能环保产业总产值可达4万亿元。比如，我国高效电机技术水平已经较高，但绝大多数用于出口，如果对国内低效电机进行全面改造，每年可以节约1500亿度电，得到750亿元的节电效益，还可以形成1000亿元左右的增加值。

同时，从我国国情出发，应在消费领域倡导绿色消费、适度消费的理念，加快形成有利于节约资源和保护环境的消费模式，从需求侧减缓对资源和要素的供给压力。而且，消费观念和消费模式改变，也有利于扩大节能环保产品的市场，促进经济结构调整。

3. 从战略上把握好人口发展问题

人口问题在经济社会发展中始终处于基础性地位，与经济结构调整密切相关，也是影响经济长远发展的重要因素。我国经济社会发展仍将面临人口问题带来的双重压力。一是人口多带来的就业压力。据测算，21世纪30年代我国总人口将达到峰值。未来10年内，我国劳动力人口将达到峰值，但到21世纪中叶，劳动力人口仍多于20世纪90年代，也多于欧洲国家现在的人口总和，就业压力将长期存在。二是人口老龄化带来的压力。21世纪初，我国60岁以上人口占总人口的比例已超过10%，按国际标准，已进入老龄社会。今后一个时期，我国老年人口将持续增加，“人口红利”逐步减少。当然我们要看到，人口问题的双重压力，处理得好，可在一定程度上转化为发展的动力。为此，应当充分发挥人力资源仍然丰富的优势，把人口压力转化为人力资源、人才资源，同时把握好发展老龄产业的机遇，使经济结构调整更好地适应人口结构的变化。

把握好人口问题，需要统筹兼顾、综合施治。必须坚持计划生育基本国策，稳定低生育水平，这个大方向不能动摇，否则就会犯历史性错误。同时，也要着眼于长远发展，科学分析人口问题带来的影响，加紧完善人口与相关经济社会政策，统筹人口数量、素质、结构、分布的均衡发展，为经济结构调整创造条件。这就需要深入研究一些重大人口战略问题。

（六）推进改革创新，完善经济结构调整的体制机制

实现经济结构调整的战略任务，促进经济发展方式转变，难点和关键都在于调整利益格局，最大的症结在于体制机制不合理。这就要求我们必须坚持社会主义市场经济改革方向，坚持从实际出发，充分发挥各方面积极性，锐意推进改革创新。

1. 完善体现科学发展观的评价体系

面对新的发展环境，需要深刻理解又好又快发展的深远意义，既要看到“快”的重要，也要对“好”有更积极的认识，努力做到又好又快。改革开放30多年来，我国经济实现了持续快速增长，今后一些年只要保持平稳较快增长势头，就可以实现2020年比2000年人均国内生产总值翻两番的战略目标。如果我国经济再平稳较快发展几十年，到21世纪中叶，就能够实现社会主义现代化的宏伟目标，创造出一个大国长达半个多世纪持续较快发展的奇迹。这要求我们立足当前，着眼长远，保持经济长期平稳较快发展。

国际上越来越重视用经济结构、资源环境、人的发展等方面的指标，作为评价发展水平的依据。20世纪80年代，联合国开发计划署就提出了包括人均国内生产总值、平均预期寿命、成人识字率在内的“人类发展指数”，用于评价各国的发展水平。我国在对传统计划经济体制进行改革的过程中引入国内生产总值指标，是一个大的进步。随着我国经济社会的不断发展进步，我们对发展的认识也在不断深化，也需要拓宽发展评价体系的内涵，在重视增长速度的同时，更加重视增长的质量和效益，更加重视对结构优化、自主创新、资源节约、环境保护、就业和民生改善等方面的评价，形成较为完善的体现科学发展观的评价体系。

2. 增强市场经济主体的动力和活力

推进经济结构调整，需要完善社会主义基本经济制度，健全现代市场体系，完善宏观调控体系。正确处理政府与市场的关系，更好地发挥市场在资源配置中的基础性作用，增强市场主体在经济结构调整中的动力和活力。着眼于建立经济结构调整的长效机制，进一步转变政府职能，尽可能减少行政手段，更多地运用经济手段和法律手段。

发挥好市场机制对经济结构调整的作用，需要推进重点领域和关键环节改革。其中一个重要方面是理顺价格关系，完善价格形成机制，这对于抑制过度需求、增加有效供给和调整分配关系具有关键作用。当前，推进资源性产品价格改革，对于促进结构调整、资源节约和环境保护意义重大。2009年初，成品油价格和税费改革成功实施。通过价税费联动，初步健全了反映市场供求状况的成品油价格形成机制，并且公平了税负。改革的一个重要经验，就是把价格形成机制改革与税费改革结合起来，着眼于建立有利于资源节约环境保护、促进可持续发展的新机制。今后一段时期，资源要素价格改革的任务仍然繁重，环保收费改革也要摆上日程，目的就是要使资源性产品价格在反映市场供求关系的同时，更加充分地反映资源稀缺程度和环境损害成本，从而更好

地促进能源资源节约和环境保护。

下一步，需要重点研究水、气、电等资源性产品的阶梯式价格改革思路，对基本需求部分可以考虑大体保持原有价格水平，对超量使用部分考虑累进加价。这样做既有利于解决好低收入群众的基本生活保障问题，又可以在公平和效率相统一的原则下稳步推进改革。在价格改革中，既要充分考虑资源稀缺程度，抑制不合理需求，也要考虑保障低收入群众的基本生活和宏观调控需要，防止价格大幅波动，避免对生产生活造成大的影响。推进价格等改革，要加强科学论证，通过听证等程序广泛征求社会各界意见，赢得群众的理解和支持。医药卫生体制改革等社会事业领域的改革，也要积极稳妥地推进。

3. 健全有利于经济结构调整的财税和金融体制

财政税收具有作用直接、定点调控的特点，是促进经济结构调整的有力杠杆和重要工具。深化财税改革，完善公共财政体系，加快形成有利于科学发展的财税体制机制，不仅是调整经济结构的迫切需要，也是完善社会主义市场经济体制的内在要求。

要进一步优化财政支出结构，加强社会事业和改善民生。过去，各级财政资金在保运转的基础上，较多地用于工业建设、基础设施，这对于我们建立完整的工业体系和加强基础设施建设发挥了十分重要的作用。现在，我国的发展已经到了一个新的阶段，适应经济结构调整的需要，财政资金应该更多地用于促进就业、社会保障、教育、医疗卫生、科学研究与普及、农村基础设施等公共服务领域，以更好地发挥在改善民生、扩大消费中的重要作用。近年来，特别是在应对国际金融危机冲击中，中央财政在这方面的投入大幅增加。地方财政也根据这样一个思路，从各地实际出发，调整财政支出结构，使财政支出与保民生、扩内需、调结构更好地结合起来。今后，应逐步建立起长效机制。

要健全中央和地方财力与事权相匹配的体制，促进城乡、区域协调发展和产业结构调整。我国城乡之间、区域之间的发展差距，也体现在财力和公共服务水平的差距上。今后，要根据党的十七大关于推进基本公共服务均等化和主体功能区建设的要求，在合理划分中央与地方政府事权和支出责任的基础上，进一步理顺各级政府间收入分配关系。既要增加地方自有财力，调动地方推进经济结构调整的积极性，增强提供公共服务的能力，也要保持中央财政适度的调控能力，以更好地均衡地区间的财力，用于支持农村、中西部地区的发展。要完善省以下财政体制，建立健全县级基本财力保障机制，促进财力下移，增强基层政府提供基本公共服务的能力。

要积极稳妥地推进税制改革，形成有利于经济结构调整的税收制度，更好地发挥税收在促进资源节约、环境保护和调节收入分配上的作用。税收制度改革，既要考虑收入功能，也要增强调节功能，有利于引导经济结构调整。推进资源税改革就是一个重要方面。此外，对国家鼓励发展的产业，要继续实施更加有力的税收扶持政策，支持企业自主创新、促进服务业和战略性新兴产业发展。税制改革中，应减少收费，均衡税负，进一步规范税收和经济秩序。

在经济结构调整中，金融发挥着十分关键的作用。要根据国家产业政策和宏观调控的需要，及时调整和完善信贷政策，实现有保有压。继续深化金融体制改革，进一步完善国有金融企业治理结构，积极发展中小金融机构，促进资本市场特别是债券市场的健康发展。同时，要进一步推进人民币汇率形成机制的改革，在保持人民币汇率在合理、均衡水平上基本稳定的原则下，发挥汇率对经济结构调整的积极作用。在加强金融有效监管、防范金融风险的同时，积极稳妥推进金融创新，继续完善货币政策传导机制。

2009年，我国人均国内生产总值接近3700美元。国际经验表明，人均收入从1000美元到10

000美元的发展阶段，是经济结构变动比较快的时期。在这个阶段，既有一些国家通过积极的结构调整实现成功跨越的经验，也有一些国家因调整不力导致经济停滞、社会动荡的教训。对这一发展阶段的特殊性和可能面临的挑战，我们要有足够的认识，积极主动地推动经济结构调整，努力实现新发展、新跨越。当前，我国仍处在发展的重要战略机遇期，又面临一系列前所未有的挑战。面对这种形势，我们既要把握发展大势，明确方向，坚定信心，也要增强忧患意识，以强烈的使命感和责任感，在加快经济发展方式转变和经济结构调整上狠下功夫，切实取得成效。

让我们更加紧密地团结在以胡锦涛同志为总书记的党中央周围，高举中国特色社会主义伟大旗帜，以邓小平理论和"三个代表"重要思想为指导，深入贯彻落实科学发展观，扎实工作、锐意进取、开拓创新，努力开创科学发展新局面。

三、民间资本的机遇　未来投资的趋势

——在2010年中国（温州）民间资本发展高峰会上的讲话

十届全国人大常委会副委员长　成思危

（2010年5月16日，中国温州）

这些年，我一直关注非公经济的发展，在担任民建中央主席期间，我发起举办"中国风险投资论坛"和"中国非公有制经济发展论坛"。2010年，"中国风险投资论坛"已经举办了十二届，"中国非公有制经济发展论坛"已是第七届。非公有制经济的发展，显示了其在国家经济发展中的重要作用。

国务院《关于鼓励支持和引导个体私营等非公有制经济发展的若干意见》（简称"非公新36条"）已于2010年5月13日公布，目的是鼓励民间资本进一步发展。所以，这次高峰会举办的时机非常好，地点选在温州也很好。温州是我国改革的一个前沿阵地，也是我国民营资本最强大的城市。温州在改革方面有许多制度创新，对我国非公经济的发展作出了很多有益的探索。这次会议有这么多人参加，说明大家都迫切地希望知道如何能够进一步推动民间资本的发展。因此，这次高峰会具备天时地利人和。

我讲三个问题：第一，如何理解"非公新36条"的意义？第二，在金融危机之后，有哪些新的投资机会？第三，企业如何做强做大？

（一）解读"非公新36条"的政策意义

"非公新36条"传达了什么信息、有什么意义？对于非公经济在我国的地位及其发挥的作用，各界人士始终存在不同的意见和看法。尤其是在2009年的金融危机中，有些片面看法更加明显地浮现出来。我认为，我国非公经济是在曲折之中不断前进的。非公经济从"有益的补充"到"必要的补充"，到"社会主义市场经济的重要组成部分"，再到"非公经济人士是社会主义的建设者"，再到"十七大"提出"毫不动摇地鼓励、支持、引导非公有制经济发展"，这一系列论断体现了国家高层不断深化对非公经济的认识、不断提高非公经济地位的过程。对于非公经济发展的意义，不能单纯看到非公经济对GDP、税收、就业等方面所做出的重要贡献，还应看到非公经济在我国经济制度改革中的重要作用。

第一，有助于打破垄断。垄断是建设社会主义市场经济、保障社会公平的最大障碍。因为垄

断实际上是对社会不公平、对人民群众也不公平的一种做法。事实证明，凡是非公经济被允许进入的竞争性领域，该领域的垄断现象在一定程度上都有打破。

第二，有利于市场经济的全面完善。同计划经济相比，市场经济包含的内容非常丰富，任何一个编制计划的人员都不可能把市场所有的方面全考虑到。非公经济的发展特点是哪里有市场空隙就往哪里去，所以浙江的一些小商品，如永康小五金、嵊州领带、绍兴纺织品和温州鞋、打火机等，正在不断发展丰富，而且已经建立起比较完善的市场。

第三，有利于市场化进一步发展。在计划经济条件下，主要信息是靠计划人员的主观判断，而市场经济是以价格为主要信号。靠计划人员的主观判断是有问题的，因为信息传递不可能这么快，个人的主观判断也会有失误，经常会出现生产的产品少了或者多了的情况。产品少了的时候，计划人员会安排投资增加产量，但等投资完成后，市场情况已经变成供过于求了。因此，需求和供给总是难以达到较好的平衡，甚至会出现错误的决策。例如，前几年，有些地区想要建电厂，但是主管部门不同意，造成一段时间的电荒。据说当时浙江的企业每周只能“停三开四”，老百姓家里有空调却因没有电而无法使用。而非公经济的发展以市场价格信号为指导，有利于及时发现市场的供求失衡，促使市场经济进一步成熟。

最后，有利于创新和创业。有不少非公企业都是依靠技术、管理和制度等方面的创新，从无到有、从小到大发展起来的。非公经济的发展大大地鼓舞了人们创新和创业的热情。

综上所述，评价发展非公经济的重要意义不要单纯看其在投资、产值、就业、税收等方面的贡献，而要从更广的角度看，非公经济的发展有利于建设和完善社会主义市场经济制度。一方面，社会主义市场经济要发挥市场在资源配置方面的基础性作用，提高经济发展的效率和效益。为此，我们要大胆学习国外市场经济发展过程中积累下来的好的经验、做法、组织方式和管理方法，并结合中国国情加以运用。风险投资就是一例，它是市场经济发展到成熟阶段的一种投资手段。我们通过学习和实践，取得了很大进展。其他如股份制公司、股市、股指期货等都是这样的例子。另一方面，我们要坚持和完善社会主义制度，保障社会的公平和公正，特别是保障弱势群体的合法权益。这就要求政府更多地在这方面尽到责任。公平和效率相辅相成。如果只讲公平不讲效率，那只能是在低水平下的公平，满足不了人民群众日益增长的物质和文化需求。我国家庭在“文革”期间的“三大件”是自行车、缝纫机、手表，改革开放以后变成了冰箱、彩电、洗衣机，现在住房和汽车、文化产品和文化服务的需求迅速增长。经济和社会只有不断发展，才能满足人民群众越来越高的物质和文化需求。但是如果只注重效率而不注重公平，社会矛盾不断增加，社会难以稳定，也就谈不上效率了。

我在“纪念改革开放30周年”的讨论会上讲过，我国的改革进入了关键阶段，将来进一步深化改革要处理好四个基本关系：人治和法治的关系、公平和效率的关系、政府和市场的关系、集权和分权的关系。

“非公新36条”传达的信息就是要进一步鼓励和支持非公经济的发展，并且是在“非公36条”（2005年发布的《国务院关于鼓励支持和引导个体私营等非公有制经济发展的若干意见》）的基础上继续推进。“非公新36条”的重点就是市场准入、平等对待、一视同仁。从经济学的理论来说，市场准入有以下几条：

首先，市场准入必须要有门槛。市场有门槛是对的，进入任何市场都要有一定的条件，但对达到一定门槛的企业应当一视同仁。其难点在于原来在市场中的企业不愿意让新的竞争者进入，总是千方百计地加以阻挠。就像挤公共汽车那样，没挤上去的人对前面的人说“还能挤”，等自己一挤上去，就对后面的人说“挤不下了，等下一辆吧！”在这种情况下，我们必须让新的合格竞争者进入市场。只有这样才能有竞争，有竞争才能提高效益，才能淘汰落后企业，进而使消费者受益。

以前有人常常用“反对重复性建设”作为阻挠新竞争者进入的借口，实际上是应“反对低水平的重复性建设”。如果新建的产能是先进的，就可以通过竞争淘汰掉落后产能。因此，要减少行政许可，不应当用审批的方法禁止或阻止市场准入。

其次，政府应该对所有市场的进入者一视同仁，不能以价格补贴等形式开小灶。因为市场既然是公平的，就不能给某些企业补贴或者变相补贴、不准竞争企业增加产量、采用行政手段干预竞争等。

“非公新36条”在市场准入上有许多新突破，首先强调了公平对待、一视同仁的原则，强调了政府不应禁止民间资本进入政策允许进入的领域。前些年我们在某省做过调查，结果显示：允许国企进入的大约有80个行业，允许外资进入的约70个行业，允许民资进入的约60个行业。从这一数据来看，确实对民间资本没有做到一视同仁。我认为“非公新36条”精神是很明确的，指出了政府应该如何支持民间资本发展、如何加强引导等问题。“新36条”将是非公经济发展，特别是民间资本发展的一个很好的机遇。

当然，任何政策都只是写在纸上的，要把纸上的政策变成现实的行动，还要经过很大的努力。我希望温州的民营企业能够带头“吃螃蟹”、积极探索，在政策引导下努力做出突破。只有在以前基础上有新突破、新举措、新改革，才会引起新争论，最后引起高层领导的重视和肯定，就会在全国逐步扩散。家庭联产承包责任制就经历了这样一个过程，温州也是如此。所以，我希望温州的同志们能够按照“非公36条”和“非公新36条”的精神进一步大胆探索，能够更多地从制度创新角度推动民营经济和民间资本的发展。

（二）未来的投资机会和导向

这次金融危机对原来世界经济和中国经济的发展模式都给予了冲击。从世界经济的发展史来看，各国经济的发展模式有四个层次——依靠原料、依靠产品、依靠资本和依靠知识。

我国目前处在第一、二个层次上，即主要依靠原料和产品来发展，实体经济比重很大。但美国等发达国家主要处在第三、四个层次，主要依靠资本和知识，实体经济比重不大。它们买入的是产品和原料，而卖出的是金融产品和高技术产品，这就是金融危机以前的世界经济格局。例如，我国对美国出口用资源和劳动力制成的产品取得了较大的贸易顺差，但我国又是美国金融产品的最大买家。在我国2.5万亿美元的外汇储备中，大约一半是美国的金融资产。我国拥有约8000亿美国债券，实际上就等于我们以债券的低利息借钱给他们，让他们去赚钱，然后用赚来的钱买我们的原料和产品。但是金融危机以来，美国的金融产品大大缩水，价格降低，其购买能力也大大降低，从而减少了对原料和产品的需求，导致我国出口产品过剩，有些出口产业被迫减产，甚至关门。

2009年5月，我在美国华盛顿召开的太平洋经济合作会议（PECC）上讲过，要改善世界经济秩序，需要注意六个平衡，即储蓄和消费的平衡、外需和内需的平衡、金融监管和金融创新的平衡、虚拟经济和实体经济的平衡、经济增长和可持续发展的平衡、地区一体化和经济全球化的平衡。

2009年可以说是我国最困难的一年。在党中央、国务院的领导下，我们度过了最困难的一年：经济增长实现“保八”目标；GDP达到33.5万亿元，已经非常接近日本，2010年有可能超过日本；外贸达2.2万亿美元，居世界首位；人民群众收入增长和经济增长基本上保持同步；农业继续丰收，基本保障了粮食的供应。

我国2009年经济增长8.7%，其中，投资的贡献是8%，消费的贡献是4.3%，外贸的贡献是-3.6%，2009年我国投资增长30.1%，达到22.5万亿元，相当于GDP的2/3。大量的投资在金融危机时是有必要的，因为可以拉动生产资料的需求、提供更多的就业岗位。此外，一部分投资还可以通过工资的形式转化为消费，从而可以拉动经济。但是过量的投资就有负面作用。第一，投资的过快增长带来产能过剩、库存积压、效益降低和污染回潮等问题。以产能过剩为例，我国是世界第一大钢铁生产国，但钢铁产能大约过剩2亿吨，以每吨钢铁需要5000元投资计，现在已有1万亿元的投资虽然在投入时可以增加GDP，但以后就不能发挥作用了，这就是一个很大的浪费。由此可见，长期依靠投资来拉动经济是难以持续的。

第二，付出的代价是大量资金的投放。2009年我国银行贷款增加了9.6万亿元，大量资金进入市场，一方面造成投资过热；另一方面有不少资金并没有真正进入实体经济，而是进入了股市和房市，造成了2009年上半年股市上涨，下半年房市大涨，形成一些资产泡沫。

此外，流动性过剩也会推动通货膨胀。通货膨胀的定义不是所有的通货物通通涨价，而是货币的供应超过了实体经济的需求，造成货币购买力的持续下降，也就是物价总水平的持续上升。从2009年的情况看，就是货币供应超过了实体经济的需要。所以，通货膨胀的危险是存在的。

我在2009年6月提出这个问题时，有很多人不以为然，因为当时CPI（消费品价格指数）还是负的，有的人甚至说“别拿通货膨胀来唬人了”。但是我国公布的CPI数据是同比数据，即与上年同期的物价水平之比，而通货膨胀要看环比，即与上个月物价水平之比。从2009年3月开始，CPI环比已经变正，只有2009年7月份略有降低，为负数，到2009年11月底连同比也变为正值。2009年12月召开的中央经济工作会议提出要治理通货膨胀预期，表明已经发现这个问题。

通货膨胀预期比通货膨胀本身更加危险。例如，如果通货膨胀的预期是10%，有些人就会担心存款缩水，就会造成买房热，造成房价大涨。从2010年的数据看，一季度我国的CPI增长2.2%，PPI（生产品价格指数）增长5.2%，4月份的CPI是2.8%，PPI是6.8%，说明通货膨胀的趋势还在发展。这需要中央采取一些措施，但是采取措施也有一些难度，因为治理通货膨胀最好的办法是收紧货币政策。我国2010年已经三次提高存款准备金率，每次可以冻结几千亿资金。但是现在我国还不能提高利率，因为世界正处于后危机时期，各主要国家还要靠低利率刺激经济，如果我国一家提高利率，就会有更多的热钱流进来套利。这些热钱进来后还是换成人民币，所以解决不了流动性过剩的问题。从抑制通货膨胀的角度看，提高利率的效果是十分明显的，因此利率早晚要提高，但是要与美国、日本、欧洲国家同步进行。

由此可见，2009年刺激经济措施带来的问题都会在2010年的经济中体现出来。因此中央提出2010年要着重转变经济发展方式，首先要鼓励居民增加消费，其次要寻找新的经济增长点。我认为有以下几个方面。

1. 现代服务业

我国现在正处在工业化中期，发展第三产业是我国经济发展的必由之路。第三产业即服务业有两类：一类是传统服务业，一类是现代服务业。现代服务业包括现代金融业、现代信息业、现代物流业、现代会展业、现代咨询业、现代管理业等。

现代金融业是非常重要的，如果把经济体比成一个人的话，资金就是人的血液，而银行就是人的心脏。现代金融业的发展对一个国家来说非常关键。现代金融业包括的范围很广，包括银行、证券、外汇、期货、保险，等等，我国现代金融业的发展还不足、国际竞争力还不够强。

对于温州而言，有三件事可以探索。第一，发展民间资本为主的社区银行。前些年我担任民建中央主席时就提出要发展民间资本为主的社区银行。我国大的商业银行虽然也经过股份制改造和上市，但是对小企业、民营企业的支持还不够。究其原因，一是风险大，特别是政治风险较高。如果贷给政府和国有企业，失误了还好说；若贷给民营企业失误了，首先要被追究是否拿了回扣，或者有什么私人关系。此外，市场风险和财务风险也较高。二是交易成本较高。银行贷给大企业1亿元只签一次合同，这1亿元要贷给每个民营企业500万元就要签20个合同。因此，从商业银行本身来看，支持小企业发展的积极性不会太高。三是信息不对称。商业银行对当地情况和企业情况了解不够，因此往往不敢放贷。而在一个社区中，大家对企业及其负责人的情况则要了解得多，信息不对称的情况大大减少。

与商业银行相比，社区银行的机制更灵活，即社区银行的利率更加市场化，且由于是新成立的银行没有历史包袱。此外，借款人在一个社区内的失信成本很高，如果借了款不还，以后就难以在这个社区内立足。为了降低存款风险，我多年以前就提出要建立存款保险制度，如果银行倒闭由保险公司来支付，保险费由银行的利润支付，而不是由存款人个人支付。当然，实质上还是靠借款和贷款的利率差来支付。但在我国总难以推动商业存款保险，因为大商业银行不愿减少利润。我认为存款保险是保障居民存款非常重要的一个措施，如果社区银行能够实行存款保险就能够减少甚至消除存款人风险。按照"非公新36条"，社区银行是值得探索的一个方向。

第二，股权投资基金，风险投资基金也是其中之一。股权投资基金的一般特点是对一些成长中的企业进行投资，帮助它发展，提高它的价值，然后通过上市或并购卖出去，从中获得较高收益。

我认为股权投资总体可以分为两类：一类是纯粹的财务投资，一类是战略投资。纯粹的财务投资者仅仅提供资金支持；而战略投资者则在市场、技术或管理上帮助所投资的企业。我国搞股权投资应着重在后者。战略性的股权投资基金也有两种：一种是产业投资基金，专门投资于某一产业。投资者对这个产业的管理、市场等信息比较熟悉，其目的不在于创办企业而在于帮助企业提高价值；另一种是某个产业内的大企业自身建立的投资基金，专用于兼并和它有关的企业，以延长其产业链或扩张其市场，取得更多的增加值。在我国，股权投资基金在不断发展，股权投资基金发展很快的原因在于，现在大部分实体经济部门的生产能力都接近饱和，重点不在于增加生产能力，而是要采取提高质量、创造品牌、降低成本等措施来提高企业的价值。

第三，利用期货和其他金融衍生品实现对冲、套期保值。企业做大以后，就必须注意这个问题，因为这时会遇到市场、价格、汇率和其他很多风险。用套期保值的方法可尽量降低风险。套期保值就有一个对冲的功能。例如，某企业半年后需要购买一批原材料，按现在市场价格订购，担心半年后会因其降价而吃亏，则可以在半年后以同样价格卖出同样数量的原材料。如果半年以后价格降低了，买进的那批原材料吃亏了，但是卖出的这些原材料就会赚回吃亏的金额。

做对冲需要有经验，以实现其套期保值作用。做套期保值对企业来说，尽管可能赚的少，但是赔的也少。有些做期货的投资者开始只想套期保值，后来发现做期货投机的利润很大，但这样做的风险也很大，尽管一般的商品期货保证金只需要5%～8%，但期货要不断追加保证金，而且到期必须平仓。

现代物流业也非常重要，因为物流成本在整个产品成本中所占的比重可达20%以上。最初的物流业是企业自己有专门的仓库、车队甚至铁路专用线，但企业自己搞物流并不合算，因为其物流设施的作用肯定不能充分发挥。因此后来改成租赁物流设施，但这样做需要有充分的信息来匹配供需。后来又出现第三方物流，利用信息技术将供需双方匹配起来。例如，某企业要在某天以前将一批原料运到温州，把订单发给第三方物流企业，第三方物流企业会寻找在这一时间内有富裕能力的物流企业运送。现在出现了第四方物流，可以优化整个供应链。现代物流业与信息技术相结合，已不仅仅是简单的运输储存，而是从下单到配送、付款，形成了一个产业链。现在我国不少小商品市场在物流方面有更进一步发展的需求。

现代咨询业也很重要，它不仅仅提供信息，还提供许多建议。例如，一般的产品检验机构只告诉企业产品是否合格，而咨询业则告诉企业产品哪里不合格，为什么不合格以及如何让它合格。所以，现代咨询业是一种高智力的活动，而且通过智力的帮助可以团结一批企业，帮助企业进一步发展。例如，建立一个纺织品研究开发中心，给企业提供信息、质量诊断等服务，就能起到很大的作用。如果在这种咨询公司和企业之间建立更密切的联系，甚至以会员制参与的方式，就可以提供更多更好的服务。

2. 节能减排，特别是新能源的开发

狭义的新能源包括风能、太阳能、潮汐能、地热能、生物燃料等以前没有广泛利用的能源；广义的新能源则还包括核能、水能，甚至还包括清洁煤技术。

3. 房地产

我认为我国住房的需求始终存在，且不断增长。因为每年有将近900万新增就业人口，将近1000万从农村转移进城市的人口，还有一些家庭在收入提高后希望改善住房的需求。有需求就有市场，就有发展，2009年的消费增长主要靠汽车和住房拉动。但是，现在我们的问题是供求结构不平衡，房屋的供应是高档的多、中低档的少，而需求是中低档的多，高档的少。我始终认为房地产是支柱产业，应该发展，但是要健康地发展，不要大起大落。从长远看来，房价总是会上涨，因为地价、劳动力、钢铁等建筑材料都要涨。但是房价上涨率和通货膨胀率不应相差太多，不要暴涨。

4. 文化产业

文化产业包括文化产品和文化服务，其对满足人民群众的文化需求和增进世界对我国的了解有重要作用。2008年，我国的文化产业只占GDP的2.6%，而发达国家占10%以上，所以文化产业应该成为我国新的经济增长点。

（三）企业应紧跟时势做强做大

尽管资本市场很重要，但是虚拟经济是依托于实体经济发展的，而在实体经济中真正起作用的是企业，温州的企业很多，非公经济也最发达。企业是非公经济的载体，所以搞好企业是经济发展最基本的要求。我认为，在新的时势和经济发展要求下，企业在发展中要注意以下几个问题：

第一，要从战略上思考问题。首先必须优化产品组合，开发那些有发展前途、竞争能力的产品，保持并改进在市场上占有率较高的产品，淘汰需求增长缓慢又缺乏竞争力的产品；其次要实现集约化，所谓集约化就是面向市场扩展（前集约化）或向原料扩展（后集约化），或者用已有的技术和设备来生产类似的新产品。

第二，加强管理和人员培训，这是非常重要的。我国有一些企业的设备与国外差不多，却生产不出同样的高质量产品，主因就在于管理和工人的素质跟不上。例如，我国引进了先进轧钢设备，但只有少数工厂可以生产用于高级轿车的钢板。其原因有人说的比较刻薄——“一流的技术、二流的管理、三流的人员”。为此，我们必须提高职工的素质并且加强管理。有一个企业的总经理要求人事部门加强职工培训，人事部门的经理问道：“有的人培训好了就走了怎么办？”总经理反问道：“如果不培训他赖着不走怎么办？”人是企业最宝贵的财富，企业管理者必须处理好与职工的关系，注意培养企业文化，使职工树立共同的价值观。只有将人心凝聚起来，企业才能有前途。

第三，保住现金流。企业最怕的就是一旦现金流断档，“三天饿死硬汉”。企业的管理者对财务状况不要过分乐观，更不要大量贷款盲目扩张。我当时警告过一些企业主不要扩张过快，他说：“不怕，我们跟银行关系很好。”我说：“你现在企业发展得好，你与银行的关系就很好，等你企业不好的时候，银行就会找你逼收贷款。你好的时候他锦上添花，你不行了他就会落井下石。”所以，无论如何要保住资金链不断，没有战略预备队就打不好仗，没有应急资金储备也难以应付突发性风险。钱不是万能的，但是没有钱是万万不能的。

我今天强调的是希望你们想办法用足“非公新36条”的政策，在温州创出一些新的经验，千万不要搞错投资方向。企业是市场经济的细胞，企业搞好才能保证我国宏观经济健康发展。要搞好企业就需要有长远的战略眼光，加强人员的培训，保住现金流。

四、大力发展风险投资行业　加快培养战略性新兴产业

——在2010年中国风险投资论坛上的讲话

第十一届全国人民代表大会常务委员会副委员长、民建中央主席　陈昌智

（2010年6月4日，中国深圳）

培育和发展战略性新兴产业是中共中央、国务院全面分析当今世界经济格局大变革、大调整趋势下提出的，是着眼于我国经济社会可持续发展所做出的重大战略部署。这次论坛的主题是“促进科技与金融合作，培养战略性新兴产业”。论坛的主题切合当前我国经济工作的重点。围绕这一主题进行的深入探讨、对话和交流，有助于我们更系统地分析我国宏观经济发展的方向，有助于我们更深刻地把握、加快发展战略性新兴产业，为我国创业风险投资事业提供历史机遇。

下面，我就大力发展风险投资、加快培养战略性新兴产业谈几点看法，和大家共同探讨。

（一）大力发展战略性新兴产业是我国抢占未来科技、经济、战略制高点的重要举措

2010年是中国经济最为复杂的一年，在“转方式、调结构”的基调下，中国经济将迈向更合理的增长路径。但对于我们这样一个大国而言，经济转型将面临诸多的不确定性。在内需不足、外需不振的局面下，如何寻找2010年的经济增长点，将成为棘手的难题。积极培育发展战略性新兴产业是后危机时代占领科技制高点、推动产业结构调整、加快经济发展方式转变、实现经济社会又好又快发展的迫切需要。战略性新兴产业是指随着新的科研成果和新兴技术的发明、应用而出现的新的部门和行业，主要是指随着电子信息、生物、新材料、新能源、节能环保等新技术的发展而产生和发展起来的一系列的新兴产业。

战略性新兴产业具有广阔的市场前景，并且具有资源消耗低、带动系数大、就业机会多、综合效益好等产业特征。战略性新兴产业直接关系到我国经济社会发展的全局和国家的安全，选对就能实现跨越式发展，选错则会贻误时机。世界经济发展史表明，那些善于在危机中抓住机遇的国

家，往往会率先复苏，并能占据新一轮发展的制高点。发展战略性新兴产业是当前我国渡难关、着眼未来、上水平的重大战略举措，不仅对我国当前的经济社会发展起到重要的支撑作用，还将是我国未来经济社会可持续发展的战略方向。发展战略性新兴产业，对我国的经济转型是非常重要的，需要国家尽快制定相关的产业规划，各地方也应立足长远，根据当地的实际情况和自身的优势，制定相应的发展规划。

进入2010年以来，民建中央就开始大力发展战略性新兴产业、推进产业结构调整、加快经济发展方式转变，并到广东、陕西等地进行了实地调研，看到了很多发展战略性新兴产业的探索和实践活动。这些地区战略性新兴产业的发展，为当地进一步推动产业结构的调整、加快经济发展方式的转变打下了很好的基础。

（二）切实发挥创业风险投资在促进战略性新兴产业发展中的重要作用

1. 科学技术和金融相互支撑、相互促进

科学技术是第一生产力，金融是现代经济的核心，两者是相互支撑、相互促进的关系。科技创新和金融创新是经济发展的两个驱动轮，只有两个轮子协调共动，形成合力，才能更好地促进战略性新兴产业的发展，从而推动我国经济发展方式的转变。2009年，我国风险投资行业在危机中得以历练发展，以创业板的平稳推出为标志，风险行业环境逐步改善，有力地促进了我国风险投资事业的发展。2009年，在全球经济尚未完全回暖的情况下，创业板的推出改善了我国的资本市场结构，使风险投资有更加灵活的退出方式，缓解了当前中小企业融资难的问题，也给广大的投资者带来了分享这些企业高速成长成果的机会。

中国风险投资研究院发布的2009年中国风险投资行业的调研报告显示，2009年中国风险投资行业募资规模稳步回升，人民币基金保持主流地位，本土机构整体投资规模超过外资，VC、PE支持的企业迎来了上市的高潮，并且VC/PE以上市作为退出方式的比例增加等。清科研究中心的统计数据显示，2009年共发生123笔退出交易，较2008年全年减少了12笔，降幅为8.9个百分点，但是从具体的退出方式来看，82笔通过IPO退出交易所，占退出总数的66.7%，较2008年全年增加了39笔，占比也由2008年全年的31.9%增加到34.8%。另外的一些统计数据显示，在有创投机构参股的19家创业板上市公司中，相关的创投资金增值13.49倍。巨大的财富效益带动了风险投资，使我国成为了全球创业风险投资最为活跃的地区之一。2009年是我国风险投资行业格局发生重大变化的一年，外资一统天下的格局已经被打破，本土风险投资机构正在崛起，管理水平、品牌效应、退出回报等都有了很大的提升，同时也涌现出一批像深创投、软银亚洲信息基础投资基金这样的优秀机构。

2. 风险投资将成为促进战略性新兴产业发展最为活跃的一支力量

搞好产业的技术创新，发展战略性新兴产业，既要依靠企业的内在创新，更要建立和完善全社会的创新驱动机制。为适应经济发展方式的转变和经济结构的调整，我国正在逐步形成包括信贷市场、资本市场、风险投资、技术转让等方面在内的多层次、多元化的科技金融体系。依托科技金融体系各方面的协同配合，风险投资将成为促进我国战略性新兴产业发展最为活跃的一支力量。这是因为：第一，风险投资倡导的专业化投资理念有助于检验科技创新成果的有效性和市场价值。实践表明，一项科技成果能不能在市场上取得成功，风险投资有没有参与、参与到什么程度是一个重要的检验手段。经过筛选风险投资而成功引入风险资本的企业，除了能够得到金融的支持以外，在治理结构、管理水平、诚信程度等方面也能够得到很大的提升，进而能够快速地发展。第二，风险投资可以促进财政科技投入方式和机制的创新，提高政府财政资金使用的效率。政府的财政资金，关键是要能起到引导的作用，风险投资的市场化运作机制可以在促进科技成果的转化过程中提供必要的市场动力，实现政府的有形之手和市场的无形之手共同发力，比如通过创业投资基金，可以引导市场的投入，有效地放大财政资金的杠杆作用。从实际情况看，有关部门也正在抓紧研究、提出促进战略性新兴产业发展的总体思路，设立创业投资基金，支持新兴产业的发展。研究中心的数据也显示，2009年创投及私募股权投资机构在战略性新兴产业投资的金额高达11.8亿美元，涉及信息产业、新能源产业、新材料产业、医药、保健品、生物工程等众多新兴产业。

随着国家对战略性新兴产业定位的确立，这一投资主题将不断为风险投资提供更多的投资题材和巨大的发展空间。促进战略性新兴产业的发展，必将成为新时期我国风险投资的重要使命与机遇。而风险投资也必将在培育战略性新兴产业的过程中不断地发展壮大。

（三）进一步推动我国风险投资行业的发展

2010年5月7日，国务院发布《关于鼓励和引导民间投资健康发展的若干意见》，也称作“新36条”。“新36条”为推进我国风险投资行业的发展提供了一个很好的机遇。围绕新时期风险投资行业的发展，我提出几点建议：

1. 大力发展创业投资引导基金

引导基金在国际上也叫母基金，是指通过扶持商业性创业投资企业的设立与发展，引导社会资金进入创业投资的领域，而自身并不直接从事创业投资，是不以盈利为目的的政策性基金。发挥创业投资引导基金的作用，会起到双重功效。

首先，通过创业投资引导基金，可以有效地创新财政资金投入的方式和运作的机制，引导社会资金投向政府有意重点发展的高新技术等关键领域，或者投资处于种子期、成长期的早中期的创业企业。

其次，创业投资引导基金的杠杆作用，可以引导民间的资本进入专业化、规范化的投资运作渠道。这样，一方面民间资本可以有新的投资渠道，或者有较好的回报；另一方面，民间资本也可以有序地参与到我国亟待发展的各种产业中来，推动我国经济结构的调整。

通过设立战略性新兴产业发展引导基金，统筹扶持战略性新兴产业关键技术、共性技术的研发，加快战略性新兴产业的重点领域、重点企业和重点项目的技术改造和技术创新等一系列举措，通过参股、融资担保和风险补助等方针，积极地扶持、壮大一批风险投资机构。

当然，我国发展创业投资引导基金，一定要注意创业投资引导基金不得用于充分竞争的领域，不得偏离其克服市场失灵职能的定位。昨天在会见部分投资家以及政府官员时我就谈到过这个问题，我们容易一哄而起，现在各地都在建立创业投资引导基金，但是，很多地方做得不好，不是因为把投资放在早期，而是把它引入了竞争的行业，他们只想尽快获得效益。所以，我希望各地都要正确地利用创业的投资引导基金，绝不能偏离它的方向，绝不能偏离它的基本职能。

2. 推动风险投资行业的中介组织发展

目前，行业自律监管是我国风险投资监管中较为薄弱的环节，应该加强。行业自律组织具有不可替代的优势，自律组织在监管手段上具有灵活性、预防性的特点。风险投资在美国发展较为成熟。成立于1973年的全美风险投资协会，是美国最大的风险投资团体组织，目前拥有240多家会员，协会通过章程及灵活多样的方式规范约束会员的行为，全美风险投资协会在美国风险投资行业的发展中有着举足轻重的作用。而在我国，尽管各地已经成立了一些风险投资协会，但是大多数组织没有与会员单位之间建立自律、约束的关系。因此，我国需加强对风险投资协会等中介组织的引导和管理，促使会员在从事风险投资活动的过程中，必须严格遵守协会的章程及其他法规。

3. 积极探索发展场外交易市场

场外交易市场又被称为柜台市场，是多层次资本市场体系的基础板块，可以有效地拓宽风险投资进入与退出的渠道。在场外交易市场挂牌的非上市公司中，有相当一部分是中小型高新技术企业，或者是具有高成长潜力的企业，他们的经营状况、财务状况、未来前景等在挂牌之前就已经通过产权交易机构的初步审核，并被要求按既定的规则进行系统的信息披露。选择其中某些前景看好的企业进行股权投资，可以大大节省创投机构在搜寻项目和尽职调查等方面的成本。同时，由于通过IPO方式退出的难度更大，他们更加依赖能够见好就收的退出渠道。通过场外的交易市场转让股权，就是可供选择的退出路径之一。

当前，大力发展场外交易，就要改造现有的代办转让系统，加快场外市场的建设，构建以三板为基础的统一的全国性场外市场，尽快制订代办股份转让系统扩大试点的具体方案，并付诸实施。研究制定非上市公众公司的管理办法、探索建立集中统一的监管机制，明确代办股份转让系统股份管理的体制框架，研究设定建设总体的方案，统筹研究多层次的市场间的转板制度。

4. 贯彻实施创业风险投资人才培养和储备战略

人才是经济社会发展的第一资源，做好人才工作，加快建设人才强国体制是推动经济社会又好又快发展，实现全面建设小康社会奋斗目标的重要保证。风险投资是一项专业化的投资活动，要求风险投资家必须具备很高的素质。由于风险投资在中国发展的时间不长，我们还缺乏大量熟悉创业风险投资的专门人才。中国发展风险投资的当务之急是培养大批具有复合技能的风险投资家。对此政府应实施积极的风险投资人才战略，在专业人才引进、后备人才培育以及人才制度的激励和约束三个方面下功夫。

第一，引进人才。我们可以选择通过引进资本的方式和优惠的政策，吸引国外的专业人才。这种资本和人才同时引进的方式，可以产生很好的效应，促进本土人才的成长。以色列和韩国在发展风险投资的过程中，除了引进资本之外，实际上还引进了更加重要的人才资源和管理方法。这些都值得我们很好地去学习。

第二，培养人才。在引进外来人才的同时，政府应该更加注重本土人才的培养。实施人才战略，国家可以考虑有计划地邀请国外的专业从业人员到国内对本土的从业人员进行培训，并与其所在的机构进行多层次、多形式的合作。同时，有计划地选派一部分高素质的人员到国外进行专业培训和锻炼，接受国外先进的投资管理理念，学习其投资决策的方法。从长远来看，也有必要在大学相关专业中开设此类课程，对学生进行创业风险投资方面的教育。只有国内涌现出大批优秀的风险投资家，风险投资业才会有持续健康发展的动力。

第三，建立约束机制、尊重人力成本。建立风险投资人才的激励机制，吸引国内外优秀的风险投资从业人员，激发风险投资人才队伍的快速发展。借鉴国外成熟市场的激励机制，比如有限合伙制的分配方式、期权等等。同时，建立约束机制，包括建立完善严格的项目选择与决策机制，建立明确的业绩指标体系和分配办法。

战略性新兴产业是新兴科技和新兴产业的深度融合。大力发展风险投资，将会推动战略性新兴产业的蓬勃发展。站在新的历史起点，我相信，中国的风险投资行业在顺应并促进我国经济发展的潮流中，一定会发展壮大。有在座的各位风险投资家、创业企业家、专家学者的共同努力，我国的风险投资事业，一定会得到又好又快的发展。

五、关于提高自主创新能力、建设创新型国家若干问题的思考

——在2010科协年会上的讲话

十一届全国政协副主席、中国致公党中央主席、中国科学技术部部长　万钢

（2010年11月1日，中国福州）

刚刚结束的十七届五中全会的公报，以科学发展为主题，以转变发展方式为主线，要求坚持把经济结构战略性调整作为加快转变经济发展方式的主攻方向，坚持把科技进步和创新作为赶快转变经济发展方式的重要支撑。我今天跟大家交流的主要是四点：一是回顾我国“十一五”期间科技领域重要进展。二是科技发展现在面临的机遇和挑战。三是“十二五”科技发展的总体思路。四是改革和完善自主创新的体制机制。

（一）我国“十一五”期间在科技领域取得重要进展

在“十一五”起始的2006年，党中央、国务院颁布了《中长期科技规划纲要》，提出了《关于实施科技规划纲要增强自主创新能力的决定》。党的十七大明确把提高自主创新能力、建设创新型国家作为国家发展战略的核心和提升综合国力的关键。

2009年，我们对“十一五”以来《科技规划纲要》的实施情况进行了全面评估。结果表明，《科技规划纲要》的任务部署基本到位，16个科技重大专项全面启动实施，中央财政科技投入保持了年均20%以上的增长，实现了《科技进步法》的要求。《科技规划纲要》的实施有力地推动了我们国家创新型国家的建设。

2009年，我国中央财政科技投入达到1512亿元，带动全社会研发支出5792亿元，达到了1∶3.8左右。全员从事科技研发的人员达到将近230万人。2009年，我国国际科技论文总量居世界第二位，发明专利的授权量达到12.8万件，比2005年增长122%，居世界第四位。2009年，我国技术交易市场规模达到3039亿元，同比增长15%。2009年我国高技术产业生产总值达到6万亿元，年均增长15%。国家创新体系建设取得明显进展，知识创新与技术创新工程深入推进，企业作为技术创新主体的地位、产学研的结合程度不断提高，激励自主创新的政策环境明显改善，全民科学素质不断提升，全社会支持创新的氛围正在形成。

我想，在座每一位都和我一样，为我们“神舟七号”的成功飞天，为宇航员的太空迈步感到高兴、自豪。我们亲自观察了“嫦娥一号”的升空，接收了第一幅三维立体月球表面图，最近“嫦娥二号”又成功飞天。有些同志问我，“嫦娥二号”和“嫦娥一号”有什么不一样？我想用三个字形容：“快、近、准”。“嫦娥二号”直接进入月球轨道进行调整，飞天的速度加快了。“嫦娥二号”离月球绕球的轨道相对于“嫦娥一号”近了一半，由于机载设备、检测设备精度的提高，检测表面图就更加准确了，为我们的着陆做好了充分的准备。“更快、更近、更准”显示了我们国家载人航天工程和深空探月工程的明显技术进步。由李政道博士主持的国际合作项目——深空探测器将于最近升空，它的核心器件——永磁体由01号的超导磁体改为永磁磁体，这个任务由我国中科院研究所和15所大学合作，现在已经安装在深空探测器上，即将用于深空探测。

在基础研究上，我们的知识创新赶超世界科学的前沿。我国科学家在世界上首次利用iPS细

胞（诱导性多能干细胞）克隆出存活并具有繁殖能力的小鼠。我们在世界上首次实现了存储和读出功能的量子集成交换，在千万亿计算机面前我们能够输出的密码可能在操作起来就是小小的一滴，但是采用了量子交换技术，采用了光学的计算技术，能够使信息传输的精度和保密度大大提高，同时为下一代计算机的发展奠定重要的基础。我国的铁基超导材料把中国的固体物理推向了世界的前沿。

此外，我们自主研发的深海潜水器从2002年起步，经过了研制和湖底检测，海水深潜试验500米、1000米到2009年达到3759米。当前水深深潜超过3000米的国家只有五个：美国、日本、俄罗斯、法国和中国。在这里我想告诉大家，我们的深潜器深潜能力远远超过3000米。我们在从来没有见过阳光的大海底部找到了大海参，也找到了一些蟹类动物，还有其他一些生物，这对我们科学研究的意义十分深远。

国家重大科技创新基地为科学进步和创新提供了有利的支撑，我们在“十一五”期间兴建了上海光源和I-Most，为今后的发展奠定了重要的基础。我国研究实验基地与综合性实验服务机构体系不断完善，截至2009年，共建立国家重点实验室320个，国家工程技术中心232个，服务于各领域的科学研究和技术创新能力不断加强。

在国家重大科技专项启动以来，我们也取得了一些标志性的进展。比如，在电子与信息方面，我们自主研制的国产CPU用于千万亿次计算机天河一号，已经在国家超级计算天津中心投入使用，最近检测的结果证明了它超常的计算能力。65纳米12英寸的刻蚀机是芯片制造的重要装备，与之所相配的封装机等都已经进入生产线，并且得到国内、国外客户的小批量订货。五年以前，在这个领域，我们是零，五年以后的今天，我们有了关键设备，同时装备了生产线。再过五年，我们将形成在这个芯片制造关键领域产业链配套。

在世博会结束的那一时刻，温家宝总理特别提到了TD-LTE的综合实验平台。从2009年开始，中国自主知识产权的3G通讯TD-SCDMA大规模示范和应用，至2010年已超过4000万用户，世界第一个TD－LTE的试盘在上海世博会试行，取得了很好的结果。在此基础上，我们国家已经向国际电信联盟提交了第四代国际标准4G，同时作为第一个4G候选标准。

在能源与环保方面，由中船工等企业建立的3000米深水半潜式钻井平台进入国际先进行列。1000兆瓦非动能先进压水堆是引进美国的技术，但使用在世界上是第一次，一些关键装备也是在世界上第一次制造。我们在完成AP1000的基础上，还将继续创新，把它提高到AP1400。在环保领域，三河三湖一江一库的治理工程和科学研究以及工程进展紧密结合。我们的节能高效污泥脱水机等污水深度处理装备开始进入规模性的应用。

在国家大型客机方面，C919大型客机国产材料研制、关键技术公关等取得突破，已经完成机头工程样机主体结构用于功能型实验。

在数控机床和重大装备方面，数控重型5轴联动复合机床、3.6万吨黑色金属垂直挤压机被广泛应用于高压输油管道，大型快速数控自动冲压生产线装备生产线投入生产。这些都是我们在过去相当长的阶段集中力量、产学研结合的紧密攻关所形成的科研成果。

在生物和医药方面，由国家CDC中心和一批重点实验室网络构成传染病监测技术平台，在2009年甲型流感中发挥了重要作用。在应对突发而来的甲型流感时，我们3天之内就完成布防，7天之内完成了试剂盒，1个月之内完成了疫苗，成为世界上第一个研制并大力推广疫苗的国家，在重大疾病的防控中起到了重要的作用。最重要的应对突发传染病的方法就是在全国建立防控网络，能够及时有效的控制病情，这就是我们应对突发而来传染病的科研功能。在新药创制方面，我们已经取得了重要进展。2010年夏天，我去连云港一家药企，得知用我们自主研发的治疗癌症的新药，一个疗程只要8000多元，而过去医治癌症的药品，一个疗程需要40 000元。从8000元到40 000元是多么巨大的一个槛，过去有多少人是走不过这个槛的，今天我们通过自主创新使药价降下来了，使更多人能够存活下来，这就是科技对民生的巨大促进。

我国高技术产业快速发展。1986年，邓小平同志提出了发展高科技，促进产业化，20世纪90年代开始，我们国家建设国家高新区，到2009年我国高新技术的产业总值已经达到6万亿元，年增15.7%。56个国家高新区实现的工业增加值1.54万亿元，占全国工业增加值的9.8%。出口创汇2007亿美元，占全国外贸出口的16.7%。特别值得一提的，国家高新区已经成为我们国家科技创新的生态组成部分之一，国家高新区每万人拥有的专利达到75件，万元GDP的能耗仅占全国平均水平的41%，已接近先进国家的水平。

在农业方面，国产的转基因抗虫棉推广和产业步伐已经占领了93%的市场份额。袁隆平先生的超级水稻，“十一五”期间完成亩产800公斤的任务，现在正向亩产900公斤迈进。据他估计，再过两到三年又可以跨一个台阶。我们国家在福建南平创建的农村科技特派员的制度，取得了很好的成绩，推向了全国。目前，我们国家已经有13.9万农业科技特派员，他们进村入户，帮助农民提高产量，同时自己也在创新创业，成了农民的知心人、科技的领军人和龙头企业的创始人。在国家粮食丰产工程实施过程当中，2009年河南的万亩丰田已经达到平均二季亩产1700公斤的水平，也就是说，玉米的单产超过了1000公斤，小麦的单产超过了700公斤，这是一个巨大的进步。近七年来，我们国家虽然遭受各种各样严重的自然灾害，但是农村的发展保证了国家连续七年年产万亿斤的规模，一个重要的原因就是依靠农业科技的创新。

我们在奥运会上看到了五彩缤纷的科技成果，刚刚结束的世博会又给大家展示了中国和全世界科技创新的融合。我们的这些科技成果已经应用到应急工程当中。在应对金融危机的过程当中，我们国家作出了发展战略性新兴产业的决定，新能源和新能源汽车成为我们发展的重点之一，我们从本世纪初就开始启动太阳能、半导体照明、电动汽车一系列新技术的发展，现在开始在全国推广。昨天我参加世博会的闭幕式，有幸有点时间慰问了科技世博的全体人员，在这里想跟大家简单介绍一下科技世博运营的情况。科技世博所有的门票全部采用了RFID的认证系统，7000多万张门票，没有一张由于读取出现问题，坏票问题降到了十万分之一。我们在世博会园区内有500辆零排放的电动汽车，园区周边一共有1000辆电动汽车。从2010年的运营过程来看，7300万访问者乘坐各类电动汽车达到了1.28亿人次，差不多一个人就需要坐两次电动汽车。在一个3.8公里的活动区里，我们的电动汽车顶住了高温度、高湿度、高安全度的压力，圆满完成了园内共公共交通的任务，一共运行700多万公里，耗电700多万度，其中世博会园区内4.6兆瓦的太阳能提供了390万度千瓦时电，基本上相当于电动汽车使用总量的一半。为世博会建设的东海海上电站，向世博会园区提供了将近6000万度电，相当于世博会总用电量的15%左右。世博会告诉我们，这些新兴的技术和我们确定应对气候变化的目标是能够达到的，只要我们共同努力来完成我们的使命。夜晚，在浦江两岸世博园区的半导体照明展现了缤纷多彩的未来。

在扩大和深化科技对外开放方面，充分利用全球科技资源方面，我们国家的科技合作已经从人员交流转向共同研发、共同进行关键技术攻关的深层次合作。截至2009年，我们已经和152个国家和地区建立了科技合作关系，我们的科学家加入了1000多个国际合作组织，在350多个国家、重要国际组织中有200多位中国科学家担任了各级领导职务。我们积极参与了国际大科学合作工程，比如说核聚变、反应堆、英特尔工程、人类基因组以及深海远洋钻探IODP一系列工程。

怎样评价我们作为创新型国家的体系呢？我们和世界上比较著名的世界经济论坛、瑞士洛桑国际管理发展学院等国际权威机构合作，建立了适合中国国情的评价体系，主要从创新资源、知识创造、企业创新、创新绩效、创新环境等30多个指标衡量我们的发展。我们对世界各国的数据进行了以人均GDP和国家创新能力综合指标排名，发现一个很有意思的情况。在众多国家当中，科技创新能力是和人均GDP成正比的，大多数国家的科技创新能力是随着人均GDP的增长而增长，但世界上有三个国家，美国、日本、韩国，他们的创新是超越了人均GDP。而我们国家从2000年到2008年，实现了快速的发展，呈现出比较明显的发展态势。创新型国家近年来取得了长足进步，人均GDP3000美元阶段接近了中等发展国家水平，但是距世界上主要创新型国家还有很大的差距。从综合指数、创新绩效和新资源的利用上说，基本上能够形成一个等边三角形，我们的明显特色是知识创造的发展速度比较快，但是明显的弱点是企业创新能力比较弱。因此，知识创造能力应该更多的为企业创新能力的提升作出贡献，我们依然要把增强企业的创新能力作为今后工作的重点。

（二）科技发展面临的机遇和挑战

为应对金融危机，各个国家不约而同地把发展科技作为自己国策的重要组成部分，那么世界科技又呈现出什么样的形态呢？第一，世界范围内科学技术加快发展的速度前所未有，积累了一批重要创新成果，信息、生物、新能源、纳米科技等前沿技术呈现出群体交叉突破的形态；第二，国际金融危机加快催生重大科技变革的步伐，全球进入空前的创新密集和产业变革时代；第三，科技对于经济社会的发展支撑引领作用日益凸显，深刻改变了人类的思维方式、生产模式、消费观念和就业取向。未来的发展正在向着人和自然和谐相处、可持续发展的角度迈进。与此相应的是，国际科技全球化的广度和深度迅速拓展，呈现出合作与竞争并存，开放与垄断交织的态势。

在应对国际金融危机过程中，各国纷纷强化了战略部署，金融危机使世界各国面临着发展方式的深度调整，发达国家纷纷提出了再工业化的战略，谋求新的竞争优势。什么叫“再工业化”？它绝不是把转出来的鞋子再拿回去做，而是发展新兴的、具有战略意义的重要产业，科技在此时就起到重要的作用。因此，科学研究日益超出它研究的本身，已经成为主导国际社会游戏的规则，构建国际政治经济关系的重要力量。2009年年底的哥本哈根会议就反映了这一点，气候变化的问题正在影响着全世界各国发展的价值观，低碳和绿色这些我们将要探讨和大力发展的科技将成为世界发展的重要方向。因此，加快科技创新已经成为世界各国的核心战略，近年来发达国家调整强化创新的频率之快、层次之高是前所未有的。

当创新成为各国发展的战略，美国奥巴马总统提出要鼓励“Home-growninnovation（国内增长型创新）”，旨在提高美国企业和社会的竞争力。各国在金融危机的情况下，持续的增加研发投入，美国把研发占GDP的比值提高到3%，并且采取一系列政策，比如说研发税收抵扣的优惠财政政策成为他们的永久性财政政策，欧盟同样采取措施把全社会对于GDP的科研研发投入大幅度提高。

创新型人才成为各国竞相争夺的资源。日本提出了亚洲人才计划，欧洲建立了蓝卡制度，美国也放宽了对科技人员进入美国的签证优惠条例。而对我们国家来说，我们的发展面临重要的转折和机遇，首先应对气候变化、能源安全、粮食安全等全球的挑战，必须增加国家的创新能力，积极参与经济社会和科技发展。因此，我们国家在2009年哥本哈根会议上，正式提出2020年单位GDP二氧化碳排放要降低40%～45%，新能源、非化石能源占到能源消费的15%，这一切必须由我们承担，高投入、高消耗、高排放效率发展模式难以为继，加快经济发展方式转变最根本要提高科技的力量。城镇化加速推进，保障我们的粮食安全，提高全民的生活水平，改善我们的环境，依靠科技进步来促进民生改善的需求尤为迫切。我国经济社会发展不平衡、不协调的问题难以在短期内发生根本好转，因此要依靠科技创新来缩小城乡区域发展的差别，促进可持续发展。

在科技资源问题上，我们也有很多的挑战，科技资源配置分散问题依然存在，需要进一步优化科技资源配置方式，提高科技资源综合利用效率。基础研究整体水平还有较大的差距，要大力加强院士创新能力。企业技术创新能力比较弱，要积极的探索产学研紧密结合的新方式，促进企业提高知识创新的能力。我们的领军人才和优秀团队要极大的加强，我们对于创新的激励、评价机制亟待完善，需要进一步的深化科技管理体制的改革。

（三）"十二五"科技发展的总体思路

"十二五"期间科技发展的指导思想是，高举中国特色社会主义伟大旗帜，深入贯彻落实科学发展观，坚持"自主创新、重点跨越、支撑发展、引领未来"的指导方针，以服务科学发展为主题，以支撑经济发展方式转变为主线，以改革创新为动力，着力推进自主创新，攻占科技制高点，培育经济增长点，围绕民生关注点，找准改革突破点，推动我国经济社会发展更多依靠科技创新驱动和社会的内生增长，加快创新型国家的建设。

另有五项原则：第一，继续坚持创新导向；第二，继续坚持需求牵引；第三，继续坚持统筹兼顾，统筹政府引导和发挥市场机制的作用，统筹国内国外两种资源，统筹科技创新和管理创新；第四，坚持以人为本，把改善民生作为根本出发点和落脚点，把创新型人才队伍和创新环境建设作为我们根本任务；第五，继续坚持跨越式的发展，从量的积累到质的提升来推动经济社会发展专项为创新驱动。

1. 加快组织实施科技重大专项

继续把实施科技重大专项作为推动自主创新的重要任务，培育战略性新兴产业。要把重大专项作为深化体制改革的突破口，完善市场经济条件下新型举国体制，优化配置资源，突出系统创新，力争取得重大进展。同时，在清洁能源、深海探测、深地勘探等方面做进一步的充实。

2. 积极培育和发展战略性新兴产业

所谓战略性新兴产业，是在国民经济战略领域中因新型技术突破所形成的新兴产业，以关键核心技术和产品的研发推广应用为重点，充分发挥市场机制作用，促进产业结构调整。例如，如果我们把风能、太阳能、生物质能发展上去，能源当中煤的结构就会得到调整，如果把电动汽车发展上去了，传统的内燃机汽车结构就会调整。所以，发展战略性新兴产业不是铺摊子，其发展本身就对调整经济结构起到巨大作用。因此，国务院选择了节能环保、新能源、新一代信息技术、生物医药、生物种业、新材料、新能源汽车等战略性新兴产业，加强产品开发、重要技术体系和产业体系建设，因此在发展战略性新兴产业过程中，要发挥国家科技重大专项的核心引领作用、国家科技计划的基础支撑作用以及我们国家高新技术开发区的辐射和带动作用。

3. 当前必须前瞻部署基础科学和前沿技术发展

如果没有党中央、国务院在十多年前对于电动汽车、新能源、生物技术的部署，我们今天就没有办法站在战略性新兴产业这个舞台上。而今后的十年、二十年，这个前瞻部署就更加重要。因此，我们要加强基础研究，优化和完善基础科研的布局，促进基础学科的均衡发展，实施蛋白质、量子调控、纳米、发育与生殖、干细胞以及全球气候变化等重大科学计划。要加强对前沿技术的研究，在蛋白组学技术、纳米技术、全光通信网等战略方向，突破核心关键技术。在整合构建一批国家重大创新基地和创新服务平台，在重点学科和新能源、新材料等战略高技术领域中部署重大科学的工程和国家的重点建设。

4. 运用高新技术加快提升传统产业

要加强信息技术、新材料、新能源等高新技术成果转化和推广应用，促进传统产业升级。要加快发展研发设计与服务，现代物流、创意等知识和技术密集型的产业，它能为大学生就业提供充分的和他们有兴趣、有能力的创新创业领域。要深化国家高新区的建设和发展，加强中关村等国家自主创新示范区的示范和引领作用，培育一批具有国际竞争力的高新技术企业的龙头。

5. 大力提升科技改善民生的能力，切实加快农业科技创新，促进城乡统筹的发展

我们要把精力放到加强人口健康、环境保护和公共安全等重点领域，实施全民医药健康科技行动，加强水环境综合治理、生态环境保护、环境污染源控制以及传染病等技术的研发。我们要提高应对气候变化的科技能力，制定应对气候变化科技行动的规划，加强对于极端气候、重大自然灾害预警预报，增强减缓适应和抗灾的能力，提高全民应对气候变化和节能减排的自觉性。

6. 加强科技人才队伍建设

注重在科技规划纲要落实过程中实施《国家中长期教育改革和发展规划纲要》与《国家中长期人才发展规划纲要》的衔接。我们将按照《国家人才发展规划纲要》的要求，组织开展“创新人才推进计划”，为杰出科学家建立科学家工作室，加大对优秀创新团队的稳定支持。加强面向生产一线的实用工程人才、卓越工程师和技能人才的培养。依托科技重大专项、重大科学工程等项目的组织实施，大力培养和造就一大批创新型领军人才和创新创业科技人才团队。高度重视管理人才以及创新型专业人才的培养，激励全社会创新创业的热情。

7. 加强科学技术普及，提高全民科学素质

深入推进环境建设，深入落实科技部、科协等七部门共同制定《关于加强国家科普能力建设的若干意见》。全面实施科学素质工程，以促进人的全面发展为目标，针对未成年人、农民、城乡劳动人口和领导干部以及公务员的需求，深入实施全民科学素质行动计划，提高各个层次、各个领域全民的科学文化素质。扎实抓好科普示范活动，继续组织科技活动周、科技下乡、科普日等重大科普示范活动。十分感激中国科协在这方面做的重要而又全面的工作，像今天的会议，让我们向大家介绍和讨论国家科学技术未来的发展，也是提高我们国家创新能力的一个重要的组成部分。

8. 进一步扩大和深化科技对外开放

充分利用在全球经济化背景下的全球资源，开展广泛的科技合作交流。主动实施平等互惠的国际科技合作计划，加大参与国际大科学计划的力度，支持我国科学家参与国际组织工作，发挥我国在国际技术标准制定中的作用。继续加强先进技术的引进消化吸收再创新，鼓励和支持跨国公司在我国设立研发中心，支持科研机构和企业界走出去建立研发中心。

我们国家到现在已经有3300多个外资投资的研发机构，世界500强当中有346家已经在中国建立了研发中心，同时这也是他们全球研发的组成部分。2009年，这些外资研发机构在我们国家的技术交易额达到了3039亿元，占有近25%的市场份额，这说明我们的创新是开放的创新，是合作的创新。我们鼓励跨国公司建立研发中心，这些研发中心同样能够在我们国家的创新当中发挥重要作用。我们要加强对发展中国家和周边国家的科技援助，创新和完善援外的方法，对外输出先进适用的技术。

（四）改革和完善自主创新体制机制的设想

“十一五”期间，我们在推进科技统筹协调行动，进行了一系列联合行动。首先建立了科技领域六部门的会商机制，科技部、中国科协、科学院、工程院、基金委等一些相关机构共同商讨问题。比如，在2009年应对金融危机落实国务院9号文件的时候，我们就推动了科技人员深入企业，推动中小企业的创新等各方面的活动。加强了部省会商的机制，统筹资源，汇聚目标，支撑区域发展，构建各具特色的区域创新体系建设。今天刚到福建的时候，电视播放着今天会议的直播，黄小晶省长谈了推动福建自主创新的七项措施，这与我们省部会商的议题完全一致，这样政府财政对科技的投入就与省里的发展形成合力，推动各具特色的区域创新体系建设。

我们与很多部门加强了跨部门的合作，围绕重点工作，比如在实施应对气候变化、粮食丰产工程、全民健康行动、中国高速轨道列车等多部门的行动计划方面，增强了与财税部门的合作，实实在在地贯彻科技进步法、落实高新技术企业的认定、企业研发投入的技术转让等优惠政策，积极的推动科技与金融的结合，支持科技型中小企业的发展，建立科技界的联席会议机制，加强了科研的诚信建设。

我们国家的技术创新体系建设得到快速发展。在技术创新领域，国家高新技术开发区已经成为科技人员面向市场创新创业的聚集区。转制院所从1999年开始转制以来，面向市场需求，成为行业创新的领头羊。2008年，中央级的转制院共有260家，所获得的国家纵向的财政投入是32.21亿元，而他们来自自己行业和市场的创新收入是1153.8亿元。他们面向市场获得的经济效益远远大于科技经费的投入。今后要进一步加强他们对行业共性技术的支持，这也是我们“十二五”当中的一个重要部分。

“十一五”期间，我们国家的企业逐步加大了研发投入，创新能力得到快速提升。2009年，全社会用于研发的5700多亿元支出当中，其中企业所占的份额已经超过了70%，我们的高校开始主动的服务经济社会发展，深入企业合作研发。2009年，研究型大学的科技经费达到了727.7亿元，来自于企业合作横向委托的科研经费达到了50%以上，一些与行业紧密结合的理工科院校，他们的科研经费当中有70%来自于本行业、企业的创新需求。我们的大学培养人才、科学研究和服务社会的能力得到了极大的加强。

与我们国家科研形势变化相适应，国家中央财政投入结构也产生了变化。2009年，我们重点基础研究领域得到了极大的加强，2010年，“973”计划的经费达到了35亿元，是2006年的5倍。国家重点实验室得到了稳定的支持经费30亿元，增长了5倍，自然科学基金超过了90亿元。我们国家形成了：在基础研究上，由自然科学基金面向面上项目，由兴趣探讨支持以及以国家战略目标为基础的重点技术研究和国家重点研究机构的稳定支持的一套基础研究体系。2009年，国家支撑计划的90%、国家重大专项的50%、国家高科技计划的35%以上的项目都是由企业来牵头、产学研结合实施，80%以上的项目体现了产学研用结合。国家科学技术进步奖中，68%的项目由企业、高校和研究院所合作完成。科技型中小企业创新基金自1999年启动以来，共投入100多亿元，资助了2万多个科技型中小企业新产品研发和推广应用。积极推动科技与金融结合，支持科技型中小企业发展，创业风险投资在我们国家超过1400亿元，2009年启动的创业板共融资850亿元，90%是高新技术企业，其中80%以上都曾获得国家和省市以及各级政府的财政支持。科技保险风险保额1077亿元，知识产权质押贷款进展顺利。

我们要进一步推进科技宏观管理体制改革，建立健全国家科技决策机制和宏观协调机制，打破创新要素流动的体制机制障碍，我们将以实施科技重大专项和培育战略性新兴产业为突破口，推进技术创新工程，发挥转制院所技术领军和行业服务作用，围绕产业链部署，完善科技、经济和金融协同推进机制。加强民生科技领域工艺类院所的稳定支持力度，建设农业、健康、资环、海洋等领域的科技创新和公共服务平台。贯彻落实《国家人才发展规划纲要》，加大对杰出人才和创新团队的稳定支持。在国家科技管理改革方面，我们将面向国家发展的战略，围绕科技发展和改革的重大任务统筹项目人才基地和建设。结合科技重点工作推进配置国家科技计划经费，进一步突出重点，加强科技资源优势集成，集中力量办大事，提高科技经费使用效益。进一步完善国家科技计划责权管理机制，推进专职化和专业化管理，加强第三方监督评估，提高管理效率和科学管理水平。加强知识产权创造、保护、管理和使用。加快科技服务业发展，推进技术交易，加强科技中介服务，加快科技成果转化。

举例来说，2007年，科技部和铁道部共同建立《中国高速列车自主创新联合行动计划》，目标是把我们引进的250公里高铁通过自主创新提升到350公里。在计划的安排上，我们围绕着“973”、“863”和支撑计划进行了有序的布置；在综合全国资源上，我们和铁道部共同组织了25所研究型大学、11个研究院所、51个国家重点实验室和国家工程中心，其中有68个院士、500多名教授、200多名研究人员和上万名科技人员参与了我们国家高速铁路自主创新的建设，三大整车企业、七家配套企业紧密结合，推动了500多家零部件产业的发展。逐步建设中国高速铁路的技术体系、研发平台、系列产品、产业链以及人才团队发展。我们国家沪杭线350公里的高速已经投入运行，它采取了新一代技术，比如车身、整个结构、振动噪声、系统控制、安全保障、无线通讯、转向架方面，都聚集了来自各行各业的科技专家围绕产业链的研发，围绕重大工程的研发，这是我们今后沿着产业链的布局，推动产学研、大中小的紧密结合一种方式。京沪高速铁路也采用了这样一套创新技术，将于2011年7月通车，最高时速将达到380公里。

我谈一下关于建设创新环境、提高全民科学素质的问题。我们要完善人才激励机制和科技评价体系，树立正确的科研导向，倡导学术的自由和民主，活跃学术的气氛，努力形成宽松和谐、健康向上的科研环境。要倡导求真务实、敢于探索、勇于创新的科学精神以及团结协作、淡泊名利的团队精神。科技、创新、科学研究是有风险的，我们很多成功成果就是在过去不断失败过程中产生的。因此，我们的科学研究只要是脚踏实地的，只要是努力工作的，我们的科普哪怕没有达到原来的目标，我们同样可以结题。我们要营造宽容失败、摒弃浮躁、潜心研究的创新文化氛围。同时，我们要加强诚信建设，让权力在阳光下运行，对在项目立项、项目实施和验收过程当中的任何学术腐败及行为、学术造假采取“零容忍”的态度。包括对于以前的成果，如果在使用过程和今后发展过程当中，发现有造假的行为，同样采取“零容忍”的态度，要从严惩处治理。一方面，要宽松和谐，我们的科技管理人员要精心维护科技的发展。没有科技，我们做不到用7%的土地养活22%的人口；没有科技工作者的努力，我们国家不会从30多年前贫穷落后的状态变成现在的世界制造大国，并且向创新创造大国进展。我们要维护好科技界，为科技工作者创造更好的环境条件和共同的发展氛围。另一方面，在诚信建设方面绝不让步，让权力在阳光下运行。我们要接受来自包括科技界和新闻界等在内的社会各界的监督，我们期望各界来寻找、质疑、批判我们工作中的缺点，找出我们科技队伍中的“蛀虫”，这样我们的科技森林才会更加繁荣昌盛。

关于2003年～2020年国家创新能力，我们希望通过“十一五”快速发展，到“十二五”结束的时候开始进入创新型国家的行列，到2020年，我们要实现在人均GDP还不太高的情况下自主创新能力大幅提升，进入创新型国家的行列。党的十七届五中全会确定了发展的主题和转变发展方式的主线，对我们提出了把科技进步和创新作为加快经济方式转变的要求，我们国家的科技事业，对民族复兴和人民福祉的影响从来没有像今天这样巨大，通过新中国几代科技工作者的不懈努力，我们的科技事业已经具备了支撑经济社会发展的基础，也必将承担起引领创新驱动、内生增长的重任。

让我们认真地贯彻落实十七届五中全会的精神，坚持自主创新，扩大开放合作，励精图治、奋发图强，为顺利完成“十二五”规划战略部署，为建设创新型国家作出新的更大的贡献！

六、创业板市场作用逐步显现　总体运行平稳

——在第一届创业板专家咨询委员会成立仪式上的讲话

中国证监会主席　尚福林

（2010年10月29日，中国深圳）

（一）我国创业板市场推出一年来，作用逐步显现

推出创业板是党中央、国务院从经济社会发展全局出发作出的一项重要决策，适应了我国应对国际金融危机、促进经济平稳较快发展的内在要求，也适应了我们加快转变经济发展方式、培育和发展战略性新兴产业的内在需求。

自2009年10月正式推出以来，在有关部门、地方政府的大力支持下，在市场参与各方的共同努力下，我国创业板市场总体运行平稳，市场各方参与积极有序。创业板在鼓励和引导社会投资、支持创新型企业发展、促进产融结合等方面的功能初步显现，正在朝着预期的方向发展。

1. 对国家自主创新战略的实施正在发挥积极的推动作用

建设创新型国家，落实国家自主创新战略至关重要。创业板是落实国家自主创新战略的重要渠道，是促进经济结构转型的一个重要的推动力。创业板进一步完善了创新型中小企业的融资链条，加快了科技成果的产业化，对推动国家自主创新战略正在发挥着重要的推动和引导作用。截至2010年10月22日，有130家企业已经在创业板上市，其中，高新技术企业达到120家，占比为92%，一大批具有较强自主创新能力和较高成长性的企业在创业板上市，创业板已经成为推动国家自主创新战略的一个重要平台。

2. 对战略性新兴产业的促进作用逐步发挥

国际金融危机之后，新兴产业正在成为引领全球经济新的增长点。我国创业板的成功推出，不仅完善和丰富了多层次资本市场体系，更有利地促进了我国战略性新兴产业的孵化和培育。截至2010年10月22日，130家创业板上市企业中，绝大部分分布在电子信息、生物医药、新能源、新材料、节能环保、文化教育、传媒等领域，许多优秀企业借助创业板市场的平台，实现了产融结合，走上了创新驱动的快速发展轨道。

3. 对创业板企业发展的支持效果初步显现

截至2010年10月22日，我国创业板市场已经受理381家企业发行申请，已经核准141家企业发行。其中，130家已经在创业板上市的企业广泛分布于东部、中部、西部、东北的24个省区市，共筹集资金947.62亿元，平均每家企业融资7.29亿元。创业板企业上市后，总体保持了较好的成长性和较强的盈利能力。已经披露2010年半年报的94家创业板上市公司上半年的营业收入同比

平均增长26.11%，利润同比增长22.65%，创业板对创业企业的吸引、凝聚和带动等作用日益显现。在创业板上市公司的示范带动下，更多的优秀人才和资源加入创业企业，在全社会形成了创新、创业的良好氛围。

4. 对社会投资的带动效应持续增强

在“转方式、调结构”的背景下，如何引导社会资金参与投资，增强经济发展的内生动力，是一项重要而紧迫的任务。创业板推出以来，不仅极大地激发了广大中小企业参与资本市场的热情，同时，也有利地带动了风险投资、私募股权投资等民间资本的活跃和发展。据不完全统计，目前全国创投基金规模已经达到数千亿人民币，仅深圳地区就有近400家创投机构和近2000亿元创业投资资本。创业板对民间投资的带动效应日益显现，高新技术企业风险投资和资本市场良性互动的格局正在形成。

5. 创业板市场交易活跃，运行较为平稳

截至2010年10月22日，已经有1569万户投资者开立创业板账户。其中，有24%的账户参与了创业板二级市场交易。为了保障市场安全稳定运行，我们建立了投资者适当性管理制度，引导投资者正确认识、理性参与创业板，同时强化信息披露监管，警示市场风险，遏制市场炒作。一年来，创业板指数顺利推出，交易结算系统运转顺畅，平稳运行，创业板的功能不断完善，作用也在逐步显现。

创业板的推出完善了我国金融支持科技发展的机制。多年来，我国金融支持科技发展过程中，始终面临着一个难以解决的问题，就是风险补偿问题。在20世纪80、90年代，银行曾经设立过科技开发专项贷款，支持高科技企业的发展，当时有火炬计划、星火计划等。这些对支持科技开发企业的发展都发挥了重要的作用。同时，银行通过贷款支持科技开发企业发展，也承担了比对成熟企业贷款更高的风险。对于贷款发展成功的高科技开发企业，银行只能够收回贷款的本金和利息，而对于贷款失败的高科技企业，银行要承担全部贷款的风险。也就是说，那些成功的企业再好，银行也只能收贷款本金和利息。那么不成功的企业，银行就要承担全部的贷款损失。银行贷款的这种模式支持了高科技企业的发展，但是缺少一个风险代偿机制。所以对银行来讲，这种机制对于相对成熟的企业贷款风险是比较高的。

创业板的推出，促进了风险投资基金的发展，而风险投资基金运作模式的特点就是，如果可以投10个企业，那么在这10个企业当中，也许有8个企业要失败，但是如果有一二个企业是成功的，就可以收回所有的投资成本，甚至于还能够获得比较丰厚的回报。因此，风险投资基金的这种风险代偿机制，使汇集社会资金、支持企业发展有了重要的渠道。为什么创业板推出以后风投发展很快？就是因为创业板为这些风投基金的退出提供了比较好的渠道，使代偿机制更加完善。这样从整个社会看，风险投资基金使汇集社会资金、支持科技发展有了一个重要的渠道。创业板的推出，又完善了这一渠道，从而完善了金融支持科技发展的体制和机制。

同时，创业板的推出也为投资者提供了一个参与高科技企业发展的投资机会。在我国经济发展当中，其实投资者有很多的投资机会，但是并不是每一个投资者都有机会，或者是有能力、有兴趣投资某一个实体。而资本市场提供了一个方便的投资渠道。创业板的推出，为投资者参与高科技投资提供了机会。当然在这儿我还是要说一句，任何投资都是有风险的！创业板推出一年，我相信，在各方面的大力支持下，创业板会不断的成熟、发展、成长。

（二）不断完善创业板市场功能，培育市场机制

在充分肯定创业板推出一年来成就的同时，也要清醒地看到我国资本市场运行机制尚不健全，制度环境还不够完善。在“新兴加转轨”的市场环境中，建设和发展创业板市场没有现成的模式可以照搬，作为一个新生事物，我国创业板设立时间短，创业板制度规则还需要逐步的完善，市场的发育和功能的发挥需要实践和经验的积累，要客观分析、正确认识，逐步解决创业板改革发展中存在的问题。通过不断丰富和完善创业板市场建设的实践，努力探索符合我国实际的创业板市场创新和发展之路。

1. 创业板市场的定位

随着我国创业板引导资源合理流动、促进创新、鼓励创业作用的日益发挥，大量具有较强创新能力的优质企业希望进入创业板市场，但同时也出现了一些申报企业创新能力不强、创新特点不突出，与创业板定位存在一定偏差的现象。为切实发挥创业板支持创新型国家战略的作用，证监会2010年3月发布了《关于进一步做好创业板推荐工作的指引》，在目前阶段明确要求保荐机构重点推荐符合国家战略性新兴产业发展方向的企业，特别是新能源、新材料、信息、生物与新医药等九大重点领域的企业。近期国务院发布了《国务院关于加快培育和发展战略性新兴产业的决定》，进一步明确了发展战略性新兴产业的重点方向和重点领域。相信随着市场各方对创业板市场定位认识的进一步深化，创业板对培育和发展战略性新兴产业的促进作用也将进一步得到发挥。创业板的定位还需要根据科技和经济发展情况和我国资本市场发展状况不断地发展、不断地完善。

2. 创业板上市公司的成长性和风险性

成长性是创业板企业的特点，从我国已上市的创业板企业看，大多数上市后保持了较好的成长态势，但也有部分公司业绩出现分化，有的企业经营业绩甚至出现了较大的波动，从根本上讲这是由创业企业自身特点决定的：一方面，创业板企业大部分处于成长期，创新能力强、成长性高，同时也伴随着业绩不稳定、经营风险相对较高的特点，加之创业板上市企业规模一般都比较小，抗风险能力也比较弱，企业所处的行业和成长阶段又不同，不可能要求所有的创业板公司都同样高速成长。从上市后业绩下滑的部分创业板公司业绩情况看，大部分还是由于市场竞争因素，包括原材料价格上升，大客户收入和定单减少，宏观调控和行业景气下降等原因；另一方面，由于影响行业的因素复杂，创业公司在技术研发、市场开发、业务发展等方面往往不会一帆风顺，体现出的经营和财务指标也是波动的，对其经营规模、盈利能力的判断需要时间的检验和长期的观察。

正是由于上述原因，我们在设计监管规则体系时，特别强调创业板上市公司的信息披露和风险揭示，希望投资者更加深入地认识和理解成长性与风险性的辩证关系，按照不同公司的风险性采取不同的投资态度，还要认识到创业板公司会出现经营失败，不能认为只要是创业板上市的公司就必然会高成长。从监管的角度，我们还将进一步督促创业板公司把信息披露全，将风险提示透，更好的帮助广大投资者把握创业板及其上市公司的成长性和风险性，客观分析、理性参与创业板市场。

3. 创业板公司的治理结构

创业板企业控股股东基本上都是民营企业或自然人，有的企业在上市前还是家族企业，治理结构不健全、规范运作水平亟待提高。企业上市后，规模迅速扩大，资本实力、行业地位和发展战略发生了很大变化，股东和管理团队也面临着利益格局的重新调整。在各种因素的综合作用下，

出现了少数创业板公司高管人员辞职和人员变动状况。总体上看，这些公司的大股东和实际控制人基本稳定，公司的主营业务没有发生变化。针对创业板企业从民营企业走向公众公司过程当中出现治理结构转换这样一个课题，要深入分析创业板公司治理结构的内在规律和特点，采取更具有针对性的监管措施，完善约束激励机制，切实维护广大中小投资者的合法权益。

4. 创业板公司的发行定价和募集资金规模

从2009年开始，证监会稳妥推进新股发行体制改革，目前又启动了第二阶段的改革措施。按照新股发行定价机制的市场化改革要求，创业板公司的发行价格由发行人及主承销商根据询价情况协商确定。截至2010年10月22日，创业板公司平均发行市盈率约为64.69倍。同时，企业超募的资金也比较多。企业超募是我国发行方式市场化改革初期会经常出现的情况，在创业板推出的初期表现更为突出。创业板公司平均发行市盈率较高，带动板块整体估值上升，较高市盈率是市场作用的结果，这其中既体现了市场对于创业板公司预期积极，同时也反映出市场约束机制还不够完善，对创业板投资风险认知还不足。针对这种情况，证监会、交易所和有关方面不断加大风险警示和投资者教育力度，不断提高询价过程的透明度。随着这些措施逐步发挥作用，这种情况也正在发生着变化。在募集资金监管方面，已经建立了证监会、交易所和中介机构相互配合的监督体系，从多个角度规范募集资金的合理使用。相信随着新股发行体制改革的不断深化，新股定价将更加理性，募集资金规模也会逐步趋于合理。

七、解决中小企业融资难题需完善我国银行体系

——在2010年中国风险投资论坛 · 振兴东北投资高峰会上的讲话

中国中小企业协会会长　李子彬

（2010年8月26日，中国沈阳）

经济区的金融创新与融资解困，实质上是经济区内的企业的融资创新与解困，我国的现阶段状况是国有大型企业和民营大型企业基本上没有融资困难，国有大型银行和14家股份制商业银行争相为大企业贷款，大企业发债、发行股票的机会也比中小型企业的机会大得多，所以，所谓企业融资困难，现阶段主要是中小型企业融资困难，特别是小型企业融资困难。

一年多来，为了改善中小企业资金需求和融资需求，社会各界做出了很大的努力，中央政府和地方政府加大了对中小企业的财税支持力度，各银行加强了对中小企业的金融服务，同时拓宽了中小企业的直接融资渠道，中小企业的融资困境有所改善。但是，中小企业融资难的问题远未根本解决，在中小企业融资难的原因是多方面的，深层次的，大体上有三个方面的原因：

一是银行体系改变之后，银行体系不够完善。二是多层次资本市场发育较晚，企业融资渠道不畅。三是一些中小企业管理不够规范，诚信缺失。

为了逐步化解这些问题，需要进一步深化银行体制改革，完善我国银行体系。国有大型商业银行其资产占全国银行业金融机构资产的51%，14家股份制商业银行资产占全国的14.1%，136家城市商业银行资产占全国的6.6%，农村合作金融机构资产占全国的11.5%，我国大中型银行体制的设计就是面向国有大中型企业，绝大多数小企业和微型企业达不到银行贷款的标准，同时银行对小企业的管理成本是大中型银行的5倍～8倍，而且中小企业贷款风险要比大中型企业高很多，因此尽管在社会责任的压力下，国有商业银行、股份制银行正在努力扩大中小企业贷款，但还会

坚持好中选优、小中选大的原则。银行业总体上开放程度不高，美国有9000家银行，香港有1000家银行，相比之下，我国的中小企业、村镇社区银行、中小型非吸收存款类的金融机构数量很少，仅靠大银行难以满足量大面广的中小企业融资需求。

举个例子，我国最大的商业银行中国工商银行，到2009年6月，在它的企业客户中，中型和小型企业分别是1.9万家和3.4万家，分别占其企业客户的31.9%和55.9%，数量比例很大，合计占比87%，贷款余额为16 626亿元和4041亿元，分别占贷款余额39.36%和9.58%，而大企业数量占比22%，贷款余额占比51.06%。另外，除了中国农业银行以外，其他的国有商业银行的小企业客户那就更少了。

我国中小企业融资难，特别是难在小企业，我国大企业不到1万家，占企业总数0.1%，中型企业近10万家，占比不足1%，其余99%是小企业。以工业企业为例，全国规模以上的工业企业35.9万家，其大中小型企业数量分别为0.8%、9.05%、90.15%，另外还有100万家规模以下的工业企业，所以大中小型企业数量占比分别为0.2%、2.3%、97.5%。据有关方面统计，规模以上或者限额以上企业里的小企业70%与贷款无关，规模以下的企业里中型企业90%、微型企业95%以上与信贷无关，所以小企业融资难的问题普遍而严重的存在。我们可以采用以下对策解决融资难的问题：

一是进一步明确解决中小企业融资难问题是各金融机构的社会责任。因此，各金融机构应该进一步深化大中型银行体制改革和金融服务创新，使银行贷款流向与大中小型企业在国民经济当中的地位、社会经济效益相适应。

二是大力发展城市商业银行、农村银行、农村合作银行和乡镇社区银行等小银行。我国有三四百个地级市，有条件的都可以开办城市银行；我国有2000多个县，应该支持他们每个县办一家农村银行和农村合作银行；我国有3.4万个乡镇，只要有条件也应该支持其办乡镇银行或者社区银行，或者农信社。

三是逐步完善我国多层次资本市场体系。我国中小企业数量庞大，分布于众多行业。从发展阶段上划分，有创业期、成长期、成熟期。银行不可能也不应该把处于不同发展阶段和不同形态的中小企业融资问题全部一起评估，比如创业期的高科技企业，它企业规模很小，很少有抵押资产，几乎没有什么经营业绩，还来不及建立企业信用机制。因此，一般来说企业的第一笔和第二笔融资只能从先投资基金后股权融资获得。所以，要满足广大中小企业多元化的融资需求，必须积极稳妥的培育多层次资本市场体系，使得一部分企业从证券市场、私募股权基金交易市场、产权交易市场、债券市场、融资租赁市场获得，拓宽中小企业的融资渠道。

第一，加快发展风险投资基金和产业投资基金。国外的经验表明，加快高新技术产业发展以及催生新兴产业都离不开风险投资基金和产业投资基金的推动，高技术与风险基金相结合，可以催生出一大批具有核心自主知识产权的高新技术。在我国，最早的创投基金是1999年在深圳出现的，那时候国家还不允许我们成立风险投资基金，当时国外有创投，国内还没有。所以，我们国家的高新技术是一个一个成长，而硅谷的高新技术是一批一批成长。

我国风险投资基金和产业投资基金历史较短，存在社会各界对其认知程度不高，相关法律法规不够健全，缺乏人才，投资人也是发育不足等问题。目前，风险投资基金和产业投资基金规模偏小，远远不能满足实际需要，与国际水平差距很大，需要尽快制定相关法律法规和鼓励政策，理顺各方面关系，促进风险投资基金和产业投资基金的规范发展。

第二，要努力扩大包括中小企业集合债在内的企业债券市场。我国企业债券市场规模总体偏小，与整个债券市场和股票市场相比微不足道，远远不能满足经济发展需要。在国外，发行债券是企业融资的重要手段，债券市场和股票市场构成证券市场有机整体。我国近年来证券市场快速发展，但债券市场，特别是企业债的发展明显不足。

第三，加快发展融资租赁业。在发达市场经济国家，现代租赁是仅次于银行信贷的融资渠道。改革开放初期，我国从发达国家引入了融资租赁这种业态，它的基本特征是三方主体两份合同，即出租人根据承租人的要求取得租赁物，出租给承租人使用，并向承租人收取基金，由于出租人拥有租赁设备的所有权，无需承租人提供另外的担保，因此，缺乏抵押品的中小企业和高科技企业可以采用这种方式融资，有利于缓解融资难。但目前我国融资租赁业远没达到应有的水平，尤其是促进中小企业发展的作用还远未显示出来。

除了这些以外，广大中小企业也要加强内部管理，提高素质，诚实守信，取得广大社会各界的支持与帮助。据一家国有银行的省分行对1000户中小企业进行调查显示，其中相当大比例的企业，有两张财务报表，也就是两本账、三本账，如果企业处于这个状态，银行机构都不能给他提供融资，所以融资难这个问题除了银行、政府和其他证券债券市场的努力外，企业本身的努力也是很重要的。我认为我们沈阳经济区的企业也是以中小型企业为主，数量众多，我希望我们的企业在融资需求的服务创新方面、缓解资金困难方面与银行、政府等共同努力来解决这些问题。叫沈阳经济开发区也好，叫经济特区也好，大家都有共同的属性，一是经济的开放性，就是要引进国内国外技术、产品、资金、人员，然后产品销售是面向国内国外的。二是要实行特殊优惠政策，有利于吸引资金和人才的政策，为人才创业和居住生活提供良好的环境。三是都有清晰的主导产业，运行高端专业化互相协作的产业集群。四是政府提供高效的服务。这几条属性是所有经济特区、开发区、经济区都有的属性。因此说，希望经济区在各类金融机构、企业和政府的共同努力下茁壮成长。

八、发展高收益债券　促进并购市场发展

——在2010年全球PE北京论坛上的讲话

全国人大财经委员会副主任委员　吴晓灵

（2010年11月14日，中国北京）

非常高兴来出席2010全球PE北京论坛。首先我要对中国股权投资基金协会的成立和即将签署的全球PE联盟表示热烈的祝贺。

第一，在全球经济从危机走向复苏之际，发展股权投资基金，对于全球，对于中国，都有着不可估量的意义。因为PE是一个培育企业成长、发展实体经济的有效工具。这次金融危机，最大的教训就是金融业偏离了为实体经济服务的方向，吹起了很多泡泡，给全球经济带来了巨大创伤，需要培育更多的有市场竞争力，对老百姓的生活有实际贡献的企业。

第二，刚刚开了G20峰会，当时大家对G20峰会寄予了很大的希望，在危机之初，全球处于合作氛围中，大家希望共渡难关。但是当危机过去之后，开始走向复苏的时候，很多国家希望自己能够复苏的更好一些，这无可厚非。但是现在是全球化背景下的经济，我们更多的是需要彼此的合作，即使是最困难的时候过去了，我们也需要减少分歧，共同合作。那么全球PE联盟的成立，体现了在危机复苏的时期，大家寻求合作的欲望，因而是更加值得珍视的。

中国即将结束“十一五”规划，步入“十二五”规划。“十二五”规划的主旋律就是调整经济结构，促进经济增长方式的转变，更加注重民生，促进中国和谐社会的成立。在完成这个任务过

程中，PE将会发挥重要的作用。因为中国要成为一个创新型国家，需要风险投资把科技转化成生产力。中国要进行结构调整，需要PE在成熟企业当中进行并购。因而，我今天的演讲选了一个角度，发展高收益债券，促进并购市场的发展。

第一，并购将在中国经济结构调整、转变经济增长方式中发挥重要的作用。2010年8月28日，国务院发布了《关于促进企业兼并重组的意见》，中国正面临着传统产业产能过剩的局面，需要并购重组，进行要素组合，合理配置资源，提升企业效率。中国的并购市场保持了高速增长的势头，并购金额和总数都有了很大的发展。2009年，PE发展的金额、并购交易的金额已经达到2103亿美元。2009年上市公司并购交易的规模达到了1078亿美元，再次创下了历史新高。

并购市场当中是需要有杠杆收购的，杠杆收购虽然存在着风险，但仍然是并购重组中的重要方式，百分之百的运用股金进行并购重组是不可能的，关键是要控制好杠杆率和选择好债务融资的方式。一般来说，常见的杠杆收购大约有60%高等级的贷款或者债券，有25%～30%的次级债券或者债务，有10%～15%的股权。当然，这样一个杠杆率在中国目前的环境下，可能是不能接受的，但是中国现在不是杠杆率过高的问题，而是我们的收购兼并活动当中要获得外部的债务融资是非常困难的。

2009年～2010年4月23日，全球募集资金用于收购债券发行的统计中，杠杆收购有非投资级的，基本上占到100%，普通收购非投资级占到85.12%，针对未来收购占到了90.74%。全球都在去杠杆化，但是中国尚未发展杠杆并购，有一些并购的案例是有一些债务的，但是我们的债务率比较低。

为了进一步促进中国并购市场的发展，我认为中国需要发展高收益债券。发行柜台交易的高收入债券，或者私募发行的高收益债券，有利于解决并购基金的融资问题。中国经过30多年的改革开放，积累了巨大的财富，民间也积蓄了巨大的财富，高额储蓄资金需要寻求投资的渠道。我国现在有很多私募证券投资基金，如果这些证券投资基金都投资于证券的二级市场，将会加剧中国证券市场的供需不平衡。

证券投资基金，不管是公募的，还是私募的，它们都是在二级证券市场上活动，都是金融市场当中的需求方。但是中国现在最缺少的不是资金，而是这些资金应该投向哪些有效益的、成熟的企业。有效益、成熟的企业在中国来说是比较稀缺的资源。因而在中国的资本市场上，过多的资金在追逐着过少的优质的上市资源，就难免市盈率过高。

为了克服这样的现象，我们必须要更多地培育企业的成长。引导私募证券投资基金投资于柜台交易的高收益证券，有利于企业并购重组，培育资本市场更多的上市资源。私募股权基金，主要是从股本角度为企业的成长提供资金的来源。但是，如果仅仅是股本融资，一个企业是难以发展壮大的，它还需要有债务融资。当一个企业还并不是特别成熟，在收购兼并的过程当中，是有很大的风险的，如果能够通过发行私募债券进行债务融资，就能够丰富中国的私募证券投资基金的投资人，当然，私募证券的发行正在酝酿过程中。

第二，发行高收益债券需要注意的问题。监管部门应该制定高收益债券的发行规则，特别是明确信息披露的内容和界定合格的投资者。高收益债券的规则，我想应该是简单明了的。高收益债券的产品设计也要秉承简单、透明的原则。我们这次金融危机之所以发生，一个重大的教训，就是我们金融界设计的很多产品是不够透明的，是过于复杂的，是让投资者无法辨认风险，因而它就不能很好地控制风险。中国要想培育私募债券市场的发展，这个债券的设计一定应该是最基础的、最简单的，而且应该是透明的，让投资者能够很好地对它进行分析。

私募债券发行，可以简化程序，可以不向社会公众公布那么多信息，可以满足收购兼并信息需要保密的要求。但是也应该提供最起码的信息，让那些合格的投资人能够对它进行分析。在中国债券市场监管分工的范围内，鼓励顺应实体经济需求的金融创新，要想发展高收益债券市场，私募债券发行是很重要的。

大家都说中国的债券市场三足鼎立，其中发改委管企业债的发行审批，企业债一旦获准发行，即可在银行间市场交易，也可以到交易所交易。这种三分天下的监管格局，带来的一个好处就是有监管的竞争性。当然人民银行在银行间市场推出备案发行的票据和中期票据之后，也促使发改委和证监会在企业债和公司债的发行方面更加趋于市场化。

因而，监管的分割既有监管的竞争，又有套利的空间，也有监管套利的空间，这既是坏事，也是好事。我希望能够更好地发挥它的长处，来克服监管原则不一致的弊病，为私募证券、高收益证券的发行创造条件。当然高收益证券和私募证券不完全是同一个概念。在中国目前来说，比较现实的是看三个监管当局是否能够在各自的权限范围之内推出私募证券的发行，来为并购基金发展和未来并购活动的发展提供一个好的条件。

九、以金融创新和技术创新推动新兴产业大发展

——在2010年中国风险投资论坛·振兴东北投资高峰会上的讲话

全国人大常委、民建中央副主席　辜胜阻

（2010年8月26日，中国沈阳）

（一）转方式，必须实现经济增长的单一支撑向多元支撑转变

胡锦涛总书记在2010年初的讲话中指出，要加快经济发展方式的转变，只有方式转变，才能使发展质量提高，使发展的空间加大，使发展的道路越来越宽。温家宝总理在2010年的政府工作报告中也讲到，要把经济工作重点放在转变经济增长方式，推动经济进入创新驱动、内生增长的发展轨道。在应对危机过程中，我们表现很好。有报告称，2009年中国对世界经济的贡献度超过50%，成为世界经济触底反弹的新动力。而同期所有发达国家的经济增长速度都是负数。"金砖四国"中，俄罗斯是-7.9%，巴西是-0.2%，而我国是9%。但是，这个辉煌的"成绩单"背后也存在着一些隐患。

2009年，我国的经济增长主要靠投资拉动，在经济增长的三驾马车中，投资对GDP的贡献达到92%，消费只有52%，出口对经济增长的贡献是-44%。但是这些成绩的取得主要是靠政府的公共投资。政府出台了4万亿元的刺激计划，而且有10万亿元的新增贷款，还有7万亿元地方政府融资平台的融资。从增长行业来看，有人说，中国经济增长主要依靠中国特色的"三驾马车"，即房市、股市和车市。2009年，社会消费品零售总额同比增长15%左右，但是商品房的销售增长达到了75%，房地产的消费超过6万亿元，车市的销售量增长达到了46%。

在后危机时代，我国现在的经济增长过度依赖房地产的局面必须调整。近年来，房地产业在经济增长中扮演了重要角色，甚至是一些地方经济的重要支柱。数据显示，我国房地产投资占GDP的比重达到10%左右，占整个国家固定资产投资的比重20%左右，有些地方的房地产业对GDP的贡献达到60%。有关研究估计，如果房地产价格下降30%，将导致全社会投资增速放缓约

6个百分点，GDP增幅下降约2.5个百分点，地方财政增速下降约15个百分点。房地产投资的过快增长将加剧市场过热，同时会挤占其他产业领域的资金进而阻碍整个宏观经济的协调发展。因此，必须处理好房地产调控与经济增长之间的关系，要通过“增量创造”来推动“存量调整”，改变经济增长过度依赖房地产业的格局。未来，要大力发展战略性新兴产业，建立现代产业体系，推动第一、第二、第三产业的协调发展，努力改造提升制造业，发展战略性新兴产业，实现高新技术的产业化和传统产业的高新技术改造协同并进，形成经济增长的多元支撑。

（二）发展战略性新兴产业，绿色经济和信息产业是支柱

新兴产业是最具有潜力的增长点。培育和发展战略性新兴产业有利于培育新的增长点，引领经济持续增长；有利于实现经济发展的内生增长、创新驱动；有利于推动结构升级、促进结构调整；有利于建设创新型国家、掌握未来发展的主流，增强国家的竞争力。

回顾历史，每次危机过程往往孕育一批新兴产业。比如，19世纪20年代的纺织危机中出现了冶金、煤炭、机车制造产业；1857年，过度的铁路投资引发经济危机，随之出现了电力、电气的发明与使用；1890年的金融危机催生了钢铁产业；石油危机中出现了计算机新兴产业；1997年的危机孕育了互联网产业、移动通信业。所以说，每次危机本身就孕育着新的产业的发展。国内著名学者成思危教授曾指出，从世界产业革命的历史看，第一次产业革命是蒸汽机，第二次产业革命是电力，第三次产业革命是电脑，第四次产业革命将是新能源引领的产业革命。

有人预测，2020年，在我国总的能源消费结构中，清洁能源将占到15%，总产值为2万亿元左右，节能环保、电动汽车等绿色产业是10万亿元，电子信息产业是10万亿元。绿色经济和信息产业将是未来新兴产业的两大支柱产业。为此，在后危机时代，各国都在谋划自己的战略性新兴产业。美国着力于发展新能源、航天航空，韩国将绿色技术、尖端产业、高附加值服务列为重点发展产业，英国和德国制订了电动车、混合燃料车发展战略。

在我国，国务院《关于加快培育和发展战略性新兴产业的决定》指出，2015年战略性新兴产业增加值占国内生产总值的比重力争达到8%左右，2020年此项比重力争达到15%左右。节能环保、新一代信息技术、生物、高端装备制造产业成为国民经济的支柱产业，新能源、新材料、新能源汽车产业成为国民经济的先导产业。我们与第一次产业革命、第二次产业革命、第三次产业革命都擦肩而过，那么在第四次产业革命上，我们要想获得话语权，就必须加快战略性新兴产业的发展，使绿色经济和信息产业成为经济持续增长的支柱。

（三）技术和金融创新，“两轮”驱动战略性新兴产业发展

战略性新兴产业的发展需要金融创新和技术创新“两轮”驱动，需要通过创投产业和资本市场引导民间资本进入实体经济。因为战略性新兴产业是高新技术产业，它具有高风险、高投入、高回报的特点，它需要金融创新鼓励冒险，同时为其发展服务。只有技术创新，没有金融创新，就会使技术创新出现“闭锁效应”；只有金融创新而没有技术创新，则会使金融创新最终成为“无米之炊”。美国硅谷是技术创新的圣地，但如果没有华尔街就不会有硅谷，两者只有互动，才能形成金融创新和技术创新的“两轮”驱动。

据统计，我国民间资本实力雄厚，约有40多万亿元，其中20多万亿元是储蓄，另外20多万亿元是企业的社会资本，仅浙江的民间资本就高达1万亿元，温州独占6000亿元，应该说民间资本的投资潜力是巨大的。但目前的情况是，一方面，民间资本无项目可投，另一方面，中小企业无资

可融。国务院出台的民间投资“新36条”明确提出鼓励和引导民营企业发展战略性新兴产业，给民营资本打开了新通道。为此，采取及时有效的措施，创新民间资金向民间投资转化的体制机制，克服民间资本“不想投”和“不敢投”的问题，引导民间闲散资金转化为推动战略性新兴产业发展的产业资本，促进技术创新成果向现实生产力转化。

通过金融创新推动新兴产业的发展，首先，要构建完整的创业投资产业体系，不断完善天使投资、风险投资和股权投资机制，使金融创新成为高新技术产业化的“催化剂”。不仅要大力发展风险投资、私募股权基金，还要完善天使投资机制，完善多层次的资本市场体系。我认为，创业投资的产业链要先有天使投资，然后是VC，然后是PE，这样形成一个产业链，来支持高新技术产业的发展。2009年，我国的创投和VC/PE投资了300多个项目，投资金额达到18亿元，2010年的投资金额预计至少要达到50亿元的规模。2006年以来，我们的VC/PE在新能源方面做了大量的工作，今后还要大力发展信息产业。天使投资最大的优势是拥有大量的闲钱，而且具有冒险精神，正好能够满足新兴产业，特别是战略性新兴产业初期融资的需求。所以，要有专项的投资政策和完善的法律法规体系来推动天使投资的发展。未来，要积极鼓励民间天使投资，培育壮大天使投资人群体，并通过不断完善天使投资机制，引导巨额的民间资金转化为创业投资；同时，还要建立风险投资引导基金和战略性新兴产业发展专项基金，吸纳社会资金投入，拓宽风险投资和股权投资的资金来源，壮大风险投资事业，实现共担风险、共享利润。

其次，要努力做强主板市场，壮大中小企业板市场和创业板市场，同时在后创业板时代还要大力发展“新三板”市场，建立完善多层次的资本市场体系。“新三板”在中关村试点，已经发展得很成熟，下一步要把它推广到全国其他的国家高新技术开发区，从而建立统一监管下的全国性的多层次场外市场。为此，一要尽快制定转板制度，形成有机联系的多层次市场机制。二要借鉴美国纳斯达克市场的经验，探索做市商制度，活跃市场，平抑风险。三要探索对进入“新三板”市场的公司采用注册制的形式。四要为挂牌企业构建综合增值服务体系，充分整合地方政府、自律组织、交易所、证券公司、机构投资者等各方资源，凝聚各方力量，实现多赢。

另外，银行要加入到新兴产业的创新中来，架设政府、银行、企业合作桥梁，创新联动协作机制，推动形成科技部门、银行监管部门、银行金融机构共同支持创新融资的格局。要通过加快金融产品和服务方式创新，开发多元化、多层次的信贷产品，支持战略性新兴产业的发展。要进一步完善企业融资的公共政策服务，增强多层次的融资信用担保，加快建立企业征信体系和发展中介服务机构，推进建设企业融资的综合配套服务体系。还要不断推动三大政策性银行对新兴产业的支持力度，与政策性基金、政策性担保体系等联合，形成完整的政策性金融体系。

十、资产配置中的PE趋势

——在2010年全球PE北京论坛上的讲话

全国社保基金理事会副理事长　王忠民

（2010年11月14日，中国北京）

在与境外的机构交流过程中，我清晰地感觉到，全球资产金融机构、投资机构的资产配置在PE方面的比重有逐步提高的发展趋势。这主要是因为全球金融危机以后，在全球以美元为主的量化政策推动之下，货币向西方实体经济流动的趋势，远没有向金融投资领域流动的趋势强，向本国实体经济流动的趋势远没有向新兴市场经济体流动的趋势强，所以造成在全球资产配置当中，一方面向新兴市场体二级市场流动，造成二级市场波动；另外一方面，通过私募股权的投资，向新兴市场体的 PE 直接投资领域推动，造成对新兴市场体直接投资的配置比重逐步增大。大体看来，在全球机构当中，有5%左右的新兴市场体配置会逐步在未来几年当中，以每年1%～2%的速度在提高它的资产配置。这是大的金融资产管理机构的一种基本趋向。

中国 PE 投资将在资产管理领域当中会迅速地发挥更多的作用，或者说逐步地会表现出“不差钱”的倾向，这表现在：

第一，国有企业。近几年，国有企业把自己的利润更多地用于投资领域当中。过去都是自己投自己的钱，但是可能市场上会发生一些强烈的变化，第一个变化是国有资本经营预算必须按照一定的百分比上交，如果不投资出去的话，上交的压力更大。第二个变化，国有资本直接投资的责任性要求比过去也更加强大。如果通过 PE 投出去，相对减少风险，相对责任会比直接投资责任减轻。这几点都会推动大型国企的 PE 投资倾向充分实现。当然，这样一个倾向的实现，有可能是做 LP 直接投资到其他管理公司当中去，也有可能是争当 LP，自己成立一个具有管理公司性质的基金来投入一部分资金来推动这方面的发展。

第二，大型金融机构。大型金融机构要获得足够的市场配置率，必须在权益类资产当中有更多的动作。而权益类资产投资当中，如果说过去还能在二级市场获得较多的超过市场基准的收益的话，那么，近几年二级市场大幅波动和节奏越来越难把握。对于更多的大型金融资产管理机构来说，实现超额收益的愿望难以实现，大家都在向 PE 领域寻求新的突破口。谁的突破口早一点，谁就获得先发优势，实现自身资产总体收益率的提升；谁如果落后了一步，这方面的收益率将会大大降低。所以，越来越多的金融机构 LP 会以各种形式参与 PE。

在金融机构当中，还有一些变相的方法。最典型的表现是信托。信托的结合投资，曾经推动了中国二级市场当中私募证券基金的大规模发展。私募证券基金是通过二级市场上发售一支集合基金，使管理人之间、信托公司之间和投资人之间形成一种关联。当信托公司把这种制度不仅延伸到二级私募市场，也延伸到一级私募市场的时候，就会形成为一级市场当中的直接投资渠道，如果这支产品也是300万的单一认购，也是可以延伸到5年，而且可以用信托和抵押的一些方式，特别是当公司以股权抵押来实现信托资金获得的话，已经离 PE 十分靠近了，只要做稍微变更，就可以变成权益类股权。以至于有的信托公司，现在的主要功能已经不是在做信托产品，而是做变相 PE 产品的融资，以获得长足发展。

第三，民营企业。中国民营企业面临第二代的兴起，是将自己的资产直接交给第二代？还是通过多元方式投资到市场当中？大部分民营企业家曾经在市场当中通过直接投资获得了较高的收益，现在拿固定收益回报的话，它们绝对不会干。如果想获得市场当中较好的权益回报，私募股权投资是他们投资选择的一个主要方向。如果作为一代企业家退出市场，最好是把公司上市，把自己的股权减少，从而交由职业经理人管理，如果还没有上市的话，引入私募股权投资，将是他淡出或者是逐步淡出的很好的选择。如果有第二代可接班，我相信中国第一代民营企业家，也很难把百分之百的资产交给第二代管理，如果有两个第二代、三个第二代，还有一个平均的问题，有一个家族内部关系问题，由 PE 渠道来解决这样的问题，正是市场有效选择。

第四，捐赠资金。这是一股潜在的 LP 力量，只是现在的社会制度体系还没有给它足够的空间。一旦它发起壮大，从长期收益来看，通过 PE 投资获得长期有效的回报，也是一个非常不错的选择。

国企、大型金融机构、民企和捐赠基金，这四股强大的LP势力，如果将其结合在一起，必将对中国PE未来市场的发展壮大形成巨大的推动力。对于更多的资产管理机构来讲，未来，在其资产配置中，加大对PE的投资比重，使对PE的投资从0到个位数，将会是历史长河中一个迅速的过渡，再从个位数向多位数提高，将会是今后几年主要的资产配置趋向。

十一、创新与金融是未来30年的发展趋势

——在2010年中国（温州）民间资本发展高峰会上的讲话

国务院参事　刘燕华

（2010年5月16日，中国温州）

华夏银行行长说过一句话，中国解放后60年的经济发展，以改革开放为界，前后30年发展的路径是不一样的。前30年的经济发展方式是计划加生产，改革开放之后30年中国的经济发展则不同，主要特征是市场加外贸。今后30年发展的动力一个是科技创新、一个是金融。我非常同意他的观点，在全球化、信息化时代，产品研究开发或者市场格局变化的周期已经越来越短了，在创新上谁向前边一步，谁就有更大的发言权。金融方面也是如此，中国改革开放30年取得了很大的经济成就，但是这些进步还不是金融上的根本进步。金融体系的发展肯定是中国走向新时代的一个重要标志。未来我国的发展目标是使创新真正注入活力，使中国的金融体系能在国际市场中占有一席之地，因此创新与金融是今后30年我国的发展趋势。

今天我主要谈四点：第一，出路在于创新；第二，金融要为科技插上翅膀；第三，科技与金融结合是一个长期过程；第四，几点建议。

（一）出路在于创新

中国正处在一个非常复杂的转折期，有传统产业、现代产业、历史包袱、供应与需求的关系、规模和效益关系等。发达国家用几百年时间完成的事情，我国要用几十年的时间完成，因此，我们目前是非常需要创新的，尽管要解决的问题很多或者很复杂，然而这却是中国不得不走的一条道路。

目前，国际竞争越来越激烈，对资源主导权、技术主导权和市场主导权的争夺就很激烈。以资源主导权为例，中国是钢铁生产大国，但是中国铁矿石主要依靠进口，无法制定价格，即没有资源主导权。铝也是一种资源，我国的铝生产量占全世界80%，2000年～2009年中国铝出口量增加了80%，但是2009年的出口价格只是2000年的70%，为什么出口多了价格反而低呢？这同样是在资源问题上没有主导权，这是大问题。其次是技术上没有主导权。现在技术更新换代的周期很短，许多研究显示，金融没有真正注入到下一代新技术上，尽管投资了一些新的产业，但其利润期非常短，或者还没有产生利润就被淘汰了，这样就无法瞄准技术的更新换代系列。市场主导权更是如此，是买方和卖方的较量，我国之所以受国外市场需求的影响很大，就在于我们还没有掌握好市场供需关系。这就要求我们必须重视国际规则，在WTO框架和新的竞争形势下需要制定许多新的规则，我国的很多企业、很多行业没有直接参与规则制定，所以往往没有主导权。主导权实质上是价值链的差异，任何一个产品都有一个价值链，高端拿大钱，低端拿小钱，中国当前还没有走出卖血汗钱的阶段。

过去谈到创新，往往只是重视基础研究成果，却忽视市场的需求，其实从商品到供应、销售、流动、消费、服务整个过程，也有很多的价值空间。我们现在谈的创新是从创意到形成价值的全过程，把传统的、相互分割的各个环节连在一起，形成一个闭环，形成一种良性循环，从而实现螺旋式的上升。这就是科技与金融结合，不是科技一个点、金融一个点，而是在各个环节中都要把科技和金融元素注入进去。每条创新链上有很多环节，我们应该全面分析在这条链的各个环节上有多少是科技金融发挥作用的，有多少是政府发挥作用的，有多少环节是民间资本能够发挥作用的。

（二）金融要为创新插上翅膀

金融产品能助推科技成果大幅度地转化。美国硅谷之所以成功，一个原因是新兴产业，另一个原因是创业板，这两个结合起来，形成了一种动力，加速了成果转化，放大了成果效益，最后占领了优势地位。我国也有不少新兴产业、新的苗头，但是这些苗头在发展过程中往往没有把创新和金融结合好。近些年来，中国在科技金融方面取得了很多进步，比如在科技投资、信贷市场、技术交易市场等方面，在政策上也提出了很多机制和手段，尽管也取得了很多进步，但与国际差距还很大，中国的金融体系还没有真正融入国际潮流，特别是民间资本的作用还没有得到真正和充分发挥。

刚才成思危副委员长也提到，“非公新36条”（《国务院关于鼓励和引导民间投资健康发展的若干意见》）是为中国明天的发展打开了一条出路，可以真正助推中国金融体系进入世界。过去金融体系虽然做了一些改革工作，但是过去30年我国真正发展成熟的还是民营资本。对温州来说，过去一段时间老是地下钱庄，或是民营资本，而且褒贬不一。其实不管是过去说的地下钱庄还是民营资本，信用体系是非常好的，效率非常高，而且推动的产业非常广。民营产业在过去30年已经有所发展了，民营资本在未来也将会茁壮成长。这样看来民营资本的前景非常好，路子不是设计出来的，而是找出来的。

（三）科技和金融为什么结合不起来

科技与金融结合不起来的原因首先在于科技从业人员和金融从业人员的思维方式不一样。对于科技人员来说，研究的内容散而小，有许多不确定和不成熟的东西，是一种无形资产。金融行业则要求风险最小化，并呈现出线性特征，需要有形资产来抵押，特别需要百分之百保证后才愿意去做。所以，其预期和预见是不一样的，尽管二者结合了也只是表面的结合而不是实质意义上的结合。过去中国风险投资是朝着银行方向发展，正是因为在国内许多人的理解不一样。总的来说，中国的风险投资发展并不完善，目前还是以外资和国外在中国的风险投资机构为主。

其次，我国的技术市场不成熟，成果转化机制没有有效建立、也不完善。我曾经做过一个关于中国技术市场的调研，结果显示我国的技术、市场之间没有一个很好的结合，基本上单打独斗，有些做得很好，有些做得不好，有时还会出现鱼龙混杂现象。进一步深入调研发现一个问题：技术、市场这两者该怎么结合，也就是技术的价格评估该怎么做。中国目前还没有建立起技术咨询师、技术评估师体系，也没有技术评价体系，也就是说在技术成果转化过程中有一个重要的环节是缺失的。因为没有技术估价体系，在中国的技术市场体系中，基本由外资企业来定价，也就是说中国的技术在市场卖多少钱，不是由我们说了算，而是由别人说了算。同时，我们一些好的技术也没有优先转化到我国的企业。

从这个调研转到另一个问题：对于民间资本和风险投资来说，风险投资的评估体系、咨询体系、经纪人体系在中国有没有建立起来？假如没有的话，中国民间的风险投资体系也会有一个环节断路，整个体系也就不畅通。因此，我希望政府应想方设法在建立民间资本体系的过程中把相关的环节，特别是第三方中介还有针对风险投资的服务——这个环节建立起来。现在国际上搞的能源服务等新的产业、新的经济正如雨后春笋般发展，但是与此同时，新的技术评估体系还没有建立起来。因此，我希望中国能够把风险投资的专业化体系建立起来。

有了真正的本事和能力，才有真正的公正，也就是说技术市场对经济的发展非常重要。现在社会中，技术发展的速度非常快，也就是说谁掌握新技术谁就发展，谁就能占领市场。我们2009年做过的研究表明，现在我国的风投机构投资的许多新产业，实际上已经是落后的技术，或者是很快将被淘汰的技术。为什么我们没去了解新兴的技术就去投入呢？这样投入的结果必然走向失败。谁在前沿技术上投入，谁就可能在今后的产业发展上掌握优势，在市场的分布格局上占领优势。因此，技术更新换代的信息是民间投资下一步投资的重要信息源。另外一个需要做的事情是降低成本。中国许多科技研发中，搞技术的人并不懂得市场，他认为可以进入市场，实际上并不是。如何使技术转化为市场，就是要把实验室可行而市场不可行的问题解决，解决的基本方式就是要降低成本，能够降低成本的优势往往是民间资本能够实现快速发展的重要途径。对于人才方面，可能懂得专业知识的人很多，但是能把各种各样知识融在一起的人才太少。温州风险投资研究院成立的目的就是要培养更多的人才，使民间资本、民间企业能够有更多的知识、更优质的信息、更好的服务平台来帮助企业解决问题。

（四）几点建议

1. 建立政府与市场的有效连接

特别是在民间资本上，需要有现代企业体系的运作模式在里面发挥作用。现代企业制度有四个基本要素，即愿景、分工、授权和激励，这四个要素中分工和授权尤其重要。今后应有更多的联合机制或者把授权弄清楚，从而推动企业下一步的发展。

2. 要明确资源整合与配置

科技与金融之间各有什么样的资源、优势去实现，将来要形成一种合作机制。合作机制的本质其一是利益分享，其二是降低分享成本，其三是有形资产与无形资产转换。

3. 要实现更多的联合

首先，风险投资机构要联合在一起，不要单打独斗，不要恶性竞争；其次，创新链的接轨；第三，价值链的机制要更新换代；最后，还要进行试点和示范。

另外，有几个方面值得关注：第一点，希望民间资本瞄准战略性新兴产业。因为它既有国家意义又有国家目标，同时整个产业序列很长，还没有完全展开，给民间资本创造了许多机会；第二点，瞄准结构调整、产业转型。如新能源等一些新的产业是民间资本应该瞄准的；第三点，瞄准城乡统筹。城乡统筹是国家正在推动的战略部署，城乡统筹包括产业空间、就业空间、土地空间、市场空间；第四点，瞄准服务业。服务业在发达国家相对比较成熟，且占GDP比重较大，中国现在只是刚刚起步，有非常大的潜力和发展空间。

十二、没有金融创新　科技创新寸步难行

——在2010年中国风险投资论坛上的讲话

全国政协委员、科学技术部原党组成员、科技日报社原社长　张景安

（2010年6月4日，中国深圳）

“第十二届中国风险投资论坛”以科技促进合作，共商风险投资在战略性新兴产业发展中的作用和机遇，研讨新形势下中国风险投资行业的自律与监管，为加快风险投资事业的发展提出真知灼见。

（一）推动经济进入创新渠道是关键

发展风险投资，培育战略性新兴产业，加强发展方式的转变，关键是推动经济进入创新渠道。改革开放30年以来，我国经济保持了持续、高速的增长，已成为世界第二大经济体、第一大贸易出口国。支撑经济发展的核心是各类生产要素的大量投入，这样的发展方式，主要是以传统产业为核心的模式，以外需拉动投资驱动的做法。在改革开放初期，这样的道路对我国经济的起飞、发展起到了巨大的作用，但同时也付出了沉痛的代价。任何发展都是有成本的，要素驱动、外延增长消耗了我国大量的资源和能源，环境现在也不堪重负。2008年的金融危机已经暴露出了这种发展模式的弊端。因此需要我们在以下三个方面进行调整：一是金融衍生品形成的过度消费的经济模式难以为继，需要调整；二是资源消耗的模式必须转变；三是要素推动、外需驱动的模式必须进行深度的调整。

党中央、国务院提出加快经济方式的转型，要求把我国的经济方式尽快从要素驱动、外延增长转到创新驱动、内生增长的发展轨道上来。2010年初，中央党校举办了省部级领导干部学习班，胡锦涛总书记、温家宝总理给我们指明了转移方向。回顾历史，经济危机往往引起技术革命，技术革命又不同程度地改变了社会发展的模式和市场的价值观。

20世纪70年代的欧洲、日本经历了石油危机之后，促进节能环保产业的迅速崛起。1997年亚洲金融危机使韩国经济遭到了重创，韩国政府颁布了《技术创新特别法》，集中发展计算机、半导体、新能源、航空等28个知识性行业，用了3年时间率先复苏。我国未来竞争的主动权取决于自主创新、科技水平的领先性上。在这次全球危机中，我国之所以能够实现2009年“保八”的目标，相当程度上是由于发挥了科技的支撑作用。2009年，56个高新区工业增值达1.48万亿元，比2008年增加了15%，是我国平均增长率的2倍，所占比重从2008年的9%增加到了10%。从近百年的国际发展历史来看，世界上发达国家和发展中国家经济增长的巨大差异源于技术进步对经济财富增长贡献的差距。比如，瑞士、德国、日本都是资源贫乏的地方，他们的发展就说明了这些问题。一些典型的创新型国家，比如瑞典、丹麦等国，他们抓的是创新能力建设。从这个角度讲，党中央、国务院要实现建设创新型国家的目标，特别是提出转变经济增长方式、调整结构等的发展战略，就要抛弃或者调整过去依赖资源、损害环境的方式，真正转移到创新驱动和建设创新型国家的轨道上来。加速经济方式的转型、调整结构是我国新时期的一个艰巨的任务，对科技创新和金融创新提出了更高的要求。

加快经济发展方式的转变，不仅需要科技创新的支撑引领，还需要金融创新的推动。中国金

融创新的发展空间还很大，必须加大金融创新。没有金融创新，科技创新就寸步难行。只有科技创新和金融创新相结合，才能使我们的转移发挥巨大的威力，才能使我们的经济转型进入内涵增长的轨道。撒切尔说过，英国大学的教育和人才科技都不比美国落后，为什么高科技却落后美国10年，差就差在风险投资上，差在金融创新上。

（二）在科技金融方面探索实践

近年来，科技部、中国人民银行、证监会、保监会等部门，贯彻中央应对危机、加快部署发展方式的方针，建立合作机制，深入开展科技与金融的对接。虽然科技金融合作的历程比较短，但是发展得比较快。1985年，中国人民银行和国务院出台了一个关于积极开展信贷的通知；1996年，五大银行贷出700亿元，支持了7万个项目，联想、海尔、华为、远大、同方都是最早期科技与金融结合贷款产生的企业；1997年以后，为走出高新区融资渠道的困境，在有关部门的支持下，科技部与银行开展捆绑发售的融资方式，1998年～2003年成功地发行了高新区集资债券，为高新区的建设拓宽了渠道。这些都是科技金融合作的尝试与创新。

第一，2006年全国科学大会以后，国家长期规划中关于金融的配套政策成为一个重点。

第二，科技金融合作初步建立，由此产生一些创新事件以及现在一行三会的提出，科技部与银行机制的建立，众多银行也都建立了支持银行创新的相应措施。

第三，银行不断改进金融服务模式，支持企业的创新融资。国家开发银行依托科技型中小企业贷款平台，进行项目推荐、平行管理；中国农业发展银行新设了科技贷款业务；中国银行推广信贷模式，开展中小企业贷款；中国进出口银行设立了支持高新技术企业的特别融资方式，有效地支持了科技和中小企业的成长。截至2009年底，国家开发银行累计发放各类贷款1450亿元，支持了 WCDMA、大飞机和新能源汽车等产业；2009年，工商银行对1184个高技术项目共发放贷款1473亿元，支持新能源、节能环保、资源综合利用等新兴产业；交通银行共发放科技贷款余额454亿元，同比增长191%。

第四，多层次资本市场成为重要平台。截至2010年2月，创业板上市的50家企业中，47家是高新技术企业，实现融资279亿元。在国家高新区，大批具有高科技含量、高增长潜力和自主知识产权的科技型中小企业已启动改制上市工作。目前，中关村非上市公司股份报价试点已经有43家企业挂牌交易，累计有12家企业进行了13次定向增资，融资近6亿元。

第五，深化科技保险试点，分散科技研发和产业风险。2006年，科技部和保监会在北京、天津、上海、苏州等12个城市的高新区分别开展了科技保险创新试点，委托有关保险机构针对科技企业的保险需求开发了15个新险种。在各试点城市，科技部门出台了鼓励政策，并实行了人保、信保、华泰等4家保险公司共同参与的对策。在各部门和机构的大力支持下，科技保险试点取得了积极的成效。截至2009年底，商业险种保险费、政策性出口保险费分别突破1亿元和12亿元，累计保险额3874亿元，已赔偿7亿元，财政补贴4187亿元。科技保险对高新技术企业恢复研发经营的补偿，提高了这些企业的风险管理能力。

第六，科技创新投资快速发展。从1999年到现在，我国的风险投资取得了重大发展。根据科技部、商业部、开发银行2009年的统计显示，我国风险投资机构超过580家，管理资本达1700亿元，相比2008年分别增长了21%和17%。2007年以来，财政部、科技部设立了中小企业引导基金，采取风险补助、投资保障、参股、跟进投资等方式，安排资金6亿元，累计吸引社会资金61亿元，用于支持初创期的科技企业。在中央财政的带动下，地方财政设立的投资引导基金机构已达50

家，推动了创业投资事业的发展。在创业投资的支持下，一批科技成果实现了产业化，涌现出无锡尚德、展迅等一批高新技术产业，带动了我国太阳能光伏产业、半导体产业等一批行业的兴起。

（三）深化科技与金融合作的几个意见

1. 促进科技创新与金融创新的结合

科技创新越靠前越活跃，而风险也越大，越靠后风险越小。科技创新的早期是以政府支持为主，但是在科技转化的加速阶段，政府的作用主要转为引导性的支持，在科技产业化阶段，这个支持又有所不同。我国当前的市场机制和政策体制还不够健全，天使投资、种子投资还比较缺乏，不能满足需要，特别是在科研项目中，我们既要采取创新财政的补助方式，又要进行与时俱进的改革，更好地利用金融资本。

2. 引入市场机制，促进科技资源与金融资源的对接

国家科研项目的基础研究前沿技术有“973”计划，战略高技术有“863”支撑计划。科技创新的战略性新兴产业和传统产业不同。比如网络游戏的早期市场具有难预测性。马云曾说，他在做阿里巴巴的时候做梦也没有想到会有今天这样的规模，由此可以看出新兴产业的发展有很多的不确定性，一些配套政策还有待研究，比如对纳斯达克泡沫的研究。21世纪初是科技和金融界最热闹的时候，硅谷与128公路都处于这个时候，热闹的本身其实就会产生一些风险。当时的美国将重点放在信息高速公路，在这些方面应用了大量的资金。而软件高速公路在当时还有很多的不确定性以及限制，比如电子签名、银行支付、支付方式、网上采购等都存在很多的不确定性，加上对新技术预期过高，产生非理性繁荣。这些问题的存在直接导致了泡沫的产生，比如2000年股市泡沫爆发等。一个新兴产业的发展，有很多环节在起作用。作为政府和科技部门，如何使金融在新兴产业的各个环节紧密结合，并运用市场机制、通过政策支持来回避这些风险，减少泡沫，降低风险，是我们当前研究发展高新技术产业的关键环节。比如说2009年我国的风能、太阳能、电能发展得很快，产能过剩了，但从某一方面看是我们的并网没有解决。实际上过剩很快就不过剩了，过剩和不过剩是交替的，这对高新技术产业产生了很大的冲击和不确定性。财政部当时启动了“金太阳工程”，把大量资金用到并网上，使得并网发电得到了发展，同时也发现了政策限制。比如说项目路演，对商业模式的创新已然不够，现在采取了很多高招，对此有了一定程度的缓解。税收制度的改善，也努力的推进了科技金融的发展。科学技术的宏观政策、市场模式能否发挥重要作用，这需要科技与金融结合打开市场。科技与金融的合作首先要缓解制度方面的问题，特别要在资金供应链链条、支持保障链条、市场配套链条以及商业模式方面下功夫，在这些环节上的金融创新和科技创新的结合，才能使新兴产业避免更多的风险，才能够形成一个健康发展的轨道。

3. 多部门合作推动技术、金融创新

推动科技合作，需要各部门的通力合作，金融创新也需要各方面的合作。高科技有很多不确定性，这给政策制定出了很多难题。调研发现了许多政策上的“玻璃门”、“弹簧门”。我们支持企业研发，但是会计准则中没有相应的核算科目，再者就是一些政策相对于企业的理解、税务部门的理解不同，从而形成了反差，不利于政策的落实。再比如鼓励银行开展知识产权的质押、软资产的质押，但一旦发现问题却又强调硬资产的质押。在科技与金融结合的过程中，有很多的障碍需要通过合作去克服。同时，开展金融创新也需要一个很漫长的过程。

同志们，深化科技合作是我们的责任。针对科技创新所面临的困难，我们要做深层次的研究，加强各部门的合作，尤其是银行和企业的互动创新，创造更多的研讨、交流机会，制定更好的

政策，营造更好的环境，打开一个更好的局面，推动自主创新的发展，真正实现创新驱动、内生增长、结构调整、绿色发展，将我们的转变做得更快、更好。

十三、中国结构转型进入加快期

——《财经》杂志2010年第22期

国家发改委宏观研究院副院长　马晓河

一个国家或地区经济社会发展到一定程度，结构转型便成为必然。从国际经验来看，当经济发展从低收入迈入中等收入水平，特别是上中等收入国家水平时，就进入典型的“中等收入转型”期，结构转型明显加快。

若能把握时机，积极推进经济、社会、政治体制改革，就能促进本国结构转型，使其顺利进入高收入国家，否则将陷入“中等收入陷阱”。

（一）中等收入阶段即结构转型加快期

第二次世界大战以后，许多国家和地区经过努力，都先后由低收入国家进入中等收入之列，但由于在“中等收入转型”中，大多数国家经济和社会结构转换滞后，一直徘徊在中等收入水平线上。只有少数国家如日本、韩国、新加坡以及中国的台湾、香港等地区实现了结构转型并进入高收入国家和地区行列。

一个国家要想从中等收入迈向高收入国家行列，在经济结构转换上，产业结构必须从以第二产业，特别是以工业为主导转向以服务业为主导的产业结构，由资本密集型的重化工业转向知识和技术密集型的产业结构，在产业形态上从制造业为主转向以服务业为主。而在产业结构转型升级过程中，科技进步、组织创新是主要动力，全要素生产率提高对经济增长作用明显上升。

同时，经济增长必须从以投资带动及时转向消费带动。此时，投资率由过去的持续上升转为不断下降，社会消费由不断下降转为持续上升，并成为经济增长的最主要的贡献力量。

在需求结构转换过程中，贫富差距由扩大转为缩小，中产阶级迅速壮大并占社会人口的大多数。而中产阶级社会的形成，既为从“生产型社会”转向“消费型社会”创造了条件，又为民主政体和法治社会的建立提供了支撑和稳定力量。

还有，与经济发展阶段相适应，城市化进程在经历了快速发展之后基本完成。多数人口集聚在城市，不但为需求结构调整开辟了空间，也为产业结构调整打开了方便之门。

（二）中国进入结构转型加快期

回顾30年发展历程，中国从低收入国家向中等收入国家转型是十分成功的。中国利用劳动力富裕、工资成本低、资源价格低廉的比较优势，积极吸引外资，以出口为导向，大力发展劳动密集型产业。经过近20年的发展，中国消除了“双缺口”即储蓄缺口和外汇缺口，出现了越来越多的储蓄剩余和外汇剩余。

这一时期，利用“双剩余”促进产业结构从劳动密集型产业向资本密集型的重化工产业方面转换，能源原材料采掘、电力燃气生产、石油化工、非金属矿物制品、黑色有色金属冶炼及压延加工、金属制品、通用专用设备制造、交通运输设备制造、电器机械及器材制造、通讯设备及电子设备制造业等得到快速发展。

在产业结构转换过程中，中国储蓄率的进一步上升、投资率的持续提高、净出口率的不断增加和消费率的持续下降，有力地支持了产业结构的转换。

当前中国人均国内生产总值已达3735美元，按照2007年世界银行发展报告标准衡量，恰好进入上中等收入国家行列。但同时，中国的贫富差距在拉大，发展瓶颈和社会矛盾日益突出，产业结构转型、需求结构调整和社会结构转换压力越来越大，时间越来越紧迫。

首先，从产业结构看，过去以制造业为主、出口为导向的产业发展道路走下去日趋困难，必须加快产业结构的转型升级。从国际形势分析，世界金融危机打破了原有的世界供求格局，从供求两方面对中国既有产业结构形成打击。

一方面，金融危机后，去杠杆化使得美欧等发达国家开始改变高负债的消费方式，大幅度压缩消费并不断提高储蓄率，由此减弱了对劳动密集型产品进口强度，这给中国带来了极大的挑战。因为，中国配置了太多的劳动密集型产业的产能，生产了太多发达国家现在减少甚至停止购买的产品。

另一方面，在这次金融危机之后，洪都拉斯、越南、孟加拉、印度、斯里兰卡等发展中国家，利用比中国更加低廉的资源和劳动成本，生产与中国相同的劳动密集型产品，并向美欧等国家不断增加出口，大有替代中国之势。过去那种到处是“Made in China”的时代已不复存在。新兴发展中国家替代中国劳动密集型产品出口的势头，就像当年亚洲金融危机后中国替代“亚洲四小龙”一样。这种变化，给我国产业结构调整带来了空前压力。

中国不能永远处在世界产业链的低端，依靠低劳动成本、低资源价格、低土地价格、低汇率和低污染费用，获取微薄的产品加工费。如不加快产业结构调整转型，中国将面临被淘汰“出局”的危险。

从国内形势分析，随着城乡居民收入水平提高，社会消费结构已经从温饱阶段转向小康阶段，人们开始追求发展型、享受型消费，对农产品、工业品以及服务产品消费出现了优质、安全、方便、多样化需求，如果我国产业结构仍停留在低收入或中低收入阶段，不去主动适应社会消费结构变化，一味追求低水平规模扩张，产能过剩矛盾必然进一步加剧。与此同时，在全民要求提高生活质量、建设美好家园条件下，城乡居民对由产业发展带来的高物耗、高耗能、高污染深恶痛绝，对“毒奶粉”、“血铅”、酸雨、阴霾等环境污染事件的容忍程度达到极限，强烈要求产业结构调整转型。由产业发展带来的环境事件频发已经激起诸多社会矛盾，再不调整传统产业结构，将会对社会稳定和安全带来巨大威胁。

其次，从需求结构看，在世界供求关系发生重大变化条件下，中国迫切需要扩大内需、刺激消费；在经济发展进入上中等收入国家水平后，我国也必须加快由“生产型社会”向“消费型社会”转变。很显然，扩大内需，建立“消费型社会”，当务之急是调整投资与消费关系。

但是，当前的体制与政策安排有利于增加储蓄和投资，不利于消费的持续增长。

从收入分配制度看，在宏观上，国民收入分配在不断向各级政府和企业倾斜，居民收入占国民收入的比重不断下降。在微观上，国民收入分配在不断向高收入群体集中，中低收入人群所占收入比重在明显下降。

同居民相比，政府和企业增加国民收入中的分配比重，将倾向于增加投资；同中低收入人群相比，高收入群体增加收入，更倾向于储蓄。

因此，国民收入向政府、企业和高收入群体倾斜，刺激了储蓄和投资的快速增长，抑制了消费的正常增长。

从社会保障制度看，城乡、地区、群体之间安排不统一，发达地区、大中城市社会保障程度高、覆盖面大，而农村、落后地区以及边缘人群保障程度低、覆盖面小，这就使得落后地区、农民以及城镇中低收入者没有享受应有的住房、就医、养老、失业救济等基本保障，直接或间接地增加了他们的消费成本。

显然，现有需求结构变化与我国扩大内需、建立“消费型社会”目标发生尖锐矛盾，若不能在较短时间内加快改革国民收入分配结构，调整投资、消费以及出口等需求结构，经济结构将更加失衡，产能过剩矛盾也将更加严重。

（三）创建新型社会管理制度

中国的社会政治结构是以低收入和中低收入阶段建立并不断完善起来的，它适应于“生产型社会”，其人口结构中农村人口多，城镇人口少，管理范围内低收入人群占大多数。

随着中国跨入上中等收入国家行列后，社会结构将发生两大变化，一是人口结构将以农村为主转为城镇为主；二是社会阶层结构将从“哑铃型”结构转向“橄榄型”结构，中产阶级将在人群中占大多数。

面对第一个变化，如果不能从宏观层面上迅速改革阻碍农民进城落户的户籍以及社会保障制度，给予他们平等的权益，城乡二元结构矛盾必然会从农村转向城镇。届时，在两种制度安排下城镇生活着3亿～4亿农民工和6亿市民，农民工在城镇处于既流动又集中的状态，而不像在农村是分散状态，与留在农村的农民相比，进城农民年轻、有知识、有见识，容易集聚，维权意识较强。与第一代农民工不同的是，他们再也不会接受较差的工作福利条件和较低的社会地位。

滞后的体制改革势必会拉近、积累和激化城乡矛盾，使得城乡居民两个群体在不平等分享经济社会发展成果上，由过去在两个空间中远距离分裂变成同一空间中近距离对立，这将给社会带来极大的不稳定性。针对这种可能的变化，城乡二元体制改革越早、越快，成本就越少、风险也就越小。

面对第二个变化，我们再也不能用以往那种“摸着石头过河”、“给饭吃”的办法搞改革开放。因为，正在迅速成长着的中产阶级，他们有理想、有知识、有财产，他们对社会需求也不同于低收入者那么简单，该群体要求公平分享改革发展成果，要求社会公正、平等、透明，强烈要求参政议政，迫切需要建立一个更加完善的社会主义民主政体和法治社会。

显然，中国目前的社会管理制度和政治体制，还无法适应这种变化，只有主动加快改革步伐，建立一个与“橄榄型”结构相配套的现代社会管理制度和政治体制，我们才有制度条件进入高收入国家行列。

无可置疑，经济社会结构已经进入转型加快期，中国必须顺应这种转折性变化，变被动改革为主动变革，改革传统体制，创建新型管理制度，推进中国从上中等收入国家行列向高收入国家行列迈进。

十四、PE行业的五大问题和十点建议

——在2010中国股权投资基金发展论坛上的讲话

中国股权投资基金协会筹备组组长　邵秉仁

（2010年5月21日，中国北京）

2010年4月28日，国务院召开常务会议确定了2010年我国重点改革任务，其中明确指出消除民间投资的制度障碍，深化金融体制改革，加快股权投资基金制度建设，这一明确的改革导向，为股权投资基金发展提供了更为开阔的空间，但在趋势向好情况下，我们更要看到目前股权投资基金行业所面临的问题，要深入地研究解决才能取得实际成果。

目前对于股权投资基金行业来说，主要存在以下五大问题：一是配套法律法规不完善；二是监管思路和监管方向不明确；三是合格人和资金进入渠道狭窄；四是缺乏专业人才；五是投资渠道单一。对于上述问题我提出十点建议。

第一，尽快明确行业立法基础。我国目前没有法律法规对股权投资行为，尤其是私募股权投资进行专门界定。2005年11月由国家发改委牵头，11个部委共同颁布了创业投资企业管理暂行办法。从2005年开始，国家发改委先后推动了三批产业投资基金试点，并以试点经验为基础，起草了股权投资基金管理暂行办法。目前由于有关部门对其中的一些问题存在异议，至今未有结果。

第二，明确监管思路。我国的股权投资主要集中于传统的实业投资领域，不会威胁资本市场的稳定性。而目前商业银行直接投资私募股权基金，社保、保险类的机构投资非常有限，因此，股权基金的经营不会影响传统金融企业的稳定性，从这个意义上说，我国对于私募股权投资基金监管仍需要保持一种宽松的政策，一方面可以较快促进股权投资在我国的发展，另外一方面也能保持与我国当前金融经济监管体制的一致性。

第三，确立行业监管方向。金融危机之后，加强对金融机构的监管，势在必行。有关部门应该同心协力促进这一行业的健康发展，建立一个监管与自律有机结合的、行之有效的、符合行业规律的监管自律框架体系，即国家相关主管部门的分业监管与地方政府层面的监管相结合，行业性组织、协会自律监管为主的监管方向。

第四，完善税收优惠政策。鉴于股权投资对各地经济发展的作用，各地方政府为了促进股权投资基金行业发展，出台了一些优惠政策，涉及基金注册成立的支持、人才引进的支持、个人所得税返还等方面，可供各行业借鉴。但总的来说，股权投资机构所承担的赋税相对较重。

第五，发挥政府引导杠杆作用。政府参与股权投资可以产生更大的社会效益，包括创新、促进高新技术企业发展、扶持中小企业和创造就业等。特别对于风险较高的小企业来说，它们很难从行业银行获得贷款，通过资本市场直接融资的可能性更小。因此，政府参与可以为中小企业提供资金保障。应该进一步发挥其引导作用，但是一定要防止地方政府以建立引导基金为名，形成新的举债和融资平台。

第六，扩大公共资金投资股权投资的渠道。股权基金的资金来源，国际上一般由保险、社保、银行等公共资金发展股权基金，重要前提是公共基金的进入。建议银监会、证监会、保监会、国资委、人保部制定规则，扩大公共资金投资股权基金的渠道。

第七，大力发展投资与基金的基金。目前，中国市场上外资PE投资于基金的基金频繁出现，正在不断增加当中，要在培养合格的本土基金管理人团队、加强政府的市场化引导功能、发挥机构投资者参与、拓宽退出渠道等方面多下工夫。

第八，建议建立QFLP（Qualified Foreign Limited Partner，即合格的境外有限合伙人）制度，就是希望使合格的境外投资者直接投资于境内的股权基金，从而提升我国LP的数量和投资水平，根据《商务部外商投资创业企业管理办法》和国家外汇管理局的142号文件，外国投资者不能作为LP投资于人民币基金。同时按照发起设立的一般安排，需要投资1%～2%，因此，境外股权投资基金管理机构，也不能作为GP发起设立人民币基金。境外资本设立人民币基金，对发展我国股权投资基金有积极作用。当然也要防止对国内现在市场的冲击。因此，建议在人民币基金进行定义或界定人民币基金待遇时，有限制地允许一定比例以下的境外资本存在，如境外资本总额占整个基金募集总额20%以下。

第九，拓宽退出渠道。退出机制是股权投资体系的核心机制，而健全的资本市场是保证私募股权投资基金得以退出并实现有效循环的重要前提。目前，我国投资机构的退出途径依然狭窄，并受到多方制约。目前，国内PE通过境内外股票市场上市，利用各地的产权交易所和筹建专业的PE交易市场，利用市场流动性，增加PE退出的灵活性。

第十，强化全国性协会的功能建设。在市场经济体制非常完善的国家，行业协会作为中介机构在管理成员企业的作用上，确实超过了政府。作为连接政府与企业的桥梁，中国股权投资基金协会将加快步伐，一如既往地为改善PE投资环境努力。我们将积极呼吁政府加大改革力度，进一步打破行业垄断，给民间资本和PE以更多的投资机会，我们将协助政府有关部门加快发展PE的立法和市场监管办法的出台，使PE能够健康有序发展，我们还要多组织业界交流以及研讨培训等形式，不断提高从业人员的素质，我们也愿意与境内外协会和机构进行经常沟通，共同探讨在监管方面的经验，为稳定市场，发展PE市场做出我们的努力。

十五、探索与创新是创投行业发展的动力

——在2010年中国风险投资论坛上的讲话

广东省风险投资集团董事长　何国杰

（2010年6月4日，中国深圳）

我今天主要与大家探讨以下五个问题：一是完善多层次的资本市场有利于中国的经济和创投行业快速发展；二是在市场化的股权投资领域，推行创业风险投资的机制，将有利于国家创新发展的战略部署；三是要加紧探索对政府出资设立的创投引导基金进行有效管理的途径；四是要加快国有背景的创业风险投资机构的体制改革和运作机制创新；五是广东省风险投资集团将继续进行市场化、职业化的管理创新探索。

首先，完善多层次的资本市场有利于中国经济与创投行业快速发展。尤其是2009年创业板的推出，前几年中小板的推出以及如今国家的自主创新这项基本国策已经确定下来，使得创业风险投资在中国迎来了最好的发展时期。这对于众多的风险投资机构和风险投资基金管理人来说是前所未有的发展良机。目前也只有风险投资机构、私募股权投资基金能够在金融投资和支持中小企业发展之间建立起纽带和桥梁，这是其他投资工具所不能替代的。风险投资作为连接金融投资与创新产业发展的纽带，为科技型、创新型中小企业的壮大与发展发挥了特有的作用。当前，无论

对创业风险投资行业，还是对本土的风险投资机构，都是非常有利的行业发展时期，孕育着巨大的发展机会。

第二，在市场化的股权投资领域推行风险投资机制，有利于实现国家创新发展战略部署。自1999年颁布《国务院办公厅关于建立风险投资机制的若干意见》以来，国家行政部门整整探索了10年，终于确立以风险投资机制扶持中国新兴产业的发展的策略。2008年以来，科技部和财政部在各地支持了一些以风险投资运作机制来管理的股权投资项目。2010年初，国家发改委和财政部也下发了《关于组织推荐创业投资备选企业的通知》，用风险投资机制去推动中小企业创新，用政策引导的方式支持风险投资的发展，起到了非常好的效果。比如，2010年国家发改委和财政部拨出20亿元资金，支持各地成立40个不同类型的专业性的投资基金，要求各省市必须有各自的地方引导基金来与国家基金进行配套。这一点表明了国家发改委和财政部用政策引导的方式支持各地的风险投资和战略性产业的方式能够扎实开展。

为推动中小企业的高层次优化与快速发展壮大，风险投资管理机构的一项最重要的任务，就是选择值得参股投资的创业企业，并且为其快速成长提供增值服务。因此，需要聘任高水平、富有实践经验的专业化人才进行管理，并通过这些风险投资的“职业管理人”，有效挖掘具有技术特点、发展优势和创新能力的中小企业群体，实施股权投资，并培植其发展、壮大。要根据中国的经济基础、产业现状、市场消费特点等因素，结合现代创新产业的发展规律，研究中国自主创新对技术、产品发展的需求，寻找更多承载转变经济增长方式的企业实体进行投资、改造与整合，促使众多的创新企业往高层次方向优化与发展壮大。

当前风险投资需要更多关注以信息化、应用软件、物联网、自动化为代表的新经济；以新能源、新材料、生物医药、环保节能、航天航空、海洋开发、电子模块集成、现代装备等为代表的“中国创造”；以新商业连锁、高新技术服务、金融投资服务、创新中介服务、专业特色服务为代表的“中国服务”；以及文化创意、现代农业和新商业运作模式等。

第三，要加紧探索对政府出资建立的创投引导基金的有效管理途径。现在全国各地政府相继设立了众多的创业风险投资引导基金。因此，我们建议在政府引导基金方面实行有效管理。这可以借助一些专业性的风险投资专家的管理优势，以提高引导基金的管理效率。同时可以发挥政策性、引导基金的杠杆放大效应。这样政府引导基金的引导效应才能发挥得更好。考虑对各类政府引导基金比较有效的管理模式，不仅可以借助专业性风险投资基金的“专家管理”优势，提高引导基金的管理效率，而且可以发挥政策性风险投资基金的杠杆放大效应。

建议对各类政府引导基金采用委托管理运作的形式，实行引导基金董事会（履行出资者权益）与风险投资管理公司（履行管理者责任）分离的运作机制。这有利于专业化风险投资管理公司的合理选择（应考虑兼顾人才、经验和技术、资本等条件）；有利于引导基金形成良好的运行机制；有利于引导基金设立后真正支持风险投资行业的拓展；有利于所投入的风险资本能够支持更多的创新型中小企业得到发展；有利于引导基金的资本能够在投资、管理、增值和撤出等主要业务环节中运作顺畅，达到滚动增值发展的效果。

值得指出的是，要使母基金得到专业化管理，就要吸引高水平的人才，所以整个激励机制必须建立起来。引导基金也需要引入绩效评估的机制，便于吸引高水平人才来管理政府引导基金。一是引导基金内部的管理团队需要职业化，这样可以促使引导基金提高战略性新兴产业的覆盖面；提高聘任委托管理的投资管理公司的精准度；提高引导基金的投资效益；提高引导基金的使用效率。二是引导基金内部的管理团队的薪酬、待遇、激励与约束机制要与经营业绩挂钩，在管理和分配上要实行与委托管理的公司业绩同步激励的政策，这样有利于聘任和留住人才。

第四，建议加快国有控股的风险投资机构的体制改革和运作机制创新（或者称为“实施管理转型战略”）。这是国有控股的风险投资机构本身碰到的热点问题。最早的一批风险投资机构，从20世纪90年代一直做到现在，这些机构在各地都起了很大的作用。这些机构都碰到非常多的涉及到管理创新的问题，这需要给予研究和关注。因为中国本土的国有控股的风险投资机构，本身就是中国经济发展、创投发展和支持创新发展过程中的历史产物，而且现在还起着巨大的示范作用和对中国创投发展的推动作用。但是，过去的管理模式与现在本土风险投资行业出现的机会以及与对职业管理人的发展能力和要求，在很多方面上是不相适应的。我们可以根据国家政策的指导效应，确立管理资产、投资管理的运作模式，并对国有风险投资机构的激励、聘任和管理创新机制进行探索。只有这样做，中国国有控股的风险投资机构才能够走出一条更新、更快、更好、发展更有潜力的路子。这是风险投资行业的一个重要特点，我们必须要坚持不懈地在原来的基础上进行管理创新。用创新管理的办法，用国家政策导向的办法，探讨企业内部的管理创新，进一步把国有风险投资机构的改革与创新做好，国有风险投资机构将大有发展前途。

第五，关于广东省风险投资集团继续进行市场化、职业化管理创新探索的情况。根据目前的国情和形势的要求进行探索和创新，才能进一步发展。广东省风险投资集团控股了两家风险投资公司，这两家公司一直都有比较好的现金流和投资回报；集团参股了一家信托投资公司，通过这个平台，可以与其他金融投资机构共同做风险投资；集团控股了三家投资管理公司，在投资管理方面正在以委托管理方式进行拓展；集团还支持高等院校自主创新，与中山大学和华南理工大学合作，成立了支持高校原创项目的风险投资基金，主要支持生物医学、电子新材料等方面的项目。很多风险投资机构不做前期投资，广东省风险投资集团在前期项目的投资、培育上也做了不少工作，我们对一个中小企业项目从投资到退出，培植、扶持周期一般在4年～6年时间。另外，集团从2009年开始，在珠江三角洲三个经济比较发达的城市成立了区域性的发展基金，如佛山与肇庆的区域基金。集团还在逐步扩大投资地域和各种专业领域，加快挖掘优秀项目苗子进行培植。10年来，集团对7家企业从幼苗开始培植成为了上市公司，与此同时这些企业也为集团提供了良好的现金流。我们有信心与全国同行一道，不断探索国有控股的风险投资机构如何进一步创新发展的问题。

当前，我认为，无论是内资还是外资的风险投资机构，不管他们以何种管理模式存在，都要适应整个行业发展过程中出现的各种变化，迎接各种挑战。只有不断地创新，才能找到持续发展的明星企业，才能解决是投资金牛企业，还是瘦狗企业，还是不断投资能够持续增长的明星企业的问题。因此，广东省风险投资集团愿意跟本土的其他风险投资机构共同探索、促进发展。

十六、知识产权服务是风险投资的重要技术支撑

——在2010年中国风险投资论坛上的讲话

国家知识产权局管理司助理司长　王岩

（2010年6月4日，中国深圳）

随着知识经济的发展，知识产权成为当今的热门话题。知识产权战略已上升为国家战略。但是，从事知识产权管理的政府服务机构、企业的知识产权经理，可能还没有普遍认识到这样一个

问题，那就是，从天使投资、风险投资到资本市场的这个发展过程，才是知识产权价值实现的最重要的途径。而作为风险投资的基金经理人，这些年对知识产权的认识却反而越来越深。

风险投资的很多目标企业与知识产权越来越相关，很多干脆就是用知识产权的资产进行价值估量。这些资产和传统资产不一样，需要用心去仔细看，如果不借助专业人员的帮助，很可能还看不懂。知识产权资产价值的合法、有效性、价值大小一直困扰着风险投资家、中介机构以及广大的投资者。前一段时间在财经媒体上经常看到，新推出的创业板中拟上市的公司的知识产权出现了问题。有一家企业曾引起大家的持续关注，它自称拥有全球领先核心技术，拥有自主知识产权，然而事实是，公司的陈述在法律上并没有得到支持，权利并没有真正存在，这就变成了很大的投资风险，使得公司股票超额发行之后，被终止上市。这就是现实中发生的事情。

创业板是我们创业投资的主要出口，大家很关注。创业板应该为社会的优质资源进行配置和培育，让广大的投资者发财致富。为创业板和资本市场提供资源的就是在座的广大创业投资和风险投资人。中国有一个现象，有闲钱的人宁愿去买房子、买珠宝、买黄金、买字画，很少人愿意去做创新的天使投资。尽管中国现在有相当多的有钱人，但我们还欠缺一套让天使投资人前赴后继产生和壮大的完善的社会机制。要具备一个成熟的社会理念，建立完善的制度，前面还有很长的路要走。

我们现在越来越意识到，由于未来的不确定性，以无数人分散决策为特征的自由市场环境，才是创新最广阔的土壤。现代企业制度和风险投资机制的形成，正是这个理念在现实中的体现，改革开放几十年的经验也证明了这一点。

以前的风险投资家所投资的客体对象主要是有形资产，知识产权资产的比较少，但现在的社会却完全不一样了。

我们所说的知识产权，实际上是财产权利。它有一个特点，就是这种知识产权、先进技术必须和企业结合在一起，成为企业的资产，并由企业整合其他的必要资源，然后才能最大地发挥作用，这是我们的基本认识。怎样才能让知识产权发挥最大的作用呢？2010年5月《哈佛商业评论》上的一篇文章，引起了我们的关注，作者是美国的一位投资公司的CEO。这个CEO募集了50亿美元，在全球范围内收购、培育和经营以专利为主的知识型资产。这个商业模式受到很多人的质疑。我们国家知识产权局的领导甚至都在担心，他们到中国大中院校把专利买走了，将来会反过来利用专利权来打击我们。这位CEO以前非常低调，最近他却高调地发表文章，为消除世人对他和他的公司的误解，详细阐述了他的理念和做法。这篇文章被翻译成《为创意投资》，我认为这对我们有非常大的参考价值。

美国作为领先的创业投资国家，很多经验值得我们学习。全球很多创新型国家的科技创新机制的核心奥秘都是通过对知识产权的保护来促进资产交易的。好的制度可以让投资创新的天使投资家们和风险投资家们有相当大的可能性去赚钱。他们在赚钱的同时，也能大大促进科技的发展和经济的增长。

我很早就听说过一句话：风投第一法则是看人，第二法则还是看人，第三法则还是看人。但是现在由于技术的进步，知识经济的发展，我们除了看人之外，还需要专业机构对创新型企业、资产本身和它的商业模式进行评判。对知识产权价值与风险的评判，是一项专业性服务，对投资交易非常重要。这种服务不是政府或者政府下属的某个单位的工作，而是充分的商业化活动。前面提到的创业板公司知识产权问题，如果有真正懂行的服务机构参与，后来中止上市的情况可能就不会发生了。

知识产权服务业的发展除了政府部门在资金、专利信息和人才方面给予支持外，更主要的是要靠我们社会的民间资金和人才的积极参与，形成市场化的服务产业。知识产权服务的社会化分工已经在加速形成。我希望在座的搞风险投资的朋友，对这种服务本身具有的价值有足够的认识，并给予必要的尊重。企业去创业板上市，到国家知识产权下属机构做一个法律状态检索，只要付几千块钱，说明市场对这种服务的价值认识还有一个过程。能够真正独立地承担价值判定和风险评估的机构应该是像律师所那样有独立的法律责任的机构，这样才能把事情做好。我们希望，在座的风险投资者们对这个行业给予一些支持，该付钱的时候就要付高一点。

最近，国家发改委出台一个文件，要加速发展高技术服务业，这其中就包含了知识产权服务业领域。我想未来国家会在这一产业的发展上予以更大的支持，使其真正成为风险投资重要的技术支撑。

最后，我简单总结一下，一个健康发展的风险投资市场和资本市场，能够使中国刚开始形成的大量的经济剩余能更多地投入到创新型公司、创新发明中去，这对中国的未来极其重要，所以，风险投资者做的是功德无量的事情。同时，也希望大家多利用知识产权专业服务，发现价值，控制风险，帮助这个服务产业快速发展。

十七、当前私募基金行业面临四大机遇

——在第四届（中国）私募基金高峰论坛上的讲话

深圳市创新投资集团公司董事长　靳海涛

（2010年3月20日，中国深圳）

（一）当前私募基金行业面临的主要形势

1. 中国率先走出金融危机，成功实现V型反转，逐渐成为世界经济复苏的重要引擎

2009年，我国GDP增长8.7%，超过年初8%的预期目标，更远高于世界经济的平均增速。按照中国经济总量占世界经济7%估计，2009年中国经济拉动世界经济增长大约0.6个百分点，直接减缓了世界经济衰退的幅度。我国经济的增长给实业界和资本界带来了许多发展机遇，也为私募基金行业提供了广阔的发展舞台。

2. 中国资本市场趋于成熟，开始引领世界潮流

（1）创业板进一步完善了我国多层次资本市场体系。

2009年，作为我国资本市场一个里程碑式的事件，经过10年筹备的创业板正式推出，一个由主板、中小板、创业板、代办转让系统构成，相互补充促进、协调发展的多层次资本市场体系逐步完善。创业板不但为众多规模较小、尚处于成长阶段的高科技企业、创新企业和新兴产业企业提供了新的上市渠道，为我国经济结构调整和产业结构优化升级提供了指引和支持，也为国家自主创新战略提供了重要的落实平台，为私募基金行业提供了丰富的发展机会。

（2）融资融券、股指期货的推出成为中国资本市场发展进程中的一个重要里程碑。

融资融券、股指期货出台时机正好处于全球金融危机进入尾声的阶段，它既是中国证券市场不断变革过程中的里程碑，也是中国金融体系成熟的象征。融资融券和股指期货将有助于增加市场的流动性，进一步完善市场避险工具，有利于资本市场长期稳定发展。

（3）我国资本市场经受住了国际金融危机的考验，开始走向成熟。

2009年，我国的IPO顺利重启，创业板成功推出，资本市场再融资、企业兼并重组非常活跃，体现出我国资本市场经受住了国际金融危机的考验。2010年，我国资本市场的IPO数量和融资规模将创造新的记录，融资融券和股指期货的顺利推出为广大投资者提供了新的舞台，全流通标志着国内股票市场的所有历史遗留问题基本解决。这些里程碑标志着中国资本市场开始走向成熟。

（4）我国资本市场开始引领世界潮流。

2009年，香港交易所一跃成为融资额最大的资本市场，纽交所排名第二，上交所排名第三，巴西圣保罗股票交易所排名第四，深交所排名第五，纳斯达克排名第六。2010年1月，纽约泛欧交易所、深交所、上交所分列交易所IPO融资金额前三名。我国资本市场逐渐成为世界主流的资本市场，影响力逐步扩大，开始引领世界潮流。

3. 中国企业在世界资本市场上异军突起

2009年，中国企业无论在IPO数量还是融资总额方面都出现激增。2009年，共有187家中国公司通过IPO募集资金大约505亿美元，IPO数量占全世界的29.1%，募集资金规模占全世界的41.7%（根据纽约泛欧交易所集团的统计资料）。

4. 我国私募基金的规模逐步扩大

截至2009年底，我国居民人民币储蓄存款余额超过26万亿元人民币，企业存款余额超过22万亿元人民币。规模如此庞大的现金类资产的投资需求，将为我国私募基金行业的发展提供充足的资金供给。根据清科集团的统计资料显示，目前，我国私募股权投资基金（包括内外资）的总规模约为7400亿元人民币，其中创业投资基金的总规模为1900亿元人民币，其他类型的私募股权投资基金的总规模为5500亿元人民币，另外，根据私募排排网的统计资料显示，我国本土私募股权投资基金的总规模约为4500亿元人民币，我国私募证券基金的总规模在1.1万亿元人民币，其中信托私募证券基金规模在400亿元人民币。全国的私募基金行业管理的资金规模接近我国2009年33.5万亿元人民币GDP的5%。根据私募排排网的统计资料显示，无论是私募股权投资基金还是私募证券投资基金，深圳的私募基金规模和数量都占全国的1/3，已经成为了我国私募基金最活跃的地区。

5. 私募基金的发展环境得到很大改善

（1）我国私募股权投资基金的发展环境有五大变化。

第一，政府引导基金成为全国热潮，通过国有与民营之间的互取所长、互相融合、通过国有对民营的引导和带动，形成了“国进民进”的经济新增长模式。第二，本土LP的意识有所变化，LP们逐渐认识到股权投资是一种比较理想的商业模式，且自己管理不如交给职业管理人来管理。第三，海外资金踊跃进入国内，粥多僧少，想要找到合适和合格的基金管理人很困难。第四，行业竞争空前激烈，人才抢夺严重，从业人员的道德风险和诚信问题日益受到关注。第五，创业板的开通、中小板的加快发行，刺激了企业家创业和进行资本运作的激情，也刺激了私募股权投资基金行业进入大发展的时期，许多2006年后新进入私募股权投资基金市场的机构进入收获期。

（2）我国私募证券投资基金的发展环境有四大变化。

第一，阳光私募的市场规模将进一步扩大，私募基金产品规模将会直追公募基金。第二，公募基金和私募基金不断融合，互相取长补短。第三，高端人才不断向私募证券基金行业涌动。在目前私募基金的激励机制下，必定能吸引到众多优秀的投资管理人才加入。第四，私募基金的第三方机构（包括第三方评价机构和第三方销售机构）蓬勃发展，有利于搭建私募基金同投资者之间的信息传递平台，监督行业规范运行，促进行业的健康发展。

6. 私募基金的长期投资价值日益显现

根据清科集团的数据显示，截至2009年底，在成功登陆创业板的36家企业中有20家企业曾获31家私募股权投资基金支持，其平均回报倍数为8.39倍。根据私募排排网的数据显示，私募证券投资基金在36个月的时间窗口内，平均收益达120.02%，跑赢同期沪深300指数44.83%。在24个月的时间窗口内，平均收益为 -1.54%，大大高于同期沪深300指数的 -33.02%。在12个月的时间窗口内，平均收益率为54.9%，整体跑输公募基金14.25%，跑输大盘41.81%。在6个月的时间窗口内，平均收益为14.56%，跑赢大盘1.64%。私募基金行业的长期投资价值比较优秀，受到市场的认可。

（二）当前私募基金行业面临的主要机遇

第一，经过金融危机的洗礼，资金逐渐涌向少数优秀的私募基金，对行业规律掌握比较透彻的优秀的私募基金将获得长足的发展。

第二，阳光私募将获得非常好的发展机遇。股指期货及融资融券推出后，信托私募管理规模将突破千亿元人民币，在未来几年内，百亿规模的阳光私募基金公司必将出现。

第三，2009年我就提过，投资的黄金定律是在熊市投资，牛市退出。现在资本市场逐渐回暖，投资的成本逐渐提升，这就为私募基金的管理者提供了展示智慧和能力的机会。

第四，私募基金行业应更加重视长期的价值投资和精准投资，为投资者提供更高的回报。

（三）对本届私募基金高峰论坛的期望

私募基金高峰论坛已经成功举办了三次，规模和参会人数不断有新的突破，现在已经成为国内最具影响力的私募基金的行业盛会。本次论坛主要围绕以下主题：低碳经济——私募基金的投资机会与风险防范；全球视野下对冲基金与港股投资；《证券投资基金法》修改与私募制度变革；后创业板时代人民币基金的发展机遇；股指期货与私募基金等，展开研讨，希望大家踊跃地参与讨论，通过对这些问题的深入研讨，为私募基金的从业者指明方向，与投资者分享经验和智慧，让私募基金行业走入健康发展的快车道。

十八、构建金融支持服务体系　培育战略性新兴产业

——2010中国（中部）风险投资与科技金融论坛上的讲话

科学技术部科研条件与财务司副司长　邓天佐

（2010年11月3日，中国合肥）

十七届五中全会进一步明确：科技的重要支持和引领作用对我国经济发展方式转变、经济结构调整至关重要。要发挥科技对经济的支撑引领作用，最主要的是如何实现把科技资源转变为经济社会发展的硬支撑。这一转化过程包含了三方面的重要因素，首先要加快科技成果向生产力的转化；其次，要孵化孵育科技型企业的成长，这是承载科技成果转化的重要载体；第三，科技小企业的成长，必然推动新兴经济的出现，尤其是战略性新兴产业的发展。只有实现科技成果的高效转化，推动科技型中小企业的成长，扶植好战略性新兴产业，我国的经济增长方式才能实现转变，

结构调整才能达成目标。在这样的一种形势下，如何把潜在的科技优势发挥出来，最主要的就是把上面的三个工作做好。

要发挥科技对经济的支撑作用，就一定要创造一种新的机制。这种机制是什么？就是要发挥政府引导、市场化运作的机制，促进科技和金融结合的有效机制。

我国以往的科技战略更多关注科技研发、关注关键共性技术的积累，但是要达到科技对经济的支撑作用，就必须把这些关键的共性因素应用在具体的产品和产业上，使产品更具竞争力，产业得到良性的可持续发展。

经过30年的改革开放，我国积累了大量的科技资源。但是应该说，目前我国的科技创新体系还处于一种不断调整的过程当中。当前要使我国的科技创新体系、产出的科技资源更多地变成科技创新创业的资源，变成支撑产业发展的关键要素，就必须要建立以企业为主体、市场为导向、产学研结合的创新体系，只有这个创新体系建成，我国的科技投入才能高效产出。但我们也深刻认识到，这个创新体系的建成是一个长期卓绝的过程，因此，国家在确定“十一五”的规划纲要中已明确了“十六字”方针。经过“十一五”的努力，我国在这样的“十六字”方针指导下，科技创新体系在不断地调整完善，“十二五”仍然要按照这样的一个目标去积极地推进。

当前，我国在调整科技创新体系的同时，如何实现科技成果的转化，使其迅速地变成创新创业的良种已变得至关重要。创新创业通常有两大路径，一种就是以科研院所、大学、企业为创新主体，直接进行科技成果创业。这部分的创业一般需要解决一系列的问题，需要完善技术，需要提升产品的市场竞争力，需要打通资金的瓶颈，需要提升创新企业的管理水平等。在这所有的问题当中，资金是制约科技型企业成长的最大瓶颈。所以，要把科技成果真正地运用到经济社会发展过程当中，就必须要关注科技型小企业的成长，解决他们的资金问题。因此，要建立和科技创新这样一种发展规律相适应的融资模式，就必须要打造新型的科技投融资链条。同时，更要创造一个使科技创新链条和资金链条能够互动的政策环境以及中介服务环境。

科技是第一生产力，金融是现代经济的血液，只有这两个重要的因素紧密结合在一起，我国的经济发展方式才有可能真正实现转变，科技进步才能真正推动经济和社会的进步。要打造与科技创新相适应的投融资链条，就是要促进科技和金融的紧密结合。所以，科技与金融的结合并不是目的，而是实现经济发展方式转变、实现科技对经济支撑引领的重要手段。

那么要把这个手段运用得好，当前我国面临着一系列的机遇，同时更面临着严峻的挑战。我国传统的科技发展是以成果研发、突破关键行业为主。在今天这样一个经济背景之下，要实现科技向科技成果的转化和延伸，除了创新科技成果、打造成熟的技术链条之外，还要注重科技工作的横向延展、向经济社会纵深推进，所有这些都是我国科技发展面临的新问题。这需要我们要进一步解放思想，创新科技管理的理念和模式，调整科技战略和资源配置的重点，更要创新科技投入的机制。

应该说，科技的发展离不开投入，但有了投入没有相适应的机制，科技也不能够顺畅地发展。因此，必须要建立一种推动科技创新创业的新型投融资机制。在这方面科技发展面临着巨大的挑战。一方面要坚持科技创新。另一方面，科技的发展为金融提供了巨大的市场空间，金融要分享科技创新高速增长的成果，也要实现金融产品的创新。没有金融产品的创新，没有金融商业服务模式的创新，没有制度和体制的突破，那么金融无论是资本市场的风险投资、股权投资、产业投资还是银行，恐怕都很难享受到科技创新的成果。那么在这样一个体制下，科技金融两个轮子都要推动创新，只有这两个轮子创新到位了，科技和金融才能够真正融为一体，成为我国经济社会发展的重要支撑元素。但目前，这还是一个长期而艰巨的过程。

在科技金融创新的过程中，最重要的是要把政府、企业、社会，科技层面、经济社会发展层面和金融层面的定位搞清晰。从国外科技创新的规律来看，一个创意到实现产品生产再到实现产业化的过程，通常的投入比例是1 ∶ 10 ∶ 100。目前，我国在研发阶段的投入尽管不多，但是有了企业的资金，有了政府的资助，我国产业化的资金应该说远远超越了当年只有技术没有资金的阶段，甚至可以说现阶段我国资金的积累远远超过了技术的积累。但是，尽管有了大量的资金集聚，实现科技成果转化、培育孵化中小企业成长的资金仍然极度缺乏。

关于新兴产业的培育，其路径主要是两方面，一是诞生重大的创新工程，比如像高铁、航空航天等一些产业；另外是诞生新兴的科技型企业，比如新材料、新能源等产业，很多是诞生在一些中小型企业中，因此更应加大对中小型科技企业的关注度。当前政府首先要明晰政策引导的定位是什么，风险投资客观上是有规律的，就是高风险、高失败率。特别是政府出资，重要的应该去做栽树的工作，而不要去抢果子，果子已经有大量的资金在摘了，政府没有必要再去引导，所以政府新兴的资金重点投放在招商引资还是投放在培育地方经济活力、提升企业的创新能力、培育本土新兴产业上，这个答案不言而喻。政府应该把更多的精力放在市场自身，放在真正的风险投资上来，而不应该在PE这方面去花更多的精力。对于PE的引导、对于产业并购的引导，主要是创造政策环境。那么作为风险投资、天使投资，政府在创造政策环境的同时，必须要加强资金的引导。因此，只有明确政府定位，企业按照现代企业制度规范管理，在安徽、在合肥这块土地上才能不断诞生成熟的果实，使区域创新活力和能力不断增强。

十九、发展创业投资引导基金要处理好三大关系

——在上海创业投资与私募股权投资高层研讨会上的讲话

国家发改委财政金融司金融处处长　刘健钧

（2010年10月7日，中国上海）

在发展私人股权和创业投资的取舍过程当中，政府一定要强调、重视发展创业投资的作用。事实上最近十年来，国家财政部、税务总局、科技部以及所有的国家有关部门，在对待私人股权和创业投资的取舍上都坚持了基本原则，对于一般意义的私人股权投资基金完全可以按照国外那套方法，就是由他自生自灭的发展。对于创业投资，必须采取特别的政府扶持的做法。

一般意义的私人股权投资基金是在市场比较有效的领域里面，你再给他提供有关的扶持政策是违背国际惯例的。而如果叫创业投资，那么国家扶持它就是符合国际惯例的，所以坚持统一政策、统一标准、统一番号，不仅要重视发展创业投资，而且要引导创业投资，支持市场缺失的领域。这个话题和引导基金运作过程当中必须处理好的三大关系存在着逻辑上的联系。

2008年由三个部委报请国务院批准，最后发布了《关于创业投资引导基金规范设立与运作的指导意见》（简称《指导意见》）。《指导意见》出台以后，在三个方面起到了很好的作用：第一，促成有关部门和地方政府正确地认识了创业投资引导基金的作用。所以，最近两年各地方设立引导基金的积极性比以前更高了。第二，《指导意见》出台以后，已经设立了若干引导基金，开始按照《指导意见》规范运作，朝着一种更加规范化政策性的基金方向去努力。第三，解决了引导基金运作过程当中的一些操作性问题。

操作性问题怎么解决呢？发改委和财政部一起考虑，把创业投资引导基金当作一种公共财政考核，这就不需要纳入经营型国有资产考核了。特别是最近两年引导基金在运作过程当中遇到了一些新问题，我们又照样出台了新的对策解决这些问题。比如，2009年的6月有关部门出台了一个国有股新规，企业上市以后国有股必须无偿划转到社保资金的问题，这不仅导致了国有创投机构投资的企业上市以后，国有创投按照机构持有的股份必须无偿地转到社保，而且导致了创业投资引导基金以跟进投资、联合投资等方式投到一个企业上市以后，形成的股份被当作固有股，必须无偿地划拨到社保资金。我们考虑这个问题，于是在国有创投豁免转持的请示里面一并考虑这个问题，国有创业投资引导基金投资以后形成的国有股照样可以豁免转持。这个请示已经得到国务院的批准，财政部等有关部门现在正在制定一个实施细则。当然，在实施细则制定当中我们也在考虑，并不是所有创造投资引导基金形成的国有股都可以豁免转持。如何认可你是规范运作的，需要有有关部门做出基本的认证。我们促进地方的引导基金更加规范的运作，最近财政部会同发改委研究制定真正意义上的国家级的创业投资的引导基金。

随着一系列的政策出台，中国的创业投资引导基金会发挥它更好的作用。为真正发挥很好的作用，创业投资引导基金在运作过程当中必须处理好三大关系。

（一）要处理好创业投资引导基金和科技型中小企业创新基金、产业引导基金的关系

使三者能够形成一种合理的分工合作与互补的关系，从而共同推动国家中小企业的创新创业，包括推动国家高新技术产业化的问题。现在国内有三种引导基金，一是创业投资引导基金，二是科技型中小企业创新基金，三是现在市场上很时髦的产业引导基金。这三种基金是完全不同的政策性基金。

关于创业引导基金和科技型中小企业创新基金的区别，首先，创业引导基金和科技型中小企业创新基金支持的对象不同。世界各国设立了很多创新基金，但是这类创新基金的支持对象主要是没有体现商业前景的创新的项目。而创业投资引导基金不一样，它支持的对象是市场化运作的创业投资基金，不支持具体的创新项目。

其次，支持的方式不同。创新基金支持没有体现盈利前景的创新项目，所以它只能够以无偿拨款、财政贴息等方式支持。而创业投资引导基金不一样，支持对象就是按照市场化方式运作的创业投资子基金，这个子基金是可以获得回报的。因此，为便于引导基金建立有效的财务约束机制，世界各国的引导基金虽然会有让利于民的机制，但是必须以有偿的方式运作。比如说我参股到子基金里面了，就在子基金里面行使股东权益，有了收益和你一起分配。

再次，运作机制不一样。正是创新机制以无偿方式支持那些没有体现商业前景的创新项目，所以，各国的创新机制主要是用财政账户就行了。但是引导基金是有偿方式参股到子基金里面去，光一个财政账户，如何体现引导基金的股东权益呢？那不行。所以，必须自身拥有自己独立的法律主体地位。

最后，设立和监管的主体也有差异。在美国，若干个部门都有义务去支持创新事业，国会甚至通过立法规定，拥有1亿美元以上的财政投入部门必须拿出一部分资金通过创新基金运作。但是，创业投资引导基金就不一样了，它的支持主体是商业性创业投资子基金。所以，为了对商业性创业投资基金实施统一的监管，而且能够更好地发挥财政资金的合力，国外普遍都是统一由创业投资的管理部门和财政部门共同设立创业投资的引导基金。而且往往在一个国家设一个引导基金，不存在分散化的格局。即便有一些大的国家在省里面，一级政府就搞一个引导基金。

从这里来看，引导基金和创新基金在支持对象、运作机制和设立监管主体方面都是完全不一样的。和产业引导基金有什么关系？实际上产业引导基金是指国家为了扶持一些弱势产业的发展，针对一些弱势产业设立一些无偿拨款或者无偿贴息的资金。从这个意义来说，创新基金也是产业引导基金的一种，它们的相似点是比较多的，像支持方式都要有无偿拨款方式，运作机制用一个财政账号也行，设立主体和监管主体，所有的弱势产业都可以设立，运输产业等都可以根据自己的特点设立这种产业引导基金。唯一不同是支持对象不同。产业引导基金可以支持各类弱势产业，而且不管是早期、中期还是后期。但是这种产业引导基金和我们讲的创业投资引导基金是根本不同的。

由于这三类基金完全不同，我们认为都应该发展，而现在有关部门，特别是地方政府说到国家搞创业投资引导基金，财政资金运用最大自主创新，所有的创新基金和产业引导基金也号称都要按照创业投资引导基金运作。本来它只能用无偿拨款的方式才能真正支持创新项目和弱势产业里面的某个产业项目，但是他也搞有偿方式，这是不适合创新基金和产业引导基金自身运作的方式。

创投引导基金和产业引导基金的联系不是太多，但创投引导基金和创新基金两者之间的关系是非常密切的，二者不可偏废。发改委和财政部搞了引导基金以后，我一直强调，不要因为我们搞引导基金就否定创新基金的作用或者要求创新基金按照引导基金的方式做，我们要进一步加大创新基金的投入才行。两者的关系是什么？我从创业的过程角度讲讲创新基金和创投引导基金之间的关系。其实一个企业在整个创业过程当中要经历种子期、起步期、扩张期、成熟期，还可能遇到重建期。我们过去很多人误解私募股权基金就是起步期、扩张期、中后期，那是PE的事情。其实在这几个阶段里面，种子期、起步期、扩张期、成熟之前的过渡期都是创业投资可以支持的对象。举例来说，人才的培养需要经过幼儿园、小学、初中、高中、大学、研究生这几个阶段，还有一些要经过成人教育、劳动改造的再教育阶段。PE是干什么？ PE就是再教育的阶段。在整个小学到研究生这个阶段，都是创业投资领域的，创业投资都可以支持它。但是一般商业创投主要投大学到研究生的阶段，是人才苗子已经看得出来了。天使投资人做什么阶段？九年义务制教育的阶段，是创新基金和天使投资干的事儿。哪个阶段是社会基金比较少的？高中阶段。我们创业投资、引导基金就是在高中阶段，在高中这个阶段没有人扶持的时候，引导基金就要支持那些创投基金，让他把投资阶段从研究生、大学往高中阶段转移。这样才能形成一个有效的人才扶持链条。创新基金把九年义务制教育搞好，培养好人才苗子。创业基金、引导基金扶持的重点放在高中阶段。一般意义商业性的创投基金，就在大学、研究生阶段大量跟进就行了。PE基金就干再教育和劳动改造阶段这方面的事情，就可以很好形成合作分工的关系。

（二）要处理好政策引导和市场运作的关系

《指导意见》明确指出，创投引导基金是一种政策性的基金，不以盈利为目的。它有两大目的：第一，引导更多的社会资金进入到创业投资的领域；第二，尽可能让创业投资资本往中早期阶段转移。这是我们必须坚持的政策性目标。问题是我们有些地方政府在运作的过程当中又加了很多人为的政策性目标，比如，我这个地方设了引导基金，你就要100%或者至少60%的资金投资我这个省里面才行。这种设立基金的初衷可以理解，但是过于强调地域化，投资机会就比较少，就很难吸引优秀的创业投资管理公司到你这个地方设立子基金。所以说，《指导意见》明确指出，引导基金可以通过加入子基金董事会这种形式来引导它投资于中早期的项目，但是，不仅不能干预子基金的市场化运作，而且不能有太多的地域思想。

为了避免引导基金干预子基金运作过程，《指导意见》明确指出：第一，引导基金不能充当管理人；第二，引导基金不能参与到管理公司里面去做他的股东来影响决策；第三，虽然引导基金可以在子基金拥有一个董事席位，但是其董事席位的权利是受限制的。只要这个子基金做创业投资的事情，你就不能有发言权。除非他搞炒股票、房地产这种不务正业的事情，包括他做PE的时候，你就有一票否决权。通过这种方式解决政策性与市场化运作的矛盾问题。

（三）要处理好引导基金以事业法人形式设立和子基金激励与约束机制的关系

在上报国务院的时候，国务院为了保证引导基金必须按照政策性的目标运作，最后坚持引导基金必须以事业法人形式设定，否则研究一般的公司形式设定，它是商业性主体，有可能只是最大限度地追求商业化的目标。另外，如果你用公司形式设立或者用合伙人商业主体设立的话，这就很难把它纳入到公共财政考核了，就必须按照经营型国有资产考核了。所以从这两个目标出发，我们最终规定引导基金必须用事业法人形式设立。为引进一流的创业投资人才，我们采取了和商业性创业投资子基金的人才聘选机制完全不一样的人才聘选机制。商业性子基金就是运动员，而创投引导基金的管理人员不需要运动员那样的高素质，就是一个发奖牌的裁判员角色。对于这种裁判员的素质，首先，要懂国家政策；第二，社会公信力很好；第三，对于整个行业比较熟悉，知道哪个基金管得好，哪个基金管得不好。

即使用这三个标准选择了优秀管理团队，我们认为还有必要建立相应的激励和约束机制。如何评价引导基金运作的成效呢？有两个标准，第一，其所支持设立的子基金有多大的资金投到中早期支持创新创业事业的发展；第二，这个引导基金以有偿方式保持它的良性循环，不需要盈利，但是要保本才行。如果引导基金从这几个方面来讲运作的很好，也可以建立必要的激励机制。引导基金管理中心的人都是事业单位，都有科长、处长级别的，干得好可以提拔，也可以发年度奖金等。但是它和商业性子基金的业绩积累是完全不一样的，商业性基金是管理团队自己决策，而引导基金的决策是怎样的呢？我们建立了一个专家评审与理事会决策、引导基金管理中心执行的三权分立的机制。首先要由独立的专家做出评审以后，理事会在这个基础上做决策。这种三权分立的机制有利于建立起对创业投资引导基金的约束机制。但是如果要专家评审哪个管理公司管得好，而且又能够比较好的支持中早期的创新企业，就需要做好“如何对子基金进行全面准确而且科学的评价体系”的课题。所以，最近发改委正在和财政部研究创业投资引导基金及其子基金的评价体系问题。我们相信这个评价体系建立起来以后，就有利于各个地方的引导基金参照这个评价体系去选择优秀的投资于中早期的创业投资子基金的管理团队。

二十、未来中国经济：增速放缓，通胀上升

——在2010年中国风险投资论坛上的讲话

中国国际金融有限公司首席经济学家　哈继铭

（2010年6月4日，中国深圳）

我讲一下宏观经济的问题。我们知道，风投主要是在微观层面的投资，当然它与宏观也是分不开的。我今天将对眼前的经济走势做一个判断。2010年乃至2011年，未来经济增长速度如何，结构变化出现什么样的情况，通货膨胀如何，针对这些变化，政府应该用什么样的政策来引导经

济更加健康地发展，这些都是我今天想讲的主要内容。

因为时间很有限，我的材料虽然很多，但是我不可能面面俱到，只是把结论性的东西给大家做一个介绍。

中国的经济情况如何？从眼前来看，一些滞后指标反映中国的经济增长很快、通货膨胀压力很大。比如，4月份的CPI高于3月份，5月份可能会高于4月份，甚至6、7月份比5月份还高，这都是滞后指标所反映的通货膨胀压力。为什么说是滞后指标？因为我们在2010年初就知道中国2010年的通胀是在年中见顶。因为2009年中的时候，我国物价水平是最低的，所以这种基数因素自然而然会导致CPI在年中会比较高。但是到了2010年下半年，尤其是到了第四季度，CPI会逐渐回落。所以，2010年的通货膨胀呈现出倒V字型的形态。另外，从现在房价涨幅的角度来看，在2010年4月份，房价涨了12.8%，明显比前三个月还要快，那么5月份、6月份房价还会不会像4月份涨得那么快呢？我认为不太可能。从环比来看，则有可能出现下降，而且现在交易量已经开始出现了明显的下降，这也就预示着未来的房价不可能像前期那样快速地上涨。另外，我们看到现在的出口增长也是比较快的，增长了20%～30%，但是这个数据还没有充分反映希腊以及其他国家应对债务危机所采取的地区财政紧缩政策可能带来的效果。

我认为，2010年5月份的出口数据比4月份的增长还要快，因为订单在三个月、半年前就下了，所以5月份数据的增长，实际上反映的是半年前的订单情况。但到了2010年下半年，出口还能不能涨这么快，就是一个问题了。

我们看到一些领先指标，比如固定资产投资扣除价格因素，现在的增长在20%以下，而2009年是在35%～40%之间，增速下滑很快。可以看出，现在的固定资产在建项目、新投资项目都出现了明显的回落。房地产销售还有汽车销售也出现明显的下滑倾向，其中汽车销售量2010年5月份比4月份下降了14%。更广泛的指标就是PMI[①]，我们国家自身有一个PMI，汇丰银行也做了一个PMI，这两个数据都显示目前的经济出现了回落。除此之外，外部环境还会对我们造成深刻的影响。其中最重要的一个是美国经济接下来怎么走。我认为，美国经济到了下半年会明显放缓。原因是：第一，财政刺激的力量在逐渐减弱；第二，再库存的过程在接近尾声，美国的这些数据是从环比来看，就是每个季度和前一个季度的比，因此不具有基数因素。环比的增速下降，显示经济增长的势头在下降。

另外，再看我们的出口情况，这既跟美国的经济增长情况有关，又跟我们的汇率有关。最近这段时间，相对所有的货币，人民币几乎都有升值，因为这些货币对美元有了大幅的贬值。这会在一定程度上削弱我国出口产品的竞争力，这种削弱当然还得结合国内的一些其他因素，比如说最近一些企业不得不给工人大幅增加工资，这同样也会削弱出口竞争力。

接下来我想谈谈通货膨胀，我认为中国要看准这个问题，必须把短期和长期分开。短期来看，2010年的通胀是一个倒V字型的走势。长期来看，中国有通胀压力。为什么短期的通胀压力不是很大，呈倒V字型呢？第一，中国的通胀无非是由两个因素带来的，其中一个是“输入型”的通胀。我们进口的大量的原材料、油、铁矿石的价格在最近这段时期出现了明显的回落，所以“输入型”的通胀压力有所减轻。而且人民币实际上已经被动升值，这也在一定程度上降低了“输入型”的通胀压力。另外国内的食品价格对CPI也有很大的贡献。2010年5月，无论是在农业部还是商业部，农产品的价格都出现了明显的回落，所以我认为短期的通货膨胀压力不如想象中的那

① 采购经理指数（Purchase Managment Indax）。

么大。第二，把中国放在更加全面的分析框架中看，中国经济日益融入全球，尤其是在加入WTO后，我国的出口和进口占到GDP的80%～90%。贸易的加强使得经济的总体价格水平与国际的价格水平出现越来越强的同步性。这个理论在中国加入WTO之前和之后都得到了明显的验证。2001年以前，我国物价水平与OECD国家的相关度为17%，现在已达到69%。如今这些国家出现了较弱的通胀压力，甚至通缩。美国的CPI是负的，欧洲也在通缩的边缘。在这些大的经济体徘徊在通缩的边缘的情况下，中国出现严重通胀的可能性很小。从这个方面来看，短期通胀压力将会减弱、经济增长将会放缓。

欧洲的情况在很大程度上取决于这场债务危机之后的演化过程。有一点很明显，这些国家都要减少财政支出，降低福利水平，这对我国的出口也会造成影响。那么这些国家的问题是否已经充分暴露出来了？我们可以看到，希腊的对外净负债很高，达到GDP的73.5%，西班牙和葡萄牙更高。所以，现在还不能说这些问题都已经完全暴露出来了。到最后这些国家会不会有出现坏账或是还不起外债的情况？图1.1中的灰色部分显示的是过去几百年几十个国家曾经出现外债坏账的违约概率，这是由哈佛大学的一个教授研究出的。图1.1中横轴上的60%代表外债占GDP的比例，纵轴表示出现坏账的概率，达到40%；当外债占GDP比例达到80%的时候，违约概率就达到60%；外债占GDP的比例达到100%的时候，违约概率达到80%。我们还看到，现在葡萄牙的外债已经占到GDP的240%，希腊是176%，西班牙是174%，都达到了很高的水平。根据历史经验来判断，这些国家都可能会出现还不起外债的情况，最后只能面临重组，而重组就是一种违约。如果这种情况出现了，评级机构是不是会进一步降低对这些国家的评级？这种情况的出现还会导致欧元贬值，而欧元贬值会通过不同的渠道影响到我国：第一，人民币直接对欧元升值，就会影响出口；第二，欧洲的产品和日本、美国的产品具有很强的替代性。

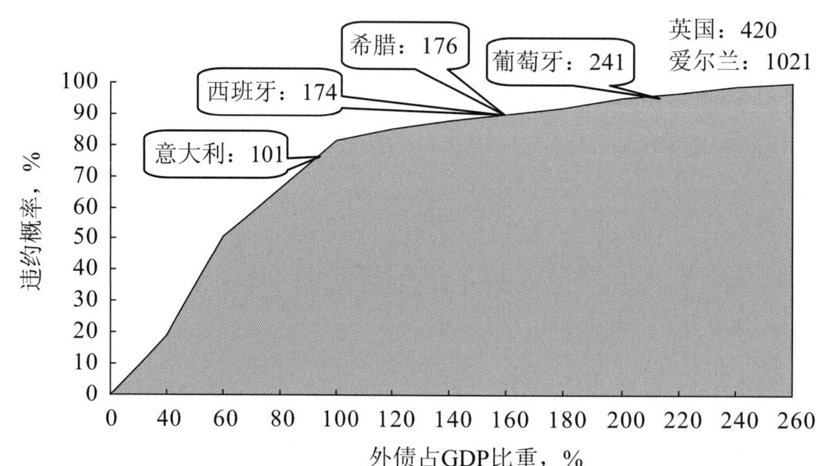

资料来源：BIS、This time is Different: A Panoramic View Eight Centuries of Fiancial Crises. Carmen M. Reinhart, Kenneth S. Rogoff，中金公司研究部

图1.1 历史上各国外债水平与违约率概率分布及目前欧洲6国水平

欧洲一些发达国家的情况也不是很乐观。这些国家的手里握有欧洲5国的很多债券，一旦欧洲5国出现了问题，像法国、西班牙的银行体系出了问题，其他国家就会连带着一起倒霉。

接下来我想谈一下政策展望。短期来看，相对于许多国家的货币，人民币实际上已经升值了。

即使是对一揽子货币，人民币的升值幅度在过去的半年也达到了5%，还有美国尤其是欧洲可能会出现二次探底，这些是否会影响到我国也出现二次探底。这种风险在增加，不确定性也在增加，以前判断在2010年第二个季度人民币升值10个点，现在有可能会推迟一段时间。另外一个是加息，我认为如果2010年上半年我们没能够加息，到了下半年通胀见顶的时候，加息的可能性就会减小。至于房地产的抑制政策，我们认为中央的政策还很难加码。中国的房地产是一个让人既爱又恨的行业。房价涨得太快，影响老百姓的购买力，导致老百姓纷纷抱怨；但是如果房价下降的话，可能又会对经济造成巨大的影响。因为房地产以及相关行业占国民经济的比重太大，所以，如果房价下降，我们的经济出现二次探底的可能性就会非常大。我认为，某些地方政府也许还会推出一些表面上的新政策，但实际上的力度未必很大，中央则很难再出实质性的更加严厉的政策。

我认为，风投和二级市场投资这两者的最大区别，尤其是在宏观经济方面的重大区别是：二级市场对短期的因素关注多一些；风投对长期因素的关注比较多。未来三五年，中国经济增长的速度要下降，而通胀要上升。之所以这样说是因为这一点跟我国劳动力市场的变化是紧密相关的。现在中国为什么有很大的工资上涨压力？因为我们的劳动力供给已经不像过去那么充裕，而且劳工的年龄结构出现了很大的变化。在20世纪90年代，中国劳动力的平均年龄是25岁，而现在劳动力的平均年龄是34岁。也就是说，20年前二三十岁的青年人，现在已经步入中年，他们当中的很多人已经离开了原先的出口生产基地，而留在这些出口生产基地的新一代打工者具有新的特点：首先，他们在人数上要少于上一代，因为中国有计划生育政策，第二，他们多半是独生子女，对收入的要求，对工作环境的要求，吃苦耐劳的性格，可能与上一代不同。劳动力供应量减少，竞争力自然下降，但收入水平反而还要提高，长此以往就使得物价水平、通货膨胀上升。我认为过去的10年中国是高增长、低通胀，未来的10年可能是低增长、高通胀。这个大的宏观环境对我们的投资似乎不太有利，但并不是说就没有机会。劳动力成本上升，我认为至少会出现三个现象：第一，中国的消费水平上升。我国的消费力比较低，很大一部分原因就是普通老百姓的收入太低、贫富差距太大。而普通老百姓的边际消费率是最高的，一旦这些低收入者的收入上升，就会带动消费的上涨；第二，服务业会有很大的发展空间。为什么从劳动力和工资的上涨能看到服务的发展？其实道理很简单。经济学有一个很著名的理论，制造业发展到一定阶段，工资开始上涨，但是制造业价格本身却很难上涨。因为制造业是出口导向型，生产的产品是可贸易品，其价格是全球定价，所以制造业的工资上涨多半会导致利润萎缩，而不是价格上涨。但是在一个国家内，劳工是可以相互流动的。制造业的工资上涨必然带动非制造业的崛起，而非制造业是国内定价的，是非可贸易品，这就增加了非制造行业的利润，给非制造业像服务行业创造了未来的发展机会和空间；第三，劳动力成本的上升一定会导致企业更多地用机器、自动化生产来替代劳工。所以，未来的机械和设备行业也会有很大的发展空间。

第二章　2010年影响中国风险投资的十大事件

2010年，堪称中国风险投资行业的黄金之年，而在这个“十一五”收官之年，行业内也发生了很多影响深远的事件。“2011中国风险投资年鉴”本着忠实记录2010年度行业重要影响事件的原则，以“行业影响力”与“业界关注度”为基本评选依据，从众多引人注目的风险投资事件中精心筛选了2010十大年度事件。这些事件既包括这一年内受关注度极高、引领创投市场某个细分领域的标志性事件；也包括对行业未来发展影响深刻、波及面广泛、且影响力长远持续存在的事件。我们希望通过对这些年度事件的回顾，概括出中国风险投资行业在2010年度的发展状况和趋势，梳理出风险投资行业的脉络和特征，提炼出风投行业发展的驱动力与增长点，为今后取得更高的成就和更远的发展奠定基础。

这十大年度事件有的道明了国家意志，为风险投资指明了方向；有的进一步巩固了人民币基金的领先地位；有的进一步拓宽了民间投资的领域和范围；有的为保险资金开闸，给中国私募股权基金再添一支“生力军”；有的以黑马姿态亮相美国纽交所，再次催高中国企业赴美上市的激情……这些事件推动着中国风险投资市场不断前进，刻画了风投行业发展进程中的重要拐点。它们或者扩大了风投行业在整个资本市场上的影响力，或者本身就对风投行业发挥着深远的影响。它们都将成为中国风险投资行业发展进程中不可或缺的里程碑。

一、战略性新兴产业：国家圈定投资蓝海

2010年9月8日，《国务院关于加快培育和发展战略性新兴产业的决定》在国务院常务会议上审议并原则通过。该《决定》指出，根据战略性新兴产业的特征，立足中国国情和科技、产业基础，现阶段重点培育和发展节能环保、新一代信息技术、生物、高端装备制造、新能源、新材料、新能源汽车等产业，进一步明确了发展方向和主要任务，并要求有关部门和各级政府加大支持力度，加快将战略性新兴产业培育成为先导产业和支柱产业，为我国现代化建设做出新的贡献。该文件的出台对于我国战略性新兴产业的发展具有纲领性意义。

事件背景

要实现经济社会可持续发展，必须加快发展知识技术密集、物质资源消耗少、成长潜力大、综合效益好的战略性新兴产业。发展战略性新兴产业已成为世界主要国家抢占新一轮经济和科技发展制高点的重大战略。党中央、国务院高度重视战略性新兴产业的培育和发展。2009年21日～22日，温家宝总理召开三次战略性新兴产业发展座谈会，听取了与会代表就发展新能源、节能环保、电动汽车、新材料、新医药、生物育种和信息产业等相关产业的意见和建议，明确战略性新兴产业将成为中国抢占全球经济竞争制高点的新引擎。

2010年2月3日，胡锦涛总书记在省部级主要领导干部深入贯彻落实科学发展观加快经济发展方式转变专题研讨班开班式发表重要讲话，强调：“把发展战略性新兴产业作为产业结构优化升级的重点”。

2010年3月5日，温家宝总理在2010年政府工作报告中强调："发展战略性新兴产业，抢占经济科技制高点，决定国家的未来，必须抓住机遇，明确重点，有所作为"，并指出"要大力发展新能源、新材料、节能环保、生物医药、信息网络和高端制造业，加大战略性新兴产业的投入和政策支持"。

其实，党中央、国务院部署早已开始，"要抓紧起草《加快培育战略性新兴产业的决定》和规划、政策，报国务院审批"。据此，2010年2月，发改委、科技部、工信部、财政部等20个有关部门或单位，成立战略性新兴产业发展思路研究部际协调小组，召开了战略性新兴产业总体思路研究工作启动暨协调小组第一次会议，正式启动加快培育战略性新兴产业发展思路的研究工作和编制战略性新兴产业发展"十二五"规划。

2010年5月29日，国家战略性新兴产业发展思路研究部际协调小组办公室在北京举办战略性新兴产业发展高层论坛。论坛围绕加快培育和发展战略性新兴产业面临的重大问题，分为六个主题，重点探讨了如何把握战略性新兴产业的科学内涵和重点选择、我国战略性新兴产业发展总体思路和目标以及增强自主创新能力、推进体制机制创新、加强政策扶持等问题。

在对全国重点地区进行实地调研、广泛听取社会各方意见的基础上，协调小组起草了《国务院关于加快培育和发展战略性新兴产业的决定》（下称《决定》）的上报稿。国务院于9月8日召开常务会议，审议并原则通过了《决定》。

入选理由

在我国经济转型和产业转型的大背景下，多年的以投资基础建设作为拉动我国经济增长的主要措施也将发生转变，《决定》的发布直接圈定了我国未来的投资蓝海，同时也指明了我国风险投资行业未来的主要投向，根据粗略计算，我国未来战略性新兴产业的规模有可能达到十几万亿元甚至二十万亿元以上的规模，即节能环保、新一代信息技术、生物、高端装备制造、新能源、新材料、新能源汽车等产业将来会成为我国国民经济的基础之一。实际上，目前我国具有良好成长性、新技术、新模式同时又处于略性新兴产业领域内的企业，已经成为风险投资追逐的热点和主要投资目标。

二、"新36条"出台　民间投资久旱逢甘霖

2010年5月13日，国务院发布《关于鼓励和引导民间投资健康发展的若干意见》（以下简称"新36条"）。"新36条"明确指出：将进一步拓宽民间投资的领域和范围，鼓励和引导民间资本进入基础产业和基础设施领域、市政公用事业和政策性住房建设领域、社会事业领域、金融服务领域、商贸流通领域和国防科技工业等六大领域，同时鼓励和引导民间资本重组联合和参与国有企业改革、积极参与国际竞争，推动民营企业加强自主创新和转型升级，为民间投资创造良好环境，加强对民间投资的服务、指导和规范管理。

"新36条"出台，也是国务院首次在政策法规方面提出允许民间资本在改制中控股国有企业，或者较大比例地参股国企改制。同日，资本市场积极响应，上证指数收涨2.06%。

事件背景

"新36条"的出台，让人们很自然地联想到五年前的"非公36条"。2005年2月19日，《关于鼓励支持和引导个体私营等非公有制经济发展的若干意见》正式获批，2月22日国务院正式发布。这是新中国成立以来首部以促进非公有制经济发展为主题的中央政府文件，因文件内容共36

条，通常被简称为“非公36条”。“非公36条”提出了发展非公经济的七大政策措施，明确提出：“允许非公有资本进入垄断行业和领域，在电力、电信、铁路、民航、石油行业和领域，加快进行改革，引入市场竞争机制。”但在实际操作中遇到了很多“玻璃门”和“弹簧门”，“非公36条”未能很好地落实。

2006年12月5日，国资委出台《关于推进国有资本调整和国有企业重组的指导意见》，2007年出台的《反垄断法》更是对国有经济绝对控股重点行业做出相应规定。但由于没有配套细则等原因，执行效果也不理想。2008年以来，为应对国际金融危机冲击，我国政府出台刺激经济措施，加大投资，总规模达到4万亿元。

到2010年底，包括4万亿元在内的一揽子计划就会完成使命。谁来接棒，领导经济发展？毫无疑问是民营经济。而且，中央促进民间投资的原则是一贯的，政策也是积极的。

2010年3月24日，温家宝总理主持召开国务院常务会议，研究部署进一步鼓励和引导民间投资健康发展的政策措施。“鼓励和引导民间资本进入交通电信能源基础设施、市政公用事业、国防科技工业、保障性住房建设等领域，兴办金融机构，投资商贸流通产业，参与发展文化、教育、体育、医疗、社会福利事业”，“鼓励和引导民营企业通过参股、控股、资产收购等多种方式参与国有企业改制重组”等都成为“新36条”的核心内容。

入选理由

长期以来，我国风险投资资金来源主要是政府机构、公司企业、信托投资部门等。改革开放30多年所积累的总量巨大的民资除了存在银行，或单兵作战，或少数抱团进入地产、矿产、黄金等领域只是谋求短期的利润，对于风险投资始终热情不够。而“新36条”将允许民资投资金融领域改成了“支持和鼓励”。对民间资本而言，与入股银行、农信社、村镇银行等路径相比，股权投资无疑更具可操作性。事实上，一些敏锐的民间投资客，已经将闲置资本转向VC/PE领域。据有关统计，经过30多年的发展，我国积累的民间资本已逾12万亿元，如果风险投资行业可以吸引民间资本的加入，这无疑会使我国风险投资行业获得一个巨大的资金来源。

三、保监会为保险资金投资未上市企业股权发放“准生证”

2010年对保险资金来说，是不平凡的一年。

2010年9月3日，保监会发布《保险资金投资股权暂行办法》（下称《暂行办法》），规定“保险资金可以直接投资企业股权或者间接投资企业股权”，保险资金投资非上市企业股权进入正式实施和操作阶段。《暂行办法》对投资主体、资质条件、投资方式、投资标的、投资规范、风险控制和监督管理等事项，均做了全面而系统的规定。《暂行办法》的出台为保险资金进入股权投资领域打开了绿灯，也为保险业注入了一支兴奋剂。

事件背景

我国国内保险业务自1980年恢复后，资金运用渠道一直很狭窄，基本上只有存银行一条路子。1999年10月，保险公司才获准以购买证券投资基金的方式间接进入资本市场，但比例不得超过总资产的10%；2004年10月，保监会、证监会联合发布并实施《保险机构投资者股票投资管理暂行办法》，这是我国保险资金首次获准直接投资股票市场，上限为5%；2007年，得益于股市大牛市到来，险资投资股票比例上限从5%提高到10%。

2008年10月，国务院原则性批准保险资金可以投资未上市股权，新《保险法》对保险资金投资不动产予以放开，拓宽了保险资金的投资渠道。根据《保险法》第106条的规定，2010年8月5日，保监会公布了《保险资金运用管理暂行办法》，首次规定了保险资金投资不动产和未上市股权的投资比例，同时明确了保险资金运用的原则、目的、运作模式、风险管控和监督管理，对保险资金的运用具有重要意义。

保险资金一直被视为与私募股权在资金数额和时间期限上最为匹配的资金之一，《暂行办法》的出台，为保险资金开闸，使其成为继社保基金之后在私募股权市场上的另一支“生力军”。保监会还配套发布了《保险资金投资不动产暂行办法》，该办法规定了保险资金投资不动产的相关细则。

《暂行办法》还描述了直接投资和间接投资的定义，直接投资股权，是指保险公司（含保险集团（控股）公司，下同）以出资人名义投资并持有企业股权的行为；间接投资股权，是指保险公司投资股权投资管理机构发起设立的股权投资基金等相关金融产品的行为。

入选理由

长期以来，我国股权投资市场一直因为缺少合格的机构投资者而面临资金来源匮乏的“瓶颈”，其资金来源主要是政府机构、公司企业、信托投资部门等。但保险资金具有资本量庞大、投资周期长等特性，与股权投资一般5年～7年的投资周期以及相对较低流动性的特点相适应，是公认的仅次于养老基金的最适合投资于股权投资市场的机构投资者。与此同时，从美国VC发展经验和现状来看，险资是非常重要的机构投资者（LP）。根据保监会公布的数据显示，截至2010年6月末，我国保险资金运用余额已近4.2万亿元，此次保监会出台的办法作为我国保险资金运用领域的一个纲领性文件，正式为保险资金进入风险投资行业“大开绿灯”，这意味着我国风险投资行业的资金来源将得到极大地扩充，源源不断的保险资金将促进我国风险投资行业的长远发展。

四、首个全国性创投业协会成立　我国行业协会添新丁

2010年10月16日，国家发展改革委在北京国家会议中心举行了中国投资协会创业投资专业委员会成立大会暨《中国创业投资行业发展报告2010》首发仪式。至此，中国的创业投资机构和创业投资家们终于有了“娘家”，可以更好地反映自身诉求、开展交流合作。中国投资协会创业投资专业委员会是我国成立的第一个全国性创投业协会，旨在促进企业与政府的沟通，解决目前行业发展存在的问题。

事件背景

从20世纪90年代开始，我国就积极探索创业投资发展道路。为了加强对创投行业的管理，规范创投企业行为，在2005年11月，国家发改委就牵头十部委联合发布了《创业投资企业管理暂行办法》，自2006年始，国家对全国的创业投资企业实施备案管理，我国创投行业逐步进入规范健康发展的快车道。随着各种政策法规的出台、创业板的开埠，我国在市场和政策环境建设方面都取得了很大进步。

但与创投业蓬勃发展不相对称的是，我国至今未能建立健全适合中国国情的发展体制和机制，创投企业存在募资不规范、投资短期化等问题，这些都在一定程度上制约了整个创投行业的发展速度。

其他国家成熟的风险投资运作经验表明，创投行业的成熟需具备三个基础条件：一是相对完善的市场和政策环境；二是行业自律机制的建立；三是行业评价与政策评估机制的建立。为探索有中国特色的行业自律与法律监管相结合的创投行业管理模式，并建立健全我国创投行业自律机

制，经民政部批准，中国投资协会从2010年5月开始筹备成立创业投资专业委员会。经过5个多月的努力，2010年10月16日，中国投资协会创业投资专业委员会正式成立。

入选理由

创投专委会的成立获得了业界人士的积极响应，目前已有近200家创投机构加入，协会影响力得到进一步提高，能更好地发挥其桥梁纽带和行业核心作用。创投专委会成立后，将在探索有中国特色的行业自律与法律监管相结合的创投行业管理模式，并建立健全行业自律机制方面发挥重大作用，对我国创投行业快速健康发展、吸引更多民间资本加入创投行业等方面具有积极的影响。

五、豁免转持新规出台　国有创投解紧箍

2010年10月26日，财政部联合国资委、证监会和社保基金会发布《关于豁免国有创业投资机构和国有创业投资引导基金国有股转持义务有关问题的通知》(下称《通知》)。

《通知》规定，符合条件的国有创业投资机构和国有创业投资引导基金，投资于未上市中小企业形成的国有股，可申请豁免国有股转持义务，已经实施国有股转持的，符合条件的上述两类机构可直接向财政部提出国有股回拨申请。旨在进一步提高国有资本从事创业投资的积极性，鼓励和引导国有创业投资机构加大对中早期项目的投资，促进我国创业投资事业的发展和科技创新目标的实现。

事件背景

《通知》的出台，在某种程度上是对2009年6月发布的《财政部、国资委、证监会、社保基金会关于印发〈境内证券市场转持部分国有股充实全国社会保障基金实施办法〉的通知》(下称“原《通知》”）的纠偏。按原《通知》规定，股权分置改革新老划断后，凡在境内证券市场首次公开发行股票并上市的含国有股的股份有限公司，除国务院另有规定的，均须按首次公开发行时实际发行股份数量的10%，将股份有限公司部分国有股转由社保基金会持有，国有股东持股数量少于应转持股份数量的，按实际持股数量转持。

该规定一出台，仿佛给国有创投戴上了“紧箍”，既影响了国有创投投资的积极性，又削弱了与民营创投机构竞争的优势，同时加大了国有资产流失的风险。创投公司纷纷自谋出路，但效果并不理想。据报道，受该规定影响，一年多来，国有创投行业陷入一片低迷。以2010年3月为节点，3月之前的58家创业板上市公司国有创投投资16笔，3月之后到2010年8月8日的42家上市公司国有创投投资仅2笔。

监管层也感受到了这一点。时隔一年多，创投国有股豁免转持新规终于出台，国有创投的“紧箍”得以解除。

入选理由

转持新规既衔接了一年前的《境内证券市场转持部分国有股充实全国社会保障基金实施办法》，又有效地解决了国有创投股一刀切的转持问题，有利于鼓励国有资本进入创投产业，激发政府成立创投引导基金的热情，发展本地创投产业，带动更多的民间资本进入创投领域，对创新企业的成长和发展都有促进作用。此外，新规也鼓励国有创投与境外创投结合，有效引进外资。可以说，新规定对我国尚处于起步阶段的创业投资业实现可持续发展具有重要意义。

六、2010（第十二届）中国风险投资论坛如期举办

2010年6月4日～6日，“2010（第十二届）中国风险投资论坛”在深圳福田香格里拉大酒店隆重举行。本届论坛以“促进科技与金融合作、培育战略性新兴产业”为主题，邀请国家领导人、国内外业界大师精彩论道，分析我国经济发展趋势及战略性新兴产业发展路径，新形势下中国风险投资行业的自律与监管。聚焦风险投资领域“培育LP群体”、“VC/PE机构品牌塑建”等热议话题，探求“清洁技术”、“医疗保健”等战略性新兴产业的投资机会。此外，中国风险投资研究院还在2010年上半年和下半年，相继在上海、温州、沈阳、长沙、合肥、昆明等地举办区域性的风险投资论坛。

事件背景

“中国风险投资论坛”由十届全国人大常委会副委员长成思危提议举办，其前身是1999年4月和2000年4月在北京举办的中国风险投资研讨会。研讨会在三个层次上研究中国风险投资发展的问题：一是宏观制度（体制和机制）；二是微观制度，包括风险投资公司的组织形式和运行机制等；三是实务操作。

在总结两届研讨会成功经验的基础上，成思危建议将研讨会定名为“中国风险投资论坛”，以便形成系列。2001年4月19日～20日，由民建中央主办，中国风险投资有限公司承办的“2001中国风险投资论坛”在北京举办，此后每年的四月份举办一届。2003年，中国风险投资研究院成立，并负责承办论坛。从2004年开始，举办地迁至深圳。

时至2010年，中国风险投资研究院已经连续承办了八届“中国风险投资论坛”，积累了许多成功的经验，在论坛形式和效果上不断创新，2010届论坛举办了“中国创业家培训”和“中国风险投资家培训”、“2010中国风险资本——项目对接会”、“2010中国科技金融高级人才对接会”、“VC/PE交流合作晚宴”、“风险投资家与创业企业家联谊酒会”等高水平的培训和交流活动，多层面提升全球风险投资领域的对话与合作。

入选理由

历届论坛紧扣经济发展的主旋律，针对当年经济环境和中国风险投资行业发展的热点设置议题，通过对从宏观的经济发展趋势到微观的细分行业投资机会，从风险投资行业的管理体制到运行机制等各方面问题的深入交流和讨论，大大推动了我国风险投资理论和政策的发展和完善，使得我国风险投资机构的管理模式和运行机制更加规范化、国际化，为我国风险投资行业和创新企业的发展做出了巨大的贡献。

除每年一度的盛会外，中国风险投资研究院还在上海、温州、沈阳、合肥、昆明等地举办区域性的风险投资论坛。通过这些区域论坛的召开，加深较不发达地区对风险投资的理解和认识，推动区域风险投资的发展、相关政策和制度的完善，提升区域创新企业的融资成功率和科技成果转化率，从而助推区域经济的腾飞。

七、网络视频行业冲出一匹黑马：乐视网登陆创业板

2010年8月12日上午9时30分，乐视网信息技术（北京）股份有限公司（股票代码：300104，下称“乐视网”）董事长贾跃亭敲响开市宝钟，乐视网成功登陆创业板，成为国内首家在

A 股上市的视频网站。如果不计2010年6月1日借壳华友世纪在纳斯达克上市的酷6网，乐视网堪称全球第一家IPO视频网站。乐视网这个名不见经传的视频网站率先上市，引来一片"唏嘘"。但开局喜人，且超机构预期：上市首日开盘价达49.44元，较29.2元的发行价高出20.24元，涨幅69.32%。

国内视频网站在五六年的探索中，从300多家缩减至10多家，淘汰率高于90%。乐视网的成功上市无疑给国内视频网站的发展树立了榜样，提升了发展信心，将对我国网络视频行业快速发展产生极大推动作用。其正版、高清、多屏合一的发展路线，"收费+免费"的独特盈利模式以及创新意识将引领国内视频行业的新变革。

事件背景

乐视网成立于2004年11月，是中国影视剧互联网发行门户网站，隶属于乐视网信息技术（北京）股份有限公司。网站有影视、电视剧、动漫等频道，还有功能强大的客户端。基于WEB2.0理念的乐视网，利用有线互联网、无线手机门户和传统媒体三大发布平台和视频互动社区，为用户提供全方位的视听享受和娱乐资讯服务。乐视网的主要收入来源于高清视频点播与视频广告两项业务。曾荣获德勤华永会计师事务所有限公司"2008年高科技高成长50强"，荣列"2009清科——中国最具投资价值企业50强"第十三名。

诸如土豆、优酷等国内领先网站尚处亏损状态，酷6网虽借壳上市但业绩低迷，远离行业"第一梯队"的乐视网却拔得IPO头筹，不禁引得舆论一片哗然。其盈利能力和收费模式等都受到质疑。

但乐视网副总裁表示："能不能上市，不取决于知名度，不取决于收入，而是取决于能不能盈利。"乐视网独创了"收费+免费"的商业模式。一方面，网站对购买了版权的内容进行互联网上的收费发行；另一方面，网站推出免费的客户端，用户自由上传各种影视视频，并进行视频分享。事实证明，这种新的商业模式更有市场前景。根据乐视网招股说明书，该网站在2007年即已实现盈利，净利润为1468.35万元；到2009年，年营业收入1.45亿元，净利润4447.82万元。

乐视网从创立之始就走正版路线，不但凭借网络版权买断的优势，避免了版权之争，还自拍影视剧，在网上合作发行。此外，乐视网坚持技术创新，成功为中国联通搭建首个手机电视技术支持平台，是第一家获得手机内容牌照的民营企业。乐视网自主研发"网络超清播放机"，顺应了三网融合的大趋势。乐视网董事长贾跃亭如此解读乐视网的核心竞争力：国内能够同时提供专网IPTV（网络电视）和公网IPTV整体解决方案的网站寥若晨星，乐视网便是其中之一。同时，乐视网还是国内唯一可以完整提供从底层技术和管理系统到整个正版内容运营，再到终端产品网络超清播放机，覆盖IPTV全业务链的提供商。

综上要素都成为乐视网成功上市的资本。

其实，上市是乐视网一早就筹谋之事。2008年，乐视网计划冲刺创业板，此前曾把眼光瞄向海外，设立了用于上市的"特殊目的公司"。乐视网为上市"接触过市面上所有类型的投资人"，包括鼎晖、红杉等，无奈当时人民币基金缺乏。盛大曾有意收购乐视网，却遭后者拒绝。

创新的商业模式和不断飘红的盈利收入，逐渐吸引了趋利而动的风险投资。

2008年8月，深圳创新投联合北京汇金立方、同创伟业共同投资乐视网，这三家以5280万元获得了乐视网16%的股权。深创投是其中最大投资人，出资2730.7万元。

尽管质疑声不断，但乐视网通过成功上市跻身一线视频网站行列，以自己的上市行动真正践行了那句话：走自己的路，让别人说去吧。

入选理由

乐视网的成功上市无疑给国内视频行业起了表率作用，其正版、高清、多屏合一、“收费＋免费”的独特盈利模式及创新意识将引领国内视频行业的新变革，将积极推动整个行业快速发展，增强风投机构在网络视频领域的投资信心，推高互联网领域投资的热情。同时，乐视网的成功上市，也使得本土创投打破了外资创投在视频网络领域投资的几乎一统天下的局面。

八、国务院出台利用外资新政　外资将享实质利好

2010年4月6日，国务院发布《关于进一步做好利用外资工作的若干意见》(国发[2010]9号文件，下称《若干意见》)。《若干意见》全文2100余字，主要包括优化利用外资结构、引导外资向中西部地区转移和增加投资、促进利用外资方式多样化、深化外商投资管理体制改革、营造良好的投资环境等五个方面的内容，并且提出了20条具体措施，推动利用外资质量和水平的全面提升。

《若干意见》规定，根据我国经济发展需要，结合国家产业调整和振兴规划要求，修订《外商投资产业指导目录》，扩大开放领域，鼓励外资投向高端制造业、高新技术产业、现代服务业、新能源和节能环保产业，严格限制“两高一资”和低水平、过剩产能扩张类项目。

事件背景

中国改革开放以来，一直把利用外资作为对外开放基本国策的重要组成部分，为了鼓励和正确引导外商投资，政府不断加强法制建设、拓宽开放领域、推进投资贸易便利化、完善投资环境。中国利用外资的开放度连续18年位居发展中国家之首，截至2010年3月，外商对华投资累计设立企业近69万家，实际使用外资超过1万亿美元，中国利用外资也是顺应经济全球化大趋势的行为，外资对中国的经济增长、对外贸易、产业升级和促进经济体制改革等多个方面都发挥了积极作用。与此同时，中国作为世界上增长最快的经济体，也为外商投资带来了丰厚回报。

2010年，随着全球经济的逐步复苏，跨国投资开始企稳回升，但是基础还不牢固。此外，2008年国际金融危机使中国发展所面临的外部环境和内部条件都发生了较大的变化，使我们更加认识到加快经济发展方式转变和经济结构调整任务的必要性和紧迫性，这要求我们必须进一步深化改革、扩大开放，提高利用外资的质量和水平。2009年12月30日，温家宝总理主持国务院常务会议，就专门研究了关于进一步做好利用外资工作的有关政策措施。《若干意见》的出台既是加快利用外资这一国策的必然结果，也是此次国务院常务会议研究的成果文件。

《若干意见》把对《外商投资产业指导目录》的修订列为重要内容。《外资产业指导目录》于1995年经国务院批准后首次颁布实施，随着经济发展的形势和需要，先后做了四次修订。现在执行的是2007年版本，许多内容已不适应需要。此次修订《外资产业指导目录》，要求结合产业调整和振兴规划，扩大开放领域，鼓励外资投向高端制造业、高新技术产业、现代服务业、新能源和节能环保产业，严格限制“两高一资”和低水平、过剩产能扩张类项目。

入选理由

《若干意见》对与VC/PE行业密切相关的外商投资领域、投资方式、行政审批过程等做出了规定，降低了外资风投公司的运作成本，扩大了外资风投公司在华投资领域，将会吸引更多的外资风投公司进入中国。外资VC/PE机构的进入在增加本土创投机构竞争压力的同时，也能促进本土创投行业运作的市场化、专业化。

九、首支国家级股权投资母基金——国创母基金正式成立

2010年12月28日，经国务院批准，中国第一支国家级股权投资基金——国创母基金正式成立。当日，国家开发银行董事长陈元、国开行行长蒋超良、江苏省委副书记、代省长李学勇和江苏省委常委、苏州市市委书记蒋宏坤共同为国创母基金揭牌。

国创母基金由国开金融有限责任公司（下称“国开金融”）和苏州创业投资集团有限公司（下称“苏州创投”）分别依托国开行和苏州工业园区政府共同发起设立，注册在苏州工业园区，总规模为600亿元，存续期12年，首期资金达150亿元，是目前国内级别最高、规模最大的人民币母基金。

国创母基金分为PE母基金和VC母基金两个板块。前者名为国创开元股权投资基金，首期规模100亿元，主要投资于专注产业整合、并购重组的股权投资基金；后者称作国创元禾创业投资基金，首期规模50亿元，主要投资于专注早期和成长期投资的创投基金。此外，国际知名的母基金管理机构——尚高资本参与母基金的管理。

事件背景

母基金，顾名思义，就是基金的基金。它于20世纪70年代起源于美国，是以股权投资基金作为投资对象的特殊基金。在欧美国家，母基金已经发展得很成熟。但国内一直缺少立足本土市场化运作的人民币母基金，这严重制约了股权投资的发展。

与募资难同时存在的另一个难题是社会资本投资难，大量的社会游资找不到很好的宣泄口，纷纷涌向股市、楼市，真正需要资金的实业领域却面临“缺血”的困境，创新性高成长但未盈利的公司更是缺乏融资渠道，这种资金“错配”严重影响了国民经济的健康发展。

国开金融成立于2009年8月，据国开行董事长介绍，国开金融是国开行全资子公司，是目前国内银行业唯一具有人民币股权投资功能的大型机构。1998年发起设立中国第一支产业投资基金——中瑞投资基金。至今已投资并管理17支基金，规模超过500亿元人民币，是数量最多、品种最全的国内机构投资人，在基金业有丰富经验。

苏州创投是苏州工业园区下属大型股权投资集团，资产管理规模达数百亿元，业务覆盖股权投资、债权融资和股权投资服务三大板块。其前身是中新苏州工业园区创业投资公司，成立于2001年11月。

国开行和苏州创投的合作由来已久，苏州创投的早期投资资金就主要来源于国开行贷款，2006年双方合作设立中国第一支市场化运作的引导基金——苏州工业园区创业投资引导基金。国创母基金的成立，既是为社会闲置资本和国家产业发展搭建的桥梁，也是双方密切合作的结晶。

入选理由

国创母基金是国内第一支市场化运作的国家级母基金，是运用创投基金服务国家战略的重要举措。国创母基金的成立，可以在行业、地区进行合理布局，解决各地政府引导基金受制于当地财政、经济发展现状、经济发展任务等方面的问题，最大程度地发挥政府财政资金的乘数放大作用，引导民间资金走向，发挥创投引导基金在我国“新兴＋转型”的社会经济格局中的作用。

十、中国首家第三方独立理财机构——诺亚财富成功登陆纽交所

2010年11月10日，中国第三方独立理财机构——诺亚财富在纽约证券交易所成功上市，代码为“NOAH”。这是2010年在纽交所实现上市的第15家中国公司，更是第一家成功在美上市的中国民营金融服务机构。诺亚财富此次IPO共发行840万股美国存托股（ADS），发行价最终定于12美元，超出了9美元～11美元的原定区间，市场需求良好。

事件背景

2010年10月20日，诺亚财富向美国证券交易委员会（SEC）提交了首次公开发行（IPO）申请，计划在纽约证券交易所上市。2010年10月28日，诺亚财富在香港举行了首次机构见面会，正式起跑赴美上市之路。

诺亚财富管理中心成立于2003年，总部位于北京，其前身是湘财证券诺亚财富管理中心，有“国内证券公司第一个私人银行部”之称。2005年8月，其脱离湘财证券改制独立，现已发展为国内最大的独立第三方理财机构。

诺亚财富把自身角色定位于“中国高净值客户理财解决方案提供者，金融产品设计和筛选专家”，遵循“金融精品店”式的服务理念，专注于为中国高净值资产客户提供全方位理财规划顾问服务，具体包括提供家庭资产负债配置方案、家庭金融投资、税务、不动产投资顾问等服务。其出售的产品主要包括固定收益投资、私募股权投资基金和证券投资基金等，它们都不在交易所交易，主要收入来源是佣金和可重复服务收费。

2007年10月，诺亚财富获得了红杉中国首期500万美元的注资，红杉中国持股25.5%。除红杉中国之外，诺亚财富还获得了今日集团、乐百氏的创始人何伯权以及章嘉玉的投资。

第三方理财是由独立中介理财顾问机构提供的综合性理财规划服务。这种服务基于中立的立场，不代表任何机构如保险公司、基金公司、银行等。服务包括投资规划、风险管理规划、税收筹划、现金规划、消费支出规划、养老规划等方面，以客户个性化、多元化的理财需求为根据，为客户度身定制适合客户个人情况的理财方案。

入选理由

诺亚财富作为中国第一家登陆海外资本市场的第三方理财机构，标志着第三方理财的商业模式在中国已基本成熟，并得到资本市场的认可。而红杉中国投资诺亚财富获得的高达35.31倍的账面退出回报率，将促使更多的VC/PE机构投资第三方理财机构，对第三方理财行业的快速、持续、健康发展将产生积极影响。

第三章　2010年影响中国风险投资的十大人物

一、年度十大人物——辜胜阻

辜胜阻教授，经济学博士，国家有突出贡献留学回国人员，国家有突出贡献中青年专家，第三届“中国十大杰出青年”称号获得者。现任全国人大常委、全国人大内务司法委员会副主任委员、民建中央副主席，同时还担任武汉大学战略管理研究院院长、中国软科学研究会副理事长、教育部科技委管理学部学部委员、国家自然科学基金委管理科学部专家评审组成员，清华大学、中国人民大学、北京师范大学、中国社会科学院兼职教授及博士生导师。曾任第九届全国政协常委、全国工商联副主席、武汉市副市长、湖北省副省长。作为1998年全国政协大会“一号提案”——《关于加快发展我国风险投资事业的几点意见》的重要参与者，辜胜阻教授见证了十多年来中国风险投资事业发展的风雨历程。在近15年耕耘中，他将自己的学术研究与参政议政结合在一起，将政府工作与研究工作联系起来，实现了“政”、“学”互动与双赢，在风险投资研究领域取得了丰硕的成果，为中国风险投资事业和高技术产业的发展做出了重大贡献。

1997年3月，全国政协第八届第五次会议期间，受时任民建中央主席成思危教授的委托，辜胜阻教授开始关注风险投资和企业技术创新的发展。借助于在美国研修（1996年～1997年）的机会，他实地考察了美国高技术产业的“摇篮”、世界风险投资事业最为发达活跃的硅谷地区，并搜集了许多第一手材料。在此基础上，他作为重要成员参与了1998年由民建中央提交的、被列为全国政协九届一次会议一号提案的《发展我国风险投资的对策案》的相关研究工作。并在当年两会期间参加重点提案办案会。这一提案引起了中央领导同志的高度重视，并在各部委、地方政府和科技界、金融界产生了巨大反响。十余年间，我国风险投资取得了巨大发展，并对我国高新技术产业发展产生了积极的促进作用。目前，我国已经拥有超过360家风险投资机构、管理资金超过660亿元，超过以色列，成为仅次于美国的世界第二大获得风投资本的国家。之后，辜胜阻教授协同民建的专家们对创业板的推出积极调研和建言献策，十余年间无论牛市还是熊市，民建的提案总少不了对资本市场的呼吁。2008年3月，在全国政协风险投资提案十周年纪念座谈会上，辜胜阻教授提出，风险投资和创业板是一对“孪生兄弟”，多层次资本市场的建立，特别是创业板的推出，为风险投资资本提供了灵活的、直接的退出通道，无疑会对风险投资业发展起到极大的促进作用。他认为，随着创业板的推出，我国风险投资业将迎来一个新黄金十年。2009年5月1日，创业板IPO办法正式实施。2009年10月30日，创业板启动挂牌交易。为确保创业板的成功推出和良性发展，辜胜阻教授在当年6月考察了深交所并在中国风险投资论坛（深圳）上指出，创业板必须要坚守高成长性创新型企业的定位，做到“起步稳、定位准、机制新、监管严”。当前，针对创业板推出后的种种质疑，辜胜阻教授又提出创业板要通过进一步完善制度设计来解决创业板面临的“三高”问题。

辜胜阻教授在担任武汉市副市长期间，亲自指导拟定并实施了武汉地区高技术产业化发展战略规划，在财政补贴、创业投资等方面推动武汉市政府相继出台了一系列扶持科技企业孵化器以及在孵企业的政策和措施，明确提出金融资本要走与产业资本相结合的道路，这一建设性的提议直接促成高技术与金融资本对接，在武汉科技界、工商界传为佳话。

2010年，辜胜阻教授一如既往地关注我国风险投资行业的发展，他带领工作人员赴各地调查中小企业和创新行业的发展，获取大量一手资料并积极探索可行性措施，他还以学者的身份投入到风险投资的研究并提出相关建议。由于很多建议贴近实际和适应当前的需要，多被决策层采纳。

2010年初，在北京大学民营经济新年论坛上，辜胜阻教授提出要降低民营企业的行业准入门槛和创业门槛，引导民间资本进入更多的投资领域。在2010年7月举办的"贯彻落实国务院新36条专题座谈会"上，辜胜阻教授呼吁加快出台"新36条"的政策细则，介绍并肯定了温州市引导民间资本进入风险投资领域的经验。此外，他还先后在《经济日报》、《新华文摘》、《中国经济时报》、《中华工商时报》、《华夏时报》以及新华网、人民网等重要报刊媒体上撰文，呼吁进一步鼓励和引导民间投资健康发展，放松民间资本管制。2010年8月，在中国风险投资论坛暨振兴东北投资高峰会上，辜胜阻教授指出，战略性新兴产业发展需要金融创新和技术创新两轮驱动，首先要构建完整的创业投资产业链体系，不仅要大力发展VC/PE，还要完善天使投资机制。其次，要加快金融产品和服务方式创新。同时，要落实国务院的"新36条"，激活民间投资。2010年下半年以来，因流动性过剩、成本高企等引起的持续物价上涨成为影响民生的重要问题，辜胜阻教授提出，要实施积极的股市政策，推进资本市场扩容，努力通过金融创新来构建风险分散机制和区别于传统金融的融资机制，一方面解决大量中小企业融资难的问题，另一方面吸引热钱、游资发展战略性新兴产业和现代服务业，并以此形成"两会"提案为国建言。

在我国多层次资本市场的构想中，辜胜阻教授早在2009年就提出在后创业板时代要重点推动新三板市场建设的论断。他呼吁，当前要尽快启动"新三板"的扩容进程，在更多基础条件较好的高新区推进代办股份转让系统试点。他指出，在新三板的制度设计上，应该是宽进严出，做好"进口"（准入机制）和"出口"（退出机制）的管理，做好交易制度的设计，做好针对高科技中小企业的明确定位，让广大科技含量高的企业得到孵化。另外，他还提出要大力发展期货市场，特别是金融期货应该有很大的发展，在人民币国际化和经济全球化的进程中，除股指期货外，还需要有汇率期货、国债期货等更多的金融期货品种来满足人民币国际化和经济全球化的需要。

自从1997年以来，辜胜阻教授结合学术研究和政府工作，就风险投资与高技术产业化、科技园区建设、制度创新、金融创新、民营科技型企业发展等问题进行全面系统的实证调研，足迹遍至美国、日本、德国、巴西、印度、以色列、台湾等国家和地区的科技园区，以及我国各地的国家级高新区和许多地方开发区。同时，他先后在风险投资相关领域承担了3项国家自然科学基金资助项目（包括重点项目）、4项部委级研究项目和多项地方性研究项目，并形成《政府与风险投资》（2000）、《新世纪的战略选择——武汉高新技术产业研究》（2000）、《政府与风险投资》（2001）、《创新与高技术产业化》（2001）、《新经济的制度创新与技术创新》（2001）、《改革发展中的金融创新》（2001）、《高技术产业经济研究》（2003）、《民营经济与高技术产业发展战略研究》（2005）、《民营企业技术创新与制度创新》（2008）、《民营经济与创新战略探索》（2009）等近10部著作和40余篇学术论文，为推动我国风险投资事业和企业技术创新的持续健康发展奔走呼吁。

在"十二五"规划的开局之年，培育和发展新兴产业与经济结构战略性调整、壮大"新三板"与多层次资本市场建设等事关国计民生的重大问题无一不是辜胜阻教授思考、关注的热点。相信不久我们还可以听到他关于风险投资和技术创新问题的研究成果和政策建议。

二、年度十大人物——邓锋

邓锋，北极光创投的创始人、董事总经理，毕业于清华大学电子工程学专业，获得学士和硕士学位，之后留学海外，先后获得宾夕法尼亚大学沃顿商学院工商管理硕士学位、南加州大学计算机工程硕士学位，在计算机、通信和数据网络领域有超过十五年的技术和管理经验。

邓锋是天生的创业英雄，本科期间获得了清华大学科技作品大赛的冠军，这堪称他的第一个创业项目，硕士期间又在中关村创业，月收入七八千元，人送外号“清华首富”。后来出国，他在硅谷也有成功的创业经历，被称为硅谷最成功的5位华人企业家之一。他于1997年与人合作成立Netscreen技术公司，并与创业团队逐渐把Netscreen发展成为世界上领先的网络安全设备供应商之一。2001年，这家公司在美国纳斯达克上市；2004年，该公司以40亿美元的高价被收购。邓锋用了6年时间创造了中国留学生在海外创业的最大科技公司。

邓锋不但富有创业激情和创业梦想，还愿意帮助更多的人实现创业理想。在美国时，邓锋是“华源科技协会”的会长，曾作为天使投资人，支持华人创业。2005年，邓锋回国成立北极光创业投资集团，以“培育世界级的中国企业、世界级的中国企业家”为宗旨，主要投向早期和成长期的企业，投资领域以通讯、媒体、高科技为主，同时涵盖清洁技术、医疗健康、先进制造以及消费等多个行业。2010年邓锋领导的北极光创业投资集团在风投市场颇有斩获，取得了骄人的成绩。

汉庭酒店是一家类似于七天酒店的经济型连锁酒店，成立于2005年。2007年北极光首次投资汉庭，2008年金融危机时，北极光追加了对汉庭的投资。2010年汉庭在美国纳斯达克上市，北极光投资的年收益率达到68%。另外，在2010年成功退出的投资案例有中信医药。上海医药以40亿的代价收购中信医药，北极光对中信医药的投资年收益率达到199%。

2010年北极光创投还加大了对新能源、新材料的投资。投资易美芯光科技940万美元，合力打造高亮度发光二极管（HB LED）企业旗舰。易美芯光是一家以HB LED封装为主体，并具有高亮度芯片和应用产品研发制造能力的外资高新技术企业。此次投资是迄今为止国内最大的针对HB LED封装项目的国际资本投资。北极光还完成了对攀叶氢能2000万元人民币的注资。攀业氢能是一家在中国燃料电池产业中有着领先地位的企业，拥有专有技术和专利技术20项，是全球为数不多的在氢能源行业盈利的企业，这足见北极光眼光之独到。

北极光长期专注创新的商业模式及高技术壁垒的领域。目前北极光在邓锋的领导下，稳步发展，相信在不久的将来，风投行业会再次传来邓锋和北极光振奋人心的好消息。

三、年度十大人物——胡章宏

胡章宏，现任中国建设银行全资投行——建银国际总裁兼执行董事、建银国际财富管理（天津）有限公司董事长、建银国际医疗保健投资管理有限公司总经理与乾信文化投资管理有限公司总经理；任中国创投（VC/PE）专业委员会联席会长、中国高等院校香港校友会联合会金融协会副主席、香港中企协证券委副主席、中国证券法学会常务理事、中央财经大学金融发展研究院客座教授、南开大学金融发展研究院客座教授等。

胡章宏博士作为建银国际的主要创建人和负责人，从零起步搭建了建银国际的经营及管理架构。目前，建银国际旗下8家子公司业务覆盖保荐承销、财务顾问、直接投资、资产管理、证券经纪和结构性融资等投行业务的完整产业链。在经历金融危机的几年中，建银国际业绩连年大幅增长，位居香港投资银行前列，并被权威媒体及机构评为“最佳投资银行”等称号。

近几年，胡博士率领建银国际以保荐人、承销商或财务顾问等身份协助上百家公司在全球资本市场融资，累计金额过1万亿港币。其中，在香港上市的公司市值占香港股票市场总市值的1/3左右。

胡博士作为建银国际主要负责人之一主持了旗下中国内地医疗健康基金、影视出版基金、航空基金、环保基金、皖江基金等多家产业基金的筹建、管理工作。胡博士还在香港创建了中国建设银行的直接投资平台——建银国际资产管理公司，并担任投资委员会主席。建银国际连年获评“中国最佳私募股权投资机构”；在近期揭晓的“2010中国创业投资暨私募股权投资年度排名”中，建银国际在“管理资本量、新募集基金个数及资本量、投资案例的个数及资本量、退出案例个数、退出金额和回报水平”等重要指标方面表现优异，以综合排名第一的成绩荣获“2010年中国私募股权投资机构30强”，充分显示出业界对其在私募股权投资领域的高度认可。由于在资本市场的优秀表现，胡博士个人荣获“2008年十大资本杰出领袖”、“2009年中国私募股权投资家10强”和“2010年中国最佳私募股权投资家”等称号。

胡博上优秀的业绩证明了其出色的个人能力，同时，他对我国风险投资行业发展中的问题也有独到的看法。对于目前行业中对国有PE风险控制能力质疑的问题，胡博士给予了纠正：很多人对国有机构管理资金存在误区，认为国有管理不好，其实大部分国有PE更注重风险控制，在很多项目筛选的要求上比一般PE的标准都高。胡博士还认为我国投资行业正在步入一个新的周期，一种全新的格局正在形成。在这种格局下，有四个核心指标可以考察：一是GDP总量。GDP总量增长带来的产业结构调整和其他消费变化都将使我们进入一个非常不一样的阶段。第二是城镇化。城镇化浪潮会带动数万亿支出，衍生出很多机遇。第三是老龄化。老龄人口的消费习惯以及对于整个社会消费习惯的影响将对投资产生很深远的推动。第四是战略新兴行业。创业板、科技、政府的推动和民间各类资本的注入等都有可能使这些行业中产生世界型企业。胡博士这样预测我国VC/PE行业未来发展趋势：我国VC/PE行业才刚刚开始，但是市场已经开始充分竞争，十年或者更长一段时间内一定会出现一些大机构、一个新的行业秩序、一个新的主流格局，那就意味着两极分化，但这并不妨碍我们对这个行业整体性所作出的“黄金成长”的判断。

四、年度十大人物——何伯权

如果只提何伯权三个字，可能大多数人并不熟悉，但是如果提到乐百氏这家当年和娃哈哈抗衡的饮料企业，人们就不陌生了。不错，他就是乐百氏的创始人何伯权。2002年，乐百氏被达能收购，何伯权便在公众的视野中消失了一段时间——去哈佛大学做了访问学者。2003年，他回到祖国，当时的身份已是一名投资家，他的今日天使投资公司在广州大都会广场32楼悄然成立，何伯权正式进入国内的风险投资行业。有人说，相比于宗庆后，当年乐百氏被达能恶意收购是何伯权事业上的一次挫折，但相比于现在宗庆后每日忙于企业管理，自由轻松的何伯权却收获了人生的一次成功，他完成了一种生活状态的转变。现在作为天使投资人的何伯权珍惜自由的生活空间，平常有项目看项目，没项目就潜行于江湖。何伯权自己也说，做天使投资，感觉很重要，在过程上没有VC的技术套路，个人色彩很浓厚。刚开始进入投资行业的时候，他只用个人资本进行投资，后来就联合珠三角的企业界朋友，用共同的闲置资金做一些投资。至今，今日天使投资也没有正式的募集基金，都是有了合适的项目后自己投资，或者找一些关系好的企业界朋友共同投资。在一些项目上，何伯权会以今日投资的名义投资，在另外的项目上，则干脆以他个人的名义投资。他秉持的就是这种随性，个人色彩明显，甚至缺乏规范化、计划性的投资风格。

目前，何伯权在国内已有十几个投资案例，都是与消费者直接相关的企业。其实这些案例中贯穿了何伯权一直坚持的投资理念，他曾经说："它（投资的企业）必须是跟消费者直接相关的，我觉得我自己的专长是对消费者的理解。对消费者利益怎么样，这是我可以理解的。"目前，这些投资大多数都取得了良好的收益，最引人关注的就是对七天酒店的投资。何伯权对该企业的投资达到了800万美元，他本人也是公司的董事长和最大的股东。2009年11月20日，七天酒店在美国纳斯达克上市，融资额达到1.1亿美元，何伯权的账面资产达到了近10亿元人民币。2010年11月，何伯权所投资的诺亚财富登陆纽交所，融资额达到1.01亿美元。除了这些案例，何伯权投资的企业还包括真功夫、九钻网、久久丫、万盛金融、爱康国宾等。

作为一个天使投资人，何伯权在投资中一直坚持"三二一"的投资法则，即三条主线，两顶"帽子"，一条"边界"。所谓三条主线，第一，只投与终端消费者相关的产业；第二，在国外要有成熟的模式；第三，要找一个合作伙伴当CEO，他也必须有投资。所谓两条"帽子"，即管理者都有的两个帽子，一个是管理者，另一个是股东。所谓一条"边界"，即要与所投资企业的管理者保持一定的距离。基于这些年在国内天使投资领域的成功，何伯权被评为"2010中国年度天使投资人"。相信在今后，何伯权在中国的天使投资领域会有更大的作为。

五、年度十大人物——靳海涛

他是2009年央视年度十大经济人物，多年在风投资本市场的纵横驰骋使他获得了"本土创投土狼"的称号。不错，他就是深圳创新投资集团的董事长——靳海涛。多年来，深创投在他的领导下，获得了飞速的发展，从2005年起年投资项目数猛增：2005年15个、2006年17个、2007年49个、2008年57个、2009年超过40个。

2010年是中国VC/PE的黄金年，也是靳海涛领导下的深创投的丰收年。所投资的企业2010年已挂牌上市24家，还有5家过会待发，创下了全球创投界在不足一年内IPO上市数量的新记录，这也使得深创投成为2010年本土最牛PE。

首先是国内资本市场，2010年全年深创投所投资的企业在创业板上市的有10家，在中小企业板上市的有8家，还有1家在上海证券交易所上市。以在创业板上市的乐视网为例，这是一家视频门户网站，也是全球第一家成功IPO的网络视频公司。2008年7月深创投向其注入2730万元风险资金，经过两年的培养，公司于2010年8月在创业板上市，深创投在这一项目的收益率约5.6倍。

其次，深创投有两家注资企业在香港主板上市，分别是雷士照明和弘淋科技集团。雷士照明是一家拥有13年成长经历的照明企业，产品涉及商业、建筑、办公、光源电器、家居等领域，特别是商业照明一直保持行业领先地位。该公司于2010年5月20日成功登陆香港主板市场，集资15亿港元。弘淋科技集团是全球第二大外接信号线组件制造商，于11月登陆香港主板市场，融资额达到5亿港元。电子设备行业一直是深创投重点关注的一个行业，占集团投资总额的22%。

2010年5月14日同一天，深创投投资的两家企业分别在纳斯达克和纽交所上市。其中，西安联合信息登陆纳斯达克，成功融资1600万美元；晶科能源控股有限公司登陆纽约证券交易所，成功发售5 835 000股美国存托股票（ADS），每股ADS发行价为11美元，1股ADS相当于4股普通股。另外，在10月1日，广东明阳电气集团有限公司在美国纽交所上市，成为中国第一家在美国上市的风电整机制造商，也是全美资本市场第一家专业从事风电整机制造的企业。

在投资方面，2010年深创投共完成69个项目的投资，总投资额近25亿，所投资的行业包括IT技术 / 芯片、光机电 / 先进制造、消费品 / 物流 / 连锁服务、生物医药、能源 / 环保、新材料 / 化工、互联网 / 新媒体等。

在靳海涛的带领下，2010年深创投新设立了3家国家级、4家省级和5家市级政府引导基金，使得深创投管理的政府引导基金达到40家，基本覆盖了长三角、珠三角、环渤海等经济发达地区及东三省、中西部重点省份和中心城市。

六、年度十大人物——林向红

林向红，苏州创业投资集团有限公司创始人，董事长、总裁。林向红先生从事金融投资与企业管理多年，对高科技产业及股权投资有深入独到的理解，拥有丰富的资本运作经验和敢为人先的行业探索精神。他曾主导建立中国第一家中外合作非法人制创投企业、设立中国第一支市场化运作的创投母基金（FUND OF FUNDS）、发行中国第一笔创投企业债等。在他的领导下，苏州创投集团已经成功搭建了股权投资、债权融资和股权投资服务三大业务板块，成为基金体系完善、平台运作良好、管理团队一流、投资管理能力位居全国前列的知名创投集团。

2010年，林向红先生带领团队联合国内大型投资机构共同发起设立了国内规模最大的人民币VC/PE母基金——国创母基金，总规模600亿元，首期规模150亿元。2010年12月28日，国创母基金在苏州工业园区正式成立。苏创投作为发起人之一，管理此母基金中的VC母基金板块，即国创元禾创业投资基金，主要投资于专注早期和成长期投资的创投基金。

2010年，苏创投在早期投资方面同样成绩斐然。在林向红的主导下，苏创投旗下的中新创投已发展成为中国规模最大的天使投资基金。截至2010年底，中新创投累计决策投资项目249个，累计投资金额31.2亿元，其中212个项目在早期阶段。其中，已有6个项目退出，2010年3月，中新创投收获第五家上市公司——苏州胜利精密制造科技股份有限公司；8月，收获第六家上市公司——沪士电子股份有限公司。中新创投于2002年7月注资该公司，在划转全国社保基金后，持有8499万股。当年，苏州创业投资集团连续第二次被授予科学技术部批准设立的“中国技术创业协会科技创业投资奖”。

2010年苏创投在投融资业务基础上，以沙湖股权投资中心为载体，致力于股权投资服务产业的新一轮开发。其主导建设的沙湖中心，通过汇聚股权投资行业的各种关键要素，吸引股权投资以及相关金融服务机构入驻，构建以股权投资为核心的产业链。截至2010年底，沙湖中心已引入股权投资基金管理团队超过20支，管理基金超过30支，入驻的担保及小额贷款公司3家，入驻团队管理资金规模超过300亿元。

林向红先生在领导苏创投致力于成为中国股权投资领域探索发展的先行者的同时，积极为中国股权投资行业自律、规范发展做出有益贡献。2010年他被推选担任中国投资协会创投专委会联席会长、中国股权投资基金协会副会长、中国国际投资促进会投融资工作委员会理事长。

七、年度十大人物——刘昼

刘昼，达晨创投创始合伙人、董事长，2006年～2010年，连续五年被评为“中国创投机构最佳杰出人物”，2009年被评为“中国最佳创业投资家”。刘昼于2000年创办达晨创投，其间经历过互联网泡沫破裂、创业板延迟推出的磨砺，却一直选择坚守。2009年，创业板开板，首批28家上市公司中，达晨创投参与投资的企业占了3家，成为创业板大赢家。刘昼亦成为媒体关注的焦点，被冠以“创投界的金手指”称号。2010年，他带领的达晨创投更是加大马力，全速前进，在项目投资、上市退出、资金募集三个环节均有杰出表现，令业界瞩目。

项目投资方面，达晨创投2010年全年投资金额超过11亿元人民币，被投企业中有一大批是国家积极鼓励和推动的战略性新兴产业中的优秀公司。2010年10月，达晨创投完成对上海西域机电系统有限公司和上海企源科技有限公司（AMT）的注资，前者是一家能够提供数十万种MRO工业品和仪器仪表产品的电子商务企业，后者则是一家“管理+IT”咨询服务提供商。2010年11月，达晨创投投资专业制造新能源电池自动化生产设备的企业——深圳赢合科技。另外，刘昼领导的达晨创投2010年在医药研发外包、诊断试剂、煤炭检测设备、遥感应用、新媒体、通信设备、新能源、航空服务、平安城市运营、金融信息服务等多个领域进行全面布局。

上市退出方面，达晨创投2010年先后有蓝色光标、数码视讯、和而泰、达刚路机、金凰珠宝、太阳鸟游艇、中南出版、晨光生物、恒泰艾普等公司分别在上海证券交易所主板、深圳证券交易所中小板、创业板以及美国纳斯达克挂牌上市，另外，拓尔思公司通过证监会的发行审核。

资金募集方面，2010年3月，达晨创投成功发起设立达晨创世和达晨盛世两支基金，募资总额达到13.8亿元人民币；2010年12月，达晨创投主导，联合湖南高创投组建了湖南达晨文化旅游创业投资管理有限公司，受托管理湖南文化旅游产业投资基金，基金总规模达30亿元人民币。同时，达晨创投第一支美元基金也在2010年内成功募集到位，迈出了公司国际化的第一步。

八、年度十大人物——沈南鹏

早年曾是数学竞赛中的佼佼者，一直被认为是数学天才；本科毕业以后，到美国进行深造，先后在哥伦比亚大学、耶鲁大学学习；硕士毕业后在纽约和香港的投资银行业工作了八年多；是携程网及如家酒店创始人，又是国际知名企业家、风险投资家，他就是沈南鹏。

入局高德软件，携手乡村基，漫步新高地，营建利农国际，掘金诺亚财富，入主麦考林，触电博纳影业……2010年，沈南鹏带领国内企业一路过关斩将，八度登上纳斯达克角斗场，以风险投资改造传统产业，颠覆纳斯达克的中国概念。五年蓄力，潜伏资本市场，深谙美股，根植内地，沈南鹏这一年，可谓是收获之年。凭借2010年秋季的“丰收”，沈南鹏首度登上“福布斯中国最佳创投人”排行榜榜首宝座。

于2010年度成功推动近十家公司登陆各地资本市场之后，初尝甜头的沈南鹏还在继续打造着他的上市“后备队”。譬如，2009年，沈南鹏投资了第二家传统餐饮业——红杉资本中国基金联合涌铧投资公司对中式快餐连锁北京嘉和一品企业管理有限公司进行近1亿元人民币战略投资。嘉和一品经营以粥为特色的中式快餐，目前在北京开设有50多家直营连锁店，位列2009年中国快餐50强。

同样，沈南鹏旗下的红杉资本继续加注电子商务。2010年10月对鞋类电子商务网站好乐买注资1700万美元。这已经是红杉资本对好乐买的第二轮注资，距离2009年年底的第一轮1000万美元的注资不到一年。2010年红杉还投资了领先的国内网上奢侈品销售商唯品会和做分类广告的赶集网。另外对快乐购、秦川机床、万达影院等的投资也令人瞩目。

当沈南鹏被问及如何看待红杉中国2010年IPO的集中爆发时，他这样答道："2010年的情况，并非是偶然现象，更多的是水到渠成。我们做早期项目比较多，尤其在五年前，我们只有早期基金，诺亚财富、乡村基等都是那时投资的早期项目。早期项目是需要有一些培养期的。刚投完的时候，先别想上市这件事，先得把业务做好，把商业模型做清楚，公司业绩好了，自然就有上市的可能性。"也正是这种专注和踏实，促使沈南鹏在投资的项目上不仅做到"精准"，还"耐心培育"。在2010年年底的一次演讲中，沈南鹏道出成功企业背后的创业基因：第一，我们要对自己所做的事情非常热爱；第二，这是你特别擅长的事业；第三，要坚持；第四，企业的成功靠团队。这也许是沈南鹏多年的创业和投资经验的精辟总结。

虽然2010年是红杉中国的大丰收年，但是沈南鹏似乎并不满足，仍然继续着紧张而又热爱的工作，其带领的红杉中国在2011年会重点关注4个行业，第一是科技传媒，包括互联网；第二就是消费品和服务；第三是健康行业；第四是新能源和清洁技术。沈南鹏几年前精心布局的企业在2011年又会呈现出怎样的景象，我们拭目以待。

九、年度十大人物——熊晓鸽

随着信息技术在中国的迅速发展，了解和阅读《计算机世界》、《网络世界》、《微电脑世界》、《IT经理世界》、《电脑商报》等报刊的人不在少数；知晓并使用汉庭酒店、如家酒店、携程网、百度、搜房、腾讯QQ、金蝶软件、当当网等的人更是不计其数。这些名词描述了媒体、酒店、搜索网站、聊天工具、电子商务、管理软件等多个领域。如果要概括它们的一个共同点，那就是它们都指向了一个名字——熊晓鸽。

熊晓鸽，IDG资本创始合伙人，美国国际数据集团（IDG）全球常务副总裁兼大中华区董事长，目前在中国管理着38亿美元和35亿人民币的资金。1993年，熊晓鸽协助IDG创始人兼董事长麦戈文在中国创立"太平洋技术风险投资（中国）基金"，即IDG资本前身。他是最早把西方技术风险投资实践引入中国的人，被誉为"中国引入高科技产业风险基金的第一人"，也是IT国际资本引入中国的代表性人物之一。

熊晓鸽一直对中国和中国经济充满信心，他认为，中国既是创业者的天堂，也是投资者的天堂。2010年，是中国经济持续增长的一年，对熊晓鸽和IDG资本来说，也是"发展最好的一年"，IDG资本在募资、投资以及退出领域均有不俗的成绩。

募资方面，面对人民币基金的崛起，IDG资本反应迅速，2010年7月22日，IDG和谐成长投资基金完成募集，总规模为35亿元人民币。该支基金专注于成长型企业，并获得了社保基金的青睐。全国社会保障基金理事会出资12亿元，是最大出资人。

熊晓鸽和他的团队不但布局募集基金，更在投资方面频繁出手。IDG资本一向关注多个投资领域，2010年，IDG资本在电子商务、移动互联网、消费品及服务、医疗健康、新能源等领域投资了几十家企业。2010年3月17日，IDG携4家PE注资全球人类基因产品最全的生物科技公司——傲锐东源，注资金额1600万美元。8月23日，IDG投资电子商务网站四海商舟数千万美元，助其在国内首推对外市场发展整体解决方案，为中国外贸企业建立B2C销售渠道。熊晓鸽不忘光顾文化产业进行投资，比如投资获得国内文艺片最高票房的《山楂树之恋》、张艺谋的印象系列、张艺谋鸟巢版《图兰朵》、大型中国3D多维情景音乐会《月光家园》等。IDG资本还非常看好团购模式，并于11月16日投资了团购网站——嘀嗒团。12月23日，IDG资本联合美国光速创业注资优众网1100万美元，为2010年度的投资画上了完美句号。

如果说精准的投资让投资人成功了一半的话，那么华丽退出就是让投资人胜利地走完了全程。2010年3月26日，IDG资本参投的国内首家多品牌经济型酒店——汉庭连锁酒店登陆纳斯达克交易所，成为2010年在纳斯达克上市的首家中国公司，同时拉开了IDG资本在2010年度退出获益的帷幕。6月10日，天津九安医疗电子股份有限公司正式在深交所中小板挂牌上市，IDG资本迎来了本年度在内地资本市场的首单退出。8月11日，国内领先的骨科医疗器械生产商——康辉医疗正式登陆纽约证券交易所，收盘价涨幅达到18.06%，被评为“本月美国市场表现最佳新股”。此外，搜房网、锐迪科微电子、当当网、香雪制药等企业也纷纷在国内外证券市场上市，IDG资本都获得了极佳的回报，特别是搜房网和当当网，账面回报超过100倍。

IDG资本于1992年进入中国，在19年的投资生涯中，熊晓鸽与IDG资本其他成员一起在中国投了200多个项目，有60多个成功退出，这是一个令同行叹服的业绩。目标明确、永不止步地学习也许是其成功的关键原因，而这也是这位“中国风险投资第一人”的能力和魅力所在吧。

十、年度十大人物——阎炎

阎炎，54岁，软银赛富亚洲投资基金首席合伙人、软银赛富亚洲信息基础投资基金总裁，被誉为“掌管着22亿美元风险资金的商业奇才”。

多种学历背景和经济界的广泛人脉对阎炎后来的成功起到了不可忽视的作用，从飞机设计专业到北大的社会学系，继而又奔赴美国普林斯顿大学获得国际经济政治学博士学位，进入世界银行成为一名专门从事经济研究的经济学家，后进入风投界，同陈天桥、孙正义、李嘉诚这些亚洲资本界的大佬合作……这些经历使他积累了丰富的行业经验。从事风险投资无异于在沙中淘金，成功与否相当程度上取决于风投家的个人能力。阎炎凭借综合知识背景、丰富的职业经验以及过人的胆识，带领赛富基金在2010年交出了优秀的答卷。

募资方面，在阎炎和他的投资团队的积极运作下，2010年12月底，合肥赛富创业投资基金签约设立，它由合肥海恒投资控股集团公司与安徽国购科技投资股份有限公司、天津赛富创业投资基金、合肥赛富创业投资管理有限公司共同发起设立。该基金为赛富亚洲投资基金关联基金，首期规模为2亿元人民币，主要着眼于高技术成长型企业的投资，尤其是符合国家产业政策、对经开区经济有突出贡献、具备IPO能力的高成长型的中小企业。

投资方面，软银赛富在互联网领域继续掘金。在门户、B2B、B2C、C2C之后，软银赛富看到了互联网的下一个金矿：分类信息。2010年4月，软银赛富向58分类信息网进行了第三轮追加融资，金额达1500万美元，助其打造“百城计划”战略。2010年7月28日，赛富基金买进了达能集团所持有的汇源果汁22.98%的股份，交易总价达20.24亿港元。2010年10月，赛富基金投资深圳市快播科技有限公司400万美元，阎炎和他的投资团队抓住视频行业的高涨，促成了快播播放器QVOD的巨大成功。

退出方面，阎炎和他带领的软银赛富同样表现不凡。2010年10月，环球天下教育科技有限公司（即“环球雅思”）在纳斯达克上市，首日涨幅达16.19%，成为以出国考试培训为主营业务的中国第一家上市教育品牌。2110年11月底，软银赛富投资的天津汽车模具股份有限公司在深圳证券交易所中小板挂牌上市，开盘后一路大涨，涨幅一度逼近100%。

对于中国的风险投资前景，阎炎保持着十足的乐观。虽然他一再强调风险投资靠的是“眼力”，靠的是商业感觉，但是，软银赛富的成功和他常说的一句“风险投资并不是空手套白狼”，无疑蕴含了他对市场的详细调研和深入思考，这值得所有的风险投资人深思和借鉴。

发展篇

第一章　2010年中国风险投资业发展概况

本章首先回顾了2010年中国风险投资业的发展状况，然后根据CVCRI年度行业调查，对2010年中国风险投资业的发展特征进行阐述。最后，展望了2011年中国风险投资业的发展前景，以期帮助读者把握中国风险投资发展的脉络。

2010年，中国风险投资业得到了快速的发展。募资、投资规模及IPO表现甚为活跃，中国风险投资市场投资案例数量出现爆发式增长，投资金额也同样达到历史高峰。与资本市场的活跃相对应，中国企业IPO的活跃也带动了创业投资的火爆。此外，基金募资规模的大幅增长、国家推动战略新兴产业的政策激励，使得2010年成为中国创业投资市场最为活跃的一年。全年行业表现出如下三个特点：VC/PE募资规模大幅增长，人民币基金成为稳定主流；VC/PE投资极为活跃，平均单个项目投资强度大幅提高；VC/PE背景企业上市呈现爆发性增长，上市成为机构主要退出方式。

除特别声明外，上述趋势和特点的判断主要来源于CVCRI于2010年底开展的风险投资业调研结果。详细内容可参看“统计篇”。

第一节　2010年中国风险投资业发展回顾

2010年，在各国宏观经济刺激政策的激励下，当前国际经济形势已出现了一些积极的变化，特别是作为此次金融危机重创地的主要发达经济体，总体上呈现出缓慢复苏态势。全球经济复苏为中国的风险投资行业发展带来了积极的促进作用。

在全球经济持续复苏和VC/PE机构日趋活跃的背景下，中国企业上市可谓凯歌高奏。2010年是中国风险投资行业有史以来最好的一年，中国风险投资市场无论募资、投资还是退出，均创下了历史新高。中外风险投资机构募资热情空前高涨，其中人民币基金募集无论是数量还是金额上都处于领先地位，VC/PE背景企业的上市数量和融资额均较2009年同期大幅提高。整体来看，2010年中国风险投资行业发展整体呈现出如下特点：机构/基金募资规模大幅增长，人民币基金成为稳定主流；VC/PE投资极为活跃，平均单个项目投资强度大幅提高；VC/PE背景企业上市呈现爆发式增长，上市成为机构主要退出方式。

针对2010年的经济形势，国务院制定了许多有利于风险投资和股权投资业发展的政策，随后，许多地方政府从当地实际出发制定了股权投资基金及引导民间资本投资的政策。如国务院于2010年4月13日公布了《国务院关于进一步做好利用外资工作的若干意见》，鼓励外资以参股、并购等方式参与国内企业改组改造和兼并重组；支持符合条件的外商投资企业境内公开发行股票、发行企业债和中期票据，拓宽融资渠道，引导金融机构继续加大对外商投资企业的信贷支持；利于外商投资股权投资管理企业及外商投资股权投资企业在华设立机构，促进外资或境外股权基金对华投资。2010年5月7日国务院公布了《国务院关于鼓励和引导民间投资健康发展的若干意见》。随后，深圳、吉林、新疆、成都、杭州、河北、温州等地都相应制定了地方性的促进股权投资及民间资本发展的意见及办法，鼓励积极利用股权投资基金，提高资金利用质量和水平，更好地发挥民间资本推动科技创新、产业升级、区域协调发展的重要作用，推动创新型国家建设。

第二节　2010年中国风险投资业发展特征

2010年10月～2011年1月，CVCRI开展了2010年度中国风险投资行业发展调查。本次调查的有效数据样本为597家投资机构，包含431家本土风险投资机构及166家外资背景的风险投资机构。调查结果统计显示，2010年度中国风险投资行业发展呈现如下特点：

第一，VC/PE募资规模大幅增长，人民币基金成为稳定主流。

2010年，在全球经济复苏的背景下，中国宏观经济总体增长态势未变，国民经济处于良性的平稳较快发展中，同时发展战略性新兴产业、调整经济增长结构的步伐也在加快推进。受这些因素影响，全国各地引入风险投资的热情不断高涨，中国内地VC/PE市场基金募集出现大幅增长。

据CVCRI统计，2010年已完成募集和正在进行募集的资本额达6641.85亿元[①]。其中，219支基金已完成募集的风险资本额为1768.37亿元，为2009年全年完成募集的资本额的1.84倍；平均每支基金募集的风险资本规模达8.07亿元，是2009年的1.14倍（见图1.1）。另有155支基金正在进行募集，但没有披露募资是否完成，据统计这些基金的募资总额为4873.48亿元。

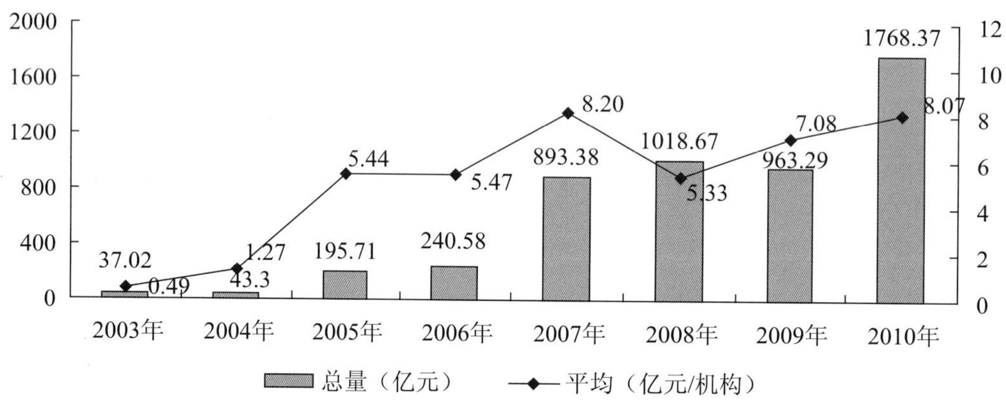

图1.1　2003年～2010年完成募集的风险资本概况

2010年完成募集的人民币基金共194支，占完成募集的基金数量的88.58%，人民币基金的募资规模达1121.65亿元，占新募集资本额的63.43%，基金数量和规模比例都高于2009年水平；完成募集的外币基金共25支，占完成募集的基金数量的11.42%，外币基金的募资规模为646.72亿元，占新募资本额的36.57%（见图1.2）。

第二，VC/PE投资极为活跃，平均单个项目投资强度大幅提高。

在国内资本市场渐进迈向成熟、投资退出渠道逐步放宽以及国家大力发展战略性新兴产业政策的背景下，2010年度中国内地VC/PE投资表现极为活跃。

据CVCRI统计，2010年VC/PE共投资了1225个中国内地项目，是2009年的1.78倍；其中披

① 本章中如无特殊说明，货币种类均为人民币，数据折算一律采用2010年12月31日汇率。

露投资金额的1055个项目涉及投资金额976.63亿元，是2009年的3.09倍，投资市场表现极为活跃（见图1.3）。

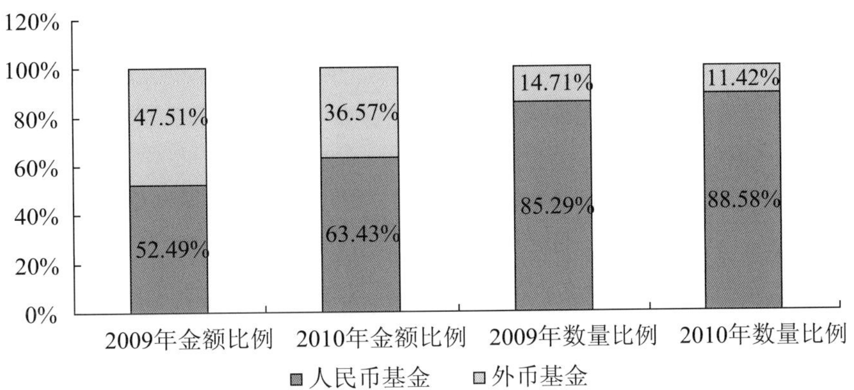

图1.2　2009年及2010年人民币基金及外币基金募集规模比较

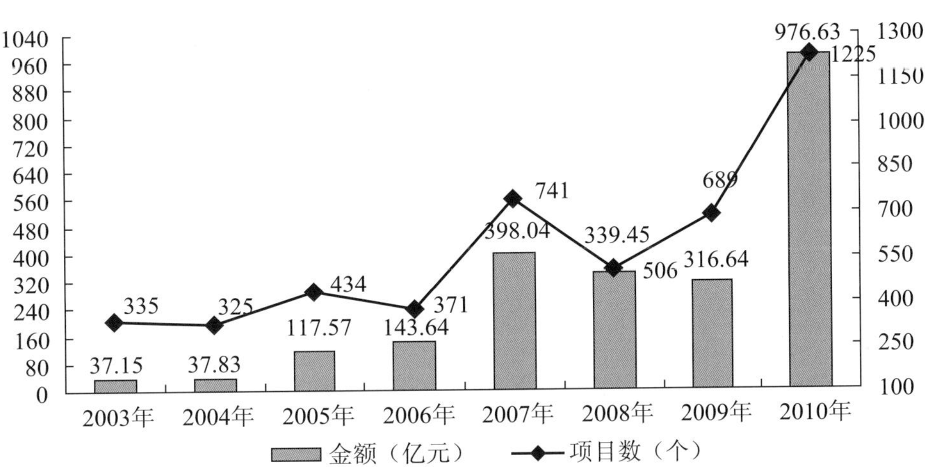

图1.3　2003年～2010年样本机构风险投资规模（投资内地）

从披露投资规模的1055个项目来看，平均单个项目的投资金额为9257.11万元，投资强度处于2003年以来最高点（见图1.4）。

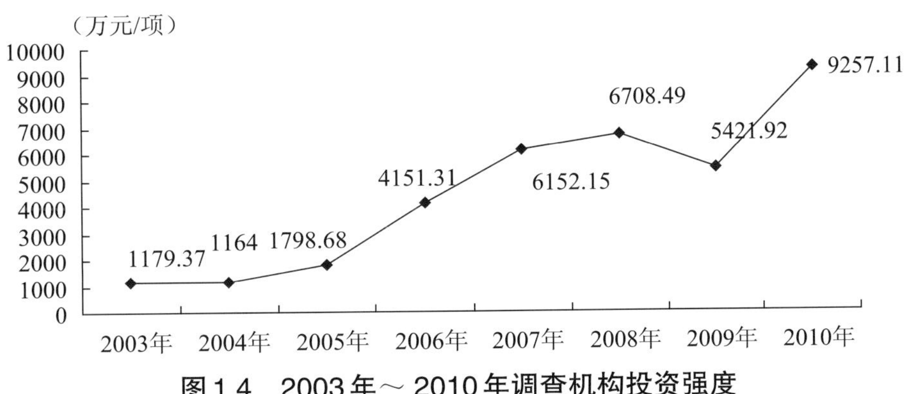

图1.4　2003年～2010年调查机构投资强度

2010年，由本土机构主导的投资项目数量为906个，占总投资数量的73.96%，投资金额为443.78亿元，占总投资金额的45.44%；由外资机构主导的投资项目数量为319个，占总投资数量的26.04%，投资金额为532.84亿元，占总投资金额的54.56%。本土投资机构主导的投资项目数量上占优，但在投资金额上略逊于外资机构（见图1.5～1.6）。

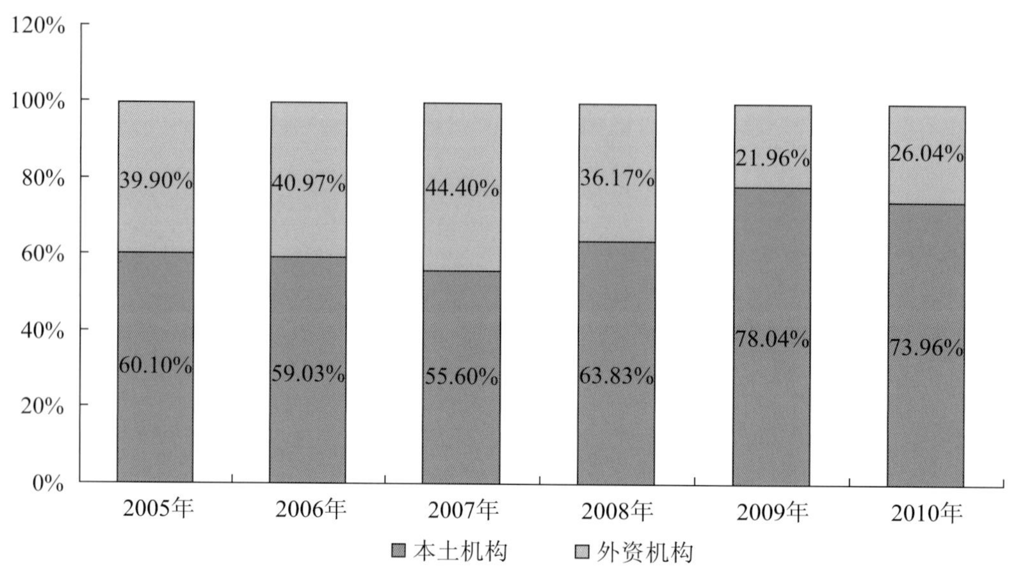

图1.5　2005年～2010年中外投资项目数量对比

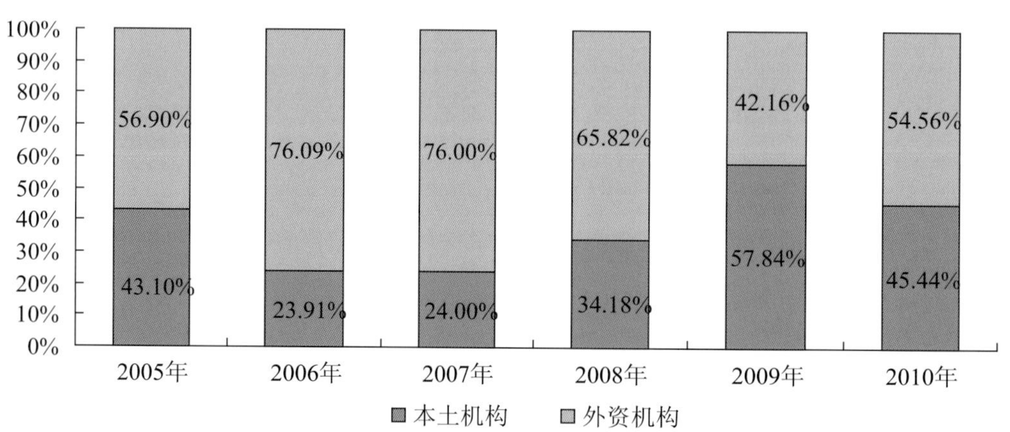

图1.6　2005年～2010年中外投资金额对比

第三，VC/PE背景企业上市呈现爆发性增长，上市成为机构主要退出方式。

2010年以来，随着创业板开闸、各地积极推动实施企业多元化融资政策以及境外资本市场的回暖，中国企业在境内外资本市场的上市表现出一片火热景象，VC/PE背景企业更是其中的主要力量。

据CVCRI统计，共有440个风险投资项目在2010年实现退出。其中，上市退出项目达317个，股权转让退出项目数为112个，清算项目1个，未明确披露退出方式的项目10个，从图1.7可见，上市方式已成为风险投资机构的主要退出方式。

图1.7　2010年风险资本退出方式分布

VC/PE背景企业上市数量和融资规模呈现爆发式增长。2010年，共有317家具有VC/PE背景的中国企业在境内外资本市场上市，合计融资4803.88亿元，平均单个VC/PE背景企业上市融资额为15.15亿元，总的上市数量和融资金额均达到空前规模（见图1.8）。

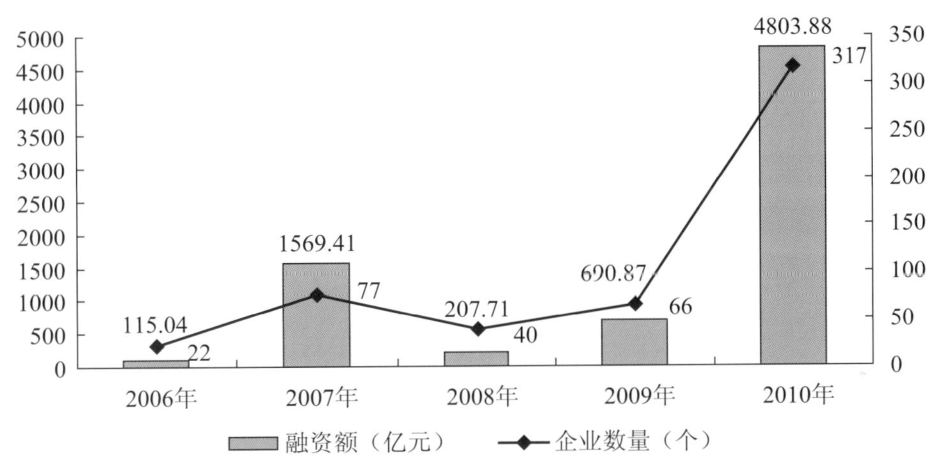

图1.8　VC/PE背景企业上市数量与融资金额分析

调查结果显示，在112项以股权转让方式退出的项目中，原股东回购项目比例以44.64%居首位。转让给其他投资机构的退出方式排在第二位，占比33.04%，比例较往年大幅提升（见表1.1）。

表1.1　2006年～2010年风险资本股权转让方式退出的细分结构

退出方式		原股东回购	管理层收购	上市公司/企业收购	转让给其他投资机构	其他	合计
2010年	项目数（个）	50	5	16	37	4	112
	项目数比例	44.64%	4.46%	14.29%	33.04%	3.57%	100%
2009年项目数比例		62.96%	2.47%	9.88%	17.28%	7.41%	100%
2008年项目数比例		41.38%	13.79%	8.62%	22.41%	13.79%	100%
2007年项目数比例		31.43%	17.35%	20.41%	19.39%	9.18%	100%
2006年项目数比例		38.03%	11.27%	25.35%	22.54%	2.82%	100%

第三节　中国风险投资业展望

一、项目估值过高与优质项目源缺乏或成最大挑战

尽管2010年风险投资市场在募资、投资、退出方面均创下历史性的记录，但2011年中国风险投资行业仍将面临一系列挑战。调研结果显示，大部分风险投资机构认为，2011年排在前两位的挑战将是："项目估值过高带来较大的退出风险"与"优质项目源缺乏"（见图1.9）。

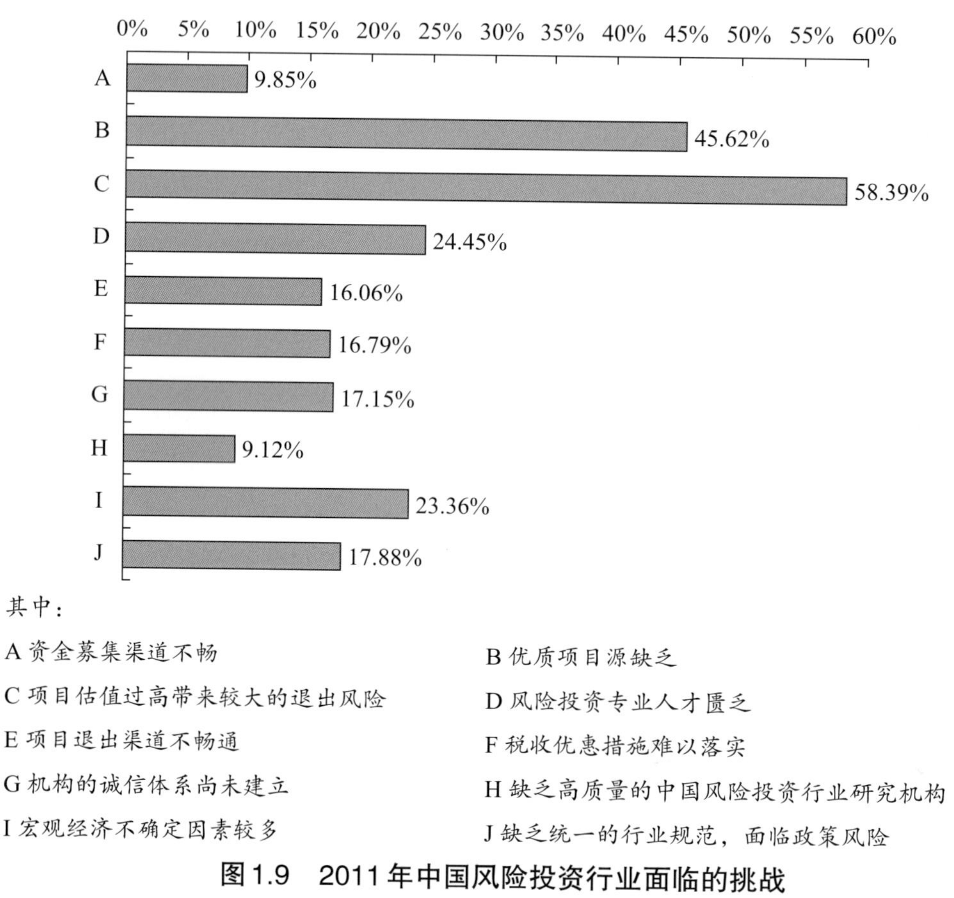

图1.9　2011年中国风险投资行业面临的挑战

二、战略性新兴产业备受关注

2010年10月10日，《国务院关于加快培育和发展战略性新兴产业的决定》（国发［2010］32号）正式出台，将节能环保、新一代信息技术、生物、高端装备制造、新能源、新材料和新能源汽车产业作为重点培育的战略性新兴产业，全力推动战略性新兴产业发展。同时，战略性新兴产业备受风险投资的青睐。根据CVCRI的调查数据显示，中国风险投资行业最受投资机构关注的七

大战略新兴产业中，节能环保产业居首位，占比为66.23%，其次为新能源产业，占比为58.87%，其余的依次为新材料（48.05%）、高端装备制造（42.86%）、生物产业（35.93%）、新一代信息技术（33.77%）、新能源汽车（14.72%）（见图1.10）。

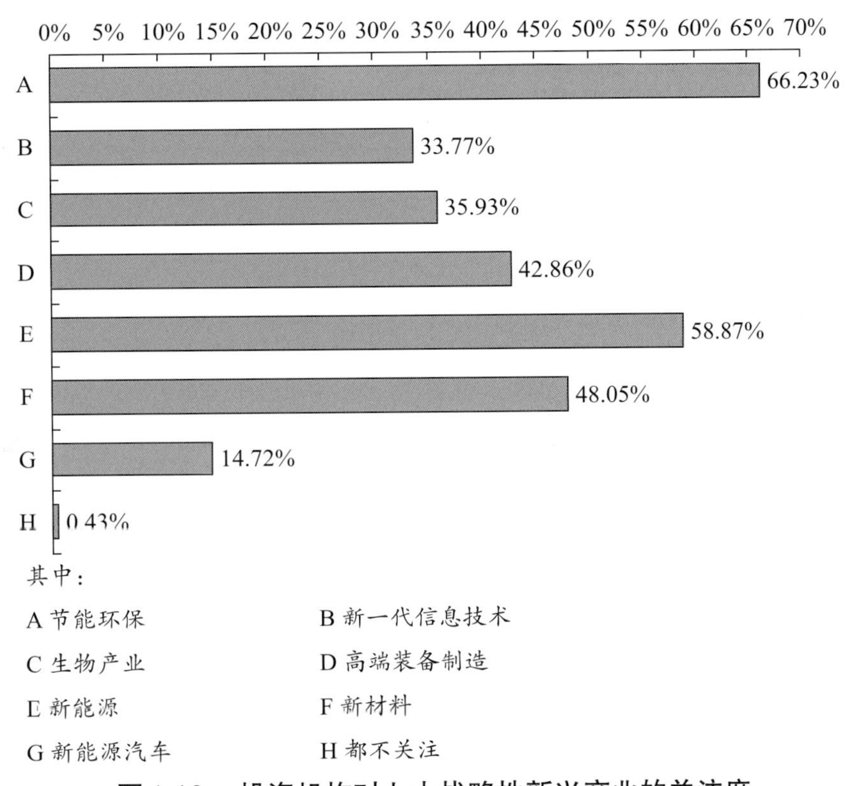

图1.10　投资机构对七大战略性新兴产业的关注度

三、险资开闸或成PE资金主要来源

2010年9月5日，中国保监会发布《保险资金投资股权暂行办法》(以下简称《暂行办法》)，允许保险资金投资未上市企业股权，并对投资主体、资质条件、投资方式、投资标的、投资规范、风险控制和监督管理等事项，进行了全面和系统的规定。根据《暂行办法》，保险资金可以直接或间接进行股权投资，放宽了对保险资金进行股权投资的限制。但在直接投资企业股权方面，《暂行办法》对投资团队、偿付能力、财务指标、净资产规模以及投资对象的企业类型等都提出了较高的资质要求。由此，继社保基金可以进行股权投资之后，保险资金也打开“闸门”，并将成为PE基金的又一重要资金来源。

四、人民币基金热度不减，私募股权投资基金规模持续增长

2010年人民币基金续写了2009年的崛起势头，无论是募集金额还是募集数量都领先于外币基金。据CVCRI统计显示，从募集金额上来看，2010年人民币基金的募资规模达1121.65亿元，占新募集资本额的63.43%；外币基金的募资规模为646.72亿元，占新募资本额的36.57%。从基金

募集的数量上来看，2010年完成募集的人民币基金共194支，占完成募集的基金数量的88.58%；完成募集的外币基金共25支，占完成募集的基金数量的11.42%。

随着境内资本市场退出渠道完善，募集和退出的双重利好使得中国市场人民币投资面临爆发式增长。随着政府主导的大型产业投资基金增多以及外资机构纷纷设立人民币基金等，2011年人民币基金的规模将持续增长。在这持续增长的背后，投资者也需要冷静的思考，人民币基金募资需要规范和监管，行业需要警惕非法集资，同时投资者需要慎选投资机构。

第二章　政策法律法规综述

2010年是国家实施“十一五”规划的最后一年。为了使国内经济健康发展，国家出台了多项政策拉动内需、鼓励创业、抑制通胀。在国家出台的一系列与风险投资相关的政策法规刺激下，2010年我国VC/PE行业取得了较快发展。这些政策法规中有相当一部分在规范风险投资行为、完善政策体制和法律环境等方面产生了积极作用。

一、政策法规综述

完备的法律法规制度体系对风险投资体系的保障和促进作用是不可替代的。2010年，国家出台了多部与风险投资相关的政策法规，这些政策法规在很大程度上推动了风险投资行业的发展（见表2.1）。

表2.1　2010年国家出台的与风险投资相关的重要政策

出台时间	管理办法	政策出台方
4月6日	《国务院关于进一步做好利用外资工作的若干意见》	国务院
4月19日	《关于支持循环经济发展的投融资政策措施意见的通知》	国家发改委、中国人民银行、中国银监会和中国证监会
5月7日	《国务院关于鼓励和引导民间投资健康发展的若干意见》	国务院
6月10日	《国务院关于加强地方政府融资平台公司管理有关问题的通知》	国务院
8月28日	《国务院关于促进企业兼并重组的意见》	国务院
9月3日	《保险资金投资股权暂行办法》	中国保监会
10月10日	《国务院关于加快培育和发展战略性新兴产业的决定》	国务院
10月13日	《关于豁免国有创投机构和国有创投引导基金国有股转持义务有关问题的通知》	财政部、国资委、证监会、社保基金会
12月9日	关于印发《科技型中小企业创业投资引导基金股权投资收入收缴暂行办法》的通知	财政部、科技部

资料来源：CVCRI

2010年风险投资行业政策法规呈现以下几个方面的特点：

（一）国家层面加大对投资的促进力度

2010年中国风险投资市场的发展可谓如火如荼，风险投资业的发展得到了国家政策的大力支持。国家以及地方都出台了相关的法律法规，力促我国风险投资事业再上一个新台阶。《国务院关于鼓励和引导民间资本投资健康发展的若干意见》、《保险资金投资股权暂行办法》、《国务院关于进一步做好利用外资工作的若干意见》及《国务院关于加快培育战略新兴产业的决定》等，分别从民间资本、保险资本、外资资本及战略新兴产业等方面提出了参与风险投资的政策方向，并鼓励这些资本和行业参与到风险投资事业中去。

（二）政策大力支持股权投资基金发展

近年来，国内股权投资热潮大涨。国内很多省市出台了关于促进股权投资基金发展的管理办法，进一步规范了股权投资的发展。管理办法从股权基金的试用对象、设立条件、所受优惠政策等方面为股权基金业的发展以及多层次资本市场建设提出了意见。股权基金作为一种高风险的资本运作形式，虽然得到了政府的大力支持，但是在我国资本市场尚不规范完善的背景下，还需要政府部门出台相关的监管文件，进一步规范我国股权基金使其健康发展。

（三）民间资本发展得到鼓励和保证

自国务院2010年5月7日颁布《关于鼓励和引导民间投资健康发展的若干意见》以来，民间资本的发展得到了前所未有的机遇。7月22日，国务院办公厅下发了《关于鼓励和引导民间投资健康发展重点工作分工的通知》，进一步明确部门和地方的主要工作任务，研究提出具体实施办法。作为民间资本重要的聚集地，浙江、温州等地相继出台了鼓励民间资本发展的实施意见，进一步明确了地方对民间资本的重视程度，营造了民间资本发展的大环境。其他地区也不断出台相关政策，引导民间资本为当地经济发展贡献力量，并鼓励民间资本发展风险投资，成立相关股权基金。

二、重要法规意义评述

2010年，国家出台多项政策、法律法规指引我国经济发展走向，这其中包括在风险投资行业的多项促进和规范政策，对风险投资行业产生了积极影响。本节将对重要法规政策进行评述。

（一）《关于支持循环经济发展的投融资政策措施意见的通知》

2010年4月19日，国家发改委、中国人民银行、中国银监会、中国证监会联合发布了《关于支持循环经济发展的投融资政策措施意见的通知》（发改环资［2010］801号）（以下简称《意见》）。《意见》是为贯彻落实《中华人民共和国循环经济促进法》和《国务院关于加快发展循环经济的若干意见》（国发［2005］22号）而出台的。《意见》加大对发展循环经济的投融资政策的支持力度，促进循环经济形成较大规模，加快调整经济结构，转变经济增长方式，建设资源节约型和环境友好型社会。

《意见》从投融资对循环经济发展的意义、政府引导、提升金融服务以及融资途径等方面对投融资、循环经济的发展提出了意见。第一，充分认识加大投融资政策支持对发展循环经济的重要意义。《意见》指出发展循环经济是国家经济社会发展的一项重大战略，发展循环经济需要建立投融资政策支持体系。同时，加快发展循环经济是贯彻落实科学发展观，调整经济结构，转变经济增长方式的有效途径。第二，充分发挥政府规划、投资、产业和价格政策的引导作用，并将发展循环经济作为编制地区“十二五”规划的重要指导原则，用循环经济理念指导编制各类专项规划、区域规划以及城市规划。

《意见》的出台，明确了要建立一个有利于循环经济发展的投融资政策支持体系，明确了信贷支持的重点，创新金融机构的金融产品和服务方式，引导社会资金投向循环经济发展，解决企业发展循环经济融资难问题。《意见》指出要发挥股权投资基金和创业投资的资本支持作用，鼓励依法设立循环经济相关的产业投资基金，利用基金促进循环经济的发展，拓宽了风险投资的领域。《意见》在政策上给循环经济的发展提供了明确的政策支持，但是在具体实施过程中还存在一些问题。如企业在通过银行贷款过程中，面临着需要抵押物、申请贷款手续繁琐等一系列问题。根据《意见》规定，能够获得该政策支持的循环经济产业园区、企业等，必须是在国家试点的范围内。虽然相关企业争取进入国家试点范围的积极性很高，但是，能够进入试点范围的企业却非常有限，这在一定程度上削弱了政策的有效性。

（二）《关于鼓励和引导民间投资健康发展的若干意见》

2010年5月7日，国务院出台了《关于鼓励和引导民间投资健康发展的若干意见》（以下简称"新36条"），明确提出，规范设置投资准入门槛，创造公平竞争、平等准入的市场环境，并指出市场准入标准和优惠扶持政策要公开透明，对各类投资主体同等对待，不得单对民间资本设置附加条件。

"新36条"的出台扩大了民间投资的进入领域。2005年2月，国家曾发布《关于鼓励支持和引导个体私营等非公有制经济发展的若干意见》，简称"非公经济36条"。该文件允许非公有资本进入法律法规未禁入的行业和领域。此次出台的"新36条"在政策上进一步放宽了民间资本准入领域，准入领域由"非公经济36条"提出的7个方面，具体化到交通、电信、能源、基础设施、市政公用事业、国防科技工业等6大领域16个方面。"新36条"的推出为民间资本的发展和民营企业的发展带来了新契机，这意味着民间投资和民营资本能够进入更多的领域进行投资，涉猎范围更广。同时，"新36条"从政策等多方面降低了民营投资进入铁路运输、能源、金融、电信、基础设施、资源回收、医疗卫生、租赁与商务服务等行业的门槛，这无疑会增加上市公司进入这些产业投资的机会。另一方面，也为民营上市公司的并购、融资、股权投资、转型升级等活动提供推力。

"新36条"的出台鼓励和引导民间资本进入金融服务领域。"新36条"中明确指出，允许民间资本兴办金融机构。要完善现有金融政策，提高大中型银行对民间投资的信贷比重；要增加金融机构数量，大力发展各类面向中小企业的金融服务专营机构。同时，强调放宽对金融机构的股比限制，鼓励民间资本发起或参与设立中小金融机构，这既是扩大民间投资市场准入范围的重要方面，又是有效解决民间投资、融资难的有效途径。"新36条"要健全担保体系，支持民间资本发起设立信用担保公司，完善信用担保公司的风险补偿机制和风险分担机制。此外，"新36条"还强调要加强有效监管、促进规范经营和防范金融风险。

"新36条"的出台，从宏观层面看，政府为民间资本投资划定了广阔的发展空间。从微观层面看，细化了鼓励、支持民间资本进入行业和领域的具体项目和工程的种类、范围，明确了民间资本进入相关行业和领域的具体途径和方式，提出了破除各种隐形障碍的配套政策措施，为民间投资发展指明了路径、提供了保障。"新36条"的出台，有利于坚持和完善我国社会主义初级阶段基本经济制度，以现代产权制度为基础发展混合所有制经济，推动各种所有制经济平等竞争、共同发展；有利于完善社会主义市场经济体制，充分发挥市场配置对资源的基础性作用，完善公平竞争的市场环境；有利于激发经济增长的内生动力，稳固可持续发展的基础，促进经济长期平稳较快发展；有利于扩大社会就业，增加居民收入，拉动国内消费，促进社会和谐稳定。

（三）《保险资金用于股权投资管理暂行办法》

2010年9月3日，中国保监会发布《保险资金投资股权暂行办法》（以下简称《暂行办法》），允许保险资金投资未上市企业股权，并对投资主体、资质条件、投资方式、投资标的、投资规范、风险控制和监督管理等事项，进行了全面和系统的规定。对保险资金通过“直接投资股权”和“间接投资股权”两种方式投资于企业股权做出了具体规定，减少了保险公司进行股权投资的障碍。但在直接投资企业股权方面，对投资团队、偿付能力、财务指标、净资产规模以及投资对象的企业类型等都提出了较高的资质要求。

《暂行办法》首先明确了投资主体。要求保险公司作为投资主体，应当在公司治理、内部控制、风险管理、资产托管、专业团队、偿付能力、财务指标等方面达到监管标准，体现了从严管理和能力优先的原则。其次，界定了投资标的。《暂行办法》明确了保险资金只能投资处于成长期或成熟期的企业股权，不能投资高污染、高耗能等不符合国家政策和技术含量较低、现金回报较差的企业股权；规定了保险资金投资的不动产，应当是产权合法清晰、管理权属相对集中、能够满足投资回报的不动产，必须遵守不能投资商业住宅、不能直接参与房地产开发、不能投资设立房地产企业的“三不原则”。再次，规定了投资方式。允许保险公司直接投资企业股权和不动产，但对投资团队、偿付能力、财务指标、净资产规模等提出了较高的资质要求；支持保险公司借助投资管理机构的特长和优势，通过间接投资方式，实现股权和不动产投资目标，防范道德风险和操作风险。四是健全风控机制。如保险公司投资企业股权，应该建立突发事件应急处理机制，尽可能减少损失；建立有效的退出机制，退出方式不限于企业股权的上市、回购、协议转让、投资基金的买卖或者清算等。最后，明确了监督管理原则。保险资金无论是在进行重大股权投资，还是其他股权投资时，都应该根据投资的实际情况，根据《暂行办法》向中国保监会申请核准、提交报告等，反映了保监会对保险公司进行股权投资的审慎态度。

《保险资金投资股权暂行办法》的发布，有效规范了保险资金投资股权的行为，防范了保险资金投资于股权的风险，维护了保险人和被保险人的合法权益，有利于扩大私募股权投资基金的来源，拓宽保险资金的用途，促进和丰富资本市场的发展。

（四）《关于豁免国有创投机构和国有创投引导基金国有股转持义务有关问题的通知》

财政部、国资委、证监会、社保基金会四部门于2010年10月13日下发了《关于豁免国有创投机构和国有创投引导基金国有股转持义务有关问题的通知》（财企［2010］278号）（以下简称《通知》），明确了国有创投机构投资未上市中小企业不必转持国有股。

《通知》的下发，进一步提高了国有资本从事创业投资的积极性，鼓励和引导国有创业投资机构加大对中早期项目的投资，促进我国创业投资事业的发展和科技创新目标的实现。经国务院批准，符合条件的国有创业投资机构和国有创业投资引导基金，投资于未上市中小企业形成的国有股，可申请豁免国有股转持义务。《通知》一方面使得长期从事早期创业投资的国有创投机构欢欣鼓舞，另一方面，也使得偏好于投资长期项目甚至是Pre-IPO项目的国有创投机构备受冷落。根据发改委主持发布的创投报告公布的数据显示，从实收资本的角度看，2006年国有资本在整个创投业所占比重为81.95%，2009年末，这一比重下降至68.48%，但仍然占主要地位，因此，上述豁免政策将会有力促进未来创投业的发展。这一制度对于国有创投资本将起到很大的激励作用，同时也体现了区别对待原则，限制了政策受惠范围。《通知》还严格限定企业规模，强调国有创投机构面向大企业的私募股权投资不在鼓励之列。

根据《通知》的规定，对豁免资质条件的要求主要包括两方面：（一）对于豁免国有股转持义务的国有创业投资机构应当符合下列条件：经营范围符合《创业投资企业管理暂行办法》（发展改革委等10部门令第39号，以下简称《办法》）规定，且工商登记名称中注有“创业投资”字样。在2005年11月15日《办法》发布前完成工商登记的，可保留原有工商登记名称，但经营范围须符合《办法》规定；遵照《办法》规定的条件和程序完成备案，经备案管理部门年度检查核实，投资运作符合《办法》有关规定。（二）豁免国有股转持义务的国有创业投资引导基金应当按照《关于创业投资引导基金规范设立与运作的指导意见》（国办发［2008］116号）规定，规范设立并运作国有创业投资引导基金。《通知》中指的未上市中小企业，应当同时符合下列条件：职工人数不超过500人；年销售（营业额）不超过2亿元；资产总额不超过2亿元。

三、地方性政策法规

2010年，地方政府在国家政策、法律法规指引下，结合地方经济发展水平和风险投资发展情况与特点，相继出台了多部地方性政策法规。这些地方性政策法规主要集中在以下几个方面：

（一）发展股权投资基金，促进股权投资发展

随着股权投资基金的发展得到广泛的关注，地方省市相继出台了关于股权投资基金管理的办法，规范股权投资基金健康有序发展。2010年，北京、上海、吉林等城市认识到股权投资基金对发展金融产业以及促进地区产业结构升级的重大战略意义，纷纷出台了鼓励和发展股权投资基金的有关扶持政策。这些扶持政策极大地推动了当地股权投资行业的发展。

2010年7月9日，深圳市人民政府印发了《关于促进股权投资基金业发展的若干规定》（深府［2010］103号）（以下简称《规定》）。根据《规定》，给予股权投资基金总部落户奖励，并在工商登记、税收等方面给予相关的优惠政策。这是深圳市政府首次系统性提出对深圳私募行业的政策扶持。发展私募基金，有利于构建深圳市资本市场良性竞争的市场环境，优化证券市场的投资者结构，提高市场流动性。同时，有利于丰富理财产品，建立完善的理财服务体系，满足投资者的多样化投资需求。《规定》指出，根据注册资本的不同规模，在深圳新注册的股权投资基金可享受不同等级的奖励，最高奖励达到1500万元。若投资深圳的企业或项目，还可根据其对经济的贡献，按项目退出或获得收益后形成地方财力的30%给予一次性奖励，但每个项目单笔奖励最高不超过300万元。

2010年12月13日，深圳市人民政府办公厅印发了《关于进一步支持股权投资基金业发展有关事项的通知》（以下简称《通知》）。根据《通知》，对符合规定的股权投资基金管理企业，前两年按照营业收入形成地方财力的100%给予奖励，后三年按照营业收入形成地方财力的50%给予奖励。此外，对前两年按照企业所得形成地方财力的100%给予奖励，后三年按照企业所得形成地方财力的50%给予奖励。新增的两项优惠政策是对2010年7月颁发的《规定》的补充，从而在一定程度上也体现了深圳市在吸引股权投资基金进驻上的力度。

此外，上海出台了《上海市创业投资引导基金管理暂行办法》，山西出台了《创业投资扶持资金管理暂行办法》，吉林出台了《吉林省股权投资基金管理暂行办法》等。这些管理暂行办法分别就股权投资基金设立以及优惠政策等问题进行了详细描述。

事实上，国内各省市为争夺股权投资基金落户而相继出台的多项优惠政策，除了普遍通行的一些税收优惠政策外，还包括一些独具特色的优惠政策。如吉林省出台的《股权投资基金管理暂行办法》（以下简称《暂行办法》）就显示了自身的地方特色。该《暂行办法》除了内容详实和系

统性强之外，政府的支持力度也很大。如在股权投资基金设立、财税政策、配套服务和规范管理方面都作出了明确的要求，政策覆盖面广、条款完备、措施力度强。《暂行办法》吸引投资者的主要方面还是在财税优惠方面，在税收减免、住房补贴、高级管理人员奖励等方面都作了比较优惠的规定，综合来看要优于一些发达地区的政策。比如，在吉林省设立基金管理公司，规定自缴纳第一笔营业税之日起，三年内由纳税所在地财政部门全额补助营业税地方分享部分，三年后减半补助营业税地方分享部分，而其他大多数省市规定前两年全额补助，后三年减半补助。相比来看，吉林省不仅增加一年全额补助，而且对之后的营业税减半补助没有时间限制。

整体来看，2010年各省市在股权投资基金发展方面，表现十分活跃，根据地区特色出台了相应政策法规，促进了当地风险投资事业发展（2010年国内各省市出台的关于股权投资方面的政策见表2.2）。

表2.2　　2010年国内各省、市政府出台的关于发展股权投资政策情况

出台时间	管理办法	政策出台方
1月7日[①]	《在京设立外商投资股权投资基金管理企业暂行办法》	北京市市金融局、市商务委、市工商局、市发改委联合发布
1月7日	《创业投资扶持资金管理暂行办法》	山西省发改委
3月3日	郴州市金融证券办等10个单位《关于鼓励私募股权投资基金业发展若干意见的通知》	郴州市政府
4月22日	《关于推动我市科技金融改革创新的意见》	天津市科学技术委员会、天津市人民政府金融服务办公室
5月20日	《青岛高新区促进股权投资基金发展暂行办法》	青岛高新技术产业开发区
6月21日	《海淀区重点产业化项目股权投资实施办法》	北京市海淀区人民政府
6月24日	《股权投资基金管理暂行办法》	吉林省人民政府
7月6日	《关于促进股权投资基金业发展的若干规定的通知》	深圳市人民政府
7月15日	《关于促进朝阳区股权投资基金业发展的实施办法》	北京市朝阳区
7月16日	《关于印发促进我市股权投资业发展实施办法的通知》	杭州市人民政府
8月1日	《云南省股权投资基金备案管理试行办法》	云南省发改委
8月25日	《新疆维吾尔自治区促进股权投资类企业发展暂行办法》	新疆维吾尔自治区人民政府
9月25日	《关于印发温州经济技术开发区创业投资引导基金管理暂行办法的通知》	温州经济技术开发区
10月26日	《上海市创业投资引导基金管理暂行办法》	上海市发展改革委、市财政局
11月22日	《关于促进苏州工业园区股权投资产业发展的若干建议》	苏州工业园区
12月10日	《关于印发河北省促进股权投资基金业发展办法的通知》	河北省人民政府
12月13日	《关于进一步支持股权投资基金业发展有关事项的通知》	深圳市人民政府
12月27日	《关于转发省财政厅省发展改革委江苏省新兴产业创业投资引导基金管理办法》	江苏省人民政府

资料来源：CVCRI

（二）鼓励企业上市，完善资本市场建设

企业上市是企业从资本市场融资，实现企业做大做强的客观需要。同时，也是实现现代化企业管理制度的需要。企业上市对于完善、优化风险投资环境，借力资本市场，服务地方经济发展

① 《在京设立外商投资股权投资基金管理企业暂行办法》于2009年12月22日正式出台，自2010年1月1日起实施。

有重要的现实意义。因此，企业上市已经成了众多省市的主要工作之一。

2010年2月9日，福建省人民政府办公厅发布了《关于进一步做好我省企业上市工作的实施意见》；3月29日，天津市滨海新区人民政府正式颁布实施《关于支持科技型中小企业上市融资加快发展办法》；6月29日，贵阳市人民政府关于印发《贵阳市进一步鼓励和扶持企业上市的若干政策措施》。这些政策措施从企业上市扶持政策、营造良好上市氛围以及做好上市培育工作等方面，明确了推进企业上市的办法。2010年7月8日，吉林省印发了《吉林省100户企业上市培育工程实施方案》的通知，旨在加快企业上市步伐，提高直接融资比重，构建多层次资本市场体系，更好地为统筹工业化、城镇化和农业现代化服务，更好地为投资拉动、项目带动和创新驱动战略服务，更好地为加快经济发展方式转变服务。2010年11月22日，河南省焦作市武陟县人民政府发布了《关于加快推进企业上市工作的意见》(武政［2010］23号)，目的是抓住当前国内大力发展资本市场的良好机遇，加快优质企业上市步伐，扩大企业融资规模，提高企业的管理水平和竞争力，促进地方经济又好又快发展。

（三）促进民间资本发展，鼓励民间资本进入风险投资业

随着国家2010年5月出台了《关于鼓励和引导民间投资健康发展的若干意见》(国发［2010］13号）后，国务院办公厅又印发了《国务院办公厅关于鼓励和引导民间投资健康发展重点工作分工的通知》，进一步明确了部门和地方的工作分工，提出了工作要求，鼓励民间资本进入风险投资业，成立股权基金等。对此，各个地方政府也积极响应，并相继出台了关于民间资本发展的相关鼓励政策，尤其是民间资本的聚集地浙江省。2010年11月9日，杭州市政府出台了《关于鼓励和引导民间投资健康发展的实施意见》。随后，温州市政府于12月出台了《关于鼓励和引导民间投资健康发展的实施意见》。此外，如江苏省出台了《关于鼓励和引导民间投资健康发展的实施意见》，安徽省出台了《关于鼓励和引导民间投资健康发展的实施意见》等。这些意见的出台一方面促进了本地区民间资本的发展，另一方面也为企业的发展提供了相关政策支持（各省市出台的关于引导和鼓励民间资本发展的政策法规见表2.3)。

表2.3　2010年国内各省市出台的关于引导和鼓励民间资本发展的通知及意见

出台时间	通知及意见	政策出台方
8月28日	《关于进一步鼓励和引导民间投资健康发展的若干意见》	宁波市人民政府
10月20日	《关于鼓励和引导民间投资健康发展的实施意见》	江苏省人民政府
10月22日	《关于鼓励和引导民间投资健康发展重点工作分工的通知》	黑龙江省人民政府办公厅
11月9日	《关于鼓励和引导民间投资健康发展的实施意见》	杭州市人民政府
11月18日	《进一步鼓励和引导民间投资健康发展的若干意见》	慈溪市人民政府
12月9日	《关于进一步鼓励和引导民间投资健康发展的实施意见》	蚌埠市人民政府
12月15日	《关于鼓励和引导民间投资健康发展的意见》	中共南京市委、南京市人民政府
12月20日	《关于鼓励和引导民间投资健康发展的实施意见》	温州市人民政府
12月23日	《关于鼓励和引导民间投资健康发展的实施意见》	安徽省人民政府

资料来源：CVCRI

（四）大力发展战略新兴产业，获得VC/PE青睐

战略新兴产业的发展得到了国家的大力支持，众多战略新兴产业频频获得风险投资的青睐。2010年10月10日，《国务院关于加快培育和发展战略性新兴产业的决定》正式出台，确定战略性新兴产业将成为我国国民经济的先导产业和支柱产业。现阶段，节能环保、新一代信息技术、生物、高端装备制造、新能源、新材料和新能源汽车七个产业将被重点培育，加快推进。《决定》提出对七大产业加大财税金融等政策扶持力度，引导和鼓励社会资金投入，并设立战略性新兴产业发展专项资金。《办法》的出台无疑为新兴产业企业进入资本市场提供了更多政策便利。

随着国家对战略新兴产业发展的重视，全国的各个省市也相继出台了鼓励地方战略新兴产业发展的政策。例如，2010年1月2日，辽宁省出台了《辽宁省人民政府关于加快发展新兴产业的意见》（以下简称《意见》），指出要大力发展先进装备制造业、新能源产业、新材料产业、新医药产业等新兴产业，推动辽宁经济又好又快发展，实现老工业基地的振兴。同时，《意见》还指出要在政策上给予支持，主要是从财政金融方面给予支持，此外，还要建立辽宁省的创业投资引导基金，多方筹措资金，支持新兴产业的发展。2010年3月15日，甘肃省科学技术厅印发了《关于依靠科技创新培育战略性新兴产业的意见》的通知，加大了培育战略新兴产业的力度。2010年8月27日，北京市中关村管委会出台了《中关村国家自主创新示范区战略性新兴产业中小企业创新资金管理办法》，助推战略性新兴产业发展，扶持中小企业发展，缓解企业融资难题。2010年10月1日，由珠海市科工贸信局牵头起草的《关于促进生物医药产业加快发展的意见》开始实施，用于扶持生物医药产业的发展。

第三章　中国内地热点地区风险投资发展报告[①]

中国的风险投资一直处于不断发展中，环渤海地区、长三角地区、珠三角地区等沿海热点地区，引领着中国内地风险投资的浪潮。伴随中国VC/PE的发展，中部和西部地区的风险投资也不甘寂寞，越来越受到人们的关注。

第一节　环渤海地区风险投资发展概况

环渤海地区以辽东半岛、山东半岛、京津冀为主，还包括周边延伸经济带。区域内丰富的自然资源、齐备的基础设施、便利的交通网络、充裕的科技人才和较为发达的城市建设都为风险投资营造了良好的发展环境。

一、环渤海地区风险投资发展现状

环渤海地区不同省、市文化差异较大，行政区域对经济发展影响显著，经济发展呈梯度分布，所以该地区风险投资也呈多样化分布。其中，以北京、天津为主的经济发达地区的行业发展水平较高，资金渠道也非常丰富，风险投资发展处于领先地位。

2010年，在走过金融危机的阴霾之后，环渤海地区风险投资主要呈现以下特征：

第一，政府大力支持风险投资业的发展。政策支持是国内外资本进入和活跃的重要因素之一。风险投资作为合法、合规、合情、合理的资本，能够带来更多的资源，政府在其中起到搭建平台和桥梁的作用，无疑能更好地引导当地产业结构调整和产业升级。2010年1月，凯雷亚洲基金宣布与北京市政府达成合作，计划设立一支规模为50亿元的人民币基金；7月底，凯雷宣布完成首次交割，共募集资金24亿元，该基金投资人包括北京股权投资发展基金、北京国有资本经营管理中心等。5月30日，经北京市人民政府批准设立的国内第一家正式揭牌运营的全国性金融资产交易平台——北京金融资产交易所在京揭牌并正式投入运营。该交易所注册资本金约3亿元，由北京产权交易所联合信达投资有限公司、中国光大投资管理公司、北京华融综合投资公司等共同出资组建，后续还将有一批国内著名的金融机构加盟。6月21日，北京市海淀区发布了《海淀区重点产业化项目股权投资实施办法》，政府以股权形式在“参股不控股”原则基础上介入重大项目，给予资金支持，在企业认为合适时无偿退出，溢价的部分转让给企业项目核心团队。8月30日，北京市工商局出台了《北京市工商行政管理局关于进一步服务外商投资企业发展的若干意见》，在外商投资企业市场准入、年度检验、监督管理等17方面提出了支持和鼓励外商投资企业发展的切实措施。2010年5月20日，山东青岛高新区作为青岛高新技术产业聚集区和股权投资战略高地，正式

① 本报告中未特殊说明，币种均指人民币。

印发了《青岛高新区促进股权投资基金发展暂行办法》，对股权投资基金出台了税收等方面的一系列优惠政策。

第二，本土投资机构发展态势良好。2010年1月19日，北京惠农股权投资基金正式成立，这是国内第一支专注于农业企业和农村经济发展的大型人民币股权投资基金。2月1日，北京加华伟业资本宣布完成新一轮消费品基金的募集工作，基金总规模5亿元，首次到位资金2亿元。加华伟业资本于9月宣布完成旗下消费品基金的第二轮募资，共到位3亿元，至此该基金累计募资总额达5亿元。2010年6月29日，天津首家养老产业基金管理公司——天津鸿福股权投资基金管理有限公司正式挂牌运营，这标志着国内首个养老产业基金的发起、募集工作正式启动。9月，由中小企业协会和君盛投资联合发起设立的中小企业（天津）创业投资基金成立，总规模拟为30亿元。2010年8月，青岛十几家民间借贷公司及其他行业民间资本联合成立了青岛润邦中小企业联合投资中心，通过投资中心的5300万元注册资本有望撬动后续几亿元的资金运作，在促使民间借贷规模化、阳光化运作的同时，也把股权投资、直投等创业投资模式引入其中，试图满足更多中小企业的资金需求。8月21日，中国风险投资有限公司山东办事处在青岛挂牌，旨在充分挖掘青岛乃至山东半岛拟上市企业资源，通过股权投资等方式把更多的优良企业带入资本市场。9月21日，由鲁信集团、建银国际、农银国际共同发起成立的国内首支以蓝色经济为主题的投资基金——山东半岛蓝色经济投资基金，在济南举行签约暨管理公司揭牌仪式，首期出资3亿美元。

第三，引导基金广泛运作。2010年创业引导基金得到快速发展，各地纷纷成立引导基金，促进风险投资行业发展。4月13日，青岛市发改委、科技局、财政局、经信委发出通知，指出为发展战略性新兴产业，提升自主创新能力，推动产业结构调整，青岛市政府批准设立了青岛市市级创业投资引导基金，并发布了《青岛市市级创业投资引导基金管理办法》。10月22日，北京市海淀区创业投资引导基金与IDG旗下的和谐爱奇投资管理（北京）有限公司、启迪创业投资有限公司以及深创新投资管理顾问（北京）有限公司三家创投机构签约，计划与三家机构共同设立三支创业投资基金。三支基金全部注册在海淀区，总规模约40亿元，并约定一定比例资金投资于海淀区符合国家产业政策导向的科技型中小企业。

第四，战略性新兴产业备受关注。战略性新兴产业是国家重点发展的产业，得到了政府的大力支持。2010年10月10日，《国务院关于加快培育和发展战略性新兴产业的决定》正式出台，明确了节能环保、新一代信息技术、生物、高端装备制造、新能源、新材料和新能源汽车七大战略性新兴产业，并为其发展做出了规划，对于我国战略性新兴产业的发展具有纲领性意义。加快培育和发展战略性新兴产业，对于提升我国自主发展能力和国际竞争力，促进经济社会可持续发展具有重要意义。2010年5月，青岛首批国字号创业投资基金企业正式出炉，青岛海尔电子信息创投基金、青岛新能源创业投资基金、青岛拥湾高科创业投资有限公司、青岛众城创业投资有限公司、融银海韵创业投资基金有限公司5家企业将通过国家、地方和社会三方筹资13亿元，主要投向生物、新能源、新材料、节能环保等新兴战略产业发展。7月7日，北京市政府参股设立的国家新兴产业创投计划暨首批创投基金“水落石出”，最终中关村兴业（北京）投资管理有限公司、北京启明创元创业投资管理有限公司、启迪创业投资管理公司和北京富汇合力投资中心4家企业确定为首批政府合作创投机构。4支创业投资基金将关注国家战略性新兴产业。其中，70%的资金将投向北京地区的企业，重点为中关村国家自主创新示范区的企业提供创业资金的支持。这次成立的4支创投基金总规模将达到10亿元。其中，国家出资2亿元，北京市政府出资2亿元，吸引社会资金6亿元，最终形成每支创投基金2.5亿元的规模。

二、环渤海地区重点城市——北京市风险投资发展概况

北京是中国最重要的金融中心和商业中心，诸多的金融机构、国家金融宏观调控部门、中国主要商业银行、政策性银行、全国性保险公司等都汇集于此。同时，北京还是大部分国有大型企业总部所在地、大量境外跨国公司中国地区总部所在地等。众多的VC/PE机构落户北京并从事风险投资活动。

（一）北京地区风险投资发展现状

北京地区风险投资行业自1985年起，经过20多年的发展已经奠定了在全国的龙头地位。北京已经形成了以中关村国家示范区、北京经济技术开发区、北京天竺出口加工区、北京中央商务区、金融街和工业开发区协调发展的格局。北京在扶持股权投资行业发展中付出的努力得到了有效回报，众多股权投资机构将北京作为注册地。目前，北京已经成为私募股权投资中心，拥有中国最密集的私募股权投资网络。

北京地区的风险投资发展在全国都处于领先地位。根据CVCRI统计，从被投资企业所在地域分布来看，北京地区的被投资企业的数量和获得的投资金额都是最多的，其中，被投资企业有176家，占总的被投资企业的23.44%；北京地区获得的投资金额为299.02亿元，占总金额的29.30%。2010年，北京地区吸引风险投资的部分案例情况见表3.1。

表3.1　　2010年北京市部分风险投资案例情况

时 间	涉及企业	案例情况
1月27日	京东商城	京东商城获老虎环球基金领投的C1轮风险投资，该笔7500万美元资金已经到账
3月5日	华医网	华医网获得红杉资本战略投资3000万元
4月12日	北京怡成生物电子技术有限公司	红杉资本和优势资本共同向北京怡成生物电子技术有限公司投资7000万元
4月12日	58同城	58同城完成第二轮融资，主要投资方为DCM和软银赛富基金，总投资金额为1500万美元
4月28日	VANCL（凡客诚品）	凡客诚品获老虎基金4000万～5000万美元规模的投资
5月19日	北京甘李药业有限公司	启明创投完成对北京甘李药业有限公司的投资，投资金额超过1亿元
5月21日	百年栗园生态农业有限公司	百年栗园生态农业有限公司获得深圳天图创业投资有限公司3000万元投资
5月25日	瑞尔齿科	凯鹏华盈（KPCB China）宣布向瑞尔齿科投资2000万美元，启明创投也参与了此次投资
6月6日	拉手网	团购网站拉手网宣布获得了金沙江创投的投资，至此公司已获得三笔投资，共计500万美元，公司估值1亿元人民币
7月20日	北京合润德堂传媒广告有限公司	深圳市同威创业投资有限公司携手深圳高特佳和凯晨资本与北京合润德堂传媒广告有限公司签订二轮融资正式投资协议，总投资额6000万元
8月2日	北京神雾	北京神雾获软银中国、上海中路实业和北控集团下属的博威资本的3000万美元投资
9月13日	奇矩互动	SNS游戏商奇矩互动宣布获美国风投基金海纳亚洲（SIG）400万美元投资
10月9日	北京中博农畜牧	北京中博农畜牧宣布获6000万元投资，投资方为天创众鑫股权投资基金与深圳创新投资集团
10月15日	东田造型	时尚化妆造型机构——东田造型获信中利、红杉资本第二轮投资，资金将用于东田造型的战略扩张，金额不详

时 间	涉及企业	案例情况
11月14日	北京果壳互动科技传媒有限公司	北京果壳互动科技传媒有限公司获挚信资本百万美元级别投资
11月30日	VANCL（凡客诚品）	凡客诚品宣布完成第五轮1亿美元融资，此次投资由联创策源领投，IDG、赛富、老虎基金等跟投
12月2日	拉手网	团购网站拉手网宣布完成第二轮风险投资，金额高达5000万美元。投资方为Tenaya Venture、Norwest Venture Partners、金沙江创投和Rebate Network
12月3日	京东商城	京东商城宣布C2轮7500万美元融资完成，投资方依然为C1轮的老虎环球基金
12月15日	北京小米科技有限责任公司	小米科技最新融资3500万美元，投资方为晨兴和启明创投
12月21日	58同城	58同城宣布完成第三轮6000万美元融资。此轮融资由华平投资集团（Warburg Pincus）领投，58同城创始人姚劲波个人跟投500万美元

资料来源：CVCRI

北京市凭借其优越的地理位置以及政治和经济中心的优势，吸引了众多的风险投资机构落户北京。2010年4月27日，摩根大通（中国）风险投资公司在北京成立，该风投公司由摩根大通设立，投资方向集中在新能源、环境保护、医药化工、生物科技等行业的成长型企业。2010年9月，StepStone集团在北京成立其在中国的第一个办事处，新办事处的成立增加了该公司在中国的投资机会。StepStone集团是一家领先的私人股权投资公司，集团主要进行私募股权投资基金投资、共同投资及二级市场投资。

（二）北京地区风险投资环境与政策

在股权投资基金的管理方面，北京市正在不断完善并鼓励外资企业在京设立股权基金并给予优惠政策，这对北京地区吸引风险投资发展起到了重要作用。为促进北京股权投资基金业发展，鼓励外国投资者在北京设立外商投资的股权投资基金管理企业，2010年1月，经北京市政府批准，市金融局、市商务委、市工商局、市发展改革委联合发布了《在京设立外商投资股权投资基金管理企业暂行办法》（下称《暂行办法》）。《暂行办法》将在中关村国家自主创新示范区试行，并对外资股权投资基金在京注册设立、政策支持做出了相关规定。根据《暂行办法》的规定，外国公司、企业和其他经济组织或者自然人可以同中国的公司、企业、其他经济组织以中外合资形式依法设立股权投资基金管理企业，也可以外商独资形式依法设立股权投资基金管理企业。外商投资的股权投资基金管理企业应以有限责任公司形式设立，允许公司名称中使用“基金管理”字样。

《暂行办法》明确了外资股权投资基金可享受与内资基金相同的政策支持。《暂行办法》对外资PE在京发展提供了高质量的资金支持。对于符合国家及本市产业政策、具有行业公认的优秀管理团队、符合北京市股权投资发展基金支持方向的外资PE管理企业，可由北京股权投资发展基金给予资金支持；规定市商务委、市工商局、市金融局、市发展改革委负责对外商投资的股权投资基金管理企业的设立或变更进行审批、登记及监督管理，建立外商投资的股权投资基金管理企业工商注册登记会商机制，为外商投资的股权投资基金管理企业提供高效便捷的服务；对设立合伙制等形式的外商投资股权投资基金管理企业预留了政策空间。结合国务院2009年12月初公布的《外国企业或者个人在中国境内设立合伙企业管理办法》相关内容，《暂行办法》规定，在国家政策允许的情况下，可在北京市设立非公司制形式的外商投资的股权投资基金管理企业，从而为外资PE在京注册预留了多样化的组织形式空间。

北京在发展股权投资基金方面具有资金充沛、机构聚集、优质企业资源丰富、退出渠道畅通、专业人才众多、信息发达等多项独特优势。《暂行办法》的发布，为外资股权投资基金业充分利用首都优势提供了更加有力的保障。随着《暂行办法》的发布和各项试点工作的逐步开展，外资股权投资基金业在北京将迎来全新的发展机遇。

2010年7月1日，《北京市海淀区支持自主创新核心区企业政策体系》(简称《政策体系》)发布，用于支持企业发展的资金规模将达到12亿元，支持对象将达到345家。该《政策体系》主要包括“支持创新型企业做强做大”、“支持创业型企业创新发展”、“金融促进科技企业发展”、“促进高端要素聚集优化服务环境和支持自主创新核心区企业发展专项资金”等五个板块的内容。其中，《海淀区重点产业化项目股权投资实施办法》是《政策体系》中的一大亮点，政府以股权的形式在“参股不控股”原则基础上介入重大项目，给予资金支持，在企业认为合适的时候无偿退出，溢价的部分转让给企业项目核心团队。

在鼓励外商在京进行投资的方面，北京市工商局9月出台了《北京市工商行政管理局关于进一步服务外商投资企业发展的若干意见》(以下简称《意见》)，鼓励外商投资，放宽了市场准入条件。该《意见》在外商投资企业市场准入、年度检验、监督管理等17方面提出了支持和鼓励外商投资企业发展的切实措施。

（三）北京重点地区——中关村风险投资发展概况

1. 中关村风险投资发展现状

自20世纪80年代以来，中关村奇迹般地崛起，完成了由“电子一条街”到“新技术开发试验区”，再到如今“一区十园”科技园区的演变，一大批拥有核心技术的民族品牌正在中关村发展壮大，“中关村”已经成为中国高新技术产业的代名词，聚集着全国重要科技战略资源，蕴涵着技术创新的强大动力，是我国规模最大、自主创新能力最强的高新技术及企业的聚集地，始终引领着我国高新技术产业的发展方向。

中关村拥有以联想、方正为代表的高新技术企业近2万家；以北京大学、清华大学为代表的高等院校40多所，每年毕业生超过10万人；以中国科学院、中国工程院、北京生命科学研究所为代表的科研院所130多家；国家级重点实验室57个，国家工程研究中心26个，国家工程技术研究中心29个；各类孵化器50余家，大学科技园14家；以清华大学国际技术转移中心、中科院国家技术转移中心等为代表的技术中介机构上千家；企业自发设立、自主管理、职业化运作的新型协会组织超过30家。近年来，中关村出现了产学研结合、协同创新的多种模式，一批企业与大学院所成立联合实验室；36家国家重点实验室面向企业开放，提供研发检测服务，并挂牌为“中关村开放实验室”；由企业牵头、围绕核心技术和标准成立的产业技术联盟达到22个；形成了中关村软件园、中关村生命园、国家工程技术创新基地等10多个产业特色明显、集聚效应突出、创新活跃的国家级专业园和产业基地。

凭借这些优势，中关村成了众多投资机构入驻首选地之一。截止到2010年上半年，入驻中关村西区的股权投资机构已达188家，管理基金规模超过1000亿元。其中，自2009年9月PE大厦正式对外招商以来，中关村已聚集了鼎晖投资、英菲尼迪在内的近40家国内外知名投资机构，股权投资在中关村西区的聚集效应已日益显现[①]。2010年4月1日，中关村发展集团正式揭牌成立，注册资本达到100亿元，其中现金出资30亿元。9月27日，中关村发展集团与12家高成长企业签署正式投资协议。此次总额达1.2亿元的股权投资集中于新一代信息技术、新能源、高端制造业等战略新兴产业。

2. 中关村风险投资发展环境与政策

为了促进风险投资的发展，中关村的硬件和软件正在不断地完善。自2009年建设中关村国家自主创新示范区核心区批复以来，核心区——中关村西区建设的新成果和新格局正在显现。中国技术交易所、首都科技中介大厦、首都创新人才发展大厦、PE大厦、中关村西区协调管理委员会纷纷揭牌成立，这标志着首都科技金融综合改革试验区、首都政府公共服务与政策创新试验区和全国技术创新与成果转化中心、首都创新人才发展中心、首都科技中介中心的“两区三中心”格局初步形成。2010年12月31日，首都创新资源平台在北京揭牌。首都创新资源平台也称中关村科技创新和产业化促进中心，它是由北京市政府会同中关村国家自主创新示范区相关部门共同组建，采取特事特办、一条龙服务，落实国务院同意的各项先行先试改革政策。首都创新资源平台的搭建，将进一步发挥中关村科教智力资源和人才密集优势，进一步整合高等院校、科研院所、中央企业、高科技企业等创新资源，推动体制机制创新和政策先行先试，促进科研机构、高等院校、中央企业、民营企业和政府协同创新。一系列管理办法的出台为中关村企业的发展起到了良好的促进作用，营造了良好的投融资环境。

2010年是中关村“先试先行”政策不断出台的一年。为促进中关村的风险投资的发展，园区不断采取措施，促进风险投资在园区内的发展，为企业尤其是那些中小企业提供融资便利。中关村作为国家示范区的典范有很多值得借鉴的经验，2010年中关村颁布实施的相关法规主要包括《中关村国家自主创新示范区战略性新兴产业中小企业创新资金管理办法》、《中关村国家自主创新示范区支持企业改制上市资助资金管理办法》、《关于加快推进中关村国家自主创新示范区知识产权质押贷款工作的意见》、《中关村国家自主创新示范区科技重大专项资金试点管理办法》、《中关村国家自主创新示范区科技重大专项项目（课题）经费间接费用列支管理办法（试行）》、《留学人员创业企业小额担保贷款“绿色通道”实施细则》、《中关村国家自主创新示范区科技型中小企业信用贷款扶持资金管理办法》等，为战略性新兴产业中小企业发展以及企业上市、贷款等多方面进行政策扶持，各管理办法对资格条件以及实施细则均做了详尽的叙述。

三、环渤海地区重点城市——天津市风险投资发展概况

（一）天津市风险投资发展现状

天津凭借国家对滨海新区先试先行的政策东风，风险投资业的发展渐近成熟。天津市的风险投资体系构建比较完备，已经构建了由风险投资工作联合会、天津市风险投资发展中心、天津市风险投资公司、天津市风险投资协会、天津市高新技术成果转化中心为骨干的体系。这些机构的运作对推动天津市的风险投资的发展起到了很大的促进作用。

为健全金融服务链，促进科技企业快速成长，天津市大力发展创业风险投资基金和天使投资

① http：//www.bjhd.gov.cn/zf/gzdt/201009/t20100920_216552.htlm

基金。天津股权投资基金中心为天津市政府唯一授权的专业服务机构，也是国内最大的专业股权投资基金聚集平台和服务中心。截止到2011年2月25日，通过天津股权投资基金服务中心落户的股权投资基金及基金管理公司已达到245家，实际到位资金达326亿元，管理资金规模达1230亿元[①]。天津股权交易所（下称“天交所”）于2008年9月在滨海新区注册，主要业务是为成长企业、中小企业、高新技术企业和私募基金提供快捷、高效、低成本的融资，为私募基金份额提供挂牌交易平台。2010年，天交所在探索建设股权交易市场方面取得了新进展，市场管理不断规范，全部挂牌企业均按时完成了各类信息披露。天交所发布了《天津股权交易所投资者权益保护指导意见》等一系列文件，并实行了保荐机构现场检查、做市商及其他专业中介机构定期培训考核等措施。针对科技创新型中小企业的特点，天交所研究制定了“科技创新板”企业挂牌准入条件、信息披露制度和业务操作流程。截止到2011年2月末，天交所共有来自山东、河北、湖南、山西、吉林、河南等多个省市的65家企业在交易所挂牌交易，市场总市值超过112亿元，挂牌企业市盈率为14.65倍，注册做市商80家[②]。

（二）天津市风险投资环境与政策

随着其他地区促进股权投资发展力度的加大，天津除在优惠政策、住房补贴、引导基金等“硬环境”上下功夫外，也开始逐步寻求“软环境”的加强，即努力为机构营造一个适合发展的环境，建立起一套完备的发展机制，做好从人才引进到退出渠道这一服务产业链条上的每一个环节。

继2007年6月国家出台《中华人民共和国合伙企业法》后，天津市积极组织相关部门，研究基金行业的具体问题，相继出台包括《天津股权投资基金和股权投资基金管理公司（企业）登记备案管理试行办法》等在内的七部针对基金行业的政策。截至2010年6月，天津市共注册基金及基金管理公司393家，注册资金超过700亿元[③]。

2010年7月，天津市《关于推动我市科技金融改革创新的意见》（下称《意见》）获天津市政府批准，根据《意见》，一是要发展创业风险投资引导基金。政府出资设立的创业风险投资引导基金，与国内外实力雄厚和经验丰富的创业风险投资机构一起，发起设立创业风险投资基金。以引导投资、带动贷款、分担风险、分享收益为原则，引导社会资金对科技型企业进行股权投资，带动商业银行贷款。二是要设立科技成果转化引导基金。基金主要用于投资高新技术领域知识产权清晰的项目，带动更多社会资金投资，促进科技成果转化及产业化。三是要发展天使投资基金。发挥天津滨海天使创业投资基金、科创天使投资公司等企业的引领示范作用，支持社会资本参与天使投资。建立健全天使基金的风险管理、项目组织、专家评审、盈利退出模式以及激励约束机制。据天津市科委表示，天津科技金融改革创新重点是，以企业、金融、中介和政府为主线，建立健全企业价值链、金融服务链、中介服务链和政府服务链，同时申办科技银行，发展科技与金融紧密结合、与科技自主创新相适应的现代科技金融服务体系。

天津市政府对风险投资的发展提供了一系列的方便条件。第一，政府部门实行一站式服务，设立手续简便快捷，效率非常高，这对于风险投资公司而言，节约了时间成本。第二，天津在风险投资基金注册登记制度方面进行了比较大的改革，如实行办公场所集中托管办法，无需单独的办公场所，这对于许多管理团队不在天津的创投而言，可以节约运营成本。第三，在征税环节上，天

① 天津股权投资基金中心，www.tianjinfund.com

② 天津股权交易所，www.tjsoc.com

③ 天津市发改委，www.tjdpc.gov.cn

津对创投实行先征后返原则，将地方留存部分让渡给基金投资人，这对于创投对外募资具有很强的吸引力。

（三）天津市重点区域——滨海新区风险投资发展概况

天津滨海新区位于天津东部沿海，环渤海经济圈的中心地带，是亚欧大陆桥最近的东部起点，也是中国邻近内陆国家的重要出海口。天津滨海新区是全国唯一聚集了天津高新区、港口、国家级开发区、保税区、海洋高新技术开发区、出口加工区、区港联动运作区和大型工业基地的地区，具有明显体制创新优势。同时，滨海新区有着优越的投融资环境，主要是政策环境、地理环境以及人文环境等，这些都对风险投资的发展起到了促进作用。

滨海新区既是天津的机遇，也是企业发展的机遇。2010年4月，天津市安海泰能源科技创业投资企业在该区正式成立，是滨海新区首个专门投资新能源领域的创投机构，填补了新区新能源领域的融资空白。新区已拥有天津泰达科技风险投资股份公司、滨海天使创业投资基金、天津纳米创业投资有限公司、天津天保成长创业投资公司、天津海泰戈壁投资公司等15家风险投资机构，科技投融资企业的规模达到了130亿元[①]。2010年5月，滨海新区汉沽首家私募股权投资基金企业天津汇智联合股权投资基金合伙企业（有限合伙）设立完成，出资额2000万元。2010年9月13日，优点资本旗下的面向环渤海区域清洁技术的人民币基金——天津海泰优点创业投资企业基金已初步完成募集，金额约6.8亿元，并正式启动。该基金是天津地区首支与外资合作方联营的清洁技术创业投资基金，专注于天津及环渤海区清洁技术和金融服务领域投资机会。截止到2011年1月，海泰优点创业投资基金已成功获得了国家科技部和财政部4000万元参股支持，成为天津市第一支获得国家部委支持的基金，同时也成为国家部委支持的我国首支中外合作基金。该基金已成功吸引约2亿元资金，直接投资于新区科技型中小企业，为广大企业贴上“国家级”标签，促使企业更快更好发展[②]。2010年10月，东方信远租赁有限公司正式签约落户滨海新区，为滨海新区企业提供新的融资途径，完善滨海高新区投融资体系，加快了滨海高新区科技金融的发展步伐。基金产业的快速发展，拓宽了新区内企业的融资渠道，推动了产业结构调整。

经过多年发展，天津滨海新区形成了开放优势明显、产业配套齐全、科技资源丰富等多重优势。国务院在《关于推进天津滨海新区开发开放有关问题的意见》中，明确了滨海新区开发开放的指导思想、功能定位和主要任务，并批准滨海新区为全国综合配套改革试验区。2010年3月29日，滨海新区人民政府正式颁布实施《关于支持科技型中小企业上市融资加快发展办法》（以下简称《办法》），该《办法》是新区政府成立后制定出台的首批政策措施之一。《办法》中明确规定重点支持在滨海新区注册，拟在国内外资本市场上市的科技型中小企业（包括在天津股权交易所挂牌交易的企业）。支持方式包括贷款贴息、资金垫付和专项补贴等，目的在于减轻企业改制上市的前期负担，促进科技型中小企业加快上市融资步伐。《办法》的出台对于全面推进滨海新区开发开放，加快现代制造研发转化基地和自主创新高地建设，不断完善科技服务体系，进一步支持科技型中小企业上市融资将起到极大的推动作用。

① 滨海新区网，2010年4月28日。

② 滨海时报，2011年1月11日。

第二节　长三角地区风险投资发展概况

长三角地区包括上海市、江苏省和浙江省，区域面积21.07万平方公里。该地区是我国目前经济发展速度最快、经济总量规模最大、最具有发展潜力的经济板块，也是我国风险投资最为活跃的地区之一。该地区凭借优越的地理位置、雄厚的科技实力、充裕的人力资本以及优惠的政策支持体系，吸引了众多的风险资本，为企业的做大做强提供了重要的支持力量。

一、长三角地区风险投资发展现状

长江三角洲是长江经济带和沿海经济带的结合体。改革开放以来，长三角地区锐意改革，开拓创新，实现了经济社会发展的历史性跨越，已经成为提升国家综合实力和国际竞争力、带动全国经济又好又快发展的重要引擎，是我国经济最为发达的区域之一，风险投资的发展也位居全国前列。长三角地区快速积聚的国际资本和民间资本，不仅规模越来越大，而且以其特有的活力强有力地推动着这一地区的经济快速发展。

随着经济发展，长三角地区的产业升级在悄然进行，不断涌现创业投资基金。这些基金建立多为引导新兴产业发展，促进产业升级。2010年1月3日，上海联升新材料基金、千骥生物医药基金、时空五星投资基金落户上海，该三支基金由上海徐汇区政府和中科院、国投、上海创投等共同组建，注册资本分别为4亿元、3亿元、3.5亿元。7月14日，建银国际与上海市政府共同成立建银城投环保基金，首期募集资金18亿元已全部到位，该基金长远目标规模为200亿元。

为贯彻落实《国务院关于进一步推进长江三角洲地区改革开放和经济社会发展的指导意见》（国发［2008]30号），进一步提升长江三角洲地区整体实力和国际竞争力，2010年6月22日，《长江三角洲地区区域规划》（下称《规划》）获批。《规划》的出台，极大地推动了政府参与筹建创业投资引导基金的热情。长三角地区各城市的创业投资引导基金筹建快马加鞭，不仅苏州、无锡、常州等地表现活跃，甚至苏北地区也有赶超之势。截至2010年8月，根据浙江省金融办统计数据显示，浙江省以创业投资、风险投资名义注册的股权投资企业的数量已增至200家，注册资本超过100亿元。与此同时，浙江PE的个头也在迎风见长，成名最早的天堂硅谷创业投资公司管理的资产规模已近60亿元，浙商创投、赛伯乐公司两位后起之秀的资产规模也双双超过了20亿元①。

二、长三角地区重点城市——上海市风险投资发展概况

上海作为长三角的核心城市，成为国内外投资者关注的热土，特别是当前跨国资本正大举向长三角地区转移，身处中心的上海市日益发展成为大公司、大银行总部和研发中心的所在地，并加快朝国际经济、金融、贸易和航运四大中心迈进。同时，上海也对周边城市起到了较强的辐射和拉动作用，带动着“长三角”地区和整个长江流域的发展。2010年世博会花落上海，从各方面给上海带来了良机，同时，上海也正努力成为“世界城市”。

① 《浙江日报》，2010年8月10日。

（一）上海市风险投资发展现状

上海是我国重要的金融中心，可以说是风险投资机构云集之地。数据显示，2010年1月～9月，上海合同利用外资113.41亿美元，同比增长15.3%，其中，第三产业合同利用外资92.86亿美元，占比达81.9%；实际利用外资81.82亿美元，同比增长3.8%[①]。据CVCRI统计，从被投资企业所在地域分布来看，上海市被投资企业的数量和获得的投资金额仅次于北京，位居第二。其中，被投资企业数为88家，占总的被投资企业的11.72%；获得的投资金额为84.46亿元，占国内总投资金额的8.28%。2010年上海市部分风险投资案例情况见表3.2。

表3.2　　2010年上海市部分风险投资案例情况

时 间	被投资企业	案例情况
3月8日	时代天使医疗器械科技公司	时代天使医疗器械科技公司宣布，获得沃脉德资本660万美元的风险投资
3月19日	上海美迪西生物医药有限公司	上海美迪西生物医药有限公司获得达晨创投管理的天津达晨创富股权投资基金中心（有限合伙）投资，投资金额不详
3月29日	也买网	也买网完成第一轮融资，获得来自DCM 300万美元的风险投资
5月13日	盛大车险	盛大车险完成首轮千万美元级融资，投资细节不详
5月19日	联合水务有限公司	联合水务有限公司宣布完成了第二轮融资，以色列英飞尼迪投资基金和蓝山中国资本参与了此次融资，融资的金额尚未透露
6月17日	也买网	也买网宣布完成B轮融资，共融得1000万美元风险投资，由香港Mantra Capital领投，DCM、清科创投及上海创投跟投
6月19日	红星美凯龙	华平投资集团、中信产业基金、复兴集团和渤海产业基金联合向红星美凯龙注资26亿元人民币
7月22日	悠哉旅游网	悠哉旅游网获得今日资本500万美元风险投资
8月18日	聚胜万合	聚胜万合（MediaV）宣布已完成了来自纪源资本和光速创投的联合投资，规模上亿元。这是继2009年光速创投的首轮投资以来，MediaV在短短一年内完成的第二轮融资
8月23日	上海一嗨汽车租赁有限公司	上海一嗨汽车租赁有限公司宣布，与以高盛为首的投资者正式签署投资协议，总投资金额为7000万美元。由高盛领投，现有股东启明创投、鼎晖创投、Ignition Capital、集富亚洲（JAFCO Asia）均跟投
9月17日	亿腾医药（中国）有限公司	亿腾医药宣布完成了2400万美元的B轮融资，此次融资由沃脉德资本（OrbiMed Advisors）旗下Caduceus亚洲合作伙伴基金（Caduceus Asia Partners Fund）以及Domain Associates联合牵投
9月17日	上海四维文化传媒	达晨创投与易津投资向上海四维文化传媒注资3900万元，其中达晨创投出资3600万元，易津投资出资300万元
11月3日	多利农庄	青云创投联手汉理前景基金注资多利农庄，其中青云创投投资7000万元，汉理前景基金投资1000万元
12月16日	上海绿盒子网络科技有限公司	上海绿盒子网络科技有限公司已再次获得1.2亿元风险投资，此次投资来自DCM

资料来源：CVCRI

随着经济的不断发展，上海市本土的投资机构也不断成为投资主体。2010年1月23日，城投控股发布公告称，公司投资2亿元设立的“上海诚鼎创业投资公司”正式揭牌。2010年3月22日，上海寅福创业投资有限公司宣告成立，这是第一家由科技创业孵化器申请而获批的创投基金，将面向上海科技型中小企业投放1亿元资金。2010年8月25日，上海民生基金的管理公司——民富

① 《证券日报》，2010年10月15日。

股权投资管理公司正式落户上海市静安区。民富股权投资管理公司注册资本200万美元，由上海国际集团、统一集团和日本欧力士金融集团按照2∶4∶4的比例出资设立，民富股权投资管理公司将作为民生基金的管理人。

除了本土的投资机构得到发展外，人民币基金热度不减，相继有多家基金在上海成立。2010年上海市风险投资机构 / 基金的主要动向见表3.3。

表3.3　2010年上海市风险投资机构（基金）主要动向

时 间	涉及机构（基金）	动 向
3月22日	上海寅福创业投资有限公司成立	上海寅福创业投资有限公司成立，这是第一家由科技创业孵化器申请而获批的创投基金，将面向上海科技型中小企业投放1亿元资金
7月19日	上海股权托管交易中心	上海股权托管交易中心正式揭牌成立，上海探索推进的OTC市场雏形开始显现
8月25日	民富股权投资管理公司	上海民生产业基金的管理公司——民富股权投资管理公司揭牌，该公司由上海国际集团、统一集团和日本欧力士金融集团联合投资设立，将筹集30亿元左右的基金投资民生相关的产业
10月26日	云海创业基金	云海基金由上海杨浦区政府、宽带资本等单位发起，一期募资额3亿元，并将逐步集聚10亿元以上的产业发展投资基金，其中70%投资于上海，70%投资于云计算产业链
10月28日	复旦—SBI基金	复旦—SBI基金成立，该基金规模为5亿元，由复旦大学科技园和日本SBI集团共同组建，旨在助力复旦大学优势学科的科技成果产业化
11月23日	物联网创业投资基金	中科院上海微系统所、上海上创新微投资管理有限公司、嘉定区国有资产经营有限公司、嘉定工业区开发（集团）公司共同发起设立上海物联网创业投资基金，规模5亿元。该基金将用于投资各类物联网研发、示范和产业化项目，并吸引各类项目落户嘉定，打造国内最具竞争力、国际具有影响力的物联网创新基地

资料来源：CVCRI

（二）上海市风险投资环境与政策

上海不单是中国的直辖市之一，更是中国的主要金融中心以及上海交易所的所在地。上海作为未来的国际金融中心，致力于发展风险投资、股权投资业。为吸引股权投资机构落户，上海比照国际金融机构奖励政策而出台了一系列的税收、补贴、现金奖励、人才吸引等办法。同时，上海市黄浦、杨浦、徐汇等区也纷纷出台了区域性的激励措施，筑巢引凤。此外，上海也十分注重结合地区特点，在吸引外资投资机构发展上大做文章，有针对性地出台了鼓励外国投资者在浦东新区设立外商投资股权投资管理企业的相关办法，在吸引海外投资机构落户上形成特色。

截止到2010年10月，上海已经设立了100亿元的自主创新和高新技术产业化的专项资金，今后上海将吸引更多社会资金进入创业投资领域。此外，上海将着手构建具有上海特色的创业投资配套政策体系，根据国资、民资和外资的特点，吸引国际资金进入创投投资领域，并将结合上海国际金融中心建设进程，研究制定相应的扶持政策，包括进一步拓宽LP的来源，完善创投企业的税收优惠政策，打造从天使投资、种子资金、引导基金、商业创投、股权基金到创业板退出的完整产业链[①]。

在政策方面，自2008年8月起，上海市针对风险投资 / 创投基金企业推出相关政策，规范政策环境，获得了业界的广泛好评。2010年上海市政府又出台了相关政策以扶持风险投资的发展。

① 《证券时报》，2010年10月8日。

2010年8月，上海市公布了《上海市金融支持文化产业发展繁荣的实施意见》，明确提出上海要推动符合条件的文化企业上市融资，鼓励其依托资本市场进行并购和重组。8月9日，上海市人民政府办公厅印发了《关于加强金融服务促进本市经济转型和结构调整的若干意见》(以下简称《意见》)，根据《意见》，上海积极推进上海张江开发区内的科技企业进入代办股份转让系统，为科技创业企业内的风险投资资本提供股权转让和退出通道。在上海加快建设国际金融中心的大背景下，浦东也正着力探索多项金融新政的先行先试，打造国际创业投资基金集聚区就是重要内容。

三、江苏省风险投资发展概况

江苏省风险投资的发展始于1992年，经过十多年的发展，江苏省的风险投资发展已经取得了一定的成就。根据江苏省科技厅和江苏省创业投资协会2010年9月27日发布的《江苏创业投资发展报告2010》显示，江苏省拥有各类创投机构203家，资金规模超过320亿元，机构数量及资金量位居全国第一。其中，创业投资超过60%以上的资金投向新兴产业[①]。截至2010年6月底，江苏省备案创业投资企业达到121家，注册资本首次超过200亿元，达到208.59亿元。全省累计备案创业投资企业数量及资金规模占全国20%以上，位居全国第一。

从创业投资机构及其资金的地区分布来看，江苏省创业投资发展的区域分布很不均衡，苏中和苏北地区远远落后于苏南地区。统计数据表明了这一点：截至2010年6月末，苏南地区共有备案创业投资企业113家，占江苏省的93.38%；注册资本规模199.79亿元，占全省的95.78%[②]。无锡市与苏北地区签约项目10个，总投资达55.52亿元。苏州、无锡仍然是江苏省风险投资集聚地。据不完全统计，苏州接受风险投资资本投资的企业已超过300家。2010年江苏省风险投资机构/基金主要动向见表3.4。

表3.4　　2010年江苏风险投资机构(基金)主要动向

时 间	涉及机构(基金)	动 向
3月3日	常熟中科东南创业投资有限公司	常熟中科东南创业投资有限公司成立，注册资本为3.5亿元，重点投资高科技、高成长、创新型项目和骨干企业
3月6日	物联网并购基金	无锡市国联、无锡太科园和赛伯乐创投共同成立物联网并购基金，该基金将在五年内达到100亿元的首期基金规模
3月16日	苏州创投	收购奇梦达位于苏州的DRAM模组装配与测试工厂，奇梦达更名为智瑞达
3月30日	中科双盈创业投资基金	中科双盈创业投资基金在周庄镇成立，这是全国首家乡镇创投基金，规模为2.5亿元
4月29日	中科黄海创投基金	连云港第一个创投基金“中科黄海”成立，该基金由中科招商发起设立，总规模50亿元，首期注册资本10亿元，其中连云港市财政和国有投融资平台企业合计出资1.5亿元
5月18日	江苏华工创业投资基金	扬州首家纯民资创投基金——江苏华工创业投资基金在邗江区成立，该基金由国内5家大型企业共同出资，武汉华工创投担当基金管理人
5月24日	江苏低碳产业基金	由江苏省环科院、常熟东南开发区和江苏金茂创业投资管理有限公司作为发起单位，向合格的投资者募集资金，对未上市公司进行股权投资的私募股权投资基金，一期规模总额不低于3亿元
5月31日	江苏高德创业投资有限公司	江苏高德创业投资有限公司宣布注资无锡中德美联生物技术有限公司2000万元
6月19日	张家港中科长江创业投资有限公司	张家港中科长江创业投资有限公司成立，是张家港市首家备案制公司型股权投资基金，该基金总规模50亿元，首期注册资本8亿元

① 新华网，2010年9月27日。

② 《新华日报》，2010年9月6日。

时 间	涉及机构（基金）	动 向
6月21日	徐州高新创业投资基金	徐州市首家创业投资基金——徐州高新创业投资基金成立，该基金由江苏省高科技投资集团、徐州恩华投资有限公司、徐州市国盛投资控股有限公司三家联合创办，该基金首期招募资金已达6000万元
10月22日	南京文化创业投资基金	规模为1亿元人民币的“南京文化创业投资基金”成立。该基金是由南京市文化集团和高新技术风险投资股份有限公司作为发起人，联合金维宁集团、三宝科技集团、德兰集团等民企，合作成立的公司型文化产业投资基金
11月26日	苏州股权投资基金协会	苏州股权投资基金协会是由苏州创业投资集团有限公司、苏州国发创业投资控股有限公司、苏州高新创业投资集团有限公司、苏州相城创业投资有限公司及苏州吴中创业投资有限公司联合发起设立的行业组织
12月28日	国创母基金	国开金融有限责任公司与苏州创业投资集团宣布联合成立首期规模150亿元的国创母基金，以此投资于国内的VC/PE，从而成为国内首支国家级股权投资FOF

资料来源：CVCRI

据《江苏创业投资行业发展报告2010》显示，江苏省创业投资机构正从目前以政府投资为主的资本结构向多元化投资转变，省内民间资本所占比重超过资本总量的10%，外资接近8%。一批以民间资金为主导从事创业投资的专业化公司和管理团队快速发展，在已备案的创业投资机构中民间资本为主的已占42%。江苏全省已基本形成了政府资金为主导，机构资金、民间资金和外资共同参与投资的格局。

苏州市是江苏省创业投资发展最快、最集中的地区。截止到2010年5月20日，苏州在省发展改革委备案的创投企业已有58家，注册资本金达到了130亿元，均占全省的50%以上[①]。在宏观政策与苏州政府的政策支持配合下，苏州的创投行业自2005年以来迅速发展。2005年，苏州的创投机构还不到10个，规模不到10亿元，但到了2010年，苏州已有超过100支创投基金。在这众多创投之中，苏州创业投资集团最大，其市场占有率约50%。苏州创业投资集团，下辖5个子公司，管理的资产和基金规模近120亿元。该集团目前已投资的211个项目中，新兴产业占80%以上，包括集成电路、通讯（TMT）、生物科技、软件及动漫游戏等，而涉足传统行业的不多。2010年江苏省部分风险投资案例见表3.5。

表3.5　　2010年江苏省部分风险投资案例情况

时 间	被投资企业	案例情况
1月25日	常州天常玻纤复合材料有限公司	美国中经合集团宣布领投江苏省常州天常玻纤复合材料有限公司，本次投资由中经合牵头，深圳创新投资集团及其旗下基金常州武进红土创业投资有限公司和常州红土创新创业投资有限公司共同投资，金额不详
1月28日	苏州纳通生物纳米技术有限公司	苏州纳通生物纳米技术有限公司与软银中国创业投资有限公司签署融资协议，投资金额不详
3月6日	江苏卓润重工机械有限公司	江苏卓润重工机械有限公司获得亿元首轮投资，该投资由道杰资本牵头，德联投资、常州和泰投资公司及常荣创投共同完成，具体细节不详
4月9日	龙灯环球农业科技有限公司	普凯投资基金宣布已完成对龙灯环球农业科技有限公司1500万美元的投资
8月24日	四海商舟	四海商舟获IDG 4000万美元投资
9月7日	扬州华尔光电子材料有限公司	招商局中国基金宣布向扬州华尔光电子材料有限公司注入现金1500万元，同时，另一名投资者陈宝昌则斥资500万元。注资完成后，招商局将持有华尔光电经扩大股本中7.5%权益，而陈宝昌将持有45.6%权益，继续保持其华尔光电单一最大股东地位

资料来源：CVCRI

① 苏州市发改委，2010年5月20日。

四、浙江省风险投资发展概况

浙江省风险投资发展起步较早，经过多年的发展已经初具规模。来自浙江省发改委的统计数据显示，2009年～2010年8月底，全省共有备案创投企业77家，管理的总资产达95.76亿元，备案创业投资企业数量位居全国各省区第二，仅次于江苏，管理的总资产规模位居全国第四。从行业分布来看，全省备案创投企业的投资项目主要集中于软件产业、新能源、高效节能技术、环保工程、生物科技等战略性新兴产业，占到了一半以上，其中最多的是生物科技行业，共有12个项目①。

在政策支持上，2010年以来，浙江省引导和规范民间资本的举措接踵而至。2010年5月，浙江省同时出台了《浙江省股权投资企业、股权投资管理企业登记办法》和《浙江省公司债权转股权登记管理暂行办法》；2010年7月，针对国务院当月下发的《鼓励和引导民间投资健康发展重点工作分工的通知》，温州市立即部署具体的基础设施建设项目，让民间资本准入；2010年9月25日，温州市经济技术开发区印发了《关于印发温州经济技术开发区创业投资引导基金管理暂行办法的通知》；2010年12月20日，温州市出台了《关于鼓励和引导民间投资健康发展的实施意见》。这些政策的出台为民间资本的发展起到了一定的促进、引导和规范作用；2010年8月28日，浙江省宁波市出台了《关于进一步鼓励和引导民间投资健康发展的若干意见》；2010年11月9日，杭州市出台了《关于鼓励和引导民间投资健康发展的实施意见》。长期以来，浙江充裕的民间资本多处于游离状态，随着浙江省一系列新的投融资改革举措出台，过去困扰民间资本的出路问题迎来了破冰时刻，也打通了民间资本对接产业资本的通道，更多民间资本将被引到新能源、新材料、节能环保的产业上去。

2010年，浙江省政府引导基金发展迅速。2010年上半年，成立于2009年3月的浙江省引导基金管理公司组建了红土基金和德同基金两支新基金。其中，红土基金由深圳市创新投资集团和浙江华瀚科技开发有限公司共同发起。这支基金规模4亿元，首期到位1亿元。德同基金是由德同（北京）管理有限公司发起并出资。这支基金组织架构为有限合伙，是浙江引导基金项目在有限合伙方面的“一个突破”。2010年10月，温州市政府正式批准开发区设立总规模为5亿元的创业投资引导基金，其中首期规模1亿元，并将根据项目进展和资金需求逐步增加投入。该基金是温州市首个由政府创建的创业投资引导基金，也是浙江省规模最大的引导基金之一。2010年浙江省风险投资机构的主要动向及风险投资的部分案例分别见表3.6和表3.7。

表3.6　　2010年浙江省风险投资机构（基金）主要发展动向

时 间	涉及机构（基金）	动 向
3月31日	浙江诺海低碳基金	浙商创投召集浙江浙商诺海低碳基金合伙人召开第一次合伙会议，正式成立浙江诺海低碳基金。该基金最终募集规模为2.2亿元，采取有限合伙制形式，LP为27位浙江民企老板，基金存续期不超过7年
7月29日	浙商产业投资基金	浙商产业投资基金是由中银集团投资有限公司和浙江省铁路投资集团有限公司共同发起成立，第一期总规模为人民币50亿元
8月1日	长三角股权投资基金	浙江东方决定携手控股子公司宁波狮丹努集团股份有限公司分别出资4000万元、1000万元，合计出资5000万元，作为有限合伙人投资参与浙江东翰高投长三角股权投资基金（有限合伙）

① 《浙江日报》，2010年10月6日。

时 间	涉及机构（基金）	动 向
10月20日	浙商产业投资基金	浙商产业投资基金首笔投资款1.2亿元，并投向了浙江华欣新材料股份有限公司，中银投资浙商产业基金管理有限公司正式成为华欣新材料股份有限公司的战略投资者

资料来源：CVCRI

表3.7　2010年浙江省部分风险投资案例

时 间	被投资企业	案例情况
3月30日	普陀“长风金融港”	普陀“长风金融港”获首轮投资，投资金额为50亿元，由美投国际、中国资本、上海联创、苏宁投资、维思资本、协丰创投和欣致投资共同完成
4月23日	百世物流科技	百世物流科技获得第二轮风投，投资者为华登国际和鼎晖创投，金额不详
5月11日	杭州伟东包装制品股份有限公司	苏州高华创业投资管理有限公司宣布，完成对杭州伟东包装制品股份有限公司的投资，这是苏州高华创投完成的首笔投资项目，金额不详
5月11日	浙江青莲食品	青莲食品获5000万元风险投资，投资者为九鼎投资
5月19日	浙江新万蓝科技有限公司	浙江新万蓝科技有限公司开发的无线打折消费平台（简称“统e省”）项目在杭州启动，瑞典资本集团和中鼎投资联手，豪掷6500万美元投入该项目的开发推广
7月19日	宁波永润石化科技有限公司	宁波永润石化科技有限公司获得软银中国创业投资有限公司8000万元的风险投资
8月1日	杭州鼎楚科技	杭州鼎楚科技获得松禾资本3000万元注资，成为国内节能循环水行业中第一家成功融资的企业
9月16日	麦包包	淘宝网商麦包包获3000万美元的首轮风险投资，投资方为DCM和联想投资，这是淘宝网商获得的较大规模的风险投资
10月19日	中国时尚	中国时尚获得超过4500万美元投资，投资方为TPG、合众集团与既有股东宏弧资本
10月20日	浙江华欣	浙江华欣获得浙商产业投资基金1.2亿元投资
12月9日	9158聚乐网	杭州市9158聚乐网获得新浪3000万元的投资

资料来源：CVCRI

第三节　珠三角地区（广东省）风险投资发展概况

“珠三角”的概念最早是源于20世纪90年代初，根据《珠江三角洲城镇群协调发展规划（2004年～2020年）》，它包括广州、深圳、珠海、佛山、江门、东莞、中山、惠州和肇庆。作为中国改革开放先行者，该地区创业意识浓厚，汇集了大量的中小企业群。该地区风险投资业的发展较早，见证了中国风险投资的萌芽、兴起和外资风险投资基金的涌入。

一、广东省风险投资发展概况

（一）广东省风险投资现状

早在1992年，广东省就率先组建了广东省科技创业投资公司，启动了该省风险投资事业的发展之路。2000年，省属的两家风险投资公司——广东省科技创业投资公司以及广东省科技风险投资公司通过机构改革从机关脱钩，并以此为基础成立了广东省风险投资集团。该集团所投资的项目主要关注点集中在新材料、电子、精细化工、生物技术等方面。据公开资料数据显示，在国家发改委备案的国内创投企业超过400家，其中1/3来自广东省珠江三角洲[①]。除了风险投资的发展，广东省的民间资本也得到快速发展。金融危机后不少人对资本市场望而却步，而珠三角民企却大步挺进，设立风险投资基金，开办小额贷款公司，争相登陆中小板。珠三角成为目前中国内地资本市场发展最为迅速和最为活跃的地区。据不完全统计，来自珠三角民企的风险投资资本至少在350亿元以上，约占全国总量的12.5%[②]。

创业板的开启为风险投资的发展起到了助推作用，进一步推动了广东省创业投资的发展。广东省的上市资源十分丰富。截止到2010年11月23日，广东省共有16个国家级和省级高新技术产业开发区，其中国家级高新区8个，省级高新区8个，拥有技术型、创新型中小企业1.8万多家，其中符合创业板上市标准的企业逾千家[③]。广东省各地市创业板上市后备资源企业大多拥有核心技术，是新兴产业细分行业中的龙头企业，发展潜力大，是广东省转变经济发展方式、促进产业升级的重要力量。截止到2010年11月，在中小板上市的129家广东企业中，有创业投资参与的31家；在创业板上市的32家广东企业中，有创业投资参与的16家[④]。广东企业通过吸收创业投资提高了自主创新能力，实现了在中小板和创业板上市，同时创投机构通过企业上市获得丰厚的回报，促进了创业投资机构的发展。创业投资与广东企业的良好互动，有效推动广东经济发展方式的转变，促进广东经济发展和产业转型升级。

2010年初，广东省佛山市首支有限合伙型私募股权基金——科技孵化基金正式成立，该科技基金募资额超过3亿元，主要投向科技创新团队、留学归国创业人才所持有的实验室成果等项目。2010年3月，广东绿色产业投资基金EMC（合同能源管理）联盟成立。EMC是一种新型的市场化节能机制，其实质就是以减少的能源费用来支付节能项目全部成本的节能业务方式。“EMC联盟”由中国境内注册的节能设备制造商（LED工厂）、节能设备原材料供应商、金融机构、检测机构、施工工程公司、工程设计公司、招标公司、律师事务所等相关企事业单位组成。2010年4月27日，1亿元规模的珠海红杉股权投资中心成立，该投资中心由珠海高新区和红杉资本共同设立。2010年5月1日，佛山优势集成创业投资合伙基金成立，该基金由美国优势与佛山本土集成创投共同设立，注册资金为10亿元，首期资金3亿元已到位。2010年5月14日，佛山市顺德设立科技型中小企业技术创新专项资金，主要用于扶持科技型中小企业技术创新项目和上级科技创新基金（资金）项目。2010年9月3日，佛山市顺德成立了5支股权投资基金，它们是盈峰创业投资基金、德美产业投资基金、国科容桂基金、科钜华创业投资基金和盘古创业投资基金，预计首期共计募集资金近8亿元。2010年广东省（深圳地区除外）部分风险投资案例见表3.8。

表3.8　　2010年广东省（深圳地区除外）部分风险投资案例情况

时 间	被投资企业	案例情况
1月4日	广州易积网科技有限公司	IDG完成对广州易积网科技有限公司注资，具体金额不详

---

① http://gd.cenn.cn/html/20103291751475487.html

②《羊城晚报》，2010年3月29日。

③《证券时报》，2010年11月23日。

④ http://www.gohi.cn/Article/zbbc/zxb/20101118/57840.html

时　间	被投资企业	案例情况
3月3日	UC（优视动景）	移动互联网技术及服务提供商UC（优视动景）宣布与诺基亚旗下风投基金诺基亚成长伙伴达成战略融资协议，双方未披露具体金额
3月15日	广州瀚信	广州瀚信宣布，获得第二轮5500万元的投资，由红杉资本及亚商投资等共同完成
6月17日	广州航新科技集团	达晨创投与广州航新科技集团签署投资协议，金额不详
6月28日	梦芭莎	梦芭莎宣布获得来自金沙江创业投资公司2000万美元的第二轮风险投资。本轮投资为金沙江主投，首轮投资者崇德投资亦参与跟投
7月6日	3G门户	3G门户获第三轮数千万美元投资，此次投资由中国宽带产业基金、IDGVC、集富亚洲、美国中经合集团四家合作，金额达数千万美元
8月19日	美臣金融集团	美臣金融集团获香港东英金融集团4500万港元投资
9月20日	广东雅士利集团	凯雷投资集团与上海复星集团共同宣布，联合注资广东雅士利集团。前者占17.3%股份，后者则占6%
9月29日	中国旅行社股份有限公司	中国旅行社股份有限公司与股权式投资基金中科白云创业投资有限公司签署增资扩股合同。中旅股份获得中科白云1亿元融资
12月3日	广州酷漫居动漫科技有限公司	广州酷漫居动漫科技有限公司宣布获得6000万元风险投资，但尚未公布投资方名称
12月6日	梦芭莎	梦芭莎完成总额接近6000万美元的第三轮融资，此轮融资由老虎基金领投

资料来源：CVCRI

（二）广东省风险投资环境与政策

广东省风险投资的发展得益于整体的经济和政策环境。在国家和广东省一系列政策引导和支持下，广东省风险投资发展历年均位居全国前列。据CVCRI统计显示，2010年，广东省风险投资新募集的资本金额度为37亿元，占全国总额的3.62%。2009年，创业板的推出以及国内第一家以私募命名的股权交易机构在广东省的落户，更进一步推动了广东省的风险投资发展与完善。在经济发展上，根据广东省统计局数据显示，2010年前三季度，广东省实现生产总值31 542.28亿元，同比增长11.6%，比全国高1%，同比增速提高3%。在民间资本的发展上，2010年以来，广东省各地民间投资增长出现了较为积极的态势。据广东省统计局发布的数据显示，随着经济运行形势好转，广东省民间投资近两年来逐步走出低迷态势，投资意愿逐步加强。2010年1月～7月，广东省民间投资4022.63亿元，增长27.1%，增幅比上半年提高0.2%。

广东地区的风险投资机构始终注重扶持科技创新型中小企业。近年来，在风险投资的大力促进下，广东省高新技术产业的产值稳居全国第一，有力推动了广东省产业结构的优化。为进一步推动经济发展方式转变，广东省已经制定了以高端新型电子信息产业、新能源汽车产业、半导体照明产业为主导的战略性新兴产业培育规划，并将每年拿出百亿财政资金支持战略性新兴产业的发展。未来广东省将全面推动科技金融合作，积极引导风险投资、银行等机构投资战略性新兴产业。

在政策环境方面，广东省从1991年就开始颁布相关文件，从政策、资金、人才等方面给予支持，相继颁发了《关于依靠科技进步推动产业结构升级的规定》（1998年11月）、《广东省高新区管理办法》（2002年6月）、《广东省促进创业投资发展暂行规定》（2003年2月）、《广东省人民政府关于加快民营经济发展的决定》（2003年3月）、《关于加强科技创业孵化体系建设支持中小科技企业创新创业的意见》、《关于进一步加大投资力度加强自主创新 促进经济平稳较快发展有关工作的通知》（2009年）等文件。为进一步巩固民间投资活力，2010年初，九三学社广东省委在省政协大会上提出《发展民间金融业，解决中小企业融资难》的提案，建议广东省积极探索在深圳、广州、佛山等珠三角地区筹建私募基金产业园。

二、珠三角地区重点城市——深圳市风险投资发展概况

作为中国第一个风险投资试点城市，深圳较早出台了一系列扶持风险投资发展的政策措施，成为全国风险投资发展最活跃的地区之一。经过十多年的积极探索，已初步形成了由项目、资金、股权交易市场和中介机构组成的创业投资市场体系，风险投资已成为推动深圳高新技术产业迅速发展的重要力量。作为创业投资最活跃的地区，十多年来，深圳创投机构数量、创投资本总额等多项指标一直保持全国第一，被视为“中国创投业的风向标”，拥有“中国创投第一城”的美誉。

（一）深圳市风险投资发展现状

深圳市作为风险投资发展的重要城市，是国内创业投资发端较早、成长迅速的地方。深圳市也是国内较早对创业投资进行立法的城市。据深圳市金融顾问协会提供的数据，截至2009年底，全市共有私募基金300多家，管理私募股权投资基金的总规模约为2500亿元人民币，约占全国35%。其中创业投资基金的总规模为600亿元，其他类型的私募股权投资基金总规模为1900亿元；管理私募证券基金规模超过4000亿元，其中信托私募证券管理规模达到200亿元以上，约占全国的30%[①]。2010年深圳的风险投资的发展依然迅猛。据CVCRI统计，深圳市被投资企业数量排名第三，占比达7.32%，位于上海之后；投资金额位于第七位，占总投资额的3.48%。2010年深圳市发生的部分风险投资案例见表3.9。

表3.9　　2010年深圳市部分风险投资案例情况

时 间	被投资企业	案例情况
3月31日	香雅集团	赛富亚洲投资基金宣布注资香雅集团，总投资2000万美元，首期1100万美元已到账
4月8日	深圳聚成企业管理顾问有限公司	深圳聚成企业管理顾问有限公司与联想投资、和君咨询签署投资协议，两家投资机构共同向聚成公司投资近亿元，联想投资领投
4月19日	深圳大赢家网络有限公司	达晨创投与深圳大赢家网络有限公司签署增资协议
4月20日	BLOVES结婚钻戒网	天图创投3000万元投资BLOVES结婚钻戒网
5月4日	深圳市吉阳自动化科技有限公司	深圳市天正投资有限公司与深圳市吉阳自动化科技有限公司订立投资协议，天正同意向吉阳科技注入现金人民币2000万元
7月	深圳绿微康科技	天图创投旗下的深圳市天图投资管理有限公司、天津天图兴盛股权投资基金合伙企业（有限合伙）完成了对深圳绿微康科技的投资，总投资额2000万元
8月19日	维也纳	中档商务连锁酒店维也纳获美国奇力资本基金2000万美元风险投资，计划在国内A股上市
8月20日	淘宝网店Fontbleau	深圳淘宝网店Fontbleau获得800万元的风险投资，投资方不详
9月19日	普华康健	国内医疗垃圾处理企业——普华康健获得高盛数千万美元投资，自此，高盛成为其最大的机构股东
11月15日	深圳市赢合科技	深圳市赢合科技宣布完成第一轮融资，获得达晨创投独家5000万投资，投资方不详

① 网易财经，2010年8月7日。

时 间	被投资企业	案例情况
11月26日	新元素医疗技术开发有限公司	深圳新元素医疗技术开发有限公司获得蓝色大禹成长投资的8000万元注资

资料来源：CVCRI

2009年，创业板在深交所推出使得深圳风险投资的发展更是全面提速。截至2010年10月19日，广东省有26家企业在创业板上市，深圳凭借13家的数量成为其中绝对的“主力军”。在短短的一年时间内，深圳的企业几乎以平均每月1家以上的速度陆续登陆创业板，其惊人的上市速度备受业界关注。

2010年3月10日，长园集团宣布，深圳长园盈佳与深圳市创东方、深圳市鹏能等共同出资设立股权投资基金，基金目标筹资金额为2亿元，其中长园盈佳出资2000万元，占比10%。4月26日，深圳市南山区成立股权投资基金集聚园，吸引一批经营规范、治理良好、业绩优异、具有影响力的股权投资企业在园区内落户，形成产业聚集。2010年6月8日，泰豪晟大创业投资有限公司宣布成立，该公司是由泰豪科技股份有限公司与深圳晟大合资组建，注册资本5000万元。2010年6月28日，由深圳市创新投资集团有限公司等7家国内投资机构共同组建的中农科创投资股份公司正式成立，该公司由科技部委托组建，规模超过200亿元。2010年9月28日，中兴通讯与深圳和康公司共同投资3000万元设立中兴创业投资基金管理公司进行创业投资基金的募集与管理，双方参股比例分别为55%、45%。同时，公司拟出资3亿元参与认购中兴创投基金。2010年11月22日，中兴通讯与中兴创投基金管理公司等27名合伙人共同出资发起设立深圳市中和春生壹号股权投资基金合伙企业，该基金专注于TMT行业未上市公司的股权投资。

（二）深圳市风险投资环境与政策

深圳市优越的地理人文环境以及国家一系列优惠的政策，为深圳风险投资的发展带来了巨大的机遇。2010年8月16日，国务院正式批复《深圳市城市总体规划（2010年～2020年）》，这意味着中国最早设立的经济特区从原有的396平方公里扩大到1953平方公里。深圳市委、市政府正在大力实施自主创新战略，加快发展方式转变，支持互联网、生物产业和新能源产业等三大战略性新兴产业的发展，积极鼓励风险投资和创业者。此外，深圳还将出台鼓励风险投资发展的专项政策，规划建设VC和PE大厦。

为进一步促进风险投资在深圳市的发展，不断完善风险投资体系，深圳市政府出台了一系列的政策。20世纪90年代以来，深圳市委、市政府以把深圳建设为国家创新型城市，在科技创新中完善风险投资体系，营造有利于国际国内风险投资机构大显身手的投融资环境为目标采取了一系列举措，相继颁布了《深圳市创业资本投资高新技术产业暂行规定》、《关于进一步扶持高新技术产业发展的若干规定》、《深圳经济特区创业投资条例》、《深圳市创新型企业成长路线图计划自主方案》等法规和条例。2010年7月9日，《关于促进股权投资基金业发展的若干规定》（以下简称《规定》）正式发布。《规定》对股权投资基金的注册落地、税收优惠、建设股权基金产业园区以及股权投资基金的监管方面做出了一些详细规定。《规定》的发布对于加快深圳市股权投资基金业发展，巩固提升深圳区域金融中心城市地位，推进经济结构调整和产业升级起到了极大的促进作用。

第四节　西部地区风险投资发展概况

中国西部地区包括重庆、四川、贵州、云南、广西、陕西、甘肃、青海、宁夏、西藏、新疆、内蒙古等十二个省、市和自治区。西部地区疆域辽阔，人口稀少，是我国经济欠发达、需要加强开发的地区。全国尚未实现温饱的贫困人口大部分分布于该地区，它也是我国少数民族聚集的地区。该地区的风险投资事业的发展一直处于较低水平，但随着国家西部大开发政策的实施，资本“西进”趋势十分明显，众多创投机构不断向西部主要的省市挺进，准备一展拳脚。

一、西部地区风险投资发展现状

近年来，中国创投行业的投资地域分布开始显现“西进”趋势。据CVCRI统计，在2010年度披露了运营所在区域的197支基金中，西部地区的新募资本额为45.57亿元，占新募资总额的3.49%。2010年，共有369家机构所投资的801个项目披露了被投资企业所在地，涉及投资金额762.87亿元。从被投资企业数量上看，华东地区居于首位，占比25.22%，西部地区排名第五，占比10.61%。从被投资企业获得的投资总额来看，北京地区吸金最多，占比29.01%，西部地区占比10.18%。

2010年是国家实施西部大开发战略十周年，过去十年是西部地区经济增长速度最快、发展质量最好的十年，也是西部地区资本市场实现长足进步和跨越式发展的十年，资本市场与西部地区经济发展联动性已越来越强。2010年，西部地区风险投资机构发展迅速。随着东部地区风险投资事业的快速发展，西部地区的风险投资事业也在不断崛起。2010年西部地区发生的风险投资案例见表3.10。

表3.10　　2010年西部地区部分风险投资案例情况

时间	被投资企业	案例情况
3月3日	重庆博腾精细化工	重庆博腾精细化工获得重庆德同基金的投资，投资金额为1000万美元
4月16日	迅游科技	重庆迅游科技获得4000万元投资，该投资由挚信资本、盈创动力、达晨创投、亚商新兴等四家投资机构共同完成
5月13日	恒惠科技	恒惠科技获得软银中国首轮风投，投资金额达数千万元，资金主要用于恒惠在中国隐性矫治市场的进一步扩张
6月2日	红旗连锁	社区便利连锁超市红旗连锁获得九鼎1.5亿元投资
6月24日	新疆喀什宏邦节水有限公司	新疆喀什宏邦节水有限公司与青云创投、华创盛景基金签署投资仪式，两大投资机构此次将向宏邦节水一期投资4000万元
7月8日	重庆星河光电科技公司	重庆科技风险投资有限公司向重庆星河光电科技公司投资2000万元风险投资资金，这是刚刚成立的重庆两江新区迎来的首笔2000万元风投大单
7月15日	云南曲辰科技有限公司	云南曲辰科技有限公司获得200万元“天使基金”，除天使投资外，昆明北理工孵化器也已正式确立出资投入曲辰科技，该笔出资额尚未披露
7月29日	云南鸿翔一心堂连锁药店	联想投资对云南鸿翔一心堂连锁药店投资1.5亿元
11月23日	奶联科技	内蒙古奶联科技有限公司获得深创投千万元级别的注资。由深创投牵头的数家机构共计对奶联科技投资近1.28亿元

资料来源：CVCRI

2010年云南省的风险投资事业取得了较快发展。2010年4月28日，中国·明泛亚产权交易中心暨昆明泛亚联合产权交易所有限公司正式揭牌，打造“立足云南、面向西部、服务全国、辐射泛亚”以及具有区域影响力的综合性产权交易市场。2010年11月6日，由滇池泛亚合作组委会、昆明市人民政府、中国风险投资研究院主办的“2010年首届滇池泛亚股权投资高峰会”在昆明隆重开幕，众多经济学家、知名企业家以及政府官员等相关人士集聚一堂，围绕“昆明泛亚金融中心建设及金融创新”展开探讨。

在政策方面，2010年5月29日，《云南省股权投资基金备案管理试行办法》(以下简称《试行办法》)公布，并于2010年8月1日起施行。私募股权投资基金的发展，有助于云南企业的上市培育工作，对云南矿产、生物、旅游等优势产业的发展起到促进作用。

2010年10月，内蒙古自治区政府为进一步促进中小企业发展，专门制定相关优惠政策，从融资、财政扶持、税收优惠、降低工商准入门槛等多方面加大对风险投资的扶持力度。在私募基金的发展上，2010年9月1日，内蒙古首个PE基金——金桥创投成立，该基金资金规模6000万元，投资规模2亿元，专注于在内蒙古发现、挖掘及提升企业价值，其主要投资方向为具有高成长性的各类教育机构、连锁机构和高新技术企业，帮助企业实现价值最大化，助推企业成功登陆资本市场。

陕西省的风险投资业有着广阔的市场。在并购方面，2010年6月，国内团购网站拉手网成功收购西安首家团购网站“团乐乐”，收购后的团乐乐将变成拉手网的西安站，同时这也是国内首例团购网站的并购案。在基金设立方面，2010年4月，西安航天新能源产业基金和陕西航天红土创业投资基金在西安航天基地签约设立，两支基金总规模达51亿元。这两支基金的设立，将有力支持陕西和西安的航天高科技民用产业、新能源、新材料及相关产业的发展。

重庆经济发展形势喜人，吸引了众多外地企业来渝落户，私募股权投资基金也大有发展。截至2010年9月8日，重庆有股权投资类企业23家，拟募集资金规模有望超过200亿元。已经有14家股权投资企业募集到位，首期规模49.52亿元。实现投资15笔，主要投资方向为信息技术、装备制造、医疗设备、新材料等领域，共计投资24.5亿元[①]。2010年3月3日，重庆德同基金为重庆博腾精细化工股份有限公司带来1000万美元的投资。2010年7月，中国华融资产管理有限公司与重庆渝富资产经营管理公司共同组建了重庆最大的私募股权投资基金——华融渝富股权投资基金，2010年8月挂牌。该基金是由华融和重庆渝富共同投资组建，总规模100亿元，其中华融占70%的股份，重庆渝富占30%。2010年8月，重庆市金融办和两江新区开发投资集团分别与美国德州太平洋集团签署合作备忘录和德太中国西部成长基金合作协议，同时美国德太集团将把其在中国西部总部设在两江新区，标志着重庆市打造长江上游金融中心又迈出重要步伐。由两江新区开发投资集团与德太集团共同出资成立的德太中国西部成长基金，是两江新区引进的首家私募股权基金，主要用于支持中国境内的企业在西部的扩展和西部企业成长。两江新区开发投资集团将按照规定，以有限合伙人的身份认缴基金的出资额5亿元。2010年8月，国家发改委批复《关于重庆物流产业投资基金筹备的批复》，批准重庆开展物流产业投资基金的组建工作，拟设立的重庆物流产业投资基金规模200亿元。2010年12月19日，由美国亿泰资本集团联手北大青鸟集团等9家企业，组建的“中国生态城市建设发展基金”在重庆成立，基金总规模达50亿元，截至2010年底，已有6家中小渝企进入项目储备库。在政策支持上，重庆市政府常务会议审议通过了《关于印发重庆市股权登记托管管理办法的通知》(下称《通知》)，并于2010年7月1日起正式实施。《通知》要求在重庆市境内设立的所有非上市股份有限公司，其各类股权都应集中在该市唯一的股权登记托管机构——

① 中国经济导报，2010年9月8日。

重庆股份转让中心进行登记托管。重庆正在大力推动国内外的私募基金到重庆投资，以缓解部分企业融资难题。

为加快贵州省风险投资体系建设，发挥财政科技资金的引导和放大效应，带动社会资金投入科技成果转化，2010年7月，科技部、财政部正式下达了《关于2010年度科技型中小企业创业投资引导基金阶段参股第一批项目立项的通知》，确定贵州省科技风险投资有限公司等5家机构为2010年首批阶段参股项目单位。根据相关要求，该基金将主要用于扶持全省新材料、装备制造、生物医药等领域初创期、成长期的科技型企业和高新技术企业，将在培育壮大全省新兴产业中发挥重要作用。依照科技部和财政部意见，在基金的管理体制上，将采取委托投资管理的方式，由贵州鼎信博成投资管理有限公司负责投资管理。

二、西部地区重点城市——成都市风险投资发展概况

成都是国内较早鼓励创投业发展的城市之一，风险投资发展态势良好。从2001年起，成都出台了一系列吸引国内外创业资本的政策，建立完善的创业投资体系。2008年10月，成都市政府、成都高新区以及中国进出口银行共同发起设立总规模为15亿元的成都银科创业投资引导基金，以“母基金”的形式，与其他市场化运作资金共同设立子基金，既可撬动民间资本，也达到发展当地产业集群的目的。

2010年以来创投机构在投资地域分布方面有着明显的“西进”趋势，体现了成都打造西部金融中心的吸引力。随着境内资本市场退出渠道完善，募集和退出的双重利好使得中国市场投资面临爆炸式发展。四川企业上市机会的增多、先入者投资财富效应的激励、当地创投引导基金的鼓励，都促使越来越多的机构开始在成都扎堆。成都已成为VC/PE在西部竞相争夺的热点区域。2010年，深圳达晨创业投资有限公司在成都成立办事处。2010年12月21日，西部最大企业融资路演平台云资本正式落户成都高新区盈创动力，成都高新区创业风险投资同业公会同时启动。云资本平台承载对接资金规模巨大，其中仅风险投资私募类即达数千亿元。

在资源优势上，成都高新区等高新技术产业，在电子信息、新材料、新能源、生物医药、航空航天等领域具有较强的发展优势，有一大批体制机制活、创新能力强、发展后劲足的高新技术产业。四川省在成都高新区打造“中国西部科技风险投资中心”，依托四川大学、西南财经大学、金融重点研究室、创业研究所构建专家顾问体系，鼓励北京、深圳、香港等地投资机构入驻成都，并将推出多项政策优惠，吸引国内外资金投资四川高新技术企业。

在政策体系上，四川省比较完善，汶川大地震以后，中央出台了一系列恢复重建的措施，为四川省加快发展奠定了基础。国家重点研究制定新的十年推进西部大开发的政策，整个西部包括四川将迎来新一轮以国家政策为基础的发展机遇。2010年10月25日，为认真贯彻落实国务院《关于进一步做好利用外资工作的若干意见》（国发［2010］9号）精神，优化成都市外资结构，促进利用外资方式多元化，引导和承接外资转移，营造良好的外商投资环境，全面提升外资利用质量和水平，《成都市人民政府关于进一步做好我市利用外资工作的意见》（下称《意见》）出台。《意见》从优化利用外资结构、促进利用外资方式多样化、积极引导和承接外资转移、深化外商投资管理体制改革、营造良好的投资环境等五方面提出17条具体措施。

第五节　中部地区风险投资发展概况

中部地区位于我国内陆腹地，具有承东启西、连南通北的区位优势。该地区主要包括河南、湖北、湖南、安徽、江西、山西六个省份。区域内人口众多，自然、文化资源丰富，科教基础较好，便捷通达的水陆空交通网络初步形成，农业特别是粮食生产优势明显，工业基础比较雄厚，产业门类齐全，生态环境容量较大，集聚和承载产业、人口的能力较强，具有加快经济社会发展的良好条件。从中国整体发展的角度考虑，加快中部地区发展是提高中国国家竞争力的重大战略举措，是东西融合、南北对接，推动区域经济发展的客观需要。由于地理环境、历史、观念等的原因，中部地区的风险投资发展相对缓慢。

一、中部地区风险投资发展现状

随着国家对战略型新兴产业的支持力度加大，中部各省也推出一系列政策支持新兴产业发展。其中，江西省提出要推进战略性新兴产业超常规发展，江西省政府将每年单列2000亩建设用地指标，支持建设10个战略性新兴产业配套基地；湖北省则提出将着力创新财政资金支持方式，形成多元化、多渠道的科技投入体系，推进战略性新兴产业发展；安徽省提供资金，用于在科技和教育资源丰富的合肥、芜湖、蚌埠自主创新综合实验区培育新兴产业和引进人才。这些在一定程度上为风险投资在中部地区的发展起到了助推作用。中部地区正在崛起，该地区的风险投资也正借助这股力量不断发展起来。

河南省的本土创投发展比较缓慢，这与河南省金融行业的发展程度、经济发展水平有直接关系。河南省在这方面的资源比较匮乏，这客观上也导致河南省本土创投公司偏少。据河南省的统计显示，河南省是全国第一农业大省、第一粮食加工转化大省、第一肉制品大省和全国最大的面粉及面制品、肉类和调味品的生产基地。在国家鼓励成立农业发展基金的同时，河南省农业开发产业投资基金率先于2010年1月成立。该基金是由河南省政府和中信集团联合打造，资金总规模为48亿元，首期人民币基金募集已经完成。

湖北省创业投资发展起步较早，早在1987年就成立了全国第一家科技企业孵化器，尝试创业投资。到2000年前后，以武汉地区为中心，全省范围内相继成立了数十家风险投资机构，加大对高新技术企业投资，先后成功投资运作了马应龙药业、武汉健民药业、火箭股份、三特索道等优秀项目成功上市。受国际国内大环境影响，湖北省风险投资业从2002年起就由热变冷，并归于沉寂。随着中部崛起，风险投资业在湖北省也逐渐发展。2010年9月8日，由武汉高科农业集团发起成立的武汉高农生物创业投资有限公司，正式获取营业执照，这标志着湖北省首支生物农业创投基金正式开始运作。武汉高农生物基金注册资本1.08亿元，是一家民营控股基金，其中国有成分约31%。2010年10月29日，湖北省创业投资引导基金与五家阶段参股基金签署合作协议，宣告五家新的创投基金在武汉诞生，该批基金规模合计10.7亿元。在政府创业投资引导基金的引导下，湖北省创业投资市场呈现活跃趋势，已经形成总资本超过50亿元的创业风险投资体系，创业投资已成为湖北省高新技术产业发展的重要支撑和助推器。2008年11月，湖北省高新技术产业投资有限公司出资1亿元，结合湖北省财政专项资金建立了“湖北省创业投资引导基金”。首批创投引导基金已累计出资9000万元，分别与日本大和投资、深创投、硅谷天堂等境内外知名创投机构合作设立了5支创业投资基金，撬动11亿元基金市场，实现10倍以上的放大效应。截至2010年9月，引导基金合作创投机构已完成项目30项，投资额近4亿元。2010年6月18日，武汉普洛顿创投基金成立，该基金规模总额拟定3亿元，首期募集1.03亿元，是湖北省首家合伙制私募创投基金。

湖南省的创业投资在文化传媒行业上的发展比较突出。2010年3月31日，湖南广电旗下产业快乐购物有限责任公司正式宣布引入弘毅投资、中信产业基金和红杉资本三家战略投资者。根据协议，弘毅投资将联合中信产业基金、红杉资本组成投资人团，向快乐购投资共3.3亿元。这是中国电视购物领域迄今为止最大的一笔私募融资。2010年7月8日，赛迪传媒公告称，湖南国投将斥资6.38亿元收购赛迪传媒25.58%股份，湖南信托是此次交易的委托持股方。本次股份转让完成后，湖南信托作为受托持股人成为本公司第一大股东。2010年9月8日，中信资本控股有限公司在长沙宣布，该公司旗下的房地产基金以约15亿元在长沙开发湖南长沙悦方 · ID MALL项目。这是中信资本的首个商业地产项目，同时，这也是国内PE首次打破纯投资者的角色定位，直接介入实体项目的开发和管理。2010年12月22日，湖南文化旅游产业投资基金在长沙正式成立。该基金由湖南省财政厅、省委宣传部、省文化厅、省旅游局、长沙市人民政府等政府机构牵头，联合达晨创投、湖南高新投等机构共同组建的湖南省第一支文化旅游产业引导基金，采取定向私募运作模式募集，进行为期10年的封闭式管理。基金计划总规模为30亿元，三年内按3∶4∶3比例分期到位，首期规模9亿元。

2010年8月28日，安徽艾可蓝节能环保科技有限公司与深圳市松禾资本管理有限公司、IDG技术创业投资基金及深圳力合创业投资有限公司签署了投资协议，三家风投共同向艾可蓝投入资金1.5亿元。2010年8月，国家发展改革委批准安徽省设立皖江物流产业投资基金的筹备工作，这是中部地区第二支获得国家发展改革委批准设立的大型产业投资基金，也是国务院颁布《物流业调整和振兴规划》后获批的以物流业建设为主题的大型产业投资基金。在基金及机构动向上，2010年3月3日，安徽高科创业投资有限公司正式揭牌成立。公司注册资本3亿元，由安徽省能源集团有限公司、合肥高新技术产业开发区科技实业发展公司和上海东创万富创业投资有限公司共同发起设立，分别持股40%、30%和30%。2010年8月，针对合肥高新技术产业开发区快速发展的公共安全产业，由安徽省投资集团、创业投资公司与合肥高新建设投资集团公司联合发起设立安徽公共安全创业投资基金，支持公共安全产业做大做强，至此，我国首支公共安全基金问世。新设立的安徽公共安全创业投资基金规模为2.5亿元，设立后将主要投资于公共安全及相关产业，以“两高六新”的公共安全项目为主。2010年8月9日，深圳高特佳投资集团在合肥市政府的大力支持下，成立了合肥高特佳创业投资有限责任公司，该公司是合肥市第一支政府引导基金。安徽省首支文化产业投资基金——中科 · 安广股权投资基金2010年12月16日在合肥创立，总规模为50亿元。该基金是由安徽广电传媒产业集团与中科招商创业投资管理有限公司共同发起创立，这支基金将对安徽省文化企业和广电传媒产业的加快发展产生重要作用。

山西省的创投业始于1993年6月，当时山西省科委与山西省财政厅协商决定成立山西省第一家从事科技创业风险投资业的企业——山西省科技基金发展总公司，并共同授权该公司运用科技三项费用中的有偿使用资金，进行科技成果转化的创业风险投资尝试，推动山西省科技产业的健康发展。但山西创投业还没有像别的地方那样开展起来，山西的创投机构除了此前科技厅、高新区设立的一些规模较小的机构外，目前最有影响力的要数2009年年底刚刚挂牌成立的我国首支能源产业投资基金——山西能源产业投资基金。2010年中部地区的风险投资案例见表3.11。

表3.11　2010年中部地区部分风险投资案例

时 间	被投资企业	案例情况
1月6日	武汉华灿光电有限公司	华灿光电获得1.5亿元融资，国家开发银行和思科系统合资的——开投基金投资6500万元，IDG投资3000万元，其余部分由浙江民营资本组成
2月1日	能一郎科技股份有限公司	湖北科华银赛创业投资有限公司和武汉固德银赛创业投资管理有限公司加盟湖北能一郎科技股份有限公司，投资金额不详
4月7日	赣县世瑞集团	赣县世瑞集团获红石创投基金的投资，投资金额为1亿元
4月8日	武汉经济技术开发区	武汉经济技术开发区获得2000万美元风险投资，资金用于在武汉建设全国薄膜太阳能电池生产重地
4月20日	长沙巨星建材、南昌百特生物	达晨创投宣布，完成对长沙巨星建材、南昌百特生物的投资，其中向巨星建材增资近7000万元，另外一家公司金额尚未透露
4月28日	山西普德药业	山西普德药业获九鼎投资1.1亿元风险投资
8月28日	艾可蓝节能环保科技有限公司	艾可蓝节能环保科技有限公司与深圳松禾资本、IDG及深圳力合签署了投资协议，三家风投共同向艾可蓝投入资金1.5亿元
11月	湖北周黑鸭食品有限公司	天图创投旗下天津天图兴盛股权投资基金完成了对湖北周黑鸭食品有限公司的投资，总投资额近6000万元
11月17日	金则利特种合金有限公司	衡阳市金则利特种合金有限公司获得湘江投资独家注资，金额为2000万元，融资所得将用于扩大产能及新产品研发
11月17日	华致酒行连锁管理公司	新天域资本2.5亿元入股华致酒行连锁管理公司，此次投资是由新天域资本旗下美元基金投资主体普洛投资有限公司和新远景成长（天津）股权投资合伙企业（有限合伙）共同投资。其中，普洛投资出资1.6亿元，新远景成长基金出资9000万元
12月9日	晶能光电	LED芯片生产企业晶能光电有限责任公司完成第二轮融资，获得国际金融公司（IFC）、金沙江创投、海益得投资公司以及香港亚杰投资公司5550万美元投资。其中，IFC出资1250万美元

资料来源：CVCRI

二、中部地区风险投资环境与政策

自国家实施促进中部地区崛起战略以来，国家加大政策支持力度，中部六省抢抓机遇加快发展，促进中部地区崛起工作取得了积极成效。国家发展改革委的数据表明，2010年上半年，中部六省经济增速领跑全国，达到15%，居东、中、西和东北四大经济板块之首。自国家2006年颁布《关于促进中部地区崛起的若干意见》以来，中部地区发展步伐有了明显的加快，在全国区域格局中的地位不断提升，占全国经济总量比重由2005年的18.8%提升到了2009年的19.4%。特别是自金融危机时期以来，中部地区的经济发展在全国的经济板块中，表现堪称优异。

国家为全面贯彻实施《促进中部地区崛起规划》，努力推动中部地区经济社会又好又快发展，根据《国务院关于促进中部地区崛起规划的批复》（国函［2009］130号）精神，国家发展改革委于2010年8月12日印发了《促进中部地区崛起规划实施意见》，明确2015年中部地区崛起的12项主要量化目标和一系列任务要求，提出2020年促进中部地区崛起的总体目标，并要求各省在2010年12月底前完成实施的具体工作方案。同时，发改委还发文促进中部城市群发展，支持城市群在重大改革领域先行先试。

在国家整体营造经济发展的大环境下，中部各省也是根据自身发展需要，分别制定了本地区适合风险投资发展的相关政策。2010年1月13日，湖南省出台了《关于进一步加快发展资本市场的若干意见》，指出要大力推动更多优质企业进入资本市场，多渠道扩大直接融资比重，并就构造多样化资本市场的发展提出了意见。2010年2月，湖南省郴州市出台《关于鼓励私募股权投资基金业发展的若干意见》，引导和鼓励符合条件的境内外各类主体，参与私募股权投资企业的发展。这标志着郴州市加快发展产业投资基金、拓展直接融资新渠道新的开始。

2010年8月8日，武汉市政府常务会议原则通过了《关于实施“511黄鹤英才计划”暂行办法（送审稿）》（下称《暂行办法》），推出了扶持资金、贷款贴息、股权激励、购房补助等六大优惠“套餐”。武汉市计划采取的一揽子吸引人才的优惠政策，目的就在于筑巢引凤，集聚国际国内顶尖人才，以便在未来的城市竞争中抢占制高点。《暂行办法》还设立专项创业投资引导资金，鼓励各类创业风险投资机构或个人对引进人才创业提供融资支持。创业投资机构为入选人员投资高新技术产业项目，投资期限超过2年的，按其投资总额的5‰给予奖励。创业风险投资机构或个人创业投资发生损失，则按其投资损失的30%由政府补偿，补偿额最高不超过100万元。

第四章　全球私募股权投资发展报告

金融危机浪潮侵袭过后，随着全球经济逐步复苏，全球私募股权投资行业（PE）也在稳步复苏。经历了过去两年衰退后，私募股权投资市场迎来了新的十年。VC/PE 行业经历了前期的探索与磨砺后，业内规范与专业度越发成熟，IPO 数量及融资规模均创造历史最高纪录。本章首先对私募股权投资的内涵和特征进行概要性阐述，其次对全球私募股权投资状况进行简要介绍，最后结合私募股权在中国的发展特点，展望了中国私募股权投资的未来发展趋势。

第一节　私募股权投资的内涵和特点

一、私募股权投资的内涵

（一）私募股权投资的概念

私募股权投资（Private Equity，PE）是近年来从国外引入的新词汇，在中国类似的翻译名称还有“私人权益资本”和“股权私募融资”。根据国外权威研究机构[①]的定义，私募股权投资是指：通过定向私募的方式从机构投资者或者富裕个人投资者手中筹集资本，将其主要投资于非上市股权，或者上市公司非公开交易股权的一种投资方式。并在整个交易的实施过程中，充分考虑到未来资本的退出方式，即可以通过公开上市、企业间并购或管理层回购等方式，出售所持资产或股份以获取利润的行为，有广义和狭义两个概念。

按照投资阶段，广义的私募股权投资为涵盖企业首次公开发行前各阶段的权益投资，即对处于种子期、初创期、发展期、扩展期、成熟期和 Pre-IPO 各个时期企业所进行的投资，相关资本按照投资阶段可划分为创业投资、发展资本、并购基金、夹层资本、重振资本、Pre-IPO 资本。上市后包括：私募投资（Private Investment in Public Equity，即 PIPE）、不良债（Distressed Debt）和不动产投资（Real Estate）等。

创业投资（Venture Capital），主要投入创新企业的种子期、初创期；

发展资本（Development Capital），主要提供企业扩大和发展的资金；

并购基金（Buyout Fund），主要提供企业进入扩展后进行对外收购、兼并所需资金；

夹层资本（Mezzanine Capital），主要提供企业稳定发展之后，进一步扩张所需资金；

重振资本（Turnaround），主要提供企业改制、金融改革时所需资金；

Pre-IPO 资本（如 Bridge Finance），提供正式公开上市之前所需资金。

---

① 包括 Venture Economic、Walling Ford Capital、OAKRIDGE Financial Group 等。

在我国，通常提到的私募股权投资多数是指狭义上的PE，主要指对已经形成一定规模的，并产生稳定现金流的成熟企业的私募股权投资部分，以并购基金和夹层资本为主。中国内地第一起典型的PE案例，是2004年6月美国著名的新桥资本（New Bridge Capital），以12.53亿元人民币从深圳市政府手中收购深圳发展银行的17.89%的控股股权，这也是国际并购基金在中国的第一起重大案例，“深发展”成为第一家被国际并购基金控制的中国商业银行。由此发端，很多相似的PE案例接踵而来，PE投资市场渐趋活跃。

（二）与私募股权投资相关的几个概念

风险投资（Venture Capital）简称VC，广义的风险投资泛指一切具有高风险、高潜在收益的投资。狭义的风险投资是指以高新技术为基础，生产与经营技术密集型产品的投资。根据美国全美风险投资协会的定义，风险投资是由职业金融家投入到新兴的、迅速发展的、具有巨大竞争潜力的企业中的一种权益资本。国际上，狭义的PE和VC（Venture Capital）都是对上市前企业的投资，但在投资阶段、投资规模、投资理念和投资特点等方面有所不同：

（1）投资阶段：一般认为PE的投资对象主要为拟上市公司，而VC的投资阶段相对较早，但是并不排除中后期的投资。

（2）投资规模：PE由于投资对象的特点，单个项目投资规模一般较大。VC则视项目需求和投资机构而定。

（3）投资理念：VC强调高风险高收益，既可长期进行股权投资并协助管理，也可短期投资寻找机会将股权进行出售。而PE一般是协助投资对象完成上市，然后套现退出。

（4）投资特点：PE一般投资于成熟期的企业，盈利模式已经比较稳定，可以较快地退出，PE做的比较多的是Pre-IPO业务。VC一般投资初创期的企业，企业还不成熟，未来存在较大不确定性，投10个可能成功一两个。

另外一个与PE容易混淆的概念是“私募证券基金”。在本章中，PE基金主要是指以私募形式投资于未上市公司股权的基金；而私募证券基金主要是指通过私募形式向投资者募集资金、进行管理并投资于证券市场（多为二级市场）的基金。

（三）国内主要私募股权投资机构

目前，国内活跃的PE投资机构主要有外资、内资、合资三大类。绝大部分是外资的PE基金，内资的相关机构只有中金直接投资部演变而来的少数几家。中国私募股权投资机构投资最为活跃的地区仍然以北京、江苏、上海等城市和东部沿海地区为主。

1. 外资类机构

外资类PE发展较为成熟，可细分为四类：（1）专门的独立投资基金，拥有多元化的资金来源，如The Carlyle Group、3i Group。（2）大型的多元化金融机构下设的直接投资部，如Morgan Stanley Asia、JP Morgan Partners、Goldman Sachs Asia、CITIC Capital。（3）大型企业的投资基金，服务于其集团的发展战略和投资组合，如GE Capital等。（4）其他，如Temasek、GIC。

2. 合资类机构

合资类的PE机构有中比产业投资基金、中瑞产业投资基金、弘毅投资、申滨投资等。其中，产业投资基金是中国特有的一个概念，其实质上与国外所称的私募股权投资相同。一般是指向具有高增长潜力的未上市企业进行股权或准股权投资，并参与被投资企业的经营管理，以期所投资企业发育成熟后通过股权转让实现资本增值。

3. 内资类机构

在中国，PE投资比较关注新兴私营企业，由于后者的成长速度很快，而且股权干净，无历史遗留问题，但一般缺乏银行资金支持，从而成为PE投资垂青的目标。同时，有些PE投资也参与国企改革，对改善国企的公司治理结构，引入国外先进的经营管理理念，提升国企国际化进程做出了很大的贡献。

同时，随着黑石集团、新桥资本等外资PE积极进入中国市场，不同的监管部门也都在或明或暗地设计着类似PE性质的金融创新机构：证券公司发展直接股权投资业务，银行积极推动理财计划，信托公司明确了合格投资人的定义，将私募股权投资机构的范围进一步扩大。2007年，中金、中信和中银三家券商正式获得直接股权投资试点资格，按照监管层意图，券商的直接股权投资业务目前定位于狭义PE，专做Pre-IPO业务。2007年8月，中信证券又设立了专门从事直接股权投资业务的全资子公司——金石投资有限公司。

1999年，深圳市创新投资集团有限公司（下称“深创投”）诞生。据公开资料显示，深圳国资委为深创投的第一大东家，其持股比例为36.32%。此外，深圳市投资控股有限公司为其第二大股东。另外一个加入深创投系的PE是国信弘盛投资有限公司。深创投拥有一家控股子公司，为深圳市创新资本投资有限公司，深创投持股99.5%。1999年～2010年11月，深创投在IT技术/芯片、光机电/先进制造、消费品/物流/连锁服务、生物医药、能源/环保、新材料/化工、互联网/新媒体等领域投资321个项目，总投资额逾74亿元人民币，年平均回报率达36%。在2010年成功上市的企业榜单上，由深创投投资的企业IPO数量就有24家，其中在创业板和中小板上市的占了19家。此外，深创投是创投公司2010年在创业板IPO退出数量中最多的一家，共计12笔。

（四）私募股权投资运作模式

1. 美国私募股权投资运作模式

在美国，私募基金往往由基金管理人出资一定比例，成为拥有绝对控制权的一般合伙人（简称GP，general partner）。私人股本基金公司的控制权在GP手里，他负责寻找投资机会并做投资决定，他们的收益最高，每年要提取全部基金的2%作为管理费，如果达到了最低预期资本回收率（hurdle rate），他还要提取全部利润的20%，这部分钱叫做附带权益（carried interest，即资本增值部分的提成）。私人股本基金购并的成败取决于GP的能力。GP出资后，私募基金剩余部分由投资人出，这些投资人一般是养老基金、金融投资机构或富有个人的资金组成，他们叫被动有限合伙人（简称LP，passive limited partners）；LP和GP共同组成的私人股本基金是一个有限合伙人企业。一般情况下，美国基金的年回报率在20%～30%之间，整个基金的寿命一般要持续10年左右，在此期间基金做15笔～25笔独立的投资，常规习惯是每笔投资额不超过总资金额的10%。

2. 国内私募股权投资运作模式

（1）借道外资银行：由于在中国境内设立投资实体，对境外基金的要求较高，而且税收负担较重，因此大多数境外私募股权投资基金尚未在中国境内设立外商独资投资公司。在这种情况下，境外私募股权投资基金要投资于境内上市企业，就面临着资金如何进出中国国境，以及外币资金如何与人民币资金相互转换的问题。从目前来看，境外私募股权基金主要通过两种手段来解决这一问题，即借道外资银行或以股东借款的形式进行投资。

（2）股东借款模式：境外私募股权投资基金试图投资于中国国内企业，该基金首先在离岸中心设立壳公司C，再由C公司在中国境内成立一家中外合资企业B，C公司在B公司的持股比例低于25%，因此合资企业B原则上属于内资公司。PE将以B公司为平台投资于中国国内企业。然而B公司的资本金是有限的，必须依赖于境外资金的注入来开展投资。假定内资企业A公司成为基金的目标企业，将由B公司与A公司签署投资协议。那么资金问题如何解决？PE决定采用股东借款的方式。由C公司向B公司提供借款，利率参照商业银行同期贷款利率。B公司用借款向A公司注资。当A公司成功上市后，一旦锁定期结束，B公司就可以出售A公司股份获得回报，并以此偿还股东贷款。按照中国相关法律法规，外资企业的股东借款在借款和还款时是可以结汇和购汇的，这就完成了整个资金循环。

（3）信托代持股份：如果境外私募股权投资基金试图投资的中国内资企业所处行业是限制或禁止外资进入的，那么基金就很难通过其在中国国内的关联企业直接购买目标企业股份。此时，基金通常会选择通过中国内资企业代持股份的形式来开展投资，其中最常用的模式是“信托代持股份”。

（4）股权回购：境外私募股权投资基金在投资于中国国内目标企业时，时常遇到以下情况：第一，目标企业具有很高的成长性，它们不愿意接受过多的股权投资，因为这意味着丧失更多的剩余索取权，因此它们往往要求基金在提供股权融资的同时提供配套的债权融资；第二，某些目标企业甚至不愿意接受任何股权投资，而是要求基金提供100%的贷款；第三，某些目标企业规模较小，在较长时间内不能达到上市规模，也很难获得银行信贷，但是企业成长性很强，愿意以很高的利率获得贷款。在上述情况中，虽然提供贷款的行为偏离了基金的投资方向，然而很高的贷款回报率也让基金欲罢不能。另一方面，中国政府对非金融企业之间相互提供贷款的行为，存在非常严格的管制，尤其是对贷款利率的管制，要求企业之间的贷款利率不得超过同期银行人民币贷款利率特定的百分比。这就对境外私募股权投资基金对中国目标企业的高息贷款制造了障碍。而基金和企业对此的回应是，采用股权回购方式（假股权真债权）的方法来回避政府对企业间贷款的管制。

（5）收购控股内资投资公司的境内壳公司：中国政府对境外私募股权投资基金在中国境内设立外商独资投资公司的经营实体，施加了比较严格的限制，例如要求提交申请前一年外国投资者的资产总额不低于4亿美元，投资公司的注册资本不低于3000万美元等。这对中小私募股权投资基金施加了较高的进入壁垒。另一方面，虽然境外私募股权投资基金可以不要境内投资实体，通过借道外资银行、地下钱庄、股东借款、第三方代持股份的方式，投资于中国目标企业，然而以上方式均是需要支付成本的，有些时候成本还相当高昂。因此，境外中小私募股权投资基金就产生了既想在中国国内设立投资实体，又想适当规避中国政府相关规定的需求。资本逐利的动机是无穷的，他们找到了一个方法，即收购控股内资公司的境内壳公司。

二、私募股权投资的特征

私募股权投资（Private Equity，PE），也翻译成“私有权益投资”、“私募资本投资”等形式，这些不同的翻译都不同程度地反映了私有权益投资的以下特点：

第一，在资金募集上，主要通过非公开方式面向少数机构投资者或个人募集，它的销售和赎回都是基金管理人通过私下与投资者协商进行的。另外在投资方式上也是以私募形式进行，绝少涉及公开市场的操作，一般无需披露交易细节。

第二，多采取权益型投资方式，绝少涉及债权投资。PE投资机构也因此对被投资企业的决策管理享有一定的表决权。反映在投资工具上，多采用普通股或者可转让优先股，以及可转债的工具形式。

第三，对非上市公司的股权投资，或者投资于上市公司非公开交易股权，因流动性差被视为长期投资（一般可达3年～5年或更长），所以投资者会要求高于公开市场的回报。

第四，资金来源广泛，如富有的个人、风险基金、杠杆收购基金、战略投资者、养老基金、保险公司等。

第五，没有上市交易，所以没有现成的市场供非上市公司的股权出让方与购买方直接达成交易。而持币待投的投资者和需要投资的企业必须依靠个人关系、行业协会或中介机构来寻找对方。

第六，比较偏向于已形成一定规模和产生稳定现金流的成形企业，这一点与VC有明显区别。

第七，投资回报方式主要有三种：公开发行上市、售出或并购、公司资本结构重组。对引资企业来说，私募股权投资不仅有投资期长、增加资本金等好处，还可能给企业带来管理、技术、市场和其他需要的专业技能。相对于波动大、难以预测的公开市场而言，私募股权投资资本市场是更稳定的融资来源。在引进私募股权投资的过程中，可以对竞争者保密，因为信息披露仅限于投资者而不必像上市那样公之于众。

第八，PE投资机构多采取有限合伙制，这种企业组织形式有很好的投资管理效率，并避免了双重征税的弊端。

第九，投资退出渠道多样化，有首次公开募股IPO、售出（Trade Sale）、兼并收购（M&A）、标的公司管理层回购等。

第二节　全球与亚太私募股权投资的发展

一、全球私募股权的发展概况

（一）投融资规模

由于受全球金融危机的影响，私募股权投资在2008年～2009年之间，经历了十年来最大的低迷，投资、募资、退出水平与以往比较大大降低。据The City UK统计，在2009年全球私募股权投资由181亿美元下跌到了91亿美元，在2007年创纪录的水平上下跌了70%以上。

始于2007年夏天的大衰退在2009年第三季度结束，全球私募股权投资的发展得到恢复，发展态势良好。Preqin数据显示，2009年全球交易额为2600亿美元，虽然依旧低于2008年的6500亿美元，但是全球投资情况已经开始缓慢升温。2010年的前三个月，全球PE公司宣布了358笔交易，涉及金额270亿美元，2009年同期，共发生415笔交易，涉及金额170亿美元，交易额增长了约58%。

从全年交易额来看，2010年募资额与2009年基本持平，投资额由2009年的1000亿美元增长到1300亿美元，涨幅约为33.3%。虽然仍低于经济衰退前2007年的最高点，但全球PE活动正在缓慢上升（见图4.1）。

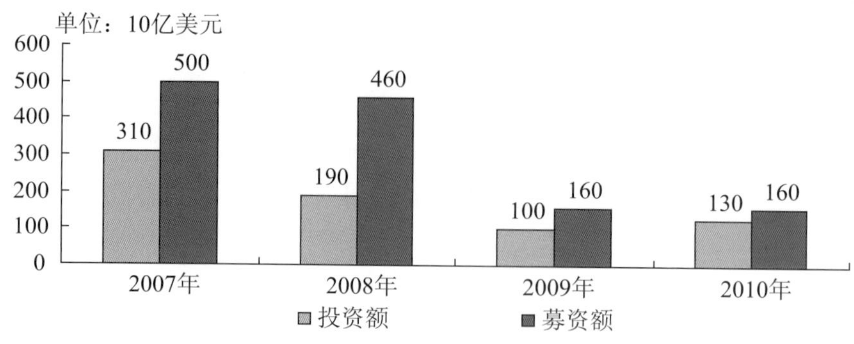

数据来源：Preqin

图4.1　2007年～2010年全球私募股权投资投资额和募资额

（二）投融资地区分布结构

2008年金融危机过后，亚太地区私募股权的投资量逐年增加，特别是中国、新加坡、韩国和印度等新兴市场。原因是这部分地区受经济危机影响较小，有更好的经济增长前景。根据路透社的数据，2009年～2010年，新兴市场上的私募股权投资额增长了110%，而且这种趋势还将继续，不仅"金砖四国"、中东和北非地区成了投资热点，秘鲁、尼日利亚和越南等前沿市场也吸引了大量私募股权投资。

从2010年私募股权活动分布的区域（见图4.2）可以看出，北美私募股权投资总额占全球投资总额的48%，比2009年的36%增长了12%。欧洲私募股权投资额占全球的34%，其中，英国私募股权投资额占全球投资额的13%，占整个欧洲的38%，是除美国以外最发达的私募股权投资市场。其他欧洲的大型的私募股权投资中心包括：法国、德国、瑞典、荷兰、西班牙。纽约和伦敦是私募股权公司分布最多的地方，全球最大的50家私募股权公司中，14家总部在纽约，9家总部在伦敦。

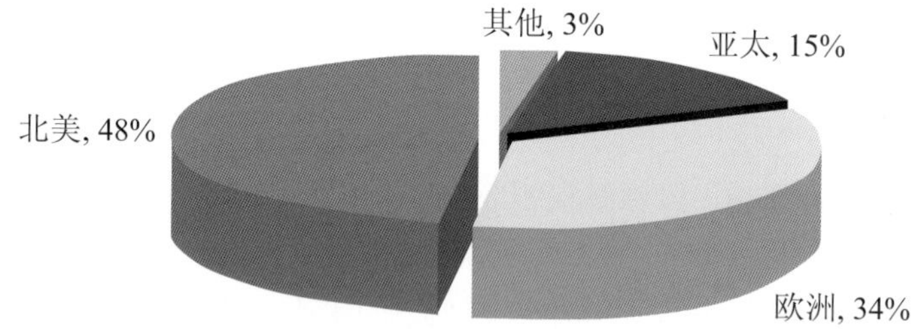

数据来源：Thomson Reuters、EVCA、AVCT data

图4.2　2010年全球PE投资地区结构分布

（三）投资用途分布结构

全球私募股权资本的投向主要包括并购、公司发展和高新技术的投入，不同背景的金融市场会导致不同的资本分工，由于国际资本市场的活跃，并购基金在市场上扮演了重要角色（见表4.1）。

表4.1　　2003年～2009年发展资本和并购基金占全球PE投资的比重

年 份	2003	2004	2005	2006	2007	2008	2009
发展资本(%)	18.3	20.0	21.3	17.6	14.1	15.4	14.2
并购基金(%)	63.5	60.9	53.7	49.5	66.3	62.4	66.7

数据来源：Dealogic、Thomson Reuters、PwC、BVCA

从投资行业分布情况来看，2009年第四季度私募股权机构在传统行业中的投资案例和投资金额，分别占投资总量的70.0%和89.2%，与2009年第三季度相比有大幅提升，占据私募股权投资行业的绝对主导地位。2010年私募股权投资格外关注能源、科技、医疗卫生、零售等几个领域。2010年，全球医疗卫生领域的私募股权并购占整个并购行业的11.2%，占比排名第三，从并购基金交易量来看，传统的建筑和运输业已经不再是私募股权投资的主导（见表4.2）。

表4.2　　2010年全球私募股权投资各行业并购量

行 业	所占百分比(%)	交易数量(笔)
电脑和电子产品	21.0	342
专业的服务	12.7	208
医疗卫生	11.2	182
金融服务	5.7	93
零售	4.9	80
建筑业及建造业	4.7	77
电信	3.6	58
食品和饮料	3.4	55
消费类产品	3.2	52
运输	3.0	51
其他	26.6	434

数据来源：Dealogic

二、亚太地区私募股权投资发展概况

随着2007年亚太地区私募股权融资额达到4000亿美元峰值后，从2010年来看，私募股权融资额日趋平稳。截止到2010年10月，全球私募股权融资额达到940亿美元，与2009年基本持平。国际知名独立私募股权公司艾德维克2010年12月6日发布其对全球私募股权投资行业的市场报告称：亚洲等新兴市场对私募股权资本的吸引力日趋增大，中国强劲的内需增长成为吸引全球私募股权资本的主要动力。亚洲地区正涌现出更多的投资机会，尤其是亚洲各国内需的增长，使得私募股权对亚洲地区的投资兴趣大增。

（一）投融资规模

从季度发展来看，2010年第一季度，亚太地区的私募股权投资额达到103亿美元；第二季度为121亿美元，交易约有158件，已落实的有154件，可以说整个市场活力未减。而到了第三季度则下降到了88亿美元，有一定程度的衰减迹象。

2010年亚太市场退出环境越来越健全和融资渠道的回暖，表明亚太地区私募股权体系在经济危机过后正重新焕发出勃勃生机。据亚洲创业基金期刊集团（AVCJ）与毕马威会计师事务所（KPMG）数据显示，自2008年亚洲私募股权突破2000亿美元大关后，2009年和2010年亚洲私募股权投资日趋平稳。2010年，亚洲地区共募集资本1050亿美元，同比减少19.84%，投资额为630亿美元，同比减少25.88%（见图4.3）

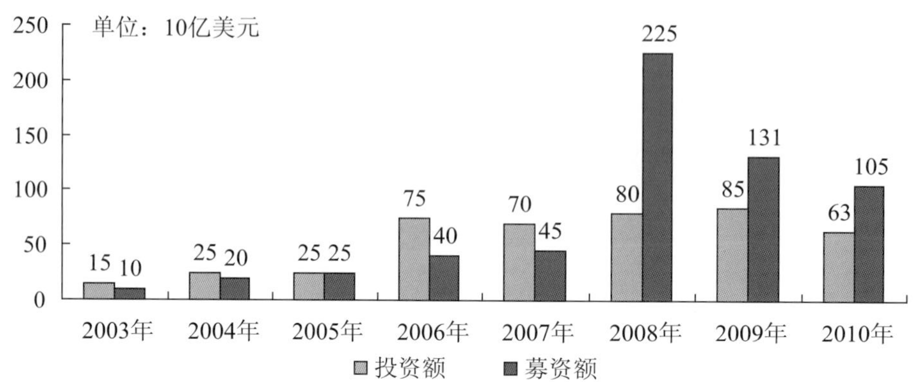

数据来源：《Global Private Equity Report 2010》AVCJ，KPMG

图4.3 2003年～2010年亚太地区私募股权投融资状况

（二）投融资地区分布结构

由于2010年亚太地区受金融危机影响较小，较其他地区具有更好的前景，所以该地区在经济衰退期间继续吸引私募股权的投资者。即使在全球私募股权投资紧缩的2007年～2009年，亚太地区的投资份额增长了近两倍，从大约8% 增长至23%。

据汤森路透发布的《亚太地区私募股权投资报告》显示，2009年，中国企业是亚太地区最大的 PE 受益者，总共吸引了36亿美元的投资额，占区域总额的32%。2010年以来，亚太区交易额最大的10项投资交易中，有6项投资于中国企业，印度和澳大利亚紧随其后。

2010年中国和印度市场是亚洲发展速度最快的两个经济体，中国全年投资额达341.8亿美元，金额排名第一。印度紧随其后，2010年完成的总投资额为140亿美元，各项交易都保持了健康平稳的态势。与此同时，日本市场完成的私募股权投资额为41.7亿美元，居第四位。澳大利亚市场，虽然有几宗潜力巨大的交易，但以实际成交数量统计，仅有18.7亿美元（见图4.4）。

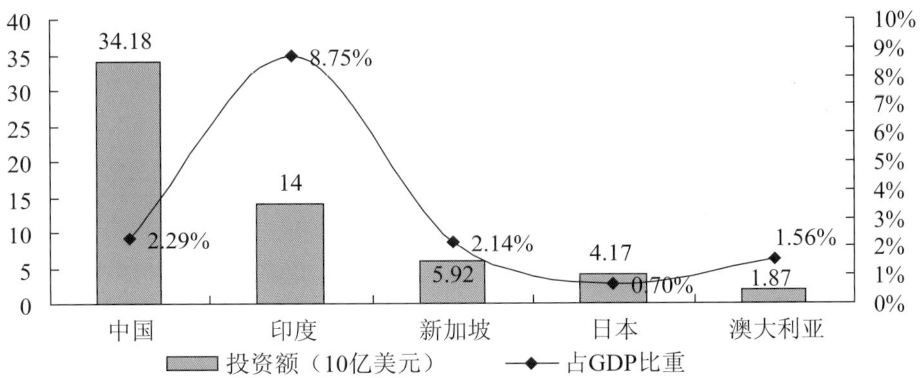

资料来源：World bank Data，AVCAL，普华永道，Thomson Reuters

图4.4　2010年亚太地区私募股权投资前五名的国家

（三）投资用途分布

对于亚太私募股权投资结构而言，从2006年开始并购基金和发展资本出现快速增长的势头，2007年私募股权投资额中用于发展资本和并购基金的比例为70.61%，共623亿美元，达到近两年的最高值，增长较快。2008年和2009年受金融危机的影响，并购基金和发展资本所占比例有小幅下降。2009年亚太并购基金和发展资本共投资694.7亿美元，占全年投资总额的41.64%，比2008年增加了13.39%（见图4.5）。

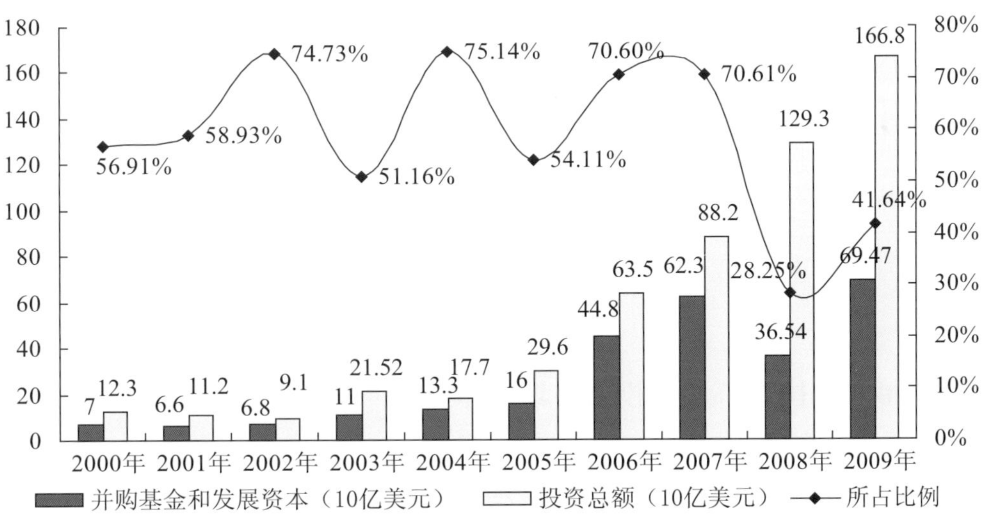

数据来源：《Global Private Equity 2010》，普华永道；Dealogic

图4.5　亚太地区并购基金和发展资本在私募股权投资总额中所占比重

从投资用途的行业分布来看，2009年私募股权投资主要集中于医疗、零售、专业服务、计算机和电子这四个行业，无论从交易数量还是从交易金额来看都在行业中排名前四（见表4.3）。

表4.3　　2009年亚太地区并购基金投资行业分布

行 业	交易数量（笔）	交易金额（10亿美元）	所占百分比（%）
医疗卫生	12	2.4	22.60
计算机和电子	9	1.9	17.00
零售	7	4.1	13.20
专业的服务	5	1.0	9.40
其它	20	6.9	37.70

数据来源：Dealogic

第三节　中国私募股权投资发展概况

一、中国私募股权投资发展概况

受全球金融危机的影响，2008年～2009年两年里，国际投资者为亚洲和中国私募股权市场提供的资金有所减少，但从2009年第三季度开始到2010年，投资者又开始重新增加对亚洲尤其是中国私募股权的资金配置。2010年，PE背景企业，尤其是中国企业的成功退出，极大地提高了国际、国内投资者对中国私募股权投资的兴趣。在中国，私募股权投资的资金来源也出现了重大的转变。在全球金融危机中，来自国际投资者的资金供应有所减少，与此同时，来自国内投资者的资金供应却大幅增长，一举超过了来自西方金融机构的资金供应量。

2010年，中国企业在全球资本市场的表现可谓卓越，IPO数量及融资规模均创造历史新高。中国私募股权投资市场也同样走过了火爆的一年，募资规模大幅上升，上市成为机构主要退出方式。据公开市场资料整理得出，2010年中国私募股权投资市场募资活跃度显著回升，共有82支私募股权投资基金成功募集276.21亿美元，投资数量与募集规模分别为2009年的2.73倍与2.13倍。

二、中国私募股权投资的发展特点

（一）2010年中国私募股权投资市场总体概述

2010年已经过去，在通货膨胀及人民币升值的压力之下，中国经济还是保持了高速增长态势，中国资本市场也同样迎来火爆景象。借助2009年10月份创业板开闸及中国概念股在境外市场的火爆，2010年中国企业在全球资本市场表现活跃，IPO数量及融资规模均创造历史最高纪录。

私募股权投资市场同样走过了热闹的一年，不仅在于IPO活跃背后的大量投资退出，也表现在投资机构对新兴产业、消费品、TMT等行业的热切关注。虽然2010年投资案例数量激增，但交易总额涨势较弱，单起案例投资规模只有2859.75万美元，跌至历史最低点。根据全年投资案例并结合投资机构类型分析，本土机构投资规模普遍偏小，较少涉及大型投资交易，金额大于2亿美元的投资案例多由外资机构独立或参与完成。

（二）投资规模分析

根据公开市场资料显示，2010年全年披露PE投资案例375起，投资总额196.13亿美元（见图4.6），同比分别增加114.0%和16.1%，无论披露投资案例数量还是投资金额，均达到历史最高。

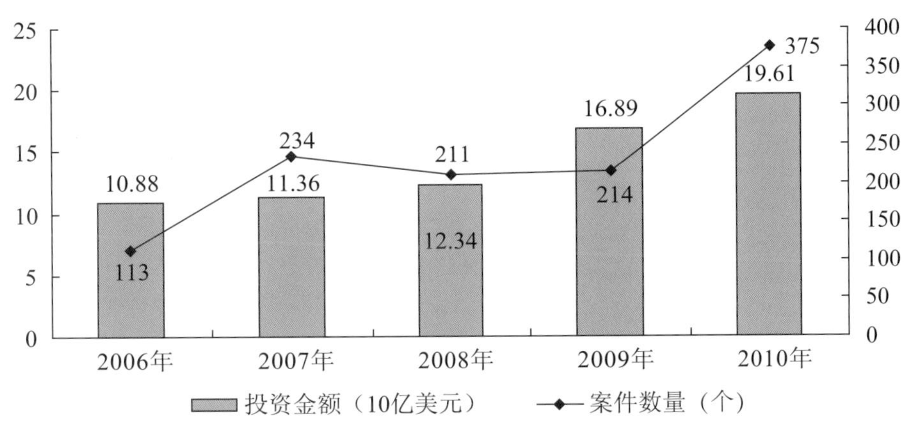

资料来源：根据公开市场资料整理

图4.6　2006年～2010年中国私募股权投资市场投资规模

2010年平均单笔投资金额为5230万美元，同比2009年下降33.7%，接近历史最低位（见图4.7）。

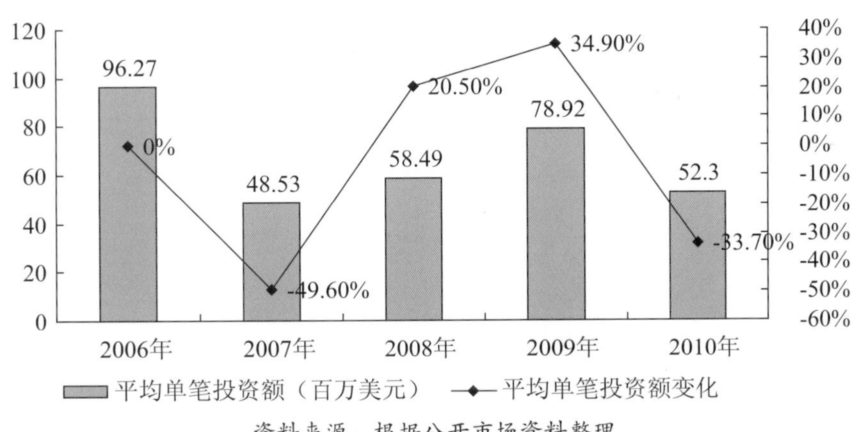

资料来源：根据公开市场资料整理

图4.7　2006年～2010年中国私募股权投资市场平均单笔投资金额

（三）投资行业分析

2010年中国PE投资共涉及20个行业，其中，制造业、能源及医疗健康行业分别披露案例102起、40起和33起，为全年披露投资案例数量最多的三个行业（见图4.8）。加上紧随其后的金融、农林牧渔及食品饮料，可以看出，PE投资仍主要关注于传统行业。

在融资金额方面，食品饮料行业融资总额最高，达33.73亿美元，占年度PE投资总额的17%（见图4.9）。在物流行业投资中有多起铁路、港口等物流基础设施建设引入PE投资，投资规模也较为突出。

总体来看，传统行业依然是PE投资关注的重点，尤其是食品饮料、医疗健康等消费相关行业成为投资热点，这种趋势也与境内外资本市场对这些行业企业的热捧相一致，表明投资者对中国消费市场潜力的良好预期。由于政府对物流行业的政策引导，为物流产业相关基础设施建设提供了良好的政策环境，也得到了PE的关注。金融业受到关注，主要源于其稳定的盈利前景，并且在众多大型金融机构实现上市之后，城商行、担保、融资租赁、高端理财等细分行业的领先企业也迎来新一轮上市潮。因此，PE机构具有较强的投资意愿。

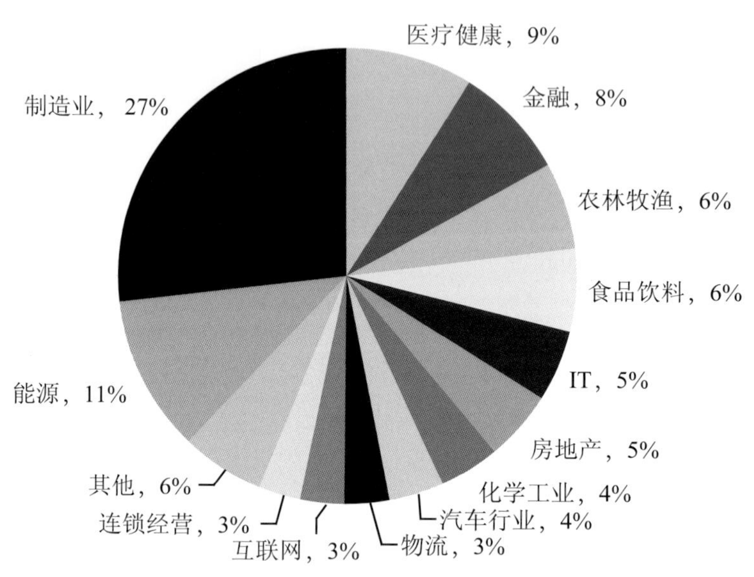

资料来源：根据公开市场资料整理

图4.8　2010年中国私募股权投资市场投资案例数量比例

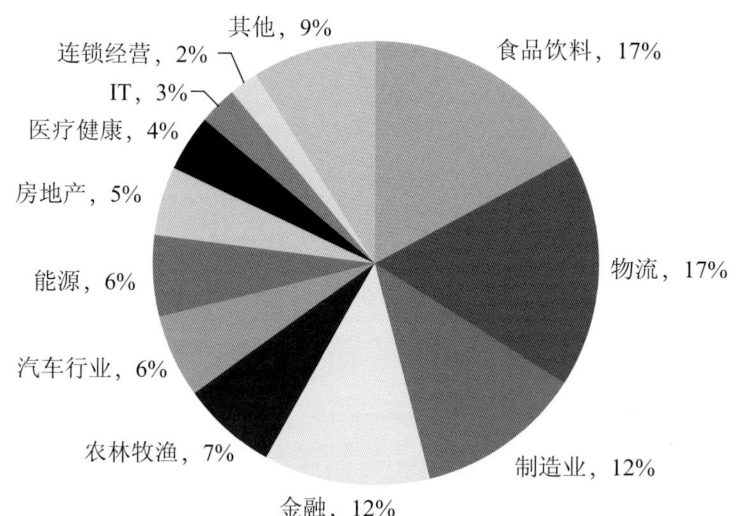

资料来源：根据公开市场资料整理

图4.9　2010年中国私募股权投资金额比例

（四）投资类型分析

从投资类型来看，成长型（Growth）投资披露案例289起，投资金额为107.93亿美元，仍是PE投资的主流；PIPE投资披露案例71起，占总投资案例数的18.9%，投资金额为78.33亿美元（见图4.10）。

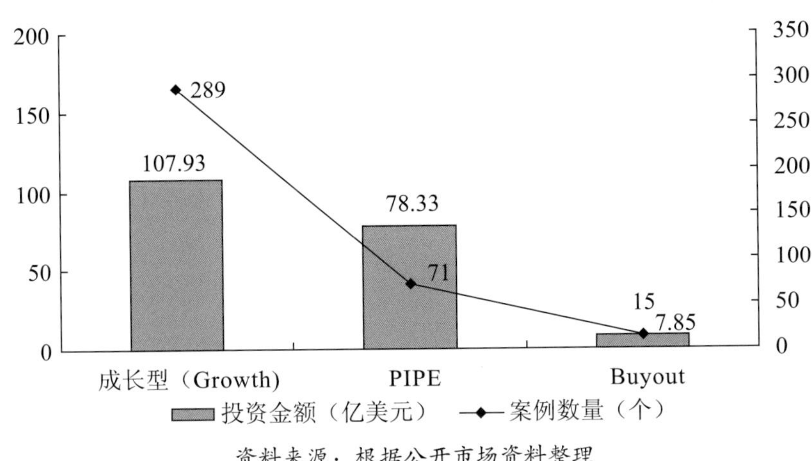

资料来源：根据公开市场资料整理

图4.10　2010年中国私募股权投资市场不同投资类型投资规模

2010年，中国私募股权投资市场已经披露的投资金额最大的10起案例中，PIPE投资有6起，占比为60%（见表4.4）。自2009年起，PIPE投资在PE投资中所占比例有较大幅度提升，且以投资境外上市中国企业为主，其主要原因在于金融危机发生后，上市公司股票价格下调至相对合理的估值区间内，部分公司估值水平甚至低于一级市场，且存在一定低风险的投资机会与业务整合空间。

表4.4　　2010年已公开十大私募股权投资案例

发生时间	企业简称	投资金额（百万美元）	融资性质	投资机构
1月6日	汉口银行	219.71	Growth	联想控股
1月28日	中联重科	240.03	PIPE	弘毅投资/湘江投资
1月31日	华联国际	329.38	PIPE	中非基金
3月18日	寿光农品园	630.30	Growth	黑石/兰馨亚洲
4月21日	雨润食品	235.00	PIPE	淡马锡/厚朴投资
6月19日	红星美凯龙	380.84	Growth	华平/中信产业基金/渤海基金/复星创富
6月22日	冀东水泥	280.47	PIPE	新天域资本/GIC
7月28日	汇源果汁	260.81	PIPE	赛富基金
11月28日	双汇发展	2611.99	PIPE	高盛/鼎辉/淡马锡/新天域资本
11月30日	中金公司	1000.00	Growth	KKR/TPG/GIC

资料来源：CVCRI

（五）2010年中国私募股权投资市场投资地区分析

从私募股权投资企业的地区分布来看，2010年东部沿海地区仍是风险投资机构最为关注的地区。在投资案例数量上，北京、上海和江苏分别有64家、35家和34家企业获得PE投资，占据案例数量前三名（见图4.11）；投资金额最多的三个地区分别是北京、河南及山东，投资总额分别为56.19亿美元、29.22亿美元和17.04亿美元（见图4.12）。相比之下，中西部地区省份因其传统行业的优势，在吸引PE投资规模方面排名更高，前10名中有4个为中西部省份。而河南则主要凭借其境内双汇发展的投资交易占据投资金额第二名。

未来，传统行业仍将是PE投资机构关注的重点，而中西部地区所具有的能源、资源优势对于PE机构而言具有很强的吸引力。目前，中西部地区政府部门正在加快推进本地区私募股权投资市场的发展，并引导着越来越多的投资机构开始进入中西部，PE投资规模的地区差异今后将逐渐缩小。

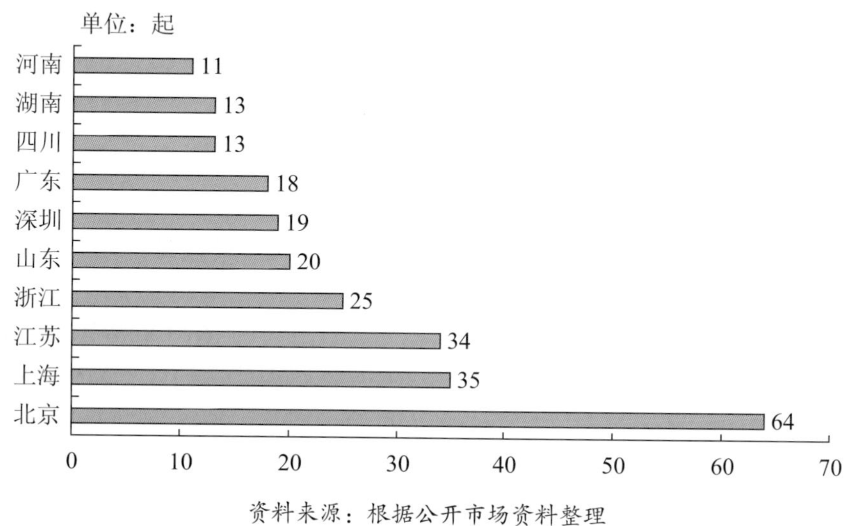

资料来源：根据公开市场资料整理

图4.11　2010年中国私募股权投资市场地区投资案例数量前十名

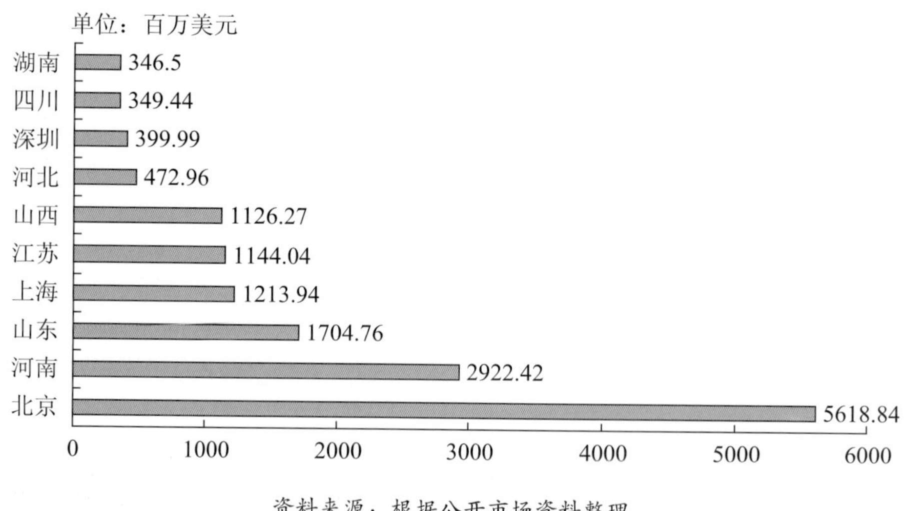

资料来源：根据公开市场资料整理

图4.12　2010年中国私募股权投资市场地区投资金额前十名

（六）2010年中国私募股权投资市场内外资投资分析

以2010年PE投资的资金来源分析，币种以人民币为主的中资基金投资案例为237起，投资总额为80.51亿美元，分别占比63.3%和41.1%。中资基金投资案例数量自2009年起超越外资基金，成为中国PE投资市场上的主流，但在投资规模方面，外资投资规模仍占据半数以上（见图4.13）。但以近几年投资趋势来看，中资投资规模超越外资已是必然趋势。

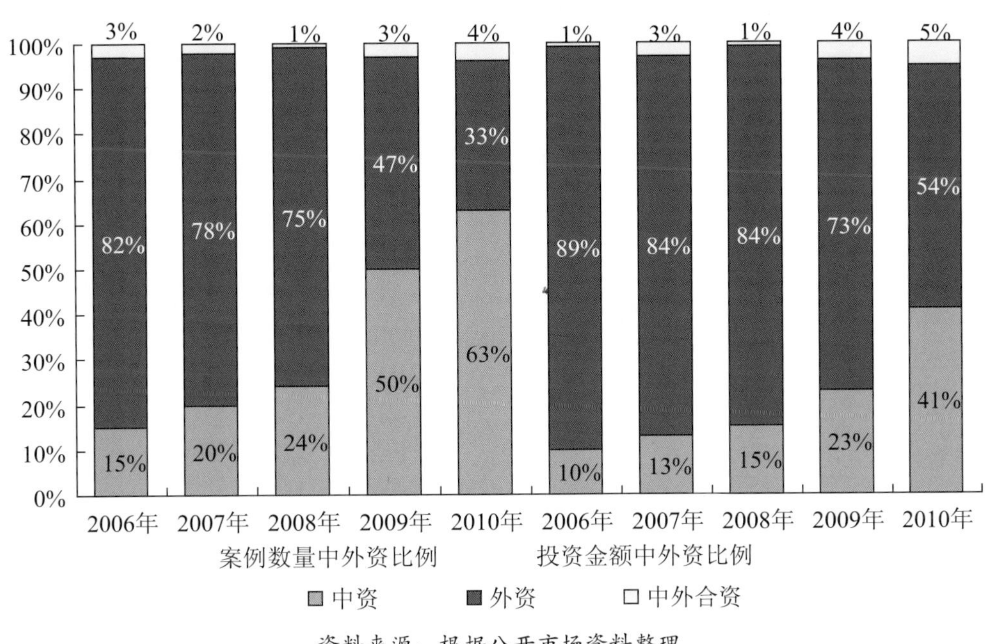

资料来源：根据公开市场资料整理

图4.13 中国私募股权投资市场内外资投资分析

三、中国未来私募股权投资发展面临的挑战

近几年来，全国各地的私募股权投资出现了加速发展的势头，但由于我国私募股权基金诞生的历史还很短，加之全国性法规滞后，所以，无论从法律环境和政策环境，还是从发展规模和运作水平来看，都只能算作初级阶段，难免出现这样那样的问题，所以我国私募股权投资的发展还面临着一定程度的挑战。

（一）国际金融危机对我国私募股权市场的影响

国际金融危机导致中国资本市场的不确定性。由于美国次贷危机导致美元贬值加剧，近年来美元实际有效汇率已经大幅度降低。许多国家的货币兑美元的比价都在升值，这使得世界通货膨胀的负面影响逐渐加大。同时，国际资本流向出现了更大的不确定性，从而导致股市频繁波动，投资者信心减弱。国际金融环境变化对我国的影响主要体现在三个方面：第一，美元贬值加大了人民币升值的压力；第二，资本市场的不确定性继续增加，投资者面临的风险加大；第三，我国产品出口环境恶化，这就使得国内经济增长受到较大限制。这些因素都会影响到中国资本市场的运行，最终作用到中国私募股权投资市场。

（二）我国私募股权投资的运作机制存在一定的问题

第一，法律法规有待完善。尽管我国有关私募股权投资的法律法规在不断出台和更新，但合理的规范化的 PE 发展环境还没形成，法律法规体系还不健全，仍落后于实践。比如在企业组织形式中，公司制 PE 比较规范，但存在双重收税问题，而合伙制 PE 企业虽避免了双重收税问题，但具体操作上仍存在许多模糊空间。

第二，治理结构不健全，运作不规范。由于中国私募股权基金的组织形式较多，企业规模相对较小、数量众多，且民营资本占主体，同时，我国的本土 PE 企业也比较少，本国资金构成比例也较低，未能充分整合我国分散的资金。

第三，监管模式存在不足。目前我国规范的 PE 行业监管模式还没有成型，对现行监管方式仍有许多争议。具体的规范的 PE 管理办法还在酝酿阶段。而英美等发达资本主义国家的监管模式、办法都已经比较成熟和规范。

第四，私募股权投资退出机制不完善，退出机制不合理。我国 PE 退出机制存在一些不合理的地方。一是限制条件较多，条件过严。如 IPO 上市退出方式中，早期的 PE 企业上市往往是绕道境外上市，而不是在我国沪深或港交所上市，尽管近年来在本土上市难度有所降低，但仍比较困难。二是退出渠道狭窄，退出方式较少。如我国的二级市场发展滞后、柜台交易发展缓慢、产权交易发展不稳定等不利因素依然不少。

第五章　中国台湾地区风险投资发展报告[①]

本章根据公开资料进行整理分析，首先简要回顾了台湾地区风险投资行业的整体发展，然后对2009年台湾地区风险投资的发展现状做了概括性描述，并分别从投资规模、投资行业、投资阶段、投资地区、募资规模、募资区域、募资公司情况和退出绩效等方面阐述了台湾地区风险投资的发展特点。最后对台湾地区风险投资事业发展进行了展望。

由于台湾地区的数据发布较晚，2010年数据反映2009年的情况，因此本章的数据截至2009年底。

第一节　台湾地区风险投资发展回顾

台湾创投事业始于1982年，与美国和以色列并列为全球三个创投业最发达的地区。自1984年设立台湾第一家创投公司起，至今已步入第二十七个年头。1995年～2000年间台湾科技事业高速发展，创投公司也以极快的速度成长，此期间每年新增加的创投公司平均约28家，每年创投业新增资本平均约为新台币135亿元。在政府政策的引导下，台湾创投主要着重于高科技产业的投资，在高速的产业发展下，配合岛内经济的成长及股市的火爆，造就了岛内科技产业与创投产业的蓬勃发展，也创造了过去台湾创投业在国际舞台亮丽的成绩。

然而，自2000年科技泡沫化以及政府取消创投事业股东的租税优惠后，台湾创投产业资金来源骤减。2001年～2007年新增创投公司的数量急速锐减，约占1995年～2000年平均值的48%。此期间，每年创投业平均新增资本也减少至1995年～2000年平均值的80%左右。2008年全球经济大衰退更对2009年台湾创投产业造成了不小的影响：2009年台湾创投总计投资案件数为533件，比2008年的620件减少了14.03%，投资总金额为121.54亿元，比2008年的136.35亿元减少了14.81亿元。

在政策方面，台湾地区先后出台了《创业投资管理规则》、《证券商投资创业投资事业相关规范》、《证券商投资创业投资事业相关规范修正》、《创业投资事业范围与辅导办法》、《金融控股法》、《行政院国家发展基金加强创业投资事业计划》、《行政院国家发展基金投资创业投资事业之审查及管理要点》、《行政院国家发展基金加强投资中小企业实施方案》等相关政策。2010年，台湾先后颁布了《创业投资事业辅导办法》、《产业创新条例》两部相关法规，对创业投资事业流程、创业投资事业各项资金来源、投资比例等方面进行了规范。

① 本章如无特别说明，币种均指新台币。

第二节　台湾地区风险投资发展现状

一、投资规模

2009年，全球经济大衰退对台湾的创投产业影响较大，台湾地区整体投资规模锐减。从投资项目情况来看，2009年投资项目为533件，比2008年减少了14.03%，继2008年之后继续呈现下降趋势（见图5.1）。

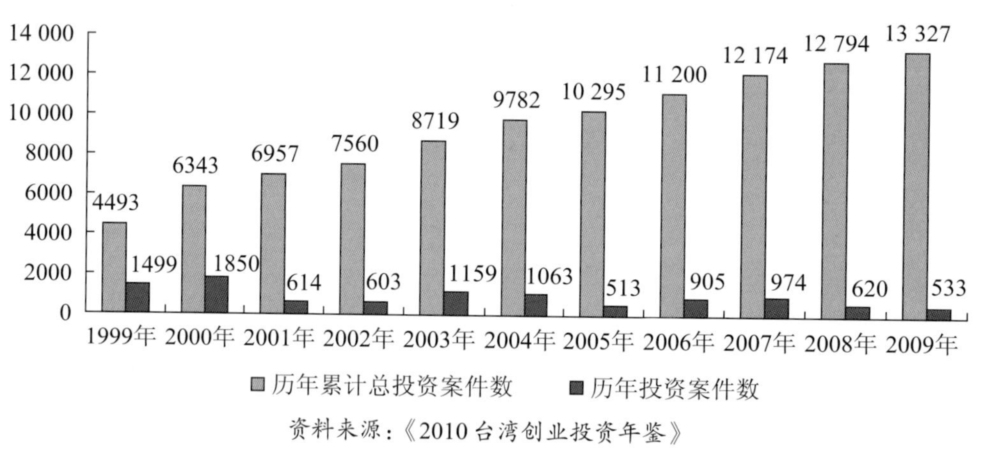

资料来源：《2010台湾创业投资年鉴》

图5.1　1999年～2009年各年度投资案件数与成长率比较

截至2009年底，台湾地区累计发生风险投资案件总数为13 327件，平均每家风险投资机构投资项目2.91件，比2008年的3.52件又有所下降，与历史最好的1997年相比，2009年平均每家投资项目只有1997年的1/5，为自2006年以来最低（见表5.1）。

表5.1　　1999年～2009年平均每家创投当年投资案例数

年 度	1999	2000	2001	2002	2003	2004	2005	2006	2007	2008	2009
平均每家创投当年度投资案件数	9.8	10.9	3.5	3.1	5.4	4.6	2.2	4.13	5.32	3.52	2.91

资料来源：《2010台湾创业投资年鉴》

从投资金额来看，2009年创业投资额121.54亿元，较2008年总额下降10.86%（见图5.2）。历年总投资金额2502.25亿元，平均每家当年投资金额0.66亿元，比2008年下降14.3%。

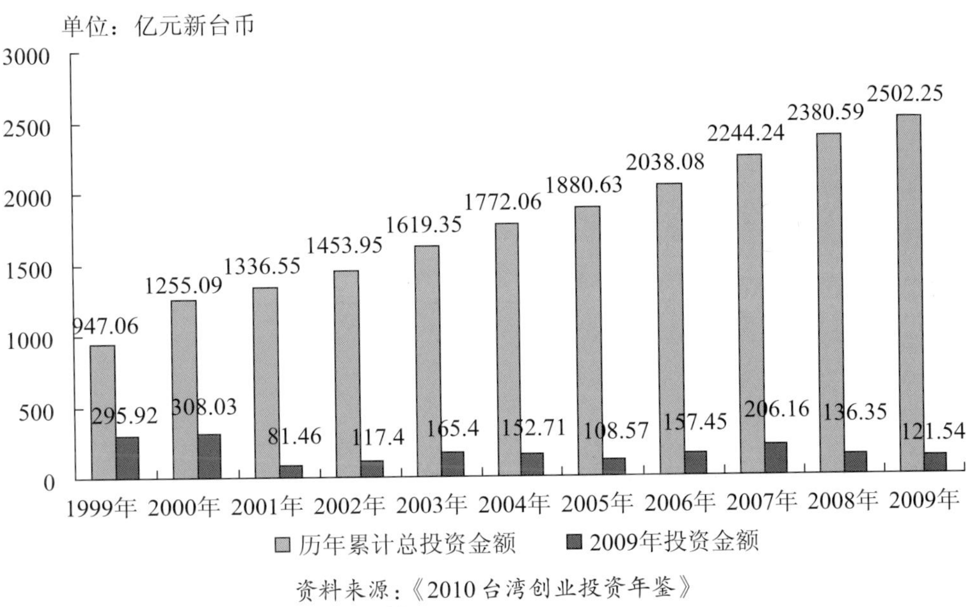

资料来源：《2010台湾创业投资年鉴》

图5.2　1999年～2009年各年度投资金额成长率比较

二、募资规模

由于2009年新设立创投公司实收资本额42.5亿元达近三年来的新高点，2009年度新增资本额为29.8亿元，比2008年的-7.97亿元增加较多（见图5.3）。

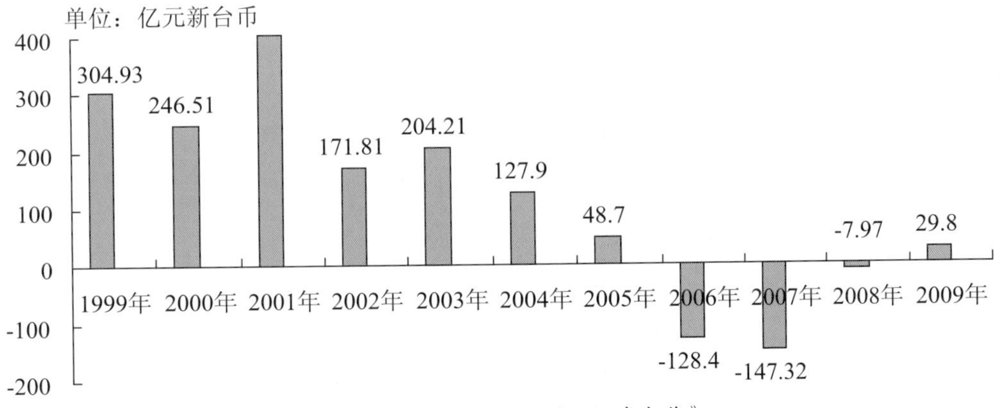

资料来源：《2010台湾创业投资年鉴》

图5.3　1999年～2009年新增资本额比较

2009年新成立创投公司家数为8家，相比2008年增加了3家，2009年更名改业或清算家数为5家，为4年来最低。2009年实际运营的公司家数为183家，比2008年增加了3家（见表5.2）。

表5.2　　1999年～2009年各类创投公司家数

年 度	1999	2000	2001	2002	2003	2004	2005	2006	2007	2008	2009
年度创业投资公司总数	160	192	199	217	240	259	268	270	275	280	288
新设立家数	46	32	7	18	23	19	9	2	5	5	8
当年度更名改业或清算家数	0	0	4	1	3	4	7	14	38	11	5
未成立或暂缓成立家数	0	15	12	11	11	11	11	11	11	11	11
实际营运家数	153	170	176	194	214	229	231	219	186	180	183

资料来源:《2010台湾创业投资年鉴》

第三节　台湾地区风险投资发展特征

一、募资来源分布特点

（一）按区域类别划分

2009年，台湾地区风险资本90.33%来自岛内，与2008年相比略有下降，减少1.4%；岛外比重从8.27%增加到9.67%。2009年的法人资本比重相对2008年变化不大，为91.09%；个人资本比重从9.52%下降到8.91%（见图5.4）。

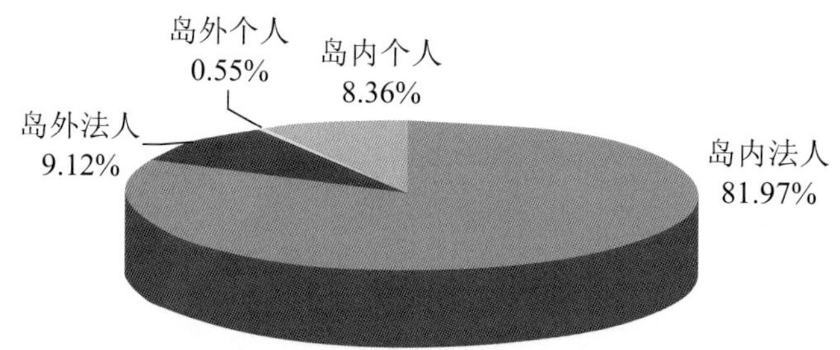

资料来源:《2010台湾创业投资年鉴》

图5.4　2009年台湾地区募资比例(区域类别)

（二）按部门来源划分

2009年，按部门来源划分，法人公司是创投业最大的投资者，其资金占了总创投资金的40.19%，其后依次是投资机构、金融控股和个人，分别占了19.10%、9.13%和8.19%（见图5.5）。

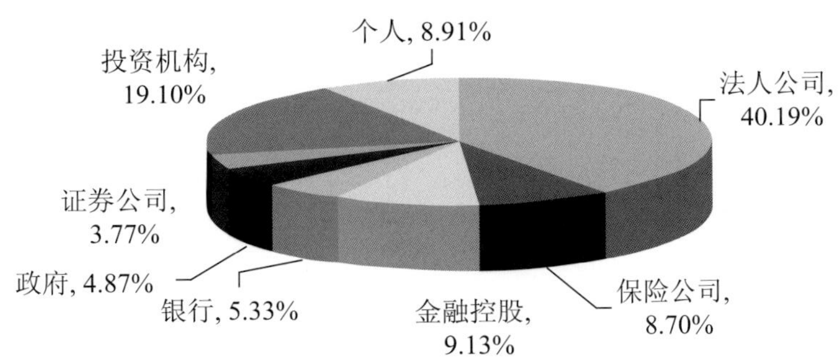

资料来源:《2010台湾创业投资年鉴》

图5.5　2009年募资比例(部门类别)

二、行业分布特点

2009年台湾光电产业蝉联最高投资额宝座,生物科技产业投资比例已跃升至年度第三。2009年创投投资金额最多的产业依次为光电(31.95亿元)、半导体(20.46亿元)、生物科技(16.62亿元)、电子工业(15.23亿元)、通讯工业(14.79亿元)、创投事业(4.00亿元)、传统制造业(3.19亿元)。由此可见,生物科技产业投资比例已跃升至年度第三。

总的来看,2009年投资在光电产业的资金还是最多,占了总金额的26.29%。2008年投资在生物科技的额度只占了当年总资金的13.98%,而2009年投资在该领域的资金则占了2009年总投资金额的13.67%。由数据可见,半导体产业所占份额在2009年有所上升,传统制造业的比重有所下降(见图5.6)。

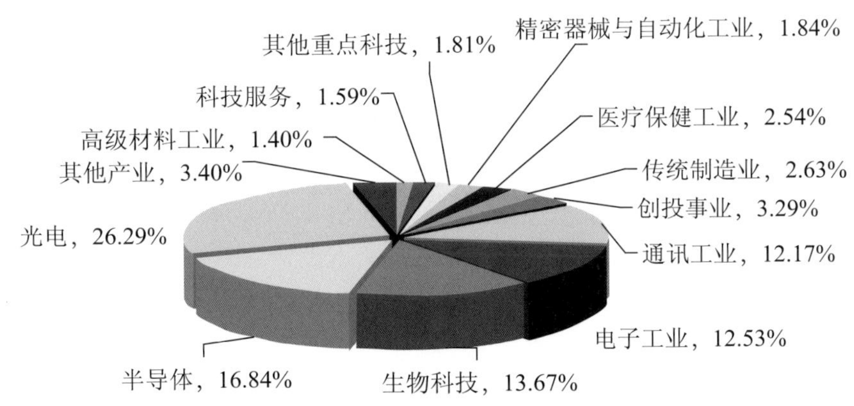

资料来源:《2010台湾创业投资年鉴》

图5.6　2009年台湾地区创投金额行业分布

单独从投资项目数来看,光电产业仍是投资者的最爱,2009年共发生117起,占总项目数额的21.95%,比2008年下降了4.02%。半导体产业的项目数量(79起)占比从2008年的13.87%略增到2009年的14.82%,而生物科技产业(53起)从2008年的9.84%增加到2009年的9.94%(见图5.7)。

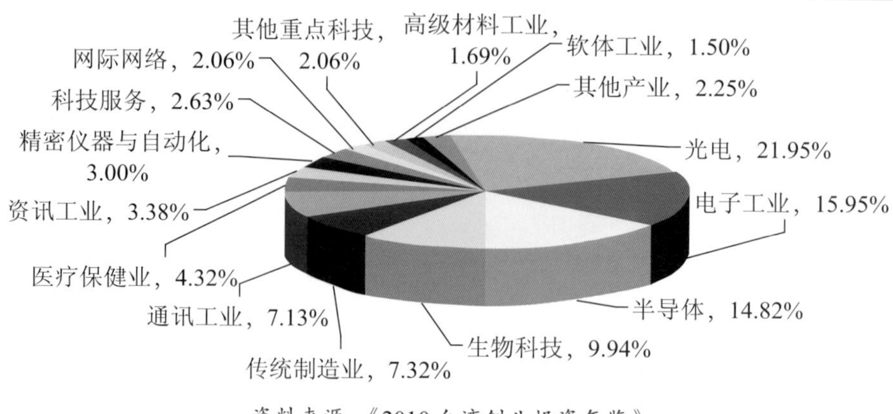

资料来源：《2010台湾创业投资年鉴》

图5.7　2009年台湾地区创投项目数行业分布

三、风险投资阶段分布特点

与2008年一致，2009年扩张期的企业同样占最大的投资比重，并且有所增长，达到57.97%；其次是成熟期企业和创建期企业。从投资案例数来看，2009年成熟期企业和创建期企业投资比例分别为28.52%和11.44%，与2008年相比略有上升。从投资金额来看，也同样向扩张期集中，达到63.64%，成熟期企业的投资比例比2008年下降了9.64个百分点，创建期企业的投资比例上升至8.24%，种子期的份额为1.07%，较2008年下降了0.33个百分点（见表5.3）。

表5.3　　2009年台湾地区创投案件的阶段分布

投资阶段别	种子期	创建期	扩张期	成熟期	重整期	小计
投资案件数	9	61	309	152	2	533
阶段别比例	1.69%	11.44%	57.97%	28.52%	0.38%	100%

资料来源：《2010台湾创业投资年鉴》

早期阶段包括种子期和创建期，2009年早期阶段的项目数继续下滑，比2008年下降了19.54%；而早期阶段的投资金额比2008年下降了49%，占投资总额的9.31%。

四、投资地区分布特点

从投资金额和投资项目数来看，台湾岛内地区的投资项目数约占88%，比2008年上升了9%；台湾岛内的投资金额占比91%，比2008年上升了20.5%。其次是投向美国硅谷和亚洲地区。2009年投资美国硅谷地区的项目比例数为4.69%，同比下降了5.63个百分点，资金额度下降了5.12%。投资亚洲地区的项目比例数为1.13%，低于投资美国其他地区项目占比1.68个百分点，投资金额比例也低于美国其他地区2.03个百分点，只占到0.88%，并且低于美国硅谷地区2.51个百分点（见表5.4～5.5）。

表5.4　2009年台湾地区投资案件数分析

投资地区	台湾地区	美国硅谷	美国其他	亚洲地区	欧洲地区	其他地区	合计
投资件数	471	25	15	6	0	16	533
比例	88.37%	4.69%	2.81%	1.13%	0.00%	3.00%	100%

资料来源：《2010台湾创业投资年鉴》

表5.5　2009年台湾地区投资金额分析

投资地区	台湾地区	美国硅谷	美国其他	亚洲地区	欧洲地区	其他地区	合计
投资金额（百万新台币）	11 107	412	354	108	0	174	12 154
比例	91.38%	3.39%	2.91%	0.88%	0.00%	1.43%	100%

资料来源：《2010台湾创业投资年鉴》

五、风险投资盈利情况

从年度平均盈余来看，2009年全年台湾地区风险投资业在2008年出现亏损之后转为盈利，每股盈利0.88元新台币。其中前10名创投企业平均每股盈余1.73元新台币，同比增长76.5%；前20名创投企业平均每股盈余1.01元新台币，同比增长63%（见表5.6）。

表5.6　1999年～2009年创投每股盈利最佳前10名及前20名分析（单位：元新台币）

年　份	1999	2000	2001	2002	2003	2004	2005	2006	2007	2008	2009
每股盈利前10名平均值	7.53	10.64	4.66	2.49	1.73	1.21	3.42	7.48	5.18	0.98	1.73
每股盈利前20名平均值	5.15	7.35	3.14	1.68	1.41	0.99	2.25	4.27	3.53	0.62	1.01
年度总平均值	1.33	2.06	0.56	0.05	0.12	-0.09	0.17	0.68	1.08	-0.02	0.88

资料来源：《2010台湾创业投资年鉴》

第四节　台湾地区IPO市场退出情形分析

根据洛桑管理学院（IMD）公布的2009年全球竞争力报告指出，台湾地区在整体经济方面，因通胀管控得宜、出口表现良好、长期失业率下降与新台币汇率稳定，整体表现大幅提升，在全球排名第十三，亚洲排名第三。2009年台湾地区整体经济形势回温，也带动资本市场呈现上扬格局。2009年台湾地区企业上市（柜）数量与2008年的50家相持平。2009年风险投资所支持的上市（柜）公司数量为19家，占当年上市（柜）公司数量的38%，低于2008年的44%；科技类公司IPO数量比2008年上升了32.26%，其中风险投资支持的科技类公司占上市科技公司比重为46.34%，总数为19家，比2008年下降了5%（见表5.7）。

表5.7　　2002年～2009年创投投资上市(柜)公司情况

年 度	2002	2003	2004	2005	2006	2007	2008	2009
当年上市(柜)公司家数	203	128	126	70	44	70	50	50
当年创投支持之上市(柜)公司家数	68	53	39	27	27	42	22	19
当年上市(柜)科技公司家数	167	108	93	54	32	41	31	41
当年创投支持之上市(柜)科技公司家数	67	52	34	23	23	32	20	19

资料来源:《2010台湾创业投资年鉴》

从退出交易地点来看，台湾地区证券柜台买卖中心（OTC）比台湾证券交易所（TES）更受风险企业的青睐，是风险资本退出的主要通道。2009年，风险投资支持的企业上市（柜）资本总额为52 881亿元新台币，其中OTC市值6774亿元新台币，占12.81%（见表5.8）。与TES相比，OTC市场上风险投资支持的上市企业总数和科技类上市企业总数都占绝对比重。

表5.8　　台湾地区创业投资事业支持上市(柜)企业之资本总额

退出渠道(至2009年底)	台湾证券交易所(TSE)	证券柜台买卖中心(OTC)	合 计
上市(柜)公司资本总额(亿元新台币)	46 107	6774	52 881
创业投资事业支持上市(柜)企业资本总额(亿元新台币)	19 164	2430	21 594
创业投资事业支持上市(柜)企业资本总额占总资本额比例	41.56%	35.87%	40.84%

资料来源:《2010台湾创业投资年鉴》

台湾地区风险投资支持的企业总计有415家在台湾证券交易所及证券柜台买卖中心挂牌，约占整体上市的32.55%。历年来创投支持的上市（柜）企业超过75%为科技公司，然而受到科技业合并风潮影响，近年来科技业上市已有趋缓的现象，仍为创投最主要的投资标的，而过去台湾地区创投事业扶持的许多新兴科技公司，现今皆已成为台湾科技产业的龙头，像台积电、联电、宏基、鸿海、广达、华头、友达光电等。

第五节　海峡两岸经济金融合作

2009年，海峡两岸在金融合作的道路上迈出了实质性步伐。海峡两岸关系协会与海峡交流基金会在南京签署了《海峡两岸金融合作协议》。这一协议主要涉及金融监管、货币管理（包括建立两岸货币清算机制）、金融机构合作及相互提供企业金融服务、交换资讯、互设机构与参股投资等。随着两岸金融业相互开放，风险投资行业也必将在资金筹集、项目投资、资本退出等各环节进行合作，进一步促进两岸的经济发展。

2010年两岸经贸关系中令人关注的头等大事，无疑是两岸经济合作框架协议（ECFA）的签订。2010年6月29日，两岸两会领导人签订合作协议；2010年8月17日，台湾地区立法机构通过

ECFA（《海峡两岸经济合作框架协议》）；2010年9月12日，ECFA正式生效。ECFA是涵盖两岸间主要经济活动的框架协议，目的是通过海峡两岸相互开放市场，在货物贸易、服务贸易方面相互给予更加优惠待遇，促进两岸经济合作更加规范化、制度化、便民化、自由化，最大限度实现两岸经济优势互补，提升两岸竞争力，实现两岸经济的互利双赢。协议提出，为强化并扩大协议的效益，两岸双方将加强经济合作。合作领域包括但不限于以下内容：知识产权保护与合作；金融合作；贸易促进及贸易便利化；海关合作；电子商务合作；研究双方产业合作布局和重点领域，推动双方重大项目合作，协调解决双方产业合作中出现的问题；推动双方中小企业合作，提升中小企业竞争力；推动双方经贸社团互设办事机构等。

据商务部统计，2010年大陆与台湾贸易额为1453.7亿美元，同比上升36.9%。截至2010年12月底，大陆累计批准投资项目83 133个，实际利用台资520.2亿美元。2010年，大陆共批准台商投资项目3072个，同比上升20.2%，实际使用台资金额24.8亿美元，同比增长31.7%，台资在大陆累计吸收境外投资中占5.0%。大陆是台湾第一大贸易伙伴和贸易顺差的主要来源地。据台湾中华经济研究院评估，仅就贸易自由化而言，建立两岸经济合作机制将使台湾经济增长率提高1.65%～1.72%，就业人数增加25.7万～26.3万。

第六节　台湾地区风险投资业展望

台湾地区于1982年从美国引进创投制度，1984年第一家创投公司成立，20多年来，台湾风险投资业无论是在资本规模、投资业绩还是产业推动方面都取得了可喜的成绩。

在产业投向方面，光电产业仍是投资者的最爱，其次是生物科技。2010年上半年，投资于生物科技产业的投资额占整体投资比例为19.24%，仅次于光电产业（30.73%）。

从投资阶段来看，2009年创投投资于中、晚期占比高达90.69%，而早期投资比例（种子期加创建期）仅占9.31%。2010年上半年，投资于中晚期的合计占比为95.49%，早期投资比例仅占4.51%。显而易见，在近几年来台湾产业的改变及创投的募资难度，造成创投往中、晚期的投资发展，从而规避及降低投资风险，寻求稳定及保本，较以往投资于早期的约占30%的比例来看，2010年上半年创投投资在早期的案件投资比例仅占4.51%，明显降低很多。

从年度盈余来看，2009年台湾创投年度每股收益总平均值为0.88元新台币，投资绩效由负转正，推测应与岛内股市回温有着密不可分的关系。其中，前10家以及20家的每股收益平均值分别为0.57和0.92。另从每股盈余最佳前10名和前20名平均值分别为1.73和1.01，好于2008年的0.98及0.62，值得一提的是，2008年创投每股收益为负值的比例高达56.66%，也就是亏损的创投数超过获利的创投数。但在2009年，每股收益为正值的创投比例约为55.23%，与2008年出现黄金交叉，期盼创投未来的绩效表现能节节攀高。

伴随台湾地区经济增长、税率优惠政策的取消以及中国大陆蓬勃经济活力和重点扶持高新技术产业的政策，中国大陆市场吸引了不少台湾创投者的目光，众多台湾创投机构纷纷前往大陆寻求商机。台湾地区本身强大的经济实力将为创业投资的外部环境和体制发展本身带来正向激励。目前台湾当局已提出不少政策，扶植新兴产业和振兴创投产业。2009年3月～5月，台湾“行政院”陆续推出六大新兴产业，包括：绿色能源、生物科技、观光旅游、健康照护、精致农业及文化创意产业等，积极吸引民间投资，开拓新的商机及协助新兴产业快速升级。2009年～2012年，台湾当局计划投资2000多亿元，扶持台湾的六大新兴产业发展，并希望能够增加台湾地区整体的竞争力，改善产业发展环境并加强投资人的信心，重新恢复台湾的经济实力。

第六章　全球风险投资发展概况

本章对全球风险投资的发展状况进行总体概述；对北美、欧洲和亚太地区及重点国家或区域进行分别考察，也包括对某些区域的特殊行业的针对性考察。

本章主要根据"美国风险投资协会（NVCA）"、"加拿大风险投资协会（CVCA）"、"欧洲风险投资协会（EVCA）"、"亚洲风险投资杂志（AVCJ）"、"以色列风险投资协会（IVA）"、"澳大利亚风险投资协会（AVCAL）"、"安永"、"Thomson Financial"等著名风险投资与私募股权投资研究机构或协会的相关报告资料整理得到。

第一节　全球风险投资业概况

风险投资的起源可以追溯到19世纪末期，当时美国一些私人银行通过对钢铁、石油和铁路等新兴行业进行投资，从而获得了高回报。风险投资在美国兴起之后，很快在世界范围内产生了巨大影响。1945年，英国诞生了全欧洲第一家风险投资公司——工商金融公司。其他一些国家如加拿大、法国、德国的风险投资业随着新技术的发展和政府管制的放松，也在20世纪80年代有了相当程度的发展。日本作为亚洲的经济领头羊，其风险投资业也开展得如火如荼。我国的风险投资业是在20世纪80年代才姗姗起步，经过20多年的发展，与国外发达国家相比仍处于初期阶段，存在许多问题，如资本总量小、资金来源渠道单一、资本退出机制不通畅、相关法律制度不完善、缺乏专业人才等。

自2000年网络泡沫以来，经过近几年的恢复和重建，全球风险投资业从2007年的泡沫冲动步入了2008年金融危机洗礼的理性回归，再到2009年后金融危机时代的自我重建。动荡的股票市场、混乱的经济信息和颠覆常规的变化则成为2010年上半年的全球性标志，它们也对全球金融系统产生了深远影响。

据道琼斯 VentureSource 公布的最新数据显示，2010年第一季度，全球风险投资额同比增长12%至47亿美元，完成交易597起，而2009年第一季度，522起交易共获得42亿美元投资（见表6.1）。全球风险投资额增长预示在经济衰退之后，风险投资行业正实现缓慢复苏。

表6.1　　2006年～2010年主要地区风险投资支持的企业数及累计投资额

地区	企业数（家）					累计投资额（10亿美元）①				
	2006	2007	2008	2009	2010-1Q	2006	2007	2008	2009	2010-1Q
北美	3964	4455	3808	3224	-	28.0	32.6	30.4	19.1	-
欧洲	989	897	762	1669	-	6.3	6.4	7.4	32.0	-
亚太	12 375	16 579	3728	-	-	38.0	46.0	6.3	-	-

① 欧洲投资额按照：1欧元 =1.4美元、1英镑 =1.3美元计算。

地区	企业数（家）					累计投资额（10亿美元）				
	2006	2007	2008	2009	2010-1Q	2006	2007	2008	2009	2010-1Q
合计	17 328	21 931	8298	-	597	72.3	85.0	44.1	-	47.0

数据来源：根据PWC/NVCA/EVCA/AVCA报告资料整理。

2010年第一季度，IT行业交易数量占总量的32%，192起交易获得投资15亿美元，同比增长15%。2009年同期，190起交易共获得投资13亿美元。虽然该行业获得的投资在增长，但是自2005年以来，逐渐让位于商业和消费者服务行业。软件是IT行业获得风险投资最多的部门，122起交易共获得投资8.22亿美元，同比增长13%，电子和计算机软件获得2.57亿美元投资，完成交易36起，同比增长82%。2009年同期，17起交易共获得投资1.41亿美元。医疗保健行业，针对医疗设备的62起交易共获得投资4.39亿美元，同比下降23%，但交易数量高于2009年同期的47起交易。

2010年第一季度平均交易规模达880万美元，而2009年同期仅为500万美元。其中对成熟期企业的投资占了总交易数的38%，种子期和首轮投资占35%。

经历了很长一段时期的市场流动性低迷，积累了大批寻求退出的成熟期企业。那么，只有当投资者找到一个可行的退出机会，才会对这些公司投资。

当时间进入2010年下半年，风险投资市场的表现从保守转为积极寻找新的投资机会。投资组合的价值不断上升，退出方式明显增多，资金开始向LP回流。然而，实质性的挑战仍然存在，二次探底的经济衰退风险，金融改革的影响和顽固的募资市场，不过，机会最终开始大于风险。衰退的风险仍然笼罩着全球发达市场，而新兴市场则存在未知的潜在机遇。未来数年，风险投资机构将在这样的大环境下积极进行资本化运作。风险投资行业处于变化不定的市场与逐步完善的法制中间，不断向前发展。

第二节　北美风险投资业①

一、北美风险投资发展概况

2010年，全球金融危机的阴影逐渐散去，整体而言，北美地区风险投资行业不断恢复，投融资交易开始逐渐活跃起来。

（一）北美风险投资规模

2010年，整个北美地区风险投资规模呈现出逐渐扩大的态势。按季度划分，投资金额和交易数量都在不断增加。从投资的角度来看，金融危机给风险投资行业带来的内伤正在逐渐康复。

根据来自Money Tree和CVCA的数据，2010年前三季度，北美地区共发生2770起投资案例，投资金额175.95亿美元（见图6.1）。

① 本篇报告中，北美地区指的是美国和加拿大。

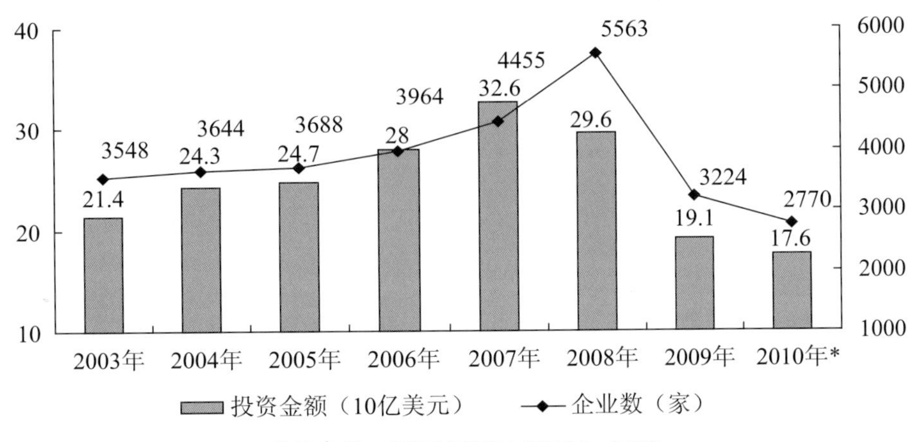

数据来源：PWC/NVCA/CVCA，2010

注：2010年为前三个季度的数值

图6.1　2003年～2010年北美总风险投资额和被投资企业总数的变动趋势

（二）北美风险资本募资规模

根据汤森路透（Thomson Reuters）和美国风险投资协会（NVCA）的数据，2010年前三季度，北美地区风险投资募资总额为97.11亿美元，同比略增8.18%。从各个季度的情况来看，2010年第三季度的募资情况明显好于2009年同期水平，同比增加89.31%。可见，有限合伙人的观望情绪有了一定程度的减轻（见图6.2）。

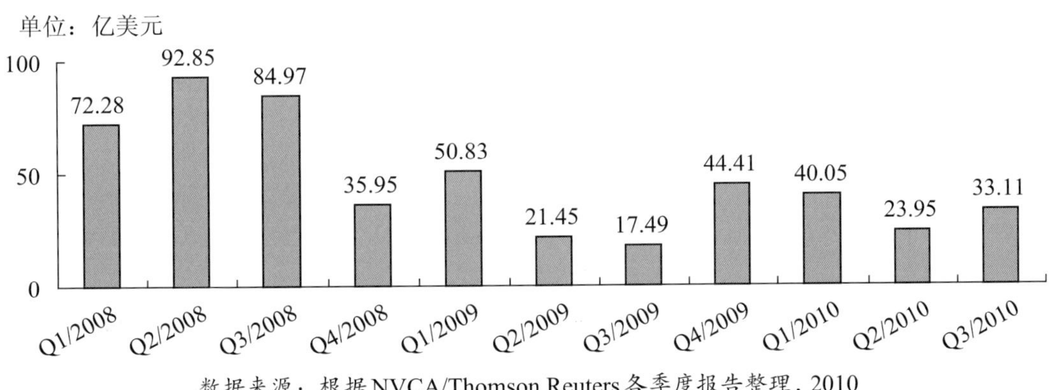

数据来源：根据NVCA/Thomson Reuters各季度报告整理，2010

图6.2　2008年～2010年各季度北美风险投资筹集金额的变动趋势

二、北美重点地区——美国风险投资行业发展概况

（一）美国风险投资发展现状

2009年，美国风险投资行业退出活动显现复苏迹象，不过与历史水平相比还有很大差距，投资与基金募集情况很不乐观。2010年前三季度，美国风险投资业投资规模同比明显增加，募集资金规

模是自2003年以来的最低值，有风险投资背景的企业退出活动缓慢、稳步恢复到历史同期水平。

1. 投资规模

2010年第一季度，美国风险投资行业并购退出交易创季度新高。风险投资机构乐观中保持着谨慎，投资数量和规模同比增长，环比下降，而风险投资基金的募集持续低迷。2010年前三季度，美国风险投资规模同比增加幅度明显，无论是投资金额还是被投资企业数，都呈现出逐季度递增的趋势。

（1）年度投资规模

根据2010年 Money Tree 各季度报告显示，2010年前三季度美国共有投资案例2497例，总投资额达166.9亿美元，分别比2009年同期投资规模增加306例和37.36亿美元（见图6.3）。

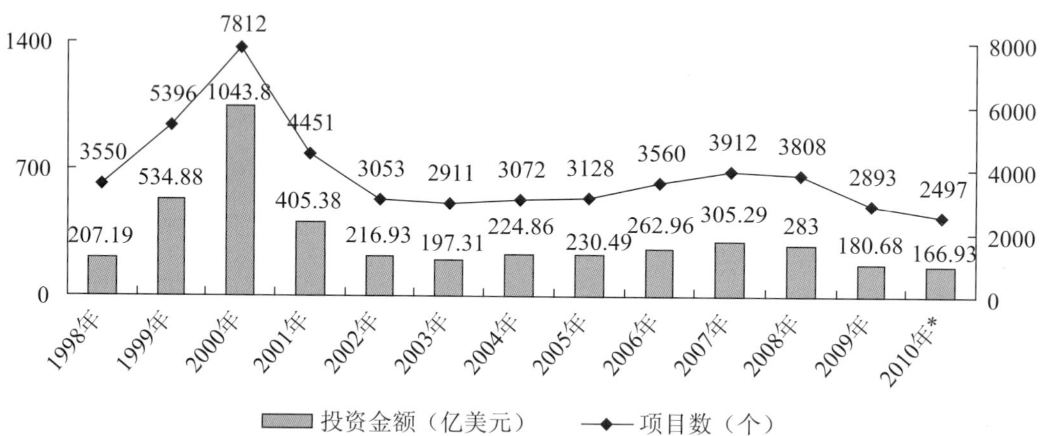

数据来源：Thomson Financial/ PricewaterhouseCoopers/NVCA MoneyTree ™ Report

注：2010年为前三个季度的数值

图6.3　1998年～2010年美国风险投资总规模的变动趋势

从平均投资规模看，2010年前三季度的平均投资额相比2009年的625万美元来说有所增加，平均投资额为668万美元（见图6.4）。

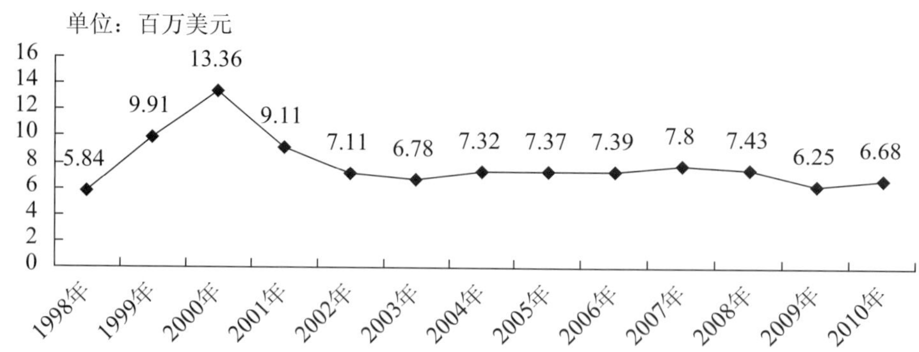

数据来源：Thomson Financial/ PricewaterhouseCoopers/NVCA Money Tree ™ Report（Updated 7/2009）；
Thomson Financial/ PricewaterhouseCoopers/NVCA Money Tree ™ Report（Updated 10/2010）

注：2010年为前三个季度的数值

图6.4　1998年～2010年度美国风险投资行业平均投资规模的变动趋势

（2）各季度投资规模

从投资额来看，2010年第三季度风险投资额48亿美元，环比下降30.4%；第二季度风险投资额达到69亿美元，第一季度为49亿美元。从被投资企业数来看，第三季度为780家，环比下降18.9%；第二季度达到962家，第一季度为755家。2010年前三季度的平均投资规模分别为653万美元、722万美元和618万美元。无论是投资金额、被投资企业数，还是平均投资规模，都呈现出倒"V"型的变化趋势，出现此种变化趋势的主要原因皆是由于清洁能源领域"大单子"的拉动（见图6.5～6.6）。

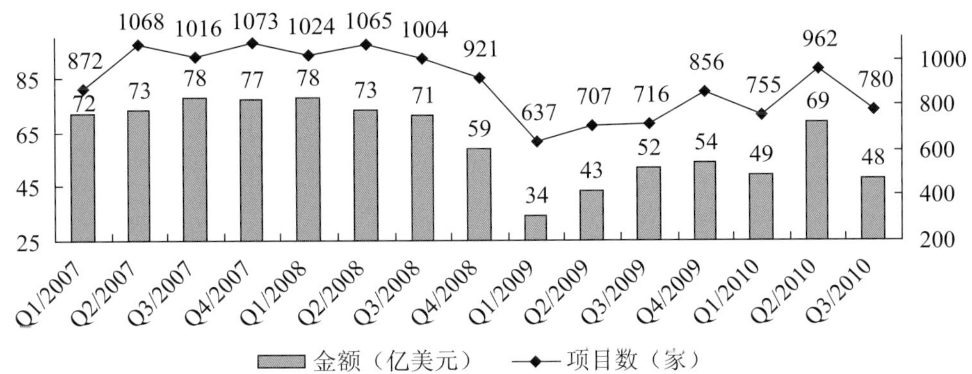

数据来源：Thomson Financial/ PricewaterhouseCoopers/NVCA Money Tree ™ Report（Updated 10/2010）

图6.5　2007年～2010年各季度美国风险投资规模的变动趋势

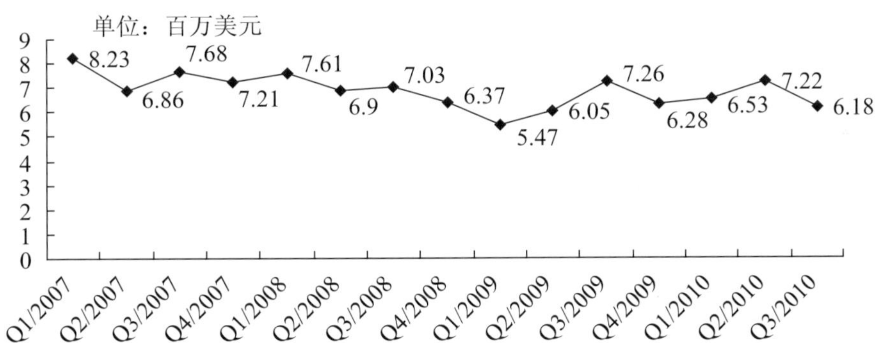

数据来源：Thomson Financial/ PricewaterhouseCoopers/NVCA Money Tree ™ Report（Updated 10/2010）

图6.6　2007年～2010年度各季度美国风险投资行业平均投资规模的变动趋势

2. 募资规模

2010年前三季度，美国风险投资行业募资情况可以用"更加糟糕"来形容，募集资金规模是自2003年以来的最低值。

有124支风险投资基金在2010年前三季度募资金额91亿美元，筹集资金的基金数和募资金额同比分别下降5.34%和26.61%。其中，35支为新成立的基金，相比近几年有大幅下降。前三个季度募资活动仍然不活跃，新设基金数量上基本持平。募资的基金总数第二季度最多，达到51支，但募资总金额最低，仅有21.42亿美元（见表6.2）。

表6.2　2005年～2010年风险投资基金募资规模趋势

年度/季度	基金数目（支）			募资总规模（百万美元）
	新基金（New）	规模扩大的基金（Follow-on）	合计	
2005年	54	191	245	29 786.5
2006年	67	176	243	32 125.7
2007年	77	175	252	35 426.7
2008年	63	166	229	28 500.0
2009年	42	109	151	16 455.2
2010年前三季度	35	89	124	9103.2
各季度募资规模趋势				
2008年第三季度	16	46	62	8449.9
2008年第四季度	17	38	55	3620.4
2009年第一季度	10	49	59	5373.9
2009年第二季度	14	26	40	4718.0
2009年第三季度	12	20	32	2310.3
2009年第四季度	14	32	46	4053.1
2010年第一季度	13	30	43	3968.8
2010年第二季度	13	38	51	2142.8
2010年第三季度	14	31	45	2991.6

数据来源：Thomson Financial & NVCA，10/2008；Thomson Financial & NVCA，10/2010

注：数字考虑了基金规模减小的负效应。

3. 退出规模

根据汤森路透和NVCA的研究报告，2010年前三季度，美国有风险投资背景的企业退出活动缓慢、稳步恢复到历史同期水平。

（1）M&A[①]规模

2010年前三季度，有322个风险投资支持的M&A案例，远高于2009年同期的199个，约为2009全年对应总案例数的1.18倍；在已公布金额的80个并购案例中，涉及金额总数达124亿美元，比2009年同期增加44.36亿美元。2010年前三季度已公布交易金额案例的平均交易金额为1.55亿美元，高于2009年前三季度1.47亿美元的水平（见表6.3）。

表6.3　2001年～2009年美国风险投资M&A规模趋势

年份	M&A案例数（个）	有公开金额的项目数（个）	交易总金额（10亿美元）	平均交易规模（百万美元）
2001年	353	165	16.8	101.8
2002年	318	152	7.9	52.1
2003年	291	123	7.7	62.8
2004年	349	188	16.0	85.3
2005年	350	163	17.3	106.3
2006年	377	164	19.0	116.1

① M&A（Mergers and Acquisitions）即企业并购，包括兼并和收购两层含义、两种方式。国际上习惯将兼并和收购合在一起使用，统称为M&A，在我国称为并购。

年份	M&A案例数（个）	有公开金额的项目数（个）	交易总金额（10亿美元）	平均交易规模（百万美元）
2007年	379	168	29.5	175.4
2008年	351	119	13.8	115.8
2009年	273	92	13.6	147.3
2010年前三季度	322	80	12.4	154.5

数据来源：Thomson Financial & National Venture Capital Association，10/2010

2010年前三个季度风险投资支持的并购案例数均高于2009年同期，分别为2009年同期的186.15%、149.23%和150.73%。

对于公开金额案例的总交易规模，2010年前三季度高于2009年同期55.97%；各个季度的总交易规模均高于2009年同期，分别为2009年同期的8.39倍、1.14倍和2.76倍。公开金额案例的平均交易规模方面，2010年第一季度、第三季度均高于2009年同期，只有第二季度低于2009年同期32.58%（见表6.4）。

表6.4　　2007年～2010年各季度美国风险投资支持的M&A规模趋势

年份	M&A案例数（个）	有公开金额的项目数（个）	交易总金额（10亿美元）	平均交易规模（百万美元）
2007年第一季度	88	31	4.6	149.7
2007年第二季度	90	37	3.9	105.7
2007年第三季度	108	34	7.7	226.3
2007年第四季度	93	45	9.7	214.4
2008年第一季度	109	42	5.0	118.7
2008年第二季度	87	27	3.3	123.0
2008年第三季度	89	32	3.1	96.3
2008年第四季度	66	18	2.4	132.8
2009年第一季度	65	15	0.7	44.4
2009年第二季度	65	13	2.6	197.7
2009年第三季度	69	23	1.4	60.5
2009年第四季度	74	41	8.9	217.7
2010年第一季度	121	31	5.6	180.2
2010年第二季度	97	22	2.9	133.3
2010年第三季度	104	27	3.8	142.3

数据来源：Thomson Financial & National Venture Capital Association, 10/2010

（2）IPO规模

2010年，有40家风险投资企业在前三季度实现IPO，是2009年同期的5倍，数量已经超过了2009年全年；IPO融资增幅明显，为34.6亿美元，为2009年同期12.93亿美元的2.68倍。2010年前三季度平均融资规模为0.87亿美元，是2009年同期的84.57%（见表6.5）。

表6.5　　2004年～2010年美国风险投资支持的IPO规模趋势

年份	IPO项目数（个）	融资金额（10亿美元）	平均融资规模（百万美元）
2004年	94	10.50	111.50

年份	IPO项目数（个）	融资金额（10亿美元）	平均融资规模（百万美元）
2005年	57	4.50	78.60
2006年	57	5.10	89.80
2007年	86	10.30	120.10
2008年	6	0.50	78.40
2009年	12	1.64	136.80
2010年前三季度	40	3.46	86.51

数据来源：Thomson Financial & National Venture Capital Association, 10/2010

2010年前三季度风险投资支持的IPO案例分别为9个、17个和14个，各季度融资总额分别是9.36亿美元、12.75亿美元和12.49亿美元，IPO数量和融资金额均高于2009年同期（见表6.6）。

表6.6　　　　2007年～2010年各季度美国风险投资支持的IPO规模趋势

年份	IPO项目数（个）	融资金额（10亿美元）	平均融资规模（百万美元）
2007年第一季度	18	2.2	121.7
2007年第二季度	25	4.2	165.9
2007年第三季度	12	0.95	78.8
2007年第四季度	31	3.04	98.2
2008年第一季度	5	0.28	56.6
2008年第二季度	0	0	0
2008年第三季度	1	0.19	187.5
2008年第四季度	0	0	0
2009年第一季度	0	0	0
2009年第二季度	5	0.72	144.1
2009年第三季度	3	0.57	190.7
2009年第四季度	4	0.35	87.3
2010年第一季度	9	0.94	104.0
2010年第二季度	17	1.28	75.0
2010年第三季度	14	1.25	89.2

数据来源：Thomson Financial & National Venture Capital Association, 10/2010

（3）M&A与IPO规模比较

从表6.7和图6.7可以看出，2010年前三季度IPO案例数明显好于2008年和2009年金融危机时期，但仍未恢复至金融危机发生前历史同期水平；M&A案例数是对应IPO案例数的8.05倍，大大低于2008年和2009年，但仍高于金融危机前期。可见，美国风险投资行业退出情况正在慢慢走出金融危机的阴影，处于逐渐恢复的过程之中。

表6.7　　　　2004年～2010年美国风险投资支持的M&A与IPO案例数对比

年份	M&A案例数（个）	IPO案例数（个）	M&A/IPO（倍）
2004年	349	94	3.71

年份	M&A案例数（个）	IPO案例数（个）	M&A/IPO（倍）
2005年	350	57	6.14
2006年	377	57	6.61
2007年	379	86	4.41
2008年	351	6	58.50
2009年	273	12	22.75
2010年前三季度	322	40	8.05

数据来源：Thomson Financial & National Venture Capital Association，10/2010

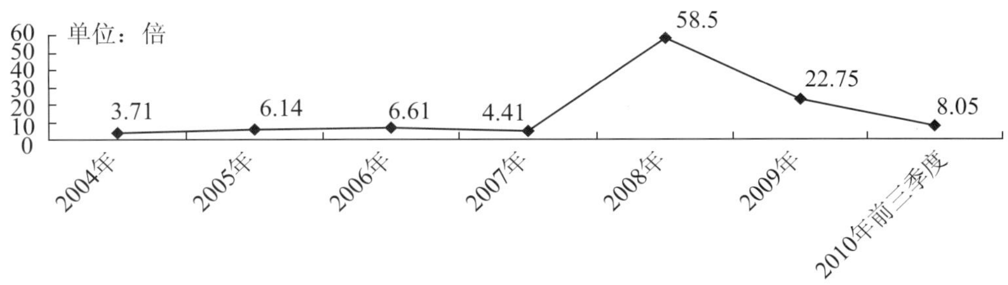

数据来源：Thomson Financial/ NVCA（Updated 10/2010）

图6.7　2004年～2010年美国风险投资支持的M&A与IPO案例数对比

从表6.8可知各季度的对比情况，从案例数量上来看，2010年各季度IPO情况相比2009年和2008年的各季度有了很大好转，开始恢复到金融危机前的水平。第三季度的IPO案例数甚至超过2007年同期。

表6.8　　2007年～2010年各季度美国风险投资支持的M&A与IPO案例数对比

年份	M&A案例数（个）	IPO案例数（个）	M&A/IPO（倍）
2007年第一季度	88	18	4.89
2007年第二季度	90	25	3.60
2007年第三季度	108	12	9
2007年第四季度	93	31	3
2008年第一季度	109	5	21.80
2008年第二季度	87	0	-
2008年第三季度	89	1	89
2008年第四季度	66	0	-
2009年第一季度	65	0	-
2009年第二季度	65	5	13
2009年第三季度	69	3	23
2009年第四季度	74	4	18.50
2010年第一季度	121	9	13.44
2010年第二季度	97	17	5.71
2010年第三季度	104	14	7.43

数据来源：Thomson Financial & National Venture Capital Association 2010

（二）美国风险投资发展特征

1. 行业分布

（1）投资行业状况

2010年上半年，生物技术、化工 / 能源和软件等行业受到风险投资者的青睐，获得的风险资本最多。其中，生物技术行业共有243个案例，投资额达到21.1亿美元；化工 / 能源领域发生案例131起，投资额19.4亿美元；软件行业共计发生的案例数最多，达到389个，投资额17.6亿美元。生物技术、化工 / 能源、软件三个领域的投资金额分别占总投资额的18.52%、17.04% 和15.46%（见表6.9、图6.8～6.9）。

表6.9　　　　2010年上半年美国风险投资的行业分布

行业分布	2010年					
	第一季度		第二季度		上半年	
	投资额（10亿$）	案例数（个）	投资额（10亿$）	案例数（个）	投资额（10亿$）	案例数（个）
生物技术	0.81	104	1.30	139	2.11	243
化工 / 能源	0.66	70	1.28	61	1.94	131
软件	0.73	160	1.03	229	1.76	389
医药设备	0.54	68	0.76	95	1.30	163
其他行业	2.13	338	2.15	382	4.28	720
合计	4.87	740	6.52	906	11.39	1646

数据来源：Q1、Q2 MoneyTree Report NVCA/PricewaterhouseCoopers/Thomson Financial，2010

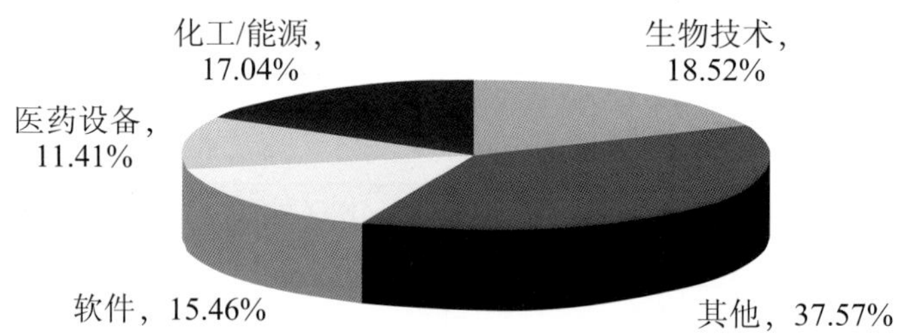

数据来源：根据NVCA / PricewaterhouseCoopers /2010年Q1、Q2 MoneyTree报告资料整理

图6.8　2010年上半年美国风险投资的行业领域分布（金额）

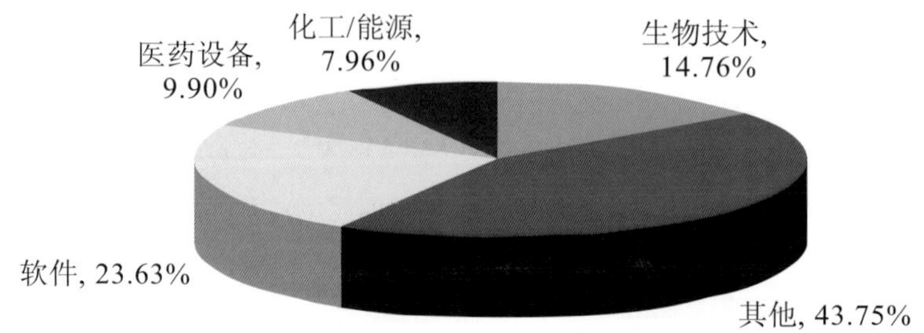

数据来源：根据NVCA / PricewaterhouseCoopers /2010年Q1、Q2 MoneyTree报告资料整理

图6.9　2010年上半年美国风险投资的行业领域分布（案例数）

在包括生物技术和医疗设备的生命科学领域中，生物技术细分行业领域获得的投资额和案例数都要明显大于医疗设备细分行业。2010年上半年，有243家生物技术企业获得21.1亿美元的投资额，分别占总案例数和总投资额的59.85%和40.15%（见表6.10）。

表6.10　2010年上半年美国风险投资的行业分布

行业分布	2010年					
	第一季度		第二季度		上半年	
	投资额（10亿$）	案例数（个）	投资额（10亿$）	案例数（个）	投资额（10亿$）	案例数（个）
生物技术	0.81	104	1.30	139	2.11	243
医疗设备	0.54	68	0.76	95	1.30	163
生命科学	1.35	172	2.06	234	3.41	406

数据来源：Q1、Q2 MoneyTree Report：NVCA / PricewaterhouseCoopers /Thomson Financial，2010

（2）趋势性行业——清洁技术（CleanTech）行业

美国风险资本对清洁技术领域行业的投资额和案例数延续2006年以来的高速增长趋势，在2010年前三季度分别达到22.25亿美元和142家，投资金额大大高于2009年同期。2010年第二季度，清洁技术行业的投资额排在第二名，其投资额环比增长107%，达到15亿美元，打破了该行业的季度投资额记录；交易数量与第一季度基本持平，共发生71笔（见图6.10）。

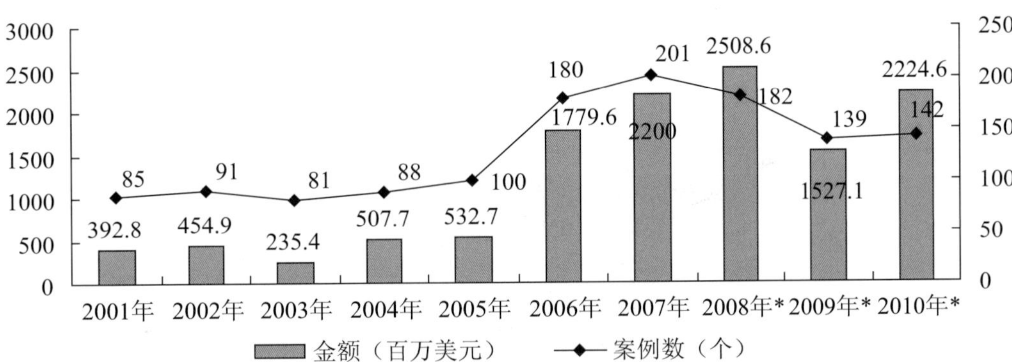

数据来源：根据NVCA / PricewaterhouseCoopers /2010年Q1、Q2 Money Tree报告资料整理

注：2008年、2009年为前三个季度的数值；2010年为前两个季度的数值

图6.10　2001年～2010年美国风险资本投资清洁技术的规模变动趋势

2. 投资阶段分布

2010年上半年，共有754家种子期 / 早期企业获得37.7亿美元的风险资本支持，分别占总案例数和总投资额的45.81%和33.10%；有517家扩张期企业获得45.2亿美元的融资，所占比例分别为31.41%和39.68%；处于后期的融资企业有375家，融资额为31亿美元，所占比例分别为22.78%和27.22%（见表6.11、图6.11～6.12）。

表6.11　　2010年上半年美国风险投资的阶段分布

行业分布	2010年					
	第一季度		第二季度		上半年	
	投资额（10亿$）	案例数（个）	投资额（10亿$）	案例数（个）	投资额（10亿$）	案例数（个）
种子期/早期	1.49	325	2.28	429	3.77	754
扩张期	1.82	240	2.70	277	4.52	517
后期	1.57	175	1.54	200	3.10	375
合计	4.87	740	6.52	906	11.39	1646

数据来源：根据NVCA / PricewaterhouseCoopers /2010年Q1、Q2 Money Tree报告资料整理。

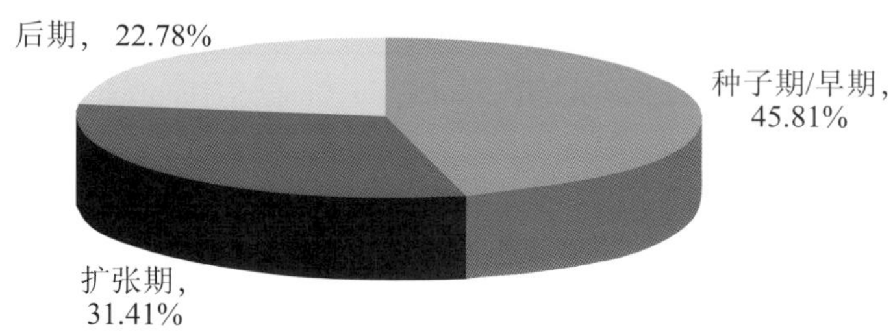

数据来源：根据NVCA / PricewaterhouseCoopers /2010年Q1、Q2 Money Tree报告资料整理

图6.11　2010年上半年美国风险投资的阶段分布（案例数）

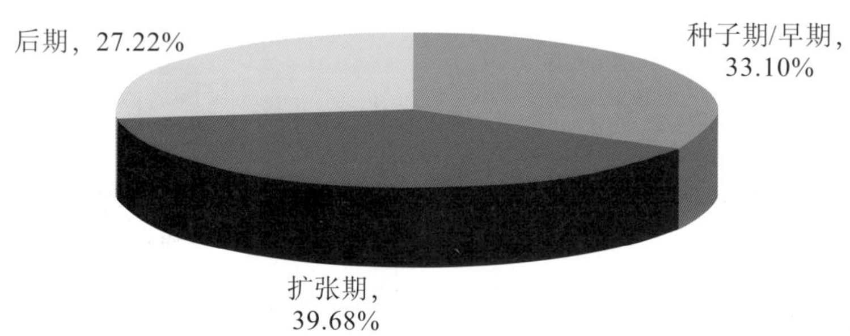

数据来源：根据NVCA / PricewaterhouseCoopers /2010年Q1、Q2 Money Tree报告资料整理

图6.12　2010年上半年美国风险投资的阶段分布（金额）

3. IPO分析

2010年前三季度，有40家风险投资支持的IPO企业，其中属于信息科技领域的企业21家，生命科学领域的企业11家，属于非高科技领域的企业8家。在IPO融资额方面，信息科技领域IPO企业总融资额16.47亿美元，所占比例为47.60%；生命科学领域企业融资总额8.64亿美元，所占比例为24.97%；非高科技领域企业融资总额9.49亿美元，所占比例27.43%（见图6.13～6.14）。

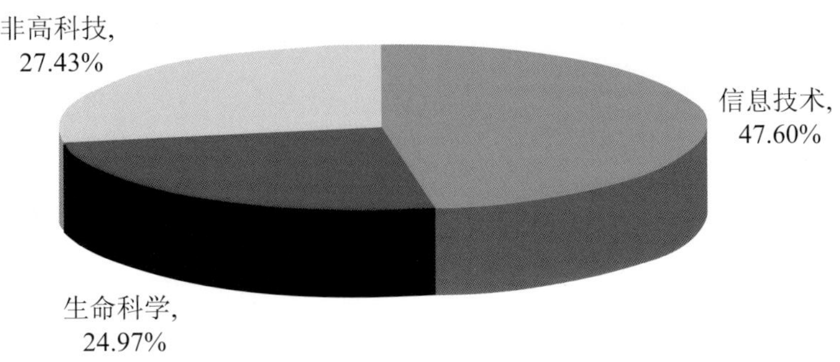

数据来源：根据NVCA / PricewaterhouseCoopers /2010年Q1、Q2和Q3 Money Tree报告资料整理

图6.13　2010年前三季度美国风险投资支持的IPO企业的行业领域分布（金额）

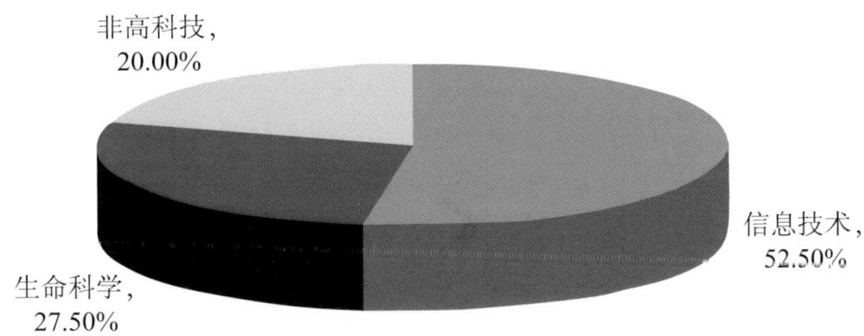

数据来源：根据NVCA / PricewaterhouseCoopers /2010年Q1、Q2和Q3 Money Tree报告资料整理

图6.14　2010年前三季度美国风险投资支持的IPO企业的行业领域分布（案例）

（1）信息科技领域

在21家信息科技领域风险投资支持的IPO企业中，7家来自互联网特定领域，3家来自通讯与媒体行业，6家来自计算机软件与服务行业，3家来自半导体 / 电子产品行业，还有2家来自计算机硬件行业。而在融资额方面，来自电脑软件 / 服务行业的电力营销服务提供商QuinStreet公司募集了1.5亿美元，是2010年前三季度信息科技领域IPO企业单笔最大融资额。2010年前三季度，IPO企业融资额方面，互联网特定领域在信息技术领域占比22.61%；计算机软件与服务行业融资额比例为12.63%，计算机硬件行业占比为11.61%，传播与媒体行业占比36.21%，半导体行业占比17.58%（见图6.15～6.16）。

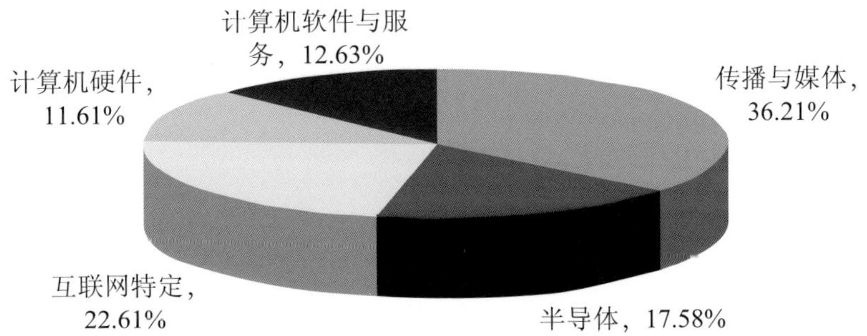

数据来源：根据NVCA / PricewaterhouseCoopers /2010年Q1、Q2和Q3 MoneyTree报告资料整理

图6.15　2010年前三季度美国科学技术领域具有风险投资背景的IPO企业细分行业分布（金额）

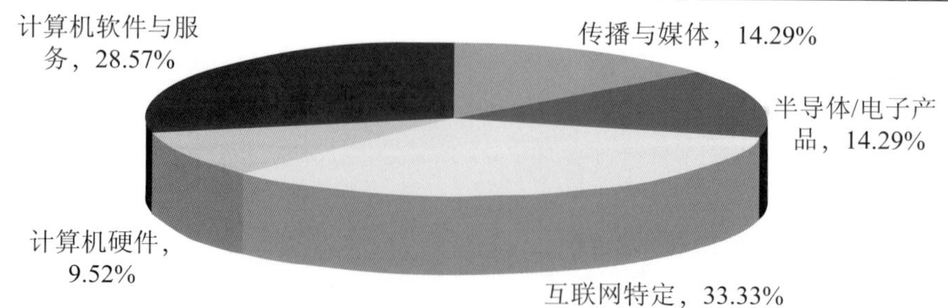

数据来源：根据NVCA / PricewaterhouseCoopers /2010年Q1、Q2和Q3 MoneyTree报告资料整理

图6.16　2010年前三季度美国科学技术领域具有风险投资背景的IPO企业细分行业分布(案例数)

（2）生命科学领域

2010年前三季度美国生命科学领域获得风险投资支持的IPO企业有11家，其中，生物技术领域6家，融资额5.23亿美元；医药 / 保健行业5家，融资额为3.41亿美元。

（3）非高科技领域

2010年前三季度美国非高科技领域获得风险投资支持的IPO企业有8家，其中，其他产品领域2家，与消费相关领域2家，交通行业1家，工业 / 能源领域2家，制造业1家，融资额分别达到2.91亿美元、1.93亿美元、2.26亿美元、1.54亿美元和0.85亿美元。值得一提的是，加利福尼亚电动车辆制造商Tesla Motors，IPO融资达2.26亿美元，成为2010年前三季度融资最多的风险投资背景企业。

（三）美国风险投资发展展望①

根据NVCA和道琼斯风险投资业展望的调查，风险投资家们预测，2011年，全美风险投资机构投资活动会增加，风险投资背景企业的CEO们将拥有更多雇佣机会、实现更多销量、获得更多报酬。2011年，风险投资机构大多对整个风险投资行业和国家经济持乐观态度，但在如何融资方面存在分歧。

1. 风险投资规模会有所增加

超过半数的风险投资机构（51%）预期2011年的风险投资将会增加；25%的风险投资机构认为投资将与2010年持平；剩下的24%则认为投资将会减少。同样的，各风险投资机构也看好不同的投资期，51%的风险投资机构认为对处于成熟期的企业投资会增加，49%的风险投资机构认为对扩张期和萌芽期的企业投资会增加，46%的风险投资机构看好前期投资。投资前期企业的风险投资机构中，有30%计划与天使投资合作。

CEO们对此的看法更为乐观，有58%的CEO认为风险投资将增加。在参加投票的CEO中，64%的人在2011年有融资的想法。

2. 风险投资机构聚焦信息科技领域

与前几年不同的是，更多的风险投资机构对IT业投资增长的预期超过生命科学和清洁技术等领域。风险投资机构预测，2011年对家用互联网和数字媒体（82%）、云计算（80%）、移动通讯（66%）等领域的投资将会增长。风险投资机构也表示，家用互联网和数字媒体（69%）、云计算

① NVCA美国2011年风险投资业年度调查预测。

（47%）将会成为最有可能产生泡沫的两个领域。

只有28%的风险投资机构认为清洁技术领域会产生泡沫，所以人们可以不必过于担忧。另外，有38%的风险投资机构认为会增加对能源领域的投资。

业界对医疗护理信息技术领域普遍看好，有77%的风险投资机构认为会增加对此的投资。而对于医疗设备和生计药品的投资预期就没有这么统一，看好和持相反态度的风险投资机构数量基本持平。

3. 亚洲成为主要海外投资对象

在2011年并不想对国外进行投资的美国风险投资机构中，仍有53%的人认为亚洲是主要的投资目标。而对于那些想要对外投资的风险投资机构，26%正在考虑中国市场，19%对西欧市场感兴趣，18%对印度市场感兴趣，11%的风险投资机构表示他们将投资拉丁美洲，为那些从前没有开发的市场提供信用担保。

4. 风险投资机构对募资存在分歧，对LP优势达成共识

风险投资机构对募资的预期存在分歧，认为募资将会增长、持平、减少的风险投资机构各占1/3。然而，大家对于LP在沟通中存在优势这点基本认同，76%的风险投资机构认为投资条款会对LP有利，46%的风险投资机构预期2011年会在更多基金中看到国外LP的身影。

在投资规模的问题上，70%的风险投资机构认为2011年小公司会更有优势。而CEO们在哪种规模的公司会经营得更好这个问题上观点基本持平，认为小风险投资机构更好的占48%，认为大风险投资机构更好的占52%。

5. 退出机制增加

风险投资机构和CEO们表示，市场上将出现更多的退出机制。2/3的风险投资机构和44%的CEO预期有更多的有风险投资背景的公司会公开上市，81%的风险投资机构和82%的CEO认为2011年的并购会增加。半数以上的风险投资机构和CEO们都认为在2011年IPO和并购的质量会增加或至少持平。大多数风险投资机构看好科技类公司，认为他们在退出阶段会进展得更顺利，无论是IPO还是兼并，在数量和质量上都会提高。有趣的是，只有4%的CEO希望他的企业在2011年上市，而他们中的37%希望被一个上市公司收购。

风险投资机构也预期在其他市场的退出数量会增加。55%的风险投资机构认为卖给PE的数量会增加，53%认为会有更多的二级市场交易，48%认为会有更多的私人买卖。

6. 风险投资机构随美国经济增长而增加

63%的风险投资机构和64%的CEO认为美国经济2011年会增长。CEO们表示公司会增加技术方面的支出（66%）和用人招聘（82%），并预期增加薪酬福利（50%）。

Dow Jones Venture Source的全球研究部总监Jessica Canning说："风险投资机构的增加和国家经济的增长关系密切。企业获得的风险投资注定会使用到员工、技术、办公空间和其他花费中，而这些对经济的影响则贯穿始终。增加的资本还会给企业带来成长的机会，增加他们的员工和购买力，以此来帮助他们成为第二个谷歌和苹果。"

CEO们对企业的评估比风险投资机构更加乐观。77%的CEO认为他们的企业会在2011年增值，而只有50%的风险投资机构认为创业型企业会增值。

当被问到除了硅谷、纽约、新英格兰等地还有哪些地区的经济会在2011年平稳增长时，风险投资机构列出了最有发展前途的几个地区，分别是南加利福尼亚（21%），落基山地区（16%）和中大西洋地区（14%）。而CEO们列出的则是美国的中西部地区（15%）、西南部地区（15%）和东南部地区（14%）。

三、北美重点地区——加拿大风险投资行业发展概况[①]

2010年前三季度，加拿大的风险投资活动得以持续恢复，投、融资额逐季度递增。然而，在此期间，加拿大的风险资本募资额却呈现出逐渐递减的趋势。

（一）投资规模

总体来看，2010年前三季度，加拿大风险投资金额为9.05亿美元，同比增长28%；被投资企业数为273家，该指标也是同比增加。与第二季度情况相似，第三季度投资规模的增加的一个原因是平均投资规模增大，前者是平均每笔200万美元，后者为平均每笔240万美元。

如图6.17所示，2010年前三季度共有273家企业获得风险投资，投资金额大约9.05亿美元，比2009年同期的7.09亿美元增加28%，被投资企业数也比2009年前三季度有所增加。

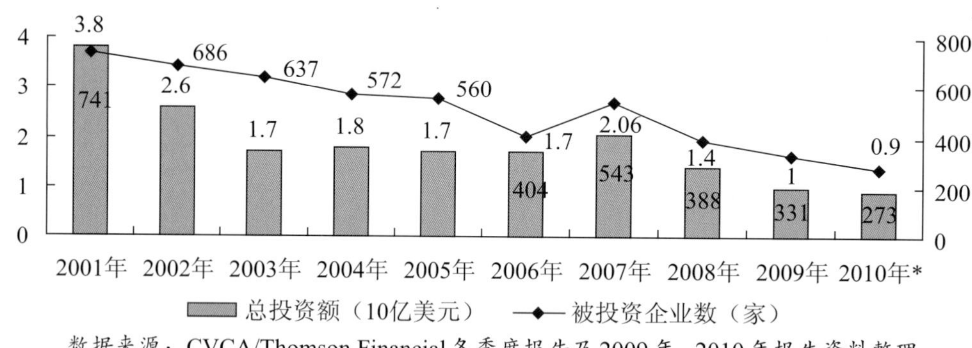

数据来源：CVCA/Thomson Financial各季度报告及2009年、2010年报告资料整理

注：2010年为前三季度数据

图6.17 2001年～2010年加拿大年度风险投资规模的变动趋势

2010年前三季度的投资分别为2.76亿美元、3.34亿美元和2.61亿美元，同比增长率分别为-1.08%、86.59%和36.65%（见图6.18）。从投资额来看，2010年加拿大风险投资行业一直处于缓慢恢复期。

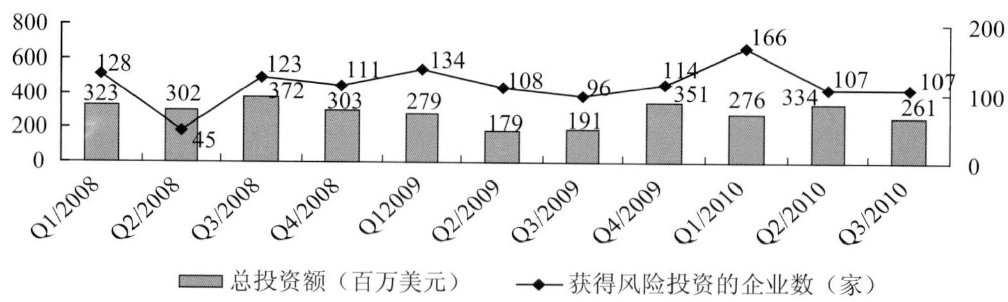

数据来源：根据CVCA/Thomson Financial各季度报告及2009年、2010年报告资料整理

图6.18 2010年各季度加拿大风险投资规模的变动趋势

① 无关于加拿大退出情况的最新公开数据。

（二）募资规模

2010年第三季度，加拿大风险资本募资仅有0.35亿美元，恰好是2009年第三季度的1.18亿美元的1/3，创季度募资额历史新低（见图6.19）。根据CVCA和汤森路透2010年季度报告，2010年前三季度，加拿大的风险资本募资额呈逐渐递减趋势。

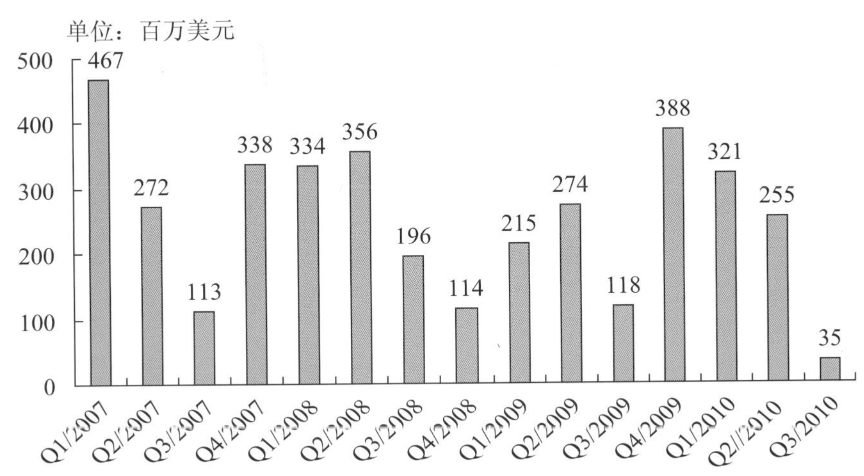

数据来源：根据2009年、2010年CVCA/Thomson Financial各季度报告整理

图6.19　2007年～2010年第三季度加拿大筹集的风险投资额变动趋势

第三节　欧洲风险投资业

一、欧洲风险投资业概况

（一）欧洲风险投资业的发展历程

欧洲风险投资业诞生于20世纪40年代，先后经历了70年代的起步、80年代的成长和90年代的快速发展阶段。自20世纪90年代中后期起，欧洲国家政府对风险投资活动的大力推动及对风险投资环境的不断完善，使得欧洲风险投资业得到了快速发展。然而2000年网络泡沫破灭之后，各国开始放慢风险投资的发展脚步，重新调整其投资姿态。经过三年的调整，欧洲风险投资活动逐步进入平稳发展阶段。2008年，受全球金融危机影响，无论是募资额还是投资额都开始全面下滑。到了2009年底，欧洲风险投资行业开始出现回暖迹象。

2010年，欧洲风险投资市场显示出强劲的复苏态势，这种趋势令业内人士对2011年欧洲风险投资市场持谨慎乐观态度。

（二）欧洲风险投资业的发展现状

1. 风险资本募集状况

欧洲风险投资协会（EVCA）年度调查结果显示，2010年欧洲私募股权①基金募集资金总额为137亿欧元，与2009年160亿欧元的规模相比下降了14.5%。2010年前三个季度，募资额连续下降，第二季度相比第一季度下降46.4%，第三季度到达低谷，相比第二季度下降33.3%。第三季度，融资公司数量为1116家，相比第二季度下降12%。总体来看，2010年欧洲私募股权投资行业募资情况相比2009年并没有出现好转（见图6.20）。

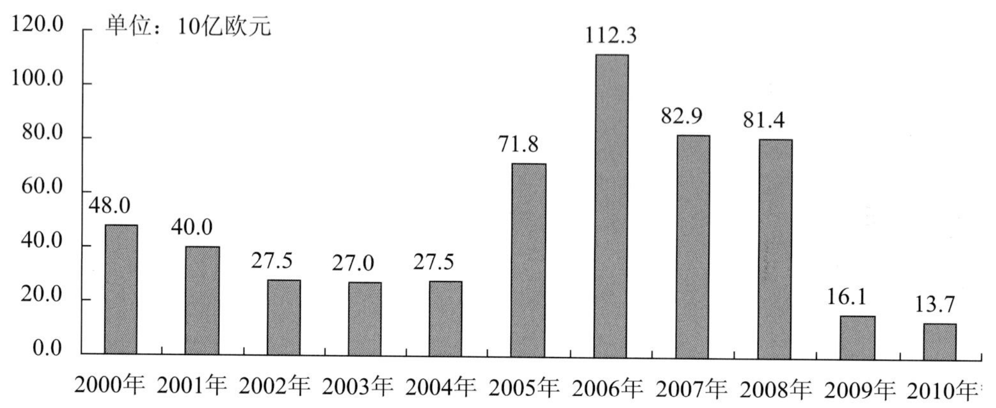

数据来源：EVCA/Thomson Financial/Pricewaterhouse Coopers

注：2010年为前三个季度的数值

图6.20 2000年～2010年欧洲私募股权募资规模变动

2. 投资状况

经过了网络泡沫后的调整，欧洲私募股权投资从2002年开始呈现从缓慢回升到快速增长。受席卷全球的金融危机影响，2008年开始，欧洲私募股权投资额连续下降。2008年欧洲投资总额达到540亿欧元，比2007年下降了26.8%；2009年投资总额为230亿欧元，比2008年下降57%，已经下降到2000年以前的水平；2010年前三季度投资总额为265亿欧元，相比2009年全年增加15%。从季度情况来看，2010年第三季度投资总额走势稳定，仅比第二季度下降5%。值得一提的是，第二季度发展基金投资环比增加近1/3。由此可见，2010年欧洲私募股权投资市场开始转暖（见图6.21）。

① 本章节私募股权定义为广义私募股权投资，即涵盖企业首次公开发行前各阶段的权益投资，包括：风险投资、发展资本、并购资本、夹层资本、重振资本、Pre-IPO资本等。

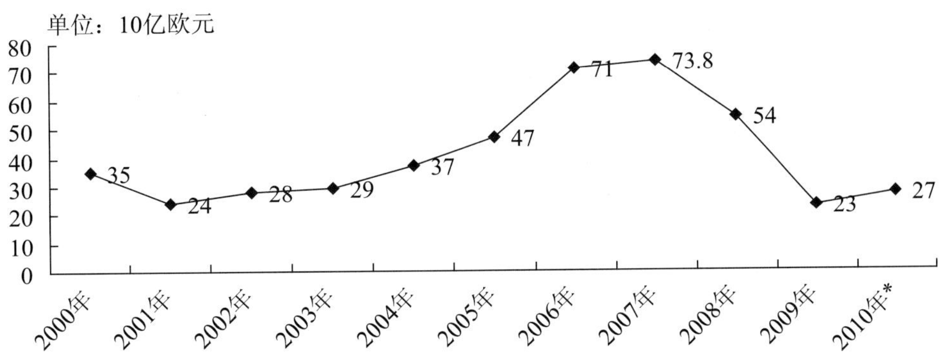

数据来源：EVCA/Thomson Financial/PricewaterhouseCoopers

注：2010年为前三个季度的数值

图6.21　2000年～2010年欧洲私募股权投资规模的变动趋势

根据EVCA PEREP_Analytics的数据，欧洲风险投资项目数逐年递减的态势。从季度情况来看，整体同样呈现出递减趋势。以2007年第一季度投资数量作为基数，设定值为100，那么，2010年前三季度均低于往年同期水平，季度分别环比下降7.9%和12.5%（见图6.22）。

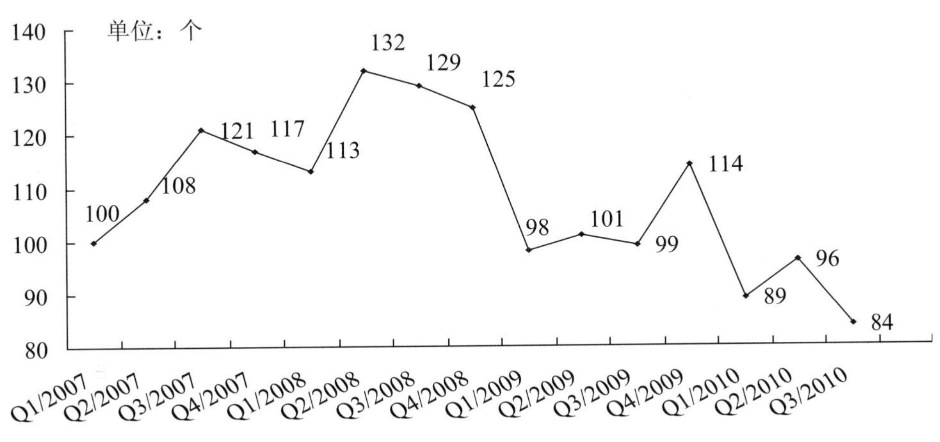

数据来源：EVCA PEREP_Analytics

图6.22　2007年～2010年第三季度欧洲风险投资项目数量的季度变动趋势

3. 风险资本退出状况

根据欧洲风险投资协会（EVCA）的调查数据，2010年前三季度欧洲私募股权投资的退出方式仍然是以出售给其他PE和交易出售为主，分别占比40.58%和37.97%；出售给其他金融机构、股权/贷款偿还、清算和向公众出售等其他方式共占比21.45%。从季度情况来看，第三季度的总退出额相比第二季度增长36%；第三季度出售给其他PE的金额比第二季度的2倍还多；第三季度交易出售的金额为2010年PE退出方式的季度最高水平（见图6.23）。

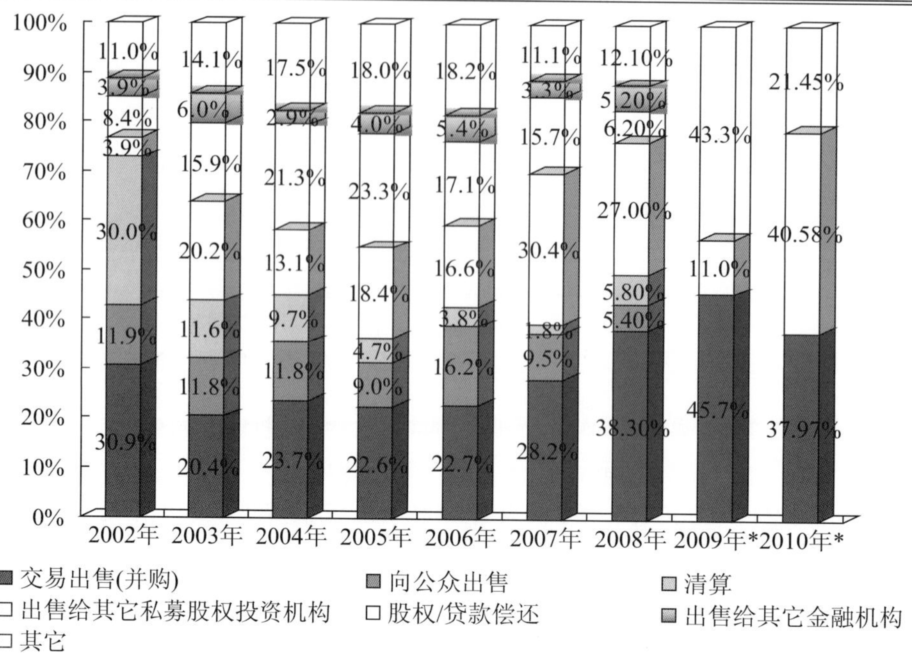

数据来源：EVCA/Thomson Financial/Pricewaterhouse Coopers

注：2009年、2010年的“其他”包括出售给其他金融机构、股权/贷款偿还、清算和向公众出售及其他方式；2010年为前三个季度的数值

图6.23　2002年～2010年欧洲私募股权投资退出方式比较

二、欧洲重点地区风险投资发展概况

（一）风险投资地区比较

英国和法国的风险投资额总和到2009年末已占整个欧洲风险投资的52.4%。其中，英、法两国的风险投资额占整个欧洲的比例分别为37.9%和14.5%；德国紧跟其后，其投资金额数占整个欧洲风险投资的10.4%（见图6.24）。

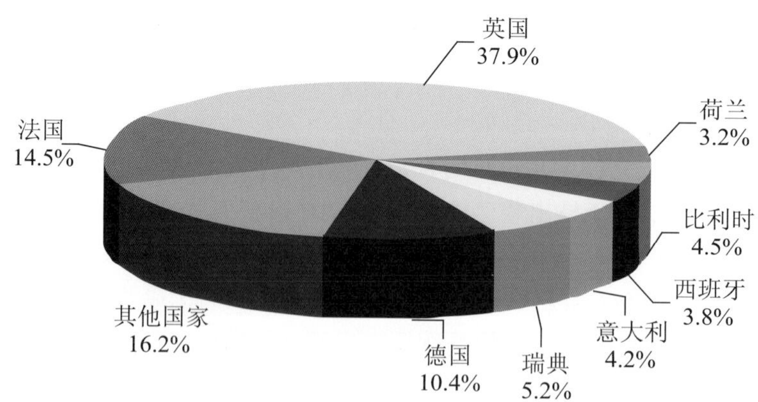

数据来源：PEREP Analytics/EVCA Yearbook 2010

图6.24　2009年欧洲各国风险投资额占总投资额比例

图6.25显示的是欧洲风险投资比较活跃的地区投资金额数的变动情况。显而易见，英国一直处在领先地位，2000年、2008年和2009年，英国在投资规模上与德国、法国相比存在比较大的差异。但从2005年以后，法国无论是在投资规模上还是投资数量上都开始超越德国，成为欧洲仅次于英国的风险投资重点发展国家。

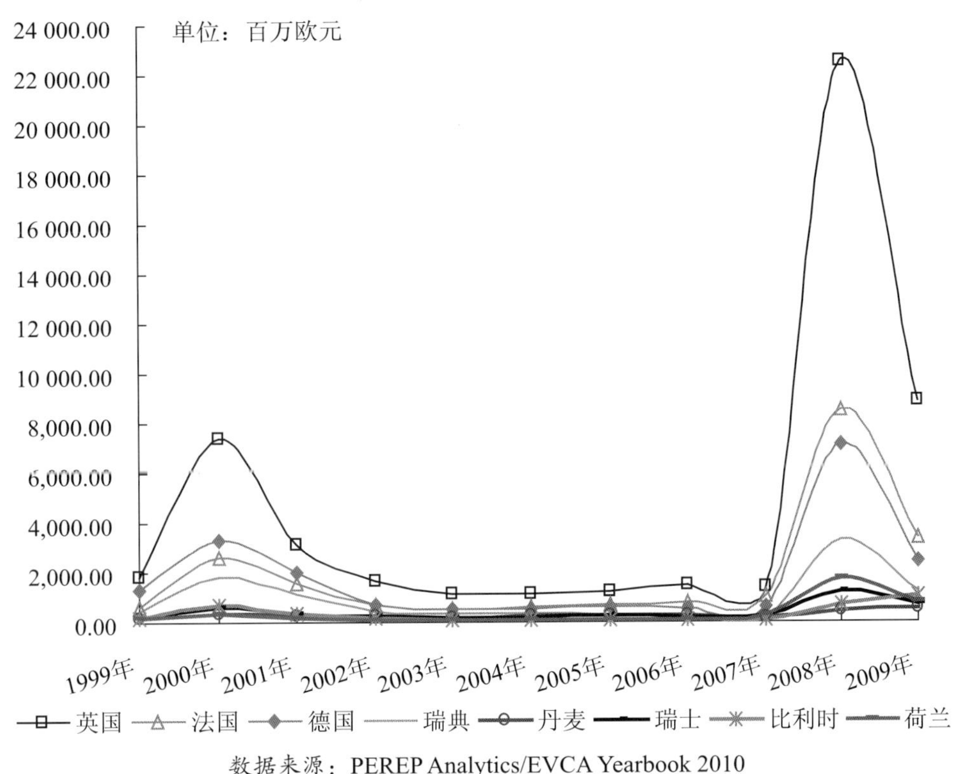

数据来源：PEREP Analytics/EVCA Yearbook 2010

图6.25　1999年～2009年欧洲八国风险投资额的变动趋势

（二）欧洲重点地区风险投资发展状况

1. 英国风险投资业

2009年，风险投资经历了自20世纪30年代以来最严重的经济衰退，投资水平下降至历史最低也就不足为奇了。从大笔收购到早期投资，行业活动的减缓影响了整个欧洲地区。然而，风险投资行业表现出一种极好的迅速适应不同历史时期的能力和一种面向未来的力量。

（1）募集情况

英国风险投资协会（BVCA）年报显示，2009年英国风险投资募资额从2008年的231.39亿英镑骤降至29.15亿英镑，仅相当于2007年的292.58亿英镑的1/10。2009年以前，英国大部分的风险资本仍来自于海外投资者。2007年和2008年，国外募资额分别占总募资额比重的75.09%和75.60%。2009年，以海外投资者为主要来源的局面有所改观，国内募资额与国外募资额分别为11.8亿英镑和17.4亿英镑，分别占总募资额的40.45%和59.55%（见图6.26）。

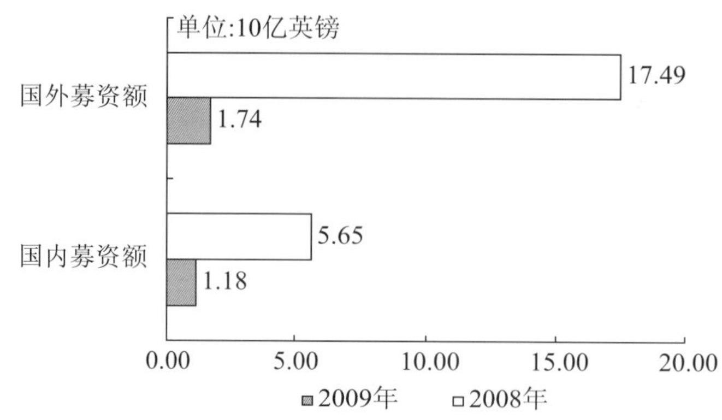

数据来源：BVCA 2009年报

图6.26 2008年与2009年英国风险投资基金募资规模比较

从图6.27来看，2009年的英国风险投资资金来源中，国内外其他来源资金占总募资额中的比重最大，为21%；其次是退休基金和基金中的基金（FOF），各占18%。其中，其他来源资金和基金中的基金是英国最主要的海外募资来源，而退休基金和其他来源资金是英国国内最主要的募资来源。

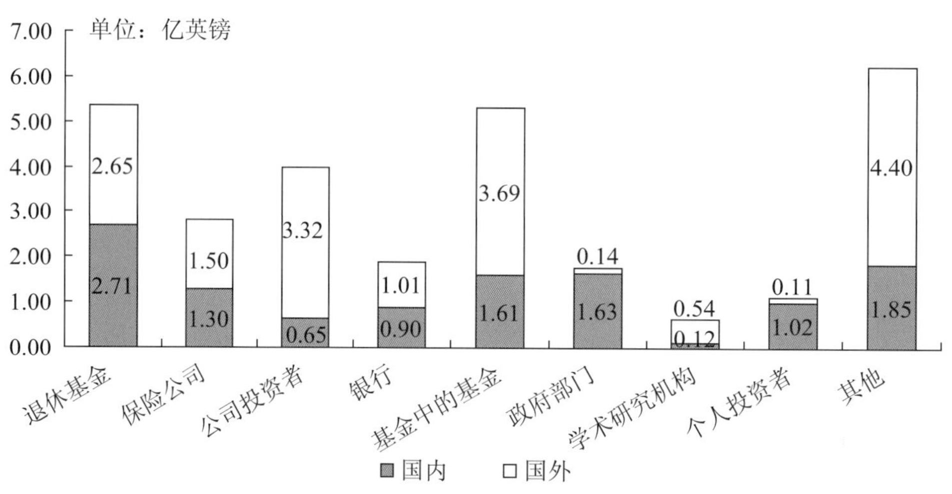

数据来源：BVCA 2009年报

图6.27 2009年英国风险投资募资来源比较

从基金筹集预期投资阶段分布来看，在筹集的风险投资资金中，2009年预计投向管理层收购的资本仍然是募资的重点，占总募资额的80%；而预计投向早期的资本占总募资额的19%（见图6.28）。

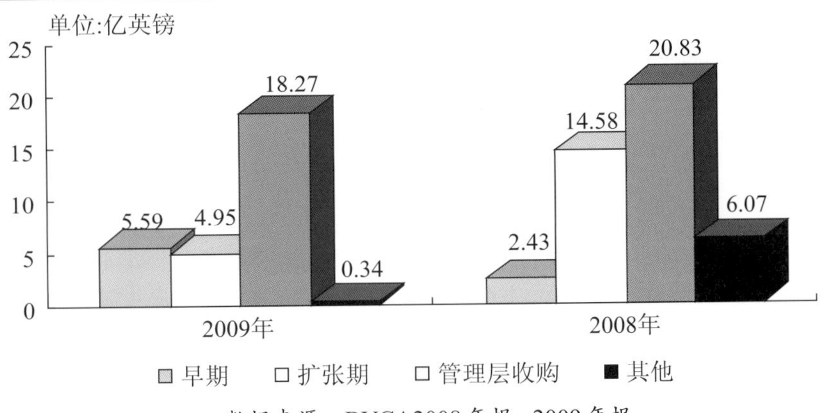

数据来源：BVCA2008年报、2009年报

图6.28　2008年与2009年英国风险投资预计投资阶段分布

（2）投资情况

英国风险投资协会（BVCA）年报显示，2009年英国风险投资额从2008年的35.9亿英镑下降至29.6亿英镑，相比2007年的43.4亿英镑下降更加明显。融资公司的数量从2008年的455家下降至2009年的388家。

另外，根据Dow Jones Venture One/Ernst &Young LLP发布的数据，近5年来，英国风险投资额的季度变化趋势相对平稳。2009年各个季度的投资规模第三季度达到最高水平，投资金额为2.62亿欧元（见图6.29）。

从地域分布来看，伦敦和东南地区的投资水平下降至18亿英镑，而2008年是49亿英镑。苏格兰仍然保持着强劲的投资水平，占整个英国投资总额的11%，而2008年是12%。

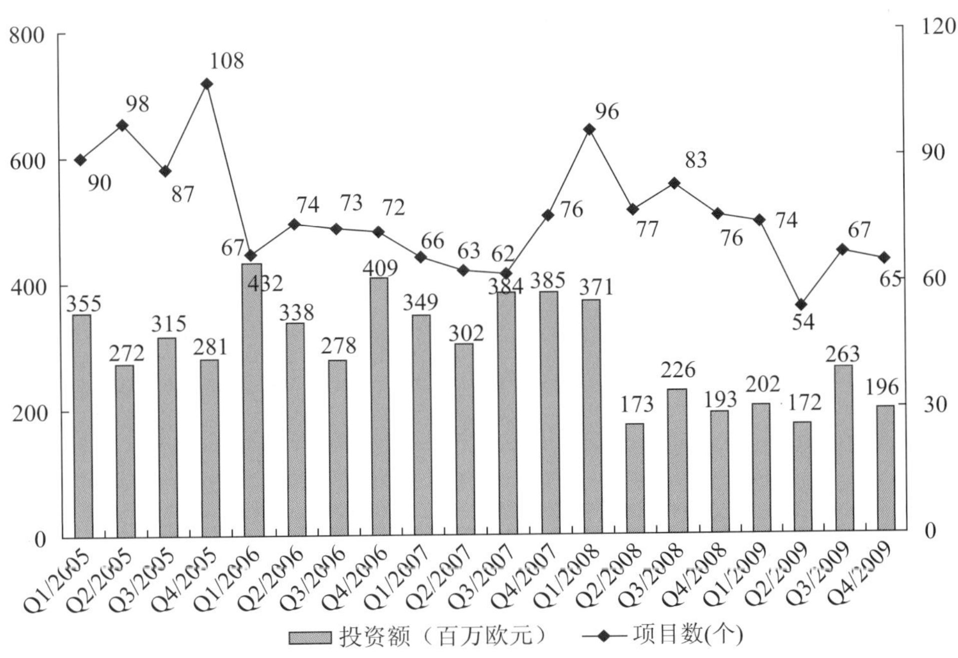

数据来源：Dow Jones VentureOne/Ernst &Young LLP

图6.29　2005年～2009年英国风险投资规模各季度变动趋势

从风险资本的融资阶段分布来看，2009年，英国投资于管理层收购的风险资本最多，占总投资额的43.27%，项目数占总项目数的7.89%；进行早期的风险投资的项目数最多，占总投资项目数的43.11%，投资额占总投资额的5.16%（见图6.30）。

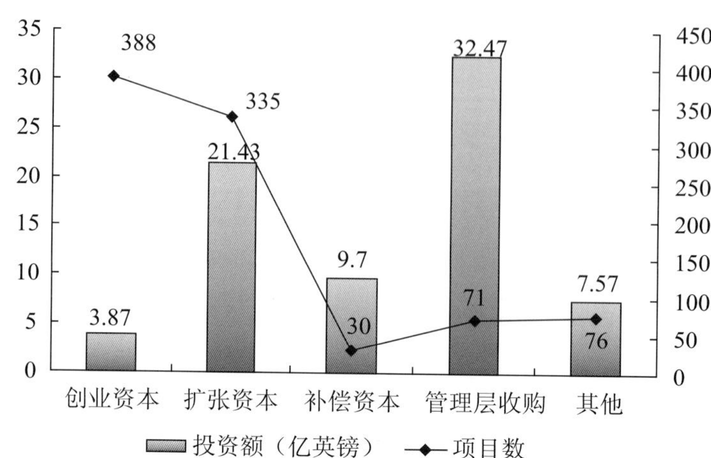

数据来源：BVCA Private Equity and Venture Capital Report on Investment Activity 2009

图6.30　2009年英国风险资本的融资阶段分布

从投资行业分布来看，2009年，消费服务领域为英国获得风险投资金额最多的领域，投资额为6.82亿英镑；其次是工业和消费品领域，投资额分别为4.39亿英镑和4.36亿英镑。投资项目数最多的是科技领域，达到237个；其次是健康保健和工业领域，投资项目数分别为159个和146个（见图6.31）。

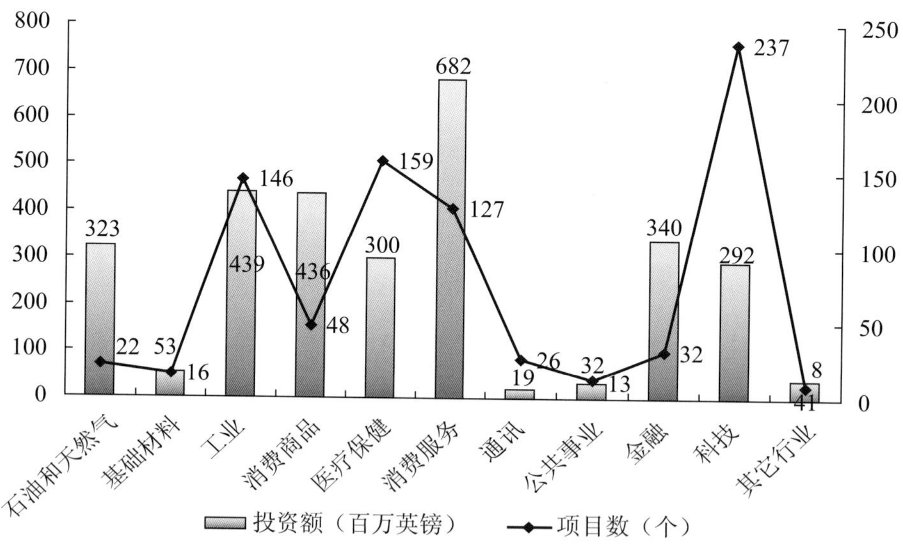

数据来源：BVCA Private Equity and Venture Capital Report on Investment Activity 2009

图6.31　2009年英国风险投资行业分布

（3）退出情况

英国私募股权投资退出金额自1999年以来呈现逐年上升的趋势。但由于金融危机的影响，

2008年英国私募股权投资退出金额比2007年下降近20%，由135.57亿英镑下降至108.84亿英镑；2009年英国私募股权投资退出金额相比2008年大幅度下降至38.78亿英镑，降幅达64.37%（见图6.32）。

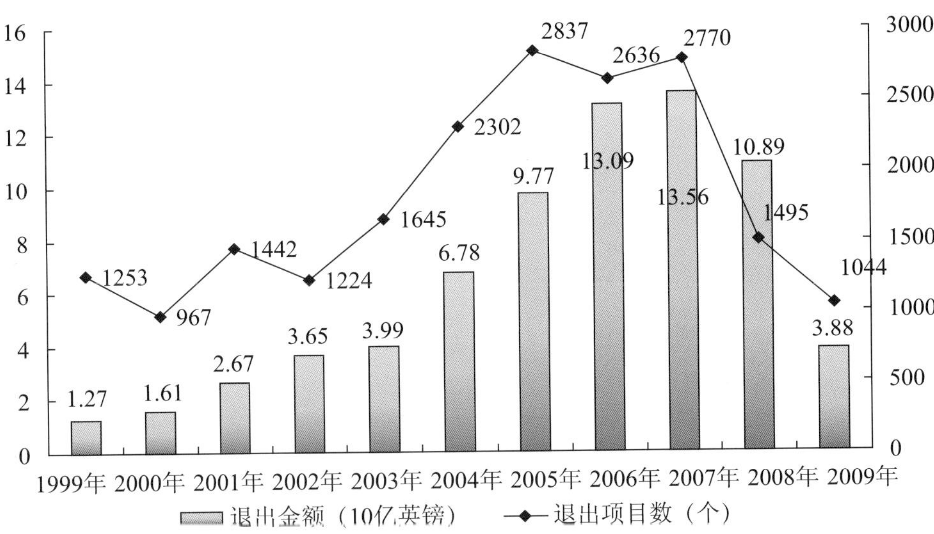

数据来源：BVCA Private Equity and Venture Capital Report on Investment Activity 2009

图6.32　1999年～2009年英国私募股权投资退出金额与项目数变动趋势

根据退出项目数划分，2009年英国私募股权投资以股权 / 贷款偿还方式退出的项目居多，占总退出项目数的22.32%，其次是以清算、其他方式、交易出售和出售给其它金融机构最为普遍，所占比例分别为17.2%、17%、14.2% 和13%（见图6.33）。

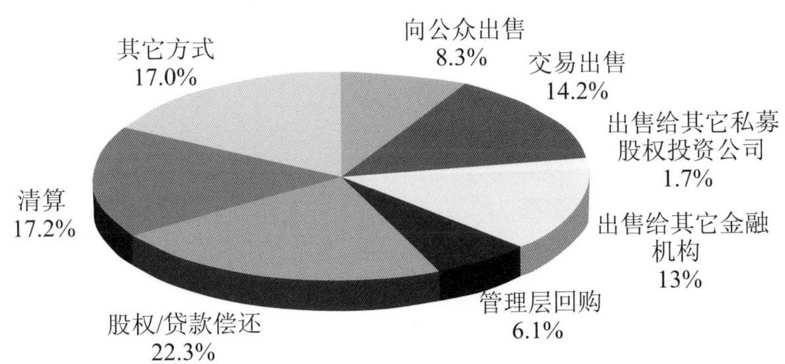

数据来源：BVCA 2009 年报

图6.33　2009年英国私募股权投资退出方式分布(项目数)

2. 法国风险投资业

（1）募集情况

法国私募股权基金募资金额在2008年达到历史最高点，其中2008年上半年就达到63.65亿欧元，占2007年全年募资总额的88%。金融危机后，法国的私募股权投资业也遭到重创，这直接反应在其私募股权基金的募资上。2009年总募资额斗转直下，仅为39.72亿欧元，其国内募资额和国外募资额分别同比下降65.1%和80.4%。

根据法国风险投资协会（AFIC）最新数据，2010年法国私募股权基金募资金额略有上升趋势。截至2010年上半年，法国私募股权募资总额较2009年上半年同比上升50.9%。其中欧洲其他国家地区的募资比例从3%增加到18%，有较为明显的上升（见图6.34）。

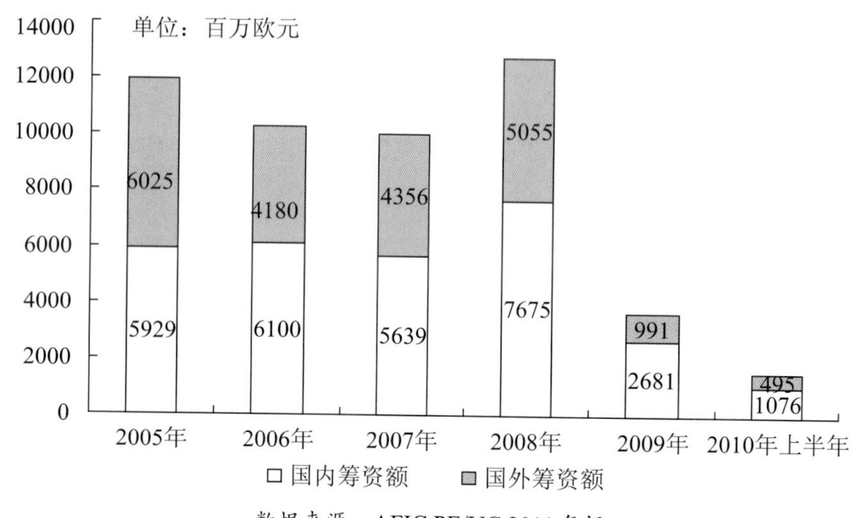

数据来源：AFIC PE/VC 2011年报

图6.34　2005年～2010年上半年法国私募股权投资基金募资规模变动

2010年上半年，个人投资者、基金中的基金、家庭办公室、公共部门、养老基金、银行和保险公司等仍是构成法国私募股权资本募资的主要部分。其中，来自个人投资者的募资金额为3.13亿欧元，虽然总募资额仍排在第一位，但比重有所下降，从2009年的29.4%降为19.9%。来自基金中的基金的募资总额为2.9亿欧元，占总募资额的18%，从2009年的第五位跃居第二位，成为法国私募股权资本筹集的另外主要来源。银行和保险公司分别降至第六位和第七位，共筹集资金2.62亿欧元（如图6.35）。

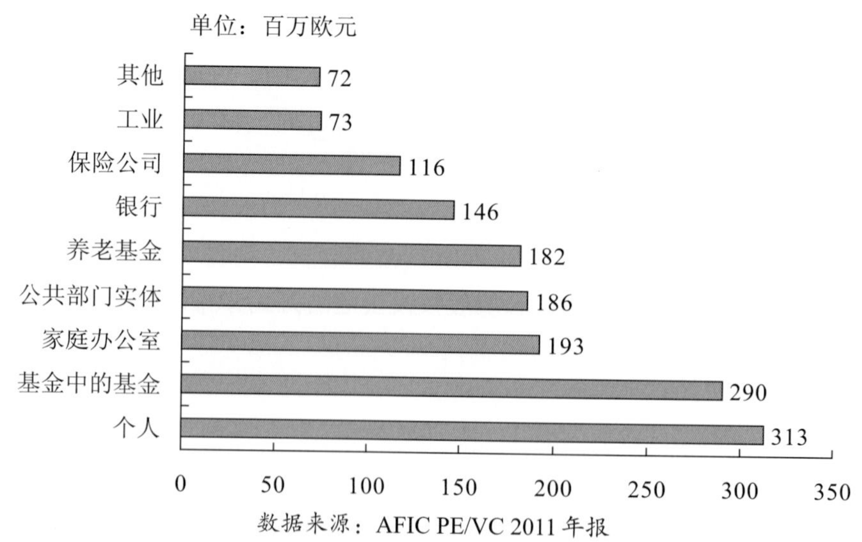

数据来源：AFIC PE/VC 2011年报

图6.35　2010年上半年法国私募股权投资募资来源比较

2009年，受金融危机的影响，法国私募股权基金对并购期企业的投资预期骤减，从2008年的71%下滑到仅剩28%，发展期企业成为预期投资的重点。2010年上半年，筹集的私募股权资本投资预期与2009年基本一致，浮动不大。预计投向发展期的企业仍然是募资的重点，占总募资额的54.5%，同比上升4.2%；预计投向并购期的比重略有回升，占总募资额的30%，同比上升3%；预计投向早期的风险资本下滑至14%（见图6.36）。

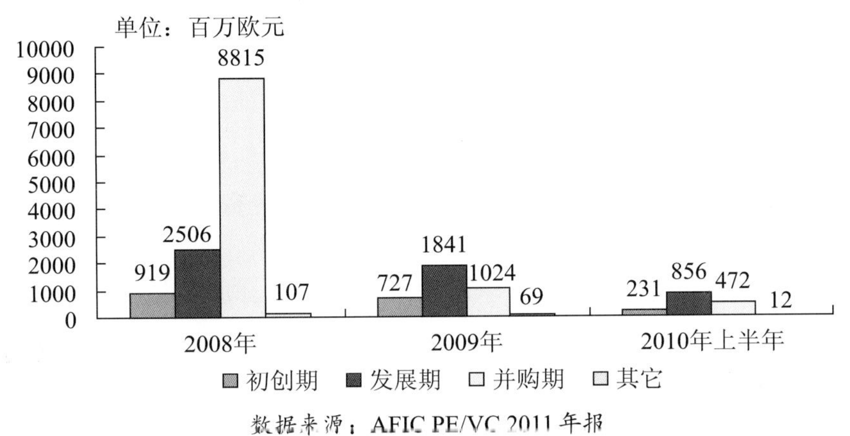

图6.36　2008年～2010年上半年法国私募股权资本预计投资阶段分布

（2）投资情况

2010年，法国私募股权投资活动逐渐从金融危机的阴影中走出，投资活动较2009年活跃起来。截至2010年上半年，法国私募股权投资保持近30%的稳定增长速度，投资额达到29.74亿欧元，占2009年全年总投资额的72.5%（见图6.37）。

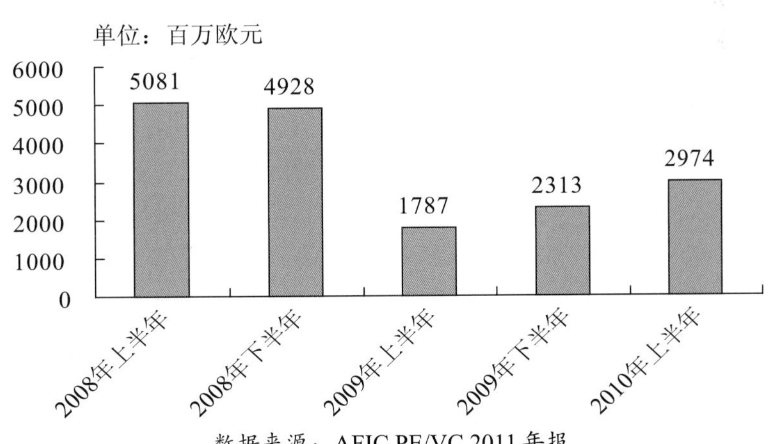

图6.37　2008年～2010年上半年法国私募股权资本投资情况

AFIC报告显示，与预期投资分布略有差异，2010年并购期仍然是私募股权投资的重要部分，获得的投资额为17.8亿欧元，占总投资额的61.8%；而投向种子期和初创期的风险资本为2.82亿欧元，占总投资额的9.8%；发展期获得了8.17亿欧元的投资额，占总投资额的28.4%（见图6.38）。

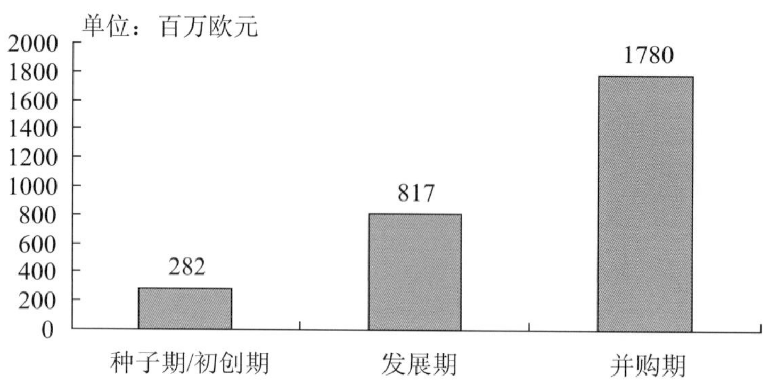

数据来源：AFIC PE/VC 2011年报

图6.38　2010年上半年法国私募股权投资阶段分布

2010年，医药和生物技术行业超过化学工业成为法国私募股权投资最受青睐的行业，截至2010年上半年，获得7.33亿欧元的投资，占总投资额的27%；消费品行业排名第二，仅上半年投资额就超过2009年全年，达到6.44亿欧元，占总投资额的21%；而在2009年获得投资最多的化学工业在2010年上半年所获投资额为2.88亿欧元，同比降低13.8%，排名第四位；服务/运输业投资情况相对稳定（见图6.39）。

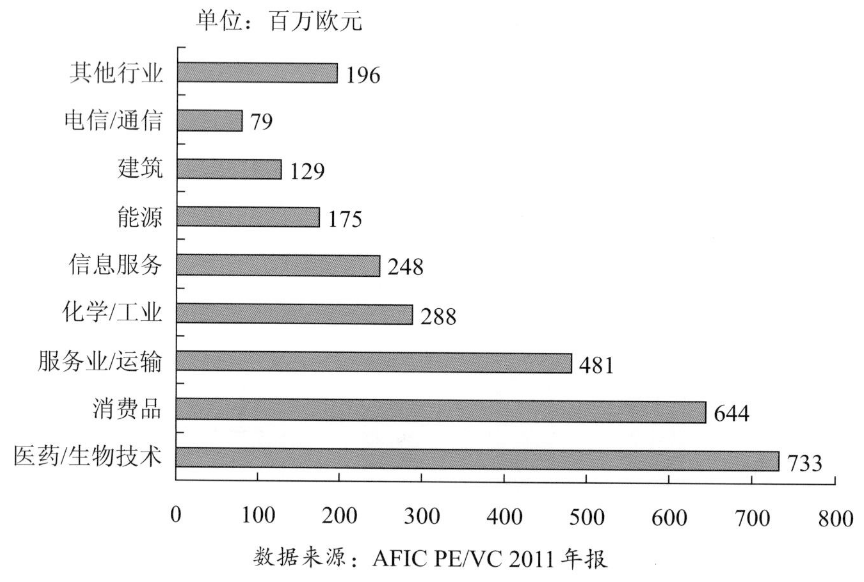

数据来源：AFIC PE/VC 2011年报

图6.39　2010年上半年法国风险投资行业分布

（3）退出情况

2010年上半年，法国私募股权投资退出规模自金融危机后首次呈现上升态势，达16.14亿欧元，同比增加23.3%，这预示着法国私募股权基金市场或将走出阴影，再次走向活跃（见图6.40）。

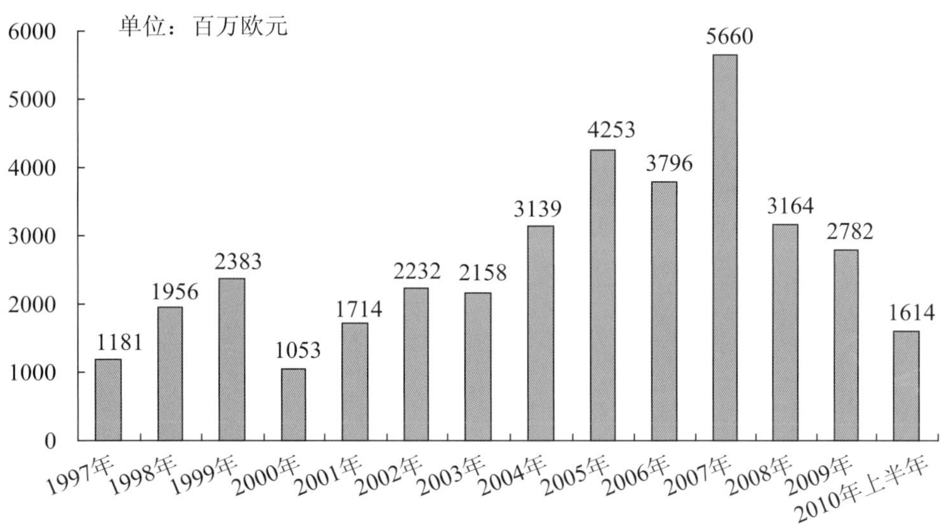

数据来源：AFIC PE/VC 2011 年报

图6.40　1997年～2010年上半年法国私募股权投资退出金额变动趋势

在资金退出方式中，2010年上半年，资本投资公司之间的交易明显活跃起来，私募股权投资以出售给其他资本投资公司方式退出的资金为6.32亿欧元，占退出资金总额的38%，跃居退出方式排名第一位。列于第二、第三位的分别是通过交易出售（并购）和资金偿还（包括可换股债券、活期账户和贷款、资产重组、资本削减和其他流量偿还）的方式退出，分别占退出总额的28%和16%；以清算方式退出的项目数占总退出项目数的3%（见图6.41）。

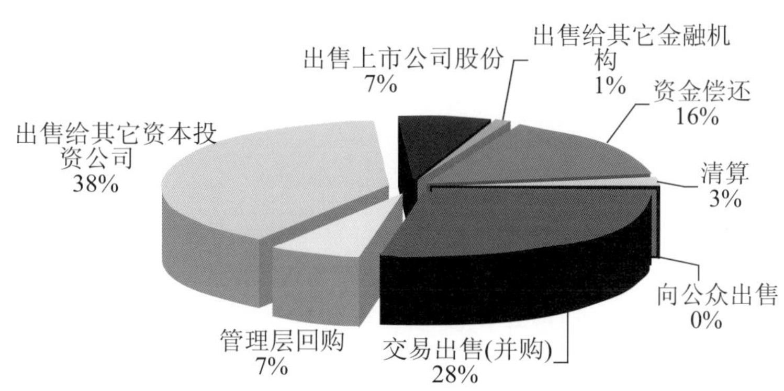

数据来源：AFIC PE/VC 2011 年报

图6.41　2010年上半年法国私募股权投资退出方式分布

3. 德国风险投资业[①]

（1）募集情况

1997年德国私募股权投资基金募资活动开始活跃起来，2000年达到募资高潮，之后募资规模急剧下降，2004年又开始呈现回升态势。据德国风险投资协会（BVK）数据显示，2007年募集资

① 德国风险投资业数据来源为德国风险投资协会（BVK）的报告及EVCA年鉴。此外，除特殊说明外，这里的风险投资包括狭义的风险投资和私募股权投资。

金总额为56.62亿欧元，比2006年募资水平（28.19亿欧元）增长100.9%，是2001年以来的最高水平。但受到金融危机的影响，2008年德国私募股权投资基金募资活动有所减缓，仅为25.92亿欧元，2009年影响延续为9.92亿欧元，同比减少82.48%（见图6.42）。

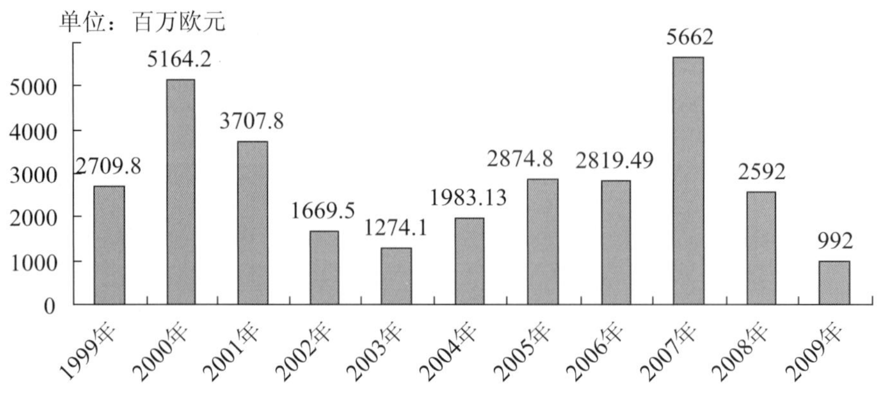

数据来源：BVK私募股权/风险投资报告、EVCA年鉴

图6.42　1999年～2009年德国私募股权募资规模变动

从资本来源看，2009年私募股权投资资金主要来源于银行，占总募资额的38.1%；其次是基金中的基金，占总募资额的15.0%；私人投资者和保险公司的投入也占据整个德国募资总额的很大比例，分别达到11.2%和8.4%，多元化特征明显（见图6.43）。

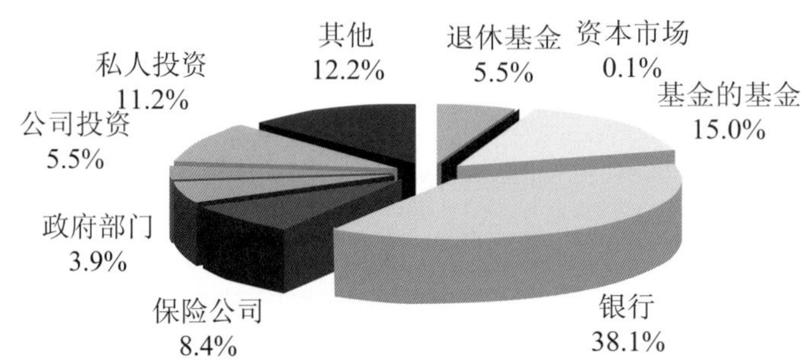

数据来源：根据2010年EVCA数据整理

图6.43　2009年德国私募股权基金募资来源比较

在2009年募集的私募股权投资基金中，投向并购期的资本达到总募资额的71.6%，占据总募资额的绝大部分。而预计投向早期和后期的风险资本分别占总募资额的7.1%和13.1%（见图6.44）。

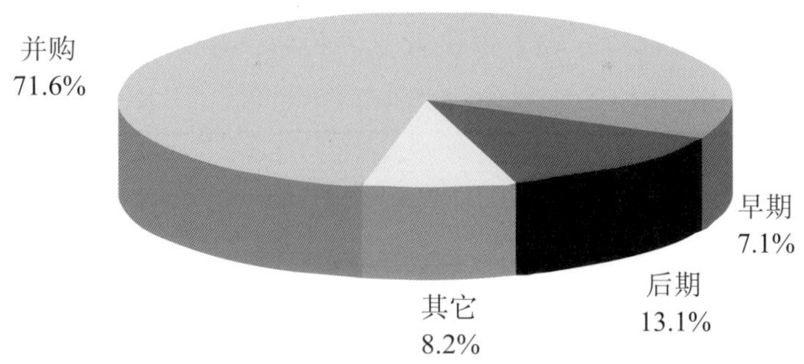

数据来源：根据2010年EVCA数据整理

图6.44　2009年德国私募股权基金新募集的资本投资阶段分布

（2）投资情况

如图6.45所示，2006年德国的风险投资额为72.27亿欧元，2007年达到最高水平为74.52亿欧元，但随后又出现了下滑的现象。2008年德国风险投资额为71.26亿欧元，2009年投资额仅为24.24亿欧元，同比下降194%，受金融危机的影响比较严重。

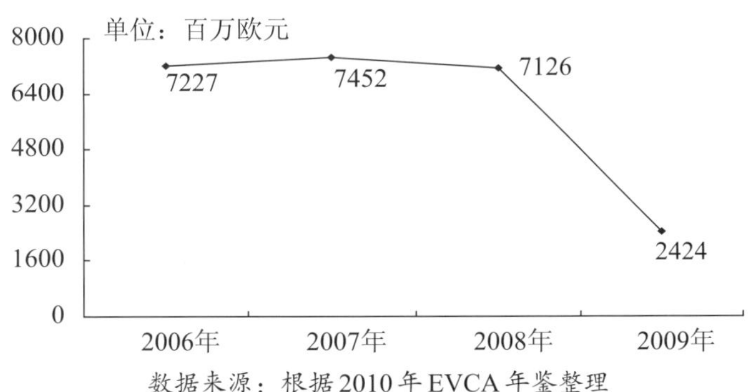

数据来源：根据2010年EVCA年鉴整理

图6.45　2006年～2009年德国风险投资规模变动情况

根据2010年EVCA年鉴数据显示，2009年德国风险资金主要投资于处于并购期和初创期的企业，分别占风险投资总额的56.7%和15.2%；由于受到金融危机的影响，处于种子期的企业仅获得了2.8%的风险资本（见图6.46）。

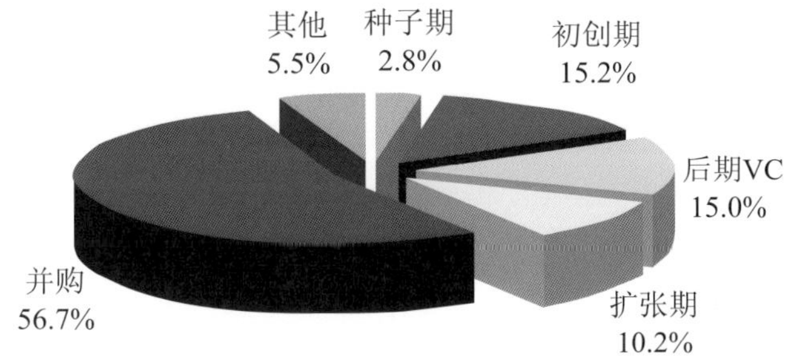

数据来源：根据2010年EVCA年鉴整理

图6.46　2009年德国风险投资阶段分布

2009年生命科学、商业和工业产品业及计算机和消费电子三大领域备受德国风险投资家的青睐，分别获得5.55亿欧元、5.29亿欧元和2.57亿欧元的投资，占总风险投资额的22.90%、22.81% 和10.59%。其次是金融服务与商业和工业服务，分别占总投资额的8.81% 和8.28%（见表6.12）。

表6.12　　2009年德国风险投资行业分布（按行业统计）

行 业	金额（百万欧元）	所占比例（%）	案例数（个）	所占比例（%）
农业	18.96	0.78	6	0.47
商业和工业产品	528.83	21.81	210	16.39
商业和工业服务	200.72	8.28	200	15.61
化学/材料	134.33	5.54	38	2.97
通信	156.84	6.47	141	11.01
计算机和消费电子	256.69	10.59	216	16.86
建筑业	8.49	0.35	19	1.48
消费品和零售	109.54	4.52	93	7.26
消费服务	125.40	5.17	47	3.67
能源和环境	94.47	3.90	52	4.06
金融服务	213.47	8.81	12	0.94
生命科学	555.09	22.90	194	15.14
房地产	0.20	0.01	1	0.08
交通运输	8.48	0.35	22	1.72
其他	12.84	0.53	30	2.34
总计	2424.34	100.00	1281	100.00

数据来源：根据2010年EVCA年鉴整理。

注：这里的风险投资包括狭义的风险投资和私募股权投资。

（3）退出情况

近几年来，德国风险投资退出金额呈现逐年上升趋势，但随着金融危机的出现，退出金额于2007年后又呈现逐年下降的趋势：2003年德国退出金额仅有8.20亿欧元，到2004年，退出金额达到14.81亿欧元，比2003年上升80.61%。此后几年的退出金额仍然不断上升，到2007年，退出金额超过历史最高水平，达到29.09亿欧元。伴随金融危机的爆发，德国风险投资的退出呈现逐年下降的趋势，2008年退出金额为17.66亿欧元，2009年进一步下降为12.95亿欧元。在退出企业数方面，德国近年来变动不大，2003年为518家，2009年为713家（见图6.47）。

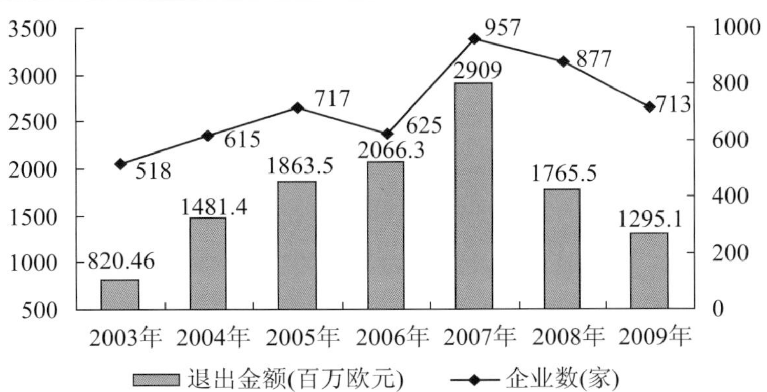

数据来源：根据BVK风险投资年报及EVCA年鉴数据整理

注：这里的风险投资包括狭义的风险投资和私募股权投资

图6.47　2003年～2009年德国风险投资退出金额及项目数变动趋势

根据退出金额划分，2009年德国风险资本仍然是以交易出售和清算方式退出为主，金额分别占总退出金额的34.1%和20.1%；此外，2009年出售给其他私募机构占比为14.3%，管理层回购占比为12.4%（见图6.48）。

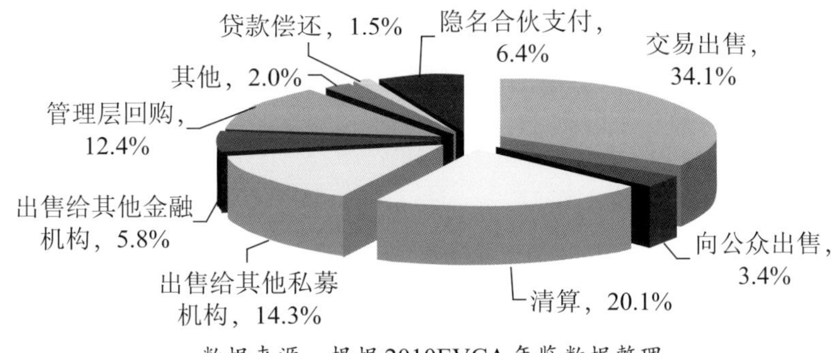

数据来源：根据2010EVCA年鉴数据整理

图6.48　2009年德国风险投资退出方式分布（退出金额）

第四节　亚太地区风险投资业

一、亚太地区风险投资发展概况

亚太地区是全球新兴市场中心，特别是中国和印度的经济发展前景备受世人关注。虽然受全球金融危机的影响程度不同，亚太地区仍然是全球私募股权和风险投资发展最快的地区。2009年亚太地区风险投资与私人股权投资市场经过金融危机的洗礼，发展日趋理性。亚太股市和多数资产价格的下滑，对于风险投资和私募基金来说反而是“入市的好时机”。资本正在投向有针对性的目标市场，随着行业整合，也出现了一些新的适合风险资本的投资机会。2010年亚太地区的资本市场表现突出，恰好验证了这一点。

2010年，亚太地区资本市场有几个重大事件：一是香港再次登上全球新股上市IPO集资宝座，并吸引大量中国大陆以外的企业前来挂牌；二是新加坡与澳洲交易所宣布合并，成为亚洲第五大的证交所；三是中国大陆民营企业大量在中小板和创业板上市，带来新的动能；四是亚洲各国纷创有史以来IPO单一案件规模最大或次大新纪录；五是企业两地挂牌或三地挂牌成为趋势。2010年，亚太资本市场的一系列“利好”消息，也使得风险投资业从危机中迅速恢复。

二、亚太重点地区——以色列风险投资发展概况

（一）发展概况

如果把1993年当作兴起元年，那么以色列高科技产业以政府引导基金和以色列政府所设计的来源于美国的国际创业投资资金为主，结合本地创业精神和技术资源的发展道路，已走过了17年。

在这17年里，以色列风险投资业的发展取得了卓越的成果。目前，以色列的风险投资基金已超过100个，运营资金高达35亿美元，以色列人均高科技风险投资资金的占有量为世界首位。风险投资业的快速、健康发展，极大地促进了以色列高科技产业的发展。以色列目前约有3000家高科技企业，其中约有500家是依靠风险投资发展起来的。

风险投资业的繁荣有力地推动了以色列高科技产业的发展，而一大批具有市场竞争力的高科技企业的涌现又吸引了更多的风险投资，二者之间的良性互动带动了经济的持续增长和就业的增加。正是因为以色列风险投资业所取得的巨大成就，这个曾经战火纷飞的贫瘠之地，如今被西方的媒体誉为“中东的硅谷”。

（二）发展现状

1. 投资额

从2004年以来，以色列风险投资业经历了网络泡沫的洗礼后开始进入稳步快速发展轨道。2009年，447家以色列高科技企业从本地及外资风险投资机构处融资共11.2亿美元，占以色列高科技企业获得的总投资额的38%。2010年，462家以色列高科技企业从本地及外资风险投资机构处融资共15.47亿美元，投资额较2009年上涨了38.12%，投资项目数增加了3.35%（见图6.49）。

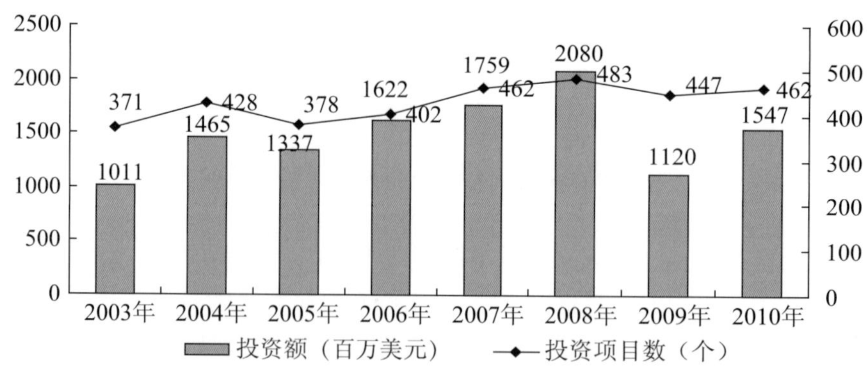

数据来源：《Summary of Israeli High-Tech Company Capital Raising-2009》；NVCA

图6.49　2003年～2010年以色列风险投资变动情况

2010年第一季度有147家以色列高科技企业获得6.94亿美元的风险投资，比2009年第一季度的2.65亿美元增长了161%，投资额高于2008年第一季度的最高点6.15亿美元（见图6.50）。

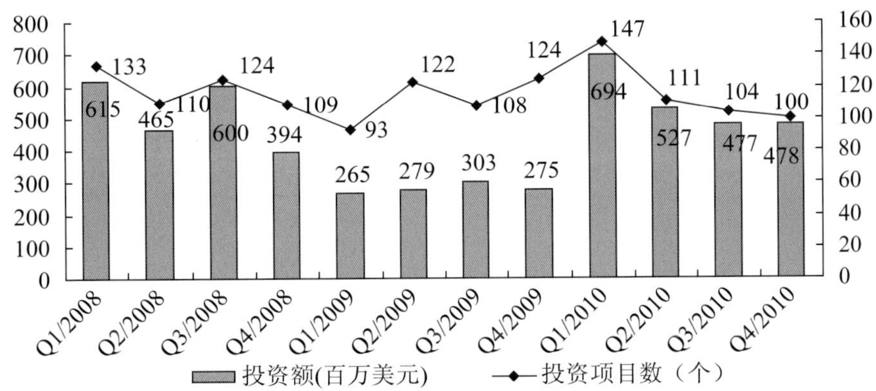

数据来源：《Summary of Israeli High-Tech Company Capital Raising-2009》；NVCA

图6.50　2008年～2010年各季度以色列风险投资规模变动趋势

根据NVCA研究中心资料显示，2010年第四季度平均投资额为386万美元，高于2009年同期的222万美元，也低于2010年第二季度的472万美元和第三季度的430万美元（见图6.51）。

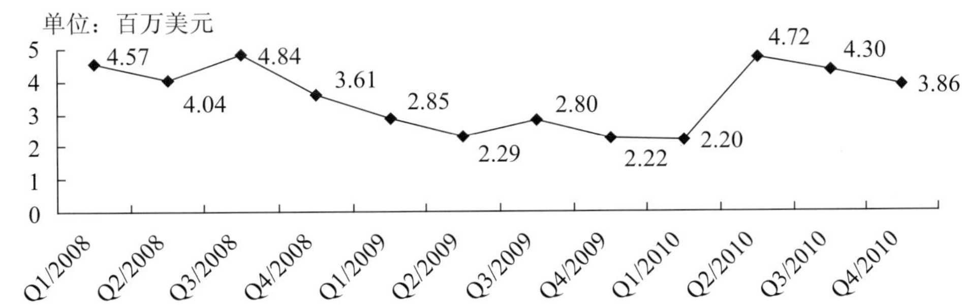

数据来源：根据IVC研究中心各季度报告整理（2007年～2010年）；NVCA；Dow Jones Venture One

图6.51　2008年～2010年各季度以色列平均风险投资额的变动趋势

另外，以色列本国的风险投资机构在2010年实现对国内企业投资9.70亿美元，比2009年的4.10亿美元增长了近135%；国外及其他投资者投资金额高达12.06亿美元，比2009年的6.98亿美元增长了近73%（见图6.52）。

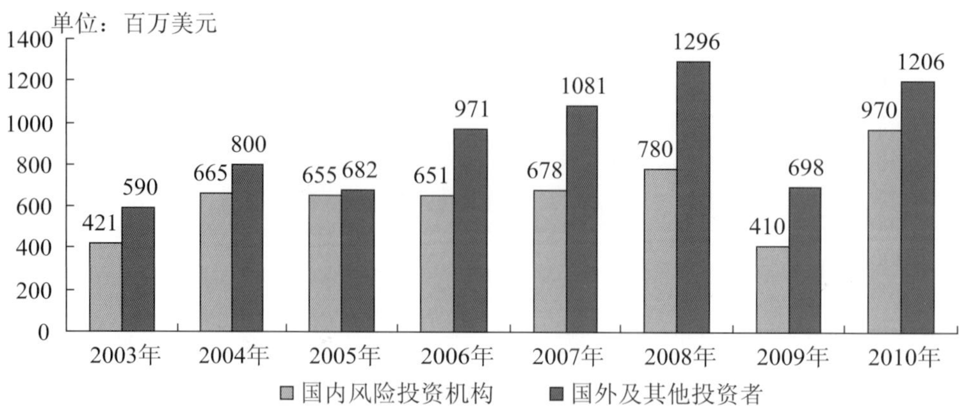

数据来源：根据IVC研究中心各季度报告整理(2006年～2010年)；NVCA

图6.52　2003年～2010年风险投资机构对以色列国内高科技公司投资额的变动趋势

2. 募资额

据IVC研究中心2009年年报和NVCA统计显示，以色列风险投资机构2009年有11.22亿美元风险资本可供投资，2010年全年募资额是13.55亿美元，同比上涨20.8%（见图6.53）。

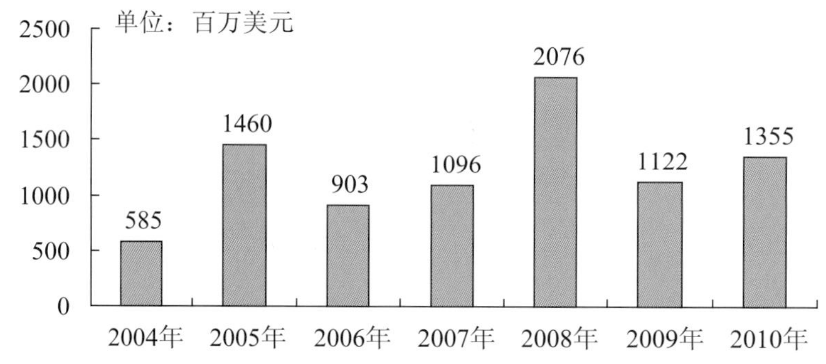

数据来源：根据IVC研究中心各季度报告整理(2006年～2010年)；NVCA

图6.53　2003年～2010年以色列筹集的风险资本趋势图

3. 退出情况

2000年～2010年，以色列风险投资的退出情况，由于受网络泡沫和金融危机的影响较大，呈现出明显的M型分布。2008年通过IPO方式退出的企业数为0家，是自2003年以来的第一次。2009年和2010年退出情况有所好转，2010年以IPO方式退出的企业共有5家，退出金额4.24亿美元（见图6.54）。

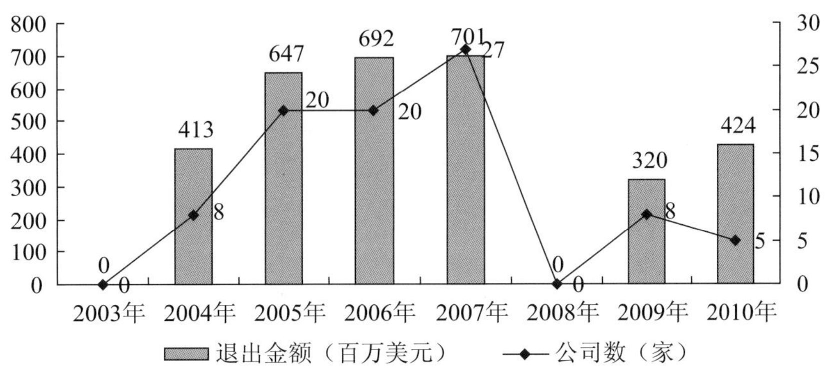

数据来源：根据IVC研究中心各季度报告整理（2006年～2010年）；NVCA；Dow Jones Venture One

图6.54　2003年～2010年以色列风险投资IPO退出情况的变动趋势

自2001年以来，2006年是M&A市场最活跃的一年，达到100亿美元，2007年比2006年下降了67%。受金融危机影响，2008年在2007年的基础上，继续下滑18.72%。这种现象到2009年有所好转，M&A退出金额上涨到35亿美元，比2008年上涨32.5%，2010年发展态势趋于平稳（见图6.55）。

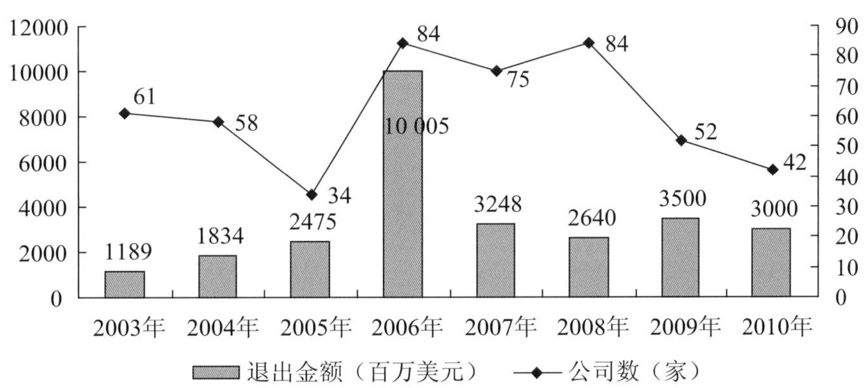

数据来源：根据IVC研究中心各季度报告整理（2006年～2010年）；NVCA；Dow Jones Venture One

图6.55　2003年～2010年以色列风险投资M&A退出情况的变动趋势

（三）风险投资发展特征

1. 投资主体分布

2009年，以色列风险投资额中超过60%是来自海外的风险投资，特别是美国风险投资基金。海外的风险资本略高于2008年的62%和2007年的61%，2010年海外风险资本为63.2%，与2009年基本持平（见图6.56）。

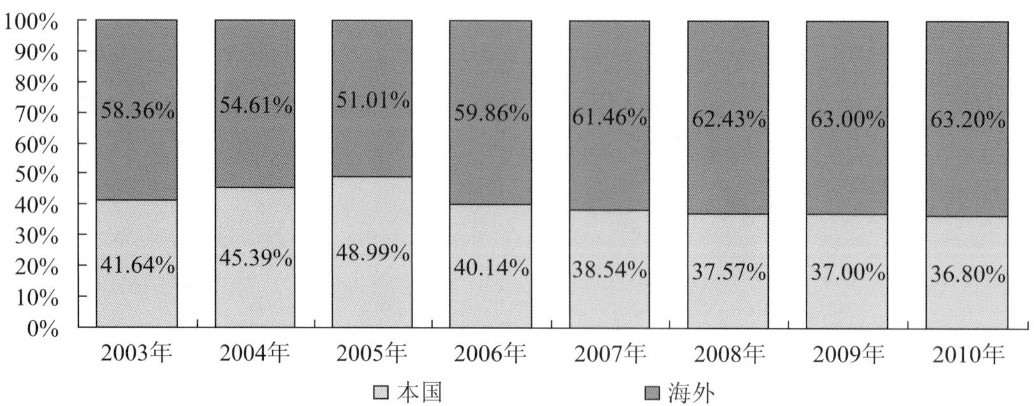

数据来源：根据IVC研究中心各季度报告整理（2006年～2010年）；NVCA；Dow Jones Venture One

图6.56　2003年～2010年以色列风险投资主体分布

2. 投资规模分布

2010年全年以色列共有462起投资事件，其中64起投资案例金额超过1000万美元，占总数的13.8%。100万～500万美元之间的案例占60.80%，共有280起（见图6.57）。

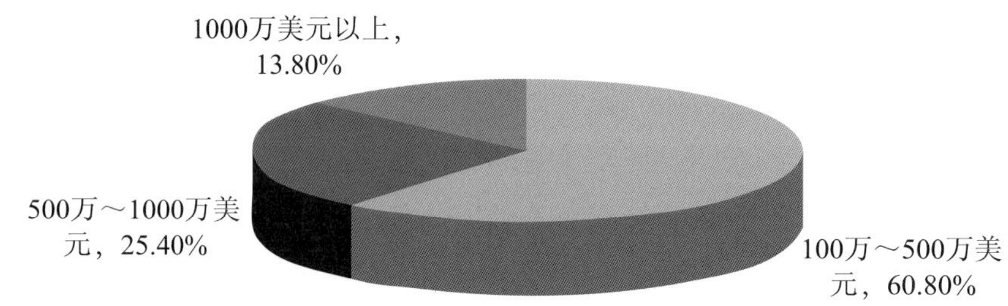

数据来源：Dow Jones Venture One

图6.57　2010年以色列风险投资规模分布（案例数）

2001年以色列风险投资从行业规模上来看，软件行业和通讯行业投资占主要部分，获得的风险融资比例都处于较高水平。此外，新兴的清洁技术行业从2009年的8%提高到11%（见表6.13）。

表6.13　2010年以色列风险投资额的行业分布

行业	投资额（百万美元）	所占百分比
通讯	324.8	21%
生命科学	262.9	17%
软件	324.8	21%
互联网	201.1	13%
半导体	108.2	7%
清洁技术	170.1	11%
其他	154.7	10%
合计	1546.6	100%

数据来源：Dow Jones Venture One

（1）生命科学领域

2010年，共有93家生命科学领域的企业获得3.24亿美元风险资本，比2009年的2.8亿美元增长了15.7%（见图6.58）。

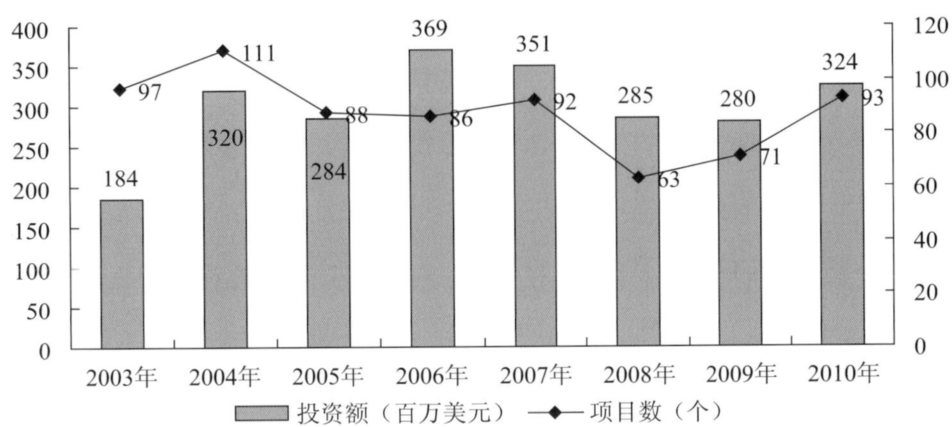

数据来源：根据IVC研究中心各季度报告整理（2006年～2010年）；NVCA；Dow Jones Venture One

图6.58　2003年～2010年以色列生命科学领域风险投资规模变动趋势

（2）互联网领域

2010年，互联网领域获得了2.01亿美元的风险投资，占比13%，2009年与2008年该行业投资比例分别是13%和14%。相对其他行业，互联网行业投资比例保持稳定（见图6.59）。

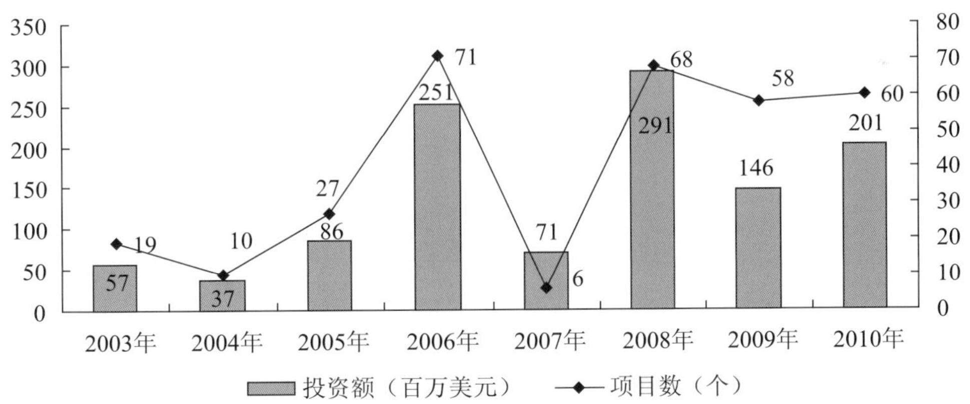

数据来源：根据IVC研究中心各季度报告整理（2006年～2010年）；NVCA；Dow Jones Venture One

图6.59　2003年～2010年以色列互联网领域风险投资规模变动趋势

3. 投资阶段分布

2010年，以色列52家种子期公司获得了0.92亿美元的风险投资，占融资总额的6%，同比增涨0.5个百分点，但明显低于此前2004年8%的平均水平（见图6.60）。

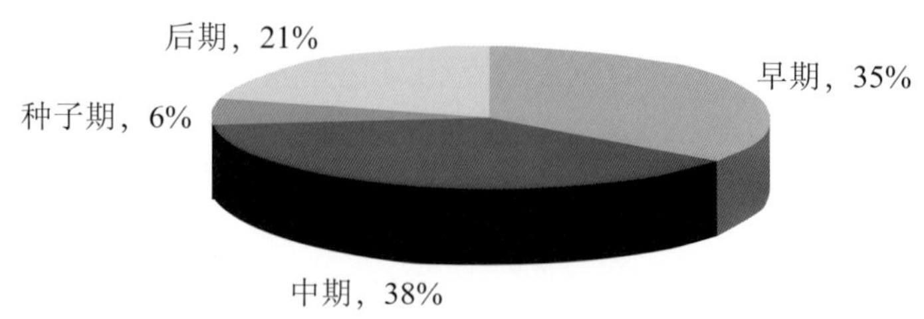

数据来源：Dow Jones Venture One

图6.60　2010年以色列风险投资阶段分布（金额）

三、亚太重点地区——印度私募股权投资与风险投资发展概况[①]

（一）发展概况

在过去20年，印度正在崛起为世界上最具活力的经济体之一。近年来，印度企业对资金的强烈需求以及私募股权投资者的数量不断增加，大大促进了印度风险投资事业的发展。

2004年～2009年，伴随私募股权和风险投资公司的发展，私募投资者合计投资约500亿美元，投资案例合计1400多个，其中，近1/3的企业是印度500强企业。通过对这些企业投资，帮助企业获得资金，提升企业管理水平等等，助推企业增长和国际扩张。同时，企业也给投资者提供了丰厚的回报。

根据《India Private Equity Report 2010》研究分析，VC/PE的资金规模在2010年年底或可达到170亿美元。据印度工业联合会（CII）预期，如果印度能为PE投资创造一个更适宜的环境，印度的PE基金将有可能在未来三年增至1000亿美元。

（二）投资规模

2007年印度私募股权投资与风险投资总投资额达到220.1亿美元，同比增长了118.1%，是印度历史上增长速度最快的一年。2008年，印度私募股权投资与风险投资由于受全球金融危机的影响有所放缓，与2007年相比，无论是投资金额还是投资案例数均下降。2008年，印度的风险投资总额为81.2亿美元，共投资297个项目，平均每笔投资额为0.27亿美元，低于2007年每笔0.46亿美元。2009年，印度的风险投资额为27.66亿美元，投资案例数不详（见图6.61）。

① 由于印度官方统计分析报告改版，印度私募股权投资和风险投资2009年和2010年的部分统计数据缺失。

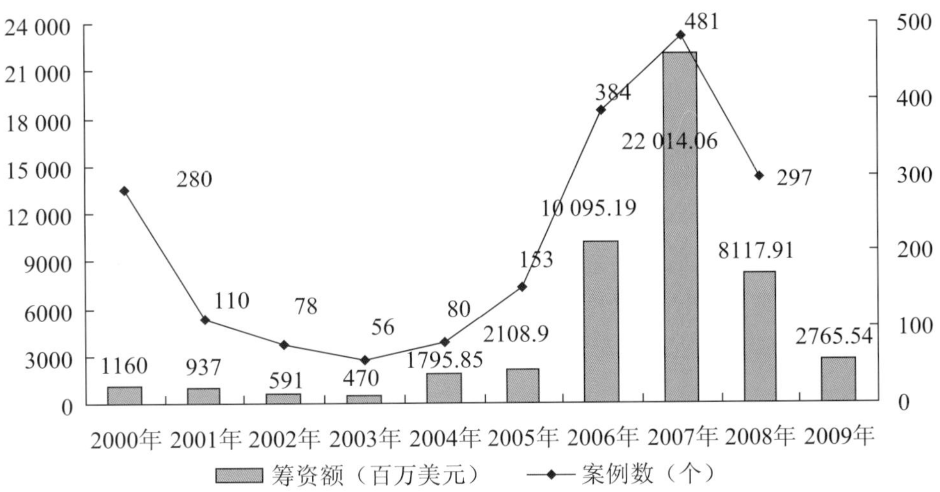

数据来源：India Venture Capital and Private Equity Report，2009 ~ 2010

图6.61 2000年～2009年印度风险投资与私募股权投资规模变化趋势

从投资者类型来看，2009年风险投资资金主要是来源于私募/风险投资公司，投资额为131亿美元，占总投资额的47.37%；其次是来源于金融机构，占总投资额的27.17%（见图6.62）。

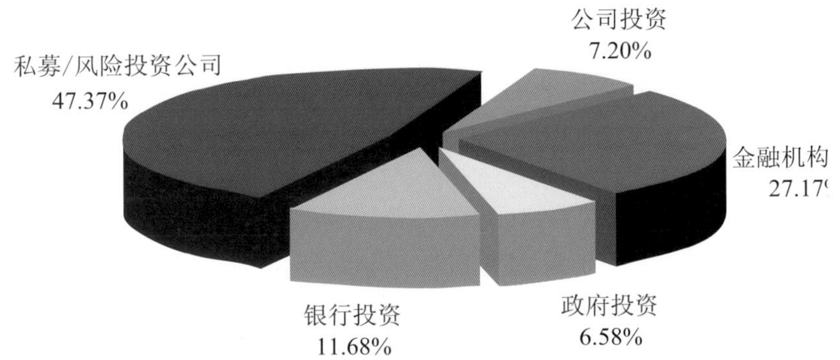

数据来源：India Venture Capital and Private Equity Report 2010

图6.62 2009年印度风险投资与私募股权投资者类型

（三）基金规模

根据Asia Private Equity Review资料显示，2007年1月～7月，印度新筹集的私募股权投资基金规模为24.86亿美元，是2006全年32.82亿美元的75.7%，2008年上半年出现更加快速的增长，比2007年前7个月翻了一倍多，达到了50亿美元的规模（见图6.63）。

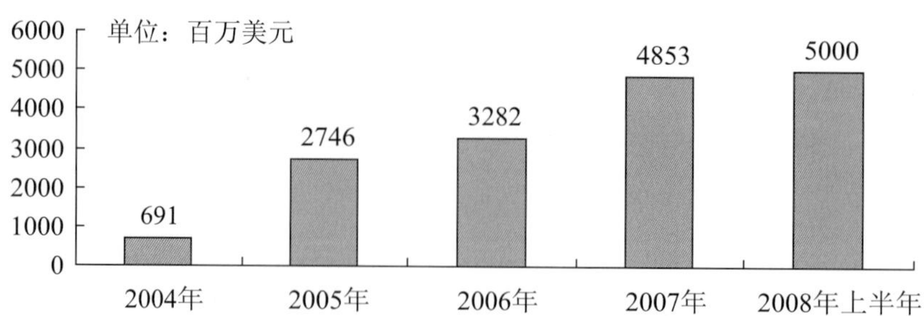

数据来源：数据来源：Asia Private Equity Review，2007[①]；Private Equity India，2008[②]

图6.63　2004年～2008年印度风险资本与私募股权资本基金规模变化趋势

（四）投资行业分布

2008年，印度私募股权投资与风险投资额中，有27.5%投资于能源与建筑行业，比2007年增加14%；最明显的特点是保健/生命科学行业备受关注，占比为6%（见图6.64～6.65）。

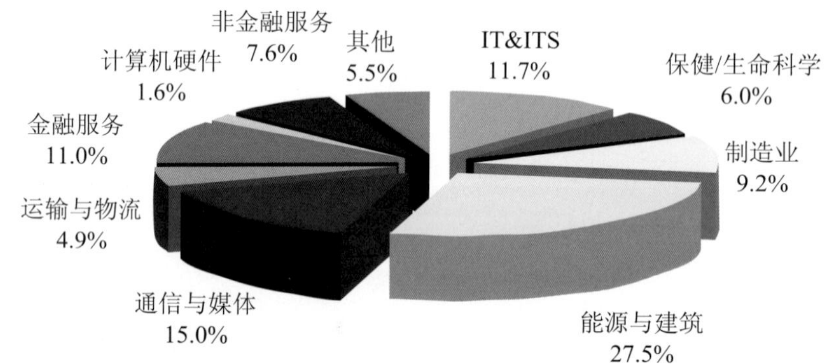

数据来源：India Venture Capital and Private Equity Report 2009

图6.64　2008年印度风险资本与私募股权投资的行业分布（金额）

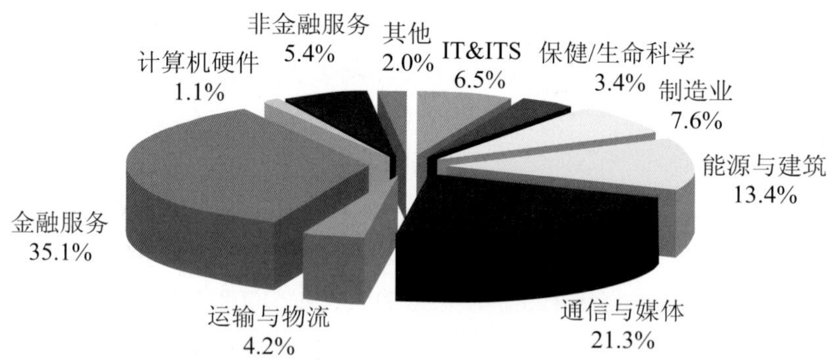

数据来源：India Venture Capital and Private Equity Report 2009

图6.65　2008年印度风险资本与私募股权投资的行业分布（案例数）

① http://www.altassets.com/casefor/countries/2007/nz11454.php

② http://privateequityblogger.com/2008/09/private-equity-india_05.html

（五）投资阶段分布

根据IVCA的《India Venture Capital and Private Equity Report 2009》披露，从印度私募股权投资与风险投资的阶段来看，后期和PIPE交易占了大部分份额，并且后期阶段投资受经济影响最小，而早期阶段投资受经济影响最大。2008年，共有133家后期企业获得50.75亿美元的私人股权投资，占比为62.51%；整体来看，与2007年相比，无论是所处阶段的投资额还是投资案例数，2008年均同比下降，这是受到美国金融危机的影响所致（见表6.14）。

表6.14　　2007年～2008年印度私募股权投资与风险投资的阶段分布

投资阶段	2007年			2008年		
	案例数（个）	投资额（百万美元）	投资额占比（%）	案例数（个）	投资额（百万美元）	投资额占比（%）
早期	74	2745.41	12.47	47	246.91	3.04
成长期	120	4492.38	20.41	55	980.35	12.08
后期	139	5463.52	24.82	133	5074.78	62.51
Pre IPO	30	798.57	3.63	8	375.50	4.63
PIPE	104	7397.86	33.61	49	1307.87	16.11
Buyout	14	1116.32	5.07	5	132.50	1.63
合计	481	22014.06	100.00	297	8117.91	100.00

数据来源：India Venture Capital and Private Equity Report 2009

四、亚太重点地区——澳大利亚风险投资发展概况①

（一）发展现状

在过去10年里，澳大利亚整个VC行业的规模增长了10倍，已经从1998年的2亿澳元发展至2010年的25亿澳元，这个数值相当于全国GDP的0.2%，相当于在澳大利亚股票交易所挂牌的所有股票市值的0.18%。

过去的10年中，风险投资在澳大利亚支持了400家高成长潜力、高增长率和高科技的公司，生产了很多世界级产品，特别是在医药和IT领域。全球范围来看，澳大利亚的科研机构实力已跻身世界前十名。先进的现代研究设备，配备高水平的科研人员，澳大利亚在癫痫、各种癌症、流感和支气管炎的治疗方面走在世界前列。

澳大利亚为支持VC及其相关活动发展，建立了良好的综合生态系统，服务提供者、世界级大学及政府部门都能够很好地为支持行业发展服务。同时，澳大利亚风险投资也吸引了众多国外投资者。在过去的10年里，这些外国投资者联合本土投资者共同投资澳大利亚公司的估算投资额为6.5亿澳元。

① 本部分所指年份均指澳大利亚的财政年度，即从7月1日至次年6月30日。

（二）募资情况

2010年的澳大利亚募资市场仍然是一片沉寂，VC和PE新筹集的资金总和为16.24亿澳元，相比2009年下降5%（见图6.66）。

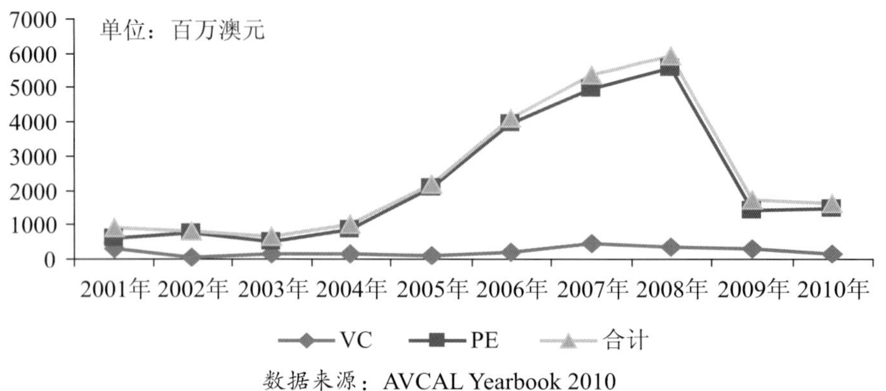

数据来源：AVCAL Yearbook 2010

图6.66　2001年～2010年澳大利亚私募股权投资与风险投资募资规模变化趋势

2010年，共有24支资本投资基金成立，包括14支风险资本基金、3支成长期资金和7支并购基金，平均募资金额为6768万澳元。2009年，共有21支资本投资基金成立，平均募资金额为7333万澳元（见图6.67）。

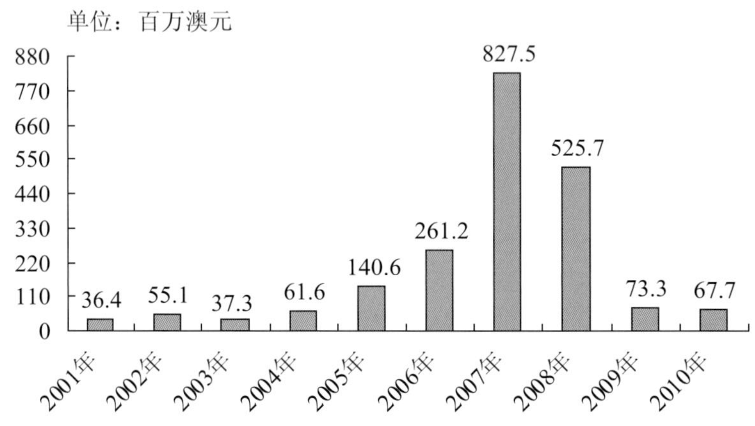

数据来源：AVCAL Yearbook 2010

图6.67　2001年～2010年澳大利亚平均每支新筹集基金的规模变化趋势

（三）投资情况

2010年，澳大利亚企业获得私募股权资本与风险资本的投资额分别达到21.83亿澳元和1.87亿澳元；PE与VC的投资项目数分别为109个和195个（见图6.68）。

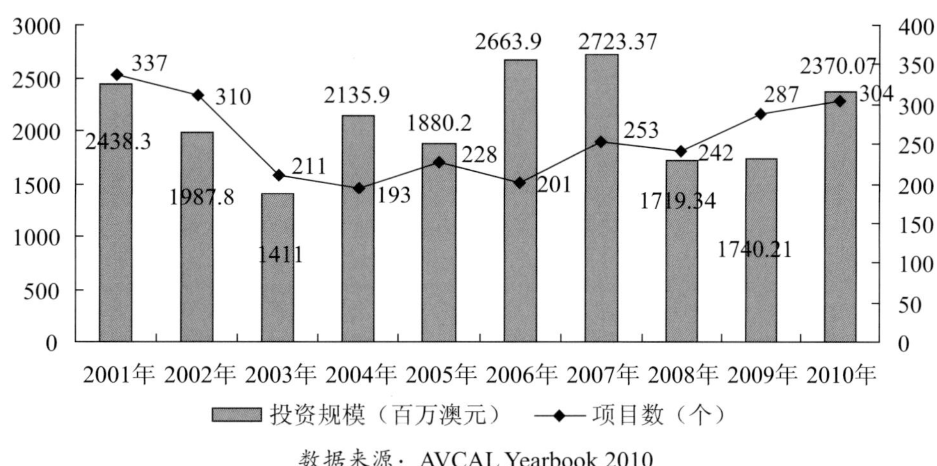

数据来源：AVCAL Yearbook 2010

图6.68　2001年～2010年澳大利亚私募股权投资与风险投资投资规模变化趋势

从投资金额来看，澳大利亚风险投资水平最近4年基本保持稳定，并未显现出金融危机对其产生的影响。2010年，澳大利亚风险投资金额为1.87亿澳元，相比2009年下降7%；风险投资项目数为195个，相比2009年增长3.7%（见图6.69）。

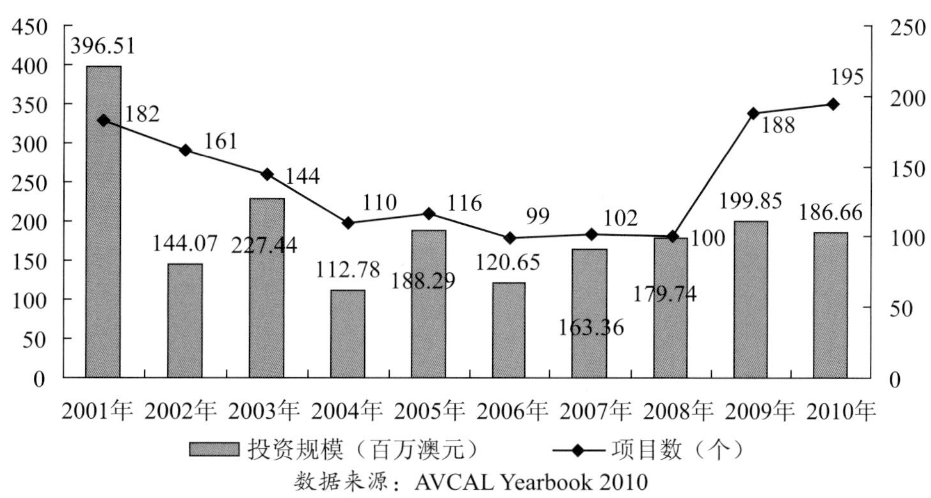

数据来源：AVCAL Yearbook 2010

图6.69　2001年～2010年澳大利亚风险投资投资规模变化趋势

2010年，用于偿还银行贷款的资本占总资本最大份额，金额为7.90亿元，比例为33.35%。其次是投资于其他阶段和扩张期的资本，金额分别是4.98亿澳元和3.89亿澳元，占比分别是21.02%和16.41%。投资于种子期的资金则是微不足道，仅为186万澳元（见表6.15）。

表6.15　　2010年澳大利亚私募股权投资与风险投资的阶段分布

阶段分布	投资额（百万澳元）	所占比例（%）	案例数（个）	所占比例（%）
种子期	1.86	0	9	3
早期	116.14	5	131	43
后期	85.66	4	55	18

阶段分布	投资额（百万澳元）	所占比例（%）	案例数（个）	所占比例（%）
成长/扩张期	389.00	16	59	19
重整期	46.15	2	3	1
补偿资本	86.08	4	12	4
并购	258.53	11	21	7
其他杠杆收购	98.17	4	5	2
偿还银行贷款	790.37	33	5	2
其它	498.10	21	4	1
总计	2370.07	100	304	100

数据来源：AVCAL Yearbook 2010

2010年，消费品和零售行业占私募股权总资本的最大份额，金额为7.12亿澳元，占比为30%。其次是环境与能源行业，占私募股权总资本的24%，达到5.75亿澳元。高科技与清洁技术领域投资额分别为6.94亿澳元和5.19亿澳元，占比分别为29%和22%（见表6.16）。

表6.16　　2010年澳大利亚私募股权投资与风险投资的行业分布

行业分布	投资额（百万澳元）	所占比例（%）	案例数（个）	所占比例（%）
商业和工业服务	122.60	5	31	10
商业和工业产品	355.34	15	15	5
通信	62.29	3	29	10
计算机和电子	101.38	4	37	12
消费品和零售	712.42	30	12	4
消费服务：其他	132.34	6	20	7
能源和环境	575.31	24	36	12
金融服务	89.43	4	5	2
生命科学	217.80	9	114	38
其他	1.16	0	5	2
总计	2370.07	100	304	100
小计：高科技	693.60	29	150	49
小计：清洁技术	519.17	22	38	13

数据来源：AVCAL Yearbook 2010

（四）退出情况

2010年，澳大利亚有49家公司的共计60个项目实现了退出，相比2009年37家的54个退出项目略有上升。值得一提的是，公开募股重新回到退出方式的行列。相比2009年根本没有通过上市退出的情况，2010年有3家公司通过IPO退出，7家通过向公众出售退出。

2010年，私募股权资本与风险资本的退出方式以交易出售为主，22家公司的29个项目通过此种方式退出，占比近50%。通过其他方式退出的公司数和项目数基本平均（见图6.70）。

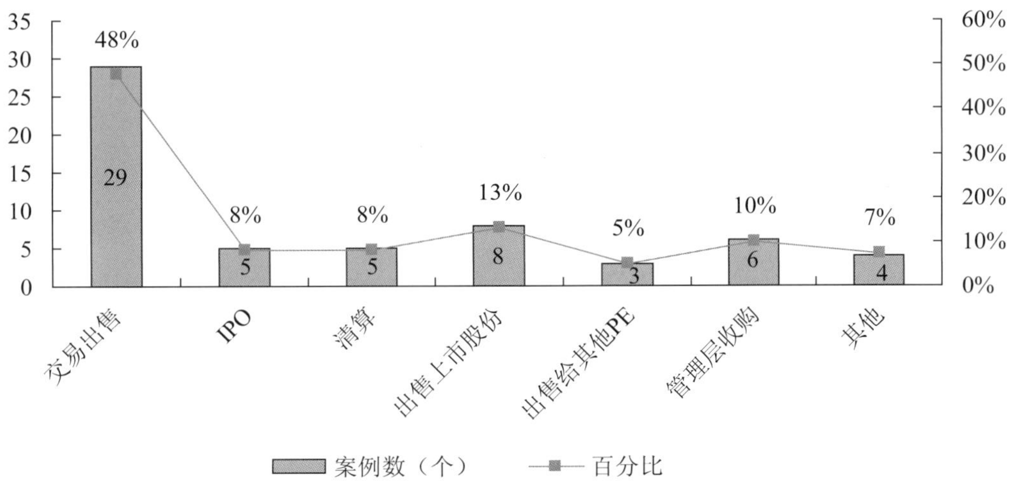

数据来源：AVCAL Yearbook 2010

图6.70　2010年澳大利亚私募股权投资与风险投资支持的退出方式

统计篇

第一章　2010年中国风险投资行业调查说明

一、调查内容

该篇数据信息的时间截至2010年12月31日，主要内容包括风险投资机构的基本信息（包括注册资本、经营年限、组织模式、管理模式和专业投资经理情况等）、2010年度的资本规模及来源分布（包括目前所管理的风险资本总量和本年度新募集的可投资于中国内地的风险资本总量及其构成比例）、2010年度的投资概况及特征（涉及本年度投资总体情况、投资特征等）、投资项目的退出规模及特征（包括本年度退出投资项目及累计收益情况）、2010年度中国风险投资总体环境等（详细情况见本章第七部分的问卷内容样本）。

二、调查对象与范围

此次调查的对象是投资于中国内地非上市企业的国内外风险投资机构/基金，其中涵盖的地区包括除西藏以外的中国内地大部分省份。调查组向国内各省份的主要风险投资机构发出了调查问卷，并从公开渠道收集相关机构的投资和融资信息作为补充，在进行严格筛选后，合计有效样本为597家风险投资机构。此外，在问卷调查跟进过程中，有一部分投资机构明确表示已不计划从事风险投资业务或近一两年来没有开展与风险投资相关的投资活动。基于这样的情况，我们认为，本次调查结果基本能反映中国内地风险投资业实际情况。

本次调查有效样本的地区分布情况见表1.1。

表1.1　2010年中国风险投资行业调查样本的地区分布

地区	样本数	地区	样本数	地区	样本数	地区	样本数
上海	103	安徽	15	四川	8	云南	3
北京	97	山东	15	山西	7	甘肃	2
深圳	45	辽宁	13	黑龙江	5	新疆	2
江苏	40	湖南	12	江西	5	广西	1
浙江	35	福建	11	重庆	5	海南	1
天津	25	陕西	10	吉林	4	宁夏	1
广东	21	河北	9	贵州	3	青海	1
湖北	16	河南	8	内蒙古	3	其他	71

注：其他地区主要是指香港、台湾等海外地区；广东地区不含深圳市。

三、调查地区

由于中国内地各个地区在包括地理、政治、经济等因素上存在较大差异，导致风险投资业在中国各个地区的发展不平衡。在客观考察中国风险投资业实际的地区发展状况后，我们将此次调查的区域划分为三大重点中心城市（北京、上海、深圳）和除此之外的五大区域（东北、华北、华东、中南、西部）以及包括香港、台湾等海外地区在内的其他地区；同时，我们在后面的统计分析中，将主要依据本区域分类规则来考察风险投资的地区分布与差异情况。各划分区域所包含的省市分类见表1.2。

表1.2　　2010年中国风险投资行业调查区域划分

地 区	所辖省市
北京	北京市
上海	上海市
深圳	深圳市
东北	辽宁省、吉林省、黑龙江省
华北	天津市、河北省、山西省、内蒙古自治区
华东	山东省、江苏省、安徽省、浙江省、江西省、福建省
中南	河南省、湖北省、湖南省、广东省、广西壮族自治区、海南省
西部	陕西省、新疆维吾尔自治区、重庆市、四川省、贵州省、甘肃省、青海省、宁夏回族自治区、云南省、西藏自治区 *
其他	包括香港、台湾等海外地区

注："*"表示在此次调查中没有有效问卷反馈的省份。

四、调查内容释义

（一）投资行业分类

本次调查有关投资行业的分类，根据目前中国产业发展的状况和风险投资公司的行业划分惯例、并参考《中国高新技术产品目录2006》和《上市公司行业分类指引》进行划分。具体分类标准参见表1.3。

表1.3　　2010年中国风险投资行业调查投资行业分类

<table>
<tr><th>类别</th><th>细分行业</th><th>类别</th><th>细分行业</th><th>类别</th><th>细分行业</th></tr>
<tr><td rowspan="5">狭义IT</td><td>互联网</td><td rowspan="5">半导体IC</td><td>设计</td><td rowspan="5">能源环保</td><td rowspan="2">新材料</td></tr>
<tr><td>电子商务</td><td rowspan="3">制造</td></tr>
<tr><td>软件</td><td rowspan="2">新能源</td></tr>
<tr><td>计算机设备</td></tr>
<tr><td>其他IT业</td><td>封装测试</td><td>节能环保</td></tr>
</table>

类别	细分行业	类别	细分行业	类别	细分行业
通讯/电信	通信设备	传统产业	消费及服务	医药保健	医疗设备
	增值服务（包括内容服务等）		传统制造业		医药保健产品
			传统能源		保健服务
			化工		
	通信测试及服务	生物技术	文化传媒	金融服务	教育行业
	终端产品生产	现代农业	高端装备制造	房地产	其他行业

（二）投资阶段定义

我们将此次调查涉及的投资阶段分为六类：种子期（Startup/Seed）、成长期（Growth）、扩张期（Expansion）、成熟期（Later）、上市筹备期（Pre-IPO）和其他（包括MBO和MBI），其定义见表1.4。

表1.4　风险投资的投资阶段分类和定义

种子期（Startup/Seed）	创业领导者建立了核心创业团队，创业团队拥有技术、产品和概念，还没建立企业或者刚刚建立企业，致力于技术和产品的商业化开发，没有进入正式的销售阶段，融资数额较小，主要用于技术产品的开发和市场开发调查
成长期（Growth）	成长期的企业已经将其较完善的产品和服务推向市场，销售呈现快速增长的态势，没有产生盈利收入，融资数额较种子期大，主要用于产品的进一步完善、建立产品和服务的市场渠道，加强创业团队的建设
扩张期（Expansion）	扩张期的企业已将其基本定型的产品完全推向市场，产品和服务得到广泛认可，市场快速增长，抢占市场份额是扩张期企业的首要目标。在这期间未必产生盈利收入，企业融资数额较大，主要用于市场开拓和营销能力的加强
成熟期（Later）	成熟期企业的产品和服务已经完全被消费者所接受，市场增长趋缓，市场份额已基本圈定，有较稳定的盈利收入，该阶段企业融资主要用于维持企业的市场份额、巩固竞争优势
上市筹备期（Pre-IPO）	该阶段的企业特征是，企业在市场中占有相当大的份额，为了寻求更多的发展资金，计划通过上市渠道融资，并且已经正式进入上市的相关准备程序
其他	如企业发展中的重整期、周转困境期、MBO和MBI以及其他非上述企业生命时期的阶段

五、调查方法和过程

为了顺利完成“2010年中国风险投资行业调查”任务，CVCRI于2010年10月专门组织并成立了由陈工孟院长领导的专业研究调查组，开展本次调查资料的采集工作。

在“深入了解中国风险投资业发展状况，重点关注风险投资实际运作中的热点问题”这一调查目标的指导下，调查组结合目前中国风险投资行业发展的新特点和新趋势，由专业研究人员设计本次调查问卷，经过专家反复论证后评审通过。经过初步考察分析后，确定调查的主要范围和调查样本，于2010年11月中旬通过信件邮寄、网络E-mail和传真等方式定向发放问卷。

从2010年11月份下旬开始，调查组对调查机构进行电话回访跟进，确定定向调查问卷的送达以及对问卷中的调查内容进行说明和解释。在整个问卷调查过程中，调查组成员坚持“细致、严谨、客观、高效”的调查原则，系统有序地组织完成了调查筹备、调查目的和范围的策划定义、调查问卷设计、调查实施、调查数据处理和调查结果统计等各个过程和环节。相信本次调查的过程及其结果能够很好地反映目前中国风险投资行业发展的现状，并为政府、实务界和学术研究专家学者提供有价值的参考。

六、2010年中国风险投资行业调查反馈问卷的样本公司

（根据被调查机构的意愿，此处仅列示部分机构名单。）

北京市	
1	ME中国文化创意产业基金
2	北京长电创新投资管理有限公司
3	北京晨光宏盛中小企业创业投资有限公司
4	北京鼎新联合投资管理有限公司
5	北京海迪创新技术资产投资中心有限公司
6	北京金科高创投资管理咨询有限公司
7	北京科技风险投资股份有限公司
8	北京理想伟业节能投资有限公司
9	北京盛诺金投资基金管理有限公司
10	北京市正轩中腾投资有限公司
11	北京信中利投资有限公司
12	北京义云清洁技术有限公司
13	北京中关村青年科技创业投资有限公司
14	北京中金诚信投资有限公司
15	华登国际
16	凯桥资本（中国）有限公司
17	伟清创新（科技）北京有限公司
18	英特尔投资
19	掌讯集团
20	中国风险投资有限公司
21	中国科技产业投资管理有限公司
22	中吉融通创业投资有限公司
23	中兴国际投资有限公司
24	中发君盛（北京）投资管理有限公司
上海市	
25	德丰杰龙脉（上海）股权投资管理有限公司
26	德同资本
27	鼎鑫国际资本
28	和利资本
29	纪源资本
30	普凯投资
31	启明创投
32	上海常春藤资本
33	上海得一投资管理有限公司
34	上海德江投资有限公司
35	上海国鸣投资管理有限公司
36	上海慧立创业投资有限公司
37	上海科升投资有限公司
38	上海乐澳投资管理有限公司
39	上海茂树股权投资有限公司
40	上海睿立投资管理有限公司
41	上海上创信德投资管理公司
42	上海同亿富利投资管理有限公司
43	上海信虹投资管理有限公司
44	上海张江科技投资有限公司
45	上海中博创业投资有限公司
46	上海中金资本投资有限公司
47	上海紫竹创业投资有限公司
48	施耐德电气风险投资
49	世铭投资
50	思伟投资
51	伟高达创业投资
52	香港沪光国际投资管理有限公司
53	橡子园创业投资管理（上海）有限公司
54	亚洲商菱投资有限公司
55	招商和腾创投
深圳市	
56	搏实资本
57	第一创业投资管理有限公司
58	肯思考投资顾问有限公司
59	融石创业投资管理（深圳）有限公司
60	瑞富资本
61	深圳加里红杉
62	深圳力合创业投资有限公司
63	深圳市财富摩根创业投资管理有限公司
64	深圳市长润创业投资企业（有限合伙）
65	深圳市长园盈佳投资有限公司
66	深圳市大鹏投资发展有限公司
67	深圳市东方汇富创业投资管理有限公司
68	深圳市高新技术投资担保有限公司
69	深圳市怀新企业投资顾问有限公司
70	深圳市山海创业投资管理有限公司
71	深圳市天图创业有限公司
72	深圳市同创伟业创业投资有限公司
73	深圳市同威创业投资有限公司
74	深圳市亿方富投资管理有限公司
75	深圳市裕鼎投资管理有限公司
76	深圳市中关村创业投资管理有限公司
77	深圳市卓佳汇智创业投资有限公司
78	深圳信科创业投资管理有限公司
79	深圳中南成长投资管理公司
80	通联资本管理有限公司
81	葳尔资产管理有限公司
82	招商局科技集团有限公司
83	致富融资集团
辽宁省	
84	大连海融高新创业投资基金有限公司
85	大连凯达创业投资有限公司
86	九鼎投资

87	辽宁东软创业投资有限公司
88	辽宁科技创业投资有限责任公司
89	辽宁美瑞投资有限公司
90	上海融恩投资咨询有限公司（万德基金）
吉林省	
91	吉林省亚东投资管理有限公司
黑龙江省	
92	黑龙江辰能哈工大高科技风险投资有限公司
93	黑龙江省科力高科技产业投资有限公司
天津市	
94	天津纳米创业投资有限公司
95	天津海达创业投资管理有限公司
96	天津虹桥科技投资集团有限公司
97	天津科创天使投资有限公司
98	天津科技发展投资总公司
河北省	
99	河北科技风险投资有限公司
100	廊坊开发区科技创业有限公司
101	秦皇岛市科技投资公司
102	石家庄科技创业投资有限公司
103	越融担保公司
山西省	
104	山西风险投资股份有限公司
105	山西金丰汇智创业投资有限公司
106	山西易鑫创业投资有限公司
107	太原市财鑫风险投资公司
内蒙古自治区	
108	内蒙古自治区科技风险基金管理办公室
山东省	
109	青岛融道投资有限公司
110	青岛市科技风险投资有限公司
111	山东昌润创业投资有限公司
112	潍坊创业投资有限公司
113	淄博高新技术风险投资股份有限公司
江苏省	
114	鼎桥创投
115	江苏华控创业投资有限公司
116	江苏九州创业投资管理有限公司
117	江苏昆山高特佳创业投资有限公司
118	江苏荣建创业投资管理有限公司
119	江苏省高科技产业投资有限公司
120	江苏省高新技术创业服务中心
121	连云港金海创业投资有限公司
122	苏州创业投资集团有限公司
123	苏州高华创业投资管理有限公司
124	苏州国发创业投资控股有限公司
125	苏州国嘉创业投资有限公司
126	无锡高新技术风险投资股份有限公司
127	无锡市锡山创业投资有限公司
128	吴江东运创业投资有限公司
129	吴江市金盛创业投资有限公司
安徽省	
130	安徽高科创业投资有限公司
131	安徽融升投资管理公司
132	安徽神州投资管理有限公司
133	安徽誉华投资管理有限公司
134	蚌埠中城创业投资有限公司
浙江省	
135	杭州立元创业投资有限公司
136	杭州赛伯乐中国创业投资管理有限公司
137	杭州市创业投资服务中心
138	杭州中瓯创业投资有限公司
139	宁波博润创业投资股份有限公司
140	宁波杉杉创业投资有限公司
141	通联创业投资股份有限公司
142	温州新润投资控股有限公司
143	浙江富鑫创业投资有限公司
144	浙江商裕投资管理有限公司
145	浙江省科技风险投资有限公司
146	中大集团
江西省	
147	江西高技术产业投资股份有限公司
福建省	
148	福州中科精英创业投资有限公司
149	厦门火炬集团创业投资有限公司
河南省	
150	河南创业投资股份有限公司
151	河南高科技创业投资股份有限公司
152	河南金犁风险投资管理有限公司
153	河南联创投资股份有限公司
154	河南农开投资基金管理有限责任公司
155	河南平能创业投资股份有限公司
156	中原文产创业投资有限公司
湖北省	
157	湖北高和创业投资管理有限公司
158	湖北省高新技术产业投资有限公司
159	科华银赛创业投资有限公司
160	武汉东湖创新科技投资有限公司
161	武汉华工创业投资有限责任公司
162	武汉开元科技创业投资有限公司
163	武汉科技创新投资有限公司
湖南省	
164	长沙市科技风险投资管理有限公司
165	湖南博宇创业投资有限公司
166	湖南财富同超创业投资管理股份有限公司
167	湖南财信创业投资有限责任公司
168	湖南瑞驰丰和创业投资管理有限公司
169	湖南湘投高科技创业投资有限公司
170	株洲南车时代高新投资担保有限责任公司

广东省	
171	佛山市集成富达投资管理中心（有限合伙）
172	广东合银创业投资有限公司
173	广东省粤科风险投资集团有限公司
174	广东信益投资管理有限公司
175	广州君鼎投资有限公司
176	广州科技风险投资公司
177	广州美涂士投资控股有限公司
178	广州市遨为信息咨询有限公司
179	南雄市彤置富水泥建材投资有限公司
陕西省	
180	陕西创业投资管理有限公司
181	陕西华夏资产经营有限公司
182	陕西省国际信托股份有限公司
183	西安高新技术产业风险投资有限责任公司
184	西安红土创新投资有限公司
185	西安曲江文化产业风险投资有限公司
新疆维吾尔自治区	
186	新疆创投资本管理有限责任公司

四川省	
187	成都银科创业投资有限公司
188	绵阳久盛科技创业投资有限公司
189	四川中物创业投资有限公司
重庆市	
190	重庆化医紫鹰资产经营管理有限公司
192	重庆科技风险投资有限公司
贵州省	
192	贵州金磐科技创业投资有限公司
193	贵州省科技风险投资有限公司
甘肃省	
194	甘肃金巨龙投资发展有限公司
宁夏回族自治区	
195	银川铸龙投资有限公司
其他	
196	斐然资本
197	天泉投资
198	智基创投
199	住友商事资本股份有限公司

七、“2010年中国风险投资机构调查”问卷样本

本次调查对象为在中国内地从事风险投资业务的中外风险投资机构／基金，我们将以此为基础开展相关研究，分析2010年度中国风险投资行业发展的特征和规律。您所提供的信息将对我们的研究报告质量产生极为重要的影响，我们非常希望能够得到您的大力支持。我们将严格遵守保密原则，在调查分析报告中只包含总量数据。

1. 为答谢对调研工作的支持，我们将在调研报告“支持单位”名录中免费列示贵公司名称，贵公司是否愿意：　□愿意　　□不愿意

2. 填答问卷中涉及的金额，您所选的币种为：　□人民币　□美元　□港币　□其他（请说明）

为了及时将调研报告呈送给您，敬请详细填写联系方式：

姓　名		职　位		电子信箱	
办公电话		传　真		手　机	
通讯地址					

第一部分　基本信息

机构名称						
注册资本	万	成立时间	年　月	注册地点		网址
公司组织模式	□有限合伙企业 □股份有限公司 □有限责任公司 □非独立投资机构（□金融机构附属 □上市公司／企业集团附属）□其他					
机构性质	**本土：**□国有背景（□国有独资 □国资控股 □国资参股）□民资背景　**外资（含港澳台）：**□外商独资 □合资					
运作模式	□投资公司　□管理公司　□投资＆管理公司					

贵机构专业投资经理（包括高管人员）信息

<table>
<tr><td>从业年限</td><td>3年以下</td><td>3（含）～6年</td><td colspan="2">6（含）～10年</td><td>10年及以上</td><td>合计</td></tr>
<tr><td>人数</td><td></td><td></td><td colspan="2"></td><td></td><td></td></tr>
<tr><td>学历</td><td>学士以下</td><td>学士</td><td>硕士（除MBA外）</td><td>MBA/EMBA</td><td>博士</td><td>合计</td></tr>
<tr><td>人数</td><td></td><td></td><td></td><td></td><td></td><td></td></tr>
<tr><td>过往从业背景</td><td>科技技术</td><td>企业管理</td><td colspan="2">金融资本运作</td><td>其他</td><td>合计</td></tr>
<tr><td>人数</td><td></td><td></td><td colspan="2"></td><td></td><td></td></tr>
<tr><td>国籍</td><td colspan="2">中国内地</td><td colspan="2">中国港澳台</td><td>其他国家</td><td>合计</td></tr>
<tr><td>人数</td><td colspan="2"></td><td colspan="2"></td><td></td><td></td></tr>
</table>

第二部分 2010年度的资本规模及来源

1. 资本总额

贵机构管理的资本总额（可投资于中国内地）	（万）	2010年度新增可投资于中国内地的资本总额	（万）

2. 2010年度贵机构新募资详细情况（表格不够可复制加行）

募集基金/成立公司名称	募资类型（首次筹资 or 增资筹资）	组织形式	设立时间	募集完成时间	货币种类	募集资金总量（万）	已募集到位资金额（万）	其中可投资于中国内地地区的资金量（万）

注：募集基金/成立公司组织形式：有限合伙制；公司制；信托制或其他

3. 管理资金额的来源构成比例

<table>
<tr><td colspan="3">全部管理资金的来源分布</td><td>构成比例（%）</td><td colspan="3">2010年新募集的管理资金的来源分布</td><td>构成比例（%）</td></tr>
<tr><td rowspan="9">内地资本</td><td rowspan="2">政府</td><td>政府直接投资</td><td></td><td rowspan="9">内地资本</td><td rowspan="2">政府</td><td>政府直接投资</td><td></td></tr>
<tr><td>政府引导基金</td><td></td><td>政府引导基金</td><td></td></tr>
<tr><td rowspan="4">金融类机构</td><td>保险机构</td><td></td><td rowspan="4">金融类机构</td><td>保险机构</td><td></td></tr>
<tr><td>银行</td><td></td><td>银行</td><td></td></tr>
<tr><td>证券公司</td><td></td><td>证券公司</td><td></td></tr>
<tr><td>FOF（基金中的基金）</td><td></td><td>FOF（基金中的基金）</td><td></td></tr>
<tr><td colspan="2">非金融类企业</td><td></td><td colspan="2">非金融类企业</td><td></td></tr>
<tr><td colspan="2">个人</td><td></td><td colspan="2">个人</td><td></td></tr>
<tr><td colspan="2">其他</td><td></td><td colspan="2">其他</td><td></td></tr>
<tr><td rowspan="6">海外资本</td><td colspan="2">政府基金</td><td></td><td rowspan="6">海外资本</td><td colspan="2">政府基金</td><td></td></tr>
<tr><td colspan="2">机构投资者</td><td></td><td colspan="2">机构投资者</td><td></td></tr>
<tr><td colspan="2">FOF（基金中的基金）</td><td></td><td colspan="2">FOF（基金中的基金）</td><td></td></tr>
<tr><td colspan="2">企业</td><td></td><td colspan="2">企业</td><td></td></tr>
<tr><td colspan="2">个人</td><td></td><td colspan="2">个人</td><td></td></tr>
<tr><td colspan="2">其他</td><td></td><td colspan="2">其他</td><td></td></tr>
<tr><td colspan="3">合计</td><td>100%</td><td colspan="3">合计</td><td>100%</td></tr>
</table>

第三部分　2010年度的投资组合及特征

1. 贵机构投资总体情况

自成立以来累计投资情况		2010年度新增投资情况	
项目数（个）	投资总金额（万）	项目数（个）	投资总金额（万）

2. 贵公司投资偏好特征

贵机构对投资项目的期望回报率（hurdle rate）	□≤30%　□31%～50%　□51%～100%　□101%～300%　□≥301%　□无特定范围
贵机构投资项目中采取联合投资的比例	□0　□≤25%　□26%～50%　□51%～75%　□≥76%
贵机构选择联合投资方时，较重视合作方哪些条件？（可多选，不超过两项）	□资本规模　□投资团队　□投资机构背景　□以往合作经历　□所在区域　□无特定偏好
在联合投资中，贵机构担当牵头投资人的比例	□0　□≤25%　□26%～50%　□51%～75%　□≥76%

3. 2010年度贵机构投资项目详细信息（表格不够可复制加行）

被投资公司名称	投资时间	被投资公司注册地	被投资公司所处行业	贵机构的投资额（万）	贵机构持有股权比例	被投资公司本轮融资总额（万）	投资阶段	投资轮次	投资方式	联合投资（超过三个联合方可加行）		
										贵机构是否为牵头投资人	联合投资方名称	投资金额（万）
									□单独 □联合	□是□否		
									□单独 □联合	□是□否		
									□单独 □联合	□是□否		
									□单独 □联合	□是□否		

第四部分　2010年度项目退出情况

1. 贵机构累计退出总况（含部分退出、亏损和清算项目）

自成立以来累计退出情况			2010年度退出情况		
退出项目数（个）	退出总金额（万）	对退出项目的累计投资总额（万）	退出项目数（个）	退出总金额（万）	对退出项目的累计投资总额（万）

2. 自机构成立以来的累计退出收益分布总况（含部分退出、亏损和清算项目）

内部收益率（IRR）区间	退出项目数（个）	内部收益率（IRR）区间	退出项目数（个）
100%及以上		10%（含）～20%	
50%（含）～100%		0～10%	
30%（含）～50%		介于-10%和0之间	
20%（含）～30%		亏损在10%以上	

3. 2010年贵机构上市退出情况

	2010年上市退出项目（不含已IPO，但尚未退出项目）		2010年新上市项目	
上市地	境内	境外	境内	境外
项目数（个）				

4. 2010年贵机构股权转让及清算退出情况

退出方式分布	股权转让					清算
	原股东（创业者）回购	管理层收购	上市公司/大企业收购	转让给其他投资机构	其他	
项目数（个）						

5. 2010年度贵机构退出项目详细信息（包括已IPO，但尚未退出的项目）表格不够可复制加

退出项目名称	项目运营主体所在地	投资时间	累计投资金额（万）	退出时间	退出方式（上市项目请注明地点）	累计退出金额（万）	是否全部退出	此次退出后仍持股份比例（%）
							□是□否	
							□是□否	
							□是□否	
							□是□否	
							□是□否	
							□是□否	
							□是□否	
							□是□否	
							□是□否	
							□是□否	

第五部分　2010年中国风险投资总体环境

1. 您对2010年度中国风险投资行业整体发展的评价是	□正常　□偏热　□过热　□出现下滑　□目前还不清楚　□其他________
2. 您认为2010年最吸引投资的三个行业是哪些？	1.________；2.________；3.________
3. 您认为2011年最吸引投资的三个行业是哪些？	1.________；2.________；3.________
4.10月18日《国务院关于加快培育和发展战略性新兴产业的决定》（国发【2010】32号）正式出台，在界定的七大战略性新兴产业中，您最关注哪个领域？（可多选，最多三项）	□节能环保　□新一代信息技术　□生物产业　□高端装备制造　□新能源　□新材料　□新能源汽车　□都不关注
5. 目前各地纷纷涌现区域性很强的地方风险/创业投资基金，同时券商直投、银行系PE、保险资金也纷纷加入战局，您认为这些对国内VC/PE行业未来的发展会产生哪些影响？（可多选，最多选三项）	□投资项目源争夺激烈，项目估值被推高　□投资阶段前移，早期投资增多　□投资中后期项目增多，投机氛围加重　□投资机构竞争激烈，更重视为企业提供增值服务　□基金募集出现热潮　□其他________
6. 当前国内相关部门研究放松对外资风险投资机构人民币结汇限制措施的可行性，您认为如果放松外汇管制，对国内风险投资行业会产生的最重要影响有哪些？（可多选，最多三项）	□本土与外资竞争加剧　□拓宽资本来源渠道与投资规模　□国外游资会借此进入国内　□有利于刺激本土LP成长　□促进国内VC/PE治理结构改善　□对投资行业竞争格局影响有限　□其他________
7. 创业板已运行一年有余，既见证了其高市盈率带给投资机构的高回报，也暴露出企业上市后业绩下滑、经营管理不善、高管离职等一系列风险问题。对此，贵机构在今后投资方面将做哪些调整？（可多选，最多选三项）	□加大早期和成长期投资比例　□更加重视被投企业管理层经营理念　□更加重视企业的成长性　□更加重视为创业企业提供增值服务　□加大对所投企业的经营决策参与权　□减少创新型企业投资　□加大创新型企业投资，减少传统产业投资　□更多选择境内上市退出　□着眼多元化退出方式　□其他________
8. 您是否赞同创业板尽快推出直接退市制度？ 如果创业板施行直接退市制度，将对投资机构带来哪些影响？（可多选，最多选三项）	□赞同　□不赞同 □筛选项目时，更加重视企业成长性　□筛选项目时，更加重视企业已有价值　□减少创业板上市退出，较多寻求其他板块上市　□减少上市退出，较多寻求股权转让方式　□投资及退出决策基本不受影响 □其他________

9. 您认为2011年中国VC/PE行业将面临的最大挑战是什么？（可多选，最多选三项）	□资金募集渠道不畅　□优质项目源缺乏　□项目估值过高带来较大的退出风险　□风险投资专业人才匮乏　□项目退出渠道不畅通　□税收优惠措施难以落实　□机构的诚信体系尚未建立　□缺乏高质量的中国风险投资行业研究机构　□宏观经济不确定因素较多　□缺乏统一的行业规范，面临政策风险 □其他＿＿＿＿＿
10. 请您预测一下2011年中国VC/PE行业发展	□平稳发展　□迅猛增长　□可能出现泡沫　□出现下滑　□目前还不确定　□其他＿＿＿＿＿

问卷完毕，谢谢填答！

第二章　风险投资机构基本情况

本章对调查样本机构的基本情况进行统计分析，包括样本总量分布、地区分布、注册资本规模、经营年限、组织模式及管理模式等方面，并对专业投资经理的分布情况进行描述，有助于读者了解风险投资机构的基本情况及特征。

本章首先对样本总量及其分布进行考察，对注册资本规模分布特征进行分类分析，并考察了中外资本规模差异特征；其次，本章统计了调查机构的组织模式和管理模式的分布；最后分析了专业投资经理的背景。

本章数据来源于CVCRI于2010年10月～2011年1月所开展的中国风险投资年度调查活动及《中国风险投资年鉴》(2003～2010)。

第一节　调查机构情况

一、调查样本总量

（一）调查样本机构总数

2003年～2010年调查样本机构总数如表2.1和图2.1所示。

表2.1　2003年～2010年调查样本机构数

年份	2003年	2004年	2005年	2006年	2007年	2008年	2009年	2010年
样本数（家）	180	141	150	153	275	402	556	597

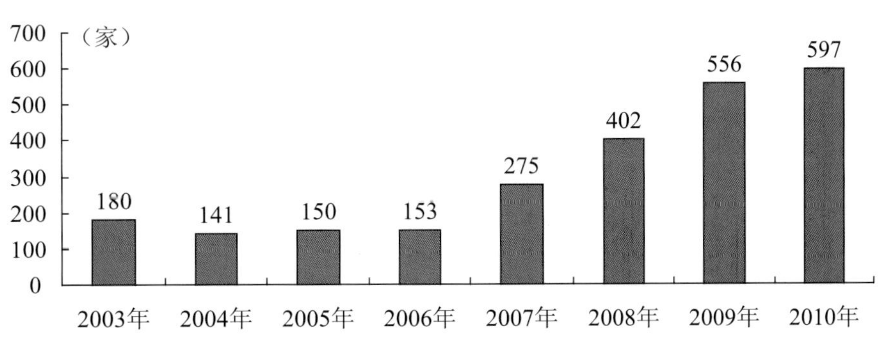

图2.1　2003年～2010年调查样本机构数

（二）样本机构的地区分布

2003年～2010年调查样本机构的地区分布情况如表2.2和图2.2所示。

表2.2　2003年～2010年样本机构的地区分布

类型		北京	上海	深圳	东北	华北	华东	中南	西部	其他	合计
2010年	样本数（家）	97	103	45	22	43	120	61	35	71	597
	比例	16.25%	17.25%	7.54%	3.69%	7.20%	20.10%	10.22%	5.86%	11.89%	100%①
2009年比例		16.97%	18.41%	8.48%	2.71%	7.58%	18.05%	8.12%	5.78%	13.90%	100%
2008年比例		18.41%	20.40%	13.18%	2.24%	4.48%	15.67%	6.72%	6.22%	12.69%	100%
2007年比例		24.00%	21.82%	8.36%	4.36%	5.09%	14.18%	5.82%	5.45%	10.91%	100%
2006年比例		24.84%	15.03%	9.15%	4.58%	9.15%	16.34%	10.46%	6.54%	3.92%	100%
2005年比例		18.00%	14.00%	12.00%	5.00%	9.00%	18.00%	11.00%	13.00%	-	100%
2004年比例		9.00%	9.00%	30.00%	4.00%	8.00%	18.00%	12.00%	9.00%	-	100%
2003年比例		11.00%	10.00%	15.00%	4.00%	6.00%	18.00%	12.00%	23.00%	-	100%

① 由于保留小数位的问题，可能出现部分图表中合计数据不等于各分项之和的情况，本篇下同。

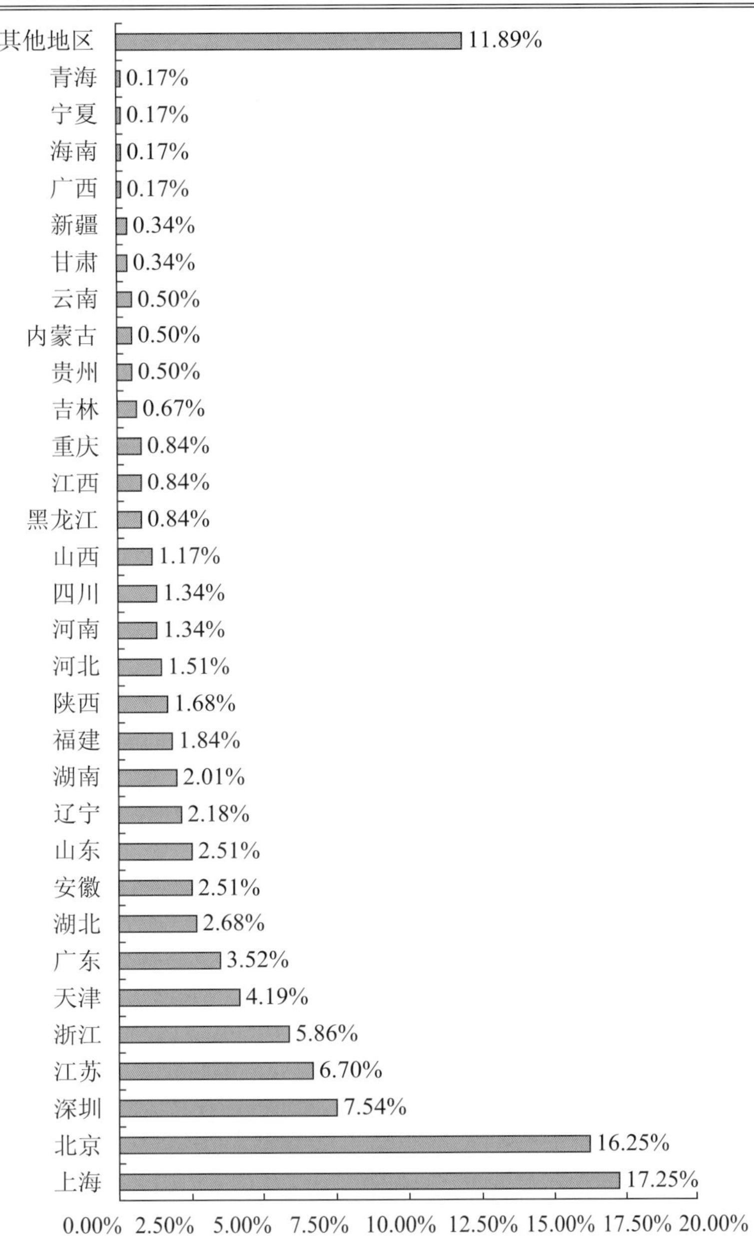

注：广东地区不含深圳市

图2.2　2010年样本机构的地区分布

（三）样本机构的类型分布

2005年～2010年调查样本机构的类型分布情况如表2.3和图2.3所示。

表2.3　2005年～2010年样本机构的类型分布

类型		本土机构	外资机构	合计
2010年	样本数（家）	431	166	597
	比例	72.19%	27.81%	100%

类型	本土机构	外资机构	合计
2009年比例	69.24%	30.76%	100%
2008年比例	64.93%	35.07%	100%
2007年比例	56.73%	43.27%	100%
2006年比例	75.82%	24.18%	100%
2005年比例	76.00%	24.00%	100%

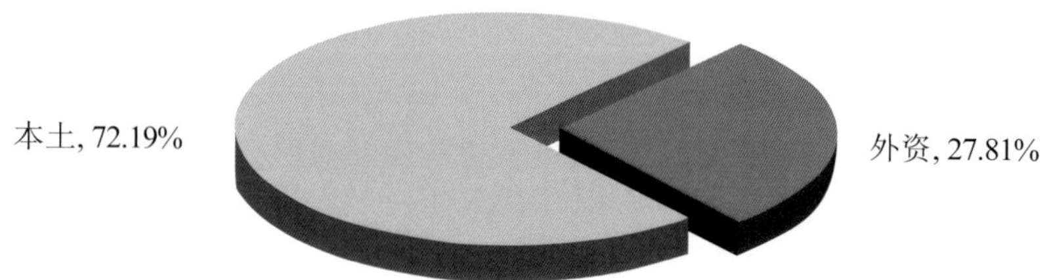

图2.3　2010年样本机构的类型分布

二、注册资本规模

（一）注册资本总量

1. 概况

2003年～2010年调查样本机构的注册资本总量如表2.4和图2.4所示。2010年提供注册资本额信息的230家机构合计注册资本额达到1018.74亿元人民币[①]，平均注册资本额为4.43亿元。可以看出，2010年我国风险投资机构的注册资本平均规模相比2009年有较大幅度回升。

表2.4　　2003年～2010年样本机构的注册资本情况

年　份	2003年	2004年	2005年	2006年	2007年	2008年	2009年	2010年
总金额（亿元）	214.06	190.61	380.58	608.25	664.13	687.08	455.88	1018.74
平均注册资本（亿元/家）	1.19	1.35	3.07	4.87	4.96	4.84	2.53	4.43

注：2003年～2010年提供注册资本信息的样本数分别为180家、141家、124家、125家、134家、142家、180家和230家。

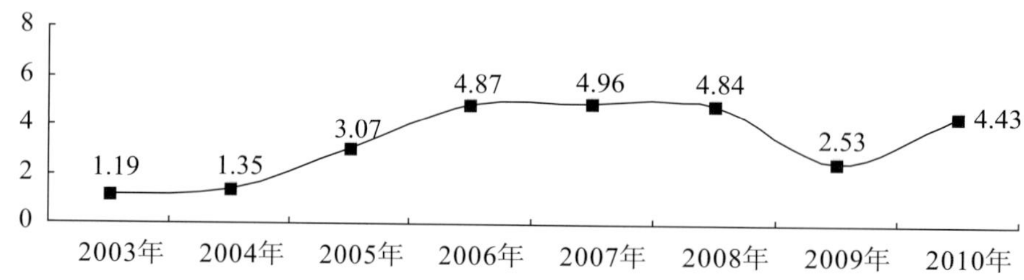

图2.4　2003年～2010年样本机构的平均注册资本额（单位：亿元）

① 如无特殊说明，本篇所涉及资金单位均为人民币。

2. 注册资本总量之地区分布

2010年调查结果显示，其他地区机构的注册资本占总量的30.93%，占据230家样本机构注册资本总量的三成，其注册资本额的中位值为8.53亿元，远高于全国企业注册资本6300万元的中位值（见表2.5和图2.5）。

表2.5　　2005年～2010年样本机构注册资本总量之地区分布

类型		北京	上海	深圳	东北	华北	华东	中南	西部	其他	合计
2010年	注册资本总量(亿元)	152.11	155.15	34.98	16.79	25.66	76.30	72.24	170.42	315.09	1018.74
	比例	14.93%	15.23%	3.43%	1.65%	2.52%	7.49%	7.09%	16.73%	30.93%	100%
	中位值(万元)	8000	3000	3000	8500	5000	5959	9000	12 500	85 283.75	6300
2009年比例		41.14%	11.36%	8.36%	3.46%	4.86%	12.87%	10.33%	4.78%	2.85%	100%
2008年比例		15.89%	19.46%	17.63%	2.70%	23.73%	6.37%	3.03%	2.12%	9.07%	100%
2007年比例		4.10%	16.32%	4.46%	1.24%	6.76%	3.20%	2.70%	3.37%	57.84%	100%
2006年比例		70.96%	2.99%	3.33%	1.86%	0.90%	5.44%	5.07%	2.01%	7.44%	100%
2005年比例		19.00%	33.00%	18.00%	3.00%	2.00%	14.00%	6.00%	5.00%	-	100%

注：2005年～2010年的样本数分别为124家、125家、134家、142家、180家和230家。

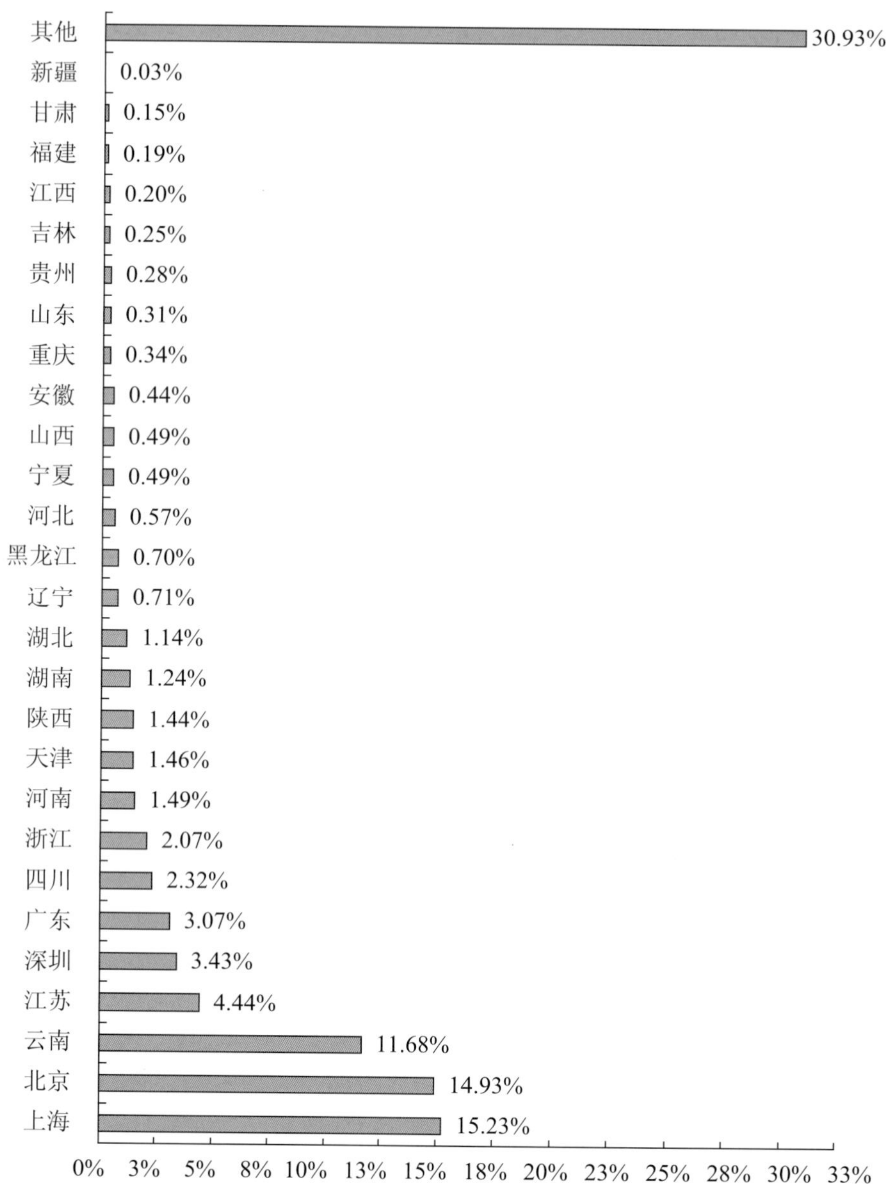

注：广东地区不含深圳市

图2.5 2010年样本机构注册资本总量之地区分布

（二）规模分布

1. 概况

2010年调查结果显示，注册资本规模在0.5亿元以下的机构最多，比例为42.17%，较2009年比值略有下降；注册资本规模介于0.5亿～1亿元的机构数量比值较2009年显著下降，由2009年的23.33% 下降至2010年的13.91%；规模介于1亿～2亿元、2亿～5亿元和5亿元以上的机构数量比例均较2009年有所提高（见表2.6和图2.6）。

表2.6　2003年～2010年调查机构注册资本规模分布

规模（亿元）		0.5以下	0.5～1	1～2	2～5	5及以上	合计
2010年	家数	97	32	44	26	31	230
	比例	42.17%	13.91%	19.13%	11.30%	13.48%	100%
2009年比例		45.00%	23.33%	13.33%	8.89%	9.44%	100%
2008年比例		39.44%	17.61%	19.72%	9.86%	13.38%	100%
2007年比例		35.82%	17.16%	20.90%	10.45%	15.67%	100%
2006年比例		34.40%	23.20%	20.00%	12.80%	9.60%	100%
2005年比例		41.00%	15.00%	22.00%	14.00%	8.00%	100%
2004年比例		41.00%	18.00%	21.00%	14.00%	6.00%	100%
2003年比例		40.00%	21.00%	22.00%	11.00%	6.00%	100%

注：2003年～2010年该项调查的有效样本数分别为180家、141家、124家、125家、134家、142家、180家和230家。

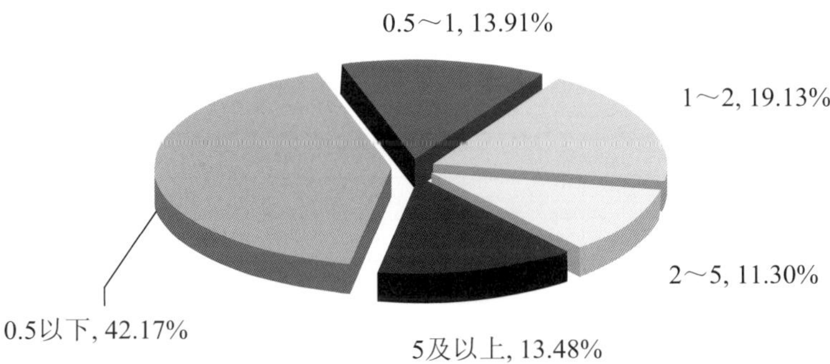

图2.6　2010年调查样本注册资本规模分布（单位：亿元）

2. 本土风险投资机构注册资本规模分布

2010年在本土风险投资机构中，注册资本额在0.5亿元以下的机构数比例为40.20%，较2009年的44.24%略有下降；注册资本介于0.5亿～1亿元的机构数比例为14.71%，较2009年比例下降近10个百分点（见表2.7和图2.7）。

表2.7　2005年～2010年本土机构注册资本规模分布

规模（单位：亿元）		0.5以下	0.5～1	1～2	2～5	5以上	合计
2010年	家数	82	30	43	25	24	204
	比例	40.20%	14.71%	21.08%	12.25%	11.76%	100%
2009年比例		44.24%	24.24%	13.94%	9.09%	8.48%	100%
2008年比例		40.15%	18.94%	21.21%	9.85%	9.85%	100%
2007年比例		34.52%	18.58%	23.89%	12.39%	10.62%	100%
2006年比例		34.86%	23.85%	21.10%	13.76%	6.42%	100%
2005年比例		39.00%	16.00%	24.00%	16.00%	5.00%	100%

注：2005年～2010年该项调查的有效样本数分别为106家、109家、113家、132家、165家和204家。

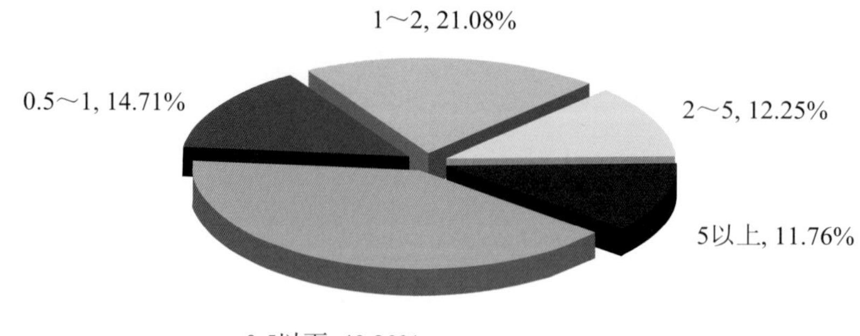

图2.7　2010年本土机构注册资本规模分布（单位：亿元）

3. 外资风险投资机构注册资本规模分布

2010年调查结果显示，外资风险投资机构注册资本规模在0.5亿元以下和5亿元以上的机构数量比例均较2009年比例有所提高；相应的，注册资本规模介于0.5亿～1亿元、1亿～2亿元、2亿～5亿元的机构数量均出现下降（见表2.8和图2.8）。

表2.8　　2005年～2010年外资机构注册资本规模分布

规模（单位：亿元）		0.5以下	0.5～1	1～2	2～5	5以上	合计
2010年	家数	15	2	1	1	7	26
	比例	57.69%	7.69%	3.85%	3.85%	26.92%	100%
2009年比例		53.33%	13.33%	6.67%	6.67%	20.00%	100%
2008年比例		30.00%	-	-	10.00%	60.00%	100%
2007年比例		42.86%	9.52%	4.76%	0.00%	42.86%	100%
2006年比例		31.25%	18.75%	12.50%	6.25%	31.25%	100%
2005年比例		56.00%	11.00%	5.00%	0.00%	28.00%	100%

注：2005年～2010年该项调查的有效样本数分别为18家、16家、21家、10家、15家和26家。

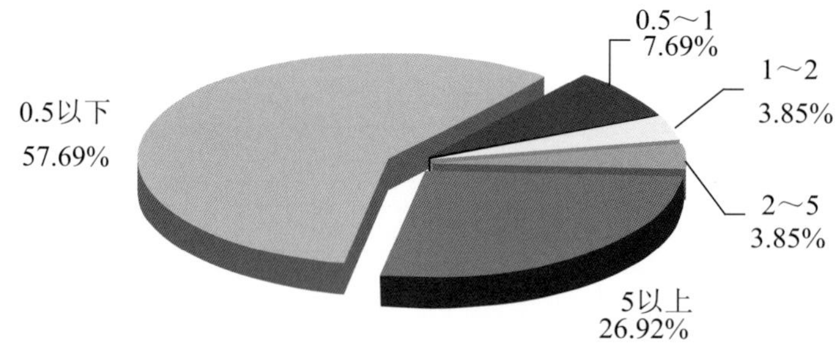

图2.8　2010年外资机构注册资本规模分布（单位：亿元）

三、风险投资机构经营年限分布

在本项调查的242家有效样本中，已经营年限在5年以上的机构数比例最多，达到51.24%，较2009年下降约9个百分点，另有26.37%的机构经营年限在1年～3年，略低于2009年水平（见表

2.9和图2.9）。

表2.9　　2006年～2010样本机构经营年限分布（截至当年12月31日）

年限		1年以内	1年～3年	3年～5年	5年以上	合计
2010年	家数	12	57	49	124	242
	比例	4.96%	23.55%	20.25%	51.24%	100%
2009年比例		3.48%	26.37%	9.95%	60.20%	100%
2008年比例		7.69%	27.22%	11.24%	53.85%	100%
2007年比例		7.10%	15.48%	17.42%	60.00%	100%
2006年比例		1.96%	17.65%	52.94%	27.45%	100%

注：2006年～2010年该项调查有效样本分别为153家、150家、169家、201家和242家。

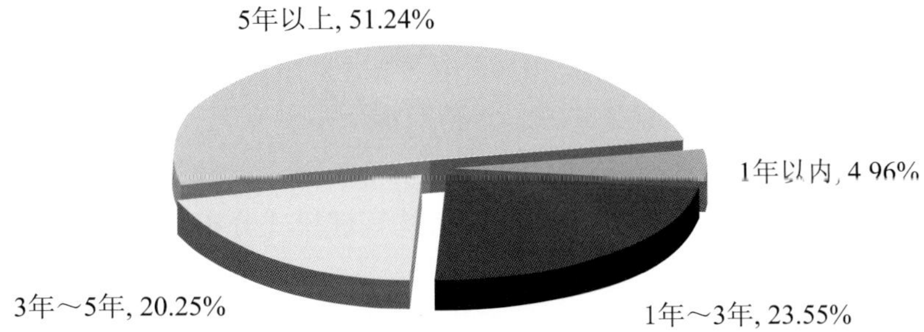

图2.9　2010年样本机构经营年限分布（截至12月31日）

四、组织模式分布

在本项调查的243家有效样本中，有限责任公司制机构数量比例最高，为79.84%，比例较2009年有显著增长；而合伙制机构数量比例呈下降趋势，从2008年的24.58%减少到2010年的9.47%（见表2.10和图2.10）。

表2.10　　2004年～2010年样本机构的组织模式分布

组织模式		有限责任公司制	股份公司制	合伙制	非独立机构		其他	合计
					金融机构附属	上市公司/集团附属		
2010年	家数	194	19	23	0	3	4	243
	比例	79.84%	7.82%	9.47%	0.00%	1.23%	1.65%	100%
2009年比例		69.12%	7.84%	15.20%	0.49%	0.49%	6.86%	100%
2008年比例		56.98%	11.73%	24.58%	1.12%	0.56%	5.03%	100%
2007年比例		64.90%	13.25%	14.57%	1.99%	1.32%	3.97%	100%
2006年比例		68.29%	13.01%	10.57%	0.00%	2.44%	5.69%	100%
2005年比例		79.00%	9.00%	5.00%	1.00%	0.00%	6.00%	100%
2004年比例		81.00%	11.00%	2.00%	-	-	6.00%	100%

注：2004年～2010年该项调查的有效样本数分别为110家、132家、123家、151家、179家、204家和243家。

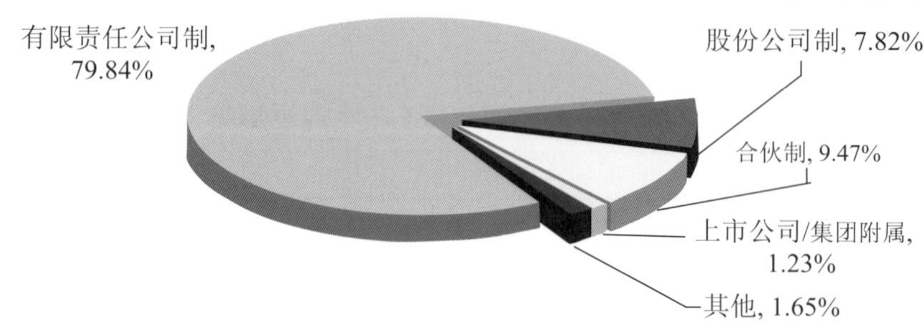

图2.10　2010年样本机构组织模式分布

五、管理模式分布

在本项调查的245家有效样本中，投资 & 管理模式机构比例从2009年的42.16% 提高到2010年的52.24%；投资公司模式机构的比例从2009年的42.65% 下降到35.10%；管理公司模式机构比例从2009年的15.20% 下降到12.65%（见表2.11和图2.11）。

表2.11　　2004年～2010年样本机构管理模式分布

管理模式		投资公司	管理公司	投资&管理公司	合计
2010年	家数	86	31	128	245
	比例	35.10%	12.65%	52.24%	100%
2009年比例		42.65%	15.20%	42.16%	100%
2008年比例		34.48%	16.66%	48.85%	100%
2007年比例		29.80%	15.23%	54.97%	100%
2006年比例		41.94%	8.06%	50.00%	100%
2005年比例		47.00%	16.00%	37.00%	100%
2004年比例		52.00%	12.00%	36.00%	100%

注：2004年～2010年该项调查的有效样本数分别为110家、110家、124家、151家、179家、204家和245家。

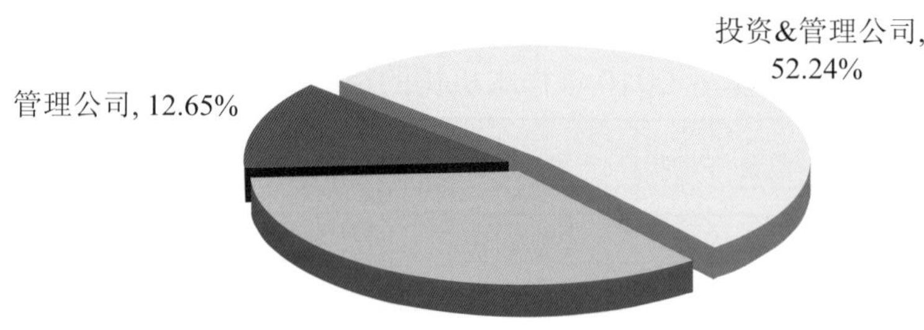

图2.11　2010年样本机构管理模式分布

第二节　专业投资经理情况

一、调查专业投资经理总人数

截至2010年底，224家样本机构中共有2703位专业投资经理，与2009年相比增加了353人（见表2.12和图2.12）。

表2.12　2004年～2010年调查专业投资经理总数

年份	2004年	2005年	2006年	2007年	2008年	2009年	2010年
人数（人）	1232	1079	1027	1458	1883	2350	2703

注：2004年～2010年该项调查的有效样本机构数分别为100家、133家、112家、152家、158家、193家和224家。

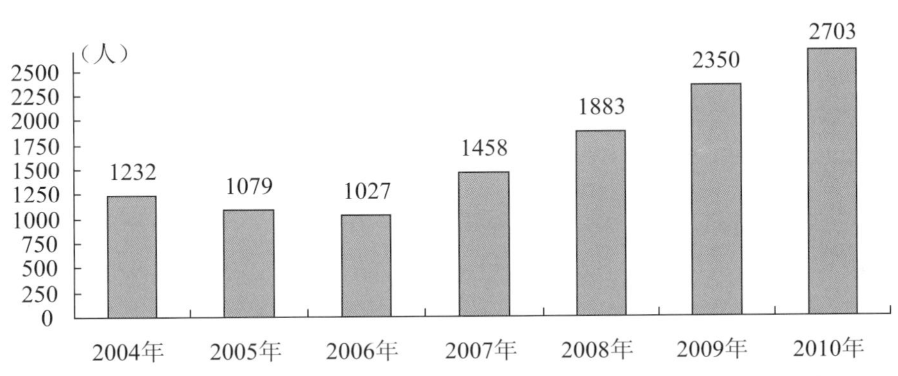

图2.12　2004年～2010年风险投资机构中专业投资经理总数

二、人数规模分布

在本项调查的224家有效样本机构中，投资经理人数介于10（含）～20人的机构数目最多，占机构总数的40.18%，其次是投资经理人数介于5（含）～10人的机构数，占总数的比例为37.05%（见表2.13和图2.13）。

表2.13　2004年～2010年风险投资机构专业投资经理人数规模分布

专业经理人数		5人以下	5（含）～10人	10（含）～20人	20人及以上	合计
2010年	家数	25	83	90	26	224
	比例	11.16%	37.05%	40.18%	11.61%	100%
2009年比例		13.16%	42.11%	31.58%	13.16%	100%

专业经理人数	5人以下	5（含）～10人	10（含）～20人	20人及以上	合计
2008年比例	10.13%	37.97%	43.04%	8.86%	100%
2007年比例	19.08%	40.79%	32.89%	7.24%	100%
2006年比例	24.11%	42.86%	27.68%	5.36%	100%
2005年比例	33.00%	38.00%	22.00%	7.00%	100%
2004年比例	18.00%	46.00%	28.00%	8.00%	100%

注：2004年～2010年该项调查的有效样本数分别为100家、133家、112家、152家、158家、190家和224家。

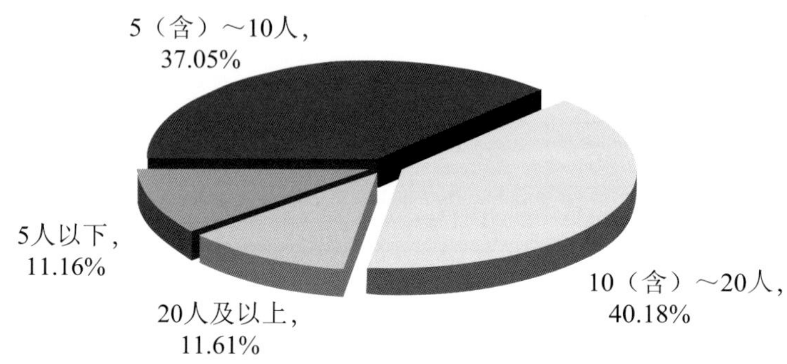

图2.13　2010年风险投资机构专业投资经理规模分布

三、从业年限分布

在所统计的2703位投资经理中，有22.05%的人从业年限在3年以下，较2009年17.72%的比例有所增加；具有6（含）～10年的风险投资从业经历的人数占比25.19%，略低于2009年水平；拥有3（含）～6年和10年及以上从业年限的人数占比均与2009年的水平持平（见表2.14和图2.14）。

表2.14　　2006年～2010年专业风险投资经理从业年限分布

从业年限		3年以下	3（含）～6年	6（含）～10年	10年及以上	合计
2010年	人数	596	766	681	660	2703
	比例	22.05%	28.34%	25.19%	24.42%	100%
2009年比例		17.72%	28.16%	29.67%	24.45%	100%
2008年比例		17.39%	26.73%	29.43%	26.46%	100%
2007年比例		21.16%	33.12%	28.06%	17.66%	100%
2006年比例		25.92%	41.31%	23.24%	9.53%	100%

注：2006年～2010年该项调查有效样本分别为112家、150家、155家、184家和224家。

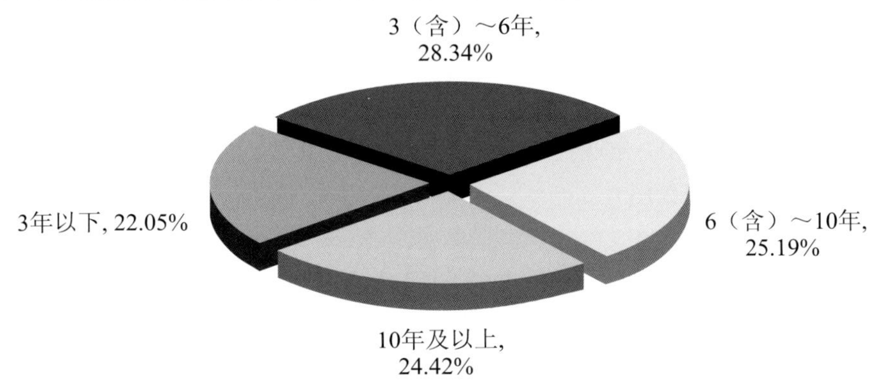

图2.14　截至2010年底专业风险投资经理从业年限分布

四、专业背景

在披露了专业背景的2616位投资经理中，具有科技技术、企业管理和金融资本运作背景的投资经理人数比例分别为22.55%、32.30%和30.89%。具中，具有企业管理背景的投资经理人数比例较2009年有所提高，具有科技技术背景和金融资本运作背景的投资经理人数比例较2009年有所下降（见表2.15和图2.15）。

表2.15　　2006年～2010年专业风险投资经理行业背景分布

专业背景		科技技术背景	企业管理背景	金融资本运作背景	混合背景	其他	合计
2010年	人数	590	845	808	-	373	2616
	比例	22.55%	32.30%	30.89%	-	14.26%	100%
2009年比例		23.16%	29.21%	33.99%	-	13.64%	100%
2008年比例		23.31%	25.01%	33.90%	-	17.78%	100%
2007年比例		25.32%	28.16%	31.44%	1.94%	13.14%	100%
2006年比例		32.00%	35.70%	32.30%	-	-	100%

注：2006年～2010年该项调查的有效样本数为117家、143家、147家、179家和215家。

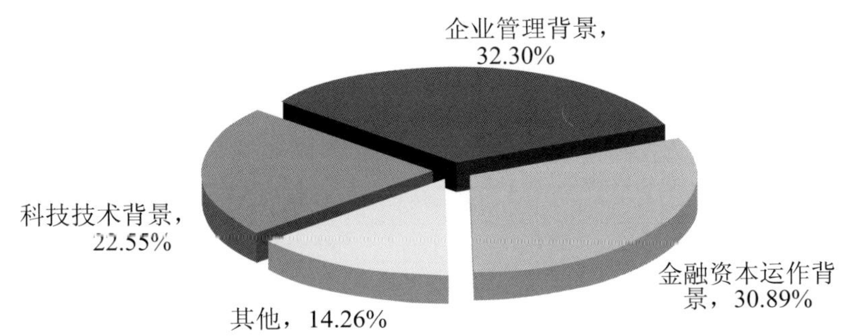

图2.15　2010年专业风险投资经理专业背景分布

五、教育背景

在披露了教育背景的2658位专业投资经理中，硕士以上学历的占比57.75%，其中，博士学历的占比7.22%（见表2.16和图2.16）。

表2.16　　2007年～2010年专业风险投资经理教育背景分布

教育背景		学士以下	学士	硕士（除MBA/EMBA外）	MBA/EMBA	博士	合计
2010年	人数	184	939	837	506	192	2658
	比例	6.92%	35.33%	31.49%	19.04%	7.22%	100%
2009年比例		8.21%	38.72%	45.04%	-	8.04%	100%
2008年比例		8.64%	34.97%	47.58%	-	8.81%	100%
2007年比例		7.13%	33.46%	51.34%	-	8.07%	100%

注：2007年～2010年该项调查的有效样本数分别为147家、138家、187家和217家。

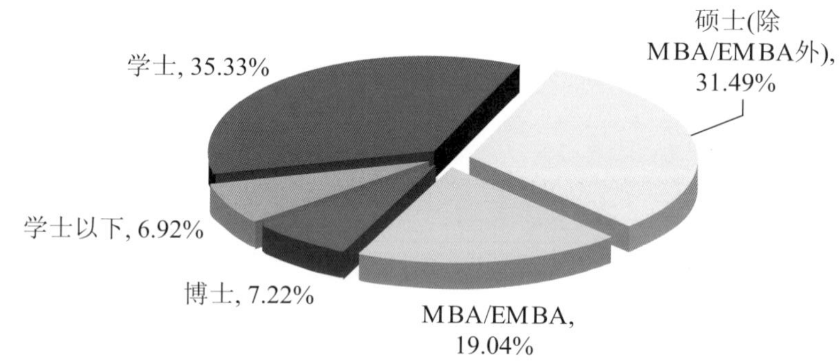

图2.16　2010年专业风险投资经理教育背景分布

六、国籍背景

2010年此项调查显示，在披露国籍的2644位投资经理中，来自中国内地、中国港澳台、其他国家的投资经理人数比例分别为89.33%、3.37%和7.30%，相比2009年水平，来自内地的投资经理比例略有下降，而港澳台地区和其他国家的投资经理比例有所提高（见表2.17和图2.17）。

表2.17　　2007年～2010年专业风险投资经理国籍背景

国籍背景		中国内地	中国港澳台	其他国家	合计
2010年	人数	2362	89	193	2644
	比例	89.33%	3.37%	7.30%	100%
2009年比例		92.71%	2.61%	4.68%	100%
2008年比例		90.60%	4.23%	5.18%	100%
2007年比例		82.17%	5.82%	12.01%	100%

注：2007年～2010年该项调查的有效样本数分别为146家、145家、174家和219家。

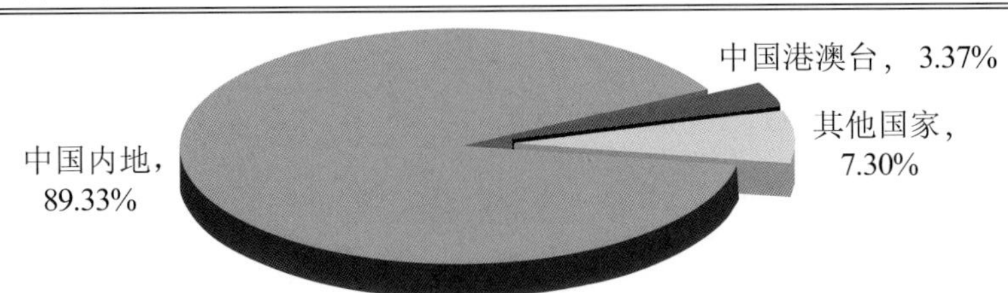

图2.17　2010年专业风险投资经理国籍背景

第三章　资本规模及分布特征

本章将全面介绍风险资本规模及分布特征，有助于读者把握现阶段中国风险资本的概貌及资本的分布结构。

第一节介绍风险投资机构管理资本总规模，从中外机构风险资本分布、资本的规模分布和地区分布等方面对风险资本总量的总体特征进行描述，并对风险资本的来源情况进行考察。

第二节考察2010年新筹集的风险资本情况，从总量、规模分布和地区分布等角度进行分类分析，为把握风险资本的发展趋势提供参考。

本章数据来源于CVCRI于2010年10月～2011年1月所进行的中国风险投资行业调查活动和《中国风险投资年鉴》(2003～2010)。

第一节　风险资本规模及分布

一、风险资本总量

截至2010年底，样本风险投资机构管理的可投资于中国内地的风险资本总量达到2359.87亿元，与2009年相比，增长了32.42%。平均每家机构管理的风险资本规模为10.22亿元，是2009年底每家机构平均管理资本额的1.03倍（见表3.1和图3.1）。

表3.1　　2003年～2010年中国风险资本总量及每家机构平均管理资本额

年份	2003年	2004年	2005年	2006年	2007年	2008年	2009年	2010年
总金额(亿元)	325.34	438.70	464.50	583.85	1205.85	2506.16	1782.06	2359.87
每家机构平均管理资本额(亿元)	2.03	3.91	3.25	4.79	8.49	13.12	9.96	10.22

注：2003年～2010年该项调查的有效样本数分别为160家、115家、141家、122家、142家、191家、179家和231家。

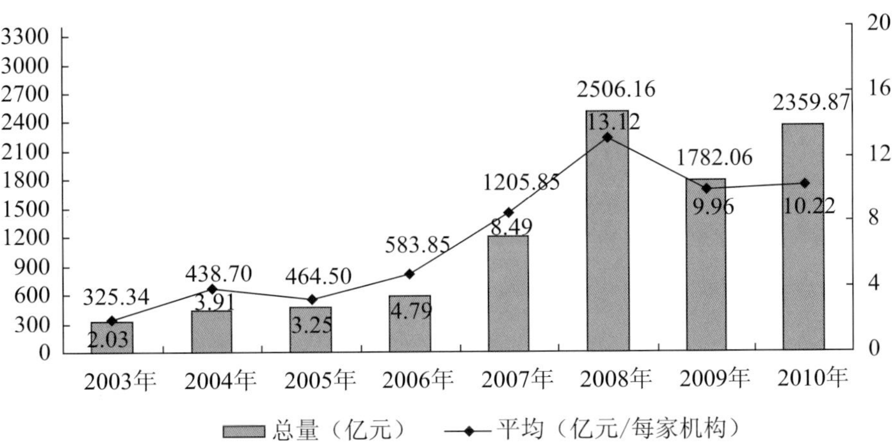

图3.1　2003年～2010年风险资本总量及每家机构平均管理资本额

二、风险资本的分布特征

（一）中外风险资本总量分布

调查结果显示，截至2010年底，本土机构管理的风险资本额达1590.04亿元，占风险投资机构管理资本总额的67.38%；外资机构管理的风险资本额为769.83亿元，占比32.62%。与2009年相比，本土机构管理的风险资本额比例提升了近10个百分点（见表3.2和图3.2～3.3）。

表3.2　2005年～2010年底中外风险投资机构管理风险资本总量

		本土机构	外资机构	合计
2010年	金额（亿元）	1590.04	769.83	2359.87
	金额比例	67.38%	32.62%	100%
2009年比例		57.61%	42.39%	100%
2008年比例		50.26%	49.74%	100%
2007年比例		38.71%	61.29%	100%
2006年比例		47.20%	52.80%	100%
2005年比例		59.30%	40.70%	100%

注：2010年该项调查的有效样本为195家本土机构和36家外资机构。

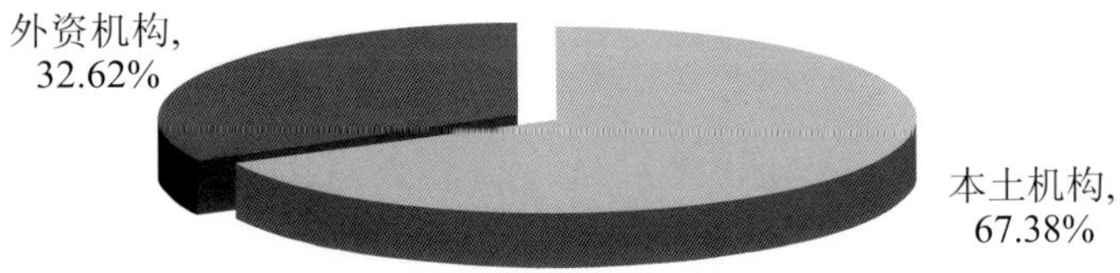

图3.2　2010年底中外风险投资机构管理风险资本总量

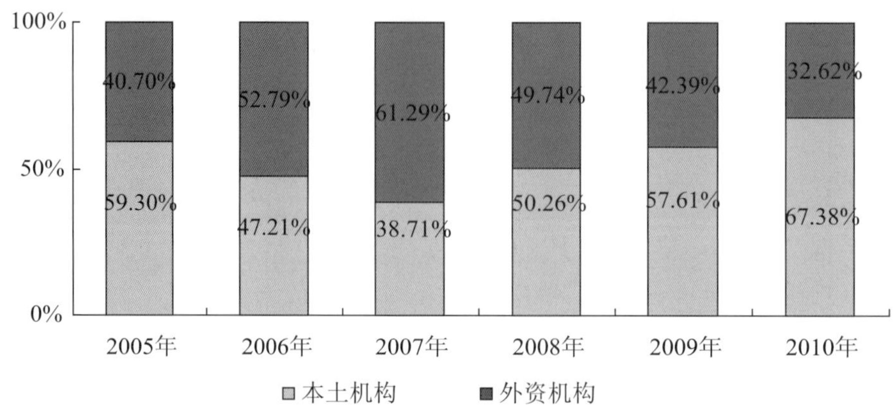

图3.3 2005年～2010年本土\外资风险投资机构管理风险资本额占总量的比例

（二）风险资本的规模分布

1. 概况

2010年，管理风险资本规模在1亿元以下的机构数量比例较往年有较大幅度下降；相应的管理风险资本规模在1亿元以上的机构数量比例较往年大幅增加。其中，规模在5亿元及以上的机构数量比例相比2009年上升了8个百分点（见表3.3和图3.4）。

表3.3 2003年～2010年风险投资机构管理资本规模分布

规模（亿元）		0.5以下	0.5～1	1～2	2～5	5及以上	合计
2010年	家数	26	23	48	40	94	231
	比例	11.26%	9.96%	20.78%	17.32%	40.69%	100%
2009年比例		16.76%	21.23%	16.76%	12.85%	32.40%	100%
2008年比例		18.44%	22.69%	13.48%	12.06%	33.33%	100%
2007年比例		15.50%	14.79%	20.42%	15.49%	33.80%	100%
2006年比例		23.00%	18.90%	20.50%	15.60%	22.10%	100%
2005年比例		17.00%	21.00%	18.00%	28.00%	16.00%	100%
2004年比例		14.00%	19.00%	23.00%	28.00%	17.00%	100%
2003年比例		23.00%	19.00%	24.00%	21.00%	13.00%	100%

注：2003年～2010年该项调查的有效样本数分别为167家、110家、137家、122家、142家、141家、179家和231家。

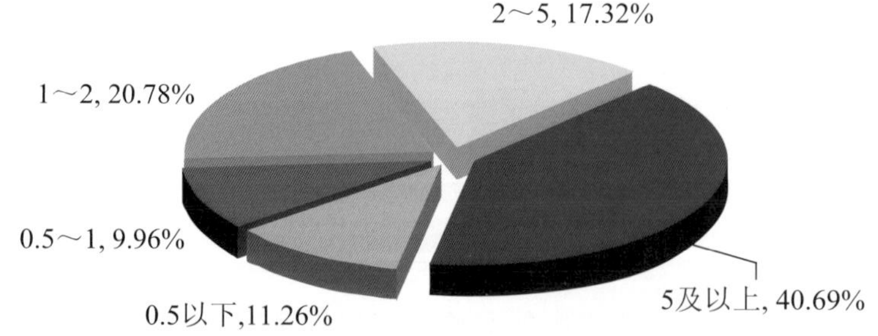

图3.4 2010年风险投资机构管理资本规模分布（单位：亿元）

2. 中外机构管理的风险资本规模分布比较

截至2010年底，本土风险投资机构管理资本规模在1亿元以上的数量比例数为77.95%，相比2009年的57.43%，上升了20个百分点；管理资本规模在5亿元以上的数量比例数为37.44%，较2009年上升12个百分点。外资机构管理资本规模在0.5亿元以下和介于1亿～2亿元的数量分别占比13.89%、22.22%，均高于2009年水平；管理资本规模在5亿元及以上的数量比例为58.33%，较2009年下降9个百分点（见表3.4和图3.5）。

表3.4　　2005年～2010年中外风险投资机构管理资本规模分布差异情况

规模（亿元）		0.5以下	0.5～1	1～2	2～5	5及以上	合计
2010年	本土家数	21	22	40	39	73	195
	本土比例	10.77%	11.28%	20.51%	20.00%	37.44%	100%
	外资家数	5	1	8	1	21	36
	外资比例	13.89%	2.78%	22.22%	2.78%	58.33%	100%
2009年	本土比例	18.24%	24.32%	18.24%	14.19%	25.00%	100%
	外资比例	9.68%	6.45%	9.68%	6.45%	67.74%	100%
2008年	本土比例	19.30%	26.32%	15.79%	13.16%	25.44%	100%
	外资比例	14.81%	7.41%	3.70%	7.41%	66.67%	100%
2007年	本土比例	20.39%	17.47%	25.24%	17.48%	19.42%	100%
	外资比例	2.56%	7.69%	7.69%	10.26%	71.80%	100%
2006年	本土比例	23.30%	22.33%	22.33%	15.53%	16.50%	100%
	外资比例	21.05%	0.00%	10.53%	15.79%	52.63%	100%
2005年	本土比例	20.00%	23.60%	18.20%	25.50%	12.70%	100%
	外资比例	6.50%	9.70%	16.10%	38.70%	29.00%	100%

注：2010年该项调查的有效样本为195家本土机构和36家外资机构。

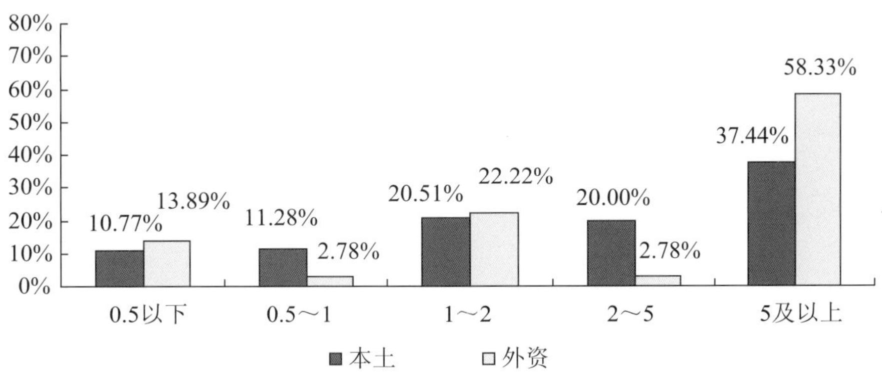

图3.5　2010年中外风险投资机构管理资本规模分布差异情况（单位：亿元）

（三）风险资本的地区分布

2010年调查结果显示，上海地区风险投资机构管理的风险资本额最高，占管理资本总量的21.70%；其次是华东地区，风险投资机构管理的风险资本额占总比16.17%；北京和深圳地区风险投资机构管理的资本额所占比例分别为14.58%和13.61%（见表3.5和图3.6）。

表 3.5　　2003 年～ 2010 年风险投资机构管理资本额的地区分布

类型		北京	上海	深圳	东北	华北	华东	中南	西部	其他	合计
2010 年	资本总量（亿元）	344.10	512.07	321.27	82.08	34.67	381.69	192.88	162.05	329.05	2359.87
	比例	14.58%	21.70%	13.61%	3.48%	1.47%	16.17%	8.17%	6.87%	13.94%	100%
	中位值（万元）	46 000	45 000	40 000	20 000	9000	20 000	30 000	18 000	165 567.5	30 000
2009 年比例		28.33%	17.42%	16.08%	1.98%	2.35%	9.61%	3.83%	3.25%	17.14%	100%
2008 年比例		39.60%	17.19%	26.17%	0.97%	2.94%	9.32%	3.01%	0.89%	-	100%
2007 年比例		40.23%	29.90%	17.79%	1.52%	2.02%	2.62%	2.61%	3.31%	-	100%
2006 年比例		48.00%	16.00%	6.00%	4.00%	2.00%	11.00%	9.00%	4.00%	-	100%
2005 年比例		31.00%	11.00%	18.00%	3.00%	5.00%	11.00%	11.00%	10.00%	-	100%
2004 年比例		23.00%	6.00%	26.00%	1.00%	5.00%	16.00%	19.00%	5.00%	-	100%
2003 年比例		15.00%	10.00%	26.00%	6.00%	6.00%	14.00%	11.00%	12.00%	-	100%

注：2003 年～ 2010 年该项调查的有效样本数分别为 160 家、110 家、141 家、122 家、142 家、132 家、179 家和 231 家。

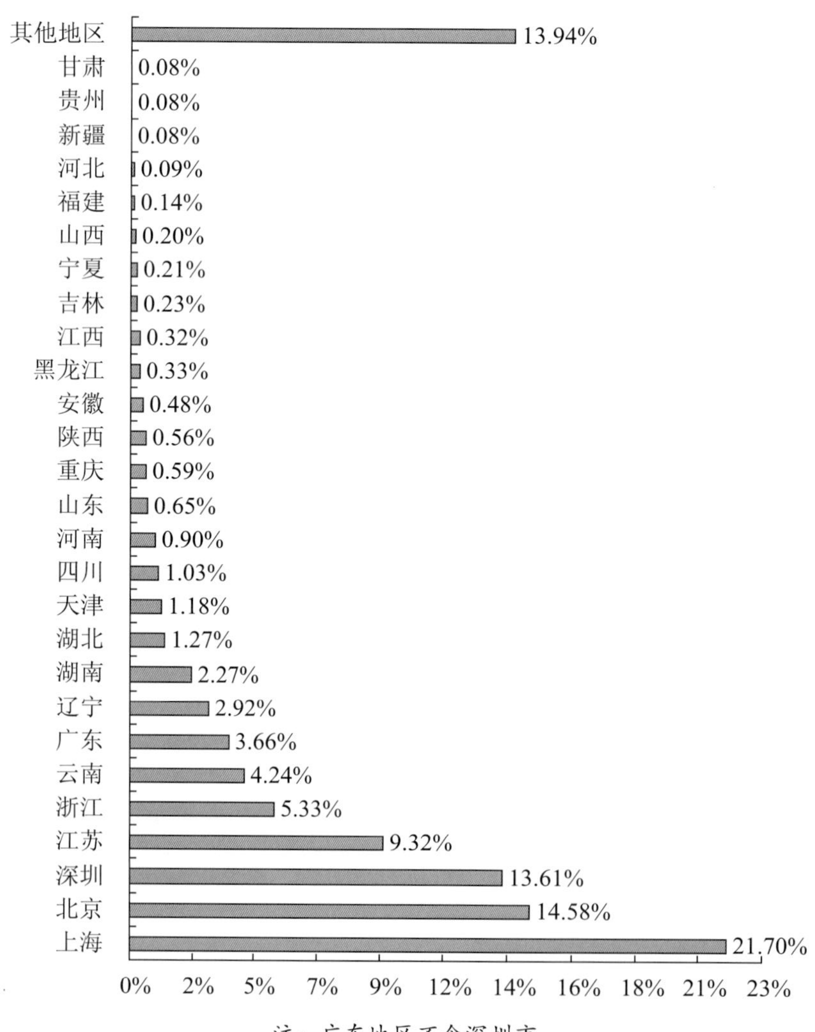

注：广东地区不含深圳市

图 3.6　2010 年风险投资机构管理资本额的地区分布

三、风险资本的来源分布

（一）风险资本来源分布概况

截至2010年底，在提供资本来源信息的1707.83亿元风险资本中，来自海外的资本比例为22.52%，与2009年相比有所增长，而来自内地的资本比例为77.48%，与2009年相比略有下降（见表3.6和图3.7～3.8）。

表3.6　2003年～2010年风险资本来源中外分布

年份		中国内地	海外资本	合计
2010年	金额（亿元）	1323.17	384.66	1707.83
	比例	77.48%	22.52%	100%
2009年比例		80.72%	19.28%	100%
2008年比例		50.62%	49.38%	100%
2007年比例		44.37%	55.63%	100%
2006年比例		56.27%	43.73%	100%
2005年比例		66.10%	33.90%	100%
2003年比例		95.00%	5.00%	100%

注：2010年该项调查的有效样本数为194家。

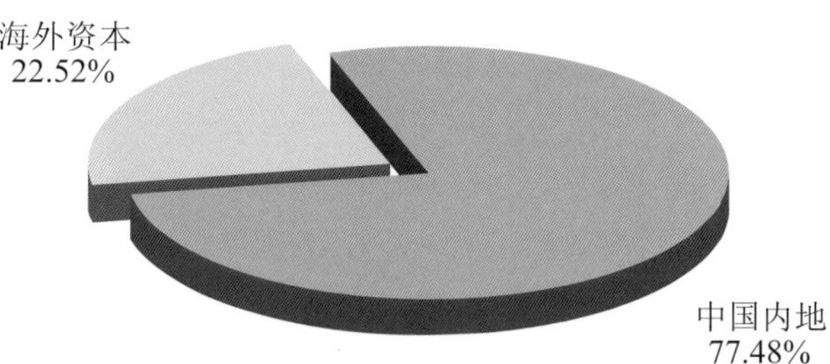

图3.7　2010年中国风险资本来源中外分布

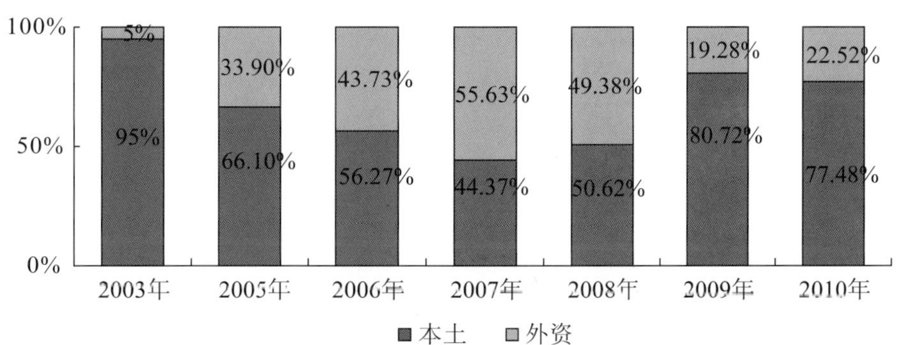

图3.8　2003年～2010年风险资本来源变化趋势

（二）风险资本来源细分结构分析

1. 中国内地风险资本来源细分结构分析

在对来源于中国内地的风险资本进行分析后可以看出，与2009年相比，各来源细分结构的比例变化不大，来源于非金融企业的资金最多，占来源于内地总资金的32.59%，其次是政府资金，占比达28.68%（见表3.7和图3.9～3.10）。

表3.7　2003年～2010年中国风险资本来源细分结构——来源于中国内地的资金结构

来源		政府	金融机构	非金融类企业	个人	其他	合计
2010年	金额（亿元）	379.44	195.39	431.15	220.68	96.50	1323.17
	比例	28.68%	14.77%	32.59%	16.68%	7.29%	100%
2009年比例		29.64%	14.44%	32.75%	17.73%	5.44%	100%
2008年比例		25.24%	10.65%	39.70%	19.28%	5.13%	100%
2007年比例		24.13%	7.88%	53.53%	10.46%	4.00%	100%
2006年比例		33.60%	13.00%	44.90%	5.70%	2.70%	100%
2005年比例		32.00%	15.00%	46.00%	3.00%	4.00%	100%
2003年比例		26.00%	6.00%	52.00%	11.00%	5.00%	100%

注：2010年该项调查的有效样本数分别为178家。

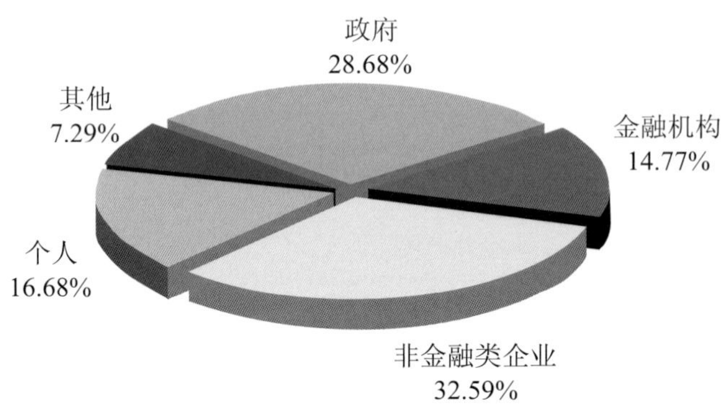

图3.9　2010年中国风险资本来源细分结构——来源于中国内地的资金结构

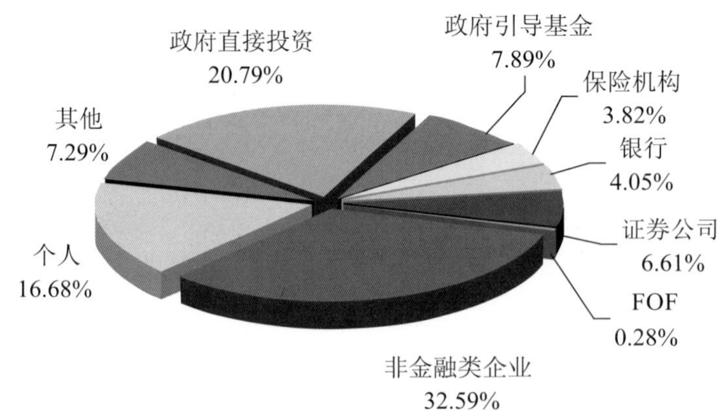

图3.10　2010年中国风险资本来源中政府和金融机构的细分结构

2. 海外风险资本来源细分结构分析

考察来源于海外的风险资本可以看出，截至2010年底，FOF已成为海外风险资本的主要来源，占来源于海外风险资本总额的38.47%，而往年一直处于主流位置的机构投资者，在2010年退居第二位，占比26.25%（见表3.8和图3.11）。

表3.8 2006年～2010年中国风险资本细分结构——来源于海外的资金结构

来源		政府基金	机构投资者	企业集团	FOF	个人	其他	合计
2010年	金额（亿元）	12.89	100.96	83.94	147.96	38.78	0.14	384.66
	金额比例	3.35%	26.25%	21.82%	38.47%	10.08%	0.04%	100%
2009年比例		1.81%	28.40%	6.18%	12.20%	19.18%	32.23%	100%
2008年比例		2.71%	61.57%	0.20%	20.25%	15.46%	0.01%	100%
2007年比例		2.73%	65.00%	15.80%	7.00%	8.85%	0.62%	100%
2006年比例		1.50%	59.00%	14.40%	10.70%	13.10%	1.20%	100%

注：2006年～2010年该项调查的有效样本数分别为26家、39家、24家、24家、29家和41家。

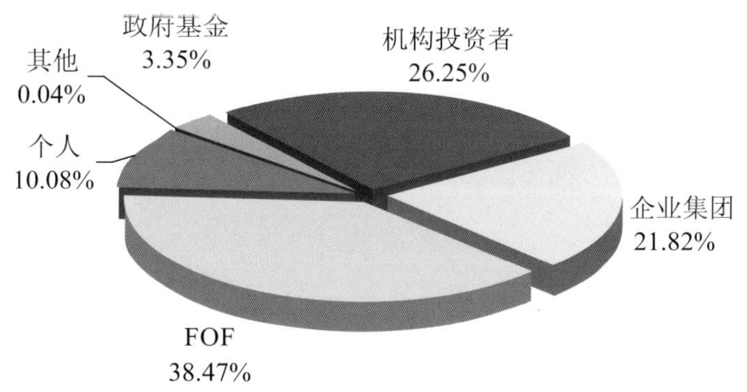

图3.11 2010年中国风险资本来源细分结构——来源于海外的资金结构

第二节 2010年度新募集风险资本规模及分布

一、新募集风险资本总量

2010年全年，新募集的可用于投资中国内地的风险资本总量达1768.37亿元，为2009年全年完成募集的资本额的1.84倍。共有219支基金完成募集，平均每支基金募集的风险资本规模达8.07亿元，是2009年的1.14倍（见表3.9和图3.12）。另有155支基金于2010年成立，但没有披露募资是否完成，据统计，这些基金的募资总额将达到4873.48亿元，此数值没有包含在新募集的资本总量中。

表3.9　　2003年～2010年度新募集风险资本概况

年度	2003年	2004年	2005年	2006年	2007年	2008年	2009年	2010年
金额（亿元）	37.02	43.30	195.71	240.58	893.38	1018.67	963.29	1768.37
管理资本均额（亿元/基金）	0.49	1.27	5.44	5.47	8.20	5.33	7.08	8.07

注：2003年和2004年仅为问卷调查数据；2006年～2010年该项调查的有效样本数分别为122家、109家、191家、136家和219家。

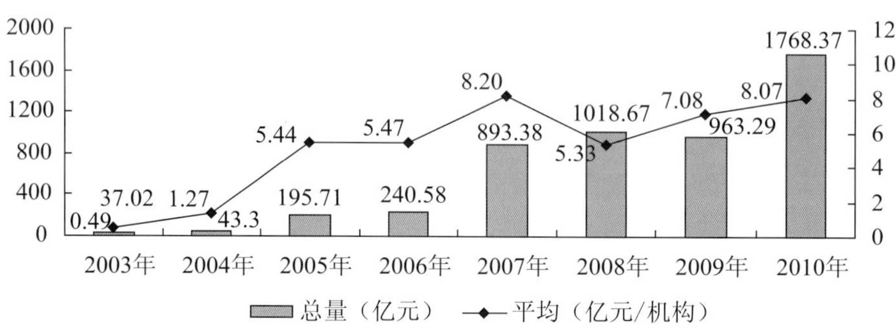

图3.12　2003年～2010年度新募集风险资本概况

二、新募集风险资本的分布特征

（一）中外新募集风险资本总量分布

调查数据显示，2010年全年由本土机构新募集的风险资本额为1020.20亿元，占全年新募集资本额的比例为57.69%，较2009年所占比例略有上升；而新募集风险资本中由外资机构募集的资本量为748.16亿元，占比42.31%，略低于2009年比例（见表3.10和图3.13）。

表3.10　　2005年～2010年中外机构新募集风险资本总量比较

		本土机构	外资机构	合计
2010年	金额	1020.20	748.16	1768.37
	比例	57.69%	42.31%	100%
2009年比例		55.75%	44.25%	100%
2008年比例		30.68%	69.32%	100%
2007年比例		22.11%	77.89%	100%
2006年比例		31.30%	68.70%	100%
2005年比例		14.05%	85.95%	100%

注：2010年该项调查的有效样本数为219家。

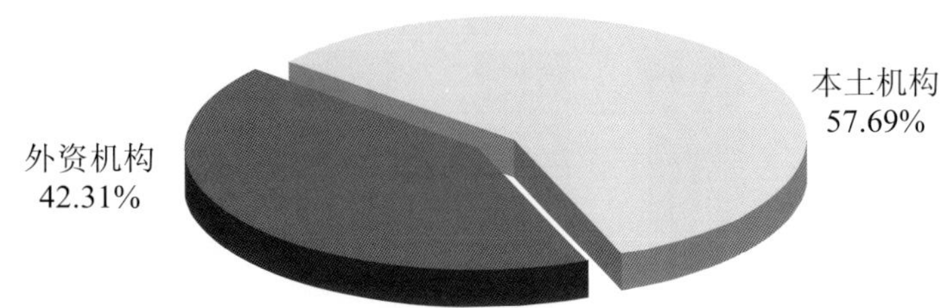

图3.13 2010年中外机构新募集风险资本总量比较

（二）新募集风险资本的规模分布

1. 概况

2010年，在新募集完成的219支基金中，风险资本额在2亿元及以上的数量最多，占新募集基金总数的57.53%；而风险资本额在1亿元以下的数量合计占比仅为21.46%。单支基金规模呈上升趋势（见表3.11和图3.14）。

表3.11 2005年～2010年风险投资机构新募资规模分布

规模（亿元）		0.2以下	0.2～0.5	0.5～1	1～2	2及以上	合计
2010年	家数	12	17	18	46	126	219
	比例	5.48%	7.76%	8.22%	21.00%	57.53%	100%
2009年比例		4.00%	7.20%	28.80%	19.20%	40.80%	100%
2008年比例		4.71%	10.99%	18.32%	13.09%	52.88%	100%
2007年比例		9.17%	8.26%	11.01%	22.02%	49.54%	100%
2006年比例		13.64%	11.36%	18.18%	9.09%	47.73%	100%
2005年比例		3.70%	33.30%	29.60%	7.40%	25.90%	100%

注：2005年～2010年该项调查的有效样本数分别为27家、44家、109家、191家、125家和219家。

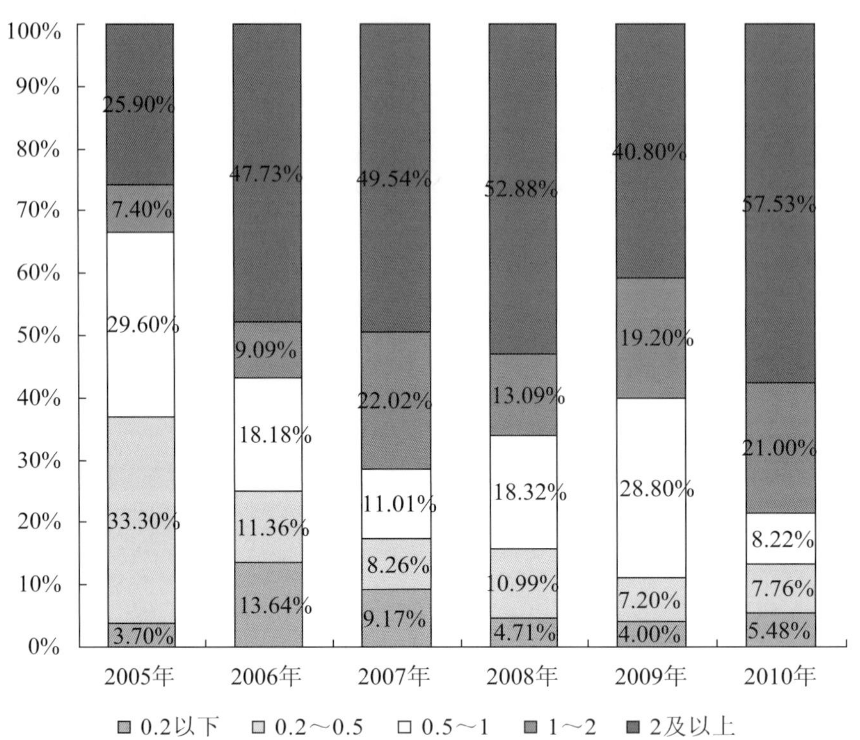

图3.14　2005年～2010年风险投资机构新募资规模分布（单位：亿元）

2. 中外机构新募集风险资本规模分布差异

从本土机构新募基金规模分布来看，资本规模介于2亿元～5亿元的基金数量最多，占比29.78%，其次是资本规模在5亿元及以上的基金，数量占比为25.28%；而在外资机构新募基金中，48.78%的基金募资规模在5亿元及以上（见表3.12和图3.15）。

表3.12　　2006年～2010年度中外风险投资机构新募资规模分布

规模（亿元）		0.5以下	0.5～1	1～2	2～5	5以上	合计
2010年本土	家数	26	15	39	53	45	178
	比例	14.61%	8.43%	21.91%	29.78%	25.28%	100%
2009年本土比例		13.59%	33.98%	22.33%	16.50%	13.59%	100%
2008年本土比例		18.13%	21.25%	15.63%	16.88%	28.13%	100%
2007年本土比例		23.29%	13.70%	27.40%	16.43%	19.18%	100%
2006年本土比例		18.75%	15.63%	21.88%	9.38%	34.38%	100%
2010年外资	家数	3	3	7	8	20	41
	比例	7.32%	7.32%	17.07%	19.51%	48.78%	100%
2009年外资比例		-	4.55%	4.55%	4.55%	86.36%	100%
2008年外资比例		22.58%	12.90%	16.13%	25.81%	22.58%	100%
2007年外资比例		5.56%	5.56%	11.11%	13.88%	63.89%	100%
2006年外资比例		-	-	8.33%	8.33%	83.33%	100%

注：2010年该项调查的有效样本数为178家本土机构和41家外资机构。

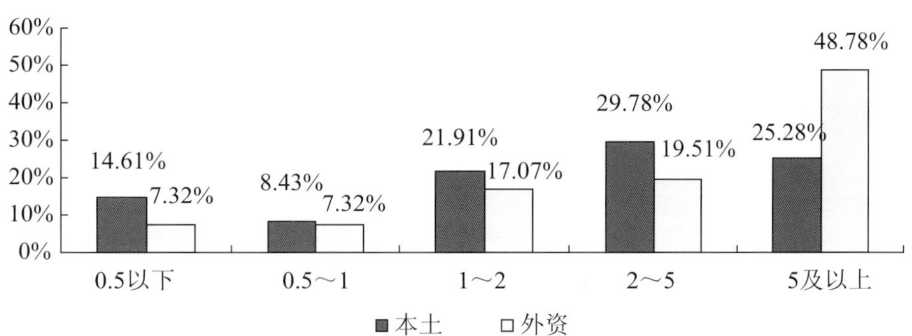

图3.15　2010年度中外风险投资机构新募资规模分布（单位：亿元）

（三）新募集风险资本的地区分布

在2010年度披露了运营所在区域的197支基金中，上海地区的新募资额最高，占新募资总额的30.68%。北京地区的新募资额以27.21%的比例紧随其后（见表3.13）。

表3.13　2005年～2010年新募集风险资本额的地区分布

类型		北京	上海	深圳	东北	华北	华东	中南	西部	其他	合计
2010年	资本总量(亿元)	354.92	400.17	48.19	25.27	106.32	143.44	180.59	45.57	-	1304.48
	比例	27.21%	30.68%	3.69%	1.94%	8.15%	11.00%	13.84%	3.49%	-	100%
2009年比例		14.25%	46.91%	11.24%	2.61%	2.08%	6.40%	1.42%	10.17%	4.90%	100%
2008年比例		35.93%	13.16%	2.59%	0.16%	16.29%	25.51%	3.56%	2.79%	-	100%
2007年比例		53.07%	21.66%	6.22%	0.69%	6.34%	8.36%	2.56%	1.10%	-	100%
2006年比例		54.00%	23.00%	6.00%	3.00%	1.00%	5.00%	5.00%	3.00%	-	100%
2005年比例		54.00%	5.00%	11.00%	0.00%	1.00%	6.00%	1.00%	22.00%	-	100%

注：2005年～2010年该项调查的有效样本数分别为27家、42家、101家、181家、136家和197家。

三、新募集风险资本的来源分布

（一）新募集风险资本来源的中外分布

2010年完成募集的人民币基金共194支，占完成募集的基金数量的88.58%，人民币基金的募资规模达1121.65亿元，占新募集资本额的63.43%，基金数量和规模比例都高于2009年水平；完成募集的外币基金共25支，占完成募集的基金数量的11.42%，外币基金的募资规模为646.72亿元，占新募资本额的36.57%（见表3.14和图3.16）。

表3.14　　2008年～2010年人民币基金及外币基金募集规模比较

		人民币基金	外币基金	合计
金额比例	2010年	63.43%	36.57%	100%
	2009年	52.49%	47.51%	100%
	2008年	22.97%	77.03%	100%
数量比例	2010年	88.58%	11.42%	100%
	2009年	85.29%	14.71%	100%
	2008年	80.00%	20.00%	100%

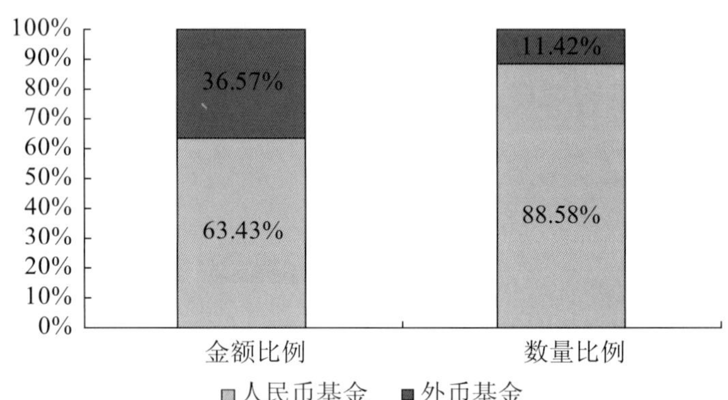

图3.16　2010年人民币基金及外币基金募集规模比较

（二）新募集风险资本来源细分结构分析

1. 中国内地风险资本来源细分结构分析

在来源于中国内地风险资本中，非金融类企业与个人投入的资金比例最高，分别占比25.63%、25.55%；排在第三位的是政府引导基金，占比19.34%（见图3.17）。可见，中国内地风险资本来源已经多元化，政府引导基金吸引了更多的社会资金的融入，各非金融类企业和个人都把闲置的资金投资到VC/PE行业中来。

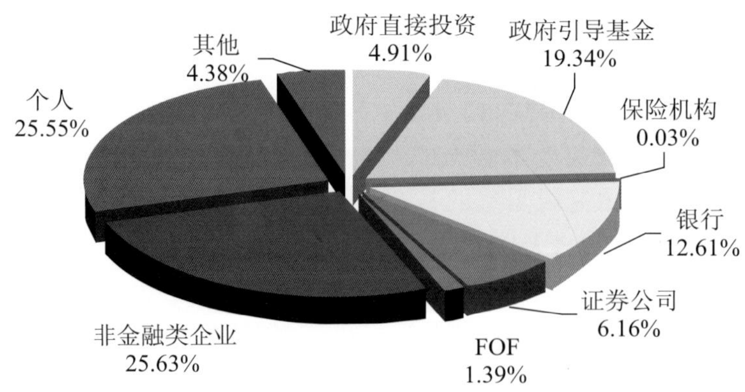

图3.17　2010年新募集的来源于中国内地的风险资本结构

在来源于海外的风险资本中，机构投资者（主要包括：养老基金、银行 / 金融机构、保险公司、捐赠基金等）投入的资金比例最高，占新募集海外资本的56.35%；其次是来自 FOF（即基金中的基金），占比32.22%（见图3.18）。

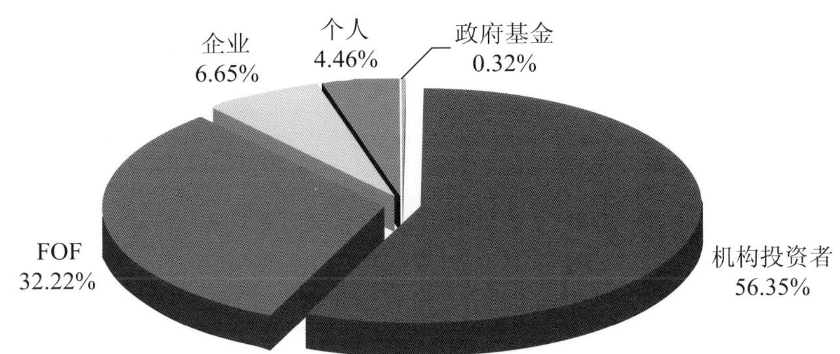

图3.18 2010年新募集的来源于海外的风险资本结构

四、新募集资本的详细信息

（一）新募集风险资本的募资类型

2010年，在新募集的风险资本中，首次募集占85.71%，增资募集占14.29%，比例与2009年相比变化不大（见表3.15和图3.19）。

表3.15 2008年～2010年新筹集的风险资本的募资类型

年份		首次募集	增资募集	合计
2010年	数量	108	18	126
	比例	85.71%	14.29%	100%
2009年比例		86.07%	13.93%	100%
2008年比例		28.40%	71.60%	100%

注：2008年～2010年该项调查的有效样本数分别为81支、122支和126支。

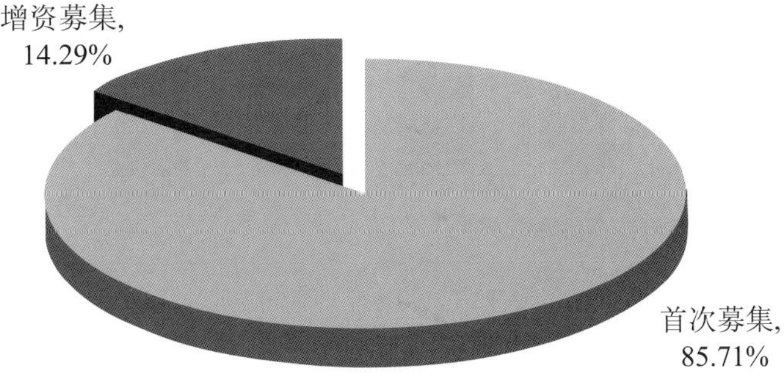

图3.19 2010年新募集的风险资本的募资类型分布

（二）新募集风险资本的运作模式

2010年新完成募集的基金中，有45.56%的基金采用有限合伙制，45.80%的基金采用公司制。采用合伙制的基金比例较2009年大幅提升（见表3.16和图3.20）。

表3.16　　2010年新募集的风险资本的运作模式

		有限合伙制	公司制	信托制	其他	合计
2010年	数量	61	60	2	8	131
	比例	46.56%	45.80%	1.53%	6.11%	100%
2009年比例		25.20%	67.48%	3.25%	4.07%	100%
2008年比例		51.19%	39.29%	4.76%	4.76%	100%

注：2008年～2010年该项调查的有效样本数分别为84支、123支和131支。

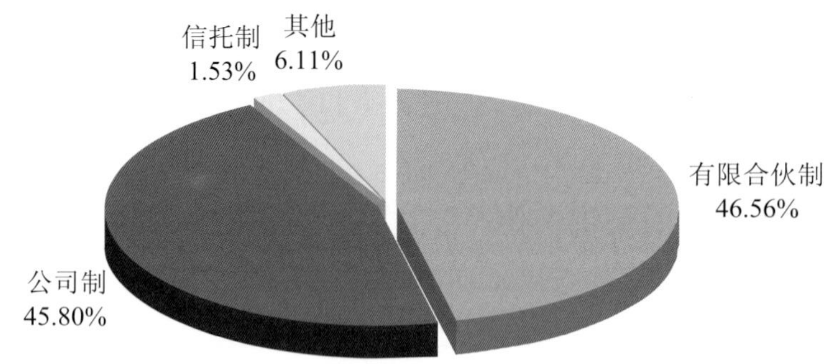

图3.20　2010年新募集的风险资本的运作模式分布

第四章　投资规模及投资特征

本章对2010年度中国风险投资行业的投资状况进行考察，从投资总量和投资强度等方面介绍风险投资行业的投资状况和投资特征，有助于读者了解2010度中国风险投资概貌。第一节主要介绍了风险投资投资规模；第二节介绍了风险投资的投资特征。

本章数据来源于CVCRI于2010年10月～2011年1月所开展的中国风险投资调查活动及《中国风险投资年鉴》（2003～2010）。

第一节　投资规模概况

一、投资总量

（一）概况

2010年国内外风险投资机构共投资了1225个中国内地项目，是2009年的1.78倍；其中披露投资金额的1055个项目涉及投资金额976.63亿元，投资规模为2009年的3.09倍，投资市场表现极为活跃（见表4.1和图4.1）。

表4.1　　2003年～2010年样本机构的风险投资规模

投资规模	2003年	2004年	2005年	2006年	2007年	2008年	2009年	2010年
金额（亿元）	37.15	37.83	117.57	143.64	398.04	339.45	316.64	976.63
项目数（个）	335	325	434	371	741	506	689	1225

注：2010年该项调查的有效样本数是384家。2003年、2004年仅为问卷调查数据。

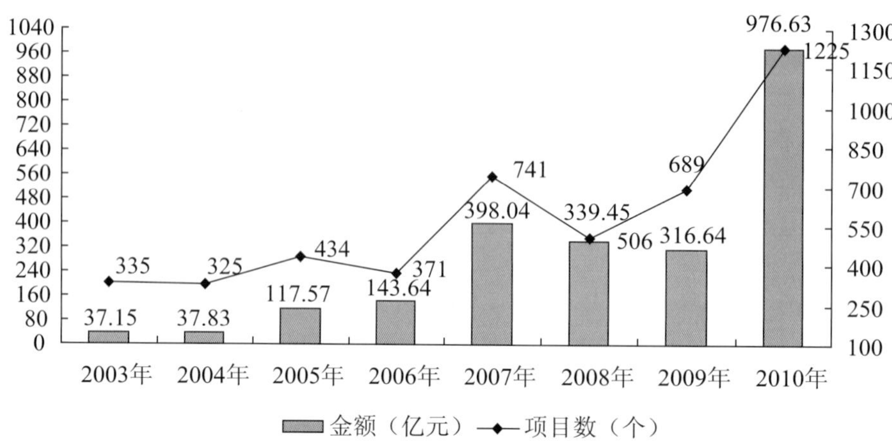

注：2003年、2004年仅为问卷调查数据

图4.1　2003年～2010年样本机构风险投资规模

（二）中外投资总量差异

2010年，由本土机构主导的投资项目数量为906个，占总投资数量的73.96%，投资金额为443.78亿元，占总投资金额的45.44%；由外资机构主导的投资项目数量为319个，占总投资数量的26.04%，投资金额为532.84亿元，占总投资金额的54.56%。本土投资机构在主导的投资项目数量上占优，但在投资金额上略逊于外资机构（见表4.2和图4.2～4.3）。

表4.2　　2005年～2010年中外投资总量

投资规模		本土机构	外资机构	合计
2010年	项目数（个）	906	319	1225
	项目数比例	73.96%	26.04%	100%
	金额（亿元）	443.78	532.84	976.63
	金额比例	45.44%	54.56%	100%
2009年	项目数（个）	456	128	584
	项目数比例	78.04%	21.96%	100%
	金额（亿元）	183.14	133.5	316.64
	金额比例	57.84%	42.16%	100%
2008年	项目数（个）	323	183	506
	项目数比例	63.83%	36.17%	100%
	金额（亿元）	116.04	223.41	339.45
	金额比例	34.18%	65.82%	100%
2007年	项目数（个）	412	329	741
	项目数比例	55.60%	44.40%	100%
	金额（亿元）	95.54	302.50	398.04
	金额比例	24.00%	76.00%	100%

投资规模		本土机构	外资机构	合计
2006年	项目数（个）	219	152	371
	项目数比例（%）	59.03%	40.97%	100%
	金额（亿元）	34.3	109.3	143.6
	金额比例（%）	23.91%	76.09%	100%
2005年	项目数（个）	215	143	358
	项目数比例（%）	60.1%	39.9%	100%
	金额（亿元）	23.58	31.10	54.68
	金额比例（%）	43.1%	56.9%	100%

注：*2010年由本土机构、外资机构主导的披露投资金额的项目数分别为799个、256个。

**2010年该项调查的有效机构样本数为384家。

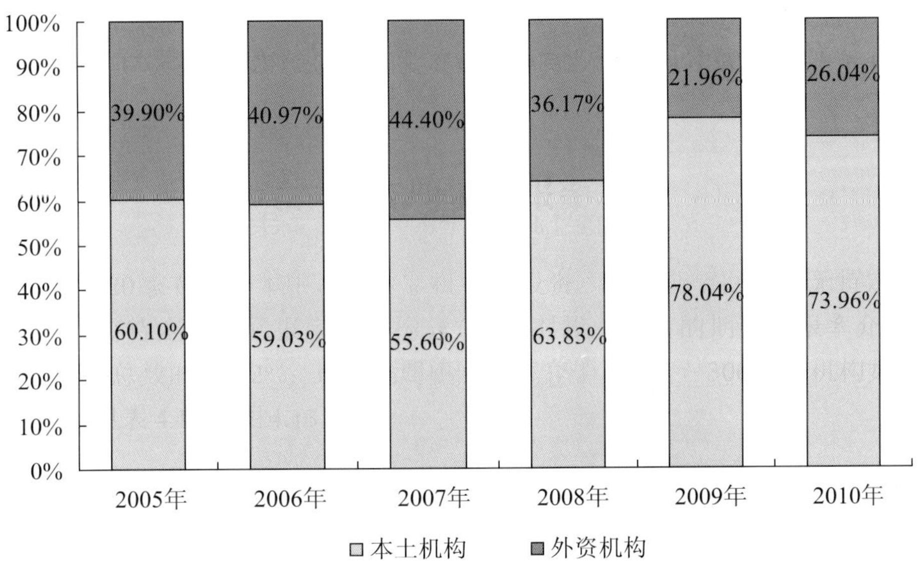

图4.2　2005年～2010年中外风险投资机构投资项目数量对比

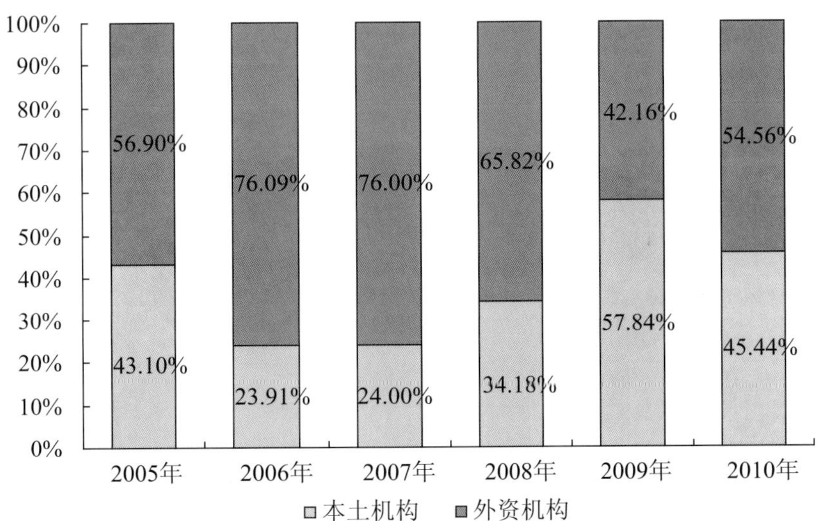

图4.3　2005年～2010年中外风险投资机构投资金额对比

二、投资强度

（一）概况

2010年，从披露投资规模的1055个项目来看，平均单个项目的投资金额为9257.11万元，投资强度处于2003年以来最高点（见表4.3和图4.4）。

表4.3　　2003年～2010年调查机构投资强度

投资强度	2003年	2004年	2005年	2006年	2007年	2008年	2009年	2010年
平均单项投资额（万元/项）	1179.37	1164	1798.68	4151.31	6152.15	6708.49	5421.92	9257.11

注：2010年该项调查的有效样本数是384家。

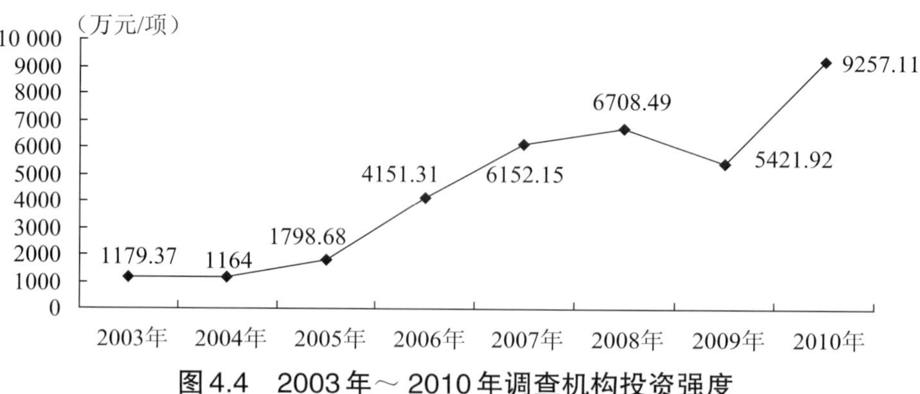

图4.4　2003年～2010年调查机构投资强度

（二）中外投资强度差异

2010年度的调查数据显示，本土机构的投资强度为5554.23万元/项，而外资机构的投资强度为20 814.16万元/项，为本土机构的3.75倍。与2009年相比本土和外资机构的投资强度均增强，其中，外资机构的投资强度提升了近一倍（见表4.4和图4.5）。

表4.4　　2006年～2010年中外机构投资强度差异

投资强度（投资额/项目数）	本土机构	外资机构	总体
2010年单项投资金额（万元/项）	5554.23	20 814.16	9257.11
2009年单项投资金额（万元/项）	4016.23	10 429.69	5421.92
2008年单项投资金额（万元/项）	3592.57	12 208.20	6708.49
2007年单项投资金额（万元/项）	2388.56	12 247.04	6152.15
2006年单项投资金额（万元/项）	1643.26	7977.46	4151.31

注：2010年该项调查的有效样本数为384家。

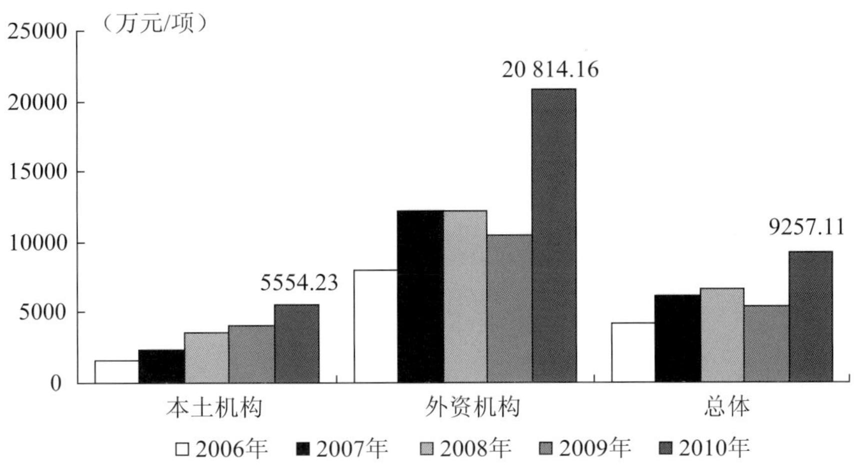

图4.5　2006年～2010年中外机构投资强度差异

第二节　投资特征

一、被投资企业所在地区分布

2010年，共有369家机构所投资的801个项目披露了被投资企业所在地，涉及投资金额762.87亿元。从被投资企业数量上看，华东地区居于首位，占比25.22%，其次是北京，占比22.10%；从被投资企业获得的投资总额来看，北京地区吸金最多，占比29.01%，其次是华东地区，占比27.05%（见表4.5和图4.6）。

表4.5　　2008年～2010年被投资企业地区分布

类型		北京	上海	深圳	东北	华北	华东	中南	西部	其他	合计
2010年	数量	177	88	55	18	46	202	125	85	5	801
	比例	22.10%	10.99%	6.87%	2.25%	5.74%	25.22%	15.61%	10.61%	0.62%	100%
	金额	221.28	62.51	26.30	12.68	31.02	206.39	120.75	77.65	4.29	762.87
	比例	29.01%	8.19%	3.45%	1.66%	4.07%	27.05%	15.83%	10.18%	0.56%	100%
2009年	数量比例	17.70%	10.47%	8.26%	4.42%	5.46%	28.76%	16.67%	7.37%	0.88%	100%
	金额比例	18.97%	11.43%	4.34%	3.48%	2.15%	28.34%	17.53%	12.67%	1.09%	100%
2008年	数量比例	20.00%	13.86%	7.33%	3.96%	6.53%	21.58%	15.05%	7.52%	4.16%	100%
	金额比例	28.44%	22.80%	3.68%	2.15%	2.75%	16.57%	12.69%	5.63%	5.29%	100%

注：2010年该项调查的有效样本数为369家。

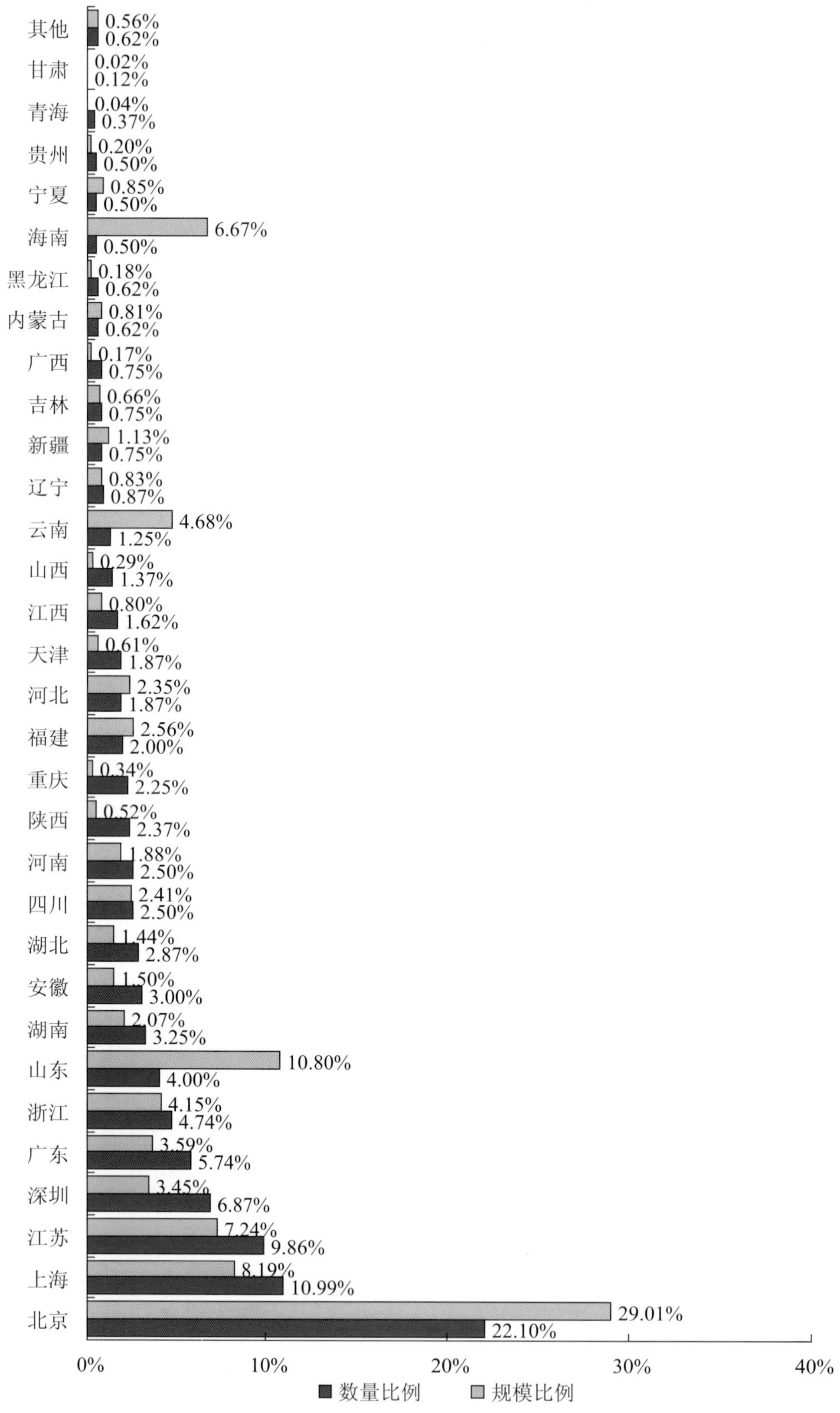

注：广东地区不含深圳市

图4.6 2010年被投资企业地区分布

二、被投资企业所处行业分布

2010年，中国风险投资的被投资企业行业分布继续呈现多元化，在披露被投资企业所属行业的851个项目中，传统制造业领域的投资项目数量最多，共123个，投资项目数量紧随其后的是消费及服务、软件、医药保健，分别为82个、76个、72个。医药保健领域吸金最高，涉及投资金额达141.01亿元，其次是新农业领域，涉及投资金额92.23亿元（见表4.6和图4.7）。

表4.6　2010年被投资企业所处行业分布

行业	数量（个）		金额（亿元）	
	数值	比例	数值	比例
传统制造业	123	14.45%	90.46	11.43%
消费及服务	82	9.64%	89.38	11.30%
软件	76	8.93%	31.10	3.93%
医药保健	72	8.46%	141.01	17.82%
电子商务	61	7.17%	59.78	7.55%
文化传媒	47	5.52%	18.28	2.31%
节能环保	46	5.41%	22.81	2.88%
新能源	42	4.94%	30.54	3.86%
新农业	39	4.58%	92.23	11.66%
通讯/电信	32	3.76%	6.70	0.85%
金融服务	31	3.64%	35.74	4.52%
传统能源	31	3.64%	24.66	3.12%
互联网	30	3.53%	26.96	3.41%
新材料	28	3.29%	14.14	1.79%
化工行业	21	2.47%	4.21	0.53%
生物技术	19	2.23%	5.21	0.66%
半导体IC	16	1.88%	11.61	1.47%
房地产	15	1.76%	40.80	5.16%
高端装备制造业	11	1.29%	7.40	0.94%
教育培训	3	0.35%	0.94	0.12%
其他行业	26	3.06%	37.25	4.71%
合计	851	100.00%	791.22	100.00%

注：2010年该项调查的有效样本数为372家。

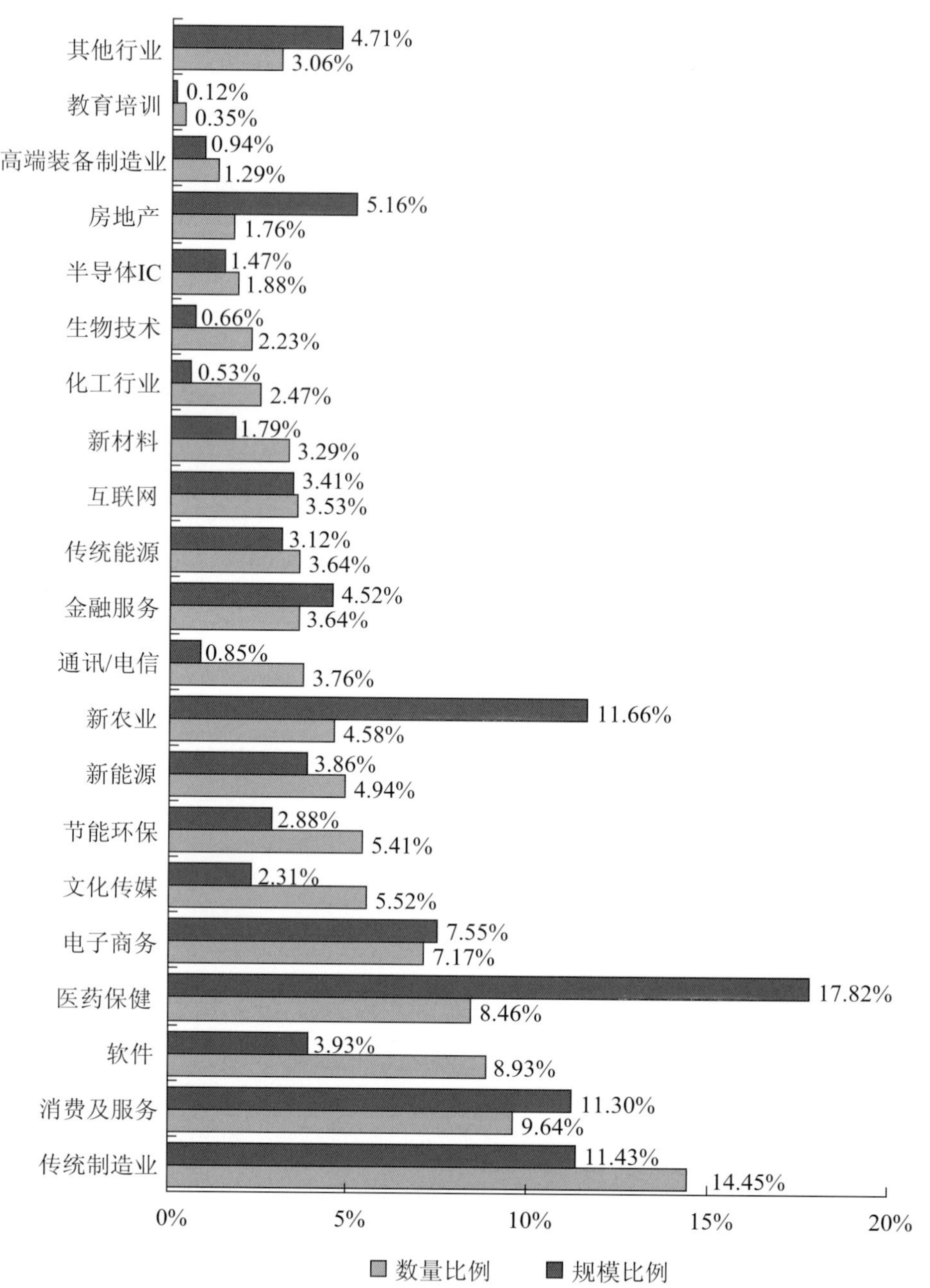

图4.7　2010年被投资企业所处行业分布

三、投资阶段分析

2010年，在披露投资阶段的740个被投资企业中，成长期企业最受风险投资机构关注，投资成长期企业的案例数量占总案例数的30.54%；投资案例数量居第二位的是扩张期企业，占案例总数量的22.16%。从投资金额上看，扩张期企业最受厚爱，所获投资金额占投资总额的27.09%，其次是PIPE类投资，所获投资金额占比17.27%（见表4.7和图4.8～4.9）。

表4.7　2010年投资阶段分析

阶段	初创期	成长期	扩张期	成熟期	Pre-IPO	PIPE	合计
数量（个）	156	226	164	113	51	30	740
比例	21.08%	30.54%	22.16%	15.27%	6.89%	4.05%	100%
金额（亿元）	70.20	106.19	192.80	111.62	108.06	122.90	711.78
比例	9.86%	14.92%	27.09%	15.68%	15.18%	17.27%	100%

注：2010年该项调查的有效样本数为362家。

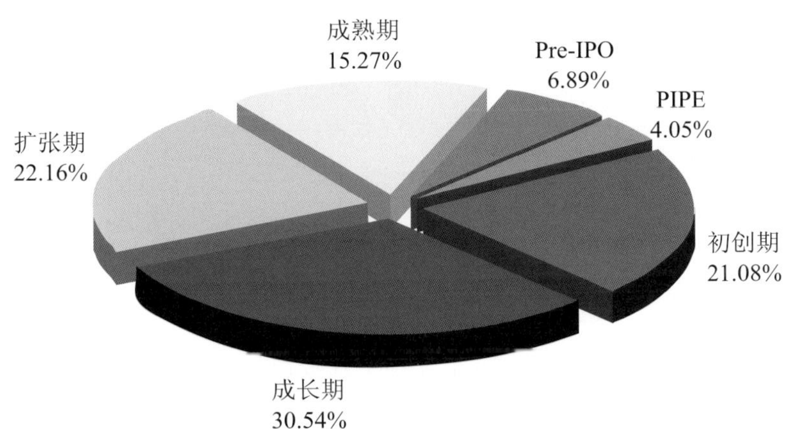

图4.8　2010年投资阶段的数量比例分布

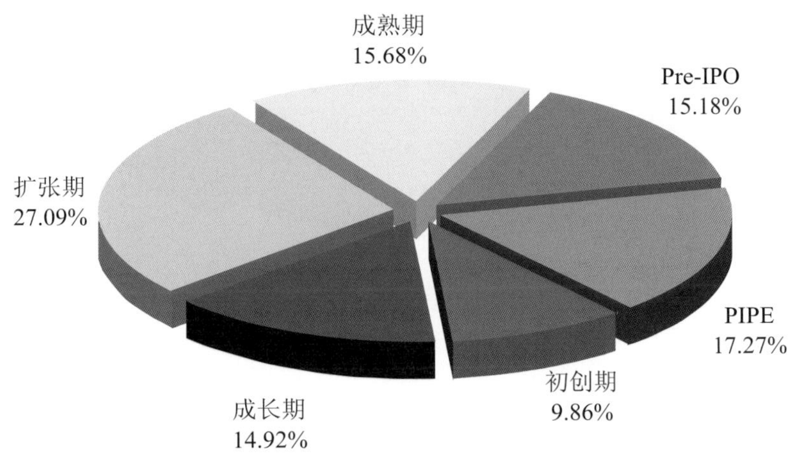

图4.9　2010年投资阶段的金额比例分布

四、投资轮次分析

在此项调查中，共有712个项目披露了投资轮次，涉及投资金额673.65亿元。其中第一轮的投资项目数量和金额都是最高的，分别占总量的74.86%和64.41%；紧随其后的是第二轮投资，投资数量和金额分别占总数的16.15%和14.72%（见表4.8和图4.10～4.11）。

表4.8 2010年投资轮次分布

轮次	第一轮	第二轮	第三轮	第四轮	其他	合计
数量	533	115	36	5	23	712
比例	74.86%	16.15%	5.06%	0.70%	3.23%	100%
金额（亿元）	433.87	99.18	67.53	2.27	70.80	673.65
比例	64.41%	14.72%	10.03%	0.34%	10.51%	100%

注：2010年该项调查的有效样本数为357家。

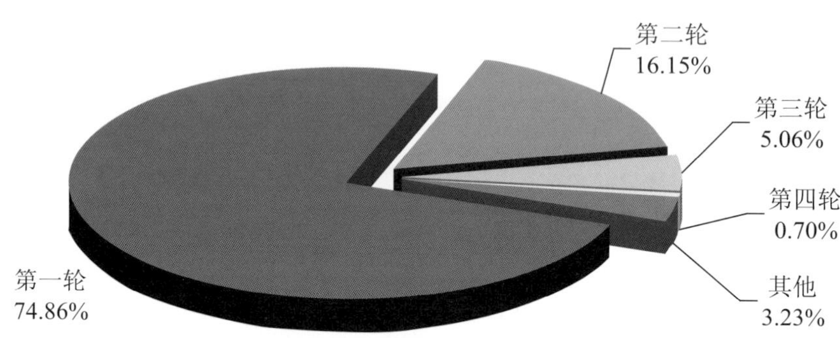

图4.10 投资轮次的数量分布

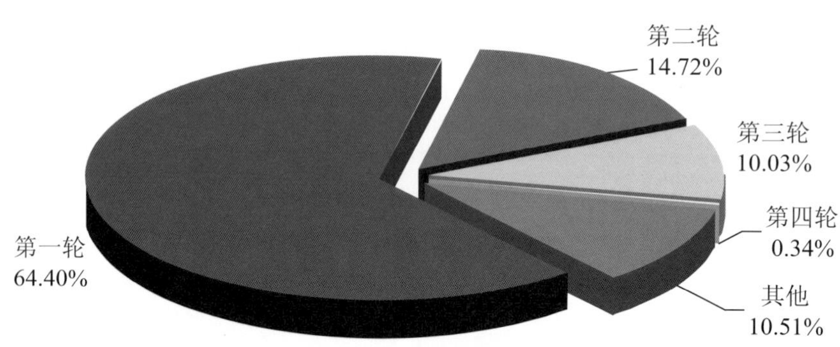

图4.11 投资轮次的金额分布

五、投资机构持有股权比例分析

在调查的77份有效样本中的291个项目中，持有股权比例在5%以下的项目数量所占比例最高，达到24.05%；其次是持股比例在10%～20%的项目，占总项目数的19.93%（见表4.9和图4.12）。

表4.9 2008年～2010年投资机构持有股权比例分布

持股比例		5%以下	5%～10%	10%～20%	20%～30%	30%～50%	50%以上	合计
2010年	数量	70	50	58	48	24	41	291
	比例	24.05%	17.18%	19.93%	16.49%	8.25%	14.09%	100%

持股比例	5%以下	5%～10%	10%～20%	20%～30%	30%～50%	50%以上	合计
2009年	17.94%	19.47%	20.99%	13.74%	17.56%	10.31%	100%
2008年	19.49%	18.64%	28.39%	14.41%	5.93%	13.14%	100%

注：2008年～2010年该项调查的有效样本数分别为57家、89家和77家。

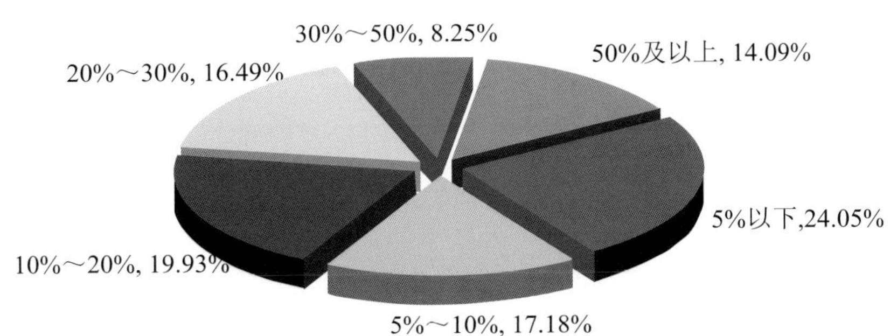

图4.12　2010年投资机构持有股权比例分布

六、投资期望回报率分析

在该项调查的220家有效样本中，有68家机构对投资项目的期望回报率无特定范围，占样本总数的30.91%。在有特定期望回报率的机构分布中，对投资项目的期望回报率介于30%～50%的机构最多，占样本总数的26.82%；其次是期望回报率介于100%～300%的机构数量，占样本总数比例为13.64%（见表4.10和图4.13）

表4.10　2010投资机构对投资项目的期望回报率分布

期望回报率	低于30%	30%～50%	50%～100%	100%～300%	300%及以上	无特定范围	合计
数量	19	59	22	30	22	68	220
比例	8.64%	26.82%	10.00%	13.64%	10.00%	30.91%	100%

注：2010年该项调查的有效样本数为220家。

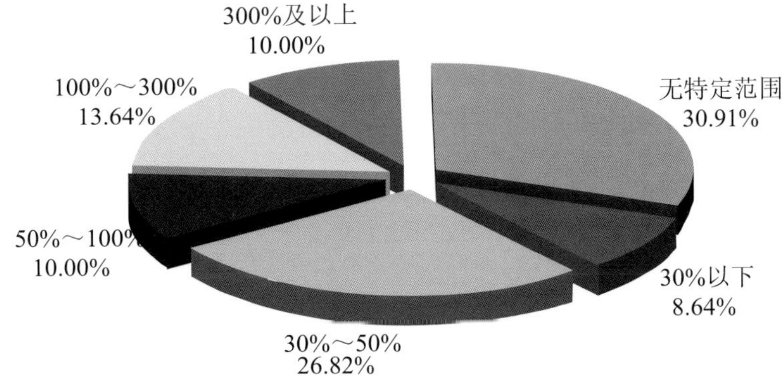

图4.13　2010年投资机构对投资项目的期望回报率分布

七、联合投资特征分析

（一）概况

在调查的218家有效样本中，有约90%的机构会或多或少的采取联合其他机构的方式进行投资。在其投资组合中，采用联合投资项目比例在25%以内和介于25%～50%的机构最多，分别占样本总数的28.44%、27.98%；不采取联合投资的机构仅占样本总数的10.09%（见表4.11和图4.14）。

表4.11 2010年投资机构采用联合投资方式的项目比例分布

投资项目中采用联合投资的比例	等于0	0～25%	25%～50%	50%～75%	75%～100%	合计
数量	22	62	61	54	19	218
比例	10.09%	28.44%	27.98%	24.77%	8.72%	100%

注：2010年该项调查的有效样本数为218家。

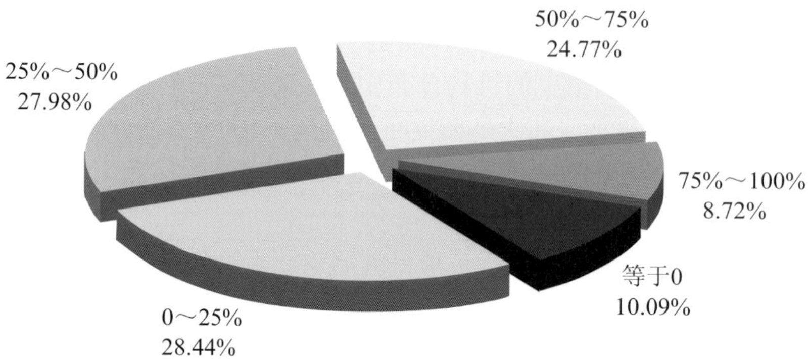

图4.14 2010年投资机构采用联合投资方式的项目比例分布

（二）选择联合投资方注重的条件

调查显示，在选择联合投资方时，有六成以上的机构较看重合作方的投资团队和投资机构背景，有44.14%的机构较看重以往合作经历，也有8.56%的机构表示无特定偏好（见图4.15）。

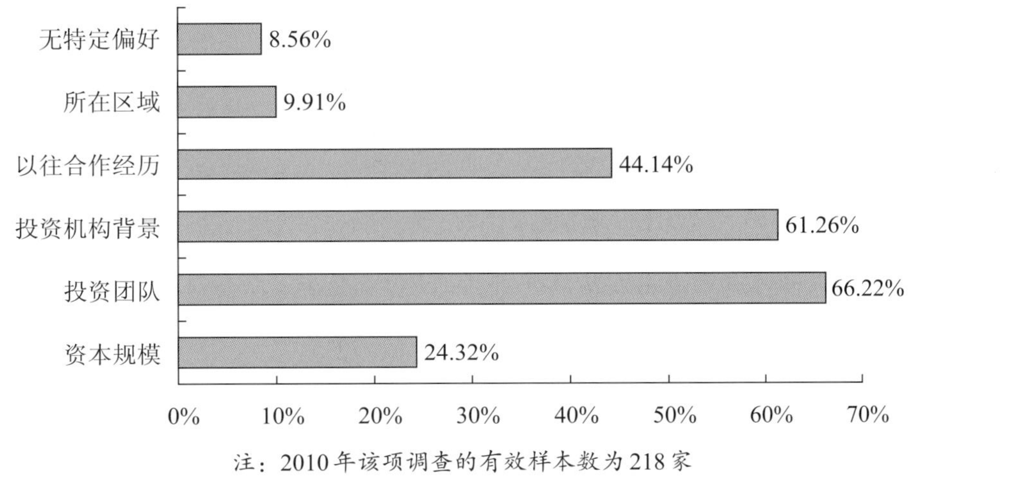

注：2010年该项调查的有效样本数为218家

图4.15　投资机构选择联合投资方注重的条件

（三）联合投资中担当牵头投资人比例

统计显示，有93.07%的投资机构在联合投资项目中担当过牵头投资人，其中，担当牵头投资人的项目数比例在25%以内的机构数量最多，占样本总数的29.70%。从未担当过牵头投资人的机构数量占样本总数比例仅为6.93%（见表4.12和图4.16）。

表4.12　2010年投资机构在联合投资中担当牵头投资人比例分布

投资机构担当牵头投资人比例	等于0	0～25%	25%～50%	50%～75%	75%～100%	合计
数量	14	60	54	36	38	202
比例	6.93%	29.70%	26.73%	17.82%	18.81%	100%

注：2010年该项调查的有效样本数为202家。

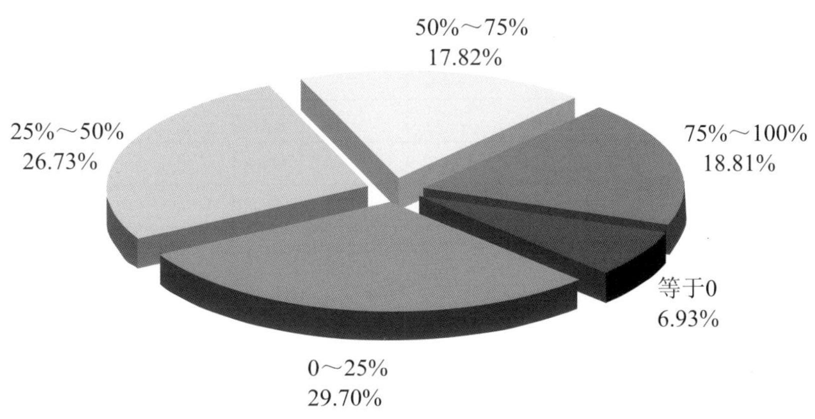

图4.16　2010年投资机构在联合投资中担当牵头投资人比例分布

第五章　风险投资退出与绩效

本章考察中国风险投资的退出及绩效情况，从退出总量和退出特征对2010年及以往年度的投资绩效分析，有助于读者了解中国风险投资退出与绩效的整体情况。

首先，本章对2010年度的退出情况进行综合分析，重点对退出方式进行详细分析。其次，对2010年风险投资企业IPO情况进行考察，包括市场分布和行业分布等方面。最后，本章介绍了风险投资机构累计投资绩效情况。

本章数据来源于CVCRI于2010年10月～2011年1月所展开的风险投资行业年度调查活动和《中国风险投资年鉴》(2003～2010)。

第一节　风险投资退出情况

一、退出总量

根据CVCRI统计，有180个风险投资项目在2010年实现退出。其中，披露退出金额的115个项目的累计退出金额为61.17亿元，平均单个项目的退出金额为5319万元（见表5.1和图5.1）。

表5.1　2006年～2010年度风险投资退出项目统计

年份	退出项目数（个）	退出金额（亿元）	平均值（亿元/项）
2010年	180	61.17①	0.5319
2009年	173	37.80②	0.5478
2008年	146	11.87	0.3044
2007年	197	99.84	0.6753
2006年	116	148.30	3.4500

注：2010年该项调查的有效样本数为86家。

① 115个项目退出金额。

② 69个项目的退出金额。

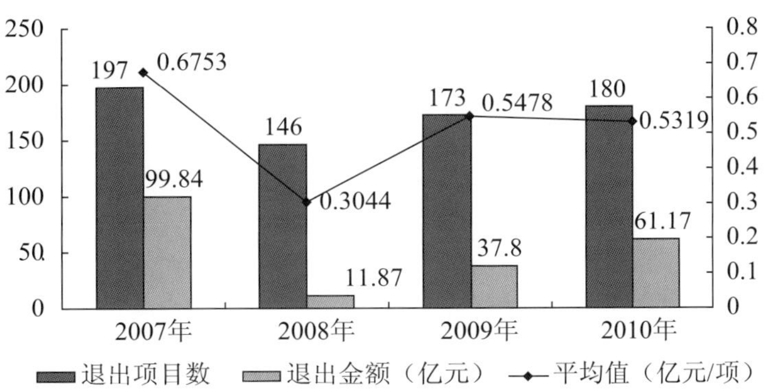

图5.1　2007年～2010年度风险投资退出项目统计

二、退出特征

（一）概况

在调查中列明退出方式的170笔退出交易里，上市方式退出（不包括已IPO，但尚未退出金额的项目）的有57笔，占项目数量的33.53%，股权转让的有112笔，占65.88%，清算的仅有1个，占0.59%（见表5.2和图5.2）。从退出方式来看，股权转让依然是2010年的主要退出方式，但上市退出受IPO重启和创业板的带动，比例有所增加。

表5.2　2006年～2010年度风险资本退出方式分布

	退出方式	股权转让	上市交易	清算	合计
2010年	项目数（个）	112	57	1	170
	项目数比例	65.88%	33.53%	0.59%	100%
2009年项目数比例		65.90%	28.32%	5.78%	100%
2008年项目数比例		75.32%	23.28%	1.30%	100%
2007年项目数比例		53.85%	42.31%	3.85%	100%
2006年项目数比例		62.07%	31.90%	6.03%	100%

注：2006年～2010年该项调查的有效样本机构数分别为62家、61家、99家、53家和68家。

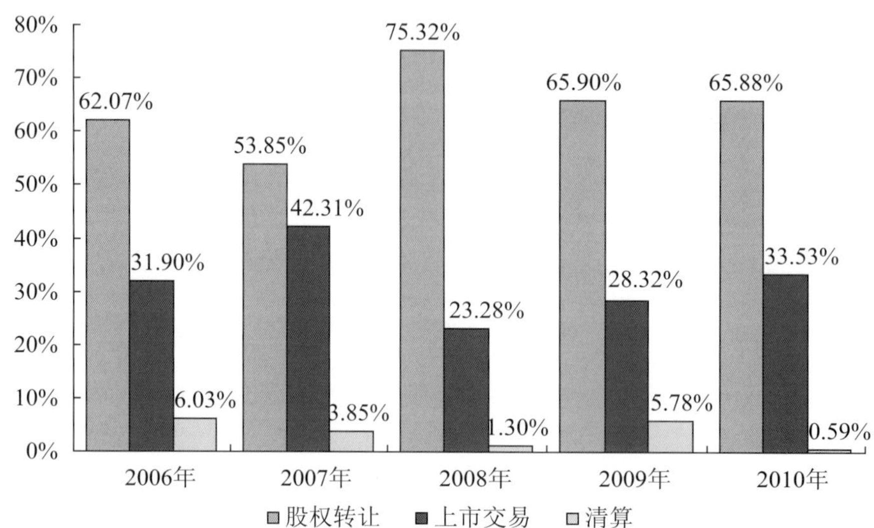

图5.2　2006年～2010年度风险资本退出方式分布

（二）股权转让退出方式的细分结构

调查结果显示，在112项以股权转让方式退出的项目中，原股东回购项目比例以44.64%仍居首位，转让给其他投资机构的退出方式排在第二位，占比33.04%，比例较往年大幅提升（见表5.3和图5.3）。

表5.3　　2006年～2010年风险资本股权转让退出方式的细分结构

退出方式		原股东回购	管理层收购	上市公司/企业收购	转让给其他投资机构	其他	合计
2010年	项目数（个）	50	5	16	37	4	112
	项目数比例	44.64%	4.46%	14.29%	33.04%	3.57%	100%
2009年项目数比例		62.28%	3.51%	8.77%	19.30%	6.14%	100%
2008年项目数比例		41.38%	13.79%	8.62%	22.41%	13.79%	100%
2007年项目数比例		31.43%	17.35%	20.41%	19.39%	9.18%	100%
2006年项目数比例		38.03%	11.27%	25.35%	22.54%	2.82%	100%

注：2006年～2010年该项调查的有效样本机构数分别为62家、61家、99家、53家和48家。

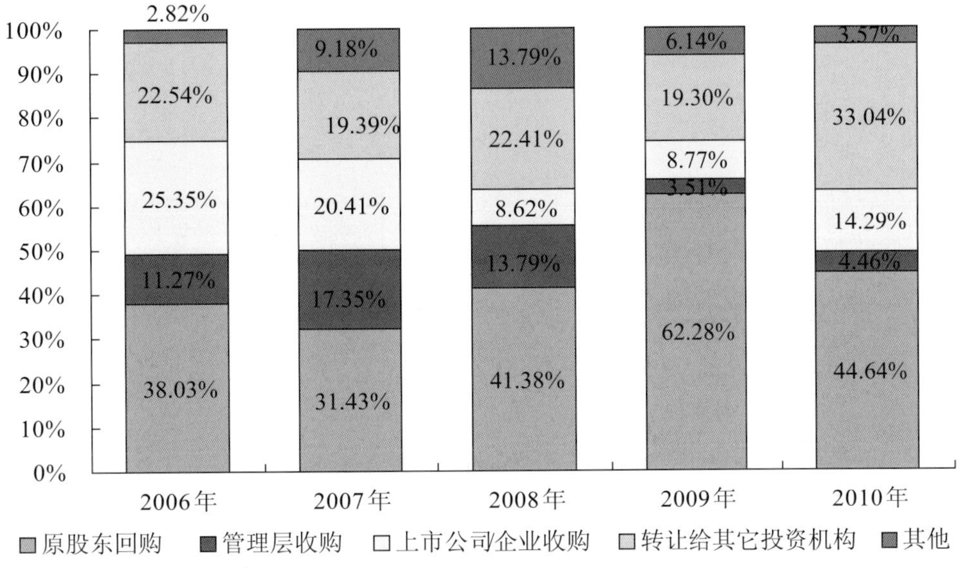

图5.3　2006年～2010年风险资本股权转让退出方式的细分结构

三、IPO情况

（一）总量分析

根据调查及公开资料数据显示，2010年全年共有317家具有风险投资背景的企业实现首次公开上市（IPO），合计融资4803.88亿元，平均单个VC/PE背景企业上市融资额为15.15亿元，总的上市数量和融资金额均达到空前规模（见表5.4和图5.4）。

表5.4　2006年～2010年具有风险投资背景的企业上市概况

IPO情况	IPO（个数）	融资额（亿元）	平均融资额（亿元）
2010年	317	4803.88	15.15
2009年	66	690.87	10.47
2008年	40	207.71	5.19
2007年	77	1569.41	20.38
2006年	22	115.04	5.23

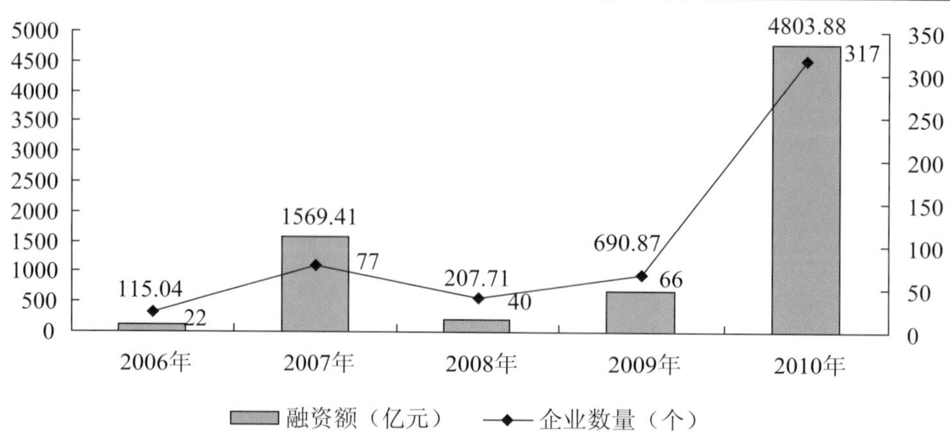

图5.4　2006年～2010年具有风险投资背景的企业上市概况

（二）IPO企业的风险投资背景

调查结果显示，2010年实现IPO的317家有风险投资背景的企业中，由本土风险投资机构主导投资的有239家，融资额为3711.49亿元；由外资投资机构主导投资的实现IPO风险投资企业为52家，融资额为734.30亿元（见表5.5和图5.5～5.6）。

表5.5　　2007年～2010年IPO企业的风险投资背景

风险投资机构类型		外资机构主导	内资机构主导	内外资联合	合计
2010年	IPO个数	52	239	26	317
	IPO个数比例	16.40%	75.39%	8.20%	100%
	融资额（亿元）	734.30	3711.49	358.09	4803.88
	融资额比例	15.29%	77.26%	7.45%	100%
2009年	IPO个数比例	25.76%	65.15%	9.09%	100%
	融资额比例	53.14%	39.51%	7.34%	100%
2008年	IPO个数比例	20.00%	67.50%	12.50%	100%
	融资额比例	49.61%	38.42%	11.93%	100%
2007年	IPO个数比例	54.55%	33.77%	11.69%	100%
	融资额比例	85.09%	7.08%	7.84%	100%

注：2007年～2010年该项调查的有效样本数分别为77家、74家、112家和389家。

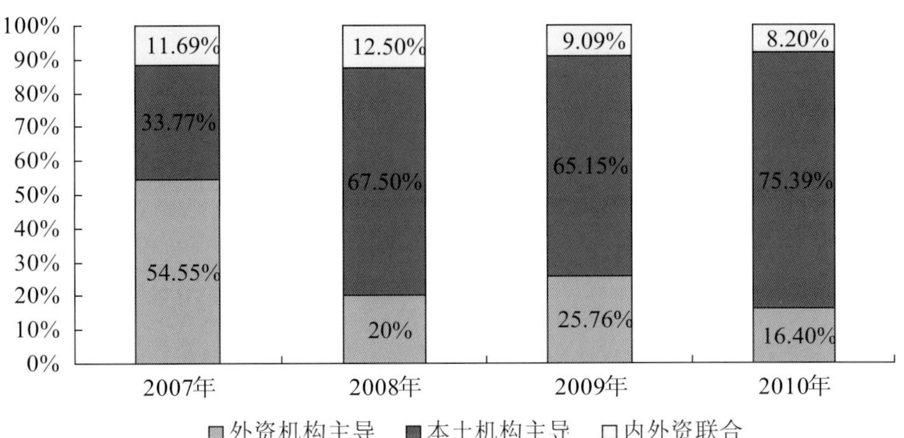

图5.5 2007年～2010年内外资风险投资机构支持的IPO企业数比例

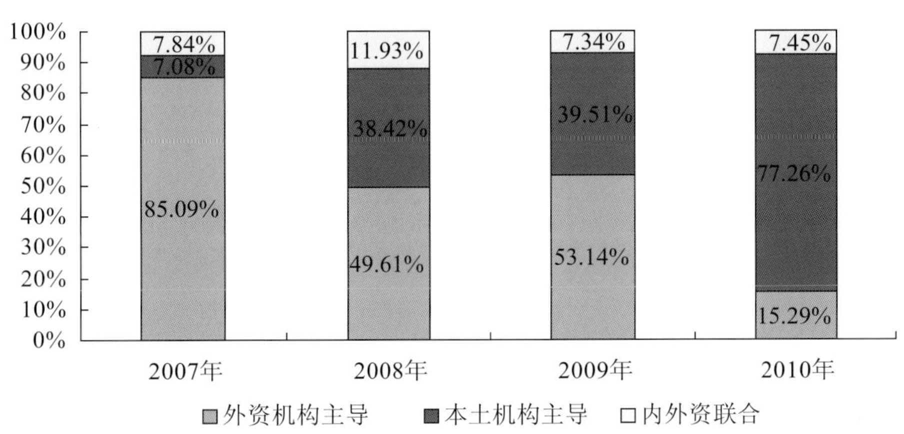

图5.6 2007年～2010年内外资风险投资机构支持的IPO企业融资额比例

（三）IPO企业的市场分布

1. 概况

在实现上市的317家具有风险投资背景的企业中，有255家在境内上市，占风险投资背景企业上市总数的80.44%，融资额共计3884.84亿元，占风险投资背景企业上市融资额的80.87%（见表5.6、图5.7～5.8）。

表5.6 2007年～2010年风险资本IPO方式退出的细分结构

年份	市场分布	境内市场	其他市场	合计
2010年	项目数（个）	255	62	317
	项目数比例	80.44%	19.56%	100%
	融资额（亿元）	3884.84	919.04	4803.88
	金额比例	80.87%	19.13%	100%

年份	市场分布	境内市场	其他市场	合计
2009年	项目数比例	71.21%	28.79%	100%
	金额比例	44.70%	55.30%	100%
2008年	项目数比例	77.5%	22.5%	100%
	金额比例	54.1%	45.9%	100%
2007年	项目数比例	48.61%	51.39%	100%
	金额比例	33.84%	66.16%	100%

注：2007年～2010年该项调查的有效样本机构数分别为为61家、74家、112家和389家。

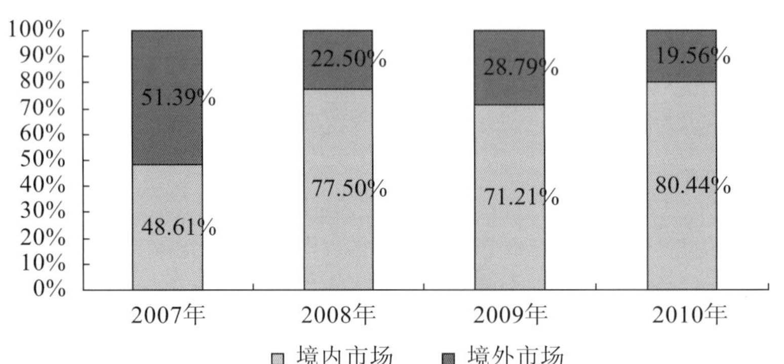

图5.7 2007年～2010年具有风险投资背景的企业境内外IPO数量分布

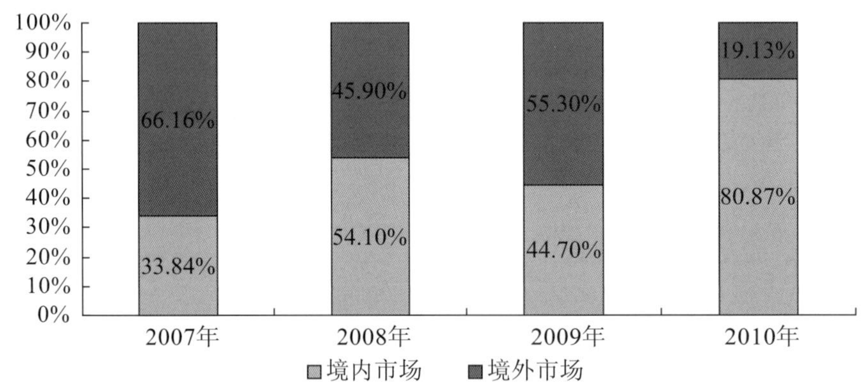

图5.8 2007年～2010年具有风险投资背景的企业境内外IPO融资额分布

2. IPO市场的细分结构

在境内上市的具有风险投资背景的企业中，有149家是在中小板上市，合计融资1420.80亿元；86家在创业板上市，合计融资749.19亿元。

在境外上市的具有风险投资背景的企业中，在美国市场（包括纽交所、纳斯达克两个市场）上市的家数最多，有30家，占总量比9.46%；在中国香港市场的融资总金额最高，共计融资647.68亿元，占总金额比13.48%。

从企业上市平均融资额来看，风险投资背景企业在国内主板平均融资额最高，为85.74亿元/家，其次是香港市场，平均融资额为24.91亿元/家（见表5.7和图5.9）。

表5.7　2010年风险投资企业IPO市场分布

交易所	IPO企业数量	占总数量的比例	总融资金额（亿元）	占总融资额的比例	平均融资额（亿元）
A股主板	20	6.31%	1714.85	35.70%	85.74
A股中小板	149	47.00%	1420.80	29.58%	9.54
A股创业板	86	27.13%	749.19	15.60%	8.71
中国香港主板	26	8.20%	647.68	13.48%	24.91
纽交所	20	6.31%	164.78	3.43%	8.24
纳斯达克	10	3.15%	60.92	1.27%	6.09
新加坡交易所	2	0.63%	6.70	0.14%	3.35
中国台湾交易所	2	0.63%	27.00	0.56%	13.50
韩国纳斯达克	1	0.32%	2.72	0.06%	2.72
法兰克福证券交易所	1	0.32%	9.25	0.19%	9.25
总计	317	100.00%	4803.88	100.00%	15.15

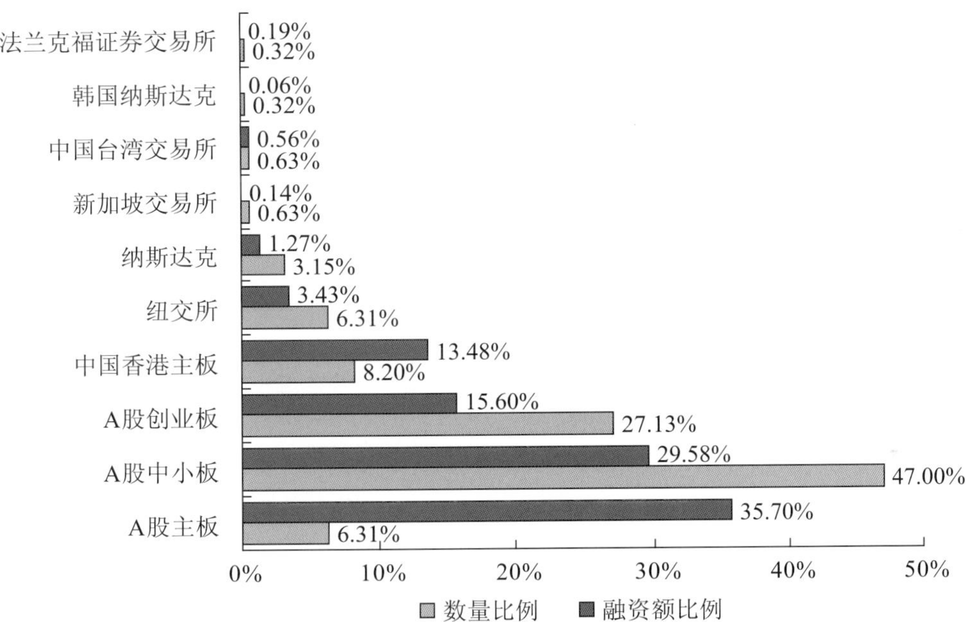

图5.9　2010年风险投资背景企业IPO市场数量和融资额分布

（四）IPO企业的行业分布

在317家具有风险投资背景的IPO企业中，传统制造业企业上市数量最多，有74家，占总上市数量的23.34%，其次是消费及服务业企业，上市数量为31家，占比9.78%；从融资额来看，金融服务业居于首位，共融资1137.51亿元，占总融资额的23.68%；从单个企业平均融资额来看，金融服务业仍居首位，平均单个企业融资额达162.50亿元（见表5.8和图5.10）。

表5.8　2010年具有风险投资背景的IPO企业行业分布

行业	数量		融资额		
	数例	比例	总融资额	比例	平均值
传统制造业	74	23.34%	813.11	16.93%	10.99

行业	数量		融资额		
	数例	比例	总融资额	比例	平均值
消费及服务	31	9.78%	391.63	8.15%	12.63
新能源	22	6.94%	343.80	7.16%	15.63
软件	21	6.62%	187.00	3.89%	8.90
医药保健	20	6.31%	314.17	6.54%	15.71
化工行业	20	6.31%	195.34	4.07%	9.77
通讯/电信	20	6.31%	190.31	3.96%	9.52
高端装备制造业	15	4.73%	232.99	4.85%	15.53
文化传媒	12	3.79%	132.87	2.77%	11.07
农业	11	3.47%	96.38	2.01%	8.76
半导体IC	10	3.15%	105.22	2.19%	10.52
节能环保	10	3.15%	82.97	1.73%	8.30
传统能源	8	2.52%	118.08	2.46%	14.76
金融服务	7	2.21%	1137.51	23.68%	162.50
新材料	7	2.21%	67.09	1.40%	9.58
物流	5	1.58%	162.05	3.37%	32.41
生物技术	4	1.26%	49.31	1.03%	12.33
房地产	4	1.26%	45.71	0.95%	11.43
互联网	4	1.26%	29.42	0.61%	7.35
教育培训	4	1.26%	27.94	0.58%	6.99
电子商务	3	0.95%	34.81	0.72%	11.60
其他行业	5	1.58%	46.18	0.96%	9.24
合计	317	100.00%	4803.88	100.00%	15.15

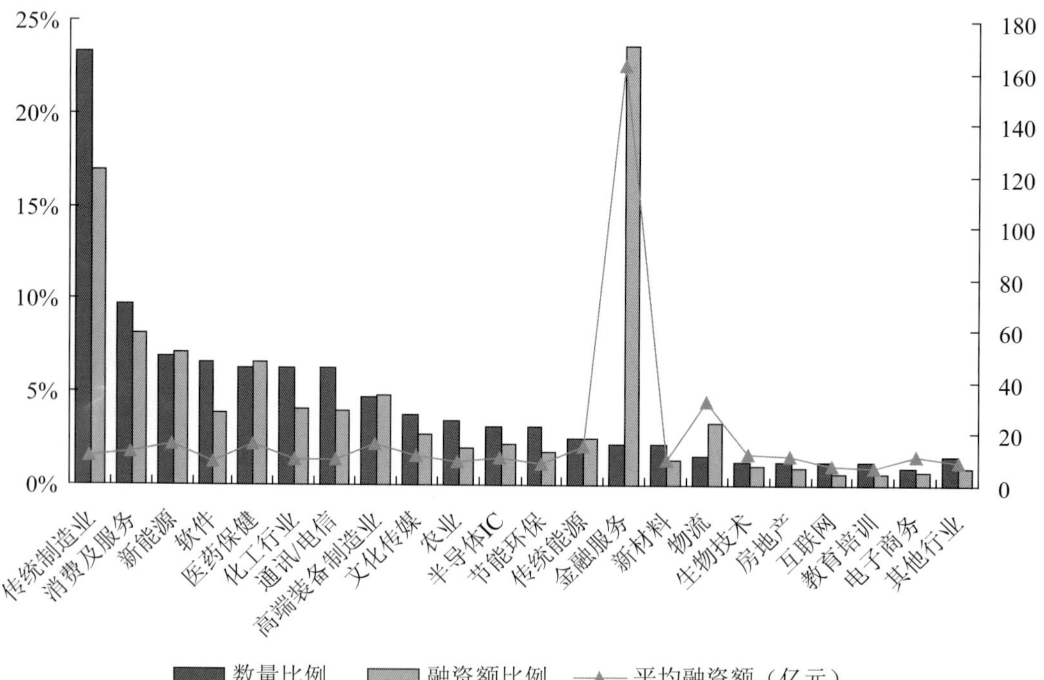

图5.10　2010年具有风险投资背景的IPO企业行业分布

第二节　风险投资累计绩效情况

在给出收益情况的507个风险投资退出项目中，项目内部收益率（IRR）在100%及以上的最多，占21.89%；也有11.84%的投资项目出现亏损，其中亏损在10%以上的项目数量占比4.34%（见表5.9和图5.11）。

表5.9　　自风险投资机构成立以来的累计投资绩效情况

收益率	项目数（个）	所占比例（%）
100%及以上	111	21.89%
50%（含）～100%	59	11.64%
30%（含）～50%	57	11.24%
20%（含）～30%	42	8.28%
10%（含）～20%	69	13.61%
0（含）～10%	109	21.50%
-10%（含）～0	38	7.50%
亏损10%以上	22	4.34%
总　计	507	100.00%

注：2010年该项调查的有效样本数为80家。

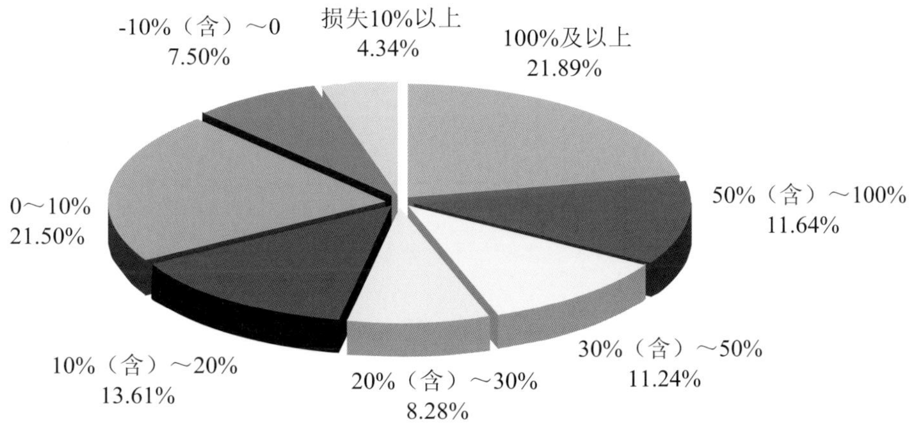

图5.11　自风险投资机构成立以来的累计投资绩效分布

第六章 2010年中国风险投资总体环境

本章主要反映投资经理对2010年中国风险投资发展状况和政策环境等方面的评价与看法，并对2011年中国风险投资行业发展预测情况进行描述，有助于读者把握当前中国风险投资行业的外部环境和未来发展趋势。

本章首先考察风险投资者对于2010年中国风险投资行业内重大事件的看法，包括对2010年中国风险投资行业整体发展状况的看法、七大战略性新兴产业的关注度、创业板运行现状及退出制度对中国风险投资行业的影响等；其次，本章统计了投资者对于2011年中国风险投资行业整体发展的预测、2011年中国最吸引风险投资的行业预测，并分析了地方性风险投资基金、券商直投等多股力量参与风险投资对行业的影响、放松外汇管制对中国风险投资行业产生的影响等；最后，分析了2011年中国风险投资行业将面临的最大的挑战。

本章数据来源于CVCRI于2010年10月～2011年1月所开展的中国风险投资行业问卷调查。

第一节 对2010年风险投资行业发展及行业内重大事件的评价

一、2010年度风险投资行业整体发展

本项调查的有效样本为233家风险投资机构（包含201家本土机构和32家外资机构）。调查结果显示，47.21%的投资者认为2010年中国风险投资行业偏热，28.76%的投资者认为2010年中国风险投资行业发展正常（见图6.1）。

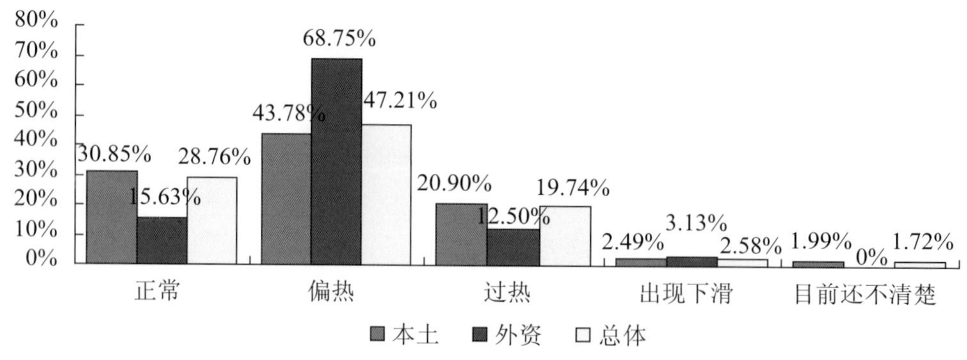

图6.1 对2010年中国风险投资发展的评价

二、七大战略性新兴产业关注度分析

2010年10月18日，《国务院关于加快培育和发展战略性新兴产业的决定》（国发［2010］32号）正式出台，明确提出：我国现阶段要重点培育和发展“节能环保、新一代信息技术、生物、高端装备制造、新能源、新材料、新能源汽车”七大产业。在风险投资机构对七大战略性新兴产业的关注度这项调查中，共有231份有效样本（包含199家本土机构和32家外资机构）。统计显示，节能环保、新能源、新材料最受风险投资机构关注，所受关注度比例分别为66.23%、58.87%和48.05%（见图6.2）。

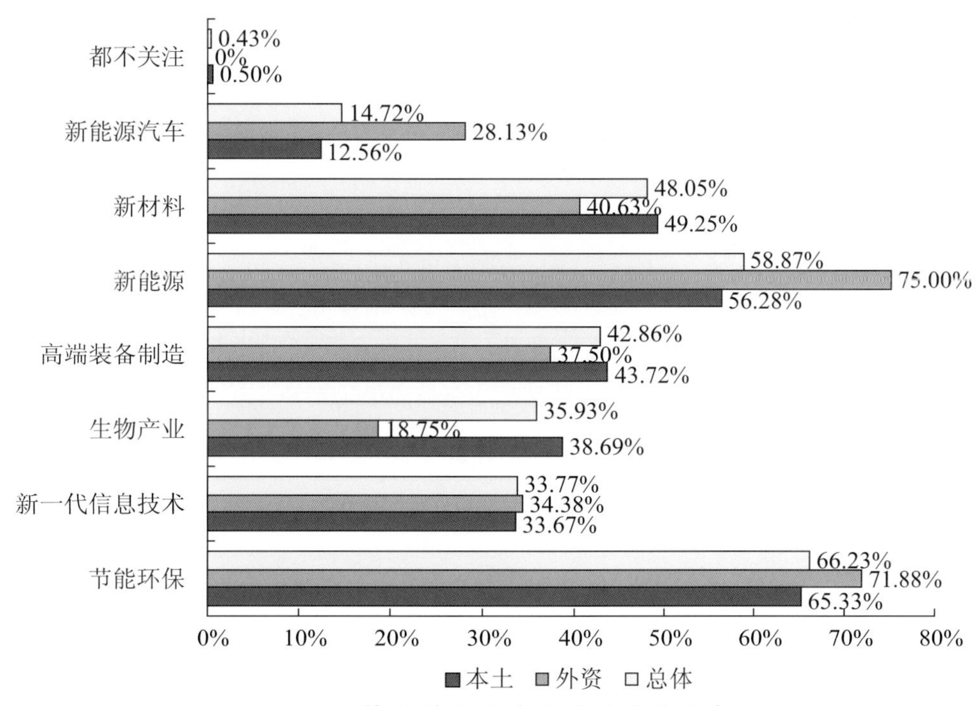

图6.2　战略性新兴产业的关注度分布

三、创业板运行现状及退出制度对中国风险投资行业的影响

自2009年10月30日创业板首批企业挂牌上市以来，创业板已运行一年有余。据CVCRI统计，截至2010年底，共有115家具有风险投资背景的企业在创业板上市。创业板上市数量的高歌猛进，既见证了其高市盈率带给投资机构的高回报，也频频暴露出企业上市后业绩下滑、经营管理不善、高管离职等一系列风险问题。同时，尽快推出创业板直接退市制度的呼声也越来越高。

对此，CVCRI开展了创业板运行现状对风险投资机构投资决策的影响、风险投资机构是否赞成尽快推出创业板直接退市制度以及直接退市制度对风险投资机构带来的影响等三项调查。

（一）创业板运行现状对风险投资机构投资决策的影响

创业板的运行现状势必对风险投资机构投资决策造成影响。在对229家风险投资机构（包含197家本土机构和32家外资机构）的调查结果显示，从总体上看，企业的成长性、企业管理层经营理念和为企业提供增值服务将更加受到风险投资机构的重视，所受重视度占比分别为59.39%、57.21%和46.72%；其中，外资风险投资机构最重视的是被投资企业管理层的经营理念（见图6.3）。

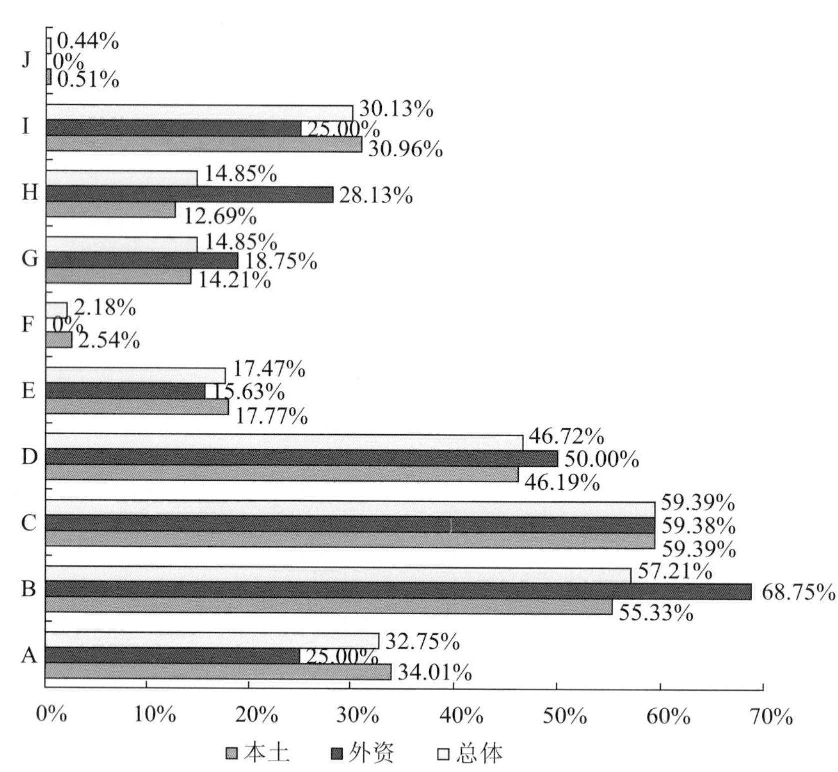

其中：

A 加大早期和成长期投资比例　　B 更加重视被投资企业管理层经营理念

C 更加重视企业的成长性　　D 更加重视为创业企业提供增值服务

E 加大对所投企业的经营决策参与权　　F 减少创新型企业投资

G 加大创新型企业投资，减少传统产业投资　　H 更多选择境内上市退出

I 着眼多元化退出方式　　J 其他

图6.3　创业板运行现状对风险投资机构投资决策的影响

（二）近八成风险投资机构赞成创业板直接退市制度

本项调查的有效样本为222家风险投资机构（包含190家本土机构和32家外资机构）。调查结果显示，有78.38%的风险投资机构赞成推出创业板直接退市制度，仅有21.62%的风险投资机构对此项制度表示反对（见图6.4）。

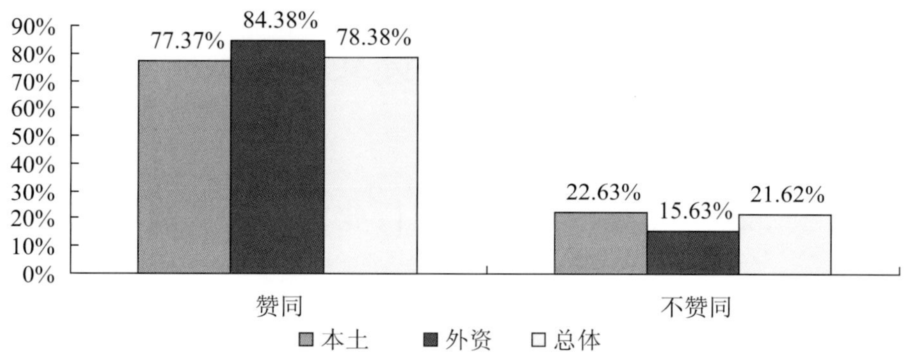

图6.4　风险投资机构对创业板退市制度的赞同度分布

（三）创业板直接退市制度对风险投资机构的影响

在关于“施行创业板直接退市制度对风险投资机构投资和退出的影响”的调查中，有211家风险投资机构（包含183家本土机构和28家外资机构）发表了看法。其中，72.04%的风险投资机构选择了“A 筛选项目时，更加重视企业成长性”，46.45%的风险投资机构选择“B 筛选项目时，更加重视企业已有价值”，也有21.33%的风险投资机构表示“E 投资及退出决策基本不受影响”（见图6.5）。

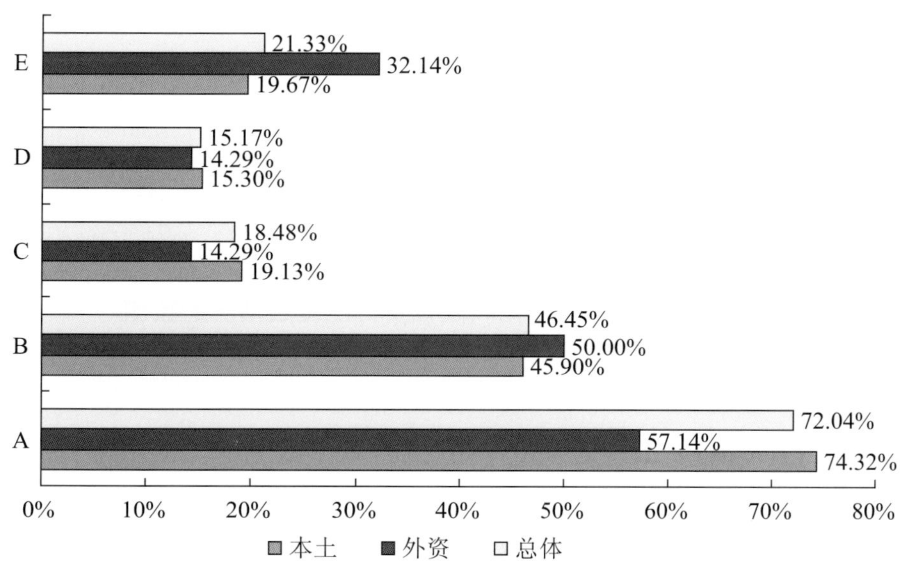

其中：

A 筛选项目时，更加重视企业成长性　　B 筛选项目时，更加重视企业已有价值

C 减少创业板上市退出，较多寻求其他板块上市　　D 减少上市退出，较多寻求股权转让方式

E 投资及退出决策基本不受影响

图6.5　创业板直接退市制度对风险投资机构的影响

第二节　对风险投资发展的预测

一、2011年中国风险投资行业整体发展预测

关于2011年中国风险投资行业整体发展状况预测的调查中，有效样本为236家（包含201家本土机构和35家外资机构）。调查结果显示，从总体上看，36.86%的风险投资机构认为2011年中国风险投资行业将平稳发展，35.17%的风险投资机构则认为行业可能出现泡沫；在外资风险投资机构中，48.57%的机构认为2011年中国风险投资行业将平稳发展，认为行业可能出现泡沫的机构只有28.57%；而在本土风险投资机构中，认为行业将平稳发展的机构仅占比34.83%，表示行业可能出现泡沫的机构占比达36.32%。可见，外资机构较本土机构对2011年行业发展更为乐观（见图6.6）。

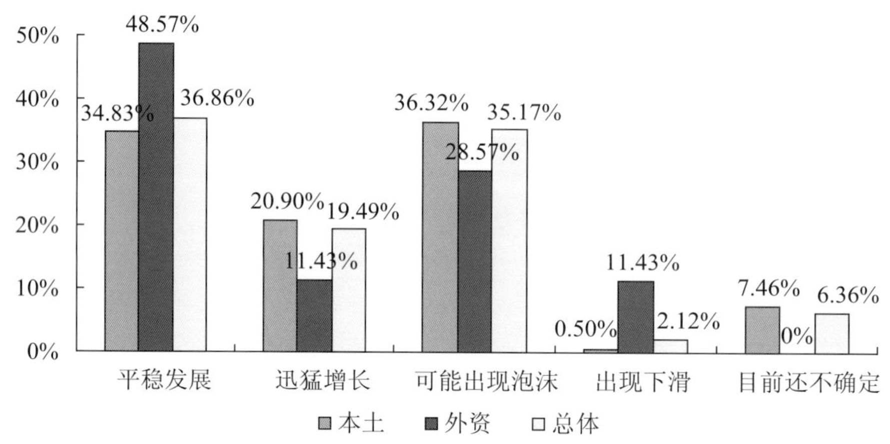

图6.6　对2011年中国风险投资行业发展情况的预测

二、2011年中国最吸引风险投资的行业预测

本项调查考察风险投资机构对“2011年中国最吸引风险投资的行业”的看法，有效样本为200家风险投资机构（包含165家本土机构和35家外资机构）。调查结果显示，排在前十位的行业为：节能环保、新能源、信息技术、新材料、消费及服务、生物技术、医药保健、现代农业、高端装备制造和文化传媒。其中，有45%的机构认为节能环保将是2011年中国最吸引风险投资的行业，所占比例遥遥领先于其他行业（见图6.7）。

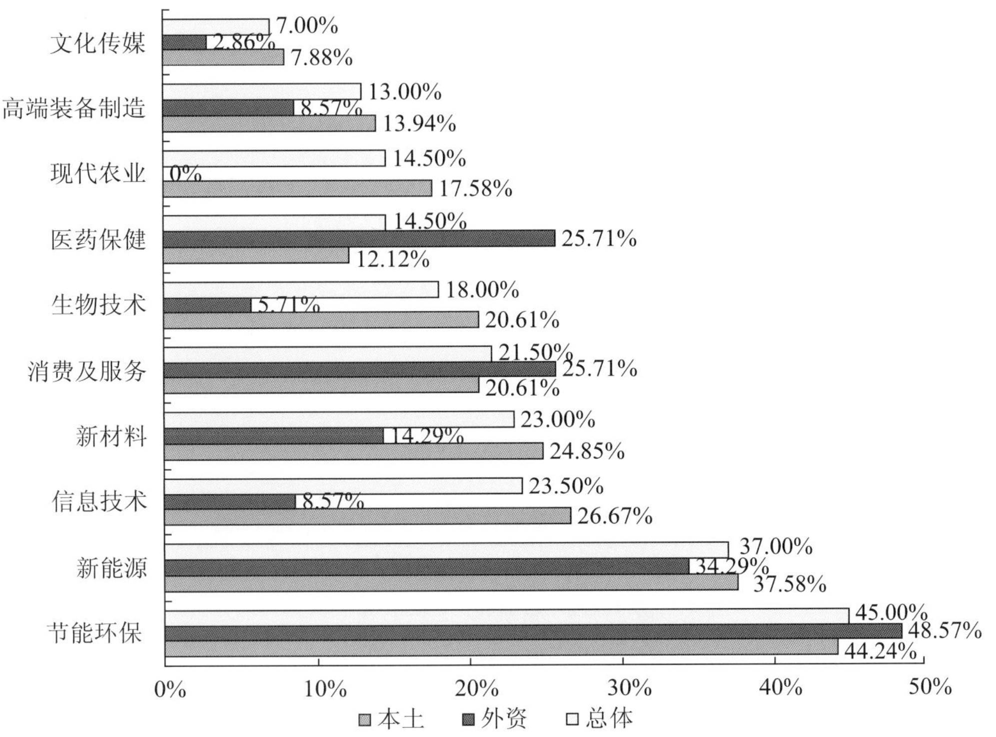

图6.7　2011年最吸引风险投资的行业分布

三、多股力量入局对中国风险投资行业未来发展的影响

2010年，全国各地纷纷涌现区域性很强的地方风险/创业投资基金，同时券商直投、银行系PE、保险资金也纷纷加入战局，对风险投资行业未来的发展将产生重大影响。参与本项调查的风险投资机构共232家（包含200家本土机构和32家外资机构）。调查结果显示，多股力量入局对风险投资行业的影响排在前三位的是“A 投资项目源争夺激烈，项目估值被推高”、“D 投资机构竞争激烈，更重视为企业提供增值服务”、“B 投资阶段前移，早期投资增多”，所占比例分别为82.33%、59.91%和40.95%（见图6.8）。

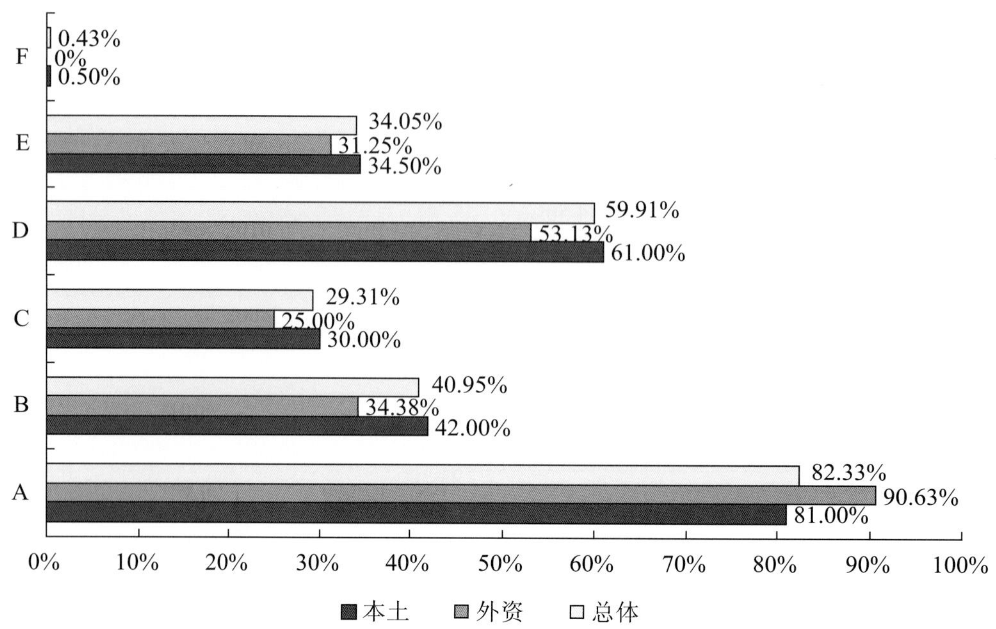

其中：

A 投资项目源争夺激烈，项目估值被推高　　B 投资阶段前移，早期投资增多

C 投资中后期项目增多，投机氛围加重　　D 投资机构竞争激烈，更重视为企业提供增值服务

E 基金募集出现热潮　　F 其他

图6.8　各股力量加入战局对中国风险投资行业未来发展产生的影响

四、放松外汇管制对中国风险投资行业的影响

当前国内相关部门/地区积极研究放松对外资风险投资机构人民币结汇限制措施的可行性。2011年1月11日，上海地区率先出台《关于本市开展外商投资股权投资企业试点工作的实施办法》，开启了这一试点的先河。在“放松外汇管制对国内风险投资行业产生的影响”的调查中，共有229家有效样本（包含199家本土机构和30家外资机构）。从总体上看，56.33%的风险投资机构认为放松外汇管制最重要的影响是“A 本土与外资竞争加剧”；而外资风险投资机构中有60%认为最重要的影响是“E 促进国内 VC/PE 治理结构改善”（见图6.9）。

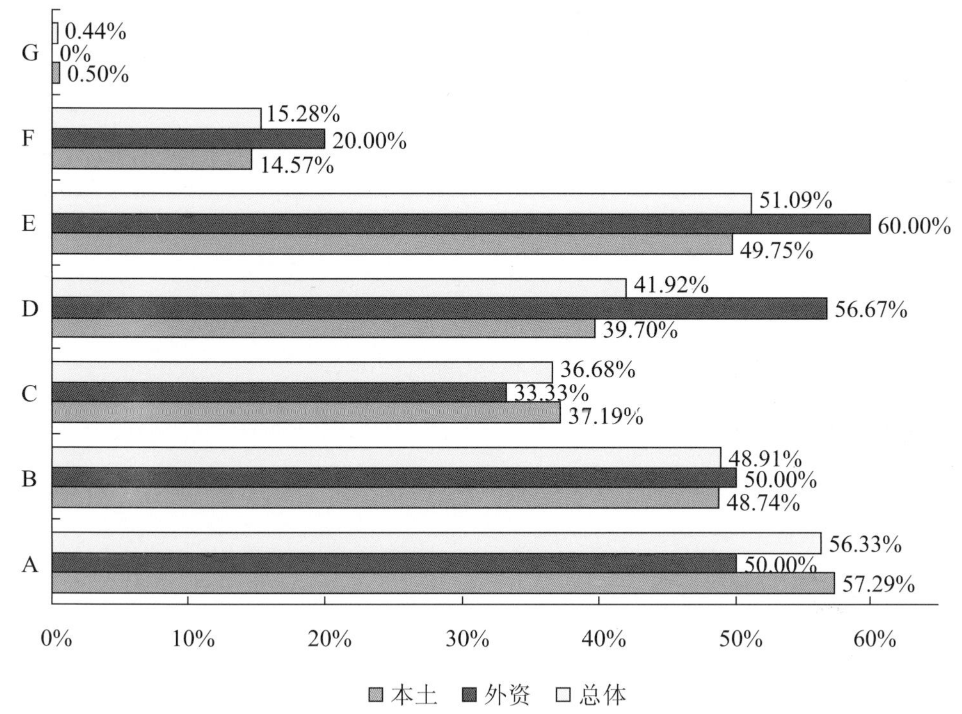

其中：

A 本土与外资竞争加剧　B 拓宽资本来源渠道与投资规模　C 国外游资会借此进入国内

D 有利于刺激本土LP成长　E 促进国内VC/PE治理结构改善

F 对投资行业竞争格局影响有限　G 其他

图6.9　放松外汇管制对中国风险投资行业的影响

第三节　2011年中国风险投资业将面临的挑战

本项调查考察投资机构对当前中国风险投资发展的主要障碍的看法，有效样本为233家风险投资机构（包含200家本土机构和33家外资机构）。调查结果表明，2011年中国风险投资行业将面临的挑战排在前两位的是："C项目估值过高带来较大的退出风险"和"B优质项目源缺乏"，所占的比例分别是66.52%、52.36%（见图6.10）。

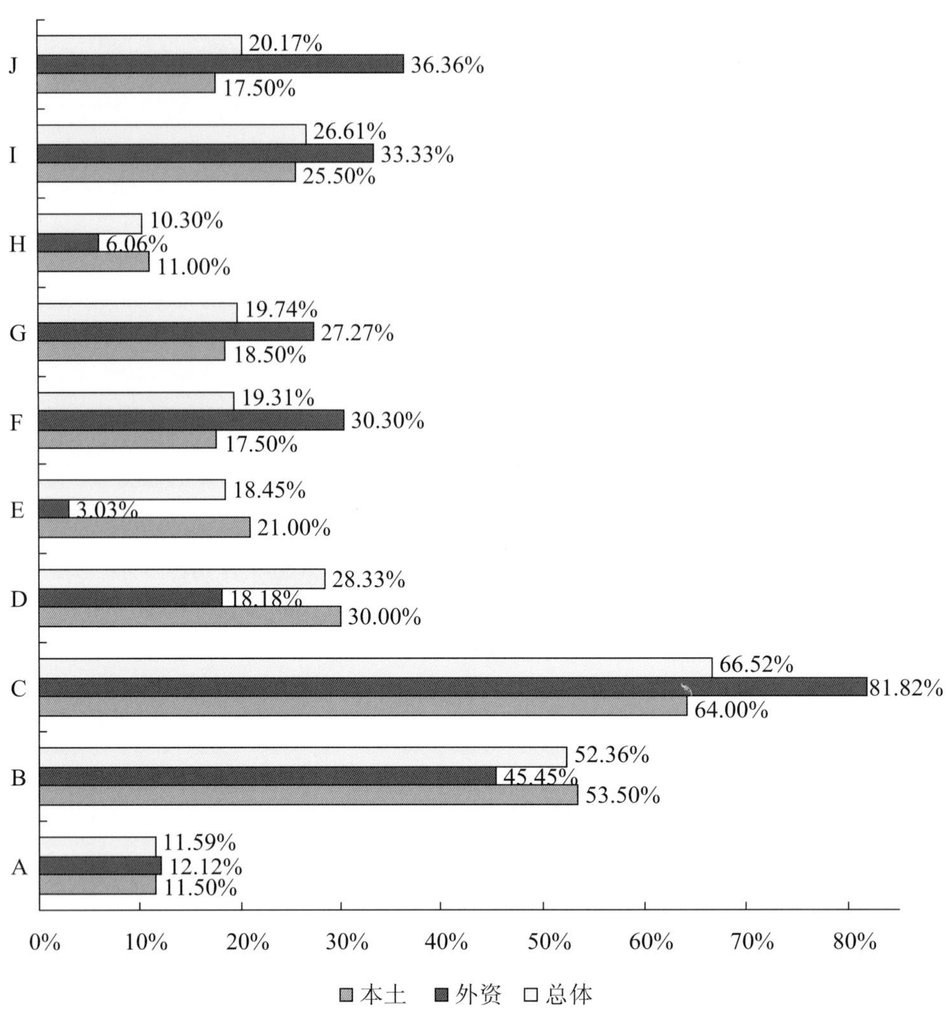

其中：

A 资金募集渠道不畅	B 优质项目源缺乏
C 项目估值过高带来较大的退出风险	D 风险投资专业人才匮乏
E 项目退出渠道不畅通	F 税收优惠措施难以落实
G 机构的诚信体系尚未建立	H 缺乏高质量的中国风险投资行业研究机构
I 宏观经济不确定因素较多	J 缺乏统一的行业规范，面临政策风险

图6.10　2011年制约中国风险投资业发展的主要障碍分析

研究篇

第一章　2010年国际风险投资研究综述①

本章首先对2010年国际风险投资的研究综述进行了说明，主要是综述分析框架和文献检索途径。本综述沿用2006年以来所做的4次综述的思路，分析框架亦与2007年、2008年、2009年完全相同，保持了综述的连续性。经过对检索出的2010年国际风险投资期刊文献的仔细阅读和梳理，甄别出94篇风险投资学术研究文献，总结出本年度风险投资研究文献在研究领域、期刊来源等方面的一些数量分布特征。然后，从经济学和管理学两个维度共计11个二级研究领域，对这些文献进行了述评。文章随后介绍了10篇国际风险投资重要文献，这些文献对于我国发展风险投资产业具有理论借鉴意义。最后，本章还列出了2010年的94篇风险投资文献目录，以方便有兴趣的读者查阅。

第一节　国际风险投资研究综述说明

2010年风险投资领域的学术论文数量较2009年有所减少，但仍然多于2008年。在宏观层面上，学者们对风险投资对系统外环境的影响关注锐减，而对风险投资自身演化规律以及风险投资受外界环境的影响仍然持续关注。在微观层面，由于组织研究方法的日趋完善，风险投资组织层面的研究成为新的热点，这其中，学者们尤其关注风险投资对创业企业的影响，其次关注风险投资的战略和绩效，对风险投资的内部运作规律的关注也有所增加。本文按照风险投资研究的管理学和经济学两个维度共11个二级领域综述了2010年全年正式发表的国际风险投资研究文献。

一、分析框架

基于对风险投资系统的界定，按照系统环境、风险投资系统整体、风险投资系统组织层面和个体层面等4个层面各自的特点及其相互之间关系，我们建立4×4研究领域矩阵作为分析框架，如表1.1所示。表中阴影部分我们将其归为经济学维度，其他部分归为管理学维度。

关于这个框架对经济学维度和管理学维度的划分标准可以参看2007年～2010年《中国风险投资年鉴》研究篇综述部分。经济学维度仍然划分为3个二级领域：风险投资的演化、国际比较和新兴国家风险投资；环境对风险投资的影响；风险投资对经济的作用。管理系维度的研究也仍然是8个二级领域。这种领域划分方法比较细致，因此在对大量的文献做综述时体现了优越性。

① 本文作者罗国锋，博士，副教授，东北大学秦皇岛分校创新创业与风险投资研究所所长，南开大学创业管理研究中心博士后。作者衷心感谢俞欣博士对本文提出的修改意见。

表 1.1　风险投资研究领域

层面	环境	风险投资系统整体	风险投资组织层面①	风险投资个体层面②
环境	风险投资的演化、国际比较和新兴国家风险投资	环境对风险投资的影响	环境对风险投资的影响	环境对风险投资的影响
风险投资系统整体	风险投资对经济的作用	风险投资的演化、国际比较和新兴国家风险投资	风险投资网络	风险投资网络
风险投资组织层面	风险投资对经济的作用	风险投资网络	风险投资公司和创业企业相互作用和影响 创业企业融资 风险投资契约和风险管理 风险投资过程；风险投资筛选和评估过程；风险投资监控过程；风险投资退出和收获过程 风险投资战略与绩效：投资辛迪加；公司风险投资	组织对风险投资家、基金经理和创业家的激励
风险投资个体层面	风险投资对经济的作用	风险投资网络	风险投资家和创业家个体特征对投融资过程以及绩效的影响	投资者、风险投资家和创业企业家的行为特征和三者的相互关系

注：① 风险投资组织层面：包括风险投资公司、风险投资基金、创业企业以及机构投资者；
② 风险投资个体层面：包括个体投资者、风险投资家、基金经理、创业家。

二、文献检索途径

我们从 PROQUEST、EBSCO 以及 Web of Science 进行了检索，检索条件为论文名称、关键词和论文摘要，三者中至少有一项包括我们的检索词"Venture Capital"，要求检索对象为学术期刊上发表的论文，但不要求数据库提供全文，时间限定在2010年全年。我们辅助使用了 Elsevier、Blackwell、Springerlink、Emerald、Wiley 等出版商的数据库以尽可能多地获得全文，准确地进行分析。最后，我们剔除了重复的文章和那些虽然包含了检索词"Venture Capital"，但实际上并不是风险投资领域的论文以及被这些数据库误以为是学术论文的文章（实际上是新闻或者书评等等），最终认定2010年国际期刊上共发表有94篇风险投资研究领域的学术论文。

我们审阅了文章的摘要，并辅之以阅读我们所得到的全文文献，依据前述风险投资研究领域的框架模型，将这些文献分为两个大类共计11个二级研究领域（不包括对风险投资家、基金经理和创业家的激励方面的专门文献）。由于这些文献的划分有一定的困难，在界限不明显时，我们对这些文献的归属进行认真地讨论，依据文章的研究对象处在风险投资系统的层次、研究目标和主要结论，将它们归于某一类别。分类结果见表 1.2。

表 1.2　2010 风险投资学术文献研究领域分布

维度	研究领域	研究的问题	文献篇数
经济学维度	环境对风险投资的影响	风险投资系统受外界环境的影响	13
	风险投资对经济的作用	风险投资系统对外界环境的影响	3
	风险投资的演化、国际比较和新兴国家风险投资	风险投资系统层面的比较	12
合计			28

维度	研究领域	研究的问题	文献篇数
管理学维度	风险投资公司和创业企业相互作用和影响	系统内组织层面上的相互关系	15
	风险投资过程	风险投资机构的业务运作规律	11
	风险投资战略与绩效	风险投资机构的战略和其绩效的关系	16
	风险投资契约和风险管理	风险投资机构的风险管理	6
	创业企业融资	创业企业的融资过程	6
	风险投资家和创业企业家的行为特征及相互关系	个体层面上不同个体之间的相互关系	2
	风险投资家和创业家个体特征对投融资过程以及绩效的影响	个体层面的特征对组织层面战略、行为以及绩效的影响	3
	风险投资网络	风险投资组织或者个体层面网络关系	7
合计			66

第二节　风险投资研究概述

一、风险投资研究总况

在本节，我们报告了利用EXCEL电子表格对文献数据进行统计分析所发现的2010年风险投资研究所呈现出来的特点。

（一）学者及其国别分析

在2010年发表文章最多的仍然是Cumming Douglas，发表了6篇文章；其次是Wright，发表了5篇文章。他们是近几年来最高产的风险投资学者。发表2篇文章以上的作者共计23名，比2009年多6位，其发文数量统计如表1.3：

表1.3　　发表2篇以上的作者及其所在机构

作者	作者所在机构	国家	篇数
Cumming D.	约克大学舒立达商学院	加拿大	6
Wright Mike	伊拉斯姆大学战略管理系	荷兰	5
Dimov D.	康奈迪克州立大学商学院	美国	3
Lerner Josh	哈佛大学商学院	美国	3
Mason C.	南安普顿大学管理学院	英国	3
Avnimelech Gil	Ono学院创业研究中心	以色列	2
Colombo Massimo G.	米兰理工大学管理系	意大利	2
Dai Na	纽约州立大学奥尔巴尼分校商学院机构投资管理研究中心	美国	2
Dushnitsky Gary	伦敦商学院战略、国际管理和创业研究中心	英国	2
Filatotchev I.	伦敦城市大学圣约翰商学院	英国	2
Groh Alexander Peter	蒙特利尔商学院	法国	2
Guillén M F	宾夕法尼亚大学	美国	2
Guler I.	北卡莱罗纳州立大学	美国	2

作者	作者所在机构	国家	篇数
Johan Sofia	蒂尔堡大学法律和经济中心	荷兰	2
Knockaert Mirjam	根特大学	比利时	2
Li Yong	纽约州立大学布法罗分校管理学院	美国	2
Lockett Andy	诺丁汉大学商学院	英国	2
Manigart Sophie	伊拉斯姆大学战略管理系	荷兰	2
Rosiello Alessandro	爱丁堡大学	英国	2
Schertler Andrea	基尔大学	德国	2
Teubal Morris	希伯来大学经济系	以色列	2
Tykvová Tereza	欧洲经济研究中心	德国	2
Walz Uwe	歌德大学	德国	2

在2010年的94篇风险投资文献中，18篇文献为独著，45篇文献为两位作者一起合著，21篇文献有3位合作者，4位合作作者的有8篇文献，有2篇文献的作者达到了5位。两人以上合作的文章共计77篇，占比81%。三人以上合作的文章共计31篇，占到了将近三分之一。这些数据暗示着风险投资研究领域已经产生一些比较大的研究团队。94篇文献中，共有作者215人次，涉及到182位作者。平均每篇文章作者数为1.9人，这个比例基本上和2008年、2009年一致。值得注意的是，有30篇文献为学者们跨国合作完成，占到将近三分之一，说明风险投资研究中的国际合作现象已经非常普遍。Cornelius 和 Persson（2006）的研究中提到的7位风险投资核心研究者中，Lerner 在2010年又发表了3篇文章。

全部文章的作者共来自24个国家和地区。美国学者占据最主要的位置，共有74人，占182名作者的41%；其次是英国，有30人，占16%；再次是加拿大，有17人。学者们的国家分布见表1.4。

表1.4　　学者的国家分布

国家	学者人数	国家	学者人数
美国	74	芬兰	4
英国	30	中国	4
加拿大	17	巴基斯坦	3
德国	14	新加坡	3
荷兰	14	澳大利亚	2
法国	7	立陶宛	2
西班牙	7	中国香港	2
以色列	7	奥地利	1
意大利	6	黎巴嫩	1
挪威	5	日本	1
中国台湾	5	瑞典	1
比利时	4	印度	1

（二）研究内容和领域分析

从整体上看，实证研究仍然是国际重要期刊中所发表的文章的主要研究类型。然而，和这些研究的科学性一样重要的是一些规范研究的可借鉴性。很多学者将视角投向了一些发展中国家和风险投资不发达的国家，并比较其差异和路径，为风险投资发展提供了有价值的参考文献。

基于表1.1中所列的标准，我们认定的2010年管理学维度的风险投资研究文章共有66篇（约占70%），经济学维度的文章共有28篇（约占30%）。在这两个学派的相互较量中，管理学维度在数量上仍然占据了2010年风险投资研究上风，这与前四年的研究结果一致。

我们从图1.1看出，风险投资对经济的作用已经不再是关注的焦点，该领域的文章仅有3篇；而环境政策对风险投资的影响这类研究仍然是焦点所在。进一步的分析发现，法律环境的影响过去是焦点所在，而2010年只有1篇文章；公共政策的影响仍是焦点所在，但关注度有所下降，2010年只有3篇文章。此外，学者们发散地考察了其他社会经济因素的影响，如：公开资本市场（股票市场）的影响，创业活动、新兴中介、产业集群、研发投资对风险投资的影响都进入到了学者的视野，各有一篇文章。

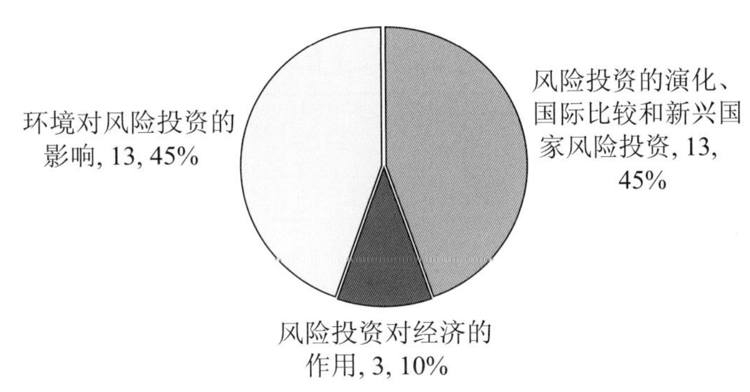

图1.1　经济学维度的风险投资研究领域细分

对管理学维度的文献分析发现，管理学维度的风险投资研究二级领域文献最多的不再是“风险投资公司和创业企业相互作用和影响”，而是同样位于风险投资组织层面的研究领域：“风险投资战略和绩效”，共有16篇文献，占管理学维度风险投资研究总文献数的24%。风险投资机构和创业企业的相互作用和影响这个领域的文章位居第二，共15篇，占管理学维度文章总数的23%。位居第三的仍然是“风险投资过程”，共有11篇文献，再次是“风险投资网络”，共有7篇文章。这4个领域合计有49篇文献，占管理学维度的风险投资文献的74%（见图1.2），占全部风险投资文献的51%，比例较去年有所增加，是风险投资研究的核心领域。

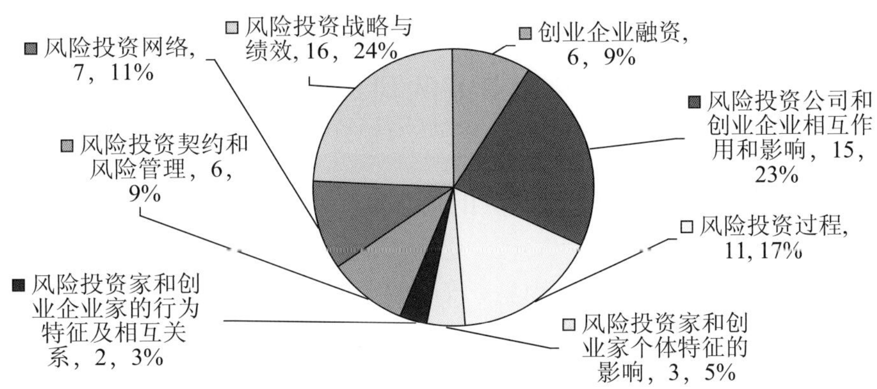

图1.2　管理学维度的风险投资研究领域细分

（三）期刊来源分析

2010年的94篇文献来自于59种期刊（2009年为75种，2008年为60种，2007年为54种，2006年为38种）。载文数量最多的期刊是Journal of Business Venturing，有8篇文章；其次是Small Business Economics，有5篇文章。顶级管理学综合期刊Academy of Management Journal中有1篇文章发表，顶级战略管理学术期刊Strategic Management Journal上有2篇文章发表，顶级金融学期刊Journal of Finance上有1篇，Journal of Financial Economics上有2篇。这些顶级期刊风险投资文献的频繁出现，说明了风险投资领域的研究在学术界越来越被重视。

载文数量只有1篇的有40种期刊，载文2篇以上的期刊有19种，载文3篇以上的刊物只有6种，总计有29篇文章发表在这6种刊物上，占了总数的30.5%。详见表1.5。

表1.5 载文2篇以上的期刊及其数量

期刊名称	数量
Journal of Business Venturing	8
Small Business Economics	7
European Financial Management	4
Venture Capital	4
Journal of Economics and Business	3
Asia Pacific Journal of Management	2
Entrepreneurship Theory and Practice	2
International Entrepreneurship and Management Journal	2
Journal of Applied Corporate Finance	2
Journal of Empirical Financc	2
Journal of Financial Economics	2
Journal of Financial Intermediation	2
Journal of International Business Studies	2
Journal of Management Studies	2
R&D Management	2
Research Policy	2
Review of Financial Studies	2
Strategic Entrepreneurship Journal	2
Strategic Management Journal	2

二、经济学维度的风险投资研究

（一）风险投资系统环境对风险投资的影响

风险投资系统的环境包括宏观经济因素、政府政策因素、国家法律规制、社会文化等宏观环境，也包括证券市场、产权交易市场、中介组织、行业协会等微观环境。在这些因素中，国家或者政府可以改变的包括法律规制与政策等宏观环境因素和各种微观的环境因素，政府往往希望通过其立法提议和针对性的政策来对风险投资施加影响。

本小节分别讨论法律、公共政策、政治、制度以及社会经济因素对风险投资的影响。

1. 法律环境对风险投资的影响

Cumming et al.（2010）采用1971年～2003年风险投资家对北美、南美、欧洲和亚洲39个国家中的3848家企业进行风险投资的数据，发现跨国法律制度（包括法律起源与会计标准）的差异对风投行业中风险投资的管理结构有重大影响：较好的法律制度能促进更快地筛选交易和达成交易，增加有益联合投资的可能性，降低潜在有害的联合投资可能性。

2. 公共政策对风险投资的影响

Lerner（2010）最新的文章指出，新兴高潜力企业和风险投资对经济增长极其重要，而精心考虑的政策能大大影响这些机会。然而，很多公共措施被误导。作者梳理了这类文献，为提倡风险投资和高潜力创业的政策提供依据和恰当与否的判断标准。Rubin（2010）发现，在美国，不是所有公司都能平等地获得这种投资。风险投资产业对女性和有色人种拥有的公司以及位于国家农村和城市贫困地区的公司服务不周。作者分析了造成以上现象的主要原因，并提出了一些政策设计来保证经济更公正和平等。

Brenner和Brenner（2010）指出，加拿大政策制定者和监管机构因避免了许多大的政策错误而受到称赞；而在美国，这些政策错误加上银行承担的过度风险几乎击垮了美国金融部门。但是，随着全球经济开始复苏，各地政策制定者需要找到刺激创造新投资的方法。在这一点上，加拿大的表现不太乐观。加拿大风险投资效益持续走低，尤其在政府基金方面。一项最新调查表明，仅有40%的美国风险投资合伙人认为加拿大对与之有过交易的任何国家投资人都公平对待。也许最令人烦恼的是，根据另一项调查，加拿大一半的公司主管称“不能留住人才”是对他们公司最大的威胁。如果没有投资人以及他们带来的专门技术和关系网，一个国家吸引、发展和保留高端人才（尤其是工商管理人才）的能力将大大减弱。作者之后表明，建立一个成功的风险投资产业的关键在于人才和资本的搭配是否能使所涉及的三方（人才、资金提供者及人才和资本中介人）共赢。2005年，加拿大安大略省政府宣布将逐渐废除风险投资机构税收抵免政策。一些媒体暗示这可能给安大略省创业者和新兴企业募集资金带来困难。Cumming和Johan（2010）提供了从安大略省创新型的医疗保健企业得到的证据，证明融资困境与LSVCC税收免除政策的废除无关。

Rosiello et al.（2010）对欧洲的风险投资市场和政策做了细致的研究，他们指出，与美国以及以色列相比，直到21世纪早期以来一直都较弱的欧洲风险投资市场和风险投资政策激发出两类研究。第一类是传统观点，也是主要观点，它关注创新企业融资中风险投资在战胜市场失灵方面的作用。第二类是进化观点，它强调风险投资政策和政策制定的动态性。这种观点认为对风险投资和高科技创业企业相互影响并共同发展，政策和政策制定具有适应能力。与之相应，政策制定者不仅必须要考虑克服市场失灵，还要克服与高科技创业企业集群的出现有关的动态系统的失败。克服传统的市场失败成为最终获得后期政策目的的一个必要但不充分的先决条件。作者以历史分析方法研究了以色列和英国、苏格兰的创新政策框架，以此强调各国在方法和影响上的不同。结果表明风险投资政策的成功取决于许多因素，包括风险投资市场出现的时期、高科技企业集群和特定国家或地区的制度背景。

3. 政治和制度环境对风险投资的影响

Fuller（2010）对中国风险投资机构的策略研究发现，在中国投资于技术部门初创企业的风险投资机构的投资行为可以划分为三种：第一种模式表现为服务导向的轻技术（technology-light）的投资模式，主要由非华裔创立的创业投资公司采用；第二种模式是由华裔创立的并且嵌入华裔社区的外国公司，表现为技术创造型的投资模式；第三种模式存在于本国政府出资成立的风险投资机构，它们投资于国家导向的项目，或者完全投资于技术初创企业。严格的外国公司和有华裔嵌入的外国公司所处的法律环境差异是解释这两类公司行为区别的主要原因。和西方发达国家相比，中国国内对知识产权的保护力量较弱。这种环境差异所带来的不同经验解释了为什么外国投资机构避免在中国投资技术原创型的企业，尽管中国的知识产权保护力度较弱，华裔公司还是愿意投资于此类企业。由于缺少正式的保护机制，外国投资者在中国投资时不得不学习使用非正式的保护机制。中国的地方国有投资机构在投资决策过程中受到政府的干预，这解释了地方性国有风险投资公司的投资行为，同时也解释了其实质性失败的根本原因。这些发现解释了一些截然不同的、无关联的且不冲突的制度安排在中国同时操作运行并且影响风险投资公司的行为。

4. 社会经济因素对风险投资的影响

创业活动会影响风险投资的需求和供给。Burke et al.（2010）通过使用一个在2002年～2004年间从28个高度发达国家中收集的超过175 000人次（其中大约有4000非正式投资人）的数据库，考察了非正式创业投资活动的盛行和其决定因素（包括家人或朋友公司中的投资人及商业天使）。作者区分了微观层次和宏观层次的决定因素，结果发现一个积极的良性循环，即由于微观和宏观因素，非正式投资的需求产生自己的供给。结果还显示：国家层面上的创业活动增加了风险投资和非正式投资相互补充而非替代协调运作的可能性。总体来说，本文发现不论是正在进行的还是已经完成的创业活动都提高了非正式投资人的供给。这个结果适用于朋友、家人和商业天使三种投资者类型。

公共市场也与风险投资活动相关。Li 和 Mahoney（2010）对美国在1980年～2007年之间的风险投资数据的分析显示：风险投资家们在有较大市场波动的目标行业中倾向于推迟新的投资项目。如果目标行业呈现高销售增长的特征，或目标行业中风险投资人间的竞争很激烈，这种推迟效果就会减弱。这篇文章还列出了更多的证据来证明：风险投资人在做投资决定时会很理性地回应市场转变。McKenzie 和 Janeway（2010）研究了公共股权市场和风险投资回报之间的关系。证据显示整个投资周期的市场环境，尤其是退出时的退出环境是很重要的决定因素。

尽管创新和产业连同为其提供资金的支持机构正在跨越区域和国界，但高技术创新活动仍然集中少数特定区域。对于全球化而言，这看似一个悖论。过去的研究暗示，通过协作活动和相关网络，创新区域必须既节约区域资源，又对全球的知识和金融体系保持开放。协作和网络的形成被视为至关重要的因素，因为全球化的竞争压力正迫使企业采取合作和开放式创新的做法，与外部合伙人建立关系。知识和资金的两个重要来源是区域集中的风险投资公司和大型企业。虽然已经出现了两者之间的合作，但对其过程和意义的了解才刚刚开始。Watkins（2010）研究了围绕伦敦和英格兰东南部联合风险投资活动，对这种特殊的协作活动在追求互补的、区外的知识和专业技能中的作用以及这种合作使区域风险投资网络形状特征化的程度给出了初步解释。作者发现，在英国，风险投资机构和大公司之间的合作十分普遍，并已成为风险投资活动日益重要的机制，通过这种机制，风险投资机构通过非正式的网络和正式的合作安排，追寻投资机会和交易以及组合各种互补性的区域外的知识和专长等资源。作者的基本结论如下：首先，风险投资机构和大公司合作是由于二者之间频繁的互动，大量的互动促使它们最终结成战略联盟。进而，通过这种战略伙伴关系，信息、知识和专业技能得以交换。其次，风险投资公司与大公司合作，主要是为了交流信息互补的知识和更有效的投资选择，增加交易量，并通过公司并购为其投资设立出口。获得科学和技术专长也是合作的目的，但这个目的居于次位。

研发投资将影响对公司风险投资（Corporate Venture Capital，CVC）的利用。Sahaym et al.（2010）研究内部研发对利用CVC的影响以及两者之间的关系在不同行业中如何改变。作者发现，在一般情况下，研发投资会增加一个行业中公司风险投资的数量。作者还发现，研发投资对在快速增长和技术不断革新的行业中CVC的使用有特别强的影响。

新型中介"入驻创业者"（Entrepreneurs-In-Residence, EIR）对早期种子项目投资具有明显的促进作用。Schwarzkopf et al.（2010）采访了10位驻以色列风险投资人和4位EIR，来确定EIR在风险投资过程中以及之后的被投资企业里运营时的机制和行动，这些机制和行动导致更大比例的资金投资到早期阶段创业企业。研究结果显示：EIR在建立风险投资人和寻求资金的创业者之间的关系中起催化剂作用，促进了投资决定的做出。通过培养风险投资人和寻求资金的创业者之间可信任的关系，EIR避免了一些阻碍企业成功的问题。此外，在投资前、投资中及投资后，EIR通过建立这些可信任的关系，减少了交易成本，从而增加了公司早期投资的预期回报。这些调查结果使这个重要现象得到更好的理解。

（二）风险投资对经济的作用

风险投资系统整体对经济的发展有着重要的作用，可以培养创新精神，对劳动力市场产生影响。更具体地，它能直接促进高技术产业部门的发展，促进就业、经济增长和创新。

然而，迄今为止，只有很少的实证研究分析风险投资对劳动力市场的影响。Feldmann（2010）采用20个工业国组成的样本，实证分析了1982年～2003年风险资本可用性如何影响劳动力市场绩效。作者发现，在工业化国家里，风险资本可获得性越好，其劳动力市场的表现就越好。作者的主要创新之处在于作者使用了一个先前从未用过的风险资本可用性指标，从而有助于了解风险资本对劳动力市场的影响。作者不仅从失业和就业率的角度，而且从长期失业人数占总失业人数的份额的角度来评估这种影响。

Venckuviene和Snieska（2010）研究风险投资提供者对培养科技园入住者的创新精神的影响。Samila和Sorenson（2010）发现，在鼓励创新和新公司的创建方面，对学术研究的公共资助和风险资本是一种相互补充的关系。使用一组1993年～2002年美国都市地区的固定样本数据，作者分析表明，随着风险投资在该地区的增加，政府为该地区大学和研究机构提供的研究补助同为专利和公司组建提供的费用间正相关关系变得更为明显。作者的发现与强调创新生态系统重要性的观点保持一致，指出在鼓励创业精神和创新方面，私人资金调节与公共科研经费间有很强的相互作用。

（三）风险投资的演化、国际比较和新兴国家风险投资

Kaplan和Lerner（2010）通过回顾美国风险投资行业的历史，讨论了该市场当前的状况，给出了未来可能的发展趋势。毫无疑问，美国风险投资行业已经非常成功。那些具有前景和创意的人，因为缺少业绩记录从而难以从外部获得融资。风险投资正好解决了这一难题。由风险投资家支持的企业大量上市，包括那些最成功的上市案例。美国的风险投资模式已经被世界各地复制。因此，从历史观点出发，风险投资模式非常必要，那种认为风险投资模式被打破的观点是值得怀疑的。诚然，风险投资与回报仍遵循经济繁荣与萧条的交替循环周期。近期出现了经济萧条的大部分特征，但是作者认为如今对美国VC基金有史以来的低承诺完全可以预测2009年和2010年会取得相对较高的预期收益。

1. 风险投资的地域性和集群发展

风险投资在经济发展中逐渐增强的作用被公认对创业经济的发展很重要。然而，风险资本在空间经济中分配并不均匀。在美国，风险投资机构和风险投资支持的企业集中在三大城市区域：旧金山、波士顿和纽约。Chen et al.（2010）发现，风险投资机构分布在风险投资支持的企业成功率高的地区。地域性与投资绩效显著相关。无论投资阶段如何，位于风险投资中心的风险投资企业都表现优异。如果国家或地区政策制定者的目标是鼓励风险资本投资，那么政策制定者可以考虑采用降低外地成熟的风险投资家到其本地投资的成本，而不是鼓励本地建立新的风险投资机构。

Mason和Harrison(2010）对英国风险投资的考察也发现了同样的问题。"传统”风险投资（对年轻有高发展潜力的创业公司投资）仍高度集中在伦敦和英格兰东南地区，还有苏格兰地区，这反映了供求双方的因素。政府新的区域风险投资基金在消除这种区域融资差距上不太可能有效。在风险投资不断全球化的背景下，政府介入的另一种途径是尝试从其它地方吸引风险资本。

Chen，Chu和Billota（2010）研究了地理位置在美国生物技术行业风险投资中的作用。数据包括Money Tree Survey提供的1995年～2008年的4409份每季度的投资交易。文章通过运用统计方法（一般方差回归和地理权重回归），发现投资额随着生物技术公司和投资人之间地理距离的缩短而增加。已有的生物技术聚集区，例如新英格兰和加利福利亚，也有助于增加个人公司的交易。而且，距离衰减的影响在这两个聚集区比其它区域更显著。另外，研究发现全球风险投资辛迪加网络带来了更大的交易。此外，处于发展后期阶段或融资次数较少的公司在每项交易中能够收到更多的资金。

2. 新兴国家和风险投资欠发达的发达国家的风险投资

中国政府试图用财政政策促进中小型企业的发展，并且取得了一些成果。Chen（2010）概述了中国支持中小型企业（SME）发展的新政策措施：政府风险投资引导基金。Lu和Hwang（2010）实证研究了外国债务对在新加坡运作的国际风险投资机构的影响以及这些机构的反应。在风险投资交易评估阶段，作者发现与本国风险投资机构相比，国际风险投资企业由于海外债务而较少主动从网络寻找交易。Palacio，Zhang和Sole（2010）分析了公共干预对西班牙私人风险投资市场形成的效果。作者采用从VentureXpert数据库得到的一个样本，它包括83个西班牙公共和私人风险投资进行的755次投资，比较了公共风险投资项目开始前后，私人和公共风险投资的投资活动，发现西班牙风险投资市场在近10年发展迅速，而且这种发展与鼓励技术创业的公共政策相一致。作者还发现其它因素，例如：投资人先前经验和规模也促进更多风险投资的形成。这些结果可能鼓励其他国家的政府开始或继续促进私人风险投资。

3. 风险资本的国际流动

近年来，越来越多的风投公司已转向国外寻求投资机会。Tykvová和Schertler（2010）采用来自发达国家的数据，证明不仅国际资本流动的传统决定因素影响跨国风险资本流动，而且当地风险资本投资人间的关系也与资本流的规模和方式有关。两国间跨国风险资本流的数量和价值随着两国风险投资产业内的关系的增强而增加。当地关系的强度并没有保护当地市场以避开来自外国投资人的竞争，它似乎刺激了国际辛迪加和风险资本融资的跨国扩张，这使风险投资家能建立地理多样化的组合，并通过建立跨国辛迪加增加价值。Guler和Guillén（2010）聚焦于风投公司的跨国扩张，研究影响风险投资机构跨国扩张的制度环境的特征，并试图探讨制度环境的影响如何随着公司经验的增长而改变。作者公布了216家于1990年～2002年在95个国家有潜在投资的美国风险投资公司的调查结果，发现风险投资机构跨国投资的一些特征，包括投资国的技术、法律、金融和政治制度。作者还发现，随着公司获得更多的国际投资经验，它们更容易打破与这些制度有关的约束。

4. 风险投资国际比较

Sapio（2010）指出，欧洲风险投资水平已赶上美国，但这主要是由于英国风险投资的增长。关于欧洲风险投资能否证实被投资公司的品质以及是否促进其成长，目前尚不清楚。与纳斯达克相比，欧洲高科技股票有很大差距，于20世纪90年代建立的所谓的新市场在因特网泡沫破灭之后崩溃。而公共风险投资与研发的税收激励似乎对高科技公司有积极影响。

Avnimelech，Rosiello和Teubal（2010）比较了英国、苏格兰、德国和以色列风险投资政策。尽管为刺激风险投资发展已经在政策层面上做了很多尝试，但大多数欧洲风投市场仍然未得到充分发展。这些政策中很多是基于“传统”(Rosiello et al.2009）的风险投资政策，包括财政刺激和制度改变。该文介绍了动态的风险投资政策，它基于动态分析和风险投资与创业企业间的共同演化以及对政策的一种动态可改变的视角。该文给出四个风险投资发展的个案研究，分别来自以色列、英国、苏格兰和德国。渐进的风险投资政策依靠少数主要因素：（1）一个战略目标和一个长期承诺，保证促进风险投资市场和高科技聚集区的出现和发展；（2）一个阶段性政策组合，包括直接和间接的风险投资政策；（3）一个动态政策过程，该过程可适应于具体环境。

Groh，Liechtenstein和Lieser（2010）提出的风险投资国家吸引力指数为我们今后比较国家间风险投资吸引力提供了一个新的方法。他们比较了27个欧洲国家在吸引机构投资到风险投资和私募股权基金的吸引力。作者用了42个不同的参数，提出一个允许以更小等级为基准的复合机构模型。计算结果显示：英国排名第一，紧随其后的有爱尔兰、丹麦、瑞典、挪威等地。德国略高于欧洲国家吸引力的平均水平，法国、意大利、西班牙和希腊的结果相当令人失望。分析显示，尽管英国在许多标准上与欧洲其它国家相似，但有两个主要差别：对投资者的保护和公司管理规定；资本市场的大小和流动性。这两个差别最终影响了英国的吸引力。同样，资本市场的状态代表金融界的专业性，代表交易流动和退出机会。作者确定了吸引力指数值和实际风险投资及私募股权筹资活动之间的一个合理关系，证明计算结果的稳健性。所有欧洲国家的发现表明，对投资者的保护和资本市场确实是投资吸引力的决定因素，当然还有很多其他的标准需要考虑。

三、管理学维度的风险投资研究

前面我们提到管理学维度的风险投资研究是打开风险投资系统这个黑箱，探索系统内部各子系统组织层面甚至个体层面的特点以及它们之间的相互关系，意图找到增进组织绩效的办法。这些研究可以分为组织层面上的研究、个体层面上的研究以及跨层面的研究。2010年，组织层面上的研究最受学者们的关注。

（一）风险投资公司和创业企业的相互作用和影响

风险投资是股权资本的一部分，当投资一个企业之后，风险投资家成了企业的共同拥有者。风险投资在中小企业的人员聘用、销售增长、技术发展和价值增加方面扮演着重要的角色。风险投资对中小企业融资越来越重要，特别是对那些具有高增长潜力的中小企业。天使投资人是潜在的高增长企业的重要利益相关者。现存的实证研究提供的证据表明，他们不仅提供资金，而且还为所投资的企业带来附加价值。

2010年，该研究领域仍然是管理学维度风险投资研究的重点，共有26篇文献，这与目前国际管理学界对组织研究方法的日渐成熟有关系。组织研究方法应用到风险投资和创业领域，产生了一些非常新的研究结果，标志着管理学维度的风险投资研究走向成熟。

1. 对创业公司治理结构和行为的影响

Allcock和Filatotchev（2010）研究在首发上市（IPO）过程中，实施以股权为基础的激励方案的影响因素。由英国1998年～2002年间首发上市公司组成的独特样本发现：与绩效有关的激励方案与初创董事在董事会的权力和占有的股份比例呈负相关，而与风险投资机构占有的股份比例呈正相关。董事会的独立性对管理层薪酬的弹性影响较弱。

风险投资影响创业企业内部管理的转变。许多新创企业在他们的职员总数达到50人～100人之间时要经过一个所谓的“创业危机”。此时，CEO以及他带领的团队必须完成由个人管理向专业的团队管理的转变。Davila，Foster和Jia（2010）发现管理体系在有效完成这次转变的过程中起着至关重要的作用。人们普遍认为，这些体系的发展扼杀了创业精神。但与这种普遍看法相反，具有管理体系的新创企业表现出更快的发展速度、更大的公司规模以及更低的CEO更替率。有风投背景的新创企业更容易实施这些体系。作者还研究了这些体系被采用的原因以及它们在那些高速增长的公司中发挥的不同作用。

风险投资对创业企业投资活动也产生影响。Bertoni，Colombo和Croce（2010）通过观察1994年～2003年10年间意大利379家非上市新技术企业（NTBF）的纵向样本，研究了风险资本融资对于被投资公司的投资活动的影响。作者还研究了独立风险投资（IVC）基金和公司风险投资（CVC）对该活动影响的差异。早期研究认为新技术企业容易产生财政困境。新技术企业技术密集的本质和缺少信用记录增加了逆向选择和道德风险问题。此外，他们大部分的财产是公司专用资产或者是无形资产，因此不能作为贷款的担保。与这种观点相一致，作者证实新技术企业的投资率与其持有的现金流呈很强的正相关。作者还发现新技术企业在收到风险资本融资后会增加他们的投资率，而这与风险投资家类型无关。然而，公司风险投资支持的公司对现金流波动敏感，而独立风险投资机构支持的公司却显示较低的现金流敏感度——这被作者理解为资金约束消除的信号。

公司应何时上市？公司上市前产品市场特点如何关系到该公司的上市决定？进一步来讲，公司上市对公司首次公开募股（IPO）后的运营和产品市场表现有什么启示？Chemmanur，He和Nandy（2010）研究了风险投资对创业企业产品市场与上市决定的影响。作者首次利用美国公司上市决策的大型样本，回答了上述问题。本文用到的数据库是美国人口普查局的纵向研究数据库（LRD），覆盖了整个领域的美国私营及上市公司。研究结果如下：（1）在控制公司对私人融资（风险投资或银行贷款）的利用之后，私营公司的产品市场特征（如：全要素生产率（TFP）、规模、销售增长、市场份额、行业竞争力、资本强度和资金流动风险性）对公司上市的可能性有重大影响；（2）信息不对称程度较轻的私营公司和那些较易评估项目价值的私营公司更容易上市；（3）随着某一产业中越来越多的公司上市，在接下来的几年里，该产业的集中度将增加；（4）公司的IPO发生在公司生产率最高的时期，公司的全要素生产率和销售增长的都呈倒U状；（5）销售、资本支出和其他绩效变量在IPO前及之后的几年中一直都呈增长的势头。

想出售企业股份的创业家面临着两难选择：出售一部分企业股份会刺激出售更多股份，因为他不能内化因出售股份而增加的代理成本，而风险投资可以影响创业企业的股权转让决策。

Wagner（2010）认为，过多出售股份带来的收益会因为其带来的效率损失而抵消。结果，尽管上市可能会带来很大收益，但他们仍然保持公司私有。作者还表明，风险投资家可以减少这种无效率，因为他们可以影响公司的股权转让决策，而且能区分过度的股权稀释和理想的股权稀释（如应对流动性冲击）。作者也说明了低效的股权转让带来了对公司上市时机优化的问题，这需要对上市带来的收益（更高的股权转让收益）和代价（更低效股权转让）的权衡。

风险投资可以影响人力资本投资和新企业创建。Sevilir（2010）指出，一方面，公司投资人力资本会使员工为创建他们自己公司产生新的创新想法。由于员工需要风险资本家的支持来创立他们的新公司，这就产生了对风险投资家服务的需求，从而促进风险投资家的产生。另一方面，当新公司融资可行，公司对人力资本投资的意愿增加。作为副产品，由员工创建、风险资本支持的新公司在经济中逐渐增加。作者的模型合理解释了由在位公司员工创建的新公司的出现。

2. 对创业公司价值增加和绩效的影响

风险投资能促进创业企业创新和增长。Peneder（2010）运用新颖的研究设计，通过对奥地利微观数据使用双阶段倾向评分，调查风险资本融资对企业绩效的影响。通过控制产业、地点、法律地位、规模、成立时间、信用等级、出口及创新行为这些变量，作者发现：（1）肯定了风险资本的融资功能，接受调查者认为缺少可供选择且令人满意的资本来源途径；（2）确定了筛选功能，风险投资被投到高绩效潜力的公司；（3）证实了风险资本的价值增加作用，它能够影响公司成长，但对创新作用甚微。

Smolarski 和 Kut（2010）研究了以股权为基础的风险投资方式如何影响中小型企业绩效和国际化。作者把风险资本融资方式分为以下四类：（1）阶段投资，指企业多轮次地接收风险投资；（2）非阶段投资，指企业一次性接收全部投资；（3）联合投资，指两个或更多外部投资人参加单轮次的融资活动；（4）非联合融资，指单轮次的投资只有一个投资人。结果表明，投资类型影响企业绩效和国际化。作者使用年销售增长率和年营业额作为绩效的代理变量，使用出口比率作为国际化的代理变量。作者发现，分阶段融资和联合融资单独使用时对绩效和国际化有积极作用，而它们联合使用时有消极作用。

关于风险投资的增值效应和选择效应，2010年有两篇文献探讨这个一直具有争议的问题。学术文献显示：有风险投资资助的公司比没有风险投资资助的公司表现更好。Colombo 和 Grilli（2010）分析了创始人人力资本和风险资本对439家意大利新技术企业（NTBF）的发展的影响。对于非风险资本支持的公司，该文证实了一个基于能力的论点，即新技术企业的能力与创始人的技能相一致。虽然如此，一旦一个新技术企业得到风险资本，一致性就会消失，表明风险投资人所执行的“教练”功能。相反，风险投资人的主要任务是执行“侦查”功能这一观点并没有得到支持。Rajan（2010）提出如下问题：考虑到风险投资人（VCs）只选择资助那些最好的公司，他们所资助公司的绩效中多少归功于他们？那些公司的内在特征会导致较好的绩效吗？或者说风险投资人进入企业后，他们有助于该组合企业的绩效吗？由风险投资人、创业者和专业学者组成的专门小组讨论了这些问题。大多数实证文献表明在解释有风险资本资助的公司较好的绩效时，增值效应比选择效应更有说服力。

3. 风险投资与创业企业上市抑价和溢价

新创建且未经证实的公司可以通过附着各种有声望的组织来传递价值或潜力等信号。Pollock et al.（2010）以信号传递理论为依据，基于257个软件方面 IPO 样本发现：著名经理人和董事会成员对 IPO 价值带来的好处以直线方式增加；相反，著名风险投资公司和承销商带来的好处以曲线方式逐渐增加。Bruton et al.（2010）研究了最近在英国和法国首次公开募股（IPO）的公司里所有权集中对绩效的影响效果和两种私募股权投资者（风险投资家和商业天使）对绩效的影响。采用一手收集的224家匹配IPO（每个国家112个）组成的独特数据库，作者发现支持所有权集中能提高IPO绩效的证据。该研究揭示上述两种股权投资者对绩效影响的差异：相对于风险投资家，商业天使具有显著的价值增加效应，而国家的法律制度可减弱这种影响。

Hsu（2010）以223家于2000年～2002年间首次公开募股（IPO）的美国公司为对象，研究了董事会特征与财务绩效间的关系。董事会特征包括：董事会独立性（如外人主管的董事会）、董事素质（如董事的专业知识和学历）和风险投资负责人。财务绩效指标是托宾Q值。实证研究结果显示，董事会独立性对公司绩效呈负相关，董事素质如预测那样与公司绩效呈正相关。然而，没有证据表明，风险投资负责人与财务绩效呈正相关。

Arikawa和Eddine（2010）利用日本的数据证实了承销商和发行公司之间的委托代理问题是IPO抑价的原因。作者发现：当风投公司附属于主承销商并且直接投资于发行公司而不是通过有限合伙基金时，期初收益较低。作者还发现：当承销商是前三大证券公司时，期初收益较高。这意味着当承销商的议价能力强时，抑价更严重。Elston和Yang（2010）探讨了风险投资（VC）、股权结构以及会计标准对德国IPO抑价的影响。作者采用从德国新市场（Neuer Markt，NM）得到的数据，检测了关于IPO抑价的两个关键假设：第一，VC所有权和IPO后更高程度的内部人所有权是否会导致较低的IPO抑价；第二，额外信息的披露是否会导致较低的IPO抑价。在标准的抑价测度之外，作者还采用了一个改良的抑价测度来更好地评估真正的价值损失。研究结果表明，这些因素在降低IPO抑价时都不重要。德国新市场中上市的企业相对较少地使用风险融资，说明了德国风险投资人较弱的作用，也说明了减少由于外部所有权带来的信息不对称问题的激励不足。

（二）风险投资过程

风险投资过程包括基金的募集，对项目的筛选、评价、签约和投资后管理和增值服务以及退出等活动。

1. 基金募集

Groh和Von Liechtenstein（2010）关注风险投资基金募集过程中有限合伙人对一般合伙人的选择标准。作者在全世界范围内对有限合伙人做了调查，来研究他们选择风险投资基金时几个标准的重要性。调查发现第一个标准是预期交易量，紧随其后的是交易的可得性、风险投资基金的历史记录、其当地市场经验、团队成员的经验与所提出投资战略的搭配、团队的声誉和使投资者和风险投资基金的利益一致的机制。主成分分析显示在该过程中有3个潜在驱动因素：“当地专业知识和激励结构”、“投资策略和预期实施情况”以及“声望或地位与成本的比较”。这说明有限合伙人搜寻能够以规定成本实施某既定策略的投资团队。

2. 风险投资对项目的评估和决策

相对于成熟公司而言，创业公司的价值评估偶尔被关注，因而，对风险和收益的估计必须依据样本进行纠正。Korteweg和Sorensen（2010）提出一个动态样本选择的通用模型，并利用它对获得风险投资的创业公司做评估。这种方法适用于非流动性市场中对风险和回报的评估。

Manigart et al.（2010）实证研究了美国、英国、法国、比利时和荷兰五国风险投资评估所用信息和风险投资人用的评估方法之间的不同。基于在上述每个国家对由资深风险投资家组成的典型样本进行的邮寄问卷调查，发现了一些不同之处。这种不同可能归因于公司治理机制或风险投资市场的发展水平。控制了国家间在投资阶段和风险投资类型上的差异后，这些现象仍然存在。表面相似的体系和风险投资市场却对评估方法各有侧重，理论上“正确”的方法在实践中不总是首选。研究结果强调：如果进入外国市场的风险投资公司想充分利用其察觉到的竞争优势，并降低重复那些20世纪80年代进入外国市场的风险投资家经历的问题的可能性，需要投入大量精力理解这些市场的运营。

Olsson et al.（2010）研究私人投资者对项目的评估，包括对项目进行的财务分析和非财务分析，重在非财务分析，目的是探索影响项目的实质（投资质量）因素以及怎样去评估该实质因素。作者采访了挪威的十位著名投资家，研究结果表明项目实质不仅取决于指标特点，还依赖于具体情境。如果决策者信任那个将要管理投资项目的人，他们将评估该项目和公司战略的兼容程度、预期市场发展和退出机会。不同的投资家有他们各自的操作模式。研究结果指出，出现在许多教科书上的正统分析都做了，但是都在项目筛选过程的后期阶段，他们只是为了在一定程度上保证分析质量。该文的价值在于研究了人们在用自己的钱做投资时是怎样选择投资项目的，而大多数先前的研究都是从管理的角度而不是从所有者的角度研究项目选择的。Kollmann和Kuckertz（2010）分析了风险投资家的决策过程中评价标准的不确定性。风险投资的类型和范围等决策受风险资本来源的影响。Dimov和Gedajlovic（2010）研究了不同种类产权归属的风险投资机构的投资决策。作者提出关于私人、合伙和附属于银行的风险投资机构的一系列假设，采用3557家公司的投资数据验证这些假设，发现不同类型的公司在风险资本生态系统中扮演着不同的作用。公司风险投资（CVCs），受投资主体战略目标限制，所能够追寻的投资机会最受限制。与此相反，银行附属风险投资机构（BVCs），更希望利用可替代的资产基础，所追求的投资机会更平衡，更与整个市场发展一致。对于私人风险投资机构，强烈的金融激励和其对关键决策权的掌握导致他们寻求中等程度的专业化。这些结果表明，风险资本的产权属性导致了这些机构的不同投资倾向：CVCs拥有最集中的投资组合，而BVCs拥有最多样化的投资组合。

3. 增值活动和退出

Das，Jo和Kim（2010）采用风险投资辛迪加的努力共享框架（Effort-Sharing Framework），研究了辛迪加如何影响投资回报、成功退出的机会以及退出所需时间。运用1980年～2003年的数据，作者把风险投资超额回报的大部分归因于筛选阶段，而监控等增值活动可以显著影响退出的可能性和退出时机的选择。先前关于风险投资辛迪加的研究对筛选和增值相对重要性是割裂的，而作者认为它们的作用是互补的。

Cumming和Dai（2010）检验了风险投资市场中，基金规模对接受投资公司评估价值的影响。本文显示基金规模和公司评估价值间的一个U形的关系。基金规模和用成功退出的可能性计量的企业绩效之间存在倒U关系。这些结果与风险投资产业中存在因经营规模扩大而增加成本费用的现象相一致，这种现象部分是由基金规模变大时来自人力资本质量和数量的约束造成的。

4. 风险投资行为和交流语言

Cumming和Johan（2010）研究风险资本投资持续时间。风险投资家在维持投资的预期边际成本大于预期边际收益时退出。作者提出一个VC投资持续时间理论，从而使VC投资持续时间与创业公司特征、投资人特征、交易特征和制度与市场条件联系起来。加拿大和美国的VC投资持续时间的数据对其理论预测提供了强有力的支持。

Knockaert，Clarysse和Wright（2010）采用一手收集的包括欧洲68位早期高科技产业风险投资家的资料，研究了风险投资家选择行为的异质性。作者进行一个归纳性研究设计，用联合分析分解了风险投资家的投资决定，找出三个不同类型的风险投资家：关注技术的（技术投资者），关注财务的（财务投资者）和关注人力资本的（人力资本投资者）。技术投资者比其他类型的风险投资家更加注重技术的专用性和与企业家的联系。对于人力资本投资者，人为的因素如企业家的领导能力和团队的质量是最重要的。

Cannice 和 Bell（2010）对风险投资过程中交流用语做了研究。作者创建一个隐喻目录，这些隐喻是硅谷风险投资人在公共交流中所使用的。为创建此目录，作者从2004年第一季度～2009年第一季度的每个季度中平均抽出30位风险投资人，进行了调查。通过对风险投资人原始交流数据中的10 000多个词语进行编码和分类，分析了这21个数据组，把风险投资交流用语分成14个主要隐喻家族（例如：达尔文主义、物理、宗教等）。

（三）风险投资战略与绩效

在风险投资行业中，专业化信息和信息分享的使用以及网络发展被认为对减少投资不确定性非常重要。这些方法能使风险投资机构变得更有竞争力，还会导致与其他产业间良好关系的发展。和别的企业关系可以提供与诸如会计和市场咨询师间的接触交流机会，因此是种优势（Bartkus 和 Hassan，2009）。Verwaal et al.（2010）由资源基础观点和交易成本经济学出发，发展了一个理论框架来解释为什么小型和大型公司面临不同水平的资源获取需求和资源获取能力，它们有助于缓和公司规模和混合治理间的关系。作者采用从欧洲6个国家获得的317个风险投资机构组成的样本，在风险投资联合投资背景下实证地评估了作者的框架。作者用结构方程方法估计了一个路径模型，并发现其与作者的理论框架相一致，对不同种类的资源获取需求和资源获取能力对风险投资规模和联合投资的频率起着调节作用。

1. 联合投资

作为一种重要增值方式，战略联盟形成方面的文献正在增多。Wang et al.（2010）研究了两个相关问题：（1）风险投资企业把战略联盟作为资本融合的替代还是补充来使用？（2）风险投资企业如何用战略联盟来减轻不同类型的风险？对2505家接受风险投资的新创企业的研究结果显示：风险投资企业把联盟的形成看作对资本融合的替代，投资新创企业的辛迪加网络广度增加战略联盟的个数。在技术风险类行业中运营的企业更容易与能够减轻技术风险的合伙人形成联盟，在市场风险类行业中运营的企业更容易与能够减轻市场风险的合伙人形成联盟。

Ferrary（2010）探讨公共机构风险资本投资人投资新创企业时进行联合投资的逻辑依据。这些投资人间存在一种不明确的劳工分配，其中，纯风险投资企业通过资助新创企业的初期阶段，把投资不确定性转换成风险。其他投资人投资之后的阶段来维持新创企业的发展。投资人之间的关系也根据非正式规则处理，他们间的交流基于互惠原则。

资源获得需要和能力对风险投资机构规模和联合投资之间关系的调节作用。Verwaal et al.（2010）以资源基础理论观点和交易成本经济学，提出一个理论框架，该框架解释了为什么小型和大型公司面对不同水平的资源获取需求和能力有助于调节企业规模和混合治理之间的关系。该文用一个由317个来自6个欧洲国家的风险投资企业组成的样本，在风险投资辛迪加的背景下实证评估了这个框架。该文还用结构方程模型评估了路径模型，发现与该理论框架相一致的是，在风险投资机构规模和联合投资频率间，不同类型的资源获得需求和能力有调节效果。

Checkley，Higón 和 Angwin（2010）发现，联合投资关系可以看做是改善风险投资机构回报的原因，因为联合投资可以增加IPO退出的数量。风险投资机构的超常表现与其历史、风险投资经理的数量以及它们投资的产业部门的多样化有关。风险投资经理可以增加联合投资的频率以及增加被投资产业部门的多样性并从中获益。

Legrand和Pommet（2010）基于2003年Huang和Xu提出的财务辛迪加模型，作者做了一个专业技能辛迪加模型。在该模型中，作者假定有众多的创业者，他们每人拥有一个项目但是没有资金启动，同时有众多的风险投资家在寻找项目投资，并假定具有硬预算约束。作者的结论是，联合投资的特征至关重要，它直接影响创新项目的融资和再融资。作者同时证明，相对于纯粹的财务动机的联合投资，专业动机联合投资的相对有效性强烈依赖于被投资企业的创新程度。

Obrimah和Prakash（2010）发现风险投资市场中短期与长期相对退出绩效间逆转的依据，这里短期指5年内，长期指第6年及以后。作者发现相对绩效逆转可以用对风险的持续和非持续态度共存来解释。第一，联合投资策略持续时，对组合风险的态度就在短期与长期间逆转。在短期，辛迪加与高风险组合相联系；在长期，其与低风险组合相联系。第二，持有高风险组合的风险投资人短期中不坚持此策略，然而，高质量组合与较好的长期退出绩效相联系。本文发现，对风险态度的转换产生的绩效影响与在逆向选择问题为特征的市场中建立高代价声誉理论和一些实证依据相一致，这些证据证明风险投资人的筛选技能比咨询或监控技能对投资成功更重要。

2. 基金绩效的影响因素

Phalippou（2010）发现那些被高技能的投资者掌管的风险投资基金没有绩效持续性，而具有显著的流—绩效（flow-performance）关系，相反，那些被低技能的投资者掌管的风险投资基金却显示出绩效的可预测性。这些结果表明，正如Berk和Green（2004）的理论，只有那些熟练的投资者运用所有可以得到的信息来调整他们的资金分配，结果消除了绩效的可预测性。结果还显示，由于事前没有测量早期的基金绩效，Kaplan和Schoar（2005）夸大了基金绩效的持续性。然而，不管有没有进行事前测量，持续性在很大程度上由于不成熟的投资者造成的。如果投资者是有经验的，早期的基金绩效、持续性以及规模对预测基金绩效都不会有帮助。

Wang Lanfang和Wang Susheng（2010）研究了中国风险投资市场上跨国风险投资绩效的决定因素。该文采用Logit和Cox风险模型，集中研究了外国风险投资公司的人力资本和国内创业者的经验对风险投资绩效和组合企业绩效的影响。对组合企业质量、国内风险投资产业发展、国内退出条件和一些其他因素进行控制后，风险投资绩效和外国风险投资公司的人力资本（如：经验、关系网和名誉）之间几乎没有联系。相比之下，国内创业者的经验对风险投资绩效至关重要。

Zarutskie（2010）研究首支风险投资基金的管理团队的人力资本是否可以预测基金绩效，并发现它确实可以。作者发现，基金管理团队任务型人力资本越多，也就是原来从事过风险投资行业或者做过创业企业经理的团队成员越多，则组合中的企业退出的比例越大，作者进一步发现，基金管理团队中行业特殊性的人力资本（例如战略和管理咨询方面的经验以及工程和非创业融资经验）越多，组合中公司退出的比例越大。与人们的直觉相反的是，作者还发现，基金管理团队中工商管理领域一般人力资本越多，组合中企业退出越少，其中，该人力资本越多指有工商管理硕士学位管理人人数越多。总的来说，任务型和产业型人力资本比一般人力资本更能预测基金绩效。

Cumming和Dai（2010）探讨了风险投资行业的地域偏差。基于美国1980年～2009年之间的风险投资数据，作者发现：声望较高的风投企业（历史悠久、规模较大、经验较丰富，而且有强大的IPO记录）和有较广泛网络的风险投资企业表现出较少的地域偏差，而对技术行业投资的阶段化和专业化会增加风险投资企业的地域偏差。作者还发现：当某风投企业处于风投行业的龙头和独资投资时，会表现出较强的地域偏差。最后作者还指出距离关系到风险投资的最终绩效。

Dushnitsky 和 Shapira（2010）研究了公司风险投资家的报酬结构对其在新技术领域投资绩效的影响。作者重点关注一种特定的公司行为，即公司风险投资——由行业内在位企业利用其少数股权投资于风险企业。这使得对 CVC 和 IVC 的比较成为可能。一般来讲，作者能够观察到公司投资者和独立投资者在绩效上存在差异。有趣的是，这种绩效差异对于 CVC 的薪酬机制非常敏感，当公司风险投资家拿到绩效工资时这种差异达到最大。作者不仅研究激励机制和公司绩效之间的关系，还证明在激励机制和风险投资家行为之间存在着直接的关系。例如，作者观察到有 CVC 参与的联合投资的参与者个数与仅有 IVC 参与的联合投资的参与者个数之间存在差异，然而当对 CVC 投资者实行绩效工资奖励时这种差异明显变小。作者在分析薪酬和投资阶段的选择之间的关系时也发现了相同的情况。

3. 公司风险投资

Ivanov 和 Xie（2010）证明，只有当新创企业的战略与公司风险投资（CVC）的母公司的战略相一致时，公司风险投资才会给新创企业增值。作者发现公司风险投资为各行业新创企业提供了适合他们具体需求的各种服务和支持。当它们 IPO 时，接受公司风险投资的新创企业会比那些没有接受的新创企业获得更高的估价，而且 CVC 带来的增值集中于与 CVC 母公司战略上有重叠的新创企业。有 CVC 支持的新创企业成为并购目标时也可以获得更高的收购溢价。

公司可能会因为战略目的而影响到他们的战略联盟。联盟的形成会加强还是削弱公司风险投资？ Dushnitsky 和 Lavie（2010）提出一个资源基础型观点，即资源的互补性和网络资源的可见性加强了公司风险投资和联盟的联系。反过来，外部资源的冗余和内部资源分配的约束对联盟在公司风险投资上产生了削弱的影响。通过分析20世纪90年代的372家软件公司的联盟和公司风险投资，作者揭示了联盟与 CVC 投资间的倒“U”型关系，平息了这些争论。相应地，随着联盟的形成，CVC 投资的数目相应地发生了先增后减的变化。此外，随着公司投资经验的积累，CVC 投资与联盟形成之间正相关关系减弱。

Benson 和 Ziedonis（2010）公司风险投资的主要动机在于识别创业公司并购机会。与此观点相一致的是，作者发现于1987年～2003年间被前公司投资人收购的新创企业中1/5是被收购方投资的公司。出人意外的是，虽然收购方的公司风险投资是创业公司很好的收购者，但是分析表明，接管被投资公司破坏投资人的价值。这看起来似乎是管理层的过度自信或者是植根于代理问题。

4. 其他问题：声誉与跨国投资的影响因素

Cumming 和 Walz（2010）为了从机构投资者手中获得更多的资金，私募股权基金管理者可能会夸大报告还未上市的私人被投资公司的价值。然而，当那些夸大报告的虚假信息曝光时，会造成机构声誉上的损失。从39个国家的证据来看，作者发现基金管理者汇报基金绩效时有重大系统性偏差，这些偏差取决于一个国家的会计和法律环境以及机构投资者与 PE 基金经理之间信息不对称程度。

跨国投资占风险投资活动的很大份额。Tykvová 和 Schertler（2010）用世界各地投资的综合数据，分析风险资本国际化。作者假设跨国活动受到风险投资人和组合企业所属国家的宏观经济因素以及风险投资人和交易特征的影响，其中，投资人和交易特征可能影响国外投资成本和利益。结果表明，影响跨国投资成本和利益的因素决定国际风险资本流动。

（四）风险投资契约和风险管理

Metrick和Yasuda（2010）从私募股权基金获取包括1993年～2006年间募集的238项基金的详细数据，建立了基金经理的期望收入和投资人契约的函数关系模型，还检验了该期望收益随着基金特征差异的变化。在基金样本中，大约2/3的预期收益来自不随绩效波动的固定收入。作者发现创业投资基金和收购基金间存在明显差别。收购基金经理比风险投资基金经理更快地增加基金数额，致使收购基金的后期阶段，每个合伙人及专业人士获得更高的收入。

Hartmann-Wendels T.，Keienburg和Sievers（2010）分析了1990年～2005年间336次德国风险投资交易，试图确定在各交易中选择不同金融工具的原因。作者发现包括直接股权、夹层证券和债务证券都被使用过，基于这些证券的增值潜力和贬值保护特点，作者解释了使用这些证券的原因，结论是投资者的交易经验、逆向选择风险和公共股权市场的经济前景影响对金融工具的选择。

Weber和Göbel（2010）分析了德国风险投资机构和他们投资的企业，提出一个与交易相关、以组织间关系互惠为中心的观点。作者确定了两种交易类型——经济交易互惠和社会义务互惠。这两种模式在交易文化、方式、结构和资源方面的区别很大。这个理论观点可能有助于重新发现互惠概念在其他组织和组织间关系的作用。

不完整缔约理论表明风险投资家现金流权，其中包括剩余财产分配优先，应该成为再谈判的主题。Broughman和Fried（2010）使用来自硅谷公司的一系列数据，发现有时普通股股东能够在风险投资公司剩余财产分配优先得到满足之前得到补偿。但是对风险投资现金流权的偏离所占的比重较小。作者同样发现，当治理结构赋予普通股股东更多的限制出售股权的能力时，再谈判更有可能会出现。

战略投资者，例如公司风险投资机构，资助创业活动以完成其战略目标，并使得外部经济性内部化。Arping和Falconieri（2010）认为，虽然战略目标使创业者表现出高创业努力，他们同样能以终止项目来惩罚表现不佳的创业者。基于这个权衡，作者提出一个关于战略投资人和财务投资人间融资选择的理论。

Sepp和Laamanen（2010）采用421项美国风险投资交易和176次首次公开募股的估值数据，检验了简单二项式评估模型。结果发现这个模型与先前关于风险投资的风险—回报图的理解相一致。同时证实处于早期的企业比成立时间更久的企业有更高的潜在风险和潜在回报波动。另外，该文分析了二项式定价模型的预测能力，并把它与相对应的传统模型相比较。研究结果表明二项式模型比相对应的“传统”模型更合适，基于期权的方法与对私人公司项目定价有实证关联。实践者在分析私人公司和研发项目的风险—回报结构时，可以从使用这些方法中获益。

（五）创业企业融资

创始人的管理和技术专业知识。Gimmon和Levie（2010）运用人力资本理论和信号传递理论，探讨了在吸引外部投资和增强新高科技企业的生存能力中创始人特征的影响。通过追踪随机抽取的193家高科技新创企业来检验这种影响。结果发现：创始人商业管理方面的专业知识和学术水平有助于吸引外部投资，而他的技术专业知识无影响；创始人的商业管理专业知识和技术专业知识有助于企业生存，而他的学术水平无影响。

公开市场与风险投资对创业企业融资的竞争。Carpentier，L'Her和Suret（2010）发现，在加拿大，小规模没有盈利的企业也可以在股票市场上市融资，从而与正式和非正式的风险投资竞争。这个市场提供了一个更高的回报率，许多新上市企业回报率是传统风险投资的七倍。新上市的公司转向主板后，即使没有风险资本支持也同样取得了成功。研究结果与假设相抵触，该假设是：由于缺乏技能、方式和增值能力，针对小企业的公开市场无法与私募投资相竞争。

经验的影响。先前有创建公司经验的创业者被期望比创业新手有更多的技能和社会关系。这些技能和社会关系可以使有经验的创始人在筹集风险资本过程中具有一些优势。Zhang Junfu（2010）利用一个由接受风险投资的公司及其创始人组成的数据库，研究了与这种经验相关的优势。与创业新手相比，有融资经验的创业者倾向于在融资活动初期筹集到更多风险资本，并更快地完成早期融资。相反，有创业经验但其先前公司未接受风险投资的创始人没有显示出胜过创业新手的优势。这就表明早期风险资本融资时与风险投资人的关系的重要性。然而，在分析考虑到后期融资活动时，所有有创业经验的创业者看起来能筹到更多风险资本。这就意味着从任何先前创建经验中获得的技能都能使创业者表现得更好，并反过来吸引更多风险资本。

Ullah，Abbas 和 Akbar（2010）研究英国小型计算机软件和生物科技公司发展早期的融资问题。从在线问卷调查得到的实证样本包括83家小公司，其中有41家生物科技公司和42家软件公司。作者发现软件公司比生物科技公司报告了更多的融资问题。软件公司增长最快，比生物科技公司更快地度过发展的早期阶段。在资金来源方面，证据表明：小型生物科技公司主要使用风险资本融资，而软件公司的主要资金源是个人储蓄和房屋抵押和再抵押贷款。一方面，软件公司在为它们的业务增长和发展过程中的筹资活动是遵循融资啄序假说。另一方面，小型生物科技公司可能并未完全遵循融资啄序假说。然而，小型软件和生物科技公司都报告说在获取股权融资时遇到困难。

商业计划对融资的影响。Rogers 和 Mason（2010）指出天使投资人正不断寻找有盈利潜力的创新企业并给予资助。他们发现，对于外来投资者来说，把商业计划与商业模型核心机制相联系的项目建议更具吸引力，这种商业核心机制包括产品或服务发展、市场营销、企业管理、业务运营、财政和战略。Mason 和 Kwok（2010）还发现，中小型企业获得融资的渠道受创业企业自身的弱点限制。绝大多数企业都没做好融资准备。他们不了解股权投资者希望得到什么或怎样把他们自己和其企业推荐给潜在投资者。反过来，这些缺陷也使供应方介入的效果大打折扣。因此，需要强调对投资准备项目的需求，增加可供投资的企业的数目。

（六）风险投资家和创业企业家的行为特征及相互关系

Dimov 和 Martin（2010）研究了公司进入新市场的决策受风险投资的影响。在风险投资行业的背景下，研究发现风险投资公司大体上不大可能进入远处市场，而那些有更广泛经验的公司更容易在第一轮投资进入市场。另外，有更多投资经验的风险投资公司更容易在临近市场进行第一轮投资，而不太可能在远处市场进行后续投资。

（七）风险投资家和创业家个体特征对投融资过程以及绩效的影响

基于由166家2008年国外风投公司和当地风投公司组成的调查数据库，Lu，Solt 和 Tan（2010）提供了在中国这样的新兴市场中，国外和当地风险投资人之间行为差异的原始证据。与当地风投机构相比，国外风投机构：（1）投资行业范围更广；（2）投资时间在项目的相对后期阶段；（3）更依赖声誉好的第三方推荐来获得交易；（4）选择标准上，把市场特点排在了人力资本和公司特有特点之前；（5）更多地应用市场导向的评估方法；（6）更多的运用阶段性融资和可转换证券交易结构策略；（7）在策略层面上更紧密地监控创业企业；（8）提供更多的增值服务。本文还参考制度理论和风险投资国际化讨论了这些差异的原因和含义。

Patzelt（2010）综合信号传递理论与人力资本理论来分析新企业CEO的能力如何影响风险投资融资活动中技术开发项目获得的资金数。运用生物科技行业中117次的融资活动数据，我们发现管理方面的教育、创建人针对公司的经验、国际经验及CEO针对行业方面的经验影响风险投资的投资承诺数量。而且，我们发现管理教育和行业经验的作用受节制于企业高管的规模。

Knockaert et al.（2010）试图在独特的学术派生企业背景下理解影响风险投资经理对投资的态度的因素。通过一手收集的来自欧洲68个早期风险投资经理的数据，发现了基金特点与投资管理人人力资本特点的影响。对学术派生企业的态度受到是否得到公共投资资金的影响。在学术环境工作过的投资经理更可能投资学术派生企业。就一般人力资本来说，财务经验与对学术派生企业的投资态度成正相关，而创业经验与之成负相关。

（八）风险投资网络

1. 联合投资的影响因素

Hopp（2010）以来自1995年～2005年德国437位风险投资人对961家新创企业的2373份投资数据，发现当面临更高风险需要分散以及资金负担变得更重时，联合投资更常见。而且，作者证明行业投资经验增加领投风险投资机构的合法性，一般来说，产业经验越多，联合投资关系也越多。最后，结果表明，领投风险投资机构在随后融资活动中会吸引新的合伙人，以此改善交易筛选，提供更高质量的管理建议。

Deli和Santhanakrishnan（2010）研究了1980年～2005年的风险投资联合组织，认为联合投资是为了减轻单个风险投资公司的人力资本和资金约束以及降低公司价值不确定性。作者发现：投资处于发展最初阶段和最后阶段（人力资本投资最大时）的企业、需要巨额资金的企业以及有更大发展机会但最难估测的企业，更容易形成联合投资。

2. 网络优势与扩张

Guler和Guillén（2010）提出本国的网络优势影响该公司的国外扩展，社会地位方面的优势可以作为“品质”的标志从一个市场转移到另一个市场，然而经纪人的优势是更为具体且更难以转化的一种优势。进一步，网络优势的价值随着网络的发展而变化。1010个美国风险投资公司进入国外市场的数据为社会地位的影响提供了有力的证据。作者还发现，在新市场上，在本国合作伙伴缺失的情况下经纪人会缩减国外扩展，但当本国合作伙伴已经活跃在该市场时，国外扩展会相应增加。

Keil，Maula和Wilson（2010）研究公司风险投资如何快速占据风险投资辛迪加网络的中心位置。使用美国1996年～2005年间公司风险投资数据，作者找到了支持社会网络理论的论据——公司风险投资在先前辛迪加网络中的中心位置情况可以预见其在未来辛迪加网络中的位置；作者还发现先前的中心性和企业资源间负向相互作用。这一发现意味着，公司风险投资的资源可以弥补他们在中心地位方面的欠缺，使他们能迅速在僵化的风险投资辛迪加网络中占据中心位置。

Hochberg，Ljungqvist和Lu（2010）研究在当地风险投资市场有强大的关系网是否有助于限制外部风险投资人的进入，该限制将增强在位风险投资家向创业者讨价还价的能力。市场关系网越密，新进入者越少。在位者间关系网标准差每增加1，新进入者数量大约减少1/3。如果已与目标市场中的在位者建立了关系，参与者将能够克服进入障碍；反过来，在位者将排挤任何为新进入者提供便利的人，战略参与者进入市场将受到更大的威胁。在位者通过支付较低的交易价，似乎从市场进入数减少中受益。

Iriyama，Li 和 Madhavan（2010）展示了风险投资跨国扩张的一种钉状全球化模式：跨国风险资本流动是不均匀分布的，原因是美国某些地区与一些外国国家展现出特别强烈的联系。本文假设风险投资的钉状全球化模式是由先前地区间人际网络的钉状全球化模式驱动的，而且提供了支持假设的实证结果。具体的说，作者认为：移民创业者本身倾向于与自己国家的伙伴互相搭配，从而促进竞争中把某些区域作为跨国风险投资的来源地和目的地。这项研究为关于国际风险投资和创业的地域模式的研究提出了新见解。

Dimov 和 Milanov（2010）研究了风险投资公司在新投资时的需求和机会与联合投资之间的关系。作者将风险投资机构在进行新投资时所面临的不确定性分为两类：一类是自我中心不确定性，这关系到公司能否做出正确的投资决策；另一类是他人中心不确定性，这关系到作为一个潜在的联合投资伙伴，来自合作方的评估。前者增大了风投公司寻求联合投资的需求，而后者减少了公司进行联合投资的机会，使得其可能需要靠公司的地位和声誉来吸引合作伙伴。通过对风险投资过程中第一轮投资的数据进行分析，作者发现进行新投资时出现联合投资的可能性更大。此外，公司的地位越高这种关系就越显著，而声誉越高这种关系就越弱。这个研究结果强调了不确定性对于风投公司固有的相关影响，同时也说明风投公司的地位和声誉在调节联合投资的需求与机会时起到了不同的作用。

第三节　2010年国际风险投资研究重要文献介绍

一、经济学维度风险投资研究重要文献介绍

（一）《欧洲风险资本与私募股权国家吸引力指数》

标题：The European Venture Capital and Private Equity country attractiveness indices.

作者：Alexander Peter Groh, Heinrich von Liechtenstein, Karsten Lieser.

文献来源：Journal of Corporate Finance, Volume 16, Issue 2.

页码：205页～224页。

为什么风险资本和私募股权在英国和美国存在着如此强大的市场？相反地，在欧洲最大的经济体德国的活动却相对较少？在希腊以及其他一些新近加入欧盟的国家中的活动却接近为零呢？许多因素共同导致了风险资本和私募股权的地区差异。其原因可以部分解释为受“内在偏差机制”（built-in bias mechanisms）的影响。从机构投资人（有限责任合伙人）到最终的投资公司在整个投资过程中都存在地理差异：在风险资本和私募股权资产的资产类别中，最大的、最杰出的以及最活跃的机构投资人都位于美国。这一因素就决定了美国在风险资本和私募股权市场上的主导地位。

之前有许多研究已经讨论分析过风险资本和私募股权活动在国家经济中的决定因素。然而，

只有很少的论文能够明确界定风险资本和私募股权市场细分的区别。人们可以凭直觉判断报告中的发现是与支持公司早期发展阶段还是后期发展阶段更为相关。有些参数对新创公司有很大的影响，有些参数更易于影响已经成熟的公司，其余的参数对所有公司，也就是两种市场细分都适用。以上的调研仍然没有得出关于风险资本和私募股权投资中最重要的参数或者说是参数的排序的一致结论。虽然作者对一些具有高度相关性的参数进行了全面的讨论，但这些参数是如何相互作用的仍然还不明确。例如，在一个公司治理水平较高的国家，风险资本和私募股权活动是否更易于受到国内股票市场流动性或者是劳动制度的影响，这仍然是一个具有争议的问题。当世界上许多股票交易所都具有首次公开发行股票及退出的能力时，那么劳动力市场的摩擦就很难避免了。

至于指数评估，能够包括所有参数是最理想的状态。但是，作者所引用的一些论文在可用数据的基础上关注特定的经济体或是区域，甚至，这些论文提供的资料组既不可用，也不具有与现有欧盟国家（挪威和瑞士）数据组的可比性。因此，作者努力找出之前提到的风险资本和私募股权驱动力的最佳代理变量。在对先前的研究进行评论后，作者得出的结论是六个主要标准最终决定每个国家风险资本和私募股权投资的吸引力水平。这六个标准为：经济活动、资本市场的深度、税收、投资者保护和公司治理、人力、社会环境和企业文化。作者认为这些标准为“主要驱动力”。通过对机构投资者的一项公开调查证实了作者对参数的选择，并且在这些标准的基础上建立了指数结构。由于这六个标准都不能直接测量，作者把它们当作构建结构并努力寻找能充分表现出它们特点的数据组。例如，作者致力于寻找代理经济活动的合适数据。总之，作者找到了42个独立数据组来描述这六个主要驱动力。具有共同点的数据被定义为次构建和群组数据组。

在本文中，作者评论相关文献并且致力于寻找决定一个国家风险资本和私募股权供求关系的参数。给出的参数越高，该国对机构投资者的吸引力也就越大。在所选的国家中，作者找到42组数据作为参数的代理变量，将其加入到“风险资本与私募股权国家吸引力指数”中。作者分析结果表明，欧洲国家许多标准基本相同，但是存在两项主要区别，而正是这两项区别最终影响了国家的吸引力水平：即投资者保护和公司治理规则，资本市场的规模和流动性。

作者通过计算合成指数来对比27个欧洲国家对机构投资转入到风险资本和私募股权资领域的吸引力程度。英国的国家吸引力指数居于首位，其次为爱尔兰、丹麦、瑞典和挪威。德国的吸引力水平只是略高出欧洲平均水平，然而，法国、意大利、西班牙和希腊的数据有些差强人意。

第二种方法，作者对那些对风险资本和私募股权市场意义更为重大的参数做进一步分析。风险资本主要支持市场中具有高增长潜力的新公司和小公司。私募股权投资则针对那些成熟公司的股权变化，通常以债权投资的形式进行。因此，作者计算了分别关注风险资本和私募股权的另外两个指数。最后，作者为了提高结果的统计敏感性，从最初选取的42个参数中选取了17个组成了一个“强化版指数”来进一步分析。

借助上述方法，作者将欧洲国家风险资本和私募股权投资吸引力水平分为五个等级。在每个等级内部，一些国家的排名可能会发生改变，特别是当关注独立的风险资本和私募股权指数时，这种情况更容易发生，但是跨等级界限的变化几乎不存在。作者还将灵敏度分析和“强化版指数”的数据与在特定国家的风险资本和私募股权筹资活动的实际数据进行对比，并且揭示了这些数据之间的合理联系。作者在最初设计的42组数据的基础数据中获得了最大程度的联系。这就表明，尽管投资者保护、公司治理、资本市场安全性和流动性的程度是一个国家吸引风险资本和私募股权投资者重要的决定力量，但是仍然需要考虑许多其他参数。忽略这些参数会导致低水平的调查结果。

本论文主要做出以下贡献：第一，作者对在风险资本和私募股权类别中机构投资者的国际配置过程中起决定作用的重要参数进行了全面的讨论；第二，作者为经济体如何大量吸引投资者提供组合方法、数据资源以及定量分析方法；第三，作者应用了提出的方法，使用了灵敏性分析和可靠性分析并且创立了包括了波罗的海诸国的24个欧洲国家的排名；第四，通过这些分析，作者能够检测每个独立国家详细的优势和劣势，并且能对英国、德国和罗马尼亚的优势和劣势进行了详尽的阐述；第五，作者指出所使用的参数都很重要，忽略其中的一些参数会降低该指数的记录能力；第六，尽管欧洲国家有许多共同点，作者认为各个国家资本市场的大小及流动性，也就是说职业环境、交易流动以及退出机会最终区分了各个国家的吸引力水平。

（二）《法律、政治和跨国网络如何影响技术创业：解释中国风险投资策略差别》

标题：How law, politics and transnational networks affect technology entrepreneurship: Explaining divergent venture capital investing strategies in China.

作者：Douglas B. Fuller.

文献来源：Asia Pacific Journal of Management, Volume 27, Issue 3, September 2010.

页码：445页～459页。

本文研究的动机是识别和解释在中国运营的风险投资公司在投资选择行为方面的区别。文中区分中国技术领域企业风险投资三种不同的投资模式，分析的层面为风险投资公司而不是个别的风险投资家。第一种模式是为由非华裔创立的创业投资公司，表现为服务导向型的轻技术（technology-light）的投资模式。第二种模式是由华裔创立的并且嵌入华裔社区的外国公司，表现为技术创造型的投资模式。在本文中这些公司被称为华裔外国投资公司（ECF），从而能够区别于其他外国风险资本。第三种模式表现为投资于国家导向的项目，或者退出完全投资于技术创新项目的中国国有风险投资公司。

本文的主要贡献在于提供了在新兴经济体中关键制度安排的多样性新观念。这种观念即新兴经济体在其地理边界范围之内可能存在许多不同并且大体上相互分离的机构性运行环境，这些分离的机构又促使这些公司的行为与那些在相同地理边界范围内受到其他机构影响的公司的行为大为不同。就中国来说，政府控制着一系列制度性安排，而外国公司通过外商直接投资将他们在中国的活动与海外更加以市场为基础的机构联系起来。华裔外国投资公司和外国风险投资的不同经验又进一步区分了海外以市场为基础的机构的对投资行为的影响。以风险投资产业为例，本文说明了在相同地理空间内不同的风险投资公司是如何运营的，也解释了在相同地理空间内、明显不同的制度环境下，不同的风险投资公司是如何区分他们的投资行为的。

之前的研究指出制度性环境影响风险投资行为（Bruton 和 Ahlstrom，2003），本文的研究结论与此相一致。外国风险资本和华裔外国投资公司从不同的法律环境中学习的经验不同，也磨练出了不同的技能，这解释了两类公司行为差异的主要原因。对于任何一种类型的风险投资来说，本国经济制度影响了他们在中国的投资行为。Saxenian（2006）曾指出华裔外国投资公司在与本土中国技术专家形成跨国网络方面表现活跃。华裔外国投资公司能在缺少正式知识产权保护的环境下，发展非正式机制来保证在这样的环境中取得投资成功。

总之，政治、跨国网络和法律这三个因素塑造了中国风险投资的投资行为。华裔外国投资公司和外国风险投资与中国国内风险投资相比有一个共同的优势，即没有与政治驱动的金融体系混在一起。避免参与这样的系统能够使这些公司远离在进行投资决策制定的过程中遇到的经济和政治方面的干预，这些隐患往往限制和妨碍了他们的中国同行的投资选择。华裔外国投资公司的跨国特征使他们在投资华裔经济（例如台湾）中更早地表现出积极主动。虽然国外风险投资的主流仍然是大规模地在法律规则健全的发达国家进行，但是华裔外国投资公司的跨国网络使得他们获得了如何在法律水平相对较低的环境中进行运作的经验。这种经验使得这些公司利用非正式机制保护知识产权中保持自信，从而使得他们能够比他们的外国同行更为勇敢、更具创新性地投资于中国市场。

这三种差异投资行为模式表明法律体系和共源的跨国网络很可能是影响跨国企业行为的因素。在中国的技术创业经验可以作为可选择的非正式机制来补偿薄弱的知识产权保护体制。

（三）《只做本地生意？风险投资行业的地域性》

标题：Buy local? The geography of venture capital.

作者：Henry Chen, Paul Gompers, Anna Kovner, Josh Lerner.

文献来源：Journal of Urban Economics, Volume 67, Issue 1.

页码：90页～102页。

风险投资机构和风险投资支持的企业集中在美国三个大城市区域：旧金山、波士顿和纽约。作者发现，风险投资机构分布在风险投资支持的企业成功率高的地区。地域性与投资绩效显著相关。无论投资阶段如何，位于风险投资中心的风险投资企业都表现优异。如果国家或地区政策制定者的目标是鼓励风险资本投资，那么政策制定者可以采用降低外地成熟的风险投资家到本地做投资的成本的办法，而不是鼓励本地建立新的风险投资机构。

从硅谷到赫兹利亚、以色列，风险投资机构都呈现出地域集中分布。在Pratt's Guide to Private Equity and Venture Capital Sources中列出的1000家风险投资机构中，有超过一半以上的机构分布在三个大城市区域：旧金山、波士顿和纽约。超过49%的风险投资机构支持的美国企业分布在这三个城市。本文探讨风险投资机构的选址决策以及风险投资机构的地域性对投资活动和绩效的影响。

风险资本家提供的不仅仅是风险资本，因此风险投资机构的地理位置在创业企业发展过程中有重要作用。通常情况下，风险投资机构投资于处于早期阶段的公司和高科技公司，这样的公司信息不对称程度较高，潜在的代理冲突很严重。风险资本融资契约为各个阶段的融资提供资金，并且风险资本家持续不断地评价自己的投资组合公司（例如：Sahlman，1990；Gomper，1995；Kaplan和Stromberg，2003）。风险资本家通过董事会、管理层招募和管理层激励条款等积极地参与他们支持公司的管理活动。提供这种监管的成本可能对风险资本家和他们投资的企业间的距离比较敏感。监管投资组合公司的能力、训练管理团队的能力和提供指导的能力很可能会依赖于与公司互动的能力。例如，Lerner（1995）指出风险资本家更可能服务于地域临近的公司。此外，这种参与很可能会转化为有形的经济成果。许多研究表明风险投资支持的企业在许多方面优于自己的同行：（1）运营收入增长（Hellmann和Puri，1997）；（2）上市后的表现（Brav和Gomper，1997）；（3）创新和获取专利的活动（Puri和Zarutskie，2008）。同时，Gomper和Lerner（2001）表明，与其投入资本的数量相关，风险投资支持的企业为创造工作岗位、市场价值和税收做出了贡献。

作者探讨了风险资本家的选址决策。风险投资家在风险投资活动中心的三个相同城市设立办公室，而不是扩展到非风险投资集中的区域。例如，波士顿的公司更可能在旧金山／圣何塞，而不会在奥斯汀和德克萨斯建立机构。先前风险投资成功率解释了一个地区机构数量方差的10.9%，这表明二级聚集外部经济效果对机构选址决策产生影响。

因为风险投资机构选址及其投资项目的地理分布之间的关系是内在生成的，所以作者研究投资成功与风险资本投资者距离之间的关系。总的来说，控制了经验因素之后，处于风险投资中心的风险投资机构仍然能够绩效突出。

意外的是，大多数风险投资中心中风险投资公司的卓越表现源于非本地投资。这是反直觉的，因为风险资本家一般会对地理位置临近的公司提供的增值服务最多。作者观测包括处于投资早期阶段和后期阶段的公司的高水准表现，发现预期回报楔形不是那些投资于后期企业从而更有可能成功退出的择优选择结果。非本地投资的高额回报率表明，在风险资本可用性方面，地理差异可能有着很大的经济优势。一个对非本地投资高额回报率的解释是，风险资本家对高监督成本的投资有更高的停止投资率（hurdle rate，要求高预期回报率）。这种高停止投资率可能反应出到达较远工作地点的成本的估算。

作者发现其他证据表明，在非本地投资中可能存在更高的投资和预期回报的门槛。如果一个风险投资公司已经开始或者是计划在同一个地区开展另一项投资，该公司的预期成功率会降低2%。但如果风险资本家在访问该地时有更低的边际成本，他可能会考虑降低潜在交易的门槛，比如说，如果风险资本家已经访问过了一个投资组合公司，那么访问第二个公司的个人成本就会大为降低。

因为地域临近的投资更易于监督，所以，风险投资公司更可能将公司建立在能给他们提供高度集中有利的投资的区域。访问其他地区耗资巨大，只有一项投资能够提供足够高的回报来弥补风险资本家在监督远距离投资过程中的额外的金钱和时间消耗时，跨区域投资才可能实现。由此而导致的风险资本家和创业家的集中可能会给在新公司建立过程中具有正的外部经济性提供理论基础。例如，Gompers et al.（2005）指出风险资本支持企业的创建者不成比例地来自于早先获得风险资本支持的企业。如果风险资本供给不足是建立新公司的限制因素，那么风险资本集中程度较低的地区的政策制定者可能会希望为处于风险资本中心的风险资本家提供在该地区进行投资的激励。

风险投资公司的集中是对稀缺资源的合理配置。企业家选择将自己的公司安置在接近筹资渠道、大量人才、学术研究的地点，使得良性循环得以保持。建立在风险投资中心的公司的高成功率表明，在创立需要寻求风险投资支持的新企业时，风险投资中心是最佳的地理位置。

一级和二级聚集经济性这一良性循环对于不是风险投资中心的地区来说可能是恶性循环。虽然经济高效，但这种资源配置模式对那些寻找地方就业增长的地方政府和城市来说却显得没有吸引力。

本文研究结果表明，政策制定者做出的能增加一个地区风险支持的投资成功数量的政策，同样也能增加在该地区设立风险投资机构的可能性。如果地方政府鼓励风险资本投资，本文研究结果建议地方政府应该考虑支持类似于Village Ventures的基金，Village Ventures位于马萨诸塞州威廉斯敦，关注于在风险投资核心区域之外的新企业；或者支持Draper Fisher Jurvetson公司，Draper Fisher Jurvetson公司在休斯顿、德克萨斯、匹兹堡和宾夕法尼亚等不同地区都有其子公司网络。同时，集中于单一产业可能会提高二级聚集外部经济效果以及建立吸引风险资本家的成功记录。

最后，作者发现，风险投资公司在一个地区的现有投资会影响该公司在该地区其他交易中的停止投资率。因此，给一个地区带入新的风险投资家可能会比补助现有投资者更有效。由于越来越多的有经验的公司更倾向投资于风险投资中心，这一点显得尤为重要。这些成功的例子有的得益于高超的选择能力，有的得益于风险资本家在发展新公司方面的高超技能，在不同区域吸引这类风险资本家的注意会给这些地区带来更高的成功率。

总之，风险投资在一个地区的成功率是风险投资机构建立分支决策的重要决定因素。尽管位于旧金山、波士顿和纽约这三个地区的风险投资公司表现突出，但并不是在这些地方的投资促成了这种突出表现。有趣的是，当风险投资公司在一个地区进行一个以上的投资时，本地投资和非本地投资间的一些变现差异就会消失。这表明，随着监督的边际成本降低，风险投资公司可能降低较远地区的预计投资成功率。本文的发现既能为经济地理的研究提供信息，也能为努力吸引风险投资的政策制定者提供帮助。

（四）《风险资本：商业化的催化剂》

标题：Venture capital as a catalyst to commercialization.

作者：Sampsa Samila, Olav Sorenson.

文献来源：Research Policy, Volume 39, Issue 10, December 2010.

页码：1348页～1360页。

政府花费大量资金支持研究与开发（R&D），世界范围都是如此。例如，经济合作和发展组织成员国在2008年为研究与开发活动投入了2530亿美元（OECD，2009）。尽管这个数字已经足够巨大，但这个数字仍然低估了公共支持的真正水平。因为这个数字不包括发展中国家的预算经费，也不包括对研究支出优惠的征税方式和对非盈利性机构和大学的支持等方式提供的补助。向实验室和大学分配大量的公共资源以及支持其他领域的研究与开发，使这种做法合理的原因在于，这种研究产生的想法和发明能够产生新产品和改良产品，也能创造具有更高效率和质量的制造业，从而能加速经济增长（Bush，1945；Malakoff，2000）。

但是，随机观测表明，想法和发明从实验室和大学流向公司和社会的自由程度在各个地区之间大不相同。有些地区，比如说波士顿和硅谷享有创新从研究中心流向新兴创业企业和现有公司的高度自由，例如麻省理工大学和斯坦福大学。但是其他地区，比如亚特兰大，在这方面就没有这么成功（Powell et al.，2002）。虽然有埃默里、佐治亚理工学院和疾病防治中心，但是很少有人将南方城市视为创业活动或是生物技术的温床。

什么原因造成了这些差异？整个研究计划都在努力回答这个问题（例如，Etzkowitz和Leydesdorff，2000；Furman et al.，2002）。作者并不是要给出一个完整的答案，而是研究这个难题的一部分，尤其是要探讨风险资本的地方可用性作为商业化的催化剂可能产生的作用。

一系列因素可能会使人们质疑风险资本的重要性。创业企业能够从许多地方获得资金，资本具有流动性，并且从原则上讲能够在寻找有利可图的机遇时在一些地区流入流出。公共科研经费同样能够支持产品开发，因此，也可能能够替代风险资本（Kortum和Lerner，2000；Wallsten，2000）。此外，在位公司可能会吸收学术研究的知识，避免将创业企业卷入到商业化过程（例如，Cohen et al.，2002）。

但是，有许多理由相信地方风险资本团体在将实验室创新带入工厂、带给消费者的过程中起着重要的催化剂的作用。虽然公共科研经费对大学和研究机构的支持是研究的基本支持，但是支持应用研究的风险资本和其他形式的早期投资对将创新带出实验室也是十分必要的（Bygrave和

Timmons，1992）。一项技术被证实后，想要商业化仍然需要一种方法来有效地制造并且安全地使用该技术。理论上讲，资本随时都会从一个地方流入到另一地方，但是识别新兴技术和证明他们的价值通常需要处于早期阶段的投资者发挥积极的作用，比如说建立与大学、科研机构以及服务于这些机构的科学家和工程师的关系（Sorenson 和 Stuart，2001）。

为了检验风险资本在商业化中是否有决定性作用，作者使用一组1993年～2002年间美国都市地区的固定样本数据来测定风险投资的效果和联邦政府对大学和非盈利性机构在创新和创业精神方面提供的资金补助——通过专利和新企业进行测量。作者的模型在国家水平上控制着随时间的推移产生的稳定的地区性差异和变化。为了强调风险资本公司可能主动将资源配置到技术发展机会丰富的地区的事实，作者使用一组工具变量（IV）来评价这一结果。机构投资者定期地调整他们对风险资本的承诺以便保证理想的资产分配比率，并且他们倾向于将这些资金进行本地投资。因此，地方的机构投资者在投资组合方面的回报为地方风险资本的供给提供了有效的工具（Samila 和 Sorenson，2011）。

本文的结果揭示了学术研究方面的公共资助与支持创新及创业精神的风险资本间的相互作用。尽管本地风险资本供给对投资者的专利产生以及新企业数量有直接影响，但是在这两方面的成果的有效性随着对大学和研究机构提供的公共研究资金的增加而增长。相反，在缺乏本地风险投资的地区，政府投入学术研究的资金对专利和公司的创建的影响都很小。此外，对这些关系的进一步探索揭示了公共资金在创建专利和公司方面的功效取决于资金来源，来自美国国家科学基金会（NSF）和国防部（DoD）的资金有最大的效用。

从根本上说，本文揭示了风险资本和公共研发资金之间一种很强的互补关系。研究结果更直接地表明了在像亚特兰大这种学术研究丰富但企业资金匮乏的地区鼓励地方风险资本团体的发展能够产生很大好处。更广泛地讲，作者给日益增多的此方面的文献提供大量经验支持：创新需要一个完整的生态系统的支持。虽然存在不同的观点，比如说三螺旋模型（Etzkowitz 和 Leydesdorff，2000），国家创新体系（Lundvall，1992；Freeman，1995），区域创新体系（Cooke et al.，1997）和区域组织和网络（Powell et al.，2002）在细节方面都有所不同，但是都一致提出了政府、教育机构和产业相互补充这一观点。尽管如此，对比和量化这种关系的重要性仍然很困难，因为没有两个体系在所有元素上是完全相似的。作者的方法提供了一种中间立场。通过调查各组关系——本研究中调查的是公共支持和金融资本的私人提供间的关系——人们能够认真考虑这些系统间的互补关系，同时能够使本文分析保持在经得住定量和统计分析检验的水平上。

总体上讲，本研究指出了支持创新和创业这一生态系统的重要性。虽然之前对政府补助公司的研究有时会受到排挤（例如，Wallsten，2000），但是政府对大学和私人风险资本的补助在生产职能中能起到补充作用。从这个角度讲，本研究只提供一种可能的相互关系，但是研究结果与许多学者提出的政府、机构和产业在创造有利于创新和经济增长的环境方面相互补充的观点保持一致（例如：Freeman，1995；Cooke et al.，1997；Etzkowitz 和 Leydesdorff，2000；Powell et al.，2002）。

作者使用的方法提供了一种方法创新。关于地区生态系统的文献在突破案例分析方面取得进步比较困难。虽然这些案例分析为地区内取得的进步提供了丰富的洞察力，但是调查者仍然发现区分最重要的因素——政策制定者的潜在杠杆——以及量化取得效果的程度很困难。通过调查这些成对的关系，本研究提供了允许统计分析和定量分析的方法。

（五）《研发投资对公司风险投资利用的影响：一个行业层面的分析》

标题：The influence of R&D investment on the use of corporate venture capital: An industry-level analysis.

作者：Arvin Sahaym, H., Kevin Steensma, Jeffrey Q. Barden.

文献来源：Journal of Business Venturing, Volume 25, Issue 4, July 2010.

页码：376页～388页。

作者主要探讨内部研发（R&D）对公司风险投资（CVC）利用会产生怎样的影响以及在不同的行业中这两者之间的关系是怎样发生变化的。作者发现，研发投资会增加行业中公司风险投资交易的数量。作者还发现，研发投资对快速增长和技术变化的行业中公司风险投资的利用影响更大。

研发以及公司风险投资是开发新能力的两个主要途径。在开发新能力的过程中，公司风险投资可能替代或者补充内部研发。一方面，可以从风险投资市场而不是公司内部获得最新技术；另一方面，通过研发获得的内部知识能够提高对存在于潜在目标企业中技术的价值识别能力和开发利用这种技术的能力。在过去的文献中存在一种这样的共识，即内部研发确保公司风险投资的更好利用，这就与公司风险投资替代内部研发形成了对照（Cassiman 和 Veugelers，2002；Dushnitsky 和 Lenox，2005；Gompers 和 Lerner，2001）。然而，关于产业状况如何影响研发投资和公司风险投资利用的关系的研究还为数不多。

作者认为产业研发投资创造了一种在产业内部识别和利用源自于公司风险投资目标企业的技术价值的能力。在公司风险投资活动方面的这种能力主要依赖于产业状况。作者认为产业内部快速变化的技术能够引导产业参与者使用通过研发发展而来的知识来寻求和利用公司风险投资目标。快速增长的产业使用源自于研发的知识以及更进一步的利用公司风险投资目标企业提供机会和资源。作者通过使用400个行业组成的美国制造产业的样本来验证其假设。

作者发现，通常情况下高水平的产业研发投资能够促进公司风险投资交易的更好利用。然而，这种关系在正在经历快速技术转变和高水平包容性的产业中表现更为明显。总而言之，作者的调查结果表明通过内部研发获得的吸收能力为公司风险投资活动提供了基础，同时产业状况会影响研发和公司风险投资之间的关系。作者通过整合吸收能力和实物期权理论观点，为研发和公司风险投资的关系提供更为明确的论证，以此为这方面的文献做贡献。

最近，公司风险投资的迅速发展提出了如下问题：公司风险投资为何变得如此流行以及公司风险投资活动与传统的研发投资是如何联系的？公司风险投资盛行的原因在于这种投资能够为通过创新获得的持续增长创造机会（Folta 和 Miller，2002；Kogut 和 Kulatilaka，2001；McGrath 和 Nerkar，2004）。仅仅通过内部研发投资来建立完善的能力和技术的投资组合是十分困难的（Gomper 和 Lerner，2001；Hagedoorn，2002）。实际上，通过内部研发来发展新能力是一个相对缓慢和灵活的过程（Chesbrough 和 Tucci，2004；Gompers 和 Lerner，2001）。与此形成对比，投资创业企业能够帮助在位公司更快的发现新技术和新能力（Gompers 和 Lerner，2001；Maula et al，2003）。此外，通过公司风险投资获得的能力比通过公司内部过程获得的能力更为独特（McGrath 和 Nerkar，2004）。因此，产业内部的公司风险投资可能构成产业研发投资的一种替代。

然而，越来越多的证据表明公司风险投资与研发之间是互补而不是替代的关系（Cassiman 和 Veugelers，2002；Dushnitsky 和 Lenox，2005；Gompers 和 Lerner，2001）。通过研发获得的知识能够提高识别新企业中有价值的能力以及利用这些能力的水平（Cohen 和 Levinthal，1990；Kamien 和 Zang，2000）。

作者利用吸收能力和实物期权理论来开发一种检测不同产业在利用自身的公司风险投资的框架结构。作者研究发现高水平的研发与高水平的公司风险投资有更为紧密联系的条件。在有些产业中，来自快速技术变化的压力能够促使公司寻求公司外部的新兴技术以确保生存（Bettis 和 Hitt，1995；Hannan 和 Freeman，1989；Tushman 和 Anderson，1986）。在其他产业中，产业环境的包容性能够为这些产业积极地寻求外部创业企业提供资源和机会（Ahuja，2000；Basu et al，2006）。作者认为拥有快速变化的技术和高度包容性特点的产业会更多的参与公司风险投资活动。

作者利用美国制造业大样本来验证其假设。考虑到产业内的公司通常会分享其属性（Dansereau 和 Yammarino，2000；Klein et al，1994；Kozlowski 和 Klein,2000），产业层面上的研发资本聚合是适宜的。在产业内部，个别公司的研发活动和后续成果能够渗透到其他公司（Henderson 和 Cockburn，1996；Jaffe，1986）。产业内部的公司通过行业展览、会议、出版物和雇员流动性学习其他公司的技术发展（Appleyard，1996；Henderson 和 Clark，1990）。由于产业内部的知识相互渗透，因此说每个公司的研发努力都能对产业层面的知识做出贡献，并且产业内部的所有公司都有获得这种知识的途径（Henderson 和 Cockburn，1996）。因此，作者认为产业内部研发活动聚合为评价利用潜在公司风险投资目标提供机会并且会影响产业内部整体的公司风险投资活动。

作者还认为技术变革会普遍刺激利用公司风险投资的动机。技术变革通过打破产业平衡、破除现有能力、创造未来潜在主导技术的平台来促进探索。在这种情况下，通过探索大量新兴技术和培养新能力来创造一系列实物期权对公司在技术性循环中生存起着至关重要的作用。因此，可以说技术变革对公司风险投资有着直接的影响。

作者的研究结果还表明技术变化并不仅仅对公司风险投资利用有着直接线性的影响，它同时还调节产业内部研发投资和公司风险投资利用的关系。在动态技术环境中，之前的研发投资有着特别积极的作用。由于早期的推动优势，如专利和品牌质量会把竞争拒之门外，因此在技术变革快速发展的情况下，识别新兴技术优势的速度和效率就尤为重要。总之，产业变革提高了研发投资对公司风险投资活动的积极影响。

由于本项分析是在假定公司相似性的前提下进行的相对宏观的分析，因此还存在着许多局限（Klein et al，1994）。从公司层面出发的系统纵向分析能够给先前的研发投资和在具体公司偶然情况下进行公司风险投资之间的关系提供新的视角（Covin 和 Miles，2007；Dansereau et al，1999；Keil，2002）。同样地，探索公司差异性的研究对研发投资和公司风险投资之间的关系也会大有帮助。此类研究能够利用基于资源和动态能力的观点，因为这些观点的支持者认为公司特征和差异性对公司作出关于战略合作伙伴和外部联系方面的决策有着重要的影响。从外部创业活动获得的知识的使用和应用方面的文献较为缺乏，探索公司如何利用其从公司风险投资活动中获取的知识将会是一项很有价值的研究。

二、管理学维度的风险投资研究重要文献介绍

（一）《本国网络和国外扩展：来自于风险投资产业的证据》

标题：Home country networks and foreign expansion: evidence from the venture capital industry.

作者：Isin Guler, Mauro F. Guillén.

文献来源：Academy of Management Journal, Volume 53 Issue 2, April 2010.

页码：390页～409页。

作者认为本国的网络优势影响该公司的国外扩展，社会地位方面的优势可以作为“品质”的标志从一个市场转移到另一个市场，然而经纪人的优势是更为具体且更难以转化的一种优势。进一步，网络优势的价值随着网络的发展而变化。1010个美国风险投资公司进入国外市场的数据为社会地位的影响提供了有力的证据。作者还发现，在新市场上，在本国合作伙伴缺失的情况下经纪人会缩减国外扩展，但当本国合作伙伴已经活跃在该市场时，国外扩展会相应增加。

考虑到未知的运营环境可能与本国的很不一样，因此对公司来说国外市场的扩展是一个充满困难的过程。国际管理文献表明公司可以利用本国优势弥补在国外运营过程中遇到的问题。这类研究主要强调拥有品牌、技术、诀窍以及一般管理技能所产生的优势（见 Caves 1996，Helfat 和 Lieberman 2002 关于该文献的评论）。然而，尽管大量文献证明社会网络对公司战略和运营（例如，Burt，1992；Nahapiet 和 Ghoshal，1998；Podolny，2005）的影响，但是本国公司在国外扩展的过程中对以网络为基础的优势并没有给予足够的重视。有国际证据表明本国供应者与购买者的纵向关系以及企业集团内部的联系都与进入具体的国外市场有着密切联系。这条研究线路表明公司跟随自己的同行、顾客或者是合作伙伴进入国外市场。然而，它并不仔细考虑来自于本国公司网络地位具体优势的影响（例如 Guille'n，2002；Martin，Mitchell 和 Swaminathan，1995；Martin，Swaminathan 和 Mitchell，1998）。

作者的理论出发点是国外扩展理论以及它所强调的在本国形成的公司层面上的优势（Hymer，1976；Kindleberger，1969）。作者努力说明社会网络方法能够为公司对本国国际化方式的影响提供全面且深入的分析。社会网络文献列出了社会结构中与公司地位相关的两个主要优势：第一，网络保障社会地位（Podolny，1993 & 2001）。考虑社会地位的一个普遍方法是向心性，所谓的向心性是指一个网络的节点连接到另一个节点的程度，特别是那些具有很高社会地位的点。社会地位作为一个核心的企业品质及可信度的标志，可以降低不确定性——这种不确定指的是潜在顾客、供应商或者合作伙伴可能对该公司的感觉（Jensen，2003；Podolny，2001）。第二，核心公司可能作为一系列公司的经纪人或仲裁人，要不然就彼此之间完全分离（Burt，1992；Podolny，2005）。经纪人占据一个明显的优势地位，其他公司依靠经纪人来获取重要信息，完成交易或者结束任务（Burt，1992 & 2005）。

作者认为，公司源于本国的网络地位优势影响其追求国外机会的倾向以及其进入国外市场的选择，这也是国际化管理领域中两个最基本的研究问题。作者计划分析本国社会结构，公司被嵌入这种社会结构，并且与其他元素相比较，公司是在国外扩展和市场选择中的决定力量。作者同样仔细研究随着网络的发展，在国外市场准入过程中与网络相关的优势的影响是如何变化的。

作者认为，来自于本国网络地位的优势可以影响追寻国外机会的倾向，也可以影响外国市场扩展决策。网络相关的优势在国外定位中的可转移性大不相同。只有具有普遍适用性和吸引力的优势才能在大量的市场、产业及地点中获得（Bucklcy 和 Casson，1976；Cavcs，1996；IIclfat 和 Lieberman，2002；Hennart，1982）。有些优势可能更具有地点指向性（例如，营销技巧），然而其他优势（例如，技术或组织能力）可以转移到许多地点（Chatterjee 和 Wernerfelt，1991；Helfat 和 Lieberman，2002；Teece，1980 & 1982）。作者认为，源于网络地位的社会地位优势在许多环境中都很宝贵，而且作为一个公司全局品质及能力的标志，社会地位优势能够广泛地转移（Podolny，

2005)。相比之下，经纪人优势内容更为具体，因为它不仅是地方性的，而且在本质上是经验主义的（Burt，1997; Gabbay 和 Zuckerman，1998; Xiao 和 Tsui，2007）。

为了仔细研究与网络相关优势对新环境的可转移性，作者遵循 Bourdieu 和 Wacquant 关于网络优势的定义（也被称为“社会资本”）：“通过掌握由一种相互认识、相互认可的习惯性关系组成的持久性网络给个人或者集体带来的现实的或者虚拟的资源的总和”（1992，P119）。Coleman 提供了许多实例，这些实例证明“出于一个目的建立的组织能够被用于其他的目的，这对个人成员来说是很重要的社会资本”（1988，S108）。类似的情况还有 Uzzi 和 Gillespie 探索出的“行为者甲是如何从行为者乙那里获取资源和能力，并且这种资源和能力在行为者乙与行为者丙独立的交易中具有价值”（2002，P23）。最近，Jensen（2003 & 2008）仔细研究了以网络为基础的优势从一个商品市场到另一商品市场的可转化性。作者通过研究基于网络的优势对公司海外扩展的倾向以及公司国外市场的进入的影响来扩大和补充关于这种优势的文献资料。更为重要的是，作者探讨研究具有不同社会地位水平和经纪人优势的核心公司对本国合作伙伴进入国外市场的现象如何做出反应，因此能够提供一个考虑到网络以及时间推移过程中产生的与网络相关的优势变化的动态的视角。

作者理论的发展以风险投资产业的经验证据为基础。使用1991年～2002年间美国风险投资公司对国外市场扩展决策的系统的实证数据检验其观点，并且基于公司在国内企业联合组织网络（占美国公司投资的95%）中的结构地位计算公司的社会地位以及经纪人优势，同时探讨这些优势对公司进入国际市场的效果。

为了达到这项研究的目的，作者主要关注地处美国的风险投资公司以及这些公司在国外的投资。风险投资家从各种类型的投资家那里筹集资金，并把这些资金置于一项基金之内以便在风险企业中获取股份。在预先计划时期的最后阶段——通常情况下是5年～7年——否则投资得到清算。除资金外，风险投资家还为企业家及其企业提供战略性的建议、交流和信誉保证（Gempers 和 Lerner，2000，2001）。由于风险投资公司通常与其他公司联合投资，因此可以说风险投资产业是“高度社会性的企业”（Freeman，2005，P163）。风险投资公司之所以这么做是因为其想与其他公司分享信息、商机、资源、专业知识以及分担风险（Castilla，2005; Gompers 和 Lerner，2000; Sorenson 和 Stuart，2001）。联合组织风险投资的广泛实践为评价每个公司社会地位和经纪人优势的影响提供了独特的机会（例如：Podolny，2001; Sorenson 和 Stuart，2000）。

作者从 Thomson Financial 提供的风险投资数据库（这个数据库在美国通过每年对1000家以上的私人股票合伙经营收集信息）中获取数据。尽管这个数据库主要用于调查美国的投资，但其已广泛应用于风险投资研究领域（例如：Gompers 和 Lerner，2000; Guler，2007; Hochberg et al.，2007; Shane 和 Stuart，2001）。虽然参与调查的公司也投资于其他最新形式的私人股权，但是参与调查的每个公司在风险投资产业中都占有一席之地。作者调查的中心主要是活跃于1990年～2002年间1010个地处美国的风险投资公司的国外投资。在抽样中风险投资公司的数量看似很多，但值得注意的是并不是所有的公司在整个观察期间都保持活跃。作者通过排除每年在美国少于三个投资项目的风险投资公司来检查研究结果的敏感性。

为了确保最佳的模型拟合，在调查中分别评价了三年、两年和一年时间间隔的模型。拥有独立变量的一年时间间隔的模型可以提供最佳的整体拟合。

这项研究在许多方面具有局限性。第一，由于缺乏完整数据，因此作者难以直接检验公司是否复制本国现有网络关系用于公司进入的新市场。东道国公司网络的额外数据以及新进公司与东道国公司的关系能够为解决相关问题提供机会。第二，作者认为风险投资公司更倾向于进入由自身网络优势能获取更好运营效果的国家。换言之，作者认为预期运营效果和进入之间有着明确的联系。尽管公司并不能准确预测其在国外市场的未来表现，但是这一设想与先前在国际贸易和战略文献中的结果是完全一致的（例如，Helfat 和 Lieberman，2002；Henisz 和 Delios，2001）。最后，作者并没有明确地说明在利用自身网络优势能力方面许多风险投资公司可能存在的不同的原因。取而代之的是，作者认为在控制投资经验的前提下，由于在本国网络中的地位，风险投资公司很可能会平等地利用这些优势（例如，Shipilov，2006）。这些局限性为以后关于社会网络如何影响国外市场扩展策略的研究提供了机会。

（二）《创业融资遭遇组织现实：比较公司和独立风险投资家投资行为和绩效》

标　题：Entrepreneurial finance meets organizational reality: comparing investment practices and performance of corporate and independent venture.

作者：Gary Dushnitsky, Zur Shapira.

文献来源：Strategic Management Journal, Volume 31 Issue 9, September 2010.

页码：990 页～1017 页。

公司风险投资家总是被要求投资于具有创新性然而也颇具风险的项目。但是公司的研发投资现实却阻碍着这些尝试。Jensen（1993）在其文章中指出无论是 IBM 还是通用汽车公司，他们每年用于研究与开发的支出超过了其用于风险投资支出的总和，但与此不成比例的是，其风险资本支持的企业获得更为可观的经济效益。Jensen 认为这种结果是由于公司内部对研发环节的激励机制不当所致。由此，Jensen 强调了理解薪酬机制对投资决策及其后续结果的影响的必要性。

作者注意到这个观点并研究了公司激励机制对公司风险投资（CVC）这种公司行为的影响。公司风险投资是由行业内原有企业利用少数股权投资于风险企业的行为，这里的风险企业是指那些寻求资本注入以继续运作的创新性公司。公司风险投资借此为自己打开新市场引入新技术，提供了一个提升自身创新性的机会。受 Jensen（1993）这一敏锐比较的启发，作者研究了激励机制对公司风险投资家和独立的风险投资家的影响，即薪酬机制是如何影响风险投资家们的投资行为的？他们的绩效差异说明了什么问题？

由上述问题引出的研究受到委托代理相关文献的启发。通过将代理人（例如经理）费用与其绩效联系起来，作者推测，委托方（如公司股东）希望风险投资经理能够投资那些高风险高收益的项目，而这些项目是风险投资经理本身不予优先考虑的。在实证上，大量的文献研究了公司薪酬制度和经理人最终绩效之间的关系，然而提出的证据总是不明确的。很显然，这些研究都暗示了激励机制通过约束经理的行为而影响其绩效的机理。要想为委托代理机制提供更有利的支持，作者不能仅仅研究激励机制和绩效之间的间接关系，还要研究二者之间的理论机制——管理行为，而目前学术界对后者鲜有研究。

具体来说，CVC 为研究委托代理机制所包含的三个要素提供了很好的背景。从理论上讲，委托代理分析了激励机制如何影响经理在能够盈利但具有不确定性的项目上的投资决策。这和作者的研究方向一致：CVC 是投资于那些技术可行性及商业前景都高度不明确的风险企业。重要的是，本文的研究不仅仅限于将激励机制与绩效联系起来，作者打开了所谓的黑箱去研究激励机制与风险投资经理绩效之间的直接关系。因此，本文能够填补委托代理领域文献的一个空白。此外，在 Jensen（1993）和 Hamel（1999）的启发下，作者的研究还对经理的行为以及公司绩效进行了直观的解释——从某种程度上讲，独立风险投资（IVC）作为专业投资者可以成为评估CVC的标准。

作者基于理论分析提出了一组假设：

对薪酬机制和风险经理投资决策关系的假设：

假设1: 在其他条件相同的情况下，相对于仅有独立风投基金参与的投资，有公司风投参与的投资多投资于风险项目的后期阶段。

假设2: 在其他条件相同的情况下，由CVC和IVC组成的联合投资的参与者数要多于仅由IVC构成的联合投资。

假设3: 在其他条件相同的情况下，对公司风险投资家进行绩效奖励能够增大其投资于项目初期阶段的可能性。

假设4: 在其他条件相同的情况下，对公司风险投资家进行绩效奖励能够增大其参与小规模联合投资的可能性。

对薪酬机制和投资绩效关系的假设：

假设5: 在其他条件相同的情况下，对公司风险投资家进行绩效奖励会使其与独立风投者在投资绩效上的差异增大。

然后，作者对1990年代的风险投资家进行了深入的分析。实证从薪酬制度对投资行为的影响以及对最终投资绩效的影响两个方面展开。其中，薪酬与投资行为的关系研究以一轮投资为单位，样本共选取13 096轮投资，然后对有CVC参与的1197轮投资和只有IVC参与11 899轮投资进行分析和比较；薪酬与投资绩效的关系将从风险基金的角度进行分析，对主要投资者的投资进行加总，然后比较300个公司风险投资家和2530个独立风险投资家的投资绩效。

作者以公司和个人风险投资家进行的13 096轮投资为样本研究了对风投者的薪酬机制以及其投资行为之间的直接关系。这个分析重点在于CVC和IVC在面对不确定性投资时所采取的投资决策：投资阶段的选择（关注于不同阶段的风险投资）以及联合投资（由两个或更多的投资者联合进行一次投资）。例如，对投资阶段的分析说明公司风险投资家多投资于风险项目的后期。也就是说，公司和个人风险投资行为是有所不同的。有趣的是，不同的程度受到公司风险投资家薪酬情况的影响。当他们没有或者只获得很少的绩效工资时，二者的差别较大，然而当他们获得薪酬奖励时，差别明显缩小。对于联合投资的分析也得到了相似的结果。

作者还研究了投资者的最终绩效与他们的薪酬机制之间的变化关系。这个分析包括了2830个参与者，他们是合计13 096轮投资的公司和独立风投者。作者也得到了类似的结果：公司风险投资与独立风险投资在退出的成功率上有所不同，而且最终绩效的差异和公司风险投资的激励机制密切相关。当公司风险投资家获得绩效奖励时差异变大，没有或只拿到很少时差异变小。

本文对于公司风险投资和独立风险投资家的比较对挖掘薪酬制度与公司创业投资的影响关系具有指导意义。一直以来，由于数据和研究方法上的问题，对于这方面研究非常欠缺，本文的研究尚属首次。

本文的研究结果强调了公司薪酬制度影响效应。首先，作者发现薪酬能够促进投资决策。在对20世纪90年代技术行业的13 096轮风险投资的研究表明，与IVC的投资相比，CVC多投资于风险项目的后期阶段，而当公司风险投资家获得薪酬激励时，二者差异缩小。对于联合投资的研究也得到了同样的结果。由CVC和IVC组成的联合投资的参与者数要多于仅由IVC构成的联合投资。当公司风投者获得薪酬奖励时，这种差异也缩小了。其次，对于参与投资的2830名投资者的研究表明，绩效工资不仅影响投资者行为，也同时影响其最终投资绩效。公司投资者的投资绩效与独立投资者平分秋色，但当公司投资者获得薪酬奖励时，前者的投资绩效则优于后者。

本文对这一研究领域也做出了若干贡献。首先，文章从对公司风险投资薪酬机制的研究中得到大量论证，为其他学者提供了借鉴和参考。另外，作者对委托代理关系的研究进行了创新，利用独特的实证分析方法对委托代理关系中的三个要素，即激励机制、投资行为和绩效进行研究。与以往的研究结果不同，本文通过分析证明了激励机制与绩效之间的关系与其理论基础是相一致的。更重要的是，作者分析了激励机制与风险经理行为之间的直接关系，这在以往的研究中是不多见的。研究结果对理论提供了强有力的支持，说明了经理的投资决策在激励机制与绩效关系中起到了调节与传导的作用。

此外，本文针对公司风险投资经理这个具有重要战略意义但经常被忽视的群体进行研究。以往的多数研究都聚焦于顶级管理层，这与顶级管理层的决策力和相关数据容易获取有关。仅有少数文章提出对于高层之下的经理们的激励也会影响公司的绩效。本文就是强调了薪酬制度对于这个群体的重要意义。

（三）《风险投资支持的企业现金流权再谈判》

标题：Renegotiation of cash flow rights in the sale of VC-backed firms.

作者：Brian Broughman, Jesse Fried.

文献来源：Journal of Financial Economics, Volume 95 Issue 3, March 2010.

页码：384页～399页。

通常情况下，风险资本家（VCs）通过可转换优先股进行投资（Kaplan和Strömberg，2003; Sahlman，1990）。一个公司被出售或者解散时，剩余财产分配优先权保证风险资本家能够先于普通股股东（包括公司的现任经理、创立者和其他雇员）得到赔付。如果按照一个足够高的价格向私人出售股份，或者上市（IPO），风险资本家能够按照预先计划的比例将优先股转化为普通股（Hellmann，2006）。

然而，在将股权出售给私人这种最普遍的退出方式中，风险资本家可能就现金流权再谈判（Cumming，Fleming和Schwienbacher，2006）。经理和其他一些普通股股东可能利用自身在董事会的地位或者其他的控制权来组织公司股权的出售，特别是当风险资本家的剩余财产分配优先权得到满足而给普通股股东留下很少权利时，这种情况更有可能发生。不完全契约理论（Aghion和Bolton，1992; Hart，1995）表明这种控制的威胁促使风险资本家分出部分现金流权给普通股股东（Hellmann，2006）。

不幸的是，没有足够的证据表明在非公开出售股权的交易中，风险资本家的现金流权是怎样表现的。风险资本家的现金流权在不公开股权出售中真正得到再谈判了吗？如果真的做到了这点，这种再谈判是不是普通股股东的控制力造成的呢？

为了解决这些问题，作者使用了2003年和2004年被收购的50个风险投资支持的硅谷企业的一组数据。作者从VentureReporter.net获得了一份位于加利福尼亚州的在2003年和2004被收购的企业的名单，名单上的企业都是风险投资支持的企业。作者滤出了其中位于旧金山、圣何塞和奥克兰（广义上被定义为“硅谷”）以外地区的企业，在名单上只保留了193个企业。对于每一个公司，作者都从一个或者是更多了解公司发展进程的人身上收集数据，包括对公司建立和销售的了解等。作者获得了193个企业中141家公司的现行创立者和主管的地址（为了方便起见，以下称为“创业家”)。作者向每个公司的创业家发邮件收集数据，并且向他们承诺对企业家和创业公司的身份保守秘密。在邮件发出后的两周内，作者打电话鼓励创业家和创业公司的参与。

在141家公司中，有57个企业家反馈了数据，达到了40.4%的反应率。收集的数据中包括公司组成状态、现金流权、在每一轮风险投资中的控制力、首席执行官（CEO）和董事的身份和背景以及销售周期，包括向不同等级的股东支付的金钱数量。

作者从57家公司的原始数据中排除了七组不完整数据，留下了50家公司。在大部分（50家企业中的42家）股权出售中风险资本家以优先股股东的身份退出。在其余的8家企业中，风险资本家放弃了剩余财产分配优先，将其转化为了普通股。

这些公司都是些主要经营生物技术、电信、软件和互联网领域的高科技企业。虽然平均售价为5500万美元，但各个企业的结果却大不相同。有些公司基本上是债务清偿，只得到了几十万美元，有些公司以超过一亿的高价出售。对每个企业，作者都收集了为出售股权进行的最初风险投资融资的控制权和现金流权配置的数据。然后，作者研究在风险资本家和原始普通股股东中产生的收入分配问题。因此，在销售时作者能将风险资本家的现金流权与其实际所得进行对比。

作者发现在大多数销售中不存在再谈判：风险资本家得到了全部的现金流权。但是在11个案例中，风险资本家在自己的现金流权中为普通股股东留出一部分。在这些案例中，风险资本家平均分出了370万美元，接近风险资本家现金流权的11%。全部50个公司的平均分出为2.3%（1.9%的美元比重）。本研究表明尽管风险资本家以优先股股东身份退出并且易于受控制行为的伤害，但风险资本家现金流权在不公开股权出售中基本上是可靠的。

作者同样指出，如果普通股股东比风险资本家更具控制权，那么有利于普通股股东的现金流权偏离的可能性和程度会更大。在其他条件相同的情况下，如果风险资本家在董事会不占有大多数，那么期望偏离就会多出150万美元；如果公司选定的州的法律赋予普通股股东更大的杠杆，那么期望偏离就会大约多出160万美元。这就表明这种偏离至少部分由公司内部控制权的配置决定。

本研究做出了许多贡献。第一，它解释了风险资本家如何利用不公开销售股权来退出他们的投资。虽然研究者大量研究了风险投资通过上市而进行的退出行为（Barry，Muscarella，Peavy和Vetsuypens，1990；Megginson和Weiss，1991；Lee和Wahal，2004；Gompers，1996）并且构建了向私人销售股权的理论（Berglöf，1994；Bascha和Walz，2001；Hellmann，2006），但是关于风险资本家是如何在这些股权销售中退出仍然鲜为人知，虽然这是风险资本退出的最普遍行为。作者的发现表明，风险资本家在退出时对实现自身现金流权通常会有足够的控制。然而，为了获得普通股股东的支持以达成计划中的销售，有时风险资本家需要支付给普通股股东费用。当风险资本家控制力较小时，这种再谈判的可能性更高。本文的发现与Hellmann（2006）的观点保持一致，Hellmann认为缺乏完全控制与退出能力和以剩余财产分配优先的方式持有优先股的风险资本家所在的公司更有可能出现再谈判。

第二，本研究为不完全融资契约文献提供支持，特别是Aghion和Bolton（1992）。Aghion和Bolton指出，为了改善决策制定，投资者可能给创业者一些控制权。因此，为了表示对投资者有利的股权销售行为的支持，投资者可能会把自己部分的资金流权出让给企业家。与这一模型保持一致，作者指出当事人给企业家和其他普通股股东分配一些控制权；有时会有关于退出问题的再谈判；再谈判涉及投资者部分放弃自己的现金流权；先于销售的控制权配置一定程度上推动了再谈判。尽管其他学者（Kaplan和Strömberg，2003）证明创业企业的控制权分配与Aghion和Bolton（1992）的文献保持一致，但是本文首次在这一模型的指导下指出控制权的分配影响风险资本家现金流权偏离的可能性和程度。

第三，本研究为创业公司对公司法选择的重要性提供证据。有证据证明美国内外公司法之间的差异影响普通股在上市公司中的价值（Daines，2001；Subramanian，2004；La Porta，Lopez-DeSilanes，Shleifer，Vishny，2002）。但还没有研究探讨是否会影响风险投资支持的企业或者其他类型私人企业的财务绩效。本研究首次提出公司法的选择对私人企业同样重要。需要强调的是，为普通股股东提供更多杠杆的公司法可能能使这些公司在出售时获得更多的事后收益。

（四）《风险资本联合投资的需求和机会的相互影响》

标题：The interplay of need and opportunity in venture capital investment syndication.

作者：Dimo Dimov, Hana Milanov.

文献来源：Journal of Business Venturing, Volume 25, Issue 4, July 2010.

页码：331页～348页。

公司间的联合是研究组织行为的一个重要课题，目前的研究已扩展到探求其发生的原因所在。简单的说，当彼此需要更多的资源或者有机会发现和吸引潜在合作伙伴时，公司会形成联盟进行合作。前一种情况是从战略的角度出发，由于缺乏足够的认知而选择合作；后一种情况得以出现是由于合作方具有优质的网络资源或较高的市场占有率。

以往的研究多将公司的联盟行为归因于市场情况、行业竞争、公司属性或这些因素的综合作用，但对于投资项目本身的性质对公司联盟的影响却鲜有研究。这种缺失令人遗憾，因为不论是对需求的评估，合作者对联盟贡献的估计，还是对联合治理结构的确定，对项目结果的评价都要从投资项目的角度出发。另外，对于进行联合投资所面临的需求和机会，其相互影响的机理是目前的理论所无法解释的。一方面，很多具有合作机会的公司在投资项目时不一定需要这种合作；另一方面，需要合作伙伴共同投资于某项目的公司却很难吸引到投资伙伴进行合作。因此，从项目层面进行思考非常重要，因为它既关系到公司是否寻求合作者进行投资又关系到潜在的合作者是否选择加入某一联盟进行联合投资。

在风险投资领域对一些特殊的项目进行研究尤其具有说服力，因为在这个领域有相当大一部分的投资都是采用了联合投资的方式进行的。联合投资除了能为风险投资公司的资产组合管理带来好处之外（例如投资多样化、风险分担以及增大交易流动性），还能够通过收获更多知识与技巧来加强本公司投资的项目选择和管理能力。事实上，研究表明，当投资于创新程度高或刚建立不久的公司时，风险投资公司更倾向于采用联合投资的方式以应对投资项目中的不确定性。然而，这些研究暗含的前提是，这种特定投资中的不确定性均存在于潜在投资者中。对于这一前提的质疑揭开了一个至今仍鲜有研究的问题，即不确定性对于风险投资公司的相关影响，并由此引出关于促使风投公司加入联盟对一些特殊项目进行投资的因素进行思考和研究。

据此，本文试图探求风险投资公司在新投资时的需求和机会与联合投资之间的关系。作者将这两个因素与投资项目的创新程度相联系，并区分了这其中存在的两种不确定性：自我中心不确定性，这是对风投公司自身能否成功进行投资决策的不确定；他人中心不确定性，这是其他风投公司作为潜在的合作伙伴对于牵头的风投公司资质的不确定。在这里，前者增大了风投公司寻求联合投资的需要，而后者减少了公司进行联合投资的机会，使得其需要靠公司的地位和声誉来吸引合作伙伴。因此，作者认为不仅风险投资公司在投资于创新项目时更易采用联合投资的方式，而且对于地位和声誉都较高的公司，形成联合投资的机会更大。

关于自身不确定性与联合投资需求，作者提出了假设1：

假设1：联合投资的可能性随着风投项目创新程度的增加而增大；

在地位和声誉对消除对方不确定性的影响关系部分，作者提出了假设2和3：

假设2：与地位低的风险投资公司相比，联合投资与创新度的正相关关系在地位高的风投公司中更显著；

假设3：与声誉低的风险投资公司相比，联合投资与创新度的正相关关系在声誉高的风投公司中更显著。

通过对2498家风险投资公司在1980年～2004年间进行的35 757次首轮风险投资情况进行研究，作者发现联合投资的可能性随项目创新程度的增加而增大，并且这种关系在地位高的公司中更显著，但与作者预期相反的是，这种关系在高声誉的企业中反而更弱。

能够同时具有需求和机会对于风投公司形成联合投资是非常必要的。但是这两方面因素却经常不能够同步：公司形成联盟的需求增大却会同时减少其发现和吸引合作伙伴的机会。在本文的研究中，作者试图去理解这其中的影响关系，区分风险项目中存在的两种不同的不确定性。具体而言，一方面，当认为项目的创新程度很高时，风投公司面临着自身不确定性，这关系到公司能否做出正确的投资决策，因此对于联合投资具有更强烈的需求；另一方面，这又将公司置于对方不确定当中，使得公司很难得到潜在合作者的正确评估，这反过来使得公司获得联合投资的机会由其所表现出来的公司资质所决定。在这些讨论的基础之上，作者研究发现创新度高的项目更易获得联合风险投资。另外，作者发现当风投公司的地位很高时，前面所述的关系更显著，而与预期相反的是，高声誉反而使这种关系变弱。

本文的研究再次强调了风投公司在面对新投资和不确定性项目时会寻求和建立联盟的观点。然而，研究也表明这种特定的项目会降低公司作为合作者的希求并改变其在项目实施中的地位。对声誉和地位这两个传递公司资质的信号的比较使作者不仅看到了他们在吸引合作伙伴时的不同效应，同时也看到了他们在选择合作者过程中的不同作用。由于获得地位和声誉需要靠时间和价值资源逐步积累，因此理解这二者在满足公司的联盟需求并获得结盟机会中所表现出来的相互关系及杠杆效应对于今后管理实践的研究极为重要。

对于现有的相关文献，作者研究的创新之处在于：首先，作者对需求与机会和联合风险投资之间的相互影响进行研究，弥补了这一研究方向的缺失。作者主要研究从项目的角度出发而形成的联合投资，这使得作者发现不确定性这一项目独有的特质以及其对联合投资形成所产生的两种不同方向的影响。通过强调看似相似的项目实际上并不都能促使风投公司产生联合投资的需要这一观点，作者对现有研究进行了延伸。其次，作者的研究表明即使是能够催生出联合投资需求的项目也可能使潜在投资者持观望态度，除非牵头的风投公司能够证明自己的资质够高。这又将公司地位决定不确定性程度并最终影响联合投资的形成这一观点予以扩展。最后，本文的研究加深了作者对于公司地位和声誉影响联盟形成及风险投资的认识。作者得到的结果表明公司地位和声誉分别作为社会性要素和经济型要素在信号传导机制上是有所不同的，这也决定了二者对于消除创新性项目中所包含的对方不确定性的能力也是不同的。

本文的不足之处：本文的前提假设是联合投资是应对不确定性的最佳选择，但事实上，在某些情况下风险投资公司更愿意独自承担风险而不采取联合投资的方式；在参与联合投资的合作者间，除了当前的投资关系外可能还存在其他一些未观察到的关系；本文没有对风投公司对彼此地位和声誉的认知程度予以明确的度量。

（五）《新技术企业中风险投资选择行为差异性的范围和性质》

标　题：The extent and nature of heterogeneity of venture capital selection behavior in new technology-based firms.

作者：Mirjam Knockaert, Bart Clarysse, Mike Wright.

文献来源：R&D Management Volume 40, Issue 4, September 2010.

页码：357页～371页。

技术转移的成功部分依赖于寻求风险资本投资的新技术企业（NTBFs）。但是，关于风险资本家在这种环境中的选择过程却鲜为人知。作者对68个欧洲专注于投资早期阶段高科技企业的风险投资家进行了调查，从他们那里收集来一组独特的数据，研究风险资本家选择行为的差异性。作者按照归纳研究设计逻辑，使用联合分析法研究风险投资家的投资决策。他们区分了三种不同类型的风险投资家：关注技术的投资者（技术投资者）、关注财务的投资者（财务投资者）和关注人力资源的投资者（人力资源投资者）。技术投资者重视技术的可占有性，比其他类型的风险资本家更重视与企业家的交流。对人力资源投资者来说，企业家的领导力和团队的质量等人力因素最为重要。财务投资者在投资收益率、成长性和团队完整性等有限因素的基础上做出投资决策。

一般来说，新技术企业（NTBFs），具体说是高科技创业企业，在过去的20年中得到了学术界的广泛关注（Mustar et al., 2006）。新技术企业在四个核心经济活动领域有着特别重要的潜在贡献：创新、新就业创造、外销增长和区域发展（Rothwell 和 Zegveld，1982；Freeman，1983）。尽管在国家创新系统中存在关于这些公司重要角色的一致意见，但在这些公司个体表现方面还存在着疑惑。许多作者报告了新技术企业在增长率方面巨大差异（Mustar，1997；Chiesa 和 Piccaluga，2000）。

最近的研究表明，成功吸引风险资本的高技术创业公司在进入市场的时间（Hellman 和 Puri，2000）、创新能力（Kortum 和 Lerner，2000）和销售增长（Heirman 和 Clarysee，2005）方面比其他公司有更为突出的表现。尽管风险资本支持的公司的绩效表现仍然复杂，但是风险资本能够帮助克服刚刚起步对于创新的制约（Oakey，1995；Storey 和 Tether，1998）。事实上，为了快速达到临界状态，新技术企业需要足够的风险投资资源。

然而，对于高科技公司而言，获得风险投资不足是一个众所周知的问题。企业家和政策制定者认为风险投资公司对高科技公司进行投资的不足通常被创业者和政策制定者认为是市场失灵。另一方面，风险资本家经常声称他们愿意投资高科技公司，但是在识别能从风险投资中获益的具有吸引力的项目方面存在很大困难（Wright et al., 2006）。新技术企业在商业模型和启动资源结构方面存在差异这一观点得到了越来越多的认可（Druilhe 和 Garnsey，2004；Heirman 和 Clarysse，2004）。

为了解风险资本如何帮助从新技术企业向市场传播技术知识，作者研究了风险资本家如何评价早期阶段的技术企业。同时，作者还研究了在风险资本家的筛选过程中，企业技术和知识基础的相对重要性。尽管大量研究表明早期阶段的风险资本家与晚期阶段不同（Sapienza et al., 1994；Elango et al., 1995），高科技风险资本家与非高科技风险资本家不同（Murray 和 Lott，1995；Lockett et al., 2002；Baum 和 Silverman，2004），但是没有人对风险投资行业的选择行为做细致的分类。对新技术企业的差异性的认识暗示：聚焦于高科技的风险资本家可能需要在投资领域、基金特征和主管的人力资源方面也需要存在差异。本研究通过探讨早期阶段高科技风险资本家在选择投资项目以及这些风险资本家在哪些方面区别于传统的风险投资产业。本研究较以往的研究更为深入地洞察创业企业理想的融资战略（例如，Minola 和 Giorgino，2008）和风险资本家总体上的选择行为。作者探讨了以下具体的问题：

（1）可能从多大程度上识别早期阶段高技术风险投资家的不同类型？

（2）不同的早期阶段高技术风险投资家的选择行为多大程度上与其资金特征相关？

（3）不同的早期阶段高技术风险投资家的选择行为多大程度上与其经理的人力资源特征相关？

作者从高科技投资不同于非高科技投资这一假设出发（Lockett et al.，2002），只关注将高科技投资视为核心业务的风险资本家。过去的文献列出了决定风险投资家投资选择策略的一系列重要指标：首先是创业家和创业团队的“人力资源”，其中包括：a. 管理能力，可以是管理技能、管理质量、管理团队的特征或者管理业绩记录（Shepherd 和 Zacharakis，1999）；b. 创业家的管理技能（Tyebjee 和 Bruno，1984；MacMillan et al.，1985，1987）；c. 创业团队的知识多样化（Keeley 和 Roure，1989）；其次是市场环境，包括市场 / 产业特征（Hisrich 和 Jankowitz，1990）、对业务的威胁（Tyebjee 和 Bruno，1984；Meyer et al.，1993）、竞争水平（Hutt 和 Thomas，1985；Kahn，1987；Muzyka et al.，1996）、产品差别化水平（Tyebjee 和 Bruno，1984；Hutt 和 Thomas，1985；Hisrich 和 Jankowitz，1990）；第三是产品 / 服务的特征（Macmillan et al.，1987）；第四是财务指标和退出机会（Macmillan et al.，1987）。

Muzyka et al.（1996）的研究首次对早期风险资本研究的选择标准进行了综合和按等级分类。然而，调查结果仍然不足，只调查了包括四个风险资本家的一组样本，其中的一项重要结论是“人力因素”是最重要的因素，这与先前的调查也是保持一致的。在创业家和风险资本家之间存在的典型的信息不对称性，投资者很难评价高科技公司的技术和潜在市场水平（Gompers，1995）。

然而，新技术企业可能在起始资源和商业模式方面有所不同，这种不同也可能在学科和工业部门有所变化，这一观点已经得到了越来越多的认可（参见 Mustar et al.，2006）。有些企业重视咨询服务的提供，有些企业注重技术或者产品的发展，其他一些企业可能正从提供服务向发展技术产品转化。比如说，有些企业在集成电路测试领域可能会有相对较短的研制周期，但在生物技术和健康领域可能会有更长或者不确定的研制周期（Druilhe 和 Garnsey，2004；Heirman 和 Clarysse，2004）。新技术企业都具有了不同程度的信息不对称，但是评价其需要的技能是各不相同的，这也就造成了基金之间选择行为方面的不同。

早期阶段高科技企业的差异性和不同的选择行为可能与不同的基金特征有关。与资金间选择行为的差异性有关的第二个因素是投资主管的人力资源的变化。

目前，作者对选择行为的差异性与基金和投资主管人力资源特征间的关系还不够了解。作者通过研究早期阶段高科技风险资本家初步计划决策过程中的取舍，探索风险投资选择行为差异。作者的研究主要关注欧洲处于早期阶段的高科技风险投资公司，发现处于早期阶段高科技风险投资家的实践活动存在着很大的差异性。作者指出，68 支基金平均指向三个群体：财务投资者、人力资源投资者和技术投资者。

本论文对实践界有重要的指导意义。第一，高科技创业家能够受益于对风险资本家选择行为的更好理解。并不是所有风险资本家都使用相同的投资选择策略，有些风险资本家更重视团队特点，有些风险资本家看重技术特点，有些风险资本家强调财务标准。理解这些，对高科技企业家有特别重要的作用。本论文的发现表明，处于早期阶段高科技风险投资家并不是只投资“完美交易”。所谓的“完美交易”是指具有确定的创业团队、明确的市场前景，获得首批顾客，既有很强的专利观念又有很好的资金前景的项目建议。同样，许多早期阶段高科技风险投资家还会投资于具有很强的专利观念、完整的团队或者很好资金前景的项目。例如，技术保护意识很强的创业家可能会在技术得到保护或者完整团队建立之前，就努力吸引技术投资者的注意。这一类型的投资者投资于公司的早期萌芽阶段。技术投资者易于识别，因为他们为自己的投资筹集了数量相当可观的公共资金，而且通常情况下管理的资金规模较小。

第二，旨在将研究结果商业化的公共研究机构（PRIs），比如说大学，也能够受益于对风险资本家选择行为的更好理解。研究者（例如 Moray 和 Clarysse，2005）表明，理解风险投资家的选择行为大大提高了学术性衍生企业的出现。通常情况下，这些公司处于发展的早期阶段，因此，他们为了完成技术发展、建立企业团队和申请专利需要得到进一步的资金支持。有些公共研究机构为了缩小资金缺口，与风险资本家建立了联系，而有的则没有建立联系。因此可以说，理解风险资本家如何选择投资以及是否所有风险资本家都采用相似的选择标准对这些机构的技术转让主管至关重要。对风险投资家差异性的深入理解很有可能帮助公共研究机构技术转让人员做好转化为企业的准备，这正是阻碍对大学衍生企业进行投资的主要问题。

第三，风险资本家能够学习其他风险资本家如何选择投资，自己与其他风险资本家有何不同以及导致这些不同的原因。由于在选择模式上极为相似，因此知道在具体交易中与哪些风险资本家竞争以及哪些风险资本家可能成为潜在的联合投资伙伴，对风险资本家来说也是极为有趣的。此外，本文对风险资本家的重组政策也有重要的指导意义。本项研究表明，投资者以前的经验也会影响其行为。作者在“技术投资者”内部找到了具有学术经验的投资者代表，并且发现有丰富融资经验的投资者更像是属于“人力资源投资者”。

最后，本研究也有很多局限性。首先，数据收集过程中展示给风险资本家的是假想经营规划，而不是实际的经营计划。这种方法可能会比一般的问卷调查更有启迪作用，同时，这种方法还能克服在接近政策制定过程时所遇到的困难，通常具有实际经营计划的风险资本家可能采用这种政策制定过程。然而，将来的研究很可能会考虑使用联合技能和一种定性方法（案例分析）；第二，在欧洲，早期阶段的风险资本家数量相对较小，因此所选样本难以研究各个国家环境差异。虽然国家之间存在差异，但投资新技术企业在欧洲范围内面临的挑战已经得到了广泛的认可；第三，本研究是跨部门的研究，因此不能将选择行为和投资绩效或者投资组合公司增长相联系。最后，尽管作者承认“声称的”选择行为和“使用中的”选择行为间的差距（参见 Shepherd et al.，2000），但是本研究并没有进行对比。

第四节　2010年国际风险投资研究文献目录

[1] Allcock, D., Filatotchev. I. Executive incentive schemes in initial public offerings: the effects of multiple-agency conflicts and corporate governance. Journal of Management, May 2010, Volume 36, Issue 3, p663-686.

[2] Arikawa Yasuhiro, Eddine Imad'Gael. Venture capital affiliation with underwriters and the underpricing of initial public offerings in Japan. Journal of Economics and Business, In Press, Corrected Proof, Available online, 28 April 2010.

[3] Arping Stefan, Falconieri Sonia. Strategic versus financial investors: the role of strategic objectives in financial contracting. Oxford Economic Papers, Oxford, October 2010, Volume 62, Issue 4, p691-714.

[4] Avnimelech Gil, Rosiello Alessandro, Teubal Morris. Evolutionary interpretation of venture capital policy in Israel, Germany, UK and Scotland. Science and Public Policy, 37(2), March 2010, p101-112.

[5] Benson David, Ziedonis Rosemarie H. Corporate venture capital and the returns to acquiring portfolio companies. Journal of Financial Economics, In Press, Corrected Proof, Available online, 8 July 2010.

[6] Bertoni, F., Colombo, M. G. and Croce, A. The effect of venture capital financing on the sensitivity to cash flow of firm's investments. European Financial Management, September 2010, Volume 16, Issue 4, p528-551.

[7] Brenner, R. and Brenner, G. A. Venture capital in Canada: lessons for building (or restoring) national wealth. Journal of Applied Corporate Finance, 2010, Volume 22, Issue 1, p86-97.

[8] Broughman B., Fried J. Renegotiation of cash flow rights in the sale of VC-backed firms. Journal of Financial Economics, March 2010, Volume 95, Issue 3, p384-399.

[9] Bruton, G. D., Filatotchev, I., Chahine, S. and Wright, M. Governance, ownership structure, and performance of IPO firms: the impact of different types of private equity investors and institutional environments. Strategic Management Journal, May 2010, Volume 31, Issue 5, p491-509.

[10] Burke, A., Hartog, C., van Stel, A., Suddle, K. How does entrepreneurial activity affect the supply of informal investors? Venture Capital, January 2010, Volume 12, Issue 1, p21-47.

[11] Cannice, M. V., Bell, A. H. Metaphors used by venture capitalists: darwinism, architecture and myth. Venture Capital, January 2010, Volume 12, Issue 1, p1-20.

[12] Carpentier Cécile, L'Her Jean-François, Suret Jean-Marc. Stock exchange markets for new ventures. Journal of Business Venturing, Volume 25, Issue 4, p403-422.

[13] Checkley, M., Higón, D. A. and Angwin, D. Venture capital syndication and its causal relationship with performance outcomes. Strategic Change, Volume 19, Issue 5-6, p195-212.

[14] Chemmanur Thomas J, He Shan, Nandy Debarshi K. The going-public decision and the product market. Review of Financial Studies, May 2010, Volume 23, Issue 5, p1855-1908.

[15] Chen Henry, Gompers Paul, Kovner Anna, Lerner Josh. Buy local? The geography of venture capital. Journal of Urban Economics, January 2010, Volume 67, Issue 1, p90-102.

[16] Chen Jia. China's Venture Capital Guiding Funds: policies and practice. Journal of Chinese Entrepreneurship, Volume 2, Issue 3, p292-297.

[17] Chen Ke, Chu Tingheng, Billota Rocky. A spatial investigation of venture capital investment in the US biotechnology industry, 1995–2008. Springer Science + Business Media B.V., 2010.

[18] Colombo Massimo G, Grilli Luca. On growth drivers of high-tech start-ups: exploring the role of founders' human capital and venture capital. Journal of Business Venturing, November 2010, Volume 25, Issue 6, p610-626.

[19] Cumming D, Walz U. Private equity returns and disclosure around the world. Journal of

International Business Studies, May 2010, Volume 41 Issue 4, p727-754.

[20] Cumming Douglas J, Dai Na. Fund Size, Limited Attention and Valuation of Venture Capital Backed Firms. Journal of Empirical Finance, In Press, Accepted Manuscript, Available online, 14 October 2010.

[21] Cumming Douglas, Johan Sofia. Phasing Out an Inefficient Venture Capital Tax Credit. Journal of Industry, Competition and Trade, Volume 10, Numbers 3-4, p227-252.

[22] Cumming Douglas, Dai Na. Local bias in venture capital investments. Journal of Empirical Finance, June 2010, Volume 17, Issue 3, p362-380.

[23] Cumming Douglas, Schmidt Daniel, Walz Uwe. Legality and venture capital governance around the world. Journal of Business Venturing, January 2010, Volume 25, Issue 1, p54-72.

[24] Cumming, D. and Johan, S. Venture capital investment duration. Journal of Small Business Management, April 2010, Volume 48, Issue 2, p228-257.

[25] Das Sanjiv R., Jo Hoje, Kim Yongtae. Polishing diamonds in the rough: The sources of syndicated venture performance. Journal of Financial Intermediation, In Press, Accepted Manuscript, Available online, 17 August 2010.

[26] Davila, A., Foster, G., Jia N. Building sustainable high-growth startup companies: management systems as an accelerator. California Management Review, 2010, Volume 52, Issue 3, p79-106.

[27] Deli, D. N. and Santhanakrishnan, M. Syndication in Venture Capital Financing. Financial Review, August 2010, Volume 45, Issue 3, p557-578.

[28] del-Palacio Itxaso, Zhang Xiaotian Tina, Sole Francesc. The capital gap for small technology companies: public venture capital to the rescue? Springer Science + Business Media, LLC, 2010.

[29] Dimov Dimo, Milanov Hana. The interplay of need and opportunity in venture capital investment syndication. Journal of Business Venturing, July 2010, Volume 25, Issue 4, p331-348.

[30] Dimov, D. and Gedajlovic, E. A property rights perspective on venture capital investment decisions. Journal of Management Studies, Volume 47, Issue 7, p1248-1271.

[31] Dimov, D. and Martin de Holan, P. Firm experience and market entry by venture capital firms (1962–2004). Journal of Management Studies, January 2010, Volume 47 Issue 1, p130-161.

[32] Dushnitsky Gary, Lavie Dovev. How alliance formation shapes corporate venture capital investment in the software industry: a resource-based perspective. Strategic Entrepreneurship Journal, March 2010, Volume 4, Issue 1, p22-48.

[33] Dushnitsky, G. and Shapira, Z. Entrepreneurial finance meets organizational reality: comparing investment practices and performance of corporate and independent venture capitalists. Strategic Management Journal, September 2010, Volume 31, Issue 9, p990-1017.

[34] Elston Julie Ann, Yang J. Jimmy. Venture capital, ownership structure, accounting standards, and IPO underpricing: evidence from Germany. Journal of Economics and Business, In Press, Accepted Manuscript, Available online, 20 August 2010.

[35] Feldmann Horst. Venture capital availability and labor market performance in industrial countries: evidence based on survey data. Kyklos, February 2010, Volume 63, Issue 1, p23-54.

[36] Ferrary Michel. Syndication of venture capital investment: the art of resource pooling.

Entrepreneurship Theory and Practice, September 2010, Volume 34, Issue 5, p885-907.

[37] Fuller Douglas B. How law, politics and transnational networks affect technology entrepreneurship: explaining divergent venture capital investing strategies in China. Asia Pacific Journal of Management, September 2010, Volume 27, Issue 3, p445-459.

[38] Gimmon Eli, Levie Jonathan. Founder’ s human capital, external investment, and the survival of new high-technology ventures. Research Policy, In Press, Corrected Proof, Available online, 5 July 2010.

[39] Groh Alexander Peter, Liechtenstein von Heinrich, Lieser Karsten. The european venture capital and private equity country attractiveness indices. Journal of Corporate Finance, April 2010, Volume 16, Issue 2, p205-224.

[40] Groh, A. P. and Von Liechtenstein, H. The first step of the capital flow from institutions to entrepreneurs: the criteria for sorting venture capital funds. European Financial Management, Article first published online, 5 November 2010.

[41] Guler I, Guillén M F. Home country networks and foreign expansion: evidence from the venture capital industry. Academy of Management Journal, April 2010, Volume 53, Issue 2, p390-409.

[42] Guler Isin, Guillén Mauro F. Institutions and the internationalization of US venture capital firms. Journal of International Business Studies, 2010, Volume 41, Issue 2, p185-389.

[43] Hartmann-Wendels, T., Keienburg, G. and Sievers, S. Adverse selection, investor experience and security choice in venture capital finance: evidence from Germany. European Financial Management, Article first published online, 23 September 2010.

[44] Hochberg, Y. V., Ljungqvist, A. and Lu, Y. Networking as a barrier to entry and the competitive supply of venture capital. The Journal of Finance, June 2010, Volume 65, Issue 3, p829-859.

[45] Hopp Christian. When do venture capitalists collaborate? Evidence on the driving forces of venture capital syndication. Small Business Economics, November 2010, Volume 35, Issue 4, p417-431.

[46] Hsu Hsueh-En. The relationship between board characterristics and financial performance:an empirical study of United States initial public offerings. International Journal of Management, August 2010, Volume 27, No. 2.

[47] Iriyama, A., Li, Y. and Madhavan, R. Spiky globalization of venture capital investments: the influence of prior human networks. Strategic Entrepreneurship Journal, June 2010, Volume 4, Issue 2, p128-145.

[48] Ivanov, V. I. and Xie, F. Do corporate venture capitalists add value to start-up firms? Evidence from IPOs and acquisitions of vc-backed companies. Financial Management (USA), 2010, Volume 39, Issue 1, p129-152.

[49] Kaplan, S. N. and Lerner, J. It Ain’ t broke: the past, present, and future of venture capital. Journal of Applied Corporate Finance, Spring 2010, Volume 22, Issue 2, p36-47.

[50] Keil T,Maula, M. V, Wilson C. Unique resources of corporate venture capitalists as a key to entry into rigid venture capital syndication networks. Entrepreneurship Theory and Practice, January 2010, Volume 34, Issue 1, p83-102.

[51] Knockaert Mirjam, Clarysse Bart, Wright Mike. The extent and nature of heterogeneity of

venture capital selection behaviour in new technology-based firms. R&D Management, September 2010, Volume 40, Issue 4, p357-371.

[52] Knockaert Mirjam, Wright Mike, Clarysse Bart, Lockett Andy. Agency and similarity effects and the VC' s attitude towards academic spin-out investing. Springer Science + Business Media, LLC, 2009.

[53] Kollmann Tobias, Kuckertz Andreas. Evaluation uncertainty of venture capitalists' investment criteria. Journal of Business Research, July 2010, Volume 63, Issue 7, p741-747.

[54] Korteweg Arthur, Sorensen Morten. Risk and return characteristics of venture capital-backed entrepreneurial companies. The Review of Financial Studies, New York, October 2010, Volume 23, Issue 10, p3738-3772.

[55] Legrand Muriel Dal-Pont, Pommet Sophie. Venture capital syndication and the financing of innovation: financial versus expertise motives. Economics Letters, February 2010, Volume 106, Issue 2, p75-77.

[56] Lerner Josh. The future of public efforts to boost entrepreneurship and venture capital. Small Business Economics, Volume 35, Number 3, p255-264.

[57] Li Yong, Mahoney Joseph T. When are venture capital projects initiated? Journal of Business Venturing, In Press, Corrected Proof, Available online, 23 June 2010.

[58] Lu Haitian, Solt Michael E.,Tan Yi. Do foreign and local venture capitalists behave alike in transitional economics? Evidence from China. Journal of International Business and Economics, 1 Number 2010, Volume 10, p68-85.

[59] Lu Qing, Hwang Peter. The impact of liability of foreignness on international venture capital firms in Singapore. Asia Pacific Journal of Management, March 2010, Volume 27 Issue 1, p81-97.

[60] Manigart, S., De Waele*, K., Wright, M., Robbie, K., Desbrières, P., Sapienza, H. and Beekman, A. Venture capitalists, investment appraisal and accounting information: a comparative study of the USA, UK, France, Belgium and Holland. European Financial Management, September 2000, Volume 6, Issue 3, p389-403.

[61] Mason, C. M. and Harrison, R. T. The geography of venture capital investments in the UK. Transactions of the Institute of British Geographers, December 2002, Volume 27, Issue 4, p427-451.

[62] Mason, C., Kwok, J. Investment readiness programmes and access to finance: a critical review of design issues. Local Economy, June 2010, Volume 25, Issue 4, p269-292.

[63] McKenzie, M. D. and Janeway, W. H. Venture capital funds and the public equity market. Accounting & Finance, Article first published online, 22 October 2010.

[64] Metrick Andrew, Yasuda Ayako. The economics of private equity funds. Review of Financial Studies, June 2010, Volume 23, Issue 6, p2303-2341.

[65] Obrimah Oghenovo A., Prakash Puneet. Performance reversals and attitudes towards risk in the venture capital(VC) market. Journal of Economics and Business, In Press, Corrected Proof, Available online, 10 July 2010.

[66] Olsson Nils O.E., Frydenberg Stein, Jakobsen Erik W., Jessen Svein Arne. In search of project substance: how do private investors evaluate projects? International Journal of Managing Projects in

Business, 2010 ,Volume 3, Issue 2.

[67] Patzelt Holger. CEO human capital, top management teams, and the acquisition of venture capital in new technology ventures: an empirical analysis. Journal of Engineering and Technology Management, In Press, Corrected Proof, Available online, 9 July 2010.

[68] Peneder Michael R. The impact of venture capital on innovation behavior and firm growth. Venture Capital, April 2010, Volume 12, Issue 2, p83-107.

[69] Phalippou, L. Venture capital funds: flow-performance relationship and performance persistence. Journal of Banking & Finance, March 2010, Volume 34, Issue 3, p568-577.

[70] Pollock, T. G., Chenb, G., Jackson, E. M., Hambrick, D. C. How much prestige is enough? Assessing the value of multiple types of high-status affiliates for young firms. Journal of Business Venturing, January 2010, Volume 25, Issue 1, p6-23.

[71] Rajan A. Thillai. Venture capital and efficiency of portfolio companies. IIMB Management Review, In Press, Corrected Proof, Available online, 4 November 2010.

[72] Rogers, A. and Mason, C. Raising venture capital: design in business proposals. Design Management Journal (Former Series), Fall 1997, Volume 8, Issue 4, p53-57.

[73] Rosiello Alessandro, Avnimelech Gil and Teubal Morris. Towards a systemic and evolutionary framework for venture capital policy. Journal of Evolutionary Economics, Online First, 14 September 2010.

[74] Rubin J. S. Venture capital and underserved communities. Urban Affairs Review, Thousand Oaks, July 2010, Volume 45, Issue 6, p821-835.

[75] Sahaym Arvin, Steensma H. Kevin, Barden Jeffrey Q. The influence of R&D investment on the use of corporate venture capital: an industry-level analysis. Journal of Business Venturing, July 2010, Volume 25, Issue 4, p376-388.

[76] Samila Sampsa, Sorenson Olav. Venture capital as a catalyst to commercialization. Research Policy, December 2010, Volume 39, Issue 10, p1348-1360.

[77] Sapio V. Revest·A. Financing technology-based small firms in Europe: what do we know? Springer Science + Business Media, LLC, 2010.

[78] Schwarzkopf, J., Levesque, M., Maxwell, A. How entrepreneurs-in-residence increase seed investment rates. Venture Capital, January 2010, Volume 12 Issue 1, p65-81.

[79] Sepp, T. J. and Laamanen, T. Valuation of venture capital investments: empirical evidence. R&D Management, April 2001, Volume 31, Issue 2, p215-230.

[80] Sevilir Merih. Human capital investment, new firm creation and venture capital. Journal of Financial Intermediation, October 2010, Volume 19, Issue 4, p483-508.

[81] Shu Pei-Gi, Yeh Yin-Hua, Chiu Shean-Bii, Ho Fu-Sheng. The reputation effect of venture capital. Review of Quantitative Finance and Accounting, Online First.

[82] Smolarski Jan, Kut Can. The impact of venture capital financing method on SME performance and internationalization. International Entrepreneurship and Management Journal DOI: 10.1007/s11365-009-0128-1, Online First.

[83] Tykvová Tereza, Schertler Andrea. Venture capital and internationalization. International

Business Review, In Press, Corrected Proof, Available online, 23 August 2010.

[84] Tykvová Tereza, Schertler Andrea. Cross-border venture capital flows and local ties: evidence from developed countries. The Quarterly Review of Economics and Finance, In Press, Accepted Manuscript, Available online, 7 October 2010.

[85] Ullah Farid, Abbas Qaisar, Akbar Saeed. The relevance of pecking order hypothesis for the financing of computer software and biotechnology small firms: some UK evidence. International Entrepreneurship and Management Journal, Volume 6, Number 3, p301-315.

[86] Venckuviene Vitalija, Snieska Vytautas. Venture capital a tool in fostering innovativeness of tenants in science and technology park: lithuanian case. Economics and Management, Issn 1822-6515, 2010.

[87] Verwaal Ernst, Bruining Hans, Wright Mike, Manigart Sophie, Lockett Andy. Resources access needs and capabilities as mediators of the relationship between VC firm size and syndication. Small Business Economics, April 2010, Volume 34 Issue 3, p277-291.

[88] Wagner, W. Divestment, entrepreneurial incentives, and the life cycle of the firm. Journal of Business Finance & Accounting, 2010, Volume 37, Issue 5, p591-611.

[89] Wang Haizhi, Robert J. Wuebker, Han Shu, Ensley Michael D. Strategic alliances by venture capital backed firms: an empirical examination. Small Business Economics, November 2009, Volume 34, Issue 4, p1-18.

[90] Wang Lanfang, Wang Susheng. Cross-border venture capital performance: evidence from China. Pacific-Basin Finance Journal In Press, Corrected Proof, Available online, 21 September 2010.

[91] Watkins Andrew. The venture capital perspective on collaboration with large corporations/ MNEs in London and the South East: pursuing extra-regional knowledge and the shaping of regional venture capital networks? Review of Policy Research, July 2010, Volume 27, Issue 4, p491-507.

[92] Weber Christiana, Göbel Markus. Reciprocity and interorganizational governance - amulticase analysis of exchange systems. Scandinavian Journal of Management, June 2010, Volume 26, Issue 2, p134-150.

[93] Zarutskie Rebecca. The role of top management team human capital in venture capital markets: evidence from first-time funds. Journal of Business Venturing, January 2010, Volume 25, Issue 1, p155-172.

[94] Zhang Junfu. The advantage of experienced start-up founders in venture capital acquisition: evidence from serial entrepreneurs. Small Business Economics, February 2011, Volume 36, Issue 2, p187-208.

第二章 专题研究报告

研究报告一 认识中国的创业投资：历史、现状与问题①

“认识中国的创业投资”似乎是个不成问题的问题。然而，全面、准确认识中国的创业投资，确实还是一个需要迫切加以解决的现实课题。尽管“创业投资”概念和创业投资制度被引入我国已经多年，但至今仍有不少人士望文生义地从“风险投资”的字面意义，将创业投资的要义误解成“高风险、高科技”。于是，一方面创业投资被神秘化，以为它能承担各类高新技术产业化项目的最高风险；另一方面创业投资被妖魔化，以为它是恣意冒险的赌博游戏。以至于2010年7月发布的《保险资金运用管理暂行办法》规定：保险资金不得用于“从事创业风险投资”。因此，对中国创投业的发展历史、现状和需要解决的有关问题进行“全面、准确、深入、细致”的分析研究，对于不断完善相关政策法规，促进我国创投业持续健康规范发展，具有重要的现实意义。

一、中国创业投资业的曲折发展历程

世界各国创投业的发展都离不开政府的推动和扶持，我国创投业也是在各有关部门的共同努力下才得以起步并发展起来。粗略划分，可分为三个阶段：

（一）科技部门和发展改革部门各自独立探索发展创投业阶段

早在1984年，原国家科委在组织“新技术革命和中国对策”课题研究时，即意识到发展创业投资的必要性，并借鉴中国香港、台湾的译名，提出“创业投资”概念。1985年3月《中共中央关于科技体制改革的决定》明确提出“对于变化迅速、风险较大的高技术开发工作，可以设立创业投资给以支持”后，开始着手从促进技术创新角度，探索发展创业投资。

到20世纪90年代，原国家计委作为一直以来事实上承担推动国家经济社会发展职能的部门，从金融支持实业发展的角度，开始探索发展产业投资基金。基于原淄博乡镇企业投资基金及其他投资基金的积极探索，原国家计委于1996年向国务院提出“借鉴市场经济发达国家创投基金经验，发展有中国特色产业投资基金”的建议，并受到国务院重视。此后，原国家计委即开始系统研究包括创投基金在内的各类产业投资基金的发展问题。

（二）科技、发展改革和有关部门合作推动创投业发展阶段

1997年，在中共中央“科教兴国”战略的鼓舞下，科技部等有关部门开始系统研究创业投资

① 本文作者刘健钧，法学硕士，经济学博士，管理学博士后，北京大学创业投资研究中心原副主任、研究员，现任国家发展改革委财政金融司处长、《中国创业投资行业发展报告2010》执行主编。

体制建设的有关问题。1997年底，经国务院批准，原国家科委、原国家计委等七部委联合成立了“国家创业投资机制研究课题组”，开始对中国创业投资体制建设进行系统研究。这一事件标志着中国政府对创投业的推动从过去单个部门独立探索转变到各有关部门合作推动阶段。

2001年11月，原国家计委在系统研究包括创投基金在内的各类产业投资基金的基础上，为适应创投基金发展的特殊要求，经与科技部等有关部门广泛沟通，开始共同研究制定促进创投基金发展的规章和相关政策。2003年7月，国家发展改革委牵头成立了有十个部委共同参加的“创投企业管理办法十部委起草小组”，为以公司及有限合伙等企业形式设立创投基金提供法律支撑。在经过深入调研和反复论证完善后，2005年7月十部委联合向国务院上报了《创投企业管理暂行办法》(以下简称《暂行办法》)。经国务院批准，同年11月，《暂行办法》以十部委名义联合发布。次年3月，《暂行办法》正式施行。

（三）步入法制化轨道的创投业发展阶段

2006年3月《暂行办法》的实施标志着中国创投业步入了法制化轨道的新的发展阶段。一方面，国家发展改革委和各省级备案管理部门按照《创业投资企业管理暂行办法》有关规定，开始对创投企业实施备案管理，促进创投企业规范运作。另一方面，有关部门遵照国务院领导的指示，积极研究制定促进创投企业发展的扶持政策，如税收优惠、引导基金支持和创业板等。这些扶持政策均从不同角度促进了创投业发展。

二、成长中的中国创业投资业现状

2006年3月《创投企业管理暂行办法》实施以来，在十部委规章和相关扶持政策的支持下，中国创投业快速起步。根据国家发展改革委最新发布的《中国创业投资行业发展报告2010》，截至2009年末，全国备案创投企业达483家，所管理的资产规模达965亿元（不含承诺资本）。值得注意的是，成长中的中国创投业从起步伊始即彰显出三个方面的可喜特质：

（一）在基本运作模式和投资方式方面逐渐与世界接轨

1. 管理模式正在从自我管理向委托管理过渡

从世界各国创投企业的管理模式看，通常而言，在发展初期，由于缺乏可以信赖的专业管理机构，创投企业往往采取自聘管理团队方式实行自我管理；当发展到一定阶段，市场上已经涌现出专业管理机构后，新组建的创投企业就往往不再自聘管理团队，而是委托已经取得既有业绩的创投企业和创业投资管理机构管理其投资运营事宜。成长中的中国创投业也已经体现出世界创投业发展的一般规律。截至2009年末，采取自聘管理团队管理模式的占比为81.37%；委托管理的占比达18.63%。

2. 管理人员的从业背景以具有企业管理经验的复合型从业背景为主流

通过对2006年～2009年各年度从业人员在其进入当时所在创投机构前就已经具有的从业背景进行分析，发现各年度的从业人员在其进入当时所在创投机构前，就平均拥有了1.50、1.38、1.33、1.35个不同领域的从业背景。除了已有的创业投资从业背景外，具有企业管理从业背景的占比最高。说明创业投资作为一种培育企业的行业，企业管理经验对创业投资最具借鉴意义。

3. 资本来源构成正由国有为主向民营为主过渡

从承诺资本来源看，财政预算和国有机构占比从2006年的79.54%下降到2009年的62.47%；

而非国有机构、个人和外资占比从2006年的20.46%上升到2009年的37.53%。

4. 坚持以创业投资作为主营业务的专业化运作取向

2006年～2009年，在创投企业的全部自有资产中，直接用于从事创业投资和主要通过“投资于其他创投企业”间接从事创业投资的资产运用占比之和，均高于70%。

5. 坚持“支持创业、谨慎运作”理念

一是从2006年～2009年创投企业单个投资案例的投资金额看，投资案例主要分布在300万～3000万元区间，100万～300万元、100万元以下的投资案例也占有相当比例。2009年度，上述三个区间的投资案例分别占到54.68%、17.10%、16.38%，均高于美英等创投业发达国家的水平。二是从投资阶段看，投资于扩张期的案例占比和金额占比均居第一位，2009年当年分别高达40.25%、55.51%。投资于种子期、起步期的案例占比和金额占比虽然相对较少，但高于美英等创投业发达国家。三是从单个创投企业年度投资案例数来看，2006年～2009年，平均每家创投企业的年度投资案例均保持在3个左右，说明投资行为比较理性。四是从持股比例看，2006年～2009年，创投企业对被投资企业持股10%～30%的案例占比和金额占比均居第一位，这也与国际上成熟创投业的特点比较相似。五是从投资成功率看，我国创业投资的成功概率相对较高。在国外，创业投资大都呈现出“1/3项目成功、1/3项目保本、1/3项目失败”的概率分布。一般来讲，成功的项目通常会以上市和私下转让方式退出，失败的项目主要以清算方式退出。从2006年～2009年我国创投企业的退出方式看，以清算方式退出的案例占比和金额占比一直低于国外，并总体呈持续下降趋势。到2009年，以清算方式退出的案例仅占5.99%，金额仅占1.44%。

6. 坚持成长性而不唯高科技的行业取向

从对不同行业的投资案例和投资金额分布看，2006年～2009年，创投企业对传统制造业产业、金融服务产业等传统行业的投资占比均较高。从案例数量看，投资传统制造业的案例占比在2007年跃升为第二位，在2008年跃升为第一位；投资于金融服务产业的案例占比在2009年跃升为第一位。从金额看，投资传统制造业的金额占比在2007、2008年两年稳居第一位，2009年居第二位，投资于金融服务产业的金额占比在2009年跃升为第一位。

7. 坚持“适度中长期投资”理念

在国外，创业投资的平均持股时间通常长达3年。对我国创业投资的持股时间分别按不足1年、1年～2年、2年～4年、4年～7年、7年以上等5个类别进行分析，发现2008年以后，持股2年～4年的股本退出案例和股本退出金额总体上一直是全部退出案例和退出金额的主流。

（二）在组织形式和投资策略方面体现出中国特色

1. 在组织形式上，公司型创投企业依然是主流

在2006年前，我国创投企业只能采取公司形式；2007年《合伙企业法》修订案实施后，还可采取有限合伙企业形式。但是，从目前备案创投企业的组织形式看，公司型创投企业占比例一直高于95%。这类似于与我国同属大陆法系的德国和法国，而不同于英国和美国。

其主要原因是，我国现行法律体系与英美等国具有较大的差异性。在英美等国，为了克服传统的有限合伙主要只能通过“私人关系基础上的声誉约束机制”来防范委托代理风险的不足，不断地通过修法，逐步引进了公司的法人治理结构。而在我国，有限合伙的法律结构比较接近历史上典型的有限合伙的本来面目。由于主要通过“私人关系基础上的声誉约束机制”较难防范委托代理风险，所以，从保护投资者权益的角度考虑，更适合选择公司型创业投资基金。

特别是我国现行税收制度也更接近于大陆法系国家，而不同于英美等国。目前在英美等国，公司型创投基金不仅在基金环节需要纳税，而且在投资者环节也需要缴纳高额税收；而有限合伙型创投基金不仅在基金环节无需纳税，而且在投资者环节，基于“税收穿透”理念，也只需主要按资本利得税缴纳非常低的所得税。根据我国现行税制，有限合伙型创投基金虽然不被当作纳税主体，但其总体税负水平要远远高于英美等国家（注：美国在2007年爆发“黑石税案风波”后，目前正在对合伙企业税制进行根本改革，其合伙企业税负也即将显著提高）。这就使得除全国社保基金等非纳税主体外，有限合伙对投资者的税收优势并不是非常明显。而对公司型创投基金而言，虽然基金需要作为纳税主体，但如果是包括保险公司在内的各类商业性主体投资于公司型创投基金，收益分配到该类投资者时，收益即被视为“税后收益”无需再缴税，因而，并不存在英美法系国家的公司型创投基金的双重征税问题。此外，国家给公司型创投企业的税收优惠政策，可以在一定程度上减轻公司型创投企业的总税负。

2. 从资本形成看，除将投资者的出资作为投资资本外，还借助资本公积、盈余公积和债权融资等多种方式积聚投资资本

从2006年～2009年有关数据看，不仅创投企业的实收资本逐年增长，而且资本公积、盈余公积也快速增长。特别是资本公积在各年度的占比均高达10%左右，成为创投企业的第二大资本来源。2006年，国家开发银行等金融机构积极探索以“软贷款”形式向创投企业放贷，还显著提高了受贷创投企业的投资能力。2009年，苏州创业投资集团公司成功发行企业债券，从而使得我国创投企业在通过发债融资提高投资能力方面实现了零的突破。从发展报告的数据看，一定程度的债权融资显著提高了创投企业股本金的财务回报率。

我国的创投企业之所以可以借助资本公积、盈余公积和债权融资等多种方式积聚投资资本，与其公司型占主流的组织模式直接相关。因为，公司型创投基金通常可以建立起有效的法人治理结构，投资者的信任度相对较高，所以，基金除以投资者所出的资本金用做投资外，还可通过资本公积、盈余公积、未分配利润等途径增加投资资本。尽管在现代公司立法的框架下，投资者及其选举产生的董事会不再干预基金的具体投资运作，但他们对基金管理人的委任和退任拥有主动决定权，并且对基金负债等重大决策可以事后通过组织程序进行评议和表决，因此，公司型创投基金通常还可以通过债权融资方式提高投资能力。

与公司型基金不同的是，在有限合伙型基金的组织构架中，由于有限合伙人对基金的控制力较弱等原因，基金通常只能以投资者所出的资本金用做投资，在项目退出后本金和收益均需返还投资者。从历史本源看，有限合伙最早主要是为了解决小型贸易与加工服务企业的债权融资责任而创设的合伙形式。由于小型贸易与加工服务企业所经营的业务简单，委托代理风险小，资产负债水平也较好判断，普通合伙人可以凭借有限合伙企业的名义负债，连带责任由普通合伙人承担即可。但是，当有限合伙后来运用到创业投资领域时，由于投资者人数相对较多，委托代理风险相应提高，加之创业投资需要投资未来许多不确定的项目，有限合伙人很难对有限合伙企业的资产负债状况和水平进行评断，容易出现普通合伙人假借有限合伙企业的名义负债却最终逃避承担连带责任的问题。所以，在有限合伙型基金的组织构架中，有限合伙协议通常禁止合伙企业负债。

3. 从收益来源看，在主要靠股权转让收益同时，股息红利收益占相当比重

从国外一般情况看，创投基金通常是通过所持股权的转让获取资本增值收益。我国创投企业的投资收益虽然绝大部分来源于股权转让，但股息红利收益也占相当比重。以2009年为例，创投企业从事创业投资的收益中，股权转让收入占67.82%，股息红利收入占32.18%。

之所以形成这种收益来源格局，也与公司型占主流的组织模式存在着一定程度的相关性。在有限合伙型组织构架下，创投企业通常需要事先在合伙协议中约定：当项目投资退出时，便应将所得收益和退出的股本金一次性返还给投资者。所以，有限合伙型创投企业通常是在项目投资退出时实行一次性分配。在公司型组织构架下，由于可以事后通过董事会组织程序，决定项目投资退出时股本金是否用作再投资；在投资者不差钱的情况下，为了避免资金在投资者环节闲置，甚至收益也倾向于转用作再投资。为了运用好随时回收到的每一笔现金收入，公司型创投企业通常建立有对股本金和收益进行长期统筹计划的制度安排。正是这种对股本金和收益进行长期统筹计划的制度安排，使之随时可以接受投资项目所分配的股息红利收益。

（三）在经济社会贡献方面成效显著

以2009年为例，创投企业所投资企业的就业增长率高达18.96%，是全社会平均水平的28.73倍；研发投入增长27.37%，是全社会平均水平的1.55倍；销售额增长12.92%，是全社会平均水平的1.49倍；所创造的工业与服务业增加值增长24.95%，是全社会平均水平的2.71倍；缴纳税金增长15.23%，是全社会平均水平的1.7倍。这些数据表明：我国的创投企业通过支持企业的创业活动，在增加就业岗位、提高企业研发能力、促进创新产品产业化、支撑GDP增长和促进税收增长等多方面，均做出了显著贡献。

三、中国创业投资业持续发展需要解决的三个问题

（一）完善税收扶持政策，更好发挥税收政策的扶持作用

从国际税收制度的演进看，越来越多的国家开始按照“实质重于形式”的原则，对公司、合伙等各类企业实行公平税负。对于一家公司型企业，如果只是从事被动投资行为，而且将每年所得收入分配给投资者由投资者缴税，则该公司型企业也可作为非纳税主体。相反，对于一家合伙型企业，如果从事主动经营活动，而且将每年所得收入转为资本从事再投资，则该合伙型企业也应作为纳税主体。

我国目前按法人和非法人将企业税分成了两个类别：一方面，公司型等法人企业必须被当作纳税主体，但同时允许一些国家鼓励类领域的公司，可以按照《企业所得税法》有关规定，享受相应的税收优惠；另一方面，合伙等各类非法人企业可以被当作非纳税主体，但无法享受《企业所得税法》所规定的相应税收优惠。在当前市场主体偷逃税现象较普遍，税收征管难度仍然较大的情况下，这种制度安排确实有其必要性。

应当说，2007年2月国家财税部门联合发布的《关于促进创投企业发展有关税收政策通知》所确定的五项基本原则，也是符合当前我国国情的。2009年4月国家税务总局发布的《关于实施创投企业所得税优惠问题的通知》，也确实提高了政策的可操作性。但是，从近两年的实践看，完善政策还有空间。以2009年为例，当年全国所有创投企业的应纳税所得额为28.40亿元，而可享受抵扣额仅为10.60亿元，实际享受抵扣额为4.89亿元，可享受抵扣额占应纳税所得额的比仅为37.31%，实际享受抵扣额占应纳税所得额的比更是低到17.20%。其原因除部分企业没有申报和部分税务部门没有切实贯彻税收扶持政策外，最根本的原因是用“中小”和“高新”双重标准作为申报应纳税所得额的标准，确实过于苛刻。在2006年制订税收政策时，起草组经测算，当时创投

企业投资高新技术企业的比例在70%以上。但是，在创投税收政策发布后的2008年，高新技术企业标准被大幅度提高，导致创投企业所投资企业能够被认定为“高新技术企业”的比例也相应大幅度降低，从而使得创投税收政策效果大打折扣。

我们理解，鉴于我国有多种直接针对高新技术企业的税收优惠政策，从避免这些直接税收优惠政策被滥用角度考虑，提高“高新技术企业”标准是必要的。但问题是，促进创投企业的税收优惠政策并不必然要与投资对象是否是高新技术企业挂钩。从创业投资的运作机制看，创业投资家首先考虑的是项目能否带来收益，其次才是税收优惠。所以，即便是限定创投企业只能以其对高新技术企业的投资额来申报税收抵扣，也未必产生好的效果。由于非高新技术领域中也有不少具有成长性的中小企业值得投资，而投资于各类成长性中小企业既有利于促进社会就业和营销模式、组织管理方式上的各类创新，又有利于间接促进高新技术企业发展，因此，如果采用“中小企业”单一规模标准作为申报税收抵扣的标准，将显著提高税收政策的效果。

从2009年创投企业的实际投资情况看，创投企业投资既符合“中小”规模标准又符合“高新”技术标准的中小高新技术企业的案例占比和金额占比分别仅为36.78%、27.78%，显然都过低（其主要原因是投资高新技术企业的案例占比和金额占比分别只有43.37%、41.05%）；投资中小企业的案例占比和金额占比分别为82.46%、49.12%，相对比较适中。从这组数据对比看，采用“中小”单一规模标准作为以对被投资企业投资额来申报税收抵扣的标准，既可显著提高税收政策效果，又不会导致税收政策被滥用。

（二）设立国家级创投引导基金，引导更多民间资本进入创投业

2008年10月，国务院办公厅转发《关于促进创业投资引导基金规范设立与运作的指导意见》后，尽管也有个别部门从现有预算科目中划出部分资金设立了支持特殊领域的创投引导基金，但受支持领域限制，无法惠及到更多创新型中小企业。由于创投基金是市场化运作的投资工具，政府引导基金只宜引导其尽可能将投资阶段往前移，而不宜再限制其只能投资于某个特定的领域，因此迫切需要设立以“主要支持中小企业”作为政策取向的国家中小企业创投引导基金。

（三）修订保险资金运用管理办法，拓宽创业投资资本来源

创业投资虽然具有相对较高的风险，但是创投家通过一系列风险控制机制，不仅能够有效控制投资风险，而且能够为投资者赢得较高回报。所以，世界各国均允许保险资金投资创投基金。但在我国，2010年7月发布的《保险资金运用管理暂行办法》却规定：保险资金不得用于“从事创业风险投资”。从2010年9月发布的配套规章《保险资金投资股权暂行办法》看，保险资金投资股权所指向的企业，应当符合“产业处于成长期、成熟期或者是战略新型产业，或者具有明确的上市意向及较高的并购价值”等条件。从有利于保险资金谨慎选择投资标的角度考虑，作出这种规定是可以理解的。但问题是：按照国际惯例和十部委《创投企业管理暂行办法》，符合上述条件的企业原本都属于广义创业投资范围。其中，除具有较高并购价值的企业属于狭义股权投资的投资范围外，“产业处于成长期、成熟期或者是战略新兴产业，或者具有明确的上市意向”的企业，甚至属于狭义创业投资的投资范围。因此，需要澄清“风险投资”范式对有关部门的误导，修订保险资金运用管理办法及其配套规章，为保险资金投资创投基金提供法律依据。

研究报告二　关于我国风险投资“十二五”发展战略的思考[①]

我国的风险投资业发展，自1985年第一家风险投资机构创立以来，已经有20多年的历史了。期间经过1991年科技部的号召，1998年全国政协一号提案以及2007年政府引导基金方案实施，特别是2009年创业板市场启动，我国的风险投资业获得了规模化的发展。在我国经济处在“十二五”规划发展战略当口，我国风险投资业也面临着新的挑战和新的任务。

一、我国风险投资发展现状概述

近十年是我国风险投资业发展取得突破性的十年。十年来我们看到：

（1）社会对于风险投资概念的内涵和外延都有了更为理性的理解；

（2）2007年《合伙企业法》的修订和正式颁布，民间资本大规模的介入到创新的行列中来；

（3）国家发改委等部委有关创业投资的管理政策、科技部创新引导基金以及发改委的创业投资引导基金的推出，促进了政府资金由直接投资转向引导基金的模式，并且使得风险资本获得了规模化的扩张；

（4）由《合伙企业法》第三章有限合伙规定、发改委出台的“创业投资管理办法”以及“引导基金”和有关税收优惠的政策，还有保险资金参与私募股权投资的政策等，支持了风险投资业发展的法规体制性的完善；

（5）2009年创业板资本市场的创立，风险投资体系已基本健全，使得我国本土的风险投资优势得到了确立；

（6）国家产业结构的调整以及经济增长方式转变的战略，为风险投资发展提出了更高的使命要求，提供了广阔的前景。风险投资在创新型国家的建设中将大有作为。

但是，我们必须看到，我国的风险投资业也处在一个新的“十字路口”，表现在以下几个方面：

（1）自2005年开始，由于2004年中小企业板市场的启动，大量的风险投资机构转向做经典的私募股权投资了，加上创业板市场的推出，加剧了该趋势，国有风险投资放弃了做风险投资的本源价值；

（2）科技部以及发改委虽然推出了引导基金，以致各地政府也都在推出引导基金，有人统计过大约近百支子基金建立了，但是仔细分析，这些子基金引导的仍然是资方的财政资金，对于民间资金的引导作用则很少；

（3）近些年来国内风险投资机构的资金规模越来越大，出现了掌控几十亿资金的大型集团，由于集团的人员规模以及资金规模的要求，对于项目资金规模要求也越来越大，据科技部每年一本的《创业投资发展报告》分析，自2005年以来，所有VC机构单个项目投资资金最低额都在不断提高，现在1000万元以下项目都是比较难以去投资的了。

以上这些现象，都说明我国风险投资业处在一个新的“十字路口”，即政府在其中的定位是什么？风险投资机构是做PE为本源还是以真正VC为本源？国家还需要出台什么政策？

---

① 本文作者张陆洋，复旦大学国际金融系教授，博导，复旦大学中国风险投资研究中心主任。

在“十二五”开年之际，我国必须要思考：风险投资业的使命、发展战略、及其实施路径。

二、我国风险投资“十二五”发展使命

改革开放30年，我国经济发展取得了令世人瞩目的成绩，但是也带来了经济发展弊端。我国的经济仅仅是大而已，未来30年，我们要调整产业结构，要转变经济增长的方式，要建设创新型的国家，30年之后，我国的经济才能够称得上是强的。这一切的一切都要依赖创新。

以美国为例，次贷危机发端于次级贷款市场，在美国金融体系中反馈强化，酿成冲击全球的金融危机，然后金融危机辐射到实体经济，导致全球经济陷入衰退。尽管如此，2008年10月，在WEF发布的《全球竞争力报告2008～2009》中，美国仍然蝉联榜首。正如美国总统奥巴马在就职演说中所说：“美国人民的生产力依然旺盛，……头脑依然富于创造力”。20世纪80年代以来，美国金融创新遵循了两条路径：房地产与金融创新结合的路径和科技创新与金融创新结合的路径。前者已经被本次次贷危机证明是错误的模式，但后者具有更长的历史，早已被实践证明是美国经济和金融强大的关键因素。

美国作为世界上第一流的创新型国家，参见图2.1所示：20世纪60年代以前奉行“市场万能”的经济哲学；70年代政府做了创新政策的重大转折；80年代进行创新制度的全面建设；90年代国家以创新体系为经济目标；21世纪打造创新的美国。可见创新型的国家竞争力不是一天建成的。

基于这样的历史进程，美国政府的小企业管理局支持的SBIC计划，自1958年至今，已经50多年了，一共投资了10万多家科技创新型企业，包括微软、英特尔等在内的高科技企业都是该计划的杰作。同时，打造了由天使投资＋风险投资＋私募股权投资＋创业板构成的风险投资体系，加速了大量现代高科技成果的转移转化，并成为了以新兴高科技产业推动经济发展的源动力。

我国经济未来30年竞争力的提升，从宏观到微观的逻辑关系：必须从经济增长方式转变入手——经济增长方式转变，必须依赖于产业结构调整——产业结构调整，必须依赖于新兴战略产业的兴起和发展——新兴战略产业的兴起，必须依赖于天使投资创造产业的“种子”，并借助于风险投资体系的资本力量——推动经济增长方式的转变。

为此，面对我国经济“十二五”发展战略，甚至更长远的发展战略，我国风险投资业的使命是伟大的、光荣的、艰巨的。

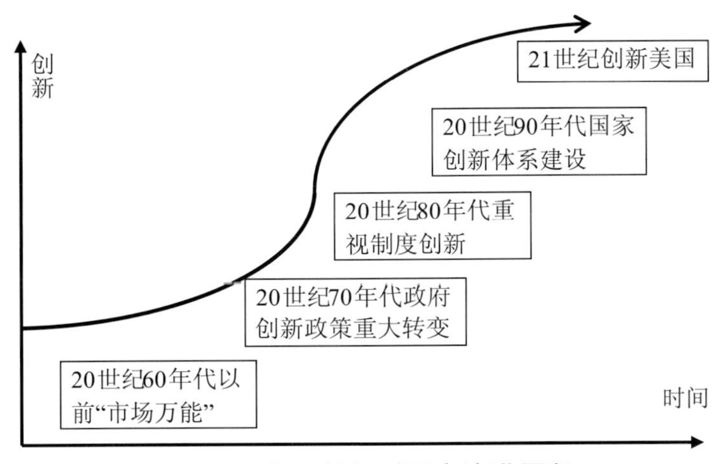

图2.1 美国创新型国家演进历程

三、我国风险投资“十二五”发展战略思考

在总结过去风险投资业发展的经验基础上，面对“十二五”发展战略的使命，我们认为我国风险投资业有着五个方面的内容：

（1）探索我国的天使投资的投融资机制；

（2）做强我国已有的 VC 业务；

（3）在国际上做大我国 PE 业务，争取专业化 PE 业务机构上市；

（4）研究探索部署海外 VC 投资机制；

（5）上述各项业务之间的组合。

我国目前拥有的科学家和工程师总量已经超过了美国，为什么没有创造出美国那样的高科技及其产业的成效？

从国际经验分析，天使投资在铸就一个国家在自主创新能力上，起到了承接科技创新与金融创新结合的关键作用。以美国为例，2006年，美国天使投资共投入了51 000个项目，总规模256亿美元，平均每个项目的投资额约50万美元。当年风险投资投了3416个项目，平均每个项目为750万美元。

2008年，全美的天使投资总额为192亿美元。由于金融危机的影响，天使投资总额比上年下降了26.2%，但所投资项目数量仅比上年下降了2.9%，高达55 480个。与天使投资不同，2008年，全美的风险投资总额为282亿美元，较上年下降了8.4%；投资项目（投资轮数）为3884个，较上年下降了2%。天使投资投入了55 480个项目，是风险投资所投资项目数的14.3倍。天使投资的平均每个项目投资额为34.6万美元，而风险投资的平均投资额却高达726万美元，是天使投资的近21倍。

目前，国内对天使投资探索最为深刻的是上海大学生创业基金会，希望我国政府以及风险投资业界考察学习并借鉴上海大学生创业基金会的做法，指导并实施我国天使投资战略。

哈佛大学 Josh Lerner 教授，在《梦碎大道旁》的专著中，通过对世界各国情况的研究，认为政府在促进风险投资发展中的重要作用是财政资金引导以及以税收优惠吸引。他特别强调了以色列的成功经验，政府要将早期 VC/GDP 的比重纳入到经济发展竞争力的考核中来（参见图2.2所示），而不是去建那么多的孵化器。要在“市场失灵”之处出手，给以财政资金引导，给以税收优惠。

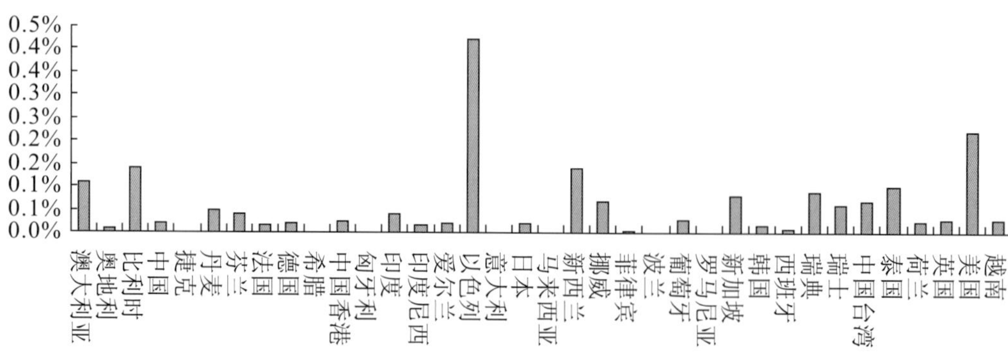

资料来源：Josh Lerner 教授演讲稿

图2.2　风险投资占GDP的比例

耶鲁大学 Andrew Metrick 教授是奥巴马总统的经济工作委员，他认为大力促进风险投资的政府政策，是自2000年以来美国政府在风险投资上的政策失误，如果能够将社会资金引导到VC上，美国发生波及全世界的次贷危机的概率将大大降低。

我国已经有了1500亿元的风险资本，大约是450家风险投资机构，根据科技部的研究统计，已经投资的项目在国家科技部科技计划项目上的不到20%，已经投资的资本量在科技企业上也不到20%，即可以将其总结为风险投资的“二八现象”。我国国家科技计划成果对产业竞争力的提升和财富创造的贡献度一直不高，具体可以通过两个“二八定律”说明。

我国有了相当规模资本的风险投资，真正投资具有创新水平上的项目却是很少的，做强我国的风险投资，核心是要投资在具有增强竞争力的项目上。

我国创业板资本市场的启动，一年多来已经为我国的VC业者提供了提升竞争力价值的空间，而现在在创业板上市的企业多数都是早些年我国VC者的杰作。显然制订做强我国VC的发展战略，不但要明确在国内的定位，还要明确自身的行业发展定位以及在国际竞争力上的地位。国内定位是：VC者需要大力发展核心基础业务；实现VC战略目标的支柱性业务。行业发展定位是：培育国内一流的创业投资团队；成为在国际能够被高度认可的投融资平台。国际经验已经证明，风险投资占GDP的比重已经是衡量一国国家创新竞争力的指标（参见图2.2所示）。所以在做强VC战略上，我们必须要以更高国家竞争力来要求VC的发展，才能够保证VC的竞争力和可持续性。

由于PE业务的发展是有着强烈的市场机制驱动的，只要政府给出投资的导向，PE的发展就能够按照导向很快发展起来。对于我国做大PE业务，有着巨大的市场空间。我国现代产业意义的并购和重组、我国现代产业技术升级意义上的投资、我国跨区域的产业转移、我国产业的国际化发展等等，都是我国PE业务的发展空间。同时，我国除了行政垄断性行业有着较高的集中度之外，其他行业的集中度都较低。为此，我国产业层面上的经济发展，遇到了资源国际化的瓶颈，遇到了本应有的市场国际化的障碍，遇到了技术国际化的瓶颈等等，这些都将依赖于PE的投资。为此，借鉴黑石基金的经验，将我国数家PE推向国内甚至国际资本市场，将对于我国产业结构调整以及产业技术升级，都有着积极推动意义的价值。

四、我国海外风险投资体系价值的战略思考

考察作为创新型国家的美国、以色列、日本、芬兰、德国、韩国、英国等，总结他们在创新型国家建设过程中海外风险投资的成功经验，他们海外风险投资的基本模式有：

（1）专门“购买专利型的投资”，这是以日本为代表的，日本20世纪60年代用了60亿美元买下了全球半个世纪的发明专利提供本国的企业使用；

（2）针对“研究开发型投资”，这是以大量外资在中国投资建设了1000多所研究机构为代表的，既为其本国创新带来价值，又掠夺我国科技创新资源；

（3）针对“高科技企业创业早期阶段型的投资”，如美国太平洋基金1992年进入中国，在我国投资早期创业科技企业，然后到美国上市获得创新能力的；

（4）针对“科技企业并购型投资”，例如凯雷基金代表其他跨国企业并购徐工的投资以及我国联想并购IBM个人电脑业务；

（5）针对“已经上市科技企业的股权型投资（分散再组合）”；

（6）其他类型，如以色列以国际合作投资基金通过大量国际合作，获得国际一流科学研究资源，提升其创新能力的模式为代表的。

这些成功的海外风险投资经验，对于当今的我国有着极其重要的学习借鉴和参考价值。

我国已经明确提出创新型国家战略，我国已经具备创新型国家发展的条件，但是如何加速实现则是一个全新的命题。在国际化背景下，我国经济发展获得了以“贸易导向”以及“引进外资”为战略的经济高速成长。但在实体经济层面，形成了外向依赖型以及外资依赖型的经济；在金融资产层面，我国拥有世界上最多的外汇储备，面临着如何使用及升值的压力；……我国经济发展面临着的困境，我们将其称之为“中国式困局”。

“中国式困局”具体表现在如下几个方面，即：（1）基于“微笑曲线”产业链竞争力困境；（2）我国制造业困境；（3）我国的创新能力的困境；（4）我国的经济发展的“后发劣势”困境；（5）科技资源价值发挥的困境；（6）我国海外投资的探索及困境等。这些困局的解决方案，除了我国积极参与国际贸易的竞争之外，还要积极参与到国际的资源、金融、高端科技、品牌等竞争中。目的都是围绕着创新型国家竞争力的提升。在创新竞争力国际化的背景下，特别需要将世界高端科技成果以及一流的知识转化为本国经济的价值，那么借助国际上科技创新是最优的解决方案之一，是经济学上最优的选择。实际上在实践中，深圳清华研究院已经迈出了这样的步伐。

五、科技创新金融业务组合价值的思考

在探索我国的天使投资的投融资机制，做强我国已有的VC业务，在国际上做大我国PE业务，争取专业化PE业务机构上市，研究探索部署海外VC投资机制的同时，“十二五”期间还要将上述各项业务之间的组合，形成我国基于科技创新的新经济创造的系统的金融支持体系。

图2.3所示的是硅谷（SVB）金融集团业务结构的模式。SVB的成功经验，在于全方位的为高科技创新创业提供系统的金融创新的服务：硅谷银行是专注于科技企业贷款的银行；其VC/PE业务又是以科技创业为主要投资对象的；私人银行业务又是专门帮助高科技人才理财的；结合其数据库提供估值以及资本管理的软件服务，加上证券投资和资产管理业务，以其全球商业网络为信息，形成了一个由VC到PE，再到商业贷款以及各项金融服务组合业务的集群。SVB作为一个金融集团，其业务结构类型值得我国认真研究。如果在未来的五年内，我们在全国几大区域里，能够打造出类似于SVB集团的金融机构，创造出中国的“SVB”来，将会大大提升我国风险投资的水平。

当在“十二五”结束时，我们回望基于我国战略新兴产业发展的，以天使投资为新经济创造原动力的，以强大VC为中坚力量的，以瞄准国际竞争力为投资目标的PE以及这些投资业务集群组合，将会为我国未来三十年的经济发展奠定创新型竞争力的基础。

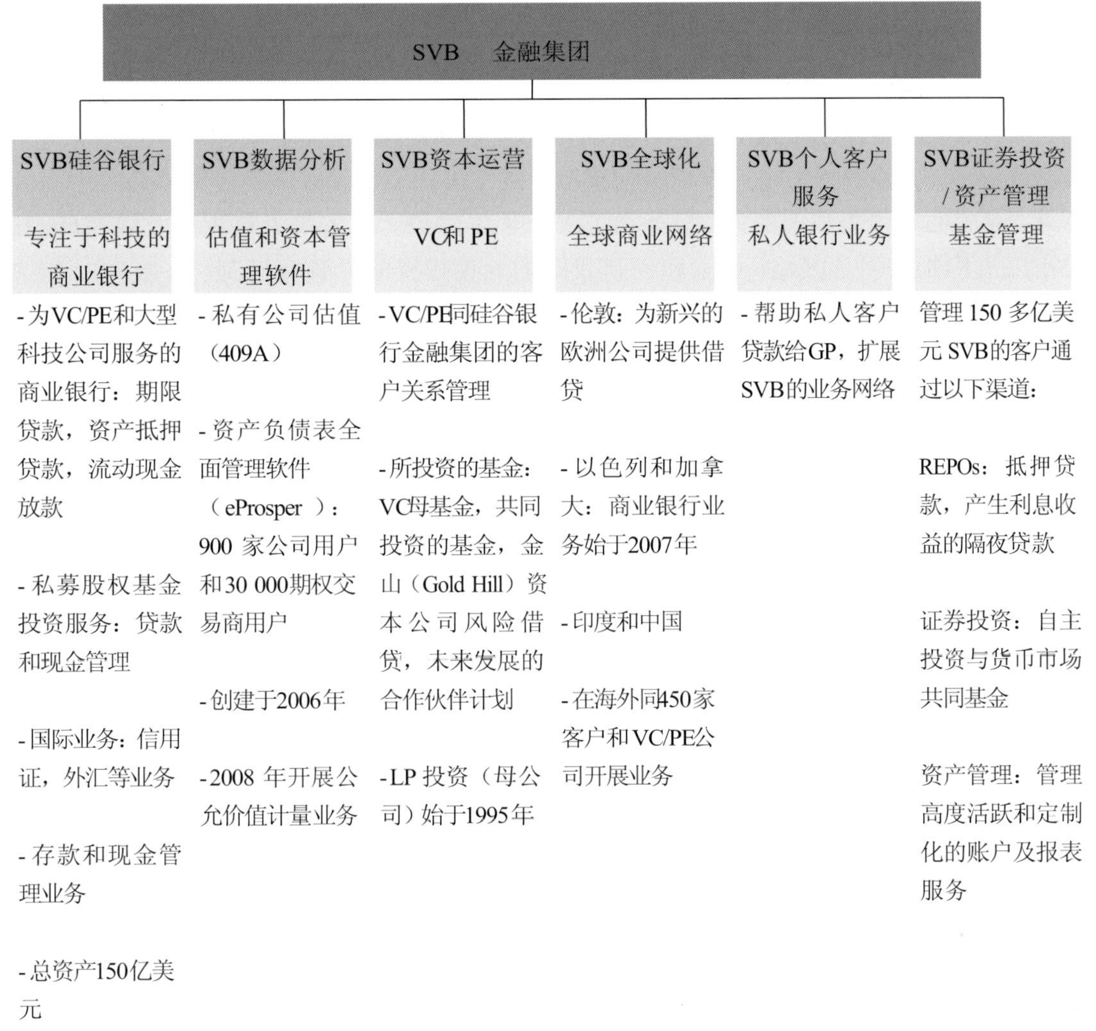

资料来源：硅谷金融集团考察所得

图2.3　美国硅谷（SVB）金融集团业务结构及组合

六、我国风险投资“十二五”发展战略实施建议

为了能够更好的实现我国风险投资的“十二五”发展战略，对于其战略实施有如下建议：实行三步走的战略步骤，并确定了各阶段具体的战略目标。

第一阶段，完善布局（2011年～2012年）。

第一阶段的目标是：国家要大力促进天使投资的发展，以全国几大区域为根据地初步建立遍及全国的天使投资网络体系；出台政策做强VC，将PE导向到产业结构调整的投资领域上，同时，启动3个～5个在国内具有影响力的大型PE投资集团上市；开始布局海外风险投资体系的建设。

第二阶段，稳步扩张（2013年～2015年）。

第二阶段的经营目标是：进一步完善国家自主创新和产业发展投融资平台的建设，即由天使投资、VC、PE、海外风险投资等投资结构形成投融资体系。在该体系中，天使投资网络初步建成，并开始创造新经济的价值；海外风险投资体系点的效应产生，积极推进面上的进步；优秀的PE机构成功上市，融得资金面向世界扩张。

第三阶段，全面提速（2015年～）。

第三阶段的经营目标是：成为国际一流的风险投资体系，围绕着科技创新创业给以系统的综合性投融资服务，并能够打造出适合我国创新型经济发展需要的国际风险投资体系。

总之，我国的风险投资业的发展，处在了一个十字路口。在未来五年规划发展当口，围绕着我国“十二五”经济发展战略，探索和创新我国的天使投资的投融资机制；做强VC；做大PE；探索跨国风险投资之路，争取优秀的PE专业性机构上市，形成一个具有多元化服务自主创新经济的、以股权投资为核心的、初步具备跨国化能力的投融资体系。

研究报告三 使母基金结构适应经济发展[①]

序

在中国，母基金（FOF）结构已被作为发展本土风险投资产业的手段而广泛采用。母基金是一种基金设立结构，它首先发展于美国并广泛运用于美国和欧洲的资本市场中。当人们讨论母基金时这一西方模型被频繁地提及。

母基金结构发展于美国，用来解决机构投资者在管理拥有多样化的金融资产的巨大资产池时的财务需求。在中国，为了促进新风险投资基金的创设、风险投资产业的发展和其他的经济发展目标，许多母基金正在不断被建立起来。

美国的金融环境和中国的金融环境存在着重要的不同之处。出于这些不同，在美国初始建立母基金的目的与在中国使用的母基金结构的目的也是不同的。为了在中国的环境中最好的运用母基金结构，评估这些差异是十分重要的。

一、美国环境下的母基金

为了了解为什么母基金结构会发展起来以及这样的设计是用来解决什么问题，了解美国的金融环境是至关重要的。

（一）投资者环境

在美国，风险投资基金的主要投资者是管理巨额金融资产的大金融机构。这些机构有养老金，捐赠基金会，保险公司和银行。即使这些机构提供了风投资金中的大部分，在风投基金中的投资通常只占这些机构投资者管理的总资产的一小部分。对于大多数机构投资者来说，在风投基金中的投资占机构总投资的不足5%。

机构投资者选择将他们的一部分资产投资于风投基金的主要原因在于提高收益率和降低资产组合的风险。风险投资能够提供相比上市公司股票和债券之类的资产更高的潜在收益。风险投资能够通过投资分散化的方式降低该机构的总投资组合的整体风险，因为风险投资的价值的变化与其他投资价值的变化并不紧密相关。

机构投资者在投资风投基金时面临的最主要的问题在于这些投资需要专业人士的参与。为了有效投资，管理者必须拥有投资风投资金方面的所要求的专业技能，并在作出投资后管理这些投资。对于大多数机构投资者来说，相比风险投资在机构投资者的整个投资组合中的较小比例，从事风投和管理风投基金的专业人士的成本是很大的。

① 本文作者 Christopher Lane Davis，复旦大学中国风险投资研究中心副主任。原文用英文写作，译者为复旦大学中国风险投资研究中心的胡春龙、张蓓。

（二）风投基金的环境

在19世纪80年代已经有大量的风险资本基金运作于美国，而现在，已经有几千个风险基金管理团队。这些风险投资基金管理公司差异很大，从拥有漫长历史并且管理许多基金的团队到试图筹集第一个资金的新团队。这创造了大量的拥有截然不同特性的可能的投资。

（三）投资过程

在美国，从投资者的投资和管理的角度上看，风投基金中的投资是比较难的投资类型。它要比在上市公司股票或者债券的投资难得多。

（1）选择什么基金进行投资是很困难的。风投基金理解起来十分困难，单个管理者的信息和过去的表现并不公开且难以评估。

（2）美国风投基金的金融和法律条款特别复杂。事实上，一份典型的美国风投基金的法律文件可能远超100页，但只给出问题的一些迹象。

（3）监督风投基金的现时表现相比监督上市股票或者债券的表现要难得多，因为风投基金持有的是很小的非上市公司的私人股票。风投基金的投资的价值很难决定，而且通常资金从它的投资组合中撤出需要好几年。

（4）风投基金中的每一项投资都需要积极的管理。投资者通常视投资的要求而定，将资本投入风投基金中很多年。风投基金也对他们的投资者进行利润分配，分配的方式是多种多样的，如现金，上市股票仍旧处于限售期的股票。

（四）母基金的创设

美国的机构投资者想要在风投基金中投资，母基金结构就是为解决这一问题而发展出来的。母基金结构的设计是为了使得在风投基金中的投资能够更便宜执行，更容易管理，并提供更多的风险分散效果。

典型的母基金是一个大资本池，该资产池以有限合伙的形式组织起来。机构投资者是母基金中的有限合伙人。有专门的管理公司运营这个母基金并作为该母基金的普通合伙人。

典型的母基金拥有一个只投资于风投基金的大型的资本池。一个母基金相比许多机构投资者而言可能拥有更多的资本投入于风险资本投资，因为这些机构投资者只是将一小部分资本投入于风险资本投资。因此，相比许多机构投资者，一个母基金能够将用来保留对于执行和管理这些投资必须的专业人士的支出更大量的转移出去。

因为一个母基金将其资产池投资于大量的风投基金，在一母基金中的投资就能使得机构投资者参与到更多数量的风投基金中。与使用同样数量的资本直接投资于更少数量的风投资金相比，这样的结构提供了更多的风险分散效果。

二、中国环境下的母基金

中国的金融环境与美国的非常不同。对两个环境中关于风投基金的重要因素的对比进行大体的回顾是十分有益的。

（一）投资者

在美国，主要的投资者是管理大型的资产池的大金融机构。这些投资者在母基金中投资只是出于财务上的原因。在中国的环境中，以单纯的财务原因而投资于风投基金的大型国内金融机构相对较少。政府机构或者国有机构的投资是风投产业的更加重要的资金来源。更重要的是，许多中国的政府机构和国有机构在进行风险投资时带有促进某地区、某产业或者某项技术发展的目的，并非为了降低财务风险，改善资产组合的财务收益。

（二）风投基金环境

在美国，风投产业如今已有50年的历史。风投产业拥有数千个管理公司和成千上万的专业投资者。而中国的情况是，本土风投产业相对而言比较新也比较小。许多人认为中国的现代本土风投产业的积极发展的开端始于1998年，不过是13年前。中国本土的风投管理公司和有经验的投资专家都要少得多。即使对于有经验的投资专家，投资的业绩记录相比美国的环境下也是相当有限的。

（三）投资过程

在美国，形成风投基金和执行风投基金投资决策的过程是十分复杂的，但是业务、法律规定和结构被完善的建立起来，并被很好地理解。在中国的情况是，形成本土风投基金的过程依旧在积极地发展和改进中。风投基金的法律框架也仍未完善。更重要的是，本土的中国风投基金的商业结构和术语也并未形成体系。投资管理人投资了中国本土风投基金时，将遇到完全不同类型的挑战。

三、母基金管理者的特定职责

由于所处金融环境的不同以及投资者使用母基金结构的原因不同，美国和中国母基金管理者所表现出的职责也有很多不同。列举一个美国母基金管理者的一些重要的职责，将它与中国环境中相同的职责进行比较，管理者职责的不同就可以体现出来了。

（一）风投基金的选择

1. 美国的情况

在美国存在这样一个共识：一个母基金的管理人最重要的职责就是选择他会投资的风险投资基金。

在美国，一个母基金管理者会评估进行日常投资决策和管理的风投基金管理人的经验、专业素质和能力，以此判断选择哪个风投基金进行投资。

（1）这一评估要求发展一个系统的过程，通过该过程收集在评估中的风投基金管理者的统的信息。

（2）在美国，母基金管理者倾向于和已经管理了一支或者多支基金的管理公司打交道。这使得母基金管理者能够比较不同管理团队在过去的投资业绩。评估一个从未管理过基金的新管理团队未来成功的潜在可能性太过困难。

（3）选择过程不仅要收集不同风投基金的统一信息，还要对于风投管理者提供的信息的准确性进行核查。

（4）对于单个基金管理者的业绩记录，背景和个人历史的仔细检查过程对于评估管理人来说是非常重要的因素，能够降低风投管理人日后涉及不当或不合法行为的风险。

2. 中国的环境

在中国，最基本的问题并不在于在大量现存的风投基金和有经验的风投管理人中进行选择。取而代之的是，判断潜在的新风投基金和新管理人谁更有可能成功。一个中国的母基金管理人更有可能积极地参与到新风投基金的创立中，而不是在已经设立好的风投基金中进行选择。事实上，在许多案例中，中国的一个母基金管理人可能只投资于一个由新管理团队管理的新风投基金。

在美国，选择过程主要就是分析和比较风投管理者的业绩记录这一点。在中国，评估过程是截然不同的，投资业绩的历史数据不足，同时有更多的风投管理者进入这个行业，而投资经验又通常比较有限。

这是一个十分重要的因素，因为中国的环境要求母基金管理人发展出适合中国环境的创新方法来评估潜在的投资管理人。中国的母基金管理人无法使用在美国和欧洲所使用的相同的选择方法。因为很少有中国的管理人有很长的投资业绩记录，母基金管理人必须依赖不同类型的信息和评估来选择新基金的管理人。这些新的方法很有可能与在美国使用的流程有巨大差异。

（二）在风投基金中的投资

1. 美国的情况

在美国，母基金管理者的一个基本的职责就是商讨在每个风投基金中的投资的业务条款。风投基金中的业务条款在美国是十分复杂的，差异很大。然而，通常的风投基金中的投资的业务条款也已经被市场很好的理解。

在美国的环境中，投资者对于在风投基金中的投资业务条款的差异如何来影响风投基金的管理者具有大量的经验。因为业务和法律条款能够对美国的风投基金的业绩产生实质的影响，大多数美国的母基金管理者会花很多的时间在该领域中，以熟悉其中细节的专业信息。

许多美国的风投基金的法律文件很复杂。法律文件都需要专家的核查以确保他们准确的反应了对于业务的理解。在美国，母基金管理者通常与在该领域中的专业律师密切合作。

2. 中国的情况

在中国，无论是风投基金的业务条款还是这些基金的法律框架都仍旧在发展中。在该领域中的专业人士，无论是管理者还是律师，都比较少。

很明显的是在中国适用的法律框架和美国相比是非常不一样的。同样，美国与中国的商业和社会环境也很不一样。那意味着如果单纯的假设美国风投基金的典型业务条款在中国本土的风投基金中进行适用将会是合适的或者会有同样的影响是不明智的。

举个例子，没有任何理由相信20年前在硅谷发展出对于风投基金管理者的奖金结构也会在当今的中国有效或者说妥当。在中国2%的年费和20%的净利润金额对于有效运作一个风投基金并吸引、激励和保留成功的本土风投管理者是有效的么？那是在美国的经验，然而我们没有足够的经验得知在中国那是否同样正确。

另外一个重要的模型是这样的，有大量的中国本土风险投资基金拥有不确定的期限，且资本结构中都是永久资本。这与美国的情况非常不同，在美国几乎所有的风险投资基金都构建为10年有限期限的实体。在美国或欧盟对于构建为永久期限和永久资本的风投基金的经验相对较少。因此，在该领域中中国将必须发展起它的义务条款和结构，而这些业务条款和结构将与美国和欧洲的模式十分不同。

因为美国和中国截然不同的环境，随着中国的本土风投产业的发展，在中国本土市场中风险投资基金的业务条款将必然发展出其自身的特点，这是中国环境的特定需要的必然结果。

政府发起的基金的活动，常常会支持以不同政府单位之间的合作方式建立的新风投基金的创设，这些活动是关于母基金管理者更具活力的管理形式的一个例子。政府发起的基金的母基金管理者的重要职责可能是：通过政府间的商讨来找到投资者和管理者从而建立一个新的基金，以及在发起风投基金的政府单位之间保持持续联络的任务。

在中国，业务条款和法律结构将会经历迅速发展的几年。也因为这一迅速变化的环境，从母基金管理者角度来看在风投基金中的投资过程可能会要求主动性和创造性。在中国，政府和地方控制的机构进行投资来促进经济发展，这在风投行业中占据重要的角色。这与在美国主要寻求财务回报的机构投资者的情况不同。中国的母基金管理者可能需要不同类型的专业技能来应对以经济发展为导向的政府投资者，而不像美国的母基金管理者需要应对以财务收益为导向的机构投资者。

四、对母基金投资的监督与管理

（一）美国的情况

在美国，一个母基金会收到来自它所投资的风投基金的定期的财务报告。母基金管理者的一个重要的任务就是与该母基金所投资的风投基金进行商讨，以确保所有的风投基金同时提供同样形式的财务报告给母基金。

在美国，习惯的做法是要求风投基金至少按季度提交财务报告，报告使用标准会计规则和标准组合投资估值政策。紧密地监督这些财务报告使得母基金管理者能够决定某风投基金是否符合他的投资策略并估计基金的业绩。

母基金管理者在美国通常会加入到它投资的风投基金的董事会或者咨询委员会中。这样的参与是很有价值的，因为它给予母基金管理者对于单个投资组合和组合公司的状况更多洞察的机会。对于一投资组合公司情况的准确了解通常需要更细节的信息，而不仅是在定期财务报告中的信息。这样的参与也使得母基金管理人可以在个人标准上、进行的基础上监督和评估风投管理者的业绩。美国的机构投资者通常相信在有效评估风投管理公司的业绩时，对于风投基金管理者个人的业绩的密切关注是其关键点。

美国的风投基金拥有复杂的法律文件。因此，对于美国的风投基金而言，定期修正法律协议以适应变化的环境是很常见的。确保在法律文件上的任何必要变动已被适当地执行是美国母基金管理者的一项持续责任。

大多数风投基金不会一次性募集他们所有的资本，但是所募集的资本将会在许多年中分期缴纳。当需要母基金出资时，母基金管理者有责任向风投基金缴纳其出资。

随着风投基金从他们的投资组合中的退出，风投资金向他们的投资人（如母基金）定期进行利润分配。母基金管理者负责收回这些利润分配。在大多数情况下，利润分配的形式为现金，但是有时也会分配投资组合公司的股票。在这些例子中，母基金管理者有责任代表母基金管理或转让这些证券。

（二）中国的情况

在中国的环境下，在一些领域中，如财务报告和组合证券的估值，统一的标准和实践并没有被建立起来。这意味着在中国的母基金管理者必须更积极地参与到发展合适的标准过程中，也需要对于不同的风投基金的实践差异更加注意。相比标准和报告相对统一的情况，在标准和报告的操作不同时，对于风投基金投资组合的监督会困难得多，也更具有挑战性。

几乎所有的美国风投基金都使用有限合伙制。投资者在风投基金的参与方式（举个例子，通过基金的估值或咨询委员会）被很好的理解，同时在行业中相对统一。与之相反的是，中国的本土风投基金现在使用了大量不同的结构，包括有限存续和无限存续的结构。在本土风投基金中投资者所扮演的角色也大相径庭。更重要的是，因为本土风投基金的结构和业务条款仍旧在迅速发展中，随着新结构的发展，在中国一个母基金管理者必须积极地思考什么样的角色什么样的参与方式是最有效的。

在中国的环境下，因为存在很多缺乏经验的新风投管理者，一种更为主动的监督形式可能是合适的。在一些新的本土风投基金中，投资者拥有风投基金管理公司的股份并在董事会中具有董事席位。这种作为在风投基金管理中的积极参与者的身份与在美国的母基金管理者的身份完全不同。在美国，投资者参与到基金的投资管理中是相对不常见的。

母基金的一个最基本的影响在于使得更多的风投基金的创设更加容易。无论一个母基金可以做什么别的，单单可用于投资风投基金的资金就能刺激风投基金的创设。

美国小企业投资公司计划的经验表明，更多的资金可以投资于风投基金使得在美国创设的风投基金的数量大量飙升。

在小企业投资公司计划下，其起始于1958年并持续至20世纪90年代，美国小企业局提供资金给任何申请在小企业投资的人。私人自身每出资1美元投资于小企业，小企业局就会出资2美元的政府资金。有资格获得政府资金的要求仅仅只是申请人没有犯罪记录且自己提供了最低额度的私人资本以匹配政府资金，意识到这一点在这一时期十分重要。小企业投资公司计划提供了资本给任何申请并满足这些最低标准的人。

在小企业投资公司计划下，在1958年～1990年的超过30年间，美国政府为新的小企业投资公司提供了上亿美元的资金，好几百家新的小企业投资公司建立了起来，上千人成为了在向小企业投资方面拥有专业能力的专业投资者。

在小企业投资公司计划下建立的小企业投资公司逐渐提高了拥有在小企业投资经验的投资专家的数量。美国风投产业的开始常常被认为是这些早期的小企业投资公司和投资专家，他们能够作为投资管理者，就是从收到小企业投资公司计划提供的资本开始的。小企业投资公司计划提供了一些历史证据，认为单纯的提高可用于建立小风投基金的资本数额是发展风投产业上一个重要的因素。

美国的例子的问题在于，它使用反复试验和纠错的过程在超过20年的时间后才在美国造就了一个不断成长的风投产业。只是给予没有经验的人资金并等待看他们中的谁能够从反复试验和失败中学习如何成功投资是一个非常缓慢的过程。它最终成功了，但是缓慢而低效。

在中国的情况下，一个十分有趣的问题在于何种变化，不只是单纯的提供更多资本，可能加速风投行业的发展并使得发展过程更为高效。

五、能改善中国母基金的有效性变化

如果我们回顾美国母基金管理者所表现出的最基本的职能，我们能够看到基本的变化将改善中国的母基金的有效性。介于中美环境的重要差异，基本的变化是必要的，也同样是需要的，因为使用母基金结构的目的在中美之间也有广泛的差异。

母基金职员性质的变化

在美国的情况下，母基金职员的选择基于他们在分析和选择风投基金并监督母基金投资的风投基金的财务业绩方面的专业能力。母基金的职员在进行对于公司的组合投资，管理投资组合公司或在风投基金的组合投资的退出上并没有任何要求。因此，在美国母基金的职员通常对于公司进行风险投资或者对于风投基金提供管理帮助上没有专业的能力。

在中国的情况下，成功的管理一母基金可能需要更积极的参与到母基金所投资的风投基金的创设和后续运营中。因为将会存在更大量新的管理团队以及没有经验的新风投管理者，一个在中国的母基金可能需要管理者同时拥有风险投资的经验和为新风投基金管理者提供管理协助的能力。这将要求母基金管理者相比他的美国的同行拥有非常不同的经验。

除此以外，政府发起的母基金的一个目标在于发展中国本土的风投产业。因此在能够促进风投产业发展的其他活动中有机会使用到母基金的职员。在中国，母基金职员需要表现的不同的职责可能需要更积极的员工，相比在美国通常情况需要员工在风投运营和投资活动中拥有更强的实践经验。

六、发展风投产业的活动

因为在中国母基金结构被用来促进风投产业和经济的发展，所以，母基金管理者可能存在一些额外的职能需要有效地执行。

（一）风投管理者的发展和招聘

母基金也许会发现风投基金缺少拥有经验的投资管理者。因此，母基金管理者可能需要积极地招聘新风投基金的投资管理者。这可能要求母基金管理者开放一些项目来锻炼新风投管理者，以促进具有专业能力的管理者在风险投资界迅速成长。

（二）投资管理者的职业发展

母基金管理者可能会发现，激励风投基金的管理者参与到持续的专业培训中以改善在行业中的职业技能是值得且需要的。但在该领域的培训并不存在，因而母基金可能会发现促进针对风投专业人士的培训项目或者其他的教育活动的建立也是值得且需要的。

（三）对于新风投管理者的协助

因为母基金参与到了促进风投产业的发展中，产业中又相对而言存在较少的风投基金和基金经理，母基金管理者很可能与新进入风投行业中的风投管理者打交道。母基金可能需要在启动和开展一个新的风投管理公司的运营上所必须的执行和管理事宜上帮助新管理者。那可能要求母基金管理者考虑提供如下类型的服务：

（1）帮助新管理者建立投资战略和业务计划；

（2）在新风投管理者建立自己的公司的管理公司时向其提供核心的管理服务，有点像是一个商业孵化器：

① 会计和财务功能；

② 财产和资产管理功能；

③ 人力资源功能。

（四）风投基金的“最佳实践”的促进和发展

运营实践在风投行业中存在广泛差异。在发展中国的本土风投产业中的一个因素就是推广“最佳实践”以改善本土风投基金的运营质量。

在一些情况下这可能需要研究来鉴定国际认可的行业“最佳实践”，并评估其在中国环境下的适用性。在其他的情况下，如果没有公认的标准，那么进行研究来决定“最佳实践”是什么可能是必要的。这个任务对于单个风投基金自己执行可能十分困难，但是母基金来为所有投资的基金完成这个任务是合理的。

“最佳实践”有所帮助的典型领域包括：

（1）风投基金的会计和审计准则；

（2）风投基金管理者和资金的内部财务控制；

（3）风投基金的财务报告；

（4）风投管理者和风投基金的利益冲突；

（5）风投基金持有的组合证券的估值；

（6）风投基金的日常法律协议；

（7）对于组合中的投资在投资前尽职调查实践。

（五）风投基金的模范的业务条款

“最佳实践”的一个需要特别提及的领域就是风投基金的业务条款和对于风投管理者的奖金机制。虽然人们讨论时就好像对于风投基金存在“标准”的业务条款（如2%的佣金和20%的利润），事实上风投基金的业务条款是高度复杂且变化剧烈的。这使得投资者很难理解风投基金，而在风投基金中的投资更为困难。

在中国尤其的复杂，因为本土风投产业是新的。认识到在美国通用的基本业务条款是十分重要的，如2%的管理佣金或者在投资者和管理者间八二分账的利润，但是这些可能在中国并不合适。新的不同的业务条款可能会发展起来并更适合中国的市场。

对于风投基金重要的业务条款是：

（1）资本额固定的有限存续的基金模型和永久资本基金模型；

（2）管理佣金和基金支出水平的模型；

（3）管理者的奖金激励的模型；

（4）投资者替换风投管理者和终止基金的权利的典型规定。

（六）与其他机构投资者合作来提高对于风险投资的理解

为了拥有一个庞大的投行产业，应当拥有对于风险投资基金有兴趣并愿意投资的机构投资者，这一广泛的基础是十分必要的。

当前，本土风险投资基金作为一种财务投资并没有被中国的机构投资者或者私人投资者很好的理解。母基金可能认为与其他机构投资者建立关系来教育他们理解风险投资是值得的。母基金可能也会试图说服其他机构投资者尝试在风投基金内投资，无论是通过母基金还是独立投资。

一个重要的问题在于，何种激励措施或者其他的方法能够有效地提高在风投产业中的私人投资。部分看来这是找出私人投资者视角的一个问题；部分看来这是政策发展的一个问题。这一领域可能对任何单个风投基金来说都太广了，但是由一个母基金来做这个领域中的一些工作是妥当的。

需要考虑的典型问题是：

（1）风险投资教育，包括赋税优惠和来自于在风险投资中的投资的其他优惠措施。

（2）在引领的投资者（如母基金）和其他投资机构之间建立关系。

（3）研究探索对于不同投资者的不同类型的财务激励措施的吸引力：

① 提高私人投资回报的项目；

② 可以降低私人投资者的投资风险或者消灭灾难性损失的风险项目；

③ 提高投资于风投基金的投资流动性项目；

④ 在风投基金中的投资税收减让。

七、结论

在中国和美国，财务环境和母基金的基本目的是不同的。中国正在同时发展业务上的和法律上的基础框架和本土风投产业的人力资源。母基金管理者在促进发展中国的风投产业中扮演着重要的角色。这将需要中国的母基金管理者相比其西方同业者拥有不同的技能和不同活动方式。中国显然需要发展一个具有自身中国特色的母基金产业。

研究报告四　政府创业投资引导基金调研的结论与建议[①]

借助科技部与上海市科委合作的关于“科技创新创业投融资政策瓶颈分析及对策研究”的课题研究，对全国各地风险投资的政府引导基金发展情况进行了调研，并且就知识产权质押贷款融资情况，还有专门为科技型中小企业担保融资服务金融工具创新等情况，做了典型案例方面的调研。

就调研情况报告如下。

一、调研情况

1. 调研时间：2009年11月～2010年1月。

2. 调研对象：北京、天津、重庆、深圳、成都、广东、苏州、上海、杭州等省市风险投资引导基金管理者。

3. 调研内容：引导基金的条件、引导基金的管理机制、引导基金的引导成效、引导基金存在的问题、知识产权质押贷款融资、担保融资工具创新等。

4. 调研目的：服务于引导基金理性发展。

二、政府创业引导基金新形势

我国政府创业投资引导基金起步于1999年，即上海创业投资有限公司首次以引导基金的模式，先后引导了十多家风险投资基金，同时打造第一家与海外合作的基金——橡子园基金，开启了我国引导基金的先河，也开了我国风险投资与海外风险投资合作的头。期间还曾遭到不同的批评声。之后的几年里，政府逐渐认识到政府在促进风险投资发展中的最优角色，还是引导基金。

自2006年起全国各地纷纷设立引导基金，北京、重庆、成都、湖北、天津、苏州、深圳、杭州等地都设立了政府的引导基金。据调研情况，引导社会各类资金估计大约500亿元，这是一个非常可观的进步。国家科技部、发改委等先后出台专门的引导基金办法，而且科技部率先实施了创新引导基金，2007年开始实施，2008年引导了7家基金，2009年又引导了8家基金，都是以早期创业项目为投资对象的。从各地引导基金的情况调研，出现的新形势有：

（一）引导资金来源的多层次性

从调研到情况分析：现行的引导基金有国家部委的，如国家科技部的参股型引导基金、国家发改委的产业促进的引导基金、国家开发银行参与的引导基金等；有地方政府的引导基金，如上海市、北京市、重庆市等；还有开发区的，如中关村园区的引导基金、苏州工业园区引导基金、上海浦东引导基金等；还有区县级的引导基金，如上海市杨浦区、徐汇区，江苏省常州市等。甚至还有乡镇级政府出资的。

① 本文作者张陆洋，复旦大学国际金融系教授、博导，复旦大学中国风险投资研究中心主任。

由于乡镇级政府的引导基金不是本课题的研究内容，没有进行调研，仅仅是在调研过程中听到信息而已。

（二）引导基金管理的多元性

引导基金的管理：有专门成立母基金机构的管理模式，如上海创业投资有限公司、中关村投融资服务集团有限公司等；有委托给已有的投资公司管理的模式，如天津的环渤海引导基金的管理、重庆市政府引导基金的管理、成都市引导基金的管理等；还有专门设立政府决策机构参与管理的模式等。

这种多元化的管理模式体现的成效是：专门有母基金管理模式的引导基金的成效好于委托给已有投资机构管理的模式；而已有投资机构管理引导基金的成效又好于设立政府决策机构的管理模式。

同样，我们看到，划到国资委下属管理的风险投资机构，往往都在“实业化”或者“PE化”了，继续在科技部门下属管理的风险投资机构，对于科技创新和创业的推动最为有效，而归到发改委下属管理的风险投资机构，正逐步在向产业基金演进。

（三）引导基金启动的快速性

引导基金虽然起步于1999年，但到了2006年开始大面积的启动，体现了通过引导基金发展风险投资的积极意义。不仅国家层面，省市层面政府积极性也很高，纷纷设立引导基金，有的短短3个月到6个月内就引导6～9家基金，速度之快体现了“中国速度”。甚至连乡镇级政府都要搞引导基金。可见引导基金模式已经快速地、广泛地被政府采用。

从各地为科技企业融资服务的角度来看，都有不同程度的创新。其中具有代表性的创新的主要特点是：

1. 对于科技型企业融资服务的评估风险投资化

按照传统金融运作模式，其判断资产价值往往是以有形资产为标的的，而科技创新和创业往往是以知识产权为价值原点的，将传统金融工具运用到科技创新和创业中来，必要条件是给出知识产权价值的合适评估，才能够实施服务科技创新和创业融资需要。以北京经纬律师事务所为代表的“知识产权质押贷款融资服务”成功探索，完全是按照风险投资的价值判断要求来评估知识产权价值的。

2. 对于科技型企业融资服务的操作风险投资化

按照传统贷款模式，往往在有形资产抵押前提下是不参与企业经营管理的，这种模式对于轻资产高风险的科技型中小企业而言，往往是不会给以贷款服务的。将贷款金融工具运用到科技创新和创业上来，如果没有参与企业经营管理的权益，几乎都会损失掉资金。以深圳市高新技术投资担保服务有限公司为代表，按照风险资本的投资＋服务模式实施科技中小企业贷款融资服务，并重新设计出三种著有成效的方法，值得深入研究其规范并大力推广。

3. 对于科技型中小企业将传统金融工具与风险投资组合起来提供融资服务

科技创新和创业是一个技术经济过程的动态系统，需要多种金融工具组合链条为其提供投融资服务。从调研情况分析：不论知识产权质押贷款服务，还是贷款＋分红或贷款＋期权或贷款＋投资的模式，都在趋向与风险投资组合实施科技中小企业投融资服务；不论是母基金还是直接投资机构，都在打造将传统金融工具与风险投资组合的投资链条，服务科技中小企业融资需要。

三、调研体现出来的问题及分析

虽然我国引导基金发展速度很快，形势喜人，但是也带来相关需要深入探讨的问题。

（一）引导资金来源的多层次性，带来了需不需要不同层次来源资金多层次定位的问题

即国家级层面来源的引导资金是否应该定位于高端的科技创新和创业上，而且还要定位于早期的投资上；省市级层面来源的引导资金是否应该定位于区域范围内的领先科技创新和创业上，可以早期为主辅助中期的投资；区县层面来源的引导资金是否应该定位于一般科技创新和创业上，基本上是以中后期的投资为主？从调研的情况分析，回答是肯定的，即不同层面来源引导资金要有投资定位的区别，形成国家—省市—地方的多层次的大系统的科技创新和创业的金融支持体系。

（二）引导基金管理的多元化，带来需不需要专门的“母基金管理机构”来管理的问题

即引导基金是否是一项新型的金融业务需要从理论上给以诠释；母基金管理机构本身的经验管理模式以及“公司治理结构”是什么？母基金管理机构需要的人才素质是什么？需要建立什么样的指标来评估母基金的价值？政府作为引导基金的出资人，如何对母基金实施管理和监督？

另外还有多头决策的问题，如以某省引导基金为代表的，在财政厅和科技厅共同决策机制下，至今没有发起一个基金。即有多家政府部门共同决策的风险投资基金，几乎没有办法实施引导工作。

（三）引导基金的快速启动，带来了政府理性引导和非理性引导的问题

即政府引导基金的定位是什么？以上海创业投资有限公司为代表的坚持政府引导基金必须定位于科技企业创业的早期阶段，至今投资了300多个项目，90%为早期项目；深圳创新投资集团10年间投资了70余项早期项目，占项目投资总量的30%；投资于成长期的项目140余项，占项目投资总量的56%；投资于成熟期的项目总量仅为40余项，占项目投资总量的14%。站在风险投资机构组合投资原理基础上，深圳创新投资集团的模式是值得很好总结和借鉴并推广的。

以某市引导基金为代表，政府在3个月到半年时间里，发起了6支基金，而且6家是外资管理的基金。给外资带来了似乎中国政府太有钱了没处花的不良印象。

在我们的调研过程中，有如下思考：

政府引导基金呈现高潮，但是表现出了盲目性。即为什么要引导？怎样引导？引导基金的价值如何实现？等等这些问题没有搞清楚的背景下，导致了政府引导基金大有“被引导”的倾向。以在某地的座谈会为例，会上竟然有人要求能够让政府同意将政府的风险投资资金拿去做打新股，还有人大喊创业者毛病太多，似乎失败是创业者的原因，而不检讨自己投资+服务的价值所在。这些言论都是在误导政府的行为，我们将其称之为政府“被引导”。

政府对引导基金积极推动，但是如何管理得更有效？即需不需要建立一个专业“母基金”管理模式？怎样来管理？考核的指标是什么？等等，这是我们必须面对如何花好政府资金的挑战。

政府虽然出资引导，但是如何才能够真正打造我国风险投资金融支持体系，服务我国自主创新发展战略需要，这带来了一个如何进行可持续性的财政安排，长期引导的国家财政预算问题。

各个部门各级政府都在积极推动引导基金，但是政出多门缺少核心主导管理部门，使得我国引导基金也是多重花样，有的还美其名曰“中国特色”、“区域特色”，使得引导基金偏离了正确轨道而倾向“PE”化或产业投资化。

政府引导基金的定位和功能到底是什么？在所谓“市场化”经济理论的误导下，各地各级政府引导基金功能作用出现所谓“多元化”混乱，还在高调宣传自己做法模式如何如何，不理性者还纷纷上门求教。这种所谓“市场化”理论的误导行为，需要我们在理论上搞清楚所谓“市场化”理论的“失灵”问题。

由于所谓“市场化”的误导，政府出台的政策几乎是在传统工业经济政策基础上的修正而已，或者是号召性的而已，对于风险投资的促进作用仅仅体现在政府出资了，而其他方面的作用几乎到处都是障碍性的。美国次贷危机给了我们可供借鉴的教训，也给了我们带来提升竞争力的机遇。把握机遇出台促进风险投资发展的政策体系，是提升我国自主创新竞争力的关键。

四、结论与建议

根据本次初步调研，可以肯定的是如下结论：

（一）我国政府支持风险投资的模式在发生根本性的变革，即由直接投资模式转变为间接投资模式，而且已经初见成效

风险投资在中国发展已经有20多年的历程，政府支持风险投资发展的模式，由直接投资型转向引导基金型，而且已经取得了初步成效。具体表现就是各地各级政府响应积极，行动很快，引导放大的资金往往超出预期，这是一大进步。政府引导基金的模式在理论上和国际经验中都证明是非常有效的政府推动风险投资发展的模式，既能够将政府的资源整合到新经济的创造中来，又能够将市场资源带入到新经济的创造中来，对于提升国家的经济竞争力作用，远远高于单纯的政府行为或单纯的市场行为等。

我国政府推动科技风险投资发展的未来趋势是什么？将是基于有限合伙制原理下的基金组织的模式，将比现在公司型基金引导模式还要大大节约运行成本，提高运行效率。当然，该真正有限合伙制原理的引导基金模式，何时能够实施，取决于政府的政策创新、国家引导金融创新方向以及金融创新的政策取向，特别是风险投资业界的成效、国家自主创新环境的发展。

（二）政府引导基金需要按照科技创新和创业的金融支持体系建设的战略来发展

在调研过程中，我们看到几项非常有价值的创新，就是政府在做引导基金的同时，积极搭建科技风险投资的金融支持体系，即从早期项目的投资到中期以及后期投资联动的投资链条。如北京中关村科技创业金融服务集团有限公司、苏州创业投资集团有限公司等机构在做引导社会资金同时，还在努力打造为科技创业提供系统的金融服务体系，这些创造性的探索和创新，对于我国的风险投资聚集效应的形成，有着巨大的带动效应。

通过调研，我们认为上海创业投资有限公司引导基金的定位值得肯定和推广。他们十年来坚持科技导向，推动一批科技成果转化；坚持培养风险投资人才，培育了一批国内风险投资的从

业人才；带动了一批社会资金参与风险投资。但是，他们至今没有形成科技风险投资链条上的体系：投资了300多家早期的科技创业项目，但是在中小企业板和创业板上市的科技企业，却没有找到他们投资的项目。而深圳创新投资集团作为引导基金的参与者，虽然投资早期科技创业项目远远少于上海创投的，但是他们已经推动了40多家上市的科技企业。这两个典型的案例，并不是上海创投做的不好，其实是他们做的很好，只是自身创新不足或是缺少风险投资体系后期链条的接应，他们显得无奈。

所以，在现今形势下，政府在出台科技风险投资政策的时机，一定要考虑到整体风险投资体系建设的战略需要。

（三）政府需要给出适应风险投资规律的政策环境，才能够更有效地促进风险投资业的发展

风险投资作为一项促进科技创新和创业的金融行业，在中国虽然有了20多年的历史，但是还是一个非常幼稚的金融产业，特别是在建设自主创新国家的战略背景下，如何促进风险投资业的健康发展来加速自主创新的步伐，已经不是风险投资本身的问题了，更重要的是溢出效应。中国在“不差钱”的条件下，需要在宏观财政政策和货币政策的组合下，给出更多引导政策，如何将各类社会富裕资金有效地吸引到风险投资行列中来，在该政策引导效应下，既能够解决风险投资资金缺乏的问题，又能够化解股市流动性过剩，还有房地产过热的问题，更重要的是加速提升国家自主创新竞争力。

促进科技风险投资的政策体系，创造的政策环境将要解决的问题包括：政府以什么样的财政政策引导社会资金？以什么样的政策将商业银行和商业保险富裕资金吸引到风险投资行列中来；以什么样的政策融民间服务资金自愿参与风险投资？以什么样的政策吸引境外资金有积极性参与到我国自主创新的投资中来？以什么样的政策鼓励将我国外汇资金化为风险投资资本到海外进行风险投资操作？以什么样的政策促进风险投资交易流的快速实现，让知识和风险投资成为财富创造的源头？以什么样的政策来经营和管理好政府引导母基金，使得有限的财政资金发挥更优的引导效应？等等。

如此庞大的政策体系安排，是难以在一个政策下或者国家发改委的几个文件中解决的。需要高层的认知并突破现有金融法规的框框，创新相关政策设计。对美国成功经验的研究显示，由于他们的国情，美国是花了近30年才逐步完善了促进创新和创业的风险投资的法规政策体系。我国是高度集权的国家，法律修改虽然较慢，但是可以先在国务院的某个条例中，设计相关的政策安排，待实施有总结成效之后再逐步修订或指定相关法规。这种政策设计路径的安排，既能够快速启动促进科技风险投资发展，又能够逐步实现国家相关法规政策的创新，完善科技风险投资的政策法规环境。

根据上面分析，有如下建议：

1. 政府引导基金，需要分层次

即国家级层面的引导基金注重国家国际性高端技术的创新和创业的早期投资上，省市级的引导基金除了承接国家引导基金对于高端技术创新和创业投资之外，注重省市区域内的先进技术创新和创业的早期投资，地县级的引导基金注重各类项目的后期投资。如此来构建国家创新竞争力的立体结构，形成多层次的创新和创业的金融支持体系。

2. 政府引导基金需要针对科技企业创业阶段的体系性

即政府引导基金除了在功能扶持各类技术的创新和创业之外，还要将打造创新和创业金融政策体系作为引导基金的战略目标之一。不能够简单考虑引导资金的放大效应，而要将重点放在构建我国自主创新竞争力的金融支持体系上，避免现在绝大多数政府资金委托给了外资的管理机构经营管理的困局。

3. 政府引导基金引导资金来源需要更大的创新

中国的经济经过30年的改革发展，是一个“不差钱”的国家。特别是银行、商业保险、民间等大量的资金都没有被引导进来，而是在股市和房地产市场上，导致了我国股市流动性过剩，房地产市场过热景象，还有大量外资进入完全是为了借助人民币升值来套利或参与房地产炒作或股市投机等。如果能够出台政策将这些资金引导到风险投资上来，既可以缓解股市流动性过剩和房地产市场过热的问题，又能够促进我国自主创新战略的加速实现。

4. 研究专门从事引导基金“母基金”平台的管理问题

作为“发现价值”的风险投资与“发现价格”的证券投资以及提供产业“扩张价值”的产业投资，有着本质上的区别。风险投资作为近些年发展起来新兴金融业态，引导基金的管理和经营等问题，既需要有理论方面的创新来支持，更需要实施操作管理上的创新，以其保障引导基金的提升竞争力和创造新经济价值的使命。研究母基金的科学管理的理论和实际经营管理等问题，已是不可回避的问题。

5. 研究并实施适合“母基金”的责任制约与激励机制

如同公司治理结构对于企业发展的重要性一样，经营管理母基金也是必须要有相应的“母基金的治理”理论和方法，保障政府引导母基金经营管理的成效最优。那么，政府引导母基金的责任和功能定位是什么？母基金的考核指标是什么？基于母基金考核指标，对于经营管理母基金人员的风险责任制约机制和业绩激励机制是什么？等等。这些问题的解决方案，目前人们仅能够说是按照“国际惯例”，那么这个“国际惯例”内涵是什么？这一系列问题需要我们深入研究给出答案，并给出能够付诸实施的可供操作的解决方案。

研究报告五　从最近一年我国民营企业海外上市看境内创业板竞争力①

对2009年10月以来我国民营企业海外上市情况的分析表明：（1）2009年10月～2010年10月，我国民营企业在海外的新上市公司家数和市值分别为114家和6320亿元人民币，与同期创业板相当，且海外新上市的软件、教育培训和消费者服务类企业居多；（2）约80%的企业符合我国创业板上市标准，但海外市场的包容力较强，其中纽交所新上市的14家企业中有5家亏损；（3）海外发行市盈率较低，企业质量差异较大，上市后股价也出现明显分化；（4）我国中小板和创业板的推出在一定程度上遏制了我国企业海外上市的意愿，截至2010年9月，已有8家企业拆除红筹架构回归到我国中小板和创业板上市；（5）这114家企业都是民营红筹，且相当部分是在2006年10号文出台后成立的，拆红筹的难度和成本都很高，路径依赖是这批企业到海外上市的原因之一；（6）企业选择海外上市更重要的原因在于海外市场制度较好地平衡了企业创始人和战略投资者之间的利益，而且便于战略投资者退出，包括认可VIE架构、允许企业保留“对赌条款”至上市前最后一刻，可以发行优先股，存量发行比例高以及限售期较短等。主要结论和建议如下：（1）创业板推出以来我国企业海外上市意愿有所减缓，但优质新兴企业流失依然严重，然而如果降低创业板上市标准可能会引起红筹企业回归中的“逆向选择”；（2）短期内，监管部门可给予未上市红筹企业拆除原架构时一定的灵活性，并加强部门协调，尽快实现新兴企业回归的突破；（3）中期内，对创业板发行上市制度进行调整，探索存量发行、弹性限售期、引入优先股；（4）在长期，关键是要让民营企业不再以“红筹”的面目出现，要构建有利于本土民营企业成长的生存环境和法治环境。

一、我国民营企业最近一年海外上市基本情况②

（一）海外新上市企业家数和市值与境内创业板同期相当

2009年10月～2010年10月底，有123家中国企业在海外上市。剔除国有控股企业4家（中国农业银行、中粮包装、龙源电力、新天绿色能源）、A+H企业2家（太平洋保险、金风科技）、先新加坡上市后中国香港上市企业3家（麦达斯控股、四环医药、Z-obee集团），一共有114家民营企业在海外6个交易所上市。与以往情况类似，上市地点仍集中于中国香港和美国，这两个地区的新上市民营企业占比85%，见表2.1。2010年10月底，这114家新上市民营企业的市值为6320亿元人民币，略高于同期境内创业板新上市公司6112亿元的市值。

表2.1　　海外主要市场新上市民营企业的数量（2009年10月～2010年10月）

市场名称	新上市公司家数	家数占比	2010年10月底市值（亿元，人民币）	市值占比
中国香港联交所	68	59.65%	4894.81	77.45%
NASDAQ	15	13.16%	464.31	7.35%

① 本文作者王晓津，深圳证券交易所综合研究所研究员；赵小凤，北京大学汇丰商学院。

② 如无特别说明，本文数据均来源于WIND资讯，并参考了港交所、新交所官方网站的相关统计。

市场名称	新上市公司家数	家数占比	2010年10月底市值（亿元，人民币）	市值占比
纽约证交所	14	12.28%	629.59	9.96%
新加坡证券交易所	11	9.65%	212.80	3.37%
韩交所KOSDAQ	4	3.51%	78.21	1.24%
法兰克福证交所	2	1.75%	40.53	0.64%
合计	114	100.00%	6320.25	100.00%
我国创业板	134	-	6112.21	-

注：中国香港创业板1家，主板67家；新加坡凯利板1家，主板10家。

（二）中小板和创业板在一定程度上遏制了我国企业海外上市意愿

图2.4显示，2004年中小板推出后，海外新上市公司数在随后两年明显下降。同时，2009年和2010年的海外上市活动虽然持续活跃，但远低于2007年水平，这既有2008年金融危机导致海外资本市场低迷的因素，也与我国中小板不断繁荣以及创业板推出有密切关系。此外根据调研中券商和律师的反馈，2009年以来，有20家～30家已搭好红筹架构准备海外上市的企业正转向境内市场。截至2010年9月底，有8家已成功转为境内上市，其中中小板5家，创业板3家（见表2.2）。

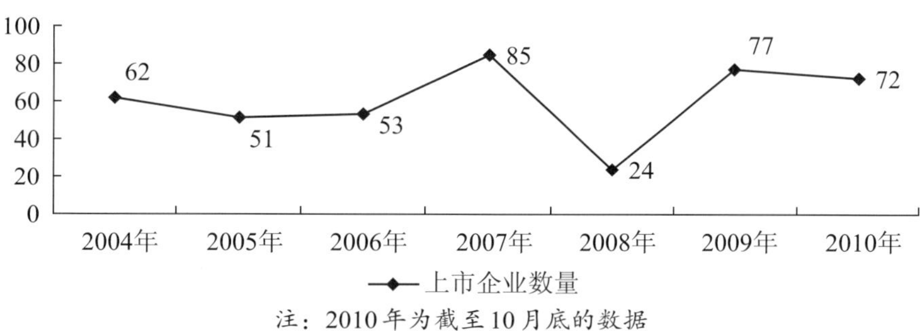

注：2010年为截至10月底的数据

图2.4　海外历年新上市民营企业数量（2004年～2010年10月底）

表2.2　拟海外上市企业在境内上市情况（截至2010年9月末）

公司名称	日海通讯	得利斯	誉衡药业	二六三	启明星辰	嘉寓股份	向日葵	华平股份
地点	中小板	中小板	中小板	中小板	中小板	创业板	创业板	创业板
上市时间	2009年12月	2010年1月	2010年6月	2010年9月	2010年6月	2010年	2010年	2010年
所处行业	通信设备制造	食品饮料	医疗保健	电信服务	软件与服务	建筑产品	半导体产品与设备	软件与服务

值得关注的是，最近一年我国企业海外上市的目标市场更集中于港交所和纽交所。2009年这两个市场新上市公司分别为45家（港交所）和9家（纽交所），2010年1月～10月分别达40家和13家。同期NASDAQ则从2009年的17家降至2010年的12家。

（三）软件、教育培训和消费者服务类企业“扎堆上市”，行业聚类凸显我国创业板空白

这114家民营企业延续了以往的行业特征，同时软件、教育和消费者服务类公司呈“扎堆上

市”现象。表2.3显示，教育培训、新能源多选择纽交所上市，软件与服务行业首选NASDAQ，房地产业聚集于港交所，食品服装等传统制造业则倾向于新交所。

目前，海外市场对我国上市资源进行着全面争夺。首先，越来越多的传统企业也开始在纽交所和NASDAQ上市，比如中式快餐“乡村基”、食品业“丰泽农牧”“利农国际”及“博润”；其次，在这四个市场的新上市公司中，都有相当数量的消费者服务企业，这应该是海外市场争夺的重点行业之一。而且海外投资者对软件、教育和消费者服务这三类企业较为追捧，其发行市盈率都超过了35倍，高于海外各市场的平均水平。

反观我国创业板，推出以来弥补了原有市场的一些行业空白，如互联网、专营零售和连锁等，但在教育培训、现代服务等领域的上市公司还很缺乏，而且互联网类上市公司中，能称得上行业龙头的企业也为数较少。

表2.3　　各市场新上市公司家数占比靠前的行业

市场		新公司家数占比第一的行业	新公司家数占比第二的行业
港交所	行业名称	房地产管理与开发	消费者服务
	企业家数	10	8
	比例	14.71%	11.76%
NASDAQ	行业名称	软件与服务	食品饮料与烟草、消费者服务
	企业家数	4	分别为2
	比例	26.67%	分别为13.33%
纽交所	行业名称	教育服务	半导体产品与设备、医疗设备与服务、消费者服务
	企业家数	3	分别为2
	比例	21.43%	分别为14.29%
新交所	行业名称	传统行业（日常消费品、服装）	金属非金属与采矿
	企业家数	4	2
	比例	36.36%	18.18%
我国创业板	行业名称	电子设备仪器	化工
	企业家数	19	15
	比例	14.18%	11.19%

（四）海外市场首发筹资总额高于境内创业板，但发行市盈率较低

剔除韩国KOSDAQ，其余市场的首发筹资额合计1245亿元人民币，超过同期我国创业板987亿元首发筹资额的26%。其中，港交所的平均首发筹资额最高，是我国创业板的2倍，这是由于在中国香港上市的我国房地产企业较多，规模较大，而且基本都在主板上市；纽交所的平均筹资额也高于我国创业板。但同时，我国创业板的发行市盈率远高于海外市场，是NASDAQ的2倍，纽交所的2.6倍，港交所的3倍，新交所的9倍。

值得关注的是，在NASDAQ和纽交所，不同公司间的发行市盈率差别较大。例如在NASDAQ，企业发行市盈率的最大值是最小值的35倍；而我国创业板的这一数据不到3.5倍，见表2.4。

表2.4　海外市场发行市盈率和筹资情况

市场名称	发行市盈率				首发筹资额（亿元人民币）			
	均值	中值	最大值	最小值	均值	中值	最大值	最小值
中国香港联交所	19.27	16.66	53.57	3.17	14.86	9.95	71.63	0.29
NASDAQ	32.88	20.09	102.08	2.95	5.13	5.03	14.75	0.81
纽约证交所	25.51	21.78	62.11	3.78	7.88	7.41	23.45	2.74
新加坡证券交易所	7.36	7.20	11.39	2.44	3.11	1.87	11.76	0.33
法兰克福证交所	11.86	-	13.86	9.85	6.83	-	8.91	4.74
我国创业板	65.98	63.03	126.67	36.98	7.37	5.96	25.53	1.97

注：韩国KOSDAQ没有相关数据，故无法统计。

（五）一半以上的企业得到VC/PE支持，以知名外资为主

外资VC/PE对我国海外上市企业的介入程度逐年递增。在2004年～2008年的海外上市民企中，外资VC/PE投资的企业数量占比仅为21%；而在2009年～2010年的同样市场，这一比例普遍超过50%，其中在纽交所93%的新上市企业得到VC/PE支持，而且除了深圳创新投资集团外，其余VC/PE都是外资背景。同期我国创业板有六成新上市公司得到VC/PE注资，这一比例低于海外市场的平均水平，且VC/PE的身份以内资为主。

最近一年在海外上市中比较活跃的外资VC/PE包括：凯雷投资、鼎晖投资、IDG资本、红杉资本、花旗风投国际，这些机构的市场定位和投资方向非常明确，有着良好的投资记录，规模大，管理者经验丰富，有助于企业在海外顺利发行和上市，见表2.5。

表2.5　VC/PE注入情况（2009年11月～2010年10月底）

市场名称	有VC/PE支持的企业数量	有VC/PE支持的企业数量占比	VC/PE数量和性质	备注
中国香港联交所	30	44%	外资34家	
NASDAQ	12	80%	外资19家	
纽约证交所	13	93%	外资22家，1家内资（深创投）	
新加坡证券交易所	6	55%	外资8家	
法兰克福证交所	2	100%	外资3家	
韩交所KOSDAQ	2	50%	外资（无确切数）	
我国创业板	79	59%	内资86家，外资8家	上市首日平均账面回报超过10倍

（六）上市后企业股价出现明显分化

我国企业海外上市后股价表现有较大差别。以纽交所和NASDAQ为例，按收盘价计，我国企业的首日平均涨幅不足20%，其中超过1/3的企业跌破发行价，超过1/5的企业股价涨了一半。从上市后60日相对涨跌幅看，纽交所企业获得了10.88%的超额收益，NASDAQ企业的整体表现则落后于大盘，见表2.6。

表 2.6　　纽交所和NASDAQ新上市公司市场表现（截至2010年10月底）

纽交所				NASDAQ			
公司名称	上市首日涨跌幅	20日相对涨跌幅	60日相对涨跌幅	公司名称	上市首日涨跌幅	20日相对涨跌幅	60日相对涨跌幅
尚华医药	-15.00%	-8.06%	N.A.	丰泽农牧	-10.83%	-30.84%	-33.16%
泰和诚医疗	-13.64%	-8.64%	-8.38%	多元印刷	-8.59%	-11.14%	3.45%
安博教育	-7.50%	0.35%	8.26%	神阳科技	-6.00%	-16.19%	0.30%
明阳风电	-5.36%	-28.21%	N.A.	诺康生物	-3.67%	-15.77%	-8.23%
柯莱特	-3.00%	-3.11%	43.79%	联合信息	-1.50%	-23.00%	-29.54%
博润	0.00%	-13.31%	2.62%	昌荣传播	-1.05%	-9.38%	-6.63%
晶科能源	0.09%	-8.09%	17.32%	海辉软件	4.00%	0.50%	82.18%
大全新能源	7.89%	30.09%	N.A.	高德软件	8.00%	-0.76%	10.67%
7天连锁	13.64%	1.25%	6.15%	汉庭	13.63%	6.90%	9.70%
康辉医疗	18.05%	8.88%	22.93%	环球天下	16.19%	-23.82%	N.A.
学大教育	31.58%	0.25%	N.A.	中国房产信息集团	18.33%	-7.05%	-23.95%
乡村基	47.27%	31.03%	4.79%	利农国际	18.53%	-19.02%	N.A.
学而思	50.00%	7.38%	N.A.	麦考林	56.91%	-5.06%	N.A.
搜房网	72.94%	-15.43%	0.43%	德海尔	57.25%	-29.02%	-36.10%
				蓝汛通信	95.32%	-17.16%	N.A.
平均值	14.07%	-0.40%	10.88%	平均值	17.10%	-13.39%	-2.85%

注：计算相对涨跌幅时，纽交所采用道琼斯平均工业指数，其中尚华医药等5家企业上市不满60日，无60日涨跌幅数据；NASDAQ采用综合指数，其中麦考林等4家企业上市不满60日，无60日涨跌幅数据。

二、海外新上市企业与我国创业板的比较

在我国创业板持续繁荣、估值远高于海外市场的情况下，仍有相当数量的企业选择海外上市，其可能的原因有：第一，财务指标无法满足境内创业板标准；第二，满足上市标准但因为各种原因无法或者不愿在境内创业板上市。首先分析其财务指标是否满足我国创业板标准。

（一）八成企业满足我国创业板上市标准

在港交所、NASDAQ、纽交所、新交所和法兰克福新上市的110家企业中，88家满足我国创业板上市条件，占比80%。其中有27家同时满足两套标准。值得关注的是，在纽交所上市的14家企业中，仅有9家满足我国创业板标准，另外有5家上市时亏损，见表2.7。

表 2.7　　各市场满足境内创业板上市标准的企业数量

市场名称	满足创业板上市条件的企业数量			
	仅满足标准1	仅满足标准2	两项都满足	合计
港交所	38	2	16	56
NASDAQ	8	1	3	12
纽交所	4	0	5	9

市场名称	满足创业板上市条件的企业数量			
	仅满足标准1	仅满足标准2	两项都满足	合计
新交所	6	0	3	9
法兰克福	2	0	0	2
合计	58	3	27	88

标准1：最近两年盈利，最近两年净利润累计不低于1000万元，且持续增长；

标准2：最近一年盈利，净利润不低于500万元，最近一年的营业收入不低于5000万元，且近两年的营业收入增长率均不低于30%。

我们以满足创业板标准的海外上市企业（88家）和创业板上市企业（134家）的两组数据为样本进行组统计量和独立样本检验，发现前者的收入和盈利能力显著高于后者。

（二）不满足我国创业板标准的企业多分布于新能源、软件、教育和消费者服务等行业

纽交所和NASDAQ容纳了一批净利润为负或未能持续增长的企业，它们多分布于新能源、软件、教育和消费者服务等行业，这也是我国创业板目前的空白领域。其中，海辉软件、晶科能源和7天连锁等企业获得了投资者认可，其上市首日表现不错，而且60日股价涨幅都高于同期大盘指数，见表2.8。

表2.8　　纽交所和NASDAQ新上市企业不满足创业板标准的情况

市场	不满足创业板标准企业名称	原因	所属行业
纽交所	明阳风电	净利润为负	新能源
	7天连锁	净利润为负	消费者服务
	学大教育	净利润为负	教育
	泰和诚医药	净利润为负	制药、生物科技
	晶科能源	净利润未持续增长	新能源
NASDAQ	蓝汛通信	净利润为负	软件与服务
	海辉软件	净利润为负	软件与服务
	昌荣传播	净利润未持续增长	媒体

（三）纽交所和NASDAQ企业质量差异较大，我国创业板则较为平均

我们重点分析了纽交所和NASDAQ的企业质量分布情况。图2.5显示，以企业上市前一年的财务指标计算，纽交所和NASDAQ新上市公司的营业收入差异较大，分布在低于1亿元到高于10亿元的各个区间；而我国创业板有近60%的企业营业收入在1亿～3亿元之间。净利润的分布同样如此，见图2.6。

尽管NASDAQ和纽交所都有相当比例的亏损企业，但这两个市场也拥有较多的高成长性企业。图2.7显示，从上市前一年净利润增长率高于100%的企业数量占比来看，NASDAQ和纽交所远高于我国创业板。

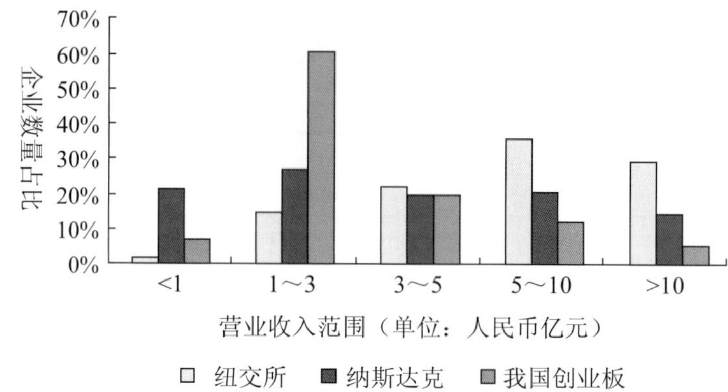

图2.5　三个市场新上市公司的营业收入分布情况

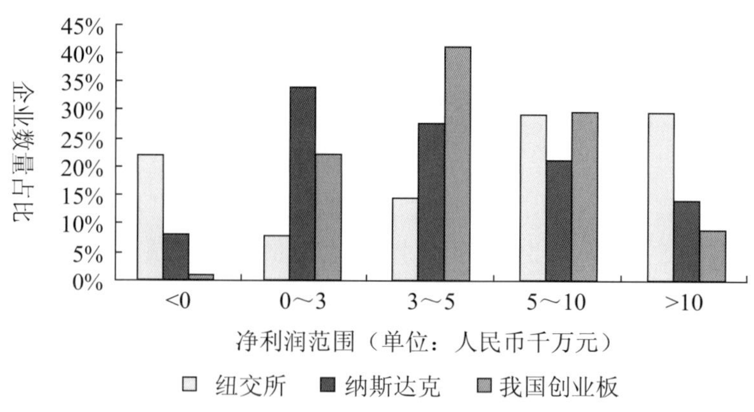

图2.6　三个市场新上市公司的净利润分布情况

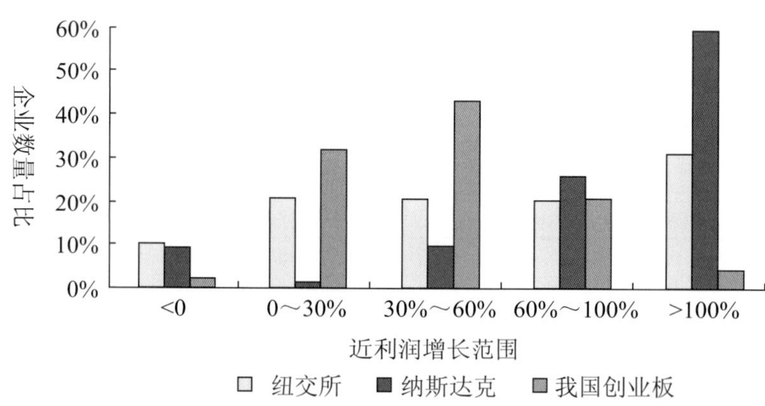

图2.7　三个市场新上市公司的净利润增长率分布情况

（四）纽交所和NASDAQ承销费率远高于境内市场，海外市场的上市维持费普遍较高

表2.9显示，NASDAQ和纽交所的平均承销费率超过7%，远高于港交所和新交所，也高于我国创业板和中小板的水平。同时在我国企业海外上市中比较活跃的承销商较为集中，主要包括瑞银、摩根斯坦利、派杰、麦格理等知名券商，而这些券商同时也有企业直投业务。

表 2.9 海外市场首发承销费率情况

市场名称	承销费率				最活跃的3家承销商或保荐人
	均值	中值	最大值	最小值	
中国香港联交所	3.02%	3.00%	5.00%	2.50%	瑞银、摩根斯坦利、麦格理
NASDAQ	7.00%	7.00%	8.50%	5.00%	瑞银、Oppenheimer、派杰
纽约证交所	7.06%	7.00%	7.80%	7.00%	摩根斯坦利、派杰、Oppenheimer
新加坡证券交易所	3.52%	3.50%	2.70%	5.40%	大华银行、金英证券、施霖高诚
法兰克福证交所	4.40%	-	4.50%	4.30%	麦格理、Sal. Oppenheim、中金香港
我国创业板	5.27%	4.88%	10.00%	1.58%	-
我国中小板	4.43%	4.12%	12.29%	1.53%	-

注：承销费率＝承销费/首发筹资额

数据来源：各公司招股书。我国数据来自中信建投证券的统计。

从交易所收取的首次上市费和年费看，包括NASDAQ和纽交所在内的四个市场都高于我国境内市场。这表明，在海外交易所维持上市地位需要比在境内市场付出更多的货币成本，见表2.10。

表 2.10 主要资本市场的上市费用比较

证券市场		入市费	年费
NASDAQ（全球精选市场与全球市场收费相同）		约848 863～1 527 953元人民币	约为237 682～675 695元人民币
NYSE（主板）		一次性费用340 000元人民币，另外按照上市总股数每股0.0032美元缴纳（为0.0217元人民币）	按照上市总股数每股0.00093美元（约为0.0063元人民币）缴纳，最高不超过258 054元人民币
香港主板		首次上市费用约130 859～567 054元人民币。如在主板作第二上市，首次上市费通常为上文所列费用的25%，最低款额为130 859元人民币	约126 497～1 036 399元人民币。若发行人的股份面值低于0.25港元，在计算上市年费时，每股股份的面值视作0.25港元
上海证券交易所		股票上市初费按上市总面额的万分之三缴纳，最多不超过30 000元人民币	按月收取，为上市总面额的十万分之一，最多不超过500元/月，即每年不超过6 000元人民币
深圳证券交易所	中小板	股票上市初费为30 000元人民币	按月收取，每月500～2500元，即每年为6000～30 000元人民币
	创业板		

注：货币兑换使用2010年6月30日汇率，美元6.7909；港元0.87239；新元4.8351。

资料来源：根据公开资料整理。

（五）小结

近一年海外新上市公司的财务指标说明，约八成企业都满足我国创业板上市标准，由此可见，我国创业板上市标准并不是将企业推向海外的主要原因。另外，不满足我国创业板标准的企业分布于软件、教育、能源等行业，而这正是我国创业板力图吸引的新兴行业，也表明海外市场尤其是NASDAQ和纽交所对新兴企业有着较强的容纳力。我们还注意到，海外上市费用较高，市盈率较低，而且市场表现也有明显分化，那为什么还有相当数量的企业会在海外上市？对此我们应从制度层面进行更深层次的分析：这些企业是回不来还是不愿意回来？

三、我国企业海外上市的制度探源

（一）这批企业多为民营红筹，拆除红筹架构的难度很大

除了韩国市场因数据缺失无法统计外，其余市场的110家新上市企业都是在我国境外注册的“民营红筹”。表2.11显示，超过80%的企业在开曼群岛注册，另有少量在上市所在地注册，如新加坡、美国和德国。

目前我国发审部门的态度是红筹架构企业可以到境内资本市场上市；到境内资本市场上市必须切断红筹结构；尊重此类境内上市主体外资化。从已拆除红筹架构并在境内上市的前述8家企业来看，拆红筹的过程存在下列难点：第一，境内创业板要求实际控制人两年不变的要求，因此形成一定的时间成本；第二，申报材料前6个月内从控制人转出去的股份也跟控制人适用一样的锁定期；第三，如果原来的外资公司（即WOFE）变更为中外合资企业，且外资比例低于25%、经营期限少于10年，则需要补税。上述任何一条对于民营红筹，尤其是新兴企业而言，都是难以逾越的障碍。还有最重要的一点是，转为境内结构后一旦上市不成功则无法再转出去，因此很多红筹企业出于路径依赖，只能选择在海外上市。

表2.11　　境外上市中国企业注册地分布情况

注册地	百慕大	泽西岛（英）	德国	美国	维京岛（英）	新加坡	开曼群岛
企业家数	1	1	2	2	5	10	89
占比	0.91%	0.91%	1.82%	1.82%	4.55%	9.09%	80.91%

数据来源：各企业招股书。

（二）相当部分红筹企业设立于2006年10号文出台后，目的就是要海外上市

2006年8月六部委联合发布的“10号文”被认为阻断了我国企业的红筹之路。事实上从那以后没有一家企业的红筹设立申请获得了商务部和证监会的批准。理论上讲，海外新上市红筹企业的设立时间应该早于“10号文”，即长于3.2年～4.2年，但表2.12显示，除了NASDAQ企业的平均年龄为4.74年外，其余市场企业的平均年龄都低于4年。显然多数企业都是在“10号文”出台后设立的。这些企业如何规避“10号文”的限制而设立了红筹架构我们不得而知，但其目标是显而易见的：海外上市。

表2.12　　各市场新上市企业设立红筹架构的时间

市场	企业从设立红筹到海外上市的时间（年）			
	平均值	中值	最小值	最大值
港交所	1.97	1.84	0.27	7.01
NASDAQ	4.74	4.08	0.55	14.42
纽交所	3.91	3.51	0.47	9.72

市场	企业从设立红筹到海外上市的时间（年）			
	平均值	中值	最小值	最大值
新交所	2.41	1.75	0.55	6.10
法兰克福	1.88	-	1.75	2.00

注：NASDAQ市场中红筹架构时间最长的是麦考林，其主体公司于1996年在开曼群岛注册成立，2010年10月26日上市；纽交所中红筹架构时间最长的是柯莱特，其主体公司于2000年11月在英属维京群岛注册成立，2010年7月21日上市。

资料来源：根据企业招股书整理。

（三）海外市场的条款规定和工具设计都较为灵活，有效平衡了投资者和企业创始人的利益

1. 海外市场认可 VIE 结构

VIE（Various Interests Entity，可变利益实体）是美国会计准则术语，它允许没有实际经营业务的壳公司通过协议方式控制某经营实体并合并其财务报表。我国许多新兴企业就是通过这种方式在美国上市的。具体而言，我国企业在搭建红筹架构时，外资禁入的敏感产业通常采用 VIE 结构，即海外控股公司在境内设立全资子公司，并且根据需要与境内企业及其主要股东签订一系列协议安排①。通过这些协议安排，海外控股公司可以实际控制境内企业，并取得境内企业的全部或者绝大部分收入和利润，将境内企业变为海外控股公司的 VIE，实现海外控股公司对境内企业财务报表的有效合并。但这种模式因存在法律风险，因此并不被我国发审部门认可。

2. 海外交易所允许 VC/PE 机构保留优先条款至上市前最后一刻

以无锡尚德为例，在上市前，创投股东对公司有极强的控制力，几乎所有重大事项都必须获得创投股东的同意②。但根据约定，一旦公司上市成功，将启用第二套《公司章程》，创投的控制力将大大减弱，公司将遵循所在交易所的一系列规则。与之相反，在国内一旦企业开始启动上市程序，券商开始进入企业，一般都会要求投资机构与企业去除这些优先条款，按照上市企业的要求来建立企业内部的治理机制。这对 VC/PE 是个巨大的风险，一旦上市失败，则 VC/PE 机构既丧失了退出的最佳机会，又失去了对自身投资的保护。

3. 海外可以使用优先股等多种金融工具

中小企业成长壮大的过程中往往离不开战略投资者的资金支持和人力投入。一般而言，战略投资者更重视投资回报和退出是否便利，而企业创始人更重视控制权不会旁落。因此，投融资双方很容易在公司股权分配和管理权分配上达成协议：战略投资者持有可转换优先股或可转换债券，不具有或拥有少数的表决权；创始人则拥有普通股份，拥有全部或大部分的公司表决权。我国企业在海外上市前后都普遍采用过优先股达到了既融资又不会失去控制权的效果。但目前普通

---

① 这些协议包括但不限于：垄断性服务、管理和咨询协议、垄断贸易协议、股权优先购买权协议、股权抵押协议和投票表决权协议等。

② 根据招股书显示，这些重大事项包括利润分配、股票回购、高管股票出售、期权发放、关联交易、超过500万美元的负债、1年内累计超过100万美元的固定资产购买和租赁、收购兼并200万美元以上的资产和业务、超过预算10% 以上的费用支出等。

股是我国唯一的股权投资工具。

（四）海外市场的发行上市制度有利于战略投资者和大股东退出

1. 存量发行比例较高

除了法兰克福外，港交所、NASDAQ、纽交所和新交所都有相当比例的企业实施了存量发行，且存量发行比例较高。表2.13显示，在纽交所，存量发行比例平均为39.57%，最高可达91.58%，这对于以“获利退出”为目标的战略投资者而言非常有吸引力。

表2.13　　各市场存量发行的企业占比和存量发行比例

市场名称	存量发行的企业		存量发行比例	
	家数	占比	平均值	最大值
港交所	26	38.23%	19.52%	37.77%
NASDAQ	9	60.00%	16.14%	23.57%
纽交所	6	42.86%	39.57%	91.58%
新交所	9	81.82%	25.93%	50.66%

备注：法兰克福证券交易所上市的两家中国企业没有存量发行。

2. 限售期较短

在表2.14所列的五个市场中，只有港交所在《上市规则》中规定了控股股东的限售期和限售条件，其余四个市场都没有在《上市规则》中写明，而是由发行人和承销商自行在合同中约定限售条款。就限售期长度而言，绝大多数企业的股东只有6个月限售期，部分市场对控股股东的限售期稍长，但一般不会超过12个月。

表2.14　　各市场上市公司的限售期比较

市场名称	限售期规定	企业数量	企业占比
港交所	15个月	1	1.47%
	12个月	3	4.41%
	6个月	2	2.94%
	首6月（禁售）、次6月（如果出售股份使其不再为公司控股股东则禁售股份）	62	91.18%
NASDAQ	6个月	13	86.67%
	持股5%以上股东：90天（其中50%），190天（剩余50%）	2	13.33%
纽交所	6个月	14	100.00%
新交所	36个月	1	9.09%
	12个月（占21.4%的股东）6个月（其余股东）	1	9.09%
	12个月（控股股东）6个月（其他股东）	1	9.09%
	6个月	8	72.73%
法兰克福	6个月	2	100.00%

四、启示与建议

（一）启示部分

1. 我国企业海外上市意愿有所减缓，但优质新兴企业流失严重

总体上看，我国企业海外上市的意愿自中小板和创业板推出以来有所遏制，但规模依然庞大，而且教育、软件和现代服务等新兴企业在海外形成“扎堆上市”的情况，这些行业正是我们创业板最想覆盖而未能覆盖的领域。此外，经过长期实践，我国企业在海外上市领域已经形成庞大完善的产业链条，投资银行、律所等中介机构在从红筹设立到海外上市的每一个环节都积累了丰富的经验，尤其是在规避“10号文”等限制性政策方面技巧丰富。我国政府和市场对这一现象及背后的根源应有足够重视。

2. 降低创业板上市标准可能会引起红筹企业回归中的“逆向选择”

前已述，最近一年海外新上市企业中有八成符合我国创业板上市标准。同时，上市前企业质量差异较大而且上市后市场表现明显分化。从这两点不难推断，如果我们仅仅依靠降低创业板上市标准来吸引红筹企业回归，那么很可能出现“逆向选择”的问题，即我们想要的回不来，或者回来的并不是最有发展潜力的。

此外，许多在海外上市的新兴企业属于TMT，这在我国属于外资禁入或敏感行业，一般都是以VIE架构来设立的红筹企业，但难题在于：如果这批企业想在境内上市，那么该架构不符合《公司法》和《证券法》要求；如果以外资企业的身份上市，在满足两法要求的同时，却违反了外资机构行业准入的规定。除非政府主管部门放宽行业准入的限制，否则这类红筹企业难以返回境内资本市场。因此，与其降低标准，不如从制度上找到突破口。

（二）对策建议部分

1. 短期：给予红筹企业拆除原架构时一定的灵活性，并加强部门协调，尽快实现新兴企业回归的突破

最近一年的海外上市实践再次证明，新兴企业在海外市场已经形成正反馈：不同市场有着鲜明的行业聚类特征，并且对未上市的同类企业产生了巨大的示范效应。这更加凸显出我国创业板的行业空白。基于此，我国创业板应尽快实现新兴企业（包括已经上市和未上市）回归境内的突破。鉴于转为境内结构后一旦上市不成功则很难再转出去，监管部门可以给予企业一定的灵活性。包括工信部、外管局和商务部等监管机构应加强沟通，给予一些新兴企业回归的弹性条款，尤其是外资可进入的比例或者货币兑换方面的便利。

2. 中期：对创业板发行上市制度进行调整，探索存量发行、弹性限售期、引入优先股，并实现优先条款的区别化对待

前面分析指出，海外市场发行上市制度的灵活性是其吸引我国企业的关键。而这种灵活性又主要体现在它很好地平衡了投资者和企业创始人的关系。具体而言，海外市场对亏损企业的包容力、多样化的融资工具和灵活的条款设计，恰好满足了新兴企业高成长高风险的性质，同时使得战略投资者和大股东的退出更加服从于市场化考虑而非规则要求。优先条款的弹性考虑则鼓励了创投机构对早期企业的投资。

以优先条款中的对赌为例，由于海外市场的对赌条款一般是基于英美法设计的，VC/PE 机构在 BVI、中国香港等离岸地可以便利地使用，但在中国法律框架下，部分特殊条款不可适用，部分条款可以变通的形式存在，因此我们可以对国际惯用的 VC/PE 保护条款进行分类分析，并在实践中分别对待。

3. 长期：关键是要让民营企业不再以“红筹”的面目出现，要构建有利于本土民营企业成长的生存环境

红筹企业的设立和海外上市动机是复杂多样的，但仍在很大程度上反衬出我国本土民营企业生存环境的不足，也反映了我国高速增长的经济与相对僵化的制度调整之间的矛盾。其中的焦点在于，改革开放以来尽管民营企业的整体制度环境在逐渐改善，但单个民企面临的局部环境、宏观调控环境、金融政策和法治环境等等，似乎并没有明显好转，常常出现政出多门、相互矛盾、难以协调的局面，使企业无所适从，或者只能采取各种规避方式。这样，掌握大量资源的各个政府部门各自按照自身利益最大化的短期目标行事，作为强势利益集团，很少受到外部市场环境的约束，在这样的市场交易或者制度环境下，民企的权益边界往往会受到侵犯，或者需要付出更高的交易成本。而这正是民企脱离我国监管体系到海外注册的重要原因。因此，凭资本市场一己之力不足以让我国民企不再“染红”，关键在于我国真正消除所有制差异，消除对民营企业的行业壁垒和市场壁垒，消除社会对民营企业家的偏见。

研究报告六　并购基金简介[①]

并购基金是私募股权投资基金的一种，是推动产业整合进而推动产业升级的一种重要的资本运作方式。并购基金可以通过纵向的产业链整合，造成企业的协同效应和规模经济；通过横向的收购，可以规范行业的发展，推动龙头企业的成长和提高行业集中度。并购基金可以主导一起并购案例，即通过各种方式（包括现金支付、换股、承担债务、LBO 等）获得目标企业的控制权，然后整合技术、市场渠道、文化等各种资源，优化目标企业的管理和战略等，最后提高整合企业的价值后退出，获得高额的回报。并购基金也可以协助一起并购案例，即在企业的并购过程中，并购基金只是作为企业的一种融资手段，获得少部分股份，并没有控制权。例如联想收购 IBM 的 PC 事业部就有国际的并购基金给予了支持。无论是并购基金主导并购还是协助并购，如果有很好的制度规范，都会带来协同效应、规模经济和财富再分配，以及推动产业整合。并购基金在国内刚刚起步。本文前沿性地介绍并购基金的有关概念，并结合一个典型案例对并购基金的运作方式进行深入的考察。

一、并购基金有关概念介绍

（一）并购基金

私募股权基准数据库的提供者托马斯在《风险经济学》中这样定义了并购基金（Buyout Fund）：它是投资那些已经建立的企业（一般是私人持有的或者从上市公司派生出的企业），这些企业需要金融资本来改变所有权。

王燕辉（2008）在其著作《私人股权基金》中，将“Buyout Funds”解释为收购基金，是专门从事收购业务的集合金融资本。

国内实务界则定义为：“并购基金（Buyout Funds）是专注于从事企业并购投资的基金，通过获得目标企业的控制权，然后对目标企业进行整合、重组及优化运营。待企业经营改善后，通过上市、转售或管理层回购等方式出售其所持股份而退出”。

从资金募集角度来看，并购基金属于私募股权基金的一种，其主要采用非公开募集的方式筹集资金，募资对象包括特定机构或个人。从被投资企业的发展阶段来看，并购基金主要投资于成熟期而且具有稳定现金流的企业。

本文还是将“Buyout Funds”解释为并购基金，从狭义和广义两个角度来定义并购基金。狭义的并购基金是一种买卖企业的逐利金融资本，而广义的并购基金则是：通过非公开募集资金，进行资金的投资组合管理，具有社会责任和商业道德的投资主体，通过支持目标企业的并购整合、重组及优化运营，待企业经营改善后，通过上市、转售或管理层回购等方式出售其所持股份而退出。支持目标企业的方式包括主导和协助两种。

① 本文作者何云月，中国人民大学博士研究生。

并购基金的特点在于：

1. 大量使用债务工具

从国外成熟的并购基金的运作来看，杠杆收购（LBO）是最常见的一种运作模式。它是利用大量的借款来进行收购活动的一种方式。原因在于许多的收购活动涉及的金额其实十分庞大，往往很难通过私募的方式在短期内募集成功。所以无论何种类型的收购业务，一般都要大量使用债务融资工具。

2. 收购的目标行业广泛

在整个私募股权投资行业中，风险投资、Pre-IPO投资（PE）、并购基金投资三者所针对的企业往往有所区别，即他们都有自己的定位。风险投资往往投向创新型中小企业，而这种企业主要分布在各种高新科技新兴技术产业，包括IT、通讯和生物与生命科学领域等，当然也包括一些有创新商业模式的传统行业；Pre-IPO投资主要投向上市前的企业，在我国这类企业的行业分布相对广泛。但是由于我国资本市场特殊的制度构成、行业企业的额度影响严重，所以就大大降低了行业分布。并购基金投资的企业相对前两种最为广泛，涉及各种类型的企业，所以行业分布也比较广泛，基本能够涵盖从传统到最具新兴前沿技术的行业。

3. 通常以获得目标公司控制权为目的

为了获得收购后在战略调整、管理层安排、资产与财务重组、业务流程和组织结构的再造以及运营等方面的绝对控制权，并购基金通常谋求目标公司的控股地位。

4. 交易安排相对比较复杂

由于并购基金所涉及的并购活动往往交易规模较大，导致其交易安排通常也比较复杂。对于质量比较高的目标公司，往往存在多家并购基金进行竞争；另外，收购方案涉及多种金融工具及其组合，必须聘请多种中介机构，需要起草大量的法律文件；同时，并购基金和目标公司双方常常会爆发收购和反收购的争斗。这样，为了并购的最终成功，交易安排通常会十分复杂，包括融资工具、契约设计、估价、双方的权利义务等等。

5. 投资期限相对较短

与风险投资和PE基金相比，并购基金的投资期限相对较短。风险投资基金持有其投资的平均年限为5年～7年，而并购基金的平均年限大约为3年～5年。并购基金只要整合有效，往往可以通过资本市场快速退出。但是风险投资家却需要帮助风险企业家一起创业，最后通过改制、上市辅导、上市审查等程序后才能一起分享资本市场盛宴，而这个过程在中国十分耗费时间。当然也可以通过股权出售、MBO、清算等方式退出，但是帮助风险企业家一起成长的过程同样需要消耗许多时间。

（二）三方当事人

本文所指的并购基金支持的并购行为涉及三个当事人，即并购基金、并购公司和目标公司。并购基金上文已经详细阐述。

并购公司是指为了获得规模经济或者协同效应，降低成本、提高综合收益、提升品牌等等而采取的横向兼并收购、纵向兼并收购或混合兼并收购的企业，也包括进行重大资产重组的企业。

本文所指的并购公司包括三种类型的上市公司：第一种是并购基金本身，它去收购某优秀上市公司。该种情况下并购基金是并购公司，上市公司是目标公司；第二种是运营良好、有明确发展战略的优质上市公司，并购基金可以协助其去收购目标公司，从而实现快速扩张；第三种是只具有上市公司的壳资源，企业运营出现了重大问题，等待进行资产重组和企业改革的公司。这种公司往往容易吸引一些并购基金协助其进行企业重组，即并购基金获得该公司增发的股份，然后再以壳公司为基础，联合其他非上市公司去收购整合其他非上市的优质公司，以重振发展。

目标公司是指主动或者被动参与并购，被并购企业兼并收购的企业，往往被并购企业控制，或者被并购基金控制。

本文所指的目标公司包括两种类型的公司：一是运营良好、有明确发展战略的优质上市公司。该种公司往往在行业中排名较前，具有重大的行业影响力，同时占据的市场份额也比较大。这种公司往往容易被专业的并购基金跟踪并最终收购；另一种是发展良好，资产质量比较高的非上市公司。由于这种公司不愿意参与整个上市申请和审查过程，或者在某些方面不符合上市的条件，所以往往容易被一些拥有壳资源的上市公司整合。

（三）并购基金主导的并购行为

并购基金主导的并购行为是指，在整个并购过程中，并购基金获得目标公司的控制权[①]，然后整合目标公司，通过重组及优化公司治理和整体运营，待企业经营改善后，通过上市、转售或管理层回购等方式出售其所持股份而退出的行为。

这种并购行为会出现两种情况：一种情况是整个过程中只有并购基金和目标公司两方当事人；另一种情况是整个过程中有并购基金、第一目标公司和第二目标公司三方当事人。

对于第一种情况，并购基金通过各种方式获得目标公司的实际控制权以后，通过重新设立公司董事会、重新聘用优秀的经理人、改善公司的治理结构、改善公司的战略、营销、重组市场资源、提高技术水平等等努力后，使目标公司在很短时间（大约三年）内可以焕然一新，改善经营业绩、提高市场份额、提升企业品牌和行业威望。最后，并购基金可以很快获利退出。

对于第二种情况，并购基金实际上是首先控制了第一目标公司，然后以第一目标公司为主体再去收购第二个目标公司（有时候还会去收购第三甚至第四个目标公司），将两公司的资产、人力资源、市场资源等进行重组，两公司的文化进行融合，之后整体上优化运营。改善经营业绩、提高市场份额、提升企业品牌和行业威望，最后并购基金再通过 MBO 或股份转让等方式获利退出。但是这种情况往往需要消耗并购基金许多年时间，因为两个或者更多公司融合成一家精炼的公司绝对不是一朝一夕的事情。

（四）并购基金协助的并购行为

并购基金协助的并购行为是指，在整个并购过程中，并购基金只是作为支持并购公司的一种融资工具，并不拥有并购公司的控制权。即并购基金直接拥有并购公司 5% ～20% 的股权，或者并购基金通过并购公司的股东间接持有并购公司 5% ～20% 的股权，并购基金可以有也可以没有并购公司的董事会席位，在拥有董事会席位时并没有一票否决权。

在整合目标公司的过程中，并购基金协助并购公司积极参与重组及优化公司治理和整体运营，待企业经营改善后，通过在资本市场直接卖出股份、转售或管理层回购等方式出售其所持股份而退出的行为。

这种行为涉及三方当事人：并购公司（本文是上市公司）、并购基金、目标公司。

① 这里的控制权为实际控制权，我们定义为：并购基金直接拥有目标公司 51% 的股权，或者并购基金控制了目标公司 2/3 以上的董事会席位，或者并购基金通过目标公司的第一大股东实际控制了公司的表决权。

这种行为下的并购公司可以是经营优良的上市公司，也可以是只具有上市公司资格的壳资源公司；并购基金可以获得这两类公司的部分股权后，利用自身资源帮助该公司进行收购，从而提升整个公司的运作能力、价值、品牌等等。

这种行为下的目标公司主要是经营状况良好、资产质量较高的非上市公司。可以是主动，也可以是被动参与并购活动。不像并购基金主导的并购行为，该种行为下，并购公司作为主要发起人，并购基金更多时候只是从财务投资角度考虑，同时在整个收购过程中给予一些资源支持。

并购基金主导的并购行为与并购基金协助的并购行为的最大区别在于决策权和对公司运营及价值的影响。在并购基金主导的并购行为中，并购基金的资源整合能力、决策能力决定着被并购公司的价值和未来并购基金可以获得利润回报的多少；在并购基金协助的并购行为中，并购公司的价值基本不受并购基金的运营能力影响，并购基金未来可获得的利润多少由并购公司的自身资源整合能力、管理能力等因素决定。这样，二者的并购绩效就会存在很大的差别。

二、并购基金与风险投资的联系与区别

并购基金和风险投资基金是私募股权投资基金中两个重要而独特的领域，在国外的成熟市场中，他们通常会构成典型的机构私募股权投资组合的主体。大多数情况下，其二者的界限是很难划分的。重要的区别在于反周期性（Counter-Cyclical)，这在很大程度上可以使投资的数量和价值保持平衡。可能的原因在于：① 并购基金主要采取债务融资，并且在公募市场萧条期间表现较好，因为这个时候债务会很“便宜”；② 风险投资通常把上市作为主要的退出方式，因此经常表现出与小型指数有很强的相关性。这样，许多人认为风险投资在牛市时表现更好。从国外的成熟私募股权投资市场历史来看，并购基金倾向于最小化风险，保证给投资者提供更加稳定的回报；而风险投资伴随着更大的风险情况下有时候会给投资者带来平均更高的回报。机构投资者往往通过较高比重的并购基金来获得长期稳定的回报，同时配合一些风险投资来实现更高的回报。

（一）价值评估

在风险投资的整个运作过程中，价值评估是一个最棘手、最关键、也是最耗时间的环节。由于风险企业经常是快速成长的创新型企业，企业拥有比较大的无形资产，但是有形资产却很少，另外多数公司还未产生利润，这样就很难进行估值。传统的价值评估方法要得到运用，也仅仅只在“英雄主义”的假设下和使用不可靠信息的情况下被使用。

风险投资的价值评估主要以无形资产评估为基础，例如创始人的企业家才能、专业知识、经验和专利。新兴公司具有不容易量化的风险，因为类似的可比性公司通常不存在。从风险企业的成长过程来看，在最初阶段，这类公司几乎没有投资者，并且也几乎没有价值评估或一致的价值评估，他们依赖一个或者很少的财务资料。随着企业发展，后期投资通常是现有投资者和新的投资者关于公司所有权稀释问题的协商。所以，风险投资的价值评估通常不是建立在现金流或现金收入的基础上，而是建立在风险企业的产品预期、市场规模、未来的成长速度、或者根据现有上市公司推测其价值的基础上。

由于没有第三方监督，风险投资家会由于估价过高而承受损失。只有通过未来几轮投资周期后才能对新兴公司的价值进行检验。过于膨胀及非连续性价值评估导致的投资损失要通过几年的时间才能显现出来。

然而，并购投资中价值评估的风险是有限的。被投资公司往往是比较成熟而且比较稳定的公司，所以被投资企业的价值评估具有更坚固的基础，并且能够利用大量通用的工具来进行定量分析。杠杆交易会导致商业出资人联合集团的详细调查和高收益债券承诺购买者的尽职调查。这同时就会导致严谨的价值评估。信用评级机构的影响消除了交易杠杆的一些固有的潜在风险，对于交易杠杆的数量也有一个限制，这样就给目标企业的总价值评估设定了一个相应的上限。

二者的区别详见表2.15。

表2.15　并购与风险投资的比较分析

项目	并购	风险投资
关注重点	风险—可测量（成熟行业）	不确定性—不可测量（新兴技术或市场）
回报来源	杠杆融资，公司组建	公司组建，确定后续投资人
估值约束	贷款人忽略的现金流预测	通常无第三方
商业模式	销账有限，成功率高	销账率高，成功率低
阶段	稳步增长时期	钟子期、启动及扩展期
筛选	彻底的财务尽职调查	有限的财富尽职调查，彻底的行业/产品尽职调查
行业	关注已建立行业	关注边缘技术产业或快速增长部门
成功因素	经验丰富的经理人	企业家
融资	俱乐部教一级大规模投资	有限企业联合组织
对公开市场的敏感度	相对较低	相对较高
监控	现金流管理	成长性管理
方法	金融工程、公司重组	行业技巧、产品发展及商业化

资料来源：托马斯.梅耶尔，皮埃尔.依维斯.马森内特著，程凤朝等译《超越J曲线 私募股权基金投资组合管理》。

（二）商业模式

由于风险企业往往蕴藏许多难以预测的风险，所以风险投资通常需要制定完备的投资组合，以保证给基金的投资人相对可观的收益。在每一个新增基金循环中，风险投资基金通常只会投资小部分金额。因为一般情况下吸引人的投资机会很少而且很难对它们进行评估，所以相当多的投资在最初阶段就失败了。风险投资有一条“成三败七”的名言，即投资者只能通过承担巨大的风险来培养新的企业并且集中精力将他们发展壮大，然后将最优秀的公司来上市获得较高的溢价后来弥补投资组合的平均回报。这些少数成功的案例要来弥补很多其他失败的案例。风险企业是企业生命周期中整个运作链条的中间环节，从这方面来讲，他们是不失去大部分投资资本就不能过早退出的发展项目。风险投资天生就是一个长期的投资活动，这也就揭示了风险投资基金经理人对他们基金收益的可转让性要进行严格限制的原因。

对于并购基金而言，由于它处于私募股权市场的后期阶段，目标领域更大，所以即使是对于大型的并购基金来说也存在持续的项目流。与上市公司相比，并购基金可以用更低的评估价值来购买非上市公司。另外，更大的资本要求使得大多数并购公司做小额投资。由于影响收益的因素复杂而且多变，所以，在投资不同领域的时候，也存在许多不同的将金融工程、转让无关企业的投资或公司的建立和运作技巧等结合在一起的方法。并购经理人通常需要提供更为广泛的战略和商业计划建议。他们倾向于连续的回报而不是依赖于某一次重大的成功并购导致的较高溢价。

（三）交易结构

风险投资是将现金投向风险企业，获得风险企业的部分股权（大多数情况下不寻求控制权），然后给风险企业提供一系列的增值服务，所以风险投资基金一般不使用债务工具。收益主要来源于风险企业辅导和管理后的成长。作为评估内在问题的结果，风险投资家仅仅制作有限的财务尽职调查。他们不仅对风险企业提供资金，也会提供该行业的专业知识和管理技术。一般来说投资规模相对较小，不通过杠杆借贷融资或者有极少数杠杆借贷融资来购买全部股权或实质上的全部股权。为了实现投资回报，他们的重点在于对后续投资者的识别或者对今后并购交易的安排。

并购基金管理者则会对企业进行广泛的财务尽职调查，有时候完全依赖完善的金融工程。交易结构相对比较复杂。为了理解交易结构的风险，目标公司的运转和操作的有效性是关键。并购基金一般使用借贷融资，通过重要的杠杆借贷购买目标公司的股权或者购买目标公司所有实质上的所有股权。由于存在很大数量的稳步成长和已经成熟的公司，这些公司往往都是并购投资的对象。这样，在杠杆操作的过程中，目标公司的资产常常被用于债务的担保物和确定投资的规模。

（四）普通合伙人的作用

对于普通合伙人的不同作用，区别主要来自于风险投资基金和并购基金所投资企业的不同。对于风险投资而言，业内还存在一句名言："风险投资往往青睐二流的项目和一流的人的组合，而不喜欢二流的人和一流的项目的组合"，意思是风险投资家的成功很大程度上依赖于企业家。风险企业团队的选择往往是回报的主要驱动者。风险投资基金的普通合伙人经常需要在风险企业里扮演一个积极的角色，要么通过在董事会任职，要么参与到对公司的日常管理。与风险投资基金相关的评估主要是定性标准。另外，基金投资者需要评估的是管理者能为投资组合公司增加多少价值。

而并购基金则与有经验的管理者打交道，前面已述并购基金投资的通常是成熟企业，所以他们具有成熟的管理团队和制度。并购基金经理更多的关注点在于对投资的分析和监管。有经验的并购管理者使用它们的专门技术来使表现不佳的交易好转或者改进交易使之有利可图。并购基金的普通合伙人一般参与招聘新的管理团队或者制定重组战略。在一个运转正常的公司里，指导经验丰富的管理团队相对比较容易，然而在早期的阶段，投资者则需要新建并训练管理团队，这就导致了不同的工作重心和工作结果。

两种合伙人对于被投资企业的发展有重大影响，但是相对而言，风险投资的普通合伙人对风险企业的作用比并购基金的普通合伙人对目标公司的作用更加重要，影响也更深刻。

三、并购基金支持的并购与一般并购的区别

并购基金支持的并购也可以称为有并购基金参与的并购行为，从现实市场的并购现状来看，确实存在并购基金去收购一家实体企业，获得控制权最后再高额出售，即上文提到的并购基金主导的并购行为；以及并购基金作为战略投资者协助一家实体企业收购另外一家实体企业，获得一部分股权，待公司价值和股票价格增加后出售，即上文提到的并购基金协助的并购行为。本文所指的"一般并购"指没有并购基金参与其中，一家实体企业并购另外一家实体企业的行为。

（一）并购动机

新古典经济学派认为，一般企业的并购动机来源于协同效应和规模效应。即并购公司收购目标公司以后，会出现管理协同和财务协同，降低公司的生产和管理成本，提高治理水平，提高公司整体运营效率，出现“1+1>2”的情况。信息经济学派的观点认为一般企业的并购动机来源于交易费用的降低。科斯认为，某些交易活动的内部化可以降低交易费用；Grossman 和 Hart 认为，契约的不完全性产生了交易费用，当产生的交易费用过多时，企业并购可以降低交易的摩擦，从而降低交易费用。治理经济学派的观点认为，并购是公司治理的一种重要机制，它可以约束和惩罚不称职的管理者，降低代理成本，提高公司价值，修正公司内部治理失败的缺陷。

从并购基金的本质和生命周期来看，并购基金主导的并购行为的动机在于财务动机。并购基金本质是一种逐利资本，并购只是其在选择投资组合时作为一种追求更高利润的财务投资手段。协同效应和交易费用的降低同样会出现，但是他们都只是并购基金实现财务利润的工具而非动机。

对于并购基金协助的并购行为而言，并购基金的动机同样来自于财务动机。但是并购公司和目标公司的动机可能来自于追求协调效应和降低交易费用，满足以上学派的分析条件。

（二）并购的交易方式

一般企业并购的交易方式包括：无偿划拨、现金支付、股权支付和综合支付。无偿划拨主要出现在我国国有企业重组改革过程中，是我国特有的一种方式。主要由国资委或地方政府部门出文件要求某些需要转型的小企业划拨到某大型国有企业旗下，进行资产和债务重组，提升公司整体效率，但是实际控制权并没有发生变化。现金支付是并购公司为了获得目标公司的控制权或部分股权，经资产评估和双方谈判后直接支付给目标公司现金的方式。相对于现金支付而言，在上市公司的并购中，股权支付的比例更高。对于不同股权比例的收购、兼并和重组可以用股权互换，也可以用定向增发。综合支付是将现金支付和股权支付结合使用的一种方式。

对于并购基金支持的并购行为，其支付方式则要少得多。绝大多数并购基金主导的并购行为都是采用现金支付的方式，小额并购活动中并购基金会自己支付给目标企业现金，大额的并购活动中并购基金则通常采用 LBO 的方式，获得大额贷款进行支付。在并购基金协助的并购行为中，因为并购基金往往只作为战略投资者，所以其同样支付一定现金获得一定比例的股权。但是并购公司对于目标公司的支付方式则可以有现金支付、股权支付和综合支付。

（三）退出问题

退出问题是并购基金支持的并购行为与一般并购行为最大的区别。

一般的企业并购是并购公司追求协同效应或降低交易费用或改善公司治理而采取的一次性提高公司价值的行为，并购结束后，部分目标公司会被注销、部分目标公司会成为并购公司的子公司。既然实现了资源、技术、品牌、市场渠道等方面的有效整合，提高了子公司和母公司的价值，也就不可能产生退出问题。

但是，并购基金作为一种逐利资本，无论是并购基金获得了某个目标公司的控制权，成为公司的所有者参与运营，还是只成为了某个并购公司的小股东，它都会想办法在一定时间后出售股权收回本金和利润。并购基金是帮助投资人进行理财的第三方，也相当于一个中介。它承担着投资者利润回报的压力，而且基金也有7年～10年的管理时间期限（存续期），国外成熟市场并购基金投资的周期平均只有3年～5年，只有巧妙退出才是投资的使命。

（四）并购绩效

并购动机和退出问题的区别很大程度上决定了并购基金支持的并购行为的命运，也决定了其并购绩效与一般企业并购绩效的不同。理论上说，由于并购基金要考虑其财务回报和退出的时间期限，它会在短期内帮助并购公司和目标公司实现有效整合，提高公司价值，变现退出后命运则交给了实体企业本身，所以其并购的短期绩效可能会优于长期绩效。并购基金主导的并购行为由于承担着被收购公司所有者的角色，又不是其主业，所以会尽快整合资源，提高公司价值特别是公司股价，经过锁定期后迅速变现退出；而并购基金协助的并购行为则由于不掌握并购公司的控制权，只是小股东，在帮助他们提高公司价值的同时可能更加期待长期的高额回报。所以并购基金主导之并购的短期绩效可能优于并购基金协助之并购的短期绩效；并购基金主导之并购的长期绩效可能弱于并购基金协助之并购的长期绩效。下文的绩效检验将是一个很有意义的过程。

四、并购基金主导的并购案例

由于2006年我国食品加工业的龙头企业双汇发展投资股份有限公司被国际知名的并购基金高盛集团和鼎晖中国成长基金联手收购，是并购基金主导的中国上市公司并购事件中的典型案例，所以择其进行研究。

（一）并购方和被并购方简介

1. 罗特克斯

罗特克斯有限公司是高盛和鼎晖为了并购双汇集团及其下属的双汇发展专门成立的项目公司。高盛策略投资（亚洲）有限责任公司持有罗特克斯51%的股权，鼎晖Shine有限公司持有其49%的股权。其中，高盛策略投资（亚洲）有限责任公司是高盛集团的全资子公司，于2005年12月8日在美国特拉华州注册成立；鼎晖Shine有限公司是鼎晖中国成长基金II的全资子公司，于2006年2月27日在英属维尔京群岛注册成立。

公司的股权结构如图2.8:

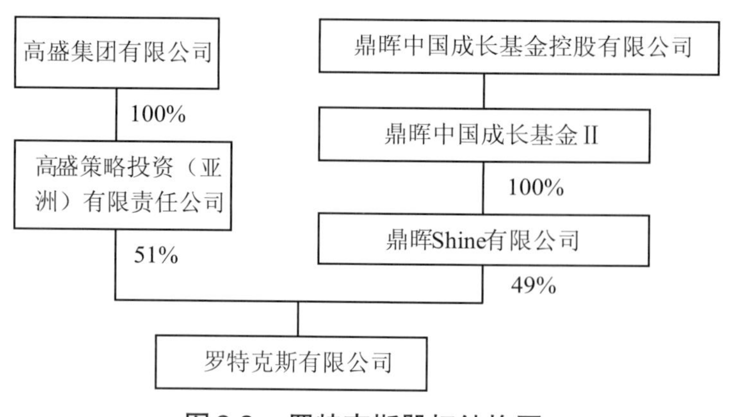

图2.8　罗特克斯股权结构图

2. 高盛集团

高盛集团有限公司是由Marcus Goldman 1869年在纽约创立的，发展至今，它已成为全球历史最悠久、经验最丰富、实力最雄厚的投资银行之一。在1896年加入了纽约证券交易所开始提供证券交易服务。1999年5月，在以合伙人制度经营了130多年后，高盛集团在纽约证券交易所挂牌上市。目前，高盛集团已经在超过20个国家和地区设立了30余个办事处，员工超过22 000人。高盛集团主要从事投资银行业务、交易、直接投资业务以及资产管理和证券服务业务，它为包括公司、金融机构、政府及高净值资产的个人在内的各种不同客户提供全方位的财务顾问、证券交易、投融资、资产管理等金融服务。

3. 鼎晖中国成长基金 II

鼎晖中国成长基金 II 是有限责任合伙企业，于2005年3月17日在开曼群岛注册，该基金的投资者包括有限合伙人和普通合伙人。有限合伙人占有该基金97.3%的股份，普通合伙人占0.7%的股份。普通合伙人是鼎晖中国成长基金控股有限公司，其全面负责该基金的管理，对该基金有完全的经营管理权；有限合伙人则不参与该基金的经营管理，主要参与收益分成。该基金所管理的资产规模超过4亿美元。

4. 双汇发展

河南双汇投资发展股份有限公司成立于1998年10月，由双汇集团独家发起。于1998年12月10日在深圳证券交易所上市交易。

公司的股权结构如图2.9：

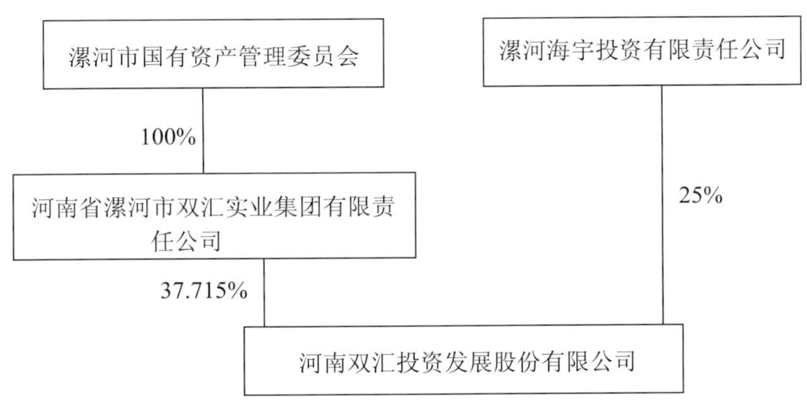

图2.9　并购前双汇发展的股权结构

双汇发展主要经营的业务包括：畜禽屠宰，肉类食品及食品加工、包装、销售（国家专项规定的除外），技术咨询服务，化工产品销售（不含易燃易爆危险品），食品行业投资，销售代理，物流及其相关经营业务的配套服务。2004年至公司实际控制人发生变化之前，公司一直紧紧围绕肉类加工行业进行投资并积极向上下游延伸，一方面稳固发展高温肉制品市场，另一方面也加大了生鲜猪肉和低温肉制品产量的扩产上量及市场的培育和开拓，同时公司还加强了成本管理、质量管理、技术创新和营销创新，经营业绩稳步提升。

（二）并购过程

1. 接洽

虽然2005年12月份，一家高盛集团有限公司全资拥有的子公司 Goldman Sachs & Co. 通过QFII 持有双汇发展65 400股股票，并于2006年2月16日卖出8200股，截至12月25日双汇发展提交收购报告书时，该公司还持有57 200股双汇发展股票。但是该公司与高盛策略投资（亚洲）有限公司之间有严格的防火墙制度，双方并没有关联性。所以高盛与双汇接触的时间不是2005年12月，而是2006年初开始接洽。

2. 股权转让

2006年5月6日，罗特克斯与漯河海宇投资有限公司签署了《股份转让合同》，这样，罗特克斯56 218.6万元人民币收购了漯河海宇投资有限公司持有的双汇发展25% 的股份。

2006年5月12日，罗特克斯公司与漯河市国资委共同签署了《关于河南省漯河市双汇实业集团有限责任公司100% 股权的转让协议书》，并且在2006年9月21又签署了《< 股权转让协议 > 之修订协议》，罗特克斯出资20.1亿元人民币持有双汇集团100% 的股权。该收购在2006年年底得到了国家国资委商务部的批准。2006年12月25日，河南双汇投资发展股份有限公司签署了罗特克斯收购双汇的收购报告书。

3. 完全控股

由于双汇集团持有双汇发展35.715% 的股份，这样，在2006年12月25日收购报告书签署之日，罗特克斯总共持有双汇发展60.715% 的股份，触发全面要约收购的义务，并没有得到证监会的豁免。

2007年2月8日罗特科斯公布了全面要约收购报告书摘要，确定2007年4月27日～6月2日为要约收购期间，收购价格为31.17元 / 股。双汇发展的董事会、独立董事以及独立财务顾问均不支持股东接受要约。

并购完成后双汇发展的股权结构如图2.10:

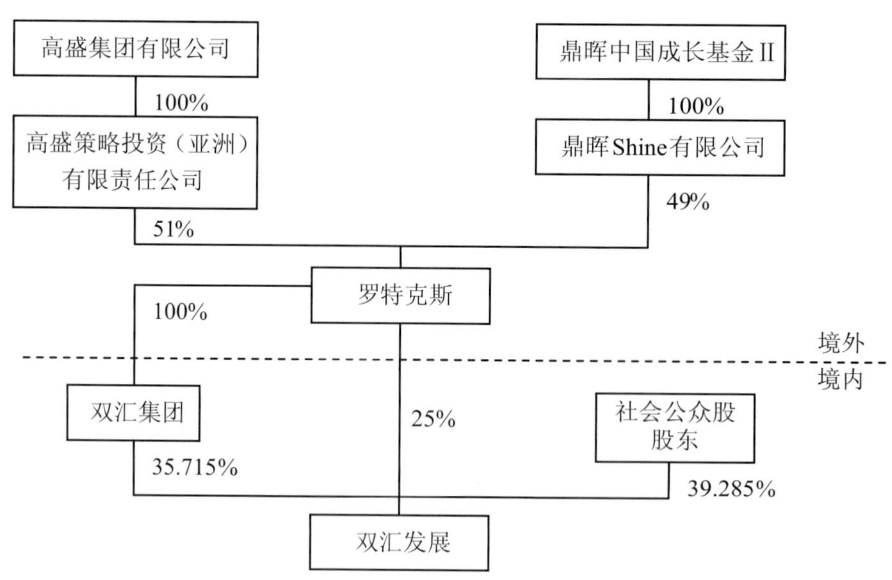

图2.10　并购完成后双汇发展的股权结构图

4. 入主后的股权变动情况

2006年底，罗特克斯间接和直接持有双汇发展60.715%的股份，高盛和鼎晖分别持股罗特克斯51%和49%，即高盛间接持有双汇发展30.96465%的股份；鼎晖间接持有双汇发展29.75035%的股份。

在2007年10月，高盛先向鼎晖投资转让罗特克斯5%股权，从而导致鼎晖在合资公司罗特克斯中的股份达到54%，而高盛则减少至46%。随后，高盛和鼎晖投资经共同协商，决定将由其共同控制的罗特克斯与同受其共同控制的Shine BHoldings I Limited（“Shine B”）及Shine B境外下属公司进行内部重组。高盛持有Shine B 30%股权，鼎晖Shine持有Shine B 50%股权，Dunearn Investment Pte Limited（“Dunearn”）持有Shine B 12%股权，Focus Chier Investment Co., Ltd.（“Focus Chier”）持有Shine B 8%股权。内部重组完成后，高盛和鼎晖Shine再也不直接持有罗特克斯有限公司的股权，而是鼎晖成长基金Shine B间接持有罗特克斯有限公司的股权。这样，到2007年10月末，高盛间接持有的双汇集团股权只有30%。

同时，高盛在双方进行重组期间便开始减持双汇集团股份。在2009年11月5日，高盛在境外向鼎晖投资的下属关联公司CDH ShineIII Limited（“鼎晖Shine III”）转让其所持有的Shine B 15%股权，同时鼎晖Shine将其持有的Shine B 2%股权转让给鼎晖Shine III。本次高盛及鼎晖投资股权转让完成后，高盛持有Shine B 15%股权，鼎晖投资属关联公司鼎晖Shine和鼎晖Shine III合计持有Shine B 65%股权（此中鼎晖Shine持有48%股权，鼎晖Shine III持有17%股权），Dunearn持有Shine B 12%股权，Focus Chier持有Shine B 8%股权。到了2009年12月14日高盛实际只持有双汇集团15%的股权，之后，高盛继续减持，至2009年底，高盛间接持有双汇发展的股份从最初的30.97%大幅降低到7.71%。

对于在上市公司双方发展上的股权，在2009年12月31日，罗特克斯直接持有双汇发展21.19%股份，通过双汇集团间接持有的双汇发展股份为30.27%，即罗特克斯直接和间接总共持有双汇发展51.46%的股份，依旧是控股股东，至今没有变化。

5. 双汇发展股票变动情况

对于双汇发展的股票，其价格在2006年3月2日之前一直在18元以下徘徊。2006年3月2日，公司发布公告，由于公开竞价转让双汇集团整体产权，宣布从2006年3月3日至2006年5月22日停牌，2006年5月23日复牌后，连续接近日涨停，到2006年5月31日收盘价达到了31.17元。2006年5月31日公司股东大会通过了股权分置改革方案。从2006年6月1日一直停牌到了2007年6月29日才复牌。股价由57.88元开盘，比一年前上涨了85.69%。之后股价一直在25元～63元的区间波动。2009年3月19日，公司发布公告称，由于公司有重大重组，宣布从2009年3月22日开始停牌，截至2010年8月6日仍然没有复牌。

6. 入主后的经营情况

2008年，高盛投资了2亿～3亿美元在湖南、福建收购了10多家养殖厂；2009年6月，双汇发展投资5250万元，用于双汇牧业年出栏商品猪20万头的商品猪养殖厂项目，布局上游原料基地。有了完整的产业链，公司运作更加顺畅，慢慢体现出了规模效应。

资本市场是一种奇妙的诱惑，由于外界市场环境的变化，控制权的变化很容易导致公司管理出现困惑，从而给整体发展带来许多不确定因素。从上一部分的股权变动和重组整改计划而导致的停牌可以看出，其实双汇发展被该专业的并购基金收购后，其发展并不顺利，并没有预期那么完美。

（三）并购的绩效检验

本文在单个案例的绩效检验方面，主要从该公司的财富效应、经营效应、并购后整体运营是否偏离收购报告书所设计的战略发展规划、并购是否推动了公司技术升级和附加值的提高四个方面来考察。

1. 财富效应

根据我们对样本公司的实证研究，在并购前后的10天开盘时间内，即在[-10，+10]内获得了最高的218%的累计超常收益率，其次是并购公告的前后一个月交易日，投资者获得了205.2%的累计超常收益率。在整个81天交易日里，共获得了186.3%的累计超常收益率，并购公告后40个交易日比公告前40个交易日获得的累计超常收益率多出了146.61%，说明市场对于该外资专业并购基金并购我国上市公司的反应非常激烈，预期也非常高，见表2.16。

表2.16　双汇发展在考察期间的累计超常收益表现

区间	CAR（%）	区间	CAR（%）
[-40,+40]	186.30	[-2,0]	17.08
[-20,+20]	205.20	[-1,0]	17.47
[-10,+10]	218.25	[+1,+10]	197.98
[-5,+5]	68.33	[+1,+20]	182.08
[-2,+2]	36.01	[+1,+30]	177.33
[-1,+1]	27.94	[+1,+40]	160.29

另外，并购公告前后的81日交易日内可以获得平均94.42%的平均超常收益率。我们再对并购公告前后的81日交易日的日超常收益率做均值是否为0的显著性检验，结果如表2.17：

表2.17　超常收益率检验

	检验值＝0					
					差分的95%置信区间	
	t	df	Sig.（双侧）	均值差值	下限	上限
000895	8.545	80	0.000	0.944289840	0.72437426	1.16420542

从显著性检验可以发现，样本总体的均值显著为0。即在所有的交易时间内，可能并不存在超常收益。在统计上，这是符合股票价格在长期内随机波动的原理的。

2. 经营效应

我们利用主成分分析法计算出的不同并购年份的综合得分如表2.18：

表2.18　双汇发展不同并购年份的综合得分

股票代码	F-1（并购前一年）	F0（并购当年）	F1（并购后一年）	F2（并购后二年）	F3（并购后三年）
000895	0.0946	0.2065	0.4616	0.2208	0.1037

可以看出，并购后第一年的综合得分是最高的，说明短期内双汇发展的经营业绩改变比较明显，但是并购后第二年和第三年却出现显著的下降，并购后第三年居然比并购后第一年的综合得分下降了77.5%。这可能跟实际控制权人的股份的反复减持和变动有较大关系。导致了整个公司的经营出现了问题。高盛和鼎晖把更多的精力放在了各种金融契约的设计方面，在公司的整体运营上却没有投入太多的精力。这可能跟2007年末至2009年全球金融危机有关，并购活动刚好是在这个敏感时期，在这一时期，高盛集团由于美国的次贷危机曾经一度陷入了困境，这难免会影响到期在中国的投资布局。

我们通过综合得分这一指标结合高盛在双汇发展实际股份的变化也能够发现一个细微结论：并购后第一年高盛的持股比例比鼎晖高，双汇发展的综合得分也最高；而并购后第三年刚好是高盛在双汇中持股比例最低的一年，而鼎晖持有股份最多，双汇发展在这一年的综合得分比并购后第一年的综合得分下降了77.5%，说明鼎晖的运作能力得到了很大的怀疑，导致了他根本不能按照前期设计的理想运营策略进行发展。

3. 收购后的发展与收购报告书所设计的战略规划是否偏离

在双方签署的收购报告书中，收购方高盛和鼎晖基金做出了如下的“收购目的及后续计划”：收购人在秉承双汇“以上市公司的发展带动集团公司发展”的理念基础上，将利用高盛和鼎晖在资金、人才、管理及国际市场运作上的优势，帮助双汇发展从国外引进先进技术，提升公司治理结构和管理水平，优化和完善双汇发展产业链，吸引人才，从而提升企业形象，促进双汇发展的进一步国际化发展，把“双汇”打造成中国的百年老店和国际的知名品牌；在加强和巩固其国内龙头企业地位，建设国际一流企业的同时，将双汇发展打造为中国A股市场的典范。

在并购最终完成后第一年，高盛和鼎晖确实帮助双汇发展完善了产业链，布局上游原料基地，收购养殖厂等等。但是其他方面的动作却很少甚至几乎没有。

根据我们的调查，实施情况比较表如表2.19：

表2.19 双汇并购前的战略规划与并购后的实施情况比较

签署协议时的战略规划	四年来的执行情况
提升公司治理结构和管理水平	改善大约50%
从国外引进先进技术	未见实施
优化和完善双汇发展产业链	基本实施
吸引人才	未见实施
把“双汇”打造成中国的百年老店和国际知名品牌	未见任何改变

4. 公司“升级情况”考察

产业升级最终需要落实到每个实体企业自身的产品结构调整和技术升级，我们通过对并购基金所并购的单个企业进行技术方面的考察，在一定程度上也可以说明并购基金所支持的并购行为是否有助于中观层面的产业升级，从而指导我们应该如何利用并购基金这个市场来推动我国的产业升级。

我们从公司的研发投入是否增加、技术人员的数量变动情况、技术工艺水平是否明显优于并购发生之前、生产效率是否提高等几个方面来进行考察。

在高盛和鼎晖入主之前，双汇发展就已经拥有100多名专业科研人员，有10个食品研究所，同时有国外知名的专家支持；每年新研发的产品占双汇所有销售产品的10%～20%。

为了量化定性的指标，我们设计了：无形资产扣除土地使用权后的余额、无形资产扣除土地使用权后的余额占净资产的比重、每年新推产品占所有主营产品的比重、营业收入占该行业上市公司总量的比重等作为评价指标来衡量，如图2.11。

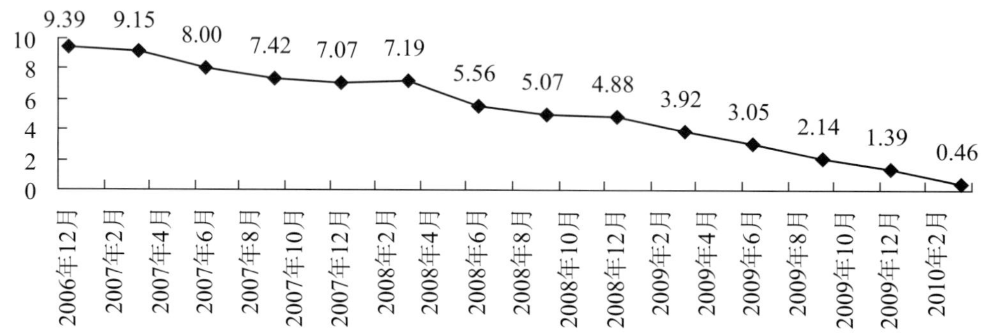

注：根据双汇发展公开披露的年度报告，无形资产由土地使用权、管理软件和专利技术三个项目构成。

图2.11　双汇发展并购后的调整后无形资产变化情况（单位：百万元）

从公司披露的专利技术和管理软件的总值情况来看，它在并购之后处于一个明显的下降趋势，并且从2009年开始下降的速度更快。说明公司的研发能力、创新能力等等处于明显下降，我们并购没有从并购以后看到直观的“升级情况”，而是看到了相反的弱化现象。

另外，通过计算评价指标我们发现结果见表2.20。我们发现，无形资产扣除土地使用权后总价值下降得很快，净利润在增加的同时，无形资产扣除土地使用权后余额与净利润的比值却在以惊人的速度下降，说明专利、管理软件、商标等对净利润的贡献变得越来越小。每年新产品占所有主营产品的比重并购后没有并购之前增长得快；另外，公司的主营收入仍然处在行业排名第一的位置，但是市场集中度却没有得到显著的提高。

表2.20　双汇并购前后的“升级情况”比较

项目	1998年末（上市时）	2006年末（并购前夕）	2010年第一季度（并购后4年）
无形资产扣除土地使用权后总价值	1921万元	939万元	46万元
无形资产扣除土地使用权后余额与净利润的比值	0.34 ∶ 1	0.017 ∶ 1	0.0017 ∶ 1
每年新产品的比重	10%	16%	17%
营业收入占该行业上市公司总量（33家）	29.6%	31.3%	32.97%
市场集中度（n=8）	11%	23%	30.9%

5. 结论

通过以上的综合分析，我们可以对高盛和鼎晖两大专业的并购基金联手收购双汇发展的并购绩效做出如下的判断：

第一，整个并购行为并没有战略规划中那么完美，高盛和鼎晖在控制权方面的不断调整，使得整个过程更像一场资本游戏，高盛满载而归，鼎晖没有太多的实力给予双汇支持，双汇并没有得到明显的收益。

第二，此种并购行为可以使股票市场的炒作者在整个并购公告的前后81个交易日里，共获得186.3%的累计超常收益率，并购公告后40个交易日比公告前40个交易日获得的累计超常收益率多出了146.61%。

第三，此种并购基金不负责任的并购行为根本不能产生并购的经营效应，甚至还有负面影响，使公司整体运营出现问题；

第四，此种并购行为也没有显著的提升公司的技术水平和产品更新换代水平和公司的品牌价值。当然，这可能跟该产业并不属于真正意义上的高新技术产业有关，导致其很难体现出真正的“产业升级效应”。

第五，决策者（包括目标公司管理层和审批的政府部门）在处理此种类型的并购行为时，必须对并购基金主体的意图进行明确的评估，并且设计更加完备的合约条款才能对公司和产业的长期发展做出贡献。

与上文研究的并购基金主导的并购绩效结论相比，其累计超常收益率比样本总体的结果超出51.95%；但是经营效应比样本总体的结果要差。这可能跟高盛和鼎晖繁杂的股权变动有关，一方面变动股权是由于国际金融危机导致高盛的保守隐形退出，同时拉高股价；另一方面，高盛减少、鼎晖增加股权的同时却不能为公司的实际运营出力，导致运营绩效恶化。

案例篇

第一章　技术立命

2010年10月，国务院发布《关于加快培育和发展战略性新兴产业的决定》，将节能环保、新一代信息技术、生物、高端装备制造、新能源、新材料和新能源汽车行业确定为未来中国经济发展中的七大战略性新兴产业。加速产业结构升级、抢占新一轮世界经济和科技发展的制高点成为未来中国经济发展的关键所在。

技术创新是科技类企业安身立命之根本，对于战略性新兴产业尤其如此。在本章的五个案例中，陕西凯星、甘李药业、网秦、艾可蓝、攀业氢能都是各自领域内的佼佼者。他们通过技术创新带动了自身和行业的发展，并藉此获得了风险投资的青睐。

案例一　陕西凯星：技术吸金　联姻达晨[1]

背景：

陕西凯星电子科技有限责任公司（下称“凯星”或“凯星电子”）是国内唯一一家利用低压电力线载波通信技术从管理节能角度实现节能减排目标的高科技企业，在2010年3月，获得达晨创投1500万元注资。而且，达晨创投总监黄琨表示，以后会追加投资到5000万元，最大限度帮助凯星规范管理和运营。

一、电力线载波技术　应用前景诱人

电力线载波（PLC）技术是指利用现有电力线这种介质进行载波，将模拟或数字信号进行高速传输，并能达到在现有电力线上实现数据、语音、视频等多业务的承载，是电力系统特有的、基本的通信方式。由于使用坚固可靠的电力线作为载波信号的传输媒介，因此具有信息传输稳定可靠，路由合理、可同时复用远动信号[2]等特点。另外，电力线通信技术组网简单、成本低、可靠性高、易于实现。随着该项技术的不断进步，最终能够实现数据、语音、视频和电力为一线的“四网合一”。

作为通讯技术的一个新兴应用领域，PLC具有广阔的应用市场，受到越来越多人的关注。国内外许多机构企业都在对此进行研究，并纷纷推出了对应的器件和产品，如PLC调制解调芯片，其中主要的有美国Intellon公司和西班牙DS2公司各类芯片等。目前，电力线载波通信在欧洲和美国发展比较快，欧盟为促进电力线载波技术发展，在2004年启动了OPERA（Open PLC European Research Alliance）计划，美国也成立了“家庭插电联盟”，都是致力于制定统一的PLC

① 本文根据公开资料编撰而成，资料来源包括新浪财经网、企业主页、中国风险投资网、创业邦等。

② 远动就是应用通信技术对远方的运行设备进行监视和控制，以实现远程测量、远程信号、远程控制和远程调节等各种功能。

技术标准，推动大规模的商业化应用。

我国在PLC的研究和推广方面，起步较晚。国外引进的产品也不适用于国内的电路，因为配电网的结构、负荷特性、供电方式和国外的不同，需要将配电线路进行改进。在“十一五”规划中，电力线载波通信被列为大力研究项目，研究利用电力线上网的技术。而且，“十二五”规划中，节能环保是国家战略性产业的核心之一，节能技术相应地也会得到政府的大力支持与鼓励，PLC的商业化将不再遥远。

PLC的商业价值主要在于它的应用领域极其广泛，比如在智能化小区、自动抄表系统、智能化家居等方面。而智能化小区是现在比较流行的住宅区发展方向，通过综合配置住宅区内的各功能子系统，以综合布线为基础，以计算机网络技术实现各区内各种设备管理自动化。包括室内防盗报警系统、防盗对讲系统、消防报警系统、煤气泄漏报警系统、紧急求助系统、出入口控制系统、室外闭路电视摄像监控系统等安全自动化；数字信息网络、语言与传真功能、有线电视、公用天线系统等通讯自动化；水、电、气、热的远程抄表系统、供水供电设备管理系统、停车场管理系统、公共信息显示系统等管理自动化。

二、十年磨剑 只为明日腾飞

PLC作为通讯行业的一个新兴领域，应用前景诱人，但是技术上却存在难题，比如“实时准确性”和“超强抗干扰性”。尽管如此，国内一些企业在极其艰难的环境下，一直致力于技术方面的研究，最终取得了惊人的突破，凯星就是这样一个例子。

凯星的创始人赵新正，1991年从军工企业（国家电子工业部国营第八七七厂）辞职下海后，便开始了艰辛的创业历程。赵新正自己拥有在军工及通讯行业软、硬件系统方面的技术，可由于当时下海的技术人才难求，很难找到志同道合的专业人才一起搞研发，于是只得把自己的技术卖掉，赚取了一笔不菲的收入，并且过了一段安逸的日子。但是，对技术的痴迷让他随时都保持着对技术攻关的兴趣与执著。1999年，赵新正结识了现任凯星总工程师的王阳，当时王阳所在的公司正在进行低压电力载波通信的研发，但在技术上遭遇了瓶颈，一直没有攻破，使得公司经营举步维艰，濒临破产。两人就“电力线载波”技术面临的难题进行了交流后，赵新正显得特别兴奋，凭着自己的技术功底，觉得这会是很不错的研究项目。“一个技术出身的人，对于有一定难度的技术是非常有兴趣的，做出别人做不出的东西是最快乐的事情。”赵新正如是道，于是，很快就投入到实际的操作中。先用一年多的时间自己试验，进行研究，觉得攻破这个技术可行，并且确信有很好的应用前景。趋于成功时，便开始“招兵买马”，终于组建起了一支专业的研发团队，并于2001年11月正式注册凯星电子。

公司成立后的很长一段时间里，一直负债经营，有时甚至连工资都不能按时发放。困难的时间，大家甚至轮着发工资。而且赵新正自己透露，凯星的工资在西安也算是很低的，只有几百元、一千元的样子。十年来，虽然条件十分艰苦，但是很少有人员流失的现象，公司的凝聚力非常好。十年来，公司在最困难的时候工资都发不下，但却在研发上投入1490多万元。正是有了大家坚持与吃苦的精神，凯星才取得了技术上的一次次突破与成功。

2003年初，赵新正带着他的技术开始在市场上寻找试点，找到了一个西安旁边的县级市，跟开发商推销自己的“产品”。怀揣着对这个技术的信心和对成功的渴望，大胆承诺免费安装，如果安装后无法实现远程控制，所有的拆卸工作也全包。让凯星的工作人员备感欣慰的是，首次安装取得完满成功，双方都获得了一定的利益。该小区由于实现了智能化的管理，改变了各家各户收取水电费的方式，免去了人工抄表的繁琐过程，既省了人力，又不会打扰居民的生活，并在当地赢得了智能化小区的美誉。而凯星作为技术的提供方，不仅从这次试验中获得了80多万元的经济效益，而且验证了这个技术的可行性，有效地推动了以后的研发工作。

2006年，凯星首次将应用方向瞄准了高校、医院、政府机关等大型能耗单位，对西安外国语大学校园的水、电进行控制管理。通过对路灯的远程自动控制，间隔开头或单排开头路灯，节电率达到40%；另外，对暖气也进行了节能改造，即用即供，不用即停的分时、分需、分区域供暖模式，大大降低了暖气费用。通过实施这种节能管理模式，学校节约水、电、气费用近百万元，凯星也获得了百万元的收益。这是凯星在经过两年多的技术改进，发明全新的节能管理模式后，拓展应用领域的重要一步。

在接下来的几年，凯星将有充足现金流的事业单位作为重点开发客户，如北京师范大学、第四军医大学口腔医院、陕西省人民医院等。并且从2008年8月以来，西安外国语学院、西安交通大学、陕西省卫生厅健康教育所、西安东城桃园小区、陕西商洛市商州区桂园新村一区和二区等，从未发生一例抄读有误、控制不灵、远传不稳定的情况，至今仍能正常使用。

二十几个成功的案例，证明凯星的技术通过了市场的考验，自主研发的“多频段自适应直接序列展频技术”，通过覆盖面最为广泛的“电力网”已有网络资源，解决了实时通讯和超强抗干扰两大世界技术难题。各项荣誉桂冠也相继落在凯星头上，如荣获“创新中国 DEMO CHINA 2009”全国总决赛第一名，入选中国科技创新企业100强等。

三、达晨慧眼识珠　结缘凯星

（一）结缘历程一波三折，终成正果

凯星在电力线载波技术上的突破得到了行业专家和社会的广泛认可，不但让它在“创新中国 DEMO CHINA 2009”的比赛中夺冠，而且也引来了风险资本的追捧。凯星吸引达晨创投投资总监黄琨的眼球也是在这次比赛中，因为黄琨自己也是技术出身，具有超大规模集成电路设计经历、尖端光电材料研发经历、国际知名通信企业从业经历，一接触到这个电力线载波技术就非常激动，觉得该技术的发展前景非常诱人。

黄琨跟凯星总经理赵新正联系的过程并不是很顺利。最初，在2009年6、7月份的时候，黄琨在网上找到凯星的电话，打到前台去询问。在这之前，他只接触到了凯星的财务经理，但也只是作浅层次的沟通，心中一直不敢相信，这么小的一个公司能够攻克电力线载波技术。直到2009年10月，黄琨去西安出差，有机会跟赵新正作进一步的沟通后，才详细地了解到这个技术。

可就在这两三个月的时间，因为凯星的技术优势，众多风投纷纷向凯星“示好”，其中不乏国际知名风投，凯星甚至跟其中一家签了备忘录，这让达晨创投与凯星差点失之交臂。“当时我们的确与多家风投进行了多轮的沟通和交流。虽然达晨创投与凯星电子接触不是最早，但我感受到他们更真诚，没有其他投资机构的强势，这也是我愿意飞赴深圳进行技术演示的缘由。”赵新正表示。

那天，在达晨创投的会议室，大家入神地听赵新正介绍载波技术。有不少高层都在场，大家放下手中的事情，体现了达晨创投对凯星的诚意，对该项技术的重视。通过这次接触，达晨创投

内部更加认定该项技术的应用领域广泛，市场前景光明。第二天，双方就起草了框架协议，并签字盖章。

（二）达晨相中凯星，绝非偶然

凯星得到达晨创投的资本助推，无疑会迎来一个快速发展的时期。作为国内创投十年的见证者，达晨创投已经在这个行业成为主流机构，2001年～2010年连续十年当选为“中国风险投资50强”，备受瞩目。但是达晨对凯星的这次投资并非偶然。

达晨创投创使合伙人刘昼在出席行业会议时曾表示过，达晨创投在2011年的投资领域仍将锁定文化传媒、消费服务、现代农业与节能环保四领域。而凯星利用其先进的技术，发明的管理节能新模式，应用领域非常广泛，能够对水、电、气、热能源信息化管理和能源节能控制，还能够对公共设施领域（行政办公楼、市政路灯、公共用水、公共照明、景观照明、绿化灌溉、空调控制、供暖调控及各种场馆等）进行节能控制管理。这样高效的节能管理模式，自然能够博得达晨创投的“欢心”。

据了解，在达晨创投的投资过程中，非常注重人、行业、技术三个方面。而凯星在团队成员、行业范围与技术方面都具有不可多得的优势。

四、资本助推　凯星志向远大

2010年3月，达晨创投1500万元投向凯星电子，一桩技术吸金的投资案例瓜熟蒂落。凯星电子利用其电力线载波技术，能够实现水、电、气、热四大能源节能减排和信息化管理。有人说，这是达晨创投最具魄力的一次投资，也是一个明星项目。

电力线载波的一个应用领域是智能抄表，这个表不是一般的电表，而是电、气、热、水四种表的综合体。能够实现“四合一”的芯片凯星已经成功研制出来，也已投入使用，准确的抄读率能够得到完全无误的能耗数字。如果将此表运用到最具市场潜力的智能电网板块，“凯星电子先进的技术可以与各大电网企业形成互补。”黄琨说。凯星电子也希望达晨创投能够为其牵线搭桥，与各大电网进行合作。

另外，赵新正正在构思“通过代理商来渗透全国市场”的重要战略。刚开始时，凯星只会与代理商签订为期一年的代理协议，来考察各个代理商的实力，这要求代理商必须建立起一支强大的销售队伍，而其技术人员由凯星培训。最后，达到在每一个重要的市场区域，都能有一个实力强劲、理念趋同的合作伙伴。“对于能够长期合作的代理商，凯星电子将以股份制的形式进行参股，双方形成利益共同体。”赵新正给出了凯星发展代理商的长远规划蓝图。

而达晨创投有着领先的行业地位和雄厚的资本实力，可以给凯星提供业务和资金上的资源。在市场推广上，如今达晨创投总裁刘昼亲自给凯星当“业务员”，利用手上现有的丰富资源，帮助凯星作前期推介，赢得市场。等到公司做大后，达晨创投可以帮助凯星寻求更多的资金支持，或向银行贷款，或争取其他民间资本。除此之外，达晨创投还可以利用已经投资的产业，进行上下游产业链的整合，形成产业联盟，比如把载波技术植入到已投资的家电控制或生产家具的企业中。

有了达晨创投的资本注入，凯星还清了所有的债务，并在2010年7月迁入更加宽敞、舒适的办公楼，企业的人力资源也在不断充实壮大。“凯星电子只是坚实地迈出了万里长征的第一步。”赵新正对现状保持着清醒的认识，对未来满怀憧憬。

五、专家点评

中国风险投资有限公司高级投资经理刘晓兵：

从1999年赵新正结识王阳，到2001年凯星成立，再到2008年之后凯星开始较大规模的市场应用，直至荣获“创新中国 DEMO CHINA 2009”全国总决赛第一名，凯星的成功真正可谓一个“十年磨一剑”的创业典范。2010年达晨资本的助力，更是为凯星的腾飞锦上添花。

看完凯星的故事，感慨突出的是“惺惺惜惺惺”，只有志同道合坚信 PLC 发展前景的创业团队结合在一起，才能共同熬过创业艰难的时局。当年王阳如果不是遇到同样对技术有着强烈敏感的赵新正，可能凯星的诞生未必是在西安了。惺惺惜惺惺的不仅仅是赵新正和王阳，凯星的创业团队能够熬过工资水平甚至远低过农民工的日子，而保持良好的凝聚力，可见凯星的研发团队也同样都是对凯星技术市场前景深信不疑的一群人。

达晨慧眼识珠，资本助力，一群惺惺相惜的人结合在一起将走得更远，凯星的未来不可限量。

中兴合创资本管理有限公司副总裁郑强博士：

陕西凯星电子科技有限公司是目前国内外唯一一家利用低压电力线载波通信技术手段从管理节能的角度助推实现节能减排目标的高新技术企业，公司独创了“多频段自适应直接序列展频技术”。公司独创了将用于军事通信、电子对抗以及导航、测量等各个尖端领域的跳/扩频通信技术叠加、融合，设计生产出 KS3001（跳/扩频）通信芯片，并将该芯片与外围电路二次集成，设计生产出 KS3010、KS3020 电力载波专用通信模块，从而彻底解决了国内外众多研发机构至今都无法解决的低压电力线载波信号传输的实时准确性和超强抗干扰性两大难题，率先在国内外实现了民用、商用和工业用（水、电、气、热）表的远程自动控制与智能网络化管理以及四大行业（水、电、气、热）和公共设施领域（市政路灯、绿化灌溉、空调控制、供暖调控、公共用水、公共照明、行政办公楼、各种场馆等）的载波组网控制、高效节能管理和科学调控管理。

电力网是全球最大、覆盖面最广泛的网络资源，如何利用电力网进行信息通讯、数据传输、集中管理等广泛应用，一直是国际性的技术难题，也是世界各国政府关注的焦点。

凯星公司的系统产品已成功应用于陕西省卫生厅、西安交通大学、西安外国语大学、西安第四军医大学、第四军医大学口腔医院、西安市东城桃园小区、商洛市人行家属小区等多家企事业单位、高等院校、医院、房地产开发等单位。另外，凯星电子还在管理节能技术上取得了突破。国际能源理论指出，节能减排等于是设备节能加管理节能，目前全球在节能减排领域里，主要是处于设备节能技术阶段，而管理节能技术处于空白。

通过与达晨创投的联姻，凯星将会步入一个快速发展期。

中发君盛投资管理有限公司投资总监刘星剑：

“技术就是生产力”，这句话说明了技术的魅力。但是“酒香也怕巷子深”，则道出科研人员创业的普遍问题：擅长技术但是不擅长市场推广和资本运作。凯星创业者在“十年磨剑”中肯定也体会到了前沿技术不为资本所关注的艰辛。凯星通过“创新中国 DEMO CHINA 2009”荣获全国总决赛第一名，出奇制胜，“一举成名天下知”，吸引了众多 PE 机构的眼光，成了机构争相追逐的“香饽饽”，也扩大了企业在市场的影响力和知名度。这对那些技术背景的创业者具有很大启发意义。

另外，作为主流投资机构，不仅要关注接近上市的中后期项目，更应该关注有巨大产业前景、快进入业绩爆炸期拐点的成长企业，并在企业最需要的方面帮助企业成长。这才能体现了 PE 除了钱以外还提供增值服务的优势，也是专业投资者区别并战胜普通社会资本的砝码。

案例二 甘李药业 成长中的世界胰岛素巨头①

背景：

2010年4月，国内第三代胰岛素生产企业甘李药业有限公司（下称“甘李药业”）对外宣布：公司获得了启明创投过亿元人民币的风险投资。这笔融资将帮助甘李药业进一步拓展国内市场，并为扩大产能、新产品研发和进军欧美市场做资金准备。

从公司成立到挑战世界胰岛素生产巨头的霸主地位，甘李药业仅仅用了12年的时间。在中国医药产业升级迫在眉睫的今天，甘李药业的创业历程对于国内医药企业具有很强的借鉴意义。

提到甘李药业乃至中国胰岛素产业，就不能不提及一个人——甘李药业董事长兼总经理甘忠如博士。正如甘李药业国际合作部总监都凯所讲：“甘忠如博士自身的钻研精神以及过往丰富的研发经验，是甘李药业能够在胰岛素领域迅速达到世界领先水平的关键所在！”时势造英雄。作为一名与共和国同岁的科学家和企业家，甘忠如用执著把握住了中国制度变迁和世界医药产业发展中的一次次机遇，也把握住了中国人自己的胰岛素命脉。

一、苦尽“甘”来

1970年，21岁的甘忠如就已在马驹桥镇周营村担任了两年的团支部书记。因工作表现突出，甘忠如经推荐进入北京大学生物系学习。凭借自己的刻苦、勤奋，毫无基础的甘忠如顺利完成了二十多门课程，并在毕业时获得了留校任教的机会。然而身处“文革”的漩涡之中，甘忠如和他的学生们更多的时间不是在试验台前钻研学问，而是在乡下田间接受教育。现实和理想的冲突并没有磨灭甘忠如对生物学研究的热忱和科技兴国的抱负。利用“文革”中相对空余的时间，甘忠如苦学英语，为未来积蓄力量。

机会总是垂青有准备的人。进入20世纪80年代，吴瑞教授发起了中美生物化学联合招生项目（CUSBEA），在中国选拔优秀学生赴美国学习生物化学和分子生物学。甘忠如在文革期间积累的英语能力终于派上了用场。1982年，已过“而立之年”的甘忠如以优异的成绩获得了CUSBEA项目的全额奖学金，并于次年赴美国密歇根州大学攻读生物化学博士学位。文革中空耗的青春激荡起甘忠如更强烈的学习欲望。原本五年的学业，甘忠如用了不到四年就将之完成。不仅如此，他还在《生物化学》等国际著名期刊上发表了五篇重要文章。

1987年，已获得博士学位的甘忠如进入美国最大的制药公司Merck（默沙东）从事医药研发工作。这一时期美国医药领域的发展可谓日新月异，医药巨头们不断加大研发投入，新研究成果和专利药品层出不穷。良好的研发环境加上自身的勤奋，甘忠如在默沙东的八年里成绩斐然。他不但在国际期刊上发表过十余篇重要论文，还获得了两项药品专利。出色的成绩也为甘忠如带来了优厚的待遇，此时的甘忠如已经是默沙东的高级研究员和学术带头人，年薪高达10万美元。当年农家的放牛娃，已经用刻苦和执著打拼出了一片属于自己的甘霖！

① 本文根据公开资料编撰而成，资料来源包括中国风险投资网、新浪财经、《中国医药报》、《第一财经日报》等。

二、精"忠"报国

1984年，张明敏在春节晚会上演唱了那首脍炙人口的《我的中国心》："洋装虽然穿在身，我心依然是中国心。我的祖先早已把我的一切烙上中国印……"很快这首歌成为了甘忠如和同期在外打拼的中国学子们的精神慰藉。而随着科研成绩越来越出色，待遇越来越优厚，归国创业的念头也越来越强烈地萦绕在甘忠如的心头。

依据自身优势和对国内外医药市场的调查研究，甘忠如将目标锁定在胰岛素生产领域。自1921年被发现以来，胰岛素一直作为主力药物用于糖尿病治疗之中。经过90年的发展，胰岛素类药物也经历了三次演变：在胰岛素被应用的最初几十年内，用于治疗糖尿病的胰岛素都是由猪、牛等动物胰腺提取纯化得来，人们形象地称之为第一代胰岛素——动物胰岛素；伴随重组DNA技术的发展，20世纪70年代末人类成功合成了第二代胰岛素——基因重组人胰岛素；20世纪90年代末，人们通过对人胰岛素的氨基酸序列进行修饰，合成了能够模拟人正常胰岛素分泌和作用的第三代胰岛素——胰岛素类似物。由于胰岛素分子结构复杂，临床使用剂量较大（毫克级），二三代胰岛素的大规模生产具有很高的技术门槛。长久以来，诺和诺德、礼来和赛诺菲－万安特等几家胰岛素巨头利用技术优势和专利保护牢牢把持着全球中高端胰岛素市场。受益于全球糖尿病发病率飙升的大趋势，几家公司的市场份额和生产规模仍在不断扩大。于此同时，国内和大多数国家的医药企业仍然停留在生产第一代胰岛素阶段。伴随医疗水平的提高，第一代胰岛素的市场份额已被压缩殆尽。突破二三代胰岛素生产壁垒，不仅能够成就自己的创业梦想，也是一件利国利民、造福世界的壮举！而在美国学习和工作期间，甘忠如一直专攻生化领域，对DNA重组技术具有很深的造诣。这使甘忠如有信心和能力研制出属于中国人自己的胰岛素品牌。

1994年，甘忠如博士的北大校友、通化东宝集团董事长李一奎来到默沙东研发中心，表达了与其共同为中国的医药产业做些事情的愿望。这与甘忠如的想法一拍即合。就在默沙东的会客室里，两人规划出了中国胰岛素发展的蓝图：从基因重组人胰岛素入手，创立中国人自己的全线胰岛素产品。

三、势"如"破竹

1994年，甘忠如告别家人，踏上了归国创业的征程。凭借多年的科研历练，甘忠如和他带领的研发团队实现了国产胰岛素"大跃进"式的发展。而不逊于欧美胰岛素巨头的研发能力，也使甘李药业成为未来胰岛素领域不可忽视的力量。

（一）初战告捷 三年突破二代胰岛素技术

1995年，归国之后的甘忠如博士与通化东宝合作创立了通化安泰克生物工程有限公司，甘忠如博士任董事长兼总经理。凭借过硬的研发能力，甘忠如博士带领的研发团队仅仅历时三年，就在1998年生产出了中国人自己的第一支基因重组人胰岛素产品——甘舒林。至此，中国成为了继丹麦和美国之后第三个能够自主生产二代胰岛素的国家。

能够如此迅速地完成二代胰岛素的研发，甘忠如博士独创的"分子伴侣理论"功不可没。"分子伴侣理论"是"含有分子内伙伴序列的嵌合卵白在胰岛素生产中的应用"的生产工艺的简称。

这一工艺使得生产中无需外加动物源性的节制性内切酶，从而使产物拥有更高的纯度。同时也将生产工艺从31步大大缩短到17步。生产流程的改进使甘舒林成功避开了欧美专利保护，能够在世界范围内挑战欧美胰岛素巨头的霸主地位。

（二）创建甘李 三年再破三代胰岛素技术

在甘舒林研发成功后，通化安泰克公司的使命已经接近完成。同年，甘忠如带领研发团队投资1亿元创建甘李药业有限公司，继续向第三代胰岛素进发。又一个三年，依托自己独有的“分子伴侣理论”技术平台，甘李药业成功完成了三代胰岛素的攻坚之战。2001年，甘李药业成功研制出中国第一支超速效人胰岛素类似物速秀霖；一年后，中国第一支长效人胰岛素类似物长秀霖也在甘李药业研制成功。至此，中国成为了世界上第二个拥有全线胰岛素类似物的国家。

（三）市场扩容带动高速发展

随着中国、印度等新兴国家高速发展，全球糖尿病患者的数量急剧增加，市场扩容为甘李药业带来了巨大的发展空间。据国际糖尿病研究所报告，2007年世界糖尿病人数达2.46亿人。以此速度估计，到2025年糖尿病患者会增加至3.8亿人，成为患病人数最多的疾病之一。患者人数的快速增加决定了糖尿病药物市场高速增长的大趋势。而作为糖尿病治疗中的主力药物，胰岛素类药物在2007年的全球销售额已达115亿美元；伴随发展中国家早期诊断效果提高，到2012年全球胰岛素市场将会超过150亿美元。由于胰岛素生产具有很高的技术壁垒，市场急剧扩张所带来的收益将会基本被现有的胰岛素生产厂家获得。

而在胰岛素产品的细分市场中，第三代胰岛素在全球范围内替代二代胰岛素已成为必然趋势。从国际市场来看，2005年第三代胰岛素全球总销售额首次超过了二代胰岛素，成为市场主流产品。2006年，三代胰岛素类全球销售额达到了53亿美元，比2005年的40.5亿美元增长了24%，而二代胰岛素的销售额却由2005年的36.1亿美元下降到了2006年的35.6亿美元。数据显示，全球范围内二代胰岛素已经到达平台期，市场扩容所带来的销售额增长将主要是第三代胰岛素销量的增长。从目前的形势来看，拥有较成熟的第三代胰岛素生产技术的只有甘李药业和赛诺菲—万安特两家公司。这使得甘李药业的未来发展给了人们更大的想象空间。

目前，甘李药业生产的第三代胰岛素产品质量已达到欧美药典的标准。同时，相对于诺和诺德、赛诺菲—万安特等国际巨头，甘李药业在成本和价格上具有优势。由于全球胰岛素市场扩张的动力主要源自发展中国家，质同价优成为甘李药业逐鹿全球胰岛素市场的杀手锏。自甘李药业生产的三代胰岛素上市以来，销售额一直以翻番的速度增长。甘李药业2010年的预计销售额是2亿元人民币，2011年的目标是4亿元。而2亿元人民币还远不到全球胰岛素市场份额的1%，甘李药业在未来数年内维持翻番式的增长并不是很困难的事情。

（四）核心研发能力保障未来成长

在谈到为什么能够用两个“三年计划”就完成对第二代和第三代胰岛素研发的时候，甘李药业国际合作部总监都凯表示：“这首先要归功于甘忠如博士在美国学习、工作期间的成功经历。”正是国际顶级医药研发机构的长期工作经历，使得甘忠如团队拥有了国际一流的研发能力。再加上甘忠如博士独创的“分子伴侣理论”平台，二三代胰岛素的快速研发成功成为了水到渠成的事情。研发能力是医药类企业长久发展的根基，也是目前国内医药企业普遍存在的瓶颈。甘忠如团队超强的研发能力，成为甘李药业未来与世界胰岛素巨头长久抗衡的动力源泉。

四、市场竞争升级 催生融资需求

就在甘李药业飞速成长的同时，国内以及全球胰岛素市场的竞争也在悄然升级。与许多新兴高科技企业有所不同，甘李药业的主要竞争对手却是三家拥有百年历史的欧美医药巨头。作为一家诞生只有12年的科技创新类企业，融资成为甘李药业弥补自身不足，加速企业扩张的助推器。

（一）欧美胰岛素巨头纷纷投产中国 市场竞争空前激烈

面对甘李药业等新兴力量的挑战，诺和诺德等欧美胰岛素巨头们纷纷加大在华投资建厂，希望藉中国的劳动力优势进一步巩固自己的市场地位。2008年底，诺和诺德投资3.81亿美元，在中国新建一家世界最大的胰岛素试剂与灌装工厂；2009年3月，礼来投资4000万美元用于胰岛素产品的分装与仓储；2009年5月赛诺菲—安万特投资9000万美元扩建来得时预填充灌装生产线。山雨欲来风满楼，在本土医药市场上已经可以嗅到一场胰岛素大战的硝烟。而与第三代胰岛素在国际市场上强劲势头有所不同，三代胰岛素在中国的发展显得“后知后觉”。2006年，第三代胰岛素销售额只占到了国内胰岛素总销售额的5%。作为发展中国家，我国还存在着广阔的中低收入人群，因此在未来一个很长的阶段内，价格相对较低的第二代胰岛素仍然会占据主流地位。作为一家专注于第三代胰岛素生产的厂家，中国胰岛素市场的滞后性进一步增加了甘李药业扩张本土市场的难度。

而在欧美医药市场上，礼来公司的优泌林和诺和诺德公司的诺和灵专利已经到期。第三代胰岛素在美国的专利也将于2013年～2015年到期，这些胰岛素产品包括礼来公司的优泌乐、诺和诺德公司的NovoLog和Levemir以及赛诺菲安—万特公司的Lantus。伴随着专利到期后仿制药物的大量出现，胰岛素市场竞争正在被拉升到新的激烈程度。

（二）瓶颈催生融资需求

在产品层面上，甘李药业已经能够与这些胰岛素巨头们一争高下。然而将好产品转化为切实的市场份额，还需要资金、人才、渠道等一系列软实力的支持。而作为一家技术创新型的企业，这些无疑是甘李药业最有待提高的。

1. 资金

以行业最有代表性的诺和诺德为例：2009年诺和诺德年报显示其销售收入约为570亿元人民币，其中胰岛素类药物占到了近70%。而同年的研发投入占到了其销售总收入的15.4%，销售和分销费用占到了销售总收入的30.2%。粗略算来，诺和诺德在研发、销售等方面的投入甚至数十倍于甘李药业的销售收入。资金是研发、扩大产能、引进人才、扩宽渠道等一系列市场举措的基础。“在目前的扩张阶段，甘李药业有着巨大的资金需求。”都凯介绍说：“而作为一家相对较小的公司，公司通过贷款等方式进行融资存在较大困难。在这种情况下，引入风险投资成为公司进一步扩张的战略选择。”

2. 渠道

胰岛素类药物只能缓解糖尿病病人的症状，并不能根治糖尿病。因此糖尿病患者一旦开始使用某个胰岛素品牌，就很可能成为这一产品的终生用户。这一特点使得胰岛素市场份额的竞争，很大程度上是新增糖尿病患者之间的争夺。诺和诺德、礼来进入中国的历史甚至比甘李药业创立的时间还长，长期以来，这些欧美医药巨头一直通过协助医生进行患者教育的方式培养在医生和患者中的忠诚度。目前甘李药业市场扩张的动力主要来源于二三线城市市场的拓展，国内的高端胰岛素市场仍然被几家巨头所把持。引入人才、培养自己的营销队伍，也成为甘李药业逐鹿胰岛素市场的重中之重。

3. 股权

在甘李药业的创业之路上，通化东宝以及其董事长李一奎起到了非常重要的作用。公开信息显示，甘李药业的主要股东是甘忠如和通化东宝，由甘忠如控股，而通化东宝占有甘李药业41.5%的股份。近年来，甘李药业是回归通化东宝公司还是独立上市的问题悬而未决，这也在一定程度上制约了甘李药业的发展脚步。

面对资金、渠道、股权等层面的瓶颈，甘李药业的融资需求逐渐浮现。借力风投，可以获取扩张必须的资金支持，并通过股权稀释理清自身的股权结构。而风险投资机构所提供的附加服务，则可以帮助甘李药业完善自身的管理制度和营销渠道。融资，成为牵动甘李药业下一步战略发展的核心。

五、联手启明　开启全球胰岛素市场

市场机遇稍纵即逝。引入风险投资成为甘李药业突破瓶颈、应对挑战的必经之路。而广阔的市场空间和卓越的研发能力也使甘李药业成为风险投资机构关注的重点。最终在2010年4月，甘李药业和启明创投对外宣布：启明创投向甘李药业投资1亿元人民币，甘李药业完成首轮融资。

谈到这笔融资的目的，都凯表示："这笔融资将主要用于国内市场销售活动，并为二期厂房的建设、欧美发达国家市场的临床与注册、新产品开发包括临床试验做资金上的准备。"对于选择启明创投的原因，都凯重点提到了启明创投公司合伙人梁颖宇女士。他表示："梁颖宇带领的启明医疗健康团队在接触过程中专业而富有诚意，在融资方面大家可以用'一拍即合'来形容。"此外梁颖宇在美国期间有丰富的风险投资经验，归国后也有医疗领域的创业经验。在合作中启明创投通过自身资源为甘李药业介绍了很多专业人才和国际合作伙伴，这些也是甘李药业所看重的。

而谈到看好甘李药业的原因，梁颖宇表示："我们首先看中的就是甘李药业在技术上的优势，甘李药业在胰岛素及类似物方面的研发成果是不言而喻的。同时甘李药业在生产流程方面的突破也非常重要。由于胰岛素是生物制剂，对于产品的纯度要求非常高，这就要求甘李药业的提纯工艺同样要非常厉害。此外中国胰岛素市场容量巨大，即使甘李药业未来中国市场的占有率只有百分之十几，也仍然有非常大的成长空间。"

通过这笔融资，甘李药业在资金、渠道、管理等方面都得到了切实的加强，同时也初步理清了甘李药业的股权结构，巩固了甘忠如的控股地位。进军国际市场、谋求海外上市成为甘李人新的目标。

六、专家点评

中国风险投资有限公司高级投资经理刘晓兵：

目前，医药行业是国家重点振兴产业，也是证监会重点扶持的新兴产业之一，国内已有多个创投机构成立了专门的创投团队进行医药行业的投资，但成功的案例不多。主要基于以下原因：

第一，医药行业的创业投资是专业化非常强的投资，需要具有医药相关背景的专业化团队；第二，医药从研发到成功上市需要较长的周期，创投机构需要更长的耐心等待；第三，医药的研发需要耗费较多的资金，创投机构需要更大的资金支持；第四，医药行业的创业投资不仅需要资金支持，更需要医药行业人脉资源的帮助和支持。

而总体上看，启明创投投资甘李药业是国内医药行业比较成功的投资案例之一。第一，医药行业是启明创投重点关注的领域之一，其有医药行业的专业投资团队，该团队中多人具有从事医药研发的经历，医药行业专业经验丰富。第二，启明创投在医药行业是进行专业化的投资，行业经验积累丰富，对医药行业细分领域的发展情景得的比较清楚。第三，启明创投由于长时间在医药行业内进行投资，其投资团队在医药行业内积累了丰富的人脉资源，可以为企业提供有效的增值服务，可以有效助推企业快速发展。

总之，从启明创投投资甘李药业来看，未来国内进行专业化的投资已成为一种必然趋势。

深圳管仲投资管理有限公司副总裁李信民博士：

从案例介绍的情况看，甘李药业具有以下几个鲜明的特点：第一，属于我国现阶段加快培育和发展的七大战略性新兴产业之一的生物（包括生物制药）行业，其发展必将获得国家相关政策的大力扶持；第二，市场广阔、增长潜力巨大。据最近一期国际著名医学期刊《新英格兰医学杂志》的报道，我国目前有9200万糖尿病患者，已超过印度，成为全球拥有糖尿病患者最多的国家；第三，拥有自主知识产权以及世界级的技术研发团队和能力；第四，在细分市场上具有垄断竞争优势（第三代胰岛素这一细分市场很有可能形成甘李药业与赛诺菲—安万特“双寡头”垄断的局面）。上述四大鲜明特点，完全符合PE投资机构的选项标准，因此，甘李药业能够获得风投的青睐应该是“水到渠成”的事情。

甘李药业未来的成长性主要取决于以下两点：一是能否通过大力市场营销和推广，迅速提升第三代胰岛素在国内胰岛素市场中所占的比重；二是能否在与实力强大的竞争对手——赛诺菲—安万特的竞争中利用质同价优的竞争优势获得更多市场份额。

案例三　网秦——手机安全的王者[①]

背景：

2010年4月29日，手机安全厂商网秦正式宣布获得新一轮2000万美金风险投资，本次为网秦的第三轮融资，也是全球范围内手机安全服务作为新兴产业所获得的最大一笔投资。迄今为止，网秦的融资总额已达3500万美元。投资方金沙江（GSR）则表示，看好手机安全服务在全球范围的飞速发展以及巨大的商业潜力。

网秦由林宇、史文勇、邹仕洪于2005年10月创办，目前已经先后得到金沙江（GSR）、红杉中国（Sequoia China）、联创策源（Ceyuan VC）以及富达亚洲基金（Fidelity Asia VC）等全球顶级风险投资基金的支持。

一、投资者下一个金矿

全球通信技术研发迅速向4G、5G迈进，给人们描述了一幅美妙的生活图景：早上6点钟，手机让洗漱间准备好热水、安排厨房做好早餐；7点，手机按照Email的重要性为你安排工作顺序；8点，手机通过定位系统为你指挥最快捷的路线；9点，你用手机与公司在全球各地的办公室负责人举行视频会议；10点，你见缝插针地用手机完成了一笔账单支付。

假如，没有手机安全软件，上面的生活会变成怎么样？

洗漱间错误地制造冰水，早餐糊了，Email的邮件被删除，定位系统为你安排了一条最堵的路线，视频会议上你的头像被PS成小怪兽让同事们忍俊不禁，最糟糕的是：你账户里的钱哗哗地往外流进黑客口袋。

从破碎了的未来设想中回来，看看3G智能手机的现实：手机病毒令中毒的手机自动对外发送短信、自动连接SP网站从而达到耗费、偷盗机主的话费和传播病毒的目的，更有甚者，窃取用户存于手机里的银行账户信息、隐私短信，以窃取、敲诈钱财。

针对手机病毒的实际情况和用户需求，目前手机安全软件主要是为用户提供拦截垃圾短信、查杀病毒和隐私保护服务。网秦CEO林宇博士打了一个形象的比喻："手机卫士就像保安，免费提供，能够解决绝大部分的防范问题；手机杀毒是保镖，提供贴身保护，你不做金融交易，你可以不用这个服务；通信管家是管家，提供更高层面、更细致的安全服务，像英国的家庭管家一样，高质量的服务是需要付费的。"

从通信技术的发展来看，智能手机已经逐渐普及，未来的三网融合和物联网都将极大地拓展手机应用，手机越来越像是一台小型PC，并替代PC的大部分功能，为用户提供账务结算、位置定位、问医挂号、公务处理等等生活上、工作上的即时便捷处理。手机应用的爆发必将带来手机安全服务的爆发。那么，顺应趋势提早布局抢占有利位置，是掘金的重要条件之一。

谷歌在搜索引擎领域实现的"马太效应"为手机安全领域树立了一个标杆。使用谷歌搜索引擎的用户多，谷歌就可以使被搜索词优化得更好，将来有更多人搜索这个词时，就会得到更优的

① 本文根据公开资料编撰而成，资料来源包括《新京报》、《经济观察报》、腾讯科技、企业主页、中国风险投资网等。

搜索结果。用户量越大，意味着获得优化的能力越强，就能吸引到越多用户。国内提供手机安全服务的厂家有网秦、360、金山等公司。凭借全球领先的技术和服务团队，网秦连续5年实现了高速成长，根据国际调研公司 Frost&Sullivan 2009年中国手机安全市场研究报告，网秦占据了中国国内市场68%的份额。截至2010年3月，网秦为全球200多个国家超过4300万用户提供了8种语言版本的全系列手机安全服务，目前海外用户占网秦用户总数的30%以上。网秦在北美、中东、北非、东南亚、东欧等地区提供了商用服务，近期还将进一步拓展欧洲、日韩等高端移动通信市场。作为手机无线安全的领头企业，网秦多年来已经与中国移动、中国电信、中国联通等多家运营商达成了各项战略合作，为其提供多项手机安全服务和运营支持。网秦与全球多家知名手机厂商保持着紧密的合作关系，与占有中国手机市场份额近40%的诺基亚实现了高端智能手机的安全服务预装。

二、“秦”王朝的建立

（一）手机杀毒只是屠龙术

林宇博士在通信领域的最高学府中国邮电大学刚毕业就有了创业的意识，决定成立网秦之前，他已经做过数十项商业计划方案。不过，全球第一款手机病毒的蔓延让他做出最终决定。

2005年，一款针对诺基亚手机的病毒在芬兰大肆流行。林宇清晰地记得，当时正值芬兰世界田径运动会，几千名用户的手机在短短几十分钟内处于无电状态。“虽然这款病毒属于一种概念性的病毒，其破坏力不算太强，但是这件事至少说明手机黑客已经开始有了针对用户发布病毒的计划。”林宇当时意识到这是一个很好的机会，手机杀毒软件绝对是个朝阳产业。

“创业初期的艰苦足以赶上当年红军的二万五千里长征了。”做出决定后，林宇毅然辞去北京邮电大学副教授职务，连同两位校友筹集了10万元人民币开始了艰辛的创业之路。

2005年10月，网秦成立了。由于怀揣“构筑移动互联产业之无疆长城的梦想”，就以“秦”字命名公司。而正如名字的寓意一样，在短短5年时间里，林宇率领网秦便以“统一六国”之势稳坐中国手机杀毒软件市场的头把交椅，并将销售网络铺到200多个国家和地区的市场。

创立之初的网秦可以“比肩”许多伟大的公司。网秦的诞生地是在一个废弃的幼儿园，这和Apple、Google、微软、HP创业之初的车库、地下室有着异曲同工之妙。然而，手机病毒很长一段时间里被人讥笑是无中生有。从2005年就投入手机杀毒行业的林宇，被认为是拿长矛战风车的堂吉诃德。别人淘金他卖牛仔裤，林宇赌的就是移动互联网和智能手机的发展前景。

在成立后的大半年时间里，林宇和创业伙伴很快就花光了手中的钱。研发的投入是巨大的，10万元启动资金显得有点微不足道。2006年8月，林宇得到了一个天使投资人的100万元投资，渡过了危机。手机安全软件跟电脑上的杀毒软件一样，就是手机上的杀毒软件。林宇看中的是全球45亿的手机用户远远超过10亿台电脑用户。但在2005年时，iPhone面世还有两年，谷歌的Android系统更无从说起，智能手机还处在初步发展期。手机病毒很多人都没听说过，而手机杀毒软件，在很多业内人看来只不过是屠龙术罢了。这也是让林宇最痛苦的事，公司的主业务“好像用很大的力气一下子打在棉花上，一点反应都没有”。

那两年公司至少有三四次随时准备关门，好几个月都没有给员工发工资，好在大家对这份事业充满理想，每个人都不离不弃，同甘共苦。仅仅几个月后，网秦再次遭遇资金危机，万幸的是，当时信息产业部电子发展基金100万元解决了燃眉之急。

技术出身的林宇意识到，必须要主动寻找风险投资。“之前，我在风险投资领域完全不认识人，一片空白。”林宇说。林宇寻找风险投资用的是一个笨方法，他通过网络搜索，收集了所有能收集到的风险投资的联系方式，然后给他们群发邮件，介绍企业的技术和规划，去说服各家风投来看好这个“好像不存在的市场”。大约一个月后，IDG的一个投资经理给林宇回了一封邮件，约定见面聊一下。这是林宇在风险投资领域遇到的第一个人。之后，林宇把国内外知名的风险投资负责人都见了一遍，有30多家。幸运的是，网秦先后得到了金沙江创投、红杉资本、联创策源和富达基金共计1500万美元的投资。到2007年年底，靠着这些资金，网秦基本上摆脱了生存困境，并开始在技术和市场上发力。生存已经暂时无忧，林宇下一步是等待这个产业的进一步崛起。

（二）手机病毒真的“狼来了”

2008年～2009年，iPhone的上市拉开了智能手机狂潮，电信重组和3G牌照的发放让移动互联网坐上了高速列车。但随之而来的垃圾短信、吸费软件、隐私泄露让手机用户不堪其扰。

自2005年首个手机病毒出现以来，手机病毒及手机恶意软件数量呈急速上涨趋势。2006年约100种，2007年超过200种，2008年则达到了近400种。至2009年末，手机病毒及恶意软件突破1000种，而2010年，手机病毒及恶意软件进入空前活跃期。

2009年，一款名为“手机骷髅”的手机病毒波及全球2000万用户；2010年，一些山寨手机被曝出内置吸费软件。手机病毒真的“狼来了”，而且来势汹汹。林宇的网秦手机安全软件不再是空架子，而是要披挂上阵单挑诸多手机病毒。

2009年第四季度，网秦实现了盈利，2010年4月底，金沙江创投和联创策源联合投资2000万美元。而网秦的估值已经达1亿美元。

（三）服务模式：基础服务免费＋增值服务收费

林宇认为，从用户角度出发，最好杀毒软件一个月也不要弹出来一次，完全在后台解决，这实际上是免打扰，帮助用户省心的一个服务，所以依靠广告赚钱这条路行不通。新浪可以免费靠广告赢利，是因为用户会将15分钟停留在新浪，注意力无偿提供给新浪了，新浪可以将它转卖成广告。所以两种服务的本质是不一样的。安全（至少手机杀毒服务）不具备用户时间，所以这就意味着很难转换成广告。经过反复讨论和思考后，网秦决定：基础性的一些安全和管理服务实现免费；特殊需求，或者能够为用户创造更多价值的服务可以考虑单独收费。网秦的收费体系由此确定：比如杀毒服务是免费的，但是病毒库的更新是付费的，而且门槛很低，可以一次付两元，也可以包月。其他管理服务也同理而论，这就要求你必须要定义好服务，区分出有付费意愿，并且付得起钱的群体的需求。

网秦的产品，不仅仅针对的是手机病毒，而是手机的安全，是为了让更多的用户享受到手机安全服务。所谓手机安全，即从手机用户角度可能感受到的安全威胁，或者说是以“人”为本的安全需求。对此，网秦针对手机安全需求做了一个著名的金字塔定义模型，手机安全的需求可以分为如下几点：

最基础性的需求：手机功能安全可信，用户的手机中不能有病毒、木马、窃听软件、流氓软件等。这类的问题，主要是手机杀毒软件（可能包含部分网络防火墙、安全浏览器等功能）解决的范畴，可能涉及硬件、操作系统或者应用软件级的安全问题。随着智能手机的发展，这会成为大众化的需求。

反骚扰的需求：目前手机中的骚扰问题，最集中的是垃圾信息和骚扰电话。主要的需求群体是受垃圾信息和电话营销骚扰的群体，比如，全球通用户的质量比较高，收到的垃圾信息会比较多。反骚扰产品（比如，网秦的通讯管家）主要解决这类问题。

隐私保护的需求：未来手机将成为人们新的信息中心，中低端数码相机、MP3、U盘这些产品都融合进手机，通讯录、照片、短信甚至是工作数据都会存储在手机上。与此同时，手机也将成为人们新的隐私中心。不同场合会有不同的隐私保护需求：手机丢失了，会不会出现隐私泄露的事件？手机放在桌上，朋友是否会随手拿起来翻看私人的短信？通过短信发送银行账号给家人安全吗？手机上的MSN、QQ、游戏帐号安全吗？电影《手机》中的经典台词，“手机？还是手雷？”揭示了人们需要数据和隐私保护类产品来解决此类问题。

之所以是金字塔，因为需求层面越高，人群数量可能减少，但质量在提高。网秦提供多种手机安全服务，不同的用户可根据自身需求选择最适用于自己的产品。随着移动互联网的发展，会有更多的手机安全问题和需求产生。目前网秦的手机安全服务所涵盖的内容是：反病毒、反骚扰、数据和隐私保护等服务相结合的整体服务理念。

根据网秦定义的手机安全需求金字塔模型，不同的用户对手机安全的需求层面不一样。所以，网秦在基础安全防护上，提供的大多是免费的产品和服务，而对于杀毒和一些个性化的隐私保护服务，网秦也为这些用户提供了更好的用户体验和更高品质的收费服务，通过运营数据和客户反馈，付费客户对网秦的收费服务具有很高的满意度和认可度，证明了对用户有价值的安全服务收费模式是成功的。

三、与风投结成“秦晋之好”

即便在多次面临关门的情况下，林宇在约见投资者的时候，仍然坚持看好手机安全服务领域的前景，并没有因为投资者的各种建议而动摇。这也最终成为网秦打动投资者的重要因素。金沙江投资主席丁健称：“一个团队能在见过30多个风投后，仍然坚持自己的创业理念，这更加坚定了我们投资的决心”。网秦的团队一直坚持在手机安全领域中的技术探索，并未因投资者的建议而改变创业路线，正是对这个行业的坚持和信心打动了投资者。

在金沙江和红杉资本决定投资这个行业的时候，更多的投资者对这个行业的判断是，无论规模和市场都远未成熟，对于风投来说都过于超前，正是网秦团队在这一行业超前的敏感度让创投公司最终做出了投资的决定。

在网秦获得红杉资本风险投资之前，林宇每隔一周就要与红杉资本、金沙江创投邮件交流关于手机安全服务项目的进展等情况。经过16个月的考察后，金沙江创投和红杉资本决定联合投资300万美元。2007年12月，联创策源和富达基金一级第一轮投资人，再次出手给网秦投资了1200万美元。

林宇称，风险投资的进入带来的不仅仅是资金方面的变化，更重要的是改变了企业的视野半径。投资者更希望能够培养公司管理层独立经营的能力，对市场、营销、战略等方面能够作出正确的判断。风险投资教会他的，不仅仅是市场营销，更重要的是企业的经营思路。“优秀的公司一定是在最需要花钱的地方放入最合适的资源。很多创业者最初并不太懂，当公司到了一定规模的时候却非常重要。”

四、“秦军”闯入市场

（一）进军大中电器

2006年，网秦希望借助家电卖场渠道派发手机杀毒软件。“我们计划卖场每卖出一台手机，就附赠顾客一个网秦的手机杀毒软件。即便要送，卖场也要收一笔进店费，可是当时员工工资都发不出，哪里有进店费的预算啊。”林宇很苦恼。林宇虽然已经联系到大中电器的一位负责人，但是要免交进场费对方坚持无法让步。林宇和这位负责人耗了足足两个月，直到打动他。“刚开始和客户谈话，没谈几句我就脸红，后来我干脆把脸皮拉下来，一次不行就两次，直到他同意为止。”

为了省钱，林宇决定把货品的包装放在深圳完成，但是当货品从深圳进入北京各店时还是遭遇了“一场混乱”。为了把这批货赶在“五一”节前进店，林宇发动所有员工去干体力活。“那天晚上天公不作美，我们冒着大雨去机场接货，然后把货品分派到大中电器的每个店面。”他的麻烦还没有结束，原来大中电器各店的店长对货品进店以及发放的事并不知情，根本没有安排发放软件的店员。林宇不得不组织自己的员工到各个店里完成派发的任务。

“那件事，让我学到了很多东西。”和大中电器的合作是网秦第一次市场活动，尽管忙忙碌碌，但是消费者对此反响很好，网秦这个品牌也开始走进消费者的心中。

（二）点卡模式

那时候网络游戏正热，林宇和团队受网游点卡模式的启发，想到也可以卖点卡提供服务（类似于网络游戏的点卡），因为看到自己的用户来自全球，于是在eBay网上做了一个尝试，到了5月，一个马来西亚的用户买了两张点卡，这是网秦卖出的第一张点卡。钱不多，但林宇觉得意义非凡，这是一个产品变成商品的过程，是质的飞跃，并且证明了用户真正有这个需求。

之后，林宇又想手机用户中了病毒，肯定会去找维修店。林宇还亲自跑到西直门手机维修店和他们谈合作，但后来发现维修渠道太分散，根本管理不过来。偶然的机会，林宇联系上诺基亚售后的部门，他们有外包的公司，管理着上百家的售后服务店，都很正规，用户的信赖感比较强。由于外包公司的需求很简单，采用点卡模式大家的利益也很容易结算，所以谈判很顺利，这也成为网秦一个非常独特的商业模式创新。

（三）嵌入模式　借力共赢

网秦在一个全新的市场上能够坚持到今天，林宇认为另一个关键策略就是嵌入式思维。“商业模式必须跟产业链有紧密的合作，运营商、手机厂商、手机渠道、互联网公司都必须是深度整合，这样才能够在最大范围内获得用户。”林宇说，网秦在发展初期就是靠论坛里的口碑传播积累用户，但那样发展的速度非常慢。真正让网秦的发展提速的，是网秦利用各种关系，在付出极大努力之后，成为诺基亚的白金合作伙伴。

与诺基亚售后外包公司的合作是网秦与诺基亚真正意义上的合作。合作不复杂，效果却不错。通过这条线，林宇找到一些关系把网秦引进到诺基亚，刚好Symbian在中国成立了公司。听到消息，林宇立即动手准备申请成为它的白金合作伙伴，但这并不是一件容易的事，它必须由英国的CEO亲自批准。林宇表示，既然选择了你就必须付出劳动。这其实是一个很繁琐的过程，不断地测试，然后看用户的反馈，包括之前网秦在售后部门的反馈效果。但是最后，谁也没有想到通过批准的理由只有一条：到2007年4月，网秦在中国大概有超过100万的用户。这是Symbian上唯一单一应用用户超过100万的应用软件。

背靠大树好乘凉。通过努力，网秦成为了诺基亚的白金合作伙伴。手机安全软件直接预装在诺基亚智能手机里，如果用户不想付费，可以使用其基础业务。如果想使用增值业务，就可以通过点击软件，直接付费给电信运营商。网秦2007年跟诺基亚的合作只有几万台手机。2008年预装在两款里，数量就已达到百万级。2009年预装在6款手机里，而2010年合作的手机会超过10款。

通过这种捆绑的合作模式，网秦快速提高了市场占有率。在与诺基亚的合作中尝到甜头后，网秦深刻理解了"嵌入式策略"的重要性，后来他们又先后"啃"下了中国移动、三星、索爱等重量级的合作伙伴。据统计，截止到2010年第一季度，网秦的用户是4300万，预期2010年内可以增长到7500万，如果乐观的话可以发展到1亿。

五、结语

手机安全服务市场在全球范围有着巨大的成长空间和商业潜力，从网秦目前的业绩来看，海外市场已经占据了公司业务的30%。2014年，中国手机安全产品活跃用户数将达到6480万，市场收入规模将达到13.61亿元。也就是说，我们将生活在一个移动互联网无处不在的时代，就此而言，手机安全服务的重要性和潜在的商业规模不言而喻。但是，在手机安全服务市场快速发展的同时，网秦还显然是一个比较年轻的企业，如何在日益激烈的市场竞争中保持高速成长？软件如何更贴近消费者的需求？这是林宇团队不得不时时考虑的问题。

六、专家点评

南京大学商学院俞欣博士：

曾经的屠龙术——手机安全服务，现在已经被广为关注。网秦这位行业先行者成功度过了智者的孤独期。网秦自2009年四季度开始盈利，到2010年已经占有中国手机安全领域超过68%的份额，在2010年获得第三轮风险投资时的公司估值已经达到1亿美元。如果说网秦的成功有赖于林宇独具慧眼，观念超前，那么第一个给予网秦100万元资金帮助的天使投资人，第一个给予网秦300万美元的金沙江创投和红杉资本，这些具有敏锐嗅觉和超前视野的风投们也是网秦成功的基石。

然而，并非所有的超前观念都能获得成功。网秦的团队能够一直坚持在手机安全领域中的技术探索，掌握核心技术，是打动风投的原因，也是创业企业和风投获得双赢的关键。

赛伯乐投资经理岳光华：

风投能给你的不仅仅是钱，还有增值服务，钱仅仅是一个沟通的渠道，一个提供增值服务的媒介。好的风投应该致力为被投企业提供体系化的增值服务，创造最大化的价值，帮助企业快速成长。工商银行上市前也接受了高盛的战略投资，工商银行看重的不是钱而是钱背后的国际化的管理经验。创业者不要仅仅因为缺钱去找风投，只缺钱的创业团队也是风投不敢投的，创业者找风投，要找好的风投，看风投除了钱以外，还能提供哪些增值服务。对于只能给钱的风投，还是敬而远之为妙。

流星是什么？流星仅仅是石头在燃烧！成功的创业者是什么？成功的创业者仅仅是富有激情而坚忍耐烦的凡人。性格决定命运，但偶然改变性格也改变命运，只要你下定决心，没有克服不了的问题——但这世界永远不变的是这世界永远都在变化。士不可以不弘毅，任重而道远，非弘不能胜其重，非毅无以至其远——坚忍耐烦！风投喜欢的创业团队，如是！

案例四 三大创投注资艾可蓝 汽车环保产业再获青睐[①]

背景：

2010年8月28日，安徽艾可蓝节能环保科技有限公司（以下简称“艾可蓝”）获得了来自松禾资本、IDG资本及力合创投三家风投总计1.5亿元的协议投资。在汽车尾气排放“国Ⅳ”标准推出受到热议的背景下，汽车环保产业再次获得风投青睐。

一、案例角色介绍

（一）融资方——艾可蓝

艾可蓝成立于2009年1月，是由北美归国博士团队和安徽省池州市政府共同创建的中外合作股份制企业。公司进行的柴油机尾气后处理系统项目总投资5.12亿元，一期投资2000万元，现有研发和生产用厂房4200平米，主营汽车节能环保技术与产品——柴油机尾气净化器，包括：DOC—氧化型催化转化器，DPF—主动再生颗粒物捕捉器，SCR—选择性催化还原转化器，技术达到国际先进水平。

（二）投资方——松禾资本、IDG资本、力合创投

松禾资本，是一家成立于2007年的创业投资管理公司，受托管理深港产学研创投的全部投资和资产，目前受托管理的资产规模超过20亿元人民币。

IDG资本，成立于1992年，主要投资于消费品、互联网及无线应用、新媒体、医疗健康、新能源、先进制造等领域，目前可投资规模25亿美元。

力合创投，成立于1999年，主要投资于IT通讯、机电制造、生物化学、服务消费等领域，目前可投资规模近15亿元人民币。

二、中国的柴油汽车尾气后处理系统发展现状

（一）中国城市汽车尾气污染严重 排放标准逐步提升

根据中国环境保护部发布的《2009年度全国城市环境管理与综合整治年度报告》，2009年，全国城市全年空气优良天数比例平均为66.7%，中心城市的空气污染问题则更加令人担忧。另据环保局2010年11月5日发布的《中国机动车污染防治年报（2010年度）》，全国113个环保重点城市中1/3的城市空气质量不达标，一些地区酸雨、灰霾和光化学烟雾等区域性大气污染问题频繁发生，部分地区甚至出现了每年200多天的灰霾天气。该报告同时指出，这些污染物的产生都与机动车排放的氮氧化物、细颗粒物等污染物直接相关，机动车尾气排放已成为我国大中城市空气

① 本文根据公开资料编撰而成，资料来源包括创业邦、中国风险投资网、《21世纪经济报道》等。

污染的主要来源。

而在汽车尾气污染治理上，国际上成熟的做法是鼓励购买高排放标准机动车，限制或淘汰低技术等级、高污染机动车生产，同时不断提高机动车尾气排放标准，并强制为低排放标准机动车安装尾气后处理装置。排放标准的提高可以从单车上降低尾气排放，像排放标准由“欧Ⅱ”过渡到“欧Ⅲ”，尾气污染物排放限值降低了30%；而如果再升级到“欧IV”标准，将进一步降低60%。从2008年6月26日开始，中国已在全国范围实行“国Ⅲ”（相当于“欧Ⅲ”）排放标准。另外像北京、上海、广州等城市，已经率先开始实行“国Ⅳ”标准，目前业内预计“国Ⅳ”标准也会在不久的将来在全国范围内推行。

（二）我国柴油车尾气处理系统技术滞后

排放标准的升级一方面需要国家相关制度的推出，而另一方面也有赖于尾气后处理新技术出现。在汽车尾气后处理领域，国内已经具备一批技术相对成熟的厂家，而在柴油机尾气后处理领域则是一片空白。这一方面是因为长期以来柴油发动机在中国轿车装配率不高，市场未得到重视；另一方面是因为，尽管在中大型客、货车中装配率较高但是由于基数小，加上技术难度大，因此基本全被国外厂家占据。

柴油机后处理系统涉及机械、催化剂、贵金属、陶瓷等多个领域，在市场没有形成足够规模以前，很难引起国内厂家的重视。而且技术积累需要时间，企业缺乏长期战略眼光，政府的引导至关重要。在柴油机后处理研发方面，相关部门并不是没有做准备工作。“在‘十五’期间，就有柴油机后处理开发的国家项目，但是几年下来，却不见成熟产品。”一位了解柴油汽车尾气后处理的人士表示，“这些项目大多数由高校和科研单位承担。缺乏以产品为主导的开发思路，‘只见论文不见产品’的现象在柴油机后处理系统开发中再次表现出来。”

由于技术实力不够，自主品牌的后处理相关产品在市场上很难和跨国公司抗衡。2010年北京公交配装的国Ⅳ康明斯发动机采用的就是巴斯夫提供的SCR（选择性还原催化器），巴斯夫是一家德国公司。

（三）汽车柴油化和尾气排放升级带来柴油机尾气后处理的“蓝海”

多年的应用情况表明，柴油汽车相比汽油汽车具有很多优势：一是能耗低，与同等排量的汽油汽车相比，能够节油30%以上；二是更加环保，柴油轿车二氧化碳的排放量比汽油机低30%～45%，环境效益十分显著；三是由于柴油燃点低，柴油发动机转速低，柴油汽车（发动机）还具有安全、耐用的优势。

高压共轨技术的逐渐成熟，使柴油汽车在世界范围内的运用变得十分广泛。据了解，柴油车在欧洲已经占到了50%以上的市场份额，波兰、奥地利等国家更是接近80%。在北美及韩国市场，柴油车也被作为重要的节能环保技术提升至国家战略层面。发展清洁柴油车技术，是汽车产业可持续发展的一个行之有效的路径。以我国目前的汽车产量为基础，如果生产1000万辆乘用车，40%的产品实现柴油化，每年节省的燃油消耗量大概相当于又发现了1.5个大庆油田。

随着能源和汽车尾气污染问题日益突出，国家有关部门在近几年出台的汽车相关政策中，已改变以往对柴油车只字不提的态度，明确提出了发展清洁柴油轿车。在2009年政府公布的《中国汽车产业调整及振兴规划》中，明确指出要鼓励升功率在45KW/L的清洁型柴油机的发展。2010年6月1日，国家在颁发的《关于印发“节能产品惠民工程”节能汽车推广实施细则的通知》中，首次将柴油机列为鼓励发展的对象。而援引国务院发展研究中心《中国柴油技术和柴油车发展政策研究》中的数据，预计到2020年，柴油车将达到30%市场份额的普及率，即保有量将达780万辆。

对车用柴油机而言，要达到“国Ⅲ”标准，采用高压燃油喷射系统是重要途径之一，而要达到“国Ⅳ”标准，则需要高压燃油喷射系统和尾气处理系统共同作用来实现。因此汽车柴油化趋势以及汽车尾气排放标准升级到“国Ⅳ”阶段所催生的柴油机动车尾气后处理市场商机巨大。

按照2010年我国年产重型柴油机60万台、轻型柴油机200万台估算，我国柴油机排放后处理产业每年将有约480亿元的产值，还不包括相关柴油机尾气排放升级改造的市场容量——这将是一片仍未被开发的“蓝海”。

三、“蓝海”召唤　游子回归

刘屹生于安徽池州，一座北临浩荡长江，南接雄奇黄山且拥有悠久历史的城市。他16岁时考取了浙江大学，在能源系攻读汽车工程专业，并立志将汽车产业作为自己毕生追求的事业。毕业后在天津大学内燃机研究所工作了一段时间，为了开拓眼界、提升专业水平，毅然决定赴美留学，就读于拥有全美最强发动机专业的威斯康星大学麦迪逊分校，用四年的时间完成了学业，获得博士学位。

博士毕业后，刘屹就职于托马斯电磁有限公司，凭借自己的努力，先后担任公司项目经理、研发主管、北美市场（道路车辆）总监，几年时间便成为公司的中坚力量，公司还决定派他回上海担任亚太地区的总代理。也正是在这个时候，他申请了美国绿卡并在三个月后顺利获得批准。此时他还有了两个可爱的孩子。

这似乎是一个留美人员标准的人生轨迹，绿卡、学历、体面的职业、家庭，一切都显得稳定、幸福。

不过通过跟国内汽车企业高层的接触，刘屹感觉到，未来柴油机的成本构成中，机体、燃油系统和尾气后处理系统将会各占1/3。而现实情况是，除了利润最薄的机体本身基本为国内柴油机企业生产之外，满足“国Ⅳ”标准的燃油系统和后处理系统基本都是国外产品。这让刘屹觉察在国内的汽车行业，燃油系统和后处理系统将会有很大的发展空间，而鉴于国内城市空气环境状况的不断恶化，开发先进的后处理系统以减少污染物排放已是迫在眉睫。技术上，国外因为在这方面研发投入早，产业化也早，相关产品和市场已经很成熟。而国内却几乎是一片空白，这让他开始有了回国创业的想法。

由于刚刚获得美国绿卡不久，家人都劝他再等两年，妻子也一直都不是很赞同他的想法，而刘屹觉得作为一个学有所成的留学人员、一个汽车人、一个尾气后处理方面的专家，回国将会有一片更大的天地可以供自己翱翔。特别是在和两位与他一样在海外留学的博士好友畅谈之后，他回国创业的念头更加强烈了。

追求梦想注定伴随着放弃，刘屹说服家人，辞去工作，把美国的房子、汽车卖掉，一个人携妻带子且没有任何接待单位地“净身”回国了。当他又一次踏上熟悉的国土时，刘屹发现，他又站在了9年前出国时的那个起点。

“飞机刚刚降落时，我发现回国的日期，跟9年前出国的日期是同一天。真有些终点回到起点的意味。”刘屹感慨说。

而这次的起点，就是被刘屹称为自己的“闺女”的安徽艾可蓝节能环保科技有限公司，虽说是同样的起点，但是刘屹已从游子成为了主人，他的职业也变成了事业，且起点之后，刘屹将要在“蓝海”搏浪了。

四、技术立身　打造产学研体系

面对“国Ⅳ”出台带来的市场“蓝海”，刘屹清醒地认识到，立足自主创新的同时借鉴国外的先进技术和经验，打造高质量品牌才是企业安身立命的根本。公司发展要通过的第一关，就是要尽快实现技术突破。

作为尾气后处理系统中的最关键成分，转化催化剂要获得最佳性能，必须经过长时间的调配和实验，几年的研究很难达到国外几十年的研究水平，如果要快速突破就必须要精于借鉴国外的经验。刘屹一方面充分利用自己在国外从事相关领域的丰富经验，并力邀在国外同样有着丰富经验的博士好友归国组成实力强劲的技术团队，全身心投入研发；另一方面，为了更快地了解本土技术发展状况，制造更能符合本土需求的产品，刘屹着力打造自己的产学研体系。艾可蓝刚成立不久，刘屹很快与合肥工业大学达成合作，创建了“合工大—艾可蓝节能环保研究中心”。后又经过国家教育部批准，“合工大—艾可蓝博士后工作站”也正式揭牌成立。这不仅让艾可蓝获得源源不断的技术支持，还为艾可蓝打造了人才培养基地，为公司的未来成长储备后进力量。此外艾可蓝已经建成了具有柴油机“欧IV”标定和OBD（车载自动诊断系统）标定能力实验室，进一步提高自身的研发试验能力。

这种以产品带动研发，以研发促进产品的模式改变了柴油机后处理系统在我国高校和科研单位“只见论文不见产品”的现象，并很快给艾可蓝带来了突破。以艾可蓝开发的SCR为例，其采用水基性氨溶液作为催化还原剂，能够将柴油机尾气中的氮氧化物催化还原成氮气和氧气，使汽车尾气中的有害气体被转化成无害气体而得以清除。据测算，在200℃～500℃的温度内，该产品可以对尾气中85%左右的有害气体进行转化，这一转化效果足以达到国家规定的尾气排放标准。产品可广泛应用于各种柴油动力，包括道路车辆如重卡、轻卡、皮卡、公交，非道路车辆如工程机械、农业机械、船用动力、发电机组以及在用车的排放升级改造等。公司已申报发明专利1项，成功获得实用新型专利2项。

五、嗷嗷待“翔”——来自当地政府的第一只“翅膀”

技术的突破还需配备相关的条件才能实现产业化，真真切切地向市场推出产品。当刘屹把自己的全部家当都投入到艾可蓝的产品研发并正为如何实现产业化而苦恼时，没想到自己之前的一个无意的决定给他带来了很大的帮助。

在刘屹决定回国时，北京、上海、杭州等一线城市首先进入了他的考虑范围，正当他对比哪个一线城市更适合自己的创业，父亲“不如就回家乡池州吧”的一句话却很快让他做出了决定。

事实证明，他的选择是对的。从刘屹找到池州市市长方西屏约谈产业化想法开始到立项启动，当地政府只用了一周的时间。最终艾可蓝得到了池州政府400万元的项目资助和无偿提供的4400平方米的标准化厂房和600平方米的员工住房，并通过池州市贵池区金桥资产经营发展有限公司占有艾可蓝公司49%的股份。公司成立后，池州市贵池区政府迅速成立了柴油机尾气后处理系统研发及产业化建设工作领导小组，集中力量，强力推进项目建设。从此，艾可蓝找到了自己翱翔蓝天的第一只“翅膀”。很快艾可蓝自主设计、自主配套安装的自动化生产线竣工，产能可实现年产50万套，并与吉奥、新凯等汽车厂家签下配套产品协议，员工也达到了200多人。

除此之外，当地政府还积极帮助艾克蓝争取国家及省、市相关部门的政策性支持，协助其拓展在用车改造业务，积极争取本地区及其他地区公交车改造项目。如艾可蓝公司“柴油机尾气后处理系统研发及产业化”项目被安徽省创新办列为2009年度重大科技创新项目；“主动再生催化氧化柴油机尾气颗粒物捕集器系统研究与开发”获2009年度国家科技部中小企业创新基金项目支持，且又被安徽省发改委列为高科技产业化项目，从而取得了相关的基金支持，其中都少不了当地政府协助运作的功劳。

2010年7月，党中央、国务院邀请70余位“千人计划”专家赴北戴河休假疗养，作为安徽省的推荐代表，刘屹是其中最年轻的一位，并受到了习近平、刘延东、李源潮等党和国家领导人的接见。这或许是一个契机，也更加坚定了刘屹走自主创业道路的决心，底气也更足了。

六、“蓝海”防礁——来自风投的第二只“翅膀”

创业至此，在创业团队的努力钻研和地方政府的细心帮助下，艾可蓝一步一个脚印走了过来。到2010年初，自主研发的“欧III”、“国IV”排放标准后处理系列产品通过了国家检测中心认证，并列上多汽车制造厂家的整车公告。然而，刘屹并未觉得轻松，因为国内柴油汽车尾气后处理系统市场的“狼”开始觉醒并虎视眈眈，“蓝海”表面平静，实为暗礁重重。

（一）国内市场竞争开始出现

1. 不可忽视的国外技术巨头

尽管国内柴油机尾气后处理系统刚刚起步，但是在国外，该产业发展早已先行一步，拥有成熟的研发技术和完备的产业化产品。鉴于中国巨大市场规模前景的诱惑力，国际上技术领先的柴油机后处理企业纷纷抢滩中国，希望分得“蓝海”一瓢。目前，德国巴斯夫在上海建立了全资子公司，比利时优美科公司、英国庄信万丰集团等不少跨国公司都已经在中国开展业务。

2. 国内企业亦步亦趋，上市公司开始觊觎

国内其它企业也在开发柴油机后处理产品，这些企业主要是一些原有的汽油机后处理系统供应商。据刘屹了解，目前国内已形成几家柴油机后处理系统重点企业，包括玉柴、无锡威孚力达催化净化器有限公司、四川中自尾气净化公司和昆明贵研催化剂公司等，其中玉柴、威孚都是上市企业。

据称玉柴已开发出SCR的相关产品并完成了大量适应性试验，且也具备了批量生产的能力。而威孚高科旗下的无锡威孚力达，根据有关研究机构之前对威孚高科柴油机动车尾气处理业务的评估信息透露，其子公司威孚环保具有尾气后处理系统最核心的催化剂业务，并声称掌握其中的核心技术；而威孚力达则具有向下游客户进行系统集成供货的能力，且产品完备，涉及SCR、DOC和DPF，能够根据下游客户的不同需求提供不同的产品。

至于四川中自尾气净化公司和昆明贵研催化剂公司，这两家在汽车尾气后处理系统上有多年的研究应用经验。四川中自成立于2005年，背靠四川大学实行产学研结合，并获得国家自然科学基金以及四川省、成都市等的项目资金资助，具有年产摩托车尾气净化催化转化器600万支和汽

油车柴油车尾气净化催化转化器150万升的能力。而昆明贵研催化剂公司则成立更早，背后亦有像贵研铂业、云南铜业和昆明贵金属研究所等上市公司和科研机构的力撑，资金实力和科研实力都不可小觑，而且该公司也宣称要继续加大力度发展机动车尾气排放控制技术和产品。

刘屹预计，在不远的未来，在柴油车尾气后处理系统上，国内的“逐鹿”场将不会平静。而由于该产业与政策挂钩紧密，加上地域保护等因素，除非某家企业的技术遥遥领先，否则要把对手甩在后面并且打通全国市场，难度不低。

（二）加强研发 甩开对手

刘屹坚信，核心技术决定着产业的走向，我们不能总是跟随国外市场，让别人牵着鼻子走，要自主研发产业的核心技术。为此，尽管有人说“艾可蓝开发出来‘欧IV’产品就已经够了，何必再花那么多力气去弄‘欧V’，还不知道国内什么时候能执行‘欧V’标准呢”，刘屹却坚持要投入资源继续研发，他认为唯有这样才可以在最高端的产品上打破国外公司的垄断，同时也可以甩开国内的竞争对手。

（三）三大风投为艾可蓝插上第二只“翅膀”

与合工大的合作给了艾可蓝很好的研发后备人才资源，但是研发所需的资金投入却很快让刘屹感觉到了压力。构建生产线，安排投产，建立营销体就已经令艾可蓝的资金开始捉襟见肘，而由于在催化剂研发领域需要大量的时间进行匹配积累，这又需要大量的资金投入，刘屹开始为资金发愁。这时，经过池州市政府的介绍，刘屹找到了三大风投。

这也是刘屹对池州市政府一直感激不尽的地方。不仅仅是因为池州市政府成功为艾可蓝和三家风投之间搭桥引线，还因为，池州市政府根据艾可蓝与风投合作以及未来发展的需要，决定将其通过贵池区金桥资产经营发展有限公司投资的占公司49%的国有股权采取减资方式退出，并表示会一如既往给予艾可蓝尽可能的扶持。而此次艾可蓝获得三家风投1.5亿元的联合注资，也打破了安徽池州地区风险投资为零的记录。

松禾资本、IDG资本和力合创投的此番注资，正可谓是为艾可蓝装上了第二只“翅膀”。风投机构主要看中艾可蓝的柴油机尾气后处理系统产品在这个排放标准向上递进升级过程中的市场前景以及刘屹创业团队的技术与人才优势。而艾可蓝获得投资后，将进一步加大其研发力度、扩大产能和市场，尽快建成国家级的工程技术研究中心，通过3年～5年的努力将其建设成为国内机动车环保产业中的领军企业，并实现上市。同时，因为艾可蓝的创业团队都是工科背景，三大创投的加入，亦可为艾可蓝在战略管理，内部管理等方面带来较大帮助。

七、“蓝海”风波几何 我已扬帆

当初因为一个创业的梦想，让游子选择了回归；因为父亲的一句话，让他回到了家乡池州。不仅实现了池州市引入风投资金零的突破，反过来艾可蓝也从当地政府处获得了第一只强有力的推手，让新生的艾可蓝能够站立起来。后又获得三大风投的注资，奠定了艾可蓝腾飞的外部条件。而刘屹坚持认为，已经成形的产学研模式以及三位归国博士构建的团队，才是艾可蓝茁壮成长、走得更高更远的最有力的保证。

在技术主线多样，产品类型层次繁多且与政策密切相关的汽车行业中，尾气后处理系统作为其中之一的“小模块”，受车型、发动机新型技术演变的影响非常巨大，而且往往也只能是看着政策“下锅”。汽车柴油化方向是否明朗、新能源汽车能否获得突破、“欧Ⅳ”标准在国内是否可以得到有力推行等都会给这个“小模块”带来巨大的震动。刘屹要从这个“小模块”中脱颖而出，茁壮成长，面对的阻力以及要克服的风险是巨大的。

“总有很多海归失意的例子，但这些吓不倒我。我体会，若真将自己的理想植根在祖国的土地上，就没有不能克服的‘水土不服’问题。我投入我的所有，追寻自己的梦想，失败了，我也无怨无悔。我们无法复制钱学森他们那一辈师长的成就和光辉，但我们应该书写出属于我们这个时代的留学生的风采。”

而刘屹就是这样书写着的。

八、专家点评

湖南新能源创业投资基金投资副总监曾文兵：

节能环保行业从环境保护和政策支持的角度来看，发展前景非常广阔。鉴于艾可蓝创业团队雄厚的技术研发实力、国内广阔的市场潜在需求、地方政府强有力的支持，未来5年～10年内完全有理由看好公司在传统能源汽车领域的发展潜力和成长价值。

与此同时，艾可蓝公司在新能源汽车行业领域，也需要未雨绸缪，找准切入点，做好技术研发与项目储备，力争未来在新能源汽车领域分一杯羹。

河北科技风险投资有限公司项目主管庄征宇：

1. 选准蓝海成功一半。创业项目也可以看作是一件商品，如果市场不认可，再先进也体现不出其价值。艾可蓝做对了这关键一步。

2. 本土化生存发展。没有出现实质性机会，大机构往往不肯轻易出手。机会呈现之时，也是群雄逐鹿的开始。在国内创业，不仅要研究市场和政策，还要善于合纵结盟，整合各类资源。尤其应注重和一些名不见经传的研究机构或个人合作，他们往往掌握着开启金库的钥匙，志同道合容易合作。另一方面，艾可蓝不是终端产品，对用户的推广需要特别的策略。

中兴合创资本管理有限公司副总裁郑强博士：

2010年，随着国家政策导向的日趋明确以及市场潜力的逐步显露，让一直处于概念型领域的节能环保行业出现一股投资热潮。东方电子、佛山照明、中国节能环保集团公司等都纷纷投资布局节能环保领域，作为投资风向标的PE、VC更是不甘落后。

据统计，全球环保产业的市场规模已从1992年的2500亿美元增至2009年的6000亿美元，年均增长率8%，远远超过全球经济增长率，成为各个国家十分重视的“朝阳产业”。此前由中国工程院和国家环保总局牵头制定的《中国环境宏观战略研究》也明确提出，“‘十二五’末期环保产业产值将达到2万亿元”。国际节能环保协会数据表示，2010年全国节能环保产业产值将超过1万亿元，占GDP的3%以上，而到了2020年，该产业将成为中国国民经济的支柱产业，且未来中国节能环保产业将保持12%～15%的年均增长速度。蛋糕之大，可见一斑。

为了公司发展的需要，三大机构入驻艾可蓝，看准的节能环保这个大市场，一方面通过注资实现国有股的减持退出，另外一方面可以更好地实现柴油机尾气后处理系统产品的市场前景以及目前公司创业团队的技术与人才优势。通过本次对公司的增加投资，进一步加大其研发力度、扩大产能和市场，尽快建成国家级的工程技术研究中心，通过3年～5年的努力将其建设成为国内机动车环保产业中的领军企业，并尽快实现上市。

中发君盛投资管理有限公司投资总监刘星剑：

节能环保，引无数英雄尽折腰！本案例不仅体现了节能产业作为世界大趋势，对市场、政府、机构投资者的吸引力，也体现了 PE 机构追求回报、敢于冒险的精神。

虽然企业的团队、技术、产品具有吸引力。但是另外一方面，竞争对手强大，企业并没有绝对优势。同时汽车柴油化方向是否明朗、新能源汽车能否获得突破都使得企业的所在行业面临较大的不确定性，都会影响到企业产品的市场规模和发展方向。但是三家知名风投都是行业翘楚，同时看好柴油机尾气后处理市场说明了他们的信心。相信他们的眼光，祝愿该投资成为节能减排投资项目中的经典！

案例五 攀业氢能——“以商养研”的发展之路[①]

背景：

2010年10月，上海攀业氢能源公司（下称“攀业”或“攀业氢能”）获得了北极光创投2000万元的风险投资。这是氢燃料电池这一细分行业内的第一笔真正意义上的风险投资。而在获得北极光的支持后，攀业很有希望成为氢燃料电池这一细分行业中的领先者。

“氢燃料电池车作为汽车未来发展的终极目标是毫无争议的，只是时间问题！”这是氢燃料电池业内的一致看法，也是支持攀业氢能总经理田丙伦和其他攀业人“勇攀高峰”的精神后盾。然而终极目标却不代表是现阶段目标，按照业内最乐观的估计，氢燃料电池车也要到2030年～2040年的时候才会全面开花。高昂的研发成本和匮乏的资金来源已经挤垮了为数众多的氢燃料电池的研发企业。面对这段黎明前最黑暗的时间，攀业凭借自身的技术优势和准确的市场定位找到了一条独特的商业化之路，并且在这条“以商养研”的道路上越走越顺畅。而在获得了北极光的资金支持后，攀业已经为即将到来的批量生产做好了准备。

一、技术起家

攀业的两位创始人田丙伦和董辉都有着深厚且相似的燃料电池研发背景。2000年，田丙伦和董辉同时毕业于国内燃料电池行业的“黄埔军校”——中国科学院大连化学物理研究所。中科院大连化学物理研究所从1990年开始研发质子交换膜燃料电池（PEMFC），目前已经成为国内燃料电池行业中最重要的“智力支援”之一。燃料电池行业的“老”“大”哥（成长时间长、规模大、产品大）——上海新源动力就是该研究所技术的“嫡系”应用推广者。攀业，这个行业中的“小”“小”弟（成长时间短、规模小、产品小），同样具备强大的研究所“技术基因”。

出生于山东的田丙伦，为人随和，骨子里却具有山东人的豪爽与冲劲，具有谨慎与冒险的双重性格，外表保守却喜欢创新，喜欢挑战性的工作。自就读中科院大连化学物理所以来，田丙伦一直致力于高效、环保的PEMFC燃料电池相关技术及其产业化应用研究。通过长时间对国内外燃料电池技术动态发展不断跟踪与潜心研究，目前，已开发出具有完全自主知识产权的结构简单、稳定性高的新一代低成本燃料电池系统，并实现相应核心材料的生产。目前已申请专利20多项，其中发明专利15项。

董辉，田丙伦的老同学、老同事，现在的创业搭档，同样的技术出身和资历背景，也一直从事质子交换膜燃料电池相关工作，先后进行了燃料电池技术研究、测试评价、产品开发等，对于燃料电池生产流程有着深刻的认识。已经申请了燃料电池相关专利20余项。目前是国家燃料电池标准委员会委员，已经参与制定了5个燃料电池标准。

① 本案例选自《中国风险投资》杂志，编者进行了部分修改。

二、大热门 小冷门

2006年1月，依靠天使投资人提供的300万元启动资金，田丙伦和董辉创办了属于自己的氢燃料电池研发企业——上海攀业氢能源公司。创业之初，他们便赶上了整个“新能源”行业前所未有的热潮。国家政策支持、节能减排压力、原油紧张……各方面因素将“新能源和新能源汽车”行业推到了新一轮国际竞争的战略制高点。而作为新一代动力汽车的心脏，动力电池的性能对于新能源汽车的发展起着至关重要的作用，因此动力电池更是成为了众多热点中最炙手可热的焦点。

然而在这个从头至尾都备受关注的“热门”行业中，氢燃料电池却遭遇了不大不小的“冷遇”。不可否认，相对于镍氢电池、锂离子电池，氢燃料电池具有能量高、能量转换率高、性能稳定、安全环保、噪音低等诸多优点。由于氢燃料电池摆脱了卡诺循环对能量的限制，其理论上的能量利用效率可以达到80%以上。目前使用锂离子电池的普通轿车一次充电能跑160公里就很不错了；而好的燃料电池汽车加一次氢可以跑600多公里。然而由于成本高昂、制氢技术有待突破、基础设施匮乏等关键问题无法解决，目前国内氢燃料电池的应用大都还停留在项目研发阶段。氢燃料电池被大多数车企作为动力电池发展的长远目标乃至终极目标搁置了起来。短期内缺少可行的商业化途径，成为氢燃料电池行业的致命伤，也使得氢燃料电池研发行业不得不勒紧裤腰带度日。尤其是在国家出台一系列的私人购买新能源车补贴办法之后，国内车企一窝蜂地扎堆插电式混合动力汽车及纯电动汽车的研发，更是让氢燃料电池及氢燃料电池车研发企业感到迷茫。缺少外来资金来源，又没有商业化的产品，不少氢燃料电池的研发企业因为资金链的断裂，已经悄然退出了这一烧钱的行当。

“黎明前最黑暗的日子”还没有过去，如何自力更生，“捱”到氢燃料电池实现量产的那一天，成为摆在攀业人面前的一个生死攸关的问题。

三、力行“商业化”

“燃料电池技术的研发是一个烧钱的行当！”对于这一点，已与氢燃料电池打了大半辈子交道的田丙伦有着异常清醒的认识。想依靠自有资金和300万元的天使投资“捱”到氢燃料电池实现量产的那一天，只会坐吃山空，显然是不现实的事情。由于性价比的相对劣势，面前的市场没有产业化的基础，也没有现成的盈利模式和商业化途径可循，甚至相应的基础配套设施也极度匮乏。如何在荒芜的市场中找到持续的资金来源，成为让田丙伦最头疼又最亟待解决的问题。

借助于大型车企的力量，无疑是氢燃料电池研发业内最普遍的“来钱之道”。在这方面做得最成功的当数攀业的“老”“大”哥——上海新源动力。作为国内技术、人才、研发实力最为雄厚的行业龙头企业，新源动力博得了上汽集团的青睐。2007年，上汽集团正式入股新源动力，持股40%，成为新源动力的第一大股东。然而作为“小”“小”弟，攀业却不想效仿“老”“大”哥的道路。“与其挤破头搞轿车、客车等大型车的氢燃料电池研发，还不如踏踏实实地做一些更接近商业化的研发”。田丙伦说道。依据攀业的自身条件和自己对市场独到的认识，田丙伦为攀业量身定做了一条特殊的发展道路：“从中小型燃料电池入手，研制一个真正商业化的燃料电池产品，并探索可行的商业模式。”

四、突破成本关

要真正实现燃料电池产品的商业化，“成本关”无疑是最大的拦路虎。“成本与市场规模之间存在着悖论。市场规模起来之前，产品的成本降不下来。而成本高昂的产品，更不容易被市场接受。”田丙伦总结道。然而市场是无情的，追求性价比就是需求方的本质。要想解决这一悖论，就必须从成本上下功夫。“倔强”的田丙伦决定从生产成本上“开刀”——自己开发材料。这在别人听起来似乎是一个笑话——燃料电池的各种关键组件、材料都是高新技术产品，从事这方面研发、制造的企业几乎都有国家“863计划”的资金支持。“不少资深从业者都觉得燃料电池价格高，但我要把它用到电动自行车上，替代传统的铅酸电池。”这是田丙伦经常同他的团队讲的一句话。正是基于这样的想法，田丙伦将目光放在了新一代燃料电池上。新一代燃料电池具有系统简单、成本价格低、产业链周期短等优势，但需要解决相当大的技术难题。凭借自己长时间的积累、执着的试验和大胆的创新，攀业终于取得了突破性的进展：在决定氢燃料电池性能和成本的四大核心原材料中，攀业已经掌握了其中三大原材料的生产工艺和能力。凭借原材料成本的降低和技术突破，攀业实现了中小型燃料电池成本革命性的突破。在攀业众多的研发成果中，氢燃料电池自行车便是其中最令田丙伦自豪的产品之一。攀业研发的新型氢燃料自行车比普通电瓶自行车轻4000克～5000克，位于自行车书报架下的氢燃料电池只有不到2000克重。虽然个头小巧，但是充足氢气后，一次至少可以行使70公里～80公里。卓越的性价比和环保的性能都让传统的铅酸电池自行车自叹不如。

不仅如此，在这一“节约成本”的技术研发过程中，攀业内部也逐渐形成了勇于创新、敢于接受挑战的基因，并内化成了企业团队强烈的“成本”观念。

五、找准市场切入点

在将氢燃料电池的成本降低到与传统铅酸电池一较高下的程度后，攀业接下来的事情便是要寻找合适的“战场”，去攻克铅酸电池的固有阵地。田丙伦和董辉都是技术研发的好手，但是开拓市场显然不是他们的专长。此时另一位重要人物的出现，彻底解决了这个难题。这个重要人物名叫施涛，毕业于同济大学热力工程专业，拥有扎实的工程技术背景，对燃料电池也有深刻的理解。在攀业创建半年后，施涛就凭借自己的商业直觉和灵敏的市场嗅觉，“嗅”到攀业所从事技术方向的先进性，具备产业化的特点，遂主动放弃了一家大型的、国家重点支持企业的稳定高薪工作而加入攀业，成功地实现了从燃料电池技术向市场的转身。三个臭皮匠，顶个诸葛亮。施涛的到来完成了攀业从研发到市场的最后一块拼图，也使攀业在“商业化”的道路上正式起航。

然而由于国内相关服务和配套设施极度匮乏，攀业的商业化拓展举步维艰。就在攀业苦苦探寻商业化之路的时候，2007年的高交会给尚处于“襁褓”之中的攀业带来了一个巨大的契机。凭借过硬的实力，攀业生产的中小型燃料电池得到了外商的认可，并完成了第一笔国际交易。虽然合同的额度才4000多美元，但是却让攀业发现了一片广阔的蓝海。事实上，此时氢燃料电池在欧洲、北美和东南亚地区的应用已经初具规模。如果能够凭借自身的技术优势打开海外市场，无疑将在最大程度上解决攀业的资金问题。

市场前景的明朗化给攀业注入了一针有力的强心剂。在接下来的一年中，攀业一方面着力提升自己的主打产品——氢燃料电池自行车的性能，另一方面也积极申请并通过了燃料电池出口欧洲所必须的CE认证。而攀业卓越的产品性能和国际化的运作方式也逐渐得到了国际厂商们的认可。在西班牙举行的2008年世博会期间，主办方特意向攀业购买了总价值40 950欧元的21辆氢燃料电池自行车，作为代步工具租赁给游客使用。在之后举行的2008年高交会上，二度出山的攀业再一次成为了展会的焦点。虽然身处金融危机之中，但新加坡NeuroFlash等公司仍然对攀业的产品表现出了极大的热情。从东南亚到欧洲，攀业迅速搭建起了自己的销售网络，并藉此在2008年中实现了盈亏平衡。

除了氢燃料电池自行车，攀业也在其它领域中着力探寻中小型氢燃料电池的商业化途径。以场馆车、电动叉车和中小型游览船为代表的特种车辆市场，成为攀业力行商业化的另一片重要战场。这是因为：产品受众的价格敏感性和对于加氢站等基础设施的依赖度是决定燃料电池能否在此领域商业化的最关键因素。而在这些特种车辆市场上，价格敏感度相对较低，对于基础设施的依赖度也极低，因此氢燃料电池的应用前景异常广阔。依照田丙伦的介绍，目前国内叉车的市场容量在100万辆左右，年增幅约10%。仅此一项就够好几家公司活得很好了。虽然目前攀业每次接到的订单还只有5辆、10辆，但是田丙伦坚信，未来两三年中氢燃料电池特种车辆一定会有批量的订单出现。

作为新一代的清洁能源，车辆并不是氢燃料电池唯一的用武之地。通信基站的备用电源是田丙伦发现的另一片更大的蓝海。目前通信基站的备用电源仍然以铅酸电池为主，然而铅酸电池的回收可能带来污染。而氢燃料电池的初期投入虽然比铅酸电池高25%，但是整个生命周期的使用成本却比铅酸电池低了约20%。目前，攀业已经作为国内唯一一家涉足该领域的企业，参与到国家标准的设立当中。

目前，攀业的通信基站备用电源生产能力已经达到了1兆瓦，依据田丙伦的计划，未来五年公司的产能会达到20兆瓦的水平，仅此一项的年营业收入就将超过2000万美元，净利润也会保持两位数的态势增长！短短四年的时间，攀业已经通过扎实的研发能力和准确的市场定位开拓出了一片广袤的市场空间！

六、以商养研

在力行商业化的同时，攀业也没有放慢技术研发的脚步。田丙伦深知，只有不断降低氢燃料电池的成本，提高技术水平，在价格和性能方面超越其他的动力电池，氢燃料电池实现产业化的那一天才会尽早到来。

通过过去四年半生产半实验的发展模式，攀业不但开拓出了一片广阔的市场，也在技术研发和关键材料的国产化方面取得了长足的进步。凭借不断的技术攻关，攀业先后解决了燃料电池小型化、环境适应性、系统简化、安全保护等数10项技术难题，并开发出了独具优势的PASH技术——空冷自增湿技术。技术的进步也带来了能量转化效率的提高，目前攀业已经将氢燃料电池的能量转化效率从传统的45%～50%提升到50%～52%的水平，是传统内燃机效率的两倍以上。

除了技术研发方面的成果，攀业也在关键材料的国产化方面下足了功夫。田丙伦介绍说："一方面为了降低成本，要推动原材料的国产化；另一方面，如果原材料过分依赖于人，命运也就掌握在了别人手中。目前，攀业已经在催化剂、离子膜、碳纸、双极板等绝大部分关键原材料领域实现了国产化。不仅如此，通过工艺和材料革新，攀业还在部分原材料方面实现了技术提升。攀业生产的新一代电极能够在未经增湿的空气和氢气中工作，从而完全省去了增湿相关的部件。改用新电极的氢燃料电池的部件数量比原来减少了70%，重量降到了原来的1/3左右。目前该技术已经应用于氢燃料电池自行车和特种车辆等领域，重量和体积的改进将极大地推动氢燃料电池的应用前景。

依靠研发带动市场、市场反哺研发的良性循环，攀业已经在“以商养研”的道路上越走越顺畅。从2009年至今，已经小有底气的攀业总共投入了600万元人民币，开始了自己从小规模生产向产业化迈进的又一段征程。

七、风投助力

从2007年4000美元的合同做起，短短三年的时间，攀业的氢燃料电池市场已经遍布欧亚主要的氢燃料电池应用区域。虽然营业额仍然只有区区几百万元人民币，但是良好的发展势头和广阔的市场空间已经使攀业成为了风投眼中的“香饽饽”。事实上，在攀业的成长过程中自始至终都不缺少风投的青睐。早在2007年就传出有风投希望以千万元资金入股攀业。然而与业内企业急切寻觅资金支持有所不同，对于风险投资的引入攀业有着自己的步调：在300万元天使投资的支持下，攀业已经初步搭建起了自己的业务系统。第二步，攀业希望引进千万元级的风险投资后，进一步扩大公司的生产规模。而在公司已经具备产业化的基础后，再进一步引进PE，从经营管理、战略思路上提升企业的层次。

时光进入了第四个年头，度过了夭折高发期且小有斩获的攀业也面临着所有创业企业都面临的“艰难一跃”——从小规模生产向大规模生产的升级。攀业的第二步计划——引入千万级的风险投资也提上了日程。在与风投接触过程中，有人直接问攀业：“从模具到真正的商业化生产是企业难以度过的瓶颈阶段。目前国内的产业链并不成熟，从供氢到加氢储氢，整个产业链都需要建立起来。在过去的几年间，已经有不少的氢燃料电池企业夭折。你们是如何打算避免在这个过程中逐渐消失？”对此，攀业的回答简单而信心满满：“我们以独有的技术降低氢燃料电池的市场价格，找到了产业化的方案。”

已经投资了多个清洁能源项目的北极光创投在跟踪了攀业一年多后，最终以2000万元的“聘礼”与攀业走到了一起。这笔资金将在很大程度上解决攀业目前产能不足的问题，同时，北极光的产业视野、企业转型策略指导、人际关系等软投资也将对攀业当前的发展思路、市场开拓、参与产业链分工能力等方面有根本性的提升和转变支持。

攀业创业团队非常认可北极光的加入：“不管是创业者还是VC投资伙伴，志同道合非常重要。像北极光这样，懂我们并能够在关键时刻冒险帮助我们的VC是我们创业团队最欢迎的VC。”可以预期，在得到北极光的支持后，攀业或将成为氢燃料电池这一细分行业中的领先者，在小圈子里闹出大动静。

八、专家点评

中发君盛投资管理有限公司投资总监刘星剑：

这是一个典型的VC（风险投资）案例。氢燃料电池是未来汽车动力的发展方向，但是产业成熟时间难料，仅仅依靠单个或者几个优秀企业是不够的，需要巨大和漫长的社会配套投入。因此这样的行业除了需要政府的支持、企业的努力外，更需要大量风险投资的全力支持。

北极光专注早期项目，擅长以国际化眼光判断中国项目，有过多个成功的早期风险投资案例。艺高人胆大，才敢于投资这样的先锋企业。投资的结果可能是“一本万利”，也可能是“血本无归”，这正是风险投资的神话和魅力所在！

湖南新能源创业投资基金投资副总监曾文兵：

氢燃料电池行业的大规模运用面临着一个不可回避的问题：氢气来源。众所周知，氢气由于其活跃的化学性质，自然界基本上没有单质的氢气存在。其获得基本上都要通过分解氢化物而来，分解的过程中必然造成能源的消耗，消耗一种能源来生成另一种能源，考虑到自然损耗以及转化效率，是否有得不偿失之嫌呢？

当然，氢燃料电池可借鉴氢气优良的性质在一些特定领域获得发展，攀业氢能以其自身的核心竞争优势，在特定行业赢得了发展并逐渐被市场所认可，这应该正是北极光看好之所在吧。

中国风险投资有限公司高级投资经理刘晓兵：

尖端技术型创业企业都面临着一个共同的问题：技术应用前景无限美好，但如何度过“漫长”的甚至是连自己都说不清楚何时是尽头的研发期？这个“漫长”甚至仅仅只是最后的关键的几个月，但在这个时候“弹尽粮绝”难以为继的危险也最大，于是很多尖端技术型企业在说不清楚何时能够拿出成果的时候就胎死腹中。

记得在2000年互联网热的时候，有一个关于互联网发展的论点说：互联网企业的生存发展就是比赛可以获得“输血”的速度。好比一个人，一个手在流血，另一只手在接受输血，输血的速度大过流血的速度，这个互联网公司就可以熬到长大的那一天。于是，在这种理论支持下，一大批互联网公司获得了风投的青睐，而最终，双方均未看到成功的到来。

对于一个行业共识还需要20年左右时间才能达到最大商业价值的行业来说，在这么漫长的时间里现在已经没有当初支持互联网企业的造血风投，于是，“高昂的研发成本和匮乏的资金来源已经挤垮了为数众多的氢燃料电池的研发企业”。

攀业氢能的创始人是一群聪明务实的人，他们把一个未来准备“打飞机的导弹”先用来打“蚊子苍蝇”，依靠打“蚊子苍蝇”来降低成本，甚至要把目前常用的武器如“蚊香灭蚊灯”给替代掉……

果真如此，也许再过几年，我们将会看到目前轰轰烈烈的一些锂电池企业销声匿迹了。

第二章　模式制胜

世界级管理学大师彼得德鲁克曾说过："今天企业间的竞争已经不是产品间的竞争，而是商业模式之间的竞争。"伴随中国经济产业结构升级，资源和劳动力成本的优势正在被削弱，商业模式成为中国企业越来越重视的制胜之道。

时至今日，商业模式创新已经成为创业者挑战现有行业格局的利器，也成为风险投资者评价创业企业的重点。在本章的五个案例中，豆瓣网、"统e省"、兰亭集势、奶联科技、拉手网都在自己的行业领域进行了大胆而细致的创新，进而赢得了客户和风险投资的认可。

案例六　专注用户体验：豆瓣网自创模式[①]

背景：

2010年1月25日，豆瓣网对外宣布已获得联创策源和执信资本近千万美元融资，用于完善产品和运营团队。这是继2006年联创策源投资豆瓣网200万美元后，豆瓣网实现的第二轮融资。

一、豆瓣不是酱

豆瓣不是酱，是一家Web2.0网站，上线于2005年3月。

在豆瓣上，你可以自由发表有关书籍、电影、音乐的评论，也可以看到别人推荐的文艺作品以及评论。所有的内容、分类、筛选、排序都由用户产生和决定，甚至在豆瓣主页出现的内容上也取决于用户的选择。

也许豆瓣上评论最多的书籍、电影或音乐并不一定是当下最流行的文艺作品，但这些游离在畅销排行榜之外的非主流作品却吸引了相当数量的小众群体。当越来越多的小众聚集在一起，豆瓣的商业价值也就渐渐清晰起来。豆瓣的用户都是目标寻求一致的客户，他们是形成细分网络社区市场的最好基础，这一点也体现了豆瓣的"精准"。豆瓣的用户大多是些品位独特的"小众"网民。他们谈论的书籍、电影等，大多数在主流媒体上很难看到，在各大书店的排行榜上也几乎不会出现他们喜欢的书。"每个人口味不一样，豆瓣是帮助你去发现。"豆瓣的创始人杨勃说。

同大多数Web2.0的网站一样，豆瓣的内容由用户提供，书评、影评或乐评是豆瓣的最主要内容。但不同于传统的媒介书评，豆瓣的原则是没有主编，没有网络编辑，所有人都平等。这里所有的内容、分类、筛选、排序都由豆瓣成员产生和决定，完全是自动生成的。也就是说，假如一个用户评论某部文艺作品或评论是"有用"的，它的排位就会自动上升。

豆瓣的针对性非常强，就一本书、一部电影、一张唱片来展开内容，所以很多豆瓣的用户都会

① 本文根据公开信息编撰而成，信息来源包括豆瓣网、搜狐IT、网易科技、中国风险投资网等。

有这样的体验：在豆瓣上搜索一本并不热门的图书，然后惊奇地发现竟然还有很多人也在看这本书。于是有着各种非主流爱好的人群很容易在豆瓣上找到属于自己的空间。

从2005年3月至今，豆瓣的注册用户已经达到4660万。豆瓣的用户以受过高等教育的青年大学生为主。豆瓣的发起者杨勃发现，对多数人做选择最有效的帮助其实大多是来自其亲友和同事，他们随意的一两句推荐，不但传递了自己的真实感受，也包含了对你喜爱的文艺作品类型的判断，这样能够更加有效率地为自己找到同好者。他们不会向单身汉推荐育儿大全，也不会给老妈带回赤裸特工。但是，你我所有的亲友加起来，听过看过的仍然有限。因此，豆瓣就显得非常重要了。因为豆瓣不针对任何特定的人群，力图包纳百味，所以无论高矮胖瘦，白雪巴人，豆瓣都可以帮助用户通过喜爱的文艺作品找到志同道合者，然后通过他们找到更多的自己也会喜欢的文艺作品。

作为一个社区，豆瓣不像普通社区网站那样为增加访问量而设置一个积分和升级的系统，而是通过用户的收藏和评价来“推测”文艺作品，从而自动排位。可用性、操作性、人性化，是豆瓣坚持的三大原则。

二、企业初创

从清华本科毕业，到美国拿到博士学位，再到IBM工作，三十岁以前的杨勃走了一条无数学子羡慕的优秀成长之路——“国内名校——国外名校——名企”。如果没有对做自己喜欢的事的执著，杨勃应该是惯性地成为名企高管，而不是豆瓣的创始人。

2000年，杨勃毅然辞掉了待遇优厚的IBM工作，回到北京，加盟了清华老同学的创业团队，参与创办了一家供应链管理公司，但是杨勃很快就发现做物流并非他的兴趣所在，于是在2004年夏天从公司退出。冷静下来的杨勃决定要在兴趣和创业之间找到一个契合点。

创立豆瓣的想法源于杨勃之前想创立一个“驴踪”的网站。热爱旅游的他，最初是在和朋友聊天时，大家说起来很多偏远的地方没有去过，想知道那里的风景如何，该怎样选择旅游路线等等，因此杨勃想到了可以做一个大家互相推荐非主流旅游点的网站。

但是，杨勃很快发现其实文化类的产品更适合这样的形式。因为每年出版的新书就有几十万本，没人可以读完所有的书，而书店或网站畅销排行榜上的书，未必就是人们喜欢的，一些默默无闻却适合自己的书往往与我们擦肩而过。“我希望网站能够涵盖更多的人群，帮助大家去发现更多自己不知道但是有价值的东西，而且书和电影也是我的兴趣所在。”于是，豆瓣就这样诞生了。

2005年3月，在豆瓣胡同附近的星巴克里，杨勃交了域名费和托管费，“豆瓣”这个名字和内容一样怪的网站不声不响上路了。杨勃给自己取了个名字叫阿北，是豆瓣的第一个用户，并且把自己喜欢的英文原著列了出来。因为没有做任何推广，之后的几个注册用户，大多是杨勃的朋友。没有编辑写手，没有特约文章，没有六百行的首页和跳动的最新专题，几乎没有做任何广告，全公司只有三名员工（除了杨勃另外两个都是兼职）。这个在搜索引擎中都找不到的网站，注册用户却很快突破万人，其中包括香港、台湾甚至海外的用户，日点击量超过20万。北京的IT评论家KESO这样称赞：学物理的杨勃，能从纷繁的枝叶中抓到主干，所以他可以把豆瓣做得如此清爽干净。

博客是豆瓣最早的传播方式。豆瓣的早期用户可能是一些写博客的人，他们使用过豆瓣后，在自己的博客中提到了豆瓣，他们的博友在看到博客后便会来豆瓣逛逛，于是，又有人在博客中提到了豆瓣。通过博客的相传，豆瓣几乎完全靠用户自己拉动。用物理学博士杨勃的话来说，“用户的增长是一条光滑的指数曲线”。

三、行业背景

2004年3月，欧雷利媒体公司的戴尔·多尔蒂（Dale Dougherty）在提出“Web2.0”这一概念时，曾绘出一幅名为“Web2.0 Meme Map”的模拟图。这幅图虽然基本上仍处于演化阶段，但已经描绘出了从Web2.0核心理念中衍生出的许多概念：互联网为平台（战略定位），自己控制自己的数据（用户定位），它是一套提供服务，而非打包软件的参与体系。令人激动的新应用程序和网站正在以令人惊讶的规律性不断涌现。欧雷利媒体公司总裁蒂姆·欧雷利（Tim O`Reilly）认为，Web2.0对计算机工业来说是一种商业革命，起因于人们开始把互联网当成交易平台，并企图去理解在新的平台上通往成功的规则。网络迎来了一个新时代，这个时代就是“Web2.0”。

从参与网络传播的硬件条件来说，集成电路上晶体管的数量和主干网的带宽都在不断地发展。越来越低的硬件门槛客观上使越来越多的人能够参与到传播活动中来。而从经济学、社会学的角度来说，以下理论的发现成为支撑和解释Web2.0世界传播行为的基石。它们是：六度分隔理论（Six Degrees of Separation），病毒扩散原则（Virus Diffusion Principle）和长尾理论（The Long Tail）。不管是SNS的代表者人人网、开心网还是久负盛名的Facebook，都是在这些理论的基础之上建立起来的。毫无疑问Web2.0早就已经成为一种趋势，这种趋势能否成就这些公司的成功尚待时间检验。但豆瓣，这个蕴含着深厚文化气息的网站，在很多人心目中已经远远超越了其它公司给他们带来的精神上的满足感。

四、独一无二的模式

豆瓣的创始人杨勃说，豆瓣和其它书评类的媒体有一个最大的区别，就是豆瓣一直没有想变成一个媒体，或者说豆瓣不认为自己是一个网络媒体，而是一个工具。媒体和工具最大的区别就是，媒体需要找到你的受众，有同样特征的一群人是你的受众，你才能成为媒体。但是工具不一样，工具就是面对个人，在豆瓣上，书可能是一个所谓的频道。

豆瓣与其它SNS网站最大的不同就是在网络中，将“把关人”角色的淡化，网站内所有的内容都由用户自己决定。同时淡化人与人之间的关系，仅仅是关注与被关注，而不是朋友与非朋友之别。加之在豆瓣上能相对容易地找到与自己趣味相近的人，议题的选择呈现出新颖别致、个性化色彩浓烈的特征。即使议题的实质是严肃的，也会有活泼的表达和表现形式。如此一来，产生的巨大粘性使用户深切地体会到豆瓣的精心设计。同时，网站用户的自我传播、人际传播及群组传播功能进一步加深了用户对豆瓣的好感。毕竟不作伪的营销在中国互联网上是多么地少见。

对于一个商业组织来讲，仅仅是能够得到用户的喜爱是不够的。企业需要生存，需要依赖所处环境来获取生存的资本。由此，我们来看看豆瓣网与其它的组织如何构建关系（见图2.1）。网上零售商进行分成：豆瓣页面目前已经有十几家网站的“比价”，每次有用户通过豆瓣网上的链接进入当当、卓越这样的大型网上商城购物，双方就会按照事先约定的比例进行利润分成。这是目前豆瓣网最重要的收入来源。为了保证网页界面干净整洁，豆瓣只提供了极少的网络广告位，这是网站为了保持本身风格做的刻意安排。因此，通过广告得来的收入相当有限。基于网站的特牲，豆瓣网将会走向何方，将会采用何种手段来丰富其取得收入的渠道仍不得知。

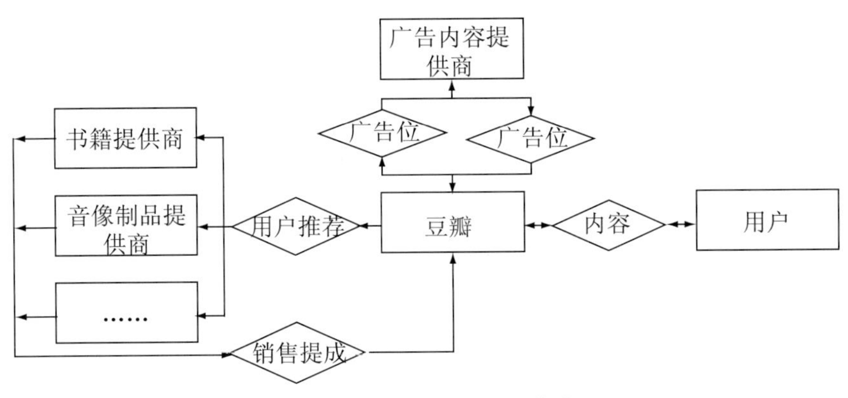

图2.1　豆瓣网商业模式

五、风投介入

据创始人杨勃介绍，公司的第二轮融资于2009年年中开始筹备，2009年下半年确定挚信资本和联创策源共同向豆瓣网注资近千万美元。

挚信资本是盛大公司前首席财务官（CFO）李曙君以合伙人的身份创办。据悉，挚信资本的有限合伙人包括新加坡淡马锡投资集团，而该公司投资的第一个项目便是2007年6月在纽交所上市的太阳能公司天威英利。作为天威英利上市过程中的重要投资者，李曙君目前是公司第二大股东，拥有近10%股权。2006年9月29日，李曙君透过Inspiration Partners Limited投资天威英利1700万美元。

联创策源是一家专注于互联网、传媒及新媒体的风投公司，曾一度将成为中国第二个IDG作为自己的目标。在近一两年对互联网遍地撒种之后，却极少获得收获。几个网站的负责人透露，策源年前已要求其投资的企业裁员，勒紧裤带准备过冬。联创策源网站上显示的投资公司共有16家，重复投资的比例较高，如投P2P业的有迅雷、PPStream，投垂直搜索的就有酷讯、搜评、抓虾等，投视频分享的有六间房、51秀，此外还有投SP领域的易查、WAP天下、3G泡泡、捉鱼网等。其中，除酷讯和迅雷目前的发展形势良好而获得二轮投资外，其他多数被投公司的盈利状况均不容乐观。

据杨勃透露，此次融资主要将用于提升豆瓣网各个独立产品的运营水平及豆瓣网本身的扩张推广。“我们在一年之内的目标是围绕各产品线打造完整的产品和运营团队，并且也在寻求更加完善的公司管理。”杨勃如是说。

在杨勃正式确认此消息前，豆瓣网已经显示出其“资金宽裕”的迹象。据豆瓣的工作人员透露，豆瓣网正在招兵买马。此外，2010年1月豆瓣网和韩国好丽友集团旗下的美嘉欢乐影城达成合作，豆瓣网的视频广告首次出现在电影屏幕上。在产品上，豆瓣网分别于2009年12月14日和2010年1月11日正式推出“豆瓣电台”和“手机豆瓣网”服务。

六、发展前景

数据显示，2010年，国内SNS市场的整体规模约为11亿元（见图2.2～2.3）。市场规模不断增长的同时，各路资本也在争先圈定SNS市场的投资对象。2008年，人人网母公司千橡集团获得日本软银集团4.3亿美元的注资；同一年，凭借“偷菜”、“挪车位”等不断走俏的开心网获得了北极光创投的400万美元首轮融资，并于2009年完成第二轮约2000万美元融资。

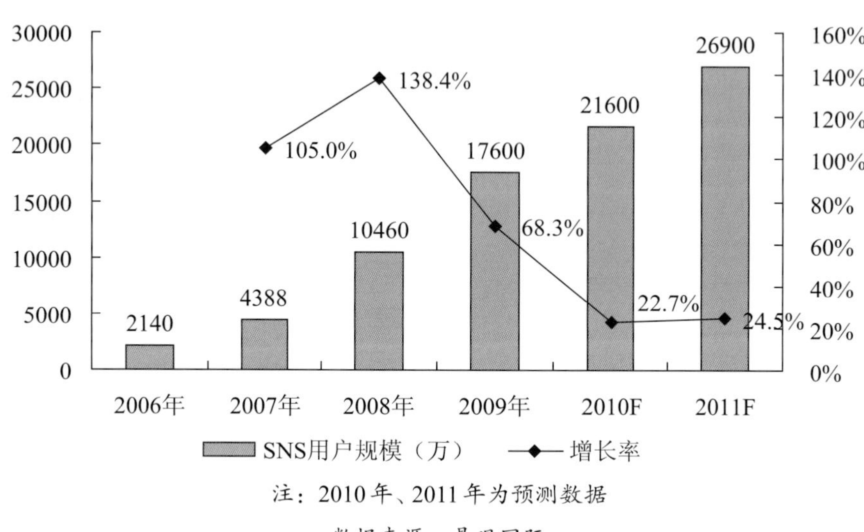

注：2010年、2011年为预测数据

数据来源：易观国际

图2.2　2006年～2011年中国SNS用户规模增长及预测

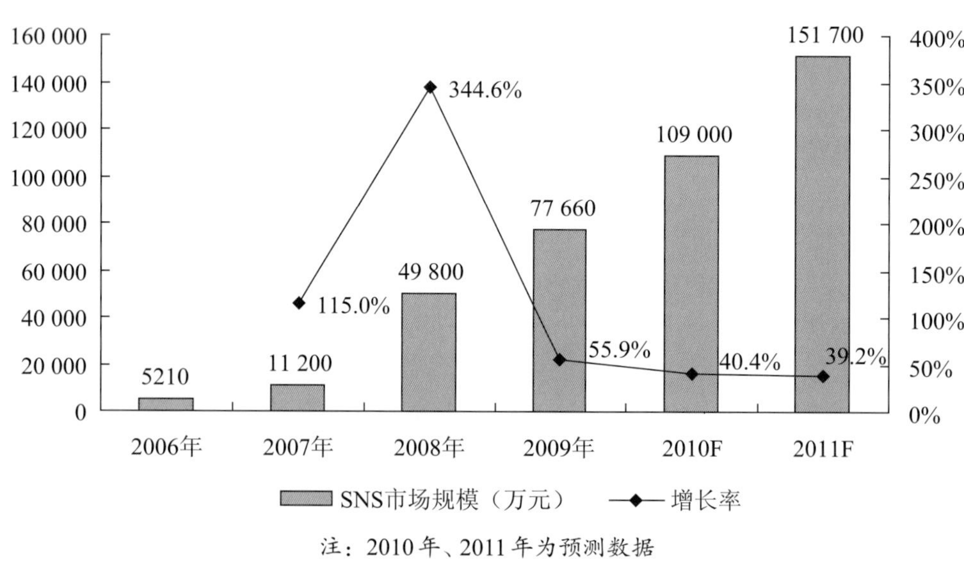

注：2010年、2011年为预测数据

数据来源：易观国际

图2.3　2006年～2011年中国SNS市场规模增长及预测

尽管资本在不断注入，国内SNS网站无一例外地面临着收入和盈利的挑战。无论是豆瓣网的“电子商务＋广告”模式，还是开心网、人人网的广告模式，将用户的点击换成真金白银都存在不小的难度。对此，杨勃表示，豆瓣网不同的产品生命周期有不同的盈利目标，而营收增长很快的社区估计会是下一个实现盈利的产品。

七、专家点评

河北科技风险投资有限公司项目主管庄征宇：

1. 坚持自身的存在价值才是长期立足互联网的基础。豆瓣可以帮助用户通过喜爱的文艺作品找到志同道合者，然后通过他们找到更多的自己也会喜欢的文艺作品。它不做专业媒体，却能因此不受固定受众限制而涵盖更多人群，帮助大家去发现更多自己不知道但是有价值的东西。豆瓣不是门户网站，走的也许是非主流路线，但是通过特别的内容要素、形式要素的结构和呈现规则，顺应了大众文化和流行心理的潮流，唤醒和聚集起社会注意力资源。通过交流分享，受众得到了远非文艺作品本身所带来的愉悦和思考，更在交互过程中体会到友谊、神交的妙处并触摸到时代潮流的脉搏。豆瓣的广告控制、淡化“把关人角色”、营销推广等系列措施，巩固且深化了豆瓣这些独特存在价值。这是浮躁且信息爆炸的年代当中，能带给广大受众最为珍贵的人文关怀的地方，也会成为万千受众最珍惜的心灵港湾。这也是豆瓣安身立命长久发展的基础。

2. 盈利模式有时间慢慢探索。豆瓣已经有了相对富裕的融资，并没有太大的生存压力，可以从容面对收入和盈利的挑战。豆瓣已经在尝试建立友好互利的网络营商环境，Web2.0相关理论确实可以为豆瓣找到最适合自己的盈利点提供方向指导。继续做大这块蛋糕，从已显示肥美商机的局部社区板块入手，稳妥地不露痕迹地加入商业化改造，为受众提供更便捷周到的服务，也就可以成就豆瓣自身的成长。

3. 需要保持空间洁净的同时注意策略。正如阿里巴巴打击不诚信商家一样，豆瓣也需要付出很大精力来打击网络水军和广告贩子等异类。清理环境时豆瓣需要提前做好保护措施。

三胞集团投资经理蔡新颖：

豆瓣网一直被称为一个“小众”的“慢网站”，在其他网站风风火火融资上市的时候，豆瓣不疾不徐地增长着，这是对用户的负责，也会更大地增强用户的黏度。与其他很多互联网企业相同，豆瓣网目前的盈利也主要来源于链接点击和广告分成，据说其2009年的收入是2008年收入的四倍。但仅仅藉此盈利的话，来源过于单一，竞争也非常激烈。为保持豆瓣一贯以来的小众清新的特性，继续吸引新用户留住老用户，并在此基础上实现盈利，豆瓣还有很长的一段路要走。

案例七　统e省 下一个支付宝[①]

背景：

2010年5月初，两大风险投资公司大摩同盈和中鼎实业向浙江新万蓝科技有限公司（下称“新万蓝”）注资6500万美元，折合人民币4.3亿元，用以支持新万蓝开发的无线打折消费平台——“统e省”项目。

一、无线打折消费市场

中国内需市场的巨大是有目共睹的，高额的储蓄率将转化为消费，成为拉动中国经济增长的新动力。交易市场越来越活跃，激烈的竞争促使商家采取各种营销策略，打折促销便是最为普遍也最为成功的促销手段。以淘宝商城为例，淘宝网光棍节促销，支付宝单日成交额高达9.36亿元；2010年11月2日～2010年11月8日，深圳太阳百货举办打折促销活动，为了一次基本没有希望的抽奖，前来购物的人们宁愿排起长达40分钟的长队，只因为那是消费满398元以上的人才有资格抽取。单笔消费在398元以上的消费者居然排起每个人需等待40分钟左右的长队，并且持续10个小时之久，太阳百货当天的销售额可想而之。

现在许多店铺都在不定期地推出打折消费信息以促进商品的销售，或回馈广大的消费者。特价机票、打折消费券等相信大家也再熟悉不过了。但这些传统的打折信息或通过有线电视、电子传媒等方式广而告之，或通过消费券的发放等方式发放给消费者。这样的打折方式存在着很多的弊端：一是成本费用高昂，尤其是电视传媒等方式，纸质的打折消费券造成纸张的浪费，也不环保；二是不方便携带，为买东西要带很多消费券还有打折卡等，容易丢失；三是没有比较，不能得到最低的折扣信息；四是不能按照消费者的需求来打折。

相比之下，无线打折，即以手机为媒介，把打折信息以短信或彩信的方式发送给消费者的传递方式，则好处多多。它不仅弥补了传统打折信息传递方式的种种弊端，方便快捷地给消费者送来第一时间的打折消费信息，还能把多家商铺的打折信息提供给消费者，给予其比较鉴别的机会；更可喜的是，它提供的是全省乃至全国的打折信息，真正实现一个手机号码，全国打折，随时随地的打折。

无线打折交易成本低廉，它既不像电视传媒那样要反复重复地播出，也无需消费券似的打印出来，节省纸张油墨。它方便快捷，一条短信就可以把打折信息发送给消费者，消费者只需凭借手机上的电子编码，就可以轻松实现打折消费。而且中国手机用户人数众多，根据有关统计数据，“截至2009年，中国的手机用户达到了7.8亿，每两个人就有一个人拥有手机，手机网民也达到了2.33亿，占整体网民的60.8%”，而随着3G牌照的颁发，3G网络的普及，手机上网已经成为我国互联网用户的新增长点。无线打折消费市场有着数目巨大的客源，以手机为载体的无线打折必将成为未来发展的大趋势。

无线打折消费这种模式成功的根本在于它大大地降低了交易成本，实现消费者、商家和第三

① 本文根据公开信息编撰而成，信息来源包括新万蓝官网（www.spboss.com）、中新浙江网、《中国经营报》等。

方平台的共赢，相比于传统打折方式，必然会受到各个利益相关体的认可和好评。

二、“统 e 省”应运而生

无线打折消费独有的优点，正在引领着全新的打折消费的浪潮。它把最先进的无线增值服务技术和互联网结合，融入餐饮娱乐、商业零售、交通运输等各行业中，正在以越来越优越的姿态呈现在消费者面前。

“统 e 省”就是这样一个为消费者提供便民打折服务的无线打折消费平台。

（一）什么是“统 e 省”

“统 e 省”，省时，省力，省心，省钱！总之，一省再省！

“统 e 省”是浙江新万蓝科技有限公司开发的以手机为媒介，通过 Wap 网站、手机短信、手机彩信、二维数码技术等进行电子优惠券的传播和促进的无线打折信息服务平台。它针对全国各大、中城市的生活消费习惯，整合全国中高档的消费市场，覆盖国内“餐饮住宿”、“购物休闲”、“旅游娱乐”等各个消费领域，为消费者提供随发随用、随时打折的优惠服务。

“统 e 省”致力于为消费者打造一个全国统一的打折服务平台，提供更快捷、更省心、更优惠的打折服务信息。消费者只要用手机发送商户名或商品代码到“统 e 省”的全网号（106603838），系统将返回商家与“统 e 省”协议好的优惠打折信息，消费者凭这个短信凭证即可到指定商铺进行打折购买。“统 e 省”是一个全国范围的打折消费平台，只要随身携带一部手机，无论走到哪里，只要该地区有“统 e 省”的签约商户，消费者就能享受该地签约商户的优惠打折服务。

新万蓝科技总裁朱春平解释说，这样做，最大的好处是改变了消费者在获取传统纸质打折卡、优惠券上的被动性和高成本；同时，时间、地理位置不再是商户与消费者之间的障碍，能够真正做到“一个手机号全国消费打折”。

除此之外，“统 e 省”的门户网站（www.51tes.com）和 Wap 网站（wap.51tes.com）也将为广大消费者提供更详尽、更周全的商家优惠信息，并且提供商家和消费者之间，消费者与消费者之间交流互动的平台，从而为商家提供更多的客源信息，赢得更优的口碑。

（二）“统 e 省”特点

“统 e 省”的服务对象主要是18岁～50岁的中青年，也就是经常使用手机和互联网的人群。这部分人群有较强的消费能力，喜欢尝试新鲜事物，容易受到人际传播影响而消费。“统 e 省”很多特点都是针对这部分消费者的。

1. 使用方便

“统 e 省”的使用方便简单，消费者只需一条短信就可以拿到商家的打折消费信息。工薪族、老人、小孩都可以学会用。有了它，就等于把若干优惠券卡整合在一起，消费者不再有携带不便和容易丢失的烦恼；购买商品时，也不用因拿着几张打折券卡而遭受别人鄙夷的眼神。对于商家来说也可以省下制作消费券、打折卡的费用。

2. 全面的打折信息

“统 e 省”将覆盖全国30多个省直辖市的300多个城市，涵盖“吃”、“穿”、“住”、“用”、“行”等各个消费领域，只要消费者成为“统 e 省”的会员，无论走到哪里，只要该地区有“统 e 省”

签约的商户，就可以享受打折消费服务。

3. 满足消费者个性化需求

消费者可以设定自己的消费计划。消费计划是“统 e 省”提供给会员自助活动的平台。会员可以制定个人消费计划，安排每一天的消费支出、每周的活动安排、每月的购物计划和消费开支，听取他人的建议，将自己的消费计划合理化、实用化。甚至会员可以在这里发起活动、倡导其他人一起参与。购买成功后，还可以发表自己的心得和对产品的评价。如果赶上活动，还能获得积分，赢取心动礼品。

目前的“消费计划”有两种形式：

第一种是“统 e 省”注册用户自发组织的团体购物行为。这种消费计划有利于消费者与商家进行折扣谈判，最终求得最优价格的一种计划性消费行为。

另外一种是由“统 e 省”签约商家组织的带有条件性的促销活动。商家在第一时间把其自定的促销活动在“统 e 省”网站上公布，消费者可以在网上获得第一手信息，若满足一定条件，即可享受商家给予的极高的优惠。

消费者论坛意见反馈：

消费者可以在网站上发布自己的购买商品信息以及对商家的评价，促进消费者之间的交流。也对商家进一步改进自己的服务提供意见和建议。

（三）“统 e 省”的商业模式

1.“优乐网”前车之鉴

新万蓝不是第一个做无线打折消费市场的。早在2006年，上海一家叫做“优乐网”的公司就推出了一项功能与“统 e 省”类似的无线卡打折服务。“优乐网”的会员们凭借手机号码就可在指定商户享受优惠。然而，好景不长，当下“优乐卡”几乎已经在市场上销声匿迹了。

究其原因，问题出在“优乐网”和商家沟通协商的这一环节上。优乐网在吸收各种签约商户时，完全依赖自身的团队力量，四下奔波，疲于奔命，市场扩张成本高昂，无法从商家微薄的返利中得到足够的利润来弥补。而对待消费者，“优乐网”又完全站在他们的立场上，对其提供完全免费的服务。

那么“统 e 省”在这方面是怎么和商家洽谈合作的呢？在接受“优乐网”失败教训的基础上，“统 e 省”采取了“直销”的商业模式来发展签约客户，而不是自己去与各种商户洽谈合作。“统 e 省”发动全国的代理商让其全权负责签约客户和维护关系，而“统 e 省”则为代理商提供一整套技术解决方案。每个城市只选择一家最适合的公司代理“统 e 省”业务，以求用最快的速度覆盖最重要的城市。

2. 盈利模式

“统 e 省”的盈利模式清晰而简单（见图2.4)，它把各个利益相关方都拉扯进来，盈利来源多种多样，不仅包括签约商家销售返利，广告植入费用，而且向消费者收取会员费。会员费分等级收取，等级越高收取的费用越高，提供的服务也越优越。“统 e 省”甚至把银行也给牵扯进来。具体盈利的组成部分如下：

首先，对于签约商户，消费者每消费一次，签约商户将返回3元～20元不等的服务费给“统 e 省”，平均资费标准为5元 / 次；“统 e 省”将商户的广告也植入打折信息的短信提醒当中，并向被广告商收取广告费用。

其次，对于“统e省”会员，收费是3元/月。这是一个绝大多数消费者能够接受的收费标准。“统e省”还推出金牌会员、银牌会员等VIP贵宾服务，“统e省”还跟银行签订了相关协议，当会员人数达到200万以上时，可申请办理银行信用卡（统e卡），而在会员刷卡消费产生的交易额中，银行将返回0.5%给“统e省”。“统e卡”集刷卡消费和打折服务为一体，因此需要收取一定的费用，每张卡为30元，其中25元为“统e省”的卡费收入。

再次，“统e省”的Wap网站和www网站也是它的摇钱树之一。“统e省”会向在Wap网站上做广告的商户收取一定的广告费，而在门户网站上，收入更多样，无论是首页弹出还是软文投放，还有关键词排名等，都将向“统e省”支付一定的相关费用。

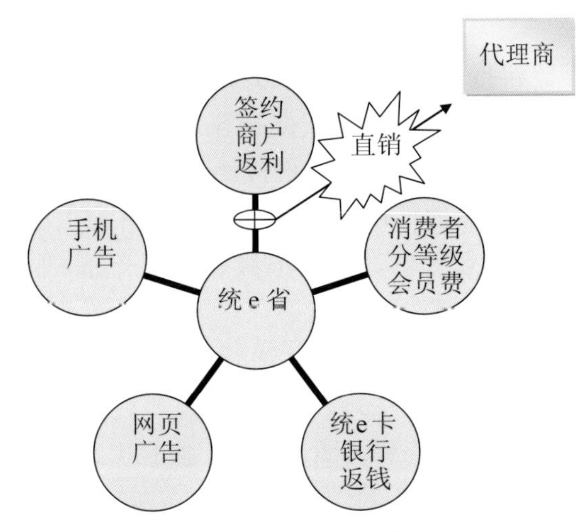

图2.4　“统e省”的盈利模式

三、风投注资给力

“统e省”以手机为媒介的无线打折消费平台弥补了纸质消费券等传统打折方式领取和携带不便等缺点，又符合低碳环保的潮流，成为消费者青睐有加的香饽饽。它大大降低了商家打折信息的传播成本，为商家提供了更广泛和更精准的客户群，也颇受商家的垂青和推崇。

据专业的市场调查公司在全国范围市场调查结果，截至2009年底，全国有手机用户7.8亿人，根据评估调查显示，有70%的用户愿意用这个“统e省”，也就是说，将有近5亿的潜在消费群体。“统e省”可提供服务的的消费群体数目庞大。如此强大的潜在客源自然也令商家兴奋不已。

（一）风投果断入资

“统e省”良好的发展势头迅速吸引了风投注意。2010年5月初，风投界做出了又一大手笔：嗅觉敏锐的两大风投公司大摩同盈和中鼎实业向新万蓝旗下的“统e省”项目豪掷6500万美元，用以支持“统e省”项目的运作和推广。在投资方看来，新万蓝基于手机媒体结合互联网的大众化消费项目“统e省”，及其所创造出的多元化的获利模式真正贴近消费者，反映市场需求，所以是符合市场发展趋势的，必将给其带来丰厚的回报。

参与此次融资的两大风投之一中鼎投资成立于2008年，拥有专业化的投资团队，该公司的投资策略是以价值投资为核心、企业投资为主体、金融投资为工具。中鼎实业董事长孙进林表示："从这个项目刚有大概的想法开始，我们就有所关注，前前后后的时间长达一年。我们考察企业包括研发团队、整个项目的推进、盈利模式等各个方面。最后，我们认定，这样一个以短信方式进行打折消费的平台，有一个合理透明的打折价格，能够为消费者提供实实在在的优惠，必定会获得良好的市场反响。"

"统 e 省"的出现就像上天赐予消费者和商家一件神兵利器。它打碎消费者和商家之间的琐碎繁杂的障碍，让打折消费畅通无阻，方便快捷，不再受时间、地域的牵绊，让消费者和商家实现了平等自由互利的交流。下面我们来看一下孕育出这一打折消费神器"统 e 省"的究竟是何方神圣？

（二）新万蓝

"统 e 省"的后台是新万蓝科技有限公司。新万蓝是浙江一家民营企业。浙江真可谓是软件企业的温床，在这里，阿里巴巴、网盛科技、浙大盘石等 IT 企业早已搞得风生水起，如火如荼；新的 IT 企业也是如鱼得水，不断冒尖做强，新万蓝科技就是其中典型的代表。

新万蓝成立于2004年，是一家以软件研发及增值业务运营为主的专业化信息技术公司，该公司致力于为国内外电信运营商及企业提供运营支撑级的包括产品、服务、咨询在内的移动数据业务及移动增值业务整体解决方案。

新万蓝具备强大的自主研发、项目实施能力，逐渐成为国内移动数据业务领域领先的产品及服务供应商，不论运营商增值业务的政策法规、商业策划、平台接入、国际通讯业务实施能力，还是实际的平台开发、集成及增值业务运营等方面，公司都拥有丰富的经验。

（三）一文一武 珠联璧合

新万蓝的总裁是朱春平，这个80后的年轻总裁带给人们太多的惊喜。他的同学朋友曾这样评价他："当同龄人还一脸稚气向父母要压岁钱时，他已经赚取了几千元；当同龄人还在抱怨兼职收入太低时，他已数钱数得手发抖；当同龄人还在为涨工资难而发愁时，他则带领着公司开始冲击纳斯达克市场……"大家一定听过校讯通服务系统，即把孩子何时上学、到校、在校上课表现等第一时间发送给家长，现在全国很多学校幼儿园都在使用，这个项目就是由他负责研发的。

朱春平长期从事移动数据业务和移动增值服务的研发，带领着新万蓝一步一个台阶地向前迈进。目前万蓝科技已经和全球150多个国家700多个运营商建立了合作伙伴关系，为其提供移动数据服务支持。新万蓝已经拥有了中国短信平台、国际短信路由点对点平台、国际语音漫游系统、企业数据通讯平台、GRPS 彩信平台、CDMA/3G 平台、SMSPUSH 平台、WAP 软件产品、2.5G/3G 业务手机平台、手机搜索平台、短信实名、搜索系统、运营商家校通平台、运营商企信通平台等完整的产品系列。

新万蓝的董事长滕敏也是个温商中的人物，经济实力超强，人脉关系广泛。2009年，滕敏成功当选温州百家经理联合会会长，成为温州最年轻的会长。他斥资3亿元，将100多个欧洲名品中国总代理权收入囊中，并在2009年6月投资成立欧盟名品中心。滕敏说，他自己不懂 IT，但对市场的理解和整合各方资源是自己的强项。他预计新万蓝2010年的收入将达3000万元，未来三年累计收入能达30亿元人民币。

朱春平和滕敏的结合恰似一文一武：一个懂技术，研发出先进的软件，解决各方面的技术问题，提供整体系统的服务；另一个则有着丰富的人脉，整合各方面的资源。两人的搭台联合，确实让新万蓝上演了一出新时代IT行业的好戏。

这次新万蓝搭建无线打折消费平台，推出“统e省”项目之所以能够引起风投们的高度关注，一方面源于“统e省”这一无线打折消费项目盈利模式清晰，把SP（移动增值技术）与互联网还有大众化消费项目有机结合起来，是市场发展的趋势；另一方面是源于董事长滕敏的人脉和其投资界的朋友的信任。

四、愿景前瞻

伟大的梦想催生强大的信念，强大的信念催生雄浑的动力，雄浑的动力谱写壮丽的人生篇章。

“我们要彻底告别传统纸质、卡式的优惠券（卡），希望‘统e省’的未来交易金额能超过支付宝，同时能在3年内实现在纳斯达克上市。”这是新万蓝总裁兼首席设计师发出的豪言壮语，1981年出生的朱春平正血气方刚。

按照新万蓝公司的计划部署，“统e省”的服务将覆盖全国30多个省直辖市的300多个城市，全面覆盖消费的各个领域，成为贴近大众、服务大众、满足大众需求的大众性打折消费平台。

宏伟的蓝图意境画就，如何把梦想转化为现实，“统e省”还有很多路要走。潜在的诸多竞争者随着“统e省”的横空出世而逐渐浮出水面，无线打折消费市场的竞争也愈演愈烈。且不说彩信报推送打折信息的12580，还有通过用户在消费点附近自行打印优惠券的维络城，单单是网络上的多种多样的电子优惠券还有在网上选择好商户信息点击发送到手机上的大众点评网等等也会给“统e省”的扩张造成不小的冲击。“统e省”的不同之处在于：它是为自己的会员与商家签订打折信息。然而，在打折信息已经很多见的情况下，“统e省”只有提供独家的或者更低的打折信息，提高消费者的忠诚度，才能确保先发优势，做大做强；否则，“统e省”的经营模式不免会被让竞争对手快速的复制与跟进，市场份额被大幅度削弱。

道路是曲折的，但前途却是光明的，作为世界上第一人口大国，中国拥有世界上数量最多的手机用户。截至2009年底，中国手机网民已达到2.33亿，移动互联网的市场规模达388亿元。“统e省”运用最先进的无线增值技术，把商户和消费者有效地链接起来，开创了随身移动的优惠券消费模式——“一个手机号码全国消费打折”，实现了区域精准营销，做到精准广告，引导消费。降低了消费环节的交易成本，实现了消费者、商家和第三方的共赢。我们有理由相信“统e省”在不久的将来就能独领风骚，在交易额上超过支付宝，新万蓝所描绘的宏伟蓝图也指日可待。

五、专家点评

赛伯乐投资经理岳光华：

对于一部分创业者，风投江湖是一个买方市场；对于另外一部分创业者，风投江湖是一个卖方市场。面对中意的优质项目特别是Pre-IPO项目，风投更多的把钱当做货物营销“忽悠”给创业者，风投卖的是钱，买的是企业的未来。风投和创业者，好比是“只求未来一段时间”拥有的临时夫妻，结婚的目的是未来接触彼此的资源各取所需后，然后完美分手。在这种情况下，创业者选择丈夫，不仅要看风投能给多少钱，还有看钱背后的资源，还有幸福的感觉——双方理念的默契认同。“统e省”选择了具有产业和实业背景的中鼎投资，应该说考虑到了钱背后的资源整合。

智基创投股份有限公司总裁陈友忠：

从行业发展上看，移动支付将是未来的一个发展趋势。对于消费者（用户）而言，移动手机支付提供了相对便捷的支付实现手段。安全性及用户体验度、满意度高的公司将在竞争中脱颖而出。

目前，市场上打折类产品种类繁多，竞争白热化，主要以团购模式为主，新出现的商业模式，可能成为潜在竞争者。短期内，看不出“统 e 省”的明显优势，而存在的障碍在于，给予消费者的折扣是否够好，用户满意度是否够高，这也是其长期发展中有待打造的一个核心竞争力问题。

对于能够提供有价值的产品或者服务的创业企业而言，如果所在行业的前景、自身的核心竞争力、潜在竞争对手策略竞合及创业者持续的心态都是正面的，都有成功的机会。

案例八　兰亭集势：集供应链之优势 服务外贸B2X[1]

背景：

2010年10月，互联网国际电子商务公司兰亭集势（www.lightinthebox.com）获得第三轮风险投资，投资者为挚信资本、联创策源和金沙江创投，总投资金额达3500万美元。华兴资本担任兰亭集势的独家财务顾问，为本轮融资提供了从企业估值到交易结构设计与执行的全程服务。

兰亭集势成立于2007年，距今仅有3年的历史，是一家主营外贸产品的在线B2X（即B2B加B2C）公司。公司成立之初即获得美国硅谷和中国著名风险投资公司的注资，总部设在北京。经过几年的发展，公司采购遍及中国各地，在广东、上海、浙江、江苏、福建、山东和北京等省市均有大量供货商，并积累了良好的声誉。截止到2010年，兰亭集势已成为中国跨境电子商务平台的领头羊，是目前国内排名第一的外贸销售网站，为全世界中小零售商提供了一个基于互联网的全球整合供应链。2010年6月，兰亭集势完成对3C电子商务欧酷网的收购。如今，在由Google中国前首席战略官郭去疾领导的优秀团队的带领下，兰亭集势已迅速拥有来自200多个国家数以千万计的访问者和数以万计的个人消费者与企业客户，累计发货目的地国家遍布北美洲、亚洲、西欧、中东、南美洲和非洲。

一、整合供应链　逆势猛长

2007年刚创办时，兰亭集势只是单纯的B2B外贸公司，面向海外出售中国商品，但后来80%的商品都出售给了个人消费者，就转变成了B2X模式。与其他互联网电子商务公司不同的是，兰亭集势整合了供应链服务，在国内拥有一系列的供应商，并拥有自己的数据仓库和长期的物流合作伙伴。兰亭集势的商业模式颇具特色：前端利用搜索引擎广告的精准投放，并通过Facebook、Twitter、YouTube等社会化营销工具将商品推荐到个人；而后端是自己向工厂下单，掌握生产、制造环节；兰亭集势也有独特的采购模式：集合国内的供应商向国际市场提供“长尾式采购”，这便形成了以整合供应链为基础的独特模式（如图2.5）。

① 本案例选自《中国风险投资》杂志，编者进行了部分修改。

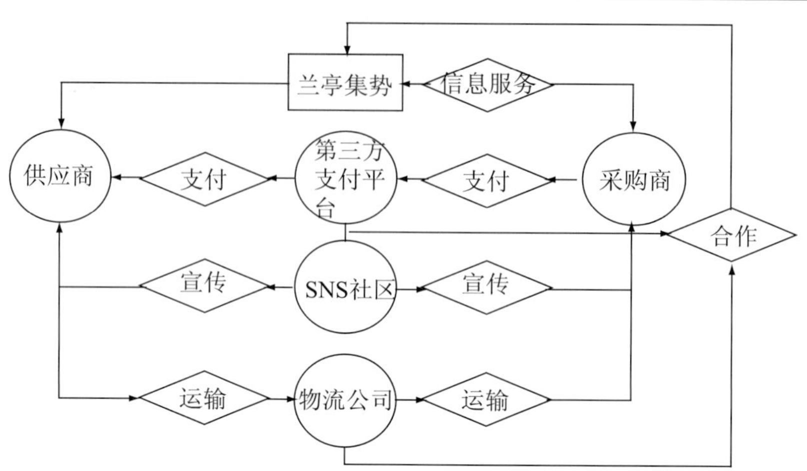

图2.5　兰亭集势运营模式

在这个模式中，公司拥有自己的买手，自己的质量管理、工厂管理人员，还有自己的设计师和品牌，其深入供应链低端、但并不是做所有的商品，而是只做有中国生产优势的产品。兰亭集势的整合供应链商业模式的优势之一是可复制在更多的地域市场，丰富更多的产品种类和产品线，这样会使公司业绩呈现几何数的增长。兰亭集势的业绩也证明了这一点，在全球经济环境低迷的2009年中，其旗下网站LightInTheBox.com在国际市场逆市取得400%的销售增长；短短两年，兰亭集势成长了300倍；现在，兰亭集势已经成为中国跨境电子商务平台的领头羊公司，拥有员工500多人，在深圳拥有自己的采购和物流。

兰亭集势旗下网站超过1/3的网站访问地址IP来自美国，整站的风格、支付和配送方式也完全是国际的。通过其创新的商业模式、领先的精准网络营销技术、世界一流的供应链体系，依托包括Google、eBay、UPS在内的全球合作伙伴，它在3年间迅速发展，已经取得50倍的销售增长，在世界范围内改变了人们的购买方式，为世界上200多个国家的客户提供商品，而且还在增长中。

二、收购欧酷网　开拓内贸

目前，兰亭集势销售的货品种类很多，包括服装、电子、家具及保健品等，以国内的3C产品为主。为了巩固和扩大公司在3C产品领域的核心竞争力，2010年6月7日，兰亭集势以3000万元的价格收购欧酷网（ouku.com）。欧酷网是一家面对国内年轻消费者的网上电子商城，主营手机及配件、高清数码、电子教育等时尚消费产品，其特色化的服务在网上赢得了口碑，这与兰亭集势的经营理念不谋而合。兰亭集势是一个用“长尾”模式向境外中小商贩批发“中国制造”，以完善供应链条服务取胜的国际综合采购平台；而欧酷网是一个以国外手机品牌为主打，注重用户服务体系的国内数码购物平台。欧酷在国内市场的美誉度和服务体系正是兰亭集势这家纯外贸B2X网站所没有的，兰亭集势可以借此寻求内贸市场的突破。凭借他们在物流、仓储、采购等环节上已经建立起的稳定的供应链，兰亭集势在内销市场上将会很有优势。欧酷网创始人黄峥也表示：“欧酷与兰亭具有相似的创新与服务并重的理念与文化，两者的合并为欧酷提供了一个更大的发展平台。”

作为谷歌中国的早期员工，兰亭集势的郭去疾与欧酷网的黄峥曾共事两年。在参与创办兰亭集势前，郭去疾在谷歌中国担任首席战略官和李开复的特别助理。黄峥在创业前于谷歌中国担任搜索产品经理和资深广告系统工程师。两人以新的方式再次合作，令外界颇为瞩目。在2010年6月3日发给全体员工的电子邮件中，兰亭集势董事长郭去疾也表示："欧酷加盟兰亭让我们有机会在中国国内电子商务市场实现跨越式发展。"

三、精英领导团 保驾护航

兰亭集势的创始人之一就是大名鼎鼎的Google中国前首席战略官郭去疾。郭去疾毕业于中国科技大学少年班，并拥有伊利诺伊大学电子工程硕士学位和斯坦福大学MBA学位。郭去疾在计算机和信息技术领域拥有多项国际专利，被《环球企业家》杂志评为2006年度全国二十位"40岁以下商业精英"。郭去疾还担任欧美同学会商会2005委员会理事及上海第一财经频道创业节目《谁来一起午餐》评委。他曾在微软总部担任软件设计工程师，参与了MSN、IE、Windows的研发。2005年，他加入Google总部并回到中国，是Google中国的创始人之一，曾任Google中国首席战略官和Google大中华区总裁李开复的特别助理。他在Google中国的创建中发挥了重要作用，直接参与了Google中国前三年几乎所有重要的产品、合作、投资、及公关战略决策。这些经历，让他在兰亭集势的公司战略和运营决策上具有丰富的经验和敏锐的眼光。

郭去疾在企业并购方面也经验丰富。他曾在亚马逊并购部任职，作为唯一的华人全程参与了亚马逊收购卓越网的并购案，涉及并购资金高达7500万美元。在Google中国任职期间，他参与了谷歌和新浪的战略合作，投资并购265.com、巨鲸网、赶集网、Discuz等项目。这些并购经验也推动了兰亭集势在2010年6月收购主营内贸3C的网上电子商城欧酷网。

除郭去疾外，兰亭集势还有三个创始人：负责物流和国内事业部的刘俊曾任卓越副总裁兼网下事业部总经理，分管营销运营工作，与郭相识于亚马逊并购卓越之时；负责供应链和采购的张良曾任网易高管，后成为卓越和当当的供应商；负责市场和推广的文心曾是博客中国的高管之一；而郭去疾本人负责战略与运营。这个创业团队在网站建设和网络营销方面有着非常丰富的经验，在企业并购投资方面也独具慧眼，保证了兰亭集势的健康快速发展，以及在同行业中的竞争优势。

四、三轮融资潮 助力发展

在外贸3C产品方面的竞争优势让兰亭集势从创始至今屡获国内外著名风险投资的青睐。兰亭集势创始至今一共获得国内外著名风险投资机构的三次青睐：

兰亭集势创办于2007年，徐小平担任了天使投资人。联创策源是兰亭集势的首家投资商。据说，决定创业时，兰亭集势的创始团队只用了5分钟即谈定了联创策源的投资；

2009年，联创策源又与金沙江创投一起对兰亭集势做了第二轮投资，这两轮加起来为1700万美元。这笔投资使得兰亭集势旗下网站LightInTheBox.com在全球经济环境低迷的状态中，在国际市场逆市取得400%的销售增长；

2010年10月，兰亭集势又获得挚信资本、联创策源和金沙江创投的第三轮风险投资，总投资金额达3500万美元，华兴资本担任这起融资案的投资顾问。同时，兰亭集势也升级为兰亭控股集团。

相比前两轮融资，第三轮的融资过程却另有一番情节。华兴资本CEO包凡透露，这起融资案更像是两个好友之间的惺惺相惜。投资起始于2010年8月。当时郭去疾与包凡见面聊天，判断电子商务的融资环境很好，“兰亭可以拿钱了”。两个人此前也是经常见面的朋友，郭本人此前也做过投资并购，熟悉行业与环境，因此决定启动融资进程。这时，圈内的另一个朋友很快就出现。挚信资本创始人，前盛大CFO李曙君看上了这个案子。之前李曙君投下了一系列互联网公司，名单中包括了奇虎、豆瓣、麦包包、珂兰钻石、趣玩等，后面三家均是电子商务公司。但更重要的，是李曙君为人爽快，信任团队。这对郭去疾来说很重要，兰亭集势商业模式很特别，一般人听不懂，因此要找一个信任的投资人，对团队要完全信任，这显然要在熟悉的圈内人找。李曙君正好就是这个熟悉的圈内朋友。价格也没有什么争议的地方。双方给出另一个估值，“不算高，也不算低”，郭去疾和李曙君都没有什么异议，很快双方就达成了协议。2个月后的10月25日，郭去疾就在微博上宣布，3500万美元融资已经到位。投资方为挚信资本，联创策源，金沙江创投，其中挚信资本领投，也是新近加入的投资商。

多家风险投资对兰亭集势高估值的另一个方面，是其未来的可成长空间。包凡认为，兰亭集势可复制在更多的地域市场，并丰富更多的产品种类和产品线，这将是几何数的增加。“每年收入翻番不成问题”。郭去疾也坦承，融资的钱将会用在招聘、探索新业务、扩展更多货物品类和国家市场，及收购新公司方面。郭去疾介绍，目前兰亭集势已经开通英语、法语、西班牙语、德语、意大利语五种语言页面，近期还将开通葡萄牙语、日语、俄语及阿拉伯语的页面，而收购公司的要求则希望对方年销售额在1亿元以上。

五、专家点评

睿立资本董事长兼总裁吴忱：

电子商务在过去15年的历程可以说是“苦尽甘来”，在这一过程中，许多企业死在了黎明前的那个晚上，也有许多企业死在了黎明前的黑夜，还有一些企业不温不火地存续着，而活得有滋有味甚或风光无限的反而是一些正当日上三竿才出生的企业。这中间原因太多，人们可以从互联网上搜索出千余种。但有一点可能不为人注意，即标签化。具体地说，电子商务是基于互联网这个被人类刚刚制造出来的工具的，并且这一工具从它一出现就在日新月异、与时俱进地被完善着，它的玩法和它所能带来的影响从来都十分易变。而人们总是形而上学地把电子商务机械地分成B2B、B2C等阵营，然后再贴上不变的标签，让其在互联网上运行。这恐怕就是许多电子商务企业无法成功的原因之一。兰亭集势则不然，她没有把自己锁在任何一个单一的阵营，而且很快就适应了电子商务的易变性，从B2B延伸到B2C，最终形成B2X。这一定是兰亭集势成功的主要因素。

从兰亭集势的三次成功融资故事中，还可以得到一个非常有益的启示，那就是优秀的团队是优秀企业的基石。兰亭集势的管理团队均有非常成功的行业背景，而且十分互补、相得益彰。这在一个创业企业来说是非常难得的。有了这样优秀的团队，才能创造出创新的商业模式；有了这样优秀的团队，才能将一个全新的商业模式运营成功。而这样一个成功的商业模式，才能赢得资本青睐。

深圳市卓佳汇智创业投资有限公司投资总监林晓帆：

1. 优秀的管理团队。核心高管来自于全球知名的互联网企业，并在各自擅长的领域内形成优势互补，熟悉电子商务的发展趋势和运作规律，大大降低了创业初期的经营风险。

2. 清晰的商业模式。公司产品定位清晰，只做有中国生产优势的产品。充分利用中国的比较优势和相对过剩产能，把控生产质量，整合互联网营销渠道，利用其投放的精确、快速、低成本，掌握了生产供应链中的高端价值部分，使公司规模迅速成长。

3. 收购提升公司价值。公司通过横向并购具备相同发展理念和核心优势互补的电子商务企业，实现了人才、市场的融合，也使公司快速健康地进入多元化经营领域。

4. 随着公司业务规模的扩大，需要完善在不同产品领域的供应链服务体系，对人才、管理和精细化服务的要求越来越高，这是制约公司未来发展的主要瓶颈，也是公司独特商业模式的核心所在。

案例九 奶联科技：开启奶牛养殖集约化经营①

背景：

2010年11月17日，内蒙古奶联科技股份有限公司（简称"奶联科技"）副总经理李兆林透露，奶联科技获得由深圳创新投资集团（简称"深创投"）牵头的数家机构共计近1.28亿元的投资，用于拓展该公司的牧业业务和提高公司的协同管理能力。

一、企业初始——"轻资产"运作

2001年～2006年那段时期被认为是中国乳业的一个"大跃进"时代，在那5年时间中，奶牛存栏年均增长率为18.7%，奶牛总产奶量年均增长率为25.4%，奶类总量年均增长率为24%，人年均占奶量增长率为23.5%，上述几大项指标的综合年均增长率为23%。产业链的下游格局在此期间被定格塑造，蒙牛、伊利等大型奶企纷纷崛起并划定版图。而在产业链上游，国家对奶农的补贴力度加大，奶牛开始大规模走进百姓家。一时之间，奶牛成为了"香饽饽"，不仅大户家庭养、小户家庭也跟着养。懂技术和不懂技术的，有条件和没条件的人也争着养，农户分散养殖占到了奶牛养殖的80%以上。

这时的中国乳业产业链上游是一片"原始丛林"，很多人都认识到里面可能蕴藏着巨大的商机，只是都苦于无从下手，但是"窥觑"的眼光却从没有离开过。

从中国农业大学毕业的李兆林、李正洪也加入了这一"窥觑"的行列中。他们在其间不断游走考察，得到一个强烈的认识——奶农们十分缺乏养牛技术。基于客户缺什么就为他们提供什么的想法，他们计划通过成立培训班向奶农传授科学养牛技术知识、推广高技术养牛产品的方式来开拓市场。2004年6月，蒙牛在港交所成功挂牌上市，也是在这年这月，他们创立了奶联科技的前身——内蒙古加牛科技有限公司。

从公司创立之日起，李兆林就有了一个单纯的防范风险的想法——"轻资产"运作。他设计的主要业务包括两块：一是代理国外种牛产品，另一个是对养殖户进行培训，而培训也正好可以促进产品的销售。"不进行固定资产投资，可以最大程度地降低经营风险。"李兆林回忆说，"建立公司时，我们只有三五个人。"

然而奶农似乎并不买账。他们乐于参与到加牛通过花钱邀请的中国农大甚至海外专家来举办的讲座，但是要他们掏腰包购买公司代理的产品，却并不容易。由于乳业的大发展，养牛的主力已经成为农区的农民。他们本是种地出身，一点都不懂畜牧养殖，只是在高收益以及政府的大力支持下才进入畜牧行业的。据说当时国家对养牛户的政策十分优惠，农户个人投入资金不多就可以启动项目。

在农民的心里，都有着一个根深蒂固的想法——养牛只是他们的一个增收的副业，能够增收最好，但是要他们大力投入，他们并不情愿。比如，买国外进口的冻精（用于奶牛受孕产奶），每年只要投入20元～30元，但如果购买国内的同类产品，甚至5元也可以解决，而他们之中的绝大

① 本文根据公开资料编撰而成，资料来源包括金融街PE资讯、中国经营网、奶联社官网、中国风险投资网等。

部分都会用这最便宜的产品来对付。

然而，奶牛养殖恰恰最马虎不得。养牛与种菜不同，这是一个系统工程，饲料、卫生状况、供暖等都必须面面俱到，缺一不可。奶农这种节俭的习惯带来的问题很多，比如产奶量低、产奶品质差等。据中美研究中心、中国农业大学动物科技学院李胜利教授的《中国原料奶调研报告》数据显示，集约化养牛场所产原奶乳脂率能达到3.62%，散户只有3.29%；规模化牧场乳蛋白率为2.94%，散户为2.89%。

不仅如此，散养还会导致其它很多问题。比如散养奶农的挤奶过程仍是手工挤奶，操作不规范，卫生水平也难以达标。在挤牛奶的过程中，奶牛乳房经常发炎，发炎之后就要打青霉素，打抗菌素后7天内产出的牛奶是要销毁的，但个体养殖很难保证这一点。

"我国牛奶生产的集约化程度低，奶牛以散养为主，组织化程度低，牛奶质量难以控制，这增加了出现产品质量安全问题的可能。"曾有业内人士表示。

这让李兆林和李正洪认识到，简单地为奶农提供养牛技术知识培训根本无法解决问题，也不可能使企业获得很大的发展。如果要改变这一现状，他们要做更多。

二、建立"奶联社"

游走在奶农、奶站之间的李兆林和李正洪开始放眼国外。他们开始研究那些乳业比较发达的国家的奶牛养殖模式。

他们发现在西欧，奶农在自愿的基础上组成各种形式的合作社，按合作社的章程实行统一经营、统一核算、利润分成。在印度，奶农自愿入股参加基层的村牛奶生产合作社，通过村牛奶合作社—地区联合会—总联合会的组织形式，把农村分散的牛奶收集到城镇加工，然后再运到全国各大中城市销售。合作联社一般都建有乳品加工厂，从乳品加工的利润中，提留40%用于扩大再生产，其余60%返还给生产者，一部分作为奶农股份和交售奶量的红利，另一部分用于补贴各种免费和优惠的社会化服务。再如在乳业大国新西兰，其乳业也是高度纵向一体化的，最低一级是农场主，上面一级是奶农合作社，最上面一级是乳业委员会。农场主拥有合作社的股份，合作社又拥有乳业委员会的股份。农场主把生产出来的牛奶卖给合作社，合作社又把奶卖给乳业委员会，乳业委员会通过它的全球营销网络把这些乳制品销售到海外。加工公司一旦从乳业委员会得到销售收入，就按照奶农向公司提供的鲜奶的多少把钱支付给奶农。

这些国外发达国家的养牛模式让李兆林和李正洪有一个强烈的想法——在中国，奶牛养殖也必须走"集约化"道路。

但是如何走上"集约化"道路呢？奶农手中分散的奶牛是之前国家进行大力补贴后走进奶农家的。一个途径就是从他们手中购买过来，组建养牛场。但是这样的投入是巨量的，而且奶农们还不一定愿意。以构建一个容量是1000多头的养牛场为例，购入奶牛就需要花费上千万元，再加上牛舍、设备、人员的投入，一个1000多头规模的养牛场需要投入3000多万元，这个需要的资金投入太高，是李兆林们所无法承受的。

经过反复比较国外发达国家的养牛模式，李兆林发现，国外的奶农几乎无一不是合作社的一员，他们拥有合作社的股份，是合作社的股东，有的甚至通过合作社持有下游乳制品加工企业的股份，成为这些加工企业的股东。通过这样的相互持股，奶农、乳制品收购企业、乳制品加工销售企业都被绑在了一根利益链条上，这对维护奶制品质量、让乳业上游分享到更多产业链的利润有很大的帮助。

这点对中国乳业上游产业参与者来说具有特殊意义，因为当时在中国整个乳业纵向产业链中，奶牛养殖生产、乳品加工、乳制品销售三个环节的投入比通常为7.5∶1.5∶1，利润比却为1∶3.5∶5.5。奶牛养殖需要的投入最大，获得的利润却最低，大量的利润被产业链中下游的加工销售环节截走，这极大地打击了奶农们养牛的积极性，更不利于原料奶质量的提高。国产奶源质量的不足限制了国内乳企向高端乳制品的衍生，造成国内高端乳制品市场份额被外企品牌长期大量占据的局面。乳企只能获得低端乳制品市场份额，加上相互间竞争剧烈，原料奶的价格被逐步打压，乳业上游的利润空间也进一步被压缩，这就造成了一个"共输"的恶性循环。

"让奶农成为产业链中下游的股东，打造中国的奶农合作社！"这个想法让李兆林、李正洪欣喜地看到了出路的曙光。成立"奶联社"，让奶农们以奶牛作为股东资本投入，由奶联社统一进行饲养、经营，通过专业化的饲养提高原料奶质量的同时也通过集约化降低成本，并增强向产业链中下游分享更多利润的力量。

李兆林首先将农民的每头奶牛按照产奶情况、年龄、体况、遗传状况分别打分，做出整体估价，再将每户农民的奶牛按照价格入股他创办的奶联社，农民每年按照入股比例可以得到分红。这样奶农一旦入社，实行的是零风险，每年可以获取20%的高额投资回报，这远高于奶农自行养殖所得的利润。比如年产4.5吨鲜奶的奶牛定价为5000元人民币，合同期为5年的养殖户，5年给养殖户利润5000元人民币，本利共10 000元，每年付2000元。年产4.5吨鲜奶以上和以上下的奶牛，定价及养殖利润按比例增减。合同到期奶农可以自愿退社，退社时领取入社奶牛本金。

不仅如此，虽然农民不会养牛，但是种地是他们的本行。奶农们把他们的奶牛作为股东资产入社后，奶农还可以和"奶联社"签订协议，用奶农家里的土地种玉米，"奶联社"负责收购。有合适的劳动力，也可以进"奶联社"当产业工人。

这样的模式得到了奶农们的响应。2006年底、2007年初，李兆林很快就在中国"乳都"——呼和浩特市的土左旗建设了首个"奶联社示范牧场"。而为了更好地对"奶联社"进行管理，体现奶农合作社的性质，李兆林和李正洪将内蒙古加牛科技有限公司更名为内蒙古奶联科技股份有限公司，并向"奶联社示范牧场"投资近2000万元。

这是实打实的"重资产"投入，相对于创业伊始的"轻资产"，李兆林和李正洪来了一个彻底的转身。

三、危机中的机遇

李兆林、李正洪推出"奶联社"后，并未一炮而红，而是一直不温不火，直到三聚氰胺事件后，奶联社迎来了巨大的发展机遇。

"三聚氰胺"事件在乳品行业内部被称为中国乳业的"9·11"，这次事件不仅使得乳品加工企业，甚至整条产业链都产生了巨大的震动并遭受了巨量的损失，也使奶企只注重市场、不注重奶源的局面被打破。事件发生后，"奶牛入户"的散养模式受到了广泛的质疑和反思。奶企，特别是像蒙牛、伊利、三元等巨头也不得不把更多的目光投向乳业的上游，寻找优质奶源成为了他们紧迫的任务，甚至成为关系到他们生存的大事。而也是在这个时候，李兆林、李正洪创立的"奶联社"进入了这些巨头的视线。

李兆林、李正洪在打造"奶联社示范牧场"时，利用集约化优势，大力引进国外先进的大型设施设备，实行科学化饲养、经营。“奶联社”为奶牛提供了干净舒适的卧床设施，便捷、干净和保温的饮水设施，带有电子精确计量和奶牛自动识别系统的高效挤奶设施及自由采食饲喂设施。除此之外，“奶联社”还为奶牛配置专业的饲养师和医疗团队，并通过与德国诺丁林育种公司（MASTERRIND）、美国环球育种（WORDWIDE）等国际一流的奶牛育种公司合作，全面推进奶牛品种的改良升级。

这些设施设备和专业团队以及集约化的模式为“奶联社”带来了无可比拟的优势。按照李兆林的测算，因为是集中饲养，“奶联社”在运营中降低了成本，平均每头奶牛每天比奶农自己饲养少投入1元～1.5元。产量也在增加，入社之前，农户平均一头牛产奶为4.12吨，现在增加到了5.23吨。

而且更为重要的是，这些设施和团队为“奶联社”生产高质原料奶提供了保证，也正是这样的保证吸引了奶企巨头之一的伊利集团的关注和接纳。2008年，“奶联社”因生产的原奶品质达到国际标准，成为伊利集团“金典奶”等高端乳制品原奶供应基地。2008年5月，“奶联社示范牧场”被推荐为伊利集团“2008奥运特供奶”原奶生产基地，北京奥运会期间有近1/3的运动员与教练员品尝到“奶联社”优质原奶制造的乳制品。而作为高品质的回报，伊利给予“奶联社”的采购价比普通市场散购奶要高出一元钱。

与伊利的顺利合作奠定了李兆林和李正洪继续走高品质路线的决心。他们提出了“养健康牛，产优质奶”的口号，并决定扩大饲养规模。2008年下半年，伊利集团与奶联科技签订共建20个千头牧场的协议，双方共同投资3亿元。合作牧场由奶联科技负责按照“奶联社”模式运营管理，这是伊利集团对外合作投资的最大项目之一。到目前为止这一投资共建计划已经初步完成，现在奶联科技拥有的牧场一共是25个，奶牛接近30 000头。而按照奶联科技提出的第二阶段目标，他们将要建设100个“奶联社”牧场，建设成为中国最大的优质奶源基地。

“三聚氰胺”事件无可质疑的是中国乳业的一场大危机，而奶联科技凭借自身设计的模式优势，在危机中打出了自己的品牌，并扩大了自己的版图，将危机转化成了机遇。

四、引入风投

急剧的规模扩张使资金成为了李兆林和李正洪最为头疼的事。要实现奶联科技第二阶段的规划，资金是最大的制约因素。尽管“奶联社”的发展资金来源除了自有资金外，还有政府政策支持与补贴、国内银行贷款等，但这些渠道获得的资金都是杯水车薪。正是在这个时候，奶联科技等来了深创投等风投机构1.28亿元的注资。

李兆林透露，奶联社与深创投的接触在三聚氰胺事件之前。2008年8月底，李兆林、李正洪率团南下，会面深创投的高层。2009年春节前后，深创投对奶联社的尽职调查接近尾声。2010年9月，投资奶联社项目在深创投内部获得通过。

深创投作为中国内资创业投资公司的“领头羊”，具有多年的投资经验和雄厚的资金实力。此次注资奶联科技，深创投北京分公司总经理刘纲说：“一头是销售规模超200亿元的巨型乳企，另一头却是70%～80%奶源分布在奶牛养殖散户手中，整个乳制品产业链上下游很明显地发展不对称，这也意味着在上游的奶源建设上，尤其是规模化、集约化、现代化的奶源建设上，有很大的发展空间。”

而奶联科技在得到注资后，将会在3年～5年内，通过自建、合建、收购、托管等形式，在呼和浩特市建成100个“奶联社”牧场，控制存栏奶牛10万～15万头。以此同时，奶联科技也将会打造自己的牧场管理系统，以实现统一资源、统一管理、统一采购，进一步挖掘规模优势的潜力。

五、“奶联社”的未来

国内关于“三聚氰胺”事件的反思，推动了奶牛饲养集约化的进程，而政府也在政策层面加速这一进程。2007年9月，国务院发布的《关于促进奶业持续健康发展的意见》，明确指出要加快推进养殖环节的规模化、集约化、标准化，逐步解决奶牛养殖规模小而散问题。“三聚氰胺”事件爆发后，发改委联合十二部委在2008年11月发布的《奶业整顿和振兴规划纲要》亦是明确要求推行产业化经营，积极扶持奶农专业生产合作社、奶牛协会等奶农专业合作组织的发展。

“奶牛的集约化饲养意味着农户要退出养牛行业，过去10多年大多数参与养殖奶牛的农户没有因为养牛而变得富裕，如今要他们退出，也不是简单采取强制性手段可以做到的。”奶联科技董事总经理李正洪说，必须采取如“奶联社”模式这样的有效措施确保农民继续参与奶业行业，才能有序地、从根本上解决我国散户太多的问题。”

目前海外发达国家的农业合作社占整个乳品加工产值的比重都很大，荷兰为85%，美国为45%，丹麦、瑞典、法国也都为60%以上。根据我国目前1300万头奶牛存栏量、80%散养率来计算，我国仍有上千万头的奶牛散养在农户手中。如果将其中的50%作股进入“奶联社”，可以打造5000个“奶联社”牧场。但与之对应的投入也将会大到惊人，因此，能否持续获得注资将成为公司持续发展的关键。

2010年8月和11月，新疆乳企西部牧业以及蒙牛原料奶供应商现代牧业分别在深交所、港交所挂牌上市，募资3.57亿元人民币和22.04亿港元。中国乳业上游的牧业公司正成为上市公司中一道新的“风景”。李兆林表示，西部牧业上市，给从事奶牛养殖的企业树立了标杆，表明除了蒙牛、伊利这样从事乳品加工业务的企业外，上游的原奶供应商也开始获得资本方的认可。奶联科技的“奶联社”模式实行的是奶牛入股，而非买牛，因此牧场数量扩张将会更加迅速，成本控制也会更有优势。奶联科技会是下一个西部牧业吗？这值得我们拭目以待。

六、专家点评

睿立资本董事长兼总裁吴忱：

这里我仅就投资亮点及项目风险做一些形而上学的观察：

1. 投资亮点

仅从本介绍材料来看，该项目有一定的亮点，主要体现在以下几个方面：

（1）项目所在地为中国三大牧区（新疆、内蒙、青海）之一，具有从事牧业的许多得天独厚的条件。

（2）项目所在地有众多乳品企业，更有蒙牛、伊利等行业巨头，具有产品（生鲜牛奶）的较短供应半径及较大市场需求。

（3）项目的商业模式易于规模扩张，有利于形成规模效益。

2. 项目风险

根据上述资料推断：本项目除一般牧业项目所面临的食品安全风险、动物疫病爆发风险、自然灾害风险、管理风险、客户集中风险等风险外，还存在着组织模式的风险。具体地说：这种以合作社为基础的组织模式，与股份制公司有下述几点明显区别，需提醒投资者及公司主要股东注意。

（1）经营目标不同。股份制企业以利润最大化为目标；专业合作组织具有追求利润和为其成员提供服务的双重目标。

（2）生产资料占有使用形式不同。股份制企业通过发行股票或募集股本形成企业的资产，财产的所有权与经营权相分离；专业合作组织所形成的组织财产承认其所有权不变，财产的所有权与经营权可以合一，也可以分离。

（3）管理原则不同。股份制企业一般对股东入股多少没有限制，股票可以买卖或转让，但不能退股，按掌握股份的多少决定权力的大小，实行一股一票的管理原则；专业合作组织一般对成员入股的多少有限制（高限和低限），各成员拥有股份的数量差别不大，股份只是入社的条件，不是有价证券，不能买卖，但可以退股，实行一人一票的管理原则。

（4）分配原则不同。股份制企业实行按股分红；农民专业合作组织则按成员与合作社的交易量分配为主。

（5）收益分配自主性不同。股份制企业是否进行分配以及分配多少，在遵循会计准则的前提下完全取得于股东会的表决；而法律规定合作社必须将可分配量的60%向成员返还再进行分配（合作社法规定：在弥补亏损、提取公积金后的当年盈余，为农民专业合作社的可分配盈余。可分配盈余按成员与本社的交易量（额）比例返还，返还总额不得低于可分配盈余的60%；按前项规定返还后的剩余部分，以成员账户中记载的出资额和公积金份额，以及本社接受国家财政直接补助和他人捐赠形成的财产平均量化到成员的份额，按比例分配给本社成员）。

深圳市卓佳汇智创业投资有限公司投资总监林晓帆：

（1）精准发现市场需求，搭建可行的解决方案：公司创始人对中国乳业产业进行了深入调研分析，挖掘出国内乳业上游存在的关键问题，并借鉴发达国家奶牛养殖的成功经验，搭建了符合中国国情的解决方案；

（2）专注做好商业模式：公司专注、专业地建立了第一个“奶联社示范牧场”，打造了一个全新的奶牛养殖模式，在危机中迎来新的机遇；

（3）创新＋复制＋成长，引来资金青睐：公司创新的经营模式，成功实现了奶牛养殖的集约化；对价值链的重新利益配置实现了模式异地复制；掌控了上游优质奶源，迎来快速成长期。

东方汇富创业投资管理有限公司高级投资经理王乐京：

这是一个传统行业进行产业升级的典型案例。

产业现状：产业链的几个环节，在生产端沿袭传统分散养殖的方式，规模小，水平低；在消费端，蒙牛、伊利已经建立起全国性的消费品牌。产业链两端的发展极不均衡，从而诱发了三聚氰胺事件的发生。

奶联科技很早就发现了市场对高品质奶的需求趋势，开始计划通过培训方式提高奶农的养殖水平，但收效甚微，原因在于奶农需求和市场需求并非一致，而且要提高所有分散养殖的奶农的整体水平难度很大。其后，通过奶联社方式，由奶农以奶牛投资，集约化养殖，统一管理，形成了奶农、市场需求、奶联科技三方共赢的局面。这个案例，很好地说明了商业模式创新对产业升级的意义。

案例十　拉手网：Less is More[①]

背景：

2010年12月2日，作为国内首个获得风险投资（投资方为“泰山天使”基金）的团购网站，拉手网宣布已获第二轮5000万美元的风险投资。据悉，在此前的第一轮融资中，拉手网就顺利获得来自泰山天使、CFF天使投资、Rebate Network及金沙江投资的1000万美元投资，加上此轮融资，拉手网已累计获得6000万美元的风险投资，公司估值已高达数亿美元。该网站于2010年5月25日正式宣布实现盈利，是国内首个宣布盈利的团购网站。该网站并于2010年6月4日正式宣布成功收购西安首家团购网站“团乐乐”（www.tuanlele.com），创造了国内首例团购网站并购案。

一、千团大战

曾几何时，eBay、Facebook、Twitter这些大获成功的国外网站，先后在国内“被本土化”为淘宝、开心网、微博，同样做得红红火火。如今新一波的“拷贝”风潮来自美国大受追捧的团购网站Groupon。何为Groupon模式呢？Groupon模式是一家团购网，主题是“每天一团购”，也就是每个城市每天推出一个团购项目，项目主要针对的是美容、酒吧、SPA等企业的服务，通过低折扣来吸引消费者的眼球，一般是3折～5折。只有团购人数到达要求团购才能成功，并且享受折扣。在线购买服务之后，凭打印优惠券或者短信到当地城市的企业消费。美国团购网Groupon迅速崛起吸引了不少互联网创业人士的眼球，一时间互联网复制风潮高涨，Groupon模式在短短的时间内复制到了欧洲多国，中国这个善于模仿的国度自然也在第一时间涌入多个模仿者。在过去几个月里，中国的团购网站，就像一夜盛开的梨花一样，快速发展到上千家并促成千团大战。截止到2010年8月底，国内初具规模的网络团购网站已达1215家。2010年国内团购网站数量如图2.6所示。

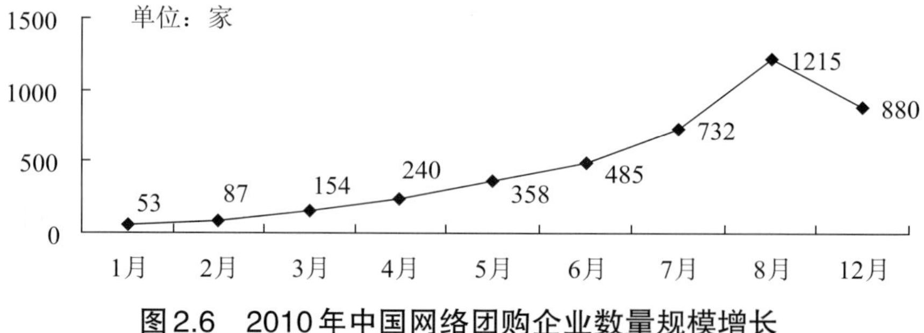

图2.6　2010年中国网络团购企业数量规模增长

① 本文根据公开资料编撰而成，资料来源包括中国风险投资网、腾讯科技、《中国经营报》等。

二、拉手王国的建立

（一）互联网创业的波澜

1992年，初出茅庐的吴波刚刚获得美国西密歇根大学的电子工程硕士学位，并在硅谷的AMD公司找到了第一份工作。那时的互联网还是“阳春白雪”，不像现在有很多程序可以用。吴波突发奇想，写了个基于Windows3.1的网络浏览器。周围的同事使用后，反响很不错，吴波就把它做成自由软件，经过简单加密后提供给用户注册使用。当时一个用户的注册费是29.95美元。让吴波惊讶的是，这个浏览器头一年就给他带来了20万美元的收入。这无疑坚定了吴波创业的决心。不巧的是，微软那时正在大规模进军浏览器市场，通过免费加绑定的策略轻易地奠定了其在浏览器市场的霸主地位，也使得吴波没法直接做PC浏览器，一下子失去目标。最终吴波选择了VCD作为突破口，开发针对VCD产品的嵌入式浏览器，并在1997年正式成立影力驰公司——这正是他后来创办多个互联网网站的母体公司，并在成立当年就实现了盈利。

1999年前后，美国掀起了回国创业的热潮，吴波也是其中的一员。当时中国的互联网正处于爆发式发展的阶段，市场环境瞬息万变，吴波创立的焦点网未能超越新浪、搜狐、网易三大门户网站，而2000年突如其来的互联网泡沫破灭，让他感觉游戏要结束了。可是吴波并没有放弃，他看到房地产市场还很空旷，于是决定向房地产垂直网站转型。2003年非典时期，广告销售开始逐步好转，最困难的时候，就是曙光将要来临的时候。2004年初，吴波亲手养大的焦点房地产网被搜狐收购。吴波的互联网创业可谓跌宕起伏，但这些都难以消磨他对互联网创业的信心。2000年的中国互联网时期给了吴波非常宝贵的经验，那一年，他还不到40岁。

（二）十年锤炼的决心

从2006年开始，智能手机开始在市场中普及，2007年～2008年，移动互联网的应用也开始爆发。吴波的团队从2007年就开始关注移动互联网，着手研发iPhone上的各类应用，其中很多应用都在App Store上排名前列。虽然这些应用都有大量的用户，但是能拿这些用户做什么？吴波遇到了难题。在客户端直接放入广告肯定是不行的，因为移动互联网应用还是由用户主导的买方市场，如果破坏了用户的使用体验，肯定会被用户抛弃。吴波对拉手网的摸索直到2009年才开花结果。2009年3月，吴波看中了基于移动互联网又整合SNS（Social Networking Services，即社会性网络服务）元素的Foursquare。通俗地说，在Foursquare这种模式下，你能通过“踩点”（预先到某个地方进行考察），随时随地通过移动互联网（比如手机）登录该网站分享自己的心得体会。比如哪个商场正在打折，可以分享给自己的朋友，也可以寻找有同样兴趣的朋友。Foursquare给了他新的灵感，做了同类产品“拉手四方”，但用户黏性不足，发展过缓。随后当他们发现Groupon的模式时，眼睛一亮——Groupon基于互联网，具有极高的用户黏性，这正是拉手四方极好的改良方向。研究了Groupon和Foursquare之后，他们决定做一个基于这两种模式的尝试，做一次“嫁接式”创新。找到方向的快感甚至比盈利带来的喜悦更让人激动。

2010年3月18日，农历二月初三，“龙抬头”后的第一天，吴波的拉手网上线了。吴波认为它是集合了Groupon和Foursquare各自的优点的“低价折扣网站”：首先拉手网每天针对不同地区推出一款低价团购，内容以餐饮、服务为主；其次还将向用户推送消费折扣信息；另外，用户还可以通过手机“报到Check-in”自己所在商家，将线下资源与线上交流结合起来。取“年年有余”之意，拉手网的第一单生意是办公室楼下餐厅的“开口笑鱼头王”，一共卖出了58份，尽管这第一单只有几十人的数量，但是在“时间国际”这个并不被人熟悉的办公区里，这一人数已经显示出了团购的魅力。吴波笑言，这也是个很吉利的数字。

到2010年5月，拉手网已经有了20万元左右的盈利，主要来自于商家给拉手宣传推广费用。目前拉手网每天推出的团购产品销量维持在500～2000单之间，利润率保持在10%～15%。6月9日晚，拉手网宣布100个城市将同时插上拉手团购的大旗。一个城市建站的成本是3万～5万元，一个站5～10个人，平均100城市的上线就要300万～500万元人民币，这样的花费无论是资本还是规模的门槛都是很高的。显然，拉手网是想要利用资金优势抢占市场制高点。

（三）盈利模式：收推广费，而不是分成

拉手网目前和商家主要的合作分成模式并不是低买高卖拿利润，而是商家根据团购单数给提成费。首先，双方会约定一个团购单数上限，比如100单或100单以上，拉手网能拿到每单3%以上的提成，如果达不到这个上限就拿不到提成。吴波坦言，目前的提成都在10%以下，“现在并不以赚钱为核心，而是以吸引用户为核心，因此这样的提成费用只是跟一部分商家拿，如果商家给我们提成是以涨价为前提，我们就不收。”吴波的团队在焦点房地产网中积累的地面推广经验以及线下的资源都给了他很大的帮助。对于商家的选择，吴波表示每一个都是试水的过程，因为每个行业都很深，需要首先去了解这个行业的情况，然后再去试。对于团购网站来说，大多提供的是服务类产品，具有很强的区域差异化，因此只能一个个地在城市铺开。这是一件非常具有挑战的事，吴波笑言这就像是一场“解放全中国的战争”。

三、双剑合璧——与泰山投资结缘

“泰山天使基金一直很关注全球的互联网发展趋势，对Groupon也关注了有半年时间，并且对SNS新型团购非常感兴趣，在把中国的团购网站都仔细研究一番之后，决定对拉手网进行投资。”泰山天使基金陈亮认为，“Less is More”是一个新的趋势，例如Groupon，每天只给你一个选择的时候，反而有更多人愿意去选择这个推荐，当Twitter每个信息只有一两句话的时候，在相关的人中更容易接受，所以最近发现的竞争模式，不是做加法而是做减法。当你把一个商品做成商城模式的时候，反而降低了运营的效率同时降低了网站的吸引力。

泰山天使基金合伙人杨镭也是吴波的一个很好的朋友，两位一拍即合。一方面从融资资金上给拉手巨大的支持，另一方面在日常的运营和渠道市场合作等方面也提供大力支持，泰山充当着一半投资人一半公司创始人的角色，立志于把拉手网带上一个新的台阶。

泰山天使基金非常看中拉手网管理人员的执行能力和创新能力。执行能力，包括地面的推广和售后的服务能力。如果售后商家对客户有缺斤少两的事情应该积极处理，一系列的服务都得做到位，包括400的号码、服务的跟踪、企业回访等等。陈亮表示：“团购网站的创新能力是很难的。不像是一个Twitter，并非宅男宅女天天泡在网上做好就行了，而做团购不满意就会有电话来投诉。对于团购网站来说服务和模式的创新是关键，而除了这两方面大部分公司都是为这个市场添砖加瓦，烧些钱就消失了。”

泰山基金投资了很多家电子商务的网站，并让其中一家高端奢侈品电子商务网站与拉手网合

作。拉手网帮该电子商务网站推了一款代金券，吸引了上千名代理商来购买，通过一天的团购，为他们拉来了有消费意向的客户，也进行了市场推广。吴波认为与 VIP 等进行合作是非常好的商业模式，能更集中找到消费者，更好地被消费者所了解。

四、成功秘笈

团购网站如此集中的能量爆发，堪比当年的“聊天室”、“校内网”和“偷菜”。但这是一桩可以快速挣钱的生意，而且团购网站看似门槛很低，成本也不高，甚至一个人也可以干。这是否预示着，人人都可以在新兴的网络团购这个行当里掘金？虽然团购模式的优点在于盈利模式清晰，但其缺点也在于模式过于清晰，导致同质化严重。作为第一个获得风险投资的团购网站，拉手网为何能从千团大战中脱颖而出获得 VC 们的青睐，让我们来解读创建者吴波的成功秘笈。

（一）独特的“G + F”模式

吴波发现，目前国内所有的团购网站都面临同一个问题——用户忠诚度不高。“一句话，不够粘。用户随时会上来看看有没有想买的东西，但也会因为没有目标随时走掉，很难长久留住用户。”吴波的团购蓝图与国内其他的团购模式不太一样的地方，就是把用户在拉手网上的使用习惯分为两步，第一步是通过 Groupon 模式将用户吸引进来，第二步则是通过 Foursquare 模式将用户黏住。对消费者而言，Groupon 有一个足够直接的切入点，用户看到满意的折扣自然会被吸引进来，同时大量的购买需求也会使商家愿意将产品放到网站上。但是仅有低价还是不够的，网站需要更忠诚的用户才能得到持续发展。Groupon 和 Foursquare 在美国上线不久，就被人们视为互联网盈利的两柄尚方宝剑，拿到中国来，Groupon 明显比较简单易行，但是 Foursquare 在中国是否可行呢？吴波是这样考虑的：目前中国的移动互联网用户还没那么多，Foursquare 模式要想在中国起步，只有简单易行才能受人追捧。于是，为了吸引顾客增加黏性，拉手网决定：不一定要在手机上踩点，在互联网上踩点也可以。同时，他还对 Foursquare 模式进行了微博化。在拉手网的页面上，还设置了一个仿新浪的微博平台，博主主要是北京经营各种产品的商家，在这里你可以去关注的你感兴趣的商家，并成为其粉丝，然后可以去商家那儿踩点，当然这一切也不是白踩，到一定程度你会得到被关注商家给你的优惠价格及其优惠商品。在用户踩点的过程中，拉手网又能从其中得到什么样的利益呢？这个界面上的所有商家，会在这里与用户直接沟通并推广其产品，因此日后这块会成为拉手网一个广告收入的来源。但是现在，拉手网的团购界面则不会放任何广告，因为吴波认为那样会影响用户体验。

Groupon 和 Foursquare 是用户需求的两端，Groupon 是基于位置的，只不过它把位置模糊化了，将时间设定为一天；Foursquare 也是基于位置的，它把位置精准化了，但时间被拉得更长。用户的一次选择可能是基于位置的也可能是基于时间的，但是对于服务业来说，他们需要同时把握不同用户基于位置和基于时间的需求，所以吴波就把拉手网的核心竞争力定位在‘为服务行业提供服务’。

对于商家来说，节假日做活动、打折扣，就会用到 Groupon 的模式，平时需要用小活动吸引用户时，还可以通过拉手网上新建的微博社区将用户变成商家的粉丝，并随时向用户发布优惠信息；从用户来讲，既需要 Groupon 式的团购折扣，也需要通过 Foursquare 的方式获得平时生活中的小优惠。

拉手网正是凭借"G＋F"的模式，在"千团大战"的混乱局面中率先获得了投资。

（二）攻城略地 闪电式推广

团购网站由于模式简单易复制、运营成本低被认为是个低门槛的行业，但吴波却认为这是一个高门槛的领域，高就高在规模上，只有扩大规模才能迅速树立起壁垒，并与众多对手们拉开差距。凭借着快速跑马圈地，拉手网覆盖的城市已达100个，并以20%的市场份额领先。吴波的目标是，2011年底扩张到380个城市，"3G信号能到的地方我们都去，我们现在关键不是盈利，我们要占地盘占份额，要在尽量多的城市做到第一。"

除自建北、上、广、深等城市队伍外，拉手网还收购了西安团购网站团乐乐，成为国内团购领域首个并购案，随后2010年6月9日宣布同时上线百个城市。其拓展城市的渠道主要为两种：一是收购当地团购网站，目前拉手已收购西安团乐乐，预计还会有进一步收购计划；二是在当地增设分部，派驻市场拓展人员。据统计，每增添一个城市，需要销售、财务、推广等共5～10人，成本较高。

不过，百城同时上线不仅仅考验的是公司的资金条件，还在考验团队的地面推广能力。吴波表示，拉手网在百个城市同时上线时，已经在3个月前派先头部队去各地潜伏作战了，包括与当地商家谈合作，了解当地的互联网使用情况，甚至了解当地的民俗文化。因为在中国做团购的难度要远大于美国，各地的文化不同就导致消费习惯不同，就要求产品具有地方特色。这一切对拉手网都意味着极大的挑战。要给用户很好的线下体验，这就需要有强大的运营团队。在吴波看来，团购网是中国互联网有史以来最难提供用户体验的一种网站，"购买是在你的网站上，但是消费在第三方在商家那里，不是哪个公司能够内部控制得住的。"他认为，"中国的现实就是，要想提供很好的服务，就要有大量的地面人员，所以我们坚定不移地不断加人，不断扩充地面团队。"据吴波透露，拉手网在全国的人数已经超过500人，"估计2010年底之前超过1000人。"

另外，百城同时上线也让拉手网感到了急行的压力，比如"服务器慢得像蜗牛"。吴波承认了这一窘境，他同时表示类似这样在硬件与软件上的完善将是拉手网不得不面对的问题，需要一步一步地去解决。事实上，一天要上100个产品，就如同饭店的100道主菜，稍有差错就会大乱。而团购的过程本身是一个从团到体验需要很长周期服务的过程，如果某一环节出现差错，都会对顾客体验和公司品牌造成影响，这也是拉手网将不可避免地面对的问题。

除大规模扩建外，吴波还舍得"烧钱"做市场推广提高曝光率，在父亲节前20天，拉手网推出"-1元团购iPad活动"，共送出百余台iPad价值50万元人民币；与江西卫视等地方性电视台一起做消费类栏目；并在上海等大城市的地铁站安排"拉手宝贝"，利用美艳的比基尼女孩儿推广拉手品牌。然而大规模推广的背后是极高的资金支持，拉手网现在每个月要烧掉100万元人民币用作推广。其中，拉手网与传统媒体江西卫视的深度合作也开辟了广告团购的先河。传统电视的饮食节目都是采用投放广告盈利的模式。由于价格比较贵，大的商家可能会偶然做几次，小的商家会比较犹豫，对电视台来讲钱太少了也不愿意做。现在拉手网把卫视节目、网站团购和市场推广结合在一起。商家做节目不需要付费，只需赠送消费券，以前给消费券都是赠送给客人的，商业意义不大。但这次有了商业意义，商家通过拉手网把消费券卖出去，带来更多的客户，对商家来说也是个创新的模式，因为给消费券可以做升级服务，比如美容可以做季卡，体验比较好。对于电视台来说原来是广告服务，现在使用消费券，再打个折扣也是盈利的，这是多赢的策略。节目的形式也做得很活跃，以前基本是介绍饮食，现在每一期的主题都不一样，包括美容健身等，大家在网上参与就会被抽到现场去，吸引了大家的眼球。Groupon模式网站的实力取决于团队的商业谈判水平与网站在各地区的落地效果。与当地电视台的合作可在一定程度上增加其谈判筹码和提高传播效果，是团购网站拓展二、三级城市市场的新突破点。

此外，拉手网还与英文杂志《City Weekend（城市周报）》合作搭建英文团购网站flashbuyhome，面向北京、上海、广州三地外籍用户提供团购活动。不仅开辟了外籍人士市场，也将为未来拉手网进军海外市场做好铺垫。

（三）突破传统　一日多团

2010年9月15日，拉手网全面升级，采取一日多团的新模式，在同一天的主页面中向用户推出多款团购活动。拉手网这一动作不仅再次突破了国内团购行业一直以来一成不变的商业模式，更是跳出了对团购网站鼻祖Groupon的一味模仿，自成一体，首创了一日多团的新型团购模式，这是拉手网第二次向传统的团购模式发起挑战，这种敢于在理论中不断创新的精神也无疑给国内互联网做出了楷模。吴波表示，拉手网在一个地方销售的队伍是其他竞争对手的5～10倍。拉手网在上海，销售团队有五六十人，这些人每天的任务就是帮大家找好吃、好喝、好玩的，然后把折扣要低。北京、上海市场很大，城市规模很大，好餐厅很多，推出一日多团也就水到渠成了。

五、结　语

目前团购网站在国内已有上千家，其中搜狐、大众点评网及58同城等知名企业也大举进军团购。但和世界杯一样，参加预选赛的有很多，能进入决赛阶段的只有32强，冠军只有一个。吴波的愿望是让拉手网成为全中国最大的，面对中国服务业的，基于位置的，覆盖互联网及手机的电子商务平台，前景美好，但道路还很长。

六、专家点评

湖南新能源创业投资基金投资副总监曾文兵：

互联网行业从来就不缺机会，缺的是能够抓住机会的商业模式和运营团队。拉手网的优势：创始人具有丰富的企业运作经验和敏锐的行业嗅觉；初步建立起一个适合中国特色的盈利模式，并积极塑造行业门槛。同时，团购网也是一个瞬息万变的行业，能否针对行业的变化迅速摸索出与之相应的经营方式，并长久地吸引住消费者就成为了团购行业最大的考验。

当然，我们都愿意看到一个在资金大力推动下积极赢得市场份额并迅速盈利的拉手网。

河北科技风险投资有限公司项目主管庄征宇：

1.“嫁接式”创新成为一种重要的创新模式。现实世界创新创业的竞争已渗透各个细分领域，要想突破各种知识产权或品牌壁垒进行创新，尤其是达到原创水平又能为市场认可的创新更是极其困难。拉手网集成Groupon和Foursquare两种模式，是一种跨界嫁接式创新，奇思妙想、巧为安排也一样不失创新水准，为其他在苦觅创新路径的创业者提供了宝贵的借鉴。

2. 抢占市场制高点。拉手网要在100个城市同时插上团购大旗，并要匹配大规模资金投入。抢占市场制高点的战略是无可非议的，但战术上各有各的高招。吴波焦点网的成功在于其专注和专业，构筑起特殊的门槛，使巨头们不好快速超越。拉手网调动用户踩点的积极性，灵活运用

“G ＋ F”的模式，基于位置的、覆盖互联网及手机，在时间和空间上提供了更多选择吸引用户和商家，可更好地控制成本。免费消费券升级、与电视台及杂志的合作等营销措施，是本土化的创新亮点，事半功倍。

3. 小建议。由于单纯的模式创新容易被模仿和超越，所以团购网更应加强特色“内容”的丰富性和可持续的地区热点发掘能力。由于就一些全国通用、易贮运、时效差的商品，团购网在用户人气、物品品种等方面比很多电子商务巨头并不具有优势，建议为更好实现区域差异化特色，应提高地区特色服务产品以及基于当地便利物流可解决的产品（时效强或保鲜要求高等）的团购产品比重，以突出的特色优势保持并不断提高用户黏性。另外，区域性产品当中很多细分服务或产品，可以采取合纵策略同现有的其它区域性经营商灵活合作，快速丰富团购产品线，掌控各地适合团购的“商品源”，在各地目标受众当中提高拉手网品牌的知名度、美誉度和忠诚度。

中兴合创资本管理有限公司副总裁郑强博士：

拉手网，全球首家团购与签到相结合的团购网站。从2010年3月成立，到2011年1月，拉手网注册用户数量已经突破300万，月均访问量突破3000万，开通服务城市超过100座，2010年交易额接近10亿元，并且仍以每月100%的速度成长。在不到1年的时间，拉手在号称“千团大战”的团购市场中脱颖而出，成为截止到2011年2月国内最大的团购网站。2011年2月，拉手网宣称获得了几乎是同行融资总和的新一轮融资，估值上升至几亿美元。

成立后3个月，拉手网就结合国内市场形式，创造了属于中国“本土化”的Groupon+Foursquare模式（团购+签到）。如今，拉手网又在主页面中推出了一日多团的新型模式。可谓是国内团购网站中的创新型选手，同时这种敢于在实践中不断创新的精神也无疑给国内互联网产业做出了榜样。

2010年11月，在“2010 Red Herring亚洲百强”的评选中，拉手网获得“亚洲最有创新、最有潜力的一百家公司”头衔，树立了国内团购行业第一的标杆。此次评选，亚洲地区仅有拉手网一家团购网站获此殊荣。

截至目前，拉手网无论是从公司规模、商业模式还是服务质量方面来说，都已经跃居成为团购行业中的龙头老大，成为中国最大并且首个向用户承诺零风险团购的网站。

第三章　蓝海开拓

通过W·钱·金和莫博涅的著作，蓝海战略逐渐被世人所熟知。面对日益拥挤的产业市场，硬碰硬的竞争只会让企业陷入血腥的“红海”，开拓蓝海成为企业界越来越关注的重点。

在本章的五个案例中，3G门户、蓝海电视、生工生物、北森公司、国康网都身处相对成熟的领域。通过重建市场和产业边界、挖掘潜在需求，他们找到了全新的市场空间，从而实现了企业自身价值和买方价值的共同飞跃。

案例十一　3G门户领跑移动互联网①

背景：

2010年7月6日，国内首家免费的WAP网站——3G门户宣布完成第三轮融资，本轮风险投资方由中国宽带产业基金、集富亚洲、美国中经合集团以及IDG风险基金四家组成，数额达数亿元。其中，中国宽带产业基金领投，其他投资方跟投。中国宽带产业基金董事长、原中国网通创始人田溯宁将担任3G门户的董事。3G门户的本轮融资是2010年互联网领域单次融资数额最大的一笔，它标志着移动互联网的时代已经到来。

一、行业的领跑者

（一）永远比竞争对手早

3G门户创立于2003年，由广州久邦数码科技有限公司开发创建，美国著名风险投资公司IDG注资。自2004年3月上线以来，在短短几个月内注册用户数量超过百万，至今超过1.4亿户。3G门户是目前国内最大的免费WAP网站，开创了移动互联网上独立的免费WAP模式。

作为3G门户的主设计师，邓裕强对移动互联网的发展有着敏锐的判断力。最初，在移动互联网行业没有人做门户，邓裕强第一个想到移动互联网上需要独立的门户，因此3G门户应运而生，并创建了独立的免费WAP模式。在3G门户取得空前成功后，后来大家都效仿3G门户。而此时3G门户开始做社区，于是大家都跟着做社区。在3G时代即将来临的时候，邓裕强凭借他敏锐的嗅觉，意识到文娱内容将会是3G时代最受欢迎的应用，3G门户已经在储备“干粮”，它投入巨大资金成立了国内领先的流媒体开发技术团队，国内第一部手机FLASH大片《大话G游》由此产生。

邓裕强内心深处对自由的向往是其创新能力的不竭源泉。“做SP是像做一个华山派弟子一样，

① 本文根据公开资料编撰而成，资料来源包括IT商业新闻网、中国商业电讯、中国经济网、新浪科技、中国风险投资网等。

要一步一步，每天都要勤学苦练，或是根据什么游戏规则，做到高一点的职位去得到成功。但做独立的WAP，更像令狐冲或杨过，在江湖上闯荡，自创，发挥自己的想像力，根据自己不同的机遇，把新的想法创新出来。”

（二）对行业深刻的理解力

良好的用户体验是互联网企业取得成功的关键，这点在传统的互联网行业中已经得到验证。在移动互联网行业当中，用户体验的好坏也决定一个网站的成败，3G门户深刻地意识到用户体验的重要性，并且把提供良好的用户体验贯彻到方方面面。

在3G门户发展之初就坚持用户体验至上的原则，坚持做免费的WAP网站。3G门户迅速积累人气，短短几个月注册用户就超过百万，形成数量庞大的用户群体。3G门户“用户体验至上”的理念在其自身开发的14款客户端软件上表现得更加淋漓尽致。因为它深刻地理解到在以手机终端为核心的大互联网时代，要想抓住客户，就必须抓住客户的手机。同时，移动互联网有一个非常重要的特性——转移成本很高。由于手机的便携性和贴身性，用户很容易形成对某一客户端软件的品牌粘性。3G门户开发了涵盖视觉、听觉、触觉等一系列手机软件，牢牢地将客户归于旗下。

目前，3G门户拥有包括GO浏览器、GG Book、GG游戏、GG音乐、布啦客等在内的14款软件，能够让用户除了拥有视、听、说的立体感官享受以外，更能通过手机购买彩票、飞机票，写微博等。可以说，在3G门户上，只有用户想不到，没有它做不到的事情。尤其值得一提的是3G门户自行开发的GO浏览器，它能够将文字图片压缩达到90%，最大程度地减少流量，从而做到为用户省钱。并且GO浏览器能够在3秒～4秒内打开WWW与WAP的大型网站，实现超速上网。它采用了二维和三维的界面技术，颠覆原始的手机浏览器的设计，也融合了本土的用户习惯，时尚便捷的界面深得网民喜欢，实现手机炫酷新美学。

二、移动互联网将引领一个大互联网时代

如今，在地铁里、公车站、马路上到处可以看到塞着耳麦、低着头把玩手机的人们，他们当中有时尚的年轻白领，有仍然背着书包的学生，更有事业有成的商务人士。通过手机终端，人们可以浏览最新的资讯、阅读最新连载的小说、玩最潮的网络游戏……而这些在以前都是无法想象的，手机俨然成为一个移动的个人电脑，移动互联网的时代已经到来。

（一）肥沃的土壤

作为世界上第一人口大国，中国拥有世界上数量最多的手机用户。到2010年，中国的手机用户数量将达到7.4亿。截至2009年底，中国手机网民已达到2.33亿人，移动互联网的市场规模达388亿元。在388亿元的收入中，手机用户为各种产品和服务支付的费用为153.36亿元，同比上升65%，市场收入将达781亿元，同比上升超过100%。庞大的用户数量为中国移动互联网行业的发展奠定了扎实的基础。

目前，移动互联网的用户群已经形成了鲜明的特色——以年轻一族为主。首先，用户群中以男性为主，2010年移动互联网网民男性性别比例为80.3%，性别比例差距依旧较大。其次，年龄结构分布较集中，低龄化成为用户群体的重要特点。据艾瑞咨询测算：18岁～24岁的网民占比过半，达到57%；25岁～30岁的网民占比为23.2%；而40岁以上的用户比例仅仅有2.1%。最后，高

学历用户群增速较快。据艾瑞测算：移动互联网用户当中大学本科以上的用户占比22.9%，专科占比20.9%，高中学历占比为27.9%。手机网民的结构变化酝酿着新的需求，移动互联网企业不仅应该在内容与服务方面进行调整，而且也需在移动互联网的营销推广方面进行调整，采取适合多数网民的策略。

（二）大势所趋

2009年可谓是中国移动互联网非常热闹的一年：3G的商用、运营商的重组、各类手机应用下载平台的推出……这一系列的举措使得包括政府、处于产业链中的运营商、服务提供商等聚焦中国的移动互联网市场。

如果说2009年是移动互联网的进入年，那么2010年是移动互联网的起始之年，是移动互联网行业快速发展、聚拢资源的一年。手机的贴身性和便携性、移动互联网技术的不断发展、各类应用软件的不断涌现将带领移动互联网行业进入一个快速发展的通道，移动互联网将引领一个大互联网时代的到来。移动互联网将占据大互联网产业中最中心的黄金地带，即基于手机服务的平台也将是最重要的平台。在不久的将来，手机上网用户的数量将超过电脑上网的用户数量，手机流量也会超过电脑的流量，将来会是以手机为核心的大互联网时代。依托数量庞大的用户数量，中国移动互联网行业将迎来一个春天。在这个充满希望的春天里，可否孕育出移动互联网行业的巨头公司，将是行业的悬念，同时也可能为行业带来惊喜。

三、VC对3G门户青睐有加

（一）三次“亲密接触”

早在2004年3月16日，3G门户便开始了与风投的“亲密之旅”。在刚度过一岁生日之后，3G门户便获得国际著名风险投资基金IDG数百万美元的风险投资。2006年上半年，凭借庞大的用户基础以及良好的品牌效应，3G门户再次获得1000万美元的风险投资。2010年7月6日，3G门户宣布第三轮融资成功。本次融资由中国宽带产业基金领投，IDG风险基金、集富亚洲、美国中经合集团跟投。毫无疑问，相对其他移动互联网企业来说，3G门户的融资之路是顺利且幸福的。

（二）与VC的“不解之缘”

3G门户与风险投资机构的缘分始于一个投资经理的女儿，据说，那位经理看到女儿用手机上网便询问她上的是什么网站，女儿告诉爸爸，她和她的很多同学都经常上3G门户的网站。嗅觉敏锐的投资经理意识到这其中的商业机会，几经周折找到了3G门户的创始人——张向东和邓裕强，并表达了他们的投资意向。就是这样，3G门户开始了与风投机构的缘分。

移动互联网企业如此之多，缘何风投对3G门户青睐有加呢？

首先，风险投资机构看到了移动互联网广阔的发展前景。他们意识到以后将会是一个以手机为核心的大互联时代，而引领这个时代发展的便是移动互联网。3G门户是移动互联网行业中第一个独创免费的WAP模式，也是第一个做移动互联网行业的门户网站，它是中国移动互联网行业中的先行者和领导者，风险投资喜欢选择“第一个吃螃蟹的人”。

其次，3G门户的管理团队深深吸引了风险投资。邓裕强、张向东13年前还仅仅是北大校园里的两个普通的学生，如今身为室友的他们已经成为事业上的亲密搭档，两人目前分别担任3G门户的CEO和总裁。3G门户的管理团队是一个不仅具有创业激情，而且具有扎实的技术实力和商业开拓能力的互补性组合，也正是这点吸引了风险投资机构。

四、打造自己独特的魅力

（一）数量庞大的“粉丝团”

作为手机上网免费模式的开创者、国内最大的WAP门户网站，3G门户自上线以来就获得市场认可。目前，3G门户注册用户超过1.4亿，网站每日流量超过6亿PV，3G门户的用户量和流量均占整个WAP网站的1/4，超过第二名到第七名的总和。目前，3G门户拥有近70个频道，涵盖了资讯类、专题类、流媒体类等等。日点击量1610万次，单日广告点击量最高达31万次。新闻频道平均日点击量4500万次、娱乐频道日均点击量达1600万次、音乐频道日均点击量达2100万次，拥有活跃用户250万人。

2006年的世界杯，是移动互联网第一次和足球的真正相遇。在2006年世界杯期间，通过手机“收看”3G门户世界杯频道的点击量突破了800万，其专门针对世界杯的FLASH动画短片《GG玩转世界杯》更是人气飙升。目前这部动画短片已经连续制作了七部，而截至第四部的点击量已经突破了百万级别。

（二）过硬的技术实力

移动互联网网站如此之多，为什么手机用户热衷于3G门户？3G门户又凭什么拥有如此多的“粉丝”的“簇拥”？这一切都得归功于3G门户过硬的技术实力。

目前，3G门户已经独立开发出了包括GG Book、GG Game、Go浏览器等在内14款手机用户端，满足手机用户的不同需求。手机用户只要登录3G门户的网站，不仅仅能够得到诸如阅读、看视频、听歌等一般移动互联网网站能够提供的服务，而且他们还可以通过3G门户制定手机票务、在线购买彩票、发布微博等特殊的服务。这14款客户端软件或将成为移动互联网行业当中软件的标配。另外，3G门户已经获得国家颁布的包括《信息网络传播视听节目许可证》在内的各个证照。

GG Book是3G门户推出的集搜书、看书、藏书等多功能为一体的手机免费读书软件，用户在手机上通过GG Book可以看到十几种分类近三十万本的精品小说；GG Game集合了四款游戏，用户既可以单机玩，也可以联网玩，并且每款游戏的游戏地图中可承载图形化的广告内容；GG财神爷是3G门户独立开发的证券实时行情分析软件，用户可以在手机上实时查看沪深证券的实时行情，港股外汇基金行情等。而且在这款软件当中内置了3G门户的财经频道，为用户提供了全面的股市资讯；手机用户可以通过GG Ticket、3G购彩通进行订购手机票务、在线购买福彩体彩以及足彩；布啦客这款软件则是在当前“微博”大趋势之下应运而生。布啦客是目前手机上最流行的微博产品，手机用户使用布啦客可以即时发表其所见所闻、心情记录、拍照并飞速上传。

（三）独特的定位——娱乐、技术、商业模式、战略升级

从2004年成立之初到2010年，3G门户的方向从未改变，那就是最大限度地挖掘和发挥手机的价值。手机成为互联网接入的核心终端，在大互联网时代的趋势已经日益显现，立足用户的手

机体验也一直是3G门户的自身定位。3G门户就是想做成手机互联网上的大平台。在2006年3G门户成功获得第二轮风险投资的时候，就确定了“门户＋客户端软件”的双核心发展战略。直到2010年手机时代的真正来临之际，3G门户改变了以往的两只脚走路的战略，转向“从门户到平台”的战略。它最早看到手机应用的平台价值，3G门户想做成一个具有平台价值的公司，一个用户获取资讯、内容分发的平台，一个应用的平台，也是一个商务的平台。“从门户到平台”的战略升级，是3G门户对自身价值的精准定位。

3G门户除了在战略方面不断地求新求变以外，在商业盈利模式方面也不断地进行探索。从2004年公司成立到2006年，3G门户以传统的邮寄汇款作为盈利模式，以广告为主，附带彩铃等。从2006年开始做专业的门户网站、开发各类客户端以来，3G门户积累了大量的用户。有了用户流量的支持，它也正在探索新的盈利模式，邓裕强表示，流媒体娱乐和在线网络游戏将是主要的盈利模式之一。

目前，广告收入仍然是3G门户的主要利润来源，占比达到70%左右。相比其他手机广告模式，3G门户的手机广告有其自身的特点和优势：首先，3G门户的活跃用户的平均上网时间、次数、浏览和下载量均比收费网站要多很多。因而对广告主来说，在3G门户上做广告效率更高，用户心理接受程度也更高；其次，杜绝垃圾广告。以往的手机广告都是通过短信方式发到用户手机上的，这非常容易让用户反感。而在3G门户上做广告的效果是来自用户真实在网上浏览的，自觉和主动接受的。因而，3G门户的广告相对来说是更高效和实用的。特别值得一提的是，3G门户的用户数据都是基于用户自愿登记和接受的，其中包括其手机号和型号，因而不仅准确度高而且合法；最后，3G门户还可以帮助广告主实现数据库营销。在移动互联网上做广告的一大特点就是高度的精准性，用户的每一次点击都被实时完整地记录下来。3G门户可以根据用户的点击习惯和次数进行用户群分析，跟踪用户群的消费习惯。从而，广告主可以在任何时候找到最合适、最新鲜的目标客户群。每一个品牌可以借助3G门户实现不断的增值，将用户积累起来，进行不断的沟通，从而实现高品牌忠诚度和良好的顾客关系管理。

（四）完美的团队组合——互补、探索、创新

如果说成熟的技术是3G门户“硬实力”的话，那么优秀的高管团队无疑是助推3G门户快速成长的“软实力”。邓裕强、张向东、常映明分别担任3G门户的CEO、总裁、COO（首席运营官）。

13年前，邓裕强和张向东都还只是北大燕园里两个普普通通的学生，如今曾经的同窗好友现在变成了事业上的亲密搭档。3G门户的高管团队互补性很强：CEO邓裕强一直以来专注于技术和产品，同时负责公司的整个战略。总裁张向东擅长商务领域，负责对外交流部分，比如投资者的关系、品牌建设等等。首席运营官常映明负责内部的运营、团队的管理和建设。正是在这样各有所长、各司其责的团队带领下，3G门户才得以取得目前的成绩。另外，“中国信息化第一人”、中国网通创始人、中国宽带产业基金董事长——田溯宁的加入，为3G门户的高速发展插上了腾飞的翅膀。

作为3G门户的掌舵手，邓裕强一直是个崇尚自由的人，也正是因为他的这种个性为3G门户注入源源不断的创新能力。“我还是喜欢自己当老板。包括我在电信的时候，我们没有去做一个华山派的弟子，没有想着怎么升职，升到大师兄，做师叔那一辈。我只是想把视野开阔一点。”

皮肤有点黑、笑起来有点腼腆的大男孩，大家很难把这样一个形象与3G门户的总裁联系起来。但的确就是这个貌不惊人的70后总裁一手打造了3G门户现在的成就。当谈到自己成功经验

的时候，张向东喜欢用这样一句话来总结——创事业是我探索生活的一种方式。13年前刚走出北大校门的他，费尽周折地寻找着可以实现他创事业的沃土。虽然背着北京大学信息管理系的光鲜背景，但是他仍然有年青人浮躁的通病，而这却是创业者的大忌。几经跳槽“折腾”，最终他选择和自己昔日同窗好友邓裕强一起去实现心中多年的互联网的创业梦想。

“我相信那些真正到达名利巅峰的人，往往并非以名利为追求目标，而是真正地热爱自己所做的事业。对于成功，我没有一个非常具体的规范，创事业的过程对我来说更重要一些。”张向东就是这么一个性情中人，他的感性很难让人与他的总裁头衔联系起来。他正在用自己喜欢的方式探索生活的答案，追逐探索的乐趣。

移动互联网之路漫漫其修远兮，3G门户将上下而求索。移动互联网、3G门户是否将迎来一个春天？我们将拭目以待！

五、专家点评

南京大学商学院俞欣博士：

移动互联网行业充分践行“长尾”理论，通过资讯、音乐、游戏等多种内容吸引用户，创造出前所未有的需求。数量众多的手机用户，低廉的销售成本，让移动互联网的终端市场充满想象力。移动互联网产业基金和动辄上千万元的风险投资显示，几乎没有投资人看衰移动互联网。

虽然当前国内移动互联网产业正值快速增长的黄金期，但是要从众多的企业中脱颖而出，长期吸引庞大的客户群，形成持续稳定、具有相当规模的盈利模式，并非易事。行业先行者3G门户，面临众多后起之秀的追赶甚至超越。艾媒市场咨询（iimedia research）研究数据显示，2010年度中国移动互联网流量市场占有率排名中第一名为腾讯，而3G只列第五。两家的市场占比分别为28.7%和2.3%。3G可以提供的内容，固定互联网门户也能提供，一旦后者发力进入移动互联网，3G的竞争优势在哪里？3G需要借助第三轮金额庞大的融资，找出手机应用中独有的内容，重新树立自己的行业领先者地位。

赛伯乐投资经理岳光华：

世界上没有失败的行业，只有失败的团队。废纸回收行业并不好，但张茵也曾经做到了中国首富。风投宁投一流的团队二流的项目，但不会投资一流的项目二流的团队。再好的项目人不行，可能结果只有失败；反过来人够好，行业不好，也可能会获得投资，比如盖茨、李开复去做农业，获得风投的几率也很大。

风投之所以对3G门户如此钟情，团队是一个因素，另外一个因素则是创新。浙江赛伯乐在长期的投资过程中将创新概括为技术创新和商业模式创新。技术创新的实质是以满足用户需求为核心的产品市场化，商业模式的创新实质是渠道的创新整合。3G门户首先是商业模式的创新，将信息消费的渠道从PC扩展到了手机；3G门户的技术创新突出表现在以用户体验为核心，独立开发出了包括GG Book、GG Game、Go浏览器等在内的14款手机用户端。

智基创投股份有限公司总裁陈友忠：

3G门户是国内移动互联网的代表性企业，它的出现，打破了依赖运营商代收费模式，坚定地走互联网道路。以内容吸引用户，通过向广告商来收费为主要盈利模式。

2006年以前，3G门户可以称之为行业的老大，流量是20%以上，当时排名第二的腾讯还不到两位数。而最新的数据显示，3G门户的流量占全国无线互联网流量的百分之二点几，而腾讯已经达到了百分之二十几，上升到第一名的位置。

对于腾讯这类强大的竞争者及其他不断出现的小的竞争者，能否拿出有效的战略，保持长期优势对3G门户来讲是关键的挑战。

最后，3G门户中的优势互补、执行力强的团队也是获得投资者青睐的一个亮点。

案例十二　蓝海电视——西方语言 中国故事[①]

背景：

2010年7月8日，鼎晖投资公开宣布正式入股蓝海电视（BON），首期承诺投资额超过千万美元。这是中国VC界首次直接投资电视媒体。而作为融资方的蓝海电视是中国首家进入西方主流媒体的商业电视播出频道，旗下拥有多个24小时全天候播出的卫星及有线电视频道。在获得巨额资金支持后，蓝海电视亦计划在未来5年内上市。

一、鼎晖注资 揭开“蓝海”面纱

2010年7月8日，中国风投业内发生了一件相当“稀奇”的事情：鼎晖投资宣布正式入股蓝海电视（BON），首期承诺投资额超过千万美元，并会根据公司需要跟进注入资金。“稀奇”之一在于传统媒体行业多为国有背景，资金需求大、盈利模式不清且牵涉改制问题，因此电视媒体一直被风投机构所冷落。作为国内顶级VC机构，鼎晖投资此前亦没有涉足过电视传媒领域。更为“稀奇”的是无论普通公众还是业内人士，都鲜有人知道蓝海电视是何方神圣。一家“默默无闻”的电视传媒，为何会获得国内顶级VC如此大额的投资？一时间，蓝海电视和鼎晖投资成为了人们关注的焦点。

伴随媒体的聚焦，蓝海电视逐渐揭开了他神秘的面纱。蓝海电视创立于2006年，是一家中国民企成立的、面向国外受众的对外媒体。其播出的电视节目内容在国内制作，受众则在国外。蓝海电视的两位创始人顾宜凡和诸葛虹云都有着丰富的电视节目制作经验，向世界展示一个真实的中国一直是他们努力的方向。借助金融危机爆发的机会，蓝海电视先期已经以较低的成本在美国落地。目前，蓝海电视有线频道在美国多个主要城市落地，落地承载的运营商包括时代华纳、Verizon Fois、Charter等，落地城市和地区包括纽约、洛杉矶、华盛顿、波士顿、费城、达拉斯、芝加哥和夏威夷等。蓝海电视的北美卫视已覆盖美国、加拿大、墨西哥、古巴，其亚洲卫视覆盖亚洲50多个国家，包括中国大陆、香港及台湾地区。蓝海电视下一步的计划是向欧洲和世界其他地区扩展，最终建立起一个全球联网的国际传媒帝国。由于蓝海电视的受众群体都在海外，所以才会让国内各界感到如此陌生。

虽然此次融资之前蓝海电视尚不为国内公众熟悉，然而其创始人顾宜凡早已对自己身处的这片“蓝海”成竹在胸。他介绍说：鼎晖此次决定注资蓝海电视，看好它的发展前景，主要因为它巨大的市场需求、宣传中国的意义、多样化的商业模式和新的传播角度。而这一说法也得到了主导本次投资的鼎晖合伙人王树的认同。王树解释说：“无论是蓝海电视的出现，还是鼎晖投资最后决定注资支持蓝海，都是非常‘稀奇’的事情。但是，这‘稀奇’的事物却有强大的需求空间。”蓝海电视通过创造性的定位带来了市场空间、商业模式方面的翻天覆地的变化，进而突破了传统媒体行业身上的种种弊端，在纷繁的国内电视行业竞争中开辟出了一片属于自己的蓝海。

---

① 本文根据公开资料编撰而成，资料来源包括《财经国家周刊》、《21世纪经济报道》、中国经营网、中国风险投资网等。

二、舍近求远　锁定电视“蓝海”

不知从何时起，央视学国外、省台学央视、地方台学省台成为中国电视行业的生存之道。早间打开电视，各家电视台都在“读书看报”；晚间打开电视，各家电视台都在“相亲选秀”。知识产权的缺失使得一个节目火了数家电视台跟风，而节目同质化带来的恶性竞争也间接扭曲了国内电视节目的价值取向。国内电视市场看似红火的背后却已成为一片不折不扣的“红海”。虽然有识之士对电视节目跟风的批评层出不穷，但是至今没有一个切实有效的改进办法。

那么，中国电视行业的“蓝海”会在什么地方？蓝海电视创始人顾宜凡凭借自己的阅历和眼光找到了答案。作为一个怀揣电影梦想的工科男，顾宜凡的电视人之路颇为传奇。大学毕业后，由于对自己学习的自动化专业不感兴趣，顾宜凡远赴重洋去追逐自己的电影梦。然而到达美国后，顾宜凡却发现学习电影无论从财力还是从语言和文化积淀都不现实，于是又回到了自己的老本行——自动化专业。而当他通过自身努力跻身美国中产阶层之时，那个曾经的“电影梦”还是将他拉回了电视行业。只是这次的目标不是拍电影，而是用镜头去展示中国。为了这一梦想，顾宜凡进入哥伦比亚大学印刷新闻学院系统地学习新闻学知识。在拿到哥伦比亚大学新闻学硕士后，顾宜凡开始在中国的“外宣”节目领域崭露头角。《国际双行线》使其成为了开创中国国际交流谈话栏目的第一人。1999年开始，顾宜凡又与妻子诸葛虹云独立开发了一档新型电视栏目——《让世界了解你》。在节目中，中国政府官员和国际上的风云人物可以通过国际卫星双向实时传递的方式直接对话，因此对于节目内容和组织工作的要求极高。然而功夫不负有心人，通过顾宜凡及其团队的努力，《让世界了解你》在运营的5年多时间里博得了满堂彩。该栏目不仅成为中央四套国际频道最贵的广告时间段，而且促成了中外几十对姊妹城市的建立，顾宜凡也与许多嘉宾成为了朋友。

栏目的成功使顾宜凡看到了一个更大的平台：随着中国政治经济地位的不断提高，中国已成为全世界无法回避的焦点。不但中国有强烈的“外宣”愿望，世界尤其是西方民众了解中国的愿望也日渐迫切。从中医、中餐、汉语到中国制造，越来越多的中国元素充斥于西方人的日常生活之中。中国这个庞然大物之后到底是一个什么样的国家？伴随中国的发展，西方人对中国社会的方方面面都充满了好奇。然而长久以来，中国官方媒体对新闻的审查使得西方人不信任具有官方色彩的中国媒体。而西方媒体在制作本国节目时，很少关注政治、民权以外的中国新闻。这才使这部分需求没有获得适当的开发。何不办一个面向西方主流社会的中国民间电视媒体，用客观中立的视角去呈现中国内容？顾宜凡立即将此想法告诉了从事国际传媒工作20余年的妻子诸葛虹云，两人一拍即合，并将其取名为“蓝海电视”。

三、中餐西吃　把握受众需求

在发现了海外电视市场这片蓝海后，顾宜凡和妻子诸葛虹云马不停蹄地进入蓝海电视的筹备之中。那么，什么样的节目内容才能符合海外受众的口味呢？顾宜凡清楚地认识到，要想办成一个有持续影响力的电视台，就不能将节目内容局限在功夫、川菜、兵马俑这些传统中国的象征上。而多年的美国旅居经历和涉外节目制作经验也使顾宜凡坚信外国人对中国的时事、经济、政治、文化、民生同样抱有巨大的兴趣。只是由于过往国内外媒体在报道中国过程中的种种“偏颇”，才使得这部分内容的节目得不到公众的认可。因此，顾宜凡将蓝海电视定位于真实地反映中国，而不去刻意地塑造中国。例如在西藏、新疆发生暴力事件的时候，国内涉外电视台和西方媒体的报道都不能使海外观众信服。蓝海电视节目开播后，顾宜凡马上做了一个电视栏目，找到很多去过西藏的外国人“现身说法”。他们的亲身经历都很有意思，有的在西藏生活过一个多月，有的在那里教过书，有的还在那儿被逮捕过。通过他们提供的照片和影像素材，美国人可以真实地了解西藏和一系列事件背后的东西。这个电视栏目的名字就叫“西藏归来话西藏”，在美国人中获得了很好的反响，他们觉得从来没有其他媒体从这个角度讲过西藏。而通过一系列的努力，蓝海电视的节目单中已经涵盖了从旅游、汉字、中医、功夫到中国政治、经济、民生的全面内容。

除了节目内容，顾宜凡还在节目形式上下足了功夫，力求使节目形式能够符合西方观众的口味。总结蓝海电视节目形式的特点，大致有以下四个方面：

首先，坚持电视节目的原创性。顾宜凡反复强调：“我们没有一个节目是购买或者翻译的，绝不会做‘二手货’。”诸葛虹云回忆说，电视台成立之初，不少人建议他们去翻译一些现成的中国节目，这样可以省钱，但他们并没有那样做。“一部配上英文介绍的风光片，绝对不会给这个地方吸引来大量的西方游客。”令顾宜凡颇为骄傲的是，蓝海电视现在播放的节目几乎全是自己的原创节目，而对于一家财力有限的民资电视台，这一点更是难能可贵的。

其次，坚持西方电视的表达方式。由于蓝海电视的受众是西方观众，只有节目形式符合西方观众的收视习惯才能被对方所认可。为了达到“中餐西吃”的效果，蓝海电视的节目主持人、主要制作团队都是外籍人士，节目的制作理念、形式与包装等也都运用了西方电视的表达方式。

再次，注重民众的参与，通过互动激发观众对蓝海电视节目的兴趣。例如《带你游中国》节目，在国外海选游客到中国旅游，由中国民众向他们推介最佳旅游目的地，并在旅游过程中互动交流。再如《我也传媒》节目，蓝海电视播出中国百姓拍摄的视频，再由外国观众评选出最佳作品。

此外，蓝海电视最为重要的生存之道便是力求客观中立。作为一家初出茅庐、财力有限的小电视台，在与国内涉外电视台和西方主流媒体的竞争中，蓝海电视的筹码就是其客观中立性。顾宜凡认为，与政府主导的对外宣传媒体相比，蓝海电视对于新闻事实的报道更加直奔本质，对相关话题的顾忌、粉饰、回避相对较少，从而比较容易在西方受众中形成公信力。“我们希望做到的是反映、折射中国，而不是塑造中国。”顾宜凡说道。

四、守身如玉 坚持民资身份

电视行业无疑是一个前期投入大，投资周期长的行业。从2006年顾宜凡和妻子诸葛虹云开始筹备蓝海电视到2009年蓝海电视在美国落地成功，资金一直是蓝海电视最头疼的问题之一。由于这段时间蓝海电视尚没有在国外落地，没有哪家风险投资投机构敢投资一家前途如此不明确的电视台。而没有外来资金的支持，依靠自有资金去运作一家电视台更是一件难上加难的事情。落地和融资之间形成了一个悖论。事情在2008年下半年恶化到了顶端，就在他们对外宣布成立蓝海电视台不久，经济危机就不合时宜地爆发了。顾宜凡和诸葛虹云之前谈妥的一笔投资也化为了泡影。在回忆那段“暗无天日”的日子时，诸葛虹云说：“曾经有三四个月到半年的时间，就是从2008年11月到2009年3、4月份，我们是在一种恐惧中度过的，每天晚上天黑的时候我们恐惧的心情就开始了，不知道去哪里找资金。”而经济危机也使顾宜凡和诸葛虹云看到了另外的机会。在经济危机的大背景下，他们可以争取到非常低廉的价格实现落地。为了筹集必要的资金，顾宜凡甚至卖掉了在美国的房子。功夫不负有心人，蓝海电视最终在2009年9月实现了在纽约落地。在落地美国后，蓝海电视的发展前景变得明朗，这也增加了风险投资机构对蓝海电视未来发展的信心。就在蓝海电视落地后不久，顾宜凡和诸葛虹云接触到了鼎晖投资的王树。而在王树看来，除了蓝海电视良好的发展前景和全新的商业模式，两位创业家自身的素质也是鼎晖选择蓝海电视的重要原因。王树说："两位创业者难能可贵。他们对行业有深入的了解，知道中国和美国的国情，特别是知道美国的媒体运作的惯例和落地。同时，两位创业者以前就从体制外开始商业运作，有电视运作方面的经验，同时在美国有很多媒体方面的经验，对资本也很了解，知道对股东要有回报。所以没有废话，这点令人兴奋，我们的每次会谈都有内容，直奔主题。"接下来的谈判过程异乎寻常的顺畅，"大家一个月就谈成了"，顾宜凡表示。

回顾那段苦苦寻觅资金的日子，最令顾宜凡和诸葛虹云自豪的就是他们对自己"民资"身份的坚持。在这段破茧而出前的"黑暗日子"里，不断有朋友建议：他们做的事情是政府应该做的，应该找政府投资。但是蓝海自始至终都没向政府要钱，也没有拿政府一分钱。因为顾宜凡深知，要想在国外受众中形成公信力，就必须坚持自己的民资身份。"我们坚持这么做，就是要以商业的运作方式经营频道。"顾宜凡说道。后来发生的一件事情直接证明了顾宜凡的明智。就在蓝海电视2009年正式开播不久，《纽约时报》刊登了一篇介绍中国软实力的文章。文中指出，"中国政府通过资助对外传播媒体的方式来提升自己的国际形象，而蓝海电视台正是被资助者之一"。这对蓝海电视的形象产生了很坏的影响。在了解到这一情况后，理直气壮的顾宜凡第一时间致电《纽约时报》。"我们没有收到任何中国政府或者国有企业的资助"顾宜凡在信中写到："而风投选择我们所看重的是我们能够提供的回报率，不是为了保证我们的内容在政治上正确无误。"最终，《纽约时报》专门刊登致歉信，为蓝海电视做出澄清。如果不是当初顾宜凡和诸葛虹云的坚持，蓝海电视就会被《纽约时报》一语中的。很难想象，那会对蓝海电视的公信力产生多么恶劣的影响。"我们的公信力依托于我们的民资背景"，顾宜凡总结道。

五、自力更生　探寻盈利模式

在得到了鼎晖的投资后，蓝海电视短期内拥有了较为充裕的资金。然而舍弃政府的支持意味着蓝海电视必须"自谋生路"。即使拥有了数量激增的受众群体、良好的正面效应，盈利仍然是摆在蓝海电视面前的一道难题。而蓝海电视前无古人的定位和业务系统也使得其必须开发自己的盈利模式。据顾宜凡介绍，蓝海电视目前的盈利模式主要包括以下三个方面：

一是提高收视率，通过转播分成获得收益。自2008年9月蓝海电视宣布成立以来，蓝海电视的辐射范围不断扩大。2009年9月，蓝海电视在纽约落地开播。落地频道为纽约时代华纳有线电视网第92频道，Verizon Fois有线电视网第466频道和无线广播电视第48频道，当时的报道称总覆盖人群约2000万。时至今日，蓝海电视已有数个有线频道在美国纽约、洛杉矶、华盛顿、芝加哥等主要城市落地。蓝海电视已与其中的多家美国有线运营商达成收费分成制协议。虽然目前这部分收入相对于蓝海电视的投入还微乎其微，但随着受众人群的激增，这部分收益也在迅速增长。

二是通过广告经营和媒体服务获利。虽然蓝海卫视主要在海外落地，但其广告经营却是以面向国内为主。据介绍，蓝海电视的广告客户主要分两大类：企业、政府。二者都有向国外进行宣传的需求，只不过企业客户可能倾向于宣传产品，而政府客户可能倾向于宣传某一整体性概念，如城市旅游宣传。事实上，如今国内各地的旅游市场蓬勃发展，对外宣传的需求也很大，但绝大多数的旅游景点都是花几十万元拍摄景点广告或者电视节目，粗放地投放给媒体，以为就完成了推广和传播，实际上这样的推广是很不成功的。诸葛虹云说，蓝海电视的做法是用西方的视角来宣传中国的旅游景点，例如蓝海电视与陕西省旅游局合作，打造陕西旅游的深度传播和推广，合作期为一年，蓝海电视将根据陕西省旅游局的需求和海外受众的需求，提供长期和深入的媒体服务。

三是电视节目的全球发行。以适合西方受众习惯的原创英文节目形式传播的是中国内容，这类节目具有很大的市场需求和缺口，因此蓝海电视节目的全球发行也是其盈利模式的组成部分。

虽然目前蓝海电视的发展势头良好，盈利模式也在稳步实施之中。但是顾宜凡也坦言，相比高昂的日常支出和卫星租用费用，目前电视台的广告收入、付费电视节目收入都微乎其微。更多的盈利模式，还需要在增强电视节目质量和影响力的同时慢慢摸索，扩展更多创新的盈利空间。对于这一点，鼎晖投资也有清醒的认识。王树表示：即使有诸多有利条件，这个项目能否成功尚不确定。这还需要很多努力，还有很多围绕名和利的问题，很多要创新的事和商业模式、内部管理、经营的一些方法、内部激励等。而对于蓝海电视的长期战略，顾宜凡和鼎晖投资共同的规划是逐步向其他国家和地区扩展，最终形成一个全球联网的国际电视播出媒体。“蓝海电视要成为在国际上具有公信力的权威媒体，并在5年内上市。”顾宜凡雄心勃勃地表示。

六、专家点评

同创伟业高级投资经理贾雪峰：

只听说过有电视人搞风险投资（湖南广电与达晨的关系），风险投资直接投资一家电视台的确是鲜有案例。中国特殊的国情使得外资基金和民营资本对于传统媒体往往望而却步。蓝海电视面向境外以西方的形式播出中国的内容，是一种新的尝试，诚如其名，是在开创电视传媒中的一片蓝海，而鼎晖入股蓝海电视，则可称之为是风险投资基金的一次试水。这一案例必将鼓励机构投资人将目光转向曾经避之不及的诸多领域。资本的作用应如清泉，自发地流向价值的洼地，而流经之处，带来的则是勃勃生机。政府应更多地建渠而非筑堤，让资本在更多领域发挥其应有的作用。

上海交通大学经济学院谈毅博士：

蓝海电视以全新的商业模式进入西方社会，这在中国民间传媒界是史无前例的，而其盈利模式也有所创新，打破了传统的依靠电视广告收入的模式，取而代之主要盈利来自于媒体服务和平台搭建，为去海外做宣传的中国企业、机构、组织提供长期和深入的媒体服务。鼎晖投资注资蓝海电视，正是看中其创新能力、商业前景及企业家素质等多方综合因素。

然而，在多媒体竞争和新媒体不断融合的今天，虽然蓝海电视有着很强的节目策划与制作能力，但是要在没有前人经验可借鉴的情况下，走到国际平台上实现目标诉求，最大限度地整合利用好资源，保证执行力，确实也面临着严峻挑战。另外，中国媒体的大环境，决定了像蓝海电视这样的民间媒体在中国难免会遇到体制和政策上的瓶颈，因此如何驾驭、规避这些风险，使蓝海电视走上可持续发展之路，是对蓝海主创人员智慧、能力以及耐力方面的一个巨大考验。

案例十三　生工生物：欲做生命科学研究的“好保姆”①

背景：

2010年8月初，生工生物工程（上海）有限公司（以下简称“生工生物”）获得启明维创创业投资管理有限公司（以下简称“启明创投”）新一轮近千万美元投资，作为领先的生命科学研发服务公司，生工生物将继续加大研发投入和扩大销售服务网络，启明创投的投资将支持生工生物成为生命科学研发服务领域的领军企业，双方携手共同创建全球范围内有影响力的生命科学研究服务品牌。

生工生物工程（上海）有限公司成立于1995年，经过十几年的努力已迅速成为集科研和生产为一体的专业化生物工程公司。公司产品涵盖DNA合成、DNA测序、全基因合成、多肽合成、各种生化试剂、化学试剂、各种酶类、分子生物学试剂盒、培养基、自产实验室耗材、小型仪器等。特别是化学合成DNA这一产品已使生工生物成为世界知名公司。

生工生物创始人王启松先生于1965年毕业于武汉大学化学系，同年分配至中科院上海生化所，曾任联合国科技顾问，“863”专家组组员，国际遗传工程和生物技术研究中心高级研究员，复旦大学教授，国内多家研究所顾问，是国内知名科学家。

王启松先生获“2002年上海科技创业领军人物”称号。1965年～1993年，王启松先生在国内外学术期刊发表近百篇论文。曾获20余项各种科技奖项，其中人γ-IFN（Ⅱ型-干扰素）相关研究成果获国家科技大奖二等奖。

一、创立及发展

（一）研发出身　看准商机

早在1993年，已是国内知名医药研发专家的王启松教授便开始关注生物医药行业的发展动态和趋势。当时我国医药产业总值1040亿元，其中生物医药产品产值29.5亿元，只占医药产业总值的2.83%。按“九五”计划，2000年我国医药产业总值要达到2000亿元，其中生物医药产品产值占比提高到3.6%，即72亿元。但是，当时生物医药产业发展的直接推力——生命科学研究和生物医药相关技术的研发在国内相当落后，无论是相对投入数量还是绝对投入数量，其相比于美国、法国、德国等国的医药研发投入，都极其微小，政府鼓励和加强对生物技术研发的重视和投入的积极性极高。出身于医药研发的王启松发现，这些医药研发企业从事生物技术产品研发时所用的生物试剂来源主要有两个，一个是靠自己生产，这是大多数的情况，也有少数是从国外购买。无论是自我研发生产试剂，还是购买外国试剂，都对国内的医药研发企业不利，因为自我研发生产的试剂必须要购买昂贵的生物试剂生产设备，这大大增加了企业生物技术研发成本；其次，各企业技术不同导致研究试剂质量参差不齐，影响后续的生物药品研发工作；而如果购买国外进口试剂，则价格昂贵并且容易受制于国外供应商，也不利于企业的长期发展和成本控制。王启松当时

① 本案例选自《中国风险投资》杂志，编者进行了部分修改。

就断定，如果国内出现一家企业专门生产生物试剂和提供生命科学研究相关技术服务，其发展前景一定很好。

（二）下定决心 果断出击

1993年，王启松经过长时间的思想酝酿和准备，决定辞去拥有优厚待遇的联合国和生物技术中心职务，仅以几千美元的启动资金投身商海。经过两年的商海历练，王启松于1995年6月，创办了这家针对生物医药研发服务这块“蛋糕”的服务支持型企业——生工生物。生工生物从成立之初就把“为生命科学研发者提供优质的产品和服务”作为发展使命。具体而言，就是为医药企业开发新产品的研发活动或生命科学研究机构的试验活动提供生物试剂等原材料、相应的实验耗材以及部分服务支持，如DNA合成、测序、全基因合成、多肽合成等专业服务。2003年，生工生物投资5000万元在松江高科技工业园区建造了七万平方米的生产工业产业基地，2007年已全面投入使用。目前看来，王启松当初选择此行业是非常正确的，国家针对整个生物产业的政策支持力度非常大。2010年10月发布了《国务院关于加快培育和发展战略性新兴产业的决定》，到2020年生物产业将成为中国国民经济的支柱产业，初步估算产业总值达到1.5万亿元以上；另外在生工生物的大本营上海，上海市发改委和相关部门也制定了促进生物产业发展政策：到2012年，上海市生物医药产业经济总量将达到2000亿元，并初步建成国内生物医药的创新产品制造中心、商业中心和研发中心。这势必会给整个生命科学研究服务行业包括生工生物本身带来巨大的发展空间。

（三）重视科研 占据领先

为了不断提升企业的竞争力，生工生物设立生物工程研究所，并出台了一系列鼓励员工积极参与发明创造的政策，每年投入上百万元的资金用于产品的质检与研发。为了保证制造业的持续发展和开拓国际市场，生工生物在上海松江开发区购买了土地，兴建了生产厂房和研发大楼。宏大的生产基地，以制造为本的策略加上现代化的管理，为生工生物新一轮更大规模的腾飞和开拓海外市场奠定了坚实的基础。

生工生物对于科研的重视和投入，使其取得了不错的成绩：2003年通过摩迪国际论证公司的审核，生工生物质量管理体系符合ISO9001（2000）标准的要求，此论证结果为国际认可论坛（IAF）质量管理体系认证多边承认协议MLA成员认可；2003年，生工生物还被认定为上海市先进企业并通过一项上海市高新技术项目、五个国家专利。

同时，生工生物积极开拓国内外市场，已在国内设立了30个销售代表处与10个代理公司。通过国外40个代理机构的努力，各类产品冲出国门，源源不断销往世界各地。目前生工生物的科研能力和产品竞争力已经走在了行业的前端。DNA合成业务：生工生物每天收到国内外的引物（一段短的单链RNA或DNA片段）超过10 000条。其规模在世界上排前五名；基因合成业务：生工生物有70多人从事基因合成研究，95%以上的基因定单来自发达国家的制药公司、大学和研究机构，生工生物是当今世界上最大的基因合成公司之一；DNA测序业务：生工生物每天收到5000个以上的DNA测序样品，在国际同行中，是一支重要的力量；分子生物学试剂盒业务：生工生物的分子生物学试剂盒不仅质量与国际知名品牌媲美，而且价格只有国外价格的1/5。生工生物能自己生产七大类产品，其中DNA合成和基因合成已成为世界供货中心。2010年，销售收入1.4亿元，利润4200万元。

经过十几年的努力，生工生物目前已经发展为集科研、生产和服务为一体的专业化生物工程企业。其服务网络覆盖全国和部分海外市场，已经在中国设有30个办事处并在海外40多个国家设有代表处，稳居国内同行领先位置。

二、生工生物牵手启明创投

（一）布局海外　欲引风投细挑选

蒸蒸日上的发展为生工生物带来了丰厚的利润回报，但王启松也发现公司在发展上遇到了一定的瓶颈。可以说，从上海一间实验室发展到目前具有全国同行中最大的服务网络的企业，生工生物已经取得了国内市场的巨大成功。然而，对于志在做全球品牌的生工生物来说，才刚刚走完了第一步，第二步便是要拓展海外市场。生工生物迈向新阶段的同时也对企业管理提出了新的要求。固有的传统管理模式已经不能满足企业全球化的发展。此外，海外资源不足也是阻碍企业发展步伐的重要原因。并且，在考虑到未来上市之路时，以技术见长的管理团队缺乏资本运作经验。经过充分考虑，王启松及其创始团队一致认为，解决生工生物所面临的管理和发展问题最好的办法就是引进风投机构。然而在选择风险投资机构的标准方面，生工生物并没有把资金作为首要考虑因素，而是希望投资人不仅真正理解生命科学研究和生物医药服务，还能为其提供策略和管理方面的帮助。然而，在与数十家风投机构接触后，生工生物觉得能够明白其所谓做生命科学研究和生物医药研发服务的真正内涵的投资者并不多，并且不少投资者也不具备生工生物对它们的“个性”要求。

（二）“情”投“意”合

就在此时，启明创投合伙人胡旭波主动找到了王启松。经过几番接触，王启松发现，启明创投本身的条件非常合乎生工生物的融资要求：作为一家知名的投资机构，启明创投具有丰富的全球资源，致力并擅长于协助中国创业家拓展全球业务；启明创投旗下目前有一支专注于生物医药的投资基金，在生物医药行业的投资经验丰富，已投资过的企业超过10家，熟悉整个产业链，有丰富的行业人脉关系，2009年被业界评为“中国医疗健康产业10大风险投资机构”。王启松与启明创投的“对话”由此展开。

在启明创投看来，具有刚性需求特征的生物医药业是一个长期稳定发展的行业，全球化的产业转移、国家的支持政策以及中国医疗产品的消费升级更增强其长期投资价值。在经过对生工生物深入调研和专业分析之后，胡旭波认为，生工生物目前虽然通过自身积累也能稳步成长并最终实现做强做大，但行业竞争也渐趋激烈，对于服务性质的企业而言，竞争力的核心在于提供物美价廉的产品和专业的服务，因此，加强技术研发是降低未来产品成本、增强专业服务能力、保持行业领先的关键。对许多靠自身积累的企业而言，技术研发会对企业的现金流构成很大的挑战，而如果能够引入风险投资则可以化解这一成长中的瓶颈。随着双方的深入交流和了解，王启松对启明创投“坚持做有价值投资”的理念有了更多的认识和赞赏。

三、启明创投诚恳辅佐生工生物发展

（一）放下姿态 支持发展

相比其他一些“财大气粗”的投资机构，启明创投在面对生工生物时并没有“高高在上”，而是在此之前积极主动地为其做了大量的服务工作，也正是因为这些工作，两家公司才越走越近。生工生物获投资之前并不缺钱，盈利也很好，所以在选择投资人的时候希望能找到理解行业的机构，能方便地沟通，能得到投资机构关于公司经营策略方面的建议。自2009年底开始，胡旭波及其投资团队就把大部分时间和精力放在了如何帮助生工生物成长的调研上。期间，投资团队为生工生物提供了许多有价值的投资前的增值服务，诸如帮助生工生物分析现状、规划未来成长策略、拓展海外市场、改进内部流程、探寻同业合作等，并且帮助生工生物引进了高级人才。目前生工生物的高层领导团队成员都拥有海外经验，他们一方面了解中国国情，一方面熟悉海外拓展，而且都很有创业精神，为生工生物下一步巩固国内和拓展海外发展战略的实施打下了牢固的基础。另外包括胡旭波本人也写了“建议书”为生工生物的未来发展出谋划策，这也都得益于启明创投对生物科学行业深刻的理解和胡旭波本人以前的职业经历（以前做过战略咨询等工作）。启明创投利用自身的经验和资源，使生工生物省去了很多精力和时间。这些对企业成长具有明显支持作用的“实惠”，彻底使生工生物打开心结，对启明创投的投资入股敞开怀抱。在2010年8月初，启明创投完成了对生工生物千万元级别的投资，双方承诺携手创建全球范围内有影响力的生命科学研究品牌。投资后，启明创投与生工生物同为股东，利益高度一致，更加促进了两家公司的交流和发展。此次投资负责人胡旭波后来也总结道：“生工生物选择启明创投的原因也就是其为生工生物所做的事情。”

（二）绝不对赌

每个投资人都会考虑投资的收益和资金的安全问题。生工生物如果平稳发展将来能够成功上市，启明创投的收益自然会非常丰厚。但是目前，启明创投把上千万美元放在了生工生物那里，甘心辅佐生工生物的发展壮大。据透露，启明创投仅派了两名董事进驻生工生物，除了在资金使用方面有一定的保护条款（主要是让企业把资金用在合适的地方而不至于浪费）之外，没有签订任何“对赌协议”。

可以预见，擅长产品和服务的生工生物有了启明创投的支持，必定会快速增长，提前实现海外布局的梦想。

四、专家点评

启明创投合伙人胡旭波：

就阐述风险投资的价值而言，生工生物是一个比较典型的案例。我们都在说风险投资和一般的投资人不同的是风险投资提供有价值的资本（Valuable Money）。体现风险投资价值的除了钱，更多的是投资前对公司远景的把握和投资后对公司的服务。大多数情况下，只关心企业能够给投资人带来多少回报，而不考虑如何来帮助企业成长的投资人，不一定是企业最合适的投资人。尤其是对于像生工生物这样在短期内并不缺钱的公司，投资者的钱并不是促成这项投资的原因。

在近几年国内风险投资蓬勃发展的背景下，很多创始人会接到很多投资者的电话，然后开始问自己，“到底谁应该是我的投资人？”不同背景的投资人能带来不同的价值，大多数情况下，合适的才是最好的。所谓合适，最好是同时具备支持公司成长和衔接资本市场的经验，包括理解产业趋势和市场发展，看到公司面临的机会和威胁，并能帮助公司来制订和执行成长策略；同时在公司未来的上市或购并等方面提供支持。

在接受投资之前，创始人最好也多了解了解各家风险基金的背景等。每家风险基金都有各自的强项和特点，投资重点也不尽相同，只有适合自己的才是最好的。

不过，投资的完成只是投资的开始，创始人和投资人只有奔着一个共同的目标，一起努力，才能创造风险投资的最大价值。

深圳市卓佳汇智创业投资有限公司投资总监林晓帆：

1. 准确的行业定位：生物医药是高风险高收益产业，但作为配套产业的生物试剂行业进入门槛和风险相对较低，创始人通过几十年的行业沉淀，准确发现了生物试剂这一高端“耗材”行业；

2. “内功”深厚，快速奠定行业地位：公司高投入高规划，通过不断研发和创新，建立完善的质量体系，生产出一系列极具竞争力的产品，快速奠定了行业地位；

3. 选择合适风投，进入跨越式发展：开拓海外市场，引进高端人才，公司和启明创投的“结婚”，适时解决了困扰公司的发展问题，可见带来有价值的增值服务比资金更重要。

案例十四　随需而变——北森助企业转动“人才魔方”[①]

背景：

2010年8月，国内最大的人才管理解决方案提供商北森公司（下称“北森”）获得了来自深圳创新投资集团联合天津创投的首轮上千万元注资，这也是中国人才管理解决方案领域第一笔风险投资。据北森公司总裁王朝晖介绍，此次融资将用于增强北森公司的研发实力，同时提升人才管理技术，并加快其关联业务的拓展。

2010年对于北森来说注定是非同寻常的一年：8月，北森凭借自身绝对领先的市场地位、富有激情的创业团队、未来广阔的成长空间赢得了深创投和天津创投的千万元注资，并藉此收购了人才评价专业机构合优咨询的管理团队。而在早些时候，北森已经启动了“人才魔方”计划，带领中国企业开始了从人力资源管理向人才管理转变的新征程。岁末，在备受瞩目的“21世纪最佳商业模式”评选中，北森凭借颠覆传统的iTalent人才管理平台及其“随需而变”的创新商业模式一举摘得“21世纪最佳商业模式”大奖。从一家只有两三个人的小公司，到仅技术研发团队就超过百人的行业领军者，8年的时间里，北森与中国的人力资源管理行业一起发展壮大，也在中国人力资源行业的升级中烙上了深深的北森烙印。

一、专注成就卓越

2002年12月，怀揣着20万元启动资金和对中国人力资源市场的憧憬，王朝辉和纪伟国两个“门外汉”开始了北森的创业征程。在他们看来，人才测评技术可以极大地提升企业招聘的成功率，并且可以在领导力开发、人才发展、员工继任等其他人力资源环节发挥作用。虽然中国的人力资源市场才刚刚起步，但是在发达国家人力资源测评已经得到了广泛的认可，仅美国的测评市场就达到了每年百亿美元的规模。而随着中国经济的飞速发展，人才测评技术必将作为争抢人才的利器而被国内企业广泛接受。王朝辉和纪伟国坚信，伴随中国经济的高速发展，北森一定能够在帮助企业提升价值的同时创造自身的价值。

然而身处一个尚未开发的行业，王朝辉和纪伟国很快便感受到了创业者的艰辛。20万元的启动资金没有多久就消耗一空，最困难的时候，北森的账上甚至分文皆无。谈起那段艰难的时光，纪伟国感慨道：“当时如果有人跟我们说，现在在大街上卖白菜，可以让公司不死，然后你就可以继续干你的事情，那我也会毫不犹豫地先去卖白菜，挣足银子然后带着大家朝前走。”而相比资金，市场开拓是一个更让王朝辉和纪伟国头疼的问题。由于国内企业大多对人才测评缺乏基本的认知，王朝辉和纪伟国面对客户时首先需要澄清的竟然是人才测评和算命、占星的本质区别。生存下去，成为摆在北森面前最现实的问题。

整整四年的时间，北森在这片青涩而稚嫩的市场中苦苦探索，也和中国的人力资源行业一起成长壮大。在这个过程中，王朝辉和纪伟国的“门外汉”身份发挥了意想不到的作用。在缺少专业背景的同时，王朝辉和纪伟国身上也少了行业固有模式的束缚。随着对行业的了解逐渐深入，

① 本案例选自《中国风险投资》杂志，编者进行了部分修改。

他们发现中国人才测评市场中现存的两种模式都存在很大的弊端。传统的人才测评工具将一个模型应用于人力资源领域的方方面面，缺少灵活性和适应性；而咨询公司的项目团队模式虽然能够满足企业的个性化需求，但是在时效性和成本支出方面劣势明显。通过四年的摸索，王朝辉和纪伟国终于找到了属于自己的解决办法——利用“零件”加“图纸”的模式，他们在个性化和批量化之间找到了一条折中的线路。北森依据客户可能提出的不同需求，制作出了各种相应的“零件”放入自己的模具库中。这样当客户提出各种需求时，北森可以立即从模具库中取出各种零件进行拼接，然后再根据客户的特殊要求进行个性化修改。通过这种方式，北森85%～90%的工作可以通过标准化工具完成，人工完成的部分只有10%～15%，既保证了出品速度和成本控制，也能很好地满足客户的个性化的需求。通过对人才测评行业的重新定义，北森将自己引入了一片广阔的蓝海，也藉此奠定了自己行业领军者的地位。

在发挥“门外汉”优势的同时，王朝辉和纪伟国也格外重视专业化对一家公司的重要性。尤其是在创立了自己的人才测评模式后，市场上现存的人才测评产品已经不能满足北森的需求。为了能够提供满足客户需求的产品，北森在2004年创立了北森研究院。而研究院的成立不仅满足了北森设计新产品的需要，也使北森的过往测评经验得到了有效的积累。通过对北森测评产品的持续改进和创新，北森的测评产品得到了企业界的一致认可。北森的客户在一年内的重购率超过70%，产品满意及非常满意的比率达到90%。

从“门外汉”到行业标准的制定者，在王朝辉和纪伟国看来，专注是北森成功的关键因素。为了能够做出客户可以简单操作的产品，北森的技术研发人员四处走访客户，详细了解客户在规模化招聘上的每一个步骤，观察客户的行为，了解客户的期望，再重新设计和研发产品，这才有了今天的局面。而走进北森的创业团队，在这些年轻人身上总能够感受到一份创业的激情。北森至今没配一辆办公用车，团队因公外出沿袭着乘坐地铁的优良习惯，涵盖王朝晖、纪伟国和一众高管；而在日常工作中，同事之间、上下级之间包括总裁、CEO在内都直呼名字，没有等级的观念。“只有为客户创造价值，自己才有价值”的信仰已经深入了每一个北森人的骨髓。当一群专业过硬、富有激情的年轻人聚在一起，为了同一个目标专注地奋斗八年，成功也就变成了顺理成章的事情。

二、转动“人才魔方”

从人力资源管理发展的历程来看，人力资源的发展经历了人事管理、人力资源管理、战略人力资源管理、人才管理四个阶段。八年创业，北森伴随中国人力资源行业走过了从简单人事管理向人力资源管理的转变，也在这个过程中成长为了人才测评领域的行业领军者。然而领先的行业地位和国内企业的认同并没有让北森感到满足。相反，对测评技术理解得越深刻，王朝辉和同事们越发为国内人才测评技术应用性的不足感到郁闷。“测评技术可以应用于招聘、安置、继任、培养等很多人力资源环节。当前，在某些环节使用测评进行甄选已经很常见，但能全面用于各个环节的企业却寥寥无几。”王朝辉感慨道：“本该长成姚明个头的测评行业，却只能以小矮人的形象出现在公众面前，那就太遗憾了。”

为了让测评技术在人力资源领域中得到更为全面的应用，北森开始酝酿中国人力资源领域的第二次创新。在王朝辉看来，经过过去十年的发展，中国的企业已经完成了从人事部门向人力资源部门的转变，基本的人力资源体系已经建立，目前中国的人力资源行业已经进入从人力资源管理向战略人力资源管理乃至人才管理迈进的新阶段。2009年8月，北森联合人民大学劳动人事学院对中国人力资源行业展开了一次大规模的行业调研。调研结果显示：中国HR已经清醒地意识到了“人才”是公司面临的最大挑战，超过半数的企业认为人才管理战略重要或非常重要。在此基础上，已有90%的受访企业开始了人才管理领域的探索。然而虽然国内企业的HR对人才管理热情高涨，但是大部分的企业HR对人才管理的定义和涵盖内容缺乏清晰的认识，相关技能和实践经验更是极度匮乏。这些困境使得绝大多数企业的HR们在实际操作中对人才管理无所适从，仍旧将工作重心停留在人力资源管理类的具体事务上。现实和理想的差距造就了巨大的“人才管理”需求，也为未来人才管理的快速发展奠定了基调！基于这样的行业认知，北森开始针对人才管理领域展开深入的研发，希望利用自己的互联网技术优势将测评融入招聘、继任、发展等各个人力资源环节，打造出一个专业而便捷的人才管理平台。

2010年4月，经过一年多的筹备、部署，北森正式启动人才管理平台战略，并将其命名为“人才魔方”计划，通过全球领先的“人才管理云计算平台”引领中国企业开始了从人力资源管理向人才管理迈进的新征程。谈到对“人才管理”概念的理解，王朝辉概括说：“人才管理”这个概念在国内尚属新鲜事物，然而在国外已经成为了人力资源领域的热门词汇。现有的人力资源管理模式强调以工作为中心，员工招聘、绩效管理、领导力开发等模块都是割裂开来的。而人才管理的出发点是人才，强调整体性。人才管理的目标是通过有效的技术和管理手段去招募、识别、发展、管理和留任关键人才，从而帮助企业和个人最佳地发挥其长期优势，为企业提供持续的人才供应。基于这样的理解，北森将其命名为“人才魔方”计划。在王朝辉看来：“企业是由人组成的，就像魔方是由格子组成的一样，将魔方格子归位的过程事实上也是企业将人才通过员工发展、调适实现人岗匹配的过程。另外，玩魔方的目标是实现六面还原，目标简单实现起来却很困难，但掌握其中规律之后便可得心应手，人才管理亦是如此。”北森正是希望通过“人才魔方”计划，加速市场对于人才管理理念的接纳。

为了保证“人才魔方”计划的顺利发展，在项目推出之前北森首先在自身展开了人才管理的实践：收购人才评价专业机构合优咨询的管理团队，任命来自于华信惠悦（Watson Wyatt）的樊晓熙为北森高级副总裁，来自于MySpace的张庆化为北森技术总监，来自DMG的顾洁为北森品牌管理总监。一手手落子，使得北森成为业内精英的聚集地，也使北森从技术研发到市场开拓得到了全方位的提升。而在与深创投牵手后，开拓市场所需的资金问题也迎刃而解。万事俱备，北森正式踏出了从人力测评提供商向人才管理提供商转变的步伐。

三、随需而变 力行模式创新

在八年的发展历程中，测评技术专业性的壁垒和国内HR对测评技术掌握的欠缺一直是限制北森发展速度的关键因素。由于国内企业对“人才管理”还缺乏清晰的认知，在执行“人才魔方”计划的过程中市场的先天不足显得更为突出。为了推动“人才管理平台”更为快速地被市场所认可，北森在加强技术研发的同时也在商业模式领域进行着大胆的创新。

凭借对行业的深刻认识和深厚的技术基础，北森在商业模式方面的创新很快得到了业界的认可。在2010年11月11日举办的“21世纪最佳商业模式”评选中，北森凭借“随需而变”的创新商业模式，一举摘得“21世纪最佳商业模式”大奖。针对自己获奖的原因，北森认为主要源自三方面的独特创新：

首先是随需而变的产品模式：北森开发了一套以互联网为基础的全新信息化人才管理平台——iTalent。在这个平台上，涵盖了企业人才管理所需的各种解决方案。举凡人才规划、招聘管理、绩效管理，乃至员工继任、领导力开发、员工调查，北森都规划了相应的模块化的管理软件和工具，企业只需根据自己的需求，选取相应的模块进行排列组合，就能形成最合适自己的个性化解决方案，轻松解决自身的人才管理问题。整个平台提供的产品涵盖了员工从入职、激励、发展、留任到离职的整个生命循环。企业不仅可以利用这一完整平台构建自己一体化的人才管理流程与体系，还能按需选择，制定最符合自身的个性化人才管理解决方案。

其次是网络化的应用模式：北森 iTalent 人才管理平台完全以互联网为应用基础。企业只需通过互联网登陆自己的账户，就可以在几天内搭建高度个性化的人才管理系统。客户无论身处何地，只要登录互联网，就可以随时了解自身人力资源数据，处理相应人才管理事务。这实际上是改变了传统的人才管理模式，真正做到了"将人才放进电脑"，企业管理者只需按动鼠标，就能更高效更便捷地进行人才管理！

最后是租赁式的服务模式：有别于传统的人才管理软件，北森提供的是全新的租赁式的服务。企业可以根据自己的需求选择不同的解决方案，并且按照选择服务的多少和类型来付费。接受服务过程中，企业无需安装光盘等软件，也无需添置硬件，所有数据都在北森后台运行，企业只需登陆网站，在前台就能进行便捷的管理！

对于北森的获奖，业内专家表示：这不仅是北森自身的一次重大突破，更是整个国内人力资源行业的一次战略突围。它表明中国人力资源行业正逐步走出重复、模仿国外模式的藩篱，真正开始自我创新的全面发展之路。同时，这也预示着中国人力资源行业将实现井喷式的发展，未来更多的中国企业将得到更加智能化的人才管理服务，以应对高速发展的经济环境对于人才的海量需求！

四、培育品牌　大学生职业规划计划

在产品和商业模式领域不断创新的同时，北森也格外重视自身品牌的打造，王朝辉将这称之为两条腿走路。而高校市场则成为了北森打造品牌的主要阵地。只是与企业客户一个测评者几百元的收费有所不同的是，一所高校只需要几万元的费用就可以让自己数以千计的毕业生都做一次测评，从而明确未来职业发展的方向。"我们在大学生市场基本是不挣钱的，更多的是培育市场。今天的大学生是明天的白领，后天的企业中层，大后天的 CEO，我们只需要让他们知道有一种叫人才测评的东西，有一家叫北森的公司。"王朝辉介绍道。

通过这样的长远战略，北森已然俘获了中国未来的精英阶层。现在全国有超过600所大学，大学生的职业规划和就业指导中心正在使用北森的工具，有超过200万的学生做过北森的测评，通过测评他们了解自身有什么样的优点，有什么样的不足，需要做哪些方面的补充。目前，北森在高校职业规划市场的占有率已经超过90%。而随着测评技术在校园招聘中越来越广泛的应用，北森已经成为了学生中人才测评的代名词。

对于北森这一精彩的战略布局，深创投负责北森项目的投资经理权乐深有感触。一次权乐经理赴南开大学参加一个 MBA 座谈会，演讲之余接受了学生们的提问。当被问及入行以来投过哪些项目时，他随口说出两个自认为很不错的"大项目"，然而却遭遇了尴尬的冷场。而当他不经意间提及北森时，却得到了现场学生们的热烈呼应。在这些未来的企业中层甚至企业家眼中，北森已然成为了中国人力资源领域的一块品牌。

五、结缘深创投

谈及深创投与北森牵手的过程，负责这一投资的深创投投资经理权乐和北森之间还有一段有趣的因缘：早在2007年，还在其他投资机构工作的权乐就在一个偶然的机会听到了北森的名字，随即登录北森的网站一探究竟，并与北森的客服进行了初步的沟通。虽然对人才测评还不甚了解，但是出于投资人的本能，权乐说明来意并留下了联系方式。没想到很快就接到了北森董事长王朝辉的电话。几个回合的沟通下来，随着对行业和公司认知的加深，权乐越发地感受到了北森的投资价值。然而天不遂人愿，北森的项目因故被放下。时间来到2009年初春，已经是深创投投资经理的权乐再一次听到了北森的名字。经过两年的发展，中国的人力资源行业已初具基础，面临从人才测评提供商向人才管理提供商转型的北森也拥有了更广阔的成长空间和切实的融资需要。最终，北森凭借广阔的市场空间、绝对领先的市场地位、富有激情的创业团队得到了深创投投资委员会的认可，并成就了这段一波三折的姻缘。

而作为全程参与了这一项目的投资经理，权乐也有着自己的投资感悟。在他看来：作为投资者，投融资双方的坦诚、真诚异常重要。即使在2009年与北森第二次接触过程中，融资的道路也并非一帆风顺。在2009年底投资条款谈判的关键时刻，权乐意外收到了北森团队撰写的"致投资人的信"，大意是放弃融资计划。然而权乐最终用真诚打动了北森的创业团队，并在这一过程中和王朝辉、纪伟国成为了朋友。而对于深创投投资北森的原因，在权乐看来，除了北森自身的发展前景，还在于深创投作为一家国内顶级投资机构的社会责任感。正如深创投投资委员会委员们所说："两个年轻人八年的时间能静心只做一件事很不容易，中国也确实需要这个东西，我们应该支持！"

六、专家点评

深圳市贝朗管理顾问有限公司总经理、管理咨询总监昌智博士：

人力资源服务行业最困难的课题是做人的文章。做人的文章，最大的问题在于人与人之间无所不在的差异化。对人的准确分类是困难的，而根据这些分类开发出精准的识别标准和管理标准更为困难。尽管电子技术为管理差异化提供了条件，但识别标准和管理标准的精确程度每提高一个百分比，都意味着成本的大幅度上升。与此同时，人们在非常复杂的众多个体背景下，习惯于按非精准的方式看待和管理人，把低效率和非量化作为一种当然现象，因而对标准化和量化管理的认同度低，接受慢。这就导致了人力资源服务行业的标准化服务推行困难。无法推行标准化服务，也就意味着服务效率低，企业规模难以快速扩张，甚至可能迅速出现复杂性形成的边际成本抵销规模增长带来的边际收益的现象。

北森的成功不在于获得投资的成功，而在于创建标准化服务，并通过信息系统管理标准化服务的成功。这种标准化的模式创新价值与技术创新价值具有同等的重要性。模式创新的价值在于从企业的需求角度建立标准，衡量人，而不是从人的能力角度建立标准来衡量人。企业对人的需求虽然也存在巨大的差异性，但归类分级相对还是更容易一些。这一模式的原创来自人力资源专业领域的任职资格和素质模型，而任职资格与素质模型在测评应用时，存在着众多的判断性问题，标准化管理和量化管理的程度并不高。北森的创新则在于摒弃咨询业一企一策，一家一把尺子的传统做法，寻求众多企业的共性和各职位间最大范围的通用性，开发出具有广泛适用性的模型。

北森在人力资源服务标准化方面的技术创新应当来自对企业需求的个性与共性的划分尺度、对测评要素的选择和评价判断标准的菜单化方面。技术价值与其说来自独立的原创，不如说来自对现有方法的系统化应用上。

通过模式与技术的创新，北森公司在一定程度上克服了人力资源服务业的瓶颈，开创了规模化经营的通途。

当前，中国人力资源市场正在发生历史性的巨变。企业对人力资源管理和变革的紧迫感正在迅速增强。人力资源服务业如何抓住这一时机，开创企业发展的新局面，是一个普遍感受到的新课题。应当说，北森公司的案例可以提供一定的借鉴作用。

北森公司未来仍然会面临的问题是服务的标准化与个性化之间的矛盾。毕竟，企业与企业之间还是存在巨大差异的。北森公司在标准化和精细化方面还有漫长的路要走。当然，这也意味着公司还有巨大的发展空间。

中瑞创业投资基金管理有限公司投资经理赵建龙：

人才测评行业是个服务行业，带有技术化的服务行业。企业意图向更深层次的、更复杂的人力资源领域进行延伸，并通过 IT 系统固定化。这是一种非常有意义而大胆的尝试，是一种创新，但可能也会面临许多阻力，可能会需要比较长的时间进行积累的发展。当然作为投资人，企业团队多年如一日地坚持在这个领域里精耕细作，执著的精神，也是在投资过程中需要重点考量的。

案例十五 国康网——坚守“轻资产”堡垒[①]

背景：

国康网由纳斯达克上市公司国人通讯创始人、原总裁杨华山于2005年创立于深圳，为大型企业和个人提供疾病风险管理、诊疗风险管理、医疗费用风险管理等一体化的健康福利保障计划。该公司以“轻资产”的创业理念，为银行、保险、企业等这些公司提供健康服务。2007年，国际知名风险投资机构启明创投投资国康网1000万美元，双方携手志在打造健康管理行业的领袖企业。通过合作，公司引进了美国健康管理行业的先进经验，有效提升了服务能力和运营能力。公司目前已在全国各大中城市设立了48家分支机构，并且实现了在辽宁、山东、江苏、浙江、广东五省的无缝隙覆盖，真正拥有全国性的服务网络。

2010年11月4日，中国领先的健康风险管理服务提供商国康网宣布获得红杉资本和启明创投的第二轮投资，总金额达1亿元人民币。这是在2007年底，国康网获得启明创投首轮1000万美元投资以来的第二轮巨额融资。

据了解，红杉资本此次入股国康网，来自其人民币基金。国康网目前的公司架构为中外合资公司。经过此轮融资，国康网的上市计划也将随之提上日程。而上市地点，也可能由最初设想的海外上市，转为在国内资本市场上市。

一、健康产业备受青睐

投资健康产业是最近几年业界的热门话题，甚至成为一种时髦，健康产业因其具有“与国民日常生活密切关联，是社会经济架构的重要组成部分，市场需求潜力巨大，市场需求周期无限延伸，与其他行业关联度高、渗透性强、兼容性大，产业自身文化含量高、科技含量、服务含量高，具有一定产业进入门坎，产业运行相对平稳”等特征，被束以“朝阳产业”的桂冠，散发着诱人的光芒，令投资人、淘金者趋之若鹜。更有不可计数的企业将投资健康产业作为多元发展战略的重要规划内容，见诸于各类规划、策划、计划之中，甚至将投资健康产业作为事业转型的归宿。因此，投资健康产业尤其备受国内外各类基金和近几年发迹于地产、矿产、资本市场等行业短期快速增长资本的青睐，资本的所有者企望将快速积累的资本投资健康产业，获得稳定回报，成就百年产业、实现基业常青。

回顾近些年来各类资本进入健康领域的结果，成功者不乏其人，但折戟沉沙者亦有人在，更多的是跃跃欲试，却茫茫然不得路径。

二、国康网的建立

（一）崇尚创新的思维

国康网的创办人兼董事长杨华山是一个崇尚创新的人，这一点从他的职业生涯一览无遗，无

① 本文根据公开信息编撰而成，信息来源包括《21世纪经济报道》、南方网、中国风险投资网等。

论是放弃银行高管职位，下海与朋友共创深圳国人通信有限公司，还是在国人通信壮大之时全身而退，投身健康管理领域，推动其积极求变的动力都源于血脉中的创新激情。

杨华山的第一次创业顺风顺水，仅用四五年时间国人通信就迅速成为通信行业的领先企业之一，并将业务拓展到东南亚等海外区域。在2005年，国人通信即将于纳斯达克上市之时，杨华山却出人意料地迅速转向健康管理市场，成立国康网健康管理有限公司。“企业要上市，已经算是发展壮大了，我在这个创业团队中相对比较年轻，内心还有一种冲动，希望去尝试新的事物。”杨华山微笑着解释当初的决定，“但是更为重要的是，我经过深入的调研与思考，看到了健康管理领域的惊人潜力。”

他曾经在采访中说过：“我们不建体检中心和诊所，不卖保健品，不经营医疗器械，不与医疗机构竞争，而是集中于服务平台和服务标准的建设。很多健康服务机构围绕‘看病——体检——诊所’这样的流程转，国康网不同，会一直坚持独立第三方的立场，以‘轻资产’模式专注于服务。”

（二）关注巨大的市场商机

杨华山看到的是，中国经济正处于从“中国制造”向“中国服务”转型的节点，服务业的步伐越来越快是一个必然趋势。与之相对应的是，中国医疗服务体系存在效率低、服务差、就医难的固有问题，而一部分人在生活实现温饱到富裕的飞跃后，对健康的关注又提升到相当的高度。“这里不正蕴藏着巨大的市场机会吗？”

更令他倍感振奋的是，健康产业在美国也是发展最快的产业之一，年收益达20 000亿美元，有超过9000万人参与了各类HMO（健康管理组织）。整个健康产业价值链包含很多业务，比如医院、体检、医药、器械等等。通过对中国医疗状况的分析，杨华山认为中国已经有200多万人的全球最大的医生队伍，有几万家医院，而且很多医院拥有国际顶尖医疗水平，因此中国并不缺乏医疗资源，缺乏的是服务与管理，缺乏的是专家价值有效发挥的渠道，缺乏的是健康维护和干预。

（三）有效整合资源

“我们要做提高效率的第三方机构。”杨华山有了明确的方向，“国康网应该与医院深入合作，搭建一支健康管理专家队伍与信息服务平台，为集团客户的员工提供包括医疗咨询、健康体检、健康评估、养生指导、心理关怀等内容的系统健康管理服务。”

第三方服务机构，意味着国康网在健康管理价值链上扮演的是一个医疗资源整合者的角色，需要在建设先进的信息服务平台的基础上，整合优质医疗保健资源，为客户研发完善的服务产品。

借助过去国人通信的经验，呼叫中心、客户管理中心等健康服务平台的建立并非难事，然而医院体系被认为是中国最封闭的社会体系之一，要有效整合医疗保健资源绝对是一大艰巨挑战。杨华山说，这件事情就像携程和酒店签订协议时一样：客户资源不多时，没有谈判主动权。“我们必须让医院相信我们这个运营模式对他们大有好处，打消他们的怀疑。”在2005年与2006年，国康网的精力基本都投入到医疗资源的整合之上，不断进行沟通说服，与医院开研讨会，做健康管理的探讨。真正令医院疑虑的冰山开始消融的是，国康网的细致服务有效缓解了过去一直很紧张的医患关系，令消费者对医院的看法大为改观。

起步之时，国康网首先选定的是深圳与广州，这两个城市市场经济比较发达，客户的健康需求很强烈，而医院的观念与意识也比较开放。随着深圳北大医院、广州中山医院等第一批合作者的出现，口碑慢慢传播开的国康网，整合的医疗资源越来越广阔，从珠三角到长三角再到环渤海区域，现在国康网已经与全国500多家三甲医院建立了长期合作关系。随着资源的整合以及客户的开拓，国康网的服务网络也迅速拓展开来，在全国建立了48个分支机构。

三、国康的融资道路

（一）首度合作

启明创投由邝子平、软银创始人Gary Rieschel等风投界人士创办，目前在中国掌握2亿美元的资本。在美国西雅图拥有一支姊妹基金，该基金由多名微软的离职高层创办，两家投资商在全球范围内共掌握13亿美元的资本。邝子平谈及此次投资国康网一事时表示，风险投资商不仅应看中于金钱层面的收益，更应关注于社会事业。

2007年3月初，国康网决定寻找融资渠道，对于一家成立两年多的公司来说，每天面对的命题便是如何做大规模以及扩张。虽然健康管理在国内并不是一个为人熟知的概念，但它的发展却非常快，在当时已有27个分支机构、60万会员。按启明创投的说法，健康管理行业未来的前景很热，但可选择的好公司并不多。不过，对于已经有意识地把关注点倾向医疗保健、新媒体等行业的启明创投来说，找到国康网并不意外。

身为国康网董事长的杨华山之前也接连见了几个风险投资机构，最终决定选择启明是因为觉得启明较为务实，并且没有急功近利的心态。谈到公司的上市计划时，国康网和启明创投双方均表示暂不急于上市，而是先将服务业务做扎实。此次双方首次合作，融资金额高达千万美元，据国康网董事长杨华山透露，本次投资是迄今为止风险投资商对国内健康管理行业最大的一笔投资。

（二）梅开二度

2010年11月4日，国康网宣布获得红杉资本和启明创投的第二轮投资，总金额达1亿元人民币。这是在2007年底，国康网获得启明创投首轮1000万美元投资以来的第二轮巨额融资。

红杉资本创始于1972年，共有18支基金，超过40亿美元总资本，总共投资超过500家公司，其中200多家成功上市，100多家通过兼并收购成功退出。红杉资本作为全球最大的VC，曾投资了苹果电脑、思科、甲骨文、雅虎和Google、Paypal，红杉资本投资的公司总市值超过纳斯达克市场总价值的10%。因为美国高科技企业多集中在加州，该公司曾宣称投资从不超过硅谷40英里半径。2005年9月，德丰杰全球基金原董事张帆和携程网原总裁兼CFO沈南鹏与美国Sequoia Capital合伙成立了红杉资本中国基金。

红杉资本副总裁陆勤超在对国康网进行尽职调查的过程中，感受到中国健康风险管理产业的巨大发展潜力。“美国健康风险管理市场每年有上万亿美元的规模，而随着中国中产阶层和富有阶层的崛起以及大公司对员工健康管理的日益重视，中国健康风险管理产业的市场规模也将达到上万亿元人民币。”陆勤超说。

到目前为止，国康共整合了国内500多家三甲医院，500余家专业健康体检机构，30余家保险公司，将管理式医疗、健康管理、EAP（员工心理关怀计划）、体检管理和健康险规划等服务融为一体，帮助企业员工设计最优化的健康管理计划。目前TCL、招商银行、富士施乐、家乐福等中外大型企业均已成为国康网的客户。杨华山透露，虽然融资规模较大，但国康网依然坚持现有的轻资产模式，自己不会建立体检中心、诊所等，也不销售相关保健产品，不和医疗机构形成竞争，只做健康管理产业的渠道环节。

红杉资本此次入股国康网，来自其人民币基金。国康网目前的公司架构为中外合资公司。经过此轮融资，国康网的上市计划也将随之提上日程。而上市地点，也可能由最初设想的海外上市，转为在国内资本市场上市。

四、成功秘笈

中国健康管理领域的巨大空间以及抗经济周期的特点，吸引了大量参与者。据估算，我国健康管理产业市场规模已经超过100亿元，年增长在20%～30%之间，而在未来的3年～5年内可能达到200亿元左右。与此相关的健康保险市场则会在相同的时间内达到1000亿元的规模。据广东一家做健康管理网站的业内人士说，“全中国有无数家健康管理公司”。但切入点并不一样：有的号称拥有医疗资源，能便捷快速地为客户提供就医通道，“看病不排队”；有的以引进或自主开发软件系统为卖点，声称能为客户的健康状况提供完善评估；有些机构以提供健康咨询服务为立足点；还有些机构则拥有某些设备或产品，提供监测或保健服务。而2005年成立的国康网，2006年的收入仅为600万元，2007年达到了2000万元，在2008年已经达到了8000万元。国康的突出特点：自己不建体检中心、不建诊所、不卖保健品。他们的工作就是服务，不和医疗机构竞争。

（一）“轻资产”的“携程”模式

中国的健康管理产业还处在非常早期，各家都在探索不同的道路。很难评估哪种模式更好。爱康，此前被认为是和国康网商业模式最相似的一家，但是现在爱康已经把重心都放在了体检中心上，据业内人士透露其收益的主要部分也来自于体检中心。但是杨华山坚决认为，“国康会坚持轻资产的道路。”其中原因，一个是体检中心“只有做到一定规模和可信度”之后才会有竞争力。这就需要在扩张、硬件设备采购方面进行大量投入，“假如没有足够的钱，最好不要做”。

三甲医院是体检市场中的主力，除医疗资源很强外，其中一部分的服务业做得非常好。民营医院如果在医疗资源和服务上都没有竞争力的话，很容易走向价格战。杨华山坚决不介入体检中心的原因是为了不和医院形成竞争。现在的健康管理，体检和就医渠道是主体。

国康网客户主要以银行、保险、企业客户为主。这些公司把自己的健康服务外包给国康网，周期通常是1年～3年。国康网的客户之一南方基金公司接受全面的健康管理已经持续三年。国康网的服务内容包括：首先是体检设计及实施。这种体检服务不是传统的体检，而是从体检设计入手，根据每个人不同的身体情况进行有针对性的设计，还可以根据不同层级员工设计不同级别的体检。每个人体检完成后，都会做评估，根据员工生活习惯、饮食习惯、运动习惯，结合体检结果，由国康网专家制定评估报告，并进行一对一的报告解读。所以，国康把传统上一天的静态体检变成了365天的健康关怀。其次是针对团队提供健康讲座，由专家跟公司员工座谈。再次是24小时咨询热线，员工遇到各种健康问题，包括心理问题，都可以向专家提问，获得帮助。另外还包括给员工提供就医协助，包括专家预约；为员工及其家庭建立永久电子健康档案，他们可以随时查看；员工可以订制健康短信，随时了解自己关心的健康知识，等等。

综上所述，国康网的模式，更接近于“携程”。中国不缺医生也不缺医院，缺的是提高效率的第三方机构。但是医院体系被认为是中国最封闭的社会体系之一，做服务要整合上下游医疗资源，这是一件极难的事情。医院也希望有稳定的、阶层相对高的就医资源。这件事情就像携程和酒店签订协议时一样：客户资源不多时，没有谈判主动权。但是目前国康网已经有100万的会员资源，相对就容易了（见图3.1）。而与携程受到酒店品牌自建渠道所带来的挤压不同，国康网不太会遭遇这样的尴尬。首先是中国的优质医疗资源太少。其次则是在中国现有制度下，医院在各地都只能是单体的，不可能做连锁经营。这就减少了规模化经营、品牌力增加后，第三方机构可能被踢走的危险。

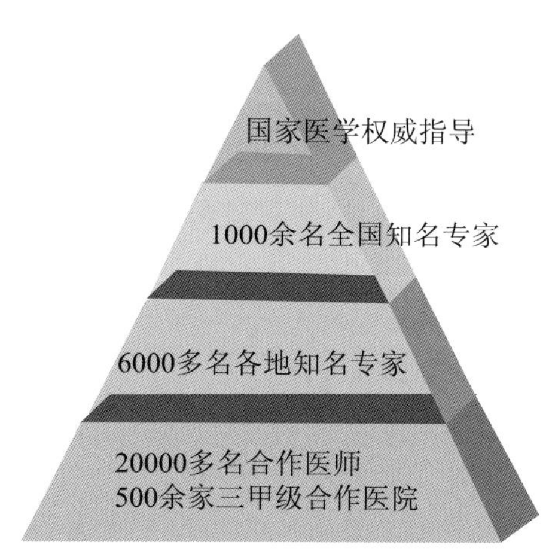

资料来源：www.guokang.com

图3.1　国康网医疗资源金字塔

（二）把握集团客户

国康网的创业之初是针对一部分人的生活在实现温饱到富裕的飞跃后，健康就会是他们最关心的事情。而现有的医疗体系效率低、服务差，所以国康网最初的定位是面对中高端的个人。

2006年中期，国康网成立已经一年有余，还没有一分钱的收益。因为健康管理对中国人而言还是一个非常新鲜的概念，个人客户基本不会相信这样一家小公司。然而在2006年下半年时，深圳发展银行抛出一张200万元的单子向社会进行招商，其内容就是把股东的健康管理进行外包。“健康管理市场的发展，外资企业或者外资背景的企业肯定是最先接受的一批”，启明创投合伙人胡旭波说，然后才会是先富起来的那一批个人。由于国内这类的机构比较少，国康网也在深发展的这个大单中分得了一杯羹。而这时候杨华山也意识到发展集团客户可能是相对务实的做法。“随着企业发展，健康管理会是留住骨干员工的重要手段。而人力资源经理会有把这部分服务外包的需求。”

目前，国康网的集团客户中以银行、保险客户为多。在深发展之后，中国建设银行、中国银行、中国工商银行、中国农业银行、招商银行、兴业银行也都成为其客户，而太平洋保险则是保险客户中的代表。“原有客户的续约率维持在90%以上。”杨华山说。而据其销售部门主管人士指出，单一客户的单子中，国康网所占的份额也在增加。此前都是几家共同服务一个客户。“全国化网络”是国康网的杀手锏之一。

目前国康已经在全国40多个城市开设了分公司，能够为全国布局的银行、保险机构服务。深发展深圳总部的人开始外包健康管理业务，慢慢地他们把这项服务推广到了其他有业务的区域，国康网的分公司也必须跟着他们的步骤进行扩展。因此，国康网子公司的建立，是循着珠三角一路北上，到长三角然后又到了环渤海区域。

国康网所有的子公司都是采取直营的模式，因为加盟的风险控制力总不如直营店。国康网的服务体系通过了ISO9001认证，是想向客户传达其服务是“全面质量保证”的。据其一线的市场人员介绍，体检流程就切分得很细了。“我们必须比会员早到体检中心”，提前准备有关医院、体检流程的解释、说明，“为什么选择这家机构，为什么有这些那些的体检项目等”。全程陪同体检拿到体检单之后，还要向会员“解读体检单”，告诉他们那些指标都代表什么意义。

（三）人力投入的重要

虽然说国康网采取的是针对服务的“轻资产”模式，而在这样的模式里面，对于人力的投入就成为了关键。换句话说，对爱康而言，体检中心硬件投入是重资产；对国康来说，“人”的投入则是重资产。据公司介绍，在目前国康的成本结构中，一线市场人员以及研发的投入占到其总成本的60%以上。近几年，国康网对于研发的投入已经占到了总销售收入的5%～6%，未来这个比例还会有所上升。

公司在短短的几年能取得如此辉煌的成绩，是基于一个全面的健康管理网络：（1）国康网是全国服务网。“一地入会，全国服务”。公司在行业首家通过ISO9001:2000质量认证体系，确保了服务的规范性；公司在中国各大城市建立了39个分支机构，满足每个客户的需要；全国热线服务电话24小时开通，为所有会员提供专家咨询；一线医院现场，爱心天使倾心提供绿色就医服务。（2）国康网是专家资源网。通过资源整合，公司与全国500多家三甲医院和6000多名医学专家建立了良好的合作，同时还得到卫生部、中国医师协会、中国医院协会、中国健康教育促进协会和中国保险协会等行业主管部门的高度支持。（3）国康网是体检网。公司和近1000家体检机构进行合作，成为中国覆盖最广的体检网。在帮助顾客选择公信力强、服务优质的体检中心的同时，也为客户提供合理的、个性化的体检套餐，通过专业的健康体检评估，为客户提供健康指导方案。国康网的体检具有系统性、连续性，把传统的一天体检变成365天的健康关怀。（4）国康网是信息网。公司拥有丰富的医学信息资料库，通过健康管理专家的甄选，针对生活方式、营养饮食、运动心理等方面提出具体指导和建议，并第一时间以短信、电子E刊、小手册等多种方式，为客户提供最前沿的医学保健资讯。（5）国康网是互联网。通过互联网的信息平台，公司适时传递各类健康知识；积极开发各项业务软件，提升会员在线互动水平。同时实施会员管理，为会员提供永久、随时随地可以查阅的电子健康档案；并为银行、保险和企业提供在线分析报告，方便客户及时了解健康及使用状况。

基于强大的五网合一的优势，公司建立了中国健康管理行业最具规模的研发中心，设立博士后流动站。研发中心拥有博士、硕士学位和丰富临床经验的医学专家30余名，其中包括一批中国知名公共卫生专家和美国医学专家，同时还得到了中山大学公共卫生学院、美国梅约医学中心、香港卓健亚洲等机构的积极支持。研发中心在健康评估和干预、慢性病管理以及第三方管理（TPA）、员工关怀计划（EAP）领域协同研究，把西方成熟的健康管理经验和中国医疗现状相结合，现已推出17大类70多项行业一流的服务和产品。

尽管美国有相对成型的健康管理系统和咨询手册，但针对我国的实际情况按部就班是不可取的。以常见病为例，尽管东西方，过度肥胖都使得糖尿病、心血管病成为常见慢性病。但东西方人的认知不同、生活习惯不同，干预方法自然也就会不同。更何况美国人和中国人，可能患的慢性病大部分不见得相同。其目前100万会员的“医疗信息、电子档案”预计会吸引相关的合作伙伴。此外，在健康干预、疾病管理之外，国康还意欲染指金融性产品，包括费用管理以及健康保险产品。据了解，美国15%的GDP都被花在了医疗上，而中国目前的相关数据是5%。

另外，国康网已经计划招聘一支“有金融背景”的团队，进行结构性产品的研发。杨华山表示在启明创投进入之前，他就有了国康网“全员持股”的计划，要把股权留着用来激励员工。因此新员工在进入国康满一定期限后就会被授予种子股。

五、结 语

作为国内首家“健康一体化解决方案”服务商，国康将“管理式医疗、体检管理、健康管理、EAP和健康险规划”融为一体，为客户提供专业、全面的健康服务解决方案，帮助客户选择合适的产品，统一控制服务标准，有效改善健康，提高客户就医质量。国康坚持独立第三方定位，实行“轻资产”运营模式，专注于健康服务的提供，整合全国优质医疗资源，建立业内一流的服务流程和质量控制体系，不断开发符合客户需求的产品，高品质的服务赢得了良好的口碑和客户高度认可。同时国康的事业也得到了中国医师协会、中国医院协会、中国健康教育促进协会和中山大学公共卫生学院等机构的大力支持。 伴随国康的高速发展，国康积极回馈社会，以健康教育与健康促进事业为己任，几年来组织大中型讲座上千场，将健康的知识传遍千家万户，受到社会各界广泛好评。公司先后获得“中华十大健康管理示范单位”和“中国健康管理行业最具公信力品牌”等荣誉称号。2009年，公司入选《财富》“2009年度最具热门的创业公司”。相信在第二轮巨额融资的推波助澜下，国康网将迈入一个更大的平台，为中国健康管理事业创造更多的价值。

六、专家点评

同创伟业高级投资经理贾雪峰：

从金融高管到通信行业上市公司老板再到体检服务公司创办者，杨华山的每一次华丽转身都足够让人惊诧不已，看似宛如隔山的三个行业，实际上存在着潜在的关联——提供服务。而且金融和IT的背景更为国康网的创办提供了巨大的资产，丰富的背景使得国康网从创办开始就深谙资本之道，在医疗服务业的同行中又以规范的管理运营而显得一支独秀。当分众传媒模式遇到医院，于是有了炎黄健康在线，当携程模式联姻医疗健康产业，于是有了国康网。被证实了的成功模式加上被看好的潜力巨大的行业，往往造就出一两家异常成功的企业和一大堆新的跟随者，准确的市场定位和创新则是成败的关键。

三胞集团投资经理蔡新颖：

很多人包括国康网自身都将国康网比喻为医疗健康领域的携程网，但我不认同这种观点。医疗领域和旅游领域有着很大的差别，目前中国的优质医疗资源缺乏，且地方间的流动性较差，个人消费者无法从国康网的医疗服务体系中获益。国康网更适合的是机构客户，相当于一些大型企业的医疗服务外包商。事实上也是如此，国康网目前的客户多是银行、保险、基金等大型金融机构。国康网的未来也应该是向医疗服务系统集成商的方向发展。国康网成立的前几年都实现了300%～400%的年增长，这也表明了这个领域市场空间的巨大，相信在风险投资机构的扶持之下会很快实现上市的目标。

第四章　品质“出众”

在产品高度同质化的今天，唯有准确把握客户的需求，才能在激烈的市场竞争中脱颖而出。而伴随中国经济的飞速发展，国内市场在规模不断扩大的同时，企业和消费者对产品和服务质量的要求也在不断提高。

在本章的五个案例中，悠易互通、瑞尔齿科、青莲食品、磨铁图书、企源科技都通过提供更优质的产品和服务，为自身和客户带来了价值提升。

案例十六 精准营销+剩余流量：悠易互通深耕互联网广告[①]

背景：

据艾瑞网统计，2010年的中国网络广告市场规模突破321.2亿元人民币，同比2009年增长54.9%。这是自金融危机以来网络广告市场的强劲复苏，并以14%的占比超越报纸成为当下第二大媒体形式，仅次于电视。网络广告在未来3年内年均复合增长仍将达到40%～50%，是传统媒体增长速度的4～8倍。网络广告正在以强劲的势力冲击着传统媒体广告地位，在网络广告百花齐放的局面下，技术正在悄然占据着核心竞争的重要位置。

2010年2月22日，悠易互通（北京）广告有限公司（简称“悠易互通”）宣布获得来自戈壁合伙人和思伟投资的第一轮风险投资，据称融资金额达1200万美元。资金将用于推进悠易互通自有精准定向系统的研发和推广以及加强与战略合作伙伴上海科捷AFP系统的融合，以期将媒体剩余流量的解决方案付诸实施。

一、关于悠易互通

悠易互通成立于2007年，拥有品牌与效果两条业务线，致力于为客户提供高回报率的市场营销解决方案，是国内领先的互联网精准定向广告运营商。悠易互通推出的智能四维定向系统，拥有行为定向和底层搜索技术等多项国家技术专利，在受众数据量、定向方式及投放准确率等方面，均处于同行业领先地位。悠易互通经过三年积累，推出服务于广告主和网站主的“库存流量平台”，进一步扩大业务覆盖范围，关注并解决行业“剩余流量”方面的需求。目前悠易互通已开设上海、北京、广州三大客户中心，拥有规模庞大回单稳定的客户群和广告代理合作伙伴，包括微软、IBM、奥迪、兰蔻等，并同国内外多家主流门户网站建立了长期稳定的密切合作关系。

① 本案例根据公开信息编撰而成，信息来源包括企业主页、中金在线、腾讯财经、中国风险投资网等。

二、悠易互通当家人刘俊丰的二次创业

尽管悠易互通创始人刘俊丰今年才刚刚30出头，但已经拥有两次创业经历，而且从某种程度上说，都是成功的创业。

（一）追随朋友的第一次创业

刘俊丰刚出道时，就在麦肯光明广告有限公司任媒介主管，负责麦肯在大陆地区的互联网广告业务，服务于微软、AMD、欧姆龙、日立等十多个国际品牌客户。年纪轻轻就进入跨国公司的管理层，当时的刘俊丰成为很多同龄人羡慕的对象。而在麦肯的工作经历让刘俊丰深切体会到了网络广告技术的魅力，也让他与网络广告结下了不解之缘。

麦肯是一家中外合资公司，任职两年后刘俊丰隐约感觉触碰到了职业生涯的“天花板”，正茫然于自己该何去何从时，没想到竟迎来了自己的第一次IT创业历程。

当时冯鑫（现北京暴风网际科技有限公司CEO）等几个朋友提到成立一家从事播放软件的研发公司，于是乎有钱的出钱，有力的出力，几个人很快就创建了北京酷热科技有限公司（现暴风影音前身）。作为冯鑫朋友圈成员之一的刘俊丰也加入了其中，并在公司成立后负责公司整体的营销及产品规划，成为公司的一名副总经理。酷热科技拥有陈庆明等国内天才级的IT开发人员，并推出了拥有自主研发内核的播放软件——酷热影音，很快成为一家实力非常强的商业播放软件研发公司。

尽管在2007年刘俊丰因为个人原因离开了酷热科技，结束了自己的第一次创业，但是酷热科技团队对新兴技术的热情和追求已让核心技术为王的理念深深地植根于他的心中，同时让刘俊丰深切体会到构建高效的创业团队的重要性。在伴随着公司一步步成长的过程中，刘俊丰也体验到了创业的快乐。

（二）源于冲动的第二次创业

2007年的中国互联网广告市场可谓风生水起。一方面得益于奥运会举办在即的推动，各大品牌商都有强烈的意愿要加大在中国市场的网络广告投放，引致各大网络广告公司群雄逐鹿，烽烟四起；而另一方面，金融危机阴影已经从美国发端并且逐渐向中国蔓延，为了省钱度过“寒冬”，那些网络广告公司的“衣食父母”——广告主们增加广告预算的后劲已经越来越乏力。在这种情况下，在2005年～2006年出现的精准广告从2007年的厮杀中悄然崛起，一个个特点鲜明的精准广告产品和创意纷纷出水，凭借对受众需求的“直达”优势，慢慢扩大市场份额。

这股雄浑的网络精准营销浪潮也让尽管年轻、但已具有多年广告和IT从业经验的刘俊丰的内心变得不再安分。当时的刘俊丰已经离开酷热科技，在一次偶然机会中结识了资深网络广告和数据分析行业解决方案专家、现在悠易互通CTO——赵征。赵征有着8年网络广告行业产品设计及研发经验，并对互联网广告前景有着充分的认识和独到的见解。刘俊丰非常赏识赵征的技术背景，二人相见恨晚，一拍即合，很快就注册成立了现在的悠易互通（北京）广告有限公司。而且为了能够尽快打开市场局面，刘俊丰又力邀了曾在“上海热线”担任副总裁的施昕把关销售，从而打造了悠易互通一个涵盖规划、技术和销售三方面的坚固的团队“铁三角”。

刘俊丰在面对媒体时经常说他创立悠易互通完全是因为一时冲动，自己在创业前并没有想太

多，正是因为互联网精准营销模式在2007年的红火加上遇上赵征这样趣味相投的搭档，才“脑子一热”干起来了。但刘俊丰在麦肯的工作经历使他对广告主的需求特点和变化有着敏锐的嗅觉，而他的搭档赵征有着多年的数据分析的经验，两者的结合，使悠易互通的精准营销模式和技术很快就得到了构建。凭借为微软、IBM、三星、诺基亚、奥迪、招商银行等众多高端品牌广告商提供精准定向广告服务，悠易互通在成立短短六个月后就已开始盈利，创立当年的六个月营收超过1000万元。

三、剑指“浪费的一半广告费”

著名广告大师约翰·沃纳梅克曾说：我知道我的广告费有一半浪费了，但遗憾的是，我不知道是哪一半被浪费了。“浪费的一半广告费”被人称为广告营销界的“哥德巴赫猜想”，也道出了千万广告主的难言之隐。

传统广告多采取大众传播的方式，与受众缺乏必要的消费心理沟通，同时“宁可错杀一千，不要放过一个”的传播方式无法确保广告有效到达率。这样导致各类广告铺天盖地，一股脑地出现在人们面前，而人们通常不喜欢广告，并且潜意识认为是与自己无关的信息骚扰，不愿意停下来阅读。这就让广告主投入的很大一部分被浪费。而且广告发展至今天，已经出现品牌类广告和效果类广告的分化，品牌类是指具有知名度的品牌在具有知名度的媒体上投放广告；效果类是指不论品牌的大小和所投放媒体的大小，只看广告投放的效果如何。经历了扁平化的竞争和金融危机的洗礼，效果类广告已成为当下业界的发展趋势，当广告主在给出一块钱广告费的同时要求得到某几个销售单位的提升时，传统营销方式显得不再合乎时宜了。

互联网行业自诞生之日起就在不断创造奇迹，网络技术和营销模式相融合的发展日新月异。融合视频、Flash、图片、游戏等各种具有丰富表现力的网络广告模式，使受众能够自主参与到广告内容的互动中。然而尽管式样不断翻新，旗帜、弹窗、全屏、鼠标回应、富媒体等样式的广告充斥网络，但是因为产品卖点和受众定位不符合，使得很多无效受众正常的网页冲浪受到干扰，出现审美疲劳，甚至厌烦。其实这也是“浪费的一半广告费”在网络中的体现——媒体资源、目标受众不明确，无法做到100%有效覆盖，互联网广告的优势没有得到完全的发挥。

加之互联网媒体受众具有的草根性特质，相比于传统的电视、平面媒体等相对高端的形象来说，广告主们更倾向于在互联网投放效果类广告，并且对广告效益回报的要求也更高。有效地将互联网的优势发挥出来，成为互联网广告能否契合这些要求的一个关键所在。

鉴于此，刘俊丰把悠易互通定位于在广告主和媒体之间搭建的一个网络技术平台，通过这个技术平台，悠易互通可以整合与其有合作关系的媒体的受众资源和广告资源，并在此基础上对受众进行追踪、分类，从而使得广告主投放的广告可以更小的成本精准地送达最多的目标受众面前，提升广告投放效果的同时节约广告费用，满足广告主们的“苛刻”要求。

这源于创立之初刘俊丰和赵征持有一个共同的想法，在互联网广告中，广告主既想省钱，又想让广告得到最大的效果；媒体则是想让广告扩大化，才能赚得更多。但这是一个“trade-off”，因为媒体的收入来源于广告主，当广告主需要省钱的时候，媒体又如何赚钱呢？反之亦然。要解决这个问题，除了“开源”——寻求更多的广告主外，还有一个途径就是找回那“浪费的一半广告费”，而精准定向的在线营销会是一个最有力的手段。国外新的研究表明，定向广告效果比没有定向的广告高出两倍，点击定向广告的受众6.8%会购买广告产品，没有定向的广告只有2.8%的购买者。这项研究表明了定向的重要性。

四、悠易互通的精准营销

“在互联网上，没有人知道你是一条狗。”

这种说法曾在虚拟的互联网世界风靡一时。然而时过境迁，如今在法律框架下的互联网受众追踪技术一日千里，现在人们不仅能够知道你是京巴还是松狮，甚至于那些精明的广告商可以根据你的网络行为而判断出你喜欢什么口味的狗粮及宠物玩具。

这便是精准营销。通过它，你会发现坐在你隔壁的女同事与你同时打开同一个网站的同一个网页时，所出现的广告完全不一样，你的页面弹出的信息是3C广告，然而她的页面则弹出女性用品广告，更奇妙的是，这些广告完全投你所好！

目前悠易互通有两个手段可以实现这样的神奇效果：一个是内文定向，另一个则是行为定向。

（一）内文定向

这是悠易互通最早攻克的一个广告应用。运用内文定向技术，在受众浏览感兴趣的内容页面时，广告主可以通过将悠易互通设定的关键字与页面内容进行比较，判断是否投放广告以及投放广告的类型。这可以帮助广告主最大程度提高广告创意的完整播放率，因为这些广告可以帮助受众扩大信息来源量以及可以将内容形象化，所以在兴趣点上的受众不会拒绝接受相关的有意思的视频或其它广告内容。除此之外，悠易互通还可以通过对全文语义、页面人口属性以及页面其它广告进行全方位分析，做到广告与页面内容高度符合。如受众打开一个有关化妆品的新闻页面时，将会弹出一个相关的化妆品广告。

（二）行为定向

内文定向精准度不是非常高，技术要求也并不是很高，在悠易互通推出这项应用的前后，行业内的窄告、好耶、浪淘金等网络广告商也纷纷涉足，并都很快推出了相似的技术平台。不甘人后的悠易互通很快就把目光投向了另一块“处女地”——行为定向。

行为定向与内文定向尽管都是以精准地找到目标受众为目标，但是两者方向却有很大的不同。内文定向以受众浏览的相关内容为基础，根据内容投放与之高度相关的广告。而行为定向则是以人为本，以受众的网页浏览习惯和受众的某些属性为基础，根据分析其一定时期内所处的环境，行为轨迹，了解和推断受众的喜好和近期的关注焦点，实现不同受众面前展示的广告完全不一样，做到投其所好、有的放矢。例如一个受众近期经常关注时尚资讯、家居用品以及访问淘宝，说明这个受众对女性相关消费欲望高涨，当她正流连于秋冬国际时尚流行趋势时，如果此时出现女性品牌新品或者季节折扣信息，受众契合度和受众关注度将会达到非常高的临界点，实现“在恰当的时间恰当的位置把恰当的内容呈现在恰当的人面前”的效果。

为此，悠易互通通过有效采集受众标识的互联网行为，跟踪记录浏览轨迹、广告交互、主动搜索等行为，利用大量的数据分析，剖析受众心理预期。以强大的底层搜索引擎技术作保障，配合自主研发的高性能实时定向引擎，确保广告投放迅速定向到适合的受众样本；频次控制满足了3次印象达到效果临界值的条件，优化浏览量，广告不会因为过多出现使受众产生厌烦心理、浪费广告费，实现了成本和效果的最佳匹配。另外还通过Re-targeting技术对受众进行后续跟踪，记录受众离开客户官网、活动网站的页面，可以详尽分析受众心理变化，以便实时做出有效调整，有针对性地进行后续定向广告投放，从而最大限度避免广告受众流失。

除了高效的行为追踪之外，悠易互通经过长期的分析积累，细分出600多类受众属性，这些属性几乎涵盖受众的所有信息，甚至包括受众上网所在地的海拔高度，从而进一步将受众进行细分归类，更加有效地提高目标受众属性的精准度。

（三）构建业内最大的受众样本库

一方面是在定向技术上力求最“精”，对受众进行定位时细之又细；另一方面，刘俊丰意识到，没有一个有效的、囊括海量受众的受众样本库是不行的，甚至可以认为，谁的受众样本库大，谁就更能占领精准营销的制高点，受众样本库的高度决定了精准营销的深度。因为精准营销要做的是“个众传播”，精准到个人。如果一个受众库涵盖了所有的中国网民，那么它就可以对中国的每一个网民进行精准营销，效果就可以达到最大化。

凭借自身的安全运营和高效投放，悠易互通和众多网络媒体建立了长期稳定的合作伙伴关系，彼此同心协力为客户提供更完善的服务。目前悠易互通拥有逾400余家的高端合作媒体，全流量覆盖门户、垂直和个人网站。这些合作媒体的网民受众群成为了悠易互通受众样本库的样本来源。现在悠易互通的受众样本库已经能覆盖全国3.2亿网民，活跃样本每天有1.2亿。而根据CNNIC最新公布的《中国互联网络发展状况统计报告》，中国的网民规模总数为4.2亿，悠易互通覆盖量已经达到了3/4，远超同行业其它公司。

（四）成为精准营销业内领头羊

通过整合，刘俊丰团队将内文定向技术和行为定向技术揉合成了一个强大的技术平台，配合拥有业内第一网民覆盖率的受众样本库，悠易互通成立短短三年多时间就已经成为了中国网络广告精准营销的领头羊，得到了多方的肯定。2010年1月8日，悠易互通获得国内知名调研机构DCCI主办颁发的2009年度“Adworld金营销技术奖”，这个奖项被誉为中国互动营销领域一年一度的“奥斯卡”；除此之外，悠易互通还被《成功营销》杂志评为“2010最佳创新营销平台及服务机构”，而刘俊丰也被相关媒体评为“2010年度中国最具影响力互动媒体领军人物”。

伴随着这些名誉到来的更让刘俊丰感到快慰的是，广告主们也开始关注并选择他们。微软、IBM、奥迪、兰蔻等国际知名品牌不断被悠易互通精准营销带来的效果吸引，纷纷建立和加强与悠易互通的合作。2009年悠易互通实现盈利6000多万元，而此时距离悠易互通成立还不到三年时间，取得这样的成绩连作为公司CEO的刘俊丰自己都感到十分惊讶。

五、深耕一寸 再指剩余流量

面对精准营销给悠易互通带来的成功，刘俊丰并没有停止自己的脚步。用刘俊丰自己的话说就是“我在别人眼里都尽量显得低调些，但我却是个不安分的人”。这样的“不安分”让刘俊丰想方设法帮助广告主“省钱”的同时，把目光投向了如何让网络媒体更多地“赚钱”。

2007年4月15日，美国互联网搜索引擎巨头Google宣布向私募投资公司Hellman&Friedman支付31亿美元现金的方式收购其持有的Double Click的全部股份，并最终将这家网络广告巨头纳入旗下，这一收购价高出竞争对手微软报价的50%。消息传出后一时间引起互联网业界的一片哗然，大家纷纷猜测Google此次收购的背后动机，而细致的刘俊丰却发现了DoubleClick正在从事的网络广告的又一块处女地——“剩余流量”。尽管当时公司还在筹备建设中，攻克定向技术是当时悠易互通的主要目标，但是关于整合网站资源长尾的剩余流量一直都留在刘俊丰的计划簿里，可谓是“三年磨一剑”。

刘俊丰认为，虽然网络媒体的网站上总的广告资源流量是固定的，但是有三个原因会造成网站广告剩余流量：销售变现的广告流量、广告主突然撤单的广告流量以及新增规划广告流量。而据刘俊丰估计，即便是中国顶级商业网站，一年中广告位的空档率也接近30%，很多网站甚至达到了60%以上。依此计算，像新浪这样的大网站每年的损失就有数千万美元。即使按照广告正常销售价格的1/10销售掉这些剩余流量，营收也会在千万美元级别。对于任何一个网站来说这都是极大的资源浪费。

为此，在悠易互通已经以精准营销在业界打出一片名堂并趋向稳定之后，刘俊丰开始着手投入资源解决剩余流量的整合变现问题。刘俊丰的目标是打造一个“超级”技术平台，这个平台可以对最终的广告受众进行定向的精准营销，另一方面可以把网络媒体的广告资源进行整合，力斩剩余流量。刘俊丰希望这个平台提供一个通用接口，网站媒体只要与悠易互通的平台对接后，相关人员就可以通过悠易互通的后台清楚地知道自己网站每天有多少剩余流量，包括剩余流量的位置、URL等。同时悠易互通将这些流量收集回来之后形成大的“剩余流量池”，用“内文定向”与“行为定向”将其包装之后，切分为不同的块进行投放，让剩余流量变现为网站的额外收入，也就是帮助网站媒体赚钱。

研发中刘俊丰发现，要整合网站的剩余流量，就必须了解网站的广告发布状况，而目前网站的广告发布系统主要有三种类型：第一类是网站自己开发的系统；第二类是DIY的免费广告系统；第三类是收费系统，主要是上海科捷和好耶推出的AFP系统。“上海科捷和好耶的市场占有率比较高，几乎占到了60%～70%，在国内，中高端互联网媒体都会采用。这种广告系统是根据流量收费的，价格比较高，很多媒体每年花在这上面的费用就高达30万～50万元。”刘俊丰说。

鉴于市场大部分已被上海科捷和好耶占据的情况，刘俊丰决定寻找其中一家进行战略合作，这样可以尽快缩短平台构建时间并且可以快速实现众多网站媒体加入到悠易互通的平台中来。最终刘俊丰选择了上海科捷，一来因为上海科捷是国内领先的第三方广告管理系统提供商，拥有将近10年的广告管理系统研发和运营经验，另外也是因为刘俊丰的搭档赵征曾在上海科捷担任过技术要职，对上海科捷比较了解。

2010年悠易互通和上海科捷达成了战略合作关系，并计划推出科捷AFP广告系统的在线标准版。由于悠易互通是国内首家提出“剩余流量”的广告代理商，因此为了打消网站媒体们的顾虑，刘俊丰提出，日广告流量在500万以内并有意愿参加剩余流量计划的网站，可以申请免费使用该标准版广告系统。而实际上，悠易互通是代站长们承担了向上海科捷支付的这部分广告系统使用费用。

上海科捷CEO赵士路表示：“科捷广告系统是针对网络广告管理、发布和监测的全面技术解决方案。悠易互通的精准定向技术及客户资源积累是剩余流量模式运转的重要保证。在科捷与悠易互通合作后，很大的程度上讲，悠易互通为媒体买了科捷广告系统的单，媒体可使用科捷广告系统接口从系统级对接悠易互通的精准定向广告，使之成为更具有针对性的、解决媒体‘剩余流量’问题的平台。”

“实际上，我认为广告系统就是应该免费使用的，”刘俊丰说。与上海科捷的服务需要悠易互通替站长垫付费用，3个月的周转期使悠易互通的资金链开始变得紧张，这时，刘俊丰想到了风投。

六、风投助力

早在2009年初，对在线广告已经持续关注三年时间的戈壁合伙人徐晨就已经与刘俊丰有了第一次接触。但由于当时悠易互通正全力推进精准营销业务，而且该业务也为公司带来了不菲的收入，刘俊丰邀请风投加入的意愿并不强烈，徐晨也认为当时的市场时机还不成熟。但短短一两年时间，悠易互通就靠自己的力量从一家创业型公司迅速成长为国内互联网行业中的佼佼者，这让徐晨感到十分惊讶。

所以，当刘俊丰表达了要与风投合作的意愿后，徐晨联合思伟投资在一个月内就迅速确定了投资意向，并与悠易互通完成了1200万美元的投资合作。

徐晨说：“我们和思伟投资当时交换了对广告效果的看法和意见，从悠易互通的发展状况及产品来看，他们具有明显的领先性。随着广告主喜好及投放策略的变化，从去年开始，整个基于效果广告的市场上扬明显，从大市场趋势和产品来看，公司处于一个比较好的状态。”而悠易互通的发展速度和规模还有悠易互通创业团队的高效和其财务状况的优良都是徐晨坚定信心快速进行投资的关键参考点。徐晨相信，悠易互通获得注资后，将会持续保持业内的领头羊地位。

“悠易互通已经建立了一个成熟的、经验丰富的，并对新媒体广告行业有卓越远见的核心团队。他们的领导管理团队共拥有超过25年的互联网广告行业的全面经验，非常了解广告主和媒体发布者的需求，并针对那些需求建立了行业内的最佳解决方案。悠易互通技术上的优势已经被一些世界上最大的品牌公司所认可。”思伟投资崔麟如是评价。

而刘俊丰选定戈壁合伙人和思伟投资是因为戈壁合伙人和思伟投资在数字媒体领域拥有充分的管理经验和前瞻性的眼光，且此次注资后会进入董事会的崔麟和谢士骏又都是深谙此行业的个中高手，这对悠易互通未来的发展和规划将是极大的帮助。“我们一共接触了大约10家风投公司，最后选定了戈壁合伙人有限公司和思伟投资。”刘俊丰说，“经过三年技术、营销、数据的积累，再借助此次获得融资，第一时间找到行业内领先的上海科捷作为合作伙伴，我们希望尽快将媒体剩余流量的解决方案付诸实施。”

七、打造网络广告界的IT公司

虽然悠易互通名为一家广告公司，刘俊丰却更喜欢别人称他的公司为一家IT公司。用他的话说，IT公司更注重产品，赚长线的钱，而广告公司普遍具有过度依赖客户的特点，具体表现为很可能2010年赚1亿元，2011年就会关门。刘俊丰要做的，是一家网络广告界的IT公司。

“公司在发展或者初创阶段，要想高速增长，必须有核心的东西，那就是技术产品。”刘俊丰对于技术的重视源于个人经验。无论是工作之初在麦肯对于网络广告的技术探秘，还是之后在酷热影音担任副总经理，刘俊丰一直对新兴技术有着浓厚的兴趣。在他看来，作为初创企业，基于核心技术，配合一些运营手段，才能让公司正常运转起来。“悠易互通今天的成就完全得益于我们在互联网广告技术上的优势，我们的技术最起码要领先竞争对手半年到一年。”刘俊丰自豪地说。

2010年11月17日，“2010红鲱鱼（Red Herring）亚洲100强”最终名单出炉，悠易互通（北京）广告有限公司正式入选。作为国际著名的投资风向杂志，《红鲱鱼》独具慧眼，现在已经是各自领域内巨头的Facebook、Twitter、Google、Skype、YouTube和eBay都曾在默默无闻时备受《红鲱鱼》的关注。"红鲱鱼亚洲100强"榜单已经成为认证巨大潜力的新企业与企业家的标志。

"这个奖项对悠易互通的发展战略、取得成就以及发展前景给予了很大的肯定。"对于此次荣升亚洲百强，悠易互通CEO刘俊丰表示十分荣幸，"但更多的悠易互通将会坚持'以技术为导向，以受众为中心'的既定战略，以不断进步的技术来满足不断变化的受众个性化需求。"

八、专家点评

中瑞创业投资基金管理有限公司投资经理赵建龙：

以技术推动市场是互联网行业的重要法宝。在整个以技术为基础的行业发展中，不断依靠技术转换行业格局和发展趋势。通过一层层向上搭建的技术体系，个性化、定向化的服务会越来越多。从收费到免费，重铸商业模式的过程是高新技术行业明显的特点。创业团队丰富的经验和对行业的深刻理解，也使得企业可以引领行业发展，迅速地更上一层楼。创业团队获得投资，再次证明了团队力量和经验对于企业发展，尤其是创业项目发展的重要性。多次创业成功的经验，可以更容易让风险投资相信商业上的成功可能性。而相应的，风险投资的注入可以帮助企业迅速成功的同时对竞争对手树起高高的壁垒。

深圳中时鼎诚投资管理有限公司董事长吴西镇：

互联网的迅猛发展，一改传统传媒广告独大的格局，为新媒体带来了大机遇。而网络广告兴起之初，盲目的投放并没有改变过往"一半广告费被浪费"的局面，而以"无赖式"软件弹出的方式更使受众不胜其烦，效果自然也不尽理想。如何充分利用媒体资源，精准投放广告，进而提高营销效率的传播模式一直是广告人的不懈追求。

悠易互通依靠网络受众广、受众特征可追踪观察的特性，运用内文定向、行为定向等先进技术建立起颇具规模的数据库，从消费者差异化的需求出发，从而实现了广告的精准投放，节约了"浪费的一半广告费"。悠易互通在其卓越的商业敏感下，以战略结盟的形式获得技术，通过整合网站的剩余流量资源，在为网站赚取"额外"利润的同时，也为客户降低了广告投放成本，并为自己企业开辟另一盈利模式。

悠易互通核心团队既有资深传媒人士，又有掌握核心技术的工程师，应是"天作之合"。不过，以创意和技术领先的公司需要时刻保持"被超越"的警惕，一旦有其它机构凭借资金或技术优势快速抢占市场份额，悠易互通势必难以鳌头独占。因此，坚持技术的不断创新，保持高度的市场敏感无疑是悠易互通的立足之本。

案例十七 瑞尔齿科——意外发现的大蛋糕[①]

背景：

2010年3月15日，瑞尔齿科总裁邹其芳与全球顶级风险投资基金凯鹏华盈（KPCB CHINA）和优秀风险投资公司启明创投（QIMING VENTURES）在北京共同签署了融资协议。中国高端齿科服务行业领先品牌瑞尔齿科（ARRAIL DENTAL）宣布，正式获得风险投资基金凯鹏华盈和启明创投的2000万美元投资，用于全力提速瑞尔齿科在中国的发展。

一、供需失衡的卖方市场

（一）口腔事业需求庞大

全国牙病防治指导组办公室提供的信息表明，我国5岁儿童平均每个孩子有4.48颗坏牙，65岁～74岁老年人平均缺牙9.86颗。据调查，目前我国有25亿颗龋齿等着填充，6亿颗错合畸形齿等待矫正，10亿牙周病患者等待医治。

然而，在口腔保健方面，我国人力、物力、财力等投入相对匮乏。目前我国仅有口腔医生2.5万人左右，与人口比例为1 ∶ 50 000，而根据国际通用公式计算，合适的比例应该达到1 ∶ 2000。如果要将这些牙病都治好，以我国现有的口腔医生与总人口的比例计算，至少要我国牙科医生忙200年。北京的几大医院口腔门诊早已人满为患，而在上海口腔医疗中心，为牙齿正畸据说至少要排1年的队。目前在中国，这可能是少有的几个供需失衡的卖方市场。

根据国际专业咨询机构毕马威（KPMG）公司2009年发布的医疗健康行业报告，2008年中国内地的人均医疗支出仅为139美元，而日本为3138美元。医疗总支出占国内生产总值的比例在中国内地为4.2%，香港特区为5%，而瑞士和美国分别为11.2%和15.4%。国内的医疗健康行业作为新兴朝阳行业具有令人瞩目的发展空间。

（二）民营口腔医疗行业崛起

经过数年的发展，目前民营口腔医疗市场份额已经由原来的不足10%增加到现在的30%左右，这其中还有1/3的份额为那些单体口腔诊所分食。而口腔诊所模式又分为三种：一是大中型非营利性医院，由于历史原因，掌握了绝大部分资源，但市场化程度低，发展缓慢；二是个体化的口腔诊所，遍布各二级及其以下城市中，主要定位于中低端市场；第三种则为品牌化的专业口腔诊所，例如瑞尔齿科、佳美口腔等，能提供细微的口腔服务。

数据显示：四年前的北京口腔市场，预防和保健的比例占15%，牙齿急诊占35%，牙齿美容占50%。目前的比例是，预防和保健的比例占25%，牙齿急诊明显减少，变成了20%，牙齿美容达到55%。但目前公立医疗机构的业务仍旧以牙齿的急诊为主。

事实上，当医疗改革被提上议程时，整个医疗体系也将产生巨大的变革。国家管控、事业化

① 本文根据公开资料编撰而成，资料来源包括《投资者报》、《投资与合作》、新浪科技、中国风险投资网等。

编制体系逐渐松动后，民企医疗结构的崛起势在必然，这也为嗅觉灵敏的风险投资家提供了投资的窗口。

二、创办之路

（一）负笈沃顿

“如果没有去美国读书，我不会有自己创业的想法，”邹其芳对其创业追根溯源时感叹道，“这一辈子可能就是一个职业经理人。”

的确，在1990年赴美攻读沃顿商学院工商管理硕士学位之前，邹其芳已经是一名出色的职业经理人。1984年，毕业于天津外国语学院的他辞去天津医药局翻译的公职，加入了当时默默无闻的中美史克公司。凭着早年当建筑工人磨炼出来的执著和韧劲，邹其芳从一线的生产车间做起，6年功夫坐上了全国市场部经理的位置，他策划的康泰克广告风暴席卷全国，首开OTC药品电视营销之先河。在中美史克，邹其芳是职位最高的中国人，薪水非常可观，属于中国最早富裕起来的一批人。然而，邹其芳并不满足，对于企业管理，他兴趣越来越浓厚，但他深感多年工作积累的零碎经验不足以支撑他往上走。因此，当发现MBA教育能让他未来更上一层楼时，邹其芳毅然辞却美籍总经理的盛情挽留，报考沃顿商学院MBA。

来到美国，邹其芳豁然开朗。在课堂，他学到了管理、金融的新知识；在校园，他听到了彼得·德鲁克、比尔·盖茨、迈克尔·戴尔等各界精英的精彩演讲；在社会，他感受到了美国人的独立自信、积极创新。这一切深深打动了邹其芳，激发他思索自我：“以前自己做事似乎总是被别人推着走，亦步亦趋，时间长了，好像失去了自我，在美国我又找回了自己，要追求自我实现，这是我人生观最大的转变。”

（二）上下求索

1994年从沃顿商学院毕业，邹其芳并没有马上创业，因为读MBA让他负债8万多美元，赚钱还债是第一要务；但他也没有接受三家美国公司的聘书，他还是想回国做点事情，最终选择到香港，因为这样觉得离内地近一些，机会也更多一些。邹其芳进入香港信孚银行，尽管工作不到一年就还清所有债务，但他认为自己这次职业选择并不成功，他的年龄和经验在金融界完全是劣势，而自己在市场、医药方面的优势无从发挥。一年后，他转投美国AT科尔尼咨询公司，从事为跨国公司开展中国市场的经营策略等顾问工作，尽管也是全新挑战，但他了解中国市场，尤其涉及与医药有关的项目时，更是得心应手、游刃有余。与此同时，邹其芳一直在寻找创业的机会，方向他已经想清楚了，牢牢锁定医药医疗行业，因为长期在医药行业工作积累的经验和人脉是他不可抛却的财富。

创业的决心和方向很明确，但创办瑞尔齿科仍然是一个偶然。1996年底，在香港参加一个会议时，邹其芳遇到了自己在中美史克公司工作时的董事长亨利·温特。温特先生从史克公司退休后成立投资医药业的基金，刚收购了美国一家生产种植牙的公司，想开发中国市场，问他有无兴趣。邹其芳一听，非常兴奋，他立即马不停蹄地在内地10个城市展开调研，结果发现种植牙引入市场还为时过早，而高档牙科护理正当时。

发现这一市场空白，邹其芳立即改变设想，创业领域从产品转向服务。对于创业者而言，及时抓住机会非常重要，要快速地想，快速地做决断，否则将与机会失之交臂。邹其芳说：“这就是直觉，很多创业者、企业家都是用直觉来思考行动的。我想，创业也好，管理也好，就像练武功一样，平时要一招一式地学，日积月累，烂熟于胸，真正碰到情况时，就下意识地伸手出招、见招拆招。”

（三）吃螃蟹者

邹其芳把第一家店开在了北京的国际大厦中，他期望能一举塑造瑞尔齿科的专业服务和高端牙科护理的想象，但事与愿违，在20世纪末，国内民众大多数不知牙齿护理为何物，至于在其身上消费，就更无从谈起，专业的团队以及先进的机械器件都成了摆设，邹其芳碰到了创业中最为艰难的时刻，“经常是医生比顾客多，最开始来的也多是朋友来捧场”。

直到半年之后，转机才出现，一日，正在访华的波兰经贸部长急需补牙，波兰领事馆人员找到了瑞尔齿科，在经过瑞尔齿科专业医师的服务之后，波兰方面相当满意，瑞尔的服务也在使馆区赢得了名声，并不久和美国大使馆签订了服务合同。

在化解了最开始的资金困境之后，邹其芳带领瑞尔齿科乘胜追击，将目标受众锁定在高端客户，并尽量以和集团签订合作协议的方式固定客户。据不完全统计，目前作为瑞尔齿科的签约伙伴有平安、中国人寿、花旗银行、汇丰银行、德勤中国等大型集团。

三、“10+3”投资模式

凯鹏华盈合伙人周炜与邹其芳同为美国宾西法尼亚大学沃顿商学院的校友，周炜对瑞尔齿科的发展一直关注，也是瑞尔齿科忠实的客户。“第一次接触到瑞尔齿科是因为我太太成为其客户，我与邹总也是相识多年。从开始关注到完成投资，其间经历了6年的时间。”

2008年末2009年初，就陆续有投资机构找上门来，希望投资瑞尔齿科。由于瑞尔齿科的股权结构较特殊，令一些投资机构放弃了。但周炜与凯鹏华盈一直耐心帮助瑞尔齿科改造股权结构，最终获得邹其芳的信任。

“我们对这个案子很执著，一方面是因为看重了这个行业的市场潜力，但更多的是因为瑞尔齿科的品牌价值和对邹总个人的信任。”周炜表示，瑞尔齿科虽然只有11家诊所，但是每一家诊所的规模很大，相当于一个小型医院。“我们的功课做得很好，对企业和对行业深入研究之后，坚决帮助瑞尔齿科完成股权改造，完成本次的投资。”

提到某公司获得几千万美元的融资，上市、实现资本退出，这些动作似乎早已在安排之中。但对于瑞尔齿科这个“慢性子”的公司来说，急不得。周炜表示，凯鹏华盈没有对邹其芳许下什么诺言，几年之内要将瑞尔齿科打造成什么级别的上市公司。

“我们 VC 干的是养企业的事，从小鸡养成大鸡，从小牛养成大牛，这些都是急不得的事情。”周炜形象地比喻，“我们认为瑞尔齿科在这个领域能够成为一个著名品牌，并且可以长久地存在。”

邹其芳更是不着急，他甚至和投资方签订了“10＋3”的投资模式。“10”即投资方要保证10年内不退出，而10年后的3年内可以按照双方协商的价格退出。

周炜在众多医疗服务企业中选择携手瑞尔齿科有他自己的理由，11年前，邹其芳在国内市场几乎一片空白的情况下，创立和培育了一个崭新的牙科医疗服务市场，并执著地带领其专业团队在这个领域努力开拓了10余年。周炜非常看好这支拥有专注的企业家和一流精英人士的优秀团队，也非常珍惜瑞尔的品牌价值。现今国内，只要提及高端口腔医疗保健机构，人们都会自然而然地想起瑞尔。随着人们生活水平的提高，对于齿科健康的关注及需求将日益显现。周炜深信，瑞尔下一个10年的进步将远超第一个10年的成果。凯鹏华盈将为瑞尔齿科提供更多国内外同行业的先进经验、强大的网络平台和丰富的专家资源，共同努力帮助瑞尔打造成为国际专业牙科医疗服务领域的知名品牌。"

四、不走寻常路

（一）齿科军校

2001年，邹其芳拿到一笔300多万美金的投资后，下半年就在深圳开了一家店，到了2002年，他更是一口气在北京和上海共开了4家店。开深圳店的时候，他还能把北京作育出的成熟医生派去担任营业负责人，但到了一年4家店时，他只能姑且从社会招聘医生来负责营业。由于没有经过长期的培训、实践及磨合，临时招聘的员工并不具备瑞尔齿科的服务标准。这时，他发现有点难以控制服务质量了。

齿科医疗服务最大的资产是人，有了人就有了一切。"物质上的东西很容易获得，培养人才是我们的重点，他们是我们的核心资产。"邹其芳多次强调人才的重要性。

人手不够，能否到大医院去挖一些医生呢？邹其芳仔细考虑后，答案是否定的。他认为，虽然大医院的大夫技术并不差，但差的是观念。对于一些在公立医院司空见惯的事情，在瑞尔齿科却增加了很多步骤和程序，这种"以顾客满意为核心"的观念对于一些大医院的大夫来说，未必认同，即使认同了，重新开始培训也未必愿意拉下面子。

2005年初，邹其芳采取了一个颇为冒险的办法——直接招聘并作育门生。但从门生做起最大的危害在于作育周期较长，一般作育一个成熟的牙科医生至少需要5年时间，而且作育出来的牙医是否能留住也是难题。当时邹其芳权衡之后感觉没有其它的办法，便到较好的医学院招聘硕士和博士毕业生，自己作育牙科医生。

瑞尔齿科从2006年起开始进行校园招聘，自己做医师培训。目前第一批学生已经毕业，大部分学员成为瑞尔齿科的骨干医师，可以独当一面。到2010年，这个培训项目已经做了5年，源源不断的人才输送使瑞尔具备了快速发展的基础。

据了解，瑞尔齿科现在有近200名医生，应届毕业生占了其中不小的比例。在瑞尔齿科，邹其芳将医生分为三级，像应届毕业生，大致要在企业内部培养4年～5年才能达到三级。邹其芳表示，一名新进来的学生，月工资在6000元以上，如果能够达到三级，工资在2万元以上，这一薪酬在行业内还是比较有竞争力的。

不过，邹其芳又面临着成长的烦恼，牙科连锁经营中人才缺失的难题摆在面前。他介绍说，"一家诊所的核心人才需要一名主任，一名助理主任，一名前台主管，一名护士长。"然而，瑞尔齿科所需要的人才，在现有市场内根本找不到，"医院关注的是病，但瑞尔不但关注病，还关注人；不但关注治疗的效果，还关注治疗的过程。"这套理论知易行难，即使是国外的人才也不适用，"只能自己培养。"

第一批培养的"本土化人才"将很快走上独当一面的岗位。瑞尔由最开始的10个诊室、20多名员工，发展到如今的全国上百个诊室、近400人的专业医疗管理团队，其中60%拥有硕士和博士学位。凯鹏华盈合伙人周炜表示，瑞尔已经积淀了一批优秀的人才，具备足够的实力进行规模扩张。尽管他跟邹其芳是沃顿商学院的同学，但让他做出投资决定最根本的原因还是瑞尔齿科累积起来的能力。

（二）为客户量身定制的服务

在中国，“看病难”是一个普遍的现象。由于医疗资源紧张，去大医院看病，如果没有特殊的人脉关系，很难约到年资比较深的大夫。而在瑞尔齿科，通过电话或网上预约，约到资历较深的医生就比较容易。

由于大医院分科比较细，患者去了内科，可能内科的大夫叫你去外科看，外科的大夫叫你去修复科，患者常常在科室间辗转，比较茫然。而且有些患者需要在几个不同的科室进行治疗，由于科室之间缺乏沟通和协调，常常会影响治疗的进度，也大大浪费了患者的时间。例如，有时候患者做完根管治疗去修复科的时候，修复科的医生发现因为龈合距离不够，修复很困难。这些都会极大地浪费资源，也给患者带去很多不必要的麻烦。

客户在瑞尔齿科看牙，瑞尔会为每一位客户提供一个合适的治疗规划，合理地安排和整合资源，让客户能够轻松顺利地完成一步步的治疗。客户来到瑞尔，会先进行初诊检查。通过讨论研究，瑞尔的医生会为客户制定一个整体的治疗计划，然后分步分阶段去执行。根据不同的远期目标，这个计划可能需要三个月，也可能需要半年，甚至是三五年。瑞尔会为整个治疗计划的每一个阶段安排合适的医生，客户在每一个阶段都能轻松完成治疗。瑞尔的每一家诊所都可以完成客户的所有治疗步骤，而首诊大夫会负责治疗计划的整体跟踪协调。首诊大夫就像客户的治疗顾问，让客户知道有疑问去找谁，省去了不少麻烦。量身定制的服务不仅针对全口牙的治疗，单颗牙的治疗也是一样。这种为客户量身定制的服务和首诊医生负责制能从全局上掌握治疗过程，而不会只见树木不见森林，只做局部不做全部。

（三）特别的关心给特别的你

瑞尔齿科能留得住客户，除了技术上过硬，很重要的一点是瑞尔的医生、工作人员对客户都格外用心。这种用心从服务的各种细节之处都不难体现出来。

只要是在瑞尔建立过病历的客户，他们的资料都会进入瑞尔的数据库。每逢客户生日，节假日，瑞尔都会为客户发去问候和祝福。除此之外，瑞尔还会提供一些特殊的提醒服务，例如半年一次的洗牙提醒。他们会提前征求客户的意见，问客户是否有特殊要求，是否介意收到洗牙提醒的短信。瑞尔齿科的郝医生说，作为一家专业的医疗机构，他们不希望让客户感到有被推销的感觉。当然，如果有的客户有洗牙的习惯，但是工作又特别繁忙，他们则会准时发去短信洗牙提醒，为客户省去不少麻烦。

为了应对紧急情况，瑞尔齿科还安排了专门的24小时急诊电话，如果患者夜里疼得特别厉害，门诊会临时安排医生和护士在一清早8点为客户安排应急处理，减轻客户的疼痛。

正是这些特殊的人性化服务，为客户带去了亲人般的关怀，为瑞尔培养了一批忠实的客户。

（四）走高端路线

瑞尔齿科从创立之初就选择定位在高端，一方面是因为牙科诊治费用不在报销制度之内，普通人群一般会选择到医疗费用较低的公立医院，而私人诊所要想获得发展机会，只有锁定高端人群，因此高价格便成为其必然的选择。瑞尔齿科的价格比同类私人牙科诊所的价格至少要高50%，比起公立医院就更高了。另一方面，在牙科治疗领域，其实可收费的项目并不多，无非就是洗牙、补牙以及镶牙等，要想改变这些传统而单一的收入来源，必然要在更多用药、更多服务环节创造更多的收入来源。

而要实现高价格，并让更多的高收入人群认可，瑞尔齿科必须要提供“不一样的服务”。据邹其芳介绍，在瑞尔齿科，仅就打麻药来说，普通医院是消毒、打针两个步骤，而瑞尔齿科则会分成四五个环节，要求培训医生一一做到位。邹其芳举了一个例子，比如取出牙内神经组织的治疗，需要对病人口腔冲洗双氧水，医院都是直接冲洗，病人一般会忍受不了，要求放弃，结果细菌还有残留，会导致重新感染。而瑞尔齿科的要求是，给病人牙齿戴上橡皮帐，双氧水能接触的只有病牙，不会接触口腔皮肤，病人没有任何感觉。

瑞尔齿科对医生的这些要求，与传统医院对医生的培训是不一样的。“这些都要培训，即便是三甲医院来的口腔医生，虽技术娴熟，也需要从头培训。”邹其芳也承认，这样细致要求的结果是导致培训医生的成本加大、周期加长，必然会延缓其扩张的步伐。但是，令他庆幸的是：服务质量得以保证，因此才在高端市场上确立起了口碑效应。而这也是尽管瑞尔齿科的价格很高，但顾客依然不请自到的重要原因。

五、专家点评

睿立资本董事长兼总裁吴忱：

牙医在发达国家是与律师、会计师、教授齐名的黄金职业。虽然齿科保健在中国还没有得到大众的真正接受，但我非常看好这一行业。我曾经是瑞尔齿科的客户，亲身体验过其优质的服务和良好的就医环境。

透过本项目的介绍，我对凯鹏华盈和创业创始人油然而生出几分敬佩之情。

第一，6年的马拉松式的关注及考察，足见凯鹏华盈的执著与耐心，而这恰恰是浮躁的当下创投界所最缺少的。

第二，凯鹏华盈与企业达成“10+3”的投资约定，更是难见于创投 Termsheet 中，从中更加反映出风险投资家崇尚价值投资的风范。

第三，企业创始人邹其芳先生对事业的专注和执著，对名利的从容淡定是在当今企业界中少有的。

另外，我们不得不说瑞尔齿科的定位是非常精准的。从细分行业的定位、到客户的定位、对质量的定位、到价格的定位，瑞尔齿科都走在了行业的前面。我们有理由相信，瑞尔齿科不仅是行业的开创者，也一定是行业的领导者。

中瑞创业投资基金管理有限公司投资经理赵建龙：

急不得是从这个项目中得到最大的启示。国内私募行业迅速发展，催生和推动了许多行业的高速发展，但对许多行业来说并非合适的道路。牙科行业是一个对服务和人员要求非常高的行业，在其本身扩张上，人员的要求比资金的要求更高。瑞尔的整个发展过程也告诉我们：一个高端品牌和持久品牌的创立，需要的是细致的工作和持久的沉淀，在服务行业尤其是如此。私募行业在此领域的长期投资不仅需要过人的眼光，也需要超常的耐力。唯有如此才能将资金实力真实地转化成经营能力和市场影响力，为社会创造效益的同时带来经济效益。

案例十八　“爱家爱健康”之青莲食品[①]

背景：

2010年5月青莲食品获得昆吾九鼎投资管理有限公司5000万元注资，用以支持青莲食品经营体系的优化完善，包括高端产品基地建设、“膳博士”品牌升级和行业整合。目前青莲食品已递交上市申请，正在接受券商辅导，准备冲击中小板市场。

一、看行情　商机无限

随着人们生活水平的提高，猪肉不再是逢年过节才现身的稀有之物，它已经是人们餐桌上必不可少的常菜。然而生猪市场一直是良莠不齐，且瘟疫四起，猪肉价格跌宕起伏，不仅让养殖者心惊肉跳，也让消费者心有不安。如何才能吃上优质安全、价格合适的猪肉，已经成为消费者最为关心的一大问题。杀猪卖肉这几千年传下来的行当也不再是稀松平常。如何改善经营体系、提供更优质的服务成为考验新一代“屠夫”的一大难题。

猪肉市场是一个广阔的市场。若以每人每天吃上5元钱的猪肉来计算，一年下来，这个消费市场有2万多亿元的市场容量。然而这又是一个混乱零散的市场。据九鼎投资的统计数据显示：“在上游养殖环节，100头以上的规模养殖占比不足30%；在中间的屠宰环节，规模以上企业占比不足10%，双汇、金锣、雨润三家龙头企业市场份额不到5%”，“而在终端消费环节，以生鲜肉消费为主，其中又以热鲜肉占最大比例，冷鲜肉[②]处于发展期，肉制品加工比例只有10% 左右”。

由此可见，在当前消费者越来越关注食品安全的形式下，安全味美的生鲜猪肉存在着巨大的发展机遇。

如何抓住这一机遇，在生鲜猪肉领域做大做强呢？要把生鲜猪肉的生产品牌化、规模化。猪肉行业作为传统的农业行业远远落后于其他行业的发展，现有的状况不能满足市场的需求，必须植入新的配套的商业模式，引入新的先进管理理念，使其得以与服务业结合，增加加工附加值，进行产业化转型升级。生鲜猪肉品牌化、规模化是实现这一产业升级的关键。

二、树牌坊　青莲立旗

2010年，青莲食品成了上海世博会猪肉供应的“后援地”，在世博会期间向上海提供了1.5万吨无公害猪肉和650吨新鲜蔬菜。青莲食品何许人也？竟能获此殊荣？原来，它就是一家在消费者越来越关注绿色无公害食品这一背景下，以“爱家爱健康”为经营理念，为消费者提供“安全味美”的品牌生鲜猪肉的产业化供应商。它旗下的“膳博士”品牌猪肉已经席卷江浙沪三地，“草乡猪”以及后起之秀“大地农庄”也都受到广大消费者的青睐。

---

① 本文根据公开资料编撰而成，资料来源包括《第一财经日报》、《21世纪经济报道》、中国风险投资网等。

② 冷鲜肉指猪肉胴体在宰杀后24小时内冷却至0-4℃；肉品在0-4℃冷链条件下加工、运输、销售；热鲜肉指肉品在常温下加工、运输、销售，为微生物生长繁殖提供了适量的环境，肉品容易变质。

（一）创立青莲

青莲食品有限公司成立于2001年10月，坐落在风景秀美的杭州湖畔。创始人是浙江海盐县的布衣平民许明曙。从16岁开始养猪，到后来做经纪人贩猪，再从买卖生猪到杀猪卖肉，直至创立自己的企业，许明曙亲身体验了猪肉产业链条的每一个环节，也走出了一条寻常人不平凡的道路。

浙江是民营企业极度活跃的地区。浙商们以他们犀利的视角，独特的经营理念，创造着一个一个的传奇。淘宝、娃哈哈等一系列全国知名品牌都在这里孕育成长壮大起来。青莲食品起步的时候也并没有什么特别之处。然而在企业一天天壮大的时候，这个曾经只不过是个杀猪卖肉的企业逐渐有了不一样的梦想——建立一个著名的猪肉品牌。人非生而异也，学而异也。通过不断地学习，积累经验，发展壮大，慢慢地走出一条从平凡到卓越之路。

在中国几千年的文明史里，养猪基本没什么技术含量，一瓢食，一瓢饮而已，太过稀松平常了。而杀猪卖肉更是粗放而简单，刀快点秤准点就能养家糊口了。然而要从这些稀松平常的生活当中看出产业转型升级的端倪，看出塑造品牌引发的商机，则非得是“心锐志远”的人物不可。目光敏锐，才能发现常人所忽略和不在意的事物；志向远大，才可站在行业、社会的角度来设想愿景，审时度势，果断出击，引领传统行业现代化规模化的新趋势。

许明曙就是这样一个人。他看到中国猪肉市场广阔的前景，凭借“爱家爱健康”的经营理念，引入标准化的生产流程，更辅以先进的信息技术来保驾护航，引领着养殖业品牌建设发展方向；他把食品提高到道德的层次来要求自己，把食品安全放在第一位，把让消费者吃上“放心肉”当作自己不能推卸的责任。

1.“膳博士”横空出世

通过对市场的观察，许明曙清晰地认识到：随着人们收入的增加，人们自然会追求高质量的生活，关注生活健康、食品安全，而不是价格低廉，所以确保产品的“安全味美”是生鲜猪肉的发展的大势所趋。于是许明曙带着自己的团队精心打造出“膳博士”牌生鲜猪肉，定位优质、高端市场。顾名思义，“膳博士”乃膳食博士。取名为“膳博士”，其所象征的健康营养之意自然不言而喻。

“膳博士”猪肉与普通猪肉相比，优越之处表现在：首先是对猪肉来源地严格控制。“膳博士”肉所使用的生猪全部来源于省内多家无公害基地。青莲食品还建立了自己的无公害生产基地。为了加强对养殖过程的监管，早在2004年青莲食品就开发了一套有自主产权的生猪屠宰信息化系统，确保猪肉品质安全。并通过“企业自检＋委托检测＋监督检查”三级安全检测体系，确保屠宰生猪检测的准确率。其次是“膳博士”猪肉的冷藏运输。为了避免运输过程中的二次污染，青莲食品组建了冷藏运输车队，所有“膳博士”肉品全部在冷链状态下运输，保证了物流环节的产品质量。

然而，好事多磨。2003年，许明曙带着“膳博士”牌生鲜猪肉，满腔热血冲击上海市场，不料却折戟沉沙，铩羽而归。究其原因，“膳博士”牌生鲜猪肉要比普通猪肉贵20%左右。但这是由于“膳博士”猪肉的较高的成本所决定的。

与普通猪肉相比，“膳博士”在质量检测，冷藏运输等方面采取了更为严格的措施，以确保肉品安全味美，从而导致猪肉成本较高，零售价格自然应当较普通猪肉高一些。以精明著称的上海人不会买账，看起来一样的猪肉怎么起了个好听的名字就要卖得贵一点呢？单单从一个名字，消费者无法辨别“膳博士”究竟比普通猪肉高明到哪里去。上海难进，“膳博士”没有灰心，转而攻占杭州，却没想到，杭州的猪肉市场更是鱼龙混杂，“膳博士”又碰了一鼻子灰。

这样折腾了一年，“膳博士”不仅没给青莲食品带来预期的声望和利润，反而造成了巨额亏损。这可令许明曙伤透了心。

2. 连锁经营 凸显品牌特色

问题出在哪里呢？许明曙经过反复思考，总结经验教训，摸索出其中的道理来。在生鲜猪肉这个行业，消费者是很有粘性的。自己熟悉的人或熟悉的摊贩是他们购买猪肉的首要选择。而“膳博士”初来乍到，却明码标高价，把自己包装得“很牛逼”(虽然确实“很牛逼”)的样子，自然会令“马大嫂”们所鄙视。所以在上海和在杭州的战败是理所当然的。从另一方面讲，这一点也给了我们一个明确的信号：在猪肉这个行业，客户一旦培养起来，将会有很高的忠诚度。

而把“膳博士”和普通猪肉一样混在一起在市场上贩卖，由于信息不对称，消费者不明就里，很容易“鱼目混珠”，必须把“膳博士”和其他普通猪肉有效地分隔开来。建立持续长久的机制，让珠宝藏于匣中，而不是将其与其他鱼目也好，石器也好混为一谈。

打造“膳博士”品牌特色，彰显个性行之有效的方法就是连锁经营、加盟经营。国外沃尔玛等大型超市，国内小肥羊、呷哺呷哺等餐饮业都采用这种方式迅速扩张，取得了成功。

于是一年后，青莲食品调整了自己的营销策略，所有“膳博士”品牌专卖店均采用“统一品牌、统一形象、统一质量、统一配送、统一服务”五统一的管理模式，所有专卖店的工作人员都纳入公司进行员工化管理。这个模式正是连锁经营、加盟经营的商业模式在猪肉销售行业的应用。通过这样的以专卖为载体的品牌经营策略，青莲食品不仅做到了猪肉质量全程监控，制止销售终端私自采购其它品牌的猪肉，而且使得公司销售业绩连年翻番。

（二）青莲快速成长

青莲食品“膳博士”系列品牌战略的成功，更坚定了青莲走打造顶级品牌的优质高端猪肉的信心。

许明曙是一个把好钢用到刀刃上的人。他清楚地认识到企业发展最重要最迫切的问题，把资金毫不吝啬地投向了公司拓展的必备因素上去。

1. 质量追溯系统

早在2004年，青莲公司就投资30多万元成功开发了全省第一个生猪屠宰信息化管理系统，2005年又投资100多万元，引进德国CSB生猪影像定级系统、开通ERP企业资源管理系统，在此基础上经历了两年的研发，终于在2007年实现了生猪屠宰信息化管理系统与追溯系统的对接，最终实现了生猪产品质量安全全程可追溯。

2007年2月5日是青莲食品有限公司的一个重要日子。在这一天青莲食品在国内第一个产品使用猪肉质量安全追溯系统，实现了“从田间到餐桌”的肉品质量全程监控，数字化追溯。这无疑使得青莲食品在安全保障方面迈出了具有“里程碑”意义的一步。从此猪肉也配起了身份证，卖猪肉也来了个“实名制”，“滥竽充数”、“浑水摸鱼”的策略在青莲食品公司自然难再有立足之地。我们来看一下这个“实名制”是怎么样一个搞法。公司旗下的无公害养殖场和专业养殖合作社所饲养的每头猪的耳朵上都挂有一块耳标，耳标上有一组编码，记录了这头猪来自哪里，由谁饲养、由谁采购、由谁进行检验检疫全部输入电脑，有无疫病，瘦肉精、抗生素和重金属检测是否呈阳性等关系食品安全的指标的所有信息。有了这个身份证，消费者便可到连锁店的终端设备上看到所购买猪肉的电子档案。通过互联网查询到所购产品的生产管理和质量信息，亲自见证了生猪产品质量安全的全过程。

这样建立起来的质量安全追溯系统除了有效地保证了食品安全问题，还有一个好处就是大幅度改进了企业内部管理和调配分销体系，使得业已建立起来的信息管理系统更加完善和成熟，可谓一举两得。以往分类登记完全靠人工进行，漏登错登的情况常常出现也在所难免。而这个质量检测体系建立后，每一块分解的猪肉所附带的信息全都数字化了。记录不靠人工，所屠宰分级的猪肉信息完整准确，这样青莲食品可以根据客户订单上的型号快速查询到匹配的产品，在数秒钟之内就可以完成一个产品的分拣。正是得益于这种高效准确的信息系统，青莲食品的产品可以在两小时内安全无误地运送到上海杭州等地的连锁店。

2. 生鲜食品运输系统

借鉴现代物流业发展的成熟经验，青莲食品建立了自己的生鲜食品运输系统。以"信、宜、鲜"为要旨打造出了"生鲜速配"流通品牌。与生猪屠宰场和销售终端连锁店实现无缝衔接。通过自己建立的产品配送体系，一来可以保证产品质量，避免二次污染；二来可以加快配送速度，确保货源安全准确运输到指定销售连锁店。目前青莲食品已经实现从屠宰场到上海指定连锁店2小时内精准配送。

3. 创立新品牌

（1）草乡猪。除了膳博士，青莲食品又导入膳博士副产品"草乡猪"——"30年前的味，原汁原味的香"——树立"内元猪"优质肉品的品牌。草乡猪用新鲜的杂草、树叶来饲养，确保地道纯种的农家味。

（2）大地农庄。2007年创建了新品牌大地农庄。大地农庄定位中端消费者，致力于打造绿色安全肉品和时鲜蔬菜供应平台，抢占市场资源，实现总体的规模优势。

4. 接轨欧盟标准

2008年，青莲公司又投资了4000多万元按照欧盟出口标准建立了无公害肉类深加工项目，该项目采用了目前国内最先进的屠宰分割设备，对待宰生猪实现人性化管理。在上断头台前，一头头肥硕健壮的肉猪将享受到特别临终关怀：它们可以听着柔和的音乐，悠然自得地洗个温水澡，放松身心，保持愉快心情；接下来在屠宰室里，工作人员只需对准猪的两个太阳穴和心脏进行电麻，这样一来生猪的痛苦感和恐惧感大大降低了。然后采用"胴体拍打按摩技术、蒸汽烫毛技术、螺旋式脱毛技术、零度预冷技术、关键部位监控系统"等高科技手段，对猪肉分割分级，整个过程方便快捷而又不失人文关怀，在同行里面获得了高度的赞赏和认同。

事实证明，这一系列的措施给青莲食品带来了丰厚的回报：以"膳博士"品牌为例，2005年"膳博士"在长三角区域开设的专卖店只有50多家，至今已经发展到450多家，稳定占据上海生鲜猪肉15%的份额。"大地农庄"已经成为行业领军品牌，进入消费者人气榜前十。青莲食品在生鲜猪肉界"上海一哥"的地位自不待言。销售额也是年年攀高，从2006年、2007年的2亿～3亿元，猛增至2008年的6亿元，2009年的销售额竟然超过了10亿元。

三、喜联姻　九鼎垂"青"

正是看到了青莲食品过往所取得成就和良好的发展前景，2010年5月，PE风投昆吾九鼎投资管理有限公司向其注资5000万元，用以支持青莲食品经营体系的优化完善，包括高端产品基地建设、“膳博士”品牌升级和行业整合。

昆吾九鼎是一家专注于股权投资及管理的专业投资机构，一直对品牌消费品、农业等领域情有独钟，在食品行业此前已先后投资了百洋海味、金丝猴食品等多家知名企业。这次九鼎投巨资入注青莲食品，是它通过一系列尽职调查所作出的又一大手笔投资。九鼎投资认为：青莲食品占据天时地利人和等诸多有利因素，具有良好的发展前景。

1. 天时

目前形势下，一方面消费者对生活质量越来越关注，绿色无公害食品是消费者最关心的话题，国家也相应出台了一系列“绿色无公害食品”的相关政策。另一方面生鲜猪肉有着广阔的市场，品牌化一直是国内众多猪肉屠宰销售企业的短板，所以树立“膳博士”品牌生鲜猪肉，是青莲食品在一个正确的时机做了一个明智的选择。而青莲食品在中国经济最发达和城市化率最高的长三角地区拥有稳固的市场地位，它有潜力也有能力做大这一块蛋糕。

2. 地利

青莲食品有限公司坐落在风景秀美的杭州湖畔，毗邻沪杭高速、乍嘉苏高速、沪杭复线、杭州湾跨海大桥，有着优越的地理位置，总部位于浙江嘉兴海盐，公路水路都很发达，两小时内可准确安全地将产品送到长三角指定的连锁店。

3. 人和

青莲食品有一个非常优秀的团队；有浙商人独特的视角，敏锐的嗅觉和开创精神；有一套现代企业先进理念和规范管理的制度；董事长许明曙虽一介布衣，却心锐志远，实事求是，带领着青莲朝着华东第一肉品的目标一步步迈进。

青莲食品正在建立和改善自己的无公害生猪养殖基地以及时鲜蔬菜生产基地，并购行业内小型企业，进行行业整合，这些都需要巨额资金支持。公司扩张，从生产组织、产品销售、质量管理、品牌经营、企业文化、现场管理、网络建设、人员素质、科技创新、回报社会等诸多方面都面临经营管理问题。这些问题都要靠引入先进的管理经营模式来解决。九鼎的巨额投资，将会进一步促进高端产品基地建设、“膳博士”品牌升级，并对公司扩张所必然面临的诸多管理经营问题提供资金支持，从而使青莲食品建立一个更为优化完善的经营体系。

四、奔前程　风鹏正举

青莲已经成为上海市民心目中的明星产品，并且是浙江农副产品接轨上海市场的主要桥梁。她已经囊括了诸如“浙江省农业博览会金奖”、“上海市优质畅销品牌”、“金篮子”、“浙江省省级认证绿色产品”等诸多奖项，并进入上海世博会期间《上海食品纵览》的推荐行列。“膳博士”更是被中国国家极地科考队认可，于2007年、2008年、2009年、2010年连续四年登上科考船“雪龙号”成为猪肉界销路最远的生鲜猪肉。

（一）品牌立命

品牌的树立来源于企业对市场，对经营目标的精准定位。对于一个传统行业来讲，企业定位尤为重要。青莲食品先后树立了“膳博士”、“草乡猪”、“大地农庄”等三个大品牌，都获得了很大的成功，“膳博士”成了“优质高端”生鲜猪肉的代名词，已经在长三角地区得到了广泛赞誉。草乡猪作为膳博士系列无公害猪肉以“30年前的味，原汁原味的香”，树立“内元猪”优质品牌；

"大地农庄"天然绿色的形象也呼之欲出，成为行业领军品牌，进入消费者排行榜前十。每个品牌都有自己独立的特色，其他普通肉品蔬菜的差异很自然地凸显出来。

目前，青莲食品已经形成针对不同消费者的多品牌产品体系。"原始公社"以有机猪定位顶端消费者；"膳博士"以绿色无公害猪肉及其副品牌"草乡猪"定位中高端消费者；"大地农庄"以外三元猪肉定位中端消费者；"嘉食"以普通猪肉定位普通消费者。整个产品体系呈金字塔形排列，形成一个满足所有类型消费者的生鲜猪肉供应的一个完整的供应体系（见图4.1）。

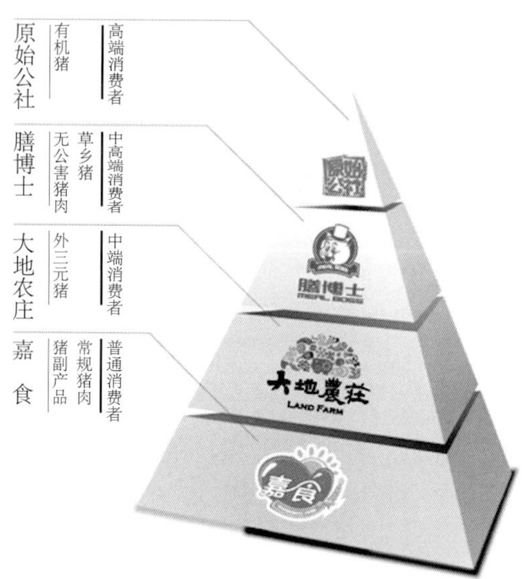

图4.1　青莲食品供应体系

（二）做大做强

完整的产业链条是企业发展壮大的必经之路。青莲食品已经在上游环节生猪养殖业、中游环节生猪屠宰业、下游环节肉类连锁销售建立了完整的产业链体系。目前正向生鲜、腌腊等食品生产延伸，形成全方位、立体化的发展模式。引进现代成熟的管理经验与青莲食品面临的实际情况相结合，实行现代化的管理模式。

青莲食品公司正在加强和改善高端产品包括猪肉和其他时鲜蔬菜的基地建设，服务中高端和顶端市场。对行业内小企业的兼并和收购也是青莲食品所正在筹措的问题。通过对行业资源的有效整合可以更大地发挥青莲食品的规模效应和竞争优势。

青莲食品一直倡领着走一条集环保型农业、休闲观光型农业、现代物流型农业、科技创新型农业为一体的道路，正朝着华东地区第一肉品的目标大踏步迈进。

（三）它山之石

除了青莲，在生鲜猪肉行业，还有几家采用类似策略的品牌企业。搞得风生水起的一家便是天地食品有限公司的"壹号土猪"。"壹号土猪"致力于服务高端人士，打造绿色环保生鲜猪肉品牌，比"膳博士"定位更高端。"猪肉定制"采用精细化营销，从养殖到销售都是品牌经营，目标是珠江三角洲5%～10%的高端人士，当然猪肉价格也贵得离谱，比普通猪肉高出80%左右。但事实证明，陈生的品牌定位策略的正确：“壹号土猪”成立3年来增长迅猛。2010年上半年肉价持续下跌，全行业亏损的情况下，陈生的“壹号土猪”仍获得120%的增长，而且盈利能力达到15%，利润将超过3000万元。

面对竞争对手的挑战，青莲食品要更清楚自己的战略定位，使自己的品牌特色更加凸显明晰，扬长避短。一方面学习借鉴竞争对手的先进模式，如活泼新颖的营销模式等，另一方面要旗帜鲜明地打出自己的拳头产品，同时确保稳固牢靠的后台，确保生猪养殖基地和合同养殖场提供安全稳定的生猪供应。

五、告来者 青莲秘籍

青莲食品的成功是和以许明曙为首的创业团队的开拓进取、积极努力分不开的。归结起来，可以分为以下几点：

1. 审时度势 打造品牌

青莲食品的成功，是与它对“关注食品安全”这一公共环境的有效分析分不开的。正是因为及时抓住了公共环境所赋予的安全食品市场的机遇，并且把公司的优势与外部的机遇最优化地结合在一起，制定出“爱家爱健康”战略规划，主打“膳博士”系列高端优质生鲜肉品。“膳博士”的成功从战略层面来说是必然的。青莲公司的品牌战略为消费者提供了更高质量的服务、更优秀的表现，同时塑造出自己的核心竞争力。

2. 连锁经营 统一调配

连锁经营将是实现农业产业品牌化、规模化的一种高效的、可控的、可复制的商业模式，一直为PE所追捧，也正是青莲的亮点之一。膳博士正是凭借“连锁经营”策略打开上海市场，从此一发不可收，从最初的50多家扩展到今天的将近500家，成为上海市家喻户晓的优质高端品牌。

青莲食品的连锁店很有特色。以“膳博士”品牌连锁为例，店铺门面高悬着醒目的“膳博士肉品”几个大字，两个小天使翅膀撑起“爱家爱健康”，还有卡哇伊的小猪形象把膳博士品牌演绎得新颖别致。

3. 质量追溯 全程监控

质量追溯系统的建立标志着生鲜猪肉质量安全的一个全新的开始，具有“里程碑”式的意义。这给膳博士系列猪肉佩戴了“电子身份证”，也赋予了膳博士系列猪肉与普通猪肉更安全更美味的光环，因为它意味着从田间到餐桌的质量追踪、全程监控。

质量追踪系统是对消费者负责的切实可信的体现。真真正正做到了把食品的绿色无公害放在第一位，把消费者的健康放在第一位，无疑会受到消费者的信赖和好评。

六、结 语

接受九鼎私募注资以后，青莲食品在如何保持现有优势，做好“膳博士”的品牌升级，如何在竞争激烈的市场中筑起技术壁垒、品牌壁垒，扩展养殖基地，保证安全稳定猪源以及行业整合方面还有很多事情要做。但有一点是肯定的，猪肉产业从养殖到屠宰到销售的产业革命已经兴起，打造全新农产品品牌的商业模式以及农产品产业化升级正在开启一片前所未有的广阔蓝海。

平静的湖面练不出精湛的水手，商界的大战风起浪涌，风口浪尖上的磨练促使着青莲食品成为伟大的水手，乘风破浪朝着成功的彼岸前行。

七、专家点评

上海交通大学经济学院谈毅博士：

“国以民为本，民以食为天，食以安为先”，食品安全是人们安居乐业的基础和根本。当前在国家越来越强调食品安全的政策引导下，品牌食品会被越来越多的消费者认可和接受，在经济发达的沿海地区和中心城市已开始起步。未来3年～5年，随着我国消费者生活质量的提高和品牌意识的增强，我国的食品安全行业将面临很大的发展机遇。而一批具有较高投资价值的企业如何紧抓机遇，树立品牌，在未来谋求更大的发展，青莲食品的成长之路值得借鉴。企业在成立之初，就明确定位，植入新的商业模式，引入先进管理理念，在发展中逐步完善产业链体系，形成立体化发展模式，进行品牌升级和行业整合；同时，积极引入外部专业投资机构，除了获得企业壮大所需的资本外，更主要的还有该投资机构在品牌消费品、农业等领域的独到眼光和增值服务。“企业＋品牌＋资本”，未来的青莲食品将大踏步走出自己特有的发展之路。

东方汇富创业投资管理有限公司高级投资经理王乐京：

这是一个传统行业进行产业升级的典型案例。

“卖猪肉”可谓是一个古老的行业，这个行业基本也沿袭着老祖宗那一套传统的经营模式。

产业现状：产业链的几个环节，在生产端逐渐体现出规模化经营的趋势，形成大规模的养殖基地，养殖水平和竞争力在不断提升。中间的屠宰环节，由各地屠宰场形成相对集约化经营，其中更多的是政府行为，缺乏市场竞争，发展极其有限；在消费端，没有任何一家企业建立有效的市场品牌，消费者进行消费时，只能凭经验判断。

需求趋势：近年曝出大量的食品安全问题，吃上放心肉是城市居民的基本需求。

青莲食品从消费端切入，以建立猪肉品牌为目标，简单的定位差异使得经营初期避免了上游的规模化竞争，是优秀的侧翼战术。在发展过程中通过建立完善的信息系统对全产业链进行有效控制，加强品质，是正确的防御战术。

跟随者若想在市场上建立另一个猪肉品牌，必须要跨过几个竞争门槛，首先是青莲食品在消费市场通过8年时间积累的品牌门槛；其次是青莲食品在不断摸索过程中，建立的信息管理系统的技术门槛；最后是青莲食品超过10亿元年销售额的规模门槛。

案例十九　磨铁图书——“磨”出一本好书①

背景：

2010年8月，鼎晖投资正式注资磨铁图书，与第一轮的风险投资商共同注资1亿多元人民币。这是迄今为止风险投资砸向中国民营出版业的最大一笔投资。

一、中国的民营出版业

互联网出现，电子设备快速更新，民营出版也在不断尝试新的模式，以便在竞争激烈的出版业中守住自己的“地盘”。民营出版正在成为中国出版产业不可或缺的一部分。据统计，目前全国除教材由国有出版社专营外，其余品种民营公司占据了50%～80%的市场份额。在畅销书，尤其是大众传播度最广的畅销书领域（少儿类图书除外），民营图书和带有民营色彩的出版商占据了至少90%。

来看看下列书目吧：《小团圆》、《杜拉拉升职记》、《盗墓笔记》、《藏地密码》、《明朝那些事儿》、《求医不如求己》、《黄帝内经使用手册》这些超过百万销量的“畅销中的畅销”，全部出自民营公司或者民营跟国有出版社的合资公司。根据中国出版科学研究所测算，2009年北京磨铁图书出版公司更是占到了整体大众出版1.03%的市场份额，超过人民文学出版社和中信出版社。“现在民营出版的大腕，大多数是10年前开始崭露头角的——那是个英雄辈出的年代。”一位业内人士这样评价现在的民营书业。可以说，过去这10年，是民营出版机构酝酿更合理的身份、更清晰的商业模式和更大规模的10年。

今天，随着图书出版行业对民营资本的逐渐放开，越来越多充满活力的机构开始摆脱束缚，而伴随着互联网、数字出版等技术潮流的兴起，一场越来越深刻的产业变革也正在逐渐浮出水面。

二、是诗人　也是商人

磨铁图书创始人沈浩波是一个异类，不论是作为一个诗人，还是一个企业家。

在现代诗歌界，沈浩波是一个异类。21世纪初，他和一群年轻诗人发起的“下半身诗歌运动”曾经席卷过半壁诗坛，2000年7月更是和朋友发起创办《下半身》同人诗刊，并著有《下半身写作及反对上半身》，引发诗界地震，被中国诗歌界称为“心藏大恶”的诗人。沈浩波出版有诗集《一把好乳》、《心藏大恶》、《蝴蝶》等。

在企业界，沈浩波同样是一个异类。作为中国最有影响力的民营出版公司之一，他创办的磨铁图书2010年据说完成6亿多元的码洋收入。

（一）不做“饿死的诗人”

1998年，尚在北京师范大学中文系读书的沈浩波就开始在《中国图书商报》担任记者。到

① 本文根据公开资料编撰而成，资料来源包括《新财富》、《21世纪经济报道》、中国风险投资网等。

2001年底的时候，对于这份工作，沈浩波不想再做了。只好重新找工作，但文学气质浓厚的沈浩波又不想整天被人管着。

“好工作也不好找，如果当时有人请我去做主编，我肯定就去了，但大学刚毕业，肯定没这样的机会。所以，只好想办法自己做。”沈浩波说。靠写诗是挣不到钱的，为了养活自己，在《中国图书商报》做过记者的沈浩波想到了做出版，因为这个行业门槛很低，谁都能做。

“做出版这个想法只思考了5分钟不到，就拿定了主意。”沈浩波东拼西凑，筹到了大概15万块钱，把当时在广州的朋友，同样是诗人的符马活“忽悠”到北京，两人联手，磨铁图书公司的早期雏形就在这样局促而偶然的情况下诞生了。但最初并不顺利，收益不与辛苦程度成正比，出版的书根本卖不出去，借来的钱不到半年就赔光了。当时也想不出自己还能做什么的沈浩波为了还钱，又借了5万元准备再搏一把，而这一次只为了一个承诺，“春树是很早就认识的一个朋友，曾经答应帮她出一本书，我想完成这个承诺，如果再赔了，就不做出版了。”沈浩波说。

春树喜欢文学，读初中时便与沈浩波通信讨论关于文学方面的问题。而看完春树寄给他的《北京娃娃》，他写了一个关键词为“残酷青春”的书评附在书后，并不停地打电话寄稿件给媒体，幸运的是，这一独特的主题得到众多媒体的关注，因此也一下吸引了众多的年轻人购买，以残酷青春、摇滚、叛逆为主线的自传体式小说，使得春树也成为新一代另类青年的一个标签，并成为美国《时代》周刊的封面人物。而借此沈浩波将版权卖给了海外代理商，作品卖到30多个国家与地区，他的图书事业终于有了一个好的开始。沈浩波总结说：“当时就是文人心态，没有调查过市场，对市场的需求并不了解，自己想当然地策划出一些书。只有读者需求的产品才有市场，永远不能凭自己的喜好去做书。”

之后的沈浩波发现了网络文学的力量，并由此发掘出《草样年华》的作者孙睿，通过全力运作，这一本书卖了50万本，在出版界这是一个很不错的数字。因为人的读书习惯不一样，有的人习惯网络，有的人就喜欢看书，沈浩波相信通过网络上的宣传，可以对书的销售起到一个重要的作用。随后沈浩波又通过网络发掘了《诛仙》、《明朝那些事儿》、《盗墓笔记》等，都是在网络上点击率非常高的作品。

（二）按读者需求生产图书

到2004年的时候，他已经感觉到这个行业还是可以做到很大的。诗人的嗅觉开始触碰到一些商业的味道。也就是在这一年，他的原合伙人符马活回到广州，跟磨铁图书脱离了关系。于是，沈浩波找来了现在的合伙人，正在经营另一家出版公司的漆峻泓，两人平分公司股份。当摊子越来越大的时候，从来不看报表、不管钱，甚至认为自己根本就不是经商材料的沈浩波认为必须有漆峻泓的支持。“他毕业于中国科技大学计算机系，拥有很强的商业理性，正好跟我的感性形成互补。”沈浩波这样评价漆峻泓。沈浩波和漆峻泓的搭档组成后，沈浩波终于摆脱了“只是小打小闹，也没什么责任感”的状态，磨铁图书也逐渐开始像一个真正的企业，沈浩波也开始对这个行业产生了一些使命感。

最让沈浩波得意的是发掘出《明朝那些事儿》，到目前为止，该系列已经出了5本，销量近300万册。时间回到2006年年初。沈浩波在天涯论坛上看到一个帖子，名叫《明朝那些事儿》，用通俗小说的笔法写明朝历史。他立刻被吸引住了，第二天就飞往广东去见作者当年明月。他认为，作者文风平易近人、幽默风趣，让历史与读者没有隔膜，最重要的是，作者用内心体验历史，再用心灵写史。当时这种写法被专家压制，但得到普通读者高度推崇，点击率很高，公司迅速决定推出该书。现在《明朝那些事儿》还得到了不少历史学家的认可。沈浩波这样谈自己的心得：“社会整体风气肯定是趋向保守的，新事物刚出来不会马上被接受，但要发现其中的潜力，看到读者的潜在需求。”

三、不与资本对赌

尽管公司发展很快，但沈浩波一直以为，跟其他行业相比，出版业是一个非常弱小的行业。就像磨铁图书的名字一样，出版行业需要精雕细琢，慢慢积累，这个行业不能像其他行业一样浮躁，需要踏踏实实地做内容，不能急功近利，更经不起资本意志的折腾。虽然磨铁图书“开始成为了企业”，沈浩波也从面临“饿死”的诗人变成了企业家，但他骨子里还是诗人。

2004年开始，漆峻泓的商业规划和沈浩波的创意能力逐渐形成合力，磨铁图书迅速成长壮大，但沈浩波的主要活动地点还是咖啡馆或者小酒吧。一直到现在，沈的简单履历是：2000年～2004年，泡后海，直到安静的后海变得嘈杂；2004年～2006年，沈选择泡在安静的南锣鼓巷，直到南锣鼓巷变得人声鼎沸；现在，沈转战北京新的酒吧街——五道营。

他戏言：十年时间，养了好几条街。

从沈浩波当初做出版到磨铁已经成为行业内最知名的企业，他们策划出版的《北京娃娃》、《今生今世》、《草样年华》、《诛仙》、《明朝那些事儿》、《盗墓笔记》、《历史是个什么玩意儿》等书籍每一次都在创造销售和口碑的奇迹，按照其首轮投资方基石资本合伙人陶涛的话说，磨铁每年都会有很多令人意想不到的畅销书出来，给沉闷的中国图书出版市场带来不小的波澜。

2007年下半年，不断壮大的磨铁图书开始吸引到风险投资基金的关注。在一次饭局上，基石资本合伙人林凌偶然间听人谈起磨铁图书，他对这个公司产生了极大兴趣。而林凌饭桌上的这个人正好是沈浩波的同学。10月份的时候，沈浩波接到其上海同学的电话，说有个朋友想来北京见见他。沈浩波当时并没有在意，直到林凌来到沈浩波的办公室，谈了一会儿之后，沈才意识到原来林凌就是他同学介绍的那个人。尽管沈浩波之前并不知道林凌是做风险投资的，也没任何思想准备，但事实是，他们谈得非常投机。这一次“瞎聊”，也为沈浩波接受风险投资做了一个缓冲和铺垫，因为他也知道，对现金流依赖极大的图书出版行业如果真想做大，大量资金的支持势必不可少。但他同时也很清楚，文化产业绝对不能跟资本过招。因此，沈浩波的融资条件是，不接受任何对赌条款。

2007年底，基石资本以“非常有诚意”的速度和价格决定注资磨铁图书。“当时市场很火爆，企业融资的市盈率普遍很高，基石投资给了我们十倍多的市盈率。”沈浩波回忆说。

两年之后，从2009年10月的某一天开始，一周之内忽然有六七家风险投资公司来到沈浩波的办公室，希望投资磨铁图书。这让沈浩波印象特别深刻，他当时甚至“有点懵”。当时创业板刚刚推出，很多投资公司是奔着创业板去找投资项目的。但上市不是他做磨铁图书的目标，这是需要水到渠成的事情。因此，漆峻泓和沈浩波在经过艰难抉择后，婉拒了很多投资公司的入资请求。

鼎晖投资的到来，让沈浩波有些心动。在与鼎晖投资合伙人胡晓玲第一次的交谈中，沈浩波发现她已经对这个行业做足了功课，见解非常深刻，谈得很投机。同时，他其实很清楚，出版业是一个“很吃钱的行业”，而且该行业市场化的进程已经开始。“这个行业没有不缺钱的公司，我们当时虽然现金流很好，但从本质来讲，还是很缺钱。因为早一点获得更多的资金，就能早一点完成规模化的布局。”沈浩波说。最关键的一点，胡晓玲也很关心磨铁是否有上市的打算，但她的关心跟其他投资人不太一样，建议磨铁不要着急上市。这很符合沈浩波的想法，让他“很心动”。

对于磨铁图书所提出的投资价格，胡晓玲也很有诚意，基本没有讨价还价，给出的市盈率是十多倍。至于投资条款，沈浩波坚持他的主张，现在是整个行业面临巨大改变的转型时期，必须做好行业布局，多为未来考虑，对于短期的增长业绩、发展预期等，磨铁不接受资本方的任何投资条款。

从2007年基石资本的5000万元人民币，到2010年鼎晖投资联合基石资本的1亿多元，磨铁图书总共融得资金多达1.5亿元，成为民营出版业从风险投资公司融资最多的企业，林凌和胡晓玲分别代表两家投资机构担任磨铁图书董事。

四、“磨”书之道

（一）出版运营平台化

在民营出版格局中，盛大的资本最大。盛大文学拥有目前中国最大的电子书平台——云中书城，其CEO侯小强与众多作家交情甚笃，而且背靠着资本雄厚的母公司。盛大“三下五除二”将几乎所有能想到的内容及衍生产业链纳至麾下，“强势整合＋后续发展”，而作为民营出版行业的领军企业，磨铁图书的沈浩波则有另一番规划：“我们希望坚守内容产业这个原点，通过这个点去放大，先发展后整合。我们要有耐心把内容做到极致。”

沈浩波认为，目前出版企业可以总体划分为研发和运营两个大的环节，即生产内容、运营内容。磨铁图书在逐步夯实整个运营体系的每一个环节，在研发上实现平台战略：越来越多优秀出版人汇同作家创造内容，然后通过磨铁图书强大的运营平台展示效率、抵达终端读者。

磨铁图书选择了打造一个出版运营平台的发展模式。“平台式”发展模式在互联网界被极限放大，做平台的公司都获得了巨大的成功，无论是腾讯的QQ即时通讯平台还是淘宝的电子商务平台，抑或是盛大鼓励创新的“18计划”，都属此类。

磨铁图书想打造一种大的“通路”概念，模式与盛大的“18计划”很接近——市场上各种小的游戏创意团队汇集于盛大，被选中的游戏可以借助盛大的成熟运营平台最广泛地到达消费者面前。沈浩波想让那些独立的、有才华的出版人可以在这个平台上“自由地跳舞”，这是他的梦想。

沈浩波的战略体现在磨铁的发展上，从2010年开始，磨铁图书不再“突飞猛进”了，《明朝那些事儿》的销量已经达到300万册左右，这样的书不可能每年出现，磨铁图书的策略是保证每年10万册销量以上的畅销书不断增加，体现平台的价值。2010年他们计划推出600种图书。在当当网和卓越亚马逊的前100名图书排名中，各有20本左右都出自磨铁图书。

（二）原创作品为王

不管未来的时代导向会怎么样，好的内容总会有巨大的需求，而这样的内容也会在未来得到更好的传播，所以谁能拥有最多、最好的内容资源是至关重要的。出版是内容产业最前沿的焦点，从这一点出发，传统出版商有可能成为有一个大传媒概念的全媒体公司。

出版商的本质就是一个内容经营者，而商业图书又最能体现出版商在内容经营上的活力和创造力，这是沈浩波他们的强项，数字出版又为他们提供了另外一种巨大的思想价值的变现可能。如果这样，民营出版商所策划的类似《明朝那些事儿》、《历史是个什么玩意儿》、《杜拉拉升职记》、《求医不如求己》、《藏地密码》等超级畅销书籍，就应该不仅仅是卖纸书的事，这也是沈浩波加紧打造平台的原因。

目前，磨铁图书的签约畅销书作家约为70个左右，除了通过不断“砸钱”搞定畅销书作家，磨铁图书更善于自己“创造”畅销书。磨铁图书旗下多部畅销书就是这样出品的：由编辑主导创意，做出一个非常详细的大纲，甚至为作者提供或补充鲜活的故事和细节。一年前磨铁图书出品了畅销书《做单》，他们挖掘出一个IBM公司的金牌销售，从一开始磨铁的编辑就在介入，最终打造成了一本红极一时的畅销书。

（三）数字化出版

从结绳记事到龟甲、牛骨刻字，从竹简、锦帛到纸质图书，出版业已经不仅仅是印刷出书这么简单，尤其是互联网出现、电子设备快速更新之后，出版的概念又更新了。2010年7月美国有则新闻：一个叫安德鲁·怀利（Andrew Wylie）的美国文学经纪人当天宣布抛开传统出版商，从几家美国最大的出版公司一举揽走了17位金牌作家，包括多位诺贝尔奖得主，另立门户，成立奥德赛出版社，专营这些作家20部作品的数字版权，并且选定亚马逊的Kindle电子书平台独家销售。

数字出版，一个新的概念诞生了。传统出版模式下长达三四个月的回款周期，惊人的退货率，庞大的库存都不复存在了。而这一切，对于传统出版业究竟意味着什么？

面对国营出版业改革大潮以及数字化出版浪潮的冲击，沈浩波仍然坚持认为纸质出版物还会继续增长，电子阅读等新技术手段不会阻碍传统出版市场的发展，反而会带来更多的内容收益面。这个行业只有经过激烈的竞争才会更好，电子书也好，其他形式的竞争也好，对沈浩波来说，都很值得期待。

“电子书的出现会带动出版商更快地将优质内容送达终端读者，让这个行业变得更轻。但我们的核心竞争力在于内容本身，电子书作为硬件和传播手段对我们来说不是竞争，而是为我们提供更广阔的终端通路。”沈浩波说。

2008年，磨铁图书的收入规模为3.7亿元码洋，2009年达到5亿元码洋，2010年平稳增长，据预测是6亿元码洋。这是因为磨铁图书将这一年定位为夯实内部运营平台的战略年份，而夯实平台的目的是为了迎接更多更快的增长。在沈浩波的计划里，2011年将是收入突破的一年，生产将达到10亿元以上。

拥有资金之后，快跑中的磨铁同样也有并购整合计划。但收购的核心，还是围绕内容两个字。目前磨铁拥有大约30个最核心的畅销书作家，这是沈浩波的杀手锏。这些签约作家为磨铁贡献了源源不断的品牌积累和现金流，就好像华谊兄弟旗下的艺人一样，成为磨铁图书的核心竞争力。而一亿多元融资的投向，除了可能的并购整合外，数字出版平台将会是另一个主要投向。在这个平台上，沈浩波将装进去独立出版机构、出版人、签约作者以及渠道商等众多元素，将磨铁打造成一个批量系统的输出文化产品的机器。第三个资金投向，也是沈浩波本人一直以来的梦想，就是媒体化运作。磨铁旗下将诞生一些独立运作的媒体机构，比如杂志。

在诗人沈浩波的眼里，磨铁不仅是一座书城，系统性地输出文化产品，还应该是一个媒体，输出理念与思想价值。

（四）以作者个性带动营销

在国内出版界，磨铁总能领风气之先，还率先发掘推出过80后青春小说《草样年华》、玄幻武侠小说《诛仙》、悬疑小说《盗墓笔记》。这些作者当初也并没有名气，但磨铁善于把作者的个性进行包装、推广，制造争议，以作者个性带动营销。

最有代表性的当算是当年明月和袁腾飞。沈浩波对当年明月进行了包装，作者被称为“草根写史第一人”、“通俗写史第一人”，平面媒体进行了大篇幅报道，不少电视台也找当年明月做访谈，他的知名度迅速蹿升。书当然不愁没人买。进入2009年，袁腾飞的视频在网上火了起来，被称为“世上最牛的历史老师”。这些视频也是磨铁图书发到网上去的，引得火爆点击率。由沈浩波一手策划、袁腾飞讲课内容整理成的新书《历史是个什么玩意儿》随即也受到读者追捧。

“展现出作者的个性，会更容易吸引读者，我们可以借鉴娱乐营销。”沈浩波补充，但要注意把握分寸，作家不是艺人，不要搞八卦绯闻，要围绕其个性特点来做推广，否则就会弄巧成拙。

磨铁计划，未来三年，销售收入每年增长30%～60%。为实现这个目标，在战略上：首先，丰富图书产品线，比如少儿产品线；其次，在渠道布局上，进一步拓宽通路，并做到每个货架中都尽可能产生最大的产品效率，不要浪费每一寸渠道资源；第三，把磨铁打造成一个最有竞争力的出版平台，力争在磨铁给每一个有激情的出版人一个最好的平台，让每一个优秀的产品创新工作者都在磨铁的平台上获得最大的成长和丰厚的利益回报。

五、专家点评

同创伟业高级投资经理贾雪峰：

与众多投资案例中的企业设想的推陈出新不同，磨铁图书则立足于传统，甚至在电纸书、网上阅读成为潮流的时候，仍然坚守着以纸张为载体的出版业务，多少显得有些“守旧”。然而其骄人的业绩和良好的口碑证明了沈浩波的独到判断力，实际上他透过载体之争的复杂表现，直接抓住了出版行业最稀缺的资源——内容。做到这一点所依靠的是创始人独到的文化品位，这使得磨铁的商业模式虽传统却难以复制，这有些类似于乔布斯之于苹果。下一步磨铁要做的事情，应该不是推出五花八门的营销模式，而是坚守自己眼光与品位，将一批批具有相同志趣的文化人收至帐下，占有了特定的资源，也就拥有了稳定的消费群体——读者。

深圳中时鼎诚投资管理有限公司董事长吴西镇：

大众文化本质上就是消费品。但文化产品从需求、生产到供给的整个流程长期以来却一直被管控，也因此，一些非主流的需求往往被主流的机构所忽略。“春江水暖鸭先知”——按读者需求生产图书的可能性，恰恰是类似磨铁图书等草根出版机构生存与发展的空间。

“我们希望坚守内容产业这个原点，通过这个点去放大，先发展后整合。我们要有耐心把内容做到极致。”——这种执著恰好体现了磨铁图书独有的商业模式：出版运营平台化；原创作品为王；数字化出版；以作者个性带动营销。这些都是被验证了的。

70位签约作家，每年600种图书，如今的磨铁已走入主流——“它不仅是一座书城，系统性地输出文化产品，更是一个媒体，输出理念与思想价值”。但作为典型的文化创意产业，如何准确把握市场动向，并以有效的机制保证创作人员的稳定，与华谊兄弟相同，这些也将是考验磨铁图书成长的试金石。

案例二十　企源科技：独特的“管理+IT”咨询服务模式①

背景：

2010年10月19日，中国本土最大的“管理+IT”咨询服务提供商上海企源科技有限公司（下称“AMT”）与国内著名风险投资机构——达晨创投、浙商创投在上海成功举行合作签约仪式。AMT获得金额为5000万元的首轮融资，其中达晨创投投资3000万元，浙商创投投资2000万元，成为国内第一家获得风险资本的管理咨询服务企业。

一、行业背景

从历史的角度，管理咨询产生于19世纪末的美国，当时，以泰勒为代表的“效率”顾问工程师将其科学管理理论运用于企业管理之中。我国的管理咨询业发端于20世纪80年代初期，最初以点子公司出现（随着何阳案件宣告点子公司的完结，“点遍中国”也成为一句笑谈）。20世纪80年代后期是官商主导期，政府创办了一大批咨询企业，主要集中在投资、科技和财务咨询领域。随着20世纪90年代市场化的方向越来越明显，国内对信息咨询的市场需求开始增加，一批外资和私营“信息咨询”、“市场调查”公司开始涌现，如“慧聪信息”、“零点调查”、“盖洛普咨询”、“浩辰商务”等脱颖而出。20世纪90年代后期，咨询公司更趋专业化和规范化，国外管理咨询公司大批进入中国，如麦肯锡、普华·永道、安达信、罗兰·贝格等。一些国内管理咨询公司也崭露头角，出现了“派力营销”、“北大纵横”、“汉普管理”、“远卓管理”、“长城战略”、“多星管理”等一批管理咨询企业。如今，随着互联网的广泛应用，信息技术开始融入咨询业务。

很多的企业都制订了雄心勃勃的计划，致力于成为行业内最有影响力的企业。美国《财富》披露：“75% CEO的失败原因在战略执行”，“有效策划但得到有效执行的战略还不到10%，72%的CEO认为执行战略比制定一个好的战略更难”。企业明确了发展战略方向，但企业战略如何落到实处，却让管理者们大伤脑筋。战略执行的低效尴尬在中国情况更为突出，中国有83%的企业战略执行不力。

西方经济学家认为，资产达到1000万美元以上的公司，如果没有智囊团的话，该企业的生命周期不会超过5年。只要一个决策失误或得不到执行就会垮掉，这个观点不少企业都认同。另外，达晨创投董事长刘昼表示，每年我们至少和几百家中小企业打交道，发现中小企业缺资金，更缺管理。在中国未来的发展中，中小企业一定会是主力，因此中小企业的咨询业务量将是非常大的。而500强企业本身就已经在管理、营销或技术上有比较优势，要服务于他们，服务者就必须要在数据分析、提取上有更拿得出手的优势才行。

Gartner的调研显示，中国内地2009年管理咨询市场的规模为13.87亿美元，并以超过25%的年复合增长率成长；而IT服务外包业务的市场规模为10.53亿美元，并以超过22%的年复合增长率成长。另有相关数据显示，2008年中国成为亚太地区第二大IT服务市场。预计到2011年，中国管理咨询信息化服务市场规模，将超过213亿元人民币，发展空间巨大。

① 本文根据公开资料编撰而成，资料来源包括达晨创投官网、好投网、企业主页、中国风险投资网等。

AMT 的 CEO 孔祥云坦言，目前国内咨询服务行业尚未有成功的上市案例。此外，类似埃森哲、IBM 等国外知名的管理咨询公司早已在行业内声名远播。无论从品牌影响力还是企业规模方面，中国本土管理咨询企业还有很大的差距。

二、打造独特的“管理 +IT”模式

传统的管理咨询公司可能会带给客户“咨询结束了，解决方案却难以落地”的尴尬境地，客户享受不到咨询后的价值。因此，急需能够产生实效的独特咨询服务模式。这样的模式，不仅为客户提供企业管理咨询服务，而且还会通过某种系统或方法让这一服务落地。例如，最终的管理咨询方案可以落户于企业的管理系统中，每天可以调整进度，并根据具体的实施进展自动优化，让企业的战略得以成功落实。

金源科技创始人孔祥云经过二次创业，才找到“管理 +IT”的成功模式。在1998年硕士毕业后，孔祥云和另一个同学成立了一家企业资源管理研究中心，拥有自己的网站，并取名为AMT——意思是活跃（Active）、管理（Management）、团队（Team），主要针对当时刚刚在国内兴起的 ERP（企业资源管理）系统进行研究。

由于早期国内专业关注这一热点内容的网站尚未出现，孔祥云带领自己的团队全身心地投入到这一领域，专门围绕 ERP 收集与整理相关的资讯。在不到半年的时间内，已经成为当时在 ERP 方面较有影响力的中文网站。但在与客户的接触中发现，光是以网站平台为支撑，通过培训和资讯很多问题是解决不了的，需要专业的团队与客户深入合作，共同推动企业管理的有效进行。另外，当时一些中国企业已经开始用大型的应用软件，如 ERP、财务软件等进行企业管理，但是这一领域的人才和经验却无法满足企业的需求。

于是，孔祥云的团队开始进行了二次创业，在原来的企业资源管理研究中心的基础上，成立一个企业咨询事业部，由专业的人员为客户提供管理咨询服务。2001年12月，AMT 进行资源整合，成立法人实体“上海企源科技有限公司（即 AMT 集团）”，定位锁定在“管理 +IT”的咨询服务模式。这一模式能够很好地克服传统咨询服务企业的尴尬，保证咨询“价值落地”。

三、五大业务群组

正确的定位让 AMT 集团有了快速的发展，规模不断壮大，业务不断拓宽。目前，集团的运营总部在上海，在无锡建有服务外包基地与总部，并且在北京、上海、杭州、合肥、广州、郑州、成都、重庆、长沙建有分子公司或办事处，全职员工1000余人。并且，AMT 已为进入世界500强80% 的中国企业以及中国百强中60% 以上的企业提供过管理咨询服务。客户总量2万余家，70% 的客户认同 AMT 服务所带来的价值，愿意与 AMT 多次签约。

集团现已涵盖五大业务群组：AMT 咨询、格源培训、畅享网、源天软件、无锡服务外包基地。

（1）AMT 咨询（www.amt.com.cn）。AMT 是本土最大的“管理 +IT”咨询服务机构，拥有丰富实践经验、强大学习能力和知识整合能力的专业咨询团队。AMT 以“价值落地”为核心咨询理念，为客户开展全面的咨询服务，并且为客户架构企业战略执行保障体系（SISS），让咨询方案得以落实。300多名专职咨询专家，加上独特的理念和体系，已协助上千家企业的战略执行落地，能够为客户提供卓越的咨询服务。

（2）格源培训（www.vlearning.com.cn）。格源培训是一家基于E-learning技术和应用，一直致力于传播现代管理理念与实践，专注于分析中国企业的管理效率提升和变革时代企业管理人员应该具备的素质和能力，不仅提供网络培训，更充分利用专业培训经验为客户提供培训服务外包的机构。公司成立于2007年，在多个城市设有分支机构，与甲骨文、微软、百森商学院、Celemi等多家著名公司合作，已为包括众多世界500强企业在内的上千家企业，超过50 000多个人提供过培训服务，深受企业的欢迎和学员的赞誉。

（3）畅享网（www.vsharing.com）。畅享网由1998年成立的AMT——企业资源管理研究中心发展而来，是中国管理人第一门户，旗下拥有华文领域最大的商务人士社区。已成为经营商务知识和人脉网络的互联网平台，向会员提供会员、圈子、博客、论坛、商务活动等服务。截至2009年12月，畅享网实名制会员数量达到140万，每工作日增加会员2000人。一直以“服务于中国管理人”为核心战略，依托社区平台的资源，满足会员高层次的知识和人脉需求。

（4）源天软件（www.visionsoft.com.cn）。源天软件从事企业级协同知识管理整体解决方案的培训、咨询、研发和服务，为客户提供专业的知识、项目、客户、流程的协同管理。有一批归国人员、咨询行业资深人士、软件开发高级人员的专业队伍，从2001年就开始致力于研究和实践，2007年，源天Velcro协同知识管理案例，荣获《哈佛商业评论》管理行动奖，成为当时国内唯一获此殊荣的管理软件案例。源天立足于管理理念、管理工具与信息技术发展的国际前沿，正在努力成为高端协同知识管理市场的领导者。

（5）无锡服务外包基地。无锡是“江苏省服务外包示范城市”，在2009年以前，AMT是唯一入围无锡市政府“123”计划（到2010年末，全市集聚国际服务外包和软件出口企业100家，每家企业从业人员超过2000人、年出口超过3000万美元，简称“123”计划）的管理咨询服务机构，并且在筹备建立1000个座席的呼叫中心和基于互联网的E-learning综合学习平台，呼叫中心应用解决方案包括从产品咨询、客户投诉等呼入服务，到产品推介、市场调查、电话销售等呼出服务。

四、核心竞争优势

AMT开展的众多业务始终围绕以“价值落地”为核心的咨询服务理念，将自身定位于“企业变革推进者的伙伴”，专精于“企业战略执行保障SISS体系”的构建，从战略控制系统、业务运营系统、技术支撑系统三大领域的管理咨询到管理软件到管理培训的综合解决方案，向客户提供专业实用的服务，为客户创造实实在在的价值。企业战略执行保障体系（SISS：Business Strategy Implementation Supporting System）的架构见图4.2：

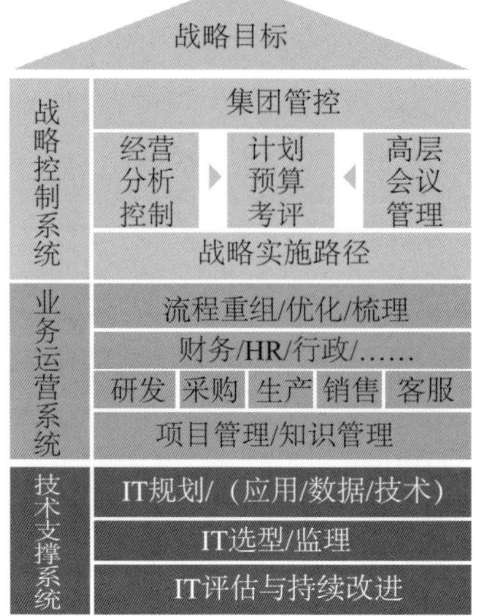

资料来源：AMT官网

图4.2 AMT战略执行保障体系架构

此“战略目标”图主要由三个系统组成，各自的功能分别是：推动企业理清并建立战略目标，建立高效的集团管控模式，制定清晰具体的战略实施路径，并且能根据实际情况进行进度调整，做到松紧有度，快慢有数；创新企业的管理模式，各个部门做到沟通协调，借助知识管理，打造出可积累、有记性的企业；采用IT管理技术，使得信息化体现在企业运营的各个角落，节约人力成本，跟踪量化各项任务目标实施进程，综合评价，持续改进。

致力于发展成为世界级咨询服务机构的AMT，不断积累打造自己的核心优势，主要体现在：

（1）技术优势。AMT自成立以来，一直在做一件事，这也是它的使命：始终立足于将管理咨询与信息技术融合在一起。AMT于2004年成立了研究院，目前已取得多项软件著作权，与用友软件、明源软件等都有展开战略合作，并且于2008年底获得高新技术企业证书。

（2）模式优势。公司“项目型咨询＋外包”的模式使得公司收入稳定可预期，并具有累加效应。“不仅为客户提供全面的管理咨询服务，并且帮助客户将咨询结果落地”的理念为客户创造了实实在在的价值，使得老客户的二次签单率达到70%，客户的信赖让AMT得到了快速的发展，年均增长幅度超过30%，由最初的六位创始人发展到如今的千余人，业务网点扩张到多个，业务覆盖面全，客户数量达数万人。

（3）管理优势。微软总裁比尔·盖茨曾说：“在达尔文式的商业社会中，组织的知识管理质量帮助决定它感知变化和迅速响应的能力，因此决定了孰死、孰生或孰兴旺。”AMT不仅服务过多家企业的知识管理项目，公司内部也具备完善的知识管理系统，该系统汇集了从品牌开始运营至今已完工的2万多个项目案例，案例对所有员工开放，形成知识和信息共享，让员工的学习也变得主动有序，使得公司可以充分运用经验成果培养人才，形成业务梯队。同时，凭借庞大的内部知识库这一独特资源，公司具备了快速扩张的基础。

（4）制度优势。AMT为每一位新加入的员工精心制作个性化的进阶计划，包括由资深人士指导的职业生涯规划、系统化的内部培训、非正式的培训与交流等。通过完善的培训体系、导师制、成长性的薪酬福利，为员工的事业发展创造有利条件。并且，公司具有咨询服务行业内最出色的智力资源，通过多年的经验实践已形成了完善的吸引人、激励人、留住人的人力资源体系。

五、获得VC认可

技术经济观察家瞬雨认为，管理咨询公司数量众多，后浪推前浪，新陈代谢很快，需要有新的模式才能脱颖而出。AMT成功获得达晨创投和浙商创投联合投资的5000万元，成为国内第一家获得风险资本的咨询服务企业，说明AMT的“管理+IT”的咨询服务模式得到了VC们的认可。作为AMT本轮融资的财务顾问，翰乐投资CEO吴楚红女士表示：“AMT凭借其独特的‘管理+IT’服务模式、稳定专注的管理团队以及深厚的客户基础，赢得了众多创投基金的青睐。这次成功引进达晨创投和浙商创投后，AMT必定会迈出更大的步伐，实现其成为世界级咨询服务企业的理想。”

此次，AMT和达晨创投、浙商创投在双方互相信任、互相认同的基础上合作，强强联合，努力实现共同的长期价值。

六、专家点评

深圳市贝朗管理顾问有限公司总经理、管理咨询总监昌智博士：

企源科技不是靠一种模式、一个产品或一个战役成功的。从早期的AMT模式开始，到现在的五业并举，各业关联，同为一个平台，又各有独立领域，执行着一个总体的战略。企源科技的核心理念是为客户提供“价值落地”。而综合起来说，企源科技自身的成功就在于其战略价值的落地。

管理咨询行业是一个潜力巨大而困惑众多的行业。其中最主要的困惑是客户的信任。这个行业具有众多的思想家、语言家和宣传“包装”专家。而管理咨询可以向客户宣讲的先进理念、职业水准和专业化水平衡量标准实际上是同质性的。咨询公司几乎无法通过常规的宣传与引导树立客户的信任。大多数企业选择咨询公司都是在半信半疑之间做出的决定。而真正获得客户的认同，让客户产生信任，是在业务成效的过程中和成效之后。因此，咨询公司唯一的选择是通过前一个项目的成功获得下一个项目或下一批客户的信任。而企业的品牌就是这种广泛信任的具体表现。只有从战略高度的“价值落地”才可能取得近10年稳步积累的企业成功。

管理咨询企业中存在的另一个困惑是“医者不自医”的悖论。对战略的理解和对技术的掌握是咨询公司的普遍优势，但这些优势往往都只能在咨询客户的项目中体现。相反，咨询公司内部管理总是落后于接受他们服务的客户。大多数从事人力资源管理咨询的企业，自身的员工队伍就不稳定，或者陷于“培养人等于培养竞争对手”的困境中。许多从事营销咨询的企业，自身就没有成系统的产品。这表明，咨询公司要么是自身的战略和价值定位存在问题，要么是无法实现这些战略与价值，也就是无法做到“价值落地”。

事实也证明，自身价值无法落地的咨询公司，要么业务成长性不足，处于规模与质量难以兼顾的两难境地；要么在成长的过程中出现内部分裂或利用早期品牌的最后余光捞一笔现金，然后转向他图。这些企业永远无法成为中国的“麦肯锡”。

深圳管仲投资管理有限公司副总裁李信民博士：

从案例介绍的情况看，企源科技之所以能够获得风投的认可，我个人判断主要基于以下三个方面的原因：一是管理咨询业属于现代服务业范畴，我国正处于高速成长阶段，符合当前我国经济转型和结构调整的发展方向，能够获得国家相关政策的支持；二是企源科技在行业内实力超群、地位突出，目前在我国管理咨询行业拥有1000人以上规模的本土咨询机构寥寥无几；三是企源科技拥有独特的竞争优势，其旗下的畅享网是中国管理人的第一门户，拥有华文领域最大的商务人士社区，这是其他管理咨询机构所不具备的。

对于企源科技未来的成长性，我个人认为，一方面，由于处于不同行业、不同成长阶段和不同规模的企业所面临的管理问题是不同的，因而管理咨询产品（包括管理软件）的标准化程度很低（通用性较强的财务软件除外），这一管理咨询行业本身所具有的特性势必会在一定程度上影响企源科技的成长速度；另一方面，企源科技未来的发展必将面临采用相同业务模式（即“管理+IT”的咨询服务模式）的国内外强大竞争对手（国外的主要有IBM和埃森哲；国内的主要有金蝶和用友）激烈的市场竞争。

行业篇

第一章　新能源行业投资分析报告

伴随着全球"低碳经济"时代的渐近到来，新能源革命或将成为人类历史上的第四次科技革命。我国为了抢占世界低碳经济发展的制高点，已陆续出台和实施了"新能源汽车战略"、"太阳能屋顶计划"、"金太阳示范工程"等产业政策，为新能源产业提供了广阔的发展前景，由此将催生出一个崭新的经济增长点。

本报告在大量引证有关研究报告和产业发展数据的基础上，从2010年我国新能源产业的整体发展概况以及细分市场的发展概况出发，围绕我国新能源企业的发展状况、新能源产业的法律政策环境等方面展开分析，重点论述了产业投融资特别是风险投资情况，借以研究我国新能源产业未来发展趋势和挖掘其潜在的投资价值，力求为有兴趣的投资者提供决策参考意见。

一、2010年度新能源行业发展概况

纵观人类社会发展进程，能源利用的进步是整个国家或地区能够顺利发展的最基本前提。然而目前人类利用的以煤炭、石油、天然气为主要形式的传统能源均是不可再生能源，并且这些能源在使用过程中产生了大量的废气、废水、废渣等排放物，造成了严重的环境污染。目前世界传统能源价格高企，石油价格曾于2008年突破140美元/桶的纪录，随后受全球经济危机影响，石油价格大幅回落，然而截至2011年3月，石油价格又重回到了90美元/桶之上。据《BP世界能源统计2010》测算，以2009年的年开采速度，截至2010年底全球已探明的石油（包括油砂储量等）可采量为13331亿桶，还可开采45.7年，而天然气为62.8年，煤炭为119年。而据国土资源部在2006年做的一个统计显示，我国的煤炭储量约为1886亿吨，全国石油剩余经济可采储量为20.43亿吨，天然气剩余经济可采储量为24 490亿立方米，三大能源的可开采储量分别为51年～81年、15年～20年、28年～58年，虽然在很长一段时间内，这三大主要能源仍然会占据人类能源供给的主导位置，但可以预见，随着以煤炭、石油、天然气为主要形式的传统能源走向枯竭，其价格会越来越高直至停止使用；而以太阳能、核能、风能和生物质能等为主要形式的新能源会成为传统能源的优良替代品。新能源因其可持续性、清洁、环保而具有广阔的发展前景，并会成为未来全球能源的发展方向。

（一）新能源行业总体发展状况

新能源又称非常规能源，是指传统能源之外的各种能源形式，包括太阳能、核能、风能、生物质能、地热能、氢能、海洋能等。目前世界能源消费结构中，传统能源占84.8%，其中石油占38.5%，天然气占23.9%，煤炭占22.4%；新能源占15.2%，其中核能占8.3%，水能2.6%，生物能3.0%，其他可再生能源1.2%。但是随着非化石能源利用相关技术的突破和人们对于利用清洁能源的重视程度在不断加深，世界能源结构中太阳能、核能和风能等为代表的新能源占世界能源消耗总量的比重将会不断增加。中国一次能源消费构成为：煤炭占68.7%、石油占18%、天然气占

3.4%。与世界平均结构相比，我国一次能源消费结构中煤炭比重严重偏高，当然这部分也归因于我国是世界第三大煤炭储量国。但是根据我国在《哥本哈根气候变化大会》上的单位GDP减排40%～45%的承诺，并且随着我国经济和产业发展模式的转型，我国严重依赖化石能源发展的态势会得到一定程度的缓解。

根据国家能源局的判断，为实现非化石能源达到15%的目标，2020年水电应达到3.5亿千瓦，风电应达到1.5亿千瓦，太阳能发电应达到2000万千瓦，生物质发电应达到3000万千瓦，核电应达到8000万千瓦左右。从目前来看，新能源各个领域都还有很大差距，中国的新能源产业虽然起步与世界同步，但要达到国家的目标，还有很长的一段路要走。

近两年在能源与环境问题和宏观经济增速趋缓的双重压力下，我国新能源开发利用受到越来越高的关注。一方面新能源作为传统能源的替代能源，可有效改善我国能源消费结构和降低环境污染；另一方面我国新能源行业特征（见表1.1）有利于培育新的经济增长点以此拉动国民经济的增长。中国新能源产业经过这些年的发展，不论是政策环境，还是技术、市场环境，都发生了重大变化。新能源产业已经被确定为我国重点战略性新兴产业之一，过去几年，新能源行业也是风险资本青睐的重要行业，涌现出了许多新能源方面的投资项目，2010年国内有15家新能源企业上市。但是必须认识到，我国目前的新能源发展还处在初期阶段。

表1.1　　全国新能源行业特征

序号	类型	所属类别				
1	行业类型	增长型√	周期型	防御型		
2	发展阶段	幼小产业	新兴产业√	朝阳产业√	衰退产业	淘汰产业
3	生命周期	初创期√	成长期√	成熟期	衰退期	
4	行业结构	完全竞争√	垄断竞争	寡头垄断	完全垄断	
5	资源密集性	资本密集√	劳动密集	技术密集√		

资料来源：联创思达研发中心。

目前，我国在太阳能产业规模、风力发电能力、小水电装机量已位居世界前列，核电建设取得重大进展，生物质能、地热能、氢能、海洋能等新能源发展潜力巨大，近年来亦得到不同程度的发展（见表1.2）。

表1.2　　全球新能源的发展规模和我国的占比程度

细分产业	全球产业规模	中国占比
太阳能电池（兆瓦）	6860	40.00%
风电装机（兆瓦）	121 000	13.20%
生物柴油（万吨）	1300	0.70%
燃料乙醇（万吨）	6560	2.80%
太阳能热水器（万立方米）	18 454	72.00%
小水电（兆瓦）	36 7900	32.72%
地热发电装机容量（兆瓦）	612	4.10%

资料来源：小水电数据来自朱效章 潘大庆2007.8.6《国际小水电资源、开发概况及与我国的比较》，地热数据来自中国科学院院士汪集旸报告《节能技术研究与产业化》，其他数据来自网络整理。

另外值得一提的是，为适应节能减排要求，混合动力车、纯电动汽车、燃料电车等新能源汽车已成为汽车业的重要发展方向，但是工信部《2010年汽车工业经济运行报告》中透露，2010年进入了节能与新能源汽车示范推广应用工程推荐车型的年产量仅为7181辆车，这表明新能源汽车目前仍处于发展的初期阶段。

（二）重点细分市场发展态势

1. 太阳能

中国太阳能资源非常丰富，我国太阳能年辐照总量每平方米超过5000兆焦耳，年日照时数超过2200小时以上的地区约占国土面积的2/3以上，理论储量达每年17 000亿吨标准煤，太阳能资源开发利用的潜力非常广阔。目前我国太阳能产业规模已稳居世界第一，是全球太阳能热水器生产量和使用量最大的国家和重要的太阳能光伏电池生产国。

太阳能热水器行业规模庞大。据中国太阳能协会公布的最新数据显示，全国太阳能热水器的产量以每年30%的速度增长，2009年太阳能热水器年产量突破4000万平方米，占世界的50%，保有量达1.45亿平方米，占全世界总量的70%左右，我国已成为世界最大的太阳能热水器生产国和使用国。

中国太阳能热水器产业发展迅速且潜力巨大。据赛迪顾问研究报告显示，2007年，中国太阳能热水器产量的增长速度约为30%，年产量达2340万平方米，总保有量约为10 800万平方米，2008年生产能力达到2925万平方米，总保有量达到13 284万平方米，2009年产量为3744万平方米，总保有量达到16 206万平方米。

同时光伏产品制造、太阳能光伏发电等方面也取得了较大发展，2000年～2009年，中国太阳能电池产量提高了1000多倍，年均增长超过100%。2007开始，中国光伏产量连续3年保持世界第一的位置，目前中国太阳能电池产量和产能都约占世界的1/3左右，是名副其实的光伏制造大国。世界光伏制造格局也由传统的美日德三分天下演变成中国（涵盖内地和台湾）为龙头，美日德紧随其后的竞争格局。我国近四年来光伏电池的产量连续翻番增长，2007年的产量为1717兆瓦，2008年达到2500兆瓦，2009年为4000兆瓦，2010年预测数为8000兆瓦。光伏电池产量虽然持续增长，但光伏产品过分依赖出口的现状并没有太大改变，国内应用仍然极其有限。

国内光伏产业也已形成了各具特色的产业布局，以深圳为核心的珠江三角洲地区成为组件与系统等下游应用产品的生产基地。长江三角洲地区太阳能电池产业主要集中在太阳能电池片的生产上，产业规模位居全国前列。国内生产太阳能电池单晶硅规模最大的是河北宁晋单晶硅基地，是世界上最大的太阳能级单晶硅生产基地，同时也是国内目前最大的硅片加工基地。中西部地区凭借资源和低价能源优势，在多晶硅项目上占得先机。河南洛阳中硅、新光硅业、正在建设的爱信硅业、川投能源、宁夏石嘴山等新项目也都位于中西部地区。中西部地区必将成为我国多晶硅材料发展的最重要地区。

不过值得注意的是，虽然国内太阳能热水器和光伏电池的产量巨大，但是市场却主要在国外，如果能够开发好国内市场，太阳能产业还是有很大的发展空间（见图1.1）。

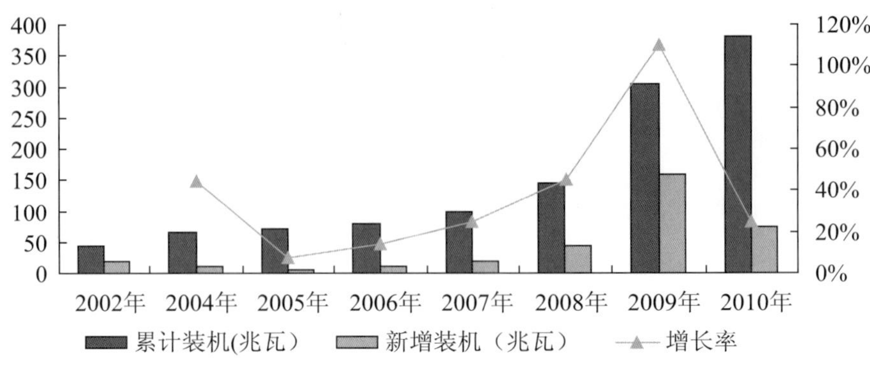

资料来源：公开资料，CVCRI整理

图1.1　2002年～2010年中国太阳能光伏行业累计、新增装机容量和增长率

2. 风能

风能的利用主要是风力发电。我国风电近几年发展迅速，风电连续4年翻番增长，2006年～2010年风电装机容量分别为267万千瓦、605万千瓦、1217万千瓦、2200万千瓦、4182.7万千瓦，2009年新增风力装机1000多万千瓦，居世界第一，2010年风电总装机容量首次超过美国，成为世界第一风电大国，目前世界风电利用紧排我国之后的是美国和德国（见图1.2）。风电在我国已成为继水电、火电后最具成长性的能源。我国风电资源还有很大的发展空间，盈利能力也将随着技术的成熟而稳步提升，因为风电的能力每增加一倍，成本就下降15%，近几年世界风电增长一直保持在30%以上。随着中国风电装机的国产化和发电的规模化，风电成本可望再降。因此风电开始成为越来越多投资者的逐金之地。不过未来几年风电的发展速度将不会延续前几年的翻番涨速。

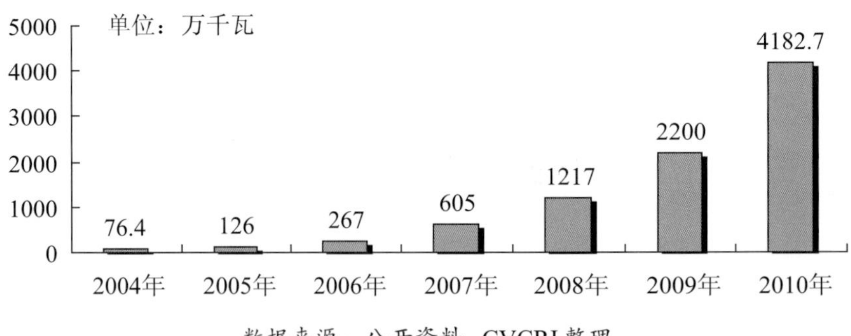

数据来源：公开资料，CVCRI整理

图1.2　我国风电整机容量

从我国风电各地区发展情况来看，截至2009年12月31日，中国风电累计装机超过1000兆瓦的省份超过9个，其中超过2000兆瓦的省份4个，分别为内蒙古（9196.2兆瓦）、河北（2788.1兆瓦）、辽宁（2425.3兆瓦）和吉林（2063.9兆瓦）。内蒙古2009年当年新增装机5545.2兆瓦，累计装机9196.2兆瓦，实现150%的大幅度增长。

伴随着风电的发展，国内风电机组制造业也得到迅速发展，风电设备投资形成热潮，风电制造企业面临激烈竞争，风电设备市场外资份额比重也出现了大逆转。统计显示，2004年～2009年，风电设备市场的外资份额从25%上升到87%[①]。此外，风能技术也得到了很大进步，基本掌握了大型风电机组制造技术，已能够批量生产单机容量1.5兆瓦级的风电机组，兆瓦级风机机组生产已基本实现国产化。

但是，我国风电产业利用程度还很低。风电装机占总电力装机不到3%，2008年全年，有接近1/3的新增风机因为电网接入问题而不能发电。2008年全国风力发电平均利用小时数为1432小时，与规划的平均利用小时数2200小时相去甚远。风电入网目前仍是制约风电发展的主要瓶颈。

3. 生物质能

生物质是指直接或间接地来源于光合作用而形成的各种有机体，包括所有的动植物和微生物。生物质能则是指直接或间接地通过绿色植物的光合作用，把太阳能转化为化学能后蕴藏在生物质内部的能量，是一种以生物质为载体的能量，是可再生的绿色能源。生物质能一直是人类赖以生存的重要能源，仅次于煤炭、石油和天然气，居于世界能源消费总量的第四位，在整个能源系统中占有重要的地位。生物质能具有以下特点：可再生性、丰富性、可替代性和清洁性。

我国拥有丰富的生物质能资源，理论生物质能资源50亿吨左右，现阶段可供利用开发的资源主要为生物质废弃物，主要应用于生物质发电、生物柴油、燃料乙醇等，它可以代替人类对石化燃料的消耗，从而降低环境的污染。

我国也出台了相关的鼓励生物质产业发展的政策，根据国家2007年发布的《可再生能源中长期发展规划》，到2010年，生物质发电要达到550万千瓦，生物液体燃料达到200万吨，沼气年利用量达到190亿立方米，生物固体成型燃料达到100万吨。

近年来，我国生物质发电投资额逐年增长，2006年～2009年，生物质发电的投资总额由168亿元增加到452亿元，年均增长率在30%以上；已经投产的总装机规模由2006年的140万千瓦增加到2009年的430万千瓦，年均增长率在30%以上，2009年底，我国秸秆直燃发电总装机容量为265万千瓦，占所有生物质能发电的62%；垃圾焚烧发电总装机容量为125万千瓦，占所有生物质能发电的29%；其他气化发电、沼气发电、混燃发电等所占比例很小，总共占有不到10%的比例。

2010年，国家对生物质能发电的各项政策还在完善，各主要企业的在建项目也顺利进行，预计到2010年底，建成的生物质能发电总装机规模要超过550万千瓦，行业继续保持较快的发展速度。2009年底，五大电力集团的总装机容量为109.6万千瓦，占所有生物质能发电装机容量的25%。五大电力集团秸秆直燃发电的总装机容量为90.7万千瓦，占全国秸秆直燃发电的34%。

生物燃料的发展则稍显逊色，目前国际生物燃料发展的最好的属于北美地区，不过亚洲地区近几年发展势头较快，2007年全国生物柴油产能已达300万吨，但实际产量只有30万吨，从未来的发展看，生物柴油的需求量在不断增加，发展空间巨大；2008年，我国生产了大约150万吨燃料乙醇，已成为世界上继巴西、美国之后第三大生物燃料乙醇生产国和应用国。2009年燃料乙醇的产量达到137万吨，2010年的产量约在200万吨左右，同时，对燃料乙醇的推广力度在不断加大，国家发改委称河北、江苏、湖北、山东省部分地区的车用乙醇汽油推广已进入倒计时，车用乙醇汽油的封闭运行试点将很快扩大至9个省。

4. 核能

核能是指原子能反应中所释放出来的能量。人类对他的利用主要是用来发电。从全球能源结

① 中国新闻网。

构看，核电已经成为新能源的重要组成部分，其中有16个国家占比超过1/4。随着国家振兴装备制造业产业规划的出台以及国家由过去的“适度发展核电”时期转而进入“积极发展核电”时期，我国核电发展势头强劲，发展力度和速度远远超出原先的预期。

我国核电装备制造业也得到较大发展，目前我国30万千瓦、60万千瓦及百万千瓦级核电站的国产化率水平分别在90%、70%和50%左右。核电设备制造商主要以东方电气、上海电气和哈动力三大动力集团为代表，核岛设备方面，基本由东方电气和上海电气所垄断。

5. 其他新能源

其他的新能源包括地热能、氢能、小水电和海洋能等。

我国拥有丰富的地热资源，但发展情况不容乐观，基本上还处于计划经济时代。地热的利用可分为地热直接利用和地热发电。地热直接利用是指利用中低温地热水进行供暖、洗浴、医疗、旅游、工业烘干和农业养殖等。截至2009年底，我国地热直接利用总装机容量达到368.8万千瓦时，居世界第一，年直接利用量12 865百万千瓦时，分别比2004年高出20.70%和19.3%，发展速度较快。直接利用中，地热供暖占18%，医疗洗浴与娱乐占66%，种植与养殖占9%，其它利用方式占7%。目前我国只有一个西藏羊八井高温地热电厂，现有装机容量2.418万千瓦时，世界排名第15位，每年发电量约为140百万千瓦时。羊八井地热电站近年发电量持续大幅上升，2008年发电量已经达到143.6百万千瓦时，截至2010年4月的累计发电量已经达到2400百万千瓦时。

氢能主要应用于氢燃料电池，上海一直是中国氢燃料电池研发和应用的重要基地，也一直在从事研发氢燃料电池和氢能车辆。目前，我国在燃料电池发动机关键技术方面的水平处于世界领先地位。2006年10月，由江苏镇江江奎科技有限公司、清华大学、奇瑞汽车三方自主研发的“示范性氢燃料轿车研制项目”通过国家级专家组评审，标志着我国第一台具有完全自主知识产权的以氢燃料为动力的汽车研制成功，我国氢动力技术已达国际同步领先水平。

小水电是指装机容量在5万千瓦以下的水电站。我国是世界上小水电资源最丰富的国家，经济可开发总量达1.28亿千瓦，占世界一半左右，可开发量占全国水电资源可开发量的23%，居世界第一位。其中西部地区占67%，中东部分别为17%和16%。从省份分布来看，四川、西藏和云南占据前三，分别为16%、14%、9%，从流域来看，长江、雅鲁藏布江和新疆地区占据前三，分别为37%、14%和11%。目前，我国已建成小水电站45 000座，总装机容量5512万千瓦，年发电量1600多亿千瓦时，约占中国水电装机和年发电量的30%。目前，小水电遍布全国1/2的地域、1/3的县市，累计解决了3亿多无电人口的用电问题，小水电地区的户通电率从1980年的不足40%提高到2009年的99.6%，供电质量和可靠性大大提高。目前我国小水电的开发前景广阔，开发量仅为36%，而且未来农村将是重点发展区域。

海洋能资源包括潮汐能、波浪能和温差能，是一种可再生的、无污染的清洁能源。目前国内外潮汐能发电技术日趋成熟，并已产业化，要继续加大研究力度开发波滚能发电技术，建设万千瓦级示范电站，解决海岛及特殊地区的用电。我国属海洋国家，拥有18 000公里的大陆海岸线，14 000公里的岛屿海岸线。大陆东部和南部面临渤海、黄海、东海和南海。根据估测，我国的海域储存潮汐能1.1亿千瓦，潮流能1200万千瓦，海流能2000万千瓦，波浪能1.5亿千瓦。我国利用海洋能是从潮汐能开始的，在沿海已建成一些潮汐发电站，其中建在浙江乐清湾内的江厦港电站是我国最大的潮汐发电站，也是世界上第三大潮汐发电站。它有5台机组，总装机容量为3200千瓦。在其他海洋能利用方面我国也在起步、并在研究、试验方面取得了一定成果。

（三）行业发展存在的问题

尽管我国当前新能源产业得到了快速的发展，但是，其产业化、规模化发展仍然面临着成本较高、市场竞争力弱等问题。

1. 开发一哄而起，产能结构性过剩

新能源虽然在我国发展迅速，但势头过猛，产能过剩也是一个突出的问题。包括核电、风能、太阳能、生物质能、洁净煤，智能电网、分布式能源、车用新能源在内的新兴能源产业，将在10年间累计获得5万亿元投资。毫无疑问，风电、光伏、核电产业投资加大都将给各自产业内的设备厂商带来巨大商机。然而，对于新能源产业的发展前景，一直都是热议的焦点。早在2009年9月份，多晶硅、风电设备被国务院列为产能过剩行列。尽管分析人士对产业是否出现过剩存在争议，但这给新能源产业发展敲响了警钟。

据了解，近20个省份在申请或已建立新能源产业基地，其中大多数打着太阳能和风能的旗号。数据显示，我国光伏产业近5年来每年增长近150%，风电增长也是翻倍[①]。新兴能源产业近几年爆发式增长，很多产品从研制到批量生产周期太短，"大干快上"的隐患显而易见。但据报道，2008年，我国新增风力发电机组5030台，累计装机容量已超过1200×104千瓦，而当年的风力发电量仅128×108千瓦时[②]。这意味着我国风电平均每千瓦装机容量1年只工作1000小时，电费收入才几百元，这个使用效率实在太低，连投资都收不回来，更不要说人工、维护等成本。目前，国内已经有18个省市提出了打造新能源基地，或者把新能源当作支柱产业来发展，另外，有近百个城市把太阳能、风能作为城市的支柱产业，这种一窝蜂似的发展，不但浪费，也势必影响整个产业的可持续发展。

2. 政策体系不完善，措施不配套

虽然我国颁布了可再生能源法，其制度建设要求也比较全面，但是政策措施和制度建设不配套，尚未完全适应新能源发展的要求。比如，《关于完善风力发电上网电价政策的通知》的发布，意味着在中国实施6年的风力发电招标定价方式将被标杆上网电价政策取代。但从根本上来看，理顺风电以及其他新能源的上网电价，还需要电网公司的配合以及操作性更强的后续配套政策支持，而新能源发电"并网难"的问题，还有待技术和政策方面扫清障碍。

我国现在产业投资不足，融资渠道不畅。国家发改委能源研究所相关专家指出："迄今为止，我国新能源建设项目还没有规范地纳入各级财政预算，没有为新能源建设项目设立类似常规能源的固定资金渠道，投资者经常受融资渠道不畅的困扰。融资障碍造成的资金来源不足限制了新能源的发展，影响了各方面对新能源的投资信心。"

3. 缺乏统一的技术规范，行业发展混乱

我国大部分能源产品缺乏统一的技术规范、质量认证标准和质量监督体系，相关的信息服务业没有及时跟进，整个市场处于无序状态，干扰了市场的开发。其次，新能源在成本上无法与常规能源直接竞争，缺乏竞争又使新能源过高的价格长期得不到降低，从而限制了新能源市场的扩大。标准和竞争的缺乏使得整个行业发展混乱，尤其是太阳能和风电行业。虽然我国已经拥有金风、尚德等具备抗衡国外生产商的科技型新能源企业，但绝大多数新能源设备生产厂家仍然存在规模偏小、集约化程度低、工艺落后等问题。多数新能源企业的产品技术含量较低且质量不稳定，仅能满足低端需求，难以产生良好的示范效应。有很多企业是盲目进入，没有经过慎重的考虑，

① 《太阳能光伏》。

② 《文汇报》。

技术基础不是很牢固。不可忽视的是，与新能源产业发展极易相伴随的是一系列安全和环境问题。不少项目表面是新能源的创造与推动，实则是二次污染，环保代价、资源代价及市场代价非常严重，由此可能引发的安全问题不容忽视。

4. 技术研发投入不足，自主创新能力较弱

虽然我国在可再生能源利用关键技术研发水平和创新能力方面有所提高，但总体上和国外发达国家相比仍然明显落后，主要表现在：（1）基础研究薄弱，创新性、基础性研究工作开展较少、起步较晚、水平较低，如光伏发电技术、纤维素制乙醇等技术，缺乏大规模发展所需的技术基础；（2）缺乏强有力的技术研究支撑平台，难以支持科技基础研究和提供公共技术服务；（3）用于研发的资金支持明显不足；（4）缺乏核心技术与核心原料，潜伏着深层危机，如风能的电机制造技术、多晶硅和单晶硅的提纯技术均依赖于国外；核能的核心原料为铀，但中国储备量少，大部分需要进口，规模扩大后很容易受制于人；（5）产业发展基础薄弱，如新能源汽车产业的标准化制定工作亟须进行，包括能耗标准、环保标准、购买补贴标准等，其配套设施如充电站还不够健全；（6）人才储备不足，核电、风电、太阳能以及相关装备制造业均存在着不同程度的人才缺口。

5. 产业体系薄弱，配套能力不强

以风电为例，随着风能产业的飞速发展，中国风电出现了“过热”增长、并网尴尬等发展瓶颈。按照国家风电发展规划，哈密、酒泉、河北、吉林、江苏沿海、蒙东、蒙西7个千万千瓦风电基地将于2020年建成，规划到2015年建成5808万千瓦，2020年建成9017万千瓦，占全国风电总装机容量78%左右。由于风电总装机容量庞大，各基地均被冠以“陆上三峡”称号。但与总装机容量不匹配的是，大部分风电基地位于我国西北地区，当地用电负荷低，自身消纳能力弱，风能资源与负荷中心呈逆向分布，决定了大部分电量需在更大范围进行消纳。然而，这需建设大量远距离输电线路才能实现。同时，由于风电的不稳定性，远距离输电需与火电或水电捆绑，电网企业缺乏接受的积极性。因为风电规模比例越大，电网的风险、附加的服务成本越大。按照现有的电网架构和调峰能力，国家电网电力科学研究院预测，到2020年风电并网容量最多达到1亿千瓦，而国家规划的装机容量目标是1.5亿～2亿千瓦，有1/3甚至更多的装机容量无法并网。扩大装机规模的动力一旦消失，风机需求会有停滞的风险。除此之外，风电产业还面临着来自上游制造业的价格战和核心技术的短板问题等一系列考验。中国风电装备业将由此步入“大浪淘沙”的时代。风电产业遭遇的瓶颈问题也同时出现在太阳能光伏产业、新能源汽车等新能源领域。

二、新能源行业企业发展状况及业绩分析

由于新能源行业涉及领域颇广，各细分市场具有不同的发展情况，本部分在大量引证相关研究报告和企业财务数据的基础上，从全国新能源行业企业总体运行情况出发，继而，在各细分市场中选取代表性上市企业进行现状与绩效分析，最后，有针对性地对我国新能源行业非上市中小企业的发展状况作简要分析，以便读者对我国新能源行业企业的发展状况有一个比较全面的理解。

（一）新能源行业企业总体运行情况

2010年1月～8月，全国新能源行业实现工业销售产值281.68亿元，与2009年同期相比增加了53.5%，增长率较上一年度下降了37.11个百分点。实现主营业务收入269.44亿元，与去年同期相比增加了49.76%（上一季度增加59.31%），增长率较上一年度下降了45.79%。截至2010年8月，

全国新能源行业企业单位数为395家，其中63家处于亏损经营状态，全国新能源行业亏损面达15.95%，亏损额达到49 057万元，企业总数与亏损企业数均有所增加，亏损系数较上一季度有所上升，行业风险加大，从业人员为2.5万人，总产值额、负债总额、累计利润分别同比增长49.65%、51.9%、93.31%，达到2298.71亿元、1561.02亿元和44.5亿元。为了推进新兴能源产业的发展并完成2020年的碳减排目标，能源局编制了规划期为2011年～2020年的新兴能源产业发展规划，将累计增加直接投资5万亿元。

2009年以来，在国家4万亿元经济刺激计划以及年度实施的配套产业政策的推动下，国内新能源产业发展迅速，2010年发展势头不减，前八个月工业销售额达到281.68亿元（见图1.3）。

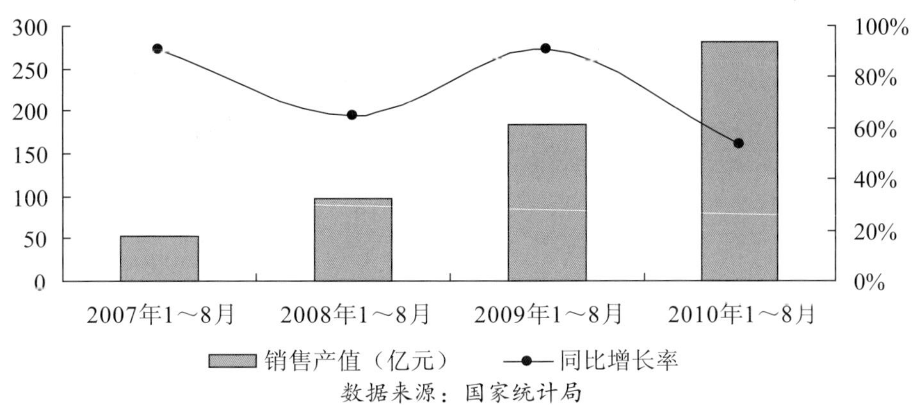

数据来源：国家统计局

注：表中累积同比增长数据是用上年修订后的数据计算的，非直接比较

图1.3　全国新能源行业销售产值变化趋势

虽然新能源行业企业在销售收入和利润方面均得到较大幅度的增长，但是新能源产品成本过高仍是困扰着企业的一道难题。通过对新能源发电进行对比分析，我们可以看出，目前核电与风电这两个细分领域的发电成本较低，具有相对的竞争优势，但是风电的并网还存在问题。太阳能发电成本约高于传统火电10倍左右（见表1.3），由此导致一些投资大规模的太阳能发电项目，短期内很难获利。

表1.3　新能源发电与传统火电成本比较

项目	风电	太阳能发电	核电	传统火电
建设成本（元/千瓦）	7000～8000	5000～6000	13 000	5000
发电成本（元/千瓦时）	0.5～0.6	2.5～3.5	0.5～0.6	0.3
上网电价（元/千瓦时）	0.5～0.7	4.0	0.45	0.35

数据来源：联创思达研发中心。

（二）新能源行业上市公司的发展状况及业绩分析[①]

目前，我国新能源行业上市公司，无论是在国内市场还是在国际市场，在数量上都呈现出一

① 截至本报告完成时，下述上市公司均未披露2010年年报，因而文中关于各公司2010年业绩为预测数值。

定的规模，出于资料搜集的便利性，本部分主要对国内上市公司进行分析。通过观察A股市场新能源板块，我们可以发现，公司业务为太阳能产业的占据绝大多数，其次是风电设备制造企业、氢能等动力电池制造企业以及生物质能开发企业，而太阳能行业的投资热点集中在太阳能光伏产业，生物质能行业的投资热点是燃料乙醇和垃圾发电。以下分别从各重点细分市场中选取代表性上市公司进行业绩分析。

1. 太阳能行业——超日太阳（002506.SZ）

上海超日太阳能科技股份有限公司成立于2003年，是中国国内最早从事晶体硅太阳能电池生产的企业之一，主要产品为单晶硅太阳能电池组件和多晶硅太阳能电池组件，主要产品为单晶硅。公司在单晶硅、多晶硅太阳能电池组件领域同时获得国际TUV、美国UL和国际ICE认证。公司生产的硅太阳能组件95%以上出口，畅销欧美。2004年公司被上海市科学技术委员会授予上海市高新技术企业称号。2005年公司地面用硅太阳能电池组件获上海市重点新产品证书；2006年公司通过了TUV认证和IEC61215认证，地面用硅太阳能电池组件获国家重点新产品证书。公司于2010年11月18日成功在中小企业板上市，融资总额为23.76亿元。

公司设立以来，专注于晶体硅太阳能电池组件的研发、生产和销售，实现了跨越式的发展。2006年，公司主营业务收入为4.34亿元，上缴税收600万元，净利润2300万元；2007年，公司主营业务收入已跃升到6.77亿元，上缴税收1287万元，净利润8271万元；2008年，公司主营业务收入为12.49亿元，上缴税收4109万元，净利润9447万元；2009年营业收入为13.18亿元，上缴税收2900万元，净利润1.7亿元，预计2010年全年营业收入达到24.38亿元，上缴税收3900万元，净利润将达到2.2亿元。

目前公司的产品主要出口欧美，2009年出口比重为95%，2010上半年则提高到99.7%。其中对德国市场的销售占据主导，2009年和2010上半年的销售占比分别达到64.3%和90.3%。但是良好的业绩下面，公司也面临着依稀挑战，这些挑战也是与太阳能晶体硅行业的发展趋势息息相关的。首先是行业的产能过剩问题，目前国内太阳能行业的产能过剩已是一个不争的事实，这对公司的长远发展能力构成了一定的威胁，可以肯定的是，能够长期生存的公司将是那些在技术上不断革新、成本上不断降低的企业。其次是国际经济环境的影响，例如，受欧洲经济不景气的影响，2009年的营业收入增长不够理想，当年利润的上涨只是因为晶体硅的价格下降带来成本的降低导致的，2010年上半年的净利润仅为2009年全年净利润的29%。最后是由于产品主要为出口，易受汇率波动的影响，2010年1月～6月，受欧洲债务危机、欧元兑人民币汇率大幅下滑的影响，公司汇兑损失达5030.22万元，同时综合毛利率有所下滑，使得上半年净利润率较2009年同期有所下降。

2. 风能行业——泰胜风能（300129.SZ）

上海泰胜风能装备股份有限公司（原名上海泰胜电力工程机械有限公司）是中国知名的风力发电机配套塔架专业制造商，具有专业的生产技术及批量制造能力，并通过ISO9001:2008国际质量体系认证，注册资本9000万元，主营风力发电设备、钢结构、化工设备制造安装、货物和技术的进出口业务、风力发电设备、辅件、零件销售等，能够生产100千瓦、850千瓦、1.5兆瓦、2兆瓦、3兆瓦、3.6兆瓦等多种规格风机塔架产品，产品出口日本、美国、澳大利亚、越南等国家。公司总部坐落于中国最有活力的经济中心上海，总占地面积172亩，2002年4月投产，2009年年产值逾5亿元。旗下另有几个生产型分支机构分别分布于江苏东台、内蒙包头等地，临近国家风力特许经营项目，具有强大的区域优势。泰胜风能自2001年设立以来，一直致力于专业化制造风机塔架，是国内率先专业生产风机塔架的公司之一。公司已于2010年7月制造出国内首台3.6兆瓦级海上风电风机塔架，未来涉足3兆瓦以上海上风机塔架的量产与技术储备，将使公司受益于海上风电的广阔市场空间。2010年10月19日，公司在创业板挂牌，IPO融资总额为8.96亿元。

截至上市前，泰胜风能已为风电业主共生产了3.6兆瓦级的风机塔架1台，3兆瓦级的风机塔架63台（套），2.5兆瓦级的风机塔架1台（套）。公司上市前三年业绩良好，2007年～2009年营业收入分别为2.2亿元、4.6亿元和5亿元；净利润分别为3852万元、4864万元和8307万元，预计2010年全年营业收入达到6.4亿元，净利润达到9000万元。

据2010年大多数券商的观点，该公司后期仍有很大的发展空间。国都证券认为在风机塔架制造领域，拥有自主品牌的国内企业很少，公司自主品牌‘TSP’、‘泰胜’的塔架产品经过多年的实践证明，产品质量优良，产品受到很多国内外风电整机厂商的认证，在风能装备行业享有较高的品牌美誉度。长城证券的观点是，公司主要产品是风机塔架，是风电开发建设中的主体设备。风机塔架的市场空间完全取决于风电市场的开发建设情况。据估算，在过去10年，全球风力产业平均年增长率达到28%，我国更是以高达50%的增长速度快速发展。公司作为行业的资深企业将受益于风电快速发展带来的广阔市场空间。海通证券认为，公司主要募投项目包括“3兆瓦～10兆瓦海上风能装备制造技改”，“3兆瓦～5兆瓦重型风力发电机组配套塔架制造技改”以及年产800套配套法兰。公司必将借此稳固大容量级风机塔架制造龙头地位，并抢滩海上风电市场，同时法兰制造项目也提升法兰的配套能力，为公司未来业务的做大做强注入明确驱动力。

3. 生物质能——华光股份（600475.SH）

无锡华光锅炉股份有限公司的前身为无锡锅炉厂，始建于1958年8月，2000年12月28日改制为无锡华光锅炉股份有限公司。2003年7月21日，“华光股份”（代600475）在上海证券交易所上市。公司为国家520家重点企业之一，是我国电站锅炉、工业锅炉、压力容器、烟气脱硫净化设备、燃气轮机余热锅炉（HRSG）、垃圾焚烧锅炉、特种锅炉和水处理设备专业制造公司，也是全国水处理设备科研中心和最大的制造基地。2010年，公司业绩良好，前三季度公司实现营业收入23.20亿元，同比增长17.15%；营业利润1.23亿元，同比增长13.74%，扣除非经常性损益后的净利润同比增长28.32%；虽然截至本报告完成之时，华光股份尚未披露2010年报，但根据其经营实际情况，第四季度订单收入确认将进入高峰期，若不出意外，2010全年公司业绩有望实现快速增长。据相关机构预测，2010年华光股份全年收入有望达到29.3亿元，同比增长32%，营业利润达到1.55亿元。

据多家券商的调研报告显示，公司未来有较好的业绩期望，发展前景良好。

广发证券的研究报告给出了以下几点理由：首先是公司高负荷运转，产品供不应求。为了部分解决产能不足的问题，公司采用非关键零部件通过外协加工完成。但即使这样，公司不得不主动放弃部分订单，以满足主要客户的交货要求。其次是公司目前在手订单充足，截至2010年10月下旬，公司在手订单34亿元左右，估计2010年全年新增订单将接近36亿元，是2009年公司（去除电力和热力的销售）设备类销售收入18亿元的两倍。考虑“十二五”规划国家对节能环保政策的支持以及公司产品结构布局，未来几年公司的销售订单依旧会呈现一个持续上升的状况。再次是产能扩张，公司的2010年产能相对2009年扩张25%～30%左右。生产能力进一步提高，2009年为1.8万～2万蒸吨，2010年达到2.4万蒸吨，2011年预计可实现3万蒸吨的生产能力。另外国家政策积极扶持，公司产品空间巨大。

4. 核能行业——东方电气（600875.SH）

东方电气是全球最大的发电设备厂商，是国内研究、开发及制造水力、火力发电设备的重要基地和最大的水力发电设备制造厂商，公司已成为国内唯一成功制造1000兆瓦核电主要设备的企业，率先成为国内百万千瓦级核岛、常规岛等核电设备的主供货商，稳居目前国内核电制造企业的领先地位。公司在2.5代核电产品上的市场占有率远高于竞争对手，市场份额达到70%，预计至2020年核电市场需求还是以2.5代为主。此外，公司还将积极开展3代核电的技术研发，以保持核电产业的优势。

虽然在2008年汶川地震中公司遭受了巨大损失，但业绩依然良好。2008年、2009年主营业务收入分别为285亿元和332亿元，增长率分别为15% 和17%，净利润分别为15.25亿元和15.39亿元。预计2010年主营业务收入将达到392亿元，净利润达到27.64亿元。公司的核电项目增长迅猛，2008年核电项目主营业务收入为9.83亿元，2009年为21.34亿元，增长117%。据中金报告预测，2010年公司核电项目主营业务收入及增长率将达到60亿元和181%。

凭借着扎实的制造基础，东方电气目前已形成了“火电、水电、核电、气电、风电”五电并举的战略发展格局，同时，公司将大型、清洁、高效发电装备作为发展重点，大力发展核电、风电等新能源产品，使传统火电和水电业务比例逐年下降，新能源占比不断提高，以此大力推动产品结构优化升级，长期发展值得期待。

（三）行业非上市中小企业发展状况

作为新兴产业，我国新能源行业多数领域仍处于产业链的中低端环节，行业内中小企业无论是在数量还是总产量上都占有相当大的份额。特别是在国家相关产业政策的大力扶持下，近几年来中小企业获得了良好的发展机遇，但同时也滋生出了一些问题。

一是国内多晶硅生产成本高企。目前，我国多晶硅产能超过3万吨，另有10多家企业在建、扩建多晶硅项目，预计2010年总产能将超过10万吨。不过，在这些企业中，除了几家大厂的生产成本能控制在40美元 / 公斤左右外，多数规模小的企业的生产成本都在50美元～70美元 / 公斤。而日本德山、美国 Hemlock 等国际大厂的成本只有每公斤20美元左右。这意味着，国内多晶硅产业的竞争力相比国际巨头差距明显，国内多晶硅企业生产的越多，亏损就会越大。高昂的生产成本，使得中国多晶硅企业的生产线一投产即陷入休产状态，不少在建的项目也不得不放慢步伐。目前，我国诸多多晶硅厂仍存在规模过小、质量不稳及人才资金不足的问题，国际太阳能多晶硅价格维持在每公斤50美元～55美元，已经是许多内地多晶硅业者的生产成本价，部分内地企业每公斤的生产成本甚至比这个水平还高，所以内地多晶硅市场淘汰赛将持续，尤其是规模相对小不受政府资金支持的多晶硅业者。

二是中小风电行业将面临较大的竞争和淘汰的可能。2010年1月12日，国家能源局新能源司副司长史立山对外确认，中国已取消有关“风电项目设备国产化率要达到70% 以上的规定”。这意味着，自此以后，国外大型风电巨头们将长驱直入，短期内势必会对国内风电企业造成巨大的影响，特别是对缺乏技术创新、产品相对落后的企业来讲，特许权的取消意味着他们将直接面对外资风电巨头的冲击。截至2010年底，我国风机装机总量达2000万千瓦，位于世界前列。不过风电产业在取得长足发展的同时，产能过热问题也暴露无遗。据了解，国内风电整机生产企业超70家，超过全球其他地区风电设备厂商总和。在整机市场与叶片市场均出现了一哄而上的现象。长远看，特许权的取消未尝不是一件好事情。这将使得落后企业进入市场的难度进一步加大，缓解我国的风电设备企业严重盲目跟风的现状，客观上也有助于促进我国风电设备产业整体竞争力的提升。

三、新能源行业政策环境分析

（一）新能源行业政策法规概述

新能源作为未来能源发展的重点方向，2010年，世界各国都有一系列相关的鼓励政策出台，尤其是在新能源汽车方面的政策比较密集。

2010年5月1日，欧盟委员会公布“发展世界领先的电动车技术远景规划”，计划在欧盟范围内生产、使用统一标准的电动汽车电池充电设施，将在2011年年底前出台电池充电设施设备标准，确保充电站和电动汽车间的匹配，且很快就将推出电动汽车安全标准。德国政府发布了“国家电动汽车计划”，该计划首先是要求德国在2013年实现电动汽车批量生产，未来10年电动汽车、燃料电池汽车保有量要分别达到100万辆、50万辆；其次是国家组织研究机构，分别负责研究电动汽车驱动技术、电池技术、基础设施建设、标准化与认证、材料与回收、人员与培训和政策条件等7个方面的课题；再次是政府提供资金支持。日本政府公布了“新一代汽车战略2010”，同样以国家计划形式设定了新一代汽车的发展目标。计划到2020年，日本市场电动汽车和混合动力汽车等“新一代汽车”的新车销量比例达50%，总保有量达到1350万辆。对应这 目标，到2020年时，日本各汽车企业至少要开发出17款电动汽车和38款混合动力汽车。研发投入方面，日本经产省安排了245亿日元用于电池的开发，并每年拨付900万美元开展车用燃料电池的基础研究。

我国自国家中长期能源规划、可再生能源法的制定和颁布后，陆续出台了一系列与之配套的重大法律法规和产业政策来推动新能源产业的发展。特别是进入2010年以来，政府对于新能源领域的政策扶持力度之大，推进脚步之迅速，是前所未有的，尤其是在新能源汽车这一领域，充分反映了政府对于将这一产业作为引领经济增长的核心产业的决心。可以预期，今后仍将有重大后续政策的不断推出，比如，《新兴能源产业发展规划》、“十二五”能源发展规划等重大产业政策（见表1.4）。

表1.4 2010年我国新能源产业政策一览

日期	政策/法规	颁布者
2010年1月11日	节能与新能源汽车示范推广应用工程推荐车型目录（第六批）	工业和信息化部
2010年1月23日	节能与新能源汽车示范推广应用工程推荐车型目录（第七批）	工业和信息化部
2010年3月19日	节能与新能源汽车示范推广应用工程推荐车型目录（第八批）	工业和信息化部
2010年4月2日	国务院办公厅转发发展改革委等部门关于加快推行合同能源管理促进节能服务产业发展意见的通知	国务院办公厅
2010年4月14日	节能与新能源汽车示范推广应用工程推荐车型目录（第九批）	工业和信息化部
2010年4月16日	当前国家鼓励发展的环保产业设备（产品）目录（2010年版）	国家发展改革委
2010年4月19日	关于宁夏太阳山等四个太阳能光伏电站临时上网电价的批复	国家发展改革委
2010年4月30日	节能与新能源汽车示范推广应用工程推荐车型目录（第十批）	工业和信息化部
2010年5月20日	节能与新能源汽车示范推广应用工程推荐车型目录（第十一批）	工业和信息化部
2010年5月26日	关于印发《“节能产品惠民工程”节能汽车（1.6升及以下乘用车）推广实施细则》的通知	财政部、国家发展改革委、工业和信息化部
2010年5月31日	关于开展私人购买新能源汽车补贴试点的通知	财政部、科技部、工业和信息化部、国家发展改革委

日期	政策/法规	颁布者
2010年5月31日	关于扩大公共服务领域节能与新能源汽车示范推广有关工作的通知	财政部、科技部、工业和信息化部、国家发展改革委
2010年6月18日	“节能产品惠民工程”节能汽车推广目录（第一批）	国家发展改革委、工业和信息化部、财政部
2010年6月30日	节能与新能源汽车示范推广应用工程推荐车型目录（第十二批）	工业和信息化部
2010年7月18日	关于完善农林生物发电价格政策的通知	国家发展改革委
2010年7月19日	国家发展改革委关于开展低碳省区和低碳城市试点工作的通知	国家发展改革委
2010年8月1日	节能与新能源汽车示范推广应用工程推荐车型目录（第十三批）	工业和信息化部
2010年8月11日	“节能产品惠民工程”节能汽车推广目录（第二批）	国家发展改革委、工业和信息化部、财政部
2010年9月2日	关于更改品牌汽车销售企业名单的通知	国家工商总局
2010年9月2日	关于做好节能汽车推广补贴兑付工作的通知	财政部
2010年9月21日	关于加强金太阳示范工程和太阳能光电建筑应用示范工程建设管理的通知	财政部、科技部、住建部、能源局
2010年9月25日	“节能产品惠民工程”节能汽车推广目录（第三批）	国家发展改革委、工业和信息化部、财政部
2010年9月30日	河南省人民政府关于支持电动汽车产业发展的若干意见	河南省人民政府
2010年10月10日	国务院关于加快培育和发展战略性新兴产业的决定	国务院
2010年11月12日	关于印发《“节能产品惠民工程”节能汽车（1.6升及以下乘用车）推广专项核查办法》的通知	工业和信息化部、国家发展改革委、财政部
2010年11月16日	关于发布达到国家机动车排放标准的新生产机动车型和发动机型的公告	环境保护部
2010年11月17日	福建省经济贸易委员会关于进一步做好节能降耗工作的通知	福建省人民政府
2010年11月18日	河南省人民政府关于印发河南省电动汽车产业发展规划（暂行）的通知	河南省人民政府
2010年11月22日	关于组织申报“十二五”国家鼓励发展的重大清洁生产技术工艺和装备的通知	工业和信息化部
2010年11月23日	“节能产品惠民工程”节能汽车推广目录（第四批）	国家发展改革委、工业和信息化部、财政部

资料来源：公开资料，CVCRI整理。

（二）重点政策点评

1. 节能产品惠民工程

该工程是国家发改委、工信部、财政部联合发布的旨在推进节能减排的战略，指通过财政补贴方式，对能效等级1级或2级以上的空调、冰箱、电机等10类高效节能产品以及已经实施的高效照明产品、节能与新能源汽车进行推广应用，形成有效的激励机制，提高高效节能产品市场份额，有效拉动国内需求特别是消费需求。工程始于2009年，包括已经实施的高效照明产品、节能与新能源汽车。2010年国家出台了一系列的该工程支持的汽车目录。

该工程有两个显著特点：一是促进节能，通过财政补贴。调动消费者购买高效节能产品的积极性，扩大高效节能产品市场份额，不断提高用能产品能源效率。二是惠及百姓，使广大消费者能够买得起、用得上高效节能产品，享受到高效节能产品带来的节电省钱的实惠。

2009年国家实施这项工程主要是达到扩内需、保增长和调结构的有机结合。目前，国内高效节能家电产品的市场占有率仅为5%～15%，节能潜力大。这项工程旨在将高效节能产品国内市场销售份额提高到30%左右，可实现年节电约750亿千瓦时，加快产品更新换代，推动节能技术进步。

2010年，随着国家在该工程上支持的四批汽车目录的推出，相信对我国的新能源汽车会有较大的推动作用。新能源汽车这个概念推出已有多年之久，但始终却处在一种概念的运作阶段，2010年，我国的新能源汽车产量也不过7000多辆，相信该工程对节能汽车的支持，可以促进节能汽车的配套产业的发展，带动节能汽车的发展，为资本市场带来投资亮点。

2. 关于完善农林生物发电价格政策的通知

该项通知明确了以下几点：首先是对农林生物质发电项目实行标杆上网电价政策。未采用招标确定投资人的新建农林生物质发电项目，统一执行标杆上网电价每千瓦时0.75元（含税，下同）。通过招标确定投资人的，上网电价按中标确定的价格执行，但不得高于全国农林生物质发电标杆上网电价。其次是已核准的农林生物质发电项目（招标项目除外），上网电价低于上述标准的，上调至每千瓦时0.75元；高于上述标准的国家核准的生物质发电项目仍执行原电价标准。再次是农林生物质发电上网电价在当地脱硫燃煤机组标杆上网电价以内的部分，由当地省级电网企业负担；高出部分，通过全国征收的可再生能源电价附加分摊解决。脱硫燃煤机组标杆上网电价调整后，农林生物质发电价格中由当地电网企业负担的部分要相应调整。最后对相关企业的资料的记载、保存和政府对电价的监管做了相关的规定。

此前，农林生物质发电价格以各地2005年脱硫燃煤机组标杆价加补贴电价确定，中西部地区价格偏低，不利于当地农林生物质产业发展和农民增收。另外，本次对农林生物质发电价格政策进行完善后，对原有价格水平普遍进行了上调，特别是中西部地区上调较多，有利于全国特别是中西部地区农林生物质发电产业的发展。

四、新能源行业投融资分析

良好的发展前景使中国新能源行业受到大型能源集团，民营企业、国际资本、风险投资等诸多投资者的广泛关注。本部分将对新能源行业进行投融资分析，其中，重点介绍风险投资介入情况。

（一）新能源行业投融资概况

根据研究机构彭博新能源财经（BNEF）的最新统计数据，在中国清洁能源投资和欧洲海上风电、光伏屋顶投资大幅增长的带动下，2010年全球清洁能源新增投资达到2430亿美元，比2009年经修正后的数据1865亿美元增长了30%，并使得2010年成为清洁能源投资迄今为止增长最迅猛的一年，比2006年的投资翻了一番，是2004年投资总额的5倍。2010年中国清洁能源投资增长了30%至511亿美元，成为迄今为止清洁能源投资数额最大的国家。同时，政府和企业用于清洁能源技术研发的开支在2010年上升到创纪录的水平。其中主要是政府研发投入，从2009年的158亿美元上升至210亿美元；而企业的研发，从2009年经济衰退打击下的128亿美元逐步恢复至144亿美元。全球清洁能源的研发总开支达到355亿美元[①]。

据公开资料统计显示，全球风险资本和私人股权投资2010年同比增长28%达到88亿美元，但还没有达到2008年118亿美元的最高纪录。公共市场的投资从2008年和2009年的衰退低点开

① 《中国证券报》。

始反弹，2010年同比增长18%至174亿美元。但相比于2007年清洁能源公司从股票市场融到的246亿美元资金仍有差距。2010年，清洁能源融资的最大交易来自意大利国家电力公司11月高达35亿美元的IPO以及中国金风科技10月在香港募集11亿美元资金的IPO。

2010年，中国新能源行业的投资依然如火如荼。公开资料统计显示，除风险投资和并购市场，二级市场上有15家新能源企业上市集资。但是行业内的并购整合情况较2009年的14起大有减少，总共只有5起，这可能也与2010年企业的生存状态转好有关（见表1.5）。

表1.5　　2010年新能源行业部分并购案例一览

时间	收购方	被收购方	所属细分市场	金额
1月8日	保利协鑫	高佳太阳能	太阳能	85 410.00万元
10月14日	中国华电集团公司	福新能源	太阳能	188 825.28万元
10月28日	中航重机股份有限公司	中航惠腾	风能	121 447.93万元
11月	金风科技	协鑫江苏	风能	不超过2亿元人民币
12月	中广核	香港美亚电力	风能	

资料来源：公开资料，CVCRI整理。

同时，国内亦有多家专门投资新能源的基金设立，地方政府也与社会资本合作，成立专门的新能源投资基金。为适应国家新能源发展战略需求，在各地方政府的推动下，全国范围内建立起了数量众多的新能源产业基地，投资规模非常庞大。

（二）新能源行业风险投资介入情况介绍

1. 投资规模分析

尽管全球清洁能源投资增速放缓，特别是VC/PE投资明显回落，但我国新能源产业VC/PE投资依然较为活跃。据风险投资研究院统计，2010年新能源行业共发生投资案例42起，其中，披露投资金额的36起案例共计获得投资4.61亿美元。部分公开披露案例信息见表1.6。

表1.6　　2010年新能源行业风险投资部分案例

时间	融资方	投资方	投资金额
2月1日	湖北能一郎科技股份有限公司	湖北科华银赛创业投资有限公司、武汉固德银赛创业投资管理有限公司	-
2月25日	UPC Renewables中国控股有限公司	私募股权公司全球环保基金	1200万美元
3月	盛隆光电投资有限公司	黎曼投资控股有限公司	1200万美元
3月6日	江苏卓润重工机械有限公司	道杰资本	-
3月31日	中复连众复合材料集团有限公司	弘毅投资、高盛集团、江苏高投	10 000万美元
5月1日	深圳市吉阳自动化科技有限公司	招商局中国基金	2000万元
6月14日	美国普能公司	集富亚洲、三井创投和中欧资本	3200万美元
8月31日	北京环宇赛尔公司	欧瑞资本、环宇集团	-
9月7日	扬州华尔光电子材料有限公司	招商局中国基金	1500万元
10月22日	上海挪宝新能源集团	银湖投资集团	10 000万美元
10月23日	江西旭阳雷迪高科技股份有限公司	北京昆吾九鼎投资管理有限公司	-
10月25日	上海攀业氢能源科技有限公司	北极光创业投资公司	2000万元

时间	融资方	投资方	投资金额
11月2日	陕西西北发电运行集团有限责任公司	深圳市创新投资集团有限公司	-
11月7日	深圳市浩能科技有限公司	深圳市东方富海投资管理有限公司	1500万元
11月15日	深圳市赢合科技有限公司	达晨创投	5000万元

资料来源：公开资料，CVCRI整理。

总体而言，近年来，我国新能源行业的VC/PE投资较为活跃。投资案例数量持续增长，2010年达到42起，较2009年增长了68%。但2010年投资规模仅为4.61亿美元，同比下降54.13%（见图1.4）。

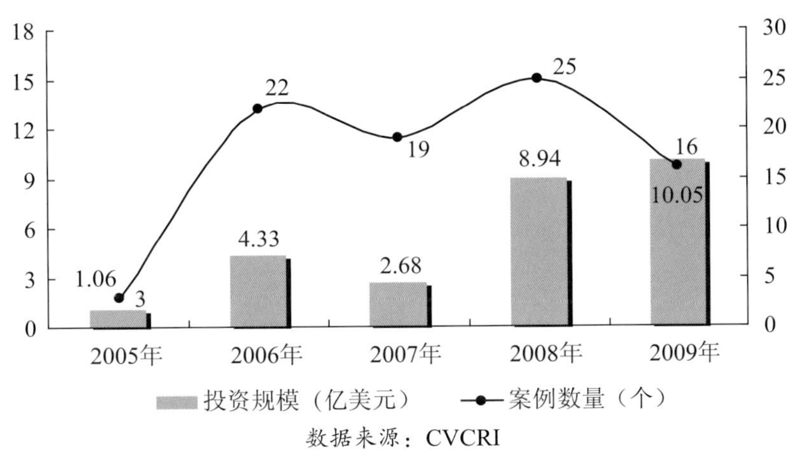

数据来源：CVCRI

图1.4 2005年～2009年新能源行业投资规模趋势

从平均单笔案例投资规模来看，2010年，新能源行业单笔投资强度仅为0.13亿美元，达到了2005年以来的最低点。这也在一定程度上反映出VC/PE机构在经历了2008年～2009年的盲目追逐热点、集中投资后，逐渐回归理性，降低单一项目的投资风险。

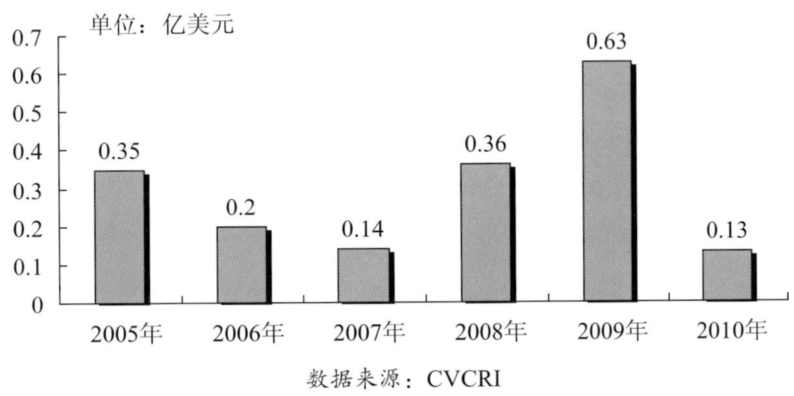

数据来源：CVCRI

图1.5 2005年～2010年新能源行业投资强度

2. IPO退出情况分析

新能源行业中VC/PE背景企业IPO数量和规模在2005年～2007年保持较高增长速度，其中，

2007年成为VC/PE背景企业IPO高峰，IPO规模达15.15亿美元。随着金融危机的蔓延，2008年新能源行业IPO受到很大影响。到了2009年总体IPO融资规模陡然剧增，共发生4起IPO案例：兴业太阳能年初登入港交所IPO募集811.44万美元；龙源电力年底赴港IPO集资高达22亿美元；创益科技年底登陆纽交所IPO募集2.415亿美元以及天龙光电搭上国内创业板年内末班车，募投项目合计投资2.77亿元。2010年无论是IPO数量还是IPO融资额都达到了前所未有的数量，在国内外资本市场上市的中国新能源企业数量达到了15家，总计融资额40.2亿美元（见表1.7、图1.6）。

表1.7　　2010年国内新能源企业IPO一览

时间	上市企业	上市地点	募资金额	折算成RMB后募资额	所属行业
5月14日	晶科能源	纽约证券交易所	6418.5万美元	42 507.80万元	太阳能
5月20日	奥克股份	中国创业板	229 500万元	229 500万元	太阳能
6月25日	新大新材	中国创业板	151 900万元	151 900万元	太阳能
8月2日	创益太阳能	纽约证券交易所	15 000万美元	99 340.5万元	太阳能
8月27日	向日葵	中国创业板	85 680万元	85 680万元	太阳能
9月2日	东方日升	中国创业板	189 000万元	189 000万元	太阳能
9月15日	盛隆光电投资有限公司	韩国创业板	29 000万元	29 000万元	太阳能
9月21日	富春环保	中国中小企业板	139 320万元	139 320万元	余热能
10月1日	明阳电气	纽约证券交易所	35 000万美元	231 794.5万元	风能
10月7日	大全新能源	纽约证券交易所	7600万美元	50 332.52万元	太阳能
10月7日	创益太阳能	中国香港主板	173 200万港元	147 381.076万元	太阳能
10月8日	金风科技	中国香港主板	710 700万港元	604 755.951万元	风能
10月19日	泰胜风能	中国创业板	93 000万元	93 000万元	风能
11月18日	超日太阳	中国中小企业板	237 600万元	237 600万元	太阳能
12月31日	天顺风能	中国中小企业版	129 480万元	129 480万元	风电

资料来源：公开资料，CVCRI整理。

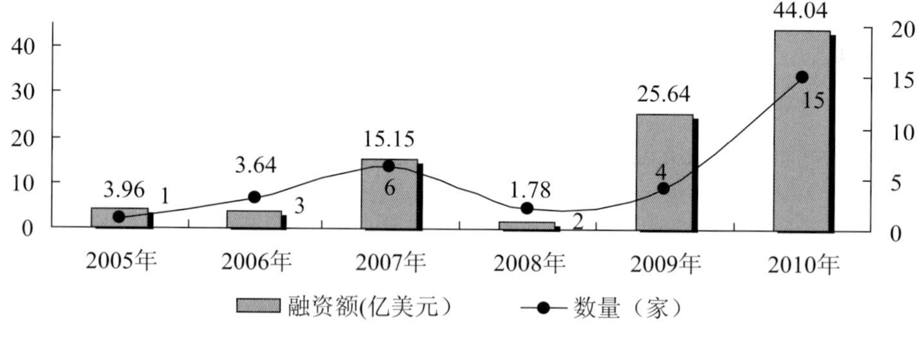

数据来源：公开资料，CVCRI整理

图1.6　IPO规模趋势

（三）行业年度经典投融资案例

1. 盛隆光电获1200万美元投资

2010年3月，由Hyundai China-Solarcell Bond Trust、Korea Investment Partners Co. Ltd、苏州国

发创业投资控股有限公司旗下的基金及黎曼投资共同参与，以债转股的方式向盛隆光电注资1200万美元，所投资金将为公司上市前的运营发展及产能扩张计划提供支持。其中，Hyundai China-Solarcell Bond Trust，Korea Investment Partners Co. Ltd 均为韩国本土知名基金。

盛隆光电是一家专业从事太阳能电池及组件的生产商，目前已拥有从单晶拉棒、硅片切割、电池片生产到组件装配的完整太阳能产业链，公司太阳能电池组件的质量及转换效率已达国内领先水平，产品获得欧洲用户的青睐。目前，公司的产品主要出口以德国为主的欧洲市场，拥有稳定的客户群及市场份额，同时，公司也在积极开拓以韩国为代表的新兴太阳能市场。

2010年9月，胜隆光电成功在韩国创业板上市，首日融资额29 000万元。

2. 普能科技完成3200万美元第三轮融资

2010年3月2日，普能科技宣布完成了由北极光创投主导，红杉资本、德丰杰基金和德同资本共同参与的2200万美元第三轮（Series C）优先股融资。2010年6月14日，普能科技再次宣布，公司获得来自集富亚洲、三井创投和中欧资本等机构1000万美元投资，自此，普能科技圆满结束了总额达3200美元的第三轮融资。

电力和通讯行业急缺合适的储能系统来按需对电力进行储存和释放，新能源如风能、太阳能等利用也因缺乏合适的储能系统而受到极大制约，智能电网的操作应用也很难实现。普能科技的产品正是储能系统，普能科技拥有 VRB（TM）储能技术的核心专利，是当今最先进的清洁储能系统之一。VRB 储能技术在电网、可再生能源及对其它能源的存储和输出，均可实现在多兆瓦级运行中长时间快速充放能量。VRB 储能系统通过系统的深度循环，高效地储存、供应所需电力，成为电网稳定、可靠、有效运行所亟需的一环，并通过对可再生能源的有效整合，能够解决可再生能源大规模应用问题。

此次风险资本对普能的第三轮高额投资，显示了清洁能源在风险投资领域的吸引力。中欧资本的合伙人 Andre Loesekrug-Pietri 和经理 Georges Vuong 表示：“储能领域是中欧资本投资的焦点，我们考察过很多蓄电行业的公司，包括应用于电动车、电网、可再生能源等多个领域。普能给我们留下了深刻的印象，特别是其突出的技术、顶级的投资者基础、经验丰富的管理团队，并且在中国以及全球市场具有很大的增长潜力。我们希望与普能团队以及我们的投资伙伴一起紧密协作，共同成长，打造未来储能行业的领军人。”①

3. 招商局基金注资华尔光电1500万元

2010年9月7日，招商局中国基金宣布，与华尔光电、陈宝昌及一名投资者于订立协议，招商局中国基金向华尔光电注入现金1500万元资本。

根据华尔光电所提供的资料，陈氏持有华尔光电50.67% 权益，注资完成后，陈氏将持有华尔光电经扩大股本中45.6% 权益，而招商局中国基金将持有华尔光电经扩大股本中7.5% 权益；陈氏将继续为华尔光电的单一最大股东。

华尔光电主要从事高纯石英坩埚的研发与生产，并是能量产28英寸石英坩埚的企业。华尔光电所制造的石英坩埚产品是目前生产单晶矽矽锭的必备消耗性原材料，而单晶矽矽锭主要用于生产单晶矽太阳能电池片及半导体晶片，每生产一根单晶矽矽锭都消耗一个石英坩埚。因质量可靠，国内多家领先的太阳能电池组件制造商都使用华尔光电的石英坩埚产品。

此次注资华尔光电是招商局继投资武汉日新科技后，在新能源产业领域的第二个投资项目。

① 腾讯财经。

招商局基金投资华尔光电意在优化公司的投资组合，由此可看出，风投基金对新能源的看好是持久的，尤其是太阳能领域，今后将仍是风投资金的一个持久关注领域。

4. 银湖投资集团向挪宝新能源注入1亿美元

2010年10月22日，银湖投资集团宣布投资挪宝新能源集团，金额逾1亿美元。这是该公司首次对中国清洁技术领域进行投资。这也是继2009年青云创投2500万美元的风投注资后，挪宝新能源的又一项大额注资。此次资金主要用于加大研发团队的资金投入，还将用于未来在建的项目以及一些工厂制造设备的更新。

挪宝新能源集团是一家在地源热泵领域集研发、咨询、设计、生产、销售、安装及服务为一体的外商独资企业，利用浅层地热资源为酒店、办公及居住楼宇提供暖风、空调和热水的全面合同能源管理（EMC）节能方案。公司的综合地源热泵空调系统比传统空调节能达50%～70%。

银湖投资集团，是一家专注于高科技及相关成长型企业私有股权投资的投资集团，是亚洲主要金融机构端对端核心业务解决方案提供商，管理资产规模约140亿美元。

银湖投资集团董事总经理陈恂在接受《财经》记者采访时表示，清洁科技是银湖投资非常关注的产业，挪宝涉及在清洁科技细分市场中的地源热泵技术。中国对清洁技术的渴求，造就了一个非常有活力的市场。地源热泵在西方已经有很成熟的技术，挪宝在西方成熟技术背景下，有符合中国需求的独到技术创新。[①]

五、新能源行业投资价值与投资风险分析

（一）新能源行业投资价值分析

随着各国政府刺激计划的推进以及人们对于新能源认识的不断提升，新能源投资已经成为主流热点投资。目前太阳能项目占据40%的全球风险投资市场，交通与能源相关的占10%左右，位列其后是风能、绿色建筑、智能电网项目。在中国，新能源投资在投资数量和投资额上都超过所有风险投资的10%，分别位居投资数量的第三位和投资额的第二位[②]。

根据国际能源署（IEA）发布的《世界能源展望2010》报告，在世界主要能源中化石燃料（煤、石油、天然气等）始终扮演主要角色，但是所占份额在不断下降，将从2008年的81%降至2035年的74%，取而代之的便是以核能、水能、生物质能等其他可再生能源为主要形式的新能源（见图1.7）。

① 财经网。

② 《中国证券报》。

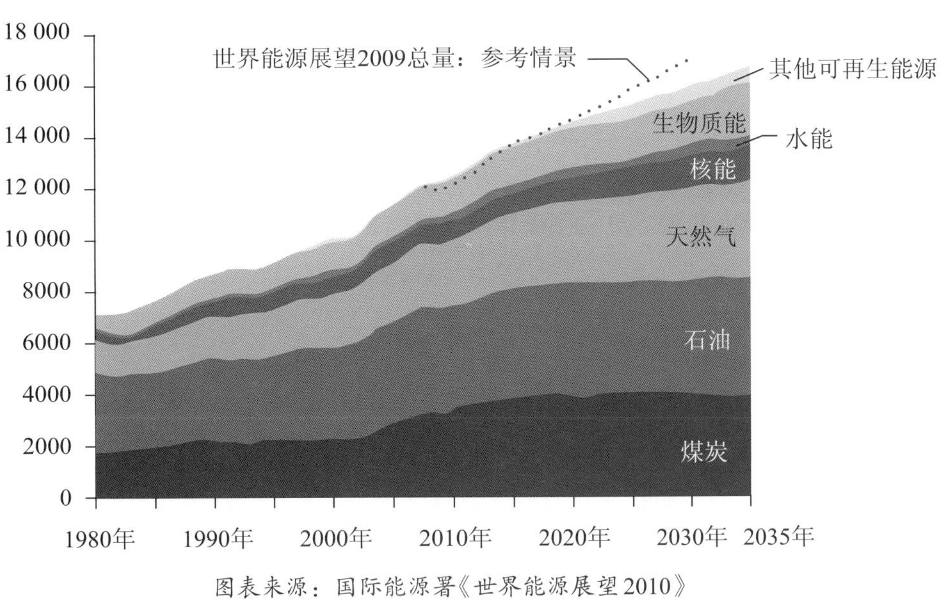

图表来源：国际能源署《世界能源展望2010》

图1.7　世界能源消费结构趋势（百万吨油当量）

该报告还称，中国一次能源的总需求在2008年～2035年间将以平均每年2.1%的速度增长，总增幅将达到75%。其中煤炭和石油的需求在2015年左右至2030年，增速将会逐渐下降，天然气的占比将逐渐增加，同时以核能、水能等为代表的新能源占比将会逐渐增加（如图1.8）。

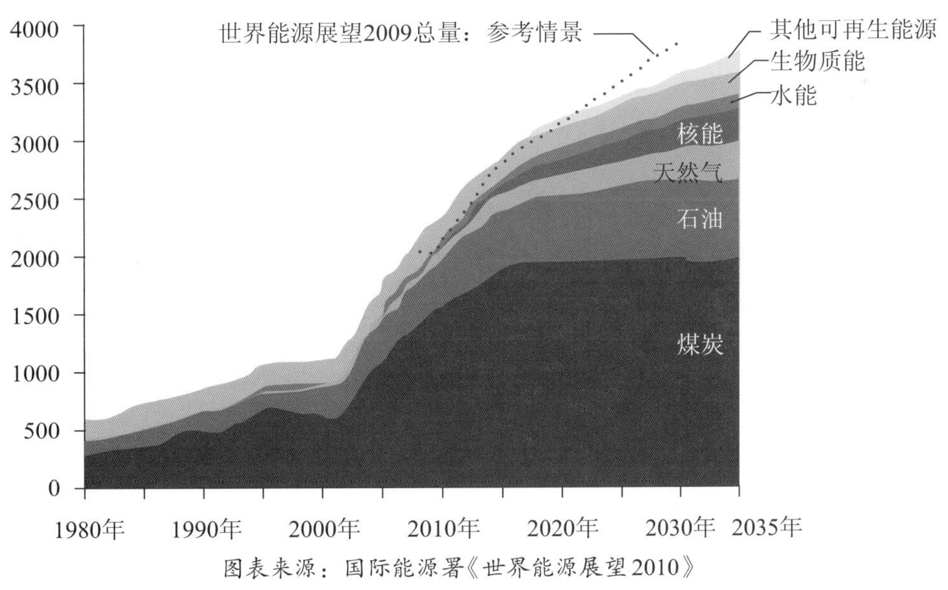

图表来源：国际能源署《世界能源展望2010》

图1.8　中国能源消费结构趋势（百万吨油当量）

1. 政策环境前景分析

新能源产业作为中国战略性新兴产业发展方向之一，从本报告第三部分的论述中可以看出，近年来我国不断加大新能源行业发展的政策支持力度。继2009年之后，2010年国家和地方出台的关于新能源的政策有27条之多。其中2010年三季度发布的《国务院关于加快培育和发展战略性新兴产业的决定》中，新能源产业是其中之一，将重点聚焦核能、风能、太阳能、生物质能等新能源产业。事实上，近年来针对上述新能源产业的财政支持及优惠政策一直存在，此次将新能源产业纳入战略性新兴产业范畴，意味着后续支持政策也将得到保证，同时针对整个产业链的支持也将更加明显。对于新能源产业，应重点关注具有核心技术和竞争优势，从国家产业政策中受益较大、具有明确业绩增长预期的细分行业和上市公司，其中，新能源行业上游企业的投资机会要好于下游。

同时，为了鼓励和支持新能源项目的发展，国家从税收、财政补贴等方面制定了一系列优惠政策（见表1.8）。

表1.8　　新能源行业财税补贴优惠政策

项目	内容
所得税政策	明确了中国清洁发展机制基金及清洁发展机制项目实施企业的相关企业所得税优惠政策
财政贴息	对符合条件的中央企业基本建设及流动贷款进行贴息
电价补助	国家对风电、核电企业予以电价补助
税收优惠	根据《可再生能源法》，风电企业增值税减半征收

资料来源：公开资料，CVCRI整理。

全国能源工作会议对新能源的定位是："十二五"末非化石能源在一次能源消费中比重达到11.4%的目标，一半以上需要水电来完成；明确扶持大型风电企业发展；鼓励我国风电企业和风电设备"走出去"；将把光伏产业培养成为中国先进的装备制造产业和新兴能源支柱产业。

我们可以合理预期，随着我国在新能源技术推广、新能源投融资服务体系等方面不断完善新能源产业政策体系以及对新能源项目实行项目支持、财税和价格补贴、成本与风险分摊机制等多种优惠政策，我国新能源开发利用的政策环境和市场条件将得到很大的改善。

2. 市场投资前景分析

蕴量已久的《新兴能源产业发展规划》目前已通过发改委的审批，将按照有关程序上报国务院，规划期为2011年～2020年，规划期累计直接增加投资5万亿元，规划期每年增加产值1.5万亿元，增加社会就业岗位1500万个。此次规划主要针对现今核能、风能、太阳能、生物质能、地热能、非常规天然气等新能源和可再生能源的开发利用、洁净煤、智能电网、分布式能源、车用新能源等新能源技术。5万亿元的投资将支持新兴能源产业未来5年～10年的发展（见表1.9）。

表1.9　　2020年新能源行业的相关预计经济指标

细分行业	2020年	单位投资成本	未来十年新增投资额
风电	1.5亿千瓦（2009年2580万千瓦）	9000元/千瓦	11 000亿元
核电	7000万千瓦（2009年907万千瓦）	11 000元/千瓦	6700亿元
光电	2000万千瓦（2009年305兆瓦）	元/千瓦	5900亿元
水电	3亿千瓦（2009年1.96亿千瓦）	元/千瓦	8800亿元
生物质能	3000万千瓦（2009年200万千瓦）	元/千瓦	3360亿元
智能电网	年均400亿～500亿元设备投资	——	5000亿元

数据来源：联创思达研发中心。

把新能源放在战略地位，并表明将加强新能源的技术研发，大力增加对新能源产业的投资。根据此前上报的草案，在《可再生能源中长期规划》基础上，将新能源2020年的发电占比定为15%（见表1.10～1.11），这与国家主席胡锦涛2009年9月在联合国气候变化峰会上表示的“争取到2020年使中国非化石能源占一次能源消费比重达15%左右”一致。

表1.10　可再生能源具体中长期发展规划

装机容量（万千瓦）	2005年	2010年（预测值）	2020年（预测值）	2006年～2020年拟投资（亿元）
水电	11 700	19 000	30 000	13 000
生物质能	200	550	3000	2000
风电	126	500	3000	1900
太阳能	7	30	180	1300

资料来源：《可再生能源中长期发展规划》。

表1.11　新兴能源产业发展规划草案

装机容量（万千瓦）	2011年	2020年
太阳能	200	2000
核电	1200	8600
风电	3500	15 000

资料来源：公开资料，CVCRI整理。

国家的大力支持为新能源的投资扫清了政策上的风险，未来新能源行业将有巨大的投资收益。一位熟悉该规划草案的业内人士表示，要实现2020年规划总目标，中国新能源总投资预计将达4.5万亿元，能拉动全社会总投资9万亿元。另据中国绿色科技组织编制报告称，中国新能源市场的规模在五年内将达到每年5000亿～10 000亿美元，可见，我国新能源行业市场投资潜力巨大。

3. 技术发展前景分析

近年来，我国在新能源技术方面已经取得不小的突破，但是与先进国家相比，在一些核心关键技术领域尚存在一定的差距，主要表现在以下几点：一是技术研发相对不足；二是设备制造的能力相对较弱；三是技术和设备生产依赖进口；四是能源的生产和利用存在随意性，储能和并网技术难突破。具体来说有以下几点：一是太阳能多晶硅的生产能耗高，环境污染严重，太阳电池关键生产设备依赖进口；二是风能机组容量偏低，国产化率不高；三是生物质的气化方面，净化除焦技术难突破，气化集中供气系统运行成本偏高生物质的液化含水量含氧量都较高；四是氢气能的生产成本高。但同时也孕育了广阔的技术进步空间①（见表1.12）。

表1.12　我国新能源技术发展现状及进步空间一览

种类	发展现状	进步空间
太阳能	家用太阳能热利用市场相对成熟，太阳能光伏成长很快，太阳能发电系统研发已经起步	建立太阳能热发电系统的技术规范、技术产品质量国家标准和认证标准；加强太阳能建筑一体化技术的研究；实现太阳电池等生产的关键设备的自主研制等

① 清华大学曾少军教授。

种类	发展现状	进步空间
风能	风电场建设和产业化发展很快，兆瓦级风机机组生产已基本实现国产化	研发兆瓦级风电机组的总体设计技术和一些关键设备；建立先进的地面试验测试平台及测试风电场等
生物质能	技术日趋成熟，先进的能源植物和纤维素制液体燃料研究与国际同步	提高藻类生物质能转化技术和纤维素转化为液体燃料的生物酶及催化剂的研发水平等
核能	拥有比较完整的核工业体系，核电站建设速度加快，实验快中子增殖堆和高温气能试验堆等多项关键技术取得了重要进展	掌握独立自主规模化生产核心设备的能力；提高对第三、第四代先进堆的研究水平等
其他	水能技术基本成熟；地热资源勘查技术较为成熟，有基于热泵技术的浅层地热利用市场；海洋能研究全面展开，尤其是波浪能发电技术达到国际先进水平；氢能的研究基本与国际同步	深层地热资源开发与利用技术、用于深层地热能利用的增强地热系统的成套技术、与浅层地热利用有关的大功率热泵技术有待提高；抗风浪、耐腐蚀材料、独立发电系统等问题有待进一步研究和开发；制氢技术和储氢技术研究有待加快等

资料来源：国元证券。

同时，在中国科学院发布的面向2050年科技发展路线图中，明确提出了我国能源科技创新近、中、远期发展的阶段目标。2020年前后，突破新型煤炭高效清洁利用技术，初步形成煤基能源与化工的工业体系；突破轨道交通技术、纯电动汽车技术，初步实现地面交通电动化的商业应用等。2035年前后，初步形成以太阳能光伏技术、风能技术等为主的分布式、独立微网的新型电力系统；突破新一代核电技术和核废料处理技术等。2050年前后，突破天然气水合物开发与利用技术、氢能利用技术、燃料电池汽车技术、深层地热工程化技术、海洋能发电等技术，基本形成化石能源、核能、新能源与可再生能源等并重的低碳型多元能源结构。另外，随着现代机械制造、信息化、遥感测量等技术的进步，为新能源技术的发展空间提供了支撑，使得新能源的产业规模、经济性以及市场化程度大大提高。

4. 投资机会分析

广阔的市场前景和良好的投资回报，是创投关注这一领域的主要原因。“中国在这一领域的发展有三大优势：首先是生产成本优势，其次是技术方面，最后是政府支持。”北极光创投创始人邓峰如是说。

目前，新能源行业中出现的局部产能过剩倾向，并不能代表整个行业已经饱和或者衰退。通过前文的分析，我们认为在国家有利产业政策的大力支持下，新能源行业在技术和市场上有巨大发展空间，在各细分市场和应用领域中孕育了广泛的投资机会，未来几年将不断展现其成长潜力和凸显其投资价值。

就太阳能行业而言，光伏发电已经具有规模化应用的工业基础，成本太高是制约产业发展的主要障碍。当前市场下滑和产能过剩必然导致新一轮的洗牌，而行业发展的一般规律表明，行业发展初期的短暂回调，将为行业新一轮发展打下坚实基础，具有较强技术创新及研发能力的企业将逐步成长为行业龙头并带领行业快速而稳健发展。太阳能热水器行业也是大有可为，预计到2015年，仅全国住宅用太阳能热水器将达到2.32亿平方米的拥有量，普及率将达到20%～30%。按目前中国的保有量来看，未来中国太阳能市场还有很大的发展空间。

在各类新能源开发中，风力发电是技术相对成熟、并具有大规模开发和商业开发条件的发电方式，风电正在上升成为我国的主流能源。近年来，我国风电行业处于高速增长期，前景比较光明，风电产业链上的各个环节都孕育着投资机会，其中，风机零部件制造商、风机机组制造商业绩成长性会比较明显。

就生物能源而言，在农业资源丰富的地区增长潜力很大。在国家大力发展循环农业的战略下，生物乙醇、生物柴油以及二甲醚燃料的应用值得期待。具有政策支持的生物能源公司将具有较大成长空间。预计到2020年，生物质装机容量达到3000万千瓦，生物液体燃料达到1000万吨，沼气年利用量达到400亿立方米，生物固体成型燃料达到5000万吨，生物燃料乙醇年利用量达到1000万吨，生物柴油年利用量达到200万吨。可见，在未来的几十年内，生物质能源在我国将有比较大的发展空间。

此外，我们同时也看好核能开发，因为它具有以下几点竞争优势：（1）政府扶持大优势：国家产业政策从“适度发展核电”转变为“加快推进核电发展”，核能装机容量有巨大提升空间；（2）技术优势：国内技术比较成熟，与国际先进水平基本同步；（3）成本优势：核电发电成本与传统火电发电成本相差不大，远远低于风电、太阳能光伏发电的成本等。预计2012年、2013年前后，我国百万千瓦级核电装备的自主化率将达到75%以上[①]。此外，在技术改造方面，实验快中子增殖堆和高温气能试验堆等多项关键技术取得了重要进展。核电设备在核电站投资中占比约50%，核岛、常规岛以及辅助系统设备分别占设备投资总额的46%、30%、24%。保守按10 000元/千瓦的投资成本计算，若到2020年装机增量7000万千瓦，则2010年～2020年核电设备需求将达到3500亿元，年均350亿元，届时国产化率越高，国内核电设备制造商受益越大（见表1.13）。

表1.13　新能源行业投资机会一览

投资领域		发展态势	投资机会
细分市场	太阳能	平价上网爆发成长的前夜	晶硅电池、薄膜电池仍是投资的热点
	风能	标杆电价指导下稳步增长	风电场运营盈利空间大，海上风电发展前景广阔
	生物质能	获政策支持加快应用推广力度	生物乙醇、生物柴油等应用推广值得期待
	核能	政策主导下进入高速发展轨道	核电设备需求旺盛，关注技术突破
	其他	摸索中前行	未来具有很高的投资价值
应用领域	新能源汽车	实现汽车技术强国	锂离子电池、镍氢电池、氢电池等动力电池
	智能电网	实现电力输送和使用方式变革	特高压、数字变电站、智能配电网、智能电表
	建筑节能	践行“光伏屋顶计划”	BIPV、节能材料、能源合同管理

资料来源：公开资料，CVCRI整理。

（二）新能源行业投资风险分析

由于我国新能源行业发展仍是初期，漫长的产业化发展道路存在诸多的不确定性和风险性，这其中包括政府产业政策对新能源发展的影响，技术发展的多元性与不确定性，等等。本节在第一部分“行业发展存在的问题”内容的基础之上，从以下几个方面对新能源行业进行投资风险分析。

1. 政策风险

从长远来看，我国将会对新能源行业提供更多的资金、技术、税收以及财政补贴方面的支持。但是，由于当前我国新能源行业仍处于初期发展阶段，新能源产业政策的不稳定，相关法律法规的不健全，是投资者面临的最大风险。

① 中国传动网市场研究部，http://www.chuandong.com

首先是产业政策方面存在一些不稳定性，尤其是一些规定的比较原则和理论化的政策条文，这些条文为政策的制定者留下了很大的修改空间，从业者若是根据这些政策条文来制定自己企业的发展规划就有很大的不确定性。比如，近来《新兴能源产业发展规划》得到了全行业的广泛关注。在披露的规划草案中，风能的发展仍将以建设一批大型风电基地，建立比较完善的风电产业体系为重点。但对于一直制约着风电发展的风电并网输送问题，提及的内容比较原则性，并没有具体的解决措施。同时，在大力发展风电基地的同时，用以保障风电设备质量的相关技术标准和产品检测认证体系的建立并没有得到相应的政策支持。

其次是行业发展过程中出现的一些弊端也使得一些政策无法持续，如过去几年我国为支持新能源行业的发展，一直在银行信贷方面给予贷款优惠，但面临目前新能源产能出现过剩，欧美各国纷纷取消这种贷款优惠的情况之下，我国这一政策是否会持续下去就有很大的疑问。

最后，政府管理体制的不健全在一定程度上也降低了相关法律法规的可操作性。如在现有管理体制下，由于项目审批与电网规划脱节，电网发展滞后于新能源开发，新能源发电上网难的问题越来越突出；核准电价和特许招标定价两种电价机制并存，造成新能源上网电价混乱；国家对电网公司发展新能源的责权利定位不清，电网公司发展新能源动力不足等。

2. 技术风险

虽然我国在新能源技术方面有所突破，但是仍然面临着核心技术和核心原料“两头在外”的困境。比如核能，核心原料为铀，但我国储备少，需要进口，发展一旦上规模就容易受制于人；风能领域的电机制造技术同样如此，目前2.0兆瓦～3.0兆瓦的风机已成为欧美发达国家的主流机型，但国外风机生产巨头为保持其技术的垄断性，不愿意输出2.5兆瓦以上级风机制造技术，也没有在中国设立合资企业，因此，我国风机制造商多数采取购买国外风机公司生产许可证的方式，引进的机型主要集中在1.0兆瓦～1.5兆瓦，而且风电的并网目前还是一个技术上的瓶颈；太阳能光伏产业面临的最大问题在于多晶硅和单晶硅的提纯技术，这一技术长期以来基本上依靠日本和德国。即使在日本和德国开始向我国输出硅提纯技术之后，我国还是面临着“技术租借”这一瓶颈。因为德国和日本与中国太阳能光伏生产企业签订的协议是：只要采取类似的工艺设计和制造流程，就必须向出让国交纳技术转让费，在这一工艺流程下进行的任何改造创新，即使取得专利，其专利归属权仍然属于出让国。这相当于用太阳能光伏每发一度电，国外技术就会从中拿走0.1元钱[①]。由于未来新能源技术朝向多元化方向发展，这样将不可避免的造成我国新能源技术的进步道路困难重重。

另外，作为一个产业，也会不断有新的突破性技术的出现，但是在选择这些技术的时候同样也会面临着一些风险，即这些技术的实际有效性到底有多大，资金投入之后的回报成果都需要敢于吃螃蟹的人有一定的风险承受能力。如果技术的首推者是国家政府，风险就更大，有可能面临着大量资金的投入无法收到预期的效用。

3. 市场风险

目前我国新能源行业的市场风险主要表现为以下几个方面：

（1）市场无序竞争。由于我国政府有关部门对新能源产品市场监管缺位，导致一些细分产品市场出现无序竞争的局面。新能源产品质量、性能良莠不齐，龙头企业的优质产品不能引领市场，损害了整个行业的形象的同时也影响了人们利用新能源产品的信心。

---

①“我国新能源产业发展现状调研”，《经济观察报》。

（2）不合理的垄断经营和地方保护主义。在一定意义上，我们可以认为中国是垄断的能源消费市场，新能源产品的消费渠道受到不同程度的控制。在一些细分领域存在着不合理的垄断经营，以风力发电为例，风力发电最适合与热电网并网，但是，由于电力部门的垄断经营，两种电网并网迟迟不能实现。此外，地方保护主义盛行也阻碍了新能源行业的健康发展。

（3）产能结构性过剩风险。从2008年下半年以来，我国各地纷纷上马以“新能源”为主题的产业基地，许多基地建设仍然以传统的骨干企业为主力，但它们未必具有自主技术创新的动力，甚至受发展思路所限，成为产业发展障碍，这直接导致照搬照抄国外技术生产线的低水平重复现象。一些领域疯狂扩张，产能结构性过剩风险加大。比如，在风电设备制造业领域，由于国产风电机组运行不稳定，导致风电场装机后发不了电；或者由于电网瓶颈，致使发出的电无法向外输送。这双重因素极大影响了风电场对风电设备的需求。与此同时，统计国内主要风电整机厂商的产能扩张计划，2009年、2010年整机市场有效产能分别达到了1100万千瓦、1900万千瓦左右。根据风电设备的供需情况来看，未来短期内将会出现风电设备的产能过剩风险。此外，多晶硅这一细分市场也将面临着产能过剩的风险。

综其所述，机遇与风险并存，对于现处发展初期的新能源行业尤其如此。随着新能源在全球能源消费比例中的不断提高、为国内外VC/PE投资机构日益关注之际，保持稳定理性投资，合理规避风险，将是其促进我国新能源走上产业化之路的正确选择。

参考文献

[1]“新能源行业2010年投资策略：低碳助推新能源腾飞”，长城证券

[2] 中国投资咨询网，http://www.ocn.com.cn

[3]“中国能源发展报告2009”，国家能源局

[4] 中国行业研究网，http://www.chinairn.com

[5]“我国可再生能源发展战略的若干问题”，人民网

[6]“2009年2季度全国新能源行业信贷策略跟踪分析报告”，联创思达

[7]“天威保变：综合毛利率大幅下降，新能源产业进展顺利”，安信证券

[8]“金风科技：三季度报点评”，华融证券

[9]“丰原生化：深度研究报告”，广发证券

[10]“低碳经济与新能源2010年投资策略：能源结构大调整带来战略投资机会”，国元证券

[11] 中国风险投资网，http://www.chinavcpe.com.cn

[12] 投资中国网，http://www.chinaventure.com.cn

[13]“ChinaVenture 2009年中国投资热点调研报告”，投资中国

[14]“世界能源展望2010”，国际能源署

[15]“我国新能源产业发展现状调研”，《经济观察报》

第二章　软件行业投资分析报告

软件业的产业链可以分为上游（系统软件）、中游（中间件）和下游（应用软件）。系统软件是整个计算机系统的基础及总指挥，例如微软的Windows；中间件是位于客户机/服务器的操作系统之上，管理计算机资源和网络通讯，是连接两个独立应用程序或独立系统的软件，例如IBM开发的Websphere和金蝶国际的Apusic；应用软件就是软件业的前线，为企业客户解决实际问题，例如用友的ERP-NC。从全球软件市场来看，产业链的上游基本被微软所垄断，中游的技术壁垒很高，外来者较难进入，目前以微软和IBM为领导者，下游的技术壁垒低，种类繁多，外来者较易进入并模仿，竞争激烈。目前国内软件企业业务主要集中在应用软件领域。本报告从2010年我国软件产业整体发展概况、产业投融资特别是风险投资情况、产业发展政策环境等方面，对软件行业进行研究，在此基础上对软件行业投资价值进行前瞻性分析。

一、2010年软件行业发展概况与特点

（一）行业发展概述

2010年，我国软件服务化趋势突出，且服务不断走向专业化、精细化，已成为行业增长的主要力量。2010年前10个月，我国软件产业在国家有关产业政策的有力推动下，持续快速发展，产业规模首次突破万亿元，信息服务占比提高，产业结构和区域结构不断调整。

2010年，全球软件与信息服务外包产业仍保持良好增长的态势，国内经济也继续保持增长态势，企业经营加速好转。2010年是金融、保险、电力、交通等服务行业建设重要的一年，加大信息化投资以提高经营效率及盈利能力势在必行。2010年，国内软件行业规模逐步扩大，软件行业逐渐向中西部转移，拥有大产业环境优势的北京和上海等大城市的软件产业仍然是中国软件业的领头羊。信息技术增势突出，物联网、云计算、三网融合、移动互联网、手机支付等领域成为软件业新的爆发点。国家软件政策的主要趋势是建立以出口为导向的软件技术园区，给予园区内软件企业各种优惠和支持，完善法律制度，保护软件产权，大幅度推进市场自由化和民营化，鼓励软件行业发展并大力扶持。我国软件外包业务起步比较晚，但2010年继续保持较快速度增长，软件外包服务出口增速较大。

（二）行业发展特点

1. 产业规模稳步扩大，产业地位日益提升

2010年1月～10月，我国软件产业实现软件业务收入10 902亿元，比2001年扩大了十多倍，年均增速达38%，占电子信息产业的比重由2001年的6%上升到18%，位居电子信息产业第二，仅次于计算机制造行业（见图2.1）。

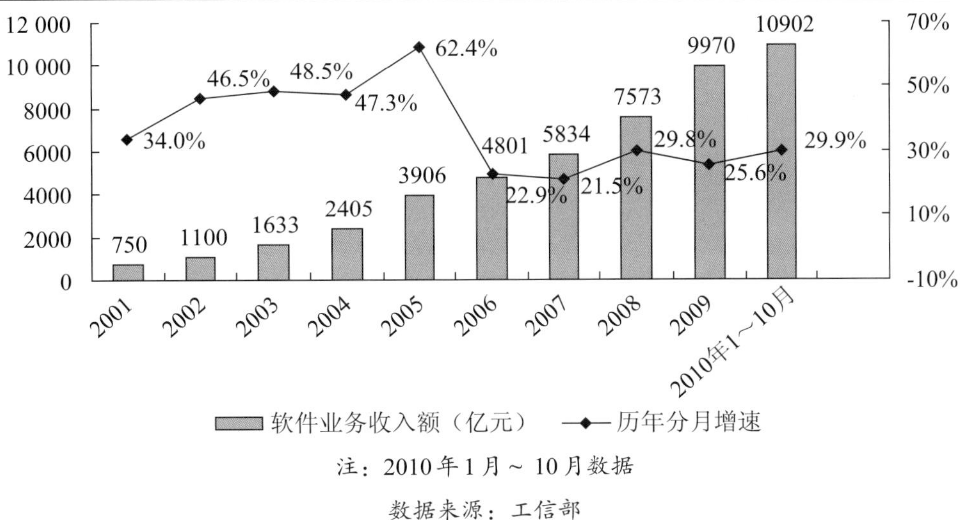

注：2010年1月～10月数据

数据来源：工信部

图2.1 2001年～2010年软件业务收入增长情况

2. 产业结构快速升级，信息技术服务成为重要增长点

在信息技术迅猛发展的带动下，软件产业的结构不断调整，软件服务化趋势突出，且服务不断走向专业化、精细化，已成为行业增长的主要力量。2010年前10个月，软件产品实现收入3703亿元，占全部收入的34%，比2001年下降34个百分点，实现信息技术咨询服务和信息技术增值服务收入1007亿元和1422亿元，同比增长38.1%和36.9%，分别高于全行业收入增速8.2个和7个百分点，两者收入占行业比重达22.2%，比2001年提高15.6%（见图2.2）。

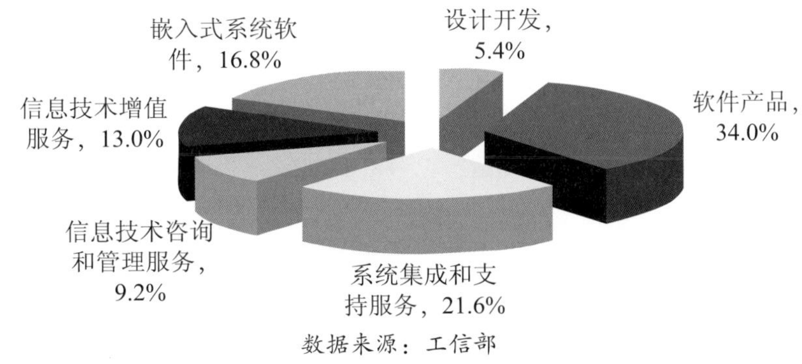

数据来源：工信部

图2.2 2010年1月～10月软件产业收入构成情况

3. 区域结构打破高度集中局面，江苏、辽宁等省高速发展

经过近十年的发展，我国软件产业由高度集中的区域结构走向分散发展、多头共进的局面。2001年，北京和广东省两地区的软件业务收入占全国50%，而目前两地区比重仅占38%。江苏省、辽宁省、福建省、山东省等地区在地方政府重视下，以各自的软件园区为依托，软件产业高速发展，2010年前10个月占全国比重分别比2001年提高了13.5%、3.7%、3.1%和1.3%。同时，中心城市在软件产业中地位突出，占比超过全国一半，2010年前10个月增速快于全国水平2.3个百分点（见图2.3）。

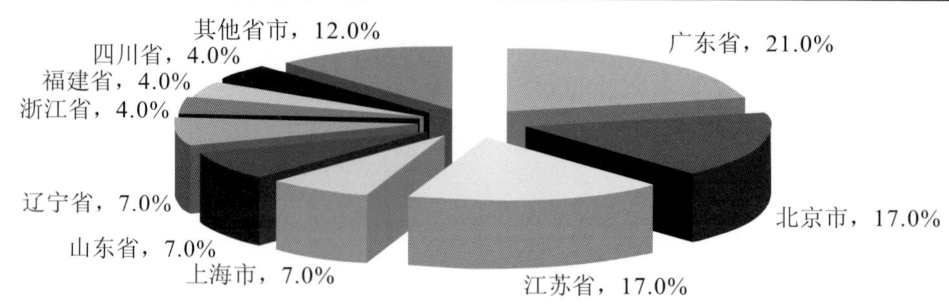

数据来源：工信部

图2.3　2010年1月～10月主要省市软件业务收入占比情况

4. 软件出口规模扩大，但增速放缓

2001年～2009年，我国软件产业出口规模扩大了25倍，年均增速达50%，在提高我国软件业管理水平、人员素质和扩大软件业规模等方面作用突出。2010年1月～10月，全国软件产业实现出口收入185亿美元，同比增长24.6%，由于受国际需求下滑、人民币升值等因素的影响，增速比去年同期低17.5个百分点。其中，2010年1月～9月外包服务出口20.5亿美元，同比增长23.8%，高于软件出口增速8.9个百分点；嵌入式系统软件出口增长18.7%，低于软件出口增速5.1个百分点（见图2.4）。

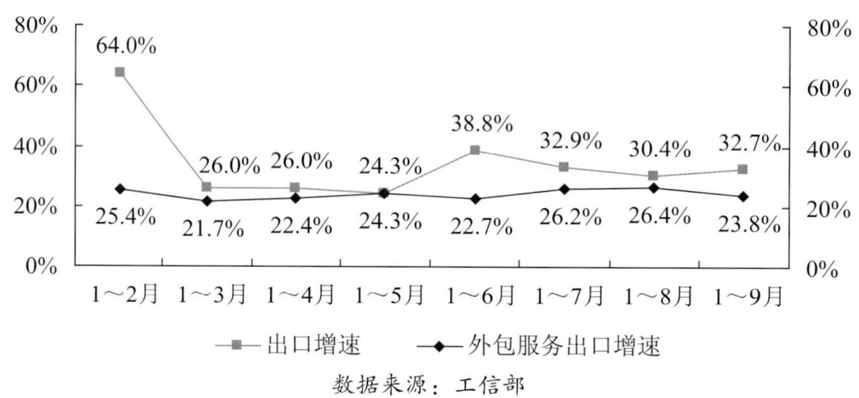

数据来源：工信部

图2.4　2010年1月～9月软件产业出口增长情况

5. 中心城市增速高于全国水平，总体保持稳中有升

2010年前三季度，15个副省级中心城市（包括深圳、南京、青岛、大连、厦门、济南、宁波、和沈阳等）完成软件业务收入近5251亿元，占全国的54%，同比增长32.8%，高于全国水平2.5个百分点，比2010年一季度和上半年增速分别提高1.8%和1.3%。其中，宁波、青岛、南京、广州、哈尔滨等5个副省级中心城市的增速超过35%（见表2.1）。

表2.1　2010年1月～9月计划单列市软件产业主要经济指标完成情况

单位名称	企业个数	软件收入		软件产品收入		系统集成和支持服务收入	
		本期累计（万元）	同比增减%	本期累计（万元）	同比增减%	本期累计（万元）	同比增减%
大连市	350	3 523 539	34.0	1 602 926	32.1	303 443	35.5
宁波市	458	771 045	45.2	86 875	40.9	144 973	50.5

单位名称	企业个数	软件收入		软件产品收入		系统集成和支持服务收入	
		本期累计（万元）	同比增减%	本期累计（万元）	同比增减%	本期累计（万元）	同比增减%
厦门市	566	1 787 038	31.9	496 112	19.0	412 782	59.6
青岛市	191	1 403 539	70.4	84 459	15.1	297 329	77.6
深圳市	1288	14 184 582	25.4	6 896 475	18.0	1 445 484	35.0
合计	2853	21 669 743	30.2	9 166 847	20.5	2 604 011	43.3

数据来源：工信部。

6. 软件外包稳定增长，前景持续看好

到目前为止，软件服务外包可以分为四个层次，即信息技术外包（ITO，Information Technology Outsourcing）、业务流程外包（BPO，Business Process Outsourcing）、知识流程外包（KPO，Knowledge Process Outsourcing）和业务转型外包（BTO，Business Transformation Process）。IDC预测印度到2010年将由现在的BPO中心，过渡成为一个价值170亿美元的KPO基地。我国软件外包处于BPO阶段。

全球软件外包发展迅速，未来发展势头良好，全球软件产值约1/3需要通过外包来完成。IDC预测，未来三年内全球软件外包市场规模将以19.5%的复合增长率增长，2010年达到1000多亿美元。全球软件发包市场主要集中在北美、西欧、日本等国家和地区，其中美国占40%，日本占10%。外包承接方主要是印度、爱尔兰、以色列等国家的企业，印度是最大的软件外包市场。其中，美国市场被印度垄断，印度软件业80%的收入依赖软件外包业务，印度已经成为软件外包的第一大国。而欧洲市场则被爱尔兰垄断（见表2.2）。

日本是我国最大的发包市场，约占60%。这与文化相近、长期合作、地理位置等优势相关，印度、越南等竞争对手难以仿制。同软件外包大国印度相比，我国软件行业的人力成本优势明显，仅相当于印度同类人员的40%。

表2.2　　中国和印度软件外包条件比较

对比要素	印度	中国
产业规模	占全球软件离岸外包市场份额的70%	占全球软件离岸外包市场份额不足5%
企业布局	在美国设有广泛的办公和市场销售机构	在美国很少设立机构
人员规模	共有3000多家软件服务提供商，其中15家企业员工超过2000人	有8000多家软件服务提供商，员工超过2000人的企业大约为5家，75%的企业员工不足50人
企业资质	有50家以上的企业软件成熟度达到了CMM5认证	有6家企业软件成熟度达到了CMM5认证
语言	英语熟练	大部分技术人员不能熟练阅读、听、说英语
商业信誉	注重知识产权保护，客户广泛、商业信誉良好	知识产权保护有待进一步加强，客户数量较少
人力成本	9896美元/年	东部沿海几个大城市与印度日趋接近（80%～90%），内地约为印度的50%
专业人才	每年毕业计算机专业本科生17万，博士40人	每年毕业计算机专业本科生50万，博士3000人
宏观环境	印巴冲突，国内政局不太稳定，经济发展水平比较落后	市场空间大，国家经济长期高速增长
基础设施	通讯、交通等基础设施较差	基础实施较好

数据来源：世经未来。

我国软件外包业务起步比较晚，近几年一直保持较快速度增长。伴随经济的复苏，我国软件产业信息技术增值服务增势突出，2010年前两个月信息技术增值服务收入152亿元，同比增长45.6%，高于全行业收入增速22.2个百分点。同时，完成软件外包服务出口4.5亿美元，同比增长64%。

二、软件企业发展状况及业绩分析

我国软件需求以国内需求为主，出口在整个软件产业（剔除系统集成数据）中占比15%。目前，我国信息化程度的广度和深度还比较低，中国软件及服务产业规模占电子信息产业的比重不到20%，而美国这一比重为69.9%（美国在全球基础软件和工具软件几近垄断地位，但相对于应用软件，基础软件和工具软件规模还比较小）。随着中国未来几年GDP继续高速增长，将给中国软件和技术服务产业提供巨大的存量市场和增量市场。

对于国内软件企业，在平台软件和商业智能方面的实力均不敌外企，因此，发展的重点仍然是医疗、交通等行业信息化领域。

（一）软件行业企业总体情况

在2010年，软件企业中涉及物联网业务的公司数量占总数量的13%。以无锡市物联网产业园为先导，全国各市相继投入到物联网产业园区的建设当中并将其放在首要位置，三网融合作为软件业的一个新增长点受到了各方的关注，调查显示，已有18%的企业开始进入三网融合领域，这个比例还将快速增长。此外，3G业务的多样性和网络容量的增加，给网络应用带来了更为广阔的空间，同时为中小企业成长提供了新机遇。我国软件产业的销售额在2007年底～2008年底，一直处于平稳增长阶段。受全球金融危机影响，2009年中早期，我国规模以上软件企业销售额出现显著下滑。2010年每月发展态势良好（见图2.5～2.6）。

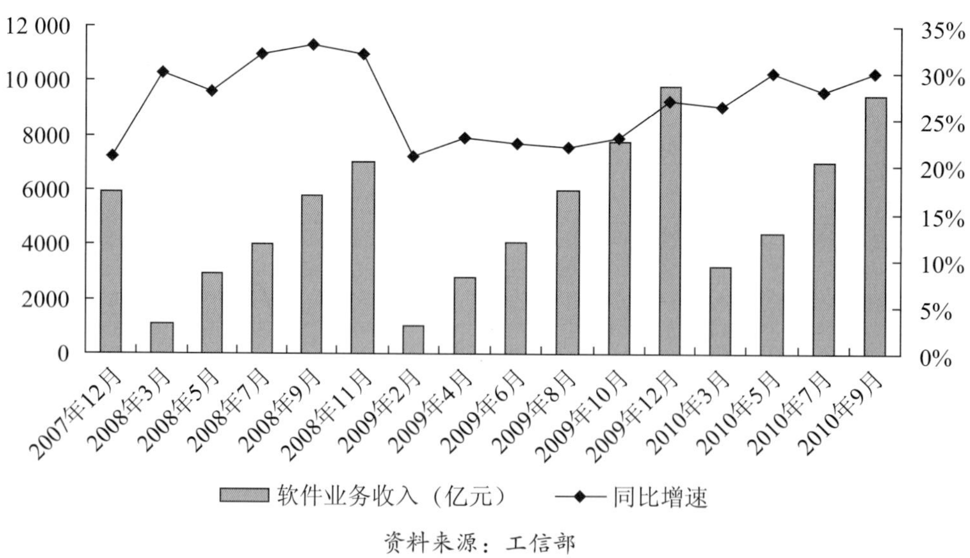

资料来源：工信部

图2.5　我国软件产业销售额及增速

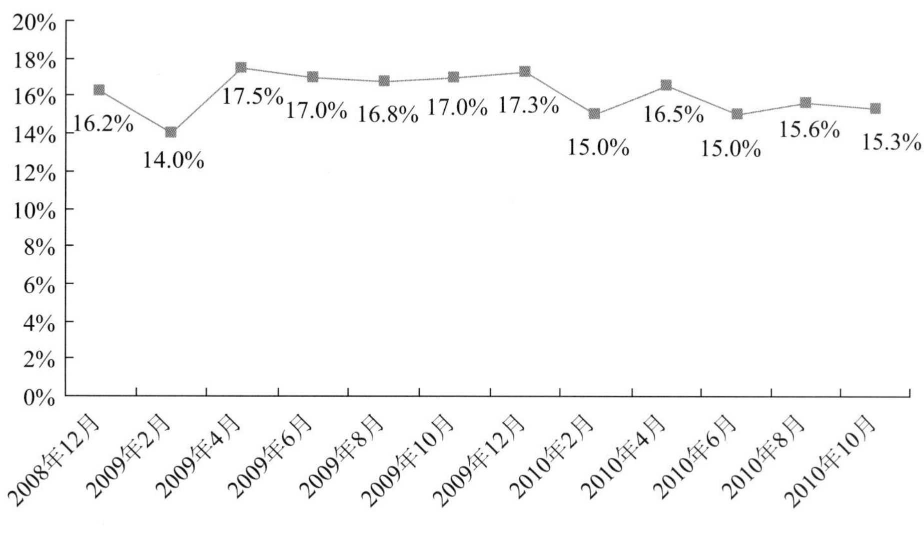

资料来源：工信部，东海证券研究所

图2.6　软件出口在软件产值(剔除系统集成)中占比

2008年～2010年（截止到10月）时间段，我国规模以上软件企业数量、营收规模相对于软件产业产值同比增速的数据显示，在2010年1月～10月我国规模软件企业在平均营收规模上的增长贡献了整个软件产业增长的绝大部分，一改以前企业数量的增长贡献率较高的局面。这初步说明，我国软件企业经过十几年的发展开始进入一个良性、稳定和理性的竞争氛围。中国应用软件企业或开始进入一个随着中国经济不断发展而不断提升自己价值空间的上升通道。以下是规模软件企业的增长情况（见图2.7）。

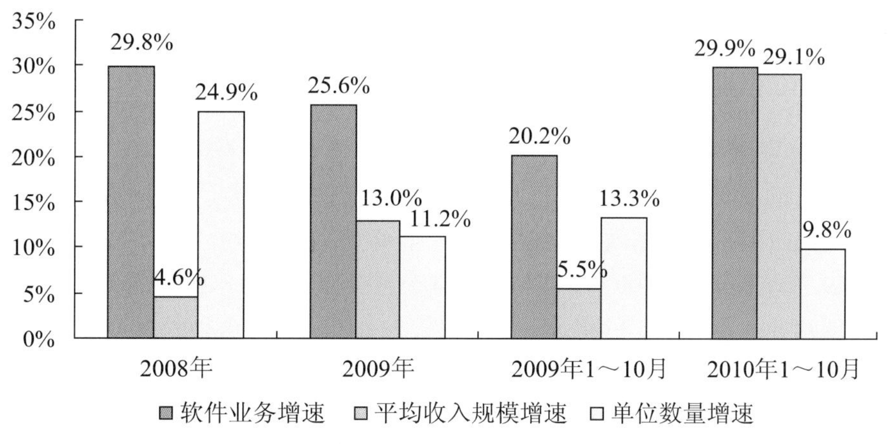

资料来源：工信部，东海证券研究所

图2.7　规模软件企业总产值、平均营收规模与企业数量增速

高端软件中的云计算今年发展迅猛。中国云计算市场规模有望在2015年达到1万亿。根据北京“祥云工程”、上海“云海计划”及工信部重点示范的其他三个城市的发展情况，预计其有望占到2015年战略性新兴产业15%以上的产值规模。中国云计算产业发展路径的现实选择与国外云计算由以市场需求驱动企业自主发展为主有很大不同，由于市场结构、技术发展阶段、投资习惯等原因，未来中国的“云计算”发展将首先以政府采购及企业自主购买两端同时发展，并最终带动全社会实现云计算普及化。

（二）从产业链分析软件行业市场结构和国内企业发展情况

国内软件产业整体实力不够强，主要是反映在以下三个方面：

第一方面是核心技术和产品。我国企业还处于软件产业的最下游。目前软件产业最底层的基础技术和产品，几乎全部被美国公司垄断，中国做基础软件技术和产品的企业规模较小，市场份额非常少。

第二方面反映在世界产业链上，中国整个软件产业在总体上处在中低端。因为我们核心技术和产品不强，整个产业主要是以服务为主，但是服务，包括产品解决方案、外包服务、咨询服务等，也都处于全球世界产业的最下游。所以，中国的软件上市公司软件产值收入相当大，但是利润率很低，盈利能力也较弱。

第三方面，我国软件产业还有一个很大的问题，就是缺乏能够影响整个产业，甚至影响整个经济，影响整个国家地位的有国际竞争力的大软件公司。美国类似的这种大公司，譬如微软等，它们不仅规模大、销售收入高以及盈利能力强，而且这些公司控制的产业链在本国的经济中，甚至在全球经济当中都有较大的竞争力和影响力。

以我国的软件产业来讲，国内最大的上市公司，像东软、用友这些公司，或在纽交所上市的公司、创业板上市的公司，最大的软件企业，其市值都不超过200亿元人民币，销售收入没有超过50亿元人民币的。和美国大的软件公司相比，如IBM、微软、ORACLE等这三家，IBM的销售收入有900多亿美元；微软630多亿美元；ORACLE在合并SUN之后，收入规模已经有500多亿美元。所以，从规模上来说，我国国内软件公司在数量级上与国外存在极大差距，在核心技术和全球经济的影响力更是与其无法相比。缺乏核心技术和产品，在整个产业链中处于中低端，缺乏有国际影响力的大型企业这三个软肋影响着整个中国软件企业的发展。

（三）行业上市企业的发展状况及业绩分析

1. 上市公司整体发展状况

目前，A股上市的软件与服务类公司达60余家，从事的行业多达数十个，涵盖政府、能源、交通、医疗、金融、电信、互联网、邮政、建筑、钢铁、烟草等。2010年上半年，软件产业实现收入6048亿元，同比增长29.1%，增速比2009年同期提高6.4个百分点。2010年前三季度，软件及服务板块53家上市公司共实现营业总收入235.13亿元，同比增长23.01%，占国内软件产业收入的比重为3.89%。软件及服务板块中，2010年前上市的37家公司（已剔除6家ST公司）在2010年上半年共实现营业收入202.41亿元，同比增长20.68%；共计实现净利润19.15亿元，同比下滑1.43%（见表2.3）。

表2.3　2010前三季度计算机软件及服务板块主要上市公司经营业绩（2010年以前上市的企业）

股票代码	公司	营业收入（万元）	净利润（万元）	净利润率	同比增长（%）	
					营业收入	净利润
000066.SZ	长城电脑	6045 918.45	14 186.13	0.23%	1793.79	-30.57
000682.SZ	东方电子	69 280.63	1624.29	2.34%	11.51	0.84
000701.SZ	厦门信达	713 208.14	4412.93	0.61%	13.06	29.85

股票代码	公司	营业收入（万元）	净利润（万元）	净利润率	同比增长（%）	
					营业收入	净利润
000748.SZ	长城信息	63 906.47	2672.62	4.18%	24.99	-19.34
000851.SZ	高鸿股份	166 491.49	589.37	0.35%	41.68	-46.16
000938.SZ	紫光股份	313 787.90	2729.10	0.86%	9.89	5.84
000948.SZ	南天信息	144 208.09	6103.40	4.23%	37.88	29.74
000977.SZ	浪潮信息	73 736.48	482.45	0.65%	3.34	12.57
000997.SZ	新大陆	60 491.92	5683.42	9.39%	-23.65	-9.22
002027.SZ	七喜控股	101 115.96	212.88	0.21%	27.17	44.21
002052.SZ	同洲电子	170 005.09	-3852.78	-20.26%	21.93	-162.00
002065.SZ	东华软件	125 922.48	20 516.60	16.29%	19.93	31.71
002073.SZ	软控股份	87 049.70	21 701.77	24.93%	13.82	21.70
002089.SZ	新海宜	35 777.12	9614.84	26.87%	14.45	76.18
002230.SZ	科大讯飞	24 876.36	5293.43	21.27%	30.96	12.07
002232.SZ	启明信息	71 953.60	6363.93	8.84%	11.09	15.57
002236.SZ	大华股份	95 797.51	14 077.06	14.69%	84.84	134.70
002253.SZ	川大智胜	4685.84	1160.92	24.77%	-12.71	-9.18
002261.SZ	拓维信息	25 298.77	8203.21	32.42%	13.32	24.63
600392.SH	太工天成	25 366.14	-3388.51	-13.35%	-25.06	-296.32
600403.SH	欣网视讯	22 309.29	40.22	0.18%	-9.83	-97.82
600410.SH	华胜天成	275 254.80	12 832.14	4.66%	22.80	-11.38
600718.SH	东软集团	307 609.86	28 040.99	9.11%	14.40	-27.13
600588.SH	用友软件	151 750.37	3524.68	2.32%	20.83	-89.89
600756.SH	浪潮软件	25 354.11	2102.94	8.29%	8.15	37.52
600804.SH	鹏博士	125 700	13 256.20	10.54%	6.89	-21.71
600845.SH	宝信软件	187 700	16 963.62	9.03%	9.47	-0.32
600850.SH	华东电脑	102 300	-810.79	0.79%	65.98	30.01
600857.SH	工大首创	62 800	1479.56	2.35%	24.13	168.47
600990.SH	四创电子	32 400	1150.57	3.55%	-6.61	-33.66
600571.SH	信达雅	36 400	1672.36	4.59%	1.71	48.54
600536.SH	中国软件	218 700	393.86	0.18%	15.09	8.84
600764.SH	中电广通	79 800	-1292.28	1.61%	-5.04	-3.25

数据来源：公开资料，CVCRI整理。

2010年1月～6月间上市的16家公司，2010年共实现营业收入32.72亿元，同比增长39.72%；共计实现净利润4.32亿元，同比增长57.49%。净利润增速高于收入增速的主要原因是上市公司主营业务毛利率提高，较上年同期提高2.93个百分点（见表2.4）。

表2.4　　2010年前三季度软件服务板块上市公司经营业绩（2010年上市企业）

代码	简称	营业收入（万元）	同比增长（%）	净利润（万元）	同比增长（%）
002368	太极股份	84 516.45	11.84%	3512.62	32.77
002373	联信永益	25 528.64	-4.93%	-674.55	-144.07
002405	四维图新	31 120.97	69.35%	9941.48	74.27

代码	简称	营业收入（万元）	同比增长（%）	净利润（万元）	同比增长（%）
002362	汉王科技	67 441.35	283.36%	8687.92	321.52
002401	交技发展	19 739.01	30.23%	1766.29	29.72
002421	达实智能	15 088.05	18.61%	1042.36	-2.55
002410	广联达	16 982.42	65.68%	6890.57	99.70
300047	天源迪科	7475.16	-24.57%	1576.62	37.12
002331	皖通科技	10 655.54	11.99%	1453.63	1.74
300059	东方财富	9245.35	25.14%	3766	14.18
002439	启明星辰	10 204.75	40.55%	-1454	15.70
300045	华力创通	8839.22	29.74%	1852.46	22.83
300044	赛为智能	7810.35	19.78%	1316.09	30.01
300050	三五互联	7170.98	24.09%	1694.27	10.68
300085	银之杰	3519.75	12.97%	1094.71	28.41
300075	数字政通	1896.72	36.81%	745.63	30.51

数据来源：公开资料，CVCRI整理。

2. 重点上市公司的发展状况及业绩分析

（1）软控股份。软控股份有限公司成立于2000年，致力于工业信息化技术研发与数字化装备制造，为橡胶轮胎制造企业提供软硬结合、管控一体的信息化整体解决方案。目前，公司产品线已基本覆盖橡胶轮胎生产过程中的各个环节，同时，其核心技术还应用于化工、油墨、食品等行业，竞争优势明显。另外，公司以配料系统为出发点拓展其他与橡胶行业类似的行业，目前在跨行业推广上的成果已经开始显现。软控胶州装备产业园拥有亚洲一流水平的信息化橡胶装备加工制造技术，配有亚洲最高水平的自适用物料输送，配料实验室；莱西伊科思合成橡胶新材料产业园则拥有多项填补国内空白的橡胶新品种合成技术，全部建成后将是中国规模最大的合成橡胶新材料科研生产基地，一期年产10万吨可完全替代天然橡胶的稀土异戊橡胶。

2010年前三季度，公司受益于下游轮胎行业的快速发展和毛利率较高的新产品的顺利推进，营业收入同比增长13.82%至8.70亿元，综合净利润同比提升21.71%，达到21 701.77万元。公司在主业领域及行业横向扩张方面均具有较大发展潜力，市场空间广阔。并且软控积极开拓海内外市场，其主导产品在国内的市场占有率已达85%以上，产品遍布国内近30个省市，并远销欧、美、亚的10余个国家和地区，为多家著名跨国轮胎企业所选用。此外，公司还先后在全国设立七大区域技术服务中心和一个海外办事机构。

（2）远光软件。1998年12月，珠海远光新纪元软件产业有限公司成立。公司主要从事电力行业财务和管理软件的研发与销售，主要产品有通用财务软件、FMIS软件、集团财务管控软件、技术服务以及系统集成等。

2010年前三季度，公司营业收入同比增长55.62%至218.29亿元，归属母公司净利润同比增长218.29%至9769.26万元，收入及净利润贡献主要来自国网SG186项目结算以及房地产投资收益。2010年上半年公司在发电领域业务拓展迅速，与中电投、大唐发电都签有新的合作项目；跨行业方面，公司与神华集团、国网财务公司等有已有合作意向，估计在未来2年内将有实质性进展。另外，2011年开始的智能电网建设也将为公司带来较大收益。

（3）航天信息。航天信息股份有限公司是集技、工、贸于一体的具有现代化企业管理机制的高新技术企业。由中国航天科工集团公司等12家中国航天领域的知名企业和科研院所在原航天金穗高技术有限公司、原北京航天金卡电子工程公司和北京航天斯大电子有限公司的基础上于2000年11月1日共同发起成立。

航天信息2010年前三季度营业收入为68.35亿元，同比增长40.97%，净利润为73 635.61万元，同比增长45.95%。公司是国内唯一的增值税专用发票防伪税控系统提供商，在RFID生产和集成应用领域处于国内领先地位。公司的增值税防伪税控用户增长与国家政策息息相关，从长远看，增值税改革过程中的系列举措均为公司未来发展带来增长点。从非防伪控税业务来看，财务软件、计算机产品销售、RFID等领域依靠公司强大的销售渠道资源，产业化规模已逐步显现，市场空间有深挖潜力，非防伪税控业务将成为公司新的利润增长点。①

（4）恒生电子。2010年前三季度，恒生电子实现营业收入5.1亿元，同比增长25.44%；实现净利润12 069.73万元，同比下降2.33%。

公司是国内领先的金融软件提供商，占据基金行业核心软件80%以上市场份额和证券行业核心软件50%市场份额，拥有大量稳定优质的客户资源，行业竞争优势明显。2010年上半年，随着证券、银行及基金等行业景气度快速回升，金融机构信息化支出呈上升趋势，带动公司业务的平稳增长。另外，融资融券业务正式推出，公司是国内唯一能够提供融资融券业务系统的两家软件公司之一，因此面临重大市场机遇。公司加大对外并购力度，实施内生性增长与外延式扩张并重的发展模式，不断增强公司在金融行业信息化市场的综合竞争实力。受益于我国宏观经济的稳定增长和金融创新业务的陆续推出，预计未来几年我国金融机构信息化支出将持续增加，恒生电子作为国内领先的金融行业信息服务提供商，将有望成为下游信息化需求持续增加的最大受益者。

（5）科大讯飞。科大讯飞是以中文为主的智能语音核心技术提供商及应用方案提供商。语音技术作为一个新兴产业，其未来发展前景广阔。公司相对国内企业拥有较强的技术优势，相对国外巨头拥有本土优势，因此，在目前国内语音市场的竞争格局中，公司位于有利的竞争地位。

2010年前三季度，公司营业收入同比增长30.97%至2.49亿元，归属母公司净利润5293.43万元，同比增长12.07%。公司的业绩增长主要来自于收入增长，但由于管理费用大幅增加使得公司业绩尚未完全释放。随着我国移动互联网的普及率的上升，基于语音合成、识别和语义识别等智能语音技术的语音搜索服务将迎来爆发式增长，公司将成为这一领域的最大受益者。

（6）华胜天成。1998年北京华胜天成科技有限公司正式成立，从跨国公司产品代理起家，经历了IT服务的产品集成化、产品服务化和服务产品化三大历程，一步步成为行业的“引领者”。但从2008年开始，客户对IT服务提供商所提供的服务需求正在逐步细化、复杂化，IT服务商已经从传统的产品集成商逐步走向专业服务的道路，华胜天成需要不断适应市场的需求以避免发展瓶颈。2008年7月，公司的业务被整合为软件、服务、系统及产品三大板块，建立起以客户为核心的业务组织结构。紧接着，3G落地，工业化和信息化两化融合，物联网、云计算等信息化潮流构成的“伟大时代”背景下，华胜天成于2009年提出了“凌云计划”，期望通过三大业务板块的深入联动，与合作伙伴和客户构筑整个产业生态系统实现纵深发展。公司作为信息技术应用与服务提供商，主营业务包括硬件及系统集成、软件、IT服务三部分。公司主要客户是电信运营商、金融企业、邮政体系等。在硬件及系统集成领域，公司是国内最大的Sun服务器提供商。在IT服务业务上，公司依托与电信运营商、设备制造商等的良好合作关系，在电信领域形成了较强的竞争

① “2011年计算机及电脑软件业投资策略”，广发证券。

优势。软件业务上，公司主攻对应服务器网络的嵌入式软件和面向行业的应用软件。公司移动信息化项目已开始试用，2008年开始已经全部实现规模收入；公司合资成立商业智能公司提供外包服务。“国外品牌金牌代理商”扩容以及3G建设将使公司未来几年的收入保持较快的增长。

2010年前三季度公司实现营业收入27.53亿元，同比增长22.80%；实现净利润1.28亿元，同比下降11.38%；扣除投资收益影响后营业利润同比下降18.15%；2010前三季度实现每股基本收益0.09元，公司短期基本面未见好转。云计算项目实现规模收益尚需时日，目前云计算有关的主要技术仍由IBM、微软、HP等国外巨头把持，且国内需求仍处于启动期，国内市场的真正启动还需要2年～3年时间。2010年以来主要运营商人事变动影响电信行业总体投资放缓或者推迟，直接影响了华胜的营收增长。四季度电信行业IT投资出现一定程度的恢复性增长。

三、软件行业风险投融资概况及特点

（一）软件行业并购概况

2010年，软件业上演了一幕幕并购大戏，管理软件、行业软件和软件外包企业之间的界限开始变得模糊。并购才能长大，长大才能强大，这已经成为中国软件的出路。

2010年12月8日，管理软件行业的金蝶宣布斥资3000万元并购国内餐饮娱乐行业专业软件厂商——中山市食神网络科技有限公司，正式进军服务行业信息化市场。这起并购也给2010年的软件并购大戏画上了句号。对金蝶来说，这次并购是其近两年切入行业的又一起案例。现在，金蝶已经进入了零售、房地产、税务等行业。2010年1月22日，金蝶斥资人民币2000万元收购国内房地产行业专业软件厂商深圳市嘉码信息系统有限公司。而2009年，金蝶4个月内就完成了3起并购。

和金蝶相似，同为管理软件厂商的用友也正在切入房地产、汽车、政务、医疗、烟草、审计等行业。2010年年初，用友集团的“新三年战略规划”就以行业来划分，用友软件、用友政务、用友医疗、用友烟草、用友审计、用友华表、用友畅捷通和伟库网“八舰齐发”，用友的“行业”之心跃然纸上。在2010年6月底，用友更是豪掷4.91亿元收购了汽车行业软件英孚思为，一举刷新了国内软件业并购金额纪录。可以预见的是，2011年，这部并购大戏将更加精彩。截至目前，中国已经拥有近两万家软件企业，每家软件企业平均人数不足百人，上千人的企业不足百家，而达到5000人的企业更是不足10家，行业集中度过低。2011年，中国的软件外包、行业软件、管理软件的界限将会越来越模糊。这三个领域的领头羊还会在更多业务领域短兵相接（见表2.5）。

表2.5　　2010年软件行业部分并购案例一览

时间	被收购企业	收购企业	金额
1月4日	泰山祥盛	九羊集团	135 000万元
1月11日	华讯网络	华东电脑	189 000万元
1月19日	千寻网络	港澳资讯	--
1月19日	精业胜龙	港澳资讯	--
1月21日	尚南科技	用友	3000万元
1月21日	信安易科技	奇虎360	--
1月22日	嘉码信息	金蝶	2000万元

时间	被收购企业	收购企业	金额
2月	普维科技	金蝶	2100万元
4月5日	中博软件	亚信科技	--
4月21日	互联时代	神州泰岳	710万元
4月26日	ISG	东软集团	600万欧元
5月19日	汉普管理	中软国际	--
5月27日	金智智能	金智科技	2925万元
6月14日	深圳怡软	金蝶	1000万元
6月18日	英孚思为	用友	4.91亿元
6月22日	长城宽带	鹏博士	32 200万元
6月	Vendio Services	阿里巴巴	--
7月19日	创新艾特	联信永益	1300万元
8月23日	康盛创想	腾讯	6000万美元
9月13日	和信锐智	联发科技	190万美元
9月14日	亿中邮	三五互联	2590万元
9月28日	掌中无限	中软	9100万美元
10月13日	工大首创	深圳硅银	38 200万元
10月26日	康时信息	软通动力	--
11月18日	和诚普信	海辉软件	--
11月23日	友联创新	神州泰岳	5900万元
12月7日	3GUU	第一视频	19 600万元
12月9日	梦龙软件	广联达	9434万元

数据来源：公开资料，CVCRI整理。

（二）软件行业风险投资概况

2010年，中国软件市场投资案例数量，相比2009年显著上升，中国软件市场投资案例见表2.6。2010年中国软件行业的投资案例超过25个，已披露的投资金额约为5.2亿元。受金融危机影响，经历了2009年的显著下滑之后，2010年软件行业投资案例与金额在缓慢回升（见图2.8）。

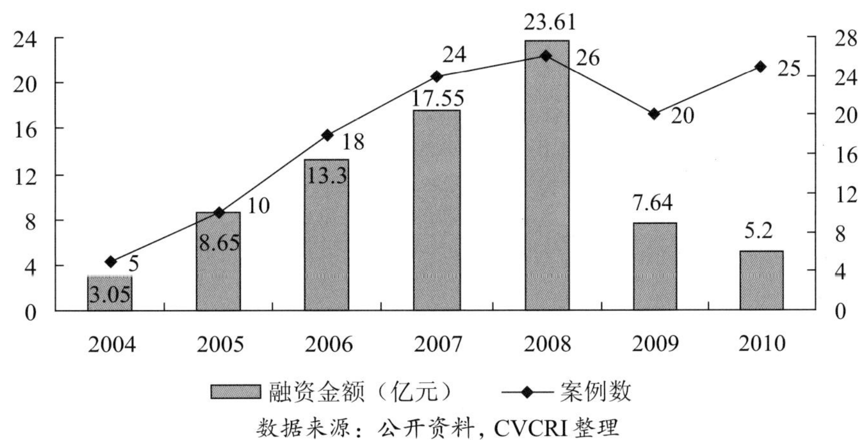

数据来源：公开资料，CVCRI整理

图2.8　2004年～2010年中国软件行业投资规模

表2.6　2010年软件行业风险投资案例一览

时间	出资方	获资企业	金额
1月6日	凯鹏华盈创业投资基金	上海恺英网络科技	--
1月	奇虎起飞计划	世界之窗	--
1月12日	华软投资有限公司	赢时胜信息技术	--
1月12日	挚信资本	奇虎	2000万美元
1月	东方富海	深圳海云天科技	--
1月24日	阿里巴巴	上海宝尊实业	--
3月10日	湖北网页游戏网陈艺光	超速浏览器	500万元
3月11日	启迪创投	德馨泉物联网科技股份	102万美元
3月15日	红杉资本	广州瀚信通信	5500万元
3月25日	浙大网新	日本SOLXYZ	3500万元
3月29日	达晨创投	迅游网络	--
4月16日	达晨创投	大赢家网络	--
5月26日	东方富海	北京赛四达科技	--
7月20日	维思资本	博彦科技	--
7月27日	IDG资本	广州速达软件	20 000万元
8月9日	云峰基金	搜狗搜索	--
8月10日	红杉资本	网秦天下科技	3500万元
8月12日	深圳创新投资集团/天津创投	北京北森测评	--
8月27日	险峰华兴创投	北京圣特尔科技	--
9月16日	戈壁合伙人	汉柏科技	450万美元
10月8日	深圳创新投资集团	深圳网信联动技术	--
10月12日	赛富基金	QVOD	400万美元
10月21日	英特尔	北京东方网力科技	--
11月15日	深圳创新投资集团	汉鼎信息科技	--
11月17日	英特尔投资/海纳亚洲	北京赢销通	--

数据来源：公开资料，CVCRI整理。

（三）软件行业投资特点分析

1. 投资阶段向早中期企业倾斜

2004年～2005年，投资机构更关注于扩张期和成熟期的软件企业。随着中国软件行业的快速发展，2006年～2007年越来越多处于初创期和发展期的企业受到很多风投机构的关注，并成功获得融资。2009年，软件行业受到金融危机的影响，随着中国软件业的进一步成熟，更多处于成长期的软件受到关注。2010年，软件行业投资延续了这个趋势。

2. 投资地域分布集中

软件行业投资案例发生地区与2009年相比，变化不大，北京，天津以及上海为主的长三角地区仍占绝对优势，北京地区比例位居首位，其次是上海、广州及深圳。

（四）行业年度经典VC案例

1. 英特尔注资东方网力

北京时间2010年10月22日，英特尔宣布向北京东方网力科技有限公司注资。该笔投资来自

“英特尔投资—中国技术基金 II”，但是具体金额尚未公开。

英特尔通过注资将为东方网力提供至强和凌动架构平台以及 MeeGo 开源操作系统，并且借助东方网力在中国网络视频监控领域的地位进军该领域。此外，英特尔投资中国区董事总经理许盛渊还表示目前尚未考虑东方网力的上市安排。东方网力则希望凭借英特尔的技术和品牌扩展其研发和生产能力，从而拓展其海外渠道和市场。业内分析认为对东方网力的投资反映出英特尔内部资源整合及互动的特点，英特尔投资参股的项目当中约有30%来自英特尔的内部推荐。此外，双方还达成战略合作协议，将共同进行面向国内外市场的数字安防产品和方案的软硬件创新，其主要内容包括：东方网力采用 Atom 等英特尔架构开发网络产品、使用 MeeGo 平台开发产品、在嵌入式计算等方面合作推广、英特尔帮助东方网力拓展自己的销售渠道。

北京东方网力科技有限公司是北京市中关村科技园区认定的 A 类高新技术企业和北京市科委认证的软件企业，致力于分布式视频管理软件、嵌入式平台、视频编解码算法等技术的开发。公司下设合资控股公司2个，在成都、深圳设有办事机构。同时公司在重庆还拥有一个全资子公司——重庆网力视界科技有限公司。

2. IDG 2亿元增持速达软件

2010年7月，国际著名风险投资商 IDG 斥资2亿元增持速达软件公司股份。有着12年历史的速达软件是国内中小企业管理软件市场的领军者，凭借国际化的技术优势和超过116万用户的服务经验，速达多年来一直引领着中小企业管理市场的产业潮流。2007年，速达确立了向互联网应用转型的企业战略。速达总裁曾经表示：“基于网络应用的 SaaS 模式对传统软件具有颠覆性的生命力。厂商无视这一事实等于在软件技术和商业模式的变革中坐以待毙。”长远战略的确立使得公司资源在 SaaS 项目有效集中。两年来，速达投入大量的研发力量探索 SaaS 模式在中小企业中的应用。厚积薄发，2010年以来速达在 SaaS 应用上更是率先取得巨大突破。

3. 险峰华兴投资圣特尔科技

北京圣特尔科技发展有限公司在2010年8月获得险峰华兴创投的注资，金额并未披露。

北京圣特尔科技发展有限公司专注于电子商务 ERP 软件管理服务，成立于2004年，公司的核心产品为“E 店宝”，为服装、鞋帽、化妆品、家居、食品等传统或电子商务公司提供全方位 ERP 解决方案。目前，公司已经与“淘宝网”、“乐酷天”等国内知名企业签约建立了合作伙伴关系，总注册用户数超过5万家。

对于此次投资的用途，圣特尔 CEO 陈涛表示，“我们一直本着‘软件即服务’的宗旨，着重用户服务，投资主要用来完善“E 店宝”目前的服务体系，提升用户满意度。计划未来一年总注册用户数超过10万，大客户数超过2000家。为网商提供更全面的 IT 服务支持。”①

四、行业政策环境分析

（一）行业政策概述

2010年6月份，工业和信息化部部长李毅中在第十四届中国国际软件博览会上透露，为了鼓励软件产业发展政策的稳定，新的产业政策草稿已提交国务院。发改委和财政部大力支持软件产

① 新浪科技。

业的发展，强调软件是信息产业的核心，价值更在于对信息化、工业化发展的支撑。指出软件服务业已经广泛渗透到国民经济的各个行业、各个领域，已经成为改造提升传统产业、培育新兴产业的基础性产业。下一步要继续发挥政策扶持规划引导和标准指导的作用，加强软件和信息安全核心技术的自主创新能力的建设。以工业软件和行业解决方案为重点，引导软件企业与工业企业开展多层次的合作。

2010年10月18日我国发布了《国务院关于加快培育和发展战略性新兴产业的决定》，提出2015年战略性新兴产业增加值占到国内生产总值的8%左右，2020年力争达到15%左右。新一代信息技术位列七大新兴产业之一，包括下一代通信网络、物联网、三网融合、新型平板显示、高性能集成电路和高端软件，并且被定位为2020年的国民经济支柱产业，战略地位突出。这一纲领性文件是国家长期产业布局的方向，后续还将有多项扶持振兴政策、细分行业规划出台，各级地方政府也将积极响应。新兴产业在国民经济中的比重不断提升乃至翻倍，将带动信息技术行业一大批相关公司的迅速成长壮大，对软件行业的影响广泛而深远。

发展目标中指出，到2015年，战略性新兴产业形成健康发展、协调推进的基本格局，对产业结构升级的推动作用显著增强，增加值占国内生产总值的比重力争达到8%左右。到2020年，战略性新兴产业增加值占国内生产总值的比重力争达到15%左右，吸纳、带动就业能力显著提高。节能环保、新一代信息技术、生物、高端装备制造产业成为国民经济的支柱产业，新能源、新材料、新能源汽车产业成为国民经济的先导产业；创新能力大幅提升，掌握一批关键核心技术，在局部领域达到世界领先水平；形成一批具有国际影响力的大企业和一批创新活力旺盛的中小企业；建成一批产业链完善、创新能力强、特色鲜明的战略性新兴产业集聚区。

在新一代信息技术产业方面，加快建设宽带、泛在、融合、安全的信息网络基础设施，推动新一代移动通信、下一代互联网核心设备和智能终端的研发及产业化，加快推进三网融合，促进物联网、云计算的研发和示范应用。着力发展集成电路、新型显示、高端软件、高端服务器等核心基础产业。提升软件服务、网络增值服务等信息服务能力，加快重要基础设施智能化改造。大力发展数字虚拟等技术，促进文化创意产业发展。

培育战略性新兴产业以及系列支持政策的出台，使软件行业长期发展前景光明，并决定进一步加大在财税金融等政策上的扶持力度，引导和鼓励社会资金投入，亦给软件行业的未来注入了光明的前景（见表2.7）。①

表2.7　　近年来软件行业的政策一览

时间	政策名称	政策思路
2009年2月	国务院会议通过《关于发挥科技支撑作用，促进经济平稳较快发展的意见》	大力支持战略性高新技术企业
2009年4月	《电子信息产业调整和振兴规划》	确保电子信息产业稳定发展，加快结构调整，推动产业升级
2009年7月	科技部等六部门《国家技术创新工程总体实施方案》	通过财政补贴、税收优惠和金融支持等措施引导社会资源支持企业技术创新
2010年2月	国务院常务会议研究部署	进一步贯彻落实重点产业调整和振兴规划
2010年2月	工信部部长李毅中做的经济形势专题报告	包括新能源、新材料、高端制造、网络信息、生物医药、航空航天等在内的战略性新兴产业是新的经济增长点，要大力发展新技术、发展包括电子商务、软件服务、服务外包等在内的生产性服务业

① 2009年～2010年中国软件行业年度授信政策指引研究报告。

时间	政策名称	政策思路
2010年6月	工信部部长李毅中在第十四届中国国际软件博览会上透露，工信部将出台进一步鼓励软件产业发展政策	政策优惠的覆盖面扩大，除了原18号文件对软件产品的优惠外，新18号文件将扩大至软件服务。新18号文件的税收优惠幅度不低于旧18号文件的水平。在原有税收优惠基础上，建立一个适合软件业流转税的税制和水平，把软件产品（之前是17%的增值税）和服务（之前是5%的营业税）统一按照流转税来征收，流转税的税率不超过3%
2010年7月	财政部、国家税务总局、商务部近日联合下发了《关于示范城市离岸服务外包业务免征营业税》的通知	在北京、天津、大连、哈尔滨、大庆、上海、南京、苏州、无锡、杭州、合肥、南昌、厦门、济南、武汉、长沙、广州、深圳、重庆、成都、西安等21个中国服务外包示范城市的企业从事离岸服务外包业务取得的收入免征营业税
2010年10月	国家发展改革委《关于做好云计算服务创新发展试点示范工作》的通知	确定在北京、上海、深圳、杭州、无锡等五个城市先行开展云计算服务创新发展试点工作

资料来源：公开资料，CVCRI整理。

（二）重点政策点评

1. 国务院新18号文件

2010年6月16日，工信部部长李毅中在第十四届中国国际软件博览会上透露，工信部将出台进一步鼓励软件产业发展政策，“为了保持鼓励软件产业发展政策的稳定，工信部正在研究并已拿出政策草案向国务院汇报，要推动进一步鼓励软件产业发展政策的出台。”国家正在研究出台继国务院18号文件之后更好的支持政策：政策优惠的覆盖面扩大，除了原18号文件对软件产品的优惠外，新18号文件将扩大至软件服务。软件行业协会还向新政策制订部门提出建议，希望新18号文件的税收优惠幅度不低于旧18号文件的水平，还建议在原有税收优惠基础上，建立一个适合软件业流转税的税制和水平，把软件产品（之前是17%的增值税）和服务（之前是5%的营业税）统一按照流转税来征收，流转税的税率不超过3%。新18号文件税收优惠远大于原有政策，加强了重大专项补贴政策、扩大了政策受益范围，积极促进了软件消费。

2.《关于示范城市离岸服务外包业务免征营业税的通知》

财政部、国家税务总局、商务部近日联合下发了《关于示范城市离岸服务外包业务免征营业税的通知》：“自2010年7月1日起至2013年12月31日，对注册在北京、天津、大连、哈尔滨、大庆、上海、南京、苏州、无锡、杭州、合肥、南昌、厦门、济南、武汉、长沙、广州、深圳、重庆、成都、西安等21个中国服务外包示范城市的企业从事离岸服务外包业务取得的收入免征营业税。”三部局关于离岸服务外包业务免征营业税的新政，对推动国内服务外包产业的发展意义重大，有利于相关企业减轻人力成本上涨压力，显著增强国际竞争力。并且服务外包及软件企业2010年获得国家8亿元资金支持，用于支持服务外包人才培训、企业国际认证补助和地方服务外包公共平台建设。企业同时将享受2亿元出口贴息，同一企业最高支持额不超过500万元。政府资金上大力支持软件业发展，软件行业的发展前景一片光明。

3.《关于做好云计算服务创新发展试点示范工作的通知》

工业和信息化部和国家发展改革委于2010年10月18日联合印发《关于做好云计算服务创新发展试点示范工作的通知》，确定在北京、上海、深圳、杭州、无锡等五个城市先行开展云计算服务创新发展试点示范工作。

试点示范工作主要包括四个方面的重点内容：一是推动国内信息服务骨干企业针对政府、大中小企业和个人等不同用户需求，积极探索SaaS（软件即服务）等各类云计算服务模式；二是以企业为主体，产学研用联合，加强海量数据管理技术等云计算核心技术研发和产业化；三是组建全国性云计算产业联盟；四是加强云计算技术标准、服务标准和有关安全管理规范的研究制定，着力促进相关产业发展。试点示范将加速云计算产业链成熟进程，公有云获得加速发展良机。此次出台的政策将促进云计算产业链整体发展，特别是公有云和SaaS方面有实现加速发展的可能，同时我们仍然看好国内系统集成领先企业在IaaS（基础设施即服务）方面的业务发展前景，预计国内云计算发展总体上将出现IaaS和SaaS齐头并进快速发展的局面。试点示范工作涉及云计算产业链的各个环节，将加速云计算产业链的整体成熟进程。对海量数据管理等核心技术研发和产业化的政策支持，有利于国内领先企业增强技术研发实力，缩小和国际IT巨头之间的技术差距。对云计算有关技术标准、服务标准和安全管理规范的制定，将有利于解决公有云发展中面临的最大障碍，即企业用户对数据安全和服务质量确认方面的担忧。

五、行业投资价值与投资风险分析

2010年国内软件发展态势良好，复苏前景明朗。在这个后危机时代，软件行业面临的并不是危机的冲击，而是如何更快复苏，步入高速发展期。由于有了国家政策的大力支持以及市场的需求，未来该行业的投资机会充沛，但同样会面临着政策、竞争和人才等风险。

（一）软件行业发展机遇

1. 2010年信息产业进入新一轮增长的酝酿期，扩大的内需拉动了软件业增长，国内市场机遇巨大

2010年是信息产业新一轮增长的酝酿期，信息产业处于上一轮大周期末期，新一轮产业发展周期的酝酿期。2010年上半年，中国电子信息产业经历了2008年～2009年上半年大幅调整后，已呈现新一轮增长的态势（见图2.9）。

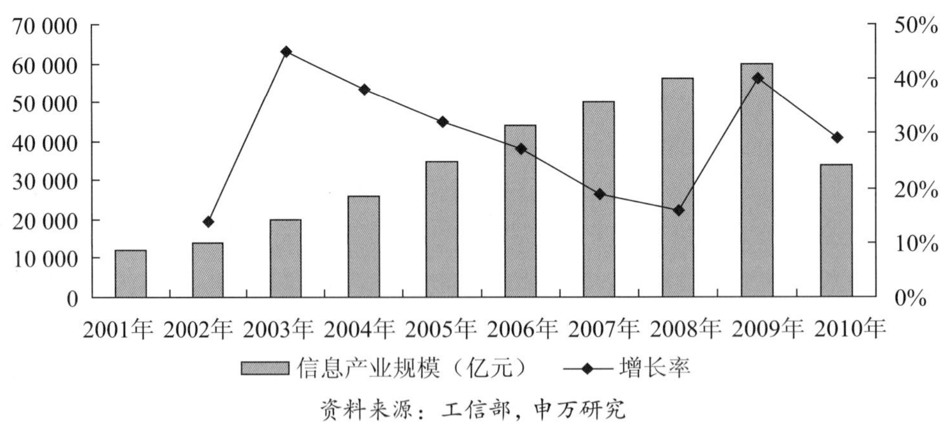

资料来源：工信部，申万研究

图2.9 信息产业处于新一轮增长初期

2009年，随着宏观经济形势的好转，政府投资逐步退出，出口状况在短期内难以改变，提高内需比重将成为我国拉动经济增长的重要战略。我国国内软件市场目前仍处于普及率和饱和度较低的水平，总体保持平稳运行态势，未来几年将继续处在高速成长的阶段。国际经济复苏的迹象

越来越明显，联合国2009年12月发布的《2010年世界经济形势与展望》报告预测，世界经济将在2010年实现2.4%的低速增长。据Gartner公司预计，2010年全球IT支出将达到3.3万亿美元，比2009年增长3.3%。其中，北美地区可能继续轻微下滑，拉美和亚太地区将分别增长2.5%和4.3%；全球软件业支出将增长4.8%，其中全球安全软件市场将增长13%，相关软件与信息服务将保持两位数增长。而我国国内市场继续保持快速增长，分领域来看：

一是金融、电信行业的需求将继续增长。2010年是金融行业传统建设大年，国家继续实施了适度宽松的货币政策，银行业将继续扩张性战略，特别是区域性银行、投资银行增长迅猛；同时，电信行业投资将继续增长，重点用于3G系统建设和新业务开发，也将带来巨大的软件服务需求。

二是交通控制、电力控制、医疗等领域的信息化需求将大幅提高。受国家4万亿的基础建设投资的带动，一些新投资项目的IT应用从2009年下半年已经开始启动，2010年随着项目建设进入中后期，信息化需求将进一步释放。

三是电子商务、互联网增值服务、数据服务等新兴业态快速成长，移动互联网、物联网新模式下软件服务增长空间巨大。电子政务的发展带来政府IT采购继续扩大，同时增值税改革带来的金税工程、城市信息化带来的市民卡工程等更加大了政府采购规模。

中央政府4万亿投资的全面实施、庞大的内需市场也将继续推动2010年软件业的发展。这些为国产软件企业提供了更多扶持，为软件行业2010年的增长打下了坚实的政策基础。因此，从行业增长潜质来看，2011年经济结构调整过程中信息服务业是投资重点，作为战略型新兴产业，在2010年有望在税收支持、国有资本投入以及金融服务等方面获得充分支持；其次，IT技术正在经历深度化、广泛化的应用升级，成为软件业增长的新动力；最后，国内企业面临管理全面提升以应对产业升级压力的局面，中小企业持续复苏使中低端软件需求景气增长。

2. 新一代信息技术成为重点投入领域，战略性新兴产业地位凸显，政策扶持力度加大

经济转型背景下信息技术成为新发展战略重要内容。目前全球经济进入转型期，美、日、欧等国家和地区纷纷制定新的发展战略，以新一代信息技术、新能源、生物医药为代表的新兴产业，成为各国抢占经济制高点的重点投入领域。中国也毫无例外的将在新一代信息技术领域重点投入（见表2.8）。

表2.8 各国或地区制定的新发展战略

国家/地区	新发展战略内容
美国	研发投入提高到GDP的3%，（目前已经在2%以上）重点支持：新能源、新材料、环境科学、生物医药等；力争在新能源、生物技术于环保产业期有突破
欧盟	2013年前投资1050亿欧元，专门用于发展"绿色能源"，提出绿色能源的技术达到全球领先水平
法国	建立200亿欧元"战略投资基金"，发展新能源、汽车（包括新能源汽车）、航空产业
日本	提出了信息技术发展计划：重点促进信息技术在医疗、行政领域应用；重点发展环保汽车、电力汽车、低碳排放、医疗护理、文化旅游、太阳能发电等
韩国	制定《新增长动力规划及发展战略》，重点发展能源与环境，新一代运输装备，新兴信息技术产业、生物产业、产业融合、知识服务六大产业及太阳能电池、海洋生物燃料、绿色汽车等22个重点方向
印度	国家太阳能计划、信息产业、服务外包
巴西	航空制造业

资料来源：CVCRI。

国务院近期审议并原则通过《国务院关于加快培育和发展战略性新兴产业的决定》，无论从中国经济转型、走新型工业化道路，还是从优化产业结构、实现可持续发展的角度出发，战略性新兴产业都已成为当前发展重点。预计在“十二五”期间，中国软件服务产业将保持20.4%年均复合增长率，到“十二五”期末，产业规模将突破1万亿元（见图2.10）。

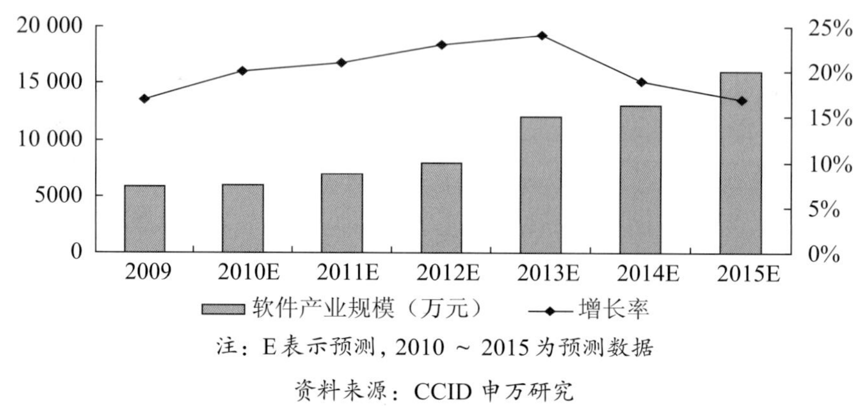

注：E表示预测，2010 ~ 2015为预测数据

资料来源：CCID 申万研究

图2.10　软件产业规模预期增长状况

3. 全球软件业重新洗牌，行业整合推动资源优化配置

全球软件发包市场主要是欧美和日本，其中美国约占65%，欧洲约占15%，日本约占10%。接包国主要是印度、爱尔兰等国家，其中，美国市场基本被印度垄断，印度软件外包已占到全球的65%左右，成为软件外包的第一大国，而欧洲市场则基本被爱尔兰垄断。然而，金融危机的爆发使得印度IT外包受到严重影响，为中国软件业的发展提供了难得的机遇，也使得许多外包企业有机会在国际市场上占据一席之地。

2008年以来，金融、制造、软件等多个领域的跨国公司纷纷加强中国市场布局，一些全球性的软件服务中心陆续设立，不仅增强我国软件产业力量，也增加国内软件企业的市场机会。面临金融危机的不利形势，国内软件企业纷纷加快修炼内功，推进行业资源优化配置，将逐步缓解我国软件企业小而散的问题。目前，国内外包企业超过3000家，随着国外市场萎缩，企业破产合并现象增多，到2010年，软件外包企业数量将减少1/3，平均规模将提高20%以上。近年来，东软、浪潮、博彦科技、海辉等企业通过收购实现规模扩张，入选了国际外包专业协会公布的“2008年全球外包100强”。

（二）行业发展趋势

1. 软件行业向中西部转移

得益于北京和上海的大产业环境优势，北京和上海等大城市的软件产业仍然是中国软件业的领头羊。中关村软件园和浦东软件园都是4个“国家软件产业基地”和“国家软件出口基地”双基地之一。

不过随着人力成本、房屋土地等商务成本的上升，软件业的形势正在逐渐发生变化。中国软件业正在向中西部地区转移，中西部地区的人力成本和土地成本等优势在软件行业将逐步显现。2010年5月，阿里巴巴宣布投资1亿美元，在成都软件园建设研发中心，该地也将成为阿里巴巴杭州总部之外最大的总部基地；大连在朝着“中国的班加罗尔”的方向前进；成都、重庆、西安在争夺着“西部硅谷”；武汉在建设“中部光谷”；南京、无锡、杭州、青岛抢占“东部硅谷”，广州、厦门则试图建设“南部硅谷”。

中西部地区在发展软件服务外包产业等方面具备许多优势。中西部地区的几个大城市如西安、武汉、成都等都拥有众多高校，软件人才拥有量在全国名列前茅。作为软件业核心资源的人才相对于北京、上海等发达地区中西部地区劣势并不大。在人力成本方面，中西部的比较优势更加明显。据国内一家人力资源网站调查，西安、成都等地的员工平均工资水平仅为上海、深圳的一半左右，其中软件业人力成本大约为上海、北京、深圳等地的60%～70%。与此同时，经过近年来的发展，中西部地区在通讯、信息、航空等现代服务业要求较高的基础条件方面与东部沿海城市发展水平差距在不断缩小。武汉、西安、成都、重庆等中心城市已经体现出一定的综合竞争优势。所以预计未来几年，软件业向中西部地区转移的趋势可能会日渐明显。

2. 信息技术增势突出

2010年我国软件服务化趋势突出，且服务不断走向专业化、精细化，已成为行业增长的主要力量。2010年前10个月，软件产品实现收入3703亿元，占全部收入的34%，比2001年下降34个百分点；实现信息技术咨询服务和信息技术增值服务收入1007亿元和1422亿元，同比增长38.1%和36.9%，分别高于全行业收入增速8.2和7个百分点，两者收入占行业比重达22.2%，比2001年提高15.6个百分点。2010 年，我国 IC 设计出现爆发式增长，前10个月累计增速达65%，对整个软件产业的贡献度提升到5.4%。

3. 物联网、云计算、三网融合、移动互联网、手机支付等领域成为软件业新的爆发点

云计算优势显著，发展空间巨大。云计算可以使企业在 IT 硬件和软件项目的支出大幅减少，通过租用享有持续升级的技术和设备。并且用户可以将财务资源及员工集中在业务上，而不是用于构建和管理计算架构。而且在计算能力、应用及网络带宽方面很有弹性，仅仅当被使用时才产生费用。未来5年云计算的市场空间将超过1500亿美元，复合增长率可达到23%以上，而且中国云计算市场未来三年内的复合增长率更是将达到27%。①

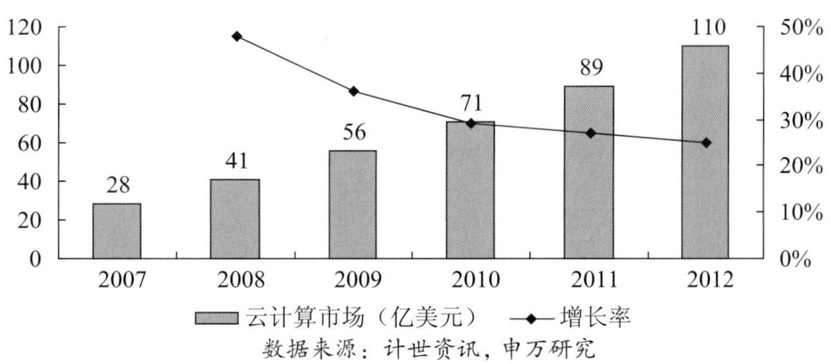

数据来源：计世资讯，申万研究

图2.11　中国云计算市场未来三年的预期增长状况

（三）软件行业投资价值分析

与计算机硬件市场类似，我国处在软件产业的中下游，比如在操作系统、数据库、开发工具、中间件等主流领域均被西方企业控制。我国软件企业更多地从事于应用软件的开发、集成和服务。

① 2010年战略新兴产业报告。

但我国应用软件市场空间巨大，随着软件即服务（SaaS）以及有偿服务观念逐步被认可和接受，我国软件企业在未来几年面临着巨大的市场机遇和价值提升空间。

1. 管理软件具有长期增长潜力

管理软件主要包括财务管理软件、ERP（企业资源计划）、SCM（供应链管理）、CRM（客户关系管理）、HRM（人力资源管理）等软件产品。管理软件的客户价值主要体现为能够帮助企业提升信息化水平，提高工作效率，使企业内部资源得到合理配置等。目前，对管理软件需求量最大的是金融业，占整个市场需求的22%，电信和制造业的需求也较为旺盛，分别占总需求的18%和15%。与国外厂商相比，以用友和金蝶为代表的国内软件企业具有更熟悉本地市场的优势，这对于管理软件这种需要为企业的不同需求进行个性化定制的产品来说是非常关键的。

从2009年秋开始，低端软件需求复苏迅速，2010年一直维持在高景气状态。之前受金融危机影响最多的是管理软件业的低端需求。现在全球经济已企稳，国内经济向好明显。随着中国经济趋于好转，中小企业的经营状况已明显改善，沿海企业订单增多致使出现招工难。2010年出口改善幅度较大，相应的中小企业IT支出也继续较快增加。随着2010年出口较2009年增长，2011年中小企业经营状况将进一步改善，软件业的中低端复苏具有持续性。有投资者认为管理软件市场2011年将进入成熟期，行业成长率将逐步下降到15%以下。其实，这种担心是不必要的，管理软件市场还处于成长中期，行业成长率将可长时间保持在接近20%的水平。以财务软件为例，多年以前市场就进入到了成熟期，可是市场还一直保持在13%以上的成长率。占管理软件市场比重达59%的ERP软件在企业的普及率只有20%～30%，发展潜力还非常大。CRM软件、SCM软件的普及率就更低了，正处于新兴成长阶段。

国内各领域的信息化程度还很低，管理软件的发展路途又远又长。以管理软件领域分量最重的ERP系统情况来看，其在国内企业的普及程度仍偏低，大型企业的采用率也不到40%，在小型企业还不到10%。即使在已实施ERP系统的企业中，许多还只处于较为初级的阶段。最初推动管理软件市场增长的动力是概念炒作，但是现在企业“主动需求”管理软件，这与我国的工业化进程及作为世界工厂的大环境相辅相成。增长的动力不仅来自于传统行业对信息化的认可以及中小企业的应用意识提高，竞争压力也迫使企业在经营上寻求IT化的精细管理。

通用型管理软件约占有管理软件40%的份额。在通用管理软件的行业应用市场中，制造业居于主导地位，比重超过1/3，制造、电信、金融三者占据了70%的市场。我国各行业、特别是制造行业信息化程度偏低，未来对于管理软件存在巨大市场需求。

在目前的国内外经济形势下，国内经济可能面临着一个从粗放型到集约型的转变。在这个过程中，企业提高效率、提升管理能力的需求，将继续促进管理软件市场的较高增长。我国约有1100多万家企业，未来几年企业管理信息化建设为企业管理软件行业的发展创造了非常广阔的市场空间，加入WTO后也将要求我国企业按照国际规则开展商务活动，在企业管理运作上要和国际接轨，加大企业对管理软件的需求，尤其是在今后几年的软件行业复苏阶段，管理软件的发展。今后几年内，本土化优势、技术上的后发优势和市场渠道优势将成为我国企业管理软件厂商进入该领域并获取较高成长性的竞争优势所在。从行业和功能两个维度进行市场细分并提供针对性的管理软件产品和服务是国内管理软件市场的发展趋势。此外，SAAS（软件即服务）模式的管理软件将成为下一个增长点，拥有很高的投资价值。

2. 嵌入式软件投资发展前景广阔

我国作为制造业大国，为嵌入式软件的发展提供了巨大的需求市场和广阔的发展空间。嵌入式软件市场经过多年的发展，市场上存在众多的软件提供商。2008年实现收入1118.2亿元，比2005年翻了近两番。据赛迪顾问2008年预测，我国嵌入式系统产业的规模到2011年将翻番，达到接近5000亿元的规模。一批面向行业、辐射区域的嵌入式软件平台在通信、电子、仪器控制等行业，珠三角、长三角等区域已经开始重大产业化应用。预计未来嵌入式软件市场厂商之间的合作并购将大量展开，一些没有核心技术和不具备研发实力的中小厂商将在竞争中被淘汰，行业整合势在必行，市场将由分散走向集中，形成一批稳定的大品牌。

3. ITO、BPO 整合服务外包模式将成为新的市场增长点

面对全球软件外包业所受到的冲击，中国软件外包业也不能幸免。美国金融业外包订单在2008年初即开始减缓，2009年～2010年逐步恢复并保持稳定。来自日本的外包订单占中国软件外包业约50%，日本经济从2008年中开始进入衰退，到2008年底陷入严重衰退，2009年初来自于日本的外包订单已陷入负增长。国内软件外包业针对的应用行业，以制造业、金融业为主，所针对的制造业又以通信、手机、汽车为最多，目前全球汽车业严重不景气、手机业增长率下滑、通信业平平，相关的软件开发需求受影响严重。

但是国内对日本软件外包市场将继续保持较高速度增长。中国对日本软件外包服务已有10年以上历史，未来5年增长速度将低于整体市场平均水平。但日本市场仍然潜力巨大，日本企业整体的软件和服务外包程度远低于欧美，市场开发还在早期。日本经济于长期不景气之后，存在大量 IT 需求以替换旧的 IT 系统，日本本土供应能力有限，必然会将相当部分软件开发工作离岸外包。在日本软件外包市场，中国厂商在语言、文化、地理上的优势得天独厚。

并且，软件和信息服务外包产业从根本上离不开 IT 技术，SaaS、PaaS、IaaS、云计算等技术和商业模式的创新将带来用户外包需求的增长，不断驱动产业的快速发展。BPO 与 ITO 双向渗透趋势明显，“整合式外包”在创新、成本、灵活性等方面更具明显效益，将成为未来市场新的增长点。IBM、HP、TCS、Wipro 等全球性服务商正在把重点放在业务咨询和技术实施能力更紧密结合上，并扩大服务类别和集成性的外包业务。尤其是在银行、保险、医疗、能源等领域，更多的外包项目把软件开发、ITO 和 BPO 捆绑外包。传统的单一软件外包服务商需要根据资源能力逐步拓展服务领域，从开发向技术支持、咨询、业务信息管理等外包领域不断延展，提升产业综合竞争力。①

（四）投资风险分析

1. 经营风险

2010年是金融行业传统建设大年，国家实施了适度宽松的货币政策，银行业的扩张性战略，特别是区域性银行、投资银行增长迅猛；同时，电信行业投资继续增长，培育战略性新兴产业以及系列支持政策的出台，重点用于3G 系统建设和新业务开发，带来了巨大的软件服务需求；交通控制、电力控制、医疗等领域的信息化需求将大幅提高，受国家4万亿的基础建设投资的带动，一些新投资项目的 IT 应用从2009年下半年已经开始启动，2010年随着项目建设进入中后期，信息化需求将进一步释放；电子商务、互联网增值服务、数据服务等新兴业态快速成长，移动互联网、物联网新模式下软件服务增长空间巨大。电子政务的发展带来政府 IT 采购继续扩大，同时增值税改革带来的金税工程、城市信息化带来的市民卡工程等更加大了政府采购规模。产品价格方面，

① “2010年计算机行业报告”，银河证券。

由于目前国内竞争加剧，相关产品价格有下行压力；但对于我国企业自行开发的特色软件，仍有较强的价格优势。

2. 贸易保护主义加剧

目前，在金融危机背景下，全球贸易保护主义暗流涌动，中国成为最大的受害国。在2009年共有近20个国家和地区对中国发起“两反两保”贸易救济调查超过100起。我国计算机业外向度高，面临的贸易摩擦形势更为严峻。欧盟生态设计指令（EPU）相关标准陆续实施，对彩电、计算机等电子产品能效标准提出新的要求。除与发达国家的贸易摩擦增加外，发展中国家也开始对我国电子信息产品实行不同形式的贸易保护措施。尽管世界经济整体形势有所好转，各国政府面临保护本国市场、振兴本国经济、提高本国就业率等压力，贸易摩擦形势在未来一段时期内仍将加剧。

3. 竞争风险

从国际市场来看，一方面，为应对国际金融危机影响，世界各发达国家和地区纷纷加大对IT等高技术领域的战略投入，各国和一些地区积极制定新的电子信息领域发展战略，抢占全球经济制高点，产业竞争态势日趋加剧；另一方面，一些新兴经济体利用货币贬值等手段，并通过制定优惠政策吸引外资，谋求本国计算机产业的发展，这些国家现在已成为跨国公司寻找新经济增长点的目标市场，全球计算机产业布局已有向这些国家转移的趋势。

国内市场方面，我国软件企业所从事行业较为集中，以软件产品行业为例，主要企业都集中在应用软件领域，而基础软件领域企业寥寥，这主要由我国软件产业发展时间较短、基础不牢决定。国内市场目前竞争较为充分，部分企业因行业龙头地位而具有较大优势。如金蝶和用友通过2010年的并购大战之后，强者恒强，行业集中度显著提高。在2010年经济复苏的情况下，各国企业将加大相关支出，中小软件企业间竞争更加激烈，大型企业由于其独特的经营战略具有较强的竞争优势。应用软件领域一场激烈的大战即将展开。

4. 技术风险[①]

云计算基于包括Internet在内的整个网络运行，并以整个网络为对象来进行资源的动态分配，在使跨地区、跨国界进行软件的使用和开发成为可能的同时，也对未来的自动化软件的国际化能力提出了越来越高的要求。如何把握IT发展的潮流趋势以及如何开发基于云计算的新一代自动化软件，如何将旧的自动化软件版本兼容于云计算平台，如何将传统的自动化工程系统升级为云计算系统，都将成为此内企业考虑的首要问题。解决这些问题从根本上还是要依靠领先的技术，.NET平台与XML等技术作为云计算的核心与基础，毫无疑问会得到更广泛的使用，SaaS、PaaS、IaaS和MSP等理念也将渗透成为产品研发的核心理念，同时WCF、WPF、WF、WindowsAzure、AppFabric等新技术也将有长足发展。国内云计算产业刚刚起步，云计算产业总体仍处于起步阶段，多种技术路线和标准共存，尚未形成稳定的产业链分工，大规模商业应用模式也仍未形成，虚拟化、云平台、分布式资源管理、海量分布式存储、云安全等核心技术在国内尚未成熟，未来国内云计算应积极推动传统设备提供商进入服务领域，带动软件企业向服务化转型，催生跨行业融合的新型服务业态及新的商业模式，支撑物联网、智能电网等新兴产业发展，加速制造业、服务业的转型和提升。

① TMT行业2011年投资策略，智能终端、光通信与云计算。

参考文献

[1]“2010年1～10月份软件业经济运行情况及主要经济指标完成情况”，中华人民共和国工业和信息化部

[2]“中国行业分析报告——软件行业”（2010年第三季度），中国经济信息网

[3]“2010年中期软件行业报告”，中国银河证券研究所

[4]“2011年计算机及电脑软件业投资策略”，东海证券研究所

[5] EZCapital 中国创业投资第一在线交流平台，www.ezcap.cn

[6] 投资中国网，www.chinaventure.com.cn

[7]“2011年软件及服务行业中报综述”，天相投资顾问有限公司

[8]“计算机行业动态周报”，国泰君安证券研究所

第三章 电子商务行业投资分析报告

电子商务是我国近年来发展极快的行业，一般认为是以计算机网络为基础，以电子化方式为手段，以商务活动为主体进行的商务活动过程。本章将沿用此定义，对电子商务的范围界定为B2B（企业对企业）和网络购物两大块，其中网络购物又分为B2C（企业对消费者）和C2C（消费者对消费者），分别对B2B、B2C、C2C从2010年行业发展概况、企业发展情况、风险投资情况、政策解读等介绍。

一、2010年中国电子商务行业整体概况

互联网如今已深入到人们生活的各个领域，作为互联网产业最重要、发展最健康的一支，电子商务行业从1997年起已经跨过了13年。

截至2010年6月，我国各类网民总量达到4.2亿人[①]，较2009年底增加3600万人。互联网也逐渐由早期的门户、新闻娱乐向电子商务和生活服务应用为主转变，电子商务正以低成本、高效率、覆盖广、协调性强、透明度高等一系列明显的交易优势席卷经济的各个层面。

（一）行业发展概况

2010年前三季度，中国电子商务市场（包括B2B、B2C、C2C）交易额达到3.45万亿元；其中B2B交易额达到3.13万亿元，B2C与C2C网购交易额达到3210亿元。预计2010年全年B2B交易额为3.85万亿元，网购交易额为4300亿元[②]（见图3.1）。中国网上支付（第三方支付）市场交易规模达到6382亿元；移动电子商务实物交易规模达到19.7亿元，用户数为5531.5万人[③]。

截至2010年6月底，我国规模以上电子商务网站总量达20 700家，其中B2B为8200家，B2C、C2C及其他模式的为12 500家。预计2010年全年电子商务网站总量将超过2.3万家（见图3.2）。

① 中国互联网络信息中心，各类网民包括宽带网民和手机网民。

② 中国电子商务研究中心。

③ 艾瑞咨询。

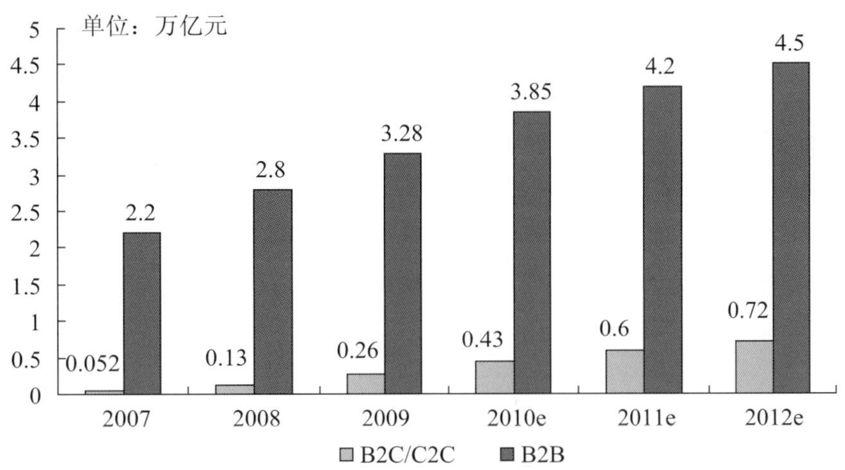

注：e表示预测，2010 ～ 2012为预测数据

资料来源：中国电子商务研究中心

图3.1　2007年～2012年中国电子商务B2B与B2C/C2C（网络购物）交易规模对比

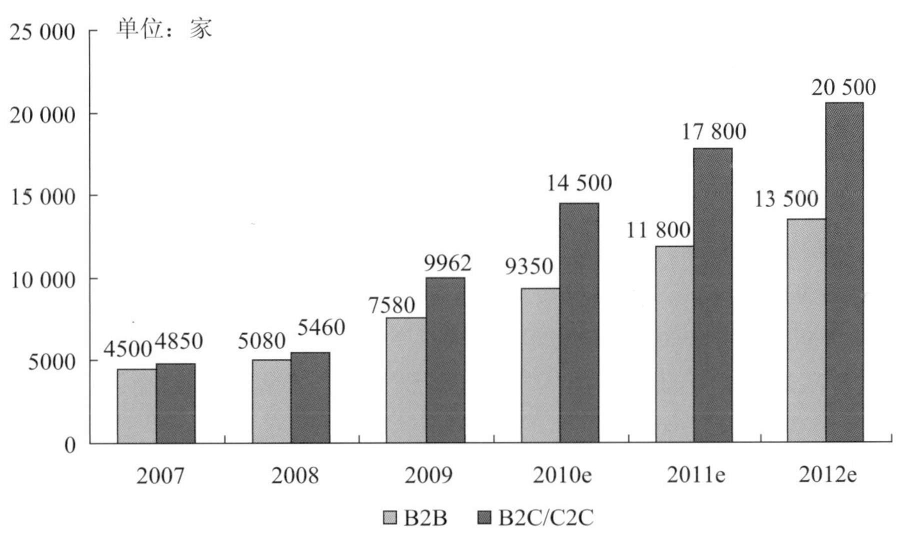

注：e表示预测，2010 ～ 2012为预测数据

资料来源：中国电子商务研究中心

图3.2　2007年～2012年中国电子商务B2B与B2C/C2C企业数量对比

2010年，中国网络购物市场出现了一个重要的现象——团购，团购网站的数量在年底已经突破了1600家（见图3.3）。根据艾瑞网上的统计数据，2010年第三季度中国网络购物市场规模为1210亿元，较第二季度增长了76.9%，其中，团购市场第三季度交易规模为11.7亿元，比第二季度的1亿元增长了1100%。

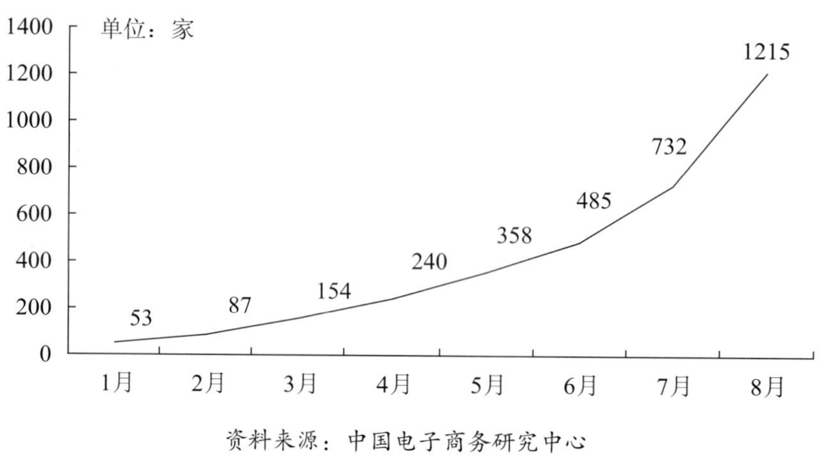

资料来源：中国电子商务研究中心

图3.3　2010年1月～8月中国网络团购企业数量

团购作为一种新兴的电子商务模式，准确来说包含两种营销模式：一种是通过团购网站聚合足够多的消费者，通过集中采购的方式提高与商家的议价能力，使个人消费者享受到单一商品的"批发价"，同时网站又能获得部分中间利润。另一种营销模式则是团购网站运用自身平台的广告效应，通过与商家合作提供超低折扣的商品与服务吸引消费者，为商家进行体验式广告宣传，直接为商家获取目标客户。

根据网站提供的内容分类，团购又分为生活服务型团购与实物型团购，前者属于轻型的电子商务业态，所提供的服务往往是区域性的；而后者则属于重型的电子商务业态，不仅提供网站的前台服务，还要涉及后台供、销、存等复杂的业务流程操作，所提供的产品面向全国。

由于团购网站成立门槛低，很多个人或没有运营管理经验的创业者纷纷进入此行业，造成运营比较混乱及管理不够规范，暴露出诸多信用问题，如货不对板、虚假折扣、消费者遭遇欺骗后无法追偿等。因此，在2010年伴随大量团购网站出现的是大量团购网站的倒闭，前期服务型团购遭遇到重大挫折。而实物团购综合了传统电子商城与新兴团购的双重优势，一方面通过自身的采购、库存、物流、客服、管理等多方面优势为消费者提供购物保障，提供诚信的产品与服务；另一方面采用团购的营销模式，用实惠的价格吸引消费者，用规模化的销售形式提高产品流通速度，真正地拓展团购销售渠道，为商家带来实际利益。

（二）行业发展特点

总体上来看，我国电子商务已进入全面应用时期，呈现出七大特点。

1. 电子商务行业越来越受到资本追逐

2010年，中国电子商务行业继续保持高速增长，正引发新一轮资本进驻。根据公开资料统计显示，截至2010年9月底，国内电子商务企业已经完成23笔投融资、7笔收购案例，已披露金额达3.42亿美元。

从投资月份活跃度来看，2010年6月，共有乐淘文化、红孩子、梦芭莎等企业获得的9笔风险投资，另外还包括并购案例——酷团网收购优团网，是2010年电子商务行业融资最活跃的月份。

2. 移动电子商务撑起未来一片天

"3G"时代的到来，将电子商务引到发展移动电子商务市场的方向上来。

实际上在较早时期，电子商务行业内的“巨无霸”企业，如阿里巴巴、百度等早已在移动电子商务领域布好了局，移动电子商务基于更方便、更快捷、随时随地的优势，蕴藏着巨大的发展潜力，可能会远远超乎人们的想象，因此这块大蛋糕会吸引更多的企业加入进来。

现在来看，已经有越来越多的电子商务企业将触角伸向移动支付、移动IM、移动旺铺等；而鉴于移动电子商务良好的发展势头，必然会吸引嗅觉灵敏的中小企业加入进来，加剧行业市场竞争。

3. 电子商务服务企业主要分布在发达省市

目前，我国电子商务服务企业主要分布在珠三角、长三角、北京等发达地区（见图3.4）。从地域来看，电子商务发展得非常不平衡，但是，这种不平衡是非常好理解的：电子商务的发展离不开环境的高承载能力、较发达的金融水平、良好的物流配送等，长三角、珠三角以及北京等发达地区是经济发展的第一梯队，具有一流的电子商务配套设施，因此，电子商务在这些省市发展水平靠前是经济基础的反映。

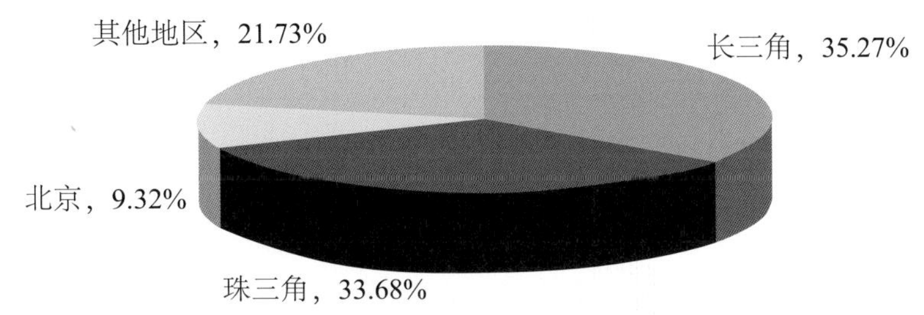

资料来源：中国电子商务研究中心

图3.4　2010年上半年中国电子商务企业地域分布状况

4. 网络团购刮起旋风

2010年上半年，国内电子商务行业刮起了一阵团购旋风，一时间到处都是团购网站和怀揣梦想的IT创业青年，在一些团购导航网站的页面上，罗列着爱家团、家有团、爱帮团、窝窝团、糯米团、饭团、可可团、团酷等新奇又陌生的团购网站名字。在一些早先网站取得佳绩之后，新浪、腾讯等互联网巨头纷纷加入，使得网络团购炙手可热。

截至2010年底，国内网络团购企业超过1600家，而这一数字在8月份时是1215家，还不包括已倒闭、未开团的团购网站及未被登记在册的小型团购网站。

5. 电子商务人才缺口大，尤其是一线运营人才

在国内电子商务行业如火如荼发展的同时，人才供给却相对缺乏，形成供不应求的局面。主要是由于电子商务行业比较注重实践技能。虽然很多高校开展了电子商务专业，但是毕业生仅凭着在校期间学到的专业知识是不能胜任工作的，导致专业就业率偏低，毕业生改投其他方向，更加剧了人才缺口的拉大。

截至2010年6月底，电子商务企业直接从业人员超过130万人，带动其他行业就业人数超过1000万人[①]（见图3.5）。

① 中国电子商务研究中心。

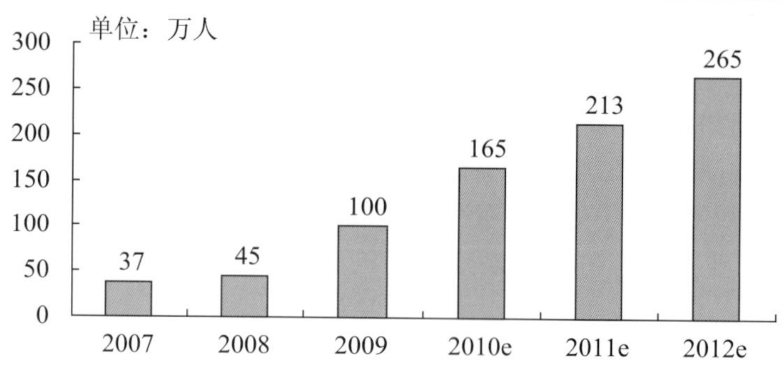

注：e表示预测，2010 ~ 2012为预测数据

资料来源：中国电子商务研究中心

图3.5　中国电子商务企业直接从业人员数量

6. 线上商务平台与线下实体平台逐步融合

出于产业链上下游控制的需要，电子商务企业线上平台已经开始向线下平台扩张，这在弥补以往电子商务较低的上下游技术、服务融合度的同时，也增强了电子商务企业自身的综合实力，改变单一的盈利模式，提高企业抗风险的能力。

在B2B领域，传统五强企业等上市公司已经覆盖到线下展览、认证服务等；在B2C、C2C领域，京东商城、当当网在做好线上销售的同时，一方面投入资金到第三方物流，另一方面在一些重要城市自建物流，积极向线下实体平台扩张，抢占市场份额。

而传统的制造商和渠道商则积极直面这些电子商务企业带来的威胁，不满足已有的线下销售渠道和份额，纷纷加入到B2C领域，自建网上直销商城，如苏宁易购、海信、国美等。

7. 电子商务各领域呈寡头垄断格局，短期内中小企业难以撼动

根据艾瑞网上公布的资料显示，2010年前三季度，中国B2B电子商务企业营业收入①总额达到70.1亿元人民币，而前六个月B2C企业营业收入总额为60亿元。

从运营商格局来看，国内五强B2B上市公司占整个市场3/4份额，其中阿里巴巴独占一半以上，为57%，环球资源为10.7%，慧聪网4.1%，中国制造网3.4%，网盛生意宝1.0%，五强优势明显（见图3.6）；而在B2C领域里，京东商城继续保持领先优势，占34.5%市场份额；当当网和卓越亚马逊则为9%和8.8%，新蛋、红孩子、凡客诚品、麦网、易讯、世纪电器网、苏宁电器共占有17.7%的份额，前三甲占据半壁江山（见图3.7）；C2C网络购物平台中，淘宝网一家独大，独占整个市场80%以上，其次是拍拍网、eBay易趣和百度有啊，分别为11.5%、4.4%、0.6%（见图3.8）。

① B2B电子商务营业收入指各电子商务平台通过B2B相关业务获得的营收总和。

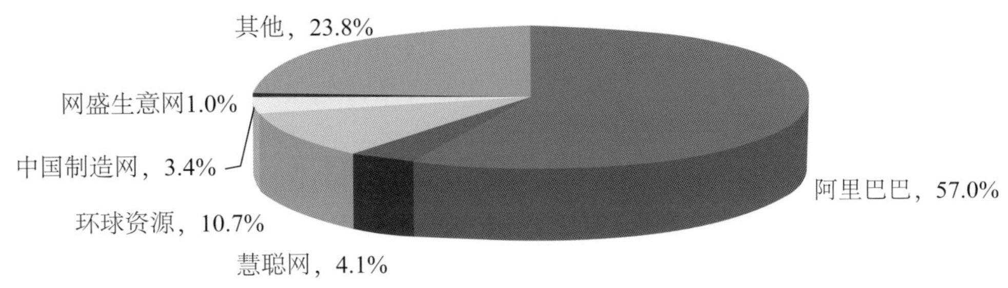

资料来源：艾瑞咨询

图3.6 2010年第三季度中国B2B运营商营收份额占比

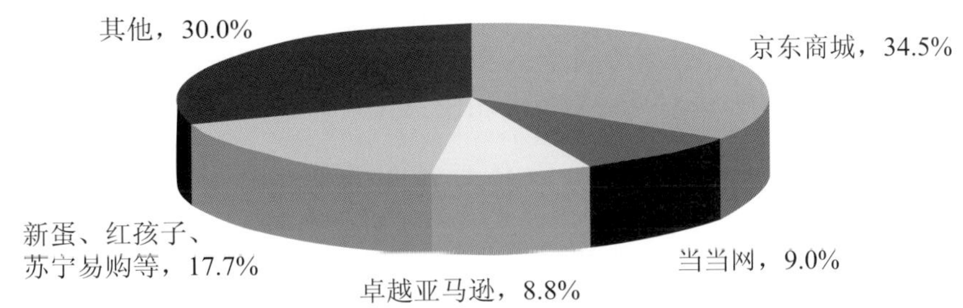

资料来源：中国电子商务研究中心

图3.7 2010年上半年中国B2C平台网络购物份额占比

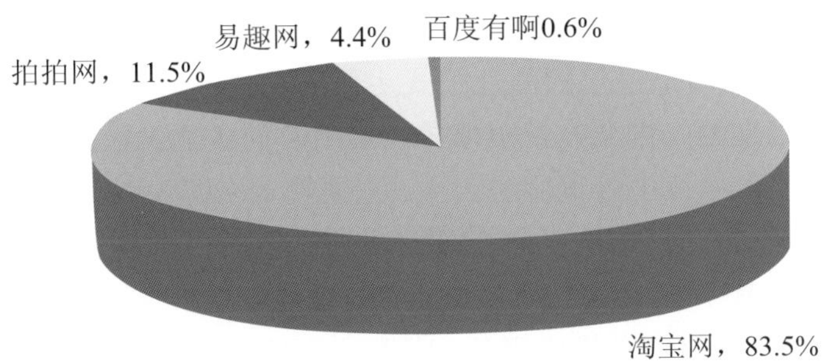

资料来源：中国电子商务研究中心

图3.8 2010年上半年中国C2C平台网络购物份额占比

二、电子商务企业发展概况

2010年中国电子商务企业总体状况良好，这主要是由宏观经济持续回暖，外贸经济逐渐复苏所引起的。随着电子商务优势的突出，越来越多的中小企业运用电子商务，整个B2B行业呈现繁荣的局面。同时，更多的传统制造企业和渠道商加入到线上销售，加入到B2C领域，原有的B2B企业也将触角伸向这一块，使得B2C市场逐渐取代C2C市场，这是由于B2C比C2C在孕育市场方面更加耐心、在市场基础设施方面更加完善。

（一）整体概况

截至2010年9月底，中国B2B电子商务前三季度市场营业收入规模为70.1亿元，第一季度、第二季度、第三季度分别为20.8亿元、24.2亿元、25.1亿元[①]，呈现逐季增长态势。每一季度同比增长率分别为50.7%、55.1%、46.6%，环比增长率分别为13.7%、16.3%、3.6%。从第三季度主要运营商市场格局来看，阿里巴巴继续保持中国B2B电子商务市场的垄断优势，占57.0%的市场份额；环球资源不断扩充旗下展会的举办次数，并进一步加强整合全方位的专业媒体，市场份额为10.7%；慧聪、中国制造等B2B运营商同样表现良好，市场份额分别为4.1%、3.4%。

在中国购物网站平台领域（C2C），2010年第三季度的市场格局略有变动，淘宝网一家独大，占84.8%，比上半年市场份额增加1.3个百分点；腾讯旗下的拍拍网略增长0.1%，至11.6%；易趣网下滑明显，从4.4%降至3.6%。而在自主式购物网站中（B2C），京东商城继续领跑，三季度月均销售额超过10亿元，市场份额增长1.1个百分点，达到35.6%；与之相比，当当网、卓越亚马逊的增速有所放缓，均占8.9%市场份额；此外，与上季度相比，VANCL增速超平均水平跃居第四，为5.3%。

（二）电子商务行业上市企业的发展状况及业绩分析[②]

目前，我国B2B电子商务公司已上市的有四家，分别是2000年4月17日在美国纳斯达克市场上市的环球资源（GSOL，NASDAQ）；2003年在香港联交所上市的慧聪网（08292，HK）；2007年11月在香港联交所上市的阿里巴巴（01688，HK）和2006年12月在深圳中小板上市的网盛生意宝（002095），国内交易规模前五名的B2B运营商就占其四。B2C领域目前只有2010年10月赴美纳斯达克上市的麦考林和2010年12月在纽交所上市的当当网，但是如京东商城等行业龙头很可能在未来两三年上市。

在四家B2B上市公司里，阿里巴巴的商业模式主要以线上外贸服务为主，收入来源主要为：会员费、提供增值服务所带来的广告和搜索引擎排名费用及向认证供应商收取的企业信誉等认证费用；慧聪网和环球资源主要以线下内贸服务为主，主要收入来源为：线下会展、商情刊物、出售行业咨询报告等所带来的广告和所收取的增值服务费用；网盛生意宝以“行业门户＋联盟”为主，以联盟的方式对各行业B2B网站进行资源整合，提供“既综合、又专业”的B2B服务，主要收入来源为：网络基础服务、网络信息推广服务、广告发布服务和行业门户加盟服务等。

1. 阿里巴巴

2010年第三季度，阿里巴巴净利润为3.661亿元，同比大增55.0%（见表3.1）。在四家B2B上市公司里运营最稳定，盈利能力最强。

表3.1　　阿里巴巴（01688，HK）季报（2008年第一季度～2010年第三季度）

项目	2008年				2009年				2010年		
	一季度	二季度	三季度	四季度	一季度	二季度	三季度	四季度	一季度	二季度	三季度
总营业收入（亿元）	6.801	7.351	7.802	8.046	8.066	9.083	10.32	11.06	12.21	13.66	14.49
同比增长			36.80%	26.80%	18.60%	23.60%	32.30%	37.40%	51.30%	50.40%	40.40%

① 艾瑞咨询。

② 截至本报告撰写完成时，下述上市公司均未披露2010年年报。

项目	2008年				2009年				2010年		
	一季度	二季度	三季度	四季度	一季度	二季度	三季度	四季度	一季度	二季度	三季度
环比增长	7.20%	8.10%	6.10%	3.10%	0.20%	12.60%	13.70%	7.10%	10.40%	11.90%	6.10%
净利润（亿元）	3.007	3.965	2.96	1.994	2.534	2.607	2.36	2.811	3.301	3.629	3.661
同比增长			42.90%	-33.80%	-15.70%	-34.20%	-20.30%	41.00%	30.30%	39.20%	55.00%
环比增长		31.90%	-25.30%	-32.60%	27.10%	2.90%	-9.50%	19.10%	17.40%	9.90%	0.80%
净利润率	44.21%	53.94%	37.94%	24.78%	31.42%	28.70%	22.86%	25.42%	27.04%	26.56%	25.26%

数据来源：公开资料，CVCRI整理。

截至2010年第三季度末，阿里巴巴整体付费会员已经超过100万人，2010年第三季度国际交易营收占总营收58.5%，国内交易营收占34%。在国际业务方面，阿里巴巴第三季度在印度进行了一项直接投资，此外，阿里巴巴还完成收购美国Vendio和Auctiva，并将这两个平台和旗下批发交易网站“速卖通”接通，进一步整合B2B与B2C电子商务价值链，实现B2B2C业务模式。通过这些投资和收购交易，阿里巴巴帮助小企业创造更多价值，进一步推进阿里巴巴从“Meet at Alibaba”转型到“Work at Alibaba”的目标。目前，阿里巴巴现金储备达到84亿元，注册用户数持续强势增长，达到5672万户，环比增长6.1%，同比增长25.3%。国内市场和国际市场（不包括中国万网）的付费会员数达75万人；环比增长5.3%，同比增长29.7%。2010年第三季度，阿里巴巴共清退了约1200名不诚信的Gold Supplier会员，确保市场的诚信及安全，改善客户体验、加强增值服务的渗透。

2. 网盛生意宝

网盛生意宝虽然在业务规模上不及阿里巴巴，但保持较高的净利润率和强劲的上升势头，2010年第三季度净利润为1044.13万元，同比增长24.38%（见表3.2）。

网盛生意宝是我国主要的行业和综合电子商务平台运营商之一，拥有并经营化工、纺织、医药等行业类专业网站，主要业务包括化工行业和纺织行业的商务资讯服务、网站建设和维护服务以及广告服务，尤其是生意通电子商务服务、化工贸易服务和会展服务为公司带来了新的业务增长点。2010年上半年，生意通电子商务服务收入比2009年同期增长109.74%，化工贸易服务收入比2009年同期增长332.24%，展会服务收入比2009年同期增长148.54%。与此同时，公司继续融合“一纵到底的专业化服务”和“一横到边的综合化服务”，为国内的中小企业提供全面的、深入的一揽子电子商务解决方案的基本发展战略，打造的“小门户＋联盟”模式目前已吸引了200多万个生意旺铺，达到每天130多万条的信息发布量。此外，生意宝还推出面向中小企业提供融资服务的产品——“贷款通（GoldTrust.cn）”，进军“网络融资”服务领域，为中小企业提供在线融资服务。

表3.2　生意宝（002095）季报（2008年第一季度～2010年第三季度）

项目	2008年				2009年				2010年		
	一季度	二季度	三季度	四季度	一季度	二季度	三季度	四季度	一季度	二季度	三季度
主营业务收入（万元）	2266.17	2700.07	2717.66	2874.61	2772.58	3107.11	3372.37	4194.07	3452.42	4065.05	3917.48
同比增长					22.35%	15.08%	24.09%	45.90%	24.52%	30.83%	16.16%
环比增长		19.15%	0.65%	5.78%	-3.55%	12.07%	8.54%	24.37%	-17.7%	17.74%	-3.63%
净利润（万元）	894.6	1024.81	569.37	634.44	1051.86	934.99	839.55	1273.38	1549	1530.53	1044.13

项目	2008年				2009年				2010年		
	一季度	二季度	三季度	四季度	一季度	二季度	三季度	四季度	一季度	二季度	三季度
同比增长					17.58%	-8.76%	47.45%	100.7%	47.26%	63.69%	24.38%
环比增长		14.56%	-44.4%	11.43%	65.79%	-11.1%	-10.2%	51.67%	21.64%	-1.19%	-31.8%
净利润率	39.48%	37.95%	20.95%	22.07%	37.94%	30.09%	24.89%	30.36%	44.87%	37.65%	26.65%

数据来源：公开资料，CVCRI整理。

3. 慧聪网

从慧聪网公布的财务报表来看，2010年前三季度，慧聪网的经营活动波动相当剧烈，并且直到第三季度才扭亏为盈，第三季度当季盈利1156.5万元，同比增长8倍多（见表3.3）。

慧聪网是目前国内行业资讯最全、最大的行业门户平台，依托其核心互联网产品——买卖通以及雄厚的传统营销渠道——慧聪商情广告与中国资讯大全、研究院行业分析报告为客户提供线上、线下的全方位服务。2009年2月26日，慧聪网行业公司获得了ISO9001质量管理体系的证书，成为国内第一家获得ISO质量管理体系认证的电子商务企业。目前慧聪网注册会员达到600万人，公司网站的访问量每天高达3000万次，覆盖30余个行业。

但是，由于慧聪网的传统模式是商情杂志，尽管从2003年上市以来，公司实行从媒体型公司向B2B电子商务公司的转变战略，但是其线下收入仍然占营业收入大部分，不能凸显出其“电子商务B2B平台”核心价值，电子商务独立的业绩不能弥补亏损的空洞。另一方面，自从慧聪开拓外贸业务后，传统的内贸优势有所丧失，阿里巴巴等强有力的竞争对手加入抢占了部分市场份额。

表3.3　慧聪网（08292，HK）季报（2008年第一季度～2010年第三季度）

项目	2008年				2009年				2010年		
	一季度	二季度	三季度	四季度	一季度	二季度	三季度	四季度	一季度	二季度	三季度
营业额（万元）	6330.8	8528.5	7492.5	9042.6	6685.6	7764.9	8223.5	9091.5	7093.1	9751.9	10119
同比增长	10.38%	9.56%	4.11%	12.42%	5.60%	-8.95%	9.76%	0.54%	6.10%	25.59%	23.05%
环比增长		34.71%	-12.2%	20.69%	-26.1%	16.14%	5.91%	10.56%	-22.0	37.48%	3.76%
净利润（万元）	267	155.9	310.7	-487.6	-340.1	-92.4	124.1	672.1	-1114.5	-237.4	1156.5
同比增长	-118%	-129%	-154%	-105%	-227%	-159%	-60.1%	-238%	227.7%	156.9%	831.9%
环比增长		-41.6%	99.29%	-257%	-30.3%	-72.8%	-234%	441.6	-266%	-78.7%	-587.2
净利润率	4.22%	1.83%	4.15%	-5.39%	-5.09%	-1.19%	1.51%	7.39%	-15.7%	-2.43%	11.43%

数据来源：公开资料，CVCRI整理。

4. 环球资源

环球资源是我国最早在海外上市的B2B电子商务公司，公司的核心业务是通过一系列英文媒体促进大中华地区的出口贸易，同时通过一系列中文媒体协助海外企业在大中华地区行销。公司一方面为全球买家提供采购信息，另一方面为供应商提供整合营销服务。从2010年二季度的公司财报来看，公司取得了较高的营业收入增长率，这主要是由于公司不断加强整合网站、展览会和贸易杂志。在公司旗下展览会举办方面，2009年，超过10万名买家参观了公司举办的“环球资源采购交易会”，在取得良好的效果后，公司决定将展览会举办场次由2009年的30场增加到2011年的60场以上。截至2010年6月30日，买家通过环球资源网站（Global Sources Online）向供应商发出的销售查询超过1.92亿宗，相比2009年同期的数据上升137%；经独立第三方审核的买家社群数目增加至967 000多家，较2009年第二季度上升16.5%。2010年上半年，环球资源总营业收入达到9200多万美元，净利润达977万美元（见表3.4）。

表3.4　环球资源（GSOL，NASDAQ）季报（2008第一季度～2010第二季度）

项目	2008年				2009年				2010年	
	一季度	二季度	三季度	四季度	一季度	二季度	三季度	四季度	一季度	二季度
总收入（百万美元）	40.6	63.7	37.6	65	34.8	54.2	30.6	54.9	33.9	58.44
同比					-14.30%	-14.90%	-18.60%	-15.50%	-2.47%	7.79%
环比		56.9%	-41.00%	72.9.00%	-46.5%	55.85%	-43.54%	79.32%	-38.19%	72.25%
净利润（百万美元）					1.2	5.09	1.19	8.64	2.59	7.18
同比									115.83%	41.14%
环比						324.17%	-76.62%	626.05%	-70.02%	177.37%
每股收益（美元）	0.16	0.16	0.04	0.14	0.03	0.11	0.03	0.19	0.06	0.16

数据来源：公开资料，CVCRI整理。

5. 麦考林

麦考林成立于1996年，是我国第一家获政府批准的从事邮购业务的三资企业，目前主要涉足服装类电子商务，旗下运营服装类垂直电子商务网站M18.com以及实体门店，是继凡客诚品之后在中国服装类B2C企业中排名第二的企业。截至2010年6月底，麦考林在中国182个城市拥有478家店铺，其中包括320家专卖店和158家自营店，在2010年上半年麦考林营业收入1.08亿美元中，来自实体店收入占21.5%，而来自网上在线平台占到78.5%。从营业收入来看，营业收入呈现规律的季节性涨跌波动；从净利润来看，2010年第一季度，麦考林出现了自2008年以来的首次季度亏损。此外，每年第二季度的净利润都显著高于其他季度，净利润率稳定在7%左右（见表3.5）。

2010年以来，公司加快了扩展步伐，目前旗下麦网涵盖了女装、家居用品、美容保健、童装母婴、内衣、鞋包、配饰等7个产品线。此外，公司还先后在北京、广州、成都等一线城市设立分仓。

表3.5　麦考林（MCOX，NASDAQ）季报（2008年第一季度～2010年第二季度）

项目	2008年				2009年				2010年	
	一季度	二季度	三季度	四季度	一季度	二季度	三季度	四季度	一季度	二季度
营业额（万美元）	1930.5	2732.4	2671.1	3418.7	3338.3	4292.5	4068.4	6069.7	4926	5877.4
同比增长					73.00%	57.00%	52.00%	78.00%	48.00%	37.00%
环比增长		41.00%	-2.00%	28.00%	-2.00%	29.00%	-5.00%	49.00%	-19.00%	19.00%
净利润（万美元）	63.7	189.7	51.5	50.3	62.4	343.4	23	292.4	-154.9	407.6
同比增长					-2.04%	81.02%	-55.33%	481.30%		18.70%
环比增长		197.80%	-72.85%	-2.33%	24.06%	450.30%	-93.30%			
净利润率	3.00%	7.00%	2.00%	1.00%	2.00%	8.00%	1.00%	5.00%	-3.00%	7.00%

数据来源：公开资料，CVCRI整理。

6. 当当网

当当网是全球最大的综合性中文网上购物商城，由科文公司、美国老虎基金、美国IDG集团、卢森堡剑桥集团、亚洲创业投资基金共同投资成立。1999年11月正式投入运营，在十余年的时间里，当当网共获得三轮风险投资，融资总额为4070万美元。

2009年以来，当当网保持了营业收入高速增长，从2009年第一季度到2010年第三季度增幅近120%。但是相对于营收的高速增长，当当网的净利润率还是比较低，2009年前三季度利润率不足1.2%（见表3.6）。2007年～2008年，当当网曾连续两年亏损。2009年，当当网开始发力百货业务，当年在百货业务的增速已远超图书交易，达到128.9%。2010年前三季度，百货业务占总营收比已达15%，而2007年百货业务占总营收比仅为8.3%。2009年，在出版物市场领域中，当当网占据了53%的市场份额，遥遥领先于其他企业，排在第二的卓越亚马逊占比约为33%；在3C市场领域[①]，当当网占比1.4%，京东商城占比37.4%名列第一，卓越亚马逊占比6.1%列位第二；在服装市场领域，当当网占比4.4%，凡客诚品占比31.3%名列第一。

2010年，当当网在北京、上海、广州、成都、武汉、郑州等9大物流中心总面积合计达16万平方米，并开启了占地160亩的无锡物流中心项目。当当网在上市融资之后，规划利用公司的图书平台发展百货业务，同时改善服务，包括送货速度、付款方式（如手机支付、移动pos机刷卡），大力发展手机当当网，并考虑收购已经盈利的电子商务公司。

表3.6　　当当网(DANG，NYSE)季报(2008第四季度～2010年第三季度)

项目	2008年	2009年				2010年		
	四季度	一季度	二季度	三季度	四季度	一季度	二季度	三季度
净营收(亿元)	2.66	2.86	3.34	3.89	4.48	4.48	5.16	6.07
同比增长					68.60%	56.50%	55.40%	55.90%
环比增长		7.80%	16.60%	16.60%	15.10%	0.00%	15.00%	17.70%
净利润(万元)	-2327	-1492	139.9	829.1	2214.9	101.3	-1774.7	3271.4
同比增长					195.18%	106.79%	-1377%	294.57%
环比增长		35.88%	109.38%	492.64%	167.15%	-954.00%	1652.00%	284.34%
净利润率	-8.75%	-5.22%	0.42%	2.13%	4.94%	0.23%	-3.44%	5.39%

数据来源：公开资料，CVCRI整理。

三、电子商务行业风险投融资概况及特点

电子商务行业自2008年金融危机后，就一直被风险投资所关注，目前，电子商务已经成为互联网最大的细分子行业，预计2013年其占互联网行业市场份额将会超过40%。

（一）电子商务行业投融资概况

2009年，中国互联网行业共63个企业获得投资，其中，电子商务投资案例16起，占行业投资案例总数25.4%，投资金额9769万美元，占行业投资总额29.4%，在中国互联网IM（即时通讯）、搜索、门户、电子商务、游戏大致五类成熟业务模式中排名第一。

2010年，电子商务依旧是互联网大行业中风险投资青睐的子行业。据公开资料统计显示，2010年前三季度，中国电子商务行业共发生投融资案例23起，已披露金额达2.54亿美元；发生并

① 3C是计算机（Computer）、通讯（Communication）和消费电子产品（Consumer Electronic）三类电子产品的简称。

购案例7起，已披露金额达0.88亿美元（见表3.7）。特别是2010年6月份，共发生9起投融资案例，涉及金额共1.37亿美元，其中B2C领域4起，涉及金额1.3亿美元，是投融资相当活跃的月份。在这些投融资并购案例中，涉及金额较大的投融资收购案例主要有：携程旅行网对永安旅游的90%股权收购（金额达8800万美元），华平投资对敦煌网的3000万美元投资（PE），海纳亚洲创投基金对中国票务在线的1亿元人民币投资，金沙江创投与崇德投资对梦芭莎的2000万美元联合投资以及北极光、恩颐投资、凯鹏华盈创投基金对红孩子的5000万～1亿美元联合投资等。

另外，2010年10月底，服装类B2C电子商务企业麦考林在美国纳斯达克上市，作为我国B2C电子商务上市第一股，以高于发行价6.5美元的17.5美元开盘，获得30倍的超额认购；B2C领域排名第二的当当网以每份ADS 16美元发行了1700万份，融资总额2.72亿美元。这些企业的上市可能会掀起更多B2C类电子商务企业上市潮。

表3.7 2010年电子商务行业主要投资、并购事件

时间	投资机构	被投资企业	交易金额
1月	红杉资本中国基金	北京九合尚品科技有限公司	近千万美元
	阿里巴巴集团	上海宝尊实业有限公司	
2月	携程旅行网	永安旅游	8800万美元
3月	京东商城	千寻网	
	华平投资	敦煌网	3000万美元
	Doll资金管理公司	也买网	
4月	IDG资本	广州易积科技	
	深圳天图创业投资	BLOVES Inc.	3000万人民币
	携程旅行网	中国古镇网	
5月	盟动力天使资本	阿丫团	320万人民币
	海纳亚洲创投基金	中国票务在线	1亿元人民币
6月	老虎基金、德同资本	北京乐淘文化发展有限公司	1000万美元
	金沙江创投	拉手网	
	万嘉创投	酷团网	800万人民币
	曼图资本	也买网	
	酷团网	优团网	
	松和资本、嘉丰资本	佳品网	
	三井创投	爱赴团	500万美元
	北极光、恩颐投资、凯鹏华盈创投基金	北京红孩子信息技术公司	5000万～1亿美元
	阿里巴巴	Vendio Services，Inc.	
	金沙江创投、崇德投资	梦芭莎	2000万美元
7月	红杉资本中国基金	好乐买	
	今日资本	悠哉旅游网	500万美元
8月	凯鹏华盈	满座网	1000万美元
		“Fontbleau”淘宝网店	800万人民币
	IDG资本	四海商舟	4000万美元
	腾讯	卖座网	
9月	阿丫团	西安团	
	挚信资本、经纬创投	趣玩网	
	中国消费信息传媒科技有限公司	团购123	100万美元

时间	投资机构	被投资企业	交易金额
10月	达晨创投	上海西域机电系统有限公司	
	英特尔、德丰杰、红杉中国	好乐买	1700万美元
	思伟创投、晨兴创投	尚品网	千万美元
	挚信资本、联创策源、金沙江创投	兰亭集势	3500万美元
11月	（天使投资）	快乐团	1000万人民币
	IDG资本（天使投资）	嘀嗒团	
12月	沃尔玛等	京东商城	5亿美元

数据来源：公开资料，CVCRI整理。

（二）电子商务行业重点投资事件

1. 敦煌网第三轮融资3000万美元

2010年3月，在线外贸B2B电子商务网站敦煌网完成由华平投资主导进行的第三轮融资，融资金额达2亿元人民币，约合3000万美元，华平投资是美国最大的私募股权投资基金之一。在本轮投资中，敦煌网前两轮融资时的投资机构此次也跟进投资，加上前两轮融资，敦煌网获得近3亿元人民币投资，是近年来跨境电子商务的最大一笔投资，将进一步强化市场领导地位，实现买家和卖家的规模化增长，并极大提升客户体验，展开针对不同客户群的增值服务。

在电子商务商业模式里，敦煌网有两个特别超前的商业理念，一是人们并不看好在线贸易商业模式时公司大力进行基础储备；二是从广告转型到交易。敦煌网的盈利目前主要扎根于成功付费，今后继续在增值服务方面进行努力。

2. 红孩子第四轮近亿美元融资

2010年6月，北京红孩子信息技术有限公司宣布已经完成第四轮融资，投资机构除前三轮的北极光创业投资基金、恩颐投资、凯鹏华盈创业投资基金外，还包括一家新的投资机构，融资总额在5000万～1亿美元之间，前三轮融资共吸引三家机构3500万美元。

作为一家专注于母婴和化妆品的B2C电子商务公司，红孩子的商业营销手段是互联网＋目录的方式，在国内电子商务商业模式上首开先河，创造了惊人的业绩。2009年红孩子营收约为20亿元，近几年的营收增速均保持在200%～300%，吸引了众多的风险资本进驻。

3. 梦芭莎B轮融资2000万美元

2010年6月，国内专营女性内衣的B2C电子商务网站梦芭莎获得由金沙江创投主导的B轮投资，融资金额为2000万美元，其中，第一轮的投资机构崇德投资本轮也跟进投资，清科资本是本轮融资的独家财务顾问。金沙江创投目前旗下管理7亿美元的基金，并与硅谷的老牌创业投资基金Mayfield Fund有长期的战略合作关系。

梦芭莎是以数据库营销为核心的新型电子商务企业，将电子商务、商品手册、商品体验店三位一体，配合高效配送体系，深入进行个性化营销，是女性内衣互联网第一品牌。

4. IDG资本4000万美元投资四海商舟

2010年8月23日，提供企业外贸整体解决方案的电子商务企业四海商舟正式上线，一向在投资规模上谨慎的美国国际数据集团（IDG资本）作为幕后投资方此次投资四海商舟高达4000万美元。四海商舟是全国首家海外电子商务服务平台，服务项目包括海外市场调查、网站建设、推广实施、线下物流支持、客服支持以及涉外法律服务等。在得到IDG资本“撑腰”后，四海商舟上线之初的发展目标就是剑指阿里巴巴。

除了吸引到IDG，四海商舟同样引起了互联网巨头谷歌的关注。目前，四海商舟和谷歌已经达成了合作，针对产品种类较少的外贸公司及有意开展海外小额批发零售的公司，根据企业的产品特点及国外市场情况，架设一个符合海外目标客户的个性化平台。

5. 挚信资本等3500万美元投资兰亭集势

2010年10月，在线B2C外贸电子商务平台兰亭集势（www.Lightinthebox.com）宣布完成3500万美元融资，投资机构是挚信资本、联创策源和金沙江创投，华兴资本提供咨询服务。兰亭集势于2009年2月曾获得联创策源首轮投资，此后获得由联创策源和金沙江创投领投的第二轮风险投资，两轮共融资1700万美元。兰亭集势于2007年创办，成长速度极快，2年时间飙涨300倍。

兰亭集势是中国整合供应链服务的在线B2C电子商务企业，同时向海外用户提供数万种商品采购，业务主要集中在三个领域：以手机、数码产品为主的消费电子领域、服装定制领域以及体育文化用品领域。2010年6月，兰亭集势完成对3C电子商务欧酷网的收购。

6. 京东商城完成总金额超5亿美元C轮融资

2010年12月23日，京东商城透露公司已经完成C轮融资，总额将超5亿美元，这也超过了两家上市B2C——麦考林、当当网的上市融资额总额。投资者当中除了以战略投资者身份出现的沃尔玛之外，还包括其他6家公司。

京东商城从早期的专卖计算机产品起步，在获得多轮融资之后，京东商城向家电、百货类进军，现已成为中国B2C市场最大的3C网购专业平台。虽然这个占B2C市场份额最大的企业没有率先上市，但在多轮大量融资、经历“烧钱期”之后，京东商城未来的市场前景非常值得期待。

四、行业政策环境分析

我国电子商务行业自金融危机后，目前正超速发展，在消费市场占据越来越重要的地位，但是行业政策法规却相当匮乏。为了扶持和规范电子商务产业的健康发展，国家多部门、行业协会等正酝酿、制订更多的政策，以支持传统商业企业进军电子商务、构建网购平台诚信体系、扩大网上消费群体。

（一）电子商务行业政策概述

与发达国家和地区相比，我国目前还没有电子商务行业综合性法规，这一方面归根于我国市场经济法律制度建设的缓慢，另一方面则由于电子商务作为新兴行业在我国发展历史较短。为了加大对电子商务监管和引导网络购物，规范第三方支付，国家各部门近年来陆续发布了一些法规。如2004年年底，在国务院办公厅信息化领导小组第四次会议上，温家宝总理主持通过了《关于加快电子商务发展的若干意见》；2007年12月17日，商务部公布了《商务部关于促进电子商务规范发展的意见》；2008年04月24日，为规范网上交易行为，促进电子商务持续健康发展，商务部起草了《电子商务模式规范》和《网络购物服务规范》。

2010年颁布的政策法规主要集中在网络购物（交易）和支付安全上（见表3.8）。2010年3月，商务部透露正在草拟《支持传统商业企业进军电子商务》的文件，以对传统商业企业进军电子商务给予专项资金帮助，利用网络销售带动实体门店销售。苏宁易购是传统商业企业进军电子商务的典型，B2C网络平台结合苏宁实体门店、品牌、配送、安装等传统优势，完善渠道整合，弥补区域覆盖空白。2010年5月，国家工商总局对外发布《网络商品交易及有关服务行为管理暂行办法》，规定C2C市场中自然人卖家需实名登记，并要求电子商务平台网站加强监管，建立检查监控制度，采取必要手段保护注册商标专用权、企业名称权等权利。这一暂行办法实际上对C2C网站影响很大，要求网站加强对网店的管理，明确了网站的义务和责任，维护了买家和企业的权益。

表3.8　2010年电子商务行业相关政策法规

发布时间	政策法规名称	颁布部门	所属领域
2010年10月27日	《电子商务示范企业创建规范（试行）》	商务部	电子商务
2010年3月	《中国电子行业电子商务企业信用资质认证实施办法》	中国电子商会	电子商务
2010年6月	《关于促进网络购物健康发展的指导意见》	商务部	网络购物
2010年5月30日	《网络商品交易及有关服务行为管理暂行办法》	国家工商行政管理总局	网络交易
2010年6月14日	《非金融机构支付服务管理办法》	中国人民银行	电子支付
2010年10月	《电子商务信用认证规则》	商务部中国国际电子商务中心	信用认证

数据来源：公开资料，CVCRI整理。

（二）重点政策点评

1.《网络商品交易及有关服务行为管理暂行办法》

2010年5月30日，国家工商行政管理总局发布第49号令，正式公布《网络商品交易及有关服务行为管理暂行办法》（以下简称《办法》），2010年7月1日起开始施行。从《办法》的内容来看，焦点集中在网店实名制、维护消费者和企业权益、保障信息安全等方面。

《办法》第十条规定，“通过网络从事商品交易及有关服务行为的自然人，应当向提供网络交易平台服务的经营者提出申请，提交其姓名和地址等真实身份信息。具备登记注册条件的，依法办理工商登记注册。”对自然人开网店采取实名制管理，一方面是为了保障消费者权益，另一方面则可能是针对未来的实名征税。目前C2C市场格局稳定，淘宝网、易趣、拍拍几乎占据整个市场份额，实际上很早在这些网站上开网店的卖家就已经开始了“实名制”，因此，除非要求卖家申领营业执照和交税，否则对卖家影响不大。

《办法》第十八条规定，“网络商品经营者和网络服务经营者提供商品或者服务，应当遵守《商标法》、《反不正当竞争法》、《企业名称登记管理规定》等法律、法规、规章的规定，不得侵犯他人的注册商标专用权、企业名称权等权利。”第二十四条规定，“提供网络交易平台服务的经营者应当采取必要手段保护注册商标专用权、企业名称权等权利，对权利人有证据证明网络交易平台内的经营者实施侵犯其注册商标专用权、企业名称权等权利的行为或者实施损害其合法权益的不正当竞争行为的，应当依照《侵权责任法》采取必要措施。”从目前C2C实际运行来看，有些卖家不经企业授权，私自在网络上销售其产品。新规出台后，提供平台的网络服务经营者如淘宝等就必须采取必要措施制止部分卖家的侵权行为，这就明晰了网站的义务和责任，保护了企业的权益。

《办法》第十六条规定，“网络商品经营者和网络服务经营者对收集的消费者信息，负有安全保管、合理使用、限期持有和妥善销毁义务；不得收集与提供商品和服务无关的信息，不得不正当使用，不得公开、出租、出售。”第二十五条规定，“提供网络交易平台服务的经营者应当采取必要措施保护涉及经营者商业秘密或者消费者个人信息的数据资料信息的安全。非经交易当事人同意，不得向任何第三方披露、转让、出租或者出售交易当事人名单、交易记录等涉及经营者商业秘密或者消费者个人信息的数据。”目前，消费者信息安全隐患不断升级，已出现公开售卖消费者身份信息、频繁的短信骚扰等现象，这些规定对网络商品经营者和网络服务经营者都提出了约束，但是处罚措施和罚款额度稍嫌轻。

总体上说，该办法的出台有利于提高网络商品经营者和网络服务提供者的整体素质和市场竞争力，发挥网络经济在促进国民经济和社会发展中的作用。对于规范网络商品交易、保证消费者和企业权益等都将起到积极的作用，同时，这也是我国第一部规范网络商品交易及有关服务行为的行政规章。

2.《非金融机构支付服务管理办法》

2010年6月14日，中国人民银行正式发布《非金融机构支付服务管理办法》(以下简称《办法》)，2010年9月1日起施行。《办法》的内容集中在非金融机构支付服务市场准入和明确了支付机构在规范经营、资金安全、系统运行等方面的责任与义务。

《办法》第九条规定，“申请人拟在全国范围内从事支付业务的，其注册资本最低限额为1亿元人民币；拟在省（自治区、直辖市）范围内从事支付业务的，其注册资本最低限额为3000万元人民币。”目前除了支付宝、易宝支付、财付通等少数规模大的支付机构达到门槛以外，市场上更多的是不少达不到门槛的中小支付机构。此条规定势必会在短期内将市场重新洗牌，加强市场运行的有序。从长期来看，留在市场上的是一些具备良好资信水平、较强盈利能力的非金融支付机构，对稳定市场非常有利，实际上也是维护社会公众的合法权益。

《办法》第三章主要从规范经营、资金安全、系统运行等方面约束支付机构。规范经营指支付机构应在核准范围内从事支付业务、报备与披露业务收费情况、制定并披露服务协议、核对客户身份信息、保守客户商业秘密、保管业务及会计档案等资料、规范开具发票等；资金安全指支付机构应在同一商业银行专户存放接受的客户备付金，且只能按照客户的要求使用；系统运行主要强调支付机构应具备必要的技术手段及灾难恢复处理能力和应急处理能力等。目前第三方支付涉及的业务有网络支付、预付卡发行与办理、银行卡收单等，从规定的条款来看，这三类支付企业将被纳入监管。新兴支付手段的出现在方便消费者的同时，也积淀了洗钱、非法套现、欺诈等风险，《办法》中“支付机构接受的客户备付金不属于支付机构的自有财产”条款对支付机构非法挪用客户备付金做出了实质性的约束。

五、电子商务行业投资价值与投资风险分析

我国电子商务在13年的发展历程中，经历了个人网络购物、电子营销、电子商务、全程信息化等阶段，实现了网络应用从低级到高级、从单一到丰富的转变。金融危机后，电子商务再次王者归来，促使着众多中小企业应用电子商务，传统大型零售企业进军电子商务等。可以预见的是，未来几年，电子商务仍将高速发展。

（一）电子商务行业发展趋势分析

1. 未来几年中国电子商务仍将高速发展

根据中国电子商务研究中心对企业界的100位CEO进行问卷调查所发布的《2010中国电子商务100位CEO调查报告》显示，有近90%的CEO认为未来三年中国电子商务将高速发展。随

着我国宏观经济的回暖及外贸的逐步复苏，众多中小企业利用电子商务意识的提高，传统企业进军网络市场以增加渠道销售，加上国家和地方各政府部门对电子商务政策扶持力度的加强，不断规范整顿市场，市场交易规模和企业营业收入不断增加。

另外，随着移动通信技术的突破以及政策环境的优化，移动电子商务在短短几年中迅猛发展，基于它的方便和快捷等巨大优势，移动电子商务正在广泛的应用到社会的各个领域，个人用户可以利用手机通过信息、邮件、手机网站等方式获取各类信息，这些信息同时也促进用户开展电子商务交流活动。

2. 新兴电子商务朝行业细分和专业方向发展

由于市场规模和完全竞争两大因素，电子商务应用中的个性化特征日益突出，专业化水平与市场规模成正比。小规模市场中因为规模不经济导致可能出现不成交交易，基于零碎数量的市场会导致大量个性化产品和服务涌现，一方面极大地提高专业化分工水平，促进商务模式创新，另一方面更充分地满足不断增长的个性化需求。同时，近乎完全竞争的网络市场迫使越来越多的企业和个人摆脱同质化产品和服务的价格竞争，采用产品、服务、客户或商务模式的差异化战略，也加剧了电子商务应用的个性化。

已经有越来越多的电子商务网站开始走细分道路。电器、服装以及母婴等领域有望成为细分领域中的佼佼者。2009年，中国服装市场销售规模达10 490.9亿元，年增长率达21.6%[①]。服装类电子商务B2C网站有望成为增长最快的电子商务细分市场之一，这一细分市场的代表厂商是凡客诚品。而母婴电子商务B2C网上销售市场是相对更为细分的市场，2009年该市场销售收入约为8.24亿元人民币。其中，以红孩子的领先优势最为明显，其次如亲亲宝贝、丽家宝贝、乐友商城等。

3. 电子商务大鳄纷纷多元化

在专业化深耕发展到一定阶段之后，电子商务企业就会遇到市场规模这一“瓶颈”困境。当某个细分领域的电子商务巨头占领一定份额之后，如果还要坚持专业化，就必须依赖客户群体的自然增长和消费量扩大，或者从竞争对手手中争取客户，但前者显然增长速度跟不上电子商务企业的发展速度，而采取后者这个策略就必不可少进行价格战，这对双方都没有好处。因此，市场规模这一“瓶颈”到来时，必然导致利润率下降，电子商务企业如果想继续保持增长就必须实行转型。以京东、卓越、当当为例，京东从开始的专卖计算机类产品延伸到家电类、百货类；卓越从早期和当当拼卖书到转型百货，其图书销售收入占总收入比重已经下降到50%以下；当当转型比卓越要慢，但随着图书市场增速放缓，也已经实行多元化，2010年其图书销售收入占总营收比重下降到80%左右。

实际上，在市场份额和高利润率这一专业化支点依旧牢固之前，新兴电子商务会深耕专业化；而在企业发展的“瓶颈”到来时，选择多元化基本上是所有电子商务大鳄们的必经之路。

4. B2C未来将强势取代C2C“老大”地位

在网购市场的发展早期，由于信用缺失、支付手段匮乏以及物流配送的困难等原因，B2C和C2C市场一直发展得比较坎坷和缓慢。2003年淘宝网刚萌芽时，B2C行业占整个网购市场规模35.2%，超过C2C市场的一半，但此后随着淘宝网的壮大，不仅击败易趣夺取C2C市场第一把交椅，更是强势挤占了B2C的市场份额。2007年～2009年连续三年B2C占网购市场份额低于10%，

① 凤凰网财经。

一时间陷入低谷。从2008年开始，B2C市场在资本的推动和市场的回暖下逐步反弹，市场份额有望于2010年再次突破10%。2010年，占B2C市场最大份额的综合类电子商务平台网站京东商城前8个月的销量已经接近60亿元，全年极大可能销量突破100亿元，并成为行业内首个销售规模超百亿元的企业。

由于基数大的缘故，未来数年，中国网络购物市场的格局仍然以C2C市场交易规模占据更大的份额为主，但B2C的增长速度将远大于C2C市场，其规模占比将逐年扩大。增长速度快的原因主要有：更多的传统企业进入B2C领域以及主流C2C网站向B2C转型；C2C市场的进一步加速发展受限于信誉等级体系以及可能出现的监管和税收政策等。

2010年10月，B2C企业麦考林上市，在业内引起一点惊讶的同时（早于京东商城），更多是刺激了众多企业的上市欲望，众多的网站CEO表示，未来几年会有大批的B2C企业上市融资，发挥样板作用，加速提升B2C市场交易规模。

（二）行业投资价值分析

1. 垂直行业B2B平台将成为关注焦点

目前，中国垂直行业B2B平台中有发展潜力和资源优势的垂直行业平台更容易获得投资者的青睐。可以预见的是，垂直行业B2B平台将成为未来几年中国B2B市场的后发力量，有着巨大的发展空间。这一类平台主要有两个特点：第一是专业，平台通过集中全部力量搜集、打造和发布专业性信息，包括以行业为特色或以国际服务为特色，将继续吸引特定人群“光顾”；第二是纵深，平台在技术创新的推动下，行业领军者将会推广出独具特色的服务内容与商业模式。

B2B电子商务产业链下不仅有企业、第三方电子商务平台，还有围绕交易提供服务的物流、支付等环节。未来B2B电子商务市场的竞争将是细分服务和行业的竞争，只有深入地了解市场的需求，才能发挥自己的优势，形成自身特色和竞争力，和综合类B2B平台做出有效的市场分割。以中国制造网和中国化工网为代表的垂直行业B2B平台的个性化和差异化的竞争优势正日益凸现，未来垂直行业B2B平台将成为投资者关注的焦点。

2. B2C成为网购未来发展趋势所在

互联网给商业模式的创新提供了无限动力，在B2C网络购物领域中，直销+互联网、目录+互联网、新媒体+互联网等越来越多新的运营商成功演绎了这些新型的B2C商业模式，而在这些新模式中发展得比较好的B2C企业大多都获得了风险投资多轮注资，比如红孩子已经吸引了恩颐投资、北极光以及凯鹏华盈等投资者的三轮融资；PPG先后赢得了TDF、集富亚洲与凯鹏华盈国际性风险投资公司的青睐，并获得他们的联合注资。

与C2C电子商务市场集中度高不同，B2C电子商务市场集中度还不是很高。目前，占据中国B2C电子商务市场份额前三位的京东商城、当当和卓越的市场份额之和仅为50%多一点，而剩余的大部分市场份额被各种垂直类的B2C电子商务平台所瓜分，与C2C的淘宝网一家独大有很大差别。这些垂直类B2C平台目标客户一般比较固定，产品往往以一类或几类为主，具有专业优势。短期内，B2C电子商务市场将仍然处于分散性的竞争结构中。

3. 跨国电子商务拓展电子商务企业空间

B2B领域内跨国贸易在电子商务的发展中比较顺利，而以前B2C以及C2C跨国电子商务最多的就是“代购”，多为私下进行，属于“灰色地带”。2010年6月，淘宝和日本雅虎的合作打破了B2C跨国电子商务这一困局。日本消费者可以登陆雅虎的“中国商城”购买淘宝店主的约5000

万件商品，而中国消费者则可以通过淘宝网的"淘日本"购买在日本雅虎商家提供的1000万件商品。虽然目前跨国购物还是一个尝试，所带来的不便要大于成果，但是电子商务要想进入广义阶段，就必须使得B2B、B2C、C2C国内和跨国交易一样方便。

另一方面，跨国电子商务不仅方便了消费者，也给我国外贸企业出口增添新的渠道。大量的外贸企业通过各种各样的网络平台将产品向国外输出。这种跨国电子商务模式，对于传统外贸是一种颠覆性的创新模式，为国内外贸企业带来了机遇和商机。同时，跨国电子商务应用的扩大化，也有助于提升电子商务企业的业绩空间，成为一个业绩突破点。

（三）投资风险分析

1. 政策风险

近年来，电子商务的快速发展引起了各级政府部门的注意，各级政府陆续出台政策以支持传统企业进军电子商务、规范整顿市场、保障信息安全等。这些措施的实施首先表示了对近年来电子商务发展成果的肯定，另一方面也透露出政府继续鼓励发展电子商务的决心。

但是，政策的制定是滞后于市场的发展的，而电子商务的发展速度如此之快，因此，实施政策时的环境和制定政策时的环境可能并不一致，这可能导致政策的导向作用达不到预期；其次，政策在制定时对市场的调查可能并未彻底全面，因此政策对行业内企业可能会产生约束，如《非金融机构支付服务管理办法》中对第三方支付企业的进入门槛"许可证"制度和备付金托管银行的规定等，可能会导致大部分中小企业"被迫"退出市场，客观上造成市场竞争效率的缺失；再次，电子商务的超高速发展，未来几年在某个领域可能会出现过热现象，如团购等，不排除政府会出台政策加以限制，以保证市场的有序运行，这些都需要企业管理者和投资者加以注意。

2. 信用风险

随着信息化的纵深发展，网络虚拟特点引起的信用问题在电子商务行业越来越显露。当前电子商务企业和消费者所面临的信用风险主要是虚假交易、假冒行为、合同诈骗、网上拍卖哄抬标的、侵犯消费者合法权益、网上盗窃等，这些违规现象限制了电子商务的应用范围，侵害了网络交易主体的利益。在《中国互联网络发展状况统计报告（2010年7月）》中显示，89.2%的电子商务网站访问者担心访问假冒网站；而他们如果无法获得该网站的进一步确认信息，86.9%的人会选择退出交易。这说明要使电子商务交易健康发展，必须建立更加可靠、可信的网络环境。

随着整个互联网信用体系的不断完善，信用风险在长期内会逐步降低。2010年出台的《中国电子行业电子商务企业信用资质认证实施办法》就旨在将电子商务交易双方信用信息纳入信用信息系统，逐步建立全国统一的电子商务信用资源共享机制，对企业与个人进行信用监督和约束。

3. 安全风险

根据《中国互联网络发展状况统计报告（2010年7月）》，2010年上半年以来，有59.2%的网民在使用互联网的过程中遭到病毒或木马的攻击，总数有2.5亿人；有30.9%的网民账号或密码被盗，这说明网络安全的问题仍然制约着互联网行业的应用，包括电子商务。

长期以来，电子商务应用由于网络的开放，电子线路可以被窃听、电子信息被复制及其他局限性，使得黑客攻击、病毒侵入、欺骗盗窃等非法现象屡禁不止，再加上技术的提高使得攻击工具的专业化等导致防护难度日夜增大。电子商务的安全性在起初就受到质疑，这大大降低了交易主体对电子商务的信赖程度，阻碍电子商务的快速发展。

4. 市场风险

从电子商务最近的发展特点看，B2C 领域正成为行业的一个热点，未来几年 B2C 会成为行业的“主战场”，B2C 的美好前景吸引了众多企业家的投资。纵观现在 B2C 电子商务全局，IT 家电、服装、药品、日用品、母婴用品等各种产品一应俱全，不仅销售领域覆盖了各个层面，经营领域也不断向纵深发展。

B2C 在快速发展的同时，也积聚了市场风险。首先是大多 B2C 企业面临投资大、回报小的困境。B2C 企业要花大量资金建立运营平台、充实货源等，还必须和 C2C 平台下很多“只赚好评不赚钱”的商家竞争，在很长一段时间内，很多 B2C 电子商务虽然销售额巨大，但仍然经营艰难。另一方面，B2C 企业正面临逐步同质化的危险。虽然有部分企业坚持自身的专业特色，但 B2C 网站之间的差异性仍然在开始缩小，各大 B2C 网上商城集体向百货型线路靠拢，纷纷由专注细分领域转型进军相关行业或突破原先在线销售的单一品牌与产品品类，开始了多元化经营。这种同质化经营模式加剧了市场风险。

5. 技术风险

技术风险广泛存在于各个市场。在电子商务行业，日新月异的技术创新不断推动着电子商务的发展，但同时也给电子商务应用企业带来了一定风险。

一方面技术风险指行业内其他企业技术创新而给本企业带来的相对技术落后、产品服务不能及时跟上消费者的需求等。比如 B2C 领域的亚马逊。亚马逊作为行业的领路者始终坚持创新，从全球最大的网上零售书店到百货再到引入第三方商户，打通了 B2C 和 C2C。在打造了全新的商业模式时，它又面向企业用户推出了“弹性云”，继而是 Kindle，为出版业和信息终端带来了颠覆式创新。它是全球第一个注意到 WEB2.0、长尾经济和口碑营销的企业，它比 Google 还要早提出“云计算”概念并将其商业化。亚马逊持久的技术创新能力给电子商务行业内其它企业带来巨大的压力和风险。

另一方面技术风险也指我国相对落后的物流配送体系日益成为电子商务发展的桎梏。电子商务时代的物流配送应具有信息化、网络化、现代化等特点，企业在配送决策上必须在配送成本和服务上之间进行平衡博弈。我国现阶段由于物流配送基础的落后、相关政策的不完善、集成化管理程度不高等因素导致电子商务物流配送体系与国外有相当大的差距。目前我国电子商务企业物流配送模式有三种：第一种是企业自建物流，如京东商城此次融资额的 50% 就是要构建企业自身的物流配送体系；第二种是企业与第三方物流共同构建；第三种是企业将物流全部外包出去。可以看到的是，目前电子商务领域正在引发一场物流革命。

总体来看，未来几年，电子商务的投资热点将集中在垂直类 B2B 平台和 B2C 企业上。垂直类 B2B 平台由于其专业和纵深的特点，能在众多平台中凭借个性和差异化的竞争优势胜出；而网络购物平台里，B2C 继续超速发展，将代替 C2C 成为发展趋势，并会有几家 B2B 企业上市。从整个电子商务行业来看，跨国电子商务和电子商务西进等将为电子商务提供续涨动力。

但是，基于电子商务的虚拟性特点，信用问题和网络安全问题仍然是电子商务发展的障碍，大大降低电子商务的可信赖度。另外，在电子商务某个细分领域，如第三方支付等，政策法规也会对整个行业影响巨大，行业内某些企业甚至面临退出的风险。

参考文献

[1]“1997～2009：中国电子商务十二年调查报告”[R]，中国电子商务研究中心，2009年9月11日

[2]“中国互联网络发展状况统计报告”[R]，中国互联网络信息中心，2010年7月
[3]“2010年中国电子商务 B2C 市场投资研究报告”[R]，清科研究中心，2010年6月
[4]“2010我国电子商务政策解读与预测研究报告”[R]，中国电子商务研究中心
[5] EZ Capital 中国创业投资第一在线交流平台，www.ezcap.cn
[6] 投资中国网，www.chinaventure.com.cn
[7] 易观智库，www.enfodesk.com

第四章　半导体 /IC 行业投资分析报告

2010年是中国半导体 / 集成电路产业跨越式前进的一年，继2009年稳步复苏后保持了较好的发展态势，国内的集成电路产业的发展迎来新的发展机遇，产业结构继续得到优化升级，国内集成电路产业设计业和制造业产值创出新高。2010年国内集成电路产业销售额1424亿元，同比增长28.4%[①]。总体来看，当前我国发展集成电路产业面临的机遇大于挑战，为进一步鼓励我国集成电路产业的发展，国家2010年出台了《关于加快培育和发展战略性新兴产业的决定》，并且"十二五"规划也高度重视对新一代信息技术产业的发展。

本报告首先介绍了2010年全球半导体产业的发展状况，然后重点分析了中国半导体 /IC 产业的发展情况、产业政策、产业风险投资情况，最后分析了中国半导体 /IC 产业的投资价值与投资风险。

一、全球半导体 /IC 行业发展概述

（一）全球市场发展概况

随着全球经济的好转以及市场需求的增长，全球半导体产业快速复苏。根据美国半导体行业协会（SIA）的统计，2010年第一季度，全球半导体销售额达692亿美元，与上一年同期的437亿美元相比，增长了58.3%；2010年前7个月，全球半导体销售总额同比增长46.7%至1692亿美元，2009年同期销售额为1153亿美元；2010年前10个月，全球半导体销售额达到2482亿美元，与2009年同期的1812亿美元相比，增长了37%。SIA 主席 Brian Toohey 表示，PC、移动设备和消费类电子产品仍是半导体产业未来高速增长的主要推动力。

在产能利用率方面，根据半导体国际产能统计组织（SICAS）的统计，2010年前三个季度的产能利用率依次为93.5%、95.6% 和95.0%，而2009年相应季度的产能利用率为55.6%、77.0% 和86.5%。并且2010年半导体的产业产能利用率已经超过金融危机前的水平，表明半导体产业伴随着宏观经济改善业已恢复往日快速发展的势头。

（二）全球主要厂商表现

根据半导体市场调研机构 IC Insights 于2010年7月30日公布的2010年上半年全球半导体20强榜单（见表4.1），英特尔和三星依然高居前两位，这两家大公司的营收规模总和占据了整个半导体市场的1/3；美国的德州仪器、日本的东芝和台湾的台积电紧随其后，分列第3、4、5位。在全球前20大半导体厂商（包括无工厂模式半导体厂商）中，共有7家美国公司、5家日本公司、3家欧洲公司、3家中国台湾公司以及2家韩国公司。

---

① 中国半导体行业协会。

排行榜上销售额增长速度最快的厂商是来自亚洲、总部位于日本的芯片制造商尔必达公司，该公司仅2010上半年就完成销售额35.38亿美元，几乎与2009年全年销售额（39.48亿美元）持平。另根据IC Insights于2010年11月15日公布的预测版2010年全球半导体20强榜单（见表4.2），尔必达公司2010全年销售额将同比增长75%。

另外值得注意的是，从已发布的半年业绩以及预测的全年业绩看，现排名第二的三星公司的增长势头明显强势于第一的英特尔公司，报告预计二者的全年销售额同比增长率分别为54%和24%。照此估计，三星公司有望在不久的将来夺走英特尔的龙头老大宝座。

表现欠佳的厂商方面，索尼公司首当其冲，排名从2009年末的第12位直线下滑至2010年半年期排名的第15位。预计的全年销售额增长业绩仅为8%，远低于前20名公司平均的35%的水平。

表4.1 2010年上半年全球前20大半导体供应商（按销售额排名）（单位：百万美元）

2010上半年排名	2009年排名	公司名称	总部所在地	2010上半年销售额	2009年销售额
1	1	英特尔	美国	193.95	323.25
2	2	三星电子	韩国	152.96	212.73
3	3	德州仪器	美国	62.52	96.97
4	5	东芝	日本	62.42	95.37
5	6	台积电	中国台湾	61.78	89.89
6	4	瑞萨	日本	56.08	96.49
7	9	海力士	韩国	52.62	63.20
8	7	意法半导体	欧洲	48.18	84.66
9	10	镁光	美国	44.42	54.50
10	15	尔必达	日本	35.38	39.48
11	8	高通	美国	32.38	64.09
12	11	AMD	美国	32.27	54.03
13	13	英飞凌	欧洲	29.78	46.17
14	14	博通	美国	29.51	42.71
15	12	索尼	日本	25.48	52.45
16	16	NXP	欧洲	21.84	35.47
17	19	飞思卡尔	美国	20.28	33.02
18	24	联华电子	中国台湾	19.78	28.15
19	17	联发科	中国台湾	19.64	35.00
20	18	富士通	日本	18.88	33.77
TOP20合计				1020.05	1581.40

资料来源：根据IC Insights公司发布的资料整理。

表4.2 2010年全球前20大半导体供应商（预测）（按销售额排名）（单位：百万美元）

2010排名（预测）	2009年排名	公司名称	总部所在地	2010年销售额	2009年销售额	同比增长率
1	1	英特尔	美国	400.95	323.25	24%
2	2	三星电子	韩国	326.77	212.73	54%
3	5	东芝	日本	134.54	95.37	41%
4	6	台积电	中国台湾	130.72	89.89	45%
5	3	德州仪器	美国	130.22	96.97	34%

2010 排名（预测）	2009 年排名	公司名称	总部所在地	2010 年销售额	2009 年销售额	同比增长率
6	4	瑞萨	日本	117.91	96.49	22%
7	9	海力士	韩国	106.00	63.20	68%
8	7	意法半导体	欧洲	102.12	84.66	21%
9	10	镁光	美国	92.22	54.50	69%
10	8	高通	美国	70.98	64.09	11%
11	15	尔必达	日本	69.19	39.48	75%
12	14	博通	美国	65.00	42.71	52%
13	11	AMD	美国	64.60	54.03	20%
14	13	英飞凌	欧洲	62.48	46.17	35%
15	12	索尼	日本	56.52	52.45	8%
16	16	NXP	欧洲	44.31	35.47	25%
17	19	飞思卡尔	美国	41.76	33.02	26%
18	18	富士通	日本	41.23	33.77	22%
19	24	联华电子	中国台湾	39.42	28.15	40%
20	20	松下	日本	39.07	32.37	21%
TOP20 合计				2136.01	1578.77	35%

资料来源：根据 IC Insights 公司发布的资料整理。

二、中国半导体 /IC 产业发展概述

2010年，在全球半导体 /IC 产业复苏与国内内需市场继续保持旺盛的双重带动下，中国集成电路产业强势复苏，彻底走出金融危机的低谷。仅2010上半年，集成电路产业全行业实现销售收入666.03亿元[①]，与2009年上半年458.99亿元的销售额相比，增幅达45.1%。IC 设计、芯片制造、封装测试均实现了大幅度的增长，上半年芯片制造业销售收入规模为209.21亿元，同比大幅增长51%；封装测试业销售收入规模为328.35亿元，同比更大幅增长了61.4%。IC 设计企业业绩也普遍大幅增长。上半年国内 IC 设计业整体发展势头良好，但受部分骨干企业销售额下滑的影响，其增速相对放缓。上半年国内 IC 设计业销售额增速为9.8%，规模为128.47亿元。

自2010年下半年开始，整个集成电路产业的发展与上半年有较大差异。根据中国半导体行业协会的全年统计，2010年国内集成电路产业销售额1424亿元，同比增长28.4%。其中，设计业销售383亿元，同比增长41.9%；制造业销售409亿元，同比增长19.9%；封测业销售632亿元，同比增长26.8%。

（一）发展现状

1. 市场规模大但产业实力不强

我国目前是全球第一大的集成电路产品的应用国，市场规模约占全球市场的1/3。中国集成电路产业的特点是：市场规模大，产业规模小，绝大部分产品依赖进口，本土设计、生产的集成电路产品只能满足国内约24% 的需求。根据国家海关的统计，2010年上半年，我国进口集成电路产

① 中国半导体行业协会。

品达722.5亿美元，同比增长45.9%，而同期的出口额仅为136.9亿美元，同比增长42.6%，进出口比例依然相差悬殊。

集成电路产业的设计环节是技术密集性环节，注重的是高层次科技、技术和工程人才，主要集中在美国、欧洲、日本等地；晶片制作环节是资本密集性环节，注重的是规模，往往也集中在美国、日本以及中国台湾地区；而装配和包装环节则是劳动密集性环节，需要的只是普通劳动力，主要集中在劳动力低廉而又丰富的东南亚地区。

在半导体产业价值链中，美国、日本及部分欧洲国家处于产业价值链的高端：大规模的开展基础研究与实验，有完善的风险投资机制，着重于信息技术的研究、开发和利用，不断推出新的技术和产品；韩国、新加坡等国家以及我国的台湾省处在产业价值链的中端：一方面为提高其半导体产品的国家竞争力，大力发展集成电路和关键元器件，进行产业升级；另一方面由于成本因素，又把更低端的产品向劳动力成本更低的国家和地区转移。相比之下，我国处于产业价值链的下游地位：一方面，无论是EDA工具、自主知识产权（SIP），还是关键的配套产业（设备制造业，材料业）的生产能力和生产水平都偏低，而国内的需求很大，供求矛盾突出；另一方面，由于劳动力的比较优势，我国内地集成电路企业多为代工企业，集成电路产业中IC设计与制造比重偏低，封装测试占主导。这种布局使得我国的集成电路企业在市场中竞争能力不强、经济效益不高。因此，未来我国集成电路产业有着及其广阔的发展空间，需要不断从价值链底端一步步向上爬升，缩小与世界的差距。

2. 产业进入了新一轮增长期

根据中国半导体行业协会的统计，2010年1月～11月，中国集成电路产量为593.69亿块，同比增长32.43%（见表4.3）。

表4.3　　2006年～2010年上半年我国集成电路产量及增长率

年份	2006年	2007年	2008年	2009年	2010年1月～11月
产量（亿块）	335.7	411.6	417.0	414.4	593.69
同比增长率	26.3%	22.6%	1.3%	-0.6%	32.43

资料来源：中国风险投资研究院、中国产业信息网。

2010年上半年，我国集成电路产业总体实现销售收入666.03亿元，同比增长了45.1%。整体来看，上半年产业销售额不仅恢复到2008年上半年的规模（2008年上半年产业销售额为640.25亿元），更在此基础上实现了一定的增长。其中二季度产业实现销售收入368.3亿元，增幅由一季度的46.80%收窄至43.70%，环比则比一季度大幅增长23.67%，表明国内集成电路产业进入了新一轮增长期（见图4.1）。

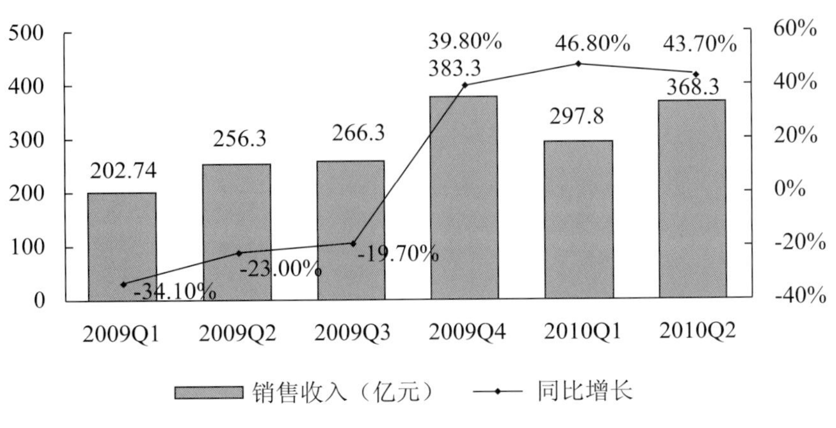

资料来源：CSIA，2010 年 8 月

图 4.1　2009 年第一季度～ 2010 年第二季度中国集成电路产业销售额及增长率

3. 设计、制造、封装测试三业并举的产业格局正在形成

集成电路产业是国际化竞争最激烈、产业资源流动和配置最为彻底的产业之一，每个国家和地区在参与集成电路产业价值创造的过程中，都会根据自身的资源禀赋，形成独特的产业结构，发挥国际比较优势。中国集成电路产业的发展也遵循这一规律，逐步形成了设计、制造、封装测试三业并举的产业格局，其总体趋势是设计业和制造业所占比例迅速上升（见表 4.4）。

表 4.4　　2010 年上半年度我国集成电路产业发展情况

序	指标名称	单位	2010 年一季度		2010 年二季度			2010 年上半年	
			实绩	同比 ±%	实绩	同比 ±%	环比 ±%	实绩	同比 ±%
1	集成电路产量	亿块	138.5	+89.2%	164.0	+37.5	+18.4	302.50	+49.4%
2	集成电路销售收入	亿元	297.8	+46.8%	368.23	+38.8	+23.7	666.03	+45.1%
	其中：IC 设计业	亿元	56.8	+0.5%	71.67	+18.5	+26.2	128.47	+9.8%
	IC 制造业	亿元	94.6	68.6%	114.61	+52.7	+21.2	209.21	+51%
	IC 封测业	亿元	146.4	62.4%	181.95	+40.4	+24.3	328.35	+61.4%

数据来源：JSSIA 整理。

封装测试环节是我国集成电路产业链中相对成熟的环节，其产值一度占据我国集成电路产业总产值的 70%。近年来，由于我国集成电路设计和芯片制造业的快速发展，封装测业所占比例有所下降，但仍然占据我国集成电路产业的半壁江山。

2008 年，IC 设计、制造、封装测试所占的比重分别为 16 ∶ 29 ∶ 55；而从表 4.4 可以看出，2010 上半年年这一比例变为 19 ∶ 31 ∶ 50，进一步接近世界成熟集成电路产业 3 ∶ 4 ∶ 3 的合理水平，表明我国集成电路产业正逐渐向高端化、高附加值方向发展。

（二）中国半导体 /IC 产业链分析

1. 集成电路设计业高速增长，但在世界份额中依然较低

近年来，我国集成电路设计业保持了平稳快速的增长，其发展速度之快是其他行业难以企及

的：一方面，我国集成电路设计业在2001年～2010年这10年间平均增速达到45.8%，远远高出全球15%的水平；另一方面，IC行业的总销售额在过去10年从2001年的14.8亿元发展到550亿元（2010年为预计数）。在全球的500亿美元的IC设计业产值中，我国IC设计业占比达到15%，占国内集成电路产业的比重也从2001年的5.5%提升到2010年的19%。

与此同时，企业的实力也今非昔比。在2000年，仅有4家企业销售收入过亿元，截至2010年，有近80家企业破亿元。其中，有7家企业的销售额达到2亿美元以上，而且，海思半导体的销售收入已跨过7亿美元的门槛。

我国集成电路设计业的水平以及创新能力也在不断的提升。我国集成电路的设计水平从2000年以0.8微米～1.5微米为主，到2010年设计企业普遍具备0.13微米以下工艺水平和百万门规模设计能力，海思半导体等领军企业具备了45/40nm设计能力，最大设计规模超过1亿门。从技术水平来看，目前我国已经有8%～10%的产品进入65纳米工艺节点。

2. 集成电路制造业已成功融入全球产业竞争链

IC制造业是我国集成电路产业中的关键环节，近年来得到了较快的发展。2000年，我国最好的制造工艺仅为0.25微米，而2010年中芯国际的12英寸生产线已经可以量产65纳米芯片。

目前，中国已经成为全球重要的集成电路芯片制造业制造基地，涌现出张江高科、上海贝岭、士兰微、长电科技、方大等IC制造代工企业，融入全球产业竞争。

2010年全年，国内芯片制造业共实现销售收入409亿元，同比增长了19.9%，在三业中的比重为28.7%。但值得指出的是，国内芯片制造业的对外依存度还很高，受国际市场的影响也很大。尽管2010年，在出口和内需复苏的拉动下，国内芯片制造业呈现出显着增长的趋势，但两年前市场低迷时期芯片制造业产能闲置、业绩下滑的表现依旧不容忽视。此外，对国内IC制造企业而言，还受到资金和技术的限制。目前，我国最领先的IC制造厂商和国际最高技术水平的差距约1代～1.5代，要保持1代～1.5代的差距就必须不断的进行资本投入。一旦我国IC制造企业离国际最高水平的差距扩大，就很难在国际市场上获得大宗加工订单，最后的结局就是被淘汰。所以，国内IC制造企业必须获得持续的资金投入才能发展。

3. 集成电路封测业呈现外商独资、中外合资和内资三足鼎立

封装测试业在我国集成电路三个子行业中规模是最大的。但从销售规模上看，中国前十大集成电路封测企业中，8家是国际半导体公司在华建立的独资或控股的封测企业，内资和内资控股的企业仅有2家，总体上内资企业在行业中尚处于相对弱小的地位。2010年我国封装测试业销售收入将达632亿元，增速约为26.8%，增速高于行业整体增速。

一直以来，我国集成电路产业结构不合理，封装测试业在全行业中所占比重过大。2004年～2008年，封装测试业一直占据着全行业的半壁江山。自2009年开始，封装测试业销售收入占全行业的比重降至50%以下，2010年比重降至44%。

从封测业企业性质来看，我国集成电路封装测试业明显呈现外商独资、中外合资和内资三足鼎立的格局。其中由飞思卡尔、英特尔、飞索、松下、富士通、意法半导体等国际大型集成电路企业在华投资设立的封装测试厂，无论在规模上还是在技术水平上都居于主导地位。而由于资金和技术因素的限制，大部分内资企业的封装形式仍主要停留在DIP、SOP、QFP等中低端领域，但近几年来，以长电科技、天水华天等为代表的一批内资封装企业迅速崛起，其封装规模和技术水平都在不断扩大和提高，在PGA、BGA、CSP、MCM等先进封装产品的开发方面取得了显著成果，与国际先进水平的差距正逐步缩小。

（三）中国半导体 /IC 行业发展特点及存在的问题

1. 产业发展特点

2010年，中国集成电路产业发展状况主要呈现以下几个特点：

（1）市场呈现显著的触底回升势头，产业迎来新一轮发展高潮。2010年，中国集成电路产业彻底摆脱金融危机的阴霾，设计、制造、封装均取得了大幅增长，尤其是设计业迎来了全面爆发性增长。由于2009年的特殊背景使得2010年上半年需求强劲反弹，一方面是来自市场的复苏和真实成长，另一方面则是渠道库存的补充，供需失衡达到高峰，进入少有的卖方市场。CSIA 的数据显示，2010年，中国集成电路市场的发展与全球市场基本同步，在经济好转以及市场需求增长的促进因素下，半导体产业站在一个新的起点上，进入新一轮增长期。

（2）市场应用热点增多。2010年，很多领域都有新的应用在发生，这也为中国的半导体行业提供了更多的发展机会。智能手机、平板电脑和平板媒体乃至汽车电子等应用的需求带动半导体/IC 行业的快速成长，特别是移动通信市场，短距离无线集成电路芯片的需求增加迅速，蓝牙集成电路芯片在短距离无线集成电路市场处在主导位置，占据短距离无线集成电路市场58% 的份额，Wi-Fi 集成电路处在第二位置，约为总产量的35%，其他属于 NFC、UWB 和502.15.4 ICs。此外，中低端手机芯片在山寨机市场的抢夺更加白热化，由模仿 iPad 而新兴的国内嵌入式移动设备对诸如 ARM9 或 A8 核处理器的需求非常旺盛。

（3）集成电路产业两极分化态势明显。集成电路产业2010年两极分化态势明显：一方面，强者愈强，马太效应开始显现。以展讯、海思、国民技术为代表的一批具备资金、技术的公司向先进工艺加速过渡，确立了先发和平台优势，寡头竞争在数字集成电路产业中已经形成；相比之下，许多企业因为自身规模偏小、后期投资乏力等原因被卷入整合大潮中，被外资整合收购（如 Atheros 收购上海普然；德州仪器收购成芯；联发科并购苏州傲视通；豪威科技收购上海捷顶）。

2. 产业发展问题分析

尽管2010年，我国 IC 产业取得了良好的发展，进一步夯实了基础，但与国外先进水平相比，仍然存在很大差距，IC 产业的发展正面临着诸多严峻挑战。

（1）自主创新力度不足。中国集成电路产业经过多年的高速发展，已经形成了一定的规模，但随着产业格局的调整和竞争的加剧，高速增长越来越难以维系。究其原因，除去在摩尔定律引领下的集成电路生产正在逼近物理定律这一客观挑战以及症结就在于自主创新的力度不足，缺乏大宗的中高档设计产品，低水平重复开发、价格恶性竞争，没有形成持续投入能力和研发创新的环境，产品更新换代跟不上市场变化的步伐。

（2）政策缺陷造成产业链衔接不畅。近年来，我国集成电路产业一直呈现“大进大出”的现象：市场所需的产品80% 以上依赖进口，而国内生产的产品又有近80% 出口，究其原因，就在于一些政策的缺陷导致国内集成电路产业链衔接不畅。最典型的例子就是制造业领域的“体外循环”：企业先出口芯片退税，再以来料加工贸易方式将芯片进口卖给国内整机生产企业免除增值税，而整机生产企业的产品则最终出口。

（3）高级 IC 设计人才培养模式单一与人才流失并存。相对雨后春笋般诞生的设计公司，设计人才特别是高级人才的极度匮乏成为日益突出的大问题。一方面，现在中国缺乏一所世界性大学，也缺乏世界性大学的规划，没有像硅谷与斯坦福那样大学研究与企业应用结合紧密、教学与实践结合紧密的发展基地，人才培养主要依赖教学模式。另一方面，吸引高素质人才的机制不够完善：国内高素质人才享受的薪酬吸引力不够，获得的培训机会不够，企业缺乏对人力资本的足够重视。

（4）产业整合和重组的资本渠道不通畅。我国大多数 IC 企业处于起步期或成长期，政府背景的风险投资、国内金融机构和国内大整机系统企业的投资部门对本土 IC 企业的信任还没有建立起来，对 IC 中小企业发展重视程度不够。此外，国内创业板的政策环境还不完善，难以满足目前我国 IC 产业现阶段对“整合和重组”的需求。资本渠道不通畅造成企业资金短缺问题严重，我国国内 IC 产业整合受到严重限制。

（四）行业企业发展状况及业绩分析

1. 行业企业总体发展状况

“十一五”期间，我国半导体 /IC 企业发展迅速，截至2010年11月，我国集成电路行业内共有规模以上企业493家，其中大型企业有27家，占5.48%；中型企业131家，占26.57%；小型企业335家，占67.95%。大中型企业的数量比例较少，小型企业数量占有较大比例（见图4.2～4.3）。

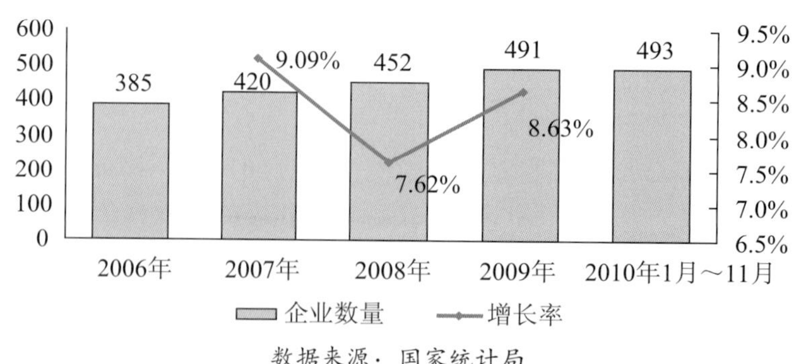

数据来源：国家统计局

图4.2　2006年～2010年11月我国集成电路制造行业企业数量增长趋势

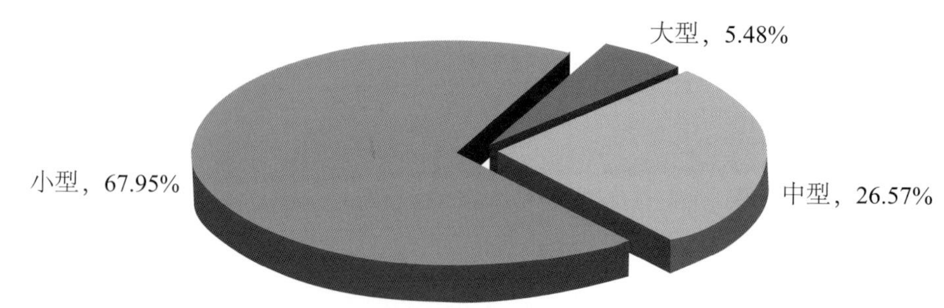

数据来源：国家统计局

图4.3　2010年1月～11月中国集成电路制造行业不同类型企业数量份额

近年来，中国 IC 产业的发展过程中，出现了不少以市场为导向，具有竞争活力的公司。企业向主流核心产品拓展，网络多媒体终端成未来创新突破点。一些有实力的公司正在积蓄力量，准备向核心领地，如手机、上网本等领域发起冲击。未来2年～3年，智能手机、数字电视、电子书、物联网和医疗电子产品等领域都将是本土 IC 产业的创新突破点。此外，3G 带动手机向多媒体转变，对无线互联、音频、视频、图像的处理功能的需求增强。未来智能手机市场容量巨大，对芯片方案的需求也会不断变化，这将给本土IC产业公司带来更多发展机会。

IC设计企业方面：2010年10大本土IC设计公司收入均破1亿美元[①]，而2009年中国内地IC设计公司销售收入突破1亿美元的只有5家。10家公司中除国民技术、海思、深圳国微外，其余7家与手机行业相关。IC设计行业企业正呈现“分工极致化”与“企业虚拟化”的特征，纵向整合成未来方向：随着半导体产业分工的日益细化，不仅封装测试、芯片代工等生产环节已经独立于IC设计行业之外，产品销售、方案提供、IP开发、甚至整体芯片设计也已成为独立的业务与专业化的企业，IC设计行业正呈现“分工极致化”与“企业虚拟化”的特征。目前，国内IC设计行业激烈的市场竞争恰恰加速了这一演变进程，不断被压缩的利润空间使得IC设计公司很难维持一个庞大的人员团队，“轻型化”与“灵活性”对IC设计企业显得更加重要。

IC制造企业方面：从2010上半年的情况来看，中国IC制造企业运营状况恢复的情况令人欣慰；从技术角度看，国内企业也没有放慢其在高阶工艺领域的前进脚步，中芯国际65纳米低功耗产品已经开始试生产，其45纳米产品也已在客户的认证过程中。尽管中国拥有全球最大的集成电路市场，但以中国IC设计企业目前的实力，还无法为艰难度日的中国IC制造企业提供充足的“食粮”，因此，中国IC制造企业还必须对全球其他地区尤其是北美市场给予更多的关注。

IC封测企业方面：在半导体产业链中，IC封测是目前中国唯一能与全球先进水平进行竞争的环节。2010年2月，Gartner公布《2009年全球半导体封装测试企业收入排行榜》，长电科技以3.42亿美元的收入排名跃升全球第8位，宣告中国内地封测企业正式跻身全球十强，2010年上半年长电科技完成销售收入16.39亿元，利润总额超亿元，实现了历史最好成绩，内地封装测试的兴起同样受惠IC设计产业的崛起。2010年上半年，由于近期欧洲债信风暴、朝韩紧张关系、内地人力成本升高等利空消息不断，封测业不大景气；进入下半年后，就各家厂商最新的资本支出规划来看，由于IC封测产能严重吃紧，包括日月光、矽品、矽格、力成等封测企业相继宣布调高年度的资本支出。其中在全球市场占有率达18%的日月光更是积极在两岸展开建厂动作，其2010年资本支出将从原订的4亿～5亿美元，调高至6亿～7亿美元。

2. 行业上市企业的发展状况及业绩分析

2010年，我国电子元器件行业利润增长率明显领先整个电子信息产业。工信部日前数据显示，2010年1月～11月份我国电子器件制造业、电子元件制造业利润总额同比增长分别为207.4%、61.0%，明显高于电子信息行业的另外两大子行业通信设备制造业（18.9%）、电子计算机制造业（29.8%）。根据中国证券报公布的A股电子元器件行业的业绩预喜预告，其中预喜的20家公司中，利润增长率都超过了100%，蓉胜超微、实益达的预计利润增长率分别达到338%～385%和400%～430%，大族激光的利润预计增长率甚至高达11 900%～11 930%。

重点上市公司业绩情况如下：

（1）大唐电信（IC设计业）。大唐电信科技股份有限公司是电信科学技术研究院控股的高科技企业。公司于1998年9月在北京注册成立，注册资本4.39亿元。1998年10月，公司股票“大唐电信”在上海证券交易所挂牌上市（股票代码600198）。公司主要从事微电子、软件、通信接入、通信终端、通信应用与服务等领域的产品开发与销售，是国内具有自主知识产权的信息产业高科技骨干企业，已形成以智能卡与SoC芯片为核心技术的芯片产业、以运营支撑系统为核心技术的软件产业、以新一代通信接入及其相关业务为核心的通信设备产业、具有一流设计技术和团队的

① 赛迪网。

通信终端产业、与微电子、软件、通信终端协调发展的通信应用和服务产业。2010年三季度，大唐电信财报显示，该公司前三季度实现营业收入25.9亿元，同比增长18.9%；净利润2703.66万元，同比下降30.6%；每股收益0.0616元[①]。

（2）士兰微（IC设计业）。杭州士兰微电子股份有限公司是一家专业从事集成电路以及半导体微电子相关产品的设计、生产与销售的高新技术企业，公司目前的主要产品是集成电路和半导体产品。2003年3月，士兰微电子在上海证券交易所挂牌交易（股票简称：士兰微；股票代码：600460），成为第一家在国内主板上市的集成电路芯片设计企业。2010年前三季度公司实现营业收入11.13亿元，同比上升67.22%，净利润19 531.94万元；前三季度每股收益为0.4800元[②]。

（3）展讯通信（IC设计业）。展讯通信有限公司（"展讯"）成立于2001年4月，目前在美国硅谷、圣地亚哥和中国的上海、北京、深圳、天津等地设有分公司和研发中心。展讯致力于无线通信及多媒体终端的核心芯片、专用软件和参考设计平台的开发，为终端制造商及产业链其它环节提供高集成度、高稳定性、功能强大的产品和多样化的产品方案选择。两年前以惊人速度滑落的展讯，如今正以同样惊人的速度回升。2010年11月18日，展讯通信（NASDAQ:SPRD）公布的2010年第三季度财报显示，当季营收9620万美元，同比增长150.7%；实现净利润1950万美元，和2009年同期的60万美元相比增长31.5倍[③]。

（4）苏州固锝（IC制造业）。苏州固锝电子股份有限公司成立于1995年，2006年11月在深圳证券交易所挂牌上市（股票简称：苏州固锝；股票代码：002079）。目前，公司已成为世界最大的二极管生产商之一，是国内半导体分立器件行业最大的二极管制造商，月产量可达2.5亿只，占世界产量的8%～9%。其主要产品包括整流二极管芯片、轴型硅整流二极管、开关二极管、稳压二极管、微型桥堆、金属玻璃封装大功率整流管等。2010年前三季度，公司实现营业收入6.26亿元，同比增长62.12%，净利润5377.16万元，同比增长8.85%，每股收益0.1950元[④]。

（5）长电科技（IC封测业）。江苏长电科技股份有限公司是中国著名的分立器件制造商，集成电路封装生产基地。公司于2003年6月在上交所A板成功上市（股票代码：600584）。目前，长电科技已拥有与国际先进技术同步的IC三大核心技术研发平台，形成年产集成电路75亿块、大中小功率晶体管250亿只、分立器件芯片120万片的生产能力，已成为中国最大的半导体封测企业，正全力挤身世界前5位。2010年前三季度，公司共实现营业收入26.45亿元，同比上升60.9%；净利润为1.52亿元，与2009年同期的110万元相比，同比上涨15 215.13%；每股收益为0.2269元[⑤]。

（6）通富微电（IC封测业）。南通富士通微电子股份有限公司成立于1997年10月，并于2007年8月在深圳证券交易所上市（股票简称：通富微电；股票代码：002156）。公司专业从事集成电路封装测试，由中方控股并负责经营管理。2009年以来，公司研发取得多项成果，移动通信用BGA已实现量产；QFN类产品实现规模化生产。另外，公司开发成功MSOP、TOHC、PDFN等多个新产品；CSP技术也处于量产准备阶段。加上原本具有的DIP/SIP系列，QFP/LQFP系列、CP系列、MCM系列等产品，公司已成为产品门类相对比较齐全的专业封装测试厂商。公司封测规模在内资控股企业中居第一位，领先于长电科技、华天科技。2010年三季报显示，公司前三季

① 证券之星。
② 证券之星。
③ 证券之星。
④ 证券之星。
⑤ 证券之星。

度实现营业收入13.17亿元，同比增长53.55%；净利润11 711.64万元，同比增长7.74%。每股收益0.3370元[①]。

三、行业风险投融资概况及特点

（一）行业投融资概况

中国国家统计局数据显示，2010年前三季度，中国电子器件行业分别完成投资1090亿元，投资增速由2009年同期负增长 -3% 转为正增长64.3%；电子元件行业完成投资714亿元，由2009年同期的增长1.2% 上升到21.2%。

2010年，IC 设计公司迎来上市潮：从年初的欧比特、国民技术、国腾电子、福星晓程到年末刚刚过会的北京君正、东软载波，再到美国 NASDAQ 的锐迪科，截至2010年底，内地已经有7家 IC 设计公司上市或过会。中国半导体设计从来没有像2010年这样风光，2010年之前，内地半导体设计企业只有中星微、珠海炬力、无锡美新、上海展讯4家公司在美国 NASDAQ 上市以及复旦微电子在香港上市，过去15年内地上市的 IC 设计公司还没有2010年一年多。

2010年前11个月，半导体行业的 VC 投资有9例，投资额6700万美元，退出交易成功4例；PE 投资有5例，投资金额4400万美元[②]；2010年，内地已经有包括中星微、珠海炬力、无锡美新、国民技术、锐迪科等多家公司上市。其中，锐迪科在海外（美国 NASDAQ）上市，募集资金6750万美元[③]。

（二）行业投融资概况及特点

2010年，我国半导体行业的发展步入大幅跨越阶段，产业发展明显加快，产销和收入增速明显，半导体企业获得了大量的风险投资。从投资金额来看，2010年中国半导体行业公开的单笔投资金额大都在1000万元以上，相比2009年有很大增幅。从投资时间来看，大部分投资事件均匀分布在全年各个时段。总体看来，有如下几方面特点值得关注：

（1）落子内地，投资布局转移西部。2010年2月，美光扩大对西安半导体产业投资，西安高新区与美国美光科技公司签署新投资项目合作协议，美国美光科技公司在已投资2．5亿美元到西安高新区后，将再投资3亿美元在此发展半导体测试项目。2010年7月，全球 IC 设计巨头中国台湾联发科宣布将落子成都，作为全球第四大 IC 设计公司的台湾联发科技斥资480万美元在成都设立联发科技（成都）公司。这一系列的举措标志着其 IC 设计产业在内地布局向纵深的中西部转移，这一方面与西部大开发背景下政府支持鼓励外商投资有关，另一方面也与部分地区（如西安、成都）教育资源丰富、人才成本低、消费水准较沿海城市低，生活品质相对好等因素有密切关系。

（2）制造代工企业运营模式更加丰富。本土半导体代工业龙头中芯国际正悄悄走出纯粹代工制造模式，开始投资半导体设计企业。2010年11月16日中芯国际宣布，将投资一家名为灿芯半导体的企业，允许后者为客户提供基于中芯国际代工与专利技术服务的整体解决方案，这是中芯国际创立以来首度投资一家独立的芯片设计与服务型企业。

① 证券之星。

② “中国创投暨私募股权投资市场2010数据回顾”，清科研究中心。

③ 风险投资网。

（3）频繁并购昭示半导体成为内地资本市场热点。2010年在众多IC设计公司走向IPO的同时，半导体业界并购不断：上海普然被Atheros以8500万美元收购，联发科2000万美元收购傲视通，上海捷顶被美国Omnivision收购，无锡美新1800万美元收购无线传感器网络方案提供商CROSSBOW，德州仪器收购成芯，中芯国际收购新芯，等等。这些并购中不仅有内地创业公司被海外收购，也有内地上市公司并购海外公司，中国半导体在资本市场的活跃程度从来没有像2010年这样频繁。与上市发行类似，创业企业被收购是VC成功退出的方式之一，在经历了几年的资本寒冬后，内地半导体产业频繁的资本运作预示着新一轮投资潮的来临（见表4.5）。

表4.5 2010年中国半导体行业风险投资案例一览

融资企业	投资公司	投资时间	投资金额
华灿光电	开投基金、IDG	2010年1月9日	1.5亿元
中微半导体	Lightspeed Partners、Redpoint Ventures、高盛亚洲、华登太平洋创业投资管理有限公司	2010年3月11日	4600万美元
美芯晟	美国中经合集团	2010年3月17日	-
展讯通信	银湖投资	2010年3月26日	4000万美元
凌旭	集富亚洲、新扬投资、卫华科技等	2010年4月20日	1050万美元
中宙光电	苏州海竞信息科技集团	2010年7月7日	5000万元
华尔光电子	招商局中国基金	2010年9月8日	1500万元
粤晶高科	风华高科	2010年9月8日	-
成都成芯	德州仪器	2010年10月15日	-
同方微电子	晶源电子	2010年11月12日	15亿元
易美芯光	金沙江创投、北极光、IDGVC	2010年12月9日	5000万美元
硅能半导体	深圳创新投资集团	2010年12月30日	-

资料来源：投资潮网站。

（三）行业风险投资重要案例

1. 武汉华灿光电获开投基金、IDG等1.5亿元投资

2010年1月6日，武汉华灿光电有限公司总裁刘榕证实，公司将获得1.5亿元融资，这笔资金将主要用于生产线扩产。此番1.5亿元融资由四家投资机构组成，其中，国家开发银行和思科系统合资的开投基金投资6500万元，美国著名风投IDG投资3000万元，其余部分由浙江民营资本组成。这是美国IDG资本给华灿光电的第二轮融资，第一轮在2008年3月，IDG曾单独投资7000万元，加上此轮，IDG总共投资额达1亿元，约持有华灿光电30%股份。目前华灿光电全套LED外延和芯片生产线已成规模，已有每月20 000片2英寸外延的一期生产能力。业内人士认为，在低碳经济的背景下，2010年将是LED产业发展的黄金年，电视、照明、汽车尾灯等将共同驱动LED高速增长，产业则处于迅速扩产期。

2. 中微半导体第四轮融资

2010年3月11日，中微半导体设备有限公司宣布获得4600万美元的第四轮融资，原有投资方上海创投、华登国际、光速投资、高盛、红点投资、全球催化剂合伙人、中西部合伙人、湾区合伙人以及美国高通公司投资部继续参与了这轮投资。中微半导体是以亚洲为基地的领先的半导体设备公司。公司以独立自主的知识技术产权，先进的加工技术，提高产能，并降低制造成本，为全球

先进的芯片生产厂家提供一系列高端的芯片生产设备。

3. 中经合注资美芯晟

2010年3月17日，中经合集团宣布正式注资美芯晟科技有限公司。美芯晟成立于2008年，是一家具有领先创新技术，拥有自主知识产权，专门为LED通用照明、液晶显示器背光照明和家用电器等提供高效LED驱动芯片和电源管理芯片的公司。现阶段拥有四条产品线的美芯晟，将会运用此次融资，扩大生产、销售及新产品研发。

4. 凌旭完成第三轮1050万美元融资

2010年4月20日，创新高速数字接口芯片开发商凌旭（Synerchip）宣布，该公司完成总额1050万美元的第三轮融资。本轮投资由集富亚洲（JAFCO Asia）和台湾新扬投资（Pac-Link Capital）领投，此前的投资者蔚华科技（Spirox），Magic Shares，Shinden和凌旭首席执行官李大范（David Lee）也参加了本轮投资。

凌旭成立于2005年，专业开发创新的高速数字接口，使下一代的消费性电子产品网络可以更安全、更稳定地同时收发视音讯号与数据，以创造最佳的家庭娱乐效果。此前八大彩电厂商在购买其接口技术后，逐步形成数字高清互动传输接口技术（DiiVA）联盟。目前，凌旭与海尔、海信、TCL均保持着不错的合作关系，并且也与索尼、三星等国际品牌展开谈判。

5. 中宙光电获苏州海竞投资

2010年7月7日，浙江中宙光电股份有限公司获得一笔超过5000万元的投资，由苏州海竞信息科技集团有限公司领投。据悉，该融资为中国LED封装行业最大单笔风投融资。中宙光电是一家高科技光电企业，主要从事超高亮度、高功率LED封装及高性能LED照明应用产品研发、生产和销售，月LED封装能力接近1亿只，是华东地区规模最大的LED封装及应用产品开发企业之一。

6. 招商局注资华尔光电子

2010年9月8日，招商局中国基金宣布向扬州华尔光电子材料有限公司注入现金1500万元，同时，另一名投资者陈宝昌则斥资500万元。注资完成后，招商局将持有华尔光电经扩大股本中7.5%权益，而陈宝昌将持有45.6%权益，继续保持其华尔光电单一最大股东地位。华尔光电主要从事高纯石英坩埚的研发与生产，其所制造的石英坩埚产品是目前生产单晶硅硅锭的必备消耗性原材料，而单晶硅硅锭主要用于生产单晶硅太阳能电池片及半导体晶片。

7. 易美芯光获金沙江创投、北极光及IDG资本投资

2010年12月10日，易美芯光（北京）科技有限公司（ShineOn）获得来自金沙江创投、北极光及IDG资本的5000万美元联合注资，这是迄今为止国内最大的针对高亮度LED封装项目的国际资本投资。易美芯光是一家以高亮度LED（HB LED）封装为主体，并具有高亮度芯片和应用产品研发制造能力的外资高新技术企业。

四、行业政策环境分析

集成电路产业是国家战略性新兴产业，是国民经济和社会信息化的重要基础。近些年来，我国集成电路产业快速发展，产业规模迅速扩大，技术水平显著提升。但与国际先进水平相比，我国集成电路产业发展基础仍然薄弱，企业科技创新和自我发展能力不强，应用开发水平有待提高。为鼓励软件产业和集成电路产业发展，国家从2000年起，逐步制定了多项优惠政策。政策环境的

不断改善，为我国集成电路产业的发展营造了良好的环境，并起到了有力的推动作用。

“十二五”是我国集成电路产业发展的关键时期，国家部委进一步致力于完善产业政策，科学制定“十二五”产业规划。2010年初，《进一步鼓励软件产业和集成电路产业发展的若干政策》上报国务院。在“扶优扶强”的政策思路下，一年来，国家很多项目投入和支持基金都在朝“减项目，增额度”的方向转变，培养龙头企业，提升技术、产品创新发展能力。同年10月，国务院通过《国务院关于加快培育和发展战略性新兴产业的决定》，进一步将软件产业和集成电路产业写入“十二五”计划的蓝图中。2011年1月12日，国务院常务会议敲定鼓励软件产业和集成电路产业发展的六项政策措施（国六条），随后颁布《进一步鼓励软件产业和集成电路产业发展的若干政策》，引导软件产业和集成电路产业在“十二五”期间进入“由大到强”的阶段。同期，软件产业和集成电路产业的“十二五”相关规划正在进一步的编制中。

（一）《关于加快培育和发展战略性新兴产业的决定》

1. 政策概述

2010年10月18日，国务院下发《关于加快培育和发展战略性新兴产业的决定》（下称《决定》），明确将从财税金融等方面出台一揽子政策加快培育和发展战略性新兴产业。到2015年，战略性新兴产业增加值占国内生产总值的比重要力争达到8%左右。《决定》指出，根据战略性新兴产业的特征，立足我国国情和科技、产业基础，现阶段将重点培育和发展节能环保、新一代信息技术、生物、高端装备制造、新能源、新材料、新能源汽车等七大产业。

其中的“新一代信息技术产业”部分指出：加快建设宽带、泛在、融合、安全的信息网络基础设施，推动新一代移动通信、下一代互联网核心设备和智能终端的研发及产业化，加快推进三网融合，促进物联网、云计算的研发和示范应用。着力发展集成电路、新型显示、高端软件、高端服务器等核心基础产业。

2. 政策解读

首先，从培育和发展战略性新兴产业大局来看，其核心环节是增强自主创新能力，竞争实质是核心产品技术的竞争，而集成电路是所有电子产品物理硬件的核心，是否拥有自主知识产权的核心芯片决定了整个产业链条的竞争高度。因此，集成电路产业是关系国民经济和社会发展全局的基础性、先导性和战略性产业，《决定》关于新一代信息产业的振兴规划中特别指出：着力发展集成电路、新型显示、高端软件、高端服务器等核心基础产业。这表明集成电路产业会继续成为今后五年着力发展的核心基础产业，国内集成电路产业的发展将再次迎来新的发展机遇，产业结构继续得到优化升级，国内集成电路产业设计业和制造业产值将不断得到提高。

其次，从相关行业政策来看，以三网融合、物联网、下一代通信网络等热点为代表的战略性新兴产业，从本质上说是核心集成电路芯片在多个产业领域的交叉融合应用，重点新兴产业应用市场的兴起将衍生出多层次的集成电路市场需求，有效解决集成电路整个产业链覆盖面不够的问题。同时将相关材料、装备、仪器和仪表等纳入到扶持政策中，使集成电路的设计、制造、加工、封装、测试等环节都有所突破，从而有利于集成电路产业的快速发展。

再次，从集成电路本身政策来看，通过侧重发挥财政资金对产业发展的引导和促进作用，必将能带动重点领域核心集成电路、电力电子器件和半导体发光二极管等关键技术和产品的研发及产业化，提高产业自主创新能力。

所以，不管是相关行业政策，还是集成电路本身政策来看，我国的集成电路都将面临难得的发展机遇，大规模集成电路产业也将迅速得到发展。

（二）《进一步鼓励软件产业和集成电路产业发展若干政策的通知》

1. 政策概述

中国国务院于2011年1月28日发布实施由工信部、发改委和财政部联合制定的4 号文件《进一步鼓励软件产业和集成电路产业发展若干政策的通知》（以下简称《通知》），《通知》指出，软件产业和集成电路产业是国家战略性新兴产业，是国民经济和社会信息化的重要基础。因此这次国务院常务会议确定了鼓励政策三十一条，包括强化投融资支持、加大对研究开发的支持力度、实施税收优惠、加强人才培养和引进、严格落实知识产权保护制度、规范市场秩序六个方面的政策措施。

《通知》明确提出，在强化投融资支持方面，中央预算内投资支持符合条件的集成电路企业技术进步和技术改造项目。鼓励、支持企业跨地区重组并购，加强产业资源整合。引导设立股权或创业投资基金等；在税收优惠方面，国家将继续实行对软件产品的增值税优惠政策，包括软件增值税优惠政策和所得税“两免三减半”、“五免五减半”优惠政策，对从事软件开发与测试，信息系统集成、咨询和运营维护的企业免征营业税。

2. 政策解读

2000年的国发18号文件印发以来，我国集成电路产业快速发展，但与国际先进水平相比，我国集成电路产业还存在发展基础薄弱，应用开发水平不强，产业链有待完善等问题。国务院印发《进一步鼓励软件产业和集成电路产业发展的若干政策》，在延续原18号文优惠政策的同时，确定了包括税收、投融资、研发、进出口、人才、知识产权、市场等7个方面的政策措施，尤其加大了集成电路产业的支持力度。国家的有关扶持政策力度继续加大，政府将进一步发挥财政资金对产业发展的引导和促进作用，提升技术、产品创新发展能力。

“新18号文件”有以下4大亮点：

（1）新增集成电路企业财税支持，鼓励技术升级与产业转型。

（2）投融资方面，首提加强产业资源整合，行业集中度有望进一步提升。

（3）新增进出口支持，简化集成电路设计企业进口审批手续；同时，支持企业“走出去”建立境外营销网络和研发中心，商务部及有关部门与重点国家（地区）建立长效合作机制，为拓展新兴市场创造条件。

（4）新增集成电路人才、知识产权、市场政策，将集成电路行业提升至与软件行业基本相当的支持高度，为行业未来实现健康、有序、较快发展奠定坚实的基础。

“新18号文件”对集成电路产业主要有以下影响：

对于集成电路制造企业，“新18号文件”明确了对采取0.8um 以下生产工艺的电路制造企业实行“两免三减半”的税收优惠。根据安信证券的预计，税收减免政策有望在近年帮助主要半导体功率器件和分立器件生产商，如士兰微、华微电子、东光微电等，增加利润约2% ～8%。

对于集成电路封测企业，“新18号文件”首次在税收优惠上专门提出将对集成电路封装测试企业给予所得税优惠，根据安信证券的观点，这将帮助集成电路企业，如华天科技、通富微电、长电科技、苏州固锝等，提升盈利约2% ～3%。

对于集成电路设计企业，“新18号文件”在对集成电路设计企业的税收优惠上基本继承了旧文件，对电路设计企业影响相对较小。

2000年“原18号文件”针对集成电路增值税退税优惠未能得以延续，该优惠政策曾迫于美国压力于2005年被取消。由于新政策并未恢复该项优惠，一定程度上削弱了对国内集成电路企业支持力度，但对于外资集成电路产业供应链一环的国内外包企业而言可以认为是一种利好。由于企业不分所有制性质均可享受优惠政策，表明政策同时惠及在大陆设厂的台湾及其他外资企业，这对内资企业有一定影响。

此外，“新18号文件”最大的亮点在于“积极支持符合条件的软件企业和集成电路企业采取发行股票、债券等多种方式筹集资金，拓宽直接融资渠道。”这些政策及国家相关部委陆续出台的一系列配套措施，对促进国内集成电路产业的发展起到了重要的推动作用，同时也为我国集成电路产业未来的风险投资提供了有力的保障。

总体来说，新政策为“十二五”期间集成电路行业发展奠定了基础，延续税收政策并加大对并购、出口、企业人才激励的政策和对知识产权的支持力度，引导行业的发展趋势，为推动产业发展提供广泛的政策空间。

五、行业投资价值与投资风险分析

金融危机过后，中国的半导体产业逐步恢复了稳步发展的态势。创业板的推出，也为越来越多的半导体企业的生存和发展提供了有利条件。同时，有利的政策环境、不断扩大的内需市场以及国际产业转移趋势都为半导体行业带来了新的商机；但是另一方面，行业也存在着一定的投资风险，行业技术状况、全球经济波动、成本上升导致的利润空间下降等都是风险投资人需要关注的主要方面。

（一）行业发展趋势分析

1. 终端产品需求旺盛将持续带动产业发展

2010年全球半导体产业摆脱了2009年的衰退局面，快速回升，市场总额预计超过3000亿美元，达到历史最高水平。2010年电子整机产品市场出现巨幅增长，强烈的需求直接拉动了集成电路市场。2010年全球个人计算机生产了3.76亿台，同比增长19.2%；手机市场同比增长了15%，其中智能手机达2.51亿台，同比增长37.9%；彩电产量为2.43亿台，同比增长16%。另外在存储器行业，大部分企业也实现了扭亏为盈。除此之外，新兴的平板电脑、新型移动终端等也对全球集成电路产业起到了不小的牵引作用。与2009年相比，各领域新产品和新技术的发布明显加快，产品需求旺盛，市场信心正在恢复。因此有理由相信，终端产品需求旺盛仍将持续带动产业发展。

图4.4所示为iSuppli公司对2009年～2014年消费电子市场的预测，该市场包括电视、DVD与蓝光播放器、机顶盒、数码相机、便携媒体播放器、投影仪、游戏机、电子书阅读器和通用消费产品等。

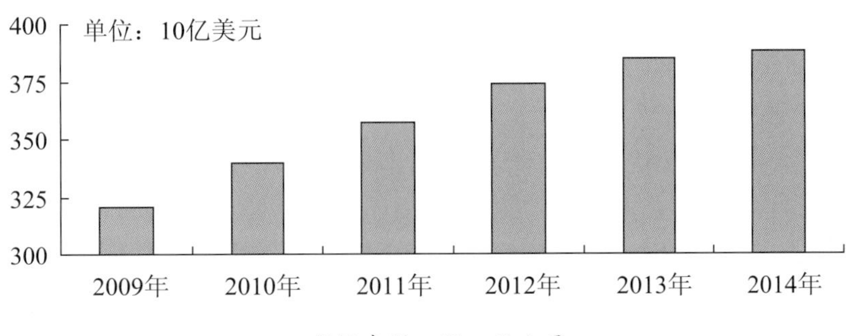

数据来源：iSuppli 公司

图 4.4　2009 年～ 2014 年全球消费电子销售额预测

据 iSuppli 公司预测，2011 年全球半导体销售额将达到3174亿美元，比2010年预期的3020亿美元温和增长5.1%。这与2010年32.0% 的预期增长率无法相比，但是由于衰退已经结束，2011年以后半导体销售额将继续稳步增长，2014年半导体销售额将达到3574亿美元左右。

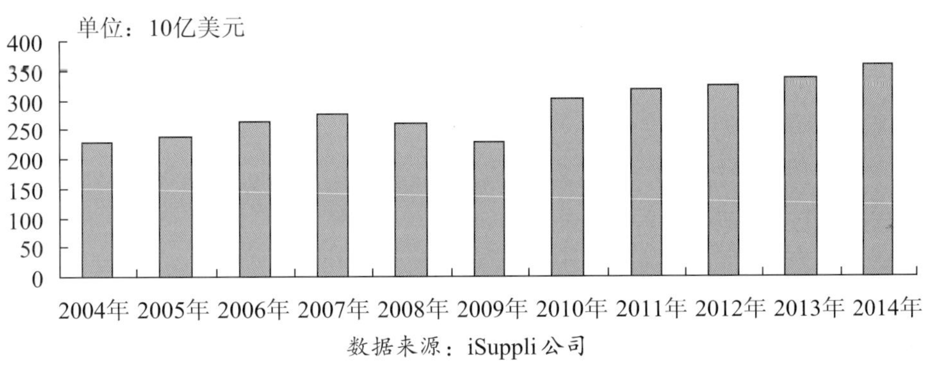

数据来源：iSuppli 公司

图 4.5　2004 年～ 2014 年全球半导体销售额趋势及预测

在需求保持旺盛的同时，未来人们的消费领域不断拓宽，消费方式日新月异，半导体产业也将随着消费水平的不断升级而迎来新的变革。例如，根据 iSuppli 公司的调查预测（见图4.6），随着移动支付的普及，具有 NFC（近距离通信）技术的手机出货量将从2010年的5260万部增长到2014年的2.201亿部，这种智能手机越来越广泛地用于非通话用途而逐步实现高功能化的趋势也将拉动半导体消费额。

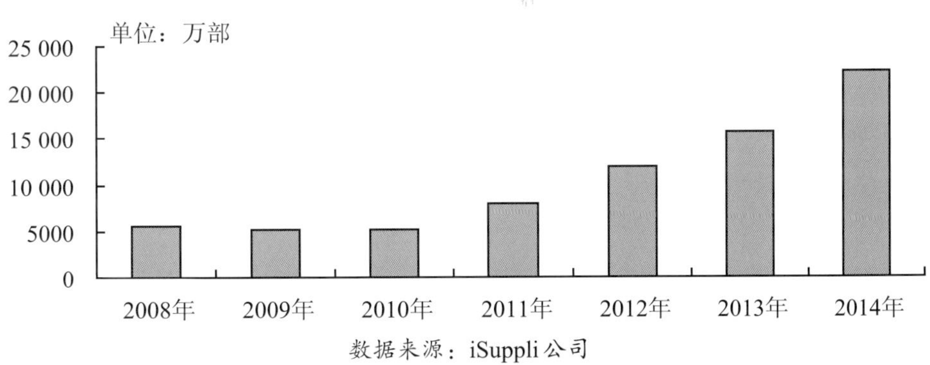

数据来源：iSuppli 公司

图 4.6　2008 年～ 2014 年全球近距离通信（NFC）技术手机出货趋势及预测

2. 新兴战略产业为半导体/IC产业带来新的发展机遇

以物联网、低碳、智能电网、光伏产业等为代表的新兴产业的迅速崛起，将为半导体产业，特别是IC产业带来更多机会。

集成电路设计业方面：消费电子类集成电路在未来几年仍将是主要的产品领域，数字电视的普及将使得机顶盒芯片的需求大大增加；另外，汽车电子、工业电子等领域将继续保持较快的增长。在产品方向上，得益于3G网络的建设，通信类ASIC芯片以及嵌入式处理器将保持快速的增长；标准通用芯片以及电源管理芯片将保持稳定增长；MCU以及IC卡芯片由于市场日益饱和，发展将逐步放缓。

集成电路制造业方面：目前国内集成电路制造厂商基本都为从事代工业务的企业，面临的市场竞争压力较大，特别是受到来自全球代工行业领先企业的激烈竞争，因此提升工艺水平以及集成电路制造企业之间的资源重组就成为我国集成电路企业提升竞争力的重要途径。未来通过优势资源的重组，我国集成电路制造企业向IDM模式的转型将成为一种趋势。

集成电路封装测试业方面：随着数字电视、信息家电和3G手机等消费及通信领域技术的迅猛发展，国内IC市场对高端电路产品的需求将不断增加，IC设计公司和整机厂对中高端封装产品的需求也将呈现快速增长的态势，MCM、SiP、BGA、WLP、FlipChip等封装技术将是国内封装测试企业今后5年内发展的重点。

3. 并购重组热潮催生投资机会

工信部主管司局的领导提出，将努力打破资金、技术、市场、人才和政策瓶颈，在对集成电路产业加大投入的同时，“十二五”期间将大力推进企业兼并重组，培育形成具有国际竞争力的企业，实现产业群体性跃升发展。目前中国集成电路行业小企业众多，而且分散不抱团，资源整合和国际合作有望推动企业做大做强，台湾芯片设计公司联发科就是其中一例。“十二五”期间，企业整合将是集成电路行业的主旋律，行业将会迎来一波“并购重组”热潮，行业龙头会陆续出现，产业集中度将得到提升。

（二）行业投资价值分析

未来几年的中国半导体/IC产业的投资价值主要从以下几个方面考量：

（1）政策支持，具备成长动力。

（2）技术创新，具有比较优势。

（3）产业链中具有产能、议价优势。

1. 网络通信IC设计行业因三网融合而前景广阔

三网融合是指电信网、计算机网和有线电视网三大网络通过技术改造，能够提供包括语音、数据、图像等综合多媒体的通信业务。这一未来发展方向为IC设计产业——特别是网络通信IC设计行业带来了良好的发展契机：在网络通信IC设计领域，射频（RF）IC的应用将越来越广泛，锐迪科的CDMA/TD-SCDMA芯片研发，海思半导体在WCDMA芯片研发，展讯的2G芯片和CMMB芯片研发已经具备较强的实力，并在市场上占有了一席之地。例如，海思半导体在WCDMA芯片研发成功后，华为就不再完全依赖高通的WCDMA芯片。2010年第三季度，展讯在2G手机芯片市场的占有率已从2009年的5%上升到22%。

2. 晶圆代工IC制造业因消费电子带动稳健成长

消费电子需求升温，加之台积电等代工产能不足，造成芯片供不应求。中芯国际的65纳米制程已开始逐步放量，并计划于2011年量产45纳米，成为联发科新的晶圆代工厂，目前中芯国际已挤进全球前5大晶圆代工厂行列中。另外，大陆100%国有的晶圆厂华力微也已获得欧洲重量级研究机构比利时为电子研究所（IMEC），技转65纳米技术，大幅加速大陆晶圆代工市场的技术提升。根据DIGITIMES Research统计，2010年大陆晶圆代工业产值将达人民币220.6亿元，较2009年的人民币191亿元成长15.5%，2009年～2013年大陆晶圆代工产业产值将维持逐年成长，2013年大陆晶圆代工产业产值将有机会达人民币309.8亿元，2009年～2013年年复合成长率将达13%。由于目前大陆晶圆代工厂制程技术仍远落后于全球水平，仅有中芯国际与华力微拥有12吋厂，并已迈入纳米级制程，因此，大陆晶圆代工企业中，中芯国际具有比较明显的比较优势。

3. 电子封装业因技术创新、资源整合而充满生机

封装测试业是集成电路产业的重要组成部分，特别是在国内，无论是产业规模还是技术创新能力，中国封测业都扮演着越来越重要的角色。江苏长电、南通富士通、天水华天等国内独立封装测试企业在国家科技重大专项等科技项目的支持下，经过多年的技术开发和积累，已从DIP、SOP、QFP等封装形式，向PGA、BGA、CSP、MCM等先进封装形式升级并形成了规模生产能力。MEMS、WLP、三维封装等特殊、前沿封装形式也取得明显突破。目前，天水华天BGA系列集成电路高端封装产品已应用到eink电子书、高清电视、数字机顶盒、MID等领域。晶方半导体WLP的封装技术在影像传感芯片CIS领域，已达到国际领先水平，市场占有率世界排名第二。

（三）投资风险分析

1. 宏观经济波动风险

集成电路行业对宏观经济波动的反应比较敏感，受国际经济环境和国内宏观经济波动的影响明显。2010年，国内外经济在各国的大规模经济刺激政策作用下，逐渐走出金融危机的泥潭，经济形势逐渐好转。虽然有理由对2011年保持乐观，但当前经济仍然面临着诸多问题。从国内来看，由政府投资作为目前主要刺激渠道的复苏之路将不会平坦，提高居民消费和产业改造升级任重道远，宏观经济仍有波动风险。从全球来看，经济复苏仍然处于初级阶段，脆弱的上升势头很可能经受不了突发事件的打击，而金融体系的问题根源仍然没有得到彻底解决。因此，对于2011年金融和经济前景应持有谨慎乐观的态度，经济发展仍存在不确定性的风险。

2. 政策风险

集成电路行业是在国民经济中处于基础性、战略性地位的行业，是提高综合国力的关键性行业。因此，各个国家或地区对集成电路产业的发展都积极给予大力支持。我国对集成电路产业的发展也十分重视，一直在采取各种措施促进我国集成电路产业的发展，集成电路行业属于国家大力支持的高新技术行业，面临的政策环境是积极的，风险较小。鉴于2000年“原18号文件”针对集成电路增值税的退税优惠政策曾迫于美国压力于2005年被取消，现阶段政策层面关注的问题主要是已出台政策的延续性。

3. 短期供求风险

随着全球经济一体化进程向前的不断发展，我国集成电路产业的发展受全球市场的影响也越来越明显。IT产业的飞速发展使得越来越多的半导体产品为人们所接受，新的电子产品以越来越短的研发周期问世。一方面，集成电路行业的规模经济特征要求企业不断建设新的生产线扩大产能、增加企业规模，节约单位生产成本；另一方面，当众多的投资者进入产品的设计、开发的时候，企业利润越来越薄，各企业之间竞争加剧，从而出现短期产能过剩，带来投资的风险。

4. 技术风险

尽管我国集成电路产业的规模和技术水平近年均获得了大幅提高，但我国IC产业技术水平与国际先进水平差距明显。在设计环节上，目前我国只有极少数企业设计能力达到65nm工艺水平，而国际领先的设计水平已经达到45nm级，并且国内IC设计企业由于研发力量相对薄弱，我国IC设计企业普遍存在的问题是设计周期比产品生命周期长；在制造环节，目前我国IC制造业以8英寸生产线为主，部分企业拥有12英寸生产线，而国际主流制造技术的晶圆尺寸是12英寸。在封装测试环节，国内企业还是以中低档产品为主，如DIP、SOP、TSOP、QFP、LQFP等，无论封装形式还是工艺技术、质量管理、成本控制等都存在全方位差距。虽然近年来国内少数企业也在BGA、CSP、MCM、MEMS等中高档封装技术上逐步量产，但很多领域的技术专利都已经被国外公司申请，知识产权问题不容忽视。

参考文献

[1]“2010年中国集成电路产业十大要闻回顾”，华强电子网，2010年2月22日

[2]“2010年上半年中国集成电路产业运行概况”，http://www.csia.net.cn，2010年8月19日

[3]“2010年中国半导体行业风险投资案例”，http://www.chinaventure.com.cn

[4]邱善勤，“我国IC设计业发展现状、问题及政策建议”[J]，《中国集成电路》，2010年4月

[5]“‘中国芯’思考：国产IC企业的下个十年如何发展？”，赛灵思FPGA技术社区，2010年1月7日

[6]衣丰涛，孙加兴，“2009年中国IC设计业状况分析”[J]，《电子产品世界》，2010，17（1）:6-8

[7]孙俊杰，高扬，“2010年五大领域趋势展望”[J]，《电子设计应用》，2010，8（1）

[8]曹明霞，“创业板和“十二五”牵引，2010年中国IC设计业更精彩”[J]，《集成电路应用》，2010年第3期

[9]“集成电路产业“十一五”专项规划”，信息产业部，2008年1月

[10]“2010年集成电路行业风险分析报告”，国家发展改革委中国经济导报社

[11]“创造新历史赢在新十年——中国创投暨私募股权投资市场2010数据回顾”[R]，倪正东，清科集团，2010年

第五章　新能源汽车行业投资分析报告

本报告中的“新能源汽车”概念采用2009年7月1日起实施的《新能源汽车生产企业及产品准入管理规则》界定，即新能源汽车是指采用非常规的车用燃料作为动力来源（或使用常规的车用燃料、采用新型车载动力装置），综合车辆的动力控制和驱动方面的先进技术，形成的技术原理先进，具有新技术、新结构的汽车。新能源汽车包括混合动力汽车、纯电动汽车（包括太阳能汽车）、燃料电池电动汽车、氢发动机汽车、其他新能源（如高效储能器、二甲醚）汽车等各类产品。新能源汽车产业作为国家新兴战略产业的重要组成部分，产业发展必然要以最有利于发展方式转变、产业转型和技术升级的方式加以重点引导和鼓励。本报告在大量引用相关文献的基础上，对2010年我国新能源汽车行业整体发展概况、重点企业发展、产业投融资特别是风险投资情况、产业发展环境等方面进行了较为全面的分析，并提出我国新能源汽车行业未来发展趋势和投资机会，为投资者、决策者提供服务。

一、2010年新能源汽车行业整体概况

自2001年以来，中国汽车销量逐年提高，2009年中国汽车井喷式增长，一跃成为全球第一大新车市场，2010年新车市场进一步扩大。中国新车市场规模稳居全球第一，且增势迅猛。汽车产业的发展提高了人们的生活水平，但以石油为燃料的传统的汽车工业，在为人们提供快捷、舒适的交通的同时，也加深了能源生产与消费之间的矛盾。此外，随着汽车保有量的快速增加，汽车尾气成为我国大中城市重大的空气污染源。随着资源与环境双重压力的持续增大，发展新能源汽车已成为未来汽车工业发展的必由之路。

从世界汽车发展历程来看，自1973年石油危机以来，能源危机、空气质量恶化、气候变化三大主因推动着新能源汽车的不断向前。新能源汽车发展历程如图5.1：

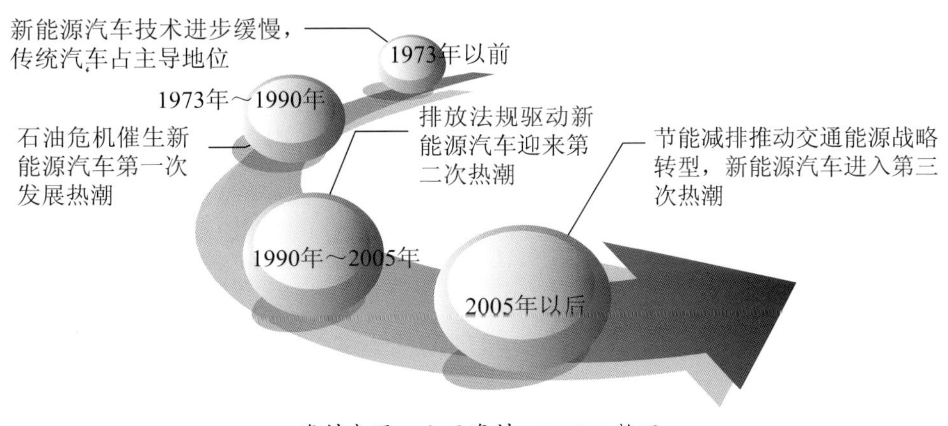

资料来源：公开资料，CVCRI整理

图5.1　新能源汽车发展历程

（一）国外新能源汽车行业发展概况

汽车工业发达的美、日、欧等国在新能源汽车的发展路线上已走过近百年历史，分别涉及纯电动汽车、混合动力汽车及燃料电池汽车三种技术路线。纯电动汽车问世于19世纪90年代，但由于电池性能不能满足需求，一度退出历史舞台。随着高性能锂离子电池和一体化电力驱动系统等技术的发展应用，纯电动汽车再次受到各国政府和企业的重视。目前，世界上有近4万辆纯电动汽车在运行，美、日、欧均有小规模的商业化推广应用。

混合动力汽车在不改变汽车主要使用性能前提下可以明显地节油减碳。自日本丰田1997年率先推出Prius以来，各大汽车企业纷纷推出混合动力汽车产品，如本田Insight、通用Saturn VUE、福特Escape等。随着技术的成熟和生产规模的扩大，成本大幅下降。1999年～2008年，美国市场共销售19种混合动力乘用车，总销量达132万辆。日本最早开始混合动力汽车开发，并最先实现了产业化，目前总销量已经达到200万辆以上，并开始盈利。国外混合动力汽车技术日臻成熟，随着电池技术和系统集成技术的逐步成熟，逐渐向提高混合度和动力系统集成度方向发展，从而实现向电动化转型。混合动力汽车已成为各汽车公司产业化的重点，混合动力的技术优势已经成为竞争优势，正在改变汽车行业的市场格局。

为彻底实现汽车零排放，美、日、欧等发达国家都在潜心致力于燃料电池汽车的研究，除本国的燃料电池开发计划外，美国通用与日本丰田、美国国际燃料电池公司与日本东芝、德国奔驰与西门子、法国雷诺与意大利De Nora公司等纷纷组成强大的跨国联盟，优势互补，联合开发并推出了一系列的燃料电池汽车。国外汽车公司将发展燃料电池汽车作为重要战略方向，但短期内燃料电池技术无法取得根本性突破，燃料电池汽车不能形成市场化，不是近期产业化推进的重点。

（二）中国新能源汽车行业的发展概况

1. 新能源汽车技术发展状况

中国新能源汽车的发展长期以来饱受路线之争。发改委将“新能源汽车”的内涵作了最新的界定，即只有纯电动汽车才是新能源汽车，其他都是节能和替代能源汽车。但从新能源汽车技术角度，现阶段所说的新能源汽车主要指混合动力汽车（HEV）、插电式混合动力乘用车（PHEV）、纯电动乘用车（EV）和燃料电池电动汽车（FCEV）四种，即用电池储能辅助或全部替代内燃机为汽车提供动力的汽车。

以电动汽车为代表的新能源汽车，国家“十一五”期间组织实施了“节能与新能源汽车重大专项”，累计安排课题270个，继续坚持“三纵三横”总体布局，全面展开电动汽车关键技术研究和大规模产业化技术攻关。基本建立了具有自主知识产权的电动汽车动力系统技术研发平台，初步构成了关键零部件的配套研发体系和产业化生产能力，其中车用动力蓄电池生产能力达10亿瓦时以上，开发了系列电动车车型。160余款各类电动车进入汽车产品公告，并投入批产和商业化示范运行，首批启动“十城千辆”13个示范城市已有5000多辆新能源汽车投入示范运行。此外，已制定电动汽车相关标准72项。

我国新能源汽车目前已具备了实现产业化发展的基本条件，初步形成了比较完整的关键零部件体系，开发了一批新能源汽车，实现了小批量整车生产能力。

2. 国内新能源汽车销售情况

据中国汽车动态网统计数据显示，2009年6月～2010年8月，国内新能源汽车已累计销售

13 388辆，其中乘用车销量5027辆（主要是轿车），商用车8361辆（主要是客车）。新能源汽车销量数据统计表及月度销量走势分别见表5.1、图5.2。

表5.1　　国内新能源汽车销量数据统计(2009年6月～2010年8月)

项目	2009年							2010年							
	6月	7月	8月	9月	10月	11月	12月	1月	2月	3月	4月	5月	6月	7月	8月
国内总计	245	163	762	858	575	701	865	337	187	524	1326	1366	2110	1621	1748
乘用车	19	12	0	0	1	7	9	8	0	188	681	738	1234	992	1138
商用车	226	151	762	858	574	694	856	329	187	336	645	628	876	629	610

数据来源：中国汽车动态网新能源汽车产销[统计数据]。

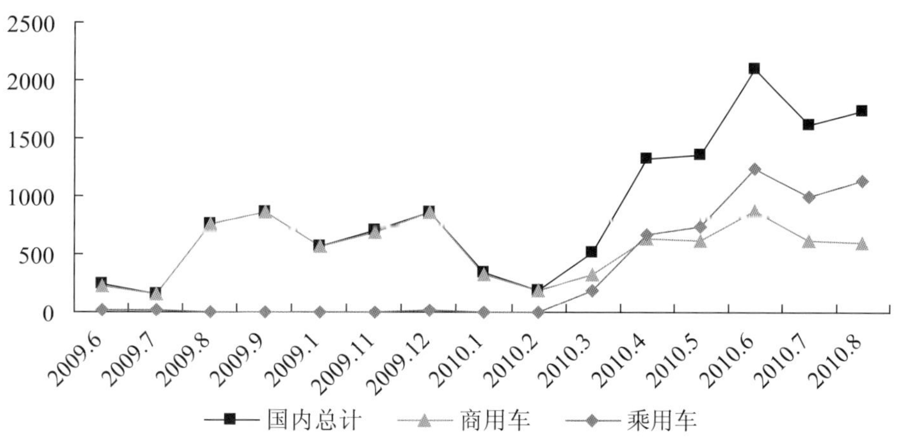

数据来源：中国汽车动态网新能源汽车产销[统计数据]

图5.2　国内新能源汽车月度销量走势

从月度走势看，2009年6月～2010年2月，新能源汽车销售以商用车为主，主要是13城市公交系统购车。自2009年启动“十城千辆”示范推广试点以来，新能源客车销量取得了可观的增长。2010年3月开始，乘用车销量有了突破性提升，重庆、深圳两地相继出台地方政府补贴私人购买新能源汽车，新能源乘用车月销量首次从个位十位数突破到百位数，并从4月份开始新能源乘用车月销量超过商用车。

2009年以来，新能源汽车总销量1万多辆，相对于同期汽车总销量非常小，远低于美国、日本新能源汽车销售比例。科技部发布的《中国2010发展中的清洁能源科技》报告指出，到2010年底，中国“十城千辆”示范工程将在公共交通领域推广应用2万辆以上国产新能源汽车，带动市场应用15万辆以上。示范工程有力地带动了民间资本对动力电池、驱动电机的投入，到2011年，可形成15万辆整车和关键零部件生产能力。2015年，中国新能源汽车保有量将发展到100万辆以上。2020年，新能源汽车市场规模将达到千万辆级，实现中国汽车工业技术战略转型。

（三）行业发展特点

1. 新能源汽车产业边界快速扩大

新能源汽车涉及面很广，前景无限广阔，但目前产业化规模很小，推向市场的主要是部分混合动力产品。新能源汽车是风险高、投入大、产业链条长的新兴产业，涉及化学、动力、电子多个工业部门的技术发展及运用，是机电一体化和高新技术紧密结合的产物，是一个国家经济技术发展水平的综合体现。新能源汽车的发展是一项重要的系统工程。新能源汽车产业单靠某一个国家、某一个企业的实力很难将整个产业全面做开，需要明确产业发展中技术规范、国家管理、城市规划建设等各个环节，整体、全面推进新能源汽车的发展。没有多赢的合作机制，仅凭一己之力难以突破核心技术、规划管理等多重困难。需要产业内的企业积极参与国际间的交流与合作，参加世界范围的产业分工，减小自身风险。

作为战略性新兴产业的新能源汽车产业，当前市场参与主体不是太多，而有技术、有实力以新能源汽车为主导的企业太少。发展新能源汽车是众多汽车企业迫于现实压力的一种试探性选择，但是，这一局面或将随着鼓励政策的出台及新一轮电动汽车热潮的推动而打破。新能源汽车产业边界因投资者与投机者共同涌入迅速扩大。随着电池、电子技术的扩散及在汽车业的创新应用，上游关键零部件企业通过前向整合进入新能源汽车的整车制造；公交、电网公司等大批量新能源汽车的使用方自制本行业产品；传统汽车企业受燃料经济性标准及排放法规加严的压力，纷纷调整产品结构发展新能源汽车。电动汽车补贴政策的出台让国内不少企业躁动了起来，除汽车公司外，一些尚未获得汽车生产资质的农机公司、零部件企业也纷纷上马电动汽车项目。电动汽车的推广又带动了充电站的建设，中石化、中石油、国家电网、南方电网等巨头大举推进充电网络的建设。在产业链各方力量的竞争与合作之中，新能源汽车产业边界有效地扩大。

2. 动力电动化是新能源汽车发展的主导方向

目前，新能源汽车产业大方向已定，发展新能源汽车，实质就是发展电动车。混合动力因同一辆汽车需要搭载两套动力系统，经济性、成本和环保性不如纯电动汽车。纯电动汽车完全解决了汽车使用的排放问题，且电动汽车操控性能优越，能效高、经济性好。

电动汽车能源利用率70% ～80%，而传统汽车不到20%。从能源使用的全过程来看，电动汽车既节能又环保。一方面，用于发电的资源比石油资源更丰富，即使采用煤发电，也因为排放集中，便于统一处理，更加环保。另一方面，即使考虑能源制取阶段的效率，计算电动汽车的“煤—电—电动机”能量路径与当前技术水平下的传统汽车“石油—汽/柴油—发动机”能量路径的能源效率，电动汽车能源利用效率（11.76% ～25.92%）仍优于传统汽车能源利用效率（10.01%）（见下表5.2）。

表5.2　电动汽车与传统汽车两种能量路径的总体能源效率

电动汽车 “煤—电—电动机”能量路径		传统汽车“石油—汽/柴油—发动机”能量路径	
煤燃烧发电效率	40%左右	石油炼成汽/柴油	55%
电的传输	70% ～ 90%	/	
电池充放电	60% ～ 80%	发动机提供动力	18.2%
电机提供动力	70% ～ 90%	/	
“煤—电—电动机”路径总体效率	11.76% ～ 25.92%	“石油—汽/柴油—发动机”路径 总体效率	10.01%

部分数据来源：中信《政策驱动新能源汽车产业发展》。

使用成本方面，电动车远远低于燃油汽车。以新能源汽车F3DM与传统汽车F3为例，F3百公里平均油耗7L，油价按当前价格6.3元/升计算，百公里使用费用44.1元。F3DM电动模式百公里耗电15千瓦时，电价按民用电0.6元/度计算，百公里使用费9元。综合考虑购车成本和使用成本，F3DM与F3在运行6万公里～7万公里后使用成本优势可以弥补高出的购车成本。

此外，纯电动汽车相比内燃机汽车省却了离合器、变速箱、差速器等机械系统，降低了机械损耗与维护费用。纯电动汽车受益于动力系统的技术进步，大功率电机易于实现，电机结构简单，可靠性高，免维护周期长，且调控方便，保有费用较低。

能源保障方面，假设我国乘用车保有量到2020年达到1.5亿辆的规模，以车辆百公里电耗20千瓦时、年行驶15 000公里计算，如果这些车辆全部使用电力驱动，所需要的总电量0.45万亿千瓦时，汽车用电占同期发电量8万亿千瓦时的5.6%，对电网的供电压力不大。另外，电动汽车可平抑电网峰谷而有可能成为优质用电负载。

考虑油价上升趋势较明显，而电动汽车利用夜间谷电充电有价格优惠，购车成本分摊加快，经济性会高于上述计算值。综合电动汽车能源利用效率、保有成本、使用成本及电力保障等使用情况，新能源汽车技术路线之争已明析，动力电动化为新能源汽车发展的主导方向。

（四）行业发展中存在的问题

从节能与新能源汽车在公共服务领域示范推广的情况来看，纯电动汽车的产业化之路并不令人乐观。短期内束缚新能源汽车发展的根本原因不是政策上的补贴力度不够，而是产品本身的品质、稳定性和可靠性方面远未成熟，离车型定型、达到市场的认可、大规模批量生产的阶段还很遥远；其次是电动车的配套设施建设还远没达到商用的程度。

总的来看，我国电动汽车的自主核心技术如动力电池、电机与驱动系统没有得到实质性突破，依然存在不少技术瓶颈。市场推广方面，目前电池价格仍高，扣除一次性购买补贴后的成本偏高问题得到缓解，但购买环节政策无法解决电动汽车使用中的充电难题。基于技术和使用等多种因素制约着国家有关新能源汽车推广政策难以短期内取得理想的效果。

1. 动力电池技术成为制约新能源电动汽车发展的核心技术难题

电池是新能源汽车的核心，动力电池组的性能将决定电动汽车的使用性能。阻碍新能源电动汽车发展的原因在于电池技术难度。作为储能能源，汽车动力电池最为关注的指标是“比能量”（能量比体积），此外，安全性、价格、寿命都是必须要考虑的指标（见表5.3）。动力电池被认为是电动汽车的技术瓶颈，不仅在中国如此，在全世界都是一个棘手的难题。在为电动汽车生产安全、可靠、价格适中的锂电池方面，目前还没有一家公司能够解决所有问题。动力电池的主要性能还不能满足整车要求，整车产品续驶里程受动力电池技术水平的影响仍落后于传统汽车。动力电池基础原材料、动力电池组技术急需突破，提升性能、降低成本。

表5.3　动力电池的主要性能指标

功能指标	安全性	高安全性
	比能量	续驶里程
	比功率	满足启动、爬坡等需要
	自放电率	闲置时电能损失少
经济指标	寿命	与车同寿或更换成本较低
	价格	购置成本和使用成本

资料来源：公开资料，CVCRI整理。

到目前为止，动力电池经过了3代的发展，第1代铅酸电池（阀控铅酸电池）→第2代碱性电池（镍镉、镍氢电池和锂离子电池）→第3代燃料电池。燃料电池具有最高的能量密度和转化效率，但是由于其催化剂和质子交换膜的耗费太高，目前难实现大规模生产。锂离子电池相对性能优越，因而形成了对其他各类电池的全面替代趋势。

锂电池的主要部件包括：正极材料、负极材料、电解液、隔膜等。锂离子电池正极材料主要包括锰酸锂、三元材料和磷酸铁锂等。三种正极材料成本、安全性、电池容量方面各有优劣。其中锰酸锂安全性较好，成本低，但高温性能较差，寿命较低；三元材料能量密度高，性能比较均衡，但成本较高；磷酸铁锂安全性最好，循环寿命长，但低温特性较差、能量密度较低。目前，国外多数电池企业，如松下、三洋、SBL、LG、JCS等，主要选择锰酸锂和三元材料；国内多数电池企业和美国A123，主要选择磷酸铁锂。从近期来看，锰酸锂和三元材料更为成熟，将首先产业化。从长期来看，磷酸铁锂可能逐步占据未来市场的主流地位。我国电池企业广泛使用正极材料磷酸铁锂的生产企业众多，但产品能满足车用动力电池要求的极少，且尚未完全解决产品稳定性问题。

负极材料主要包括天然石墨、人造石墨和MCMB中间相碳微球等，负极材料已实现国产化，产品性能处于国际先进水平。电池隔膜材料已研发出样品，在传统锂离子电池市场已经部分替代进口产品，但动力电池隔膜全部采用进口，动力电池隔膜性能有待改进。

国内企业开发的锂离子单体电池性能完全能满足实用需要，但动力电池需上百个单体电池组合使用，电池单体的一致性问题与动力电池成组技术是我国动力电池发展的难题。国内锂离子电池企业技术水平参差不齐，产品一致性较差，总体与国际先进水平存在一定差距。目前的条件下会出现单体电池寿命超过2000次而电池组寿命只有500次的情况。一致性难题的解决有赖于制造工艺和设备水平的提升以及电池管理系统的智能化。

2. 自主核心技术不足导致的经济法律问题

酸铁锂电池目前被认为是最理想的动力电池，世界各国正竞相实现产业化生产，中国已有不少电池生产商和材料供应商掌握磷酸铁锂技术和加工工艺，但中国没有核心专利。随着技术难题的相继攻克，专利归属成为各国最为关注的问题，也是摆在中国面前无法绕行的法律问题。

目前已投放市场的电动汽车的电控、电机所需部分部件、材料均需进口。在控制器基础硬件方面严重依赖进口，国产电子元器件多为非车用级手工改制，产品性能较低；电动附件还没有成熟的产品可用，成本高，也依赖进口；车用电机系统有一定发展，但机电集成水平与国外差距较大。控制器集成度较低，产业化规模较小，成本较高。

我国基本具备永磁同步电机集成化设计能力；多数公司仍处于小规模试制生产，产品部分技术指标接近国际先进水平，但总体水平与国外仍有一定差距。永磁电机的主要材料有钕铁硼磁钢、硅钢等。电机原材料、控制器核心部件研发能力较弱，依赖进口，如硅钢片、电机高速轴承、位置/转速传感器、IGBT模块等。进口产品成本高，影响电机系统产业化。

3. 产业化的成本问题

能量管理系统是电动汽车的智能核心。我国电池和整车行业对电池管理系统都缺乏设计和生产经验，双方缺乏紧密合作。国内电池企业一般委托专业电子公司或高校开发相关系统，对电池内部规律研究不够深入，缺乏数据积累，影响产品性能。与国际先进水平相比，动力电池成组技术、电池管理系统还存在较大差距。因电池能量管理系统水平低，加上国内单体电池一致性不好，受此限制，动力电池成品率较低，造成动力电池生产成本偏高。

产业方面存在的问题突出表现在动力电池性能和成本方面，与整车要求还有很大差距，成为纯电动汽车产业化的瓶颈；此外，动力电池基础原材料（隔膜）、电机及电控电子等自主化不足，可靠性、成本等问题也制约电动汽车发展。电动汽车关键零部件的产业链尚未形成，大部分依赖进口，成本偏高。进而导致性能相当的电动汽车成本明显高于传统汽车，消费者难以承担较高的初置费用，尚无法规模化应用。因此，加快关键零部件产业化步伐，解决上述瓶颈问题，为电动汽车大规模示范应用和进入市场提供合格的系列产品迫在眉睫。

4. 阻碍新能源电动汽车发展的使用问题

新能源汽车产业的发展要能够长期、持续和稳定，稳定的能源供应是基础保障。由于电池容量相对有限，纯电动汽车相比于汽 / 柴油车，车载能量较少，续驶里程明显偏小。已建成的充电站数目很少，专业快充充电网络尚未健全，慢充时间长达5小时以上，给用户使用造成不便。

国家和业界主体企业要开始在全国逐步建立起清洁能源供应体系，比如，建立一批加氢站、加气站和充电站。基础设施建设应保障电动汽车使用的便利性，停车场或小区慢充充电时间应控制在4小时～5小时内；可在家充电或充电站数量足够多。要推动新能源汽车进家庭，建设像加油站那样密集的充电站以及在居住小区车库布置充电设施等工程，需要投资和相关法规的跟进，需要有一个过程。

二、行业企业发展状况及业绩分析

（一）行业企业总体发展状况

从2009年8月工信部发布第1批《节能与新能源汽车示范推广应用工程推荐车型目录》以来，到2010年9月先后共发布15批《目录》，累计有47家企业162个款新能源汽车列入目录。从车型类别看，新能源商用车型达118个，其中混合动力客车有46个，数量最多；新能源乘用车型44个，其中纯电动乘用车31个（含5个燃料电池轿车），混合动力乘用车13个。

从产品储备情况看，市场容量最大、大众最为关注的新能源乘用车有待进一步发展，各主要厂家及乘用车产品准备情况见表5.4。纯电动乘用车型较多，但各家产品的使用性能、续驶里程及价格还难以得到消费者的认可。燃料电池汽车具有最高的能量密度和转化效率，但耗费太高，目前难实现规模生产。从当前最具有市场推广前景的混合动力乘用车产品准备及节油性能看，比亚迪、奇瑞、长安、丰田的插电式和油电混合动力汽车技术水平较高，已基本具备上市销售的条件。

表5.4　　各主要厂家新能源乘用车产品准备情况

企业名称及车型数	新能源乘用用车型		
	燃料电池轿车	纯电动乘用车	混合动力乘用车及节油率（%）
上汽集团4	上海牌CSA7000FCEV系列产品（3个）	/	别克牌SGM7240HAT（13.54）
东风汽车2	/	/	风神牌DFM7161B1A/7161B1B（7.33）
郑州日产2	/	东风牌ZN6461W1C，ZN6493H2C	/
一汽集团1	红旗牌CA7904FC	/	/
一汽海马1	/	海马牌HMC7000EVM0	/
华晨汽车2	/	/	中华牌SY7181CSPHEVBBB（14.35），SY7150X1SHEVBAB（15.58）

企业名称及车型数	新能源乘用用车型		
	燃料电池轿车	纯电动乘用车	混合动力乘用车及节油率（%）
重庆长安6	长安牌SC7003EV	长安牌SC7001EV	长安牌SC6442H / SC7152（21.84），SC7155A4（20.64），SC7163H1（6.98）
哈飞汽车1	/	哈飞牌HFJ7001EV	/
奇瑞汽车5	奇瑞牌SQR7000FEB11	瑞麒牌SQR7000ELS18，奇瑞牌SQR7000EAS11	奇瑞牌SQR7130A217/A（15.66），SQR7160A217/B（9.76）
吉利豪情2	/	豪情牌HQ7000/ HQ7001EE	/
比亚迪汽车3	/	比亚迪牌QCJ7006BEV/ BEVF	QCJ7100ADM（65.77）
江南众泰7	/	JNJ6400，JNJ6401，JNJ7000系列产品	/
广汽丰田2	/	/	丰田牌GTM7240HQ/ GTM7240HV（41.75）

资料来源：公开资料，CVCRI整理。

近年来，汽车燃料经济性标准、排放法规、燃油品质标准的实施和不断完善，有力地推动了小排量乘用车、混合动力汽车和高效动力系统的产品开发和产业化。我国新能源汽车在示范应用方面取得了重要进展，2009年财政部、科技部组织实施“十城千辆”示范工程，给新能源客车企业如安凯、福田的混合动力客车和纯电动公交车带来了市场新机。2010年上海世博，东道主上汽集团以世博为新能源汽车起点，向世博会提供别克君越、上汽荣威750混合动力轿车，纯电动、超级电容、混合动力大巴，燃料电池观光车，跨越纯电动、超级电容、燃料电池、混合动力四大新能源汽车门类，总计近千辆新能源车。2010年全国新能源汽车示范运营预计达2万辆，电动汽车及其关键零部件产业化正有组织地推进。

通过规模使用与检验，一些车型运行效果良好，初步具备了产业化技术条件。但总体来看，中国新能源汽车产业仍然处于起步阶段，目前中国新能源汽车技术水平还比较低，特别是电池、电机、电控等核心技术缺失，致使国产关键零部件与进口产品的性能差距较大。产业能力建设比较薄弱，没有建立起从科研、设计到设备制造的比较完备的产业体系，产业链建设及产业化投入有待进一步加强。此外，配套基础设施建设严重滞后，有关测试和试验的技术规范不健全，产品认证体系、标准化工作等亟待加强。由于电池电机电控技术的不完善，新能源汽车现阶段实现产业化和大规模普及仍然比较困难。

（二）行业重点企业的发展状况

发展新能源汽车是实现我国长远能源战略转型的关键。近年来，汽车企业发展新能源汽车的热情持续高涨，沿着“三纵三横”研发布局积极研发相关新能源汽车产品，主要汽车企业在产品研发上均取得一定进展，但在产业化准备、推广应用等方面差异较大。综合现阶段各整车企业在新能源汽车技术研发与创新、产业化推进和商业化示范等方面的成效，自主品牌乘用车冠军企业奇瑞汽车和商用车龙头企业福田汽车在新能源汽车领域有重大影响和促进作用。在产业链上游动力电池领域，佛山照明正通过系列投资与合作向新能源技术转型，打造动力电池全产业链。

1. 奇瑞汽车股份有限公司

奇瑞早在2001年就率先启动了新能源轿车的研发工作。先后承接并完成了多项国家“863”计划的节能与新能源汽车重大专项。经过近十年的研发，奇瑞新能源汽车已掌握了混合动力、电动车、替代能源等相关核心技术体系。目前，奇瑞公司是国家节能环保汽车工程技术研究中心之一，拥有国内规模最大、最全、最先进的新能源基础研发和应用研发力量。

奇瑞因在新能源汽车行业全方位的表现，荣获由中国汽车报社等主办的“2010年中国电动汽车全产业评选”中的“年度影响力电动汽车企业”、“年度纯电动车型”和“年度技术创新奖”三项奖项。奇瑞在新能源技术的长期投入、产业化进程、创新商业模式等方面均有杰出表现，尤其是在核心关键技术和增程式电动车技术开发方面获得行业关注。奇瑞采取形式多样的“以我为主、联合开发”合作方式，已经开发出多款新能源车型。2010年11月，在深圳举行的第二十五届世界电动车大会上，奇瑞携旗下三大品牌6款新能源车参展，包括奇瑞A5可换电池纯电动汽车、奇瑞QQ3纯电动汽车、瑞麒M1纯电动汽车、瑞麒S18D增程纯电动汽车、瑞麒G5纯电动汽车、旗云3混合动力车以及10种核心零部件。

在新能源汽车产业化、商业化推进方面，奇瑞新能源汽车从生产和使用环节双向起步，全产业链推进商业化。奇瑞率先建立新能源汽车专营店，目前在全国已与近50家经销商签约。2010年11月5日，奇瑞新能源公司先后与国家电网、赛伯乐中国投资公司、普天海油等企业签署战略合作协议，推进中国电动汽车产业化和商业化的进程。早在2010年4月24日，奇瑞汽车与世界领先的电动汽车基础设施者提供商BetterPlace签署技术合作协议，联合开发量产型可更换电池电动汽车应用方案，并研究领先的电动汽车充电网络解决方案。2010年8月23日，奇瑞汽车旗下的芜湖奇瑞科技有限公司与台湾明基友达集团旗下的明基材料股份有限公司签署协议，双方将成立股比为50 ∶ 50的合资公司，合作开发和生产新能源车中的锂电池隔离膜，共同开拓电池新能源材料市场。

奇瑞新能源汽车的核心零部件在2010年进行批量投产以支持整车的批量化示范试点应用。2010年～2011年，从微面到中高级轿车的全系列混合动力车及纯电动车将先后投产。为了加大新能源汽车开发力度，2009年7月，奇瑞新能源汽车项目组整体搬迁到高新技术产业开发区，单独打造新能源基地。奇瑞正加速其新能源汽车产品、市场布局，全面推进产业化进程，奇瑞的新能源车如灵活燃料车、燃料电池车、混合动力、纯电动汽车，已先后在北京、大连、芜湖等地进行新能源车示范运营。

2. 北汽福田汽车股份有限公司

北汽福田汽车股份有限公司是目前中国品种最全、规模最大的商用车企业。福田汽车十分重视发展新能源汽车。从2003年开始设计制造各类新能源汽车，累计投资50多亿元建成了具有国内领先水平的节能减排重点试验室和汽车工程研究院，并成立新能源汽车技术中心，拥有混合动力、纯电动、燃料电池、替代燃料和高效节能发动机五大核心设计制造工程中心。

在发展新能源汽车方面，福田汽车坚持“集成知识，链合创新”的创新模式。在技术研发和产业开发方面，已整合大洋电机、福田汽车、北京理工大学、北京交通大学四方电动汽车研发生产优势，启动“福田纯电动汽车研发及产业化”项目。同时，联合北汽控股、北大先行科技公司、东莞新能德科技公司，设立北京汽车新能源电池科技有限公司，建成中国最大的车用动力锂电池系统研发及生产基地。联合北京公交集团、清华大学、北京理工大学、伊顿等高校研究机构、零部件企业、使用单位合作成立全国首个新能源汽车产业联盟——北京新能源汽车产业联盟。2010年8月，福田汽车又联合IBM公司、AECOM公司、伊顿公司、中信国安盟固利公司以及大洋电机有限公司成立“可持续新能源国际联盟”。

通过研发和生产领域的链合创新，福田在新能源汽车的研发方面形成了强大的技术能力，在新能源整车、电池、电控开发等方面均实现了重大突破，为福田汽车推广应用新能源汽车打下了坚实的基础。目前，福田汽车已经形成了较完善的新能源汽车产品线，有三大类共七种型式的新能源汽车，分别为：迷迪插电式混合动力多功能车、迷迪纯电动多功能车；混合动力大客车、燃料电池客车及纯电动大客车；纯电动轻型环卫车及混合动力轻卡。福田汽车未来将致力于将电动汽车技术广泛运用于商用车、乘用车系列产品。福田新能源汽车预计将开发至五大类十四种车型。

在混合动力城市客车、部分纯电动车型已经实现产业化的基础上，福田确定了市场先导，以应用促发展的理念。截至2010年底，福田汽车已经累计销售新能源汽车3000多辆，涵盖混合动力客车、纯电动客车、纯电动环卫车、纯电动出租车等，成为我国新能源汽车市场的销量冠军，我国新能源汽车推广应用的领导者。

3. 合肥国轩高科动力能源有限公司

合肥国轩高科动力能源有限公司成立于2006年5月，主要从事锂电池关键材料磷酸铁锂、锂电池芯、电池组及电源管理系统的研发、生产和销售。公司已建成年产1亿安培小时铁锂动力电芯生产线，年产500吨铁锂材料生产线，年产25万千瓦时铁锂电池组生产线，具有年成组3000辆电动汽车电池和年生产安装10 000套风光锂电照明系统的生产能力。已形成了磷酸铁锂正极材料及大容量储能型和大功率动力型铁锂电池共10多个系列产品，并正在开展铁锂电池百亿产业园的前期工作。公司业务向三大方向延伸，打造锂电池上下游关联产业。一是基础龙头产业，锂离子电池的新型正极材料产业；二是重点核心产业，安全、环保、高能、长寿命锂离子动力电池产业；三是链接延伸产业，光伏发电产业、电动车的动力控制系统集成产业、电池配套件产业等。在动力电池业务上，国轩高科已经给安凯汽车供应了30辆纯电动公交车电池，在合肥市18路公交线示范运营，并被国家列入“科技部863计划节能与新能源汽车重大项目”。另外，合肥新亚汽车客运有限公司采取租赁模式订购安凯100辆纯电动大巴，使用国轩高科的动力电池，由其提供电池租赁运营模式。

三、行业风险投融资概况及特点

（一）行业投融资概况

新能源汽车是技术密集型、资金密集型产业，正处于市场孕育期，前景诱人。新能源汽车又是一项跨门类、跨学科的系统工程，市场参与各方仅凭一己之力难以推动新能源汽车市场。为发展新能源汽车，2010年，企业间以技术互补关系为目标的合作、联盟活动频繁。新能源汽车产业内的优势企业为获取产业化投入资金上市融资，部分传统企业为介入新产业而参股新能源汽车企业，也有不乏趁政策之机圈地的投机者等。2010年，由新能源汽车产业链各环节的参与者主导的投资、投机行为风起云涌，新能源汽车行业的投融资案例热点不断，成为风险投资的热门行业。

据公开资料统计显示，2010年前11个月，中国新能源汽车行业共发生风险投资案例12起，已披露涉及金额4.916亿元；其中最大案例是集富创业投资（香港）有限公司携手Mitsui Ventures（三井创投）和中欧资本投资普能世纪科技有限公司；其余案例涉及电池、电子集成、电源模块等子行业。2010年度风险投资重点在电池产业，投资对象有动力电池、电池材料、电池生产设备等企业（见表5.5）。

表5.5　　2010年1月～11月新能源汽车行业主要风险投资事件

募资时间	投资方	投资金额	被投资方	行业
2月	湖北科华银赛创业投资有限公司、武汉固德银赛创业投资管理有限公司	未批露	湖北能一郎科技股份有限公司	电池行业
3月	佛山电器照明股份有限公司	16 000万元人民币	合肥国轩高科动力能源有限公司	电池行业
8月	佛山电器照明股份有限公司	876万元人民币	增资青海佛照	电池材料
3月	北极光创业投资基金领投，红杉资本中国基金、德丰杰（Draper Fisher Jurvetson）、德同中国投资基金（DT Capital Partners）跟投	2200万美元	普能世纪科技有限公司	电池行业
6月	集富创业投资（香港）有限公司、Mitsui Ventures（三井创投）、中欧资本	1000万美元	普能世纪科技有限公司	电池行业
10月	北极光创业投资基金	2000万元人民币	上海攀业氢能源科技有限公司	电池行业
6月	深圳市创新投资集团有限公司		宜昌欧赛科技有限公司	电池行业
11月	东方富海投资管理有限公司	1500万元人民币	深圳市浩能科技有限公司	电池生产设备
5月	招商局中国基金有限公司全资附属公司—深圳市天正投资有限公司	2000万元人民币	深圳市吉阳自动化科技有限公司	电池生产设备
11月	达晨创业投资有限公司	5000万元人民币	深圳市赢合科技	电池生产设备
4月	深圳市创新投资集团有限公司	未批露	浙江长兴电子厂有限公司	电子集成
4月	深圳市创新投资集团有限公司	未批露	北京新雷能科技股份有限公司	电源模块

资料来源：公开资料，CVCRI整理。

2010年共有10家新能源汽车上下游生产企业在海内外证券市场IPO（首次公开发行）（见表5.6），其中境内上市8起，融资金额67.0679亿人民币；香港上市2起，融资金额7.108亿港元。上市企业主要以高新技术中小企业为主，在境内上市的企业均选择登陆深交所的创业板或中小板，8家企业上市平均市盈率在70倍以上。企业的高新特性，加上新能源汽车列为国家战略性新兴产业以及年内不断出台的支持新能源汽车发展的政策环境，产业链上下游企业获取大规模的高溢价发行，锂电、稀土、永磁等新能源汽车概念深受投资者追捧。

表5.6　　2010年新能源汽车上下游生产企业IPO事件

证券代码简称	证券	发行数量（万股）	市盈率（倍）	募集资金	上市地点	所属行业
新宙邦（300037）	深圳新宙邦科技股份有限公司	2700	111.50	78 273万元	深交所	动力电池
九洲电气（300040）	哈尔滨九洲电气股份有限公司	1800	68.75	59 400万元	深交所	高压变频设备
格林美（002340）	深圳市格林美高新技术股份有限公司	2333	78.05	74 656万元	深交所	废旧电池回收
南都电源（300068）	浙江南都电源动力股份有限公司	6200	54.10	204 600万元	深交所	动力电池
赣锋锂业（002460）	江西赣锋锂业股份有限公司	2500	69.42	51 750万元	深交所	动力电池
经纬电材（300120）	天津经纬电材股份有限公司	2200	56.76	46 200万元	深交所	电磁材料
江海股份（002484）	南通江海电容器股份有限公司	4000	52.03	82 000万元	深交所	电容器
银河磁体（300127）	成都银河磁体股份有限公司	4100	72.87	73 800万元	深交所	磁体及电机
泰坦能源技术（02188）	中国泰坦能源技术集团有限公司	20 000	约13	23 600万港元	港交所	能源终端设施
超威动力	超威动力控股有限公司	24 950	约17	47 480万港元	港交所	动力电池

资料来源：公开资料，CVCRI整理。

2010年度汽车行业上市企业再融资事件4起（见表5.7），另有2家已发布再融资计划。4家公司再融资总金额达177亿元。再融资所筹集资金主要用于新能源项目合资、合作、收购或建设生产基地。再融资计划有3家采取向机构投资者、原股东等特定对象的非公开发行方式，其中，2家公开增发，1家拟以10配3方式增发。

表5.7　　2010年汽车行业上市企业新能源项目再融资事件

股票代码	股票简称	发行数量（万股）	发行价格	募集资金	增发对象与方式
000559	万向钱潮	20 000	9.29元/股	185 800万元	公开增发
000625	长安汽车	3.6亿股	9.74元/股	35.08亿元	公开增发
600166	福田汽车	13 842.73	18.06元/股	245 799.7038万元	向北京国有资本经营管理中心等8名特定投资者非公开发行
600104	上海汽车	72 098.053	13.87元/股	9 878 999 992.71元	向控股股东上海汽车工业（集团）总公司等10名特定投资者非公开发行
600066	宇通客车	173 297 241	配股价待定		配股议案（以2010.12.31日公司总股本519 891 723股为基数，向全体股东每10股配售3股）
000868	安凯客车	≤4500	发行底价≥10.20元/股		非公开发行

资料来源：公开资料，CVCRI整理。

并购方面，国内新能源汽车企业之间的并购活动尚未开启，但已有国际电动车企业并购国内小企业的案例。2010年7月9日，加州电动车公司ZAP宣布，以2903万美元现金收购浙江永源汽车有限公司51%的股权。ZAP是一家拥有15年历史的加州电动车公司，而永源汽车是中国汽车制造商永源集团的一家全资子公司。永源将在未来几个季度开始建立ZAP电动车生产线。第一阶段产能每年5万辆车，随着投资增加还会增加产能，下一年内会生产出租车、小型SUV等乘用车产品。

ZAP收购永源作为其利用中国不断发展电动车市场战略的一部分。ZAP希望达到100%的完整收购，也期望收购其他地方的一些厂家。ZAP入驻中国市场既具有美国的融资机构的支持，也有政治方面的支持。ZAP计划把世界先进的电动车技术带到中国，努力把中国的出租车市场做大，谋求在中国的特定区域市场，比如机场、公交市场的应用。

（二）新能源汽车行业重点投资事件

1. 浩能科技获东方富海1500万元投资

在锂离子电池自动化装备技术水平上日韩处于国际领先，其设备自动化程度高，稳定性好，但价格昂贵、操作系统复杂、售后服务不便利。国内在锂电池生产设备上的空缺，使得国内近300家锂离子电池生产厂商所生产的60%～70%的电池属于手工、半手工制作的低端产品。

深圳市浩能科技有限公司是一家专业从事锂离子电池自动化设备研发、生产、销售的企业，自2005年成立以来，浩能科技取得了长足的进步，研发生产的锂电池设备已被国内多家大型公司大批使用，并批量出口德国及南亚等地。2010年，浩能科技自主研发生产的锂离子电池间歇式挤压涂布机填补国内技术空白，处于国际领先水平，并销往日本产业巨头TDK。浩能科技锂电设备以其安全、可靠的使用性能，良好的售后服务获得锂电池生产设备出口强国日本的认可。

随着电动汽车的兴起，锂离子动力电池得以飞速发展，高端电池的生产必然成为主流，全自动锂电设备是未来高端电池大规模生产的关键环节。而涂布是锂离子电池生产过程中必不可少的工序，也是直接影响电池安全性、容量、一致性等各项性能的关键工序。伴随浩能科技闯进日本市场，其在关键技术上的领先地位获得了多家风投的追捧，浩能科技最终选择了具有行业专业背景的深圳市东方富海投资管理有限公司。东方富海非常关注电动汽车产业的发展，目前已在这一领域投资了生产锂离子电池隔膜的深圳市星源材质科技股份有限公司，对锂电池行业有着非常专业的研究。

2. 佛山照明打造动力电池全产业链

佛山照明的新能源之旅始于2009年，通过系列投资与合作已打造动力电池全产业链。早在2009年9月，佛山照明与盐湖科技合资成立青海佛照锂能源开发有限公司，而后与盐湖集团合资成立青海盐湖佛照锂业有限公司合作开发盐湖锂资源。2010年，佛山照明又出资2550万元成立青海佛照锂电正极材料股份有限公司，开发锂电池正极材料。佛山照明通过投资碳酸锂提取项目，完成锂电池上游布局，进入锂电池相关的新能源领域。

2010年，佛山照明以1.6亿元购买了合肥国轩高科动力能源有限公司20%的股权，正式进军锂电行业。同期，佛山照明与台港必翔实业股份有限公司等投资者共同投资碳酸铁锂正极材料生产企业、共同成立锂动力电池生产企业。此外，与东昌电机（深圳）有限公司及佛山飞驰汽车制造有限公司合作研制的纯电动公交车也已进入整车安装阶段。通过相关投资项目，佛山照明完成新能源投资布局：碳酸锂材料→正极材料→锂电池→电动车动力。

3. 上海汽车增发与股权投资

2010年12月15日，上海汽车集团股份有限公司向控股股东上海汽车工业（集团）总公司等10名特定投资者非公开发行720 980 533普通股，发行价格13.87元/股，募集资金近百亿。上汽本次增发目的是为了加强公司自主品牌乘用车的竞争力，并增强新能源汽车的研发能力。部分募集资金将用于研发插电式和纯电式新能源轿车车型，2010年底荣威的中混节油20%的新车型将投入市场，2012年电动车可投放市场。

除增发外，上海汽车在股权投资上有明确的部署。2010年8月，上海市出台的《关于加强金融服务促进上海经济转型和经济结构调整的若干意见》，明确鼓励市属工业、商业、交通类龙头企业以及中外资股权投资基金管理公司，利用手上的资金在本市发起设立符合产业发展规划方向的各个专门领域内投资的专业投资基金。2011年1月12日，上海汽车投资设立"上海汽车股权投资有限公司"，注册资本5亿元，全部由上海汽车出资。上汽先行先试，此举意味着上海市国资系统内首个由产业集团主导的PE应运而生。上汽投资未来自主投资的主要方向是汽车上下游企业和新能源领域。

2010年11月，上海汽车集团股份有限公司全资子公司上海汽车香港投资有限公司以自筹资金参与通用汽车公司普通股的上市认购，上汽香港以约5亿美元资金认购15 151 515股（约占通用汽车总股本0.96557%，认购价33美元/股）。近几年，上海汽车与通用汽车合作范围不断扩展，合作层次日益提升。2009年，双方宣布以印度市场为起点，联合开拓亚洲新兴市场。2010年8月，双方签署联合开发新一代高效能动力总成协议，在全球范围内共享知识产权。2010年11月，上汽与通用宣布将在新能源汽车基础技术研发和新一代车型开发等核心领域进一步加强合作，并签署战略合作备忘录。上海汽车与通用汽车不断深化战略合作伙伴关系，将有助于上海汽车在提升研发能力、拓展海外市场等多个涉及企业可持续发展领域内，获得更多优势资源。

四、行业政策环境分析

（一）行业政策概述

近年我国已出台的新能源汽车重要政策与法规体系主要分为三大部分：节能与新能源汽车重大科技行动计划、节能与新能源汽车示范运行与推广、新能源汽车产业管理与规范。

从政策内容上看，先后源于节能、环保、可持续交通的战略目标而出台的所谓“新能源汽车”政策内涵在不同时期有所不同，政策路线在不断明确（见表5.8）。

表5.8　主要政策一览

年度	重大政策/项目/课题	核心内容
2001年	863电动汽车重大科技专项和清洁汽车行动关键技术攻关项目	确立“三纵”（燃料电池、混和动力、纯电动汽车），“三横”（多能源动力总成系统、驱动电机、动力电池）研发布局
2006年	《国家中长期科学和技术发展规划纲要（2006年～2020年）》	低能耗和新能源汽车、氢能及燃料电池技术列为重点领域及其优先主题
2007年	863计划“节能与新能源汽车重大项目”的技术研发、产业化和公共服务类课题	重点开展代用燃料汽车、纯电动汽车、混合动力汽车、燃料电池汽车以及传统汽柴油汽车核心技术研发和应用示范
2009年1月～3月	《汽车产业调整振兴规划》	2011年形成50万辆混合动力及电动汽车产能；中央安排100亿元专项资金，重点支持企业技术创新、技术改造和新能源汽车及零部件发展；安排补贴资金，支持节能和新能源汽车在大中城市示范推广等
2009	《关于开展节能与新能源汽车示范推广试点工作的通知》	选择13个大中城市的公交、出租、公务等公共服务领域进行试点；明确购置节能与新能源汽车的补贴对象、条件和标准
2009年1月	工信部颁发《新能源汽车生产企业及产品准入管理规则》	规定了新能源汽车产品的准入条件（三大准入条件）；明确了按产品类别和储能装置划分的新能源汽车技术阶段和对应管理方式
2009年2月	《节能与新能源汽车示范推广财政补助资金管理暂行办法》	财政部正式公布了《节能与新能源汽车示范推广财政补助资金管理暂行办法》，明确了新能源汽车的补贴办法和补贴标准。其中对10米以上公交车根据节油率的不同，给予5万～42万元不等的补贴
2009年3月	《汽车产业技术进步和技术改造项目及产品目录》	发改委制订《汽车技术进步和技术改造项目及产品目录》，新能源汽车列入国家鼓励的项目，企业相关项目的开展，可申请技改资金支持，同时国家对研发贷款进行财政贴息，目录三年调整一次。
2010年1月	《轻型汽车燃料消耗量标示管理规定》	自2010年1月1日起，在中国境内销售的乘用车和轻型商用车必须在车身粘帖实际油耗标识。工信部定期公告轻型汽车燃料消耗量指标，并对其检测、申报、备案、标示、监督处罚等作了明确规定
2010年6月	《“节能产品惠民工程”节能汽车（1.6升及以下乘用车）推广实施细则》	自2010年6月1日起，中央财政对消费者购买节能汽车给予一次性定额补助，补助标准为3000元/辆。并于6月18日、8月10日先后印发“节能产品惠民工程”节能汽车推广目录（第一批）、（第二批）入围车型名单
2010年6月	关于《扩大公共服务领域节能与新能源汽车示范推广有关工作》的通知	进一步做好扩大节能与新能源汽车示范推广工作，新增天津、海口、郑州、厦门、苏州、唐山、广州等7个试点城市
2010年6月	关于《开展私人购买新能源汽车补贴试点》的通知 财建［2010］230号	为加快汽车产业技术进步，着力培育战略性新兴产业，推进节能减排，选择在上海、长春、深圳、杭州、合肥5个城市开展私人购买新能源汽车补贴试点工作
2010年9月	《国务院关于加快培育和发展战略性新兴产业的决定》	国务院常务会议原则通过的《国务院关于加快培育和发展战略性新兴产业的决定》，明确将新能源汽车产业定为现阶段国家战略性新兴产业发展的重点方向之一

资料来源：公开资料，CVCRI整理。

（二）政策体系分析及新能源汽车政策前瞻

汽车业为应对能源与环境的压力，政策导向分为三个方向：节能汽车、新能源汽车、代用燃料汽车。节能与新能源汽车出台分类扶持的政策体系，政策重点扶持新能源汽车（即电动汽车）的发展。消费者购买节能汽车给予一次性定额补助（3000元/辆），而在五个开展私人购买新能源汽车补贴试点城市，国家财政对新能源电动汽车的补贴在5万～6万元/台（不含地方政策补贴）。节能与新能源汽车分类及主要扶持政策见图5.3。

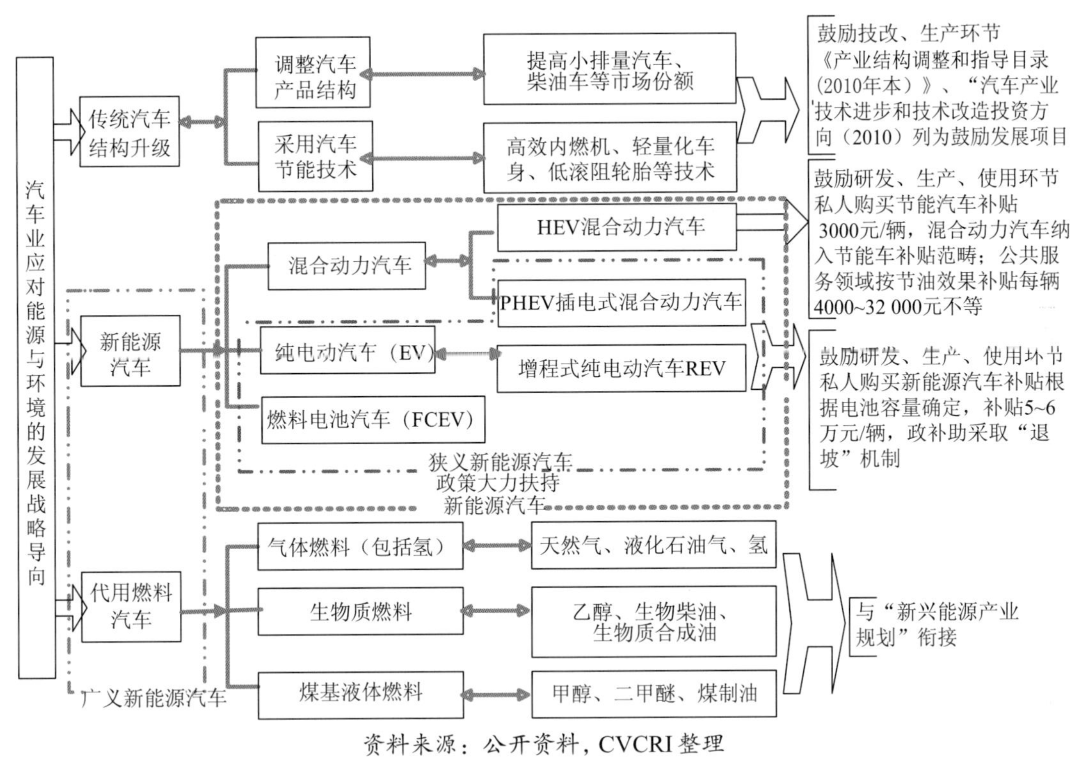

资料来源：公开资料，CVCRI整理

图5.3　节能与新能源汽车分类及主要扶持政策

2010年9月8日，国务院常务会议原则通过的《国务院关于加快培育和发展战略性新兴产业的决定》，明确将新能源汽车产业定为现阶段国家战略性新兴产业发展的重点方向之一。这意味着，新能源汽车产业的发展将享受国家产业政策最高级别的支持。新能源汽车产业的发展，必然要以最有利于发展方式转变、产业转型和技术升级的方式加以重点引导和鼓励，这是国家意志的体现。

当前出台的一系列节能与新能源汽车发展政策以及制、修订中的《汽车产业发展政策》、《产业结构调整指导目录（2010年本）》、《节能与新能源汽车产业发展规划（2011年～2020年）》等政策，正是国家战略在汽车行业的具体落点。期待中的三大政策动态及重点内容：

（1）国家发改委正在会同有关部门修订《产业结构调整指导目录（2010年本）》，在鼓励类产品中，新增新能源汽车关键零部件。其中包括电池管理系统、电机管理系统、电动汽车驱动电机、电路集成以及充电设备等。商务部在也将进一步鼓励企业引进发展新能源汽车的相关先进设备技术和关键零部件。

（2）工信部正在紧锣密鼓地制订指导中国汽车业转型、加快中国新能源汽车发展的两大政策：一是开展2004年版《汽车产业发展政策》的修订工作，二是牵头制订《节能与新能源汽车发展规划（2011年～2020年）》。新的产业政策明确指出，“以节能、新能源汽车发展为突破，积极营造促进汽车发展的政策环境、创新环境、市场环境和发展环境，全面提升中国汽车产业的国际竞争力。”政策目标：2015年，全部新车平均燃料消耗量比2008年降低20%左右，其中乘用车新车平均燃料消耗量降低20%以上，轻型商用车新车平均燃料消耗量降低15%以上。政策决定实施汽车燃料消耗量公示制度和基于燃料消耗量限值标准的税收奖罚措施，并提出在新建的新能源汽车电池、电机、电控等关键总成和基础材料的合资企业里，中方股东持股比例不应低于50%。首次明确了新能源相关配套中的股比问题。

（3）《节能与新能源汽车产业发展规划（2011年～2020年）》草案（下称《规划》）中提出，2011年～2015年，是节能与新能源汽车产业的培育期，2016年～2020年，则为发展期，届时我国节能与新能源汽车整体技术应达到国际先进水平，产业规模位居世界前列。在产销规模方面，2015年，纯电动汽车和插电式混合动力汽车累计产销量达到50万辆以上；到2020年累计产销节能与新能源汽车超过500万辆。在排放方面，2015年实现乘用车新车百公里平均油耗水平降至5.9升，到2020年则降至4.5升。

《规划》涉及了新能源汽车产业的整条产业链，建议中央财政在未来10年向国内新能源汽车产业投入1000亿元左右的资金，扶持关键技术的研发和产业化、新能源汽车的推广运用和核心零部件产业的发展。《规划》还提出将利用税收杠杆来增强消费者购买新能源汽车的欲望，比如实施减免车辆购置税和消费税等办法，这也是以前一直没有涉及的扶持政策。

新能源汽车产业作为国家七大新兴战略产业之一，政策体系必将加以重点引导和鼓励，未来会进一步充实与完善新能源汽车技术政策及财税鼓励政策。

五、行业投资价值与投资风险分析

（一）行业发展环境分析

1. 新能源汽车行业发展环境分析

面对能源安全、环境污染和全球气候变暖的急迫形势，发展节能与新能源汽车已成为我国汽车工业的战略方向。宏观社会经济环境及政策均有利于新能源汽车行业的发展。政府先后出台了一系列的产业政策和规划推动、规范和帮助新能源汽车产业的发展。

电动汽车相关技术在近年都有巨大的进步，如：交流感应电机及其控制，稀土永磁无刷电机及其控制，电池和整车能量管理系统，智能及快速充电技术，低阻力轮胎，轻量和低风阻车身，制动能量回收等，这些技术的进步使电动汽车日见完善和走向实用化。

随着我国政策支持力度的加大，技术水平的提高，我国新能源汽车产业发展会越来越大，越来越强，已经涌现出比亚迪、奇瑞等有较大影响力的新能源汽车代表企业。新能源汽车行业发展PEST环境分析见图5.4。

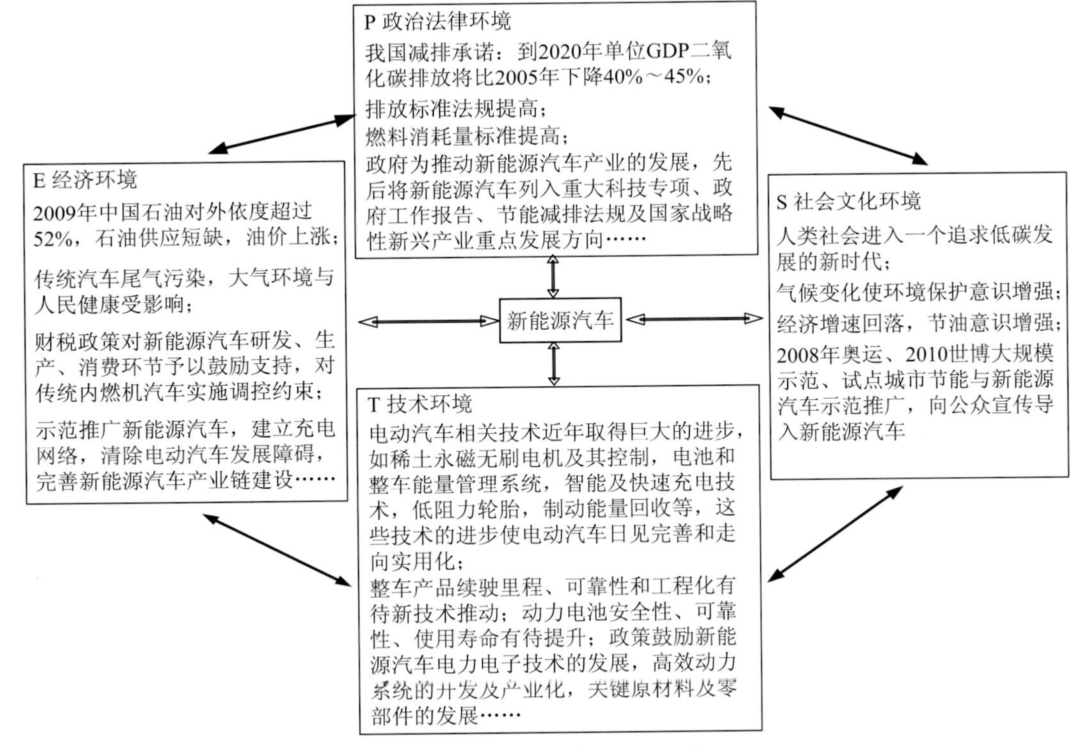

资料来源：公开资料，CVCRI整理

图5.4　新能源汽车行业发展PEST环境分析

随着新能源技术的兴起，众多零部件企业希望跨过原先的门槛，成为整车制造企业的一员。就市场增量而言，锂离子动力电池、电机、电控等电动汽车产业链相关企业将面临更大的发展机会。这些零部件制造商或将改变现有的汽车产业格局。分析新能源汽车行业发展竞争环境（见图5.5）可以发现，产业现有企业间尚未形成竞争，替代品不具优势，使用者期待新型环保出行方式，潜在竞争者与供应者共同致力于产品供应与产业培育，整个行业处于有效供应不足与潜在需求庞大的现状。在这一发展环境下，新能源汽车行业上下游产业链及产业间的联盟与合作的动力大于竞争的压力。

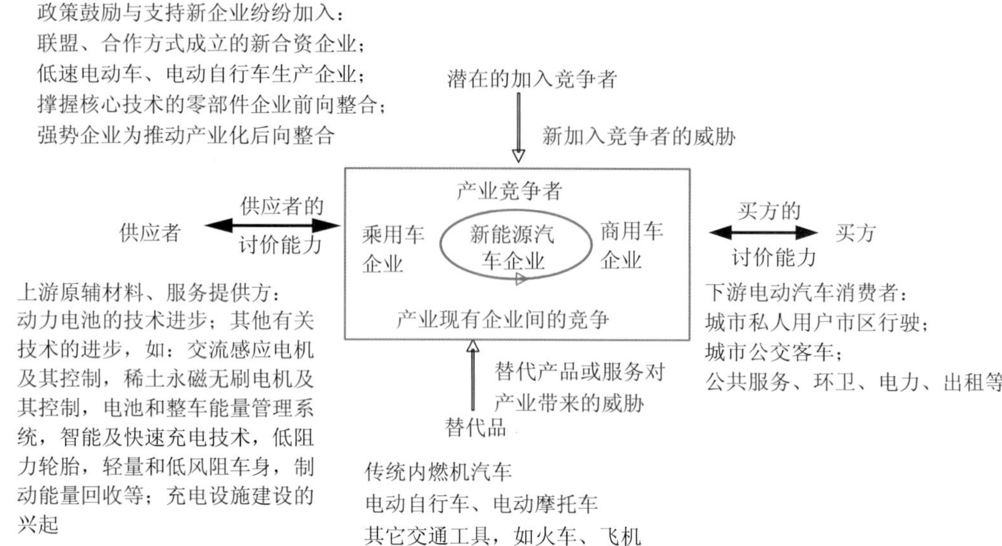

图5.5　新能源汽车行业发展竞争环境分析

2. 政府助力，层层推进新能源汽车的发展

电动汽车在技术、运行经济性、基础设施上还存在着产业化发展的瓶颈，需要政府相关政策支持推动商业化进程。政府各种鼓励支持政策和措施分四个阶段：示范宣传→政府主导的批量需求→大批量生产→市场化运作（见图5.6）。

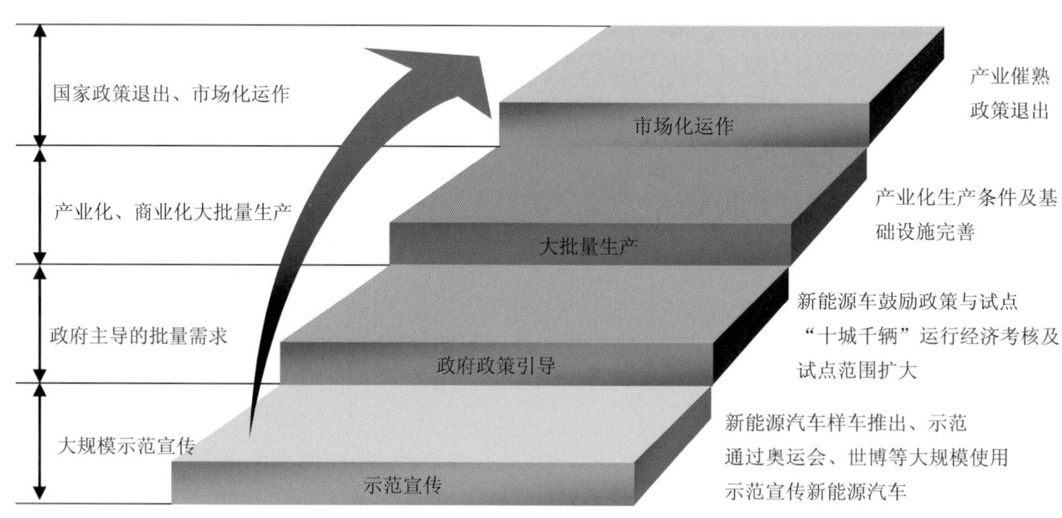

资料来源：公开资料，CVCRI整理

图5.6　政府鼓励新能源汽车发展的政策措施

3. 标准加严，步步倒逼传统汽车节能技术升级

为促进汽车节能减排，我国制定并发布的与燃料消耗量控制相关的标准和法规已日趋完善，燃料消耗量申报、公告、标示制度已开始建立。然而，中国汽车油耗水平与国外相比仍存在较大差距，就乘用车基准质量段（1205kg～1320kg）内油耗指标来看，中国汽车燃油经济性要达到国

际水平需要每隔3年～5年向前推进一大步。中国汽车燃料经济性标准、消耗公示制度倒逼推动着中国汽车企业和产品不断往前走。我国近中期汽车节能技术发展路线见图5.7。

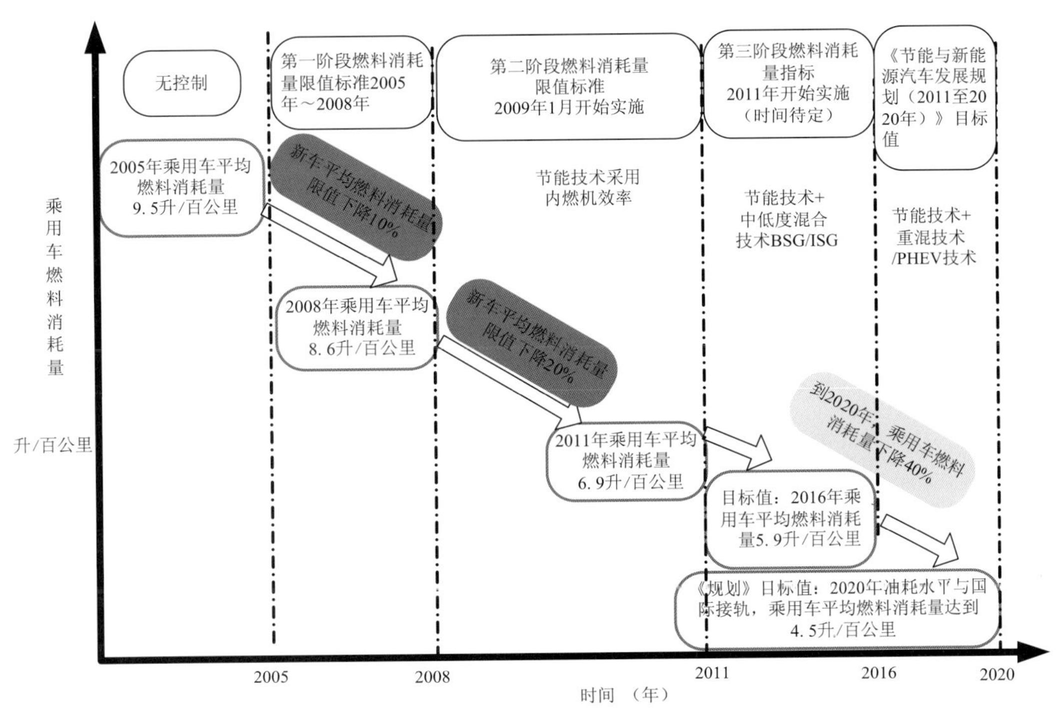

资料来源：公开资料，CVCRI整理

图5.7　汽车节能技术发展路线

（二）行业投资价值分析

由于电动汽车产业化中的技术难度高，成熟的电动汽车产品的供应是全行业的共同目标。新能源汽车是一个连带性较强的产业，除本身常规汽车相关链条外，还涉及电池、电控及相关制造原料产业。仔细考察新能源汽车产业链各个相关环节，由于所处的行业位置差异较大，不同产业链的获益程度相差颇多。产业获益的排序基本是电池、电机、电站等零部件和配套部门最优，整车厂商次之，上游的原材料领域再次。

新能源汽车的应用推广模式的创新将有助于新能源汽车的推广，由电动汽车催生的电网运营新业务也将是新能源汽车产业投资的一部分，对新能源汽车产业链上游、中游、下游进行合理匹配能取得更优的投资效益。

1. 关注新能源汽车产业链的关键环节与核心技术

新能源汽车产业链见图5.8。从产业链角度看，上游相关资源及关键材料（零件）直接受益于新能源汽车整车市场增长；电池及管理系统、电机及控制系统、动力总成控制系统则是产业链最核心的部分，分别约占新能源汽车成本的20%、20%、40%（以传统混合动力汽车为例）。

对新能源汽车的政策扶持将会给电池、电机上游的锂和稀土等原料行业带来更多的机会。锂电池的生产又可拆分为隔膜、电解液、正极材料、负极材料4个子行业，其中，隔膜是锂电材料中技术含量最高的高附加值材料，毛利率70%以上。隔膜的性能优劣，直接影响电池的容量、循环及安全性能等特性，目前国内尚无公司能够生产，包括比亚迪在内都需要进口。

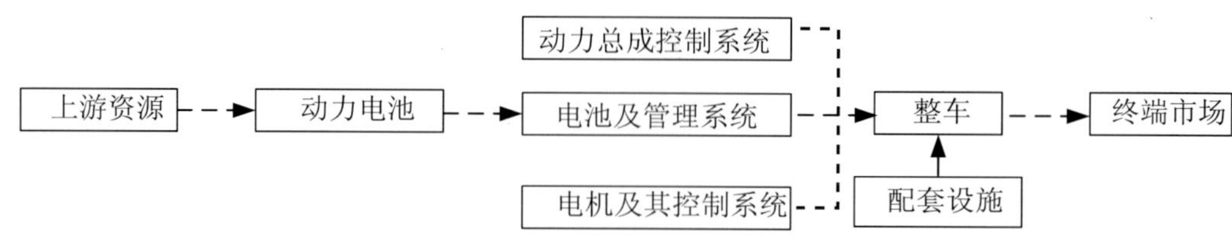

资料来源：公开资料，CVCRI 整理

图 5.8　新能源汽车产业链

新能源汽车整车的组装部分技术难度相对不大，充电站等配套市场建设主要依靠政府投资。总体来看，产业链利润和投资机会主要集中在具有高技术壁垒的电池关键构件和三大核心部件系统环节。

在研发主体上，我国主要采取以整车企业为核心，结合“产学研”战略联盟与“整—零”产业链战略联盟的模式，建立了以动力系统平台为核心，关键零部件和共性技术为基础的技术研发体系。目前，各大汽车集团均形成了一定的技术储备，并涌现了一些具备高成长潜力的关键零部件、新材料企业。不过与日本、美国等发达国家相比，我国新能源汽车的整体研发水平总体仍显薄弱，尤其是以电控系统为代表的关键技术缺失对产业发展构成了很大制约。以有望率先产业化的新能源客车为例，目前国内众多已投入使用的混合动力客车均选择了美国伊顿混合动力系统（变速箱、电机、高压电池组及系统控制单元），客车企业则更多扮演组装工厂的角色，这无益于提升本土企业的自主研发水平。即使我国新能源汽车行业在未来保持快速增长，但核心技术若长期处于缺失状态，本土的汽车工业竞争力也无法得到有效提升。

2. 弥补断层，构建完整的动力电池产业链

推动动力电池产业发展，可以有效推动电动汽车和基础设施的发展。专家建议，可从租赁电池的营销策略上寻找突破口，推广铁锂电池的使用，从而助力新能源汽车消费；同时，通过国家相关政策，构建完整的动力电池产业链（见图5.9），促进电池行业的发展。

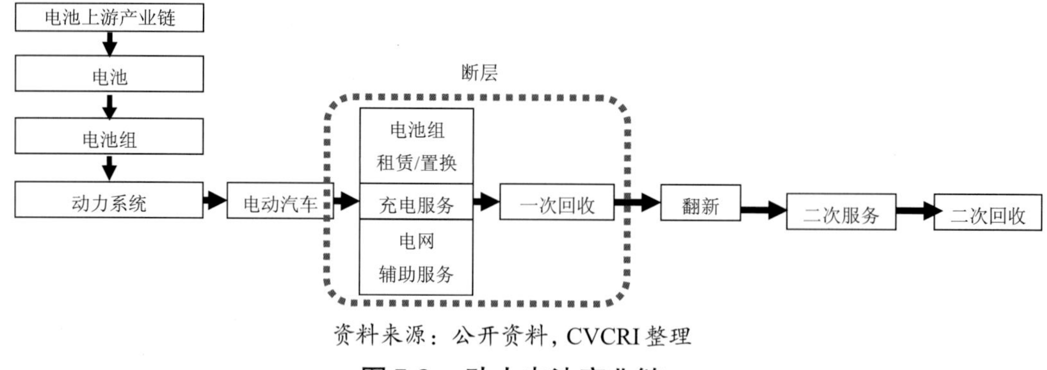

资料来源：公开资料，CVCRI 整理

图 5.9　动力电池产业链

纯电动车的电池可以租赁的方式让消费者使用：一方面，可以大幅降低消费者购车成本，使纯电动车（不包括电池组）的售价与传统动力的汽车不相上下；另一方面，在油价不断提升的背景下，电池租赁方式可以降低消费者的用车成本，从而使其选择汽车时更向电动车倾斜。而租赁电池方式更深远的意义在于，可以实现对电池的有效管理，控制电池的回收和再利用环节，真正做到绿色发展。同时如果新的车用电池技术能够普及，租赁电池的客户还有希望进行以旧换新。

动力电池租赁、服务、回收与处理方面的法规制度尚待建立，此类业务极少公司涉及。随着车用动力电池的规模化应用推广和废旧电池回收体系的建立，动力电池服务类业务具有投资价值。一方面，动力电池中的铅、镍、稀土、锂等金属及其它材料具有回收价值，废电池回收有利于资源循环利用。另一方面，由于车用动力电池的要求较高，部分动力电池虽然无法为车辆提供动力，但剩余容量还能满足一些储能装置的要求，可以采用梯级利用模式，扩大部分动力电池的使用范围，降低使用成本。

展望未来电动车的发展，未来会有更多的增值服务需求，包括慢充、快速充电以及电池交换等不同的电池蓄电服务模式，随着电力多元应用，能源产业也将打破油商独占产业链的局面，多种类型租赁服务点也将有机会跨入，提供无缝的电力交通网络服务。

3. 以小型纯电动车为突破口

中国汽车工程学会副秘书长张进华提出，中国电动汽车的发展不可能一步到位，而完全可能选择一条新的发展思路，走一条渐进式产业升级道路：从发展轻型电动车起步向电动汽车的发展，“依托市场、低端起步、逐渐逼近”的发展战略。发展路径：轻型电动车（电动自行车、电动摩托车）→微型电动车→小型电动轿车→电动汽车。

在研发和产业化方面，我国小型纯电动车已有一定的技术积累。奇瑞、比亚迪研发的小型电动汽车，市内一次续航里程可达100公里，已能满足代步交通的需求；有的还可装备极小排量燃油发电机，提供补充电力，延长行驶里程，已初步具备产业化条件。

现阶段电动汽车技术和成本都更支撑小型车的发展。电池成本、容量和充电条件的限制是阻碍电动汽车进入市场的关键因素。小型电动汽车的电池成本只是中型车的一半，量产后的价格还会降低30%以上，且运行成本仅为同级别燃油车的1/3甚至更低，因此在技术和市场上更可行。此外，小型电动汽车比较容易解决充电基础设施建设的诸多难题。它可用220伏民用电，在家中或停车场使用充电桩充电，慢充时的功率只相当于一台家用空调，充电桩的成本仅为千元。

本土市场潜力巨大是发展小型电动汽车的一张“王牌”。中国交通工具电动化是一个整体的系统工程，自行车的电动化和摩托车被轻型电动车取代已经构成了年产量接近1000万辆的规模市场。市场进程是技术成长的根本动力。充分利用“中国还远远不是汽车社会”这一重大而独特的机遇，以市场进程促进关键技术创新，在PNGV和Freedom CAR的阴影之外走出一条有中国特色的电动车辆发展新路子。

新能源乘用车的发展更多取决于产品自身的竞争力，目前市场空间远未开启，产品定位及性价比是成功的关键。从国内外电动汽车发展的历程来看，体积大、性能优的高端电动汽车不容易成功，反而是小型低速电动汽车容易获得消费者认可。

“汽车动力电动化”是一个渐进过程，从混合动力、纯电动到燃料电池逐步推进，不同新能源汽车在不同阶段满足不同需求。当前阶段，小型化、中低速更适合纯电动，在中级车辆上应该用混合动力以及高效内燃机，在高级别车辆上燃料电池可能是一个重要的解决方案。

（三）行业投资风险分析

我国以电动车为主的新能源发展规划，已是一个没有悬念的路径选择。但是电动车实现产业化的时间点究竟在哪里，仍是一个待解的悬念。尽管政府和企业近来举动频繁，但中国电动汽车市场还仅仅是起步阶段，还远未达到产业化的规模。在汽车纯电驱动转型之中，存在技术风险、应用风险及系统风险。新能源汽车是建国以来最大的风险投资，这已经是一场输不起的博弈。只许成功不许失败，风险与机会同在。

1. 技术路线风险

清华大学陈全世认为，不同类型的新能源汽车在动力性能、燃烧效率等关键衡量指标上各有千秋。基于要素禀赋、发展战略等差异，过去各国政府及汽车制造商在新能源汽车技术路径的选择上大相径庭，欧盟侧重发展清洁柴油汽车，美国、巴西以发展生物燃料汽车为主，日本则将混合动力汽车作为首要突破口。各国发展新能源汽车的动因都是中国发展新能源汽车的动因，中国汽车动力体系将沿着车用燃料多元化（CNG及可再生能源的使用）、清洁化、低碳化与先进动力系统（电动化）应用的方向进化。

新能源汽车投资风险在于技术路线的选择，三电（电池、电机、电控）技术发展具有不确定性，目前电动化的技术难点在于电池性能。通过目前新能源车鼓励政策与试点城市示范运营效果、运行经济考核，新能源汽车技术将日益明朗。对于不同的电池材料、电机技术，进入门槛有明显差异，投资的最优选择是选择多种技术路径，先期分别进行多个项目的小额投入，分段投资，跟踪试点示范运营情况，待“水落石出”后，对技术成熟的方案加大投资。

节约能源是长期坚持的战略方针，当前减少石油消耗的主要措施是大力发展节能环保汽车。新能源汽车产品具有现实的需求，在油价高企的当下，成熟的混合动力可以极大的满足人们对于省油和环保的诉求。混合动力车有望成为未来2年～3年内新能源汽车的主流。对新能源汽车行业的投资应该是节能汽车和新能源汽车两者并重，各自选择不同投资重点最为稳妥。从成本和收益的角度分析，新能源汽车中的微混合动力，加上启动即停的，不管有没有政府补贴都是值得购买的，其投资回报率最高。

客观来看，我国新能源汽车在可靠性、稳定性上还存在很多技术问题。短期内，混合动力汽车被视为最理想的过渡类型，而长期来看，在实现技术和成本的瓶颈突破后，“零排放”的纯电动和燃料电池汽车都可能成为最终的解决方案。

2. 车用动力系统关键技术的突破存在风险

动力电池性能要求与电动汽车性能的关联性见图5.10：

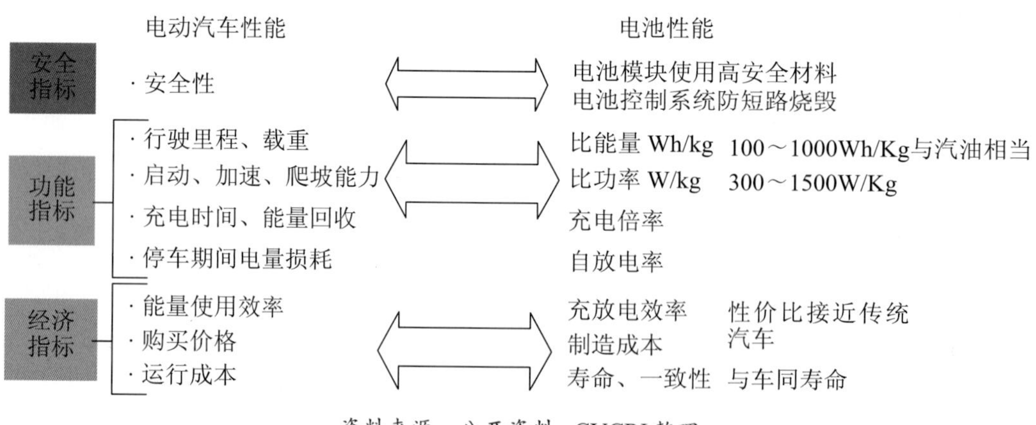

资料来源：公开资料，CVCRI整理

图5.10　电池性能与电动汽车性能的关联性

动力蓄电池和电机的可靠性、耐久性、寿命、成本等问题是制约电动汽车发展的关键因素。目前亟待解决动力电池组电源管理系统、动力电池隔膜技术以及锂电池电解液最为关键的电解质六氟磷酸锂（LiPF6）的生产合成问题。只有这三项关键技术取得突破，中国的新能源汽车产业链才能接近完善。

投资锂电池的技术风险。我国动力电池主要原材料资源丰富，锂离子动力电池是我国新能源汽车产业化的主要方向，产业化发展有保障。但我国生产磷酸铁锂材料的企业有100多家，但只有少数厂家的产品能基本满足车用动力电池要求，且尚未完全解决产品稳定性问题。磷酸铁锂材料由于工艺控制困难，批次稳定性差，使电池制造工艺控制困难，造成电芯成品率低，导致电芯的制造成本高。我国没有掌握磷酸铁锂（LiFePO4）电池材料原始专利，涉及核心问题无法回避，面临较大风险。

目前，动力电池隔膜全部采用进口，国内隔膜产品在传统锂离子电池市场已经部分替代进口产品，但国产动力电池隔膜尚在样品开发阶段。隔膜和磷酸铁锂电池的关键生产设备依赖进口。

我国在稀土永磁电机领域具有明显的竞争优势，然而产品可靠性、耐久性和工艺水平需要进一步提升。更为重要的是，我国在电力电子模块等关键零部件领域缺乏开发与供货能力。

综上所述，由于目前技术发展上的不确定性，锂离子动力电池正极材料技术路线在近几年内难有定论。电池材料问题、大容量大功率的电池组的设计和制造、电力电子模块等关键零部件仍然面临诸多问题，这也正是电动汽车需要突破的关键技术难点。

3. 电动汽车动力电池安全风险

目前，影响电动汽车推广应用的主要因素包括动力电池的安全性和使用成本问题。最大的问题是“锂离子电池能否作为安全的电池使用于汽车”。锂离子充电电池存在内部短路导致热失控的危险。为此，电池厂商在确保功率及能量的同时，在正极材料、隔板及电解液等组合使用高安全性材料，同时还对电池单元模块的结构及电池控制系统不断进行了改进。为确保电池性能良好，延长电池使用寿命，必须对电池进行合理有效的管理和控制。锂动力电池理想的管理应该是均衡保护控制。电池管理系统BMS最基本的作用是监控电池的工作状态（电压、电流、温度），预测电池组的荷电状态SOC和相应剩余行驶里程，管理电池的工作情况，避免出现过放电、过充、过热，对出现的故障应能及时报警。

锂电池在使用过程中常常会出现发热、燃烧现象，轻者影响主机使用，重者还会烧毁主机引起火灾。提高新能源汽车系统的安全性，确保消费者生命财产安全，达到或接近传统汽车的安全水平仍有难度。在为电动汽车生产安全、可靠、价格适中的锂电池方面，目前还没有一家公司能够解决所有问题。

4. 行业组织风险——新能源汽车联盟与合作

电动汽车的发展目前处于由科研向产业化跃进的过程中，还存在着技术不成熟、成本高、社会配套设施不健全等诸多技术问题和市场化阻碍。技术层面，电动车中的电池属化学产业，电机是电控专业，均超出传统汽车技术，应该采取开放的方式应对。用战略联盟、合作方式解决电动车的研发问题，实现电池厂、电机厂跨行业的战略组合。

新能源汽车联盟与合作受到政府和企业各方的期待。新能源汽车联盟有“国家队”央企联盟，“行业队”前十大汽车企业联盟T10，“地方队”联盟，还有海内外的联盟。自2005年以来，一些汽车企业已经开始各自核心技术领域的联盟以及资金合作关系。由于电机、电力转换器和电池对于向电动汽车的转型至关重要，汽车企业在自身欠缺领域纷纷选择合作或重组以增强核心技术。

一百多年来，电动汽车在世界范围内经历过多次起落。此前计划由于动力电池技术未能取得突破，缺乏高科技含量的汽车电力电子装置，各国制定的发展目标大都落空。电动汽车百年历史的借鉴：新能源汽车发展模式应该实现专业化分工，并利用各方资源建立具有可持续开发能力的合作联盟。中国要想成功主导电动车第三次发展浪潮，必须解决好一些关键问题。

联盟与合作是汽车企业通过外部方式迅速获取核心技术并弥补自身不足的有效方式。当前新出现的各种新能源汽车联盟具有两个特性，一是互补性，二是整体性。新型新能源汽车联盟可以视作提供系统化解决方案的组织，这一组织通过资源、技术、人才互补，实现新能源汽车、电动汽车开发的整体性，从而实现为社会提供系统化绿色智能交通解决方案。但目前这种所谓的“强强联手”共同开发的现状，是基于电动车还未实现产业化的前提之上。一旦技术瓶颈问题得到突破性解决，领先者为获取优势地位仍可能会采取技术封锁，因此，联盟与合作的发展协调是这一组织自身的难题。

5. 应用风险与电动汽车催生的新业务机会

电动汽车的发展进程，直接取决于动力锂电池产业发展进程。受制于电池技术的瓶颈，电池更换、配套设施建设以及新能源汽车成本虚高的问题并不能随着鼓励政策的出台而得到解决，当前推广新能源汽车依然困难重重。

电动汽车与其所依赖的基础设施将互相影响与促进。进入到电动汽车时代后，汽车产业以外的领域也将发生许多变化。电动汽车将促进智能电网发展。电动汽车与智能电网的结合，就是通过智能充电设施对电动汽车的充电操作进行控制，根据电网负荷情况调整充电功率，或控制充电的车用电池错时充电。随着电池技术的突破和智能电网的建设，电动汽车最终将作为移动储能单元，成为智能电网的一部分，对平抑电网负荷峰谷波动、接纳间歇性可再生能源以及提高电网运行效率起到重大作用。

电是推行纯电动车的先决条件之一，目前国家电网、石油企业已纷纷试水充电站的建设，以配套设施的建设拉动纯电动汽车的发展。专家建议，实施对纯电动汽车生产、动力电池生产、租换电池服务等企业的配套优惠政策，普及电费的分时计价，拉开峰谷电价的差距，按照节油水平发放补贴，直接鼓励购用纯电动汽车。

以上应用推广措施涉及面大，难以协调平衡社会各方的利益，电动汽车一次性购买补贴政策之外的应用推广政策难以出台，电动汽车“使用难”的问题短时间内难以解决。

参考资料

[1]“我国节能与新能源汽车发展研究报告”，中国汽车工业协会、T10电动汽车工作组
[2]陈全世，“电动汽车产业及标准的新进展”，清华大学演讲报告
[3]欧阳明高，“节能与新能源汽车技术战略与研发进展”，电动车时代网
[4]甄子健，“电动汽车的政策环境及发展进程”，国家863计划节能与新能源汽车重大项目办公室演讲报告
[5]叶盛基，“T10企业共同推进节能与新能汽车产业化发展”，中国汽车工业协会演讲报告
[6]“寻找新能源客车的投资方向”，江海证券研究报告，2010年6月23日
[7]“混合动力新时代的来临：联盟有变、霸主依旧”，高盛研究报告，2010年5月21日
[8]“中国市场电动汽车蓄势待发”，贝恩公司研究报告，2009年5月21日
[9]杨裕生，“我国电动汽车的发展路线及“十二五”的任务”，第二届电动汽车产业发展战略研讨会演讲报告
[10]2010年中国汽车产业发展国际论坛

第六章　清洁技术行业投资分析报告

清洁技术行业泛指能够降低现有能源和资源消耗，减少对环境的负面影响，高效使用自然资源的某类产品、工艺和服务的行业。清洁技术行业领域非常大，它包括新能源方向、电网技术、电动车技术、电池技术等等一系列环保高新技术。自从低碳经济成为全球新的经济增长点以来，清洁技术作为低碳经济最重要的行业之一更成为VC/PE投资的热点。本报告对2010年我国清洁技术行业整体发展概况、细分行业发展特点、行业投融资案例，特别是风险投资情况、产业发展环境等方面进行了较为全面的分析和诠释，并深入研究我国清洁技术产业未来发展趋势和投资机会。

一、2010年清洁技术行业发展概况

我国国民经济的飞速发展以及巨大的国内市场需求，使得我国将有望成为全球最大的清洁技术主流市场。据美国德勤集团表示，未来中国具有巨大发展潜力的三个关键领域是清洁技术、医疗保健与农业。美国Cleantech集团也表示中国将成为全球第一大清洁技术主流市场。其主要原因为：一方面，我国一直主要以消耗自然资源来发展经济，自然资源的有限性必将极大地制约着中国经济的持续发展；另一方面，我国在风能、太阳能和核能领域的投资已经大于世界其他国家的总和，这也间接地体现了国家在这一块的政策倾向力度。清洁技术行业在我国发展前景广阔，但是在实际发展过程中还有很多问题值得深入分析与探讨。

（一）清洁技术行业发展概况及趋势

1. 清洁技术行业总体概况及趋势

（1）定义。清洁技术泛指能够降低现有能源和资源消耗，减少对环境的负面影响，高效使用自然资源的某类产品、工艺和服务。清洁技术产业是指应用清洁技术减少环境污染、降低资源依赖、满足人类环境需求，为社会、经济可持续发展提供产品、工艺和服务支持的产业。

清洁技术是工业创新的代表，具有明显的差异性、多样性，无论在促进经济增长还是社会就业方面都具有广阔的发展空间。相较过去的“末端治理”技术而言，清洁技术是由市场经济驱动，因此会带来较高的经济效益和持续增长。

广义的清洁技术包括应用于各领域、所有具备环境附加值的技术。简而言之，只要是能够降低污染，减少对自然资源的损耗的技术、产品、服务，都可以称为清洁技术，因此，它是一种跨行业的概念，是一种大环保的概念。大致而言，清洁技术涵盖如下范围（图6.1）：

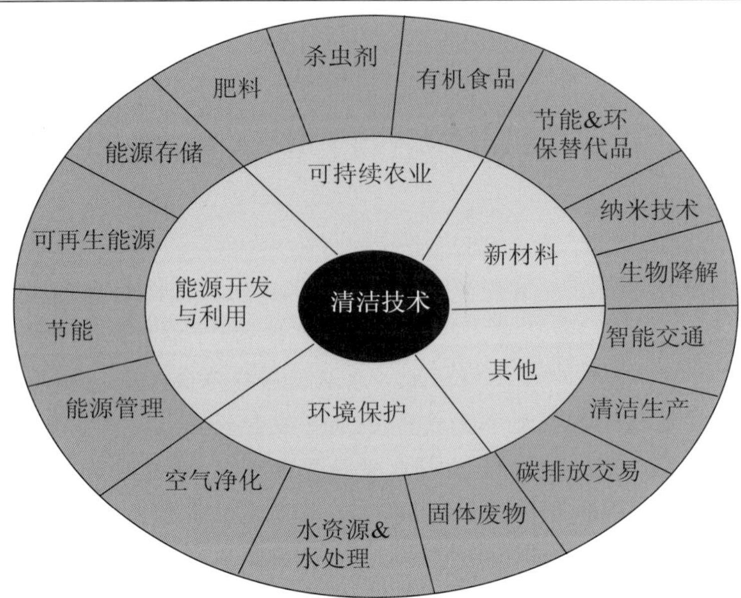

图6.1 清洁技术细分领域划分

（2）发展概况。中国现阶段选择节能环保、新一代信息技术、生物、高端装备制造、新能源、新材料和新能源汽车七个战略性新兴产业，在重点领域集中力量，加快推进。这七大产业中，四个产业属于清洁技术领域，将得到财税金融方面的政策支持，并且在引入社会资本方面也将获得极大关注。

2000年～2004年，是中国清洁技术行业的萌芽期，在生产、生活各个领域的“清洁化”进程中，只限于生产生活流程的末端，而且很多技术研究仍处在实验室阶段。2005年～2008年是清洁技术产业，特别是新能源开发的快速发展阶段，资本开始源源不断投进这个领域，清洁技术跨出了实验室的大门。在这个阶段新能源的开发已经可以实现，但是新能源的利用及成本控制还面临困难。2009年～2010年，新能源行业的发展，带动清洁技术行业的发展进入新阶段，这一阶段呈现的特点是能源与资源优化利用，相关服务快速发展，如节能服务、能源存储、可持续交通等，可以看出，行业的热点从之前开发资源逐渐转入到有效利用资源的阶段，并且可以预计今后将逐步深入到对生产生活各个环节的“清洁化”改造过程中（见表6.1）。

表6.1 清洁技术发展阶段

阶段	流程	特点
萌芽期	末端治理	概念尚未普及、技术仍在实验室、参与公司不多、限于废水废气固废治理
资源开发期	新能源开发	资本开始大量涌入、技术跨出实验室、成本较高和依靠政府补贴
资源利用期	能源优化利用	节能服务和能源储存是代表、新能源汽车鼓励是政策推手、背后深层原因在于解决新能源开发而难以利用及成本高问题
清洁技术产业化	全面清洁化改造	从能源的生产利用到废弃全方面的清洁化改造、各细分领域之间协同发展

资料来源：公开资料，CVCRI整理。

（3）发展趋势。中国已经成为全球清洁技术的主流市场之一，根据德勤发布的《方兴未艾的中国清洁技术产业（2010）》，目前清洁技术在中国的发展呈现以下趋势：

①清洁技术走向产业化，从原材料与设备制造起步并逐步向相关服务演进；

②政府与企业合作将继续发挥着关键作用，特别是在培育市场、支持研发、实施严格标准方面；

③新能源以外的新兴子行业发展提速，清洁技术市场机会更加多元化；

④各子行业竞争加剧，整合与合作、差异化、高端化、或整体解决方案能力将在很大程度上决定谁是各自市场的长期赢家。

2. 清洁技术细分行业发展情况

（1）节能与能效——建筑节能。合同能源管理（EMC）是目前建筑节能领域新兴的一种服务模式，2010年中国建筑领域的EMC市场规模达到23亿元人民币，2005年～2010年复合增长率为53%，处于高速增长阶段。在合同能源管理机制下，节能服务公司（EMC）和建筑业主的积极性被充分调动，促进市场的迅速发展。从建筑节能服务的业务形态来看，建筑节能这一概念可能会被智能建筑所取代，也就是说节能的方式更多的体现在智能地配置建筑内的资源，达到高效的利用，而不再仅限于使用节能的材料、可再生能源驱动的电器等。

（2）节能与能效——LED。2009年中国LED封装市场规模约204亿元人民币，较上年上涨10%，产量达1056亿元，其中高亮LED产值达到186亿元，占LED总销售额的90%；LED应用的市场规模约达600亿元。受到此前的奥运会以及世博会的城市景观建设需求影响，目前LED应用中占比最大的部分是景观装饰照明，普通民用照明仍然占比不大。但是随着技术发展，LED色温更趋柔和，成本更加低廉，并辅以类似“十城万盏”的推广计划的实施，通用照明领域仍然有巨大潜力。

（3）能源存储。能源存储被认为是过去被忽略的第六大环节，并且将作用于前五大环节，改变传统的开—发—输—配—用的模式与路径，目前除了抽水蓄能电站方式外，我国尚未有其他储能技术在电力系统的规模应用。动力电池作为能源存储的一大分支，受新能源汽车的政策影响，是近期的发展热点。

（4）环保。环保行业覆盖大气、水、固废的处理，估计2010年我国火电烟气脱硫市场约111亿元，较上年有所下滑，烟气脱硫的新驱动力将来自钢铁、有色等行业；污水处理行业则有待三四线城市、县以及农村市场的起步，目前大部分县未建污水处理场；城市生活垃圾处理的需求十分迫切，但是多个垃圾焚烧项目由于受到公众反对而暂时处于停滞状态，当前无害化处理技术革新以及垃圾分类的推广是垃圾处理行业破题的重要因素。

（5）新材料。目前，我国发展新材料的重点在于两个方向：一是利用新材料促进节能减排；二是推进先进制造业。2001年～2007年间，我国主要新材料产业的年均增长率高达23%，2010年市场规模达到824亿元，2012年预测将超过1300亿元。

（二）清洁技术行业在中国的发展态势[①]

在2010年过去的十余年间，中国的工业制造业飞速发展，GDP取得了连续性的高速增长，中国也成为了世人瞩目的“世界工厂”。然而基于长期的历史原因，中国经济发展相对粗放且低效，因此与经济增长伴随而生的过度能源消耗及环境破坏同样备受关注[②]。

---

① 本段内容主要引自青云创投（CEF Presentation Nov 12th 2008）。

② 高能耗：2004年每单位GDP对应能耗为世界平均水平的4倍，日本的14倍；高原材料消耗：原材料消耗量高且持续快速上升，2005年与上年同比，钢材消耗上升15.1%，铅消耗上升9.7%，水泥消耗上升12.4%；高污染：2005年，仅43.6%的污水排放得到处理，有58.6%的城市空气质量低于标准，全球20大污染最严重城市，中国占16个。

基于对长远发展目标的担忧及对资源有效利用与经济可持续发展的考虑，近年来，中国政府在节能减排方面做出了巨大的努力与投入，发布了一系列致力于提高能效及保护环境的政策与计划，并已将“绿色”GDP提上了日程（见表6.2）。

表6.2 中央发展“绿色”GDP的规划

2003年	2004年	2005年	2006年	2007年	2008年	2009年	2010
“循环经济”、“绿色GDP”	“和谐社会”	“资源节约型与环境友好型社会”	“可再生能源法”、“新农村建设”	“节能减排”	“绿色奥林匹克”	“低碳经济”	“战略性新兴产业”

资料来源：公开资料，CVCRI整理。

由于观念与发展重心的转变，中国原先在诸如环境保护等领域所采取的“末端处理”之方式逐渐转换为西方施行已久的“事前防治，预先处理”之策略。“清洁技术”在越来越多的领域内得到应用，相应地“清洁技术投资”这一主题也逐渐受到越来越多的关注。“清洁技术”主要始于西方国家，但其未来在中国将具有广大的市场，而“资金”则是将技术与市场两者进行有效结合的重要手段。作为“资金”手段的重要体现，股权投资基金将成为未来“清洁技术”产业发展的助推剂。

事实上，先于股权投资基金所代表的私有经济部门，自1991年始的“八五”计划以来，政府便已开始不断加大对资源利用及环境保护的投入（见图6.2，表6.3）：

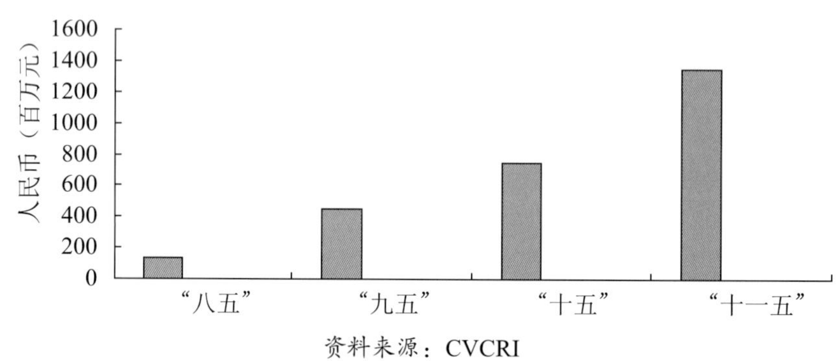

资料来源：CVCRI

图6.2 我国自“八五”计划以来对清洁技术领域的投入

表6.3 我国自“八五”计划以来对清洁技术的投入

人民币（百万元）	“八五”计划（1991～1995）	“九五”计划（1996～2000）	“十五”计划（2001～2005）	“十一五”计划（2006～2010）
总额	131	450	750	1350
占GDP总比	0.73%	1.3%	1.5%	1.5%

数据来源：SEPA，2005中国环境年度报告。

依据我国的“十一五”计划与《可再生能源法》，我国在如下几个方面加大投资改造并实现相应目标：

（1）截至2010年，总能耗的至少10%来自可再生能源能效与节能。

（2）截至2010年，每单位GDP能耗降低20%。

（3）截至2010年，每单位工业产值水消耗量降低20%。

（4）截至2010年，污水处理率达到70%。

（5）截至2010年，废物处理率达到60%。

在国家扶持推动的有力政策背景下，清洁技术在我国面临着巨大的发展机遇：

（1）中国是世界最大清洁技术市场——单环境保护与可再生能源将拥有超过2000亿美元的市场容量。

（2）中国已超过美国成为世界最大二氧化碳排放国。

（3）2006年起，清洁技术投资已从小众变为主流，其年增长速率为20%，位列第三。

（4）清洁技术已成为政府首要关注领域。

（三）目前我国清洁技术产业的发展现状及面临的问题

1. 我国清洁技术产业的发展现状

我国清洁技术产业总体呈现持续稳定的发展态势，清洁技术产品领域稳步发展，环保设备总体水平达到20世纪90年代水平，部分主要产品的技术水平已接近或达到当代同类产品的国际水平，资源综合利用得到快速发展。

（1）我国对环保产业的投资不断加大，我国“十一五”期间环保投资约占同期国内生产总值的1.35%。在“十二五”期间，环保投资预计将达到3.1万亿元，较“十一五”期间的投资额增长121%，其中环境污染治理设施运行费用在1万亿元左右，未来5年行业复合增长率为15%～20%，到2015年将达到GDP的7%～8%，到2020年国内清洁技术产业市场将成为中国一个新的经济增长点。

（2）我国环境保护产品品种比较齐全，具有一定的生产配套能力，基本可以满足目前一般环境污染治理的要求，但核心产品的技术水平和可靠性与发达国家相比仍有较大差距。

（3）传统工业污染治理市场趋于饱和，城市污水、垃圾处理、烟气脱硫等新的市场增长点已经形成，但环保设备的开发和生产、“三废”综合利用、清洁能源利用等方面还处于起步阶段，将有很大的发展空间。

（4）国内清洁技术市场竞争激烈，出现了由国际跨国公司与本土企业共同占领市场的局面，国际跨国公司凭借其雄厚的技术实力和资金实力占领了较大的市场份额，100多家外资环保公司占产业总量的75%。

（5）外国资本大规模进入我国清洁技术产业市场，引导大量国内社会资金投入，从而形成多元化投资体系，为清洁技术产业发展提供充足的资金来源。

2. 我国清洁技术产业面临的问题

（1）中国清洁技术产业缺少具有整合集成能力的整体解决方案提供商，难以满足工程化的要求。清洁技术产业的应用有明显的工程化、集成化特点，它与传统产业的节能减排改造工程或市政工程紧密结合在一起，要求清洁技术企业能够集成多种类型的清洁技术，或者整合同一产业链上不同环节的技术产品。而中国清洁技术企业通常只拥有某一类技术，企业规模普遍较小，缺少引领清洁技术产品集成应用的大型的整体解决方案提供商，掌握不同类别技术的清洁技术企业相互合作较少，难以满足工程化的要求；同样，也很难满足传统能源企业对节能改造的需求，导致清洁技术难以与传统耗能企业有效结合。

（2）清洁技术水平低，缺乏科技创新能力已成为阻碍中国可持续发展的瓶颈。中国清洁技术企业普遍规模小，生产成本高，收益率低，投资风险大，与传统能源工业相比，在市场上处于相对劣势，缺乏生存能力。技术支撑比较薄弱，自主研发的技术尤其是高端技术很少，许多项目和企业都是依靠从国外引进技术或者合作生产。

到目前为止，中国还没有专门从事清洁技术研究的机构和实验室，只有一些研究项目和课题组。科技研发投入不足，技术推广缺乏有效组织，商业化发展能力弱，研发与产业化衔接不利。在人才方面，专业技术人才缺乏，从事新能源技术开发利用的专家很少，人才培养落后于产业生产，专业人才队伍严重缺乏。

不具备技术创新能力，就不能拥有清洁技术产业的核心技术、关键技术和前沿技术，清洁技术产业的生产成本就难以大幅度压缩，其产品没有价格优势，占领市场难度较大，也就不能获得大规模发展。

（3）跨国公司抢夺国内清洁技术产业市场，使我国清洁技术产业发展面临严峻挑战。在经济全球化的大背景下，发达国家的清洁技术产业纷纷把目光投向中国，美国GE、德国西门子、法国朗普等一批跨国公司凭借其技术和资金优势，纷纷加大本土研发力度，以期迅速抢占市场份额。例如，GE不断加大其上海研发中心在清洁技术领域的投入，ABB集团与中山市签订战略合作协议，我国清洁技术产业直接面临国际化竞争。

（4）促进清洁技术产业化的标准与政策法规体系亟待健全。清洁技术产业发展对政策的依赖性较强，产业的发展需要法律法规的严格规范以及相关部门的政策扶持。目前，清洁技术产业标准体系尚不完善，标准的科学性、完整性、系统性、协调性和可操作性有待提高；行业型污染物排放标准数量少，覆盖面不宽；用于指导清洁技术产业管理和执法工作的技术规范，在种类、数量、质量等方面，与实际需要相比差距较大。同时，我国节能减排的强制性政策和法律法规体系不够完善，标准实施也缺乏相应的政策和法规保障，潜在的市场需求尚未发掘出来，产业发展动力不足。同时，清洁技术产业具有投资大、周期长、产品价格高等特点，政府给予的补贴、税收减免等优惠政策仍显不足，对清洁技术产业发展的政策引导和支持力度有待加强。

二、清洁技术子行业发展状况及企业业绩分析

由于清洁技术行业涉及领域颇广，各细分市场具有不同的发展情况，本章将从全国清洁技术行业企业总体运行情况出发，在各细分市场中分别选取代表性的上市企业进行分析，以便读者对我国清洁技术行业企业的发展状况有一个较为全面的理解。

（一）清洁技术重点子行业发展状况

清洁技术行业包罗万象，渗透到各个领域，涉及范围非常广阔。清洁技术行业由于是新兴产业，成长空间巨大，市场发展前景非常看好，而且低碳经济是以后全球经济发展的主流趋势，因此孕育着巨大的投资机会，非常受风险投资家的青睐。清洁技术企业主要分布在新材料、环境保护、可再生能源等几大领域。本报告主要分析可再生能源、环境保护、新材料这三个子行业。

1. 清洁技术行业——可再生能源产业

由于受资源禀赋条件的制约，中国的新能源产业必将逐步探索一条替代传统能源产业之路。中国是世界上新能源开发规模最大的国家（见表6.4），可再生能源装机（包括水电装机、风电、

太阳能、生物质能、核电）占总装机容量的23%左右，但如果去掉大水电，2006年，其他新能源装机只有1.4%，2007年达到2%，2008仍不足3%。2004年之前，我国新能源发展速度一直比较缓慢，2006年的《中国可再生能源法》的出台实施，为新能源发展注入了强心剂。

整体来看，在中国政府支持下，各地都在大力支持发展新能源高新技术产业，新能源产业发展迅速，新能源正成长为一个新兴产业。

表6.4　　中国可再生能源应用规模和目标

类型	2007年容量	2020年目标
水电	1450亿瓦	3000亿瓦（含750亿瓦小水电）
太阳能光伏	100兆瓦	18亿瓦
风电	60亿瓦	300亿瓦
生物质能发电	30亿瓦	300亿瓦
沼气	99立方米	440立方米
生物固体燃料	—	5000万吨
燃料乙醇	16亿升（包括粮食乙醇）	127亿升
生物柴油	1.19亿升	24亿升
地热（发电和供热）	32兆瓦（发电）	1200tce（发电和供热）
潮汐能	—	100兆瓦（潮汐能应用）

数据来源：赛迪顾问。

近几年，中国新能源类的公司发展迅速。目前，国内涉及太阳能、风能、乙醇汽油等概念的上市公司超过50家，在A股市场上大都表现出较强走势。各类新能源产业发展阶段见表6.5。

表6.5　　各类新能源产业发展阶段

分类	投入商业运行的程度
水力发电	产业化程度高，非常成熟，盈利稳定，毛利率高
风力发电	规模不断增长，设备成本高，靠补贴电价，仅能维持盈亏平衡
太阳能	热利用较为成熟，处于世界领先地位；光伏发电受高成本制约，产业化程度远远不够
生物燃油	大多数地区处于研制阶段
乙醇	处于试点推广阶段，靠国家补贴盈利
地热能利用	拥有地热资源的地区已经多开发，多依靠国家补贴
热泵	小部分地区正在小规模推广
燃料电池	基本上处于开发与研制阶段

数据来源：赛迪顾问。

2. 清洁技术行业——环境保护产业

中国一直以消耗自身的资源来发展经济，虽然中国的经济地位已经在国际上有了显著的提高，但同时也造成了严重的国内环境问题。作为亟需解决的环保问题，环保产业的发展成为了必然的趋势，我国政府也给予了政策上的大力支持，致使我国环境污染治理投资占GDP比重逐年提高，在水污染、大气污染、固废处理等方面，“十一五”期间的投资规模和增长率分别为6400亿元、6000亿元、2100亿元和137%、114%、133%。

“十二五”期间，环境保护将在总量控制、质量改善和环境风险防范上着力。“十二五”期间，环保工作将以污染防治、污水污泥处理、土壤修复、农村环境保护、颗粒物等大气复合污染防治等作为重点。下面将分别从污水处理、大气污染治理、固体废弃物处理这三个方面概括我国环保产业在“十二五”期间的发展前景。

（1）污水处理：据估计，“十二五”期间我国工业污水处理厂、市政污水处理厂、农业等领域会有超过1万亿元的投资空间。同时，城市污水处理产能有较大发展空间，“十二五”期间预计年均投产污水产能1000万～1500万吨/日。城市产能建设增速将放缓并外扩，未来五年城市新建规模与县城相当，单厂规模减小。城镇污水处理设施建设资金中，预计地级市、县级市、县城污水厂、配套管网及城市、县城改建污水厂分别为260亿元、960亿元、280亿元、773亿元、168亿元和32亿元。另外，污水的排放标准也不断提高，“十二五”规划氨氮排放将纳入约束指标，这将催生细分行业。

（2）大气污染治理：“十一五”期间，我国将COD（化学需氧量）、二氧化硫排放列入总量控制目标（分别下降10%），目前均超额完成。除尘年均市场规模约200亿元，“十二五”除尘市场增长趋于平稳，但是烟尘排放标准有可能从150毫克/立方米提高至30毫克/立方米，超过一半需要改造或者更换，袋式除尘由于具有较好的除尘效果，将迎来较快增长。脱硫市场预计年均投资规模可达100亿元。我国目前火电装机6.6亿千瓦，2009年脱硫装机达4.7亿千瓦，占71%。“十二五”期间仍有2亿千瓦机组需要改造，同时每年还需新建3000万～5000万机组，而已建部分每年10%需要更新。此外，钢铁烧结机脱硫将成为新增长点。

（3）固体废弃物处理：我国城市生活垃圾处理行业起步稍晚于污水处理，但目前发展差距较大，产能建设高峰期仍未到来，其中垃圾处理费征收不全是重要制约因素。据相关信息，“十二五”期间，中央财政将投入超过5000亿元用于固废处理，其中1000亿元用于生活垃圾处理，1000亿元用于自来水厂污泥处理，3000亿元用于流域污泥治理。“十二五”期间垃圾处理行业年均复合增速在20%以上。在设备领域，垃圾焚烧设备投资占到总投资50%，工程设备商首先受益，而专业运营厂商也将迎来较大发展机遇。

3. 清洁技术行业——新材料产业

随着世界制造业和高新技术产业的飞速发展，新材料的需求日益增长，新材料的应用领域将进一步拓宽，产业波及效应逐步提高，新材料产业发展前景很广阔。下面将从电子信息材料、新能源材料、复合材料、新型金属材料这四个新材料的重点领域上分析新材料行业的未来发展前景。

（1）电子信息材料：根据中国电子材料行业协会提供的数据，我国从事电子信息材料的企业已近千家，从业人员超过10万人，2009年产值达1300亿元。我国已经成为中小尺寸单晶硅最大的生产国，印刷电路板、覆铜板、磁性材料、有机薄膜等材料产量已连续3年位居世界第一，形成了浙江、安徽、山东、广东等多个电子信息材料聚集发展的产业基地。

据赛迪顾问预测，未来几年全球光学光电子市场仍会以10%左右的年增长率持续发展。到2013年，全球光学光电子产业规模将达到5250亿美元。到2015年，光学光电子产业将会取代传统电子产业，成为21世纪最大的产业。中国光学光电子产业的规模将以超过全球光学光电子产业10%左右的增速发展，2010年中国光学光电子产业的规模将达到3750亿元。

（2）新能源材料：“新兴能源产业发展规划”颁布以后，预计到2015年，非化石能源占一次能源的消费比重将达到11%左右，到2020年比重将达到15%，未来10年将累计直接增加投资5万亿元，每年增加产值1.5万亿元。届时，新能源材料将充分受益。另外，据欧洲光伏工业协会预测，到2014年世界光伏市场的市场需求在政策推动条件下将会达到300亿瓦。2010年～2014年，其年复合平均增长率约为17.9%。到2015年，我国光伏装机容量要达到500万千瓦，到2020年达到2000万千瓦。从太阳能电池产量来看，晶硅电池占主导地位，薄膜和聚光光伏还处于起步时期。未来太阳能电池材料将面临巨大的发展机遇。

（3）复合材料：先进复合材料是战略性新材料，在飞机、导弹、运载火箭、飞船和卫星飞行器上发挥着不可替代的作用，国外一些军用、民用飞机复合材料应用量不断提升，同时在民用领域也得到广泛应用。我国现标配168座的国产大飞机，C919目前已完成初步设计方案，计划2014年进行首飞，2016年交付航线使用，在未来20年内，将达到年产大客机150架、年产新支线飞机50架的目标。大型客机为了达到自重轻、强度大、抗腐蚀抗疲劳等要求，通常采用综合各种材料优点的复合材料。所以复合材料发展前景非常值得期待。

（4）新型金属材料：稀土是一种具有战略意义的重要资源，应用广泛，主要用在尖端技术领域。根据全国稀土荧光粉、灯协作网预测，到2013年我国节能灯产量将达到近70亿只，稀土发光材料市场规模将超过12 000吨，较2009年市场需求量增长97.34%，复合年增长率达到18.52%。在显示器领域，到2013年，平板电视将超过1.3亿台，笔记本电脑、液晶显示器和手机的产量也将分别达到2.93亿台、1.59亿台和8.80亿台。到2013年，我国稀土发光材料市场需求将超过14 000吨，其市场空间惊人。

（二）行业上市企业的发展业绩分析

本报告将在清洁技术重点子行业中分别选取具有代表性的上市公司进行分析。

1. 可再生能源——向日葵公司

该公司是一家集研发、生产和销售晶体硅电池片及组件为一体的国家高新技术企业，自设立以来一直从事生产和销售大规格的高效晶体硅光伏电池片及组件。其主要客户为德国、意大利、西班牙等欧洲国家的光伏系统集成商。

公司在整合上下游资源，完善产业链上积极布局。上游方面，公司通过股权收购与增资方式在浙江优创实施年产1.6亿片8英寸太阳能硅片项目。项目完成后，公司参与了浙江省10兆瓦光伏电站示范项目，该项目预算超过2亿，目前已处于正式批复阶段。

公司2010年9月29日发布公告，拟收购浙江优创光能科技有限公司100%股权。股权收购后，将通过增资方式在浙江优创实施年产1.6亿片8英寸太阳能硅片项目，股权收购价为1.48亿元，收购后增资金额为3.17亿元，收购资金来源于公司的超募基金。该项目一期工程预计将于2011年8月竣工，二期2012年12月竣工，全部达产后的多晶硅片可用于生产640兆瓦多晶硅电池片。

截至2011年2月，共有40家机构对向日葵2010年度业绩作出预测，平均预测净利润为1.95亿元，平均预测每股收益为0.39元。表6.6显示了向日葵公司2010年前10个月的财务报表主要指标。

表6.6　　向日葵公司财务报表主要指标（2010年1月～2010年10月）

指标＼日期	2010年9月30日	2010年6月30日	2009年12月31日
每股收益（元）	0.30	0.16	0.25
主营业务收入（万元）	166 844.40	102 534.15	101 672.20
利润总额（万元）	177 68.81	8610.19	11 903.06

指标 \ 日期	2010年9月30日	2010年6月30日	2009年12月31日
净利润（万元）	15 474.23	7433.90	10 334.24
主营收入同比增长率	62.7%	0.85%	-6.38
净利率同比增长率	108%	-28.1%	37.92

资料来源：公开资料，CVCRI整理。

2. 环境保护——龙净环保公司

龙净环保公司是我国环境保护除尘行业的首家上市公司，也是国内机电一体化专业设计制造除尘装置和烟气脱硫装置等大气污染治理设备及其他环保产品的大型研发生产基地，企业实力和产品的产销量位居行业龙头地位。其主要产品包括电除尘器、烟气脱硫装置、气力输送装置等，技术水平达到当前国际先进水平并居国内领先地位。

2010年龙净环保公司前三季度净利润1.69亿元，每股收益0.75元，业绩符合预期，预计在未来两年龙净环保盈利将保持增长势头（表6.7）。2010年公司除尘器业务和脱硫业务稳步增长；长远来看，“十二五”期间，国家对部分地区和新建项目实行除尘50mg/Nm^3（毫克/标准立方米），甚至30mg/Nm^{3}的新标准，公司在电除尘器、电袋除尘器、布袋除尘器上的技术优势将得到更加广泛的应用，新建和改造市场将保持一定的市场容量。国家也将适时推出二氧化碳排放浓度低于200mg/Nm^{3}的新标准，已建成投运的一大批脱硫装路都将面临技术改造，随着节能减排强制性指标的实施，脱硫市场将在“十二五”期间快迅启动。国内非火电行业特别是钢铁行业的污染治理将给公司的脱硫、电尘器业务带来新的发展机遇。

表6.7　　2010年～2012年龙净环保公司盈利预测和估值

年份	营业收入	每股收益	市盈率
2010年	31.1亿元	1.01元	34倍
2011年	35.65亿元	1.32元	26倍
2012年	41亿元	1.52元	23倍

数据来源：国都证券。

随着新兴发展中国家电力需求的增加，电力建设市场的兴起，将给国内大气污染治理行业带来新的机遇，形成对国内市场的有力补充。龙净环保2010年7月取得了印尼加里曼丹电厂项目工程总包合同，工程项目包含两台60兆瓦火力发电机组及电除尘设备，合同总额约为11.3亿元人民币。公司已经打开国际市场，随着美欧企业基本退出了除尘脱硫设备的市场，公司产品在国家上相对于日本有着明显的性价比优势，需求新的增长点指日可待。

3. 新材料——浙江大东南集团公司

大东南集团公司是国内塑料包装行业的一家知名企业。近年来，公司主动退出了一些低档产品的生产，转而投入可循环、可降解、生态环保、卫生安全的新型包装材料领域的研发和生产，通过不断的技术创新与技改投入，已形成了较强的竞争优势。

目前，国内塑料薄膜市场趋于饱和，技术要素决定了竞争优势。从1987年引进第一台价值10万美元的机器开始，“大东南”进行了30次的技术改造，累计投入资金数十亿元，技术水平与生产能力成为行业翘楚。在大东南集团，3条长寿命光转换农用膜生产线正在加紧建设。项目总投资3.1亿元，建成后可新增销售收入4.5亿元，年利润6500万元。

2010年，该公司实现营业收入66 225.10万元，较上年同期增长32.13%；实现营业利润4757.19万元，较上年同期增长121.73%，主要系公司调整产品结构，高附加值产品投放市场以及宁波大东南万象科技有限公司销售大幅增加所致。公司实现净利润4211.38万元，较上年同期增长62.60%；实现归属公司所有者的净利润3397.95万元，较上年同期增长47.92%，主要是销售收入比上年度大幅增加所致。

三、清洁技术行业政策环境分析

（一）清洁技术行业政策法规概述

为了支持清洁技术产业的高速发展，我国政府制定了一系列促进清洁技术产业发展的强制政策和经济激励政策（见表6.8），保证了清洁技术产业在市场起步阶段的顺利发展。

自《可再生能源法》颁布以来，政府陆续出台了一系列配套政策和细则。除此以外，国家还制定了一系列的财政优惠政策及科技专项和产业化专项支持清洁技术产业的发展。财税优惠政策方面，国家逐步加大对可再生能源的财政资金投入和税收优惠支持力度。制定了支持风电、垃圾发电的税收减免政策和发展生物液体燃料的财政补贴与税收优惠政策。特别是进入2010年以来，政府对于清洁技术领域的政策扶持力度之大，推进步伐之迅速，是空前的，今后仍将有重大后续政策的不断推出。由此可见，在这样大好的产业政策环境下，我国清洁技术行业的发展将受到极大的推动。

表6.8　2010年清洁技术产业政策一览

日期	政策/法规	颁布者
国务院正在审批	新兴能源产业发展规划	国家能源局
6月29日	“关于合同能源管理财政奖励资金需求及节能服务公司审核备案有关事项的通知”	国家发展改革委 财政部
6月3日	《合同能源管理项目财政奖励资金管理暂行办法》	国家发展改革委 财政部
6月2日	“关于环境保护节能节水、安全生产等专用设备投资抵免企业所得税有关问题的通知”	国家税务总局
5月31日	《节能产品惠民工程高效电机推广实施细则》	国家发展改革委 财政部
5月31日	“关于扩大公共服务领域节能与新能源汽车示范推广有关工作的通知”	财政部 科技部 工业和信息化部 国家发展改革委
5月31日	“关于开展私人购买新能源汽车补贴试点的通知”	财政部 科技部 工业和信息化部 国家发展改革委
5月25日	中美能源安全合作联合声明	/
3月26日	“中央企业节能减排监督管理暂行办法”	国务院国资委
1月22日	“海上风电开发建设管理办法”	国家海洋局

资料来源：公开资料，CVCRI整理。

（二）重点政策点评

1.《中央企业节能减排监督管理暂行办法》（以下简称《暂行办法》）

《暂行办法》共分六章三十二条，包括总则、节能减排工作基本要求、节能减排统计监测与报告制度、节能减排考核、节能减排奖惩和附则，着重从四个方面加大对中央企业节能减排监督管理力度。

一是正确把握定位。《暂行办法》规定，对中央企业节能减排工作实行政府主管部门监管和出资人联系制度，强调中央企业应依法接受国家节能减排主管部门、所在地县级以上人民政府节能减排主管部门的监督管理。国资委作为出资人主要督促指导中央企业贯彻落实好国家节能减排方针政策。

二是实行节能减排分类管理。中央企业节能减排工作是一个复杂、多层次的体系。《暂行办法》依据中央企业实际能耗、污染物排放水平以及所处行业，将中央企业分为重点类、关注类和一般类，并实行动态管理。

三是规范节能减排管理制度。《暂行办法》不仅着眼于解决当前中央企业节能减排工作中存在的突出问题，更着眼于节能减排长效机制建设。

四是完善节能减排考核奖惩制度。《暂行办法》将节能减排目标完成情况纳入中央企业负责人经营业绩考核体系，作为对中央企业负责人经营业绩考核的重要内容。对于节能减排数据严重不实，弄虚作假的，发生重大（含重大）以上环境责任事故，造成重大社会影响的或发生节能减排重大违法违规事件，造成恶劣影响的企业，国资委将对中央企业负责人经营业绩考核结果予以降级处理。

国资委对中央企业节能减排实行分类监督管理。按照企业能源消耗及主要污染物排放情况，将中央企业划分为三类：重点类企业、关注类企业和一般类企业。其中，重点类企业是指主业处于石油石化、钢铁、有色金属、电力、化工、煤炭、建材、交通运输、机械行业，且具备以下三个条件之一的企业，即年耗能超过200万吨标准煤，年二氧化硫排放量超过50 000吨或年化学需氧量排放量超过5000吨。

2. 新兴能源产业发展规划[①]

期待已久的新兴能源产业发展规划在经过多次更改和完善后，已经进入最后审批阶段。该规划拟在2011年～2020年十年间，以开发市场吸引内外资的方式，累计增加直接投资5万亿元，发展内地新兴能源产业。业内人士指出，若算上对关联产业的带动，整体新能源产业最终开发规模很可能达到几十万亿元。与之前的“新能源规划”不同的是，新兴能源产业发展规划不仅包括风能、水电和核电等，还包括对传统能源的升级。该规划内容主要为先进核能、风能、太阳能、生物质能、地热能、非常规天然气等新能源和可再生能源，并对新兴能源的开发利用、洁净煤、智能电网、分布式能源、车用新能源等能源新技术的产业化应用做出了明确部署。

同时，就在新兴能源产业发展规划含苞待放之时，我国“十二五”能源发展规划也在编制中。根据“十二五”规划，到2020年非化石能源占一次能源消费的比重要达到15%左右，单位GDP二氧化碳排放强度比2005年要下降40%～45%。这两个目标一定程度上还需要由新兴能源产业发展规划来承担，也从一定程度上体现了规划实施的力度。

我国经济增长长期依赖大量资源、资金的投入，伴随着生产材料成本的上升、资源环境的约

① “关于新兴能源产业发展规划”，清科政策解读。

束和国际竞争格局的变化，原有的发展模式迫切需要改善。此次计划投入5万亿元进行新兴产业的建设，将给投资者带来巨大的投资机遇。

四、清洁技术行业投融资分析

在国家大力发展低碳经济的大背景下，清洁技术行业的起飞迫在眉睫，在良好的国际和国内环境下，诸多投资机构都很看重清洁技术行业的发展前景。本部分将对清洁技术行业的投融资状况进行分析，其中，重点介绍风险投资介入情况。

（一）清洁技术行业投融资概况

1. 投资规模分析

清洁技术投资分析公司 Cleantech Group 的数据显示，2010年第三季度全球清洁技术领域共获得15.3亿美元的 VC 投资，较上一季度和2009年同期均有所下降。截止到2010年底，清洁技术领域共计获得57.3亿美元的 VC 投资，稍高于该行业2009年获得 VC 投资的总额。

据 Cleantech Group 总裁 Sheeraz Haji 表示，第三季度投资总额的下降归因于2010年早些时候太阳能领域过高的投资。过往数据显示，2009年第二季度清洁技术领域共获得了21.8亿美元的 VC 投资，第三季度获得了17.1亿美元的 VC 投资。

根据清科研究中心的统计，2009年～2010年上半年，中国清洁技术行业共披露106起 VC/PE 投资案例（见表6.9），其中87起披露了投资金额，共涉及金额85 952万美元。统计数据显示，清洁技术目前已经是仅次于 TMT、生物医药的第三大热门投资行业。

表6.9　2009年～2010上半年清洁技术投资概览

时间	案例数（总）	案例数（披露金额）	投资总金额（百万美元）	平均投资额（百万美元）
2009第一季度	8	8	111.74	13.97
2009第二季度	13	10	132.38	13.24
2009第三季度	20	17	130.23	7.66
2009第四季度	30	26	281.67	10.83
2010第一季度	21	17	153.46	9.03
2010第二季度	14	9	50.03	5.56
合计	106	87	859.52	9.88

资料来源：清科研究中心。

在2010年获得风投的清洁技术类投资交易中，北美地区占61%，欧洲和以色列占25%，中国占10%（见表6.10），印度占4%。

表6.10　2010年清洁技术行业风险投资部分案例一览

时间	融资方	投资方	投资金额
11月15日	深圳市赢合科技有限公司	达晨创投	5000万元（人民币）
11月09日	宁波沁园集团	青云创投	8000万元（人民币）
10月26日	上海攀业有限公司	北极光创投	2000万元（人民币）

时间	融资方	投资方	投资金额
10月22日	挪宝新能源集团	银湖投资集团	N/A
9月07日	扬州华尔光电子材料有限公司	招商局中国基金	1500万元（人民币）
7月29日	杭州鼎楚科技有限公司	松禾资本和凌越资本	3000万元（人民币）
7月08日	重庆星河光电科技有限公司	重庆科技风险投资公司	2000万元（人民币）
6月24日	新疆喀什宏邦节水有限公司	青云创投和华创盛景	N/A
3月03日	普能科技有限公司	北极光创投和红衫资本	2200万（美元）
3月03日	青岛武晓集团	天泉投资	N/A
2月24日	UPC Renewables中国控股有限公司	全球环保基金	3000万美元
2月01日	湖北能一郎科技股份有限公司	科华银赛和固德银赛	N/A
1月25日	常州天常玻纤复合材料有限公司	中经合和深圳创新投资集团	N/A
1月09日	武汉华灿光电有限公司	开投基金、IDG	1.5亿元（人民币）

资料来源：CVCRI。

据中国风险投资协会统计，清洁技术在2010年已经成为15个行业中风险投资兴趣度最高的行业，比例高达78.9%。在近期实际的投资额与投资项目上，清洁技术几乎成为不可或缺的重点，牢牢牵住众投资者们敏感的神经。可以预见的是，伴随着低碳经济发展战略上升至国家层面，中国从事清洁技术领域的企业必将会在全球范围内成为资本市场争夺的“宠儿”。而对于生性逐金的VC&PE来说，自然不可能错过这样一场全球性的财富盛宴。

2. 投资数据分析

清洁技术行业是一个非常大的领域，对于中国来说，清洁技术市场有没有机遇呢？下面给出数据分析表，将反映当前清洁技术产业在我国的投资前景（见表6.11）。

表6.11　　2010年中国清洁技术产业的发展趋势分析

项　目	数　据
从股权投资的方向看	2010年第二季度全球投资额达到21亿美元，但是中国公布的数据在股权融资额上仅有3000万美元，占全世界投资额总量不到5%
从项目融资的方向看	大型的风电厂、太阳能电厂、水电厂，项目融资在2010年第二季度全世界的交易量达到289亿美元，中国占到115亿美元，占全世界份额的一半，而美国只有49亿美元
从IPO的方向看	2010年第二季度全球IPO是24亿美元，中国达到18亿美元，占到全球75%

数据来源：公开资料，CVCRI整理。

从表中，我们可以看出：首先，从股权交易上看，中国的市场可以说还不是很活跃，美国占到了股权交易75%的容量。其次，从项目融资上看，中国在项目融资上的确占很大优势。最后，从IPO上看，中国清洁技术、清洁能源的市场的确非常活跃。

（二）清洁技术行业并购情况介绍

当前可再生能源、替代能源、能源效率、水处理和其他绿色技术企业的变革在不断进行着。许多具有自主产品和服务的成熟清洁技术公司，已经开始试图通过被兼并或收购来推动业务的进一步增长，并且已渐渐形成一种趋势。投资者、创业者、企业和市场观察家均预期这种趋势将会继续，特别是在那些寻求革新的企业中间。

据有关数据显示，2010年第三季度，全球共有580家清洁技术企业被兼并或收购，交易总额达270亿美元，相比之下，仅有64家公司通过IPO募集了52.7亿美元的资金。德勤会计事务所有关专家预计，尽管2010年第四季度并购数量将减少，但是并购规模将增长（见图6.3）。

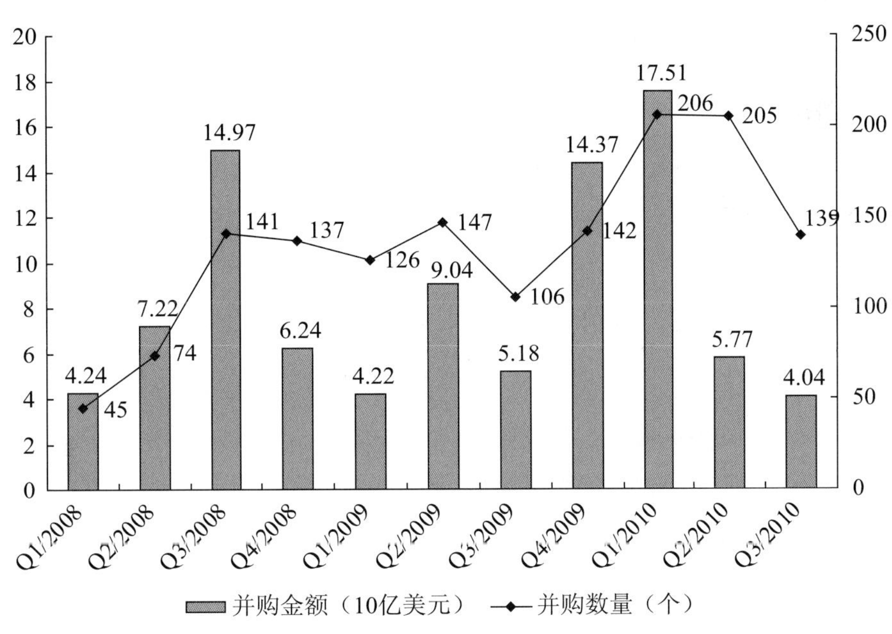

数据来源：Cleantech集团和德勤会计事务所

图6.3　2008年～2010年第三季度全球清洁技术企业并购规模

图6.3显示，2010年第一季度清洁技术公司的兼并和收购数量和金额都出现大幅上涨，随后出现滑落。2010年，许多收购了清洁技术公司的大企业都来自能源、公共事业和工业等部门，它们包括了通用电气公司、思科—T系统公司、艾斯电力公司和NRG能源公司。它们收购这些清洁技术公司是为了增加或补充自己的领域，这样一来，通过并购，小型的清洁技术创业公司也获得了所需的资本和市场，帮助它们进入一个新的水平。

（三）行业年度经典投融资案例

1. 青云创投联合华创盛景基金投资4000万元予新疆宏邦节水

2010年6月24日，新疆喀什宏邦节水有限公司与青云创投、华创盛景基金在北京签署投资仪式。两大投资机构将向宏邦节水一期投资4000万元人民币。业内人士认为，此举将推动新疆节水农业提速发展。

面对新疆广泛的节水灌溉市场需求，宏邦节水的主营业务包括高新节水灌溉、农业综合开发等工程，专业生产和销售滴灌用PE软管、硬管、滴灌带等各种节水灌溉材料，并在节水灌溉自动化控制方面有相当经验。加之，南疆是新疆的农业重镇，宏邦节水在南疆已做到第一。

喀什宏邦节水公司用上现代滴灌技术之后，灌溉一亩地可以降到500立方米水，约相当于原来慢灌的1/3。如果在喀什把所有的滴灌技术都用上，对当地而言经济收益将大大提高；对农民个人来说，一亩地也可增产约100公斤棉花，大约可增收800元。

这次青云创投联合华创盛景基金对宏邦节水一期投资4000万元，一是看好新疆经济的长远发展，二是看好高效节水产业在新疆农业发展中的战略性价值与巨大的成长空间。单是新疆地区节水灌溉市场的综合规模就达到数百亿元。

对于宏邦节水的成功融资，有关人士分析，主要是因为宏邦节水有着良好的社会效益和经济效益，创新的商业模式和强执行力的管理团队，既是高效农业、节水农业的代表，更是循环经济、环保低碳的代表。新疆农业发展具有战略性意义，对维护稳定和促进经济发展和民生提高都具有举足轻重的意义。另外，国家也将会进一步加大对新疆区域经济的扶持力度，尤其是民生等方面的投入将使相关企业获得收益，这是投资机构偏爱新疆公司的主要因素。

2. 普能科技有限公司获得北极光创投2200万美元的第三轮融资

2010年3月03日，普能科技有限公司（Prudent Energy，普能）宣布该公司已完成了由北极光创业投资基金主领的2200万美元的第三轮（Series C）优先股融资。红杉资本和前一轮的投资者德丰杰和德同资本也参加了该轮投资。普能成为为全钒液流氧化还原电池（VRB-ESS）系统行业的领军企业。

普能致力于全钒液流氧化还原电池的技术开发、制造和系统集成。这次的融资不仅将推动普能在美国和全球其他市场的迅猛发展，更为其去年迁至北京的电池生产制造能力的扩张提供了机遇。

普能目前拥有钒电池储能系统技术及应用的大量核心专利，并且其钒电池技术已经在全球数十个成功运行多年的储能项目中获得验证。利用钒元素的特性开发成功的钒电池，是一种环保的兆瓦级电化学储能系统，适用于包括电网、风力发电、太阳能发电、柴油发电等各种电力系统中。普能提供的钒电池储能解决方案能够提高电力的质量与可靠性，能有效促进可再生能源的应用，并且能提高输配电的效率。

此次普能的融资，使其实现大幅度的成本降低，新的资金将加强普能的开发能力和对北美市场的渗透，并推动包括中国和美国在内的全球营销战略。

3. 美国中经合集团领投常州天常玻纤复合材料有限公司

2010年1月25日，美国中经合集团宣布领投江苏省常州天常玻纤复合材料有限公司，这是中经合集团在清洁能源领域又一个投资项目，清洁能源和低碳排放是中经合集团未来重要的投资方向。

此次投资由中经合牵头，深圳创新投资集团及其旗下基金常州武进红土创业投资有限公司和常州红土创新创业投资有限公司共同投资。天常玻纤是一家致力于为风电叶片厂商提供高质量玻纤织物原材料的公司。公司核心团队在该领域从业多年，对生产经营有丰富的经验，非常注重产品的质量管理，并通过与客户的沟通不断提高服务水平，得到客户的尊重与认可。公司成立以来业务快速发展，成为该行业中国本土市场的领先企业。

天常玻纤引进风险战略资本，对公司及时、有序地扩大产能，提供了有力的保障，同时，更为重要的是公司借助中经合国际化的平台及在清洁能源领域业界的资源、深创投在资本市场上的本土化资源，使得公司能够更好更快的发展。另外，近几年世界和中国风电产业发展非常迅速，这对天常玻纤是机遇、也是挑战。因此，中经合等战略风投机构的加入能更好的协助天常玻纤向全球市场扩张。

4. 湖北能一郎获科华银赛及固德银赛投资，谋划上市

2010年2月1日，湖北科华银赛创业投资有限公司和武汉固德银赛创业投资管理有限公司股权投资湖北能一郎科技股份有限公司，这标志着湖北能一郎科技股份有限公司有望通过创投机构的介入，加快发展，可能成为咸宁市第一家上市公司。

能一郎公司于2007年底在咸宁市签约奠基，2008年7月投入生产。作为新能源产业领域的后起之秀，能一郎公司2008年又承担了湖北省科技厅的科研重大专项项目，2009年被评为湖北省创新型企业试点单位，列入了湖北省百项重点高新技术产品推广计划，入选了国家科技部的“科技人员服务企业”和国家振兴计划的扶持项目。最近又被评为高新技术企业，获批建设湖北省博士后产业基地。在两年的时间里能一郎从无到有，发展成为一个年生产销售超过亿元的企业。

此次，湖北两家投资公司加盟能一郎，不仅引进了巨额的资金，更提供了强有力的增值服务及资本运作，标志着能一郎公司在融资和上市操作方面迈上一个新台阶，公司投资股改工作已有了实质性进展，有望成为咸宁市第一家上市公司。

五、清洁技术行业投资价值与投资风险分析

（一）清洁技术行业投资价值分析

随着经济社会的发展与能源逐渐枯竭的矛盾逐渐突显，大量消耗石化气能源的社会发展模式，将对人类赖以生存的环境带来不可逆转的灾难性后果。在这样一个现实背景下，各国大力发展清洁技术行业成为了一种大趋势，这种趋势将带给清洁技术行业一个非常好的投资契机。中国也必将在不久的将来掀起清洁技术领域的投资热潮。

据了解，在IPO市场里，清洁技术板块一直被投资者看好。2010年1月，“正西”太阳能在香港IPO成功，3月份“正太”集团的太阳能项目融资5000万美元。这些成功的上市案例为资本市场带来了新的契机，也为中国的清洁技术行业发展带来新的市场空间。总之，我国清洁技术行业无论是在政策环境、市场投资还是在技术进步等各方面均具有广阔的发展潜力和投资价值。

1. 政策环境前景分析

清洁技术产业作为中国战略性新兴产业发展方向之一，近年来我国逐渐加大对清洁技术行业发展的政策扶持力度。同时，为了鼓励和支持清洁技术项目的发展，国家在税收、财政补贴等方面制定了一系列优惠政策（见表6.12）。

表6.12 清洁技术行业财税补贴优惠政策

项目	内容
所得税政策	关于环境保护节能节水、安全生产等专用设备投资抵免企业所得税有关问题的通知
财政补贴	关于开展私人购买新能源汽车补贴试点通知
税收优惠	近期国家将对可再生能源行业实施“三免三减半”的优惠税收政策

资料来源：公开资料，CVCRI整理。

同时，我国政府从4万亿元投资到2009年财政部、科技部、能源局联合出台的《金太阳示范工程财政补助资金管理暂行办法》，国家对包括新能源在内的清洁技术领域的政策支持力度不断加大，“清洁技术”在创投领域开始被越来越多的投资机构关注。

2. 市场投资前景分析

作为新兴产业，全球清洁技术市场方兴未艾，呈现出勃勃生机。数据显示，目前全球太阳能

和风能产业就业人数共计83万人，预计2019年雇佣人数将增至330万人。有关专家预测，到2030年，智能电网技术市值将增至1000亿美元。今后5年，智能电网电讯基础设施规模将达到200亿美元。

清洁技术产业具有强大的市场生命力。首先，成本优势明显。从大趋势看，石化能源的价格在上升，清洁能源成本越来越低。清洁技术的未来取决于扩大生产规模，降低生产成本。第二，投资有增无减。政府和私营部门大量资金涌入，改变了清洁技术产业的面貌。第三，竞争促进发展。各国政府十分重视发展清洁技术产业，想方设法主导这一市场，创造就业机会。第四，新兴市场因素。发展中国家能源需求上升推动了能源、交通、建筑和输水系统等领域清洁技术的突飞猛进。第五，消费行为改变。如今，越来越多的消费者追寻品质生活，重视资源高效利用，清洁产品和服务日益受到青睐。第六，气候变化成为国际社会需要应对的重大问题，智能技术日益受到重视。

同时，随着国家“十二五”规划的出台，明确指出大力发展新兴产业，特别对低碳产业的发展尤其重视。因此，清洁技术产业在我国市场前景广阔（见表6.13）。

表6.13　　布局“十二五”之清洁技术产业

相关重点子行业	内容
节能环保	在节能减排的大背景下，环保行业可以长期看好：（1）固废处理行业处于发展初期，未来5年将进入建设高峰期 （2）污水处理行业面对目前约25%的城市和近80%的县城未建污水处理厂，市场需求将保持快速增长
新能源	我国节能减排的目标是到2020年单位GDP能耗下降40%～50%。在“十二五”能源规划中，清洁能源将成为主要受益方向
新材料	（1）看好行业技术壁垒较高、下游空间广阔的上市公司 （2）从受益国家政策支持的节能环保、新能源以及重点工程建设等领域龙头企业 （3）看好自身具有技术壁垒，并且未来下游市场繁荣的精细化工中间体类上市公司
新能源汽车	电动汽车“十二五”专项规划草案已拟定。下一步国家将考虑坚持节能汽车与新能源汽车并重的发展战略，通过财税手段扶持节能与新能源汽车发展

资料来源：CVCRI根据“十二五”规划整理。

3. 技术发展前景分析

近年来，我国在清洁技术方面已经取得了不小的突破，但是与发达国家相比在一些核心关键技术领域尚存在一定的差距，同时也孕育了广阔的技术进步空间。下面主要从可再生能源、新材料、环境保护这三个子行业分析他们的技术发展趋势（见表6.14）。

表6.14　　可再生能源、新材料以及环境保护产业的技术发展趋势分析

清洁技术子行业	技术发展趋势
可再生能源	（1）风力发电机组单机容量继续增大 （2）采用光齿轮箱直接驱动技术的风电机组的市场份额在迅速扩大 （3）变桨和变速技术更具发展优势 （4）永磁电机优势显著 （5）海上风电悄然兴起
新材料	我国在一些重点、关键新材料的制备技术、工艺技术、新产品开发及节能、环保和资源综合利用等方面取得了明显成效，初步形成了比较完整的新材料产业体系，在电子信息材料、先进金属材料、电池材料、磁性材料、新型高分子材料、高性能陶瓷材料和复合材料等方面形成了一批高技术新材料核心产业

清洁技术子行业	技术发展趋势
环境保护	我国环境保护技术与装备总体上发展迅速，潜力很大，与国外先进水平差距不断缩小，部分技术已达到国际先进水平；近年来，环境保护技术与装备的发展主要表现对已有技术、产品进行改进，提高效率和质量、节能降耗；开发出更高效实用的新技术、新工艺；新材料、自动控制、生物、IT等技术在环境保护方面的应用不断增加；自主创新与引进消化技术相结合，并用于工程实践以及扩大现有技术的应用领域等方面

资料来源：公开资料，CVCRI整理。

（二）清洁技术行业投资风险分析

由于我国清洁技术行业发展仍处在初期阶段，很多内容还不完善，在产业化的道路上存在诸多的不确定性和风险性。本报告主要从政策上、技术上以及市场上分析我国清洁技术行业的投资风险。

1. 政策风险

清洁技术行业之所以成为投资热点，主要是因为政府在政策上的推动刺激了中国清洁技术行业发展的速度。但是，目前中国公民和企业的环保意识还不是很强，清洁生活、生产的理念尚未完全建立，清洁技术产品市场尚未充分成熟，清洁技术的发展并非市场主导型而是政策推动型，受政策面影响很大，有的企业的生存法则完全是基于政府对环保节能的支持，以获得政府补贴立足市场。在当前中国清洁技术发展规划滞后、成果转化和工程化的宏观调控力度缺乏、行业重视程度和支持力度不足等政策风险下，尤其是在经济危机之下，可能出现某些地方政府为保持经济的发展而暂缓、放松实施有关环保节能政策，这都将给发展中的清洁技术产业及其风险投资造成很大冲击。

2. 技术风险

这一部分主要从可再生能源、新材料以及环境保护三个方面分析技术风险：

（1）可再生能源。我国可再生能源发展极为迅速，但对于基础性研发，核心技术的自主创新远远不够，至今国内尚未有统一的可再生能源研发技术平台，对于行业标准规范体系也尚未建立。即便是发展势头猛烈的风电和光伏市场，大部分集中于制造行业，对于核心技术设备多来源于进口，较容易陷入“引入—落后—再引入”的怪圈，直接影响产业核心竞争力的形成。

（2）新材料。由于应用领域的进步，对新材料的技术要求进一步提高，研发风险提高。其次，新材料及其制品与生态环境、资源更加协调；新材料的研发—生产—市场一体化，创新速度越来越快；再次，新材料向高性能、多功能、复合、智能和低成本化方向发展；最后，学科交叉越来越复杂，综合利用最新科技成就越来越多。这种种的技术因素对新材料产业化的发展提出了难题，更增加了投资者的投资风险。

（3）环境保护。国家为推进环保产业技术进步采取了一系列措施，虽然取得了重大进展，但是总体来看，我国环境装备技术水平与国际先进水平相比还有较大差距，以企业为主体的环保技术创新体系尚未形成，企业自主创新能力不强，一些关键技术、高新技术创新水平太低。

3. 市场风险

分别从可再生能源、新材料、环境保护这三个清洁技术的重点子行业来分析其市场风险：

（1）可再生能源。可再生能源行业主要存在的市场风险是：首先，市场培育风险。传统能源预计在长期内仍将占据世界能源市场的主要地位。据国际能源署提供的资料显示，至少在今后30

年，世界还不会出现能源供应短缺。而近几年，由于政府政策对可再生能源供应的大力支持，而相应的市场培育远远落后，导致国内可再生能源投资产生局部过热，产能过剩的问题。其次，价格波动风险。作为替代能源，传统能源价格波动对可再生能源行业发展影响极大。进入2010年以来，传统能源价格在震荡中走高，一方面刺激社会对可再生能源的需求，一方面也降低了可再生能源发电的机会成本。但传统能源价格的提升却增加了可再生能源设备制造行业的成本，从而增加可再生能源发电成本。综合来看，可再生能源行业要积极发展各种融资渠道和技术手段从其他方面及早解决成本高昂的问题。最后，竞争风险。国内政策积极倾向于清洁能源行业的发展，因此吸引了各种公司加入风电、光伏产业。然而，在发展的过程中，片面的追求财政政策的优惠补贴，忽略了市场需求和技术核心等的开发，尽管亏损但还是坚持生产，这种情形很可能导致产能过剩，进而下挫行业和企业的积极性。

（2）环境保护。环境保护行业主要存在的市场风险是：一是行业竞争风险。目前我国环保行业还处于起步发展阶段，而在西方发达国家，环保行业已成为一个盈利性稳定且较高的行业，随着我国公共事业向社会资本开放，更多的海外水务集团和投资基金等都积极参与或准备参与我国的环保事业。他们凭借在环保行业的技术管理水平和资本运作经验，在与我国环保行业民族企业竞争中占绝对优势，因此国内环保行业企业受影响较大，面临较高的竞争风险。二是外资垄断风险。外资进入可以帮助中国加快城市水资源建设，但外资高价钱购买中国水务资产自然会考虑投资回收办法。有关部门也对外资大规模收购内地水务企业有两点担心：各地过度、过快出让水务资产，会造成外资水务巨头垄断部分地区的水务市场；水务市场主要提供的是公共产品，过快的完全市场化会带来水务产品价格过快上涨，影响经济发展。

（3）新材料。新材料行业主要存在的市场风险是：一是市场高垄断，国际化竞争格局凸显。新材料行业在我国还处于起步阶段，其核心技术非常缺乏，与国外发达国家相比，竞争力非常薄弱。目前，新材料产业重点的领域和环节几乎都被跨国公司等大型企业所垄断。二是市场存在高资本、高风险、高收益等特征。这些特征决定了新材料行业市场的不稳定，这会给投资者带来顾虑。

参考文献

[1]“2009年清洁技术产业报告”，泰达荷宝资产管理有限公司

[2]中国投资网，http：//www.chnvc.com/event/list_c1_i3.html

[3]中证网，http：//www.cs.com.cn/cqzk/06/200912/t20091220_2296818.html

[4]清科网，http：//www.pedaily.cn/Item/197920.aspx

[5]腾讯新闻，http：//news.qq.com/a/20100914/000710.htm

[6]腾讯财经，http：//finance.qq.com/a/20101116/001402.htm

[7]新浪科技，http：//tech.sina.com.cn/i/2009-07-09/15543249843_2.shtml

[8]中新网，http：//www.chinanews.com.cn/stock/2010/11-12/2652917.shtml

[9]阮娴静，杨青，“清洁技术产业风险投资的现状与对策”，2010.03

[10]“关于中国战略性新兴产业”，百度文库

[11]“2010年新能源行业风险分析报告”，百度文库

[12]“把握第四次产业革命的脉络”，国信证券

[13]“我国新能源产业发展现状调研”，《经济观察报》

[14]“中国行业分析报告——环境保护产业”

第七章　三网融合行业投资分析报告

三网融合是指电信网、广播电视网和互联网三大业务应用的融合。具体指在技术层趋向一致，在网络层互联互通，在业务层上相互渗透和交叉，在应用层面制定并使用统一的通讯协议，实现语音、视频和数据三种业务实现融合。

2010年1月13日，国务院总理温家宝主持召开国务院常务会议，决定加快推进电信网、广播电视网和互联网三网融合。会议指出了三网融合的意义，提出了推进三网融合的阶段性目标，明确了推进三网融合的重点工作，三网融合在我国正式进入实质性试点阶段。本报告首先介绍我国电信网、广播电视网络和互联网的发展概况，把三网融合分为网络运营、内容提供、增值服务提供、通讯及终端提供等子行业，结合上市公司发展、投融资案例概况及政策环境，概括行业发展的现状和趋势，分析行业投资价值和潜在的风险。

一、2010年度行业发展概况

（一）行业发展概况

1. 我国三网融合整体发展概况

2010年1月，国务院正式出台三网融合试点方案，确定了三网融合进程时间表和主要内容，三网融合正式进入试点阶段。电信与广电开始了视频广播业务的融合，尤其是固网领域的交互式网络电视业务，中国电信与上海文广于2005年合作开展交互式网络电视业务，目前交互式网络电视试点已扩展到上海、江苏等12个省市；电信运营都在加强支撑视频业务的基础设施建设，尤其是光纤宽带接入建设，政府已把光纤宽带接入上升为国家级战略。

然而，由于利益协调难度较大，广电企业与电信运营商就视频、语音和宽带三项业务的主导权进行了激烈争夺，最终结果是在试点阶段，核心资源各不相让。在交互式网络电视业务方面，广电企业掌握内容集成和播控的核心权力，只把信号传输权给了电信运营商，其结果必将导致交互式网络电视与有线电视激烈竞争；在语音业务方面，广电企业不仅掌握号码分配权，并且享有数据交换和信号传输权，由于三网融合尚处于试点阶段，用户规模较小，语音业务发展动力不足；在宽带业务方面，电信运营商享有宽带国际出口权、IDC（互联网数据中心）和接入权力，这就意味着在宽带业务竞争中，电信企业拥有绝对的控制权，广电很难有所作为。

2. 相关子行业发展

（1）电信行业总体情况。2010年，我国电信行业运营平稳，营业收入稳定增长。截止到2010年10月电信行业主营业务收入累计完成7448亿元，比上年同期增长6.6%，月度营业收入基本稳定在700亿元左右，只有7月的1045.9亿元，8月的491.5亿元偏离稳态；月度数据的增速波动较大，其中1月、2月、4月、8月和10月份较上月增长均为负，5月和6月增速基本持平，8月营业收入环比下降了53%，9月迅速回升，比8月份增长了61.2%（见图7.1）。

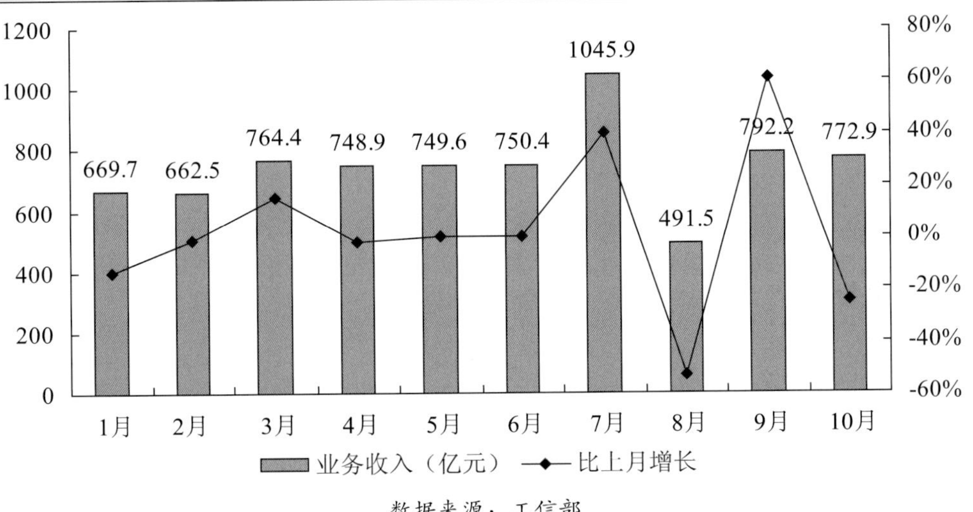

数据来源：工信部

图7.1　2010年1月～10月电信行业主营业务收入情况

（2）广播电影电视行业总体情况。2009年全国广播电影电视行业总收入为1853亿元，同比增加17%，增速较上年的20.4%显著下降，2010年预计实现收入2130亿元，增长15%（见图7.2）。

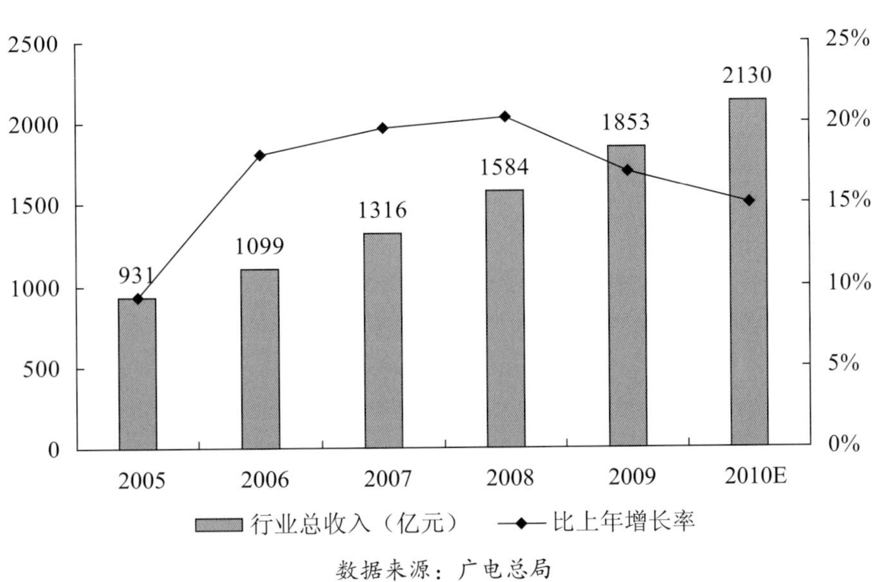

数据来源：广电总局

图7.2　广播电视行业发展情况

（3）互联网行业发展状况。2010年，我国网民继续保持增长态势，截止到2010年底，总体网民规模突破4.5亿人关口，达到4.57亿人，较2009年增加7300万人。互联网普及率2010年攀升至34.3%，较2009年提高了5.4个百分点（见图7.3）。

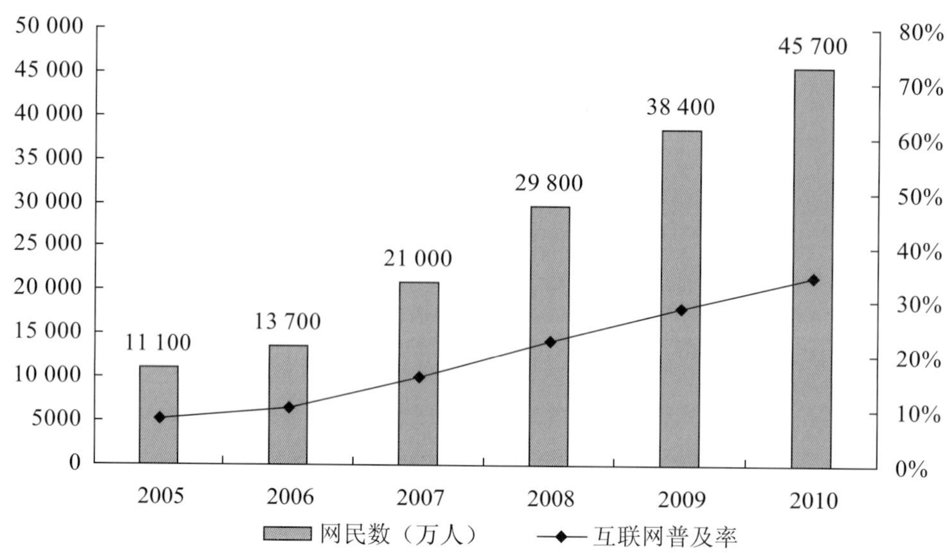

数据来源：《第27次中国互联网络发展统计报告》

图7.3　互联网发展概况

（二）行业发展特点

1. 政策环境良好

三网融合政策措施的根本任务是调和广电与电信的利益矛盾以及实现舆论管控，三网融合的本质就是电信与广电双向市场进入问题。1998年以来，国务院及相关部委相继出台了一系列政策措施，有力地促进了三网融合工作的推进，尤其是试点方案的出台，提出了不对称进入的措施，一定程度上解决了广电与电信的利益冲突，为最终的业务全面融合清除了制度性障碍。

2. 市场结构不均衡

我国电信运营企业的市场化程度高、网络覆盖广、资本实力雄厚，经营业绩突出；广电行业由于条块分割，没有形成全国统一的网络，资本实力相比电信较差，市场化程度低。在政策层面上，广电受到很大程度的照顾，掌握着IPTV集成播控平台建设和管理权，广电企业可开展IP电话业务，控制内容提供企业，拥有视频牌照资源及频道集成权，暂时性弥补了广电实力的不足。

3. 业务融合多样化

交互式网络电视业务。交互式网络电视指通过电信网络传输的交互式网络电视，是电信运营商主推的视频业务，可由PC和“机顶盒 + 电视机“播放。交互式网络电视不仅信号稳定，网络覆盖面广，而且具有交互、多业务打包、服务体系等方面的优势，是高收入人群的首选，而有线电视仍将会是大众消费的主流。

宽带业务。有线网络运营商通过网络双向化改造，可通过与付费节电视节目的捆绑等方式推广宽带业务，天威视讯在这一业务领域已取得了较好的成绩。然而，三网融合实现后，在没有政策保护的条件下，宽带业务的优势取决于网络成熟度和资金投入规模，因此电信运营商在宽带业务具有先发优势和规模优势。

手机电视业务。目前，我国的手机电视为中广传播的中国移动多媒体广播业务及移动手机电视业务。在3G网络大幅提升了数据交换和传递速率的情况下，通过该项增值服务可吸引更多的用户、提高移动通讯用户的每用户平均收入值。据预测，2011年底移动电视用户规模将会超过1.25亿户的规模，全年运营收入将达到31.25亿元。

有线互联网业务。随着有线网络双向化改造的完成，有线网络可以开展互动业务，海量的互联网内容可以进入到有线网络，实现有线网络和互联网内容提供商的业务融合。

二、三网融合行业企业发展概况

（一）整体概况

2010年前三季度，三网融合行业涉及的企业均取得了较好的业绩。电信运营企业主营业务共计6675.1亿元，同比增长6.8%，其中中国移动业务收入3526.43亿元，同比增长7.8%，占电信运营总收入的52.8%；有线网络运营6家上市企业营业总收入105.88亿元，同比增长30.75%；内容提供企业营业收入都有较大幅度增长，影视动漫企业营业收入30.54亿元，例如，乐视网在2010年度就取得了1.73亿元的营业收入和0.51亿元的净利润，增长率均超过180%；三网融合带动光纤通讯和终端设备企业快速发展，上市企业业绩良好，行业企业总营业收入超过1500亿元。

（二）上市企业发展状况和业绩分析

三网融合涉及到网络运营、内容提供、信息服务、设备及终端提供四个子行业，上市企业超过30家。本文选取7家代表性企业，对其经营及盈利情况加以具体说明，其他企业业绩情况见表7.8。

1. 中国联通（600050）

中国联通公司收入保持稳定增长，2010前三季度主营业务收入达到1286.1亿元，同比增长9.1%，其中通信服务收入1206.5亿元，同比增长7.7%，实现净利润总额31.6亿元，同比下降了65.7%，盈利能力有所下降；从分季度数据来看，三季度利润降幅最大（见表7.1）。截至2010年9月底，移动业务累计用户达到1.6206亿户，宽带用户累计达到4598.2万户；3G业务表现良好，尽管仍处于亏损状态，但收入出现明显加速，用户数量规模不断扩大。2010年前三季度，中国联通3G业务实现通信服务收入75.5亿元，单季收入分别为16.4亿元、24.5亿元和34.6亿元，3G收入在第三季度出现了41%的环比增长，3G用户数量达到1055万户，超过了同期中国电信的915万户。

表7.1　　中国联通业绩

类别	2009年				2010年		
	一季度	二季度	三季度	四季度	一季度	二季度	三季度
营业收入（亿元）	388.5	396.4	397.3	401.5	415.4	428.8	441.9
同比增长					6.9%	8.2%	11.2%
净利润（亿元）	33.3	31.8	27.2	1.4	11	13.5	7.1
同比增长					-66.9%	-57.5%	-73.4%
EBITDA（亿元）	162.9	200	323.2	-85.2	150.3	150.1	150.5
同比增长					-7.9%	-24.8%	-53.5%
每股收益（元）	0.055	0.048	0.043	0.002	0.018	0.021	0.011

数据来源：公司财务报表。截至报告撰写完成时，公司2010年年报未出，数据截止到2010年第三季度，下表均是。

2. 东方明珠（600832）

东方明珠是一家综合性企业，公司1992年2月4日在上海证券交易所挂牌上市，旗下媒体产业部门拥有传输、移动电视、手机电视、城市电视传播和电视报纸等子公司，旗下东方明珠传输公司承担着整个上海地区无线广播和电视发射以及数据传输等任务，网络覆盖上海全境及华东部分地区。东方明珠移动电视有限公司，率先在中国推出了移动数字电视这一全新媒体，2005年7月，公司联合三家企业开通了上海公共视频信息平台，2008年，公司与申通地铁资产管理公司合资成立上海地铁电视有限公司，建立了一个涵盖所有上海重要市内交通网络的立体数字电视平台，2009年，与广电总局建立战略合作关系，成为CMMB手机电视在上海地区的运营商。

2010年，东方明珠紧紧抓住世博机遇，积极开拓文化休闲娱乐、新媒体业务，主营业务的收入及品牌知名度均获得大幅度提升。新媒体平台全面入驻世博园区公交线路，确立了政府官方信息发布平台的优势。CMMB手机电视与中国移动开展战略合作，把握世博和世界杯商机，快速拓展用户群，目前用户数超过12万户。2010年，公司工作保持全面、稳健的发展态势，截至2010年9月底，公司实现营业收入18.93亿元，同比增长37.2%，实现净利润4.46亿元，同比增长14%（见表7.2）。

表7.2　　东方明珠业绩

类别	2009年				2010年		
	一季度	二季度	三季度	四季度	一季度	二季度	三季度
营业收入（万元）	44 866	45 689	47 459	54 607	76 849	49 837	62 656
同比增长					61.9%	9%	32%
净利润（万元）	8539.3	15 509.4	12 143.1	9306.6	8981.7	19 201.9	12 885.9
同比增长					5.1%	23.8%	6.1%
每股收益（元）	0.03	0.04	0.04	0.93	0.03	0.05	0.04

数据来源：公司财务报表。

3. 华谊兄弟（300027）

2009年9月27日，华谊兄弟通过中国证监会发审委的审核，冲刺创业板成功，被业界称为“中国电影第一股”。2010年华谊兄弟制作发行电影8部，电影票房超过12亿元，播放电视剧16部。2010年前三季度累计实现营业收入5.39亿元，同比增长62.3%（见表7.3），其中三季度营业收入较二季度环比增长166.2%，华谊兄弟2010年第三季度电影业务票房分账及版权收入占总收入比重为88%，冯小刚出品的《唐山大地震》收入比重占总票房分账及版权收入的76.7%，明星效应表现突出。为了降低这一潜在风险，华谊制定了多元化发展策略，整合上下游产业链。收购华谊音乐，全面开展音乐业务，投资影院，参股“掌趣科技”涉足手机游戏，引进Hello Kitty娱乐公园试水动漫，投资7000万元控股华谊巨人信息技术有限公司宣告了公司正式进军网络游戏产业。

表7.3　　华谊兄弟业绩

类别	2009年				2010年		
	一季度	二季度	三季度	四季度	一季度	二季度	三季度
营业收入（万元）	14 944.20	11 121.20	7164.70	27 183.60	10 009.80	10 246.90	33 662.50
同比增长					-33%	-7%	369.8%

类别	2009年				2010年		
	一季度	二季度	三季度	四季度	一季度	二季度	三季度
净利润（万元）	2341.70	861.10	372.70	4879.60	1008.80	1818.80	5678.01
同比增长					-56.9%	111.2%	1423%
每股收益（元）	0.19	-0.06	0.01	0.5	0.06	0.02	0.17

数据来源：公司财务报表。

4. 奥飞动漫（002292）

奥飞动漫于2009年9月10日登陆中小板，是我国第一家以动漫和玩具制作为主营业务的上市公司。2007年6月，奥飞动漫在原广东奥迪玩具实业有限公司基础上进行整体股份改造后成立的股份有限公司，注册资金12 000万元，下辖四家子公司和三个事业部。公司主要产品为动漫玩具、非动漫玩具及动漫影视剧，其中动漫玩具是公司收入的主要来源，截至2010年上半年，动漫玩具营业收入占总收入的68.98%。

2010年前三季度，公司业务收入保持稳定增长，实现销售收入5.178亿元，同比增长8.54%，前三季度分别实现收入1.46亿元、1.63亿元和2.09亿元，经营业绩不断提高；前三季度共实现净利润7795.6万元，同比增长5.26%，各季度分别实现净利润2422.6万元、2154.5万元和3218.5万元（见表7.4），盈利能力持续稳步提升。

表7.4　　奥飞动漫业绩

类别	2009年				2010年		
	一季度	二季度	三季度	四季度	一季度	二季度	三季度
营业收入（万元）	18 489.4	16 027.5	13 181.7	11 384.8	14 638.6	16 270.5	20 867.1
同比增长					-20.8%	1.5%	58.3%
净利润（万元）	3394.8	5400.79	7405.8	10 164.65	2422.58	4577.1	7795.6
同比增长					-28.6%	7.45	60.5%
每股收益（元）	0.28	0	0.34	0.16	0.15	0.03	0.12

数据来源：公司财务报表。

5. 乐视网（300104）

乐视网于2010年8月12日在创业板成功上市，是创业板第一家以网络视频服务为主营业务互联网公司。乐视网成立于2004年，是一个全面展示最新影视娱乐资讯的互动平台，拥有国内最全的影视节目库存，是目前国内人气最旺的娱乐宽频门户网站。

随着乐视网品牌知名度的迅速提高，网站访问量及用户规模迅扩张，公司的付费用户、广告客户稳步增加，使得主营业务收入稳定增长。2010年前三季度，公司累计实现营业收入1.73亿元，同比增长66.95%，其中第二季度实现营业收入7107万元，实现净利润5052万元，同比增长65.4%（见表7.5）。根据公司的盈利预测公告显示，2010全年营业收入为2.25亿元～2.35亿元，同比增长54%～62%，实现净利润6800万～7100万元，同比增长38%～45%。

表7.5　　乐视网业绩

类别	2007年全年	2008年全年	2009年上半年	2009年前三季度	2009年全年	2010年上半年	2010年前三季度
营业收入（万元）	3191.63	7360.71	5979.26	10 365.1	14 573.14	10 197.34	17 305.32
同比增长		130.6%			97.9%	70.5%	66.9%
净利润（万元）	1469.17	3025.38	1795.44	3054.78	4447	3118.65	5052.42
同比增长		105.9%			46.9%	73.6%	65.3%
每股收益（元）	0.29	0.57	0.24	0.45	0.59	0.42	0.65

数据来源：公司财务报表。

6. 中兴通讯（000063）

中兴通讯是全球领先的综合性通讯制造业上市企业，是近年来全球增长最快的通讯解决方案提供商。公司凭借在无线产品、网络产品、手机终端和数据产品四大领域的卓越实力，成为我国电信市场最主要的设备提供商之一。

2010年前三季度，中兴通讯终端销售量突破6000万部，同比增长40%，预计全年有望突破9000万部，其中美国市场增长达到3倍，欧洲市场也同比增长150%。由于终端良好的业绩表现，公司营业收入和利润均实现稳步增长，前三季度实现营业收入460.6亿元，同比增长7.5%，实现净利润13.6亿元，同比增长14.2%（见表7.6）。

表7.6　　中兴通讯业绩

类别	2009年				2010年		
	一季度	二季度	三季度	四季度	一季度	二季度	三季度
营业收入（万元）	1 167 017	1 603 747	1 513 583	1 742 909	1 325 578	1 746 964	1 533 685
同比增长					1.3%	15.4%	13.5%
净利润（万元）	7865.50	70 471.2	40 864.8	126 611.2	10 984.4	76 764.5	48 393.6
同比增长					39.6%	8.9%	18.4%
每股收益（元）	0.05	0.24	0.39	0.72	0.06	0.26	0.17

数据来源：公司财务报表。

7. 海信电器（600060）

海信电器主要从事电视机、数字电视广播电视设备、冰箱和信息网络终端产品研究、开发、制造与销售，拥有中国最先进的数字电视机生产线。公司首家推出环保电视、互动电视、背投电视等具有国际领先水平的产品，是国内掌握等离子核心技术的企业之一。

2010年在产业政策和产业升级的共同驱动下，公司经营业绩稳步提升。2010年前三季度，公司累计实现营业收入153.2亿元，同比增长17.57%，实现净利润4.57亿元，同比增长49.97%；主要产品电视机销量收入不断增加，2010年上半年实现销售收入85.97亿元，占主营业务收入比重的90.6%，营业利润13.95亿元，毛利率达到16.23%（见表7.7）。

表 7.7　　海信电器业绩表

类别	2009年				2010年		
	一季度	二季度	三季度	四季度	一季度	二季度	三季度
营业收入（万元）	346 193	395 430	563 310	535 722	522 968	425 905	585 344
同比增长					51%	7.7%	3.9%
净利润（万元）	8631.5	8086.8	14 191.3	18 913.2	13 693.1	11 016.6	21 029.5
同比增长					48.1%	36.2%	58.6%
每股收益（元）	0.18	0.29	0.62	0.49	0.24	0.15	0.25

数据来源：公司财务报表。

表 7.8　　2010 年前三季度三网融合概念主要上市公司财务分析（单位：亿元）

	上市公司	营业收入	净利润	净利润率	同比增长	
					营业收入	净利润
电信运营商	中国移动	3526.40	1778.10	50.4%	7.8%	6.0%
	中国电信	1631.60	682.40	41.8%	5.4%	7.4%
	中国联通	1286.08	450.90	35.1%	8.7%	-34.3%
有线网络运营商	天威视讯	5.91	0.51	8.6%	5.2%	-6.7%
	歌华有线	13.46	3.12	23.2%	29.0%	26.4%
	广电网络	8.81	0.72	8.2%	24.6%	35.3%
	电广传媒	46.30	0.36	0.7%	53.5%	78.1%
	中信国安	12.50	1.76	14.1%	-10.4%	-70.3%
内容提供商	华策影视	2.42	0.85	35.1%	138.3%	168.3%
	中视传媒	8.05	0.37	4.6%	6.8%	7.9%
	保利博纳	2.32	-0.49	-21.1%	126.3%	-607.1%
	橙天嘉禾	7.17	0.52	7.2%	41.0%	110.0%
	优酷网	2.35	-1.47	-62.5%	135.1%	-8.1%
服务提供商	北纬通讯	1.70	0.32	18.8%	50.7%	25.5%
	拓维信息	2.53	0.82	32.4%	13.3%	24.6%
设备及终端提供商商	烽火通讯	39.30	0.294	0.7%	19.3%	46.5%
	亨通光电	14.55	1.33	9.1%	10.9%	7.6%
	同洲电子	17.00	-0.38	-2.2%	21.9%	-162.0%
	长电科技	26.45	1.69	6.4%	61.0%	152 倍
	同方股份	114.52	2.81	2.4%	19.2%	9.5%
	创维数码	97.31	3.51	3.6%	11.3%	-32.2%

注：* 中国移动、中国电信和中国联通的净利润指标由 EBITAD 代替。

** 美元对人民币汇率为 1 ∶ 6.62，港币对人民币 1 ∶ 0.85。

*** 创维数码和联通集团为 2010 年 4 月～9 月的中期报告数据。

三、行业风险投融资概况及特点

（一）行业投融资概况及特点

2010年三网融合行业投融资比较活跃，投资案例超过40起（见表7.9），并购案例17起（见

表7.10）；由于我国电信运营市场三分天下格局难以在短期内改变，中小企业难以进入现有市场竞争，因此鲜有投资进入这一领域；有线网络运营存在地区性垄断，各省的有线网络运营权仍由各地广电部门控制，仅有少数地区上市企业进入有线网络运营市场，因此在短期内行业投资机会较少；通讯设备提供企业要求有较大的资本规模，因此进入门槛较高，现有终端设备提供企业在企业规模、品牌知名度、市场占有率等方面都有明显的比较优势，因此投资壁垒也较高，设备提供投融资事件只有爱立信并购广东北电通讯和冠捷科技收购飞利浦中国电视机业务。

表7.9　　2010年行业投融资事件

时间	投资机构	被投企业	所属行业	投资金额	事件属性
1月	刘浩天使投资	妈妈晒	博客		天使投资
	永新视博	天线视频	网络视频	1000万美元	战略投资
	挚信资本领投	豆瓣	网络社区		风险投资
	挚信资本	奇虎网	社区	2000万元	私募投资
		速途网	行业网站		天使投资
2月	龚宇天使投资	花朵网	网络教育		天使投资
	思伟、戈壁投资	悠易互通	网络广告	1200万美元	风险投资
	普罗维斯登	百度视频奇艺	网络视频	5000万美元	私募投资
	红杉资本	华医网	行业网站	3000万人民币	风险投资
	三井创投	热度传媒	传媒产业		风险投资
	红杉、亚商投资	广州瀚信	网络服务	5500万元	风险投资
		优米网	网络视频		风险投资
	沐思投资	卢米埃	影视制作		战略投资
	诺基亚投资	优视科技	网络视频	1000万美元	风险投资
4月	IVP投资	摩卡世界	手机游戏	200万美元	私募投资
	IDG及经纬创投	博远	移动增值	800万美元	风险投资
	赛富、DCM	58同城	分类信息	1500万美元	风险投资
	泰山天使基金	拉手网	网络产业		风险投资
5月	泰山天使基金	优士网	网络社区		风险投资
	宏达电	丁丁网	分类信息	900万美元	风险投资
	诺基亚成长、蓝驰创投	赶集网	分类信息	2000万美元	风险投资
6月	凯鹏华盈	维络城	移动增值	1000万美元	风险投资
	天越创投	中南卡通影视	影视制作	2727万元	风险投资
7月	九城投资	Aurora Feint	手机游戏		战略投资
	姚明及谷歌投资	巨鲸音乐	数字音乐		战略投资
	鼎晖创投	蓝海电视	传统媒体		风险投资
	同威创投	和润传媒	传媒产业	6000万元	风险投资
	汉能资本	恒知网	网络社区		风险投资
	宽带产业基金	3G门户	移动增值	5500万美元	风险投资
8月	淡马锡	土豆网	网络视频	5000万美元	私募投资
	SIG投资	奇矩互动	网络游戏		风险投资
	CMC投资	星空卫视	文化传播		私募投资
	浙江报业	随视传媒	传媒产业		战略投资
	深创投	北京中娱	网络游戏		风险投资

时间	投资机构	被投企业	所属行业	投资金额	事件属性
10月	赛富基金	QOVD	网络视频	400万美元	私募投资
	启明创投	当乐网	手机游戏	1200万美元	风险投资
	麦顿	优士网	网络社区	1000万元	风险投资
	南昌创投	地宝网	门户网站	1000万元	风险投资
		易传媒	网络广告	4000万元	风险投资
	新浪投资	聚乐网	网络视频	3000万元	战略投资
	华登国际	南京原力动画	动漫产业		私募投资
	云峰基金	印象创意	影视制作	5000万美元	私募投资
	华平投资	58同城	分类信息		私募投资
	江苏广电	激动网	网络视频	2亿元	战略投资

数据来源：CVCRI

表7.10 2010年行业并购案例

时间	并购企业	被并购企业	所属行业	涉及金额
1月	赶集网	263网络	分类信息	
	盛大文学	小说阅读网	行业网站	
3月	奥飞动漫	嘉佳卡通	动漫产业	9000万元
	MEZABAY	蚂蚁网	网络社区	
	盛大文学	潇湘书院	行业网站	
	广东至高	图像日志	文化传播	
5月	华谊兄弟	华谊音乐	数字音乐	3445万元
8月	冠捷科技	飞利浦电视业务	家电行业	
	盛大文学	天方视听网	行业网站	
9月	盛大文学	悦阅网	网络产业	
	中软国际	掌中无限	网络产业	9100万元
12月	爱立信	广东北电通信	通信产业	5000万元
	第一视频	3GUU	手机游戏	1.96亿元

数据来源：CVCRI

（二）VC/PE介入情况概述

2010年，VC/PE对三网融合行业投资以内容提供为主，涉及互联网及影视及动漫制作等子行业，其中网络视频和网络游戏投资最为活跃。2010年网络视频相关投融资事件7起，网络游戏及手机游戏投资事件合计20起，影视剧、动漫制作等内容投资提供企业投资事件相对较少，仅有5起，分类信息、网络广告、网络社区等领域投资事件也不是很频繁。

从投资规模来看，2010年的行业投资总规模较大，根据已披露的数据来看，投资总额超过30亿元人民币，平均每起投资金额超过8000万元。其中投资规模最大的事件是中国宽带产业基金投资3G门户5500万美元，其次是淡马锡投资的土豆网和云峰基金投资的印象创意，投资额均为5000万美元，分别属于网络视频和影视制作行业，投资金额最小的案例为博瑞传播投资网络游戏开发商锐易通。

从投资机构的介入方式来看，私募投资和战略投资案例分别有10起和12起，其余均为风险投资，然而属于天使投资的投资事件数及规模很小，仅有刘浩天使投资投资了互联网企业妈妈晒和龚宇天使投资的从事网络教育行业的花朵网等4起投资案例，其投资金额均未披露（见前表7.9）。

从投资机构的性质来看，大多数为专业的创业投资机构，也有少数的一般企业和个人投资者；专业投资机构有外资背景的机构，也有国内知名的中资机构投资者。

（三）行业年度经典投融资案例

1. 普罗维斯登投资百度奇艺视频

2010年2月26日，百度宣布与美国私募股权投资公司普罗维登斯资本（Providence Equity Partners）签署投资协议，百度网络视频公司奇艺将获得Providence公司5000万美元投资，发展以广告为支持的在线视频业务。

作为世界最大的中文网络搜索公司及中国视频搜索市场的垄断者，百度在用户群和流量上的优势无可匹敌，新投资项目将为用户提供一流的视觉体验，并将与监管机构合作，确保所发行内容的合法性和专业性。

2. 红杉资本投资华医网

2010年3月8日，医学互联网服务提供网站华医网宣布正式获得来自红杉资本3000万元的投资，该资金将用于提高远程医学教育服务质量，并进军慢性疾病管理和患者教育领域。

2009年新医改政策出台，医疗市场机遇来临、市场前倾广阔。华医网以互联网为切入点，现已成为医疗教育服务领域的领导者。此次融资成功后，华医网表示，除了在原有的远程医学教育领域进一步提高服务质量，实现优质医学教育资源的合理配备，致力于完善覆盖全国社区医生、乡村医生的终身学习体系外，还将利用华医网先进的互联网服务平台、教育技术及管理技术，积极进军慢性疾病管理和患者教育领域，推动上述两个领域的快速发展。

3. 沐思资本投资卢米埃影业

2010年3月25日，卢米埃影业有限公司（简称“卢米埃”）宣布沐思合伙有限公司（简称“沐思”）对卢米埃进行战略投资，成为其战略合作伙伴。

中国电影市场规模快速扩张，增长动力强劲。沐思有限公司是看好中国电影业的发展前景及卢米埃在中国影院建设和经营管理方面的专业性与领先性。对于卢米埃影业来说，本次投资将提升卢米埃在中国电影院行业的领导地位，为中国影院行业的专业化、标准化发展开启新纪元。

4. 天越创投投资中南卡通影视

2010年6月，浙江天越创业投资有限公司与浙江中南集团卡通影视有限公司签署了《增资协议书》。中南卡通拟将注册资本由5330万元增至6600万元，天越创投出资2727万元，按照单位注册资本9.09元的价格，认购中南卡通新增注册资本300万元，占中南卡通增资后注册资本的4.55%。

中南卡通是浙江省一家高起点、大规模从事三维动画原创及制作、电视电影数码特技、电脑游戏软件制作及其他三维技术应用的专业公司。中南卡通目前正成为国产原创动画片出口龙头企业，国家文化出口重点企业。2008年海外收入200多万美元，2009年海外收入近300万美元。

5. 中国宽带产业基金等投资3G门户

2010年7月，3G门户在北京宣布正式完成了第三轮投资，投资金额5500万美元，投资方为中国宽带产业基金、IDGVC、集富亚洲、美国中经合集团四家机构，并由号称“中国信息产业第一人”的中国宽带产业基金董事长田溯宁先生出任3G门户董事。

多方共同投资3G门户，他们的组合投资充分说明了了3G平台的价值。“从门户到平台”的战略转型，也足以证明3G门户在手机互联网领域的想法与野心。以3G门户目前的用户和行业积累，完全有可能重新提升平台价值，而不仅限于门户的媒体价值。

从2004年3月16日正式上线至今，3G门户累计注册用户已达1.4亿户，日活跃用户超过2000万户，日页面浏览量超过11亿户，成为手机互联网领域用户量、流量最大的门户网站，同时其也是全线手机应用开发商，拥有14款包括GO浏览器、GGBook、GGLive在内的系列手机软件，其中YY搜索为手机互联网第三大搜索引擎。据透露，3G门户目前已获得国家颁发包括《信息网络传播视听节目许可证》在内的多个证照，也是手机互联网领域第一个获得政府认可的公司。

6. 淡马锡领投土豆网

2010年8月4日，国内视频网站土豆网（Tudou.com）正式宣布，已于近日完成新一轮融资，融资金额为5000万美元。其中新加坡淡马锡领投3500万美元，原有股东凯欣亚洲、IDG中国、GGV、GeneralCatalyst四家一起追投了1500万美元。

从2005年4月正式上线至今，土豆网已经进行5轮融资，吸收资金总额达到1.35亿美元，成为国内最烧钱视频网站，在完成一系列融资后，2010年11月10日，土豆网向美国证券交易委员会（SEC）递交了上市申请。

7. 启明创投投资当乐网

2010年10月，当乐网CEO肖永泉宣布获得启明投资1200万美元的风险投资。当乐网（D.CN）于2004年2月在北京创立，并获得知名投资基金投资。当乐网在高速发展的中国移动互联网产业处于领先位置，是中国手机游戏第一门户和互动社区，也是中国手机游戏用户的第一选择。当乐网长期致力为中国6亿手机用户提供手机游戏搜索、手机游戏互动社区、手机网游运营等全方位的移动互动娱乐服务。

四、行业政策环境概述

（一）三网融合行业政策环境概述

国外的经验表明，政策引导是推进三网融合的重要手段。20世纪90年代以来，发达国家相继解除了电信企业和广电企业相互进入的限制，基本实现电信网、广电网和互联网的三网融合。例如美国从1996年克林顿签署电信法时鼓励竞争到2002年布什总统提出大力推进宽带发展，再到奥巴马经济刺激计划中72亿美元投资于宽带基础设施建设，美国的宽带渗透率已达到25%。英国早在1984年就实现了广播电视与电信业监管机构的统一，为其后来的电信市场开放、广电单向进入，到电信进入广电市场得以顺利推进奠定了基础，也为网络融合和新业务发展提供了良好的制度保障。

上述事实表明，要实现三网融合，最大的障碍不是技术问题，而是电信网和广电网现行的法规体系和监管体系。我国三网融合的法律政策体系建设和管理体制滞后于技术、市场和产业发展，全面推动三网融合仍需加强政策体系建设。

我国政府在20世纪90年代就决心大力推进三网融合，相关的政策法规也一直在筹备、制定和推行的过程中。2010年1月13日，国务院常务会议提出加快推进三网融合的决定，三网融合开始进入实质性推进阶段，2010年7月，三网融合进入实时性试点阶段，因此2010年被称为我国三网融合元年。2010年1月25日，国务院办公厅下发的《关于促进电影产业繁荣发展的指导意见》提出了深化电影业改革、锐意创新、丰富产品，活跃市场的要求，并制定了明确的目标，采取了一些保障措施，使得以影视剧为主的内容提供企业迎来了新的发展机遇和良好的政策环境。2010年4月，工信部公布了促进光纤宽带和3G网络建设的意见，其他相关部门也相继出台促进三网融合的产业或子行业政策。

综上所述，2010年，我国三网融合相关政策措施较多，国家层面、部门层面，产业层面、具体细分行业均有相应政策推出，覆盖面较广，措施具体，保障有力，为推进我国三网融合发展提供了良好的政策环境（见表7.11）。然而我们也应该清楚地认识到，现阶段三网融合还处于试点阶段，由于广电和电信在综合实力方面存在较大的差距，广电和电信部门的利益博弈将贯穿三网融合整个过程，要打破部门藩篱，实现双向对称准入，最终实现三网融合，未来必须建立有效的法律制度，建立统一的监管机构和机制，政策措施应该考虑到行业整体发展的需要。

表7.11 三网融合相关政策

主要对象	时间	发文单位	政策名称
电信、广电及互联网	2010年1月13日	国务院办公厅	国务院常务会议决定加速推进三网融合
内容提供	2010年1月25日	国务院办公厅	关于促进电影产业繁荣发展的指导意见
终端设备	2010年3月23日	工信、财政、商务部	新增家电下乡补贴品种实施方案
网络建设	2010年4月8日	工信部	关于推进光纤宽带网络建设的意见
		工信部	关于推进第三代移动通信网络建设的意见
终端设备	2010年4月21日	工信部	移动电话机定制管理规定
融合试点	2010年7月20日	三网融合领导小组	关于三网融合试点有关工作问题的通知
战略性新兴产业	2010年10月18日	国务院	加快培育和发展战略性新兴产业的决定
网络建设	2010年10月25日	工信部	关于加强国际通信网络架构保护的若干规定
内容提供	2010年11月12日	广电总局	广播影视知识产权战略实施意见

资料来源：CVCRI整理。

（二）重点政策点评

1. 国务院常务会议决定加速推进三网融合

2010年1月13日，国务院总理温家宝主持召开国务院常务会议，决定加快推进电信网、广播电视网和互联网三网融合。

会议指出，推进电信网、广播电视网和互联网融合发展，实现三网互联互通、资源共享，为用户提供话音、数据和广播电视等多种服务，对于促进信息和文化产业发展，提高国民经济和社会信息化水平，满足人民群众日益多样的生产、生活服务需求，拉动国内消费，形成新的经济增长点，具有重要意义。

会议提出了推进三网融合的阶段性目标。2010年～2012年重点开展广电和电信业务双向进入试点，探索形成保障三网融合规范有序开展的政策体系和体制机制。2013年～2015年，总结推广试点经验，全面实现三网融合发展，普及应用融合业务，基本形成适度竞争的网络产业格局，基本建立适应三网融合的体制机制和职责清晰、协调顺畅、决策科学、管理高效的新型监管体系。

会议明确了推进三网融合的重点工作：（1）按照先易后难、试点先行的原则，选择有条件的地区开展双向进入试点。符合条件的广播电视企业可以经营增值电信业务和部分基础电信业务、互联网业务；符合条件的电信企业可以从事部分广播电视节目生产制作和传输。鼓励广电企业和电信企业加强合作、优势互补、共同发展。（2）加强网络建设改造。全面推进有线电视网络数字化和双向化升级改造，提高业务承载和支撑能力。整合有线电视网络，培育市场主体。加快电信宽带网络建设，推进城镇光纤到户，扩大农村地区宽带网络覆盖范围。充分利用现有信息基础设施，积极推进网络统筹规划和共建共享。（3）加快产业发展。充分利用三网融合有利条件，创新产业形态，推动移动多媒体广播电视、手机电视、数字电视宽带上网等业务的应用，促进文化产业、信息产业和其他现代服务业发展。加快建立适应三网融合的国家标准体系。（4）强化网络管理。落实管理职责，健全管理体系，保障网络信息安全和文化安全。（5）加强政策扶持。制定相关产业政策，支持三网融合共性技术、关键技术、基础技术和关键软硬件的研发和产业化。对三网融合涉及的产品开发、网络建设、业务应用及在农村地区的推广，给予金融、财政、税收等方面的支持。将三网融合相关产品和业务纳入政府采购范围。

会议制定了三网融合阶段性目标，明确了5项重点工作，有力促进三网融合工作的推进。然而，会议虽然提出了广电和电信可以有条件的双向进入，但是如何界定符合条件，哪一方来确定审批是否符合条件等问题没有明确，考虑到保护本体系利益，我们认为，短期内放松准入条件的可能很小，短期内市场格局很难有大的变化。

2.《关于三网融合试点工作有关问题的通知》

2010年7月1日，国务院办公厅公布了第一批三网融合试点地区（城市）（以下统称试点地区）名单，三网融合试点工作正式启动。为了指导和推进三网融合第一阶段试点工作有序开展，国务院三网融合工作协调小组办公室于2010年7月20日向三网融合试点地区（城市）所在省（市）人民政府办公厅印发了《关于三网融合试点工作有关问题的通知》（以下简称《通知》）。

《通知》提出了多项具体的措施以推进三网融合。首先，要求试点地区省、市党委政府要组织宣传、电信、广电、公安等相关主管部门成立省级三网融合工作协调小组，负责当地三网融合试点工作的组织实施。其次，要求各省级协调小组尽快组织制定试点地区的三网融合试点实施方案，试点地区的行业主管部门负责制定安全监管平台的建设方案。最后，要求试点地区电信、广电行业主管部门要按照分业监管的原则，切实落实属地管理要求，加强安全监管，维护行业管理秩序，督促试点企业和单位落实安全责任，保障试点业务的协调有序开展。《通知》鼓励试点地区要抓紧研究出台扶持本地区三网融合试点工作所涉及的扶持政策，推动网络建设和业务应用的财政、金融、产业等政策；将电信传输网和广播电视传输网的建设和升级改造纳入本地区重要信息基础设施建设范围，统筹规划，避免重复建设。

3.《广播影视知识产权战略实施意见》

根据《国家知识产权战略纲要》、《文化产业振兴规划》，为了大幅度提升广播影视知识产权创造、运用、保护和管理能力，建设创新型广播影视事业产业，促进广播影视大发展大繁荣，2010年11月12日，广电总局发布《广播影视知识产权战略实施意见》（以下简称《意见》）。

《意见》明确了主要任务是推进广播影视知识产权保护制度的建设和实施，鼓励广播影视知识产权的创造，促进广播影视知识产权运用，提高广播影视知识产权保护水平，完善广播影视知识产权管理机制，实施打击侵犯知识产权的专项行动，加大宣传力度。为确保意见目标的完成，提出了三项保障措施，即加强组织领导，落实责任制；开展知识产权理论研究；加强广播影视知识产权培训与人才队伍建设。

五、行业投资价值与投资风险分析

（一）行业发展趋势分析

1. 有线网络整合改造成为必然趋势

我国有线网络运营采取“四级办台，四级混合覆盖”的办法，导致各自为政，仅有5家有线网络上市公司，条块分割严重，单个运营的客户规模不大，难以形成经营上的规模效应。未来有线网络运营商应当加快省内网络整合和跨省网络扩张，抢占资源，重新划分中国有线网络版图，首先实现一省一网，逐步建立全国统一的有线网路运营企业。

由于有线网络的初期投资非常低，均为单向传输，有线网络急待整合改造。因此，有线网络的数字化 / 双向化改造以及建设下一代广播网等是基础设施建设的重点。

2. 内容管制放松和制播逐步分离

2009年，美国付费电视收入规模约为 1000亿美元，中国付费电视（包括有线传输和付费频道）收入规模仅为300亿元左右，不到美国市场规模的5%。我国付费电视产业规模偏小的原因，除了居民消费水平差异和有线网络基础设施不够外，更重要的是国内视频内容同质化严重，差异化不足。

在城镇化进程加快、消费升级和三网融合的趋势下，内容管制必将逐步放宽，由取得牌照的有线运营商或电信运营商经营；推动制播分离，促进视频内容的差异化发展，释放视频内容的产业价值。

3. 业务创新增加及实现统一监管

三网融合将催生诸多融合业务创新，主要体现在不同内容和不同渠道的结合。如手机电视、有线宽带、互联网视频和有线互联网等。当前，中国内容产业实现分业监管，分别归属于广电总局（影视）、新闻出版总署（文字音像）和文化部（部分动漫 / 部分网游 / 演艺等）。随着三网融合业务不断的增加，将给现存内容产业分业监管模式带来更大挑战，未来内容监管将会趋于统一。

4. 内容产业市场规模不断扩大

目前，中国电影行业的渠道单一，电影主要以电影院线收入为主，电视剧则主要依靠电视台收入，2010年我国电影国内票房收入突破100亿元大关，动漫无论从产量还是从收入规模来说，都还处于起步阶段。可以看出内容产业规模并不是很大，还有很大的提升空间。三网融合后，电影、电视剧及动漫产品将可以通过有线付费、IPTV 和互联网等新渠道传递给用户，能够拓展新的客户与受众，提升同一内容的市场价值。

（二）行业投资价值分析

1. 城市有线网络运营商机巨大

三网融合的加速推进，对有线网络的价值提升有正面作用，主要体现在：一是数字化 / 双向化改造将会加快，有利于提升有线网络的质量，增强有线运营商的长期竞争力；二是网络整合继续加速，省网整合和跨省扩张，有利于有线运营商用户规模效应的提高；三是互动增值业务和与电信运营商的错位竞合业务，有利于提升有线运营商的 ARPU 值；四是布局上游内容，谋求从媒介向媒体转变。

宽带接入业务需要网络支持双向互动，而中国有线网络实现双向化改造的比例不到15%，大部分集中在一线城市（京、沪、广、深）和省会城市。因此，从网络现实基础分析，三网融合类业务更适合在大城市首先推进；从用户消费能力上看，大城市也比较适合开展融合业务。

2. 内容提供投资价值凸显

2010年，我国电影票房收入突破100亿元，进口、国产大片票房过亿元的超过20余部，电视剧交易活跃，交易量不断攀升，投资回报率较高。

然而影视剧收入过于单一，电影依赖票房收入，电视剧依赖电视台收入，为了进一步提升影视剧内容价值，增加影视剧投资收益，需要拓展新的盈利渠道。

随着三网融合不断深入，影视剧等视频知识产权保护力度的加大，影视剧可以通过IPTV、互联网的新渠道获得新的获利机会。

3. 通讯设备迎来新机遇

三网融合推进电信基础设施建设，尤其是为宽带的发展提供了重要的机遇。从政策和现有资源基础看，广电具有进入宽带接入、视听增值服务等业务的能力，与电信运营商现有业务形成同质化竞争，服务质量和成本优势成为了竞争的核心手段，电信运营商将会围绕用户展开激烈的平台竞争，加快基础设施建设，推动宽带发展成为电信运营商的必然选择，根据中金公司测算数据，电信运营商提升带宽、扩大覆盖面等基础设施建设总投资额超过1000亿元。

三网融合促进广电网络的整合和改造。为满足用户需求，广电网需对现有网络进行整合改造，首先对全国光纤骨干网和城域网全面扩容，其次要对接入网进行全面的数字化改造，最后在数据化输出上全面完成双先化改造，根据中金研究部的测算，有线网络全部完成改造需要投资2000亿元。

4. 终端设备企业需求增加

三网融合推动电视机的更新换代，电视定位为家庭娱乐终端，未来的发展方向为具有网络功能的互联网电视，使得电视机成为有线信号和网络信号的终端，用户可以用它直接连接互联网，实现下载或在线看电影、视频，获得天气、股市等最新资讯的功能。现已有中国电视机企业推出了各自的互联网电视，如TCL、创维、长虹、海信。

3G、WiFi等技术的出现，为手机与互联网的融合打下基础。进入3G后，手机上网速度接近固定宽带，使得手机类产品趋向于移动互联设备的新定位，对手机终端的软硬件提出了新的要求。从市场层面来看，手机趋向于智能化，3G手机必将成为手机终端的主流，苹果、黑莓等智能手机销售火爆，宏基、DELL等传统PC厂商正在向这一市场迈进，国内的联想、华为、中兴也纷纷抢占这一市场；从硬件和应用层面看，传统手机处理器架构面临挑战，手机高清播放技术有待进一步改善。

（三）投资风险分析

1. 监管体制风险

目前，我国尚未建立健全电信业传输内容的监管机制，管理理念和管理制度严重滞后于技术的发展和三网融合的挑战，而且监管机制的完善需要一个循序渐进的过程。就电信系统而言，内容监管机制与传播实际严重脱节。因此，可以预见，我国实现三网融合后还会面临监管不足的问题，监管滞后于行业实践和三网融合的发展要求，更大的社会风险还在于如何站在国家的高度贯彻“国家立场”，协调各个部门和三大行业之间的利益，保证政策落在实处和收到实效。因此，须建立一个统一的全国性的部门以站在国家立场、代表国家整体利益监管三网融合，实行融合监管，并使之制度化。监管本身面临着外部挑战和客观困难，国外的经验表明，必须以法律作为保障监管在合法性和连续性的首要手段，法律也是打击三网融合中信息安全领域犯罪行为的“利器”。目前，我国三网融合相关法律法规少，体系不完善，因此，治理三网融合的社会风险还必须健全法律体系。

2. 安全风险

三网融合后安全风险将来自于网络开放性、终端复杂性、信息可信性等方面。在网络融合的背景下，安全威胁在网络之间延伸，从而出现全网的安全威胁，流行于互联网的黑客、病毒、木马等将会转移到电信网、广电网，产生巨大的危害。

三网融合后，网络端终将由目前传统电脑接入发展为各种电子信息终端接入模式，尤其将会增加大量移动终端的网络接入，移动终端自身的防御能力相对较弱。而移动终端越来越智能化、应用更加丰富、联网时间更长，使其将面临更多的攻击。

此外，三网融合后信息量将急剧增加，内容安全面临着巨大的考验。垃圾邮件、商业诈骗以及危害国家安全的信息充斥在各种网络当中，并将对网络的信息安全带来极大挑战。

3. 市场风险

我国的电信业和广播电视业长期分属两个不同的部门管理，各自独立发展。电信业有着成熟的市场运营模式、丰厚的营销管理经验以及先进的技术设备，在三网融合中占据优势和主动地位，因此，电信企业希望主导三网融合。广播电视业虽然经济实力处于电信业的下风，但是其拥有内容资源方面的巨大优势，并没有放弃争夺三网融合的主导权。由此可见，电信业和广播电视业的融合存在诸多客观的困难与障碍，影响着三网实质性融合的实现。

参考文献

[1]“2010年1月～10月电信行业运行情况”，中华人民共和国工信部

[2]“2010年广播影视行业发展情况”，国家广电总局

[3]“互联网发展报告”，中国互联网络信息中心

[4]“三网融合专题研究报告”，国信证券经济研究所

[5]“通讯产业研究”，赛迪顾问股份有限公司

[6]“三网融合行业研究报告”，中信建设证券研究发展部

[7]“三网融合深度研究报告”，中国国际金融有限公司

[8]“广电产业发展研究”，中国科大时迈管理研究中心

[9]“三网融合分析报告”，USB 亚洲证券公司

[10]武超群，“基于国外三网融合经验探究我国三网融合发展策略”，《广播电视信息》

[11]“全球三网融合发展研究报告2010简版”，北京诺达咨询有限公司

[12]“有线运营行业深度分析”，湘财证券研究所

[13]“三网融合——传媒文化发展新起点”，中信证券研究部

[14]“中国三网融合发展现状和趋势研究报告2010年简版”，北京诺达咨询有限公司

[15]石长顺，“三网融合下的传媒新业态及监管”，《传媒观察》

[16]杨瑞萍，“三网融合的政府解读与价值追求”，《商业经济评论》

第八章　现代农业行业投资分析报告

现代农业相对于传统农业而言，是广泛应用现代科学技术、现代工业提供的生产资料和科学管理方法进行的社会化农业。当前随着现代科技向农业领域的不断渗透和农业自身的不断发展，新型农业形式不断涌现。尤其自2004年以来，我国连续七年以中央一号文件形式从各个层面上强调重视农业，农业产业基金更是在国家政策呼唤下应运而生。在2010年的资本市场上，现代农业行业无论是从成交量、融资额，还是资本回报率上，都取得了不俗的表现。本报告将在此基础上，对2010年我国现代农业发展、农业产业投资基金的组建和重点投融资情况进行分析，展望行业未来发展趋势的同时，深入分析行业未来投资价值。

一、行业发展概况及特点

2010年以来，农业板块成为A股市场最强劲的板块之一。与此同时，现代农业的前景也引起了政府、企业以及各类投资者的高度关注。业内人士提出，现代农业将成为继蒸汽机、电力、生物、计算机、网络之后“财富第五波”的重要动力，未来市场规模将超过15 000亿美元。

（一）我国现代农业的发展及2010年行业发展概况

1. 我国现代农业发展

现代农业相对于传统农业而言，是经济社会快速发展、推动农业进程的必然产物，也是农业生产为满足现代社会需要的必然结果。它是指依靠现代物质技术装备与先进管理经验，农业生产在经营形式、生产方式上达到相对高度的农业形态，农业机械化是其重要因素。

我国现代农业发展起步较迟，农业机械程度不高，农民群体文化水平低、科技素质差也是农业发展落后的主要原因。伴随现代工业技术飞速发展，机械、化肥、农药、除草剂在农业生产中大量使用，强有力地提高了土地生产率，在一定程度上满足了人口膨胀对粮食的需求，但同时也带来了环境污染、能源短缺、耕地退化、病虫害加重、生态失衡、成本增加、收益下降等副作用，使我国农业的持续发展面临非常严重的困境。近几年来，国家加大农业政策扶持力度，围绕解决三农问题，采取取消农业税、以工补农，促进城乡一体化建设及多予少取放活的措施发展农业，使现代农业向前跨了一大步，全国涌现出农作物规模化种植带、农业机械集约使用的大型农场，也出现了赋予休闲、观光功能的环保型现代农业园区。

农业现代化与现代农业既有联系又有区别，农业现代化是农业形态变化或农业生产力发展的一个动态描述，是传统农业向现代农业发展的过程，是农业发展在阶段上的提高。20世纪50年代我国就提出了农业现代化的目标，当时概括为：机械化、水利化、化学化 、电气化。进入20世纪80年代，我国科学技术研究跨越式发展，转而提出了科学化、集约化、社会化和商品化为“新四化”。目前通常把产业化归结为现代农业的目标，形式为商品化、方式为集约化，贯穿其中的是科学化。

2. 2010年行业发展概况

2010年全年，我国农业经济保持平稳运行，农业生产保持平稳发展态势；农民收入保持较快增长；农产品质量安全与动物防疫水平不断提高；支农政策不断出台；农产品市场价格全面上涨；农产品贸易快速增长；乡镇企业和农垦经济保持较快发展；农产品加工业发展良好。

2010年第四季度全国农产品生产价格（上年同期=100）同比上涨15.9%，较上年同期涨幅扩大12.7个百分点，年初以来农产品生产价格呈上涨趋势，农产品生产受季节性影响较多，本季涨幅进一步扩大。其中：种植业、林业、渔业产品生产价格较上年同季分别上涨19.2%、29.2%、9.7%，畜牧业农产品生产保持稳定，四季度畜牧业产品生产价格较上年同季小幅上涨11.6%，终止同比下跌势头。

2010年全年我国农产品进出口总额为1219.6亿美元，同比增长32.2%。其中，出口494.1亿美元，同比增长24.8%；进口725.5亿美元，同比增长37.7%。贸易逆差为231.4亿美元，同比扩大76.5%。

当前我国农业生产面临最突出的问题是：农产品价格高，行业运行风险加大；公众对农产品质量安全的忧虑有所加剧；外资进入粮食收购领域等。国家统计局发布的《关于2010年粮食产量的公告》显示，2010年全国粮食播种面积109 872千公顷（16.48亿亩），比上年扩大886千公顷（1329万亩），增长0.8%；2010年全国粮食总产量为54 641万吨（10 928亿斤），比上年增加1559万吨（312亿斤），增产2.9%。

水产品、畜产品、食糖等价格上涨，使相应子行业销售收入、销售净利润率增长明显；饲料加工行业受需求增加带动，销售收入虽有所增加，但因原料成本上涨挤压盈利空间，销售净利润率同比仅微增3.63%。总体看来，2010年农业各子行业盈利能力均有不同程度增加。

（二）行业发展特点

1. 农业行业极具成长性，投资空间很大

农业是兼具周期性和成长性的行业。从周期性来说，农业与国内外宏观经济周期、国家的行业政策周期、农产品价格波动的蛛网效应、成本驱动效应、各种自然因素等都紧密相关；从成长性来说，我国正处于从传统农业向现代农业变迁的过程中，我国的兴农政策将是一个长期持续的方向，而且全球对农产品的需求将保持长期刚性上涨。种种迹象表明，农业在我国是一个极具长期成长性的行业，具有很大的投资价值。

2. 农业龙头企业引领我国农业产业化快速发展

农业产业化经营是建设现代农业、转变农业发展方式、促进农业增收的重要措施。在农业产业化的过程当中，企业必须把品牌、供应链、资本等要素引入到农业中来。只有推动金融资本与农业龙头企业的结合，才能提升中国农业的国际竞争力。因此，如何培育和发展现代龙头企业，已成为发展现代农业产业化经营的关键所在。

尽管跟国外相比，我国龙头企业无论在销售收入还是在资产规模、盈利水平等方面都有比较大的差距。但鉴于我国的农业基础，2010年我国农业龙头企业还是取得了不俗的战绩和可喜的进展，引领着我国农业产业化快速发展。据农业部统计，截至2010年9月底，全国各类龙头企业9. 1万家，实现销售收入3. 91万亿元，同比增长7.1%。在龙头企业的带动下，2010年全国各类农业产业化组织总数将达到25万个左右，带动农户1.07亿户，农户年户均增收2100多元，分别比上年增长11.6%、3.8% 和9.1%。

3. 农业成为资本市场新宠

我国拥有广大的市场需求，随着我国现代农业经营规模逐步增大，进入了一个增长机遇期，博得了国内外众多投资家的青睐，众多资本纷纷涌向农业这个传统行业。资本进入农业，可带来先进的技术、管理和经营理念，带动整个行业的规范化和现代化。2010年，我国也陆续成立了几支农业产业基金，从很大程度上为现代农业的发展提供了有力的金融支持。

从长远发展来看，我国农业的升值潜力很大。一方面是我国农产品价格有上涨空间，目前我国农产品和食品价格仅相当于韩国、日本的1/3。另一方面随着传统能源的稀缺，一些农产品将转化成汽油、工业的原料、医药原材料等，在这个过程中农产品的工业属性将逐步凸显出来。

二、 农业企业发展概况及业绩分析

（一）农业企业发展概况

2010年，全国各类农业产业化组织总数达到25万个左右，带动农户1.07亿户，农户年户均增收2100多元，分别比上年增长11.6%、3.8%和9.1%。目前，9万多家农业龙头企业提供的农产品及加工制品占农产品市场供应量的1/3，占主要城市“菜篮子”产品供给的2/3以上，已成为粮棉油肉蛋奶等主要农产品生产、加工、销售的重要市场主体。

龙头企业将基地建设作为企业健康发展的重要基础，强化产业链上游建设，不断加大生产基地投入，引进推广优质、专用、高效农产品，建设高标准生产基地。2010年全国各类龙头企业对农产品原料基地投入总额达到1904.8亿元。国家重点龙头企业投入260亿元建设标准化种养基地，自建种养基地3500万亩。

各农业企业间利益联结关系更加紧密，带农惠农能力不断提升。2010年通过合同、合作、股份合作三种较为紧密的利益联结方式带动农户的产业化组织数占总数的97.8%。全国各类农业龙头企业从业人员1500万人，各类龙头企业支付职工的工资福利报酬720亿元，比上年增长22.6%。

农业龙头企业集群发展，产业化示范区建设稳步推进。一些地方围绕优势产业，依托现有的农产品加工物流园区，推进企业集聚发展，形成企业集群，增强当地经济发展的活力。河北、辽宁等省大力推进农业产业化示范区建设，取得了明显成效。

同时，农业企业加大科技创新力度，农业龙头企业强化科技创新，推行标准化生产。2010年国家重点农业龙头企业共投入科研经费181亿元，平均每个企业2025万元。近90%的国家重点农业龙头企业建立研发中心，科研成果获得省级以上科技奖励的企业占60%以上。在国家重点农业龙头企业中，90%通过两种以上质量认证，69%获得了绿色或有机食品认证，有效保障了农产品质量安全。

从发展地区看，中西部加速发展，产业化水平全面提升。随着西部大开发和中部崛起战略的深入推进，中西部地区抢抓政策支持和产业梯度转移的机遇，大力支持龙头企业发展，中西部地区农业产业化发展水平明显提高。2010年中西部地区年销售收入上亿元的龙头企业数量分别比上年增长23.1%和22.7%，明显高于东部地区16.5%的增速。中西部地区龙头企业销售收入分别比上年增长18.9%和29.4%，远高于东部地区7.3%的增速。

（二）农业行业2010年新上市企业的发展状况及业绩分析[①]

2010年我国农业新上市企业共计13家，其中湖北省丰泽农牧和中国利农均在美国纳斯达克上市，募集资金共计1.15亿美元（折合人民币7.58亿元）；北京大北农等七家农业企业登陆中小板，累计募集资金76.32亿元；安徽荃银高科等四家企业创业板上市，共募集资金30.93亿元。2010年度我国农业新上市企业累计从国内外募集资金114.83亿元（见图8.1）。

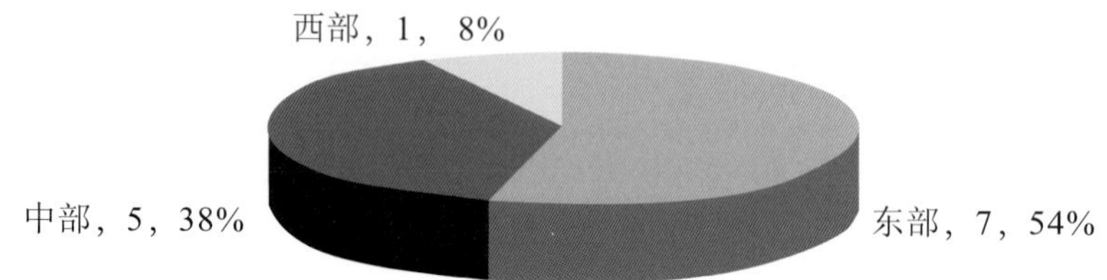

数据来源：公开资料，CVCRI整理

图8.1　2010年我国新上市农业企业地区分布

从13家新上市企业的分布来看，大北农等七家企业位于我国东部地区，荃银高科等5家位于我国的中部地区，西部牧业位于我国的西部新疆地区。从这个数据可看出，我国东部地区农业产业化发展较快，龙头企业实力雄厚，善于借助资本市场实现更快发展，成为2010我国农业行业的领先者。同时，在中部崛起战略的推动和一系列政策的扶持下，我国中部地区农业龙头化企业也取得很好的发展业绩。相比来看，西部农业具有很大发展潜力和上升空间（见表8.1）。

表8.1　　2010年中国新上市农业企业明细

企业名称	所在地	上市时间	上市板块	募集金额
大北农	北京	2010年4月09日	中小板	21.28亿元
荃银高科	安徽	2010年5月26日	创业板	4.70亿元
棕榈园林	广东	2010年6月11日	中小板	13.50亿元
国联水产	广东	2010年7月8日	创业板	11.50亿元
壹桥苗业	辽宁	2010年7月13日	中小板	4.93亿元
丰泽农牧	湖北	2010年7月20日	纳斯达克	1200.00万美元
益生股份	山东	2010年8月20日	中小板	6.48亿元
西部牧业	新疆	2010年8月20日	创业板	3.57亿元
雏鹰农牧	河南	2010年9月15日	中小板	11.72亿元
瑞普生物	天津	2010年9月17日	创业板	11.16亿元
中国利农	福建	2010年10月29日	纳斯达克	1.03亿美元
辉丰股份	湖南	2010年10月27日	中小板	12.17亿元
大康牧业	湖南	2010年11月08日	中小板	6.24亿元

资料来源：公开资料，CVCRI整理。

① 截至本报告撰写完成时，下述上市企业尚未披露2010年年报。

为了更深入地了解我国农业龙头企业的发展历程，本部分将从东部、中部以及西部各选取一个企业作为该地区2010年度农业企业上市的经典案例简要分析。

1. 北京大北农成功登陆中小板

国内预混饲料行业的龙头企业——北京大北农科技集团股份有限公司（下文简称“大北农”）成立于1994年，总部位于北京，是一家综合性农业高科技企业。大北农于2010年3月29日完成了股票的网上发行申购，4月9日在深交所正式挂牌上市。

在企业发展方面，大北农上市将进一步巩固和加强在饲料预混料和水稻种子方面的竞争优势，充分利用在动物保健产品和植物保护产品领域已确立的基础，形成以饲料和种子产业为核心，以动物保健产品和植物保护产品为两翼的业务格局；并进一步加强科技创新、营销网络和企业文化三个核心竞争力的建设，将大北农打造成为国际一流的综合性农业高科技企业。

作为一家综合性农业高科技企业，大北农上市的主营业务是饲料产品生产、销售和农作物种子培育、推广。上述两类主营业务分别围绕养殖业和种植业展开；同时为充分发挥科研实力和营销网络优势、提升产品之间的协同效应，公司还从事动物保健产品和植物保护产品的生产、销售，作为饲料产品和种子产品的两类辅助业务。

近三年来，大北农上市主营业务稳步增长（详见表8.2），饲料业务和种子业务均保持良好的发展势头，核心竞争力不断巩固和提升，市场份额在稳步提高。大北农上市的饲料业务规模居同行业前列，大北农也是国内最早从事畜禽、水产及牛羊预混料的企业之一，是国内最大的预混料生产厂家之一。在浓缩料及配合料方面，大北农上市定位于高质量、高附加值、高盈利产品，单位产品盈利能力突出，拥有覆盖全国且统一的营销网络，在国内仍处于领先地位。

对于未来发展，大北农将抓住国内饲料、种子行业发展迅速，市场规模不断扩大的机遇，发挥自身优势，稳健经营。此次上市将为大北农带来更加广阔的的发展平台和空间。其中，大北农上市发行募集资金中的一部分将投向新型高效预混料项目、微生态制剂产业化项目、淮阴大北农水产饲料项目、天津昌农水产饲料项目、超级杂交水稻新品种产业化项目、高产多抗玉米新品种产业化项目、技术中心等七个项目，投资总额4.71亿元。

表8.2　　大北农主要财务指标(2007年～2010年)

项目	2007年	2008年	2009年	2010年		
				一季度	二季度	三季度
主营业务收入（万元）	22 730.69	360 717.86	397 537.76	112 217.54	117 163.69	135 397.84
净利润（万元）	10 859.29	14 395.26	27 875.38	7920.20	5718.63	5943.42
利率	4.78%	3.99%	7.01%	7.06%	4.88%	4.38%

资料来源：公开资料，CVCRI整理。

2010年12月23日，大北农公司刊登公告，用2.4亿元超募资金新建五个投资项目，包括一个水稻种子项目和四个猪饲料项目。结合公司基本面的新变化以及其中透露出的公司未来规划的方向，公司未来经营业绩及估值水平也因此得到了重新评估。大北农是目前全国最大的预混料生产商和第二大水稻种子企业，预计2011年在继续保持预混料龙头地位，并将成为教槽料、保育料、乳猪料的龙头企业；水稻种子维持并巩固全国第二；饲用微生态制剂业务排名全国第二；2012年玉米种子业务有望进入全国前五。

2. 皖企荃银高科打造现代种业先锋

作为安徽省种业龙头企业的荃银高科于2008年2月改制成立，注册资本3960万元；2009年销售收入为16 362万元，净利润3414万元，总资产19 426万元；上市时间为2010年5月，募集资金4.07亿元。其前身安徽荃银禾丰种业有限公司于2002年7月成立。

公司的核心资产与业务均发源于张海银、李成荃等人共同创办的荃银研究所，主营业务一直是以水稻为主的种子研发、繁育、推广与服务。公司主导产品“新两优6号”是农业部2006年认定的第一批超级稻推广品种，也是全国三大稻区之一——长江中下游地区两系杂交水稻主要推广品种之一。

近年来，公司主营业务收入快速增长，年复合增长率达36.79%，营业利润和净利润亦大幅增加。2009年，该公司来自种子产品的收入占总收入的比例达99%以上，水稻种子占总收入的比例为96%。然而，与行业内的其他大型种子公司相比，公司的稻种推广面积以及主营收入都还有不小的差距。目前，公司的优势区域仍然集中于安徽及其周边地区，是典型的区域性种子龙头行业（见表8.3）。2010年荃银高科上市以来的主要财务指标见表8.4。

表8.3　　行业内比较

公司名称	主推稻种推广面积（万亩）	优势区域	2008年收入份额
隆平高科	705	安徽、湖南、湖北、江苏、江西、浙江	9.54%
丰乐种业	551	湖北、安徽、广西	3.04%
荃银高科	356	安徽、湖南、湖北	2.21%

资料来源：公开资料，CVCRI整理。

表8.4　　荃银高科主要财务指标（2007年～2010年）

项目	2007年	2008年	2009年	2010年		
				一季度	二季度	三季度
主营业务收入（万元）	8716.7	12 203.57	16 310.17	3429.54	5332.64	1452.89
净利润（万元）	1701.26	2451.06	3382.42	560.43	646.2	-321.01
总资产（万元）	7286.61	12 774.68	19 425.87	16.34%	34%	-22.1%
毛利率	43.43%	44.09%	42.7%	16.34%	34%	-22.1%

资料来源：公开资料，CVCRI整理。

通过多年的努力，荃银高科已成为我国籼型两系超级稻种子的主要供应商之一，是安徽省农业产业化龙头企业。公司是国家科技部下发的《高新技术企业认定管理办法》中“国家重点支持的高新技术领域”之“生物与新医药技术”之“农林植物优良新品种与优质高效安全生产技术”领域的高新技术企业。同时，也是安徽省高新技术企业、安徽省农业产业化龙头企业，被列入合肥市首批科技创新型企业培育计划。

2011年1月10日，《福布斯》中文版公布了年度首份榜单——2011中国潜力企业榜，200家高成长型中小企业上榜，超过40%的潜力企业来自TMT（数字新媒体）、环保节能、生物医药行业。主营农作物种子、苗木、花卉种子研究及销售等的荃银高科和合肥阳光电源两家企业作为皖企的代表荣登榜内，其中皖企荃银高科位居第170位。

3. 西部牧业创业板上市成功

作为中国三大牧区之一，新疆发展畜牧业具有得天独厚的条件，尤其是天山北坡一带，更是业内公认的全国最优质天然牧场之一。但令人遗憾的是，水草丰茂、绿野千里的新疆大地上，多年来却没能走出一个在全国叫得响的畜牧业品牌。当内蒙古的“伊利”、“蒙牛”等国内耳熟能详的乳业品牌在新疆市场上攻城拔寨之际，新疆本地为数不多的几个小品牌立刻失去了原有的市场份额。

西部牧业的出现，正在逐步改变新疆畜牧业的尴尬现状。2003年，西部牧业成立之初，就明确了走现代畜牧业这一清晰而准确的战略发展规划。经过几年发展，西部牧业已成为一个旗下拥有3家全资子公司和3家控股子公司的上市公司；拥有奶源、种畜、肉类加工和饲料生产四大支柱产业，成为新疆颇有影响的大型畜牧龙头企业之一。

西部牧业的发展特色主要是两点：其一是技术创新，其二是服务创新。众所周知，科技对畜牧业贡献率的大小是传统畜牧业发展为现代畜牧业的一个重要度量单位。通过与国内外知名院校、研发机构进行广泛的技术合作，西部牧业成为新疆掌握大规模性控冻精技术、胚胎移植工程新技术的三家单位之一，其中西部牧业母犊率达到93.3%，成活率达到98%，为全疆之首。此外，公司还承担了“规模化奶牛高效养殖技术集成与示范”、“奶牛性控繁育产业化技术研究”等多项国家级星火计划项目，在畜牧科技领域处于业内领先地位。目前，我国平均每头奶牛一年的产奶量在4吨左右，而西部牧业通过优良种牛胚胎培育的奶牛，产奶量平均为7吨，优秀品种可达到8吨～10吨。

除了技术创新之外，西部牧业对服务模式创新也很重视。生鲜乳生产和销售在公司主营业务中也占了很大的一大块。通过借鉴和吸收国外先进奶业运营模式，结合新疆当地的实际，西部牧业充分发挥自身技术及运营优势，形成了良性发展的专业服务模式，适应我国国情和新疆的实际情况，具有良好的发展前景。

如今的西部牧业股份有限公司，已初步形成了种畜培育—养殖—饲料生产—屠宰加工这样一条完整的产业链。在这条产业链上，每个节点都是增值点，都会产生源源不断的现金流，传统牧业走向现代畜牧业的战略规划终成现实。

从成立之初到成功登陆资本市场，西部牧业股份公司用了仅仅7年时间。7年来，公司由注册资本金660万元发展到现在的总资产3.5亿元，净资产达到1.7亿元。营业收入由成立之初的100多万元增加到2009年的2.6亿元，年净利润达3000多万元（见表8.5）。2010年第三季度，公司主营业务收入为86 022 448.02元，比上年同期增长11.69%；归属于公司普通股股东的净利润为12 747 111.10元，比上年同期增长32.81%。

上市后西部牧业所募集的资金将用于投资6000头高产奶牛标准化养殖基地建设项目、生鲜乳综合服务体系升级改造项目和牛、羊良种繁育技术工程研究中心扩建项目。该项目完成后，西部牧业集约化养殖规模将得到进一步扩大，主要营运设备将得到全面升级，专业服务水平将进一步提高，其发展目标为把西部牧业建成全国规模最大、实力最强、效益最好的国家级畜牧龙头企业之一。

表8.5　　西部牧业年度主要财务指标（2007年～2009年）

主要财务指标	2007年	2008年	2009年
主营业务收入（万元）	6475.38	23 562.62	26 723.08
净利润（万元）	978.50	2351.54	3044.28
利率	15.11%	9.98%	11.39%

资料来源：公开资料，CVCRI整理。

三、农业行业风险投融资情况及经典案例

（一）2010年农业行业风险投资概况

相对于传统农业而言，现代农业目前还没有统一的界定。深圳市创新投资集团有限公司总裁李万寿曾这样定义新农业："要具备成规模的种植和养殖基地、工业化的标准控制和生产流程、有一定的科技含量和产品创新并最终能够建立全国性乃至全球性的市场。"与传统农业相比，现代农业的期望利润率更高，更能吸引风投的关注。

据中国风险投资研究院统计，2010年我国现代农业领域发生的投资案例共22起，已披露的投资金额达111.24亿元人民币。其中，从事果蔬、花卉等种植的新农企有5家，从事禽畜养殖的企业3家，从事农产品深加工的企业有9家，提供化肥、饲料等农业服务的企业4家（见图8.2）。

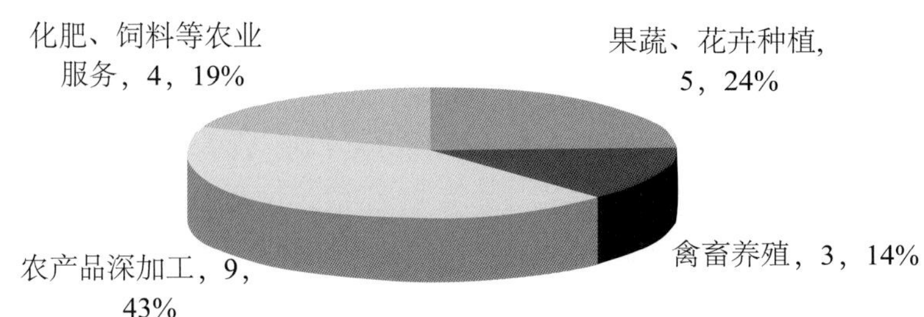

资料来源：公开资料，CVCRI整理

图8.2　2010年度现代农业投融资案例分类

从上图可以看出，风投在新农业领域的布局是以农产品深加工企业为主，种植和养殖的企业及提供农业服务的企业为辅。与过去相比，风投在新农业领域的布局产生了些许变化。以往投资者对农业的关注基本上集中在农产品深加工、化肥、饲料生产等环节，而种植、养殖等处于农业产业链前端的企业因为受气候变化、市场行情等影响较大，投资者对此类企业的投资兴趣原本不大。但2010年，投资者不仅对农产品深加工企业青睐有加，种植、养殖类农业企业也成了风投关注的对象，短短一年时间里的22起投资案例，暗示了投资者对现代农业发展前景的看好以及对现代农业投资充满信心。

（二）2010年农业行业投融资经典案例

1. 普凯基金投资龙灯环球1500万美元

2010年4月1日，普凯投资基金宣布完成对龙灯环球农业科技有限公司1500万美元的投资。

龙灯环球，致力于植物保护，产品包括杀虫剂、杀菌剂、除草剂、植物生长调节剂和植物营养产品等。公司总部设在香港，产品销往全球45个国家和地区，包括欧洲、巴西、美国和中国等世界主要农业区。全球非专利植保市场在未来4年～5年将新呈现近50亿美元的市场容量。

普凯投资基金是专注于投资中国内地的外资私募股权投资公司，重点关注成长前景良好、具有上市潜力和意向的企业，行业有先进制造业、新能源、消费和服务业、教育、农业、医疗、旅游等。

普凯投资基金负责人在接受媒体采访中表示青睐龙灯环球不仅仅是其所处的行业极具有升值潜力，还在于其优秀的管理团队和商业模式。

2. 上海嘉石斥资近6000万元投资天海绿洲

2010年6月，上海嘉石投资有限公司斥资近6000万元投资新疆阿克苏天海绿洲农业科技有限公司。

新疆天海绿洲农业科技有限公司（下称“天海绿洲”）成立于2004年11月，是天海绿洲集团下属的具有独立法人资格的经济实体，主要从事苗木、种籽繁育、20万亩荒漠造林及红枣的产业化运作。公司是新疆自治区农业产业化龙头企业，是阿克苏地区重点扶优扶强企业。公司现有“天枣”素加工厂一座，天海农场一处，天海种业公司一个，苗木基地五处1700亩，海南育种基地一处。拥有天海红枣研究所及两条天枣素生产线，“天枣”系列产品，年生产能力达2万吨以上；“天枣”素系列产品，年生产能力达2亿粒以上。

上海嘉石投资有限公司是由国内知名战略投资者共同组建，从事私募股权投资的实体类型经济股权投资机构。注册地在上海，注册资本1亿元。2010年，中央部门要求“加快新疆经济快速发展”，让嗅觉敏锐的国内股权投资机构掀起一股“席卷新疆”的风潮。投资触角从传统的太阳能、风能与节水绿色产业，扩展到挖掘新疆特有农产品资源的“高附加值产业”。2010年4月中央经济工作会议提出新疆经济要加快发展及8月证监会相关领导表示支持新疆企业和上市公司通过资本市场做优做强，一下子挑起投资机构的投资热情。天海绿洲分别在2010年5月与9月经历两轮股权投资后，递交IPO材料。若成功通过审批，它将成为2010年股权投资机构扎堆抢滩新疆的“最快回报案例”之一。

3. 百年栗园获3000万元风险投资

天图创投旗下的深圳市天图投资管理有限公司、天津天图兴盛股权投资基金合伙企业（有限合伙）于2010年5月20日完成了对北京百年栗园生态农业有限公司（简称“百年栗园”）的投资，总投资额3000万元。

百年栗园是集有机食品研发、生产、销售为一体的生态农业公司，致力于为消费者带来更健康的食物，是有机食品领域的倡导者和领军人。百年栗园坐落在北京市密云县，目前已上市的有机柴鸡蛋和有机油鸡已经得到消费者的广泛认可和喜爱。

天图创投重点投资领域包括节能环保、现代服务业、消费升级、健康医疗、广义IT行业及现代农业等。天图创投目前管理资产规模超过人民币30亿元，管理着四支基金，其中三支为公司型基金，一支为有限合伙型基金：深圳市天图创业投资有限公司，注册资本1亿元；北京天图兴业创业投资有限公司，注册资本1亿元；深圳市天图兴瑞创业投资有限公司，注册资本3亿元；天津天图兴盛股权投资基金合伙企业，注册资本5.05亿元。天图创投选择投资百年栗园，最主要还是看重我国生态有机农业的良好发展前景以及食品安全的巨大市场空间。

4. 国际金融投资牧原食品1000万美元

养猪业似乎备受资本青睐，继高盛、网易、中粮集团等之后，世界银行集团成员国际金融公司（IFC）也加入养猪的行列。IFC于2010年8月17日宣布了其在国内的又一笔股权投资。此次其青睐对象来自中部农业大省河南的一家公司——牧原食品股份有限公司（下称“牧原食品”）。不过，与高盛、网易等不同的是，IFC既对养猪感兴趣，更对与养猪有关的沼气发电感兴趣，IFC相关投资官员表示，牧原食品有低碳概念，其闪光点是，安装了将猪粪转为能源的沼气发电设备，该项目在国内养猪行业中首家获得联合国CDM注册，这一点也正是吸引IFC投资的关键所在，因为其将发展低碳经济作为中国战略首要考虑因素。

该笔投资交易涉及金额为1000万美元，但双方均未透露对应的股权比例。牧原食品是一家集饲料加工、养猪生产、屠宰加工为一体的大型现代化农牧企业，目前其商品猪年养殖规模有50万头，在国内同行业中居前。

IFC表示，其投资将支持牧原的环保养猪事业，将商品猪的规模扩大到100万头。而生猪增产会带来对小麦和玉米等农产品的需求，增加所在地河南的农民收入。IFC支持牧原食品既是为了带动地方发展，促进区域发展平衡；也是支持农产品可持续发展，为发展中国家提供帮助。

事实上，公开资料显示，IFC此次股权投资牧原食品并非其在中国农业投资领域的孤例，早在2005年国际金融公司就向北方安德利浓缩苹果汁公司提供1500万美元贷款，而后又于2006年向其提供了450万美元的股本投资，2010上半年还投资了一家位于山东省的玉米深加工领军企业西王糖业。

5. 青云创投联手汉理前景基金投资多利农庄7000万元

2010年11月3日，青云创投宣布投资上海多利农业发展有限公司（下称“多利农庄”），总额为7000万元人民币。汉理资本为公司独家财务顾问，并且汉理前景股权投资基金也参与了本轮投资，投资金额为1000万元。

多利农庄是上海地区最大的集研发、种植、生产、加工、配送、销售与售后服务为一体的有机农产品供应商，为众多企业客户及个人会员提供品类定制、定点送货的有机农产品直供服务。

多利农庄是上海地区种植面积最大的有机农产品供应商，在上海近郊拥有占地近2000亩的有机农庄。多利农庄是极少数同时获得OFDC（国家环保总局有机食品发展中心，受IFOAM认可）及全球HACCP质量体系认证的中国企业，并获得ISO9001/2质量管理体系认证、ISO14000环境管理体系认证。公司一直严格秉持有机种植和生产的各项要求，仅水和土壤改良就长达5年之久，投入高达6000余万元。多利农庄以向客户提供“真有机”产品为己任，通过自己建立的物流网络，摒弃各种中间环节，真正实现了从田间到餐桌的无缝衔接，为客户提供价格公道、安全、健康、新鲜的有机食品。

多利农业负责人表示：希望借助青云创投对于可持续发展农业的深刻理解、深厚的行业背景、应对金融市场的成熟经验以及对于有机农业技术和市场的真知灼见，继续发展和创新其商业策略。

青云创投管理合伙人陈晓平先生表示，“有机农业是可持续发展农业的最佳实践，是清洁技术的重要分支，有机农业和有机农产品不仅对于食品安全和消费者健康具有积极影响，更重要的是对于改变中国传统的化学农业生产方式，改善农业对于空气、水和土地的污染，使中国农业真正走上可持续发展的道路具有重大战略意义。”

6. 内蒙古奶联社获深圳创投千万元注资

2010年11月17日，内蒙古奶联科技有限公司（下称“奶联科技”）获得深创投千万元的注资。奶联科技副总经理李兆林透露，奶联科技2010年共计获得四五家投资机构的注资。深创投表示，由深创投牵头的数家机构共计对奶联科技投资近1.28亿元，资金用于拓展该公司的牧业业务。

奶联科技是一家原料奶生产供应商，以养奶牛为主业，注册资本2255万元，管理运营资产超过3亿元。公司在借鉴奶业发达国家经验的基础上，创建奶牛养殖合作化模式——“奶联社”；在呼和浩特市土左旗兵州亥农业开发区建设了中国首个“奶联社示范牧场”。“奶联社”由企业搭建技术、管理、现代化设施设备和资金平台，吸纳奶农以现有奶牛入股分红、合作生产等多种形式入社，并获取回报。

此次合作是奶联科技自成立以来的第一次股权融资。奶联科技成立于2004年6月，由两名中国农业大学的毕业生李兆林、李正洪创建。李兆林等人对奶联社的未来目标是，在3年～5年内，通过自建、合建、收购、托管等形式，在呼和浩特市建成100个奶联社牧场，控制存栏奶牛10万头～15万头。要实现上述规划，资金是最大的制约因素，此前，奶联社的发展除了自有资金外，还有政府政策支持与补贴、国内银行贷款等，但这些渠道获得的资金都只是杯水车薪。也正是在当时，奶联社与创投基金的接触逐渐频繁起来。因此奶联社逐渐寻找与创投机构进行合作。深圳创投高达100亿元人民币的可投资能力以及近年来在创投市场的优秀表现吸引了奶联社。双方最早的接触在三聚氰胺事件之前，经过几轮反复的会面与调查，2010年9月，投资奶联社项目在深创投内部获得通过；2010年11月，正式完成投资。

（三）2010年农业产业基金设立情况

农业产业基金的潮涌与政策环境密不可分，2009年的一号文件首次指出，“有条件的地方可成立政策性农业投资公司和农业产业发展基金”。而2010年出台的一号文件则明确指出，要“建立农业产业发展基金”。可以说农业产业基金的设立是在国家政策呼唤下应运而生的。

2010年1月22日全国首支农业产业投资基金——河南农业开发产业投资基金（以下简称“河南农开基金”）在郑州成立，这是河南省成立的首支产业投资基金。同时，河南首家基金管理公司——河南农开投资基金管理公司也宣告成立。“河南农开基金”由河南省政府与中信集团联手打造，总规模48亿元。这支基金将在短时间内聚集国有资本、民间资本和海外资本，并以股权方式直接投向全省数十家农业产业化龙头企业。

农产品加工行业本身发展就不错，加之有政策的支持、税收优惠以及财政补贴，利润空间大。如何实现规范化运营、有效融资是行业亟待解决的问题，此次农业基金的设立一方面解决了农产品行业融资难的问题，另一方面实现了政府资本的有效利用。此次河南农业开发产业投资基金总规模为48亿元人民币，将分4年募集完成，每期由政府引导基金2亿元、国内募集4亿元及海外配套等值人民币6亿元组成。这样的方案设计意味着政府每投入1元钱，就能相应撬动起6元的社会资本投入。

与此同时，2010年1月26日，北京农业产业投资基金在京成立。该基金设立后目标募集规模10亿元人民币。发起人和基金管理人北京金石农业投资基金管理中心共认购4.2亿元。该基金定位于高科技农业、生态农业、循环农业、精细化农业及农业产业化等领域，投资于农业现代化、规模化、标准化、产业化以及新农村建设所涉及的相关产业项目。通过进行农业产业领域内优秀企业的股权投资，带动农村经济向规模化、集约化、标准化、产业化发展。

2010年6月新希望集团推出了农业投资基金，金额达10亿元。目前已经推出项目为涉农产业方面，包括农药、化肥、种子、农产品销售、农业基地的建设和农产品食品的加工。

发起设立农业产业投资基金对推动我国农业产业发展具有重要意义。一方面它能加快全国农业发展和产业升级，作为农业大国，我国农业虽然占有重要地位，但是长期以来其发展面临着深层次的矛盾和问题，农业经济的发展一直处于投资不足的状态，特别是农业产业化发展速度严重受制于资金的不足，致使经营发展不平衡、龙头企业规模小、竞争力不强。当前如何有效解决农业资金投入不足的问题，促进龙头企业价值提升，充分利用资本市场推动农业产业升级，已成为我国农业产业发展的重大战略问题。

另一方面，它能够有效拓宽农业产业融资方式、放大财政资金支持效应。长期以来中央和各省级政府对农业的财政补贴和政策性贷款总量很大但效率不高，分散到个体企业或农户后缺乏资金规模。农业企业存在着融资工具单一、融资渠道不畅等诸多制约因素。因此，农业产业基金的成立将有助于打破农业企业过分依赖银行信贷等间接融资的格局，改善农业金融资产结构严重不合理的现状，变财政被动支持为主动扶持，有效提高财政资金的使用效率，充分放大其乘数投资效应，引导社会资本进入农业领域，促进农业产业市场与资本市场有机结合。

农业产业投资基金有别于证券投资基金，是一种对未上市的农业企业进行股权投资和提供管理服务的利益共享、风险共担的集合投资制度。简单讲就是以股份形式，通过向全社会中小投资者和机构投资者发行股票或受益证券，从而筹集一定数量的资金，再由专业的机构管理专门投资于农业及相关产业企业，以期取得良好的投资收益。随着中央“一号文件”的出台，积极推动成立农业产业投资基金的呼唤更为坚定，政策环境更为完善。在河南农开基金和北京农业产业投资基金等基金所取得的社会经济效应以及良好的农业政策环境的召唤下，我们完全有理由相信2011年农业产业将会迎来投资基金的春天、共同促进我国现代农业跨步发展。

四、农业行业政策环境分析

（一）2010年新颁布的农业行业政策

自从2002年12月28日全国人大常委会成功修订《中华人民共和国农业法》至今，中国政府已经连续7年出台中央一号文件重点支持“三农”的发展，并指出：拉动内需，关键在农村，要积极引导、大力发展农产品和农资连锁经营，提高农资流通的现代化水平和效率。2010年更不例外，以中央一号文件为首的一系列支农惠农政策陆续出台（见表8.6），为现代农业行业的发展保驾护航。

表8.6　2010年我国新颁布的农业行业政策一览

颁布日期	政策名称	颁布单位
2009-12-31	2010年中央一号文件	中共中央国务院
2010-01-22	农业部关于创建国家现代农业示范区的意见	农业部
2010-02-08	农业部办公厅关于做好2010年农村经营管理工作的意见	农业部办公厅
2010-03-01	印发《2010年全国农资打假和监管工作要点》	农业部等
2010-04-03	农业部办公厅关于进一步加强种子管理工作的紧急通知	农业部办公厅
2010-04-27	国务院办公厅转发科技部农业部关于发挥科技支撑作用促进当前农业抗灾保丰产意见的通知	国务院办公厅
2010-05-26	关于加强农产品市场监管维护正常市场秩序的紧急通知	国家发改委 商务部等
2010-06-03	关于支持农业产业化龙头企业发展的意见	农业部等
2010-06-13	关于降低农业综合开发农民筹资投劳比例的通知	国家农业综合开发办公室
2010-07-21	关于发挥骨干企业积极作用健全和完善政府对大宗农产品市场调控体系和机制的通知	工业和信息化部 财政部 农业部
2010-07-29	《关于全面推进农村金融产品和服务方式创新的指导意见》	人民银行、银监会、证监会、保监会
2010-08-23	农业部办公厅关于开展水稻施肥补助政策落实和秋粮生产督导的通知	农业部办公厅
2010-09-14	农药产业政策	农业部

资料来源：法律教育网，CVCRI整理。

（二）重点政策评析

1. 2010年中央一号文件

针对2010年的“三农”形势，约为12 000字的中央一号文件，提出了“稳粮保供给、增收惠民生、改革促统筹、强基增后劲”的二十字基本方针，明确2010年农业农村工作基本思路。

2010年的中央一号文件围绕着“进一步夯实农业农村发展基础”，又提出一系列新的重大举措，主要包括以下几个方面：

第一，在国家投入方面，强调总量持续增加，比例稳步提高。文件提出确保三个优先：一是财政支出优先支持农业农村发展；二是预算内固定资产投资优先投向农业基础设施和农村民生工程；三是土地出让收益优先用于农业土地开发和农村基础设施建设。

第二，在农业补贴方面，强调增加资金规模，完善补贴办法。文件明确了三个扩大：一是扩大良种补贴品种；二是扩大农机补贴资金规模；三是扩大补贴政策受益范围。

第三，在金融支持方面，强调增加农村信贷投放，改进农村金融服务。文件提出了三个措施：一是大力开展农业开发和农村基础设施建设中长期政策性信贷业务；二是加快培育村镇银行，贷款公司、农村资金互助社；三是要求确保三年内消除基础会融服务空白乡镇。

第四，在现代农业建设方面。强调要抓住关键领域、薄弱环节。文件突出了三个重点：一是把农田水利作为农业基础设施建设的重点；二是把良种培育作为农业科技创新的重点；三是把主产区作为粮食生产支持政策的重点。

第五，在农村基础设施建设方面，强调加快解决农村发展最急需、农民要求最迫切的问题。文件凸显了三个亮点：一是实施新一轮农村电网改造升级工程；二是加大村级公益事业建设一事一议财政奖补力度；三是推动农村危房改造和建材下乡。

第六，在推动城镇化方面，强调推进制度创新，加快中小城市和小城镇发展。文件提出要实现三个突破：一是促进符合条件的农业转移人口在城镇落户并享有当地居民的同等权益；二是鼓励有条件的城市将农民工逐步纳入城镇住房保障体系；三是实行有利于小城镇发展的土地政策、财税政策和投融资政策。

第七，推出了一系列含金量高的强农惠农新政策，强力推动资源要素向农村配置，强调支持符合条件涉农企业的上市。2010年的中央一号文件成为农业和资本成长的助推器，优质的涉农企业上市将壮大优质股票队伍，提升资本市场的吸引力和影响力，优质企业与资本市场嫁接，则又会反哺和促进“农业”的快速发展。

种业是中国农业的薄弱环节，正面临着国外种业公司在我国市场份额的持续大幅提升，但国内小型种业公司因缺乏研发实力而成为“山寨”种子的温床。中央一号文件特别强调要鼓励培育大型种子企业，推动国内种业加快企业并购和产业整合，抓紧培育有核心竞争力的大型种子企业。

中央一号文件提出的系列强农惠农新政策不仅为农业的发展奠定坚实的基础，同时这些政策多着眼于长远的发展规划，将对资本市场的农业股，尤其对种业、种植业、海水养殖业等子行业产生长期利好支撑；城镇化和建材下乡等将为建材业上市公司和房地产业注入持续发展动力。中央一号文件强调支持符合条件的涉农企业上市，加快发展农产品期货市场，逐步拓展交易品种，鼓励生产经营者运用期货交易机制规避市场风险。

中央一号文件强调搞好农村信用环境建设，加强和改进农村金融监管。建立农业产业发展基金。积极扩大农业保险保费补贴的品种和区域覆盖范围，加大中央财政对中西部地区保费补贴力度。鼓励各地对特色农业、农房等保险进行保费补贴。发展农村小额保险，健全农业再保险体系，建立财政支持的巨灾风险分散机制。

中央一号文件首次提出要在3年内消除基础金融服务空白乡镇，拓展农业发展银行支农领域。针对农业农村特点，中央一号文件提出创新金融产品和服务方式，加强财税政策与农村金融政策的有效衔接，引导更多信贷资金投向“三农”，切实解决农村融资难问题。

关于农村金融，这方面强调要在总体上增加信贷的投放，改进金融服务。一是强调政策性金融要支持农村改革发展，明确中国农业发展银行要拓宽业务范围，进行中长期信贷投放。二是要加快培育各种新型的农村小、微型的金融组织的发展。三是要求确保三年内消除金融服务的空白乡镇。这有一个背景，目前全国有2945个乡镇（占整个乡镇的8.6%）现在还没有任何金融机构，有708个乡镇没有任何金融服务。文件要求今后三年内要消除这样的空白。

2.《关于全面推进农村金融产品和服务方式创新的指导意见》

2010年7月29日，人民银行、银监会、证监会、保监会联合印发了《关于全面推进农村金融产品和服务方式创新的指导意见》(以下简称《指导意见》)。《指导意见》指出，加大对农业农村的信贷支持，涉农信贷投放同比增24.2%，支持涉农企业在资本市场进一步发展壮大。

《指导意见》指出，有条件的地方要建立健全涉农中长期信贷投放的激励机制，鼓励和引导银行业金融机构特别是政策性银行针对各类农村基础设施项目的信贷需求特点，创新涉农信贷管理模式，完善涉农信贷管理制度，切实加大信贷投放，积极提供多元化融资便利。

人民银行初步统计，截至2010年6月末，试点九省涉农贷款余额为2.6万亿元，同比增长24.2%，增速比去年同期高13.6个百分点。其中农村贷款和农户贷款增幅分别比上年同期高19.4个和7.4个百分点，高出同期全国各项贷款增速7.9个和7.7个百分点。

在配套政策支持方面，人民银行综合运用再贷款、差别准备金率等多种货币政策工具提供正向激励，并大力推进农村支付体系和信用环境建设；中央财政和试点省的地方财政对扩大涉农信贷投放达到一定比例的金融机构给予专项补贴，有些试点县市还通过地方财政出资建立了涉农贷款风险补偿基金、奖励基金或专项财政贴补资金。

同时，金融监管部门在新型农村金融机构市场准入和网点布局调整上给予积极支持；保监部门拓宽农业保险覆盖范围，积极增加涉农保险品种，改进保险配套服务。

同时，鼓励加快探索和构建推动农村金融产品和服务方式创新的长效机制，发展富有竞争性的多层次农村金融市场，鼓励和引导商业银行和社会资金投资设立村镇银行、贷款公司和农村资金互助社等新型农村金融机构以及小额贷款公司。鼓励国家控股的大型银行和其他金融机构采取有效措施开办农村金融业务，积极参与农村金融市场竞争，引导更多信贷资金投向农村。

《指导意见》指出，要加快推进农村金融服务方式创新，涉农银行业金融机构要改进金融服务流程，完善贷款营销模式，推动农村金融服务方式多样化、多元化。开展农户贷款流程再造，促进农户贷款业务流程标准化、规范化，切实提高审批效率，有效控制信贷风险。鼓励银行业金融机构采取信贷员包村服务、金融辅导员制度、“贷款＋技术”等方式，大力推动信贷服务方式创新。

在全面推进农村金融产品和服务方式创新方面，如大力推广农户小额信用贷款和农户联保贷款，发展农村微型金融等。此外，还推出一些适合农村和农民实际需求特点的纯创新类金融产品。

同时，为拓宽金融服务范围，合理运用多样化的金融工具管理和分散农业行业风险，创新贷款担保方式，扩大贷款抵押担保品范围；鼓励优质涉农中小企业发行非金融企业债务融资工具；探索开展涉农贷款保证保险；探索发行涉农中小企业集合票据和涉农贷款资产支持证券。

从资本市场看，重点是支持符合条件的涉农企业到股票主板市场、中小板市场和创业板市场实现上市融资和再融资，支持符合条件的涉农企业通过银行间债券市场发行企业债、短期融资券、中期票据、高收益债券、可转换债券等直接融资产品，进一步拓宽涉农企业融资渠道和融资来源。

在全面推进农村金融产品和服务方式创新过程中，证监会将大力加强与各金融管理部门的密切合作，一如既往地积极鼓励和支持涉农企业在资本市场上进一步扩大直接融资规模。同时，积极鼓励和支持农产品生产经营企业进入期货市场开展套期保值业务，发挥好期货交易机制规避农产品市场风险的积极作用；推动期货业经营机构积极开展涉农业务创新，稳步拓展农产品期货交易品种。

五、现代农业行业投资价值与投资风险分析

农业是一个相对脆弱的产业，自然条件、政策调控等因素均会对其产生很大影响。投资农业周期长、风险大、收益率低，因此，在过去农业并不受投资者青睐。不过，这一现象在近年来悄悄发生转变，向来喜欢关注互联网、新能源等新兴产业的VC，在2010年已经开始慢慢将触角伸向农业，开始在现代农业里淘金。

（一）资本青睐现代农业行业的原因解析

近年来，风投在农业上的投资呈现出逐渐递增的趋势，甚至在2010年，其投资额呈现爆发性增长。中投集团提供的数据显示，2006年，私募股权机构投资于农业项目的金额仅为0.56亿美元，而2007年，这个数字猛然增长至3.96亿美元，到了2010年，其投资金额达14.89亿美元，这一年的投资金额超过了前4年的总和。

2010年农业行业无疑成为资本市场中的一个大热门，透过种种农业投资热深入分析农业投资热门的成因，笔者认为主要有以下五个方面的原因：

原因一：我国正处于工业化、城镇化快速发展时期，农产品需求将呈刚性增长。我国是世界上人口最多的农业大国，确保人民群众的“米袋子”和“菜蓝子”，是实现农业增效、农民增收、农村稳定、经济发展、社会进步、国家自立的根本保障。面对竞争的日趋激烈和加入世贸组织后市场的进一步开放，机遇和挑战并存。2010年“两会”提出要发展农业，建设新农村，实现农产品由数量扩张型到质量效益型的转变，必须依靠科技进步、按照市场需求变化，调整优化农业结构和品种布局，提高品质和产品档次，培育和发展优势产业、特色产业，积极推行深加工和增值，稳定提高种植业效益，创新营销思路与模式，适应现代市场的需求变化。风险投资注入农业行业无论是从资金实力方面还是在管理规模方面都会增强涉农龙头企业的竞争力和生产力，以满足我国广阔的农产品市场需求，提高农产品质量。

原因二：农产品市场份额分散，农企成长空间大。与发达国家相比，目前中国农业的发展处于起步阶段，大多数农企的规模小、单个企业所占市场份额低、农业整体产业化程度不高，管理水平低，行业内存在着很大的整合和扩张的机会。农业企业要借助资本的力量对行业内的企业进行整合，打造农业产业链，进而提升自身的竞争力、做大做强，以获取更大的市场份额。在整合兼并的过程中，农企需要大量的资金支持，这是风投在新农业领域进行布局的好时机。

原因三：国家出台惠农政策，扶持农企快速成长。2004年至今，中央连续7个一号文件瞄准

“三农”，发布了一系列的税收减免、增加农业补贴的优惠政策。农业是一个相对脆弱的行业，一直被认为是靠天吃饭，政府扶持是投资者进军农业的主要原因之一，因为即使有些农业企业本身的毛利率不高，但政府补贴很多、又享有部分税收减免优惠，于是企业的净利率可以得到提高。

原因四：2009年创业板启动，资本退出渠道增加。由于政策倾向，相比于其他产业，新农业在创业板上市更具优势。而且，2010年初的中央一号文件中明确指出将支持符合条件的涉农企业上市融资。因此，登陆创业板的新农企数量将会越来越多。畅通的退出渠道解决了投资机构注资新农业的后顾之忧，可以预见，未来将会有更多的资本进入新农业领域。

原因五：“三鹿奶粉”事件让我国的食品和农产品安全问题变成国际国内关注的焦点问题。食品和农产品安全问题，不仅是个单纯的经济问题，还是一个重要的社会问题。国内外众多专家均对食品和农产品安全问题进行了探讨，对此的观点也是各有所专。但是保障食品和农产品安全，各专家都强调了一个关键的环节——提高农民生产和营销的组织及涉农企业的农业产业化水平。只有在农业产业化得到很好的发展，农户及涉农企业自我发展、自我保护和自我约束的前提下，食品和农产品的安全才能得到有效保障。这种情况无疑是呼唤着更多的投资机构关注农业行业，投资机构的进入，不仅为该行业带来丰厚的资本，更重要的还有先进的管理经验和丰富的资本市场运作能力，以帮助更多的现代农业企业实现更好的发展和腾飞。

（二）现代农业行业投资价值分析

1. 现代牧业受资本市场热捧

在以往既有的观念里，奶牛养殖业是个投入大、风险大的行业。有专业人士曾做过研究，在整个乳业纵向产业链中，奶牛养殖生产、乳品加工、乳制品销售三个环节的投入比通常为7.5 ∶ 1.5 ∶ 1，利润比则为1 ∶ 3.5 ∶ 5.5。

不过，急速发展、竞争激烈的乳制品加工企业，在享受规模快速扩容的同时，也承受着利润率每况愈下的煎熬。有数据显示，在三聚氰胺事件之前，大型乳制品加工企业的利润率甚至不足5%，很多巨头的液态奶业务盈利空间很小。

三聚氰胺事件的爆发，却让一直在投资机构眼里不起眼的奶牛养殖业迎来了春天。乳制品业产业链中的一头是销售规模超200亿元的巨型乳企，另一头却是70%～80%奶源分布在奶牛养殖散户手中，整个乳制品产业链上下游很明显地发展不对称，这也意味着在上游的奶源建设上，尤其是规模化、集约化、现代化的奶源建设上，有很大的发展空间。三聚氰胺事件也让投资机构开始重新审视所投公司的商业模式，质量风险是否可控、产业链地位是否安全成为投资机构做出投资决策首要的衡量标准。

作为乳制品加工企业的原料供应商，乳品企业对原奶持续有需求，特别是优质原奶，有稳定的市场需求，如此一来，牧业企业的收益相对稳定。

正是基于这些卖点，在乳业产业链上，奶牛养殖业尤其是专业化的奶牛养殖，开始受到资本的青睐。

2010年8月，新疆乳企西部牧业在深交所挂牌上市，有关人士表示，西部牧业上市后，给从事奶牛养殖的企业树立了标杆，除了蒙牛、伊利这样从事乳品加工业务的企业外，上游的原奶供应商也可能获得资本方的认可，牧业公司正成为上市公司一道新的风景线。

有大型乳制品加工企业的高层表示，牧业公司上市对中国乳业来讲是好事。“牧业公司规模大，安全性比较透明。谁拿到这样的奶源，对乳品企业来讲都是好事。”

2. 生态农业前景看好

在20世纪90年代中期，中国有机农产品生产以出口为目标，主要出口到日本、欧盟及北美，几乎不存在国内市场。随着中国经济的发展和人民生活水平的提高，2000年中国有机农产品市场开始启动。此后几年，国内有机农产品消费增长显著，到2006年，国内有机农产品销售额近56亿元。2010年，国内有机农产品销售达108亿～160亿元，出口达7.25亿～8.25亿元。

2010年11月3日，青云创投宣布投资上海多利农庄，除了认可多利农庄立足农业互联网的用户体验模式以及产销一体渠道模式的发展前景之外，更是源于对我国有机农业和都市农业市场潜力的肯定与看重。

青云创投对多利农庄的投资，无疑是2010年创投市场对农业前景肯定的一大明证，随着多利农庄运营业绩的逐步提升，生态农业必然会博得资本市场的更多青睐与垂青，获得更多的投资机会。

3. 化肥行业发展空间宽广，将成为下一个投资热点

化肥作为粮食的“粮食”，是农业生产中的重要战略资源，在保障粮食安全与人民生活健康方面起着举足轻重的作用。2008年以来，大部分农副产品期货、现货价格持续走高，为化肥制造行业带来了可观的经济利润。化肥产业能有如此广阔的发展空间，无疑要归咎于不断变化的市场需求以及成几何级数增长的人口饮食数量。据有关专家统计并预测：到2050年全球有约1/3、超过90亿人需要解决温饱问题，此外，伴随着经济生活的日趋富裕，人们对饮食口味变化的追求不断增强——“尝试更多的新奇作物、吃更多的肉”。而这一切结果的直接动力都需要大量的牲畜饲料、化肥产品，其市场空间不可限量。

促使化肥行业拥有巨大发展潜能的，除了世界人口消耗的压力外，化肥产品相对于其他商品而言，自身价格缓慢盘升的物理特性，使得越来越多的商家将目光集中于此。我国是世界人口大国，近年来土地耕作的大面积减少，经济相对落后偏远地区的土地贫瘠化问题，在一定程度上制约了农业向高度现代化迈进的步伐。过去，中国氮肥产品常以自给自足为主，但随着近年来各国农业耕种技术的改良，我国在磷酸盐和钾肥产品上成为了一大进口国。据估算，中国平均每年消耗世界近1/4约5000万吨钾肥产品。

当前，复合、高效、环境友好是化肥行业发展方向，化肥施肥复合化率已成为衡量一个国家化肥工业发展水平和农业发展水平的重要标志。但我国开始生产真正意义上的复合肥历史较为短暂，从20世纪80年代到现今只有20多年的时间，在此之前全部靠进口来满足国内需求。虽然国内的复合肥行业发展历史较短，但发展速度很快，已逐步成为农资领域国家鼓励发展的支柱产业之一。

截至2010年底，我国共有23家化肥上市公司，总市值2879亿元，占上市公司总市值的1.25%；23家化肥上市公司销售总收入为679亿元，净利润总额为67亿元，分别占全行业17%和44%。化肥企业目前上市进程比较慢，与行业在国民经济中的地位不匹配，因此化肥行业未来发展空间较大，将会成为下一个投资热点。

4. 种业行业发展前景颇好

2010年种业生产受到了多家投资机构的特别关注。从中期来看，种业发展关系到国家粮食安全，政策扶植和行业整合是大势所趋，将带动行业加速成长。长期来看，在商品化率不断提升和种子价格长期看涨的驱动下，行业规模有着巨大的成长空间。

目前，我国常年用种量是120亿公斤左右，其中商品种子约为60亿公斤，种子商品率仅为50%。但近年来在国家良种补贴等政策提振下，我国种业产值增长迅速，从2001年的200亿元增长至2009年的500亿元，复合增长率达到10.72%；其中前50位的种业公司销售额复合增长率更是高达18.92%。虽然种业行业市场空间巨大，但企业分散，规模偏小也是行业的一大特点，2009年排名前10位的种子企业市场占有率仅为种子市场份额的15%。

但随着行业转型加速，这种大行业小公司的局面将逐渐改变。尤其是国家在“十二五”规划中，把生物育种作为未来5年将重点扶持的战略性新兴产业，将促进行业快速整合。且国家明确要通过重点扶持龙头企业的方式加快行业整合升级，因此龙头种业企业作为行业的先行者，在已有的资源优势基础上，将借政策春风，继续发展壮大，成为政策的直接受益者。

预计种子将是未来3年～5年内变化最快的子行业。主要推动因素有：政府致力于做大做强种业，以应对外资竞争；国内龙头企业营销理念提升，高端种子对低端种子的替代进入加速期；行业集中度将显著提升，龙头企业盈利能力明显提高。因此不少投资机构深信“种子领涨农业”的基本观点，在农业行业加速转型阶段，在通胀稳定上升时期，以种子为主导的农业板块仍然能够获得较高的溢价。

（三）现代农业投资风险分析

1. 自然风险

天灾是目前无法避免的自然风险，人类还无法抵抗天灾对农业的破坏力。但是中国的国土辽阔，一般天灾不可能在全国范围内同时发生，尽可能利用现有的科技手段规避天灾，减少天灾对农业的危害，尽可能地保护生态平衡和防治水土流失。农业开发有序，提高农业科技水平，用循环产业促进经济发展、提高农业投资成功率是可以办到的。

2. 项目风险

项目是农业投资风险的重要内容，当前的情况是农业产业化项目好的较少，多数农业企业的市场意识较差，缺少专业人员为农村规划设计出具有市场操作价值的投资项目。在我国，农村人才匮乏，农业科技水平较低，农业发展缺少金融支持是阻碍现代农业快速发展的瓶颈，也是农业投资风险的最大因素之一。这里涉及三个方面的问题，第一是技术型人才缺乏导致农业总体技术水平低，第二是管理型人才缺乏导致农业现代化管理水平低，第三是金融型人才缺乏导致农业发展脱离资本支持。虽然我国现代农业极具开发潜力和增长空间，但如何挖掘这块投资金矿将是亟待解决的问题。

3. 市场风险与政策风险

这里所指的两种风险，一种是国内市场变化或者是国际市场变化造成的风险，一种是国家政策变化造成的风险。我国政府为了扶持三农，往往会出台一些政策措施来刺激农业生产，这些措施有些可以起到熨平行业周期波动的效果，如粮食收储与投放，可以以丰补歉，稳定市场。但有些政策措施则可能加剧农业的波动，譬如对农业下游加工业的政策变化就会传导到上游，影响到相关农作物的种植面积。如何提早预测并做好相关风险防范，将成为现代农业企业和投资机构的一个重要难题。

参考文献

[1]“农业行业2010年中期投资策略”，国信证券，2010年6月11日

[2]“农业行业 2011 年投资策略”，广发证券，2010年11月29日

[3]“投资涨价受益与产业演进—农业行业 2011 年投资策略”，国泰君安，2010年12月07日

[4]"农业行业2011年年度策略"，中投证券，2010年12月16日

[5] EZCapital，中国创业投资第一在线交流平台，www.ezcap.cn

[6] 投资中国网，www.chinaventure.com.cn

[7] 中国经济信息网，www.cei.gov.cn

第九章　医药行业投资分析报告

2010年是“医改近三年重点实施方案”实施过程中承上启下的一年，也是“十一五”收官、“十二五”启动的关键年。得益于宏观经济回暖、国家政策支持等诸多利好因素，中国医药行业保持强劲发展势头，业内预期“医药行业黄金十年”已经开启。伴随行业景气度不断提升，2010年风险投资机构介入医药企业的案例呈井喷式发展。而在“十二五”规划中，生物医药产业位列七大新兴战略产业之一。未来医药行业对风险投资机构的吸引力还将有增无减。

一、2010年度医药行业发展概况

2010年，伴随世界经济逐步复苏，我国宏观经济形势平稳发展，前三季度GDP累计增幅达到10.6%，为实现全年预期目标奠定了良好基础。与此同时，由于医药产品的刚性需求特性以及新医改政策带来市场扩容机遇，医药经济保持了平稳较快的发展。

（一）2010医药行业发展概况

1. 2010年全国医药工业总产值平稳增长，收入和净利润增长快速，盈利能力有所提升

2010年，中国医药行业在工业总产值、销售收入、利润率三项主要经济指标上都较2009年有大幅提升，行业整体盈利能力保持高位。

医药工业总产值：国家食品药品监管局南方医药经济研究所发布的《2010年度中国医药市场发展蓝皮书》显示，我国医药工业继续保持平稳增长的态势，2月、5月、8月的工业累计总产值同比增幅均高于2009年同期水平。2010年1月～8月，医药工业总产值为7708.38亿元，同比增长25.23%，增幅比2009年同期增加7.84个百分点。2010年1月～11月，我国累计实现医药工业总产值11 235亿元，同比增长27.48%，增幅比2009年同期提升了9.54个百分点，环比增幅也上升了2.25个百分点。2010年全年中国药品市场规模预计将达到7556亿元，同比增长22%；中国医药工业总产值将达到12 560亿元，同比增长25%。2010年全国医院用药总规模为4520亿元，同比增长22.5%；药品零售市场规模约为1739亿元，同比增长17%；社区医院市场和农村市场规模为1297亿元，同比增长27.9%。[①]

销售收入：统计数据显示，2009年1月～11月，我国医药制造业销售收入达7963.70亿元，同比增长21.29%。进入2010年，我国医药制造业产品销售收入增速进一步回升，1月～2月累计产品销售收入同比增长28.35%，1月～5月同比增长27.82%，1月～8月同比增长25.69%，增幅均高于2009年同期增长水平。2010年1月～11月，我国医药制造业累计完成销售收入10 169.7亿元，同比增长26.50%，比2009年同期上升了5.21个百分点，环比增幅也有所回升（见表9.1）。

①《2010年度中国医药市场发展蓝皮书》，SFDA南方所。

表 9.1　　2009 年～ 2010 年医药制造业销售收入

项目	2010 年 1 月～ 11 月	2010 年 1 月～ 8 月	2010 年 1 月～ 5 月	2010 年 1 月～ 2 月	2009 年 1 月～ 11 月	2009 年 1 月～ 8 月	2009 年 1 月～ 5 月	2009 年 1 月～ 2 月
销售收入（亿元）	10169.7	6976.15	4149.30	1430.18	7963.70	5483.89	3219.88	1117.62
收入同比增长率	26.50	25.69	27.82	28.35	21.29	17.96	18.07	18.96

数据来源：wind 资讯。

利润率：南方所统计数据显示，自2007年以来，我国医药工业利润增长率自高位（54.1%）高速下滑。2009年，我国医药工业累计实现利润1001亿元，同比增长19.05%。2010年以来，医药工业的利润增幅有所上升，但增长势头逐月趋缓，从1月～2月的39.40% 下降到1月～11月的28.32%，但同比增幅仍然比2009年有所上升。伴随利润增幅放缓，毛利率和净利率呈现前高后低特性：2010年三季度单季毛利率28.64%，同比下降1.28个百分点；净利率9.09%，同比下降1.64个百分点。2010年1月～11月，全国医药工业销售利润率为10.40%，同比上升了0.11个百分点。①

值得关注的是，2010年医药板块收入及利润增长均呈现前高后低特性。原因在于：受金融危机影响，2009年上半年销售收入和利润基数较小。这在一定程度上造成了2010年上半年的高增长。进入2010年下半年，《价格管理办法征求意见稿》出台影响到了药品销售情况。同时，招标目录执行启动较慢，基本药物制度的落实情况也落后于预期，这在一定程度上加剧了下半年增速的下滑。

在各子行业中，化学原料药、中成药、医疗器械工业的销售利润率较2009年同期水平分别下降了0.24、0.25和0.56个百分点；化学制剂行业的销售利润率为11.50%，比上年同期提高了0.38个百分点；而生物制药行业的销售利润率是七大子行业中最高的，2010年1月～11月，达到14.49%，比2009年同期增长0.67个百分点，已经接近世界领先医药企业15% 的平均利润率水平，体现了生物医药产业高回报的特点。②

行业整体盈利能力：受原材料价格涨价影响，行业毛利率环比略有下降，但三项费用率也均有所下降（见表9.2）。综合来看，行业增速和盈利能力在第三季度虽然较上半年有所回落，仍保持较高增速。预计医药行业全年的收入增长将在25% ～30% 之间，利润增速会超过30%。

表 9.2　　2010 年中国医药行业 1 月～ 8 月收入与费用情况

项目	2010 年 1 月～ 5 月	2010 年 1 月～ 8 月
销售收入增长率	27.82%	25.69%
利润总额增长率	38.79%	34.71%
毛利率	31.06%	30.41%
利润率	10.36%	10.29%
营业利润率	11.20%	10.79%
销售费用率	11.67%	11.53%
管理费用率	6.53%	6.47%
财务费用率	1.09%	1.05%

① 南方医药经济研究所“中国医药经济运行分析系统”监测数据。

② Wind 资讯。

项目	2010年1月～5月	2010年1月～8月
期间费用率	19.28%	19.05%

资料来源：Wind资讯，英大证券研究所。

2. 2010年重点子行业发展存在差异，个别增速较大

工业总产业：南方所统计数据显示，2010年1月～11月，化学原料药工业总产值达2152.76亿元，同比增长26.09%，增幅较2009年同期水平大幅回升了23.48个百分点；生物制药工业总产值达1179亿元，增幅达30.99%，高于医药工业总体水平3.51个百分点，也高于2009年同期水平13.34个百分点。中成药及中药饮片工业总产值增幅均比2009年同期水平有所上升，分别增加了9.18和9.27个百分点。化学制剂工业总产值达3189.79亿元，增长了26.99%，同比增幅略有回升。医疗器械及卫生材料工业总产值增幅则比2009年同期水平均有所下降。

销售收入：2010年前三季度收入增速较快的子行业为生物制品、医疗器械、化学原料药，分别同比增长36.5%、33.6%、27.9%；净利润增速较快的子行业为医疗服务、化学原料药、中药，分别同比增长56.5%、52.2%、32.1%。①2010年1月～11月，化学原料药工业的销售收入增长率为23.45%，仍是七大子行业中最低的，低于全国医药工业整体水平2.65个百分点。化学制剂、中成药和医疗器械子行业的增幅也均低于整体水平。中药饮片行业的销售收入增幅最高，达40.44%，其次为生物制剂行业，达30.55%。除了卫生材料的增幅比2009年同期下降了1.12个百分点外，其余子行业均有所上升，其中中药饮片增幅更是上升了14.87个百分点，化学原料药由于2009年基数较低，增幅同比上升了8.41个百分点。②

利润率：从各大子行业来看，2010年1月～11月，化学原料药实现利润173.64亿元，同比增长16.45%。化学药品制剂和中成药工业分别完成353.32亿和223.89亿元，同比增长27.79%和29.02%。生物制药工业的盈利水平继续创出新高，实现利润153.95亿元，增幅为41.50%，比上年同期下降了2.6个百分点。医疗器械的利润增长水平比2009年同期也减少了13个百分点。中药饮片工业是七大子行业中增长最快的，达56.53%，远高于2009年同期17.15个百分点。③

（二）2010年医药行业发展特征

2010年医药行业异彩纷呈，截至12月20日，在上证指数下跌近13%，收出年度负收益的情况下，医药行业指数年线收出大阳线，涨幅高达27%，成为2010年表现最好的行业指数之一。医药行业在2010年的特点包括："新医改"亮点纷呈、"超级病菌"拉动行业增速、跨国药企大举进入国内市场和行业内的兼并收购等。

1. 新医改为行业注入新动力

根据卫生部最新数据，2010年，我国实施医药卫生体制改革一年来各项工作进展比较顺利，如期完成健全基层医疗卫生服务体系的目标。2009年"医保+新农合"扩容在250亿元以上。我国城镇职工和城镇居民基本医疗保险已经覆盖4亿人口，新农合覆盖8.33亿人以上，基本医疗保险已经覆盖全国人口的92%以上，提前实现了覆盖90%国民的目标。同时，国家成立了国家基本药物制度工作委员会，国家基本药物制度政策框架已经明晰，推动了医药上市公司的发展。2010

① Wind资讯，华创证券研究所。

② 南方医药经济研究所"中国医药经济运行分析系统"的监测数据。

③ 中国医药化工网。

年我国60%县市区已经参加省级基本药物集中招标采购，28个省区市落实30%的基层医疗卫生“机构实施”基本药物制度，实施基本药物“零差率”销售地区的药品价格平均下降了约30%。公立医院改革试点启动，国家出台了相关指导意见，选择了16个有代表性的城市作为国家联系的试点城市，在全国三级医院推行预约诊疗等，缓解“看病难、看病贵”。同时，政府逐渐加大投入用于基层医疗卫生机构项目建设和基层医疗卫生人员培训，将如期完成健全基层医疗卫生服务体系的目标。作为新医改的重要支柱，基本医疗保险3年内要覆盖城乡90%以上的居民，全国超过12亿居民将享有基本医疗保险，这将释放出巨大的医疗消费潜能，未来数年内，中国药品营收每年增幅将超过20%。

2.“超级病菌”拉高景气度

除了医改推动行业走势外，超级病菌NDM-1也成为2010年医药行业的看点之一。由于超级病菌带动了新型抗生素研发、单克隆抗体的制备、医疗设备、卫生材料以及相关原料药的出口，我国在2010年将稳居全球原料药出口第一大国的地位，超级病菌带动医药行业呈现高度景气格局，预计医药行业全年的增速在25%左右，生物医药和医疗器械等高增速子行业的增速将达到25%～30%。

虽然“超级细菌”来势汹汹，但并非“无药可救”。“超级细菌”主要是由于病人接受整形治疗期间产生的，原因是医院内部抗生素种类较多，因此产生了一定的耐药性。但目前抗生素领域针对抗耐药性病菌的新药层出不穷，且未来有望产生出针对“超级细菌”的基因检测试剂。对医药行业而言，2010年超级病菌的催化作用不可忽视。2010年，从病毒的基因检测开始，“超级细菌”将激活整个医药产业链，包括医用材料、消毒器械、耐药性抗生素产业等。由于我国是全球原料药出口第一大国，原料药上市公司高度景气，动态PE下降到20倍左右，不少公司的年度涨幅超过50%。由于“超级病菌”最近在英国新发现了不少病例，预计2011年“超级病菌”将继续推动医药行业景气度上扬。

3. 跨国药企大举进入国内市场

中国潜力巨大的市场，对于跨国制药企业来说无疑充满极大的诱惑。2010年，随着瑞士诺华公司宣布今后5年内斥资10亿美元在中国扩建研发中心，拜耳、罗氏、辉瑞等也争先恐后地频繁增资，加大研发投入，积极开拓基层市场。外资的大举东征将使本来竞争激烈的国内医药市场进入白热化阶段。2010年11月1日，法国制药商赛诺菲—安万特以5.206亿美元收购中国药品生产商兼分销商美华太阳石集团公司，完成了跨国医药巨头对中国本土OTC（非处方药）药企有史以来规模最大的一笔并购案。随后，瑞士制药公司奈科明也宣布斥资2.1亿美元，收购了广东天普生化医药股份有限公司51.34%股份。2010年11月3日，赛诺菲—安万特再度宣布，与杭州民生药业有限公司合资成立的公司杭州赛诺菲民生健康药业有限公司已获中国商务部批准。2010年12月初，英国制药巨头葛兰素史克（GlaxoSmithKline）宣布，以约7000万美元（约合4.66亿元人民币）现金收购南京美瑞制药有限公司（下称美瑞）100%的股权。美国雅培制药公司也于近期透露，在完成62亿美元对比利时苏威的收购后，目前正在整合其在华业务。国际医药巨头对中国医药市场的热情一路高涨，面对着中国这个潜力巨大的市场，各跨国药企都希望在此分一杯羹。同时，这也意味着我国制药企业的价值正在显现。

随着中国医药市场的快速成长，中国医药消费逐年增加，中国正成为世界医药市场不可忽视的一块“大蛋糕”。对于医药企业来说，扩容的医药市场充满机遇。当然，全球制药业的大规模调整，也为中国企业带来难得机遇。欧美大型研发药厂受到专利到期和研发效率低下的困扰，而知名通用药厂在经历了快速发展后也陷入价格竞争和专利纠纷漩涡，因此制药行业外包向亚洲转移趋势明显。而中国拥有旺盛的国内市场需求，加上成本优势和技术能力，成为最受欢迎的外包选择地。

4. 企业兼并收购是主旋律，商业并购大潮汹涌澎湃

2010年，央企与地方国资委进一步加大整合力度，外部推动与内部发展双力驱动医药国企加快并购重组步伐，基本药物省级招标采购、集中生产、配送等相关制度的后续出台，推动医药行业走向集中。国内医药流通领域风云再起，兼并重组高潮迭起，特别是在新医改稳步推进、医药流通“十二五”规划即将出台的大背景下，国药集团、华润医药、上海医药、九州通等商业龙头纷纷施展绝技，抢占医药商业领域的“有利地形”，开始并购扩张之路。2010年国药集团为进一步优化全国医药分销网络，先后与江西、湖北、重庆等多个省市政府签订战略合作协议，并与南京、黑龙江等地的多个药企签署了投资合作协议。资源重新整合后的新上药集团，则索性成立了医药分销控股公司，除完成了在华东地区六省一市的网络建设外，还先后成功将触角伸向了华南和北京市场。同时，国内最大的民营医药商业巨头九州通2010年也大阔步进行了圈地，并实现了A股主板上市。华润已经将华润北药集团旗下的北医股份列为华润医药商业资产的整合平台，在短短三个季度的时间内，北医股份迅速完成了11个省市、18个优质企业的兼并重组案。另外，广药、南药、东药、同仁堂等医药强企都不甘落后，纷纷整合资源，扩大市场，打包上市，极力借助资本继续扩张，做大做实。国际竞争的加剧与自身发展是推动医药企业并购重组的长期动因。外企也掀起了一轮在华投资和并购的小高潮，还纷纷将研发基地放在中国，这都将与国内医药制造企业争夺医疗资源，加速国内医疗产业的整合进程，令具有渠道垄断优势的商业企业因其渠道的稀缺性而获得更高估值。

二、2010年医药行业企业发展状况及业绩分析

（一）2010年医药行业企业发展状况

根据Wind资讯显示，截至2010年11月，全国医药行业企业单位数由2009年11月的6586家增长到7038家，从业人员数由2009年11月份的147.47万人增长到162.58万人，累计全部从业人员平均人数比上年同期增长7.99%。2010年伴随着医药改革和国家一系列政策的出台，医药企业也迎来了快速增长的一年。

从主要经济指标来看，2010年1月～11月全行业累计完成工业总产值11 235亿元，同比增长27.48%，其中生物制品、医疗器械、化学原料药等行业增速高于行业平均水平。2011年1月～11月，医药工业累计完成销售产值10 666亿元，同比增长26.10%。此外，1月～11月全行业实现利润总额1050亿元，比上年同期增长241.4亿元，同比增长达到30.0%。亏损企业1064家，行业亏损面为15.1%，累计亏损企业亏损总额为36亿元。以上数据反映出，2010年医药工业生产保持了较快的增长态势，持续增长仍是医药企业发展的基本格局，且亏损企业亏损额由于整个行业的基数增大逐渐减少。从行业分类情况来看，作为行业利润贡献最大的两个领域——化学药品制剂和中成药两个子行业的效益增幅较大，直接提升了全行业效益水平。进入50强企业的利润规模底线提升到1.042亿元。其中，前三甲企业的利润规模均已超过10亿元，上海医药更是一家独大，超过17亿元。前20强企业利润规模增长迅速，其增幅均高于行业发展速度。从百强企业利润规模看，

超过10亿元的有3家，过5亿元的有11家，过2亿元的有28家，较上年均有大幅增加。数据显示，行业的市场集中度进一步加大，企业的规模效益优势更为凸显。[①]

从省份来看，工业总产值前10位省份的合并占比已经达到69.23%，平均增长速度为28.37%。其中：山东省的医药工业总产值在全国位列第一，所占比重达到14.60%；在工业总产值前10位省份中，上海市的增长幅度最小，为14.94%，而吉林省增幅最大，增长了39.52%。产品销售收入前10位省份的合并占比已经达到67.78%，平均增长速度为28.56%。其中：山东省的医药工业销售收入在全国位列第一，所占比重上升到14.31%；在产品销售收入前10位省份中，上海市的增长幅度最小，为14.68%，而吉林省增幅最大，增长了41.12%。利润总额前10位省市共占医药工业利润总额的比重已经达到72.68%，平均增长幅度为27.10%，略低于全国平均水平1.22个百分点。其中，山东省的利润水平仍保持全国第一，所占比重为13.64%；在利润前10位省市中，山东、广东、河南、四川等省市的增长速度均超过30%。

2010年，我国医药工业产销率受宏观经济面变化的影响显现出波浪形变动态势，从2010年1月～2月的95.27%一路下滑至1月～8月的94.40%，1月～11月，医药工业总体产销率为94.30%，比2009年同期下降了0.93个百分点，环比下降了0.1个百分点。从各大子行业来看，2010年1月～11月七大子行业的产销率与2009年同期相比均有不同程度的下降。

（二）2010年医药行业企业业绩分析

2010年医药板块表现出良好的成长性，市场整体下跌6.8%，医药板块上涨29.7%，跑赢市场36个百分点，市场表现第二。流动性推动的小盘股局部牛市，医药股成长好、概念多，成为市场最追捧的板块。板块2009年表现最好的子行业是医疗服务，2010年表现最好的是医疗器械和中药。纵观全年，医药指数整体走强，上半年基于对经济复苏的预期，医药板块维持了从2009年下半年起的上涨趋势，总体跑赢大盘。下半年由于国内CPI屡创新高以及四季度诸多利好政策出台等因素，医药板块出现了强劲的补涨行情。“高成长”、“政策年”、“抗通胀”是医药板块当仁不让的年度焦点。

年度比较，2010年增长明显提速。2008年～2010年医药制造业收入增长25.8%、21.3%、26.5%，2010年收入增长表现为提速，毛利率和税前利润率分别为30%和10%，盈利能力平稳。季度比较，盈利逐季回落。2010年1月～2月、3月～5月、6月～8月、9月～11月收入增长分别为28.3%、27.5%、22.7%、28.3%，利润增速分别为45.7%、35.4%、29.1%、20.4%，由于2009年收入利润逐季提升，2010年利润增速逐季回落，收入前三季度回落，但9月～11月大幅回升，进入9月药品需求旺季，医药制造业增长强劲。子行业比较，中药饮片和生物制品表现最好。2010年1月～11月化学制剂、中成药、中药饮片和生物制品收入和盈利增长都有很好表现，中药饮片和生物制品收入增长40%、30%，利润增长56%、41%，表现最好。化学原料药收入虽然保持了快速增长，但利润增速9月～11月明显回落。[②]

2010年1月～9月，医药上市公司共实现营业收入2308.41亿元，实现归属于母公司的净利润216.57亿元。去除不可比公司（2010年以后上市的新股），医药上市公司实现营业收入1900.59亿元，同比增长为20.88%，实现归属母公司净利润178.16亿元，净利润增速为17.93%。（见表9.3）

---

① Wind资讯。

② Wind资讯。

表9.3　　2010年医药行业各细分子行业盈利情况

项目	营业收入（百万元）	同比增长	净利润（百万元）	同比增长	毛利率（%）	同比变化（百分比）	净利率（%）	同比变化（百分点）
化学原料药	35 674	27.89%	3333	52.19%	27.69	-2.65	9.59	1.50
化学制剂	34 173	10.53%	4018	23.18%	41.11	3.24	12.12	1.06
中药	61 064	16.87%	6387	32.06%	39.11	0.68	11.32	1.18
生物制品	25 549	36.47%	3955	-4.51%	36.20	2.65	16.93	-6.38
医药商业	37 664	19.78%	778	21.54%	13.68	3.98	3.56	1.54
医疗器械	5413	33.62%	785	22.63%	41.94	-1.26	15.88	-0.85
医疗服务	3338	19.04%	140	56.47%	18.51	0.08	4.13	1.29
总和	202 874	20.70%	19 396	22.76%	29.83	0.97	9.59	0.26

资料来源：Wind资讯。

具体来看，2010年前三季度，医药生物板块上市公司实现主营业务收入2028.74亿元，同比增长14%，实现净利润193.96亿元，同比增长49%。子行业方面，医疗服务上市企业利润增幅最大，达到56.47%，主要是因为政府通过机制转换等方式鼓励、引导民营资本介入医疗服务产业形成多元化办医格局；化学原料药涨幅其次，主要受益于原材料涨价。2010年医药板块总市值突破1.3万亿元，在各板块中名列第5。从相对于A股的医药板块溢价率水平看，2010年已达到155%，远高于历年平均值50%。2010年行业内的平均净资产收益率（ROE）达到12.33%。

各个子行业的企业中，化学原料药下游需求增加及通胀预期导致2010年VE、VA和抗生素原料药价格持续走强，其中鲁抗医药、华北制药受益于青霉素工业盐、7-ACA提价，业绩大幅增长；化学制剂受益于基层医疗服务机构快速发展和基本药物制度逐步落实带来的基层医疗扩容，普药企业表现突出，其中白云山A、丰原药业业绩大幅增长，哈药股份、双鹤药业也实现了较快增长；尽管中药材价格大幅上涨，但毛利率小幅升高0.68个百分点，期间费用控制良好，导致净利率提高1.18个百分点。其中，广州药业、康美药业、贵州百灵、益佰制药、云南白药、东阿阿胶等净利润增幅较大；生物制品中，星湖科技业绩大幅增长，长春高新、瑞普生物、上海莱士增长迅速；医疗器械中，乐普医药、新华医疗、山东药玻实现了业绩快速增长；医疗服务中，通策医疗净利润同比大幅增长。

三、2010年医药行业风险投融资概况及特点

（一）2010年医药行业投融资概况及特点

1. 医药行业固定资产投资情况

2010年，医药行业景气度不断提升。固定资产投资方面，医药行业基本延续了2009年的高速发展态势，全年实现固定资产投资1941.15亿元，同比增长率达到33.5%，高于24.5%的全国固定资产投资增长率的平均水平（见表9.4、图9.1）。

表9.4　2006年～2010年医药制造行业固定资产投资情况

年份	固定资产投资额（亿元）	同比增长率（%）
2006年	751.95	8.0
2007年	837.07	10.2
2008年	1061.91	25.9
2009年	1462.57	36.3
2010年	1941.15	33.5

资料来源：Wind资讯。

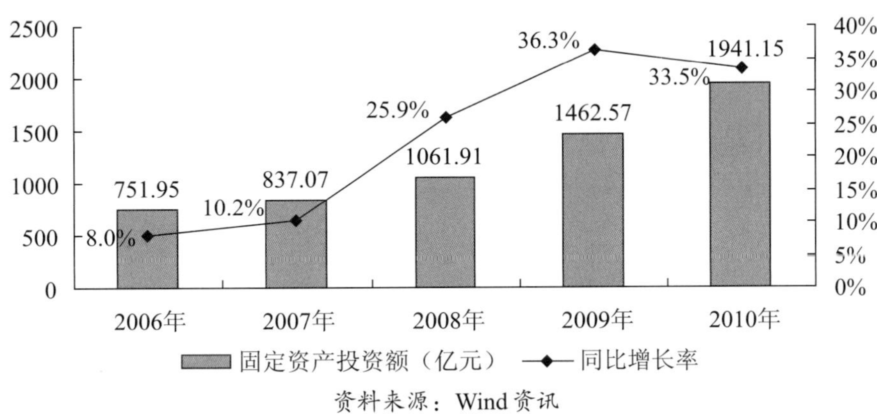

资料来源：Wind资讯

图9.1　2006年～2010年医药制造行业固定资产投资情况

分行业看，2010年对固定资产投资增幅贡献较大的是医疗仪器设备及器械制造业、化学药品制剂制造业。一方面，鼓励医疗器械本地化政策的实施，推动了对医疗器械行业的持续投入；另一方面，即将实施新版GMP，促使企业制剂制造行业资金投入大幅提升。此外，制药工业水污染物排放新标准的全面实施、重大新药创制专项经费逐步到位，企业新药投入加大等，均带动了固定资产投资的上升。①

2. 医药行业并购重组情况

（1）医药行业兼并重组数量激增。2010年中国医药行业兼并重组呈现加速发展态势。统计数据显示：2010年医药行业共发生兼并重组事件约239起，相比2009年增幅高达55%。伴随医药产业“黄金十年”的开启，中国医药产业的第三轮并购大潮即将到来。这会给风投行业带来更多的投资机会（见图9.2）。

①“2010年医药产业经济运行回顾”，国研网。

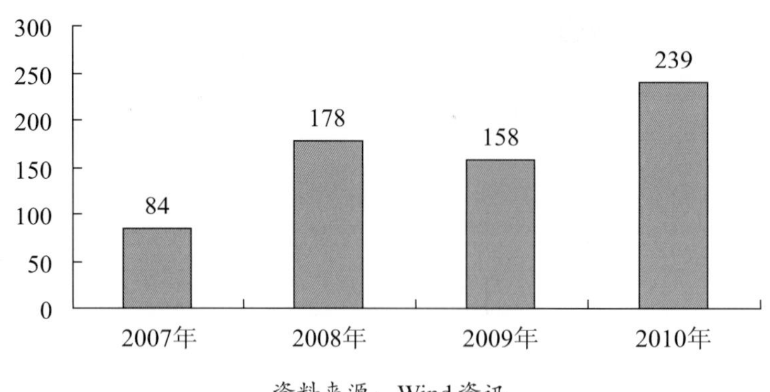

资料来源：Wind资讯

图9.2　2007年～2010年医药行业兼并重组事件统计

2010年医药行业兼并重组进程加速的原因主要有两方面：

首先，我国医药行业发展中结构不合理的问题长期存在，自主创新能力弱、技术水平不高、产品同质化严重、生产集中度低等问题十分突出。进入2010年，新医改、外企进入等因素促使国内医药市场竞争趋向白热化，在产业升级压力下，并购重组逐渐成为国内医药企业整合资源，向规模化、集约化、高效化发展的自发途径。

在企业自发展开兼并重组大潮的同时，近年来国家也相继出台GMP认证等行业政策，意图在政策层面上为医药产业结构调整提供支持。2010年10月9日，工业和信息化部、卫生部、国家食品药品监督管理局等三部门联合印发了《关于加快医药行业结构调整的指导意见》。意见中明确指出：鼓励优势企业实施跨地区、跨所有制的收购兼并和联合重组，促进品种、技术、渠道等资源向优势企业集中。通过扶优扶强和在市场竞争中优胜劣汰，显著提高企业规模经济水平和产业集中度，医药企业数量明显减少，医药百强企业销售收入占到全行业的销售收入的50%以上，形成一批具有国际竞争力和对行业发展有较强带动作用的大型企业集团。受内外因共同作用，医药行业兼并重组大潮汹涌。

（2）医药流通领域成为兼并重组热点。分行业来看，2010年中国医药行业重组主要集中在医药流通领域。由于医药商业进入门槛低、盈利容易，目前国内医药流通企业已超过13 000家。集中度低和恶性竞争造成行业净利润率已跌破1%。通过兼并重组提升企业集中度，进而带动效率和议价能力提升的趋势已经凸显。而年内出台的《医药流通领域十二五规划草案》明确将提升医药流通行业集中度、培育有竞争力的大型医药流通集团作为政策着力点。具体目标是“到2015年，通过鼓励支持企业兼并重组和充分市场竞争，培育1家～2家年销售额过千亿的跨地区全国性的大型医药商业集团；20家年销售过百亿元的区域性大型医药企业。药品批发‘百强’企业年销售占全行业年销售总额80%以上。”

受行业政策影响，各大医药流通领域龙头企业纷纷加快并购步伐，谋求有利的市场地位。2010年10月～2010年12月，业内最大的企业国药集团频繁出手，先后与湖北省签订50多亿元投资协议、收购中国出国人员服务总公司、收购南京国盛药业有限公司，重组黑龙江龙卫同新医药有限公司、重组榆林市药材医药公司。与此同时，位列医药流通领域三甲的华润医药集团也在年内先后收购北京医药、投资山东北药中信医药、注资苏州礼安医药、兼并爱生医药。经过一轮密集洗牌，目前国内医药流通领域已经初步形成了国药、华润、上药三足鼎立，地区性医药流通企业和特色医药流通企业并存的局面。

（二）2010年医药行业风险投资介入

1. 2010年风险投资概述

2008年以来，受益于医改政策频出，中国医药行业内在发展动力强劲，中国医药行业逐渐走出行业低谷，进入又一轮高速发展时期。伴随行业发展预期不断提高，医药行业已经成为风险投资领域最受关注的行业之一。据公开资料统计：2008年和2009年医药行业披露的风险投资介入案例均为23起。而2010年全年医药行业共披露风险投资介入案例45起，远远高于过去两年水平。

风险投资机构方面，建银医疗产业基金、九鼎投资、启明创投等知名创投机构包办了绝大部分投资项目。尤其是2010年6月～7月，建银医疗产业基金和九鼎投资分别投资了三个项目，两个月间业内共投资项目12个，行业热度达到顶点。

投资领域方面，45起案例涉及生物医药、化学制药、医疗器械、医疗服务、医药流通等多个子行业。在各子行业中，生物制药产业仍然最受风险投资机构青睐。在获得投资的45家企业中，有超过10家涉及生物技术研发。在生物产业被确定为新兴战略产业后，风险投资机构对生物制药企业的关注度仍会进一步增加。另一个值得关注的重点是，在45起案例中，有8起融资企业主营医疗器械生产和销售业务，反映出医疗器械领域仍然是风险投资机构投资的重点。而伴随医药消费升级和医院医改政策的逐步实行，医药流通企业和医疗服务机构获得融资的案例有增多趋势。在45起案例中，鹭燕制药、乐仁堂医药集团、亿腾医药等企业均属于医药流通领域，而美国医疗国际集团、恒惠科技、瑞尔齿科、安琪儿妇产科医院等企业都是从事医疗服务业务。总体来看，生物医药、医疗器械、医疗服务等子行业均表现出巨大的投资价值，医药行业整体发展态势良好（见表9.5）。

表9.5　　2010年风险投资介入医药行业一览

融资企业	投资公司	投资时间	投资金额	融资企业备注
美国医疗国际集团	银山基金	2010.01	2500万美元	高端医疗服务
广州康采恩医药有限公司	OEP	2010.01	6960万美元	制药企业
苏州纳通生物纳米技术有限公司	软银中国	2010.01	未知	医疗产品生产
时代天使医疗器械科技公司	沃脉德资本	2010.03	660万美元	医疗器械
英硕力公司	富达亚洲风险投资基金	2010.03	1000美元	医疗器械
北京傲锐东源生物科技有限公司	IDG资本、华汇通投资、清科创投等	2010.03	1600万美元	基因产品生产
华医网	红杉资本	2010.03	3000万元	医学互联网服务提供
海口奇力制药股份有限公司	九鼎投资	2010.03	3400万元	制药企业
上海美迪西生物医药有限公司	达晨创业投资有限公司	2010.03	未知	医药外包
创生控股	建银国际	2010.03	1700万美元	医疗器械生产
赛金药业	海正药业、私募股权投资基金	2010.04	4000万美元	制药企业
北京怡成生物	红杉资本、优势资本	2010.04	7000万元	医疗器械生产
捷斯瑞医药	未知	2010.04	800万美元	医疗器械销售
百特生物	达晨	2010.04	未知	医疗器械生产
普德药业	九鼎投资	2010.04	1.1亿元	医药生产
四川普什医药	建银医疗基金	2010.04	1.8亿元	医用耗材生产
恒惠科技	软银中国	2010.05	未知	口腔医疗
陕西天宇制药	东方富海	2010.05	未知	制药企业

融资企业	投资公司	投资时间	投资金额	融资企业备注
甘李药业	启明创投	2010.05	1亿元	制药企业
瑞尔齿科	凯鹏华盈、启明	2010.05	2000万美元	连锁门诊
中德美联生物	高德创投	2010.05	2000万元	生物技术
贝达药业	礼来亚洲基金	2010.06	未知	医药研发
北京珅奥基医药	IDG资本	2010.06	未知	医药研发
珠海亿邦制药	九鼎投资	2010.06	8000万元	制药企业
福建鹭燕	建银医疗基金	2010.06	1.5亿元	中药饮片
广西柳州医药	九鼎投资	2010.06	9000万元	制药企业
上海海利生物药品公司	富达亚洲	2010.07	未知	兽药生产
乐仁堂医药集团股份有限公司	建银医疗基金	2010.07	1亿元	医药商业
上海康德莱集团	建银医疗基金	2010.07	未知	医疗器械
云南鸿翔一心堂连锁药店	联想投资	2010.07	1.5亿元	连锁药店
山东步长制药有限公司	领航资本，上海张江	2010.07	500万美元	制药企业
湖南方盛制药	九鼎投资	2010.07	6000万元	制药企业
海南双成药业	四维资本	2010.07	780万美元	制药企业
上海生工生物	启明创投	2010.08	1000万美元	生命科学研发服务
泽生科技	浦东科投和张江科投	2010.09	2.06亿元	制药企业
普华康健	高盛	2010.09	1000万美元	医疗废弃物处理
亿腾医药	沃脉德资本，DomainAssociates等	2010.09	2400万美元	医药销售
安琪儿妇产科医院	鼎晖投资	2010.09	1亿元	医疗机构
河北九派制药有限公司	英飞尼迪投资集团	2010.10	5000万元	制药企业
深圳新元素医疗技术开发有限公司	蓝色大禹成长投资	2010.11	8000万元	医疗信息技术
上海丰汇医用仪器有限公司	深创投	2010.11	未知	临床生化检验试剂
湖南尔康药业有限公司	九鼎投资	2010.11	未知	药用辅料
国康网	红杉资本、启明创投	2010.11	1亿元	健康管理
临沂福瑞达生物化工有限公司	山东高新投	2010.12	3745万元	生物科技
武汉回盛生物	深创投	2010.12	未知	动物保健

数据来源：公开资料，CVCRI整理。

2. 2010年风险投资介入医药行业的特点

（1）全年医药行业风险投资活跃，但投资事件数量前高后低。自2009年下半年起，经济危机影响逐渐减弱，国际采购商去库存化，中国医药行业逐渐好转。由于2009年基数较低，2010年上半年医药行业销售收入、利润均呈高速增长状态。而伴随化学原料药和化学制剂行业增长势头逐渐放缓，2010年下半年医药行业增速有所放缓。

2010年风险投资介入医药行业的发展趋势与行业整体运行情况基本吻合。在已披露的45起医药投资案例中，有33起发生在2010年1月～7月，占总数的73%。2010年8月～12月仅发生投资案例12起，明显低于上半年水平。

（2）涉足医药行业风险投资机构趋于集中。医药行业投入巨大，且专业性强，具有很高的行业壁垒。因此涉足医药行业的风险投资机构主要集中于一些资金充足并且具有专业医药投资团队的大型投资机构。在45起投资案例中，九鼎投资占据6起，建银医疗基金、启明创投各为4起，红杉资本参与3起，4家机构便占据了投资总量1/3的水平。

（3）扩张期和成熟期企业更受风险投资机构青睐。2010年已披露投资金额的33起案例中，有23起投资金额超过1000万美元，比例高达70%。这一方面是由于医药行业的高投入特性，另一方面也反映出由于医药行业投资风险较大，目前风险投资机构对扩张期和成熟期企业更加青睐。

（4）投资领域日趋多样化，新兴热点值得关注。统计数据显示，生物制药、医疗器械等传统投资热点仍然保持强劲增长势头。同时，伴随医药流通领域兼并重组加速，区域性的医药流通龙头企业正成为风投涉入的新热点。而国康网、华医网、安琪儿妇产科医院等投资案例的出现，证明医药行业投资领域正趋向多样化。由于医药行业不断增温，机构间竞争日趋激烈，新兴投资领域的挖掘值得关注。

（三）2010年医药行业年度经典VC案例

1. 建银医疗基金一月三大单引爆行业热情

2010年夏天，国内首家医疗产业投资基金——建银国际医疗产业基金频频出手：6月30日联合厦门建行1.5亿元入股厦门鹭燕制药，7月9日1亿元入股乐仁堂医药集团，7月22日投资上海康德莱集团。短短23天时间，建银医疗基金连签3笔大单，仅前两笔投资总金额就高达2.5亿元，一时间成为业内关注的焦点。

据悉，建银国际医疗产业基金成立于2009年9月，是建设银行在香港的全资子公司建银国际发起设立的一家专注于国内医疗健康领域投资的基金。该基金由长江电力，中国建银投资等机构共同出资构成，首期募集资金高达30亿元，是国内首家也是规模最大的产业基金。基金投资覆盖的细分行业包括制药行业、医疗设备、医疗机构、医疗服务、健康管理五大方面。

值得关注的是，在本轮融资中厦门鹭燕制药和乐仁堂医药集团分别是福建省和河北省医药流通领域的龙头企业。在中国医药商业协会组织的《2009年度医药行业百强企业》评选中，厦门鹭燕制药位列第36位，乐仁堂医药集团位列第17位。近年来，针对医药流通领域集中度低、利润率低的现状，国家不断出台相关政策，意图通过兼并重组提升医药流通行业集中度、培育有竞争力的大型医药流通集团，并通过规模化提升企业效率和利润水平。在这种大背景下，区域性的医药流通领域龙头企业表现出巨大的市场机遇和投资价值。在《医药流通领域十二五规划草案》即将出台的时间节点上，建银国际10天内连出大手笔，表现出风险投资业内对医药流通领域强烈的信心。而最后投资的上海康德莱集团是一家专业从事一次性医疗器械用品的生产、研发和销售的企业。据悉，康德莱的工艺技术、销售网络和经营业绩在行业中都处于领先地位。

就在建银医疗产业基金频出大手笔的同时，其他创投机构也不甘示弱。据统计，2010年6月～7月，医药行业共发生风险投资案例12起。其中，国内知名创投九鼎投资分别以8000万元入股珠海亿邦制药，9000万元入股广西柳州医药，6000万元入股湖南方盛制药，同样表现出强劲的投资势头。

2. 凯鹏华盈联手启明创投，入股瑞尔齿科

2010年3月15日，中国高端齿科服务行业领先品牌瑞尔齿科（ARRAIL DENTAL）宣布，正式获得风险投资基金凯鹏华盈和启明创投的2000万美元投资，用于全力提速瑞尔齿科在中国的发展。

调查显示，我国目前的口腔医疗市场严重失衡：目前我国有25亿颗龋齿等着填充，6亿颗错合畸形齿等待矫正，10亿牙周病患者等待医治。庞大的市场需求为口腔医疗机构提供了巨大的成长空间。而瑞尔齿科成立于1999年，是最早在国内从事口腔医疗服务事业的民营机构之一。经过

11年的发展，瑞尔齿科至今已经在北京、上海、深圳、厦门开设16家瑞尔齿科诊所和医院，拥有员工近500人，成为国内口腔医疗服务市场中的高端知名品牌。

在企业发展过程中，瑞尔齿科一直坚持自己的发展路线：作为一家业务相对单一的专科医院，从创业之初瑞尔齿科就将目标受众定位于高端客户，藉此获得更多的利润回报。成立之初，各国驻华使馆和大型外企成为瑞尔齿科的第一批客户。伴随国内经济的发展，已经有越来越多的客户选择瑞尔齿科的服务。为了能够在价格较高的情况下留住客户群体，瑞尔齿科格外重视自身的服务质量。客户在瑞尔齿科看牙，瑞尔齿科会为每一位客户提供一个合适的治疗规划，合理地安排和整合资源，让客户能够轻松顺利地完成一步步的治疗。此外，瑞尔齿科还安排了专门的24小时急诊电话，如果患者夜里疼得特别厉害，门诊会临时安排医生和护士在一清早8点为客户进行应急处理，减轻客户的疼痛。一系列人性化的措施使瑞尔齿科赢得了大批忠实客户。而面对国内口腔医疗人才相对匮乏的现状，瑞尔齿科格外重视人才的储备和培养。为了保证企业持续的人才供给，瑞尔齿科从2006年开始采取了从高校招聘应届毕业生，然后自己作医师培训的模式，并通过业内有竞争力的薪酬留住培养出的医师。经过五年的积累，目前瑞尔齿科已经积累了大量的口腔专业医师，并与国内口腔知名院校建立了人才培养和招聘合作，为企业未来的扩张提供了人才保障。

进入2010年，公立医院改革进入实质性阶段。年末出台的《关于进一步鼓励和引导社会资本举办医疗机构的意见》（意见）中明确指出鼓励民营资本办医。天时地利与人和，瑞尔齿科获得了迅速扩张的契机。而资金和管理瓶颈也进一步催生了引入风险投资的需求。然而瑞尔齿科股权结构较为特殊，使得一些风险投资机构望而却步。最终，凯鹏华盈通过耐心和专业能力帮助瑞尔齿科解决了股权问题，并最终赢得了瑞尔齿科的信任。

这笔融资另一个值得关注的地方是在投融资双方签订了“10+3”投资模式：投资方要保证10年内不退出，而10年后的3年内可以按照双方协商的价格退出。在国内风投行业注重短期收益的大背景下，投融资双方的耐心和务实精神值得称赞。

四、2010年医药行业政策环境分析

2010年，是新医改冲刺近三年重点任务目标过程中承上启下的一年，也是“十一五”收官、“十二五”开启的关键年，政策出台密度远甚以往。从总体政策效果上看，医疗保障体系覆盖范围不断扩大，基本药物制度全面铺开，医疗服务体系改革有序进行，医药行业产业结构调整向纵深推进，医药行业迈上健康发展的轨迹。

（一）2010年医药体制改革现状分析

1. 医疗保障体系改革现状

医疗保障体系领域，新医改方案提出的具体目标是：3年内城镇职工基本医疗保险、城镇居民基本医疗保险和新型农村合作医疗参保（合）率均达到90%以上；2010年各级财政对城镇居民基本医疗保险和新型农村合作医疗的补助标准提高到每人每年120元，有效减轻城乡居民个人医药费用负担。

据国务院医改办公室主任朱之鑫表示，2010年医改工作取得积极进展，全国城镇参保人数达到4.24亿人，新农合参保人数达到8.35亿人，参保率稳定在90%以上；城镇居民医保和新农合政府补助标准提高到每人每年120元，大部分地区住院费用政策范围内报销比例提高到60%，门诊

统筹扩大到50%以上的地区。基本药物制度在50%左右的政府办基层医疗卫生机构启动实施，基本药物价格平均下降30%左右。医改方案中提及的三年具体目标已提前一年完成。在此基础上，进一步提高筹资标准和报销比例、提高保障能力成为下一步的政策目标。

2. 药品供应保障体系改革现状

药品供应保障体系改革主要集中于基本药物制度建设、药品价格形成机制、药品流通体制建设三个方面。

基本药物制度方面：2009年8月，国家基本药物制度正式启动，同时公布了307种基本药物目录。2010年，国家出台了《建立和规范政府办基层医疗卫生机构基本药物采购机制的指导意见》，进一步推动基本药物制度建设。目前基本药物制度建设稳步前进，已有30%以上地区的政府办基层医疗卫生机构实施基本药物制度，并在向60%的地区推进。

药品价格形成机制方面：2010年6月，国家完成了《药品价格管理办法（征求意见稿）》的意见征求，并发布《卫生部关于进一步深化治理医药购销领域商业贿赂工作的通知》。配合基本药物制度、公立医院改革等制度，以药养医、药价虚高的现状有望在明年得到切实改变，医药行业正逐步回归公益。

药品流通体制方面：年内国家相继出台了《关于加强药品流通行业管理的通知》、《2010～2015全国医药流通行业发展规划草案》等相关政策，鼓励和支持大型药品流通企业通过收购、兼并、托管、参股、控股和强强联合等方式实现规模化、集约化和国际化经营。受政策影响，医药流通领域兼并重组大潮已经启动，中国医药集团总公司，上海市医药股份有限公司和九州通医药集团股份有限公司等国内医药流通领域龙头企业纷纷施展拳脚，展开大规模并购活动。统计数据显示，2009年国内医药商业企业有8家销售规模超过百亿元，其中最大的国药集团营业收入为650亿元。以目前发展趋势分析，医药流通领域实现规模化、集约化将指日可待。

3. 医疗服务体系改革现状

2010年，国家相继出台《关于加强卫生人才队伍建设的意见》、《以全科医生为重点的基层医疗卫生队伍建设规划》、《关于建立健全基层医疗卫生机构补偿机制的意见》等相关政策，并在上年基础上支持了将近15 000个城乡基层医疗卫生机构建设。通过一系列举措，医疗服务体系的软硬件设施均得到加强，分级诊疗和双向转诊制度正逐步形成。

此外，2010年12月3日，国家发布《关于进一步鼓励和引导社会资本举办医疗机构的意见》（下称《意见》），明确指出将符合条件的民营机构纳入医保范围，并鼓励医务人员在公立和非公立医疗机构间合理流动、鼓励社会资本参与公立医院改制、鼓励有条件的非医疗机构做大做强。《意见》极大地扩展了民营医疗机构的市场空间，并从人才、资金等方面为民营机构的发展提供了支持。瑞尔齿科、爱尔眼科等分领域的民营医疗机构龙头企业将受益最大。

4. 公立医院改革现状

公立医院改革是新医改的重点和难点领域。2010年，公立医院改革进入实质性阶段。年内，国家出台《2010年卫生工作要点》、《关于公立医院改革试点的指导意见》等重要政策，稳步推进公立医院改革进程。据卫生部副部长马晓伟介绍，目前全国已有16个国家试点城市和31个省级试点城市启动公立医院改革试点，在区域卫生规划、大医院支援基层、加强医院内部管理等方面进行了探索和实践。

考虑到公立医院改革的复杂性，国家在公立医院改革上步伐稳健。据马晓伟介绍，在初步梳理试点城市做法和经验的基础上，近期公立医院改革拟重点推进七项工作：优化公立医院结构布局，建立公立医院与基层医疗卫生机构长期稳定的分工协作机制，改革医院收费方式，优先建设发展县级医院，改善医院管理和服务，开展住院医师规范化培训，推进医院信息化和远程医疗系统建设。

5. 医药行业产业结构调整现状

围绕“十二五”规划，整个医药行业产业结构调整正逐步展开。2010年10月9日，工信部、卫生部、药监局联合印发了《关于加快医药行业结构调整的指导意见》，提出以加快行业集中度提升和支持创新型企业发展作为政策重点，而对于基本药物生产企业，鼓励通过兼并重组的方式，鼓励基本药物生产向优势企业集中。受相关政策影响，医药行业结构不合理、创新能力弱、技术水平不高、产品同质化严重、生产集中度低等老毛病有望得到改善。

（二）2011年医药行业政策看点

2011年将是医改三年重点实施方案的最后一年，同时也是“十二五”规划的起步年。为了完成三年重点实施方案，并且配合“十二五”战略顺利实施，2011年对于医药行业来说必将是政策密集颁布的一年。依据医改发展现状，我们认为以下相关政策将对2011年医药行业产生重大影响：

1. 子行业“十二五”规划

2010年，《2010年～2015年全国医药流通行业发展规划》草案和《生物产业发展“十二五”规划》草案均已完成，并将于2011年上半年正式出台。伴随新一个五年计划的开启，各子行业的“十二五”规划将对其未来发展产生深远影响。

医药流通领域，兼并重组仍然会是行业主题。生物医药领域，《生物产业发展“十二五”规划》草案提出到“十二五”末期，生物医药产业总产值达到3万亿元，比2009年翻番。为了实现这一目标，财税、投融资等领域都有望出台相关优惠政策，而基因药物、单克隆抗体、疫苗类药物等领域有望成为政策支持的重点。未来，技术创新和产业升级将成为生物医药行业主旋律。

2. 新版 GMP

2011年初，新版《药品生产质量管理规范（2010年修订）》有望出台。据悉，新版药品GMP标准将与国际接轨，行业门槛因此大幅提高。新版药品GMP的实施，会提高国内药企的生产成本，一些技术落后的小型医药生产企业将面临被淘汰的命运。短期来看，成本增加可能会对行业发展产生一定的不利影响；从长期来看，新版GMP对于提高医药行业集中度、加快兼并重组、培育有国际竞争力的医药企业大有裨益。

3. 医院改革推进政策

2011年，针对公立医院的改革政策和针对民营医疗机构的支持政策将逐渐铺开。作为医改中最复杂的部分，医院改革将在很大程度上决定医改成效。同时，作为国内医药行业的主要终端，医药行业的规范化、市场化发展将对中国医药行业的健康发展产生重大影响。医院改革进程，将是2011年医药行业最重要的看点之一。

4. 药品供应体系相关政策

2011年，国家将启动2011版国家基本药物目录调整制定工作，优化国家基本药物目录品种、类别和结构比例。医药生产企业和医药流通企业都会受到不同程度的影响。

此外，2010年11月国家发改委发布降低头孢曲松等部分药品最高零售价格的通知后，行业对于药品降低政策预期增强。价格调整将是2011年另一政策看点（见表9.6）。

表 9.6　　2010 年医药行业重要政策汇总

时　间	政　策
2010-1-7	卫生部公布《2010 年卫生工作要点》，将开展公立医院改革试点，并鼓励社会资本举办非公立医院
2010-1-12	六部门发布《关于加强卫生人才队伍建设的意见》，目标到 2011 年，每个乡镇卫生院至少有 1 名执业医师
2010-1-13	国家食品药品监督管理局正式公布《关于加强药品流通行业管理的通知》，明确规定商务主管部门成为药品流通行业的管理部门
2010-2-2	国务院通过《关于公立医院改革试点的指导意见》，在 16 个省市开始试点，并提出将设置药事服务费
2010-3-25	国务院印发《以全科医生为重点的基层医疗卫生队伍建设规划》，强调医疗服务人才建设
2010-4-6	国务院办公厅印发《医药卫生体制五项重点改革 2010 年度主要工作安排》，围绕五项重点改革三年目标，提出了 2010 年度的 16 项主要工作任务，明确了牵头部门及各部门主要职责
2010-6-3	《医疗卫生服务单位信息公开管理办法（试行）》卫生部令第 75 号，于 8 月 1 日 起正式实施，要求向社会主动公开三类信息，提高医疗卫生服务的透明度，保障患者的就医知情权
2010-6-19	国家食品药品监督管理局发布《关于基本药物进行全品种电子监管工作的通知》，强推基药电子监管
2010-6-24	国家发改委完成《药品价格管理办法（征求意见稿）》的意见征求
2010-6-30	《卫生部关于进一步深化治理医药购销领域商业贿赂工作的通知》发布，全国范围开始新一轮的反医药商业贿赂风暴。
2010-8-13	《2010 ～ 2015 全国医药流通行业发展规划》草案完成，鼓励商业流通领域的并购，培育国家级，地市级流通领域的龙头
2010-9-6	国务院法制办公布《医疗器械监督管理条例（征求意见稿）》规定国家将建立医疗器械产品召回制度
2010-10-1	新版《中国药典》正式施行
2010-10-9	公布了工信部、卫生部、药监局联合印发的《关于加快医药行业结构调整的指导意见》
2010-11-9	《建立和规范政府办基层医疗卫生机构基本药物采购机制的指导意见》，提出 15 项具体措施
2010-11-26	关于《进一步鼓励和引导社会资本举办医疗机构的意见》
2010-11-29	《国家发展改革委关于降低头孢曲松等部分药品最高零售价格》的通知
2010-12-9	《国务院办公厅关于建立健全基层医疗卫生机构补偿机制的意见》

资料来源：公开资料，CVCRI 整理。

五、2011 年医药行业投资价值与投资风险分析

2011 年，受老龄化、城镇化、经济水平提高等因素影响，医药行业内在增长动力仍然强劲。同时，医改和“十二五”规划为行业带来利好，医药行业正处于“黄金十年”的开端，未来长期投资价值明确。但是，需要看到伴随医药行业产业升级，不同子行业表现出不同的发展态势。而短期内，政策可能带来的负面影响需要关注。

（一）2011 年医药行业投资价值分析

伴随医药行业“黄金十年”的开始，中国医药行业在 2011 年仍然是最具投资价值的行业之一。根据南方所所长林建宁的预测，在 GDP 增长不低于 7%、世界经济不会二次探底、8500 亿元增量投入能够按进度到位的预测前提下，2011 年中国医药工业还将有 23% 的增长，达到 15 450 亿元的规模。[①]在行业高速发展的大背景下，风险投资有机会获得行业高成长带来的高收益。

① 林建宁，“2011 年中国医药经济预测”，SFDA 南方所。

1. 投资价值宏观分析

2011年，全球经济将进一步回升。同时，国内医药市场需求旺盛、政策效果总体良好、资本对医药行业青睐有佳。在各方面利好因素共同作用下，2011年医药行业的成长性值得期待。

（1）医药市场需求增长动力强劲。医药市场的需求近乎于刚性需求。进入21世纪，我国人均用药费用逐年稳定增长，目前我国人均用药费用约为50美元，而世界前两大药品市场美国和日本的人均用药费用均超过300美元。中国人均用药费用仍然具有巨大的成长空间。目前，推动我国人均用药费用增长的主要因素包括：

人口老龄化。统计数据显示，我国正逐步步入老龄化社会。预计到2015年，我国60岁以上老年人口将达到2.16亿人，约占总人口的16.7%。老年人的平均医药卫生费用支出是其他人口平均数的6倍～7倍。目前，我国老年人口的药品消费已占药品总消费的50%以上。随着人口老龄化速度的逐渐加快，老年人疾病用药及医疗保健需求还会不断放大。①

城镇化。目前，我国城镇化水平已接近50%，官方预计，我国每年以1.2%的速度推进城镇化的进程。城市人均卫生费用是农村的4倍～5倍，城镇化对人均医药费用的推动作用不可忽视。

农村基层医疗设施的完善。农村基层医疗设施匮乏，是城乡人均卫生费用差别巨大的重要原因。随着国家在完善农村基层医疗服务领域的一系列措施，农村医药需求潜能将被极大地激发。

居民收入增长。目前，我国居民生活水平不断提高，这一方面促进了人们消费意识和医疗意识的升级，另一方面生活方式和饮食结构的变化造成疾病谱变化，新增医药需求。

统计数据预测，2010年我国人口达到13.6亿人，庞大的人口基数使得人均用药费用1美元的增长，就会带来药品市场13.6亿美元的增长，为医药行业发展带来强劲支持。

（2）宏观政策给力。2010年，新医改和其他行业政策极大地促进了医药行业健康有序发展。2011年，新医改和“十二五”规划相关政策仍会频繁出台。目前，国内医药企业已经进入结构调整和产业升级的关键时期，政策支持将为医药行业发展带来巨大动力，并提升人们对医药行业发展的预期。

（3）中国药品市场稳定快速增长，医药工业2011年增长趋势明确。根据国家食品药品监督管理局南方医药经济研究所发布的报告，过去十年间，中国药品市场总规模由2000年的1572亿元上升到2009年的6194亿元，复合年增长率达到16.46%。2010年，预计全年药品市场规模可以达到7556亿元，同比增长22%。虽然国内药品市场快速发展，但是还远未到饱和的程度。根据IMS预测，未来三年，中国药品市场仍然会以超过20%的速度增长，并于2013年超过日本，成为世界第二大药品市场。

用药规模巨大催生与之相匹配的产能。2010年中国医药工业总产值将达到12 560亿元，同比增长25%。根据南方所所长林建宁的预测，2011年中国医药工业还将有23%的增长，达到15 450亿元的规模。国内医药企业将分享行业高速发展带来的历史机遇（见表9.7）。

表9.7　中国药品市场世界排名预测

排名	2009年	2011年E	2013年E
1	美国	美国	美国
2	日本	日本	中国
3	法国	中国	日本

①“医药行业2011年年度策略”，天相投资。

排名	2009年	2011年E	2013年E
4	德国	德国	德国
5	中国	法国	法国

资料来源：IMS Health

2. 各子行业分析

（1）化学原料药行业。在医药产业链中，化学原料药位于产业链和价值链的最低端。目前，凭借成本优势，我国已经跃升为世界原料药产量的第二大国。然而，大宗原料药利润率低且污染严重，并具有强周期性，发展空间有限。

未来化学原料药行业的投资机会将主要集中于特色原料药生产企业。IMS数据显示，2010年～2015年是世界范围内专利药品专利到期的高峰期。一旦专利到期，仿制药企业就会迅速进入，从而拉低药价，增加药品的需求量。而这一过程势必增加特色原料药的需求量，为特色原料药企业带来业绩的大幅增长。因此在未来数年内，特色原料药企业是一个值得重点关注的子行业。同时，有从特色原料药企业向制剂生产企业升级能力的企业值得关注。

（2）化学制剂行业。化学制剂行业占据医药行业半壁江山。伴随产业升级，化学制剂行业将发生分化：化药企业将逐渐分化成仿创、创新型企业和大型普药生产企业两类。从长期投资价值来看，仿创、创新型企业将逐渐向医药产业价值链顶端迈进，表现出较高的利润成长空间。而大型普药生产企业会在基本药物制度建设等政策实施过程中获得收益，但长期利润成长空间有限。小型普药生产企业将在兼并重组大潮中逐渐被淘汰。

2010年国家出台的《关于加快医药行业结构调整的指导意见》指出，在化药领域抓住全球仿制药市场快速增长及一批临床用量大、销售额居前列的专利药陆续专利到期的机遇，加快仿制研发和工艺创新，培育20个以上具有国际竞争优势的专利到期药新品种。未来具有创新能力的化药企业是关注重点。

（3）中药饮片行业。目前中药企业存在两种较典型的发展模式：一种是传统中药企业，拥有资源和品牌优势，通过对老产品进行延伸获得进一步发展。典型代表如云南白药。另一种是现代中药企业，通过现代技术对传统中药进行创新，开发出相比化药独具优势的产品。

在中药行业中，传统中药品牌是不可再生资源，数量有限。现代中药企业，将成为中药行业未来发展的生力军。近年来，国家频繁出台政策支持中医坐诊、培养中医人才，鼓励中医药发展。拥有现代化、国际化发展实力的中药企业值得关注。

（4）生物制药行业。过去十年，我国生物医药行业一直保持高成长性，年复合增长率为28.82%。发展到2009年，实现产值919亿元，同比增长27.88%。在“十二五”期间，生物医药行业被确定为七大新兴战略产业之一。在政策扶持下，生物医药行业在各子行业内增长趋势最为明确。

同时需要看到，生物医药的研发具有技术要求高、研发投入大、研发周期长的特点。目前生物医药的生产主要以微生物和哺乳动物细胞为生产平台，哺乳动物细胞平台的发展将是未来国内生物制药产业降低成本、实现规模化的关键。

此外，由于生物医药不同品种产品间差别巨大，具有一个产品一个行业的特点。在投资过程中，拥有研发团队和学术带头人的企业值得关注。

（5）医药商业行业。兼并重组是未来五年医药商业行业发展的主题。2010年，医药流通领域并购风起云涌，目前已经形成了国药集团、华润集团、新上药集团三足鼎立的局面。未来，区域性的医药商业地区龙头企业和“专、精、特、新”的中小医药商业企业将成为值得关注的重点。

（6）医疗器械行业。伴随近年来心脑血管疾病、恶性肿瘤、糖尿病等疾病发病率大幅上升，医疗器械生产和销售企业迅速发展，医疗器械行业也成为风投涉入最多的行业之一。相比国际大型医疗器械生产商，国内企业就有成本优势和本土优势。未来有能力在核心技术领域获得突破的医疗企业生产企业。

（7）医疗服务行业。伴随公立医院改革和鼓励民营医疗机构发展的政策出台，医疗服务行业开始成为医药行业新的投资点。在《关于进一步鼓励和引导社会资本举办医疗机构的意见》政策推动下，通策医疗、瑞尔齿科、爱尔眼科等分行业龙头企业获得了迅速扩展的历史机遇。2011年，具有迅速扩张基础的民营医疗服务机构将吸引更多资金的关注。

（二）2011年医药行业投资风险分析

目前，医药行业未来增长趋势明确，市场对医药行业未来预期普遍乐观。然而，短期内医药行业发展仍然存在一些隐忧值得关注。

1. 宏观经济不确定因素犹存

2010年，全球经济缓慢回升，医药外需逐渐活跃。目前宏观经济不确定因素主要有两方面：首先，人民币面临升值压力，为大宗原料药出口带来隐忧。其次，目前国内CPI和PPI增幅有加快的趋势，在药品价格有降低预期的情况下，原料价格上升可能会使医药企业承受较大的成本压力。

2. 产业结构未得到本质改善

医药行业，得研发者得天下。虽然医改和行业政策频繁出台极大地提升了行业景气度，然而需要看到，目前国内医药行业结构不合理、创新能力弱、技术水平不高、产品同质化严重、生产集中度低的顽疾仍将长期存在，国内医药企业大多仍停留在行业价值链的底端。产业结构升级、提升医药行业创新能力是我国从医药大国走向医药强国的必经之路，也是一个机遇与挑战并存的过程。在市场普遍看到发展机遇的同时，还需警惕其中隐藏的挑战。

3. 外企大举进军，行业竞争日趋激烈

近年来，辉瑞、礼来、诺和诺德等国际医药巨头纷纷重金布局国内医药市场，国内医药市场竞争进入白热化阶段。相比国际大型药企，国内医药企业在资金、研发、管理等方面存在明显劣势。外资进入后，国内医药企业的成本优势不再明显。目前，国外医药企业向中国医药行业中低端市场扩张的趋势明显，国内医药企业的生存环境将面临严峻挑战。

4. 医改进入攻坚阶段，政策效果有待检验

在医改过程中，医疗保障体系等方面的建设以资金投入为主，目前已接近完成，且政策效果初现。与之对应，公立医院改革、基本药物制度建设等方面的内容涉及体制创新，改革难度较大。从目前医改状况来看，基本药物制度实施进展较为缓慢，第三终端增速没有大幅提升。2011年，医改将进入攻坚阶段。公立医院改革、基本药物制度建设等方面的医改能否收到预期的政策效果有待实践的检验。

5. 短期内，政策负面效应值得警惕

在医改和产业结构调整的过程中，部分医改政策可能会对医药行业产生短期负面效应，值得警惕。2011年，国家将推行新版GMP认证，这会造成国内医药企业生产成本的提高。与此同时，伴随2010年底国家发改委发布《关于降低头孢曲松等部分药品最高零售价格的通知》，业内普遍预期2011年将会有更多价格控制制度出台。国内医药企业将有可能面对成本提升、药价降低的境况，短期利润水平将受到很大影响。

参考文献

［1］林建宁，“2011年中国医药经济预测”，SFDA南方所

［2］“医药行业2011年年度策略”，天相投资

［3］“2010年医药产业经济运行回顾”，国研网

［4］“医药行业2010年回顾与2011年展望”，英大证券

［5］“2011年上半年医药行业投资策略报告”，第一创业

［6］“2011年度医药行业投资策略报告”，万联证券

［7］“医药行业2010年回顾与2011年展望”，英大证券

［8］“医药行业板块2010年前三季度业绩回顾”，华创证券

第十章　娱乐传媒行业投资分析报告

娱乐传媒行业本身包括了娱乐、传媒以及兼具娱乐和传媒性质的子行业，涵盖的细分行业跨越了传统媒体、互联网媒体以及移动传媒三大块，传统媒体包括影视制作、电视广告、报刊杂志等；互联网媒体包括网络游戏、网络广告、网络视频等；移动传媒包括手机在线聊天、手机阅读 、手机搜索等，范围极广。技术革命与政策是导致传媒形态变迁的两个主要因素，随着技术环境的进一步优化（3G网络的普及），移动传媒与互联网等新兴传媒将呈现出爆炸式的发展态势。本章将重点从影视制作、网络游戏、网络广告、移动媒体等方面来介绍行业在2010年的发展状况。

一、娱乐传媒行业整体概况

根据清华大学传媒经济与管理研究中心发布的《中国传媒产业发展报告》，金融危机后，中国传媒行业总产值连续三年增长，增速超过GDP增长速度，其中，2008年的总产值为4220.09亿元；2009年的总产值为4907.96亿元，比2008年增加16.3%；预测2010年传媒行业总产值将达到5620亿元，增长14.5%。随着中国日益融入到国际社会中，中国希望拥有更多的话语权，因此，近年来我国积极提倡增强软实力的战略，这也与我国传媒行业自身发展要求是相一致的，中国飞速发展的经济为其提供了物质基础。另外，随着新媒体技术的不断突破，传统媒体所占比重不断下降，如何从市场与体制两方面寻求突破是传统媒体企业所面临的亟待解决的难题。

（一）行业发展概况

2004年以来，我国传媒行业取得巨大的发展。根据可搜集到的各种数据进行统计和计算，2004年中国传媒行业产值为2108.97亿元，到2009年这一数字已攀升至4907.96亿元，增加了132.72%[①]。传媒行业细分行业数据见表10.1。

表10.1　　2004年～2010年中国娱乐传媒行业业态（单位：亿元）

项　目	2004年	2005年	2006年	2007年	2008年	2009年	2010年
报纸广告经营额	230.70	256.10	312.60	322.20	342.67	370.46	388.85
报纸发行收入	153.80	170.70	208.00	214.80	228.40	246.90	259.15
图书销售收入	486.02	493.22	504.33	512.62	539.65	557.24	623.00
网络广告收入	21.00	33.20	49.80	105.60	180.60	205.80	367.10
网络游戏收入	24.70	36.80	59.60	105.70	183.80	271.20	328.20
期刊广告经营额	20.30	24.90	24.10	26.50	31.02	30.37	49.65
期刊发行收入	101.50	124.50	120.50	132.50	167.10	166.30	222.35
广播广告经营额	32.90	38.90	57.20	62.80	68.34	71.87	73.00
电视广告经营额	291.50	355.30	404.20	442.90	501.50	536.20	737.70

① "2010中国传媒产业发展报告"，清华大学传媒经济与管理研究中心。

项　目	2004年	2005年	2006年	2007年	2008年	2009年	2010年
广告公司经营额	282.00	307.00	316.00	344.00	389.00	426.00	452.00
电影	36.00	48.00	57.30	67.00	84.33	106.65	136.00
音像制品	27.25	30.00	36.15	31.46	18.44	17.37	16.00
移动媒体	217.00	305.00	888.00	1053.00	1131.00	1544.20	1967.00

数据来源：2010中国传媒产业发展报告。

从表10.1所提供的数据来看，2004年以来，传统媒体发展较为缓慢，2009年传统媒体占整个传媒行业比重已经由2004年的86%下降到59%。其中，音像制品甚至出现绝对值的下降，期刊广告经营额和期刊发行收入2009年都较2008年同期下降；而报纸、电视、广播、图书等虽然每年保持一定比例的增长，但由于增速比较缓慢，导致在总体产业中的比重逐渐下降；值得一提的是，电影产业在传统媒体发展中一枝独秀，2009年电影产业综合收益[①]首次突破100亿元，达到106.65亿元，同比增长26.47%，其中电影票房为60亿元。相对于传统媒体，网络媒体和移动媒体发展极为迅速，其中，网络广告收入五年间增长8.8倍，网络游戏收入增长近10倍，移动媒体产值增长6倍多，2009年已经占传媒行业比重达31%。2004年以来传媒行业规模及增速见图10.1。

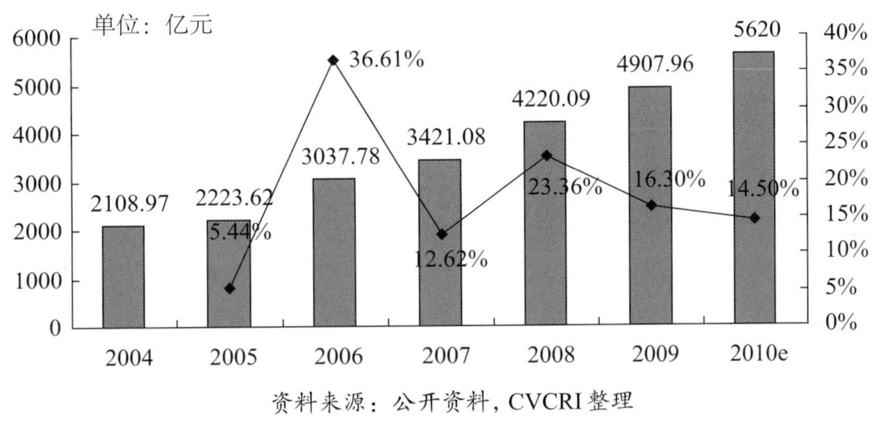

资料来源：公开资料，CVCRI整理

图10.1　2004年以来中国传媒行业规模变化

2010年第三季度，中国网络经济[②]营收规模达416.8亿元，同比增长59.9%，环比增长16.3%，前三季度总营收规模达1088.6亿元。电子商务、网络广告、网络游戏等三大细分行业占据3/4以上行业市场规模，其中电子商务为32.5%，网络广告[③]为24.1%，网络游戏为20.2%。

根据艾瑞网发布的核心数据显示，2010年第三季度我国网络广告市场继续保持稳健增长，季度市场规模首次突破100亿元，为100.5亿元，同比增长73.3%，环比增长15.4%，前三季度市场规模为251.1亿元，已经超过去年全年的市场规模。网络广告市场持续升温主要得益于日益成熟的网络营销模式，越来越多的广告主认可网络广告的宣传力度并继续在网络上投放广告，另一方面，网络社区营销、微博营销、搜索广告等新的网络广告营销方式的出现，对网络广告市场产生一

① 电影产业综合收益包括电影票房、海外电影销售、电影频道广告收入。

② 此处网络经济指桌面网络经济和移动网络经济之和，艾瑞咨询。

③ 网络广告含品牌网络广告和搜索引擎广告。

定的拉动作用并悄然改变市场格局。

2010年第三季度，我国网络游戏市场规模达84.2亿元，同比增长22.1%，环比增长10.1%，前三季度市场规模达235.5亿元。第三季度较第二季度增长速度快，主要由于各大网络游戏运营商针对暑假期间的学生用户，加大了营销力度。此外，第三季度运营商也根据市场需求不断出台了新的游戏内容。

2010年前三季度，我国在线视频行业市场规模达31.5亿元，其中第三季度为13.9亿元，环比增长32.4%，预计全年市场规模达50亿元。目前在线视频行业收入主要由广告收入、互联星空、版权分销、IPTV等构成，其中广告收入占一半以上。由于2010年正值世界杯年，广告主在第二季度加大了广告投放，因此第三季度的视频网站的广告收入受到一定的影响，第二季度广告收入占总收入62.3%，第三季度此数据下降到58.8%。在在线视频行业广告收入份额中，2010第三季度综合视频网站达70.6%，其次是门户的15.9%和网络电视台的11.6%。此外，根据艾瑞网的数据显示，中国在线视频的用户渗透率已经达到75%左右，各大视频企业现阶段主要寻找流量变现的最佳途径，从目前来看，付费内容视频和网络游戏联合运营两项业务是最好同时也是最稳定的收入来源。

根据中国新闻网报道，2010年前三季度，我国电影票房收入突破75亿元，为75.8亿元，已经超过2009年全年票房收入，其中国产影片票房收入为38.4亿元，进口影片票房收入为37.4亿元，广东、北京、上海分别列票房收入前三位，而票房收入前三位的电影院线公司分别为万达、中影星美和上海联合。从全国影院的排名来看，高科技院线是吸引观众和推动票房的巨大因素，各大院线纷纷加大硬件设施投入，如采用IMAX这种高品质电影系统的院线获得了巨大收益，可以说电影的IMAX时代已经到来。

2010年前十个月，中国广播电视广告收入同比增长10%。自《广播电视广告播出管理办法》（下称《办法》）执行以来，我国广播电视广告收入稳步增长，湖南卫视等地广播电视广告的增长率甚至超过60%①。电视媒体2009年在吸纳广告市场上处于龙头地位，以15%的增幅领先于整体市场水平。但《办法》将会对“电视广告时间过多过长”、“电视购物节目良莠不齐”等现象重点监管，这些新政策将给电视媒体带来冲击，但同时也会给电台媒体、户外媒体、报刊杂志以及其他新媒体广告市场带来机遇，如第一季度电台媒体就获取电视广告投放的分流，取得38%的增幅。

（二）行业发展特点

1. 传统媒体陆续进军新媒体，新旧媒体“努力”融合

继互联网图文时代之后，互联网视频时代已经到来，互联网（包括移动互联网）媒体正冲击着传统纸质媒体、电视媒体，但短期内传统媒体并不会被取代，而是与新媒体不断融合、共存。2010年7月，浙江日报报业集团和淘宝合作创办的纸质新媒体——《淘宝天下》面世，共同开发出线上线下结合的新型盈利模式——淘代码。淘宝网还与华数数字电视传媒集团签署战略合作协议，将在电视淘宝购物、数字产品、手机淘宝、口碑网便民服务等业务领域开展合作。烟台日报传媒集团则在纸媒上开辟与新媒体相关联的专栏，在版面上建立与新媒体内容相关的文字链接。集团官方博客和微博积极展示、推介纸媒新闻和品牌。集团还与联通公司合作，把全媒体数字复合出版系统和集团邮箱直接嵌进联通的iPhone手机桌面等。

---

① 中研网。

2. 互联网等新媒体继续前进

新媒体主要有三类，分别是互联网媒体、数字电视、移动传媒。2010年互联网媒体的热点在网络游戏上，先后几家网络视频网站上市融资，虽然目前仍然难以盈利，但依靠广告投放以及流量变现，现有的几家大的视频企业会稳固市场地位。在相关政策的推动下，数字转换工程在各地正加紧推进，受限于现有技术水平，数字电视机顶盒一段时间内仍会大面积使用，同时越来越多的电视运营商逐步选择与数字一体机[①]合作，数字电视的市场化空间也越来越大。而移动互联网在2010年是互联网行业中投资金额最多的子行业，更有天使投资人雷军认为移动互联网在未来十年将高速发展，取代PC。

3. 户外媒体行业转型与坚守并存

由于前几年投资过量、市场饱和，导致户外媒体行业死亡率超过60%。近几年，除了分众传媒、华视传媒等大的企业通过出售非核心业务、收购其他户外媒体企业坚守外，更多的企业选择退出与转型：航美传媒转型投资电影业；TOM户外传媒转型立体营销企业；百泰传媒则剥离户外媒体资产，转型酒店零售业。通过这一系列的行业变革，户外媒体行业将会产生全新的格局。2004年～2010年中国户外媒体融资规模见图10.2。

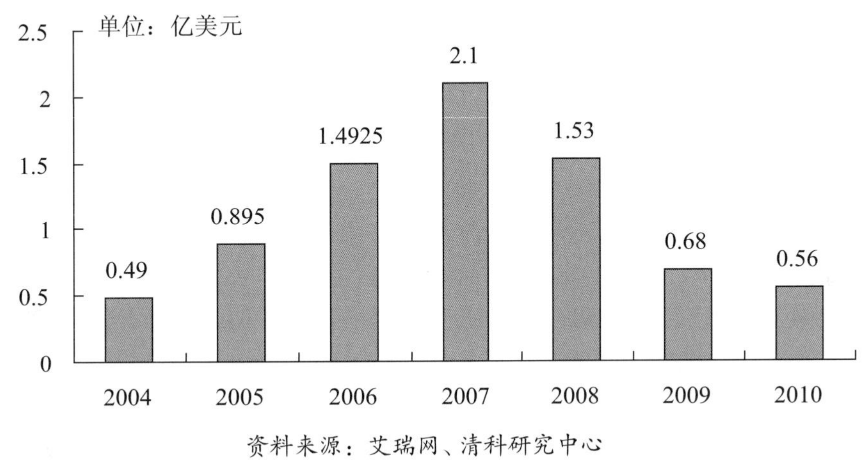

资料来源：艾瑞网、清科研究中心

图10.2 中国户外媒体2004年以来融资规模

4. 民营影视机构扮演越来越重要角色

华谊兄弟、华策影视、保利博纳都是中国较为领先的民营影视机构，三者先后在国内创业板和纳斯达克上市，借助资本市场的运作平台，这些公司的市场竞争力得到极大地提升。以华谊兄弟为例，上市融资后，在巩固原有的制作、发行优势基础上，又投资院线建设，完善产业链体系。这些公司的上市为众多民营影视机构树立了一个崭新的发展模式，也进一步提升了民营影视机构在中国影视产业中的竞争地位。民营影视制作公司的快速发展，一方面加剧了中国国有与民营影视企业的市场竞争，另一方面活跃了中国中小成本影视制作市场。

① 数字一体机指将数字接收、解码与显示融为一体，不再需要机顶盒，内置数字电视高频头。

二、娱乐传媒企业发展概况

（一）整体概况

2010年，我国旧有的传媒体制正进行着深刻的变革：传统的新闻宣传建制正受到新媒体技术的挑战，呈现出高度复杂的博弈局面；传统媒体和新媒体之间的界限正随着新技术的应用而被打破；既有的传媒管理体制也从应景的临时性“权宜之计”，转变到寻求制度化的转型解决方案。

出版业方面，截止到2010年12月31日，中央各部门各单位出版社已经完成转企改制。此次转制的148家中央各部门各单位经营性出版社中，除1家出版社停办退出、13家原本没有核定过编制外，余下134家出版社均核销了事业单位、事业编制。2010年6月，新华文轩出资12.55亿元收购了四川出版集团下属15家全资子公司的股权，并更名为“新华文轩出版传媒股份有限公司”，向产业链上游延伸，实现了产业链一体化经营。2010年9月，山东的民营出版机构世纪金榜书业有限公司获得了雄牛资本和复聚卿云1亿元战略投资，此笔投资对世纪金榜规范运营及股份制改造有积极作用。同在9月，鼎晖资本等注资1亿多元给磨铁图书，这是目前风险投资砸向中国民营出版业的最大一笔投资。此外，2010年还有天舟文化、中南传媒、新华传媒等三家出版企业赴A股上市，进一步壮大了传媒板块。

影视制作方面，2010年10月，电视剧“大佬”华策影视在A股上市，拍摄过《花木兰》、《十月围城》等影片的博纳影业也于2010年12月在纳斯达克上市。而2009年上市的华谊兄弟在2010年动作不断，6月以1.485亿元投资北京掌趣科技有限公司22%的股权，进军游戏业，12月又与巨人网络合作，成立北京华谊巨人信息技术有限公司，此外，华谊兄弟还从华友数码手中回购了华谊音乐51%的股份，开拓演出市场。为了完善产业链，华谊兄弟还在重庆开立了公司在国内的首家影院。

网络游戏方面，2010年中国网游市场进入盈利瓶颈阶段，游戏运营商普遍通过减少预算，扩张海外市场或联合运营来降低风险。2010年4月，腾讯发布公告称，将以超过1.5亿元人民币的代价，收购深圳网域剩余40%的股份，届时将拥有网域100%的股权，通过此次交易，腾讯和网域创始人张岩之间的对赌协议也宣告完成；2010年7月2日，腾讯又联合Capstone Partners在韩国投资了七家游戏公司。2010年9月9日，盛大游戏宣布已经斥资9500万美元收购韩国网络游戏开发商Eyedentity Games。2010年11月27日，百度游戏事业部总经理魏洪蕊表示，百度将于未来半年斥资至少千万元人民币，战略投资网页游戏公司，目标为持股10%以上。

网络视频方面，目前中国网络视频企业绝大部分收入来源于广告投放，视频广告的年增速远超其他形式广告。目前视频网站虽然没有实现大规模盈利，但2010年3家视频网站的上市已经证明了市场对行业潜力的看好。而针对视频网站的高运营成本（带宽等硬性成本加上版权购买成本），视频企业开始多元化发展，不断试水网游、自编剧等，流量变现初见成效。

户外媒体方面，“转型”与“坚守”无疑是户外媒体企业2010年的关键词。被TOM集团收购的昆明风驰传媒——TOM户外传媒集团全面转型，除维持原有的户外广告业务外，还进军品牌营销策划、市场调研、全程市场推广、整合营销传播、市场公关、大型展会等多个领域，彻底转型成为一家“全面出击”的立体营销公司。2007年在纳斯达克上市的航美传媒则踏足娱乐业，与柳云龙导演合作的《东风雨》也于2010年4月上映，但票房惨淡。而分众传媒则选择坚守，卖出旗下的好耶网络资产，专注于商业楼宇、公寓电梯和卖场终端广告联播网业务。另一大上市企业华视传媒也通过并购DMG（数码媒体）的方式宣告将坚守户外媒体，然而第二季度华视传媒亏损高达9320万美元，2010年12月华视传媒向DMG原股东提起诉讼，称其财务报表造假。

（二）娱乐传媒行业上市企业的发展状况及业绩分析

截至目前，在国内A股上市的娱乐传媒企业共24家，其中2010年上市的企业有9家，省广股份、蓝色光标等7家是传统媒体，中青宝属于网络游戏领域，乐视网属于网络视频领域。海外上市的娱乐传媒企业也达到数十家，其中以互联网企业居多，国内网络视频龙头老大优酷于2010年12月8日在美国纽交所上市，募集资金约2亿美元；而酷六网则借纳斯达克上市企业华友世纪的壳，成为国内第二家海外上市的网络视频网站（最早的为2006年在香港主板上市的第一视频）。

2010年第三季度，传媒企业上市公司相继发布了季度财务报告，报告显示：国内24家上市公司中，仅*ST传媒三季度亏损，其余上市企业均保持盈利状态，但是净利润率不高。24家上市公司里净利润率超过10%的有13家，超过20%的仅6家，净利润率最高的为中青宝，这表明国内传媒上市公司的盈利能力不强。海外上市的公司里，2010年之前上市的公司除第九城市外，都保持较好的经营能力；而2010年上市的两家网络视频网站——优酷和酷六，2010年第三季度季报均显示亏损，其中酷六第三季度亏损额更是达1280万美元，是其营业收入的3倍之多。除去亏损企业外，海外上市的娱乐传媒企业2010年三季度净利润率相差较大，净利润率最高的分众传媒达82.02%，最低的航美传媒不到2%。上市公司财务数据见表10.2。

表10.2 2010年第三季度部分娱乐传媒上市公司财报分析

	上市公司	主营业务收入（万元）	净利润（万元）	净利润率	同比增长率	
					主营业务收入	净利润
国内上市公司	省广股份	205 531.89	5294.60	2.58%	70.13%	42.97%
	蓝色光标	32 395.29	5536.95	17.09%	33.06%	36.86%
	华谊嘉信	38 051.38	2148.22	5.65%	22.37%	40.53%
	华策影视	24 242.54	8490.49	35.02%	138.25%	168.26%
	天舟文化	14 733.52	2595.16	17.61%	56.14%	73.36%
	中南传媒	308 522.44	44 502.59	14.42%	25.55%	42.62%
	皖新传媒	196 448.13	23 186.76	11.80%	7.10%	12.60%
	中青宝	5226.41	2915.99	55.79%	-2.06%	4.63%
	乐视网	17 305.32	5052.42	29.20%	66.95%	65.39%
	*ST传媒	12 554.34	-444.27	-3.54%	52.40%	72.45%
	华闻传媒	239 519.88	17 854.95	7.45%	40.36%	46.13%
	电广传媒	462 957.92	3603.55	0.78%	53.54%	49.85%
	粤传媒	24 389.43	1193.00	4.89%	-17.06%	15.09%
	天威视讯	59 085.83	5094.09	8.62%	5.18%	-6.67%
	奥飞动漫	51 776.28	7795.60	15.06%	8.54%	5.26%
	华谊兄弟	53 919.25	8505.68	15.77%	62.25%	137.87%
	金亚科技	16 204.96	3477.76	21.46%	15.82%	3.42%
	歌华有线	134 615.11	31 182.45	23.16%	28.96%	26.43%
	中视传媒	80 483.61	3653.26	4.54%	6.79%	7.85%
	时代出版	140 328.06	18 177.93	12.95%	8.01%	8.66%
	新华传媒	154 517.76	13 786.48	8.92%	-4.07%	-15.13%
	广电网络	88 115.44	7164.93	8.13%	24.58%	35.29%
	博瑞传播	86 196.64	24 952.89	28.95%	32.36%	29.63%
	出版传媒	105 991.22	7018.86	6.62%	9.57%	-1.14%

	上市公司	主营业务收入（万元）	净利润（万元）	净利润率	同比增长率	
					主营业务收入	净利润
海外上市公司	航美传媒	6060	120	1.98%	60.60%	112.50%
	分众传媒	13 740	11 270	82.02%	-17.54%	188.32%
	华视传媒	3790	110	2.90%	23.10%	-87.91%
	北青传媒	5285.29	553.75	10.48%	-6.80%	282.40%
	巨人网络	5086	3134	61.62%	16.70%	5.60%
	优酷网	1724	-797.6	-46.30%	139.00%	
	盛大游戏	16 400	4310	26.37%	-13.84%	-21.00%
	完美时空	9840	3190	32.42%	11.56%	-25.90%
	第九城市	370	-970	-262.16%	-91.00%	17.00%
	酷六网	400	-1280	-320.00%	35.00%	

数据来源：公开资料，CVCRI整理。

注：由于公司年报未出，其中北青传媒、第九城市为2010年第二季度的财务数据。表中海外上市公司数据指2010年7月～9月的数据，国内上市公司指2010年1月～9月数据。

1. 华策影视（300133）

浙江华策影视股份有限公司是一家民营电视剧制作企业，是浙江省电视剧行业民营企业龙头。公司于2010年10月26日在国内创业板上市，募集资金9.07亿元，是继华谊兄弟后国内第二家成功登陆创业板的影视公司，与华谊兄弟主打电影不同的是，华策影视重点放在电视剧上，被誉为“电视第一股”。

2010年前三季度，公司实现主营业务收入2.42亿元，同比增长138.25%，实现净利润8490万元，同比增长168.26%，涨幅位于上市的娱乐传媒公司首位，业绩大幅增长的重要原因是公司已经度过了创作资源，制作资源，发行渠道资源等各类资源积累阶段，步入了良性循环的发展阶段。总体来看，华策影视高成长性得自于：（1）电视广告投放量的增长。近年来，电视广告继续保持上升态势，由于影视剧在电视台的播出比例最大，电视剧成为电视广告竞争的重要方式，电视广告收入的增长有利于电视剧市场交易额的增长。（2）三网融合推动产业链发展。三网融合将带动整个娱乐传媒行业链的发展。三网融合后，对于内容提供商而言，将拥有更多发行渠道及受众资源，随着影视剧播放平台的增加，市场对影视剧的需求将持续扩大。

公司主要从事影视剧的制作、发行及衍生业务。目前，我国国内电视剧制作机构分为国有机构和民营机构，而电视剧行业竞争比较充分，市场化程度较高，整体来看供大于求，虽然需求呈现增加的趋势，但由于电视剧市场制作主体数量庞大，导致市场集中度低，华策影视制作、发行的影视剧市场占有率较高，但是包括华策影视在内的几家品牌认知度较高的电视剧制作公司，所占的市场份额总额也不到10%，市场空间巨大。

2. 中南传媒（601098）

中南出版传媒集团股份有限公司是由湖南出版投资控股集团有限公司控股的一家传统媒体上市公司，其实际控制人为湖南省人民政府。公司于2010年10月28日在上海交易所上市，募集资金41.23亿元。中南传媒是A股市场首只全产业链整体上市的出版传媒公司，目前是传媒行业总市值第一股，公司已被打造成娱乐传媒龙头股。2010年前三季度，公司实现主营业务收入30.85亿元，同比增长25.55%，净利润4.45亿元，同比增长42.62%，净利润率为14.42%，处于行业平均利润水平。

公司主营业务为出版物出版、发行，报纸与新媒体经营、印刷，印刷物资销售。其中，传统媒体如出版、发行、印刷业务占主营业务收入的绝大部分，同时公司也向新媒体业务发起冲击，将其打造成公司“多介质、全流程”优势的核心。目前我国共有中央级、地方级出版社500多家，形成了综合出版集团公司为主体和分散单一出版社共存的竞争格局，而湖南省的报业市场，目前主要被中南传媒控股股东湖南出版集团出版的《潇湘晨报》、长沙晚报报业集团出版的《长沙晚报》及湖南日报报业集团出版的《三湘都市报》所占领。中南传媒在湖南省的中小学教材发行业务中占有主导地位。

总体来看，公司目前已经构建畅销书、常销书、外向型图书三大类图书产品群，打造了文学、科普、医学、少儿启蒙、艺术、动漫、经管、生活读物等13条产品线和近20个畅销图书品牌，并积极扩张介质：战略并购红网，成功介入动漫领域；开通手机报、潇湘滚动新闻、名师网等网络媒体；获批组建中南（国家级）数字出版基地，搭建“中国联通悦读平台”等，新兴媒体建设亮点频频。

3. 中青宝（300052）

深圳中青宝互动网络股份有限公司成立于2003年，是国内为数不多的拥有自主研发、运营、代理能力的专业网络游戏民营高新技术企业。公司于2010年2月11日在创业板上市，募集资金7.04亿元，公司主营网络游戏的开发和运营，是具有独特优势的第二梯队网游公司，被誉为“A股网络游戏第一股”。

2010年前三季度，中青宝实现主营业务收入0.52亿元，同比下降2.06%，实现净利润0.29亿元，同比增长4.63%，净利润率高达55.79%，在A股娱乐传媒企业中最高，但第三季度主营收入、净利润分别下降了7.96%和17.89%，低于市场预期。导致收入增速放缓的原因是公司上半年处于游戏开发周期和新游戏用户数低迷，前三季度新推出游戏的市场反应整体低于市场预期，造成公司业绩的低迷，截至2010年9月底，中青宝仅运营了4款游戏。

网络游戏产业链主要由游戏开发商、游戏运营商、游戏渠道商、游戏玩家以及电信资源提供商组成，中青宝在整个网络游戏产业链中，位于产业链上游，承担的是游戏开发商和运营商两个核心角色，负责游戏服务器端、客户端等软件的开发工作，提供游戏运营平台，并对游戏进行推广、运营维护以及客户服务等。

目前，我国网络游戏企业先后有10家在香港或国外上市，为我国网络游戏第一梯队的主力。国内网络游戏市场前三大游戏厂商的市场份额共计47.92%，已在香港和国外上市的网络游戏厂商市场份额共计85.30%，其中盛大以19.22%的市场份额占据领先位置。从现有游戏厂商的用户平均消费值（ARPU）、销售收入和净利润等竞争力指标来看，中青宝2008年在全部网络游戏企业的综合排名第15位，位于第二梯队的第5位。网络游戏市场集中化程度在减弱，据赛迪顾问统计，排名前三名的网游巨头的市场占有率，呈逐年下降趋势，由2006年之前的超过70%下降到2008年的45%，市场的垄断格局逐步被打破，国产原创网游市场将成为市场发展的主导力量，自主研发能力成为游戏厂商盈利的重要保障：由于市场竞争的不断加剧，海外游戏代理的运营成本提高，企业盈利难以获得保障，相比之下，自主研发的网游没有高额的代理费及收入分成，大大提升了盈利空间，利润率也较高。毋庸置疑，自主研发必将是未来网络游戏市场发展的主要方向。

4. 华谊兄弟（300027）

华谊兄弟传媒股份有限公司成立于2004年，是一家大型综合娱乐公司。公司是2009年10月30日首批登陆创业板市场的28家公司之一，募集资金11.48亿元，主营影视剧的制作、发行及衍生业务、艺人经纪服务等三大板块，被称为“娱乐第一股”、“电影第一股”。

2010年前三季度，华谊兄弟实现主营业务收入5.39亿元，同比增长62.25%，实现净利润0.85亿元，同比大幅增长137.87%，净利润率15.77%。分业务来看，2010年前三季度，公司电影业务收入为3.10亿元，同比增长226.88%；电视剧业务收入为1.36亿元，同比下降18.41%；艺人经纪业务收入为8618.46万元，同比增长18.68%。

2010年一季度，华谊兄弟业绩大幅减少，其中实现营业收入约1亿元，较上年同期缩水了33.02%；实现归属上市公司股东净利润1008.83万元，较上年同期更是减少了56.92%。数据显示，公司2010年一季度电影业务收入2973.08万元，尚不及上年同期6306.51万元的一半；电视剧业务收入4487.89万元，而上年同期则为6465.74万元。2010年一季度，公司在推出新片数量和质量上都与上年同期相比出现下降。在2010年第三季度，华谊兄弟凭借电影《唐山大地震》的优异票房，成功扭转首季度的低迷业绩，第三季度营业收入达3.37亿元，同比增长369.84%，净利润达5678.02万元，同比增长1423.25%。

综合前三季度来看，华谊兄弟2010年上半年业绩平淡，第三季度由于单部影视剧盈利能力增强导致收入和净利润暴增，折射出华谊兄弟对冯小刚等电影核心人才的过高依赖度。

电影行业产业链由电影制作、电影发行、电影院线、电影院组成，相对来说，制作和放映是影片票房成败的关键环节。电影是华谊兄弟的王牌业务，盈利能力和产品数量在民营影视公司中首屈一指，但在电影产业链中，华谊兄弟相比制作而言，对放映的控制能力较弱。根据2010年第三季报，华谊兄弟目前有北京和重庆两家影院投入运营，对电影放映端的控制能力在逐步加强。

与电影和艺人经纪业务相比，电视剧可谓华谊兄弟的“短板”。华谊兄弟2005年开始大规模地进入电视剧制作领域，通过上市，实现电视剧产量的大幅增加，并成立了十几个电视剧工作室。规模的过快增长，管理水平没有跟进，导致产量增加，销售收入却较上年同期下降较多。在电视剧的管理、发行团队上，华谊兄弟与华策影视相比，仍然有较大差距。

5. 优酷网（YOKU）

国内网络视频龙头——优酷网于2006年12月正式推出，截至2010年9月，公司共完成1.6亿美元的融资，其中包括贝恩资本旗下的Brookside Capital LLC、硅谷投资公司Sutter Hill Ventures、投资基金Farallon Capital和Chengwei Ventures以及Maverick Capital等五家投资机构。2010年12月8日，优酷网在美国纽约交易所上市，募集资金2.03亿美元，是国内第三家赴海外上市的网络视频企业。

2010年前三季度，优酷网实现营业收入2.35亿元，其中第三季度营业收入达1.148亿元，同比增长139%；前三季度亏损1.67亿元，其中第三季度亏损5312万元，净利润率为-46.3%，但前三季度净亏损逐步减少，体现在净亏损率逐季降低。

在市场份额方面，根据易观智库的数据显示，2010年前三季度，中国网络视频市场前三名为优酷、土豆和PPS，市场份额分别为22.5%（首次超过20%）、16.1%、7.9%；在市场收入方面，三者也占据前三甲地位。

优酷网营业收入主要由在线广告收入、广告联盟收入（由百度、谷歌等提供第三方广告链接）、视频订阅（为付费会员提供高品质无广告视频内容、3G终端无线视频服务等）三部分构成。从2010年前三季度数据来看，优酷网94.9%的营业收入来自于在线广告，而优酷的竞争对手——土豆网这一数据为94.1%，但不同的是土豆网的营业收入主要由在线广告收入、移动视频服务收入（与中国移动合作，基于手机提供视频的无线增值服务）及视频版权分销收入构成。

优酷网的运营费用主要由营销费用、产品开发费用和一般管理费用三部分构成，随着单位营收中收入成本（主要是带宽成本）和运营费用的持续降低，优酷网的净亏损在不断减少，盈利情况得到改善。

6. 分众传媒（FMCN，NASDAQ）

分众传媒控股有限公司于2003年5月正式成立，它是目前中国最大的数字化媒体集团，产品覆盖商业楼宇视频媒体（包括电影院广告网络）、框架广告网络（公寓电梯）、卖场终端联播网以及户外大型LED彩屏媒体等。2005年7月，分众传媒成功登陆纳斯达克市场，成为海外上市的中国纯广告传媒第一股，募集资金1.72亿美元，创造了当时中国户外媒体公司的IPO记录。

2010年前三季度，分众传媒总净营收为4.205亿美元，实现净利润为1.352亿美元，其中第三季度净营收为1.374亿美元，同比下降17.54%；净利润为1.127亿美元，同比大幅上升188.32%，净利润率高达82.02%。其中，公司第三季度来自于商业楼宇联播网（包括电影院广告网络）、框架广告网络以及卖场终端联播网的总净营收为1.284亿美元，超出公司此前预期的1.2亿～1.23亿美元；来自于户外大牌的总净营收为890万美元；由于互联网业务在第三季度初期被出售，因此由其产生的1680万美元净营收不包括在1.374亿美元的总净营收中，来自于户外大牌以及互联网广告服务的总净营收为2570万美元，超出公司此前预期的2000万～2200万美元。

目前，分众传媒的核心业务是商业楼宇、公寓电梯和卖场终端广告联播网。在一二线城市商业楼宇上，分众的刊挂率已经达到80%～90%；在公寓电梯上，分众强调争夺“优质资源”，不局限全部覆盖（所谓优质资源指的是能覆盖到高端人群的优质楼盘）；在卖场方面，分众2010年与沃尔玛签约，随着沃尔玛在国内的布局，计划从目前的160多个城市进驻到300个城市。

三、娱乐传媒行业风险投融资概况及特点

互联网媒体等新兴媒体由于其快速的发展，正越来越多地受到风险投资的关注。从2010年投资于娱乐传媒的案例来看，有一半以上分布在互联网媒体和移动媒体领域中，主要有网络游戏、网络视频、网络广告、移动增值等。

（一）娱乐传媒行业投融资概况

2010年，中国娱乐传媒行业包括风险投资、私募投资、战略投资及收购在内的投融资案例数量超过60起，其中风险投资案例有32起，披露投资金额的20起案例涉资约2.3亿美元；私募投资案例有13起，有9起披露了投资金额，约为3.2亿美元；战略投资和收购案例共有15起，其中12起披露了共约4.26亿美元的金额。部分投资案例见表10.3。

表10.3　2010年娱乐传媒行业主要投资、并购事件

时间	投资机构	被投企业	涉及行业	投资金额	性质
2月	北极光创业投资基金	城市纵横传媒	户外媒体	3000万美元	风险投资
	凯鹏华盈	恺英网络	网络游戏	数百万美元	风险投资
	达晨创投	暴雨娱乐	网络游戏	2000万美元	风险投资

时间	投资机构	被投企业	涉及行业	投资金额	性质
2月	深创投	第七大道	网络游戏		风险投资
	招商局中国基金、其他	银广传媒	户外媒体	1亿人民币	风险投资
	思伟投资、戈壁合伙人	悠易互通	互联网广告	1200万美元	风险投资
	普罗维登斯	奇艺网	网络视频	5000万美元	私募投资
	第九城市	Red5Studios Inc.	网络游戏	2000万美元	战略投资
4月	志高空调	图像日志	文化传播		兼并收购
5月		泛城科技	网络游戏	4000万人民币	风险投资
6月	华谊兄弟	掌趣科技	网络游戏	1.485亿元	战略投资
	天越创投	中南卡通影视	影视制作	2727万人民币	风险投资
	天翼资本	天禹星	户外媒体	3000万人民币	风险投资
	新华文轩	四川出版集团	出版印刷	12.55亿元	兼并收购
	鼎晖创投	蓝海电视	传统媒体		风险投资
8月	集富亚洲、和通集团、东京海上投资管理	灵禅信息技术	网络游戏	800万美元	风险投资
	淡马锡、凯欣亚洲、IDG中国、GGV等	土豆网	网络视频	5000万美元	私募投资
9月	鼎晖创投	磨铁图书	出版印刷		私募投资
	达晨创投、易津投资	四维传媒	户外媒体	3900万人民币	天使投资
11月	挚信资本	北京果壳传媒	文化传播	数百万美元	风险投资
12月	晨兴、启明创投	小米科技	移动增值	3500万美元	风险投资
	新浪	9158聚乐网	网络视频	3000万人民币	战略投资
	云锋基金	印象创意	影视制作	5000万美元	私募投资
	博瑞传媒	锐易通	网络游戏	700万人民币	战略投资

资料来源：公开资料，CVCRI整理。

统计显示，2010年1月、3月、8月以及12月的娱乐传媒行业投融资都比较活跃，其中12月份披露的案例更是达到了12起，为历月之最。从已披露涉及金额来看，投资金额达到3000万美元的风险投资主要有北极光创投投资城市纵横传媒、香港晨兴集团和启明创投投资小米科技以及易传媒的第三轮融资；达到5000万美元以上的私募投资主要有对百度视频的6000万美元投资、普罗维登斯对奇艺网的5000万美元投资、云锋基金对印象创意的5000万美元投资以及弘毅、中信和红杉对快乐购的3.3亿元人民币投资；收购及战略投资中涉及金额较大的案例主要有新华文轩12.55亿元人民币收购四川出版集团100%股权、湖南国投6.38亿元人民币收购赛迪传媒25.58%股份等。

从表中涉及金融较大的案例来看，一半以上发生于互联网媒体、移动媒体、户外媒体等新媒体领域，而这与新兴媒体的热点效应相吻合。在传统媒体中，风险投资和私募投资较多投向影视制作，这与目前我国国内影视行业的“火”有关。

除了这些投融资并购案例外，2010年还有十几家娱乐传媒企业先后在境内外上市，其中网络视频领域的有乐视网、优酷、酷六等。由于优酷和土豆占据了视频网站市场规模的一大半，第三名及后面的视频网站所占份额已经较小，因此短期内难有新的视频网站上市，这也给这些已经做大的视频网站更好的发展时机。

（二）娱乐传媒行业重点投资事件

1. 北极光3000万美元投资城市纵横传媒

2010年1月13日，城市纵横传媒宣布获得北极光创业投资基金（NLVC）总规模3000万美元的投资，这也是2010年中国户外新媒体领域投资的第一笔“生意”。北极光创投基金成立于2004年，资本来源于著名的公益金、基金会、养老基金、联合基金以及美国、欧洲和亚洲的个体投资人。

城市纵横传媒成立于2009年6月，公司主要通过自主开发电梯平面媒体网络，为广告主提供受众群体及整合营销传播策略，受众群体一般是中高端收入消费人群。纵横传媒的创始人团队成员拥有丰富的城市社区电梯平面媒体经验，成立仅半年，业务已经覆盖了国内50多个重点城市，吸引了大批来自汽车、金融、地产、科技、消费品等行业的客户。

2. 土豆网第五轮5000万美元融资

2010年8月4日，国内业内第二的视频网站——土豆网宣布近日完成了第五轮融资，投资方为新加坡淡马锡控股有限公司、凯欣亚洲、IDG中国、GGV、General Catalyst，涉及金额达5000万美元，其中淡马锡领投了3500万美元。

从2005年4月正式上线至今，土豆网已经进行5轮融资，吸收资金总额达到1.35亿美元，成为国内最烧钱视频网站。2010年11月9日，土豆网比优酷网早6天向美国证券交易委员会（SEC）递交了上市申请，拟以红筹模式，将设立在开曼群岛的土豆控股有限公司在纳斯达克上市，融资1.2亿美元，但由于CEO王微陷入了与其前妻杨蕾离婚的财产官司之中，导致王微名下三家公司的股权被冻结，其中包括其持有的上海全土豆科技有限公司95%的股份，直接导致上市进程推迟。

3. 暴雨娱乐获得第二轮2000万美元融资

2010年1月，暴雨娱乐完成总额超过2000万美元的第二轮融资，此次投资有4家投资人参与，其中国内VC达晨创投跟投，是此次机构投资者中的第三大股东。

上海暴雨信息科技有限公司成立于2007年初，是中国领先的互动娱乐传媒公司，致力于通过互联网为用户提供多元化的娱乐服务。公司主要从事中国本土网络游戏的研发、运营，坚持民族网游、自主原创的原则，2008年4月推出首款自主研发MMORPG网游产品《预言Online》，并陆续推出多款后继网游作品，产品主要涵盖休闲游戏、体育游戏、网页游戏等市场热点。

4. 天越创投投资中南卡通影视

2010年6月，浙江天越创业投资有限公司与浙江中南集团卡通影视有限公司签署了《增资协议书》。天越创投按照单位注册资本9.09元的价格出资2727万元，认购中南卡通新增注册资本300万元，中南卡通的注册资本由5330万元增至6600万元。增资后，天越创投占中南卡通的注册资本为4.55%。天越创投是海越股份（600387）设立的全资子公司。

浙江中南集团卡通影视有限公司成立于2003年，目前是浙江省唯一一家高起点、高品质、大规模地从事三维动画原创及制作、电视电影数码特技、电脑教育软件、电脑游戏软件制作及其他三维技术应用的专业公司。公司以动漫制作为核心，极其重视卡通数码科技的研发，分别与北京电影学院、中国美术学院、浙江传媒学院合作成立了动画研发中心，并投资在北京建立了研发实验基地。同时，公司与浙江大学计算机学院进行动画人才培养和技术开发等多方位的合作。

中南卡通目前正成为国产原创动画片出口龙头企业，2008年海外收入200多万美元，2009年海外收入近300万美元，公司拟通过改制与重组，并将实现公开发行股票与上市。

5. 合润传媒获同威创投等B轮投资

2010年7月20日，北京合润德堂传媒广告有限公司与深圳市同威创业投资有限公司、深圳高特佳、凯晨资本达成B轮融资协议，投资总额达6000万元人民币，其中，2009年合润传媒获得同威创投2000万元人民币投资。同威创投是近年来快速崛起的本土创投机构，专注于高成长潜力的企业，主要投资于TMT、金融服务以及文化产业领域。

合润传媒成立于2007年，从事品牌内容营销平台搭建和销售。目前公司的三大业务是品牌内容公关（影视剧宣传推广）、品牌内容整合营销（线下推广）、影视剧品牌内容广告（植入广告），未来公司将以电影、电视剧、电视栏目内容为主要平台，逐步延伸到互联网、户外媒体等领域，为品牌客户提供广告、公关、营销整体解决方案。

6. 晨兴、启明创投3500万美元投资小米科技

2010年12月，北京小米科技有限责任公司获得香港晨兴集团和启明维创投资咨询（上海）有限公司及天使投资人雷军的3500万美元投资。香港晨兴集团总部设在香港，主要投资于传媒行业、电信通讯、机械设备等领域。

北京小米科技有限责任公司成立于2010年4月，创业团队由前Google、微软、摩托罗拉、比亚迪、百度、金山、联想、阿里巴巴等公司精英员工组成，专注于Android、iPhone等新一代智能手机软件开发与移动互联网热点应用。

天使投资人雷军多次表达对移动互联网的看好，认为移动互联网势不可挡，未来十年手机将取代PC，成为下一个计算中心。

四、行业政策环境分析

近年来，我国政府及各部门就扶持我国传媒行业发展，增强我国软实力，在影视制作、网络视频、网络游戏、出版印刷等领域出台了一系列的政策法规。如2007年12月由信息产业部、国家广播电影电视总局联合颁布的《互联网视听节目服务管理规定》，主要对从事互联网视听节目服务的企业和组织实行“许可证”制度，是推动三网融合的实质性措施；2008年8月由文化部颁布的《关于扶持我国动漫产业发展的若干意见》，试图在“扶持民族原创、完善产业链条，完善支撑体系、加快平台建设，改进管理服务、优化发展环境”等方面做出努力；2008年11月由中宣部、中编办、文化部、广电总局四部委联合发布了《关于进一步理顺地方电影管理体制的通知》，主要内容是理顺当前地方电影行政管理体制，将之前由文化部承担的指导工作权限划拨到国家广电总局。

总的来说，这些政策法规的实施对我国近年来娱乐传媒行业的快速发展起到促进作用，特别是规范了视频网站影视内容的版权，对传媒行业健康有序发展起到积极的作用。

（一）娱乐传媒行业政策概述

2010年，国家各部门针对网络游戏、新闻出版、影视制作等出台了较多文件（见表10.4）。2010年6月3日，文化部颁发了《网络游戏管理暂行办法》（下称《办法》），《办法》提出网络游戏经营单位应当取得《网络文化经营许可证》，游戏用户应该实名注册，并在游戏内容管理、用户权益保护、用户信息安全等方面做出规定。2010年5月19日，国家广电总局发布《电视剧内容管理规定》，主要对电视剧内容的备案和公示、审查和许可、播出管理等做出详细说明，国产剧、合拍剧、引进剧实行内容审查和发行许可制度。

表 10.4　　2010年娱乐传媒主要政策法规一览

发布或实施时间	政策法规名称	发布部门	所属领域
2010年1月1日	关于进一步推动新闻出版产业发展的指导意见	新闻出版总署	新闻出版
2010年2月	关于进一步推进国家文化出口重点企业和重点项目相关工作的指导意见	商务部等十部委	传媒
2010年2月	2010年虚假违法广告专项整治工作实施意见	工商行政管理总局等十二部委	广告
2010年5月10日	关于电影全面实行“一备二审制”的公告	广电总局	影视制作
2010年6月22日	网络游戏管理暂行办法	文化部	网络游戏
2010年6月29日	电影艺术档案管理规定	广电总局、国家档案局	影视制作
2010年7月1日	电视剧内容管理规定	广电总局	影视制作
2010年10月8日	关于发展电子书产业的意见	新闻出版总署	传媒

资料来源：公开资料，CVCRI整理。

（二）重点政策点评

1.《关于进一步推动新闻出版产业发展的指导意见》

2010年1月1日，国家新闻出版总署下发了《关于进一步推动新闻出版产业发展的指导意见》（下称《指导意见》）。从《指导意见》的内容来看，涉及面比较宽，主要是政府将大力推动新闻出版产业发展，利用高新技术促进产业升级，政策扶持非公有制、民营文化企业参与新闻出版产业链的下游，鼓励我国新闻出版企业“走出去”等。

就扶持非公有制文化企业参与新闻出版产业链的下游而言，《指导意见》指出，“要在三到五年内，重点培育六七家资产超百亿元，销售超百亿元的国内一流、国际知名的大型新闻出版企业，并鼓励和支持非公有制文化企业从事印刷、发行等新闻出版产业的有关经营活动。鼓励、支持和引导非公有资本以多种形式进入政策许可的领域。引导和规范个体、私营资本投资组建的非公有制文化企业以内容提供、项目合作、作为国有企业一个部门等方式，有序参与科技、财经、教辅、音乐艺术、少儿读物等专业图书出版活动。鼓励和支持非公有制文化企业开拓境外新闻出版市场。”

在鼓励新闻出版企业“走出去”方面，《指导意见》提出，新闻出版总署将抓紧制定“走出去”中长期规划，支持各种所有制的新闻出版企业到境外投资兴办实体、支持新闻出版企业以多种方式进入海外市场、引导和规范非公有资本有序进入新闻出版产业，解放和发展新兴文化生产力等。国家将进一步完善政策扶持体系，强力实施“经典中国”国际出版工程、中外图书互译计划、中国音像制品“走出去”工程、中国图书对外推广计划四大工程，搭建有效展会平台、人才培养平台、有效信息平台。

在推动印刷出版产业结构性调整方面，要从应用最新技术、完善质量体系、淘汰落后产能、建立印刷基地等四个方面着力实施，启动数字印刷和印刷数字化工程，制定、修订印刷质量标准，与国际接轨，制定绿色印刷环保标准、培育印刷环保新产品、淘汰低端落后产能，推动印刷业资源集中，引导印刷企业集约化经营，支持具有自主品牌产品、市场竞争力强的骨干企业发展壮大。

2.《网络游戏管理暂行办法》

2010年6月3日，文化部出台了我国第一部专门针对网游（包括网络游戏和网页游戏）管理和规范的部门规章——《网络游戏管理暂行办法》（下称《办法》），《办法》自2010年8月1日起正式实施。从《办法》的内容来看，“新政”集中体现在网游实名制、禁止强制PK、设定网游企业门槛、限制虚拟交易等四大门槛。

对于网游实名制，《办法》规定网游用户需通过有效身份证件实名注册。尽管该条是为了阻止未成年人进行网络游戏，但从目前的现实情况来看，网游实名制存在漏洞。首先网游公司无法确认主注册人就是身份证持有人，其次网游玩家可以借用别人的身份证规避实名制的限制，再次，一些不法网吧甚至会向未成年人免费提供身份证号以吸引顾客。

在限定虚拟交易方面，《办法》要求“网络游戏虚拟货币的使用范围仅限于兑换自身提供的网络游戏产品和服务；不得以恶意占用用户预付资金为目的；保存网络游戏用户的购买记录180日以上；将网络游戏虚拟货币发行种类、价格、总量等情况按规定报送注册地省级文化行政部门备案”等。这一政策的出台，将会使现有网游公司的收费模式和经营模式发生调整。

在设立网游企业门槛方面，《办法》规定网游企业注册资金不得低于1000万元。由于目前市场上已经有多家网游上市公司，此条规定更可能是国家为了便于监管市场，降低监管难度而设立的“障碍”。

五、娱乐传媒行业投资价值与投资风险分析

（一）娱乐传媒行业发展趋势分析

1. 娱乐传媒将与国民经济同步上升

2004年以来，传媒行业年均复合增长率为18.4%。2004年传媒行业规模达2109亿元，占GDP比重为1.54%，预计2010年有望超5620亿元，占GDP比重有望达1.52%。从美国、日本等发达国家的文化创意产业发展轨迹来看，人均GDP达到3000美元是文化消费升级的临界点，2009年我国人均GDP已达3315美元。

从前面提到的内容来看，近几年我国传媒行业的增长主要依靠互联网媒体、移动媒体两驾马车的巨大拉动作用，尤其是移动媒体的产值增幅迅猛。根据26次互联网状况统计，目前有61.5%的用户使用手机即时通信，第二位是手机搜索，用户占总体手机网民的48.4%。

“十一五”期间我国传媒行业快速发展，在促进经济发展转变中的作用日益突出；新媒体产业发展迅猛，产业业态更加丰富；传媒行业成为风险投资热点，文化资源开发持续升温；与增强国家软实力战略相一致，文化产品和服务“走出去”步伐不断加快。文化部等部门表示要紧紧抓住“十二五”时期重要机遇，着力打造政策支撑、公共服务、投融资、贸易合作、人才培养五个平台，努力完善文化产业政策体系和文化市场体系建设，五年内文化产业增加值比2010年翻一番；新闻出版总署规划到2020年新闻出版产业总产值占当年GDP的5%左右。

因此，娱乐传媒行业“十二五”期间在战略要求、政策倾斜、消费支撑下必能持续发展，在整个国民经济中占有重要位置。

2. 传统媒体与新媒体将共存

娱乐传媒经过近几年的发展已经进入了全媒体时代，即传统媒体在新媒体的冲击下开始反思、改革，与新媒体相互融合，共同发挥作用。传统媒体尽管在传媒行业中比重逐年下滑，但其盈利模式比较稳定，增长稳健；新媒体尽管增速很快，但其盈利模式在不断创新，有些领域并不能保持稳定盈利状态。

传统媒体拥有内容资源，而新媒体在技术上已逐渐走上成熟但在内容上却相对缺乏。新媒体能更快更直接传达资讯，而传统媒体的内容承载量往往过大，所以新媒体通常把传统媒体的内容进行拆解再整合，通过传统媒体的内容资源和新媒体的技术手段的结合，达到互补的效果。因此，传统媒体与新媒体并不是完全“替代”关系，而是“交叉互补”的关系，在未来的一段时间内，他们仍然可以处于很好的共存状态。

3. 媒体数字化成为发展趋势

2006年数字出版业总体收入为200亿元，2007年达到362.42亿元，2008年这一数据为530亿元，比2006年增长149.13%，比2007年增长46.42%，2008年数字出版的利润为362亿元，2009年数字出版业务总体投入达到了799.4亿元，首次超越传统书、报、刊出版物生产总值，同比增长50.6%。

数字化的趋势并不意味着所有传统媒体都要变成互联网媒体，而是要思考数字化对传统媒体带来的新变化。当前，推动数字化面临极为有利的条件：首先，国家出台了鼓励传统出版向数字出版转型的一系列政策措施；其次，网络的普及和数字技术的发展，为传媒数字化发展提供了条件；第三，受众接受信息的方式也在发生变化，数字阅读快速增长。

（二）行业投资价值分析

1. 基于移动互联网的移动媒体

截至2010年6月，我国手机网民用户达2.77亿户，较2009年底增加了4334万户，手机网民在手机用户和网民总量中的比例都进一步提高。

目前，中国移动互联网正处于高速成长期，随着运营商重组的完成和3G应用的推出，移动互联网依托的无线网络环境得到了较大改善。经过近几年的摸索发展，移动互联网市场的新兴技术和产品应用不断涌现，其中UCWEB、Google地图、手机QQ等产品已获得了较高的用户口碑和市场占有率。

我国移动互联网的商业模式目前主要以产品和服务为主，其广告价值还有待有效挖掘，产业链尚不健全。目前，手机游戏、手机阅读、无线音乐、移动IM、移动搜索、手机社区等领域的市场竞争已颇为激烈，手机购物、手机广告等领域的竞争相对较弱。

随着数字通信技术和终端产品设计的不断提升，预期移动互联网市场将迎来爆发式的市场发展机会，基于此基础上的移动媒体将会受到越来越多的投资者青睐。

2. 数字电视

数字电视业务可分为有线数字电视业务、地面数字电视业务以及卫星数字电视业务。目前我国尚未开展地面数字电视业务和卫星数字电视业务，数字电视用户是通过发展有线数字电视用户来实现的（即“模转数”）。

截至2010年6月底，我国有线数字电视用户达到7615.6万户，有线数字化程度达到43.77%，如果到2015年数字转换工程顺利完成的话，用户将达到4.6亿户。2010年7月1日，国家正式公布了12个试点城市名单，将三网融合从政策推向了产业发展，NGB网络建设，网络改造和整合、新业务的技术构架和运营支撑，拉动了资本市场巨大的投资机遇和纷至沓来的投资项目。

基于三网融合和未来庞大的数字电视用户市场，数字电视有着巨大的前景，而这又以数字一体机为代表，数字电视一体机集成度高，可以实现全程数字化，是最为理想的收视方式，代表了未来数字电视的发展方向。同时，由于实现了全内置，避免了杂乱的接线，还有节省空间、使用方便等优点。

（三）投资风险分析

1. 宏观环境风险

2010年，世界主要发达国家还未从金融危机的泥淖中完全走出来：美国两次实施量化宽松货币政策试图使经济复苏；欧洲主权债务危机愈演愈烈；全球经济二次探底阴云不散。此外，由于全球流动性泛滥导致通货膨胀加剧，我国改变过去几年宽松的货币政策转向紧缩的货币政策。

由于我国正奉行传媒行业“走出去”战略，外部需求的逆向冲击会阻碍这一战略的顺利实现。外部需求的逆向冲击和流动性紧缩双重压力将使我国经济在低位运行，对娱乐传媒行业中具有周期性特征的行业如广告行业会产生重大影响，主要广告主如汽车业、房地产业将会削减广告开支。

2. 产业政策风险

从我国娱乐传媒行业近几年的发展情况来看，娱乐传媒行业增长是一种内在需要，但鼓励发展传媒行业的政策无疑是巨大驱动力。随着传媒行业逐步发展，不排除鼓励性政策会渐渐退出，同时出台一些严格监管的政策，使得该行业投资回报率下降。

另外，由于2010年的房地产市场调控效果不佳，预期政府会继续出台调控政策，一旦房地产市场景气度下降，它在广告支出上将会削减，对传媒行业里的广告行业产生影响。

3. 经营风险

虽然传统媒体的影响力仍在，商业模式也很稳定，但新媒体的迅速崛起对传统媒体形成了严峻挑战，受众和广告收入不断流失，很多传统媒体选择改革，走“数字”道路，但目前显然并未找到一种适合它们的盈利模式。而新媒体由于其技术创新性，虽然发展迅速，但在某些领域也未能找到最适合的盈利模式，不少视频网站目前仍处于亏损之中就是一个证明。

随着行业竞争的加剧和传媒集团化的趋势，市场份额集中于强势媒体，使得进入门槛较高，无疑会加大投资风险程度。此外，由于我国目前新闻出版行业仍是“事业性质、市场运作”，国家严格把控新闻出版产业链的上游，因此试图进入新闻出版上游（如时政媒体）的企业将会面临政策风险。

4. 技术风险

娱乐传媒行业属于技术密集型产业，并且其技术性特征越来越明显，如3G网络、电影3D技术等。但是技术更新换代速度非常快，一旦出现一种新的技术替代现有的技术，那么现有的技术将会完全失去价值，处在这条技术产业链上的企业将会遭受打击，如iPad出现可能会代替电子书，4G技术成熟后会逐渐取代3G等。

总体而言，未来几年随着经济发展、人民收入水平的提高，娱乐传媒行业将进一步增长，并且传统媒体为了生存将会选择采用新技术，走新旧媒体融合之路，传媒数字化的特征将显现。而从目前娱乐传媒细分领域发展来看，基于移动互联网的移动媒体会爆发式增长，另外受到数字电视转换工程影响，数字电视将会分一杯羹。

但是，受到国内外宏观环境、产业政策以及娱乐传媒行业内部的经营风险、技术风险的影响，投资娱乐传媒仍面临一定的风险。

参考文献

[1]“2010中国传媒产业发展报告”，清华大学传媒经济与管理研究中心，2010年4月

[2]“中国互联网络发展状况统计报告”，中国互联网络信息中心，2010年7月

[3]清科研究，http：//www.pedaily.cn

[4]中国新闻出版信息网，http：//www.cppinfo.com

[5]EZ Capital，http://www.ezcap.cn

[6]投资中国网，http://www.chinaventure.com.cn

[7]国家广播电影电视总局统计信息，http：//gdtj.chinasarft.gov.cn

[8]艾瑞咨询，艾瑞网——中国新经济门户

第十一章　零售行业投资分析报告

本报告中的“零售”是指直接将商品与劳务销售给最终消费者的一系列商业活动。国家统计局社会消费品零售总额统计分类中，将零售分为餐饮收入和商品零售两种形态。本报告中零售行业分析涉及从事零售活动的零售商和零售经营者两类活动主体，超市、百货店、专业店、专卖店、购物中心等多种零售业态以及联营、承租、自营、自有品牌等多种经营模式。报告在大量引用相关文献和统计数据的基础上，对2010年我国零售行业整体发展概况、重点企业发展特点、产业投融资特别是风险投资情况、产业发展环境等方面进行了较为全面的分析，并提出我国零售行业未来发展趋势和投资机会，为投资者决策者提供服务。

一、2010年中国零售行业整体概况

2010年国家调结构、扩内需的政策在2009年的基础上继续深化，零售行业在后金融危机时期得益于扩大消费的一系列举措，保持了良好的发展势头。

从发展历程来看，自2000年以来，中国零售业随着我国经济的高速、稳步发展，规模逐步扩大。根据国家统计局历年支出法统计的国内生产总值数据，2000年～2009年各年度最终消费额、居民消费额及各自占GDP的比值及走势见表11.1和图11.1。

表11.1　2000年～2009年年度支出法国内生产总值、最终消费额、居民消费额数据

年度＼指标	支出法国内生产总值（亿元）	最终消费支出（亿元）	居民消费支出（亿元）	消费占GDP比例	居民消费占GDP比例
2000年	98 749.0	61 516.0	45 854.6	62.3%	46.4%
2001年	109 028.0	66 933.9	49 435.9	61.4%	45.3%
2002年	120 475.6	71 816.5	53 056.6	59.6%	44.0%
2003年	136 634.8	77 685.5	57 649.8	56.9%	42.2%
2004年	160 800.1	87 552.6	65 218.5	54.4%	40.6%
2005年	187 131.2	99 051.3	72 652.5	52.9%	38.8%
2006年	222 240.0	112 631.9	82 103.5	50.7%	36.9%
2007年	265 833.9	131 510.1	95 609.8	49.5%	36.0%
2008年	314 901.3	152 346.6	110 594.5	48.4%	35.1%
2009年	345 023.6	165 526.8	121 129.9	48.0%	35.1%

数据来源：国家统计局。

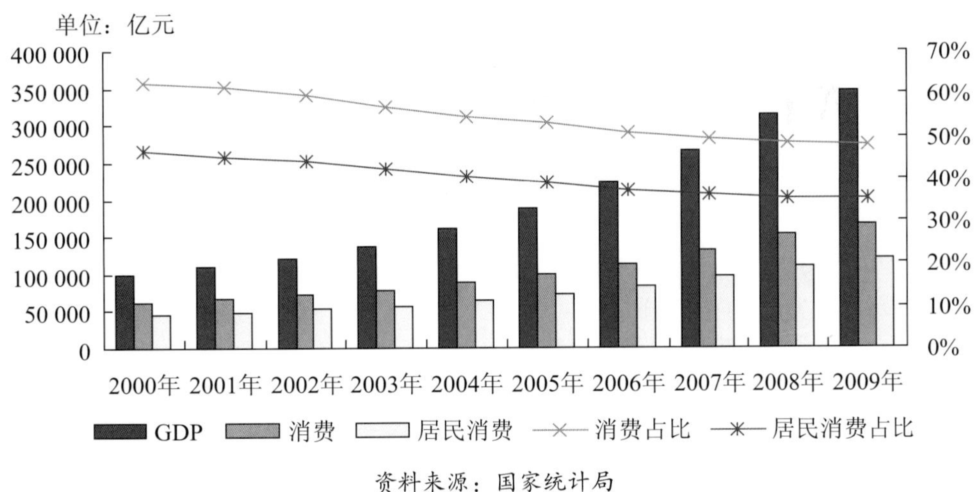

资料来源：国家统计局

图 11.1　2000 年～ 2009 年国内生产总值、最终消费额、居民消费额走势

从年度数据走势图来看，一方面，最终消费、居民消费总额逐年增长，但另一方面，最终消费、居民消费占 GDP 比重持续下降。这一走势突显出中国经济的结构性矛盾，也反映了中国经济调结构、扩内需的内在要求。

作为应对国际金融危机、扩大内需一揽子计划的重要组成部分，2008年底～2009年初国家及时出台了一系列搞活流通扩大消费的政策措施，2010年搞活流通扩大消费的工作在2009年的基础上继续深化。得益于扩大消费的一系列举措，2010年消费市场保持良好的发展势头。据国家统计局数据，2010年10月份，社会消费品零售总额同比增长18.6%，比上年同期加快2.4个百分点。2010年1月～10月，全国社会消费品零售总额同比增长18.3%，高出上年同期消费增速3个百分点，高出 GDP 增速，消费对拉动经济增长的作用明显增强。2010年1月～10月，月度社会消费品零售总额数据见表11.2，走势见图11.2。

表 11.2　　　2010 年 1 月～ 10 月月度社会消费品零售总额、商品零售总额数据

指标＼月份	1月	2月	3月	4月	5月	6月	7月	8月	9月	10月	1月～10月
消费品零售合计（亿元）	12 718	12 334	11 322	11 510	12 455	12 330	12 253	12 570	13 537	14 285	125 313
合计增长（%）	-	17.9	18	18.5	18.7	18.3	17.9	18.4	18.84	18.64	18.3
商品零售（亿元）	11 293	10 953	10 051	10 245	11 021	10 925	10 839	11 099	11 971	12 604	111 001
商品零售同比增长（%）	-	17.9	18.4	18.7	18.9	18.4	17.9	18.4	18.7	18.5	18.4

数据来源：国家统计局。

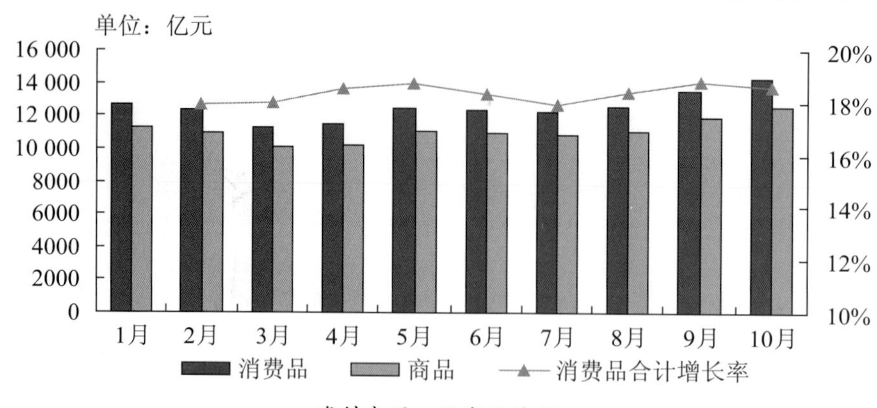

资料来源：国家统计局

图11.2 2010年1月～10月月度社会消费品零售总额走势

从2010年1月～10月月度社会消费品零售总额走势图来看，年初的1月、2月消费额高于3月、4月，9月、10月消费额高于全年其它月份，且增幅明显，突显出节庆消费特点。

（一）行业发展概况

零售行业处于社会再生产过程的终端，承担着将商品从生产领域转移到流通领域的使命。零售行业是一个古老的行业，商业形态随着社会和经济的发展而深化。在美国等西方发达国家，零售机构形态沿着综合化与专业化的方向不断循环发展，分别涌现出普通商店、专业商店、百货公司、超级市场、连锁商店、折扣商店、购物中心、商业街等多种形态。

零售商根据经营权的集中程度的不同，分为单店和连锁店。连锁店根据联结纽带和运作方式的不同，又可分为直营连锁、特许连锁、自由连锁三种类型。零售连锁经营是现代化大生产方式与以零售为主的服务业相结合的产物。连锁经营通过现代化的管理方式，实现对零售店铺运作的标准化、规模化管理，成为目前西方发达国家零售业的主导模式。

零售业是中国最先实现市场化的产业。在计划经济时代，中国零售业基本上成为计划分配的手段和途径，划片定点、按人定量、凭证发票、凭票供应是当时零售经营的基本模式。中国零售业现代渠道起步于20世纪90年代初期，经过近20年开放发展，中国零售业走完了发达国家曾用150年才走过的零售路程。从小到大、从封闭到开放、从单一到多元、从传统到现代，这是中国零售业在改革开放的大背景下所经历的嬗变。

随着经济发展与居民生活水平的提高，汽车开始进入家庭，居家耐用品消费升级与消费普及所呈现出的消费热点旺盛。消费热点同时表明促消费政策效应明显，汽车消费受汽车以旧换新、汽车下乡、车购税优惠、节能车型补贴等政策拉动高增长。2010年10月份汽车销售153.86万辆，全年汽车销售突破1700万辆，同比增长25.9%，蝉联全球第一。家电下乡和以旧换新政策稳步推进，2010年，全国家电下乡产品累计销售7718万台，实现销售额1732.3亿元，同比分别增长1.3倍和1.7倍。冰箱和彩电销售额居前两位，分别为567.4亿元和488.5亿元，两类产品销售额占总销售额的61%。家电、汽车下乡以及以旧换新政策的实施带动了汽车、家电产销两旺。

（二）行业发展特点

2010年，全球经济和社会发展面临新的转型，中国经济着力加快结构调整、扩大内需，中国零售业的增长势头依然强劲。对大多数零售商而言，2010年是个“好年头”，这不仅体现在收成不错，更重要的是零售商开始创新求变，已经由十余年的被动转为主动。谋变、创新和改革是中国零售市场未来十年的主旋律。

1. 零售行业开启多元化时代

多元零售是消费多元化、企业应对竞争的选择，多元零售不是中国零售业特有的现象，它包括业态结构的多元，也包括业务方向的多元，如大型企业多业态多品牌同时经营，向细分市场渗透；零售企业开发和持有商业地产，控制经营成本同时获得地产增值；农超对接或自建生鲜基地，改善生鲜经营模式；零售企业开发自有品牌产品或独家代理国外品牌，掌握商品定价权；传统零售企业开展网上零售业务，为传统零售企业多渠道营销带来新价值等。

2. 零售业逐步放弃简单规模化增长

中国连锁经营协会发布的《零售业风险预警机制的建立研究报告》显示，零售企业正在告别靠简单规模化扩张、收取供应商通道费的模式，转向从经营中直接获利。调查显示，经历过2008年全球金融风暴后，中国零售企业正在主动进行转型和变革，零售企业减少向供应商的收费以改善合作关系。此外，零售商还努力掌握零售经营和供应链的主动权、稳定供应商账期、对供应商融资扶持加大等。这些发展来源于零售企业对行业发展进步的自身需要，也反映了零售企业正在通过自身力量打破简单规模增长自循环模式的发展趋势。

3. 百货连锁增强自主经营品牌力度

中国零售业中上市数量最多的是百货公司，这些国有百货公司几乎一面倒地采用了“联营方式”。由于区域内核心商圈物业的有限性，百货公司招商联营的物业管理方式的发展受限。面对大型超市的百货化发展和购物中心的大跨度发展，百货商店开始了经营方式的转型。如上海百联推行自主经营方式的转型，实行品牌经销制、品牌代理制、贴牌制（OEM）和开发自有品牌制（PB）；万达广场实行商业地产开发与百货连锁经营的双轮驱动的发展战略，旗下的万千百货开始推行“买手制”，自主经营承担商品市场风险，提高经营能力。

4. 区域零售商加快外延式扩张的步伐

近几年来，国际零售巨头对中国市场的影响力越来越强，通过进军商业地产、发展购物中心等领先发展战略，外资超市在中国的市场份额不断提升，盈利能力明显高于中资超市。面对外资在一线市场的强劲态势，处于相对弱势的中国区域连锁超市龙头公司，在完成一个区域市场从小超市、中型超市和大型超市的发展历程后，效仿外国巨头的发展策略，适时地加大区域内外布局，开始外延式扩张的步伐。2010年，一些区域零售商自身开发商业项目，以“商业＋地产”双业态满足门店拓展的需要，亦通过商业地产使资产增值，增强竞争优势。受益于国家城镇化政策及区域振兴政策，中西部和东北部地区消费规模快速增长，消费阶梯效应为区域零售企业的多业态扩张创造了有利条件。如吉林欧亚集团向省内二、三线城市扩张的同时，通过收购大观园商场进入济南市场；步步高在湖南湘潭开设“步步高购物广场”。

5. 实体零售商拓展网上零售业务

在2009年～2010年的一年里，中国连锁业百强企业开设网上商店的达到31家，在新技术条件下实体零售业务与网络零售业务相互融合、共同发展，进军网络零售市场成为零售商的共识。苏宁与国美都投巨资于网络零售业务，在网络零售公司的投资与激励机制、网上零售与网下配送的实体店结合方面进行着积极的探索。东莞美宜佳便利店利用遍布广东13个城市2000多家实体店的渠道资源，与淘宝网实行对接成为其网下服务零售商，开展目录销售、电话销售。实体便利店通过开设网上商城使其成为离消费者距离最近、购物最便利的“身边的购物广场”，并利用身处“世界工厂”的有利条件，积极开发自有品牌商品，缩短质优价廉的商品进入销售的渠道。

（三）零售行业发展中存在的问题

1. 扩大消费的长效机制尚待建立

当前，受消费能力、消费基础、消费观念等因素的影响，我国在消费问题上存在很多问题和误区，适度提高消费率成为现阶段我国经济发展必须解决的一个重大课题。为提高居民消费率，需要建立鼓励消费的长效机制，提倡科学消费；需要处理好消费与投资、消费与进出口贸易的关系，处理好即期消费与储蓄的关系；需要结合我国实际，关注并培育住房消费、乘用车消费、农村消费、旅游消费、文化消费、社区服务消费等消费热点。

2. 需求的多样化和新渠道形式使传统零售店受到挑战

随着技术的发展、消费者消费观念的变化，消费者希望购物环境越来越好、购物越来越方便，消费者购物需求趋向个性化、时尚化、专业化、精品化、体验化、健康化。为适应这种变化，零售业业态将进一步向细分化、差异化、特色化发展，更具现代特征，这将使传统零售店受到挑战。此外，低碳经济的发展环境下，电子商务、网上团购、展会销售、商品大集等由生产商与消费者直接接触的新渠道形式也将分流传统店的零售业务。

3. 内资零售企业面对国际零售巨头的压力加大

2010年，沃尔玛在中国市场的开店数量有望跃为外资第一，加上旗下好又多的销售规模，沃尔玛中国市场已超过大润发和家乐福。2010年3月发布的连锁百强中，外资企业增幅明显高于内资。20家外资企业的销售和门店增长分别为20.4%和15.7%。外资企业的单店业绩也明显好于内资企业。外资超市凭借成熟的管理模式、雄厚的资金实力和强大的品牌效应加速扩张，行业竞争进一步加剧。2010年外资零售商在中国市场的竞争优势没有被改写，甚至还在扩大。2008年9月，商务部下放外企审批权，外资企业开店审批权从国家商务部下放到省一级商务部，更为外资零售商向省级市场，特别是二、三线城市的扩张提供了便利。在全球经济形势严峻的情况下，中国零售业面对国际商业资本的蚕食，要苦练内功，加紧二、三线市场的布局，以提高运营能力、市场控制力。

二、零售企业发展概况

（一）整体概况

1. 重点零售企业销售情况分析

据商务部监测，2010年10月份，全国3000家重点零售企业销售额同比增长19.1%，比9月份加快0.3个百分点。2010年1月～10月份，全国3000家重点零售企业零售额同比增长17.9%，累计同比增长率低于全国同期社会消费品零售总额的增长率（18.3%），表明零售行业集中度有所下降。随着城市化的推进，商业区域范围的扩大，市场上新的区域零售企业不断加入。

2. 商品销售类别分析

2010年居民消费价格指数折年率上升3.3%，12月居民消费价格指数（CPI）同比上涨4.6%，明显高出全年CPI控制目标3%。物价走势前低后高，呈现全面上涨势头，通胀逐月走高，食品、农产品价格的攀升引发管理层出台一系列价格管制措施。受宏观经济与物价走势的影响，大类商品销售走势表现不一（见表11.3）。

表11.3　统计局2010年10月限额以上企业（单位）商品零售类值统计数据

类值＼指标	10月零售额（亿元）	比上年同月增长（%）	1月～10月累计（亿元）	比上年同期累计增长（%）
粮油、食品、饮料、烟酒类	663.60	27.30	5911.30	22.80
服装鞋帽、针、纺织品类	580.80	32.60	4581.00	25.10
化妆品类	82.30	15.40	716.80	16.20
金银珠宝类	124.00	45.60	1021.40	43.70
日用品类	192.40	26.00	1659.56	25.00
体育、娱乐用品类	29.00	20.60	243.20	18.30
书报杂志类	59.90	14.20	475.80	12.80
家用电器和音像器材类	436.60	22.60	3343.60	27.30
中西药品类	263.20	23.90	2414.40	22.60
文化办公用品类	104.10	24.40	902.80	23.20
家具类	73.80	35.80	552.80	38.00
通讯器材类	76.20	23.30	640.60	18.50
石油及制品类	966.40	31.00	8423.50	34.50
建筑及装潢材料类	82.10	30.10	584.40	31.40
汽车类	1436.10	32.20	13 095.50	34.60
其他	211.70	37.50	1764.20	29.80
总计	5382.10	29.60	46 330.80	29.30

数据来源：国家统计局。

从统计局2010年10月限额以上企业（单位）商品零售类值统计数据来看，居民保值增值需求增加，金银珠宝销售增长高达43.7%；宏观经济继续高增长，销售高速增长的还有汽车、石油、家具、装潢材料，增速均在30%以上。

（二）零售行业上市企业的发展状况及业绩分析

零售行业63家上市公司，60家盈利3家亏损，全行业盈利情况持续走好，增速较快的是超市、百货。其中表现抢眼的有2010年度上市的连锁零售企业永辉超市，高溢价发行且在上市之后仍然受到机构热捧，另一家是体量最大的成长型家电零售企业苏宁电器，营业规模早在2009年度一跃成为零售企业中的翘首，却仍然保持了较好的成长性。

1. 超市连锁零售企业——福州永辉超市

永辉超市于2010年12月6日在A股公开发行，发行股份1.1亿股，发行价格为23.98元/股。发行后总股本7.679亿股，全面摊薄每股净资产4.75元，每股收益0.33元，发行价格对应的市净率5.048倍，市盈率为66.73倍～73.14倍。永辉超市12月15日上市交易，在接下来的三个交易日连创新高，交易信息显示，有多家机构在永辉超市股价处在32元之上集体买入。永辉超市高溢价发行及机构做多的行为体现了机构投资者对连锁超市行业前景的看好，对永辉超市经营的认可。

永辉超市总部位于福州，这里汇聚了外资巨头沃尔玛、家乐福、麦德龙，同时又有众多的本土超市。永辉超市是与跨国零售巨头、本土大型国有零售企业和民营零售企业激烈竞争中成长起来的一家连锁超市企业。

永辉超市依托政府开展治理餐桌污染工程，抓住“农改超”契机入市。从企业创办开始，公司便始终坚持区域领先、稳健扩张的发展战略，即守住一个区域市场，坚持成本领先和差异化的经营策略，苦心经营、精耕细作，取得该区域市场的绝对份额和核心竞争优势。

永辉超市采用差异化竞争策略，以生鲜农产品经营为特色，吸引客流，公司结合了传统农贸市场与现代超市的特点，既有农贸市场的价格优势以及新鲜、品类齐全的生鲜产品，又带来了现代超市舒适的购物环境和一站式购物体验。门店布局以临近社区为主要方针，重在接近家庭主妇，以形成稳定的客源。公司建立自有的蔬果基地和菜农签订长期合同保证蔬菜的供给；建立自己的食品加工园生产自己的定牌食品。公司向厂家、农户和基地等产品源头直采的比例达到76%，这样比较容易实现异地扩张，将成为下一个类似苏宁的海鲜超市。

从永辉超市（601933）上市财务数据看，历年净资产收益率均高于行业平均值6.30%，表明公司盈利能力较强。因部分新投资项目尚在建设期，短期净资产收益率有所下降，但随着跨区门店、农产品加工配送中心等项目的建成，公司的营业收入和利润水平将会增加，净资产收益率有回升潜力（见表11.4）。

表11.4　永辉超市(601933)上市财务数据

类别 \ 时间	2007年度	2008年度	2009年度	2010年上半年
主营业务收入（万元）	367 317.05	567 816.22	847 481.58	561 113.61
同比增长	-	54.58%	49.25%	-
净利润（万元）	12 981.61	21 370.78	25 429.29	13 829.70
净利润增长率	-	64.62%	18.99%	-
净资产收益率	30.41%	26.42%	24.10%	12.3%

资料来源：公开资料，CVCRI整理。

2. 电器连锁龙头企业——苏宁电器

2010年国家鼓励购买家电的政策力度加大，“家电下乡”限价提高，“以旧换新”政策延长、试点区域增加，政策助推家电行业高速发展。2010年苏宁运营管理效率进一步提升，面向未来十年发展战略全面铺开，物流平台建设在全国范围内全面展开，自建店、旗舰店、精品店、县镇店连锁发展向纵深推进，自营销售、渠道拓展齐头并进，旗下电子商务平台苏宁易购网早在2010年1月正式上线。

苏宁电器营业收入2009年超越国美电器，已稳坐行业老大，成为中国最大商业零售企业。苏宁通过系列营销变革继续保持较好的成长性。从苏宁电器上市财务数据（见表11.5）看，2010年1月～9月，公司主营业务收入543.015亿元，比上年同期增长30.61%；净利润28.2778亿元，比上年同期增长43.57%。2010年1月～9月公司净资产收益率16.5%，显著高出行业平均值7.84%。

表11.5　苏宁电器(002024)上市财务数据

类别 \ 时间	2007年度	2008年度	2009年度	2010年1～月9月
主营业务收入（万元）	4 015 237.10	4 989 670.90	5 830 014.90	5 430 152.30
同比增长	53.48%	24.27%	16.84%	30.61%

类别＼时间	2007年度	2008年度	2009年度	2010年1～月9月
净利润（万元）	146 542.60	217 018.90	288 995.60	282 778.60
同比增长	93.42%	48.09%	33.17%	43.57%
净资产收益率	31.69%	24.73%	19.88%	16.50%

资料来源：公开资料，CVCRI整理。

苏宁电器营业规模和盈利能力均独占鳌头，在国内家电零售业无惧内外资企业的竞争，营业范围开始向国外延伸。早在2009年12月苏宁电器正式宣布收购位列香港电器零售连锁前三的镭射公司（Citicall Retail Management Ltd）业务及相关资产，此前，苏宁电器已经通过其香港的公司完成对日本老牌家电连锁企业LAOX的控股，2010年8月，苏宁电器增持LAOX公司发行股份至34%，进一步巩固大股东的地位。通过两次并购，苏宁电器完成在香港和日本电器连锁市场的初步布局，获得了进军海外的最好"跳板"和训练基地，将自身的国际化战略推向纵深。

三、零售行业风险投融资概况及特点

（一）零售行业投融资概况

在扩内需政策的支持引导下，中国零售行业连续两年高增长。零售机构向多元化、专业化或综合化方向发展，企业发展模式、经营管理水平不断创新，零售行业的盈利性与创新性越来越受到风险投资家的青睐。2010年零售行业的投融资活动频繁，融资规模、投融资案例热点不断，已经成为风险投资的热门行业。

2010年前十个月中国零售行业共发生风险投融资案例9起（见表11.6），已披露涉及金额近40亿元；其中最大案例是美国华平创业投资有限公司（Warburg Pincus LLC）携手中信产业基金、复星集团、渤海产业基金，四家联合向红星美凯龙注资26亿元；其余案例涉及服装、饰品、医药、零售连锁等子行业。

表11.6　2010年1月～10月零售行业主要风险投资事件

募资时间	投资方	投资金额（万元）	被投资方	行业
1月战略投资	雅戈尔集团股份有限公司	68 800	苏宁电器股份有限公司	商贸行业
3月财务投资	Doll资金管理公司	未批露	上海眸世贸易有限公司	电子商务
4月财务投资	深圳市创新投资集团有限公司	未批露	北京金一文化发展有限公司	创意饰品
5月财务投资	兰馨亚洲投资集团	未批露	特星连锁集团	运动休闲用品连锁
6月财务投资	美国华平投资集团	260 000	红星美凯龙集团	商贸行业
6月创投	浙江新和成股份有限公司	10 000	成都红旗连锁有限公司	商贸行业
6月财务投资	昆吾九鼎投资管理有限公司	15 000	成都红旗连锁有限公司	商贸行业
7月创投	联想投资	15 000	云南鸿翔二心堂连锁药店	连锁药店
8月创投	沃银德克资本	约27 080	新合作商贸连锁集团有限公司，融资额4000万美元	商贸行业

募资时间	投资方	投资金额（万元）	被投资方	行业
5月财务投资	统一拟成立规模10亿至30亿元人民币的股权投资企业，投资管理公司股东分别为统一旗下的皇茗资本有限公司与上海国际集团资产管理有限公司			拟参股内地餐饮零售企业

资料来源：公开资料，CVCRI整理。

2010年前十个月共有10家零售企业在海内外证券市场IPO（首次公开发行）（见表11.7），境内上市8起，融资金额137.868亿元人民币；香港上市2起，融资金额35.06亿港元。上市公司数量相比2009年19家略有下降，但募资额却有显著增加。表明随着经济、证券市场回暖，大型零售企业、零售连锁、超市、药品批零企业等受到资本市场热捧。

表11.7　　2010年1月～10月零售企业IPO（上市）事件

证券代码简称	证券	发行数量（万股）	市盈率	募集资金	上市地点	所属行业
002419天虹商场	天虹商场股份有限公司	5010	46.51	200 400万元	深交所中小板	日用百货零售
002336人人乐	人人乐连锁商业集团股份有限公司	10 000	49.05	269 800万元	深交所中小板	日用百货零售
002344海宁皮城	海宁中国皮革城股份有限公司	7000	69.33	140 000万元	深交所中小板	综合批零
002462嘉事堂	嘉事堂药业股份有限公司	4000	50	48 000万元	深交所中小板	医药批发零售
600998九州通	九州通医药集团股份有限公司	15 000	65	195 000万元	上海证交所	医药批发零售
002492恒基达鑫	珠海恒基达鑫国际化工仓储股份有限公司	3000	44.2	48 000万元	深交所中小板	石化仓储
601933永辉超市	永辉超市股份有限公司	11 000	62	263 780万元	上海证交所	连锁零售
002416爱施德	深圳市爱施德股份有限公司	5000	49.45	213 700万元	深交所中小板	连锁零售3C
01700华地国际	华地国际控股有限公司	62 500	-	296 500万港元	香港证券交易所	零售连锁
01280汇银家电	汇银家电（控股）有限公司	25 000超额配购4797	42	54 100万港元	香港联合交易所	批发零售

资料来源：公开资料，CVCRI整理。

本年度零售上市企业再融资事件4起（见表11.8），再融资总金额20.5亿元。再融资活动集中在百货、医药两个行业，所融资金主要用于收购商业物业项目、建设物流基地，或自建产品基地。再融资活动均采取向机构投资者、原股东等特定对象的非公开发行方式，表明机构投资者对零售行业投资前景看好。

表11.8　　2010年1月～10月零售上市企业再融资事件

股票代码	股票简称	发行数量（万股）	发行价格	募集资金（亿元）	增发对象与方式
600858	银座股份	5384	22.52	11.92728	向六名投资者非公开发行
000564	西安民生	3396	5.74	-	向大股东海航商业控股在内的不超过10名对象定向增发
002187	广百股份	888	20.72	-	向不超过10名特定对象非公开发行
600713	南京医药	4587	10.90	4.769819	向控股股东南京医药集团等4名特定投资者发行

资料来源：公开资料，CVCRI整理。

本年度国内零售行业的兼并收购活动也是异彩粉呈，共发生并购案例11起（见表11.9），已披露的购并金额达30.583亿元。另有一起减持事件，施罗德投资管理公司减持巴黎春天百货有限公司2384万股，持股量7.17%降至6.6%。

并购活动涉及百货、超市、家具连锁、时尚用品、网上超市、供销超市以及农副食品物流加工等企业。规模扩张是零售行业最主要的竞争手段，并购是主导企业做大做强的既定战略。尤其在超市和百货两个竞争激烈的行业，随着部分城市网点资源日益稀缺，以自开新店为主的扩张模式正逐渐向资本运作为主的兼并收购模式过渡。同业并购主要发生在区域龙头公司并购区域内外中小型企业以及跨国企业之间的并购，如广州广百并购广州新大新，北京银泰百货并购北京燕莎，家具连锁龙头企业红星美凯龙并购中高档家具连锁企业吉盛伟邦，家乐福集团并购河北保龙仓等。

此外，有多起并购案例是跨行业企业之间的并购，主要是制造型企业向零售企业转型，如奥康集团收购意大利万利威德"老字号"鞋业，打造中高端鞋业品牌；明辉国际控股有限公司收购国内美妆行业知名企业奥天集团，成为集化妆品、时尚用品产销一体的企业。另有，中国平安保险并购1号店网上超市80%股权，借机涉足医药网购，"平安药网"已经上线。

表11.9　　2010年1月～10月零售行业主要兼并收购事件

兼并时间	收购企业	投资金额（万元）	目标公司	行业
1月并购	广州市广百股份有限公司	18 400	广州市新大新公司	日用百货零售
1月并购	北京物美商业集团股份有限公司	约13 640	卜蜂莲花（原易初莲花）交易金额2000万美元	超市
1月并购	红星美凯龙集团	未批露	吉盛伟邦家具集团	家具连锁
1月并购	浙江供销超市有限公司	未批露	湖州老大房超市有限公司	供销超市
1月减持	施罗德投资管理公司	约6420	巴黎春天百货有限公司，减持交易金额7314.11万港币	商贸行业/服装
4月并购	中粮集团有限公司	27 000	陕西西瑞（集团）有限责任公司	农副食品/物流加工
6月并购	明辉国际控股有限公司	25 000	奥天集团	时尚用品
7月并购	家乐福集团	未批露	河北保龙仓商业连锁经营有限公司	超市
8月并购	中国平安保险	未批露	1号店网上超市	网上超市
10月并购	银泰百货	约138 214	北京燕莎友谊交易金额161 250万港币	日用百货零售
10月并购	海航商业控股有限公司	90 000	上海家得利超市有限公司	连锁超市

资料来源：公开资料，CVCRI整理。

（二）零售行业重点投资事件

1. 华平创投携手中信、复星集团及渤海产业基金联合向红星美凯龙投资

2010年6月19日，美国私募股权公司华平创业投资有限公司携手中信产业基金、复星集团、渤海产业基金，四家联合向红星美凯龙注资26亿元人民币（合3.8亿美元）。此次多方联合投资是继2007年美国华平投资集团2亿美元注资后，红星美凯龙获得的的第二轮融资，这也是目前中国家居行业史上最大的一宗融资案例，红星美凯龙两次共融资约38亿元人民币。

红星美凯龙主要销售家具和家庭装饰品，瞄准中国的家庭装潢市场。从买地、建房、到招商开业的扩张奠定了红星美凯龙以大型连锁家居购物中心为轴，不断辐射更多资本，实现资本与规模的循环模式。截至2010年5月，红星美凯龙已在全国各大城市开办了66家商场，2009年销售收入突破313亿元，成为中国家居连锁行业龙头。红星美凯龙启动上市计划对其物业数量、盈利能力提出了更高的要求，因此在大规模扩张店面过程中对其资金链提出较高要求。此次26亿元的融资，将为红星美凯龙下一步扩张与精细化运作带来原动力和保障。先进的企业管理经验与国际化的视野，也将通过红星美凯龙影响到整个行业。

投资方中信表示，在欧美前三大家居流通企业占据市场60%的份额，而中国前三大家居流通商仅占5%。家具是人们日常生活中不可或缺的消费品，伴随着城市化浪潮及家居生活升级决定了此行业的长盛不衰。风险投资对中国家居流通业前景看好，家居行业有巨大的发展潜力，有可能出现像家电零售巨头国美和苏宁一样的连锁企业。

2. 物美商业并购天津易初莲花及湖州老大房超市

2010年1月，浙江供销超市与湖州老大房超市有限公司已正式签订合作协议，浙江供销超市按照1：4.5的价格比例，收购浙江省千镇连锁超市龙头企业湖州老大房超市51%股权，绝对控股老大房。本次合作的真正收购方是浙江供销超市的控股公司物美集团。这是物美在并购易初莲花天津业务后二度出手。

物美商业（08277.HK）为香港H股上市的零售企业，在全国的超市连锁业中排名约为第7位，是北京、浙江及天津地区领先的食品零售商。2010年，物美在北京、浙江及天津地区继续推行着区域巨头策略，进一步加强区域市场渗透，保持大型超市数量和销售额不断提升，盈利能力不断加强。物美在自行开发新店的同时，积极寻找并购机会，扩展市场占有率。在北京，完成了对北京美廉美连锁商业有限公司25%全部少数股东权益的收购；在浙江，并购了拥有2家大型超市、33家便利超市的湖州老大房超市有限公司51%权益；在天津，将天津易初莲花连锁超市有限公司於天津的四家店铺全部纳入本集团旗下。

截至2010年9月30日，公司共有店铺总数达483家，其中大型超市119家，便利超市364家，总销售面积达59.26万平方米。系列深度市场渗透行动使物美成为北京、天津及浙江最重要的零售企业，并迅速扩大了市场占有率。在此基础上的IT、物流系统和高超的管理能力为其内生性增长奠定了硬件和软件方面的基础。受益于销售及其他业务的稳定发展，第三季度公司实现净利润1.2亿元，同比增长20.9%，基本每股收益0.09元，同比增长12.5%。

四、行业政策环境分析

（一）零售业行业政策概述

商务部致力于相关法律、法规和产业政策的制定与实施，基本确立以市场主体、市场行为、市场秩序、市场调控及信用管理等主要内容的商业法律体系的总体框架。2008年金融危机引发政策层面对内需的重视，2008年年底国务院办公厅下发了《关于搞活流通扩大消费的意见》，其中包含7个方面、20条内容。这是一个全面的、系统的、连续的、指导性的政策文件，包含有多个子项目，且有中央财政列出专项资金支持。中央财政安排了促进农村物流服务体系、促进服务业发展和中小商贸企业发展资金以及汽车、家电下乡、以旧换新资金。各级地方政府也高度重视，出台了具体实施方案并安排配套资金。这一系列政策措施实施两年来，对相关产业发展影响深远，对拉动内需、扩大消费，保持国民经济平稳较快增长发挥了积极作用。部分政策仍将延续，试点性政策范围有扩大的趋势。

商务部已经连续三年把消费作为拉动经济增长、促进中国经济发展的重要动力，出台了大量促消费政策。从消费政策、流通政策到金融政策，多措施并举，加快农村市场体系建设，促进城乡市场协调发展。

2010年颁布的政策法规主要集中在农产品流通、食品安全、电子商务及汽车、家电政策的延续。政策着力构建农村服务体系、规范产品质量与安全、促进中小商贸企业发展、搞活商品流通并促进服务业发展的政策体系。近年出台的商贸流通（零售）行业相关政策法规见表11.10。

表11.10　近年出台的商贸流通（零售）行业相关政策法规

发布时间	政策法规名称	颁布部门	政策主要内容
一、商贸流通服务业发展大政方针			
2008-12-30	关于《搞活流通扩大消费》的意见 国办发［2008］134号	国务院办公厅	贯彻落实中央经济工作会议精神，搞活流通、扩大消费
2009-02-5	关于《做好支持搞活流通扩大消费有关资金管理》的通知 财建［2009］16号	财政部、商务部	中央财政增加农村物流服务体系发展专项资金和促进服务业发展专项资金，以后年度要继续加大投入，支持商贸流通服务业发展，搞活流通扩大消费
二、农村、农产品流通			
2009-05-26	关于印发《农村物流服务体系发展专项资金管理办法》的通知 财建［2009］228号	财政部	农村物流服务体系发展专项资金重点支持："万村千乡市场工程"建设、"农超对接"项目、"双百市场工程"建设、完善农业生产资料流通体系，支持农村物流信息公共服务平台、电子交易平台建设
2010-06-18	关于印发《农产品冷链物流发展规划》的通知	国家发展改革委	加快发展农产品冷链物流，对于促进农民持续增收和保障消费安全
2010-09-15	关于《农产品现代流通综合试点指导意见》的通知 商建字［2010］278号	商务部办公厅 财政部办公厅	中央财政支持部分地区开展农产品现代流通综合试点，力争在3年～5年内初步建成高效、畅通、安全的农产品现代流通体系
2010-09-26	关于《肉类蔬菜流通追溯体系建设试点指导意见》的通知 商秩字［2010］279号	商务部办公厅 财政部办公厅	建设来源可追溯、去向可查证、责任可追究的肉类蔬菜流通追溯体系，提高经营者、市场开办者的责任意识和食品安全保障能力
三、食品安全			
2010-01-21	关于印发《食品安全风险评估管理规定（试行）》的通知 卫监督发［2010］8号	卫生部、工信部、农业部、商务部、工商总局、质检总局、药监局	规范食品安全风险评估工作，卫生行政部门依照食品安全法有关规定组织的食品安全风险评估工作。控制风险所在环节
2010-10-20	《食品安全国家标准管理办法》 中华人民共和国卫生部令 第77号	卫生部	保障公众健康，以食品安全风险评估结果为依据，制定食品安全国家标准
四、电子商务			
2009-11-30	关于《加快流通领域电子商务发展》的意见 商商贸发［2009］540号	商务部商贸服务司	加快流通领域电子商务发展，扩大网上消费群体，扶持传统流通企业应用电子商务开拓网上市场，培育新型消费模式和消费领域，降低流通成本，加快商品和服务价值的最终实现
2010-05-31	《网络商品交易及有关服务行为管理暂行办法》 国家工商行政管理总局令 第49号	工商总局	规定C2C市场中自然人卖家需实名登记，公开营业执照登载的信息，并要求电子商务平台网站加强监管、规范服务
2010-06-24	关于《促进网络购物健康发展》的指导意见 商商贸发［2010］239号	商务部商贸服务司	改善交易环境，规范交易行为，拓宽网络购物领域，推进网络购物发展，满足消费者需要，力争到"十二五"期末网络购物交易额达到我国社会消费品零售总额的5%～10%左右

发布时间	政策法规名称	颁布部门	政策主要内容
2010-11-18	关于《开展电子商务示范工作的通知》	商务部	商务部决定在全国范围内开展电子商务示范工作，通过示范带动电子商务健康发展，加大电子商务推广应用力度
五、汽车、家电刺激政策			
2009-02-26	关于《加大家电下乡政策实施力度》的通知 财建［2009］48号	财政部 商务部 工信部	进一步加大家电下乡政策实施力度，扩大家电下乡补贴品种，增加到10类；补贴产品限购政策从原来每户每类产品限购1台调增到2台
2009-12-28	关于《调整汽车以旧换新补贴标准有关事项》的通知 财建［2009］995号	财政部 商务部	适当调高汽车以旧换新补贴标准
2010-01-08	关于《继续实施汽车下乡政策》的通知 财建［2010］4号	财政部、发改委、工信息部等	汽车下乡政策实施延长一年，至2010年12月31日止。摩托车下乡政策执行到2013年1月31日
2010-01-08	关于《延长实施汽车以旧换新政策》的通知 财建［2010］4号	财政部、商务部、环境保护部	加大对汽车报废更新的资金扶持，提高补贴标准，增加补贴范围，促进汽车更新换代
六、其它政策：信用消费、服务业投资、中小商贸企业发展等			
2009-07-10	关于《2009年度中小商贸企业发展专项资金使用管理有关问题》的通知 财办建［2009］72号	财政部 商务部	中央财政设立中小商贸企业发展专项资金，重点用于支持中小商贸企业融资担保费用补助、国内贸易信用险费用补助，支持符合条件的中小商贸企业市场开拓（参展、品牌培育）等
2009-07-22	《消费金融公司试点管理办法》 中国银行业监督管理委员会令2009年第3号	中国银行业监督管理委员会	批准设立服务于居民个人消费的非银行贷款金融机构，加大金融对扩内需促消费的支持力度。支持和规范商贸信用服务业，创新信用消费模式，扩大信用保险补助范围，推进信用消费
2010-02	商务部办公厅关于《做好2010年内贸领域会展促消费工作》的通知 商办商贸函［2010］122号	商务部办公厅	发挥会展业在拉动内需、搞活流通、促进经济发展以及结构调整中的积极作用，带动广大企业特别是中小商贸企业通过会展开拓市场、扩大消费的工作
2010-04-13	关于《完善生产资料流通体系》的意见 商商贸发［2010］115号	商务部商贸服务司	健全生产资料流通体系，发展现代流通方式，创新经营模式，完善服务功能，推进生产资料流通有序协调健康发展
2010-05-07	国务院关于《鼓励和引导民间投资健康发展》的若干意见 国发［2010］13号	国务院	拓宽民间投资的领域和范围，鼓励和引导民间资本进入法律法规未明确禁止准入的行业和领域，包括商品批发零售、商贸流通领域等
2010-11-22	关于《流通服务业节能减排》的指导意见	商务部	推动重点节能减排技术在流通服务业广泛运用，加快形成有利于节约资源、保护环境的经营模式和消费模式

资料来源：公开资料，CVCRI整理。

（二）重点政策点评

1.《关于农产品现代流通综合试点指导意见的通知》

2010年9月15日商务部、财政部下发《关于农产品现代流通综合试点指导意见的通知》，将在河北、辽宁、浙江、山东、河南、湖北、重庆、新疆等地开展农产品现代流通综合试点工作，力争3年～5年内初步建成高效、畅通、安全的农产品现代流通体系。

开展农产品现代流通综合试点是搞活农产品流通，扩大内需的内在要求；是保障食品安全，改善民生的重要举措。综合试点主要内容是加强农产品流通基础设施建设，推行农产品流通标准化、品牌化和包装化，打造现代化农产品流通链条。重点支持试点地区农产品批发市场改造升级，完善功能；支持农贸市场提档升级，改善交易环境；支持大型连锁超市与从事鲜活农产品生产的农民专业合作社或农业产业化企业开展农超对接，发展订单农业，培育优势农产品；鼓励探索具有地方特色的农产品流通模式。

商务部在搞活流通扩大消费中，积极开展“万村千乡”、“双百市场”、“农超对接”工程，目的是建立完善农产品流通体系，解决农产品卖难和买难问题，搞好市场平衡发展。一批大型连锁超市及农产品流通企业开展“农超对接”，政策通过支持配送中心等流通基础设施建设和农产品创品牌，建立稳定的购销关系，构建我国农产品现代流通体系。

2.《关于开展电子商务示范工作的通知》

2010年11月，商务部发布《关于开展电子商务示范工作的通知》，商务部决定在全国范围内开展电子商务示范工作，通过示范带动促进电子商务规范健康发展，加大电子商务等现代流通方式和新型流通模式推广应用力度。

苏宁易购是传统商业企业进军电子商务的典型，B2C网络平台结合苏宁实体门店、品牌、配送、安装等传统优势，网上协同发展，弥补实体店区域覆盖空白。

中国经济结构调整的关键是扩大内需，经济发展方式转变下的流通模式的转型作为转方式、调结构的重要举措。现代流通方式要进一步缩短流通环节、减少流通成本、方便居民消费，同时为外向型中小企业扩大本地市场提供通道，既要满足消费者需要，又要保证中国制造业的企业利益，为此，政府出台一系列政策积极发展电子商务。拓宽网络购物领域，推进网络购物发展，力争到“十二五”期末网络购物交易额达到我国社会消费品零售总额的5%～10%左右。电子商务将成为“十二五”时期政府加强市场流通体系建设一大要点。

（三）政策前瞻

在市场流通和国内贸易领域，目前为止尚未形成一个明确清晰的市场流通法律体系。据悉，商务部正在酝酿推动一部《市场流通基本法》，系统规范市场流通体系。

党的十七届五中全会审议通过的《中共中央关于制定国民经济和社会发展第十二个五年规划的建议》提出，坚持扩大内需特别是消费需求的战略，必须充分挖掘我国内需的巨大潜力，着力破解制约扩大内需的体制机制障碍，加快形成消费、投资、出口协调拉动经济增长新局面。在流通领域，商务部拟将已出台的刺激经济的短期目标、短期政策进一步常态化，构建一个促进消费增长的长期政策。

五、零售行业投资价值与投资风险分析

（一）行业发展环境分析

1. 国家宏观经济的较高增速仍将推动零售行业未来几年的高增速

未来几年国家宏观经济增速仍将维持在8%～10%的较高水平，现阶段政府增加居民收入及促内需政策将使消费取代投资成为未来我国GDP增长最重要驱动力。2010年1月～10月，全国社会消费品零售总额累计125 313亿元，同比增长18.3%，全年人均社会消费品零售额将超过万元，消费品市场进入一个新的发展阶段。二三线城市的人均收入已经达到一线城市百货高速增长期的水平，消费结构的升级与消费普及成为拉动消费品市场增长的重要动力。经济增速仍处在较高水

平，温和通胀趋势明确，居民收入持续增长，都是推动商业零售行业增长的有效驱动力，零售行业未来几年的高增速非常明确。

2. 扩大内需的政策受到前所未有的重视，为零售行业发展提供良好的政策环境

"十二五"规划的建议提出"坚持扩大内需特别是消费需求的战略"，扩大内需首次在建议中成为独立章节，这表明中国将"扩大内需"战略上升到一个新的高度。国家宏观政策调整，"十二五"期间将构建促消费的长期政策。商务部采取多项政策措施搞活流通、扩大消费。在搞活流通方面，要继续建立和完善四大体系：一是农产品流通体系建设；二是工业消费品流通体系的完善；三是生产资料批发体系的建立；四是服务业体系的形成。在扩大消费方面，重点抓六项工作：一是扩大农村消费；二是增加城市消费；三是推动换代消费，如继续完善"以旧换新"政策；四是开展信用消费；五是规范和促进网上消费；六是抓好节庆消费。搞活流通扩大消费的各项政策为零售行业提供良好的政策环境，零售行业"十二五"期间具有很大提升空间。

（二）零售行业发展趋势分析

1. 中国正处于走向消费大国的历史拐点，消费结构明显升级

国际经验表明，在人均国民收入达到3000美元后，投资出口对GDP的影响呈下降趋势，消费成为经济增长的主要动力。2009年，我国人均国内生产总值超过3700美元，当前，中国正处于这一重要转折期。改革开放30年来，我国居民消费跨越了温饱阶段而进入初步小康。消费热点不断变化，从以吃饱穿暖为主到"老三件"、"新三件"，再到现在的住宅热、轿车热以及教育文化、医疗保健、旅游休闲等消费日益增长。

中国进入发展型新阶段，克服过去片面追求GDP增长的弊端，走向公平与可持续发展，不再"为生产而生产"、"为增长而增长"，而是将增长建立在多数人消费能力提高的基础上。走向消费大国，是作为一个发展和转型中的大国针对后危机时代国际环境变化的必然选择。尽管中国的消费率绝对值还比较小，但消费的增速相当快。随着城市家庭收入的提高和城市化进程加速，城乡消费开始提速。2010年继续实施的促消费政策，如家电下乡、汽车下乡、以旧换新、农机具购置补贴、节能产品惠民工程等有效激发了城乡居民的消费潜力。

2. 零售模式呈现多元化

中国零售业正处于变革和高速发展时期，随着经济、技术的发展、消费者消费观念的变化，消费者希望购物环境越来越好、购物越来越方便。伴随着人们生活水平的提高，生活方式的多元化、个性化的变化，商品本身向着专业化、精品化、健康化方向发展，为适应这种变化，零售业业态将向着细分化、差异化、特色化方向发展，新的零售业态顺应而生，中国已形成了业态俱全的商业格局。

零售业态具有时代特征，适应新形势的连锁店、加盟连锁、特约经销、电子产品/医药专业店、精品店中店、便利店、大卖场、商品大集、家居购物广场、购物中心、网络商场等新型业态在快速发展，这将使传统零售店受到挑战。

低碳经济的发展环境，也促使传统店进行转变。在低碳经济环境下，我国在流通市场体系建设、市场监管、扩大消费等方面的政策、法规标准等将会发生新的变化，消费者的消费观念也随着3G、互联网、电子商务的普及在发生新的变化，这些将对零售业的发展产生深远的影响。

3. 行业盈利模式发生改变，零售商与生产商竞争产品品牌与定价权

长期以来，国内百货业、家电连锁行业普遍采用厂商联营或引厂进店经营，收取联营扣点的盈利方式，不具有经营商品的所有权、定价权。这种模式一方面造成供零关系紧张，大品牌厂商制约小牌零售企业，大牌零售企业又制约小品牌厂商；另一方面弱化了零售企业终端营销服务功能，影响零售企业自主扩张、创新的能力，不利于零售业健康发展。

零售企业在与不同业态企业的竞争之中，开始注重零供合作关系，转变对上游供应链利润的挤压，转向提高自身的经营管理能力，通过直采自营、自主物流配送、定制产品及自主商品品牌等经营方式向流通价值链的多个环节挖掘利润。一些零售业已开始加大自营商品的比重，向自营化回归，赚取进销差价。针对部分快消商品及客户消费偏好，通过ODE和OEM模式推出定制商品及自主品牌商品，依托中国制造的基地优势，大型零售商谋取品牌与产品定价权。

（三）零售行业投资价值分析

1. 商品流通环节与零售价值链分析

商品流通的主要环节：从生产方（供应商）完成制造过程，通过厂商之间的供销关系和配送环节进入零售卖场（见图11.3）。

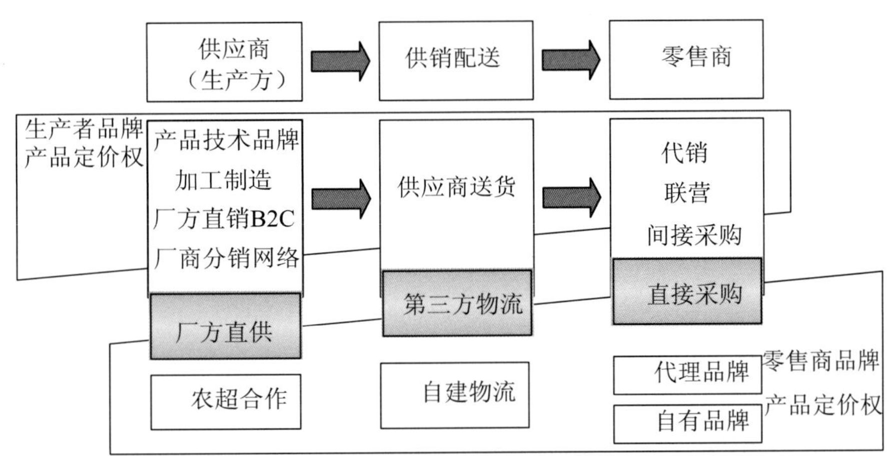

图11.3　商品流通环节与零供合作关系

零供合作关系决定了零售价值链。零售价值链从拥有基本的代销或联营扣点费用延伸到拥有产品定价权的进销差价、产品品牌溢价、产品技术价值等环节层层推进。零供关系有多种情况，如代销、联营模式，通过生产者的区域分销商间接采购或从总部直接采购的自营模式，打造零售商品牌的自有商品定制、品牌代理的模式。

大型零售商在不断提高自身的经营管理能力的基础上，开始实行品牌代理、定制产品、推出自有品牌商品等业务模式向商品价值中的品牌、产品技术等环节挖掘利润。对于以大众消费为主，同时价格不透明、需求弹性低的日化及快消品，零售企业有创建自主品牌的动力和必要，其经营意义和价值将逐步凸显。在消费升级的大背景下，消费趋势不断向时尚化、个性化的方向发展，推出自主品牌的产品有助于零售企业锁定目标客户群；另外，自主品牌可抑制产品提价因素，开发对价格不敏感的自主品牌产品可获取品牌溢价。

2. 强化供应链管理，打造高效的供应链体系

高效的供应链管理系统是连锁零售企业的核心竞争力，谁建立了供应链谁就掌握了主动权。一方面，超市的规模扩张需要高效的供应链保驾护航，另一方面，物流和供应链系统效用的最大化必须建立在一定规模基础之上，两者相互促进。

高效的供应链管理系统可提高周转率、节省流通费用，提高效率、降低成本。通过信息技术的运用和供应链的管理，连锁零售企业统一进货、统一配送、统一核算、统一管理、统一信息，提高了商品流通的效率。

大型零售连锁企业整合供应链中的物流配送系统、信息系统，打造企业的核心竞争力。本土零售企业学习国外先进经验，开始构建自主物流配送体系，强化供应链管理。以市场需求为导向，通过契约供应构建稳定的、高效的、多元化的供应链体系，采取全球 / 全国统一的直采模式 + 生鲜农产品本地采购 / 农超合作，谋求与供应商（生产方）达成互利共盈的合作局面。供应链管理主流趋势，提高直采比例，缩短流通环节；推出自有品牌产品，建立商店品牌的差异化，并向产品技术、产品品牌价值链延伸。

3. 实现规模化经营，新建店或兼并整合进行外延式扩张

零售行业处于快速成长期，中国城镇化正逐步推进，在一些快速增长的城市中，商业网点出现阶段性的总量不足。内外资强势零售企业继续外延式扩张，除在商业竞争激烈的地区通过并购方式扩张之外，外资超市开始向二、三级城市扩张，而本土区域龙头企业在区域内外跑马圈地建新店。

并购模式有国内连锁龙头企业开始境外并购，如苏宁并购日本企业、锦江酒店并购美国洲际集团；有全国性连锁龙头跨区域并购，内域龙头并购其他企业。

由于我国流通企业规模偏小，企业通过并购或其他方式进行重组，能够得到比较快速的发展。商务部鼓励流通企业兼并重组，积极支持企业兼并重组和上市。注重对大型流通企业集团的培育，增强其市场竞争能力，发挥其在市场的稳定和调控作用。

4. 立足主业多元化，区域零售企业向多业态多品牌多渠道延伸

面对国际大企业的竞争，本土商业企业开始重视战略的研究和长远的发展，谋求对本国零售市场的未来格局的主导。根据中国连锁经营协会、德勤共同合作并发布的《当前零售业发展趋势报告》，当前，区域零售企业的发展战略，已从围绕传统的商品销售获利模式，向关联产业多元化趋势发展。未来国内零售企业的发展趋势将主要表现在以下方面：一是在传统商超和百货业态的基础上，开始涉足大型商业综合体和社区商业中心等商业地产领域；二是针对不同区域市场消费者特点，实行细分自有多品牌发展策略，尤其是在高端市场和折扣店领域表现突出；三是加快建立电子商务与实体店相结合的销售模式，期望成为未来效益的新增长点；四是供应链管理向上游延伸，大型物流配送中心建设、原产基地采购、改善供应商合作模式等，将更加巩固主业核心竞争力；五是区域零售企业间并购将成为热点，未来他们还会涉足金融领域。

大型连锁超市向多业态延伸、以生鲜为突破口提升核心竞争力、加强物流建设提高上游能力、零售技术得到广泛重视和应用、人才激励制度得到空前关注、网络零售业务发展迅速等特点，引发出企业多元协同管理诸多问题，行业交流成为当前业者迫切的需求。

5. 实体店铺与网上交易有机结合，网上交易成为零售新渠道

2010年，温总理在政府工作报告中提出“积极发展电子商务”；商务部提出“十二五”期末，力争网络购物交易额占我国社会消费品零售总额的比重提高到5% 以上。巨大的网上购物市场发展空间，高速增长的态势，将吸引越来越多的传统零售商、品牌生产商以及其他力量积极地发展网络购物，网络购物将成为零售渠道之争的新战场。

实体店铺与网上交易的有机结合，是零售企业新的利润增长点。中国拥有最多数量的互联网用户、最多数量的手机用户，有了移动通讯与互联网的结合，网上销售和电子商务只是一个时间问题。网上交易的发展是流通业的一次革命，不仅使流通渠道、流通环节、流通半径发生了很大的变化，利润来源也发生了变化，网上交易将是连锁企业新的利润增长点。

6. 宏观经济给零售业发展带来的转机

“十二五”时期以转变经济发展方式和调整经济结构为主线，实现“从外需转向内需”、“从高碳转向低碳”、“从强国向富民”的三大转型。在调整结构的背景下，医药、零售百货、服装、食品饮料等行业将有比较良好的表现，金融保险、商务服务、科技服务、信息服务和创意等生产性服务业也将加快发展。但前期受国家政策扶持的部分制造业，如汽车、家电或将随着政策的退出而受影响。

当前宏观经济受美元走弱、自然资源和劳动力价格上涨等因素的影响，通胀压力明显。我国的居民消费价格指数从年初低点的1.5%一路上升至11月的5.1%。温和通胀有利于商业零售企业盈利提高，并助推零售业向自营化回归。在温和通胀宏观环境下，物价上涨带动的产品的零售价格上涨，零售企业自营产品存货价值上升，零售企业综合盈利能力将提高。居民收入持续增长、零售规模的扩大及自营业务可观的利润率都将成为推动零售企业自营化的有效驱动力。

（四）投资风险分析

1. 居民购买力风险

在我国国民收入分配格局中，劳动报酬增长缓慢，居民收入所占份额下降，城乡之间、地区之间和行业之间居民收入差距扩大，已经成为影响扩大内需，尤其是制约居民消费增长的主要障碍。

今后一段时间通货膨胀仍将显著，金钱购买商品或服务额都会渐渐降低，在居民收入没有显著增长的前提下，通货膨胀导致居民购买力下降。当前促进就业、调整收入分配关系工作进展不大，社会保障体系建设滞后，医疗体制改革低于预期，国内地产价格快速增长势头不能得到有效遏制，诸多因素可能导致居民消费能力不够、消费分流，制约当前居民消费率的提高，从而影响行业发展。

2. 融资风险

当前应对通货膨胀重新实行稳健的货币政策，银行存款准备金率重回历史高点，存贷款利率也将渐进上调。对流动资金高度依赖的零售企业，总体融资成本将上升。宏观经济面临下行风险，货币信贷偏紧的环境下，对于快速扩张、资金需求量大的类金融型零售企业可能会出现资金链问题和融资风险。

3. 市场风险

面对零售行业的高增长，内外资零售企业都不约而同地走向外延式扩张道路。外资超市在中国市场的丰厚收益，加上金融危机的压力，都使其加快了在中国的渠道布局，向二三线市场拓展。尤其2008年10月外资企业开店审批权从国家商务部下放到省一级商务主管部门，更为外资超市打开地方市场提供了便利。外资零售企业拥有雄厚的资金实力、完善的国际采购和全球配送系统、先进的经营管理方面的技术和经验，具有强大的竞争力。此外，国内部分势头强劲的区域型龙头企业开始跨区域扩张，发源于黑龙江的庆客隆连锁商贸计划在2010年将店铺铺满整个东北三省和内蒙古；湖南的步步高连锁超市更要在5年内将门店覆盖江西省绝大部分县城。内外资零售企业争先恐后进行规模扩张，超市的竞争已经逐渐从一线市场蔓延到二线市场。

因为零售行业较低的进入门槛，零售行业主体急剧增加。不同业态、不同渠道形式的形成与发展，加剧零售行业的竞争，压低零售企业的利润率。处在价值链上游的生产制造型企业通过直接开店的形式向零售终端渗透，与超市构成了直接竞争。大型食品、服装、日化等品牌企业依托自己的品牌影响力纷纷开设直营或加盟连锁专卖店进入各种商圈，锁定特定的消费者。

在业内外同行竞争压力之下，未来总部型零售企业在消费者、门店、供应商等方面的竞争关系将复杂化，这些变化趋势将使国内零售市场竞争环境日益严酷。部分企业将面临自身竞争力不足或市场已饱和而发生的竞争风险。

4. 经营管理风险

零售企业在规模扩张和多元化发展过程中，经营范围超出原先的行业范围。一般来说，立足主业的多元化投资可降低零售风险，增加安全性及利润率，但实际上，多元化并不适用于每个企业。因企业受限于自身资源条件和核心能力，最终收益与预期收益发生偏离。零售企业因市场份额不足，自建物流体系、加工基地建设、自有品牌等多元化整合举措受规模的制约，难以实现综合效益。

规模扩张和多元化意味着企业经营地域分散，机构膨胀、管理幅度加大和管理层次增加，使企业的整体支配能力下降。进入新产业后，员工队伍建设上需注入后续资源，通过引进或教育培训员工新领域的技术、生产、管理和销售等相关知识。但经验的取得非一朝一夕，涉及新业务，往往会因决策人员和管理人员在经营管理中出现失误，或基层人员因激励不够、努力程度不够导致满意度下降，从而导致公司盈利水平下滑。

参考资料

[1]“当前零售业发展趋势报告”，中国连锁经营协会、德勤合作发布

[2]“零售业风险预警机制的建立研究报告”，中国连锁经营协会

[3]第十二届中国连锁业会议材料

[4]数据来源：国家统计局

附　录

附录一 2010年中国风险投资大事记

政策法规

1. 1月1日，国家新闻出版总署全文发布了《关于进一步推动新闻出版产业发展的指导意见》（新出政发[2010]1号文）。

2. 1月5日，《在京设立外商投资股权投资基金管理企业暂行办法》（征求意见稿）正式公布，此举意味着北京成为继上海之后第二个允许外资PE落地的地区。

3. 1月17日，国家外汇管理局下发通知，宣布55件外汇管理规范性文件被废止或者失效。其中，2007年8月外管局同意天津滨海新区试点“港股直通车”的批复文件也宣布失效。

4. 1月22日，《昆明市创业投资引导基金管理暂行办法》正式出台，这是昆明市政府首个关于设立创投引导基金的详细文件，与此同时相应的工作方案也已一并出台。

5. 1月25日，国务院办公厅发布《关于促进电影产业繁荣发展的指导意见》，该意见指出，要加快推进国有电影事业单位转企改制和公司制、股份制改造；非公有制电影企业在多个方面将享受和国有电影企业同等待遇。

6. 2月4日，国家工商行政管理总局发布《外商投资合伙企业登记管理规定》，自2010年3月1日起施行。

7. 5月29日，《云南省股权投资基金备案管理试行办法》公布，并于8月1日起施行。该办法的实施将有助于云南企业的上市培育工作，对云南矿产、生物、旅游等优势产业的发展起到促进作用。

8. 7月6日，外汇局发布《关于境内银行境外直接投资外汇管理有关问题的通知》，用于规范境内银行境外直接投资外汇管理，完善我国对外直接投资统计制度，加强跨境资金流动监测和分析工作，该通知自2010年9月1日起实施。

9. 7月12日，海淀金融服务办公室发布《海淀区促进企业上市支持办法》，上市补助最高达120万元。

10. 7月14日，海南省出台《海南省中长期人才发展规划纲要（2010年～2020年）》，提出实施7项重大人才政策，鼓励设立创业投资基金。

11. 7月26日，国务院办公厅发布《关于鼓励和引导民间投资健康发展重点工作分工的通知》，将鼓励和引导民间投资的领域进一步细分并明确下来。

12. 8月5日，深圳市金融办发布《关于促进股权投资基金业发展的若干规定》，在股权投资基金总部落户奖励、工商登记、税收政策等方面给予全面的便利和优惠政策。

13. 8月6日，保监会正式公布《保险资金运用管理暂行办法》，规定险资不得直接从事房地产开发建设，不得从事创业风险投资。

14. 8月18日，国务院办公厅印发《贯彻落实国务院关于进一步做好利用外资工作若干意见部门分工方案》，将各部门职责进一步明确，要求优化利用外资结构，引导外资向中西部地区转移和增加投资。

15. 9月1日，银监会出台《关于高风险农村信用社并购重组的指导意见》，鼓励民间资本参与高风险农村信用社并购重组。

16. 9月5日，保监会发布《保险资金投资股权暂行办法》，保险资金投资未上市企业股权正式进入实战阶段，这也是我国首部私募股权投资办法。

17. 9月6日，国家发布《国务院关于促进企业兼并重组的意见》，指出将从体制改革突破和财政信贷政策倾斜等方面，积极推动企业兼并重组工作。

18. 9月6日，国务院出台《关于中西部地区承接产业转移的指导意见》，指出要依托中西部地区产业基础和劳动力、资源等优势，推动重点产业承接发展。

19. 9月8日，《国务院关于加快培育和发展战略性新兴产业的决定》获批，节能环保、新一代信息技术、生物产业、高端装备制造、新能源、新材料和新能源汽车七个产业将被重点培育、加快推进。

20. 10月9日，新闻出版总署下发了《新闻出版总署关于发展电子书产业的意见》，就发展电子书产业提出了具体要求和发展目标，以及时促进这一新兴产业良性发展。

21. 10月26日，四部委联合下发《关于豁免国有创业投资机构和国有创业投资引导基金国有股转持义务有关问题的通知》，符合规定的国有创投，将可豁免国有股转持义务。

22. 11月4日，深交所发布《关于进一步规范创业板上市公司董事、监事和高级管理人员买卖本公司股票行为的通知》，将创业板高管离职后持股锁定期延长至18个月。

23. 11月10日，国家外汇管理局发布了《关于加强外汇业务管理有关问题的通知》，加强了对外商投资企业境外投资者出资的管理。

24. 11月13日，北金所发布《北京金融资产交易所私募股权交易规则》，正式启动PE二级市场交易，可提供投资退出服务。这是国内第一个PE二级市场交易平台。

25. 11月26日，国务院下达了《关于进一步鼓励和引导社会资本举办医疗机构的意见》的通知，明确提出在税收管理、政府投入等方面，社会资本举办的医疗机构可享受一系列优惠政策。

26. 12月1日，上海市发改委发布《上海市国有创业投资企业股权转让管理暂行办法》，首度对国有创业投资企业股权转让行为作出制度安排。

27. 12月3日，央行发布《非金融机构支付服务管理办法实施细则》，对支付机构从事支付业务的最基本规则、申请人资质条件等进行细化。

28. 12月21日，温州市政府出台了温州版促民资政策《关于鼓励和引导民间投资健康发展的实施意见》，鼓励和引导民间资本进入基础产业和基础设施、现代服务业、现代农业、战略性新兴产业等领域。

29. 12月27日，河北省政府出台《河北省促进股权投资基金业发展办法》，明确了河北省股权投资基金和管理企业的设立程序、登记注册条件和鼓励扶持政策。

30. 12月29日，财政部、科技部联合印发了《科技型中小企业创业投资引导基金股权投资收入收缴暂行办法》，就上述引导基金股权投资收入的收缴工作进行规范。

基金募集

1. 1月4日，邯郸高新创业投资有限公司正式成立，该创投公司由河北省邯郸高新技术创业服务中心发起，科技型中小企业创业投资引导基金、河北省科技风险投资有限公司等共同参与。

2. 1月4日，合肥高特佳创业投资有限责任公司成立，该公司由深圳市高特佳投资集团携手合肥市建设投资控股（集团）联合设立，注册资本2亿元，其中合肥市方面出资6000万元，高特佳公司出资5000万元，其余部分向其他社会投资人募集。

3. 1月6日，哈以创投管理公司成立，这是黑龙江省首个股权投资基金，管理规模为5亿元，主要投向哈尔滨地区的未上市优质成长型企业。

4. 1月6日，浙江“衢州赛伯乐创业投资有限公司”成立，该公司由浙江赛伯乐投资管理有限公司、杭州鑫辰创业投资公司与衢州市国资公司联合出资组建。

5. 1月8日，中信证券与美国投行Evercore Partners合资成立股权投资基金，新基金暂定名为中信证券国际基金（CITIC Securities International Fund），计划募资规模为5亿美元，目前，1亿美元已募集到位，倾向于投资能源、食品、农业和医疗保健领域的成熟型企业。

6. 1月9日，浙江红土创业投资有限公司在嘉兴市揭牌，该公司总募资规模预计在15亿～20亿元之间。

7. 1月9日，越商创投基金成立，该基金由金晖集团联合兴鑫集团、兴发集团、华联集团等7家绍兴企业和北京金瑞富、上海弘晖等知名创投公司共同发起设立，首期募集资金1亿元。

8. 1月11日，中国微金融发展投资基金成立，总规模10亿元，首期为3亿元，由国开行牵手国际金融公司（IFC）、瑞士蓝色果园基金等国际机构筹备设立。

9. 1月12日，中华软件服务投资（杭州）基金成立，规模为5亿元，由华软投资与杭州市政府引导基金联合发起，主要投资对象为软件服务产业。

10. 1月14日，联合国基金会宣布向中国提供435万美元，用于资助中国实施可持续能源和气候变化计划，其中包括为创建中国第一个清洁能源创业投资基金、支持《京都议定书》和建立成本低效益高的节能方案而提供的赠款。

11. 1月14日，浙商产业投资基金成立，该基金为有限合伙制，规模50亿元，首期募集资金不低于30亿元，由中银集团投资公司与浙江省铁路投资集团共同发起设立。

12. 1月16日，山西省发改委宣布山西省创投基金已正式成立，资金来源主要为“山西省煤炭可持续发展基金”，资金专项用于扶持创业投资企业发展。

13. 1月18日，北京惠农股权投资基金正式成立，一期注册资本5亿元，主要投资于农村金融机构、农业产业化龙头企业和消费品等行业，旨在优化农业和农村金融环境。

14. 1月18日，中国首支航天产业基金成立，首期募资30.3亿元，计划未来扩大到200亿元的规模，重点投资人造卫星、运载火箭、航天电子、太空生物及太空育种、重大装备制造等领域。

15. 1月19日，冀商九鼎产业投资基金正式运作，该基金由九鼎投资与河北省企业融资服务协会合作发起，首期基金规模不低于3亿元，主要投资于生物医药、电子信息、新材料等新兴产业。

16. 1月22日，河南农业开发产业投资基金在郑州正式成立，基金总规模48亿元，分4年募集完成。

17. 1月23日，城投控股发布公告称，公司投资2亿元设立的“上海诚鼎创业投资公司”正式揭牌。

18. 1月24日，内蒙古创业投资引导基金签约仪式举行，它标志着内蒙古创业投资引导基金正式启动运行。

19. 1月30日，上海联升新材料基金、千骥生物医药基金、时空五星投资基金落户上海，这三支基金由上海徐汇区政府和中科院、国投及上海创投等共同组建，注册资本分别为4亿元、3亿元、3.5亿元。

20. 2月1日，山东威达公告称，发起成立威海市创业投资有限公司，以现金出资1000万元，占威海创投总股本的9.09%。

21. 2月1日，电广传媒公告称，决定投资4750万元设立"电广传媒影业投资（北京）有限公司"，占新公司的95%股份。

22. 2月1日，加华伟业资本宣布完成新一轮消费品基金的募集工作，基金总规模5亿元，首次到位资金2亿元。

23. 2月8日，中信资本控股有限公司完成了中国基金二号的募集，总额达9.25亿美元。

24. 2月8日，江苏澄辉创投的36.6667%股权在江苏产权交易所挂牌，这也是该笔股权的第二次挂牌。

25. 2月10日，天津滨海新区新村街社区经济创业投资基金正式设立，拟募集100万元基金。

26. 2月11日，交通银行在香港的投资银行——交银国际宣布成立其首支直投基金，目标集资规模为2.5亿～5亿美元。

27. 2月23日，上海市徐汇区3家创业投资基金公司日前获审批通过。这3个创投基金由徐汇区出资近2.5亿元入股，总注册资本金为10.5亿元，将分别投向新材料、软件开发和生物医疗领域。

28. 2月25日，全国首家由科技创业孵化器牵头成立的创业投资基金在沪成立，基金规模为1亿元。

29. 2月26日，湘江产业投资基金成立，该基金由湖南湘投控股集团有限公司与招商证券股份有限公司共同设立，总规模为200亿元，分期募集，其中首期募集50亿元。

30. 2月26日，光大控股与江阴市四企业设立30亿元新能源产业基金，专门从事新能源、资源及关联企业的股权投资项目，基金计划投入期四年，第一阶段10亿元已经募集到位。

31. 3月1日，浙商创业投资公司宣布，其筹备的总规模为2亿元的“浙江诺海低碳基金”现已获得超过1.5亿元的出资额。

32. 3月3日，常熟中科东南创业投资有限公司成立，注册资本为3.5亿元，重点投资高科技、高成长、创新型项目和骨干企业。

33. 3月3日，安徽高科创业投资有限公司在合肥揭牌，注册资本为3亿元，主要为高成长性中小企业提供直接融资。

34. 3月3日，天泉投资完成天泉亚洲基金二期基金的募集，基金规模为1.84亿美元。

35. 3月4日，凯雷复星（上海）股权投资企业获得外资股权投资合伙制企业营业执照，该企业由凯雷投资集团与复星集团合伙组建，共同认缴的出资金额为1亿美元。

36. 3月6日，无锡市国联、无锡太科园和赛伯乐创投共同成立物联网并购基金，该基金将在五年内达到100亿元的首期基金规模。

37. 3月8日，英飞尼迪股权基金管理集团宣布，其旗下的Infinity I-China基金与北京、苏州、哈尔滨等城市联合新设立了6支合作PE基金，并通过引入成熟的技术和专利以支持中国地方经济的发展。

38. 3月10日，长园集团宣布，深圳长园盈佳与深圳市创东方、深圳市鹏能等共同出资设立股权投资基金，基金目标筹资金额为2亿元，其中长园盈佳出资2000万元，占10%的比例。

39. 3月15日，吉林省创业投资引导基金正式启动，该基金由深圳市创新投资集团、华犇创投、香港三恩资本和北京拓世诺金投资共同设立。

40. 3月18日，联想控股透露，公司成立了一支4亿元的天使投资基金，用于投资初创甚至还未正式成立的企业。

41. 3月22日，上海寅福创业投资有限公司宣告成立，这是第一家由科技创业孵化器申请而获批的创投基金，将面向上海科技型中小企业投放1亿元资金。

42. 3月24日，红点创投宣布完成4亿美元的募资，资金将主要用于投资社交网络、移动互联网、云计算和清洁技术等四领域的企业家和公司。

43. 3月30日，中科双盈创业投资基金在周庄镇成立，这是全国首家乡镇创投基金，规模为2.5亿元。

44. 3月31日，上海设立创业引导基金，规模为30亿元，首期10亿元已拨付到位，基金主要投向上海重点发展的高新技术产业化领域。

45. 4月6日，金地集团宣布，与瑞银环球资产合作发起的房地产基金第一期首次募集已完成，该基金将投资国内住宅开发项目。

46. 4月6日，西安航天新能源产业基金和陕西航天红土创业投资基金成立，两支基金总规模达51亿元，将投资于民用航天工业、新能源、新材料、清洁技术、先进制造业、光机电一体化、医药、生物科技、电子信息、服务外包和创意产业等领域。

47. 4月7日，凯雷集团宣布，已完成首支金融服务基金的募集，基金规模为11亿美元，主要用于投资银行、保险公司以及资产管理公司。

48. 4月12日，深圳高特佳投资与红塔创新投资宣布，分别获得来自昆明市科技型中小企业技术创新基金管理中心20万元和70万元的风险补助。

49. 4月12日，青岛市正式启动市级创投引导基金，重点投资生物、新能源、新材料、节能环保等新兴战略产业。

50. 4月13日，上海青浦领锐科技创业投资基金启动，规模为5亿元，用于引导青浦区科技型中小企业自主创新、做大做强，加快形成青浦区科技投资多元化的格局。

51. 4月14日，厦门首个政府引导基金——“厦门红土创业投资基金”成立，首期资金规模为1亿元，其中，厦门火炬集团和深圳市创新投资集团各出资3000万元，厦门中红石创业投资公司出资4000万元。

52. 4月17日，浚源资本在江苏无锡成立，首期规模为5亿元，2010年10月将扩大至10亿元，主要投资“两高六新”的创新型成长企业。

53. 4月20日，富邦金控和国开行、福建省政府共同成立产业投资基金，该基金注册资本50亿元，其中国开行持股40%，其他两方分别持股30%。

54. 4月22日，天津事安泰能源科技创业投资企业在滨海高新区成立，该企业由香港事安环保投资公司和天津海泰控股集团共同投资设立，注册资本为9999万美元。

55. 4月23日，泉州首家科技创业投资基金公司成立，注册资本为1亿元，其中，深圳市创新投资集团出资4000万元，泉州市政府出资3000万元，其余30%由民营企业出资认购。

56. 4月27日，天津天图兴盛股权投资基金成立，该基金是天图创投第四期PE基金，注册资本为5.05亿元，将重点投资于健康医疗、低碳经济、消费连锁和TMT领域。

57. 4月27日，1亿元规模的珠海红杉股权投资中心成立，该投资中心由珠海高新区和红杉资本共同设立，重点投资在高新区内从事新技术产业、文化创意产业和高端服务业领域的企业，并在产业资源整合、上市渠道等方面提供增值服务。

58. 4月27日，摩根大通（中国）风险投资公司在北京成立，该风投公司由摩根大通设立，投资方向将集中在新能源、环境保护、医药化工、生物科技等行业的成长型企业。

59. 4月27日，大众公用宣布，将独资成立大众资本创业投资有限公司，注册资本为5亿元。

60. 4月29日，连云港第一个创投基金“中科黄海”成立，该基金由中科招商发起设立，总规模50亿元，首期注册资本10亿元，其中连云港市财政和国有投融资平台企业合计出资1.5亿元。

61. 5月1日，佛山优势集成创业投资合伙基金成立，该基金由美国优势资本与佛山本土集成创投共同设立，注册资本为10亿元，首期资金3亿元已到位。

62. 5月2日，广西海东科技创业投资有限公司成立，该公司由柳州高新区管委会与青海明胶股份公司共同设立。

63. 5月5日，华融资产和重庆渝富资产组建重庆华融渝富基金公司，该公司将由华融资产控股，主要投资于改制重组的大中型国有企业集团。

64. 5月12日，东方富海完成第一支美元基金的募集，基金总规模为1亿美元。

65. 5月12日，天津汇智联合股权投资基金成立，基金规模为2000万元，该基金为天津市滨海新区首家私募股权投资基金。

66. 5月14日，顺德市设立科技型中小企业技术创新专项资金，主要用于扶持科技型中小企业技术创新项目和上级科技创新基金（资金）项目。

67. 5月17日，浙江首设高铁私募基金，该基金规模达20亿元，其中浙江省铁路投资集团以省政府专项铁路资金出资10亿元，中银集团投资公司出资10亿元的等值外币。

68. 5月17日，浙江省宁波市首个由国际私募股权基金与当地政府共同投资合作组建的创业投资基金项目——宁波新以创业投资基金正式启动。

69. 5月18日，扬州首家纯民资创投基金在邗江区成立，该基金由国内5家大型企业共同出资，武汉华工创投担当基金管理人。

70. 5月24日，华威国际宣布，该公司完成了第三支大中华区风险投资基金的募集，基金总规模为4亿美元。

71. 5月24日，由中国进出口银行主导的中国—东盟投资合作基金宣布首期已募集近10亿美元，且有中国投资公司出资并参股20%。

72. 5月28日，易联基金正式注册成立，该基金由国家开发银行和苏州工业园合作成立的创投引导基金、内蒙联创投资集团等作为发起股东设立，主要投资于全国各地的消费、服务、IT和新能源行业后期阶段的拟上市公司和中等规模上市公司。

73. 6月1日，联想控股设立4亿元天使投资基金，计划5年投完，用于扶持科技类创业企业的发展。

74. 6月5日，浙江省首家股权营运中心——“温州市股权营运中心”正式在温州挂牌，一贯以投资实业为主的温州人开始试水股权投资。

75. 6月8日，泰豪晟大创业投资有限公司宣布成立，泰豪晟大创投由泰豪科技股份有限公司与深圳晟大合资组建，注册资本5000万元。

76. 6月18日，烟台高新区设立创业风险投资引导基金，基金规模暂定1000万元，先期到位500万元。

77. 6月18日，湖北省首家合伙制私募创投基金在武汉开发区成立，该基金名称为武汉普洛顿创投基金，总规模拟定为3亿元，首期募资1.03亿元。

78. 6月19日，张家港市首家备案制公司型股权投资基金——张家港中科长江创业投资有限公司成立，该基金总规模50亿元，首期注册资本8亿元。

79. 6月21日，徐州市首家创业投资基金——徐州高新创业投资基金成立，该基金由江苏省高科技投资集团、徐州恩华投资有限公司、徐州市国盛投资控股有限公司三家联合创办，基金首期招募资金已达6000万元。

80. 6月22日，国内首个文化传媒产业基金——华人文化产业投资基金正式投入运营，该基金首期募资20亿元。

81. 6月23日，泉州红土创业投资公司成立，该公司由泉州市科技局、深圳市创新投资集团和福建名都房地产有限公司共同出资组建。

82. 6月25日，贝祥大连成长基金正式成立，该基金由贝祥（中国）基金和大连海融高新创业投资管理公司共同出资，基金规模为5亿元。

83. 6月28日，由深圳市创新投资集团等7家国内投资机构共同组建的中农科创投资股份公司正式成立，该公司由科技部委托组建，规模超过200亿元。

84. 6月30日，英飞尼迪宣布完成与成都市政府人民币合资基金的设立工作，该基金的规模为2亿元，将主要用于投资双方在清洁技术、信息技术、农业和技术孵化器领域的项目。

85. 7月6日，中国航空产业投资基金在天津挂牌，这是我国第一支投资于航空产业及相关应用领域的产业投资基金，该基金拟于2010年募集30亿元，远期规划融资额为200亿元。

86. 7月13日，美国IC专业风投公司Tallwood和无锡新区正式签约，合作成立5000万美元的IC专业投资基金，目标成为中国最成功的IC专业股权投资公司。

87. 7月14日，建银国际与上海市政府共同成立的环保基金——建银城投环保基金首期募集资金18亿元已全部到位。该基金长远目标规模为200亿元，由建银国际联合上海城市投资开发总公司共同设立。

88. 7月19日，亚洲私募股权FOF翠山基金宣布第二期基金募集完毕，规模达到3亿美元，翠山基金管理总资产已达到5亿美元。

89. 7月20日，海南成立“海南国际旅游产业基金”，该基金由工银国际投资管理公司与海航集团共同出资，为海南国际旅游产业的发展提供助力。

90. 7月23日，IDG和谐成长投资基金已完成总规模为35亿元的募集，其中全国社会保障基金理事会出资12亿元，成为最大投资人；中科院下属单位国科招商出资约10亿元。

91. 7月24日，DCM人民币基金和第六支基金（DCM Fund VI）完成募集，规模分别为2亿元人民币、4亿美元。

92. 7月28日，吉林省创立国家生物产业创业投资基金和汽车电子产业创业投资基金。两支基金是国家发改委、财政部启动实施新兴产业创投计划的首批试点基金。

93. 7月29日，国家科技部正式公布今年“科技型中小企业创业投资引导基金阶段参股”第一批项目名单，武汉科技创新投资有限公司获得资助金3000万元。

94. 7月30日，凯雷人民币并购基金落地北京，总规模为50亿元，其第一期基金获北京市政府逾10亿元投资。

95. 8月2日，中新跨境风险投资基金成立，规模为1亿新元。该基金由戈壁合伙人与新加坡媒体发展局合作建立，将扶持中国及新加坡的新媒体及高新技术早期成长型公司。

96. 8月3日，海峡汇富产业投资基金落户福州，这是海峡两岸合资的首个产业投资基金，预计总规模为200多亿元，其中首期规模50亿元。

97. 8月6日，NYPC首期人民币基金——卡贝太平洋投资基金将于年内募集完成。目标金额约10亿元，投资领域主要涵盖医疗保健、教育文化、清洁科技、现代消费品等新兴战略产业。

98. 8月9日，华融渝富股权投资基金在重庆挂牌，注册资本6000万元。该基金是国有资产管理公司与地方融资平台联合成立的第一家PE。

99. 8月9日，5支由安徽省引导基金直接参股的创投基金揭牌，其中，芜湖瑞建汽车产业创业投资有限公司、安徽国安创业投资有限公司为国家创投基金。

100. 8月10日，山西百利鑫创业投资股份有限公司成立，是山西首家定位于扶持创业企业在创业板上市的创投公司。

101. 8月11日，浙江东方携手控股子公司出资5000万元，成为浙江东翰高投长三角股权投资基金有限合伙人。

102. 8月12日，江阴周庄中科双盈（二期）创业投资有限公司正式揭牌成立，总投资金额4.67亿元。

103. 8月16日，青藏高原第一支创业投资基金——青海诚富循环经济创业投资基金正式揭牌，基金总规模50亿元，首期募集2.5亿元。

104. 8月17日，湖北创业投资引导基金设立，基金规模超过7亿元，此基金定位于推动湖北省科技成果转化。

105. 8月18日，黄河三角洲产业投资基金获国家发改委正式批复，规模10亿元，将致力于帮助符合国家发展战略的优质企业突破发展中所遇到的资金瓶颈。

106. 8月23日，德州太平洋集团（TPG）宣布与上海政府合作，拟推出德太中国投资基金首期。据悉，该基金是TPG的第一支人民币基金，目标规模为50亿元。

107. 8月24日，德州太平洋集团（TPG）宣布与重庆两江新区开发投资集团合作，设立TPG第二支人民币基金——德太中国西部成长基金，首期募集规模为50亿元。

108. 8月25日，上海民生产业基金的管理公司——民富股权投资管理公司揭牌，该公司由上海国际集团、统一集团和日本欧力士金融集团联合投资设立，将筹集30亿元左右的基金投资民生相关产业。

109. 8月26日，香港基汇资本宣布，“基汇资本房地产基金III”已募集完成，募资额为3.735亿美元，资金将投放于国内二三线城市的房地产市场。

110. 8月31日，房地产私募基金——星浩基金首期已完成30亿元募资，该基金由原金地上海总经理赵汉忠、复星集团董事长郭广昌和易居中国董事局主席周忻联合发起。

111. 8月31日，中航产业基金二期开始募集，预计规模在15亿～25亿元，基金将主要投向中国航空工业集团旗下的企业和项目。

112. 9月1日，天泉投资首支基金募集完成，募资总额为2.5亿美元，其中71%来自家族资金、16%来自FOF和养老基金、13%来自企业及高资产净值的个人投资者。

113. 9月1日，内蒙古首支PE基金——金桥创投经核准成立，该基金投资规模2亿元，将主要投向内蒙古地区具有高成长性的各类教育机构、连锁机构和高新技术企业。

114. 9月3日，鑫洲启明能源投资股权基金完成5亿元的募资，该基金主要投向吉林郭勒二号露天矿，基金出资人包括国家电网、大唐发电与建银国际等公司。

115. 9月3日，顺德成立5支股权投资基金，它们是盈峰创业投资基金、德美产业投资基金、国科容桂基金、粤科钜华创业投资基金和盘古创业投资基金，预计首期募集资金近8亿元。

116. 9月6日，合肥市首支政府引导基金——合肥高特佳创业投资有限责任公司首期募集完毕，募集规模约1.7亿元，超出原来1亿元的预设规模。

117. 9月8日，湖北省首支生物农业创投基金——武汉高农生物创业投资有限公司正式开始运作，该基金由武汉高科农业集团发起成立，注册资本1.08亿元。

118. 9月10日，加华伟业消费品基金完成第二轮募资，本轮到位资金3亿元，至此加华消费品基金累计募资总额达5亿元。

119. 9月13日，天津海泰优点创业投资企业基金完成募集，规模为6.8亿元，是天津第一支由外资合作方联营的清洁技术创业投资基金。

120. 9月14日，南海成长天津股权基金完成募集，规模为10亿元。该基金由同创伟业、郑伟鹤、黄荔、丁宝玉担任普通合伙人，郑伟鹤担任执行事务合伙人。

121. 9月14日，英飞尼迪宣布成立全球首家知识产权基金，该基金同时在中国、以色列和美国运作，致力于将世界各地的知识产权和成熟技术引入中国。

122. 9月16日，青岛市首家中外合资创投基金——华通建力创业投资投公司成立，注册资本1000万美元，外方合资单位为新加坡Merchant Capital II Limited公司。

123. 9月17日，中小企业（天津）创业投资基金正式成立，该基金由中国中小企业协会和深圳君盛投资联合发起设立，总规模为30亿元，首募到位资金4.6亿元。

124. 9月21日，山东半岛蓝色经济投资基金正式揭牌，这是国内首支以蓝色经济为主题的投资基金，该基金由鲁信集团、建银国际、农银国际共同发起成立，首期规模3亿美元。

125. 9月28日，中兴通讯宣布成立中兴创业投资基金，该基金由其与深圳和康投资共同发起，基金规模10亿元，中兴通讯拟出资3亿元认购。

126. 10月9日，温州首支政府创业引导基金获准成立，该基金总规模为5亿元，首期规模1亿元，将主要投向温州经济开发区新兴产业领域的企业。

127. 10月12日，侨商投资基金在天津正式成立，该基金由天津市侨商会与天津固朴股权投资基金管理有限公司合作设立。

128. 10月15日，佛山首支有限合伙型私募股权基金——科技孵化基金正式成立，该科技基金募资额度超3亿元，将主要投向科技创新团队、留学归国创业人才所持有的实验室成果等项目。

129. 10月18日，复旦—SBI基金成立，该基金规模为5亿元，由复旦大学科技园和日本SBI集团共同组建，旨在助力复旦大学优势学科的科技成果产业化。

130. 10月19日，苏州卡贝高登基金成立，该基金由NYPC卡贝基金和苏州澄和引导基金联合发起，基金规模为3亿元，将主要投向消费品、医疗健康、教育和清洁科技行业。

131. 10月22日，创东方第八支基金募集完成，该基金规模为2.56亿元，由深圳创东方投资公司与建行深圳分行联合募集。

132. 10月22日，凯鹏华盈人民币基金完成首期募集，规模预计为6亿元。该基金是凯鹏华盈成立的第一支人民币基金。

133. 10月26日，云海创业基金在上海设立，该基金由杨浦区政府、宽带资本等单位发起，一期募资额3亿元，旨在为上海的云计算企业提供金融资本支撑。

134. 10月26日，中德环保全球新能源基金完成1亿美元募资，但基金尚未募集完毕，该基金将用于投资包括垃圾焚烧发电在内的新能源和环保项目。

135. 11月2日，湖北九派等五支创投基金在武汉成立，此批基金由湖北省创业投资引导基金参股建立，总规模合计10.7亿元。

136. 11月4日，汉理资本宣布成立规模1.5亿元的人民币基金，基金由汉理集团旗下上海汉韬股权投资管理有限公司管理，将侧重于投资新能源/清洁技术、新消费、新媒体三个领域。

137. 11月8日，由银科创投与美国维梧创投共同设立的风投子基金——维梧（成都）生物技术创业投资有限公司成立，该基金总额1亿元，其中银科创投注资3000万元，维梧创投注资7000万元。

138. 11月9日，上海市创业投资引导基金招标开启，该基金总规模为30亿元，首期10亿元已到位，该基金重点投资于政府扶持和鼓励的产业领域中的种子期和创业早中期企业。

139. 11月9日，弘毅资本第二期人民币基金获社保基金30亿元注资，该基金总募资规模达100亿元，据悉，2008年4月社保基金已向弘毅资本投资20亿元。

140. 11月9日，广西第一支产业投资基金——广西开元产业投资基金成立，该基金首期25亿元已完成募集，主要投资广西及周边地区具有特色优势的资源型、高成长性产业。

141. 11月11日，大连市股权投资引导基金成立，规模为30亿元。该基金由大连市政府金融发展局组织设立，专项投资于在大连设立的各类产业投资基金、创业投资基金等各类股权投资基金。

142. 11月12日，联想宣布成立“乐基金”，规模为1亿元，专注于支持在移动互联网应用和服务领域进行开发的初创期和早期企业。

143. 11月16日，中国微博开发者创新基金成立，一期规模为2亿元，该基金由新浪网携手红杉资本、IDG资本、创新工场、云锋基金、德丰杰五大投资机构联合设立。

144. 11月18日，九鼎投资首支美元基金——九鼎中国成长基金完成募集，基金总规模达1.2亿美元。

145. 11月19日，红杉中国宣布在无锡新区成立两支新基金，总规模15.69亿元，红杉中国由张帆和沈南鹏在2005年9月创立。

146. 11月23日，嘉华锦添（天津）股权投资基金募集完成，总规模5亿元，由中国东方资产管理公司与加华伟业资本联合发起，主要投向消费品、环保节能、现代服务业等领域。

147. 11月23日，上海物联网创业投资基金成立，规模5亿元，由中科院上海微系统所、上海上创新微投资管理有限公司等单位共同发起。

148. 11月25日，河南盛丰投资管理中心成立，首期募资5亿元，该基金为河南本土诞生的第一支混合型合伙制私募基金，河南盛金投资管理有限公司是该基金的主发起人。

149. 11月29日，mFund移动互联网投资基金成立，该基金由网龙及IDG资本共同发起，在未来将投入5000万美金扶植移动互联网创业。

150. 11月29日，英飞尼迪宣布与扬州政府合作组建一支新基金，总规模5亿元，已募集到2亿元，主要投资领域为文化产业。该基金是扬州市第一支外资参与的股权投资基金。

151. 11月30日，安徽首支私募基金——中环产业投资基金成立，计划规模为10亿元，首期募资约为5亿元，主要投向安徽高新技术企业和房地产企业。

152. 12月1日，佛山首个镇级创业投资基金——佛山拓展创业投资基金在里水镇成立，一期规模为1亿元，重点投资传统产业升级项目和新兴产业项目。

153. 12月5日，天津于家堡金融区成立一支新基金，规模为50亿元，该基金由美国THL和天津新金融投资有限责任公司共同发起。

154. 12月8日，瑞银和金地宣布完成房地产基金第二期募集，规模达2亿美元，该基金由两公司共同发起，首次募集于2010年3月31日完成，募集金额超过1亿美元。

155. 12月8日，杭州余杭区首个合伙制基金——浩盈基金成立，总规模达2亿元，该基金由杭州余杭投资控股有限公司和杭州盈开投资管理公司共同发起。

156. 12月14日，福州市设立市级股权风险投资资金，规模为1.3亿元，投资对象为在福州市注册登记的符合国家产业政策的未上市中小企业。

157. 12月15日，海泰优点基金获得科技部4000万元资金支持，成为天津市第一支获得国家部委支持的基金。

158. 12月20日，中国首支政府引导天使基金在北京成立，总规模为2.5亿元，由北京市政府、国家发改委及北京富汇创业投资管理有限公司联合出资成立。

159. 12月21日，成就基金（Fund 9）成立，规模为1亿美元，由九城联手华岩资本、成为基金、险峰华兴创业投资共同组建。

160. 12月21日，重庆红土创新创业投资基金成立，规模为3亿元，由重庆市引导基金与深圳市创新投资集团联合发起设立。

161. 12月22日，厦门高新软投基金I期成立，总规模1.5亿元，由厦门弘信软投创业投资管理有限公司作为基金管理人，主要投向软件产业及信息服务业。

162. 12月28日，中国首支国家级股权投资母基金——国创母基金正式成立，该基金总规模为600亿元，首期150亿元，主要投资于中国市场上优秀团队管理的人民币基金。

163. 12月28日，湖南文化产业基金正式成立，规模为30亿元，由湖南省财政厅、文化厅等部门出资21亿元，采取定向私募方式筹资设立。

164. 12月28日，昆明通策医疗投资管理有限公司成立，该公司将发起总规模为20亿元的通策医疗投资基金，投资于昆明的成熟医院及相关上下游产业股权。

165. 12月29日，安徽省首家、中西部省份第二家大型产业基金——皖江物流产业投资基金成立，首期募集资金50亿元。

166. 12月29日，合肥赛富创业投资基金成立，首期规模为2亿元，将主要投资高技术成长型企业，重点关注新兴产业项目的培育。

167. 12月30日，江苏省首支环保产业创投基金——金茂环保产业基金成立，首期规模为1.5亿元，由江苏金茂环保产业创业投资有限公司发起。

168. 12月31日，海峡两岸共同发起设立的第一支基金——海峡产业投资基金成立，总规模200亿元，一期规模50亿元，主要投向基础设施项目以及高成长性、具有上市前景的项目。

投资案例

1. 1月4日，恒知网获得美国、欧洲、香港以及境内天使投资人的联合投资，成为2010年中国网络社区投资第一单。

2. 1月5日，高端网络服装品牌Masa Maso（玛萨·玛索）完成首轮近千万美元的融资，投资方为全球最大的风险投资公司红杉资本。

3. 1月5日，美国医疗国际集团（APMG）获得银杉基金2500万美元注资，APMG是一家专注于在中国发展国际化高端医疗服务的国际医疗集团。

4. 1月8日，国内测绘行业龙头北京天下图获得国投高科2100万元注资，此次注资是创投资本首次进入测绘行业，也是国家引进社会力量发展测绘产业的一个典型案例。

5. 1月9日，深圳市赢时胜信息技术有限公司宣布，公司已引入华软投资作为战略投资者。深圳市赢时胜信息技术有限公司是国内专业的金融资产管理、托管系统供应商和服务商。

6. 1月13日，山东御青茶业宣布获得狮子（亚洲）私募股权投资基金、青联投资总额660万美元注资，其中狮子（亚洲）私募股权投资基金出资600万美元，青联投资出资60万美元。

7. 1月13日，城市纵横传媒宣布获得北极光创投基金3000万美元投资，首期资金现已到位。这是2010年新媒体领域获得投资的第一单。

8. 1月20日，暴雨娱乐宣布完成第二轮2000万美元融资，投资方为华登国际、达晨创投等四家风险投资机构。

9. 1月21日，湖南高新投斥资3000万元，与湖南盈成油脂工业有限公司签订《增资扩股协议》，这是湖南高新投涉足现代农业领域的首笔投资。

10. 1月22日，廿一客食品有限公司宣布，公司获得联想投资的近千万元注资，将加大蛋糕电子商务网站21cake的扩张建设。

11. 1月23日，山东淄博美陵集团与欧瑞斯投资管理有限公司签订投融资协议，欧瑞斯将以850万美元购买美陵集团15%的股份。

12. 1月26日，美国中经合集团宣布领投常州天常玻纤，联合投资方为深圳创新投资集团及其旗下基金常州武进红土创业投资有限公司和常州红土创新创业投资有限公司。

13. 1月26日，IT外包及BPO服务提供商软通动力获得新一轮6500万美元投资，本轮投资由光大控股领投，永威投资、富达亚洲、盈富泰克、三井创投及无锡市金源产业投资跟投。

14. 1月27日，京东商城宣布获得老虎环球基金领投的C轮1.5亿美元投资，其中C1轮7500万美元已经到账，C2轮7500万美元投资将于2010年底到账。

15. 1月28日，苏州纳通生物纳米技术有限公司与软银中国签署融资协议，纳通生物是一家专注于开发新型医疗产品的生物医药企业。

16. 2月1日，致力于环保电池生产的企业——湖北能一郎科技宣布，获得湖北科华银赛创投和武汉固德银赛创投投资。

17. 2月3日，北京东方银广文化传媒宣布获得第二轮投资，金额为1亿元，投资方为招商局中国基金。

18. 2月22日，专注于网络精准定向技术的自主研发企业——悠易互通宣布获得首轮投资，金额为1200万美元，投资方为思伟投资和戈壁合伙人。

19. 2月23日，大鹅网宣布获得数百万元天使投资，成为继猪八戒、任务中国等网站之后又一家获得投资者青睐的威客网站。

20. 2月27，RSS阅读器鲜果宣布完成首轮融资，金额为100万美元，用于增加服务器和带宽、进行团队扩充。

21. 3月1日，普罗维登斯宣布入股百度网络视频，注资金额为5000万美元。

22. 3月2日，深圳力合创投投资硅谷凌汛科技公司，累计投入336.85万美元，约占该公司6%的股份，这是深圳创投机构向海外投资的首个案例。

23. 3月3日，重庆博腾精细化工获得重庆德同基金的投资，投资金额为1000万美元。

24. 3月3日，普能科技宣布完成第三轮2200万美元融资，此轮投资由北极光创业投资基金领投，红杉资本中国基金、德丰杰风险投资公司和德同资本跟投。

25. 3月3日，中国建筑总公司宣布收购深圳中海投资100%股权，交易金额达32亿元。

26. 3月5日，华医网宣布获得3000万元风险投资，投资方为红杉资本。

27. 3月6日，江苏卓润重工获得首轮亿元投资，由道杰资本领投，德联投资、常州和泰投资及常荣创投跟投。

28. 3月8日，时代天使医疗器械宣布获得660万美元风险投资，投资方沃脉德资本，用于拓展中国口腔正畸隐形矫治业务。

29. 3月8日，北京英硕力新柏宣布获得超过1000万美元的风险投资，投资方为富达亚洲风险投资基金及美国富达生物科技基金。

30. 3月10日，热度传媒宣布获得B轮投资，投资金额超过数百万美元，由日本三井创投领投，日本瑞穗创业投资跟投。

31. 3月11日，中微半导体设备获得第四轮投资，金额为4600万美元，投资方为上海创业投资、美国华登国际等。

32. 3月11日，敦煌网宣布成功完成第三轮融资，融资金额达到千万美元，投资方为凯鹏华盈等机构。

33. 3月15日，广州瀚信宣布获得第二轮5500万元的投资，由红杉资本及亚商投资等共同完成，资金主要用于全国市场的推进以及新产品的研发和推广。

34. 3月16日，美国普凯投资基金与蓝光地产签署投资合作协议，双方联手在成都南门CBD核心区域共同投资打造英伦王室风范的豪华住宅区。

35. 3月16日，苏州创投收购奇梦达位于苏州的DRAM模组装配与测试工厂，奇梦达更名为智瑞达。

36. 3月18日，江苏利民化工宣布获得约8000万元的风险投资，投资方为九鼎投资，资金将主要用于公司新生产基地的建设。

37. 3月18日，北京傲锐东源生物科技宣布获得第二轮投资，金额达1600万美元，此次投资由IDG资本领投，软银中国、清华创投、清科创投、晨兴创投和台湾统一生命科技跟投。

38. 3月24日，北京盛隆光电获得首轮投资，金额为1200万美元，投资方为Hyundai China-Solarcell Bond Trust、Korea Investment Partners Co. Ltd、苏州国发创投及黎曼投资。

39. 3月25日，银湖投资宣布向展讯通信进行股权投资，以约4000万美元收购了公司13%的股权。

40. 3月26日，北京联易互动网络科技有限公司成立，该公司获得了北极光创投千万美元的投资，由原17game创始人戴红创建，聚焦大型3D网游的开发和运营。

41. 3月27日，蚂蚁网获得MEZABAY国际控股和新加坡Legend Venture Pte Ltd的联合注资，注资后，MEZABAY国际控股将持有蚂蚁网51%的股份。

42. 3月30日，连云港中复连众获1亿美元风投，该投资由弘毅投资、高盛集团及江苏高科技投资等共同完成。

43. 3月30日，普陀“长风金融港”获首轮投资，投资金额为50亿元，由美投国际、中国资本、上海联创、苏宁投资、维思资本、协丰创投和欣致投资共同完成。

44. 3月31日，海口奇力制药宣布获得3400万元投资，投资方为九鼎投资。

45. 3月31日，达晨创投宣布完成两笔增资，获投资企业为上海美迪西生物医药和四川迅游网络。

46. 4月1日，赛富亚洲基金注资香雅集团，总投资2000万美元，首期1100万美元已到账，这是现磨药膳养生行业获得的首笔风险投资。

47. 4月2日，陕西凯星电子获得达晨创投1500万元风险投资，资金主要用于节能减排技术的开发。

48. 4月6日，北京摩卡世界宣布获得200万美元投资，投资方为日本风投机构IVP（Infinity Venture Partners）。

49. 4月7日，赣县世瑞集团获红石创投基金的投资，投资金额为1亿元。

50. 4月8日，联想投资与和君咨询共同注资深圳聚成，联想投资作为领投，注资占比超过60%。

51. 4月8日，武汉经济技术开发区获得2000万美元风险投资，资金将用于在武汉建设全国薄膜太阳能电池生产重地。

52. 4月9日，卢米埃影业宣布与沐思结成战略投资伙伴关系，沐思是一家国际著名私人投资公司，本次投资是其在中国的第一个直接投资项目。

53. 4月10日，中国3D GIS和伟景行科技宣布获得6000万元的风险投资，由达晨创投领投，北京智诚盛景创投跟投。

54. 4月10日，寿光农产品物流园获6亿美元的投资，该投资由数家投资基金共同完成，其中黑石集团投资1.9亿美元。

55. 4月12日，北京怡成生物获首轮7000万元风险投资，投资方为红杉资本和优势资本，资金主要用于增加研发投入、扩展销售网络等。

56. 4月13日，分类信息网站58同城获得第二轮投资，投资方为DCM及软银赛富，投资金额为1500万美元。

57. 4月13日，赛金药业完成4000万美元的第二轮融资，其中海正药业为赛金药业注资1000万美元，另一家私募股权投资基金注资3000万美元。

58. 4月19日，蓝光合润传媒集团获得风投，投资金额为2亿元，该投资由海外某风险投资基金完成。

59. 4月20日，BLOVES结婚钻戒网获3000万元风投，投资者为天图创投，投资资金将用于帮助BLOVES打造中国珠宝电子商务领军品牌。

60. 4 月 20 日，达晨创投宣布，完成对长沙巨星建材、南昌百特生物、深圳大赢家网络的投资，其中向巨星建材增资近 7000 万元。

61. 4 月 21 日，中国票务在线获得第三轮风险投资，投资金额和投资方尚不清楚。该公司曾在 2004 年底获得联想投资 3000 万元的投资。

62. 4 月 23 日，百世物流科技获得第二轮风投，投资者为华登国际和鼎晖创投。

63. 4 月 24 日，拉手网获泰山天使基金的 A 轮投资，成为国内首个获风险投资的团购网站。

64. 4 月 26 日，普什医药获得建银医疗基金近 1.8 亿元的风险投资，普什医疗是集医药包装、医疗器械、药品研发为一体的高新技术企业。

65. 4 月 28 日，山西普德药业获得九鼎投资 1.1 亿元风险投资，普德药业为一座综合型、现代化 GMP 认证制药企业。

66. 4 月 30 日，网秦获得第三轮 2000 万美元风险投资，该投资由金沙江、红杉中国、联创策源以及富达亚洲基金等共同完成，资金主要用于打造云安全平台。

67. 5 月 4 日，深圳市吉阳科技获得风险投资，投资者为招商局基金全资附属公司深圳市天正投资，投资金额为 20 000 万元。

68. 5 月 4 日，兰馨亚洲宣布，已完成对福建联合动力集团和特星连锁集团两家企业的投资，将分别助两家企业上市和品牌扩张。

69. 5 月 5 日，51 玩游戏网获得由红杉资本领投的第二轮投资，金额达近千万美元，目前资金已到账。

70. 5 月 10 日，厦门福慧达果蔬供应链公司获风投，投资者为中国—比利时直接股权投资基金等 5 家风险投资机构。

71. 5 月 10 日，青岛海容食品获得 5000 万元的风险投资，投资者为中投资产管理公司。

72. 5 月 11 日，苏州高华创投宣布完成对杭州伟东包装的投资，这是苏州高华创投完成的首笔投资项目。

73. 5 月 11 日，浙江青莲食品获九鼎投资 5000 万元注资，资金主要用于优化完善青莲食品的经营体系。

74. 5月11日，杭州泛城科技有限公司获得4000万元投资，资金将用于创建网络游戏，并助公司加快布局全球的步伐。

75. 5月12日，西凤酒完成增资扩股，参与此次增资的机构为中信产投绵阳科技产业投资基金、光大金控、海通控股等。扩股后，西凤酒总股本将由2.3亿元增至4亿元。

76. 5月13日，恒惠科技获得软银中国首轮风险投资，投资金额达数千万元，资金主要用于恒惠在中国隐性矫治市场的进一步扩张。

77. 5月13日，盛大车险完成首轮千万美元融资，拟在北京、天津、广州、深圳布局扩张。

78. 5月17日，四川迅游网络科技宣布获得1亿元投资，先期到账4000万元，投资方为挚信资本、盈创动力、达晨创投和亚商新兴。

79. 5月19日，无线打折消费平台——统e省获得瑞典资本和中鼎6500万美元投资，该项目由浙江新万蓝科技有限公司开发。

80. 5月19日，启明创投完成对北京甘李药业的投资，投资金额超过1亿元。

81. 5月21日，百年栗园宣布获得3000万元投资，投资方为天图创投旗下的深圳市天图投资管理有限公司和天津天图兴盛股权投资基金合伙企业（有限合伙）。

82. 5月24日，国内知名小游戏网站——7k7k获得700万美元风险投资，此轮投资由寰慧投资领投。

83. 5月26日，丁丁网获得由宏达电领投的900万美元风险投资，这笔资金将用于向无线互联网以及上海以外的地区扩张。

84. 5月26日，中国高端齿科服务行业领先企业——瑞尔齿科获得2000万美元投资，此次投资由凯鹏华盈领投，启明创投跟投。

85. 5月27日，网络团购平台——酷团网正式上线运营，该网站曾获得浙商创投千万元投资。

86. 5月31日，赶集网宣布获得约2000万美元投资，投资方为诺基亚成长伙伴基金及蓝驰创投，资金将用于赶集网的品牌推广与无线领域方面。

87. 5月31日，中德美联生物宣布获得2000万元投资，投资方为江苏高德创投。

88. 6月2日，社区便利连锁超市——红旗连锁宣布获得1.5亿元投资，投资方为九鼎投资。

89. 6月6日，拉手网宣布获得第三笔投资，投资方为金沙江创投，据悉，公司首轮三笔投资共计获得500万美元。

90. 6月8日，乐淘网宣布完成B轮融资，金额超过1000万美元，投资方为老虎基金和德同资本。

91. 6月9日，国内团购网站——酷团网宣布获得首轮800万元投资，投资方为万嘉创投，该资金一次性到位。

92. 6月13日，国内户外用品领先品牌——哥仑步完成首轮私募融资，投资方为上海盛万投资有限公司和天津盛万投资合伙企业（有限合伙）。

93. 6月19日，普能科技宣布近日成功引进1000万美元投资，该投资通过与集富亚洲、三井创投和中欧资本等全球知名的投资伙伴合作完成。

94. 6月19日，大型连锁家居购物中心零售运营商——红星美凯龙宣布获得26亿元人民币投资，投资方为华平投资集团、中信产业基金、复星集团、渤海产业基金等。

95. 6月24日，新疆喀什宏邦节水获得4000万元投资，投资方为青云创投和华创盛景基金。

96. 6月25日，女性内衣B2C网站——梦芭莎获得2000万美元风险投资，本轮投资由金沙江创投主投，崇德投资跟投。

97. 6月28日，达晨创投宣布向航新科技和上海生态家注资，但未透露具体投资金额。

98. 7月6日，3G门户宣布完成第三轮融资，投资方为中国宽带产业基金、IDGVC、集富亚洲和美国中经合集团。

99. 7月6日，中国风险投资有限公司先后投资康特电子和创新通恒，其中对创新通恒的投资金额达2500万元。

100. 7月9日，乐仁堂医药宣布获得1亿元投资，投资方为建银国际医疗产业基金。

101. 7月12日，鼎晖投资宣布正式入股蓝海电视，首期承诺投资额超过千万美元。此次合作是国内VC界首次直接投资电视媒体。

102. 7月14日，游戏类社交网站——hi5宣布获得1400万美元风险投资，此次投资由Crosslink Capital公司领投。

103. 7月15日，云南曲辰科技有限公司获得200万元“天使基金”，除天使投资外，昆明北理工孵化器也已正式确立出资投入曲辰科技，该笔出资额未予披露。

104. 7月16日，好乐买宣布已完成第二轮1700万美元融资，投资方为红杉资本等3家投资机构。

105. 7月19日，宁波永润石化科技宣布获得8000万元风险投资，投资方为软银中国，融资所得主要用于低凝白油深度脱蜡——蒸馏切割生产线项目。

106. 7月20日，重庆两江新区获得首笔2000万元的风险投资，将建全国最大LED产业基地。

107. 7月22日，悠哉旅游网宣布获得今日资本500万美元风险投资，将全面推动旅游度假从传统旅行社到网上旅行社的过渡。

108. 7月22日，赣州晨光稀土宣布获得7350万元投资，投资方为赣州红石矿业创业投资中心。

109. 7月28日，恒知网再次获得风险投资，本轮投资由汉能资本领投，来自中国、美国、新加坡的投资机构和天使投资人跟投。

110. 7月28日，联想、启迪5600万元注资壹人壹本，用以进一步提升壹人壹本科技在Mind Office等核心应用方面的研发能力。

111. 7月29日，联想投资对云南鸿翔一心堂连锁药店投资1.5亿元，投资将主要用于“优化一心堂治理结构以及扩张时的资金支持”。

112. 7月29日，赛富基金宣布接手达能集团22.98%的汇源果汁股份，每股转让价为6欧元，达能预计可获得约2亿欧元的对价。

113. 7月31日，银湖资本收购分众传媒所持有的好耶62%的股权，对价为1.24亿美元。

114. 8月1日，杭州鼎楚科技获得松禾资本3000万元注资，成为国内节能循环水行业中第一家成功融资的企业。

115. 8月3日，团购互动社区团氏网获得100万元风险投资。据悉，团氏网为国内一家集团购导航、点评、分享、打假为一体的团购网站。

116. 8月4日，襄阳长源东谷宣布获得1.1亿元投资，其中襄阳基金向其注资3000万元，湖北高和基金等外地机构向其注资8000万元。

117. 8月4日，上海生工生物获得启明创投千万美元级别的投资，启明创投合伙人胡旭波和梁颖宇将作为投资方代表加入生工生物董事会。

118. 8月5日，土豆网完成第五轮5000万美元的融资，由新加坡淡马锡领投3500万美元，原有股东追投1500万美元。

119. 8月5日，上海灵禅宣布完成第三轮融资，总金额达800万美元，由集富亚洲领投，和通集团及东京海上投资管理公司跟投。

120. 8月9日，中国第一支专注文化与传媒行业投融资的人民币私募股权基金——华人文化产业投资基金并购新闻集团下属的星空国际频道等四项星空电视业务，这是该基金的第一个投资项目。

121. 8月10日，团购网站满座网宣布已获得凯鹏华盈1000万美元首轮投资。据满座网报道，其成功交易数目已超过10万笔。

122. 8月12日，北森获得深创投联合天津创投的首轮上千万元注资，这是中国人才管理解决方案领域第一笔风险投资。

123. 8月18日，沃银德克资本完成对北京新合作连锁超市4000万美元的投资，这是沃银德克在中国完成的第一个股权投资项目。

124. 8月18日，合润传媒完成第二轮6000万元融资，此次是由同威创投携手深圳高特佳、凯晨资本等多个投资机构一同投资。

125. 8月19日，中档商务连锁酒店——维也纳获美国奇力资本基金2000万美元风险投资，公司计划在国内A股上市。

126. 8月19日，美臣金融集团获香港东英金融集团4500万港元投资。美臣金融集团是一家金融服务集团公司，主要业务为吸纳海外风险投资并整合本土保险代理经纪公司的组建。

127. 8月20日，深圳淘宝网店Fontbleau获得800万元的风险投资，成为全国第一家获得风险投资的淘宝网店。

128. 8月20日，聚胜万合公司（Media V）宣布完成第二轮融资，由纪源资本和光速创投联合投资，规模上亿元。

129. 8月23日，福建大红袍茶业获IDG资本5000万元注资，此次投资由IDG资本合伙人李建光发起，意在孵育出以文化为主题的大红袍茶叶连锁企业。

130. 8月23日，地方性人才网站——合肥人才网（已更名为“合肥人才热线”）获得第二轮投资，投资方为上海一家地方性风投公司。

131. 8月24日，四海商舟获IDG资本4000万美元投资，四海商舟是一家提供企业外贸整体解决方案的电子商务公司。

132. 8月26日，百度TV运营方——随视传媒宣布完成第二轮5000万元融资，此次融资由浙江报业集团领投。

133. 8月27日，连锁租车服务提供商——一嗨租车宣布完成第三轮融资，金额达7000万美元。

134. 8月30日，安徽艾可蓝节能环保获得1.5亿元风险投资，投资方为松禾资本、IDG技术创业投资基金及力合创投。

135. 8月31日，圣特尔科技获险峰华兴创投天使投资，圣特尔科技是一家电子商务ERP软件管理服务提供商。

136. 9月1日，北京美日保险代理有限公司获得首轮融资，投资方为美国中经合集团。美日保险是由红孩子创始人李阳与保险电销行业资深人士高纬共同创立的。

137. 9月7日，北京依科曼获中海创投等机构首轮700万元投资，依科曼主要业务为通过利用天敌、微生物农药、植物源农药等绿色防治技术防治农（林）业病虫害。

138. 9月7日，招商局中国基金向扬州华尔光电注资1500万元，华尔光电是一家主要从事高纯石英坩埚的研发与生产、并能量产28英寸石英坩埚的企业。

139. 9月9日，趣玩网完成第二轮近千万美元融资，投资方为挚信资本和首轮投资方经纬创投。

140. 9月13日，SNS游戏商奇矩互动宣布获得400万美元风险投资，此轮融资由海纳亚洲（SIG）领投，德国投行Skillnet作为其财务顾问。

141. 9月14日，团购导航网站TG123.com获得100万美元天使投资，投资方为中国消费信息传媒科技有限公司，其母公司是香港一家专业传媒投资公司。

142. 9月15日，在“浦东科投、张江科投支持高端人才创业”签约仪式上，6家企业获得浦东科投和张江科投总计3.4亿元投资，它们是格林百奥、聚辰半导体、泽生科技、安集微电子、灿芯半导体、波汇通信。

143. 9月16日，淘宝网商麦包包获得3000万美元的首轮风险投资，投资方为DCM和联想投资。这是淘宝网商获得的较大规模的风险投资。

144. 9月17日，网游公司趣游天际完成第二轮3500万元的融资，该笔资金将用于趣游天际首款产品《无限世界》的研发。

145. 9月17日，达晨创投与易津投资向上海四维文化传媒注资3900万元，其中达晨创投出资3600万元，易津投资出资300万元。

146. 9月19日，国内医疗垃圾处理企业——普华康健获得高盛数千万美元投资，自此，高盛成为其最大的机构股东。

147. 9月20日，中国风险投资有限公司近日新增3笔投资，分别是海湾石油设备（北京）有限公司、河南金丹乳酸科技有限公司以及洮南市北方金塔实业有限公司。

148. 9月21日，专业药品营销公司亿腾医药完成2400万美元的B轮融资，此次融资由沃脉德资本旗下Caduceus亚洲合作伙伴基金与Domain Associates领投，红杉资本中国成长基金跟投。

149. 9月29日，中科白云创投对中旅股份注资1亿元，获得增资扩股后中旅股份25%的股本。据悉，2009年9月，中旅股份曾获8亿元首轮融资。

150. 10月5日，阿里巴巴、云峰基金和张朝阳基金注资搜狗，投资金额分别为1500万美元、900万美元和2400万美元，分别占搜狗10%、6%和16%的股份。

151. 10月9日，四川侨源气体及城都焊研威达获九鼎投资注资，这两家企业分别为西南地区最大的液态气体生产商和国内焊接设备行业龙头企业。

152. 10月9日，北京中博农畜牧宣布获6000万元投资，投资方为天创众鑫股权投资基金与深圳创新投资集团。

153. 10月9日，南昌地宝网获得3000万元风险投资，投资方为泰豪科技股份有限公司。地宝网是江西省最大的生活服务类网站。

154. 10月11日，中式营养快餐连锁店——嘉和一品获得红杉资本中国基金、涌铧投资联合投资，金额近1亿元。

155. 10月12日，时尚生活类电子商务网站——YoBrand宣布完成首轮融资，投资方为Richmond Management和新闻集团。

156. 10月15日，时尚化妆造型机构——东田造型获得信中利、红杉资本第二轮投资，资金将用于东田造型的战略扩张。

157. 10月16日，寿光蔬菜宣布获香港中信50亿元投资，此外，公司或将再获泰国正大100亿元投资。

158. 10月17日，云月投资转让其持有的果香园股份于亚洲果业，完成投资退出。据悉，云月投资入股果香园不到一年，此次退出获利约为2.5倍～3倍。

159. 10月18日，国双科技获得来自思伟投资的首轮风险投资，国双科技是中国领先的网站、视频和搜索分析解决方案提供商。

160. 10月18日，达晨创投注资西域机电，西域机电是一家工业品电子商务公司，产品包括MRO工业品和仪器仪表。

161. 10月19日，AMT获达晨创投与浙商创投5000万元联合投资，成为国内第一家获得风险投资的管理咨询服务企业。

162. 10月19日，休闲运动服饰公司——中国时尚获得超过4500万美元投资，投资方为TPG、合众集团与既有股东宏弧资本。

163. 10月19日，手机游戏门户网站——当乐网宣布获得启明创投1200万美元投资，这是当乐网成立以来正式公布的首轮融资。

164. 10月20日，浙江华欣获得浙商产业投资基金1.2亿元投资，浙江华欣新材料股份有限公司是国家级高新技术企业，也是全球最大的采用原液着色技术生产绣花线的企业。

165. 10月24日，国内奢侈品购物网站——尚品网获得一笔千万美元投资，投资方为思伟创投及晨兴创投，这是尚品网获得的第二轮融资。

166. 10月25日，在线B2C外贸平台——兰亭集势完成3500万美元融资，投资方为挚信资本、联创策源和金沙江创投。

167. 10月25日，上海攀业氢能源获得北极光创投2000万元投资，公司主要从事质子交换膜燃料电池（PEMFC）原材料及电池系统相关产品的开发、生产和销售。

168. 10月27日，爱帮网宣布获得腾讯战略投资，爱帮网是中国最大的本地生活搜索服务提供商。

169. 11月3日，味博食品获红桥创投1600万元投资，味博食品是一家从事食用香精及食品配料香料研发、生产、销售与服务的大型高新技术企业。

170. 11月3日，哈尔滨第一工具制造获英飞尼迪1.2亿元投资，该公司是中国最大的生产和科研用精密切割仪器制造厂商。

171. 11月3日，青云创投联手汉理前景基金注资多利农庄，其中青云创投投资7000万元，汉理前景基金投资1000万元。多利农庄是上海地区种植面积最大的有机农产品供应商。

172. 11月5日，享客中国宣布获得了百万人民币投资，享客中国是漂文化传媒有限公司旗下的一个网站，是当时中国唯一家提供分享式购物（或称之为体验式购物）的B2S平台。

173. 11月7日，深圳浩能科技宣布获东方富海1500万元投资，该公司是一家专业从事锂离子电池自动化设备研发、生产、销售的企业。

174. 11月9日，爱康团宣布获得首轮200美元风险投资，该公司是中国第一家健康品团购网站。

175. 11月9日，青云创投宣布向宁波沁园注资8000万元人民币，宁波沁园集团是中国家用饮水及净水产品的龙头企业。

176. 11月11日，广禾堂宣布获得第一轮1200万元投资，该公司是当前中国国内最大的女性月子餐市场服务商。

177. 11月12日，中国品牌商品折扣网站——唯品会宣布获得2000万美元风险投资，投资方为DCM及红杉资本。

178. 11月13日，国内领先的时尚用品团购网站——快乐团宣布获得1000万元天使投资，该网站主要为都市白领提供化妆品、手表、包包等时尚用品的团购服务。

179. 11月14日，果壳传媒宣布获得挚信资本百万美元投资，该公司是一家致力于面向公众倡导科技理念、传播科技内容的企业。

180. 11月15日，赢合科技宣布完成第一轮5000万元融资，投资方为达晨创投，该公司是一家新能源电池自动化生产线设备提供商。

181. 11月16日，嘀嗒团宣布获得巨额风险投资，投资方为IDG，嘀嗒团是一家于2010年7月上线的团购网站。

182. 11月16日，金则利特种合金宣布获得湘江投资2000万元独家注资，该公司主营电磁不锈钢的生产与销售。

183. 11月17日，英特尔投资宣布联合海纳亚洲向赢销通注资，该公司是国内领先的消费品行业营销管理解决方案提供商。

184. 11月17日，奶联科技宣布获得首轮约1.28亿元投资，此次投资由深圳市创新投资集团领投。奶联科技是一家原料奶生产供应商，以养奶牛为主业。

185. 11月19日，中国最大团购商务平台——齐家网宣布获得鼎辉投资注资，齐家网是一家经营装修、建材、家居、婚庆等垂直领域的电子商务网站。

186. 11月22日，北京环洋经典宣布获美国青锋投资基金注资，该公司是一家提供零售空间解决方案的企业。

187. 11月22日，国内首支商业地产基金——高和投资收购了北京金澳国际的写字楼项目，此交易是北京楼市2010年最大的并购案。

188. 11月22日，国内租车公司——浙江车友宣布获得2000万美元首轮投资，投资方为三菱财团，双方将共同成立海纳国际汽车租赁有限公司。

189. 11月24日，中航湖南航空发动机有限公司成立，该公司由湘江投资与中国南方航空等单位联合组建，项目预计总投资20亿元，分两期实施，湘江投资一期出资1.5亿元。

190. 11月26日，专注于运营体育用品的网络运动城平台——酷运动宣布获得近千万美元风投，投资方为多渠道电子商务和数字营销公司ACQUITY GROUP。

191. 11月29日，时尚女装品牌——拉夏贝尔宣布获得联想投资注资，金额达千万美元。该品牌定位于20岁～30岁的都市女性时尚淑女装。

192. 11月30日，凡客诚品宣布完成第五轮1亿美元融资，此次投资由联创策源领投，IDG、赛富、老虎基金等跟投。

193. 12月1日，欢网科技宣布获得宽带资本4000万元投资，该公司是国内领先的互联网电视技术提供商。

194. 12月2日，电工绝缘材料行业骨干企业——恒缘电工宣布获得2000万元股权投资，投资方为湖南新能源创投基金。

195. 12月2日，团购网站拉手网宣布完成第二轮风险投资，金额高达5000万美元。投资方为Tenaya Venture、Norwest Venture Partners、金沙江创投和Rebate Network。

196. 12月2日，周黑鸭宣布获得天图创投近6000万元投资，该公司是一家专业从事鸭鹅类熟卤制品深加工及连锁销售的著名品牌企业。

197. 12月2日，国内互联网广告服务商——易传媒宣布完成第三轮4000万美元融资，此轮融资将主要用于加强产品技术开发、推动移动广告平台业务等。

198. 12月2日，国内最大的景区资讯与预订网站——驴妈妈旅游网宣布获得亿元级融资，投资方为红杉资本与鼎晖投资。

199. 12月2日，湘江投资宣布向港海建设投资1亿元，港海建设是一家从事港口工程、航道疏浚和吹填造陆施工的企业。

200. 12月3日，京东商城宣布C2轮7500万美元融资完成，投资方依然为C1轮的老虎环球基金。

201. 12月3日，国内儿童家具制造企业——酷漫居宣布获得6000万元风险投资，公司成立于2008年，是国内动漫家居产业的首创者。

202. 12月6日，女性内衣B2C电子商务网站——梦芭莎完成第三轮6000万美元融资，该轮融资由老虎基金领投。

203. 12月6日，殷拓大中华基金II宣布购得鸿图精密30%股权，该公司是一家中国领先的铝压铸企业。

204. 12月7日，九派制药宣布获得英飞尼迪5000万元股权投资，该公司是一家以科研开发和生产经营原料药及制剂、化工品、医药中间体为主的现代化高科技制药企业。

205. 12月8日，中国领先的节能环保换热设备和方案的供应商——巨元瀚洋宣布获得1430万美元投资，投资方为英飞尼迪、MC资本、浙江金桥等。

206. 12月9日，专注于生产LED芯片的企业——晶能光电宣布完成第二轮5550万美元融资，投资方为IFC、金沙江创投、海益得投资公司等。

207. 12月9日，八方视界宣布完成第二轮525万美元融资。由瑞穗金融集团领投，星火资本和戈壁合伙人有限公司跟投。

208. 12月9日，易美芯光宣布获得5000万美元投资，投资方为金沙江创投、北极光创投与IDG资本。该公司是一家以LED芯片封装为主体的外资高新技术企业。

209. 12月14日，天津创投联合九鼎股权投资基金投资河北科林自动化，该公司是一家综合电力设备供应商，主要从事电力自动化产品及电力一次设备的研制、开发、生产、销售。

210. 12月14日，国内网游开发运营商——百游公司宣布完成首轮融资，金额为1000万美元，融资将用于新产品的推广和研发团队的扩充。

211. 12月15日，专注于Android、iPhone等新一代智能手机软件开发的团队——小米科技宣布获得3500万美元投资，投资方为晨兴和启明创投。

212. 12月15日，国内酒品连锁店运营商——华致酒行宣布获得KKR投资，但具体投资金额和参股比例未予透露。

213. 12月16日，淘宝网第一童装品牌——“绿盒子”宣布获得1.2亿元风险投资，投资方为DCM。

214. 12月17日，中国首家专业商业数据公司——深圳苏赛特宣布获得战略投资，投资方为深圳市创新投资集团与深圳福田创新资本。

215. 12月20日，健康用品生产企业——天津久奈宣布获得IDG资本投资，具体投资金额尚未透露。

216. 12月21日，招商局中国基金宣布向第一财经注资1.2亿元，该公司是一家拥有多种媒体资信传播渠道的财经媒体集团。

217. 12月21日，国内著名分类信息网站——58同城宣布完成第三轮融资，由华平投资领投。

218. 12月22日，殷拓大中华基金II宣布对沁园进行股权投资，沁园是中国西南地区领先的连锁烘焙企业。

219. 12月22日，物流管理系统提供商——百世物流宣布启动新一轮私募融资，融资总额约2000万美元。

220. 12月23日，优众网宣布获得1100万美元投资，投资方为美国光速创投和IDG资本。

221. 12月25日，拥有多种媒体资信传播渠道的财经媒体集团——第一财经传媒宣布获得1.2亿元投资，投资方为上海大众集团资本股权投资有限公司。

222. 12月25日，挚信资本宣布向亲和源注资1亿元，该公司是一家专业从事养老服务投资与运营的企业。

223. 12月29日，视频网站激动网宣布完成首轮2亿元融资，此次投资由江苏广播电视集团领投，华商盈通、复行信息等跟投。

224. 12月30日，浙江华野绿化宣布获得1000万美元风险投资，该公司是一家专业从事植物育种、种植、配送和园林景观设计、施工与养护的企业。

资本市场①

1. 1月25日，青云创投宣布其投资的中华水电在美国纽约交易所成功上市，股票代码为CHC，上市融资总额为9600万美元。

2. 1月28日，21世纪不动产（CTC）登陆美国纽交所，首次公开发行12 487 500股的美国存托股票，定价为每股7美元。该公司曾于2006年获高盛2200万美元和2007年获艾威基金5200万美元的国际私募融资。

3. 2月5日，中国浩然（900090）在韩国交易所科斯达克创业板成功上市，成为在韩国交易所上市的首家来自中国的环保可再生造纸企业，成功募集资金27 200万元人民币。黎曼投资控股有限公司为其主要投资人。

4. 2月5日，中骏置业（01966）在香港联合交易所挂牌交易，此次上市共发售6亿股新股，占公司股本的21%，以每股2.60港元发行价计，共募集资金15.6亿港币。此前该公司曾获好易居投资发展有限公司投资。

5. 2月8日，沪安电缆（KI3.SG）成功在新加坡上市，共募集7392万新币。该公司曾获ICH Group和四维安宏的注资。

6. 2月19日，瑞年国际在香港联交所主板上市，股票代码为02010，募集资金7.5亿港元，该公司曾获建银国际等投资。

7. 3月17日，清美集团（KT9.SG）在新加坡交易所主板上市，首日挂牌发行价为0.31新元，通过发行2亿新股筹资6000多万新元（约合人民币3亿元）。此前该公司曾获胜捷投资的注资。

8. 3月25日，汇银家电（01280）正式在港交所主板挂牌，发行价格为1.69元/股，共募资5.4亿港元。该公司曾获瑞寰资本、Pope、E2-Capital、L.K.Ang、Dalton和LIMAsia的投资。

① 此部分仅列示具有风险投资背景的企业在海外上市的事件。

9. 3月26日，中升集团成功在港交所挂牌交易，股票代码为00881，上市融资总额为28.62亿元。该公司曾获泛大西洋资本的投资。

10. 3月26日，汉庭酒店（HTHT）在纳斯达克进行首次公开募股，上市首日涨13.62%，成功募集约1.1亿美元。该公司曾获成为基金、鼎晖创投、IDG资本、北极光创投、保银资本等的注资。

11. 3月30日，中宇卫浴（JY8G.DE）在法兰克福证交所成功上市，发行价格为14.75欧元/股，筹资达1.05亿欧元，成为进入法兰克福证券市场最大的中国企业。该公司曾获优势资本等的投资。

12. 3月31日，福和集团（00923）成功登陆港交所，公开发行6.2亿股，发行价2.3港元/股，募集资金14.26亿港元。该公司曾获凯卓国际投资有限公司投资。

13. 5月5日，昌荣传播（CHRM）成功在美国纳斯达克上市，此次共发行7 812 500股ADSs，融资逾7400万美元。该公司曾获瑞士信贷集团、殷库资本和花旗创投的投资。

14. 5月7日，朗生医药（00503）成功登陆香港联交所，共发行14 135万股，发行价格为3.91港元/股，共募集约5.53亿港元。该公司曾获国际风投的注资。

15. 5月14日，晶科能源（JKS）在美国纽约证券交易所成功上市，成为国际金融危机之后国内光伏企业第一家在美国上市的企业，成功募集约6418.5万美元。该公司曾获中以基金、深圳创新投资集团和以色列风投基金Pitango的第二轮风险投资。

16. 5月20日，雷士照明（02222）正式在香港联交所主板上市，在全球发行约7.28亿股，每股作价最高2.9港元，最多筹资20.12亿港元。此前该公司曾获高盛和赛富基金的投资。

17. 5月27日，优源国际（02268）登陆港交所主板挂牌交易，发行价2.58港元/股，发行股份数量为2.5亿新股，成功募集6.45亿港币，国泰财富二期曾投资该公司。

18. 6月10日，新博润（BORN）成功在美国纽约证券交易上市，首次发行570万股，每股7美元，募集资金3990万美元。该公司曾获优势资本注资。

19. 6月25日，安瑞科技（3664）成功在台湾兴柜挂牌上市，这是首家在台湾证券柜台买卖中心上市的外资网络科技公司，此前该公司获得汉鼎亚太投资。

20. 6月29日，创生控股（0325）成功在港交所上市，发行价格为3.52港元/股，共发行2.13亿股，募集资金约7.5亿港元，该公司曾获建银国际投资。

21. 6月30日，海辉软件成功在纳斯达克上市，发行价格为每股10美元，筹集了7400万美元资金。该公司曾获得两轮融资，2004年由英特尔投资、集富亚洲、纪源资本、IFC等完成第一轮投资，第二轮由纪源资本、IFC等七家机构于2006年完成。

22. 7月1日，中国GPS服务提供商高德软件（AMAP）成功在美国纳斯达克上市，每股12.50美元，募资达1亿美元，该公司此前曾获红杉中国、华登国际和凯鹏华盈等多家风险投资机构注资。

23. 7月7日，超威动力控股有限公司（00951）成功在香港证券交易所主板上市，发行价为2.18港元/股，发行市盈率为7.5倍，募集资金5.45亿港元。弘毅投资3月份以4105.6万美元突击入股，账面回报金额3.27亿港元。该公司于2008年曾获雷曼兄弟、长安私人资本的投资。

24. 7月15日，中国智能交通（01900）在港交所挂牌上市，发行价为3.49港元/股，开市后报3.7港元，保荐人为美银美林、麦格理和建银国际。该公司曾获建银国际、霸菱亚洲和美林等多家风投公司注资。

25. 7月21日，柯莱特（CIS）在美国纽交所正式挂牌交易，共发行1300万股美国存托凭证，每股11美元，成功募集1.47亿美元。该公司曾获花旗风投注资。

26. 8月5日，安博教育（AMBO）在纽约证券交易所正式挂牌交易，成功融资1.07亿美元。该公司曾进行过四轮融资，多家风投机构向其注资，包括集富亚洲、思科、华威、麦格理、艾威基金、英联等。

27. 8月12日，国内骨科医疗器械生产商康辉控股（KH）成功在纽交所上市，每股ADS上市发行价为10.25美元，至首日收盘时上涨18.6%，共募集资金约6841.88万美元。该公司曾获IDG、TDF、SIG、鼎晖、Vivo ventures的风险投资。

28. 8月23日，中国西部水泥（02233）正式在港交所挂牌上市，上市首日股价涨逾15%，表现突出，募集资金达13.91亿港元。该公司曾获长安私人资本、安盛私募投资、景顺集团的注资，是首家放弃在伦敦AIM上市地位，转而赴香港IPO上市的中国公司，也开辟了海外上市公司退市后赴港上市的先例。

29. 9月8日，江苏扬子江船业台湾存托凭证（TDR）正式在台湾证交所上市挂牌，扬子江船业成为中国内地在台上市的第一家企业。该公司曾获卡塔尔主权财富基金注资。

30. 9月17日，搜房网（SFUN）正式在纽约证券交易所挂牌上市，共发行2 933 238股美国存托股票（ADS），每股定价42.50美元，创造了中国互联网企业在美国上市的最高定价记录。该公司曾获IDG、高盛、Apex的投资。

31. 9月24日，微创医疗在香港联交所主板上市，发行价为6.1港元/股，净融资额14.28亿港元。该公司曾获奥迈资本和张江高科的注资。

32. 9月28日，中式快餐连锁公司乡村基（CCSC）正式在美国纽交所上市，共发行500万份ADS，每股ADS定价为16.5美元，成为重庆首家传统服务行业海外上市企业。该公司此前曾获红杉、海纳亚洲注资。

33. 9月29日，功能保健茶产品供应商碧生源（00926）在香港联交所主板上市，发售价定为每股3.12港元，共发行约4.2亿新股，募集资金净额为12.23亿港元。该公司曾获纪源资本、永宣创投的投资。

34. 10月1日，蓝汛通信登陆美国纳斯达克，发行价为13.9美元/股，募资额为8400万美元。此前多家风投机构曾向其注资，包括集富亚洲、英特尔投资、Investor AB、启明创投、胜达国际、海纳亚洲、老虎基金。

35. 10月1日，明阳电气在纽交所上市，发行价为14美元/股，募资额为3.5亿美元。该公司曾获多家风投机构的投资，包括Sopaf、Clarity China、工银国际、美银美林、德同资本。

36. 10月7日，大全新能源在美国纽约交易所上市，发行价为每股9.5美元，共募资7600万美元。该公司曾获纪源资本约3000万美元投资。

37. 10月7日，融创中国、创意太阳能在港交所主板上市，发行价分别为3.48港元、4.5港元，募资额分别为23.4亿港元、17亿港元。前者曾获CDH Investment、德银、贝恩、New Horizon的风险投资，后者曾获英特尔投资。

38. 10月8日，金风科技（02208）在香港上市，发行价为17.98港元/股，募资额达71亿港元。此前该公司曾获中国—比利时直接股权投资基金、深圳远景新风投资咨询有限公司、上海永宣创投、深圳远风投资有限公司的注资。

39. 10月8日，环球雅思（GEDU）成功在美国纳斯达克上市，发行价为10.5美元/股，共募集6700万美元。该公司分别在2006年、2008年获赛富基金2500万美元和500万美元的注资。

40. 10月11日，永晖焦煤在港交所成功上市，发行价为3.7港元，募资额为36.63亿港元。此前，厚朴及银建国际等曾向永晖焦煤投资1.1亿美元。

41. 10月19日，尚华医药在纽交所上市，发行价为每股15美元，共融资8700万美元。该公司曾于2007年获TPG 3000万美元投资。

42. 10月20日，学而思在纽交所上市，发行价为每股10美元，共募集1.2亿美元。该公司曾于2009年获KTB和老虎基金投资。

43. 10月21日，华地国际控股（01700）登陆港交所主板，发行价为每股5.93港元，募集资金为37.06亿港元。该公司曾获鼎晖资本投资。

44. 10月26日，麦考林在美国纳斯达克上市，发行价为每股11美元，共募集资金约1.29亿美元。该公司曾于2008年获红杉资本8000万美元投资。

45. 10月29日，利农国际（GAGA）在美国纳斯达克上市，发行价为每股9.5美元，共募集资金1.033亿美元。该公司曾获红杉中国、海纳亚洲、华登国际等机构3600万美元投资。

46. 11月1日，雅士利在港交所主板上市，发行价为每股4.2港元，募资额为27亿港元。该公司曾于2009年获凯雷投资和复星集团逾10亿元投资。

47. 11月2日，学大教育在纽交所上市，发行价为每股9.5美元，共募资1.276亿美元。该公司曾于2007年获鼎晖1000万美元投资。

48. 11月3日，新高地新科技在美国纳斯达克上市，发行价为每股8.50美元，共募集资金约1.34亿美元。该公司曾获红杉资本投资，上市前，红杉资本持股5.17%。

49. 11月4日，中国高端男士服装企业和品牌运营商长兴国际（00238）成功在港交所上市，共发行2.37亿股，发行价格为每股4.6港元，募集资金约10.9亿港元。该公司曾获新天域投资。

50. 11月10日，诺亚财富（NOAH）在纽交所上市，发行价为每股12美元，共募集资金1.008亿美元。该公司曾于2007年获红杉资本500万美元投资。

51. 11月11日，锐迪科（RDA）在美国纳斯达克上市，发行价为每股9美元，共募集资金6750万美元。2004年华平向其注资500万美元；2007年华平、IDG共同向其投资1000万美元。

52. 11月17日，易车网在纽交所上市，发行价为每股12美元，共募集资金1.272亿美元。公司曾在2006年～2009年间进行四轮风险融资。

53. 11月19日，熔盛重工（01101）在港交所主板上市，发行价为每股8港元，共募集资金140亿港元。该公司曾于2007年获得对冲基金D.E.Shaw和高盛联合注资3亿美元。

54. 11月24日，神州数码在台交所上市，发行价为每股30.2元新台币，共募资78.52亿元新台币。该公司曾获英飞尼迪创投基金、中新创投的投资。

55. 11月24日，好孩子国际（01086）在港交所主板上市，发行价为每股4.9港元，募集资金净额为8.95亿港元。多家风投机构曾向其注资，包括第一上海投资有限公司、软银中国、美国国际集团、中国商业发展基金、太平洋联合集团。

56. 11月24日，思源经纪在纽交所上市，发行价为每股7美元，募资6720万美元。公司曾于2009年获鼎晖3000万美元注资。

57. 11月26日，现代牧业（01117）在港交所主板上市，发行价为每股2.89港元，募资净额约22.04亿港元。据悉，2008年KKR联手鼎晖投资向现代牧业注资1亿美元。

58. 12月8日，优酷网（YOKU）成功在纽交所上市，发行价为每股12.8美元，融资总额为2.03亿美元。多家风投机构曾向其注资，包括贝恩资本集团旗下的Brookside Capital LLC、硅谷VC公司Sutter Hill Ventures、Farallon Capital和中国本土基金Chengwei Ventures（成为基金）以及Maverick Capital。

59. 12月8日，当当网（DANG）在纽交所上市，发行价为16美元/股，融资总额为2.72亿美元。该公司曾获IDG、老虎基金、华登国际、Alto Global的投资。

60. 12月9日，博纳影业（BONA）在美国纳斯达克上市，发行价为每股8.5美元，融资总额近1亿美元，成为中国第一家在海外上市的影视公司。截至上市前，该公司共完成三轮风险融资，红杉中国、海纳亚洲投、经纬中国、优势资本都曾向其注资。

61. 12月10日，斯凯网络（MOBI）在美国纳斯达克上市，发行价为每股8美元，融资总额5800万美元。该公司曾于2007年获红杉资本投资。

62. 12月15日，中国IT服务供应商软通动力（ISS）在纽交所上市，发行价为每股13美元，发行规模为1083万股美国存托股票（ADS），募资约为1.41亿美元。该公司上市前曾完成三轮融资，曾获永威投资、盈富泰克、富达亚洲、三井创投、光大控股的投资。

63. 12月21日，中国动物保健品以介绍形式在港交所上市交易，黑石集团作为策略股东。中国动物保健2007年已在新加坡上市。

64. 12月23日，中联重科（01157）在港交所挂牌上市，上市价为14.98港元，总计发行8.7亿股，募资达130亿港元。该公司曾于2006年获得弘毅投资、新天域资本等投资。

其他资讯

1. 1月14日，中国风险投资论坛——“2010世界华人金融精英陆家嘴峰会”在上海举行。

2. 1月15日，中国风险投资论坛——“国际LP&GP合作·浦东高峰会”在上海举行。

3. 2月20日，中国风险投资研究院温州分院成立，该院由温州市人民政府、中国风险投资研究院、浙江工贸职业技术学院联合创建，该院将通过专业化的咨询服务引导温州民间游资有序地进入风险投资领域。

4. 5月15日，中国风险投资论坛——“2010中国（第一届）民间资本发展高峰会”在温州举行。

5. 6月2日，“2010年（第十二届）中国风险投资论坛”在深圳举行。

6. 7月20日，温州风险投资研究院在浙江工贸职业技术学院技能大楼三楼举行了入驻仪式，温州市市委副书记、市长赵一德先生参加了入驻仪式并做了重要讲话。

7. 8月25日，中国风险投资论坛——“2010振兴东北投资高峰会”在沈阳举行。

8. 10月16日，中国投资协会创业投资专业委员会成立，该协会由发改委牵头设立，旨在促进企业与政府的沟通，解决目前行业发展存在的问题。这也是我国成立的第一个全国性创投业协会。

9. 11月2日，中国风险投资论坛——“2010中国（中部）风险投资与科技金融论坛”在合肥举行。

10. 11月5日，中国风险投资论坛——“2010首届滇池泛亚私募股权投资高峰会”在昆明举行。

11. 11月6日，中国风险投资研究院昆明泛亚分院在云南昆明正式成立。

附录二　中国风险投资相关政策法律法规汇编

国家政策性文件

- 国务院关于修改《中华人民共和国专利法实施细则》的决定
- 外商投资合伙企业登记管理规定
- 关于进一步做好创业板推荐工作的指引
- 国务院关于进一步做好利用外资工作的若干意见
- 关于支持循环经济发展的投融资政策措施意见的通知
- 保险公司股权管理办法
- 国务院关于鼓励和引导民间投资健康发展的若干意见
- 商务部关于下放外商投资审批权限有关问题的通知
- 中国人民银行、银监会、证监会、保监会关于进一步做好中小企业金融服务工作的若干意见
- 国家外汇管理局关于调整部分资本项目外汇业务审批权限的通知
- 国家外汇管理局关于境内银行境外直接投资外汇管理有关问题的通知
- 关于进一步做好利用外资工作若干意见部门分工方案的通知
- 中国保监会印发《保险资金投资股权暂行办法》的通知
- 中国保监会关于印发《保险资金投资不动产暂行办法》的通知
- 国务院关于促进企业兼并重组的意见
- 国务院关于加快培育和发展战略性新兴产业的决定
- 关于豁免国有创投机构和国有创投引导基金国有股转持义务有关问题的通知
- 国家外汇管理局关于加强外汇业务管理有关问题的通知
- 科技型中小企业创业投资引导基金股权投资收入收缴暂行办法

地方政策性文件

北京市

- 关于印发《在京设立外商投资股权投资基金管理企业暂行办法》的通知
- 海淀区重点产业化项目股权投资实施办法
- 关于促进朝阳区股权投资基金业发展的实施办法

上海市

- 上海市人民政府办公厅印发《关于加强金融服务促进本市经济转型和结构调整若干意见》的通知

- 上海市人民政府关于批转市发展改革委市财政局制订的《上海市创业投资引导基金管理暂行办法》的通知
- 关于下发《上海市国有创业投资企业股权转让管理暂行办法》的通知

天津市

- 转发市科委市金融办关于推动我市科技金融改革创新意见的通知

深圳市

- 深圳经济特区中小企业发展促进条例
- 关于促进股权投资基金业发展的若干规定
- 关于进一步支持股权投资基金业发展有关事项的通知

河北省

- 河北省人民政府办公厅关于印发河北省促进股权投资基金业发展办法的通知

黑龙江省

- 黑龙江省人民政府关于促进产权交易市场规范发展的意见

吉林省

- 长春市人民政府关于支持战略性新兴产业发展的若干意见
- 吉林省人民政府关于印发吉林省中小企业成长计划的通知
- 关于印发《吉林省股权投资基金管理暂行办法》的通知

辽宁省

- 辽宁省人民政府关于进一步促进中小企业发展的若干意见

江苏省

- 无锡市政府办公室关于印发2010年无锡市重点产业发展引导资金管理办法的通知
- 关于印发《关于促进苏州工业园区股权投资产业发展的若干意见》的通知
- 江苏省人民政府办公厅关于转发省财政厅省发展改革委江苏省新兴产业创业投资引导基金管理办法的通知

浙江省

- 浙江省工商行政管理局关于印发浙江省股权投资企业、股权投资管理企业登记办法的通知
- 杭州市人民政府办公厅关于印发促进我市股权投资业发展实施办法的通知
- 关于印发温州经济技术开发区创业投资引导基金管理暂行办法的通知
- 浙江省人民政府关于促进中小企业加快创业创新发展的若干意见

安徽省

- 安徽省人民政府关于鼓励和引导民间投资健康发展的实施意见

福建省

- 福建省人民政府办公厅关于印发2010年金融服务海西建设工作要点的通知

山西省

- 山西省发展和改革委员会关于印发《创业投资扶持资金管理暂行办法》的通知

山东省

- 关于印发《青岛高新区代办股份转让试点工作规范（暂行）》的通知

河南省

- 河南省财政厅关于印发河南省特色产业中小企业发展资金管理办法（试行）的通知

湖南省

- 湖南省人民政府关于进一步加快发展资本市场的若干意见
- 郴州市人民政府办公室转发市金融证券办等10个单位《关于鼓励私募股权投资基金企业发展若干意见》的通知

重庆市

- 重庆市人民政府办公厅关于印发重庆市微型企业创业扶持管理办法（试行）的通知

贵州省

- 贵州省中小企业促进条例

云南省

- 云南省发改委关于《云南省股权投资基金备案管理试行办法》的公告

陕西省

- 陕西省高新技术产业发展条例

新疆维吾尔自治区

- 关于印发《新疆维吾尔自治区促进股权投资类企业发展暂行办法》的通知

国家政策性文件

国务院关于修改《中华人民共和国专利法实施细则》的决定

中华人民共和国国务院令［2010］569号　2010年1月9日

《国务院关于修改〈中华人民共和国专利法实施细则〉的决定》已经2009年12月30日国务院第95次常务会议通过，现予公布，自2010年2月1日起施行。

总理　温家宝

二○一○年一月九日

国务院关于修改《中华人民共和国专利法实施细则》的决定

国务院决定对《中华人民共和国专利法实施细则》作如下修改：

一、删去第二条。

二、将第七条改为第六条，增加一款，作为第三款："当事人依照本条第一款或者第二款的规定请求恢复权利的，应当提交恢复权利请求书，说明理由，必要时附具有关证明文件，并办理权利丧失前应当办理的相应手续；依照本条第二款的规定请求恢复权利的，还应当缴纳恢复权利请求费。"

三、将第八条改为第七条，修改为："专利申请涉及国防利益需要保密的，由国防专利机构受理并进行审查；国务院专利行政部门受理的专利申请涉及国防利益需要保密的，应当及时移交国防专利机构进行审查。经国防专利机构审查没有发现驳回理由的，由国务院专利行政部门作出授予国防专利权的决定。

"国务院专利行政部门认为其受理的发明或者实用新型专利申请涉及国防利益以外的国家安全或者重大利益需要保密的，应当及时作出按照保密专利申请处理的决定，并通知申请人。保密专利申请的审查、复审以及保密专利权无效宣告的特殊程序，由国务院专利行政部门规定。"

四、增加一条，作为第八条："专利法第二十条所称在中国完成的发明或者实用新型，是指技术方案的实质性内容在中国境内完成的发明或者实用新型。

"任何单位或者个人将在中国完成的发明或者实用新型向外国申请专利的，应当按照下列方式之一请求国务院专利行政部门进行保密审查：

"（一）直接向外国申请专利或者向有关国外机构提交专利国际申请的，应当事先向国务院专利行政部门提出请求，并详细说明其技术方案；

"（二）向国务院专利行政部门申请专利后拟向外国申请专利或者向有关国外机构提交专利国际申请的，应当在向外国申请专利或者向有关国外机构提交专利国际申请前向国务院专利行政部门提出请求。

“向国务院专利行政部门提交专利国际申请的，视为同时提出了保密审查请求。”

五、增加一条，作为第九条：“国务院专利行政部门收到依照本细则第八条规定递交的请求后，经过审查认为该发明或者实用新型可能涉及国家安全或者重大利益需要保密的，应当及时向申请人发出保密审查通知；申请人未在其请求递交日起4个月内收到保密审查通知的，可以就该发明或者实用新型向外国申请专利或者向有关国外机构提交专利国际申请。

“国务院专利行政部门依照前款规定通知进行保密审查的，应当及时作出是否需要保密的决定，并通知申请人。申请人未在其请求递交日起6个月内收到需要保密的决定的，可以就该发明或者实用新型向外国申请专利或者向有关国外机构提交专利国际申请。”

六、将第十一条改为第十二条，第一款第（三）项修改为：“退休、调离原单位后或者劳动、人事关系终止后1年内作出的，与其在原单位承担的本职工作或者原单位分配的任务有关的发明创造。”

七、将第十三条改为第四十一条，修改为：“两个以上的申请人同日（指申请日；有优先权的，指优先权日）分别就同样的发明创造申请专利的，应当在收到国务院专利行政部门的通知后自行协商确定申请人。

“同一申请人在同日（指申请日）对同样的发明创造既申请实用新型专利又申请发明专利的，应当在申请时分别说明对同样的发明创造已申请了另一专利；未作说明的，依照专利法第九条第一款关于同样的发明创造只能授予一项专利权的规定处理。

“国务院专利行政部门公告授予实用新型专利权，应当公告申请人已依照本条第二款的规定同时申请了发明专利的说明。

“发明专利申请经审查没有发现驳回理由，国务院专利行政部门应当通知申请人在规定期限内声明放弃实用新型专利权。申请人声明放弃的，国务院专利行政部门应当作出授予发明专利权的决定，并在公告授予发明专利权时一并公告申请人放弃实用新型专利权声明。申请人不同意放弃的，国务院专利行政部门应当驳回该发明专利申请；申请人期满未答复的，视为撤回该发明专利申请。

“实用新型专利权自公告授予发明专利权之日起终止。”

八、删去第十四条。

九、将第十五条改为第十四条，增加一款，作为第三款：“以专利权出质的，由出质人和质权人共同向国务院专利行政部门办理出质登记。”

十、将第十七条改为第十六条，修改为：“发明、实用新型或者外观设计专利申请的请求书应当写明下列事项：

“（一）发明、实用新型或者外观设计的名称；

“（二）申请人是中国单位或者个人的，其名称或者姓名、地址、邮政编码、组织机构代码或者居民身份证件号码；申请人是外国人、外国企业或者外国其他组织的，其姓名或者名称、国籍或者注册的国家或者地区；

“（三）发明人或者设计人的姓名；

“（四）申请人委托专利代理机构的，受托机构的名称、机构代码以及该机构指定的专利代理人的姓名、执业证号码、联系电话；

“（五）要求优先权的，申请人第一次提出专利申请（以下简称在先申请）的申请日、申请号以及原受理机构的名称；

“（六）申请人或者专利代理机构的签字或者盖章；

“（七）申请文件清单；

“（八）附加文件清单；

“（九）其他需要写明的有关事项。”

十一、将第十八条改为第十七条，增加一款，作为第五款：“实用新型专利申请说明书应当有表示要求保护的产品的形状、构造或者其结合的附图。”

十二、增加一条作为第二十六条：“专利法所称遗传资源，是指取自人体、动物、植物或者微生物等含有遗传功能单位并具有实际或者潜在价值的材料；专利法所称依赖遗传资源完成的发明创造，是指利用了遗传资源的遗传功能完成的发明创造。

“就依赖遗传资源完成的发明创造申请专利的，申请人应当在请求书中予以说明，并填写国务院专利行政部门制定的表格。”

十三、删去第二十七条第一款。

十四、将第二十八条修改为：“外观设计的简要说明应当写明外观设计产品的名称、用途，外观设计的设计要点，并指定一幅最能表明设计要点的图片或者照片。省略视图或者请求保护色彩的，应当在简要说明中写明。

“对同一产品的多项相似外观设计提出一件外观设计专利申请的，应当在简要说明中指定其中一项作为基本设计。

“简要说明不得使用商业性宣传用语，也不能用来说明产品的性能。”

十五、删去第三十条。

十六、将第三十一条改为第三十条，增加一款，作为第一款：“专利法第二十四条第（一）项所称中国政府承认的国际展览会，是指国际展览会公约规定的在国际展览局注册或者由其认可的国际展览会。”

十七、将第三十二条改为第三十一条，修改为：“申请人依照专利法第三十条的规定要求外国优先权的，申请人提交的在先申请文件副本应当经原受理机构证明。依照国务院专利行政部门与该受理机构签订的协议，国务院专利行政部门通过电子交换等途径获得在先申请文件副本的，视为申请人提交了经该受理机构证明的在先申请文件副本。要求本国优先权，申请人在请求书中写明在先申请的申请日和申请号的，视为提交了在先申请文件副本。

“要求优先权，但请求书中漏写或者错写在先申请的申请日、申请号和原受理机构名称中的一项或者两项内容的，国务院专利行政部门应当通知申请人在指定期限内补正；期满未补正的，视为未要求优先权。

“要求优先权的申请人的姓名或者名称与在先申请文件副本中记载的申请人姓名或者名称不一致的，应当提交优先权转让证明材料，未提交该证明材料的，视为未要求优先权。

“外观设计专利申请的申请人要求外国优先权，其在先申请未包括对外观设计的简要说明，申请人按照本细则第二十八条规定提交的简要说明未超出在先申请文件的图片或者照片表示的范围的，不影响其享有优先权。”

十八、将第三十六条改为第三十五条，修改为：“依照专利法第三十一条第二款规定，将同一产品的多项相似外观设计作为一件申请提出的，对该产品的其他设计应当与简要说明中指定的基本设计相似。一件外观设计专利申请中的相似外观设计不得超过10项。

“专利法第三十一条第二款所称同一类别并且成套出售或者使用的产品的两项以上外观设计，是指各产品属于分类表中同一大类，习惯上同时出售或者同时使用，而且各产品的外观设计具有相同的设计构思。

“将两项以上外观设计作为一件申请提出的，应当将各项外观设计的顺序编号标注在每件外观设计产品各幅图片或者照片的名称之前。”

十九、将第四十四条第一款修改为：“专利法第三十四条和第四十条所称初步审查，是指审查专利申请是否具备专利法第二十六条或者第二十七条规定的文件和其他必要的文件，这些文件是否符合规定的格式，并审查下列各项：

“（一）发明专利申请是否明显属于专利法第五条、第二十五条规定的情形，是否不符合专利法第十八条、第十九条第一款、第二十条第一款或者本细则第十六条、第二十六条第二款的规定，是否明显不符合专利法第二条第二款、第二十六条第五款、第三十一条第一款、第三十三条或者本细则第十七条至第二十一条的规定；

“（二）实用新型专利申请是否明显属于专利法第五条、第二十五条规定的情形，是否不符合专利法第十八条、第十九条第一款、第二十条第一款或者本细则第十六条至第十九条、第二十一条至第二十三条的规定，是否明显不符合专利法第二条第三款、第二十二条第二款、第四款、第二十六条第三款、第四款、第三十一条第一款、第三十三条或者本细则第二十条、第四十三条第一款的规定，是否依照专利法第九条规定不能取得专利权；

“（三）外观设计专利申请是否明显属于专利法第五条、第二十五条第一款第（六）项规定的情形，是否不符合专利法第十八条、第十九条第一款或者本细则第十六条、第二十七条、第二十八条的规定，是否明显不符合专利法第二条第四款、第二十三条第一款、第二十七条第二款、第三十一条第二款、第三十三条或者本细则第四十三条第一款的规定，是否依照专利法第九条规定不能取得专利权；

“（四）申请文件是否符合本细则第二条、第三条第一款的规定。”

二十、增加一条，作为第五十五条：“保密专利申请经审查没有发现驳回理由的，国务院专利行政部门应当作出授予保密专利权的决定，颁发保密专利证书，登记保密专利权的有关事项。”

二十一、将第五十五条改为第五十六条，修改为：“授予实用新型或者外观设计专利权的决定公告后，专利法第六十条规定的专利权人或者利害关系人可以请求国务院专利行政部门作出专利权评价报告。

“请求作出专利权评价报告的，应当提交专利权评价报告请求书，写明专利号。每项请求应当限于一项专利权。

“专利权评价报告请求书不符合规定的，国务院专利行政部门应当通知请求人在指定期限内补正；请求人期满未补正的，视为未提出请求。”

二十二、将第五十六条改为第五十七条，修改为：“国务院专利行政部门应当自收到专利权评价报告请求书后2个月内作出专利权评价报告。对同一项实用新型或者外观设计专利权，有多个请求人请求作出专利权评价报告的，国务院专利行政部门仅作出一份专利权评价报告。任何单位或者个人可以查阅或者复制该专利权评价报告。”

二十三、将第五十九条改为第六十条，增加一款，作为第二款：“复审请求不符合专利法第十九条第一款或者第四十一条第一款规定的，专利复审委员会不予受理，书面通知复审请求人并说明理由。”

二十四、将第七十一条改为第七十二条，第二款修改为："专利复审委员会作出决定之前，无效宣告请求人撤回其请求或者其无效宣告请求被视为撤回的，无效宣告请求审查程序终止。但是，专利复审委员会认为根据已进行的审查工作能够作出宣告专利权无效或者部分无效的决定的，不终止审查程序。"

二十五、增加一条，作为第七十三条："专利法第四十八条第（一）项所称未充分实施其专利，是指专利权人及其被许可人实施其专利的方式或者规模不能满足国内对专利产品或者专利方法的需求。

"专利法第五十条所称取得专利权的药品，是指解决公共健康问题所需的医药领域中的任何专利产品或者依照专利方法直接获得的产品，包括取得专利权的制造该产品所需的活性成分以及使用该产品所需的诊断用品。"

二十六、将第七十二条改为第七十四条，修改为："请求给予强制许可的，应当向国务院专利行政部门提交强制许可请求书，说明理由并附具有关证明文件。

"国务院专利行政部门应当将强制许可请求书的副本送交专利权人，专利权人应当在国务院专利行政部门指定的期限内陈述意见；期满未答复的，不影响国务院专利行政部门作出决定。

"国务院专利行政部门在作出驳回强制许可请求的决定或者给予强制许可的决定前，应当通知请求人和专利权人拟作出的决定及其理由。

"国务院专利行政部门依照专利法第五十条的规定作出给予强制许可的决定，应当同时符合中国缔结或者参加的有关国际条约关于为了解决公共健康问题而给予强制许可的规定，但中国作出保留的除外。"

二十七、增加一条，作为第七十六条："被授予专利权的单位可以与发明人、设计人约定或者在其依法制定的规章制度中规定专利法第十六条规定的奖励、报酬的方式和数额。

"企业、事业单位给予发明人或者设计人的奖励、报酬，按照国家有关财务、会计制度的规定进行处理。"

二十八、将第七十四条改为第七十七条，修改为："被授予专利权的单位未与发明人、设计人约定也未在其依法制定的规章制度中规定专利法第十六条规定的奖励的方式和数额的，应当自专利权公告之日起3个月内发给发明人或者设计人奖金。一项发明专利的奖金最低不少于3000元；一项实用新型专利或者外观设计专利的奖金最低不少于1000元。

"由于发明人或者设计人的建议被其所属单位采纳而完成的发明创造，被授予专利权的单位应当从优发给奖金。"

二十九、将第七十五条、第七十六条合并，作为第七十八条，修改为："被授予专利权的单位未与发明人、设计人约定也未在其依法制定的规章制度中规定专利法第十六条规定的报酬的方式和数额的，在专利权有效期限内，实施发明创造专利后，每年应当从实施该项发明或者实用新型专利的营业利润中提取不低于2%或者从实施该项外观设计专利的营业利润中提取不低于0.2%，作为报酬给予发明人或者设计人，或者参照上述比例，给予发明人或者设计人一次性报酬；被授予专利权的单位许可其他单位或者个人实施其专利的，应当从收取的使用费中提取不低于10%，作为报酬给予发明人或者设计人。"

三十、删去第七十七条。

三十一、第八十三条增加一款，作为第二款："专利标识不符合前款规定的，由管理专利工作的部门责令改正。"

三十二、将第八十四条、第八十五条合并，作为第八十四条，修改为："下列行为属于专利法第六十三条规定的假冒专利的行为：

"（一）在未被授予专利权的产品或者其包装上标注专利标识，专利权被宣告无效后或者终止后继续在产品或者其包装上标注专利标识，或者未经许可在产品或者产品包装上标注他人的专利号；

"（二）销售第（一）项所述产品；

"（三）在产品说明书等材料中将未被授予专利权的技术或者设计称为专利技术或者专利设计，将专利申请称为专利，或者未经许可使用他人的专利号，使公众将所涉及的技术或者设计误认为是专利技术或者专利设计；

"（四）伪造或者变造专利证书、专利文件或者专利申请文件；

"（五）其他使公众混淆，将未被授予专利权的技术或者设计误认为是专利技术或者专利设计的行为。

"专利权终止前依法在专利产品、依照专利方法直接获得的产品或者其包装上标注专利标识，在专利权终止后许诺销售、销售该产品的，不属于假冒专利行为。

"销售不知道是假冒专利的产品，并且能够证明该产品合法来源的，由管理专利工作的部门责令停止销售，但免除罚款的处罚。"

三十三、将第八十七条修改为："人民法院在审理民事案件中裁定对专利申请权或者专利权采取保全措施的，国务院专利行政部门应当在收到写明申请号或者专利号的裁定书和协助执行通知书之日中止被保全的专利申请权或者专利权的有关程序。保全期限届满，人民法院没有裁定继续采取保全措施的，国务院专利行政部门自行恢复有关程序。"

三十四、增加一条，作为第八十八条："国务院专利行政部门根据本细则第八十六条和第八十七条规定中止有关程序，是指暂停专利申请的初步审查、实质审查、复审程序，授予专利权程序和专利权无效宣告程序；暂停办理放弃、变更、转移专利权或者专利申请权手续，专利权质押手续以及专利权期限届满前的终止手续等。"

三十五、将第八十九条第一款改为第九十条，修改为："国务院专利行政部门定期出版专利公报，公布或者公告下列内容：

"（一）发明专利申请的著录事项和说明书摘要；

"（二）发明专利申请的实质审查请求和国务院专利行政部门对发明专利申请自行进行实质审查的决定；

"（三）发明专利申请公布后的驳回、撤回、视为撤回、视为放弃、恢复和转移；

"（四）专利权的授予以及专利权的著录事项；

"（五）发明或者实用新型专利的说明书摘要，外观设计专利的一幅图片或者照片；

"（六）国防专利、保密专利的解密；

"（七）专利权的无效宣告；

"（八）专利权的终止、恢复；

"（九）专利权的转移；

"（十）专利实施许可合同的备案；

"（十一）专利权的质押、保全及其解除；

"（十二）专利实施的强制许可的给予；

"（十三）专利权人的姓名或者名称、地址的变更；

"（十四）文件的公告送达；

"（十五）国务院专利行政部门作出的更正；

"（十六）其他有关事项。"

三十六、将第八十九条第二款改为第九十一条，修改为："国务院专利行政部门应当提供专利公报、发明专利申请单行本以及发明专利、实用新型专利、外观设计专利单行本，供公众免费查阅。"

三十七、增加一条，作为第九十二条："国务院专利行政部门负责按照互惠原则与其他国家、地区的专利机关或者区域性专利组织交换专利文献。"

三十八、将第九十条改为第九十三条，修改为："向国务院专利行政部门申请专利和办理其他手续时，应当缴纳下列费用：

"（一）申请费、申请附加费、公布印刷费、优先权要求费；

"（二）发明专利申请实质审查费、复审费；

"（三）专利登记费、公告印刷费、年费；

"（四）恢复权利请求费、延长期限请求费；

"（五）著录事项变更费、专利权评价报告请求费、无效宣告请求费。

"前款所列各种费用的缴纳标准，由国务院价格管理部门、财政部门会同国务院专利行政部门规定。"

三十九、将第九十二条改为第九十五条，第一款修改为："申请人应当自申请日起2个月内或者在收到受理通知书之日起15日内缴纳申请费、公布印刷费和必要的申请附加费；期满未缴纳或者未缴足的，其申请视为撤回。"

四十、删去第九十四条。

四十一、将第九十七条改为第九十九条，修改为："恢复权利请求费应当在本细则规定的相关期限内缴纳；期满未缴纳或者未缴足的，视为未提出请求。

"延长期限请求费应当在相应期限届满之日前缴纳；期满未缴纳或者未缴足的，视为未提出请求。

"著录事项变更费、专利权评价报告请求费、无效宣告请求费应当自提出请求之日起1个月内缴纳；期满未缴纳或者未缴足的，视为未提出请求。"

四十二、将第九十八条改为第一百条，修改为："申请人或者专利权人缴纳本细则规定的各种费用有困难的，可以按照规定向国务院专利行政部门提出减缴或者缓缴的请求。减缴或者缓缴的办法由国务院财政部门会同国务院价格管理部门、国务院专利行政部门规定。"

四十三、将第一百零一条、第一百零三条、第一百零五条第一款的部分内容合并，作为第一百零三条，修改为："国际申请的申请人应当在专利合作条约第二条所称的优先权日（本章简称优先权日）起30个月内，向国务院专利行政部门办理进入中国国家阶段的手续；申请人未在该期限内办理该手续的，在缴纳宽限费后，可以在自优先权日起32个月内办理进入中国国家阶段的手续。"

四十四、将第一百零一条、第一百零三条、第一百零五条第一款的部分内容合并，作为第一百零四条，修改为："申请人依照本细则第一百零三条的规定办理进入中国国家阶段的手续的，应当符合下列要求：

"（一）以中文提交进入中国国家阶段的书面声明，写明国际申请号和要求获得的专利权类型；

"（二）缴纳本细则第九十三条第一款规定的申请费、公布印刷费，必要时缴纳本细则第一百零三条规定的宽限费；

"（三）国际申请以外文提出的，提交原始国际申请的说明书和权利要求书的中文译文；

"（四）在进入中国国家阶段的书面声明中写明发明创造的名称、申请人姓名或者名称、地址和发明人的姓名，上述内容应当与世界知识产权组织国际局（以下简称国际局）的记录一致；国际申请中未写明发明人的，在上述声明中写明发明人的姓名；

"（五）国际申请以外文提出的，提交摘要的中文译文，有附图和摘要附图的，提交附图副本和摘要附图副本，附图中有文字的，将其替换为对应的中文文字；国际申请以中文提出的，提交国际公布文件中的摘要和摘要附图副本；

"（六）在国际阶段向国际局已办理申请人变更手续的，提供变更后的申请人享有申请权的证明材料；

"（七）必要时缴纳本细则第九十三条第一款规定的申请附加费。

"符合本条第一款第（一）项至第（三）项要求的，国务院专利行政部门应当给予申请号，明确国际申请进入中国国家阶段的日期（以下简称进入日），并通知申请人其国际申请已进入中国国家阶段。

"国际申请已进入中国国家阶段，但不符合本条第一款第（四）项至第（七）项要求的，国务院专利行政部门应当通知申请人在指定期限内补正；期满未补正的，其申请视为撤回。"

四十五、将第一百条第二款与第一百零二条合并，作为第一百零五条，修改为："国际申请有下列情形之一的，其在中国的效力终止：

"（一）在国际阶段，国际申请被撤回或者被视为撤回，或者国际申请对中国的指定被撤回的；

"（二）申请人未在优先权日起32个月内按照本细则第一百零三条规定办理进入中国国家阶段手续的；

"（三）申请人办理进入中国国家阶段的手续，但自优先权日起32个月期限届满仍不符合本细则第一百零四条第（一）项至第（三）项要求的。

"依照前款第（一）项的规定，国际申请在中国的效力终止的，不适用本细则第六条的规定；依照前款第（二）项、第（三）项的规定，国际申请在中国的效力终止的，不适用本细则第六条第二款的规定。"

四十六、将第一百零四条改为第一百零六条，修改为："国际申请在国际阶段作过修改，申请人要求以经修改的申请文件为基础进行审查的，应当自进入日起2个月内提交修改部分的中文译文。在该期间内未提交中文译文的，对申请人在国际阶段提出的修改，国务院专利行政部门不予考虑。"

四十七、将第一百零五条改为第一百零七条，修改为："国际申请涉及的发明创造有专利法第二十四条第（一）项或者第（二）项所列情形之一，在提出国际申请时作过声明的，申请人应当在进入中国国家阶段的书面声明中予以说明，并自进入日起2个月内提交本细则第三十条第三款规定的有关证明文件；未予说明或者期满未提交证明文件的，其申请不适用专利法第二十四条的规定。"

四十八、增加一条，作为第一百零九条："国际申请涉及的发明创造依赖遗传资源完成的，申请人应当在国际申请进入中国国家阶段的书面声明中予以说明，并填写国务院专利行政部门制定的表格。”

四十九、将第一百零七条改为第一百一十条，第二款修改为：“申请人应当自进入日起2个月内缴纳优先权要求费；期满未缴纳或者未缴足的，视为未要求该优先权。”

删去第四款。

五十、将第一百零九条改为第一百一十二条，第一款修改为：“要求获得实用新型专利权的国际申请，申请人可以自进入日起2个月内对专利申请文件主动提出修改。”

五十一、删去第一百一十三条、第一百一十四条。

此外，根据2008年12月27日审议通过的《全国人民代表大会常务委员会关于修改〈中华人民共和国专利法〉的决定》，对《中华人民共和国专利法实施细则》引用《中华人民共和国专利法》的条文作了相应修改，并对部分条款顺序和文字作了相应调整。

本决定自2010年2月1日起施行。

《中华人民共和国专利法实施细则》根据本决定作相应的修改，重新公布。

中华人民共和国专利法实施细则

（2001年6月15日中华人民共和国国务院令第306号公布　根据2002年12月28日《国务院关于修改〈中华人民共和国专利法实施细则〉的决定》第一次修订　根据2010年1月9日《国务院关于修改〈中华人民共和国专利法实施细则〉的决定》第二次修订）

第一章　总　则

第一条　根据《中华人民共和国专利法》（以下简称专利法），制定本细则。

第二条　专利法和本细则规定的各种手续，应当以书面形式或者国务院专利行政部门规定的其他形式办理。

第三条　依照专利法和本细则规定提交的各种文件应当使用中文；国家有统一规定的科技术语的，应当采用规范词；外国人名、地名和科技术语没有统一中文译文的，应当注明原文。

依照专利法和本细则规定提交的各种证件和证明文件是外文的，国务院专利行政部门认为必要时，可以要求当事人在指定期限内附送中文译文；期满未附送的，视为未提交该证件和证明文件。

第四条　向国务院专利行政部门邮寄的各种文件，以寄出的邮戳日为递交日；邮戳日不清晰的，除当事人能够提出证明外，以国务院专利行政部门收到日为递交日。

国务院专利行政部门的各种文件，可以通过邮寄、直接送交或者其他方式送达当事人。当事人委托专利代理机构的，文件送交专利代理机构；未委托专利代理机构的，文件送交请求书中指明的联系人。

国务院专利行政部门邮寄的各种文件，自文件发出之日起满15日，推定为当事人收到文件之日。

根据国务院专利行政部门规定应当直接送交的文件，以交付日为送达日。

文件送交地址不清，无法邮寄的，可以通过公告的方式送达当事人。自公告之日起满1个月，该文件视为已经送达。

第五条 专利法和本细则规定的各种期限的第一日不计算在期限内。期限以年或者月计算的，以其最后一月的相应日为期限届满日；该月无相应日的，以该月最后一日为期限届满日；期限届满日是法定休假日的，以休假日后的第一个工作日为期限届满日。

第六条 当事人因不可抗拒的事由而延误专利法或者本细则规定的期限或者国务院专利行政部门指定的期限，导致其权利丧失的，自障碍消除之日起2个月内，最迟自期限届满之日起2年内，可以向国务院专利行政部门请求恢复权利。

除前款规定的情形外，当事人因其他正当理由延误专利法或者本细则规定的期限或者国务院专利行政部门指定的期限，导致其权利丧失的，可以自收到国务院专利行政部门的通知之日起2个月内向国务院专利行政部门请求恢复权利。

当事人依照本条第一款或者第二款的规定请求恢复权利的，应当提交恢复权利请求书，说明理由，必要时附具有关证明文件，并办理权利丧失前应当办理的相应手续；依照本条第二款的规定请求恢复权利的，还应当缴纳恢复权利请求费。

当事人请求延长国务院专利行政部门指定的期限的，应当在期限届满前，向国务院专利行政部门说明理由并办理有关手续。

本条第一款和第二款的规定不适用专利法第二十四条、第二十九条、第四十二条、第六十八条规定的期限。

第七条 专利申请涉及国防利益需要保密的，由国防专利机构受理并进行审查；国务院专利行政部门受理的专利申请涉及国防利益需要保密的，应当及时移交国防专利机构进行审查。经国防专利机构审查没有发现驳回理由的，由国务院专利行政部门作出授予国防专利权的决定。

国务院专利行政部门认为其受理的发明或者实用新型专利申请涉及国防利益以外的国家安全或者重大利益需要保密的，应当及时作出按照保密专利申请处理的决定，并通知申请人。保密专利申请的审查、复审以及保密专利权无效宣告的特殊程序，由国务院专利行政部门规定。

第八条 专利法第二十条所称在中国完成的发明或者实用新型，是指技术方案的实质性内容在中国境内完成的发明或者实用新型。

任何单位或者个人将在中国完成的发明或者实用新型向外国申请专利的，应当按照下列方式之一请求国务院专利行政部门进行保密审查：

（一）直接向外国申请专利或者向有关国外机构提交专利国际申请的，应当事先向国务院专利行政部门提出请求，并详细说明其技术方案；

（二）向国务院专利行政部门申请专利后拟向外国申请专利或者向有关国外机构提交专利国际申请的，应当在向外国申请专利或者向有关国外机构提交专利国际申请前向国务院专利行政部门提出请求。

向国务院专利行政部门提交专利国际申请的，视为同时提出了保密审查请求。

第九条 国务院专利行政部门收到依照本细则第八条规定递交的请求后，经过审查认为该发明或者实用新型可能涉及国家安全或者重大利益需要保密的，应当及时向申请人发出保密审查通知；申请人未在其请求递交日起4个月内收到保密审查通知的，可以就该发明或者实用新型向外国申请专利或者向有关国外机构提交专利国际申请。

国务院专利行政部门依照前款规定通知进行保密审查的，应当及时作出是否需要保密的决定，并通知申请人。申请人未在其请求递交日起6个月内收到需要保密的决定的，可以就该发明或者实用新型向外国申请专利或者向有关国外机构提交专利国际申请。

第十条　专利法第五条所称违反法律的发明创造，不包括仅其实施为法律所禁止的发明创造。

第十一条　除专利法第二十八条和第四十二条规定的情形外，专利法所称申请日，有优先权的，指优先权日。

本细则所称申请日，除另有规定的外，是指专利法第二十八条规定的申请日。

第十二条　专利法第六条所称执行本单位的任务所完成的职务发明创造，是指：

（一）在本职工作中作出的发明创造；

（二）履行本单位交付的本职工作之外的任务所作出的发明创造；

（三）退休、调离原单位后或者劳动、人事关系终止后1年内作出的，与其在原单位承担的本职工作或者原单位分配的任务有关的发明创造。

专利法第六条所称本单位，包括临时工作单位；专利法第六条所称本单位的物质技术条件，是指本单位的资金、设备、零部件、原材料或者不对外公开的技术资料等。

第十三条　专利法所称发明人或者设计人，是指对发明创造的实质性特点作出创造性贡献的人。在完成发明创造过程中，只负责组织工作的人、为物质技术条件的利用提供方便的人或者从事其他辅助工作的人，不是发明人或者设计人。

第十四条　除依照专利法第十条规定转让专利权外，专利权因其他事由发生转移的，当事人应当凭有关证明文件或者法律文书向国务院专利行政部门办理专利权转移手续。

专利权人与他人订立的专利实施许可合同，应当自合同生效之日起3个月内向国务院专利行政部门备案。

以专利权出质的，由出质人和质权人共同向国务院专利行政部门办理出质登记。

第二章　专利的申请

第十五条　以书面形式申请专利的，应当向国务院专利行政部门提交申请文件一式两份。

以国务院专利行政部门规定的其他形式申请专利的，应当符合规定的要求。

申请人委托专利代理机构向国务院专利行政部门申请专利和办理其他专利事务的，应当同时提交委托书，写明委托权限。

申请人有2人以上且未委托专利代理机构的，除请求书中另有声明的外，以请求书中指明的第一申请人为代表人。

第十六条　发明、实用新型或者外观设计专利申请的请求书应当写明下列事项：

（一）发明、实用新型或者外观设计的名称；

（二）申请人是中国单位或者个人的，其名称或者姓名、地址、邮政编码、组织机构代码或者居民身份证件号码；申请人是外国人、外国企业或者外国其他组织的，其姓名或者名称、国籍或者注册的国家或者地区；

（三）发明人或者设计人的姓名；

（四）申请人委托专利代理机构的，受托机构的名称、机构代码以及该机构指定的专利代理人的姓名、执业证号码、联系电话；

（五）要求优先权的，申请人第一次提出专利申请（以下简称在先申请）的申请日、申请号以及原受理机构的名称；

（六）申请人或者专利代理机构的签字或者盖章；

（七）申请文件清单；

（八）附加文件清单；

（九）其他需要写明的有关事项。

第十七条　发明或者实用新型专利申请的说明书应当写明发明或者实用新型的名称，该名称应当与请求书中的名称一致。说明书应当包括下列内容：

（一）技术领域：写明要求保护的技术方案所属的技术领域；

（二）背景技术：写明对发明或者实用新型的理解、检索、审查有用的背景技术；有可能的，并引证反映这些背景技术的文件；

（三）发明内容：写明发明或者实用新型所要解决的技术问题以及解决其技术问题采用的技术方案，并对照现有技术写明发明或者实用新型的有益效果；

（四）附图说明：说明书有附图的，对各幅附图作简略说明；

（五）具体实施方式：详细写明申请人认为实现发明或者实用新型的优选方式；必要时，举例说明；有附图的，对照附图。

发明或者实用新型专利申请人应当按照前款规定的方式和顺序撰写说明书，并在说明书每一部分前面写明标题，除非其发明或者实用新型的性质用其他方式或者顺序撰写能节约说明书的篇幅并使他人能够准确理解其发明或者实用新型。

发明或者实用新型说明书应当用词规范、语句清楚，并不得使用“如权利要求……所述的……”一类的引用语，也不得使用商业性宣传用语。

发明专利申请包含一个或者多个核苷酸或者氨基酸序列的，说明书应当包括符合国务院专利行政部门规定的序列表。申请人应当将该序列表作为说明书的一个单独部分提交，并按照国务院专利行政部门的规定提交该序列表的计算机可读形式的副本。

实用新型专利申请说明书应当有表示要求保护的产品的形状、构造或者其结合的附图。

第十八条　发明或者实用新型的几幅附图应当按照“图1，图2，……”顺序编号排列。

发明或者实用新型说明书文字部分中未提及的附图标记不得在附图中出现，附图中未出现的附图标记不得在说明书文字部分中提及。申请文件中表示同一组成部分的附图标记应当一致。

附图中除必需的词语外，不应当含有其他注释。

第十九条　权利要求书应当记载发明或者实用新型的技术特征。

权利要求书有几项权利要求的，应当用阿拉伯数字顺序编号。

权利要求书中使用的科技术语应当与说明书中使用的科技术语一致，可以有化学式或者数学式，但是不得有插图。除绝对必要的外，不得使用“如说明书……部分所述”或者“如图……所示”的用语。

权利要求中的技术特征可以引用说明书附图中相应的标记，该标记应当放在相应的技术特征后并置于括号内，便于理解权利要求。附图标记不得解释为对权利要求的限制。

第二十条　权利要求书应当有独立权利要求，也可以有从属权利要求。

独立权利要求应当从整体上反映发明或者实用新型的技术方案，记载解决技术问题的必要技术特征。

从属权利要求应当用附加的技术特征，对引用的权利要求作进一步限定。

第二十一条　发明或者实用新型的独立权利要求应当包括前序部分和特征部分，按照下列规定撰写：

（一）前序部分：写明要求保护的发明或者实用新型技术方案的主题名称和发明或者实用新型主题与最接近的现有技术共有的必要技术特征；

（二）特征部分：使用“其特征是……”或者类似的用语，写明发明或者实用新型区别于最接近的现有技术的技术特征。这些特征和前序部分写明的特征合在一起，限定发明或者实用新型要求保护的范围。

发明或者实用新型的性质不适于用前款方式表达的，独立权利要求可以用其他方式撰写。

一项发明或者实用新型应当只有一个独立权利要求，并写在同一发明或者实用新型的从属权利要求之前。

第二十二条 发明或者实用新型的从属权利要求应当包括引用部分和限定部分，按照下列规定撰写：

（一）引用部分：写明引用的权利要求的编号及其主题名称；

（二）限定部分：写明发明或者实用新型附加的技术特征。

从属权利要求只能引用在前的权利要求。引用两项以上权利要求的多项从属权利要求，只能以择一方式引用在前的权利要求，并不得作为另一项多项从属权利要求的基础。

第二十三条 说明书摘要应当写明发明或者实用新型专利申请所公开内容的概要，即写明发明或者实用新型的名称和所属技术领域，并清楚地反映所要解决的技术问题、解决该问题的技术方案的要点以及主要用途。

说明书摘要可以包含最能说明发明的化学式；有附图的专利申请，还应当提供一幅最能说明该发明或者实用新型技术特征的附图。附图的大小及清晰度应当保证在该图缩小到4厘米×6厘米时，仍能清晰地分辨出图中的各个细节。摘要文字部分不得超过300个字。摘要中不得使用商业性宣传用语。

第二十四条 申请专利的发明涉及新的生物材料，该生物材料公众不能得到，并且对该生物材料的说明不足以使所属领域的技术人员实施其发明的，除应当符合专利法和本细则的有关规定外，申请人还应当办理下列手续：

（一）在申请日前或者最迟在申请日（有优先权的，指优先权日），将该生物材料的样品提交国务院专利行政部门认可的保藏单位保藏，并在申请时或者最迟自申请日起4个月内提交保藏单位出具的保藏证明和存活证明；期满未提交证明的，该样品视为未提交保藏；

（二）在申请文件中，提供有关该生物材料特征的资料；

（三）涉及生物材料样品保藏的专利申请应当在请求书和说明书中写明该生物材料的分类命名（注明拉丁文名称）、保藏该生物材料样品的单位名称、地址、保藏日期和保藏编号；申请时未写明的，应当自申请日起4个月内补正；期满未补正的，视为未提交保藏。

第二十五条 发明专利申请人依照本细则第二十四条的规定保藏生物材料样品的，在发明专利申请公布后，任何单位或者个人需要将该专利申请所涉及的生物材料作为实验目的使用的，应当向国务院专利行政部门提出请求，并写明下列事项：

（一）请求人的姓名或者名称和地址；

（二）不向其他任何人提供该生物材料的保证；

（三）在授予专利权前，只作为实验目的使用的保证。

第二十六条 专利法所称遗传资源，是指取自人体、动物、植物或者微生物等含有遗传功能单位并具有实际或者潜在价值的材料；专利法所称依赖遗传资源完成的发明创造，是指利用了遗传资源的遗传功能完成的发明创造。

就依赖遗传资源完成的发明创造申请专利的，申请人应当在请求书中予以说明，并填写国务院专利行政部门制定的表格。

第二十七条　申请人请求保护色彩的，应当提交彩色图片或者照片。

申请人应当就每件外观设计产品所需要保护的内容提交有关图片或者照片。

第二十八条　外观设计的简要说明应当写明外观设计产品的名称、用途，外观设计的设计要点，并指定一幅最能表明设计要点的图片或者照片。省略视图或者请求保护色彩的，应当在简要说明中写明。

对同一产品的多项相似外观设计提出一件外观设计专利申请的，应当在简要说明中指定其中一项作为基本设计。

简要说明不得使用商业性宣传用语，也不能用来说明产品的性能。

第二十九条　国务院专利行政部门认为必要时，可以要求外观设计专利申请人提交使用外观设计的产品样品或者模型。样品或者模型的体积不得超过30厘米×30厘米×30厘米，重量不得超过15公斤。易腐、易损或者危险品不得作为样品或者模型提交。

第三十条　专利法第二十四条第（一）项所称中国政府承认的国际展览会，是指国际展览会公约规定的在国际展览局注册或者由其认可的国际展览会。

专利法第二十四条第（二）项所称学术会议或者技术会议，是指国务院有关主管部门或者全国性学术团体组织召开的学术会议或者技术会议。

申请专利的发明创造有专利法第二十四条第（一）项或者第（二）项所列情形的，申请人应当在提出专利申请时声明，并自申请日起2个月内提交有关国际展览会或者学术会议、技术会议的组织单位出具的有关发明创造已经展出或者发表，以及展出或者发表日期的证明文件。

申请专利的发明创造有专利法第二十四条第（三）项所列情形的，国务院专利行政部门认为必要时，可以要求申请人在指定期限内提交证明文件。

申请人未依照本条第三款的规定提出声明和提交证明文件的，或者未依照本条第四款的规定在指定期限内提交证明文件的，其申请不适用专利法第二十四条的规定。

第三十一条　申请人依照专利法第三十条的规定要求外国优先权的，申请人提交的在先申请文件副本应当经原受理机构证明。依照国务院专利行政部门与该受理机构签订的协议，国务院专利行政部门通过电子交换等途径获得在先申请文件副本的，视为申请人提交了经该受理机构证明的在先申请文件副本。要求本国优先权，申请人在请求书中写明在先申请的申请日和申请号的，视为提交了在先申请文件副本。

要求优先权，但请求书中漏写或者错写在先申请的申请日、申请号和原受理机构名称中的一项或者两项内容的，国务院专利行政部门应当通知申请人在指定期限内补正；期满未补正的，视为未要求优先权。

要求优先权的申请人的姓名或者名称与在先申请文件副本中记载的申请人姓名或者名称不一致的，应当提交优先权转让证明材料，未提交该证明材料的，视为未要求优先权。

外观设计专利申请的申请人要求外国优先权，其在先申请未包括对外观设计的简要说明，申请人按照本细则第二十八条规定提交的简要说明未超出在先申请文件的图片或者照片表示的范围的，不影响其享有优先权。

第三十二条　申请人在一件专利申请中，可以要求一项或者多项优先权；要求多项优先权的，该申请的优先权期限从最早的优先权日起计算。

申请人要求本国优先权，在先申请是发明专利申请的，可以就相同主题提出发明或者实用新型专利申请；在先申请是实用新型专利申请的，可以就相同主题提出实用新型或者发明专利申请。但是，提出后一申请时，在先申请的主题有下列情形之一的，不得作为要求本国优先权的基础：

（一）已经要求外国优先权或者本国优先权的；

（二）已经被授予专利权的；

（三）属于按照规定提出的分案申请的。

申请人要求本国优先权的，其在先申请自后一申请提出之日起即视为撤回。

第三十三条　在中国没有经常居所或者营业所的申请人，申请专利或者要求外国优先权的，国务院专利行政部门认为必要时，可以要求其提供下列文件：

（一）申请人是个人的，其国籍证明；

（二）申请人是企业或者其他组织的，其注册的国家或者地区的证明文件；

（三）申请人的所属国，承认中国单位和个人可以按照该国国民的同等条件，在该国享有专利权、优先权和其他与专利有关的权利的证明文件。

第三十四条　依照专利法第三十一条第一款规定，可以作为一件专利申请提出的属于一个总的发明构思的两项以上的发明或者实用新型，应当在技术上相互关联，包含一个或者多个相同或者相应的特定技术特征，其中特定技术特征是指每一项发明或者实用新型作为整体，对现有技术作出贡献的技术特征。

第三十五条　依照专利法第三十一条第二款规定，将同一产品的多项相似外观设计作为一件申请提出的，对该产品的其他设计应当与简要说明中指定的基本设计相似。一件外观设计专利申请中的相似外观设计不得超过10项。

专利法第三十一条第二款所称同一类别并且成套出售或者使用的产品的两项以上外观设计，是指各产品属于分类表中同一大类，习惯上同时出售或者同时使用，而且各产品的外观设计具有相同的设计构思。

将两项以上外观设计作为一件申请提出的，应当将各项外观设计的顺序编号标注在每件外观设计产品各幅图片或者照片的名称之前。

第三十六条　申请人撤回专利申请的，应当向国务院专利行政部门提出声明，写明发明创造的名称、申请号和申请日。

撤回专利申请的声明在国务院专利行政部门作好公布专利申请文件的印刷准备工作后提出的，申请文件仍予公布；但是，撤回专利申请的声明应当在以后出版的专利公报上予以公告。

第三章　专利申请的审查和批准

第三十七条　在初步审查、实质审查、复审和无效宣告程序中，实施审查和审理的人员有下列情形之一的，应当自行回避，当事人或者其他利害关系人可以要求其回避：

（一）是当事人或者其代理人的近亲属的；

（二）与专利申请或者专利权有利害关系的；

（三）与当事人或者其代理人有其他关系，可能影响公正审查和审理的；

（四）专利复审委员会成员曾参与原申请的审查的。

第三十八条　国务院专利行政部门收到发明或者实用新型专利申请的请求书、说明书（实用新型必须包括附图）和权利要求书，或者外观设计专利申请的请求书、外观设计的图片或者照片和简要说明后，应当明确申请日、给予申请号，并通知申请人。

第三十九条 专利申请文件有下列情形之一的，国务院专利行政部门不予受理，并通知申请人：

（一）发明或者实用新型专利申请缺少请求书、说明书（实用新型无附图）或者权利要求书的，或者外观设计专利申请缺少请求书、图片或者照片、简要说明的；

（二）未使用中文的；

（三）不符合本细则第一百二十一条第一款规定的；

（四）请求书中缺少申请人姓名或者名称，或者缺少地址的；

（五）明显不符合专利法第十八条或者第十九条第一款的规定的；

（六）专利申请类别（发明、实用新型或者外观设计）不明确或者难以确定的。

第四十条 说明书中写有对附图的说明但无附图或者缺少部分附图的，申请人应当在国务院专利行政部门指定的期限内补交附图或者声明取消对附图的说明。申请人补交附图的，以向国务院专利行政部门提交或者邮寄附图之日为申请日；取消对附图的说明的，保留原申请日。

第四十一条 两个以上的申请人同日（指申请日；有优先权的，指优先权日）分别就同样的发明创造申请专利的，应当在收到国务院专利行政部门的通知后自行协商确定申请人。

同一申请人在同日（指申请日）对同样的发明创造既申请实用新型专利又申请发明专利的，应当在申请时分别说明对同样的发明创造已申请了另一专利；未作说明的，依照专利法第九条第一款关于同样的发明创造只能授予一项专利权的规定处理。

国务院专利行政部门公告授予实用新型专利权，应当公告申请人已依照本条第二款的规定同时申请了发明专利的说明。

发明专利申请经审查没有发现驳回理由，国务院专利行政部门应当通知申请人在规定期限内声明放弃实用新型专利权。申请人声明放弃的，国务院专利行政部门应当作出授予发明专利权的决定，并在公告授予发明专利权时一并公告申请人放弃实用新型专利权声明。申请人不同意放弃的，国务院专利行政部门应当驳回该发明专利申请；申请人期满未答复的，视为撤回该发明专利申请。

实用新型专利权自公告授予发明专利权之日起终止。

第四十二条 一件专利申请包括两项以上发明、实用新型或者外观设计的，申请人可以在本细则第五十四条第一款规定的期限届满前，向国务院专利行政部门提出分案申请；但是，专利申请已经被驳回、撤回或者视为撤回的，不能提出分案申请。

国务院专利行政部门认为一件专利申请不符合专利法第三十一条和本细则第三十四条或者第三十五条的规定的，应当通知申请人在指定期限内对其申请进行修改；申请人期满未答复的，该申请视为撤回。

分案的申请不得改变原申请的类别。

第四十三条 依照本细则第四十二条规定提出的分案申请，可以保留原申请日，享有优先权的，可以保留优先权日，但是不得超出原申请记载的范围。

分案申请应当依照专利法及本细则的规定办理有关手续。

分案申请的请求书中应当写明原申请的申请号和申请日。提交分案申请时，申请人应当提交原申请文件副本；原申请享有优先权的，并应当提交原申请的优先权文件副本。

第四十四条　专利法第三十四条和第四十条所称初步审查，是指审查专利申请是否具备专利法第二十六条或者第二十七条规定的文件和其他必要的文件，这些文件是否符合规定的格式，并审查下列各项：

（一）发明专利申请是否明显属于专利法第五条、第二十五条规定的情形，是否不符合专利法第十八条、第十九条第一款、第二十条第一款或者本细则第十六条、第二十六条第二款的规定，是否明显不符合专利法第二条第二款、第二十六条第五款、第三十一条第一款、第三十三条或者本细则第十七条至第二十一条的规定；

（二）实用新型专利申请是否明显属于专利法第五条、第二十五条规定的情形，是否不符合专利法第十八条、第十九条第一款、第二十条第一款或者本细则第十六条至第十九条、第二十一条至第二十三条的规定，是否明显不符合专利法第二条第三款、第二十二条第二款、第四款、第二十六条第三款、第四款、第三十一条第一款、第三十三条或者本细则第二十条、第四十三条第一款的规定，是否依照专利法第九条规定不能取得专利权；

（三）外观设计专利申请是否明显属于专利法第五条、第二十五条第一款第（六）项规定的情形，是否不符合专利法第十八条、第十九条第一款或者本细则第十六条、第二十七条、第二十八条的规定，是否明显不符合专利法第二条第四款、第二十三条第一款、第二十七条第二款、第三十一条第二款、第三十三条或者本细则第四十三条第一款的规定，是否依照专利法第九条规定不能取得专利权；

（四）申请文件是否符合本细则第二条、第三条第一款的规定。

国务院专利行政部门应当将审查意见通知申请人，要求其在指定期限内陈述意见或者补正；申请人期满未答复的，其申请视为撤回。申请人陈述意见或者补正后，国务院专利行政部门仍然认为不符合前款所列各项规定的，应当予以驳回。

第四十五条　除专利申请文件外，申请人向国务院专利行政部门提交的与专利申请有关的其他文件有下列情形之一的，视为未提交：

（一）未使用规定的格式或者填写不符合规定的；

（二）未按照规定提交证明材料的。

国务院专利行政部门应当将视为未提交的审查意见通知申请人。

第四十六条　申请人请求早日公布其发明专利申请的，应当向国务院专利行政部门声明。国务院专利行政部门对该申请进行初步审查后，除予以驳回的外，应当立即将申请予以公布。

第四十七条　申请人写明使用外观设计的产品及其所属类别的，应当使用国务院专利行政部门公布的外观设计产品分类表。未写明使用外观设计的产品所属类别或者所写的类别不确切的，国务院专利行政部门可以予以补充或者修改。

第四十八条　自发明专利申请公布之日起至公告授予专利权之日止，任何人均可以对不符合专利法规定的专利申请向国务院专利行政部门提出意见，并说明理由。

第四十九条　发明专利申请人因有正当理由无法提交专利法第三十六条规定的检索资料或者审查结果资料的，应当向国务院专利行政部门声明，并在得到有关资料后补交。

第五十条　国务院专利行政部门依照专利法第三十五条第二款的规定对专利申请自行进行审查时，应当通知申请人。

第五十一条　发明专利申请人在提出实质审查请求时以及在收到国务院专利行政部门发出的发明专利申请进入实质审查阶段通知书之日起的3个月内，可以对发明专利申请主动提出修改。

实用新型或者外观设计专利申请人自申请日起2个月内，可以对实用新型或者外观设计专利申请主动提出修改。

申请人在收到国务院专利行政部门发出的审查意见通知书后对专利申请文件进行修改的，应当针对通知书指出的缺陷进行修改。

国务院专利行政部门可以自行修改专利申请文件中文字和符号的明显错误。国务院专利行政部门自行修改的，应当通知申请人。

第五十二条 发明或者实用新型专利申请的说明书或者权利要求书的修改部分，除个别文字修改或者增删外，应当按照规定格式提交替换页。外观设计专利申请的图片或者照片的修改，应当按照规定提交替换页。

第五十三条 依照专利法第三十八条的规定，发明专利申请经实质审查应当予以驳回的情形是指：

（一）申请属于专利法第五条、第二十五条规定的情形，或者依照专利法第九条规定不能取得专利权的；

（二）申请不符合专利法第二条第二款、第二十条第一款、第二十二条、第二十六条第三款、第四款、第五款、第三十一条第一款或者本细则第二十条第二款规定的；

（三）申请的修改不符合专利法第三十三条规定，或者分案的申请不符合本细则第四十三条第一款的规定的。

第五十四条 国务院专利行政部门发出授予专利权的通知后，申请人应当自收到通知之日起2个月内办理登记手续。申请人按期办理登记手续的，国务院专利行政部门应当授予专利权，颁发专利证书，并予以公告。

期满未办理登记手续的，视为放弃取得专利权的权利。

第五十五条 保密专利申请经审查没有发现驳回理由的，国务院专利行政部门应当作出授予保密专利权的决定，颁发保密专利证书，登记保密专利权的有关事项。

第五十六条 授予实用新型或者外观设计专利权的决定公告后，专利法第六十条规定的专利权人或者利害关系人可以请求国务院专利行政部门作出专利权评价报告。

请求作出专利权评价报告的，应当提交专利权评价报告请求书，写明专利号。每项请求应当限于一项专利权。

专利权评价报告请求书不符合规定的，国务院专利行政部门应当通知请求人在指定期限内补正；请求人期满未补正的，视为未提出请求。

第五十七条 国务院专利行政部门应当自收到专利权评价报告请求书后2个月内作出专利权评价报告。对同一项实用新型或者外观设计专利权，有多个请求人请求作出专利权评价报告的，国务院专利行政部门仅作出一份专利权评价报告。任何单位或者个人可以查阅或者复制该专利权评价报告。

第五十八条 国务院专利行政部门对专利公告、专利单行本中出现的错误，一经发现，应当及时更正，并对所作更正予以公告。

第四章 专利申请的复审与专利权的无效宣告

第五十九条 专利复审委员会由国务院专利行政部门指定的技术专家和法律专家组成，主任委员由国务院专利行政部门负责人兼任。

第六十条　依照专利法第四十一条的规定向专利复审委员会请求复审的，应当提交复审请求书，说明理由，必要时还应当附具有关证据。

复审请求不符合专利法第十九条第一款或者第四十一条第一款规定的，专利复审委员会不予受理，书面通知复审请求人并说明理由。

复审请求书不符合规定格式的，复审请求人应当在专利复审委员会指定的期限内补正；期满未补正的，该复审请求视为未提出。

第六十一条　请求人在提出复审请求或者在对专利复审委员会的复审通知书作出答复时，可以修改专利申请文件；但是，修改应当仅限于消除驳回决定或者复审通知书指出的缺陷。

修改的专利申请文件应当提交一式两份。

第六十二条　专利复审委员会应当将受理的复审请求书转交国务院专利行政部门原审查部门进行审查。原审查部门根据复审请求人的请求，同意撤销原决定的，专利复审委员会应当据此作出复审决定，并通知复审请求人。

第六十三条　专利复审委员会进行复审后，认为复审请求不符合专利法和本细则有关规定的，应当通知复审请求人，要求其在指定期限内陈述意见。期满未答复的，该复审请求视为撤回；经陈述意见或者进行修改后，专利复审委员会认为仍不符合专利法和本细则有关规定的，应当作出维持原驳回决定的复审决定。

专利复审委员会进行复审后，认为原驳回决定不符合专利法和本细则有关规定的，或者认为经过修改的专利申请文件消除了原驳回决定指出的缺陷的，应当撤销原驳回决定，由原审查部门继续进行审查程序。

第六十四条　复审请求人在专利复审委员会作出决定前，可以撤回其复审请求。

复审请求人在专利复审委员会作出决定前撤回其复审请求的，复审程序终止。

第六十五条　依照专利法第四十五条的规定，请求宣告专利权无效或者部分无效的，应当向专利复审委员会提交专利权无效宣告请求书和必要的证据一式两份。无效宣告请求书应当结合提交的所有证据，具体说明无效宣告请求的理由，并指明每项理由所依据的证据。

前款所称无效宣告请求的理由，是指被授予专利的发明创造不符合专利法第二条、第二十条第一款、第二十二条、第二十三条、第二十六条第三款、第四款、第二十七条第二款、第三十三条或者本细则第二十条第二款、第四十三条第一款的规定，或者属于专利法第五条、第二十五条的规定，或者依照专利法第九条规定不能取得专利权。

第六十六条　专利权无效宣告请求不符合专利法第十九条第一款或者本细则第六十五条规定的，专利复审委员会不予受理。

在专利复审委员会就无效宣告请求作出决定之后，又以同样的理由和证据请求无效宣告的，专利复审委员会不予受理。

以不符合专利法第二十三条第三款的规定为理由请求宣告外观设计专利权无效，但是未提交证明权利冲突的证据的，专利复审委员会不予受理。

专利权无效宣告请求书不符合规定格式的，无效宣告请求人应当在专利复审委员会指定的期限内补正；期满未补正的，该无效宣告请求视为未提出。

第六十七条　在专利复审委员会受理无效宣告请求后，请求人可以在提出无效宣告请求之日起1个月内增加理由或者补充证据。逾期增加理由或者补充证据的，专利复审委员会可以不予考虑。

第六十八条　专利复审委员会应当将专利权无效宣告请求书和有关文件的副本送交专利权

人，要求其在指定的期限内陈述意见。

专利权人和无效宣告请求人应当在指定期限内答复专利复审委员会发出的转送文件通知书或者无效宣告请求审查通知书；期满未答复的，不影响专利复审委员会审理。

第六十九条　在无效宣告请求的审查过程中，发明或者实用新型专利的专利权人可以修改其权利要求书，但是不得扩大原专利的保护范围。

发明或者实用新型专利的专利权人不得修改专利说明书和附图，外观设计专利的专利权人不得修改图片、照片和简要说明。

第七十条　专利复审委员会根据当事人的请求或者案情需要，可以决定对无效宣告请求进行口头审理。

专利复审委员会决定对无效宣告请求进行口头审理的，应当向当事人发出口头审理通知书，告知举行口头审理的日期和地点。当事人应当在通知书指定的期限内作出答复。

无效宣告请求人对专利复审委员会发出的口头审理通知书在指定的期限内未作答复，并且不参加口头审理的，其无效宣告请求视为撤回；专利权人不参加口头审理的，可以缺席审理。

第七十一条　在无效宣告请求审查程序中，专利复审委员会指定的期限不得延长。

第七十二条　专利复审委员会对无效宣告的请求作出决定前，无效宣告请求人可以撤回其请求。

专利复审委员会作出决定之前，无效宣告请求人撤回其请求或者其无效宣告请求被视为撤回的，无效宣告请求审查程序终止。但是，专利复审委员会认为根据已进行的审查工作能够作出宣告专利权无效或者部分无效的决定的，不终止审查程序。

第五章　专利实施的强制许可

第七十三条　专利法第四十八条第（一）项所称未充分实施其专利，是指专利权人及其被许可人实施其专利的方式或者规模不能满足国内对专利产品或者专利方法的需求。

专利法第五十条所称取得专利权的药品，是指解决公共健康问题所需的医药领域中的任何专利产品或者依照专利方法直接获得的产品，包括取得专利权的制造该产品所需的活性成分以及使用该产品所需的诊断用品。

第七十四条　请求给予强制许可的，应当向国务院专利行政部门提交强制许可请求书，说明理由并附具有关证明文件。

国务院专利行政部门应当将强制许可请求书的副本送交专利权人，专利权人应当在国务院专利行政部门指定的期限内陈述意见；期满未答复的，不影响国务院专利行政部门作出决定。

国务院专利行政部门在作出驳回强制许可请求的决定或者给予强制许可的决定前，应当通知请求人和专利权人拟作出的决定及其理由。

国务院专利行政部门依照专利法第五十条的规定作出给予强制许可的决定，应当同时符合中国缔结或者参加的有关国际条约关于为了解决公共健康问题而给予强制许可的规定，但中国作出保留的除外。

第七十五条　依照专利法第五十七条的规定，请求国务院专利行政部门裁决使用费数额的，当事人应当提出裁决请求书，并附具双方不能达成协议的证明文件。国务院专利行政部门应当自收到请求书之日起3个月内作出裁决，并通知当事人。

第六章　对职务发明创造的发明人或者设计人的奖励和报酬

第七十六条　被授予专利权的单位可以与发明人、设计人约定或者在其依法制定的规章制度中规定专利法第十六条规定的奖励、报酬的方式和数额。

企业、事业单位给予发明人或者设计人的奖励、报酬，按照国家有关财务、会计制度的规定进行处理。

第七十七条　被授予专利权的单位未与发明人、设计人约定也未在其依法制定的规章制度中规定专利法第十六条规定的奖励的方式和数额的，应当自专利权公告之日起3个月内发给发明人或者设计人奖金。一项发明专利的奖金最低不少于3000元；一项实用新型专利或者外观设计专利的奖金最低不少于1000元。

由于发明人或者设计人的建议被其所属单位采纳而完成的发明创造，被授予专利权的单位应当从优发给奖金。

第七十八条　被授予专利权的单位未与发明人、设计人约定也未在其依法制定的规章制度中规定专利法第十六条规定的报酬的方式和数额的，在专利权有效期限内，实施发明创造专利后，每年应当从实施该项发明或者实用新型专利的营业利润中提取不低于2%或者从实施该项外观设计专利的营业利润中提取不低于0.2%，作为报酬给予发明人或者设计人，或者参照上述比例，给予发明人或者设计人一次性报酬；被授予专利权的单位许可其他单位或者个人实施其专利的，应当从收取的使用费中提取不低于10%，作为报酬给予发明人或者设计人。

第七章　专利权的保护

第七十九条　专利法和本细则所称管理专利工作的部门，是指由省、自治区、直辖市人民政府以及专利管理工作量大又有实际处理能力的设区的市人民政府设立的管理专利工作的部门。

第八十条　国务院专利行政部门应当对管理专利工作的部门处理专利侵权纠纷、查处假冒专利行为、调解专利纠纷进行业务指导。

第八十一条　当事人请求处理专利侵权纠纷或者调解专利纠纷的，由被请求人所在地或者侵权行为地的管理专利工作的部门管辖。

两个以上管理专利工作的部门都有管辖权的专利纠纷，当事人可以向其中一个管理专利工作的部门提出请求；当事人向两个以上有管辖权的管理专利工作的部门提出请求的，由最先受理的管理专利工作的部门管辖。

管理专利工作的部门对管辖权发生争议的，由其共同的上级人民政府管理专利工作的部门指定管辖；无共同上级人民政府管理专利工作的部门的，由国务院专利行政部门指定管辖。

第八十二条　在处理专利侵权纠纷过程中，被请求人提出无效宣告请求并被专利复审委员会受理的，可以请求管理专利工作的部门中止处理。

管理专利工作的部门认为被请求人提出的中止理由明显不能成立的，可以不中止处理。

第八十三条　专利权人依照专利法第十七条的规定，在其专利产品或者该产品的包装上标明专利标识的，应当按照国务院专利行政部门规定的方式予以标明。

专利标识不符合前款规定的，由管理专利工作的部门责令改正。

第八十四条　下列行为属于专利法第六十三条规定的假冒专利的行为：

（一）在未被授予专利权的产品或者其包装上标注专利标识，专利权被宣告无效后或者终止后继续在产品或者其包装上标注专利标识，或者未经许可在产品或者产品包装上标注他人的专利号；

（二）销售第（一）项所述产品；

（三）在产品说明书等材料中将未被授予专利权的技术或者设计称为专利技术或者专利设计，将专利申请称为专利，或者未经许可使用他人的专利号，使公众将所涉及的技术或者设计误认为是专利技术或者专利设计；

（四）伪造或者变造专利证书、专利文件或者专利申请文件；

（五）其他使公众混淆，将未被授予专利权的技术或者设计误认为是专利技术或者专利设计的行为。

专利权终止前依法在专利产品、依照专利方法直接获得的产品或者其包装上标注专利标识，在专利权终止后许诺销售、销售该产品的，不属于假冒专利行为。

销售不知道是假冒专利的产品，并且能够证明该产品合法来源的，由管理专利工作的部门责令停止销售，但免除罚款的处罚。

第八十五条 除专利法第六十条规定的外，管理专利工作的部门应当事人请求，可以对下列专利纠纷进行调解：

（一）专利申请权和专利权归属纠纷；

（二）发明人、设计人资格纠纷；

（三）职务发明创造的发明人、设计人的奖励和报酬纠纷；

（四）在发明专利申请公布后专利权授予前使用发明而未支付适当费用的纠纷；

（五）其他专利纠纷。

对于前款第（四）项所列的纠纷，当事人请求管理专利工作的部门调解的，应当在专利权被授予之后提出。

第八十六条 当事人因专利申请权或者专利权的归属发生纠纷，已请求管理专利工作的部门调解或者向人民法院起诉的，可以请求国务院专利行政部门中止有关程序。

依照前款规定请求中止有关程序的，应当向国务院专利行政部门提交请求书，并附具管理专利工作的部门或者人民法院的写明申请号或者专利号的有关受理文件副本。

管理专利工作的部门作出的调解书或者人民法院作出的判决生效后，当事人应当向国务院专利行政部门办理恢复有关程序的手续。自请求中止之日起1年内，有关专利申请权或者专利权归属的纠纷未能结案，需要继续中止有关程序的，请求人应当在该期限内请求延长中止。期满未请求延长的，国务院专利行政部门自行恢复有关程序。

第八十七条 人民法院在审理民事案件中裁定对专利申请权或者专利权采取保全措施的，国务院专利行政部门应当在收到写明申请号或者专利号的裁定书和协助执行通知书之日中止被保全的专利申请权或者专利权的有关程序。保全期限届满，人民法院没有裁定继续采取保全措施的，国务院专利行政部门自行恢复有关程序。

第八十八条 国务院专利行政部门根据本细则第八十六条和第八十七条规定中止有关程序，是指暂停专利申请的初步审查、实质审查、复审程序，授予专利权程序和专利权无效宣告程序；暂停办理放弃、变更、转移专利权或者专利申请权手续，专利权质押手续以及专利权期限届满前的终止手续等。

第八章　专利登记和专利公报

第八十九条　国务院专利行政部门设置专利登记簿，登记下列与专利申请和专利权有关的事项：

（一）专利权的授予；

（二）专利申请权、专利权的转移；

（三）专利权的质押、保全及其解除；

（四）专利实施许可合同的备案；

（五）专利权的无效宣告；

（六）专利权的终止；

（七）专利权的恢复；

（八）专利实施的强制许可；

（九）专利权人的姓名或者名称、国籍和地址的变更。

第九十条　国务院专利行政部门定期出版专利公报，公布或者公告下列内容：

（一）发明专利申请的著录事项和说明书摘要；

（二）发明专利申请的实质审查请求和国务院专利行政部门对发明专利申请自行进行实质审查的决定；

（三）发明专利申请公布后的驳回、撤回、视为撤回、视为放弃、恢复和转移；

（四）专利权的授予以及专利权的著录事项；

（五）发明或者实用新型专利的说明书摘要，外观设计专利的一幅图片或者照片；

（六）国防专利、保密专利的解密；

（七）专利权的无效宣告；

（八）专利权的终止、恢复；

（九）专利权的转移；

（十）专利实施许可合同的备案；

（十一）专利权的质押、保全及其解除；

（十二）专利实施的强制许可的给予；

（十三）专利权人的姓名或者名称、地址的变更；

（十四）文件的公告送达；

（十五）国务院专利行政部门作出的更正；

（十六）其他有关事项。

第九十一条　国务院专利行政部门应当提供专利公报、发明专利申请单行本以及发明专利、实用新型专利、外观设计专利单行本，供公众免费查阅。

第九十二条　国务院专利行政部门负责按照互惠原则与其他国家、地区的专利机关或者区域件专利组织交换专利文献。

第九章　费　用

第九十三条　向国务院专利行政部门申请专利和办理其他手续时，应当缴纳下列费用：

（一）申请费、申请附加费、公布印刷费、优先权要求费；

（二）发明专利申请实质审查费、复审费；

（三）专利登记费、公告印刷费、年费；

（四）恢复权利请求费、延长期限请求费；

（五）著录事项变更费、专利权评价报告请求费、无效宣告请求费。

前款所列各种费用的缴纳标准，由国务院价格管理部门、财政部门会同国务院专利行政部门规定。

第九十四条 专利法和本细则规定的各种费用，可以直接向国务院专利行政部门缴纳，也可以通过邮局或者银行汇付，或者以国务院专利行政部门规定的其他方式缴纳。

通过邮局或者银行汇付的，应当在送交国务院专利行政部门的汇单上写明正确的申请号或者专利号以及缴纳的费用名称。不符合本款规定的，视为未办理缴费手续。

直接向国务院专利行政部门缴纳费用的，以缴纳当日为缴费日；以邮局汇付方式缴纳费用的，以邮局汇出的邮戳日为缴费日；以银行汇付方式缴纳费用的，以银行实际汇出日为缴费日。

多缴、重缴、错缴专利费用的，当事人可以自缴费日起3年内，向国务院专利行政部门提出退款请求，国务院专利行政部门应当予以退还。

第九十五条 申请人应当自申请日起2个月内或者在收到受理通知书之日起15日内缴纳申请费、公布印刷费和必要的申请附加费；期满未缴纳或者未缴足的，其申请视为撤回。

申请人要求优先权的，应当在缴纳申请费的同时缴纳优先权要求费；期满未缴纳或者未缴足的，视为未要求优先权。

第九十六条 当事人请求实质审查或者复审的，应当在专利法及本细则规定的相关期限内缴纳费用；期满未缴纳或者未缴足的，视为未提出请求。

第九十七条 申请人办理登记手续时，应当缴纳专利登记费、公告印刷费和授予专利权当年的年费；期满未缴纳或者未缴足的，视为未办理登记手续。

第九十八条 授予专利权当年以后的年费应当在上一年度期满前缴纳。专利权人未缴纳或者未缴足的，国务院专利行政部门应当通知专利权人自应当缴纳年费期满之日起6个月内补缴，同时缴纳滞纳金；滞纳金的金额按照每超过规定的缴费时间1个月，加收当年全额年费的5%计算；期满未缴纳的，专利权自应当缴纳年费期满之日起终止。

第九十九条 恢复权利请求费应当在本细则规定的相关期限内缴纳；期满未缴纳或者未缴足的，视为未提出请求。

延长期限请求费应当在相应期限届满之日前缴纳；期满未缴纳或者未缴足的，视为未提出请求。

著录事项变更费、专利权评价报告请求费、无效宣告请求费应当自提出请求之日起1个月内缴纳；期满未缴纳或者未缴足的，视为未提出请求。

第一百条 申请人或者专利权人缴纳本细则规定的各种费用有困难的，可以按照规定向国务院专利行政部门提出减缴或者缓缴的请求。减缴或者缓缴的办法由国务院财政部门会同国务院价格管理部门、国务院专利行政部门规定。

第十章　关于国际申请的特别规定

第一百零一条 国务院专利行政部门根据专利法第二十条规定，受理按照专利合作条约提出的专利国际申请。

按照专利合作条约提出并指定中国的专利国际申请（以下简称国际申请）进入国务院专利行政部门处理阶段（以下称进入中国国家阶段）的条件和程序适用本章的规定；本章没有规定的，适用专利法及本细则其他各章的有关规定。

第一百零二条　按照专利合作条约已确定国际申请日并指定中国的国际申请，视为向国务院专利行政部门提出的专利申请，该国际申请日视为专利法第二十八条所称的申请日。

第一百零三条　国际申请的申请人应当在专利合作条约第二条所称的优先权日（本章简称优先权日）起30个月内，向国务院专利行政部门办理进入中国国家阶段的手续；申请人未在该期限内办理该手续的，在缴纳宽限费后，可以在自优先权日起32个月内办理进入中国国家阶段的手续。

第一百零四条　申请人依照本细则第一百零三条的规定办理进入中国国家阶段的手续的，应当符合下列要求：

（一）以中文提交进入中国国家阶段的书面声明，写明国际申请号和要求获得的专利权类型；

（二）缴纳本细则第九十三条第一款规定的申请费、公布印刷费，必要时缴纳本细则第一百零三条规定的宽限费；

（三）国际申请以外文提出的，提交原始国际申请的说明书和权利要求书的中文译文；

（四）在进入中国国家阶段的书面声明中写明发明创造的名称，申请人姓名或者名称、地址和发明人的姓名，上述内容应当与世界知识产权组织国际局（以下简称国际局）的记录一致；国际申请中未写明发明人的，在上述声明中写明发明人的姓名；

（五）国际申请以外文提出的，提交摘要的中文译文，有附图和摘要附图的，提交附图副本和摘要附图副本，附图中有文字的，将其替换为对应的中文文字；国际申请以中文提出的，提交国际公布文件中的摘要和摘要附图副本；

（六）在国际阶段向国际局已办理申请人变更手续的，提供变更后的申请人享有申请权的证明材料；

（七）必要时缴纳本细则第九十三条第一款规定的申请附加费。

符合本条第一款第（一）项至第（三）项要求的，国务院专利行政部门应当给予申请号，明确国际申请进入中国国家阶段的日期（以下简称进入日），并通知申请人其国际申请已进入中国国家阶段。

国际申请已进入中国国家阶段，但不符合本条第一款第（四）项至第（七）项要求的，国务院专利行政部门应当通知申请人在指定期限内补正；期满未补正的，其申请视为撤回。

第一百零五条　国际申请有下列情形之一的，其在中国的效力终止：

（一）在国际阶段，国际申请被撤回或者被视为撤回，或者国际申请对中国的指定被撤回的；

（二）申请人未在优先权日起32个月内按照本细则第一百零三条规定办理进入中国国家阶段手续的；

（三）申请人办理进入中国国家阶段的手续，但自优先权日起32个月期限届满仍不符合本细则第一百零四条第（一）项至第（三）项要求的。

依照前款第（一）项的规定，国际申请在中国的效力终止的，不适用本细则第六条的规定；依照前款第（二）项、第（三）项的规定，国际申请在中国的效力终止的，不适用本细则第六条第二款的规定。

第一百零六条　国际申请在国际阶段作过修改，申请人要求以经修改的申请文件为基础进行审查的，应当自进入日起2个月内提交修改部分的中文译文。在该期间内未提交中文译文的，对申请人在国际阶段提出的修改，国务院专利行政部门不予考虑。

第一百零七条 国际申请涉及的发明创造有专利法第二十四条第（一）项或者第（二）项所列情形之一，在提出国际申请时作过声明的，申请人应当在进入中国国家阶段的书面声明中予以说明，并自进入日起2个月内提交本细则第三十条第三款规定的有关证明文件；未予说明或者期满未提交证明文件的，其申请不适用专利法第二十四条的规定。

第一百零八条 申请人按照专利合作条约的规定，对生物材料样品的保藏已作出说明的，视为已经满足了本细则第二十四条第（三）项的要求。申请人应当在进入中国国家阶段声明中指明记载生物材料样品保藏事项的文件以及在该文件中的具体记载位置。

申请人在原始提交的国际申请的说明书中已记载生物材料样品保藏事项，但是没有在进入中国国家阶段声明中指明的，应当自进入日起4个月内补正。期满未补正的，该生物材料视为未提交保藏。

申请人自进入日起4个月内向国务院专利行政部门提交生物材料样品保藏证明和存活证明的，视为在本细则第二十四条第（一）项规定的期限内提交。

第一百零九条 国际申请涉及的发明创造依赖遗传资源完成的，申请人应当在国际申请进入中国国家阶段的书面声明中予以说明，并填写国务院专利行政部门制定的表格。

第一百一十条 申请人在国际阶段已要求一项或者多项优先权，在进入中国国家阶段时该优先权要求继续有效的，视为已经依照专利法第三十条的规定提出了书面声明。

申请人应当自进入日起2个月内缴纳优先权要求费；期满未缴纳或者未缴足的，视为未要求该优先权。

申请人在国际阶段已依照专利合作条约的规定，提交过在先申请文件副本的，办理进入中国国家阶段手续时不需要向国务院专利行政部门提交在先申请文件副本。申请人在国际阶段未提交在先申请文件副本的，国务院专利行政部门认为必要时，可以通知申请人在指定期限内补交；申请人期满未补交的，其优先权要求视为未提出。

第一百一十一条 在优先权日起30个月期满前要求国务院专利行政部门提前处理和审查国际申请的，申请人除应当办理进入中国国家阶段手续外，还应当依照专利合作条约第二十三条第二款规定提出请求。国际局尚未向国务院专利行政部门传送国际申请的，申请人应当提交经确认的国际申请副本。

第一百一十二条 要求获得实用新型专利权的国际申请，申请人可以自进入日起2个月内对专利申请文件主动提出修改。

要求获得发明专利权的国际申请，适用本细则第五十一条第一款的规定。

第一百一十三条 申请人发现提交的说明书、权利要求书或者附图中的文字的中文译文存在错误的，可以在下列规定期限内依照原始国际申请文本提出改正：

（一）在国务院专利行政部门作好公布发明专利申请或者公告实用新型专利权的准备工作之前；

（二）在收到国务院专利行政部门发出的发明专利申请进入实质审查阶段通知书之日起3个月内。

申请人改正译文错误的，应当提出书面请求并缴纳规定的译文改正费。

申请人按照国务院专利行政部门的通知书的要求改正译文的，应当在指定期限内办理本条第二款规定的手续；期满未办理规定手续的，该申请视为撤回。

第一百一十四条　对要求获得发明专利权的国际申请，国务院专利行政部门经初步审查认为符合专利法和本细则有关规定的，应当在专利公报上予以公布；国际申请以中文以外的文字提出的，应当公布申请文件的中文译文。

要求获得发明专利权的国际申请，由国际局以中文进行国际公布的，自国际公布日起适用专利法第十三条的规定；由国际局以中文以外的文字进行国际公布的，自国务院专利行政部门公布之日起适用专利法第十三条的规定。

对国际申请，专利法第二十一条和第二十二条中所称的公布是指本条第一款所规定的公布。

第一百一十五条　国际申请包含两项以上发明或者实用新型的，申请人可以自进入日起，依照本细则第四十二条第一款的规定提出分案申请。

在国际阶段，国际检索单位或者国际初步审查单位认为国际申请不符合专利合作条约规定的单一性要求时，申请人未按照规定缴纳附加费，导致国际申请某些部分未经国际检索或者未经国际初步审查，在进入中国国家阶段时，申请人要求将所述部分作为审查基础，国务院专利行政部门认为国际检索单位或者国际初步审查单位对发明单一性的判断正确的，应当通知申请人在指定期限内缴纳单一性恢复费。期满未缴纳或者未足额缴纳的，国际申请中未经检索或者未经国际初步审查的部分视为撤回。

第一百一十六条　国际申请在国际阶段被有关国际单位拒绝给予国际申请日或者宣布视为撤回的，申请人在收到通知之日起2个月内，可以请求国际局将国际申请档案中任何文件的副本转交国务院专利行政部门，并在该期限内向国务院专利行政部门办理本细则第一百零三条规定的手续，国务院专利行政部门应当在接到国际局传送的文件后，对国际单位作出的决定是否正确进行复查。

第一百一十七条　基于国际申请授予的专利权，由于译文错误，致使依照专利法第五十九条规定确定的保护范围超出国际申请的原文所表达的范围的，以依据原文限制后的保护范围为准；致使保护范围小于国际申请的原文所表达的范围的，以授权时的保护范围为准。

第十一章　附　则

第一百一十八条　经国务院专利行政部门同意，任何人均可以查阅或者复制已经公布或者公告的专利申请的案卷和专利登记簿，并可以请求国务院专利行政部门出具专利登记簿副本。

已视为撤回、驳回和主动撤回的专利申请的案卷，自该专利申请失效之日起满2年后不予保存。

已放弃、宣告全部无效和终止的专利权的案卷，自该专利权失效之日起满3年后不予保存。

第一百一十九条　向国务院专利行政部门提交申请文件或者办理各种手续，应当由申请人、专利权人、其他利害关系人或者其代表人签字或者盖章；委托专利代理机构的，由专利代理机构盖章。

请求变更发明人姓名、专利申请人和专利权人的姓名或者名称、国籍和地址、专利代理机构的名称、地址和代理人姓名的，应当向国务院专利行政部门办理著录事项变更手续，并附具变更理由的证明材料。

第一百二十条　向国务院专利行政部门邮寄有关申请或者专利权的文件，应当使用挂号信函，不得使用包裹。

除首次提交专利申请文件外，向国务院专利行政部门提交各种文件、办理各种手续的，应当标明申请号或者专利号、发明创造名称和申请人或者专利权人姓名或者名称。

一件信函中应当只包含同一申请的文件。

第一百二十一条 各类申请文件应当打字或者印刷，字迹呈黑色，整齐清晰，并不得涂改。附图应当用制图工具和黑色墨水绘制，线条应当均匀清晰，并不得涂改。

请求书、说明书、权利要求书、附图和摘要应当分别用阿拉伯数字顺序编号。

申请文件的文字部分应当横向书写。纸张限于单面使用。

第一百二十二条 国务院专利行政部门根据专利法和本细则制定专利审查指南。

第一百二十三条 本细则自2001年7月1日起施行。1992年12月12日国务院批准修订、1992年12月21日中国专利局发布的《中华人民共和国专利法实施细则》同时废止。

外商投资合伙企业登记管理规定

国家工商行政管理总局令[2010]47号　2010年1月29日

《外商投资合伙企业登记管理规定》已经中华人民共和国国家工商行政管理总局局务会审议通过，现予公布，自2010年3月1日起施行。

局长　周伯华

二〇一〇年一月二十九日

外商投资合伙企业登记管理规定

第一章　总　则

第一条　为了规范外国企业或者个人在中国境内设立合伙企业的行为，便于外国企业或者个人以设立合伙企业的方式在中国境内投资，扩大对外经济合作和技术交流，依据《中华人民共和国合伙企业法》(以下简称《合伙企业法》)、《外国企业或者个人在中国境内设立合伙企业管理办法》和《中华人民共和国合伙企业登记管理办法》(以下简称《合伙企业登记管理办法》)，制定本规定。

第二条　本规定所称外商投资合伙企业是指2个以上外国企业或者个人在中国境内设立的合伙企业，以及外国企业或者个人与中国的自然人、法人和其他组织在中国境内设立的合伙企业。

外商投资合伙企业的设立、变更、注销登记适用本规定。

申请办理外商投资合伙企业登记，申请人应当对申请材料的真实性负责。

第三条　外商投资合伙企业应当遵守《合伙企业法》以及其他有关法律、行政法规、规章的规定，应当符合外商投资的产业政策。

国家鼓励具有先进技术和管理经验的外国企业或者个人在中国境内设立合伙企业，促进现代服务业等产业的发展。

《外商投资产业指导目录》禁止类和标注“限于合资”、“限于合作”、“限于合资、合作”、“中方控股”、“中方相对控股”和有外资比例要求的项目，不得设立外商投资合伙企业。

第四条　外商投资合伙企业经依法登记，领取《外商投资合伙企业营业执照》后，方可从事经营活动。

第五条　国家工商行政管理总局主管全国的外商投资合伙企业登记管理工作。

国家工商行政管理总局授予外商投资企业核准登记权的地方工商行政管理部门（以下称企业登记机关）负责本辖区内的外商投资合伙企业登记管理。

省、自治区、直辖市及计划单列市、副省级市工商行政管理部门负责以投资为主要业务的外商投资合伙企业的登记管理。

第二章　设立登记

第六条　设立外商投资合伙企业，应当具备《合伙企业法》和《外国企业或者个人在中国境内设立合伙企业管理办法》规定的条件。

国有独资公司、国有企业、上市公司以及公益性的事业单位、社会团体不得成为普通合伙人。

第七条 外商投资合伙企业的登记事项包括：

（一）名称；

（二）主要经营场所；

（三）执行事务合伙人；

（四）经营范围；

（五）合伙企业类型；

（六）合伙人姓名或者名称、国家（地区）及住所、承担责任方式、认缴或者实际缴付的出资数额、缴付期限、出资方式和评估方式。

合伙协议约定合伙期限的，登记事项还应当包括合伙期限。

执行事务合伙人是外国企业、中国法人或者其他组织的，登记事项还应当包括外国企业、中国法人或者其他组织委派的代表（以下简称委派代表）。

第八条 外商投资合伙企业的名称应当符合国家有关企业名称登记管理的规定。

第九条 外商投资合伙企业主要经营场所只能有一个，并且应当在其企业登记机关登记管辖区域内。

第十条 合伙协议未约定或者全体普通合伙人未决定委托执行事务合伙人的，全体普通合伙人均为执行事务合伙人。

有限合伙人不得成为执行事务合伙人。

第十一条 外商投资合伙企业类型包括外商投资普通合伙企业（含特殊的普通合伙企业）和外商投资有限合伙企业。

第十二条 设立外商投资合伙企业，应当由全体合伙人指定的代表或者共同委托的代理人向企业登记机关申请设立登记。

申请设立外商投资合伙企业，应当向企业登记机关提交下列文件：

（一）全体合伙人签署的设立登记申请书；

（二）全体合伙人签署的合伙协议；

（三）全体合伙人的主体资格证明或者自然人身份证明；

（四）主要经营场所证明；

（五）全体合伙人指定代表或者共同委托代理人的委托书；

（六）全体合伙人对各合伙人认缴或者实际缴付出资的确认书；

（七）全体合伙人签署的符合外商投资产业政策的说明；

（八）与外国合伙人有业务往来的金融机构出具的资信证明；

（九）外国合伙人与境内法律文件送达接受人签署的《法律文件送达授权委托书》；

（十）本规定规定的其他相关文件。

法律、行政法规或者国务院规定设立外商投资合伙企业须经批准的，还应当提交有关批准文件。

外国合伙人的主体资格证明或者自然人身份证明和境外住所证明应当经其所在国家主管机构公证认证并经我国驻该国使（领）馆认证。香港特别行政区、澳门特别行政区和台湾地区合伙人的主体资格证明或者自然人身份证明和境外住所证明应当依照现行相关规定办理。

《法律文件送达授权委托书》应当明确授权境内被授权人代为接受法律文件送达，并载明被授权人姓名或者名称、地址及联系方式。被授权人可以是外国合伙人在中国境内设立的企业、拟设立的外商投资合伙企业（被授权人为拟设立的外商投资合伙企业的，外商投资合伙企业设立后委托生效）或者境内其他有关单位或者个人。

第十三条　外商投资合伙企业的经营范围中有属于法律、行政法规或者国务院规定在登记前须经批准的行业的，应当向企业登记机关提交批准文件。

第十四条　外国合伙人用其从中国境内依法获得的人民币出资的，应当提交外汇管理部门出具的境内人民币利润或者其他人民币合法收益再投资的资本项目外汇业务核准件等相关证明文件。

第十五条　以实物、知识产权、土地使用权或者其他财产权利出资，由全体合伙人协商作价的，应当向企业登记机关提交全体合伙人签署的协商作价确认书；由全体合伙人委托法定评估机构评估作价的，应当向企业登记机关提交中国境内法定评估机构出具的评估作价证明。

外国普通合伙人以劳务出资的，应当向企业登记机关提交外国人就业许可文件，具体程序依照国家有关规定执行。

第十六条　法律、行政法规规定设立特殊的普通合伙企业，需要提交合伙人的职业资格证明的，应当依照相关法律、行政法规规定，向企业登记机关提交有关证明。

第十七条　外商投资合伙企业营业执照的签发日期，为外商投资合伙企业成立日期。

第三章　变更登记

第十八条　外商投资合伙企业登记事项发生变更的，该合伙企业应当自作出变更决定或者发生变更事由之日起15日内，向原企业登记机关申请变更登记。

第十九条　外商投资合伙企业申请变更登记，应当向原企业登记机关提交下列文件：

（一）执行事务合伙人或者委派代表签署的变更登记申请书；

（二）全体普通合伙人签署的变更决定书或者合伙协议约定的人员签署的变更决定书；

（三）本规定规定的其他相关文件。

法律、行政法规或者国务院规定变更事项须经批准的，还应当提交有关批准文件。

变更执行事务合伙人、合伙企业类型、合伙人姓名或者名称、承担责任方式、认缴或者实际缴付的出资数额、缴付期限、出资方式和评估方式等登记事项的，有关申请文书的签名应当经过中国法定公证机构的公证。

第二十条　外商投资合伙企业变更主要经营场所的，应当申请变更登记，并提交新的主要经营场所使用证明。

外商投资合伙企业变更主要经营场所在原企业登记机关辖区外的，应当向迁入地企业登记机关申请办理变更登记；迁入地企业登记机关受理的，由原企业登记机关将企业登记档案移送迁入地企业登记机关。

第二十一条　外商投资合伙企业执行事务合伙人变更的，应当提交全体合伙人签署的修改后的合伙协议。

新任执行事务合伙人是外国企业、中国法人或者其他组织的，还应当提交其委派代表的委托书和自然人身份证明。

执行事务合伙人委派代表变更的，应当提交继任代表的委托书和自然人身份证明。

第二十二条　外商投资合伙企业变更经营范围的，应当提交符合外商投资产业政策的说明。

变更后的经营范围有属于法律、行政法规或者国务院规定在登记前须经批准的行业的，合伙企业应当自有关部门批准之日起30日内，向原企业登记机关申请变更登记。

外商投资合伙企业的经营范围中属于法律、行政法规或者国务院规定须经批准的项目被吊销、撤销许可证或者其他批准文件，或者许可证、其他批准文件有效期届满的，合伙企业应当自吊销、撤销许可证、其他批准文件或者许可证、其他批准文件有效期届满之日起30日内，向原企业登记机关申请变更登记或者注销登记。

第二十三条　外商投资合伙企业变更合伙企业类型的，应当按照拟变更企业类型的设立条件，在规定的期限内向企业登记机关申请变更登记，并依法提交有关文件。

第二十四条　外商投资合伙企业合伙人变更姓名（名称）或者住所的，应当提交姓名（名称）或者住所变更的证明文件。

外国合伙人的姓名（名称）、国家（地区）或者境外住所变更证明文件应当经其所在国家主管机构公证认证并经我国驻该国使（领）馆认证。香港特别行政区、澳门特别行政区和台湾地区合伙人的姓名（名称）、地区或者境外住所变更证明文件应当依照现行相关规定办理。

第二十五条　合伙人增加或者减少对外商投资合伙企业出资的，应当向原企业登记机关提交全体合伙人签署的或者合伙协议约定的人员签署的对该合伙人认缴或者实际缴付出资的确认书。

第二十六条　新合伙人入伙的，外商投资合伙企业应当向原登记机关申请变更登记，提交的文件参照本规定第二章的有关规定。

新合伙人通过受让原合伙人在外商投资合伙企业中的部分或者全部财产份额入伙的，应当提交财产份额转让协议。

第二十七条　外商投资合伙企业的外国合伙人全部退伙，该合伙企业继续存续的，应当依照《合伙企业登记管理办法》规定的程序申请变更登记。

第二十八条　合伙协议修改未涉及登记事项的，外商投资合伙企业应当将修改后的合伙协议或者修改合伙协议的决议送原企业登记机关备案。

第二十九条　外国合伙人变更境内法律文件送达接受人的，应当重新签署《法律文件送达授权委托书》，并向原企业登记机关备案。

第三十条　外商投资合伙企业变更登记事项涉及营业执照变更的，企业登记机关应当换发营业执照。

第四章　注销登记

第三十一条　外商投资合伙企业解散，应当依照《合伙企业法》的规定由清算人进行清算。清算人应当自被确定之日起10日内，将清算人成员名单向企业登记机关备案。

第三十二条　外商投资合伙企业解散的，清算人应当自清算结束之日起15日内，向原企业登记机关办理注销登记。

第三十三条　外商投资合伙企业办理注销登记，应当提交下列文件：

（一）清算人签署的注销登记申请书；

（二）人民法院的破产裁定、外商投资合伙企业依照《合伙企业法》作出的决定、行政机关责令关闭、外商投资合伙企业依法被吊销营业执照或者被撤销的文件；

（三）全体合伙人签名、盖章的清算报告（清算报告中应当载明已经办理完结税务、海关纳税手续的说明）。

有分支机构的外商投资合伙企业申请注销登记，还应当提交分支机构的注销登记证明。

外商投资合伙企业办理注销登记时，应当缴回营业执照。

第三十四条　经企业登记机关注销登记，外商投资合伙企业终止。

第五章　分支机构登记

第三十五条　外商投资合伙企业设立分支机构，应当向分支机构所在地的企业登记机关申请设立登记。

第三十六条　分支机构的登记事项包括：分支机构的名称、经营场所、经营范围、分支机构负责人的姓名及住所。

分支机构的经营范围不得超出外商投资合伙企业的经营范围。

外商投资合伙企业有合伙期限的，分支机构的登记事项还应当包括经营期限。分支机构的经营期限不得超过外商投资合伙企业的合伙期限。

第三十七条　外商投资合伙企业设立分支机构，应当向分支机构所在地的企业登记机关提交下列文件：

（一）分支机构设立登记申请书；

（二）全体合伙人签署的设立分支机构的决定书；

（三）加盖合伙企业印章的合伙企业营业执照复印件；

（四）全体合伙人委派执行分支机构事务负责人的委托书及其身份证明；

（五）经营场所证明；

（六）本规定规定的其他相关文件。

第三十八条　分支机构的经营范围中有属于法律、行政法规或者国务院规定在登记前须经批准的行业的，应当向分支机构所在地的企业登记机关提交批准文件。

第三十九条　外商投资合伙企业申请分支机构变更登记或者注销登记，比照本规定关于外商投资合伙企业变更登记、注销登记的规定办理。

第四十条　外商投资合伙企业应当自分支机构设立登记之日起30日内，持加盖印章的分支机构营业执照复印件，到原企业登记机关办理备案。

分支机构登记事项变更的，隶属企业应当自变更登记之日起30日内到原企业登记机关办理备案。

申请分支机构注销登记的，外商投资合伙企业应当自分支机构注销登记之日起30日内到原企业登记机关办理备案。

第四十一条　分支机构营业执照的签发日期，为外商投资合伙企业分支机构的成立日期。

第六章　登记程序

第四十二条　申请人提交的登记申请材料齐全、符合法定形式，企业登记机关能够当场登记的，应予当场登记，发给（换发）营业执照。

除前款规定情形外，企业登记机关应当自受理申请之日起20日内，作出是否登记的决定。予以登记的，发给（换发）营业执照；不予登记的，应当给予书面答复，并说明理由。

对于《外商投资产业指导目录》中没有法定前置审批的限制类项目或者涉及有关部门职责

的其他项目，企业登记机关应当自受理申请之日起5日内书面征求有关部门的意见。企业登记机关应当在接到有关部门书面意见之日起5日内，作出是否登记的决定。予以登记的，发给（换发）营业执照；不予登记的，应当给予书面答复，并说明理由。

第四十三条 外商投资合伙企业涉及须经政府核准的投资项目的，依照国家有关规定办理投资项目核准手续。

第四十四条 外商投资合伙企业设立、变更、注销的，企业登记机关应当同时将企业设立、变更或者注销登记信息向同级商务主管部门通报。

第四十五条 企业登记机关应当将登记的外商投资合伙企业登记事项记载于外商投资合伙企业登记簿上，供社会公众查阅、复制。

第四十六条 企业登记机关吊销外商投资合伙企业营业执照的，应当发布公告。

第七章 年度检验和证照管理

第四十七条 外商投资合伙企业及其分支机构应当按照企业登记机关的要求，在每年3月1日至6月30日，提交年度检验报告书等文件，接受年度检验。

年检结束后，登记机关应当将外商投资合伙企业年检信息向同级商务主管部门通报。

第四十八条 营业执照分为正本和副本，正本和副本具有同等法律效力。

外商投资合伙企业及其分支机构根据业务需要，可以向企业登记机关申请核发若干营业执照副本。

营业执照正本应当置放在经营场所的醒目位置。

第四十九条 任何单位和个人不得涂改、出售、出租、出借或者以其他方式转让营业执照。

营业执照遗失或者毁损的，应当在企业登记机关指定的报刊上声明作废，并向企业登记机关申请补领或者更换。

第五十条 外商投资合伙企业及其分支机构的登记文书格式和营业执照的正本、副本样式，由国家工商行政管理总局制定。

第八章 法律责任

第五十一条 未领取营业执照，而以外商投资合伙企业名义从事合伙业务的，由企业登记机关依照《合伙企业登记管理办法》第三十六条规定处罚。

从事《外商投资产业指导目录》禁止类项目的，或者未经登记从事限制类项目的，由企业登记机关和其他主管机关依照《无照经营查处取缔办法》规定处罚。法律、行政法规或者国务院另有规定的，从其规定。

第五十二条 提交虚假文件或者采取其他欺骗手段，取得外商投资合伙企业登记的，由企业登记机关依照《合伙企业登记管理办法》第三十七条规定处罚。

第五十三条 外商投资合伙企业登记事项发生变更，未依照本规定规定办理变更登记的，由企业登记机关依照《合伙企业登记管理办法》第三十八条规定处罚。

第五十四条 外商投资合伙企业在使用名称中未按照企业登记机关核准的名称标明“普通合伙”、“特殊普通合伙”或者“有限合伙”字样的，由企业登记机关依照《合伙企业登记管理办法》第三十九条规定处罚。

第五十五条 外商投资合伙企业未依照本规定办理不涉及登记事项的协议修改、分支机构及清算人成员名单备案的，由企业登记机关依照《合伙企业登记管理办法》第四十条规定处罚。

外商投资合伙企业未依照本规定办理外国合伙人《法律文件送达授权委托书》备案的，由企业登记机关责令改正；逾期未办理的，处2000元以下的罚款。

第五十六条　外商投资合伙企业的清算人未向企业登记机关报送清算报告，或者报送的清算报告隐瞒重要事实，或者有重大遗漏的，由企业登记机关依照《合伙企业登记管理办法》第四十一条规定处罚。

第五十七条　外商投资合伙企业未依照本规定接受年度检验的，由企业登记机关依照《合伙企业登记管理办法》第四十二条规定处罚。

第五十八条　外商投资合伙企业在年度检验中，隐瞒真实情况，弄虚作假的，由企业登记机关依照《合伙企业登记管理办法》第四十三条规定处罚。

第五十九条　外商投资合伙企业未将其营业执照正本置放在经营场所醒目位置的，由企业登记机关依照《合伙企业登记管理办法》第四十四条规定处罚。

第六十条　外商投资合伙企业涂改、出售、出租、出借或者以其他方式转让营业执照的，由企业登记机关依照《合伙企业登记管理办法》第四十五条规定处罚。

第六十一条　外商投资合伙企业的分支机构有本章规定的违法行为的，适用本章有关规定。

第六十二条　企业登记机关违反产业政策，对于不应当登记的予以登记，或者应当登记的不予登记的，依法追究其直接责任人或者主要负责人的行政责任。

企业登记机关的工作人员滥用职权、徇私舞弊、收受贿赂、侵害外商投资合伙企业合法权益的，依法给予处分。

第九章　附　则

第六十三条　中国的自然人、法人和其他组织在中国境内设立的合伙企业，外国企业或者个人入伙的，应当符合本规定，并依法向企业登记机关申请变更登记。

第六十四条　以投资为主要业务的外商投资合伙企业境内投资的，应当依照国家有关外商投资的法律、行政法规、规章办理。

第六十五条　外商投资的投资性公司、外商投资的创业投资企业在中国境内设立合伙企业或者加入中国自然人、法人和其他组织已经设立的合伙企业的，参照本规定。

第六十六条　外商投资合伙企业依照本规定办理相关登记手续后，应当依法办理外汇、税务、海关等手续。

第六十七条　香港特别行政区、澳门特别行政区、台湾地区的企业或者个人在内地设立合伙企业或者加入内地自然人、法人和其他组织已经设立的合伙企业的，参照本规定。

第六十八条　本规定自2010年3月1日起施行。

关于进一步做好创业板推荐工作的指引

中国证券监督管理委员会公告［2010］8号　2010年3月19日

现公布《关于进一步做好创业板推荐工作的指引》，请遵照执行。

中国证券监督管理委员会
二〇一〇年三月十九日

关于进一步做好创业板推荐工作的指引

一、为进一步提高创业板保荐工作质量，切实发挥创业板促进自主创新企业及其他成长型创业企业发展的市场功能，支持和促进国家战略性新兴产业的发展，根据《首次公开发行股票并在创业板上市管理暂行办法》、《证券发行上市保荐业务管理办法》的有关规定，制定本指引。

二、保荐机构应当顺应国家经济发展战略和产业政策导向，准确把握创业板定位，切实履行勤勉尽责要求，全面做好创业板拟上市公司的辅导培育、尽职调查、审慎核查和依法推荐工作。

三、保荐机构应重点推荐符合国家战略性新兴产业发展方向的企业，特别是新能源、新材料、信息、生物与新医药、节能环保、航空航天、海洋、先进制造、高技术服务等领域的企业，以及其他领域中具有自主创新能力、成长性强的企业。

四、保荐机构推荐下列领域的企业，应当就该企业是否符合创业板定位履行严格的核查论证程序，并在发行保荐书和保荐工作报告中说明论证过程和论证结论，尤其应当重点论述企业在技术和业务模式方面是否具有突出的自主创新能力，是否有利于促进产业结构调整和技术升级：纺织、服装；电力、煤气及水的生产供应等公用事业；房地产开发与经营，土木工程建筑；交通运输；酒类、食品、饮料；金融；一般性服务业；国家产业政策明确抑制的产能过剩和重复建设的行业。

中国证监会对保荐机构的论证过程是否科学、依据是否充分、结论是否合理履行专家评议程序，根据评议意见决定是否受理该企业的申请，评议及受理情况作为对保荐机构和保荐代表人执业能力及其是否勤勉尽责的考核依据。

五、保荐机构选择、推荐创业板企业，应当重点关注企业的创新能力，深入核查企业是否拥有关键的核心技术、突出的研发优势、创新的业务模式以及较强的市场开拓能力，并在成长性专项意见中予以说明。

六、保荐机构应当按照勤勉尽责原则，结合企业的行业前景及其地位、业务模式、技术水平和研发能力、产品或服务的质量及市场前景、营销能力等因素，同时考虑企业持续成长的制约条件，综合分析判断企业的成长性，出具结论明确的成长性专项意见。成长性专项意见应有严密论证程序和依据充分的专业意见做支撑。

保荐机构应充分揭示企业的成长性风险，并督促企业在招股说明书中作“重大事项提示”。

保荐机构应重点分析企业自主创新能力对成长性的影响。企业的业务属于产品制造类的，应就其核心技术和持续技术创新能力对成长性的影响发表明确分析意见；企业的业务属于非产品制造类的，应就其业务的特色和业务模式的创新性对成长性的影响明确发表分析意见。

国务院关于进一步做好利用外资工作的若干意见

国发［2010］9号　2010年4月6日

各省、自治区、直辖市人民政府，国务院各部委、各直属机构：

利用外资是我国对外开放基本国策的重要内容。改革开放以来，我国积极吸引外商投资，促进了产业升级和技术进步，外商投资企业已成为国民经济的重要组成部分。目前，我国利用外资的优势依然明显。为提高利用外资质量和水平，更好地发挥利用外资在推动科技创新、产业升级、区域协调发展等方面的积极作用，现提出如下意见：

一、优化利用外资结构

（一）根据我国经济发展需要，结合国家产业调整和振兴规划要求，修订《外商投资产业指导目录》，扩大开放领域，鼓励外资投向高端制造业、高新技术产业、现代服务业、新能源和节能环保产业。严格限制“两高一资”和低水平、过剩产能扩张类项目。

（二）国家产业调整和振兴规划中的政策措施同等适用于符合条件的外商投资企业。

（三）对用地集约的国家鼓励类外商投资项目优先供应土地，在确定土地出让底价时可按不低于所在地土地等别相对应《全国工业用地出让最低价标准》的70%执行。

（四）鼓励外商投资高新技术企业发展，改进并完善高新技术企业认定工作。

（五）鼓励中外企业加强研发合作，支持符合条件的外商投资企业与内资企业、研究机构合作申请国家科技开发项目、创新能力建设项目等，申请设立国家级技术中心认定。

（六）鼓励跨国公司在华设立地区总部、研发中心、采购中心、财务管理中心、结算中心以及成本和利润核算中心等功能性机构。在2010年12月31日以前，对符合规定条件的外资研发中心确需进口的科技开发用品免征进口关税和进口环节增值税、消费税。

（七）落实和完善支持政策，鼓励外商投资服务外包产业，引入先进技术和管理经验，提高我国服务外包国际竞争力。

二、引导外资向中西部地区转移和增加投资

（八）根据《外商投资产业指导目录》修订情况，补充修订《中西部地区外商投资优势产业目录》，增加劳动密集型项目条目，鼓励外商在中西部地区发展符合环保要求的劳动密集型产业。

（九）对符合条件的西部地区内外资企业继续实行企业所得税优惠政策，保持西部地区吸收外商投资好的发展势头。

（十）对东部地区外商投资企业向中西部地区转移，要加大政策开放和技术资金配套支持力度，同时完善行政服务，在办理工商、税务、外汇、社会保险等手续时提供便利。鼓励和引导外资银行到中西部地区设立机构和开办业务。

（十一）鼓励东部地区与中西部地区以市场为导向，通过委托管理、投资合作等多种方式，按照优势互补、产业联动、利益共享的原则共建开发区。

三、促进利用外资方式多样化

（十二）鼓励外资以参股、并购等方式参与国内企业改组改造和兼并重组。支持A股上市公司引入境内外战略投资者。规范外资参与境内证券投资和企业并购。依法实施反垄断审查，并加快建立外资并购安全审查制度。

（十三）利用好境外资本市场，继续支持符合条件的企业根据国家发展战略及自身发展需要到境外上市，充分利用两个市场、两种资源，不断提高竞争力。

（十四）加快推进利用外资设立中小企业担保公司试点工作。鼓励外商投资设立创业投资企业，积极利用私募股权投资基金，完善退出机制。

（十五）支持符合条件的外商投资企业境内公开发行股票、发行企业债和中期票据，拓宽融资渠道，引导金融机构继续加大对外商投资企业的信贷支持。稳步扩大在境内发行人民币债券的境外主体范围。

四、深化外商投资管理体制改革

（十六）《外商投资产业指导目录》中总投资（包括增资）3亿美元以下的鼓励类、允许类项目，除《政府核准的投资项目目录》规定需由国务院有关部门核准之外，由地方政府有关部门核准。除法律法规明确规定由国务院有关部门审批外，在加强监管的前提下，国务院有关部门可将本部门负责的审批事项下放地方政府审批，服务业领域外商投资企业的设立（金融、电信服务除外）由地方政府按照有关规定进行审批。

（十七）调整审批内容，简化审批程序，最大限度缩小审批、核准范围，增强审批透明度。全面清理涉及外商投资的审批事项，缩短审批时间。改进审批方式，在试点并总结经验的基础上，逐步在全国推行外商投资企业合同、章程格式化审批，大力推行在线行政许可，规范行政行为。

五、营造良好的投资环境

（十八）规范和促进开发区发展，发挥开发区在体制创新、科技引领、产业集聚、土地集约方面的载体和平台作用。支持符合条件的省级开发区升级，支持具备条件的国家级、省级开发区扩区和调整区位，制定加快边境经济合作区建设的支持政策措施。

（十九）进一步完善外商投资企业外汇管理，简化外商投资企业外汇资本金结汇手续。对依法经营、资金紧张暂时无法按时出资的外商投资企业，允许延长出资期限。

（二十）加强投资促进，针对重点国家和地区、重点行业加大引资推介力度，广泛宣传我国利用外资政策。积极参与多双边投资合作，把“引进来”和“走出去”相结合，推动跨国投资政策环境不断改善。

国务院各有关部门、地方各级人民政府要统一认识，坚持积极有效利用外资的方针，坚持以我为主、择优选资，促进“引资”与“引智”相结合，不断提高利用外资质量。要总结改革开放经验，结合新形势、新要求，进一步加大改革创新力度，提高便利化程度，创造更加开放、更加优化的投资环境，全面提高利用外资工作水平。

国务院

二○一○年四月六日

关于支持循环经济发展的投融资政策措施意见的通知

发改环资[2010]801号　2010年4月19日

各省、自治区、直辖市及计划单列市、新疆生产建设兵团发展改革委、经贸委（经委、经信委、工信委）；中国人民银行上海总部，各分行、营业管理部，省会（首府）城市中心支行；各省、自治区、直辖市银监局、证监局；各政策性银行，国有商业银行，股份制商业银行，中国邮政储蓄银行：

为贯彻落实《中华人民共和国循环经济促进法》（以下简称《循环经济促进法》）和《国务院关于加快发展循环经济的若干意见》（国发［2005］22号），加大对发展循环经济的投融资政策支持力度，促进循环经济形成较大规模，加快调整经济结构，转变经济发展方式，建设资源节约型和环境友好型社会，现就支持循环经济发展的投资融资政策措施意见通知如下：

一、充分认识加大投融资政策支持对发展循环经济的重要意义

（一）发展循环经济是国家经济社会发展的一项重大战略。循环经济是指在生产、流通和消费过程中进行的减量化、再利用、资源化活动的总称，是最大限度地节约资源和保护环境的经济发展模式，是实施可持续发展战略的重要内容。党中央、国务院高度重视发展循环经济。十六届五中全会指出，“要把节约资源作为基本国策，发展循环经济，保护生态环境，加快建设资源节约型和环境友好型社会。”《国民经济和社会发展第十一个五年规划纲要》把发展循环经济作为重大战略任务。党的十七大提出了促进循环经济形成较大规模的更高要求。《循环经济促进法》将发展循环经济确立为国家经济社会发展的一项重大战略。国务院发布了《关于加快发展循环经济的若干意见》，提出要大力发展循环经济，实现经济、环境和社会效益相统一，并对发展循环经济工作做出了全面部署。

（二）发展循环经济需要建立投融资政策支持体系。发展循环经济既要充分发挥市场机制的作用，又要强调政府的主导作用，需要政府综合运用规划、投资、产业、价格、财税、金融等政策措施，建立一个良性、面向市场、有利于循环经济发展的投融资政策支持体系和环境，形成有效的激励机制，引导社会资金投向循环经济，有效解决发展循环经济投入不足的问题。各地区要把发展循环经济作为贯彻落实科学发展观、建设资源节约型和环境友好型社会的内在要求，作为调整经济结构、转变经济发展方式的突破口和重要抓手，增强紧迫感和责任感，建立健全投融资政策支持体系，加快促进循环经济形成较大规模，实现经济社会又好又快发展。同时，有关金融机构要抓住国家大力发展循环经济的有利时机，充分考虑循环经济企业和项目的特点，稳步有序开展促进循环经济发展的金融服务工作，努力通过加大对循环经济的金融支持，寻求新的盈利增长点。

二、充分发挥政府规划、投资、产业和价格政策的引导作用

（一）制定循环经济发展规划。各地循环经济发展综合管理部门要会同有关部门，按照《循环经济促进法》的要求，因地制宜，制定本地区“十二五”循环经济发展规划。发展规划应当包括规划目标、适用范围、主要内容、重点任务和保障措施等，并规定资源产出率、废物再利用和资源化率等指标。要把发展循环经济作为编制地区“十二五”规划的重要指导原则，放在重要位置，用循环经济理念指导编制各类专项规划、区域规划以及城市规划。要通过编制规划，确定发展循

环经济的重点领域、重点工程和重大项目，为社会资金投向循环经济指明方向。国家发展改革委将适时发布地方循环经济发展规划编制指南。

（二）加大对循环经济投资的支持力度。各地发展改革委在制定和实施投资计划时，要将“减量化、再利用、资源化”等循环经济项目列为重点投资领域。对发展循环经济的重大项目和技术示范产业化项目，要采用直接投资或资金补助、贷款贴息等方式加大支持力度，充分发挥政府投资对社会投资的引导作用。

（三）研究完善促进循环经济发展的产业政策。各地发展改革委要依据国家产业结构调整的有关规定，立足现有基础和比较优势，认真清理限制循环经济发展的不合理规定，制订并细化有利于循环经济发展的产业政策体系，引导社会资金投向资源循环利用产业，加大循环经济技术、装备和产品的示范、推广力度，形成新的经济增长点。

（四）研究促进循环经济发展的相关价格和收费政策。各地发展改革委（价格主管部门）要逐步建立能够反映资源稀缺程度、环境损害成本的价格机制。鼓励实施居民生活用水阶梯式水价制度，合理确定再生水价格，提高水资源重复利用水平。要合理调整污水和垃圾处理费、排污费等收费标准，鼓励企业实现“零排放”。要通过调整价格和完善收费政策，引导消费者使用节能、节水、节材和资源循环利用产品，引导社会资金加大对循环经济项目的投入。

三、全面改进和提升支持循环经济发展的金融服务

（一）明确信贷支持重点。对由国家、省级循环经济发展综合管理部门支持的节能、节水、节材、综合利用、清洁生产、海水淡化和“零”排放等减量化项目，废旧汽车零部件、工程机械、机床等产品的再制造和轮胎翻新等再利用项目，以及废旧物资、大宗产业废弃物、建筑废弃物、农林废弃物、城市典型废弃物、废水、污泥等资源化利用项目，银行业金融机构应当按照商业可持续原则，综合考虑信贷风险评估、成本补偿机制和政府扶持政策等因素，要重点给予信贷支持；对列入国家、省级循环经济发展综合管理部门批准的循环经济示范试点园区、企业，银行业金融机构要积极给予包括信用贷款在内的多元化信贷支持，并做好相应的投资咨询、资金清算、现金管理等金融服务；深化延伸对循环经济产业配套服务的支持，积极支持示范市、县、园区的循环经济基础设施、相关公共技术服务平台、公共网络信息服务平台的建设和运营。同时，对生产、进口、销售或者使用列入淘汰名录的技术、工艺、设备、材料或产品的企业，银行业金融机构不得提供任何新增授信支持，原有的授信要逐步压缩和收回。

（二）积极创新金融产品和服务方式。银行业金融机构要充分利用国家实施循环经济发展战略带来的业务发展机遇，加强金融创新，提高金融服务的质量和效率。通过动态监测、循环授信等具体方式，积极开发与循环经济有关的信贷创新产品。拓宽抵押担保范围，创新担保方式，研究推动应收账款、收费权质押以及包括专有知识技术、许可专利及版权在内的无形资产质押等贷款业务。根据本机构的业务规模、授信行业和客户的风险特点，通过加强人员培训，引进有关专业人才，借助第三方评审或外包等方式，积累与循环经济有关的专业知识，努力提高本机构对涉及“减量化、再利用、资源化”的循环型企业和项目的授信管理能力。

四、多渠道拓展促进循环经济发展的直接融资途径

（一）积极通过各类债权融资产品和手段支持循环经济发展。对于综合经济效益好的国家、省级循环经济示范试点园区、企业，在符合条件的情况下，支持其发行企业（公司）债券、可转换债券和短期融资券、中期票据等直接融资工具。探索循环经济示范试点园区内的中小企业发行集合债券。鼓励各类担保机构为债权融资产品的发行提供担保服务。

（二）发挥股权投资基金和创业投资企业的资本支持作用。鼓励依法设立的产业投资基金（股权投资基金）投资于资源循环利用企业和项目，鼓励社会资金通过参股或债权等多种方式投资资源循环利用产业。加快实施新兴产业创投计划，发挥各级政策性创业投资引导基金的杠杆作用，引导社会资金设立主要投资于资源循环利用企业和项目的创业投资企业，扶持循环经济创业企业快速发展，推动循环经济相关技术产业化。

（三）积极支持资源循环利用企业上市融资。充分发挥资本市场在发展循环经济中的作用，鼓励、支持符合条件的资源循环利用企业申请境内外上市和再融资。在符合监管要求的前提下，鼓励企业将通过股票市场的募集资金积极投向循环经济项目。

五、加大利用国外资金对循环经济发展的支持力度

（一）加大国外贷款对循环经济项目的支持。积极支持符合条件的循环经济项目申请使用国际金融组织贷款和外国政府贷款。

（二）支持鼓励循环经济项目申请清洁发展机制项目（CDM）。各地循环经济发展综合管理部门要加强对循环经济项目投资主体的辅导，帮助其熟悉 CDM 项目基本规则和运作流程，同时引导一些潜在项目开展 CDM 合作。选择一些资源循环利用项目，支持开展相关的方法学研究。

六、加强工作协作，推动政策有效落实

（一）建立联动机制。各级循环经济发展综合管理部门要会同有关人民银行各分支机构、金融监管部门各派出机构，在政策、法规、规划、技术、项目信息、专家资源、人员培训等方面建立信息共享机制，主动做好企业与金融机构间的对接工作。同时要结合发展循环经济示范试点工作，将循环经济成效好的企业、项目，以及资源环境效益差的企业、项目，告知人民银行各分支机构、金融监管部门各派出机构以及有关金融机构，供其决策参考。有关金融监管部门要对循环经济发展综合管理部门推荐的综合效益好的循环经济园区、企业、项目，在符合条件的前提下，核准证券发行。

（二）加强政策指导。各级循环经济发展综合管理部门要积极研究制定循环经济企业和项目的认定办法或标准，为人民银行各分支机构、金融监管部门派出机构和有关金融机构支持循环经济发展提供支撑。同时要根据各地循环经济的发展特点，会同相关部门研究制定相应的配套政策措施，实现各项政策对循环经济支持的协调配合。人民银行各分支机构、金融监管部门各派出机构要对循环经济金融服务进行跟踪监测，及时总结、评估，并加强与循环经济发展综合管理部门的沟通配合，建立定期通报制度，及时反馈信息。

（三）制定实施意见。各省级循环经济发展综合管理部门要会同人民银行各分支机构、金融监管部门各派出机构将本意见联合转至辖区内相关机构，并根据本意见制定辖区内的具体实施意见，并于2010年5月31日前报国家发展改革委（环资司）、中国人民银行（金融市场司）、中国银监会（政策法规部）和中国证监会（发行部）。本意见贯彻实施情况请及时反馈。

国家发展改革委

人民银行

银监会

证监会

二〇一〇年四月十九日

保险公司股权管理办法

中国保险监督管理委员会令［2010］6号　2010年5月4日

《保险公司股权管理办法》已经2010年4月12日中国保险监督管理委员会主席办公会审议通过，现予公布，自2010年6月10日起施行。

主席　吴定富

二〇一〇年五月四日

保险公司股权管理办法

第一章　总则

第一条　为保持保险公司经营稳定，保护投资人和被保险人的合法权益，加强保险公司股权监管，根据《中华人民共和国公司法》、《中华人民共和国保险法》等法律、行政法规，制定本办法。

第二条　本办法所称保险公司，是指经中国保险监督管理委员会（以下简称“中国保监会”）批准设立，并依法登记注册的外资股东出资或者持股比例占公司注册资本不足25%的保险公司。

第三条　中国保监会根据有关法律、行政法规，对保险公司股权实施监督管理。

第二章　投资入股

第一节　一般规定

第四条　保险公司单个股东（包括关联方）出资或者持股比例不得超过保险公司注册资本的20%。

中国保监会根据坚持战略投资、优化治理结构、避免同业竞争、维护稳健发展的原则，对于满足本办法第十五条规定的主要股东，经批准，其持股比例不受前款规定的限制。

第五条　两个以上的保险公司受同一机构控制或者存在控制关系的，不得经营存在利益冲突或者竞争关系的同类保险业务，中国保监会另有规定的除外。

第六条　保险公司的股东应当用货币出资，不得用实物、知识产权、土地使用权等非货币财产作价出资。

保险公司股东的出资，应当经会计师事务所验资并出具证明。

第七条　股东应当以来源合法的自有资金向保险公司投资，不得用银行贷款及其他形式的非自有资金向保险公司投资。

第八条　任何单位或者个人不得委托他人或者接受他人委托持有保险公司的股权，中国保监会另有规定的除外。

第九条　保险公司应当以中国保监会核准的文件和在中国保监会备案的文件为依据，对股东进行登记，并办理工商登记手续。

保险公司应当确保公司章程、股东名册及工商登记文件所载有关股东的内容与其实际情况一致。

第十条　股东应当向保险公司如实告知其控股股东、实际控制人及其变更情况，并就其与保险公司其他股东、其他股东的实际控制人之间是否存在以及存在何种关联关系向保险公司做出书面说明。

保险公司应当及时将公司股东的控股股东、实际控制人及其变更情况和股东之间的关联关系报告中国保监会。

第十一条　保险公司股东和实际控制人不得利用关联交易损害公司的利益。

股东利用关联交易严重损害保险公司利益，危及公司偿付能力的，由中国保监会责令改正。在按照要求改正前，中国保监会可以限制其股东权利；拒不改正的，可以责令其转让所持的保险公司股权。

第二节　股东资格

第十二条　向保险公司投资入股，应当为符合本办法规定条件的中华人民共和国境内企业法人、境外金融机构，但通过证券交易所购买上市保险公司股票的除外。

中国保监会对投资入股另有规定的，从其规定。

第十三条　境内企业法人向保险公司投资入股，应当符合以下条件；

（一）财务状况良好稳定，且有盈利；

（二）具有良好的诚信记录和纳税记录；

（三）最近三年内无重大违法违规记录；

（四）投资人为金融机构的，应当符合相应金融监管机构的审慎监管指标要求；

（五）法律、行政法规及中国保监会规定的其他条件。

第十四条　境外金融机构向保险公司投资入股，应当符合以下条件；

（一）财务状况良好稳定，最近三个会计年度连续盈利；

（二）最近一年年末总资产不少于20亿美元；

（三）国际评级机构最近三年对其长期信用评级为 A 级以上；

（四）最近三年内无重大违法违规记录；

（五）符合所在地金融监管机构的审慎监管指标要求；

（六）法律、行政法规及中国保监会规定的其他条件。

第十五条　持有保险公司股权15% 以上，或者不足15% 但直接或者间接控制该保险公司的主要股东，还应当符合以下条件；

（一）具有持续出资能力，最近三个会计年度连续盈利；

（二）具有较强的资金实力，净资产不低于人民币2亿元；

（三）信誉良好，在本行业内处于领先地位。

第三章　股权变更

第十六条　保险公司变更出资额占有限责任公司注册资本5% 以上的股东，或者变更持有股份有限公司股份5% 以上的股东，应当经中国保监会批准。

第十七条　投资人通过证券交易所持有上市保险公司已发行的股份达到5% 以上，应当在该事实发生之日起5日内，由保险公司报中国保监会批准。中国保监会有权要求不符合本办法规定资格条件的投资人转让所持有的股份。

第十八条 保险公司变更出资或者持股比例不足注册资本5%的股东，应当在股权转让协议书签署后的15日内，就股权变更报中国保监会备案，上市保险公司除外。

第十九条 保险公司股权转让获中国保监会批准或者向中国保监会备案后3个月内未完成工商变更登记的，保险公司应当及时向中国保监会书面报告。

第二十条 保险公司首次公开发行股票或者上市后再融资的，应当取得中国保监会的监管意见。

第二十一条 保险公司首次公开发行股票或者上市后再融资的，应当符合以下条件：

（一）治理结构完善；

（二）最近三年内无重大违法违规行为；

（三）内控体系健全，具备较高的风险管理水平；

（四）法律、行政法规及中国保监会规定的其他条件。

第二十二条 保险公司应当自知悉其股东发生以下情况之日起15日内向中国保监会书面报告：

（一）所持保险公司股权被采取诉讼保全措施或者被强制执行；

（二）质押或者解质押所持有的保险公司股权；

（三）变更名称；

（四）发生合并、分立；

（五）解散、破产、关闭、被接管；

（六）其他可能导致所持保险公司股权发生变化的情况。

第二十三条 保险公司股权采取拍卖方式进行处分的，保险公司应当于拍卖前向拍卖人告知本办法的有关规定。投资人通过拍卖竞得保险公司股权的，应当符合本办法规定的资格条件，并依照本办法的规定报中国保监会批准或者备案。

第二十四条 股东质押其持有的保险公司股权，应当签订股权质押合同，且不得损害其他股东和保险公司的利益。

第二十五条 保险公司应当加强对股权质押和解质押的管理，在股东名册上记载质押相关信息，并及时协助股东向有关机构办理出质登记。

第二十六条 保险公司股权质权人受让保险公司股权，应当符合本办法规定的资格条件，并依照本办法的规定报中国保监会批准或者备案。

第四章 材料申报

第二十七条 申请人提交申请材料必须真实、准确、完整。

第二十八条 申请设立保险公司，应当向中国保监会提出书面申请，并提交投资人的以下材料：

（一）投资人的基本情况，包括营业执照复印件、经营范围、组织管理架构、在行业中所处的地位、投资资金来源、对外投资、自身及关联机构投资入股其他金融机构的情况；

（二）投资人经会计师事务所审计的上一年度财务会计报告，投资人为境外金融机构或者主要股东的，应当提交经会计师事务所审计的最近三年的财务会计报告；

（三）投资人最近三年的纳税证明和由征信机构出具的投资人征信记录；

（四）投资人的主要股东、实际控制人及其与保险公司其他投资人之间关联关系的情况说明，不存在关联关系的应当提交无关联关系情况的声明；

（五）投资人的出资协议书或者股份认购协议书及投资人的股东会、股东大会或者董事会同意其投资的证明材料，有主管机构的，还需提交主管机构同意其投资的证明材料；

（六）投资人为金融机构的，应当提交审慎监管指标报告和所在地金融监管机构出具的监管意见；

（七）投资人最近三年无重大违法违规记录的声明；

（八）中国保监会规定的其他材料。

第二十九条　保险公司变更注册资本，应当向中国保监会提出书面申请，并提交以下材料：

（　）公司股东会或者股东大会通过的增加或者减少注册资本的决议；

（二）增加或者减少注册资本的方案和可行性研究报告；

（三）增加或者减少注册资本后的股权结构；

（四）验资报告和股东出资或者减资证明；

（五）退出股东的名称、基本情况及减资金额；

（六）新增股东应当提交本办法第二十八条规定的有关材料；

（七）中国保监会规定的其他材料。

第三十条　股东转让保险公司的股权，受让方出资或者持股比例达到保险公司注册资本5%以上的，保险公司应当向中国保监会提出书面申请，并提交股权转让协议，但通过证券交易所购买上市保险公司股票的除外。

受让方为新增股东的，还应当提交本办法第二十八条规定的有关材料。

第三十一条　股东转让保险公司的股权，受让方出资或者持股比例不足保险公司注册资本5%的，保险公司应当向中国保监会提交股权转让报告和股权转让协议，但通过证券交易所购买上市保险公司股票的除外。

受让方为新增股东的，还应当提交本办法第二十八条规定的有关材料。

第三十二条　保险公司首次公开发行股票或者上市后再融资的，应当提交以下材料：

（一）公司股东大会通过的首次公开发行股票或者上市后再融资的决议，以及授权董事会处理有关事宜的决议；

（二）首次公开发行股票或者上市后再融资的方案；

（三）首次公开发行股票或者上市后再融资以后的股权结构；

（四）偿付能力与公司治理状况说明；

（五）经营业绩与财务状况说明；

（六）中国保监会规定的其他材料。

第五章　附则

第三十三条　全部外资股东出资或者持股比例占公司注册资本25%以上的，适用外资保险公司管理的有关规定，中国保监会另有规定的除外。

第三十四条　保险集团（控股）公司、保险资产管理公司的股权管理适用本办法，法律、行政法规或者中国保监会另有规定的，从其规定。

第三十五条　保险公司违反本办法，擅自增（减）注册资本、变更股东、调整股权结构的，由中国保监会根据有关规定予以处罚。

第三十六条　本办法由中国保监会负责解释。

第三十七条　本办法自2010年6月10日起施行。中国保监会2000年4月1日颁布的《向保险公司投资入股暂行规定》（保监发［2000］49号）以及2001年6月19日发布的《关于规范中资保险公司吸收外资参股有关事项的通知》（保监发［2001］126号）同时废止。

国务院关于鼓励和引导民间投资健康发展的若干意见

国发［2010］13号 2010年5月7日

各省、自治区、直辖市人民政府，国务院各部委、各直属机构：

改革开放以来，我国民间投资不断发展壮大，已经成为促进经济发展、调整产业结构、繁荣城乡市场、扩大社会就业的重要力量。在毫不动摇地巩固和发展公有制经济的同时，毫不动摇地鼓励、支持和引导非公有制经济发展，进一步鼓励和引导民间投资，有利于坚持和完善我国社会主义初级阶段基本经济制度，以现代产权制度为基础发展混合所有制经济，推动各种所有制经济平等竞争、共同发展；有利于完善社会主义市场经济体制，充分发挥市场配置资源的基础性作用，建立公平竞争的市场环境；有利于激发经济增长的内生动力，稳固可持续发展的基础，促进经济长期平稳较快发展；有利于扩大社会就业，增加居民收入，拉动国内消费，促进社会和谐稳定。为此，提出以下意见：

一、进一步拓宽民间投资的领域和范围

（一）深入贯彻落实《国务院关于鼓励支持和引导个体私营等非公有制经济发展的若干意见》（国发［2005］3号）等一系列政策措施，鼓励和引导民间资本进入法律法规未明确禁止准入的行业和领域。规范设置投资准入门槛，创造公平竞争、平等准入的市场环境。市场准入标准和优惠扶持政策要公开透明，对各类投资主体同等对待，不得单对民间资本设置附加条件。

（二）明确界定政府投资范围。政府投资主要用于关系国家安全、市场不能有效配置资源的经济和社会领域。对于可以实行市场化运作的基础设施、市政工程和其他公共服务领域，应鼓励和支持民间资本进入。

（三）进一步调整国有经济布局和结构。国有资本要把投资重点放在不断加强和巩固关系国民经济命脉的重要行业和关键领域，在一般竞争性领域，要为民间资本营造更广阔的市场空间。

（四）积极推进医疗、教育等社会事业领域改革。将民办社会事业作为社会公共事业发展的重要补充，统筹规划，合理布局，加快培育形成政府投入为主、民间投资为辅的公共服务体系。

二、鼓励和引导民间资本进入基础产业和基础设施领域

（五）鼓励民间资本参与交通运输建设。鼓励民间资本以独资、控股、参股等方式投资建设公路、水运、港口码头、民用机场、通用航空设施等项目。抓紧研究制定铁路体制改革方案，引入市场竞争，推进投资主体多元化，鼓励民间资本参与铁路干线、铁路支线、铁路轮渡以及站场设施的建设，允许民间资本参股建设煤运通道、客运专线、城际轨道交通等项目。探索建立铁路产业投资基金，积极支持铁路企业加快股改上市，拓宽民间资本进入铁路建设领域的渠道和途径。

（六）鼓励民间资本参与水利工程建设。建立收费补偿机制，实行政府补贴，通过业主招标、承包租赁等方式，吸引民间资本投资建设农田水利、跨流域调水、水资源综合利用、水土保持等水利项目。

（七）鼓励民间资本参与电力建设。鼓励民间资本参与风能、太阳能、地热能、生物质能等新能源产业建设。支持民间资本以独资、控股或参股形式参与水电站、火电站建设，参股建设核电站。进一步放开电力市场，积极推进电价改革，加快推行竞价上网，推行项目业主招标，完善电力

监管制度，为民营发电企业平等参与竞争创造良好环境。

（八）鼓励民间资本参与石油天然气建设。支持民间资本进入油气勘探开发领域，与国有石油企业合作开展油气勘探开发。支持民间资本参股建设原油、天然气、成品油的储运和管道输送设施及网络。

（九）鼓励民间资本参与电信建设。鼓励民间资本以参股方式进入基础电信运营市场。支持民间资本开展增值电信业务。加强对电信领域垄断和不正当竞争行为的监管，促进公平竞争，推动资源共享。

（十）鼓励民间资本参与土地整治和矿产资源勘探开发。积极引导民间资本通过招标投标形式参与土地整理、复垦等工程建设，鼓励和引导民间资本投资矿山地质环境恢复治理，坚持矿业权市场全面向民间资本开放。

三、鼓励和引导民间资本进入市政公用事业和政策性住房建设领域

（十一）鼓励民间资本参与市政公用事业建设。支持民间资本进入城市供水、供气、供热、污水和垃圾处理、公共交通、城市园林绿化等领域。鼓励民间资本积极参与市政公用企事业单位的改组改制，具备条件的市政公用事业项目可以采取市场化的经营方式，向民间资本转让产权或经营权。

（十二）进一步深化市政公用事业体制改革。积极引入市场竞争机制，大力推行市政公用事业的投资主体、运营主体招标制度，建立健全市政公用事业特许经营制度。改进和完善政府采购制度，建立规范的政府监管和财政补贴机制，加快推进市政公用产品价格和收费制度改革，为鼓励和引导民间资本进入市政公用事业领域创造良好的制度环境。

（十三）鼓励民间资本参与政策性住房建设。支持和引导民间资本投资建设经济适用住房、公共租赁住房等政策性住房，参与棚户区改造，享受相应的政策性住房建设政策。

四、鼓励和引导民间资本进入社会事业领域

（十四）鼓励民间资本参与发展医疗事业。支持民间资本兴办各类医院、社区卫生服务机构、疗养院、门诊部、诊所、卫生所（室）等医疗机构，参与公立医院转制改组。支持民营医疗机构承担公共卫生服务、基本医疗服务和医疗保险定点服务。切实落实非营利性医疗机构的税收政策。鼓励医疗人才资源向民营医疗机构合理流动，确保民营医疗机构在人才引进、职称评定、科研课题等方面与公立医院享受平等待遇。从医疗质量、医疗行为、收费标准等方面对各类医疗机构加强监管，促进民营医疗机构健康发展。

（十五）鼓励民间资本参与发展教育和社会培训事业。支持民间资本兴办高等学校、中小学校、幼儿园、职业教育等各类教育和社会培训机构。修改完善《中华人民共和国民办教育促进法实施条例》，落实对民办学校的人才鼓励政策和公共财政资助政策，加快制定和完善促进民办教育发展的金融、产权和社保等政策，研究建立民办学校的退出机制。

（十六）鼓励民间资本参与发展社会福利事业。通过用地保障、信贷支持和政府采购等多种形式，鼓励民间资本投资建设专业化的服务设施，兴办养（托）老服务和残疾人康复、托养服务等各类社会福利机构。

（十七）鼓励民间资本参与发展文化、旅游和体育产业。鼓励民间资本从事广告、印刷、演艺、娱乐、文化创意、文化会展、影视制作、网络文化、动漫游戏、出版物发行、文化产品数字制作与相关服务等活动，建设博物馆、图书馆、文化馆、电影院等文化设施。鼓励民间资本合理开发旅游资源，建设旅游设施，从事各种旅游休闲活动。鼓励民间资本投资生产体育用品，建设各类体育

场馆及健身设施，从事体育健身、竞赛表演等活动。

五、鼓励和引导民间资本进入金融服务领域

（十八）允许民间资本兴办金融机构。在加强有效监管、促进规范经营、防范金融风险的前提下，放宽对金融机构的股比限制。支持民间资本以入股方式参与商业银行的增资扩股，参与农村信用社、城市信用社的改制工作。鼓励民间资本发起或参与设立村镇银行、贷款公司、农村资金互助社等金融机构，放宽村镇银行或社区银行中法人银行最低出资比例的限制。落实中小企业贷款税前全额拨备损失准备金政策，简化中小金融机构呆账核销审核程序。适当放宽小额贷款公司单一投资者持股比例限制，对小额贷款公司的涉农业务实行与村镇银行同等的财政补贴政策。支持民间资本发起设立信用担保公司，完善信用担保公司的风险补偿机制和风险分担机制。鼓励民间资本发起设立金融中介服务机构，参与证券、保险等金融机构的改组改制。

六、鼓励和引导民间资本进入商贸流通领域

（十九）鼓励民间资本进入商品批发零售、现代物流领域。支持民营批发、零售企业发展，鼓励民间资本投资连锁经营、电子商务等新型流通业态。引导民间资本投资第三方物流服务领域，为民营物流企业承接传统制造业、商贸业的物流业务外包创造条件，支持中小型民营商贸流通企业协作发展共同配送。加快物流业管理体制改革，鼓励物流基础设施的资源整合和充分利用，促进物流企业网络化经营，搭建便捷高效的融资平台，创造公平、规范的市场竞争环境，推进物流服务的社会化和资源利用的市场化。

七、鼓励和引导民间资本进入国防科技工业领域

（二十）鼓励民间资本进入国防科技工业投资建设领域。引导和支持民营企业有序参与军工企业的改组改制，鼓励民营企业参与军民两用高技术开发和产业化，允许民营企业按有关规定参与承担军工生产和科研任务。

八、鼓励和引导民间资本重组联合和参与国有企业改革

（二十一）引导和鼓励民营企业利用产权市场组合民间资本，促进产权合理流动，开展跨地区、跨行业兼并重组。鼓励和支持民间资本在国内合理流动，实现产业有序梯度转移，参与西部大开发、东北地区等老工业基地振兴、中部地区崛起以及新农村建设和扶贫开发。支持有条件的民营企业通过联合重组等方式做大做强，发展成为特色突出、市场竞争力强的集团化公司。

（二十二）鼓励和引导民营企业通过参股、控股、资产收购等多种形式，参与国有企业的改制重组。合理降低国有控股企业中的国有资本比例。民营企业在参与国有企业改制重组过程中，要认真执行国家有关资产处置、债务处理和社会保障等方面的政策要求，依法妥善安置职工，保证企业职工的正当权益。

九、推动民营企业加强自主创新和转型升级

（二十三）贯彻落实鼓励企业增加研发投入的税收优惠政策，鼓励民营企业增加研发投入，提高自主创新能力，掌握拥有自主知识产权的核心技术。帮助民营企业建立工程技术研究中心、技术开发中心，增加技术储备，搞好技术人才培训。支持民营企业参与国家重大科技计划项目和技术攻关，不断提高企业技术水平和研发能力。

（二十四）加快实施促进科技成果转化的鼓励政策，积极发展技术市场，完善科技成果登记制度，方便民营企业转让和购买先进技术。加快分析测试、检验检测、创业孵化、科技评估、科技咨询等科技服务机构的建设和机制创新，为民营企业的自主创新提供服务平台。积极推动信息服务外包、知识产权、技术转移和成果转化等高技术服务领域的市场竞争，支持民营企业开展技术服

务活动。

（二十五）鼓励民营企业加大新产品开发力度，实现产品更新换代。开发新产品发生的研究开发费用可按规定享受加计扣除优惠政策。鼓励民营企业实施品牌发展战略，争创名牌产品，提高产品质量和服务水平。通过加速固定资产折旧等方式鼓励民营企业进行技术改造，淘汰落后产能，加快技术升级。

（二十六）鼓励和引导民营企业发展战略性新兴产业。广泛应用信息技术等高新技术改造提升传统产业，大力发展循环经济、绿色经济，投资建设节能减排、节水降耗、生物医药、信息网络、新能源、新材料、环境保护、资源综合利用等具有发展潜力的新兴产业。

十、鼓励和引导民营企业积极参与国际竞争

（二十七）鼓励民营企业"走出去"，积极参与国际竞争。支持民营企业在研发、生产、营销等方面开展国际化经营，开发战略资源，建立国际销售网络。支持民营企业利用自有品牌、自主知识产权和自主营销，开拓国际市场，加快培育跨国企业和国际知名品牌。支持民营企业之间、民营企业与国有企业之间组成联合体，发挥各自优势，共同开展多种形式的境外投资。

（二十八）完善境外投资促进和保障体系。与有关国家建立鼓励和促进民间资本国际流动的政策磋商机制，开展多种形式的对话交流，发展长期稳定、互惠互利的合作关系。通过签订双边民间投资合作协定、利用多边协定体系等，为民营企业"走出去"争取有利的投资、贸易环境和更多优惠政策。健全和完善境外投资鼓励政策，在资金支持、金融保险、外汇管理、质检通关等方面，民营企业与其他企业享受同等待遇。

十一、为民间投资创造良好环境

（二十九）清理和修改不利于民间投资发展的法规政策规定，切实保护民间投资的合法权益，培育和维护平等竞争的投资环境。在制订涉及民间投资的法律、法规和政策时，要听取有关商会和民营企业的意见和建议，充分反映民营企业的合理要求。

（三十）各级人民政府有关部门安排的政府性资金，包括财政预算内投资、专项建设资金、创业投资引导资金，以及国际金融组织贷款和外国政府贷款等，要明确规则、统一标准，对包括民间投资在内的各类投资主体同等对待。支持民营企业的产品和服务进入政府采购目录。

（三十一）各类金融机构要在防范风险的基础上，创新和灵活运用多种金融工具，加大对民间投资的融资支持，加强对民间投资的金融服务。各级人民政府及有关监管部门要不断完善民间投资的融资担保制度，健全创业投资机制，发展股权投资基金，继续支持民营企业通过股票、债券市场进行融资。

（三十二）全面清理整合涉及民间投资管理的行政审批事项，简化环节、缩短时限，进一步推动管理内容、标准和程序的公开化、规范化，提高行政服务效率。进一步清理和规范涉企收费，切实减轻民营企业负担。

十二、加强对民间投资的服务、指导和规范管理

（三十三）统计部门要加强对民间投资的统计工作，准确反映民间投资的进展和分布情况。投资主管部门、行业管理部门及行业协会要切实做好民间投资的监测和分析工作，及时把握民间投资动态，合理引导民间投资。要加强投资信息平台建设，及时向社会公开发布国家产业政策、发展建设规划、市场准入标准、国内外行业动态等信息，引导民间投资者正确判断形势，减少盲目投资。

（三十四）建立健全民间投资服务体系。充分发挥商会、行业协会等自律性组织的作用，积极

培育和发展为民间投资提供法律、政策、咨询、财务、金融、技术、管理和市场信息等服务的中介组织。

（三十五）在放宽市场准入的同时，切实加强监管。各级人民政府有关部门要依照有关法律法规要求，切实督促民间投资主体履行投资建设手续，严格遵守国家产业政策和环保、用地、节能以及质量、安全等规定。要建立完善企业信用体系，指导民营企业建立规范的产权、财务、用工等制度，依法经营。民间投资主体要不断提高自身素质和能力，树立诚信意识和责任意识，积极创造条件满足市场准入要求，并主动承担相应的社会责任。

（三十六）营造有利于民间投资健康发展的良好舆论氛围。大力宣传党中央、国务院关于鼓励、支持和引导非公有制经济发展的方针、政策和措施。客观、公正宣传报道民间投资在促进经济发展、调整产业结构、繁荣城乡市场和扩大社会就业等方面的积极作用。积极宣传依法经营、诚实守信、认真履行社会责任、积极参与社会公益事业的民营企业家的先进事迹。

各地区、各部门要把鼓励和引导民间投资健康发展工作摆在更加重要的位置，进一步解放思想，转变观念，深化改革，创新求实，根据本意见要求，抓紧研究制定具体实施办法，尽快将有关政策措施落到实处，努力营造有利于民间投资健康发展的政策环境和舆论氛围，切实促进民间投资持续健康发展，促进投资合理增长、结构优化、效益提高和经济社会又好又快发展。

国务院

二〇一〇年五月七日

商务部关于下放外商投资审批权限有关问题的通知

商资发[2010]209号　2010年6月10日

为贯彻落实《国务院关于进一步做好利用外资工作的若干意见》(国发［2010]9号)，深化外商投资管理体制改革，现就外商投资企业审批和管理权限下放有关问题通知如下：

一、《外商投资产业指导目录》鼓励类、允许类总投资3亿美元和限制类总投资5000万美元（以下简称限额）以下的外商投资企业的设立及其变更事项，由省、自治区、直辖市、计划单列市、新疆生产建设兵团、副省级城市（包括哈尔滨、长春、沈阳、济南、南京、杭州、广州、武汉、成都、西安）商务主管部门及国家级经济技术开发区（以下简称地方审批机关）负责审批和管理。其中，外商投资股份有限公司的限额按注册资本计，改制为外商投资股份有限公司的限额按评估后的净资产值计，外国投资者并购境内企业的限额按并购交易额计。

二、单次增资额在限额以下的增资事项由地方审批机关负责审批和管理。

三、限额以上鼓励类且不需要国家综合平衡的外商投资企业的设立及其变更事项，由地方审批机关负责审批和管理。

四、注册资本3亿美元以下外商投资性公司和资本总额3亿美元以下外商投资创业投资企业、外商投资创业投资管理企业的设立及其变更事项，由地方审批机关负责审批和管理。

五、除法律法规明确规定由商务部审批外，服务业领域外商投资企业的设立及其变更事项（包括限额以上及增资）由地方审批机关按照国家有关规定进行审批和管理。根据相关规定需取得国家行业主管部门前置许可或向其征求意见的，应取得书面文件或同意意见。金融、电信领域外商投资企业的设立和变更事项仍按现行法律法规办理。

六、由商务部、原外经贸部以及国务院有关部门批准设立的外商投资企业的变更事项（除单次增资达到或超过限额以及涉及本通知第五条规定的情况外）由地方审批机关负责审批和管理。

七、各级商务主管部门应严格执行国家外商投资产业政策，对外商投资涉及宏观调控、产能过剩等行业的，按照国家有关规定严格审核、备案。

八、各级商务主管部门应按《商务部关于进一步改进外商投资审批工作的通知》(商资函［2009]7号）以及关于外商投资性公司、创业投资、融资租赁、商业、直销等专项规定的要求，做好备案管理工作。

九、各省、自治区、直辖市、计划单列市、新疆生产建设兵团商务主管部门应严格按有关规定审核出具《国家鼓励发展的内外资项目确认书》和《外商投资企业进口设备、技术及配备件证明》，并通过“外商投资审批管理系统”及时向商务部备案。

十、此前商务部发布的有关文件内容与本通知不一致的，以本通知为准。

十一、各级商务主管部门要寓管理于服务，大力推进政府职能转变，创新服务方式，不断提高服务水平。同时要合理引导外资投向，加强对投资者履行合同章程义务、外商投资企业遵守法律法规及运营情况的监管，为外商投资企业设立及运营创造良好的投资环境。执行中有何情况及问题，请及时向商务部（外资司）反映。特此通知。

商务部

二〇一〇年六月十日

中国人民银行、银监会、证监会、保监会关于进一步做好中小企业金融服务工作的若干意见

银发［2010］193号　2010年6月21日

中国人民银行上海总部，各分行、营业管理部、各省会（首府）城市中心支行、副省级城市中心支行；各省（自治区、直辖市）银监局、证监局、保监局；国家开发银行、各政策性银行、国有商业银行、股份制商业银行，中国邮政储蓄银行：

为深入贯彻落实《国务院关于进一步促进中小企业发展的若干意见》（国发［2009］36号），进一步改进和完善中小企业金融服务，拓宽融资渠道，着力缓解中小企业（尤其是小企业）的融资困难，支持和促进中小企业发展，现提出如下意见：

一、进一步推动中小企业信贷管理制度的改革创新

（一）深化认识、转变观念，切实提高对中小企业的金融服务水平。金融系统要深入学习贯彻《中华人民共和国中小企业促进法》、《国务院关于进一步促进中小企业发展的若干意见》、《国务院关于鼓励和引导民间投资健康发展的若干意见》（国发［2010］13号）等国家法律法规和政策的要求，进一步增强做好中小企业金融服务的责任感和大局意识，切实改变经营和服务理念。要把改进中小企业金融服务、扩大中小企业信贷投放作为各银行业金融机构开展信贷经营业务的重要战略，确保小企业信贷投放的增速要高于全部贷款增速，增量要高于上年。

（二）改造审批流程、提高审批效率，确保符合贷款条件的中小企业获得方便、快捷的信贷服务。各金融机构要对中小企业设立独立的审批和信贷准入标准，压缩中小企业贷款审批流程，切实提升贷款审批效率。鼓励有条件的银行为中小企业开办一站式金融服务。积极推广灵活高效的贷款审批模式。研究推动小企业贷款网络在线审批，建立审批信息网络共享平台。

（三）坚持有保有压、明确支持重点，积极推动符合国家产业政策要求的中小企业健康发展。优先满足中小企业符合国家重点产业调整和振兴规划要求的新技术、新工艺、新设备、新材料、新兴业态项目资金需求，加大对具有自主知识产品、自主品牌和高附加值拳头产品中小企业的支持，提升中小企业自主创新能力和国际竞争力。严格控制过剩产能和“两高一资”行业贷款，鼓励对纳入环境保护、节能节水企业所得税优惠目录投资项目的支持，促进中小企业节能减排和清洁生产。鼓励金融机构支持东部地区先进中小企业通过收购、兼并、重组、联营等多种形式，加强与中西部地区中小企业的合作，有序实现产业转移。加快推动发展文化创意、服务外包以及其他就业吸纳能力强、市场需求大的服务业中小企业发展。

（四）实施小企业金融服务差异化监管。银监会派出机构要因地制宜制定科学、审慎的小金融机构市场准入细则，实行分类监管、差异化监管，不断提高监管技术和监管有效性。小企业金融服务专营机构要进一步落实小企业金融服务“四单”原则，既单列信贷计划、单独配置人力资源和财务资源、单独客户认定与信贷评审、单独会计核算，构建专业化的经营与考核体系。各金融机构要增强风险管理意识，针对小企业客户风险状况，制定风险管理业务规则，培养熟悉小企业业务的风险管理经理，逐步建立与小企业业务性质、规模和复杂程度相适应、完善、可靠的市场风险管理体系。认真贯彻落实对小企业授信工作的相关规定，制定小企业信贷人员尽职免责机制，

切实做到尽职者免责，失职者问责。

（五）推动适合中小企业需求特点的金融产品和信贷模式创新。鼓励银行业金融机构在有效防范风险的基础上，推动动产、知识产权、股权、林权、保函、出口退税池等质押贷款业务，发展保理、福费廷、票据贴现、供应链融资等金融产品。探索开展依托行业协会、农村专业经济组织、社会中介等适合中小企业需求特点的信贷模式创新。加大电子银行业务宣传，引导和督促银行业金融机构提高电子商业汇票在中小企业客户中的使用率。鼓励金融机构依法合规开展同业合作，稳步发展贷款转让业务，合理调剂信贷资源，增加对中小企业的贷款支持。

二、建立健全中小企业金融服务的多层次金融组织体系

（六）提高大型银行对中小企业的服务意识和能力。国有商业银行和股份制商业银行要继续推进中小企业金融服务专营机构建设。大型银行在已建立中小企业金融服务专营机构基础上，要进一步向下延伸服务网点，切实做到单独统计和调控，完善评审机制，使专营机构充分发挥作用，实现中小企业尤其是小企业金融业务的针对性服务。中国邮政储蓄银行要加快改造机构网点，完善小额贷款功能，创新信贷产品，提升对微小企业、个体工商户等重点客户的金融服务。

（七）积极发挥中小商业银行支持中小企业发展的重要作用。中小商业银行要准确把握“立足地方、服务中小”的市场定位，把支持地方经济发展，支持中小企业、私人企业以及个体工商户作为工作重点，努力打造自身“服务中小企业”品牌。充分发挥中小商业银行的地缘优势，挖掘企业信用信息，为降低中小企业融资门槛创造良好环境。建立稳定的信贷员队伍，以适应中小企业特点为标准，探索提供延伸服务，较好满足中小企业的特殊金融服务需求。取消符合条件的中小商业银行分支机构准入数量限制，鼓励其优先到西部和东北地区等金融机构较少、金融服务相对薄弱地区设立分支机构。

（八）推动服务县域中小企业的新型农村金融机构和小额贷款公司稳步发展。鼓励各银行业金融机构到金融服务空白乡镇开设村镇银行和贷款公司。坚持小额贷款公司风险防范和规范发展并重，支持符合条件的小额贷款公司转为村镇银行。大中型商业银行在防范风险的前提下，为小额贷款公司提供批发资金业务，但小额贷款公司从银行业金融机构可获得融资资金的余额，不得超过资本净额的50%。

三、拓宽符合中小企业资金需求特点的多元化融资渠道

（九）完善中小企业股权融资机制，发挥资本市场支持中小企业融资发展的积极作用。鼓励风险投资和私募股权基金等设立创业投资企业，逐步建立以政府资金为引导、民间资本为主体的创业资本筹集机制和市场化的创业资本运作机制，完善创业投资退出机制，促进风险投资健康发展。加大中小企业上市前期辅导培育力度，支持自主创新和有发展前景的中小企业发行上市。积极发展中小板市场，加快发展创业板市场，努力扩大中小企业上市规模。建立和完善中小板和创业板上市公司再融资及并购制度，完善中小企业上市育成机制。积极推进证券公司代办股份转让系统非上市股份有限公司股份报价转让试点，适时将试点扩大到其他具备条件的国家级高新技术园区，完善监管和交易制度，改善科技型中小企业融资环境。

（十）逐步扩大中小企业债务融资工具发行规模。积极推进完善短期融资券、中小企业集合债券和集合票据的试点工作，适当简化审批手续，对中小企业发行债务融资工具实行绿色通道。对符合国家政策规定的中小企业发行直接债务融资工具的，鼓励中介机构适当降低收费，减轻中小企业的融资成本负担。培育银行间债券市场合格投资者，为中小企业直接融资市场创造条件。进一步完善风险控制、信用增进等相关配套机制，为优质中小企业在债务融资工具发行阶段提供

信用增进服务。

（十一）大力发展融资租赁业务。扎实推进扩大商业银行设立金融租赁公司试点工作。支持金融租赁公司按照“商业持续”原则，开展中小企业融资租赁业务创新。完善融资租赁公示登记系统，加强融资租赁公示系统宣传，提高租赁物登记公信力和取回效率，为中小企业融资租赁业务创造良好的外部环境。加强对融资租赁业务的指导监督，促进融资租赁行业规范化，管理统一化，合同统一化，在规避风险的同时保证融资租赁有序、规范发展。

四、大力发展中小企业信用增强体系

（十二）加强对融资性担保公司的日常监管。督促融资性担保公司依法合规审慎经营，严格控制风险集中度和关联方担保。指导融资性担保公司加强资本金管理和内控机制建设，不断提高风险管理水平。将担保机构经营情况纳入人民银行企业征信系统实施统一管理。推动地方政府建立各类小企业贷款风险补偿基金、融资担保基金、非营利性小企业再担保公司、贷款奖励基金，合理分担小企业贷款风险。贯彻落实担保行业各项法规，完善规章制度建设，尽快形成以出资人自我约束为监管基础，以地方政府部门为监管主体，全国统一规范运营的担保体系，提高融资性担保公司资金使用效率。

（十三）完善创新适合中小企业需求特点的保险产品。继续推动科技保险发展，为高新技术型中小企业提供创新创业风险保障。积极发展信用保险和短期抵押贷款保证保险等新型保险产品，鼓励保险机构积极开发为中小企业服务的保险产品。科学合理地厘定针对中小企业的保险费率，提高保险机构为中小企业提供保险服务的积极性。继续落实对中小商贸企业投保国内贸易信用险给予保费补助政策。

（十四）推进中小企业信用体系建设。加强中小企业信用宣传，增强中小企业信用意识。多渠道采集中小企业信息，扩大、丰富中小企业信用档案信息，结合企业和个人信用信息基础数据库，提高对中小企业的信用信息服务水平。推进中小企业信用制度建设，建立多层次的中小企业信用评估体系，发挥信用担保、信用评级和信用调查等信用中介的作用，增进中小企业信用。开展信用培植、延伸金融服务，提高中小企业融资机会。在有条件的地区开展中小企业信用体系试验区建设，探索建立中小企业征信系统。

（十五）建立健全信息沟通机制，创造良好生态环境。鼓励举办多种银企对接活动，为银行业金融机构和中小企业提供交流合作的机会。向中小企业提供融资辅导和咨询服务，帮助和支持中小企业健全企业制度，强化内部管理，提高生产经营信息的透明度，有效减少借贷双方信息不对称，增强中小企业市场融资能力。建立合作平台，发挥行业协会、民间商会、工商联等在银企对接中的桥梁作用，争取在信息搜集、客户筛选、风险防范等方面取得成效。

五、多举措支持中小企业“走出去”开拓国际市场

（十六）充分发挥中小企业出口信用保险的作用，加大优惠出口信贷对中小企业的支持力度，支持中小企业开拓国际市场。鼓励和支持中小企业在跨境贸易试点地区使用人民币进行计价结算。鼓励金融机构提高服务质量，帮助中小企业降低成本，拓展业务。

（十七）改进中小企业外汇管理，为中小企业提供便利。减少中资企业和外资企业在借用外债政策方面的差别，允许有借款能力和资金需求的各类中资企业对外借款以满足其境外资金需求。支持中小企业购汇对外投资。

六、加强部门协作和监测评估机制建设

（十八）各级金融管理部门要密切配合，加强协作，督促和指导政策的贯彻落实工作，在政策

规划、机构建设、人员培训、宣传服务等方面加强合作交流，建立信息共享和工作协调机制，建立定期通报制度。要建立健全中小企业信贷政策导向效果评估制度，将中小企业贷款纳入信贷政策导向效果评估内容，对中小企业信贷业务设立单独的考核指标，定期公布考核结果并上报人民银行总行，督促金融机构提高对中小企业的信贷支持力度。要加强中小企业信贷统计监测与分析，督促各银行业金融机构认真贯彻落实大中小型企业贷款专项统计制度和国家中小企业划分标准，切实提高数据报送质量，进一步完善中小企业贷款统计制度。

请人民银行上海总部，各分行、营业管理部、省会（首府）城市中心支行会同所在省（区、市）银监局、证监局、保监局将本意见联合转发至辖区内金融机构，并协调做好本意见的贯彻实施工作。

中国人民银行

银监会

证监会

保监会

二〇一〇年六月二十一日

国家外汇管理局关于调整部分资本项目外汇业务审批权限的通知

汇发[2010]29号　2010年6月23日

国家外汇管理局各省、自治区、直辖市分局、外汇管理部，深圳、大连、青岛、厦门、宁波市分局；各中资外汇指定银行：

为进一步简化行政审批程序，促进投资贸易便利化，根据《中华人民共和国行政许可法》、《中华人民共和国外汇管理条例》及相关外汇管理规定，国家外汇管理局（以下简称“总局”）决定对部分资本项目外汇业务审批权限进行调整。现就有关问题通知如下：

一、审批权限由总局下放至分局的业务

（一）境内企业境外放款超过规定比例和金额的个案，由所在地国家外汇管理局分局、外汇管理部（以下简称“分局”）根据集体审议会议意见办理，相关批复文件应同时抄报总局资本项目管理司。

（二）符合现行法规确定的资本项目管理原则、但相关文件和业务操作规程中无明确规定的个案，由所在地分局根据集体审议会议意见办理，相关批复文件应同时抄报总局资本项目管理司。

（三）境内中资企业短期外债余额指标的核定，由所在地分局根据本年度总局确定的短期外债余额指标核定的原则，在本地区短期外债余额指标内核定。

二、审批权限由分局下放至中心支局（支局）的业务分局可根据辖区内具体情况，就以下业务对辖内中心支局（支局）进行相应授权：

（一）外国投资者竞标土地使用权的保证类专用外汇账户开立、变更、注销和资金划转的核准。

（二）外国投资者产权交易外汇资金（包括价款及交易保证金）托管及结算专用外汇账户开立、变更、注销和资金划转、结汇的核准。

（三）境内企业境外放款资金付汇及资金汇回入账核准。

（四）境内个人参与境外上市公司员工持股或认股期权计划资金调回及结汇的核准。

三、外汇指定银行可直接办理的业务

（一）外资参股非银行金融机构（不含保险公司，下同）外方利润购付汇的核准，由外汇指定银行办理。外资参股非银行金融机构应在汇出利润之日起5个工作日内，持银行购付汇单据到国家外汇管理局各分支局备案。

（二）境外上市外资股公司从境内支付境外上市费用汇出的核准，由外汇指定银行办理。境外上市外资股公司应在汇出上述费用之日起5个工作日内将有关数据报备所在地分支局。

四、简化业务审核材料

企业在办理涉及资本项目购汇的业务时，可不再提交“最近5个工作日的人民币账户对账单”。

以上审批权限调整后，外汇局、外汇指定银行应完善相应的内控管理制度，加强人员培训，严格执行有关资本项目外汇业务管理文件和操作规程的规定，并按照相关规定履行报备手续（外汇指定银行办理相关业务操作规程详见附件）。各分支局应加大对有关审批事项的事后监督和检查力度，进一步加强统计监测。在遇到重大情况和政策问题时，应及时向总局反馈。

接到本通知后，国家外汇管理局各分局、外汇管理部应将通知转发辖内中心支局（支局）、外资银行，各中资外汇指定银行应尽快将通知转发至所辖分支机构。

本通知自2010年7月1日起实施。执行中如遇问题，请及时向国家外汇管理局资本项目司反馈。

特此通知。

二〇一〇年六月二十三日

国家外汇管理局关于境内银行境外直接投资外汇管理有关问题的通知

汇发[2010]31号　2010年6月30日

国家外汇管理局各省、自治区、直辖市分局、外汇管理部，深圳、大连、青岛、厦门、宁波市分局；各中资外汇指定银行：

为规范境内银行境外直接投资所涉外汇业务，根据《中华人民共和国外汇管理条例》（中华人民共和国国务院第532号令）、《国家外汇管理局关于发布〈境内机构境外直接投资外汇管理规定〉的通知》（汇发［2009］30号），现将境内银行境外直接投资外汇管理有关问题通知如下：

一、本通知所称境内银行是指具有法人资格的境内政策性银行、国有商业银行、股份制商业银行、中国邮政储蓄银行、外资法人银行、城市商业银行、农村商业银行、农村合作银行等。

二、境内银行涉及下列境外直接投资的，应在取得银行业监督管理部门或其他相关主管部门的核准文件后，持《境内机构境外直接投资外汇管理规定》（以下简称《规定》）第七条要求的材料，到所在地国家外汇管理局分支机构（以下简称“外汇局”）办理境外直接投资外汇登记手续：

（一）在境外设立分支机构（代表处除外）；

（二）在境外设立附属机构；

（三）依法购买境外机构股权；

（四）经相关主管部门批准的其他直接投资项目。

第一款所涉交易需提供已向银行业监督管理部门报送的营运资金拨付计划。

三、境内银行应按以下方式填写《规定》所附的《境外直接投资外汇登记申请表》（以下简称《申请表》）：

（一）根据被投资机构的经营范围具体填写“投资性质”项，若被投资机构属金融类机构可选择“其他”，并备注说明被投资机构的具体金融类别（银行、保险、证券或其他）。

（二）若以自有外汇或购汇出资的（包括从境内和境外账户汇款），出资方式应选择“境内现汇出资金额及币种”填写；若境内银行以从其他境外被投资机构所分得的利润或红利等进行此次境外投资，应选择“境外解决出资折合金额及币种”填写。

（三）若以外汇资金直接对外支付的（包括从境内和境外账户汇款），可在“外汇资金来源”项下选择“境内汇出”填写。其中，不涉及购汇的，选择“自有外汇资金”填写；涉及购汇的，选择“购汇”填写。

四、境内银行所在地外汇局审核有关材料及信息无误后，应在相关业务系统中为境内银行办理境外直接投资外汇登记，并为首次办理境外直接投资外汇登记的境内银行颁发境外直接投资外汇登记证。

五、境内银行对外直接投资汇出外汇资金，可根据登记有本次境外直接投资信息的境外直接投资外汇登记证直接通过相关业务系统办理购付汇手续。

境内银行在办理购付汇手续后，应在3个工作日内按规定通过相关业务系统办理反馈手续。

六、境内银行应按照《规定》第九条前两款及第十条的要求，就已进行的境外直接投资相关事项的变化情况，到所在地外汇局办理境外直接投资外汇登记、变更或注销手续。境内银行应就已登记境外机构发生的长期股权投资等不涉及资本变动的重大事项，到所在地外汇局办理境外直接投资外汇备案手续。

七、境内银行可直接购汇或以自有外汇汇出境外直接投资前期费用。未获得银行业监督管理部门或其他相关主管部门境外直接投资核准的境内银行，应自汇出前期费用之日起1年内将剩余资金调回。若原汇出资金以人民币购汇的，可凭原购汇凭证自行办理结汇。

八、境内银行境外直接投资产生的利润不得单独结汇，应纳入银行外汇利润统一管理，并按照规定办理结汇。

九、境内银行因所投资境外机构减资、转股、清算等取得的资本项下外汇收入，以及本通知第七条、第八条所涉及的外汇收支等均应通过相关业务系统在外汇收支发生日后3个工作日内逐笔进行反馈。

十、境内银行若将所投资境外机构减资、转股、清算等取得的资本项下外汇收入结汇的，应按照银行自身资本与金融项目结售汇相关管理规定，报国家外汇管理局或所在地外汇分局（含外汇管理部）核准后办理。境内银行应在结汇日后3个工作日内通过相关业务系统逐笔进行反馈。

十一、境内银行将其境外直接投资获得的境外机构全部或者部分股权转让给境内其他机构的，相关资金应在境内以人民币支付。股权出让方应到所在地外汇局办理境外直接投资外汇登记的变更或注销手续，股权受让方应到所在地外汇局办理受让股权的境外直接投资外汇登记手续。

十二、境内银行在本通知发布之前已进行的境外直接投资，应于2010年10月31日前，参照本《通知》第二条规定，到所在地外汇局补办境外直接投资外汇登记。因历史原因无法提供相关主管部门批准文件的，境内银行应将按每笔投资情况填写的《申请表》及逐笔信息汇总清单一次性报送所在地外汇局，由所在地外汇局为其补录入相关境外直接投资外汇登记信息。

境内银行未按规定期限和程序办理上述补登记手续的，外汇局按违反外汇登记管理的有关规定进行处罚。

十三、本通知自2010年9月1日起施行。本《通知》中对于境内银行境外直接投资未予明确的外汇管理事项，境内银行应参照《规定》办理。

各分局、外汇管理部接到本《通知》后，应及时转发辖内各分支机构、外资法人银行、城市商业银行、农村商业银行、农村合作银行。

二〇一〇年六月三十日

关于进一步做好利用外资工作若干意见部门分工方案的通知

国办函［2010］128号　2010年8月18日

国务院有关部门：

《贯彻落实国务院关于进一步做好利用外资工作若干意见部门分工方案》（以下简称《分工方案》）已经国务院同意，现印发给你们，请认真落实。

有关部门要认真贯彻落实《国务院关于进一步做好利用外资工作的若干意见》（国发［2010］9号）精神，明确责任，加强领导，各司其职，狠抓落实。要将《分工方案》中涉及本部门的工作进一步细化分解，抓紧制定具体措施并尽快组织实施。同一项工作涉及多个部门的，部门间要密切协作，牵头部门要加强协调。发展改革委、商务部要会同有关部门将各项工作年度完成情况汇总报国务院，国务院办公厅将对重点工作落实情况适时开展督促检查。

国务院办公厅

二〇一〇年八月十八日

贯彻落实国务院关于进一步做好利用外资工作若干意见部门分工方案

一、优化利用外资结构

（一）根据我国经济发展需要，结合国家产业调整和振兴规划要求，修订《外商投资产业指导目录》，扩大开放领域，鼓励外资投向高端制造业、高新技术产业、现代服务业、新能源和节能环保产业。严格限制“两高一资”和低水平、过剩产能扩张类项目。（发展改革委、商务部。列第一位者为牵头部门，下同）

（二）国家产业调整和振兴规划中的政策措施同等适用于符合条件的外商投资企业。（发展改革委、工业和信息化部）

（三）对用地集约的国家鼓励类外商投资项目优先供应土地，在确定土地出让底价时可按不低于所在地土地等别相对应《全国工业用地出让最低价标准》的70%执行。（国土资源部）

（四）鼓励外商投资高新技术企业发展，改进并完善高新技术企业认定工作。（科技部、财政部、税务总局会同发展改革委、商务部、工业和信息化部等部门）

（五）鼓励中外企业加强研发合作，支持符合条件的外商投资企业与内资企业、研究机构合作申请国家科技开发项目、创新能力建设项目等。（发展改革委、科技部、财政部）

申请设立国家级技术中心认定。（发展改革委、科技部、财政部、海关总署、税务总局）

（六）鼓励跨国公司在华设立地区总部、研发中心、采购中心、财务管理中心、结算中心以及成本和利润核算中心等功能性机构。（商务部、外汇局、银监会、发展改革委、财政部、工商总局）

在2010年12月31日以前，对符合规定条件的外资研发中心确需进口的科技开发用品免征进口关税和进口环节增值税、消费税。（财政部、商务部、海关总署、税务总局）

（七）落实和完善支持政策，鼓励外商投资服务外包产业，引入先进技术和管理经验，提高我国服务外包国际竞争力。（商务部）

二、引导外资向中西部地区转移和增加投资

（八）根据《外商投资产业指导目录》修订情况，补充修订《中西部地区外商投资优势产业目录》，增加劳动密集型项目条目，鼓励外商在中西部地区发展符合环保要求的劳动密集型产业。（发展改革委、商务部）

（九）对符合条件的西部地区内外资企业继续实行企业所得税优惠政策，保持西部地区吸收外商投资好的发展势头。（财政部、发展改革委、商务部、税务总局）

（十）对东部地区外商投资企业向中西部地区转移加大政策开放和技术资金配套支持力度，同时完善行政服务，在办理工商、税务、外汇、社会保险等手续时提供便利。（发展改革委、商务部、财政部、人力资源社会保障部、工商总局、质检总局、税务总局、外汇局）

鼓励和引导外资银行到中西部地区设立机构和开办业务。（银监会）

（十一）鼓励东部地区与中西部地区以市场为导向，通过委托管理、投资合作等多种方式，按照优势互补、产业联动、利益共享的原则共建开发区。（发展改革委、商务部）

三、促进利用外资方式多样化

（十二）鼓励外资以参股、并购等方式参与国内企业改组改造和兼并重组。支持A股上市公司引入境内外战略投资者。规范外资参与境内证券投资和企业并购。（商务部、证监会、发展改革委、工业和信息化部）

依法实施反垄断审查。（商务部、发展改革委、工商总局按职责分工负责）

加快建立外资并购安全审查制度。（发展改革委、商务部）

（十三）利用好境外资本市场，继续支持符合条件的企业根据国家发展战略及自身发展需要到境外上市，充分利用两个市场、两种资源，不断提高竞争力。（证监会、发展改革委、商务部）

（十四）加快推进利用外资设立中小企业担保公司试点工作。（发展改革委、商务部）

鼓励外商投资设立创业投资企业，积极利用私募股权投资基金，完善退出机制。（发展改革委、商务部、工商总局、证监会、外汇局）

（十五）支持符合条件的外商投资企业境内公开发行股票、发行企业债和中期票据，拓宽融资渠道，引导金融机构继续加大对外商投资企业的信贷支持。稳步扩大在境内发行人民币债券的境外主体范围。（人民银行、证监会、银监会、发展改革委、商务部）

四、深化外商投资管理体制改革

（十六）《外商投资产业指导目录》中总投资（包括增资）3亿美元以下的鼓励类、允许类项目，除《政府核准的投资项目目录》规定需由国务院有关部门核准之外，由地方政府有关部门核准。（发展改革委）

除法律法规明确规定由国务院有关部门审批外，在加强监管的前提下，国务院有关部门可将本部门负责的审批事项下放地方政府审批，服务业领域外商投资企业的设立（金融、电信服务除外）由地方政府按照有关规定进行审批。（商务部等）

（十七）调整审批内容，简化审批程序，最大限度缩小审批、核准范围，增强审批透明度。全面清理涉及外商投资的审批事项，缩短审批时间。改进审批方式，在试点并总结经验的基础上，逐步在全国推行外商投资企业合同、章程格式化审批，大力推行在线行政许可，规范行政行为。（商务部、发展改革委）

五、营造良好的投资环境

（十八）规范和促进开发区发展，发挥开发区在体制创新、科技引领、产业集聚、土地集约方

面的载体和平台作用。(发展改革委、国土资源部、住房城乡建设部、科技部、商务部)

支持符合条件的省级开发区升级，支持具备条件的国家级开发区扩区和调整区位。(商务部、科技部按职责分别牵头，国土资源部、住房城乡建设部、发展改革委参与)

支持具备条件的省级开发区扩区和调整区位。(发展改革委、国土资源部、住房城乡建设部、科技部、商务部)

制定加快边境经济合作区建设的支持政策措施。(商务部、财政部、国土资源部、住房城乡建设部)

(十九) 进一步完善外商投资企业外汇管理，简化外商投资企业外汇资本金结汇手续。(外汇局)

对依法经营、资金紧张暂时无法按时出资的外商投资企业，允许延长出资期限。(工商总局、商务部)

(二十) 加强投资促进，针对重点国家和地区、重点行业加大引资推介力度，广泛宣传我国利用外资政策。积极参与多双边投资合作，把“引进来”和“走出去”相结合，推动跨国投资政策环境不断改善。(商务部、发展改革委)

中国保监会印发《保险资金投资股权暂行办法》的通知

保监发［2010］80号　2010年9月5日

各保险集团（控股）公司、保险公司、保险资产管理公司：

为规范保险资金投资股权行为，防范投资风险，保障资产安全，维护保险人和被保险人合法权益，中国保监会制定了《保险资金投资股权暂行办法》，现印发给你们，请遵照执行。

保险资金投资股权暂行办法

第一章　总　则

第一条　为规范保险资金投资股权行为，防范投资风险，保障资产安全，维护保险当事人合法权益，依据《中华人民共和国保险法》、《中华人民共和国信托法》、《中华人民共和国公司法》、《中华人民共和国合伙企业法》及《保险资金运用管理暂行办法》等规定，制定本办法。

第二条　本办法所称股权，是指在中华人民共和国（以下简称中国）境内依法设立和注册登记，且未在中国境内证券交易所公开上市的股份有限公司和有限责任公司的股权（以下简称企业股权）。

第三条　保险资金可以直接投资企业股权或者间接投资企业股权（以下简称直接投资股权和间接投资股权）。

直接投资股权，是指保险公司（含保险集团（控股）公司，下同）以出资人名义投资并持有企业股权的行为；间接投资股权，是指保险公司投资股权投资管理机构（以下简称投资机构）发起设立的股权投资基金等相关金融产品（以下简称投资基金）的行为。

第四条　本办法所称投资机构，是指在中国境内依法注册登记，从事股权投资管理的机构。

本办法所称专业服务机构（以下简称专业机构），是指经国家有关部门认可，具有相应专业资质，为保险资金投资企业股权提供投资咨询、法律服务、财务审计和资产评估等服务的机构。

第五条　保险资金投资股权投资基金形成的财产，应当独立于投资机构、托管机构和其他相关机构的固有财产及其管理的其他财产。投资机构因投资、管理或者处分投资基金取得的财产和收益，应当归入投资基金财产。

第六条　保险资金投资企业股权，必须遵循稳健、安全原则，坚持资产负债匹配管理，审慎投资运作，有效防范风险。

第七条　保险公司、投资机构及专业机构从事保险资金投资企业股权活动，应当遵守本办法规定，恪尽职守，勤勉尽责，履行诚实、信用、谨慎、守法的义务。

第八条　中国保险监督管理委员会（以下简称中国保监会）负责制定保险资金投资企业股权的政策法规，依法对保险资金投资企业股权活动实施监督管理。

第二章 资质条件

第九条 保险公司直接投资股权，应当符合下列条件：

（一）具有完善的公司治理、管理制度、决策流程和内控机制；

（二）具有清晰的发展战略和市场定位，开展重大股权投资的，应当具有较强的并购整合能力和跨业管理能力；

（三）建立资产托管机制，资产运作规范透明；

（四）资产管理部门拥有不少于5名具有3年以上股权投资和相关经验的专业人员，开展重大股权投资的，应当拥有熟悉企业经营管理的专业人员；

（五）上一会计年度末偿付能力充足率不低于150%，且投资时上季度末偿付能力充足率不低于150%；

（六）上一会计年度盈利，净资产不低于10亿元人民币（货币单位以下同）；

（七）最近三年未发现重大违法违规行为；

（八）中国保监会规定的其他审慎性条件。

间接投资股权的，除符合前款第（一）、（三）、（五）、（七）、（八）项规定外，资产管理部门还应当配备不少于2名具有3年以上股权投资和相关经验的专业人员。

保险公司投资保险类企业股权，可不受前款第（二）、（四）项的限制。

前款所称重大股权投资，是指对拟投资非保险类金融企业或者与保险业务相关企业实施控制的投资行为。

第十条 保险公司投资股权投资基金，发起设立并管理该基金的投资机构，应当符合下列条件：

（一）具有完善的公司治理、管理制度、决策流程和内控机制；

（二）注册资本不低于1亿元，已建立风险准备金制度；

（三）投资管理适用中国法律法规及有关政策规定；

（四）具有稳定的管理团队，拥有不少于10名具有股权投资和相关经验的专业人员，已完成退出项目不少于3个，其中具有5年以上相关经验的不少于2名，具有3年以上相关经验的不少于3名，且高级管理人员中，具有8年以上相关经验的不少于1名；拥有不少于3名熟悉企业运营、财务管理、项目融资的专业人员；

（五）具有丰富的股权投资经验，管理资产余额不低于30亿元，且历史业绩优秀，商业信誉良好；

（六）具有健全的项目储备制度、资产托管和风险隔离机制；

（七）建立科学的激励约束机制和跟进投资机制，并得到有效执行；

（八）接受中国保监会涉及保险资金投资的质询，并报告有关情况；

（九）最近三年未发现投资机构及主要人员存在重大违法违规行为；

（十）中国保监会规定的其他审慎性条件。

第十一条 保险资金投资企业股权，聘请专业机构提供有关服务，该机构应当符合下列条件：

（一）符合本办法第十条第（一）、（三）、（八）、（九）、（十）项规定；

（二）具有国家有关部门认可的业务资质；

（三）熟悉保险资金投资股权的法律法规、政策规定、业务流程和交易结构，且具有承办股权投资有关服务的经验和能力，商业信誉良好；

（四）与保险资金投资企业股权的相关当事人不存在关联关系。

提供投资咨询服务的机构，除符合前款规定外，还应当符合下列条件：

（一）专业团队成熟稳定，拥有不少于6名具有股权投资和相关经验的专业人员，其中具有5年以上相关经验的不少于3名；

（二）注册资本不低于200万元。

为保险资金提供资产托管服务的商业银行，应当接受中国保监会涉及保险资金投资的质询，并报告有关情况。

第三章　投资标的

第十二条　保险资金直接或者间接投资股权，该股权所指向的企业，应当符合下列条件：

（一）依法登记设立，具有法人资格；

（二）符合国家产业政策，具备国家有关部门规定的资质条件；

（三）股东及高级管理人员诚信记录和商业信誉良好；

（四）产业处于成长期、成熟期或者是战略新型产业，或者具有明确的上市意向及较高的并购价值；

（五）具有市场、技术、资源、竞争优势和价值提升空间，预期能够产生良好的现金回报，并有确定的分红制度；

（六）管理团队的专业知识、行业经验和管理能力与其履行的职责相适应；

（七）未涉及重大法律纠纷，资产产权完整清晰，股权或者所有权不存在法律瑕疵；

（八）与保险公司、投资机构和专业机构不存在关联关系，监管规定允许且事先报告和披露的除外；

（九）中国保监会规定的其他审慎性条件。

保险资金不得投资不符合国家产业政策、不具有稳定现金流回报预期或者资产增值价值，高污染、高耗能、未达到国家节能和环保标准、技术附加值较低等企业股权。不得投资创业、风险投资基金。不得投资设立或者参股投资机构。

保险资金投资保险类企业股权，可不受第（二）、（四）、（五）、（八）项限制。

保险资金直接投资股权，仅限于保险类企业、非保险类金融企业和与保险业务相关的养老、医疗、汽车服务等企业的股权。

第十三条　保险资金投资的投资基金，应当符合下列条件：

（一）投资机构符合本办法第十条规定；

（二）投资方向或者投资标的符合本办法第十二条规定及其他金融监管机构的规定；

（三）具有确定的投资目标、投资方案、投资策略、投资标准、投资流程、后续管理、收益分配和基金清算安排；

（四）交易结构清晰，风险提示充分，信息披露真实完整；

（五）已经实行投资基金托管机制，募集或者认缴资金规模不低于5亿元，具有预期可行的退出安排和健全有效的风控措施，且在监管机构规定的市场交易；

（六）中国保监会规定的其他审慎性条件。

第四章 投资规范

第十四条 保险公司投资企业股权，应当符合下列规定：

（一）实现控股的股权投资，应当运用资本金；

（二）其他直接投资股权，可以运用资本金或者与投资资产期限相匹配的责任准备金；

（三）间接投资股权，可以运用资本金和保险产品的责任准备金。人寿保险公司运用万能、分红和投资连结保险产品的资金，财产保险公司运用非寿险非预定收益投资型保险产品的资金，应当满足产品特性和投资方案的要求；

（四）不得运用借贷、发债、回购、拆借等方式筹措的资金投资企业股权，中国保监会对发债另有规定的除外。

第十五条 保险公司投资企业股权，应当符合下列比例规定：

（一）投资未上市企业股权的账面余额，不高于本公司上季末总资产的5%；投资股权投资基金等未上市企业股权相关金融产品的账面余额，不高于本公司上季末总资产的4%，两项合计不高于本公司上季末总资产的5%；

（二）直接投资股权的账面余额，不超过本公司净资产，除重大股权投资外，投资同一企业股权的账面余额，不超过本公司净资产的30%；

（三）投资同一投资基金的账面余额，不超过该基金发行规模的20%。

第十六条 保险公司投资企业股权，应当按照监管规定和内控要求，规范完善决策程序和授权机制，确定股东（大）会、董事会和经营管理层的决策权限及批准权限。根据偿付能力、投资管理能力及投资方式、目标和规模等因素，做好相关制度安排。

决策层和执行层应当各司其职，谨慎决策，勤勉尽责，充分考虑股权投资风险，按照资产认可标准和资本约束，审慎评估股权投资对偿付能力和收益水平的影响，严格履行相关程序，并对决策和操作行为负责。保险资金投资企业股权，不得采用非现场方式表决。

保险资金追加同一企业股权投资的，应当按照本办法规定，履行相应程序。

第十七条 保险资金投资股权涉及关联关系的，其投资决策和具体执行过程，应当按照关联交易的规定，采取有效措施，防止股东、董事、监事、高级管理人员及其他关联方，利用其特殊地位，通过关联交易或者其他方式侵害保险公司和被保险人利益，不得进行内幕交易和利益输送。

第十八条 保险资金直接投资股权，应当聘请符合本办法第十一条规定的专业机构，提供尽职调查、投资咨询及法律咨询等专业服务。

间接投资股权，应当对投资机构的投资管理能力及其发行的投资基金进行评估。投资管理能力评估，应当至少包括本办法第十条规定的内容；投资基金评估，应当至少包括本办法第十三条规定的内容。

间接投资股权，还应当要求投资机构提供投资基金募集说明书等文件，或者依据协议约定，提供有关论证报告或者尽职调查报告。

第十九条 保险资金投资企业股权，应当充分行使法律规定的权利，通过合法有效的方式，维护保险当事人的合法权益。

重大股权投资，应当通过任命或者委派董事、监事、经营管理层或者关键岗位人选，确保对企业的控股权或者控制力，维护投资决策和经营管理的有效性；其他直接股权投资，应当通过对制度安排、合同约定、交易结构、交易流程的参与和影响，维护保险当事人的知情权、收益权等各项合法权益。

间接投资股权，应当与投资机构签订投资合同或者协议，载明管理费率、业绩报酬、管理团队关键人员变动、投资机构撤换、利益冲突处理、异常情况处置等事项；还应当与投资基金其他投资人交流信息，分析所投基金和基金行业的相关报告，比较不同投资机构的管理状况，通过与投资机构沟通交流及考察投资基金所投资企业等方式，监督投资基金的投资行为。

投资基金采取公司型的，应当建立独立董事制度，完善治理结构；采取契约型的，应当建立受益人大会；采取合伙型的，应当建立投资顾问委员会。间接投资股权，可以要求投资机构按照约定比例跟进投资，并在投资合同或者发起设立协议中载明。

第二十条 保险公司投资企业股权，应当加强投资期内投资项目的后续管理，建立资产增值和风险控制为主导的全程管理制度。除执行本办法第十九条规定外，还应当采取下列措施：

（一）重大股权投资的，应当规划和发展企业协同效应，改善企业经营管理，防范经营和投资风险；选聘熟悉行业运作、财务管理、资本市场等领域的专业人员，参与和指导企业经营管理，采取完善治理、整合资源、重组债务、优化股权、推动上市等综合措施，提升企业价值；

（二）其他直接投资股权的，应当指定专人管理每个投资项目，负责与企业管理团队沟通，审查企业财务和运营业绩，要求所投企业定期报告经营管理情况，掌握运营过程和重大决策事项，撰写分析报告并提出建议，必要时可聘请专业机构对所投企业进行财务审计或者尽职调查；

（三）间接投资股权的，应当要求投资机构采取不限于本条规定的措施，提升企业价值，实现收益最大化目标。

第二十一条 保险资金投资企业股权，应当参照国际惯例，依据市场原则，协商确定投资管理费率和业绩报酬水平，并在投资合同中载明。投资机构应当综合考虑资产质量、投资风险与收益等因素，确定投资管理费率，兑现业绩报酬水平，倡导正向激励和引导，防范逆向选择和道德风险。

第二十二条 保险资金投资企业股权，应当聘请符合本办法第十一条规定的专业机构，采用两种以上国际通用的估值评估方法，持续对所投股权资产进行估值和压力测试，得出审慎合理的估值结果，并向中国保监会报告。估值方法包括但不限于基于资产的账面价值法、重置成本法、市场比较法、现金流量折现法以及倍数法等。

第二十三条 保险资金投资企业股权，应当遵守本办法及相关规定，承担社会责任，恪守道德规范，充分保护环境，做负责任的机构投资者。

第五章 风险控制

第二十四条 保险资金投资企业股权，应当注重投资管理制度、风险控制机制、投资行为规范和激励约束安排等基础建设，建立项目评审、投资决策、风险控制、资产托管、后续管理、应急处置等业务流程，制定风险预算管理政策及危机解决方案，实行全面风险管理和持续风险监控，防范操作风险和道德风险。

第二十五条 保险公司投资企业股权，应该审慎考虑偿付能力和流动性要求，根据保险产品特点、资金结构、负债匹配管理需要及有关监管规定，合理运用资金，多元配置资产，分散投资风险。

第二十六条 保险资金投资企业股权，应当遵守本办法及有关规定，确保投资项目和运作方式合法合规。所投企业应当符合国家法律法规和本办法规定，具有完备的经营要件。

第二十七条 保险资金投资企业股权，应当建立重大突发事件应急处理机制。应急处理机制包括但不限于风险情形、应急预案、工作目标、报告路线、操作流程、处理措施等，必要时应当及时启动应急处理机制，尽可能控制并减少损失。

保险公司应当建立责任追究制度，高级管理人员和主要业务人员违反监管规定及公司管理制度，未履行或者未正确履行职责，造成资产损失的，应当追究其责任。涉及非保险机构高级管理人员和主要业务人员的，保险公司应当按照有关规定和合同约定追究其责任。

第二十八条 保险资金投资企业股权，应当建立有效的退出机制。退出方式包括但不限于企业股权的上市、回购、协议转让及投资基金的买卖或者清算等。

保险资金投资企业股权，可以采取债权转股权的方式进入，也可以采取股权转债权的方式退出。

第二十九条 保险公司投资企业股权，应当要求投资机构按照有关规定和合同约定，向本公司及相关当事人履行信息披露义务。信息披露至少包括投资团队、投资运作、项目运营、资产价值、后续管理、关键人员变动，以及已投资企业的经营管理、主要风险及重大事项等内容，重大事项包括但不限于股权纠纷、债务纠纷、司法诉讼等。

信息披露不得存在虚假陈述、误导、重大遗漏或者欺诈等行为。投资机构应当对信息披露的及时性、准确性、真实性和完整性承担法律责任。

第六章 监督管理

第三十条 保险公司进行重大股权投资，应当向中国保监会申请核准，提交以下书面材料：

（一）股东（大）会或者董事会投资决议；

（二）主营业务规划、投资规模及业务相关度说明；

（三）专业机构提供的财务顾问报告、尽职调查报告和法律意见书；

（四）投资可行性报告、合规报告、关联交易说明、后续管理规划及业务整合方案；

（五）有关监管部门审核或者主管机关认可的股东资格说明；

（六）投资团队及其管理经验说明；

（七）附生效条件的投资协议，特别注明经有关监管机构或者部门核准后生效；

（八）中国保监会规定的其他审慎性内容。

中国保监会审核期间，拟投资企业出现下列情形之一的，可以要求保险公司停止该项股权投资：

（一）出现或者面临巨额亏损、巨额民事赔偿、税收政策调整等重大不利财务事项；

（二）出现或者面临核心业务人员大量流失、目标市场或者核心业务竞争力丧失等重大不利变化；

（三）有关部门对其实施重大惩罚性监管措施；

（四）中国保监会认为可能对投资产生重大影响的其他不利事项。

重大股权投资的股权转让或者退出，应当向中国保监会报告，说明转让或者退出的理由和方案，并附股东（大）会或者董事会相关决议。

第三十一条 保险公司进行非重大股权投资和投资基金投资的，应当在签署投资协议后5个工作日内，向中国保监会报告，除提交本办法第三十条第（三）、（六）、（八）项规定的内容外，还应当提交以下材料：

（一）董事会或者其授权机构的投资决议；

（二）投资可行性报告、合规报告、关联交易说明、后续管理方案、法律意见书及投资协议或者认购协议；

（三）对投资机构及投资基金的评估报告。

中国保监会发现投资行为违反法律法规或者本办法规定的，有权责令保险公司予以改正。

第三十二条　保险公司投资企业股权，应当于每季度结束后15个工作日内和每年3月31日前，分别向中国保监会提交季度报告和年度报告，并附以下书面材料：

（一）投资情况；

（二）资本金运用；

（三）资产管理及运作；

（四）资产估值；

（五）资产质量及主要风险；

（六）重大突发事件及处置；

（七）中国保监会规定的其他审慎性内容。

除上述内容外，年度报告还应当说明投资收益及分配、资产认可及偿付能力、投资能力变化等情况，并附经专业机构审计的相关报告。

第三十三条　投资机构应当于每年3月31日前，就保险资金投资股权投资基金的情况，向中国保监会提交年度报告。

第三十四条　托管机构应当于每季度结束后15个工作日内和每年3月31日前，就保险资金投资企业股权和投资基金情况，分别向中国保监会提交季度报告和年度报告，并附以下材料：

（一）保险资金投资情况；

（二）投资合法合规情况；

（三）异常交易及需提请关注事项；

（四）资产估值情况；

（五）主要风险状况；

（六）涉及的关联交易情况；

（七）中国保监会规定的其他审慎性内容。

第三十五条　中国保监会制定股权投资能力标准，保险公司和相关投资机构应当根据规定标准自行评估，并将评估报告提交中国保监会。中国保监会将检验并跟踪监测保险公司和相关投资机构的股权投资能力。

中国保监会可以根据市场需要，适当调整投资比例、相关当事人的资质条件和报送材料等事项。保险资金投资企业股权的相关当事人向中国保监会报送的相关材料，应当符合监管规定，并对材料的真实性负责。

第三十六条　中国保监会依法对保险资金投资企业股权进行现场监管和非现场监管，必要时可以聘请专业机构协助检查。

保险公司投资企业股权，出现偿付能力不足、重大经营问题、存在重大投资风险，或者可能对金融体系、金融行业和金融市场产生不利影响的，中国保监会应当采取有关法律法规规定的停止投资业务、限制投资比例、调整投资人员、责令处置股权资产、限制股东分红和高管薪酬等监管措施。保险公司投资企业股权后，不能持续符合第九条规定的，中国保监会应当责令予以改正。

违规投资的企业股权资产，中国保监会按照有关规定不计入认可资产范围。突发事件或者市场变化等非主观因素，造成企业股权投资比例超过本办法规定的，保险公司应当在3个月内，按照规定调整投资比例。保险资金投资企业股权的资产评估标准、方法及风险因子的规则，由中国保监会另行规定。

第三十七条　保险公司高级管理人员、主要业务人员在职期间或者离任后，发现其在该公司工作期间，违反有关法律、行政法规和本办法规定投资企业股权的，中国保监会将依法追究责任。

投资机构和专业机构参与保险资金投资股权活动，存在违反有关法律、行政法规和本办法规定行为的，中国保监会有权记录其不良行为，并将有关情况通报其监管或者主管部门。情节严重的，中国保监会将责令保险公司停止与该机构的业务，并商有关监管或者主管部门依法给予行政处罚。

保险公司不得与列入不良记录名单的投资机构和专业机构发生业务往来。

第七章　附　则

第三十八条　符合本办法第九条第（一）、（三）、（七）、（八）项规定，上一会计年度盈利，净资产不低于5亿元的保险资产管理机构，可以运用资本金直接投资非保险类金融企业股权。

第三十九条　保险资金投资境外未上市企业股权，按照《保险资金境外投资管理暂行办法》和中国保监会有关规定执行。保险资金投资境内和境外未上市企业股权及未上市企业股权相关金融产品，投资比例合并计算。

保险资金投资基础设施类企业股权，按照本办法有关规定执行。

原有关保险资金投资股权规定，与本办法不一致的，以本办法规定为准。

未经营保险业务的保险集团（控股）公司，其本级自有资金投资的范围和比例，另有规定的从其规定。

第四十条　本办法由中国保监会负责解释和修订，自发布之日起施行。

中国保险监督管理委员会

二〇一〇年七月三十一日

中国保监会关于印发《保险资金投资不动产暂行办法》的通知

保监发[2010]80号 2010年9月5号

各保险集团（控股）公司、保险公司、保险资产管理公司：

为规范保险资金投资不动产行为，防范投资风险，保障资产安全，维护保险人和被保险人合法权益，中国保监会制定了《保险资金投资不动产暂行办法》，现印发给你们，请遵照执行。

保险资金投资不动产暂行办法

第一章 总则

第一条 为规范保险资金投资不动产行为，防范投资风险，保障资产安全，维护保险当事人合法权益，依据《中华人民共和国保险法》、《中华人民共和国信托法》、《中华人民共和国物权法》、《中华人民共和国公司法》及《保险资金运用管理暂行办法》等规定，制定本办法。

第二条 保险资金投资的不动产，是指土地、建筑物及其它附着于土地上的定着物。

保险资金可以投资基础设施类不动产、非基础设施类不动产及不动产相关金融产品。

保险资金投资基础设施类不动产，遵照《保险资金间接投资基础设施项目试点管理办法》及有关规定。投资非基础设施类不动产及相关金融产品，遵照本办法。

第三条 本办法所称不动产投资管理机构（以下简称投资机构），是指在中华人民共和国（以下简称中国）境内依法注册登记，从事不动产投资管理的机构。

本办法所称专业服务机构（以下简称专业机构），是指经国家有关部门认可，具有相应专业资质，为保险资金投资不动产提供法律服务、财务审计和资产评估等服务的机构。

第四条 保险资金投资不动产相关金融产品形成的财产，应当独立于投资机构、托管机构和其他相关机构的固有财产及其管理的其他财产。投资机构因投资、管理或者处分不动产相关金融产品取得的财产和收益，应当归入不动产相关金融产品财产。

第五条 保险公司（含保险集团（控股）公司，下同）投资不动产，必须遵循稳健、安全原则，坚持资产负债匹配管理，审慎投资运作，有效防范风险。

第六条 保险公司、投资机构及专业机构从事保险资金投资不动产活动，应当遵守本办法规定，恪尽职守，勤勉尽责，履行诚实、信用、谨慎、守法的义务。

第七条 中国保险监督管理委员会（以下简称中国保监会）负责制定保险资金投资不动产的政策法规，依法对保险资金投资不动产活动实施监督管理。

第二章 资格条件

第八条 保险公司投资不动产，应当符合下列条件：

（一）具有完善的公司治理、管理制度、决策流程和内控机制；

（二）实行资产托管机制，资产运作规范透明；

（三）资产管理部门拥有不少于8名具有不动产投资和相关经验的专业人员，其中具有5年以上相关经验的不少于3名，具有3年以上相关经验的不少于3名；

（四）上一会计年度末偿付能力充足率不低于150%，且投资时上季度末偿付能力充足率不低于150%；

（五）上一会计年度盈利，净资产不低于1亿元人民币（货币单位下同）；

（六）具有与所投资不动产及不动产相关金融产品匹配的资金，且来源充足稳定；

（七）最近三年未发现重大违法违规行为；

（八）中国保监会规定的其他审慎性条件。

投资不动产相关金融产品的，除符合前款第（一）、（二）、（四）、（五）、（六）、（七）、（八）项规定外，资产管理部门还应当拥有不少于2名具有3年以上不动产投资和相关经验的专业人员。

保险公司聘请投资机构提供不动产投资管理服务的，可以适当放宽专业人员的数量要求。

第九条 为保险资金投资不动产提供投资管理服务的投资机构，应当符合下列条件：

（一）在中国境内依法注册登记，具有国家有关部门认可的业务资质；

（二）具有完善的公司治理，市场信誉良好，管理科学高效，投资业绩稳定；

（三）具有健全的操作流程、风险管理、内部控制及稽核制度，且执行有效；

（四）注册资本不低于1亿元；

（五）管理资产余额不低于50亿元，具有丰富的不动产投资管理和相关经验；

（六）拥有不少于15名具有不动产投资和相关经验的专业人员，其中具有5年以上相关经验的不少于3名，具有3年以上相关经验的不少于4名；

（七）接受中国保监会涉及保险资金投资的质询，并报告有关情况；

（八）最近三年未发现重大违法违规行为；

（九）中国保监会规定的其他审慎性条件。

符合上述条件的投资机构，可以为保险资金投资不动产提供有关专业服务，发起设立或者发行不动产相关金融产品。投资机构向保险资金发起设立或者发行不动产投资计划的规则，由中国保监会另行规定。

第十条 为保险资金投资不动产提供有关服务的专业机构，应当符合下列条件：

（一）具有经国家有关部门认可的业务资质；

（二）具有完善的管理制度、业务流程和内控机制；

（三）熟悉保险资金不动产投资的法律法规、政策规定、业务流程和交易结构，具有承办投资不动产相关服务的经验和能力，且商业信誉良好；

（四）与保险资金投资不动产的相关当事人不存在关联关系；

（五）接受中国保监会涉及保险资金投资的质询，并报告有关情况；

（六）最近三年未发现重大违法违规行为；

（七）中国保监会规定的其他审慎性条件。

为保险资金投资不动产提供资产托管服务的商业银行，应当接受中国保监会涉及保险资金投资的质询，并报告有关情况。

第三章 投资标的与投资方式

第十一条 保险资金可以投资符合下列条件的不动产：

（一）已经取得国有土地使用权证和建设用地规划许可证的项目；

（二）已经取得国有土地使用权证、建设用地规划许可证、建设工程规划许可证、施工许可证的在建项目；

（三）取得国有土地使用权证、建设用地规划许可证、建设工程规划许可证、施工许可证及预售许可证或者销售许可证的可转让项目；

（四）取得产权证或者他项权证的项目；

（五）符合条件的政府土地储备项目。

保险资金投资的不动产，应当产权清晰，无权属争议，相应权证齐全合法有效；地处直辖市、省会城市或者计划单列市等具有明显区位优势的城市；管理权属相对集中，能够满足保险资产配置和风险控制要求。

第十二条　保险资金可以投资符合下列条件的不动产相关金融产品：

（一）投资机构符合第九条规定；

（二）经国家有关部门认可，在中国境内发起设立或者发行，由专业团队负责管理；

（三）基础资产或者投资的不动产位于中国境内，符合第十一条第一款第（一）项至第（五）项的规定；

（四）实行资产托管制度，建立风险隔离机制；

（五）具有明确的投资目标、投资方案、后续管理规划、收益分配制度、流动性及清算安排；

（六）交易结构清晰，风险提示充分，信息披露真实完整；

（七）具有登记或者簿记安排，能够满足市场交易或者协议转让需要；

（八）中国保监会规定的其他审慎性条件。

不动产相关金融产品属于固定收益类的，应当具有中国保监会认可的国内信用评级机构评定的AA级或者相当于AA级以上的长期信用级别，以及合法有效的信用增级安排；属于权益类的，应当建立相应的投资权益保护机制。

保险资金投资不动产相关金融产品的规则，由中国保监会另行规定。

第十三条　保险资金可以采用股权方式投资第十一条第一款第（一）项至第（四）项规定的不动产，采用债权方式投资第十一条第一款第（一）项至第（五）项规定的不动产，采用物权方式投资第十一条第一款第（三）、（四）项规定的不动产。保险资金采用债权、股权或者物权方式投资的不动产，仅限于商业不动产、办公不动产、与保险业务相关的养老、医疗、汽车服务等不动产及自用性不动产。

保险资金投资医疗、汽车服务等不动产，不受第十一条第一款第（二）项至第（五）项及区位的限制；投资养老不动产、购置自用性不动产，不受第十一条第一款第（一）项至第（五）项及区位的限制；本款前述投资必须遵守专地专用原则，不得变相炒地卖地，不得利用投资养老和自用性不动产（项目公司）的名义，以商业房地产的方式，开发和销售住宅。投资养老、医疗、汽车服务等不动产，其配套建筑的投资额不得超过该项目投资总额的30%。

保险资金投资不动产，除政府土地储备项目外，可以采用债权转股权、债权转物权或者股权转物权等方式。投资方式发生变化的，应当按照本办法规定调整管理方式。保险资金以多种方式投资同一不动产的，应当分别遵守本办法规定。

第十四条　保险公司投资不动产（不含自用性不动产），应当符合以下比例规定：

（一）投资不动产的账面余额，不高于本公司上季度末总资产的10%，投资不动产相关金融产品的账面余额，不高于本公司上季度末总资产的3%；投资不动产及不动产相关金融产品的账面余额，合计不高于本公司上季度末总资产的10%。

（二）投资单一不动产投资计划的账面余额，不高于该计划发行规模的50%，投资其他不动产相关金融产品的，不高于该产品发行规模的20%。

第十五条 保险资金投资不动产，应当合理安排持有不动产的方式、种类和期限。以债权、股权、物权方式投资的不动产，其剩余土地使用年限不得低于15年，且自投资协议签署之日起5年内不得转让。保险公司内部转让自用性不动产，或者委托投资机构以所持有的不动产为基础资产，发起设立或者发行不动产相关金融产品的除外。

第十六条 保险公司投资不动产，不得有下列行为：

（一）提供无担保债权融资；

（二）以所投资的不动产提供抵押担保；

（三）投资开发或者销售商业住宅；

（四）直接从事房地产开发建设（包括一级土地开发）；

（五）投资设立房地产开发公司，或者投资未上市房地产企业股权（项目公司除外），或者以投资股票方式控股房地产企业。已投资设立或者已控股房地产企业的，应当限期撤销或者转让退出；

（六）运用借贷、发债、回购、拆借等方式筹措的资金投资不动产，中国保监会对发债另有规定的除外；

（七）违反本办法规定的投资比例；

（八）法律法规和中国保监会禁止的其他行为。

第四章 风险控制

第十七条 保险资金投资不动产，应当建立规范有效的业务流程和风控机制，涵盖项目评审、投资决策、合规审查、投资操作、管理运营、资产估值、财务分析、风险监测等关键环节，形成风险识别、预警、控制和处置的全程管理体系，并定期或者不定期进行压力测试，全面防范和管理不动产投资风险。

第十八条 保险资金投资不动产，应当按照监管规定和内控要求，规范完善决策程序和授权机制，确定股东（大）会、董事会和经营管理层的决策权限及批准权限。

决策层和执行层应当各司其职，谨慎决策，勤勉尽责，充分考虑不动产投资风险，按照资产认可标准和资本约束，审慎评估不动产投资对偿付能力和收益水平的影响，严格履行相关程序，并对决策和操作行为负责。保险资金投资不动产不得采用非现场表决方式。

第十九条 保险资金投资不动产，应当聘请符合第十条规定条件的专业机构，提供尽职调查报告和法律意见书，制定有效的投资方案、经营计划和财务预算，并通过科学的交易结构和完善的合约安排，控制投资管理和运营风险。

第二十条 保险资金以股权方式投资不动产，拟投资的项目公司应当为不动产的直接所有权人，且该不动产为项目公司的主要资产。项目公司应当无重大法律诉讼，且股权未因不动产的抵押设限等落空或者受损。

以股权方式投资不动产，应当向项目公司派驻董事、高级管理人员及关键岗位人员，并对项目公司的股权转让、资产出售、担保抵押、资金融通等重大事项发表意见，维护各项合法权益。

第二十一条　保险资金以债权方式投资不动产，应当在合同中载明还款来源及方式、担保方式及利率水平、提前或者延迟还款处置等内容。债务人应当具有良好的财务能力和偿债能力，无重大违法违规行为和不良信用记录。

第二十二条　保险资金以物权方式投资不动产，应当及时完成不动产物权的设立、限制、变更和注销等权属登记，防止因漏登、错登造成权属争议或者法律风险。对权证手续设限的不动产，应当通过书面合同，约定解限条件、操作程序、合同对价支付方式等事项，防范和控制交易风险。

第二十三条　保险资金投资不动产相关金融产品，应当对该产品的合法合规性、基础资产的可靠性和充分性，及投资策略和投资方案的可行性，进行尽职调查和分析评估。持有产品期间，应当要求投资机构按照投资合同或者募集说明书的约定，严格履行职责，有效防范风险，维护投资人权益。

第二十四条　保险资金投资不动产，应当实行资金专户管理，督促开户银行实行全程监控，严格审查资金支付及相关对价取得等事项。

保险资金投资不动产，应当合理确定交易价格。保险公司、投资机构与托管机构、专业机构不得存在关联交易。保险公司与投资机构存在关联交易的，不得偏离市场独立第三方的价格或者收费标准，不得通过关联交易或者其他方式侵害保险公司利益。

第二十五条　保险资金投资不动产，应当加强资产后续管理，建立和完善管理制度，设置专门岗位，配置管理人员，监测不动产市场情况，评估不动产资产价值和质量，适时调整不动产投资策略和业态组合，防范投资风险、经营风险和市场风险。出现重大投资风险的，应当及时启动应急预案，并向中国保监会报告风险原因、损失状况、处置措施及后续影响等情况。

第二十六条　保险资金投资不动产，应当聘请符合第十条规定条件的专业机构，按照审慎原则，综合考虑不动产所处区位、市场及其他相关因素，采用成本法、市场比较法和收益还原法等评估方法，合理评估不动产资产价值。

第二十七条　保险资金投资不动产，应当明确相关人员的风险责任和岗位职责，并建立责任追究制度。

保险公司的高级管理人员和主要业务人员，在职期间或者离任后，发现其在该公司工作期间，存在违反有关法律、行政法规和本办法规定投资不动产行为的，保险公司应当依法追究其责任。

第二十八条　保险资金投资不动产，应当要求投资机构按照法律法规、有关规定及合同约定，履行信息披露义务，并对所披露信息的及时性、真实性、完整性和合法性负责。投资机构所披露信息，应当满足保险公司了解不动产及不动产相关金融产品的风险特征、风险程度及投资管理的需要。所披露信息内容至少应当包括不动产或者不动产相关金融产品的投资规模、运作管理、资产估值、资产质量、投资收益、交易转让、风险程度等事项。

第五章　监督管理

第二十九条　保险公司投资不动产，投资余额超过20亿元或者超过可投资额度20%的，应当在投资协议签署后5个工作日内，向中国保监会报告；对已投资不动产项目追加投资的，应当经董事会审议，并在投资协议签署后5个工作日内，向中国保监会报告。

前款规定的报告，应当至少包括董事会或者其授权机构决议、可行性研究报告、资产配置计划、合法合规报告、资产评估报告、风险评估报告、关联交易说明、偿付能力分析、后续管理方案、法律意见书、投资协议书等。

保险资金投资养老项目，应当在确定投资意向后，通报中国保监会，并在签署投资协议后5个工作日内，向中国保监会报告。除本条第二款规定内容之外，还应当说明经营目的和发展规划，并提交整体设计方案和具体实施计划等材料。

中国保监会发现保险公司投资行为违反法律法规或者本办法规定的，有权责令其改正。

第三十条 保险公司投资不动产，应当在每季度结束后的15个工作日内和每年3月31日前，向中国保监会提交季度报告和年度报告，至少包括以下内容：

（一）投资总体情况；

（二）资本金运用情况；

（三）资产管理及运作情况；

（四）资产估值；

（五）资产风险及质量；

（六）重大突发事件及处置情况；

（七）中国保监会规定的其他审慎性内容。

除上述内容外，年度报告还应当说明投资收益及分配、资产认可及偿付能力、投资能力变化等情况，并附经专业机构审计的相关报告。

第三十一条 投资机构应当于每年3月31日前，就保险资金投资不动产相关金融产品情况，向中国保监会报告，至少包括以下内容：

（一）保险资金投资情况；

（二）产品运作管理、主要风险及处置、资产估值及收益等情况；

（三）基础资产或者资产池变化、产品转让或者交易流通等情况；

（四）经专业机构审计的产品年度财务报告；

（五）中国保监会规定的其他审慎性内容。

除上述内容外，投资机构还应当报告专业团队和投资能力变化、监管处罚、法律纠纷等情况。

不动产相关金融产品为公开发行或者募集的，应当按照有关规定披露相关信息。

第三十二条 托管机构应当于每季度结束后的15个工作日内和每年3月31日前，向中国保监会提交季度报告和年度报告，至少包括以下内容：

（一）保险资金投资情况；

（二）投资合法合规情况；

（三）异常交易及需提请关注事项；

（四）资产估值情况；

（五）主要风险状况；

（六）涉及的关联交易情况；

（七）中国保监会规定的其他审慎性内容。

第三十三条 中国保监会制定不动产投资能力标准，保险公司及相关投资机构应当按照规定标准自行评估，并向中国保监会提交评估报告。中国保监会将检验并跟踪监测保险公司及相关投资机构的不动产投资管理能力及变化情况。

中国保监会可以根据市场需要，适当调整投资比例、相关当事人的资质条件和报送材料等事项。保险资金投资不动产及不动产相关金融产品的相关当事人，向中国保监会报送的材料，应当符合监管规定，并对材料的真实性负责。

第三十四条 中国保监会依法对保险公司投资不动产进行现场监管和非现场监管，必要时可以聘请专业机构协助检查。

保险公司投资不动产，出现偿付能力不足、重大经营问题、存在重大投资风险，或者可能对金融体系、金融行业和金融市场产生不利影响的，中国保监会应当采取有关法律法规规定的停止投资业务、限制投资比例、调整投资人员、责令处置不动产资产、限制股东分红和高管薪酬等监管措施。保险公司投资不动产后，不能持续符合第八条规定的，中国保监会应当责令予以改正。

违规投资的不动产或者超比例投资的不动产，中国保监会按照有关规定不计入认可资产范围。突发事件或者市场变动等非主观因素，造成不动产投资比例超过本办法规定的，保险公司应当在规定期限内，按照规定调整投资比例。

保险资金投资不动产的资产评估标准和方法及风险因子的规则，由中国保监会另行规定。

第三十五条 投资机构和专业机构参与保险资金投资不动产活动，违反有关法律、行政法规和本办法规定的，中国保监会有权记录其不良行为，并将违法违规情况通报其监管或者主管部门。情节严重的，中国保监会将责令保险公司不得与该机构开展相关业务，并商有关监管或者主管部门依法给予行政处罚。

保险公司不得与列入不良记录名单的投资机构和专业机构发生业务往来。

第六章 附 则

第三十六条 保险公司投资购置办公用房、培训中心、后援中心、灾备中心等自用性不动产，应当运用资本金。

保险公司投资购置自用性不动产的账面余额，不得高于该公司上年末净资产的50%。

保险公司投资的同一不动产，含自用性不动产和投资性不动产的，应当按照本办法规定，分别确定运用资本金和保险责任准备金的比例，分别核算成本和投资收益并进行会计处理。

第三十七条 保险资金投资境外不动产，按照《保险资金境外投资管理暂行办法》和中国保监会有关规定执行，保险资金投资境内和境外的不动产及相关金融产品，投资比例合并计算。

保险资金以取得不动产所有权为目的投资项目公司股权，不适用《保险资金投资股权暂行办法》的有关规定。

第三十八条 本办法由中国保监会负责解释和修订，自发布之日起实施。

国务院关于促进企业兼并重组的意见

国发［2010］27号　2010年8月28日

各省、自治区、直辖市人民政府，国务院各部委、各直属机构：

为深入贯彻落实科学发展观，切实加快经济发展方式转变和结构调整，提高发展质量和效益，现就加快调整优化产业结构、促进企业兼并重组提出以下意见：

一、充分认识企业兼并重组的重要意义

近年来，各行业、各领域企业通过合并和股权、资产收购等多种形式积极进行整合，兼并重组步伐加快，产业组织结构不断优化，取得了明显成效。但一些行业重复建设严重、产业集中度低、自主创新能力不强、市场竞争力较弱的问题仍很突出。在资源环境约束日益严重、国际间产业竞争更加激烈、贸易保护主义明显抬头的新形势下，必须切实推进企业兼并重组，深化企业改革，促进产业结构优化升级，加快转变发展方式，提高发展质量和效益，增强抵御国际市场风险能力，实现可持续发展。各地区、各有关部门要把促进企业兼并重组作为贯彻落实科学发展观，保持经济平稳较快发展的重要任务，进一步统一思想，正确处理局部与整体、当前与长远的关系，切实抓好促进企业兼并重组各项工作部署的贯彻落实。

二、主要目标和基本原则

（一）主要目标。

通过促进企业兼并重组，深化体制机制改革，完善以公有制为主体、多种所有制经济共同发展的基本经济制度。加快国有经济布局和结构的战略性调整，健全国有资本有进有退的合理流动机制，鼓励和支持民营企业参与竞争性领域国有企业改革、改制和改组，促进非公有制经济和中小企业发展。兼并重组企业要转换经营机制，完善公司治理结构，建立现代企业制度，加强和改善内部管理，加强技术改造，推进技术进步和自主创新，淘汰落后产能，压缩过剩产能，促进节能减排，提高市场竞争力。

进一步贯彻落实重点产业调整和振兴规划，做强做大优势企业。以汽车、钢铁、水泥、机械制造、电解铝、稀土等行业为重点，推动优势企业实施强强联合、跨地区兼并重组、境外并购和投资合作，提高产业集中度，促进规模化、集约化经营，加快发展具有自主知识产权和知名品牌的骨干企业，培养一批具有国际竞争力的大型企业集团，推动产业结构优化升级。

（二）基本原则。

1. 发挥企业的主体作用。充分尊重企业意愿，充分调动企业积极性，通过完善相关行业规划和政策措施，引导和激励企业自愿、自主参与兼并重组。

2. 坚持市场化运作。遵循市场经济规则，充分发挥市场机制的基础性作用，规范行政行为，由企业通过平等协商、依法合规开展兼并重组，防止“拉郎配”。

3. 促进市场有效竞争。统筹协调，分类指导，促进提高产业集中度，促进大中小企业协调发展，促进各种所有制企业公平竞争和优胜劣汰，形成结构合理、竞争有效、规范有序的市场格局。

4. 维护企业与社会和谐稳定。严格执行相关法律法规和规章制度，妥善解决企业兼并重组中资产债务处置、职工安置等问题，依法维护债权人、债务人以及企业职工等利益主体的合法权益，促进企业、社会的和谐稳定。

三、消除企业兼并重组的制度障碍

（一）清理限制跨地区兼并重组的规定。为优化产业布局、进一步破除市场分割和地区封锁，要认真清理废止各种不利于企业兼并重组和妨碍公平竞争的规定，尤其要坚决取消各地区自行出台的限制外地企业对本地企业实施兼并重组的规定。

（二）理顺地区间利益分配关系。在不违背国家有关政策规定的前提下，地区间可根据企业资产规模和盈利能力，签订企业兼并重组后的财税利益分成协议，妥善解决企业兼并重组后工业增加值等统计数据的归属问题，实现企业兼并重组成果共享。

（三）放宽民营资本的市场准入。切实向民营资本开放法律法规未禁入的行业和领域，并放宽在股权比例等方面的限制。加快垄断行业改革，鼓励民营资本通过兼并重组等方式进入垄断行业的竞争性业务领域，支持民营资本进入基础设施、公共事业、金融服务和社会事业相关领域。

四、加强对企业兼并重组的引导和政策扶持

（一）落实税收优惠政策。研究完善支持企业兼并重组的财税政策。对企业兼并重组涉及的资产评估增值、债务重组收益、土地房屋权属转移等给予税收优惠，具体按照财政部、税务总局《关于企业兼并重组业务企业所得税处理若干问题的通知》（财税［2009］59号）、《关于企业改制重组若干契税政策的通知》（财税［2008］175号）等规定执行。

（二）加强财政资金投入。在中央国有资本经营预算中设立专项资金，通过技改贴息、职工安置补助等方式，支持中央企业兼并重组。鼓励地方人民政府通过财政贴息、信贷奖励补助等方式，激励商业银行加大对企业兼并重组的信贷支持力度。有条件的地方可设立企业兼并重组专项资金，支持本地区企业兼并重组，财政资金投入要优先支持重点产业调整和振兴规划确定的企业兼并重组。

（三）加大金融支持力度。商业银行要积极稳妥开展并购贷款业务，扩大贷款规模，合理确定贷款期限。鼓励商业银行对兼并重组后的企业实行综合授信。鼓励证券公司、资产管理公司、股权投资基金以及产业投资基金等参与企业兼并重组，并向企业提供直接投资、委托贷款、过桥贷款等融资支持。积极探索设立专门的并购基金等兼并重组融资新模式，完善股权投资退出机制，吸引社会资金参与企业兼并重组。通过并购贷款、境内外银团贷款、贷款贴息等方式支持企业跨国并购。

（四）支持企业自主创新和技术进步。支持有条件的企业建立企业技术中心，提高研发水平和自主创新能力，加快科技成果向现实生产力转化。大力支持兼并重组企业技术改造和产品结构调整，优先安排技术改造资金，对符合国家产业政策的技术改造项目优先立项。鼓励和引导企业通过兼并重组淘汰落后产能，切实防止以兼并重组为名盲目扩张产能和低水平重复建设。

（五）充分发挥资本市场推动企业重组的作用。进一步推进资本市场企业并购重组的市场化改革，健全市场化定价机制，完善相关规章及配套政策，支持企业利用资本市场开展兼并重组，促进行业整合和产业升级。支持符合条件的企业通过发行股票、债券、可转换债等方式为兼并重组融资。鼓励上市公司以股权、现金及其他金融创新方式作为兼并重组的支付手段，拓宽兼并重组融资渠道，提高资本市场兼并重组效率。

（六）完善相关土地管理政策。兼并重组涉及的划拨土地符合划拨用地条件的，经所在地县级以上人民政府批准可继续以划拨方式使用；不符合划拨用地条件的，依法实行有偿使用，划拨土地使用权价格可依法作为土地使用权人的权益。重点产业调整和振兴规划确定的企业兼并重组项目涉及的原生产经营性划拨土地，经省级以上人民政府国土资源部门批准，可以国家作价出资（入股）方式处置。

（七）妥善解决债权债务和职工安置问题。兼并重组要严格依照有关法律规定和政策妥善分类处置债权债务关系，落实清偿责任，确保债权人、债务人的合法利益。研究债务重组政策措施，支持资产管理公司、创业投资企业、股权投资基金、产业投资基金等机构参与被兼并企业的债务处置。切实落实相关政策规定，积极稳妥解决职工劳动关系、社会保险关系接续、拖欠职工工资等问题。制定完善相关政策措施，继续支持国有企业实施主辅分离、辅业改制和分流安置富余人员。认真落实积极的就业政策，促进下岗失业人员再就业，所需资金从就业专项资金中列支。

（八）深化企业体制改革和管理创新。鼓励兼并重组企业进行公司制、股份制改革，建立健全规范的法人治理结构，转换企业经营机制，创新管理理念、管理机制和管理手段，加强和改善生产经营管理，促进自主创新，提高企业市场竞争力。

五、改进对兼并重组的管理和服务

（一）做好信息咨询服务。加快引进和培养熟悉企业并购业务特别是跨国并购业务的专门人才，建立促进境内外并购活动的公共服务平台，拓宽企业兼并重组信息交流渠道，加强市场信息、战略咨询、法律顾问、财务顾问、资产评估、产权交易、融资中介、独立审计和企业管理等咨询服务，推动企业兼并重组中介服务加快专业化、规范化发展。

（二）加强风险监控。督促企业严格执行兼并重组的有关法律法规和政策，规范操作程序，加强信息披露，防范道德风险，确保兼并重组操作规范、公开、透明。深入研究企业兼并重组中可能出现的各种矛盾和问题，加强风险评估，妥善制定相应的应对预案和措施，切实维护企业、社会和谐稳定。有效防范和打击内幕交易和市场操纵行为，防止恶意收购，防止以企业兼并重组之名甩包袱、偷逃税款、逃废债务，防止国有资产流失。充分发挥境内银行、证券公司等金融机构在跨国并购中的咨询服务作用，指导和帮助企业制定境外并购风险防范和应对方案，保护企业利益。

（三）维护公平竞争和国家安全。完善相关管理办法，加强和完善对重大的企业兼并重组交易的管理，对达到经营者集中法定申报标准的企业兼并重组，依法进行经营者集中审查。进一步完善外资并购管理规定，建立健全外资并购国内企业国家安全审查制度，鼓励和规范外资以参股、并购方式参与国内企业改组改造和兼并重组，维护国家安全。

六、加强对企业兼并重组工作的领导

建立健全组织协调机制，加强对企业兼并重组工作的领导。由工业和信息化部牵头，发展改革委、财政部、人力资源社会保障部、国土资源部、商务部、人民银行、国资委、税务总局、工商总局、银监会、证监会等部门参加，成立企业兼并重组工作协调小组，统筹协调企业兼并重组工作，研究解决推进企业兼并重组工作中的重大问题，细化有关政策和配套措施，落实重点产业调整和振兴规划的相关要求，协调有关地区和企业做好组织实施。各地区要努力营造企业跨地区、跨行业、跨所有制兼并重组的良好环境，指导督促企业切实做好兼并重组有关工作。

国务院
二〇一〇年八月二十八日

国务院关于加快培育和发展战略性新兴产业的决定

国发［2010］32号 2010年10月10日

各省、自治区、直辖市人民政府，国务院各部委、各直属机构：

战略性新兴产业是引导未来经济社会发展的重要力量。发展战略性新兴产业已成为世界主要国家抢占新一轮经济和科技发展制高点的重大战略。我国正处在全面建设小康社会的关键时期，必须按照科学发展观的要求，抓住机遇，明确方向，突出重点，加快培育和发展战略性新兴产业。现作出如下决定：

一、抓住机遇，加快培育和发展战略性新兴产业

战略性新兴产业是以重大技术突破和重大发展需求为基础，对经济社会全局和长远发展具有重大引领带动作用，知识技术密集、物质资源消耗少、成长潜力大、综合效益好的产业。加快培育和发展战略性新兴产业对推进我国现代化建设具有重要战略意义。

（一）加快培育和发展战略性新兴产业是全面建设小康社会、实现可持续发展的必然选择。我国人口众多、人均资源少、生态环境脆弱，又处在工业化、城镇化快速发展时期，面临改善民生的艰巨任务和资源环境的巨大压力。要全面建设小康社会、实现可持续发展，必须大力发展战略性新兴产业，加快形成新的经济增长点，创造更多的就业岗位，更好地满足人民群众日益增长的物质文化需求，促进资源节约型和环境友好型社会建设。

（二）加快培育和发展战略性新兴产业是推进产业结构升级、加快经济发展方式转变的重大举措。战略性新兴产业以创新为主要驱动力，辐射带动力强，加快培育和发展战略性新兴产业，有利于加快经济发展方式转变，有利于提升产业层次、推动传统产业升级、高起点建设现代产业体系，体现了调整优化产业结构的根本要求。

（三）加快培育和发展战略性新兴产业是构建国际竞争新优势、掌握发展主动权的迫切需要。当前，全球经济竞争格局正在发生深刻变革，科技发展正孕育着新的革命性突破，世界主要国家纷纷加快部署，推动节能环保、新能源、信息、生物等新兴产业快速发展。我国要在未来国际竞争中占据有利地位，必须加快培育和发展战略性新兴产业，掌握关键核心技术及相关知识产权，增强自主发展能力。

加快培育和发展战略性新兴产业具备诸多有利条件，也面临严峻挑战。经过改革开放30多年的快速发展，我国综合国力明显增强，科技水平不断提高，建立了较为完备的产业体系，特别是高技术产业快速发展，规模跻身世界前列，为战略性新兴产业加快发展奠定了较好的基础。同时，也面临着企业技术创新能力不强，掌握的关键核心技术少，有利于新技术新产品进入市场的政策法规体系不健全，支持创新创业的投融资和财税政策、体制机制不完善等突出问题。必须充分认识加快培育和发展战略性新兴产业的重大意义，进一步增强紧迫感和责任感，抓住历史机遇，加大工作力度，加快培育和发展战略性新兴产业。

二、坚持创新发展，将战略性新兴产业加快培育成为先导产业和支柱产业

根据战略性新兴产业的特征，立足我国国情和科技、产业基础，现阶段重点培育和发展节能环保、新一代信息技术、生物、高端装备制造、新能源、新材料、新能源汽车等产业。

（一）指导思想。

以邓小平理论和“三个代表”重要思想为指导，深入贯彻落实科学发展观，把握世界新科技革命和产业革命的历史机遇，面向经济社会发展的重大需求，把加快培育和发展战略性新兴产业放在推进产业结构升级和经济发展方式转变的突出位置。积极探索战略性新兴产业发展规律，发挥企业主体作用，加大政策扶持力度，深化体制机制改革，着力营造良好环境，强化科技创新成果产业化，抢占经济和科技竞争制高点，推动战略性新兴产业快速健康发展，为促进经济社会可持续发展作出贡献。

（二）基本原则。

坚持充分发挥市场的基础性作用与政府引导推动相结合。要充分发挥我国市场需求巨大的优势，创新和转变消费模式，营造良好的市场环境，调动企业主体的积极性，推进产学研用结合。同时，对关系经济社会发展全局的重要领域和关键环节，要发挥政府的规划引导、政策激励和组织协调作用。

坚持科技创新与实现产业化相结合。要切实完善体制机制，大幅度提升自主创新能力，着力推进原始创新，大力增强集成创新和联合攻关，积极参与国际分工合作，加强引进消化吸收再创新，充分利用全球创新资源，突破一批关键核心技术，掌握相关知识产权。同时，要加大政策支持和协调指导力度，造就并充分发挥高素质人才队伍的作用，加速创新成果转化，促进产业化进程。

坚持整体推进与重点领域跨越发展相结合。要对发展战略性新兴产业进行统筹规划、系统布局，明确发展时序，促进协调发展。同时，要选择最有基础和条件的领域作为突破口，重点推进。大力培育产业集群，促进优势区域率先发展。

坚持提升国民经济长远竞争力与支撑当前发展相结合。要着眼长远，把握科技和产业发展新方向，对重大前沿性领域及早部署，积极培育先导产业。同时，要立足当前，推进对缓解经济社会发展瓶颈制约具有重大作用的相关产业较快发展，推动高技术产业健康发展，带动传统产业转型升级，加快形成支柱产业。

（三）发展目标。

到2015年，战略性新兴产业形成健康发展、协调推进的基本格局，对产业结构升级的推动作用显著增强，增加值占国内生产总值的比重力争达到8%左右。

到2020年，战略性新兴产业增加值占国内生产总值的比重力争达到15%左右，吸纳、带动就业能力显著提高。节能环保、新一代信息技术、生物、高端装备制造产业成为国民经济的支柱产业，新能源、新材料、新能源汽车产业成为国民经济的先导产业；创新能力大幅提升，掌握一批关键核心技术，在局部领域达到世界领先水平；形成一批具有国际影响力的大企业和一批创新活力旺盛的中小企业；建成一批产业链完善、创新能力强、特色鲜明的战略性新兴产业集聚区。

再经过十年左右的努力，战略性新兴产业的整体创新能力和产业发展水平达到世界先进水平，为经济社会可持续发展提供强有力的支撑。

三、立足国情，努力实现重点领域快速健康发展

根据战略性新兴产业的发展阶段和特点，要进一步明确发展的重点方向和主要任务，统筹部署，集中力量，加快推进。

（一）节能环保产业。重点开发推广高效节能技术装备及产品，实现重点领域关键技术突破，带动能效整体水平的提高。加快资源循环利用关键共性技术研发和产业化示范，提高资源综合利用水平和再制造产业化水平。示范推广先进环保技术装备及产品，提升污染防治水平。推进市场

化节能环保服务体系建设。加快建立以先进技术为支撑的废旧商品回收利用体系，积极推进煤炭清洁利用、海水综合利用。

（二）新一代信息技术产业。加快建设宽带、泛在、融合、安全的信息网络基础设施，推动新一代移动通信、下一代互联网核心设备和智能终端的研发及产业化，加快推进三网融合，促进物联网、云计算的研发和示范应用。着力发展集成电路、新型显示、高端软件、高端服务器等核心基础产业。提升软件服务、网络增值服务等信息服务能力，加快重要基础设施智能化改造。大力发展数字虚拟等技术，促进文化创意产业发展。

（三）生物产业。大力发展用于重大疾病防治的生物技术药物、新型疫苗和诊断试剂、化学药物、现代中药等创新药物大品种，提升生物医药产业水平。加快先进医疗设备、医用材料等生物医学工程产品的研发和产业化，促进规模化发展。着力培育生物育种产业，积极推广绿色农用生物产品，促进生物农业加快发展。推进生物制造关键技术开发、示范与应用。加快海洋生物技术及产品的研发和产业化。

（四）高端装备制造产业。重点发展以干支线飞机和通用飞机为主的航空装备，做大做强航空产业。积极推进空间基础设施建设，促进卫星及其应用产业发展。依托客运专线和城市轨道交通等重点工程建设，大力发展轨道交通装备。面向海洋资源开发，大力发展海洋工程装备。强化基础配套能力，积极发展以数字化、柔性化及系统集成技术为核心的智能制造装备。

（五）新能源产业。积极研发新一代核能技术和先进反应堆，发展核能产业。加快太阳能热利用技术推广应用，开拓多元化的太阳能光伏光热发电市场。提高风电技术装备水平，有序推进风电规模化发展，加快适应新能源发展的智能电网及运行体系建设。因地制宜开发利用生物质能。

（六）新材料产业。大力发展稀土功能材料、高性能膜材料、特种玻璃、功能陶瓷、半导体照明材料等新型功能材料。积极发展高品质特殊钢、新型合金材料、工程塑料等先进结构材料。提升碳纤维、芳纶、超高分子量聚乙烯纤维等高性能纤维及其复合材料发展水平。开展纳米、超导、智能等共性基础材料研究。

（七）新能源汽车产业。着力突破动力电池、驱动电机和电子控制领域关键核心技术，推进插电式混合动力汽车、纯电动汽车推广应用和产业化。同时，开展燃料电池汽车相关前沿技术研发，大力推进高能效、低排放节能汽车发展。

四、强化科技创新，提升产业核心竞争力

增强自主创新能力是培育和发展战略性新兴产业的中心环节，必须完善以企业为主体、市场为导向、产学研相结合的技术创新体系，发挥国家科技重大专项的核心引领作用，结合实施产业发展规划，突破关键核心技术，加强创新成果产业化，提升产业核心竞争力。

（一）加强产业关键核心技术和前沿技术研究。围绕经济社会发展重大需求，结合国家科技计划、知识创新工程和自然科学基金项目等的实施，集中力量突破一批支撑战略性新兴产业发展的关键共性技术。在生物、信息、空天、海洋、地球深部等基础性、前沿性技术领域超前部署，加强交叉领域的技术和产品研发，提高基础技术研究水平。

（二）强化企业技术创新能力建设。加大企业研究开发的投入力度，对面向应用、具有明确市场前景的政府科技计划项目，建立由骨干企业牵头组织、科研机构和高校共同参与实施的有效机制。依托骨干企业，围绕关键核心技术的研发和系统集成，支持建设若干具有世界先进水平的工程化平台，结合技术创新工程的实施，发展一批由企业主导，科研机构、高校积极参与的产业技术创新联盟。加强财税政策引导，激励企业增加研发投入。加强产业集聚区公共技术服务平台建设，促进中小企业创新发展。

（三）加快落实人才强国战略和知识产权战略。建立科研机构、高校创新人才向企业流动的机制，加大高技能人才队伍建设力度。加快完善期权、技术入股、股权、分红权等多种形式的激励机制，鼓励科研机构和高校科技人员积极从事职务发明创造。加大工作力度，吸引全球优秀人才来华创新创业。发挥研究型大学的支撑和引领作用，加强战略性新兴产业相关专业学科建设，增加急需的专业学位类别。改革人才培养模式，制定鼓励企业参与人才培养的政策，建立企校联合培养人才的新机制，促进创新型、应用型、复合型和技能型人才的培养。支持知识产权的创造和运用，强化知识产权的保护和管理，鼓励企业建立专利联盟。完善高校和科研机构知识产权转移转化的利益保障和实现机制，建立高效的知识产权评估交易机制。加大对具有重大社会效益创新成果的奖励力度。

（四）实施重大产业创新发展工程。以加速产业规模化发展为目标，选择具有引领带动作用，并能够实现突破的重点方向，依托优势企业，统筹技术开发、工程化、标准制定、市场应用等环节，组织实施若干重大产业创新发展工程，推动要素整合和技术集成，努力实现重大突破。

（五）建设产业创新支撑体系。发挥知识密集型服务业支撑作用，大力发展研发服务、信息服务、创业服务、技术交易、知识产权和科技成果转化等高技术服务业，着力培育新业态。积极发展人力资源服务、投资和管理咨询等商务服务业，加快发展现代物流和环境服务业。

（六）推进重大科技成果产业化和产业集聚发展。完善科技成果产业化机制，加大实施产业化示范工程力度，积极推进重大装备应用，建立健全科研机构、高校的创新成果发布制度和技术转移机构，促进技术转移和扩散，加速科技成果转化为现实生产力。依托具有优势的产业集聚区，培育一批创新能力强、创业环境好、特色突出、集聚发展的战略性新兴产业示范基地，形成增长极，辐射带动区域经济发展。

五、积极培育市场，营造良好市场环境

要充分发挥市场的基础性作用，充分调动企业积极性，加强基础设施建设，积极培育市场，规范市场秩序，为各类企业健康发展创造公平、良好的环境。

（一）组织实施重大应用示范工程。坚持以应用促发展，围绕提高人民群众健康水平、缓解环境资源制约等紧迫需求，选择处于产业化初期、社会效益显著、市场机制难以有效发挥作用的重大技术和产品，统筹衔接现有试验示范工程，组织实施全民健康、绿色发展、智能制造、材料换代、信息惠民等重大应用示范工程，引导消费模式转变，培育市场，拉动产业发展。

（二）支持市场拓展和商业模式创新。鼓励绿色消费、循环消费、信息消费，创新消费模式，促进消费结构升级。扩大终端用能产品能效标识实施范围。加强新能源并网及储能、支线航空与通用航空、新能源汽车等领域的市场配套基础设施建设。在物联网、节能环保服务、新能源应用、信息服务、新能源汽车推广等领域，支持企业大力发展有利于扩大市场需求的专业服务、增值服务等新业态。积极推行合同能源管理、现代废旧商品回收利用等新型商业模式。

（三）完善标准体系和市场准入制度。加快建立有利于战略性新兴产业发展的行业标准和重要产品技术标准体系，优化市场准入的审批管理程序。进一步健全药品注册管理的体制机制，完善药品集中采购制度，支持临床必需、疗效确切、安全性高、价格合理的创新药物优先进入医保目录。完善新能源汽车的项目和产品准入标准。改善转基因农产品的管理。完善并严格执行节能环保法规标准。

六、深化国际合作，提高国际化发展水平

要通过深化国际合作，尽快掌握关键核心技术，提升我国自主发展能力与核心竞争力。把握经济全球化的新特点，深度开展国际合作与交流，积极探索合作新模式，在更高层次上参与国际合作。

（一）大力推进国际科技合作与交流。发挥各种合作机制的作用，多层次、多渠道、多方式推进国际科技合作与交流。鼓励境外企业和科研机构在我国设立研发机构，支持符合条件的外商投资企业与内资企业、研究机构合作申请国家科研项目。支持我国企业和研发机构积极开展全球研发服务外包，在境外开展联合研发和设立研发机构，在国外申请专利。鼓励我国企业和研发机构参与国际标准的制定，鼓励外商投资企业参与我国技术示范应用项目，共同形成国际标准。

（二）切实提高国际投融资合作的质量和水平。完善外商投资产业指导目录，鼓励外商设立创业投资企业，引导外资投向战略性新兴产业。支持有条件的企业开展境外投资，在境外以发行股票和债券等多种方式融资。扩大企业境外投资自主权，改进审批程序，进一步加大对企业境外投资的外汇支持。积极探索在海外建设科技和产业园区。制定国别产业导向目录，为企业开展跨国投资提供指导。

（三）大力支持企业跨国经营。完善出口信贷、保险等政策，结合对外援助等积极支持战略性新兴产业领域的重点产品、技术和服务开拓国际市场，以及自主知识产权技术标准在海外推广应用。支持企业通过境外注册商标、境外收购等方式，培育国际化品牌。加强企业和产品国际认证合作。

七、加大财税金融政策扶持力度，引导和鼓励社会投入

加快培育和发展战略性新兴产业，必须健全财税金融政策支持体系，加大扶持力度，引导和鼓励社会资金投入。

（一）加大财政支持力度。在整合现有政策资源和资金渠道的基础上，设立战略性新兴产业发展专项资金，建立稳定的财政投入增长机制，增加中央财政投入，创新支持方式，着力支持重大关键技术研发、重大产业创新发展工程、重大创新成果产业化、重大应用示范工程、创新能力建设等。加大政府引导和支持力度，加快高效节能产品、环境标志产品和资源循环利用产品等推广应用。加强财政政策绩效考评，创新财政资金管理机制，提高资金使用效率。

（二）完善税收激励政策。在全面落实现行各项促进科技投入和科技成果转化、支持高技术产业发展等方面的税收政策的基础上，结合税制改革方向和税种特征，针对战略性新兴产业的特点，研究完善鼓励创新、引导投资和消费的税收支持政策。

（三）鼓励金融机构加大信贷支持。引导金融机构建立适应战略性新兴产业特点的信贷管理和贷款评审制度。积极推进知识产权质押融资、产业链融资等金融产品创新。加快建立包括财政出资和社会资金投入在内的多层次担保体系。积极发展中小金融机构和新型金融服务。综合运用风险补偿等财政优惠政策，促进金融机构加大支持战略性新兴产业发展的力度。

（四）积极发挥多层次资本市场的融资功能。进一步完善创业板市场制度，支持符合条件的企业上市融资。推进场外证券交易市场的建设，满足处于不同发展阶段创业企业的需求。完善不同层次市场之间的转板机制，逐步实现各层次市场间有机衔接。大力发展债券市场，扩大中小企业集合债券和集合票据发行规模，积极探索开发低信用等级高收益债券和私募可转债等金融产品，稳步推进企业债券、公司债券、短期融资券和中期票据发展，拓宽企业债务融资渠道。

（五）大力发展创业投资和股权投资基金。建立和完善促进创业投资和股权投资行业健康发

展的配套政策体系与监管体系。在风险可控的范围内为保险公司、社保基金、企业年金管理机构和其他机构投资者参与新兴产业创业投资和股权投资基金创造条件。发挥政府新兴产业创业投资资金的引导作用，扩大政府新兴产业创业投资规模，充分运用市场机制，带动社会资金投向战略性新兴产业中处于创业早中期阶段的创新型企业。鼓励民间资本投资战略性新兴产业。

八、推进体制机制创新，加强组织领导

加快培育和发展战略性新兴产业是我国新时期经济社会发展的重大战略任务，必须大力推进改革创新，加强组织领导和统筹协调，为战略性新兴产业发展提供动力和条件。

（一）深化重点领域改革。建立健全创新药物、新能源、资源性产品价格形成机制和税费调节机制。实施新能源配额制，落实新能源发电全额保障性收购制度。加快建立生产者责任延伸制度，建立和完善主要污染物和碳排放交易制度。建立促进三网融合高效有序开展的政策和机制，深化电力体制改革，加快推进空域管理体制改革。

（二）加强宏观规划引导。组织编制国家战略性新兴产业发展规划和相关专项规划，制定战略性新兴产业发展指导目录，开展战略性新兴产业统计监测调查，加强与相关规划和政策的衔接。加强对各地发展战略性新兴产业的引导，优化区域布局、发挥比较优势，形成各具特色、优势互补、结构合理的战略性新兴产业协调发展格局。各地区要根据国家总体部署，从当地实际出发，突出发展重点，避免盲目发展和重复建设。

（三）加强组织协调。成立由发展改革委牵头的战略性新兴产业发展部际协调机制，形成合力，统筹推进。

国务院各有关部门、各省（区、市）人民政府要根据本决定的要求，抓紧制定实施方案和具体落实措施，加大支持力度，加快将战略性新兴产业培育成为先导产业和支柱产业，为我国现代化建设作出新的贡献。

国务院

二〇一〇年十月十日

关于豁免国有创投机构和国有创投引导基金国有股转持义务有关问题的通知

财企[2010]278号 2010年10月13日

国务院有关部委，有关直属机构，各省、自治区、直辖市、计划单列市财政厅（局）、国资委（局），中国证券登记结算有限责任公司，有关国有创业投资机构、国有创业投资引导基金：

《财政部国资委证监会社保基金会关于印发〈境内证券市场转持部分国有股充实全国社会保障基金实施办法〉的通知》（财企［2009］94号）规定，股权分置改革新老划断后，凡在境内证券市场首次公开发行股票并上市的含国有股的股份有限公司，除国务院另有规定的，均须按首次公开发行时实际发行股份数量的10%，将股份有限公司部分国有股转由社保基金会持有，国有股东持股数量少于应转持股份数量的，按实际持股数量转持。

为进一步提高国有资本从事创业投资的积极性，鼓励和引导国有创业投资机构加大对中早期项目的投资，促进我国创业投资事业的发展和科技创新目标的实现，经国务院批准，符合条件的国有创业投资机构和国有创业投资引导基金，投资于未上市中小企业形成的国有股，可申请豁免国有股转持义务。现将有关事项通知如下：

一、资质条件

（一）豁免国有股转持义务的国有创业投资机构应当符合下列条件：

1.经营范围符合《创业投资企业管理暂行办法》（发展改革委等10部门令第39号，以下简称《办法》）规定，且工商登记名称中注有“创业投资”字样。在2005年11月15日《办法》发布前完成工商登记的，可保留原有工商登记名称，但经营范围须符合《办法》规定。

2.遵照《办法》规定的条件和程序完成备案，经备案管理部门年度检查核实，投资运作符合《办法》有关规定。

（二）豁免国有股转持义务的国有创业投资引导基金应当为按照《关于创业投资引导基金规范设立与运作的指导意见》（国办发［2008］116号）规定，规范设立并运作的国有创业投资引导基金。

（三）本通知所称未上市中小企业，应当同时符合下列条件：

1.职工人数不超过500人。

2.年销售（营业额）不超过2亿元。

3.资产总额不超过2亿元。

上述条件按照国有创业投资机构和国有创业投资引导基金初始投资行为发生时被投资企业的规模确定。

二、申报资料

国有创业投资机构或国有创业投资引导基金申请豁免国有股转持义务，应当提供以下资料：

（一）申请报告。

（二）国有创业投资机构按照《创业投资企业管理暂行办法》完成备案及年检的证明文件，国有创业投资引导基金按照《关于创业投资引导基金规范设立与运作的指导意见》规范设立并运作的具体说明。

（三）经会计师事务所审计的被投资企业在国有创业投资机构或国有创业投资引导基金初始投资发生时上一年度的会计报表。

（四）由被投资企业所在地劳动和社会保障部门出具的被投资企业在国有创业投资机构或国有创业投资引导基金初始投资发生时上一年度末职工人数的证明。

（五）其他说明材料。

三、办理程序

被投资企业拟首次公开发行股票并上市前，符合条件的国有创业投资机构或国有创业投资引导基金直接向财政部提出豁免国有股转持义务申请。财政部经审核后出具豁免国有股转持义务的批复文件，并抄送国资委、证监会、社保基金会和相关省（自治区、直辖市、计划单列市）国有资产监督管理机构、财政部门。若被投资企业有其他国有股东，需省级或省级以上国有资产管理机构出具国有股转持批复的，已豁免国有股转持额度在应转持总额度中扣除。

已按《境内证券市场转持部分国有股充实全国社会保障基金实施办法》实施国有股转持的，符合条件的国有创业投资机构或国有创业投资引导基金直接向财政部提出国有股回拨申请。财政部会同社保基金会复核后向中国证券登记结算有限责任公司（以下简称中国结算公司）下达国有股回拨通知，并抄送国资委、证监会、社保基金会和相关省（自治区、直辖市、计划单列市）国有资产监督管理机构、财政部门。中国结算公司在收到国有股回拨通知后15个工作日内，将已转持国有股，由社保基金会转持股票账户变更登记到国有创业投资机构或国有创业投资引导基金开设的股票账户。

财政部 国资委 证监会 社保基金会

二〇一〇年十月十三日

国家外汇管理局关于加强外汇业务管理有关问题的通知

汇发[2010]59号　2010年11月9日

国家外汇管理局各省、自治区、直辖市分局、外汇管理部，深圳、大连、青岛、厦门、宁波市分局；各中资外汇指定银行：

为防范跨境资本流动带来的金融风险，现就加强有关外汇业务管理问题通知如下：

一、加强银行结售汇综合头寸管理。在现有银行结售汇综合头寸限额管理基础上，对银行按照收付实现制原则计算的头寸余额实行下限管理，下限为各行2010年11月8日《结售汇综合头寸日报表》中“当日收付实现制头寸”。

二、严格出口收结汇联网核查管理。取消“企业因出口数据传输时滞原因导致可收汇余额暂时不足时，银行可凭企业承诺说明函先行为企业办理待核查账户资金结汇或划转”的规定，银行需根据企业可收汇余额办理额度内待核查账户资金结汇或划转。将来料加工收汇比例统一由30%调整为20%，对于来料加工贸易项下单笔出口货物报关单实际收汇比例高于20%的，银行应按照现行来料加工超比例收汇相关规定办理。

三、严格金融机构短期外债指标和对外担保余额管理。银行为客户开立远期信用证后，再为该笔付款业务叙作海外代付的，如两者期限合计超过90天，则海外代付项下金额应纳入短期外债余额指标控制。外汇局通过交叉比对监管数据和银行内部业务数据，监测预警银行违规借用短期外债与提供融资性对外担保等情况，严格控制银行超指标经营行为。

四、加强对外商投资企业境外投资者出资的管理。若实际缴款人与外商投资企业的境外投资者不一致，外商投资企业委托会计师事务所向外汇局验资询证时，须提交经公证的相关代为出资证明。

五、按照支付结汇制的要求，加强境外上市募集资金调回结汇的真实性审核。真实性证明材料参照外商投资企业外汇资本金结汇的相关外汇管理规定执行。结汇需符合招股说明书所列用途，对于超募部分或超出招股说明书用途的部分，另需提交与其结汇用途相关的董事会决议。应当结汇支付给交易对方的，不得结汇留存于自身人民币账户。

六、加强对境内机构和个人设立境外特殊目的公司的管理，对违规企业和个人进行处罚。

七、严格依法对违规银行进行处罚。银行要依法加强对客户交易真实性与外汇收支一致性的审核。对违反外汇管理规定导致违规资金流入的银行，外汇局将依法予以罚款、停止经营相关业务、通报批评等处罚，并追究负有直接责任的高级管理人员相关责任。

本通知自发布之日起实施。各分局、外汇管理部收到本通知后，应尽快转发辖内中心支局、支局和辖内银行。各中资外汇指定银行收到本通知后，应尽快转发其分支机构。执行中如遇问题，请及时向国家外汇管理局反馈。

科技型中小企业创业投资引导基金股权投资收入收缴暂行办法

财企［2010］361号　2010年12月9日

第一条　为规范科技型中小企业创业投资引导基金（以下简称引导基金）股权投资收入的收缴工作，根据《中华人民共和国预算法》、《财政部 科技部关于印发〈科技型中小企业创业投资引导基金管理暂行办法〉的通知》（财企［2007］128号）及有关财政管理制度，制定本办法。

第二条　本办法适用于引导基金通过阶段参股方式投资于创业投资企业，以及通过跟进投资方式投资于科技型中小企业所产生的各项收入的收缴管理工作。

第三条　引导基金股权投资收入包括：引导基金股权退出应收回的原始投资及应取得的收益；引导基金通过跟进投资方式投资，在持有股权期间应取得的收益；被投资企业清算时，引导基金应取得的剩余财产清偿收入。

第四条　引导基金股权投资收入上缴中央国库，纳入中央一般预算管理，列《政府收支分类科目》103类“非税收入”06款“国有资本经营收入”下一般预算收入相关科目。其中：

（一）引导基金股权退出应收回的原始投资及应取得的收益，列“产权转让收入”下“其他产权转让收入”（预算科目编码：103060399）。

（二）引导基金通过跟进投资方式投资，在持有股权期间应取得的收益，列“股利、股息收入”下“其他股利、股息收入”（预算科目编码：103060299）。

（三）被投资企业清算时，引导基金应取得的剩余财产清偿收入，列“其他国有资本经营收入”（预算科目编码：1030699）。

第五条　财政部是引导基金股权投资收入收缴管理职能部门，对引导基金股权投资收入收缴情况进行监督检查。

第六条　科技部负责对所属执收单位及引导基金股权投资收入收缴工作实施管理和监督。

第七条　科技部科技型中小企业技术创新基金管理中心（以下简称创新基金管理中心）作为执收单位，负责引导基金股权投资收入的收缴管理工作。

第八条　引导基金股权投资收入上缴金额分别依据以下内容确定：

（一）引导基金股权退出应收回的原始投资，按照财政部、科技部有关引导基金立项、拨款文件及引导基金投资企业收到中央财政引导基金拨款收入凭证等确定。

（二）引导基金股权退出应取得的收益，按照引导基金投资企业收到中央财政引导基金拨款收入凭证及引导基金股权转让协议等确定。

（三）引导基金通过跟进投资方式投资，在持有股权期间应取得的收益，按照引导基金投资企业经会计师事务所审计的会计报表、股东会利润分配决议等确定。

（四）引导基金取得的剩余财产清偿收入，根据有关法律程序确定。

第九条　引导基金股权投资收入按以下程序上缴：

（一）创新基金管理中心在监督检查引导基金项目实施情况的基础上，与引导基金投资企业、引导基金股权受让方（或受托管理单位）等商议股权投资退出、收益分配及清算等事宜，并对引导基金投资企业项目实施情况专项审计报告、受让引导基金股权申请以及确认收入所依据的相关资料等进行审核。

（二）创新基金管理中心根据商议及审核结果，提出引导基金股权退出及收入收缴实施方案报科技部、财政部审定。

（三）创新基金管理中心根据科技部、财政部审定意见，办理股权转让、收入收缴等手续，向有关缴款单位发送缴款通知。收取时，使用《非税收入一般缴款书》，并加强对引导基金股权投资收入上缴的监督管理，确保收入按照有关规定及时、足额上缴。

（四）引导基金有关缴款单位在收到缴款通知后的30个工作日内，直接将应缴的引导基金股权投资收入，缴入财政部为创新基金管理中心开设的中央财政汇缴专户。

第十条　创新基金管理中心定期向科技部和财政部报告引导基金股权投资收入上缴情况，财政部、科技部不定期组织开展对引导基金股权投资收入上缴情况进行检查。

第十一条　任何单位、个人不得隐瞒、滞留、截留、挤占、挪用引导基金股权投资收入，一经查实，除收回有关资金外，将按照《财政违法行为处罚处分条例》（国务院令第427号）的相关规定进行处理。

第十二条　本办法由财政部会同科技部负责解释。

第十三条　本办法自印发之日起施行。

地方政策性文件

北京市

关于印发《在京设立外商投资股权投资基金管理企业暂行办法》的通知

京金融[2009]163号 2009年12月22日

各相关单位：

为支持首都股权投资基金业发展，鼓励外国投资者在北京设立外商投资的股权投资基金管理企业，促进首都经济又好又快发展，我们研究制定了《在京设立外商投资股权投资基金管理企业暂行办法》，并报经市政府批准，现印发给你们，请认真贯彻执行。

北京市金融工作局
北京市商务委员会
北京市工商行政管理局
北京市发展和改革委员会
二〇〇九年十二月二十二日

在京设立外商投资股权投资基金管理企业暂行办法

第一条 为促进首都股权投资基金业发展，鼓励外国投资者在北京设立外商投资的股权投资基金管理企业，根据《国务院关于同意支持中关村科技园区建设国家自主创新示范区的批复》(国函［2009]28号)、《中共北京市委北京市人民政府关于促进首都金融业发展的意见》京发［2009]8号)、《北京市人民政府关于金融促进首都经济发展的意见》(京政发［2009]7号）和《关于促进股权投资基金业发展的意见》(京金融办［2009]5号)，制定本办法。

第二条 本办法在中关村国家自主创新示范区试行。

第三条 外国公司、企业和其他经济组织或者自然人可以同中国的公司、企业、其他经济组织以中外合资形式依法设立股权投资基金管理企业，也可以外商独资形式依法设立股权投资基金管理企业。

第四条 设立外商投资的股权投资基金管理企业应当具备下列条件：

（一）外商投资的股权投资基金管理企业应以有限责任公司形式设立，允许公司名称中使用“基金管理”字样。

（二）外商投资的股权投资基金管理企业注册资本应不低于200万美元。投资者应按照国家相关法律法规缴纳注册资本。

（三）外商投资的股权投资基金管理企业应有2名以上同时具备以下条件的高管人员：

1. 两年以上股权投资基金管理运作经验或相关业务经验；

2. 在最近5年内没有违规记录或尚在处理的经济纠纷诉讼案件，且个人信用记录良好。

上述任职条件应由本市股权投资基金业行业自律组织证明。

第五条　外商投资的股权投资基金管理企业经营范围为“接受其他股权投资基金委托，从事非证券类的股权投资管理、咨询”，不得从事其他经营活动。

已经设立的外商投资企业符合条件的可以变更为外商投资的股权投资基金管理企业。已经设立的外商投资企业变更为外商投资的股权投资基金管理企业的，除符合第四条规定的条件外，近五年应无违法违规记录或者尚在处理的经济纠纷案件。

第六条　市商务委、市工商局、市金融局、市发展改革委负责对外商投资的股权投资基金管理企业的设立或变更进行审批、登记及监督管理，建立外商投资的股权投资基金管理企业工商注册登记会商机制，为外商投资的股权投资基金管理企业提供高效便捷的服务。

第七条　对在北京注册和办理税务登记的外商投资的股权投资基金管理企业及其发起、设立的股权投资基金，按照《关于促进股权投资基金业发展的意见》（京金融办［2009］5号）中相关规定，给予政策支持。

第八条　符合国家及本市产业政策、具有行业公认的优秀管理团队、符合北京市股权投资发展基金支持方向的外商投资的股权投资基金管理企业，可由北京股权投资发展基金给予资金支持。

第九条　在国家政策允许的情况下，可在北京市设立合伙或者其他非公司制形式的外商投资的股权投资基金管理企业。

第十条　香港、澳门、台湾地区的公司、企业和其他经济组织或者自然人在北京设立股权投资基金管理企业的，参照本办法执行。

第十一条　其他事宜依照国家及北京市现有外商投资有关规定执行。

第十二条　本办法自2010年1月1日起实施，试行期3年。

海淀区重点产业化项目股权投资实施办法

海行规发[2010]1号　2010年6月4日

2010年6月4日海行规发［2010］1号发布，根据2010年6月21日《海淀区人民政府关于修改<海淀区重点产业化项目股权投资实施办法>的通知》修订。

第一章　总　则

第一条　为贯彻落实科学发展观，加快建设中关村国家自主创新示范区核心区，改进财政资金使用模式，推进重大自主创新成果产业化，支持重点产业发展，实现"四个一批"的发展目标，参照《中关村国家自主创新示范区重大科技成果转化和产业化股权投资暂行办法》(京科发[2009]574号)，在支持自主创新核心区企业发展专项资金中安排一定比例的资金（以下简称股权投资专项资金)，并争取北京市财政配套支持资金，以股权投资的形式支持海淀区重大自主创新成果产业化项目，推进其产业化进程，特制定本办法。

第二章　资金来源与使用原则

第二条　资金来源。

（一）股权投资专项资金主要来源于支持自主创新核心区企业发展专项资金，一期安排资金规模3亿元，分三年拨付，每年安排1亿元，3年后视投资效果调整资金规模。

（二）股权投资专项资金形成的股权退出后的本金及收益。

（三）争取北京市财政配套支持资金。

第三条　资金使用原则。

（一）支持重点产业化项目。股权投资专项资金将重点支持区域科技型中小企业重大自主创新成果产业化项目以及其他符合核心区产业发展导向的重点产业化项目。

（二）不以盈利为目的。股权投资专项资金采用市场化运作方式，以产业促进为主要任务，不以盈利为目的，重点在于激励企业推进重大自主创新成果产业化，并根据被投资企业发展需要适时保本退出。

第三章　投资管理

第四条　股权投资专项资金决策机构为海淀区建设中关村国家自主创新示范区核心区领导小组（以下简称"建设核心区领导小组")，负责股权投资专项资金投资决策、拨付资金安排及其他重大事项决策。

第五条　由海淀园管委会、区财政局、区科委、区发展改革委、区国资委、区投促局、区金融办、区审计局等区政府相关部门组成专项工作组，不定期召开股权投资专项资金投资联席会，对项目投资方案进行评审。

第六条　股权投资专项资金的业务主管单位为海淀园管委会。

第七条　专项工作组委托专业投资管理机构管理股权投资专项资金，并由海淀园管委会与专业投资管理机构签订委托协议，受托投资管理机构以投资额为限依法对外代出资人行使权利并承担相应责任。受托投资管理机构需定期向海淀园管委会、区财政局报送股权投资专项资金投资进展情况，包括投资计划与运行情况、被投资企业项目进展情况、投资绩效评价以及委托协议约定的其他事项等。上述委托不得转委托。

第八条　按照实际投资资金规模的一定比例向受托投资管理机构支付管理费，管理费经建设核心区领导小组审核同意后，在股权投资专项资金中列支。

第四章　投资流程

第九条　海淀园管委会发布《海淀区重点产业化项目股权投资专项资金申报指南》，企业按要求递交申报材料。

第十条　海淀园管委会对申报项目进行筛选后，交由受托投资管理机构进行评估，提出初步立项项目。项目须符合以下基本条件：

（一）符合海淀区重点支持的产业发展方向。

（二）具有一定的国家战略性意义和良好的社会效益。

（三）项目承担单位掌握核心技术，具有自主知识产权，且知识产权权属清晰。

（四）项目承担单位为公司制法人，在资产规模、资金能力、科技力量、产业基础和市场能力、国际化发展等方面具备较好基础。

（五）项目承担单位具有健全的法人治理结构、完善的管理制度；项目管理团队具有较高的技术和管理水平，核心管理人员稳定性高。

（六）项目承担单位需在海淀区办理工商注册和税务登记，且承诺在获得股权投资后不迁出海淀区。

（七）股权投资专项资金优先支持海淀区重点企业、百家创新企业、中关村国家自主创新示范区“十百千工程”重点培育企业及中关村国家自主创新示范区核心区重点创新型企业。

第十一条　受托投资管理机构针对申报项目组织开展投资分析、聘请中介机构进行尽职调查，形成投资建议，报专项工作组评审。专项工作组的评审结果由海淀园管委会报建设核心区领导小组审议，确定立项项目。

第十二条　受托投资管理机构根据建设核心区领导小组决策结果对立项项目承担单位进行股权投资，办理工商变更手续，负责投资后管理工作。

第十三条　受托投资管理机构根据企业经营与发展需要，制定投资退出方案，报建设核心区领导小组决策通过后执行。符合以下条件之一，受托投资管理机构可以启动退出程序：

（一）对于完成阶段性参股目标，企业顺利实现产业化，可以通过自身经营实现滚动发展。

（二）企业股东会表决通过不再接受股权投资专项资金的投资。

（三）单个项目投资期已超过3年。

第十四条　股权投资专项资金形成的股权优先转让给被投资企业的科技人员、经营管理人员及原始股东。转让价格为股权投资专项资金的出资本金及本金以中国人民银行公布的同期活期存款利率计算的利息之和。

第十五条　股权投资专项资金所得分红、股权投资专项资金形成的股权退出时所得的本金和收益以及其他收益，均重新纳入股权投资专项资金循环使用。

第五章　投资策略

第十六条　股权投资专项资金致力于促进海淀区重大自主创新成果产业化。

第十七条　在重大自主创新成果从实验室到产业化的过渡阶段进行投资，解决其产业化资金不足问题。

第十八条　对重点产业化项目进行阶段性参股，遵循“参股不控股”原则，股权投资专项资金的出资比例原则上不超过被投资企业注册资本的30%。除股权投资专项资金外，其他货币资金和实物资产的出资应不低于被投资企业注册资本的30%。出资以资金一次性到位方式和资金分批到位方式相结合。

第十九条　为有效分散投资风险，结合分阶段的投资策略，股权投资专项资金单个项目累计投资金额最高不超过5000万元。

第二十条　股权投资专项资金重点关注拥有重大自主创新成果、产品与服务具有巨大市场潜力和较强国际竞争力、拥有优秀和稳定的管理团队、具备良好的财务状况的海淀区企业。

第二十一条　股权投资专项资金由受托投资管理机构以投资额为限依法对外行使出资人权利，受托投资管理机构选派董事、监事参与被投资企业的重大事项决策，原则上不干预企业日常经营活动。受托投资管理机构整合区域相关资源为企业提供政策、管理、财务等方面的指导和服务保障。

第六章　风险控制

第二十二条　受托投资管理机构须符合以下基本资质条件：

（一）具有独立法人资格。

（二）建立了科学的投资决策体系和有效的风险控制体系。

（三）具备较强的行业分析能力和项目管理能力。

（四）具有在高新技术领域的投资经验和较好的投资业绩，资源整合能力较强。

（五）国家以及市、区规定的其他条件。

第二十三条　受托投资管理机构须制定以下风险控制措施保障股权投资专项资金安全：

（一）制定严格的投资流程和投资标准。

（二）与被投资企业就有关事项协商一致并签订投资协议。

（三）在被投资企业董事会、监事会中占有席位。

（四）与被投资企业约定定期信息公开机制。

（五）与被投资企业约定退出条款，在企业出现重大经营与财务风险的情况下由原始股东对股权进行收购。

（六）其他有利于保障资金安全的措施。

第二十四条　股权投资专项资金由受托投资管理机构在指定的托管银行开立专门账户进行托管。

第二十五条　股权投资专项资金必须专款专用，除闲置资金可用于银行储蓄、购买国债和有财政担保的其他政府债券等无风险保值操作外，不得从事本办法规定之外的其他操作。

第七章　考　核

第二十六条　股权投资专项资金的使用和管理纳入公共财政资金考核评价体系，区财政局会同海淀园管委会根据公共财政原则和专项资金的性质建立有效的绩效考核制度，定期对资金使用效益进行评估。主要评估指标包括股权投资专项资金实际投资规模、被投资项目实现的经济效益和社会效益等。

第二十七条　海淀园管委会根据考核标准对受托投资管理机构进行日常考核，考核结果报建设核心区领导小组审核。

第八章　附　则

第二十八条　本办法由海淀园管委会负责解释。

第二十九条　本办法自发布之日起三十日后实施。

关于促进朝阳区股权投资基金业发展的实施办法

朝阳区金融办　2010年7月15日

第一条　为贯彻北京市《关于促进股权投资基金业发展的意见》(京金融办［2009］5号，下称《意见》)、《在京设立外商投资股权投资基金管理企业暂行办法》(京金融［2009］163号，下称《暂行办法》)，落实《朝阳区关于促进北京商务中心区金融产业发展的实施意见》(朝政发［2006］8号)、《朝阳区促进金融产业发展专项资金管理暂行办法》及补充办法，大力促进朝阳区股权投资基金业发展，加快推进首都国际金融机构主聚集区建设，制订本办法。

第二条　本办法所涉及的股权投资基金企业，须在朝阳区进行工商注册和税务登记，并符合《意见》第一条及其他相关规定，于2008年6月1日后设立或迁入朝阳区。

第三条　外商投资股权投资基金管理企业按照《暂行办法》相关规定认定其资格。

第四条　符合下列条件的股权投资基金管理企业，参照金融企业，享受《关于促进首都金融产业发展的意见》(京发改［2005］197号）和《关于促进首都金融产业发展的意见实施细则》(京发改［2005］2736号）中的政策支持：

（一）在北京市朝阳区注册登记；

（二）其所发起设立的股权基金在北京市朝阳区注册登记，符合国家有关规定，且累计实收资本在5亿元以上；

（三）投资领域符合国家、北京市和朝阳区产业政策。

同一股权投资基金管理企业只能享受以上支持政策一次。

第五条　满足第四条所列条件的股权投资基金管理企业，在朝阳区内租赁自用办公用房，给予连续三年租房补贴，补贴比例分别为第一年30%、第二年30%，第三年40%，享受租房补贴面积不超过600平方米；购买自用办公用房的，一次性给予1000元/平方米的购房补贴，享受购房补贴面积不超过1000平方米。对区域经济发展有重大贡献或在国际国内具有较高影响力的企业可适当放宽标准。

第六条　注册在朝阳区的股权投资基金投资区内的高新技术、文化创意、现代服务等行业的企业及其他重点产业项目，或吸引入驻朝阳区的企业实现上市后一次性奖励该股权投资基金管理企业50万元。两家以上股权投资基金共同投资的，奖励资金按其各自投资比例分配。

第七条　对区域经济社会发展，区域产业结构提升或对首都国际金融机构主聚集区建设有突出贡献的股权投资基金企业，参照朝阳区相关政策给予其高级管理人员奖励。

第八条　发挥政府引导作用，区发展改革委、区国资委、区金融办、区财政局等部门研究推动合作模式，以多种形式引导股权投资基金企业促进朝阳区经济社会快速稳定发展。

第九条　拓展股权投资基金企业和区内企业的交流合作渠道，将朝阳区优质企业资源和项目优先推荐给在区内注册的股权投资基金企业。

第十条　建立以“朝阳区促进金融产业发展领导小组”成员单位为主体的会商机制，协调解决股权投资企业在募集、设立、投资等方面的相关问题。

第十一条　股权投资基金企业的提出的政策申请经北京CBD金融商会初审后，上报“朝阳区促进金融产业发展领导小组”审议批准后执行。

第十二条　注册在朝阳区的股权投资基金企业应在朝阳区金融服务办公室备案。

第十三条　本意见奖励政策不与朝阳区其他奖励政策同时享受。

第十四条　本办法由朝阳区金融服务办公室负责解释。

第十五条　本办法自公布之日起执行。

二〇一〇年七月十五日

上海市

上海市人民政府办公厅印发《关于加强金融服务促进本市经济转型和结构调整若干意见》的通知

沪府办发［2010］32号 2010年8月9日

各区、县人民政府，市政府各委、办、局：

经市政府同意，现将《关于加强金融服务促进本市经济转型和结构调整的若干意见》印发给你们，请认真按照执行。

上海市人民政府办公厅

二〇一〇年八月九日

关于加强金融服务促进本市经济转型和结构调整的若干意见

为深入贯彻科学发展观，充分发挥金融在经济发展中的重要作用，加快推进本市经济发展方式转变和结构调整，实现“四个率先”的战略任务和建设“四个中心”的战略目标，现就加强金融服务促进本市经济转型和结构调整提出若干意见如下：

一、充分认识加强金融服务促进经济转型和结构调整的重要意义

（一）加快转变经济发展方式，推动产业结构调整优化，是党中央、国务院对上海提出的实现“四个率先”的战略任务之一，也是上海突破资源环境承载能力制约、实现经济可持续发展的迫切要求。金融是现代经济的核心。一方面，完善的金融市场体系和机构服务体系可以提高各种资源市场配置的效率，推动上海产业布局调整和优化升级，增强现代服务业和先进制造业拓展新领域的能力，从而为加快经济转型和结构调整提供重要支撑。另一方面，经济转型和结构调整也是上海金融业加快发展的重要契机，对拓宽金融服务业发展新的市场空间，促进金融工具和产品的创新和应用，促进金融业和金融市场的改革发展，加快上海国际金融中心建设进程，具有重要意义。金融业作为现代服务业的重要组成部分，必将在服务经济转型和结构调整中加快自身发展。

二、进一步明确金融服务促进本市经济转型和结构调整的主要任务

（二）加快发展现代服务业和先进制造业，形成以服务经济为主的产业结构是当前和今后一段时期本市经济转型和结构调整的重要任务。金融系统各单位要抓住当前金融业改革创新的有利时机，采取切实有效措施，根据本市经济转型和结构调整的主要任务和内容，完善金融服务体制机制，加大改革和创新力度，调整优化金融业务结构，创新金融服务模式，提高金融服务的效率。

一是进一步加大对投资、消费、对外贸易结构调整优化的金融服务力度。积极拓宽投融资渠道，加快促进民间投资，推动投资结构优化，提高投资效率；服务好扩大内需的战略，促进消费需求增长；在支持对外贸易稳步发展的同时，促进对外贸易增长方式的转变，为境内企业及各类市场主体“走出去”做好金融服务。

二是进一步加大对产业结构调整优化的金融服务力度。聚焦现代服务业和先进制造业，引导金融资源向优势产业特别是战略性新兴产业和高新技术产业化等重点产业领域集中。

三是进一步加大对企业结构、产品结构调整优化的金融服务力度。针对科技创新、文化创意、信息服务、中介服务及各种新兴业态企业发展对金融服务的新需求，不断改善金融服务的机制，创新服务方式，积极为各类中小企业拓宽融资渠道。

四是进一步加大对城乡协调发展和社会事业发展的金融服务力度。积极拓展金融服务的新领域，完善投融资服务机制和政策，为基础设施建设、旧区改造、新城镇和新农村建设、保障性住房、教育、医疗等不断创新投融资服务。

三、以银行业改革创新为契机，不断完善信贷服务

（三）增加对本市现代服务业、先进制造业重点项目和企业的信贷资金投入。鼓励银行业金融机构根据本市产业发展规划纲要，制定与信贷政策相匹配的个性化信贷计划，加强对本市现代服务业、先进制造业等产业基地建设和重大项目建设的信贷资金支持。支持银行业金融机构采取项目贷款、银团贷款等多种模式，加大对本市确定的新能源等九大高新技术产业化领域以及物联网、智能电网、云计算等战略性新兴产业的重点项目和骨干企业的信贷资金投入力度。鼓励银行业金融机构支持符合国家和本市技改政策的重大技改项目。

（四）鼓励加大对本市节能降耗、污染减排建设项目及合同能源管理服务的信贷支持力度。同时，限制对高污染、高能耗、产能过剩行业中落后产能企业和项目的授信和贷款，促进资源节约和环境保护。

（五）支持银行业金融机构加大并购贷款服务力度。对符合本市产业发展规划的重点企业开展收购兼并和企业重组，可采取联合贷款、杠杆收购贷款等形式，促进资源优化配置和产业结构调整、升级。

（六）大力发展抵（质）押贷款。鼓励银行业金融机构积极发展股权质押、知识产权质押贷款，支持科技企业发展。拓宽中小企业抵（质）押物范围，大力发展房地产抵押、动产质押、票据质押、应收账款质押、订单质押等多种方式贷款，支持中小企业发展。创新发展船舶抵押贷款、预付款保函等船舶融资业务，促进航运业发展。

（七）稳步发展信用贷款。鼓励银行业金融机构采取网络联保、组合担保、互助联保和支票授信等多种信用增级方式，扩大中小企业信用贷款比例。探索开展社区银行试点，继续发展村镇银行，健全小额贷款公司资金融通机制，积极发展小额贷款业务。

（八）积极发展贸易融资。鼓励银行业金融机构灵活运用票据贴现、信用证押汇、对外担保、信用保险保单融资、打包贷款、仓单质押、成套设备出口人民币买方信贷等各类服务方式，支持贸易、物流业发展。

（九）加快发展消费信贷业务。鼓励银行业金融机构大力发展汽车、家居、教育、文化、旅游、卫生保健等居民消费信贷业务。鼓励有条件的金融机构积极设立消费金融公司。改善银行卡支付服务环境，扩大银行卡消费领域，鼓励发展小额消费支付卡，推动居民消费支付便利化。

（十）加强对本市城郊经济协调发展的信贷服务。鼓励银行业金融机构创新适应区县建设发展的综合金融产品，通过“建设-经营-转让”（BOT）项目保理、土地开发权质押、资产收益权质押、信托产品融资等多种方式，支持区县级工业园区、创意园区、产业园（带）、农业观光旅游园区开发建设以及区县道路、环境保护等重点基础设施建设的资金投入。引导银行业金融机构创新融资服务工具，确保满足本市廉租住房、经济适用住房、动迁安置房、公共租赁房建设的资金需求。

（十一）改善“三农”信贷服务。鼓励金融机构积极探索集体土地使用权抵押融资，支持集

体经济、农业龙头企业和农民专业合作社发展。鼓励银行大力推广农户小额信用贷款、农户联保贷款等业务，加强对“三农”信贷服务。

四、以多层次资本市场建设为契机，拓宽直接融资渠道

（十二）鼓励证券业加大对本市九大高新技术产业和文化产业领域的项目和企业的金融服务力度，积极推动企业在主板（含中小板）、创业板市场首发上市或再融资。支持本市大中型重点企业集团通过借壳、注资、吸收合并等多种形式实现集团整体上市。

（十三）鼓励证券公司充分发挥财务顾问作用，推动本市上市公司以股权、现金和多种金融工具组合作为并购重组支付方式，利用资本市场积极开展境内外的兼并重组，实现产业整合。

（十四）鼓励金融机构积极引导本市重点产业中符合条件的企业发行企业债、公司债、可转换债券、短期融资券、中长期票据等融资工具筹措发展资金。大力发展符合中小企业特点的集合债券、集合票据。

（十五）鼓励金融机构在合法合规、风险可控的前提下，积极探索信贷资产证券化，改善银行资产流动性，提高为经济服务的能力。探索交通、公用事业、环保等行业领域的未来收益权证券化，根据融资需求发行各类资产支持证券化产品，为本市重点发展产业创新融资渠道。

（十六）积极发展风险投资，促进本市科技、信息、文化、中介服务等领域的创业投资。

（十七）规范发展股权投资、产业投资等各类专业投资基金，畅通高成长企业投资渠道。鼓励中、外资股权投资基金管理公司与本市行业龙头企业、自主创新和高新技术发展专项资金等方面的合作，在本市发起设立符合产业发展规划方向的各个专门领域内投资的专业投资基金。继续推进外商投资股权投资企业的相关试点，吸引更多国际资本投入本市高新技术产业和文化创意产业领域。

（十八）积极推进上海张江高新技术开发区内的科技创业企业进入代办股份转让系统，为科技创业企业内的风险投资资本提供有效的股权转让和退出通道。

（十九）根据国家发展多层次资本市场体系的部署，积极推进本市非上市企业股权转让服务平台建设，规范发展非上市企业股权转让市场，促进本市非上市企业股权通过市场化机制实现资源流动配置。

五、以深化保险功能为契机，有效发挥保险业的积极作用

（二十）积极创新科技保险，支持自主创新技术推广运用。积极推动保险机构发展高新技术企业研发责任保险、关键研发设备保险、研发营业中断保险等科技保险险种。引导保险机构针对科技创新及其产业化投资创业特点，开发相应的创业投资风险保险工具和产品，创新承保模式，有效分散科技创业的投资风险。

（二十一）进一步发展出口信用保险。支持出口信用保险公司积极为上海的进出口企业在资信调查、收汇管理、商帐追收、贸易融资等方面提供全方位金融服务，提高本市进出口贸易的风险管控能力和国际竞争力。鼓励保险机构对本市重点产业的对外出口在保险费率、信用限额、理赔服务等方面给予支持，促进本市国际贸易稳步发展。

（二十二）积极发展航运保险。支持金融机构在本市发起设立专业性航运保险机构，大力发展船舶保险、海上货运险、保赔保险，积极探索新型航运保险业务，培育航运再保险市场，促进本市海外贸易和航运业发展。

（二十三）发展商业性养老和医疗保险。积极推动开展个人税收递延型商业养老保险试点，推进企业年金和各类补充医疗保险发展，鼓励商业保险机构积极参与新型农村合作医疗保险，促

进完善本市城乡居民社会保障体系。

（二十四）积极发展各类责任保险。开发安全生产责任险、产品责任险、工程建设险、环境污染责任险等产品，为本市新兴产业重点项目提供风险管理服务。

（二十五）稳步发展住房、汽车等消费信贷保险，发展小额信贷保险业务，促进居民消费需求结构调整和消费增长。积极发展食品安全保险、旅游保险业务，进一步推广农副产品与消费品的安全责任保险、个人旅游意外险、旅行社综合责任险业务，促进本市现代都市农业、商业、旅游服务业发展。

（二十六）吸引保险资金加强对符合本市产业发展规划方向的重大产业项目和重点企业的债权投资和股权投资。推动保险资金投资养老设施和医疗机构。鼓励保险资金在本市重要商务区投资开发商业地产。

（二十七）吸引保险金融机构在本市发起设立或参与产业投资基金、私募股权投资基金等。探索保险资金对科技创业企业的风险投资试点。

六、完善金融合作，发挥好综合金融服务优势

（二十八）鼓励银行、证券、保险等各类金融机构在资产管理、投资理财、保险等方面加强业务合作，为本市需求结构、产业结构调整提供综合金融服务。大力发展私人银行、券商直投、金融投资衍生产品业务，为企业和居民开辟新的投资服务渠道。

（二十九）加强商业银行、证券公司与融资租赁公司合作，通过发行债券、资产证券化等方式为融资租赁公司拓宽融资渠道，满足战略性新兴产业、文化创意、高新科技等领域内企业对融资租赁服务的需求。鼓励金融租赁公司、融资租赁公司等在本市海关特殊监管区内设立飞机、船舶等项目子公司。

（三十）积极推动银行、保险金融机构与风险投资、股权投资、担保机构等建立战略合作，发展科技投贷联盟。鼓励金融机构依托市、区县科技发展促进服务部门以及科技产业园区、科技企业孵化器、加速器等产业集聚区管理服务机构，采取加强项目尽职调查、企业授信、信用增级、科技保险以及政策性风险补偿等多方面合作的综合措施，为本市科技小企业提供综合金融服务。

（三十一）推动银行业金融机构根据本市企业对外贸易发展需求，加强跨境贸易人民币结算服务力度，扩大跨境贸易人民币结算规模。

（三十二）改进外汇管理服务方式，加大对本市“走出去”企业的金融支持力度。引导金融机构加大全球现金管理、跨境融资和离岸金融业务等方面的业务创新力度，综合运用国际贸易融资、内保外贷、内存外贷、境外融资贷款以及出口信用保险等金融手段，支持本市重点企业实施“走出去”战略并不断提高国际经营能力。

七、加强组织领导和政策支持

（三十三）加强对本市经济发展方式转变和结构调整工作中金融服务工作的统筹指导、组织领导和政策协调。各区县政府和相关部门要切实为金融业服务经济转型和结构调整创造更为有利的环境和条件。进一步完善和健全市推进中小企业上市工作联席会议、市融资性担保行业规范发展和业务监管联席会议、市小额贷款公司试点工作推进小组等机制，强化政府部门相关工作任务的督促和落实。

（三十四）完善本市中小企业融资担保体系，支持、引导金融机构加大对中小企业的融资服务力度。充分发挥政策性融资担保机构的引导作用，进一步健全市、区县两级政策性融资担保资金运作机制，积极为具有发展潜力的科技型、创业型、吸纳就业型等中小企业提供融资担保服务。

优化对中小企业融资担保专项资金的管理和使用，研究建立科学合理的政策性融资担保业务绩效评价与考核机制。进一步促进商业性融资担保机构发展，鼓励民资、外资等各类资本参与本市中小企业融资担保体系建设。发挥上海市再担保公司的重要作用，进一步增强其资本实力和综合实力。

（三十五）深化本市重点产业的投融资体制改革，发挥好政府投资资金的杠杆作用。充分运用市场化管理机制，用足用好本市高新技术产业化专项资金，引导社会风险资本、股权投资资本进入本市自主创新和九大高新技术产业化的项目和企业。鼓励市属国有企业积极参与和发起组建股权投资基金。

（三十六）加强对金融创新的奖励，支持、引导金融机构加大面向本市经济转型和结构调整的金融组织创新、制度创新、业务创新和产品创新。建立金融机构小企业贷款激励政策，引导银行业金融机构扩大对小企业的信贷投入。

（三十七）鼓励区县政府为吸引异地证券公司等金融机构在本市设立直投、资产管理等专业子公司以及各类分支机构制定相关扶持政策。鼓励区县政府建立专项资金，对优秀的风险投资、股权投资企业以及小额贷款公司、融资担保公司给予扶持；创造条件吸引风险投资、股权投资、产业投资等各类股权投资管理机构集聚，促进各类新兴金融服务机构的创新发展。

（三十八）落实促进创业投资企业发展财税优惠政策，鼓励区县政府制定支持政策措施，引导金融机构为符合本市产业规划发展方向的中小企业提供优质服务。落实中小企业贷款损失准备金税前扣除政策，按规定简化中小金融机构呆账核销审核程序。落实好财政部、税务总局《关于农村金融有关税收政策的通知》中有关减免营业税、所得税的政策措施，推进金融服务“三农”工作。

（三十九）积极推动实行《上海市知识产权资产评估实施办法》（试行），规范发展知识产权转让交易市场，进一步完善知识产权评估、登记、交易转让一门式服务，推动科技创业企业技术入股，为银行业金融机构提供知识产权抵（质）押融资服务创造良好环境。

（四十）加强信用环境建设，完善信用服务体系。依托上海资信有限公司的企业信用数据库，建设小企业信用评级和银行、融资担保综合服务平台，畅通小企业与银行、融资担保机构之间的融资服务渠道。开展信用园区、信用市场和信用村镇建设，鼓励小企业和农民专业合作社建立信用联保体。

（四十一）市、区县相关部门要合理简化涉及房产、土地、车辆、船舶、设备和其他动产以及股权等抵押登记和出质登记手续，提高办事效率，为企业和个人办理抵（质）押融资提供便利服务。

（四十二）完善上市公司资源培育的服务体系。积极培育本市拟上市公司资源，并推动证券经营机构积极为入库企业提供改制、辅导、申报、审核、发行上市推荐等方面的服务。各区县政府和市级产业园区要创造条件，支持辖区内的科技企业、中小企业改制上市，帮助符合改制上市条件的企业降低改制上市成本。

上海市人民政府关于批转市发展改革委市财政局制订的《上海市创业投资引导基金管理暂行办法》的通知

沪府发［2010］37号　2010年10月26日

各区、县人民政府，市政府各委、办、局：

市政府同意市发展改革委、市财政局制订的《上海市创业投资引导基金管理暂行办法》，现转发给你们，请按照执行。

上海市人民政府

二〇一〇年十月二十六日

上海市创业投资引导基金管理暂行办法

第一章　总　则

第一条　为规范设立和运作上海市创业投资引导基金（以下简称“引导基金”），促进上海创业投资健康快速发展，大力推进自主创新和高新技术产业化，加快培育和发展战略性新兴产业，根据《国务院关于推进上海加快发展现代服务业和先进制造业建设国际金融中心和国际航运中心的意见》（国发［2009］19号）、《国务院办公厅转发发展改革委等部门关于创业投资引导基金规范设立与运作指导意见的通知》（国办发［2008］116号）、《创业投资企业管理暂行办法》（国家发展改革委2005年第39号令）和《中共上海市委、上海市人民政府印发〈关于进一步推进科技创新加快高新技术产业化的若干意见〉的通知》（沪委发［2009］9号）精神，制定本办法。

第二条　本办法所称引导基金，是指由市政府设立并按照市场化方式运作的政策性基金。引导基金主要是发挥财政资金的杠杆放大效应，引导民间资金投向上海重点发展的产业领域，特别是战略性新兴产业，并主要投资于处于种子期、成长期等创业早中期的创业企业，促进优质创业资本、项目、技术和人才向上海集聚。

第三条　本办法适用于本市创业投资引导基金，以及按照《创业投资企业管理暂行办法》规定，在创业投资备案管理部门备案，并申请引导基金扶持的各类创业投资企业。

第四条　上海市创业投资引导基金（英文名称为Venture Capital Guiding Fund of Shanghai，英文缩写为VCGFSH），采取决策、评审和日常管理相分离的管理体制。设立上海市创业投资引导基金（以下简称“引导基金”）理事会，为引导基金的决策机制，行使决策管理职责。引导基金理事会下设办公室，设在市发展改革委，负责日常事务。成立独立的引导基金专家评审委员会，对引导基金投资运作方案进行评审。引导基金适时以事业法人形式设立，暂由上海创业投资有限公司作为引导基金受托管理机构，负责日常投资运作。

第二章　引导基金的规模和资金来源

第五条　引导基金主要资金来源：

（一）本市自主创新和高新技术产业发展重大项目专项资金；

（二）引导基金运行的各项收益；

（三）个人、企业或社会机构无偿捐赠的资金；

（四）其他各级政府资金；

（五）其他资金来源。

第三章　引导基金的运作原则与方式

第六条　引导基金按照“政府引导、市场运作、科学决策、防范风险”的原则进行投资运作，积极吸引和集聚海内外优秀创业投资企业及其管理团队来沪发展，大力培养本土创业投资管理团队，优先配套支持国家和本市联合组建的创业投资企业。鼓励各区县根据实际情况，设立创业投资引导基金。

第七条　引导基金投资运作可采用参股创业投资企业和跟进投资等方式。根据实际需要，还可采用融资担保等其他方式。具体要求如下：

（一）引导基金可参股投资创业投资企业，但不能成为第一大股东。

（二）引导基金可跟随创业投资企业投资于创业企业，形成的股权委托共同投资的创业投资企业管理。

（三）引导基金按照国家对创业投资企业债权融资有关规定，在适当的时候为符合条件的创业投资企业提供融资担保支持。

（四）闲置资金的保值性投资（仅限于购买国债和银行存款及符合国家有关规定的金融产品）。

（五）经引导基金理事会批准的其他业务。

第八条　引导基金吸引社会资本共同发起设立创业投资企业，操作程序如下：

（一）公开征集。按照引导基金理事会批准的引导基金年度资金安排计划，由引导基金理事会办公室向全社会公开发布年度基金申报指南，拟与引导基金合作的创业投资企业或管理团队，根据指南要求进行申报。

（二）尽职调查。引导基金受托管理机构对经初步筛选的申请人资料和方案进行尽职调查，提出拟合作项目的尽职调查报告，并提出投资建议。

（三）专家评审。引导基金专家评审委员会对创业投资企业提出的申请合作方案和尽职调查报告进行独立评审，并提出评审意见和建议。

（四）媒体公示。经引导基金理事会办公室审核，对评审通过的拟扶持创业投资企业方案在有关媒体予以公示10天，对无异议的，将有关材料上报引导基金理事会。

（五）最终决策。引导基金理事会根据专家评审委员会评审结果和实际情况，对引导基金使用方案进行最终决策。

第九条　引导基金对创业投资企业选定的创业早期项目，或需要政府重点扶持和鼓励产业领域项目进行跟进投资，操作程序如下：

（一）公开征集。按照引导基金理事会批准的引导基金年度资金安排计划，由引导基金理事会办公室向全社会公开发布年度跟进投资申报指南。符合条件的创业投资企业根据指南，向引导基金受托管理机构提交申请扶持方案。

（二）尽职调查。引导基金受托管理机构对符合条件的创业投资企业上报的申请方案进行尽职调查，并提出引导基金跟进投资方案建议。

（三）专家评审。引导基金专家评审委员会对创业投资企业提出申请方案和引导基金受托管理机构的尽职调查报告进行独立评审，并提出评审意见。

（四）最终决策。引导基金理事会根据专家评审委员会评审结果和实际情况，对引导基金使用方案进行最终决策。

第十条　引导基金可以优先股、可转换优先股等方式，对创业投资企业进行投资。投资形成的股权可按照公共财政的原则和引导基金运作有关规定，采取上市退出、股权转让、股东回购及破产清算等方式退出。

第四章　引导基金的扶持对象

第十一条　申请引导基金参股扶持的创业投资企业及其管理团队，应当具备以下条件：

（一）新参股设立的创业投资企业管理资金规模原则上不少于2亿元人民币（新参股设立的主要投资于种子期的创业投资企业管理资金规模原则上不少于1亿元人民币），且全部出资在3年内到位，其中首期到位资金不低于认缴出资总额的30%，且所有投资者均以货币形式出资；

（二）管理团队具有良好的职业操守和既有投资业绩；

（三）获得引导基金扶持设立的创业投资企业在创业投资企业备案管理部门备案并接受监管；

（四）重点投资于政府扶持和鼓励的产业领域中的种子期和创业早中期企业，且有侧重的专业投资领域；

（五）引导基金参股的创业投资企业优先投资于上海市范围内的企业；

（六）管理和投资运作规范，具有严格的投资决策程序和风险控制机制和健全的财务管理制度。

第十二条　申请跟进投资的企业除满足本办法第十一条第二、三款规定外，还须具备以下条件：

（一）跟进投资对象仅限本市重点扶持和鼓励的产业领域（由引导基金理事会办公室对外发布年度跟进投资申报指南），且工商登记和税务登记在本市的早中期创业企业。

（二）创业投资企业对申请引导基金跟进投资的项目已经选定且尚未完成实际投资，跟进投资价格不高于创业投资企业投资价格，且申请跟进投资额不超过其实际现金出资额的50%；对种子期企业，跟进投资额不超过其实际现金出资额的100%。

（三）申请跟进投资的创业投资企业不先于引导基金退出其在被投资企业的股权。

第五章　引导基金的决策与管理

第十三条　引导基金理事会对市政府负责，由分管市领导任理事长、副理事长，并由主管部门领导任秘书长，市发展改革委、市经济信息化委、市商务委、市科委、市国资委、市金融办、市财政局等部门各一名领导任理事。引导基金理事会根据经评审委员会评审通过的评审结果，对引导基金拟投资方案和有关重大事项进行决策。

第十四条　引导基金理事会办公室主要职责包括：

（一）组织召开引导基金理事会会议；

（二）发布年度引导基金申报指南；

（三）组织召开引导基金专家评审委员会会议；

（四）执行引导基金理事会决议；

（五）承办理事会交办的其他事项。

第十五条 引导基金专家评审委员会负责对引导基金拟投资方案进行独立评审，以确保引导基金决策的民主性和科学性。评审委员会由政府有关部门、创业投资行业协会和社会专家共同组成。其中，行业协会和社会专家不少于半数。项目申请单位人员不得作为评审委员会成员，参与对本单位项目的评审。

第十六条 引导基金受托管理机构负责日常投资运作，其主要职责如下：

（一）执行引导基金理事会的决议；

（二）对合作方进行尽职调查并拟定具体投资方案；

（三）具体实施经引导基金理事会批准的投资方案，并对投资形成的股权等相关资产进行后续管理；

（四）根据需要，向参股支持的创业投资企业派驻代表，并通过派驻代表参与所支持创业投资企业的重大决策并监督其投资方向；

（五）承办其他事项。

第十七条 引导基金按照委托管理协议确定的标准，每年向引导基金管理机构支付一定的管理费用，并结合引导基金考核情况，建立管理机构激励办法。具体办法，由理事会另行制定。

第十八条 引导基金投资形成的股权可采取上市、股权转让、企业回购及破产清算等方式退出，退出价格按照公共财政的原则和引导基金运作的有关要求确定。引导基金参股创业投资企业形成的股权，在有受让人的情况下可随时退出。自引导基金投入后4年内转让的，转让价格可按照引导基金原始投资额与股权转让时人民银行公布同期的存款基准利率计算的收益之和确定；超过4年的，转让价格以市场化方式协商确定。引导基金跟进投资形成的股权，可由作为受托人的创业投资企业约定回购，转让价格以市场化方式协商确定。

向引导基金扶持的创业投资企业股东以外的投资人转让股权，或向受托创业投资企业以外的投资者转让被跟进投资企业股权的，按照公共财政的原则和引导基金运作要求，确定退出方式和退出价格，经引导基金理事会同意或授权，可按照市场价格直接向特定对象转让。

第六章 引导基金的风险控制

第十九条 引导基金应当选择具有相关经验的商业银行进行托管，具体负责引导基金资金拨付、清算和日常监控。托管银行应当定期报告资金情况。

第二十条 引导基金不得用于贷款、股票、期货、房地产、金融衍生品等投资，不得用于赞助、捐赠等支出，闲置资金只能用于存放银行或购买国债等符合国家有关规定的金融产品。

第二十一条 建立健全引导基金内部控制和风险防范机制，保障引导基金运行安全。

第二十二条 引导基金出资设立创业投资企业时，不得作为普通合伙人承担无限责任，不得干预所扶持创业投资企业的日常运作，但对所扶持企业违法、违规和偏离政策导向的情况下，可按照合同约定，行使一票否决权。

第七章 引导基金的监督和绩效考核

第二十三条 引导基金理事会负责对引导基金进行监管和指导。引导基金受托管理机构应当定期将引导基金投资运作情况报告理事会。

第二十四条 引导基金理事会按照公共财政的原则，对引导基金管理机构履行职责情况和引导基金投资形成的资产进行监督和绩效考核，并由审计部门对引导基金进行审计。

第八章　附则

第二十五条 本办法由市发展改革委、市财政局会同有关部门负责解释。

第二十六条 本办法自印发之日起施行。

上海市发展和改革委员会

上海市财政局

二〇一〇年十月十五日

关于下发《上海市国有创业投资企业股权转让管理暂行办法》的通知

沪发改财金[2010]050号　2010年11月18日

各有关单位：

为引导国有创业投资企业规范发展，鼓励国有创业投资企业加大对本市战略新兴产业领域创新型中小企业的支持力度，进一步完善国有创业投资企业投资退出机制，现下发《上海市国有创业投资企业股权转让管理暂行办法》，请遵照执行。

上海市发展和改革委员会

上海市国有资产监督管理委员会

二〇一〇年十一月十八日

上海市国有创业投资企业股权转让管理暂行办法

第一章　总　则

第一条　为引导国有创业投资企业规范发展，支持国有创业投资企业投资中小企业特别是中小高新技术企业，完善国有创业投资企业的投资退出机制，根据《中华人民共和国公司法》、《中华人民共和国合同法》、《创业投资企业管理暂行办法》、《企业国有产权转让管理暂行办法》、《上海市创业投资引导基金管理暂行办法》等国家和本市法律法规，制定本办法。

第二条　根据《创业投资企业管理暂行办法》规定，在上海市发展改革委员会（以下简称“市发展改革委”）备案的国有创业投资企业股权转让适用本办法。

第三条　本办法所称国有创业投资企业股权转让，是指国有控股的创业投资企业转让持有的创业企业或创业投资企业股权的行为。

前款所称控股，其内涵根据《中华人民共和国公司法》第二百一十七条规定确定。

国有参股的创业投资企业转让持有的创业企业或创业投资企业股权，根据《公司法》和公司章程的规定实施。

第四条　国有创业投资企业转让所持上市公司股权，按国家有关规定执行。

第五条　鼓励国有创业投资企业在产权制度上进行探索和创新，可以尝试引入国际化管理团队或采取更为灵活的管理模式，建立健全尊重市场化规律与体现国资监管要求相协调的体制机制。

第二章　备案管理

第六条　根据《创业投资企业管理暂行办法》规定，市发展改革委会同有关部门对本市国有创业投资企业进行备案和年度检查，并将《备案通过通知》和《年检通过通知》抄送上海市国有资产监督管理委员会（以下简称“市国资委”）和上海联合产权交易所（以下简称“联交所”）。

第七条　依法履行备案的下列国有创业投资企业股权转让适用本办法：

1. 上海市创业投资引导基金及其出资设立的国有创业投资企业；

2. 国家发展改革委、财政部出资设立并在本市工商注册的国有创业投资企业；

3. 经市发展改革委备案并处于年度检查有效期内的其他国有创业投资企业。

第三章 决策管理

第八条 本市国有创业投资企业应当重点投资国家和本市战略性新兴产业，或与本企业主业相关的产业，支持和帮助相关领域中小企业发展。

发起人或有关部门对创业投资企业对外投资有特殊要求的，应在公司章程中予以明确。

第九条 国有创业投资企业应在公司章程中体现国资监管的一般要求和规定，对投资事项和股权退出有特殊要求的，应在公司章程中明确一般性约束条件，并在具体项目中对约定条件予以细化和明晰。

第十条 国有创业投资企业可以根据《创业投资企业管理暂行办法》有关规定，在投资协议中对转让方式、转让条件、转让价格、转让对象等一项或若干项进行事前约定。

第十一条 国有创业投资企业在投资协议中事前约定股权转让事项的，国有创业投资企业决定后，应通过第一大股东逐级上报出资监管企业或区（县）国资委备案后方可实施。国有股东并列第一大股东的，由股东协商后确定上报主体。

第十二条 出资监管企业或区（县）国资委应对股权转让项目的转让方式、转让价格、价款收取等约定事项严格审核，审核通过后，按照规定进行备案，每半年将备案情况向市发展改革委和市国资委报告。

第十三条 国有创业投资企业转让股权，由国有创业投资企业股东会、董事会、投资决策委员会按照法律规定、公司章程及内部决策程序决定，对股权转让项目的转让方式、转让价格、价款收取等重要事项进行审议并作出书面决议。

第十四条 国有创业投资企业转让股权时，投资协议中对转让事项事前约定并按规定履行备案的，可按事前约定依法决策。

第十五条 国有创投企业未对股权转让价格事前约定的，在股权转让决策时，应当以独立的具备相关资质的中介机构出具的估值报告为依据定价。

第四章 交易管理

第十六条 国有创业投资企业股权转让应当按照国家和本市企业国有产权交易的有关规定，在联交所公开进行。

第十七条 联交所应指定专门部门和人员负责国有创业投资企业股权转让事宜，严格审查转让条件，发现问题及时向相关部门反馈。

联交所应每半年向市发展改革委和市国资委报告国有创业投资企业股权转让交易情况。

第十八条 国有创业投资企业转让股权，事前没有约定，或者约定不明的，按照《企业国有产权转让管理暂行办法》有关规定提交转让文件和实施交易，法律法规和本办法有特殊规定的除外。

第十九条 国有创业投资企业转让股权，符合本办法事前约定有关规定实施转让的，交易和收费按照审批协议转让程序办理。联交所应当对下列材料进行审查：

1. 市发展改革委出具的《备案通知》和有效期内的《年检通过通知》；

2. 投资协议；

3. 国有创业投资企业对转让股权的有关决议文件；

4. 出资监管企业或区（县）国资委出具的备案表；

5. 估值报告（本办法有特殊规定的除外）；

6. 其他材料。

第五章　监督检查

第二十条　国有创业投资企业应建立股权转让项目专项档案，建立文件收集、使用、查询管理办法，加强档案管理。股权转让项目专项档案应当包括股权转让事项涉及的决策文件、估值报告、股权交易情况等相关文件资料。

第二十一条　国有创业投资企业应当建立健全股权转让内部管理制度，完善企业内部决策程序，加强内部管控，规范股权转让工作。股权转让内部管理制度应当上报第一大股东所属出资监管企业或区（县）国资委备案。

第二十二条　出资监管企业或区（县）国资委应指定专门部门和人员对国有创投企业制度建设、档案管理、投资决策、转让股权等加强监管，发现问题及时报告市发展改革委和市国资委。

第二十三条　市国资委会同市发展改革委、市产管办等有关部门定期或不定期对国有创业投资企业的转让股权项目进行监督检查。

第二十四条　国有创业投资企业股权转让监督检查的重点是检查国有创业投资企业股权转让内部管理制度、档案管理制度、规范决策、股权交易等情况，发现违规操作的，将追究有关人员责任。

第六章　附　则

第二十五条　《上海市创业投资引导基金管理暂行办法》对市政府成立的创业投资引导基金转让股权有特殊规定的，适用特殊规定。

第二十六条　本规定由市发展改革委、市国资委负责解释。

第二十七条　本规定自发布之日起实施。

天津市

转发市科委市金融办关于推动我市科技金融改革创新意见的通知

津政办发［2010］70号　2010年7月7日

各区、县人民政府，各委、局，各直属单位：

市科委、市金融办《关于推动我市科技金融改革创新的意见》已经市人民政府同意，现转发给你们，请照此执行。

天津市人民政府办公厅

二〇一〇年七月七日

关于推动我市科技金融改革创新的意见

为贯彻落实党中央、国务院关于加快提高自主创新能力，加快科技成果向现实生产力转化，促进科技资源优化配置、开放共享和高效利用的要求，推动自主创新与科技金融发展，努力建设与北方经济中心发展和滨海新区开发开放相适应的创新型城市及现代金融服务体系和金融改革创新基地，借鉴国内外科技与金融相结合发展经验，现提出如下意见：

一、天津科技金融发展优势

（一）天津城市定位和滨海新区功能定位要求我市必须率先实施科技金融改革创新。《国务院关于天津市城市总体规划的批复》（国函［2006］62号）明确要求，要逐步将天津建设成为国际港口城市，北方经济中心和生态城市。《国务院关于推进天津滨海新区开发开放有关问题的意见》（国发［2006］20号），批准天津滨海新区为全国综合配套改革试验区，要求把金融改革创新列为近期工作重点中的首要任务，在金融企业、金融业务、金融市场和金融开放等方面的重大改革，原则上可以安排在天津滨海新区先行先试。经国务院同意，国家发展改革委批复的天津滨海新区综合配套改革试验金融创新专项方案要求，加快推进金融体制改革和科技金融改革创新，为国家科技金融改革创新和科学技术发展提供样板和示范。

（二）我市具备科技金融改革创新的良好条件和发展基础。2006年，我市制定下发了关于实施科技发展规划纲要建设创新型城市的政策措施，确定了力争在全国率先建成创新型城市的目标，对金融支持作了部署和安排。我市高度重视科技进步，综合科技进步水平多年来位居全国前列。整体科技创新和科技服务实力较强，我市拥有南开大学、天津大学等高等院校及高职院校45所，中央驻津科研院所53家，市属科研院所113家，两院院士35位，国家级和部级重点实验室31家，国家工程技术研究中心26家，国家级科技企业孵化器6家，国家级生产力促进中心3家。围绕培育战略性新兴产业，我市不断推动高新技术成果转化及产业化，设立了2亿元科技创新专项资金，用于引进和转化重大科技成果。大力发展天津滨海高新技术产业开发区、天津经济技术开发区、天津港保税区、区县示范工业园区等科技产业聚集区，认定高新技术企业753家，培育出曙光、赛象、膜天膜、天士力等一批自主创新品牌。

（三）我市科技金融改革创新实践走在全国前列。我市高度重视直接融资。1998年市人民政府出资5亿元设立了创业风险投资引导资金，2007年原市滨海委与国家开发银行出资20亿元设立了滨海创业风险投资引导资金。截至2009年底，我市有创业风险投资机构122家，注册资本额110亿元；累计注册内外资股权投资基金（管理）企业291户，注册（认缴）资本665亿元，成为全国创业风险投资机构和资本的重要聚集地。创业风险投资基金先后投资了曙光高性能计算机服务器产业化基地等20多个高技术产业化项目，红日药业、赛象科技等一批科技型企业在创业板上市。

我市高度重视间接融资。先后制定下发了加大科技型中小企业信贷支持的指导意见、专利权质押贷款实施指导意见、商标专用权质押贷款实施指导意见、股权质押贷款实施指导意见、公司股权出资登记管理试行办法、公司股权出质登记管理试行办法等政策性文件，开办了无抵押无担保的科技计划项目与商业银行贷款相结合的打包贷款、知识产权质押贷款、商标权质押贷款，积累了科技金融改革创新经验。从2005年开始组织的"金桥之友"联谊等活动，先后与国开行天津分行、农发行市分行、浦发银行天津分行、大连银行天津分行、天津银行、渤海银行、渤海财产保险公司等金融机构合作，搭建科技贷款和科技贷款保证保险平台，建立科技支行和高新技术企业信用组织，成为全国第一批科技保险试点城市，成立了国内第一家科技小额贷款公司，促进了科技产业与科技金融的紧密结合，实现共同发展。

二、科技金融改革创新指导思想和目标任务

（一）指导思想。深入贯彻落实科学发展观，按照科学、审慎、风险可控原则，以体制机制创新为突破口，努力做到率先推进科技金融体制机制改革创新、率先探索科技资源与金融资源相结合的方式与模式、率先突破科技型企业融资瓶颈，为全国科技金融改革创新提供借鉴与示范。

（二）目标任务。加快天津科技金融改革创新进程，力争用3至5年时间，基本形成与滨海新区开发开放和建设创新型城市相适应的科技金融体制与机制，基本形成符合科技创新规律和现代金融发展规律的科技金融产品与服务体系，基本形成活跃、有序的科技金融中介服务体系及有利于科技金融创新发展的政策服务环境。

（三）组织领导。成立天津市科技金融改革创新工作领导小组，由主管科技和金融的副市长任组长，相关职能部门负责人为成员，指导全市科技金融改革创新试点建设。市科委、市金融办负责具体牵头组织协调，制定具体实施方案，促进相关措施落实，全面推进试点工作。在科技部等国家有关部门支持和指导下，建立部市之间的联络协调机制，全面推进天津科技金融改革创新。

（四）政策支持。研究出台科技型企业认定工作办法及相关配套政策，科技型企业可享受贷款、专项资金支持等方面优惠、优先权利。允许在天注册津的创业投资企业经过备案享受《天津市促进股权投资基金业发展办法》（津政发［2009］45号）中规定的相关优惠政策。对服务于科技型企业的金融机构、中介服务机构，经认定，可享受与高新技术企业相同的地方优惠政策。推动在国有高新技术企业中引入期权、技术入股、股权奖励等形式的股权和分红权激励，提高管理团队和技术负责人积极性。强化财政扶持政策和风险控制、风险代偿机制，建立健全贷款贴息、奖励等激励扶持政策。落实天津市企业研究开发费用税前加计扣除项目鉴定办法（试行）。

三、科技金融改革创新的主要内容

全市科技金融改革创新的重点是：以企业、金融、中介和政府为主线，建立健全企业价值链、金融服务链、中介服务链和政府服务链；申办科技银行，发展科技与金融紧密结合、与科技自主创新相适应的现代科技金融服务体系。

（一）提升企业价值链，增强企业发展与融资能力。

1. 企业增资减债。企业要以资产负债率不超过70%为基本指标，通盘研究资产总量和负债能力，搞好间接融资与直接融资、短期负债与长期负债、金融手段与金融工具、投资与融资、支付与还款的选择组合。增加现金量，增强流动性，保证资金链，提高收益率，降低成本费用和金融风险。

2. 企业权属权证。高度重视资产率和资产有效化，建立资本权属清晰、财务关系明确、资产负债合理、依法合规核算的财务管理体制和财务管理制度，保证资金合规使用，资产安全完整，权属清晰可靠，权益及时有效。及时办理体现各类权属的权证，依法维护自身的各项合法权益（如：产权、股权、物权、林权、知识产权、商标权、域名权、排放权、勘探权、开采权、所有权、使用权和他项权等）

3. 企业增值增信。坚持持续发展与风险防范并重原则，以“借、用、管、还”良性循环为核心，开源节流、量入为出，以还定贷、适度负债，加强组织领导，强化财务管理，防范市场风险，实现持续发展。通过增加注册资本金、盘活存量资产、增加现金流入、实现公司收益，提高公司实力和价值。坚持依法管理、合规使用，全程管控、实施审计的原则，确保公司持续发展和规避风险。高度重视无形资产，开发可评估、可作价的资源，形成无形资产。加强社会信用体系建设，市有关部门要组织企业机构参加信用评级和信用评价，建立企业信用共同体，形成失信减值、守信保值和诚信增值的发展环境，提高企业的信用价值。

（二）健全金融服务链，促进科技企业快速成长。

1. 支持科技金融专营服务机构发展。

一是支持商业银行开办科技支行。支持渤海银行、天津银行、浦发银行天津分行等各家银行建立科技支行。科技支行实行专门的客户准入标准、信贷审批机制、风险控制政策、业务协同政策和专项拨备政策。

二是支持保险公司设立科技支公司。支持中国人民财产保险股份有限公司天津市分公司、华安财产保险股份有限公司天津分公司和渤海财产保险股份有限公司等设立科技保险专营机构，发展科技保险专营服务。继续完善科技保险试点工作，在巩固扩大现有科技企业运营保障类、科技人员保障类保险产品同时，探索开发高新技术企业小额贷款保证保险、高新技术项目研发失败保险等新险种，尽快形成科技保险服务体系和产品体系。

三是支持科技租赁公司发展。支持融资租赁公司和经营租赁公司发展，鼓励其研究风险租赁业务的运行方式和途径，面向科技型企业设计相应的产品并不断拓展业务。研究设立天津科技发展租赁公司，为高科技企业提供专业化融资租赁服务。研究制定物权权属权益保障政策，制定科技租赁业务发展促进政策，建立有效节约投资和降低企业负债的企业资产轻量化运营模式。

四是发展科技小额贷款公司。在高新技术集中的行业和市开发区、保税区、滨海高新区等设立科技小额贷款公司，制定贷款业务操作规程和贷款风险分类标准，开展科技型企业小额贷款、票据贴现、贷款转让、咨询业务以及贷款项下的结算业务，发展为全市科技型企业服务的金融机构。

五是支持科技担保公司发展。支持贷款担保公司发展，设立科技型企业贷款担保公司，研究设立贷款再担保机构，发展科技型企业贷款担保业务。规范科技型企业与银行及其贷款担保公司的借贷保关系，加强贷款担保公司风险控制，建立科技型企业贷款担保体系。

2. 发展创业风险投资基金和天使投资基金。

一是发展创业风险投资引导基金。政府出资设立的创业风险投资引导基金，与国内外实力雄厚、经验丰富的创业风险投资机构一起，发起设立创业风险投资基金。以引导投资、带动贷款，分担风险、分享收益为原则，引导社会资金对科技型企业进行股权投资，带动商业银行贷款。

二是依法筹建科技成果转化基金。基金主要用于投资高新技术领域知识产权清晰的中试及扩产项目，带动更多社会资金投资，促进科技成果转化及产业化。

三是发展天使投资基金。发挥天津滨海天使创业投资有限公司、天津科创天使投资有限公司等企业的引领示范作用，支持社会资本参与天使投资。建立健全天使基金的风险管理、项目组织、专家评审、盈利退出模式以及激励约束机制。

（三）完善中介服务链，建立科技金融服务体系。

1. 支持科技金融经纪服务公司发展。建立科技型企业与金融机构融资的对接平台，为科技型企业提供创业风险投资、银行信贷、产品保险、贷款担保、金融产品推介、企业上市等一站式咨询服务。规范贷前审查、贷后管理以及不良资产处置等程序及方法。

2. 支持知识产权评估机构发展。支持知识产权等无形资产价值评估业发展，制定专利、商标、著作权等知识产权价值评估细则和投资交易方法。设立科技企业、金融机构和中介机构专家库，为重大项目和业务评审提供智力支持与咨询服务。引导金融机构、知识产权代理机构、律师事务所、评估公司、保险公司、担保公司等发挥专业优势，为知识产权质押贷款服务。

3. 支持社会征信企业发展。支持联合信用公司等社会征信企业发展，依托科技主管部门、科技企业行业协会和科技型中小企业信用促进会开展科技型企业信用辅导、征信、信用评级等相关信用服务。组织建立区县和经济功能区、科技型企业和行业商会等信用共同体。

4. 举办高新技术企业国际投融资洽谈会。按照运作市场化、内容高端化、组织常年化、创新系统化方针，树立交流促进交易、交易创造价值理念，在办好中国企业国际融资洽谈会年会和区域分会、行业分会的同时，举办高新技术企业国际投融资洽谈会，建立快速约会和资本对接机制。通过国际融资服务公司、天津技术产权交易所以及滨海股权交易所分别为高新技术企业提供国际化融资服务和电子网络交易服务。

5. 健全多层次资本市场体系。在天津扩展代办股份转让系统，建立面向高新技术企业的柜台交易市场。

（四）强化政府服务链，营造科技金融创新发展环境。

1. 科技型企业成长促进体系。积极申请国家自主创新示范区，贯彻落实科技部、财政部、教育部、国务院国资委、中华全国总工会、国家开发银行联合印发的《国家技术创新工程总体实施方案》（国科发政［2009］269号），推动产业技术创新战略联盟构建与发展，建设和完善技术创新服务平台，做大做强创新型企业。鼓励各类孵化器、生产力促进中心、高新技术产业聚集区以及区县示范工业园区等发挥服务优势，支持科技型企业与金融服务密切结合，围绕科技型企业不同发展阶段，在创业服务、孵化服务、债权融资服务、成果转化服务等方面，不断创新科技金融服务产品，形成功能完备的科技型企业成长促进体系。

2. 科技型企业投融资服务体系。以天津市创业投资发展中心等为基础，重组设立天津科技发展融资服务控股集团公司（以下称控股集团），下设创业风险投资引导基金、科技发展小额贷款公司、科技发展租赁公司、科技发展贷款担保公司等机构，实行一级法人综合经营和二级法人分业管理体制，控股集团统一协调二级公司，在投资阶段、投资领域、投资方式等方面合理分工，重点支持高新技术产业，快速产生投资规模效应。

3. 完善政府资助和社会融资制度。

一是运用财政资金搞好重大科技项目研发资助，同时可以购买先进适用的知识产权和知识产权期权。支持知识产权权利人以知识产权出质融资，实高各新技术产业持续发展。发展自主知识产权资源库，建立市场化知识产权转让机制，以北方技术交易市场为依托，创建天津滨海国际知识产权交易所，争取设立国家知识产权转让市场。

二是修订完善科技型企业科技计划项目打包贷款风险补偿资金管理办法，搞好科技计划项目的评估和评价，建立科技计划项目打包贷款、贷款担保和风险补偿的成熟管理模式。

三是研究建立科技型企业贷款担保风险控制和科技型企业贷款贴息制度。

4. 股权投资与债项融资相结合的结构性融资。控股集团与浦发银行天津分行科技支行、基金业务部等机构合作，组织股权投资与债项融资相结合的结构性融资。同时由保险公司、租赁公司、担保公司等联动，建立分工合作、分担风险、共享收益机制。建立拟上市科技型企业后备资源库，支持企业上市融资和创业风险投资基金退出。

（五）以申办科技银行试点为突破口，搭建综合经营的融资服务平台。总结科技金融改革创新的经验，以股权投资与债项融资相结合的结构性融资为科技金融改革创新基本模式，争取由国家科技投资机构、国家级高新技术园区公司和有关省市企业出资发起设立科技银行，相应地做强做大创业风险投资引导基金、科技发展租赁公司、科技发展担保基金等，支持高新技术产业持续发展。科技银行只办理法人存款贷款业务，不办理自然人存款贷款业务。科技银行面向全国高新技术企业和高成长性科技企业服务，以债权融资与股权投资相结合，由其控股的投资机构投资科技型企业。科技银行在客户准入标准、信贷审批、风险控制、收益方式以及专项拨备等方面实行创新的管理机制，开发先进适用的金融产品与服务项目。科技银行按行业引入专家团队，建立有效的风险识别、评估系统和内部监督机制，及时足额提取风险拨备金。

天津市科学技术委员会

天津市人民政府金融服务办公室

二〇一〇年四月二十二日

深圳市

深圳经济特区中小企业发展促进条例

深常委［13］号 2010年8月6日

《深圳经济特区中小企业发展促进条例》经深圳市第五届人民代表大会常务委员会第次会议于2010年7月26日通过，现予公布，自2010年10月1日起施行。

深圳市人民代表大会常务委员会

二〇一〇年八月六日

深圳经济特区中小企业发展促进条例

第一章 总 则

第一条 为了改善创业环境，促进中小企业发展，保持经济的可持续增长，根据国家有关法律、行政法规的基本原则，结合深圳经济特区实际，制定本条例。

第二条 本条例所称中小企业，是指依法在本市设立，生产经营规模符合本市中小企业分类标准的各类企业，包括中型企业、小型企业和微型企业。

中小企业分类标准由市人民政府（以下简称市政府）根据企业资产总额、销售额、职工人数等指标，结合行业特点制定并公布。

第三条 市政府应当将促进中小企业发展作为本市经济发展的主导战略，制定促进中小企业发展中长期规划，并针对小型企业和微型企业制定专项扶持政策。

第四条 市、区政府及有关部门应当保护中小企业依法参与公平竞争与公平交易的权利，维护中小企业的合法权益。

第五条 市政府应当推进中小企业信用体系建设，完善信用评级和失信惩戒制度。

第二章 公共服务

第六条 市政府设立中小企业发展工作领导小组（以下简称领导小组），统一领导全市中小企业工作。

领导小组每季度至少召开一次会议，研究解决中小企业发展的重大问题，协调各部门涉及中小企业的政策措施。

领导小组组长由市长兼任，成员包括市发改、科工贸信、财政、规划国土、人力资源保障、税务、市场监管、金融等部门主要负责人。

第七条 市政府应当在每年上半年向市人大常委会报告中小企业发展情况。报告包括下列内容：

（一）上一年度本市中小企业发展的基本情况；

（二）扶持中小企业发展的资金使用情况；

（三）扶持中小企业发展的政策实施情况；

（四）中小企业发展存在的问题及对策；

（五）其他应当报告的事项。

市人大常委会可以根据具体情况要求市政府就中小企业的特定事项作专项报告。

第八条　市、区政府应当通过各种途径，鼓励中小企业参与公共管理政策的制定。

市、区政府及其有关部门的重大决策涉及企业利益时，应当召开听证会或者以其他形式听取有关中小企业以及行业协会、商会等社会组织的意见和建议。

第九条　市政府科工贸信行政管理部门是中小企业工作的主管部门（以下简称主管部门），对全市中小企业工作进行综合协调、指导和服务，并履行下列职责：

（一）组织实施有关中小企业发展的法律、法规、政策，拟定鼓励引进和促进中小企业发展的优惠政策；

（二）组织实施中小企业发展规划；

（三）建立中小企业公共服务平台，为中小企业提供政策、市场、技术、人才、政府采购、产权交易、资金与创业项目合作、业务分包等信息服务和指引；

（四）受理中小企业的投诉和建议，维护中小企业合法权益；

（五）法律、法规规定的促进中小企业发展的其他职责。

第十条　市政府发改、统计部门应当会同主管部门及税务、市场监管等部门建立对中小企业的分类统计、监测、分析和发布制度，开展对小型企业和微型企业的统计分析工作。

第十一条　市政府规划国土部门应当会同主管部门根据中小企业发展需要，制定中小企业发展用地规划，推动中小企业产业园区建设，合理解决中小企业用地需求。

鼓励中小企业利用现有用地实行集约化发展，提高土地使用效率。

第十二条　市政府有关部门应当简化程序、提高效率，为中小企业设立和生产经营提供便捷服务。

行政审批的内容、标准和程序应当公开、规范。

第十三条　市、区政府及其有关部门可以采取购买服务方式委托行业协会、商会、社会服务机构等社会组织为中小企业提供公共服务。

第十四条　市、区政府有关部门应当将与中小企业有关的办事流程、期限、申报材料、收费标准、创业优惠政策等信息及服务承诺在本部门网站和办事窗口予以公布。

监察机关应当会同主管部门建立流程监督和反馈评价机制，监测政府有关部门为中小企业服务的办事流程，为政府各部门优化服务流程提供信息。

第十五条　行业协会、商会等社会组织应当依法维护中小企业合法权益，向政府及其有关部门反映中小企业的需求和建议，开展促进中小企业发展的各项服务活动。

第十六条　鼓励自然人、法人及其他组织兴办专门为中小企业提供各类社会化服务的机构。

建立和完善财政补助机制，支持社会服务机构为中小企业开展创业辅导、市场开拓、技术支持、信息服务、管理咨询、人才培训、质量检验等服务。

第三章　创业扶持

第十七条　鼓励自然人、法人及其他组织创办各种类型的企业，鼓励引导中小企业发展战略性新兴产业。

创业失败者再创业的，同等享受政府的优惠政策和创业辅导服务。

第十八条　鼓励和引导自然人、法人及其他组织提供社会资金与创业项目的合作平台服务。

第十九条　鼓励本市职业高中、职业技术院校和高等院校等教育机构对学生开展创业教育，传授创业的基本理念和方法。

职业高中、职业技术院校和高等院校，可以为在校学生提供创业试训平台。

第二十条　主管部门、人力资源保障、税务、市场监管等部门以及区政府有关部门应当加强创业服务工作，为创业人员提供政策咨询、创业培训等指导和服务。

第二十一条　主管部门应当组织有关专家和企业界人士成立创业辅导专家团队，为创业者提供各种层次的创业辅导服务。

鼓励各类社会服务机构开展多种形式的创业辅导服务。

第二十二条　具有本市户籍的下列人员，在本市自主创业或者合伙创办企业，可以向户籍所在地的区就业服务机构申请小额担保贷款，并享受有关优惠政策：

（一）登记失业人员；

（二）毕业两年以内的大中专院校及技校毕业生；

（三）归国留学人员；

（四）退役军人、随军家属；

（五）残疾人。

首次申请小额担保贷款并从事微利项目的，由政府全额贴息。

第二十三条　市、区政府应当加强中小企业创业基地的规划和建设，增强创业基地为创业人员提供创业培训、项目策划、技术支持、融资担保、商务代理等服务功能。

鼓励和支持自然人、法人及其他组织利用现有开发区、高新产业园区、旧城区、闲置厂房等投资建设中小企业创业基地。

市、区政府应当对社会资金投资建设的各种类型的产业园、创业基地提供一定的资金扶持。

主管部门应当会同人力资源保障等部门建立和完善创业基地考评和奖励机制。

第二十四条　市、区政府投资建设或者资助建设的创业基地，应当优先接纳本市鼓励发展产业的小型企业和微型企业。

第四章　创新推动

第二十五条　市政府应当统一规划公共技术服务平台建设。

对整体经济和多数产业发展起重大作用的公共技术服务平台，政府应当出资建设，其提供的服务应当免费或者按规定收取必要的运营维护费用。

社会资金出资建设公共技术服务平台的，政府给予资助，其服务收费按保本微利原则在政府资助合同中予以约定。

企业自主建设技术服务平台向社会开放的，政府依据其开放程度和收费标准给予一定的资助。

第二十六条　中小企业建立或者合作建立的研发机构经有关部门认定为市级以上研发中心的，由政府按规定给予资助。

第二十七条　主管部门应当根据本市产业发展需要，每年向社会征集科技创新项目，并组织专家进行项目评审，确定政府资助项目。

主管部门应当在资助项目中确定一定的比例交由中小企业实施开发。具体比例由市政府另行规定。

第二十八条　鼓励相关机构或者组织举办全行业或者分行业的创业创新大赛，政府可以对创业创新大赛的组织实施给予适当补贴。

创业创新大赛的获奖优胜者在本市实施获奖项目或者以获奖项目创办企业的，由政府给予资金资助。

创业创新大赛的获奖项目优先进驻政府出资或者资助建设的创业基地。

第二十九条　主管部门应当会同有关部门定期组织中小企业创新推荐会，向金融机构、中小企业信用担保机构和创业投资机构推荐中小企业自主知识产权项目、产学研合作项目、科技成果产业化项目、企业信息化项目、品牌建设项目。

第三十条　中小企业为履行政府采购合同而进行的技术改造项目，可以由政府专项资金予以支持。

鼓励金融机构和信用担保机构为中小企业履行政府采购合同及其他商业合同提供履约责任保险或者履约保函服务。

第三十一条　主管部门应当建立技术转移或者推广机制，向中小企业推广新技术和新工艺。

政府重点资助的科技创新项目取得的科技成果，应当按照开发合同的约定进行推广或者利用。

第三十二条　具有自主知识产权，符合一定条件的中小企业，可以向主管部门申请租赁或者购买创新型产业用房。

第三十三条　主管部门应当根据本市产业发展需要，制定本市产业紧缺人才和中小企业高级管理人员培训计划，培训所需费用，由中小企业专项资金予以支持。

鼓励和支持中小企业与高等院校、科研院所、职业学校、各类培训中介机构建立定向、订单式人才培养计划。

中小企业引进的高层次专业人才，在住房、配偶就业和子女入学等方面享受本市有关优惠政策。

第三十四条　鼓励中小企业参与研制国际标准、国家标准和行业标准。中小企业从事技术标准研制并作为该技术标准的主要起草单位的，按照有关规定给予资金支持。

第三十五条　鼓励中小企业申请、保护专利和商标，提高自主创新能力和知识产权保护水平。

中小企业申请国内外发明专利的，有关部门应当给予指导，并按照有关规定给予资金支持。

第三十六条　中小企业获得驰名或者著名商标、政府鼓励的专利产品和项目，在同等条件下优先列入技术改造、技术创新和新产品开发项目，优先安排入驻市产业集聚基地，并享受有关优惠政策。

第三十七条　鼓励中小企业通过连锁经营、品牌经营、网络经营等方式实现经营模式创新。

第五章　市场开拓

第三十八条　法律、法规未禁止进入的行业和领域，中小企业均可以平等进入，不得对其设定歧视性的市场准入条件。

第三十九条　鼓励中小企业参加国家、省市展览展销活动。中小企业参加符合政府产业导向的各类科技经贸展览展销活动的，由专项资金给予资助。

鼓励自然人、法人及其他组织投资建立区域性商品交易中心和行业性产品购销中心，为中小企业的产品交易提供服务。

第四十条 鼓励和促进电子商务公共服务平台建设，推进建立健全安全电子认证体系、在线支付体系及设立电子商务结算中心，完善电子商务信用体系。

鼓励中小企业利用各类电子商务平台开拓国内国际市场，扩大产品销路，降低营销成本。

第四十一条 中小企业开展质量管理体系认证、环境管理体系认证和产品质量认证、社会责任标准认证等国际标准认证的，可以由专项资金予以支持。

第四十二条 政府采购不得设置不利于中小企业的歧视性条件。中小企业生产的产品和提供的服务，在同等条件下，政府采购应当优先购买。

政府采购主管部门应当为中小企业参与政府采购提供指导和服务。

第六章 资金扶持

第四十三条 市、区财政年度预算应当安排扶持中小企业发展的专项资金，并根据年度财政收入增长情况适度增长。专项资金的具体管理和使用办法由市政府另行制定。

市政府应当整合与扶持中小企业发展有关的各类资金和基金，统筹规划资金的使用。

其他扶持企业发展的各类资金和基金重点扶持成长型小型企业技术创新、经营创新、服务创新以及循环经济、节能减排和清洁生产等活动。

第四十四条 市政府可以根据需要依法设立中小企业发展基金。

第四十五条 市政府应当建立小型企业贷款风险补偿机制，支持金融机构向小型企业发放贷款，并按规定对金融机构发放小型企业贷款产生的不良贷款损失予以适当补偿。

第四十六条 市政府设立的创业投资引导基金，应当引导创业投资机构、私募股权投资基金重点投资本市鼓励发展产业的小型企业和微型企业。

第四十七条 市政府应当定期对各类扶持中小企业发展的资金和基金的使用情况进行绩效审计和评估，审计和评估结果应当向社会公布。

第七章 融资促进

第四十八条 市政府应当创造必要条件，推动设立中小企业发展银行。

第四十九条 主管部门应当与金融机构建立沟通协调机制，开展金融合作。

鼓励金融机构开发中小企业信贷产品、增加信贷投入、创新金融服务、完善授信制度。对创新中小企业金融服务做出突出贡献的，由金融创新奖励资金给予奖励。

第五十条 建立政府重大投资项目的银行信贷与中小企业信贷倾斜挂钩制度，在确定政府重大投资项目的信贷银行时，应当将信贷银行对中小企业的信贷力度作为审定条件。具体办法由市发改部门会同市财政部门、主管部门另行制定。

第五十一条 小额贷款公司、典当公司、金融租赁公司等金融服务机构依法为中小企业提供融资服务，享受国家和本市的有关优惠政策。

鼓励行业内有条件的企业设立小额贷款公司等金融服务机构，为本行业或者产业链相关企业提供融资服务。

第五十二条 鼓励和规范担保行业的发展，完善信用担保风险补偿机制，支持担保机构开展中小企业融资担保业务。

市政府设立中小企业信用担保机构，为中小企业提供融资担保、与担保相结合的投资、委托贷款、投融资咨询等服务。

政府设立的担保机构应当重点支持中小企业为开展产品和技术创新而进行的融资活动。

第五十三条　鼓励中小企业以及行业协会、商会等社会组织发起成立互助性担保组织，由成员企业各自缴纳资金组成互保资金，为成员企业融资提供担保。

第五十四条　市政府设立中小企业信用再担保基金，为会员担保机构符合条件的担保业务提供一般信用再担保。

第五十五条　鼓励金融机构、信用担保机构及其他金融服务机构为中小企业提供信用贷款、无形资产产权等质押贷款、出口产品责任险等各类金融服务。

第五十六条　鼓励各类社会资本设立风险投资机构或者私募投资基金，鼓励风险投资基金和私募投资基金在本市设立分支机构或者投资政府鼓励发展的产业与项目。市政府可以根据相关规定给予政策优惠。具体办法由市政府另行制定。

第五十七条　主管部门应当采取有效措施鼓励中小企业上市融资，为中小企业改制上市提供下列服务，支持中小企业上市融资：

（一）开展企业改制上市的宣传和引导；

（二）建立中小企业改制上市备案登记制度；

（三）实施分类指导和梯度培育计划；

（四）协调解决中小企业上市过程中遇到的问题。

第五十八条　有关部门应当推动中小企业股权转让柜台交易市场建设，为中小企业提供股权交易服务。

第五十九条　主管部门应当创造条件，推动中小企业发行集合债券、短期融资券等进行债券融资。

第八章　权益保护

第六十条　禁止下列干扰中小企业正常生产经营活动或者侵害中小企业合法权益的行为：

（一）强制或者变相强制中小企业参加考核、评比、评优、达标、升级、排序等活动；

（二）强制或者变相强制中小企业参加指定培训、指定服务、购买指定产品或者法律、法规规定以外的保险；

（三）强制或者变相强制中小企业接受有偿新闻、征订报刊；

（四）强制或者变相强制中小企业参加各类社会团体、提供赞助或者捐赠；

（五）越权收费、超标准收费、自立项目收费、对同一收费项目在法定期限内重复收费；

（六）在招标采购活动中，限制中小企业参与公平竞标；

（七）没有法律、法规、规章依据或者没有明确监督检查事项的检查。

对前款所列行为，中小企业有权向主管部门或者其他有关行政管理部门举报、投诉，并可以依法申请行政复议或者提起行政诉讼。对前款（一）、（二）、（三）、（四）项行为，中小企业及其经营管理者有权拒绝。

主管部门及其他有关行政管理部门应当在法律、法规规定的期限内，对中小企业的举报、投诉予以受理并答复。

第六十一条　主管部门、有关行政管理部门及其工作人员有下列行为之一，情节轻微的，由上级部门或者监察机关责令改正；情节严重的，由任免机关或者监察机关对直接负责的主管人员和其他直接责任人员依法给予处分；造成损失的，依法承担赔偿责任；涉嫌犯罪的，依法追究刑事责任：

（一）不履行本条例规定职责的；

（二）贪污、截留、挪用专项资金或者其他财政扶持资金的；

（三）不按规定发放或者故意拖延发放专项资金或者其他财政扶持资金的；

（四）违反本条例第六十条规定的；

（五）对中小企业的举报、投诉或者行业协会、商会等社会组织协助中小企业进行的维权行为予以阻拦、打击、报复的；

（六）其他损害中小企业合法权益的行为。

第九章　附 则

第六十二条　本条例规定市政府和有关部门另行制定具体办法和标准的，应当在本条例施行之日起六个月内制定。

第六十三条　本条例自2010年10月1日起施行。

关于促进股权投资基金业发展的若干规定

深府〔2010〕103号 2010年8月6日

为深入贯彻落实国务院批准的《珠江三角洲地区改革发展规划纲要（2008—2020年）》和《深圳市综合配套改革总体方案》，加快我市股权投资基金业发展，巩固提升深圳区域金融中心城市地位，推进经济结构调整和产业升级，特制定本规定。

一、本规定的适用对象

（一）本规定所指股权投资基金，是指以非公开方式向特定对象募集设立的对非上市企业进行股权投资并提供增值服务的非证券类投资基金（包括产业投资基金、创业投资基金等）。股权投资基金可以依法采取公司制、合伙制等企业组织形式。

股权投资基金管理企业是指管理运作股权投资基金的企业。

私募证券投资基金管理企业是指借助信托公司发行理财产品，在监管机构备案，资金实现第三方银行托管，主要投资于证券市场的投资管理机构。

（二）本规定适用于本市注册的内资、外资、中外合资股权投资基金、股权投资基金管理企业以及私募证券投资基金管理企业，并且满足以下条件：

股权投资基金的注册资本（出资金额）不低于人民币1亿元，且出资方式限于货币形式，首期到位资金不低于5000万元。股东或合伙人应当以自己的名义出资。其中单个自然人股东（合伙人）的出资额不低于人民币500万元。以有限公司、合伙企业形式成立的，股东（合伙人）人数应不多于50人；以非上市股份有限公司形式成立的，股东人数应不多于200人。

股权投资基金管理企业，以股份有限公司形式设立的，注册资本应不低于人民币1000万元；以有限责任公司形式设立的，其实收资本应不低于人民币500万元。

私募证券投资基金管理企业注册资本1000万元人民币以上且管理资产在1亿元人民币以上。

二、规范股权投资基金的工商登记

（一）市各有关部门对股权投资基金、股权投资基金管理企业以及私募证券投资基金管理企业，给予工商注册登记的便利。

（二）股权投资基金、股权投资基金管理企业可在企业名称中使用“基金”或“投资基金”。

（三）公司制、合伙制股权投资基金、股权投资基金管理企业，在章程或合伙协议中应明确规定，不得以任何方式公开募集和发行基金。

（四）承担管理责任的股权投资基金管理企业的法定住所（经营场所），可作为股权投资基金企业的法定住所（经营场所）办理注册登记。

三、明确股权投资基金的税收政策

（一）合伙制股权投资基金和合伙制股权投资基金管理企业不作为所得税纳税主体，采取“先分后税”方式，由合伙人分别缴纳个人所得税或企业所得税。

（二）合伙制股权投资基金和股权投资基金管理企业，执行有限合伙企业合伙事务的自然人普通合伙人，按照“个体工商户的生产经营所得”项目，适用5%—35%的五级超额累进税率计征个人所得税。

不执行有限合伙企业合伙事务的自然人有限合伙人，其从有限合伙企业取得的股权投资收益，按照“利息、股息、红利所得”项目，按20%的比例税率计征个人所得税。

（三）合伙制股权投资基金从被投资企业获得的股息、红利等投资性收益，属于已缴纳企业所得税的税后收益，该收益可按照合伙协议约定直接分配给法人合伙人，其企业所得税按有关政策执行。

（四）合伙制股权投资基金的普通合伙人，以无形资产、不动产投资入股，参与接受投资方利润分配，共同承担投资风险的行为，不征收营业税；股权转让不征收营业税。

（五）股权投资基金、股权投资基金管理企业采取股权投资方式投资于未上市中小高新技术企业2年以上（含2年），凡符合《国家税务总局关于实施创业投资企业所得税优惠问题的通知》（国税发［2009］87号）规定条件的，可按其对中小高新技术企业投资额的70%抵扣企业的应纳税所得额。

四、加大对股权投资基金的支持力度

（一）自本《规定》实施之日起，新注册的股权投资基金可享受以下政策：

以公司制形式设立的股权投资基金，根据其注册资本的规模，给予一次性落户奖励：注册资本达5亿元的，奖励500万元；注册资本达15亿元的，奖励1000万元；注册资本达30亿元的，奖励1500万元。

以合伙制形式设立的股权投资基金，根据合伙企业当年实际募集资金的规模，给予合伙企业委托的股权投资基金管理企业一次性落户奖励：募集资金达到10亿元的，奖励500万元；募集资金达到30亿元的，奖励1000万元；募集资金达到50亿元的，奖励1500万元。

享受落户奖励的股权投资基金，5年内不得迁离深圳。

（二）股权投资基金投资于本市的企业或项目，可根据其对我市经济贡献，按其退出后形成地方财力的30%给予一次性奖励，但单笔奖励最高不超过300万元。

（三）股权投资基金、股权投资基金管理企业因业务发展需要新购置自用办公用房，可按购房价格的1.5%给予一次性补贴，但最高补贴金额不超过500万元。享受补贴的办公用房10年内不得对外租售。

（四）股权投资基金、股权投资基金管理企业新租赁自用办公用房的，给予连续3年的租房补贴，补贴标准为房屋租金市场指导价的30%，补贴总额不超过100万元。

（五）股权投资基金、股权投资基金管理企业以及私募证券投资基金管理企业纳入我市大企业便利直通车服务范围，并按相关规定为其提供优质、便利的服务。

（六）股权投资基金、股权投资基金管理企业以及私募证券投资基金管理企业的高级管理人员，经市人力资源保障部门认定符合条件的，可享受我市关于人才引进、人才奖励、配偶就业、子女教育、医疗保障等方面的相关政策。

（七）本规定中涉及的有关奖励补贴经费，纳入市金融发展专项资金中统筹予以安排，并参照执行市金融发展专项资金管理的有关规定。

五、促进股权投资基金产业的集聚

（一）市各有关部门要进一步优化服务，形成有利于股权投资基金业集聚和健康有序发展的市场环境。

（二）推动建立股权投资基金产业园区，发挥其聚集效应，吸引国内外大型股权投资基金及管理企业入驻。股权投资基金产业园区应组建面向中外股权投资基金及管理企业的服务平台，为落户深圳的国内外股权投资基金及管理企业提供全方位“一站式”办公服务和项目对接支持等服务。

（三）支持外资股权投资基金在深圳发展，积极研究解决外资股权投资基金和基金管理机构的注册登记、外汇管理、产业投资和退出机制等方面的问题。

（四）鼓励和引导社会资本投资股权基金，支持企业年金、地方社保基金按照有关规定投资在深圳市注册设立的股权投资基金。

（五）鼓励商业银行在深圳市开展股权投资基金托管业务和并购贷款业务，支持其依法依规以信托方式投资于股权基金。鼓励证券公司、保险公司、信托公司、财务公司等金融机构在深圳市依法依规投资或设立股权基金和直接投资公司。

（六）支持股权投资基金企业开展培训交流活动，推动股权投资基金企业与本市优质中小企业开展交流合作，增强股权投资基金业的影响力。

六、推动股权投资基金业的规范健康发展

（一）规范发展股权投资基金行业协会，充分发挥行业协会在加强行业自律管理方面的作用。

（二）积极引入专业的股权投资基金评级机构，以市场化的方式推动股权投资基金评估体系的建立，引导股权投资基金规范健康发展。

（三）市各有关部门要加强对股权投资基金行业的监督管理、风险预警及处置工作，依法打击利用股权投资基金名义进行的各类非法集资活动。

关于进一步支持股权投资基金业发展有关事项的通知

深府办［2010］100号 2010年12月4日

各区人民政府，市政府直属各单位：

市政府《印发关于促进股权投资基金业发展的若干规定的通知》（深府［2010］103号）（以下称《若干规定》）实施以来，对于吸引股权投资基金机构落户深圳，加快我市股权投资基金业发展，发挥了积极作用。为进一步加大对我市股权投资基金业的支持力度，营造更加优良的环境，经市政府同意，现就有关事项补充通知如下：

一、对我市符合《若干规定》相关规定的股权投资基金管理企业，自本通知实施之日起，前2年按照营业收入形成地方财力的100%给予奖励，后3年按照营业收入形成地方财力的50%给予奖励；新注册成立的股权投资基金管理企业，按照其营业收入形成地方财力之日起计算。

二、对我市符合《若干规定》相关规定的股权投资基金、股权投资基金管理企业，自本通知实施之日起或自获利年度起，前2年按照企业所得形成地方财力的100%给予奖励，后3年按照企业所得形成地方财力的50%给予奖励。

二〇一〇年十二月四日

河北省

河北省人民政府办公厅关于印发河北省促进股权投资基金业发展办法的通知

办字[2010]155号　2010年12月10日

各设区市人民政府，各县（市、区）人民政府，省政府有关部门：

《河北省促进股权投资基金业发展办法》已经省政府同意，现印发给你们，请结合本地本部门实际，认真贯彻实施。

二〇一〇年十二月十日

河北省促进股权投资基金业发展办法

第一章　总　则

第一条　为加强对社会资金的引导，促进股权投资基金业发展，推进经济结构调整和产业优化升级，根据《中华人民共和国公司法》、《中华人民共和国合伙企业法》等有关法律法规和规定，结合我省实际，制定本办法。

第二条　本办法适用于在本省行政区域内登记注册并备案的股权投资基金和股权投资基金管理企业（以下简称管理企业）。

股权投资基金是指以非公开方式向特定对象募集设立的对非上市企业进行股权投资，并提供增值服务的非证券类投资基金。包括产业投资基金、创业投资基金和其他类型的私募股权投资基金。

管理企业是指受托管理运作股权投资基金的企业。

第三条　股权投资基金可以依法采取公司制、合伙制等企业组织形式和契约制等非企业组织形式。管理企业可以依法采取公司制、合伙制等企业组织形式。

第四条　股权投资基金及管理企业的投资者包括自然人、法人和其他组织。

第五条　发展改革部门负责推进股权投资基金业发展，并对股权投资基金及管理企业的资金募集和投资运作实施监督管理。金融、工商、商务、财政、税务等部门按照各自职责做好相关工作。

第六条　县级以上地方政府应采取税收、财政奖补等多种方式支持鼓励股权投资基金业的发展。

第二章　基金的设立

第七条　设立内资股权投资基金企业和管理企业应当依法在工商行政管理部门登记注册；设立外商投资股权投资基金企业和管理企业应经商务部门审批同意后，向工商行政管理部门申请设立登记。

第八条　设立内资股权投资基金应当具备下列条件：

（一）股权投资基金企业注册资本不低于1亿元，首期缴付不少于5000万元，法律法规规定不能分期缴付的除外。投资者应以货币方式出资，单个投资者出资不低于500万元。

（二）以股份有限公司形式设立的，发起人数不得少于2人、最高不得超过200人；以有限责任公司形式设立的，股东人数不得超过50人；以合伙制形式设立的，合伙人数不少于2人、最高不得超过50人；以其他组织形式设立的，投资者人数应当符合有关法律法规的规定。

（三）法律法规规定的其他条件。

第九条　设立内资管理企业应当具备下列条件：

（一）注册资本不少于1000万元，首期缴付不少于500万元，法律法规规定不能分期缴付的除外。所有股东或合伙人均应当以货币形式出资。

（二）以股份有限公司形式设立的，发起人数不得少于2人、最高不得超过200人；以有限责任公司形式设立的，股东人数不得超过50人；以合伙制形式设立的，合伙人数不少于2人、最高不得超过50人。

（三）法律法规规定的其他条件。

第十条　外商投资股权投资基金企业的设立条件按照国家规定执行。

第十一条　设立外商投资管理企业应当具备下列条件：

（一）注册资本不低于200万美元，并以货币形式出资；

（二）以有限责任公司形式设立，股东人数不超过50人；

（三）法律法规规定的其他条件。

第十二条　股权投资基金企业和管理企业名称中行业特点应分别表述为“股权投资基金”和“股权投资基金管理”。

第十三条　股权投资基金登记注册的经营范围为：非证券类股权投资及相关咨询服务。管理企业经营范围为：受托对非证券类股权投资管理及相关咨询服务。

第十四条　公司制、合伙制股权投资基金和管理企业登记注册后，应当及时向登记注册工商行政管理部门的同级发展改革部门备案。

以非企业组织形式设立的股权投资基金完成资金募集后，通过受托管理企业向发展改革部门备案。

发展改革部门将备案文件抄送同级政府金融、财政和税务等部门。

第十五条　股权投资基金应当以私募方式募集，不得以任何方式公开募集。

第十六条　创业投资基金核定为创业投资企业，其设立和备案管理按照《创业投资企业管理暂行办法》及相关规定执行。产业投资基金及管理企业的设立和备案、名称核准、经营范围按照国家有关规定执行。

第三章　税收政策

第十七条　合伙制股权投资基金和合伙制管理企业不作为所得税纳税主体，采取“先分后税”的方式，由合伙人分别缴纳个人所得税或企业所得税。

第十八条　合伙制股权投资基金和合伙制管理企业，执行有限合伙企业合伙事务的自然人普通合伙人，按照“个体工商户的生产经营所得”项目，适用5%～35%的五级超额累进税率计征个人所得税；不执行有限合伙企业合伙事务的自然人有限合伙人，其从有限合伙企业取得的股权投资收益，按照“利息、股息、红利所得”项目，按20%的比例税率计征个人所得税。

第十九条 合伙制股权投资基金的普通合伙人，以无形资产、不动产投资入股并参与接受投资方利润分配、共同承担投资风险的行为，不征收营业税；股权转让不征收营业税。

第二十条 公司制股权投资基金和公司制管理企业从被投资方取得的股息、红利等收益按国家税务总局国税发［2000］118号文件规定缴纳企业所得税。

第二十一条 公司制创业投资企业采取股权投资方式投资于未上市中小高新技术企业2年以上（含2年），按《国家税务总局关于实施创业投资企业所得税优惠问题的通知》（国税发［2009］87号）规定享受所得税优惠政策。

第二十二条 管理企业因收回、转让或清算处置股权投资而发生的权益性投资损失，可以按税法规定在税前扣除。

第四章 扶持奖补政策

第二十三条 管理企业自缴纳第一笔营业税之日起，由纳税所在设区市、县（市）财政部门按照前两年所缴纳营业税设区市、县（市）分享部分额度全额补助，后3年减半补助。

第二十四条 条发起设立注册资本5亿元人民币以上的股权投资基金并在本省登记注册的管理企业，参照《河北省人民政府办公厅印发关于对金融机构实行奖励和风险补偿及鼓励企业上市暂行办法的通知》（冀政办函［2007］65号）规定，由省财政按来冀设立总部的银行业金融机构相应政策给予一次性补助；自获利年度起，分别由其注册地的设区市、县（市）政府前两年按其所缴企业所得税设区市、县（市）分享部分的额度全额奖励，后3年减半奖励。

第二十五条 条股权投资基金及管理企业缴纳房产税确有困难的，依照《河北省房产税实施办法》及有关规定，报地税部门或财政部门批准减征或免征。

第二十六条 股权投资基金及管理企业在本省区域内新购建自用办公用房，由所在市、县（市）政府按每平方米1000元的标准给予一次性补贴，最高补贴金额为300万元，但10年内不得对外出租；租赁自用办公用房的，3年内每年按房屋租金的30%给予补贴。若实际租赁价格高于房屋租金市场指导价，则按市场指导价计算租房补贴，补贴面积不超过1000平方米，补贴总额不超过100万元。

第二十七条 股权投资基金及管理企业连续聘用3年以上（含3年）的高级管理人员，其在本省区域内首次购买商品住房、汽车或参加专业培训的，由所在地设区市、县（市）政府按其缴纳的个人所得税设区市、县（市）分享部分给予奖励，累计最高奖励限额为购买商品房、汽车或参加专业培训实际支付的金额，奖励期限不超过5年。

第二十八条 股权投资基金及管理企业高管人员的薪酬制度和工作、生活、政治待遇等激励政策，参照《河北省委办公厅河北省人民政府办公厅关于进一步加强全省金融人才队伍建设的若干意见》（冀办发［2009］12号）执行。

第二十九条 创业投资企业及创业投资管理企业符合本办法第八条、第九条、第十一条规定，在主管部门备案并通过年检的享受以上扶持奖补政策。

第三十条 县级以上政府和省级以上开发区应当依据《国务院办公厅转发发展改革委等部门关于创业投资引导基金规范设立与运作指导意见的通知》（国办发［2008］116号），结合本地实际，研究建立本级政策性创业投资引导基金制度，支持创业投资企业发展。

第五章 营造发展环境

第三十一条 县级以上政府及有关部门应当将股权投资基金业发展纳入本级国民经济和社会发展规划及金融业发展专项规划，采取有效措施加快推进。

第三十二条 鼓励和引导社会资本在本省投资设立股权投资基金，支持企业年金、地方社保基金按照有关规定投资设立股权投资基金。

第三十三条 鼓励商业银行在本省开展股权投资基金托管业务和并购贷款业务。鼓励各类非银行金融机构依法投资或发起设立股权投资基金和管理企业。

第三十四条 支持和引导股权投资基金及管理企业落户我省大中城市金融聚集区。

第三十五条 搭建股权投资基金与企业（项目）的对接平台，各级发展改革、工业和信息化、商务、科技等有关部门每年都要定期向管理企业推荐好企业、好项目，并随时提供咨询服务。

第三十六条 对股权投资基金投资省级工业、服务业聚集区内的项目，符合条件的优先列为省重点项目，并在资金、土地、能源供应等方面优先予以支持。对股权投资基金投资的省内企业，符合条件的优先列入拟上市企业名单重点培育，并享受我省相关优惠政策。

第三十七条 支持适时成立股权投资基金行业组织，充分发挥其行业自律作用和业务咨询、信息统计、项目对接、人员培训和交流合作等服务功能。

第三十八条 各级政府用于推进和支持股权投资基金业发展的工作经费和有关奖补资金应当纳入本级政府财政预算，予以保障。

第六章 附 则

第三十九条 省政府各有关部门要按照各自职责，本着“程序简便、防范风险、强化服务、促进发展”的原则制定具体实施细则。省发展改革委应会同有关部门及时协调解决股权投资基金业发展中的问题。

第四十条 国家股权投资基金业管理的有关规定出台后及时对本办法进行修订。

第四十一条 本办法自印发之日起施行。

黑龙江省

黑龙江省人民政府关于促进产权交易市场规范发展的意见

黑政发[2010]54号　2010年6月17日

各市（地）、县（市）人民政府（行署），省政府各直属单位：

近年来，我省产权交易市场稳步健康发展，省内市场初步整合，并与一些发达地区中心市场建立了战略合作关系，产权交易市场功能不断完善，在国企改革、源头治腐以及投融资服务等方面发挥了积极作用。为进一步规范产权交易市场发展，为全省经济又好又快发展服务，现提出如下意见：

一、充分认识发展产权交易市场的重要性

（一）产权交易市场是多功能的市场平台。产权交易市场是各类产权公开交易的专业化场所，交易范围涉及物权、股权、债权、知识产权等，具有信息发布、项目推介、转让策划、上市服务、项目融资、股权托管等综合性产权交易功能，是多层次资本市场的重要组成部分。

（二）产权交易市场对于促进我省地方经济发展具有重要作用。产权交易是企业成长和提高效益的重要手段，是经济发展的重要运行方式。产权交易市场是促进产权要素流动的平台，能够面向各产权主体提供产权交易和资本市场服务，促进各种资源的资产化和各类资产的资本化、证券化，加快产权流转，实现资源的合理配置，促进地方经济发展。

（三）产权交易市场是源头防腐工作的重要窗口。国有资产通过产权交易市场进行“公开、公平、公正”交易，有利于监管，杜绝“暗箱操作、转移藏匿、低评贱卖、自买自卖”等行为，有效地预防和治理腐败，防止国有资产流失，实现国有资产保值增值。

二、规范各类国有资产进入省产权交易市场

（四）经营性国有资产要统一进入省产权交易市场公开交易。按照《中华人民共和国企业国有资产法》和《企业国有产权转让管理暂行办法》的要求，除国家法律、法规规定可以协议转让的情况外，全省各类经营性国有资产的转让必须统一进入省产权交易市场公开交易。

（五）推进行政事业单位国有资产进场公开交易。按照《行政单位国有资产管理暂行办法》（财政部令第35号）和《事业单位国有资产管理暂行办法》（财政部令第36号）的规定，各级财政部门应在现有通过公开拍卖等方式转让国有产权的基础上，进一步拓宽行政事业单位国有产权公开处置渠道，对行政事业单位发生的股权转让，或向非国有单位及个人转让实物资产，可以进入产权交易市场进行公开交易。

（六）推动公共资源进场公开交易。省财政厅要会同省监察厅尽快制定《全省公共资源市场化配置目录》，指定黑龙江省公共资源交易所（以下简称省公共资源交易所）为公开处置机构，规范公共资源处置行为，进一步提高公共资源的配置效率。

（七）推进我省监管的金融企业国有资产进场公开交易。按照《金融企业国有资产转让管理办法》（财政部令第54号）的要求，除按国家规定可以直接协议转让的以外，转让上市金融企业国有股份和金融企业转让上市公司国有股份应当通过依法设立的证券交易系统进行；非上市企业国有产权转让应当进入省财政部门确定的包括省产权交易市场在内的省级产权交易机构进行。

（八）推进非上市公司制企业国有股权全部进行股权登记托管。各级政府部门要组织所属非上市公司制企业国有股权统一进入黑龙江省股权登记托管中心（以下简称省股权登记托管中心）集中登记托管，促进非上市公司制企业股权规范管理、有序流转，维护公司、股东和其他利害关系人的合法权益。省股权登记托管中心要结合各地实际情况，合理安排，积极为企业做好登记托管及后续服务工作。

三、积极为非国有企业进场交易提供服务

（九）鼓励非国有企业产权转让进入省产权交易市场。各级政府部门要结合本地实际，积极推动非国有企业产权转让进入省产权交易市场。省产权交易市场要发挥产权市场价值发现和优化资源配置的功能，进一步提高效率，降低交易成本，努力为企业进场交易提供优质服务，实现价值最大化。

（十）推进非上市股份有限公司的非国有股权集中托管。各级政府部门要鼓励和支持非国有公司制企业股权进入省股权登记托管中心和哈尔滨股权登记托管中心集中登记托管。省股权登记托管中心、哈尔滨股权登记托管中心要积极为非国有公司制企业做好股权登记托管工作，为托管企业融资、股权质押等提供中介服务，切实发挥融资平台作用。

四、加快省产权交易市场建设

（十一）规范省产权交易市场的运行机制。省产权交易市场由黑龙江省产权交易中心（以下称省产权交易中心）及各市地分支机构组成，为全省范围内从事企业国有产权交易的机构。各市地县国资监管机构涉及企业国有产权交易的，必须进入省产权交易市场，不得委托其他产权交易机构交易企业国有产权。要明确省产权交易中心与各市地分支机构的业务分工，按照“统一信息发布、统一操作规则、统一审核鉴证、统一收费标准、统一统计口径”等原则，开展全省产权交易业务。省产权交易中心负责组织全省产权交易工作，统一进行信息发布、撮合成交、资金清算、出具交易凭证；各市地分支机构负责行政区域内产权交易项目的前期咨询、项目受理、协助省产权交易中心完成交易、组织交割。省产权交易中心出资设立省股权登记托管中心、省公共资源交易所等专业市场平台，负责开展各类专业性产权交易及投融资服务业务。省产权交易中心要加强运行体制建设，逐步在我省实施产权经纪会员制，积极探索与其它相关要素市场的合作机制，努力构建全省统一的要素市场体系。

（十二）发挥省产权交易市场投融资平台作用。省股权登记托管中心作为我省开展股权登记托管工作的两家试点机构之一，要努力为托管企业质押融资、上市培育、引入战略投资者提供中介服务，拓展企业融资渠道，缓解中小企业融资难题。国有企业增资扩股应逐步进入省产权交易市场，广泛吸收战略投资者。非上市股份有限公司股权出质的，应凭省股权登记托管中心的股权登记托管证明，向公司登记机关申请办理股权质押登记；公司在办理股权质押登记后，应将质押登记事项向省股权登记托管中心备案。

（十三）推动省产权交易市场与发达地区产权交易机构的合作。加强省产权交易市场与上海、北京等中心城市产权交易机构的战略合作，扩大产权交易信息在全国的辐射面，利用其赋予的业务资质，开拓我省的央企产权、文化产权、技术产权、环境能源等产权交易业务，拓宽服务范围；建立东北三省一区产权市场合作机制，为东北振兴提供服务。

五、强化产权交易市场监管

（十四）加强国有产权转让的日常监管。省国资委负责全省产权交易市场培育和监督管理工作。省监察厅负责建立四要素市场电子监察系统，实现对省产权交易市场的实时监控。省财政厅应加强对省属金融企业国有资产转让及公共资源交易的监管，做到应进必进，杜绝场外交易。工商部门在办理国有产（股）权变更登记时，应以省产权交易市场出具的交易凭证作为产权变更和股权转让的证明。省金融办等有关部门要加强对股权登记托管工作的指导。

（十五）定期开展国有企业产权交易监督检查工作。省国资委与省财政厅、工商局、监察厅等部门要定期对全省产权交易行为进行联合检查，并对检查发现的问题及时予以纠正。对场外交易、造成国有资产流失和有意扰乱市场秩序的行为，依纪依法予以严肃查处；对涉嫌犯罪的，移送司法机关。

（十六）规范产权市场的有序发展。原则上我省不再新设产权交易市场，根据经济发展需要确需设立的，由省工商局登记发照。各级工商部门要在市场准入、变更登记等环节严格把关，防止产权市场过滥过多发展，造成资源浪费。

二〇一〇年六月十七日

吉林省

长春市人民政府关于支持战略性新兴产业发展的若干意见

长府发［2010］1号　2010年1月5日

各县（市）、区人民政府，市政府各委办局、各直属机构：

为全面贯彻落实国家发展战略性新兴产业的重大决策和市委十一届六次全会精神，围绕我市工业经济发展的“四个一”目标，实施工业产业升级计划，加快经济发展方式转变，促进产业结构调整，提高工业经济质量和效益，推进工业强市进程，实现工业经济的创新发展，现提出如下意见：

一、发展战略性新兴产业，培育工业经济新的增长点

（一）按照工业产业升级计划纲要提出的目标，把先进制造业、光电信息、生物医药、新能源、新材料等领域作为战略性新兴产业重点培育发展，打造工业经济新增长极。

先进制造业重点支持混合动力汽车、纯电动汽车及燃料电池汽车等节能与新能源汽车和光机电一体化制造装备、大规模集成电路制造装备等领域发展。

光电信息重点支持新型平板显示、光伏组件、光通信器件、LED照明、汽车动力电池和电机及关键车用控制、传感、执行电子器件、嵌入式软件等领域发展，支持关键技术及器件研发和产业化。

生物医药重点支持生物化工、生物能源、生物医疗、生物药等领域发展。支持再生资源综合利用生物基高分子新材料、生物基绿色化学品技术的研发和产业化。

新能源重点支持风能、太阳能、生物质能源利用的核心装备及关键器件、智能电网设备及关键组件等领域发展。

新材料重点支持发光材料、稀土轻（镁铝）合金、高分子有机材料、新型建筑材料等领域发展。

二、支持重点项目建设，推进工业经济上水平增效益

（二）鼓励企业在混合动力或纯电动汽车整车领域实施项目建设、新产品开发，对产能在2000辆以上，达产后年产值在15亿元以上的项目给予重点支持。

（三）鼓励企业在节能与新能源汽车关键零部件领域实施项目建设和新产品开发。对产能达到5000万安时以上，达产后年产值在5亿元以上的动力电池项目；产能达到1万台以上、达产后年产值在5亿元以上的电动汽车驱动电机项目；产能达到1000台/套以上、达产后年产值在3亿元以上的多能源动力总成系统项目给予重点支持。

（四）鼓励企业在光机电一体化制造装备、大规模集成电路制造装备领域实施战略合作及项目建设、产品开发。对达产后年产值在10亿元以上项目给予重点支持。

（五）鼓励企业在光电消费类电子领域实施项目建设和新产品开发。对产能达到100万台套，达产后年产值在10亿元以上的项目给予重点支持。

（六）鼓励企业在薄膜太阳能电池及组件领域实施项目建设和产品开发。对总投资5亿元以上，产能40兆瓦以上、达产后年产值10亿元以上的项目给予重点支持。

（七）鼓励企业在LED外延片和芯片制造、封装，LED光源模块、LED照明终端产品设计及制造等领域实施项目建设和产品开发。对总投资在10亿元以上、达产后年产值在50亿元以上的项目给予重点支持。

（八）鼓励企业在发光材料、高分子材料、生物化工、生物能源、生物医疗、生物药等领域实施项目建设和产品开发。对达产后年产值10亿元以上的项目给予重点支持。

（九）鼓励企业在调整产品结构，发展新兴产业方面搭建新产品检测平台、技术创新平台，对纳入国家级的平台给予重点支持。

三、加大支持扶持力度，促进产业结构优化升级

（十）整合政府资源，建立工业结构调整升级资金支撑平台。将市工业发展资金、中小企业担保资金、退城进区补偿资金整合集中，构建5亿元以上的工业结构调整升级融资平台。每年从战略性新兴产业利税对财政的贡献中，按一定比例列入财政支出对平台资金的滚动增长给予补充，扶持新兴产业发展，促进产业结构优化升级。

（十一）利用工业结构调整升级资金支撑平台。实施重点项目支持专项。对列入支持重点的项目，以贷款贴息、股权、仓单、应收账款质押担保、无偿资助等方式分批下达重点项目支持专项，帮助企业解决项目建设中遇到的资金瓶颈问题。

（十二）优化服务新兴产业发展环境，对列入支持重点的项目，设立绿色服务通道。用好国家、省相关政策，积极协助企业申报国家、省项目专项，力争重点项目纳入国家、省资金支持框架。同时，完善市场推进措施，推动产业发展。

（十三）鼓励战略投资者发展战略性新兴工业产业，实施重大项目建设和新产品开发。对投资额在10亿元以上的大项目，采取一事一议、一企一策的方式，提供支持。

四、附则

（十四）本意见所涉及的资金列入市财政年度预算。

（十五）本意见所确定的支持领域与项目，由市工业和信息化局下达专项，企业申报，经市工业和信息化局专家评审委员会评定后，享受相关政策。

（十六）本意见自下发之日起实施，由市工业和信息化局负责解释。

长春市人民政府

二〇一〇年一月五日

吉林省人民政府关于印发吉林省中小企业成长计划的通知

吉政发［2010］3号　2010年1月26日

各市（州）人民政府，长白山管委会，各县（市）人民政府，省政府各厅委办、各直属机构：

现将《吉林省中小企业成长计划（2010～2012年）》印发给你们，请组织实施。

二○一○年一月二十六日

吉林省中小企业成长计划（2010～2012年）

中小企业在我省国民经济中占有重要地位，企业数量占99.5%，经济总量占47%以上，上交税金占全口径财政收入的比重接近1/3，就业人数占全省职工和城镇个体劳动者总数的70%以上，中小企业是全省经济社会发展的重要支撑，推动中小企业加快发展是实现富民强省的重大举措。为全面落实《国务院关于进一步促进中小企业发展的若干意见》（国发［2009］36号），推动全省中小企业跨越式发展，省政府决定，从2010年开始，在全省组织实施中小企业成长计划，为期三年。

一、必要性和紧迫性

自省委、省政府实施民营经济三年腾飞计划以来，我省中小企业得到了快速发展。截至2009年底，全省民营经济主营业务收入突破1万亿元，上交税金达到319亿元，从业人员443万人，企业户数达到10万户，个体工商户达到108.7万户，三年腾飞计划指标全部完成。

虽然我省中小企业暨民营经济发展态势良好，但基础还较为薄弱。由于起步晚、底子薄、资本积累时间短，同发达省份和全国平均水平比，还有较大差距。突出问题是总量小、质量不高、配套性差、企业人员素质低；同时，思想观念滞后，体制机制存在障碍、要素服务较为薄弱、创业氛围不浓等问题还未完全解决。我省中小企业对地区生产总值的贡献和对就业的贡献均低于全国10个百分点，对税收的贡献低于全国15个百分点。尤其在国际金融危机冲击考验下，我省中小企业自身也暴露出产品层次低、市场开拓能力弱、自主创新能力差、企业管理水平低等诸多问题。全省规模以上民营工业新产品产值率仅为5.8%，低于全国4个百分点；民营科技企业5200户，仅占全省企业户数的5.4%。

当前，我省正处在全力加速发展阶段，中小企业是推动全省经济发展的重要组成部分，把中小企业这块短板做大做强，是加快全省经济发展的重要战略。加快中小企业发展，有利于做大总量，加快结构调整，推动产业升级；有利于繁荣城乡经济，吸纳社会就业，增加财政收入；有利于实现百姓富裕，保持社会稳定；有利于引导中小企业做强，为培育大量“小巨人”企业和新生大企业打下基础。在未来几年，迫切需要举全省之力推动中小企业做大做强，适应全省经济和社会发展需要。

二、指导思想、目标和任务

坚持以科学发展观为指导，以做大总量、做优结构、做强龙头、提升层次为目标，抓住企业生成、成长、集聚和配套等关键环节，坚持市场导向和政府推动相结合，进一步强化地位，创造环境，加大服务，推进我省中小企业快速发展。

从2010年起，经过三年努力，到2012年，全省中小企业暨民营经济主营业务收入实现1.6万亿元，三年增长60%；增加值在地区生产总值中所占比重达到55%，提高8个百分点；上交税金占全口径财政收入的比重达到38%，提高5个百分点；从业人员占全省职工和城镇个体劳动者总数的比重达到75%，增长5个百分点；中小企业户数达到12万户，规模以上企业户数达到1万户，年度主营业务收入超亿元企业达到2000户，科技型民营企业发展到6000户，个体工商业户达到130万户。

突出抓好企业生成。大力推进全民创业，继续在全社会营造百姓创家业、能人创企业、干部干事业的浓厚创业氛围，全面落实推进创业的各项政策措施，切实帮助初期创业者解决创业技能和创业“本钱”，提高创业成功率。推进孵化基地建设，完善孵化功能，省级孵化基地达到100个，孵化总规模达到5000户。力争全省每年生成小企业1万户。

重点抓好企业成长。省、市（州）、县（市、区）实行三级联动，打造企业成长梯队。省里重点培育1000户年销售收入超亿元成长型企业，制定各种支持计划，扶优扶强，为成长为大集团打下基础。各市（州）重点扶持超千万元企业成长为亿元企业，培育成为区域支柱和龙头企业；县（市、区）重点培育规模以下企业逐步成长为规模企业，使其成长为有特色的小巨人企业。力争全省每年规模以上中小企业户数增加1000户。

培育壮大产业集群。依托现有特色园区，推行差异化战略，形成产业互动，提高中小企业与大企业配套发展能力。围绕全省支柱产业、特色产业打造上下游产业链；积极引导和鼓励中小企业涉入新兴产业，衍生、延长产业链条，推动产业链经济发展。三年力争打造50个产业集群，2/3的支柱特色产业形成产业链条，重点行业本地配套率达到40% 以上。

提升企业发展质量。引导广大中小企业转型成长，走“专、精、特、新”发展之路，努力推动中小企业由粗放型、资源型、环境污染和低附加值向科技型、创新型、循环型方向转变，提高产品科技含量和附加值。加快中小企业工业化与信息化融合，提高对两种资源、两个市场的统筹利用能力，推进企业技术进步和管理创新，增强产品研发、市场营销、内部管理及资金融通能力，提升企业综合竞争力。增强知识产权保护和品牌发展意识，培育一批具有自主知识产权和专有技术的企业品牌、服务品牌和产品品牌，增强可持续发展能力。全省每年挖掘和申报地理标志保护品种2～3个，三年总数力争达到35个；每年培育70～80个吉林省名牌产品，三年力争达到250个。

三、主要措施

（一）大力推动全民创业。

继续抓好全民创业各项政策落实，省政府每年对各项政策落实情况专门检查、通报；加快孵化基地建设，扩大孵化基地规模。各级政府要积极推动企业孵化基地、创业基地、大学生创业园、专业孵化器建设。创新管理体制、机制，推行政府引导、多元投资、市场运作、专业团队管理模式，继续实行财政税收扶持政策，引导孵化基地发挥最大效能。搭建公共服务平台，为创业者提供项目开发、技术指导、产品检验、融资、信息、人才、事务代理等全方位服务，帮助初创期小企业降低创业成本，提高创业成功率；开展创业咨询服务，建立省、市、县三级创业咨询服务平台，设立创业咨询服务热线，为创业者提供快捷高效的咨询服务。积极开展代理服务，各级中小企业服务中心要帮助企业办理各类涉政、涉法、涉事事务。整合社会服务资源，各级政府要通过购买服务项目方式，引导社会中介机构为中小企业提供便捷优质服务。省政府每年从中小企业发展专项资金中安排一定额度，支持公共服务体系建设。围绕创业者需求，开展“订单式”培训，提高创业者技能和管理能力。继续实施国家银河培训工程和“万名创业者、万名小老板”培训工程，在中小企业发展专项资金中安排“双万”培训补贴专项。依托省促进中小企业发展服务中心，加大初创企业小额贷款支持力度，建立小额贷款风险补偿金，力争每年为创业者提供小额贷款10亿～20亿元。

（二）推动产业配套和集群发展。

加强大、中、小企业间产业协作配套，成立行业配套协作中心，组织企业开展配套协作项目对接，鼓励大型企业通过专业分工、服务外包、订单生产等方式，加强协作配套，建立长效稳定的配套机制。加快汽车、石化、钢铁、农产品加工等配套型中小企业发展，围绕大企业的产品结构调整，及时进行技术改造，更新产品，保障质量，提高产品本地配套率。同时，鼓励中小企业进入现代物流、信息服务、工业设计等新兴生产型服务领域，拓展延伸产业链条，增强产业集群竞争能力。促进生产服务要素有效集聚，大力扶持集群内为主导产业服务的科技研发、标准检验、融资担保、技术支持、产品展示等公共服务平台建设，政府财政每年要对公共服务平台给予适当支持，逐步完善功能，发挥服务效能。加大品牌推介和培育力度，鼓励产业集群申请注册集体商标、打造集体品牌和区域品牌，扩大集群知名度，使集群内企业同享收益。

（三）推动中小企业做大作强。

加快企业规模扩张，推动有条件的企业实施兼并重组，以资本、技术、产品为纽带，实现低成本扩张，打造主业突出、核心竞争力强的大公司、大集团。加大固定资产投入，推进中小企业技术改造，加大财政对技改项目的扶持力度，不断提升装备水平和产品质量，逐步优化产业结构，增强发展后劲。推进企业技术进步，积极鼓励组建中小企业技术联盟，鼓励大专院校、科研院所分离科研成果，开放科研基础设施，与企业共享技术、信息、市场等资源，加快新技术推广和科研成果产业化步伐。发挥政府专项资金作用，通过购买服务和补贴等方式，建立中小企业技术需求市场和公共技术服务平台为企业服务。完善中小企业法人治理结构，促进企业实现管理创新。提高中小企业信息化发展水平，联合知名信息化服务商，开展成长型企业健康成长普查行动，为企业发展提供信息化解决方案。鼓励启明公司等信息技术企业开发和搭建行业应用平台，为广大中小企业信息化提供软硬件工具、项目外包、工业设计等社会化服务，深入推进中小企业电子商务，提升企业综合竞争能力。

（四）努力破解融资难题。

完善以省中小企业发展服务中心为龙头的融资担保服务体系，形成政府、银行、担保机构、再担保机构和企业“五位一体”的中小企业融资服务平台，加强银企保对接，确保每年新增中小企业贷款额度高于上年。继续实施“百户重点企业”、“千户成长企业”融资支持项目和“万民创业小额担保贷款项目”。各级政府要建立担保机构资本金持续注入机制，风险补偿机制和奖励补助机制，筹资用于注入本级担保机构，扩大资本金规模，增强担保能力；省财政在每年安排的中小企业贷款风险补偿资金中，列支一部分，用于对担保机构的风险补偿；每年在金融发展专项资金中，列支一部分，用于对担保机构实施业绩奖励。加强对担保机构的监督管理，通过专项审计、资信评级、备案管理等方式，规范行业发展。扩大担保机构覆盖面，三年内力争担保机构达到县域和百个重点镇全覆盖。

拓展直接融资渠道。通过吉林省创业投资引导基金和风险投资基金，吸纳域内外资本，引进先进管理模式，培育科技含量高、市场潜力大的初创企业及高成长性企业进行股权融资，推动企业向成熟期发展。完善中小企业上市培育体系，建立上市储备资源库，开展多层次的上市融资培训服务，完善扶持上市政策体系，推进中小企业上市。加快区域资本市场建设步伐，探索建立吉林省股权交易所和高技术企业三板交易平台。鼓励企业通过发行集合债券、短期融资债券及信托投资等方式实现直接融资。

（五）加强综合服务机构建设。

健全省、市、县三级中小企业综合服务机构，实现市（州）、县（市、区）全覆盖。重点加强融资担保、企业人才培养、代理服务等公共服务平台建设。同时继续坚持“政府扶持中介、中介服务企业”，积极发挥中介机构的专业服务功能，逐步完善各类服务机构的咨询信息、技术服务、创业咨询、市场开拓等服务设施和服务网络。依托中国中小企业吉林信息网和吉林省中小企业数据中心，大力宣传国家和我省相关政策信息，及时发布最新科技成果、产权交易和合作项目、市场需求、产品推介、人才供求等状况，并实现网上业务咨询和受理，提升综合服务能力。

（六）加快培养企业人才。

实施千户成长企业经营管理团队培训工程，通过举办清华大学高级管理研修班、行业标杆企业考察班，围绕企业发展战略、经营管理、市场营销、自主创新等开展培训，系统提升我省中小企业经营管理者素质和能力，每年培训2000人，三年培训6000人。实施万名紧缺高级技能人才培训工程，未来三年，省中小企业专项列支2000万元，围绕企业紧缺技能人才需求，同大专院校、实训基地合作，加大培养力度。加快职业经理人队伍建设，完善建设吉林省职业经理人人才市场和信息网络，制定职业经理人引进与培育政策，形成企业人才引进和交流的平台。继续完善机关事业单位干部到中小企业任职政策，打开通道，释放机关人才，为企业注入人力资本。积极鼓励企业自身加强人才培养，对培训需求较大的企业，政府可提供相应教育资源或给予专项补助。

（七）加大市场开拓服务。

每年定期开展吉林产品走全国活动，组织广大中小企业到目标市场开展各类展洽活动。利用好中博会、东博会、APEC 会等各种市场平台，带领中小企业“走出去”，加强与外埠的商贸往来。积极鼓励各类商会、协会等服务机构为中小企业提供展览展销、进出口代理、招商引资等服务。建立以阿里巴巴和启明电子信息为主的电子商务服务平台，吸纳更多中小企业加入“阿里巴巴吉林省分站”，获取低成本市场开拓服务。同时，鼓励支持中小企业提高自身市场开拓能力。提升和改造商贸流通业，推广连锁经营、特许经营等现代经营方式和新型业态，创新经营服务方式，扩大产品市场占有率。

（八）加大法律维权服务力度。

建立以各级软环境办公室为主，法律事务机构为辅的维权服务平台，开通服务热线，接待受理或协助受理侵犯中小企业合法权益事件。各级政府督查室、工信部门及软环境办公室，每年要定期开展相关法律法规特别是金融、财税政策的贯彻落实情况的监督检查，清理和整顿收费项目，严肃查处乱收费、乱罚款及乱摊派行为，及时查处破坏软环境问题。充分发挥新闻舆论和社会监督作用，彻底减轻企业社会负担，合力维护中小企业的合法权益。同时，加强对中小企业劳动关系处理、工资支付、劳动保护、社会保险的检查，依法维护劳动者的合法权益。

（九）进一步优化发展环境。

完善政策法规保障体系。全面贯彻落实《中华人民共和国中小企业促进法》、《国务院关于进一步促进中小企业发展的若干意见》(国发［2009］36号)，研究制订《吉林省促进中小企业发展条例》和《吉林省促进中小企业发展若干政策》。加大各级财政扶持力度，逐步增加省级中小企业发展专项资金，坚持对创业企业、成长型企业、担保机构、服务体系以及金融部门给予扶持或奖励，并进一步扩大资金扶持覆盖面和扶持力度，发挥财政专项资金公共效益。各市（州）和县（市）财政都要逐步设立中小企业发展专项资金，主要用于担保机构的资本注入和服务机构建设，有条件的地区还可通过无偿资助或贷款贴息方式对成长型企业的技术创新、结构调整、节能减排、开拓市场、扩大就业等给予资金支持。同时，要全面落实有关税收优惠扶持政策，让企业轻装上阵，加快发展。

（十）加强组织领导。

省政府将成立中小企业发展领导小组，制定中小企业发展政策、规划及重大措施，组织实施中小企业成长计划。同时，把中小企业三年成长目标任务分解到市（州）、省直有关部门，纳入领导班子年度政绩考核体系。对中小企业成长计划完成情况实行定期通报和公示制度，开展年度竞赛考核评比活动，对落实得力，发展较好的市（州）、县（市、区）、省直相关部门给予年度表彰奖励。各市（州）政府要按照省里分解落实的指标任务，进一步分解至县（市），形成层层有任务，层层抓落实的格局。有关部门要结合工作职能，按照任务分工，积极完成工作项目。

各级政府、各有关部门要进一步提高认识，统一思想，结合实际，把全面落实中小企业成长计划作为一项重要任务来抓，要以促进发展、服务发展为己任，尽最大努力为企业提供服务，放开手脚、放胆发展，加快形成促进中小企业成长的工作合力。各地、各部门要制定和完善促进发展的具体措施，并认真贯彻落实，确保中小企业成长计划目标任务的实现。

关于印发《吉林省股权投资基金管理暂行办法》的通知

2010年6月24日

各市（州）人民政府，长白山管委会，各相关部门：

省金融工作办公室（筹备组）联合有关部门制定的《吉林省股权投资基金管理暂行办法》已经省政府同意，现印发给你们，请认真贯彻执行。

省金融办省发改委　省工信厅　省财政厅　省国土资源厅
省住房和城乡建设厅　省地税局　省工商局　省国税局
中国人民银行长春中心支行　吉林银监局　吉林证监局　吉林保监局
二〇一〇年六月二十四日

吉林省股权投资基金管理暂行办法

为了促进吉林省股权投资基金业发展，建设多层次资本市场体系，努力把我省打造成东北亚股权投资基金集地，依据国家相关法律法规，结合我省实际和发展需求，制定本办法。

一、适用对象

（一）本办法适用于在省内注册的内资、外资股权投资基金和股权投资类管理企业（以下简称管理企业）。股权投资基金是指以非公开方式向特定对象募集设立的对企业进行股权投资并提供增值服务的非证券类投资基金。管理企业是指专业管理股权类投资的企业。

（二）股权投资基金包括私募股权投资基金、产业投资基金、创业投资基金、创业风险投资引导基金等多种形式。股权投资基金及管理企业可以依法采取公司制、合伙制等企业组织形式。

（三）股权投资基金及管理企业的投资者包括法律、行政法规规定的法人、自然人和其他投资者以及国外、境外的企业法人、自然人。

二、设立要求

（四）股权投资基金及管理企业，以股份有限公司形式设立的，投资者人数不得少于2人、最高不得超过200人；以有限责任公司形式设立的，投资者人数不得超过50人；以合伙制形式设立的，合伙人人数不少于2人、最高不得超过50人。

（五）股权投资基金最低实收资本不得少于3000万元人民币。管理企业最低注册资本不少于1000万元人民币。注册资本允许分期缴付，股权投资基金首期缴付不少于1500万元人民币，管理企业首期缴付不少于500万元人民币。所有投资者均应当以货币形式出资。

（六）股权投资基金及管理企业，在章程或合伙协议中应明确规定，不以任何方式公开募集。

（七）设立股权投资基金及管理企业在国家法律法规未明确规定之前，由发起人向吉林省金融工作办公室（筹备组）（以下简称省金融办）提出设立申请，根据省金融办的复函到工商管理机关注册登记，注册后须持营业执照在规定期限内向主管税务机关办理税务登记，并向省金融办备案，产业投资基金和政府引导基金同时向省发改委备案。

（八）股权投资基金的经营范围核定为：从事非证券类股权投资活动及相关的咨询服务。管理企业经营范围核定为：管理或受托管理股权类投资并从事相关咨询服务业务。

三、扶持政策

（九）合伙制股权投资基金和合伙制管理企业，可采取“先分后税”的方式，由合伙人分别缴纳个人所得税或企业所得税。

（十）以有限合伙制设立的合伙制股权投资基金中，自然人有限合伙人，依据国家有关规定，按照“利息、股息、红利所得”或“财产转让所得”项目征收个人所得税，税率适用20%；自然人普通合伙人，既执行合伙业务又为基金出资人的，取得的所得能划分清楚时，对其中的投资收益或股权转让收益部分，税率适用20%。合伙人是法人和其他组织的，按有关政策规定缴纳企业所得税。

（十一）管理企业自缴纳第一笔营业税之日起，三年内由纳税所在地财政部门全额补助营业税地方分享部分，三年后减半补助营业税地方分享部分。

（十二）股权投资管理企业因收回、转让或清算处置股权投资而发生的权益性投资损失，可以按税法规定在税前扣除。

（十三）股权投资基金投资于省内的企业或项目，由财政部门按项目退出或获得收益形成的所得税地方分享部分的80%给予补助。

（十四）管理企业在省内新购建自用办公用房，由所在地政府按每平方米1000元的标准给予一次性补贴，最高补贴金额为300万元；租赁自用办公用房的，前三年由所在地政府分别按每年租金额的50%、30%、10%予以补贴，补贴总额不超过100万元。若实际租赁价格高于房屋租金市场指导价，则按市场指导价计算租房补贴。

（十五）管理企业连续聘用三年以上（含三年）的高级管理人员，其在本省区域内首次购买商品房、汽车或参加专业培训的，由所在地政府按其缴纳的个人所得税地方分享部分给予奖励，累计最高奖励限额为购买商品房、汽车或参加专业培训实际支付的金额，奖励期限不超过五年。

（十六）股权投资基金或管理企业符合《国家税务总局关于实施创业投资企业所得税优惠问题的通知》（国税发［2009］87号）文件规定条件的，经主管税务机关审核后，其采取股权投资方式投资于未上市的中小高新技术企业2年以上的，可以按照其投资额的70%在股权持有满2年的当年抵扣该创业投资企业的应纳税所得额；当年不足抵扣的，可以在以后纳税年度结转抵扣。

（十七）其他扶持政策参照《吉林省人民政府办公厅关于加快资本市场发展的若干意见》（吉政办发［2010］14号）执行。

四、配套服务

（十八）鼓励商业银行在本省开展股权投资基金托管业务和并购贷款业务。鼓励符合条件的证券公司、保险公司、信托公司等金融机构在本省依法投资或发起设立股权投资基金和管理企业。支持公证、律师等法律服务机构对企业设立、投资中相关事项和协议进行公证和提供法律服务。

（十九）创造国际化的办公条件，满足基金业发展服务需求，支持和引导股权投资基金及管理企业落户我省大中城市金融集聚区办公，力争形成专业化功能型国际化的股权投资基金聚集地。

（二十）省内管理企业可申请使用省政府上市后备企业数据库信息。省金融办等有关部门将定期以适当方式推介适合股权投资的企业。对股权投资基金投资的省内企业优先列入全省企业上市培育工程，并享受我省相关优惠政策。符合上市条件的，优先支持其在国内外资本市场上市。

（二十一）支持引导管理企业通过省内产权交易所等多种方式转让其持有的投资企业股权。

（二十二）支持吉林省股权投资基金协会发展。充分利用协会行业自律和服务功能，建立股权投资基金信息统计、资信评级制度，搭建信息发布和项目对接平台，建立基金公司与政府部门良好沟通渠道，组织股权投资类管理人才的职业资格培训，开展各类交流合作，为股权投资基金及管理企业提供专业高效便捷的服务。

五、规范管理

（二十三）省金融办负责全省股权投资基金的行业管理，负责牵头落实国家和吉林省关于支持股权投资基金发展的方针政策，并会同省发改委、省工信厅、省财政厅、省科技厅、省地税局、省工商局、人民银行长春中心支行、吉林银监局、吉林证监局、吉林保监局等相关部门采用联席会议制度形式，研究制订并完善促进股权投资基金业发展的规划、政策措施、管理制度、行业指导、实施意见。

（二十四）省金融办会同有关部门制订股权投资基金及管理企业相关登记和备案管理办法、监管办法并履行日常管理和服务职责。财政和税务部门做好各项财税优惠政策落实工作。

（二十五）建立对股权投资基金及管理企业的风险预警机制。风险管理的重点放在投资管理人的资质审查上。在每个会计年度结束后，股权投资基金及管理企业应当及时将审计后的财务会计报告等相关资料报省金融办备案。各级政府要依法打击利用股权投资基金名义进行的各类非法集资活动，促进股权投资基金业健康、规范、有序发展。

辽宁省

辽宁省人民政府关于进一步促进中小企业发展的若干意见

辽政发［2010］32号　2010年10月12日

各市人民政府，省政府各厅委、各直属机构：

中小企业是推动国民经济和社会发展的重要力量。促进中小企业稳定健康发展，对我省加快经济增长方式转变，实现科学发展具有十分重要的意义。为进一步促进中小企业又好又快发展，结合我省实际，现提出如下意见：

一、支持中小企业上市融资。对于首次公开发行上市的企业，省政府给予扶持资金150万元，市政府扶持资金不低于150万元。每新增一户上市公司，对企业所在地市政府给予工作经费补助10万元。具体扶持办法按照省财政厅、省政府金融办《关于印发辽宁省企业上市专项扶持资金管理办法的通知》（辽财企［2010］711号）执行。

二、鼓励和支持中小企业发行中小企业集合债券直接融资。发展以中小企业贷款标的资产的信用风险共担管理工具，通过动产质押、第三方保证等方式构筑多层次的风险共担体系，满足多元化的中小企业信贷需求。

三、对上年贷款平均余额同比增长、上年末存贷比高于50%且达到银监会监管指标要求的村镇银行，按其上年贷款平均余额的2%由中央财政给予补贴，作为村镇银行当年收入核算。补贴期限按照财政部规定执行。

四、对纳税确有困难的中小企业和经营困难的省级中小企业创业基地，经省地税局审批，在2012年12月31日以前，可减半征收城镇土地使用税和房产税。中小企业因有特殊困难不能按期纳税的，可按规定申请在3个月内延期缴纳。

五、对符合条件的小型微利企业，减按20%的税率征收企业所得税。自2010年1月1日至2010年12月31日，对年应纳税所得额低于3万元（含3万元）小型微利企业，其所得减按50%计入应纳税所得额，按20%的税率缴纳企业所得税。

六、支持中小企业技术创新。省级中小企业公共技术服务平台以及经省认定的40所大学设立的中小企业服务中心从事技术转让、技术开发业务和与之相关的技术咨询、技术服务业务取得的收入，免征营业税。

七、对企业从事符合条件的公共污水处理、公共垃圾处理、沼气综合开发利用、节能减排技术改造、海水淡化等环境保护、节能节水项目所得，自项目取得第一笔生产经营收入所属纳税年度起，第一年至第三年免征企业所得税，第四年至第六年减半征收企业所得税。

八、创业投资企业采取股权投资方式投资于未上市的中小高新技术企业2年以上的，可以按照其投资额的70%在股权持有满2年的当年抵扣该创业投资企业的应纳税所得额；当年不足抵扣的，可以在以后纳税年度结转抵扣。

辽宁省人民政府

二〇一〇年十月十二日

江苏省

无锡市政府办公室关于印发2010年无锡市重点产业发展引导资金管理办法的通知

锡政办发［2010］25号 2010年2月2日

各市（县）和各区人民政府，市各委、办、局，市各直属单位：

《2010年无锡市重点产业发展引导资金管理办法》已经市政府同意，现印发给你们，请认真贯彻执行。

二〇一〇年二月二日

无锡市重点产业发展引导资金管理办法

根据市委、市政府关于我市重点产业发展战略部署和《市政府关于整合设立市重点产业发展引导资金的意见》（锡政发［2010］15号）精神，结合全市重点产业发展目标，现制定2010年无锡市重点产业发展引导资金管理办法。

一、主要任务

根据市委、市政府2010年“千人计划促进年”和“新兴产业培育年”的战略部署和重点产业发展目标，全面整合市级经济类发展政府专项资金，统筹设立市重点产业发展引导资金，进一步明确使用方向，突出支持重点，创新管理机制，放大资金效应，充分发挥政府资金对产业发展的引导与促进作用，全力支持我市创新型经济领军城市建设，为推动全市经济快速、健康和可持续发展注入强大动力。

二、整合范围

2010年，对现有经济发展类专项资金，除非项目性质资金外，统一整合新设为无锡市重点产业发展引导资金。

按照“市级引导，属地为主”的原则，对列入市级以上（含市级）扶持范围的项目实行市、区配比投入。其中，崇安、南长、北塘由市级承担50%，区级承担50%；锡山、惠山、滨湖、新区由市级承担30%，区级承担70%。

三、使用重点

根据市委、市政府关于2010年“千人计划促进年”和“新兴产业培育年”的战略部署，2010年市“重点产业发展引导专项资金”重点投向市委、市政府确定的以传感网、新能源、新材料、环保、生物、软件及服务外包、工业设计和文化创意、现代旅游、生产性服务业为代表的九大战略性新兴产业，着力促进重点发展产业中技术含量高、发展前景好、财税贡献大的企业快速成长、做强做大、形成规模，加快构筑以高新技术产业和高端服务业为支撑的现代产业体系。

四、分类设置

市重点产业发展引导专项资金，按照功能支出方向和产业扶持重点实行支出功能分类预算管理，2010年主要设置4个大类、12个二级分类，具体包括以下内容：

（一）人才引育类。

使用方向：针对产业发展的初创阶段，主要解决九大新兴产业发展过程中的高层次创业人才和先进技术人才缺乏问题。

支持重点：重点引进和培育高层次创新创业人才和培育先进技术人才，为九大新兴产业的发展和集聚提供人才支撑。

具体包括：千人计划（含“530”计划）、服务外包“123”计划等。

（二）科技创新类。

使用方向：针对产业发展的成长阶段，主要用于解决九大新兴产业中企业研发投入不足、成果转化过程中风险较大和重大科技攻关项目的投入资助问题。

支持重点：重点支持科技研发投入、重大科技攻关项目、科技成果转化、重大项目财源建设等。

具体包括：科技创新创业计划、科技支撑计划（科技攻关）、重大项目财源建设等。

（三）产业提升类。

使用方向：针对产业发展的成熟阶段，主要解决产业结构优化、企业价值提升、新兴市场开拓等问题。

支持重点：重点支持企业技术改造、专利品牌和技术标准创建、新市场开拓以及重点产业推进等。

具体包括：产业转型提升（含旅游、动漫等现代服务业推进和新经济增长点培育、传感网示范应用）、节能降耗及循环经济（含技术改造）、企业价值提升（知识产权、品牌及标准化）、新市场开拓等。

（四）平台支持类。

使用方向：针对产业发展的共性基础需求，主要解决技术平台共享、政产学研合作、金融支撑体系建设等。

支持重点：重点支持政产学研合作、重大科技创新载体、风险投资、担保再担保等金融支撑体系等。

具体包括：科技基础设施建设、政产学研及国际合作、金融支撑体系建设等。

上述引导资金明细预算，市财政统一预留20%，专项用于对上争取资金的市级配套，如有缺口再作调剂。预留资金在实际执行中可视实际情况统筹平衡使用。

五、职责分工

根据《无锡市本级政府专项资金绩效管理改革指导意见》（锡委办发［2008］116号）规定，由相关部门按照专项资金绩效管理的有关要求和责任分工组织具体实施。

市委研究室负责会同有关部门研究提出重点产业引导资金的年度使用方向和支持重点，研究提出各功能分类的牵头部门和参与部门，会同财政部门组织预算绩效论证等。

财政部门负责组织编制引导资金分类预算，会同牵头部门制定资金使用管理办法，制定资金绩效管理办法，参与牵头部门组织的各项工作，审核拨付引导资金，对资金使用管理情况组织监督检查，定期开展绩效评价等。

牵头部门负责会同有关部门研究提出相应功能分类资金的使用计划建议，具体包括引导资金支持项目的申报条件、扶持方式、扶持标准、扶持数量、绩效目标、评价指标体系等，组织项目申报、开展评审论证、会商确定项目及实施跟踪管理等。

凡属于产业政策方面的资金需求，在现有支出功能分类中已涵盖的，由资金需求部门与牵头部门对接，在相应支出功能分类预算中统筹平衡；新出台政策在现有支出功能分类预算中未涵盖的，下一年度通过调整分类预算予以统筹考虑。

六、主要程序

根据《关于整合设立市重点产业发展引导资金的意见》（锡政发［2010］15号）和《无锡市本级政府专项资金绩效管理改革指导意见》（锡委办发［2008］116号）有关规定，对市重点产业引导资金2010年主要操作程序明确如下：

（一）明确使用方向。由市委研究室牵头相关部门，根据市委、市政府确定的战略部署安排和重点工作目标，研究提出年度重点产业引导资金的使用方向、支持重点和功能专项分类设置方案，报市政府主要领导审定。

（二）编制专项预算。根据审定后的引导资金分类设置方案和引导资金预算规模，由各主管部门根据预算分类设置方案分别提出关于资金预算、使用标准、绩效目标等方面的建议意见，由财政局统一进行梳理汇总。对市委、市政府明确支持的项目、以前年度明确2010年需继续安排的刚性支出，由主管部门提出支出需求在引导资金预算中优先安排。

（三）组织绩效论证。由市委研究室会同市财政局等部门，组织专家对各主管部门提出的资金使用需求和项目扶持标准等进行论证，根据重点工作的优先程度和不同专项的扶持特点，按照突出共性、兼顾个性的原则，研究明确引导资金的使用标准。完成相关论证后，由财政部门汇总提出引导资金的明细分类预算方案，报请市政府主要领导批准后执行。

（四）组织项目遴选。财政预算下达后，根据引导资金的分类设置和使用标准，由牵头部门会同参与部门按照“统一发布指南、分头组织申报、统一组织论证”的要求组织具体实施，并最终会审确定拟扶持项目。

（五）审核拨付资金。在分类预算控制额度内，由牵头部门与参与部门会审确定支出项目后，提出引导资金拨付申请及相关材料。财政部门按照有关规定审核汇总后，统一报请市政府主要领导审批。市政府主要领导审批同意后，由财政部门按照财政资金管理的有关规定拨付相应资金。

（六）实施跟踪管理。各主管部门按照目标要求和实施进度对扶持项目进行跟踪管理，财政、审计部门根据有关管理规定，对引导资金的使用情况进行监督检查和专项审计。

（七）组织绩效评价。年度预算执行结束后，由财政部门负责组织有关部门和专家进行绩效评价，绩效评价结果作为下一年度预算安排和今后完善工作方法、健全各项制度的重要依据。

七、管理要求

（一）严格政策管理。各部门要严格执行《关于进一步加强地方财政政策管理的通知》（锡委办发［2005］59号）和《无锡市本级政府专项资金绩效管理改革指导意见》（锡委办发［2008］116号）等文件规定，认真做好各项扶持政策的评价论证工作，梳理、整合、完善相关政策，切实增强各项政策的科学性、协调性和时效性。

（二）健全评审机制。牵头部门按照“公开、公平、公正”的原则，组织制定科学合理的项目评审办法，明确评审专家的选派方式、相关部门的选派比例，并按照评审办法规定认真组织项目评审。引导资金各功能专项牵头部门要建立完善评审专家数据库和企业情况数据库，做到规范化、专业化、科学化论证。

（三）强化项目管理。牵头部门要主动会同财政部门、参与部门，及时协调相关项目的申报指南、组织实施、项目评审以及资金计划下达工作；各级、各部门要对扶持项目实行全过程、链条式管理，确保扶持项目符合有关政策标准、资金拨付符合绩效进度要求、资金使用符合规定使用范围、项目实施达到预期工作成效；财政、审计部门要加强监督检查，定期对引导资金使用情况进行检查审计，确保重点产业引导资金的使用合法、合规、有效，促进重点产业引导资金绩效水平的不断提高。

（四）落实配套责任。对经过项目申报和组织论证列入市级以上（含市级）扶持序列的，由市、区两级按照规定的承担比例进行配比投入，市财政根据区级出具的资金拨付证明或配套承诺将资金拨付到区级财政；各主管部门加强对扶持项目的实施情况进行跟踪管理，确保项目实施达到预期的绩效；对项目未达到预期目标或者配套不到位的，相应扣减该功能分类下年度的预算额度，必要时可采用预算扣款方式进行结算。

以往相关规定与本办法不一致的，以本办法为准。

关于印发《关于促进苏州工业园区股权投资产业发展的若干意见》的通知

苏园管［2010］48号 2010年11月22日

各局办、各有关单位、各镇：

《关于促进苏州工业园区股权投资产业发展的若干意见》已经11月20日工委会议审议通过，现予以印发，请遵照执行。

特此通知。

二〇一〇年十一月二十二日

关于促进苏州工业园区股权投资产业发展的若干意见

第一章 总 则

第一条 为推动苏州工业园区（以下简称“园区”）股权投资产业的快速发展，规范股权投资企业和股权投资管理企业的运作，根据《公司法》、《合伙企业法》和《公司登记管理条例》、《合伙企业登记管理办法》、《外商投资合伙企业登记管理规定》以及园区中新联合协调理事会第十二次会议关于同意股权投资行业的相关政策在园区先行先试的精神，制定本办法。

第二条 本办法所称股权投资企业是指依法设立、以非公开方式募集资金并专门对企业进行股权投资的企业（包括创业投资基金、私募股权投资基金、产业投资基金、股权投资母基金）。该企业应由管理人管理、托管人托管，并由投资者按照其出资份额分享投资收益，承担投资风险。

第三条 本办法所称股权投资管理企业是指接受股权投资企业委托，管理运营股权投资企业的企业。

第四条 种子基金是专门对处于研究与发展阶段企业（以下简称种子期企业）进行投资的股权投资企业，可采用公司制的组织形式，也可以采用有限合伙的组织形式。本办法所称种子基金应注册在园区、经园区金融工作领导小组办公室（以下简称金融办）认定，所投资的种子期企业应是注册在园区、设立时间不超过2年且符合园区产业发展规划的企业，经认定，对部分特殊行业企业设立时间可适当放宽。

第二章 注册登记

第五条 设立公司制或合伙制的股权投资企业和股权投资管理企业，应分别按照《公司法》、《合伙企业法》办理工商注册登记。

第六条 公司制股权投资企业名称核准为：行政区划＋企业字号＋股权投资/创业投资＋股份公司/有限公司。

合伙制股权投资企业名称核准为：行政区划＋企业字号＋股权投资/创业投资＋合伙企业＋（有限合伙）/（普通合伙）。

公司制股权投资管理企业名称核准为：行政区划＋企业字号＋股权投资管理/创业投资管理

+股份公司/有限公司。

合伙制股权投资管理企业名称核准为：行政区划+企业字号+股权投资管理/创业投资管理+合伙企业+（有限合伙）/（普通合伙）。

第七条 股权投资企业的经营范围核准为：从事对未上市企业的投资，对上市公司非公开发行股票的投资及相关咨询服务。

股权投资管理企业经营范围核准为：受托管理股权投资（创业投资）企业，从事投融资管理及相关咨询服务。

第八条 合伙制股权投资企业及股权投资管理企业可以根据实际业务需要，设立合伙人理事会、联合管理委员会、咨询委员会等机构，保证股权投资企业规范运作。

第九条 园区工商行政管理部门是股权投资企业和股权投资管理企业的注册登记机关。本办法发布前已在园区注册登记的需要从事股权投资业务的有关企业，可以向园区工商行政管理部门提出变更登记申请。

第三章 备案管理

第十条 对在园区注册并符合一定条件的股权投资企业和股权投资管理企业（含种子基金）实行备案管理制度。

第十一条 申请备案的股权投资企业和股权投资管理企业应当具备下列条件：

（一）按本办法规定在园区办理注册登记。

（二）原则上，公司制（合伙制）股权投资企业的注册资本（认缴出资总额）不少于1亿元人民币，实收资本（首期认缴额）不少于2000万元人民币。公司制（合伙制）股权投资管理企业的注册资本不少于100万人民币。

（三）股权投资管理企业有至少3名具备5年以上股权投资或相关业务经验的高级管理人员。“高级管理人员”系指担任副总经理及以上职务或相当职务的人员。

（四）投资方向符合国家产业政策。

（五）有按审慎经营原则设置的组织架构、内控制度、风险管理程序和内部财务管理制度。

（六）有符合规定的管理人和托管人，分别承担股权投资企业的管理责任和托管责任。管理人具有明确可行的企业管理计划；托管人为经银监会认可的商业银行，具有明确可行的资金托管计划。

第十二条 申请备案的种子基金应当具备以下条件：

（一）按本办法规定在园区办理注册登记。

（二）原则上注册资本或协议募集资金总额不少于5000万元人民币。

（三）公司章程或合伙人协议中明确投资策略为：专注于种子期企业的投资；单个项目累计投资金额不超过500万元人民币；所有投资项目都将注册并入驻园区。

（四）具有严格合理的投资决策程序和风险控制机制，拥有成熟的种子期企业辅导和培育管理办法或制度。

（五）管理团队或受托管理顾问机构至少有2名具备5年以上创业投资或相关业务经验的专职高级管理人员。

第十三条 园区财政局（金融办）负责按本办法规定办理备案。收到备案申请后，应在5个工作日内，审查申请文件是否齐全，决定是否受理。受理后，应在20个工作日内，审定申请人是否符合备案条件，并向其发出“予以备案”或“不予备案”的书面通知，对符合条件的种子基金出具书面认定书。

第四章　扶持政策

第十四条　已按本办法备案的合伙制股权投资企业和合伙制股权投资管理企业，可采取“先分后税”的方式，由合伙人分别缴纳个人所得税或企业所得税。应缴纳的个人所得税由该合伙制股权投资企业和合伙制股权投资管理企业代扣代缴的，自然人有限合伙人，依据国家有关规定，按照“利息、股息、红利所得”或“财产转让所得”项目征收个人所得税，税率适用20%；自然人普通合伙人，既执行合伙业务又为股权投资企业出资人，取得的所得能划分清楚时，对其中的投资收益或股权转让收益部分，税率适用20%；对普通合伙人的生产经营所得，税率适用5%～35%，园区财政按所形成的园区新增地方财力部分给予六年50%的发展奖励。合伙人是法人和其他组织的，按有关政策规定缴纳企业所得税。

第十五条　已按本办法备案的股权投资企业及股权投资管理企业，在园区缴纳营业税和企业所得税的，自营业之日起六年内，按相当于企业当年实现营业收入和利润总额所形成的园区新增地方财力部分，给予50%的发展奖励；自营业之日起六年内，按不超过企业员工总人数的30%，按其个人当年所得部分所形成的园区新增地方财力部分，给予50%的发展奖励。

第十六条　已按本办法备案的股权投资企业和股权投资管理企业在园区租赁自用办公用房的，三年内每年按一定面积房屋租金的30%给予补贴，单位面积补贴最高24元/月平方米。享受租金补贴政策的办公用房，在租金补贴享受期内，不得转租。

第十七条　已按本办法备案的股权投资企业和股权投资管理企业的高级管理人员，还可参照《苏州工业园区吸引高层次和紧缺人才的优惠政策意见》（苏园工［2006］136号）、《关于实施苏州工业园区“金鸡湖双百人才计划”的若干意见》（苏园工［2010］107号）等文件规定申请享受相关优惠政策。

第十八条　设立苏州工业园区创业投资引导基金（以下简称引导基金），引导和促进创业投资企业共同投资符合园区产业政策的创业企业。对符合一定条件的创业投资企业，可申请由引导基金给予参股、跟进投资和风险补贴。被认定为种子基金的，引导基金跟进投资比例最高可提高到100%。引导基金管理办法另行制定。

第十九条　建立行业服务平台。在沙湖股权投资中心设立苏州股权投资协会，形成行业自律监管机制；通过协会与政府部门保持良好沟通，促进股权投资机构与国内外的合作与交流，营造良好的股权投资产业发展环境。

第二十条　建立项目推荐制度。已在园区备案的股权投资管理企业可优先获得优质项目推荐，其投资的园区企业可优先列入园区上市后备企业培育计划，并享受园区有关优惠政策。

第五章　规范管理

第二十一条　已备案的股权投资企业和股权投资管理企业，应当在每个会计年度结束后的4个月内，向园区财政局（金融办）提交兑现政策所需的相关资料，并应当及时报告投资运作过程中的重大事件。

第二十二条　已备案企业未按时提交本办法要求材料或有违反本办法相关规定的，园区财政局（金融办）应当责令其在30个工作日内改正；逾期未改正的，园区财政局（金融办）有权取消备案，自取消之日起停止兑现本办法相关优惠政策，并有权要求备案企业返还之前已获得的补贴资金。

第二十三条 对股权投资企业或股权投资管理企业弄虚作假、骗取扶持政策或不按承诺的投资策略进行投资，恶意骗取财政资金或随意改变补贴资金用途和投向的，园区财政局（金融办）按有关规定追究责任，并有权要求退还已获取的补贴资金。

第六章 附 则

第二十四条 本办法涉及的各项奖励、补贴资金，根据现行财政管理体制，按属地原则兑现。

第二十五条 对促进园区股权投资产业发展有重大作用的项目，可实行一事一议政策。在实施过程中的同类优惠政策，按从高不重复享受的原则适用。

第二十六条 本办法自公布之日起实施，有效期至2013年12月31日，由园区财政局（金融办）负责解释。

江苏省人民政府办公厅关于转发省财政厅省发展改革委江苏省新兴产业创业投资引导基金管理办法的通知

苏政办发[2010]153号　2010年12月27日

各市、县人民政府，省各委、办、厅、局，省各直属单位：

省财政厅、省发展改革委制订的《江苏省新兴产业创业投资引导基金管理办法》已经省人民政府同意，现转发给你们，请认真贯彻执行。

省财政厅
省发展改革委
二〇一〇年十二月二十七日

江苏省新兴产业创业投资引导基金管理办法

第一章　总　则

第一条　为扶持我省创业投资企业发展，增加创业投资资本供给，促进新兴产业壮大规模，根据《国务院办公厅转发发展改革委等部门关于创业投资引导基金规范设立与运作的指导意见》（国办发［2008］116号）及《省政府办公厅转发省发展改革委关于加快创业投资发展若干意见的通知》（苏政办发［2008］141号）文件精神，设立江苏省新兴产业创业投资引导基金（以下简称引导基金），并制订本办法。

第二条　引导基金是由政府设立并按市场化方式运作的政策性基金，其宗旨在于充分放大政府财政资金的杠杆效应，增加创业投资资本供给，完善创业发展环境；有效引导创业投资资金向新兴产业领域的企业投入，培育壮大战略性新兴产业规模，推进全省经济结构调整和产业升级。

第三条　引导基金按照“政府引导、市场运作、科学决策、严格管理”的原则，资金专门投向江苏省境内的新能源、新材料、生物技术与新医药、节能环保、软件和服务外包、物联网和新一代信息技术等新兴产业。引导基金由省发起，并按照效率优先、兼顾地域经济发展的原则，选择与有关市、县政府合作。

第四条　引导基金省级首期出资10亿元人民币，以后根据实际情况逐步调整规模。

第五条　引导基金应当与现有的国家级引导资金和市、县其他创业投资引导资金之间建立协调配合机制，科学合理使用资金，提高资金配置效率。

第二章　基金组织架构

第六条　引导基金经省政府批准设立。

第七条　经批准设立引导基金管理委员会（以下简称管理委员会），主要负责有关引导基金重大事项的决策和协调，包括资金筹措、合资合作方选择、管理制度、运行机制、风险控制、绩效奖惩等。具体职责是：

（一）涉及引导基金重大事项的决策，确定投资方向和投资原则；

（二）审查批准投资项目的管理、风险控制、投资退出机制和业绩考核等制度；

（三）审查批准年度资金筹集、投资计划。

第八条　管理委员会由省政府分管领导和省财政厅、发展改革委、科技厅、经济和信息化委等部门负责人组成。

第九条　管理委员会每半年召开一次例会，如有需要，主任可决定召集特别会议。

第十条　管理委员会下设办公室。办公室设在省财政厅，负责管理委员会日常事务。具体负责：

（一）贯彻执行管理委员会确定的发展规划和年度工作计划；

（二）组织协调引导基金的运作；

（三）监督检查投资项目及资金使用情况；

（四）向基金管理委员会提交年度工作报告；

（五）完成管理委员会交办的其他工作。

第十一条　建立专家评审制度，由省发展改革委牵头设立评审委员会，受管理委员会的委托，对市、县和创投管理团队的申请方案进行合规性初选，组织有关部门和专家对引导基金投资和合作方案进行独立评审，并将评审意见上报管理委员会审查批准。

第十二条　经省政府批准，指定省级事业单位江苏省产权交易所（江苏省股权登记中心）作为引导基金的出资人代表，代行出资人权利和义务。

第十三条　省级创业投资引导基金运作方式主要通过与市县引导基金合作、阶段参股、跟进投资、投资保障和风险补助等。与市、县（包括开发区）合作的引导基金，市、县出资额不得低于省出资额。引导基金通过阶段参股方式的，应向社会公开征集合作的管理团队，吸引社会资本共同发起设立创业投资企业。对创业投资企业投资于风险较高的种子期、初创期创业企业的，引导基金可适量给予风险补助。参股投资、跟进投资、风险补助方式由合作的管理团队提出申请。与市、县（开发区）引导基金进行合作，由地方政府提出申请，管理委员会审核批准。

第十四条　本办法所称创业投资企业，是指向创业企业进行股权投资以其所投资创业企业发育相对成熟后主要通过股权转让获得资本增值收益的企业组织。

第十五条　引导基金参股创业投资企业可采取承诺注资的方式分期到位，但不先于社会资本到位，对单个创业投资企业的参股比例不超过30%，且不能成为第一大股东，引导基金与国家级引导基金及市、县其他引导资金参股同一家创业投资企业的，政府性引导基金的合计参股比例不得超过50%。

第十六条　本办法所称的初创期创业企业是指在江苏省注册成立，主要从事新兴产业相关领域的产品研发、生产和服务，成立期限在5年以内的非上市创新型企业，并应当具备下列条件：

（一）直接从事研究开发的科技人员占职工总数的比例在10%以上；

（二）净资产在2000万元人民币以下，每年用于高新技术研究开发的经费占销售收入的5%以上。

第十七条　引导基金可通过上市转售、股权协议转让、企业回购及破产清算等方式退出。在有受让人的情况下，引导基金可以随时退出参股创业投资企业，其他股东具有优先受让权。

第三章　投资管理

第十八条　引导基金的引导方式主要采用阶段参股、跟进投资、风险补助和投资保障。

（一）阶段参股是指引导基金向创业投资企业机构进行股权投资，并在约定的期限内退出。主要支持与社会资本共同发起设立新的创业投资企业。

（二）跟进投资是指对创业投资企业选定投资的创业企业，引导基金与创业投资企业共同投资的投资行为。

（三）风险补助是指引导基金对已投资于初创期创业企业的创业投资企业予以一定的补助。

（四）投资保障是指创业投资企业对具有投资潜力，但暂时不符合投资条件的新兴产业领域的初创期企业在投资前提供创业辅导，并由引导基金给予资金资助。

第十九条 引导基金阶段参股的创业投资企业须满足以下条件：

（一）引导基金参股设立的创业投资企业，必须按有关规定在江苏省经工商行政管理部门登记，在备案主管部门备案，并接受监督；

（二）实收资本（或出资额）在5000万元人民币以上，或首期出资额在3000万元以上，并承诺注册后3年内出资额达人民币5000万元以上，所有投资者以货币形式出资；

（三）有至少3名具备5年以上创业投资或相关业务经验的专职管理人员。管理团队的主要管理人员已经受托管理一家以上经备案的创业投资企业，且管理业绩优良，或有已成功投资和服务两个以上创业投资企业的经验；

（四）管理和运作规范，具有严格合理的投资决策程序和风险控制机制；

（五）按照国家企业财务、会计制度规定，有健全的内部财务管理制度和会计核算办法。

第二十条 引导基金阶段参股的创业投资企业，在对创业企业进行投资时应当符合下列原则：

（一）投资对象原则上应当是在江苏省范围内注册设立的创业企业，投资江苏省范围内中小创新型未上市企业的资金不低于70%；

（二）投资对象应从事新兴产业相关领域内高科技产品的研发、生产和服务；

（三）投资对象仅限于未上市企业。但所投资的未上市企业上市后，创业投资企业所持股份的未转让部分及其配售部分不在此限；

（四）投资对象应以初创期创业企业为主，投资初创期创业企业的投资额比例不得低于全部投资额的30%；

（五）对单个创业企业的累计投资不得超过创业投资企业自身注册资金的20%；

（六）投资对象不能属于合伙企业，不得投资于其他创业投资企业；原则上不得控股被投资企业。

第二十一条 跟进投资仅限于创业投资企业投资初创期企业，引导基金可以按适当股权比例向该创业企业投资。跟进投资项目原则上应在江苏省境内。

第二十二条 引导基金对创业企业进行跟进投资时，应对以下内容进行审查：

（一）上年度被投资企业的会计报表和审计报告（新设立的企业除外）；

（二）被投资企业的资产评估报告（新设立的企业除外）；

（三）创业投资企业已批准投资的文件副本；

（四）创业投资企业编制的《投资建议书》或《可行性研究报告》；

（五）创业投资企业与被投资企业或其股东签订的《投资意向书》。

第二十三条 对于符合条件的跟进投资项目，引导基金在确认创业投资企业已全额出资后，按双方协议要求办理跟进投资的出资手续。

第二十四条　引导基金跟进投资形成的股权可以委托共同投资的创业投资企业管理。采用股权托管的，应当由受托管机构与被跟进投资的创业投资企业签订《股权托管协议》，明确双方的权利、责任、义务和股权退出的条件或时间等。

第二十五条　引导基金用于跟进投资的资金不得超过全部投资额的10%，且对单个企业只进行一次跟进投资。

第二十六条　引导基金参股创业投资企业应当在《投资合作协议》和《企业章程》中明确下列事项：

（一）在有受让方的情况下，引导基金可以退出；

（二）参股创业投资企业的其他股东不先于引导基金退出；

（三）参股创业投资企业的其他股东未按规定向初创期企业投资的，引导基金有权退出。

第二十七条　参股创业投资企业的其他股东自引导基金投入后3年内购买引导基金在参股创业投资企业中的股权，转让价格按不低于原始投资额和同期国债利息之和确定；超过3年的，转让价格根据同股同权原则按当时市值确定。参股创业投资企业其他股东之外的投资者购买引导基金在参股创业投资企业中的股权，按上述确定转让价格的原则，以公开方式进行。

第二十八条　鼓励首投（即引导基金参股的创业投资企业先于其他社会投资企业，第一次投向新兴产业的创业企业和项目的资金）。当引导基金参股的创业投资企业，投资于初创期创业企业的投资比例不低于全部投资额的30%时，如其中首投资金投向于初创期创业企业的投资出现亏损，引导基金可根据事先约定，排在其他股东清偿顺序最后清偿。

第四章　投资保障和风险补助

第二十九条　投资保障分两个阶段进行。在创业投资企业与被投资企业签订《投资意向书》后，引导基金对被投资企业给予投资前资助；在创业投资企业完成投资后，引导基金对被投资企业给予投资后资助。

第三十条　申请投资保障的项目应符合管理委员会确定的投资方向和投资原则。

第三十一条　创业投资企业在拟对被投资企业进行首投时，可以与被投资企业通过一定程序共同向管理委员会提出资助申请。

第三十二条　申请投资前资助的，创业投资企业应当与拟被投资企业签订《投资意向书》和《辅导承诺书》，明确以下事项：

（一）获得引导基金资助后，由创业投资企业向被投资企业提供无偿创业辅导的主要内容。辅导期一般为1年，最长不超过2年；

（二）辅导期内被投资企业应达到符合创业投资企业投资的条件；

（三）创业投资企业与被投资企业双方违约责任的追究。

第三十三条　符合本办法第三十二条规定，并经管理委员会审核同意的，引导基金可以给予被投资企业投资前资助，资助金额原则上不超过100万元人民币。资助资金主要用于补助被投资企业高新技术研发的费用支出。

第三十四条　经过创业辅导，创业投资企业实施投资后，创业投资企业与被投资企业可以共同向管理委员会申请投资后资助。经管理委员会审核同意后，引导基金可以根据情况，给予被投资企业原则上不超过100万元人民币的投资后资助。资助资金主要用于补助被投资企业高新技术产品产业化的费用支出。

第三十五条　对辅导期结束未实施投资的，创业投资企业和被投资企业应分别提交专项报告，说明原因。对不属于不可抗力而未按《投资意向书》和《辅导承诺书》履约的，引导基金依法收回投资前资助资金。

第三十六条　引导基金用于投资保障资助资金的来源为引导基金投资收益。

第三十七条　满足本办法相关规定的创业投资企业在对初创期创业企业完成投资后，可以申请风险补助。

第三十八条　经评审委员会审核并报管理委员会批准后，引导基金按照最高不超过创业投资企业实际投资额的5%给予风险补助，补助金额最高不超过500万元人民币。

第三十九条　风险补助资金主要用于弥补创业投资损失。

第五章　监督管理

第四十条　管理委员会按照有关规定，对引导基金建立有效的绩效考核制度，定期对引导基金政策目标、政策效果、扩大引导基金投资规模、资金投向及其资产情况进行评估，并纳入公共财政考核评价体系。

第四十一条　引导基金参股创业投资企业期限原则上不超过5年。如确有需要超过5年的，须经管理委员会同意。

第四十二条　与引导基金合作的有关市、县和创投管理团队应于每季度末向管理委员会报送引导基金投资运作、资金使用等情况；及时报告运行过程中的重大事件，并于每个会计年度结束后的4个月内提交经注册会计师审计的年度会计报表。

第四十三条　引导基金以参股方式发起设立创业投资企业的，可在符合相关法律法规规定的前提下，事先通过公司章程或有限合伙协议约定引导基金的优先分配权和优先清偿权（本办法第二十八条所列情况除外）。

第四十四条　对采用跟进投资方式支持市、县创业投资引导基金的，市、县引导基金应加强对所支持创业投资企业的资金使用监管，防范财务风险。

第四十五条　引导基金可按照投资收益的一定比例提取风险准备金，建立风险补偿机制。

第四十六条　引导基金不得用于贷款、担保、赞助、捐赠等支出，未投资金应存放银行或购买国债；引导基金及获得引导基金支持的创业投资企业不得投资于流动性证券、期货、房地产业以及国家和省政策限制类行业。

第六章　附　则

第四十七条　本办法的制订和修改，须经管理委员会所有委员单位通过后生效。

第四十八条　本办法由管理委员会授权管理委员会办公室解释。

第四十九条　本办法自发布之日起施行。

浙江省

浙江省工商行政管理局关于印发浙江省股权投资企业、股权投资管理企业登记办法的通知

浙工商企［2010］3号　2010年4月27日

各市、县（市、区）工商行政管理局：

为规范股权投资企业、股权投资管理企业登记行为，促进其健康发展，扩大直接融资渠道，根据《公司法》、《合伙企业法》、《公司登记管理条例》、《合伙企业登记管理办法》等法律法规以及《浙江省人民政府办公厅关于促进股权投资基金发展的若干意见》，省局制定了《浙江省股权投资企业、股权投资管理企业登记办法》。现印发给你们，请遵照执行。

二〇一〇年四月二十七日

浙江省股权投资企业、股权投资管理企业登记办法

第一条　为了规范股权投资企业、股权投资管理企业登记行为，促进其健康发展，扩大直接融资渠道，根据《公司法》、《合伙企业法》、《公司登记管理条例》、《合伙企业登记管理办法》等法律法规以及《浙江省人民政府办公厅关于促进股权投资基金发展的若干意见》，制定本办法。

第二条　股权投资企业是指依法设立并以股权投资为主要经营业务的企业。股权投资管理企业是指接受股权投资企业的委托，以股权投资管理为主要经营业务的企业。

第三条　设立股权投资企业、股权投资管理企业应当依法办理工商登记。

第四条　股权投资企业应当采取公司、合伙企业的形式。股权投资管理企业应当采取公司的形式。

第五条　国家法律、行政法规规定的自然人、法人和其他组织均可以设立股权投资企业、股权投资管理企业。

以有限责任公司或合伙企业形式设立的，股东、合伙人人数不得超过50人。以股份有限公司形式设立的，发起人和股东人数不得超过200人。

第六条　股权投资企业、股权投资管理企业名称中的行业可以分别表述为“股权投资”、“股权投资管理”。

以合伙企业形式设立的股权投资企业的组织形式可以采用“合伙企业”等字样。组织形式后还应当标明“普通合伙”、“有限合伙”等字样。

第七条　股权投资企业的注册资本、出资数额不应低于人民币3000万元，其中单个股东、合伙人的出资额不应低于人民币500万元。股东、合伙人应当以货币形式出资。

以有限公司形式设立的股权投资管理公司的注册资本不应低于人民币100万元。以股份有限公司形式设立的股权投资管理公司的注册资本不应低于人民币500万元。

第八条　股权投资企业的经营范围核定为“股权投资及相关咨询服务”。

股权投资管理企业的经营范围核定为“股权投资管理及相关咨询服务”。

第九条　外商投资的股权投资企业、股权投资管理企业应当按照外商投资相关政策办理审批手续。

第十条　本办法自印发之日起生效。

杭州市人民政府办公厅关于印发促进我市股权投资业发展实施办法的通知

杭政办［2010］11号　2010年7月16日

各区、县（市）人民政府，市政府各部门、各直属单位：

《关于促进我市股权投资业发展的实施办法》已经市政府同意，现印发给你们，请认真贯彻实施。

杭州市人民政府办公厅

二〇一〇年七月十六日

关于促进我市股权投资业发展的实施办法

为支持我市股权投资业的发展，吸引更多资本在杭集聚，拓宽直接融资渠道，打造长三角南翼金融中心，服务企业创业创新，推进产业转型升级，根据《浙江省人民政府办公厅关于促进股权投资基金发展的若干意见》（浙政办发［2009］57号）、《杭州市人民政府关于推进长三角南翼金融中心建设的若干意见》（杭政函［2008］273号）精神，特制定本实施办法。

一、适用对象

2008年12月21日杭政函［2008］273号文生效之日起，根据《公司法》、《合伙企业法》、外商投资以及创业投资有关法律、规章等规定，按照《关于支持股权投资企业发展的若干意见》（杭金融办［2008］38号）有关出资等设立要件的要求，以公司制、合伙制、中外合作非法人制等形式在杭设立，并办理工商注册登记手续、领取营业执照，纳税登记地在杭州市行政区域范围的各类股权投资企业、股权投资管理企业。

外商投资的股权投资企业、股权投资管理企业应当按照外商投资相关政策办理审批手续。

二、适用条件

（一）资金规模。股权投资企业的注册资本（出资金额）不低于1亿元；股权投资管理企业受托管理的股权投资资金规模不低于1亿元。

（二）投资领域。以杭州市为重点，开展对在杭注册纳税的未上市企业（以下简称在杭企业）的直接股权投资，投资领域属国家支持或鼓励发展类产业中的成长期以及初创期等企业。

（三）报备管理。已办理相关报备手续的，其中，创业投资企业按现行规定报经浙江省发改委或市发改委备案；其他类型的股权投资企业和股权投资管理企业报市报备认定办公室认定。

市报备认定办公室设在市金融办，市发改委、财政局、工商局、科技局等为成员单位。

三、扶持政策

适用对象符合适用条件的，可享受以下政策：

（一）开办费奖励。

1. 委托型股权投资企业，对在杭企业直接股权投资额达到2500万元的，给予一次性30万元的奖励。奖励资金可由股权投资企业与其所托股权投资管理企业按各50%的比例分享。

2. 自营型股权投资企业，对在杭企业直接股权投资额达到2500万元的，给予一次性25万元的奖励。

3. 股权投资管理企业，受托管理的外地股权投资资金（指杭州行政区划外的股权投资基金，下同）对在杭企业直接股权投资额达到4000万元的，给予一次性15万元的奖励。

开办费奖励资金由股权投资企业所在区、县（市）或股权投资管理企业所在区、县（市）财政承担。

（二）投资追加奖励。

1. 股权投资企业，自成立起2年内对在杭企业直接股权投资额达到其注册资本（出资金额）30%（含）以上的，给予追加奖励：

（1）注册资本（出资金额）2亿元（含）以上，给予50万元的奖励；

（2）注册资本（出资金额）3亿元（含）以上，给予100万元的奖励；

（3）注册资本（出资金额）5亿元（含）以上，给予200万元的奖励；

（4）注册资本（出资金额）10亿元（含）以上，给予500万元的奖励。

注册资本（出资金额）3亿元（含）以上各档次的股权投资企业，其投资额未达到对应标准档的，按投资额相近标准档予以奖励。

对委托型股权投资企业的追加奖励，可由股权投资企业与其所托的股权投资管理企业按各50%的比例分享。

2. 股权投资管理企业，自设立起2年内其受托管理外地股权投资资金对在杭企业投资达到一定额度的，给予追加奖励：

（1）投资额达到8000万元（含）以上，给予25万元的奖励；

（2）投资额达到1.2亿元（含）以上，给予50万元的奖励；

（3）投资额达到1.6亿元（含）以上，给予100万元的奖励。

3. 以信托制形式设立的股权投资基金，实际到位股权投资资金达到5亿元（含）以上的，也可享受追加奖励。

4. 追加奖励资金由市财政及有关区、县（市）财政共同承担。其中，涉及上城区、下城区、江干区、拱墅区、西湖区、杭州高新开发区（滨江）（含杭州经济开发区）的，由市财政和区（含杭州经济开发区）财政按各50%的比例承担；涉及萧山区、余杭区和五县（市）的，由市财政和区、县（市）财政按照25%和75%的比例承担。

如股权投资涉及到多个区、县（市）的，由区、县（市）财政承担的部分，按各区、县（市）实际到位股权投资额的占比分摊。

（三）办公用房补助。

1. 股权投资管理企业、自营型股权投资企业新购建的本部自用办公用房（不包括附属和配套用房，下同），以办公用途部分的建筑面积计算，按1000元 / 平方米的标准，给予一次性补助。

2. 股权投资管理企业、自营型股权投资企业租赁的本部自用办公用房，自设立次年起2年内，按每天不超过1.5元 / 平方米的标准给予补助。

3. 股权投资管理企业按受托管理股权投资资金规模、自营型股权投资企业按注册资金（出资金额）规模核定办公用房补助面积。其中，规模低于5亿元的，补助面积不超过200平方米；高于5亿元（含）且低于10亿元的，补助面积不超过500平方米；高于10亿元（含）的，补助面积不超过1000平方米。

4. 办公用房补助由股权投资管理企业所在区、县（市）或自营型股权投资企业所在区、县

（市）财政承担。

享受补助的股权投资管理企业、股权投资企业，应在相关协议中明确承诺办公用房投入使用3年内不改变房屋用途、转让或转租，如因特殊原因必须改变房屋用途、转让或转租，已发放的补助应予退还。

（四）税费政策。

1. 以有限合伙形式设立的股权投资企业、股权投资管理企业可采取“先分后税”的方式，其经营所得和其他所得，按照国家有关税收规定，由合伙人分别缴纳所得税。

其中，执行有限合伙企业合伙事务的自然人普通合伙人，按照《中华人民共和国个人所得税法》及其实施条例的规定，按“个体工商户的生产经营所得”应税项目，适用5%～35%的五级超额累进税率，在合伙企业注册地地税局计算征收个人所得税。

不执行有限合伙企业合伙事务的自然人有限合伙人，其从有限合伙企业取得的股权投资收益，按杭金融办［2008]38号的规定计算缴纳个人所得税。

2. 合伙制企业的普通合伙人，符合下列条件之一的，不征收营业税：

（1）以无形资产、不动产投资入股，参与接受投资方利润分配，共同承担投资风险；

（2）对所投资项目进行股权转让。

3. 股权投资企业投资于我市未上市中小高新技术企业2年以上的，凡符合《财政部国家税务总局关于促进创业投资企业发展有关税收政策的通知》（财税［2007]31号）规定条件的，可按其对我市未上市中小高新技术企业投资额的70%、在股权持有满2年的当年抵扣该股权投资企业的应纳税所得额；当年不足抵扣的，可在以后纳税年度结转抵扣。

4. 股权投资管理企业缴纳房产税、城镇土地使用税、水利建设专项资金确有困难的，报经地税部门批准后，可酌情给予减免。

新引进的省外股权投资管理企业，其受托管理资金超过10亿元（含）且资金所属股权投资企业纳税地在杭州市的，自设立起3年内，报经地税部门批准后，可免征房产税、水利建设专项资金。

5. 股权投资管理企业因收回、转让或清算处置其所投资股权而发生的权益性投资损失，可以按税法规定在税前扣除。符合居民企业条件的股权投资管理企业直接投资于其他居民企业取得的股息、红利等权益性投资收益，符合条件的可作为免税收入，免征企业所得税。

（五）高管政策。

1. 自营型股权投资企业按注册资本（出资金额）规模、股权投资管理企业按受托管理股权投资资金规模，超过5亿元（含）且对在杭企业直接股权投资额达到1.5亿元（含）以上的，该企业高管人员及其配偶和未成年子女按杭州市人才引进政策申请办理本市常住户口。其未成年子女入托、入（转）中小学，参照《关于在杭留学回国等人员子女入（转）杭州市区中小学有关事项的通知》（杭教高中［2008]24号）精神办理。

2. 自营型股权投资企业按注册资本（出资金额）规模、股权投资管理企业按受托管理股权投资资金规模，超过10亿元（含）且对在杭企业直接股权投资额达到3亿元（含）以上的，其高管人员可参照杭政函［2008]273号第八条规定享受住房补贴。

3. 股权投资管理企业、自营型股权投资企业的高管人员，符合我市人才认定标准的，按规定程序批准后，可享受人才专项用房的相关政策。

4. 每年评选对杭州股权投资业发展有一定贡献的股权投资管理企业、自营型股权投资企业高管人员，给予一定的奖励（具体办法另行制订）。

前述股权投资企业、股权投资管理企业的高管人员指董事长、副董事长、总经理、副总经理，且每家企业评选不超过5名。

四、申报兑现程序

（一）企业申报。股权投资企业和股权投资管理企业申请享受本办法相关政策时，可向所在区、县（市）发改局申报，并提交申请报告及报备证明材料。申请报告应包括企业基本情况、股东或合伙人及高管人员情况、要求享受的政策及依据等内容，并附相关证明材料。

（二）审核确认。申请享受的政策事项，属于区、县（市）级权限范围的，由所在区、县（市）发改局牵头，会同相关部门予以审核确认；涉及多个区、县（市）的，由股权投资企业、股权投资管理企业纳税所在区、县（市）发改局受理后提交市报备认定办公室，由市报备认定办公室召集相关部门协商予以审核确认；属于市级权限范围的，由所在区、县（市）发改局牵头，会同相关部门初审后报市报备认定办公室审核确认。

（三）股权投资企业和股权投资管理企业凭确认文件，向有关部门办理政策兑现手续。

五、政策管理

有以下情形的，取消企业享受政策资格：

1. 出资违反工商行政管理登记办法的；

2. 营运违反企业章程的；

3. 出具虚假财务报表的；

4. 对在杭企业直接股权投资情况存在弄虚作假的；

5. 存在偷税漏税、虚开发票，非法集资等行为的；

6. 发生法律法规禁止的其他行为的。

本办法由市金融办会同市发改委、财政局、地税局负责解释。各区、县（市）可结合本地实际，制订相关配套办法。

关于印发温州经济技术开发区创业投资引导基金管理暂行办法的通知

温开发［2010］170号　2010年9月25日

各局（室）：

温州经济技术开发区创业投资引导基金已经市政府同意设立，现将《温州经济技术开发区创业投资引导基金管理暂行办法》印发给你们，请遵照执行。

二〇一〇年九月二十五日

温州经济技术开发区创业投资引导基金管理暂行办法

第一章　总　则

第一条　为培育和提升温州经济技术开发区创业投资环境，加快创新型园区建设，根据《国务院办公厅转发发展改革委等部门关于创业投资引导基金规范设立与运作指导意见的通知》（国办发［2008］116号）、《创业投资企业管理暂行办法》（国家发改委等十部委令［2005］第39号）、《浙江省人民政府办公厅关于促进股权投资基金发展的若干意见》（浙政发［2009］57号）和《温州市人民政府关于加快温州金融业改革发展的意见》（温政发［2008］148号），制定本办法。

第二章　引导基金的性质和宗旨

第二条　温州经济技术开发区创业投资引导基金（以下简称引导基金）是经温州市人民政府批准设立的并按市场化方式运作的政策性基金，旨在通过扶持创业投资企业发展，引导社会资金进入创业投资领域，投资于符合开发区经济社会发展规划以及产业政策的创业企业。

第三条　引导基金本身不直接从事创业投资业务。引导基金参股不控股，以保证创业投资企业和创业企业的决策及经营的独立性和商业化运作。

第三章　引导基金的规模和来源

第四条　引导基金总规模5亿元，其中首期规模为1亿元，并根据项目进展和资金需求逐步增加投入。

第五条　引导基金的资金来源：支持创业投资企业发展的财政性专项资金；引导基金的投资收益；闲置资金存放银行或购买国债所得的利息收益；个人、企业或社会机构无偿捐赠的资金等。

第四章　引导基金的使用和管理

第六条　引导基金重点投向电子信息、生物医药、新能源、新材料、环保节能、先进装备制造业、知识型服务业等符合开发区产业发展规划的领域。

第七条　引导基金主要采用阶段参股和跟进投资两种方式出资。两种引导方式对同一创业企业或项目原则上不重复支持。

第八条　设立引导基金管理委员会，由管委会领导及相关部门组成，主要行使引导基金决策管理职责，包括资金筹措、管理机构选择、项目审议决策、绩效考核等工作。引导基金管委会下设办公室（设在金融办），负责日常管理工作。温州经济技术开发区国有资产经营有限公司作为引导基金的投资主体，代表引导基金管委会承担出资人相关职责。引导基金以该公司的资本金形式存续，逐年投入。

第九条　引导基金管委会可委托符合资质条件的管理机构负责引导基金的日常管理与运作事务。引导基金受托管理机构应当符合下列资质条件：

（一）具有独立法人资格；

（二）管理团队具有一定的从业经验，具有较高政策水平和管理水平；

（三）最近3年以上持续保持良好的财务状况；

（四）没有受过行政主管机关或者司法机关重大处罚的不良纪录；

（五）严格按委托协议管理引导基金资产。

第十条　受托管理机构应当履行下列职责：

（一）分析研究区域创业投资行业发展趋势，提出发展创业投资的建议；

（二）按照投资程序，对拟参股创业投资企业和跟进投资企业进行调查评估，组织独立评审委员会评审，提出引导基金项目投资方案；

（三）执行引导基金管委会决策方案，履行投资手续；

（四）管理引导基金形成的股权，负责实施引导基金投资形成的股权退出工作；

（五）监督检查引导基金所支持项目的实施情况，定期向引导基金管委会报告监督检查情况及引导基金投资情况；

（六）完成引导基金管委会交办的其他任务。

第十一条　在引导基金管委会委托管理机构进行管理前，由引导基金管委会办公室和温州经济技术开发区国有资产经营有限公司共同承担管理机构相关职责。

第十二条　引导基金不得用于从事贷款或股票、期货、房地产、基金、企业债券、金融衍生品等投资以及用于赞助、捐赠等支出。闲置资金只能存放银行或购买国债。

第五章　阶段参股

第十三条　阶段参股是指引导基金向创业投资企业进行股权投资，并在约定的期限内退出。主要吸引和支持国内外投资业绩突出、基金募集能力强、管理经验成熟的品牌创业投资企业或管理团队在开发区发起设立新的创业投资企业。

第十四条　引导基金参股合作对象须满足以下条件：

（一）经工商行政管理部门登记注册并且按《创业投资企业管理暂行办法》有关规定进行备案；

（二）创业投资企业实收资本（或出资额）在1亿元人民币以上，或者出资人首期出资在3000万元人民币以上，且承诺在注册后5年内总出资额达到1亿元人民币以上（外商投资创业投资机构的实收资本应在2000万美元以上）。所有投资者以货币形式出资；

（三）有明确的投资领域，主要投资于引导基金重点扶持的符合开发区产业发展规划的领域；

（四）管理运作规范，具有严格合理的投资决策程序和风险控制机制，创业投资管理团队或受托管理顾问机构至少有3名具备5年以上创业投资或相关业务经验的专职高级管理人员；至少有3个对创业企业投资的成功案例；

（五）按照国家企业财务、会计制度规定，有健全的内部财务管理制度和会计核算办法。

符合上述条件的创业投资企业作为发起人发起设立新的创业投资企业时，可以申请引导基金的阶段参股。新设立的创业投资企业注册地在开发区。

第十五条 引导基金参股的创业投资企业进行投资时应遵循下列原则：

（一）投资对象原则上应当是在开发区范围内注册设立的企业。投资于开发区内企业的资金比例不低于创业投资企业总资产的70%；

（二）投资于开发区重点扶持和鼓励的产业领域的资金比例不低于创业投资企业总资产的70%；

（三）投资对象仅限于未上市企业（但所投资的未上市企业上市后，创业投资企业所持股份的未转让部分及其配售部分不在此限）。且对单个创业企业的累计投资额不得超过创业投资企业总资产的20%；

（四）引导基金的参股比例最高不超过创业投资企业实收资本（或出资额）的25%，且不能成为第一大股东，引导基金参股期限一般不超过5年；

（五）投资对象不属于合伙或有限合伙企业；不得投资于其他创业投资企业。

第十六条 参股的创业投资企业可采用公司制的组织形式，也可以采用有限合伙的组织形式。

第六章 跟进投资

第十七条 跟进投资是指对创业投资企业选定投资的创业企业或项目，引导基金与创业投资企业共同投资。跟进投资主要支持区内企业或项目吸引创业投资资金，加快推进项目产业化进程，重点扶持和鼓励高新技术等产业领域的企业。

第十八条 创业投资企业及创业企业或项目须满足以下条件：

（一）创业投资企业按《创业投资企业管理暂行办法》有关规定进行备案；

（二）创业投资企业的出资方式必须为现金出资；

（三）创业企业（项目）必须在开发区注册设立，且原则上限于设立5年内的未上市企业（但所投资的未上市企业上市后，创业投资企业及引导基金所持股份的未转让部分及其配售部分不在此限）；

（四）创业企业（项目）必须符合引导基金重点扶持的符合开发区产业发展规划的领域。

第十九条 引导基金跟进投资形成的股权可委托共同投资的创业投资企业管理。采用股权托管的，应当由引导基金管委会与共同投资的创业投资企业签订《股权托管协议》，明确双方的权利、责任、义务、股权退出的条件或时间等。

第七章 引导基金的投资程序

第二十条 提交申请。

（一）阶段参股由创业投资企业向引导基金管理机构提出申请，并提交下列材料：

1. 创业投资企业法人营业执照、备案文件、企业章程、内部管理制度；

2. 创业投资企业上年度会计报表和审计报告；

3. 创业投资企业近几年管理业绩和成功案例，管理团队名单及资历，主要经营管理人员的身份证明、履历材料等；

4. 合作设立创业投资企业的投资方案；

5. 合作设立创业投资企业投资发展规划；

6. 需要提交的其他材料。

（二）跟进投资由创业投资企业和创业企业向引导基金管理机构提出申请，并提交下列材料：

1. 创业企业法人营业执照、企业章程；

2. 创业企业上年度会计报表和审计报告（新设立的企业除外）；

3. 创业企业的资产评估报告（新设立的企业除外）；

4. 创业投资企业法人营业执照、备案文件、企业章程、上年度会计报表和审计报告；

5. 创业投资企业已批准投资的决策文件；

6. 创业投资企业编制的《投资建议书》或《可行性研究报告》；

7. 创业投资企业与创业企业或其股东签订的《投资意向书》；

8. 需要提交的其他材料。

第二十一条　尽职调查。引导基金管理机构对合作方进行尽职调查，包括资料、文件是否真实合法有效，是否符合引导基金扶持要求，投资方式是否符合规范，创业投资企业管理业绩及成败案例，创业投资企业管理团队情况，创业企业（项目）情况等。引导基金管理机构组织就投资章程、合同等方面进行谈判。

第二十二条　独立评审。引导基金管理机构组织独立评审委员会对创业投资机构申请和引导基金的合作方案进行评估、论证，形成评审意见，并根据评审意见及创业投资企业实际情况，形成合作方案，报引导基金管委会决策。独立评审委员会成员由政府有关部门、创业投资行业自律组织代表以及社会专家组成，成员人数应为单数。其中，创业投资行业自律组织的代表和社会专家不得少于半数。

第二十三条　引导基金管委会审议。经评审委员会评审的项目，报经引导基金管委会审议批准。

第二十四条　媒体公示。经引导基金管委会审议通过的项目，在有关媒体上公示。对公示中发现重大问题的项目，引导基金不予支持。经公示没有异议的项目，引导基金管委会正式批准实施。

第二十五条　履约。获得批准的项目，由引导基金管理机构按规定办理有关法律文件和投资手续。

第八章　引导基金的退出

第二十六条　引导基金参股创业投资企业形成的股权，可适时退出，并为体现引导基金的政策导向，可让渡部分收益给其他投资者和管理团队。引导基金投资形成的股权退出方式和价格确定原则，应当在阶段参股合作方案和相关协议中予以明确。

第二十七条　引导基金采用跟进投资方式形成的股权一般在5年内退出，企业上市情形除外。共同投资的创业投资企业不得先于引导基金退出其在创业企业的股权。引导基金投资形成的股权退出方式和价格确定原则，应当在跟进投资方案和相关协议中予以明确。

第二十八条　参股的创业投资企业、创业企业发生清算时，按照法律程序清偿债权人的债权后，根据事先约定，股东共有的剩余财产优先清偿引导基金。

第九章 引导基金的监管

第二十九条 引导基金管委会和相关部门应加强对引导基金的监管与指导，建立相应的风险控制体系加强风险防范，对引导基金政策目标、政策效果及其资产情况进行公共财政考核评价。

第三十条 引导基金原则不参与参股的创业投资企业和创业企业的日常经营和管理，但拥有监督权。可以组织社会中介机构对创业投资企业、创业企业进行专项审计。创业投资企业未按规定进行投资的，引导基金有权退出。对创业投资企业、创业企业弄虚作假、骗取财政资金或不按规定用途使用、截留转移等行为，按有关规定追究责任。

第三十一条 建立备案制度和重大事项报告制度。相关有限合伙人、基金管理公司及评审投资项目等相关材料须报温州市发展股权投资基金联席会议办公室备案。在基金筹建和运作过程中出现的重大事项，要及时向市政府报告，同时抄报温州市发展股权投资基金联席会议办公室。对基金半年度运行情况报告、年度运行情况报告和相关材料要及时向温州市发展股权投资基金联席会议办公室报送。

第三十二条 引导基金管理机构应于每季度末向引导基金管委会报送引导基金的资金使用情况，并于每个会计年度结束后的4个月内提交经注册会计师审计的年度会计报表。引导基金管委会负责对引导基金管理机构进行年度业绩考核，考核办法另行规定。

第十章 附 则

第三十三条 本办法由开发区金融办、财政局负责解释。

第三十四条 本办法自公布之日起施行。

温州经济技术开发区管委会办公室

二〇一〇年九月二十六日印发

浙江省人民政府关于促进中小企业加快创业创新发展的若干意见

浙政发［2010］4号　2010年1月25日

为认真贯彻落实《国务院关于进一步促进中小企业发展的若干意见》（国发［2009]36号）、《中共浙江省委关于深入学习实践科学发展观加快转变经济发展方式推进经济转型升级的决定》（浙委［2008]88号）和《中共浙江省委关于深化改革开放推动科学发展的决定》（浙委［2009］51号）精神，促进我省中小企业加快创业创新发展，现提出如下意见：

一、指导思想和主要任务

（一）重要意义。我省中小企业量大面广，数量占全省企业99%以上，提供了主要的就业岗位，创造了大部分地区生产总值，是经济社会发展的关键支撑、优势所在和活力之源。由于国内外发展环境变化以及长期积累的结构性、素质性矛盾制约，特别是受国际金融危机持续蔓延影响，我省经济面临严峻的挑战，中小企业更是首当其冲。去年以来，中央和省委、省政府先后出台了一系列政策措施，使中小企业生产经营出现了积极变化，但形势仍不容乐观。加快中小企业创业创新、转型发展，是学习实践科学发展观，深入实施“创业富民、创新强省”总战略，加快经济转型升级的必然要求；是积极应对国际金融危机，促进中小企业渡过难关、化危为机的根本途径；是解决深层次矛盾和问题，进一步增强中小企业发展活力和竞争力，实现平稳健康较快发展的必由之路。

（二）指导思想。坚持以科学发展观为指导，深入实施“创业富民、创新强省”总战略，认真贯彻“标本兼治、保稳促调”工作部署，以鼓励全民创业为基点，以促进全面创新为核心，以加快转型升级为主线，以优化发展环境为保障，以扶持小企业和初创型微小企业为重点，全面促进中小企业转变经济发展方式，创造新的发展优势，实现又好又快发展。

（三）主要任务。今后五年要围绕一个目标，实施两大战略，优化三个环境。一个目标，就是积极引导和推动我省中小企业从数量大省向素质强省转变；两大战略，就是实施创业促发展战略和创新促升级战略；三个环境，就是优化中小企业政策环境、服务环境和融资环境。重点培育扶持一批创业型、创新型、外向型、配套型、品牌型中小企业，促进我省中小企业加快创业创新、转型发展。

二、鼓励中小企业创业促发展

（四）鼓励全民自主创业。各地要加强创业教育、创业咨询、创业实训、创业孵化、创业辅导、创业扶持等创业服务，大力支持高校毕业生、转业退伍军人、下岗失业人员、农业富余人员等社会群体，积极创办各类中小企业，以自主创业促就业。重点鼓励留学归国人员、高校毕业生和各类技术发明人等高素质人才，自主创办科技研发、工业设计、文化创意、软件开发、信息咨询、服务外包等现代服务企业，积极走新型创业发展路子。

（五）放宽创业经营条件。对登记的失业人员、残疾人员、退役士兵，以及毕业两年以内的普通高校毕业生创办小企业或从事个体经营的，按有关规定，自其在工商部门首次注册登记之日起三年内，免收管理类、登记类和证照类等相关行政事业性收费。按照法律、法规规定条件、程序和合同约定，允许创业者将家庭住所、租借房、临时商业用房等作为创业经营场所。

（六）加强创业基地建设。各级要按照土地利用总体规划和城乡建设总体规划，每年安排一定数量的用地指标，有计划地在各类开发区、工业园区、乡镇工业功能区和经济发达村，建造多层标准厂房，建设小企业创业基地。政府投资建设的小企业创业基地，可实行低价租赁或政府财政补贴等方式，降低小企业创业成本。对认定为省级小企业创业基地的，其多层标准厂房的租赁收入及占地，自新认定年度起1～3年内，报经地税部门批准，可给予减征房产税、城镇土地使用税的照顾。

（七）广泛开展创业辅导。进一步建立健全省、市、县（市、区）三级中小企业创业辅导服务网络，积极组织和整合行业专家、职业咨询师、优秀企业家等各类人才资源，不断扩大创业指导师队伍，为中小企业开展多种形式的创业辅导，努力构建创业辅导培育机制。各地要把中小企业创业辅导作为公益性服务，对提供创业辅导成效突出的机构，给予适当的经费资助和奖励，帮助中小企业提高创业成功率。

（八）对小型微利企业实行所得税优惠。凡符合税法规定条件的小型微利企业，均减按20%的税率征收企业所得税。对年应纳税所得额低于3万元（含3万元）的小型微利企业，自2010年起，按国家有关规定，其所得减按50%计入应纳税所得额，按20%的税率缴纳企业所得税。

（九）完善城镇土地使用税征收办法。各地可根据本地区经济社会发展变化，适时调整土地登记划分级数、范围和适用税额标准；对纳税确有困难的中小企业，报经地税部门批准，可给予减免城镇土地使用税的照顾。

三、支持中小企业创新促升级

（十）促进产业优化升级。大力推动传统产业和劳动密集型产业的中小企业改造提升。支持中小企业向通信与网络设备、生物与新医药、电子元器件、仪器仪表、新能源、新材料、节能环保等高新技术产业拓展，向现代物流、融资服务、科技服务、信息服务、文化创意、软件服务、电子商务等现代服务业领域提升，向高效生态农业发展。加强中小企业集聚平台建设，引导集聚发展。促进中小企业向工业园区、工业功能区集聚。支持家庭作坊向现代家庭工业提升发展。

（十一）加快技术更新改造。按照国家产业振兴规划和省重点产业转型升级规划要求，加快淘汰落后工艺技术、设备和产品，鼓励中小企业积极采用新技术、新工艺、新设备、新材料进行技术改造，推广应用节能减排技术及高效节能环保产品和设备，并按规定加速折旧。中小企业购买并实际使用企业所得税优惠目录规定的环境保护、节能节水、安全生产等专用设备，其专用设备投资额的10%可从当年应纳税额中抵扣，当年不足抵扣的，可在今后五年内结转抵扣。

（十二）增强自主创新能力。支持中小企业开展发明创造和产品外观、实用新型等技术创新，积极实施一批关键性技术改造项目，大力开发自主知识产权和自主品牌产品，不断提高产品质量和档次。鼓励有条件的中小企业与高校、科研院所开展多种形式的科技合作，寻求技术依托，建立技术研发机构。中小企业研究开发新产品、新技术、新工艺所发生的研究开发费，未形成无形资产计入当期损益的，在按照规定据实扣除的基础上，按照研究开发费用的50%加计扣除；形成无形资产的，按照无形资产成本的150%摊销。对符合条件的初创期科技型中小企业给予一定的种子资金扶持，并鼓励申请国家科技型中小企业创新基金。积极引导科技型中小企业发展成为高新技术企业，经省有关部门认定，享受高新技术企业税收减免等优惠政策。鼓励和支持中小企业引进各类创新型人才，为技术创新提供人才智力支持。

（十三）加强知识产权保护。各地要广泛开展保护知识产权的宣传和指导，增强中小企业知识产权保护意识。积极引导中小企业加强知识产权管理，依法保护自主创新成果。支持知识产权中介服务机构为中小企业提供专利诉讼与代理等服务。鼓励社会专利机构为中小企业提供专利查询、申报指导、专利维权等服务。中小企业申请专利、注册商标和获得中国名牌产品、中国驰名商标的，各地可给予适当补助和奖励。加大对假冒侵权违法行为的查处力度，维护知识产权创新、创造、应用和保护秩序。

（十四）促进专业化协作配套。鼓励和引导各类中小企业围绕上下游产业链和价值链，积极与大企业、行业龙头企业开展专业化协作配套，建立稳定的产、供、销和技术开发等协作关系，形成专业分工、紧密协作、优势互补的新型生产组织形式，提高专业化生产水平。重点支持块状经济中的行业龙头企业，通过专业分工、服务外包、订单生产等方式，加强与中小企业协作配套，积极提供技术、人才、设备、资金等支持，实现规模化集约经营，加快传统块状经济向现代产业集群提升发展。

（十五）推动联合兼并重组。大力支持有核心竞争优势的中小企业积极开展兼并重组，实现低成本扩张发展。对企业兼并重组发生的土地使用权、不动产所有权和相关股权转让，均不征收营业税，并免收变更过户手续费。被兼并重组的中小企业原有房屋、土地应缴的房产税和土地使用税地方留成部分，可按一定比例用作奖励。鼓励和支持有条件的中小企业到境外开展并购等投资业务，收购技术和品牌，促进技术进步和国际化发展。

（十六）鼓励体制机制创新。引导和鼓励中小企业建立健全符合现代市场经济发展要求的企业制度和经营机制。对生产经营已有一定规模的个体工商户和家庭工业，积极引导其向法人企业转变；对已具备法人条件的中小企业，积极引导其向现代公司制企业转变，不断完善和提升中小企业的法人治理结构和企业组织形式。

（十七）提高企业管理素质。积极开展中小企业管理创新活动，引导中小企业苦练内功，强化基础管理、营销和风险管理，推进企业管理创新。督促中小企业严格遵守安全、环保、质量、卫生、劳动保障等法律法规，诚实守信经营，履行社会责任。各地要采取多种形式，努力提升中小企业经营者的经营决策、市场开拓、企业管理等素质。积极培育和宣传中小企业经营管理的创新典型，以典型示范带动面上中小企业创新发展。

四、改善中小企业融资环境

（十八）鼓励银行加大信贷支持。进一步落实和强化支持中小企业融资的货币信贷政策，通过专项再贷款、再贴现等货币政策工具，开展中小企业信贷政策导向绩效评估，引导和鼓励银行业金融机构加大中小企业信贷投放。加强国家支持小企业信贷六项机制建设，积极鼓励银行业金融机构建立小企业服务专营机构，简化贷款程序，完善信贷考核体系。监管部门对支持小企业的银行实行差异化监管政策，建立健全小企业信贷人员尽职免责机制，不断完善金融支持小企业的长效机制。进一步健全和完善各级政府鼓励银行加大对小企业信贷支持的风险补偿政策，继续对金融机构发放小企业贷款按增量给予适度的风险补偿和补助，更好地发挥政府的政策导向和激励作用。

（十九）支持地方金融服务创新。支持符合条件的地方法人金融机构发行金融债、次级债，增强主要为中小企业服务的金融机构资金实力。充分发挥我省民间资本雄厚的优势，加快发展各类以服务小企业为主的小额贷款公司和村镇银行。支持小额贷款公司扩大试点并增资扩股，支持有条件的小额贷款公司发展为村镇银行，增强融资服务能力。支持金融机构进一步强化中小企业金融产品和服务创新，不断完善中小企业信贷经营机制。进一步探索完善动产、应收账款、仓单、海域使用权、股权和知识产权等抵质押方式，完善抵质押物登记、评估、转让等相关规则，缓解中小企业贷款抵质押不足的矛盾。

（二十）努力拓宽直接融资渠道。各地要抓住国家大力发展资本市场的有利时机，积极推动有市场、有技术、有发展前景、成长性好的中小企业，在中小企业板和创业板上市融资；鼓励已上市的中小企业创造条件持续融资，不断扩大融资规模。鼓励各类金融机构与担保机构及其他投融资机构紧密合作，积极发行中小企业集合债券、信托基金、短期融资券和中小企业信贷资产支持证券等直接融资产品，拓宽中小企业直接融资渠道。鼓励各类股权投资机构、创业投资基金等向中小企业战略投资，为中小企业提供股权融资。积极发挥融资租赁、典当、信托等融资方式在中小企业融资中的作用。各地政府对中小企业上市融资、债权融资和股权融资等直接融资方式，应给予一定的政策支持，进一步培育发展有利于中小企业直接融资的资本市场。

（二十一）开拓融资性保险服务。试行中小企业贷款保证保险服务，大力推广中小企业科技保险等新型保险业务。积极发展中小企业出口信用保险，推进保单项下融资、买方资信调查等特色服务。鼓励中小出口企业充分利用信用保险融资，增强抵御国际市场风险能力。充分发挥保险机构支持中小企业增强贷款风险保障的作用。

（二十二）加强融资服务平台建设。积极依托国家和社会各种金融资源，通过资源整合、优势互补、信息沟通、机制创新，积极搭建由政府指导协调，金融机构、担保机构及其他投融资机构等合作参与的中小企业融资服务平台。支持有条件的银行依托网络信息服务机构，努力扩大对中小企业融资面。各地和有关部门对中小企业融资服务平台建设要积极给予政策支持。

（二十三）加强信用担保体系建设。中小企业行政主管部门要会同财政、工商、人民银行、银监等有关部门，加强对中小企业融资性担保机构的指导、服务和相关业务监管工作，支持和规范发展多层次、多形式的融资担保机构。各级财政要加大支持力度，综合运用资本注入、风险补偿和奖励补助等多种方式，提高担保机构对中小企业的融资担保能力。落实好对符合条件的中小企业信用担保机构免征营业税、准备金提取和代偿损失税前扣除的政策。省财政设立担保风险补偿资金，重点对为中小企业担保服务业绩突出的担保机构，给予适度的风险补偿和补助。探索建立中小企业信用再担保体系。

（二十四）促进产权交易流转。为促进各类中小企业产权流转和资产重组，依托现有产权交易体系，探索建立面向中小企业的专项产权交易和流转服务平台，为中小企业产权和股权规范化交易、流转，提供专业化、规范化、市场化服务。建立健全中小企业产权和股权投资进入与退出机制，不断深化中小企业产权流转制度改革。

（二十五）建立贷款风险救助机制。鼓励市、县（市、区）由财政出资，并引导社会资金积极参与，建立中小企业贷款风险救助基金，重点支持和帮助有市场、有技术、有发展前景的中小企业融资解困，积极改善中小企业贷款融资服务环境。

五、强化中小企业社会化服务

（二十六）加强公共服务体系建设。各地和中小企业行政主管部门要根据中小企业服务需求，进一步建立健全中小企业服务机构，加强中小企业公益性服务。同时，积极组织和整合各种社会资源，联系和引导各类社会专业服务机构，为中小企业提供专业化服务，逐步形成上下联动、社会参与、功能健全的中小企业社会化公共服务体系。各地可通过购买公共服务的形式，对各类社会化服务机构提供中小企业的服务项目，给予一定的经费支持。

（二十七）加强人才培训服务。各地要积极为中小企业创业者提供创业培训，帮助提高创业能力。鼓励高校开设创业教育课程，对成长型中小企业经营管理者进行专业培训，着力培养具有现代经营理念、视野宽阔、社会责任感强的企业家。积极组织各类社会教育培训机构，多形式、多层次地开展面向中小企业的专业技能培训，全面提升员工素质。对为中小企业提供培训服务业绩突出的高校和教育培训机构，可给予一定的经费支持。推进校企合作，鼓励高等院校在中小企业建立实习基地，提高大学生择业就业技能。

（二十八）加强共性技术服务。各地要积极整合社会资源，充分发挥各类科技创新服务平台作用，实现科技创新资源共享。鼓励高等院校、科研院所和各类社会科技人才，积极创办为中小企业提供产品研发、技术创新、质量检测等服务的共性技术服务平台。在各类工业园区、产业集聚区和小企业创业基地创办的共性技术服务机构，可注册为民办非企业单位。对认定为省级以上的中小企业共性技术服务机构，可根据其技术服务业绩，给予一定的经费支持。

（二十九）加强信用建设服务。积极探索建立适合中小企业特点的信用征集、信用评级、信用信息发布以及失信惩戒机制，引导中小企业强化信用意识，改善信用形象，提高信用等级。鼓励和支持银行征信机构和有资质的社会信用评价机构开展中小企业信用评级服务，建立信用信息档案，提供信用信息查询，完善信用共享机制，切实加强中小企业信用制度建设。

（三十）加强市场拓展服务。进一步提高政府采购信息发布透明度，完善政府公共服务外包制度。在同等条件下，各地应优先采购中小企业的商品和服务，并逐步提高采购比例。积极支持和帮助中小企业参加国际国内各类大型产品、技术展览展会和合作交流活动。对组织参加境内外大型展览展销活动的中小企业和展会服务机构，各地可给予一定的展位费、公共布展费等资助，帮助中小企业开拓国内外市场。

（三十一）加强信息化建设服务。进一步建立健全公共信息服务平台，更好地为中小企业提供政策法规、经济信息、市场动态、人才招聘等公共信息服务。大力支持各类信息运营服务机构创新信息服务模式，积极与政府有关部门合作，为中小企业提供电子政务、电子商务、网上融资、市场营销等信息化服务，促进中小企业创业创新发展与信息化建设紧密融合。

（三十二）加强管理咨询服务。各地可依托高校和社会研究机构，加强中小企业管理咨询和研究机构建设，为中小企业提供发展规划、经营管理、法律维权等研究和咨询服务，帮助中小企业管理创新，不断提高经营管理水平。

（三十三）加强行业自律服务。各地可根据中小企业的行业特点，支持发展各类以产品为纽带、以产业集群为基础、以中小企业自我服务为主体的专业协会，建立健全专业协会服务平台。积极鼓励专业协会参与制定行业标准，开展同行业信息传递，加强行业技术交流，反映中小企业呼声和要求，维护中小企业合法权益，促进行业自律和自我服务。

六、加强对中小企业扶持和指导

（三十四）加强组织领导和协调。省政府成立促进中小企业发展工作领导小组，加强对中小企业工作的统筹规划、组织领导和政策协调，领导小组办公室设在省中小企业行政主管部门。各地也要建立相应的组织机构和工作机制，把指导服务中小企业创业创新发展，作为学习实践科学发展观，落实“创业富民、创新强省”总战略的具体行动，认真落实国家扶持中小企业发展的各项政策措施，积极组织协调各有关部门加大对中小企业扶持力度，认真研究中小企业发展中的新情况、新问题，依法采取积极有效的政策措施，形成各负其责、合力帮扶的工作机制，进一步营造促进中小企业加快创业创新发展的良好环境。

（三十五）建立健全工作体系。省中小企业行政主管部门要把指导服务中小企业作为核心工作，充分发挥职能作用。各地要进一步明确指导服务中小企业的工作机构和工作职能，加强中小企业工作队伍建设，同时把指导服务中小企业的工作职责落实到乡镇（街道）。

（三十六）加大专项资金扶持。各地要切实按照《中华人民共和国中小企业促进法》和《浙江省促进中小企业发展条例》的规定，在现有财政安排扶持企业发展专项资金中明确专门用于中小企业发展专项资金预算科目。已经设立的，要根据财政收入增长情况，逐年增加扶持资金规模。

（三十七）加强分类指导。各地要根据中小企业不同发展阶段和不同规模的特点，在统筹兼顾发展各类中小企业的同时，把关注重点放在年销售收入1000万元以下的小企业，把帮扶对象集中在年销售收入500万元以下的微小企业和初创型企业，分别制定相应的政策措施。进一步深化实施中小企业成长计划，切实加大对初创型、成长型中小企业的扶持和鼓励。力争每年有5000家微小企业发展为规模以上企业，有500家规模以上小企业发展为中型企业，不断提升中小企业规模和素质。

（三十八）构建和谐劳动关系。加大对劳动密集型中小企业的支持，鼓励企业不裁员、少裁员，稳定和增加就业岗位。对受金融危机影响较大的困难中小企业，将阶段性缓缴社会保险费政策执行期延长至2010年底，完善临时性下浮社会保险费率政策，并按规定给予一定期限的社会保险补贴或岗位补贴、在岗培训补贴等。中小企业可与职工就工资、工时、劳动定额进行协商，符合条件的，可向当地人力社保部门申请实行综合计算工时和不定时工作制。

（三十九）切实减轻企业负担。进一步加大中小企业负担专项治理工作力度。全面清理整顿涉及中小企业的收费，重点是行政许可和强制准入的中介服务收费、具有垄断性的经营服务收费，能免则免，能减则减，能缓则缓。今后凡涉及中小企业的收费项目出台前，必须认真听取中小企业代表及相关部门意见，任何单位和部门不得随意增加或变相增加中小企业负担。严格执行税收征收管理法律法规，不得违法违规向中小企业提前征税或摊派税款。不得通过强制中小企业购买产品、接受指定服务等手段牟利。如有乱收费、乱摊派、乱处罚等行为，一经查实，由行政监察部门公开通报并严肃查处。

（四十）加强运行监测分析。省统计部门要会同省中小企业行政主管部门根据我省中小企业发展实际，研究制定有关中小企业发展的统计指标体系，建立健全中小企业统计监测制度，加强中小企业运行情况监测分析特别是对规模以下小企业的统计分析，及时掌握发展动态，为各级政府指导中小企业工作提供决策依据。

促进中小企业加快创业创新发展既是一项长期的战略任务，也是当前保增长、调结构、促发展、惠民生的紧迫任务，省级各有关部门要按照工作分工要求，根据国家各有关部门贯彻落实《国务院关于进一步促进中小企业发展的若干意见》（国发［2009］36号）文件精神出台的具体办法，结合本意见要求，制定相应的政策措施，并切实贯彻落实好。

二〇一〇年一月二十五日

安徽省

安徽省人民政府关于鼓励和引导民间投资健康发展的实施意见

皖政［2010］77号　2010年11月04日

各市、县人民政府，省政府各部门、各直属机构：

为认真贯彻落实《国务院关于鼓励和引导民间投资健康发展的若干意见》（国发［2010］13号）精神，促进我省民间投资进一步加快发展，现提出如下实施意见：

一、全面放宽民间投资领域

坚持“非禁即准、平等待遇”的原则，确立民间投资平等的市场主体地位。凡是法律法规未明令禁止的投资领域，全部向民间资本开放；凡是开放的领域，不得单对民间投资设置附加条件；凡是给予国有及外来投资的政策待遇，民间投资同样享受。

进一步调整优化国有资本布局，为民间投资开辟更广领域。国有资本主要应布局于市场不能有效配置资源、关系国家安全和国民经济命脉的重要行业和领域。对于国有资本占明显优势地位，同时具备市场化条件的行业和领域，国有资本应有序退出，以吸引更多的民间资本进入；对于主要依靠市场配置资源，市场竞争充分、市场化程度较高的行业和领域，国有资本应加快退出，为民间资本创造更大市场空间；鼓励和引导民间资本参与国有企业改革，通过参股、资产收购等多种方式，参与国有企业重组。

当前和今后一个时期，重点鼓励民间资本进入以下领域和行业：

（一）农业农村基础设施。鼓励民间资本独资、参股或租赁经营具有一定经济效益的水利水电工程项目，积极支持投资小水电、城镇水源建设、农村安全饮水、水资源综合利用项目。鼓励和支持民间资本参与发展壮大农业产业化龙头企业、农村合作经济组织，建设优势农产品原料生产基地和标准化规模养殖场（区），参与高标准农田、农田林网建设和立体农林业经营，发展现代农业服务业。积极开展试点，探索民间资本参与农村土地整治、促进新农村建设的新路子；支持通过市场方式参与农村土地整理、复垦项目建设。推进民间资本参与农村集中居住区建设。

（二）交通、能源、电信等基础设施。鼓励民间资本投资建设公路、水运、港口码头、民用机场、通用航空设施等交通基础设施项目，在国家政策范围内鼓励民间资本投资我省铁路建设。积极支持民间资本投资高速公路和国、省道建设及养护项目，参与综合交通枢纽站场和港口码头项目建设。

鼓励民间资本参与能源建设。鼓励民间资本参与风能、太阳能、生物质能等新能源产业建设；支持民间资本以独资、控股或参股方式参与水电站、火电站建设，参股建设核电站；支持民间资本参股建设原油、天然气、成品油的储运和管道输送设施及网络。

鼓励民间资本通过联合建设方式投资电信基础设施项目，支持民间资本参与电信增值业务经营服务。

鼓励民间资本参与矿产资源勘探和合理开发，支持投向矿山地质环境恢复和采煤塌陷地治理等领域。

（三）城市基础设施和政策性住房建设。鼓励民间资本投资建设各类园区。引导和支持民间资本独资或与国有企业参股、联合，参与江南和江北承接产业转移省级集中区建设。

支持民间资本参与城镇供水、供气、供热、公共交通、污水和垃圾处理、城市园林绿化等市政公用事业和基础设施的投资、建设与运营，重点支持民间投资参与跨地区和面向村镇的市政基础设施建设。政府部门要切实加强民间资本参与建设运营城镇基础设施的指导、服务和监管。

鼓励民间资本参与政策性住房建设。鼓励和引导民间资本按政策要求，投资建设廉租住房、公共租赁住房和经济适用住房等政策性住房，参与棚户区改造。鼓励和引导民间资本参与住宅产业化发展，参与皖江城市带承接产业转移示范区国家级住宅现代化试验区建设。

引导民间资本通过参股、控股、收购等方式参与国有建筑业企业改制重组。

（四）医疗、教育、社会福利、文化、旅游、体育等社会事业。鼓励民间资本参与发展医疗事业。全面贯彻国家深化医药卫生体制改革总体部署，各级政府在建立、完善城乡基本医疗服务体系的同时，积极探索多元化办医的途径，支持民间资本兴办各类医院、社区卫生服务机构、疗养院、康复院、门诊部、诊所等非营利性或营利性医疗机构，参与公立医院转制改组和兼并重组。鼓励医疗人才资源依照有关法律法规及规定在公立医院和民营医疗机构之间合理流动。支持符合资质的民营医疗机构承担公共卫生服务、基本医疗服务和医疗保险定点服务。切实落实非营利性医疗机构的税收政策。指导民营医疗机构认真执行医疗保障制度和收费标准，保证医疗质量，为群众提供安全、有效、方便、价廉的医疗卫生服务。

鼓励民间资本参与发展教育和社会培训事业。支持民间资本以独资、股份、合作等多种形式兴办高等教育、高中教育、幼儿园、职业教育等各类非义务教育和社会培训机构，特别是到贫困地区和教育资源短缺地区办学，进一步增加与合理配置教育资源，促进区域教育协调发展。高度重视职业教育，县级以上人民政府可采取出租或转让闲置国有资产等措施对民办职业院校予以扶持。落实对民办学校的人才鼓励政策和公共财政资助政策。鼓励公办学校教师到民办学校任教，人事档案由当地人才交流中心托管，工龄可连续计算。受政府委托承担义务教育任务的民办学校应按协议获得教育经费补助，民办高校和中等职业学校的资助政策和资助标准与公办学校一视同仁。民办学校资产不改变用途的，过户免收资产过户税费，减免过户时的服务性收费。加快制定和完善促进民办教育发展的金融、产权和社保等政策。探索民办学校用非教学资产作抵押和学费收费权作质押向银行申请贷款，用于扩大和改善办学条件。

鼓励民间资本参与发展社会福利事业。通过用地保障、信贷支持和政府采购等多种形式，鼓励民间资本投资建设专业化的服务设施，兴办养（托）老服务和残疾人康复、托养服务等各类社会福利机构。凡符合法定的划拨用地条件或者协议方式出让土地的，可以划拨或者协议方式出让土地。

鼓励民间资本参与发展文化、旅游和体育产业。鼓励民间资本从事广告、印刷、演艺、娱乐、文化创意、文化会展、影视制作、网络文化、动漫游戏、出版物发行、文化产品数字制作与相关服务等活动，建设博物馆、图书馆、文化馆、电影院等文化设施。积极探索旅游资源开发权、经营权转让的方式，鼓励民间资本合理开发旅游资源，全面参与旅游基础设施及配套设施建设，参与国有旅游企业改制重组。鼓励民间资本投资生产体育用品，建设各类体育场馆及健身设施，运作体育赛事和活动，投资体育运动项目俱乐部，支持经营体育中介、健身、培训服务业。重点培育在文化、旅游、体育等社会服务产业领域的领军企业和服务品牌，积极参与国内外的竞争合作。

（五）金融服务。支持民间资本以入股方式参与商业银行的增资扩股和农村信用社改制。鼓励和引导民间资本发起或参与设立村镇银行、贷款公司和农村资金互助社等新型金融组织和小额贷款公司，参股政府出资担保机构。允许和支持加入行业协会、商会的民营企业在国家相关法律法规允许下，出资建立行业内融资担保机构，解决会员融资担保问题。鼓励民间资本以参股和债权等方式投资地方政府融资平台，并积极通过企业债、中期票据、短期融资券、产业投资基金等方式拓展融资渠道。鼓励民营企业投资创办投资企业，参与发起设立政府性创业投资引导基金。鼓励民间资本发起设立产业投资基金，促进股权投资基金依法健康发展。

（六）商贸流通。鼓励民间资本进入商品批发零售、现代物流领域。支持民营批发、零售企业发展，鼓励民间资本发展连锁经营、物流配送、电子商务、商业特许经营等现代流通方式，参与改造和提升传统商贸业。积极支持民间资本投入物流园区、物流信息化等基础设施建设，大力发展第三方物流，推进物流服务社会化和资源利用市场化。

（七）先进制造业和高新技术产业。《皖江城市带承接产业转移示范区产业发展指导目录》全面向民间资本开放，鼓励和引导民间资本进入战略性新兴产业和冶金、非金属、农副产品加工、纺织、家电、船舶、装备、化工等行业高端领域。鼓励和支持民间资本参与高新技术园区、特色产业基地、科技企业孵化器等自主创新载体建设。鼓励引导民营企业淘汰落后产能，加快产业转型升级。

（八）境外投资。积极贯彻实施国家《境外投资产业指导目录》，支持民营企业之间、民营企业与国有企业、外资企业之间组成联合体，发挥各自优势，在更高层次上充分利用两个市场、两种资源。推进有条件企业“走出去”开展境外资源开发、境外加工、生产制造、商品批发、网络营销及售后服务等经营活动。在巩固原有投资与合作国别和地区的基础上，重点开展与非洲和东盟自由贸易区的合作。建立健全“走出去”的促进、服务和支持体系，创造有利于企业“走出去”的体制和政策环境，提高便利化程度。

二、进一步拓宽民间融资渠道

（九）继续加大信贷支持。各级财政要积极落实小企业贷款财政奖励、补助和风险补偿资金。引导银行业金融机构加快小企业金融服务专营机构建设，切实加大对小企业的信贷支持。鼓励和支持银行业金融机构针对小企业金融服务需求特点，创新产品服务，积极开展存货、林权等抵押贷款，以及知识产权、股权、应收账款、仓单等质押贷款。积极探索农村集体建设用地使用权和宅基地使用权质押贷款。各银行业金融机构应完善授权授信制度，优化审贷程序，简化审批手续，积极推进小企业金融服务电子化、信息化和规范化，提高小企业贷款的覆盖率、满足率和小企业金融服务满意度。

（十）加快完善融资担保体系。以壮大县级担保机构为重点，加快全省担保体系建设。各级财政要根据本辖区经济社会发展水平和财力状况，通过安排预算资金、整合有关专项资金等途径，采取注资、参股、合资等方式，对政府出资的融资性担保机构增补资本金；通过参股、合作等方式支持业务规模较大、经营状况较好、支撑作用较强的民营担保机构做大做强。争取到2015年，全省各县至少有1家资本金在亿元以上的担保机构。着力推进全省信用担保体系建设，支持财务健全、运作规范的融资性担保机构纳入全省再担保系统，提升信用等级，拓展担保业务，扩大担保规模。

（十一）大力发展地方金融机构。推动徽商银行、省农村信用联社、农村银行加快发展，在有效防范风险的前提下，进一步扩大网点覆盖面，创新金融服务产品和服务方式，充分发挥对民间投资和中小企业融资主渠道作用。加快农村信用社股份制改造，加快组建村镇银行。积极落实中小企业贷款税前全额拨备损失准备金政策，简化中小金融机构呆账核销审核程序；研究制定相关财税政策措施，促进小额贷款公司规范健康发展。继续大力发展财务公司、汽车金融公司、典当、设备租赁等各类融资机构，积极引进股份制银行、外资银行。在加强有效监管、促进规范经营、防范金融风险的前提下，鼓励民间资本发起设立金融中介服务机构，参与证券、保险等金融机构的改组改制。鼓励各类地方金融机构依法依规开展业务，合理竞争，构筑更加完善的地方金融体系。

（十二）积极支持民营企业直接融资。建立全省民营企业上市后备资源库，有计划地做好上市资源储备、改制、辅导和培训工作。推进一批自主创新型、成长型中小企业在创业板市场融资，帮助完备上市前土地、房产等资产确权工作。积极引导和支持符合条件的民营企业发行公司债券、企业债券、中期票据和短期融资券，支持有条件的民营企业探索发行中小企业集合债券、中小企业短期融资券。鼓励和支持实力较强的民营企业通过海外上市、吸收外资入股等形式从国际资本市场融资。推动金融机制创新，发挥财政资金引领作用，积极引进境内外战略投资者和风险投资机构，加快设立创业投资引导资金、股权投资基金。鼓励和支持民营企业进入代办股份转让系统。

三、全面落实各项配套支持政策

（十三）实行平等的财政支持政策。民间投资项目在获得财政支持上与其他所有制项目享受同等待遇。对符合条件的建设项目，不论项目主体性质，各级政府及部门在安排财政预算内投资、专项建设资金、创业投资引导基金、政策性贷款、国际金融组织贷款、外国政府贷款等政府性资金时均一视同仁。对鼓励民间资本进入的领域和行业，政府性资金可通过参股、补助、贴息、奖励等方式，保证投资者获得合理收益。对国家支持的重点项目，各级政府要积极落实地方配套资金。

（十四）实行平等的用地政策。民间投资项目在用地上与其他所有制项目享受同等待遇。各市、县人民政府在安排年度建设用地计划时，应合理安排民间投资项目用地指标，条件落实的，要依法及时审批用地，符合点供条件的，可安排点供计划指标。鼓励民营企业“退城入园”，支持民营企业在开发区内投资建设或租赁使用标准厂房。引导和支持民间投资项目集约用地，对符合规划、不改变原用途的工业用地，提高土地利用率和增加容积率的，不再收取或调整基础设施配套费的地方留成部分和土地有偿使用费。出台相关政策，鼓励淘汰关停企业存量建设用地的二次开发。

（十五）实行统一的税费政策。全面落实国家各项优惠扶持政策，对民营企业投资节能减排、资源综合利用和公共基础设施建设，购置环境保护、节能节水和安全生产专用设备，自主创新，加速固定资产折旧，以及安置国有企业下岗职工达到一定比例的，均按规定减免应纳税额。全面清理涉及投资的中介服务收费，统一标准，明确公示。进一步规范税费征收行为，加大投诉查处力度，坚决制止不合理收费，切实减轻民间投资者负担。

（十六）建立合理的民间资本投入回报机制。民营企业生产经营属市场调节价的商品和服务项目与其他所有制企业一视同仁，由企业依法自主定价。民营企业生产经营属政府定价的商品和服务项目，价格部门应针对不同行业特点，综合考虑民间投资项目的建设投入、运营成本和利润回报，合理确定价格或收费标准，并可在投产初期采取一定的价格扶持政策。

（十七）创造公平的发展环境。各有关部门要调整完善相关政策，在人才引进、职称评定、科研课题申报、业务培训、教龄工龄计算、评先选优、户籍管理、子女就学以及因商务和技术交流需要办理出国（境）手续等方面，保证民营企业、员工享有与国有单位及人员同等的待遇。

四、进一步改进完善民间投资服务

（十八）提高行政审批效率。省投资主管部门要适时调整投资项目核准目录，规范和下放核准权限。除法律法规规定须由省级核准的外，原则上都下放到市、县（区）核准。未列入核准目录的项目，一律实行属地备案。项目所涉及的规划、人防、消防和施工许可等审批权限相应下放。由省环保行政主管部门审批的建设项目环境影响登记表，下放到设区市环保行政主管部门审批。国家要求省级部门初审的项目，有关部门要积极采取委托方式下放审查权限。各市、县（区）要切实改进政务服务，提高“一站式”服务水平，有条件的地方可施行网上并联审批。所有与民间投资项目有关的政府部门，都要进一步简化办事程序，规范服务流程。对于重大民间投资项目，涉及的政府部门要建立“绿色通道”，指定专人负责联络，跟踪服务，保证在协调调度上，民间投资项目与政府投资项目一视同仁。

（十九）建立健全投资政策、信息发布制度。省统计部门要抓紧改进统计方法，完善指标体系，切实加强民间投资的统计、监测、分析和发布工作，及时、全面、准确地反映民间投资状况。各级投资主管部门要积极会同有关部门，建立信息发布制度，定期公布发展规划、产业政策、行业动态、科学技术、项目合作、招商引资等信息，引导民间投资行为，避免低水平重复建设

（二十）完善中介服务体系。鼓励政府部门下属的信息服务、技术研发、投资咨询、人才培训机构向民间投资主体提供服务。规范发展现有各类中介机构，进一步开放市场，建立法律咨询、技术支持、项目管理、信用担保、资金融通、税务代理、产权交易、市场开拓、人才培训、信息服务等民间投资服务体系。

（二十一）加快社会信用体系建设。支持、帮助民营企业规范产权制度和财会制度，强化信用基础建设。鼓励支持民间资本创办信用评级、信用咨询等信用中介机构，规范发展现有各类信用中介机构。在现有商业银行内部信用评价系统的基础上，整合工商、税务、质监、环保等政府部门掌握的企业信用信息资源，推动建立开放共享的企业信用档案和数据库。结合工程建设领域治理，开展重点建设工程招标投标领域应用企业信用报告试点工作。

（二十二）进一步发挥行业协会、商会的作用。对以民间投资为主的重点行业和产业集聚区，各地政府要积极推动设立行业协会和商会，引导行业协会、商会在支持产业发展、促进行业自律、维护企业合法权益等方面发挥积极作用。

五、为民间投资营造良好的发展环境

（二十三）高度重视民间投资工作。民间投资在发展经济、优化结构、活跃市场、增加收入、扩大就业等方面发挥着日益重要的作用。各地、各部门要深刻认识民间投资对促进全省经济社会发展的战略意义，把促进和引导民间投资加快发展摆在更加重要的位置。打破一切不利于民间投资加快发展的条条框框，用足用活各项支持政策，切实维护民间投资主体合法权益。抓紧建立健全民间投资工作协调机制，把民间投资发展纳入经济社会发展总体规划，把民间投资增长目标纳入政府考核体系，把民间投资计划列入年度投资计划统筹考虑，把民间投资重大项目列入重点项目库统一协调调度。

（二十四）鼓励各地先行先试。我省区域经济社会发展存在较大差异，民间投资发展也不够平衡。要充分尊重基层首创精神，鼓励和支持各地结合实际，先行先试。民间投资发展不足的地方，要着力解决民间投资规模不大、增长不快的问题。民间投资已有一定基础的地方，要进一步扶优扶强，把扩大民间投资与实现经济结构战略性调整有机结合起来，促进民间投资集聚发展、优化升级，不断提高投资的质量和效益。皖江城市带承接产业转移示范区、合芜蚌自主创新综合试验区暨国家技术创新工程试点省，是我省加快发展的战略平台，要积极引导、充分吸收民间投资参与支撑能力、基础设施、服务体系等方面建设，进一步发挥政策叠加效应，不断增强内生动力。

（二十五）指导民间投资健康发展。各地、各部门要继续深化国有企业、投资、金融、社会事业和公用事业、价格、收费、行政审批等方面改革，进一步规范市场准入，为民间投资加快发展提供公平竞争环境和机制体制保障。要切实加强指导和监管，督促民间投资主体按照法律法规要求，认真履行投资建设程序，严格遵守国家产业政策和环保、用地、节能以及质量、安全等规定。指导民营企业建立规范的产权、财务、用工等制度，对依法经营、诚实守信、认真履行社会责任、积极参与社会公益事业的民营企业家，积极加大舆论宣传力度。

各地、各部门要尽快清理与本意见不一致的文件规定，及时公布清理结果。省政府各有关部门和各市、县人民政府要按照本意见要求，抓紧研究制定具体的实施办法，10月底前报省政府，抄省发展改革委。省政府将对各地各部门贯彻情况组织评估，作为考核年度工作的重要内容。

福建省

福建省人民政府办公厅关于印发2010年金融服务海西建设工作要点的通知

闽政办[2010]107号　2010年4月1日

各市、县（区）人民政府，省人民政府各部门、各直属机构，各有关金融机构：

经省人民政府同意，现将人民银行福州中心支行、福建银监局、福建证监局、福建保监局和省直有关部门联合制定的《2010年金融服务海西建设工作要点》印发给你们，请各有关单位按职责分工认真抓好落实。

福建省人民政府办公厅

二〇一〇年四月一日

2010年金融服务海西建设工作要点

2010年是完成“十一五”规划的最后一年，是全面贯彻实施国务院《意见》的第一年。为贯彻落实胡锦涛总书记春节期间来闽考察时的重要讲话精神，牢牢把握国家鼓励东部地区率先发展、支持福建省加快建设海峡西岸经济区的重大历史机遇，引导全省金融机构坚持科学发展，继续认真执行适度宽松的货币政策，进一步增强金融服务海峡西岸经济区建设的持续性、灵活性和稳健性，推动经济金融互动双赢和谐发展，现提出2010年金融服务工作要点：

一、多渠道融通信贷资金

（一）争取总行大力支持。积极争取各家银行总行将海峡西岸经济区列为信贷支持重点区域，促进信贷资源配置向我省倾斜，推动信贷总量合理均衡增长，保持全省存贷比继续高于全国平均水平。积极争取将福州、厦门、泉州等中心城市的分支机构列入各家银行总行的重点城市行发展规划，单独配置信贷计划，努力满足海西中心城市建设的资金需求。积极争取各家银行总行进一步提高在闽分支机构的各类授信业务权限，建立贷款优先审批快速通道，及时满足实体经济的信贷需求。（各相关银行主办，人行福州中心支行、福建银监局、厦门银监局协办）

（二）引入省外和境外资金。加强与资金较充裕的外省金融机构的合作，通过银团贷款等方式，引入省外资金支持我省重大项目建设。充分运用各银行境外分行和代理机构的网络和资源优势，开展海外代付等业务合作，利用境外资金满足企业对外贸易资金需求。与境外银行开展内保外贷业务合作，通过开立融资性保函，为我省走出去的企业海外融资提供担保，借助境外资金满足我省企业融资需求。加强银行与融资租赁公司合作，推动融资租赁业务发展，开辟新的贷款需求分流渠道。支持信托公司发展信托产品，创新信托服务，充分发挥信托融资功能，吸引境内外资金通过信托渠道参与海西建设。（各相关银行、信托公司主办，人行福州中心支行、福建银监局、厦门银监局协办）

（三）发展新机构引入资金。

1. 在厦门、泉州已出台鼓励金融业发展的优惠政策基础上，福州市等中心城市抓紧出台鼓励金融业发展的优惠政策，通过给予新设机构补助、土地及办公用房补贴、税收优惠等措施，吸引境

内外金融机构在闽设立分支机构或地区性总部。(福州市等政府主办)

2. 争取新入闽的恒丰银行、浙江稠州商业银行福州分行年内开业,进出口银行福州代表处就地升格为福建省分行。推动股份制商业银行分支机构向中心城市扩展,争取新设中信银行漳州分行、招商银行龙岩分行、交通银行莆田分行等一批分行。(福建银监局、人行福州中心支行、各相关银行主办,相关设区市人民政府协办)

3. 积极推进厦门国际银行改制工作,加速各项业务拓展,提升金融服务水平。(省投资集团、厦门银监局、厦门国际银行主办,人行福州中心支行协办)

4. 推动福州市城区农信社、厦门市农信社、龙岩上杭农信社等9家农村信用社试点改制工作,争取年内完成相应农村商业银行的筹建,进一步增强农信社服务“三农”的能力。(福建银监局、厦门银监局、人行福州中心支行、人行厦门市中心支行、省农信联社、各相关农信社主办,各设区市人民政府、省工商局协办)

5. 推进漳平、福鼎、连江、安溪、闽侯、漳浦等地村镇银行组建工作。认真落实新型农村金融机构定向费用补贴政策,鼓励当地政府因地制宜制定实施扶持政策,促进新型农村金融机构持续健康发展。(福建银监局、人行福州中心支行、省财政厅、相关市、县、区人民政府主办)

6. 稳妥推进小额贷款公司试点工作,泉州、三明、南平、龙岩、宁德等地试点小额贷款公司要坚持“小额、分散”的原则,加大对农户和微、小型企业的信贷投入,着力扩大客户数量和服务覆盖面。(省经贸委、各试点小额贷款公司主办,人行福州中心支行、福建银监局、省工商局、相关设区市人民政府协办)

(四)用好用活信贷额度。在依法合规的前提下,通过规范转让信贷资产、卖出票据、与信托公司合作发行信贷资产理财产品等方式,为新增贷款腾空间。采取人民币贷款向外币贷款转换等方式,灵活解决贷款额度不足的问题。积极拓展非信贷融资业务,引导企业更多地运用承兑汇票、信用证等金融工具,进一步满足企业短期的、临时性的融资需求。(各相关银行主办,人行福州中心支行、福建银监局、厦门银监局协办)

(五)提高信贷资金使用效益。加大不良资产处置力度,继续保持不良贷款余额和比率低位运行,加快对国家明令限期淘汰的产能落后项目的信贷退出,进一步提高信贷资金的使用效率。认真落实信贷管理新规,规范贷款用途管理,有效执行“实贷实付”原则,确保信贷资金进入实体经济。(各相关银行主办,人行福州中心支行、福建银监局、厦门银监局协办)

二、多领域创新金融服务

(六)突出对平潭综合实验区开发的金融支持。制定出台金融业支持平潭综合实验区开发建设的指导意见,指导各金融机构研究提出具体支持方案和措施,推动金融资源向平潭综合实验区适度倾斜。有条件的金融机构可采取单列信贷计划、提升机构网点级别、扩大机构业务权限等方式,加大对平潭综合实验区的金融支持力度。加大对平潭金融机构软硬件设施的改造提升,完善网点服务功能,提高网点服务水平。支持金融机构赴平潭增设机构网点,争取年内新设兴业银行平潭分行、福建海峡银行平潭分行,鼓励证券、信托、担保、典当等金融及金融服务机构在平潭布点。争取国家有关部门优先支持台资金融机构到平潭设立机构。(人行福州中心支行、福建银监局、福建证监局、福建保监局、各相关金融机构主办)

(七)做好对综合改革试点镇的金融配套。根据福建省综合改革试点镇总体规划目标,对21个综合改革试点小城镇的金融服务设施配套情况进行调查摸底,引导金融机构增设金融网点和自助设施,增加金融业务品种。探索完善试点小城镇集体土地及房产抵押和流转制度,优先在试点小城镇试办土地经营权抵押贷款、小城镇住房按揭贷款等创新业务。拓展国家开发银行、农业发展银行农村基础设施贷款等业务，对试点小城镇符合贷款条件的基础设施建设资金需求优先给予支持。（人行福州中心支行、福建银监局、厦门银监局、各相关银行主办，省国土资源厅、省住房和城乡建设厅协办）

（八）促进金融产品创新。针对不同资金需求特征和制约瓶颈进行金融产品创新，拓展应收账款、仓单、订单、股权、商标权、收费权、在建工程、存货等抵质押方式贷款，努力拓宽企业的贷款抵押范围。发挥兴业银行作为全国首家“赤道银行”的技术和资源优势，做好能效金融和碳金融的产品开发与推广。积极推广招商银行福州分行“点金618”个性化系列产品，为“6·18”对接项目提供便于操作的融资服务。大力推介各类进、出口收（付）汇保（增）值等外汇衍生业务，支持有真实贸易背景收付需求和项目投资需求的外贸企业进行本外币、离在岸账户资金融通和运作创新，帮助外向型企业规避汇率风险。（人行福州中心支行、省外汇管理局、福建银监局、厦门银监局、各相关银行主办，省外经贸厅协办）

（九）强化科技企业金融服务。

1. 建立完善科技部门和金融部门合作机制，整合科技、金融等相关资源。探索选聘科技专家参与科技企业贷款项目评审，为贷款审批提供科学、专业的咨询意见。举办各类专业技术知识培训班，提高银行从业人员对科技企业的金融服务水平和风险管理能力。（省科技厅、人行福州中心支行、福建银监局、厦门银监局、各相关银行主办）

2. 联系和指导平安银行福州分行、福建海峡银行和泉州银行、兴业银行福州分行等做好科技金融合作模式创新试点工作，推动构建高新技术评估和抵质押平台，推广知识产权质押贷款等业务，建立适合科技型中小企业特点的授信管理、风险控制、考核激励、产品创新等信贷管理机制。（省科技厅、省知识产权局、人行福州中心支行、福建银监局、各相关银行主办）

（十）加强对中小企业的金融支持。

1. 完善小企业信贷考核体系，引导各银行业机构单独制定小企业信贷计划，单独配置人力资源和财务资源，保证今年小企业贷款增量高于上年，增速快于全部贷款平均增速。加快中小企业专营机构建设，扩大中小企业专营机构在县（市、区）的覆盖面。（人行福州中心支行、福建银监局、各相关银行主办）

2. 引导创新中小企业信贷评审模式，为更多的中小企业提供信贷支持。省工行要在全省范围内开展“网贷通”小企业网络循环贷款业务；省农行要大力拓展“金博士”自助可循环贷款、简式快速贷款等小企业信贷特色产品，对小企业贷款实行一次调查、一次审查、一次审批；省中行要进一步提高“淡马锡”贷款评审效率，完善以“流程银行”为核心的流水线审批方式，确保审批时效严格控制在7天以内；省建行要积极推动“e贷通”网络银行电子商务信贷业务，借助电子商务平台的征信功能和链接上下游企业的优势，超额完成新增贷款目标；兴业银行要进一步丰富“金芝麻”小企业产品系列，实施独立的小企业授信业务流程和评审标准，一站式解决小企业在采购、生产、销售等方面的融资难题，确保今年小企业贷款增速高于全行贷款平均增速。（人行福州中心支行、福建银监局、省经贸委、各相关银行主办，省财政厅协办）

3. 认真落实中小企业贷款税前全额拨备损失准备金政策。进一步完善对小企业贷款风险补偿办法，鼓励有条件的设区市参照设立小企业贷款风险补偿机制。继续支持发展多层次中小企业信用担保体系，落实好对符合条件的中小企业信用担保机构免征营业税、准备金提取和代偿损失税前扣除的政策。（省经贸委、省财政厅、省国税局、省地税局、人行福州中心支行、福建银监局和有

关设区市人民政府主办）

（十一）加大对“三农”的信贷投放。努力实现涉农贷款增速高于贷款平均增速，增量和占比均高于上年水平。推动支农贷款业务创新，继续完善林权、海域使用权、沿海沿江资产、渔船、在建船舶等抵质押贷款，探索农村土地承包经营权、宅基地使用权等新型抵质押贷款模式。农村合作金融机构、邮储银行等机构要继续大力推广农村小额信用贷款。积极配合家电下乡、建材下乡、农机具补贴等政策的实施，创新农村消费信贷产品，扩大农村消费信贷覆盖面，促进农村和县域消费市场的发展。（人行福州中心支行、福建银监局、厦门银监局、省农信联社、各相关银行主办）

三、多层次扩大直接融资

（十二）扩大主板市场融资规模。围绕重点产业调整振兴规划，加大对关联性大、带动作用强的龙头企业、重点企业上市的扶持力度，积极推动拥有自主知识产权、竞争力强的大企业（集团）在主板发行上市。积极支持运作规范、业绩突出、具有扩大经营规模和再融资能力的上市公司，采取公开增发、定向增发等方式扩大融资规模，增强公司实力，推动公司整合提升。（各设区市人民政府、省发展改革委、福建证监局、厦门证监局主办，省国资委、人行福州中心支行协办）

（十三）发展中小板创业板市场融资。总结资本市场“晋江现象”的成功经验，加大对中小板、创业板上市后备企业的扶持力度，特别要加强生物医药、节能环保、新能源、新材料、信息网络、海洋科技等战略性新兴产业中小企业的培育和扶持，通过大力培育国家科技型中小企业技术创新基金创新产业集群，推动一批具有核心竞争力、成长性好、拥有自主知识产权的科技型、创新型中小企业到中小板、创业板发行上市。积极支持中小板、创业板上市公司通过资本市场再融资，进一步提升企业的资本实力。（各设区市人民政府、省发展改革委、省科技厅、福建证监局、厦门证监局主办，人行福州中心支行协办）

（十四）推动境外市场融资。继续加强与香港、新加坡、澳大利亚、韩国等境外证券交易所和证券中介机构合作，加大政策咨询、业务指导和培训等工作力度，帮助省内企业了解、熟悉境外市场上市的有关法律法规，推进企业到境外上市和再融资。（省发展改革委主办，省外经贸厅、人行福州中心支行、省外汇管理局、各设区市人民政府协办）

（十五）促进场外市场建设。

1. 积极争取国家有关部门将福州、厦门高新技术产业开发区列入代办股份转让系统扩大试点园区，改善高新技术企业等创新型企业的股权流动性。（福州、厦门市人民政府、省科技厅、福建证监局、厦门证监局主办）

2. 研究推动省产权交易中心发展为非上市非公众公司开展私募股权融资和股权转让业务，并争取发展成为海峡两岸股权交易市场，为台资企业和海西区域内的非上市公司股权融资与转让提供区域性的市场平台。（省发展改革委、省国资委、省产权交易中心主办，省台办协办）

3. 探索以省高新技术产权交易所为载体建立非上市创业企业产权（股权）交易市场，为创业资本提供进入和退出通道。（省科技厅主办，省发展改革委协办）

（十六）推进企业债券融资。推动省内符合条件的企业发行企业债、公司债、短期融资券、中期票据等债券，进一步改善企业的财务结构，降低企业的融资成本。协调实力较强的大型企业或担保机构为中小企业集合发债提供增信支持，为中小企业发行集合债券和短期融资券创造有利条件。支持中小企业以产业基地、工业园区、科技园区等产业集聚区为依托发行中小企业集合债券，进一步拓宽中小企业的融资渠道。（省发展改革委、人行福州中心支行、福建证监局、厦门证监局、各设区市人民政府主办，省科技厅、省经贸委、省国资委协办）

（十七）发展其他股权融资市场。继续发挥省级创业投资引导资金的风险补偿作用，对于投资于我省境内企业的创业投资企业给予创业投资额一定比例的风险补偿。积极争取国家科技型中小企业创业投资引导基金的阶段参股、风险补助、投资保障等支持，鼓励具备条件的设区市、县（市、区）和科技企业孵化器等设立科技创业投资引导资金，引导民间资本、省内外创业投资企业增加对我省中小企业特别是高新技术企业的投资。完善省级创业投资资金管理工作机制，引导社会资金投向符合国家产业政策的种子期、起步期、初创期中小企业以及未上市改制企业和高新技术企业，促进企业孵化、发展、壮大。吸引和鼓励境内外风险投资基金、私募股权投资基金来闽拓展业务，促进更多资本进入股权投资市场。（省发展改革委、省科技厅、省经贸委、省投资集团主办）

四、多方位拓展保险功能

（十八）增强保险保障功能。

1. 鼓励出口信用保险公司创新产品和服务，在资信调查、生产管理、商账追收、贸易融资等环节，帮助出口企业提高风险管控能力和国际竞争能力。推广“出口信用保险项下融资”业务，分散出口信用风险和贷款损失风险，支持出口型企业的发展。（省财政厅、省外经贸厅、福建保监局、厦门保监局、各相关银行、出口信用保险福建省分公司主办）

2. 稳步发展住房、汽车等消费信贷保险及国内贸易信用保险，促进扩大内需。（各财产保险公司主办，福建保监局、厦门保监局协办）

3. 推进科技保险试点工作，加大保险业对产业转型升级的支持力度。（省科技厅、福建保监局、相关保险公司主办）

4. 大力推动与公众利益密切相关的旅行社责任险统保示范项目以及医疗责任险、安全生产责任险、环境污染责任险等责任保险发展，服务“平安福建”和“生态省”建设。（省卫生厅、省旅游局、省安监局、省环保厅、福建保监局、各财产保险公司主办）

5. 做好城镇职工和居民大额医疗费用商业保险工作。（省人力资源和社会保障厅、福建保监局、各保险公司主办）

（十九）推动“三农”保险发展。

1. 继续做好农业保险试点工作，健全农业保险体系，建立财政支持的巨灾风险分散机制。积极推进森林综合保险试点工作。逐步扩大农业保险保费补贴的品种和区域覆盖范围，进一步完善农业保险试点方案。（省财政厅、省民政厅、省农业厅、省林业厅、省海洋与渔业厅、福建保监局、人保产险福建省分公司主办）

2. 推动开展农村小额人身保险业务，总结推广龙岩市古田镇“三农”保险示范区经验，提升“三农”保险服务品质，促进农村保险市场发展。（福建保监局、各保险公司主办）

3. 积极推动新型农村社会养老保险试点工作，促进补充商业医疗保险业务发展，进一步完善城乡社会保障体系。（省人力资源和社会保障厅、福建保监局、相关保险公司主办）

（二十）促进保险资金融通。鼓励、推动驻闽保险公司积极向总公司推荐符合保险资金运用条件的建设项目，吸引保险资金投资我省基础设施项目和购买企业债券。探索保险资金投资建立创业投资企业、产业投资基金的有效方式，进一步拓宽保险资金运用的渠道和范围，建立保险资金参与海西建设的新途径。（省发展改革委、各保险公司主办，福建保监局协办）

五、多层面促进闽台金融合作

（二十一）积极争取闽台金融先行先试。

1. 争取获批开展闽台贸易以人民币计价结算试点，拓展以人民币计价的信用证、保函、托收等结算方式下的贸易融资业务，促进两岸贸易机构加快资金周转速度。推动闽台两岸金融机构采取直接或间接方式，进行货币资金结算和清算。发挥厦门经济特区优势，争取先行先试两岸人民币和新台币现钞调运业务，建立人民币和新台币现钞的供应和回流渠道。（人行福州中心支行、省外汇管理局、福建银监局、厦门银监局主办、省台办、省外经贸厅、人行厦门市中心支行、各有关金融机构协办）

2. 继续做好全省中国银行网点办理新台币现钞兑换业务的服务工作，简化小额台币柜面兑换申请申报手续。（人行福州中心支行、省外汇管理局、中国银行福建省分行主办，省台办协办）

（二十二）深化闽台金融交流合作。推动闽台金融机构双向互设，争取国家有关部门优先支持台资金融机构到我省设立机构，积极促进兴业银行赴台设立代表处。推动闽台金融机构开展股权合作，支持两岸金融机构在我省合资设立各类基金，积极争取引进台资银行入股省内城市商业银行、农村信用社等金融机构并提高股比。争取年内完成海峡产业投资基金设立工作。鼓励台资金融机构投资信托、创投等，建立区域金融总部，探索闽台金融业务合作的新领域、新模式，寻求两岸金融机构在业务代理、产品开发等方面的业务合作，促进闽台金融服务和金融产品创新。（省台办、省发展改革委、人行福州中心支行、福建银监局、福建证监局、福建保监局、人行厦门市中心支行、厦门银监局、厦门证监局、厦门保监局、省投资集团、相关金融机构主办）

（二十三）推动闽台金融服务中介机构发展。支持台资在我省设立或参股会计、审计、资产评估、信用评级、金融资讯等金融服务中介机构，促进两岸金融服务人才交流，推动人才队伍培养，进一步提升金融服务水平。推动闽台金融服务中介机构加强合作，拓展业务空间，提升业务能力和竞争实力，促进两岸中介服务市场的发展。支持台资在我省设立、合资成立或参股担保公司等机构，努力发挥台资担保机构在服务闽台企业融资担保中的重要作用。（省台办、省经贸委、省财政厅、人行福州中心支行、福建银监局、福建证监局、福建保监局、人行厦门市中心支行、厦门银监局、厦门证监局、厦门保监局主办）

六、多平台支持金融生态环境建设

（二十四）加快金融基础设施平台建设。

1. 在全省推广运行电子商业汇票系统和网上支付跨行清算系统，进一步完善支付体系基础设施平台建设，积极推动手机支付、网络支付等支付方式创新，促进网络购物消费，提高支付服务效率。（人行福州中心支行主办，各银行、银联福建分公司协办）

2. 深化新农村支付结算畅通工程，优化支付结算功能，扩大自助设备覆盖面，提高设备使用率，为广大农民提供更优质的非现金结算服务。（人行福州中心支行、银联福建分公司、农业银行省分行、省农信联社、邮政储蓄银行省分行及有关银行主办）

（二十五）促进信用担保体系平台建设。加强对融资性担保业务的监管，构建再担保信息平台，促进融资性担保业务健康发展，防范化解融资性担保风险，推动信用再担保体系建设。创新担保公司的经营机制和业务品种，培育和健全省级担保服务平台。进一步完善企业和个人征信系统建设，加强企业和个人征信系统数据质量和查询管理，服务实体经济融资需要。推动征信制度和标准化建设，依法逐步实现政府部门及金融机构间的信息共享，继续拓宽非银行信用信息征集渠道，丰富充实征信系统数据库。继续深化中小企业信用体系建设，推动中小企业信用评价工作，为中小企业增信服务。进一步完善农户信用信息管理系统建设，逐步实现涉农金融机构农户信用信息共享，改善农村信用环境。规范发展信用中介服务机构，努力推进担保机构第三方信用评级试点工作，促进银保互信合作。大力开展信用区（县）、信用村（镇）、信用社区、信用企业创建活动，规范社会信用秩序，优化区域金融生态环境。（省经贸委、人行福州中心支行、福建银监局、省农信联社主办，省直有关部门配合）

（二十六）推动协作平台建设。

1. 建立和完善政府部门与金融机构的信息交流平台，全方位拓展政银企信息沟通渠道，为金融机构确定信贷投向、调整信贷结构提供信息支持。积极开展项目推荐、金融新产品及金融法律法规宣传等活动，用好“海西金融网”、“福建中小企业融资服务网”等电子信息平台，促进银企资金和服务有效对接。大力拓展支农金融服务平台，提高信贷支农的范围和效用。（省发展改革委、省经贸委、人行福州中心支行、福建银监局、厦门银监局、省农信联社主办，省直有关部门协办）

2. 继续完善金融稳定联席会议制度平台，及时沟通、协调金融运行情况，维护金融市场秩序，防范金融风险。严厉打击非法集资、洗钱、套现和非法证券等非法金融业务活动，加强对非法集资、非法证券等非法金融业务活动的监测、打击与处置力度，进一步完善与侦查、司法机关的协调机制，不断提高打击非法金融业务活动的针对性和有效性，为金融支持海西建设创造良好运行环境。（人行福州中心支行、福建银监局、福建证监局、福建保监局、人行厦门市中心支行、厦门银监局、厦门证监局、厦门保监局、相关联席会议成员单位主办，省直有关部门协办）

山西省

山西省发展和改革委员会关于印发《创业投资扶持资金管理暂行办法》的通知

晋发改财金发［2010］15号　2010年1月7日

省直各有关部门、各市发展改革委：

为充分发挥政府资金的带动和导向作用，有效引导社会资金流向创业投资企业，促进创业投资资本形成，提高创业投资在促进自主创新、产业升级以及中小企业做大做强、增加社会就业等方面的作用，根据《创业投资企业管理暂行办法》（十部委令39号）等法规和国家有关政策，结合我省实际，我们制定了《山西省发展和改革委员会创业投资扶持资金管理暂行办法》。

现印发，请遵照执行。

山西省发展和改革委员会

二〇一〇年一月七日

创业投资扶持资金管理暂行办法

第一条　为充分发挥政府资金的带动和导向作用，有效引导社会资金流向创业投资企业，促进创业投资资本形成，提高创业投资在促进自主创新、产业升级以及中小企业做大做强、增加社会就业等方面的作用，根据《创业投资企业管理暂行办法》（十部委令39号）等法规和国家有关政策，结合我省实际，制定本办法。

第二条　省创业投资扶持资金，是指每年从省煤炭可持续发展基金中筹集的专项用于扶持创业投资企业发展的资金。其宗旨是通过扶持创业投资企业发展，引导社会资金进入创业投资领域并鼓励其增加对中小企业的投资。扶持资金本身不直接从事创业投资业务，不以赢利为目的。

省创业投资扶持资金每年年初由省创业投资企业备案管理部门（省发展和改革委，下同）提出年度资金使用计划，列入全省固定资产投资计划管理。

第三条　省创业投资企业备案管理部门对省创业投资扶持资金行使决策管理职责，并按照晋政函［2009］130号《关于将支持企业转型转产的煤炭可持续发展基金作为政府引导资金并授权省发展改革委履行出资人职责的通知》规定管理。

第四条　省创业投资扶持资金扶持对象，是按照《创业投资企业管理暂行办法》规定程序备案的，在山西省行政区域内设立的各类创业投资企业。

第五条　省创业投资扶持资金按照“政府引导、市场运作，科学决策、防范风险”的原则进行投资运作。不用于市场已经充分竞争的领域。运作方式为参股，即扶持资金通过参股方式向创业投资企业进行股权投资，吸引更多社会资本参与创业投资领域。

（一）扶持资金的参股比例最高不超过创业投资企业实收资本（或出资额）的15%，且不能成为第一大股东。

（二）扶持资金三年内不分红；三年至五年只享受红利的80%；五年以上享受正常红利。

（三）扶持资金投资形成的股权三年内不转让。三年后其他股东或投资者可以随时购买。

（四）申请扶持资金参股的创业投资企业应当在其公司章程或有限合伙协议等法律文件中明确下列事项：

1. 扶持资金参股的创业投资企业至少要将30%的资金投资于创业早期企业或需要政府重点扶持和鼓励的高新技术等产业领域；

2. 扶持资金参股期限一般不超过7年；

3. 参股创业投资企业发生破产清算时，按照法律程序清偿债权人的债权后，剩余财产首先清偿扶持资金。

第六条　省创业投资企业备案管理部门组织政府有关部门、创业投资行业自律组织代表和社会专家成立评审委员会，对扶持资金支持方案进行独立评审。

第七条　省创业投资扶持资金评审决策程序：

（一）申请。申请扶持资金的创业投资机构按照《关于做好山西省创业投资企业备案管理工作的通知》（晋发改财金发［2006］771号）规定的管理程序提交申请报告。在省工商行政管理部门注册设立的，向省创业投资企业备案管理部门提交申请报告；在市工商行政管理部门注册登记的，向所在市创业投资企业备案管理部门提交申请报告，由市创业投资企业备案管理部门报省创业投资企业备案管理部门。

（二）评审。省创业投资企业备案管理部门对申请报告进行初审，并提交评审委员会对扶持资金支持方案进行评审论证。

（三）决策和实施。省创业投资企业备案管理部门根据评审结果，确定扶持资金扶持对象及规模，并组织实施。省煤炭基金征收办公室负责扶持资金日常管理与运作事务。

第八条　参股创投企业应按有关规定开展投资业务，如有违反，管理机构责令改正无效的，决策部门有权撤出扶持资金。

本办法从发文之日起实施。

山东省

关于印发《青岛高新区代办股份转让试点工作规范（暂行）》的通知

2010年6月9日

各有关单位：

《青岛高新区代办股份转让试点工作规范（暂行）》已经青岛高新区代办股份转让试点工作领导小组办公室同意，现予印发，请认真贯彻执行。

青岛高新区代办股份转让试点工作领导小组办公室

二〇一〇年六月九日

青岛高新区代办股份转让试点工作规范（暂行）

第一章 总 则

第一条 为积极、有序推进青岛高新区代办股份转让试点（以下称“新三板”）工作，根据市政府《关于支持青岛高新区开展代办股份转让系统试点工作有关事项的通知》（青政字［2010］17号）（以下简称“17号文件”），经青岛高新区代办股份转让试点工作领导小组办公室研究，制定有关职责分工及规范工作流程。

第二章 责任分工

第二条 市发展改革委、市科技局、市财政局、青岛高新区管委、市金融办、青岛证监局、各有关区政府负责按照17号文件有关分工要求，组织开展工作，落实有关政策。

第三条 青岛证监局负责审核券商资质并进行备案管理，符合条件的券商方能从事青岛高新区代办股份转让工作。

第四条 青岛高新区各园区管理机构负责协调券商和企业改制工作。主要工作内容：审核、推荐各园区试点企业；向领导小组办公室提报工作动态；协调所在区发展改革及财政部门对企业申报材料和数据的真实性进行审核，出具推荐函。

第五条 青岛高新区管委会同市发展改革委、市财政局审核企业情况，在企业完成券商内核后，报市企业上市工作联席会议批准，为符合条件的拟挂牌企业出具试点资格确认函。

第六条 经青岛证监局备案的券商负责组织具有证券执业资质的律师事务所、会计师事务所等中介机构，按照工作计划和服务内容及时间承诺，对企业进行改制、尽职调查、内核、推荐上报国家新三板管理机构申请挂牌等上市工作。

第三章 企业申请条件

第七条 拟挂牌企业申请进入代办股份转让系统，须符合如下基本条件：

（一）注册地在青岛高新区“一区五园”内的高科技企业；

（二）存续满两年。有限责任公司按原账面净资产值折股整体变更为股份有限公司的，存续期间可以从有限责任公司成立之日起计算；

（三）主营业务突出，具有持续经营能力；

（四）治理结构健全，运作规范；

（五）股份发行和转让行为合法合规；

（六）企业申请进入代办股份转让系统还应符合国家有关非上市股份有限公司进入代办股份转让系统进行股份转让的要求和其他相关法律法规的规定。

第四章　挂牌程序

第八条　拟挂牌企业与备案券商洽谈，达成合作意向后，应签订合作意向书，同时向所在园区管理机构报送如下文件申请获得园区备案同意：

（一）双方签订的合作意向书及双方向园区管理机构承诺进度表；

（二）工商营业执照复印件；

（三）青岛高新区企业代办股份转让系统试点资格申报表；

（四）股东大会（临时股东大会）作出同意企业进入代办转让系统的决议，附股东大会会议纪录及出席会议的股东（包括股东代理人）签字；

以上所提交材料是复印件的需加盖企业公章，提交材料的同时准备原件供查验。

第九条　拟挂牌企业所签订的合作意向书在园区备案后，与备案券商签订相关合同，企业按照承诺事项和时限及时向所在园区管理机构报送工作进展情况，券商向青岛证监局报送工作进展情况。

第十条　拟挂牌企业完成券商内核后，须向所在园区管理机构申报企业推荐函，园区按照17号文件要求审核通过后报高新区管委，由高新区管委会同市发展改革委、财政局联审，并报市企业上市联席会通过后进入试点资格名录，出具挂牌备案所需试点资格确认函。

第五章　附则

第十一条　本规范由青岛高新区代办股份转让领导小组办公室负责解释。

第十二条　本规范自发布之日起生效，有效期至2012年12月31日。

河南省

河南省财政厅关于印发河南省特色产业中小企业发展资金管理办法（试行）的通知

豫财企［2010］88号　2010年7月27日

各省辖市、有关县（市）财政局：

为进一步促进我省产业集聚区和特色产业的发展，规范和加强特色产业中小企业发展资金管理，提高资金使用效率，根据《财政部关于印发〈地方特色产业中小企业发展资金管理暂行办法〉的通知》（财企［2010］103号），结合我省实际，我们研究制定了《河南省特色产业中小企业发展资金管理办法（试行）》，请遵照执行

二〇一〇年七月二十七日

河南省特色产业中小企业发展资金管理办法（试行）

第一章　总　则

第一条　为规范和加强河南省特色产业中小企业发展资金管理，提高资金使用效率，根据《财政部关于印发〈地方特色产业中小企业发展资金管理暂行办法〉的通知》（财企［2010］103号），结合我省实际，制定本办法。

第二条　河南省特色产业中小企业发展资金（以下简称特色产业资金）是由中央财政拨付的，专项用于支持我省特色产业集群和特色产业聚集区内中小企业（以下简称特色产业中小企业）技术进步、节能减排、协作配套，促进产业结构调整和优化的资金。

第三条　本办法所称特色产业是指以地域和资源优势条件为基础，围绕特色产品的生产、销售、服务等而形成的市场化、规模化、集约化和链条化的生产经营群体。一般应具有以下特征：

（一）符合国家和我省产业政策，主导产品在国内外有较高的知名度，有一定的市场规模和市场占有率。

（二）特色产业的地域或资源优势明显，在省内具有唯一性或不可替代性。

（三）在一定区域内生产经营链条完整，服务体系健全。

第四条　中小企业的划分标准，按照国家现行有关规定执行。

第五条　特色产业资金的管理遵循公开透明、定向使用、突出重点、科学管理、加强监督的原则，确保资金使用规范、安全和有效。

第二章　支持内容及方式

第六条　特色产业资金主要用于以下几个方面：

（一）促进中小企业技术创新和成果转化。重点支持特色产业中小企业开展的符合国家产业

技术政策、创新水平较高、市场竞争力较强、预期经济和社会效益较好、知识产权清晰的技术创新和科技成果转化项目。

（二）鼓励中小企业节能减排。重点支持特色产业中小企业生产或应用节能减排产品的技术改造项目，集群和聚集区内废水、废气、废渣等废弃物综合治理利用项目的建设、改扩建和技术改造等。

（三）加强中小企业与骨干企业专业化协作。重点支持省特色产业集群和特色产业聚集区内有较强协作配套关系的中小龙头骨干企业重点产品技术改造和改扩建项目，中小企业为建立和加强与龙头骨干企业协作配套关系、提高专业化生产水平而进行的技术改造和改扩建项目。

（四）支持中小企业产业升级和延伸。重点支持特色产业中小企业产业升级改造，新能源、新材料、节能环保、生物医药、信息网络及高端制造等战略性新兴产业中小企业项目建设和技术改造，集群和聚集区内主导性产业中小企业向附加值高的产业前端和后端延伸而进行的技术改造项目。

（五）改善中小企业服务环境。重点支持为省特色产业集群和产业聚集区内特色中小企业提供研究开发、设计、知识产权保护、工程技术管理、商务信息交流等公共服务项目。

同一年度，每个项目单位只能选择以上一项内容申请支持。

第七条　特色产业资金的支持方式采用无偿资助、贷款贴息方式。同一年度，每个项目只能申请一种支持方式。

第八条　特色产业资金无偿资助的额度，每个项目一般不超过300万元。

特色产业资金贷款贴息的额度，根据项目贷款额及人民银行公布的同期贷款基准利率确定。每个项目的贴息期限一般不超过2年，年贴息率不超过同期贷款基准利率，贴息额度一般不超过300万元。

第三章　项目资金的申请

第九条　申请特色产业资金的企业或单位须同时具备下列条件：

（一）位于特色产业集群或特色产业聚集区内；

（二）在河南省境内注册，具有独立的法人资格，注册资本不少于100万元，且注册设立时间不少于2年；

（三）项目建设期不超过2年；

（四）财务管理制度健全；

（五）按规定报送企业财务会计月报和年报，纳税和银行信用良好；

（六）申报项目符合本办法规定的支持内容。

第十条　申请无偿资助的项目，项目总投资不超过4500万元；申请贷款贴息的项目，项目总投资不超过6000万元。

第十一条　申请中小企业与骨干企业专业化协作的项目，上年度协作配套产品销售额应占全部销售收入50%以上。

第十二条　特色产业资金的申报材料一般应包括：

（一）省辖市、直管县财政部门特色产业资金申请文件；

（二）项目材料（按以下顺序装订成册）；

1. 特色产业中小企业发展资金申请书（封面）；

2. 特色产业中小企业发展资金申请表；

3. 企业基本情况表；

4. 法人执照（复印件）；

5. 项目核准或备案文件（复印件）；

6. 环保部门出具的环保评价意见（复印件）；

7. 项目可行性研究报告；

8. 项目投资预算表（包括资金的来源和用途），并附资金来源和已完成的主要投资凭证或证明；

9. 申请贷款贴息项目的企业，提供已发生贷款的汇总表，并附企业与金融机构签订的固定资产投资贷款合同、银行进账单及该笔贷款项下的利息支付凭证（复印件）；

10. 经会计师事务所审计的上年度企业财务会计报表和审计报告，经过审计的财务会计报表每页需加盖审计单位印章（或盖骑缝章）；

11. 上年完税汇总表及完税凭证或免税证明；

12. 其他与项目有关的证明（专利证书、新产品证书、成果鉴定证书等）。

第四章　项目审核及资金拨付

第十三条　各省辖市、有关县（市）财政部门负责组织本地区特色产业资金的项目初审和推荐工作，并建立项目库。

根据本地区特色产业发展规划等，研究提出下年度特色产业资金扶持重点、扶持计划，并在每年10月31日前上报省财政厅。

第十四条　省财政厅组织专家对上报项目进行评审，并对拟支持的项目实行公示，接受社会监督。

第十五条　省财政厅根据公示结果，确定特色产业资金支持项目，并按照预算管理的有关规定，拨付特色产业资金。

第五章　监督管理

第十六条　省财政厅对特色产业资金管理和使用情况进行不定期抽查，对有问题的项目及时予以调整。各省辖市、有关县（市）财政部门应当加强对本地特色产业资金管理和使用情况的监督检查。

第十七条　省财政厅建立特色产业资金使用跟踪问效和绩效评估制度。各省辖市、有关县（市）财政部门将本地区特色产业资金实施效果、存在问题及政策建议等，于次年2月28日前报省财政厅。

第十八条　特色产业资金必须专款专用，对违反规定使用、骗取资金的行为，一经查实，将收回已安排的特色产业资金，并按照《财政违法行为处罚处分条例》（国务院令第427号）的相关规定进行处理。

第六章　附　则

第十九条　本办法由省财政厅负责解释。

第二十条　本办法自印发之日起施行。

湖南省

湖南省人民政府关于进一步加快发展资本市场的若干意见

湘政发［2010］1号　2010年1月13日

各市州、县市区人民政府，省政府各厅委、各直属机构：

为大力推动更多优质企业进入资本市场，多渠道扩大直接融资比重，促进全省经济社会又好又快发展，现就进一步加快发展资本市场提出如下意见：

一、提高认识，进一步增强发展资本市场的紧迫感

资本市场是配置资源最直接、最有效的手段。大力发展资本市场，是党中央、国务院从全局和战略高度做出的一项重大决策。近年来，我省资本市场得到较快发展，有力地推动了企业改组改制，促进了产业结构调整和产业集群的形成，改善了融资结构，缓解了我省经济发展的资金压力。但是，我省资本市场总体发展水平不够高，上市公司规模小，上市公司市值占GDP的比重偏低，融资功能没有得到充分发挥。一些地区、部门、企业对资本市场认识不高，缺乏通过资本市场加快发展、做大做强企业的紧迫感，政策扶持不足。各级各有关部门和企业一定要提高认识，把发展资本市场作为完善社会主义市场经济体制，促进产业结构调整，培育优势产业，做大做强企业，推进推动国民经济持续快速健康协调发展的重要战略举措来抓，紧紧围绕省委、省政府确定的经济工作重点，制定措施、健全体系、完善功能、强化监管、优化环境，继续搞好政策扶持和协调服务，进一步加快资本市场的发展。

二、积极培育上市后备资源，加快企业上市步伐

（一）充分挖掘上市后备资源，鼓励企业多途径上市融资。各级政府和有关部门要进一步加大宣传力度，研究制订优惠政策，加强指导，调动企业上市积极性。坚持“境内与境外上市兼顾、主板与创业板上市并举”的方针，鼓励企业因企制宜选择上市途径。重点推动一批事关经济社会发展全局和国计民生的重要产业，特别是竞争能力较强的新兴战略性产业、传统优势产业和文化传媒、金融等领域龙头企业在主板上市。鼓励和支持高科技、成长型的中小企业到中小企业和创业板上市。帮助企业与境外投资机构、证券中介机构建立联系，通过境外上市融资，实现快速发展。争取在5年内全省进入上市辅导的企业数达到150家，境内外上市公司突破90家。

（二）加大财政支持力度。从2010年至2012年，省财政每年安排3000万元企业上市专项引导资金，用于垫付省重点上市后备企业上市前期费用。企业成功上市后如数归还垫付资金，归还的资金继续用于支持企业上市。各市州政府也要研究建立企业上市专项引导基金或扶持资金，用于扶持当地的企业上市。

（三）支持企业进行股份制改造。各级政府预算安排的企业改制费用，要积极支持用于符合条件的国有拟上市公司的股份制改造。各有关部门要在政策性资金的安排使用上，给予拟上市公司优先支持。要按照有利于企业改制上市和长远发展的原则适当处理好有关税费问题，简化审批程序，提高工作效率。

（四）实行土地优先供应制度。拟上市公司（含上市公司）新增建设用地，向项目所在地国土资源管理部门提出申请，建设项目符合国家产业政策、达到节能减排要求的，各级国土资源管

理部门要依法优先供地。按规定应当进行招标拍卖挂牌的，严格按有关规定办理。拟上市公司原有划拨用地需办理有偿用地手续，补缴土地出让价款有困难的，除经营性房地产开发用地外，可以先办理土地使用权租赁手续，但租赁期不得超过5年，待企业上市补缴土地出让价款后再办理土地使用权出让手续，或采取土地使用权作价（出资）入股方式。

三、切实提高上市公司质量，增强可持续发展能力

（一）提高上市公司规范运作水平。规范国有股东等各类股东行为，维护上市公司独立性。督促上市公司完善治理结构，加强投资者关系管理，注重对投资者的回报。积极探索在上市公司中建立多种形式的激励和约束机制，强化董事、监事和高级管理人员失职责任追究制度。上市公司要切实保证信息披露的真实性、准确性、完整性和及时性，建立健全防范违规占用上市公司资金、违规担保、内幕交易等违法违规行为的长效机制；对募集资金的使用要进行科学论证，严格资金投向，提高投资效益；董事、监事和高管人员要认真履行维护公司法人财产权不受侵害的义务，守法诚信，勤勉尽责，切实对全体股东尤其是中小股东利益负责。

（二）增强上市公司再融资能力。鼓励和支持运作规范、业绩突出的上市公司充分利用资本市场的融资功能，通过吸收合并、配股、增发、定向增发和发行公司债、可转债等形式，扩大融资规模，迅速做大做强。鼓励ST公司通过股权重组、资产注入等途径，恢复再融资能力和持续发展能力。要高度重视“壳资源”的合理利用，通过注入优质资产和有发展前景的优质项目，推动和创新国有资产证券化工作，实现国有资产的保值增值，提高上市公司整体质量。

（三）加大上市公司重组力度。对主业突出、经营状况良好的绩优上市公司，大力推动战略性资产重组，通过并购重组或整体上市，注入上下游产业优质资产或整合同类资源来延伸产业链，实现与全省优质资源、支柱产业的嫁接和整合，使舂成为带动区域经济发展的龙头企业；对主营业务缺乏增长潜力的，通过资产重组、引入战略投资者等形式，增强其盈利能力和可持续发展能力。同时，各级政府要把好并购重组的“入门关”，防范虚假重组或利用重组进行内幕交易的行为，对不规范、不诚信和不具备实力的重组方进行劝退，提高战略性重组的效率和有效性。

四、优化投资环境，推动创业投资引导基金、股权投资类企业发展

（一）积极发展创业投资引导基金。认真贯彻《国务院办公厅转发发展改革委等部门关于创业投资引导基金规范设立与运作指导意见的通知》（国办发［2008］116号）精神，鼓励和支持各级政府设立各类创业投资引导基金。工商登记为创业投资有限责任公司、创业投资股份有限公司等专业性法人创业投资企业，经营范围符合《创业投资企业管理暂行办法》（国家发展和改革委员会等10部委令2005年第39号，以下简称《暂行办法》）规定，按照《暂行办法》规定的条件和程序完成备案和年度检查核实后，可以根据财政部、国家税务总局的有关规定，到财税部门办理申报有关纳税所得抵扣工作。

（二）鼓励发展股权投资类企业。支持和引导境内外投资者来湘注册设立股权投资企业和股权投资管理企业。股权投资企业是指依法设立并以股权投资为主要经营业务的企业，其注册资本不低于人民币1亿元，并限于货币出资，首期到位不低于5000万元。股权投资管理企业是指受股权投资企业委托，以股权投资管理为主要经营业务的企业，其实收资本应不低于100万元。对纳税确有困难的股权投资企业新购建的自用办公房产，房产税按程序申报减免。股权投资企业高级管理人员，第一年至第三年缴纳的个人工资收入所得税地方留成部分由财政部门按年度给予全额奖励，第四年和第五年按年度给予地方留成部分50%奖励，用于鼓励和支持其深造培训、购买自用住房等。

（三）允许股权投资类企业以有限责任公司、股份有限公司或有限合伙形式设立。以有限合伙形式设立的股权投资企业的经营所得和其他所得，按照国家有关税收规定，由合伙人分别缴纳所得税。其中，执行有限合伙企业合伙事务的自然人普通合伙人，按照《中华人民共和国个人所得税法》及其实施条例的规定，按“个体工商户的生产经营所得”应税项目，适用5%～35%的五级超额累进税率，计算征收个人所得税。不执行企业合伙事务的自然人有限合伙人，其从有限合伙企业中取得的股权投资收益，按照《中华人民共和国个人所得税法》及其实施条例的规定，按“利息、股息、红利所得”应税项目，适用20%的税率计算缴纳个人所得税。

（四）加强股权投资企业投资方向的引导。引导股权投资管理企业积极参与大型骨干企业并购重组，加大对面临暂时困难的成长型企业、高新技术、业务和商业模式创新等企业的投资力度。创业投资企业以股权方式投资于本省未上市中小高新技术企业两年以上的，可以按照其投资额的70%，在股权持有满两年的当年抵扣该创业投资企业的应纳税所得额；当年不足抵扣的，可以在以后纳税年度结转抵扣。

（五）支持股权投资管理企业拓展业务。鼓励股权投资管理企业为省内企业提供先进管理经验和其他增值服务。股权投资管理企业因收回、转让或清算处置股权投资而发生的权益性投资损失，可以按税法规定在税前扣除。符合居民企业条件的股权投资管理企业直接投资于其他居民企业取得的股息、红利等权益性投资收益（不包括连续持有居民企业公开发行并上市流通不足12个月取得的投资收益），可作为免税收入，不征收企业所得税。对股权投资管理企业重点投资的成长型企业，符合上市条件的，积极推荐上市。支持引导股权投资管理企业通过产权交易所等要素市场转让其持有的投资企业股份，拓宽股权投资退出渠道。

（六）发挥股权投资行业协会的作用。支持股权投资企业组建行业协会，通过行业协会加强股权投资企业的自律经营，加强与政府部门的双向沟通，组织股权投资管理人才的专业培训，开展股权投资的各类合作交流，促进我省股权投资类企业的健康发展。省人民政府金融工作办公室是省股权投资行业协会的业务主管部门。

五、扩大债券和信托发行规模，改善融资结构

（一）扩大企业债券发行规模。鼓励和支持经济效益好、社会信誉度高的国有大中型企业，通过发行企业债券吸引公众投资，实现规模优化和扩张、技术改造和升级；鼓励和支持具有发展潜力的中小企业，通过发行集合式债券吸引公众投资，解决资金难题，新上优势项目，实现跨越式发展；鼓励和支持企业综合运用短期融资券、中期票据等融资工具；鼓励和支持大型基础设施和重大项目通过债券融资。

（二）大力发展信托投资，提升资本运作能力。支持信托投资公司开发证券投资类、产业发展类、基础设施类等信托产品，为城镇化建设、优势资源开发和支柱产业发展等提供融资服务；鼓励信托投资公司利用信托制度优势，为企业职工持股、项目融资等提供专业服务。

（三）建立健全资产抵押、信用担保等偿债保障机制。鼓励和支持省内外担保公司、大型国有或国有控股企业对省内企业发债予以担保。省财政要继续扩大中小企业担保机构风险补偿资金和中小企业贷款贴息资金规模，对为发行债券担保的信用担保机构一定补贴，给予发债成功的中小企业在债券存续期内一定的贴息。

六、创建融资平台，加快多层次资本市场体系建设

（一）规范发展产权交易市场。依托湖南省产权交易所，整合省内产权交易市场资源，组建具有较强集聚和辐射能力、运作规范的产权交易市场。引导我省省级产权交易机构根据市场化原则

进行合理的功能定位，规范运作，提高资源配置效率。积极探索统一监管下规范的产权股权转让制度，积极拓展产权交易业务，特别是非公有制企业的非国有产权交易业务，建立规范有序、富有效率的产权流转平台。

（二）积极推进高新技术企业非上市公司股份柜台交易试点和省内非上市股份公司进入代办股份转让系统试点，探索建立覆盖面广、监管有力的场外交易市场。

（三）建立健全股权登记托管平台。依托省股权登记托管公司，发展我省股权登记托管业务，促进非上市公司包括股份公司、有限责任公司的股权实行集中统一托管，推动企业开展股权质押融资。督促省股权登记托管机构依法从事股权登记、转让过户、挂失、查询、分红和其他股权集中管理等业务，提高股权管理工作公信力，进一步规范股份制企业的资本运作，维护股东的合法权益。

七、提升证券期货机构综合竞争力，完善资本市场中介服务体系

（一）做大做强证券期货经营机构。以建成资本充足、内控严密、运营安全、服务效益良好的现代金融企业为目标，提升我省证券公司的综合竞争力。支持证券公司在省内拓展企业改制辅导、保荐承销、财务顾问等业务。鼓励证券公司通过境内外上市、收购、兼并、增资重组等方式，做优做强核心业务，形成核心竞争优势。积极引导有实力的省内外上市公司以及国有、民营企业参股、控股证券期货公司，增强其资本实力和抗风险能力。优化期货经营机构网点布局，拓展业务范围。吸引期货机构及高端期货人才落户我省。加强监管，督促我省期货机构及其大股东不断完善治理结构和风险控制，实现期货市场健康、有序、可持续发展。

（二）支持发展证券期货投资咨询机构、证券资信评级机构、会计师事务所、律师事务所、资产评估机构等资本市场各类中介机构，提高专业化服务水平，完善资本市场中介服务体系。

（三）规范中介机构行为，提高服务质量。完善中介机构和执业人员的信用征信系统和信用评价体系，建立中介机构执业与诚信档案，对中介机构开展信誉评价；建立健全中介机构服务上市工作的责任追究机制，提高中介机构的信用意识和社会公信力，对中介机构的不良行为及时通报，对严重失信、违法违规的中介机构，依法依规予以查处；强化中介机构及其从业人员的风险意识、责任意识和自律意识，维护行业秩序，防止无序和恶性竞争。

八、切实加强领导，完善资本市场的发展环境

（一）加强领导，落实责任。各级政府要把培育和发展资本市场列入重要议事日程，加强领导，明确机构，落实责任。省政府金融工作办公室要加强对全省资本市场发展的组织、协调和指导，研究制定资本市场发展规划和有关措施。各市州金融工作办公室要进一步充实人员，加强力量，承担起当地资本市场发展的统筹协调和企业上市、上市公司重组的组织推动工作。

（二）加强部门协调，建立绿色通道。省企业上市工作领导小组办公室要督查落实全省培育上市公司的规划、目标、措施，协调推进企业上市工作中的重大问题。省有关部门要结合各自职能，对进入上市程序的省级重点培育企业，开辟“绿色通道”，在上市申报过程中予以优先办理，提供高效率的服务。工商行政管理部门在企业改制登记时，要帮助企业做好改制与上市的政策衔接工作；发展改革、环保、经委等部门对企业上市融资项目立项、环评要给予重点支持；国土资源、国资、劳动保障、财政、税务等部门要在各自职责范围内支持企业上市，合力营造企业上市的良好氛围。

（三）加强市场监督，防范化解市场风险。各级政府部门要建立应对资本市场突发事件的快速反应机制和防范化解风险的协调机制，防范资本市场风险。湖南证监局要加强对上市公司股权

转让的监管，切实做好风险隐患大和业绩较差的上市公司资产重组的组织、协调和督促工作。环保部门要加强对上市公司的环保核查，督促上市公司履行社会责任，披露环境信息，促进上市公司持续改进环境；广电、新闻出版、通信管理、证监等部门要加强新闻宣传和舆论引导工作，健全舆情监控研判机制，规范广电、报刊、网络传播行为；公安、工商行政管理、证监等部门要加强协调配合，严厉打击非法证券期货交易中的违法活动，维护资本市场秩序和社会稳定。

（四）加强资本市场高素质专业人才的培养和引进。各地要制定资本市场人才发展战略，落实引进高层次人才的各项优惠政策，在补贴、奖励、子女入学、购房等方面给予优惠，不断提高资本市场人才素质。要发挥在湘高校在培养专业人才方面的作用。要采取入股、期权、年薪制等多种分配方式，健全与业绩紧密联系、鼓励人才创新的分配制度和激励机制。加快银行、证券等职业经理人的培养和引进，加快产权交易经纪人队伍建设。

湖南省政府

二〇一〇年一月十三日

郴州市人民政府办公室转发市金融证券办等10个单位《关于鼓励私募股权投资基金业发展若干意见》的通知

郴政办发[2010]6号　2010年3月3日

各县市区人民政府，市政府各部门、直属机构、部门管理机构，中省驻郴各单位：

市金融证券办、市人民银行、郴州银监分局、市发改委、市财政局、市公安局、市房产局、市国税局、市地税局、市工商局等单位制定的《关于鼓励私募股权投资基金业发展的若干意见》已经市人民政府同意，现转发给你们，请认真遵照执行。

郴州市人民政府办公室

二〇一〇年三月三日

关于鼓励私募股权投资基金业发展的若干意见

随着我国经济的快速增长和资本市场的不断壮大，创业风险投资公司、产业投资和私募股权投资基金等股权类投资业不断发展，已成为现代金融市场不可或缺的重要组成部分。发展私募股权投资基金业，对缓解我市中小企业融资困难、推进郴州“两城”建设、促进经济社会又好又快发展具有重要意义。为进一步活跃我市金融市场，完善金融体系，扩大直接融资规模，吸引更多民间资本、外来投资参与我市经济社会建设，形成鼓励私募股权投资基金业发展的良好环境，根据省人民政府《关于进一步加快发展资本市场的若干意见》（湘政发［2010］1号）和省委办公厅、省政府办公厅《印发〈关于支持郴州市承接产业转移先行先试的若干政策措施〉的通知》（湘办[2009]24号）等有关规定，结合我市实际，提出如下意见：

一、适用对象

本意见适用于在本市注册的内资、外资私募股权投资基金和私募股权投资基金管理企业。

“私募股权投资基金”（又称股权融资或PE），是指以非公开方式向特定对象募集设立的对非上市企业进行股权投资并提供增值服务的非证券类投资基金，可以依法采取公司制、合伙制等企业组织形式。

“私募股权投资基金管理企业”，是指受私募股权投资基金企业委托以股权投资管理为主要经营业务的企业，可以依法采取公司制、合伙制等企业组织形式。

二、鼓励私募股权投资基金业发展的原则和目标

（一）基本原则。私募股权投资基金业发展应遵循“政府引导、市场运作、行业自律、政策扶持、规范发展”的原则，以市场为主导，以投资者及其相关方为主体，充分发挥政府的政策扶持作用，努力营造私募股权投资健康发展的良好市场环境，引导鼓励符合条件的境内外各类主体ā参与全市私募股权投资基金业发展。

（二）发展目标。通过培育和引进各类注册地在郴州的PE公司，形成一批经营规范、治理良好、业绩优异、具有影响力的私募股权投资基金企业和私募股权投资基金管理企业，发展壮大郴州私募股权投资市场，推动地方资本市场建设，努力将郴州打造成为湘粤赣省际区域城市PE中心。

三、私募股权投资基金企业和私募股权投资基金管理企业设立条件

私募股权投资基金企业的注册资本不得低于人民币10 000万元，并限于货币形式出资，首期到位资金不得低于人民币5000万元。股东或合伙人应当以自己的名义出资。其中单个自然人股东（合伙人）的出资额应不低于人民币100万元。以有限公司、有限合伙企业形式成立的，股东、合伙人人数应不多于50人；以股份有限公司形式成立的，股东人数应不多于200人。

私募股权投资基金管理企业以股份有限公司形式设立的，注册资本应不低于人民币500万元；以有限责任公司形式设立的，注册资本应不低于人民币100万元。

四、私募股权投资基金企业和私募股权投资基金管理企业的工商登记

从事私募股权投资和私募股权投资管理的企业应当以公司或合伙的形式设立，各级工商行政管理部门依法对从事私募股权投资和私募股权投资管理的企业进行注册登记。

（一）企业投资者。国家法律、行政法规规定的境内自然人、法人和其他组织以及国外、境外的自然人、法人和其他组织，可以作为私募股权投资基金和私募股权投资基金管理企业的投资者。

（二）企业名称。私募股权投资基金企业和私募股权投资基金管理企业名称中的行业可以分别表述为“私募股权投资”和“私募股权投资管理”，如“某某私募股权投资有限公司”。

（三）企业经营范围。私募股权投资基金企业和私募股权投资基金管理企业的经营范围可以分别表述为“私募股权投资”和“私募股权投资管理”。

（四）企业经营场所。私募股权投资基金企业的经营场所可以与承担管理责任的私募股权投资基金管理企业的经营场所相同。

（五）企业税收政策。私募股权投资基金企业和私募股权投资基金管理企业及其相关方应根据《中华人民共和国企业所得税法》和《中华人民共和国个人所得税法》等法律法规规定，自觉履行相关纳税义务。

以有限合伙形式设立的私募股权投资基金企业和私募股权投资基金管理企业的经营所得和其他所得，按照国家有关税收规定，由合伙人分别缴纳所得税。

五、私募股权投资基金企业的财税扶持政策

（一）私募股权投资基金企业自开业年度起，第一年缴纳的营业税地方实得部分由受益县市区财政部门全额奖励，第二年和第三年按50%奖励；自获利年度起，第一年缴纳的企业所得税地方留成部分由受益县市区财政部门全额奖励，第二年和第三年按50%奖励。对纳税确有困难的私募股权投资基金企业和私募股权投资基金管理企业新购建的自用办公房产免征契税，并按相关税收政策按程序申请减免。

（二）私募股权投资基金企业和私募股权投资基金管理企业的高级管理人员，第一年至第三年缴纳的个人工资收入所得税地方留成部分由财政部门按年度给予全额奖励，第四年和第五年按年度给予地方留成部分50%奖励，用于鼓励和支持其深造培训、购买自用住房等。

（三）以有限合伙形式设立的私募股权投资基金企业的经营所得和其他所得，按照国家有关税收规定，由合伙人分别缴纳所得税。其中，执行有限合伙企业合伙事务的自然人普通合伙人，按照《中华人民共和国个人所得税法》及其实施条例的规定，按“个体工商户的生产经营所得”应税项目，适用5%～35%的五级超额累进税率，计算征收个人所得税。不执行企业合伙事务的自然人有限合伙人，其从有限合伙企业中取得的股权投资收益，按照《中华人民共和国个人所得税法》及其实施条例的规定，按“利息、股息、红利所得”应税项目，适用20%的税率计算缴纳个人所得税。

（四）加强私募股权投资基金企业投资方向的引导。引导私募股权投资基金企业积极参与我市企业并购重组和企业上市，加大对优势产业和面临暂时困难的成长型企业、高新技术、业务及商业模式创新等企业的投资力度。创业投资企业以股权方式投资于本市未上市中小高新技术企业2年以上的，可以按照其投资额的70%，在股权持有满两年的当年抵扣该创业投资企业的应纳税所得额；当年不足抵扣的，可以在以后纳税年度结转抵扣。

（五）支持私募股权投资基金管理企业拓展业务。鼓励私募股权投资基金管理企业为市内企业提供先进管理经验和其他增值服务。私募股权投资基金管理企业因收回、转让或清算处置股权投资而发生的权益性投资损失，可以按税法规定在税前扣除。符合居民企业条件的私募股权投资基金管理企业直接投资于其他居民企业取得的股息、红利等权益性投资收益（不包括连续持有居民企业公开发行并上市流通不足12个月取得的投资收益），可作为免税收入，不征收企业所得税。对私募股权投资基金管理企业重点投资的成长型企业，符合上市条件的，积极推荐上市。支持引导私募股权投资基金管理企业通过产权交易所等要素市场转让其持有的投资企业股份，拓宽股权投资退出渠道。

六、建立健全监督管理和自律机制

（一）市金融证券办作为我市私募股权投资基金业的管理部门，负责牵头落实市政府鼓励私募股权投资基金和私募股权投资基金管理企业发展政策等各项工作，并会同市发改委、市财政局、市人民银行建立集体决策制度，提出备案管理意见，协同开展针对全市私募股权投资基金业的各项政策实施及风险防范工作。

（二）市金融证券办应加强对私募股权投资基金和私募股权投资基金管理企业的管理。私募股权投资基金企业和私募股权投资基金管理企业在工商行政管理部门办理设立、变更等注册登记事项后，应到市金融证券办、市人民银行备案后方可开展经营活动并享受市政府出台的有关优惠政策。每个会计年度结束后，私募股权投资基金企业和私募股权投资基金管理企业应当及时向其投资者（股东或合伙人）披露年度报告，全面告知公司治理、经营、财务等方面的情况，年度报告中的财务会计报告应经有资质的会计师事务所审计，相关资料同时报市金融证券办、市人民银行备案。

（三）市金融证券办要会同市人民银行加强对私募股权投资基金企业和私募股权投资基金管理企业日常资金运用的监督管理。以合伙企业形式设立的私募股权投资基金和私募股权投资基金管理企业的资产应委托银行金融机构托管，以确保合伙人资产安全。

（四）鼓励私募股权投资基金企业和私募股权投资基金管理企业组建行业协会，通过行业协会加强私募股权投资基金业的自律经营，建立与政府部门的双向沟通，组织私募股权投资基金业管理人才的专业培训，开展私募股权投资的各类合作交流。市人民银行作为全市私募股权投资基金和私募股权投资基金管理行业协会的业务主管部门，要采取有效措施，切实加强业务指导。

七、积极营造良好的私募股权投资基金业发展环境

（一）市金融证券办、市发改委、市财政局、市公安局、市国税局、市地税局、市工商局、市房产局、市人民银行和郴州银监分局等部门要进一步优化服务，形成有利于私募股权投资基金和私募股权投资基金管理企业集聚和健康有序发展的市场环境，既要充分发挥市场主体的积极性，促进我市私募股权投资基金企业和私募股权投资基金管理企业加快发展，又要各司其职，规范企业行为，依法打击各类非法金融活动，维护良好的金融环境。

（二）各级各有关部门应及时发布我市投资项目信息，主动为私募股权投资基金企业和私募

股权投资基金管理企业获取信息提供方便，要在注册登记、人才引进、经营场所选定等方面做好服务工作，给予相应的政策支持，并积极帮助私募股权投资基金企业和私募股权投资基金管理企业解决发展中遇到的各种问题。

（三）建立市级私募股权投资引导资金，引导社会资本投资私募股权基金。鼓励有条件的县市区建立私募股权投资引导资金。

（四）各县市区政府要大力支持商业银行开展私募股权投资基金托管业务和并购贷款业务。

重庆市

重庆市人民政府办公厅关于印发重庆市微型企业创业扶持管理办法（试行）的通知

渝办发[2010]192号　2010年7月15日

各区县（自治县）人民政府，市政府有关部门，有关单位：

《重庆市微型企业创业扶持管理办法（试行）》已经市政府同意，现印发给你们，请认真组织实施。

二〇一〇年七月十五日

重庆市微型企业创业扶持管理办法（试行）

第一章　总　则

第一条　为规范微型企业创业扶持工作，促进微型企业健康发展，扩大就业再就业，根据《重庆市人民政府关于大力发展微型企业的若干意见》（渝府发［2010］66号）规定，特制定本办法。

第二条　本市行政区域内微型企业的申请创办、扶持发展和监督管理适用本办法。

第三条　按照本办法规定创办微型企业可享受财政扶持、税收扶持、融资担保扶持、行政规费减免等扶持政策。

第四条　市政府和各区县（自治县）政府分别成立微型企业发展工作领导小组，负责领导、协调和监督全市和各区县（自治县）微型企业的发展工作。

市和各区县（自治县）微型企业发展工作领导小组下设办公室（以下简称微企办），具体负责微型企业的发展规划、创业培训、创业审核、政策扶持、监督管理等日常工作。

第二章　创业申请

第五条　申请享受微型企业创业扶持政策的创业者应具备下列条件：

（一）具有本市户籍（含集体户口）；

（二）属于“九类人群”；

（三）具有创业能力；

（四）无在办企业；

（五）属于“九类人群”的申请人出资比例不低于全体投资人出资额的50%；

（六）其他应当具备的条件。

第六条　申请微型企业创业扶持的创业者应当向居住地乡镇人民政府或街道办事处提交以下材料：

（一）微型企业创业申请书；

（二）身份证明；

（三）户口簿；

（四）居住证明；

（五）属于“九类人群”的证明材料；

（六）其他需要提交的材料。

居住地与身份证明或户口簿载明的住址一致的，申请人可不提交前款第（四）项规定的材料。

第七条　乡镇人民政府或街道办事处受理申请后，应在3个工作日内对申请人是否符合本办法第五条第（一）项和第（二）项的规定进行审查。审查符合规定条件的，应将审查结果进行公示，公示期不少于3天。经公示无异议的，乡镇人民政府或街道办事处应在微型企业创业申请书上出具同意推荐意见。审查合格后，申请人应将上述材料提交拟创业所在地工商所。

第八条　工商所受理申请后，应当对申请人是否符合本办法第五条第（三）项和第（四）项的规定进行审查。审查符合规定条件的，工商所应当出具审查意见，告知申请人办理企业名称预先核准和相关前置许可等注册登记手续，相关部门的前置许可应在3个工作日内办理完毕，并将申请审批资料移送当地微企办。

工商所自受理申请之日起，应当在3个工作日内完成申请的审查和资料的移送工作。

第三章　创业培训

第九条　各区县（自治县）微企办收到工商所报送的申请审批资料后，应当对申请人组织开展微型企业创业培训，已经接受创业培训或具有相关创业知识的申请人可不参加。

市微企办牵头会同市人力社保局制定微型企业创业培训年度计划，由市微企办和市人力社保局联合发文下达各区县（自治县）微企办和人力社保局实施。微型企业创业培训纳入全市创业培训计划。

第十条　微型企业创业培训实行定点培训，凡具备微型企业创业培训办学条件，且愿意承担微型企业创业培训工作的各类教育培训机构，均可向市微企办申报。

市微企办会同市人力社保局等相关部门对全市微型企业创业培训定点机构进行认定，并向社会公示。

第十一条　符合微型企业创业培训相关规定的，由同级财政部门按照每人1000元的标准给予微型企业创业培训补贴。

培训补贴由微型企业创业培训机构向同级微企办提出申请，微企办牵头与同级人力社保部门审核后，送同级财政部门复核，由财政部门将补贴资金直接划入定点培训机构在银行开设的基本账户。

第十二条　微型企业创业培训以提高申请人创业能力为目的，开展政策解读、项目选择、担保贷款、企业管理、市场营销、合同签订及风险的规避、员工聘用与社会保障、工商税务知识、创业实例分析、创业投资计划书制作及答辩等内容的培训。培训结束后，培训机构应当出具结业鉴定意见。

第四章 创业审核

第十三条 创业审核按照尽职审查和集中会审相结合的原则进行。申请人向拟创业所在区县（自治县）微企办提交创业投资计划书后，微企办审核人员应在3个工作日内完成初审，并将初审意见提交由工商、财政、税务、教育、人力社保、科技、金融、承贷银行、担保机构等部门和单位组成的审核小组集中会审。审核小组原则上10个工作日内会审1次，并审定财政资本金补助比例。

第十四条 创业审核应重点审查以下内容：

（一）培训机构结业鉴定意见（按本办法规定不参加创业培训的除外）；

（二）拟创办企业及申请创业者自身基本情况；

（三）拟生产产品或提供服务情况；

（四）拟创办企业的人员及组织结构；

（五）市场预测；

（六）营销策略；

（七）拟生产产品或提供服务的生产管理计划；

（八）资本金补助资金使用计划等财务规划；

（九）注册登记应当提交的相关材料；

（十）创业投融资计划；

（十一）其他应当审核的内容。

第十五条 微企办应当及时将审核结果通过网络、报纸、公示栏等形式进行广泛公示。

第十六条 申请人、其他组织和个人对区县（自治县）微企办是否通过审核的决定有异议的，可以在15日内向市微企办申诉。

第十七条 各级微企办、相关部门和单位工作人员对创业审核中获知的商业秘密，应当予以保密。

第五章 注册登记

第十八条 申请人通过企业名称预先核准后，应在拟创业所在地的重庆农村商业银行、重庆银行、重庆三峡银行等银行中选择一家开户银行以预先核准的企业名称开设账户，并将投资资金存入该账户。

第十九条 申请人通过创业审核，且投资资金到位后，由区县（自治县）微企办向同级财政部门申请资本金补助。财政部门按照微企办审定的补助比例在5个工作日内将资本金补助资金转入申请人开设的账户。

第二十条 创业者投资资金和财政补助资金到位后，区县（自治县）微企办应当按照企业登记的相关规定，将相关资料转到企业注册登记办理机构，5个工作日内办完营业执照。

工商部门依法进行注册登记的同时，应当对申请人是否符合本办法第五条第（五）项规定和相关前置许可进行审查。

第六章 扶持政策

第二十一条 市级财政部门每年根据市微企办确定的各区县（自治县）微型企业发展计划，安排扶持微型企业发展资金预算，将补助资金切块下达给各区县（自治县）财政部门。

区县（自治县）财政部门对市级财政资金、区县（自治县）配套资金实行集中管理、统筹安排，并向申请人拨付资本金补助资金。补助比例控制在注册资本金的50%以内，具体补助办法和标准由各区县（自治县）政府结合本地实际情况制定。

第二十二条　从微型企业成立次年起，财政部门按企业上年实际缴纳企业所得税、营业税、增值税地方留存部分计算税收优惠财政补贴，补贴总额以微型企业获得的资本金补助资金等额为限。

微型企业凭纳税证明和营业执照，向当地财政部门申请享受税收扶持政策。税收优惠财政补贴的具体审核、拨付工作由区县（自治县）财政部门办理，于每年6月底前完成，7月底前向市财政局书面报送办理情况。按现行财政体制应由市级财政承担的部分，由市级财政通过年终结算的方式补助给区县（自治县）财政。

第二十三条　微型企业可在开户银行申请微型企业创业扶持贷款，用于借款人生产经营所需的流动资金或固定资产购置，贷款额度不超过投资者投资金额的50%，贷款利率按照中国人民银行公布的同期贷款利率基准利率执行。贷款发放原则上应在借款人向银行提出借款之日起30个工作日内完成。

微型企业创业扶持贷款期限为1～2年，并按有关规定享受财政贴息。

第二十四条　具备抵押或担保条件的微型企业，在申请微型企业创业扶持贷款时，可按照《重庆市小额担保贷款办法》（渝就业办［2008］16号）规定，持工商、税务核发的工商登记证、税务登记证、抵押物清单或担保合同以及有效证件向所在地社区居委会或村委会申请。

第二十五条　市三峡担保公司负责全市微型企业贷款担保工作。各区县（自治县）政府指定当地专业担保公司为微型企业提供担保的，由市三峡担保公司为其提供再担保。

担保公司按现行担保贷款管理办法的最低标准且不高于担保额的2%收取担保费。

第七章　监督管理

第二十六条　有下列行为之一的，由区县（自治县）微企办责令改正；情节严重的，由区县（自治县）微企办撤销申请人扶持资格，并由相关部门依法追究责任：

（一）不按投资计划书使用资本金补助资金的；

（二）采用欺骗手段取得被扶持资格的；

（三）出租、出借被扶持资格的；

（四）虚假出资、虚报注册资本、抽逃注册资本的；

（五）其他违法违规行为。

第二十七条　微型企业申请变更或注销，应当经区县（自治县）微企办审查，并由工商部门依法办理变更或注销登记。

第二十八条　工商、财政、税务、人力社保、金融等部门和单位应加强协调配合，在各自职责范围内依法对微型企业资金用途、开业状况、关闭注销、雇工情况等实行全过程监管，严厉查处套取、抽逃、转移资金和资产的行为。涉嫌犯罪的，移交司法机关依法追究刑事责任。

第二十九条　申请人恶意骗取、套取、挪用资本金补助资金等违法行为应当记入企业征信系统或个人征信系统。相关行政机关、金融机构依据不良信用记录，在银行信贷、行政许可、政策扶持等工作中依法对违法当事人采取禁止或限制措施。

第三十条　各级微企办、人力社保、财政等部门应加强对微型企业创业培训质量、培训补贴资金申领的监督检查，检查结果作为对培训机构考核的重要依据。

第三十一条　培训机构有下列情况之一的，由市微企办会同市人力社保局取消培训资格：

（一）弄虚作假，骗取培训补助费用的；

（二）当年无正当理由未完成创业培训目标任务的；

（三）连续两年培训合格率低于90%或结业鉴定准确率低于80%的；

（四）连续两年培训学员的满意率低于80%的。

第三十二条　各级微企办、财政、人力社保、审计、监察等部门应加强对微型企业发展申请、审批、资金发放等环节的全过程监督检查，依法查处截留、挤占、滞留、挪用、骗取、套取财政资金和玩忽职守、滥用职权、徇私舞弊等行为。涉嫌犯罪的，移交司法机关依法追究刑事责任。

第八章　附　则

第三十三条　本办法所指“九类人群”包括：

（一）大中专毕业生。指毕业未就业的全日制中专、高职、大专、本科、研究生等学历层次的毕业生，以及取得职业技能等级证书和职业教育毕业证书的职教生（含本市集体户口）。

（二）下岗失业人员。指持有“下岗证”或“职工失业证”的本市国有企业下岗失业人员、国有企业关闭破产需要安置的人员、城镇集体企业下岗失业人员等三类人员；持有“城镇失业人员失业证”和“最低生活保障证明”的已享受城镇居民最低生活保障且失业的本市城镇其他登记失业人员。

（三）返乡农民工。指在国家规定的劳动年龄内，在户籍所在地之外从事务工经商1年以上，并持有相关外出务工经商证明的本市农村户籍人员。

（四）“农转非”人员。指因农村集体土地被政府依法征收（用）进行了城镇居民身份登记的本市居民。征地时已作就业安置、户籍关系已迁出本市的人员除外。

（五）三峡库区移民。指在本市行政区域内安置的长江三峡工程重庆库区水淹移民和占地移民。

（六）残疾人。指持有《中华人民共和国残疾人证》和《中华人民共和国残疾军人证》，并具备创业能力的本市居民。

（七）城乡退役士兵。指在本市行政区域内，所有城镇户籍和农村户籍的退役士官和义务兵。符合退役士兵安置条件，已安置工作的除外。

（八）文化创意人员。指从事文化艺术、动漫游戏、教育培训、咨询策划及产品、广告、时装设计等的本市居民。

（九）信息技术人员。指从事互联网服务、软件开发、信息技术服务外包服务的本市居民。

第三十四条　本办法第五条规定的“居住证明”包括公安机关出具的暂住证明和居委会（村委会）出具的相关居住证明材料。

第三十五条　申请人只能享受一次微型企业扶持政策。

第三十六条　各区县（自治县）可根据本办法规定制定实施细则，并报市微型企业发展工作领导小组同意后施行。

第三十七条　本办法由重庆市微型企业发展工作领导小组办公室负责解释，自印发之日起施行。

贵州省

贵州省中小企业促进条例

贵州省第十一届人民代表大会常务委员会公告［2010］2号　2010年1月8日

第一章　总　则

第一条　为促进中小企业发展，维护中小企业合法权益，根据《中华人民共和国中小企业促进法》和有关法律、法规的规定，结合本省实际，制定本条例。

第二条　本条例所称中小企业，是指本省行政区域内依法设立的符合国家中小企业划分标准的各类企业。

第三条　省人民政府负责制定全省中小企业政策，对中小企业发展进行统筹规划。

县级以上人民政府应当把发展中小企业纳入当地国民经济和社会发展规划，制定促进中小企业发展的具体措施。

第四条　省人民政府负责中小企业工作的部门组织实施国家和省制定的中小企业政策和规划，定期公布产业扶持重点，对全省中小企业工作进行综合协调、指导和服务。

省人民政府有关部门根据国家、省制定的中小企业政策和规划，在各自职责范围内对中小企业进行指导和服务。

县级以上人民政府负责中小企业工作的部门及其他有关部门在各自职责范围内对本行政区域内的中小企业进行指导和服务，定期公布区域发展扶持重点。

第五条　中小企业依法享有的各项权利，任何单位和个人不得侵犯。

各级国家机关和组织应当依法维护中小企业的合法权益。

第六条　中小企业应当合法经营、依法纳税、诚实守信、公平竞争，遵守国家有关劳动用工、安全生产、职业卫生、社会保障、资源利用、环境保护、产品质量、财税金融等法律、法规。

第七条　县级以上人民政府对业绩突出的中小企业和在促进中小企业发展工作中成绩突出的单位和个人应当给予表彰和奖励。

第二章　资金及信用支持

第八条　省人民政府应当安排中小企业发展专项资金，并根据年度财政收入的情况适当增长。

市、州人民政府和地区行政公署应当安排中小企业发展专项资金。

县级人民政府应当根据实际情况为促进中小企业发展提供财政支持，有条件的应当安排中小企业发展专项资金。

第九条　中小企业发展专项资金用于支持下列事项：

（一）中小企业创业；

（二）中小企业技术创新、技术改造、专业化发展及与大企业协作配套；

（三）中小企业市场开拓；

（四）中小企业社会化服务体系建设；

（五）中小企业信用担保体系建设；

（六）其他促进中小企业发展的事项。

用于扶持企业发展的其他各项财政资金应当向中小企业倾斜。

第十条 金融机构根据国家信贷政策，调整信贷结构，创新信贷方式，改善中小企业的融资环境，完善对中小企业及中小企业信用担保机构的授信制度，并为中小企业提供信贷、结算、财务咨询、投资管理等多种形式的金融服务。

第十一条 县级以上人民政府及其负责中小企业工作的部门应当加强与金融机构的协调，为中小企业提供融资支持；建立中小企业贷款风险补偿机制，对金融机构中小企业贷款按照增量给予适度补助。

第十二条 中小企业向金融机构贷款需要办理抵押登记的，有关登记部门应当依法予以登记并且不得要求对抵押物进行评估或者指定抵押物评估机构。

第十三条 县级以上人民政府及其负责中小企业工作的部门应当引导和支持有条件的中小企业通过股权融资、债券融资、租赁融资、境内外上市等途径，依法开展直接融资。

第十四条 税务部门应当根据税收法律、行政法规及规章的规定，对符合条件的中小企业予以税收优惠。

第十五条 县级以上人民政府及其有关部门应当完善中小企业信用信息征集、信用评价、信用风险防范和失信追究等信用制度。

加强电子政务建设，逐步建立部门之间联合的数据共享体系，依法提供中小企业有关信用信息。

第十六条 县级以上人民政府及其负责中小企业工作的部门应当加强对中小企业信用担保机构的管理、指导和服务，完善绩效评价机制，促进中小企业信用担保体系规范、有序、健康发展。

中小企业信用担保机构依法享受税收优惠。

第十七条 使用财政资金设立的中小企业信用担保机构实行政企分开和市场化运作，政府及其有关部门不得参与或者干预具体担保业务。

中小企业信用担保机构应当建立健全担保业务的事前评估、事中监控、事后追偿与处置机制，有效防范与控制担保风险。

第三章 创业扶持

第十八条 县级以上人民政府应当建立和完善鼓励创业的政策支持体系，积极开展创业服务，改善创业环境，降低创业成本。

第十九条 各级人民政府及其有关部门应当保护中小企业依法参与市场公平竞争的权利，不得限制符合国家产业政策的中小企业进入国家法律、行政法规没有明确禁止的行业和领域经营。

第二十条 县级以上人民政府有关部门应当为创办中小企业提供工商、财税、融资、土地使用、人才档案、户籍管理、社会保障等方面的政策咨询和便利。

第二十一条 县级以上人民政府及其有关部门应当根据中小企业发展的需要，采取利用原有存量建设用地、闲置厂房和引导中小企业进入工业园区、聚集区等多种形式支持创业。

第二十二条 经济技术开发区、高新技术开发区、工业园区应当创造良好创业环境，提供优质服务，吸引中小企业向园区集聚，形成主业突出、产业集聚、分工配套、各具特色的产业集群。

第二十三条 鼓励以知识产权等无形资产作价出资创办中小企业。以知识产权等无形资产出资创办中小企业的，出资额占企业注册资本（经营资金）比例可以由投资各方协商约定，法律、法规另有规定的除外。

第二十四条　鼓励民间资本和境外资本依法设立创业风险投资企业。

风险投资企业依法享受税收优惠。

第四章　技术创新和技术改造

第二十五条　县级以上人民政府及其有关部门应当营造有利于中小企业技术创新的发展环境，支持公共科技服务平台建设，为科研开发和科技成果转化提供基础条件和公共服务，增强中小企业自主创新的综合能力。

第二十六条　县级以上人民政府及其有关部门应当利用现有的各类企业园区优先建立中小企业技术创新基地、产业化基地和科技企业孵化园。

鼓励境内外企业、科研机构和科技人员创办各类科技企业孵化器和科技型中小企业。

经认定的科技企业孵化器和科技型中小企业可以适用高新技术企业的相关政策。

第二十七条　县级以上人民政府应当创造条件推动中小企业与高等院校、科研机构开展技术合作与交流，为促进科研成果产业化提供便利。

第二十八条　县级以上人民政府应当推动中小企业信息化建设，采用先进技术、工艺和设备，开发新产品、促进产品升级、产品结构调整和科技成果转化。

第二十九条　中小企业技术创新项目以及为大企业产品配套的技术改造项目，可以享受政府资助或者贷款贴息。

第三十条　中小企业用于新产品、新技术、新工艺的研究开发费用及技术转让所得，依法享受税收优惠。

中小企业投资开发的项目，属于国家重点扶持和鼓励发展的，依法享受相关优惠。中小企业由于技术进步，产品更新换代较快的固定资产，可以依照有关规定缩短折旧年限或者加速折旧。

第三十一条　鼓励和支持中小企业提高知识产权创造、运用、保护和管理的能力，培育知名品牌。

知识产权职能部门和司法机关应当采取措施，加大对中小企业知识产权的保护力度。

第五章　市场开拓与社会服务

第三十二条　支持、引导中小企业改造、整合企业物流资源，鼓励社会资金投资建立区域性商品交易中心和行业性产品购销中心，为中小企业的产品交易提供服务。

中小物流企业，依法享受税收优惠和财政贴息。

第三十三条　鼓励中小企业开展自营进出口业务和到境外投资，支持中小企业开拓国际市场，参与国际竞争。

支持中小企业参加国内外商品交易会开拓市场。

第三十四条　支持中小企业发展地方特色产品，通过技术改造和提高质量，淘汰落后工艺、落后技术，提高市场占有率。

第三十五条　支持中小企业取得质量管理体系认证、环境管理体系认证和产品认证等国际标准认证，提高产品质量，增强应对技术性贸易壁垒的能力。

第三十六条　政府采购应当优先安排向中小企业购买商品或者服务。

第三十七条 县级以上人民政府及其负责中小企业工作的部门应当推动中小企业服务体系建设。鼓励中小企业服务机构为中小企业提供便捷的服务。

县级以上人民政府及其有关部门应当及时公开并更新有关财税金融等优惠政策信息。

支持中小企业发展电子商务，鼓励建立区域性综合电子商务交易平台。

第三十八条 县级以上人民政府应当根据中小企业发展的需要，整合社会资源，创新培训方式，形成政府引导、社会支持和企业自主的培训机制。

鼓励科研机构、大专院校为中小企业提供产品研发、技术咨询、技术推广、经营管理和人员培训等服务。

第三十九条 县级以上人民政府及其有关部门应当在中小企业员工人事管理、职称评定、资格认证、教育培训、政府奖励等方面，与其他各类企业实行同等政策，并提供便利和支持。

第六章 权益保护

第四十条 任何单位和个人不得非法改变中小企业的财产权属关系。因公共利益需要征收、征用中小企业合法使用的土地，或者拆迁其经营场所、生产设施、生活设施的，应当依法及时给予合理补偿、安置。

县级以上人民政府及其有关部门应当及时受理中小企业对各类违法、违规行为的举报、控告。

第四十一条 禁止下列损害中小企业合法利益的行为：

（一）在法定的收费项目和收费标准外向中小企业收取费用；

（二）强制或者变相强制中小企业提供赞助、接受有偿服务、订购报刊杂志、音像制品；

（三）强制或者变相强制中小企业加入各种协会；

（四）违法指定中介机构提供各种有偿服务；

（五）强制或者变相强制中小企业参加法律、法规规定以外的各类培训、达标、评比、鉴定、考核等活动；

（六）在实施行政许可过程中违反法律、法规的规定要求中小企业提供有关资料；

（七）其他损害中小企业合法利益的行为。

违反规定收取费用的，中小企业有权拒绝，已收取的应当返还。

第四十二条 国家机关及其工作人员违反法律、法规侵害中小企业合法权益，或者应当向中小企业公开优惠政策信息而不公开，以及应当对中小企业适用优惠政策而不适用的，由其上级机关、行政监察机关或者其所在单位责令改正，并视情节依法对单位负责人、主管人员和其他直接责任人员给予行政处分；造成损失的，依法赔偿。

云南省

云南省发改委关于《云南省股权投资基金备案管理试行办法》的公告

2010年5月20日

《云南省股权投资基金备案管理试行办法》已经省政府法制办审查准予登记，现予以公布，自2010年8月1日起施行。

二〇一〇年五月二十日

云南省股权投资基金备案管理试行办法

第一章　总　则

第一条　为规范股权投资基金（以下简称股权基金）、股权投资基金管理机构（以下简称基金管理机构）的设立和运作，促进云南股权投资基金市场发展，根据《中华人民共和国公司法》和《中华人民共和国合伙企业法》，并参照《中华人民共和国证券法》等相关法律及法规，按照职能职责要求，制定本试行办法。

第二条　本试行办法所称股权投资基金，是指向特定对象募集资金，由基金管理机构管理，主要对未上市企业进行股权投资，并提高增值服务的集合投资制度。投资收益由投资者共享，投资风险由投资者共担。

第三条　法人、自然人、非法人机构及其他组织在云南境内从事股权基金业务活动，应遵守本试行办法。设立创业投资基金另行遵照《创业投资企业管理暂行办法》，并依据相应条件享受国家税收优惠政策和政策性创业投资引导基金扶持政策。

第四条　股权基金和基金管理机构省级备案管理部门为省发展改革委，并在管理业务上接受国家发展改革委的指导。

第二章　股权基金管理机构

第五条　基金管理机构要依法在工商行政管理部门登记注册。可以公司或合伙形式设立，经营范围限于：

（一）发起设立股权基金。

（二）管理股权基金。

（三）为所管理股权基金投资的企业提供管理服务。

（四）股权投资咨询。

第六条　基金管理机构向省发展改革委申请备案，需提交下列文件和材料：

（一）备案申请书。

（二）公司章程、合伙协议等法律文件。

（三）营业执照复印件（以有限合伙型设立的，还应提供普通合伙人的相关材料）。

（四）股东（合伙人）名单、承诺出资协议和实收资本已达到1000万元及以上的验资证明。

（五）3名拟任高管人员。要求具备2年以上股权基金管理运作经验或相关业务经验，并在最近5年内没有违法记录或尚在处理的重大经济纠纷诉讼案件。

（六）受托管理股权基金基本情况和拟募集股权基金招募说明书。

（七）其他文件。

（八）律师事务所出具的关于本条第（二）、（三）、（四）、（五）、（六）、（七）项的法律意见书。

第七条 基金管理机构应当遵守法律、行政法规、股权基金章程或合伙协议和股权基金委托管理协议，履行下列职责：

（一）制定和实施投资方案，并对所投资企业进行监督、管理。

（二）积极参与制定被投资企业发展战略，为所投资企业提供增值服务。

（三）依照股权基金委托管理协议，定期或不定期向投资者披露股权基金投资运作方面的信息。定期编制股权基金会计报表，经外部审计机构审核后，向投资者报告。

（四）股权基金章程或合伙协议和股权基金委托管理协议规定的其他职责。

第八条 股权基金可委托商业银行作为股权基金托管人，托管股权基金资产。

第三章 股权基金的募集与设立

第九条 已备案基金管理机构应当依据本办法向境内法人、非法人机构和基金管理机构的高级管理人员募集资金。投资方向应当符合国家产业政策和投资政策，积极发挥促进产业结构调整、企业兼并重组等作用。

第十条 股权基金采取私募方式向特定对象募集资金。

募集方式、募集对象和募集程序，均应符合《中华人民共和国证券法》关于“非公开发行证券”的规定，不得采取广告、公开劝诱和变相公开等方式募集资金。

以有限责任公司、有限合伙形式设立股权基金的，投资者人数不得超过50人；以股份有限公司形式设立股权基金的，投资者人数不得超过200人。

每个投资者认缴的股权基金资本不得低于1000万元人民币，而且只能用自有且合法的资金认购股权基金资本。所有投资者均须以货币形式出资。基金管理机构不得接受不明来源或非法的股权基金认购资本。在股权基金募集过程中，不得向投资者承诺固定回报。

第十一条 基金管理机构必须确认投资者在签署认缴承诺书之前，已经完全知悉招股说明书、股权基金章程或合伙协议的内容和风险因素。

第十二条 股权基金设立后，应当由基金管理机构向省发展改革委备案，并提交下列文件和材料：

（一）备案申请书。

（二）股权基金章程或合伙协议等法律文件。

（三）股权基金章程招募说明书。

（四）所有投资者签署的认缴承诺书。认缴承诺书须体现所有投资者完全知悉招募说明书内容及揭示的风险因素。所有投资者承诺认购基金总规模不低于5亿元。

（五）委托管理协议。

（六）股权基金营业执照、股权基金首次出资验资报告等工商登记材料。

（七）其他文件。

（八）律师事务所出具的关于本条第（二）、（三）、（四）、（五）、（六）、（七）项的法律意见书。

第四章 备案管理

第十三条 省发展改革委在为股权基金和基金管理机构履行备案手续时，对备案材料不完备或不符合规定的，于10个工作日内一次性告知申请机构需要补正的全部内容。

符合备案条件的，省发展改革委自受理材料之日起20个工作日内，出具股权基金和基金管理机构备案通知书；不符合备案条件的，省发展改革委自受理材料之日起20个工作日内，出具不予备案通知书并陈述理由。

已备案股权基金及已备案基金管理机构的基本信息，于备案后的10个工作日内，在省发展改革委网站予以公告，并抄报国家发展改革委。

第十四条 备案股权基金应当在每个会计年度结束后的4个月内，由基金管理机构向省发展改革委提交年度业务报告和经注册会计师审计的年度财务报告，并由律师事务所出具法律意见书，及时报告投资运作过程中的重大事件。

第十五条 基金管理机构在履行备案手续及在投资运作过程中向省发展改革委报告有关情况时，应当对其提交的有关文件和资料的真实性、完整性和有效性承担法律责任。

第十六条 省发展改革委有权通过信函与电话询问、走访、现场调查和非现场检测等方式，了解备案股权基金和备案基金管理机构运作与管理情况。若发现有违反本法规定的情形，将责令其在30个工作日内改正；逾期未改正的，取消备案。

第五章 附 则

第十七条 国家股权投资基金备案管理办法出台后，将及时对本办法进行调整、修改和完善。

第十八条 本试行办法由省发展改革委负责解释。

第十九条 本试行办法自2010年8月1日起实行。

陕西省

陕西省高新技术产业发展条例

公告第29号 2010年5月27日

第一章 总 则

第一条 为了发展高新技术产业，促进调整产业结构和转变经济发展方式，根据有关法律、行政法规，结合本省实际，制定本条例。

第二条 本条例适用于本省行政区域内高新技术产业发展及相关活动。

第三条 本条例所称高新技术产业，是指列入国家和本省高新技术产业规划及高新技术产业化领域指南，具有知识密集、技术密集、创新性、高成长性等特征，能够规模化生产，有利于调整产业结构和转变经济发展方式的产业。

第四条 县级以上人民政府应当将高新技术产业的发展纳入国民经济和社会发展规划，按照集约化、专业化聚集发展的原则，建立健全高新技术产业培育机制，制定扶持高新技术产业发展的政策，协调解决高新技术产业发展的重大问题，优化高新技术产业发展环境，促进高新技术产业发展。

第五条 省人民政府发展和改革行政部门主管全省的高新技术产业发展工作。

设区的市、县（市、区）人民政府发展和改革行政主管部门负责本行政区域高新技术产业发展工作。

县级以上人民政府科学技术、工业和信息化等主管部门，在各自的职责范围内负责本行政区域高新技术产业发展工作。

第六条 县级以上人民政府及有关部门应当优化高新技术产业化管理服务，采取政策引导、提高行政效率、落实税收优惠、推动产学研结合、建立科技转化平台、鼓励风险投资、人才培养培训等多种方式，促进企业成为高新技术产业化投资主体，发挥市场机制在高新技术产业发展中的主导作用。

第七条 县级以上人民政府及有关部门应当通过报刊、广播电视、网络等媒体，公开高新技术产业发展的政务信息和服务信息。

第二章 高新技术产业化

第八条 省发展和改革行政部门商省科学技术、工业和信息化以及有关部门拟订本省优先发展的高新技术产业化重点领域指南，报省人民政府批准后公布。

本省高新技术产业化重点领域指南根据高新技术产业发展变化适时调整。

第九条 县级以上人民政府根据产业结构调整和经济发展方式转变的需要，结合高新技术产业化重点领域指南，鼓励、支持和引导高新技术产业化项目的实施。

第十条 县级以上发展和改革、科学技术、工业和信息化、国土资源、财政、住房和城乡建设、农业、林业、环境保护等有关主管部门在对高新技术企业和高新技术产业发展项目的立项、用地、技术改造等方面予以支持，优先支持企业高新技术自主创新、集成创新和引进消化吸收再创新，鼓励企业运用高新技术改造和提升传统产业，引导企业推广应用节能降耗、环境保护和可再生资源利用技术。

第十一条　鼓励单位和个人进行高新技术的研究开发，取得相应的知识产权，并将高新技术成果转化或者产业化。

单位和个人将高新技术成果转化或者产业化的，按照有关规定可以申请相应专项资金的支持。

第十二条　鼓励高等院校、科研机构以及个人以高新技术成果参与企业技术改造或者以高新技术成果作价出资等方式参与创办高新技术企业，其所占企业股份的比例，由投资各方依法约定。

以高新技术成果参与创办企业的高等院校、科研机构，可以将其所占股份的一定比例用于奖励做出重要贡献的研发人员。奖励部分依法享受个人所得税征收优惠。

第十三条　鼓励企业、高等院校、科研机构组建或者联合组建工程（技术）研究中心、企业技术中心、工程实验室、重点实验室、企业孵化基地和中间试验基地。符合国家和本省有关规定的，可以申请专项资金和配套资金。

省、设区的市发展和改革、科学技术、工业和信息化等有关行政主管部门应当组织有条件的工程（技术）研究中心、企业技术中心、工程实验室、重点实验室和中间试验基地申报国家级、省级认定。

国家级的工程（技术）研究中心、企业技术中心、工程实验室、重点实验室和中间试验基地，进口规定范围内的科学研究用品，依法免征进口关税和进口环节增值税。

第十四条　鼓励和引导企业开拓国际市场，扩大高新技术产品出口，参与国际经济技术区域建设和贸易活动，利用出口信用保险等方式规避风险，推进高新技术产业的国际化。

从事高新技术产业的企业需要在境外设立机构的，各级人民政府以及有关单位应当予以支持和帮助。

第十五条　县级以上统计部门对高新技术产业的总产值、增加值以及本行政区域规模以上企业等进行调查统计，定期公布高新技术产业统计资料。

高新技术产业统计资料是编制高新技术产业发展规划的依据。

第三章　高新技术产业发展项目与高新技术企业

第十六条　本条例所称的高新技术产业发展项目是指拥有自主知识产权的高新技术研究开发和产品生产（服务）项目，包括高新技术产业化项目、重大技术装备研制和重大产业技术开发项目、产业技术创新能力建设项目、产业技术升级和结构调整项目以及其他高新技术产业发展项目。

本条例所称的高新技术企业是指在国家重点支持的高新技术领域内，持续进行研究开发与技术成果转化，形成企业核心自主知识产权，并以此为基础开展经营活动，在中国境内（不包括港、澳、台地区）注册一年以上的居民企业。

第十七条　高新技术产业发展项目由省发展和改革行政部门会同省科学技术、工业和信息化或者农业等其他有关行政部门认定。

高新技术企业由省科学技术、财政、税务部门组成的高新技术企业认定管理机构认定。

第十八条　高新技术产业发展项目和高新技术企业的认定申请，实行自愿原则。

申请认定高新技术产业发展项目的，应当向设区的市发展和改革行政主管部门或者国家级高新技术产业开发区（示范区）、经济技术开发区、高技术产业基地管理委员会提出申请，经其审核后报省发展和改革行政部门。高新技术产业发展项目认定部门应当自收到申请之日起三个月内作出是否认定的决定。

经认定的高新技术产业发展项目发生重大变化时，应当按照前款规定的程序重新予以认定。

认定高新技术企业，按照科学技术部、财政部、国家税务总局《高新技术企业认定管理办法》办理。

第十九条 高新技术产业发展项目认定的条件以及具体程序，由省发展和改革部门商省科学技术、工业和信息化部门后拟订，报省人民政府批准后公布实施。

第二十条 经认定的高新技术产业发展项目和高新技术企业，自认定之日起享受国家和本省的优惠政策，并可以申请国家和本省专项资金。

第二十一条 经认定的高新技术产业发展项目新建生产经营用房的，经企业所在地设区的市人民政府同意后，可以免缴城市基础设施配套费；购置项目所需生产经营用房所缴纳的房地产契税，市、县人民政府可以给予补贴；缴纳项目生产经营用地的城镇土地使用税确有困难的，经批准可以减免。

第二十二条 经认定的高新技术企业，按照国家有关规定享受企业所得税优惠政策。

第二十三条 高新技术产业发展项目和高新技术企业，需要进行环境影响评价的，应当优先办理。

第二十四条 省财政部门应当会同省发展和改革、科学技术行政主管部门将拥有自主知识产权的高新技术产品纳入政府采购目录，经省人民政府批准公布。

各级国家机关、事业单位和政府采购代理机构在同等条件下，优先采购列入政府采购目录中的高新技术产品。财政部门应当加强对政府采购代理活动的监督。

第二十五条 经认定的高新技术产业发展项目所在企业，应当按照该项目当年销售收入3%至5%提取研究开发费，用于技术创新。

第四章 高新技术产业开发区与高技术产业基地

第二十六条 高新技术产业开发区（示范区）是指经国务院或者省人民政府批准，为促进高新技术产业发展设立的特定区域。

高技术产业基地是指经国务院有关部门或者省人民政府批准，对高技术发展和区域经济发展具有支撑、示范和带动功能的特色高技术产业集聚区域。

第二十七条 省级高新技术产业开发区的设立，由所在地设区的市人民政府提出申请，经省科学技术行政部门会同省发展和改革、工业和信息化、住房和城乡建设、国土资源、环境保护等行政部门审核后，报省人民政府批准。

省级高技术产业基地的设立，由所在地设区的市人民政府提出申请，经省发展和改革行政部门会同省科学技术、工业和信息化、住房和城乡建设、国土资源、环境保护等行政部门审核后，报省人民政府批准。

第二十八条 鼓励省级高新技术产业开发区、高技术产业基地申报国家级高新技术产业开发区、高技术产业基地。

国家级高新技术产业开发区、高技术产业基地的申报程序，按照国家有关规定办理。

第二十九条 县级以上人民政府及其有关部门应当采取有效措施，支持高新技术产业开发区和高技术产业基地的建设发展。

第三十条 鼓励、引导高新技术产业发展项目和高新技术企业按照本省高新技术产业发展总体规划和布局，向高新技术产业开发区或者高技术产业基地聚集发展。

第三十一条 高新技术产业开发区、高技术产业基地内的高新技术产业发展项目和高新技术企业的研究开发、生产经营所需用地，各级人民政府优先予以保障。

第五章 高新技术产业人才

第三十二条 县级以上人民政府对本行政区域内高新技术产业发展所需的专业技术人才、经营管理人才和高技能生产人才，可以制定优惠政策，鼓励和吸引高新技术产业人才到本地从事技术创新以及高新技术成果转化和产业化活动。

第三十三条 实施高新技术产业化项目和高新技术企业引进的高新技术产业人才，可以将户口迁入用人单位所在地，其配偶、未成年子女以及随其居住的父母的户口也可以随同迁入。公安部门对符合政府引进人才条件的，应当予以办理。

实施高新技术产业化项目和高新技术企业引进的高新技术产业人才，已经办理暂住证的，在子女入托、入学等方面与当地居民同等对待。

第三十四条 实施高新技术产业化项目和高新技术企业引进高新技术产业人才，企业支出的住房补贴、安家费可以列入生产经营成本。

第三十五条 实施高新技术产业化项目和高新技术企业对高新技术产业人才可以实行期权等激励政策，对高新技术产业人才可以实行年薪工资、协议工资、项目工资等工资制度。

国有企业引进高新技术产业人才的工资，不受用人单位工资总额制度的限制。

第三十六条 单位对拥有自主知识产权职务成果的完成人和职务成果产业化做出重要贡献的人员，应当给予奖励。

第三十七条 高等院校、科研机构的教学科研人员经本单位同意，可以到企业兼职或者接受企业委托，从事高新技术研发、成果转化和产业化工作。

第三十八条 县级以上人民政府有关部门对在高新技术研发和产业化中作出突出贡献的个人，在职称评定、职务晋升方面给予倾斜，对其主持的高新技术项目在立项、研发和产业化经费资助等方面优先办理。

第六章 高新技术产业投融资

第三十九条 省人民政府设立高新技术产业发展专项资金。设区的市、县（市、区）人民政府可以设立高新技术产业发展专项资金。高新技术产业发展专项资金应当随着财政收入的增长而增加。

杨凌农业高新产业示范区设立现代农业创业投资引导基金。

第四十条 高新技术产业发展专项资金可以以直接投资、投资补助、贷款贴息以及种子基金等方式，支持高新技术产业发展项目；也可以通过参股、提供融资担保等方式扶持创业投资企业的设立与发展。

高新技术产业发展专项资金专款专用，单位或者个人不得挪用、侵占、截留。

高新技术产业发展专项资金使用管理办法由省财政部门会同省发展和改革行政部门制定。

第四十一条 鼓励单位和个人设立创业投资企业，依法开展创业投资业务。证券公司、信托公司、保险公司也可以依法投资创业投资企业。

第四十二条 鼓励企业和其他组织依法设立信用担保机构，为实施高新技术产业发展项目和高新技术企业提供以融资担保为主的信用担保。

第四十三条 创业投资机构采取股权投资方式，投资未上市的中小高新技术企业两年以上的，可以按照投资额的一定比例抵扣应纳税所得额。

第四十四条 创业投资机构将其总投资的70%以上投向高新技术产业发展项目的，可以按照当年总收益的3%至5%提取风险补偿金；风险补偿金余额可以按年度结转，但不得超过该机构年末净资产的10%。

第四十五条 县级以上人民政府应当为创业投资机构进行企业并购、股权转让、证券交易所挂牌交易以及其他方式回收其创业风险投资，提供服务和创造良好的环境。

第七章 法律责任

第四十六条 单位和个人依法享受税收减免、项目审批、人才待遇等方面优惠规定，有关部门拒绝执行或者借故不执行的，单位和个人有权向其上级部门或者监督机构投诉。上级部门或者监督机构应当在三十日内依法处理，并书面答复投诉人。

第四十七条 违反本条例规定有下列情形之一的，对直接负责的主管人员和其他直接责任人员依法给予行政处分；构成犯罪的，依法追究刑事责任：

（一）未按照规定条件、程序认定高新技术产业发展项目或者高新技术企业的；

（二）挪用、侵占、截留高新技术产业发展专项资金的；

（三）利用职权徇私舞弊，牟取非法利益的；

（四）其他违法行使职权的行为。

第四十八条 弄虚作假骗取高新技术产业发展项目和高新技术企业认定的，由认定部门或者认定管理机构取消认定，责令退回已经享受的优惠所得，处十万元以上五十万元以下的罚款；涉及税收优惠的，由税务部门依照国家税法有关规定处理；构成犯罪的，依法追究刑事责任。

第四十九条 高新技术产业发展项目承担单位骗取、转移、挪用高新技术产业发展专项资金的，由有关行政主管部门依法予以追缴；构成犯罪的，依法追究刑事责任。

第八章 附 则

第五十条 本条例自2010年8月1日起施行。

新疆维吾尔自治区

关于印发《新疆维吾尔自治区促进股权投资类企业发展暂行办法》的通知

新政办发[2010]187号　2010年8月25日

伊犁哈萨克自治州，各州、市、县（市）人民政府，各行政公署，自治区人民政府各部门、各直属机构：

《新疆维吾尔自治区促进股权投资类企业发展暂行办法》已经自治区人民政府同意，现印发你们，请认真贯彻执行。

二〇一〇年八月二十五日

新疆维吾尔自治区促进股权投资类企业发展暂行办法

第一章　总　则

第一条　为贯彻落实国家支持新疆跨越式发展的方针政策，鼓励吸引股权投资企业和个人投资者到我区投资发展，促进股权投资类企业发展壮大，保护投资者等当事人的合法权益，根据《中华人民共和国公司法》、《中华人民共和国合伙企业法》等法律法规，结合我区实际，制定本办法。

第二条　本办法所称股权投资类企业包括股权投资企业和股权投资管理企业。

股权投资企业是指股东或者合伙人以其出资及合法筹集的资金、从事于对其他企业进行直接股权投资或者持有股份而设立的企业。

股权投资管理企业是指以接受股权投资企业或者其他企业、个人委托，管理运营股权投资项目为主业的机构。

第三条　依法设立的股权投资类企业，可以采取公司制、合伙制或其他合法的组织形式。

股权投资企业可自行管理，也可委托股权投资管理企业管理。

第四条　本办法适用于在自治区注册的境内外股东或者合伙人投资设立的股权投资类企业。其中，按照本办法第三章申请备案管理的股权投资类企业，注册地应当为喀什经济开发区、霍尔果斯经济开发区、乌鲁木齐经济技术开发区、乌鲁木齐高新技术开发区或者石河子经济技术开发区。

第五条　自治区金融办负责股权投资行业的发展规划、行业指导以及股权投资类企业的备案管理。

自治区工商行政管理部门负责股权投资类企业的工商注册登记。

第六条　针对股权投资类企业和自治区重点支持的成长性企业的发展需要，各级政府和各部门应当建立“随到随办”的办事制度，为企业发展提供便利。

第二章　工商注册登记

第七条　股权投资企业、股权投资管理企业以股份公司设立的，股东人数（包括法人和自然人）不得超过200人；以有限公司形式设立的，股东人数（包括法人和自然人）不得超过50人；以合伙制形式设立的，合伙人人数（包括法人和自然人）不得超过50人。

第八条 公司制股权投资类企业的注册资本，按照《中华人民共和国公司法》的规定执行。合伙制股权投资类企业的出资，按照《中华人民共和国合伙企业法》及相关规定执行。

股权投资类企业的所有投资者，均应当以货币形式出资。

第九条 股权投资企业的经营范围为：从事对非上市企业的股权投资、通过认购非公开发行股票或者受让股权等方式持有上市公司股份以及相关咨询服务。

股权投资管理企业的经营范围为：接受委托管理股权投资项目、参与股权投资、为非上市及已上市公司提供直接融资的相关服务。

第十条 股权投资类企业的名称应当符合国家有关企业名称登记管理的规定，名称中应使用“股权投资”或者“股权投资管理”等字样。

第十一条 股权投资企业、股权投资管理企业不得以任何方式公开募集资金。

第十二条 已经注册设立运营的股权投资型企业和股权投资管理企业，符合合伙企业设立条件的，可向自治区工商行政管理部门依法申请变更为合伙制企业，并在变更后向自治区金融办申请备案。

第三章 备案管理

第十三条 股权投资类企业符合备案条件的，可以按照本办法向自治区金融办申请备案。

经自治区金融办备案后，可享受本办法规定的有关优惠和鼓励政策。

第十四条 申请备案应当具备下列条件：

（一）股权投资企业（含公司制和合伙制）的注册资本（协议募集资金总额）不少于3000万元人民币、实收资本（首期认缴额）不少于1000万元人民币。

（二）股权投资管理有限公司和合伙制股权投资管理企业的实收资本不少于200万元人民币，股权投资管理股份公司实收资本不低于500万元。

（三）单个股东或者合伙人对股权投资类企业的投资额不低于50万元人民币。

（四）用于股权投资的货币资产应当委托商业银行托管，并签署货币资产托管协议。

第十五条 申请备案应当提交的文件如下：

（一）备案申请报告。

（二）公司章程或者合伙协议、货币资产托管协议。已设立的企业提供营业执照复印件。

（三）股东或者合伙人名单、承诺出资额和已缴纳出资额证明文件。

（四）股权投资类企业法定代表人或者执行合伙人（或其拟任者）姓名、简历、身份证复印件。

文件一式三份并逐项由法定代表人或者执行合伙人签字、加盖企业公章。尚未工商注册设立的由拟任者签字。

第十六条 备案管理部门在收到备案申请后，确认申请文件齐全的，应于当日决定受理。受理备案申请后，应当在5个工作日内发出“予以备案”或“不予备案”的书面通知。对“不予备案”的，应当在书面通知中说明理由。

第十七条 备案企业应当在每个会计年度结束后的4个月内，及时向其股东或合伙人披露年度报告，年度报告中的财务会计报告应经会计师事务所审计，相关资料同时报自治区金融办备案。

备案企业增减资本、变更法定代表人或者执行合伙人、变更托管人、清算与结业以及重大投资（商业秘密可以省略）的，应及时报备。

第十八条　为保护投资者利益和股权投资资产安全，股权投资企业应当委托经认可的商业银行托管股权投资货币资产。

未投资于企业股权的股权投资资金，应当存于银行，或用于购买国债等固定收益类证券和申购新股，不得买卖公开发行的股票。

第四章　税收政策和政府鼓励

第十九条　合伙制股权投资类企业的投资收益，依法可采取“先分后税”的方式，由合伙人分别依法缴纳个人所得税或企业所得税。

合伙制股权投资类企业的合伙人应缴纳的个人所得税，由合伙制股权投资类企业代扣代缴。

第二十条　合伙制股权投资类企业的合伙人为自然人的，合伙人的投资收益，按照“利息、股息、红利所得”或者“财产转让所得”项目征收个人所得税，税率为20%。合伙人是法人或其他组织的，其投资收益按有关规定缴纳企业所得税。

第二十一条　为鼓励股权类投资企业和个人投资者在我区滚动发展，经自治区金融办备案的股权投资类企业，自2010年1月1日起至2015年12月31日止，执行以下政策：

（一）公司制的股权投资类企业，纳入自治区支持中小企业服务体系，依法享受国家西部大开发各项优惠政策，执行15%的所得税率，自治区地方分享部分减半征收。未能纳入该体系享受西部大开发政策的，减免企业所得税自治区地方分享部分的70%。

（二）公司制企业将税后利润向股东分红时，股东是自然人的，应缴纳的个人所得税由该企业代扣代缴。股东缴纳所得税后，自治区按其对地方财政贡献的50%予以奖励，奖励资金由纳税所在地财政部门拨付。

（三）合伙制的股权投资类企业的合伙人，按照“先分后税”缴纳所得税后，自治区按其对地方财政贡献的50%予以奖励，奖励资金由纳税所在地财政部门拨付。

（四）股权投资类企业因提供投融资管理或咨询服务等取得收入而缴纳营业税后，自治区按其对地方财政贡献的50%予以奖励，奖励资金由纳税所在地财政部门拨付。

股权投资类企业取得的权益性投资收益和权益转让收益，以及合伙人转让股权的，依法不征收营业税。

（五）各开发区可以制定其他办法，根据股权投资类企业及相关人员所作的贡献给予一定比例的奖励。奖励方式由各开发区与相关企业和个人协议约定。

第二十二条　自治区给予股权投资类企业及相关股东、合伙人的奖励，在每年的第一季度内执行。每年初由本办法第二十三条所述的新疆股权投资企业服务中心收集相关企业和个人的申报资料并形成奖励建议，报自治区金融办审核。经自治区金融办审核同意后，各开发区向有关企业及股东、合伙人拨付奖励资金，并将奖励情况报自治区财政厅备案。

第二十三条　由自治区非上市公司股权登记管理中心牵头组建“新疆股权投资企业服务中心”，该机构不以盈利为目的，实行公司化管理，为境内外股权投资类企业的落户、运营、投资提供全程式便捷服务。

有条件的开发区应当提供专门场所，创造优良的办公环境和条件，吸引股权投资类企业集中落户和办公。

第二十四条 新疆股权投资企业服务中心的主要服务事项包括：

（一）受托办理企业注册、申请备案、税务、政府奖励等手续，以及为企业日常营运提供代理服务。

（二）建立企业或项目推荐制度。收集自治区优势企业和上市后备企业的信息，定期推介，优先向在自治区注册并备案的股权投资类企业推荐。

（三）建立服务网站，及时收集和发布各类信息，提供网上服务平台。

（四）建立与各级政府部门的沟通渠道，根据股权投资类企业及其行业协会的授权委托，收集行业的意见和建议，维护行业权益。

第二十五条 支持在自治区注册的股权投资类企业，利用自治区非上市公司股权登记管理中心和新疆产权交易所，进行项目对接、股权质押融资、股权拍卖转让，搭建企业、项目对接和退出平台。

第二十六条 为培育更多成长性企业，吸引更多直接投资，自2010年起，自治区财政每年在预算内安排2000万元的专项资金，用于培育发展股权投资企业，培育进入非上市公司股权登记管理中心的成长性企业。对重点企业要提供政策性金融服务，包括鼓励和引导直接股权投资、支持各类债务和债券融资、促进金融服务创新等。

第二十七条 自治区相关部门要根据国家有关规定研究制定外资股权投资类企业的注册登记、外汇管理、产业投资和退出机制，支持外资股权投资企业在自治区发展；研究支持股权投资类企业投资中西亚国家项目的办法。

第二十八条 鼓励商业银行在自治区开展股权投资企业托管业务、并购贷款业务和股权质押融资业务。

鼓励证券公司、保险公司、信托公司、财务公司等金融机构在我区依法投资或设立股权投资类企业。

第五章 附 则

第二十九条 国家今后出台有关支持新疆发展的规定，股权投资类企业适用的，按照从优原则办理。

第三十条 股权投资类企业符合《创业投资企业管理暂行办法》（国务院2005年39号令）、《财政部、国家税务总局关于促进创业投资企业发展有关税收政策的通知》（财税［2007］31号）等规定的，可以按照规定的程序申请享受国家相关鼓励政策。

第三十一条 本办法由自治区金融办负责解释。

第三十二条 本办法自颁布之日起实施。

附录三　国内外风险投资协会名录

一、国内风险投资协会

中国投资协会创业投资专业委员会

会长：宋密

中国投资协会副会长

秘书长：洪显明

电话：010-68096329

010-68096338

010-68096387

传真：010-68096316

联系地址：北京市西城区阜外大街7号国投大厦1617室

邮编：100037

网址：www.vcpe.org.cn

北京创业投资协会

理事长：王松奇

中国社会科学院金融研究所副所长

秘书长：牛近明

北京技术交易促进中心主任

电话：010-62572150

传真：010-62572151

联系地址：北京市海淀区昆明湖南路9号云航大厦5001

邮编：100195

网址：www.vcab.org

北京股权投资基金协会

会长：方风雷

厚朴投资管理公司董事长

秘书长：熊焰

北京产权交易所董事长

电话：010-88086862

传真：010-88087380

联系地址：北京市西城区金融大街甲9号金融街中心南楼902

邮编：100140

网址：www.bpea.net.cn

上海市创业投资行业协会

会长：华裕达

上海创业投资有限公司董事长

秘书长：徐琳

电话：021-64389130

传真：021-64387157

联系地址：上海市南丹东路60号5楼502-504室

邮编：200030

网址：www.shvca.org

天津市创业投资协会

理事长：魏宏锟

天津市创业投资有限公司总裁

秘书长：王建国

天津创业投资有限公司总经理

电话：022-58792790

022-58792792

传真：022-58792791

联系地址：天津市河西区琼州道103-1号二楼A区222室

邮编：300203

网址：www.tjvc.org

广东省风险投资促进会

理事长：何国杰

广东省风险投资集团董事长

秘书长：彭星国
广东省风险投资集团副总经理
广东省科技风险投资有限公司总经理
电话：020-87681798
传真：020-87685559
联系地址：广州市先烈中路100号科学院大院58栋生物科技大厦1011室
邮编：510070
网址：www.gdvca.com

深圳市创业投资同业公会

会长：靳海涛
深圳市创新投资集团有限公司董事长
秘书长：王守仁
深圳市创新投资集团有限公司风险控制委员会前秘书长
电话：0755-82912816
传真：0755-82912816
联系地址：深圳市福田中心区深南大道4009号投资大厦11层
邮编：518026
网址：www.szvca.com

珠海市风险投资促进会

会长：陈洪斌
珠海市投资顾问有限公司董事长、总经理
秘书长：裴海平
电话：0756-8158601
传真：0756-8158601
联系地址：珠海市拱北桂花北路桂花中心大厦10E室
邮编：519020
网址：www.zhicc.com

河南省创业投资同业公会

会长：黄布毅
河南省科技厅副厅长
秘书长：刘英锋
河南省科技厅高新处处长
电话：0371-65930166
传真：0371-65936938
联系地址：郑州市黄河路121号科苑大厦
邮编：450003

湖北省创业投资同业公会

会长：王东风
湖北省科技厅副厅长
秘书长：郭华
湖北省高新技术发展促进中心副主任
电话：027-87133831
传真：027-87135551
联系地址：武汉市武昌水果湖南苑村52号
邮编：430070
网址：www.hbvca.com

襄阳高新区民营科技企业风险投资协会

理事长：陈玉国
秘书长：刘明
电话：0710-3241707
传真：0710-3224310
联系地址：湖北省襄阳市春园西路8号
邮编：441003

湖南省股权投资协会

会长：黄明
湖南高新创业投资有限责任公司总经理
秘书长：余斌
电话：0731-88862681
传真：0731-88862682
联系地址：长沙市芙蓉中路二段283号芙蓉公馆1415室
邮编：410005
网址：www.hnpea.org

江苏省创业投资协会

会长：李中和
江苏省人民政府原副秘书长
秘书长：郭顺根
江苏高科技投资集团有限公司副总裁

电话：025-83303470

传真：025-83303470

联系地址：南京市西康路23号408室

邮编：210024

网址：www.js-vc.org

苏州市创业投资协会

会长：孙林夫

苏州国际发展集团有限公司董事长

苏州国发创新资本管理有限公司董事长

电话：0512-62998662

联系地址：苏州市苏州工业园区苏华路2号国际大厦17楼1715

邮编：215021

辽宁省科技创业投资协会

会长：魏文铎

秘书长：鲁英君

电话：024-23245337

　　　024-23220656

传真：024-23220607

联系地址：沈阳市和平区和平南大街39号嘉环大厦4009室

邮编：110003

哈尔滨市创业投资协会

会长：夏绍裘

电话：0451-84686551

传真：0451-84686552

联系地址：哈尔滨市道里区友谊路86号

山东省创业投资协会

会长：赵奎

山东省高新技术投资公司董事长

秘书长：刘理勇

电话：0531-86566786

传真：0531-86969598

联系地址：山东省济南市解放路166号2楼

邮编：250013

陕西省创业投资协会

理事长：孙海鹰

秘书长：陈凯

电话：029-87999016

传真：029-87999015

联系地址：西安市高新区科技路48号创业广场B座901C室

邮编：710054

网址：www.westfvc.com

西安创业投资协会

电话：029-87810392

　　　029-87811205

联系地址：西安市长安北路89号中信大厦11层D室

网址：www.xianvca.com

浙江省风险投资协会

会长：俞志华

浙江省科技厅副厅长

秘书长：周伟强

电话：0571-88869543

传真：0571-88869550

联系地址：杭州市文二路212号高新大厦16层

邮编：310012

网址：fxtz.zjinfo.gov.cn

台湾创业投资商业同业公会

理事长：林坤铭

首席财务管理顾问公司董事长

电话：886-2-25450075

传真：886-2-25452752

联系地址：台北市105松山区民生东路四段133号10楼C室

网址：www.tvca.org.tw

香港创业及私募投资协会

电话：852-28456100

传真：852-25370086

联系地址：香港中环康乐广场一号怡和大厦4010室

网址：www.hkvca.com.hk

中华创业投资协会

理事长：張懿宸

中信资本控股有限公司首席执行官

电话：010-85150828

010-85150829（北京办公室）

852-25366183（香港办公室）

传真：010-85150835（北京办公室）

852-25213869（香港办公室）

北京代表处地址：北京市东长安街1号东方广场E1座21层2109室

邮编：100738

香港办公室地址：香港金融街8号国际金融中心2期6703室

网址：www.cvca.com.hk

二、海外风险投资协会

奥地利风险投资协会

Austrian Equity and Venture Capital Organisation

AUSTRIA

奥地利

电话：43 1 526 38 050

传真：43 1 526 38 051-0

Email：office@avco.at

联系地址：Mr. Thomas Jud

Chief Executive

Austrian Private Equity and Venture Capital Organisation

Mariahilfe Strasse 54-56

A-1070

Vienna

Austria

网址：www.avco.at

比利时风险投资协会

Belgian Venturing Association（BVA）

BELGIUM

比利时

电话：32 3 297 10 21

传真：32 3 297 10 23

Email：peter@bva.be

联系地址：Mr. Peter van den Brande

General Secretary

Belgian Venturing Association（BVA）

Kleine-Beekstraat 16

B-2990 Wuustwezel

网址：www.bva.be

英国风险投资协会

British Venture Capital Association

UK

英国

电话：0044-020-7025 2950

传真：0044-020-7025 2951

Email：bvca@bvca.co.uk

联系地址：3 Clements Inn，London WC2A 2AZ.

网址：www.bvca.co.uk

捷克风险投资协会

Czech Venture Capital Association

CZECH REPUBLIC

捷克

电话：420 224 235 399

传真：420 224 239 424

Email：kursova@cvca.cz

联系地址：Mrs.Petra Kursová

General Secretary

Czech Venture Capital Association

Kronberg Building

Senovážné náměstí 8

110 00 Praha 1

Czech Republic

网址：www.cvca.cz

丹麦风险投资协会

Danish Venture Capital Association

DENMARK

丹麦

电话：45 3395 05 00

传真：45 3391 18 38

Email：jl@itb.dk

联系地址：Mr. Lars Krobaek
Managing Director
Danish Venture Capital Association
C/o IT- Brancheforeningen Borsen
DK – 1217 Copenhagen K
Denmark

网址：www.dvca.dk

欧洲风险投资协会

European Venture Captial Association

BELGIUM

比利时

电话：32 2 715 0020

传真：32 2 725 0704

Email：evca@evca.com

联系地址：Mr. Javier Echarri
Secretary General
Minervastraat 4
B – 1930 Zaventem
Belgium

网址：www.evca.com

芬兰风险投资协会

Finnish Venture Capital Association（FVCA）

FINLAND

芬兰

电话：358 9 6969 33 00

Email：info@fvca.fi

联系地址：Suomen pääomasijoitusyhdistys ry
Helsinki World Trade Center
Aleksanterinkatu 17
FI-00100 Helsinki

网址：www.fvca.fi

法国风险投资协会

France National Association

Association Francaise

Des Investisseurs en Capital（AFIC）

FRANCE

法国

电话：33 1 47 20 99 09

传真：33 1 47 20 97 48

Email：info@afic.asso.fr

联系地址：M.Arnaud de Dinechin
Chief Executive
France National Association
Association Francaise
Des Investisseurs en Capital（AFIC）
76 Avenue Marceau
F – 75008 Paris
France

网址：www.afic.asso.fr

德国风险投资协会

Germany National Association（BVK）

GERMANY

德国

电话：49 30 30 69 82 0

传真：49 30 30 69 82 20

Email：bvk@bvk-ev.de

联系地址：Dr Holger Frommann
Managing Director
Germany National Association（BVK）
Bundesverband Deutscher KBG'S
Residenz am Deutschen Theater
Reinhardtstrasse 27c
10117 Berlin

网址：www.bvk-ev.de

匈牙利风险投资协会

Hungarian Venture Capital and Private Equity

Association
HUNGARY
匈牙利
电话：36 1 475 0924
传真：36 1 475 0925
Email：hvca@hvca.hu
联系地址：Ms Viktoria Zombory
President
Hungarian Venture Capital and Private
Equity Association
H-1051 Budapest
Nador u.32
Hungary
网址：www.hvca.hu

爱尔兰风险投资协会

Irish Venture Capital Association（IVCA）
IRELAND
爱尔兰
电话：353 1 276 46 47
传真：353 1 274 59 15
Email：secretary@ivca.ie
联系地址：Ciara Burrowes
Administrator
IVCA
3 Rectory Slopes，
Bray，
Co. Wicklow.
Ireland
网址：www.ivca.ie

意大利风险投资协会

Italian Private Equity and Venture Capital Association
（A.I.F.I.）
ITALY
意大利
电话：39 2 760 7531
传真：39 2 763 98044
Email：info@aifi.it
联系地址：Mr Marco Vitale
Chief Executive
A.I.F.I.（Italian Private Equity and Venture
Capital Association）
Via Pietro Mascagni，7-20122
Milano
Italy
网址：www.aifi.it

荷兰风险投资协会

Nederlandse Vereniging van Participatiemaatschappijen
NETHERLANDS
荷兰
电话：31 20 571 2270
传真：31 20 670 8308
E-mail：info@nvp.nl
联系地址：Tjarda D. Molenaar Directeur
Breitnerstraat 3，1077 BL Amsterdam
Postbus 75129，1070 AC Amsterdam
Netherlands
网址：www.nvp.nl

挪威风险投资协会

Norwegian Venture Capital Association
NORWAY
挪威
电话：47 22 70 00 10
传真：47 22 70 00 11
Email：anne.worsoe@norskventure.no
联系地址：Anne H. Worsøe Generalsekretær
Norsk Venturekapitalforening
Essendrops gate 3
Postboks 5250 Majorstuen
0303 Oslo
Norway
网址：www.nvca.no

波兰风险投资协会

Poland Equity Investors Association

POLAND

波兰

电话：48 22 458 85 00

传真：48 22 458 85 55

Email：info@ei.com.pl

联系地址：Mr Jacek Siwicki
Managing Partner
Poland Equity Investors Association
Warszawskie Centrum Finansowe
ul. Emilii Plater 53，31 piętro
00-113 Warszawa
Poland

网址：www.ei.com.pl

葡萄牙风险投资协会

Associacao Portuguesa
De Capital De Risco（APCRI）

PORTUGAL

葡萄牙

电话：351 21 353 67 49

传真：351 21 382 67 19

Email：pcaetano@mail.pt

联系地址：Mr Meneves Rodregues
President
Associacao Portuguesa
Rua Tierno Galvan，Torre 3，10º，
Amoreiras
1070-274 LISBOA
Portugal

网址：www.apcri.pt

俄罗斯风险投资协会

Russian Venture Capital Association（RVCA）

RUSSIA

俄罗斯

电话：7 812 326 61 80

传真：7 812 326 61 80

Email：gladkih@rfntr.neva.ru

联系地址：Mr Alvina Mikkolen
Chief Executive
Russian Venture Capital
Association（RVCA）
PO Box 33
RU – St Petersburg 194156
Russia

网址：www.rvca.ru

斯洛伐克风险投资协会

Slovak Venture Capital Association

SLOVAKIA

斯洛伐克

电话：421 2 5710 02 00

传真：421 2 5273 13 23

Email：office@saef.sk

联系地址：Mr Harry P Abplanalp
Slovak Venture Capital Association
Obchodná 58
P.O.Box 100
810 00 Bratislava
SLOVAK REPUBLIC
Slovakia

网址：www.saef.sk

瑞典风险投资协会

Swedish Venture Capital Association（SVCA）

SWEDEN

瑞典

电话：46 8 678 30 90

传真：46 8 678 40 90

Email：info@vencap.se

联系地址：Mr Tom Berggren
General Secretary
Svenska Riskkapitalföreningen（Swedish
Private Equity & Venture Capital
Association）
Grev Turegatan 18
114 46 Stockholm
Sweden

网址：www.svca.se

瑞士风险投资协会

Swiss Private Equity & Corporate Finance Association
（SECA）
SWITZERLAND
瑞士
电话：41 41 724 6575
传真：41 41 724 6550
Email：info@seca.ch
联系地址：Dr Massimo S Lattmann
President
Swiss Private Equity & Corporate Finance
Association（SECA）
Grafenauweg 10 Postfach 4332
6304 Zug
Switzerland
网址：www.seca.ch

澳大利亚风险投资协会

Australian Venture Capital Association Ltd（AVCAL）
AUSTRALIA
澳大利亚
电话：61 2 82 43 7000
传真：61 2 92 51 3808
Email：andrew.green@avcal.com.au
联系地址：Mr Andrew Green
Chief Executive
Australian Private Equity & Venture
Capital Association Ltd（AVCAL）
Level 41，Gateway Building
1 Macquarie Place
Sydney
NSW 2000
Australia
网址：www.avcal.com.au

巴西风险投资协会

Brazilian Venture Capital Association
BRAZIL
巴西
电话：55 21 3970 2432
传真：55 21 2292 5607
Email：imprensa@abvcap.com.br
联系地址：Mr Robert Binder
Chief Executive
Brazilian Venture Capital Association
Praia de Botafogo 210
Sala 304
Rio de Janeiro
RJ.CEP 2
Brazil
网址：www.abcr-venture.com.br/english

加拿大风险投资协会

Canada's Venture Capital & Private Equity Association
CANADA
加拿大
电话：1 416 487 05 19
传真：1 416 487 58 99
Email：cvca@cvca.ca
联系地址：Mr John Eckert
President
Canada's Venture Capital & Private Equity
Association（CVCA）
MARS Centre
Heritage Building
101 College Street，Suite 120 J
Toronto，Ontario
M5G 1L7
Canada
网址：www.cvca.ca

印度风险投资协会

India Venture Capital Association
INDIA
印度
电话：91 11 41628566

传真：91 11 41628863

Email： info@indiavca.org

联系地址：301-302，Delhi Blue Apartments
Main Ring Road，Near Safdarjung Hospital
New Delhi - 110 029
India

网址：www.indiavca.org

以色列风险投资协会

Israel Venture Association（IVA）

ISRAEL

以色列

电话：972 73 713 6313

传真：972 73 713 6314

Email：iva@iva.co.il

联系地址：Mr Retan Hillman
General Manager
Israel Venture Association（IVA）
Ackerstein Towers C
6th Floor
10 Abba Eban Boulevard
PO Box 12591
Herzliya Pituach 46733
Israel

网址：www.iva.co.il

韩国风险投资协会

Korean Venture Capital Association（KVCA）

KOREA

韩国

电话：82 02 2156-2100

传真：82 002 2156-2110

Email：kvca00@hananet.net

联系地址：Trade Tower #159
Samsung-Dong
Kangnam-Gu
Seoul
Korea

网址：www.kvca.or.kr

马来西亚风险投资协会

Malaysian Venture Capital Association

MALAYSIA

马来西亚

电话：03 214 485 84

传真：03 214 485 51

Email：admin@mvca.org.my

联系地址：c/o Rumah Technologi MTDC
No. 22，Jalan Kia Peng
50450 Kuala Lumpur
Malaysia

网址：www.mvca.org.my

新西兰风险投资协会

New Zealand Venture Capital Association Inc

NEW ZEALAND

新西兰

电话：64 09 302 5218

传真：64 09 309 1090

Email：c.twiss@nzvca.co.nz

联系地址：Christopher Twiss Executive Director
NZ Venture Capital Association
Level 6，Affco House
12-26 Swanson Street
PO Box 106-002
Auckland
New Zealand

网址：www.nzvca.co.nz

菲律宾风险投资协会

Philippine Venture Capital Investment Group

PHILIPPINES

菲律宾

电话：63 2894-1516

传真：63 2818-5606

Email：info@philvencap.com

联系地址：G/F Torre de Salcedo Bldg
184 Salcedo St Legas pi Villa
PH – 1229 Makati

Metro Manilla

Philippines

网址：www.philvencap.com

新加坡风险投资协会

Singapore Venture Capital and Private Equity Association

SINGAPORE

新加坡

电话：65 6224 7001

传真：65 6224 6772

联系地址：14 Robinson Road

#08-01A Far East Finance Building

Singapore 048545

网址：www.svca.org.sg

南非风险投资协会

Southern African Venture Capital

& Private Equity Association（SAVCA）

SOUTH AFRICA

南非

电话：27 11 268 0041

传真：27 11 268 0527

Email：info@savca.co.za

联系地址：Mrs Betty Furman

Administrator

S A Venture Capital

& Private Equity Association（SAVCA）

P O Box 1140，Houghton，2041

South Africa

网址：www.savca.co.za

泰国风险投资协会

Thai Venture Capital Association

THAILAND

泰国

电话：66 2 655 2052

传真：66 2 655 2055

Email：tvca@venturecapital.or.th

联系地址：Venture Capital Association

11/F.，Vanich Building 2，

1126/2 New Petchburi Road，

Bangkok 10400

Thailand

网址：www.venturecapital.or.th

美国风险投资协会

National Venture Capital Association（NVCA）

USA

美国

电话：1 703 524 25 49

传真：1 703 524 39 40

Email：Iturner@nvca.org

联系地址：Mr Mark Heasen

President

National Venture Capital Association（NVCA）

1655 N Fort Myer Drive

Suite 850

USA – Arlington VA 22209

USA

网址：www.nvca.org

附录四　中国风险投资机构名录

一、国内风险投资机构

北京市

中国风险投资有限公司

地址：北京朝阳区朝外大街吉祥里208号
邮编：100020
电话：010-85698024
传真：010-85698023
网址：www.c-vc.com.cn
成立时间：2000年
注册资本：20 000万元
管理资本：300 000万元
行业偏好：环保、医药、电子信息、光机电一体化、新材料、新能源等行业
阶段偏好：成长期

北京中关村宏和投资咨询有限公司

地址：北京市海淀区清华大学学研大厦B座314室
邮编：100084
电话：010-62793393
传真：010-62793393
成立时间：2001年10月
注册资本：100万美元
管理资本：4000万美元
行业偏好：电子信息与网络通信技术、软件及信息服务、生物与基因、工程技术、现代医药、新能源、光机电一体化、新材料等新兴行业
阶段偏好：种子期、成长期、成熟期

北京中关村青年科技创业投资有限公司

地址：北京市中关村南大街32号中关村科技发展大厦A座801室
邮编：100084
电话：010-62770006
010-62137807
010-62130316
传真：010-62770009
网址：www.bjcvc.com.cn
成立时间：2000年1月
注册资本：8000万元
管理资本：8000万元
行业偏好：信息技术、电子工程、自动化技术、生物医药及生命科学、高科技农业，并根据国家经济战略、产业政策适当调整
阶段偏好：种子期、成长期

中关村兴业（北京）投资管理有限公司

地址：北京朝阳区安翔北里甲11号创业大厦B座17层
邮编：100000
电话：010-64841369
传真：010-64841369
成立时间：2003年12月
注册资本：12 000万元
管理资本：12 000万元
阶段偏好：扩张期

联想投资有限公司

地址：北京市海淀区中关村科学院南路2号融科资讯中心A座10F
邮编：100190
电话：010-62508000
传真：010-62509100
网址：www.legendcapital.com.cn
成立时间：2001年4月
注册资本：20 000万元
行业偏好：无线增值服务、软件及IT服务、互联网及电子商务、芯片设计、新媒体、电信基础服务及设备、消费类电子产品及系统（含制造）、传统消费品及服务
阶段偏好：专注早期VC投资和成长期GC投资

北京中金诚信投资有限公司

地址：北京市海淀区北三环西路43号青云当代大厦1208室
邮编：100091
电话：010-62137301
传真：010-62137361
成立时间：2001年
注册资本：10 000万元
管理资本：50 000万元
行业偏好：信息产业、传媒行业、生物医药、新型材料等技术密集型产业
阶段偏好：种子期

北京世纪中创国际投资管理有限公司

地址：北京市朝阳区安翔北里11号创业大厦105室
邮编：100101
电话：010-89784655
成立时间：2004年3月
注册资本：5000万元
行业偏好：互联网、电子信息
投资偏好：成长期

北京安彩科技风险投资有限公司

地址：北京海淀区复兴路12号恩菲大厦B区3层321室
邮编：100038
电话：010-63972321
010-63972322
010-63972323
传真：010-63972281
网址：www.acvc.com.cn
成立时间：2000年8月
注册资本：20 000万元
管理资本：20 000万元
行业偏好：电子信息产业、环保节能、创意产业、新材料、医疗健康等
阶段偏好：初创期、快速成长期为主

北京创业板投资顾问有限责任公司

地址：北京海淀区紫竹院路31号华澳中心3号楼21F
邮编：100089
电话：010-68728858
传真：010-68728858
成立时间：1999年9月
注册资本：300万元
管理资本：1300万元

北京高新技术创业投资股份有限公司

地址：北京中关村南大街32号中关村科技发展大厦A座12层
邮编：100081
电话：010-62140588
传真：010-62142499
网址：www.bhti.com.cn
成立时间：1998年10月
注册资本：31 000万元
管理资本：31 000万元
行业偏好：新能源技术、环保可再生能源技术、新材料技术及信息科学技术
阶段偏好：中后期

北京汉世纪创业投资有限公司

地址：北京建国门内大街7号光华长安大厦1125室
邮编：100732
电话：010-65102818
传真：010-65188788
成立时间：2001年8月
注册资本：500万美元
管理资本：4500万美元
行业偏好：生物科技、网络/通讯、软件、新材料、房地产、医疗设备、新能源、高新农业
阶段偏好：成长期、扩张期

北京金港创业投资顾问有限公司（中银律师事务所）

地址：北京市海淀区花园路13号汉太华商务中心204室
邮编：100086
电话：010-62122288
传真：010-62137361
成立时间：2000年3月
注册资本：100万元
管理资本：3000万元
行业偏好：新能源、环保产业、新材料、生物科技、医药保健、医疗设备、半导体
阶段偏好：成长期、扩张期、成熟期

北京科技风险投资股份有限公司

地址：北京海淀区中关村南大街3号海淀科技大厦10层

邮编：100081
电话：010-68943739
传真：010-68943779
网址：www.bvcc.com.cn
成立时间：1998年1月
注册资本：46 500万元
管理资本：40 000万元
行业偏好：新能源投资、IT、高效生态农业、生物工程、制药技术、新材料与新工艺、环保产业
阶段偏好：成长期、扩张期

北京太平洋优联技术创业有限公司

地址：北京市西城区阜外大街一号四川大厦25层
邮编：100037
电话：010-88382295
传真：010-68365354
成立时间：1993年11月
注册资本：1000万美元
管理资本：3000万美元
行业偏好：互联网、通信/无线、环保新能源、生物技术
阶段偏好：扩张期、成熟期、Pre-IPO

清华兴业投资管理有限公司

地址：中国北京海淀区双清路清华学研大厦B座7层
邮编：100084
电话：010-62780258
传真：010-62780159
成立时间：1999年9月
注册资本：1000万元
管理资本：1000万元
行业偏好：生物工程、信息技术、新材料、新能源、环保等高科技产业以及传媒、教育、文化等新兴第三产业
阶段偏好：种子期、初创期、成长期、成熟期

北京信中利投资有限公司

地址：北京市朝阳区金桐西路10号远洋光华中心写字楼A座10层05-07室
邮编：100020
电话：010-85906800
传真：010-85906900
网址：www.chinaequity.net
成立时间：1999年5月
注册资本：5000万元
管理资本：100 000万元
行业偏好：通讯及信息技术、生物及环保科技、新闻传媒、体育运动、自然资源及中医药健康

三孚创业投资控股有限公司

地址：北京市复兴路9号军事博物馆东楼
邮编：100038
电话：010-68574403
传真：010-68574350
网址：wafang.shop.pack.cn
成立时间：1997年8月
注册资本：2150万元

世纪方舟投资有限公司

地址：北京市海淀区中关村南大街乙56号方圆大厦13层
邮编：100044
电话：010-88026547
传真：010-88026546
网址：www.millenniumark.com.cn
成立时间：1999年12月
注册资本：5000万元
管理资本：50 000万元
行业偏好：网络、计算机软件、工业自动化控制、新材料、生物制药
阶段偏好：成长期

中关村丰台园中成科技创业投资有限公司

地址：北京市东城区安定门西滨河路9号中成集团大厦1301室
邮编：100011
电话：010-64219744
传真：010-64218269
成立时间：2002年1月
注册资本：10 800万元
管理资本：10 800万元

中技经投资顾问股份有限公司

地址：北京市海淀区清华东路25号
邮编：100083
电话：010-63437639
传真：010-63395897

成立时间：2001年1月
注册资本：6400万元
管理资本：6400万元
行业偏好：电子信息及网络技术、生物医药技术、新材料、新能源技术开发

中投创业投资有限公司

地址：北京市朝阳区安定路35号安华发展大厦9层
邮编：100029
电话：010-64440574
传真：010-64440574
成立时间：1998年5月
注册资本：16 000万元
管理资本：16 000万元
行业偏好：电子通讯、互联网、金融服务、文化媒体、生物医药、环境保护

北京晨光创业投资有限公司

地址：北京市昌平区科技园区超前路9号创业大厦504室
邮编：100220
电话：010-69709488
传真：010-69709488
成立时间：2000年12月
注册资本：6500万元
管理资本：10 000万元
行业偏好：生物制药、新材料、光机电一体化、电子信息、资源与环境、新能源与高效节能等高技术
阶段偏好：种子期、成长期、扩张期

盈富泰克创业投资有限公司

地址：北京市海淀区中关村南大街2号数码大厦B座2003室
邮编：100086
电话：010-82512080
传真：010-82515186
网址：www.infovc.com
成立时间：2000年4月20日
注册资本：6500万元
管理资本：150 000万元
偏好行业：半导体、元器件及系统、通信及网络技术、软件行业
投资阶段：初创期

中软科技创业投资有限公司

地址：北京市昌平区超前路9号
邮编：100081
电话：010-51527813
成立时间：2001年3月
注册资本：5000万元
管理资本：5000万元

北京华尔投资有限公司

地址：北京市西城区西直门南大街2号成铭大厦C座27层
邮编：100035
电话：010-66179020
传真：010-66139210
网址：www.wall.com.cn
行业偏好：通信/无线、软件/硬件/半导体、数码电子
投资阶段：种子期、初创期

北京金昌投资咨询有限公司

地址：北京市东城区朝阳门北大街8号富华大厦F座18层-A
邮编：100027
电话：010-65542988
传真：010-65542932
成立时间：1994年6月
注册资本：2016.89万元
行业偏好：生物科技、医药
投资阶段：成长期

北京圣维尔科技投资有限公司

地址：北京市后海北沿14号东楼311-316
邮编：100009
电话：010-64077847
传真：010-64012369
成立时间：2002年
行业偏好：生物医药、环境保护、能源电力、高新技术
投资阶段：中后期、Pre-IPO、其他

北京世纪万通科技投资有限公司

地址：北京市朝阳区东土城路8号林达大厦A座15A-E
邮编：100013
电话：010-64284807

传真：010-84291049
成立时间：2000年8月
管理资本：5000万元
行业偏好：交通运输、能源产业、资源产业、制造行业、房地产业
投资阶段：成熟期

北京首都国际投资管理有限责任公司

地址：北京市海淀路19-1号717室
邮编：100053
电话：010-68369290
传真：010-68714612
成立时间：1998年7月
注册资本：55 100万元
管理资本：4843万元

北京新恒基投资管理有限公司

地址：北京市朝阳区霄云路26号鹏润大厦35号
邮编：100016
电话：010-84584945
传真：010-64609678
成立时间：2000年
行业偏好：IT软件、通讯、互联网及相关设施、生物科技、医药、电子信息、新能源、新材料、半导体、其他

华苑农业高新技术风险投资有限公司

地址：北京市西城区月坛西街甲5号
邮编：100045
电话：010-68040686
　　　010-68040685
传真：010-88355761
成立时间：1999年12月
注册资本：300 000万元
行业偏好：农业及相关领域高科技项目

清华科技园技术资产经营有限公司

地址：北京市清华科技园创新大厦A座15层
电话：010-62776611
　　　010-62776620
传真：010-62776606
成立时间：2001年3月
管理资本：5000万美元
行业偏好：新材料、光机电一体化、电子信息技术、高科技化工以及生物医药技术
投资阶段：创业期

太合投资有限公司

地址：北京朝阳区东四环北路7号
邮编：100016
电话：010-64373338
传真：010-64360055
成立时间：1998年9月

亿阳投资有限公司

地址：北京市海淀杏石口路99号A座
邮编：100093
电话：010-88157899
传真：010-88128888
网址：www.boco.com.cn
成立时间：1998年7月
行业偏好：IT服务、软件产业、信息电子、半导体芯片、网络设施、电信通讯、生物能源、网络产业、化工产业、新能源
投资阶段：扩张期、成熟期

中国节能投资公司

地址：北京市海淀区西直门北大街42号 中国节能大厦
邮编：100082
电话：010-62247898
传真：010-62247329
网址：www.cecic.com.cn
成立时间：1988年
管理资本：520 000万元
行业偏好：环保、其他

中祥投资有限公司

地址：北京市西城区阜外大街2号万通新世界广场A座715室
邮编：100037
电话：010-86822266
传真：010-68588126
成立时间：1999年7月
注册资本：3000万元
行业偏好：电子信息、生物工程、环保节能、房地产
投资阶段：种子期、成长期、成熟期

北京海迪创新技术资产投资中心有限公司

地址：北京市海淀区中关村南大街3号海淀科技大

厦301室
邮编：100081
电话：010-68948166
传真：010-68915108
网址：www.hdcapital.cn
成立时间：2006年
注册资本：1500万元
管理资本：10 000万元
阶段偏好：扩张期、成熟期、IPO前期

启迪创业投资管理（北京）有限公司

地址：北京市海淀区清华科技园创业大厦12层
邮编：100084
电话：010-62776611
传真：010-62705209
网址：www.tsinghua-vc.com
成立时间：2001年3月
注册资本：1200万元
管理资本：100 000万元
行业偏好：电子信息、能源环保、生命健康、现代服务
阶段偏好：种子期、成长期

北京益明投资管理有限公司

地址：北京市崇文区天坛东路72号518室
邮编：100061
电话：010-67153058
传真：010-62198894
成立时间：2001年9月
注册资本：2000万元
管理资本：10 000万元
阶段偏好：IPO前期

青云创投

地址：北京市海淀区清华科技园科技大厦A座2302室
邮编：100084
电话：010-82151160
传真：010-82151150
网址：www.cefund.com
成立时间：2001年
注册资本：30 000万美元
管理资本：4300万美元
行业偏好：可再生能源、能源效率、环境保护、新材料、可持续交通、智能电网、可持续农业和清洁生产
阶段偏好：成长期、扩张期、成熟期、IPO前期

金石投资有限公司

地址：北京市东城区朝阳门北大街1号新保利大厦25A
邮编 100010
电话：010-64082278
传真：010-64082728
网址：www.goldstone-investment.com
成立时间：2007年10月
注册资本：400 000万元
管理资本：600 000万元
阶段偏好：成熟期

北京谋智网络技术有限公司

地址：北京市朝阳区建外大街21号国际俱乐部办公大楼800A
邮编：100020
电话：010-85325679
传真：010-82158891
网址：firefox.com.cn
成立时间：2007年7月
注册资本：1000万美元
阶段偏好：种子期

道生创业投资管理有限公司

地址：北京中关村南大街31号神舟大厦802室
邮编：100044
电话：010-68197275
传真：010-68197092
成立时间：2007年2月
注册资本：10 000万元
管理资本：10 000万元
阶段偏好：成长期、扩张期

弘毅投资

地址：北京市海淀区科学院南路2号，融科资讯中心C座南楼6层
邮编：100190
电话：010-82655888
传真：010-82655800
网址：www.honycapital.com
成立时间：2003年1月
管理资本：3 000 000万元
行业偏好：建材、医药、装备制造、消费品、新

能源、新材料、商业连锁、文化传媒、金融服务、医疗服务、环保、矿产资源
阶段偏好：成熟行业中的成型企业和新兴行业中的成长型企业

北京金源鸿基创业投资有限公司

地址：北京市西城区复兴门内大街26号凯晨世贸中心东座3层
邮编：100032
电话：010-66226886
网址：www.gfvc.cn
成立时间：2006年6月
注册资本：3000万元
管理资本：3000万元
行业偏好：信息技术、生命科学、生物工程、制药、新能源与可再生能源、环境保护、新材料及空间技术
阶段偏好：种子期、成长期和成熟期

北融国际投资有限公司

地址：北京市朝阳区劲松三区甲302号华腾大厦21层
邮编：100020
电话：020-82001246
传真：020-82001246
成立时间：2004年
注册资本：10 000万元

北京华控汇金投资顾问有限公司

地址：北京朝阳区新源南路3号平安国际金融中心B座1801
邮编：100027
电话：010-59761122
传真：010-59761180
网址：www.thcapital.com.cn
成立时间：2003年
注册资本：200 000万元
管理资本：100 000万元

高新投资发展有限公司

地址：北京市广安门外南滨河路1号高新大厦
邮编：100055
电话：010-63288613
传真：010-63288606
网址：www.gaoxin-china.com.cn
成立时间：1987年
注册资本：293 900万元
行业偏好：新材料、新医药、新能源、精密机械、生物工程和节能环保

伟清创新科技（北京）有限公司

地址：北京市海淀区清华大学科技园学研大厦B806
邮编：100084
电话：010-62797157
传真：010-62771053
网址：www.tsing-tech.com.hk
成立时间：2003年
注册资本：200万元
行业偏好：信息科技、无线通讯、环保科技及保健技术

中国银河投资管理有限公司

地址：北京市西城区金融大街35号国际企业大厦C座16层
邮编：100140
电话：010-66568168
传真：010-66568253
网址：www.china-galaxy-inv.com
成立时间：2005年
注册资本：450 000万元
行业偏好：区域性金融行业、节能减排、环保、新能源新材料行业、电信及信息服务业、教育培训行业、医疗保健行业、文化娱乐产业、生物、现代农业、运输业、食品餐饮、房地产、汽车等相关产业

北京和君咨询有限公司

地址：北京朝阳区北苑路86号院（嘉铭桐城）E区213号楼一至三层
邮编：100101
电话：010-84108866
传真：010-84108899
网址：www.hjcn.com.cn
成立时间：2000年

北京华富时代创业投资顾问有限公司

地址：北京市海淀区上地四街一号5座二层
邮编：100085
电话：010-62128275
传真：010-62128277

网址：www.timesventure.com
成立时间：2008年2月
注册资本：100万元

北京建龙国基投资有限公司

地址：北京朝阳区东方东路亮马桥外交官邸LA08-01
邮编：100600
电话：010-85325556
传真：010-85321832
成立时间：2004年
注册资本：10 000万元
行业偏好：有色金属矿藏、传统能源、替代能源

北京长电创新投资管理有限公司

地址：北京市西城区金融街富凯大厦19号B座21层
邮编：100017
电话：010-58688893
传真：010-58688899
成立时间：2008年3月
注册资本：150 000万元
管理资本：35 000万元
行业偏好：传统行业
阶段偏好：成熟期

北京鼎新联合投资发展中心

地址：北京市西城区金融大街33号通泰大厦C座917室
邮编：100017
电话：010-88088133
传真：010-88088849
成立时间：2008年
注册资本：15 000万元

中国国际金融有限公司

地址：北京建国门外大街1号 国贸写字楼2座
邮编：100004
电话：010-65051166
传真：010-65051156
网址：www.cicc.com.cn
成立时间：1995年
注册资本：12 500万美元
阶段偏好：成长型企业投资、上市前投资及企业并购与投资

ME中国文化创意产业基金

地址：北京市朝阳区秀水街1号
邮编：100600
电话：010-85321769
传真：010-85324658
管理资本：100 000万美元

华夏世纪创业投资有限公司

地址：北京市东城区东四十条甲22号 南新仓国际大厦B919室
邮编：100007
电话：010-64096469
010-64096383
010-64096048
传真：010-64096448
网址：www.ccvc.com.cn
成立时间：2000年11月
注册资本：17 000万元
行业偏好：金融服务、教育、无线增值服务、互联网应用、传媒

掌讯集团

地址：北京市海淀区中关村东路18号财智国际大厦A座17层
邮编：100083
电话：010-51196600
传真：010-51196677
网址：www.handinfo.cn
成立时间：2001年
注册资本：6600万元
管理资本：10 000万元

北京晨光宏盛中小企业创业投资有限公司

地址：北京市昌平区白浮泉路甲12号-10号
邮编：102200
电话：010-89710922
传真：010-89710922
网址：www.bjcghs.com
成立时间：2009年3月
注册资本：10 000万元
管理资本：10 000万元
行业偏好：生物医药、节能环保、新材料、新能源、电子信息等高新技术领域及现代服务业
阶段偏好：创业期和成长期

北京鼎新联合投资管理有限公司

地址：北京市西城区金融大街33号通泰大厦C座917室
邮编：102200
电话：010-88087251
传真：010-88088849
网址：guoyuan.com.cn
成立时间：2010年
注册资本：1000万元
管理资本：90 000万元
行业偏好：电子信息、消费、教育、医疗、环保节能、光机电一体化、新材料、新能源
阶段偏好：成长期

北京金科高创投资管理咨询有限公司

地址：北京市朝阳区安翔北里甲11号北京创业大厦C座220室
邮编：100101
电话：010-64852921
传真：010-64852921
成立时间：2006年
注册资本：700万元
管理资本：10 000万元

北京理想伟业节能投资有限公司

地址：北京市朝阳区建国路93号万达广场9号楼15层
邮编：100022
电话：010-58208080
传真：010-58205709
网址：www.ideal-bj.com
成立时间：2010年5月
注册资本：10 000万元
管理资本：50 000万元
行业偏好：城市路灯、公共场所室内照明、建筑节能、电机系统优化

北京盛诺金投资基金管理有限公司

地址：北京市朝阳区北辰东路8号汇宾大厦0421室
邮编：100101
电话：010-84971699
传真：010-84971799
网址：www.sngfund.com
成立时间：2004年6月
注册资本：5000万元
管理资本：64 983万元
行业偏好：房地产开发投资和一级土地整理投资

北京市正轩中腾投资有限公司

地址：北京市朝阳区朝阳门外大街20号联合大厦1605室
邮编：100020
电话：010-65882889
传真：010-65882889
成立时间：2010年
注册资本：1000万元
管理资本：700 000万元
行业偏好：新能源、高新技术、农业科技、科研教育

北京义云清洁技术有限公司

地址：北京海淀区中关村东路1号清华科技园科技大厦A座2302室
邮编：100084
电话：010-82151852
传真：010-82151150
网址：www.tsingcapital.com
成立时间：2009年11月
注册资本：35 000万元
管理资本：40 000万元
行业偏好：可再生能源、节能、环保、新材料、可持续交通、智能电网、生态农业及碳减排等清洁技术

凯桥资本（中国）有限公司

地址：北京市朝阳区建国路93号万达广场1号楼2506
邮编：100022
电话：010-58206551
传真：010-58206552
网址：www.calbridge.cn
成立时间：2010年1月
注册资本：150万元
管理资本：20 000万元

中吉融通创业投资有限公司

地址：北京市朝阳区北辰东路8号汇园酒店公寓R座618
邮编：100101
电话：010-57302074
传真：010-57302074

成立时间：2009年6月
注册资本：30 000万元
管理资本：30 000万元

中兴国际投资有限公司

地址：北京市海淀区花园东路19号中兴大厦22层
邮编：100191
电话：010-59932131
传真：010-62352140
网址：www.zte-i.com
成立时间：2005年
注册资本：3000万元
管理资本：3000万元

中发君盛（北京）投资管理有限公司

地址：深圳市福田区深南大道7006号万科富春东方大厦2101
邮编：518040
电话：0755-82571118
传真：0755-82571198
网址：www.junsancapital.com
成立时间：2003年
注册资本：1000万元
管理资本：46 000万元
行业偏好：银行、保险、证券、新能源、农业和消费类

上海市

上海创新投资管理有限公司

地址：上海浦东新区陆家嘴环路166号未来资产大厦26楼C座
邮编：200120
电话：021-61001305
传真：021-61001310
网址：www.szvc.com.cn
成立时间：2001年6月
注册资本：500万元
管理资本：11 000万元
行业偏好：新材料、医疗设备、光电子与光机电一体化、半导体、医药保健、软件、新能源、环保产业

上海慧立创业投资有限公司

地址：上海市淮海西路55号申通信息广场6C1
邮编：200030
电话：021-52989040
传真：021-52989041
网址：www.sjtu-vc.com
成立时间：2000年6月
注册资本：9000万元
管理资本：9000万元
行业偏好：电子信息产业、现代生物与医药产业、新能源、新材料等行业的中小企业投资为主

上海慧盛信息投资有限公司

地址：上海市淮海西路55号6楼A座
邮编：200030
电话：021-52989370
传真：021-52989391
网址：www.sjii.com.cn
成立时间：2001年12月
注册资本：10 000万元
管理资本：10 000万元
行业偏好：软件、集成电路

上海科技投资公司

地址：上海市淮海中路1634号2号楼316室
邮编：200031
电话：021-64314423
传真：021-64313336
网址：www.shsti.com.cn
成立时间：1992年12月
注册资本：55 000万元
行业偏好：信息、生物医药、新材料环保项目

上海科技投资股份有限公司

地址：上海市建国西路285号
邮编：200031
电话：021-64452322
传真：021-64330776
网址：www.sstic.com.cn
成立时间：1993年6月
注册资本：33 550万元
管理资本：45 000万元
行业偏好：信息产业、生物化工产业和现代服务业为重点，兼顾新能源及节能技术、新材料、环保和医药产业

上海永宣创业投资管理有限公司

地址：上海市兴国路78号兴国宾馆3号楼
邮编：200052
电话：021-62138000
传真：021-62137000
网址：www.Newmargin.com
成立时间：1999年7月
注册资本：1000万元
管理资本：150 000万美元

上海鼎辉投资管理有限公司

地址：上海市长宁区虹桥路2188弄37号
邮编：200336
电话：021-68620000
传真：021-62510980
网址：www.d-hui.com
行业偏好：房地产、建筑施工、医药产业、绿色节能产业、金融服务产业
阶段偏好：种子期、初创期、成长期、成熟期

上海信虹投资管理有限公司

地址：上海市淮海中路1720号众联别墅H座
邮编：200031
电话：021-64378251
传真：021-64312010
成立时间：2000年9月
注册资本：2000万元
管理资本：8250万元
阶段偏好：成长期、扩张期

上海漕河泾新兴技术开发区科技创业中心

地址：上海宜山路900号A区3楼
邮编：200233
电话：021-54260100
传真：021-64951721
网址：www.caohejingibi.com
成立时间：1997年
注册资本：6500万元
管理资本：6500万元
行业偏好：软件、生物医药、新材料

上海中博创业投资有限公司

地址：上海市漕宝路400号明申商务广场706
邮编：200233
电话：021-51168681
传真：021-51168505
网址：www.chinavc.cn
成立时间：2004年
注册资本：3000万元
管理资本：10 000万元
行业偏好：环保、新材料、生物医药、新能源、新传媒、电子信息、互联网应用与服务、无线通讯
阶段偏好：扩张期

上海创业投资有限公司

地址：上海淮海中路1634号2楼
邮编：200031
电话：021-64311988
传真：021-64336311
网址：www.shvc.com.cn
成立时间：1999年9月
注册资本：60 000万元
管理资本：500 000万元
行业偏好：信息技术、生物医药、新材料、清洁能源与节能技术

上海交大顶峰科技创业经营管理有限公司

地址：上海长宁区番禺路390号时代大厦三楼B座
邮编：200052
电话：021-62949394
传真：021-32260032
成立时间：1999年9月
注册资本：3200万元
行业偏好：新能源及节能技术
阶段偏好：种子期、扩张期

上海民创投资管理有限公司

地址：上海市四平路710号803室
邮编：200031
电话：021-65210903
传真：021-34010548
成立时间：2000年8月
注册资本：100万元
管理资本：2000万元
行业偏好：软件、信息电子、生物科技、化工、环保节能
阶段偏好：成熟期

上海浦东创业投资有限公司

地址：上海浦东张江高科技园区春晓路350号南一楼
邮编：201203
电话：021-50801211
传真：021-50801728
网址：www.pdvc.com
成立时间：1997年1月
注册资本：10 000万元
管理资本：10 000万元
行业偏好：生物医药、信息技术、新材料

上海市科技创业中心

地址：上海市钦州路100号
邮编：200235
电话：021-64839007
传真：021-64833567
网址：www.incubator.sh.cn
成立时间：1988年4月
注册资本：2000万元
管理资本：10 000万元
行业偏好：网络/通讯、软件、其他医疗设备商业批发零售业产业、消费品及服务业
阶段偏好：成长期、扩张期

上海高科技成果转化有限公司

地址：上海市北京东路668号科技京城东楼3楼311室
邮编：200001
电话：021-53080523
传真：021-53082143
成立时间：2000年
注册资本：100万元
管理资本：3100万元

上海慧谷创业投资管理有限公司

地址：上海市徐汇区虹桥路333号613室
邮编：200030
电话：021-64471283
传真：021-64394772
成立时间：2000年5月
注册资本：600万元
管理资本：800万元
行业偏好：生物科技、网络/通讯、软件、教育产业、医疗设备、新能源、新材料、其他医疗设备商业批发零售业产业
阶段偏好：成长期、成熟期

上海天友高新技术产业投资有限公司

地址：上海市南汇路69号
邮编：200041
电话：021-62560030
传真：021-62674236
成立时间：2002年2月
注册资本：5045万元
管理资本：5045万元
行业偏好：数字通讯、软件开发、通讯材料、生物医药
阶段偏好：成长期、扩张期

汇浦科技投资集团公司

地址：上海市静安区延安中路841号东方海外大厦1001室
邮编：200031
电话：021-62791683
传真：021-54663933
成立时间：1995年
注册资本：35 000万元
管理资本：35 000万元
行业偏好：传统制造业、网络/通讯、教育产业、其他医疗设备商业批发零售业产业、医药保健
阶段偏好：扩张期、成熟期

上海鼎嘉创业投资管理公司

地址：上海张江高科技园区春晓路350号创业中心南3楼
邮编：201203
电话：021-50800508
传真：021-50801918
网址：www.dj-vc.com
成立时间：2003年10月
注册资本：100万元
管理资本：33 000万元
行业偏好：信息、生物、医疗器械

上海紫江创业投资有限公司

地址：上海虹桥路2272号虹桥商务大厦7楼C座
邮编：200336
电话：021-62376111
传真：021-62376110

网址：www.zjvc.com.cn
成立时间：2000年9月
注册资本：10 000万元
管理资本：12 000万元
行业偏好：光电子与光机电一体化、生物科技、传媒业、教育产业、计算机设备、新材料、新能源、传统制造业
阶段偏好：种子期、成长期

上海高新技术投资管理有限公司

地址：上海市南丹东路60号403室
邮编：200030
电话：021-64695574
传真：021-64695673
成立时间：1998年
注册资本：1000万元
管理资本：1000万元

上海星河数码投资有限公司

地址：上海卢湾区淮海中路98号金钟广场37层
邮编：200021
电话：021-64318520
传真：021-64662567
注册资本：8000万元
管理资本：8000万元

上海兴信创业投资管理有限公司

地址：上海市淮海中路93号大上海时代广场2109-2110A单元
邮编：200021
电话：021-63918169
传真：021-63918162
网址：www.helson.com.cn
成立时间：2000年
注册资本：3000万元
管理资本：5000万元

上海邦联投资有限公司

地址：上海南京西路1168号中信泰富广场18楼
邮编：200031
电话：021-52985298
传真：021-52984171
成立时间：1998年
注册资本：20 000万元
管理资本：50 000万元
行业偏好：电子信息产业，特别是软件、通讯、网络技术、信息服务
投资阶段：种子期、成长期

上海博嵘创业投资管理有限公司

地址：上海黄埔区方斜路525弄1号2302室
邮编：200011
电话：021-53570152
传真：021-53570522
成立时间：2003年6月
管理资本：60 000万元
行业偏好：高科技领域：农业、信息、轻工、环保、化工、电子、医疗、机械

上海复旦量子创业投资管理有限公司

地址：上海市凇沪路234号创智天地创智广场1号楼204室
邮编：200433
电话：021-65632555
传真：021-65148999
网址：www.fudan-venture.com
成立时间：2000年11月
注册资本：4000万元
行业偏好：复旦优质校产战略整合及投资、科技（教育）园区开发、数字互动娱乐、卡通产业、国有资产退出

上海龙宇投资有限公司

地址：上海市浦东东方路710号汤臣金融大厦25楼
邮编：200122
电话：021-58301681
传真：021-58301682
网址：www.shlytz.my.sme.cn
成立时间：1994年
注册资本：5000万元

上海实业联合集团股份有限公司

地址：上海市桃江路8号宝轻大厦5楼
邮编：200025
电话：021-64331098
传真：021-64337533
成立时间：1997年6月
行业偏好：毛纺业、生物医药

上海高恒投资管理有限公司

地址：上海市浦东新区川沙经济园区迎宾大道川大路319号
邮编：201200
电话：021-58592536
传真：021-58598919
成立时间：2007年4月
注册资本：10 000万元
阶段偏好：成长期、扩张期、成熟期、IPO前期

上海解放传媒投资有限公司

地址：上海市黄浦区汉口路300号801室
邮编：200001
电话：021-63513336
传真：021-63518577
成立时间：2002年4月
注册资本：5000万元
管理资本：30 000万元
阶段偏好：成长期

上海景港创业投资管理有限公司

地址：上海徐汇区天钥桥路93号中福实业大楼11楼
邮编：200030
电话：021-34282301
传真：021-34281310
网址：www.cnkingkong.com
成立时间：2006年
注册资本：1000万元
管理资本：20 000万元
行业偏好：高科技（TMT）、新材料、新能源、生物科技、快速消费品及连锁零售、医疗健康、教育培训
阶段偏好：成长期、扩张期、成熟期、IPO前期

上海立人投资管理股份有限公司

地址：上海浦东新区东方路818号众城大厦23楼
邮编：200122
电话：021-58200509
传真：021-58203699
成立时间：1998年
注册资本：2000万元
管理资本：80 000万元
阶段偏好：成熟期、IPO前期

上海浦东科技投资有限公司

地址：上海市张江高科技园区春晓路439号13号楼
邮政编码：201203
电话：021-50276328
传真：021-50276385
网址：www.pdsti.com
成立时间：1999年6月
注册资本：23 181万元
管理资本：48 100万元
行业偏好：生物医药、集成电路、软件、新能源与新材料、科技农业
阶段偏好：中后期

上海元昊投资有限公司

地址：上海浦东南路1036号隆宇大厦4B
邮编：200125
电话：021-58775627
传真：021-58775902
网址：www.haofund.com
成立时间：2006年3月
注册资本：3500万元
阶段偏好：成长期、扩张期

上海兆丰创业投资有限公司

地址：上海市长宁区长宁路1027号2407室
邮编：200050
电话：021-65632555
传真：021-65148999
成立时间：2003年12月
注册资本：4000万元
管理资本：4000万元
阶段偏好：种子期、成长期

上海紫竹创业投资有限公司

地址：上海闵行区东川路555号信息数码港2号楼1F
邮编：200241
电话：021-61212288
传真：021-61212764
网址：www.zizhupark.com/zzvc
成立时间：2003年
注册资本：7000万元
管理资本：10 000万元
行业偏好：数字互动娱乐、动漫、网络技术
阶段偏好：种子期、成长期、IPO前期

上海福恩投资管理有限公司

地址：上海市青浦区青浦镇青松路128号
邮编：201700
电话：021-59721796
传真：021-59721796
成立时间：2004年
注册资本：100万元

上海三生创业投资有限公司

上海市徐汇区肇嘉浜路433号金兰花苑3A
邮编：200030
电话：021-64049702
传真：021-64178726
网址：www.seasonalcapital.com
成立时间：2007年
注册资本：1800万元
管理资本：30 000万元

平安资产管理有限责任公司

地址：上海市浦东新区上丰路1288号
邮编：201201
电话：4008-866-338
网址：www.pingan.com
成立时间：2005年5月
注册资本：50 000万
管理资本：62 000 000万元

上海科升投资有限公司

地址：中国上海市浦东新区商城路738号胜康廖氏大厦26楼
邮编：200120
电话：021-58353636
传真：021-58363677
网址：www.keshengsh.com
成立时间：2007年7月
注册资本：10 000万元
管理资本：10 000万元
行业偏好：IT、通讯、金融、新材料、生物医药、能源环保、化工、物流、连锁服务
阶段偏好：成长期

上海保银投资中心（有限合伙）

地址：浦东新区陆家嘴东路161号招商局大厦3615室
邮编：200120
电话：021-58828833
传真：021-61683318
成立时间：2008年3月
注册资本：1 238 000万元

平安信托直接投资部

地址：上海静安区常熟路8号静安广场9楼平安信托直接投资部
邮编：200040
电话：4008-819-888
网址：www.pingan.com
注册资本：1 000 000万元

上海堃鹏科技投资发展有限公司

地址：上海市青浦区高泾路999弄西郊景园83c
邮编：201707
电话：021-59888452
传真：021-59888452
成立时间：2007年12月
注册资本：510万元
管理资本：1000万元

同亿富利投资管理公司

地址：上海市静安区南京西路1266号恒隆广场33楼
邮编：200040
电话：021-62889035
021-62889036
传真：021-62886853
网址：www.shtyfl.com
成立时间：2007年
注册资本：2300万元

基石创投

地址：上海浦东陆家嘴东路161号招商局大厦1418室
邮编：200120
电话：021-61943999
传真：021-51687997
网址：www.keystonevc.com.cn
成立时间：2007年
行业偏好：先进制造业、生物工程、化工、新材料、农业、物流连锁及零售业、医药、新能源、环保
阶段偏好：种子期、成长期、Pre-IPO

上海东方伟业集团

地址：上海市浦东新区张杨路707号生命人寿大厦2707室
邮编：200120
电话：021-58363659
传真：021-58360418
网址：www.orientalcapital.com
成立时间：2000年3月
注册资本：15 000万元
管理资本：8000万元
行业偏好：消费品、连锁服务、互联网及无线应用、新媒体、教育、医疗健康、新能源、先进制造

香港加柏利投资有限公司（上海）

地址：上海市威海路567号晶采世纪大厦8楼J室
邮编：200041
电话：021-61313188
传真：021-61313189
网址：www.firstcp.com
成立时间：2001年

宁波杉杉创业投资有限公司（上海）

地址：上海市浦东东方路985号一百杉杉大厦24F
邮编：200122
电话：021-68765333
传真：021-68763982
网址：www.ssgf.net
成立时间：2007年
注册资本：50 000万元
管理资本：50 000万元

上海上创信德投资管理公司

地址：上海市镇宁路98号602室
邮编：200040
电话：021-62255760
传真：021-62255760
网址：www.shcapital.com.cn
成立时间：2007年
注册资本：100万元
管理资本：30 000万元
行业偏好：现代服务业、节能环保、现代装备业

上海中金资本投资有限公司

地址：上海市水城南路370号2F
邮编：201103
电话：021-62089257
021-62089637
传真：021-62950475
网址：www.ccifund.com
成立时间：1997年
注册资本：10 000万元
管理资本：100 000万元
行业偏好：信息技术、新媒体、生命科学、健康产业、新能源、现代服务业、现代农业、环保、装备制造业

上海乐澳投资管理有限公司

地址：上海市浦东新区陆家嘴环路958号华能联合大厦903室
邮编：200120
电话：021 - 68866696
021-68866098
传真：021-68866098
网址：www.haccapital.com
成立时间：2004年
注册资本：5000万元
管理资本：200 000万元
行业偏好：新能源、新材料、农业、卫生保健、电讯传媒、节能环保、生物科技、互联网、精细化工、机械制造、传统行业、餐饮酒店管理以及快速消费品

上海德江投资有限公司

地址：上海市黄浦区中山南路969号谷泰滨江大厦1601-1605室
邮编：200011
电话：021-63355225
传真：021-63355050
成立时间：2003年
注册资本：1000万元

慧元投资顾问（上海）有限公司

地址：江苏省南京市中山东路300号CFC长发中心A栋2603C座
邮编：210002
电话：025-84563581
025-84563587
传真：025-84563585
网址：www.ourhorizon.cn

成立时间：2006年
注册资本：200万元

上海国鸣投资管理有限公司
地址：上海骊山路1号5楼504室
邮编：200065
电话：021-66610748
传真：021-66615590
网址：www.gmglobalcapital.com
成立时间：2009年12月
注册资本：2000万元

上海得一投资管理有限公司
地址：上海市徐汇区肇嘉浜路433号3A-B
邮编：200032
电话：021-64178726
传真：021-64178726
网址：www.deyiinvest.com
成立时间：2010年3月
注册资本：100万元
管理资本：100 000万元

上海茂树股权投资有限公司
地址：上海市卢湾区淮海中路222号力宝大厦17层
邮编：200021
电话：021-60932165
传真：021-60932161
网址：www.myrtuscapital.com
成立时间：2009年11月
注册资本：10 000万元
管理资本：100 000万元
行业偏好：消费品、高新技术产业、现代服务业、现代农业、清洁科技、生物医药等
阶段偏好：成长期、扩张期和成熟期

上海睿立投资管理有限公司
地址：上海市浦东南路360号新上海国际大厦6楼A、B座
邮编：200120
电话：021-68862093
传真：021-68862031
网址：www.realpe.com.cn
成立时间：2009年9月
注册资本：200万元
管理资本：40 000万元

上海同亿富利投资管理有限公司
地址：上海市静安区南京西路1266号恒隆广场33楼
邮编：200040
电话：021-62889036
传真：021-62886853
网址：www.shtyfl.com
成立时间：2007年5月
注册资本：2300万元
管理资本：12 000万元

上海张江科技投资有限公司
地址：上海张江高科技园区春晓路439号5号楼
邮编：201203
电话：021-50800601
传真：021-68796879
网址：www.zjventure.com
成立时间：2005年
管理资本：200 000万元
行业偏好：高科技
阶段偏好：成长阶段

天津市

天津创业投资有限公司
地址：天津市河西区围堤道125号天信大厦1509室
邮编：300074
电话：022-28408282
传真：022-28408686
网址：www.tjvc.com.cn
成立时间：2001年3月
注册资本：26 000万元
管理资本：10 000万元
行业偏好：新材料、商业批发零售业、新能源、环保产业、教育产业、软件、高新农业
阶段偏好：成长期、扩张期

天津福沃科技投资有限公司
地址：天津市南开区华苑街道华苑产业区华天道3号
邮编：300384
电话：022-23720166
传真：022-83710199
成立时间：2000年7月
注册资本：9990万元
行业偏好：新材料、医药保健、生物科技、传媒业

阶段偏好：成长期、扩张期

天津环渤海创业投资管理有限公司

地址：天津市南开区华苑产业园区十华里11-2-1602
邮编：300384
电话：022-58385778
传真：022-58385778
网址：www.cvcm.com.cn
成立时间：2000年5月
注册资本：2300万元
管理资本：16 653万元
行业偏好：生物科技、医药保健、医疗设备、软件、网络/通讯、半导体、高新农业、新材料
阶段偏好：扩张期、成熟期、上市筹备期

天津科技发展投资总公司

地址：天津市河西区友谊路23-25号天津科技大厦801室
邮编：300201
电话：022-28455801
传真：022-23521775
网址：www.stic.com.cn
成立时间：1997年12月
注册资本：17 000万元
管理资本：20 000万元
行业偏好：医药及医疗技术与应用、新能源与节能技术、新材料、传统行业结构调整、现代农业
投资偏好：成长期、成熟期、种子期

天津南大科技投资有限公司

地址：天津市解放北路50号
邮编：300041
电话：022-27111477
传真：022-23505869
成立时间：2005年1月
注册资本：300万元
管理资本：30 000万元
阶段偏好：扩张期

天津虹桥科技投资集团有限公司

地址：天津市虹桥区勤俭道192号
邮编：300131
电话：022-86516966
传真：022-86516966
成立时间：2002年12月
注册资本：5000万元
管理资本：30 000万元

天津市津房科技投资发展有限公司

地址：天津市和平区保定道35～37号新华大厦702室
邮编：300050
电话：022-23126497
传真：022-23034555
网址：www.jftech.com.cn
成立时间：2001年1月
注册资本：1000万元
管理资本：60 000万元
行业偏好：医药保健、软件、环保产业、医疗设备
阶段偏好：成长期、扩张期

天津泰达科技风险投资股份有限公司

地址：天津经济技术开发区第四大街80号天大科技园软件大厦北楼三层
邮编：300457
电话：022-66299990
传真：022-66297288
网址：www.tedavc.com.cn
成立时间：2000年8月
注册资本：41 000万元
管理资本：150 000万元
行业偏好：生物医药、IT
阶段偏好：成长期、成熟期

天津新技术产业园区海泰科技投资管理有限公司

地址：天津市华苑产业园区华天道科馨别墅67号
邮编：3003084
电话：022-83713640
传真：022-83715773
网址：www.hitech-investment.com
成立时间：1997年5月
注册资本：19 300万元
管理资本：30 000万元
行业偏好：新能源与环保、生物材料与医疗服务、软件与信息服务
阶段偏好：种子期、成长期、扩张期

天津新技术产业园区新纪元风险投资有限公司

地址：天津市华苑产业区华天道6号海泰大厦A座二层
邮编：300384
电话：022-23709978
传真：022-23709979
成立时间：2004年10月
注册资本：400万元
管理资本：1500万元
行业偏好：电子与信息、生物、医药技术、新材料、新能源、节能技术

国家纳米技术产业化基地天津纳米创业投资有限公司

地址：天津市经济技术开发区第四大街80号A座2层
邮编：300457
电话：022-62002900
传真：022-62002902
网址：www.cnane.com.cn
成立时间：2002年9月
注册资本：3000万元
管理资本：3000万元

天津方正投资发展有限公司

地址：天津市河西区友谊南路延长线洛卡小镇逸境园32号楼
邮编：300381
电话：022-83787666
传真：022-83987666
成立时间：2003年6月
注册资本：500万元

天津锟桥创业投资有限公司

地址：天津市南开区科研西路8号（科苑大厦）411至417室
邮编：300192
电话：022-87893137
传真：022-87893441
成立时间：2003年8月
注册资本：3000万元
管理资本：1980万元
行业偏好：传媒教育产业、信息技术、生物医药、新能源、新材料、高科技农业等高新技术产业
阶段偏好：种子期、创业期、扩张期、成熟期和上市期

天津泰达国际创业中心

地址：天津经济技术开发区第五大街泰华路12号
邮编：300457
电话：022-66211511
传真：022-66211504
成立时间：1996年7月
注册资本：10 000万元

天津天士力生物技术创业投资管理有限公司

地址：天津市天津经济技术开发区泰华路12号11层
邮编：300402
电话：022-26736643
传真：022-26736125
网址：www.tasly.com
成立时间：2003年6月
注册资本：12 000万元

天津信托投资有限责任公司

地址：天津市河西区围堤道125号天信大厦
邮编：300074
电话：022-28408280
传真：022-28408279
网址：www.tjtrust.com
成立时间：1980年1月
注册资本：150 000万元
管理资本：1 700 000万元
阶段偏好：扩张期、IPO前期

天津佳丰投资发展股份有限公司

地址：天津塘沽区河北路4862副1号贻成中心酒店四楼
邮编：300000
电话：022-25216666
传真：022-25215278
网址：jiaftz.usaweb11.fstserver.com
成立时间：2006年2月
注册资本：15 000万元
管理资本：1000万元
阶段偏好：种子期

天津科创天使投资有限公司

地址：天津市南开区科研西路天津市科技创业服务

中心内
邮编：300192
电话：022-87894631
传真：022-87890535
成立时间：2006年6月
注册资本：1000万元
管理资本：3000万元
行业偏好：电子信息、生物、医药、新材料、光机电一体化、资源与环境、新能源与高效节能、高技术服务等高新技术领域
阶段偏好：初创期

天津国能投资有限公司

地址：天津河西区围堤道53号增一号丽晶大厦31层
邮编：300201
电话：022-28270880
022-28276050
网址：www.tneic.com.cn
成立时间：2004年1月
注册资本： 50 000万元
行业偏好：以节能环保产业为主业，专注于新能源、工业领域节能减排改造、低碳建筑三大领域

滨海新区创业投资风险引导基金

地址：天津经济技术开发区宏达街19号投资服务中心
邮编：300457
电话：021-25201114
成立时间：2008年4月
注册资本：200 000万元
行业偏好：信息电子、生物科技、医药制造、新材料、新能源
阶段偏好：成长期、种子期、成熟期

天津天宝创业投资有限公司

地址：天津市和平区赤峰道33号701室
邮编：300041
电话：022-23393884
022-23314545
传真：022-23312417
网址：www.tjtianbao.com
成立时间：2004年8月
注册资本：3600万元

天津海达创业投资管理有限公司

地址：天津经济技术开发区第四大街5号生物研发大厦A座6层
邮编：300457
电话：022-62002048
传真：022-62002050
成立时间：2007年
注册资本：1000万元
管理资本：59 200万元

重庆市

重庆市科技风险投资有限公司

地址： 重庆市石桥铺西亚商务大厦15楼
邮编： 400039
电话：023-68614638
传真：023-68623554
网址：www.cqkjvc.com
成立时间：1992年10月
注册资本：22 598万元
管理资本：38 000万元
行业偏好：生物医药、IT、新材料、环保、新能源、生态农业
阶段偏好：成长期、成熟期

重庆化医紫鹰资产经营管理有限公司

地址：重庆市北部新区高新园星光大道70号A1座27楼
邮编：401121
电话：023-63219194
传真：023-63219133
网址：www.ccphc.com.cn
成立时间：2006年10月
注册资本：1000万元
管理资本：50 000万元
行业偏好：化工、医药、商贸流通

安徽省

安徽省经贸投资集团有限责任公司

地址：安徽省合肥市中市区长江中路57号B层
邮编：230001
电话：0551-2608449
传真：0551-2608443
成立时间：1999年6月

注册资本：20 000万元
管理资本：35 000万元
行业偏好：企业技术项目投资、农业、房地产、传统制造业、环保产业、新材料、新能源
阶段偏好：成长期、扩张期、上市筹备期

安徽省开发投资有限责任公司

地址：安徽省合肥市庐阳区庐江路100号
邮编：230061
电话：0551-2840940
传真：0551-2840940

安徽省科技产业投资有限公司

地址：安徽省合肥市中市区芜湖路168号
邮编：230067
电话：0551-5227278
传真：0551-2623510
成立时间：1999年7月
注册资本：16 690万元
管理资本：35 000万元
行业偏好：新材料新技术、农业产业化、生物工程及新医药、光机电一体化、电子信息环保及资源综合利用
阶段偏好：IPO 前期

合肥市创新科技风险投资有限公司

地址：安徽省合肥市花园街安徽科技大厦17楼B
邮编：230001
电话：0551-2646923
传真：0551-2675471
成立时间：2000年8月
注册资本：5000万元
管理资本：16 000万元
行业偏好：软件、其他医疗设备商业批发零售业产业

合肥市科创投资管理有限公司

地址：安徽省合肥市胜利路万事达广场1号302室
邮编：230000
电话：0551-2832321
传真：0551-5324578
行业偏好：化学工业

合肥信息投资有限公司

地址：安徽省合肥阜南路166号润安大厦A座25层
邮编：230069
电话：0551-5100929
传真：0551-5100932
成立时间：2002年12月
注册资本：10 000万元
管理资本：10 000万元
行业偏好：其他医疗设备商业批发零售业产业、生物科技、传统制造业、传媒业、新材料、软件、医药保健、环保产业
阶段偏好：成长期、扩张期

香港恒邦（亚洲）有限公司

地址：安徽六安市金安商城5楼
邮编：237000
电话：0564-3212400
传真：0564-3222413
网址：www.ever-fine.com

安徽神州投资管理有限公司

地址：安徽省合肥市长江中路省政府综合楼三楼
邮编：230061
电话：0551-5513636
传真：0551-2626931
成立时间：2003年
注册资本：500万元
管理资本：600万元
阶段偏好：扩张期

安徽高科创业投资有限公司

地址：安徽省合肥市习友路1689号深港产业园一幢A单元四层
邮编：230000
电话：0551-5312833
传真：0551-5319112
网址：www.ahgoco.com
成立时间：2010年1月
注册资本：30 000万元
管理资本：30 000万元
行业偏好：新能源、新材料、新医药、知识型服务业、电子信息、光机电一体化、环保、高效农业等符合高技术产业发展规划领域
阶段偏好：早期项目

安徽融升投资管理公司

地址：安徽合肥市濉溪路287号金鼎国际广场11楼1101

邮编：230000
电话：0551-5528096
传真：0551-5607886
成立时间：2007年5月
注册资本：1000万元
管理资本：10 000万元

安徽誉华投资管理有限公司

地址：安徽省合肥市濉溪路287号财富广场C座1107
邮编：230041
电话：0551-5773886
传真：0551-5773880
成立时间：2010年8月
注册资本：300万元
管理资本：50 000万元

蚌埠中城创业投资有限公司

地址：安徽省蚌埠市投资大厦1510
邮编：233000
电话：0552-3183802
传真：0552-3183818
网址：www.bigac.com.cn
成立时间：2009年3月
注册资本：12 500万元
管理资本：12 500万元
行业偏好：高新技术
阶段偏好：成长期

福建省

厦门高新技术风险投资有限公司

地址：厦门市虎园路2号科技主流中心主楼6号606室
邮编：361012
电话：0592-2078632
传真：0592-2102861
成立时间：1998年12月
注册资本：3000万元
管理资本：3000万元
行业偏好：高新农业、生物科技、新材料、环保产业
阶段偏好：成长期、扩张期

厦门松涛风险投资股份投资有限公司

地址：厦门市集美区灌口涌泉工业园
邮编：361004
电话：0592-5167262
传真：0592-5167261
网址：www.songtao.com.cn
成立时间：2000年4月
注册资本：2600万元
管理资本：4100万元
行业偏好：生物科技、网络/通讯、软件、医疗设备、传媒业、房地产、半导体、教育产业
阶段偏好：种子期、成熟期、上市筹备期、其他（如MBO、MBI、公司周转困境期等）

厦门火炬集团创业投资有限公司

地址：厦门市火炬高新区火炬大厦南5楼
邮编：361006
电话：0592-5719926
传真：0592-5711818
网址：www.xmhjtz.com
成立时间：2004年4月
注册资本：10 000万元
管理资本：20 000万元
行业偏好：高新技术产业

福建华兴创业投资有限公司

地址：福建省福州市华林路166号华林星座23层
邮编：350003
电话：0591-87857096
传真：0591-87858275
网址：www.fjhxvc.com
成立时间：2000年12月
注册资本：10 100万元
管理资本：80 000万元
行业偏好：计算机信息技术、电子通讯工程、生物医学工程、环保工程、高科技农业、新材料、新能源技术
阶段偏好：成长期、扩张期

厦门高能投资有限公司

地址：厦门厦禾路189号银行中心1216室
邮编：361003
电话：0592-26826880
传真：0592-2683335
网址：www.powercapital.cn
成立时间：2007年4月
注册资本：100万元

行业偏好：能源、新能源、资源、矿产、机械装备、汽车及配件、消费品、港口物流、医药、IT 等

福州中科精英创业投资有限公司

地址：福建省福州市铜盘路软件大道89号D区1#楼
邮编：350003
电话：0591-88882828
传真：0591-87830320
成立时间：2008年3月
注册资本：5959万元
管理资本：10 000万元

甘肃省

甘肃金巨龙投资发展有限公司

地址：甘肃兰州市中山路3号
邮编：730030
电话：0931-8800882
传真：0931-8461866
成立时间：2001年
注册资本：6600万元
管理资本：12 000万元
阶段偏好：成长期

甘肃省科技风险投资有限公司

地址：甘肃省兰州市酒泉路403号中匈友好大厦A座16楼
邮编：730030
电话：0931-4600008
传真：0931-4600071
成立时间：2001年8月
注册资本：10 000万元
行业偏好：信息电子、化工产业、生物能源、医疗设备、农业产业及其他
投资偏好：发展期、成熟期

兰州高科创业投资担保有限公司

地址：甘肃省兰州市城关区雁南路18号创新园创新大厦B座14楼
邮编：730010
电话：0931-8552593
传真：0931-8552921
网址：www.gscredit.org.cn
成立时间：2003年11月
注册资本：8335.91万元
管理资本：6000万元
行业偏好：新材料、生物技术及新医药、计算机软件开发
投资偏好：成长期、扩张期

广东省

广东省风险投资集团

地址：广州市东山区先烈中路100号大院高科技中心14-15楼
邮编：510070
电话：020-87680388
　　　020-87683876
传真：020-87682766
网址：www.gvcgc.com
成立时间：2000年9月
注册资本：80 000万元
管理资本：234 500万元
阶段偏好：扩张期、成熟期

IDG技术创业投资基金

地址：广州海珠区琶洲大道东1号保利国际广场南塔2506-2508室
邮编：510600
电话：020-84120357
传真：020-84120490
网址：www.idgvc.com
成立时间：1994年9月1日
注册资本：1000万美元
管理资本：1000万美元
行业偏好：国际互联网、信息服务、软件、通信、网络技术、生物工程以及生命科学等领域

广州科技创业投资有限公司

地址：广州科学城科学大道191号科学城商业广场A1栋1001-1002室
邮编：510663
电话：020-32210188
传真：020-32219983
网址：www.gzvc.cn
成立时间：2002年4月
注册资本：80 000万元
管理资本：210 000万元
行业偏好：信息技术、生物工程及制药、新材料、

新能源和环保产业等

阶段偏好：孵化期、初创期

广州融科创业投资管理有限公司

地址：广州市天河东路242号303-304

邮编：510620

电话：020-85513685

传真：020-87502946

成立时间：2001年5月

注册资本：3820万元

行业偏好：新材料、医疗设备、光电子与光机电一体化、生物科技、网络/通讯、半导体、医药保健

阶段偏好：成长期、扩张期、上市筹备期

广州市冠通创业投资管理有限公司

地址：广州市东风东路753号天誉商务大厦东塔1107室

邮编：510080

电话：020-87600180

传真：020-87619096

成立时间：2002年8月

注册资本：300万元

管理资本：10 000万元

行业偏好：生物科技、医药保健、环保产业、新材料、新能源、高新农业、光电子与光机电一体化、软件

阶段偏好：种子期、成长期

广州科技风险投资有限公司

地址：广州市天河北路183号大都会广场11层

邮编：510620

电话：020-87556020

传真：020-87556023

网址：www.c-vcc.com

成立时间：1999年11月

注册资本：80 000万元

管理资本：200 000万元

投资领域：IT、软件、通讯、生物科技、医药、电子信息、新能源材料、节能环保

投资阶段：种子期、成长期、扩张期、成熟期、上市筹备期

广州君鼎投资有限公司

地址：广州市环市东建设六马路33号宜安广场2701室

邮编：510060

电话：020-22286668

020-83633004

传真：020-83634183

网址：www.winking.com.cn

成立时间：1997年

注册资本：100万元

管理资本：20 000万元

行业偏好：领先制造业和消费连锁

阶段偏好：创业型、成长型

广州美涂士投资控股有限公司

地址：佛山顺德伦教三洲工业区美涂士集团

邮编：528300

电话：0757-27332280

传真：0757-27332127

成立时间：2003年

注册资本：8300万元

管理资本：150 000万元

广州海汇投资

地址：广州市科学城科学大道191号科学城商业广场A1栋10楼1001-1002室

邮编：510663

电话：020-32210188

传真：020-32219983

网址：www.gzvc.cn

成立时间：2007年

行业偏好：信息产业、新材料、能源、环保、生物工程及制药

阶段偏好：孵化期、初创期

佛山市集成富达投资管理中心（有限合伙）

地址：佛山市南海区桂城南海大道北61号民生大厦4楼

邮编：528200

电话：0757-86290166

传真：0757-83206999

网址：www.gdjcvc.com

成立时间：2009年12月

注册资本：1000万元

管理资本：72 000万元

行业偏好：消费品、连锁服务、互联网及信息技术、新能源、环保产业、先进制造业、

医疗健康、教育、传媒、现代农业
阶段偏好：覆盖初创期、成长期、成熟期、Pre-IPO

广东信益投资管理有限公司

地址：广州市天河区华明路9号华普广场西塔913
邮编：510623
电话：020-28318009
传真：020-28318006
成立时间：2010年3月
注册资本：3000万元
管理资本：3000万元

广州市遨为信息咨询有限公司

地址：广州市科学城科学大道182号创新大厦C1-802
邮编：510663
电话：020-32210068
传真：020-32210058
网址 www.ourway.info
成立时间：2006年
注册资本：200万元
管理资本：5000万元
行业偏好：软件、钢铁、制造业、电子信息业、医疗器械、汽车零部件、医药、能源等
阶段偏好：初创期、成长期、成熟期

豪威科技创业投资（深圳）有限公司

地址：深圳市深南大道科技园汇景花园海典阁23A
邮编：518057
电话：0755-26635800
传真：0755-26635900
成立时间：2001年10月
注册资本：400万美元

佛山市科海创业投资有限公司

地址：广东省佛山市南海区狮山镇软件科技园创业中心B306
邮编：528222
电话：0757-86683139
传真：0757-86683130
成立时间：2002年5月
注册资本：2000万元
管理资本：2000万元
行业偏好：信息电子、生物能源、化工产业、环保产业、新能源

深圳市创新投资集团有限公司

地址：深圳市福田区深南大道4009号投资大厦11层
邮编：518048
电话：0755-82912888
传真：0755-82912880
网址：www.szvc.com.cn
成立时间：1999年8月
注册资本：160 000万元
管理资本：1 020 000万元
行业偏好：传统制造业、其他医疗设备商业批发零售业产业、传媒业、医疗设备、新材料、光电子与光机电一体化、教育产业、房地产
阶段偏好：成长期、扩张期

深圳力合创业投资有限公司

地址：深圳市高新技术产业园深圳清华大学研究院B区三楼56号信箱
邮编：518057
电话：0755-26551416
0755-26551392
传真：0755-26551372
网址：www.leaguer.com.cn
成立时间：1999年8月
注册资本：33 333.33万元
管理资本：150 000万元
行业偏好：新能源、生物科技、光电子与光机电一体化、房地产、网络/通讯、传媒业、软件、教育产业
阶段偏好：初创期、成长期

深圳中南成长投资管理公司

地址：深圳福田区新世界中心2703
邮编：518000
电话：0755-82520688
传真：0755-82520699
网址：www.scvc.cn
成立时间：2008年
注册资本：3000万元

深圳市财富摩根创业投资管理有限公司

地址：深圳市福田区泰然九路海松大厦A座1501室

邮编：518040
电话：0755-82718168
传真：0755-82718172
成立时间：2007年
注册资本：1000万元
管理资本：12 186万元
行业偏好：通信产业
阶段偏好：扩张期、成熟期、Pre-IPO

深圳市高特佳投资集团有限公司

地址：深圳市南山区海德三道天利中央商务广场A座15F
邮编：518067
电话：0755-86332999
传真：0755-86332710
网址：www.szgig.com
成立时间：2001年3月
注册资本：23 600万元
管理资本：超过100 000万元
行业偏好：信息产业、传媒产业、生物医药产业、新材料产业、新能源和环保产业
阶段偏好：成长期、扩张期

深圳市招商局科技投资有限公司

地址：中国深圳蛇口南海大道1077号北科创业大厦5层
邮编：518067
电话：0755-26888600
传真：0755-26888628
网址：www.cmtech.net
成立时间：1999年1月
注册资本：40 000万元
管理资本：250 000万元
行业偏好：IT、通讯、半导体、生物医药、新材料、文化传媒等

深圳市中科招商创业投资管理有限公司

地址：深圳市福田中心区深南大道4009号投资大厦13层D2区
邮编：518026
电话：0755-82912699
传真：0755-82913291
网址：www.leadvc.com
成立时间：2000年12月
注册资本：2000万元
管理资本：80 000万元
行业偏好：制造业（汽车）、农业、IT、其他
阶段偏好：种子期、成长期、扩张期、成熟期

深圳市达晨创业投资有限公司

地址：深圳市深南大道特区报业大厦23层东区D座
邮编：518034
电话：0755-83515108
传真：0755-83515115
网址：www.fortunevc.com
成立时间：2000年4月
注册资本：10 000万元
管理资本：300 000万元
行业偏好：医疗设备、医药保健、环保产业、生物科技、新材料、光电子与光机电一体化、新能源、传媒业
阶段偏好：成长期（70%～80%）、中早期（10%～15%）、PRE-IPO（10%～15%）

松禾投资管理有限公司

地址：深圳市深南中路3039号国际文化大厦2805室
邮编：518031
电话：0755-83290633
传真：0755-83290622
网址：www.pinevc.com.cn
成立时间：2007年4月
注册资本：100万元
管理资本：超过200 000万元
行业偏好：互联网、通信/无线、软件/硬件/半导体、数码电子
阶段偏好：种子期、成长期、扩张期、成熟期、上市筹备期

深圳创新科技园有限公司

地址：深圳市深南大道4009号投资大厦23层
邮编：518057
电话：0755-26716399
传真：0755-26716998
成立时间：2001年6月
注册资本：8000万元
管理资本：8000万元

深圳高新区名孵化器有限公司

地址：深圳高新区南区虚拟大学园A311

邮编：518057
电话：0755-26551503
传真：0755-26551544
网址：www.szvup.com
成立时间：2001年7月
注册资本：500万元

深圳世纪愿景创业投资有限公司

地址：深圳市福田区深南中路东冈大厦12楼
邮编：518031
电话：0755-83785188
传真：0755-83786800
成立时间：2002年8月
注册资本：8000万元
管理资本：3000万元
行业偏好：农林牧渔、基础设施

深圳市百利宏科技投资有限公司

地址：深圳市深南大道6008号特区报业大厦23层BC区
邮编：518009
电话：0755-83516828
传真：0755-83516953
网址：www.bestgrand.com.cn
成立时间：2000年4月
注册资本：10 000万元
管理资本：100 000（不固定）万元
行业偏好：化工、商住地产、旅游地产
阶段偏好：种子期、成长期

深圳市百山创业投资有限公司

地址：深圳市福田区振兴路建艺大厦15楼
邮编：518031
电话：0755-83788850
传真：0755-83788457
网址：110409.b2b.hc360.com
成立时间：1992年11月
注册资本：3000万元
管理资本：3000万元
行业偏好：新材料、新能源、光电子与光机电一体化
阶段偏好：成长期、扩张期、上市筹备期

深圳市长园盈佳投资有限公司

地址：深圳市南山区科技工业园30-4栋6楼
邮编：518057
电话：0755-26630924
传真：0755-26739900
成立时间：2000年4月
注册资本：3000万元
管理资本：200 000万元
行业偏好：网络/通讯、其他医疗设备商业批发零售业产业、软件、生物科技、光电子与光机电一体化、医疗设备、半导体、新能源
阶段偏好：成长期、扩张期、上市筹备期

深圳市东盛创业投资有限公司

地址：深圳市罗湖区罗芳路68号中震大厦1017室
邮编：518033
电话：0755-25116466
传真：0755-25116466
成立时间：2000年9月
注册资本：3000万元
管理资本：3000万元

深圳市高新技术投资担保有限公司

地址：深圳市福田区深南大道7028号时代科技大厦22-23楼
邮编：518040
电话：0755-82852588
传真：0755-82852555
网址：www.szhti.com.cn
成立时间：1994年12月
注册资本：120 000万元
管理资本：220 000万元
行业偏好：电子信息、生物工程、环保节能、房地产等领域
阶段偏好：扩张期、成熟期

深圳市天成投资有限公司

地址：深圳市福田区金田路4018号安联大厦23层A03、A04室（市民中心旁）
邮编：518026
电话：0755-88285500
传真：0755-61640500
成立时间：2001年5月
注册资本：7025万元
行业偏好：医疗健康、环保新能源、软件/硬件/半导体、生物技术、农业
阶段偏好：初创期

深圳市国成科技投资有限公司

地址：深圳市深南大道6008号特区报业大厦21C
邮编：518009
电话：0755-83516448
传真：0755-83516944
网址：www.szgcvc.com
成立时间：1997年
注册资本：6000万元
管理资本：20 000万元
行业偏好：生物医药、光通讯、IT、新材料
阶段偏好：成长期、扩张期为主，兼顾起步期和Pre-IPO项目

深圳市维西创业投资管理有限公司

地址：深圳市福田区松岭路1号福田高新技术创业中心301室
邮编：518031
电话：0755-83650996
传真：0755-83652940
成立时间：2000年11月
注册资本：100万元
管理资本：10 000万元
行业偏好：生物科技、医疗健康、互联网
阶段偏好：成长期、扩张期

深圳市新产业创业投资有限公司

地址：深圳市振兴路3号建艺大厦17楼
邮编：518031
电话：0755-83787668
传真：0755-83786417
成立时间：1993年
注册资本：40 000万元
管理资本：52 000万元
行业偏好：信息与通讯技术、生物与医药新技术、新材料与新能源、光电
阶段偏好：成熟期、上市筹备期

深圳市中关村创业投资管理有限公司

地址：深圳市福田区商报路奥林匹克大厦8楼
邮编：518034
电话：0755-83522204
传真：0755-83522204
成立时间：2001年6月
注册资本：1000万元
管理资本：5000万元
行业偏好：IT、软件、通讯、电子信息、新能源、新材料、半导体、节能环保
阶段偏好：成长期、扩张期、中后期、上市筹备阶段

深圳市光瑞风险投资有限公司

地址：深南大道7088号深圳农科中心招银大厦25层2502室
邮编：518040
电话：0755-83196329
传真：0755-83196266
成立时间：2003年
注册资本：3300万元
管理资本：1000万元
阶段偏好：成长期和扩张期

深圳市和君创业投资有限公司

地址：深圳市福田区江苏大厦A座24楼2404-2406
邮编：518026
电话：0755-82960063
传真：0755-82960444
成立时间：1999年10月
注册资本：11 073万元
管理资本：18 440万元

深圳市建恒信投资管理有限公司

地址：深圳市福田区福田南路7号皇城广场1905A室
邮编：5180028
电话：0755-83693749
传真：0755-83762057
成立时间：1998年1月
注册资本：1000万元
管理资本：2000万元
行业偏好：新材料工业、科技服务、光电子与光机电一体化、农业
阶段偏好：扩张期

深圳市天富锦创业投资有限责任公司

地址：深圳市福田区深南中路2号新闻大厦32楼3202室
邮编：518027
电话：0755-82096427
传真：0755-82091348
成立时间：2001年11月
注册资本：5000万元
管理资本：5000万元

行业偏好：电子与信息
阶段偏好：种子阶段

深圳市天图创业投资有限公司

地址：深圳市福田区深南大道深圳高尔夫俱乐部百合路8号
邮编：518034
电话：0755-83586123
传真：0755-83586102
网址：www.tiantu.com.cn
成立时间：2002年4月
注册资本：10 000万元
管理资本：400 000万元
行业偏好：医疗健康、低碳经济、消费品和TMT
阶段偏好：扩张期、成熟期、上市筹备期

深圳市同创伟业创业投资有限公司

地址：深圳市福田区福华三路168号国际商会中心2702
邮编：518031
电话：0755-82877047
0755-82879046
传真：0755-82879025
网址：www.cowincapital.com
成立时间：2000年6月
注册资本：10 000万元
管理资本：450 000万元
行业偏好：新能源、新材料、医疗健康、互联网通讯电子、现代服务业、消费连锁、资源类
阶段偏好：成长期到成熟期

深圳市中申创业投资管理有限公司

地址：深圳市福田区福明路40号雷圳大厦四楼3098室
邮编：518033
电话：0755-83995619
传真：0755-83995586
成立时间：2002年12月
注册资本：150万元

深圳信科创业投资管理有限公司

地址：深圳市福田区益田路卓越时代广场807室
邮编：518048
电话：0755-83066610
传真：0755-23996480
网址：www.sivc.com.cn
成立时间：1994年11月
注册资本：550万元
管理资本：550万元
行业偏好：软件产业、信息电子、生物能源、化工产业、健康管理、环保产业、新能源

深圳中小企业创业投资有限公司

地址：深圳市福田区益田路（福中路口）新世界中心13楼
邮编：518000
电话：020-38911638
传真：020-38911618
网址：www.smevc.com
成立时间：1997年11月
注册资本：15 000万元
行业偏好：电子信息、软件和通讯、医药及生物工程、新材料、新能源及环保产业、高效生态农业、光机电一体化及管理理念等行业

中国高新技术产业投资管理有限公司

地址：深圳市福田区福华一路中心商务大厦1118b
邮编：518010
电话：0755-82032656
传真：0755-82031392
成立时间：1998年8月
注册资本：500万港币
管理资本：3000万美元

深圳市金雨投资有限公司

地址：深圳市福田区福天路知本大厦25楼C
邮编：518048
电话：0755-82998588
传真：0755-82998212
成立时间：1997年4月
注册资本：2100万元
管理资本：1000万元

深圳市数码港投资有限公司

地址：深圳市人民南路深房广场10层B座06室
邮编：518001
电话：0755-82171751
传真：0755-82293991
成立时间：2000年5月
注册资本：200万元

管理资本：2000万元

深圳市财富投资管理公司

地址：深圳市宝安南路振业大厦A栋12B层C1座
邮编：518008
电话：0755-25862395
传真：0755-25862396
成立时间：2001年3月
行业偏好：IT服务、生物科技

深圳市德尊科技创业投资有限公司

地址：深圳市高新技术产业园物业管理楼210室
邮编：518000
电话：0755-82486660
传真：0755-83683121
注册资本：7600万元
行业偏好：IT产业、信息电子、电信通讯、生物能源、环保产业
阶段偏好：成长期、拓展期、成熟期

深圳市金航程投资有限公司

地址：深圳市福田区滨河路证券大厦1902室
邮编：518026
电话：0755-82890519
网址：dnjkrllr.b2b.hc360.com
成立时间：2000年11月

深圳市贤泽投资有限公司

地址：深圳市人民南路国贸大厦29层
邮编：518002
电话：0755-89805588
传真：0755-82213698
成立时间：1997年2月
注册资本：1000万元
管理资本：385 800万元
阶段偏好：扩张期、IPO前期

深圳市中新创业投资管理有限公司

地址：深圳市福田中心区投资大厦11层
邮编：518026
电话：0755-82912888
传真：0755-82912880
成立时间：2001年
管理资本：5000万元
行业偏好：IT服、软件产业、信息电子、网络设施、生物科技、化学工业、电信通讯、网络产业、保健养生、新兴能源
阶段偏好：中后期

深圳中电投资股份有限公司

地址：深圳市深南中路2070号电子科技大厦A座36室
邮编：518031
电话：0755-83783169
传真：0755-83350221
网址：www.ceiecsz.com.cn
成立时间：1980年4月
注册资本：17 500万元
行业偏好：电子外贸、金融、电子信息、电子材料、数码视听、光电照明、物业开发管理、工业房地产、报关物流等

光大控股创业投资（深圳）有限公司

地址：深圳市彩田路联合广场A座602
邮编：518048
电话：0755-82900855
传真：0755-82900851
成立时间：2001年7月
注册资本：5000万港元
管理资本：5000万港元
行业偏好：互联网、移动增值、数字媒体、娱乐传媒、媒体出版、娱乐体育、服务业
阶段偏好：早期、发展期、扩张期

深圳市卓佳汇智创业投资有限公司

地址：深圳福田中心区福华一路中心商务大厦25层
邮编：518033
电话：0755-82032663
传真：0755-82033216
网址：www.zhuojiavc.com
成立时间：2006年
注册资本：5000万元
管理资本：20 000万元
阶段偏好：发展期、扩张期、成熟期、上市前期

深圳市山海创业投资管理有限公司

地址：深圳市南山区南山大道南油第四工业区5栋6楼612室
邮编：518054
电话：0755-26646788

传真：0755-26077778
成立时间：2005年8月
注册资本：100万元
管理资本：3000万元
行业偏好：电子服务制造行业
阶段偏好：种子期、成长期

深圳市恐龙创业投资发展有限公司

地址：深圳市益田路6013号江苏大厦A座3303
邮编：518026
电话：0755-25310942
传真：0755-83734599
成立时间：2006年
阶段偏好：成熟期、IPO前期

深圳市东方现代产业投资管理有限公司

地址：深圳市福田区金田路与福中一路交界荣超经贸中心17层1708室
邮编：518000
电话：0755-83515166
传真：0755-82789371
网址：www.orica.com.cn
成立时间：2005年4月
注册资本：3000万元
管理资本：26 000万元
阶段偏好：IPO前期

冠誉创业投资管理（深圳）有限公司

地址：深圳市福田区新闻路一号中电信息大厦东座2201-2202室
邮编：518000
电话：0755-83733704
传真：0755-83733664
成立时间：2004年4月
注册资本：300万元
管理资本：4000万元
行业偏好：移动增值、数字媒体、半导体、芯片设计
阶段偏好：种子期

深圳市创东方投资有限公司

地址：深圳市福田区竹子林求是大厦西座1209.
邮编：518040
电话：0755-83189608
传真：0755-88316231
网址：www.cdf-capital.com
成立时间：2007年8月
注册资本：1000万元
行业偏好：新健康、新IT、新消费（服务）、新材料、新能源

深圳市东方富海投资管理有限公司

地址：深圳市福田区天安数码城数码时代大厦A座2602室
邮编：518040
电话：0755-88836399
传真：0755-83475799
网址：www.ofcapital.com
成立时间：2006年1月
注册资本：550万元
管理资本：近100 000万元
行业偏好：信息技术、健康教育、消费品、新能源材料
阶段偏好：种子期、成长期、成熟期

深圳市深信创业投资有限公司

地址：深圳市罗湖区地王大厦45楼0116室
邮编：518008
电话：0755-82462238
传真：0755-82462567
成立时间：2001年
注册资本：3 000万元

隆投投资（中国）有限公司

地址：深圳市福田区金田路金中环商务大厦4203室
邮编：518000
电话：0755-33222091
传真：0755-33222098
网址：www.longtoucapital.com.cn
成立时间：2003年
注册资本：50万美元

中以基金管理公司（香港）

地址：深圳市福田区福华一路88号中心商务大厦801
邮编：518000
电话：0755-33359980
传真：0755-33359970
网址：www.civcfund.com
成立时间：2007年
注册资本：2000万美元

行业偏好：通讯、生命科学、IT、清洁技术、替代能源等

深圳市长润创业投资企业（有限合伙）

地址：深圳市深南大道南泰然九路喜年中心A2610室
邮编：518000
电话：0755-88309420
0755-88302779
传真：0755-83459822
成立时间：2007年6月
注册资本：3000万元
管理资本：15 000万元
阶段偏好：成长型

通联资本管理有限公司

地址：深圳市福田区益田路江苏大厦A座3701
邮编：518026
电话：0755-82943631
传真：0755-82943710
成立时间：1995年
注册资本：40 000万元
管理资本：100 000万元
行业偏好：农、林、牧、渔业；制造业；电力、燃气及水的生产和供应业
阶段偏好：Pre-IPO

深圳市鼎川投资有限公司

地址：深圳市福田区金田路4028号荣超经贸中心3009室
邮编：518001
电话：0755-83733310
传真：0755-83733307
成立时间：2007年
注册资本：500万元
管理资本：20 000万元

深圳加里红杉资本有限公司

地址：深圳福田区金田路荣超金贸中心0310
邮编：518000
电话：0755-23811875
传真：0755-23811877
网址：www.caliredwood.com
成立时间：2007年
注册资本：1000万元
管理资本：超过20 000万元
行业偏好：新型建筑材料、新型电子商务、手机信息服务以及新型商业服务领域
阶段偏好：Pre-IPO

搏实资本

地址：深圳市福田区奥林匹克大厦八楼
邮编：518034
电话：0755-83521869
传真：0755-89512110
网址：www.bscapital.cn
成立时间：2008年
注册资本：1000万元
管理资本：50 000万元
行业偏好：生命科技、生物医药、新媒体、民营教育业、民营医院、新能源、农业现代化
阶段偏好：初创期、成长期、成熟期、Pre-IPO

深圳市东方汇富创业投资管理有限公司

地址：深圳市福田区金田路荣超经贸中心1708
邮编：518038
电话：0755-83516011
传真：0755-82789371
成立时间：2007年12月
注册资本：100万元
管理资本：260 000万元

深圳中南成长投资管理有限公司

地址：深圳市福田区益田路西福中路北新世界中心2703室
邮编：518026
电话：0755-82520688
传真：0755-82520699
网址：www.scvc.cn
成立时间：2008年3月
注册资本：3000万元
管理资本：94 700万元
阶段偏好：成长期

深圳市经典创业投资有限公司

地址：深圳市福田区金田路金中环国际商务大厦主楼3605
邮编：518000
电话：0755-82562211
传真：0755-82562216
成立时间：2008年

注册资本：3000万元
管理资本：3000万元
行业偏好：健康、医疗、TMT、新农业、循环经济等

第一创业投资管理有限公司
地址：深圳罗湖笋岗路中民时代广场B座2楼
邮编：518000
电话：0755-25832952
传真：0755-82485006
成立时间：2010年6月
注册资本：20 000万元
管理资本：100 000万元

深圳市大鹏投资发展有限公司
地址：深圳CBD航天大厦A303
邮编：518000
电话：0755-83021332
传真：0755-88265493
网址：www.eaglegreat.com
成立时间：1997年8月
注册资本：5000万元
管理资本：120 000万元
行业偏好：大健康、新能源、信息技术、新材料、现代农业

深圳市怀新企业投资顾问有限公司
地址：深圳市福田区彩田路5015号中银大厦B座9B
电话：0755-83509319
传真：0755-83509167
网址：www.huaixin.stcn.com
成立时间：1999年
注册资本：1000万元
管理资本：10 000万元

深圳市同威创业投资有限公司
地址：深圳市南山区华侨城汉唐大厦1104-1108室
邮编：518053
电话：0755-26935812
传真：0755-26935161
网址：www.copowerpe.com
成立时间：2008年3月
注册资本：4100万元
管理资本：69 323万元
行业偏好：银行、保险、服装、个人用品、新能源、机械装备等

深圳市亿方富投资管理有限公司
地址：深圳市南山区南山知识服务大楼912-913
邮编：518052
电话：0755-26978769
传真：0755-26978769
成立时间：2007年5月
注册资本：100万元
管理资本：2000万元

深圳市裕鼎投资管理有限公司
地址：深圳市福田区滨河大道5022号联合广场A座5003
邮编：518026
电话：0755-88267629
传真：0755-88267001
网址：www.dingfinancial.com
成立时间：2005年
注册资本：100万元
管理资本：50 000万元
行业偏好：医药、电子、IT、服装、机械、食品等各个领域

葳尔资产管理有限公司
地址：深圳国际商会中心1602
邮编：518000
电话：0755-26712071
传真：0755-26712071
网址：www.willcapital.cn
成立时间：2007年
注册资本：2000万元
管理资本：100 000万元

广东诚丰投资有限公司
成立时间：2009年
注册资本：3000万元
管理资本：30 000万元

贵州省

贵州金磐科技创业投资有限公司
地址：贵州省遵义市红花岗区北京路36号
邮编：56300
电话：0852-8611708
传真：0852-8613009
网址：zunyi013285.11467.com

成立时间：2007年12月
注册资本：3030万元
管理资本：1240万元

贵州省科技风险投资有限公司
地址：贵州省贵阳市瑞金南路8号经协大厦18楼
邮编：550003
电话：0851-5806600
传真：0851-5806514
成立时间：1998年
注册资本：25 800万元
管理资本：17 650万元
行业偏好：新能源、电子信息、现代中药、先进装备制造及铝、磷、煤等矿产资源和创新型企业园区、特色产业基地的建设

河北省

石家庄科技创业投资有限公司
地址：河北省石家庄市高新区黄河大道136号
邮编：050035
电话：0311-66685169
传真：0311-66685160
成立时间：2002年9月
注册资本：4650万元
行业偏好：环保、生物材料

秦皇岛市科技投资公司
地址：秦皇岛市海港区迎宾路98号金属大厦8楼
邮编：066001
电话：0335-3617941
传真：0335-3067810
网址：www.qhdkj.com
成立时间：2000年2月
注册资本：30 000万元
行业偏好：IT、软件、通讯、互联网及相关设施、物科技、医药、电子信息、新能源、新材料、半导体、节能环保、高效生态农业

河北产业基金创业投资有限公司
地址：河北省石家庄市育才街56号九派大厦25楼2505室
邮编：050011
电话：0311-86685806
传真：0311-86685565
网址：www.hebeivc.com
成立时间：2008年4月
注册资本：10 000万元

河北科技风险投资有限公司
地址：河北省石家庄昆仑大街55号
邮编：50035
电话：0311-85961617
传真：0311-85961613
网址：www.hebvc.com
成立时间：2001年3月
注册资本：34 020万元
管理资本：62 141万元
行业偏好：装备制造、新材料、精细化工、生物科技等成长快、市场前景好的高科技领域

廊坊开发区科技创业有限公司
地址：廊坊开发区翠青南道29号创业中心
邮编：65001
电话：0316-6075277
传真：0316-6075277
成立时间：2004年11月
注册资本：3000万元
管理资本：3000万元

海南省

海南千里投资有限公司
地址：海口市秀英区华路5号南洋小商品批发城5A3楼
邮编：570311
电话：0898-68526805
传真：0898-68534917
成立时间：2006年
注册资本：3200万元

宁夏回族自治区

银川铸龙投资有限公司
地址：宁夏银川市金凤区正源北街和信创展中心8F
邮编：750003
电话：0951-6981959
传真：0951-6981990
网址：www.yczhul.com
成立时间：2008年12月

注册资本：50 000万元
管理资本：50 000万元
行业偏好：能源化工、发酵及生物制药、清真奶酪食品、机械设备制造、新材料、设施、新能源

河南省

河南高科技创业投资股份有限公司

地址：河南郑州高新技术产业开发区瑞达路96号创业中心2号楼
邮编：450001
电话：0371-67895090
传真：0371-67895090
网址：www.hnvc.com.cn
成立时间：2001年4月
注册资本：10 000万元
管理资本：10 500万元
行业偏好：高新农业、生物医药、食品及相关产业、其他
阶段偏好：成长期、扩张期

河南省科技投资总公司

地址：河南省郑州市黄河路121号科苑大厦
邮编：450003
电话：0371-65975546
　　　0371-65930666
传真：0371-6593938
网址：www.hnstvc.com
成立时间：1992年7月
注册资本：5400万元
管理资本：5400万元

河南联创投资股份有限公司

地址：河南省郑州市农业路33号英特大厦801室
邮编：450003
电话：0371-65716580
传真：0371-65718835
网址：www.lcvc.net
成立时间：2003年10月
注册资本：9000万元
管理资本：328 700万元

河南金犁风险投资管理有限公司

地址：河南省郑州市郑州经济技术开发区航海东路1009号
邮编：450047
电话：0371-66781699
传真：0371-66781683
网址：www.hnjlvc.com.cn
成立时间：2000年2月
注册资本：2000万元
阶段偏好：成长期

河南创业投资股份有限公司

地址：河南省郑州高新技术产业开发区国槐街8号火炬大厦A座5楼
邮编：450008
电话：0371-67897008
传真：0371- 67897012
网址：www.hnvc.cn
成立时间：2001年4月
注册资本：10 500万元
管理资本：10 500万元
行业偏好：生物科技、高新农业、新材料、新能源

河南豫新投资有限公司

地址：河南省郑州市金水区红专路84号
邮编：450008
电话：0371-5511106
传真：0371-65959055
成立时间：2001年1月
注册资本：2000万元

洛阳炬星创业投资有限公司

地址：河南省洛阳市高新技术产业开发区丰华路6号
邮编：471003
电话：0379-64331596
传真：0379-64317197
成立时间：2001年3月
注册资本：1000万元
管理资本：1000万元
行业偏好：生物科技、高新农业、新材料、新能源、旅游业、传媒业、医药保健

郑州高新创业投资管理有限公司

地址：河南省郑州市未来大道65号未来大厦1201室
邮编：450003
电话：0371-65610259

传真：0371-65610518
成立时间：2000年5月
注册资本：3000万元

河南平能创业投资股份有限公司
地址：河南省郑州高新区瑞达路96号科技创业广场2号楼11层
邮编：450008
电话：0375-2728329
传真：0375-2728329
成立时间：2007年4月
注册资本：105 771.9万元
管理资本：105 771.9万元

河南农开投资基金管理有限责任公司
地址：河南郑州郑东新区商务外环A-22意大利国际大厦19层
邮编：450046
电话：0371-69176396
传真：0371-69176382
网址：www.haifund.com
注册资本：4200万元
管理资本：60 000万元
行业偏好：农业产业

中原文产创业投资有限公司
地址：河南省新乡市五一大道与振中路交叉口交通局院内东二楼
邮编：453000
电话：0373-3523291
传真：0373-3523281
成立时间：2009年1月
注册资本：10 000万元
管理资本：10 000万元

黑龙江省

黑龙江辰能哈工大高科技风险投资有限公司
地址：黑龙江省哈尔滨市南岗区玉山路22号
邮编：150090
电话：0451-82876468
传真：0451-82285700
网址：www.hlj-cvc.com
成立时间：2001年8月
注册资本：63 000万元
管理资本：66 300万元
行业偏好：新能源、新材料、生物制药、光电子与光机电一体化、环保产业

哈尔滨市科技风险投资中心
地址：黑龙江省哈尔滨市道里区友谊路88号
邮编：150010
电话：0451-84686551
传真：0451-84686561
成立时间：1998年5月
注册资本：1052万元
管理资本：19 000万元
行业偏好：医药、网络/通讯、软件、新材料、环保工程

哈尔滨创新投资管理有限公司
地址：黑龙江省哈尔滨市道里区友谊路86号2楼
邮编：150010
电话：0451-87654302
成立时间：2001年7月
注册资本：5000万元
管理资本：5000万元

黑龙江省奇升投资管理有限公司
地址：黑龙江省哈尔滨市南岗区中宣街20号
邮编：150090
电话：0451-82628168
传真：0451-82287777
成立时间：2002年11月
注册资本：1000万元
管理资本：8000万元

大庆开发区高科技风险投资有限公司
地址：黑龙江省大庆开发区创新大厦
邮编：163316
电话：0459-6292690
传真：0459-6292690
成立时间：1999年12月
注册资本：15 000万元

黑龙江省科力高科技产业投资有限公司
地址：黑龙江省哈尔滨市南岗区中宣街20-6号科技大厦12层
邮编：150090
电话：0451-82262690

传真：0451-82262600
网址：www.hljkl.com
成立时间：2003年6月
注册资本：7000万元
管理资本：9000万元
行业偏好：先进制造与信息化、新能源与节能技术、化工与新材料、农产品优质高产与精深加工、生物技术与医药、环境保护与公共安全技术

湖北省

武汉光谷创业投资有限公司

地址：武汉东湖新技术开发区武珞路628号B座23层
邮政编码：430070
电话：027-87640835
传真：027-87640836
网址：www.ovvc.com.cn
成立时间：2000年7月
注册资本：10 100万元
管理资本：96 100万元
阶段偏好：种子期、成长期、扩张期

武汉武大创新投资有限公司

地址：湖北省武汉市东湖开发区武汉大学科技园江夏大道
邮编：430223
电话：027-87196107
传真：027-87196107
成立时间：2002年2月
注册资本：3850万元
管理资本：3850万元
行业偏好：环保产业、医疗设备、生物科技、高新农业、网络/通讯、传统制造业、房地产

武汉华工创业投资有限责任公司

地址：武汉市洪山区珞瑜路243号华工科技产业大厦13层
邮编：430074
电话：027-87522618
027-87522800
传真：027-81338733
网址：www.hustvc.com.cn
成立时间：2000年
注册资本：13 660万元
管理资本：110 000万元
行业偏好：网络/通讯、光电子与光机电一体化、医药保健、计算机设备、其他医疗设备商业批发零售业产业、生物科技、医药保健、高新农业

武汉东湖创新科技投资有限公司

地址：武汉市建设大道933号商业银行广场A区11楼
邮编：430015
电话：027-87655827
传真：027-87655876
网址：www.whvcc.com
成立时间：1999年12月
注册资本：13 351万元
管理资本：18 265万元
行业偏好：电子信息、医药保健、新材料、其他医疗设备商业批发零售业产业、环保产业、教育产业、传媒业、医疗设备

襄阳市高新区民营科技企业风险投资基金管理中心

地址：湖北省襄阳市春园西路高新区孵化园
邮编：441003
电话：0710-3241707
传真：0710-3226547
成立时间：2001年9月
注册资本：800万元
管理资本：3000万元
行业偏好：医疗设备、新能源、光电子与光机电一体化、高新农业、生物科技、环保产业、传统制造业、网络/通讯

武汉富华科技风险投资有限公司

地址：武汉市武昌区武珞路543-2号
邮编：430070
电话：027-87861026
传真：027-87870890
成立时间：2000年7月
注册资本：6000万元
管理资本：6000万元

武汉华汉投资管理有限公司

地址：湖北省武汉市江岸区西马街香港路183号
邮编：430015

电话：027-85788751
传真：027-85790069
成立时间：1998年4月
注册资本：24 200万元
管理资本：10 000万元
行业偏好：环保节能、新兴能源、化学工业、健康管理、循环经济

武汉火炬科技投资有限公司

地址：武汉市发展大道164号武汉科技大厦8楼
邮编：430022
电话：027-85766696
传真：027-85766665
成立时间：2000年12月
注册资本：6000万元
行业偏好：医疗设备、医药保健、网络/通讯

武汉开元科技创业投资有限公司

地址：武汉市江岸区香港路145号远洋大厦1606室
邮编：430015
电话：021-82440931
传真：027-82441130
网址：www.keywin.com.cn
成立时间：2000年4月
注册资本：12 952.58万元
行业偏好：房地产、光电子与光机电一体化

十堰世纪东方投资发展有限公司

地址：湖北十堰市朝阳路2号科器大厦
邮编：442000
电话：0719-8660035
传真：0719-8662763
注册资本：300万元

武汉联众创业投资股份有限公司

地址：武汉市武昌区东湖路155号 长城资产管理公司一楼
邮编：430070
电话：027-86776029
传真：027-86783943
成立时间：2006年9月
注册资本：3000万元
管理资本：6000万元
阶段偏好：成熟期

武汉科技创新投资有限公司

地址：武汉汉口发展大道164号武汉科技大厦19楼
邮编：430023
电话：027-65692472
传真：027-65692470
成立时间：2005年3月
注册资本：10 500万元

武汉银森投资担保有限公司

地址：武汉市赵家条永成花园B座706室
电话：027-82869977
成立时间：2004年6月
注册资本：5000万元

湖北高和创业投资管理有限公司

地址：湖北省武汉市洪山区珞喻路716号华乐商务中心12楼
邮编：430074
电话：027-87440551
传真：027-87440849
成立时间：2009年
注册资本：100万元
管理资本：30 000万元

湖北省高新技术产业投资有限公司

地址：湖北省武汉市洪山区珞瑜路716号华乐商务中心12楼
邮编：430074
电话：027-87440890
传真：027-87440849
网址：www.cnhbgt.com
成立时间：2005年
注册资本：80 000万元
管理资本：140 000万元
行业偏好：技术创新和高新技术产业

科华银赛创业投资有限公司

地址：湖北宜昌市发展大道28号
邮编：443003
电话：027-59817367
传真：027-59817377
网址：www.khysct.com
成立时间：2009年7月
注册资本：20 600万元
管理资本：20 600万元

行业偏好：生物科技、重型工程制造、新型材料、新兴服务业、高科技农业等具有高技术含量、可持续成长性领域

湖南省

湖南湘投高科技创业投资有限公司

地址：湖南长沙岳麓区含浦北路999号湘投控股集团办公大楼A栋3楼

邮编：410012

电话：0731-85188640

传真：0731-85188649

网址：www.hnhvc.com

成立时间：2000年

注册资本：100 000万元

管理资本：200 000万元

行业偏好：信息、新材料、生物技术、医药、光机电一体化和环保

湖南省宏升创业投资有限责任公司

地址：湖南省长沙市城南西路1号省财政厅办公楼

邮编：410012

电话：0731-5165002

传真：0731-5165035

成立时间：2001年12月

注册资本：5000万元

管理资本：30 000万元

行业偏好：高新技术项目投资、股权投资、基础设施投资等

长沙高新技术创业投资管理有限公司

地址：长沙市湘江大道101号汇源大厦5F

邮编：410002

电话：0731-8286868

传真：0731-8286898

网站：www.cshvc.com

成立时间：2000年9月

注册资本：10 000万元

管理资本：10 000万元

长沙市科技风险投资管理有限公司

地址：湖南省长沙市解放西路口湘江大道101号汇源大厦五楼

邮编：410002

电话：0731-88286887

传真：0731-88286892

网址：www.csvcc.cn

成立时间：1999年

注册资本：5130万元

管理资本：5130万元

湖南财信创业投资有限责任公司

地址：长沙市城南西路一号财信大厦7楼701

邮编：410001

电话：0731-85196812

传真：0731-85196822

成立时间：2001年

注册资本：5000万元

管理资本：50 000万元

湖南博宇创业投资有限公司

地址：湖南省长沙市八一路38号锦华时代大厦21楼

邮编：410001

电话：0731-82826587

传真：0731-82826585

网址：www.byct.net

成立时间：2009年12月

注册资本：3000万元

湖南财富同超创业投资管理股份有限公司

地址：湖南省长沙市芙蓉中路二段80号顺天国际财富中心28层

邮编：410005

电话：0731-82567148

传真：0731-82567348

成立时间：2010年

注册资本：500万元

管理资本：50 000万元

湖南瑞驰丰和创业投资管理有限公司

地址：湖南省长沙市天心区湘府路198号标志长沙商务中心A栋1324房

邮编：410004

电话：0731-82768616

传真：0731-82768320

成立时间：2009年10月

注册资本：3000万元

管理资本：100 000万元

株洲南车时代高新投资担保有限责任公司

地址：湖南省株洲市石峰区时代路南车株洲所工程中心103室
邮编：412001
电话：0731-28498624
传真：0731-28498055
成立时间：2008年1月
注册资本：10 000万元
管理资本：30 000万元
行业偏好：绿色能源

吉林省

长春科技风险投资有限公司

地址：长春市前进大街3003号高科技大厦A座5层
邮编：130012
电话：0431-5198007
传真：0431-5188007
成立时间：2000年4月
注册资本：10 800万元
管理资本：20 000万元
行业偏好：电子信息、生物科技、新材料

吉林省亚东投资管理有限公司

地址：长春大街500号吉林信托大厦10楼
邮编：130021
电话：0431-88993759
传真：0431-85088712
网址：www.yadongcapital.com
成立时间：2008年10月
注册资本：25 000万元
管理资本：53 400万元

江苏省

江苏高达创业投资有限公司

地址：南京市云南北路49号天星翠琅大厦18楼
邮编：210009
电话：025-83153506
传真：025-83153546
网址：www.goodvc.cn
成立时间：1998年8月
注册资本：5000万元
管理资本：10 500万元

江苏弘瑞科技创业投资有限公司

地址：南京市高新技术产业开发区029幢417室
邮编：210001
电话：025-52304428
传真：025-52308148
成立时间：2002年9月
注册资本：5000万元
管理资本：5000万元
行业偏好：房地产、生物科技、环保产业、网络/通讯、传媒业、娱乐产业、新材料、计算机设备

江苏省高科技产业投资有限公司

地址：南京市鼓楼区鼓楼街88号绿地国际商务中心711室
邮编：210008
电话：025-83329906
传真：025-83317551
网址：www.jsvc.com.cn
成立时间：1997年4月
注册资本：10 000万元
管理资本：220 000万元

江苏省高新技术创业服务中心

地址：江苏省南京市广州路37号江苏科技大厦308室
邮编：210006
电话：025-83232555
传真：025-83232021
网址：www.jsvc.com.cn
成立时间：1996年10月
注册资本：3500万元
管理资本：220 000万元
行业偏好：新材料、医药保健、环保产业

无锡高新技术风险投资股份有限公司

地址：江苏省无锡新区长江路16号软件园8905室
邮编：214028
电话：0510-85226986
传真：0510-85226431
网址：www.wxvc.com.cn
成立时间：2000年8月
注册资本：10 000万元
管理资本：10 000万元
行业偏好：电子信息、新能源、新材料、机电一体

化、生物医药、环保节能

中新苏州工业园区创业投资有限公司

地址：苏州工业园区机场路328号国际科技园二期A311室
邮编：215021
电话：0512-62882698
传真：0512-62882598
成立时间：2001年11月
注册资本：173 000万元
管理资本：136 000万元

江苏南大高科技风险投资有限公司

地址：南京市集庆路198号江苏通信大厦5楼8522A
邮编：210006
电话：025-52204504
传真：025-52204600
成立时间：2000年5月
注册资本：5000万元
管理资本：5000万元
行业偏好：医药保健、生物科技、医疗设备、网络/通讯

江苏鑫苏创业投资有限公司

地址：南京市汉中路185号鸿运大厦8层
邮编：210029
电话：025-86526528
传真：025-86523614
成立时间：2001年10月
注册资本：3300万元
管理资本：3300万元

南大科技园股份有限公司

地址：南京市广州路228号8F
邮编：210024
电话：025-83315840
传真：025-83315841
网址：www.nandainvestiment.com
成立时间：2001年9月
注册资本：11 800万元
管理资本：30 000万元
行业偏好：环保产业、医药保健、新材料

南京市高新技术风险投资股份有限公司

地址：江苏省南京市汉中路268号汉中华夏大楼7楼
邮编：210029
电话：025-86579671
传真：025-86579660
网址：www.nj-vc.com
成立时间：2001年2月
注册资本：10 000万元
管理资本：10 000万元
行业偏好：医药保健、生物科技、能源、环保

江苏省创业投资有限公司

地址：江苏南京汉中路185号鸿运大厦8层
邮编：210029
电话：025-86526528
传真：025-86523614
成立时间：1992年7月
注册资本：18 000万元
管理资本：65 000万元

昆山市风险投资有限公司

地址：昆山市开发区前进中路269号
邮编：215300
电话：0520-57310259
传真：0520-57305458
成立时间：2003年8月
注册资本：1000万元
管理资本：1000万元

江苏弘业国际集团投资管理有限公司

地址：江苏省南京市中华路50号
邮编：210001
电话：025-52278888
传真：025-52308148
网址：www.hollyinvest.com
成立时间：1999年5月
注册资本：3000万元

苏州创业投资集团有限公司

地址：江苏苏州工业园区凤里街345号沙湖创投中心1座
邮编：215026
电话：0512-66969999
传真：0512-66969998
网址：www.csvc.com.cn
成立时间：2007年9月
注册资本：300 000万元

管理资本：1 200 000万元

常州高睿创业投资管理有限公司

地址：江苏省常州市新北区通江中路367号太阳城商务中心606室
邮编：213022
电话：0519-85150557
传真：0519-85150557
网址：www.js-vc.com
成立时间：2007年9月
注册资本：100万元
管理资本：135 393万元

江苏华控创业投资有限公司

地址：江苏省南京市中山东路288号新世纪广场A座44楼
邮编：210002
电话：025-86988279
传真：025-86980722
网址：www.huakongpe.com
成立时间：2008年7月
注册资本：20 000万元
管理资本：20 000万元

苏州景风创业投资管理有限公司

地址：苏州工业园区旺墩路158号置业商务广场9楼
邮编：215000
电话：0512-66969755
传真：0512-66969733
成立时间：2007年4月
注册资本：250万元

江苏鼎桥创业投资管理有限公司

地址：苏州市高新区邓尉路润捷广场899
邮编：215143
电话：0512-68028973
传真：0512-68028983
网址：www.china-tbc.com
成立时间：2008年
注册资本：250万元
管理资本：30 000万元
行业偏好：生物技术、医疗健康、新材料、先进制造

江苏九州创业投资管理有限公司

地址：江苏常州市关河东路66号九洲环宇商务广场23楼A座
邮编：213001
电话：0519-85228901
传真：0519-85228850
网址：www.jiuzhouinvest.com
成立时间：1988年
注册资本：30 000万元
管理资本：30 000万元
行业偏好：资源产业、新材料、环保产业、生物科技

江苏昆山高特佳创业投资有限公司

地址：江苏省昆山市花桥国际商务城兆丰路18号亚太广场1号楼1213
邮编：215300
电话：0512-57118169
传真：0512-57118196
网址：www.ksgig.com
成立时间：2007年5月
注册资本：10 000万元
管理资本：10 000万元
行业偏好：新材料、消费品、节能环保、电子信息通信、生物医药、电子器械、IT、半导体、文化传媒以及其他领域内高价值高成长性的项目

江苏荣建创业投资管理有限公司

地址：江苏省南京市广州路188号苏宁环球大厦1206
邮编：210024
电话：025-66982809
传真：025-66982808
网址：www.bsdt.org
成立时间：2010年2月
管理资本：30 000万元
行业偏好：新能源、新材料、信息科技、生物与新医药、节能环保、低碳产业、先进制造、现代服务等

连云港金海创业投资有限公司

地址：江苏省连云港市新浦区康泰南路29号 金海创投
电话：0518-85523512
传真：0518-85523512
网址：www.lygjhvc.com
成立时间：2006年7月

注册资本：6000万元
管理资本：14 000万元
行业偏好：能源、新材料、光电通信、生物医药、新型化工等高新技术领域

苏州国发创业投资控股有限公司
地址：江苏省苏州市太湖东路290号
邮编：215128
电话：0512-65126381
传真：0512-65126380
注册资本：20 000万元
管理资本：250 000万元

苏州国嘉创业投资有限公司
地址：苏州市工业园区翠园路181号商旅大厦17楼
邮编：215028
电话：0512-62938010
传真：0512-62938015
成立时间：2008年1月
注册资本：50 000万元
管理资本：25 000万元
行业偏好：新技术、新材料、新产品及新服务的高科技型中小企业

无锡市锡山创业投资有限公司
地址：江苏省无锡市锡山区东亭中路10号507室
邮编：214101
电话：0510-88705868
传真：0510-82700936
网址：www.wxvcg.com
成立时间：2007年8月
注册资本：10 000万元
管理资本：10 000万元
行业偏好：电子信息技术、生物与新医药技术、新材料技术、新能源及节能技术、资源与环境技术

吴江东运创业投资有限公司
地址：江苏省吴江市云梨路1688号18楼1809室
邮编：215200
电话：0512-63960764
传真：0512-63960764
网址：www.dyvc.net
成立时间：2008年6月
注册资本：10 000万元
管理资本：10 000万元

吴江市金盛创业投资有限公司
地址：江苏省吴江市汾湖镇金家坝金贤路149号
邮编：215215
电话：0512-63207955
传真：0512-63207952
网址：www.szlongxi.cn/jinsheng
成立时间：2007年12月
注册资本：3000万元
管理资本：20 000万元

江西省

江西高技术产业投资股份有限公司
地址：江西南昌高新开发区火炬大街199号612
邮编：330096
电话：0791-8110251
传真：0791-8110252
成立时间：2002年3月
注册资本：15 000万元
管理资本：15 000万元
行业偏好：光电子、新材料、新能源、IT、网络传媒、教育等高技术产业

南昌创业投资有限公司
地址：江西省南昌市西湖区百花洲路16号一楼
邮编：330096
电话：0791-6792610
传真：0791-8193130
网址：www.ncct.com.cn
成立时间：2005年12月
注册资本：12 000万元
管理资本：11 000万元
行业偏好：电子及信息网络技术、光机电一体化、医学及生物工程技术、新材料及新能源技术、环保新技术、农业高新科技技术

萍乡创新资本创业投资有限公司
地址：萍乡市跃进南路93号恒隆国际大厦1507室
电话：0799-6813965
传真：0799-6813965
成立时间：2007年12月
注册资本：10 000万元

辽宁省

辽宁东软创业投资有限公司

地址：大连市甘井子区软件园东路2号C1座
邮编：116023
电话：0411-84835166
传真：0411-84835058
成立时间：2006年
注册资本：10 500万元
管理资本：10 500万元

辽宁科技创业投资有限责任公司

地址：辽宁省沈阳市和平区和平南大街39号嘉环大厦1404室
邮编：110003
电话：024-23222100
传真：024-23244922
网址：www.lnvc.com.cn
成立时间：2000年2月
注册资本：10 000万元
管理资本：30 000万元
行业偏好：新材料、环保产业、光电子与光机电一体化、传统制造业

大连德泰投资有限公司

地址：大连经济技术开发区管委会九号办公区发展大厦
邮政编码：116600
电话：0411-87611549
传真：0411-87612476
网址：www.detainvestment.com
成立时间：2004年2月
注册资本：19 000万元
行业偏好：科技项目研究开发产业投资科技产品中试及技术推广高新技术推广咨询服务

沈阳科技风险投资有限公司

地址：沈阳市沈河区市府大路262号甲新华科技大夏316室
邮编：110013
电话：024-22790038
传真：024-22790094
成立时间：1998年11月
注册资本：5100万元
管理资本：5100万元
行业偏好：高新技术产业投资、周转投资、高新技术产业投资中介服务、技术咨询服务

辽宁美瑞投资有限公司

地址：辽宁省鞍山市铁东区胜利南路21号甲万科大厦716室
邮编：114002
电话：0412-5587833
传真：0412-5587822
成立时间：2004年
注册资本：2000万元
管理资本：30 000万元

大连凯达创业投资有限公司

地址：大连市中山区中山路88号天安国际大厦2504室
邮编：116001
电话：0411-39856899
传真：0411-39805933
网址：www.dlkdvc.com
成立时间：2007年6月
注册资本：3000万元
管理资本：20 000万元
行业偏好：稀缺资源、新能源、金融、信息技术、生物工程及制药等

大连高新技术担保投资有限公司

地址：大连高新园区火炬路3号纳米大厦8楼
邮编：116000
电话：0411-84820010
传真：0411-84821032
网址：www.ddport.com
成立时间：2008年2月
注册资本：15 065.39万元

大连海融高新创业投资基金有限公司

地址：辽宁省大连市高新园区火炬路3号纳米大厦8楼802室
邮编：116023
电话：0411-84821028
传真：0411-84821325
成立时间：2007年12月
注册资本：21 000万元
管理资本：21 000万元

嘉和九鼎（沈阳）投资管理有限公司

地址：沈阳市沈河区北站路55号财富中心C座4-23-1
邮编：110013
电话：010-63221100
传真：010-63221188
网址：www.jiudingcapital.com
成立时间：2009年11月
注册资本：1000万元
管理资本：600 000万元

上海融恩投资咨询有限公司（万德基金）

地址：大连沙河口区黑石礁辰熙星海国际1165
邮编：116023
电话：0411-81197523
网址：www.lachinacapital.com
成立时间：2009年6月

内蒙古自治区

内蒙古自治区科技风险基金管理办公室

地址：呼和浩特市昭乌达路70号科技大厦502
邮编：010020
电话：0471-6280864
传真：0471-6280864
网址：www.fengxianjijin.com.cn
成立时间：1998年

山东省

潍坊创业投资有限公司

地址：山东省潍坊市东方大酒店二期22楼
邮编：261031
电话：0536-8865276
传真：0536-8865276
成立时间：2001年11月
注册资本：5118万元
管理资本：5118万元
行业偏好：新材料、生物技术、精密仪器

济南科技风险投资有限公司

地址：济南市开发区新宇路747号（科技成果转化服务中心四楼）
邮编：250100
电话：0531-8879287
传真：0531-8879277
网址：www.jnvc.com.cn
成立时间：2001年4月
注册资本：12 600万元
管理资本：12 600万元

淄博高新技术风险投资股份有限公司

地址：山东省淄博高新区政通路135号高科技创业园
邮编：255086
电话：0533-3585656
0533-3586338
传真：0533-3586969
网址：www.zbvc.net
成立时间：2003年7月
注册资本：5000万元
管理资本：5000万元
行业偏好：新材料
投资偏好：种子期、成长期

青岛市科技风险投资有限责任公司

地址：青岛市东海中路2号环海大厦22层
邮编：266071
电话：0532-85063788
传真：0532-85063780
网址：www.qdstvc.com
成立时间：2000年8月
注册资本：10 000万元
管理资本：10 000万元

泰山创业投资公司

地址：泰安高新区天门大街星火科技园
邮编：271000
电话：0538-8938528
传真：0538-8938443
网址：www.tsvc.com.cn
成立时间：2000年7月
注册资本：10 000万元
管理资本：100 000万元
行业偏好：基础设施建设、房地产开发和经营、高新技术项目投资、担保业

烟台市创业投资有限公司

地址：烟台市西南河路45号
邮编：264000
电话：0535-6287064

传真：0535-6287064
成立时间：2008年8月
注册资本：5000万元
管理资本：5000万元

秦皇岛市科技投资公司

地址：秦皇岛市海港区迎宾路98号金属大厦8楼
邮编：006001
电话：0335-3067820
传真：0335-3060998
网址：www.qhdkj.com
注册资本：10 000万元
管理资本：10 000万元

山东昌润创业投资有限公司

地址：山东省聊城市开发区黄山南路60号
邮编：252000
电话：0635-2119010
传真：0635-2119000
网址：www.crtz.com
成立时间：2008年8月
注册资本：8000万元
管理资本：8000万元

青岛融道投资有限公司

地址：青岛市泰山路35号大学生创业孵化中心12楼
网址：www.rongdao.com
成立时间：2008年
注册资本：1000万元
管理资本：5000万元
行业偏好：金融、能源、机械、电子、环保、教育、农业、医药、化工、通讯、基础设施等诸多行业领域

青岛市科技风险投资有限公司

地址：山东省青岛市市南区东海中路2号22层
邮编：266071
电话： 0532-5063788
传真： 0532-5063788
网址：www.qdstvc.com
成立时间：2008年7月
注册资本：10 000万元
管理资本：20 150万元
行业偏好：电子信息、海洋生物工程与医药、新材料、新能源、高科技农业、环保、光机电一体化领域

山西省

山西省科技基金发展总公司

地址：山西省太原市迎泽区水西关街劲松路9号
邮编：030001
电话：0351-2026370
传真：0351-2026370
成立时间：1993年6月
注册资本：20 000万元
管理资本：19 000万元
行业偏好：生物医药、中医药现代化、环保节能、通讯电及软件、精细化工、新材料、先进制造

山西省高新技术创业中心

地址：太原市长治路249号
邮编：030006
电话：0351-2209903
传真：0351-7039500
网址：www.sxbi.net
成立时间：1992年7月
注册资本：700万元

山西风险投资股份有限公司

地址：山西省太原市府西街9号王府商务大厦A-20G
邮编：030002
电话：0351-4949455
传真：0351-4949455
网址：www.shanxi-vc.com
成立时间：2004年6月
注册资本：10 000万元
管理资本：10 000万元

山西易鑫创业投资有限公司

地址：太原市新建路187号华宇国际 B7A
邮编：030013
电话：0351-5601259
传真：0351-5601256
网址：www.sxyxct.com
成立时间：2009年
注册资本：20 000万元

管理资本：20 000万元

山西金丰汇智创业投资有限公司

地址：山西省太原市肖墙路9号御花园假日广场B座1511室
邮编：30009
电话：0351-3343158
传真：0351-3343159
网址：www.jfhzvc.com
成立时间：2009年3月
注册资本：30 000万元
管理资本：30 000万元
行业偏好：化工、医药行业的中小型高科技企业，新材料、新能源等高新技术产业、具备独特战略定位的新兴服务行业的中小型企业

太原市财鑫风险投资公司

地址：太原市新建南路121号
邮编：30012
电话：0351-7335262
传真：0351-7335262
成立时间：2004年11月
注册资本：1885万元

陕西省

西安高新技术产业风险投资有限责任公司

地址：陕西省西安科技路创业广场B801
邮编：710075
电话：029-88356520
传真：029-88356636
网址：www.capitech.com.cn
成立时间：1999年
注册资本：15 000万元
管理资本：18 000万元

陕西华夏资产经营有限公司

地址：西安市电子一路249号紫薇大厦4-15-1室
邮编：700065
电话：029-88256458
传真：029-88262199
成立时间：1998年3月
注册资本：1000万元
管理资本：1000万元
阶段偏好：扩张期

陕西省产业投资管理有限公司

地址：陕西省西安市青年路92号6层
邮编：710003
电话：029-87311641
传真：029-87311747
成立时间：2002年11月
注册资本：10 000万元
管理资本：20 000万元
行业偏好：生物科技、软件、网络/通讯、高新农业、光电子与光机电一体化、新材料、新能源

陕西省高新技术产业投资有限公司

地址：西安市唐延路45号陕西投资大厦20、21层
邮编：710075
电话：029-68688232
传真：029-68688235
网址：www.china-hics.com
成立时间：1999年9月
注册资本：20 488万元
管理资本：180 000万元
行业偏好：高新技术

西安保德信投资发展有限公司

地址：西安市高新四路1号高科广场A座1602、1603
邮编：710075
电话：029-88365302
029-88365309
传真：029-88365638
029-88353592
网址：www.prutention.com
成立时间：1998年1月
注册资本：5000万元
管理资本：20 000万元
行业偏好：高新农业、生物科技、环保产业、新材料、新能源、医药保健、光电子与光机电一体化、房地产

西安海星科技投资控股（集团）有限公司

地址：西安高新技术产业开发区科技路37号海星城市广场A座19层
邮编：710075

电话：029-82307530
传真：029-82307501
网址：www.seastar.com.cn
成立时间：1988年6月
注册资本：10 000万元
管理资本：15 000万元
行业偏好：新能源、高新农业、新材料、旅游业、传媒业、生物科技、环保产业、教育产业

陕西创业投资管理有限公司

地址：陕西省西安市高新区科技路48号创业广场B座901C室
邮编：710075
电话：029-87999018
传真：029-87999017
网址：www.westfvc.com
成立时间：2005年
注册资本：600万元
管理资本：600万元
行业偏好：IT、生物医药
投资偏好：种子期、成长期

西安高新技术产业风险投资有限公司

地址：西安市科技路48号创业广场B801
邮编：710075
电话：029-88356520
　　　029-88356523
传真：029-88386086
网址：www.capitech.com.cn
成立时间：1999年2月
注册资本：15 000万元
管理资本：15 000万元
行业偏好：科技制造业、软件、IC设计、教育、环保、新能源、高新农业

陕西国投实业投资有限公司

地址：陕西省西安市雁塔区高新二路协同大厦3F-B
邮编：710075
电话：029-88386251
传真：029-88386223
成立时间：2000年5月
注册资本：17 539.4万元
管理资本：10 000万元
行业偏好：光电子与光机电一体化、网络/通讯、软件、半导体、新能源、新材料

西安华安投资管理有限公司

地址：陕西省西安市雁塔路南段99号院内生产力促进中心3楼313室
邮编：710061
电话：029-85511850
　　　029-85537319
传真：029-85516319
成立时间：2000年8月
注册资本：100万元
管理资本：25 000万元
行业偏好：新能源、新材料、软件、医药保健

西安交通大学国家技术转移中心

地址：西安市咸宁西路28号西安交通大学中三楼2304
邮编：710054
电话：029-82665654
传真：029-83399288
网址：www.xjtuttc.com
成立时间：1999年6月
注册资本：200万元
行业偏好：医疗设备、高新农业、生物科技、环保产业、新能源、医药保健、其他医疗设备商业批发零售业产业、软件

西安金茂投资管理有限公司

地址：西安市雁塔区高新路新汇大厦A2303室
邮编：710075
电话：029-85535958
传真：029-82091569
成立时间：2000年11月
注册资本：3000万元
管理资本：3000万元
行业偏好：新能源、教育产业、高新农业、环保产业、网络/通讯、新材料、生物科技、消费品及服务业

西安红土创新投资有限公司

地址：西安市高新技术开发区科技路37号海星城市广场A座1715室
电话：029-88348859
传真：029-88348867
成立时间：2008年6月
注册资本：10 000万元
管理资本：10 000万元

陕西省国际信托股份有限公司

地址：陕西省西安市高新区科技路50号金桥国际广场C座24-27层
邮编：710075
电话：029-88851988
传真：029-88851989
网址：www.siti.com.cn
成立时间：1985年1月
注册资本：35 800万元

西安曲江文化产业风险投资有限公司

地址：西安市曲江新区雁塔南路300-9号曲江文化大厦4楼
邮编：710061
电话：029-85427806
传真：029-85427802
网址：www.xaqjvc.com
成立时间：2009年12月
注册资本：50 000万元
管理资本：50 000万元
行业偏好：旅游、影视、演出、会展、出版传媒、动漫等文化类企业

四川省

成都创新风险投资有限公司

地址：成都市人民南路天府大道北段966号金融总部商务区2号楼5楼
邮编：610042
电话：028-85337113
传真：028-85337115
网址：www.cdcx-vc.com
成立时间：2001年6月
注册资本：42 000万元
管理资本：42 000万元
行业偏好：软件、生物科技、光电子与光机电一体化、新材料、新能源

绵阳久盛科技创业投资有限公司

地址：四川省绵阳市临园路东段76号科技大楼久盛创投
邮编：621000
电话：0816-2316521
传真：0816-2306103
成立时间：2004年3月
注册资本：16 000万元
管理资本：22 000万元

绵阳科技城发展投资（集团）有限公司

地址：四川省绵阳市九洲大道中段孵化大楼
邮编：621000
电话：0816-6339197
成立时间：2008年
注册资本：50 000万元
管理资本：50 000万元

成都金森投资管理有限责任公司

地址：成都天府大道北段20号高新国际广场B座209
邮编：610041
电话：028-85322212
传真：028-85322283

成都高新创新投资有限公司

地址：四川省成都市天府大道北段966号2号楼
邮编：610000
电话：028-85337089
传真：028-85335111
网址：www.cdhtgroup.com
成立时间：2004年5月
注册资本：28 355万元
管理资本：10 000万元

成都银科创业投资有限公司

地址：成都市高新区天府大道北段966号2号楼510室
邮编：610042
电话：028-85336286
传真：028-85336389
成立时间：2009年3月
注册资本：150 000万元
管理资本：150 000万元

四川中物创业投资有限公司

地址：成都市高新区天韵路150号高新国际广场D座8楼50-51号
邮编：610041
电话：028-85311608
传真：028-85311576
网址：www.caep-vc.com

成立时间：2007年7月
注册资本：10 000万元
管理资本：10 000万元

新疆自治区

乌鲁木齐科源创业投资有限公司

地址：乌鲁木齐高新技术产业开发区河南东路16号创业中心
邮编：830000
电话：0991-2830377
传真：0991-2657780
成立时间：2001年5月
注册资本：3550万元
管理资本：3550万元
行业偏好：网络/通讯、传统制造业、新能源、新材料、光电子与光机电一体化、半导体、其他医疗设备商业批发零售业产业、医药保健

新疆国达投资有限公司

地址：新疆乌鲁木齐市人民路19号
邮编：830002
电话：0991-2811806
成立时间：2001年5月
注册资本：8000万元
管理资本：3000万元

新疆吉瑞祥投资（集团）有限公司

地址：新疆昌吉市宁边西路1号
邮编：831100
电话：0994-2338755
传真：0994-2355618
网址：www.jrx.com.cn
成立时间：1999年1月
注册资本：105 000万元
管理资本：48 000万元

新疆融盛投资有限公司

地址：乌鲁木齐市中山路116号
邮编：830002
电话：0991-2310087
传真：0991-2310087
成立时间：2002年8月
注册资本：2000万元

新疆创投资本管理有限责任公司

地址：乌鲁木齐市北京南路256号高新区数码港27楼D2室
邮编：830000
电话：0991-3682878
传真：0991-3682873
网址：www.xjvc.xjsun.net
成立时间：2010年7月
注册资本：3000万元
管理资本：20 000万元

云南省

昆明滇池投资有限责任公司

地址：昆明市滇池路第一污水处理厂内昆明滇池投资有限责任公司
邮编：650228
电话：0871-5181399
传真：0871-5180263
成立时间：2004年
注册资本：40 000万元

浙江省

浙江天堂硅谷创业集团有限公司

地址：杭州市玉皇山路76号（海勤疗养院内）3号楼
邮编：310002
电话：0571-87083018
传真：0571-87089718
网址：www.ttgg.com.cn
成立时间：2000年11月
注册资本：20 000万元
管理资本：超过300 000万元

通联创业投资股份有限公司

地址：浙江省杭州市中山北路中大广场A座23楼
邮编：310003
电话：0571-85777653
传真：0571-85777656
成立时间：2000年11月
注册资本：30 000万元
管理资本：30 000万元
行业偏好：通信、光机电一体化、生物医药、新材料、餐饮娱乐、化工能源、采矿、农

业、制造业、服务业、广告传媒、电子设备、其他

浙江大学创业投资有限公司

地址：浙江省杭州市谷翠路8号新亚科技大楼6楼
邮编：310013
电话：0571-85026369
传真：0571-85025663
成立时间：2001年1月
注册资本：5000万元

广厦控股创业投资有限公司

地址：浙江省杭州玉古路166号
邮编：310013
电话：0571-87969988
传真：0571-87963818
网址：www.guangsha.com
成立时间：2002年9月
注册资本：15 000万元

杭州高新投资担保有限公司

地址：杭州文三路199号创业大厦9楼
邮编：310012
电话：0571-88217803
传真：0571-88212247
成立时间：2004年
注册资本：2100万元

金华市高新技术投资有限公司

地址：金华市金华市八南街588号14楼
邮编：321017
电话：0579-2065673
传真：0579-2065674
成立时间：1998年7月
注册资本：3550万元

浙江大学科技园发展有限公司

地址：杭州市西溪路525号浙江大学科技园发展有限公司
邮编：310013
电话：0571-87658100
传真：0571-87658101
成立时间：2000年12月
注册资本：6000万元
管理资本：11 000万元

浙江省创业投资集团有限公司

地址：浙江省杭州市西湖区文二路207号文欣大厦16楼
邮编：310012
电话：0571-88259218
传真：0571-88259222
网址：www.zjvc.cn
成立时间：2000年9月
注册资本：10 000万元
行业偏好：新材料

浙江省杭嘉湖技术开发有限公司

地址：杭州市玉古路154号
邮编：310013
电话：0571-7972490
传真：0571-7993178
成立时间：1988年8月
注册资本：1000万元
管理资本：10 000万元

浙江省科技风险投资有限公司

地址：浙江省杭州市文二路22号高新大厦16楼
邮编：310012
电话：0571-88869548
传真：0571-88869550
网址：www.zvc-zj.com
成立时间：1993年6月
注册资本：8000万元
管理资本：50 000万元
行业偏好：电子信息、生物工程与生物医药、新材料、光机电一体化、通信设备、节能与环保技术

成路集团有限公司

地址：宁波市北仑区小港新民村纬六路西
邮编：315040
电话：0574-86183827
传真：0574-86183820
网址：www.chenglu.com
成立时间：1996年
注册资本：5000万元
管理资本：12 000万元

慈溪市科技风险投资有限公司

地址：浙江省慈溪市担山北路145号

邮编：315300
电话：0574-63029702
传真：0574-63027715
成立时间：2002年8月
注册资本：1900万元

杭州海可实业投资有限公司

地址：杭州密渡桥路2号白马大厦23楼H座
邮编：310005
电话：0571-85812068
传真：0571-85812609
注册资金：1000万元

杭州万事利科技投资有限公司

地址：浙江省杭州市江干区机场路309号
邮编：310021
电话：0571-85148888
成立时间：2000年12月
注册资本：2000万元
管理资本：2000万元

通和置业投资有限公司

地址：杭州市曙光路122号浙江世贸中心写字楼B座8楼
邮编：310007
电话：0571-87989000
传真：0571-87989051
网址：www.tonhe.com
成立时间：2002年6月
注册资本：30 000万元

浙江国信创业投资有限公司

地址：杭州延安路515号浙信大厦7楼
邮编：310006
电话：0571-85069250
传真：0571-85069171
成立时间：2003年3月
注册资本：13 500万元
管理资本：13 500万元

浙江日升昌科技风险投资有限公司

地址：杭州市曙光路15号世贸中心二期写字楼C座12楼
邮编：310007
电话：0571-87950588
传真：0571-87965700
成立时间：2003年12月
注册资本：5000万元
管理资本：5000万元

杭州高新风险投资有限公司

地址：浙江省杭州市滨江区江南大道3850号创新大厦2楼
邮编：310052
电话：0571-88212652
传真：0571-88212247
成立时间：2005年12月
注册资本：4815万元
管理资本：4815万元

杭州立元创业投资有限公司

地址：浙江省杭州市西湖区教工路88号立元大厦2108室
邮编：310012
电话：0571-87974698
传真：0571-87971082
网站：www.cnlyjt.com
成立时间：2006年12月
注册资本：10 000万元
管理资本：7645万元
行业偏好：环保、IT、新材料、新媒体、新经济、化工、消费零售
阶段偏好：成长后期、扩张初期

浙江浙商创业投资管理有限公司

地址：杭州市求是路8号公元大厦北楼10层
邮编：310013
电话：0571-89922222
传真：0571-89922221
网址：www.zsvc.com.cn
成立时间：2007年11月
注册资本：500万元
管理资本：100 000万元

温州新润投资控股有限公司

地址：浙江省温州市信河街松台大厦A幢6楼南
邮编：325000
电话：0577-88877771
传真：0577-88211661
网址：www.xinrun.net

成立时间：2008年
注册资本：3000万元
管理资本：20 000万元

杭州市创业投资服务中心

地址：杭州市滨江区江南大道3850号创新大厦19楼
邮编：310053
电话：0571-10101010
传真：0571-86661202
网址：www.vcc.com.cn
注册资本：60 200万元
管理资本：80 000万元

宁波博润创业投资股份有限公司

地址：浙江省慈溪市担山北路145号二楼东侧
邮编：315300
电话：0574-63046140
传真：0574-63041948
成立时间：2007年9
注册资本：10 000万元
管理资本：26 000万元

杭州中瓯创业投资有限公司

地址：杭州市滨江区江南大道3850号创新大厦2003室
邮编：310053
电话：0571-86600710
传真：0571-86600729
网址：www.zovc.net
成立时间：2009年
注册资本：10 000万元
行业偏好：文化传媒、消费服务、现代农业、节能环保、新材料、新能源及高新技术等行业

浙江富鑫创业投资有限公司

地址：杭州市朝晖路深蓝广场2105室
邮编：310000
电话：0571-88350581
传真：0571-88352033
成立时间：2008年3月
注册资本：2000万元
管理资本：5000万元
行业偏好：消费、TMT

浙江商裕投资管理有限公司

地址：杭州市惠民路56号1号楼8楼
邮编：310002
电话：0571-87832707
传真：0571-87832723
网址：sunny-capital.com
成立时间：2009年
注册资本：3000万元
管理资本：60 000万元

中大集团

地址：杭州市中大广场A座29层
邮编：310003
电话：0571-85155000
传真：0571-85777050
网址：www.zhongda.com
成立时间：2002年
注册资本：9000万元
管理资本：10 000万元

二、海外背景风险投资机构

北京

IDG技术创业投资基金

地址：北京建国门内大街8号中粮广场A座616
邮编：100005
电话：010-65262400
传真：010-65260700
网址：www.idgvc.com
成立时间：1992年
管理资本：25亿美元
行业偏好：互联网、通讯、无线、数字媒体、半导体和生命科学
阶段偏好：初创期、成长期、成熟期、Pre-IPO

鼎晖投资

地址：北京朝阳区光华路甲2号和乔大厦B座318室
邮编：100026
电话：010-65810889
传真：010-65815730
网址：www.cdhfund.com
成立时间：2002年5月
注册资本：100万元
管理资本：55 000万美元

行业偏好：信息技术与服务、新媒体、大众消费品和消费服务、医疗设备及服务、教育、绿色技术等行业
阶段偏好：扩张期 成熟期

汇亚资金管理有限公司

地址：北京市建外大街1号国贸大厦1座620室
邮编：100004
电话：010-65055208
传真：010-65055219
成立时间：1989年
管理资本：82 000万美元
行业偏好：网络 / 通讯、半导体、软件、其他医疗设备商业批发零售业产业、光电子与光机电一体化、传媒业、生物科技
阶段偏好：成长期、扩张期、成熟期、上市筹备期

集富创业投资（香港）有限公司

地址：北京市朝阳区东三环北路5号北京发展大厦817室
邮编：100004
电话：010-65909730
传真：010-65909729
网址：www.jafcoasia.com
成立时间：1990年
管理资本：超过120 000万美元
行业偏好：网络、通信、IT、数字娱乐
阶段偏好：扩张期、成熟期

美商中经合集团北京代表处

地址：北京市朝阳区工体北路甲2号盈科中心IBM大厦806室
邮编：100027
电话：010-65391366
传真：010-65391367
网址：www.wiharper.com
成立时间：1995年
管理资本：超过2.5亿美元
行业偏好：规模大、高增长潜力的行业如电子商务、数字媒体、应用服务、网络设备、电子商业服务、软件和生物技术
阶段偏好：早期、扩张期

启峰资金管理有限公司

地址：北京建国门大街118号招商大厦1830室
邮编：100022
电话：010-65672299
010-65675899
传真：010-65662732
网址：www.asiatechgroup.com
成立时间：1997年11月
注册资本：4000万元
管理资本：19 000万元
行业偏好：IT、软件、通讯、互联网、电子信息、半导体、环保
阶段偏好：种子期、成长期、扩张期、成熟期、上市筹备阶段

软银亚洲信息基础投资基金

地址：北京朝阳区建国门外6A国际贸易中心C座18F
邮编：100022
电话：010-65630202
传真：010-65630252
网址：www.sbaif.com
成立时间：2001年
注册资本：40 000万美元
管理资本：超过200 000万美元
行业偏好：网络、科技、医疗、现代农业、制造业、消费品及服务

DCM（Doll Capital Management）

地址：北京市东城区东长安街一号东方广场西二办公楼10层1单元
邮政编码：100738
电话：010-85151180
传真：010-85151179
网址：www.dcmvc.com
成立时间：1996年
注册资本：1600万美元
管理资本：16亿美元
行业偏好：商务软件及服务、消费 / 数字媒体、系统组件、环保节能、通讯 / 网络、安全和存储
阶段偏好：早期，选择性地针对晚期

华璞毅恒资本有限公司

地址：北京东城区北三环东路36号北京环球贸易中心B2706室
邮编：100013

电话：010-82845805
传真：010-82848468
网址：www.hupomone.com
成立时间：2006年
注册资本：15 000万美元
阶段偏好：成熟期、IPO前期

德国西门子创业投资股份有限公司北京代表处

地址：北京市朝阳区望京中环南路7号
电话：010-64768890
传真：010-64764984
网址：finance.siemens.com
成立时间：2006年3月
阶段偏好：成长期、扩张期

中国科技产业投资管理有限公司

地址：北京市海淀区北四环西路58号理想国际大厦1606
邮编：100080
电话：010-82607629
传真：010-62137930
网址：www.casim.cn
成立时间：2008年9月
注册资本：100 000万元
管理资本：130 000万元

伟清创新（科技）北京有限公司

地址：北京海淀区清华大学科技园学研大厦B座806室
邮编：100084
电话：010-62797157
传真：010-62771053
网址：www.tsing-tech.com.hk
成立时间：2005年
注册资本：200万元
管理资本：5000万元
行业偏好：信息科技、无线通讯、环保科技及保健技术

北京金沙江创业投资管理有限公司

地址：北京海淀区中关村东路1号清华科技园8号楼启迪控股科技大厦A座901室
邮编：10084
电话：010-82151166
传真：010-82151018
网址：www.gsrventures.com
成立时间：2004年10月
注册资本：3000万元
管理资本：70 000万美元
行业偏好：半导体器件和新材料、互联网和无线通信技术及其应用、新媒体、绿色能源以及其他高增长的新兴领域

北极光投资顾问（北京）有限公司

地址：北京市朝阳区建国路79号华贸中心2号写字楼32层
邮编：100025
电话：010-57696500
传真：010-59696185
网址：www.nlightvc.com
成立时间：2005年
注册资本：91万美元
管理资本：50 000万美元
行业偏好：通讯、媒体、高科技（TMT）领域为主，同时涵盖清洁技术、医疗健康、先进制造以及消费
阶段偏好：早期和早期成长期

祥德国际金融控股集团

地址：北京市朝阳区建国路89号北京华贸中心商务楼619室
邮编：100025
电话：010-85887968
010-85887958
传真：010-85887918
网址：www.kingdem.com.cn
成立时间：2005年9月
注册资本：1500万美元
行业偏好：高科技和制造业
阶段偏好：扩张期

美国亿腾投资集团

地址：767 Third Avenue（at 48th Street），7th Floor New York，NY 10017
电话：（212）702-0950
传真：（212）702-0952
网址：www.eastoncapital.com
管理资本：2亿美元
行业偏好：电信技术

阶段偏好：成长期、扩张期、成熟期

香港龙科创业投资管理有限公司

地址：北京市东城区建国门内大街8号中粮广场A座516室
邮编：100005
电话：010-65244083
传真：010-65137941
网址：www.dragontechventures.com
成立时间：2000年4月
注册资本：100万元
管理资本：72 000万元

元成基业风险投资公司

地址：北京海淀区北三环西路11号高德写字楼315室
邮编：100088
电话：010-82090915
传真：010-82090446
成立时间：1998年
注册资本：100 000万元
管理资本：20 000万元

汉能投资集团

地址：北京市朝阳区建国路79号华贸中心2座14层
邮编：100025
电话：010-85889000
传真：010-85889001
网址：www.hinagroup.com
成立时间：2003年4月
行业偏好：高科技、媒体、通讯领域、能源、生物科技、教育、制造、消费服务

美国高通公司投资部

地址：北京朝阳区光华路1号 北京嘉里中心北楼2601
邮编：100020
电话：010-85296529
传真：010-85296530
网址：www.qualcomm.cn/ventures
成立时间：2000年
注册资本：1000万元
行业偏好：电信通讯、信息电子
阶段偏好：早中晚期

英联投资有限公司北京代表处

地址：北京市朝阳区建外大街1号国贸大厦2座712室
邮编：100004
电话：010-65354800
传真：010-65058111
网址：www.act.is
成立时间：2000年
行业偏好：制造、能源
阶段偏好：成长期

维欣中国发展有限公司

地址：北京朝阳区东三环北路38号北京国际中心3号楼1709
邮编：100026
电话：010-85879818
传真：010-85879881
网址：www.vcchina.com
成立时间：1999年7月

美国泰山国际投资公司

地址：北京市东城区朝阳门北大街1号
新保利大厦9层C955
邮编：100010
电话：010-58693440
传真：010-84193495
网址：www.taishancapital.com
成立时间：1997年
注册资本：1000万美元
行业偏好：能源/清洁技术、软件、制造业、物流、生物技术和医药、消费品、分销和营销、零售连锁经营、食品和饭店连锁经营和特许经营、妇女及儿童用品、教育和金融服务业，其他方面也包括体育、媒体和娱乐业等。
阶段偏好：IPO前期、成长期

英特尔投资（中国）北京分公司

地址：北京市东城区北三环东路36号北京环球贸易中心D栋20层
邮编：100013
电话：010-85298800
传真：010-85298712
网址：www.intel.com/capital
管理资本：50 000万元

行业偏好：电子商务、通信产业、IT产业、网络服务、网络产业、能源产业
阶段偏好：种子期、成长期、扩张期、成熟期

亚盛投资

地址：北京朝阳区建国路89号华贸中心16号楼1218室
邮编：100025
电话：010-65305663
传真：010-65305653
网址：www.ascendvp.com.cn

GLOBAL CATALYST PARTNERS北京代表处

电话：010-85298955
传真：010-85298866
网址：www.gc-partners.com
行业偏好：半导体芯片、信息电子、软件产业
阶段偏好：种子期、成长期

IBM中国有限公司

地址：北京市朝阳区北四环中路27号盘古大观A座23层
电话：010-65391188
传真：010-65391688
网址：www.ibm.com

郎氏创业投资基金

地址：北京9799-2信箱30分箱
邮编：100101
电话：010-64943541
成立时间：1986年
行业偏好：电子、计算机、邮电通信、材料、能源、煤炭、石油天然气、电力、环保、医药、卫生保健、生物工程

高宏乐通投资集团

地址：北京市朝阳区建国门外大街乙12号双子座大厦东塔705室
邮编：100022
电话：010-84477398
传真：010-84477396
网址：www.latitudecapitalgroup.com
管理资本：7800万美元
行业偏好：制造行业、地产经纪、物流产业

美国华平投资集团北京代表处

地址：北京市建国门外大街1号国贸1座9层
邮编：100004
电话：010-59232533
传真：010-65056683
网址：www.warburgpincus.com
成立时间：1995年
行业偏好：IT、软件、通讯、生物科技、医药、电子信息、金融服务、消费品及服务行业
阶段偏好：所有发展周期

美国基泰集团国际投资北京代表处

地址：北京建国门外大街1号国贸大厦1座525室
邮编：100004
电话：010-58669808
传真：010-58669810
成立时间：2005年
注册资本：500万元

美国凯雷投资集团北京代表处

地址：北京市朝阳区建国门外大街1号国贸大厦19层07-18室
邮编：100004
电话：010-57067000
传真：010-85299877
网址：www.carlyle.com
成立时间：1987年
管理资本：977亿美元
行业偏好：航天、汽车与运输、消费与零售、能源与电力、金融服务、保健、工业、房地产、科技与商务服务、电信与传媒

新加坡政府直接投资有限公司

地址：北京建国门外大街1号国贸大厦1座12层1215室
邮编：100004
电话：010-65055920
传真：010-65055914
网址：www.gic.com.sg
成立时间：1981年
管理资本：1000亿美元
行业偏好：互联网、金融与投资、通信/无线、传媒/新媒体、消费品/餐饮/酒店、医疗健康

阶段偏好：扩张期

亚洲战略投资管理公司

地址：北京市朝阳区将台路2号南侧丽园中心4层
邮编：100016
电话：010-64382750
传真：010-64382735
成立时间：1993年

华威科创投资管理顾问（北京）有限公司

地址：北京建国门外大街1号国贸大厦2座710室
邮编：100004
电话：010-65057734
传真：010-65057934
网址：www.cidvc.com
成立时间：1998年
行业偏好：网络教育、教育培训、半导体芯片、软件产业

优傲龙投资银行集团

地址：北京朝阳区南湖南路8号北三302室
邮编：100102
网址：www.Eurorient.com
成立时间：1988年
管理资本：60 000万元

戈壁合伙人有限公司

地址：北京市海淀区中关村东路1号清华科技园搜狐网络大厦4-03单元
邮编：10084
电话：010-82151502
传真：010-82151503
网址：www.gobivc.com.cn
成立时间：2002年10月
管理资本：20 000万美元
行业偏好：IT服务、网络产业、电信通讯、传统媒
阶段偏好：种子期、成长期、扩张期

红杉资本中国基金

地址：北京市朝阳区建国路77号华贸中心3号写字楼3606
邮编：100025
电话：010-84475668
传真：010-84475669
网址：www.sequoiacap.cn
成立时间：2005年9月
管理资本：100亿美元
行业偏好：科技与传媒、消费品及现代服务业、健康产业、能源与环保
阶段偏好：种子期、成长早期、成长期

美国凯利金融国际集团公司北京代表处

地址：北京朝阳区东三环中路59号富力双子座A座602室
电话：010-58768711
传真：010-58768633
成立时间：2002年9月
管理资本：60 000万美元
行业偏好：生物科技、能源、医疗、互联网、媒体、半导体、软件、科技设备、以及房地产
阶段偏好：IPO前期

中瑞创业投资基金管理有限公司

地址：北京市西城区金融街23号平安大厦601室
电话：010-66210272
成立时间：2003年9月
注册资本：1000万元
阶段偏好：扩张期

Origo Sino-India Plc

地址：北京朝阳区东大桥路8号SOHO尚都北塔A座26层
电话：010-5900 2770
传真：010-59002760
　　　010-59002776
网址：www.origoplc.com
注册资本：2500万美元
管理资本：35 000万美元
阶段偏好：成长期

SBI控股株式会社

地址：北京东城区长安街1号东方广场C1-1107室
电话：010-85188206
传真：010-85188208
网址：www.sbigroup.co.jp
成立时间：1999年
管理资本：10 000万美元
行业偏好：网络营销、IT产业、电子商务、网络产

业、网络视频、社区
阶段偏好：成长期、扩张期

亚太经合投资集团

地址：北京市朝阳区建国路77号
邮编：100025
电话：010-85872366
010-85868018
传真：010-85867030
网址：www.apeccn.cn

德泰华清投资基金

地址：北京建国门外大街1号国贸大厦1座2701
邮编：100004
电话：010-65055949
传真：010-65054518
网址：www.indelta.org
阶段偏好：Pre-IPO

上海

纪源资本

地址：上海市淮海中路1010号嘉华中心3701室
邮编：200031
电话：021-61611717
传真：021-54047667
网址：www.ggvc.com
成立时间：2000年
注册资本：100 000万元
管理资本：60 000万元
行业偏好：网络产业、网络服务、IT产业、医疗健康、餐饮旅游、咨询服务
阶段偏好：扩张期

汉鼎亚太公司上海办事处

地址：上海花园石桥路33号花旗集团大厦2011室
邮编：200120
电话：021-68878080
传真：021-68878011
网址：www.hqap.com
成立时间：1985年
管理资本：270 000万美元
行业偏好：科技类、制造业、消费性产品与服务业和金融服务
阶段偏好：创业期、成熟期、成长期

智基创投

地址：上海市西藏中路168号都市总部大楼1003室
邮编：200001
电话：021-63868708
传真：021-63868709
网址：www.idtvc.com
成立时间：2000年
管理资本：50 000万美元
行业偏好：互联网、通信/无线、传媒/新媒体、消费品/餐饮/酒店、环保新能源、软件/硬件/半导体
阶段偏好：早期及成长期

世铭投资

地址：上海市黄浦区南京西路天安中心702室
邮编：200003
电话：021-53752201
传真：021-53752008
网址：www.simonmurrayco.com.hk
成立时间：1997年
管理资本：100 000万美元
行业偏好：无锡及其他城市的消费品、医疗卫生和环保节能
阶段偏好：早期到成长期

亚洲商菱投资有限公司

地址：上海市浦东张杨路620号中融恒瑞国际大厦东塔1602
邮编：200120
电话：021-58366655
传真：021-58362050
成立时间：2005年12月
管理资本：15 000万美元

CMHJ Partners/ 招商和腾创投

地址：上海市淮海中路222号力宝广场803室
邮编：200021
电话：021-53965500
传真：021-53965530
网址：www.cmhjpartners.com
成立时间：2005年
注册资本：35万元
管理资本：90 000万美元
阶段偏好：早期成长阶段

上海华盈创业投资基金管理有限公司（TDF）
地址：上海市徐汇区淮海中路1010号嘉华中心2505室
邮编：200031
电话：021-54670500
传真：021-54047557
网址：www.tdfcapital.com
成立时间：2001年
注册资本：90万元
行业偏好：信息技术、数字商业、电信

普凯投资基金
地址：上海市淮海中路333号瑞安广场1701室
邮编：200021
电话：021-63850606
传真：021-62376709
网址：www.praxcapital.com
成立时间：2003年
注册资本：200万元
管理资本：60 600万元
行业偏好：制造业、服务业、房地产
阶段偏好：成长期、扩张期、成熟期、IPO前期

软银中国创业投资基金
地址：上海市延安西路728号华敏翰尊国际15层A-C座
邮编：200050
电话：021-52534888
传真：021-52400366
网址：www.sbcvc.com
成立时间：2000年
行业偏好：互联网、新媒体、电子商务、通信及信息技术、清洁能源、医疗、新材料、消费与零售
阶段偏好：早期、成长期和后期

美国壹普兰投资基金（德丰杰全球创业投资基金）
地址：Suite 4105，CITIC Square 1168 Nanjing Xi Road Shanghai
邮编：200041
电话：021-61323865
传真：021-65059395
网址：www.eplanetcapital.com
成立时间：1999年
注册资本：65 000万美元
行业偏好：互联网与电子商务、半导体和电子、手机无线及电信、医疗保健和医疗技术公司、绿色能源
阶段偏好：早期、成长期和扩张期

华登国际
地址：上海延安东路222号外滩中心2501室
邮编：200002
电话：021-31352488
传真：021-31352499
网址：www.waldenintl.com
成立时间：1987年
注册资本：85.7万元
管理资本：200 000万美元
行业偏好：电子技术、新能源及环保、健康医疗现代消费及服务、互联网以及其他高成长性的行业
阶段偏好：早期、扩张期

时代创新投资管理（上海）公司
地址：上海市浦东新区松涛路563号B406室
邮编：201203
电话：021-50803282
传真：021-50803291
网址：www.time-iv.com
成立时间：2000年
注册资本：100万美元
管理资本：1000万美元
行业偏好：微电子、光电子、通讯、计算机硬件和软件、新材料、医疗设备和传统中药
阶段偏好：种子期早期

启峰资金管理有限公司上海办事处
地址：上海浦东银城东路101号汇丰大厦21楼
邮编：200120
电话：021-28903433
传真：021-28903434
网址：www.asiatechgroup.com
成立时间：1997年
注册资本：4000万元
管理资本：19 000万元
行业偏好：IT、软件、通讯、互联网、电子信息、半导体、环保
阶段偏好：种子期、成长期、扩张期、成熟期、上市筹备阶段

祥峰中国投资有限公司

地址：上海市南京西路1168号中信泰富广场4103、4104室
邮编：200041
电话：021-52925050
传真：021-52928900
网址：www.vertexmgt.com
成立时间：2002年7月
注册资本：3000万元
管理资本：10 000万美元
行业偏好：半导体芯片、IT服务、软件产业、电信通讯、化工产业、生物能源
阶段偏好：成长期、上市筹备期、其他（如MBO、MBI、公司周转困境期等）

橡子园创业投资管理（上海）有限公司

地址：上海市郭守敬路498号浦东软件园9号楼二层
邮编：201203
电话：021-50806686
传真：021-50803862
网址：www.acorncampus.com.cn
注册资本：112万元
管理资本：12 400万元
行业偏好：半导体芯片、软件产业、信息电子、电信通讯、网络安全、医药制造

招商局富鑫资产管理有限公司

地址：上海市淮海中路222号力宝广场11楼1115室
邮编：200010
电话：021-53965589
传真：021-53965530
网址：www.cmfvc.com
成立时间：2001年2月
注册资本：50万美元
管理资本：4300万美元
行业偏好：网络产业、通信产业、IT产业、传媒产业
阶段偏好：成长期、扩张期、成熟期、种子期

中国创业投资公司上海分公司

地址：上海外滩中山东一路二十三号十层
邮编：200002
电话：021-63232255
传真：021-63293951
网址：www.chinavest.com
成立时间：1981年
注册资本：250 000万元
管理资本：166 670万元

兰馨亚洲投资集团上海代表处

地址：上海市南京西路1601号越洋广场2602室
邮编：200040
电话：021- 52986222
传真：021- 52985210
网址：www.orchidholdings.com
成立时间：1993年
行业偏好：消费产品及服务行业、科技制造和服务业外包
阶段偏好：扩张期

麦顿投资管理有限公司（上海）

地址：上海市湖南路318号
邮编：200040
电话：021-64379190
传真：021-64379590
网址：www.mcmchina.com
成立时间：2002年1月
阶段偏好：成长期

3i Asia Pacific plc 上海代表处

地址：上海市长乐路989号世纪商贸广场39楼3908室
邮编：200031
电话：021-54076188
传真：021-54076088

美国国际集团（亚洲）投资有限公司上海办事处

地址：上海市上海商城748室
邮编：200040
电话：021-62797222
传真：021-62797333
网址：www.aig.com
成立时间：2002年1月
行业偏好：消费品、电信、传媒和资讯技术

香港沪光国际投资管理有限公司

地址：上海市遵义路107号安泰大楼1204室
邮编：200051
电话：021-52570403
传真：021-62197674
成立时间：2003年

注册资本：80 000万港币
行业偏好：互联网媒体、通信
阶段偏好：扩张期

英属开曼群岛立源亚洲投资控股有限公司上海代表处

地址：上海市思南路35号北2楼
邮编：200020
电话：021-53062299
传真：021-63860166
网址：www.crimsoninvestment.com
成立时间：1993年
注册资本：80 000万美元
管理资本：85 000万美元
行业偏好：制造和服务、零部件
阶段偏好：成长期、扩张期

永威投资有限公司

地址：上海市浦东新区花园石桥路66号东亚银行金融大厦20楼2007室
邮编：200120
电话：021-3383 0279
传真：021-3383 0269
网址：www.asiavest.com
成立时间：1995年
管理资本：27 300万美元
行业偏好：半导体、信息技术、无线电、软件、制造业以及消费者相关的产业
阶段偏好：成长期、扩张期

蓝驰投资咨询（上海）有限公司

地址：上海徐汇区淮海中路1010号嘉华中心2737-38室
邮编：200031
电话：021-61031386
传真：021-61912699
网址：www.brv.com
成立时间：1998年
管理资本：超过100 000万美元
行业偏好：互联网服务/IT、移动通讯、半导体、节能与环保领域
阶段偏好：早期

JVP-Jerusalem Venture Partners

地址：上海市浦东新区芳甸路333弄21号1901室
邮编：200135
电话：021-28909020
传真：021-68566978
网址：www.jvpvc.com

Pacific Venture Partners

地址：上海常德路500号
邮编：200041
电话：021-52925811
传真：021-52925822

阿尔卡特中国投资有限公司

地址：上海市浦东张杨路500号上海时代广场20楼
邮编：200122
电话：021-58368800
传真：021-58368801

晨兴创投

地址：上海市五原路320号
邮编：200031
电话：021-61197500
传真：021-61197571
网址：www.morningside.com.cn
成立时间：1986年
行业偏好：医疗保健、互联网、信息服务、媒体、软件、通讯、生命科技和教育
阶段偏好：种子期、早期及成长期

成为基金

地址：上海市长乐路672弄33号C栋
邮编：200040
电话：021-54048566
传真：021-54048766
网址：www.chengweichina.com
成立时间：1999年
管理资本：30 000万美元以上
行业偏好：互联网、通信/无线、传媒/新媒体、消费品/餐饮/酒店、医疗健康、软件/硬件/半导体

德国远东投资有限公司

地址：上海浦东新区张杨路828-838号华都大厦21A-B座
邮编：200122
电话：021-58204484

传真：021-58204412

富国集团
地址：上海市江西中路56号富国大厦
邮编：200031
电话：021-64739077
传真：021-64739353

加拿大美康投资有限公司
地址：上海市黄陂北路227号中区广场1109-1110室
邮编：200003
电话：021-33110251
传真：021-63758499

美国寰通投资公司上海代表处
地址：上海市静安区南京西路1168号中信泰富广场35楼13室
邮编：200041
电话：021-51119012
传真：021-51119012

美国梧桐投资公司
地址：上海安福路284号1楼
邮编：200031
电话：021-54051313
传真：021-54045528
网址：www.sycamorevc.com
成立时间：1995年8月
行业偏好：网络产业、软件产业、IT服务、半导体芯片、信息电子、电信通讯、工业、生物科技
阶段偏好：中后期、Pre-IPO

美国新桥投资有限公司上海代表处
地址：上海市中山东一路12号外滩12号大楼3楼332室
邮编：200002
电话：021-33130203
传真：021-63299100

上海汉世纪创业投资管理有限公司
地址：上海市浦东新区银域中路200号2350
邮编：200021
电话：021-38713598
传真：021-50372514
成立时间：2000年
行业偏好：IT服务、软件产业、半导体芯片、电信通讯

维众投资公司
地址：上海市延安西路728号15楼L座
邮编：200050
电话：021-52385488
传真：021-32124668
网址：www.ucigroup.cn
行业偏好：新媒体、新能源、信息技术、新型材料、商业零售、金融服务、生物技术

新加坡科技发展基金上海公司
地址：上海市浦东区陆家嘴东路161号中国招商大厦2102室
邮编：200120
电话：021-58883185
传真：021-58400078
成立时间：1995年9月
行业偏好：信息技术、电子商务、通讯、半导体、保健
阶段偏好：种子期、初创期、成长期

新扬管理顾问股份有限公司
地址：上海市兴义路8号上海万都商务中心20楼
电话：021-52082929
传真：021-52081369
成立时间：1998年
管理资本：38 000万美元
行业偏好：汽车、机械、光电、通讯和生物技术

CCMP亚洲投资基金
地址：上海市淮海中路1010号3803室
邮编：200031
电话：021-61032688
传真：021-61032633
网址：www.ccmpasia.com
成立时间：1999年
注册资本：350 000万美元
管理资本：50 000万美元
行业偏好：化工产业
阶段偏好：扩张期、成熟期

法国NBP亚洲投资基金

地址：上海市南京西路1038号梅龙镇广场1808室
电话：021-62172552
传真：021-62173742
网址：www.natixis-pe.com
阶段偏好：扩张期

启明创投

地址：上海市浦东新区世纪大道88号金茂大厦3906号
邮编：200121
电话：021-61016522
传真：021-61016512
网址：www.qimingventures.com
成立时间：2006年
管理资本：300 000美元
阶段偏好：种子期、成长期、扩张期

今日资本

地址：上海浦东新区世纪大道88号金茂大厦3808室
邮编：200121
电话：021-50988886
传真：021-50988050
网址：www.capitaltoday.com
成立时间：2005年
注册资本：28 000万美元
管理资本：68 000亿美元
行业偏好：零售、消费品、医药、互联网
阶段偏好：成长期、扩张期

伟高达创业投资

地址：上海市静安区南京西路1266号恒隆广场1号楼1202室
邮编：200040
电话：021-62882626
传真：021-62882825
网址：www.vickersventure.com
成立时间：2004年
管理资本：10 000万美元
阶段偏好：种子期、成长期、扩张期

乾龙创业投资基金

地址：上海市中江路879号27号楼303室
电话：021-61423234
传真：021-61423239
网址：www.dragonvestpartners.com.cn
管理资本：3000万美元
行业偏好：新科技、媒体、通讯半导体设计、医疗器械
阶段偏好：初创期

D B Zwirn Asia Partners（Shanghai）

地址：上海市静安区南京西路1366号恒隆广场2期4101室
电话：021-62881023
传真：021-62887063
成立时间：2007年1月
管理资本：15 000万美元
阶段偏好：扩张期、成熟期、IPO前期

开曼群岛富鑫国际有限公司上海代表处

地址：上海市淮海中路93号大上海时代广场11楼1103-04室
电话：021-53868989
传真：021-53868099
网址：www.vcfortune.com
成立时间：2006年1月
管理资本：3000万美元
行业偏好：资讯电子、软件、半导体、互联网和新媒体
阶段偏好：初创期成长期、成熟期

三井创投

地址：上海静安区南京西路1515号嘉里中心3101室
邮编：200040
电话：021-52985959
传真：021-52985177
网址：www.mitsui-global.com
成立时间：1996年
行业偏好：健康医疗（医疗器械、制药、医疗相关服务）、清洁能源（环保技术、新能源）、IT产业（互联网、软件、电子等）、消费零售（餐饮，零售服务等）
阶段偏好：早中后期

思伟投资顾问（上海）有限公司

地址：上海市湖滨路222号企业天地1号楼1002-1004室
邮编：200021
电话：021-23081800
传真：021-23081999

网址：www.steamboatvc.com.cn
成立时间：2006年
注册资本：30万美元
管理资本：17 500万元
行业偏好：数字媒体、消费技术
阶段偏好：初期、扩张期

中盛投资

地址：上海市浦东东方路985号一百杉杉大厦18层K座
邮编：200122
电话：021-51872907
传真：021-51872907
网址：www.toipo.com
成立时间：2005年
阶段偏好： 成长期、扩张期

和利资本

地址：上海市古北路666号嘉麒大厦1602室
邮编：200336
电话：021-62190922
传真：021-62197775
成立时间：2006年
注册资本：22 000万元
管理资本：18 000万元

德同资本

地址：上海市皋兰路1号
邮编：200020
电话：021-53835999
传真：021-53835998
网址：www.dtcap.com
成立时间：2006年
管理资本：71 100万美元
行业偏好：消费、科技、传统行业和能源/清洁能源领域

常春藤资本

地址：上海市浦东新区世纪大道1777号东方希望大厦10B
邮编：200122
电话：021-60893080
传真：021-60893099
网址：www.ivycapital.com
成立时间：2008年
阶段偏好：早期、成长期

方源资本

地址：上海市徐汇区淮海中路1010号嘉华中心1602室
电话：021-24190800
传真：021-24190888
网址：www.fountainvest.com
成立时间：2007年11月
管理资金：100 000万美元
行业偏好：消费与服务业、新经济领域、房地产相关产业、资源性行业及新能源

华禾投资

地址：上海市华山路800弄18号楼104室
邮编：200050
电话：021-62258579
电话：021-62258573
网址：www.cseed.cn
成立时间：2004年
注册资本：3 000万美元
行业偏好：互联网、外包服务、芯片设计、无线、传统媒体、能源/环保、消费品/零售业、健康保健
阶段偏好：早期

New Enterprise Associates

地址：上海市南京西路1266号恒隆广场2202室
邮编：200040
电话：021-61381000
传真：021-61381010
网址：www.nea.com
成立时间：1978年
行业偏好：信息科技、能源科技、健康医疗

加拿大鹰必讯国际创投有限公司

地址：上海市天钥桥路325号嘉汇国际广场3106室
邮编：200030
电话：021-33632090
传真：021-33632050
成立时间：2005年
注册资本：100 000万元

德丰杰龙脉（上海）股权投资管理有限公司

地址：上海市浦东新区松涛路560号张江大厦A座301室

邮编：201203
电话：021-51312388
传真：021-51312366
网址：www.dfjdragon.com
成立时间：2006年3月
注册资本：200万元
管理资本：10 000万元
行业偏好：网络产业、电信通讯、IT产业、能源产业、医疗健康
阶段偏好：成长期、扩张期

鼎鑫国际资本
地址：上海市浦东新区民生路1518号金鹰大厦A座17楼
邮编：200030
电话：021-61042967
传真：021-61042969
网址：www.tripodcapital.com
成立时间：2006年
注册资本：26 000万元
管理资本：33 000万元
行业偏好：工业制造、工业材料、商业融资、商业租赁、自然资源、替代能源、环境保护

施耐德电气（中国）投资有限公司
地址：上海市宜山路1009号创新大厦16楼
邮编：200233
电话：021-24012507
传真：021-64857831
网址：www.se-ventures.com
成立时间：1995年
管理资本：1000万美元
阶段偏好：种子期

深圳

肯思考投资顾问有限公司
地址：深圳市福田区滨河大道嘉州豪园1栋605号
邮编：518031
电话：0755-83596734
传真：0755-83596734
成立时间：2004年
注册资本：1000万元
管理资本：30 000万元

瑞富资本
地址：深圳市福田区金田路4028号经贸中心4101室（188信箱）
邮编：518035
电话：0755-82839998
传真：0755-82839966
成立时间：2008年9月
管理资本：10 000万美元

美中投资集团公司
地址：深圳市深南东路2002号南方联合大酒店703室
邮编：518000
电话：0755-82317385
传真：0755-82317385
网址：www.ad-1china.com

融石创业投资管理（深圳）有限公司
地址：深圳福田中心区福华三路168号国际商会中心54楼
邮编：518048
电话：0755-82931858
传真：0755-83023006
网址：www.rockstead.com
成立时间：2005年12月
注册资本：3000万元
管理资本：3000万元

致富融资集团
地址：深圳市福田区福华路399号中海大厦6楼
邮编：518048
电话：0755-33339666
传真：0755-33339657
网址：www.chiefcapital.com.hk
成立时间：2004年
注册资本：1000万元
管理资本：3000万元

天津

津联创业投资有限公司
地址：天津市和平区新华路182号
邮编：300048
电话：022-23315983
传真：022-23316122

江苏省

苏州高华创业投资管理有限公司

地址：江苏省苏州高新区浒关工业园浒杨路81号502室
电话：0512-68077872
传真：0512-68077873
成立时间：2010年9月
注册资本：700万元
管理资本：70 000万元
行业偏好：新能源、新材料、新服务、新环保及新农业等行业
阶段偏好：具备高新科技、高增长并能在不久将来（一般是2年）改制上市的成熟型企业

浙江

浙江天桥国际投资有限公司

地址：杭州市庆春路远洋大厦12楼
邮编：310004
电话：0571-87248904
传真：0571-87248910
成立时间：1997年
注册资本：3000万美元
行业偏好：移动增值、计算机软硬件、通信、电子设备

杭州赛伯乐中国创业投资管理有限公司

地址：中国浙江省杭州市天目山路176号数源科技园11号楼3F
邮编：310053
电话：0571-89939898
传真：0571-89939834
网址：www.cybernaut.com.cn
成立时间：2008年
注册资本：500万元
管理资本：200 000万元
行业偏好：金融、教育、医疗健康、高科技以及先进制造业
阶段偏好：成长期、扩张期、成熟期

香港

高盛（亚洲）有限责任公司

地址：香港皇后大道中2号长江集团中心68楼
电话：852-29780218
传真：852-29780440
网址：www2.goldmansachs.com
成立时间：1984年
阶段偏好：成长期、扩张期、成熟期

香港泛华投资公司

地址：香港湾仔港湾道1号会展广场办公大楼23层
电话：852-25886808
传真：852-25886800
成立时间：2004年6月
注册资本：50 000万美元
管理资本：60 000万美元
阶段偏好：扩张期、IPO前期

EN Capital Ltd

地址：香港新界马鞍山鞍骏街海澄轩酒店952室
网址：www.encapital.com
成立时间：1994年
注册资本：100万美元
管理资本：30 000万美元
行业偏好：能源、工程、环保
阶段偏好：成长期、扩张期

Seavi Advent Ocean Private Equity Ltd

地址：香港九龙尖沙咀广东道5号海港城海洋中心1312室
电话：852-23760606
传真：852-23759666
网址：www.seavi.com.sg
成立时间：1984年
注册资本：3万美元
管理资本：7670万美元
阶段偏好：成长期、扩张期、成熟期、IPO前期

霸菱亚洲投资有限公司

地址：香港中环国际金融中心2期3801室
电话：852-28439300
传真：852-28439372
网址：www.bpepasia.com
成立时间：1997年
管理资本：超过500 000万美元
行业偏好：能源产业、传媒产业、化工产业、资源产业、教育培训、通信产业、快消行业网络产业、IT产业、制造行业

阶段偏好：成长期、扩张期、成熟期

天泉投资

地址：娱乐行27楼皇后大道中30号香港中环
电话：852-36677787
传真：852-36677789
网址：www.springcapasia.com
成立时间：2007年11月
注册资本：25 000万美元
管理资本：25 000万美元
行业偏好：医疗健康、可再生能源、消费行业及专业及商业服务、并涉及除了基础设施和早期高科技行业以外的各个领域
阶段偏好：扩张期

Squadron Capital

地址：香港中环皇后大道中2号长江集团中心46楼
电话：852-28262000
传真：852-22970880
网址：www.squadroncapital.com
成立时间：2006年
管理资本：超过100 000万美元

斐然资本

地址：中环康乐广场一号怡和大厦4003室
电话：852-90353713
网址：www.fuelcapitalpartners.com
成立时间：2009年
管理资本：100 000万美元
行业偏好：清洁能源、医疗和其他科技相关的高成长型企业
阶段偏好：早中期

住友商事资本股份有限公司

地址：香港中环港景街一号国际金融中心第一期六楼602室
电话：852-22950300
传真：852-22950600
网址：www.scequity.com.hk
成立时间：2002年9月
注册资本：15 000万元
管理资本：3000万元
行业偏好：新兴高科技产业和传统行业
阶段偏好：早期及成长期

台湾

First China Partners

地址：台湾台北市松仁路89号16楼
电话：886-277188688-1271
成立时间：2008年

东京

东亚投资基金管理股份有限公司

地址：〒101-0052 东京都千代田区神田小川町1-7小川町 MESENA 大厦4楼
电话：81-3-3518-0863（总机）
81-3-3518-0865（中国语专线）
传真：81-3-3518-0864
网址：www.toa-capital.jp
成立时间：2004年6月
注册资本：10 000 000日元

附录五　国家高新技术开发园区名录

一、中国高新技术开发区

序号	地区	单　位	电　话	传　真	地　址	邮　编
1	北京	北京中关村科技园区	010-82690500	010-82690506	北京市海淀区苏州街36号	100080
2	北京	燕郊高新技术产业开发区	010-61594020	——	北京东燕郊行宫东大街1号	101601
3	上海	上海市张江高科技园区	021-68795959	021-50801044	上海市浦东新区张东路1387号34-01	201203
4	天津	天津新技术产业园区	022-83715768	022-83715770	天津市华苑产业区梅苑路6号海泰大厦	300384
5	重庆	重庆高新技术产业开发区	023-67535027	023-68606272	重庆市石桥铺科园一路166号	400039
6	深圳	深圳高新技术产业开发区	0755-26551511	0755-26551500	广东省深圳高新技术产业园区南区综合服务楼四楼	518057
7	安徽	合肥高新技术产业开发区	0551-5310378	0551-5316350	安徽省合肥市梦园路8号	230088
8	安徽	芜湖高新技术产业开发区	0553-3022265 0553-3025303	0553-2245080	安徽省芜湖市弋江区纬九路高新技术产业开发区	241002
9	安徽	蚌埠高新技术产业开发区	0552-4093824	0552-4074441	安徽省蚌埠市燕山路1599号	233010
10	福建	福州高新技术产业开发区	0591-83722394 0591-83772205	0591-83723492	福建省福州市工业路北段548号创业大厦5楼	350002
11	福建	厦门火炬高新技术产业开发区	0592-6035175	0592-6035174	福建省厦门火炬高新技术产业开发区火炬大厦南二楼	361006
12	福建	泉州高新技术产业开发区	0595-88707379	——	福建省泉州市石狮市东港路654号科技大楼	362700
13	甘肃	兰州高新技术产业开发区	0931-8552460	0931-8552497	甘肃兰州市张苏滩555号	730010
14	甘肃	白银高新技术产业开发区	0943-8310266 0943-8310288	0943-8310268	甘肃白银市白银区兰包路码331号中科院高技术产业园	730900
15	广东	广州高新技术产业开发区	020-82111518	020-82111504	广东省广州市开发区志诚大道303号	510730
16	广东	珠海高新技术产业开发区	0756-3629800	0756-2616099	广东省珠海高新区南方软件园A3楼	519001
17	广东	佛山高新技术产业开发区	0757-82100108	0757-82100101	广东省佛山市禅城区东鄱南路20号	528000

序号	地区	单 位	电 话	传 真	地 址	邮 编
18	广东	惠州仲恺高新技术产业开发区	0752-2652293 0752-2630282	0752-2609789	广东省惠州市仲恺高新技术产业开发区75号小区	516006
19	广东	中山火炬高新技术开发区	0760-85339333	0760-88283633	广东省中山火炬高技术产业开发区康乐大道行政中心	528437
20	广东	东莞松山湖高新技术产业开发区	0769-22891133 0769-22891139	——	广东省东莞松山湖高新技术产业开发区管委会	523808
21	广东	肇庆高新技术产业开发区	0758-3646368 0758-3601800	0758-3646178	广东省肇庆四会市大旺区新区	526200
22	广东	江门高新技术产业开发区	0750-3866681 0750-3866618	——	广东省江门市金瓯路288号	529000
23	广西	南宁高新技术产业开发区	0771-5816999	0771-5816555	广西南宁市滨河路1号火炬大厦	530007
24	广西	桂林高新技术产业开发区	0773-5811341	0773-5814333	广西桂林市骖鸾路高新开发大厦	541004
25	广西	柳州高新技术产业开发区	0772-2671017	0772-2636889	广西柳州官塘工业新区柳东管委会大楼四楼	545000
26	贵州	贵阳高新技术产业开发区	0851-4701272	0851-4701095	贵州省贵阳国家高新技术产业开发区金阳科技产业园	550002
27	海南	海口高新技术产业开发区	0898-65580105	0898-65580598	海南省海口市永兴镇海榆中线九公里处 狮子岭工业园	571152
28	河北	石家庄高新技术产业开发区	0311-85962248	0311-85963266	河北省石家庄高新区黄河大道151号	050035
29	河北	保定高新技术产业开发区	0312-3108801 0312-3327740	0312-3108830	河北省保定市创业路118号	071051
30	河北	唐山高新技术产业开发区	0315-3196075 0315-3196000	0315-3196078	河北省唐山市火炬大厦	063000
31	河南	郑州高新技术产业开发区	0371-67981811	0371-67981800	河南省郑州高新区国槐街6号	450001
32	河南	洛阳高新技术产业开发区	0379-64902657	0379-64902654	河南省洛阳南昌路2号牡丹城918室	471003
33	河南	安阳高新技术产业开发区	0372-2595202	——	河南省安阳黄河大道中段	455000
34	河南	南阳高新技术产业开发区	0377-62378856 0377-62378820	0377-62378826	河南省南阳市高新路创业大厦	473000
35	黑龙江	哈尔滨高新技术产业开发区	0451-82295138 0451-82305547	0451-82310931	黑龙江省哈尔滨市松北区松北大道72号	150028
36	黑龙江	大庆高新技术产业开发区	0459-6280019	0459-6282082	黑龙江省大庆高新技术产业开发区	163316
37	黑龙江	齐齐哈尔高新技术产业开发区	0452-2332074 0452-2337370	0452-2332074	黑龙江省齐齐哈尔市高新开发路1号	161005
38	湖北	武汉东湖新技术开发区	027-87804115 027-67880088	027-67880086	湖北省武汉珞瑜路546号	430079

序号	地区	单 位	电 话	传 真	地 址	邮 编
39	湖北	襄阳高新技术产业开发区	0710-3311188	0710-3311088	湖北省襄阳市东风汽车大道	441004
40	湖北	宜昌高新技术产业开发区	0717-6333949	0717-6906128	湖南省宜昌开发区发展大道30号	443000
41	湖南	长沙高新技术产业开发区	0731-88995542	0731-88995540	湖南省长沙河西麓谷大道668号管委会综合服务大楼	410205
42	湖南	株州高新技术产业开发区	0731-28818549 0731-28822907	0731-28818549	湖南省株州市河西黄河北路火炬大厦	412007
43	湖南	湘潭高新技术产业开发区	0731-58551889	0731-58560284	湖南省湘潭高新区晓塘西路9号创新大厦	411100
44	吉林	长春高新技术产业开发区	0431-85530623	0431-85530635	吉林省长春市硅谷大街3333号创业大厦	130012
45	吉林	吉林高新技术产业开发区	0432-64798017 0432-64788019	0432-4798000	吉林省吉林市深圳街6号火炬大厦	132013
46	吉林	延吉高新技术产业开发区	0433-2810047	——	吉林省延吉市长白山东路435号	133000
47	江苏	南京高新技术产业开发区	025-58843666 025-58843667	025-58843843	江苏省南京高新技术产业开发区丽景路2号	210061
48	江苏	苏州高新技术产业开发区	0512-68251888	0512-68251579	江苏省苏州市运河路8号	215011
49	江苏	常州高新技术产业开发区	0519-85127060 0519-85100668	0519-85105661	江苏省常州市衡山路8号	213022
50	江苏	无锡高新技术产业开发区	0510-85217777	0510-85215644	江苏省无锡市天山路5号	214028
51	江苏	昆山高新技术产业开发区	0512-57592918 0512-57791197	0512-57790180	江苏省昆山市玉山镇北门路至城北供电局东侧	215300
52	江苏	泰州医药高新技术产业开发区	0523-86820000	——		225300
53	江西	南昌高新技术产业开发区	0791-8161070	0791-8161055	江西省南昌市火炬大道998号高新大厦	330096
54	江西	新余高新技术产业开发区	0790-6861836 0790-6863839	0790-6861837	江西省新余市飞宇大道	338000
55	江西	景德镇高新技术产业开发区	0798-8338522 0798-8338182	0798-8336861	江西省景德镇瓷都大道618号高新开发区	333000
56	辽宁	沈阳高新技术产业开发区	024-23787666	024-23745002	辽宁省沈阳浑南产业区世纪路3号	110004
57	辽宁	大连高新技术产业园区	0411-84821139 0411-84793601	0411-84793639	辽宁省大连市甘井子高新街1号	116023
58	辽宁	鞍山高新技术产业开发区	0412-5211009	0412-5211056	辽宁省鞍山市千山路288号	114011
59	辽宁	营口高新技术产业开发区	0417-3333010 0417-3333011	——	辽宁省营口市西市区高新区管委会办公楼	115000

序号	地区	单 位	电 话	传 真	地 址	邮 编
60	内蒙古	包头稀土高新技术产业开发区	0472-5156625 0472-5912067	0472-5159784	内蒙古包头市包头稀土高新区阿尔丁大街89号稀土大厦	014010
61	山东	济南高新技术产业开发区	0531-88871678 0531-88871510	0531-88871510	山东省济南市工业南路28号	250101
62	山东	青岛高新技术产业开发区	0532-66966600	0532-82020000	山东省青岛市崂山区海尔路南端凯旋商务中心624室	266109
63	山东	淄博高新技术产业开发区	0533-3585321 0533-3584072	0533-3584107	山东省淄博柳泉路109号火炬大厦	255086
64	山东	潍坊高新技术产业开发区	0536-8786622	0536-8882507	山东省潍坊市北宫东街火炬大厦	261041
65	山东	威海火炬高新技术产业开发区	0631-5629100	0631-5680205	山东省威海市高新区文化西路火炬大厦25楼	264209
66	山东	济宁高新技术产业开发区	0537-2363117	——	山东省济宁市吴泰闸路116号	272023
67	山东	烟台高新技术产业开发区	0535-6922001	——	山东省烟台市高新区管委员	264003
68	山西	太原高新技术产业开发区	0351-7033711 0351-7033788	0351-7033788	山西省太原市学府西街高科技园区	030006
69	陕西	西安高新技术产业开发区	029-88333601	029-88333600	陕西省西安高新区锦业路1号都市之门A座2002室	710065
70	陕西	宝鸡高新技术产业开发区	0917-8662602	0917-3388050	陕西省宝鸡市高新大道69号	721013
71	陕西	杨凌农业高新技术产业示范区	029-87036900	029-87036882	陕西省杨凌新桥北路6号政务大厦	712100
72	陕西	渭南高新技术产业开发区	0913-2112276	——	陕西省渭南高新区崇业路创业大厦1楼	714000
73	四川	成都高新技术产业开发区	028-85184155	028-85184066	四川省成都市武侯区神仙树城乡结合部	610000
74	四川	绵阳高新技术产业开发区	0816-2532610	0816-2532610	四川省绵阳市高新区管委会	621000
75	新疆	乌鲁木齐高新技术产业开发区	0991-3678061	0991-3830834	新疆乌鲁木齐北京南路钻石城5号	830011
76	新疆	昌吉高新技术产业开发区	0994-2517511	0994-2517512	新疆昌吉市长宁路1号	831100
77	云南	昆明高新技术产业开发区	0871-8155166 0871-8155136	0871-8188752	云南省昆明高新区管委会办公楼421室	650000
78	浙江	杭州高新技术产业开发区	0571-87702207 0571-87702210	0571-87702384	浙江省杭州市文三路199号杭州高新技术开发区	310012
79	浙江	宁波高新技术产业开发区	0574-87901663 0574-87901119	0574-87901409	浙江省宁波广贤路999号高新大厦	315040
80	浙江	绍兴高新技术产业开发区	0575-8641597 0575-8644485	0575-88648505	浙江省绍兴市延安东路481号	312000

序号	地区	单 位	电 话	传 真	地 址	邮 编
81	宁夏	银川高新技术产业开发区	0951-5062871 0951-5062851	0951-5062845	宁夏银川市黄河东路科技园48号	750002
82	青海	青海高新技术产业开发区	0971-6159242	——	青海省西宁市兴海路153号	810001

二、软件产业基地

序号	地区	单 位	电 话	传 真	地 址	邮 编
1	北京	北京中关村软件园	010-82825690	010-82825695	北京市海淀区东北旺西路8号中关村软件园一号楼(信息中心)C座	100094
2	上海	浦东软件园	021-38954510	021-38954511	上海张江高科技园区郭守敬路498号	201203
3	天津	天津华苑软件园	022-23785971	022-23613218	天津华苑产业区海泰发展六道6号G座301室	300384
4	重庆	重庆软件园	023-68606224	023-68694994	重庆北部新区高新园星光大道1号星光大厦A座2楼	401121
5	深圳	深圳软件园	0755-86168002	——	深圳市南山区科技园高新中区高新中二路软件园1区8栋201	518057
6	安徽	合肥软件园	0551-5325326	0551-5324016	合肥市长江西路669号	230088
7	福建	福州软件园	0591-87273010 0591-87273012	0591-87273023	福州市软件大道89号管理服务中心	350003
8	福建	厦门软件园	0592-3929999	0592-3929888	厦门曾厝安厦门软件园华讯楼1楼	361005
9	甘肃	兰州软件园	0931-8555739	0931-8554631	兰州张苏滩575号(兰州大学科技园2号楼A座)	730010
10	广东	广州软件园	020-87071606	——	广州市天河区大观路高唐国家软件产业基地高普路1039号	510633
11	广东	珠海南方软件园	0756-3397008	0756-3397030	珠海市高新区软件园路1号A1三层	519080
12	广西	南宁软件园	0771-3219573	0771-3222059	南宁市科园路东五路4号	530003
13	河北	河北省软件基地(石家庄)	0311-5961614	——	石家庄市黄河大道151号	050035
14	河南	中部软件产业园	0371-65318863	0371-7980188	郑州高新区翠竹路银屏路交叉口	450000
15	黑龙江	大庆软件园	0459-8051003	——	黑龙江省大庆软件园A座105	163316
16	湖北	湖北省软件产业基地	027-87401911	027-87425114	湖北省武汉市珞瑜路546号	430079

序号	地区	单 位	电 话	传 真	地 址	邮 编
17	湖南	长沙软件园	0731-8992788 0731-8992700	0731-8992666	湖南长沙市河西岳麓山高科技园	410080
18	吉林	长春软件园	0431-5542520 0431-5171602	0431-5542520	长春市硅谷大街4000号创业大厦1108室	130012
19	江苏	常州软件园	0519-85137905	0519-5158100	常州创新科技园创新北楼305室	213022
20	江苏	江苏软件园	025-83651611	025-83651612	南京市玄武大道699号-22号	210042
21	江苏	南京软件园	025-58841788	025-58641290	南京大桥北路南京高新技术产业开发区 南京3209信箱软件园	210061
22	江苏	苏州软件园	0512-65158620 0512-65156915	0512-65158620	苏州市人民路979号苏州科技大楼101室	215002
23	江苏	无锡软件园	0510-85223399	0510-85212722	江苏省无锡市新区震泽路18号金牛座	214135
24	江西	江西金庐软件园	0791-8161717	0791-8161523	江西省南昌高新路火炬大街	330029
25	辽宁	大连软件园	0411-84760030 0411-84760031 0411-84760025	0411-84761107	大连市五一路数码广场1号	116023
26	辽宁	东大软件园	024-23782700	024-23782700	辽宁省沈阳市东北大学	110006
27	内蒙古	内蒙古软件园	0472-5314693	0742-5322005	包头稀土高新区创业园区软件大厦	014010
28	山东	齐鲁软件园	0531-86519999	0531-88871002	山东省济南市高新区舜华路1号	250101
29	山东	青岛软件园	0532-85938025	0532-85938030	青岛市闽江路172号	266071
30	山西	山西软件园	0351-7033855	0351-7037777	山西省太原市南中环街401号	030006
31	陕西	西安软件园	029-88333869	029-87669418	陕西省西安市高新开发区科技二路68号	710075
32	四川	成都天府软件园	028-85330711 028-85330769	028-85331115	成都高新区天府大道天府软件园C1号	610041
33	四川	西部软件园	028-87955211	028-87955211	四川省成都市红光科技工业园区	611743
34	云南	云南软件园	0871-8180563	0871-8181219	昆明二环西路220号云南软件园产业楼527室	650118
35	浙江	杭州高新软件园	0571-8060767	0571-8060687	浙江杭州高新区之江区块北环路1号（杭州市文三路27号高新区管委会）	310053
36	浙江	宁波国际软件园	0574-86820115 0574-86820177	0574-86820115	宁波高新区创苑路750号	315800

三、大学科技园

序号	地区	单　位	电　话	传　真	地　址	邮　编
1	北京	北京大学国家大学科技园	010-62769088	010-82667188	北京市海淀区中关村北大街127-1号 北大科技园创新中心一层	100080
2	北京	清华大学国家大学科技园	010-62785888	010-62786666	北京市清华科技园科技大厦C座9层	100084
3	北京	北京航空航天大学国家大学科技园	010-82319898	010-82338231	北京市海淀区学院路35号世宁大厦402A	100083
4	北京	北京理工大学国家大学科技园	010-68470073 010-68470075	010-68470075	北京市海淀区中关村南大街9号理工科技大厦902室	100081
5	北京	北京邮电大学国家大学科技园	010-62282132	010-62285259	北京市海淀区西土城路10号北京邮电大学178信箱	100876
6	北京	北师大-北中医国家大学科技园	010-62206051 010-62205230	010-62206051	北京市新街口外大街19号北京师范大学科技园建设管理中心	100875
7	北京	中国人民大学国家大学科技园	010-82509959	010-82509959	北京市海淀区中关村大街甲59号文化大厦	100872
8	上海	复旦大学国家大学科技园	021-61400111 021-61400333	021-55670999	上海市杨浦区国泰路11号24层	200433
9	上海	上海大学国家大学科技园	021-56331530	021-56333068	上海市宝山区上大路99号	200444
10	上海	上海交通大学国家科技园	021-64699597	021-64699597	上海市徐汇区虹桥路333号	200030
11	上海	同济大学国家大学科技园	021-65987070	021-65985413	上海市中山北二路1121号2楼	201203
12	上海	华东理工大学国家大学科技园	021-64966588 021-54820208	021-64960431	上海市华泾路1305弄8号	200231
13	上海	上海理工大学国家大学科技园	021-51613988 021-55227622	021-55227623	上海市杨浦区翔殷路128号	200433
14	上海	上海财经大学国家大学科技园	021-65908098	021-65908277	上海市武东路198号上海财经大学学术交流中心13楼	200434
15	上海	上海电力学院国家大学科技园	021-35303666 021-35303668	021-35303666	上海市长阳路2588号电力研究中心201室	200090
16	上海	东华大学国家大学科技园	021-52163580	——	上海市长宁区福泉路52	200335
17	上海	华东师范大学国家大学科技园	021-52718779 021-52718795	021-52718795	上海市金沙江路155号虹楼3楼	200062
18	天津	南开大学国家大学科技园	022-83712333	022-83711817	天津市华苑产业区开华道南开大学科技园	300000
19	天津	天津大学国家大学科技园	022-59811651	022-59811650	天津市经济技术开发区第四大街80号	300072
20	天津	河北工业大学国家大学科技园	022-60203364	——	天津市红桥区光荣道8号	300132

序号	地区	单 位	电 话	传 真	地 址	邮 编
21	重庆	重庆大学国家大学科技园	023-65111788 023-65112428	023-65112493	重庆市沙坪坝区沙中路重大科技园广场二楼管理办公室	400020
22	重庆	重庆市北碚国家大学科技园	023-63225555	023-68325559	重庆市北碚区城南新区大学科技园大正研发大厦11楼	400711
23	安徽	合肥国家大学科技园	0551-5323950 0551-5323870	0551-5325781	安徽省合肥市黄山路602号	230088
24	甘肃	兰州大学国家大学科技园	0931-8910862 0931-8910865	0931-8910918	甘肃兰州市东岗西路249号兰州大学科技园218室	730000
25	甘肃	兰州交通大学国家大学科技园	0931-7639303	0931-7639303	甘肃兰州市安宁区枣林路139号	730070
26	甘肃	兰州理工大学国家大学科技园	0931-2975338	0931-2973741	甘肃兰州市七里河区兰工坪287号	730050
27	广东	华南理工大学国家大学科技园	020-87111098 020-87111298	020-87112133	广东省广州市天河区五山路华南理工大学北区科技园1栋303	510640
28	广东	深圳虚拟大学园国家大学科技园	0755-26552558	——	广东省深圳市高新区南区深圳虚拟大学园大楼	518057
29	广东	中山大学国家大学科技园	020-84115999	020-84110011	广东省广州市海珠区新港西路135号海珠中大科技综合大楼(中山大学西门口)	510275
30	黑龙江	哈尔滨工程大学国家大学科技园	0451-82518338	0451-87529952	黑龙江省哈尔滨市南通大街258号船舶大厦十五层	150001
31	黑龙江	哈尔滨工业大学国家大学科技园	0451-86415202	0451-86413237	黑龙江省哈尔滨市南岗区邮政街434号	150006
32	黑龙江	哈尔滨理工大学国家大学科技园	0451-86391056	0451-55590333	黑龙江省哈尔滨市南岗区学府路52号理工大厦	150080
33	辽宁	大连理工大学-七贤岭国家大学科技园	0411-84707683	0411-84707673	辽宁省大连市凌工路2号大连理工大学科技园大厦	116024
34	湖北	华中科技大学国家大学科技园	027-87180169 027-87180660	027-87180660	湖北省武汉市东湖开发区庙山小区华中科技大学科技园	430079
35	湖南	岳麓山大学国家大学科技园	0731-88713633	0731-88713541	湖南省长沙市岳麓区潇湘大道科技园创业大厦	410012
36	江苏	东南大学国家大学科技园	025-84500023	025-84526963	江苏省南京市长江后街6号	210018
37	江苏	南京大学-鼓楼高校国家大学科技园	025-83321625 025-83329761	025-83329755	江苏省南京市汉口路22号南京大学校园内教学综合楼十楼	210093
38	江苏	南京理工大学国家大学科技园	025-68890118 025-52002886	025-84315141	江苏省南京市白下区光华路1号	210014
39	江苏	江南大学国家大学科技园	0510-85191065	0510-85189107	江苏省无锡市滨湖区震泽路27号太湖新城科技产业园8号楼	214125
40	江苏	中国矿业大学国家大学科技园	0516-83885209	0516-83885630	江苏徐州市解放南路中国矿业大学北门	221009
41	江苏	南京工业大学国家大学科技园	025-83172205 025-83172206	025-83172202	江苏省南京新模范马路5号	210009

序号	地区	单　位	电　话	传　真	地　址	邮　编
42	江苏	常州市国家大学科技园	0519-86339658 0519-86339228	0519-86339658	江苏省常州市常武中路801号科教城内	213164
43	江苏	苏州大学国家大学科技园	0512-67504016	0512-67504016	江苏省苏州市十梓街1号凌云楼三楼	215006
44	江西	南昌大学国家大学科技园	0791-8100252 0791-8106601	0791-8115815	江西省南昌高新开发区高新大道589号	330096
45	陕西	西安交通大学国家大学科技园	029-83399995	029-83398008	陕西省西安雁翔路99号	710054
46	陕西	西北工业大学国家大学科技园	029-88311550	029-88315512	陕西省西安高新区沣惠南路34号	710065
47	陕西	西北农林科技大学科技园有限公司	029-87091271	029-87091272	陕西省杨凌示范区阳物路5号	702100
48	山西	山西中北大学国家大学科技园	0351-3557063	0351-3557065	山西省太原市学院路3号中北大学科技园	030008
49	四川	电子科技大学国家大学科技园	028-83207286 028-83202592	028-83207286	四川省成都市建设北路二段	610054
50	四川	四川人学国家大学科技园	028-85407378 028-85403438	028 85407378	四川省成都科华北路99号	610065
51	四川	西南交通大学国家大学科技园	028-87601151	028-87634562	四川省成都市交大路142号西南交大科技园	610031
52	云南	云南大学省国家大学科技园	0871-8315386	0871-8315435	云南省昆明高新区科发路139号	650106
53	新疆	新疆国家大学科技园	0991-4550025	0991-4537237	新疆乌鲁木齐市友好北路21号	830000
54	河北	燕山大学国家大学科技园	0335-8500964	0335-8500962	河北省秦皇岛经济技术开发区三期黄河道20号	066004
55	河南	河南省国家大学科技园	0371-67989938	0371-67986162	河南省郑州国家高新技术产业开发区长椿路11号3d	450001
56	山东	中国石油大学国家大学科技园	0546-8317196 0546-8317796	0546-8317196	山东省东营市府前大街59号开发区管委会B楼	257067
57	山东	山东大学国家大学科技园	0531-88380308	0531- 88380308	山东省济南市文化西路44号	250012
58	浙江	浙江大学国家大学科技园	0571-87658113	0571-87658111	浙江省杭州市西溪路525号	310013
59	浙江	浙江省国家大学科技园	0571-28809154 0571-28809156	0571-28809154	浙江省杭州市天城路91号浙江省大学科技园	310017

四、创业中心

序号	地区	单　位	电　话	传　真	地　址	邮　编
1	安徽	合肥高新技术创业服务中心	0551-5311479	0551-5312330	合肥长路669号创业基地	230000

序号	地区	单 位	电 话	传 真	地 址	邮 编
2	安徽	合肥国家大学科技园创业孵化中心	0551-5315250 0551-5315184	——	合肥高新技术产业开发区留学生创业园1幢313室	230000
3	安徽	合肥民营科技企业园管理服务中心	0551-5324768	0551-5324766	合肥市黄山路1463号	230088
4	安徽	马鞍山市高新技术创业服务中心	0555-8323429	0555-8323429	马鞍山市红旗南路88号	243041
5	安徽	铜陵市高新技术创业服务中心	0562-5880988	0562-5880988	铜陵市翠湖2路1517号	244061
6	安徽	芜湖高新技术创业服务中心	0553-5846617	0553-5848005	芜湖银路38号	241000
7	北京	北京奥宇科技企业孵化器有限公司	010-60213415 010-61271117 010-60213988	010-60213415	北京市大兴工业开发区金苑路2号	102628
8	北京	北京北航天汇科技孵化器有限公司	010-82338204	010-82316140	北京市海淀区北四环中路238号柏彦大厦1501A室	100083
9	北京	北京博奥联创科技孵化器有限公司	010-69711188	010-88091920	北京市昌平区科技园区超前路5号102室	102200
10	北京	北京高技术创业服务中心	010-64853169 010-64874561	010-64853178	北京市朝阳区安翔北里甲11号北京创业大厦	100101
11	北京	北京汉潮大成科技孵化器有限公司	010-64050575 010-64050488 010-51239577 010-51239477	010-64041953	北京市东城区东直门内海运仓一号海运仓国际大厦	100007
12	北京	北京华海基业科技孵化器有限公司	010-52632729 010-68664208	010-68666207	北京市石景山路22号长城大厦12层1201室	100043
13	北京	北京均大高科科技孵化器有限公司	010-58051807 010-58051808	010-58051811	北京市丰台区科学城航丰路8号（园区）	100070
14	北京	北京康华伟业科技孵化器	010-62021044 010-62021146	010-62021044	北京市西城区德胜门外大街11号	100088
15	北京	北京科大方兴科技孵化器有限公司	010-52752185	010-52752176	北京市海淀区学院路30号北京科技大学科技园A座112室	100083
16	北京	北京普天德胜科技孵化器	010-82052111	010-82052128	北京市西城区新街口外大街28号B座一层	100088
17	北京	北京启迪创业孵化器有限公司	010-62782040	010-62786666	北京清华科技园创新大厦A座16层	100084
18	北京	北京赛欧科园科技孵化中心	010-83681497	010-63819180	北京市丰台区科学城海鹰路5号	100071
19	北京	北京神舟空间科技孵化器有限公司	010-68196688	——	中关村南大街31号神舟大厦	100081
20	北京	北京望京科技孵化器有限公司	010-64392411 010-64392019	010-64392019	北京市朝阳区望京高新技术产业区利泽中二路2号	100102
21	北京	北京中关村国际孵化器有限公司	010-82895166 010-82895172	010-62974804	北京市海淀区上地信息路2号创业园D栋	100085

序号	地区	单　位	电　话	传　真	地　址	邮　编
22	北京	北京中关村京蒙高科企业孵化器有限责任公司	010-82783865 010-51557666	010-82783861	北京市海淀区上地东路5-15-2	100085
23	北京	北京中关村软件园孵化器	010-82825186 010-82825187 010-82825686	010-82825186	北京市海淀区东北旺西路中关村软件园3号楼	100193
24	北京	北京中关村上地生物科技发展有限公司	010-82898309 010-82898310	010-82898306	北京市海淀区上地信息产业基地开拓路5号中关村生物医药园A102室	100085
25	北京	汇龙森国际企业孵化（北京）	010-59755566 010-59755323	010-59755588 010-59755325	北京经济技术开发区中和街14号	100176
26	北京	留学人员海淀创业园	010-82898748	010-62984933	海淀区上地信息中路26号中关村创业大厦	100085
27	北京	清华创业园	010-62772742 010-62772743 010-62772744 010-62776611	010-62780883	北京清华科技园学研大厦A308	100084
28	北京	中关村科技园区丰台园科技创业服务中心	010-63747737	010-63728448	北京丰台科学城科兴路9号	100070
29	北京	中关村科技园区海淀园创业服务中心	010-62984933	010-82898748	北京市海淀区上地信息路26号中关村创业大厦	100085
30	福建	福建省高新技术创业服务中心	0591-87857412 0591-87645521	——	福州市工业路611号	350002
31	福建	福州市高新技术产业创业服务中心	0591-83856501	0591-83856501	福州市工业路北段548号创业大厦	350000
32	福建	泉州市高新技术创业服务中心	0595-22492466	0595-22490101	泉州经济技术开发区德泰路51号A101	362000
33	福建	厦门高新技术创业中心	0592-3923888	0592-3923999	厦门留学人员创业园创业大厦1楼	361000
34	福建	厦门海峡科技创业促进有限公司	0592-2381200	0592-2381201	厦门火炬高新区创业园创业大厦1楼	361001
35	福建	厦门软件产业投资发展有限公司	0592-2513132	0592-2513132	厦门市软件园	361005
36	甘肃	甘肃省高科技创业服务中心	0931-8275269	0931-8278010	兰州市科技街119号	730030
37	甘肃	兰州高新技术产业开发区创业服务中心	0931-2160660	0931-2160667	兰州市张苏滩575号创业服务中心	730010
38	广东	东莞市留学人员创业园	0769-22891329 0769-22891126 0769-22891386	0769-22892316	东莞松山湖高新技术产业开发区管委会A5幢二楼	523808
39	广东	广东拓思软件科学园有限公司	020-88508025	020-88508025	广州市天河东路153号富海商业中心D01B室	510620
40	广东	广州国际企业孵化器有限公司	020-32290210		广州科学城掬泉路3号	510663
41	广东	广州火炬高新技术创业服务中心	020-32290810 020-32290813	020-32299779	广州科学城揽月路80号广州科技创新基地综合服务楼709室	510663

序号	地区	单　位	电　话	传　真	地　址	邮　编
42	广东	广州市高新技术创业服务中心	020-85513896	010-85519192	广州市天河东路广州高新技术创业服务中心A座7楼	510620
43	广东	广州市海珠高新技术创业服务中心	020-89225131 020-89225040 020-89226132	020-89225984	广州市广州大道南敦和路189号	510300
44	广东	华南理工大学国家大学科技园	020-87111098 020-87111298 020-87111798	020-87112133	广州市天河区五山路华南理工大学北区科技园1栋303	510640
45	广东	中山火炬高技术创业中心有限公司	0760-85316969 0760-88292232	0760-86749879	中山火炬开发区康乐大道创业大厦一楼	528400
46	广东	珠海高新技术创业服务中心	0756-3629999 0756-3629996	0756-3629900	珠海市科技创新海岸一期科技一路十号民营科技创业大厦一楼	517000
47	广西	桂林科技创业服务中心	0773-5815692 0773-5817229	0773-5819274	桂林市空明西路高新创业大厦	541004
48	广西	柳州高新技术创业服务中心	0772-3998100	0772-3998138	柳州高新一路15号科技工业苑11层	545000
49	广西	南宁新技术创业者中心	0771-3213233	0771-3216700	南宁市科园大道68号	530031
50	贵州	贵阳高新技术产业开发区创业服务中心	0851-6317726	0851-6317069	贵阳市高新开发区火炬大厦	550018
51	贵州	贵阳高新技术创业服务中心	0851-4700588	0851-4701009	贵阳市金阳新区长岭南路创业大厦6F	550022
52	贵州	贵阳中药现代化高新技术创业服务中心	0851-5561993	0851-5562953	沙冲南路药用植物园	550002
53	哈尔滨	哈尔滨高科技创业中心	0451-2323046 0451-2323005	0451-2321334	哈尔滨嵩山路哈尔滨高科技创业中心	150090
54	哈尔滨	哈尔滨高科科技企业孵化器有限公司	0451-82312493	——	哈尔滨市南岗区集中开发区34号楼	150090
55	哈尔滨	哈尔滨工业大学国家大学科技园发展有限公司	0451-82518338 0451-82588092	0451-87525592	哈尔滨市南岗区邮政街434号	150070
56	哈尔滨	哈尔滨金华科技企业孵化器	0451-86305045 0451-55592502	0451-55592502	哈尔滨市南岗区汉广街41号	150070
57	哈尔滨	哈尔滨龙计电子技术创业中心	0451-82315306 0451-82311839	——	哈尔滨市香坊区珠江路62号	150036
58	河北	保定高新技术创业服务中心	0312-3150045	——	保定市新市区高新区创业中心118号	071051
59	河北	沧州市科技创业中心	0317-3090784	0317-3090425	沧州经济开发区东海路18号	061001
60	河北	邯郸高新技术创业服务中心	0310-8067891	——	邯郸市开发区世纪大街2号	056000
61	河北	秦皇岛经开区高新技术企业创业服务中心	0335-8576605 0335-8576607 0335-8576613	0335-8576677	秦皇岛经济技术开发区龙海道69号科技大厦407 408室	066004

序号	地区	单　位	电　话	传　真	地　址	邮　编
62	河北	三河燕郊东湖孵化器有限公司	0316-3357700	——	三河市燕郊开发区创业大厦	101600
63	河北	石家庄高新技术创业服务中心	0311-83820540	0311-83825920	石家庄市新石北路368号创业大楼4楼409室	050091
64	河北	唐山高新技术创业中心	0315-3855847	0315-3855847	唐山市高新技术产业园区唐山高新技术创业中心	063020
65	河南	安阳高新技术创业服务中心	0372-3725777	0372-3725777	安阳开发区长江大道285号	455000
66	河南	河南省大学科技园发展有限公司	0371-67989938	0371-67986162	郑州国家高新技术产业开发区长椿路11号3d	450001
67	河南	河南省新乡高新技术创业服务中心	0373-3539962 0373-3539963	0373-3539964	新乡高新区创业路1号	453003
68	河南	河南专利孵化转移中心有限公司	0371-67896677	0371-67896678	郑州高新科技开发区瑞达路96号	450001
69	河南	焦作高新技术创业服务中心	0391-3563636 0373-3563660	——	焦作市高新区神州路西段	454003
70	河南	洛阳高技术创业服务中心	0379-64323381	0379-64311036	洛阳高新技术开发区丰华路6号	471000
71	河南	漯河高新技术创业服务中心	0395-2627220	——	湘江东路	462000
72	河南	南阳高新技术创业服务中心	0377-3587152	——	南阳市南阳市卧龙区七里园乡高新路中段	473000
73	河南	郑州高新技术产业开发区创业中心	0371-67980787 0371-67981233	0371-67981233	郑州高新技术产业开发区瑞达路96号	450001
74	黑龙江	大庆高新技术创业服务中心	0459-6282539	0459-6282536	大庆高新区高新路12号	163000
75	湖北	汉口高新技术创业服务中心	027-82843208	027-82822970	武汉市江汉区江兴路6号	430000
76	湖北	湖北黄石磁湖科技创业服务中心	0714-6355058	0714-6355058	黄石市杭州西路89号磁湖创业中心B栋6楼	435003
77	湖北	湖北武汉国家农业科技园创业中心	027-87292392	027-52237599	武汉珞狮南路517号	430070
78	湖北	湖北黄石磁湖科技创业服务中心	0714-6355058	0714-6358508	黄石市杭州西路磁湖创业中心B栋6楼	435003
79	湖北	荆州高新技术产业开发区创业服务中心	0716-8218282 0716-6672045	0716-4107896	荆州市江津东路155	434000
80	湖北	武汉东湖新技术创业服务中心	027-87412659	027-59715238	武汉东湖新技术开发区光谷创业街七号楼二楼	430074
81	湖北	武汉海峡高新技术创业服务中心	027-59317828	027-83891127	武汉市东西湖区吴家山五环南路38号	430040
82	湖北	武汉华工科技企业孵化器	027-87522618 027-87522718	027-87522800	武汉市珞喻路243号华工科技产业大厦	430074

序号	地区	单　位	电　话	传　真	地　址	邮　编
83	湖北	武汉留学生创业管理中心	027-87617337	027-87617342	武汉东湖新技术开发区华光大道18号高科大厦	430074
84	湖北	武汉市洪山高新技术创业服务中心	027-87452150	027-87452150	武汉洪山区卓刀泉珞喻路424号	430079
85	湖北	武汉市青山区高新技术创业服务中心	027-8689047	027-8689047	武汉市青山区冶金大道35号	430080
86	湖北	武汉市武昌科技创业中心	027-88936261 027-88936263	027-88936261	武汉市武昌区中山路307号	430064
87	湖北	武汉新材料科技企业孵化器	027-83495325	027-83495582	武汉市硚口区古田五路17号	430034
88	湖北	武进高新技术创业服务中心	0519-86322963	0519-86574082	武进高新技术产业开发区人民东路158号	213161
89	湖北	襄阳高新技术创业服务中心	0710-3700606 0710-3700605	0710-3756011	襄阳市追日路2号高新区创业服务中心	441057
90	湖南	长沙高新技术创业服务中心	0731-2842001	0731-2842003	长沙市高新区麓谷基地麓景路2号	410205
91	湖南	湘潭国家高新技术创业服务中心	0732-58551810 0732-58551800	——	湘潭晓塘西路湘潭国家火炬创新创业园创新大厦	411100
92	湖南	株洲高新技术产业开发区创业服务中心	0733-8811372	0733-8836881	株洲市河西泰山路标准厂房A1栋303号	412007
93	吉林	长春科技创业服务中心	0431-85542422	0431-85528550	长春硅谷大街4000号创业大厦916室	130012
94	吉林	吉林高新技术创业服务中心	0432-4648206	0432-4648207	吉林吉林市高新区深圳街86号	132013
95	江苏	常州市科技创业服务中心	0519-85106846	0519-85106846	常州市新北区高新科技园10号楼310室	213022
96	江苏	江阴高新技术创业园	0510-81602108	0510-81602220	江阴市澄江中路159号	214434
97	江苏	姜堰市高新技术创业中心	0523-8279309	0523-8279326	姜堰市人民中路261号	225500
98	江苏	昆山高新技术创业服务中心	0512-57798255	0512-57797621	昆山市玉山镇望山南路336号	215300
99	江苏	南京江宁高新技术创业服务中心	025-87180588 025-87180588	——	南京市江宁天元路莱茵东郡对面	221128
100	江苏	南京金港科技创业中心	025-8550211	025-85551103	南京市和燕路251-1号金港大厦A座14楼	210028
101	江苏	南京科技创业服务中心	025-58843277	025-58841993	南京高新区15号楼6楼	210061
102	江苏	南通高新技术创业中心有限公司	0513-85289501 0513-85289502	0513-85289528	南通市工农路488号	226007
103	江苏	苏州高新技术创业服务中心	0512-8252537 0512-8252021	0512-8252195	苏州金山路2号	215011

序号	地区	单　位	电　话	传　真	地　址	邮　编
104	江苏	苏州工业园科技发展有限公司	0512-8233558	0512-8251580	苏州高新技术产业开发区	215011
105	江苏	苏州工业园区国际科技园	0512-62529888	0512-62529777	苏州工业园区金鸡湖大道1355号	215021
106	江苏	苏州国环节能环保创业园管理有限公司	0512-85188555	0512-85188556	苏州高新区鹿山路369号	215000
107	江苏	苏州市沧浪科技创业园管理有限公司	0512-65238243	0512-65238243	苏州市十梓街327号沧浪创业园	215002
108	江苏	苏州市吴中科技创业园	0512-65270617	0512-65270617	苏州市东吴北路31	215000
109	江苏	泰州市高新技术创业服务中心	0523-82111189	——	泰州市经济技术开发区江洲南路105号	225300
110	江苏	无锡高新技术创业发展有限公司	0510-85221744	0510-85213590	无锡新区科技园四区115室	214028
111	江苏	无锡高新技术创业服务中心	0510-88084043	0510-85213590	无锡市长江路7号科技园1楼	214000
112	江苏	扬州高新技术创业服务中心	0514-87963837 0514-87898911	0514-85126567	扬州市邗江中路119号	225009
113	江苏	苏州张家港市高新技术创业服务中心	0512-58541118 0512-58541960	——	张家港市国泰北路1号	215600
114	江苏	镇江高新技术创业服务中心	0511-83378271	——	镇江新区金港大道98号	212000
115	江西	江西高技术产业发展有限责任公司	0791-8110230	0791-8110230	南昌市高新区火炬大街201号孵化大楼8层	330029
116	江西	江西省高新技术创业服务中心	0791-8316173	0791-8302703	南昌市北京东路171号	330029
117	江西	南昌大学科技园发展有限公司	0791-8100252	——	南昌市南昌市高新开发区高新大道589号	330009
118	江西	南昌高新开发区创业服务中心	0791-8106441	0791-8105891	南昌高新技术开发区高新二路18号高新创业园	330029
119	辽宁	鞍山高新技术创业服务中心	0412-5211326 0412-5211553	0412-5212221	中国鞍山市千山路366号	114051
120	辽宁	大连科技创业大厦管理有限公司	0411-84662018	——	大连市高新技术产业园区黄浦路439号	116023
121	辽宁	大连市高新技术创业服务中心	0411-84791773	0411-84792713	大连市高新园区七贤岭产业化基地火炬路1号	116023
122	辽宁	大连市理想光电技术孵化创业中心	0411-84798942	——	大连市高新园区火炬路35号	116000
123	辽宁	大连市民营科技企业创业中心	0411-86511120	——	大连市甘井子区华东路94号	116000
124	辽宁	大连市沙河口区天河科技创业服务中心	0411-66886001	——	大连市沙河口区西南路730号	116000

序号	地区	单　位	电　话	传　真	地　址	邮　编
125	辽宁	大连双D港创业孵化有限公司	0411-87407946 0411-87407747	——	大连市双D港辽河东路11号	116000
126	辽宁	锦州高新技术创业服务中心	0416-3880209	0416-3880209	锦州市锦州市高新区雨露街29号	121013
127	辽宁	沈阳昂立信息技术有限公司	024-83780500 024-83780577	024-83780528	沈阳市浑南新区高歌路2号	110179
128	辽宁	沈阳东大科技企业孵化器有限公司	024-83680000	024-83685000	沈阳市和平区三好街84-8号易购302室	110004
129	辽宁	沈阳高新技术创业服务中心	024-23745004	024-23745002	浑南产业区世纪路1号A座4楼	110179
130	辽宁	沈阳先进制造技术产业有限公司	024-23826127	024-23826127	沈阳市浑南新区飞云路18号	110168
131	内蒙古	包头国家科技创业中心	0472-5154670 0472-5307192	0472-5165902	包头市青山区钢铁大街24号	14030
132	宁夏	宁夏高新技术创业服务中心	0951-5032946	0951-5034668	银川市银川公园街8号	750001
133	山东	东营市高新技术创业服务中心	0546-8302826	——	东营市东营区南二路	257000
134	山东	东营市黄河口高新技术企业创业园	0546-7710767 0546-3661318 0546-3632976	0546-7710767	东营市河庆路179号	257000
135	山东	济南高新技术创业服务中心	0531-88037860 0531-88037852 0531-88037853	0531-88912544	济南市花园路40号火炬大厦	250100
136	山东	济南腊山高新技术创业服务中心	0531-87502766	0531-87502766	济南市腊山路断店南路18号	250022
137	山东	济南历下软件创业服务中心	0531-83197007	——	济南历下区花园路189号	250000
138	山东	济南民营科技企业孵化器	0531-65993686	0531-8542661	济南市槐荫区新沙北路20号	250118
139	山东	济宁高新技术创业服务中心	0537-2363259	——	济宁吴泰达路18号	272000
140	山东	聊城市高新技术创业服务中心	0635-8517111	0635-8517111	聊城市聊城开发区黄河路16号	252000
141	山东	临沂高新技术创业服务中心	0539-7109092	0539-7109096	临沂高新技术产业开发区新华路西段创业大厦	276017
142	山东	青岛高新技术创业服务中心	0532-8999209	——	青岛市高新技术产业开发区秦限公司岭路北首创业大厦106房间	266061
143	山东	青岛经济技术开发区高科技创业服务中心	0532-6988733	——	青岛市经济技术开发区香江路110号	266555
144	山东	泰安高新技术创业服务中心	0538-8517722 0538-8515685	0538-8515685	泰安高新区泰山科技城	271000
145	山东	威海高技术创业服务中心	0631-5817920	0631-5817413	威海市文化中路80号-1	264200

序号	地区	单　位	电　话	传　真	地　址	邮　编
146	山东	威海火炬高技术产业开发区高新技术创业服务中心	0631-5687755	0631-5687755	威海市高技区沈阳路108号创业大厦702室创业服务中心	264209
147	山东	潍坊高新技术创业服务中心	0536-2999001 0536-2999006	0536-8883305	潍坊玉清东街东首高新大厦	261061
148	山东	烟台高新技术创业服务中心	0535-6719565	0535-6719500	烟台市莱山区迎春大街133号	264003
149	山东	烟台留学人员创业园区	0535-6385289 0535-6370563	——	烟台经济技术开发区珠江路28号科技大厦	264006
150	山东	淄博高新技术创业服务中心	0533-3583053 0533-3583090	0533-3580205 0533-3583091	淄博高新区政通路135号	255086
151	山西	山西科伟通新技术发展有限公司	13903438448	——	金刚堰路68号捷利大厦5号	030009
152	山西	山西省高新技术创业中心	0351-7039500	0351-2209903	太原市长治路249号	030006
153	陕西	宝鸡高科技创业服务中心	0917-3322901	0917-3322911	宝鸡市火炬路6号创业大厦	721006
154	陕西	陕西启迪科技园发展有限公司	029-88335524	029-88335500	西安市高新区科技二路65号	710075
155	陕西	西安创业园投资管理有限公司	029-88350286	029-88333608	西安锦业路一号都市之门1906室	710075
156	陕西	西安高新技术产业开发区创业园发展中心	029-81882280	——	西安高新区锦业路69号-瞪羚谷	710077
157	陕西	西安光电子专业孵化器有限责任公司	029-88452501	029-88452501	西安市科技二路77号西安光电园A-206	710075
158	陕西	西安航空科技创新服务中心	029-86856805	029-86856685	西安阎良区蓝天路5号	710089
159	陕西	西安集成电路设计专业孵化器	029-88338299	029-88330680	西安市高新技术产业开发区科技三路57号403	710075
160	陕西	西安交大科技园高新技术创业服务中心	029-83399995	029-83398008	西安市雁翔路99号	710000
161	陕西	西安联创生物医药孵化器有限公司	029-88330257	——	锦业路69号C区1号创新广场C栋二层	710075
162	陕西	西安软件园发展中心	029-87669966	029-87669418	西安市科技二路72号零壹广场10层	710065
163	陕西	西安伟盛电子信息发展有限公司	029-68687631	——	西安高新区沣惠南路34号	710000
164	陕西	杨凌农业高新技术产业示范区创业服务中心	029-87035538	029-87035398	杨凌市神农路16号创业大厦	712100
165	上海	上海八六三信息安全产业基地有限公司	021-51311111	021-51311863	上海市张江园区张衡路200号2号楼	201204
166	上海	上海漕河泾新兴技术开发区科技创业中心	021-64850000 021-64859900	021-64850523	上海市宜山路900号科技大楼A区17楼	200233

序号	地区	单 位	电 话	传 真	地 址	邮 编
167	上海	上海都市工业设计中心有限公司	021-51905956 021-51905958	021-51905957	上海市张江高科技园区达尔文路88号3号楼1楼	201203
168	上海	上海复旦科技园高新技术创业服务有限公司	021-55664273 021-65643881	——	上海市邯郸路220号100号楼	200433
169	上海	上海虹口区科技创业中心	021-65423367 021-65423138 021-65127424	——	上海市虹口区汶水东路51号	200437
170	上海	上海慧谷高科技创业中心	021-64287630 021-65146906	——	上海虹桥路333号209室	200030
171	上海	上海聚科生物园区有限责任公司	021-54486360 021-54489815	021-54489815	上海市漕宝路500号3号楼2楼	200233
172	上海	上海上大科技园发展有限公司	021-56331163	021-56332492	上海市延长路149号(上海大学科技楼510室)	200072
173	上海	上海市科技创业中心	021-64839007	021-64833567	上海市钦州路100号	200235
174	上海	上海市青浦区科技创业中心	021-69714321 021-69713738	021-69714321	上海青浦区青浦镇公园东路1155号	201700
175	上海	上海同济科技园孵化器有限公司	021-65980270 021-65980176	021-65980246	上海市杨浦区赤峰路65号105室	200092
176	上海	上海微电子设计有限公司	021-53081327 021-53081877	021-53081877 -815	北京东路668号科技京城C区709室	200001
177	上海	上海莘闵高新技术开发有限公司	021-34121257 021-54132113	021-54133124	上海市闵行区沪闵路6555号1604室	201100
178	上海	上海杨浦高新技术创业服务中心	021-55663061	021-65116218	上海市杨浦区国定路335号	200433
179	上海	上海张江高新技术创业服务中心	021-68796879	021-68793018	上海张东路1387号16号楼(近金秋路)	201203
180	上海	上海张江药谷公共服务平台有限公司	021-58555018	021-58558075	上海市张江高科技园区蔡伦路780号四楼J座	210203
181	深圳	深港产学研基地	0755-26737454	0755-26737080	深圳市高新技术产业园南区深港产学研基地大楼	518057
182	深圳	深圳市宝安区科技创业服务中心	0755-27960000	0755-27948686	深圳市宝安区桃花源科技创新园	518102
183	深圳	深圳市北科创业有限公司	0755-26888600 0755-26888620	0755-26821665 0755-26888628	深圳市蛇口南海大道1077号北科创业大厦5楼	518067
184	深圳	深圳市福田区高新技术创业中心	0755-83632639	——	深圳市福田区松岭路1号	518048
185	深圳	深圳市科技创业服务中心	0755-83699801	0755-3233776	深圳市上步中路科学馆四楼	518031
186	深圳	深圳市留学生创业园有限公司	0755-86329000	0755-86329004	深圳市高新区南区留学生创业大厦2101室	518057
187	深圳	深圳市龙岗区科技创业服务中心	0755-28938005	0755-28938001	深圳市龙岗区中心城清林西路	518111

序号	地区	单　位	电　话	传　真	地　址	邮　编
188	深圳	深圳市南山区科技创业服务中心	0755-6978195 0755-6978313 0755-6978715	0755-6978664	南山区麒麟路1号南山创业大厦	518052
189	深圳	深圳虚拟大学园管理服务中心	0755-26551558	0755-26551544	深圳市高新技术产业园区南区深圳虚拟大学园大楼	518057
190	四川	成都高新技术创业服务中心	028-85184340 028-85184371	028-85184196	成都高新区科园2路1号	610041
191	四川	成都高新区技术创新服务中心	028-85177978 028-85335555	028-87859028 028-85312171	成都天府大道南延县高新孵化园创新服务中心	610000
192	四川	成都高新区教育科技园孵化器	028-85317056	——	成都高新区府城大道西段399号	610017
193	四川	成都天河中西医科技保育有限公司	028-66070516	028-66070666	成都市天府大道南延线高新孵化园1号楼B座3FC7	610000
194	四川	成都武侯高新技术创业服务中心	028-87426656 028-87420738	028-87423797	成都市武青南路33号	610045
195	四川	绵阳高新区创业服务中心	0816-2546170	0816-2546170	绵阳市高新区绵兴东路167号	621000
196	四川	四川川大科技园发展有限公司	028-85407378 028-85403438	028-85407378	成都市四川大学（望江校区）科技创新中心6楼	610065
197	天津	天津海泰企业孵化服务有限公司	022-23788200	022-23788200	天津市华苑产业区海泰发展六道6号海泰绿色产业基地F座3门201室	300384
198	天津	天津华科企业孵化服务有限公司	022-83710601	022-83710601	天津滨海高新区华苑产业区开华道7号313室	300384
199	天津	天津火炬鑫茂创业服务有限公司	022-83711569	——	天津市南开区华苑产业区鑫茂科技园E座一层A单元	300384
200	天津	天津市科技创业服务中心	022-87891084	022-87890535	天津市南开区科研西路12号	300192
201	天津	天津泰达国际创业中心	022-66211500	022-66211504	天津开发区第4大街80号天大科技园A1-4	300457
202	天津	天津泰达津联国际创业中心有限公司	022-66211500	022-66211504	天津开发区第四大街80号天大科技园内A1座4层	300457
203	天津	天津新技术产业园区国际创业中心	022-83710085	022-83710936	天津市华苑产业区华天道2号火炬大厦	300190
204	新疆	乌鲁木齐高新区高新技术创业服务中心	0991-3671688	——	乌鲁木齐市东路16号创业大厦	830011
205	云南	昆明创新园科技发展有限公司	0871-7275192 0871-7275597	0871-7275192	昆明市官渡区昆明经济技术开发区经信息产开路3号	650217
206	云南	昆明高新技术创业服务中心	0871-8180563 0871-8181219	0871-8181219	昆明二环西路220号云南软件园产业楼527室	650118
207	云南	昆明高新五华科技园创业服务中心	0871-6244701	0871-6244701	昆明市学府路690号金鼎科技园综合业务楼7楼	650033
208	云南	昆明经济技术开发区新兴产业孵化器	0871-7274962	——	昆明经济技术开发区云大西路39号	650000

序号	地区	单　位	电　话	传　真	地　址	邮　编
209	浙江	长兴民营科技园发展有限公司	0572-6210520	0572-6210520	长兴县经济开发区经二路与县前街交口处	313100
210	浙江	杭州高新技术产业开发区科技创业服务中心	0571-88218885 0571-88218865	0571-88073859	杭州市文三路199号	310012
211	浙江	杭州市拱墅区科技创业中心	0571-28885170	0751-88392824	杭州市拱墅区古河巷56号	310005
212	浙江	杭州市上城区科技创业中心	0571-87703000 0571-87911883	0571-87703008	杭州市紫金观巷26号	310003
213	浙江	湖州科技创业服务中心	0572-2607105 0572-2607218	0572-2607207	湖州市青铜路699号	313000
214	浙江	嘉兴市嘉善县科技创业服务中心	0573-84291088 0573-84291087	0573-84291082	嘉善县晋阳东路568号嘉善科技创业服务中心（中心楼8层）	314100
215	浙江	嘉兴科技创业服务中心	0573-82651770	0573-82651779	嘉兴市城南路1369号科技创业服务中心	413000
216	浙江	金华科技园创业服务中心有限公司	0579-82370521	0579-82381712	金华日报社15楼	321017
217	浙江	临安市科技孵化中心	0571-63752438 0571-63758628	——	杭州市临安市科技大楼	311300
218	浙江	宁波保税区（出口加工区）科技促进中心	0574-86821157	0574-86869112	宁波保税区大厦6楼	315800
219	浙江	宁波经济技术开发区科技创业园服务中心	0574-86783590 0574-86783586	0574-86783589	宁波北仑明州西路179号金贸大厦5楼	315800
220	浙江	宁波市科技创业中心	0574-87904879	0574-87907875	宁波市科技园区院士路66号	315040
221	浙江	绍兴市高新技术创业服务中心	0575-8647623	——	绍兴市高新技术创业服务中心	312000
222	浙江	温州高新技术产业园区创业服务中心	0577-86581008	0577-86581003	温州高新技术产业园区创业园（中兴大道）	325011
223	浙江	浙江大学科技园发展有限公司	0571-87952498	0571-87952499	杭州玉古路20号大学内	310027
224	重庆	重庆大学科技园孵化器	023-67300626	023-68603354	重庆市北部新区黄山大道中段杨柳路2号	401123
225	重庆	重庆高技术创业中心	023-68617931	023-68603354	重庆市北部新区黄山大道中段杨柳路2号B栋4楼	401123
226	重庆	重庆高新技术产业开发区创新服务中心	023-68606224	023-68694994	重庆市高新区石桥铺科园一路5号	400039

五、留学生创业园

序号	地区	单　位	电　话	传　真	地　址	邮　编
1	北京	北京市留学人员海淀创业园	010-82898748	010-62984933	北京市海淀区上地信息路26号中关村创业大厦	100085
2	上海	上海张江高科技园区	021-50801818	021-50800686	上海市浦东新区龙东大道200号	201203

序号	地区	单　位	电　话	传　真	地　址	邮　编
3	上海	上海留学人员创业园嘉定园	021-69529050	021-64717121	上海市嘉定区叶城路1288号	200031
4	天津	天津新技术产业园区留学生创业园	022-83710085	022-83710936	天津市华苑产业区华天道2号火炬大厦	300190
5	重庆	重庆留学人员创业园	023-68606224	023-68694994	重庆北部新区高新园星光大道1号星光大厦A座2楼	401121
6	福建	福建留学人员创业园	0591-87676733	0591-87677833	福州东大路36福建人才大厦六层	350000
7	福建	厦门留学人员创业园	0592-3923888	0592-3923999	厦门留学人员创业园创业大厦 一层	361000
8	广东	留学人员广州创业园	020-82111956	020- 82111926	广州经济技术开发区宝石路11号	510730
9	广西	桂林留学人员创业园	0773-5815692	0773-5819274	桂林市空明西路高新创业大厦	541004
10	湖北	武汉留学人员创业园	027-87617337 027-87617342 027-87464705	027-87617342	武汉东湖开发区华光大道18号高科大厦6018室	430074
11	吉林	长春海外学人创业园	0431-5542433	0431-5528550	长春市高新开发区硅谷大街4000号 创业大厦916A	130012
12	江苏	江苏昆山留学人员创业园	0512-57320198	0512-57375605	昆山长江南路留学人员创业园	215300
13	江苏	苏州留学人员创业园	0512-68252537	0512-68256218	苏州新区竹园路209号	215000
14	辽宁	大连留学人员创业园	0411-84790268 0411-84791773	0411-84792713	大连高新园区七贤岭产业化基地高新街3号	116023
15	辽宁	沈阳海外学子创业园	024-23745004	024-23745002	沈阳浑南产业区世纪路1号A座4楼	110179
16	山东	济南留学人员创业园	0531-88037851	0531-88912544	济南市花园路40号火炬大厦	250100
17	山东	烟台留学人员创业园	0535-6385289	0535-6379571	烟台经济技术开发区珠江路28号科技大厦10楼	264006
18	四川	成都留学人员创业园	028-85177978	028-85177578	成都市高新技术产业开发区起步区	610000
19	浙江	宁波保税区留学人员创业园	0574-86820176	0574-86869112	宁波北仑保税区东区创业大楼3楼	315800
20	浙江	杭州市留学人员创业园	0571-8061990 0571-8217847	0571-8060687	浙江省杭州市文三路199号创业大厦7楼	310012
21	陕西	西安留学人员创业园	029-88210064 029-88225981	029-88236567	西安高新区高新一路25号创新大厦2层	710075
22	黑龙江	哈尔滨海外人员创业园	0451-82320052	0451-82344005	哈尔滨高新技术产业开发区南岗集中区红旗大街162号	150090
23	安徽	合肥留学人员创业园	0551-5311479 0551-5311218	0551-5312330	合肥天元路1号	230088

六、特色产业基地

地区	产业基地名称
北京	北京大兴新媒体产业基地
	大兴节能环保特色产业基地
上海	上海南汇医疗器械产业基地
	上海张堰新材料深加工产业基地
	上海奉贤输配电产业基地
	上海安亭汽车零部件产业基地
	上海青浦新材料产业基地
	环同济研发设计服务特色产业基地
	上海枫泾新能源特色产业基地
重庆	重庆九龙轻合金特色产业基地
	重庆渝北汽车摩托车制造及现代服务特色产业基地
安徽	铜陵电子材料产业基地
	无为特种电缆产业基地
	亳州中药特色产业基地
	安庆汽车零部件高新技术特色产业基地
	芜湖节能环保汽车及零部件高新技术特色产业基地
	滁州家电设计与制造特色产业基地
	蚌埠精细化工特色产业基地
	合肥公共安全信息技术特色产业基地
福建	泉州微波通信产业基地
	德化陶瓷产业基地
	莆田液晶显示产业基地
	厦门视听通讯产业基地
	厦门钨材料产业基地
	厦门电力电器产业基地
	泉州电子信息特色产业基地
	建瓯笋竹科技特色产业基地
甘肃	白银有色金属新材料及制品产业基地
广东	湛江海洋产业基地
	佛山精密制造产业基地
	佛山自动化机械及设备产业基地
	佛山新材料产业基地
	江门新材料产业基地
	中山（临海）装备制造产业基地
	佛山电子电器产业基地
	江门纺织化纤产业基地
	顺德家用电器产业基地
	汕头光机电产业基地
	广州花都汽车及零部件产业基地
	汕头金平轻工机械装备制造产业基地

地区	产业基地名称
广东	惠州数码视听产业基地
	汕头澄海智能玩具创意设计与制造产业基地
	肇庆金属新材料产业基地
	中山小榄金属制品产业基地
	中山市古镇照明器材设计与制造产业基地
	东莞市长安模具产业基地
	惠州仲恺激光头产业基地
	汕头市龙湖输配电设备产业基地
	东莞市虎门服装设计与制造产业基地
	广州高新区环保新材料产业基地
	阳江五金刀具产业基地
	茂名石化产业基地
	中山日用电器特色产业基地
	中山精细化工特色产业基地
	中山电梯特色产业基地
	东莞石龙数码办公设备特色产业基地
	江门半导体照明特色产业基地
贵州	遵义航天军转民（装备制造）产业基地
河北	保定新能源与能源设备产业基地
	唐山陶瓷材料产业基地
	承德仪器仪表产业基地
	唐山焊接产业基地
	宁晋太阳能硅材料产业基地
	邯郸新材料产业基地
	廊坊信息产业基地
	安国现代中药产业基地
	衡水工程橡胶特色产业基地
	大城保温建材特色产业基地
河南	濮阳生物化工产业基地
	河南超硬材料产业基地
	济源矿用机电产业基地
	郑州精密合金产业基地
	长垣起重机械产业基地
	焦作汽车零部件特色产业基地
	新乡生物医药特色产业基地
	国家火炬开封空分设备特色产业基地
黑龙江	牡丹江特种材料产业基地
	哈尔滨抗生素产业基地
	哈尔滨发电设备产业基地
	大庆市宏伟石化产业基地
	大庆新型复合材料及制品产业基地

地区	产业基地名称
黑龙江	哈尔滨汽车制造特色产业基地
	齐齐哈尔重型机械装备特色产业基地
	大庆石油石化装备制造特色产业基地
	哈尔滨新媒体特色产业基地
湖北	葛店生物技术与新医药产业基地
	谷城节能与环保产业基地
	武汉新材料产业基地
	十堰汽车关键零部件产业基地
	武汉汽车电子产业基地
	襄阳汽车动力与部件产业基地
	应城精细化工新材料产业基地
	武汉青山环保产业基地
	襄阳节能电机与控制设备产业基地
	武汉江夏装备制造特色产业基地
	湖北安陆粮食机械特色产业基地
	武汉阳逻钢结构特色产业基地
湖南	浏阳生物医药产业基地
	益阳先进制造技术产业基地
	衡阳输变电装备产业基地
	湘潭机电一体化产业基地
	株洲硬质合金产业基地
	株洲中小航空发动机特色产业基地
吉林	通化生物医药产业基地
	敦化中药产业基地
	吉林电力电子产业基地
	通化县中药产业基地（长白山药谷）
江苏	海门新材料产业基地
	昆山传感器产业基地
	连云港新医药产业基地
	吴中医药产业基地
	江苏沿江对俄合作高新技术产业基地
	姜堰汽车关键零部件产业基地
	吴江光电缆产业基地
	扬中电力电器产业基地
	镇江光电子与通信元器件产业基地
	宜兴非金属材料产业基地
	锡山新材料产业基地
	南通化工新材料产业基地
	丹阳新材料产业基地
	常熟高分子材料产业基地
	常州轨道交通车辆及部件产业基地
	常州市新北区“三药”科技产业基地
	昆山模具产业基地

地区	产业基地名称
江苏	武进特种材料产业基地
	南京市江宁电力自动化产业基地
	东海硅材料产业基地
	邗江数控金属板材加工设备产业基地
	惠山特种冶金新材料产业基地
	镇江沿江绿色化工产业基地
	南京市浦口生物医药产业基地
	金坛精细化学品产业基地
	靖江微特电机及控制产业基地
	太仓特种功能新材料产业基地
	通州电子元器件及材料产业基地
	苏州汽车零部件产业基地
	常熟电气机械产业基地
	南京精细化工产业基地
	泰兴精细与专用化学品产业基地
	泰州医药产业基地
	兴化特种合金材料及制品产业基地
	张家港精细化工产业基地
	江阴高性能合金材料及制品产业基地
	启东生物医药产业基地
	无锡新区汽车电子及部件产业基地
	盐城纺织机械产业基地
	扬州汽车及零部件产业基地
	徐州工程机械产业基地
	海安电梯设备产业基地
	宜兴电线电缆产业基地
	常州输变电设备产业基地
	无锡轻型多功能电动车产业基地
	昆山电路板特色产业基地
	盐城环保装备特色产业基地
	昆山可再生能源特色产业基地
	江宁可再生能源特色产业基地
	徐州经济开发区新能源特色产业基地
	金湖石油机械特色产业基地
	江阴风电装备特色产业基地
	惠山风电关键零部件特色产业基地
	海安建材机械装备特色产业基地
	扬州绿色新能源特色产业基地
	常州湖塘新型色织面料特色产业基地
	镇江特种船舶及海洋工程装备特色产业基地
	建湖石油装备特色产业基地
	扬州智能电网特色产业基地
	南京雨花现代通信软件特色产业基地
	盐城绿色能源特色产业基地

地区	产业基地名称
江苏	宜兴环保装备制造及服务特色产业基地
	无锡滨湖高效节能装备特色产业基地
江西	九江星火有机硅材料产业基地
	景德镇陶瓷新材料及制品产业基地
辽宁	大连双D港生物医药产业基地
	本溪中药科技产业基地
	锦州硅材料及太阳能电池产业基地
	鞍山柔性输配电及冶金自动化装备产业基地
	盘锦石油装备制造特色产业基地
	朝阳新能源电器特色产业基地
内蒙古	呼和浩特生物发酵特色产业基地
宁夏	石嘴山稀有金属材料及制品产业基地
	灵武羊绒产业基地
山东	济宁生物技术产业基地
	济南先进机电与装备制造产业基地
	禹城生物技术产业基地
	青岛新材料产业基地
	济宁工程机械产业基地
	鲁北海洋科技产业基地
	济南生物工程与新医药产业基地
	济南山大路电子信息产业基地
	淄博生物医药产业基地
	济宁纺织新材料产业基地
	泰安非金属新材料产业基地
	泰安输变电器材产业基地
	招远电子信息材料产业基地
	临沭复合肥产业基地
	淄博先进陶瓷产业基地
	淄博博山泵类产业基地
	烟台汽车零部件产业基地
	章丘有机高分子材料产业基地
	广饶盐化工特色产业基地
	济南太阳能特色产业基地
	德州新能源特色产业基地
	沂水功能性生物糖特色产业基地
	东营石油装备特色产业基地
	明水重型汽车先进制造特色产业基地
	淄博功能玻璃特色产业基地
	潍坊动力机械特色产业基地
	威海高新区办公自动化设备特色产业基地
	潍坊电声器件特色产业基地
	济宁光电特色产业基地
	广饶子午胎特色产业基地
	临朐磁电装备特色产业基地

地区	产业基地名称
山东	潍坊光电特色产业基地
山西	太原经济技术开发区煤机装备特色产业基地
陕西	西安高新区生物医药产业基地
	宝鸡钛产业基地
	宝鸡石油钻采装备制造特色产业基地
	宝鸡重型汽车及零部件特色产业基地
	西安航空特色产业基地
四川	成都电子信息产业基地
天津	天津现代纺织特色产业基地
新疆	乌鲁木齐米东石油化工和煤化工特色产业基地
	克拉玛依石油石化特色产业基地
浙江	富阳光通信产业基地
	乐清智能电器产业基地
	宁波电子信息产业基地
	新昌医药产业基地
	诸暨环保装备产业基地
	黄岩塑料模具产业基地
	海宁软磁材料产业基地
	绍兴纺织产业基地
	兰溪天然药物产业基地
	桐乡新型纤维产业基地
	萧山高性能机电基础件产业基地
	嘉兴电子信息产业基地
	平湖光机电特色产业基地
	上虞精细化工产业基地
	东阳磁性材料产业基地
	嘉善新型电子元器件产业基地
	临安电线电缆产业基地
	北仑注塑机产业基地
	海宁纺织新材料产业基地
	永嘉特种泵阀产业基地
	长兴无机非金属新材料产业基地
	宁波鄞州新型金属材料产业基地
	南浔特种电磁线产业基地
	台州市椒江缝制设备设计与制造产业基地
	浙江衢州氟硅新材料产业基地
	德清县生物与医药特色产业基地
	绍兴纺织装备特色产业基地
	嘉兴汽车零部件特色产业基地
	宁波江北先进通用设备制造特色产业基地
	宁波慈溪智能家电特色产业基地
	宁波鄞州汽车零部件特色产业基地
	宁波高新区绿色能源与照明特色产业基地

地区	产业基地名称
浙江	衢州空气动力机械特色产业基地
	宁波余姚塑料模具特色产业基地
浙江	浙江仙居甾体药物特色产业基地
	安吉竹精深加工特色产业基地

附录六　中国风险投资相关中介机构名录

一、会计师事务所

地区	单位名称	电　话	传　真	地　址	邮　编
北京	中瑞岳华会计师事务所	010-88091188	——	北京市西城区金融大街35号国际企业大厦A座8-9层	100140
北京	中审亚太会计师事务所有限公司	010-51716789	010-51716790	北京市复兴路47号天行建大厦22、23层	100036
北京	中喜会计师事务所	010-83915232	010-83913756	北京市西长安街88号首都时代广场422室	100031
北京	北京立信会计师事务所	010-65263618	010-65130555	北京市东长安街10号长安大厦三层	100006
北京	中兴华富华会计师事务所有限责任公司	010-68348138	010-68348135	北京市西城区阜外大街1号四川大厦东塔楼15层	100037
北京	中华财务会计咨询有限公司	010-68082303	010-68081470	北京市西城区月坛北街2号月坛大厦7层、23层	100045
北京	北京兴华会计师事务所	010-82250666	010-82250851	北京市西城区裕民路18号北环中心22层（总部）	100029
北京	长城会计师事务所	010-68768472	010-68768476	北京市海淀区紫竹院路车道沟甲八号	100089
北京	安永华明会计师事务所	010-58153000	010-85188298	北京东长安街1号东方广场东方经贸城东三办公楼16层	100738
北京	北京永拓会计师事务所	010-65950511	010-65955570	北京市朝阳区东大桥路关东店北街1号国安大厦13层	100020
北京	中和正信会计师事务所	010-58568855	010-58568876	北京市西城区月坛北街26号 恒华国际商务中心A座401室	100045
北京	京都天华会计师事务所有限公司	010-65264838	010-65227521	北京市朝阳区建外大街22号赛特广场5层	100004
北京	天职国际会计师事务所	010-88018766	010-88018737	北京市海淀区车公庄西路乙19号华通大厦B座	100048
北京	天健会计师事务所	010-62167760	010-62156158	北京市海淀区中关村南大街甲18号北京国际大厦B座17楼	100032
北京	毕马威华振会计师事务所	010-85085000	010-85185111	中国北京东长安街1号东方广场东2座8层	100738
北京	信永中和会计师事务所	010-65542288	010-65547190	北京市东城区朝阳门北大街8号富华大厦A座9层	100027
北京	国富浩华会计师事务所	010-88219191	010-88210558	北京市海淀区西四环中路16号院2号楼4层（五棵松桥北侧800米路东）	100039

地区	单位名称	电　话	传　真	地　址	邮　编
北京	立信大华会计师事务所	010-58350011	010-58350006	北京海淀区西四环中路十六号院7号楼12层	100039
北京	天健正信会计师事务所	010-59535588	010-59535599	北京市东城区北三环东路36号环球贸易中心A座22层	100013
北京	利安达会计师事务所	010-85866870	010-85866877	中国北京朝阳区八里庄西里100号住邦2000一号楼东区2008室	100025
北京	中审国际会计师事务所	010-68731010	010-68479956	北京市海淀区阜成路73号裕惠大厦	100142
北京	中准会计师事务所	010-88356177	010-88354837	北京市海淀区首体南路22号国兴大厦四层	100044
北京	中兴华富华会计师事务所	010-68348138	010-68348135	北京市西城区阜外大街1号四川大厦东塔楼15层	100037
北京	中天运会计师事务所	010-88395676	010-88395200	北京市西城区车公庄大街9号五栋大楼B1座七楼	100044
北京	中勤万信会计师事务所	010-68360123	010-68360123	北京市西直门外大街110号中糖大厦11层	100044
北京	华普天健会计师事务所	010-66001391	010-66001392	北京市西城区阜成门外大街22号外经贸大厦920-926	100037
北京	北京中天恒会计师事务所	010-88579518	010-88571033	北京市海淀区中关村南大街17号韦伯时代中心C座23层	100081
北京	华寅会计师事务所	010-62378528	010-62378010	北京市朝阳区华严里40号楼（中科院大气物理研究所院内）6层	100025
北京	北京天圆全会计师事务所	010-83914188	010-83915190	北京市西城区西长安街88号首都时代广场808室	100037
北京	北京中路华会计师事务所	010-51892201	010-68028642	北京市西城区月坛南街甲12号万丰怡和商务会馆506	100045
北京	中建华会计师事务所	010-51608233	010-51608251	北京市海淀区广源闸5号广源大厦三层	100081
北京	北京中兴新世纪会计师事务所	010-88611688	010-88217171	北京市海淀区西四环中路16号院7号楼16层	100083
北京	北京中平建华浩会计师事务所	010-52180718	010-52180721	北京市朝阳区和平街东土城路12号怡和阳光大厦C座10层	100013
北京	北京兴中海会计师事务所	010-51260222	010-83915187	北京市西城区西长安街88号首都时代广场10层1027-1029室	100031
北京	北京中瑞诚联合会计师事务所	010-66553366	010-66553380	北京市海淀区西直门北大街32号枫蓝国际中心写字楼A座1604室	100082
北京	北京公正会计师事务所	010-65543552	——	北京朝阳区东中街58号美惠大厦3单元604室	100027
北京	华建会计师事务所	010-68360384	010-68341481	北京市海淀区西直门北大街甲43号金运大厦B座16层南区	100083
北京	北京中润达会计师事务所	010-67075211	010-67075211	北京崇文区珠市口东大街4号西侧六层	100062

地区	单位名称	电 话	传 真	地 址	邮 编
上海	上海众华资产评估公司	021-64868066 021-64697182	021-64287001	上海市南丹路80号13楼	200122
上海	上海上会会计师事务所	021-52920000	021-52921369	上海市威海路755号文新报业大厦20楼	200041
上海	上海立信会计师事务所	021-63391166	021-63392558	上海市南京东路61号新黄浦金融大厦4楼	200002
上海	上海东华会计师事务所	021-64458590	021-64663920	上海市太原路87号(甲)	200031
上海	普华永道中天会计师事务所	021-23238888	021-23238800	上海市湖滨路202号普华永道中心11楼	200021
上海	德勤华永会计师事务所有限公司	021-61418888	021-63350003	上海市延安东路222号外滩中心30楼	200002
上海	毕马威振华会计师事务所(上海)	021-22122888	021-62881889	上海市南京路西路1266号恒隆广场50楼	200040
上海	上海宏大东亚会计师事务所	021-33011273 021-33011274 021-33011275 021-33011276	021-63567207	上海黄浦路106号红楼三楼	200080
上海	上海公信中南会计师事务所	021-63785350	021-63084377 021-63137194	上海市陆家浜路804弄28号	200011
上海	上海上审会计师事务所	021-63663688 021-63666967	021-63674211	上海河南南路665号18楼	200010
上海	上海迈伊兹会计师事务所	021-64078585	021-64483589	上海市徐汇区虹桥路1号港汇中心1座25楼	200030
上海	上海申洲大通会计师事务所	021-52918989	021-52918777	上海市中山北路1715号1201、1101室	200061
上海	上海琳方会计师事务所	021-60952899	021-60952833	曹杨路450号绿地和创大厦15楼	200063
上海	上海永诚会计师事务所	021-59850158	——	上海青浦区青浦镇城中西路西虹街6号	201700
天津	天津国信倚天会计师事务所	022-23142281 022-23142285 022-23142345 022-23394331 022-23394332	022-23142069	天津市和平区大沽北路157号国投大厦7层	300040
天津	北京华通鉴会计师事务所	022-27499563	022-27499563	天津市南开区白堤路186号天津电子科技中心1-1705	100011
天津	五洲松德联合会计师事务所	022-23193866	022-23559045	天津市和平区解放路188号信达大厦35层	300042
天津	立信中联闽都会计师事务所	022-23733333	022-23718888	天津市南开区宾水西道333号万豪大厦C区10层	300384
天津	天津中审联会计师事务所	022-26214239	022-26214049	天津市河西区友谊路19号	300201
重庆	重庆康华会计师事务所	023-63627798	023-63625914	重庆市渝中区中山三路168号中安国际大厦22层	400015

地区	单位名称	电　话	传　真	地　址	邮　编
重庆	天健光华（北京）会计师事务所有限公司重庆分所	023-86218000	023-86218621	重庆市渝中区人和街74号12楼	400015
重庆	重庆谛威会计师事务所	023-63885555	023-63885334	重庆市渝中区邹容路131号重庆世界贸易中心22楼	400010
深圳	深圳大华天诚会计师事务所	0755-82900952	0755-82900965	深圳市福田区滨河大道5022号联合广场B座11层	518026
深圳	深圳南方民和会计师事务所	0755-83781235 0755-83781856 0755-83781047	0755-83780119	深圳市福田区深南中路2072号电子大厦7-8楼	518031
深圳	深圳市鹏城会计师事务所	0755-83732888	0755-82237549 0755-82237546	深圳市福田区滨河大道5022号联合广场A座7楼	518033
福建	福建华兴会计师事务所	0591-87840354	0591-87852574	福州市湖东路152号中山大厦B座7-9层	350003
福建	厦门天健华天会计师事务所	0592-2218833	0592-2217555	厦门湖滨南路57号金源大厦17、18层	361004
甘肃	甘肃弘信会计师事务所	0931-8722260	0931-8722093	甘肃兰州市城关区皋兰路20号兴中大厦12楼	730000
广东	广东正中珠江会计师事务所	020-83859808	020-83800977	广州市东风东路555号粤海集团大厦10楼	510050
广东	立信羊城会计师事务所	020-38396233	020-38396216	中国广州市天河区林和西路9号耀中广场B座11楼	510610
广东	广东中诚安泰会计师事务所	0769-22829999	0769-22853333	东莞市南城区第一国际4号楼6、7楼	523082
广东	广东中天粤会计师事务所	020-38812228	020-38812228	广州市天河区天河东路155号骏源大厦20楼	510620
广东	东莞市德正会计师事务所	0769-22498888	0769-22452579 0769-22482391	广东省东莞市城区东城西路二号海联大厦7、8、9楼	523008
广东	广东中恒信会计师事务所	020-87533800	020-87518816 020-87533396	广东省广州市中山大道西63号电子科技大厦四楼	510630
广西	祥浩会计师事务所	0771-5535521	0771-5535500	广西南宁市嘉宾路2号新闻中心13楼	530022
河北	中兴财光华会计师事务所	0311-85929182	0311-85929189	石家庄市广安大街77号安侨商务四楼	050011
河北	河北天勤会计师事务所	0311-85180078	——	石家庄市南小街6号南花园步行街C座16楼	050051
河南	亚太（集团）会计师事务所	0371-65336666	0371-65336363	郑州市农业路22号兴业大厦	450008
湖北	武汉众环会计师事务所	027-85426261	027-85424329	武汉市解放大道单洞路口武汉国际大厦B座16楼	430022
湖北	湖北大信会计师事务所	027-82814094	027-82816985	武汉市中山大道1166号金源世界中心AB座7-8层	430013
湖南	湖南天职孜信会计师事务所	0731-82183800	0731-82183808	湖南省长沙市芙蓉区车站北路459号	410001

地区	单位名称	电　话	传　真	地　址	邮　编
湖南	湖南建业会计师事务所	0731-84452201	0731-84452201	长沙市天心区五一西路209号嘉顿.新天地商务楼10楼	410002
湖南	湖南天平正大会计师事务所	0731-82244306	0731-82244310	湖南省长沙市韶山北路86号鑫天大厦403室	410011
湖南	湖南恒基会计师事务所	0737-84164218	0731-82768200	湖南长沙市长沙市韶山路216号维一星城国际18楼	410011
江苏	江苏公证天业会计师事务所	0510-85210549	0510-85216612	江苏无锡市新区旺庄路52号	214028
江苏	江苏天华大彭会计师事务所	025-83734348	025-83716000	南京市山西路128号和泰国际大厦7楼	210024
江苏	江苏苏亚金诚会计师事务所	025-83231630	025-83235046	南京市云南路31-1号苏建大厦21-22层	210008
江苏	江苏天衡会计师事务所	025-84711188	025-84724882	江苏南京市新街口正洪街18号东宇大厦8楼	210005
江苏	南京永华会计师事务所	025-83311788	025-83309819	江苏省南京市中山北路26号8-10楼	210008
江苏	中一会计师事务所	0512-65201319	0512-65200476	苏州市东大街179号A401室	215007
江苏	南京立信永华会计师事务所	025-83311788	025-83309819	南京中山北路26号新晨国际大厦8-10层	210008
江苏	中天银会计师事务所	025-84722710	025-84726330	南京中山东路3号后楼办公室三层	210005
江苏	江苏华星会计师事务所	0512-67629618	0512-67628969	园区星海街198号星海大厦主楼12层（园区税务大楼西侧）	215021
江苏	江苏兴光会计师事务所	025-86634182	025-86632076	南京市山西路120号12-14楼	210009
山东	新联谊会计师事务所	0531-80995511	0531-80995508	济南市经十路24516号	250022
山东	青岛振青会计师事务所	0532-85921336	0532-85921376	青岛香港中路169号天虹大厦6楼	266071
山东	山东天元同泰会计师事务所	0531-88162849 0531-88906904	0531-88906904	山东济南东外环2666号	250100
山东	山东天恒信会计师事务所	0539-7163162	0539-7163150 0539-7163162	临沂市新华一路65号	276004
山东	山东大地会计师事务所	0532-88900577	0532-88900500	山东青岛市南区宁夏路288号G2楼21层	266071
陕西	希格玛会计师事务所	029-88275918	——	西安市高新路25号希格玛大厦3层	710075
四川	四川君和会计师事务所	028-86698855	028-86690886	成都市八宝街88号国信广场22、23楼	610016
浙江	浙江天健会计师事务所	0571-88216888	0571-88216999	杭州市西溪路128号新湖商务大厦6-10层	310007

地区	单位名称	电　话	传　真	地　址	邮　编
浙江	浙江德威会计师事务所	0574-87325049	0574-87325049	宁波市和义路77号汇金大厦四楼	315000
浙江	浙江至诚会计师事务所	0571-87045725	0571-87043837	杭州市西湖大道12号A楼6层	310009
浙江	浙江中兴会计师事务所	0575-85817858	0575-84310917	绍兴柯岩街道新未庄（柯岩风景区入口处正对面）	312000

二、资产评估机构

地区	单位名称	电　话	传　真	地　址	邮　编
北京	北京中企华资产评估公司	010-65881818	010-65882651	北京市朝外大街22号泛利大厦910	100020
北京	北京德祥资产评估有限公司	010-65955310	010-65955301	北京市朝阳区东大桥路关东店北街1号国安大厦12层	100020
北京	中通诚资产评估有限公司	010-64423015 010-64411177	010-64418970	北京市朝阳区樱花西街胜古北里27号楼1层	100029
北京	北京北方亚事资产评估有限责任公司	010-83557569 010-83557579	010-83549215	北京市宣武区广内大街6号枫桦豪景大厦A座7单元5层	100053
北京	北京龙源智博资产评估有限责任公司	010-65263760	010-85866877	北京市东城区王府井大街138号新东安写字楼2座8层813A	100006
北京	北京六合正旭资产评估公司	010-51667811 010-58815128	010-58815279	北京市海淀区长春桥路11号万柳亿城大厦C2座301室、303室	100089
北京	北京市世纪智源资产评估公司	010-63960702	010-63960702	北京市宣武区宣武门西大街28号院9门2002室	100038
北京	中商资产评估公司	010-88026631	010-88026272	北京市海淀区中关村南大街甲56号方圆大厦B座1303、1304室	100044
北京	中宇资产评估有限责任公司	010-62072228	010-62036902	北京市西城区安德路67号	100011
北京	中联资产评估公司	010-88000066	010-88000006	北京市西城区复兴门内大街28号凯晨世贸中心东座F4层	100031
北京	中天华资产评估事务所	010-88395166	010-88395661	北京市西城区车公庄大街9号院5栋大楼B1栋13层	100044
北京	北京中证资产评估有限公司	010-66211329	010-66211196	北京市西城区金融街27号投资广场A座12层	100032
北京	北京天健兴业资产评估公司	010-68083097 010-68081474 010-85869556 010-85869746	010-68081109 010-85869546	北京市西城区月坛北街2号月坛大厦A座23层	100045
北京	北京国有大正资产评估公司	010-67160741	010-67161412	北京市崇文区广渠门南小街领行国际中心3楼1座2505	100061
北京	中元国际资产评估有限责任公司	010-66417407	010-66410448	北京市西城区宣武门西大街甲129号	100031

地区	单位名称	电　话	传　真	地　址	邮　编
北京	中水资产评估有限公司	010-62155866	010-62166900	北京市海淀区大钟寺十三号华杰大厦B座1306-1321	100098
北京	北京国友大正资产评估有限公司	010-85868816	010-85868385	北京市朝阳区八里庄西里100号住邦2000商务中心1号楼A座707室	100061
北京	北京立信资产评估有限公司	010-65263618	010-65130555	北京市东城区东长安街10号长安大厦三层	100006
北京	北京六合正旭资产评估有限责任公司	010-51667811	010-51667811	北京市海淀区西三环北路72号世纪经贸大厦A2	100037
北京	北京天健兴业资产评估有限公司	010-68083097	010-68081109	北京市西城区月坛北街2号月坛大厦23层	100045
北京	北京天圆开资产评估有限公司	010-83914188	010-83915190	北京市西城区西长安街88号首都时代广场811室	264001
北京	北京亚超资产评估有限公司	010-51716867	010-51716890	北京市海淀区复兴路47号天行健商务大厦2201-2206	100061
北京	北京亚洲资产评估有限公司	010-88219191	010-88215565	北京海淀区西四环中路16号院2号楼3层	100039
北京	北京岳华德威资产评估有限公司	010-88091200	010-68480906	北京市西城区金融大街35号国际企业大厦A座8层803-805号	100044
北京	北京中锋资产评估有限责任公司	010-66090385	010-66090368	北京市西城区阜城门北大街6号国际投资大厦C座11层	100034
北京	北京中和谊资产评估有限公司	010-67084076	010-67084810	北京市首都时代广场408室	100031
北京	北京中科华资产评估有限公司	010-88354836	010-88354837	北京市海淀区苏州街49号一层	100080
北京	北京中企华资产评估有限责任公司	010-65881818	010-65882651	北京市朝阳区朝阳门外大街22号泛利大厦九层	100020
北京	北京中天华资产评估有限责任公司	010-88395166	010-88395661	北京市西城区车公庄大街9号院五栋大楼B1座13层1303房间	100044
北京	中发国际资产评估有限公司	010-88576650 010-88576651 010-88576652 010-88576653 010-88576654	010-88576645	北京市西直门外大街168号腾达大厦31层	100044
北京	中和资产评估有限公司	010-58383636	010-65547182	北京市东城区朝阳门北大街8号富华大厦A座13层	100027
北京	中京民信（北京）资产评估有限公司	010-82330558	010-82327668	北京市海淀区知春路1号学院国际大厦15层1506室	100083
北京	中铭国际资产评估（北京）有限责任公司	010-52262532	010-52262535	北京丰台区北京丰台区星火路1号昌宁大厦15层	100070
北京	中水资产评估有限公司	010-62155866	010-62166900	北京市海淀区大钟寺十三号华杰大厦B座1306-1321	100098
北京	中通诚资产评估有限公司	010-64423015 010-64411177	010-64418970	北京市朝阳区樱花西街胜古北里27号楼1层	100029

地区	单位名称	电　话	传　真	地　址	邮　编
北京	中威正信（北京）资产评估有限公司	010-63820667 010-63820900	010-63860046	北京市丰台丰北路甲79号冠京大厦8层	100073
上海	上海东洲资产评估公司	021-52402166	021-62252086	上海市延安西路889号太平洋企业中心19楼	200050
上海	上海万隆资产评估有限公司	021-63788398	021-63766556	上海市迎勋路168号17楼	200011
上海	上海长信资产评估公司	021-62741920	021-62287537	上海市武夷路729-733号长信大楼	200051
上海	上海大华资产评估公司	021-52895238	021-52895230	上海市江宁路212号12楼	200001
上海	上海上会资产评估公司	021-55510429	021-52921369	上海市嘉定工业区叶城路925号1幢200室	200083
上海	上海财瑞资产评估有限公司	021-62261357	021-62257892	上海市延安西路1357号	200050
上海	上海东洲资产评估有限公司	021-52402166	021-62252086	上海市延安西路889号太平洋企业中心19楼	200050
上海	上海立信资产评估有限公司	021-68877288	021-68877020	上海市陆家嘴丰和路港务大厦1号7楼	200120
上海	上海万隆资产评估有限公司	021-63768266	021-63766556	上海市迎勋路168号17楼	200011
上海	上海银信汇业资产评估有限公司	021-63292998	021-63293566	上海市南京东路61号新黄浦金融大厦5楼	200002
上海	上海众华资产评估有限公司	021-64868066 021-64697182	021-64287001	上海市南丹路80号13楼	200030
重庆	重庆华康资产评估有限公司	023-63870920	023-63870921	重庆市渝中区中山三路168号中安国际大厦第22层	400015
深圳	深圳市德正信资产评估有限公司	0755-82355030	0755-82355030	深圳市罗湖区人民北路3146号永通大厦10B	518001
深圳	深圳天健国众联资产评估土地房地产估价有限公司	0755-88832456	0755-25132275	深圳市罗湖区深南东路2019号东乐大厦10楼	518000
深圳	深圳市中勤信资产评估公司	0755-83683199	0755-83683090	深圳市福田区商报路奥林匹克大厦第八层DEF室	518034
安徽	安徽国信资产评估有限责任公司	0551-2650041	0551-2650041	安徽合肥市益民街28号文采大厦七楼	230061
安徽	安徽致远资产评估有限公司	0551-2636318	0551-2652879	安徽合肥市荣事达大道100号振信大厦B区9楼	230001
福建	福州联合中和资产评估有限责任公司	0591-87818242	0591-87814517	福建福州市湖东路168号宏利大厦B座27D	350005
福建	福建中兴资产评估公司	0591-87275883	0591-7275883	福建省福州市湖东路152号中山大厦B座11层	350003
福建	厦门市大学资产评估有限公司	0592-5804752	0592-2180646	厦门市金榜路63号凯旋广场写字楼六楼	361005

地区	单位名称	电 话	传 真	地 址	邮 编
广东	广东恒信德律资产评估有限公司	0756-2221782	0756-2217643	广东省珠海市香洲区康宁路16、18号	519000
广东	广东联信资产评估土地房地产估价有限公司	020-83642123 020-83642107 020-83642175	020-83642103	广州市越秀北路222号越良大厦16楼	510050
广东	广东中广信资产评估有限公司	020-83637940	020-83637840	广州市越秀区东风中路300号金安大厦17楼K、L室	510030
广东	广东中联羊城资产评估有限公司	020 38010830	020-38010829	广州市天河区林和西路9号耀中广场A座11楼	510610
广东	广州中天衡评估有限公司	020-83126580	020-83126576	广东广州市府前路2号府前大厦8楼	510030
海南	海南中力信资产评估有限公司	0898-68533173	0898-68553363	海南海口市国贸北路德派斯大厦C座402室	570125
河南	河南亚太资产评估有限公司	0371-63217356	0371-63218498	郑州市农业路22号兴业大厦	450008
湖北	湖北大信资产评估有限公司	027-82787963	027-82771642	湖北省武汉市江岸区南京路135号金宝大厦6层C-G座	430014
湖北	湖北万信资产评估有限公司	027-87823206 027-87815965	027-87310930	湖北省武汉市武昌东湖路7-8号	430071
湖北	湖北众联资产评估有限公司	027-85826771 027-85856962	027-85834816	武汉市江汉区单洞路口国际大厦B座17层	430071
江苏	江苏华信资产评估有限公司	025-84400063	025-84410423	南京市云南路31-1号，苏建大厦21、22层	210008
江苏	江苏立信永华资产评估房地产估价有限公司	025-83311788	025-83309819	南京市中山北路26号新晨国际大厦8-10楼	210008
江苏	江苏仁合资产评估有限公司	0512-65161653	0512-65197704	苏州市竹辉路477号咨询大厦	215007
江苏	江苏天衡资产评估有限公司	025-84711188	025-84724882	中国南京市正洪街18号东宇大厦8楼	210005
江苏	江苏中天资产评估事务所有限公司	0519-88155678	0519-88155675	江苏常州博爱路72号12楼	213002
山东	青岛天和资产评估有限责任公司	0532-85700167	0532-85722324	青岛市东海西路37号金都花园C座15层	266071
山东	山东正源和信资产评估有限公司	0531-81666209	0531-81666207	济南市经十路13777号中润世纪广场18号14层	250000
陕西	西安正衡资产评估有限责任公司	029-87516025	029-87511349	西安市和平路108号佳腾大厦11楼	710000
四川	四川华衡资产评估有限公司	028-86652220	028-86652220	四川省成都市锦江区天仙桥南路3号汇江楼五楼（合江亭侧）	610021
浙江	浙江勤信资产评估有限公司	0571-88216941	0571-88216860	杭州市教工路18号EAC企业国际C区11层	310012
浙江	浙江天源资产评估有限责任公司	0571-87178822	0571-87178856	浙江杭州市杭州市解放路18号铭扬大厦3楼	310004

地区	单位名称	电　话	传　真	地　址	邮　编
浙江	浙江万邦资产评估有限公司	0571-85215002	0572-85215050	杭州市体育场路508号浙江地矿科技有限公司5楼	310007

三、律师事务所

地区	单位名称	电　话	传　真	地　址	邮　编
北京	北京市汇佳律师事务所	010-64097966 010-64097977	010-64097979	北京市东城区安定门东大街28号雍和大厦C座7层	100007
北京	北京中盛律师事务所	010-58795577	010-58795580	北京市朝阳区建国门外大街永安东里甲3号通用国际中心A座2303/2304室	100022
北京	惠诚律师事务所	010-66080518	010-66081238	北京市西城区太平桥大街218号	100032
北京	北京市立方律师事务所	010-64096099	010-64096260	北京市东城区东四十条甲22号南新仓国际大厦A座11层	100007
北京	安理律师事务所	010-85879199	010-85879198	北京市东三环北路38号北京国际中心3号楼9层	100026
北京	天路律师事务所	010-82254378	010-82254379	北京市西城区裕民东路18号北环中心910	100029
北京	中咨律师事务所	010-66091188	010-66091616 010-66091199	北京市西城区平安里西大街26号新时代大厦6-8层	100034
北京	同创律师事务所	010-82600012 010-82600013	010-82601677	北京市海淀区中关村东路18号财智国际大厦C座302室	100083
北京	北京亿中律师事务所	010-84837581	010-84838938	北京市朝阳区安立路101号名人广场32层	100101
北京	北京汉华律师事务所	010-64804453 010-64804454	010-64804453 010-64804454	北京市朝阳区亚运村慧忠北里天创世缘A座9层	100012
北京	北京市中润律师事务所	010-51282861 010-51282862 010-51282863	010-84471810	北京市朝阳区朝阳门外小庄六号中国第一商城A座30D	100026
北京	北京市合川律师事务所	010-85910400 010-85910401 010-85910402 010-85910403	010-85910418	北京市朝阳区东三环中路9号富尔大厦15层	100020
北京	嘉浩律师事务所	010-85271910	010-85271920	北京市朝阳区东土城路14号建达大厦3层	100022
北京	北京金杜律师事务所	010-58785588	010-58785599	北京市朝阳区东三环中路7号北京财富中心写字楼A座40层	100020
北京	华一律师事务所	010-85869176	010-85869163	北京市朝阳区八里庄西里97号住邦2000四号楼307室	100025
北京	天睿律师事务所	010-84541888	010-65974149	北京市朝阳区呼家楼京广中心商务楼411室	100020
北京	中兆律师事务所	010-59831509 010-59831529 010-59831579	——	北京市海淀区中关村东路66号楼世纪科贸大厦A座2602室	100190

地区	单位名称	电 话	传　真	地　址	邮　编
北京	中伦律师事务所	010-59572288	010-65681022 010-65681838	北京市朝阳区建国门外甲6号SK大厦36-37层	100022
北京	嘉润道和律师事务所	010-65142061	010-85110955	北京市朝阳区建国门外大街22号赛特大厦6层	100004
北京	北京市天达律师事务所	010-65906639	010-65906650	北京市朝阳区亮马河大厦写字楼2座19层	100004
北京	北京市国韬律师事务所	010-65083250	010-65929926	北京市朝阳区六里屯北里10号国韬律师楼	100026
北京	北京德恒律师事务所	010-66575888	010-65232181	北京市西城区金融街19号富凯大厦B座十二层	100101
北京	北京市国联律师事务所	010-62532155	010-62536183	北京市海淀区知春路113号银网中心B座1110	100086
北京	尚公律师事务所	010-65288888	010-65226989	北京市东长安街10号长安大厦三层	100006
北京	北京市博融律师事务所	010-51283399	010-51283377	北京市朝阳区朝外大街乙12号昆泰国际大厦907	100020
北京	北京君泽君律师事务所	010-66523388	010-66523399	北京市西城区金融大街9号金融街中心南楼六层	100140
北京	六合金证律师事务所	010-64097055	010-64097056	北京市东城区安定门内28号雍和大厦东楼C座705室	100007
北京	北京市立天律师事务所	010-84094991	010-84094997	北京市东直门南大街9号华普花园A座201、D座204	100007
北京	金台律师事务所	010-63288571	010-63288570	北京广安门外南滨河路1号高新大厦13层	100055
北京	北京世纪律师事务所	010-82609961	010-82609965	北京市海淀区苏州街长远天地A2座12A07	100080
北京	北京国达律师事务所	010-68216727	010-68218139	北京市海淀区永定路甲88号8-401	100039
北京	北京市正平律师事务所	010-65260174	010-82028947	北京市东城区北京站东街8号信通大厦611室	100005
北京	首创律师事务所	010-88355571	010-88354211	北京市海淀区首体南路20号国兴家园7楼708室	100044
北京	新元律师事务所	010-88088818	010-88088818	北京市西城区金融街33号通泰大厦C座603室	100032
北京	北京市法大律师事务所	010-82228779	010-82228493	北京市海淀区西土城路25号(中国政法大学院内	100088
北京	恒泰信和律师事务所	010-65186811	010-82609539	北京市东城区恒基大厦办公楼一座712	100005
北京	德润律师事务所	010-51668278	010-62112050	北京市海淀区中关村南大街48号九龙商务C座5层	100081
北京	广盛律师事务所	010-59670111	010-59670135	北京市朝阳区东三环北路甲19号嘉盛中心6层	100020

地区	单位名称	电 话	传 真	地 址	邮 编
北京	君合律师事务所	010-85191300	010-85191350	北京市建国门北大街8号华润大厦20层	100005
北京	国浩律师集团事务所	010-65890699	010-65176800	北京市朝阳区东三环北路38号泰康金融大厦9层	100026
北京	众意达律师事务所	010-66503183	010-66503807	北京市宣武区广义街5号院广益大厦A座305室	100053
北京	北京观韬律师事务所	010-66578066	010-66578016	北京市西城区金融大街28号盈泰中心2号楼17层	100140
北京	北京新世达律师事务所	010-84517608	010-84517613	北京市朝阳区左家庄1号国门大厦C座406	100028
北京	北京京都律师事务所	010-85253399	010-85251268	北京市朝阳区朝阳门外大街16号中国人寿大厦8层802	100020
北京	北京市海拓律师事务所	010-82809361	010-82809368	北京市西城区黄寺大街26号德胜置业大厦1号楼1706室	100011
北京	李晓光律师事务所	010-66132643	010-66132643	北京市西直门南大街6号国二招B座5222室	100035
北京	岳成律师事务所	010-84417799	010-84417711	北京市东三环北路丙2号天元港中心A座7层	100027
北京	北京市大成律师事务所	010-58137799	010-58137788	北京市东城区东直门南大街3号国华投资大厦12-15层	100007
北京	北京市金杜律师事务所	010-58785588	010-58785599	北京市朝阳区东三环中路7号北京财富中心写字楼A座40层	100020
北京	北京市德恒律师事务所	010-52682888	010-52682999	北京西城区金融街19号富凯大厦B座十二层	100033
北京	广东法制盛邦律师事务所	020-38870111	020-38870222	广州市体育东路122号羊城国际商贸中心东、西塔七楼	510620
北京	北京市中银律师事务所	010-85879988 010-85870508	010-85879966	北京市朝阳区东三环北路38号北京国际中心3号楼安联大厦16层	100026
北京	北京市君泽君律师事务所	010-66523388	010-66523399	北京市西城区金融大街9号金融街中心南楼六层	100033
北京	北京市炜衡律师事务所	010-62684688	010-62684688	北京市海淀区北四环西路66号中国技术交易所大厦A座16层	100080
北京	北京市浩东律师事务所	010-88569073	010-88567992	北京市海淀区西三环北路25号青政大厦5层（中国青年政治学院旁）	100089
北京	北京市康达律师事务所	010-65527227	010-65060852	北京市工人体育馆院内红楼	100027
北京	北京市天元律师事务所	010-88092188	010-88092150	北京市西城区金融大街35号国际企业大厦C座11层	100032
北京	北京高通律师事务所	010-65957021 010-65957023 010-65958271	010-65952513	北京市朝阳区光华路丙12号数码01大厦	100026
北京	北京市通商律师事务所	0755-83517570	0755-83515502	深圳市深南大道6008号深圳特区报业大厦27C	518034

地区	单位名称	电 话	传　真	地　址	邮　编
北京	北京市时代九和律师事务所	010-66493399	010-66493398	北京市复兴门内大街158号远洋大厦F412	100031
北京	北京市浩天信和律师事务所	010-52019988	010-65612322	北京市朝阳区光华路7号汉威大厦5A1	100004
北京	北京市金诚同达律师事务所	010-57068585	010-65263519	北京市朝阳区建国门外大街1号国贸大厦10层	100004
北京	北京市洪范广住律师事务所	010-84991300	010-84991304	北京朝阳区北辰东路8号汇宾大厦A座6层	100101
北京	北京市易行律师事务所	010-51659899	010-51659899	北京市朝阳区安贞里仟村商务大楼A座1205	100027
北京	北京市君泰律师事务所	010-82251525	010-82254237	北京市西城区裕民路18号（马甸桥东北角）北环中心A座101-107	100029
北京	北京市中闻律师事务所	010-84608688	010-84608488	北京市东直门外大街46号天恒大厦A座8层	100027
北京	国浩律师事务所北京分所	010-65890699	010-65176800	北京市朝阳区东三环北路38号泰康金融大厦9层	100026
北京	北京市观韬律师事务所	010-66578066	010-66578016	北京市西城区金融大街28号盈泰中心2号楼17层	100140
北京	北京市兰台律师事务所	010-58220099	010-58220039	北京市朝阳区曙光西里甲一号（第三置业大厦）B座29层	100028
北京	北京市德恒律师事务所	010-52682888	010-52682999	北京西城区金融街19号富凯大厦B座十二层	100033
北京	北京市京都律师事务所	010-57096000 010-85253399	010-57096299 010-85251268	北京市朝阳区景华南街5号远洋光华国际C座23层	100020
北京	北京市鑫诺律师事务所	010-83913636	010-83915959	北京市西长安街88号西单首都时代广场8层824-827	100031
北京	北京市大成律师事务所	010-58137799	010-58137788	北京市东城区东直门南大街3号国华投资大厦12-15层	100007
北京	北京市世纪律师事务所	010-82609931 010-82609961	010-82609965	北京市海淀区苏州街18号院4号楼长远天地大厦A2座12A07	100080
北京	北京市国枫律师事务所	010-66090088	010-66090016	北京市西城区金融大街一号写字楼A座12层（阜成门桥东南角）	100033
上海	上海先策律师事务所	021-53081988	021-53081989	上海市北京东路668号科技京城西楼3A	200001
上海	上海虹桥正瀚律师事务所	021-68825164	——	上海浦东南路528号证券大厦南塔18F	200120
上海	上海市沪南律师事务所	021-63052920	021-63058907	上海市打浦路90号2号楼201-202室	200023
上海	上海市汇英达律师事务所	021-63757886	021-63757886	上海市福建中路188号中外运大厦30楼（福州路口）	200001
上海	上海市汇理律师事务所	021-6288 8877	021-6288 8868	上海市威海路567号晶采世纪大厦12楼C座	200041

地区	单位名称	电 话	传 真	地 址	邮 编
上海	上海市华联律师事务所	021-65434270	021-65181433	上海市黄兴路122号 光大信成大厦9楼	200090
上海	上海市恒业律师事务所	021-62279595	021-56901988	江宁路1306弄7号1003/1004室	200060
上海	上海浩信律师事务所	021-63213399	021-53500057	上海市南京东路61号(新黄浦金融大厦)4楼	200002
上海	上海市联合律师事务所	021-68419377	021-68419499	上海市浦东新区陆家嘴东路166号中国保险大厦1405-1410室	200120
上海	黄河律师事务所	021-63831766	021-63830969	上海市四川北路1318号福海商厦1918室	200080
上海	上海海燕律师事务所	021-63644885	021-63577340	上海市四川北路1666号高宝新时代广场22层	200080
上海	上海市海之纯律师事务所	021-56961124	021-55600245	上海市四川北路2115号14楼A、B座	200081
上海	上海市华荣律师事务所	021-56663737	021-56666940	上海市欧阳路568号庐迅大厦23楼	200081
上海	鸿和律师事务所	021-62175515	021-62675388	上海市武定路1102号505-506室	200040
上海	上海市华天平律师事务所	021-62178728	021-62189769	上海市新闸路1716号403室(宝城公寓)	200040
上海	北京康达律师事务所上海分所	021-63901100	021-63901010	上海市徐家汇路555号广东发展银行大厦11A	200023
上海	上海恒泰律师事务所	021-62262625	021-32200273	上海市延安西路1088号长峰中心23楼	200052
上海	上海市华源律师事务所	021-62254788	021-52550315	上海市延安西路1355弄1号1F/B座	200050
上海	上海华晔律师事务所	021-58205891 021-58208967	021-68671329	上海市张杨路838号华都大厦13楼A座	200122
上海	上海市华夏律师事务所	021-64388414	021-64649480	上海市中山西路1538号208室	200235
上海	上海锦天城律师事务所	021-61059000	021-61059100	上海市浦东新区花园石桥路33号花旗集团大厦14楼	200120
深圳	广东淳锋律师事务所	0755-27871169	0755-27875269	深圳市宝安区龙井路科技大厦11楼	518000
深圳	广东宝城律师事务所	0755-27875691	0755-27875692	深圳市宝安区建安一路七号岭南宾馆一至三楼	518001
深圳	广东海埠律师事务所	0755-82890380	0755-82890246	深圳市滨河路5020号证券大厦十七楼1702室	518026
深圳	广东巨龙律师事务所	0755-83109480	0755-88395640	深圳市福田区景田路78号妇儿大厦8楼801－803室(景田大酒店楼上)	518034
深圳	广东广和律师事务所	0755-83679909	0755-83674205	深圳市福田区福虹路世界贸易广场A座20层	518033

地区	单位名称	电 话	传 真	地 址	邮 编
深圳	广东金卓越律师事务所深圳分所	0755-82934388	0755-82931848	深圳市福田区福华一路深圳国际商会大厦A座1510-1513室	518048
深圳	广东长昊律师事务所	0755-83829681	0755-83800481	深圳市福田区福民路博伦花园1栋203室	518000
深圳	广东明根律师事务所	0755-83673251	0755-83673251	深圳市福田区红荔路2001号四川大厦主楼505-507室	518034
深圳	广东大圳律师事务所	0755-83279678	0755-7820959	深圳市福田区深南中路国际科技大厦2603室	518000
深圳	广东国欣律师事务所	0755-82113366 0755-82117577	0755-25564216	深圳市红岭中路1010号国际信托大厦六楼	510008
深圳	广东大公威德律师事务所	0755-82193030	0755-82286006	深圳市嘉宾路1号阳光酒店B座701-703室	518010
深圳	广东诚公律师事务所	0755-61391688	0755-61391689	深圳市福田区莲花支路1001号公交大厦十五层	518027
深圳	北京京都律师事务所深圳分所	0755-25132481	0755-25132480	深圳市深南东路2019号东乐大厦1502-1504室	518002
深圳	广东东方金源律师事务所	0755-25830258 0755-25830259	0755-82461373	深圳市深南东路地王大厦6305-6306	518008
深圳	广东立国律师事务所	0755-83696137	0755-83696719	深圳市深南中路2018号兴华大厦8楼	518008
深圳	广东国浩律师集团事务所	0755-83781073	0755-83781395	深圳市深南中路2070号电子科技大厦A座17楼	518031
深圳	广东众诚律师事务所	0755-83299111	0755-83289711	深圳市深南中路3027号嘉汇新城汇商中心3008-10室	518033
深圳	广东国晖律师事务所	0755-83033000	0755-83033022	深圳市福田区莲花支路公交大厦2、3楼	518036
深圳	广东华商律师事务所	0755-83025555	0755-83025068 0755-83025058	深圳市福田区深南大道4001号时代金融中心14楼整层	518048
深圳	广东深天成律师事务所	0755-33339800	0755-33339833	深圳市福田区深南大道4009号投资大厦20楼	518048
广东	广东格林律师事务所	020-62608000 020-62608002	020-62608080 020-62608085	广州市珠江新城华穗路263号双城国际大厦东塔14楼、16楼	510623
广东	广东环球经纬律师事务所	020-83858533	020-83857100	广东省广州市东风东路555号粤海集团大厦12楼	510050
广东	广东德赛律师事务所	020-38771000	020-38771698	广东省广州市天河北路233号中信广场5401、5408室	510620
河北	河北三和时代律师事务所	0311-87628288 0311-87628298	0311-87628299	石家庄市中山西路304号	050051
山东	山东齐鲁律师事务所	0531-62323888	0531-62323887	济南高新技术开发区舜华路2000号舜泰广场8号楼16层	250100
山东	山东德衡律师事务所	0532-83896503	——	青岛市香港西路52号丙德衡律师楼	266071

地区	单位名称	电 话	传 真	地 址	邮 编
四川	四川泰和泰律师事务所	028-86625656	028-86748148	成都鼓楼南街117号世界贸易中心A座25楼、27楼	610015
浙江	浙江泽大律师事务所	0571-87709708	0571-87709517	杭州市延安路126号耀江广厦A座4楼	310002

四、主要证券公司

地区	单位名称	电 话	传 真	地 址	邮 编
北京	北京高华证券有限责任公司	010-66273000	010-66273001	北京市西城区金融大街7号北京英蓝国际中心18层	100140
北京	东兴证券股份有限公司	4008-888-993	010-66555246	北京市西城区金融大街5号新盛大厦B座12-15层	100140
北京	高盛高华证券有限责任公司	010-66273261	010-66273300	北京市西城区金融大街7号北京英蓝国际中心18层	100140
北京	国都证券有限责任公司	010-68320023	010-68994199	北京市东城区东直门南大街3号国华投资大厦九层	100007
北京	航空证券有限责任公司	010-85285202	010-85285229	北京市朝阳区安华里外馆斜街甲1号泰利明苑A座二区四层	100011
北京	宏源证券股份有限公司	010-88085858	010-88085599	新疆乌鲁木齐市文艺路233号宏源大厦八层、北京市海淀区西直门北大街甲43号金运大厦B座5层	100082
北京	华融证券股份有限公司	010-62277666	——	北京市西城区月坛北街26号恒华国际商务中心A座9层	100082
北京	民生证券有限责任公司	010-59259730	010-85236020	北京市朝阳区朝外大街16号中国人寿大厦1901室	100027
北京	瑞信方正证券有限责任公司	010-66538666	010-66538566	中国北京市西城区金融大街甲9号金融街中心南楼15层	100033
北京	瑞银证券有限责任公司	010-58328888	——	北京市西城区金融大街7号英蓝国际金融中心15层	100000
北京	首创证券有限责任公司	010-59366000	010-59366281	北京市朝阳区北辰东路8号辰运大厦三层	100088
北京	新时代证券有限责任公司	400-698-9898	——	北京市西城区月坛北街2号月坛大厦1501	100045
北京	信达证券股份有限公司	010-63080000	010-63080438	北京市西城区三里河东路5号中商大厦10层	100031
北京	中国国际金融有限公司	010-65051166	010-65051156	北京建国门外大街1号 国贸大厦2座28层	100004
北京	中国民族证券有限责任公司	400-889-5618	——	北京市西城区金融大街5号新盛大厦A座6－9层	100033
北京	中国银河证券股份有限公司	010-66568777	010-66568532	北京市西城区金融大街35号国企大厦2-6层	100033
北京	中信建投证券有限责任公司	010-65186668	——	北京市东城区朝内大街188号	100007

地区	单位名称	电　话	传　真	地　址	邮　编
上海	爱建证券有限责任公司	021-32229888	021-62878701	上海市南京西路758号	200041
上海	长江证券承销保荐有限公司	021-38784899	——	上海市世纪大道88号1号门商务楼4901室	200121
上海	德邦证券有限责任公司	021-68761616	021-68767880	上海市浦东新区福山路500号26楼	200122
上海	东方证券股份有限公司	021-63325888	021-63327888	上海市中山南路318号2号楼21-29层	200010
上海	东海证券有限责任公司	400-8888-588	——	上海市浦东新区东方路989号中达广场13层	213003
上海	光大证券股份有限公司	021-2216 9999	021-62151789	上海市新闸路1508号	200041
上海	国泰君安证券股份有限公司	4008-888-666	——	上海市银城中路168号上海银行大厦29楼	200120
上海	海际大和证券有限责任公司	021-38582000	021-68598030	上海市浦东新区富城路99号	200120
上海	海通证券股份有限公司	400-8888-001	021-63809892	上海市黄浦区广东路689号	200002
上海	航天证券经纪有限责任公司	021-62446688	021-62447572	上海市普陀区曹杨路430号	200063
上海	华宝证券经纪有限责任公司	021-62987468	——	上海市陆家嘴环路166号未来资产大厦23层	200120
上海	华欧国际证券有限责任公司	021-38784818	021-50818828 021-50818850	上海浦东福山路500号15楼	200122
上海	华鑫证券有限责任公司	0755-82083788	0755-82083408	深圳市福田区金田路4018号安联大厦28层A01、B01（b）单元	518026
上海	上海证券有限责任公司	021-53519888	021-62529104	上海市西藏中路336号	200002
上海	申银万国证券股份有限公司	010-66568888	010-66568532	北京市西城区金融大街35号国际大厦C座	100032
上海	西藏证券经纪有限责任公司（同信证券）	021-33019595	——	上海市浦东新区东方路800号宝安大厦37－38楼	200122
上海	中银国际证券有限责任公司	021-68604866	021-58883554	上海市浦东银城中路200号中银大厦39楼	200121
深圳	安信证券股份有限公司	0755-82825551	——	深圳市福田区金田路4018号安联大厦35楼	518026
深圳	长城证券有限责任公司	0755-83516222	0755-83516189	深圳市福田区深南大道6008号深圳特区报业大厦16层	518034
深圳	第一创业证券有限责任公司	400-888-1888	——	深圳市罗湖区笋岗路12号中民时代广场B座25、26层	518000
深圳	国信证券股份有限公司	95536 0755-82130888	0755-25563592	深圳市红岭中路1012号国信证券大厦16层～26层	518001

地区	单位名称	电　话	传　真	地　址	邮　编
深圳	华林证券有限责任公司	0755-82707888	0755-82707700	深圳市福田区民田路178号华融大厦5楼	518048
深圳	华泰联合证券有限责任公司	95513	0755-83765877	深圳市深南东路5047号发展银行大厦10、24、25层	518000
深圳	金元证券股份有限公司	400-8888-228	——	深圳市深南大道4001号时代金融中心17层	518034
深圳	平安证券有限责任公司	40088-16-168	——	广东省深圳市福田区金田路大中华国际交易广场8层	518033
深圳	世纪证券有限责任公司	0755-83679117	——	深圳市福田区深南大道招商银行大厦40-42	518040
深圳	万和证券经纪有限公司	0755-25170342	0755-25170342 0755-25170564	深圳市笋岗东路1002号宝安广场A座27楼	518040
深圳	五矿证券经纪有限责任公司	4001-840-028	——	深圳市福田区华富路海外装饰大厦B座一、四楼，A座11楼	518000
深圳	银泰证券经纪有限责任公司	0755-83703759	0755-83703826	深圳市福田区竹子林四路紫竹七道18号光大银行18、19楼	518038
深圳	英大证券有限责任公司	0755-26982993	0755-26998301	深圳市深南中路华能大厦30楼	518041
深圳	招商证券股份有限公司	0755-82766301	0755-82766321	深圳市福田区益田路江苏大厦A座38至45层	518000
深圳	中国建银投资证券有限责任公司	4006-008-008	——	深圳市福田区益田路与福中路交界处荣超商务中心A栋第18层至第21层	518048
深圳	中山证券有限责任公司	0755-82943755	0755-82940511	深圳市福田区益田路江苏大厦B座15楼	518026
深圳	中信证券股份有限公司	0755-83076935	0755-82485225	深圳市福田区深南大道7088号招商银行大厦第A层	518040
深圳	众成证券经纪有限公司	0755-83619500	——	深圳市福田区华强北路圣廷苑酒店B座26楼	518028
天津	渤海证券股份有限公司	400-651-5988	——	天津市河西区宾水道3号	300060
重庆	西南证券股份有限公司	023-63786633	——	重庆市渝中区临江支路2号合景国际大厦A幢	400023
安徽	国元证券股份有限公司	0551-2207114	0551-2207874	安徽省合肥市寿春路179号	230001
安徽	华安证券有限责任公司	0551-5161666	0551-5161600	安徽省合肥市阜南路166号润安大厦A座	230069
福建	广发华福证券有限责任公司	0591-96326	0591-87841150	福建省福州市五四路157号新天地大厦7-8层	350003
福建	厦门证券有限公司	0592-5162968	0592-5161102	福建省厦门市莲前西路2号莲富大厦17楼	361009
福建	兴业证券股份有限公司	400-8888-123 0591-87580107	0591-38281908	福建省福州市湖东路99号标力大厦	350001

地区	单位名称	电 话	传 真	地 址	邮 编
甘肃	华龙证券有限责任公司	0931-8888088	0931-4890515	甘肃省兰州市城关区静宁路308号甘肃信保大厦4-5楼	730030
广东	东莞证券有限责任公司	0769-22119341	0769-22116999	广东省东莞市莞城区可园南路1号金源中心30楼	523000
广东	广发证券股份有限公司	020-87555888	020-87555727	广州市天河北路183号大都会广场43楼	510075
广东	广州证券有限责任公司	020-87322668	020-87325030	广州市先烈中路69号东山广场主楼5楼	510095
广东	联讯证券经纪有限责任公司	0752-2119399 0752-2119389	——	广东省惠州市下埔路14号3楼	516001
广东	万联证券有限责任公司	020-37865008	020-22373718	广州市中山二路18号广东电信广场36-37层	510080
广西	国海证券有限责任公司	0771-5539300	0771-5539100	广西南宁市滨湖路46号	530028
贵州	华创证券经纪有限责任公司	0851-6820115	0851-6856537	贵州省贵阳市中华北路216号	550004
河北	河北财达证券经纪有限责任公司	0311-86028442	——	河北省石家庄市自强路35号	050001
河南	中原证券股份有限公司	0371-967218	0371-65586278	郑州市经三路15号广汇国贸大厦10-11楼	450003
黑龙江	江海证券经纪有限责任公司	0451-82269210	——	哈尔滨市香坊区赣水路56号	150030
湖北	长江证券股份有限公司	027-65799999	027-85481900	湖北省武汉市江汉区新华路特8号	430015
湖北	天风证券经纪有限责任公司	027-87618867	027-87618863	湖北省武汉市东湖新技术开发区关东园路2号高科大厦四楼	430074
湖南	财富证券有限责任公司	0731-84403360	0731-84403330	湖南省长沙市芙蓉中路二段80号顺天财富中心26楼	410005
湖南	方正证券有限责任公司	0731-82829786	0731-85832525	湖南省长沙市芙蓉中路二段200号华侨国际大厦22-24楼	410011
湖南	湘财证券有限责任公司	0731-4451488	0731-4413288	湖南省长沙市黄兴中路63号中山国际大厦12楼	410001
吉林	东北证券股份有限公司	0431-87617393	0431-87617363	吉林省长春市自由大路1138号	130011
吉林	恒泰长财证券有限责任公司	0431-82951765	——	吉林省长春市宽城区珠江路439号	130051
江苏	东吴证券有限责任公司	0512-33396288	0512-65581101	江苏省苏州市爱河桥路28号	215028
江苏	国联证券股份有限公司	4008885288 0510-82588168	——	江苏省无锡市县前东街168号	214005
江苏	华泰证券股份有限公司	95597	025-84579778	江苏省南京市中山东路90号	210002

地区	单位名称	电　话	传　真	地　址	邮　编
江苏	南京证券有限责任公司	025-83367888	025-83367377	南京市大钟亭8号	210008
江苏	信泰证券有限责任公司	025-84521254	025-84506934	江苏省南京市中山东路90号	210002
江西	国盛证券有限责任公司	0791-6281441	0791-6281441	江西省南昌市永叔路15号信达大厦	330003
江西	中航证券有限责任公司	400-8866-567	——	江西省南昌市抚河北路291号江西教育出版大厦六楼	330008
辽宁	大通证券股份有限公司	0411-39673333	0411-82826601	大连市中山区延安路1号保嘉大厦15-16层	116021
辽宁	沈阳诚浩证券经纪有限责任公司	024-22955438 024-22955449	024-22955449	沈阳市沈河区热闹路51号	110011
辽宁	中天证券有限责任公司	400-6180-315	——	沈阳市和平区光荣街23甲	110003
内蒙古	恒泰证券股份有限公司	0471-4973595	0471-4979534	呼和浩特东风路111号	010010
内蒙古	日信证券有限公司	0471-6292465	0471-6292465	呼和浩特新城区锡林南路18号	010020
青海	天源证券经纪有限公司	0971-8251119	——	青海省西宁市长江路53号汇通大厦5楼	810001
山东	齐鲁证券有限公司	95538 0531-87112708	0531-81776378	山东省济南市经十路128号	250001
山东	中信万通证券有限责任公司	0532-85023705	——	山东省青岛市东海西路28号	266001
山西	大同证券经纪有限责任公司	4007121212	——	山西省太原市青年路8号	030001
山西	山西证券股份有限公司	0351-8686999 0351-8686612	——	山西省太原市府西街69号山西国际贸易中心东塔楼	030002
陕西	陕西开源证券经纪有限责任公司	029-88365809	——	西安市南四府街11号	710065
陕西	西部证券股份有限公司	029-87406081	——	西安市东新街232号信托大厦16-17楼	710004
陕西	中邮证券有限责任公司	4008-888-005	029-88497466	西安市太白北路320号	710068
四川	川财证券经纪有限公司	028-86583000	028-86583002	成都市中新街49号	610016
四川	国金证券股份有限公司	028-86690559	028-86690910	成都市东城根上街95号成证大厦17楼	610016
四川	和兴证券经纪有限责任公司	028-86199665	028-86199079	成都市人民南路二段18号川信大厦10楼	610016
四川	华西证券有限责任公司	028-86150061	028-86150615	四川省成都市陕西街239号	610041

地区	单位名称	电 话	传 真	地 址	邮 编
云南	红塔证券股份有限公司	0871-3159198	0871-3159198	云南省昆明市北京路155号附1号	650021
云南	太平洋证券股份有限公司	0871-8885858	0871-8898100	云南省昆明市青年路389号志远大厦18层	650021
浙江	财通证券经纪有限责任公司	96336	——	浙江省杭州市解放路111号金钱大厦	310007
浙江	浙商证券有限责任公司	0571-87901963	0571-87901955	浙江省杭州市杭大路1号黄龙世纪广场A座7楼	310007
浙江	中信金通证券有限责任公司	0571-85783737	0571-87696598	浙江省杭州市中河南路11号万凯庭院商务楼A座	310052

五、产权交易中心

地区	单位名称	电 话	传 真	地 址	邮 编
北京	北京产权交易所	010-66295566	010-66295588	北京市西城区金融大街甲17号	100033
北京	中国林业产权交易所	010-62030000	010-62030011	北京市西城区德外大街甲36号	100088
上海	上海联合产权交易所	021-63410000	021-63617798	上海市广东路689号海通证券大厦3楼	200001
天津	天津产权交易中心	022-58792700 022-58792881	022-58792860	天津市河西区琼州道103-1号	300203
重庆	重庆创新技术产权交易所	023-68609994	023-68030565	重庆市石桥铺科园一路5号	400039
重庆	重庆联合产权交易所	023-63622816	023-63622878	渝中区中山三路128号投资大厦	400015
深圳	深圳国际高新技术产权交易所	0755-26566701	0755-26577562	高新区南区高新南一道中国科技开发院三号楼8楼	518057
深圳	深圳市产权交易中心	0755-83690670	0755-83690661	深圳市福田区福虹路9号世贸广场4层	518033
安徽	长江产权交易所	0553-3117719 0553-3117879	0553-3117718	安徽省芜湖市北京东路98号(工行大厦二楼	241004
安徽	合肥技术产权交易所(中心)	0551-2675971 0551-2679575	0551-5329373	合肥市阜阳路十七号四楼	230000
福建	福建省产权交易中心	0591-87821928 0591-87853074	0591-87854516	福建省福州市湖东路152号中山大厦B座十层、十二层	350003
福建	厦门产权交易中心	0592-5397679 0592-5397687 0592-5397685	0592-5397688	厦门市湖滨北路98号财经大厦裙楼3楼	361012
甘肃	甘肃省产权交易所	0931-8405308	0931-8405308	兰州市城关区张掖路87号中广商务大厦8F	730000
广东	佛山南海产权交易中心	0757-81238398	0757-86261516	佛山市南海区桂城南海大道北13号109铺2、3、4楼(桂江立交桥往南300米)	528200

地区	单位名称	电　话	传　真	地　址	邮　编
广东	广州产权交易所	020-87383100	020-87383306	广州市五羊新城寺右新马路162号二楼	510600
海南	海南产权交易所	0898-66558006	0898-66558036	海南省海口市龙昆南路75号凤凰新华文化广场5楼	570206
河北	河北省产权交易中心	0311-87015618	0311-87010891	河北省石家庄市自强路35号庄家金融大厦	050051
河南	洛阳市产权交易中心	0379-63221710	0379-63221765	洛阳市九都路39号9楼	471000
黑龙江	黑龙江产权交易网	0451-84642207	0451-84642207	哈尔滨市道里区东安街5号	150010
湖北	湖北产权交易所	027-87321203	027-87321693	湖北省武汉市武昌区中南路80号中南大厦3门14楼	430071
湖北	武汉光谷联合产权交易所	027-85757668	027-85757668	湖北省武汉市江岸区香港路183号	430015
湖南	国家专利技术（长沙）展示交易中心	0731-85114169	0731-84514058	湖南省长沙市高新区火炬城M7-1栋C5	410013
湖南	湖南省产权交易所	0731-84178600	0731-84178611	长沙市韶山北路216号维一星城国际大厦18楼	410011
江苏	常州市产权交易所	0519-86680622	0519-86609148	常州市关河东路66号九洲环宇商务广场B座13F	213001
江苏	江苏省产权交易所	025-86568860 025-86568862	025-86601138	南京市汉中路180号星汉大厦12楼	210029
江苏	南京市产权交易中心	025-84688716	025-84688728	南京市白下区御道街56号正阳大厦七楼	210007
江苏	苏州市产权交易所	0512-68228393	0512-68221604	苏州市胥江路471号	215002
江苏	徐州产权交易所	0516-83705928	0516-83705988	徐州市中山南路55号	221003
江西	江西省产权交易所	0791-8526613	0791-8523082	南昌市南京西路555号永溪大厦9、10楼	330077
辽宁	大连产权交易所	0411-62636666	0411-62636666	大连市沙河口区中山路576号大连产权交易大厦	116023
辽宁	沈阳联合产权交易所	024-22566107	024-22566005	沈阳市沈河区奉天街328号	110013
内蒙古	内蒙古产权交易网	0471-6930382	0471-6963995	内蒙古呼和浩特市中山东路7号诚信数码大厦10层	010010
宁夏	宁夏产权交易所	0951-6091123	0951-6019518	宁夏银川市兴庆区新华西街67号	750001
山东	青岛产权交易所	0532-85820927	0532-85837110	青岛市市南区山东路10号丙	266071
山东	山东产权交易中心	0531-86196111	0531-86196100	济南市顺河街176号商银大厦25层	250001

地区	单位名称	电　话	传　真	地　址	邮　编
山西	山西省产权交易市场	0351-7218394	0351-7218385	太原市平阳路101号国瑞大厦2层	030006
山西	山西省技术产权交易所	0351-8330661	0351-8330665	山西省太原市长治路226号高新动力港5层	030006
陕西	西安技术产权交易中心	029-87214499	029-87214499	西安新民街37号	710004
陕西	西部产权交易所	029-85226278	——	西安市长安北路14号陕西省政务大厅	710061
四川	成都联合产权交易所	028-85335688	028-85122801	成都天府大道南延线高新孵化园盈创动力B座1、2楼	610016
四川	西南联合产权交易所	028-86123311	028-86123300	成都市锦里东路10号11楼	610041
新疆	新疆产权交易中心	0991-5507733	0991-5812866	新疆乌鲁木齐市扬子江路188号兵房大厦3楼	830000
云南	云南技术产权交易中心	0871-8318707	0871-8318716	昆明二环西路398号高新科技广场21楼	650118
云南	云南省产权交易中心	0871-3601052	0871-3601070	昆明市圆通街38号	650031
浙江	杭州产权交易中心	0571-85085073	0571-85085075	杭州市东新路155号和平家私城四楼杭州市公共资源交易中心	310000
浙江	宁波市产权交易中心	0574-87195383	0574-87195400	民安路1018号新天地商务楼13层	315000

附录七　主管风险投资、高科技政府部门名录

地区	单　位	电　话	传　真	地　址	邮　编
中央	中国国家科技部	010-58881800	——	北京市海淀区复兴路乙15号	100862
北京	北京市科学技术委员会	010-66153395	010-66153395	北京市西直门南大街16号	100035
天津	天津市科学技术委员会	022-27121292	022-27127681	天津市和平区和平路287路	300041
上海	上海市科学技术委员会	021-23111111	021-63584453	上海市人民大道200号	200003
重庆	重庆市科学技术委员会	023-67605835	023-67605932	渝北区新溉人道2号生产力大厦	401147
安徽地区	安徽省科学技术厅	0551-2654951	0551-2673587	合肥市巢湖路287号	230001
	合肥市科技局	0551-5369555	0551-2611497	合肥市东流路100号政务中心一区B座6层	230022
	淮南市科技局	0554-6644158	0554-6645218	淮南市朝阳中路91号	232001
	芜湖市科技局	0553-3834167	0553-3836575	芜湖市中山北路43号	241000
	马鞍山市科技局	0555-2408573	0555-2360333	马鞍山市花山路152号	243000
福建地区	福建省科学技术厅	0591-87869628 0591-87869866	0591-87881144	福州市北环西路108号	350003
	福州市科技局	0591-83350561	0591-83365394	福州市乌山路69号	350000
	厦门市科技局	0592-2021817	0592-2024555	厦门市虎园路2号	361003
	泉州市科技局	0595-22579359 0595-22579326	0595-22579372	泉州市津淮街科技局大厦	362000
甘肃地区	甘肃省科学技术厅	0931-8887734	0931-8887734	兰州市庆阳路166号	730030
	兰州市科技局	0931-8840326	0931-8849223	兰州市城关区金昌路75号	730000
广东地区	广东省科学技术厅	020-83163688	020-83549393	广州连新路171号科技信息大楼12楼	510033
	广州市科技局	020-83124610	020-83332382	府前路1号市政府大院4号楼415	510032

地区	单　位	电　话	传　真	地　址	邮　编
广东地区	汕头市科技局	0754-8426671	0754-8426674	汕头市海滨路科技馆5楼	515031
	深圳市科技局	0755-83699671	0755-83699670	深圳福田上步中路深圳科技大厦14楼	518031
	中山市科技局	0760-8315063	0760-8387913	中山市松苑路1号市政府大楼	528403
	珠海市科技局	0756-2113863 0756-2222653	0756-2213427	广东省珠海市香洲东风路2号市府大院五号楼11楼	519000
	湛江市科技局	0759-3313462	0759-3335564	赤坎区南桥南路6号	524000
	佛山市科技局	0757-83385761	0757-83355500	佛山市季华5路18号经华大厦11-12字楼	528000
	惠州市科技局	0752-2808799	0752-2808413	惠州市江北云山西路6号五号楼2楼	516003
	东莞市科技局	0769-22831307	0769-22831304	鸿福行政中心主楼13楼	523007
广西地区	广西科学技术厅	0771-2618700	0771-2803615	南宁市新民路55号	530012
	南宁市科技局	0771-5533808	0771-5534094	南宁市嘉宾路1号	530028
	桂林市科技局	0773-2814662	0773-2881595	桂林市文明路2号	541002
	百色市科技局	0776-2824810	0776-2824218	百色市中山一路	533000
	柳州市科技局	0772-2623389	0772-2623550	柳州市高新区高新一路科技大厦4楼	545006
	玉林市科技局	0775-2825121	0775-2807606	玉林市人民东路449号	537000
	河池市科技局	0778-2585268	0778-2105338	广西壮族自治区河池市西环路889号	547000
贵州地区	贵州省科学技术厅	0851-5878238	0851-5827452	贵州省贵阳市科学路16号	550002
	贵阳市科技局	0851-7989264	0851-7989266	贵阳市金阳行政中心	550000
海南地区	海南省科学技术厅	0898-65395098	0898-65303887	海口市海府路89号	570203
	海口市科技局	0898-65338892	0898-66118385	海口市白龙南路61号6楼	570102
	三亚市科技局	0898-88275527 0898-88255167	0898-88272677	三亚市市政府第二办公大楼11楼	572000
河北地区	河北省科学技术厅	0311-85891885	0311-85804874	河北省石家庄市东风路159号	050021

地区	单　位	电　话	传　真	地　址	邮　编
河北地区	石家庄市科技局	0311-85052718	0311-85660134	石家庄市中山东路452号	050031
	邯郸市科技局	0310-3118069	0310-3118868	邯郸市光明北大街72号	056002
	沧州市科技局	0317-2023397	0317-2637974	沧州市运河区御河路2号	061000
	唐山市科技局	0315-2823645	0315-2823645	唐山市路北区西山道市政府主楼5楼	063000
河南地区	河南省科学技术厅	0371-65952825	0371-65952825	郑州市政三街4号	450003
	郑州市科技局	0371-67174666	0371-67186596	郑州市忆河路22号	450000
	新乡市科技局	0373-3051223	0373-3055842	新乡市平原路218号	453002
	安阳市科技局	0372-5961097	0372-5113364	安阳市洹滨南路5号楼	455000
	洛阳市科技局	0379-63910361	0379-63926668	洛阳市新区市政府办公大楼736室	471000
黑龙江地区	黑龙江省科学技术厅	0451-82628294	0451-82628378	哈尔滨市中山路202号628室	150001
	哈尔滨科技局	0451-82363303	0451-82363423	哈尔滨市香坊区红旗大街251号	150090
	大庆市科技局	0459-6396051	0459-6396077	大庆市东风路19号	166000
湖北地区	湖北省科学技术厅	027-87135893	027-87135895	湖北武汉八一路	430071
	武汉市科技局	027-65692122	027-65692124	武汉市汉口发展大道164号武汉科技大厦	430023
	宜昌市科技局	0717-6736847	0717-6736847	宜昌市西陵二路20号	443000
湖南地区	湖南省科学技术厅	0731-8988888	0731-8988848	岳麓大道科技大厦	410013
	长沙市科技局	0731-8666159	0731-8666160	长沙市河西市政府大楼11楼	410013
	株洲市科技局	0731-28687613	0731-28687602	株洲市天元区长江北路68号	412007
	张家界市科技局	0744-8322047	0744-8322047	张家界市崇文路27号	427000
吉林地区	吉林省科学技术厅	0431-88932119	0431-88973802	吉林省长春市民康路522号	130041
	长春市科技局	0431-88777265 0431-88777255	0431-8948011	长春市人民大街10111号(市政府1446室)	130056

地区	单 位	电 话	传 真	地 址	邮 编
江苏地区	江苏省科学技术厅	025-83350176	025-57715440	南京市北京东路39号	210008
	南京市科技局	025-83639267	025-83639270	南京市北京东路43-2号11楼	210008
	常州市科技局	0519-8101477	0519-8104753	常州市局前街76号	213000
	无锡市科技局	0510-81821874	0510-81821874	无锡市观山路市民中心5号楼6楼611室	214001
	苏州市科技局	0512-65241084	0512-65223409	苏州市人民路979号	215002
	连云港市科技局	0518-85813948	0518-85813948	连云港市海连东路28号	222006
	扬州市科技局	0514-87347583	0514-87036114	扬州市文昌中路145号	225000
	南通市科技局	0513-85128866	0513-85128888	南通市环城南路122号	226001
江西地区	江西省科学技术厅	0791-6266630	0791-6255132	南昌市省政府大院北一路	330046
	南昌市科技局	0791-6213295	0791-3884238	南昌市中山路98号	330003
	赣州市科技局	0797-8391582	0797-8391581	赣州市市政中心一号楼9楼	341000
辽宁地区	辽宁省科学技术厅	024-23983411	024-23983458	沈阳市和平区三好街24号	110016
	沈阳市科技局	024-22728217	024-22722794	沈阳市沈河区市府大路260号	110013
	大连市科技局	0411-83630147 0411-83620825	0411-83642549	大连市人民广场1号	116012
	朝阳市科技局	0421-2625634	0421-2629374	辽宁省朝阳市新华路2段75号	122000
	锦州市科技局	0416-3872160	0416-3880144	锦州市市府路69号市科学技术局	121000
	鞍山市科技局	0412-5217006	0412-5215803	鞍山市天山路280号	114044
	阜新市科技局	0418-6696028	0418-6696021	阜新市海州区人民街46号	123000
内蒙古地区	内蒙古科学技术厅	0471-6964326 0471-6933082	0471-6282133	内蒙古呼和浩特市新城西街141号科技大厦	010010
	呼和浩特市科技局	0471-6621301	0471-6963576	呼和浩特市春华水务11楼	010010
	赤峰市科技局	0476-8334662	0476-8390180	赤峰市新城区党政综合大楼C座5楼	024005

地区	单　位	电　话	传　真	地　址	邮　编
内蒙古地区	乌海市科技局	0473-2036414	0473-2036414	鄂尔多斯东街科技大楼5楼	016000
宁夏地区	宁夏科学技术厅	0951-5032404	0951-5055399	宁夏银川市公园街24号	750001
	银川市科技局	0951-6888732	0951-6032160	银川市解放东街30号	750001
青海地区	青海省科学技术厅	0971-8244601	0971-8239442	青海省西宁市西大街12号	810001
	西宁市科技局	0971-8230519	0971-8230519	西宁市南关街43号	810000
山东地区	山东省科学技术厅	0531-66777158	0531-66777200	济南市瞬华路67号	250101
	济南市科技局	0531-66608800	0531-66608800	济南市历下区龙鼎大道1号龙奥大厦8楼A、F区	250101
	烟台市科技局	0535-6789370	0535-6789370	烟台市御西路17号	264000
	泰安市科技局	0538-6991139	0538-6991120	泰安市东岳大街市政府大楼	271000
	临沂市科学技术局	0539-8313541	0539-8313641	山东省临沂市启阳路3号	276000
	青岛市科技局	0532-85911345	0532-85911333	青岛市香港中路11号	266071
山西地区	山西省科学技术厅	0351-4041291	0351-4068009	太原市迎泽大街366号	030001
	长治市科技局	0355-2023260	0355-2023260	山西长治市大庆路	046000
	晋城市科学技术局	0356-2198874	0356-2198874	晋城市市政府大楼	048000
	太原市科技局	0351-2302801	0351-4227139	太原市金刚里西巷11号赛德大厦6层	030009
	忻州市科技局	0350-2128907	0350-3035560	忻州市长征西路13号	034000
陕西地区	陕西省科学技术厅	029-87291929	029-87298893	西安市新城大院	710006
	西安市科技局	029-88405297	029-88402955	西安市振兴路137号	710068
	宝鸡市科技局	0917-3215718	0917-3214278	宝鸡市新建路西段副1号	721000
四川地区	四川省科学技术厅	028-86663911	028-86663961	成都市学道街39号	610016
	成都市科技局	028-61881735	028-61881722	成都市高新区蜀锦路68号	610012

地区	单　位	电　话	传　真	地　址	邮　编
四川地区	乐山市科技局	0833-2446102	0833-2446971	乐山市市中区柏杨东路176号	614000
	德阳市科技局	0838-2517579	0838-2204399	德阳市岷江路一段256号	618000
	绵阳市科技局	0816-2332900	0816-2316086	绵阳市临园路东段76号	621000
	阿坝州科技局	0837-2822138	0837-2822138	马尔康县茸勒街9号	624000
	攀枝花市科技局	0812-3332688	0812-3350527	攀枝花市东区新华街2号	617000
	甘孜州科技局	0836-2835553	0836-2835553	甘孜州康定县	626000
	广安市科技局	0826-2332505	0826-2351860	广安市滨河路3段	638000
	广元市科技局	0839-3263090	0839-3222090	广元市人民路北段24号	628017
	雅安市科技局	0835-2222294	0835-2222294	雅安市政府大院	625000
	遂宁市科技局	0825-5808740	0825-5808733	遂宁市明月路356号	629000
	南充市科技局	0817-2222576	0817-2236280	南充市文化路259号	637000
	内江市科技局	0832-2022816	0832-2022816	内江市新华路西一巷43号	641000
	自贡市科技局	0813-8109135 0813-8103179	0813-8109135	自贡市汇东新区192号	643000
	宜宾市科技局	0831-8225519	0831-8225519	宜宾市中山街市委大院内	644000
	泸州市科技局	0830-3193991	0830-3112931	泸州市江阳区江阳南路37号	646000
西藏地区	西藏科学技术厅	0891-6835763	0891-6833579	拉萨市北京中路93号	850001
	拉萨市科技局	0891-6323130	0891-6333305	拉萨市夺底路11号	850000
新疆地区	新疆科学技术厅	0991-3835353	0991-3835442	乌鲁木齐市北京南路40号附7号	830011
	乌鲁木齐市科技局	20991-2816877	0991-2819259	乌鲁木齐市新华南路	830000
云南地区	云南省科学技术厅	0871-3136484	0871-3136907	昆明市北京路542号	650051
	昆明市科技局	0871-3172751	0871-3135842	昆明市呈贡新区锦绣大街1号市级行政中心8号楼北楼5楼	650500
	玉溪市科技局	0877-2023369	0877-2024005	玉溪市东方路109号	653100

地区	单　位	电　话	传　真	地　址	邮　编
浙江地区	浙江省科学技术厅	0571-87054676	0571-87044058	杭州市环城西路33号	310006
	杭州市科技局	0571-87060263 0571-87023807	0571-8803355	杭州市惠兴路2号杭州科技大厦	310001
	宁波市科技局	0574-87186811	0574-87283033	宁波市解放北路91号	315010
	温州市科技局	0577-88962008	0577-88962018	温州市市府路温州科技馆南楼	325005
	绍兴市科技局	0575-83216527	0575-5133307	绍兴市胜利西路53号	312000
	湖州市科技局	0572-2024326	0572-2037942	湖州市龙王山路1236号	313000
	嘉兴市科技局	0573-82159807 0573-82159806	0573-2159810	嘉兴市中山东路922号	314001
	丽水市科技局	0578-2134635	0578-2159471	丽水市灯塔街157号	323000
	金华市科技局	0579-82050167	0579-82050169	金华市双龙南街828号609室	321017

附录八 风险投资词汇

字母顺序	专业词汇	对应中文	释义
A	Acceleration Clause	加速条款	一个允许债权人在特定情况下，如债务人无力偿债、破产或违约时，要求偿还全部余额的条款。风险投资中常用于雇佣协议中的条款，允许雇员提前于分期到位安排的进度执行部分和所有的股票期权，一般在企业被收购的时候可以采用这一条款
	Accredited Investor	可信投资者	根据美国证管会Regulation D规定，私募购买者之人数不可超过35人，但满足以下条件的购买者不计入人数限制内。该购买者的身价至少须达美元100万元或年收入达20万美元，或者至少15万美元的投资，而且该项金额不得超过他资产净值的20%。当有限私有合伙公司（private limited partnership）在做私募（private placement）时，因无力通过只有较少资金的35名投资者筹足资金而利用这种方式让投资大户参与投资，这项规定并没有对外国投资者加以设限
	Adjusted present value，APV	经调整的现值	净现值法中的一个变量，适用于公司债务发生变化或公司过去有损失因而可以冲减应税收入的情况
	Advisory board	顾问委员会	由有限合作伙伴或外部人士组成的、向私人权益投资机构提供建议的委员会。例如，该委员会可以在每个财务年度末就基金总体发展战略或为私营企业估值提供指导意见
	Agency problem	代理问题	代理人和投资者之间的冲突，或者更一般的说，是指代理人不愿意服从雇佣他的委托人的意愿的情况
	Angel/Angel Investor	天使投资者	投资于创业企业的富有个人。他们所用于投资的是自己的资本而不是机构或是其他个人投资者的资本，通常投资于高风险高回报的项目
	Angels Financing	天使融资	从富有的个人投资者取得的融资，一般用于种子期融资
	Anti-dilution provision	反稀释条款	用于优先股协议中的一个条款，如果公司在后期融资中的价值评估低于优先股投资者的股份购买价格，这一条款将向上调整优先股股东的股份数量（或在公司中的股份比例）
	Asset allocation	资产分配	机构或个人投资者将其投资组合在不同种类的投资类型之间进行分配的过程
	Asset class	资产类型	机构或个人投资者在进行资产分配过程中所考虑的许多投资类型中的一种，例如债券、房地产和私人权益
	Associate	助理	私人权益资本中的非合作人的专业雇员
	Asymmetric information problem	信息不对称问题	由于创业者负责企业的日常经营活动，所以他对企业前景的了解要多于投资者、供应商或者战略伙伴

字母顺序	专业词汇	对应中文	释义
B	Balanced Portfolio	均衡投资组合	在风险投资中特指包含各阶段投资项目的投资组合
	Best effort	尽力而为	投资银行为公司安排发行证券集资时，答应尽全力经销的承诺形式，但销售的风险由发行机构自行承担，与包销（underwriting）形式不同
	Beta	贝塔	用以衡量某个公司的市场价值与总体市场指数价值的偏离程度变量。例如，贝塔系数为0的公司与市场没有相关性，贝塔系数为1的公司与市场运动方向完全一致，而贝塔系数大于1的公司则比市场指数变动更为剧烈
	Bogey	标准杆	用以衡量投资组合或基金回报水平的参照指标，如S&P 500
	Book-to-market ratio	账面价值-市场价值比率	公司股票的会计（账面）价值与市场价值（即流通股数量乘以每股的价格）之比
	Bridge Financing	过桥融资	在下一轮融资之前，为创业者提供的短期债务融资。一般是在公开招股和私募之前，为不使业务停顿而由包销商等提供给创业者的。时间短至数月，长达年余
C	Call option	买入期权	在一个给定的期限内以某一给定价格（或在某一价格范围内）购买某种证券的权利（但无此义务）
	Callable	可回购	一种证券的特征，该证券的发行者拥有从证券持有人购回该证券的选择权
	Capital structure	资本结构	某一企业股本和债务资本的比例结构
	Carried interest	附带收益	一支风险投资合伙基金中普通合伙人所分得的利润份额，通常在20%左右
	Catch up	跟上	私人权益合作协议中的条款，通常与优先回报一起使用。该条款允许普通合伙人在有限合伙人收回全部投资资本加上一定优先回报后可以得到后续分配中的全部或大部分，这一过程一直会持续到普通合伙人已得到协议中规定的比例的回报（如20%）时为止
	Certification	认证	某一著名私人权益投资者或者其他金融中介机构向公司和个人提供的“批准图章”
	Claw back	弥补性收入	有限合伙协议中的条款之一。如果普通合伙人得到了超过协议规定的分配，在基金期限结束时他们必须将超出部分归还给有限合伙人
	Closed-end fund	封闭式基金	具有固定投资额度的公开交易的基金，其股份只能出售给其他投资者（而不是由发行公司赎回，与开放式基金不同）。许多早期的风险投资基金都采用了这种组织形式
	Coinvestment	共同投资	一次私人权益资本融资过程中的辛迪加，或在一次融资过程中由普通合伙人或有限合伙人与私人权益基金共同进行的投资
	Collar	上下限	两个金额相同、执行价格稍有差别的买入与卖出期权的组合
	Committed capital	承诺资本	承诺向一支风险投资基金提供的资本。该资本一般不是一次性提供完毕，而是从基金建立的年份起，在3年～5年内陆续投入
	Common stock	普通股	一般由管理者和创立人所持有的权利。在首次公开发行的时候，所有者权益一般都转换为普通股
	Community development venture capital	社区发展风险投资	由非盈利机构发起的风险投资基金，通常具有鼓励经济发展和追求财务回报的双重目标

字母顺序	专业词汇	对应中文	释义
	Companion fund	伴随基金	该基金通常与某个传统的私人权益基金同时发起，但只面向特定的投资者。这种基金通常比传统基金有着更优惠的条件（如较低的管理费、没有附带收益等）
	Consolidation	合并	一种私人权益资本投资策略，把几个小企业合并，以实现规模经济或范围经济
	Conversion ratio	转换比率	一单位可转换的债券或可交换的股票数
	Convertible equity or debt	可转换权益或债务	一种在某种条件下可被转换成另一种证券（通常为普通股）的证券。可转换的股票通常都具有某些普通股所没有的权利
	Cooperative research and development agreement，CRADA	合作研发协议	一种在联邦研究机构与私人公司之间的合作安排，最先在20世纪80年代初由国会授权
	Corporate venture capital	公司风险投资	有明确主营业务的非金融企业在其内部或外部进行的风险投资。在组织方式上通常是公司的附属机构，而不是有限合作制
	Credit crunch	信用收缩	由于监管行动和经济条件的变化而导致的银行贷款或者其他债务融资规模的急剧缩减。20世纪90年代初美国就经历了这样一个时期
	Cumulative redeemable preferred stock	可积累可赎回优先股	参见可赎回优先股
D	Deposit-oriented lease	存款抵押租赁	在风险租赁中，有一种租赁形式要求承租方以现金存款抵押，其金额大约为租赁总额度的30%～50%
	Dilution	稀释	由于新一轮融资而导致企业创始人和以前投资者股份比例的缩减
	Direct investment	直接投资	有限合作人或基金之基金向创业企业或重组企业的投资
	Disbursement	支付	风险投资家对公司的一笔投资
	Distressed debt	廉价债务	一种购买陷入财务困难的公司的折价债券的私人权益资本投资策略。陷入困难的公司债券的投资者通常把他们持有的债券转为股权，然后积极参与陷入困境公司的经营管理
	Distribution	分配	风险投资家把持有的（一般公开交易的）所投资公司的股票或现金转移给每位有限合伙人以及（经常）他们自己
	Down round	贬值轮次	指企业价值比上次低的融资轮次
	Draw down	入资	参见注资（Take down）
	Due Diligence	尽职调查	由潜在投资者（个人或机构）对投资项目所做的调查。目的是分析和评估项目的价值、资金需求和投资潜质，降低投资风险
E	Early Stage	初创期	在风险投资业中指新办企业发展的第二个阶段，即种子期之后、成长期之前
	Earning before interest and taxes，EBIT	息税前收益	一种衡量企业盈利能力的指标，计算企业在利息支出和税负调整前的利润。这种方法通常用来比较具有不同负债水平的公司

字母顺序	专业词汇	对应中文	释义
	Elasticity	弹性	一个变量发生1%的变化而引起另一个变量变化的百分比
	Elevator Pitch	电梯推介	指创业投资者用最精炼的语言对创业构思、商业模型、公司组织方案、市场战略和对投资方的要求进行的概括说明。一般要求在几分钟之内完成。因推介时间短，甚至可以在电梯上下途中完成一次对潜在投资者的推介而得名
	Employee retirement income security act，ERISA	《雇员退休收入安全法案》	于1974年通过，修改了对公司养老基金计划的监督。参见谨慎人规则（Prudent man rule）
	Endowment	捐赠	由许多大学、医院、基金会和其他非盈利组织拥有的长期金融资产
	Equipment takedown schedule	设备到位进度	指风险租赁合同中规定的承租人提取资金购买预先批准的设备的时间安排
	Equity kicker	股权附带	指在以债务为主的融资中加上少量股份或认股权证
	Exercise price	执行价格	指期权或认股权执行所用的价格
	Exit	退出	在风险投资业中指风险投资方将其所持有的公司股份转让或交换的过程，是风险投资家获利变现的重要步骤
	Exit Strategy	退出策略	指基金退出所投资企业以变现并取得最大收益的具体方式。具体方式的选取取决于当时的退出环境（包括市场状况、行业发展趋势等）。可选择的方式有出售所投资公司、再融资、公开招股后将所持股份出售等
	Expansion Stage	扩张期	在风险投资业中，扩张期是企业成长的重要阶段之一，在这个阶段，企业融资的主要目的是扩大生产、运输和销售规模，以抢占市场，降低成本。是风险基金投资取向之一
	External corporate venture capital	外部公司风险投资	投资于本公司之外的创业企业的公司风险投资计划。这些投资通常与其他风险投资家的投资一起进行
F	Financing round	融资轮次	私人权益资本投资机构向企业提供资本时所用的术语。由于风险投资机构通常只向某一阶段的企业提供资本，典型的风险企业通常在几年中要进行几轮融资
	Firm commitment	稳固承诺	指承销商通过从企业购买所有的证券然后再出售，从而对企业提供购买价格的保证。实际上，这样的交易往往在交易发生前的一夜才会达成，所以，承销商承担的风险通常很小
	First closing	第一次关闭	一支基金的首次关闭
	First dollar carry	第一元附带收益	有限合伙协议中的条款之一。允许普通合伙人在有限合伙人收回已投资资本后可以立即得到附带收益分配。更通常的替代性的做法是普通合伙人只有在有限合伙人收回所有已投资资本与管理费之后可以得到附带收益分配
	First fund	第一只基金	一个风险投资机构筹集的最初一支基金
	Float	流通股数	公司流通在外可供交易的股票数量，与公司内部持有部分相对

字母顺序	专业词汇	对应中文	释义
	Follow-on fund	后续基金	一个风险投资机构在第一支基金之后所筹集的基金
	Follow-on offering	后续发行	参见经验股票发行（Secondary equity offering）
	Form 10-k	10-k表格	所有公开交易的企业和特定的私人企业根据美国证券交易委员会要求每年上报的。这一表格提供了广泛的企业数据摘要
	Found Focus	基金的投资取向	指风险投资基金主要的投资方式。包括B（均衡投资）、S/E（种子期和初创期投资）、LS（后期投资）或LBO（杠杆收购）等
	Founder's Shares	创始人持股	指在一轮或几轮融资后，企业创始人持有公司股份的数目或比例
	Free cash-flow problem	自由现金流问题	指在正常的经营和投资之外进行浪费性支出的诱惑
	"Friend and family" fund	“朋友与家庭”基金	参见伴随基金（Companion fund）
	Fund	基金	由私人权益资本投资机构定期投机的资金池。通常采取有限合作的形式，私人权益基金一般有着10年的期限，但是通常可以拖长几年
	Fund of funds	基金之基金	主要投资于其他私人权益基金而不是经营性企业的基金，通常由投资顾问机构或投资银行发起
G	Gatekeeper	看门人	即投资顾问（Ivestment adviser）
	General Partner	普通合伙人	在有限合伙制风险投资企业中，指对企业所有管理决策负责的合伙人。普通合伙人承担为企业谋取最大利益的受托责任，并为其行为负全责
	Glass-Steagall act	《格拉斯-斯蒂格尔法案》	于1933年通过，限制美国商业拥有企业股权和从事承销业务
	Grandstanding problem	逐名问题	新成立的风险投资机构有时采用的策略，即通过匆忙把公司推向上市来证明自己的成功业绩，尽管这些公司并未做好公开上市的准备
	Green shoe option	绿鞋选择权	承销协议中的条款之一，允许承销商在发行时超额出售股份（通常超额15%）
H	Hedging	套期保值/对冲	可以使投资者限制由于现有资产或金融债务价值变化而带来的损失的证券交易。例如，农场主可以通过在收割前锁定部分谷物的销售价格而避免由于谷物价格波动带来的风险
	Herding problem	羊群问题	投资者，尤其是机构投资者所作的投资相互之间过于类似而没有适应各自的特点
	Hot issue market	热点发行市场	对新证券发行，尤其是首次公开发行
	Hurdle rate	最低预期资本回报率	（1）在普通合伙人参与任何分配之前，有限合伙人必须得到的固定回报率；（2）在普通合伙人开始参与任何分配之前基金的净资产价值必须达到的水平
I	Implicit rate	绝对回报率	也称为绝对收益（implicit yield），在风险租赁中，绝对回报率是指在不考虑作为交易一部分的认股权价值情况下的年回报率水平

字母顺序	专业词汇	对应中文	释义
	In the money	增值（期权）	在立即执行的情况下具有正价值的期权或认股权
	Inadvertent investment company	无意投资公司	碰巧符合《1940年投资公司法案》对投资公司的定义的生产经营性公司
	Initial public offering，IPO	首次公开发行	以前从未在任何公共股票交易所交易过的公司首次向公众投资发行的股份。一般由投资银行承销这些发行的股票
	Insider	内部人	至少拥有一定比率（通常是10%）公司股份的董事、官员或股东
	Intangible asset	无形资产	专利、贸易秘密、非正式专有技术、品牌资本或是其他非物理资产
	Internal corporate venture capital program	内部公司风险投资计划	投资于产生自本公司内部的商业构想的公司风险投资计划
	Intrapreneuring	内部创业	投资于产生自本公司内部的商业构想的公司风险投资计划。这一术语通常特指公司有意将所投资的新企业收购的情况
	Investment adviser	投资顾问	一种投资中介，帮助投资者特别是机构投资者投资于私人权益资本和其他金融资产。投资顾问为其客户评估其潜在的新基金，同时监督现有投资的进展。有时候他们将投资者的资本组成基金之基金
	Investment bank	投资银行	一种金融中介，提供证券发行承销，便利兼并和收购，从事自营业务，并提供其他服务
	Investment committee	投资委员会	通常由私人权益基金的普通合伙人组成的委员会，审查潜在的和/或过去的投资项目
	Investment Company Act of 1940	《1940年投资公司法案》	该法案要求共同披露详细信息，并对其经营活动施加限制。公开交易的风险投资基金需要考虑的一个主要问题就是如何避免成为该法案中定义的投资公司
	Investment Letter	投资函	特指（美国）按照“D规则”购买未备案长期证券时，投资者出具的证明其长期投资行为的函件。所指长期投资必须持有一年以上方可出售
	Investment trust	投资信托	参见封闭式基金（Closed-end fund），这一术语在英国比较普遍
	Investor buyout，IBO	投资者并购	参见管理层购入（Management buy-in）
L	Lease line	租赁额度	类似于银行的信贷额度，在租赁额度内，风险租赁；承租方可以根据事先商定的时间提取资金购买所需设备
	Lemons problem	次品问题/逆向选择问题	参见信息不对称问题
	Lessee	承租方	租赁协议的一方，在租赁期内可以使用设备，有义务按月支付租金
	Lessor	出租方	租赁协议的一方，拥有设备的所有权，在租赁期内将设备使用权出让给承租方，并收取租金
	Leveraged buyout fund	杠杆购并基金	一种基金，一般与风险投资基金具有类似组织结构，但专业从事杠杆购并投资。一些杠杆并购基金也从事风险投资业务

字母顺序	专业词汇	对应中文	释义
	Leveraged Buyout（LBO）	杠杆收购	通过借贷资本获得另外一个公司的+D122产权的收购行为。在风险投资企业中，常见的是企业合伙人或现有管理人员利用风险企业的资产进行贷款担保，以购买现有企业或其资产。杠杆收购投资风险较高
	Leveraged recapitalization	杠杆性重组	管理团队（而不像杠杆购并中由新的投资者）借钱收购其他投资者的利益，与杠杆购并一样，债务以后由企业的现金归还
	Licensee	获许可方	许可协议中的一方，通过交许可费获许可使用某项技术、产品或品牌
	Licensor	许可方	许可协议中的一方，将自己拥有的某项技术、产品或品牌提供给获许可方使用，并收取费用
	Limit order	限价指令	在已获承销的首次公开发行中，由私人或机构投资者作出的决定于价格的指令。例如，投资者购买1万股股票，条件是发行价低于12美分
	Limited Partner	有限合伙人	在有限合伙制企业中以出资对企业承担有限责任的合伙人，可以监督企业运行但不能参与日常管理，否则不能免除无限责任。参见Limited Partnership
	Limited Partnership	有限合伙制企业	是美国多数风险投资机构和私募基金的组织方式。在有限合伙制下，有限合伙人只对其出资承担有限责任，一般合伙人（或称普通合伙人）或管理团队在合伙协议条款约束下管理企业，对其管理决策承担责任。有限合伙制通常是有固定期限的
	Liquidation preference provision	优先清偿条款	优先股协议中的条款之一，指投资机构在目标企业清算或结束业务时，具有优先于其他普通股东获得分配的权利
	Lock up	锁定	投资银行与现有的股东之间签署的承销协议中的条款之一，禁止公司内部人和私人权益投资者在发行时出售股票
M	Mandatory conversion provision	强制转换条款	优先股协议中的条款之一，要求优先股持有人将其股份转换成普通股。一般来说，优先股持有人通常在公司首次公开发行的情况下至少将一定规模和一定价值的优先股转换成普通股
	Management buy-in，MBI	管理层购入	欧洲常用术语，外部投资者购买对公司有控制权数量的股票并保留现有的管理层不变
	Management buyout，MBO	管理层购出	欧洲常用术语，公司管理层将公司流通在外的股票全数购回，并将公司私有化
	Management Fee	管理费	在风险投资中特指一般合伙人或投资顾问因管理风险基金而取得的报酬
	Managing general partner	执行普通合伙人	一个或多个最终为基金管理负责人的普通合伙人
	Mandatory redemption provision	强制赎回条款	优先股协议中的条款之一，要求企业按照一定的安排将股份从私人权益投资者处赎回。通常在可赎回优先股投资中使用
	Market maker	做市商	在证券市场通过自己的户头调控某一证券在市场上的买价和卖价以确保证券交易流动性的投资银行或经纪人。作为其责任的一部分，市场创造者需要持有公司大量的股票作为存货
	Market-to-book ratio	市场价值与账面价值比率	账面价值与市场价值比率的倒数
	Mega-fund	巨型基金	最大的风险投资或私人权益基金，根据承诺资本的规模衡量

字母顺序	专业词汇	对应中文	释义
	Mezzanine	麦则恩	在首次公开发行前不久进行的一轮私人权益融资，或者利用次级债务进行的投资，该次级债务拥有的优先权比银行贷款少，但比权益资本多，并且通常附有认股权
	Mezzanine Finance	夹层投资；麦则恩投资	也可直译作“麦则恩投资”。Mezzanine的英文原意是底楼与二楼之间的半层楼，在风险投资业中，特指对成长到扩张阶段，尚未盈利，但仍然需要大量资金进行扩张的风险企业进行投资。就投资的风险和回报水平来说，夹层投资是界于传统风险投资和一般债权、股权投资之间的投资行为。常见于（1）对不久即进行公开招股的风险企业的短期投资；（2）比银行贷款条件宽松但又比股权投资附加更多偿还条件的投资，一般可取得购股权
	Milestone payments	进度付款	根据许可协议，由获许可方在特定的时间向许可方支付的款项
	Mutual Fund	共同基金	即开放式基金，指规模不设上限的投资基金
N	Naked short	敞口卖空	在证券承销中，指承销销售了超过协议中规定的数量（以及根据绿鞋选择权超卖的部分）的股份。在这种情况下，承销商必须发行结束后从公开市场买回这些超出的股份以弥补其空头头寸
	Net asset value，NAV	净资产价值	一只基金持有的股票的价值，可以采用各种估价规则来计算
	Net Financing Cost	净融资成本	即资产的购入成本与其带来的现金流入之间的差额
	Net income	净收入	某一企业税后的利润
	Net operating losses，NOLs	净经营损失	给予蒙受财务损失的企业的税收优惠。这些优惠一般只能在企业有了盈利之后才能使用
	Net present value，NPV	净现值	一种价值评估方法，计算一个或多个时期的未来期望现金流量并将他们以一定的贴现率进行贴现以体现资本成本（结果将因现金流量的风险程度流量不同而变化）
O	Offering Memorandum	募股说明书	指为募集股份而发布的说明募股条款的文件。其内容和结构都类似商业计划书。同Private Placement Memorandum
	Open-end Fund	开放式基金	见Mutual Fund
	Operating lease	经营租赁	风险租赁中的短期租赁，客户只使用设备有用年限中的一部分。与所有权相关的义务由出租方承担，包括维护、保险和税收
	Option	期权	在一个给定的期限内以某一给定的价格（或在某一价格范围内）购买或者出售某种证券的权利（但无此义务）
	Option Pool	期权储备	非上市公司储备一部分股权用于未来作为期权发出
	Out of money	失值（期权）	在立即执行的情况下具有负价值的期权或认股权
P	Participating convertible preferred stock	参与可转换优先股	参见参与优先股
	Participating preferred stock	参与优先股	可转换优先股的一种，在特定的条件下，持有人可以既收回他的初始投资资本，也能享有公司的股份

字母顺序	专业词汇	对应中文	释义
	Partnership agreement	合伙协议	明确界定在私人权益基金存续期内约束投资人（有限合作伙伴）和风险投资家（普通合伙人）之间的报酬和条件的合同。有时也指普通合伙人之间签署的关于基金内部运作（例如，附带收益的分配）的协议
	Patent	专利	由政府根据一定的条件在一定期限内授予一个或多个发明人特殊的权利
	Phantom stock	虚拟股票	一种报酬形式，有时用于内部公司风险投资计划，是模仿股票的雇员报酬方案，但雇员并不实际拥有股权。这样的报酬计划往往有着负面的税收和会计效果
	Piggyback Registration	连带登记	证券包销商允许公司现有股份随同新发行股份一起销售时向证券交易委员会（SEC）的登记
	Placement Agent	融资代理	指风险企业为筹集风险投资聘请的代理商
	Point	点	私人权益基金利润的1%。私人权益基金的普通合伙人通常可以分得20个点，即基金利润的20%，然后再在各个普通合伙人个人之间进行分配
	Post Venture Capital Index（PVCI）	后风险投资指数	1995年Thomson Financial Venture Economics和Warburg Pincus Counselors推出的反映风险企业上市后的表现的指数。以1986年1月31日为100点基准按市场比例加权计算。上市超过10年的风险企业将从指数中剔除
	Post-money Valuation	融资后估价	即融资后企业的市值。若为非上市公司，则相当于融资前估价与获得投资的和
	Preemptive Right	优先购股权	现有股东在新发行股票时以当时价格购入一定股份以保持其持股份额的权利
	Preferred return	优先回报	有限合伙协议中的条款之一，规定有限合伙人在普通合伙人参与任何附带收益分配前不仅可以全部收回他们的投资资本，而且可以得到按合同规定的某一百分比计算的基金回报
	Preferred stock	优先股	在企业清算的情况下对与此相关的任何股利或其他支付比普通股有优先请求权的股份。优先股股东还可能有一些其他权利，例如否决公司合并或替换管理层
	Preliminary Prospectus	初步招股书	发行新股前的第一个说明书，发布的目的是要看市场对该拟发股票的反应，其中并不提供新股票的价格，但一般给出一个价格范围。参见"Red Herring"
	Pre-money Valuation	投资前估价	即融资前企业的市值。若是非上市公司，常用市盈率和预计盈利水平等指标来推算得出
	Price-earning ratio，P-E ratio	市盈率	企业每股价格与企业每股盈余（净利润除以发行在外股份数）的比率
	Primary investment	初次投资	由有限合作人或基金之基金向正在进行融资的私人权益合作进行的投资
	Private Equity	私有权益资本	包括对风险投资、杠杆收购、购并、半层投资和不良资产进行投资的民间组织。风险租赁（Venture Leasing）和风险分销（Venture Factoring）也是其衍生的投资品种。在美国以外，这个概念常与风险投资混用
	Private Placement	私募	向机构投资者直接出售证券以募集资金。比起公开发行，私募可规避在（美国）证券交易委员会（SEC）的注册程序并节省发行费用。投资者要签署一份投资函，以声明购买该股份的目的是投资而不是为了再次出售（见Investment Letter）

字母顺序	专业词汇	对应中文	释义
	Private Placement Memorandum	募股说明书	见 Offering Memorandum
	Pro forma	试算表	预测某一企业未来损益表或资产负债表的财务报表，通常被作为对企业进行价值评估的依据
	Prospectus	招股说明书	向美国证券交易委员会提交的注册表格的广泛流传的精简版本。招股说明书提供了有关企业各方面的摘要信息
	Proxy statement	股东签署的委托书	向美国证券交易委员会提交的报表之一，经股东授权在股东大会上采取行动或投票的代理人向股东征求代理权的资讯披露文件，一般需要提供董事会人员名单，内部人薪酬等信息
	Prudent man rule	谨慎人规则	在1979年之前，《雇员退休收入安全法案》（ERISA）中的一款，该条款禁止养老基金大量投资于私人权益或其他高风险的资产类型。1979年美国劳工部对该条款进行了重新诠释，允许养老基金经理投资于高风险资产，包括私人权益
	Public venture capital	公共风险投资	由政府部门发起的风险投资基金，或其他从事风险投资业务的公共基金，例如小企业投资公司和小企业创新研究计划
	Put option	卖出期权	在一个给定的期限里以某一给定的价格（或在某一价格范围内）卖出某种证券的权利（但无此义务）
	Putable	可出售	一种证券，该证券持有人拥有将该证券卖给发行人的选择权
R	Re-capitalization	资本调整	即公司资本结构的重组。也是风险投资退出机制的一种
	Red Herring	初步招股书	同 Preliminary Prospectus。Red Herring 的原意是熏制成红色的鲱鱼。用在此处一方面是因为初步招股书通常将封面左侧印成红色以引起投资者对潜在风险的重视，另一方面也是借鲱鱼在经过“熏制”后变色的道理暗喻初步招股书是经过包装的文件，内容可能过于乐观
	Redeemable preferred stock	可赎回优先股	优先股的一种，持有人没有权利还换成普通股。对投资者的回报与投资者的回报类似，包括一系列的股利以及在合同规定的公司必须赎回股份的时间将股票的面值支付投资者
	Registration right provision	注册权条款	优先股协议上的条款之一，允许私人权益投资者强制公司上市，或者在企业上市时将投资者的股份作为公开发行的股份的一部分
	Registration Statement	有价证券申请上市登记表	美国企业公开发售股份前必须向证券交易委员会（SEC）提交的报告。内容包括企业的主要经营数据和一些重要的法律文件
	Residual value	残值	在风险租赁中，租赁设备在租赁期满时的公平市场价值
	Restricted Shares	受限股份	在美国，在私募中购得的股份被视为受限股份，除非在交易所登记或者过一定期限，否则不能公开发售。非关联人可在购入一年后每季度卖出所持股份1%以内的股票，关联人的受限期限是2年
	Restricted stock	限制股票	美国证券交易委员会规定不能出售或只能有限数量出售的股票
	Reverse claw back	逆向弥补性收入	有限合伙协议中的条款之一，如果有限合伙人得到了比协议规定的水平更多的分配，该条款要求有限合伙人在基金期限结束时将多分配的部分退回给普通合伙人

字母顺序	专业词汇	对应中文	释义
	Right of first refusal	第一拒绝权	一种合同条款，给予某一公司或私人权益基金比其他公司或基金优先获得与另一个机构相关的购买、许可或投资权利。另一个效力稍弱的条款叫做第一注视权
	Road show	路演	向潜在投资者推销风险基金或者公开发行证券的行为
	Round	轮次	参见融资轮次
	Royalty	特许权使用费	根据许可协议，获许可方向许可方支付的一定的百分比的销售额或利润
	Rule 10（b）-5	10（b）-5规则	美国证券交易委员会的规定，主要禁止证券买卖中的欺诈行为
	Rule 144	144规则	美国证券交易委员会的监督规则，规定在购买限制股票（restricted stock）后一年内（原先规定是两年内）不得出售该股票，同时限制了在购买该股票第二年到第三年（原先规定为第三年到第四年）之间出售该股票的速度
	Rule 16（a）	16（a）规则	美国证券交易委员会的规定，要求内部人按月披露任何有关公司股票交易的情况
	Rule of 99	99规则	《1940年投资公司法案》中的一个条款，规定不将可信投资者人数在99人内的公司做为投资公司对待。该规定在1996年对《1940年投资公司法案》的一次修订中进一步放松
S	Secondary equity offering	经验股票发行	已完成了首次公开发行并且其股票已经公开交易的企业再次发行股票
	Secondary investment	二次投资	有限合伙人或基金之基金从其他有限合伙人处购买已经存在的有限合伙人的权益
	Secondary offering	二级发行	不是由企业而是由现有股东进行的股份发行，因此，企业得不到出售这些股份的收入
	Secondary Sale	二手交易	风险投资业中特指风险投资家将所持有的私募股份或受限股份出售给其他投资者的过程
	Seed Money	种子投资	即风险企业种子期取得的风险投资。通常以贷款、优先股或者可转换债券的形式取得，有时也用普通股方式
	Seed Stage	种子期	风险投资基金投资策略的一种。主要对尚未开展，处于萌芽状态的业务进行投资
	Shares outstanding	流通股	公司已经对外发行的股份
	Small Business Administration（SBA）	小企业管理局	美国政府机构，1953年正式设立。成立宗旨是为小企业提供贷款、担保、合同、咨询等多方面支援
	Small Business Investment Company（SBIC）program	小企业投资公司计划	美国联邦政府担保的，专门用于支持小企业发展的风险基金。于1958年由议会批准，由小企业管理局（SBA）管理，此基金于20世纪60年代大幅增值，但后来因大量企业遇到管理和激励问题而萎缩
	Social venture capital	社会风险投资	社区发展风险投资或公共风险投资（见各自定义）
	Special limited partner	特殊有限合伙人	参与分配部分附带收益的有限合伙人。在许多情况下，新基金的第一个投资者往往被给予特殊有限合伙人的地位

字母顺序	专业词汇	对应中文	释义
	Staging	分阶段（投资）	投资机构向创业者投资时将资金分期投入，每一阶段均分别设定特定的业务目标为投资条件的投资策略。这种投资策略有助于避免资金被浪费在不盈利的项目上
	Stapled fund	钉住基金	与另一只私人权益基金同时发起的基金，按一定比例投资于另一基金选定的（事先确定好的）某一类项目。有时，这一术语用来指那些投资于另一基金选定的所有项目、但面向不同种类的投资者（例如，国外有限合伙人）而发起的基金
	Stock appreciation right	股票溢价权	一种虚拟股票报酬安排
	Straight preferred stock	直接优先股	参见可赎回优先股
	Strategic Investors	战略投资者	能以行业或个人关系为创业者在资金之外提供市场、管理、销售等帮助的机构或个人投资者
	Startup	初创期	创业者建立了核心创业，创业团队拥有技术、产品和概念，还没建立企业或者刚刚建立企业，致力于技术和产品的商业化开发，没有进入正式的销售阶段，融资数额较小，主要用于技术产品的开发和市场开发调研
	Super majority voting provision	绝大多数投票权条款	优先股协议中的条款之一，要求某一特定的决策需要得到绝大多数优先股股东的投票同意
	Syndicate	辛迪加	两个或两个以上的私人权益投资机构共同购买某一企业的股份，或者两个或两个以上的投资银行共同承销某一企业的股份发行
T	Takedown	注资	部分或全部资本从有限合伙人向有限合伙制企业（基金）投入的过程
	Takedown Schedule	注资进度	在风险投资企业中，指招股说明书中列明的有限合伙人为企业（基金）注资的具体时间安排
	Tangible assert	有形资产	机器、建筑物、土地、存货或者其他物理资产
	Term of lease	租赁期	在风险投资中指租赁的有效期，通常具体到月，并且在一开始就确定
	Term sheet	投资条款清单	某一私人权益合伙或股份购买协议结构的初步框架，通常在正式成为合同语言前就已获得各方的同意
	Tombstone	墓碑	指承销商通常在主流商业出版物上为其承销的股份发行所做的广告宣传
	Trade sale	交易出售	欧洲常用术语，指私人权益资本投资机构通过出售给一家公司而退出对某一企业的投资
	Triple-net full-payout lease	三净全付租赁	一种长期风险租赁，承租方支付的租金中包括承租设备的所有成本，且承租方承担与设备所有权相关的所有责任，包括维护、保险和税收
U	Uncertainty problem	不确定性问题	某一公司或项目潜在产出的多种可能性。潜在产出的可能分布越广泛，不确定性越大
	Underpricing	低价策略	对计划交易价格的折价，在首次公开发行中投资银行通常按这一折价出售证券。第一个交易日较高的回报通常被金融经济学家视为偏低定价的证据
	Underwriter	承销商	承销股票发行的投资银行

字母顺序	专业词汇	对应中文	释义
	Underwriting	承销	投资银行从发行证券的公司购入证券然后（通常是立即）再出售给投资者
	Unrelated Business Taxable Income（UBIT）	非主营应税业务收入	指获得税收优惠的企业从其从事的非主营应税业务中取得的收入。如果风险投资企业从债务投资中取得收益比重较大时，免税的有限合伙人将可能面临为非主营业务收入纳税的问题
	Unseasoned equity offering	无经验股票发行	参见首次公开发行
	Up-front fees	前期费用	在许可协议中，由被许可方在协议签订时向许可方支付的不可赎回的费用
V	Valuation rule	价值评估规则	私人权益基金为其投资组合中的公共和私人企业的定价规则
	Venture Capital	风险投资	也作创业投资。指独立运作的，专对新兴的，迅速发展的，有巨大竞争潜力的私营企业提供的资本，通常是权益性资本
	Venture capital method	风险投资方法	一种价值评估方法，假设企业未来是成功的，计算企业在未来某个时点的价值，然后将该预测价值按一个较高的贴现率进行贴现
	Venture Capitalist	风险投资家	风险投资机构中的一般合伙人或其集体
	Venture Leasing	风险租赁	私人资本投资策略之一，指向成长初期的高风险企业租出设备或其他资产进行投资。通常投资者可得到被投资风险企业的购股权
	Venture-backed Company	接受过风险投资的企业	指风险投资资助过的企业
	Vesting	分期到位	雇佣协议中的条款之一，限制雇员立即执行其股份期权的部分或全部。这一条款通常确定一个雇员在不同时间被允许执行股份期权的百分比的进度表，这也被称作分期到位进度安排（Vesting schedule）
	Vintage	创始时间	Vintage 一词的原意是葡萄酒的生产年份，在风险投资业中指风险投资基金的设立时间，即资本首次投入基金的时间
	Vintage year	收获年	如果一组基金的第一次封闭时间都在同一年，则这一年被称为收获年
W	Warrant-based lease	附认股权租赁	在风险租赁中，指那些要求承租方让出租方以权益性质参与的租赁，通常采用认股权的形式
	Warrants	认股权	购买某一公司发行的股份的选择权
	Window dressing problem	粉饰门面问题	指基金经理在季度末调整其投资组合，买入股票已上涨的企业，卖出股票下跌的企业以便设置表现优秀的投资组合的行为。这种现象是由于机构投资者不仅检查整个季度的回报，也检查周期末的持股情况
	Withdraw offering	撤回的发行	指注册表已提交给美国证券交易委员会，但随后该企业在发行生效前又写信给证券交易委员会撤回此次发行，或者在九个月内发行仍未完成的情况
	40 act	1940 年法案	参见《1940 年投资公司 法案》（Investment company Act of 1940）